ISBN 978-0-364-17707-5
PIBN 11281181

1 MONTH OF
FREE
READING

at

www.ForgottenBooks.com

———◇———

By purchasing this book you are eligible for one month membership to ForgottenBooks.com, giving you unlimited access to our entire collection of over 1,000,000 titles via our web site and mobile apps.

To claim your free month visit:
www.forgottenbooks.com/free1281181

English
Français
Deutsche
Italiano
Español
Português

www.forgottenbooks.com

Mythology Photography **Fiction**
Fishing Christianity **Art** Cooking
Essays Buddhism Freemasonry
Medicine **Biology** Music **Ancient
Egypt** Evolution Carpentry Physics
Dance Geology **Mathematics** Fitness
Shakespeare **Folklore** Yoga Marketing
Confidence Immortality Biographies
Poetry **Psychology** Witchcraft
Electronics Chemistry History **Law**
Accounting **Philosophy** Anthropology
Alchemy Drama Quantum Mechanics
Atheism Sexual Health **Ancient History**
Entrepreneurship Languages Sport
Paleontology Needlework Islam
Metaphysics Investment Archaeology
Parenting Statistics Criminology
Motivational

Universal-Lexikon

der

Erziehungs- und Unterrichtslehr

für

Schulaufseher, Geistliche, Lehrer, Erzieher und gebildete Elt

von

M. C. Münch,

Seminar-Rektor, königl. Schul-Inspektor und Pfarrer.

Dritte

umgearbeitete und verbesserte Auflage

herausgegeben von

Hermann Th. Loé,

königl. Studienlehrer und Subrektor.

Mit einem Anhang:

Biographieen um das Schulwesen und die Jugenderzieh
besonders verdienter Männer &c.

von

Dr. J. J. Heindl.

Dritter Band.

Augsburg.

Verlag von J. A. Schlosser's Buch- und Kunsthandlung.
1860.

LOAN STACK

Inhalt des dritten Bandes.

S.

Seite   Seite

VIII

S.

Selbstthätigkeit. Das Leben ist That, und nur in wohlgeordneter Selbstthätigkeit ist wahres Leben; wo sie fehlt, da fehlt auch die Kraft und der Muth, des Lebens Bürden standhaft zu tragen, die Reize und Versuchungen zum Unrecht zu überwinden, durch keine Hindernisse und Schwierigkeiten abgeschreckt die rechte Bahn zu verfolgen, fortzuschreiten in der Heiligung und zu wirken, so lange es Tag ist. — Nur diejenigen, welche den Willen Gottes t h u n, sind seine rechten Kinder und wahren Bekenner des Namens Jesu. Im Thun bewährt sich der Glaube, der Geist und Leben ist; die Liebe offenbart sich in der unermüdlichen und aufopfernden Thätigkeit um des Geliebten willen, und so muß frühe der Geist der Selbstthätigkeit, die sich zu einem beständigen Gottesdienst vollendet, erweckt werden. Das ist mehr werth, als alles Lernen und Wissen, und erreichbar auch in den beschränkten Verhältnissen des elterlichen Hauses und bei den geringsten Bildungsmitteln. Dadurch wird auch die Bahn zu den höhern Bildungsstufen eröffnet, welche jeder selbstthätig, mit eigener Anstrengung erklimmen muß. Keine Mühe, welche die Kraft übt, soll den Kindern erspart, und ihnen nichts so erleichtert werden, daß sie es nur halb träumend aufnehmen und nachmachen. Je weniger man ihre Kräfte und Thätigkeiten in Anspruch nimmt, desto mehr beraubt man sie der Freude an eignem Fortschreiten, Wirken und Schaffen, und der Kraft dazu, desto gewisser macht man sie zu willenlosen Maschinen, die leichter dem Bösen, als dem Guten dienstbar werden. — Je beharrlicher die Selbstthätigkeit ist, desto größer ist auch die Tüchtigkeit für den zeitlichen Beruf. Nichts gedeiht ohne Anstrengung und Fleiß; aber auch sie richten wenig aus, die Arbeit selbst macht den Menschen zum Knechte; sie macht ihn unterthan — dem Irdischen, über das er herrschen, und der Welt, die er überwinden soll, wenn nicht ein höheres Leben des Geistes ihn beseelt. Muß gleichwohl der Erdenpilger sein Brod im Schweiße des Angesichtes essen, so ist doch das Leben mehr, als die Nahrung; so soll doch die Sorge für das Leben, und die Erhaltung desselben ihm das Leben selber nicht verkümmern. Das ist aber überall der Fall, wo keine höhere geistige Selbstthätigkeit den fleißigen Arbeiter erhebt. Je mehr er zum Bewußtsein seiner höhern Bestimmung erwacht, und in geistiger Selbstthätigkeit geübt ist, desto mehr wird er sein Tagewerk betreiben, desto mehr bei der Arbeit für das irdische Bedürfniß das Himmlische im Auge behalten, und seinen irdischen Beruf, er mag hoch oder niedrig sein, als von Gott ihm angewiesen betrachten und behandeln. Zu einer solchen Berufstreue müssen auch unsere Kinder schon früh erzogen und zur treuen Selbstthätigkeit angehalten werden. Dieß kann um so eher in der Schule erzielt werden, da sie ohnehin der Ort ist, wo die Selbstthätigkeit leichter befördert wird, indem sie die Kinder an die Auskaufung der Zeit und die genaueste Ordnung gewöhnt oder wenigstens gewöhnen soll. Wie das gemeinschaftliche Lernen das Lernen erleichtert, so das gemeinschaftliche Arbeiten das Arbeiten. Zur Selbstthätigkeit der Kinder kann der Lehrer selbst viel beitragen — durch sein eigenes Beispiel, das er ihnen gibt, wenn er eifrig lehrt und leitet, sich seiner Arbeit freut, heiter sie verrichtet, alles Störende von sich ab= hält, pünktlich anfängt, emsig fortarbeitet und mit frommem und dank= barem Aufblicke zu Gott endigt. Gähnt aber der Lehrer, so werden die Kinder ebenfalls gähnen oder schlafen Werden aber die Kinder zur treuen und wohlgeordneten Selbstthätigkeit ermuntert und angehalten, dann werden sie tüchtig werden zu jeglichem Geschäfte und zu jeglichem Beruf. Das innere Leben erhebt über den ertödtenden Mechanismus der irdischen Arbeiten, und ein gottseliger Sinn heiliget, fördert und vervoll= kommnet sie. — Wirkt der Lehrer nur immer auf Selbstthätigkeit und harmonische Bildung hin, sucht er seine Kinder tief im Glauben zu be= gründen, beachtet er dabei überall die Eigenthümlichkeit eines jeden Kin= des, hält er immer das Eine Höchste, was der Mensch werden soll, fest, so wird er in dem Uebrigen nicht zu viel oder zu wenig thun. Wir wiederholen noch einmal, was wir gleich Anfangs gesagt haben: „Das Leben ist That, und nur in einer wohlgeordneten Selbst= thätigkeit ist — wahres Leben." (Psalm 127, 2. Eccl. 6. 7, Weish. 8, 7. 1. Cor. 3, 8. Jsai. 49, 4.) (S. auch Art. Abhärtung.)

Selbstverläugnung. Wäre der Mensch noch so, wie er Anfangs aus Gottes Hand hervorgegangen ist, nämlich rein und unverdorben, so würde es ihm nicht nur keine Mühe kosten, sich ganz Gott hinzugeben, sondern es wäre dieß seine höchste Freude und Seligkeit schon hienieden. Das heilige Gesetz der Liebe gegen seinen Gott und Vater, gegen sich und seinen Nächsten würde dann sein ganzes Wesen durchdringen und beleben. Denn seine ganze Seele würde in dieses erhabene Thema, wie sich Stapf hierüber ausdrückt, oder in die Aufgabe aller Auf= gaben einfallen. Allein durch die Sünde ist er von Gott abgefallen, und sein sittliches Verderben besteht darin, daß er sich in der Abkehrung von Gott im Irdischen verliert. Da ist es nun die entehrende Selbstsucht, welche ihn beherrscht und an ihrem Gängelbande leitet, wohin sie will. Damit jedoch diese eitle Selbstsucht in allen ihren Richtungen zernichtet, und die im Menschen vorhandene Unordnung gehoben werde, so kann dieß nicht anders geschehen, als durch Kampf und mühsames Ringen. Die Aufgabe dieses Kampfes besteht nun darin, daß der Mensch im Glauben an — und im Vertrauen auf Jesus Christus, den gött= lichen Mittler, und gestärkt durch die Gnade des heiligen Geistes fortan die Sinnlichkeit dem Geiste, den Geist aber Gott zu unterwerfen sucht. Diese Unterwerfung wird nach der gewöhnlichen Sprache die christliche Selbstverläugnung genannt. — Schon die Alten haben das ganze Wesen der Selbstverläugnung, wodurch die Sinnlichkeit dem Geiste unter= worfen werden soll, in die zwei kurzen Ausdrücke: „Enthalte dich und dulde" — zusammengefaßt. — Das Erste, das „Enthalte dich", fordert die Beherrschung der sinnlichen Lust, daß wir uns nicht hingeben ihrem schmählichen Dienste, sondern sie stets höhern Zwecken unterordnen und uns auf dem Wege zu unserer erhabenen Bestimmung durch Hinder=

nisse und Beschwerden nicht abhalten oder zurückschrecken lassen. Der Mensch muß sonach jedes Verlangen nach einem sündlichen Gegenstande sogleich niederhalten, damit der glimmende Funke zertreten werde, ehe er noch zur verzehrenden Flamme wird. Ist aber der Gegenstand an und für sich nicht unerlaubt, so verlangt die vernünftige Selbstbeherrschung dennoch, daß sowohl in Beziehung auf die Absicht, als auf Zeit und Umstände Alles unterlassen werde, was sich mit dem heiligen Pflicht-gebote nicht verträgt. Nicht minder wichtig ist das Zweite: „Dulde.“ Die Beherrschung der sinnlichen Unlust fordert nämlich, daß der Mensch auch das Widrige und Beschwerliche auf der Bahn seines Heiles be-kämpfe und besiege, um sich von der Vollbringung des göttlichen Willens durch nichts abziehen zu lassen. — Wenn nun gleichwohl die Beherrschung seiner selbst nicht geradezu Sache des kindlichen Alters, sondern das Geschäft des ganzen Lebens ist, so muß sie nichtsdestoweniger schon frühzeitig und ununterbrochen geübt und fortgesetzt werden. Wer sich in seiner Jugend nur von Lust oder Unlust bestimmen läßt, wird auch im spätern Alter am Frohnaltare seinen sinnlichen Begierden Weihrauch streuen. Man warte daher nicht, bis das Kind zum Gebrauche seiner Vernunft gelangt, sondern Eltern und Erzieher müssen schon frühe die unordentlichen Neigungen und Begierden desselben zügeln und zurück-drängen. Hieher gehört Alles, was von der Gewöhnung der Kinder zur Mäßigung, von der Abhärtung, vom Gehorsame, von Strafen und Beloh-nungen 2c. gesagt wurde. (Man sehe die einschlägigen Artikel, wie auch den Artikel Polemik, die heilige.) — So wie aber die Vernunft zu wirken beginnt, so muß das Kind auch ermuthigt werden gegen Alles zu kämpfen, was sich in ihm als unordentlich bewegt und dem heiligen Willen Gottes widerstrebt. Der junge Mensch lerne nach dem Maße seiner erlangten Kraft Mühen und Beschwerden ertragen, und sich nicht nur alles Uner-laubte, sondern selbst auch manches Erlaubte, z. B. dieses oder jenes Vergnügen, versagen. Denn nur derjenige, der gelernt hat, sich auch das Erlaubte öfters zu versagen und sich dadurch den Kampf und Sieg er-leichtert hat, wird auch den Kampf mit den sündlichen Reizen und Be-gierden desto glücklicher bestehen. Wenn hierinfalls dem jugendlichen Alter sinnliche Reizmittel, Belohnungen 2c. zu Stätten kommen und ihm die Sache erleichtert, so ist und bleibt hiebei doch immer der Wandel vor Gott dem Allwissenden und Allerheiligsten die Hauptsache. (S. auch Art. Selbstbeherrschung.)

Sentimentalität. (S. Art. Empfindsamkeit.)

Siechthum, inneres. (S. Art. Leiden und Widerwärtig-keiten als das Schlimmste betrachtet.)

Silbe auch Sylbe. — Darunter versteht man das Zusammennehmen einer Anzahl von Buchstaben, um sie auszusprechen. Eine Silbe ist keines-wegs der Theil eines Wortes, der mit einer Oeffnung des Mundes aus-gesprochen wird; denn es gibt Wörter von mehrern Silben, welche nur mit Einer Oeffnung des Mundes aus dem Grunde ausgesprochen wer-den, weil sie keinen Buchstaben enthalten, der eine Schließung des Mun-des nöthig macht, z. B. sehen, hören 2c. Eine Silbe enthält vielmehr den Theil der Rede, welcher in Einem Stimmabsatze ausgesprochen wird, und wobei man so oft mit der Stimme absetzen muß, so viele Silben ein Wort hat, z. B. Blume, Bienenkorb, Ameise, Regenbogen 2c.

Silbenabtheilung. Im Silbenabtheilen müssen die Kinder sehr geübt und ganz taktfest gemacht werden. Der Lehrer suche bei ihnen zuvörderst einen deutlichen Begriff von einem Stimmabsatze hervorzubringen, und lasse zu dem Ende Wörter mit zwei oder mehrern Stimmabsätzen von ihnen langsam aussprechen, und dabei bemerken, wie viele Stimmabsätze in denselben vorkommen; dann lasse er erst alle Grund= oder Selbst=lauter, die in diesen Wörtern enthalten sind, und endlich auch angeben, wie viele Mitlauter in einem Worte, z. B. in dem Worte weinen, Birne,n ꝛc., zwischen dem ersten und zweiten Grundlauter stehen, — und leite sie dann dahin, daß sie sich selbst die Regel bilden: „Der hintere Grundlauter muß immer einen von den vorher=gehenden Mitlautern bekommen." Z. B. Lie=be, See=le, Baum=blü=the, Blu=men=körb=chen u. s. w.

Singen (Gesang). Von jeher hat namentlich die katholische Kirche ihre gottesdienstlichen Einrichtungen so geordnet und bestimmt, daß dadurch die Gemüther der Gläubigen zur Andacht erweckt und ihre Herzen zu Gott, dem Allerhöchsten, erhoben werden sollten. Sie hat deßhalb schon in den frühesten Zeiten ihres Bestehens dem Gesange, der zur Verherr=lichung Gottes bei den Andachtsübungen und dem heiligen Opfer des Altars dient, ihre besondere Aufmerksamkeit geschenkt. Der Apostel Ja=kobus macht in seinem Briefe einen deutlichen Unterschied zwischen Beten und Singen (5, 13.). Ebenso fordert der hl. Paulus in seinem Send=schreiben an die Ephesier dieselben zu heiligen Gesängen auf, indem er sagt: „Werdet voll heiligen Geistes, und stimmet Psalmen, Lobgesänge und geistliche Lieder unter einander an, und singet Gott mit Dankbarkeit in euerm Herzen." (5, 18. 19.) — Im zweiten christlichen Jahrhun=derte spricht der heilige Martyrer Justinus, und im dritten die Kirchen=lehrer Tertullian, Clemens von Alexandrien und Origines für den Gebrauch christlicher Gesänge. Im vierten Jahrhunderte befestigten und verbreiteten Basilius, Ambrosius, Augustinus, Hieronymus und Chrysostomus den Kirchengesang. Nach dem heil. Ambrosius, welcher den Kirchengesang auf vier authentische Tonarten festsetzte, wurde derselbe der ambrosianische Gesang genannt, und erhielt sich bis zum siebenten Jahrhundert. Gregorius der Große gab, wie wir früher schon bemerkt haben, dem Kirchengesange eine neue wesentliche Umgestal=tung und Verbesserung; er fügte den vorhandenen vier authentischen noch vier plagale Tonarten bei, um alle Arten von Gesängen deutlicher zu unterscheiden. Diesem großen Kirchenlehrer verdanken wir das Antipho=narium (Wechselgesangbuch), die verbesserte Einrichtung der Responsorien, des Introitus, des Halleluja, der Versikel, Trakten, Gradualien, Offer=torien und Communionen. Vom Tode Gregors bis zum elften Jahrhun=dert verbreitete sich der ambrosianische Gesang immer mehr und mehr in England, Frankreich und Deutschland. Kaiser Karl der Große errich=tete in Metz, Soissons, Lyon, Toul und Paris, und hundert Jahre nach=her König Alfred der Große von England in Oxford Singschulen, in welchen nur der gregorianische Gesang gelehrt werden durfte. In Deutsch=land erwarb sich der heilige Winfried (Bonifacius) große Verdienste um die Kirchenmusik durch Anlegung von Singschulen zu Fulda, Würz=burg und Eichstätt, in welchen der gregorianische Gesang mit Eifer betrie=ben werden mußte. — Doch finden wir nicht bloß praktische Ausübung des Kirchengesangs; es mangelt auch an gelehrten Theoretikern nicht. Unter diesen letztern zeichnete sich besonders aus: Abt Pampo im 4.; Boethius im 5.; Nicetius und Cassiodorus im 6.; Isidorus von Sevilla im 7.; Beda (der Ehrwürdige) vom 7. zum 8.; Hucbal=dus, Abt Otho zu Clugny und Remigius vom 9. zum 10.; Rot=gerus, Bischof zu Lüttich, Aurelian zu Rheims und Regino, Bene=diktinerabt im Trierschen, im 10. Jahrhundert. Im 11. Jahrhundert erweiterte und vervollkommnete Guido von Arezzo den Kirchengesang.

Sein Werk war eine größere Uebereinstimmung der Tonzeichen, die Erfindung der Solmisation (Absingung der Noten mit den ihnen zukommenden Silben). — In dieser langen Reihe von Jahren hat das Christenthum seine Segensfülle immer weiter über Europa verbreitet, und der Kirchengesang wurde auch in den folgenden Jahrhunderten als ein ergänzender Theil des katholischen Kultus mit Liebe und Eifer, besonders in den Klöstern gepflegt und fortgepflanzt, unter welchen sich diejenigen, welche der Regel des heil. Benediktus folgten, durch edle Einfachheit und genaue Einhaltung des echt römischen Chorals vornehmlich auszeichneten. — Nicht die Reformation und der Abfall mancher Länder von der allgemeinen Kirche, und nicht die Drangsale, welche sie damals und in den folgenden Zeiten erfahren mußte, vermochten den eingeführten Gesang zu verdrängen oder auch nur zu schwächen; gleich einem vom Sturm bewegten Baume erhob er sich nur um desto kräftiger. Ja, die Reformatoren selbst nahmen die schönsten Melodieen, welche die Mutterkirche gelehrt und festgesetzt hatte, mit in ihre neue Kirche hinüber. Nur in dem letzten Viertel des verflossenen Jahrhunderts, so wie in der neuesten Zeit, in welcher eine bedauerliche Lauheit und Gleichgültigkeit für das ewige Heil durch den französischen Revolutionskrieg weithin verbreitet wurde, schien der Eifer der Katholiken für ihren Kirchengesang, der ihnen ausschließlich angehört, einigermaßen erkalten zu wollen. Derselbe wurde bloß noch traditionell, nicht mehr genau nach den vorgeschriebenen Regeln, mit Hinzufügung willkührlicher Töne oder mit Hinweglassung wesentlich bestimmender Formen, nicht mehr nach der früher angeordneten Weise, lau und gleichgültig, nicht mehr mit dem flammenden Eifer, den er jedem fühlenden Christen einflößen muß, an vielen Orten beachtet und betrieben. Die Ursachen hievon sind meistens in den Zeitverhältnissen, besonders aber in der immer mehr um sich greifenden Instrumentalmusik in den katholischen Kirchen, welche durchschnittlich so ganz unkirchlich ist, zu suchen und zu finden. Die Musik hat den alten schönen und erhebenden Choralgesang zum großen Uebelstande häufig verdrängt. Hoffentlich wird bald eine Zeit kommen, wo diese Musik wieder aus der Kirche, wohin sie nicht gehört, entfernt werden dürfte. Dazu möchten wohl die erschienenen umfassenden deutschen Lehrbücher, die alle Regeln des gregorianischen Gesanges deutlich und bündig darlegen, nicht wenig beitragen, besonders diejenigen, welche sich hinsichtlich des Choralgesanges mehr mit der Theorie, als der bloßen Praxis befassen. Das Einüben, welches sich lediglich auf etwas Mechanisches und Unsichtbares basirt, ist das Resultat des Letztern; dagegen eine leichtfaßliche, kurze Darlegung der auf festen Regeln stehenden Vorschriften zum Resultate der Erstern führt. Will man auch die Praxis immerhin als Hauptsache betrachten und behandeln, so darf doch die Theorie keineswegs als bloße Nebensache angesehen werden. Es ist aber auch ebenso nothwendig, daß unsere künftigen Lehrer in den vorgeschriebenen Bildungsjahren gründlich im Choralgesange unterrichtet und geübet werden. Die Seminarienvorsteher müssen es sich angelegen sein lassen, daß diese Aufgabe gewissenhaft gelöset werde. Sind die Zöglinge aus der Bildungsanstalt entlassen, so muß von Seite der Behörden ernst darauf gedrungen werden, daß sich dieselben fortan im Choralgesange üben und die Kinder in der Schule fleißig darin unterrichten. Wird nicht strenge darauf gehalten, so kann der Seminarunterricht und die damit verbundene Uebung für die Folge nur wenig frommen, ja es kann bei Manchem so weit kommen, daß er später sogar sein Musikinstrument verkauft und dann fünf für vier gelten läßt, wie wir leider Beispiele der Art anführen könnten. Es sind jedoch meistens nur solche, welche entweder wenig kirchlichen Sinn haben, oder solche, bei welchen er ganz erloschen ist. Zur Förderung des katholischen Chorgesangs empfehlen wir jedem Schullehrer, der denselben zu leiten hat, die „Theoretisch-praktische Anweisung zur Erlernung des gregorianischen oder Choralgesanges." Von einem katholischen Geistlichen. 1838. (S. Art. Choralgesang.)

Singeton beim Lesen. Viele Kinder nehmen, wenn sie lesen, den unangenehmen und widerlichen Singeton an. Es kommt dieß hauptsächlich daher, daß sie zum Lesen geführt werden, ehe sie die gehörige Fertigkeit im Buchstabiren oder Lautiren erlangt haben. Sie ziehen die Silben darum so lange, damit sie während der Zeit die Folgenden übersehen können. — Was hat nun der Lehrer zu thun, um diesen abgeschmackten Leseton aus seiner Schule zu entfernen? — Wir empfehlen ihm hiezu ein vorzüglich geeignetes Mittel, welches darin besteht, daß er mit den Kindern liest, wobei er jedoch dahin zu sehen hat, daß diese sich genau nach seiner Stimme richten und ihre Stimme nach der seinen moduliren, d. h. dieselbe gehörig steigen und fallen lassen, genau so, wie der Lehrer seine Stimme steigen und fallen läßt. Auch das öftere gut betonte Vorlesen von Seite des Lehrers kann viel dazu beitragen, daß der Lesesington in seiner Schule entweder nicht aufkommt, oder bald wieder aus derselben verdrängt wird. (S. auch Art. Lesen ꝛc.)

Sinn (σύνεσις und sensus) ist 1) Fähigkeit des Empfindens bei Menschen und Thieren. 2) Fähigkeit des Bewußtseins, bei Sinnen sein, von Sinnen kommen. 3) Fähigkeit, Dinge außer uns zu empfinden, Sinn für die Kunst, für das Schöne und Erhabene. 4) Verstand, Verstandeskraft und 5) Gemüth, Gemüthsart, Gesinnung, daher irdischer, himmlischer Sinn, Kaltsinn, Leichtsinn. Hier verstehen wir unter dem Worte Sinn das Empfänglichkeitsvermögen für den Bildungsstoff des Lebens und der Dinge. Seine Uebung öffnet unsern Blick auf das, womit wir auf jeder Bildungsstufe unser Dasein bereichern können. Wo viel Sinn im Kinde ist, da nimmt es viel des Bildungsstoffes auf, und wird dadurch leicht befreundet mit den Gegenständen der Lehre und des Unterrichts; es erfaßt ihre Natur besser, und die seinige wird tiefer dadurch durchdrungen. Wo wenig Sinn in ihm ist, da bleibt ihm Vieles fremd, was Gegenstand seiner Erziehung und seines Unterrichts sein muß, und was für seine Bildung unentbehrlich ist. Sein Gedächtniß kann zwar Vieles davon aufnehmen, aber seine Kräfte verarbeiten es nicht, und seine Natur bleibt unberührt dabei. — Was nun die Sinne betrifft, so sind sie gleichsam die Dolmetscher der äußern Erscheinung der Natur und der Menschheit; der Sinn überträgt diese Erscheinungen der Seele. Er ist Mittheiler von Licht und Lebensstoff, Beweger der Seelenkräfte, und wo er, sagt Niederer, aus- und einschlägt, da sprüht der Geist Funken. Er ist einem Jeden zugetheilt in größerm oder geringerm Maße, und der Erziehung kommt es zu, ihn zu entwickeln und nach allen Richtungen zu bilden, die er anspricht. Was für die Bildung im Ganzen geschieht, das ist auch für ihn gethan, denn er nährt sich an allem Guten, Wahren und Schönen, das sich darbietet. Was gegen seine Bildung geschieht, daran hat auch er zu leiden, und seine Leiden, seine Ausartungen werden wiederum Leiden und Ausartungen für den ganzen Menschen. Je weiter die Erziehung fortschreitet, desto mehr der bessern Kräfte ergreift das Einwirken ihrer Verkehrtheit; desto mehr verbreitet sich aber auch der Segen ihrer Wahrheit. Der gute wie der böse Sinn entwickelt sich nach so mannigfaltigen Richtungen, als sie durch mannigfaltige Einflüsse gestärkt oder verdorben werden. — Wo der Mensch Sinn hat, aber die Liebe nicht, die ihn belebt und bethätiget für das, was das Dasein ihm bietet, da

wird er von keiner Wärme durchdrungen, zum antheillosen **Kaltsinn.**
Wo der Sinn sich nicht erweitern noch erheben läßt durch den Sinn
Anderer, wo er sich beschränkt und festrennt in dem, was ihm schon eigen
ist, da wird er zum **Eigensinn.** Wo der Sinn sich verhärtet im Eigensinn, wo er störrisch, widerspenstig und starr gegen alle Beweggründe der
Vernunft und Liebe sich in seiner falschen Richtung behauptet, da erscheint
er als **Starrsinn.** Wo er antheillos bleibt für Freude und Schmerz,
und für Alles, was Natur und Kunst ihm bieten, da ist er **Stumpfsinn.** Wo er durch Leidenschaften aus dem Gleichgewicht gehoben ist,
im Irrthum sich gefällt und im Wahn sich nährt, da steigert er sich zum
Wahnsinn. Wo er auf das, was der Verwesung unterworfen, auf
das Unwesen der Dinge gerichtet ist, und sich in ihm verliert, da wird er
zum **Unsinn.** Wo der Sinn allem abstirbt, was das Leben erheitern
kann, und sich einseitig nur im Dunkel dessen, was Schickung ist, gefällt,
da wird er zum **Trübsinn.** Wo dieser, überwältigt von seiner eigenen
Schwere, sich in die Tiefen des Kummers versenkt, wird er **Tiefsinn.**
Wo er dagegen auf der Oberfläche des Lebens schwebt, nichts ergründet,
durch nichts sich bildet, und Alles nur in seiner Unbedeutsamkeit berührt,
da ist er **Leichtsinn.** Wo er die Lage und Grenzen eines jeden Dinges
genau auffaßt, und dadurch mit Sicherheit von jedem andern unterscheidet,
da ist er **Scharfsinn.** Wo er an Allem sich hält und aufrichtet, was
menschlich erfreuen kann, ist er **Frohsinn.** Wo er auf das Schöne des
Lebens und auf Gottes Werke in der Natur gerichtet ist, an jenen sich
nährt und an diesen sich erhebt, da wird er **Schönheitssinn, Kunstsinn,
Natursinn,** der in den großen und herrlichen Werken, die Gott vor dem
Menschen Auge hingestellt, sich zum unendlich weisen, gütigen und allmäch-
tigen Schöpfer aller Dinge emporschwingt. Wo der Sinn auf den bunten
Schwingen der Freude, gleich dem Schmetterling in der Blumenwelt, von
Gegenstand zu Gegenstand eilt, und aus jedem Süßigkeit und Wonne
zieht, wenn ihm das Kleinste groß, wenn ihm selbst ein Thautröpfchen am
Grase wichtig ist, weil sich darin die Sonne spiegelt, und wenn er in
Glaube und Liebe sich über Alles ergießt, und Alles mit Innigkeit umfaßt, da heißt er **Kindersinn.** Wer den Kindersinn hoch leben läßt in
seiner eigenen Welt, und ihn hebt, stärkt und bildet nach jeder Richtung
hin, die zur Vollkommenheit der Kinder Gottes führt, der hat den Er-
ziehungssinn. Lebt dieser in der Mutter, in dem Erzieher und Lehrer, so
werden sie den Kindersinn überall von den Kleinen zum Großen, von der
Schwäche zur Kraft, vom Bösen zum Guten, vom Irrthum zur Wahrheit,
vom Geschöpf zum Schöpfer lenken und dadurch in das Reich der Sittlichkeit erheben. — Aus dem Sinn des Menschen geht die Blumenwelt
seines Lebens hervor und dieser entsteigen die Früchte desselben. Sie
sind gut oder böse, heilsam oder verderblich, je nachdem sie durch den
Zustand des Kindes genährt werden mit Lebensluft oder Stickluft, mit
irdischen Dünsten oder mit Himmelsäther, mit dem Hauche des Lasters
oder der Tugend. — Der Sinn als Anlage wird im Menschen geboren;
Gesinnung und Charakter gehen später aus ihm hervor bei der Entwickelung zur Menschlichkeit, — und wie die Pflanze, so die Blüthe, wie die
Blüthe, so die Frucht. Die Gesinnung ist das Ergebniß des Gemüths
als Sinn; sie ist das der Seele dadurch zur Fertigkeit gewordene Wohnen
im Recht oder Unrecht; die daraus entsprungene Anschauungs- und Auf-
fassungsweise der Menschen und Dinge, die Christus so ganz und vollkommen bezeichnet unter dem Bilde des leiblichen Auges. (Matth. 6, 22.
23.) Wo der innere Sinn hell und gut ist, da bildet sich die gute Gesinnung, oder die Fertigkeit, alles in seiner wahren Gestalt zu schauen. —

Wo der Sinn für das Wahre und Gute, der Wille für das Rechte und Gesetzmäßige gebildet wird, da erhebt sich die Gesinnung zur Treue, und der Charakter zur Tugendhaftigkeit. Eine solche Gesinnung und ein solcher Charakter bringen Sicherheit, Stetigkeit und Veredlung in alle Verhältnisse des Lebens; denn sie ruhen im Unvergänglichen, und geben dem Menschen volle Gewährleistung, wo er in Banden der Pflicht und der Liebe sich anschließt. (S. Art. Charakter.) (Col. 2, 18. 2. Petr. 3, 1. Röm. 12, 2. Tit. 1, 15. 1. Joh. 5, 20.)

Sinne. (Sinnorgane oder Sinneswerkzeuge.) Bewahrung und Stärkung derselben. Die Sinneswerkzeuge bedürfen einer besondern Fürsorge, damit sie nicht verletzt und beschädiget werden. Denn von ihnen hängt nicht bloß die äußere Wirksamkeit, sondern zum Theile auch die Bildung des Geistes ab. Sie sind gleichsam die Schlüssel, welche die Pforte zur äußern und innern Welt eröffnen. Dieß gilt ganz besonders von den Werkzeugen des Sehens und Hörens. Abgesehen von dem traurigen Zustande der Blinden und Tauben, bedauert doch jeder Gefühlvolle und Theilnehmende den Halbblinden und Harthörigen. Und wie so gar Vieles müssen solche Menschen entbehren, die eines von diesen Organen beraubt sind? Sie sind nicht im Stande, an den Freuden des Lebens Anderer den gehörigen Antheil zu nehmen, es wird ihnen schwer, ihren Verstand durch Unterricht zur Weisheit und ihr Herz zur Tugend zu bilden; sie können ihre Empfindungen, Gedanken und Vorstellungen Andern nicht leicht mittheilen, und daher bleibt ihnen der Born der Annehmlichkeiten des geselligen Lebens großentheils verschlossen. — Doch auch die übrigen Sinnorgane, Geruch, Geschmack und Gefühl oder Tastsinn müssen bewahret werden, theils wegen ihres unmittelbaren Nutzens, theils wegen ihres Zusammenhangs mit andern Anlagen des Geistes. — Um diese Organe im gesunden Zustande zu erhalten, müssen sie vor allen äußern Beschädigungen, z. B. durch Drücken, Stoßen, Fallen, Schlagen, Werfen, Stechen 2c. bewahrt werden. Nicht weniger hat man Sorge zu tragen und auf alles Bedacht zu nehmen, was die Sinne empfindlich angreift oder sie abstumpft, wie z. B. festes, bleibendes Schauen in grelles Licht, Lesen bei der Dämmerung und ätzende Dünste, Rauch, Staub 2c. Hieraus geht von selbst hervor, was man in dieser Beziehung bei den Kindern zu verhüten, und wovor man sie sorgfältig zu bewahren hat. Z. B. vor spitzigen oder scharfschneidenden Werkzeugen, Schlagen an und auf den Kopf, Schauen in die Sonne, starkem Rauche 2c. — Von Innen werden die Sinneswerkzeuge zerrüttet, wenn man es versäumt, Krankheitsstoffe, wodurch dieselben gefährdet werden, zu entfernen oder sie doch, so viel möglich, unschädlich zu machen. — Unter die Verwöhnungen rechnen wir: das Schielen oder Schiefsehen: die zu große Annäherung an die zu beschauenden Gegenstände, z. B. Lesen, Schreiben, Nähen, Sticken 2c.; das Blinzeln oder mit halb offenen Augen blicken 2c. Daher wieder Alles vermieden werden muß, was zu derlei Uebelständen nähere oder entferntere Veranlassung geben kann. — Es ist aber nicht genug, die Sinneswerkzeuge durch ungehemmte Entwickelung und Bewahrung ihrer natürlichen Vollkommenheit näher zu bringen und darin zu erhalten, sondern sie müssen auch durch Uebung gestärkt werden. Dieß gilt hauptsächlich von den feinern Sinnen des Gesichts und Gehörs, am allermeisten aber vom erstern. Daher Uebung im Scharfsehen, d. i. in Beobachtung und Unterscheidung aller, auch der feinsten Theile eines Gegenstandes, so wie im Weit- und Richtigsehen; dann im Hören, z. B. leise gesprochener Worte aus immer größern Entfernungen. Dieß Alles dürfte wohl zu empfehlen sein, und würde den Kindern eine eben so lehrreiche und nützliche, als angenehme Unterhaltung gewähren. Künstliche Stärkungsmittel als Ersatz für schwache und abgestumpfte Sinne, z. B. Augengläser, sollen jedoch nur im Falle wirklichen Bedürfnisses, und nach der Anweisung eines einsichtsvollen Arztes gebraucht werden, weil außerdem gar leicht mehr Schaden als Nutzen herbeigeführt werden könnte. (Sprüchw. 20, 12. Sir. 22, 23. 17. 5. Matth. 9, 29. 20, 34. Mark. 7, 32. 8, 23. Joh. 9, 6. 11, 15. 25.)

Sinnenbildung und Uebung. Der Anfang der geistigen Bildung des Kindes und der eigentlichen Uebungen des Denkens muß mit den einfach-sten und leichtesten Uebungen der Sinne gemacht werden. Die Kinder müssen Alles genau anschauen und so mit ihren Sinnen auffassen, daß sie sich klare und deutliche Vorstellungen davon bilden und dieselben in Worten bestimmt ausdrücken. Der Lehrer richte vorerst die Aufmerksamkeit seiner Kinder auf die sie zunächst umgebenden Gegenstände; zergliedere den vor das Auge gebrachten Gegenstand zuerst in seine natürlichen Bestandtheile und Kennmale und halte dann das Auge auf dem Einzelnen, Einfachen und Naheliegenden fest. Nach diesem verbinde er das Einzelne mit dem dazu Gehörenden, erweitere die Anschauung selbst und schreite zum Zusam-mengesetzten, Umfassenden und Entfernten fort. Ist jeder Theil genau betrachtet, dann werde er mit dem Worte bezeichnet. (S. Art. Anschau-ung und Anschauungsübungen.)

Sinn, innerer. Der Mensch besitzt nicht bloß das Vermögen, mit-tels der äußern Sinne die Gegenstände außer sich wahrzunehmen, sondern er kann sich auch seines eigenen innern Zustandes und der Veränderungen bewußt werden, die in seiner innern Welt vorgehen. Diese Fähigkeit, den eigenen innern Zustand wahrzunehmen, nennt man den innern Sinn. Wir wollen daher das Nöthige bezüglich auf diesen Sinn anführen, und zeigen, was die Erziehung zur Weckung und Belebung desselben beitragen kann und beitragen soll. — Die innere Welt des Menschen erscheint uns oft als ein sonderbares Gebilde von Neigungen, Begierden und Leiden-schaften, die sich gegenseitig durchkreuzen und widersprechen. In ihr waltet ein Gemisch von Lust und Unlust, von Hoffnung und Befürchtung, von Angst und Verlegenheit, so daß der Mensch nur zu oft sich selbst nicht versteht, und in einem solchen Falle nur zu leicht und ohne auf die Mah-nungen, Warnungen und Belehrungen Anderer, ja sogar ohne auf die vernehmliche Stimme seines Gewissens zu achten, blindlings bald zu dieser, bald zu jener Handlung fortgezogen wird. Um ihn nun dahin zu bringen, daß er sich selbst, wenigstens in den gewöhnlichsten Umständen und Ver-hältnissen, verstehen lerne, ist es wahrlich keine geringe Wohlthat, die man ihm erweiset. Es ist dieß aber auch kein unwichtiger Gegenstand, worauf die Erziehung ihr Augenmerk zu richten hat. Um dieses aber zu können, muß man auf die Quelle zurückgehen, aus welcher das trübe Wasser, d. i. die Neigungen, Begierden und Leidenschaften entspringen. Wie dieß ge-schehen könne und solle, haben wir oben (Art. Selbstkenntniß) nach-zuweisen gesucht, und verweisen daher den Leser dahin.

Sinn, religiöser. (S. Art. Religion und religiöse Bildung.) Wir setzen hier nur noch bei, daß dieser Sinn die einzige und sicherste Stütze des wahren menschlichen Glückes sei, und eben deßhalb auch am sorgfältigsten geweckt, gepfleget und erhalten werden müsse. Der religiöse Sinn, sagt Dinter, gibt dem Fürsten Demuth und Gerechtig-keit; den Unterthanen Ehrfurcht, Liebe, Treue, Dankbarkeit und Vertrauen. Er gibt dem Volke alle Tugenden, auf denen das Glück des gesellschaft-lichen Lebens beruht. Er gewährt Barmherzigkeit, Thätigkeit und Tapfer-keit; bewahrt uns im Glücke vor Stolz und Uebermuth und gibt uns

Muth in den Tagen der Trübsal; denn der Gedanke: Gott weiß es; er sieht meine Thränen; er legt mir Lasten auf und hilft sie tragen; er kennt mein Herz und meine Opferfähigkeit! ermuthiget uns im Guten und hält uns vom Bösen zurück. — Man denke sich ein Land, dessen Bewohner alle vom religiösen Sinn durchdrungen wären, und frage: würde es nicht unaussprechlich glückselig, nicht ein Vorgenuß des Himmels und seiner Seligkeiten sein? — Und sollten Eltern, Lehrer und Erzieher auch nur Einen Augenblick anstehen, ihren Kindern und Zöglingen, so frühe wie möglich, den religiösen Sinn einzupflanzen und zu befördern durch Wort und That? Gibt es etwas Köstlicheres auf Erden, als einen frommen Sinn? Ist er nicht mehr werth als alle Schätze von Gold und Silber, und könnte man der Nachwelt einen größern Segen bereiten, als wenn man Alles beiträgt, daß das jetzige Geschlecht durchdrungen würde von wahrer Frömmigkeit! Wer daher Gott verherrlichen und der Menschheit eine unversiegliche Quelle des Heils eröffnen will, der thue es!

Sinnenreize. (S. Art. Genußtrieb.)

Sinnlichkeit. Der Name Sinnlichkeit hängt mit dem Ausdrucke Sinn zusammen, und ist diejenige Seite der Seele, nach welcher sie dem Aeußern zugekehrt ist, Aeußeres wahrnimmt und vom Aeußern bestimmt wird, im Gegensatze der Vernunft. Sie umfaßt die sinnlichen Empfindungen, Gefühle, Begierden und Triebe. In sittlicher Beziehung versteht man unter Sinnlichkeit den Hang oder die pflichtwidrige Neigung zum Sinnlichen. Die Sinnlichkeit ist sonach die Neigung zu Allem, was uns angenehme Empfindungen durch die Sinne erzeugt. Das Wohlgefallen an Reichthum und Bequemlichkeit des Lebens, an Vergnügen, an Speisen und Getränken, welche den Gaumen kitzeln, an Ruhe, Glanz und Schönheit ꝛc., ist Wirkung äußerer Eindrücke auf unsere Sinne und ist somit Sinnlichkeit. Was nun aber sinnlich ist, das ist darum noch nicht sündlich; denn Gott hat dem Menschen die Sinne verliehen, daß er durch dieselben die Anmuth seiner Schöpfung empfinden, und durch weisen Gebrauch der irdischen Gaben seine Glückseligkeit auf Erden vermehren soll. Sündlich wird ein solcher Genuß erst, wenn dadurch ein heiliges Gebot verletzet oder übertreten wird. Der Wille Gottes und die Heiligkeit des Menschen besteht nicht darin, daß dieser die Blumen der Lebensfreuden, die Gottes Hand ihm darreicht, undankbar zertrete, sondern daß er Theil daran nehme und sie stets mit Mäßigung genieße; daß er dadurch seinen Geist stärke, und der Geist seine Herrschaft über die sinnlichen Triebe und Neigungen behaupte. — Was aber am Menschen fleischlich oder irdisch ist, das zieht ihn unaufhörlich zum Genuß der irdischen Lust, die nur durch den Leib empfunden wird; was aber an ihm Geist ist, das strebt zum Heiligen und Göttlichen hinauf, und sehnt sich nach dem Ewigen, weil es ihm verwandt ist. Deßhalb sagt auch der Apostel Paulus: „Das Streben des Fleisches ist Tod, aber das Streben des Geistes ist Friede. Deßwegen ist des Fleisches Streben Feindschaft gegen Gott, weil es sich nicht dem Gesetze Gottes unterwirft, und es auch nicht vermag. Gott kann deßhalb an denen, die nach dem Fleische leben, kein Wohlgefallen haben." (Röm. 8. 5. 8.) Die Quelle aller guten Neigungen ist also im Geiste des Menschen, dagegen ist die Quelle aller bösen Neigungen in seinem Fleische, d. i. in seiner Sinnlichkeit. Die Sinnlichkeit aber, als das wahrhaft Thierische an und im Menschen, soll dem Geiste unterthan sein, so wie der Himmel die Erde, und der Gedanke den Leib und seine Bewegungen regiert. Ist aber der Geist dem Leibe und den sinnlichen, d. i. thierischen Begierden untergeben, so hat er seinen göttlichen Ursprung verläugnet, und seiner erhabenen Bestimmung entsagt, — er wandelt auf der Bahn der Sünde. — Die gewöhnlichen Folgen der zu mächtig gewordenen Sinnlichkeit sind bei der Jugend: Unmäßigkeit, Naschhaftigkeit, Lüsternheit, Weichlichkeit und eine frühe Neigung zur Befriedigung des geschlechtlichen Triebes. — Eine zu mächtige Sinnlichkeit gleicht einem Feuer, das seinen Gegenstand schnell ergreift und ihn ganz verzehrt. Wie Oel das Feuer ernährt, wenn es in dasselbe geschüttet wird, so auch die Sinnlichkeit durch Unmäßigkeit im Essen und Trinken, durch romantische Lektüre und Müßiggang ꝛc. Wohl mag mitunter die herrschende Sinnlichkeit ihren Grund in einer zu großen Reizbarkeit des Nervensystems haben, allein sie kann doch ungeachtet dessen durch eine fehlerhafte Erziehung hervorgerufen und mächtig geworden sein. Um also gleich von vorne herein die Quelle aller jener schlimmen Folgen zu entfernen, hat der Erzieher im Allgemeinen Folgendes zu beobachten: Er verhüte bei Kindern, die einen Hang zur Sinnlichkeit zeigen, alles, was diese nähren kann; er vermeide alle Verzärtelung und Verweichlichung; er hüte sich, jeden ihrer Wünsche zu befriedigen, und ihre Phantasie mit Bildern von bevorstehenden sinnlichen Genüssen zu nähren; er suche sie frühe abzuhärten, an Beschwerden und Mühseligkeiten zu gewöhnen; er stelle ihnen bei jedem Anlasse die rohe Sinnlichkeit als verächtlich und erniedrigend dar, und gebe ihnen warnende Beispiele an Menschen, welche durch solche grobe Sinnlichkeit die Quelle jeder wahren Freude trübten und ihr Lebensglück zerstörten; er gebe ihnen Gelegenheit, mit Andern in Erduldung des Widrigen und Unangenehmen, z. B. der Witterung, der geringern Nahrung und mancherlei Entbehrungen zu wetteifern, und sorge schon frühe für wahre christliche Geistes- und Herzensbildung. In diesem Wenigen liegt, wenn es recht behandelt wird, der Weg zur Besiegung der Sinnlichkeit und zur Beherrschung seiner selbst. — Bei Kindern, bei welchen die Macht der Sinnlichkeit durch eine fehlerhafte Erziehung bereits herrschend geworden ist, suche der Erzieher der entarteten Sinnlichkeit auf physischem und religionssittlichem Wege zugleich entgegen zu treten. Er wende alle oben angeführten Mittel an, um den sinnlichen Trieb zu schwächen. Er stelle aber auch dem sinnlichen Triebe, der durch die körperlichen Reize so große Macht erhält, andere Reize entgegen, gebe dem kindlichen Streben eine andere Richtung, ein anderes Ziel, über welchem der alte Gang vergessen wird; verlasse jedoch nie den Kreis der kindlichen Thätigkeit und Einsicht, und wähle daher auch zuerst Gegenstände sinnlichen und schuldlosen Genusses, z. B. Spiele im Freien, womit sich anziehende Beschäftigungen des Geistes verbinden lassen. Die stete Beschäftigung des Geistes, wenn sie sich anders in der angewiesenen Sphäre zu behaupten weiß, ist auch hier sehr erheblich. Mögen indessen aber auch diese Geschäfte eine Zeitlang Abbruch leiden, so geht dadurch nicht nur allein nichts verloren, sondern es wird vielmehr ein großer Gewinn in sittlicher Beziehung herbeigeführt. Die Entwöhnung und Befreiung von Fehlern ist ungleich wichtiger, als jener geistige Verlust. Denn auf solche Weise wird das Giftkraut im Keime zertreten, ehe es gewaltig über den Kindern aufwächst, und sie mit seinem ungesunden Schatten betäubt und tödtet. Erweckt der Erzieher unvermerkt in dem Kinde den Sinn für geistige Freuden, und sucht er damit sein ganzes Wesen zu durchdringen, dann vermag er auch mit der ganzen Kraft höherer Belehrung und Aufmunterung zur völligen Bewältigung der Leidenschaft zu wirken. Uebrigens ist auch hier Sorgfalt und Wachsamkeit selbst beim Genusse unschuldiger Vergnügungen nicht genug zu empfehlen; denn nicht selten scheinen sie vor der Jugend unter Rosen zu tändeln, aber die Leidenschaft und Sünde lauern verborgen dahinter, um sie zu fangen und zu verderben. (S. auch Art. Mühe und Beschwerden.) (Spr. 6, 27. Jak. 1, 14. 15. Röm. 8, 6—9.)

Sinnliche Freudengenüsse. Diese Genüsse, wenn sie in christlicher Mäßigkeit und mit frommem Aufblicke zu Dem, der jede Freude gibt, genossen werden, können immer einen heilsamen Einfluß auf das jugendliche Herz und Leben, im Gegensatze aber auch viele Gefahren für dasselbe haben. Unzulässig sind alle Freudengenüsse, welche die Kinder dieser Welt aus der Quelle der Augenlust, der Fleischeslust und der Hoffart des Lebens schöpfen, denn sie kommen nicht vom Vater her, sondern von der Welt. Dahin gehören die sogenannten Schmausereien, Spiele, Tänze, kurzweilige Schwänke, die man nur zu oft unschädlich für die Jugend hält, und dabei nicht bedenkt, wie gar so leicht sie dieselbe auf den Weg des Verderbens hinüber leiten können. Nur zu oft führen sie das unbewachte jugendliche Herz von Gott ab, ersticken in ihm die Liebe für's Heilige und erfüllen es mit Eitelkeit und Thorheit. Freudengenüsse dieser Art verlöschen häufig des Glaubens Licht und die Gottseligkeit. Thöricht und unbesonnen handeln demnach diejenigen Eltern, welche ihre Kinder unbesorgt an solchen Freuden Antheil nehmen lassen. — Von den sinnlichen Freudengenüssen gilt auch, was Dinter sagt (Malw. S. 248): „Was der Mensch im Ueberflusse hat, muß man ihm nicht erst geben wollen. Naturgenuß, der die Gesundheit eben so sehr stärkt, als den Geist, Wechsel in angenehmer, die Kräfte spannender, aber nicht überspannender Arbeit, und wandeln im Odem der Eltern- und Lehrer-Liebe, dieß sind die eigentlichen Freuden der Kinderwelt. Uebermäßige Christgeschenke, Sinnen auf neue Spiele, Theilnahme an allen Ergötzungen der großen und kleinen Welt — sind Mittel, die Kinder um den wahren Lebensgenuß zu betrügen. Den Engeln im Himmel gibt Gott Kraft und Geschäft, aber weder Ball noch Schauspiel." Jede Freude, welche Kinder genießen, muß rein und heilig sein; jede andere soll daher fern von ihnen gehalten werden, wenn ihr Herz vor dem Gifthauche der Thorheit, Eitelkeit und Sünde gesichert bleiben soll. S. auch Art. Genüsse, sinnliche. (Spr. 10, 1. Tob. 11, 10. 11. Sir. 25, 20. Spr. 2, 14. Jsai. 3, 9. Luc. 16, 19. Pf. 62, 6. 1. Joh. 2, 17.)

Sitten — äußere, Bildung derselben. Hier treten uns gemeiniglich zwei einander entgegengesetzte Dinge entgegen, die von dem Einen Aeußersten in das andere fallen, und zwar: entweder Ueberschätzung oder völlige Nichtachtung der äußern Sitten. Es gibt Eltern, welche die Bildung des feinen Tones für die Hauptsache der Erziehung halten. Sie kennen daher nichts Wichtigeres, als ihre Kinder schon frühzeitig zu manieren und ihnen eine gefällige Form zu geben. Sie verlangen nicht, daß sie bescheiden, dankbar, freundlich-theilnehmend und dienstgefällig seien, sondern nur, daß sie sich von allem dem den Schein und das Ansehen zu geben wissen. Es wird deßhalb ein Verstoß gegen die Höflichkeit 2c. weit schärfer von ihnen gerügt, als die Uebertretung irgend eines göttlichen Gebotes oder offenbare Unsittlichkeit. Wissen sich die Kinder nur äußerlich einen guten Anstand zu geben, und mit heuchelnder Miene einem Jeden etwas Verbindliches zu sagen, so werden sie bewundert und als vollendete Muster einer guten Erziehung angestaunt, mag auch ihr Kopf noch so leer, ihr Wissen noch so oberflächlich und ihr Herz mit Thorheit und Eitelkeit angefüllt sein. Daß die Nachtheile einer solchen Ueberschätzung sehr groß sein müssen, liegt auf flacher

Hand. Denn solche Kinder werden auf diese Weise ihrer wahren Bestimmung entfremdet und zur bloßen blinden Nachäfferei abgerichtet. Es wird von ihnen nicht verlangt, daß sie wohlwollende Gesinnungen haben, sondern bloß den Schein derselben zur Schau tragen. Und eben dadurch wird in ihnen der Wahn begründet, ihre ganze Aufgabe bestehe lediglich darin — in dieser Welt ihr Glück zu machen, und dazu seien äußere Feinheit und manierliches Benehmen die Hauptsache, das höchste Ziel und einzige Mittel! — Es fehlt aber auch in unsern Zeiten nicht an Eltern und Erziehern, die in das andere Aeußerste fallen. Nicht nur betrachten sie, sagt Stapf (S. 274), die Regeln des Anstandes und der Konvention als einen leidigen Zwang, womit man die Jugend verschonen müsse, sondern sie gefallen sich sogar in der Rohheit und Ungebundenheit ihrer Kinder, und belegen ihre Unarten mit dem Namen der schönen und unverschobenen Natur. Ebenso spricht sich Milde (§. 169.) darüber aus, wenn er sagt: „Man erstaunt, wenn man sieht, wie in einzelnen Familien, in welchen sonst der feinste Ton des oft lächerlichen Ceremoniells herrschend war, der kleine Junker nun bloß seine Bequemlichkeit oder seine Lust gegen alle Regeln des Anstandes zum Maßstabe seines Betragens macht; wie Mütter, die selbst sehr gebildet sind, durch Modeprinzipien verleitet, die größten Sottisen ihrer Kinder belachen, und jeden Ausbruch der Zügellosigkeit und des wilden Ungestüms ungeahndet lassen.“ Man wird das Verwerfliche eines solchen verwilderten Benehmens ohne weitere Nachweisung begreiflich finden, Kinder, welche in einer solchen Rohheit aufwachsen, werden sich nur zu bald allen Ausschweifungen hingeben. Denn von Selbstverläugnung wissen sie nichts, da sie gewohnt sind, nur ihren natürlichen Trieben zu folgen, und dieß um so mehr, als sie weder durch Achtung gegen Andere, noch durch Rücksichten der Wohlanständigkeit geleitet werden. Gesetzt aber auch, daß sie ein besserer Schutzgeist vor ungebührlichen und entehrenden Handlungen bewahre, so werden sie dennoch durch ihr grobes und ungeschliffenes Wesen Andere zurückstoßen, sich dadurch Verachtung und Abneigung zuziehen, und es sich auf solche Art erschweren, entweder zu einem sonst angemessenen Wirkungskreise, oder einem bessern Fortkommen durch die Welt zu gelangen. Jedenfalls stoßen sie in der socialen Verbindung auf Hindernisse und Schwierigkeiten mancher Art. Schon das alte Sprichwort sagt: „Der Mensch mit rohen Sitten ist nirgends wohl gelitten.“ — Die Erziehung halte sich daher an die goldene Mittelstraße. Obwohl das Innere, ein durch die Religion veredeltes Herz, immerhin die Hauptsache ist und bleibt, so fordert doch auch die Religion selbst die äußerliche Darstellung einer liebevollen, bescheidenen und theilnehmenden Gesinnung; denn der Apostel sagt: „Die Liebe ist langmüthig und milde; sie beneidet nicht; sie ist nicht unbescheiden; sie blähet nicht auf; sie verletzt den Wohlstand nicht; sie ist nicht eigensüchtig; sie läßt sich nicht erbittern; sie denkt nichts Arges; sie hat nicht Freude am Unrecht, aber Freude an der Wahrheit und dem Guten; sie trägt Alles, sie hofft Alles, sie duldet Alles.“ (1. Cor. 13, 4—7.) Durch dieses Hervortreten ihrer innern Schönheit wird dann die Tugend selbst allgemein liebenswürdig und das Leben verklärt sich in ihrem holden Abglanze. Ja, selbst das eigentliche Konventionelle der Höflichkeit gewährt seinen Nutzen, denn es hält den Menschen in den festgesetzten Schranken, verhütet manches Unangenehme, und ist die äußere Darstellung des innern gesellschaftlichen Zusammenhanges, wodurch Jedem seine Stelle angewiesen und Alles schön geregelt wird. — Es fragt sich aber hier, auf was es hauptsächlich ankomme,

um das rohe, abstoßende oder duch wenigstens unbehülfliche Wesen im
geselligen Umgange zu entfernen?. — Vorerst müssen die Quellen verstopft werden, aus denen ein solches rohes Benehmen entspringt. Diese
sind bezüglich auf Rohheit: Hang zur Bequemlichkeit und Mangel an
Selbstverläugnung, zumal das verwöhnte jugendliche Alter sich nicht beschränken und sich keine Gewalt anthun will; Geringachtung Anderer
überhaupt oder doch einzelner Stände; Stolz auf Geburt, Reichthum,
auf vermeintliche Geistesbildung ꝛc.; jugendlicher Freiheitsschwindel, der
sich über alle Verhältnisse hinwegsetzt, und sogar in einer gesetzlosen Ungebundenheit, somit in der Schande seine Ehre sucht. Dazu kommt
endlich noch der Umgang mit rohen und entarteten Menschen. Wer mit
Verkehrten Umgang pflegt, wird auch durch sie verkehrt. — Dagegen
entsteht das Unbehülfliche im Umgange häufig aus Unwissenheit und Un-
kenntniß des Schicklichen und Konventionellen. Manchmal entspringt es
wohl auch aus Besorgniß, zu mißfallen. Wo diese Besorgniß herrscht,
da fehlt es auch an der Besonnenheit und Gegenwart des Geistes, und
diese ist eben darum Ursache, daß der Mensch um desto eher gegen den
erforderlichen Anstand fehlt. — Aus dem kurz Bemerkten geht nun auch
von selbst hervor, wie dem Uebel entgegengewirkt werden soll. Von der
frühen Angewöhnung der Kinder hängt wohl das meiste zu einem artigen Betragen ab. Sind die Kinder zum Gebrauch der Vernunft gekommen, und ist ihr Herz von wahrhaft religiösem Sinn und Leben
durchdrungen, so wird sich auch ihre Achtung und Liebe gegen jeden
Menschen kundgeben, d. h. sie wird aus dem Innern überströmen, und
jegliche Geberde wird den Charakter des Wohlanständigen an sich tragen. In lieblicher Einfachheit und fern von jeder Ziererei wird sich
im Umgange eines so gebildeten Menschen mit Andern das Offene,
Freundliche, Zuvorkommende, Theilnehmende, das Sanfte ꝛc., und wie
die verschiedenen Aeußerungen der Einen Liebe auch immer heißen mögen, in seiner eigenthümlichen Anmuth darstellen. Ganz besonders wird
sich dieser religiöse, menschenfreundliche Sinn in ehrerbietiger Haltung
gegen Höhere offenbaren. Um jedoch dem veredelten Gemüthe diese
Offenbarung zu erleichtern, wird auch der Unterricht hinsichtlich des Natürlichen und Konventionellen die Hand bieten müssen. Der Lehrer un-
terweise also die Kinder, wie sie sich in der Kirche, zu Hause, bei Tische,
bei Besuchen und gegen jeden Menschen, wessen Standes er sei, zu betragen haben. Dieß geschieht durch mündliche und schriftliche Belehrungen; durch öfteres Hinweisen auf das Betragen gebildeter Menschen,
und besonders durch das Beispiel der Eltern und der Personen, in deren Umgebung sich die Kinder befinden. Daß es auch der Lehrer an
seinem Beispiele nicht ermangeln lassen dürfe, versteht sich wohl von
selbst. — Ist nun das kindliche Herz vom Geiste der Religion durchdrungen und von ungeheuchelter Achtung und Liebe gegen jeden Menschen erfüllt, so wird es wohl überflüssig zu sein scheinen, die Kinder vor
Aeußerung solcher Gesinnungen und Gefühle warnen zu müssen, die
ihrem Herzen fremde sind. Allein nichts ist in der Welt gewöhnlicher,
als Heuchelschein, besonders in höhern Ständen, wo man sich nur zu
oft mit dem Munde Achtung und Verbindlichkeiten zusichert, von welchen
das Innere nichts weiß. Es muß also auch hier wieder dem Einzelnen
schwer fallen, vom Strome der herrschenden Sitte der Welt nicht mit
fortgerissen zu werden. Indeß ist es keine Heuchelei, wenn Kinder schon
frühzeitig angehalten werden, Jedem zu begegnen, wie es sich ziemt, und
sich alles dessen zu enthalten, was unanständig ist. Solchen Angewöhnungen läßt sich in der Folge leicht der belebende Geist ächter Sittlich-

keit einhauchen. Eben so wenig ist es Verstellung, wenn Kinder sich auch im spätern Alter der gewöhnlichen Höflichkeiten und Begrüßungen gegen sich und Andere bedienen. Denn diese gleichen den herabgesetzten Münzen, und gelten mehr nicht, als wie sie im täglichen Verkehr genommen werden. Wohl aber würde da Verstellung stattfinden, wenn die Höflichkeitsbezeugungen rc. im Widerspruche mit der Gesinnung stünden. Vor diesen Schlangenwindungen des eitlen Weltsinnes muß demnach die Jugend sorgsam bewahret werden. Diese Bewahrung ist nun aber wieder einzig nur durch tiefgegründete Religiosität möglich; denn nur die Religion ist die reinste Quelle, welcher Achtung und Liebe gegen jeden Menschen, und Ehrfurcht gegen Höhere entströmt. Wird also dafür gesorgt, daß das kindliche Gemüth schon frühe den Geist der wahren Religiosität in sich aufnehme, und derselbe in ihm herrschend werde, so werden die Kinder auch von den feinen Manieren des Trugs, der Eitelkeit und des Eigennutzes rein erhalten werden. Wer immer von diesem Geiste durchdrungen ist, dessen schöne Seele wird sich auch äußerlich als schön darstellen; denn sagt Sailer, die Wahrheit, die in seinem Innern lebt, ist im Äußern Schein geworden, aber kein leerer, denn auch, was durchscheinet, ist Wahrheit. Und das ist die Politeße (Feinheit, Artigkeit) des guten, des gebildeten Mannes, die im Menschen Gottes Bild ehrt, fremde Leidenschaften besänftiget, oder ihnen zuvorkommt, — die sich nach Fenelons Musterbilde in alle Formen bilden kann, ohne die Form der Tugend zu verlieren." (Moral. B. 3. Lehre vom Dekorum.) — Noch muß gefragt werden, wie weit diese äußere Bildung auszudehnen sei? Hier unterscheidet sich die negative von der positiven Seite derselben. In ersterer Beziehung gestattet diese Bildung keine Grenzen, zumal ein Jeglicher Alles vermeiden lernen soll, was unschicklich, anstößig und für Andere beleidigend ist. In der letztern Beziehung hingegen muß das Alter, das Geschlecht, der Stand und überhaupt die äußern Verhältnisse der Kinder berücksichtiget werden. So widerlich es ist, wenn Kinder sich in Gesellschaften bereits wie Erwachsene gebärden, eben so widerlich ist es auch, wenn Menschen aus niedern Ständen die Feinheiten der Höhern nachäffen. Der natürliche Ausdruck des Wohlwollens ist zwar immer derselbe, allein sein Strahl bricht sich in verschiedene Farben an der in der socialen Verbindung eingeführten Konvention. (Sir. 32, 3. und 31, 22. Röm. 12, 10. Spr. 26, 7. rc.) Man sehe auch Art. Höflichkeit.

Sittenbücher. Zu einer wohlgeordneten Schuleinrichtung wird erfordert, daß der Lehrer ein besonderes Buch habe, in welches er Alles fleißig einträgt, was er hinsichtlich der Schule, des Unterrichts und der Erziehung der Kinder überhaupt, oder insbesondere in Beziehung auf einzelne Schüler zu bemerken hat. Besonders ist in ein solches Buch einzutragen: welche Kinder die Schule nachlässig besuchen; welche öfters zu spät kommen; welche ihre Arbeiten entweder gar nicht oder schlecht geliefert; welche ihre Sachen nicht auswendig gelernt, die an sie gemachten Aufträge nicht erfüllt, oder Störungen im Unterricht gemacht oder Unwahrheiten gesagt haben; welche Verordnungen gemacht, welche Strafen angewendet, welche Schüler weiter befördert oder zu fördern, und welche Lehrstoffe vorbereitet sind. Harnisch hält es für falsch, so wie regelmäßige Abwesenheitsbücher, auch regelmäßige Sittenbücher zu führen, worin jeder Schüler alltäglich seine Striche und Punkte bekommt. Verwerflich ist es, setzt er bei, auf solche Punkte und Striche ein Urtheil über einen Schüler zu gründen, wohl gar darnach die Schüler in gewisse Sittenklassen einzutheilen, und sie nach diesen Strichen und Punkten an

ſchwarze oder weiße Bretter, oder in Todten= und Lebensbücher für dau=
ernde Zeiten einzutragen. Die Gründe, um derentwillen dieſer aus=ge=
zeichnete Pädagog ſolche Vorkehrungen verwirft, liegen zu nahe, als daß
wir es für nothwendig erachten könnten, ſie hier beſonders nachzuweiſen.
Sittengeſetz. Sittenlehre. (S. Art. **Religionsunterricht.**)

Sittenklaſſen. Allerdings iſt es nöthig, daß da, wo mehrere Lehrer
an einer Anſtalt arbeiten, der Hauptlehrer einen Ueberblick über den
Zuſtand der einzelnen Schüler gewinne. Es iſt deßhalb zweckmäßig,
daß zu gewiſſen Zeiten die Lehrer Liſten über den Fleiß, die Fort=
ſchritte und das Betragen der Kinder ausfertigen. Nicht unzweckmäßig
iſt es auch, daß daraus den Eltern das, was ihre Kinder betrifft, zu
gewiſſen Zeiten mitgetheilt werde. (S. Art. **Cenſur.**) Aber die öffent=
liche Mittheilung der Sittenklaſſen von den ſämmtlichen Kindern iſt ſehr
bedenklich, und zwar um ſo mehr, je genauer und gründlicher die Cen=
ſuren ſich auf die Geſinnungen derſelben einlaſſen. Ganz verwerflich
ſind ſie, wenn ſich die Mittheilung derſelben an die öffentliche Prüfung
anſchließt, oder gar mit allerlei ſtehenden Belohnungen oder Beſtrafungen
verknüpft iſt. Die Sittenklaſſen ſind und bleiben ſonach in der Regel
ein ſehr bedenkliches Disciplinarmittel, und dürfen nur dann empfohlen
werden, wenn ſie von einem weiſen Lehrer veranſtaltet würden: aber in
der Hand eines unklugen und vom weltlichen Sinn beherrſchten Schul=
mannes arten ſie in reines Verderbniß aus. Dieß liegt in der Natur
der Sache und die Erfahrung hat es genugſam beſtätigt.

Sittlichkeit. (S. Art. **Sittliches Gefühl.**)

Sittlicher Charakter. (S. Art. **Charakter.**)

Sittlicher Umgang. (S. Art. **Umgang**)

Sittlicher Werth. (S. Art. **Innere Güte.**)

Sittſamkeit. (Anſtändiges äußeres Betragen, Sittigkeit.) Sittig
werden ſollen unſere Kinder; ſie ſollen ſich durch Holdſeligkeit ihres
Wandels auszeichnen und Alles vermeiden lernen, was auf Andere
einen unangenehmen und widrigen Eindruck machen kann. Zu einem
ſolchen anſtändigen und ſittigen Betragen der Kinder wird wohl auch
hier wieder das elterliche Haus den Grund legen müſſen. Beſonders
muß ſich die Mutter es angelegen ſein laſſen, ihren Kindern durch hold=
ſeligen Wandel ein nachahmungswürdiges Beiſpiel zu geben. Sie ſoll in
Allem, alſo auch in dieſem Stücke die Seele ihrer Familie ſein. Doch
ohne Religion iſt keine Tugend im vollen Sinne des großen Wortes,
ſondern nur Verhältniß= und Klugheitsſache. Erſt Religiöſität verbreitet
über unſere Handlungen etwas Höheres und Göttliches. Eine Mutter
ſteht nur dann ehrwürdig da, wenn ſie mit frommem Sinne denkt, lebt
und handelt; wenn ſie innig und freudig hält an dem Glauben, den uns des
ewigen Vaters Eingeborner gab, an den Hoffnungen, die Er uns nach
ſeiner Liebe offenbarte. Ohne dieſen Glauben iſt jede Mutter ohne
Werth. Hält ſie aber feſt an demſelben, ſo wird ſie ihn wohl auch dem
weichen Herzen ihrer Kinder einzuprägen ſuchen. An der Hand dieſes
Einen beſeligenden Glaubens wird ſie für ihre Kinder ein Bild der Zucht
und Sittſamkeit ſein. Und dieß dürfte in unſern Tagen nm ſo nöthiger
ſein, da die Schamloſigkeit das Angeſicht frech über Märkte und Straßen
trägt, und die Mode nicht gewaltiger als die angeborne Scham=
haftigkeit iſt. Sittſamkeit, aus der Quelle der Reinigkeit des Gemüthes
hervorgehend, iſt ein köſtlicher Schmuck des Weibes; wo er einmal ver=
loren iſt, da erſetzt ihn kein Glanz der Juwelen und kein goldenes Ge=
ſchmeide. Durch die Strenge der Sittſamkeit, dieſer liebenswürdigen
Eigenſchaft einer chriſtlichen Mutter, erſcheint ſie ihren Hausgenoſſen

als ein ehrwürdiges, höheres Wesen, und macht diese Tugend mehr als durch Worte und Lehren im Gemüthe ihrer Kinder einheimisch. Und hat sie nur erst da ihre Wohnung aufgeschlagen, so wird sie sich auch in allen äußern Verhältnissen auf eine liebliche Weise offenbaren. — Daß auch die Schule zu einem sittsamen Betragen der Kinder viel beitragen könne, wird Niemand in Abrede stellen, wenn namentlich der Lehrer es nicht an Hinweisungen, Lehren und Ermahnungen, und nöthigen Falls an Strenge mangeln läßt. Sein Einfluß auf die Kinder ist übrigens hier mehr nega-tiver als positiver Art. (1. Cor. 15, 33. Ephes. 4, 29, 30. Gal. 5, 16. rc.)

Situationen, gefährliche. Wir haben früher gezeigt, daß die Ent-wickelung und Erweiterung, die Erhöhung und Stärkung des religiösen Gefühls in der Erziehung die Hauptsache sei. Dieß zeigt sich · aber auch besonders in den gefährlichen Situationen der Jugend am deutlich-sten. Unter den gefährlichsten Situationen treten uns hier hauptsächlich zwei vor das Auge, nämlich die des erwachenden Geschlechtstriebes und der Ehrbegierde, sie mag sich auf was immer für Gegenstände im Leben werfen. Steht den Kindern der Schutzengel der Religion nicht bei, was soll sie retten? — Die aufblühende Jugend, sagt Sailer, ist in der Hand der Begierde, und die Begierde — ein Riese, der sie zerdrückt, ehe sie es ahnet. Himmel und Erde trauern; denn Blüthe und Baum sind unwiederbringlich dahin! — Darum ist und bleibt es ewig wahr: Nur Religion, wie sie Christus vom Himmel auf die Erde herabbrachte, setzt der Menschenbildung die Krone auf, und ist die sicherste Schutzwehr für die Jugend in den bezeichneten gefahrvollen Situationen des Lebens. Daher kann auch kein Erziehungsmoment größer und wichtiger sein, als die Entwickelung, Erweiterung, Erhöhung und Stärkung des religiösen Gefühls. (S. d. Art.)

Sitzordnung. Das Sitzen der Kinder nach Classen ist für einen gedeihlichen Unterricht noch nicht ganz hinreichend, sondern ·es kommt mitunter auch sehr viel darauf an, in welcher Ordnung sie in der Schule sitzen. Es versteht sich von selbst, daß, wo beide Geschlechter in einer Schule gemeinschaftlich unterrichtet werden, sie getrennt oder abgesondert sitzen müssen. Allein auch die Classen selbst dürfen nicht vermengt werden, weil sie der Lehrer nothwendig bei seinem unmittelbaren Unterrichte bei-sammen haben muß. Es hat sonach eine jede Classe ihre eigenen Bank-reihen hinter einander. Um jedoch die fähigern Kinder wie die minder fähigern desto leichter zu übersehen, und um die Schwächern durch die Stärkern gehörig zu unterstützen, sorgt der Lehrer dafür, daß nach Denzels und Dinters Vorschlag neben das unfähigere Kind ein fähigeres aus derselben Classe zu sitzen komme, damit es nachhelfe und die Anordnungen des Lehrers vollziehe. Diese Einrichtung kann übrigens vom Lehrer so getroffen werden, daß er, wenn er es für nöthig erachtet, eben so gut die fähigern als die unfähigern Kinder entweder der ersten oder zweiten Abtheilung heraustreten lassen und sie stehend unterrichten kann. Setzt dagegen der Lehrer die bessern Schüler zusam-men, und schenkt er ihnen auch, wie dies häufig geschieht, eine größere Aufmerksamkeit, so versündiget er sich gegen den pädagogischen Takt, und trägt selbst oft gegen seinen Willen dazu bei, daß sich die unfleißigen desto eher verbergen können, und daß gerade diejenigen, die am meisten angespannt werden sollten, vernachlässiget werden. Die hintern Plätze sind, wie Zeller bemerkt, die eigentlichen Ehrenplätze, indem man den-jenigen Schülern, welchen sie zugewiesen werden, dadurch zu verstehen gibt, daß man das Vertrauen in sie setze, sie werden auch ohne nähere Aufsicht ihre Pflicht erfüllen. (S. auch Art. Schulklassen.)

Sklavischer Sinn. Wie Kinder durch eine rauhe und harte Behandlung zaghaft und blöde, verschlossen und düster werden, eben so leicht wird auch dadurch in ihnen ein sklavischer Sinn erzeugt. Ein Kind, welches sich unter einer solchen harten und zurückstoßenden Behandlung immer nur demüthigen muß, traut sich selbst kein Urtheil mehr zu, läßt sich zu einem blinden Werkzeuge Anderer machen, wird kriechend-unterwürfig, und läßt sich von bloßer Furcht leiten und regieren. Es ist gehorsam und ergeben, aber nicht aus freiem Antriebe; es unterwirft sich fremdem Willen, aber nur, weil es nicht anders kann; es thut, was ihm aufgetragen ist, allein nur aus dem Grunde, um den unangenehmen Folgen, die es fürchtet, zu entgehen. Die Liebe, die bei einem sklavischen Sinn keinen Eingang findet, bleibt ihm fremd, und wenn es auch nicht geradezu bis zur völligen Abneigung und zum Hasse herabsinkt, so fällt es wenigstens einer kalten Gleichgültigkeit anheim, und das, was man Zärtlichkeit oder Herzlichkeit zu nennen pflegt, findet keinen Eingang in sein Gemüth. Ja, sagt Handel, je herzlicher, liebevoller, zutraulicher und hingebender Kinder besonders von tieferer Naturart bei richtiger Behandlung zu sein pflegen, desto sklavischer, liebeleerer und herzloser werden sie durch Härte. (S. Art. Härte.) Der Erzieher halte sich daher gleich fern von einer harten und zurückstoßenden, als einer zu zärtlichen Behandlung. (Job. 21, 9. Weish. 17, 12. 1. Joh. 4, 12.)

Sonderung der Geschlechter ꝛc. (S. Art. Sitzordnung.)

Sonntagsschulen waren vor nicht langer Zeit noch eigentlich Nothbehelfe, hauptsächlich in solchen Staaten, wo das Volksschulwesen nicht gehörig eingerichtet und für die regelmäßige Theilnahme der Jugend am Schulunterrichte in den Wochentagen nicht ernstlich gesorgt werden konnte. Weil es allenthalben Lehrlinge und Dienstboten gibt, deren Geistesbildung vor dem Empfange des heiligen Abendmahls vernachläßiget wurde, und an Fabrikorten die Kinder, die man an den Werktagen zur Arbeit braucht, die öffentliche Schule gar nicht besuchen können, so hat man hie und da die Einrichtung getroffen, daß derlei Kinder des Sonntags einige Stunden lang im Lesen, Schreiben, Rechnen und der Religion unterrichtet werden. Dieß ist theils auf Befehl der Regierung, theils freiwillig für die aus der Schule entlassene Jugend geschehen. Solche Schulen wurden zuerst 1781 in England durch den Prediger Stock und den Buchhändler Raikes, für die Kinder der Armen und Fabrikarbeiter durch die Armenpfleger und wohlthätige Gesellschaften veranstaltet. Sonntagsschulen, wie sie in den Zusammenhang einer zweckmäßigen Verfassung des Volksschulwesens gehören, müssen aber Gelegenheit zur vollkommenen Ausbildung in nützlichen Kenntnissen und Fertigkeiten für die der Schule entwachsene Jugend sein, damit diese nicht nur vor dem unter der Last der Werktagsarbeit gewöhnlichen Vergessen des in der Schule Erlernten bewahrt, sondern auch weiter geführt werde, als es in den Kinderjahren geschehen kann. — „Ob es wohl gethan war, sagt Kelber (S. 87), Sonntagsschulen einzuführen, das will ich dahin gestellt sein lassen. — So viel ist gewiß, Christus, der Herr des Sabbaths, hat sie nicht errichtet, seine Apostel eben so wenig; auch sind sie nicht Gottes Anordnung, sie sind vielmehr der göttlichen Anordnung entgegen. Denn von Gott ist der Sonntag zum Ruhetag bestimmt, und der Mensch soll ihn heiligen. Durch die Sonntagsschule hört er auf, ein Ruhetag besonders für den Lehrer zu sein, und wenn er auch durch dieselbe nicht entheiliget wird, so greift sie doch störend ein in die öffentliche und häusliche Gottesverehrung. An Sonntagen soll das Kind ausschließend den Geistlichen und Eltern anheimgegeben bleiben. Und dem Lehrer wolle man doch auch seinen

Ruhetag gönnen, den Gott für jedes Lastthier zu einem solchen bestimmte, und dessen sich der Höchste bis zum Niedrigsten erfreut." Damit stimmt auch Zeller überein, wenn er sagt: Eigentlicher Unterricht soll in der Sonntagsschule nicht gegeben werden, denn das ist Werktags- nicht Sonntagsgeschäft. Die Sonntagsschulen müssen dem Zweck und der Feier des Sonntags angemessen sein, und die Verbindung des Schullehrers mit seinen entlassenen Schulkindern auf eine angenehme und gesegnete Weise unterhalten. (B. l. S. 167.) *) So könnte und sollte es allerdings sein. — Allein was ist hierinfalls zu thun, wenn die Jugend nicht wieder das Meiste von dem vergessen soll, was sie in der Werktagsschule mühsam erlernt hat? Wohl sind unsere Schulen dermal besser und zweckmäßiger eingerichtet als früher, und der Schulbesuch ist in jeder Beziehung geregelter. Doch können auch die besten Schulen unter der Leitung trefflicher Lehrer weder die Volksbildung vollenden, noch das Gedeihen der Aussaat, die sie gestreut, verbürgen, wenn nicht Anstalten getroffen werden, daß für die Jugend ein fortbildender Unterricht festgesetzt wird. Die Kürze der Schulzeit ist an vielen Orten ohnehin ein großes Hinderniß gründlicher, nachhaltiger und fortschreitender Bildung. Dennoch würde das, was bis ins dreizehnte Lebensjahr geleistet werden kann, erwünschten Erfolg haben, wenn theils die Volksschule sich auf eine gründliche Behandlung dessen, was wesentlich und unerläßlich ist, weislich beschränkte, theils die Nothwendigkeit, das angefangene Werk fortzusetzen, die Jugend weiter zu leiten, allgemeinere Anerkennung fände. Meist werden die Kinder aus der Schule entlassen, wenn die Bildungsfähigkeit noch in ihrem ersten Stadium ihrer Entwickelung steht, in dem empfänglichsten, reizbarsten, der Versuchung am meisten ausgesetzten, also im gefährlichsten Alter. Viele treten alsbald in Dienste, die ihnen keine freie Zeit zur geistigen Thätigkeit gewähren, manche zu andern willführlichen und zufälligen Geschäften. Am besten daran sind in der Regel die, welche, längere Zeit im elterlichen Hause verweilend, unter gewohnter Leitung an den Arbeiten der Eltern Theil nehmen. Allein für diese ist gar oft, zumal auf dem Lande, der Austritt aus der Schule eine Freilassung, die ihnen auch eine wenig beschränkte Theilnahme an den Lustbarkeiten der Erwachsenen gestattet. Dazu kommt, daß unverständige Eltern, deren es leider noch so viele gibt, die Erziehung und den Unterricht für vollendet halten, sobald ihre Kinder aus der Schule entlassen sind. An eine weitere zweckmäßige Geistesbeschäftigung, an eine freiwillige Wiederholung des in der Schule Gelernten und Geübten, wird selten mehr gedacht. Leibliche Arbeiten und nach denselben jede beliebige Erholung und Zerstreuung ist dann wohl auch die Hauptsache, und die alberne Meinung, daß man die jungen Leute, so lange es möglich ist, sich erholen lassen müsse, wenn sie es nur nicht gar zu arg machen, leidet die unbeschränkteste und betrübendste Anwendung. Darf man sich noch wundern, daß die jungen Leute, kaum der Schule entwachsen, sich Alles erlauben, und jeden noch übrig gebliebenen Zwang abzuschütteln suchen, die angefangene Bildung nicht fortsetzen, die günstigen Eindrücke, welche des treuen Lehrers Unterricht und Zucht zurückgelassen hat, allmählig austilgen, und sich in den ersten Jahren nach der heiligen Communion durch Zügellosigkeit auszeichnen,

---

*) In der allgemeinen Schulzeitung (August 1820, S. 781 ff.) ist hierüber eine sehr beachtenswerthe Stimme zu vernehmen. Auch in der Schrift von Fuchs: Die Sonntagsschule und die Sonntagsfeier, Nürnberg 1826, wird diese Sache ernstlich besprochen.— In England möchten die Sonntagsschulen eher als in Deutschland an ihrem Orte sein.

2*

bis die Zeit kommt, wo Viele ihren Irrthum zu spät erkennen und bereuen. Sollte Kirche und Staat einer solchen frühen Verwilderung des jüngern Geschlechtes nicht in allem Ernste zu steuern suchen? Oder soll die Saat, welche die Schule auf Hoffnung einer reichen Aernte gestreut, sogleich nach der Entlassung der Kinder aus der Werktagsschule wieder zernichtet werden? — Nein, Staat und Kirche haben sich in dieser Beziehung treu die Hand geboten. Durch Sonntagsschulen ist in Städten und auf dem Lande wenigstens in so weit geholfen worden, daß der in der Werktags= schule ertheilte Unterricht fortgesetzt und die Jugend beiderlei Geschlechts in heilsamer Erkenntniß erhalten und weiter gebracht werden kann. Nach den bestehenden gesetzlichen Bestimmungen ist das jüngere Geschlecht ge= halten, die Sonntagsschule bis ins siebenzehnte Lebensjahr zu besuchen. Und diese gewährt wenigstens den Vortheil, daß nicht mit dem Schul= staube alle Fesseln der Zucht abgeschüttelt werden. Der Lehrer hat nun Gelegenheit, der reifern Jugend, die nicht mehr unter seiner speciellen Aufsicht und Leitung steht, auf mannigfaltige Weise zu nützen und der, von ihm ausgegangenen Elementar= Schulbildung den erforderlichen Nachhalt zu geben. Manches, was das bürgerliche Leben in Anspruch nimmt, und was in dem kurzen Schullaufe entweder gar nicht oder doch nur kurz berührt werden konnte, kann hier auf eine heilsame, Geist und Herz bildende Weise mitgetheilt und näher entwickelt werden. Freilich treten dem Besuche der Sonntagsschule auch wieder mancherlei Hemmungen und Schwierigkeiten entgegen, die sodann das dadurch beabsichtigte Gute, wenn nicht ganz, doch wenigstens theilweise vereiteln. Statt daß unsere jungen Leute die Gelegenheit zu ihrer weiteren Fortbildung freudig benützen sollten, lassen sie dieselbe undankbar vorübergehen; Dünkel, Trägheit und Zerstreuungslust ziehen sie vielfach von bildenden Beschäftigungen ab, und man ist genöthiget, nur zu oft zum Zwange seine Zuflucht zu nehmen. Und da kann allerdings nach dem alten Sprichworte: invitis canibus non est venandum, nur wenig ausgerichtet werden. Ferner ist es für die Dienenden oft schwer, die Sonntagsschule zu besuchen, besonders wenn Dienstherren ungern die Hand dazu bieten. Dazu kommt noch der Um= stand, daß der Unterricht nicht über eine und eine halbe Stunde dauern darf, so daß namentlich da, wo die Zahl der Schüler und Schülerinnen groß ist, der Lehrer sich mit Einzelnen kaum einige Minuten lang beschäf= tigen kann. Die Schulzeit kann aber auch an Sonntagen nicht wohl verlängert werden, wenn man der Jugend nicht alle Erholung und schuld= losen Freuden, die man ihr wohl gönnen mag, ganz entziehen und ver= kümmern will. Soll daher die für die Sonntagsschule bestimmte Zeit weise und segensvoll benützt werden, so wird es wohl gethan sein, wenn nach Zeller vom Lehrer gemeinschaftliche Lese=, Schreib=, Gesang= und Aufsatzübungen ꝛc. vorgenommen, Erzählungen aus der Geschichte der Heiligen oder den Lebensläufen merkwürdiger Menschen aller christlichen Jahrhunderte ꝛc. vorgetragen oder vorgelesen und mit der nöthigen Anwen= dung verbunden werden. Auf solche Weise sind die Sonntagsschulen dann auch dem Zwecke und der Feier des Sonntags angemessen und, wenn überhaupt das, was zur wahren Geistes= und Herzensbildung gehört, nach dem Sinne des Christenthums fest im Auge behalten und mit allem Eifer betrieben wird, werden gewiß auch vom Besuche der Sonntagsschule genuß= reiche Früchte zu erwarten sein. Da überhaupt die Ausbildung des Gei= stes und sonach auch die Uebung der schönen Künste und Wissenschaften gewiß nicht zu den knechtischen Arbeiten gerechnet werden dürfen, welche die Sabbathruhe stören, und, wie oben gesagt, gerade die heranreifende, aus der Schule entlassene Jugend am meisten der geistigen Pflege bedarf, wozu an den Wochentagen wenig oder keine Zeit übrig bleibt, so möchten gerade solche Sonntagsschulen, welche neben den gegebenen Uebungen sich auch auf das Zeichnen erstrecken, höchst vortheilhaft sein, zumal dadurch die Jugend von vielen Gelegenheiten zur Entheiligung des Sonntags und später Reue auf's kräftigste abgehalten wird.

Spannung (die Kinder darin zu erhalten). S. Art. Bildung des intellektuellen Gefühls.

Sparsamkeit. Es gibt gewisse Tugenden, mit deren Empfehlung Eltern und Erzieher sehr sparsam sein müssen, weil sie so nahe an das Laster grenzen, und leicht ihre Schranken überschreiten. Dahin gehört besonders die Sparsamkeit, die als die Mittelstraße zwischen Verschwendung, Geiz und Habsucht, in der weisen Beschränkung der Ausgaben, nach dem Verhältnisse des Eigenthums und der Bedürfnisse besteht; aber so leicht ein unmäßiges Begehren und Vermehren des Eigenthums erzeugt, und die Liebe zum Gelde zum herrschenden Princip der Seele macht. Eltern, besonders Mütter, empfehlen bei allen Gelegenheiten ihren Kindern, sparsam zu sein, und rühmen diese schöne Tugend einer verständigen Haushaltung auch ihren Kindern für die kleinen Ausgaben an, die diese von den Ersparnissen ihrer Geburts = oder Namenstagsgeschenke und Neujahrsgaben machen möchten. Sie halten Sparbüchsen, für welche jeder Groschen zurückgelegt und so lange gespart wird, bis ein blankes Silber = oder Goldstück dafür eingewechselt werden kann, dessen öftere wohlgefällige Beschauung nicht selten einen bleibenden Eindruck auf das kindliche Gemüth macht. Hier steht nun das Kind schon an der Grenze, und es bedarf nur noch eines kleinen Schrittes, eines zufälligen Ereignisses, so hat das unscheinbare Samenkorn zu Habsucht und Geiz Wurzel gefaßt. — Die Sparsamkeit ist allerdings eine nothwendige und schöne Tugend, die nur sammeln will, um nicht Mangel zu leiden und Mittel zu haben, sich und Andern zu helfen. Sie erwächst aus der richtigen Schätzung dessen, was wir besitzen; daher kann ein Mensch bei aller Sparsamkeit doch mildthätig und freigebig, und bei aller Verschwendung doch hart und filzig sein. Das zeigt sich schon bei verabsäumten Kindern; denn weil sie das, was sie erhalten oder besitzen, nur auf sich selbst beziehen gelernt haben, so kennen sie von ihrem Besitze keinen andern Gebrauch, als den sie davon für sich selber machen, und die Folge davon ist Verschwendung für sich selbst, und Geiz gegen Andere. Dem nun eigentlich haben Eltern und Erzieher zu begegnen, indem sie die Kinder zu einer richtigen Schätzung ihres Besitzes und zu der daraufgegründeten Sparsamkeit anleiten, die sich denn auf Alles erstrecken muß, was sie in ihrem Gebrauche haben. — Kinder achten in der Regel wenig darauf, sobald es darauf ankommt, ihre Lust, ihren Muthwillen damit zu befriedigen; aber sie sind unwillig und ungehalten, wenn ein anderes Kind davon Gebrauch machen wollte. Vor allen Dingen muß es ihnen ein geläufiger Gedanke werden, daß, was sie besitzen und im Gebrauche haben, ihnen von ihren Eltern zu einem bestimmten Zwecke zu Theil geworden sei, und daß es die Eltern selbst haben anschaffen müssen. Sie müssen angehalten werden, auch das Geringste, was sie haben, nur zu dem Zwecke anzuwenden, zu dem es ihnen gegeben ist, und wozu es seiner Natur nach dienen soll. Was überhaupt zur Erreichung eines Zweckes tauglich ist, muß in ihren Augen einen Werth haben, besonders wenn es zu diesem Zwecke angeschafft worden ist. Sie müssen also schonend damit umgehen, es gehörig verwahren, daß es nicht verloren oder unnöthiger Weise verdorben werde, und das von dem Schiefer und Bleistifte an bis zu dem theuersten Buche, das sie in der Schule brauchen. Lernen sie nur den Zweck achten, zu

welchem überhaupt etwas dienen soll, so werden sie auch geneigt, diesen
Zweck bei Andern befördern zu helfen, und eben dadurch gefällig und
dienstfertig. Ein Kind aber, welches so seine eigene Sache richtig schätzt,
wird dieß auch in Beziehung auf das Eigenthum Anderer thun. — Wollen
also Eltern und Erzieher die Tugend der weisen Sparsamkeit ohne Nachtheil für die sittliche Bildung ihrer Kinder und Zöglinge begründen, so
müssen sie ihr ein Gegengewicht geben in der Empfehlung und Anregung
der thätigen Menschenliebe. Dieß kann besonders geschehen bei großen
und viel besprochenen Unglücksfällen, z. B. Brand und Ueberschwemmung,
womit die Belehrung verbunden wird, wie wenig Geld und Gut den
Menschen glücklich mache, wie verächtlich der Geiz und die Habsucht seien,
und zu welchen Lastern sie verleiten. Uebrigens wird hiebei auch auf die
besondern Anlagen und Neigungen, die beobachtet sein wollen, viel ankommen, um das Mehr oder Weniger in der pädagischen Verfahrungsweise
zu bestimmen. Um den Kindern die Tugend der Sparsamkeit in christlicher Weise einzuflößen, weise der Lehrer sie auch hin auf den göttlichen
Befehl, den Nutzen, die Billigkeit, Gottes Segen nicht zu verschwenden,
und die Beispiele der Thiere, z. B. der Biene ꝛc. (Joh. 6, 12. Spr,
13, 11. Sir. 19, 1. Spr. 6, 6.)

Speisen. (S. Art. Nahrung.)

Spiel — ist die freie und anstrengungslose Beschäftigung des Geistes
oder des Körpers ohne ernsten Zweck. Der wahre Zweck ist sonach Erholung, Freude und zeitvertreibende Unterhaltung. Körperliche Spiele
finden besonders in der Kindheit und Jugend und in den gymnastischen
Uebungen statt. Sie tragen wesentlich zur Ausbildung des Körpers und
zur Befestigung der Gesundheit bei, können jedoch auch durch Verletzungen
und Uebereilung nachtheilig werden. Spiele, bei welchen vorzugsweise
der Geist in Anspruch genommen wird, bilden manche Fähigkeit desselben,
wie z. B. die Beobachtungsgabe, den Scharfsinn, die Aufmerksamkeit ꝛc.
mehr aus, unterhalten durch den leichten Kampf des Geistes mit dem,
was zufällig ist. Spiele, wobei es sich bloß um angenehme Unterhaltung
handelt, können Kindern immerhin ohne Bedenken gestattet werden. Dagegen dürfen ihnen Spiele, wobei es auf Gewinn oder Verlust abgesehen
ist, wie z. B. Karten- und Würfelspiel, nicht zugestanden werden, weil
sie leicht ausarten, und sich, wenn sie zur Leidenschaft werden, in Gift
für Geist und Herz verwandeln, und weil sie leicht zu Betrügereien und
Bosheit verleiten. Ueberhaupt müssen alle Gattungen von Spielen, welche
diese und ähnliche Folgen für die Jugend herbeiführen, strenge untersagt
bleiben. Solche Spiele also, bei welchen sich die Farbe der Geisteserhei-
terung und der fröhlichen und unschuldigen Belustigung ꝛc. verliert, sollen
nicht in den Kreis der Jugend treten. Jedes Spiel hört auf erheiternd
und unschuldig zu sein, sobald es dabei auf Geldgewinn ankommt. In
eben diesem Augenblicke, sagt Viktorin, wird das Spiel, welchen Namen
es auch haben mag, der Schlüssel zu einer Hölle, aus deren geöffneten
Pforten sich eine Reihe von Sünden und Lastern hervordrängen, um das
jugendliche Herz in Besitz zu nehmen. In diesem Augenblicke wird der
Eigennutz angeregt, und Furcht und Erwartung betrügen das Herz und
rauben ihm seine ruhige Stimmung. An den Eigennutz drängt sich beim
Gewinn die hohnlachende Schadenfreude. In dem, welcher verliert,
erzeugt sich Aerger, Erbitterung und Unzufriedenheit mit sich selbst. —
Aus eben dieser Ursache sollen christliche Eltern und Erzieher ihren Kindern niemals Karten- und Würfelspiele oder andere gestatten, wobei
Gewinn und Verlust die Hauptsache ist. Da das jugendliche Herz reizbarer und empfindlicher ist, und noch von keinen festen Grundsätzen be-

herrscht wird, so ist es eine grausame Vermessenheit und ein strafbarer Leichtsinn, schon solche Leidenschaften in ihrer zarten Brust zu entwickeln. — Allein wie viele Eltern gibt es, welche die fleckenlose Reinheit des Gemüths ihrer Kinder nicht nur allein nicht ehren, sondern sie dadurch zerstören, daß sie selbst mit thörichter Unvorsichtigkeit den Eigennutz, die Gewinnsucht, die Schadenfreude, die Erbitterung und Heuchelei spielend in ihr Herz aussäen, und sich damit rechtfertigen, indem sie sagen: „Der Gewinn und Verlust ist gering in den Spielen, die wir ihnen gestatten." Solche Eltern bedenken nicht, daß Kindern auch schon das Geringe werth und wichtig ist, und sie sind daher wohl auch die ersten, welche ihnen Neigung zum Spiele beibringen und ihnen eine vorher unbekannte Leidenschaft theuer machen. Wahrlich, es sind keine Kleinigkeiten, mit welchen sie tändeln, denn sie spielen schon um Seelenruhe und Reinheit des Sinnes. — Der erziehende Lehrer bringe daher seinen Kindern einen Eckel an allen Spielen bei, welche die nachtheiligen Folgen nach sich ziehen, von welchen wir bisher nur kurz gesprochen haben. Er halte ihnen mit lebendigen Farben die Gefahren vor, in welche das Spielen mit Würfeln Karten ꝛc. schon viele junge Leute gestürzt, unglücklich gemacht und ihre Seligkeit verwüstet hat. Beispiele der Art werden auch hier ihm treffliche Dienste leisten. Wir dürfen ihm deßhalb unsern Jugendspiegel, in welchem dergleichen traurige Beispiele vorkommen, ungescheut empfehlen. (Reutlingen 1830, bei C. G. Mäcken, jun., mit K.) S. Art. Pädagogische Wichtigkeit der Jugendspiele.

Spielhof. Zu einer Schule gehört außer dem Hause auch ein Spielhof, d. i. ein Raum, worin sich die Kinder, wenn auch nur auf kurze Zeit, frei und ungehindert bewegen können. Eine Schule, sagt Harnisch, ist ohne Hof ein trauriges Ding, zumal wenn die Kinder in der Schule gleich Häringen zusammengeschichtet sind. Wer die Freude gehabt hat, in eine Schule zu gehen, bei der es einen ordentlichen Spielhof gab, der wird wissen, daß die Forderung eines solchen keine übertriebene ist. Auf einem solchen Spielhofe tummelt sich die Jugend etwas aus, die Gemüther der Schüler nähern sich, der Leib dehnt sich, erstarkt und erkräftigt, und die Jugendfreundschaften werden in Jugendspielen geschlossen, nicht auf der Schulbank. — Freilich hält es in großen Städten schwer, zu einem Spielhofe zu gelangen, und wenn es auch in kleinen Städten und Dörfern etwas leichter sein dürfte, so gibt es doch auch da oft der Hindernisse nicht wenige, die beseitigt werden müssen. Wird jedoch das Bedürfniß eines solchen freien Raumes zur Erholung und Erlustigung der Kinder erst allgemein gefühlt, und die Nothwendigkeit desselben anerkannt, so wird er auch in den größern Städten leicht ermittelt werden können; denn es hängt zuletzt doch vom guten oder schlechten Willen ab, durch den gar Vieles entweder verwirklichet oder vereitelt wird. Ein solcher Spielhof braucht übrigens nicht groß und künstlich eingerichtet zu sein. Am besten ist es, wenn er mit Sand, wie Gartenwege, überschüttet, theilweise beschattet und mit einigen einfachen Gerüsten zum Behufe der leiblichen Uebungen versehen ist. Die Einrichtung solcher Spielhöfe, womit meistens auch Turnschulen verbunden sind oder doch leicht verbunden werden können, wird auch leicht bewerkstelligt werden können, um so mehr, da man jetzt doch fast allenthalben dafür sorgt, daß große und geräumige Schullokale hergestellt werden, in welchen eine freie Bewegung der Kinder und weniger Besorgniß für ihre Gesundheit stattfindet.

Spielraum, den Kindern zu viel lassen. (S. Art. Herrschtrieb.)

Spielsachen. (S. Art. Thätigkeitstrieb.)

Spitz= und Spottnamen. Es klingt sehr übel, wenn aus dem Munde des Lehrers, es mag nun im Scherze oder Ernste geschehen, Spitz- und Spottnamen kommen und die Kinder damit belegt werden. Anstatt die Kinder damit zu demüthigen, demüthigt er sich selbst und entfremdet ihre Herzen von sich. Hat er Ursache, diesen oder jenen Schüler scharf zu tadeln und seine Mißbilligung gegen das Verhalten desselben laut auszusprechen, so soll es in der Absicht geschehen, ihn zu bessern, nicht aber ihn durch Spottnamen zu erniedrigen und herabzusetzen. Wohl mag hie und da eine Ironie ihre Wirkung bei einem Kinde, das sich der Eitelkeit, dem Leichtsinne ꝛc. hingibt, nicht verfehlen; aber sie darf doch die ihr angewiesenen Grenzen nicht überschreiten, nicht die Persönlichkeit unmittelbar treffen, und somit nie in Spitz- und Spottnamen ausarten, wenn dadurch nicht mehr geschadet als gut gemacht werden soll. Der Schullehrer darf nie vergessen, daß er in der Schule im Kinderheiligthume sich befinde, und daß sich solche herabwürdigenden Aeußerungen weder mit seiner Person, noch mit seinem Amte vertragen. (S. Art. gewählt in Ausdrücken und Art. Ironie)

Sprachbildung. (S. Art. Sprachvermögen.)

Sprache. Wir reden zuerst, indem wir diesen wichtigen Gegenstand behandeln, von der Sprache in physischer Beziehung, und dann erst von derselben in subjectiver und objectiver Hinsicht. 1) In physischer Beziehung ist die Sprache das ausschließliche und merkwürdige Eigenthum des Menschen, wodurch der Geist sein Inneres am bestimmtesten, vollkommensten und deutlichsten äußert und mittheilt. Obwohl sich derselbe durch Haltung des Körpers, durch Zeichen des Gesichtes und Auges, und insbesondere durch die mannigfaltigen Gebärden kundgibt, so geschieht dasselbe doch viel deutlicher und zugleich eigenthümlich noch für das Gehör durch die Stimme und Sprache. Diese wird hervorgebracht durch die Bewegung der Zunge, des Gaumens und der Lippen. Ein jedes Wort aber ist ein einzelner Ausdruck einer Vorstellung, und besteht aus Buchstaben. So viele Wörter eine Sprache auch immer haben mag, so finden sich dieselben Buchstaben doch immer wieder. Sie werden gewöhnlich in Vokale und Consonanten (Selbst= und Mitlauter) eingetheilt. Jene sind der Stimme nachgebildet, und werden durch die Lippen auf ähnliche Weise hervorgebracht, wie Töne der Stimme durch den Obertheil der Kehle; die verschiedene Form der Lippen erzeugt sie und die sogenannten Diphtongen (Doppellauter), die durch mehrere Vokale gehen. Die Vokale sind die Grundlage und verhalten sich zu den Consonanten wie Leidendes zu Thätigem; diese gewähren nämlich das dazukommende Element der Sprache und machen erst den Laut zum Worte. Sie werden eingetheilt nach den Organen, die bei ihrer Bildung vorzüglich wirken, und erhalten daher auch ihre verschiedenen Benennungen, wie z. B. Lippenbuchstaben, weil sie durch die Lippen ohne Beihilfe der Zunge gebildet werden ꝛc. Modificirt wird die Sprache a) durch die Stimme im Gesang; b) dadurch, daß eine größere oder geringere Menge von Luft in schnellere oder langsamere Bewegung gesetzt wird; der höchste Grad des ersten ist das Schreien, der niedrigste des andern das Flüstern *). c) Die krankhaften Abweichungen bestehen in Sprachlosigkeit, oder in unvollkommener

---

*) Die Bauchredner sprechen statt mit den Lippen und der Zunge mit dem Gaumensegel und den Mandeln allein, und zwar während des Einathmens: sie drücken im Reden die Stimme in den Schlund hinunter, so daß man ihre Lippen sich nicht bewegen sieht, und man glaubt, es komme die Stimme gleichsam aus dem Bauche und anderswoher.

Aussprache. Die erstere hängt am häufigsten von Taubheit ab, die das Erlernen der Sprache verhinderte, oder von Sinnlosigkeit, oder von Entzündung, Geschwulst und andern Fehlern der Sprachorgane. Die letztere besteht entweder in einer allgemeinen Schwierigkeit zu sprechen, oder in einer theilweisen, so daß diese Schwierigkeit bei gewissen Buchstaben und Wörtern eintritt (Stottern), oder sie gibt sich auch durch unvollkommene Aussprache einzelner Buchstaben kund. Alle Sprachfehler können nur dadurch gehoben werden, daß man theils die Ursachen derselben entfernt, theils eine große Aufmerksamkeit auf die Aussprache verwendet. (S. Olivier „Ueber die Urstoffe der menschlichen Sprache." Wien 1821.) 2) Sprache in subjectiver Beziehung ist das Vermögen des Menschen, seine Gedanken und Empfindungen deutlich und zusammenhängend auszudrücken und Andern mitzutheilen. Dieses Vermögen, Empfindungen, ohne Begriffe, durch Töne zu erkennen zu geben, ist bloß Stimme. Im objectiven Sinne versteht man unter Sprache einen Inbegriff von Bezeichnißmitteln für Begriffe, Gedanken und Empfindungen. Nach der Art dieser Bezeichnungsmittel wird die Sprache wieder eingetheilt: a) in Wortsprache oder Sprache im engern und eigentlichen Sinne, insofern man sich artikulirter Töne, der leichtesten und bestimmtesten Bezeichnungsmittel, zur Darstellung der Begriffe und Vorstellungen bedient. Ein Ersatzmittel dieser Wortsprache ist die Schriftsprache, mittelst welcher man jene Töne durch geschriebene Zeichen andeutet. b) Die Gebärden- und Mienensprache, wo durch körperliche Bewegungen und Thätigkeiten, ohne Töne, Begriffe und Vorstellungen zu erkennen gegeben werden. Die Gebärden- und Mienensprache kann, je nachdem man sich zu derselben bloß einzelner Theile des Körpers bedient, wieder besondere Benennungen haben, z. B. Augensprache, Fingersprache ꝛc. Diese letztere gebrauchen noch manche Völker, besonders um ihre Begriffe von einer Menge oder Zahlen auszudrücken. Unsere Begrüßungen durch Verneigungen des Körpers ꝛc. sind gleichfalls ein Ueberbleibsel und Theil der Gebärdensprache. — Die erste Sprache ist, insofern sie Begriffe und Vorstellungen zum Gegenstande hat, bloße Gebärdensprache, wie wir solches bei den Kindern sehen, welche durch das Ausstrecken der Arme ihr Verlangen oder durch Zeichen mit den Fingern den Gegenstand ihrer Aufmerksamkeit ꝛc. andeuten. Die ursprüngliche Schriftsprache war keine eigentliche Wortschrift, sondern Bildersprache, d. i. eine Sprache, wodurch die Gedanken nicht in Buchstaben und Worten, sondern mit allerlei Bildern ausgedrückt wurden, die noch lange blieb, nachdem die Buchstabenschrift schon erfunden war. Bedient man sich der Stimme, um seine Vorstellungen und Empfindungen auszudrücken, oder solche Dinge darzustellen, die mehr durch das Gehör als durch die Augen bemerkt werden, so ist das Sprache im eigentlichen Sinne. Diese besteht demnach in einer durch eigene Organe bewirkten Gliederung der Töne, wodurch Gedanken und Empfindungen mitgetheilt werden. Kein Ton wird zu einem Worte, bis er durch die Zunge, die Zähne und den Gaumen die Veränderung erleidet, die man Artikulation oder Gliederung nennt. Wenn gleichwohl manche Thiere, z. B. der Staar oder der Papagei ꝛc. die Töne gliedern lernen können, so lernen sie doch nie sprechen, weil durch dieses allein Gedanken, Gefühle und Empfindungen mitgetheilt werden, was bei den Thieren nicht der Fall ist. Die Sprache ist daher eben so sehr einer der größten Vorzüge des Menschen, als sie eine der größten Wohlthaten Gottes ist. 3) Ursprung und Ausbildung der Sprache. Gott, der Schöpfer Himmels und der Erde, erschuf den Menschen nach seinem Ebenbilde, und wies ihm einen wunderschönen Garten — das Paradies —

zur Wohnung an. Er ließ alle Thiere des Feldes, die Vögel unter dem Himmel und die übrigen Thiere vor Adam kommen, und er mußte einem jeglichen derselben seinen Namen geben. Dadurch gab ihm Gott zugleich Unterricht in der Sprache. Und so leiten wir die Sprache als ein unendlich wichtiges Geschenk nach der uns mitgetheilten Offenbarung einzig und allein von Gott ab, ohne uns in andere Untersuchungen und Grübeleien einzulassen. Wenn auch gleichwohl mancher Sprachausdruck auf die Nachbildung von Naturtönen zurückgeführt werden will, so können und wollen wir dieß um so weniger in Abrede stellen, je begreiflicher es ist, daß der Mensch das Krachen des Donners wie das Säuseln des Lüftchens, das Brüllen des Löwen wie das Rieseln eines Bächleins durch seine Laute beschreibend nachahmen wird. Es gibt bekannterdingen keine Sprache, welche nicht reich an solchen nachahmenden Wörtern wäre, und die ältesten der bekannten Sprachen dürften darin wohl am reichsten sein. So hat z. B. die hebräische Sprache, deren hohes Alter Niemand bestreiten wird, eine Menge solcher die Natur nachahmenden Wörter. Von den neuern Sprachen dürfte jedoch in dieser Beziehung keine reicher sein als die deutsche; von der ihre Töchter, die holländische, englische, dänische und schwedische, größtentheils die ursprünglichen Wörter dieser Art noch beibehalten haben. Gott und die Gabe des Denkens, die er dem Menschen verlieh, ist die eigentliche und einzige Quelle der Sprache. Durch diese Gabe des Denkvermögens und die Erweiterung des Kreises der menschlichen Begriffe, wurde die Sprache allerdings reicher, und gewann hauptsächlich in dem engern gesellschaftlichen Leben an Mannigfaltigkeit und Ausbildung, zumal für jede neue Erfindung und jede neugewonnene Bequemlichkeit des Lebens auch ein neues Wort erfordert wurde. Daß die Ausbildung der Wortsprache nur allmählig und langsam fortschreiten konnte, ist begreiflich. Man hatte nicht für alle Gegenstände, die sich den Sinnen darboten, nicht für alle Dinge, welche das Bedürfniß erheischte, nicht für alle Vorstellungen, Gedanken und Thätigkeiten der Seele sogleich einen bestimmten Ausdruck. Daher bediente man sich, um diesem Mangel abzuhelfen, ungeachtet der bestehenden Wortsprache, der Gebärdensprache, um das durch sichtbare Zeichen anzugeben, was man durch Worte noch nicht bezeichnen konnte. Je ärmer die Wortsprache ist, desto mehr muß ihr die Gebärdensprache zu Hülfe kommen. Ja selbst bei den Gebildetsten ist dieß der Fall, wenn sie in einer ihnen nicht ganz geläufigen Sprache reden, so sind sie genöthiget, ihre Zuflucht zu allerlei Gebärden zu nehmen, um sich verständlich zu machen. Gebärdensprache ist demnach die Vermittlerin aller übrigen, sie ist noch jetzt die Gehülfin mündlicher Unterredungen, und es gibt viele Bezeichnungen derselben, die bei vielen und oft bei allen Völkern Eines und dasselbe bedeuten. Allein so wahr dieß ist, so gewiß ist es auch, daß die Gebärdensprache wegen ihrer Armuth nicht geeignet ist, die Gedanken und Empfindungen in einer zusammenhängenden Reihe darzustellen. Daher ist auch nur die Wortsprache die Sprache des Denkens, der Rede und Erzählung. Das Wort ist der nothwendige Träger des Gedankens. Je enger die Menschen sich an einander anschlossen, desto mehr Bestimmtheit erhielten die für gewisse Begriffe gewählten Töne; denn erst aus den Tönen entstanden Wörter, als Mittel, Sachen und Vorstellungen zu bezeichnen. Durch die immer steigende Vermehrung der Menschen stieg auch der Verkehr, und es war daher nothwendig, daß man sich über die Bedeutung der Töne oder Wörter gegenseitig verständigte. Dieß geschah mittelst derjenigen Wörter, über deren Bedeutung man schon einverstanden war. So nahm ein Volksstamm oder ein Verein von Menschen die Wortsprache des andern an, und so erweiterte sich das Gebiet der Wortsprachen immer mehr, so daß man oft in einer und derselben Sprache mehrere Wörter findet, die nur einen Begriff bezeichnen; denn ein Volksstamm behielt die Benennung bei, die er einmal für eine Sache gewählt hatte, nahm aber auch öfters die fremde Benennung mit auf, um allgemein verständlich zu werden. — Aus dem Gange der menschlichen Entwickelung erklärt sich ferner, warum die ältesten Sprachen, die uns bekannt sind, eine so große Unbeholfenheit in der Bezeichnung allgemeiner Begriffe zeigen, und daß selbst die meisten Ausdrücke der neuern Sprachen für Verstandesbegriffe anfangs eine rein sinnliche Bedeutung gehabt haben. Ob die Sprachen im Anfang einsilbig gewesen seien, wie es die Wurzellaute in den ältesten Sprachen gewöhnlich sind, wollen wir dahin gestellt sein lassen, da wir keine sichere Belege für diese Annahme haben. Noch bemerken wir: die Sprache bildet sich vornehmlich nur in der Gesellschaft, denn der vereinzelte Mensch verlernt sie sogar, wenn er sich nicht mit sich selbst, oder mit Wesen unterhält, die er sich mittels der Einbildungskraft zu schaffen weiß. Die Sprache kann sich also auch nur im geselligen Vereine ausbilden, und je größere Fortschritte ein Volk in seiner Geistesbildung gemacht hat, desto reicher und gebildeter ist auch seine Sprache. — Nachdem wir uns nun zu unserm Bedarf über das eigentliche Wesen der Sprache, ihres Ursprungs und ihrer Ausbildung hinreichend ausgesprochen zu haben glauben, wollen wir auch noch das Nöthige hinsichtlich der Verschiedenheit der Sprachen anführen. — In den göttlichen Urkunden lesen wir, daß Noe's Nachkommen nach und nach ein großes Volk wurden, und sich immer weiter auf der Erde ausbreiteten. Um einander nicht ganz zu verlieren, fingen sie an einen Thurm zu bauen, der mit der Spitze bis an den Himmel reichen und also unermeßlich weit gesehen werden sollte. Allein Gott vereitelte das thörichte und stolze Unternehmen. Bisher hatten die Menschen als Ein Volk auch nur Eine Sprache. Jetzt ließ Gott mehrere Sprachen unter ihnen entstehen. Die Verschiedenheit der Sprachen nöthigte sie, den Bau aufzugeben, und sich für immer in verschiedene Völker zu trennen. (1. Mos. 11, 1—7.) Nach diesem Zeugnisse der heiligen Schrift sind sonach alle die verschiedenen Sprachen aus einer und derselben Sprache entstanden. Das bekundet mitunter auch die Aehnlichkeit, die in den Sprachen wegen der gemeinsamen Elemente (Vokale und Consonanten), so wie die Art der Ausbildung, in welcher sich ein Gesetz des Geistes offenbart, stattfindet, daß alle von einer Ursache herkommen müssen. Auch der Umstand liefert einen Beweis, daß es ursprünglich nur Eine Sprache gegeben habe, weil so viele gleich und ähnlich lautende Wörter in den Sprachen einen und denselben Begriff anzeigen. Da nun der thätige und sich im Sprechen ausbildende Geist das Wort zu seiner Aeußerung braucht, das Aeußerung aber, wie alles Aeußerliche selbst ein Verschiedenes ist, so bildete sich auch der Geist in den einzelnen Volksstämmen verschieden aus, und eben so auch in den verschiedenen Sprachen, obwohl sie alle von der Ursprache abstammen. Ohnehin verändern sich die Sprachen häufig, je nachdem die Völker in einen nähern Verkehr mit einander kommen. Bald sind es die Sitten und Gewohnheiten, bald die Natur- und Kunsterzeugnisse, Erfindungen und Begebenheiten, welche Veranlassung zu neuen Wörtern geben, also auch dazu, daß man die vorhandenen Benennungen oft auf andere, von den ursprünglichen Begriffen ganz verschiedene Gegenstände anwendet, woraus sich sonach die Verschiedenheit der Sprachen wohl erklären läßt, obwohl sie bei dem Urvolke Eine und Dieselbe waren. — Weiß man ferner aus der Geschichte den Zusammenhang der einzelnen Völkerstämme, so ist auch der Uebergang der Sprachen nicht schwer zu entziffern. So wissen wir z. B., daß die jetzigen Briten sowohl von den Angelsachsen als von den Normännern, von den alten Britanniern, wie zum Theil von den Dänen abstammen, und es ist daraus die seltsame Vermischung in der englischen Sprache leicht zu erklären. Daß aber die Engländer so häufig italienische Biegungen ursprünglich englischer Wörter lieben, und italienische Ausdrücke seit Jahrhunderten in ihre Sprache aufgenommen haben, das ist nur aus dem häufigen Verkehr der Normänner mit Italien erklärbar. — Wie die Sprachen unter der Hand der Dichter eine höhere Bedeutung und ein frisches jugendliches Leben erhielten, so erlangten sie auch durch die Schreibekunst (die eigentliche Buchstabenschrift) und deren allgemeinere Verbreitung, Dauer und Festigkeit. — Noch werden die Sprachen in lebende und todte, in Haupt= und Nebensprachen eingetheilt. Todt heißt eine Sprache, die nicht mehr von einem Volke gesprochen wird, sondern nur noch in Schriften vorhanden ist, wie z. B. die hebräische, griechische und lateinische. Eine solche todte Sprache heißt eine gelehrte, wenn sie als Hülfsmittel der gelehrten Welt dient, wie namentlich die beiden letzten classischen Sprachen. Lebend ist eine Sprache, die noch von einem Volke gesprochen und fortgebildet wird. Hauptsprachen sind jene, die ihre eigene, Nebensprachen aber solche, die ihre Entstehung einer andern Sprache zu verdanken haben, wie z. B. die italienische der lateinischen, die holländische der deutschen Sprache. Die ersten werden Ur= und Muttersprachen, die letztern dagegen abgeleitete und Töchtersprachen genannt. Verwandte Sprachen nennt man Schwestersprachen. Als Muttersprachen betrachtet man in Europa die altgriechische, die lateinische, die deutsche und die slavische Sprache. Indessen versteht man unter Muttersprache in Beziehung auf einzelne Personen gewöhnlich die Sprache des Landes, worin Jemand von einheimischen Eltern geboren ist, als Gegensatz der fremden Sprache.

Sprachlehre. A. Begriff des Sprachunterrichts. Unter dem Sprachunterrichte verstehen wir hier nur den Unterricht in der Muttersprache, wie er in Volksschulen nothwendig, nützlich und anwendbar ist, mit Ausschluß alles dessen, was in das Gebiet der eigentlichen Sprachforschung gehört. Rede ist nach dem Gesagten Offenbarung des innern Menschen, wie Stand und Stellung des äußern. Die Sprache ist das einzige Mittel der Vereinigung und Mittheilung zwischen Lehrer und Lernenden; sie ist Vermittlerin aller Bildung des Geistes und Herzens, des Denkens, Empfindens und Glaubens. Auch die sogenannten Denk= und Verstandesübungen, womit in manchen Schulen, wie Krummacher sagt, so viel dünkelhafte Faselei getrieben wird, sind und sollen nichts anders sein, als Sprach= und Sprechübungen. Für unsere Volksschule gehört lediglich nur die Muttersprache, an der wir einen so großen und köstlichen Schatz haben. In ihr ist Herz und Geist, Verstand und Empfindung, Wahrheit und Einfalt vereint. In der Schule sollen die Kinder hochdeutsch, also recht sprechen, lesen, reden, schreiben und singen lernen. Wir können sonach unter dem Sprachunterrichte hier wohl nichts anders verstehen, als den Unterricht in der Muttersprache; dieser aber begreift in sich eine wohlgeordnete Reihenfolge von Uebungen in der Wortbildung, Wortklassenunterscheidung, Wortbeugung und Wortverbindung, welche sowohl mündlich als schriftlich angestellt werden und so eingerichtet sein müssen, daß die Kinder dabei anschauen und denken, und aus den Beispielen die Regeln selbst finden und aussprechen lernen, und in den Stand gesetzt werden, nicht nur ihre Gedanken richtig auszudrücken, sondern auch das Gesprochene und Geschriebene anderer Menschen richtig zu verstehen.

B. Nothwendigkeit und Werth des Sprachunterrichts.
Ist durch das Sprechen das deutliche und umfassende Denken bedingt, hängt von dem Sprachbesitze das Aufnehmen, Behalten und Wiedergeben der Belehrung, die gegenseitige Mittheilung, der geistige Austausch und der gesellige Verkehr in so vielen Beziehungen ab; thut es den Kindern Noth, daß sie sich in der Schule und zu Hause, so wie im öffentlichen Leben bestimmt aussprechen lernen, daß sie ihr Inneres zum Aeußern, und umgekehrt ihr Aeußeres zum Innern machen können; geht überhaupt das Denken mit dem Sprechen überall Hand in Hand, so bedarf es wohl keines weitern Beweises, daß die Sprech= und Sprachübungen zu den ersten Uebungen der Kinder in der Schule gehören. Die Kinder müssen von ihrem Eintritte in die Schule an fertig, richtig und gewandt sprechen lernen. Dieß bringen aber nur sehr Wenige als häusliche Ausstattung mit in die Schule. Die gewöhnliche Art, wie sie von ihren Eltern und andern Umgebungen ihre Muttersprache lernen, ist meist so unvollständig, unrichtig und lückenvoll, daß man es einem Menschen, wenn er im eigent= lichen Sprachunterrichte versäumt worden ist, oft sein ganzes Leben lang anmerkt. Eine Unklarheit, Unbeholfenheit und Unrichtigkeit im Reden und Schreiben bleibt ihm fast immer eigenthümlich. Mit einer solchen Unklarheit, Unbeholfenheit und Unrichtigkeit im Reden kommen, wie gesagt, die meisten Kinder in die Schule. Sie sind ganz arm an Wör= tern, ganz ungewandt in den Sprachformen, sie können nicht einmal Vor= gesprochenes nachsprechen, sie sind verlegen, scheu und unbehülflich, den Mund zu öffnen und wiedertönen zu lassen, was ihnen der Lehrer vor= gelautet hat, sie sind im eigentlichen Sinne des Wortes Unmündige. Daher kommt es auch, daß gar oft des Lehrers Aussaat nicht Boden findet, wurzelt, fröhlich emporwächst und Früchte bringet für die Dauer. Es will nichts vorwärts gehen, die Kinder wissen nicht, was und wie sie reden sollen, weil es ihnen an Sprache fehlt, das Vorgetragene in sich niederzulegen und gehörig auszudrücken. Ueberdieß lernen die Kinder ihre Muttersprache nur in der Mundart, wie sie in ihrem Heimathlande üblich ist, und die Büchersprache ist ihnen deßhalb fremd und neu. Erst in der Schule müssen sie daher die rein deutsche Mundart erlernen, was um so mehr mit Ernst betrieben werden muß, da ja auch das Wort Gottes in der reinen Mundart in Predigt und Sittenlehre verkündigt wird, und die Kinder in der Lehre des Heiles darin unterrichtet und die Gebet= und Erbauungsbücher darnach abgefaßt und gelesen werden. Die Erfahrung hat es vielfach nachgewiesen, daß die Kinder, ja selbst die Erwachsenen, ohne Uebungen des Sprachunterrichts nicht vermögend sind, öffentliche Vorträge in der Kirche, oder auch nur einige zusammenhängende Sätze und Perioden recht zu verstehen, und ihnen somit viel, wo nicht das Meiste vom Unterrichte verloren geht. Nebenbei ist die Sprache nicht bloß das Mittheilungsmittel, sondern auch das Erregungs= und Bildungs= mittel unserer Gedanken, zumal wir auch durch die Sprache denken und danken lernen müssen. Der Sprachunterricht ist deßhalb die eigentliche formelle Verstandesübung, wie der Unterricht in der Lehre Gottes die beste materielle Verstandesbildung ist. Es ist daher nicht wenig zu be= dauern, wie in mancher Schule der Sprachunterricht noch vermißt wird, was daher kommt, weil besonders die ältern Lehrer selbst keinen entspre= chenden Sprachunterricht erhalten haben, und daher auch außer Standes sind, denselben ihren Kindern auf eine faßliche und gründliche Weise zu ertheilen. — Um daher die Kinder schon frühe in der Sprache zu unter= weisen, muß schon mit dem Lesebüchlein, nicht aber sogleich mit der Sprach= lehre begonnen werden. Sie müssen deßhalb vor Allem im Sprechen

geübt und gewandt gemacht, und erſt dann der regelrechte Gebrauch zu
ihrem nähern Bewußtſein gebracht werden. Wer das umkehrt, d. i.
jenen erſten Theil leer läßt, und in den erſten Schuljahren nichts für
die Aneignung des reichlichen Sprachbeſitzes thut, der treibt mit dem
Regelweſen ein grund- und bodenloſes Geſchäft. — „Es kann ſchon, ſagt
der Verfaſſer der chriſtlichen Volksſchule (S. 322), mit dem erſten Unterricht die Sprachunterweiſung beginnen. Vorerſt durch Angewöhnung
einer reinen und deutlichen Ausſprache der Laute und Worte. Auch
eigentlichen Sprachunterricht können die Kinder ſchon von Anfang an
empfangen. Ich verſtehe hier nicht die Regel, dieſe erzeugt kein Leben;
ſondern das Leben der Sprache ſelbſt, welches die Regel ſchafft. Das
Kind ſtrebt von Natur nach dem Leben im Laut und Worte. Auch gram-
matiſch ſoll in der Volksſchule die Mutterſprache gelehrt und gelernt
werden, aber als lebendige Sprache, weniger durch Regeln als durch
Erfahrung und Uebung." — Doch hievon in den folgenden Darſtellungen
umſtändlicher, wenn wir vorerſt den Zweck des Sprachunterrichts nach-
gewieſen haben werden.

C. **Zweck des Sprachunterrichts.** Der Sprachunterricht
hat einen doppelten Zweck, — einen allgemeinen und einen beſondern. Was den erſten betrifft, ſo iſt derſelbe ſchon oben (bei A.) angedeutet worden. Die Kinder ſollen nämlich in den Stand geſetzt werden, ihre Gedanken mündlich und ſchriftlich richtig auszudrücken, und die
mündlich und ſchriftlich ausgedrückten Gedanken Anderer richtig verſtehen lernen. Dazu ſollen zuerſt Sprachübungen und zuletzt die eigentliche Sprachlehre dienen und die angemeſſene Einrichtung hiezu erhalten. — Die Sprechübungen machen alſo den erſten Anfang des Sprachunterrichtes aus, ſind ganz eigentlich den Anfängern gewidmet, werden
ſo viel möglich an zweckmäßige Anſchauungstafeln geknüpft, und fallen
nachher weg, weil ein jeder Unterrichtsgegenſtand eine Denk- und Sprechübung ſein ſoll. Man könnte daher die Sprechübungen die Einleitung
in den Sprachunterricht nennen. Die Sprachübungen haben den Zweck,
die Kinder durch geordnete Uebungen in Wortbilden, Wortklaſſenunter-
ſcheiden, Wortbeugen und Wortverbinden mit ihrer Mutterſprache praktiſch vertraut zu machen. Die Sprachlehre ſoll theoretiſch vollenden,
was die Sprachübungen praktiſch begründet haben, und die von den
Kindern aus den Reihenfolgen der Beiſpiele ſelbſt gefundenen Sprach-
geſetze, nun überſichtlich und wiederholend zuſammenſtellen. Wir ſagten
oben, der Sprachunterricht habe auch einen beſondern Zweck; worin beſteht nun derſelbe? — Darin, daß er ſich ſelber heilige. Das geſchieht, wenn er dahin arbeitet, daß die Kinder das Wort vom Reiche
Gottes, das in der Mutterſprache verkündet wird, verſtehen und anwenden lernen. Deßhalb, ſagt Zeller, ſollten die Exempeltafeln der Wortbildungslehre vorzugsweiſe diejenigen deutſchen Haupt-, Bei-, Zeit- und
Nebenwörter enthalten, welche in der heil. Schrift vorkommen, und aus
der bibliſchen Geſchichte oder aus dem Evangelienbuche leicht geſammelt
werden können. Eine ſolche Auswahl iſt ohne Zweifel für unſere chriſtlichen Schulen von großem Werthe, denn ſie trägt dazu bei, daß der
Sprachunterricht ein Weg zum göttlichen Worte wird, deſſen Verſtändniß und Mittheilung die würdigſte Aufgabe des chriſtlichen Volksſchul-
unterrichts iſt. Eben ſo ſollte auch die Wortverbindungslehre ihre Aufgaben und Uebungsbeiſpiele aus der heil. Schrift nehmen. Die Wort-
verbindungsübungen geſchehen ohnedieß namentlich an den zum Auswendiglernen beſtimmten bibliſchen Sprüchen*). Ganz beſonders ſollte es

---

*) Reichen Stoff hiezu bietet „die chriſtliche Lehre in den Denkſprüchen aus

aber bei den Aufsatzübungen eine Aufgabe für die reifern Kinder werden, gehörte Predigten in ihre einzelnen Hauptbestandtheile schriftlich zu zerlegen, wie auch aus denselben einzelne Gedanken und wichtigere Stellen schriftlich zu übergeben. Wie so manche fade und leere Stylübungsaufgabe würde auf solche Weise wegfallen, und durch die erwähnten reichlich und zum bleibenden Gewinn ersetzt werden! —

D. Stufenfolge des Sprachunterrichtes. — 1. Uebungen der Wortbildung. Diese Uebungen setzen zwar die Uebung der Lautbildung voraus; da aber diese gewöhnlich beim Leseunterrichte vorkommt, so kann sie beim Sprachunterrichte vorausgesetzt werden. Dieser beginnt daher seine Uebungen mit den Wortbildungen, und zwar nach folgendem Stufengange:

Wortbildungen.
- a) mit Vor= und Nachsilben der Sprache;
- b) mit Stammsilben der Haupt=, Eigenschafts= und Beschaffenheitswörter;
- c) mit Stammsilben der Für=, Zahl= und Zeitwörter;
- d) mit Stammsilben der Umstands=, Vor=, Binde= und Empfindungswörter.

Diese Uebungen sind mit den Kindern umsichtig durchzuführen. Der Lehrer darf sich nicht mit einigen, bloß des Beispiels wegen angestellten, unvollständigen Wortbildungen begnügen. Und da er sie schon mit den Schülern der ersten Klasse anstellen kann, so ist die Durchführung derselben mit keinem Zeitverlust verbunden. Die Kinder lernen dadurch sehr viele Wörter kennen, bereiten sich zur Wortunterscheidungslehre vor, und prägen sich zugleich durch das mannigfache Anschauen und Einüben der Vor=, Nach= und Stammsilben, die Grundlage des Rechtschreibens ein. Auch lernen sie dabei denken und reden, und bekommen eine lebendige Anschauung vom Reichthume und der Bildungsfähigkeit ihrer Muttersprache. — 2. Uebungen der Wortsprache. Sind die Kinder im Wortbilden hinreichend geübt, so ist es nunmehr an der Zeit, sie auch zur nähern Kenntniß des Unterschiedes der zehn verschiedenen Wörterklassen anzuleiten, so, daß sie nicht nur eine Wortart schnell von der andern unterscheiden, sondern auch den Begriff einer jeden klar, wenn auch nicht ganz schulgerecht, auffassen und aussprechen lernen Der Stufengang hievon ist folgender:

Uebung im Unterscheiden.
a) der Hauptwörter, b) der Geschlechtswörter, c) der Fürwörter, d) der Bei= oder Eigenschaftswörter, e) der Zahlwörter, f) der Zeitwörter, g) der Nebenwörter, h) der Verhältnißwörter, i) der Bindewörter und k) der Empfindungswörter.

Auch bei dieser Uebung lernen die Kinder denken und reden. Sie haben jetzt Gelegenheit, aus ihrem gesammelten Wortvorrathe die Beispiele der einzelnen Wortarten, nach den erlernten Kennzeichen, selbst zu finden, gefundene oder gegebene Beispiele ohne Anstand von einander zu unterscheiden, und dadurch, daß sie bei den damit verbundenen Sprachübungen die erlernten Wortarten in Sätze bringen, werden sie sich ihres gegenseitigen Verhältnisses zu einander wenigstens dunkel bewußt, und bereiten

---

dem göttlichen Worte und den Schriften der Kirchenväter". Von dem Herausgeber dieses Lexicons. Stuttgart (1832) bei Paul Neff. Auch H. Zoller hat in seinem Schul= und Bildungsbuche eine treffliche Auswahl solcher heil. Stellen getroffen. (S. B. 3 bess. von S. 297—455).

sich vor, die Gesetze dieses Verhältnisses in der spätern Wortbeugungs-
und Wortverbindungslehre deutlich zu erkennen, zu finden und auszusprechen. — 3. Uebungen der Wortbeugung. Die Kinder merken
es bald, daß die Wörter, sobald sie miteinander in mannigfaltige Verbindungen gesetzt werden, Veränderungen besonders hinsichtlich der Nachsilben erleiden. Am leichtesten ist dieß bei ihnen zu bewirken, wenn ihnen
der Lehrer Sätze mit ungebeugten Wörtern vorspricht oder an die Tafel
schreibt, und sie solche dann verbessern läßt. Auf solche Weise bereitet
er die Kinder zu den Uebungen im Wortbeugen vor, wobei folgender
Stufengang zu beobachten ist: 4. Uebungen im Decliniren oder
Verändern der Endsilbe eines Wortes, und zwar: a) der Geschlechtswörter; b) der Haupt- und Nennwörter nach ihren verschiedenen
Benennungen; c) der Fürwörter; d) der Bei- oder Eigenschaftswörter,
und dieß mit dem bestimmten und unbestimmten Geschlechtsworte, ohne
Geschlechtswort, so wie mit vorangesetzten Für- und allgemeinen Zahl-
wörtern; e) und das Abändern der Zahlwörter. — 5. Uebungen im
Wortbeugen nach Geschlechtern und nach Stufen (Steigerung.)
— 6. Auf diese Uebungen folgen nunmehr die Uebungen im Wortbeugen nach den verschiedenen Redeformen, Redearten,
Zeiten und Personen (Konjugiren oder Abändern der Zeitwörter
nach ihren Zeiten, Personen und Arten) und zwar: a) Abänderung der
Hülfszeitwörter: b) der regelmäßigen und unregelmäßigen Zeitwörter in
der thätigen und leidenden Form ꝛc.; c) der zurückführenden und d)
unpersönlichen Zeitwörter. — Es können hier manche Begriffsentwickelungen
und Worterklärungen solcher Wörter, welche als Unterabtheilungen der
zehn Wörterklassen bei der Wortunterscheidungslehre nicht vorkommen,
eingeschaltet werden. Werden diese Uebungen gehörig betrieben und in
Sätze eingekleidet, so geben sie eine angenehme und nutzreiche Denk- und
Sprachübung für die Kinder ab. — 7. Uebungen der Wortverbindung. Wenn schon die Kinder durch Einkleidung der vorausgegangenen Uebungen in Sätze mancherlei Wortverbindungen zu Stande gebracht und sich darüber viele Beispiele gesammelt haben; so haben sie
dennoch die Wortverbindungsgesetze noch nicht klar auffassen und aussprechen gelernt. Dieß sollen sie jetzt lernen und nachholen, und dann
nach folgender Stufenordnung zu den verschiedenen Sätzebildungen übergehen: Verbindungen einzelner Wörterklassen, und zwar:
A. Verbindungen der Hauptwörter mit andern Wörterklassen. a) Hauptwörter mit Hauptwörtern; b) Hauptwörter mit Eigenschafts- und (Be-
schaffenheitswörtern) Nebenwörtern; c) Hauptwörter mit Für- und Zahl-
wörtern. B. Verbindungen der Zeitwörter a) mit Zeitwörtern, und b)
mit Hauptwörtern durch alle vier Endungen oder Fälle (casus.) Dann
c) Zeitwörter mit Umstandswörtern. C. Verbindungen der Verhältnißwörter a) mit Hauptwörtern durch alle vier Endungen, und b) mit einigen
andern Wörterklassen. D. Verbindungen der Bindewörter mit andern
Wörterklassen. a) Gebrauch der verschiedenen Bindewörter. b) Uebergang zu Sätzebildungen. Bildung der Sätze nach ihren Bestandtheilen und Arten. — 1. Einfache Sätze *). Z. B. Die
Rose riecht, der Wurm kriecht, der Schwan ist weiß, die Sonne scheint,

---

*) Wir reden hier nicht von Sätzen als grammatischen, sondern von Sätzen als Be-
zeichnungsmitteln unserer Vorstellungen und Gedanken. Wir nehmen die Sache
einstweilen nur unter dem Gesichtspunkte der einfachen und erweiterten Sätze auf,
und die Erweiterung nur nach Maßgabe der erweiterten Vorstellung und der Sache,
die der Schüler mit Einsicht und Fertigkeit bezeichnen lernen soll.

die Blume blüht ꝛc. — Der Lehrer gibt nun Wörter an für die Bildung leichter Sätze nach den vorigen. Z. B. Die Milch, das Gras, das Licht, der Bach, der Vogel u. s. w. — Es läßt sich von Einem Worte Verschiedenes aussagen, und es können mehrere Kinder Antworten suchen und finden. — 2. Erweiterte Sätze. Da die erweiterten Sätze den Kindern mehr Spielraum zu Gedanken und zwangloser Darstellung, als die einfachen, bieten, so dürften sie auch als leichter für dieselben angesehen werden. Die Erweiterung wird durch allerlei willkührlich gewählte, dem Gegenstande angemessene Beisätze, Ergänzungen, Zusammenstellungen ꝛc. bewerkstelliget. Wir führen zu dem Ende ein paar Beispiele an, um das Gesagte in das geeignete Licht hinzustellen. Ein guter Sohn ist seiner Eltern Freude. Die Hütte auf dem Felde gibt auch Schutz gegen Sonne, Regen und Wind ꝛc. Der Lehrer läßt diese Sätze in kleine Sätze auflösen und dann wieder zusammensetzen. Und ebenso verfährt er auch, wenn er die Kinder Sätze bilden läßt, zuerst die kleinsten, einfachsten Sätze (Gegenstand und Aussage) und dann immer Weiteres·hinzufügt, um damit den Satz stufenweise zu erweitern. — Zur Nachahmung gibt er den Kindern Gegenstände und Wörter an. Z. B. Baum, Traube, Birne, Thurm, Haus, Lerche, Nacht u. s. w. — Hierauf folgen mehr erweiterte Sätze. Z. B. Der glatte Aal schlüpft leicht durch, und wird doch im Netze gefangen. Die Fluth des Wassers ist sehr gefährlich, sie reißt Alles mit sich fort. Der Klee wächst dicht auf, seine Blätter sind dunkelgrün, seine Blüthen haben Honig. Auf dem Zweige singt der Vogel sein Morgen= und sein Abendlied ꝛc. — Der Lehrer übe die Kinder sorgfältig, auch längere Sätze genau und fertig ganz herzusagen zu lernen. An Beispielen zur Nachahmung darf es denselben nicht fehlen. Die Sätze können den Kindern unter verschiedenen Stellungen gegeben werden, damit das Aussprechen und das Darstellen derselben unter den verschiedenen Stellungen eine Anschauung und eine größere Leichtigkeit gewinne. Versuchen und üben sie sich nur über gegebene Gegenstände in freier Bewegung Etwas aufzufinden, und zwar Mehreres auszusagen, und dieses zusammenzustellen, so haben sie die Aufgabe erfüllt und erweitert, haben leicht verbundene Sätze gefunden, und schreiten in der Sprachfertigkeit voran. Der Lehrer gebe ihnen Wörter an, über die sie Etwas denken und aussagen sollen, und helfe ihnen durch Fragen, die geeignet sind, auf das Aussagbare hinzuleiten. Mehrere Kinder können über denselben Gegenstand etwas finden, und das Gefundene wird zusammengestellt; die Aussage gewinnt dadurch an Inhalt und Umfang. — Der Satz wird erweitert, wenn man zuerst zum Gegenstande und der Aussage noch Beisätze fügt, und noch weiter mehrere Sätze mit einander in Verbindung setzt. Z. B. Gehe nicht auf verderblichem Wege, so wirst du deinen Fuß an keinen Stein stoßen. Wo viele Worte sind, da geht es selten ohne Lüge ab. Wir haben nichts in die Welt gebracht; darum ist offenbar, daß wir auch nichts daraus mitnehmen können ꝛc. — Der Lehrer kann den Kindern leicht dazu helfen, diese Beisätze zu suchen und zu finden, auf die Fragen: wo, was für, wie, wem, wann? — Die verschiedenen Arten von Wörtern, aus dem Bereiche der Kinder genommen, geben Gelegenheit, sie im Bilden von Sätzen zu üben. — 3. Satzabänderungen in den Wortstellungen. Diese Uebung besteht darin, Sätze in ihrer Stellung abzuändern, und immer einen richtigen Satz darzustellen. Sie ist sehr leicht, und der Vortheil derselben für die Sprachübung sehr bedeutend. Alle Sätze im Lesebüchlein können dazu benützt werden; der Lehrer darf den Kindern nur Muster voranschicken,

und dann das Wort angeben, mit welchem das Kind seine Sätze beginnen
soll. In weiterer Uebung sollen die Schüler selbst, ohne Angabe des
Lehrers, die Aufgabe aufzunehmen und durchzuführen wissen. Z. B. Der
Bach fließt klar durch's Wiesenthal — Klar fließt der Bach 2c. — Durch's
Thal fließt 2c. — Uebrigens sorge der Lehrer dafür, daß die Schüler
jedesmal den ganzen Satz wörtlich aussprechen, damit sie die Gewandtheit im Sprechen erlangen. — 4. Sätzevermehrung über dasselbe
Wort. Diese gewinnreiche Uebung, den Kindern Sprachgewandtheit anzueignen, besteht darin, daß der Lehrer sie anleite, wie sie über jedes
Wort mit Leichtigkeit mehrere und mannigfaltige Sätze finden können.
Hiezu soll ihnen das vorgehaltene Wort Anregung geben. Der Lehrer
frage unter mehrern Schülern um, und sammle, was die Einzelnen gefunden und angegeben haben, zum Gewinn Aller. Auch hiezu können die
einzelnen Sätze des Lesebüchleins benutzt werden. Wir wollen dieß hier
nur in einem Beispiele nachweisen. Wir wählen hiezu die Wörter Laub
und Mai. Der Baum ist mit Laub bedeckt; — im Herbste fällt das
Laub ab; — das Laub verwelkt; — das Laub ist der Schmuck der Bäume;
— wenn das Laub abgefallen ist, sehen die Bäume wie dürres Laub
aus; — das Laub der Bäume hat verschiedene Gestalt, Größe und
Farbe. — Der Mai ist ein Monat; der Mai ist reich an schönen Blumen; — das Wetter im Mai ist meistens angenehm; — die Blumen
des Mai duften lieblich; — man vergleicht die schönen Kinderjahre mit
dem Mai 2c. — Aus diesen beiden Beispielen ergibt sich, wie fruchtbar die einzelnen Wörterklassen durch diese Uebung gemacht werden können.
Es genügt hier nur Musterandeutungen gegeben zu haben, wie man die
Wörter durch ihre mannigfaltige buchstäbliche und bildliche Bedeutung
durchführen, und dadurch den Sprachsatz in den Kindern vertiefen und
erweitern kann. Schon bei der untern Klasse wird diese Uebung mit
Nutzen betrieben, um so mehr bei den weiter vorgerückten Klassen. Die
schlichten Wörter führen in die Gebiete des täglichen Lebens, der Sittenlehre 2c. hinein. Auch ohne den Stoff zu erschöpfen, gewährt er durch diese
Behandlung Wortbereicherung und Uebung in Sätzebilden. — In ähnlicher Weise werden alle Arten der Sätze nach ihrem Inhalte und nach ihrer
Form behandelt, als: a) allgemeine, besondere, bejahende,
verneinende, fragende, befehlende, bedingte und unbedingte; b) die Sätze nach ihrem grammatikalischen Verhältniß, als:
Haupt-, Neben-, Zwischen-, Vorder- und Nachsätze, so wie
die Zusätze oder eingeschaltene Sätze, die insgemein Einschieb-
sel genannt werden. — 5. Ergänzung ausgelassener Wörter
und Sätze. Lücken im Denken und Reden sind — Gedanken- und
Redegebrechen, die sich nicht selten bei Ungeübten finden. Sie lassen oft
Worte, oft ganze Sätze, Vor- und Nachsätze fehlen; lassen eine Lücke
nicht nur im Ausdrucke, sondern auch im Gedanken, welcher, wenn er
klar und richtig sein soll, auch vollständig sein muß. Diese Uebung ist
für Kinder schon darum nützlich, weil sie dieselben im vollständigen Denken und Reden fördert. — Die leichteste Art besteht darin, daß der Lehrer
den ganzen Satz ausspricht, dann ihn mit Lücken angibt und die Lücken
von den Kindern ausfüllen läßt. Er fordere aber nicht bloß, daß das
fehlende Wort, sondern der ganze Satz angegeben werde; daß er in
Beziehung auf die Fortübung irgend ein Wort zur Lücke macht oder die
auszulassenden Wörter nach sprachlicher Rücksicht wählt, z. B. Bindewörter, Fürwörter, Zeitwörter, Umstandswörter, Verhältnißwörter. —
Das ausgelassene Wort muß sich in der Regel als eine Lücke fühlbar
machen, und diese darf nicht unbestimmt sein, weil sonst die Kinder nicht

im Stande wären, dieselbe zu ergänzen. Wohl mögen auch Sätze vorkommen, für deren Lücken sich mehrere Ergänzungen denken lassen; die
sind dann so vollständig als möglich oder als tauglich zusammen zu suchen.
— Um Beispiele darf der Lehrer nicht verlegen sein, denn jeder Satz im
Lesebuche bietet ihm in sich das Mittel dar, und in jedem Satze sind die
meisten Wörter zu Auslassungs= und Ausfüllungsübungen geeignet, z. B.
der Storch — auf dem Thurm sein Nest. Die Frucht vom Baum
heißt —. Der Hirt ist ein — der Heerde. Dürres Gras heißt —.
Die Fischer werfen ihre Netze zum — aus. Der Krug geht zum Brun-
nen, bis —. Daß auch hier in stufenweiser Erschwerung und Abänderung
fortgeschritten werden müsse, ist wohl durch sich selber klar. — Diese
Uebung wird mit allen Wortarten durchgeführt. Sind nun alle diese
Sprachübungen zweckmäßig mit den Kindern behandelt, haben sie die verschiedenen Wortarten und die nöthigsten Sprachgesetze richtig aufgefaßt
und anwenden gelernt; so haben sie sich ihre Sprachlehre selbst gesammelt. Zum Beschlusse, zur Wiederholung — und zur Uebersicht kann
nun die eigentliche Sprachlehre folgen. Sie kann aber, besonders
für Kinder auf dem Lande, ganz kurz sein, und braucht nur diejenigen
Regeln zu enthalten, welche in den Reihefolgen der vier Hauptsprach-
übungen vorkommen. Diese Regeln können entweder von den Kindern
selbst nach der Ordnung der gedachten Sprachübungen, und aus der
Erinnerung daran mit Hülfe des Lehrers gesammelt und mündlich ausgesprochen; oder vom Lehrer in die Sprachhefte diktirt, oder aber in einer
gedruckten, kleinen Sprachlehre mit den Kindern behandelt werden. So
würden auf den Anfangsunterricht die vorbereitenden Uebungen im Sprechen fallen. Die zweite Klasse hätte dann die Uebungen im Wortbilden,
Wortunterscheiden und Wortbeugen, und die dritte Klasse beschlösse den
Unterricht mit den Uebungen der Wortverbindung und der eigentlichen
Sprachlehre. In den Landschulen, wo die Menge der Kinder und der
Schulklassen, unter Einem Lehrer, allen Unterricht auf das Nöthigste und
Wichtigste zusammendrängt, wird wohl hie und da eine Stufe übergangen
werden, besonders in denjenigen Wortbeugungen, welche nicht so nöthig
sind, als andere. Zeit, Ort und andere Verhältnisse müssen da die Auswahl und Stufenfolge des Sprachunterrichtes bestimmen. — Da übrigens
an dem Sprachunterrichte so ungemein viel gelegen ist, so wird ihn der
Lehrer auch mit möglichstem Fleiße und auf die zweckmäßigste Weise zu
betreiben suchen. Daß an der Förderung dieses Unterrichtes neben dem
Unterrichte in der Religion das Meiste hinsichtlich der Bildung der Kinder
gelegen sei, das haben die ausgezeichnetsten Pädagogen von Amos Comenius an bis auf Harnisch und Denzel herab umständlich darge-
wiesen. Insbesondere hat Pestalozzi, dieser leuchtende Stern am
pädagogischen Himmel, gezeigt, daß der Muttersprachunterricht eines der
wichtigsten Bildungsmittel des menschlichen Geistes sei. Auch Graser
sagt in Uebereinstimmung mit Harnisch u. A. im 2. Thl. seiner Elementarschule für's Leben: „Der Sprachunterricht ist die einzige und wahre
Logik für die Volksjugend, wenn er nach den Unterrichtsgrundsätzen
ertheilt wird, und führt zugleich den Menschen am ersten auf sich selbst
zurück; so wie er ihn auch am meisten anhält, über den Gebrauch der
Sprache in Bezug auf die bezeichneten Gegenstände den Vergleich anzustellen. Die Sprache ist das Hauptmittel, wodurch der Mensch sein
Sein, Wissen und Wollen verkünden will. Wenn daher der Mensch
beim Gebrauche der Sprache angehalten wird, das benutzte Mittel in
Bezug auf den Zweck anzuschauen; so wird er nothwendiger Weise so
sehr auf sich zurückgedrängt, daß er überhaupt sich selbst in seiner geistigen

3*

Thätigkeit anschauen muß, und damit nur den Hauptgrund zur Bildung legt." Das Gedeihen des Sprachunterrichts hängt nun vordersamst von der Lehrart ab, die wir hier in ihren wesentlichen Beziehungen darstellen wollen.

E. Lehrart des Sprachunterrichtes, und zwar: 1. hin- sichtlich der Wortbildungslehre. Die Wortbildung ist, wenn sie anders recht behandelt wird, eine ebenso anziehende als nutzreiche Uebung für Kinder; denn sie macht es ihnen ganz anschaulich, wie mit wenigen Vor- und Nachsilben und etlichen hundert Wurzel- oder Stamm- silben eine sehr große Menge von Wörtern der deutschen Muttersprache gebildet werden können. Sie macht daher von Rechtswegen den Anfang des Sprachunterrichtes, um die noch wortarmen Kinder mit einer Menge deutscher Wörter bekannt zu machen. Diese Lehre wird dann nach und nach ein immer mehr zunehmendes Wörterbuch für Kinder, an dessen Bereicherung sie selbstthätig arbeiten und dasselbe auf eine angenehme Weise ihrem Gedächtnisse einprägen. Die Wortbildung bedarf aber eines Anschauungsmittels, welches darin besteht, daß der Lehrer entweder eine gedruckte Vor-, Nach- und Stammsilbentafel nach der andern vor die Augen stellt, und die Wortbildung an die lautirten oder gelesenen Silben anknüpft, oder daß er eine Anzahl solcher Silben an die schwarze Tafel schreibt, und die Wortbildungen mit denselben vornehmen läßt. Die gedruckten Wandlehrmittel haben übrigens vor den geschriebenen den Vor- zug, daß auch schon jüngere Kinder daran beschäftiget werden können. — Mit den Wortbildungen können zugleich mehrere Klassen nützlich geübt werden. Die erste Klasse, welche die Wortbildungen zu üben beginnt, beschäftiget sich mündlich damit; die zweite schreibt die gefundenen auf die Schiefertafeln, und die dritte, wenn sie der Lehrer gerade nicht anders beschäftigen kann oder will, macht dann über die ausgesprochenen Wort- bildungen Sätze aus dem Kopfe oder schreibt sie auf die Schiefertafeln. — Die mündlichen Wortbildungen geschehen so: a) stellt oder schreibt der Lehrer eine Anzahl Vorsilben vor, und läßt dann die Kinder solche Wörter aufsuchen, die mit der aufgegebenen Vorsilbe anfangen. Z. B. über die Vorsilbe be, die Wörter: bedenken, bedachtsam, bedauern, bedür- fen, befinden, beschreiben, Begierde, begierig u. s. w. Wo die Kinder kein Wort über eine Vorsilbe finden können, da hilft ihnen der Lehrer dazu. Nehmen sie aber ein Wort auf, das der Sprache nicht angehört, dann weiset er sie darüber zurecht. Eben so verfährt der Lehrer mit den Vor- silben ge, er, ver, zer, ur, miß, ent, ant, em, um. Mit dieser Uebung wird einem großen Bedürfnisse Hülfe geboten; es werden viele Zeit- und Beschaffenheitswörter vorgeführt. Wenn Kinder alle diese Wörter durchgemacht haben, dann ist ihr Wörterbuch nicht mehr arm. Läßt der Lehrer jedes Wort in kleinen Sätzen darstellen, so übt er gele- gentlich die Kinder in der Worterklärung und Sätzebildung. b) Sucht der Lehrer die Kinder neue Wörter durch Anhängung von Nachsilben bilden zu lassen. Z. B. über die Nachsilbe e, blau Bläue, breit Breite, weit Weite, roth Röthe, mild Milde, fern Ferne, tief Tiefe. Ebenso mit den Nachsilben heit, keit, schaft, niß, ei, thum, er, el, end, lein, ig, lich, bar, sam, isch, ern, en, z. B. schön Schön- heit, weise Weisheit, wahr Wahrheit, blind Blindheit ꝛc.; — fromm Frömmigkeit, süß Süßigkeit, mäßig Mäßigkeit; — Freund Freundschaft, Bote Botschaft, eigen Eigenschaft ꝛc.; — betrüben Betrübniß, kümmern Kümmerniß, Bund Bündniß, wild Wildniß, kennen Kenntniß, gleich Gleichniß ꝛc.; — tändeln Tändelei, schmeicheln Schmeichelei ꝛc.; — reich Reichthum, alt Alterthum ꝛc.; — jagen Jäger, führen Führer, leiten

Leiter, lehren Lehrer, trösten Tröster, Garten Gärtner ꝛc.; — Angel, Stengel, Nebel, Vogel, Distel ꝛc.; — Abend, Jugend, Tugend, Gegend ꝛc.; — Kindlein, Bächlein, Büchlein, Schiffchen, Tischchen, Blümchen, Stäbchen ꝛc.; — Sand, sandig, Saft saftig, Fluß flüssig, Kraft kräftig, Schatten schattig, Macht mächtig, Wald waldig, Sumpf sumpfig, Durst durstig ꝛc.; — Land ländlich; Mund mündlich, Stunde stündlich, Tag täglich, Nacht nächtlich, Freund freundlich ꝛc.; — fruchtbar, sichtbar, haltbar, scheinbar ꝛc.; — sparsam, folgsam, sittsam, wachsam, lenksam, gehorsam ꝛc.; kindisch, neidisch, zänkisch, mürrisch, stürmisch ꝛc.; — eisern, silbern, steinern, hölzern ꝛc.; — golden, seiden, leinen ꝛc. — legen, heben, dörren, grünen, färben, rühmen, plagen ꝛc.; — angeln, funkeln, murmeln, rieseln, sammeln, straucheln, spiegeln ꝛc.; — ändern, feiern, dämmern, jammern, opfern, zögern, zittern, ärgern ꝛc. c) So reichhaltig diese Uebung der Wortbildung ist, ebenso reichhaltig ist dieselbe durch Stammverbindungen. Z. B. **Blatt**, Blumenblatt, Krautblatt, Baumblatt, Rosenblatt, Tulpenblatt, Tischblatt ꝛc. Blattstiel, Blattform, Blattrand, Blattspitze ꝛc. So mit **Haus, Holz, Haupt, Fuß, Rad, Vater** u. m. a. — Bei diesen mündlichen Wortbildungen sieht der Lehrer zugleich darauf, daß sie von den Kindern richtig ausgesprochen und recht betont werden. Er läßt daher den Wortton bei Wörtern mit Vor- und Nachsilben immer auf die Stammsilbe, und bei Stammverbindungen auf diejenige Stammsilbe legen, welche den unterscheidenden Nebenbegriff des ganzen Wortes enthält. Endlich d) läßt der Lehrer die Kinder Wörter bilden durch Verwandtschaft, welche durch Stamm, Aeste und Zweige entsteht, und in der Folge zur Rechtschreibung vieles beiträgt. Wir wollen hier einige Beispiele nach der Buchstabenfolge anführen. — **B.** Blume, blühen, Blüte, Blumenbeet, Blumengarten, —gärtner, —kranz, —topf, —strauß, blumig. **D.** Danken, Dank, dankbar, Danksagung. **E.** Eigen, Eigenheit, Eigendünkel, Eigenliebe, Eigenlob, Eigennutz, eigennützig, Eigenschaft, Eigensinn, eigenmächtig, Eigenthum, Eigenthümer, Eigenwille, eignen. **F.** Frieren, Frost, frostig, Frostbeule, frösteln. **G.** Gleich, gleichen, gleichfalls, gleichgültig, Gleichniß, gleichsam, gleichzeitig. **H.** Haus, hausen, Haushalt, Haushalter, haushälterisch, Haushaltung, Hausvater, —mutter, —frau, —herr, —geräthe, —hund, —knecht, —wesen, —vieh, haustren. **K.** Kind, kindisch, kindlich, Kinderei, Kinderfreund, Kinderspiel, Kinderzucht, Kindheit ꝛc. — Um das Wortregister nicht ohne Noth zu vermehren, verweisen wir den Lehrer auf **Wenig's** Handwörterbuch der deutschen Sprache (neue Aufl. Erf. 1840).

2. **Hinsichtlich der Wortunterscheidungslehre.** Die Uebungen bezüglich auf die Unterscheidung der zehn Wortklassen, in die sich der ganze Wortreichthum der Muttersprache eintheilen läßt, beginne der Lehrer mit den Hauptwörtern und rücke damit allmählig bis zur letzten Wortklasse fort, wie wir dieß zum Theil schon oben bemerkt haben. Zum Anschauungsmittel hiebei bediene sich der Lehrer entweder gedruckter Wortunterscheidungstafeln, oder er schreibe an die schwarze Wandtafel, was er den Kindern nicht vor die Augen stellen kann. — Er beginne mit einer Reihe von so gestellten Fragen, daß die Kinder als Antworten auf dieselben nur solche Wörter angeben müssen, welche gerade zu derjenigen Wortklasse gehören, die sie jetzt unterscheiden und beschreiben lernen sollen. Daß hier viele Beispiele erfordert werden, ist durch sich selber klar. Diese Beispiele dürfen jedoch so unter einander vermengt sein, daß die Kinder die zur erlernten Wortklasse gehörigen Wörter herausfinden und daraus verschiedene Sätze zu konstruiren vermögen. Die Fragen: zu welcher

Wortklasse gehört dieß Wort, und warum zu dieser und zu keiner andern? dürften hier am rechten Orte sein. Damit aber die Kinder nicht nur jede Wortklasse an und für sich, sondern auch in Verbindung mit andern Wörtern unterscheiden lernen, so sorge der Lehrer dafür, daß wenigstens die fähigern über gegebene Wörter aus der erlernten Wortklasse selbst gefundene Sätze aus dem Kopfe bilden und damit die Unterscheidungs= lehre einer jeden Wortklasse beschließen.

3. **Hinsichtlich der Wortbeugungslehre.** Hat der Lehrer den Kindern die Wortbeugung an der Tafel anschaulich gemacht, und haben sie sich dieselbe gehörig eingeübt, auch über jeden Fall beim Decli= niren, Conjugiren ꝛc. Sätze gebildet, wobei sie die erlernten Wortbeu= gungen im Zusammenhang der Satzverbindung anwenden gelernt, dann werden ihnen die Wortbeugungsübungen, die sonst trocken und lang= weilig sind, weit angenehmer und nutzreicher werden. — Bei Erlernung der Abänderungen der Hauptwörter wird jedesmal nur Eine eingeübt. Es wird ein bestimmtes Hauptwort als stehendes Vorbild (Para= digma) aufgestellt und im Chor durchdeclinirt. Die Kinder werden beson= ders angehalten, die unterscheidenden Beugefälle wohl zu merken. Ist dieß geschehen, dann wählt sich ein jedes Kind ein zu der erlernten De= clination gehöriges Hauptwort, ändert es ab, und macht dann über jede Endung (casus) einen mündlichen oder schriftlichen Satz. Dasselbe gilt in Bezug auf die Erlernung der Abänderung der Für= und Eigenschafts= wörter und deren Steigerung. Was die Abwandlung der Zeitwörter betrifft, so ist diese allerdings mit vielen Schwierigkeiten verbunden; doch kann der Lehrer die Sache durch ein Anschauungsbild erleich= tern. Alles muß hier genügend eingeübt und auf Sätze, welche die Kinder selbst finden müssen, angewendet werden. Besonders ist dieß noth= wendig in Beziehung auf die Hülfszeitwörter — sein, haben und wer= den. Ebenso gründlich muß das Musterzeitwort der regelmäßigen Zeit= wörter behandelt werden. Die unregelmäßigen Zeitwörter können nach ihren entscheidenden Zeiten (der gegenw., jüngstverg. und verg. Zeit, der anzeigenden Redeart, — der jüngstverg. Zeit, der verb. Redeart, und der zweiten Einheitsperson, der befehl. Redeart) bloß mündlich mit oder ohne Satzübungen durchgenommen werden.

4. **In Beziehung auf die Wortverbindungslehre.** Da diese Uebungen vornehmlich in drei Abtheilungen zerfallen, nämlich a) in Verbindung einzelner Wortklassen, b) in Sätzebildungen und c) in Perioden= bildungen, von welchen eine die andere vorbereitet; so muß der Lehrer dieser natürlichen Ordnung folgen, und mit der Verbindung einzelner Wortklassen den Anfang machen. Er lasse zu dem Ende die Kinder aus den gegebenen Beispielen die Regel der Verbindung, und aus der gege= benen Regel die Beispiele finden und aussprechen. Besonders genau soll er die Wortverbindungen von Zeitwörtern mit Hauptwörtern, welche letz= tere bald in der ersten, bald in der zweiten, dritten und vierten Endung zu erscheinen haben, durch lauter Sätzebildungen einüben. Ebenso auch die Wortverbindungen von Verhältnißwörtern mit Hauptwörtern in den verschiedenen Endungen, die sie verlangen. Häufige Uebungen sind hier nothwendig, damit die Verhältnißwörter mit der jedesmaligen Endung, die sie regieren, den Kindern geläufig werden. Bei den Wortverbin= dungen mit Bindewörtern nimmt der Lehrer Anlaß, dasjenige zu ergänzen, was er bei der Wortunterscheidungslehre übergehen mußte, und leitet da= durch die Kinder in den zweiten Theil der Wortverbindungslehre hinüber, die in Bildung der Sätze besteht. Hier sucht er nun den Kindern die verschiedenen Arten der Sätze, deren sie schon so viele, theils mündlich,

theils schriftlich gebildet haben, sowohl nach ihrer logischen Form, als nach ihrem grammatikalischen Verhältnisse, zum klaren Bewußtsein zu bringen. — Hieran knüpfe der Lehrer nicht bloß die Uebungen im Sätze-bilden, sondern auch die Erklärung und Unterscheidung dieser einzelnen Satzarten hinsichtlich ihres grammatikalischen Verhältnisses zu einander.

Nach diesen Vorübungen findet dann die dritte Abtheilung der Wort-verbindungslehre — die Periodenbildung — keine besondere Schwierig-keiten mehr. Der Lehrer führe sie nach der oben bezeichneten Weise durch. Die Uebungen geschehen an der Wandtafel. Die Kinder bilden die Periode mündlich oder schriftlich nach. Beispiele, auf die der Lehrer hin-weiset, oder die er vorliest, kommen auch hier den Kindern wohlthätig zu Hülfe. Zuletzt folgt die Lehre von der Erweiterung und Verkürzung der Perioden, und diese bildet den Uebergang zu der Anweisung von Verfertigung schriftlicher Aufsätze oder zu den Stylübungen, insoweit sie in den Bereich der Volksschule gehören. (S. Art schriftliche Auf-sätze.)

F. **Lehreinrichtung des Sprachunterrichtes.** Der Lehrer suche, so viel möglich, es dahin zu bringen, daß er unter seinen Schü-lern, die Zahl derselben mag groß oder klein sein, nur die Sprachunter-richtsklasse festsetze. Bei dieser Klasseneintheilung fielen dann, wie wir schon anderwärts bemerkt haben, die Vorbereitungsübungen in die erste, die Wortbildungslehre nebst den Uebungen im Wortklassen-Unterscheiden und Wortbeugen in die zweite, und die Wortverbindungslehre in die dritte Klasse. Auf dem Lande dürfte übrigens die Wortbeugungslehre häufig noch der dritten Klasse zugewiesen werden. Jede dieser Klassen würde dann höchstens wöchentlich zwei Stunden, und alle drei zusammen sechs Stunden auf ihrer Stufe Unterricht erhalten. An öftern Wiederholungen des Erlernten dürfte es aber weder in der einen noch in der andern Klasse fehlen.

G. **Lehrton beim Sprachunterrichte.** Wir haben früher schon den Lehrton (s. d. Art.) behandelt, und führen deßhalb hier nur Einiges in besonderer Beziehung auf den Unterricht in der Muttersprache an. Dieß Wenige möchte in Folgendem bestehen: a) Der Lehrer ver-binde mit dem Ernste immer Milde und Freundlichkeit. Ist seine Stirne umwölkt und finster, so wird sie wohl auch eine trübe Stimmung bei den Kindern erzeugen. Steter Ernst erregt Furcht und diese bewirkt Spracharmuth. Und wie könnte so der Lehrer durch die Sprache auf die Geistesbildung wirken? — Milder Ernst dagegen gleicht dem Früh-lingsregen und Sonnenschein, durch welche die Erde sanft befeuchtet und erwärmt, und das Gedeihen jeglicher Pflanze befördert wird. b) Der Lehrer spreche nicht viel, aber was er spricht, das sei durchdacht, wohl-tönend und sprachrichtig. Das Vielsprechen des Lehres lähmt oder erdrückt die Geistesthätigkeit der Kinder. Wer ohne Ordnung und ohne Zusammen-hang spricht, der gibt den Kindern viele Worte, aber wenige Gedanken. Spricht der Lehrer einförmig, ohne Modulation der Stimme, und über-haupt nicht so, wie es der Wortinhalt und der ganze Gedankengang ver-langt; so wird er nicht im Stande sein, das ohnehin meist vernachlässigte Sprachgefühl der Kinder zu heben und zu bilden. Noch wichtiger ist eine richtige Aussprache beim Lese- und Schreibunterrichte. c) Der Lehrer zeige durch sein ganzes Verhalten, daß ihm der Sprachunterricht wichtig sei. Er flöße auch den Kindern Interesse dafür ein, und suche ihren Sinn für die Muttersprache zu wecken. Die Uebungen in derselben müssen den Kindern werth sein, weil sie ihre ganze Geistesthätigkeit in Anspruch nehmen. d) Auch sei der Lehrer bei der Behandlung dieses

Unterrichtszweiges geduldig und nachsichtig mit den geringen Leistungen
der Kinder, bestehe jedoch immer darauf, daß sie ihre Aufgaben möglichst
gut, d. i. ihren Kräften angemessen liefern. Das Poltern und Schelten
hilft wenig oder nichts. Geduld überwindet Alles. Diese ist ganz besonders nöthig bei den ersten Sprechübungen. Im Zeigen und Wiederholen
darf der Lehrer nicht ermüden, wenn sich das Schwierige zuletzt erfreulich
gestalten soll.

Sprache des Lehrers. Die Sprache ist bei keinem Menschen gleichgiltig, am wichtigsten muß sie beim Lehrer sein, und unter allen Lehrern
bei dem, der Menschen auf den niedrigsten Stufen der Jahre und der
Bildung übernommen hat. Das Sprechen muß mit dem Denken und
Wissen allenthalben gleichen Schritt halten. — Was beim Handwerker
das Werkzeug und die Kunst, dasselbe zu gebrauchen, ist, das ist beim
Lehrer die Sprache und der Vortrag. Wie der Handwerker ohne Werkzeug nichts ausrichtet, so bringt auch der Lehrer ohne Sprache nichts zu
Stande. Je mehr nun aber der Lehrer der Sprache mächtig, und je
angemessener sein Vortrag ist, desto besser gelingt ihm auch der Unterricht. Auf Beides — Sprache und Vortrag — muß er daher große
Sorgfalt verwenden. Des Lehrers Sprache muß gehaltig, rein und
populär, d. i. allgemein verständlich sein. Derselbe hat sich vor nichts
mehr zu hüten, als vor der eiteln und leeren Wortkrämerei, weil er sonst,
wie Hume sagt, einem Manne gleicht, der zwei Garben Stroh drischt
und dabei nichts als zwei Körnchen gewinnt. Der Lehrer muß nicht nur
jedes Wort und jeden Ausdruck seiner Muttersprache in seiner jedesmaligen Verbindung gehörig verstehen, sondern auch jeden Gegenstand
und jedes Lebensverhältniß mit dem eigenthümlichen Worte zu bezeichnen
im Stande sein. Er muß sich seinen Kindern in jeglicher Beziehung verständlich zu machen wissen. Dazu aber ist fortgesetztes Sprachstudium
und sorgsame Benutzung der vorhandenen Lernmittel zur Berichtigung
und Bereicherung der Sprache erforderlich *). — Rein ist die Sprache,
wenn sie frei von allem Fremdartigen und allen grammatischen Verstößen
nur edle Vorstellungen und Begriffe auf eine edle Weise bezeichnet, ja
selbst bezüglich auf niedrige und an sich unreine Dinge mit zarter Schonung das Schamgefühl sich hüten gibt. Es gibt demnach eine dreifache
Sprachreinheit, und zwar: eine volksthümliche, eine grammatikalische und
eine sittliche. Der Lehrer darf sich weder gegen die eine noch gegen die
andere einen Verstoß zu Schulden kommen lassen. Wie sich der gebildete
Theil des Volkes, dem er angehört, über die gewöhnlichen Gegenstände 2c.
mündlich und schriftlich auszudrücken pflegt, so muß auch der Lehrer sich
auszudrücken vermögen. Seine Ausdrucksweise muß sich, wie in der
Schule, so auch im alltäglichen Leben gleich bleiben, so viel es nämlich
geschehen kann. Auch wird er durchaus nicht im Stande sein, die Sprachlehre in seiner Schule nach der oben angegebenen Weise zu behandeln,
wenn seine Sprache in grammatikalischer Beziehung nicht rein ist. Aber
noch ungleich weniger wird er die sittliche Bildung seiner Kinder fördern,
wenn er bei Erzählungen und Erklärungen der Pflichtenlehre nicht wahrhaft rein, züchtig, schamhaft und umsichtig in allen seinen Aeußerungen
ist. Derjenige Schullehrer, welcher sich niedrige, rohe, zweideutige,
schlüpfrige und gemeine Ausdrücke erlaubt, entweiht sein heiliges Amt

---

*) Hiezu empfehlen sich ganz besonders Zerrenner's Hülfsbuch für Lehrer und Er-
zieher bei den Denkübungen der Jugend (von Demeter neu bearbeitet und herausgegeben), dann Wenig's Handwörterbuch der deutschen Sprache mit Beziehung der
Aussprache und Betonung nebst Angabe der nächsten sinnverwandten Wörter 2c.

und kündet dadurch auch seine Untauglichkeit dazu auf eine beklagens=
werthe Weise an. Uebrigens wandelt der wahre christliche Schullehrer
stets in Gott verherrlichender Demuth. Er will auch in sprachlicher
Beziehung nicht glänzen oder durch erborgte und hochtrabende Phrasen
Aufsehen erregen; seine Sache ist nur verstanden zu werden, und dadurch
Gutes zu stiften an der Hand eines wohlthätigen Unterrichts. Er will
seine Kinder weder in einem gelehrten, noch in einem von ihrem Stande
zu entfernten Tone zu sprechen nöthigen, wohl wissend, daß sie diesen
Ton nicht halten können, und daß nur lächerliche Ungleichheiten zum Vor=
scheine kommen würden. Klarheit und Anstand ist das Höchste, was er
hier zu erstreben sucht. Wenn er daher fern von allem eiteln Prunke
allgemein verständlich spricht; so ist er auf der andern Seite eben so weit
von der gemeinen, niedern und rohen Sprache entfernt. Wie er christlich,
einfach und edel denkt und spricht, so will er auch, daß seine Kinder ein=
fach, deutlich, schlicht und gerade denken und sprechen sollen. Er richtet
daher seine Aufmerksamkeit vornehmlich auf sich selbst, um nicht in seinem
Denken und Reden über irgend eine Sache von der natürlichen Einfalt,
Ordnung und Deutlichkeit abzuweichen. Denn wer verworren, einseitig
und überspannt über einen Gegenstand denkt, wird auch eben so davon
sprechen, somit unklar und unverständlich für diejenigen sein, die ihn
hören und hören sollen. Der Lehrer erwirbt sich die gemeinverständliche
Ausdrucksweise nur dadurch, daß er sich an ein natürlicheinfaches, wohl=
geordnetes und richtiges Denken gewöhnt, sich in der eben so einfachen
und reinen Darstellung seiner Gedanken mündlich und schriftlich übt;
und zu dem Ende öfters mit Nachdenken solche Schriften liest, welche
sich sowohl durch ihren Inhalt als durch ihre schöne Darstellung als
gemeinfaßlich empfehlen. (Ps. 36, 30. Sprüchw. 31, 26. Jos. 1, 8.
Ps. 11, 3—5.)

Sprachübung. (Sprachfertigkeit.) Der Lehrer wird es da nicht
an Sprachübung fehlen lassen, wo es sich um das Sachgedächtniß handelt.
Viele Kinder haben etwas in ihrem Gedächtnisse behalten; aber sie können
das, was sie gehört oder sonst aufgefaßt haben, nicht wieder in Worten
geben. Und doch kann sich der Lehrer nur dadurch überzeugen, daß es
in ihrem Gedächtnisse hinterlegt worden sei. Der Lehrer muß daher die
Kinder schon während des Unterrichtes viel sprechen lassen; er muß über=
haupt das Pensum so mit denselben durchsprechen, daß er die Ueberzeu=
gung gewinnt, es könne ihnen bei der Wiederholung nicht wohl an dem
nöthigen Vorrathe fehlen. Auf solche Weise wird jeder Unterricht zugleich
eine Sprach= und Sprechübung bezüglich auf den besondern Unterrichts=
gegenstand, während der eigentliche Sprachunterricht seinen Weg fortläuft.
Uebrigens darf wohl auch nie außer Acht gelassen werden, daß die übrigen
Unterrichtsgegenstände dem Sprachunterrichte von der ersten Satzbildung
an bis zu den vollendetsten Aufsatz= und Stylübungen den erforderlichen
Stoff darbieten. Auf solche Weise werden die Kinder durch angemessene
Uebung in der Sprache immer weiter gefördert und auch in den Stand
gesetzt werden, das ihrem Gedächtnisse Anvertraute immer wieder geben zu
können, weil es ihnen an der nöthigen Sprachfertigkeit nicht gebricht.

Sprachunterricht. (S. Art. Sprachlehre.)

Sprachvermögen. (Bildung desselben.) Jedes Wesen, das Odem
hat und lebt, hat einen angebornen Trieb, seine Vorstellungen, Empfind=
ungen und Gefühle vernehmlich auszudrücken. Hiezu wurde einem jeden
ein Vermögen mitgetheilt, wie es seiner Bestimmung angemessen ist. Wie
weit in Beziehung auf dieses Vermögen der Mensch über die vernunft=

lofen lebenden Geschöpfe erhaben ist, bedarf wohl kaum einer Erinnerung an das, was wir hierüber schon früher (Art. Sprache rc.) gesagt haben. Nicht nur liegt in seiner leiblichen Haltung, seinen Mienen und Gebärden, und besonders in seinem seelenvollen Auge ein erhabener Ausdruck, sondern Gott gab ihm auch das Vermögen, seine Vorstellungen, Gedanken und Empfindungen entweder durch Worte oder Schriftzeichen Andern vernehmbar zu machen. Sprache ist also die wirkliche Aeußerung dieses Vermögens. Sie ist aber auch, sagt Jean Paul in seiner Levana (B. 2. S. 346), das Wesentliche, Unterscheidende des Menschen vom Thiere, und das Verständniß desselben, was Accentuation und Betonung betrifft, ist dem Menschenkinde, so wie der Bedeutung der Mienen und Gebärden, angeboren. Und Sailer sagt: „Der Mensch kann denken, wo das Thier nur dumm und gedankenlos empfindet; und er kann reden, wo jenes nur Laute von sich gibt. Das Wort des Menschen ist ein Ausdruck seines Verstandes, und wie dem Thiere der Verstand fehlt, so fehlt ihm auch das Wort. Thiersprache ist nur Ausdruck der Empfindung; Menschensprache aber ist Ausdruck des Gedankens Die Rede des Menschen weckt hernach die Vernunft eines Andern, verknüpft Menschen mit Menschen, Welttheile mit Welttheilen, und beweiset durch Wirkungen den Vorzug des Menschen." — Die Bildung des Sprachvermögens verdient daher eine sorgfältige Berücksichtigung. In dieser Hinsicht sagt Herbart (Umriß rc. S. 25.): Sprachbildung der Kinder erfordert von früh an eine ernste Sorgfalt, damit nicht falsche Gewöhnungen und Nachlässigkeiten einwurzeln, die späterhin sehr viel Zeitverlust und Verdruß zu verursachen pflegen. Künstliche Formen des Ausdrucks, deren Sinn über den Gedankenkreis des Kindes hinausliegt, müssen ganz vermieden bleiben. *) Das Wesentlichste wird aber immer sein, die Kinder an das richtige Sprechen ihrer Muttersprache zeitig zu gewöhnen. Denn es ist gewiß ein, wenn auch nicht allzubedeutender, doch schwer gut zu machender Fehler in der Erziehung, wenn sie die in dieser Hinsicht ganz eigenthümlichen Anlagen des Kindes im frühesten Alter vernachlässiget und davon keinen Gebrauch macht. Diesen Vorwurf kann man den Alten nicht machen. Sie wendeten von der Wiege an auf die Kunst, richtig und schön zu sprechen, eine Sorgfalt, die heute kleinlich und pedantisch scheinen würde. Aber die Anwendung einer ähnlichen Sorgfalt dürfte, zumal in Ländern, wo Sprache und Aussprache gleich fehlerhaft sind, gegen das schlechte Beispiel doch das einzige Correctiv seyn. Es handelt sich hiebei nicht bloß von einer bloßen Annehmlichkeit, sondern davon, daß man das, worin das mächtigste Mittel, auf die Einbildungskraft zu wirken, gegeben ist, nicht als eine Frivolität betrachten sollte. Die Sprache ist die an den Tag heraustretende Seele, und wer könnte die Macht verkennen, welche diese auf das Glück der Menschen auszuüben vermag! — Unser eigenes Denken steht mit unserer Sprachbildung in engem Verbande. Nicht bloß die Mittheilung der Gedanken, sondern das Nachdenken selbst wird gelähmt und gehindert, wenn wir unsere Vorstellungen nur unvollkommen und mit vieler Anstrengung zu bezeichnen vermögen. Ebenso bewirkt Unbestimmtheit und Verworrenheit der Sprache auch wieder unbestimmte und verworrene Begriffe. In der Sprache eines Volkes

---

*) W. Körte sagt in seiner Schrift: Fried. Aug Wolf über Erziehung (Quedlinburg 1835). Ueber den ersten Unterricht in der Muttersprache ließ sich Wolf zuweilen ausführlich vernehmen. Die Gewöhnung an richtiges Sprechen ist der Anfang alles Sprachunterrichts; grobe Unarten beim Sprechen muß man niemals durchgehen lassen.

spiegelt sich der Grad der geistigen Bildung desselben. Das Sprachvermögen, wie wir es hier betrachten, hängt jedoch nicht so sehr von den eigentlichen Sprachorganen, als vielmehr von der Entwickelung des Geistes ab. Werden sonach nur die geistigen Kräfte gehörig ausgebildet, so wird sich die Sache wohl von selber geben. Um jedoch die Bildung des Sprachvermögens unmittelbar zu befördern, darf man nie vergessen, daß Worte theils Zeichen der Gedanken, theils aber auch Anregungs= und Erwerbungs= mittel der Gedanken sind. Daher gestatte man nie, daß sich Kinder verwöhnen, entweder ihre Vorstellungen und Begriffe unrichtig zu bezeichnen, oder unverstandene Worte mechanisch nachzusprechen. Gewöhnt sich ein Kind beim Sprechen daran, nur halb zu thun, was es ganz thun sollte, so läßt sich davon für seine künftigen Leistungen nicht viel erwarten. Mag das undeutliche Sprechen immer an der Schwäche und an der Ungeübtheit der Sprachwerkzeuge des Kindes liegen, der Geist kann die Schwierigkeit überwinden. Was sonach Kinder sprechen, das sollen sie deutlich sprechen, und was sie lesen, das sollen sie auch verstehen und wieder geben lernen. Von diesem Grundsatze, sagt Stapf, ist nur dann eine Ausnahme zu machen, wenn höhere Rücksichten es gebieten. Denn zuweilen muß der Lehrer, sowohl beim Lesen als beim Sprechen absichtlich über gewisse Stellen oder Ausdrücke wegeilen, damit nicht der jugendliche Vorwitz in sie eindringe, und den unbedeutenden Gewinn eines neuen Begriffes mit Gefährdung der Sittlichkeit erkaufe. Zugleich werde die Einbildungskraft und das Gedächtniß fleißig fortgebildet. Denn daß so viele Menschen im Ausdrucke unbehülflich sind, ist öfters bloß Folge ihres schlechten Wortgedächtnisses oder ihrer vertrockneten Einbildungskraft. Gar vieles hängt auch hier wieder von der Umgebung der Kinder ab. Wenn sich Eltern, Dienstboten oder selbst Lehrer und Erzieher verworren und unrichtig ausdrücken, so wird man es begreiflich finden, wenn dieser Fehler auch auf die Kinder übergeht. Was die Schule und den Sprach= unterricht, den der Lehrer den Kindern zu ertheilen hat, betrifft, so verweisen wir denselben auf das, was wir oben (Art. Sprachunterricht) umständlich auseinander gesetzt und der eifrigen Behandlung empfohlen haben. *)

Sprachwerkzeuge (Bildung derselben.) Die Kenntniß der Sprach= organe, die bei einem jeden Laute wirksam sind, ist weniger für die Kinder, als für den Lehrer nöthig und wichtig, und dieß darum, damit er beur= theilen könne, ob die Laute völlig rein ausgesprochen werden, und damit er solchen Kindern hülfreich entgegen kommen könne, denen es schwer fällt, gewisse Buchstaben gehörig auszusprechen. Für Kinder wäre eine derartige Kenntniß, wenn sie je ein Lehrer beabsichtigen wollte, wahre Geistesplage und ein elender Zeitverderb. Desto nothwendiger aber ist es für sie, daß ihre Sprachwerkzeuge recht gebildet werden. Um dieß zu bewirken, wird folgendes berücksichtigt werden müssen: a) Man mache den Kindern das Sprechen schon frühzeitig zum Bedürfniß. Wenn sie etwas verlangen, es sei was es wolle, so sollen sie angehalten werden, den Gegenstand ihres Verlangens zu nennen und bescheiden darum zu bitten. Uebertreiben darf man freilich die Sache nicht. Auch geht die

---

*) Es ist mitunter von nicht geringem Nachtheile, wenn Kinder zu frühe und zu gleicher Zeit zur Erlernung mehrerer Sprachen angehalten werden; denn die zu große Menge der Wörter und die verschiedenen Formen verwirren den Kopf und sind Ursache, daß derlei Menschen sich in keiner der erlernten Sprachen gut auszu= drücken im Stande sind. Vor lauter Sprachen kennen sie dann im Grunde keine recht.

Bildung der Gehör- und Sprachorgane nicht bei allen Kindern gleich schnell vor sich. Würde man nun das Sprechen zu sehr beschleunigen, so würden sie vielleicht eine fehlerhafte Aussprache für ihr ganzes Leben erhalten. b) Damit die Kinder gut sprechen lernen, spreche man ihnen gut vor, nämlich rein, mit gehöriger Betonung aller Sprachlaute, deutlich und nicht schnell. Bemerkt man in ihrer Aussprache etwas Fehlerhaftes, so arbeite man demselben gleich anfangs entgegen, damit es nicht zur Gewohnheit werde. c) Man verschaffe den Kindern recht viele Gelegenheiten und Anlässe zum Sprechen, und halte sie dazu an, daß sie sich über jeden Gegenstand deutlich und mit der erforderlichen Bestimmtheit ausdrücken. — Die weitere Ausbildung der Sprachwerkzeuge läßt sich auf die drei Stücke: Modulation, Deklamation und auf das Singen zurückführen. Was die Modulation oder Abwechselung der Stimme betrifft, so ist nöthig, daß sich Kinder nach und nach einen richtigen Conversationston aneignen, um ihre Gedanken natürlich, und wenn nicht mit Anmuth, doch wenigstens mit dem erforderlichen Anstand ausdrücken zu können. Dieses dürften sie wohl am ehesten lernen durch Beobachtung gebildeter Menschen, wie sie sich ausdrücken, durch Angewöhnung im natürlichen Tone zu lesen und durch stufenweise Uebungen. Das Deklamiren setzt sowohl von Seite des Körpers als des Geistes eine gewisse Reife voraus. Es bedarf daher bei noch kleinern Kindern nicht nur einer guten Auswahl, sondern auch vieler Sorgfalt und Vorsicht. (s. d. Art.) Auch das Singen sollte sowohl in der öffentlichen als Privat-Erziehung betrieben werden. Kinder singen ohnehin gern. Es wäre daher gewiß nutzreich, wenn ihre Singorgane zweckmäßig gebildet würden. Aber auch Sorge tragen sollte man dafür, daß ihnen wahrhaft schöne, ihrem Alter angemessene, das Herz erhebende und erhebende Gesänge eingeübet würden. Hiezu eignen sich ganz besonders Donat Müller's 80 Lieder für die aufblühende Jugend. Augsburg. Verlag von Ant. Böhm. 1840.

Sprech- und Denkübungen (S. Art. Denk- und Sprachübungen.)

Sprechen, freies, lautes. Es gibt Kinder, die oft nur schwer zum freien und lauten Sprechen zu bringen sind. Hier muß der Lehrer denselben den Mund zu öffnen suchen, was er dadurch bewirken wird, wenn er sie weniger strenge, als vielmehr milde, freundlich und durch sein ihnen bewiesenes Zutrauen, das er überall durchschimmern läßt, zu behandeln weiß und wirklich behandelt. Dieß geschieht z. B. dadurch a) daß er einem solchen verschlossenen Kinde eine Frage vorlegt, die ein anderes Kind nicht beantworten kann; b) daß er es bedauert, seine leise Antwort nicht verstehen zu können, indem er sie doch für richtig halte ꝛc. In der Regel sprechen die Kinder im Chor lauter, als einzeln. Der Lehrer benütze auch diese Erfahrung und lasse ein solches Kind mit mehrern zusammen etwas sprechen oder hersagen, wodurch es sich allmählig an ein freieres Sprechen gewöhnen wird. Dazu wird er eben so durch den Gesangunterricht wesentlich beitragen. Am leichtesten aber wird er seinen Zweck erreichen, wenn er überhaupt in seiner Schule ein lautes, freies Sprechen eingeführt hat. In Schulen, wo dieß nicht stattfindet, fehlt nicht blos ein Haupthinderniß, sondern es kann auch ein an sich verschlossenes Kind nimmermehr zum freien Reden gelangen. Es liegt sonach die Schuld nur am Lehrer, wenn aus den Kindern der Schule keine freie Antwort herauszubringen ist. (S. auch Art. Freimüthigkeit.)

Sprechenlehren und lernen. Wie gelangen Kinder, die in so vielen Beziehungen den Thieren gleichen Alters nachstehen, dahin, sich in den Besitz eines so überaus schönen Vorzuges, als die Sprache ist, zu setzen?

Welcher Weg wird hier eingeschlagen, auf dem sie dazu gelangen? —
Dieß ist der Punkt, über den wir das nöthige Licht verbreiten sollten;
allein wir können diesen Gegenstand hier nicht erschöpfend darstellen, und
begnügen uns damit, das angeführt zu haben, was einige der ausgezeichnetsten Pädagogen darüber gesagt haben. Es ist, sagt unser verewigter
Sailer, das lehrreichste Schauspiel, dem Spracherfinden des Kindes,
als Zuschauer und Gehülfe, beiwohnen zu können. Denn jedes Kind
muß sich doch seine Sprache selbst erfinden, ob ihm gleich die tönende
Natur vortönen, die lehrende Mutter mit dem Munde vorsprechen,
mit dem Auge mitsprechen, und mit der Hand auf die bezeichneten Sachen
hinweisen muß. Wie viele Erfindungen müssen in der Seele, wie
viele Versuche in den Sprachgliedern des Kindes vor sich gehen, bis es
z. B. das Wort, Brod, von der Sache, Brod, unterscheidet, und
das Wort, Brod, stammeln, dann sprechen, dann (im Zusammenhange mit andern Wörtern, die einen Sinn geben,) reden lernt? —
Pestalozzi läßt sich in seinem Buche der Mütter (1. Hft. 1803. S.
101—105) so darüber vernehmen: Die Mutter wird durch ihren Instinkt
gleichsam genöthiget, dem Kinde in hundert Augenblicken Töne vorzulallen,
sie folgt diesem Naturtriebe mit inniger Freude, es macht ihr Vergnügen,
das Kind durch das Vorlallen der Töne zu erheitern und zu zerstreuen,
und die Natur läßt sie in ihren Bemühungen zu diesem Zwecke nicht ohne
Mithülfe. Das Kind hört nicht nur die Töne der Mutter, es hört auch
die Stimme des Vaters, des Bruders, des Knechtes und der Magd, es
hört die Glocke läuten, Holz hacken, den Hund bellen, den Vogel pfeifen,
die Kuh brüllen, das Schaf blöcken, den Hahn krähen. — Bald ist sein
Hören nicht mehr ein bloßes, leeres Bewußtsein der Töne und ihres
Unterschiedes unter einander, die auf sein Ohr wirken; es fängt jetzt an,
den Zusammenhang der Töne mit den Gegenständen, von denen sie herrühren, zu ahnen und zu bemerken; es sieht die Glocke an, wenn sie
läutet, es wirft seine Augen nach der Kuh, wenn sie brüllt, nach der
Thür, wenn Jemand daran klopft, nach dem Hund, wenn er bellt ꝛc.;
und so wie es den Zusammenhang der am meisten in sein Ohr dringenden
Töne mit den Gegenständen, von denen sie herrühren, zu bemerken anfängt, so fängt es denn bald auch an, den Zusammenhang der ihm gewöhnlich vor den Augen stehenden Gegenstände mit den Tönen, die die
Mutter allemal hervorbringt, wenn sie ihm solche bezeichnen will, — es
fängt an, den Zusammenhang der Namen mit benannten Sachen zu entdecken. So weit kommt es, ehe es versucht, irgend einen Ton, den es
hört, nachzulallen; aber jetzt fängt es an, auch diese Kraft in sich selbst
zu fühlen. Unwillkührlich fallen ihm ungleiche Töne aus seinem Munde,
es hört sie, es fühlt seine Kraft, es will lallen — es gelingt ihm,
es lallt — es freut sich seines Lallens, es lallt und lacht. Die Mutter
hört sein Lallen, sie sieht sein Lachen, ihr Herz erhebt sich, der Trieb
ihres Instinkts, ihm Töne vorzulallen, wird verdoppelt, und sie übt ihn
froher und lachender aus, als sie es je that. — Aber indem dieser Trieb
den höchsten Grad seines Reizes erhält, fängt die Natur schon an, das
instinktartige Fundament allmählig zu untergraben. Das Bedürfniß, das
Kind durch das Lallen zu zerstreuen und zu erheitern, fällt allmählig weg.
Die Gedankenlosigkeit dieser Handlungsweise befriedigt das Kind nicht
mehr, es hat sich selbst zerstreuen gelernt, die Natur, die um dasselbe her
lebt und webt, ist ihm hiezu genügend; aber es bedarf jetzt mehr als
Zerstreuung, es will jetzt berichtet sein über das, was es sieht, hört und
fühlt, es bedarf jetzt reden zu lernen, und die Mutter will es jetzt
reden lehren. Aber wie überhaupt das Menschengeschlecht durch Noth,

Bedürfniß und Umstände von jeder instinktartigen Handlungsweise zu jeder vernünftigen hinübergelenkt wird, also üben auch bei diesem Uebergang der instinktartigen Handlungsweise der Mutter zu einer vernunftartigen Noth, Bedürfniß und Umstände, ihre Allgewalt über die Bildung des Menschengeschlechtes aus. Die Zeit fängt der Mutter an, zu ihrem gedankenlosen Lallen zu mangeln; sie hat außer ihrem Unmündigen noch viel mehr Gegenstände, die sie beschäftigen, sie muß, sie kann nicht anders, sie muß ihr Kind jetzt regelmäßig, d. i. zu bestimmten Stunden, in gewissen Augenblicken besorgen; außer diesen Stunden und Augenblicken ist ihre Aufmerksamkeit und ihre Thätigkeit anderswo in Anspruch genommen, sie muß, sie kann nicht anders, das Geschäft des Redelehrens an diese Stunden, an diese Augenblicke anketten, so wie die Natur dasselbe an die Bedürfnisse des Kindes und an seine Befriedigung ankettet. Es ist in den Augenblicken, in denen sie es wäscht und reiniget, daß sie jeden Theil seines Körpers, den sie ihm benetzt und wieder abtrocknet, auch benennt und benennen muß; es ist im engsten Zusammenhang seiner Besorgung, daß sie ihm sagt und sagen muß: gib mir dein Händchen, dein Füßchen ꝛc., und hinwieder, wenn sie ihm zu essen gibt, daß sie Brei, Topf und Löffel benennt; es ist aber auch zugleich die innigste Sorgfalt und Liebe dieser Besorgung, die sie, wenn der Brei zu warm ist, ihn auf dem Löffel erkalten, und indem sie ihn dem Kinde nur langsam zum Munde bringt, sagen läßt: du mußt warten, es ist heiß! — Mutter! wenn du einsiehst, daß es wesentlich ist, den Eindruck der für die Bildung deines Kindes wichtigsten Gegenstände, die ihm täglich vor Augen stehen, tief einzuprägen, so mußt du auch begreifen, daß es wesentlich ist, das Kind zu lehren, sich über diese Gegenstände bestimmt auszudrücken; und wenn du einsiehst, daß es für die Bildung des Kindes wichtig ist, daß du es auf deinen Armen zu den Gegenständen, die seine Aufmerksamkeit vorzüglich reizen sollen, hinträgst, und es dieselben genau ansehen lässest, so begreifst du eben so leicht, daß du es lehren mußt, sich über diese Gegenstände bestimmt ausdrücken zu können. — So weit Pestalozzi über den einfachen Gang, den die Mutterliebe einschlägt, ihr Kind zu den schönen und erfreulichen Besitze zur Sprache zu bringen, und den zugleich auch das Kind mit der Mutter nimmt, um sich die Sprache allmählig anzueignen. So ist also auch hier Lehren und Lernen schon in des Lebens erster Blüthe beisammen. Eine weise Mutter redet klüglich, und das Kind hängt am Munde seiner Mutter. So hat es Gott, der Vater aller Menschenkinder, eingerichtet, und auch dadurch ein Denkmal seiner Macht, Weisheit und Güte für ewige Zeiten gestiftet! — (Spr. 16, 23. Amos 4, 13. ꝛc.) S. Art. Sprachvermögen.

Sprichwörter sind nicht bloß als Wahrzeichen und Blüthen des Volkswitzes zu betrachten, sondern als die Ergebnisse der Erfahrung und des Volksverstandes. Zu ihrem Wesen gehört, daß sie im Munde des Volkes sind und eines gewissen Ansehens genießen; daß sie sich durch geistreiche Kürze, Inhalt und durch alterthümliche Würde vor anderer gemeiner Lehre und Rede auszeichnen. Sie stammen meist aus der Jugendzeit der Völker, zugleich mit den Sagen, und sind das Vermächtniß der Vorzeit an die Gegenwart. Ihre Urahnen sind die Aussprüche der ältesten Weisen und Dichter; sie sind die landläufigen Aussprüche der Erfahrung aus dem öffentlichen und häuslichen, sittlichen und politischen Leben der Menschenkinder. Doch steht auch oft das Eine dem Andern entgegen, und viele drücken nur eine comparative oder bedingt zu verstehende Regel aus. Oft hängt das Sprichwort mit alter Volkssitte zusammen, und läßt sich nur dadurch erklären. Die Sprichwörter mischen sich in alle menschliche Händel, bringen Alles zur Sprache, sehen überall nach dem Rechten und sind der Spiegel alles weltlichen Wesens. Vor dem Sprichwort ist, wie vor dem Gesetze, Alles gleich; jeder Stand, Klugheit und Einfalt, Armuth und Reichthum, alles wird von ihm gleich, kurz und gut, gleich derb, neckisch, fromm, ehrlich und rund heraus censirt, ohne Ansehen der Person oder Sache. Es schmückt das Wahre, Schöne und Gute gern mit naivem Bild und Gleichniß, während es dem Laster und der Thorheit den gebührenden Schimpf anhängt Es lehrt Lebensweisheit, wenn nicht gelehrt, doch bündig, hell und klar, Auskunft gebend über Manches, worüber Gelehrtheit und Systeme schweigen. Es überredet anspruchslos und habert nie; es nährt den Witz, übt den Verstand, frischt das Gemüth an und erfreut den Scharfsinn. Es ist auf dem Wege durch's Leben ein kluger, heiterer Begleiter, der Niemand weder in Freud noch Leid, weder im Schimpf noch Ernst im Stiche läßt. „Sprichwort, wahr Wort." — Indeß ist es nicht so leicht, sich der Sprichwörter zierlich, recht und tüchtig, zur rechten Zeit und am rechten Orte zu bedienen; sie wollen überall nur als Würze, nicht als Nahrung gereicht sein. „Unsere Lehre, sagt Dinter, muß oft wie ein Kaufbrief sein, der dem Kinde eine neu erworbene Wahrheit weitläufig und in aller Form Rechtens zusichert und dem die epigrammatische Sentenz (Sprichwort) zum bekräftigenden Siegel dient." (Antw. z. B. 1. S. 342.) Sprichwörter wollen Schrift und Rede nur kräftigen und schmücken, wie edles Gestein in edlem Metalle, wie Gold in Purpur erfreut. *) Sprichwörter sind, wie für Erwachsene, so auch für Kinder ungemein anziehend, und drücken der vorgetragenen Lehre um so mehr ein bekräftigendes Siegel auf, da sie als das allgemeine Urtheil aller Völker und Zeiten betrachtet werden können. Denn was nur ein Einzelner gesagt, und Wenige ihm nachgesprochen haben, wird noch nicht mit dem Namen eines Sprichwortes belegt. Ein Sprichwort erhält erst seine Rechtfertigung, wenn es gleichsam einmüthige Stimme des Volkes geworden ist. Ein Sprichwort hat sonach immer eine wichtige Autorität für sich, und es kann eine vom Lehrer den Kindern mitgetheilte Lehre füglich damit bestätiget werden. Durch Sprichwörter kann er den Kindern auf leichte Weise feste und bestimmte Grundsätze einprägen, da jene wegen ihrer Kürze und Rundung, oft auch durch den Reim leicht zu behalten sind. Sprichwörter bleiben, wenn eine längere sittliche Belehrung längst vergessen ist, hängen und noch in spätern Jahren weiß der Mensch zu erzählen, was sein Vater oder Großvater für ein Sprichwort im Munde führte und bei diesem oder jenem Anlasse zu empfehlen pflegte. Zudem machen Sprichwörter einen ungleich stärkern Eindruck auf empfängliche junge Gemüther, als andere trockne moralische Lehrsätze, da sie meist in einer gewissen Kraftsprache und Treuherzigkeit ausgedrückt, und dabei so deutlich und faßlich sind, daß der darin liegende Hauptgedanke sogleich in's Auge springt, und keiner weitläufigen Entwickelung und Erläuterung bedarf. Da ferner einem jeden Sprichworte gewisse Thatsachen zum Grunde liegen, von welchen jenes das moralische Ergebniß dieser ist, so wird es zweckdienlich seyn, wenn der Lehrer jedesmal eine Thatsache mit

---

*) Mit dem Sprichworte sind verwandt: der Denkspruch, Apolog, Einfall, die Sentenz, Fabel, Scherz-, Witz- und Schimpfrede, und überhaupt Alles, was bildlichen Ausdruck und gleichsam eine Persönlichkeit hat Die beste Sammlung von Sprichwörtern haben wir dem hochsel. Sailer zu verdanken, unter dem Titel: „die Weisheit auf der Gasse, oder Sinn und Gebrauch deutscher Sprichwörter." Augsburg 1810. Eine vollständige Literatur der Sprichwörter ist noch zu erwarten.

dem Sprichworte zu verbinden sucht, was die Wahrheit in das erforderliche Licht stellt und bestätiget. Es würde indessen den Kindern wenig
Nutzen gewähren, wenn sie eine Menge Sprichwörter auswendig lernten,
zumal der Eindruck des Einen von dem unmittelbar folgenden wieder
ausgelöscht würde. Sind sie aber mit Erzählungen und Beispielen begleitet und erläutert, so müssen die Kinder bei einem jeden Sprichworte
eine Zeitlang verweilen, und können dann auch die Hauptseite desto besser
und richtiger in's Auge fassen. Doch darf der Lehrer auch in diesem
Falle nicht zu viel auf einander häufen, damit die Sache immer den gehörigen Reiz behalte. — Die Sprichwörter mit Erzählungen, besonders
aus der heiligen Schrift und dem Leben der Heiligen zu verbinden, ist
auch deßhalb räthlich, weil der Lehrer mittelst der Letztern die rechte
Anwendung der erstern zeigen, und ihnen die nöthigen Bestimmungen
geben kann. Zwar ist ein Sprichwort insoweit immer ein wahres Wort,
als bei jedem eine Wahrheit zu Grunde liegt; allein diese Wahrheit ist
zuweilen schwankend, zu unbestimmt und allgemein, so daß es nöthig ist,
einige nähere Bestimmungen hinzuzufügen, um einer etwaigen schiefen
Anwendung möglichst vorzubeugen, was durch Erzählungen und Beispiele
am leichtesten und besten bewirkt wird. Sammlungen von Sprichwörtern,
worin jedes mit einer passenden Erzählung erläutert ist, sind immerhin
eines der nöthigsten und nützlichsten Erziehungs- und Bildungsmittel für
die Jugend. (4. Mos. 21, 27. Ezech. 12, 22. 23. 16, 44. Hab. 2, 6.
Luc. 4, 23. ꝛc.)

Springen (S. Art. **Gymnastik**).

Sprödigkeit. Alles Gute hat seine Schranken, über die es nicht
hinaustreten darf, wenn es nicht fehlerhaft werden soll. So ist es auch
hinsichtlich der Sprödigkeit; wenn nämlich die weibliche Schamhaftigkeit,
dieser Engel, den Gott der Unschuld beigegeben, so weit getrieben wird,
daß sie jede männliche Gefälligkeit und Gunstbewerbung mit völliger
Gleichgültigkeit und einem verächtlichen Kaltsinn zurückstößt, so ist es
gleicherweise fehlerhaft. Ein solches Benehmen nennt unsere Sprache
spröd, und die französische prude. Dieses spröde Wesen hat nach Pockels
(S. 141) seinen Grund theils in einer einseitigen scheinfrommen Erziehung,
theils in zu besorglichen Eltern und pedantischen Erzieherinnen, die dasselbe als die einzige Schutzwehr weiblicher Tugend empfehlen, theils in
einer natürlichen Furcht und Blödigkeit. Solche spröde Mädchen sitzen
in der Gesellschaft mit niedergesenktem und schüchternem Blicke, wie Cri-
minalverbrecherinnen, erröthen schon aus bloßer Furcht, daß sie von einem
Manne angeredet werden könnten, und wagen es nicht, ihre Lippen zu
einem Worte zu öffnen. Wenn ihr Naturell sie zu dem gemacht hat,
was sie sind, so sollen sie mit schonender und zarter Vorsicht behandelt
werden; war es aber eine einseitige und pedantische Erziehung, so kann
nur die öftere Theilnahme an anstandsvoller gemischter Gesellschaft den
rechten Sinn und Takt hervorbringen. Und in dieser Beziehung sagt
Schwarz (Th. 2. S. 550): „Das Mädchen bedarf wohl einer Schonung, die ihm das Gefühl von körperlicher Heilighaltung seiner Person
hervorhebt und schärft; aber darum soll es nicht zu einer hinfälligen Sinnpflanze (die bei der leisesten Berührung ihre Blätter
zusammenzieht) oder Zierblume erzogen werden. Auch das
Mädchen hat seine Lebensbahn zu gehen, die oft genug dornig ist, und
wo es rauhe Luft muß ertragen können, und doch im Hause sein milderndes
und wärmendes Licht soll leuchten lassen. Es soll gerade keine Sparta-
nerin, aber auch keine zierliche Athenerin, sondern ein gesundes, frommes,
geschäftiges, gebildetes, heiteres Mädchen sein, welches den Hausgenossen

das Leben erleichtert, Hindernisse wegräumt, u. dgl." (S. Art. Scham=
haftigkeit.)

Staatsbürger. Erziehung desselben. (S. Art. Patriotismus.)

Staat der Kirche gegenüber. (S. Art. Kirche.)

Stand und Beruf. Bei der Bildung eines Zöglings wird auch
billige Rücksicht auf den herkömmlichen Standesunterschied und die künf=
tige Bestimmung desselben genommen. Wenn der Erzieher, sagt Nie=
meyer (Th. 9. S. 214 2c.), in den ärmern Ständen Arbeitsamkeit und
Industrie, um des Bedürfnisses willen, als dringendere Pflicht darstellt;
so wird er dem, der Ueberfluß und einen größern Wirkungskreis hat,
die Wohlthätigkeit desto wärmer an's Herz legen. Wenn Armuth leicht
niederträchtig, der Zufall der Geburt, des Vermögens und des Ranges
aber eben so leicht eitel, stolz, herrisch und übermüthig machen; wenn
der Kaufmann leicht gewinnsüchtig und eigennützig, der Soldat leicht
hart und kalt, der Studierende leicht eingebildet, einseitig, pedantisch und
ungerecht gegen andere Stände wird: so wird der Erzieher schon frühe
auf die Tugenden hinwirken, welche gerade seinem Zöglinge am nöthigsten
sind und am schwersten werden möchten. Dabei ist es immer weit rath=
samer, von den Pflichten, den Gefahren und den Fehlern des
Standes, für den der Zögling heranwächst, als von den Vorrechten
desselben zu reden. Diese müssen billig in einer weisen Erziehung bloß
als Antriebe zu einer größern Pflichtmäßigkeit benutzt werden. — Die
Wahl eines Berufes oder Geschäftes, wodurch der Zögling künftig
sein Brod verdienen, und Andern nützlich werden soll, ist für das ganze
Leben von entscheidender Wichtigkeit, aber nicht selten schwierig und, durch
äußere und zufällige Umstände bedingt. Pöliz stellt (Erziehungswissen=
schaft Th. 1. S. 319) als wesentliche Bedingung hin: daß jedes zu
erziehende Individuum seinen künftigen Stand und Beruf im Staate aus
eigenem freien Antriebe, und mit deutlicher Vergegen=
wärtigung der dabei wirkenden subjektiven Gründe
wähle. Es ist nichts fehlerhafter, als Kinder, vielleicht schon im Mut=
terleibe, zu einem künftigen Berufe zu bestimmen. Je ausgezeichneter
die individuellen Anlagen sind, desto weniger lassen sie sich durch eine
solche Vorherbestimmung in ihrer Richtung beschränken, und zwingt man
ihnen dennoch einen gewissen Stand und Beruf auf, so werden sie sich
in demselben entweder als völlig unbrauchbar, oder als höchst mittelmäßig
ankündigen. Dinter sagt in dieser Beziehung: Eltern dürfen nicht aus
ihren Kindern machen, was sie gern sehen würden, sondern was die Natur
andeutet. Man lehre den Pfau singen und die Nachtigall ein Rad
schlagen. Sie lernen's Beide nicht, oder doch nach unaussprechlicher
Mühe von Herzen schlecht. (Malv. S. 410.) Vernünftige Eltern und
Erzieher werden daher in den ersten Jahren, bis die Vernunft des Zög=
lings zur Reife gelangt ist, Alles thun, was überhaupt die Entwickelung
und Ausbildung der jugendlichen Kräfte befördert und das Reinmensch=
liche in dem Zöglinge entfaltet; dann aber, wenn seine Vernunft geübt
genug ist, selbst zwischen den verschiedenen Berufsarten zu wählen, werden
sie ihn mit denselben nach allen den Verpflichtungen und Anstrengungen
bekannt machen, die jeder derselben von dem verlangt, der sich ihm wid=
met, und nur nebenbei wird man der zufälligen Vortheile und Bequem=
lichkeiten gedenken, die damit verbunden sind. Endlich aber, wenn der
Zögling gewählt hat, oder wenn man, aus seinen selbst gewählten Be=
schäftigungen, ungefähr auf seine natürlichen Anlagen zu einem gewissen
Berufe schließen zu dürfen glaubt, stelle man, bis zur völligen Entschei=

dung über seinen künftigen Beruf, eine bestimmte Zeit hindurch
Versuche mit demselben an, ob er auch wirklich die gezeigte Neigung
besitze, ob seine Talente sich auf denselben ausschließend richten, und ob
er dem Staate oder der Kirche werde nützlich werden. — Würden diese
Rücksichten immer festgehalten, so würden die Staaten nicht so viele ganz
unbrauchbare Mitglieder in allen Ständen und Berufsarten aufzuweisen
haben, die, zweckmäßig gebildet und geleitet, vielleicht in andern Verhältnissen sich über das Mittelmäßige erhoben haben würden. — Hat aber
der Zögling einmal einen bestimmten Beruf gewählt, so muß man auch
seine Vorbereitung und Ausbildung zu demselben auf alle Weise unterstützen, ihn mit dem ganzen Umfange seiner Verhältnisse und Pflichten
bekannt machen, und wo möglich einen reinen Enthusiasmus (Begeisterung)
für denselben in seiner Seele beleben. — Bei aller Wahrheit dieser Ansicht ist nicht zu läugnen, daß die Befolgung derselben von Seiten der
Eltern und Erzieher nicht bloß eine gewisse Kenntniß der Anforderungen
der verschiedenen Berufe voraussetzt, um die Wahl leiten und die Vorstellungen des Zöglings, der Alles nur nach dem äußern Scheine beurtheilt, berichtigen zu können, sondern daß es auch in sehr vielen Fällen
schwierig für sie ist, die Anlagen mit Bestimmtheit zu erforschen, um nicht
durch flüchtige, unbestimmte und wechselnde Neigungen getäuscht zu werden.
Die Familien würden daher hierin der Rathgebung sachverständiger und
wohlmeinender Freunde nicht wohl entbehren können. Dagegen kann man
Eltern und Erziehern mit Recht vorwerfen, daß sie (was besonders in
unserer Zeit geschieht) ihre Söhne und Zöglinge nicht genug prüfen, ob
in ihnen so viele intelligente und moralische Kraft vorhanden
sei, daß sie mit wahrscheinlichem Erfolge einem wissenschaftlichen Berufe
sich hingeben können. Die Erfahrung lehrt vielmehr, daß aus einem gewissen Drange nach äußerer Bedeutsamkeit und Vornehmheit Alles zu den
höhern Ständen und namentlich zu dem Gelehrtenstande emporstrebt, in
welchem man Wohlstand, Bequemlichkeit, bürgerliche Ehre und Ruhm
vorzugsweise vereint zu finden glaubt. Wenn so unreine Motive in einer
Familie vorwalten, und Knaben ohne Kopf und Lerntrieb einem Gymnasium schon von vornherein mit dem Gedanken übergeben werden, daß
sie studiren sollen: was kann anders daraus hervorgehen, als Plage
für den Zögling und den Lehrer, zehnjähriges mühsames Durchschlagen
durch alle Klassen der Gelehrtenanstalt, wiederholte Zurückweisung bei
dem Examen, und — nach endlichem Gelingen — ein Hungeramt, in
welchem Frau und Kinder darben. Dieß ist nur die einfache Geschichte
des Tages in der sogenannten Gelehrtenwelt. — Wir sind so glücklich,
keine ägyptischen Kasten zu haben, und knüpfen die Bildung nicht an die
Zufälligkeit des Standes unsrer Eltern. Auch belehrt uns die Geschichte,
daß aus den niedrigsten Ständen die größten Männer hervorgegangen sind.
Weg also mit dem Gedanken, daß nur Reiche und Vornehme ihre Söhne
studiren lassen müßten; sie sind oft am wenigsten dazu tauglich, und sehen
sich oft genug durch die Geisteskraft des Bürgers- und Bauernsohnes
überflügelt, für dessen äußeres Fortkommen durch fromme Stiftungen und
Wohlthätigkeitsspenden ja auch gesorgt ist. Aber das voreilige und verderbliche Drängen der Einfalt nach dem höhern Stande darf kein Erzieher
begünstigen. Er belehre daher seinen Zögling, daß jeder ordentliche Beruf
ehrenwerth sei, daß jeder Stand seine eigenen Leiden und Freuden mit
sich führe, und daß Alles am Ende nur darauf hinauslaufe, daß man in
seiner Stellung ein christlichguter Mensch und ein treues Mitglied der
Kirche und des bürgerlichen Vereines sei. (Jsai. 56, 11. Sir. 3, 19.
22. Tit. 3, 8. 14.)

Stand, niederer. Der Lehrer entwerfe den Kindern niedern Standes, deren Einbildungskraft in der Regel am meisten verabsäumt ist, ein
möglichst erfreuliches Bild von dem Stande, dem sie angehören. Das
schadet, sagt Handel, den übrigen nichts, dient aber die Trägen zu beleben, die Einbildungskraft der Verabsäumten, die in der Regel jenem Stande
angehören, zu wecken und zu heben. Ein erfreuliches Bild aber läßt sich
von jedem Stande entwerfen, ja jeder Lehrer sollte sich dieß um so ange-
legentlicher zur Pflicht machen, je vielfältiger die Stände sind, die seiner
Schule ihre Kinder zuschicken. Der Stand der Eltern aber steht überall
dem Kinde am nächsten, und auch das verabsäumteste fühlt sich gewissermaßen einheimisch, wenn von der Beschäftigung und der Lebensart der
Eltern die Rede ist, wie es denn überhaupt einen natürlichen Zug nach
dem elterlichen Hause und nach dem Kreise der elterlichen Thätigkeit fühlt.
Anders wird sich jene Schilderung in der Stadt, anders auf dem Lande
gestalten: die Hauptsache aber bleibt immer, daß der Lehrer den Stand,
den er zum Gegenstande seiner Darstellung macht, von seiner nützlichsten,
wohlthätigsten und unentbehrlichsten Seite auffaßt, wobei er zugleich dem
Wahne begegnet, als läge der Vorzug eines Standes hauptsächlich in
dem Wohlleben und in den Genüssen, die er darbietet. Es liegt nicht
wenig daran, daß Kinder des niedern Standes mit ihren künftigen Lebensverhältnissen schon zum vorhinein ausgesöhnt und zufrieden gestellt werden.
Und gewiß wird der christliche Lehrer auch hier alles beizutragen suchen,
was er hiezu nur immer beitragen kann. (Hieher gehören theilweise auch
die im vorhergehenden Art. bezeichneten Stellen der heil. Schrift.)

Stände, höhere (Kinder derselben). Alle Menschen, schreibt der alte
Vergerius in seiner Abhandlung über die Erziehung des Adels, sollten
mit der größten Sorgfalt erzogen werden, besonders diejenigen, welche
auf einer höhern Stufe der Auszeichnung stehen, weil jedes ihrer Worte,
jede ihrer Handlungen dem Urtheile der Oeffentlichkeit verfällt. Darum
können die wohl und weise Erzogenen dieses Standes zur Erbauung der
nachgeordneten Klassen so viel beitragen, während die schlecht Erzogenen
der höhern Stände das fluchwürdigste Beispiel für Andere, der Auswurf
des Staates sind. Uebrigens ist es überaus erfreulich, wenn man gewahrt,
daß der Adel, der sich im Hochsinn, in edelmüthigen und tugendhaften Handlungen ausspricht, wenn nicht durch Zeugung eingegossen, doch in der
Regel das Eigenthum von Personen ist. Sind die Kinder der höhern
Stände christlich-fromm erzogen, sind sie nur Hausgenossen oder Verwandte
der Tugend, dann sind sie auch gewiß der erfreulichste Anblick für jeden
Menschen. Deßhalb muß solchen Eltern auch Alles daran gelegen sein,
das Werk der edlen christlichen Erziehung ihrer Kinder möglichst zu vollenden. — Je mehr Vorzüge ein Sterblicher erworben hat, desto mehr
Achtung und Schätzung verdient er auch. Denn es liegt in der Natur
des Menschen, daß er das Bessere, das Vollkommenere hochschätzt, weil
jeder den Beruf hat, nach Vollkommenheit zu ringen. An sich selbst verdient wohl kein Mensch geehrt zu werden, weil er köstlichere Kleider und
Wohnung besitzt; weil er statt in niederer ländlicher Hütte des Landmanns, oder im fürstlichen Palaste geboren worden ist. Zeichnen sich aber
derlei Menschen aus den höhern Ständen durch Religion und Tugend
aus, so stehen sie zweifach hoch, und verdienen auch unsere Hochschätzung
dann um so mehr, da der Adel mit ihrer Person auf's innigste vereiniget
ist. Von ihnen, als den Höhergestellten, geht dann der Segen der Erbauung und der Förderung des Guten in reichen Strömen aus. Und
dieß wäre gewiß für Eltern in höhern Ständen Ermunterung genug, ihre
Kinder auf eine ihrem Stande angemessene, somit ausgezeichnete Weise

4*

zu erziehen, und alle Mittel anzuwenden, durch welche eine solche edle Erziehung verwirklichet werden kann.

Stärkung des Leibes. (S. Art. Körperliche Erziehung.)

Starrsinn. (S. Art. Demüthigend einwirken.)

Stätigkeit. (S. Art. Planmäßiger Unterricht.)

Stehlen, fremdes Eigenthum in der Stille und heimlich nehmen, entwenden. (S. Art. Diebstahl 2c.)

Stille, Erhaltung derselben. Die Stille oder das Stillesein kann wohl auch öfters aus der Trägheit hervorgehen und braucht noch nicht an sich eine Tugend zu sein. Sie hat aber für das gemeinsame Leben und Lernen einen großen Werth, so wie auch für den selbst, der sie beobachtet. Zeller sagt (B. 3. S. 127), alles Gute beginnt und gedeiht in der Stille, also auch der gute Unterricht. Bei dem Lehren und Lernen muß es stille sein. Die Stille aber ist zweierlei: 1) die äußerliche Stille, da alles äußerliche Getümmel, alles laute und unnöthige Reden, Schwatzen und Lachen, alles Lärmen beim Kommen und Gehen, beim Aus= und Einrücken 2c. vermieden wird. 2) Die innere Stille, da die heftigen Begierden und Leidenschaften schweigen, die unordentlichen Neigungen und die Regungen der Selbstsucht und des Eigenwillens unterdrückt sind, die zerstreuten Gedanken aufhören, die Aufmerksamkeit der Seele ganz auf das gerichtet ist, auf was sie gerichtet sein soll, und die Seele jeder guten Einwirkung offen steht. Die äußere Stille sollte eigentlich eine Wirkung dieser innern sein, und sie ist es auch, wenn die innere vorhanden ist. Weil aber der Unterricht nicht warten kann, bis die innere Herzensstille in den Kindern zu Stande gebracht wird; weil die äußere Stille täglich nöthig ist, weil sie auch oft die innere herbeiführt, und sie möglich macht: so geht die Schuldisciplin vornehmlich auf die Erhaltung der äußern Stille, und ein Lehrer muß es gleich anfangs, d. h. gleich beim ersten Antritt seines Amtes, aber auch gleich beim ersten Anfang eines jeden Schultages, und jeder einzelnen Schulzeit, schlechterdings dahin bringen, daß die nöthige Stille herrsche, nämlich nicht die Stille des Todes und des Grabes, sondern die Stille des Lebens und der Thätigkeit, wie bei denen, welche Kräfte zu erregen, und sie stets weislich zu beschäftigen verstehen. — Um die erforderliche Stille in der Schule zu erhalten bediene sich der Lehrer folgender Mittel, die durch die Erfahrung als bewährt befunden worden sind: a) Sei er selber stille — innerlich und äußerlich, so wird es auch stille um ihn her sein. Es gibt Lehrer, welche sich das laute Reden, Schreien, Poltern 2c. so angewöhnt haben, daß sie es selbst nicht mehr merken, wie sehr ihre Kinder sie zum Muster genommen haben. Wird es nun laut um sie her, so suchen sie die Kinder zu überschreien und machen das Uebel dadurch nur ärger. Sobald es daher zu laut wird, so muß der Lehrer leise werden, und die Kinder werden bald nachfolgen. b) Er suche die Herzensstille durch seine Sanftmuth, Demuth und Liebe in den Kindern zu pflanzen und zu erhalten. c) Er denke und halte mit allem Fleiß darauf, alle Klassen und jedes Kind zweckmäßig zu beschäftigen. Selbstthätigkeit trägt am meisten zur Erhaltung der gehörigen Stille bei; denn das Schwatzen und Lärmen ist gewöhnlich eine Folge der Unthätigkeit, des Mangels an rechter Beschäftigung, oder eines leblosen, mechanischen und gedankenlosen Unterrichts. d) Er lasse Kinder so wenig als möglich in der Schule, jedes für sich stille auswendig lernen. Denn dieß mechanische Memoriren beschäftiget sie viel zu wenig und es entsteht ein Sumsen und zuletzt ein Schwätzen daraus. e) Er halte sich eine Klingel, sie sei neben ihm auf dem Tische, und wenn es laut werden will, oder gar schon laut geworden ist, so klingle er zum

Zeichen des Stillschweigens. Dieß erspart ihm manches laute und zornige Wort, und wird doch von allen verstanden. Frommt aber dieß nicht, so setze oder stelle er, nach vorausgegangener Warnung, die Kinder, die am lautesten sind und sich nicht zur Stille bequemen wollen, auf die Seite oder vor die Thüre, oder isolire sie dadurch, daß er zwei stille Kinder rechts und links von ihnen setze. Will auch dieß nicht helfen, so schreibe er die Schwätzer und Lärmmacher an die Tafel mit der Erklärung, daß, wenn er sie noch einmal aufzeichnen müßte, sie eine halbe Stunde länger in der Schule zu bleiben, oder bei ihm in der Stille eine bestimmte Aufgabe auszuarbeiten hätten. Er vollziehe aber auch die ausgesprochene Drohung. — Uebrigens wird ein fester, ruhiger und sanfter Wille des Lehrers, verbunden mit sorgsamer Aufsicht und Beschäftigung, die flatterhaften Kinder bewältigen. Dieser fester Wille ist jedoch nicht zu verwechseln mit dem harten despotischen Eigensinn, der nur seinen eigenen Willen durchsetzen will, nicht aber das, was der Kinder Bestes erheischt. (1. Petr. 3, 4. Isai. 30, 15. 1. Theff. 4, 11. Eccl. 9, 17.)

Stillschweigen. (S. Art. Genau nehmen.)

Stillsitzen. Die natürliche Lebhaftigkeit der Kinder ist unläugbar nicht selten eine Last für Familien, die auf einen engen Raum in ihrer Wohnung beschränkt sind. Denn es entstehen aus ihr mancherlei Fehler und Unarten, die, wenn auch nur äußerlich angenommen, doch bekämpft und durch eine bessere Gewöhnung wieder beseitigt werden wollen. Bei dem Allen muß die Lebhaftigkeit, sobald sie nicht in Wildheit ausartet, die sich nicht bändigen lassen will, als etwas sehr Willkommnes in dem Kindesalter betrachtet und befördert werden. Denn sie deutet auf Gesundheit und Regsamkeit der innern Kraft, und nährt den höchst wünschenswerthen Frohsinn, aus dem die schönern Triebe der Lenksamkeit, Willigkeit, des Fleißes, Wohlwollens, der gefälligen Dienstfertigkeit und des Gefühles für das Gute und Schöne hervorgehen. Daher verlange oder erzwinge die Mutter nicht das häufig beliebte, und freilich oft sehr bequem und gelegen kommende Stillsitzen, wobei Leib und Seele verkümmern, oder die lange Ausdauer bei einer und derselben stillen Beschäftigung; sie sorge vielmehr dafür, daß die Art der Beschäftigung das Leben des Kindes wecke und seiner Regsamkeit den nöthigen Spielraum verschaffe. In dem über das Stillsitzen der Kleinen Gesagten liegen auch die Winke für das Verhalten des Erziehers und Lehrers.

Stimme (die sanfte, reine und volle). Wie überaus viel der Gesang zur Bildung des Schönheitssinnes beitrage, weiß jeder Sachkundige zur Genüge. Jedes Kind bringt mit wenigen Ausnahmen ein Tonregister mit in die Schule, dem, wenn es recht gestimmt ist, kein Orgelregister an Wohlklang und Reinheit gleichkommt, nämlich seine Kehle. Daß Kinder in der Regel gerne singen, ist bekannt, und daß das Singen, wie das Beten, dem Christenthume angehöre, weiß jeder, der mit unsern schönen Gottesdiensten vertraut und befreundet ist. So soll nun auch der Gesang, der eben aus diesem Grunde ein stehender Gegenstand des Schulunterrichts und ein täglicher der Schulerbauung ist, auch vornehmlich zur Belebung des Schönheitsgefühls benützt werden. Dazu steht er dem Lehrer nicht nur als das tägliche, sondern auch als das wirksamste Mittel zu Gebot. Schade nur, daß es von manchem Lehrer entweder gar nicht, oder nicht sorgfältig genug benützt wird. Denn mancher versteht sich auf Gesangbildung wenig oder nichts, oder er legt zu wenig Werth darauf, um denselben mit dem erforderlichen Eifer zu betreiben; er singt wohl täglich mit seinen Kindern entweder beim Anfange oder beim Schlusse des Unterrichts, wobei es aber so schreiend und disharmonisch hergeht, daß es dem ästhetischen Gefühle völlig widerstrebt, statt dasselbe zu heben. Dieses muß sich in und mit der Stimme bilden; es muß sich in schön gesungenen Melodieen erheben und das Gemüth des Kindes in harmonischen Tönen verklären. Hier in der Schule sollen unsere Kinder die sanfte, zarte und reine von der schreienden, rauhen und unreinen Stimme unterscheiden lernen. In der Schule sollen sie auf das Wohltönende aufmerksam gemacht und angeleitet werden, die herzerhebenden Choräle mit reiner, sanfter und voller Stimme zu singen, wie sie in unserer Kirche vorkommen. Können sie dieß, dann mögen ihnen wohl auch andere Gesangweisen beigebracht werden, deren Texte heiter-frohen Inhaltes sind, und dem Schönheitsgefühle gleicherweise zusagen. Wendet sonach der Lehrer den nöthigen Fleiß auf die Bildung reiner und sanfter Stimmen, macht er die Kinder auf das Schöne in den Melodieen aufmerksam und weiß er sie beim Gesange in der rechten Stimmung zu erhalten, so daß ihnen der Gesang als ein angenehmer Gegenstand erscheint, so wird das Singen, wenn auch nicht gerade beabsichtiget werden sollte, das sicherste und leichteste Mittel, das Schönheitsgefühl zu wecken und zu nähren. (2. Mof. 15, 21. Richt. 5, 3. Pf. 12, 6 26, 6. 56, 8. 2c.)

Stock. (S. Art. Ruthe.) Wir tragen hier zu dem bemerkten Artikel nur noch nach, was Victorin, dieses Musterbild eines Jugendlehrers nach seiner Weise davon sagt: „Körperliche Züchtigungen, spricht er, verwerfe ich aus keinem andern Grunde, als weil sie mit dem Wesen, der Würde und Bestimmung der Schule, als dem Vorhofe der Kirche, im Widerspruch stehen. Der Lehrer vertritt zwar die Stelle der Eltern von Gottes und Rechtswegen; er muß väterliche Majestät haben in seinem Wirkungskreise, aber es ziemt ihm nicht, Haut und Gebein seiner Pfleglinge anzutasten, noch weniger ihr Blut zu fordern. Strafe kann und will bessern; sie ist nicht Freude, sondern wehethuender Ernst, aber Freundlichkeit und Liebe muß sichtbarlich in ihr offenbar sein. In der Liebe allein liegt die Würde und Freude, und das Göttliche der Lehrerwirksamkeit. — Die Gewohnheit, jeden Augenblick den Stock oder das Lineal zu gebrauchen, kann nur unwürdigen Lehrern eigen sein, eher bestimmt, Lastthiere abzurichten, als vernünftige Menschen zu erziehen. Dieser abscheuliche Gebrauch, statt den Willen zu beugen, das Herz zu bessern, macht jugendliche Gemüther knechtisch, gleichgültig gegen Ehre, unverschämt und heuchlerisch; man stößt freilich (der Fall ist jedoch so häufig nicht) hie und da auf Köpfe, die nicht nur ungelehrig, sondern auch jeder Bildung unfähig sind, sie gehören indeß zu den Abnormitäten der Natur und verdienen eher unser Mitleid, nicht Züchtigung. Durchaus verkehrte und ganz verderbte Gemüther gehören nicht in die Lehranstalten und sollen mit mehrerem Recht den Zucht- und Besserungshäusern übergeben werden." — (Prendil. p. 84.) Gewichtigeres läßt sich über Stockstrafen wohl nichts anführen, als was dieser große Erzieher des 14. Jahrhunderts hierüber in so kräftigen Zügen gesagt hat.

Stolz, edler. Es ist natürlich, seine persönlichen Vorzüge zu empfinden und zu schätzen. Auf diesem Selbstgefühl und dieser Schätzung seiner Vorzüge beruht der Stolz, als das Bestreben seine persönlichen Vorzüge zu behaupten, wenn er edel und gerecht ist. Aber der falsche Stolz, der eine Folge des Mangels an Selbstkenntniß ist, übertreibt entweder diese Selbstschätzung und macht sich gegen Andere auf eine ungerechte Weise geltend, und zieht sich dadurch Verachtung und Abneigung zu. Ein solcher übertriebener Stolz ist die Hoffart, welche den Glanz liebt und Bewunderung verschmäht, aber auch voraussetzt, daß man auf Unwesentliches einen großen Werth lege; sie wird lächerlich als Aufgeblasenheit, wobei

selbst in äußern Gebärden die Uebertreibung sich ausdrückt. Beleidigend
ist der Hochmuth, der mit Geringschätzung Anderer verbunden ist, und
wenn er nur eingebildeten Vorzügen gilt, mehr der Eitelkeit angehört. —
Der christliche Lehrer weiß seine Vorzüge zu schätzen, und sie zu behaupten; aber Hoffart ist weit von ihm entfernt. Nicht seinen Verdiensten
und Tugenden ꝛc. schreibt er seine Vorzüge zu, sondern Gott und seiner
Gnade. Bei allem seinem Wissen und bei noch glücklichem Erfolge seines
Unterrichtes gibt er sich nicht, sondern Gott die Ehre. Er wandelt stets
fort auf der Bahn der Demuth, die er als die edelste Zierde seines Standes und Berufes anerkennt. Er weiß es, daß er bei allen seinen sittlichen und intellektuellen Vorzügen doch immer nur ein schwacher und
gebrechlicher Mensch ist, und in Allem von Gott abhängt. Er weiß es
aber auch, daß wenn der Mensch sich stolz und hochmüthig über Andere
zu erheben beginnt, er seinem Falle, — seiner Verachtung und Schande
entgegen eilt. Der Wind löscht die Lichter aus, vertrocknet die Säfte
der Erde und jagt dem Wanderer Staub in die Augen. So macht es
auch die Hoffart. Sie löscht das Licht der Vernunft aus, vertrocknet den
Thau der göttlichen Gnade und jagt den Staub der Eitelkeit auf. Der
christliche Lehrer lehrt nicht, um etwa Aufsehen zu erregen und sich Ehre
zu verschaffen durch seine Geschicklichkeit. Wer keine anderen Absichten
bei seinem Lehren hat, ist vor Gott nichts werth. Des christlichen Lehrers
Stolz ist die Zweckmäßigkeit seiner Schule, der gedeihliche Unterricht seine
Freude, und seinen Kindern die Pforte des Himmelreichs erschließen zu
können, seine süßeste Wonne. Deßhalb erhebt er aber sein Haupt nicht,
und sieht nicht scheel und verächtlich auf seine Mitlehrer herab, wenn sie
ihm nicht gleichen Schritt zu halten vermögen, sondern wandelt mit ihnen,
sie ermuthigend, festen Schrittes dem vorgesteckten Ziele des schönen Berufes in Liebe und Demuth entgegen. Er folgt seinen Vorgesetzten auf's
pünktlichste, und hasset jeglichen Vorwurf, der ihm wegen irgend einer
tadelnswürdigen Handlung gemacht werden könnte. Vom edlen Schul-
meisterstolze sagt daher Dinter mit vollem Rechte: „Er hasset am ganzen
Kopfe kein Glied so sehr, als die — Nase." Wer sollte einen solchen
Mann nicht ehren, da Gott ihn ehrt, und ihm täglich auf sein demuths-
volles Flehen mehr Kraft zu seinem edlen Wirken verleiht? — Lehrer!
sei also stolz auf deine Würde ꝛc., aber vergiß dabei der verherrlichenden
Demuth nie. (Spr. 11, 2. Ps. 18, 14. 118, 78. 137, 6. Spr. 16, 5.
Ezech. 7, 10. 2. Petr. 2, 18.)

Störungen des Unterrichts ꝛc. Der Unterricht wird in solchen Schulen
am meisten durch Unruhe und das Schwätzen der Kinder gestört, in welchen der Lehrer dabei sein Geschäft forttreibt und selbst sehr laut zu sprechen pflegt. Deßhalb ist die erste Regel zur Vermeidung aller Störungen
durch Plauderhaftigkeit die, daß der Lehrer erst den Unterricht anfängt,
wenn Alles in seiner rechten Ordnung und die ganze Klasse in ruhiger
und aufmerksamer Fassung ist. Zur Erhaltung dieser Ordnung muß des
Lehrers Blick hinreichend sein. Sollte aber ein Schüler wiederholt dem
Blicke des Lehrers nicht folgen, und wirken auf ihn weder die Ermahnungen unter vier Augen nach den Lehrstunden, noch die während derselben, so ist Absonderung das beste Mittel dagegen. Man sehe hierüber
auch, was wir im Artikel Stille deßfalls angeführt haben. (S. auch
Art. Plauderhaftigkeit.)

Stottern, das, wenn es von einer organischen Ursache, z. B. vom
fehlerhaften Bau der Zunge, oder Lähmung dieses oder jenes Zungen-
nerven herrührt, ist nach den bisherigen Versuchen, die damit vorgenommen worden sind, unheilbar, wohl aber, wenn es bloß ein Nervenleiden,

ein Krampf ist *). Langsames und starkes Aussprechen eines jeden einzelnen Tones, dann der einzelnen Silben, im Lesen und auswendig Hersagen, mit Aufmerksamkeit auf die Bewegung der Stimmorgane, kann
nach sorgsamer Uebung das Uebel heben. (S. auch Art. Lispeln.)

Strafen. Obgleich bei vielen Kindern die Strafen entbehrlich sind,
oder vielmehr durch weise Führung entbehrlich werden können, so sind sie
doch bei gewissen Zöglingen und unter gewissen Bedingungen, z. B. einer
tief gewurzelten Verwilderung, von der Weisheit selbst geboten. Wenn
der Knabe ohne Ehrgefühl, störrig, trotzig, der Güte des Führers in
Geheim spottet, und seine Warnungen thatsächlich verachtet; so kann der
wilde, trotzige Sinn nur durch Strafe gebrochen werden — und zwar
durch eine Strafe, die seine Lebendigkeit angreift, und durch Strafen, die
von Stufe zu Stufe steigen, bis sie den harten Sinn mürbe machen.
Unser seidenes Jahrhundert, sagt **Sailer**, hat die Kinderstrafen bald
aus der Maxime der **Sinnlichkeit**, bald aus dem Grundsatze der
Geistigkeit beurtheilt, und in jedem Gesichtspunkte gleich thöricht, verworfen. „Was soll man junge, zarte Wesen so hart halten?" sagten
Einige. — „Strafe macht nicht besser," riefen die Andern. — Wenn
Milde das rohe Wesen bändigen kann, so ist allerdings strafende Härte
überflüssig. Daraus folgt aber nur, daß Strafe da nicht hingehört, wo
sie nicht hingehört. Und bessern soll die Strafe auch nicht — soll
nicht, was sie nicht kann. Sie soll nur da, und nur so lange ein Noth-
zaum der unbändigen Sinnlichkeit werden, wo die Liebe noch nicht, und
bis sie ihr sanftes Scepter geltend machen kann. Das Wort eines großen
Königs: „Thorheit ist dem Knaben angeboren, und wird durch die Ruthe
ausgetrieben" (Spr. 22, 15.), sollte doch nicht so schlechtweg unter das
Auskehricht des alten Aberglaubens geworfen werden. (S. 129.) — Wird
daher die Strafe nothwendig, so bringe sie der erziehende Lehrer möglichst
in Einklang mit dem Vergehen des Kindes. Der Zweck jeder Strafe ist
doch nur Besserung, und zwar gerade in Beziehung auf das Vergehen,
für welches die Strafe verhängt, oder als nothwendige Folge der Nichtachtung dessen, was nach der für die Schule geltenden Ordnung festgesetzt ist. Wer zu spät kommt, muß an der Thüre stehen bleiben, weil er
sonst stört, und darf sich erst nach Beendigung der Stunde an seinen
Platz begeben. Dieß als Strafe betrachtet, ist nur Mittel, die Kinder
zum pünktlichen Erscheinen in der Schule zu bewegen. — Wer seinem
Mitschüler auf irgend eine Art Schaden verursacht, wird angehalten, denselben zu vergüten. Dieß ist ein Mittel, die Kinder zur Achtung und
Heilighaltung des Eigenthums ihrer Mitschüler anzuleiten und behutsam
zu machen. — Wer das ihm Aufgegebene nicht gelernt oder seine Arbeiten
nicht geliefert hat, bleibt in der Schule zurück, und lernt und arbeitet
nach. Dadurch soll der Träge geneigt gemacht werden, künftig seine
Pflichten zu erfüllen. — Wer sein gegen den Lehrer oder gegen die bestehenden Schulgesetze begangenes Unrecht nicht eingesteht oder nicht einsieht, wird nach der Schule zurückbehalten, um über sein Unrecht nachzudenken, sich davon zu überzeugen, und zuletzt sein Unrecht dem Lehrer zu
gestehen. Dieß alles soll nun aber in genauer Beziehung auf sein Vergehen und mit steter Rücksicht auf seine Besserung geschehen. Auch wo
körperliche Strafen nothwendig sind, muß das Kind die Ueberzeugung

---

*) In der neuesten Zeit hat A. **Hoffmann** eine Schrift herausgegeben unter dem
Titel: „Theoretisch-praktische Anweisung zur Radical-Heilung Stotternder. Berlin
bei Schröder 1841. (Pr. 45 kr.), die wir jedem Erzieher und Lehrer sehr empfehlen
müssen.

gewinnen, daß sie das einzige und äußerste Mittel sei, es auf den Weg
der Besserung zurückzuführen, und daß sein Betragen ein solches Straf=
mittel unnachsichtlich erheische. Dieß wird auch nicht fehlen, wenn der
Lehrer jede Strafe, die er für nothwendig erachtet, mit dem vorkommen=
den Vergehen so viel möglich in Einklang zu bringen sucht. — (S. Art.
Belohnung und Bestrafung.)

Streben nach Ehre und Ruhm. (S. Art. Ehrgefühl.)

Strenge, übertriebene. (S. Art. Menschenscheu.)

Strophe bezeichnet nach der eigentlichen Bedeutung des Wortes
Drehung oder Wendung. Gemeiniglich aber versteht man darunter nur
eine verbundene Anzahl von Versen, einen aus mehreren Reimzeilen be=
stehenden Theil eines Liedes, — oder, um das gesetzlich gegliederte Gefüge
zu einem Ganzen nicht zu übersehen, eine Reihe von Versen. In der
Tonkunst bezeichnet dieser Ausdruck eine veränderte Wiederholung.

Stufenjahre oder Altersstufen. (S. Art. Entwickelungsstufen.)

Stumme Zeichen des Lehrers und der Schüler. Der Lehrer kann
den Kindern manche der von ihm getroffenen Anordnungen, wenn sie
nämlich nicht durch eine andere Beschäftigung in Hinsicht auf das Auf=
merken auf die Zeichen des Lehrers gehindert werden, durch bestimmte
stumme äußerliche Zeichen, durch Bewegungen des Armes, durch Oeffnen
und Schließen der Hand, ja selbst durch bloße Mienen zu verstehen
geben. Und ebenso können auch die Kinder, die sich für fähig halten, eine
gegebene Aufgabe zu lösen, eine Frage zu beantworten ꝛc., dem Lehrer
ein Zeichen, etwa durch Emporhebung der Hand oder des Fingers, geben,
so daß er dann dasjenige Kind auswählt, welches die Aufgabe lösen oder
die Frage beantworten soll. Solche stumme Zeichen bringen den Vortheil,
daß hiedurch das störende Durcheinandersprechen der Kinder beseitiget und
eine angemessene Ordnung für das Antworten herbeigeführt wird.

Stumpfheit, die, besteht in einer Gleichgültigkeit gegen Freuden und
Leiden, gegen Gutes und Böses, gegen Wissen und Können, und, wenn
sie den höchsten Grad erreicht hat, wohl auch gegen Leben und Tod.
Diese Stumpfheit gesellt sich nicht selten zur Trägheit, so daß sich ein
rein thierischer Sinn mittelst dieser beiderseitigen Verbindung entwickelt
oder bildet. Nicht selten leitet sich diese Stumpfheit aus der Ueberfüt=
terung als ihrer Quelle her, und gibt sich auch durch beständiges Essen
kund. Hier bedarf sie zur Heilung ärztlicher Hülfe. Zuweilen hat aber
auch der Schöpfer manchem Kinde nur eine schwache Erregbarkeit ver=
liehen. Auch gibt es Kinder, welche besondere Zeiten haben, in denen
sie stumpf sind, und diese Zeiten sind es dann gerade auch, welche oft
ein regeres Leben verbreiten. — Der Lehrer von armen Kindern hat oft
mit diesem Stumpfsinn einen harten Kampf zu bestehen. Ist es jedoch
kein körperlich genährtes Uebel, so darf darauf gerechnet werden, daß die
Liebe es besiege. Von Strafen ist hiebei wenig zu erwarten. Nur da,
sagt Harnisch, wo die Stumpfheit recht grell bei sittlichen Handlungen
hervortritt, entweder in Unterlassungs= oder Vollbringungs=Sünden, könnte
Beschämung oder ein anderes Zuchtmittel, vorausgesetzt, daß der Stumpf=
sinnige dafür wenigstens schon Empfänglichkeit hätte, etwas nützen.

Stundenordnung, und strenges Halten daran. Bei Vertheilung der
Lehrfächer und Pensen für die Tagesstunden und bei Feststellung ihrer
Aufeinanderfolge halte sich der Lehrer an folgende Vorschriften: Er gebe
jeder Lektion diejenige Stellung in der Tagesordnung, welche für die
dabei in Anspruch zu nehmende Thätigkeit die günstigste ist. Er verlege
sonach die wichtigsten und mit der meisten Anstrengung verbundenen
Arbeiten, wie z. B. Religionslehre, Sprachunterricht, Rechnen, auf die

Stunden des Vormittags; dagegen die mehr mechanischen, als Lesen, Schreiben ꝛc. auf die Stunden des Nachmittags. Die Gesanglehre soll weder kurz vor, noch kurz nach dem Essen behandelt werden, indem es der Stimme im ersten Falle an Kraft und Fülle, und im letztern Falle an Reinheit fehlt. Auch sind jene Uebungen, die erst begonnen werden sollen, wo möglich stets auf den Vormittag zu verlegen, auf den Nachmittag dagegen die mehr wiederholenden Uebungen. Er lasse auf ein anstrengendes Geschäft immer ein solches folgen, das mit weniger Anstrengung des Geistes verbunden ist und richte die Folge der Lektionen auch so ein, daß die Gesundheit der Kinder darunter nicht leide; er beschäftige sie endlich, wenn sie sitzend gearbeitet haben, wieder eine Zeitlang stehend *). Was die Zahl der Lehrstunden für die einzelnen Unterrichtsgegenstände betrifft, so fallen auf die Lehrfächer, welche sich oder für die Bildungsstufe, auf welcher die Kinder einer Klasse stehen, die wichtigsten sind, die meisten Lehrstunden. So ist z. B. der Religionsunterricht für die obern Stufen der wichtigste Gegenstand, nicht aber in der Vorschule, wo dem Leseunterricht die meisten Stunden gewidmet werden müssen. Je mehr ein Gegenstand einer solchen methodischen Behandlung fähig ist, daß dadurch die geistige Entwickelung eines Kindes auf einer gewissen Stufe mit entschiedenem Erfolge gefördert werden kann, wie z. B. der Rechenunterricht und später die Sprachlehre, desto mehr Zeit muß ihm gewidmet werden. Je mehr Uebung erfordert wird, sich eine Sache völlig anzueignen, sei es auch nur eine mechanische Fertigkeit, wie z. B. der Lese- und Schreibunterricht, desto mehr Zeit muß zur Behandlung derselben verwendet werden. Je größer endlich der Umfang eines Unterrichtsgegenstandes ist, und je mehr Theile er hat, die elementarisch zu berücksichtigen sind, wie der Religionsunterricht, desto mehr Zeit muß ihm eingeräumt werden. — Dieß sind im Kurzen die Grundsätze, welche dem Lehrer bei Vertheilung der Lehrgegenstände und Pensen als Leitsterne dienen sollen. (S. Art. Lektions- oder Stundenplan.)

Stylübungen. (S. Art. Schriftliche Aufsätze.)

Subordination (Unterordnung, stufenfolgliche Abhängigkeit). Im gewöhnlichen Leben bezieht sich der Ausdruck — Subordination auf Verhältnisse des Standes und Ranges. Man versteht dann darunter gemeiniglich die unbedingte Befolgung oder Vollziehung der Befehle und Aufträge der höhern Behörden, wenn sie auch der Ansicht desjenigen, der sie zu vollstrecken hat, entgegen wären. Sie ist in allen Ständen nothwendig, und je mehr von der Festhaltung derselben abhängt, desto strenger muß auch darauf gehalten werden. Auch von Seite des Schullehrers ist sie in Beziehung auf seine Stellung gegen Uebergeordnete genau zu beobachten, wenn er sich im Gegensatze keine Unannehmlichkeiten mancher Art zuziehen will. Der christliche Lehrer, der es weiß, daß die verschiedenen Standes- und Rangesverhältnisse zur Förderung des allgemeinen Wohls wesentlich nothwendig sind, ist auch der fügsamste Mann; er unterzieht sich mit Freude den Anordnungen seiner höhern Behörden und gleitet in keinem Falle von der Bahn ab, welche ihm nach Maßgabe seines Standes und Berufs vorgezeichnet ist. Unterwürfigkeit fordert zwar in vieler Hinsicht oft große Ueberwindung und manches Opfer der Selbstverläug-

---

*) Wo es die örtlichen Verhältnisse gestatten, und der nöthige Raum beim Schulhause vorhanden ist, dürften, nachdem zwei Lehrstunden gehalten worden sind, die Kinder unter der Aufsicht des Lehrers auf eine Viertelstunde in's Freie gelassen werden. Nach dieser Unterbrechung haben aber wieder alle auf ein gegebnes Zeichen nach einer festgesetzten Ordnung ihre Plätze im Lehrzimmer in Besitz zu nehmen.

nung; aber der christliche Lehrer bringt jedes mit Bereitwilligkeit. Er weiß, daß ohne Subordination das Ganze des socialen Vereins nicht bestehen könnte, deßhalb fügt er sich auch dankbar und willig in das Verhältniß seiner Person und seines Standes, und trägt von seiner Seite Alles bei, um das allgemeine und besondere Wohl nach der Aufgabe seines Berufes befördern zu helfen. Dadurch aber streut er sich auch Rosen auf seinen Lebensweg, statt daß derjenige, der sich mit seiner Subordination nicht aussöhnen zu können glaubt, Dornen auf denselben wirft, die seine Füße schmerzlich verwunden. Seine innere Widerspenstigkeit, wenn sie sich auch gerade nicht allemal im Aeußerlichen zeigt, verkümmert ihm immer mehr und mehr die Tage seiner Wirksamkeit und seines Lebens. Mag Unterwürfigkeit auch eine schwere Pflicht sein, — der wahrhaft Gute erfüllt sie doch mit Freude, und erntet Segen davon in reicher Fülle.

Suggestivfragen heißen solche Fragen des Lehrers an die Kinder, durch welche die Antwort, die sie geben sollen, versteckt an die Hand gegeben wird.

Systeme der Erziehung. (S. Art. Geschichte der Erziehung.)

Synthetische Lehrweise (zusammensetzende Lehrart, da man in der Vorstellung der Wahrheit vom Allgemeinen auf das Besondere übergeht). Die synthetisch-katechetische Methode geht vom Einfachen, schon Bekannten aus, und schreitet stufenweise bis zur Wahrheit empor, die gefunden werden soll. Die Synthesis (Zusammensetzung, Verbindung) ist der Denkart der Kinder am meisten angemessen, weil bei diesen alle Begriffe sinnliche Anschauungen sind. Auf dem Wege der Synthesis hat der Katechet mit den Kindern die zweckdienlichen Merkmale aufzusuchen, und ihnen dann den ganzen Begriff zusammenzureihen zu helfen. Der synthetische Lehrgang ist deßhalb vorzugsweise elementarisch, weil er dem Gange der sich entwickelnden Menschennatur angemessen ist. Vornehmlich behält er in der Behandlung der formalen Lehrgenstände (Sprachformen- und Zahlenlehre ꝛc.) und zwar bestimmt auf den untern Stufen der Entwickelung den Vorrang; allein der Lehrer ist bei ihm mehr der Gefahr der Abschweifung, als bei dem analytischen Gange ausgesetzt. — Das Wesen eines guten Lehrganges beruht überhaupt nur auf der zweckmäßigen und geschickten Verbindung des synthetischen und analytischen Verfahrens. (S. Art. Analyse.)

T.

T, t, tt, th, ist ein Konsonant oder Mitlauter und der zwanzigste Buchstabe des deutschen A B C, welcher stärker als d ausgesprochen wird. — Das t macht oft genauen Unterschied, Taube, Daube, Teich, Deich, Torf, Dorf; wird des Wohllautes wegen eingeschaltet, wesentlich, wissentlich, kenntlich ꝛc.; wird in fremden Wörtern vor t und nach einem Vokale wie z gesprochen, Ambition, Motion, Portion; wird aber auch in manchen mit z vertauscht, Grazie, Exerzizien. Das tt nebst dt und dd macht auch oft genauen Unterschied, Gewitter, Widder, Statt, Stadt. — Das th soll das Mittel zwischen dem weichen d und harten t halten und macht ebenfalls genauen Unterschied, Thau, Tau, Thon, Ton; steht als Substantivendung, Drath, Rath, Blüthe; steht noch in einigen fremden Wörtern, die kein th haben, Myrthen, Pathe; ist unnöthig und unrichtig in Amarant, Amiant, Kategorie ꝛc. — Uebrigens muß man t und d nicht unmittelbar hinter einander zu sehr häufen: Dem, der des Todes Gewalt hat ꝛc.

Tabakrauchen. (S. Art. Nahrung des Lehrers.) Wie nachtheilig dasselbe übrigens gerade der Jugend ist, bezeugt die ärztliche Erfahrung und Wissenschaft. Ebenso ist es eine unbestreitbare Wahrheit, daß jenes allzufrühe Tabakrauchen, wie man es leider heut zu Tage so häufig findet, auch die sittliche Entwickelung des jungen Menschen wesentlich behindere. Läugne es, wer es kann: mit dem Tabakrauchen entzünden sich in dem unreifen Knaben oder Jünglinge zugleich eine Menge von Wünschen, Begierden und dünkelhaften Regungen, die bis dahin in ihm noch geschlummert haben, während dagegen gar manche Tugend, die bis dahin ihn zierte, mit dem ersten Tabakdampfe entflieht und entschwindet. Die Beweise für diese Behauptung kann der Aufmerksame leider überall finden; denn das Uebel ist schon tief eingerissen. Das ist aber das Nivelliren aller Verhältnisse — der Geist unserer Zeit! Die kindliche Bescheidenheit und Anspruchlosigkeit geht verloren, Dünkel und Großthuerei umhüllt die jugendliche Stirne und der Weg zum Bierhause wird nicht mehr lange verlassen bleiben. Also wachet; denn es ist gerade eines von den Zeichen der sittlichen Erschlaffung unserer Zeit, daß wir solches ungeahndet geschehen lassen! —

Tabellarische Lehrweise. (Literalmethode.) Diese Lehrart besteht darin, daß man bloß mit den Anfangsbuchstaben der Worte die Hauptgegenstände des Unterrichts an die Tafel schreibt, und insbesondere die Folge der Hauptideen in den Lehrgegenständen auf diese Weise tabellarisch vorstellt. Man sucht also nach dieser Lehrart den Kindern die Elementarkenntnisse tabellarisch geordnet darzustellen und sie ihnen zusammenhängend durch Anschauung beizubringen. Diese Unterrichtsweise hat sich in Deutschland großes Ansehen erworben, indem man sich der Ansicht hingab, als sei in ihr die Fundgrube alles Wissens enthalten. In den Dorfschulen waren derlei Tabellen mit den darauf verzeichneten einzelnen Anfangsbuchstaben durch längere Zeit in Uebung, und selbst das Lesen wurde mittelst derselben gelehrt. Und weil diese Verfahrungsart sowohl dem Lehrer als den Kindern das Geschäft erleichterte, so konnte es ihr nicht wohl am allgemeinen Beifalle fehlen. Der Lehrer konnte nämlich an der Hand dieser Tabellen seine Aufgabe leicht übersehen und verfolgen, und die Kinder wurden hiedurch in den Stand gesetzt, ihre Pensen in kurzer Zeit gut einzulernen. Diese scheinbaren Fortschritte, welche die Kinder unter dieser tabellarischen Anweisung machen, waren von der Art, daß sie mit ihrem Wissen prangten und die Augen Vieler blendeten. Wie man aber anfieng, über den Gang der Entwickelung jugendlicher Kräfte mehr nachzudenken, gelangte man bald zu dem Ergebniß, daß ein solches Lehrverfahren nicht der ganz richtige Weg sei, der zum vorgesteckten Ziele wahrer Bildung führe. Denn dasselbe ging vom Allgemeinen aus und schritt zum Einzelnen fort, was gerade umgekehrt hätte geschehen sollen. Dazu kam der Umstand, daß die Kinder meist nur mit leeren Worten abgespeiset wurden, und nicht zur Erkenntniß der Sache gelangten. Man sah ein, daß ein solches Lehrverfahren einem leichten Morgennebel gleiche, der beim Aufgange der Sonne schnell verschwinde. Und weil eben hiedurch kein wahres Wissen begründet wurde, so gab dieß auch Veranlassung, diese Lehrweise wieder aufzugeben. Dieß ist um so einleuchtender, wenn man erwägt, daß die Tabellen die Sachkenntniß, die man tabellarisch geordnet wissen will, schon voraussetzen; daß sie das Gedankenbild der Sache, die gelernt werden soll, nicht selber darstellen, und keine Anleitung darüber nachzudenken geben, somit das Denkvermögen nicht in Anspruch

nehmen, und zu keiner richtigen Kenntniß der Sache führen. Der größte
Vortheil der Tabellen besteht darin, daß sie dem Gedächtnisse wohlthätig
zu Hülfe kommen, das Erlernte in einem kurzen Inbegriff durch Zeichen
und Form zusammenfassen, und sonach einen allgemeinen Ueberblick gewähren. Die Erfahrung hat es nachgewiesen, daß die meisten Kinder, die
auf solche Weise unterrichtet worden sind, wohl die Wort- und Buch-
stabenreihe, unter welchen ihnen die Kenntniß der Sache vorgestellt wurde,
sich angeeignet, aber den Ideen nachzufolgen, den Gedanken klar aufzufassen oder aus sich selber zu entwickeln nicht gelernt haben. Sobald
man es versuchte, sie von ihrem Buchstabengange abzubringen und in die
Sache selbst hineinzuführen, so wußten sie nicht mehr, woran sie waren.
Durch diese Verfahrungsart konnte demnach nur ein kaltes und todtes,
aber kein lebenskräftiges Wissen erzielt werden. Uebrigens wollen wir
hiedurch der Literalmethode nicht allen Werth benommen haben. Die
Tabellen sind an sich ein treffliches Mittel, Ordnung in den Kopf zu
bringen; sie verschaffen eine allgemeine Uebersicht und lassen mit Einem
Blicke das durchwanderte Gebiet überschauen; nur für die Elementarschule
taugen sie nicht.

Tachygraphie, Schnellschreibekunst. (S. Art. Schnellschreiben.)

Tadel, tadeln. (S. Art. Lob und Tadel.)

Tagebuch des Lehrers. Die Führung eines Tagebuchs ist dem
Lehrer um so mehr zu empfehlen, je mehr es zu seiner eigenen gesteigerten geistigen und religiössittlichen Bildung, so wie für gewissenhafte
Verwaltung seines Amtes beiträgt. In diesem Tagebuche hat derselbe
niederzulegen: Bemerkungen über sich, über sein inneres, geistiges und
religiössittliches Leben, und eben so auch über einzelne Kinder, nebst den
Versuchen, die er zu ihrer zweckmäßigen Behandlung gemacht; wichtige
Stellen, die er in Büchern vorgefunden; gesammelte Erfahrungen, Fragen
und Zweifel aus dem Gebiete des Schullebens, und den täglichen Inhalt
seiner Lektionen. Es ist jedoch nicht nöthig, daß der Lehrer Bemerkungen
der Art täglich eintrage, wohl aber sollte keine Woche vorübergehen, ohne
durch irgend etwas sein Tagebuch bereichert zu haben. Hat er nur Interesse für sein Amt, so wird es ihm sicherlich nie am erforderlichen Stoffe
hiezu fehlen. — Durch ein solches Tagebuch verschafft sich der gewissenhafte Lehrer zugleich auch eine bequeme und nützliche Uebersicht dessen,
was er in der Schule behandelt hat, ein Gemälde seiner ganzen Wirksamkeit und eine richtige Geschichte seiner fortgeschrittenen Geistes- und
Herzensbildung, die ihm auch in den spätern Jahren noch lehrreich und
erfreulich sein muß. Die geringe Mühe, die er auf die gewissenhafte
Führung eines solchen Buches verwendete, wird ihn reichlich entschädigen.
Jedenfalls kann er seine geschäftsfreien Stunden auf keine ersprießlichere
Weise hinbringen.

Tagesordnung des Lehrers. Jedem Menschen ist nach seinem Stande
und Berufe zugleich seine Lebensordnung vorgezeichnet, und je wichtiger
dieser Stand und Beruf, je bedeutender sein Geschäft und je ausgedehnter
der Kreis seiner Thätigkeit ist, desto geordneter und genauer muß auch
sein Leben in allen seinen Beziehungen sein. Die Lebensordnung muß
vornehmlich auf die leibliche und geistige Gesunderhaltung, als der Grundbedingung aller freudigen Berufsthätigkeit, berechnet sein. Der Mann
im Amte muß sich überall und zu jeder Zeit nach den Anforderungen
seines Geschäftes richten. Um dem Hauptgeschäfte die erforderliche Zeit
zu irgend einem Nebengeschäfte oder auch zur Erholung abzugewinnen,
muß eben das Hauptgeschäft vor Allem auf die pünktlichste Weise betrie-

ben, und dann erst das Nebengeschäft oder die nöthige Erholung gewählt werden, so daß beide nicht nur nicht von jenem zu weit abziehen, sondern vielmehr auf dasselbe zurückführen. Und da Alles seine Zeit hat, so wird man wohl auch zur gleichen Zeit nicht Vieles und Vielerlei treiben dürfen, wenn Eines recht betrieben werden soll. Was man in der Welt ist, das muß man nicht halb, sondern möglich ganz zu sein suchen. Auf die Beachtung dieser Grundsätze basirt sich Alles, was man unter der besondern Lebensweise eines Menschen begreift. Auf den christlichen Lehrer angewandt, bestimmen diese Grundsätze auch seine Lebensart und seine Tagesordnung. Nach einem 6—7stündigen und ruhigen Schlummer, der für einen jeden gesunden erwachsenen Menschen zureicht, widmet der Lehrer immer die ersten Stunden des Tages nebst der frommen Erhebung seines Geistes und Herzens zu Gott, der Vorbereitung zu seinem Lehrgeschäfte, indem er nach der Morgenandacht zuerst überlegt, was er heute zu behandeln, zu üben und nachzuholen habe, und wie er das Alles auf die zweckmäßigste Weise vollbringen möge. Ist er zugleich Meßner, so besorgt er nun alles, was nöthig ist, zur rechten Stunde und in gehöriger Ordnung. Mit dem Glockenschlage tritt er jedesmal zur bestimmten Zeit in seine Schule, und beginnt nach kurzem Gebete und Gesang den Unterricht. Während der Zeit des Unterrichts gibt er sich mit nichts anderm ab, als was ausschließlich dazu gehört. Er sucht jetzt nur seinen Kindern zu leben. Um durch vieles Sitzen seiner Gesundheit nicht zu schaden, macht er es sich zur Regel zu stehen, oder auch so vor den Kindern auf- und abzugehen, daß er sie stets im Auge hat. Nur dringende und unabweisbare Geschäfte dürfen ihn vermögen, auf wenige Augenblicke das Lehrzimmer zu verlassen und den Unterricht zu unterbrechen. Er sorgt aber auch in diesem seltenen Falle dafür, daß die Stille und Ruhe unter den Kindern nicht gestört werde. Er ist jetzt allem fremde, was ihn hindern könnte, seine Schulzeit gewissenhaft auszufüllen und zum Besten seiner Kinder zu verwenden. Auch sucht er diese jedesmal so zu entlassen, daß sie mit neuer Freude die nächsten Lehrstunden besuchen. Muß er hie und da auf einen halben oder ganzen Tag von seiner Schule abwesend sein, so hält er sich hiebei genau an die bestehenden Vorschriften. Hat er nunmehr seine Schullisten in Ordnung gebracht, das Nöthige für den künftigen Unterricht vorbereitet und für die Reinigung des Lehrzimmers gesorgt, dann zieht er etwa noch die Kirchenuhr auf, oder unterhält sich in seinem kleinen Garten mit den Blumen, Bäumen oder Bienen, oder beschäftigt sich mit einer andern nützlichen Hausarbeit und nimmt dann mit den Seinigen zur festgesetzten Stunde sein einfaches und gesundes Mittagsmahl ein. — Die Stunden des Nachmittags sind nun wieder entweder dem Unterrichte gewidmet, wie am Vormittage, oder es sind Ferienstunden, wie dieß am Mittwoch und Samstag Nachmittags der Fall ist. In der erstern Beziehung ist der Lehrer wieder ganz, was er sein soll, in der letztern aber verwendet er dieselben sorgsam zu seiner Fortbildung oder zur Besorgung der ihm obliegenden Nebengeschäfte. (S. d. Art.) Er liest da ein nützliches Buch, setzt seine Musiübung fort, besorgt nach Beschaffenheit der Jahreszeit die Gartenarbeiten, namentlich die Baumschule und die nöthigen häuslichen Angelegenheiten. Sinkt nun der Abend nieder, so sammelt er die Seinigen um sich, erheitert sich in ihrer Mitte, und genießt froh mit ihnen das Abendbrod. Hierauf unterstützt oder ermuntert er sie in ihren Arbeiten, liest ihnen etwas Nützliches und Unterhaltendes vor, bespricht dann noch die Geschäfte des folgenden Tages, und begibt sich darnach, wenn das gemeinschaftliche fromme Abendgebet verrichtet ist, mit seinen Hausgenossen zur Ruhe, mit dem Bewußtsein,

daß in seinem Hause Alles in Ordnung ist. — Das nun ist die Tagesordnung des christlichen Lehrers. Nach dieser Ordnung bleibt ihm demnach die gehörige Zeit zur berufsmäßigen Arbeit, zur Erholung und zur
Ruhe. Es versteht sich übrigens von selbst, daß derselbe, um seinem Amte
ganz zu leben, sich zur Uebernahme keines Geschäftes verstehen werde,
das sich mit seinem Berufe und der genauen Erfüllung der damit verbundenen Pflichten nicht verträgt. Und so wäre jeder Lehrer glücklich zu
preisen, der sich an diese Ordnung anschließen und sie getreulich halten
würde. (Gal. 6, 16. Phil. 3. 16.)

Takt, die bestimmte Dauer jeden Tones, Tonmaß. (S. Art. Gesang-
und Musiklehre.)

Takt, pädagogischer. Hier bezeichnet dieser Ausdruck ein schnelles,
feines Gefühl für das, was sein und nicht sein soll, was schicklich oder
unschicklich ist. Er schaut und bestimmt als solcher überall das richtige
Maß des Handelns und verhütet das zuviel und zu wenig. Er ist, sagt
Niederer (S. 305), die Magnetnadel des Schicklichen und Unschicklichen, die unverrückt nach diesen beiden Endpunkten hinwirkt. Durch ihn
weiß sich der Lehrer in jedem Verhältniß des Unterrichts zu orientiren
und jedes einzelne Kind gebührend zu behandeln. Ohne ihn würde er
vor-, wo er zurück-, und zurück-, wo er vortreten sollte. — Der pädagogische Takt, sagt Dinter, ist einem Feuersteine gleich, der nicht ein
Fünklein gibt, so lange er ruhig in der Erde liegt. Der Mensch hebe
ihn heraus, der Stahl versuche an ihm seine Kraft, und er wird Funken
sprühen, an denen sich eine Flamme entzündet zu leuchten Allen, die im
Hause sind. Nur müssen unsere Methodiker nicht zu Werke gehen, wie
der Hussiten-General, der Dörfer abbrennen ließ, um seinen Soldaten
den Weg zu erleuchten. (Red. 4. S. 349.) Der richtige Takt weiß in
der gegebenen Beziehung jedesmal das Rechte, Schickliche und Zweckmäßige zu wählen und durchzuführen. Er reißt das bisher Bestandene,
und wenn es auch noch so alt wäre, wenn es sich nur als gut bewähret
hat, nicht mit Gewalt nieder, um unbesonnen dem Neuen Platz zu machen.
Besonnen verfolgt er die Bahn des Rechten, und weicht weder zur Rechten
noch zur Linken davon ab. Ebenso weiß er in Allem Maß und Ziel zu
halten. In der Schule, wo der Lehrer pädagogischen Takt besitzt, ist
Alles an seiner rechten Stelle, da findet keine Uebertreibung der Schranken
statt, und nichts ist da vorherrschend, was die Innigkeit des Zusammenhanges stören und trüben könnte. Hier geschieht Alles am rechten Orte,
zur rechten Zeit und auf die rechte Weise. Da wird den Kindern schon
frühe der rechte Maßstab ihrer Thätigkeit gegeben; frühe schon wird sich
ihr Takt daran üben und entwickeln, und ihnen jede Abweichung von
dem, was angemessen und schicklich ist, fühlbar machen. In derjenigen
Schule aber, wo die Elemente des Unschicklichen vorherrschen, wird auch
der Kindersinn zum Regellosen hingerissen und zerstreut, und so wird auch
ihr Takt leiden und vergehen. Ueberhaupt wird der Takt von Allem
getrübt, was in das Gebiet des Häßlichen fällt und Mißverhältnisse erzeugt; er stärkt sich an allem Angemessenen und Schönen, was das harmonische Beisammensein der Kinder begründet. Diese Harmonie beruht
in Allem, was menschlich, sittlich und geistig schön ist. Der Takt, sagt
Niederer, gehört wesentlich in das Gebiet des Schönen, er trägt zu
seiner Erhaltung bei, indem er allen Mißklängen und Disharmonieen
feindselig entgegentritt. Das Schickliche ist das gesellschaftlich Schöne;
es lebt im Einklange der socialen Form mit ihrem Wesen. Die Anmuth
ist das menschlich Schöne; sie lebt im Einklang der Bewegung und
Sprache mit der Reinheit der Seele. Die Tugend ist das sittlich Schöne;

sie lebt in der Harmonie des Gemüths mit dem Geiste. Die Wahrheit ist das geistig Schöne; sie lebt in der Einheit des Geistes mit dem, was aus Gott ist. Zu allen gehört der Takt und in allen zeigt er sich als den Ausdruck reiner Verhältnisse in jedem Gebiete des Daseins. Nur durch das menschlich Schöne kann das gesellschaftlich Schöne bestehen. Die Anmuth des Menschen bildet die Anmuth der Verhältnisse, und aus der Seelenreinheit geht alle Schönheit und alle Anmuth des Lebens hervor. Seelenreinheit aber ist ohne Reinheit der Erziehung nicht denkbar, und diese kann wiederum nur durch die Schönheit des Gemüths und des Geistes verwirklichet werden. — Sie sind es folglich, die den Takt bilden und die ihn harmonisch mit allen bessern Kräften vereinen. (S. auch Art. Unbeholfenheit.)

Taktmäßiges Nachsprechen und Antworten. Ein bestimmtes taktmäßiges Nachsprechen dessen, was der Lehrer vorgesprochen, ist in mehr als einer Beziehung zu empfehlen; denn a) befördert es die Aufmerksamkeit, die Deutlichkeit und das leichtere Behalten des Ausgesprochenen, so wie die Sprachfertigkeit der Kinder, und b) verhütet es Langweiligkeit, da die Kinder Freude am taktmäßigen Nachsprechen und ebenso auch am Antworten haben. Nur muß der Lehrer dafür sorgen, daß es nicht in Geschrei, oder in einen singenden Ton ausarte. Gar zu häufig darf es übrigens nicht geschehen, wenn die angeführten Vortheile sich am Ende nicht in gleiche Nachtheile verkehren sollen. Wie Alles seine Zeit und Weise hat, so auch hier. Die Weisheit des Lehrers muß auch das in der angegebenen Beziehung Entsprechende zu vermitteln und festzuhalten suchen.

Talent. (Naturgabe, natürliche Fähigkeit.) Wir verstehen darunter jene Vorzüglichkeit des Erkenntnißvermögens, welche nicht von der Unterweisung abhängt, sondern als natürliche Anlage der Seele erscheint. Niederer sagt vom Talent in der gewöhnlichen Bedeutung des Wortes: Das Talent ist eine partielle geistige Kraft, die nach einer bestimmten Richtung hin frei geworden. Es äußert sich als Leichtigkeit nach dieser Richtung hin aufzufassen, was erklärt, nachzubilden, was vorgebildet wird in der Natur, Kunst und Wissenschaft, und bezeugt sich als Sinn, das Aufgefaßte mit Zweck anzuwenden, das Nachzubildende neu zu gestalten. Es belebt uns bei der Arbeit, macht uns dieselbe zur Freude, und schützt uns vor Langeweile durch den Reiz und den Wechsel, den es in's Leben bringt. Selten ist ein menschliches Wesen so arm begabt von der Natur, daß es nicht für irgend etwas Talent hätte, und wir erweisen jedem eine Wohlthat, wenn wir diese seine Kraft erforschen und berücksichtigen in der Erziehung; denn in dem Grad, wie sie sich offenbart, ist auch Zugänglichkeit in ihm für das Licht der Erkenntniß. Wo immer das Talent sich ausspricht im Kinde, welcher Art und wie schwach es auch sei, so ist doch darin der Wecker für seine Begriffskraft enthalten, es ist der Licht- und Gedankenträger für seine Vernunft, und durch seine Vermittlung allein können die Bedürfnisse seiner Eigenthümlichkeit befriedigt werden. Allein noch fehlt uns der rechte Sinn für die Verschiedenheit der Talente; wir leben in dunkeln Vorurtheilen derüber, lassen so viele unbeachtet, die für die Erwerbskraft, für Beruf und Leben höchst wichtig sind, und schützen und bilden nur die, welche in Gesellschaftscirkeln bei der Mode viel gelten. — Da jedoch jedes menschliche Wesen seine eigenthümlichen Anlagen empfangen hat, die ihm den schweren Lebensgang leichter zu machen bestimmt sind, so sollten auch wir diese Anlagen in allen Kindern zu bilden und fruchtbar zu machen suchen, damit jedes doch in Einem sich nützlich und geltend machen könne. Viel Noth, Jammer und Elend würde dadurch schwinden; viele Menschen, deren Dasein durch Unbehülflichkeit verkümmert und von keinem frohen Bewußtsein besserer Kräfte getragen wird, könnten sich aufrichten und stärken an den Gaben und Kräften, die sie von Gott erhalten haben, und die aus Mangel an Entwickelung für sie selbst und für die Gesellschaft verloren sind. — Doch die blinde Elternliebe fragt nicht, ob sich die Kraft im Kinde ausspreche, noch ob sie vorhanden sei. Die Erziehung, der Unterricht soll ihm geben, was keine Erziehung und kein Unterricht zu geben vermag. Und so werden Zeit, Kraft und Geldopfer verschwendet, um eine Stümperei zu erkaufen, und die Kraft, die wirklich vorhanden ist im Kinde, und die zur Tüchtigkeit hätte gelangen können, wird nur zu oft vernachläßiget, um diejenige zu bilden, die ihm fehlt. — Für die weibliche Erziehung gibt es übrigens kaum eine gefährlichere Klippe, als die Talentbildung. Schwäche, Beschränktheit und Eitelkeit treiben ein arges Spiel und geben ihr eine durchaus falsche Richtung, so daß Bescheidenheit, Häuslichkeit und reine Weiblichkeit oft ihren Untergang dabei finden. Sobald der Zweck der Talentbildung dahin geht, sich auszuzuärnten, Lob einzuärnten, in der Gesellschaft zu glänzen, Effekt zu machen; dann haben Tugend und Wahrheit ihre Rechte dabei verloren, das Talent hat seinen Lohn dahin! Denn also wird es zur Verführung Geistes und des Gewissens, anstatt der Mittelpunkt ihrer Erleuchtung zu werden, es wird zur Lockspeise der Eitelkeit und der Selbstsucht, statt Erhebung über sie; es wird Verschwendung, statt Gewinn der Zeit und der Kräfte; es wird ein Raub an der Persönlichkeit, der Häuslichkeit, dem Familienglück, statt Erhöhung derselben. — Für das Wahre, Gute und Schöne gebildet, wird das Talent von den Anmaßungen der Eitelkeit befreit und zur Bescheidenheit geführt; denn die Arbeit und Anstrengung, welche die gründliche Erziehung desselben erfordern, erweitern die Begriffe, zeigen den allein wahren Weg der Kunst und des Wissens, und lassen die Demuth die unendliche Entfernung fühlen, die den Lehrling vom Ziel der Vortrefflichkeit trennt. — Ins wahre Verhältniß gebracht zur weiblichen Bestimmung, wird jedes Talent zur schönen Blume erwachen, die Balsam duftet und Stärkung und Erheiterung in's Leben bringt. (S. Art. Erziehung der Söhne und — der Töchter.)

Talent, musikalisches. Musik und Gesang dient sowohl zur eigenen, als zur Aufheiterung Anderer, und kann zu großer Empfehlung gereichen. Viele haben dadurch schon den Grund zu ihrem Glücke gelegt. Wer besondere Anlage zur Musik zeigt, werde zur Ausbildung derselben ermuntert. Für die Musik kann, außer dem Gesang, in der Schule nichts geschehen; es ist Sache der Eltern, ihre Kinder besonders darin unterweisen zu lassen. Zwar hat nicht jedes Kind Gelegenheit und Gabe zur Erlernung der Musik; doch kann jedes, wenn ihm anders die Stimme nicht versagt ist, in der Schule schön singen lernen. Durch einen schönen Gesang und durch Geschmack an schönen Liedern ist schon viel für die Veredelung des Menschen gewonnen. Die Schule wirke also auch von dieser Seite auf die Veredelung der Kinder kräftig hin. Es ist bekannt, daß die Kinder der Israeliten in den alten Zeiten schon frühe singen lernten, um so mehr wird dieß hinsichtlich unserer christlichen Kinder geschehen müssen, da das Christenthum ohnehin so innig mit dem Gesang befreundet ist. (1. Kön. 16, 17—23.)

tändeln. (Spielerei, Kleinigkeitskram, sich mit kleinlichen Dingen beschäftigen.) S. Art. Thätigkeit und Thät.

Tanz, tanzen, Tanzbälle. *) S. Art. Bälle und Tänze, und Art. Gymnastik.

Tastsinn. (S. Art Sinne.)

Taubstumme und Blinde. Taubstumme und blinde Kinder sind immer ein betrübender Anblick für das gefühlvolle menschliche Herz. Wenn wir nur daran gedenken, wie viele tausend Freuden der Blindgeborne entbehren muß, die uns ungerufen von allen Seiten in die Seele strömen! Für ihn ist die Wiese umsonst mit Blumen aller Art geschmückt; vergebens sind für ihn Thal und Hügel, Gärten, Felder und Wälder mit Grün gekleidet, und vergebens strahlen Morgens und Abends für ihn die Ge= wölke von feurigem Purpur und Golde; denn er sieht sie nicht. Einsam steht das blinde Kind, von beständigem Dunkel umgeben, und kann sich nicht mit Gespielen freuen, wie andere. Es hat Eltern und Geschwister, und kennt sie nicht. Selbst das, was sie ihm geben, nimmt es an, aber es sieht es nicht. Alles, was man ihm als Ersatz dafür geben könnte, wäre für seinen Verlust zu klein. Und je älter es wird, desto größer wird auch die Zahl seiner Entbehrungen, und sonach auch desto empfind= licher sein Unglück. Der arme Blinde bleibt immer, wie in seinen ersten Jugendtagen, der Aufsicht, Leitung und Pflege Anderer bedürftig, er ist immer von Gefahren bedroht, vor welchen man ihn beschützen muß. Er möchte arbeiten, und dadurch nützlich sein, und kann es nicht. Er hört von Gott und den Wundern seiner Macht; allein Finsterniß bedeckt sein Auge, er sieht nicht die strahlende Sonne am Himmel, nicht das Flim= mern der Sterne, nicht den blassen Mond 2c, von der Herrlichkeit seines Gottes hat er nur dunkle Vorstellungen. Und doch ist er noch ungleich besser daran, als der Taubstumme. Denn obwohl dieser das Tageslicht erblicken kann, so ist ihm doch viel Köstlicheres noch entzogen, nämlich die Sprache, diese Mittheilungsgabe der Seelen. Er sieht die Pracht in den Werken Gottes; es rauscht der Strom an ihm vorüber, es hallt der Donner im Gebirge, allein für ihn ist das alles todt, keine Stimme bringt bis zu ihm. Er sucht seinen Gott und Vater, den Urheber aller Dinge, aber die ganze Welt schweigt gegen ihn. Wie soll er ihn finden und verehren? Nur dunkle Ahnungen steigen darüber in seinem Innern auf; aber er kann sie nicht aussprechen und Niemanden verständigen. Selbst das freundliche Wort aus dem Munde seiner Mutter vernimmt er nicht. Und wenn er leidet, kann ihn Niemand trösten, und alle Stimmen der Liebe gehen an ihm unvernehmbar vorüber. Wie glücklich ist also der im Vergleiche mit dem Blinden und Taubstummen, dem Gott die Gabe des Gesichts, des Gehörs und der Sprache verliehen hat! — Darum aber ist es auch des letztern Pflicht, dem erstern zu dienen mit den Gaben, die er von Gott empfangen hat; er soll ihr Schutzengel sein, und sich gleich den Engeln des Himmels freuen, wenn er sie zu Gott führen kann. — Zudem ist die Zahl der Taubstummen und Blinden bald geringer, bald größer in allen Gegenden vorhanden. Es kann uns also nie an Gelegenheit fehlen, ihnen beizustehen. Von ihnen gilt besonders, was Jesus Christus sprach: „Was ihr dem Geringsten von euern Brüdern thut, das habt ihr mir gethan." (Matth. 25. 40.) Da den Taubstummen und Blinden viel versagt ist, so muß ihnen viel gegeben werden. Die christliche Liebe fordert das; denn die christliche

---

*) Weil vormals die Mädchen in N. D. den neuen Frauen, auf deren Hochzeit sie getanzt hatten, zu Ostern einen mit Wolle oder Federn angefüllten Ball feierlich überreichten und dafür freies Tonspiel zum Tanze bekamen, so wurde der Name Ball auch auf ein Tanzfest übertragen.

Kirche ist ein Mutterschooß für alle Unglücklichen, eine Pflegerin jedes Kranken, eine Unterstützerin jedes Armen. Die Hauptunterstützung aber, welche die christliche Kirche überall gibt, besteht darin, daß sie den Unglücklichen und Armen, wo möglich selbstständig, innerlich und äußerlich frei macht, so daß er selbst gehen und sich selbst helfen kann. Die christliche Kirche erreicht dieß durch Bildung, und sucht deßhalb den Blinden Augen, den Hinkenden gesunde Füße und den Stummen Sprache zu geben. Es ist diese ihre Arbeit von ihrem Herrn ihr vorgethan und es ist dieses Geschäft mit Recht ein göttliches, wie es Lamartine bei der Feier des Geburtsfestes des um die Taubstummenbildung so hoch verdienten l'Epée im Jahre 1837 also aussprach: „Denjenigen die Gabe, ihre Gedanken mitzutheilen, wiederzugeben, welchen die Natur die Organe dazu versagt hat, ist ein beinahe göttliches Geschäft." — Es ist daher auch Pflicht der christlichen Obrigkeiten, dafür zu sorgen, daß solche Unglückliche nicht lebenslänglich unmündige Kinder bleiben. Gott hat ihnen Verstand und Willen gegeben, wie uns, obgleich sie an Sinnenwerkzeugen dürftiger sind als wir. Ihr Geist ist unsterblich, wie der unsrige und sie sind gleich uns zum Erbe des ewigen Lebens berufen. Es ist sonach dafür zu sorgen, daß sie einen zweckmäßigen Unterricht erhalten, um sowohl zeitlich nach Maßgabe ihrer beschränkten Kräfte brauchbar, als dereinst ewig glücklich zu werden. Zwar ist die Kunst Blinde anzuweisen, geschickte Handarbeiten zu verrichten, sie lesen, schreiben, rechnen und andere Sachen zu lehren, mit manchen Schwierigkeiten verbunden. Doch haben wir Beispiele genug, daß selbst die größten Hindernisse auf eine fast unglaubliche Weise besiegt worden sind, daß Taubgeborne und deßhalb der Sprache auf immer Beraubte nicht nur im Schreiben, Rechnen und Lesen, nicht nur in vielerlei Handwerken und nützlichen Künsten, sondern auch in höhern Wissenschaften die auffallendsten Fortschritte gemacht haben, und in der Religionslehre zur deutlichen Erkenntniß gelangt sind. Auch haben die Taubstummen und Blinden eine große Gelehrigkeit. Sie ersetzen den mangelnden Sinn durch Schärfung der übrigen. Der Blindgeborne sieht gleichsam mit den Fingern und seinem feinen Gehör, und ebenso hört auch der Taubgeborne gleichsam mit seinen Augen. Ihr Geist, weniger zerstreut durch die Menge der Gegenstände, welche durch die verschiedenen Sinne herbeiströmen, haftet seine Aufmerksamkeit auf das, was ihm vorliegt, und hält es fest mit ungeschwächter Kraft. Dieß alles erleichtert den Unterricht der Blinden, wie der Taubstummen sehr. Sie sollen aber nicht bloß für's bürgerliche Leben nützlich, sondern auch zur Quelle des Heiles geführt werden. Auch der Blinde soll Gott schauen, und der Taubgeborne den Ruf des ewigen Erbarmers an sein Herz vernehmen. Die Sehenden und Hörenden sollen sie zu Jesus Christus und durch ihn zum ewigen Leben bringen. Die gehörige Unterweisung der Blinden und Taubstummen erfordert aber solche Vorbereitungen und Kenntnisse von Seiten der Lehrer, daß sich dergleichen nicht für jeden Einzelnen im Lande wohnenden Unglücklichen besonders auffinden lassen, noch den Vermögensumständen aller Eltern möglich wäre, für ihre Kinder die Kosten der Vorbereitungen und der Lehrer abgesondert zu bestreiten. Daher sind öffentliche Anstalten für taubstumme und blinde Kinder allein zweckmäßig. (Matth. 11, 5. Luc. 18, 35. 41. 42. Mark. 7, 32—35.)

Taubstummen- und Blinden-Institute. Diese Institute sind Lehranstalten, in welchen taubstumme und blinde Kinder ihren Unterricht erhalten. Sie entstanden durch die Bemühungen einer kleinen Anzahl von Männern, welche aus eigenem Antriebe sich mit einzelnen Taubstummen und Blinden beschäftigten, was anfangs um so schwerer war, da es noch

5 *

an allen nöthigen Hülfsmitteln und an den Erfahrungen fehlte, welche
jetzt diesen Unterricht erleichtern. — Das Alterthum wußte nichts von
solchen Anstalten. Aristoteles nennt die Taubstummen (in seiner
Thiergesch. IV. 9.) schlechtweg stumpfsinnig, bildungsunfähig, und die spätern so berühmt gewordenen Namen, wie die eines Diototus, Don
Pedro de Velasco, Saunderson, Kreferli ꝛc. sind particulare
Erscheinungen, die sich in keiner Anstalt, sondern gewissermaßen selbstständig aus sich herausbildeten, und also nicht in die Kategorie unserer
modernen Zöglinge gezählt werden können. Bis in die Hälfte des vorigen
Jahrhunderts war noch von keiner einzigen Anstalt für Blinde und Taubstumme die Rede, und trotz der rastlosen Bemühungen des spanischen
Benediktiners Pedro de Ponca und seines Landsmannes Bonnet,
gelang es doch erst Hauy und de l'Epée, unter Aufopferung ihres
Privatvermögens, 1786 die erste derartige förmliche Anstalt in Paris zu
gründen. Alsbald, vier Jahre später (1790), folgte Liverpool diesem
Beispiele, worauf auch fast die ganze civilisirte Welt, gleichsam wie von
einem elektrischen Funken berührt, dem von Paris ausgegangenen Impulse
folgte. Nahe an 150 öffentliche Anstalten nur allein für Taubstumme
entstanden auf diese Weise bis zum Jahre 1834 in allen Richtungen,
worunter sich nach Ausweis der Rapporte des Pariser Hauptinstituts acht
in Amerika, und eins in Asien (Bengalen) vorfinden. Auch die Schweiz
blieb diesem allgemeinen Anklange nicht fern, und es verdanken die Cantone Genf, Waadt, Bern, Luzern, Basel und Zürich (1809),
auch Aargau dem kräftigen Auftreten einzelner Personen bereits mehrere
Institute für Blinde und Taubstumme. In Wien ward auf Veranstaltung Josephs II. ein solches von einem Geistlichen, Namens Friedrich
Storf, errichtet, nachdem dieser in Paris die Methode von l'Epée sich
angeeignet hatte. Seit 1807 besteht eines zu Kopenhagen. Nachher entstanden die zu Berlin, Prag, Kiel, Königsberg, Karlsruhe,
Linz, Hamburg, Barmen in Westphalen, Gmünd und Lamberg
im Nassauischen, das von einem Taubstummen, Hofrath von Schütz (jetzt
in Wien) gegründet wurde. Das erste in den vereinigten Staaten von
Nordamerika ward Hartford, 1817 eröffnet; das neueste 1829 zu
Neuorleans. Vortreffliche Institute dieser Art findet man auch in
Bayern, besonders in München, Würzburg und Augsburg. Noch
fehlt es aber an Versorgungsanstalten für die unterrichteten unbemittelten
Taubstummen. Doch wurde hie und da der Anfang damit gemacht, durch
Prämien für die, welche sie aufnehmen und andere Begünstigungen ihr
Schicksal dauernd zu verbessern. — Reicher Lohn wird denen werden,
welche dazu beitragen, daß Gottes Reich auch denen komme, die seinen
Namen nie hören, nie stammeln werden auf Erden; daß Gottes Licht
voll Gnade und Seligkeit auch in die ewige Nacht derer leuchte, welche
nie die Wunder der Allmacht des Herrn erblicken. An zweckmäßigen
Anleitungen zum Unterrichte der Blinden und Tauben fehlt es nicht,
wodurch Lehrer in Städten und auf dem Lande in den Stand gesetzt
werden, sich um diejenigen Blinden und Tauben verdient zu machen,
welche nicht in einer öffentlichen Anstalt untergebracht werden können.
Junge Lehrer sollten es nicht versäumen, durch gründliches Studium der
hierüber erschienenen, zahlreichen Schriften, und wo möglich durch eigene
Anschauung in Taubstummen- und Blinden-Instituten sich mit der rechten
Behandlung solcher unglücklichen Kinder vertraut zu machen. Blinde
können gar leicht in vielen Lehrgegenständen, wie beim Religionsunterrichte,
in der biblischen Geschichte, in der deutschen Sprache, in den gemeinnützlichen Kenntnissen und besonders im Gesange mit den übrigen, vollsinnigen

Schülern zugleich unterrichtet werden. Nur muß man sie hiezu gehörig vorbereiten und es ihnen nebenbei an der erforderlichen Nachhülfe nicht fehlen
lassen. Beim Schreiben können sie entweder entlassen oder auf eine andere angemessene Weise beschäftiget werden.

Tauschereien. Der Lehrer suche Tauschhändel, wo sie etwa unter
den Kindern stattfinden, möglichst zu verhindern, nicht als ob er sie in
ihrem Eigenthume beschränken wollte, sondern um den unvermeidlichen
Zänkereien, welche daraus hervorgehen, zu begegnen. Ist der Tausch
aber einmal geschehen, so muß er auch unwiderruflich sein, außer es käme
bei einer Sache von Werth auch das Recht der Eltern mit in Anschlag.
In diesem letztern Falle müßte der Tauschhandel als nichtig betrachtet
und die Kinder angehalten werden, die gegenseitig eingetauschten Sachen
von einigem Werthe einander wieder zurückzugeben, damit das Recht der
Eltern nie beeinträchtiget oder verletzt werde. Auf das, was recht ist,
muß der Lehrer in allen Beziehungen, also auch in dieser ohne alle Ausnahme halten, und nie gestatten, daß die Kinder jemals vom Wege des
Rechts auch nur im Mindesten abgehen mögen. (S. Art. Dieberei
und Gefälligkeit.)

Täuschung ist der Zustand, in welchem man etwas Anderes als das
Erwartete, Falsches für Wahres, — den Schein für die Wirklichkeit gibt,
sowohl in guter als in böser Absicht. Den Kindern ist ein Wahrheits-
gefühl angeboren, das sich vom ersten Erwachen ihres Bewußtseins als
hingebender Glaube ankündigt. Auf dieses schöne kindliche Gefühl sollte
stets ein großer Werth gelegt und dasselbe vor allen Unterdrückungen
sorgsamst bewahrt werden, was aber leider häufig nicht geschieht. Nicht
nur legt man keinen Werth darauf und läßt es unbeachtet, sondern man
arbeitet sogar noch darauf hin, es im kindlichen Gemüthe oft völlig und
auf immer zu unterdrücken. Wie gar viele Väter und Mütter gibt es,
welche sich nichts daraus machen, ihren Kindern täglich mehrmal Lügen
vorzusagen, und sich heimlich noch darüber freuen, wenn sie ihnen gutmüthig Glauben beimessen. Durch Versprechungen suchen sie dieselben
hinzuhalten oder bald zu diesem bald zu jenem zu bewegen. Die Kinder
trauen und folgen, aber das ihnen gemachte Versprechen bleibt unerfüllt.
So suchen sie dieselben durch Drohungen zu schrecken, ihrer Ungezogenheit Einhalt zu thun und ihren Eigensinn zu brechen; aber sie lassen es
einmal darauf ankommen, sie folgen nicht, und die angedrohte Ahndung
folgt ebenfalls nicht. Auf solche Weise werden die ersten Keime des
Mißtrauens in das kindliche Herz gepflanzt, der kindliche Glaube weicht,
und den Kindern ist die abscheuliche Lehre gegeben: „Es ist nicht wahr,
was unsere Eltern sagen, wir glauben's nicht!" So verfängt es nichts,
wenn nachher der Vater oder die Mutter spricht: „Es war mir nicht
Ernst, ich trieb bloß meinen Spaß!" Denn Kinder sind noch nicht im
Stande, überall Scherz und Ernst zu unterscheiden, und so werden sie
nur zu oft für Scherz halten, was Ernst, und umgekehrt für Ernst, was
Scherz sein sollte. So schwebend und schwankend zwischen Täuschung und
Wahrheit haben Kinder nun den Punkt verloren, auf dem sie früher mit
ihrem Glauben feststanden. Darf man sich nunmehr noch wundern, wenn
jetzt ihr eigener Wahrheitssinn ins Schwanken geräth und sie sich gegen
Andere eben das erlauben, was Eltern sich gegen ihre Kinder erlauben?
— Doch wir wollen hier nicht einmal von den sittlichen Nachtheilen reden,
welche derlei Täuschungen für die kindlichen Gemüther haben, sondern
nur von der zweifelnden Ungläubigkeit, welche sich in das kindliche Herz
krebsartig einfrißt, und die es überhaupt zur Gleichgültigkeit gegen die
Wahrheit und ihre Erkenntniß unausbleiblich hinführt. Denn, sagt

Handel, wo dem Kinde die Unwahrheit als eine gewöhnliche Erscheinung begegnet, wo es das Wahre und Richtige dem Unwahren und Falschen gleichgeachtet sieht, da muß auch die Lust am Erforschen und Erkennen des Wahren schwinden und die Freude am Wissen untergehen. Das vielgetäuschte Kind verliert die Lust am Hören und Lernen; es kann sich von dem, was zu ihm lehrend geredet wird, nach seinen gewohnten Erfahrungen eben nicht etwas Besonderes versprechen, und darauf viel Nachdenken, Aufmerksamkeit und Anstrengung zu verwenden scheint ihm nicht der Mühe werth zu sein. Was ihm jetzt noch auf diesem Gebiete ein Gefühl der Lust gewährt, ist nicht das Fortschreiten im Wissen und Erkennen selbst, sondern der handgreifliche Vortheil, der ihm dadurch wird, der sinnliche Zweck, den es zu erreichen hofft. Bei ihm kann von nichts Anderm mehr die Rede sein, als vom Erkennen und Erforschen dessen, was ihm unmittelbaren Gewinn bringt, irgend eine Sinnenlust befriedigen, irgend einen Nachtheil abwenden hilft. Daher kommt es, daß oft mit der größten intellektuellen Gefühllosigkeit die größte Klugheit, Listigkeit, Verschlagenheit und Verschmitztheit verbunden ist. — Die häusliche und öffentliche Erziehung hat sonach alles Ernstes dafür zu sorgen, daß Täuschung nicht den Glauben der Kinder untergrabe oder ihrem Wahrheitssinn eine Wunde versetze, die vielleicht das künftige Leben nicht wieder ganz zu heilen im Stande ist. (1. Petr. 3, 10. Röm. 3, 13. Jer. 9, 6. 2c.)

Technische Schulen. (S. oben Gewerbsschulen.) Die Zahl der Landwirthschafts- und Gewerbsschulen Bayerns beträgt 1859 26, wovon mehrere besondere Abtheilungen für den Handel, andere als besondern Unterrichtszweig mechanische Werkstätten haben, deren Besuch und Thätigkeit jedoch nicht gleichmäßig geordnet ist. Mit sämmtlichen Anstalten sind auch Sonntagsschulen für Handwerkslehrlinge und Gesellen verbunden. Sämmtliche Gewerbsschulen betrugen 1857/58 3858, die Sonntagsschulen an denselben 8071 Schüler, mit 282 Lehrkräften. — Die Unterrichtsgegenstände sind im Allgemeinen die gleichen an allen Anstalten *); nur die Vertheilung auf die einzelnen Curse und die Ausdehnung derselben zeigt eine außerordentliche Verschiedenheit. Auch darin, ob ein solcher Gegenstand obligat oder fakultativ sei, stimmen nicht alle Anstalten überein. Die Erfüllung des Wunsches nach größerer Uebereinstimmung derselben, sowie nach einer festen Begrenzung des Unterrichtsstoffes, und einer allgemeinen Regelung des Unterrichts in den Handelsabtheilungen läßt sich von der in Aussicht stehenden Reorganisation dieser Schulen erwarten.

Technologie (Kunstgeschichte, Gewerbskunde, Lehre von den Künsten und Handwerken) ist die Lehre der künstlichen Bearbeitung der Naturerzeugnisse für die Bedürfnisse des gesellschaftlichen Lebens. Man unterscheidet gewöhnlich eine höhere und eine niedere Technologie, von denen diese die Grundsätze der allgemeinen Landwirthschaft oder Oekonomie in sich begreift, inwiefern auf denselben die verschiedenen Kunstgewerbe nach ihrer Entstehung, Benutzung, Unterhaltung und Verbesserung beruhen, jene aber die Kenntniß des Kunstgewerbes in seinem Zusammenhange mit dem Staatsleben darstellt. — Die erstere ist vornehmlich in den Schriften von Hermbstädt, Trommsdorf, Poppe, und die letztere in dem „Neuen

---

*) Religionslehre, deutsche, französische und englische Sprache, Geschichte, Geographie, Mathematik. Mechanik, Physik, Chemie, Naturgeschichte, Technologie, Landwirthschaft, Zeichnen, Modelliren, Buchführung, Schönschreiben. S. den Jahresbericht der Kreis-Landwirthschaft- und Gewerbsschule zu Würzburg für 1857/58.

Schauplatz der Künste und Handwerker" behandelt worden. — In unsern Volksschulen kann in der Regel der Unterricht in der Gewerbekunde höchstens nur mit dem Unterrichte in der Naturgeschichte verknüpft werden. Man zeigt bei den einzelnen Naturprodukten, wie oder auf welche Weise sie gewonnen, benützt und verarbeitet werden. In Volksschulen, aus welchen viele Kinder zu Handwerken und Künsten übergehen, dürfte die Technologie schon etwas umständlicher behandelt werden.

Temperament und Naturell. Darunter versteht man die Eigenthümlichkeit in der Naturanlage, die mehr von einer eigenen Geblüts- und Säftemischung im menschlichen Körper abhängt, und mehr mit dem Gefühls- und Bestrebungsvermögen in Verbindung steht. Bezüglich auf das Temperament offenbart sich eine große Verschiedenheit, indem bei dem Einen das Gefühl leicht und schnell, aber nicht für die Dauer erregbar ist, bei dem Andern die Gefühlsregung langsamer und weniger auffallend aber dauernder ist und tiefer eindringt, bei dem Dritten und Vierten dieselbe Verschiedenheit in Absicht auf das Bestrebungsvermögen und seine Erregbarkeit stattfinden. Hienach gibt es zwei Temperamente des Gefühls und zwei des Bestrebungsvermögens; erstere nennt man das s a n g u i n i s c h e und das m e l a n c h o l i s c h e, letztere das c h o l e r i s c h e und das p h l e g m a t i s c h e Temperament. Kant nennt sie das l e i c h t b l ü t i g e, das w a r m b l ü t i g e und das k a l t b l ü t i g e, ohne jedoch die Verschiedenheit der Blutmischung zur Grundlage dieser Benennungen zu machen, sondern bloß um sie nach ihren beobachteten Wirkungen zu bezeichnen. S c h w a r z unterscheidet in seiner Erziehungslehre die Naturarten in mehr e m p f ä n g l i c h e und mehr h e r a u s w i r k e n d e, und jene wieder in die w e i c h e n (sanften) und die i n n i g e n (tiefen), diese in die l e b h a f t e n und f e s t e n. Bei einem jeden Menschen erscheint E i n s dieser Temperamente als ü b e r w i e g e n d, obgleich bei den verschiedenen Geschlechtern und Einzelwesen in sehr verschiedenen Abstufungen; weßhalb es in vielen Fällen schwer ist das Temperament eines Menschen zu bestimmen; besonders da Erziehung, Gewöhnung und Wille auf das Temperament bald stärker, bald schwächer einwirken. Wir wollen nun ein jegliches dieser Temperamente näher beschreiben und dabei auch die gewöhnliche Benennung beibehalten. a) Das s a n g u i n i s c h e (l e i c h t b l ü t i g e) T e m p e r a m e n t. Es hat ein leichtbewegliches Gefühl und steht jedem Eindrucke offen, weßhalb kein Gefühl von Dauer bei ihm ist. Ebenso ist ein Entschluß bei ihm schnell gefaßt, ein Versprechen schnell gegeben, aber eben sobald wieder vergessen. Es fängt viel an und redet wenig, besonders wo anhaltende Kraftanwendung erfordert wird. Es ist gelehrig, aber vergeßlich; gutmüthig und dienstfertig, wo es nicht zu viel Anstrengung kostet; frohsinnig und gesellig; leicht zu überreden, wobei in der Regel der Letzte Recht behält; leicht etwas bereuend, aber bald sich wieder darüber wegsetzend; Ermahnungen, Warnungen willig anhörend, aber nur spielend; angenehm in der Gesellschaft und leichten Sinnes, aber auch zum Leichtsinn geneigt; überall oberflächlich. b) Das m e l a n c h o l i s c h e (s c h w e r b l ü t i g e) T e m p e r a m e n t. Es ist von dem sanguinischen überall das Gegentheil. Sein Gefühl wird langsam, aber desto tiefer und dauerhafter erregt, ein Entschluß bedachtsam gefaßt, aber dann mit Beharrlichkeit festgehalten und ausgeführt. Es ist mehr zu ernsten und traurigen, als zu fröhlichen Gefühlen geneigt, findet überall Ursache zu Besorgnissen, und sieht nur Schwierigkeiten, die ihm entgegen stehen. Daher ist es bedenklich, vorsichtig, verspricht nicht leicht etwas aus Besorgniß, nicht Wort halten zu können, hält sich aber an das einmal gegebene fest gebunden. Aus Besorgniß wegen der Zukunft ist es zur Spar=

samkeit und wohl auch zum Geize geneigt. In der Liebe ist es treu und
wird leicht eifersüchtig; Freundschaften schließt es nur schwer, weil es zu
bedenklich und mißtrauisch ist. Es lernt und faßt schwer, behält aber
desto länger. Es ist streng gegen sich selbst, wie gegen Andere; lieber
einsam und in sich gekehrt, als gesellig und mittheilend; daher auch in
Gesellschaft, besonders in froher, wenig geliebt, und zur Menschenfeind=
schaft und Schwermuth geneigt. G. H. v. Schubert sagt davon: „Diese
Naturart ist am Menschen öfters eben so reich an tief gefühlten Freuden,
wie an selbst geschaffenen innern Qualen, doch erscheint sie, in ihrer gei=
stigen Verklärung als jene Seelenform, durch welche ein nach der ewigen
Heimath unseres Geistes gerichtetes Streben am öftesten und wirksamsten
sich kund macht. Sie ist daher die beherrschende Seelenform der erha=
bensten Dichter und Künstler, der tiefsten Denker, der reichsten und
größten Erfinder, der Gesetzgeber, vor allem aber jener Geister gewesen,
welche ihrer Zeit und ihrem Volk den Zugang zu einer obern, seligen
Welt des Göttlichen eröffneten, nach welcher sie selber ein Zug des
unstillbaren Heimwehes emportrug." (Lehrb. der Menschen= und Seelen=
kunde 2c. S. 117—118.) c) Das cholerische (warmblütige)
Temperament. Den Choleriker bezeichnen schnell erregtes, jedoch
nicht andauerndes Gefühl, schnell erregte Bestrebung mit starker, jedoch
nicht anhaltender Thatkraft. Er ist hitzig, seine Gemüthsbewegungen sind
heftig und stürmisch, werden durch Widerstand noch heftiger, dagegen
durch Nachgiebigkeit besänftigt und gleichsam versöhnt. Seine Thätigkeit
ist rasch, er greift das Schwerste an, aber ohne Ausdauer; daher er die
Ausführung um so lieber Andern überläßt, als er gern den Meister spielt
und zum Stolze, zur Ehr= und Herrschsucht geneigt ist. Er liebt die
Pracht und den äußern Schein, ist großmüthig, nimmt gerne in Schutz,
aber aus Stolz; er ist habsüchtig, um seiner Neigung zum Großen ge=
nügen zu können; freudige Gefühle sind bei ihm seltener als unange=
nehme; Zorn und Kränkung kommen bei ihm am häufigsten vor; weil
er durch seine Anmaßungen fast mit jedem im Kampfe liegt und
nur Schmeichler und Unterwürfige leiden kann. Nebenbei ist er auch
großartiger Tugend fähig, der Tapferkeit, des Heldensinnes, der
raschen Thätigkeit in Gesellschaften u. s. w. d) Das phlegmatische
(kaltblütige) Temperament. Es ist von dem cholerischen geradezu
das Gegentheil. Das Gefühl wird langsam, aber anhaltend erregt;
ebenso das Bestrebungsvermögen, jedoch mit zu starker Thatkraft. Weder
heftige Affekten, als Zorn, Freude, Schreck 2c., noch herrschende heftige
Leidenschaften kommen bei dem Kaltblütigen vor. Er liebt Ruhe und
Gemächlichkeit, und genießt gern, jedoch ohne große Anstrengung. Er
hat nicht leicht etwas zu bereuen, weil er nicht leicht gereizt werden kann,
und besonnen und langsam im Handeln ist. Weil er schwer beweglich
ist, so besteht sein Widerstand weniger in einem widerstrebenden Handeln,
als in Gleichgültigkeit und Gelassenheit. Es müssen sich daher Andere
mehr nach ihm, als er sich nach Andern bequemen, wobei er jedoch eben
keine großen Anforderungen an sie macht. Empfindlichkeit ist ihm fremd;
deßhalb ist er verträglich, liebt den Frieden, und ist ein guter Freund
und Hausherr, nach dem man sich gerne richtet. Läßt er gleichwohl seine
Ueberlegenheit über Andere fühlen, so geschieht es doch nicht absichtlich,
und somit ohne ihrer Eigenliebe zu nahe zu treten. In diesem Tempera=
ment liegt ebenso die Anlage zur Ordnungsliebe, zu geregelter, wenn
gleich nicht angestrengter Thätigkeit, und zur Zufriedenheit, als zur Fühl=
losigkeit, Gleichgültigkeit und Trägheit. Nachdem wir nun im Wesentlichen
den Unterschied der verschiedenen Temperamente gezeigt haben, so müssen

wir nunmehr auch aufmerksam machen auf die wohlthätigen und nachtheiligen Einwirkungen dieser natürlichen Eigenthümlichkeiten auf das Erkennt-
niß-, Gefühls- und Begehrungsvermögen, die man mit dem Namen
Temperaments-Tugenden und Temperaments-Fehler zu
belegen pflegt. Es wird daher eine Aufgabe für den Erzieher sein, in
der Natur seines Zöglings die Individualität zu erkennen, und darnach
sein Verfahren bei dem Urtheile über ihn und seine Aeußerungen, so wie
bei der Anwendung der Reiz- oder Mäßigungsmittel, kurz bei jeder Art
der Einwirkung auf ihn einzurichten. Er wird Temperaments-Fehler als
unverschuldete Erscheinungen des Tugendkampfes schonend behandeln, ohne
sie darum zu übersehen, und die Temperaments-Tugenden als vollkommene Erleichterungsmittel zum Guten betrachten, ohne ihnen ein sittliches
Verdienst beizulegen. Diese Aufgabe aber ist nicht so leicht zu lösen, als
mancher glauben mag. Die oben angeführte Vierheit der Temperamente,
die schon Hippokrates und Galenus von einander unterschieden
haben, stellt sich in der Wirklichkeit nie ganz rein dar; sie bringt vielmehr durch verschiedene Mischungen sehr bedeutende Modificationen hervor, bei denen nur in einzelnen Fällen eine stärkere oder schwächere Hinneigung zu dem einen oder dem andern Temperament mit einiger Gewißheit wahrgenommen werden kann. Man darf sich daher nicht wundern,
daß selbst Leibniz von sich bekannte, er wisse nicht, was er für ein
Temperament habe. Unter solchen Umständen hat der Erzieher ein Recht
zu fragen, was er zur Lösung der Aufgabe thun solle? — Hören wir,
wie Schwarz die Sache ansieht. (Th. 2. S. 60, 93 und 231.) Er
nimmt bei der Abtheilung der Naturen, wie wir oben schon bemerkt
haben, zwei Hauptrichtungen an, von denen in jedem Einzelwesen die
eine vorherrschend ist: entweder eine mehr herauswirkende oder mehr in
sich gekehrte Menschennatur, und ist geneigt, jene die positive, diese
die negative zu nennen, oder die aufgeweckte und stille. Jede
derselben geht wieder, nach dem Verhältniß der Stärke, worin die eine
zu der andern steht, oder nach dem Verhältniß der Einwirkung und
Gegenwirkung, in zwei besondere Naturelle auseinander, nämlich die aufgeweckte Natur in die feste und lebhafte, die stille in die sanfte und
innige, und somit nimmt er vier solcher Naturelle statt der Temperamente
an, welche nach seiner Meinung theils krankhafte, theils erst später erzeugte Beschaffenheiten sind, je nachdem die Natur, welche das Kind mit
auf die Welt gebracht, durch Zufall oder Absicht, Lebensweise und Erziehung 2c. vielfach verändert werden. Und nun fährt er also fort:
Daß unsere Eintheilung dem Pädagogen besser diene, wird man in der
Erfahrung anerkennen; aber hiezu muß jedes Naturell so charakterisirt
sein, daß man es bei dem bis zum Selbstbewußtsein entwickelten Kinde
bestimmt aufzufinden im Stande ist. Das geschieht auch im gemeinen
Leben öfter, als man vielleicht denkt, denn man redet von dem aufge-
weckten oder in sich gekehrten Knaben, von dem lebhaften oder
sinnigen Mädchen, von feurigen, raschen, wilden, und von
gelassenen, ruhigen, langsamen jungen Leuten. Unsere Sprache
besitzt hierin einen Reichthum, und das deutet doch auf eine Unterscheidung der Naturen, welche freilich mehr gefühlt wird, als genau durch
Merkmale zu erkennen ist. — Auch die Fehler und Tugenden dienen zur
Erforschung des Naturells. Hang zum Eigensinn ist dem empfänglichen
eigen, aber auch Hang zum Eigenwillen, zum Rechthaben, zum Zorn, zur
Heftigkeit verräth das aufgeweckte; dabei deutet ein starker Thätigkeitstrieb, ernster Gehorsam, Eifern über das Unrechte auf Festigkeit. Ge-
schwindes, unruhiges Laufen und beständige Beweglichkeit bezeichnet das

lebhafte; je nachdem das nun mit Umständen begleitet ist, verkündet es eine Neigung zur Lustigkeit, zur Zerstreuung, zum Leichtsinn, aber auch zur Emsigkeit. Vieles und schnelles Sprechen, das leicht zum Stottern führen kann, zeigt meist Voreiligkeit des Denkens und Urtheilens, öfters auch Mangel an Innigkeit, und überhaupt eine mehr lebhafte Natur an. Erschrickt das Kind leicht, kommt es leicht außer sich, sei es vor Freude oder Traurigkeit, so wird es wohl ein innig bewegtes, auch etwa ein tiefes Gemüth, aber schwerlich ein energisches entwickeln. Bei Gelegenheit, wo **Schwarz** von dem Forterben der Anlagen spricht, sagt er: Unter allen Temperamenten erbt sich keines so leicht fort, als das sanguini=sche und mit demselben der Leichtsinn. Wo einmal sich der Leichtsinn in eine Familie hineingepflanzt hat, da braucht es viel Arbeit und Leiden, viel Fasten und Beten, bis er wieder weg ist. (Wem fallen hier nicht die Worte der heil. Schrift ein: „**Ich bin ein eifriger Gott, der die Verschuldung der Väter heimsucht an den Söhnen am dritten und am vierten Gliede.**" (2. Mos. 20, 5) Das melan=cholische Temperament des Vaters erbt sich leicht fort durch die natürliche Besorgniß der Mutter, daß es sich forterben werde. — Wenn das chole=rische Temperament durch die Eltern sich einmal in eine Familie heftig hineingearbeitet hat, so kann's vielleicht Jahrhunderte währen, ehe es sich wieder temperirt. Phlegma erbt sich nicht so leicht fort, denn es gibt gewisse Lebensmomente, wo der Phlegmatische mit ganzer Kraft und Seele wirkt, eben weil er sehr selten so wirkt, und diese Momente können und müssen wirken. — Da aber die auf das Aeußere des Zöglings, so wie auf die Eigenthümlichkeiten seines Temperaments und Naturells gegrün=deten Vermuthungen über seine inneren geistigen Anlagen, ihr Verhältniß untereinander und den Grad ihrer Ausbildung immer etwas Unsicheres behalten, so muß der Erzieher nach **Niemeyer's** Rath (Thl. 1. S. 507), um so weniger die Wege vernachläßigen, die ihn noch sicherer zum Ziele führen. Hiezu können die **Urtheile anderer Personen**, besonders derer gerechnet werden, welche den Zögling lange, häufig und genau beobachtet haben. Eltern, Verwandte, Hausfreunde, frühere Erzieher, Lehrer, Gespielen ꝛc., selbst dienende Personen geben ihre Stimme ab, und man thut wohl, diese zwar nicht zu schnell als leitende Principien der Erziehungsmethode zu befolgen; aber doch aufmerksam anzuhören und vorurtheilfrei zu prüfen. Die **empfänglichen** Naturen unterscheiden sich in die **leichtbeweglichen** (weichen, sanften, innigen, sanguinische), und in die **tiefen** (tiefaufnehmenden, innigen, melancholische); die **wirken=den** aber in die **lebhaften** (cholerische) und in die **festen** (phlegma=tische). Wenn nun zwar diese Naturarten bei Kindern noch mehr, als bei Erwachsenen zusammenfließen, und die überwiegende sich noch schwerer unterscheiden läßt, insbesondere die **leichtbewegliche** von der **lebhaf=ten**, die **tiefe** von der **festen**; so müssen wir dennoch, so weit es möglich ist, die Hauptzüge derselben in ihrer Entwickelung und Sichtbar=werdung darzustellen suchen, weil die Kenntniß hievon für den Lehrer wichtig ist. Wir bemerken also für denselben Folgendes: 1) Ein Kind von **leichtbeweglicher** Naturart kann dem Lehrer durch seine Willigkeit, Gutmüthigkeit und Folgsamkeit Freude machen, aber auch Verdruß durch Flatterhaftigkeit, Leichtsinn, Mangel an Ausdauer, tändelhaftes Wesen, Spielerei und Zerstreuung. In Beibringung der Kenntnisse, welche Nach=denken, wie z. B. das Kopfrechnen, oder ausdauernde Geduld, wie Schön=schreiben ꝛc., erfordern, wird er seine Noth mit ihm haben. Wie die Lehrer sich hiebei zu verhalten haben, sagt ihm der Art. **Kapituliren** ꝛc. 2) Da die **tiefe** Naturart Vieles mit der **festen** gemein hat, so ist sie in

ben erſten Jahren auch ſchwer zu unterſcheiden. Es geſchieht daher
öfters, daß ein Kind von dieſer Naturart vom Lehrer leicht verkannt
wird. Denn es gewinnt oft einen Anſchein von böswilliger Zurückhaltung,
Zerſtreuung und Gedankenloſigkeit, die nicht ſelten ſo weit geht, daß es
auf den Unterricht nicht achtet, und das leichteſte nicht auffaßt. Der
Lehrer wird bei einem ſolchen Kinde das Meiſte ge innen, wenn er die
Liebe und das Zutrauen deſſelben gewinnt, weil es dann ganz an ihm
hängt, und Alles thut, um ſeine Liebe nicht zu verlieren. Er wird es
deßhalb weder an Fleiß, noch an anhaltender Beſchäftigung fehlen laſſen.
(S. Art. Gedankenloſigkeit.) 3) Die lebhafte Naturart äußert ſich
ſchon frühzeitig bei dem Kinde durch Heftigkeit in ſeinen Bewegungen.
Es widerſtrebt gern, will überall ſeinen Willen durchſetzen und Alles
beſſer wiſſen. Es liegt in ihm die Anlage zur Seelenſtärke, raſchen
Thätigkeit und Ehrliebe, aber auch zur Widerſetzlichkeit, zum Eigenſinn,
zur Rechthaberei, Herrſch- und Eiferſucht. An dieſen und ähnlichen
Zügen macht es ſich dann auch in der Schule kenntlich. Der Lehrer
wird mit einem ſolchen Kinde keinen ganz leichten Stand haben, weil es
nicht bloß mit den Mitſchülern leicht in Streit geräth, wobei es immer
die Oberhand behaupten will, ſondern ſich auch gegen ihn ſelbſt wider-
ſpenſtig zeigt. Dagegen wird es den Unterricht ſchnell auffaſſen, die
Anſtrengung nicht ſcheuen und überhaupt, wenn es recht geleitet wird,
ein ſehr guter, ja der beſte Schüler ſein. 4) Die feſte Naturart iſt den
Eindrücken von Außen ſchwerer zugänglich; daher iſt ein ſolches Kind
mehr ruhig, als heftig, und bedarf überall ſtärkerer Antriebe. Bei ihm
kommt es ſelten zur Ausgelaſſenheit, aber auch eben ſo ſelten zur großen
Betrübniß. Es kann ſtark und kräftig widerſtreben, aber ohne ſich beſonders zu ereifern; es wankt nicht leicht in ſeinen Entſchlüſſen, und iſt
ſchwer aus ſeinem Geleiſe zu bringen, weßhalb es ſich auch nicht leicht
übereilt. An einem gewiſſen ruhigen Weſen, an der Beharrlichkeit bei
eben nicht ſchweren Beſchäftigungen, und an der zwar bedächtigen aber
ſichern Ausführung ſeiner Entſchlüſſe wird es in der Regel erkannt. In
der Schule wird der Lehrer gewöhnlich mehr mit ſeinem Betragen, als
mit ſeinem Fleiße zufrieden ſein. Denn meiſtens wird es ruhig ſitzen,
ihm aufmerkſam zuhören, aber wo angeſtrengtes Denken nöthig iſt, leicht
nachlaſſen, weßhalb er öfters Vieles zu wiederholen bemüßiget ſein wird.
Was es dann aber auch gefaßt hat, das bleibt ihm dauerhaft eigen.
Dieſelbe Bewandtniß hat es hinſichtlich ſeiner guten oder fehlerhaften
Angewöhnungen. Bringt es daher gute in die Schule mit, ſo wird es
nicht leicht davon ablaſſen, dagegen ſich auch von ſchlimmen nicht leicht
entwöhnen. Wird es kräftig und gleichmäßig zum Fleiße angehalten, ſo
wird ihm auch Fleiß und Anſtrengung zur Gewohnheit werden. Es wird
nicht leicht gerührt, und lebt überhaupt mehr im Gebiete des Verſtandes
als der Gefühle, mehr auf dem ſichern Boden der Wirklichkeit, als in dem
luftigen Gebiete der Phantaſie. Es erſcheint daher leicht kalt und gleichgültig, doch kann es Liebe und Anhänglichkeit in ſeinem Innern eben ſo
gut als Abneigung verſchließen. Zur Reue über Vergehungen gelangt es
etwas ſchwer, obwohl es ſpäter in ſich geht und ſich dann dauerhaft beſ-
ſert. Uebrigens finden ſich die Naturarten, wie wir ſie abgeſondert
bezeichnet haben, nur ſelten in der Wirklichkeit; vielmehr iſt derjenigen,
die als die herrſchende vorwaltet, bald mehr, bald weniger von den
übrigen beigemiſcht, und ſie ſelbſt dem Grade nach bald ſtärker, bald
ſchwächer. Es herrſchen hier die unendlichen Verſchiedenheiten und mannigfachen Schattirungen, wie in den menſchlichen Geſichtsbildungen und
Sprachſtimmen. (Man ſehe hierüber Handel's Seelenlehre 1. Bd.

S. 86—89.) Victorin sagt deßhalb: Der Lehrer studire aufmerksam
den Charakter eines jeden seiner Kinder, ihre Temperamentstugenden und
Fehler, und diese berücksichtigend vertheile er Belohnungen und Strafe.
wenn die letztere geboten wird. Keckheit und Uebermuth eines Schülers
verlangen ein anderes Verfahren als Schüchternheit und Zaghaftigkeit.
Was dem einen nützt, kann dem andern leicht schaden. Ein derber Verweis macht den einen verzagt, während er einem andern für weiter nichts
als Scherz gilt. Alles dieß muß der kluge und bewährte Lehrer wohl
kennen; nie zu Strafen schreiten, bevor der Schuldige überführt ist, auch
nicht strafen im Zorn oder höhnend; er muß vielmehr zufrieden sein,
wenn er durch sanfte Unterredung erlangt, was er weit weniger durch
Drohungen, Furcht oder Gewalt erlangen wird. So viel nun von den
verschiedenen Temperamenten und den Naturarten. Wir behandelten diese
Lehre nur aus dem Grunde etwas umständlicher, um dem Erzieher und
Lehrer den Weg anzubahnen, auf welchem er desto eher und leichter zur
Erkenntniß der einzelnen Kinder gelangen kann.

Thätigkeit ist die, der jedesmaligen äußern Lage des Menschen angemessene Anstrengung unserer Kräfte für einen nützlichen Zweck. Sie ist
das nothwendige Element des Schülers, wenn anders mit ihm das von
der Schule vorgesteckte Ziel erreicht werden soll. Kinder sollen also schon
frühe zu einer wohlgeordneten Thätigkeit gewöhnt werden. Recht und
wesentlich angesehen dürfen jedoch Thätigkeit und Ordnung nicht von einander getrennt werden; denn jene wird erst zur Tugend durch Plan und
Zweck, und wäre ohne diesen eine leere und gehaltlose Form. Zur Erreichung dieses Zweckes ist es nöthig, daß die gegebene Zeit durch die
vorhandene Kraft völlig ausgefüllt werde, indem sonst, was jetzt geschehen
soll, aufgehoben wird, oder nur halb gethan werden kann. Wer thätig
ist, schiebt nie auf, er thut heute, was heute geschehen soll, weil er sonst
dem morgenden Tage, der auch seine Arbeit fordert, aufbürden müßte,
was schon gethan sein sollte, und jetzt erst gethan werden muß. Aber
auch hier geht Alles von der muntern Thätigkeit des Lehrers aus, wobei
kein Kind, in dem, was und wie es arbeitet, von ihm übersehen wird
und wo er nie von dem einen oder dem andern hinweggeht, und zu einem
solchen hineilt, welches schnellere Befriedigung verheißt. Allerdings ist es
eine schwere Aufgabe, alle Kinder zumal zu beschäftigen; sollen sie aber
zu einer geordneten Thätigkeit gelangen, so dürfen sie auch, so lange sie
in der Schule sind, nie unbeschäftiget gelassen werden. — Da nunmehr
dieser Theil der Schulerziehung so ungemein wichtig und einflußreich ist,
so geht hieraus die Nothwendigkeit hervor, daß eine stete Beschäftigung
der Anfänger unerläßlich sei. Denn werden diese keinen Augenblick den
Spielereien ihrer Einbildungskraft oder der Langenweile überlassen, sondern mittelbar oder unmittelbar in den jedesmaligen Unterricht hineingezogen und nach Maßgabe ihrer Kräfte beschäftiget, so gewöhnen sie sich,
die Schulstunden so zu betrachten, daß sie nie müßig verschleudert werden
dürfen. Dieß wird um so mehr geschehen, wenn sie so viel als möglich
heiter und guten Muths erhalten werden. Sie lernen dann um desto
leichter einsehen, daß sie die im Wege liegenden Hindernisse und Schwierigkeiten bewältigen, mit dem Lehrer fortschreiten, und an dem mit eigener
Kraftanwendung Theil nehmen müssen, was ihnen vorliegt, wenn sie
weiter gefördert werden sollen. Diese wohlthätige Gewöhnung, die Schulstunden fleißig zu benutzen, und keine derselben ungenutzt vorüber gehen
zu lassen, führt die einmal ermunterten Kinder sicherlich immer weiter.
Es ist, sagt Rebe, das Merkmal rechter Thätigkeit, in der gegebenen Zeit
nie genug thun zu können und nicht zu ruhen, bis das Unternommene

ganz vollendet ist. Wenn der Lehrer dieses Merkmal an den Meisten seiner Schüler wahrnimmt, so ist die Selbstbefriedigung, die ihm dadurch zu Theil wird, sein nächster Lohn. Man setzt gewöhnlich Bedingungen voraus, ohne die keine Thätigkeit der Schüler rechter Art sein kann. Dahin rechnet man insbesondere, daß alle Lernmittel der Kinder, als: Bücher, Schreibmaterialien ꝛc. vollständig und gut erhalten seien. Wie überaus viel hiezu durch Gewöhnung beigetragen werden könne, das bedarf wohl kaum der Erinnerung für den, der das Leben der Schule, wie es sein soll, aus eigener Erfahrung kennt. Es ist dieß der conservative Geist, welchen der Lehrer seinen Kindern einzuflößen hat. Denn nur zu gern vergreift sich der jugendliche Zerstörungstrieb, der im Grunde doch nur Trieb nach Beschäftigung und Flucht vor dem Nichtsthun ist, an Büchern, befleckt die einzelnen Blätter durch das Fingerspielen, oder zerreißt sie und macht sie dadurch in kurzer Zeit unbrauchbar. Ebenso legen Kinder nur zu oft unbekümmert ihre Schulbücher zu Hause an einem Orte hin, wo sie am ersten dem Verderbnisse ausgesetzt sind ꝛc. Hier öffnet sich der ordnenden Umsicht des Lehrers eine ziemlich weites Gebiet. Er muß den Kindern nicht bloß als Regel einprägen, sondern sie bei einem jeden einzelnen Verstoß darauf hinweisen, wie nöthig es sei, jedes Lernmittel schonend handzuhaben, wie sie durch sorgsame Bewahrung und Erhaltung der Lesebücher die Achtung und Liebe gegen den Lehrer kund geben, und wie sehr sie verpflichtet seien, das, was sie von ihren Eltern zu einem bestimmten Zwecke empfangen haben, auch möglichst lange brauchbar zu erhalten. Je einflußreicher diese Gewöhnung für die ganze erfreuliche Gestalt der Schule, ja für das ganze praktische Leben der Kinder ist, desto mehr muß es dem Lehrer daran gelegen sein, alle seine Kinder stets im Auge zu behalten, und durch sein eigenes Beispiel auf sie kräftig einzuwirken. Nur vergesse es der Lehrer nicht, diejenigen Kinder, die sich durch Thätigkeit besonders hervorthun, aufzumuntern, dadurch, daß er ihnen die gewonnene Zeit zu selbstgewählter nutzreicher Anwendung überläßt, zumal sie eine solche Freilassung als einen erfreulichen Beweis betrachten, welcher der wohlgeordneten Thätigkeit als Belohnung zu Theil wird. (S. Art. Beschäftigung.) (Spr. 12, 11.)

Thätigkeitstrieb. (Weckung und Leitung desselben.) In jedem Geschöpfe, dem Gott Leben gibt, ist ein Trieb zur Thätigkeit vorhanden. Bei dem Menschenkinde aber zeigt der Thätigkeitstrieb schon frühe seine Spuren. Schon der Säugling offenbart denselben dadurch, daß er gern seine Gliedmaßen frei bewegt, sich gegen Hindernisse mißmuthig sträubt, und seinen Blick von einem Gegenstande auf den andern umherwirft. Es fehlt seinem Thätigkeitstrieb vorerst nur an Werkzeugen, um sich vollständig zu enthüllen. Doch diese bilden sich schnell mit der Festigung des Körpers. Die kleinen Hände langen und greifen nach Allem. Das Kind versucht seine Kraft sich aufzurichten, zu stehen, zu gehen; es hat keine Ruhe mehr, verfällt von einem auf das andere, und will immer etwas zu thun haben. Diese Thätigkeit ist jedoch bei den Kindern in den ersten Lebensjahren bloßes Spiel, selbst die Versuche des Schreckens und die Einübung der Muttersprache geschehen spielend. In der Regel fängt erst die Schule an, den ungebundenen Thätigkeitstrieb zu binden und zu lenken, und so das Spiel in Ernst zu verwandeln. Bei den meisten Kindern kommt nun auch das Leben, das häusliche Bedürfniß, Armuth, Habsucht der Eltern mit andern Verhältnissen hinzu, um ihre Thätigkeit in Anspruch zu nehmen, und ihr zuletzt für die kommende Lebenszeit eine dauernde Richtung zu geben. — Der Thätigkeitstrieb spielt sich ebenfalls schon frühzeitig hinüber auf das Gebiet des Geistes. Es ist dem Kinde nicht genug, daß Andere für es denken, finden, vollenden rc., es will selbst etwas zu Stande bringen, was es machen sieht, will es nachmachen und zwar selbst und ohne fremde Hülfe, wenn anders seine Kräfte hinreichen. Bei ihm gesellt sich auch zum Nachahmungstriebe schon frühe die Denkthätigkeit hinzu und gibt der Nachahmung das Gepräge des Menschlichen. Je thätiger sein Geist, je lebhafter seine Einbildungskraft ist, desto mehr fühlt es sich zur Nachahmung angetrieben. Eben daher kommt die außerordentliche Macht des Beispiels; das Vorstellungsvermögen faßt es auf, und der nimmer ruhende Thätigkeitstrieb zieht es in sein Gebiet. Daß dem lebhaften Kindesgeiste eine bloß leibliche Thätigkeit nicht genüge, bemerkt man auffallend an denjenigen Kindern, die bei Arbeiten, wozu nur Werkzeuge erforderlich sind, mit ihren Gedanken umherschwärmen, und sie deßhalb schlecht verrichten, z. B. beim Schreiben, Lesen rc. Man legt einem solchen Kinde gewöhnlich Geistesabwesenheit zur Last, während man oft nichts finden sollte, als eine Fülle geistigen Thätigkeitstrieb. Ebenso hängt mit ihm der Sprech- und Sprachtrieb zusammen, der bei den meisten Kindern so groß ist, daß er sogar der körperlichen Entwickelung der Sprachwerkzeuge weit voraneilt. Findet der Thätigkeitstrieb die rechten Stoffe und die ihm angemessene Richtung, so wird er sich im Knaben- und Jünglingsalter herrlich entfalten; Fleiß, Betriebsamkeit, freudige Anstrengung rc. wird aus ihm hervorgehen. Namentlich muß die Schule den Thätigkeitstrieb in Anspruch nehmen, ihn aber noch mehr und mehr auf das Ernste lenken, und darf höchstens im ersten Halbjahr noch manches Ernste spielend betreiben. Nöthig aber bleibt es, die kindliche Thätigkeit ununterbrochen rege zu erhalten, weil sie sonst entweder in's Plaudern und unruhiges Wesen ausartet, was die Schule nicht dulden kann, oder unter dem Zwange der Schulzucht ein dumpfes, gedankenloses Hinbrüten an ihre Stelle tritt, das sowohl in geistiger als sittlicher Beziehung nachtheilig ist. Die Schule ist es, welche die geistige Thätigkeit ausschließlich in Anspruch zu nehmen und alle Seelenkräfte auszubilden hat. Dieß kann nur vermittelst der eigenen Geistesthätigkeit der Kinder erzielet werden. Der Lehrer muß daher überall anregend zu Werke gehen und jeden Unterrichtsgegenstand so zu betreiben suchen, daß er von der Selbstthätigkeit seiner Kinder überzeugt bleibe. Sie verlieren, wo angestrengtes Denken nöthig ist, leicht die Aufmerksamkeit. Jedoch der Lehrer darf die Geduld nicht verlieren; er werfe daher eine Frage dazwischen, wie z. B.: Habt ihr auch alle verstanden, was ich gesagt habe? Und wenn sein Vortrag nicht ganz aufgefaßt ist, so frage er theilweise ab, oder spreche nach Verhältniß der Umstände: Nun gebt Acht, ich will wiederholen, was ich gesagt habe. Ein andermal lasse er die Kinder untereinander sich Fragen vorlegen über das, was er vorgetragen hat. Hat er eine Aufgabe gegeben, so lasse er die Kinder ähnliche Aufgaben bilden und lösen. Er suche selbst dem Schreiben, Lesen und Auswendigsagen die Denkthätigkeit beizugesellen. Er lasse sonach die Buchstaben nicht bloß gedankenlos nachschreiben, sondern auch eine deutliche Beschreibung davon geben, die den Kindern dann beim Schreiben immer vorschwebt. Bei dem ersten Lesen einzelner Worte ist die Denkthätigkeit vorzugsweise nur auf das richtige Aussprechen, wenig aber oder gar nicht auf den Sinn und die Bedeutung derselben gerichtet. Wenn nun aber gleichwohl das Aussprechen im Anfange die Hauptsache ist, so kann doch schon beiläufig auf den Sinn hin gedeutet und etwa gefragt werden: Weißt du aber auch, was das ist? Je mehr das Lesen zur Fertigkeit wird, desto mehr muß auf den Sinnverstand gehalten werden, so daß am Ende den fertig lesenden Kindern die gedruckten oder geschriebenen Worte weiter nichts anders sind, als sichtbare Gedanken. Und dieß ist eigentlich das letzte und höchste Ziel alles Leseunterrichts. Ebenso muß auch das wörtliche Auswendiglernen zum Bewußtsein gebracht werden. Ferner lasse der Lehrer die Kinder in der Schule nie müßig sein. Kann er sich nicht selbst mit allen Abtheilungen zugleich abgeben, so suche er nöthigenfalls die Kinder durch Kinder zu beschäftigen. Und da ihr immer reger Thätigkeitstrieb eine Ableitung haben will, so leite er ihn immer auf etwas Zweckmäßiges und Nutzreiches hin. Er lasse das, was sie anfangen, auch jederzeit vollenden. Er gestatte nie, daß sie auf halbem Wege stehen bleiben, was bei Kindern nur zu leicht der Fall ist; mag er ihnen, wo sie ermüden, Ruhe gönnen, so darf doch das begonnene Werk nicht liegen bleiben. Dadurch wird der Lehrer jene Ausdauer und Beharrlichkeit gründen, ohne welche kein würdiger Zweck erreicht werden kann. Wir fassen nun das bisher Gesagte in folgende Bemerkungen zusammen. Soll der Thätigkeitstrieb der Kinder in der Schule geweckt, belebt und gelenkt werden, so ist erforderlich, daß der Lehrer durch einen elementarischen Lehrgang, durch eine zweckmäßige Lehrform und durch einen geeigneten Lehrton das Interesse der Kinder anspreche; daß er, wenn er gleichzeitig mehrere Abtheilungen zu beschäftigen hat, nicht nur die sich am nächsten stehenden Kinder gleichzeitig laut und selbstthätig unterrichte, sondern auch nebenbei die übrigen Abtheilungen still beschäftige. Hiezu ist aber erforderlich, daß er einem jeden Lehrgegenstande alle diejenigen Seiten abgewinne, von welchen er als stilles Pensum behandelt werden kann, und daß er einen genauen Stufengang und die heuristische Lehrform sicher einhalte. Kinder müssen die stillen Pensen und ihren Zusammenhang wohl in ihrer Gewalt haben, wenn sie dieselben selbstthätig bearbeiten sollen. Um aber eine gleichzeitige Behandlung mehrerer Abtheilungen zu verwirklichen, ist nöthig, daß der Lehrer immer mehrere Abtheilungen zugleich in dem nämlichen Gegenstande, nur in verschiedenen Pensen, behandle, die übrigen Abtheilungen aber in verwandten Gegenständen arbeiten lasse. So können z. B. zwei Abtheilungen im Stillen auf der Tafel, andere zwei Abtheilungen laut im Kopfe rechnen. Ebenso können auch Sprach- und Aufsatzlehre, oder Sprachlehre und Realunterricht ꝛc. gleichzeitig behandelt werden. Endlich lasse der Lehrer die Kinder öfters abwechslungsweise im Chor sprechen und lesen, weil dasselbe ebenfalls die allgemeine Aufmerksamkeit befördert. Weiß der Lehrer die Kraft der Kinder in Anspruch zu nehmen und ihre Thätigkeit für seine Sache zu fesseln, so wird das Kraftgefühl immer auf eine die Schulordnung fördernde Weise sich kundgeben. Uebrigens muß der Unterricht stets die kindliche Kraft im Auge behalten, sonach faßlich und anziehend sein, so daß es denselben angenehm wird, ihre Aufmerksamkeit und Thätigkeit ganz auf ihn zu richten.

Thätigsein, der Kinder für einander. (S. Art. Gemeingeist.)

Theilnahme. (Mitempfindung des Glücks oder Unglücks Anderer.) Sie ist das Gefühl, daß wir eines Geschlechts, d. i. Menschen sind, und daß uns alles Menschliche angeht. Sie ist jedem Menschen natürlich und zeigt sich in eben dem Grade wirksam und thätig, als der Mensch sich von dem Stande der Rohheit entfernt und menschlicher durch die Liebe wird. Es kann also die Theilnahme nur von der Liebe und zwar von der Liebe ausgehen, wie sie das Christenthum verlangt. Sie offenbart sich schon frühe, und zwar Anfangs als Mitfreude, indem das Leben in der ersten Kindheit als ein liebliches Morgenroth oder als ein wonnereicher Frühling erscheint, und erst später als Mitleid, wo Stürme und Ungewitter, Leiden und Trübsale mancher Art daherkommen, und dem

bangen Herzen Seufzer entlocken. Die Theilnahme, dieses fromme Gefühl der Kinder des Lichtes, ist wohl eines der stärksten und wohlthätigsten Bande des menschlichen Vereins. Sie erhebt jeglichen Freudengenuß,
und mildert jede Sorgenlast und Lebensmühe. Wie traurig wäre das
Loos des Menschen, wenn er unter seines Gleichen keine theilnehmenden
und mitfühlenden Herzen in den Stunden seines Kummers und seiner
Thränen fände? — Man bringe also die Kinder, wo möglich, in alle
Lagen des gewöhnlichen Lebens, damit sie aus Erfahrung lernen, wie es
den Menschen dabei zu Muthe ist. Die Armen bedürfen dessen nicht;
denn was hier gemeint ist, kommt ihnen wohl von selbst. Aber die Andern, denen an den Bedürfnissen des Lebens nichts abgeht, sollen ihre
Kinder manchmal hungern, dürsten, frieren, schwitzen, in Verlegenheiten
hülflos bleiben lassen, damit sie erfahren, wie dieß Alles den Armen thut,
und dadurch Mitgefühl und Theilnahme lernen. Man lasse den Knaben
daran denken, wie leicht er selbst einmal in diese Lage kommen kann, und
wie es dann seinem Herzen thun wird, gefällige und hülfreiche Menschen
zu finden. Man halte überhaupt die Kinder dazu an, sich in die Stelle
Anderer zu versetzen, und darnach ihr Verhalten gegen sie zu beurtheilen.
— Man entferne also nur den Anblick des menschlichen Elendes nicht
geflissentlich von einem Kinde; man wehre ihm nur nicht, daß es sein
Stücklein Brod mit einem Hungrigen theile, oder für ihn seine Spar-
büchse öffne. Man gestatte ihm, sich in den Kreis fröhlicher Gespielen zu
mischen, ihnen Freude zu machen und des Wohlthuns Seligkeit zu kosten,
und gewiß wird es theilnehmend werden, und seine Theilnahme öfters
auf eine erfinderische und überraschende Weise kundgeben. Wo aber dieß
nicht ist, da unterstütze man nur sein Nachdenken, wie es helfen, dienen,
Kummer lindern, Thränen trocknen und Andern Freude machen könne, und
es wird sein Herz in Liebe öffnen und Theilnahme bezeugen, wo es sie
bezeugen soll. (1. Mos. 33, 4. 2. Mos. 2, 6. Ruth. 1, 9. 1. Kön.
20, 41. 4. Kön. 13, 14. Job. 2, 12. Tob. 3, 1. Luc. 7, 13. 27. 28.
Röm. 12, 15.)

    Theorie. Dieser Ausdruck stammt aus dem Griechischen, und be-
zeichnet so viel als Untersuchung, Anschauung, Betrachtung, auch Kenntniß,
Grundkenntniß, im Gegensatze der Praxis oder der Anwendung und Ausübung derselben in der Wirklichkeit. Die Fähigkeiten zu beiden sind oft
in der Wirklichkeit getrennt, obwohl sie in der Seele innig miteinander
verbunden sind. Man sagt daher: eine gründliche Praxis setze eine gute
Theorie voraus. Man unterscheidet also denjenigen, der einen Gegenstand im Zusammenhange bloß wissenschaftlich betrachtet, und seine Gesetze
zu bestimmen versteht, und den, der in der Anwendung dieser Gesetze
geübt ist, welches oft ohne deutliches Bewußtsein dieser Gesetze stattfindet.
So kann z. B. der Erzieher die Regeln und Vorschriften der Pädagogik,
als Wissenschaft betrachtet, bei seinem Erziehungsgeschäfte genau befolgen,
ohne sich derselben immer und geradezu bewußt zu sein. Theoretisch
heißt demnach soviel als betrachtend untersuchen, was die bloße Erkenntniß
eines Gegenstandes betrifft, ohne diese Kenntniß auszuüben oder anzuwenden; praktisch dagegen heißt die Regeln und Grundsätze eines
wissenschaftlichen Gegenstandes in Ausübung oder Anwendung bringen.
So ist ein Lehrer ein Praktiker, insoweit er die Regeln und Vorschriften
der Didaktik in der Schule bei seinem Unterrichte wirklich anwendet, um
den Kindern auf die vorgeschriebene Weise den Erkenntnißstoff vorzuführen
und ihnen denselben auf eine klare und faßliche Weise beizubringen. So
lange er es aber beim bloßen Wissen, oder bei der bloßen Kenntniß eines
wissenschaftlichen Gegenstandes beruhen läßt, und nicht zur Ausübung der

Regeln und Vorschriften derselben schreitet, verdient er weiter nur den Namen eines Theoretikers. — Wir haben hier die Ausdrücke Theorie und Praxis ꝛc. nur aus dem Grunde angeführt, um den Lehrer damit etwas näher zu befreunden, indem dieselben so häufig vorkommen, und er doch damit einigermaßen verständiget sein muß.

Thierquälerei. Rohheit, die an den armen, wehrlosen Thieren gern Qual verübt, ist gewiß in jeder Beziehung verabscheuungswürdig und brandmarkt das menschliche Herz mit Schande und Schmach. Wie der Mensch, so ist auch das Thier ein Geschöpf Gottes und der Himmel hört das Schmerzgeheul des gequälten Thieres, wie er die Seufzer des miß-handelten Menschen hört. Es sollte daher nur früh an der Jugend in den Schulen eingeprägt werden, daß wir auch den Thieren Schonung und Barmherzigkeit schuldig sind. Sorgsame Wartung und Pflege, Schutz und Schirm gegen willkührliche und unnütze Mißhandlungen ist der Mensch auch den Thieren schuldig; seine Liebe aber gehört denen, die diese Liebe erwiedern und vergelten, — sie gehört den Menschen. Es wird wohl-gethan sein, wenn der Lehrer seinen Kindern hie und da eine Geschichte erzählt, um sie vor der Thierquälerei möglichst zu bewahren, und ihnen die Gefühle des Mitleids gegen die armen Thiere zu sichern. (Pf. 146, 9. Spr. 12, 10. Sir. 7, 24.) S. auch Art. **Rechtverhalten gegen die Thiere.**

Thorheit. Wenn das Wesen der wahren Weisheit in der Erkenntniß des Wahren, Guten und Schönen, wie es vom Himmel stammt, und in der Entfernung von aller Täuschung, von allem Selbstbetruge über die Dinge dieser Welt besteht, so bildet den Gegensatz davon das, was wir im christlichen Sinne Thorheit nennen. Sie ist also eine solche Schwach-heit, da man aus Mangel an Urtheilskraft und Antrieb des verkehrten Willens etwas vornimmt, das zum eigenen Nachtheile ausschlägt. Das meiste kommt dabei auf den Willen an, der nur zu oft verhindert, daß Menschen, denen es sonst an Einsicht und Verständniß nicht gebricht, denselben nicht immer auf die rechte Weise gebrauchen, sondern wider göttliche und menschliche Gesetze handeln. Die Thorheit beurtheilt ge-wöhnlich die Dinge nicht nach dem, was sie wirklich sind, d. i. nach ihrem Wesen, sondern läßt sich blenden durch den Schein. Sie läßt sich durch die scheinbar glänzende Außenseite irre führen und davon gefangen nehmen. Und so beugt sich der verkehrte Wille vor dem Irrthum statt der Wahr-heit, vor der Sünde und ihren Reizen, statt der Tugend und ihrer Schön-heit. Je richtiger daher ein Mensch die Dinge zu würdigen weiß, und je weniger er sich vom Schein und der Außenseite blenden läßt, desto weiser ist er auch. Der weiseste ist aber immer der, welcher in Gott, der ewigen Wahrheit, lebt und seine Pfade redlich wandelt, ohne sich je durch den Schein des Bösen auf Abwege verlocken zu lassen. Gottes-furcht ist daher der Inhalt aller Weisheit. Diese Weisheit sollen wir unsern Kindern schon in ihrer zartesten Jugend einflößen, dann werden sie das wahre Glück nicht außer sich in andern Dingen, sondern in Gott und in dem Werthe ihres Herzens suchen. Sie werden dann das süße Gift des Lasters Gift nennen, so süß es auch immer sein mag. An der Hand dieser Weisheit, frei von Trug und Täuschung, werden sie tausend Gefahren, womit sie das Leben in der Welt bedroht, entgehen; denen der Thor entgegenrennt, und Noth und Kummer für sein besseres Leben findet. Fest umklammern die Säule dieser Weisheit, werden sie an dem hangen, was ewig wahr, ewig gut und ewig beseligend ist. — Ja, unsere Kinder werden, sind sie nur im Besitze dieser Weisheit, auch nur an Gott und der erhabenen Bestimmung ihrer Seele hangen; sie werden dadurch ein heiliges und göttliches Leben durch Gottes Gnade erlangen. Der Erzieher lehre also seine Zöglinge schon so frühe wie möglich, den Schein vom Wesen trennen; er suche ihnen nur lieb und werth zu machen, was, wenn es auch nicht schimmert, zur Begründung ihres wahren Glückes beiträgt, ihr Herz mit einer Zufriedenheit erfüllt, die ihnen später kein Sturm des Lebens rauben und die mit der Jugendblüthe nicht vergehen kann. Er lehre sie täglich flehen um diese Weisheit, damit sie fern von Trug und Schein, den Werth der Dinge kennen, und ihr Herz nur dem Göttlichen in heiliger Liebe weihen. Dann wird ihre Weisheit die Weisheit dieser Welt durch Gott zur Thorheit machen. (Spr. 19, 13. 22. 15. Sir. 30, 11.   Eccl. 2, 13.   1. Cor. 1, 20. 24. 14.)

Thränen. Was wir früher (Art. Bestechung durch Thränen ꝛc.) in Beziehung auf das Verhalten des Lehrers gegen weichmüthige Kinder gesagt haben, das müssen wir hier wiederholen, und demselben die Regel vorhalten: „Er achte die Thränen der Kinder von leichtbeweglicher Naturart wenig und mit Ruhe." — Wenn ein solches Kind im elterlichen Hause durch Weinen Alles erlangt, wenn da kein Unterschied gemacht wird, ob seine Thränen aus einem leichten körperlichen Schmerz, oder aus einem augenblicklichen Unbehagen, oder aus dem Wunsche, irgend eine selbstsüchtige Absicht zu erreichen, oder aus Unwillen über eine nicht gewährte Bitte, oder aus Betrübniß und Ungeduld, wenn ihm etwas zu lange dauert, oder aber aus Sympathie mit fremdem Schmerz, oder aus Rührung bei einer ihm erzählten That edler Menschenliebe und großmüthiger Aufopferung, oder aus Reuegefühl über ein ihm vorgehaltenes Vergehen herborgehen; so muß der Lehrer diese verschiedenen Thränenquellen sorgfältig unterscheiden; überall, wo auf irgend eine Weise der Egoismus in seinen mannigfaltigen Schattirungen durchleuchtet, bald wenig, bald gar nicht darauf achten, und nur da, wo sie als Ergüsse sanfter Rührung, edler Gefühle und Liebe oder Theilnahme erscheinen, sie mit stiller Billigung und liebend anerkennen. Durch die erstern aber muß das Kind gegen den Lehrer nie etwas durchsetzen, nicht einmal ein sehr merkliches Bedauern oder eine sichtbare Theilnahme erwecken, ja in manchen Fällen wohl Verweis und Tadel sich zuziehen, besonders wenn es heuchlerische oder Krokodilsthränen sind. Nur auf solche Weise können egoistischweinerliche Kinder geheilt werden. (Jer. 31, 16. 41, 6. Röm. 12, 15.   Ps. 113, 139.   Apschg. 20, 31.)

Töchter-Lehrerinnen oder Schulschwestern. Die einsichtsvollern und unbefangenern Lehrer erkennen und gestehen es gern und offen, daß sie sich weniger im Stande fühlen, den Mädchen die erforderliche Erziehung zu geben, als den Knaben. Letztere, dem Verstande und Gefühle nach mit den Lehrern im Einklang stehend, weil ihres Geschlechtes, können auch in dieselben für Verstand und Gefühl eingehen; Erstere, verschieden in Verstand und Gefühl von den Lehrern, weil andern Geschlechtes, können ohne in Unnatur zu verfallen, nicht in die ganze Auffassungs- und Gefühlsweise der Lehrer eingehen. Sollte auch, was öfters schon behauptet worden, die Gründlichkeit unter männlichen Lehrern sicherer erzielt werden, so ist dieß nicht einmal als allgemein gültig anzunehmen, und könnte ohnehin die andern Nachtheile der Erziehung nicht aufwägen. Diesen Takt für die weibliche Erziehung besitzen die Franzosen in einem nicht zu verkennenden Grade, und bewähren ihn durch die mannigfaltigsten Institute, welche zur Erziehung der weiblichen Jugend in der ärmsten Hütte, wie im Palaste durch die Religion gegründet sind. — Auch in dem Königreiche Bayern hat man angefangen für die Erziehung der weiblichen Jugend verschiedene Institute einzuführen, wozu namentlich die armen

Schulschwestern gehören, welche schon der verstorb. Bischof Wittmann in Regensburg in Verbindung mit Job gestiftet hat, und deren Glieder sich allmählich in den verschiedenen Bisthümern verbreiten. Der König von Bayern, der sein Herz jedem Bedürfnisse seines Volkes in wahrer väterlicher Liebe zuwendet, hat sich auch in dieser Beziehung als einen überaus wohlwollenden Landesvater bekundet, indem er die Errichtung mehrerer Anstalten zur bessern Erziehung der weiblichen Jugend genehmiget hat. Jeder Menschenfreund muß sich gewiß hoch erfreuen, wenn er bedenkt, was dieser weise König schon zum Wohle seines Landes gethan, und wie sich fast täglich noch diese seine wohlthätigen Anordnungen auch in geistiger und religiöser Hinsicht mehren und weiter verzweigen. — Ueber die Leistungen der Schulschwestern in Bayern theilen wir hier folgende Bemerkungen mit, die wir vor kurzem aus sicherer Quelle erhalten haben. Sie sind von der Art, daß sie den Lehrer in den Stand setzen, ein zuverlässiges Urtheil über dieselben abzugeben. Sie lauten kurz so: 1) Die armen Schulschwestern haben ihre erste und wichtigste Aufgabe fest und kräftig in's Auge gefaßt, und sich zu ihrer Lösung einen reichen Fond von Religiosität, Weisheit und Erfahrung gesammelt, und die Kunst eigen gemacht, von demselben auch andern mitzutheilen, und wahre weibliche Schutzengel der Schülerinnen zu sein. 2) Sie haben auch wirklich einen ungemeinen Einfluß auf die religiöse, zweck- und zeitgemäße Bildung des weiblichen Charakters, auf Züchtigkeit, Reinlichkeit bei Werk- und Feiertagsschülerinnen. Jene lieben sie wie ihre Mütter, diese haben Ehrfurcht vor ihnen, und die Eltern schätzen sie hoch. 3) Weil sie Alles nur in Beziehung auf Gott beginnen, fortsetzen und enden, in und von der Welt nichts suchen, und die Kinderherzen in den Händen haben, so leben und schweben sie, nach Vollendung ihrer Gebete, den ganzen Tag in ihrem Berufe, und ihr Wirken ist gesegnet. Sie leisten: a) Ausgezeichnetes in den Lehrgegenständen. Wer immer einer Prüfung beiwohnte, konnte seine Bewunderung nicht verbergen; b) Vorzügliches im Industriellen. Betend, erzählend, singend, nähen und stricken sie mit den Kindern, und lehren dadurch, die Hand bei der Arbeit, das Herz bei Gott zu haben; gewöhnen an die sorgfältigste Benützung jeder Minute und verbannen dadurch den Anfang aller Laster. — Ueberdieß muß auch ihr religiös-sittliches Beispiel in Bezug auf die Feiertagsschülerinnen wohl beachtet werden, da im Gegentheil das Betragen mancher Schulgehülfen mitunter grelle, gefährliche Schattenseiten darbietet. Bei all diesem sind sie selbst immer freundlich und heiter, und befördern weiblichen Anstand und ungewohnte Heiterkeit. — Wer sollte, wenn ihm anders das Wohl der Menschheit nahe geht, nicht wünschen, daß überall Anstalten für Schulschwestern oder Töchterlehrerinnen gegründet werden möchten, um der aufblühenden weiblichen Jugend eine ihr entsprechende Bildung für Verstand und Herz geben zu können, was bis daher eben nicht immer der Fall war. Auf die Erziehung einer gottesfürchtigen Jugend, die Bildung frommer Jungfrauen, Frauen und Mütter kommt unaussprechlich viel an, zumal von denselben auch die Frömmigkeit der Männer und Jünglinge, der Kinder und Hausgenossen, so wie das häusliche und religiöse Wohl des Ganzen vielfach abhängt. Reicher Segen ist bis jetzt denjenigen Anstalten entströmet, an welchen Schulschwestern mit edlem Eifer gearbeitet haben und noch arbeiten. Möchten diese Anstalten nur recht bald, wenigstens in den größern und kleinern Städten allgemein werden, damit sich ihr Segen weit umher über Länder und Völker verbreite, und dadurch ein besseres Geschlecht zur Freude des Himmels herangebildet werde. Möchten

6*

dem ſchönen Beiſpiele von Frankreich und Bayern alle Staaten von Deutſchland und Europa folgen! — *)

Töchterſchulen. (S. Art. Mädchenſchulen.)

Tollkühnheit, unbeſonnene Kühnheit. (S. Art. Behutſamkeit.)

Ton, der rechte, gegen die Kinder. Es kommt im Verhältniſſe des Erziehers und Lehrers zu den Kindern ungemein viel auf den Ton an, den er gegen ſie annehmen, und auf die Art, wie er ſie behandeln muß. Niemeyer ſpricht ſich darüber auf folgende Weiſe aus (B. 2. S. 118): In Ton und Behandlung ſelbſt kleiner Kinder, wie vielmehr der erwachſenen, ſei nichts, was mit den Geſetzen des Anſtändigen und der Wohlgezogenheit ſtritte, zu welchen ſie ſelbſt gewöhnt werden ſollen; nichts von niedrigen oder niedrig ſpaſſenden Ausdrücken; nichts von Gemeinheit, welche auch dem Zögling gemein macht, und zu einer Dreiſtigkeit aufmuntert, die ſich nicht geziemt. Vielmehr behandle man junge Leute allemal edel, und lehre ſie dadurch ſich ſelbſt achten und Andere edel behandeln. Der Ton modificire ſich zwar nach dem Alter und nach dem Betragen, und indeß man mit dem erwachſenen Jüng-linge beinahe die Sprache des Freundes reden kann, ſo rede man mit dem Kinder immer, wie ein verſtändiger und guter Vater reden würde. Aber auch im Kinde ehre man die Würde der vernünftigen Natur, den künftigen Jüngling und Mann. Man fürchte nicht, daß man an Ver-trauen und Liebe verlieren werde, wenn man ſich nie von dieſem Ton entfernt. Gerade durch dieſes Gleichbleiben erhält man ſich am ge-wiſſeſten die Achtung, und ſichert die Liebe vor der Ausartung in ein familiäres Weſen, das einmal begünſtigt und verſtattet, ſehr ſchwer zu ver-beſſern iſt. Wie man daher mit jungen Leuten in Gegenwart ande-rer Perſonen umgeht, ſo gehe man auch, wenn man allein iſt, mit ihnen um, und fordere von ihnen unter vier Augen daſſelbe Betragen, welches man in Geſellſchaft anderer erwartet. Es muß keinen doppelten Ton zwiſchen Erziehern und Jünglingen geben. Wo man etwas durch einen Ton erreichen kann, der dem Zöglinge nicht wehe thut, oder ihn nicht zu ſtark an ſeine Abhängigkeit erinnert, da wähle man nicht gefliſſentlich den härtern. Zwiſchen demüthigem Bitten und her-riſchem Befehlen liegt etwas in der Mitte, was verſtändlich genug an-deutet, daß man allenfalls befehlen könne, wenn die mildere Form nicht befolgt werden ſollte. Kein Menſch läßt ſich gern befehlen, junge Leute und Erzieher am allerwenigſten; und doch ſind gerade dieſe in ihren Ausdrücken gegen Zöglinge und Domeſtiken oft weit herriſcher als Väter und Herrſchaften. In Rückſicht auf die angenommenen Standesvorrechte

---

*) Wo die Töchtererziehung nicht auf den religiöſen Grund und Boden gebaut, viel-mehr alles darauf angelegt wird, ſie bloß für die Welt zu bilden, ſie etwa durch ein Quodlibet von Wiſſen aufzublähen, und dadurch ihrer Eitelkeit reiche Nahrung zuzuführen; da dürfte es wohl ebenſo ſchwer halten, daß ſie ſpäter gute Hausfrauen und Mütter werden, als daß ein Reicher, der ſich ganz in das Irdiſche vergräbt, in das Himmelreich eingeht. Aus dieſem Grunde wurde ſchon bei den Iſraeliten die Erziehung der Töchter ſehr ſorgfältig betrieben. Sie lernten nicht bloß Flachs, Wolle ꝛc. zubereiten, ſpinnen, weben, ſondern auch die Färbereien, das Walken, das Kleidermachen, Stickereien, hauptſächlich Kochen und Backen. Die Mutter war die Erzieherin und Lehrerin der Töchter. (S. Schwarz Geſch. d. Erziehung. B. 1. S. 124.) Alſo ſoll es auch bei uns in dieſer Hinſicht anders werden, als es bisher war. Uns dünkt, die Schulſchweſtern dürften hier am füglichſten die Stelle der Mutter an ihren Töchtern vertreten, und durch ihr edles Eingreifen in das Werk der Erziehung und des Unterrichts die Ausſicht in eine ſchönere Zukunft eröffnen.

vermeide man einen doppelten Abweg. Auf der einen Seite würde es für junge Leute aus den höhern Ständen sehr nachtheilig sein, wenn man durch häufige Erwähnung ihrer angebornen Vorrechte den Dünkel auf Stand und Geburt in sie bringen, oder in ihnen nähren wollte. Auf der andern Seite wirft ein zu ängstliches Bewachen seiner Rechte, noch mehr aber das Ausgehen auf Herabsetzung der privilegirten Stände, das Spotten über Adel und Rang, kein vortheilhaftes Licht auf den Verstand und die Sittenbildung des Erziehers. Man schließt daraus, und nicht mit Unrecht, auf geheimen Stolz, Neid oder wenigstens auf Mangel an Lebensart. Das Vernünftigste ist daher, die Sache nicht wichtiger zu behandeln, als sie wirklich ist; zu zeigen, daß man überall wenig aus den äußern Vorzügen mache; sich mit dem Zögling nie auf Festsetzung des Ranges einlassend, bald den Platz über, bald unter ihm nehme, wie es der Zufall fügt; wo aber bedeutende Collisionen entstehen könnten, ihnen so viel als möglich auszuweichen. Hier möge auch das Du zur Sprache kommen. Krug sagt darüber (Handwörterb. der philos. Wissenschaften B. 1. S. 557.): da das Du dem Ich gegenübersteht, so liegt es in der Natur des Denkens und Sprechens, daß das Ich, wenn es ein anderes Ich anredet, dieses Du nennt. In den alten Sprachen, selbst in den gebildetsten, wie die griechische und römische, finden wir auch überall diese natürliche Anrede. Wie kommt es nun wohl, daß die neuern Sprachen, selbst die mit jenen stammverwandten, das schlichte Du in der Anrede der Personen, die man ehren will, aufgegeben und dafür künstlerische Anredeformen angenommen haben? Die deutsche Sprache ist hierin am weitesten gegangen, indem sie außer dem einfachen Du, auch mit Er, Sie, Ihr und Sie (Plur.), in manchen Fällen sogar Wir (auch wohl Man) anredet. Stolz und Eitelkeit einerseits, so wie Demuth und Kriecherei andererseits, sind wohl die ursprüngliche Quelle dieser unnatürlichen Sprechweise. Durch Gewohnheit ist uns nun selbst die Unnatur zur andern Natur geworden. — Mag dieß nun sein, wie es will, so können wir doch Krug's Ansicht nicht ganz theilen, eben weil die Sache uns zur Natur geworden ist, und es immer seine Bedenklichkeiten haben müßte, wenn namentlich Kinder ihre Eltern butzen würden. — In pädagogischer Beziehung äußert sich Niemeyer darüber (B. 2. S. 419.) so: Auf die Art der Benennung, z. B. das Du und Sie kommt wenig an. Jenes klingt allerdings vertraulicher. Man thut aber als junger Lehrer wohl, sich darin nach dem Tone des Hauses zu richten. Ueberdieß kommen doch bald die Jahre, wo man wieder aufhören würde, jenen Ausdruck zu gebrauchen, und dann ist's besser ihn nicht angefangen zu haben. In der Privaterziehung werden es Eltern schon selbst sagen, wenn sie wünschen, daß der Lehrer ihre Kinder ebenso, wie sie, nennen soll. Der Vorname ist für Kleinere, der Zuname für Jünglinge die passendste Benennung. Das weibliche Geschlecht wird früher reif. Ein junger Lehrer sollte selbst das Gefühl haben, in gewissen Jahren die familiären Namen mit denen zu vertauschen, die ihnen nun in der Gesellschaft gegeben werden. Eben darum ist Du bei den Töchtern von jungen Lehrern nicht anzufangen.

Tonangeber. Nicht selten geschieht es, daß ein einzelner Schüler entweder durch leibliche oder geistige Vorzüge, durch Kraft, Muth und Einsicht ein so großes Uebergewicht erlangt, daß er es sich herausnimmt, die ganze Schule zu beherrschen und gleichsam der Tonangeber für alle übrigen Mitschüler wird. An sich ist dieß unschuldig; aber doch ist es nöthig, daß der Lehrer auf einen solchen Knaben ein wachsames Auge habe, damit er ja nicht den Ton verstimme, der unter den Kindern in der Schule herrscht. Besitzt der Lehrer die Liebe und das Vertrauen eines solchen Schülers, und weiß er denselben auf die rechten Wege zu leiten, so kann er durch ihn mittelbar auf die ganze Schule wirken. Der Lehrer behandle ihn jedoch mit allen übrigen gleichmäßig, ohne es ihm merken zu lassen, daß er eben mehr aus ihm mache, als aus jedem andern. Uebrigens zeige er den Kindern, daß er mehr durch Liebe, als durch Furcht, mehr durch ihren willigen Gehorsam, als durch nöthigende Gewalt, und mehr durch Kraft seines Berufes, als durch das Recht des Stärkern über sie gebiete, und er wird dann immer wohlthätig auf dieselben einwirken und durch sein eigenes Benehmen ein solches. Uebergewicht der Liebe und des Vertrauens behaupten, daß das Tonangeben irgend eines Schülers, wenn gleich wohl die andern an Einsicht, Muth und Kraft übertreffen wollend, nicht leicht Platz greifen kann.

Ton, guter, in der Schule. Will der Lehrer in seiner Schule einen guten Ton und Geist haben, so beobachte er besonders folgende Regeln: a) Er sei ein lebendiger Christ, jedes seiner Worte und jede seiner Handlungen bekunde die Demuth seines Herzens; wissend, daß er selbst das nicht ist, was er sein soll, und bitte deßhalb täglich seinen Herrn und Meister, daß Er ihn ziehe, damit er die ihm anvertrauten Kinder erziehen könne. b) Er wandle seinen Kindern voran, wie ein guter Hirt seinen Schafen, sie hinführend auf die beste Weide und zu labenden Bächen. Er lebe nur seinem Berufe, und erfülle die damit verbundenen Pflichten stets treu und gewissenhaft. c) Er befehle und gebiete so wenig als möglich, sei aber bestimmt und genau in Allem, was er verbietet, befiehlt und ordnet. Er suche aber auch seine Kinder für seine Anordnungen zu gewinnen, damit die Liebe sie zur Befolgung derselben treibe. d) Er gehe überall mit einem guten Beispiele voran, und halte Alles fern, was seine Lehrerwürde beeinträchtigen könnte. e) Er suche diejenigen für seine Einrichtungen zu gewinnen, welche sie beeinträchtigen oder befördern können, als die Mitlehrer, die Eltern und den Ortsvorstand. f) Er sei da, wo er streng sein muß, stets gerecht, und nicht schwach, wo er Milde beweiset. g) Er nähre in der Schule überhaupt alle guten Keime und ersticke alle schlechten. h) Endlich erwecke er einen christlich frommen Sinn in seinen Schülern, und mache die Sache der Schulerziehung zur Sache Gottes, sich aber zum Diener in dieser Sache. — Bei der treuen Befolgung dieser Regeln wird es wohl an einem guten Tone in der Schule nimmer fehlen können. Es geht, wie Harnisch sagt, unsern Schulerziehern darum noch so viel ab, weil ihnen der christliche Erziehungsgeist fehlt, und unsere Schulzucht bedarf darum noch so sehr der Künste, weil deren Handhaber noch Mangel an dem Einen haben, was Noth thut *).

Tonkunst. Neben der Schule ist dem christlichen Lehrer nichts so sehr am Herzen gelegen, als der öffentliche Gottesdienst. So oft er in die Kirche eintritt, und er die Gemeinde zur gemeinsamen Andacht darin versammelt sieht, kommt es ihm vor, als stünde er im Vorhofe eines andern Lebens. Er wird deßhalb nie einen bestimmten Gottesdienst versäumen, sondern auch zur Erhebung seinerseits beizutragen suchen, was

*) K. L. Roth, Rektor des Gymnasiums in Nürnberg, sagt in seiner Lebensbeschreibung: Je mehr der Lehrer sich selbst auferlegt, desto mehr wächst bei den Schülern der gute Wille. Lehrer, die nicht gerade zu den schlaffen gehören, werden in demselben Grade reizbar und scharf gegen die Schüler, in welchem bei es an wirklicher Pflichterfüllung und an gutem Willen fehlen lassen; ihnen gelingt es auch nicht, Ordnung und gute Sitten herzustellen, wenn sie gleich scheinbar unbeugsam und sehr streng sind. (Diesterweg's pädagog. Deutschland der Gegenwart. B. 1. S. 188.)

und soviel er hiezu beizutragen vermag, — und zwar insbesondere durch die mächtig ergreifende Tonkunst. — Es gibt in der That nur wenige Menschen, welche gegen den Reiz derselben unempfindlich bleiben können. Diese wunderbaren Klänge, welche in mannigfaltiger Ordnung uns bald zum betrachtenden Ernste, bald zur höhern Freude des Göttlichen einladen, sind eine wortlose Sprache der Gefühle zu fühlenden Wesen, erheben das Herz zum Himmlischen und reißen es vom Irdischen los. Deßhalb war die Tonkunst schon in den Zeiten der Urwelt eine der vornehmsten Begleiterinnen der öffentlichen Gottesverehrung. Noch heute ertönen Davids Psalmen in allen Welttheilen. Die majestätischen Töne der Orgel, der feierlich rührende Kirchengesang ist für sich allein schon hinreichend, ein zerstreutes Gemüth zur Andacht zu sammeln, und den Leichtsinn zu frommen Betrachtungen zu bewegen. Deßhalb wendet auch der Lehrer, welcher als Diener der Kirche ist, was er sein soll, Alles an, daß der Kirchengesang immer mehr gehoben und veredelt werde. Er strebt nach dem ganzen Maße seiner Kräfte dahin, daß der Sinn zur Vermehrung öffentlicher Andacht in seinen Kindern und der ganzen Gemeinde immer reger und thätiger werde. Er trägt durch Tonkunst zur Verherrlichung Gottes und zur allgemeinen Erbauung sein Mögliches bei. (Ps. 83, 2, 3. 149, 3. u. 150, 3. 4.) (S. auch die einschlägigen Art. Gesang, Musik u. Orgel.)

Topographie. Ortsbeschreibung, d. i. genauere Beschreibung einer Gegend, einer Stadt ꝛc. Gewässer, Berge, Wälder, besonders angebaute Plätze, einzelne Wohnungen, Wege, Brücken, Gassen und ihre Verbindung unter einander, sind die wesentlichsten Gegenstände derselben. Unter einer topographischen Zeichnung oder Aufnahme hat man sich sonach eine solche zu denken, wo alle diese Gegenstände im Grundrisse bestimmt und genau angegeben sind. Sie werden von den allgemeinen Rissen, wo diese Bezeichnungen fehlen, so wie auch von den Rissen besonderer Zweige, z. B. Wasserbaurisse, militärische Risse ꝛc. unterschieden, weil bei diesen letztern jedesmal die darauf Bezug habenden Gegenstände besonders herausgehoben, bemerkt und ausführlich dargestellt sind. Wir haben an topographischen Specialkarten keinen Mangel. Zu den Vorzüglichsten derselben gehören die Specialkarten von Oesterreich, von Salzburg und Tyrol; der topographische Atlas von Bayern; die neue Spezialkarte von Württemberg; die von Michaelis vollendete Bohnenberger=Amann'sche topogr. Darstellung des südwestlichen Deutschlands u. a. m.

Trägheit ist der Gegensatz von Thätigkeit, und besteht darin, daß man, wenn man je auch eine Arbeit übernimmt, sie doch nur ungern und verdrießlich verrichtet. In der Schule offenbart sie sich als Unfleiß, Saumseligkeit und Nachlässigkeit in den Arbeiten, als Unaufmerksamkeit, Theilnahmlosigkeit und Faulheit. Oefters kommt die Trägheit von körperlichen Zuständen her, z. B. von Kränklichkeit und allzustarkem Wachsthum; nicht selten aber auch aus einer Gleichgültigkeit gegen Alles, was erlernt werden soll. Diese Gleichgültigkeit mag zuweilen wohl auch ihren Grund im Mangel an Anlagen, jedoch häufiger in der Zerstreutheit und Flatterhaftigkeit haben. Die Zerstreutheit kann am ersten dadurch gehoben werden, daß der Lehrer die Liebe des Schülers zu gewinnen sucht, und dann dem Lehrgegenstande, wobei derselbe sich zerstreut zeigt, alle möglichen Reize zu geben bemühet ist. Ist der Schüler in allen Lehrgegenständen gleich zerstreut, so suche der Lehrer ihn anfänglich vorerst nur für einen zu gewinnen, damit er den Genuß des Gelingens schmecke. Rührt aber die Trägheit von den kaum bemerkten körperlichen Zuständen her, dann bleibt dem Lehrer wohl nichts anderes übrig, als sie einstweilen zu tragen, bis sich diese Zustände geändert haben. Zur Bekämpfung der Trägheit werden im Allgemeinen folgende Regeln empfohlen: Der Lehrer sei selbst in seiner Haltung und in seinem Gange, in seinem Reden und Handeln ein Musterbild von Munterkeit, Fleiß und Thätigkeit; er flöße durch Fröhlichkeit und Liebe, durch Herzlichkeit und Lebendigkeit seinen Kindern Muth und Lust zur Arbeit ein; er lasse die Kinder die Früchte ihrer Arbeit genießen, indem er das besonders heraushebt, was sie sich bereits erworben haben; er lasse endlich keines, das der Trägheit huldigt, gehen, sondern verfolge es von einer Ecke in die andere, worin es sich verkriechen mag, er lasse es, so lange es der Faulheit pflegen will, nie aus seinem Auge. Harnisch setzt bei: Nur die Trägheit, die wirklich aus bloßer geistiger Erschlaffung des Willens hervorgeht, kann durch Zuchtmittel gemindert werden. Kömmt die Trägheit aus Selbstschwächung, so kann sie nur dadurch gehoben werden, daß der Schüler diese unterläßt. In dieser Beziehung wird der Lehrer Alles beobachten, was früher hierüber (S. Art. Selbstschwächung) angeführt worden. (S. auch Art. Müssiggang.) (Röm. 12, 11. Hebr. 12, 1. Sir. 37, 14. und ganz besonders das erhabene Beispiel Jesu. Joh. 9, 4.)

Träume sind nichts anders als Bilder und Begebenheiten, welche uns der Traumzustand vorführt, und welche sich so hervorheben, daß wir uns derselben nach dem Erwachen noch erinnern. Sie sind sonach die Folge der im Schlafe fortgehenden Thätigkeit der Seele. Der Stoff zu den Träumen liegt theils schon in der Seele selbst, theils wird er ihr auf verschiedenen Wegen zugeführt. Schon die Sinne, obgleich durch die Bande des Schlafes größtentheils gefesselt, geben doch zumal bei nicht ganz festem Schlafe, noch einigen Stoff durch leise Einwirkungen, welche die Seele als dunkle Gefühle aufnimmt und zu entsprechenden Bildern verarbeitet. Auch die Triebe, Begierden und Leidenschaften geben der Seele reichlichen Stoff zu Traumbildern. Ebenso ermangeln auch die Leidenschaften nicht, sich an den Zauberkünsten des Traumes zu ergötzen, und sich für das, was ihnen die Wirklichkeit versagt, schadlos zu halten. Doch nicht bloß die Einwirkung von Seite des Körperlichen gibt der Seele Stoff zur Thätigkeit im Schlafe und zu den Traumbildern; auch aus sich selbst vermag sie diese sehr oft darzustellen. Schon die von der Leidenschaft gebildeten Träume sind zum Theil ein Eigenthum der Seele; wenn diese den vom Körperlichen zunächst ausgegangenen Begierden sich hingegeben hat; allein auch die rein geistigen Thätigkeiten, die Bildung der Begriffe und Urtheile, die höhern Zwecke und Ideen der Vernunft, stellt sich die Seele in ihrer eigenthümlichen lebhaften Bildersprache vor. Selbst die im Wachen mehr gebundenen, im Schlafe sich freier erhebenden Vermögen der Seele, die Erinnerung und das Fernsehen geben Stoff zur Thätigkeit im Schlafe. Daher sieht sich der Träumende oft in Auftritte der fernsten Vergangenheit zurückgeführt, die ihm das Gedächtniß im wachenden Zustande nicht wieder vorgestellt hätte; dadurch entstehen sogar Träume, welche die zukünftigen Begebenheiten enthalten, divinatorische Träume. Die Alten hatten dreierlei Gattungen von Träumen angenommen: göttliche, natürliche und dämonische oder teuflische (sündliche). In den göttlichen, die im alten Testament gewöhnlich waren, entdecket Gott durch einen guten Geist etwas, warnt vor einem gewissen Unglücke oder läßt Jemanden etwas kundmachen, was zu seinem und Anderer Besten dienlich sein kann. Die natürlichen entstehen aus den Vorstellungen, die den Tag über in dem Gemüthe des Menschen vorgegangen, und also eine Wirkung der im Schlafe wachsamen und geschäf

tigen Phantasie sind. Die dämonischen, da die Menschen durch Vorstellung
sündlicher Dinge auch im Schlafe zu bösen Begierden gereizt werden. —
Da es nun nicht allzeit so leicht ist, besonders die natürlichen und göttlichen zu unterscheiden, so darf man nicht allzuleichtgläubig sein; auch
nicht geradezu alle solche Warnungen verwerfen, weil doch ein geheimer
Wink der göttlichen Vorsehung dahinter sein kann, der uns wenigstens
behutsam machen soll. Im Buche Sirach findet der Lehrer den besten
Aufschluß über das, was er den Kindern etwa über die natürlichen und
göttlichen Träume sagen dürfte; denn da heißt es (Kap. 34, 1—7.):
„Eitle Hoffnung und Lüge täuschen den Thoren, und leere Träume machen
stolz den Unverständigen. Wie Einer, der nach dem Schatten greifet und
den Wind erschaffen will, ist der, so auf falsche Träume hält. Traumgesichte sind, wie wenn ein Ding nach dem andern abgebildet wird, wie
das Bild eines Menschen von seinem Gesichte. Der Unreine, was kann
er rein machen, und der Lügner, was kann er Wahres sagen? Falsche
Wahrsagerei, lügenhafte Deutung aus dem Vogelflug, und die Träume
böser Menschen sind Eitelkeit. Gleich einer Gebärenden leidet dein Herz
an Einbildungen! Hänge dein Herz nicht daran; es wäre denn das
Gesicht von dem Allerhöchsten gesendet! Denn Viele wurden durch Träume
betrogen, und in ihrem Vertrauen darauf getäuscht." Nach diesen Worten
sind also Traumerscheinungen so leer, wie Bilder in einem Spiegel; so
wenig man aus einer trüben Pfütze reines Wasser schöpfen kann, so wenig
kann man aus Träumen sichere Wahrheit folgern; aus leeren Träumen
schließen Thoren auf ihr Schicksal und täuschen sich mit eitlen Hoffnungen
und Lügen. Es gibt aber auch göttliche oder prophetische Traumgesichte,
in denen Gott den Menschen seinen Willen bekannt macht. (1. Mos. 37,
9. 40, 10. 16. Dan. 2, 1. 4, 1. Matth. 1, 20.) Hinsichtlich der sündlichen Träume führen wir hier Sailer's Worte an. Derselbe sagt
(S. 219): Da insbesondere die wollüstigen Träume unwillkührliche Selbst-
befleckungen herbeiführen, die denn die Gefäße des Leibes, wie die
willkührlichen schwächen und sie zu verderblichen Ausleerungen geschickt
machen, so lasse der Erzieher nichts unversucht, um die Einbildungskraft
mit Bildern eines bessern Geistes zu füllen. — Die rechte Hand des
Geistes, die in den Stunden des Bewußtseins sich stets nach dem Himmlischen ausstrecket, wird sich auch im Traume, unbewußt, dieselbe Richtung
geben. Die linke Hand, die wachend das Irdische niederbaut, wird es
auch im Traume thun. Wem es nun gegeben ist, in dieser unwillkühr-
lichen Bewegung zu erwachen, dem ist das schönste Erwachen, der schönste
Morgen gegönnt. — Es muß also von der Jugend Alles fern gehalten
werden, was ihre Einbildungskraft entflammen und ihre Seele mit unreinen Bildern, — mit Bildern der Lust füllen, oder die schon vorhandenen
wie immer neu erwecken und beleben könnte. (1. Mos. 20, 3. 6, 31, 10.
11. 37, 5. 8. 9. 42, 9. Matth. 1, 20. 2, 12. 27, 19. Eccl. 5, 2. 6.
Jer. 23, 32. Joel. 2, 28. ꝛc.)

Träumereien. Es geschieht nicht selten, daß Kinder in müssigen
Augenblicken, oder wenn sie allein sind, oder sonst, sich den Spielen ihrer
Gedanken überlassen. Sie finden Vergnügen an den Gaukeleien der Ein-
bildungskraft, und so wie ihnen zuweilen im Schlafe angenehme Träume
Ergötzen bringen, schaffen sie sich auch wohl wachend willkührliche Träu-
mereien von dem, was ihnen gefällig ist. Der Lehrer lasse daher seinen
Kindern keine Zeit zu müßigen Träumereien. Unstreitig sind solche Kinder
am schlimmsten berathen, wo in einer Schule ganze Abtheilungen halbe
Stunden lang müssig sitzen. Wie der Lehrer keine Abtheilung je ganz unbeschäftigt lassen darf, so darf er insbesondere dieß um solcher Kinder willen

nicht thun, welche leicht in ihren Gedanken hinbrüten. Selbst wenn die
ganze Abtheilung beschäftiget ist, muß er sie im Auge behalten und
darauf sehen oder sehen lassen, daß sie bei dem Gegenstande, welcher
behandelt wird, mit ihren Gedanken stets gegenwärtig sind. Vornehmlich
suche er ihre Augen auf das zu heften, was er ihnen vorzeigt, oder wo
überhaupt bei einem Gegenstande das Auge in Anspruch genommen wird.
Denn das Auge, wie wir an einem andern Orte schon bemerkt haben, ist
vorzugsweise der Sinn, der dem Denken seinen Stoff zuführt, aber auch
vom Denken selbst Beweise gibt. Ist das Auge abgewendet, so weilt die
Einbildungskraft gewöhnlich in andern Gebieten, die Aufmerksamkeit ist
dahin, und den Träumereien aller Art ist Thür und Thor geöffnet. Daß
aber solche Träumereien in mehr als einer Beziehung von vielen Nachtheilen für Geist und Herz begleitet seien, bedarf wohl keines Beweises,
da die Sache dem Kundigen ohnehin völlig klar ist.

  Treibhaus, ein, darf Menschenbildung nicht werden. Wir haben
früher (Art. Geschichte der Erziehung und des Unterrichts)
die verschiedenen Erziehungssysteme, namentlich der neuern Zeit zur Sprache
gebracht und bemerkt, daß die philantropische Schule Alles darauf angelegt habe, den Menschen möglichst brauchbar für die Welt zu machen.
Das wichtigste Moment, um das es sich bei der Erziehung handelt, war
also die Brauchbarkeit, und zwar im gesteigerten Sinne des Wortes. Es
liegt in der Natur der Sache, daß sich ein solches Erziehungssystem nur
kurze Zeit behaupten konnte. Allerdings ist es die Aufgabe der Erziehung,
das Menschenkind für das Menschenleben zu bilden, und es deßhalb sowohl
vom Frohndienste des Müssiggangs, als dem Nichtsthun der geschäftigen
Tändelei fern zu halten, weil Müssiggang und geschäftiges Nichtsthun
mehr Tod als Leben sind: so kann man doch die bloße Gemeinnützigkeit nimmermehr als höchsten Maßstab des Menschenlebens gelten lassen.
Sailer spricht sich darüber ebenso wahr als kräftig aus, wenn er sagt:
Das Leben soll ein Menschenleben, und kein Getriebe des Last-
viehes sein... Ich weiß es wohl: Es sind in unsern Tagen aufgestanden — große Propheten der sogenannten praktischen Brauchbarkeit, die jede stille Contemplation des Wahren, Guten, Schönen, und noch
mehr jede stille Contemplation des Urwahren, Urguten, Urschönen für
eine Todsünde wider das Grundgesetz der praktischen Brauchbarkeit an-
sahen, und daher alle untergeordneten Stände zu rüstigen Taglöhnern,
zu Arbeitern auf dem Ackerfelde der Zeit, und alle höhern Stände zu
rüstigen Treibern der rüstigen Arbeiter machen, das milde Königszepter in
in einen nie ruhenden Treibestock, und die ganze Welt in ein Treibhaus verwandeln möchten, worin die göttliche Pflanze „Gemeinnützigkeit“
in lauter künstlichen Mistbeeten zum frühen Gedeihen gesteigert werden
sollte, gerade als wenn der Mensch lauter Hand, als wenn die Vergänglichkeit unsere ganze Heimath, als wenn, wie unser wackere Wandsbecker
Bote schon längst geweissaget hat, das „Ende der Welt eine Frankfurter
Messe“ wäre. Wenn also gleich die Erziehung ihren Anvertrauten zum
tüchtigen Gliede an dem großen Leibe der bürgerlichen Gesellschaft bildet,
so vergißt sie doch nicht, ihn zu bilden zum Gliede einer höhern Gesellschaft, die als das höchste Kunstwerk der Weisheit, als die Gemeinschaft
der Himmlischen, so hoch über dem irdischen Verein der Menschen steht,
als die Ewigkeit über der Zeit. Alle Weisheit zieht das Unvergängliche
dem Vergänglichen vor; nur die Thorheit nistet sich im Vergänglichen,
und hält das unaustilgbare Sehnen des Gemüths nach der Ewigkeit, das
gern auf ein Paar Augenblicke in der Arbeitsstube Feierabend machte,
für eine Defraudation der Mauth= und Accisordnung der Zeit. — Die

Erziehung ist die Weisheit; sie wird aber Thorheit da, wo man nur das Materielle im Auge hat, und darüber die Hauptsache, — das Ewige vergißt oder hintansetzt. Dürfen wir uns noch wundern, daß die gepriesenen Erziehungsmänner, die bei ihrem Treiben nur von der Bildung zur bürgerlichen Brauchbarkeit ausgingen, lediglich am Zeitlichen hingen, und so von der Tauglichmachung der Kinder für das Reich des Vergänglichen die Erziehung zu einem Treibhause des Zeitlichen herabwürdigten? Nein! die wahre Erziehung ist Wahrheit, sie geht vom Himmlischen aus, ohne das Irdische zu beseitigen, und endet mit dem Himmlischen; sie verbindet das Ewige mit dem Zeitlichen, und das Unvergängliche mit dem Vergänglichen. Sie öffnet dem Kinde die Pforte des Himmels, und orientirt es zugleich in der Region des Irdischen, damit es für das Eine sowohl, als für das Andere tüchtig werde. (1. Cor. 1, 24. 30. Col. 2, 3. 1. Cor. 1, 21. Sprichw. 2, 10. 4, 7. 24, 3. Sir. 6, 37.)

Treue. Wir nennen denjenigen treu, der sich bemühet, das, was er versprochen hat, zu halten. Fassen wir aber den Begriff von Treue und Treusein allseitiger und tiefer auf, so ist Treue ꝛc. nichts anders, als das Festhalten an dem einmal erkannten Wahren und Ewigen, was seiner Natur nach Treue anspricht; das Ausharren in Pflicht und Liebe, bis ein Kreislauf menschlicher Verhältnisse als abgeschlossen erscheint, und das Verharren auch über denselben hinaus in dem Guten, auf das sie gebauet ist. Treue spricht Alles an, was mit den Gesetzen der irdischen, menschlichen und göttlichen Natur übereinstimmt; sie verwirft dagegen Alles, was diesen Gesetzen widerstreitet. Deßhalb sagt Niederer (S. 193): Treu können wir nur sein, insofern wir in dem leben, was ewiger Natur ist; sobald wir uns dem hingeben, was vergänglich und verwerflich ist, so können wir uns nur entwickeln in dem, was zur Verworfenheit und zur Treulosigkeit führt. Treue an Personen können wir nur beweisen, insoweit sie selbst dem Guten und Unvergänglichen treu sind. In ihm lebend und wirkend nimmt jede unsere Treue in Anspruch; im Widerspruch mit demselben, zwingt jede uns zur Trennung von ihr um der Treue selbst willen; und so wie sie treulos wird an dem Heiligen, das uns an sie schloß, so bleibt uns nichts übrig, als zu weinen über den lebenden Todten, und dem Andenken dessen, was er war, Myrten zu pflanzen, als Zeichen der Trauer und des Todes. — Wer, vom Göttlichen abgefallen und sittlich entartet, in Folge seiner Entartung an uns Ansprüche macht zum Dienste seiner Verirrungen und seiner Selbstsucht, wie könnte der Treue fordern? An solche Menschen verpfändet, an unedle Naturen verpflichtet sein, das ist Seelenqual; und in Verbindung mit ihnen der Pflicht treu zu bleiben, ist Selbstverläugnung im christlichen Sinne, höchste Aufgabe der Sittlichkeit. So bleibt Christus den Menschen treu, die in ihrem Abfall von Gott ihn bis zum Tode verfolgten. — Darum kann auch die Bildung zur Treue nicht auf's Gemüth, auf Wohlwollen und guten Willen allein gegründet werden; sie ist die Frucht der vereinten Bildung des Geistes und Herzens. Sie fordert, daß im Zögling Gefühl und Einsicht dafür, vom Keime aus, fortschreitend geweckt und entwickelt werden. Die häusliche wie die öffentliche Erziehung, weibliche wie männliche Erziehunganstalten müssen auf diesen Grund gebaut sein, und das gewisseste Kennzeichen ihrer Güte besteht darin, daß die Kinder und die Zöglinge derselben diese Treue im Leben bewähren. Treue in der Erziehung ist nur möglich durch Erkenntniß des unwandelbaren Wesens der menschlichen Natur; sie besteht und wirkt nur durch Förderung der Entwickelung desselben für die irdische und himmlische Laufbahn des Menschen; durch

Glauben an das Göttliche seiner Anlagen und Bestimmung, durch stetes Hinsteuern nach dieser, und durch den Gebrauch derjenigen Mittel, die den Zögling befähigen, das Wahre und Bleibende in allen Verhältnissen des Lebens durch alle Erscheinungen und Stufen desselben hindurch zu verstehen und es sich anzueignen. Treu ist das Kind, wenn es in Liebe, Unschuld und Gehorsam lebt, und von dieser Grundlage aus sich nach allen Richtungen erweitert. Untreu dagegen ist es, wenn es aus der Liebe, der Unschuld und dem Gehorsam gefallen und in fortschreitender Verirrung und Selbstsucht sich von denen entfernt, die es lieben, und an diejenigen anschließt, von denen es sich entfernen sollte, und so in steigender Verletzung kindlicher Pflichten sein schuldvolles Dasein fortsetzt. — Treulosigkeit ist Verrath an der Person, am Vaterland und an der Menschheit, in denen das Heilige sich kund gibt; sie ist Steigerung der Schwäche zur Stärke im Bösen, der Unsittlichkeit zur tiefsten Verworfenheit; sie ist der Judaskuß, vor dem die Menschheit sich entsetzt und bei dem der Treulose nur Verzweiflung ärnten kann. — Es ist also an der Erziehung unserer Kinder zur Treue gegen Alles, was wahr, gut und heilig ist, überaus viel gelegen. Darum liegt es dem Erzieher und Lehrer als heiligste Verpflichtung ob, die Kinder zur richtigen Erkenntniß und Liebe desselben täglich hinzuführen, damit es mit ihrem Innern erwachse und sich in ihren künftigen Verhältnissen allseitig offenbare. Wer treu am Wahren und Heiligen ist, der ist auch treu in allem, was Bezug darauf hat, und dieß bringt Friede und Ruhe in des Menschen Herz und verschönert nicht nur sein irdisches Dasein, sondern reicht ihm auch den Kranz der Ewigkeit. (Jof. 2, 14. Pf. 84, 11. Spr. 14, 22. 4. Kön. 20, 19. Spr. 25, 14. 28, 20. 1. Mof. 24, 69. ꝛc.) (S. auch Art. **Aufrichtigkeit** und **Wahrhaftigkeit.**)

Triebe. (Leitung derselben.) Unter dem Ausdrucke „Trieb" verstehen wir nichts anderes als die Kraftbestimmung eines lebenden Geschöpfes, — heftige Neigung zu Etwas. Die Farbenpracht und der Glanz, mit welchem sich die Blume schmücket, wenn die Zeit der Vermählung naht, verbinden sich zu derselben Zeit im selbstthätig bewegteren Vogel mit dem ausdrucksvollern Gesange; die Biene häufet für die Zeit des Mangels, der im Winter eintritt, schon im Voraus Vorräthe von Honig u. s. w. Es ist der Instinkt oder Naturtrieb, welcher zu verwirklichen sucht, was zur Erhaltung des Lebens nöthig ist. So sind es auch die Neigungen im Menschen, welche ihn zur Befriedigung derselben treiben. Der Mensch begehrt, wenn er das zu verwirklichen sucht, was er als angenehm und seiner Natur angemessen erkennt. Allein nicht immer ist er der Gründe seines Begehrens und Handelns deutlich bewußt. Doch auch die dunkeln Triebe seiner Natur sind wohlthätig und nothwendig zur Erreichung seiner Bestimmung, und er kann als sinnlich vernünftiges Wesen ihre Mitwirkung nicht entbehren. Indeß beziehen sich zuletzt alle Triebe auf die Erreichung des Hauptzweckes, nämlich auf die Veredlung seiner Natur. — Der Geist des Menschen, dessen Begehren nur durch das gesättiget werden kann, was gleich ihm nicht mit dem Augenblicke vergeht, sondern von ewiger Dauer ist, verklärt zwar, sobald er seiner Bestimmung gemäß frei und herrschend geworden ist, diese Richtungen in etwas unendlich Höheres, dagegen verwandelt er auch in seinem gebundenen, kranken Zustande das Streben der Seele, z. B. dem künftigen Mangel vorzubeugen, in Geiz, welcher auf das vergängliche Gut den Schein der Unvergänglichkeit und Unermeßlichkeit übertragen möchte; er verwandelt den bewußtlos hervortretenden Liebreiz, welcher bei der Blume und dem bunten Schmetterlinge nur auf den Wechselverkehr der Geschlechter gerichtet ist, in Gefallsucht und Eitelkeit. — Die Richtungen der wollenden Seele, welche dem leiblichen Geschäfte entsprechen, erscheinen in ihrer vergeistigten Form als Wißbegier, und zum Theil als Sucht nach dem Neuen und nach Zerstreuung; die innere Richtung, die der Bewegung des Sprechens parallel steht, ist das Streben nach Mittheilung und der hiezu nöthigen Zusammengesellung mit Andern. Dem Trieb nach selbstthätiger freier Bewegung entspricht im Menschen das Verlangen nach Thätigkeit und Geschäftigkeit, nach ungehemmter Aeußerung des freien eigenen Willens. Der Bewegung nach Nahrung hin entspricht im menschlichen Begehrungsvermögen die Neigung nach äußerm Eigenthum und Besitz, eine Neigung welche im gesunden Zustande des innern Lebens von harmloser und stiller Natur ist, dann aber, wenn der Geist seinen irrenden Willen, statt auf den innern und ihm angemessenen Besitz, auf den äußern, leiblichen wendet, zur Habsucht und zum verheerenden Geize wird. Jener Trieb, welcher die Geschlechter zusammengesellt, erscheint bei seinem Erwachen als der übermächtig waltende. Ebenso sucht der Mensch als Einzelwesen sich der Vielen zu bemächtigen, über deren Wirken und Treiben er ähnliche Herrschaft auszuüben sucht, wie über die Glieder seines eigenen Leibes. — Es dürften daher diejenigen Grundtriebe des Kindes, auf welche sich alle seine sinnlichen Begehrungen zurückführen lassen, folgende sein: a) der Trieb zum Genießen, b) der Thätigkeitstrieb, c) der Trieb zum Haben und d) zum Herrschen. Da alle diese Triebe nur zu oft eine verkehrte Richtung nehmen können und wirklich nehmen, so bedürfen sie nothwendig einer besondern Leitung. Sie müssen, um ihren Zweck zu erreichen, in den erforderlichen Schranken erhalten und durch die höhere Potenz, den Geist des Menschen, beherrscht und regiert werden. Der Erzieher muß sich aller dieser Triebe bei seinem Zöglinge zu bemächtigen suchen, um sie in Einheit, d. i. in Ordnung und Mäßigung zu bringen. (Siehe hierüber die einschlägigen Art.) Diese Ordnung und Mäßigung aller Triebe ist als Grundbedingung aller künftigen Erziehung, die den Kindern bereitet wird, ehe sie sind, anzusehen. Es ist also nicht genug, sagt Sailer, daß der künftige Gatte den Geschlechtstrieb beherrsche; er muß alle Triebe beherrschen lernen, um Einheit, oder Ordnung und Maß in sie zu bringen. Reine, ungeschwächte Jugend, die weder durch Unordnungen, die That wurden, noch durch unreine, glühende Phantasien, die nicht That werden konnten, in ihrer Lebensfülle angegriffen ward, ist der sicherste Vorbote einer guten Erziehung, die den Kindern werden soll, und die unerläßliche Vorerziehung, die der Nachwelt bereitet wird. Diese Art der Erziehung geht dem Werden des Kindes vor; es ist aber noch eine, die der Geburt, die dem an's Licht treten des Kindes vorangehen soll. Noch ein zweites Gesetz der ewigen Ordnung kündet sich, bei allem Geheimnisse, das die ursprüngliche Bildung des Menschen deckt, klar genug an, nämlich dieß: „Das Kind im Mutterleibe empfängt nicht nur die Nahrung, sondern auch unzählige Bestimmungen seiner ersten Bildung von der Mutter, und zwar von dem physischen, sittlichen und insbesondere von dem religiösen Charakter der Mutter.“ Die Mutter hindere also nicht, sondern sie fördere die Bildung ihrer Frucht dadurch, daß sie eine heitere, ruhige, gleichmäßige Gemüthsstimmung während der Zeit ihrer Schwangerschaft bewahre. Fern seien also von ihr die beschwerenden Sorgen des Herzens, peinliche Gewissensängsten und alle Leidenschaften, welche Geist und Herz in Unruhe setzen, und sich dem Kinde mittheilen. Fern seien von ihr alle rauschenden Vergnügungen und andauernde beschwerliche Arbeiten, so wie alles erschütternde Fahren, alles schädliche Bücken und Springen, dagegen befasse sie sich mit munterer froher Arbeit im häuslichen Kreise, im Umgange mit Kindern und andern edel gesinnten Menschen. Besonders aber soll ihr Inneres durchdrungen sein vom stillen, reinen und lebendigen Gefühl der Religion, das alle Sorgen in die Hand des himmlischen Vaters legt; alle Unruhen des Herzens theils stillt, theils ihnen zuvorkommt; alle Furcht und finstern Gedanken verbannt; auch schon das Kind unter dem Mutterherzen dem Schöpfer weiht, wie sie. — die Mutter selbst; das Gefühl der Liebe gegen den Mann und das werdende Kind in reiner Fülle bewahrt; das Bild des Schönen an dem Unschönen treu abzeichnet; sich selber durch Andacht, durch Umgang mit frommen Seelen x. stärkt, und Muth einflößt, die Wehen der Geburt auszuhalten. — Von einer Mutter, die in Liebe und Religion ihr Wesen theilt, und sich in Liebe und Religion groß und selig fühlt, mögen sich wohl manche Züge des Guten und Schönen dem werdenden Kinde einprägen, die sonst weggeblieben wären. Da die Religion dem Geiste und Herzen ihren verklärenden Strahl mittheilt, so erscheint auch das eheliche Leben in einer weit lieblichern Gestalt, als bei allen andern Wesen unserer Sichtbarkeit. Sie ordnet und beherrscht den Geschlechtstrieb, sie heiliget ihn vor und in der Ehe. Daher sei Religion nicht nur in wirklicher Erziehung der Kinder, sondern auch in Hinsicht auf Erziehung der Eltern selber, das Höchste, das in allen Beziehungen obenan stehen und Alles durchdringen soll. So wie nun aber die Religion in dem bisher Gesagten ihre göttliche Kraft bekundet, so ist sie es unstreitig auch, welche die übrigen Triebe in Einheit, in Ordnung und Mäßigung erhält. (1. Tim. 2, 15. 1. Joh. 5, 4. Ephes. 6, 16. x.)

Trotz, trotzig. (S. Art. Hauptneigung und Halsstarrig.)

Trübsinn. (S. Art. melancholisches Temperament.)

Tückisch. (S. Art. Heftigkeit oder halsstarrig.)

Tugend. Wenn das, was wir über die frühe Bildung des Gefühls und der natürlichen Triebe angeführt haben, bei der jugendlichen Erziehung beobachtet wird, dann ist schon für den Willen der Kinder diejenige Richtung gewonnen, die er zu nehmen hat. Wir leiten ihn auf das hin, was allein gut und heilig ist, d. i. auf Gott und die Vollziehung seines Willens, der uns in seinen heiligen Geboten kundgethan ist. Unsere Kinder sollen keine Lohndiener dessen werden, was wir Tugend nennen; sondern ihr einziges Ziel muß bei allem, was sie denken und wollen, reden und thun, Gott selber sein. Den Begriff „Tugend" vermag weder die griechische, noch die lateinische, noch die französische Sprache so bezeichnend auszudrücken, als die deutsche. Tugend hängt mit tügen, tauchen und tüchtig zusammen. Taugen heißt das, was seinem Zwecke entspricht, und tüchtig ist der, der zur Erreichung seines Zweckes Kraft und Willen hat. Somit wäre also Tugend als Gemeinbegriff (Collectivum) diejenige innere Beschaffenheit, nach welcher der Mensch Kraft und Willen hat, den Zweck des Lebens zu erreichen, und insofern nennt man ihn tugendhaft. Der höchste Zweck des menschlichen Lebens liegt aber in der treuen Befolgung des heiligen Gesetzes, das Gottes Finger mit Flammenschrift in des Menschen Herz geschrieben hat, und deßhalb ist Tugend diejenige Gesinnung, welche sich die treue Befolgung dieses Gesetzes zum höchsten Zwecke ihres Strebens setzt. Ist nun aber kein höherer Zweck vernünftiger Weise denkbar, so darf man den Kindern keinen andern setzen: „das soll ich thun, — das darf ich nicht thun, denn so verlangt es das heilige Gesetz," dieß muß der einige Grund ihrer Willensbestimmung werden. Hiemit ist die Regel gegeben, welche Erzieher und Lehrer und Alle, die auf die sittliche Bildung der Jugend irgend einen Einfluß haben, unverrückt vor Augen haben müssen. Sie bleibt nun allerdings dieselbe, erhält aber erst einen stärkern Nachdruck, wenn sie mit dem Willen Gottes, des Allerheiligsten, in Verbindung gebracht wird: „Das soll ich thun oder lassen, denn Gott will es," muß für das Kind Eines und Dasselbe sein. So lange aber der Erzieher nur das sittliche Gesetz als solches im Munde führte und den Willen Gottes davon ausschlösse, würde die Tugend stets an morscher Krücke gehen. Es ist daher wesentlich nothwendig, daß den Kindern gezeiget werde, daß das Gesetz, welches in jeder Beziehung vollzogen werden soll, der ausdrückliche Wille Gottes, somit Gottes heiliges und ewiges Gesetz sei. Die Liebe Gottes muß die Grundlage von allem Guten sein. Wen Liebe Gottes und der Pflicht nicht auf den Pfad der Tugend leitet, der darf sich derselben nicht freuen, denn ihr gebührt kein Preis. Wen irgend zeitlicher Vortheil oder Sitte und eitler Sinn zur Uebung des Guten vermögen, der hat seinen Lohn dafür schon empfangen. Gott sieht auf die Werke, die der Mensch vollbringt, nicht allein, sondern auch auf die Quelle, aus der sie kommen. Nur das, was aus Liebe zu Gott, der reinsten Quelle alles Guten, entspringt, hat Werth, und erwirbt uns Gottes Wohlgefallen. Also verdient nur derjenige den Namen eines Tugendhaften, der in Allem will und thut, was Gottes heiliger Wille verlangt, und sein Gesetz zu thun befiehlt. Mit dem bloßen Sittengesetze, wie es die Vernunft verkündiget, ist unsern Kindern nicht geholfen, wenn es nicht zugleich stets mit Gottes Willen vereinbaret wird. Dieß dürfte um so nöthiger sein, da in Beziehung auf das Wesen und den Werth der Tugend so manche verworrene Vorstellungen herrschen, die sich den Kindern nur zu leicht mittheilen, und für sie gefährlich werden können. Rechtschaffen handeln, nützlich sein, Jedem das Seine geben, sagen Manche, das ist die Hauptsache und zugleich die beste Religion. Es ist dieß allerdings löblich, weil es nichts Böses ist, allein es ist noch keineswegs ein Beweis von der Güte des Herzens. Auch ein schlechter Mensch kann jedem das Seine geben, nützlich sein, und thun, was man rechtschaffen nennt. Er kann es entweder aus Ehrgeiz, aus Eigennutz oder aus Furcht vor der Strafe thun. Wer möchte wohl aber von einem solchen Menschen sagen, er sei tugendhaft? Jesus, unser Heiland, spricht sich laut dagegen aus, wenn Er sagt: „Wenn euere Gerechtigkeit nicht vollkommener ist, als jene der Schriftgelehrten und Pharisäer, so werdet ihr nicht ins Himmelreich eingehen." (Matth. 5, 20.) Also nicht Eigennutz und Ehrbegier, sondern Liebe zu Gott muß die Quelle unserer Thaten sein, wenn sie den Namen der tugendhaften verdienen sollen. Nicht die Welt, nicht bürgerliche Einrichtungen, Sitten und Gewohnheiten, nicht das, was Andere thun, darf als Maßstab für unser Verhalten angenommen werden, sondern allein das heilige Gesetz, — der ausgesprochene Wille Gottes. Unsere Kinder dürfen hierin weder in der einen, noch in der andern Beziehung irre gemacht werden. So frühe wie möglich, müssen sie angeleitet werden, nach der Vollkommenheit, d. i. nach der wahren Tugend und Gottähnlichkeit zu trachten. Das heilige Gesetz, das sie freudig zu befolgen haben, stammt von Gott, und trägt seinen Stempel. Tief muß ihnen der Ausspruch ins Herz gesenkt werden: „Nicht jede That ist gut, die glänzt und fernhin leuchtet, wenn nicht der Liebe Oel den Lampendocht befeuchtet." — Allerdings müssen wir in der Regel zufrieden sein, wenn Kinder äußerlich thun, was ihnen zu thun obliegt. Allein unser Benehmen wird doch, wo wir unreine Beweggründe mit Bestimmtheit voraussetzen, ein anderes sein, als wo wir das Gute aus freiem Entschlusse und Liebe Gottes hervorgehen sehen. Schon daraus müssen Kinder auf den Unterschied ihrer Handlungen und auf ihren größern oder geringern Werth achten lernen. Uebrigens sei der Lehrer nicht vorschnell in seinem Urtheile über den Werth oder Unwerth der Handlungen seiner Kinder, sondern er verschaffe sich die unbezweifeltste Gewißheit hinsichtlich der Quelle, aus welcher ihre Thaten entspringen. Es wäre sicherlich für ein Kind höchst betrübend und niederschlagend, wenn es sich beim Bewußtsein seines redlichen Wollens verkannt sehen müßte. Jeder Zweifel daher, den der Lehrer ihm an der Reinheit seiner Absichten zu erkennen gäbe, müßte auf einer sichern Grundlage ruhen, ehe er sich unterfangen dürfte, seine Nichtachtung oder Verkennung einer sonst äußerlich guten und tugendhaften Handlung bemerklich zu machen. Auch darf er es nie vergessen, daß, obwohl das Gute an und für sich Werth und Schönheit hat, um dessentwillen es geübet sein will, es doch nicht geradezu alle anderweitigen Beweggründe ausschließe, denn Jesus hat sie selber nicht ausgeschlossen. „Selig,“ spricht Er, „sind die Barmherzigen, denn sie werden wieder Barmherzigkeit erlangen.“ So verheißt Er auch in seinem Evangelium nur zu oft der Tugend reichen Himmelslohn. Der Tugend Ziel ist Gott, ihr Antrieb, ihre Kron', ihr einziges Warum, und endlich all ihr Lohn. (Angel. Siles. Cherub. Wandersmann.) Die Tugend, wie sie aus dem Glauben sproßt, gibt allein wahres Glück; sie verleiht der Seele Ruhe und Zufriedenheit und am Ende der Erdenwallfahrt ewige Wonne und Seligkeit (B. d. Weish. 8, 7. Phil. 4, 8. 2. Petr. 1, 5. 2, 9. u. 1, 3. Gal. 5, 6. Ps. 39, 8.)

　　Turnen, Turnübung, Turnkunst. Die alte Gymnastik (s. d. Art.) kehrte in der neuern Zeit wieder, wie bei den Griechen, wenigstens an einigen Orten in den Kreis der Erziehung zurück. Man sah ein, wie wahr es sei, daß nur in einem gesunden, kräftigen Körper auch eine gesunde, kräftige Seele wohne. (Mens sana in corpore sano.) Basedow gab dazu in seiner Dessauer Philantropin (1776) die erste Anregung, und mit Salzmann wanderte sie nach Schnepfenthal, wo sie systematisch, rein für körperliche Ausbildung bestimmt, und daher auf Laufen, Klettern, Schwimmen ꝛc. beschränkt war. Nach Schnepfenthal's Beispiel fand sie auch in mehrern andern Privaterziehungsanstalten Eingang, ohne jedoch den Ruf erlangt zu haben, den sie bei den Alten hatte. Dr. Jahn, der in Berlin für Belebung vaterländischen, deutschen Sinnes auf alle Art zu wirken suchte, damit durch das gestiegene Gefühl der Volkskraft die französische Herrschaft gestürzt werden möchte, legte in der sogenannten Hasenhaide einen Turnplatz an. Auf demselben sollten nämlich die gymnastischen Uebungen zu Turnübungen werden *). Auf diesem Platze fanden eine Menge Vorrichtungen mit allerlei Werkzeugen statt, welche zu den mannigfaltigsten Turnübungen, als Schwimmen, Gehen und Laufen, Springen, Klettern, Klimmen, Steigen ꝛc. benutzt wurden. Besonders fanden sehr viele Uebungen statt, welche die Ausbildung tüchtiger Krieger zum Zwecke hatten. Ueberdieß unterließ Jahn nicht durch schriftliche und mündliche Bemerkungen die Liebe zum Vaterlande in den Herzen der Jugend zu beleben. Später wurden die Turnübungen von der Regierung selbst begünstiget, und dieß nicht bloß in Berlin, sondern fast auf allen höhern Lehranstalten und Schulen. Die Nothwendigkeit solcher körperlichen Uebungen geht aus der Natur der Sache selbst hervor und braucht hier nicht bewiesen zu werden. Es genügt, daß eine Turnanstalt für ein wesentliches Attribut jeder Erziehungsanstalt gilt und daß dieser Unterricht nicht bloß im

---

*) Das Wort Turnen, welches sich künstlich drehen, wenden, schwenken, bewegen, bedeutet, stammt vom griech. Τορνεύειν, lat. tornare. Davon kommen nun Turner, Turnkunst, Turnerschaft.

Sommer, sondern auch im Winter fortgesetzt wird und bereits mit dem günstigsten Erfolge auch auf das weibliche Geschlecht ausgedehnt wurde. Maßmann in München, Euler in Danzig u. A. haben sich darum durch That und Schrift sehr große Verdienste erworben und eine Hinweisung auf die Turnanstalten in München, Berlin, Danzig ꝛc. ꝛc. mag der Kürze halber hinreichend sein, um die außerordentlichen Vortheile, welche das Turnen für die Gesundheit, besonders bei einer sitzenden Lebensart, hat, zu beweisen. In neuester Zeit bestehen deßhalb allenthalben Turnschulen, welche unter einer vernünftigen Leitung und Ueberwachung Erfreuliches leisten.

U.

U, u ist ein Vokal oder Selbstlauter und der 21ste Buchstabe im deutschen Abc, und wird 1) tief und dumpf tönend, und zwar entweder lang wie gut, thun, oder kurz, wie und, Hund ausgesprochen, 2) geht es oft in ein ü über, wie Bruder in Brüder, gut in gütig, klug in klüger, Wunsch in wünschen, durfte in dürfte, und 3) hat es vormals oft dem v und w weichen müssen, wie in Frawen, Frauen, thewer, theuer. Man vergleiche im Lat. das wunderliche vt anstatt ut, vua anstatt uva (Traube ꝛc.) Das Ue oder Ui und ü ist nach Einigen ein einfacher, nach Andern ein doppelter Vokal oder sogenannter Diphtong (wie im Griech. Ai, Oi, αι, οι, im Lat. Ae, Oe, ae, oe,) und wird theils gedehnt, wie Uebel, blühen, theils geschärft, wie küssen, rüsten, würzen, und überhaupt wie ein tiefes i ausgesprochen und im Tone vom einfachen i unterschieden, wie z. B. Uebel, Gerücht, Thür, versch. von Bibel, Gericht, Thier.

Ueberbildung. So nothwendig es ist, daß die Kräfte der Kinder auf eine zweckmäßige Weise entfaltet, gehoben und gestärkt werden, damit sie ihrer zeitlichen und ewigen Bestimmung möglichst theilhaftig werden; so kann es doch auch geschehen, daß hierin mehr oder weniger gethan wird, als wirklich gethan werden soll. Ziel und Maaß ist in allen Dingen; Alles hat seine Grenzen; was darüber hinausgeht, entweder rechts oder links, verdient den Namen des Rechten nicht mehr. Verbildung und Ueberbildung sind sonach im Erziehungsgeschäfte fehlerhafte Verunstaltungen, die in mehr als einer Hinsicht den Nebelsternen gleichen. Die erste besteht darin, wenn die Erziehung dem Menschen etwas aneignet, was er seiner Natur und Bestimmung nach nicht sein und nicht haben soll, die zweite dagegen darin, wenn die Erziehung das Höhere verkennend aus dem Auge läßt, und das Untergeordnete an die Stelle desselben setzt. Dieß geschieht namentlich, wenn sie der Einbildungskraft die Stelle der Vernunft, und der reinen heiligen Liebe die Stelle der niedrigen und entweihenden Selbstsucht einräumt. Auf diese Weise artet die dem Kinde werden sollende Bildung in Mißbildung und Mißgestaltung aus. Da die Erziehung nun aber nichts anderes ist, als die Entwickelung der ursprünglichen, sowohl körperlichen als geistigen Anlagen des Menschen, nach Maßgabe seiner Bestimmung, so darf sie auch den Kreis, der ihrer Thätigkeit angewiesen ist, nie verlassen, wenn sie sich auf der Bahn behaupten soll, welche allein zum vorgesteckten Ziele führt. Wird der Mensch angeleitet, daß er die von Gott gegebene Wahrheit erkennt und freudig in ihrem Lichte wandelt, dann hat die Erziehung ihre Aufgabe auf eine entsprechende Weise gelöset. — Die Ueberbildung

findet jedoch vornehmlich in drei Fällen statt, und zwar erstens da, wo
eine Seelenkraft zum Nachtheile der übrigen so hervorgehoben wird, daß
die übrigen vertrocknen und unbrauchbar werden; zweitens da, wo eine
Masse fremdartiger Kenntnisse und Anregungen den Menschen auf eine
Stufe stellen, auf der er mit seiner Stellung im geselligen Leben ent-
zweit und unzufrieden wird, und drittens endlich da, wo seine Kraft bloß
zum Niederreißen, nicht aber zum Aufbauen geübet wird. In einem
jeden dieser angegebenen Fälle kommt Mißbildung und Mißgestaltung
des Menschen zum Vorschein. Und dieß wird mehr oder weniger die
Folge sein, je nachdem der Erzieher das Höchste, was er erstreben soll,
mehr oder weniger zu betreiben und zu erringen sucht. Das Wort:
„Ueberbildung sollte ihn besonnen machen, daß er beim Geschäfte der
Erziehung nie das Ziel derselben aus dem Auge verliere, sondern solches
vielmehr mit seiner ganzen Kraft der Liebe zu verfolgen suche." (S. Art.
Erziehung.)

Ueberführen, Ueberführung, die Kinder durch unleugbare Beweis-
gründe zum Geständnisse bringen. (S. Art. Aussagen der Kinder.)

Ueberfütterung. (Uebersättigung.) Nachtheile derselben. Schon
frühe müssen Kinder an Mäßigkeit im Essen und Trinken gewöhnt werden.
Die Natur ist mit Wenigem zufrieden, und der alte Weise sagt: Esse
oportet, ut vivas, non vivere ut edas. Man muß essen, um zu leben —
nicht leben, um zu essen. Diese goldene Lebensregel müssen vorerst
die Eltern und besonders die Mütter in Beziehung auf ihre Kinder
beobachten, um sie ihnen schon in der Blüthe ihres Lebens durch Angewöhnung zur Richtschnur ihres Verhaltens hinsichtlich der Nahrung und
des Tranks zu machen. Wenn schon die bloße Ueberfüllung der Kinder,
die sich weder dagegen wehren können noch wollen, weil sie noch keine
Vernunft besitzen und voll Begierde sind, schwächlich und krankhaft macht;
so muß sie wohl die frühe Angewöhnung an's Branntweintrinken, der
leider in vielen Bauernhäusern öfters die Stelle des klaren Brunnen-
wassers vertritt, völlig zu Grunde richten, und wenn er auch mäßig
genossen wird. Die Kinder, die den Reiz dieses Gifttrunks und des
Kaffee's frühe kennen lernen, dringen in die Mutter, bis sie ihnen gibt
und wieder gibt, bis sie überfüllt sind, gewöhnen sich an Unmäßigkeit,
und es wird ihnen in der Folge schwer sich zu enthalten, und ein sieches
Leben ist gewöhnlich die Folge davon. Dasselbe gilt in Hinsicht der
Speisen, die von ihnen entweder als schädlich oder im Uebermaße genossen werden. In dieser doppelten Beziehung werden für solche Kinder
meistens sehr beklagenswerthe leibliche und geistige Zustände herbeigeführt.
Nicht nur müssen sonach von den Kindern alle erhitzende Getränke, sondern
auch jedes Uebermaß an anderweitigen Nahrungsmitteln fern gehalten
werden, damit ihre Gesundheit und ihr fröhliches Emporwachsen nicht
darunter leiden, oder sie gar ein frühzeitiges Opfer der Ueberfüllung
werden mögen. (S. Art. Nahrung.)

Uebergangsfragen. Man versteht darunter solche Fragen, die einen
neuen Gedanken, oder auch neue Theile eines Begriffes einleiten sollen.
Sie machen gewissermaßen auch die Folgen der Gedanken bemerklich
oder ein Uebergehen von einem Gegenstande zum andern. Beispiele
mögen das Gesagte klar machen. 1. Sind wohl alle Reden, die unwahr
sind, Lügen? oder: Macht der Glaube, der leer an guten Werken ist,
den Menschen selig? 2. Die drei vornehmsten Tugendübungen sind Beten,
Fasten und Almosen geben. Wir haben letzthin vom Beten gesprochen,
auf was werden wir jetzt zu sprechen kommen? ꝛc.

Uebergänge, katechetische. Der Katechet muß nicht nur die einzelnen Theile einer Katechisation, sondern auch mehrere zusammenhängende Unterredungen durch geschickte Uebergänge auf eine einfache und ungezwungene Weise aneinander knüpfen. Oft kann er durch einzelne, bisweilen bloß durch eine einzige Frage den einen Theil der Katechisation mit dem andern verbinden, ja die eine Frage kann zugleich vorbereitend und hinleitend auf den folgenden Gedanken sein, der vom Schüler gefunden werden soll. Die Uebergänge von einer Unterredung zur andern können meistens nicht so kurz sein; es sind dazu mehrere Gedanken und daher auch mehrere Fragen nöthig. Den Stoff zu schicklichen Uebergängen bieten öfters treffende Einwendungen, zweckmäßige Erzählungen, oder eine kurze, summarische Uebersicht dessen, was in der vorigen Stunde behandelt und gelernt worden ist. Auch sind schnelle Uebergänge von einem allgemeinen Gedanken zum andern erlaubt. Beispiele von Uebergängen in ihren verschiedenen Beziehungen finden sich in den trefflichen Katechesen von dem verewigten Erzbischof Gruber in Salzburg, auf welche wir daher auch jeden jüngern Katecheten mit voller Zuversicht hingewiesen haben wollen.

Uebergewicht eines einzelnen Schülers über die andern. (S. Art. Tonangeben.)

Ueberladung des Gedächtnisses. Der Lehrer gebe nie zu viel auf einmal. Wie der schwache Magen vor Ueberladung bewahrt werden muß, so auch das noch schwache und ungeübte Gedächtniß der Kinder; und wie jener die Speisen leiblich, so muß auch die Seele das Mitgetheilte geistig verdauen, damit es wirkliche Nahrung für sie werde. Sehen die Kinder, daß sie das zu Viel nicht behalten können, so verlieren sie leicht das so nöthige Vertrauen zu sich selbst, welches der Lehrer ihnen doch auf jede Art zu erhalten suchen muß, wenn anders sein Unterricht überhaupt gedeihen soll. Er darf das Wort des Weisen nie vergessen: Omnibus in rebus gravis est inceptio prima (= der Anfang ist in allen Dingen schwer, und besonders für noch schwache Kinder). Der Gedanke bei dem: „Ich vermag es nicht" wirkt, wie auf alle Geisteskräfte, so auch insbesondere nachtheilig auf das Gedächtniß zurück, lähmt die Willenskraft und Aufmerksamkeit, und den Entschluß des Behaltens. Man kann es kaum glauben, wie Muthlosigkeit und Mangel an Selbstvertrauen auch diese Seelenkraft abspannt; der Gedanke z. B. „die Zeit ist zu kurz, das aufgegebene Pensum, es mag entweder in einer Geschichte oder in einem Gedichte, wie es etwa in Schmids Blüthen vorkommt ⁊c., bestehen, auswendig zu lernen," oder: „es ist zu viel und zu schwer, was ich memoriren soll," ist im Stande, sagt Handel, uns das Behalten wirklich unmöglich zu machen, und wir denken gewiß zu wenig daran, daß dieser entmuthigende Gedanke vielleicht allein in der Seele des Kindes zu Grunde liegt, wenn oft ein Gegenstand ihm schlechterdings nicht in den Kopf gehen will. — Einen solchen Gedanken sollte nun der Lehrer in einem Kinde nie auftauchen lassen, was er nur dadurch verhüten wird, wenn er den Kindern nicht zu viel auf Einmal gibt. Ein Maurer legt an seinem Mauerwerke jeden einzelnen Stein recht fest, ehe er weiter darauf baut; wollte er das nicht, oder wollte er eine Anzahl Steine aufeinander legen, ohne jeden einzelnen mit Mörtel zu befestigen, so würde seine Mauer zusammenstürzen, oder wenigstens ein weiterer Aufbau alles Haltes ermangeln. Dasselbe gilt beziehungsweise auf jedes Lehrgebäude; es ist, als ob das, was wir bereits daran gebaut haben, dem zum Halte und zur Stütze diente, was wir noch bauen wollen. Jedes Einzelne bedarf der gehörigen Befestigung, wenn es nicht allein

7*

für sich festhalten, sondern auch dem weiter Aufgebauten eine haltbare Unterlage sein soll. Wir wiederholen es also nochmals: „der Lehrer gebe nicht zu viel, und lege den Kindern keine Lasten auf, die sie nicht zu tragen im Stande sind.“

Ueberlassen — die Kinder sich selbst. (S. Art. Schwärmerei.

Ueberlegenheit. Kinder von lebhafter Naturart müssen zur pünktlichsten Folgsamkeit angehalten werden. Wo der Vater oder die Mutter ihren Willen aussprechen, da müssen sie bei ihrem Ja oder Nein unbeweglich und felsenfest stehen bleiben. Nie dürfen sie sich unschlüssig in dem zeigen, was sie ihm befehlen, oder von ihm gethan wissen wollen, Nichts sollen sie seinem Willen freistellen, was sein Verstand noch nicht als recht und nothwendig einzusehen vermag. Es darf bei ihm kein anderer Gedanken aufkommen, als der: „Es muß so sein, die Eltern wollen es.“ Oft wird ein ernstes Wort aus dem Munde des Vaters am rechten Orte sein, da es sich ohnehin nicht leicht einschüchtern läßt: Hier ist es nöthig, daß Eltern in einem Kinde der Art kein Gefühl der Ueberlegenheit über sie aufkommen lassen, weil dieß sonst künftig die Quelle des Ungehorsams, des Widerspruchs und der Anmaßung würde. Auch sollen die Eltern nicht zugeben, daß es sich gegen die Dienstboten gebieterisch zeige. Frühe schon und auch späterhin, und so lange es sich unter der unmittelbaren elterlichen Gewalt befindet, muß es wissen, daß es noch nichts zu befehlen habe. Vorzüglich müssen Eltern über das Ehrgefühl eines solchen Kindes wachsam sein. Zwar müssen sie ihm auf der einen Seite seine Vorzüge und sein Selbstgefühl nicht verkümmern, aber doch nur immer dem den Vorzug geben, was als Erzeugniß seines guten Willens zu betrachten ist. In Beziehung auf seine überwiegende leibliche und geistige Kraft, ja selbst auf die Vorzüge seiner Kenntnisse und Einsichten darf nur in dem Maaß Werth gelegt werden, als sie mehr oder weniger aus angewandtem Fleiße hervorgegangen sind. Jedoch muß man selbst bei seiner Willensthätigkeit auf den Grund Rücksicht nehmen, aus welchem sie hervorgeht. Je mehr sich Eitelkeit, Eigennutz ꝛc. dabei zu erkennen gibt, desto geringern Werth darf man derselben beimessen; je mehr dagegen edles Wollen, Gefälligkeit und Liebe wahrgenommen wird, desto mehr verdient sie auch hervorgezogen zu werden. Ein solches Kind muß in der Regel nur Waffen haben, um gegen sich selbst zu kehren, oder was gleichviel sagen will, es bedarf mehr des Zaums als der Sporen. Bezüglich auf die erstern gehört Alles, was zur Entsagung, Selbstüberwindung und Demuth, so wie zur Anerkennung fremder Vorzüge führt. Indeß darf man jedoch nicht hemmend wirken, sondern bloß leitend und lenkend, damit die Kraft des Geistes nicht nur nicht niedergehalten, sondern vielmehr angeregt und belebt werde. Auch darf das Kind den Zaum so wenig als möglich gewahr werden, denn je mehr man ihm das Bewußtsein lassen kann, daß das, was es thut oder läßt, das Produkt der eigenen Kraft sei, desto mehr wird sein edleres Selbstgefühl geschont und gehoben. Es muß zwar auf geradem Wege Gehorsam lernen, aber immer muß man auf seine Unterwürfigkeit und auf den äußern Zwang weniger Werth legen, als auf sein eigenes freies Wollen und Entschließen. Was nun hier in Beziehung auf die häusliche Erziehung gilt, das gilt auch für die Schule, die aber freilich mit mehren Hindernissen zu kämpfen hat, als die häusliche Erziehung. (Man sehe den Art. Schulregeln, Muster, und Art. Gehorsam.) (Spr. 21; 12. Luc. 9, 23. Hebr. 13; 17. Spr. 5, 2; u. 18, 30 — 31.)

Ueberlegung dessen, was man befiehlt. (S. Art. Befehlen oder Verbieten.)

Uebermuth und Dünkel. (S. Art. Prahlerei und Mißtrauen.)

Ueberreizung. (S. Art. Einbildungskraft und Art. Furcht und Schrecken.)

Ueberspannung. (S. Art. Schwärmerei.)

Uebertreibung. Uebertreiben heißt eine Sache größer, wichtiger oder auch gefährlicher machen, als sie ist. Vor Uebertreibung jeder Art hat sich der Erzieher zu hüten, und sich, wo möglich, innerhalb der Grenzen des Wirklichen zu halten. Schon die Alten haben es gesagt und die Erfahrung hat es bis auf den gegenwärtigen Augenblick in allseitiger Beziehung bestätiget: „Omne nimium nocet," — zu viel ist ungesund. — Der Mensch ist größtentheils zur Uebertreibung geneigt; was die Wirklichkeit ihm darbietet, es mag Gutes oder Böses, Angenehmes oder Unangenehmes sein, betrachtet er selten nach seiner wahren Beschaffenheit; die Phantasie zieht es gewöhnlich in ihren Kreis herüber, und malt es zu einem Bilde aus, wozu sie die Farbe lediglich aus sich selber nimmt. Gar Vieles wird wundervoll, himmlisch, göttlich, oder im Gegensatze erbärmlich, schlecht, abscheulich genannt und dargestellt, ohne es wirklich zu sein. An demjenigen, gegen den man einmal eingenommen ist, weiß man immer zu reißen und zu zerren, bis kein ganzer Fetzen mehr an ihm zu finden ist. Dagegen wird an Demjenigen, für den man eingenommen ist, Alles gebilliget, erhoben und gepriesen. Alles erscheint hier als reines Gold, wenn es sonst kaum als Blei geltend gemacht werden könnte. Man läßt sich durch Menschen, Sachen und Handlungen, die entweder zum Vor- oder Nachtheil gereichen, zur Ueberschätzung und Partheilichkeit verleiten, und weiß selten das rechte Maaß zu finden, wie man sich in Beziehung auf die Hochachtung oder Geringschätzung ausdrücken soll. Sind nun, sagt Handel, solche Uebertreibungen in die Einbildungskraft und die Sprache der Kinder übergegangen, so sind die grellen Farben sehr schwer zu verwischen, und der Erzieher selbst hat sich mit aller Kraft in den Grenzen des Wirklichen zu halten, um auch sie allmählig auf dieses Gebiet zurückzuführen. Wo er aber ein Bild entwirft, so sei es treu; selbst da, wo er die kindlichen Phantasien über die Sinnenwelt hinaushebt, werde nichts beigemischt, was er künftig einmal förmlich widerrufen müßte, oder was dem Kinde bei gereifterer Einsicht wohl gar den Gedanken beibringen könnte, als hätte er es täuschen wollen. Alles, was der Lehrer um der Verabsäumten willen thun kann, ist, daß er ein reges Leben in seine Darstellungen bringt, sonach Alles, was er mittheilt, so in seine Einzelheiten verfolgt, daß er sich für überzeugt halten mag, die Einbildungskraft des Kindes habe ein so deutliches und treues Bild aufgefaßt, als ob der Gegenstand ihm wirklich vor seinen Augen stünde. — Nie darf demnach der Lehrer darauf vergessen, sich sorgsam in Acht zu nehmen, daß er nie etwas übertreibe, sondern innerhalb der Grenzen des Wirklichen stehen bleibe, so weit es nämlich möglich ist.

Uebertretung der Gesetze. Die Gesetze sind einzig zum Wohl der Schüler gegeben, wenn es gleichwohl diese nicht immer einsehen wollen. Den Kindern werden die bestehenden Gesetze nur zu bald beengend und lästig, besonders sträubt sich die Knabennatur dagegen: diese sieht sich in ihrer Freiheit beschränkt, gibt ihre Unzufriedenheit durch Murren zu erkennen, und sucht sie bald auf diese bald auf jene Weise zu umgehen. Ist der Knabe halsstarrig, so zeigt er sich wohl auch widersetzlich, im Falle Zwang stattfindet. Ist jedoch der Lehrer seinem Amte gewachsen, so ist er es auch den Knaben, findet aber der Gegensatz statt, dann machen diese mit dem Gesetze, was sie wollen und was ihnen gutdünkt. Wenn der Lehrer Ansehen hat, dann weiß er auch dem Schulgesetze Achtung zu verschaffen und das Murren der Unverständigen zu beschwichtigen, so daß sie solches mit Hingebung und Freude beobachten, und dadurch die Gunst und Liebe des Lehrers nicht verlieren. Für den Knaben, sagt Kelber, muß Auctorität gelten; der Jüngling und der Mann mag selbst prüfen und — das Beste wählen. Auctorität muß die Stelle der mangelnden Einsicht bei Kindern vertreten. (2. Mos. 32, 1. 4. Mos. 14, 2 — 4.)

Ueberzeugung. (S. Art. Belehrung.)

Ueberzeugung ist bei den Kindern hinsichtlich der Güte Gottes auch da tief zu begründen, wo das Gegentheil zu walten scheint. Dieß thut besonders Noth bezüglich auf das religiöse Gefühl. Denn je weiter dieses Gefühl zurückgedrängt ist, desto mächtiger tritt die sinnliche Begierde hervor, und desto heftiger sucht die Seele das zu erlangen, wornach sie sich sehnt, desto schwerer aber wird es ihr auch, sich etwas zu versagen und bei irgend einem Mangel Gleichmuth zu behaupten. Die Religion muß hier ins Mittel treten und ihre hülfreiche Hand bieten. Von der Kraft der Religion müssen die Kinder durchdrungen und ergriffen sein, daß Gott alle seine Gaben mit weiser Hand vertheilt, und es in Allem und überall unendlich gut meint. Der kurzsichtige Mensch denkt wohl manchmal, daß es besser wäre, wenn ein Jeder das, was er bedarf, im Ueberflüsse hätte, und sich um deßwillen nicht abmühen dürfte. Allein der unendlich weise und gütige Vater im Himmel hat Alles aufs Beste eingerichtet. Er will nicht, daß der Mensch nur esse, trinke und schlafe, sondern daß er die ihm verliehene Kraft und Zeit wohl anwende, und sich das, was er zu seinem Lebensunterhalte nöthig hat, durch Mühe und Arbeit erwerben soll. Er würde aber weder Zeit noch Kraft benutzen, wenn er nur nehmen und essen und trinken dürfte, und Alles hätte, was er brauchte. Daher kommt dem Menschen das tägliche Brod nicht umsonst, sondern er muß es verdienen. Der Landmann muß das Feld bestellen, damit der ausgestreute Saame wachse, und nach und nach zur Ernte reife; der Stadtbewohner, der Handwerksmann und der Taglöhner muß sich durch Arbeit Geld erwerben, damit er sich Speise und Trank und die nöthige Kleidung anschaffen kann. Und wenn Gott auch euch, meine lieben Kinder! einmal darben läßt, so will er euch dadurch nur lehren, daß auch ihr manches Unangenehme erdulden lernen müsset; und wenn er auch Vieles nicht gibt, was ihr etwa wünschen möget, so will er euch dadurch vor Hochmuth bewahren und zeigen, daß es nicht auf euch ankomme, was ihr haben und genießen wollet, sondern ganz allein auf Ihn und seine Güte. Von Ihm hängt Alles ab, was ist und lebt. Er läßt euch wohl auch einmal krank werden, damit ihr sehet und erkennet, daß Er der Herr des Lebens ist, und ihr auch Schmerzen ertragen lernet, und desto mehr Ursache euch zu freuen habet, wenn ihr wieder gesund werdet. Darum werdet nie verzagt und ungeduldig, wenn ihr nicht habet, was ihr zu haben wünschet. Das erlangt unter den Menschen keiner, und doch muß Jeder zufrieden sein mit dem, was er hat, und je weniger er hat, desto mehr ihm mangelt, desto mehr muß er sich bemühen und seine Kräfte nützen und anwenden. So oft euch das begegnet, so denket allemal: Gott, der nur Weisheit und Liebe ist, will es so, und ihr werdet euch dann immer zufrieden und glücklich fühlen. Vergesset nur nie, was Jesus Christus, unser Heiland sagt: „Sorget nicht ängstlich für euer Leben, was ihr essen und trinken, noch für euern

Leib, wie ihr ihn kleiden wollet. Ist denn nicht das Leben mehr, als die Speise, und der Leib mehr, als die Kleidung!" — Sprechet oft bei euch die schönen Worte nach, wie sie in einem christlichen Liede vorkommen: „Gibt Gott nicht gleich, was ich verlange, so harr' und wart' ich mit Geduld; und wenn ich nichts von Ihm empfange, so geb' ich mir allein die Schuld. Ich weiß, wie eitel und wie blind, oft menschliche Begierden sind." — Auf diese oder eine ähnlich Weise sucht der christliche Lehrer in seinen Kindern die Ueberzeugung zu begründen; daß Gott auch da gütig ist, wo er versagt. (Ps. 144, 9. Jak. 1, 17. 1. Joh. 4, 16. Matth. 7, 9 — 12.)

Uebung der Andacht. (Andachtsübung.) Der Ausdruck „Andacht" hat einen tiefen, bedeutsamen Sinn, und darf wohl auch vom Pädagogen und Schullehrer recht erfaßt und begriffen werden, zumal er in seinen Kindern die Andacht zu wecken und zu befördern hat. — Andacht heißt dem Wortverstande nach, das Bedachtsein auf einen Gegenstand, das Denken daran. Daher scheint dieß Wort gleichbedeutend mit Aufmerksamkeit oder Richtung der Seele auf einen Gegenstand zu sein. Allein in dieser allgemeinen Bedeutung kommt es nur sehr selten vor, obschon man zuweilen sagen hört: Er liest mit Andacht rc. Unter diesem Worte versteht der Sprachgebrauch vielmehr die Richtung der Seele auf Gott oder auf heilige Dinge, Erhebung des Geistes zu dem Heiligen, Ewigen, Göttlichen. Zur Andacht gehört wesentlich die Absicht, uns die Vorstellung von Gott und göttlichen Dingen klarer, deutlicher, gewisser, kurz — vollkommener zu machen. Fehlt diese Absicht, oder ist etwa gar eine entgegengesetzte vorhanden, so ist das keine Andacht im engern Sinne des Wortes. Ein Kind, das auf Vorstellungen von Gott, die der Lehrer ihm vorhält, aus bloßer Furcht vor diesem achtet, ist nicht andächtig im engern Wortverstande. Wer aber in der Kirche auf den Inhalt des göttlichen Wortes, des Gesanges und des Gebets mit ungetheilter Aufmerksamkeit achtet, der zeigt Andacht in der engern Bedeutung. — Die Erhöhung der Vollkommenheit unserer Vorstellungen von Gott, wodurch das Gemüth sich emporgerichtet und erhoben fühlt, ist unter der Erbauung mitbegriffen. Daher wird gewöhnlich Andacht und Erbauung überhaupt als ein Zustand des Gemüths bezeichnet, wo dasselbe mit Gott und göttlichen Dingen beschäftiget ist. Andacht insbesondere bezeichnet den besagten Zustand von Seite des Verstandes, daß wir nämlich an Gott und göttliche Dinge denken; Erbauung bezeichnet denselben von Seite des Herzens, daß wir nämlich dadurch aufgerichtet, erhoben, gestärkt und getröstet werden. Denn „erbauen" heißt eigentlich in die Höhe bauen. Indem wir erbauet werden, wird zu dem Gebäude unserer Geistes- und Herzensbildung ein Stein auf den andern gelegt, so daß wir an religiöser Bildung höher steigen. Man kann daher wohl sagen: zu der Andacht im engern Sinne gehöre die Absicht sich zu erbauen. Nehmen wir nun das Wort in dieser engern und gewöhnlichern Bedeutung, so ist klar, daß Andacht ein Beförderungsmittel der Frömmigkeit ist. Denn fromm oder religiös heißt der Mensch, der heilige Gedanken faßt, dadurch zum Himmlischen erhoben und zum Guten ermuntert wird, oder sofern er durch Vorstellungen von Gott seinen Willen bestimmen, sich zum Guten erwecken und vom Bösen abhalten läßt. Der Fromme bezieht nicht nur Alles auf Gott, sondern ist auch bemüht, aus Ehrfurcht und Liebe zu Gott stets das Gute zu thun und das Böse zu unterlassen. Je klarer, deutlicher, gewisser und lebhafter die Vorstellungen und Ueberzeugungen des Glaubens von Gott sind, desto mehr Kraft werden sie haben, den Willen zu bestimmen und in das Leben durch die höhere Gnade einzugreifen. Durch Andacht werden

sie nur vollkommener gemacht. Daher muß durch Andacht auch Frömmigkeit befördert werden. Das meint auch Kant, wenn er sagt: Andacht
sei die Stimmung des Gemüths zur Empfänglichkeit gottergebener Gesinnungen *). Andacht in dem edelsten Sinne des Wortes sollte für einen
jeden Menschen die wichtigste, aber auch die erfreulichste Aufgabe des
Lebens sein, und daher auch frühe in den Herzen der Kinder geweckt,
belebt und unterhalten werden, weil sie das wohlthätigste Mittel zur
Veredlung, Verschönerung und Beseligung des Lebens selbst ist. Der
durch wahre Andacht für das Heilige, Himmlische und Ewige belebte Sinn
soll das Herz immer mehr entfernen von dem niedern Gelüste der Erde,
und es dagegen immer geneigter machen für das, was gut und schön ist,
und was den Geist der wahren Frömmigkeit, in der Gottes- und Menschenliebe zusammfließend, aus des Glaubens heiliger Fülle ausspricht. Wahre
Andacht soll über die dunkeln Stunden und Stellen des Lebens einen
Strahl des himmlischen Lichtes aus der höhern Welt verleihen, und das
niedergebeugte Herz durch des Glaubens, der Hoffnung und der Liebe
heilige Kraft erheben. Wahre Andacht soll den Freuden und Genüssen
der Erde die höhere Weihe geben, wodurch sie zu rein menschlichen Genüssen erhoben werden. Wird durch sie keiner dieser Zwecke erreicht, so
war sie entweder gedankenlose Gewohnheitssache oder Andächtelei, äußerer
Schein der Andacht. Wird die Andacht inbrünstig genannt, so versteht man darunter eine solche, die mit einer feurigen, lebhaften und
innigen Rührung oder Empfindung verknüpft ist. — Andachtsübungen
werden alle Handlungen eines Menschen genannt, bei welchen er andächtig
ist oder sein soll. Hierher gehört insbesondere das Gebet und der Gesang
heiliger Psalmen und anderer geistlicher Lieder. Daß nicht allein in den
Kirchen, sondern auch in den Schulen mit der Jugend Andachtsübungen
angestellt werden sollen, darüber ist wohl unter den Pädagogen und
Schulmännern, die vom religiösen Geiste beseelt sind, nur Eine Stimme;
besonders macht sie unsere andachtsscheue Zeit sehr nothwendig. Im
elterlichen Hause steht das Kind vielfach nur wenig oder gar keine Andacht
mehr, ja, der sonst vorwaltende Andachtssinn ist durch den Geist der Zeit,
der nur nach verderblicher Zerstreuung haschet, wenn nicht ganz, doch
größtentheils verdrängt worden. Hier kann die Schule besonders wirksam
sein. Nicht nur Gebet und Gesang an jedem Morgen, wann die Schule
beginnt, sondern auch besondere Andachtsübungen sollen je zu besondern
festlichen Zeiten zur Weckung und Belebung des Geistes der Andacht
veranstaltet werden. Die Unterrichtsstunden jeden Morgen mit Gebet
anzufangen und dadurch das Herz mit Andacht zu erfüllen, ist eine alte
fromme Sitte, die sich bis auf den heutigen Tag in unsern christlichen
Schulen erhalten hat, und gewiß nicht ohne Segen. Die alten Lehrer
pflegten des Morgens, ehe das Tagwerk begann, und des Abends, bevor
es vollendet ward, erweckliche Andachtsübungen anzustellen. Selbst der
edle Pestalozzi that dieß an jedem Tage auf eine feierliche Weise, wie
sie uns nämlich v. Türk in seinen Briefen aus München-Buchsee (Th. 2.
S. 112) geschildert hat. (S. auch Art. Andacht und Gebet.)

Uebung der Erinnerungskraft. (S. Art. Erinnerungskraft.)

Uebung des Verstandes. (S. Art. Verstandesübung.)

Uebung des Lehrers im schriftlichen und mündlichen Vortrage. Es
ist bekannt, daß nichts den Geist des Menschen mehr bilde, als das Entwerfen und Ausarbeiten schriftlicher Aufsätze, — das selbstthätige Versuchen

---

*) Hippel sagt davon: „Die rechte und Gott wohlgefällige Andacht ist das Denken
an Gott bei Ausübung der Geschäfte des zeitlichen Lebens." Ueber die Ehe. S. 2.

Geiſtesarbeiten mannigfacher Art. Jean Paul ſagt deßhalb:
latt ſchreiben regt den Bildungstrieb lebendiger auf, als ein Buch
Erſt dadurch, daß man ſich beſtrebt, ſeine Vorſtellungen Andern
und beſtimmt mitzutheilen, kommt Ordnung und Klarheit in die⸗
Auch wird durch Uebungen in der ſchriftlichen Gedankendarſtel⸗
Sprache mehr gebildet und vervollkommnet, und der Geſchmack
und veredelt. Der Lehrer thut wohl daran, wenn er ſich gewöhnt,
er geleſen und gehört hat, und was ſich durch innere Wahr⸗
eine ſchöne Form empfiehlt, aus dem Gedächtniſſe nieder⸗
en. Beſonders aber ſuche er das, was er ſelbſt gedacht, zum
unde ſeiner ſtyliſtiſchen Thätigkeit zu machen. Ein Lehrer, der
am beobachtet, und ſelbſt denkt, kann hinſichtlich des Stoffes zu
en Uebungen nie in Verlegenheit kommen. Umgebung und Amt,
ahrungen, Lektüre und Unterredung mit Gebildeten führen ihm
nge von Gedanken und Empfindungen zu, deren Bearbeitung und
Darſtellung ihm eine überaus bildende und erfreuliche Beſchäf⸗
ür ſeine Nebenſtunden gewährt. Solche Lehrer, deren Streben
eht, und die ihre Schreibart vervollkommnen wollen, werden ſich
großen Vorſchub geben, wenn ſie entweder ihre gewandten Freunde
ſt in der Bildung höherſtehende Perſonen bei ihren ſchriftlichen
tungen zu Rathe ziehen, und deren Beurtheilungen ſorgſam be⸗
— Mit den Uebungen im ſchriftlichen Gedankenvortrage müſſen
Lehrer aber auch Uebungen im mündlichen Vortrage verbinden.
chts iſt für den Lehrer, der durch das lebendige Wort auf Andere
ill, ſo nothwendig, als daß er im Stande ſei, ſich mündlich be⸗
nd fertig auszudrücken. Hiezu empfehlen ſich ganz beſonders das
ute Vorleſen ſelbſt verfertigter Aufſätze und ausdrucksvolles Reci⸗
au und richtig aufgefaßter fremder Geiſteserzeugniſſe. Durch das
d ausdrucksvolle Vorleſen der ſelbſt gefertigten Arbeiten wird
den Stand geſetzt, die gemachten Fehler leichter wahrzunehmen
ich die Sprache zu vervollkommnen. So wird auch durch das Aus⸗
men und Herſagen ſchöner Erzählungen, Parabeln, wie z. B.
nmacher'ſchen ꝛc., nicht nur das Gedächtniß, die Schatzkammer
kenntniſſe, ungemein bereichert und die Einbildung durch einen
off genährt, ſondern auch der freie und kräftige mündliche Vor⸗
befördert. Nicht minder angemeſſen und der Sache förderlich
ſein, wenn angehende Lehrer ſich mit edlen und gebildeten
verbinden würden, um ſich gegenſeitig ihre Ausarbeitungen vor⸗
die nöthigen Ausſtellungen mitzutheilen und in der Kunſt des
n Vortrages zu üben. Damit könnten auch Verſuche gemacht
über aufgegebene Gegenſtände auf der Stelle und ohne lange
ung im Zuſammenhange richtig und ſchön zu ſprechen. — Nur
tgeſetzte Schreib⸗ und Redeübungen werden Lehrer des Geiſtes
iche mächtig werden, einen freien, fließenden und ergreifenden
ſich aneignen, und es endlich dahin bringen, daß ſie ſich auch
ze und müheſame Vorbereitung in und außer den Lehrſtunden
eläufig und ſchön auszudrücken vermögen. — Für die Vervoll⸗
z im mündlichen und ſchriftlichen Vortrage empfehlen wir nament⸗
ngehenden Schullehrern folgende Schriften: Chr. Schmid's
blüthen, Krummacher's Parabeln, den chriſtlichen
n⸗Tempel, Dittmar's neue Weizenkörner für
erzen und A. Hungari's Chriſtodora.
ndern (verbeſſern, reformiren). S. Artikel Schulver⸗
ungen.

Umgang des Lehrers mit den Kindern. Der Umgang des Lehrers mit seinen Kindern soll für sie eine beständige Schule der Weisheit, Tugend und Frömmigkeit sein. Vorerst muß alles übellaunige, verdrießliche, wunderliche und mürrische Wesen vermieden werden. Wie in Familien, wo man dem Uebellaunigen fast keine andern Waffen entgegensetzt, als die, gleichsam wie er selbst zu sein, und Verstimmungen durch Verstimmung zu bezahlen; so gibt es auch nicht selten Lehrer, die ein gleiches Verhältniß zwischen sich und den Kindern nachweisen lassen, so daß von den größern bis zu den kleinsten Schülern herab ein allgemeiner Mißton vorherrschend ist, wie auf einem verstimmten Instrumente. Man kennt hier das zarte und freundliche Entgegenkommen zwischen Lehrern und Kindern nicht, welches dem Schulleben einen eigenthümlichen und hohen Reiz verleiht. Solche Lehrer bedenken nicht, daß gerade durch ihr Benehmen in den Kindern der feinere Sinn für das Gute, für Freundlichkeit, Wohlwollen und Wärme des Herzens verloren geht. Es herrscht da eine gegenseitige Entfremdung und Kälte; die Kinder haben eine Menge Geheimnisse vor ihnen, weil sie ahnen, daß sie unrecht gedeutet würden. Alles hat in solchen Schulen ein heimliches, verstohlenes, gedrücktes Ansehen, als ob über die unschuldigste Handlung ein Criminalgericht gehalten werden sollte. Dadurch aber entsteht selbst in gutmüthigen Kindern ein gewisser Doppelsinn des Gemüths, eine Neigung sich zu verstellen und durch List ihren Lehrern die schwachen Stunden abzulauern. Auch entstehen aus dieser übeln Laune noch zwei andere moralische Uebel für die Kinder: 1) daß sie sich ihrer Pflichterfüllung nie gern unterziehen, wenn sie von ihnen mit einem verstimmten und verdrießlichen Wesen gefordert wird, wogegen alles Gute, was man in den Menschen pflanzen soll, am leichtesten durch milde Besonnenheit und herzliche Liebe angebaut wird. Wenn ein guter Vater seinen Kindern Geschenke gibt, so pflegt er dieß mit einer gewissen Freundlichkeit und Gefälligkeit zu thun, um sie ihnen desto angenehmer zu machen, und den Werth der Gabe dadurch zu erhöhen. So sollte auch der Lehrer seinen Kindern die sittlichen Regeln und Vorschriften immer nur als wohlthätige und liebevolle Geschenke darreichen. Die vortrefflichsten Regeln verlieren ihre Kraft, wenn sie nicht auf die rechte Weise ertheilt werden; sie gehen nicht zu Herzen, weil sie nicht aus dem Herzen zu kommen scheinen, und gerade die Kinder wissen bei ihrem natürlichen Gefühle es recht gut zu deuten, was nur Wort und Buchstabe oder Wärme der Empfindung aussprach; 2) daß die Kinder, um sich dieses Joch leichter zu machen, durch Schmeicheleien ihre übellaunigen, mürrischen und verdrossenen Lehrer zu gewinnen suchen, während sie hinter ihrem Rücken Verachtung und Gespötte mancher Art über jene äußern. Dieß ist die erbärmlichste Schulerziehung von der Welt, und doch sehen wir ihr grelles Bild fast überall da, wo die Schule sich in den Händen mürrischer und verstimmter Lehrer befindet. Kelber sagt hierüber: „Die Liebe muß den Lehrer in die Schule begleiten, muß aus seinen Augen blicken und aus seinen Worten sprechen, wenn die Schule ihm und den Kindern ein angenehmer Aufenthaltsort sein soll. Der Schulhimmel soll ein heiterer Himmel sein. Dann lehrt und lernt sich's doppelt leicht und angenehm. Ein mürrischer und polternder Lehrer wird nie die Liebe seiner Schüler gewinnen, ihnen die Schule verleiden, und ihm selbst wird ohne Liebe seine Schule und der Unterricht die größte Last sein." (S. 154.) Bei einer heitern, ruhigen und freundlichen Gemüthsstimmung, womit der Lehrer in seiner Schule und unter seinen Kindern weilt, wo er sein schönes Werk unbefangen und fröhlichen Sinnes treibt, wo er die Kinder und die Kinder ihn verstehen, da fallen alle jene traurigen Folgen des Doppelsinnes, der Verstellung, der Unlust zur Pflichterfüllung und der Heuchelei weg, die wir sonst bei Kindern wahrnehmen, die die Schule eines übellaunigen, mürrischen, wunderlichen und verdrießlichen Lehrers besuchen. Eine solche Schule wird nie zum Tempel der Weisheit, Tugend und Frömmigkeit gestaltet werden. Wie ungemein nützlich, sagt Schickedanz, könnten Lehrer und Erzieher werden, wenn sie durch gefälligen Umgang ihre Schüler und Zöglinge zu gewinnen suchen würden. Da gibt es so vielfache Veranlassung ins Herz zu schauen, das Innere kennen zu lernen, in Lehre und Gesprächen edeln Samen ausstreuen, die Tugend durch Erzählungen angenehm zu machen und die Frömmigkeit zu befördern. In der Nähe der Eltern, in der Gegenwart des Lehrers sieht sich das Kind genöthiget, jede Ausschweifung, jede Unsittlichkeit zu vermeiden, und lernt nach und nach seine Sinnlichkeit immer mehr beherrschen. Und da vor allem die Religion den Menschen bildet, erhebet und zum göttlichen Bilde verherrlichet, so sollen insbesondere auch die Lehrer es sich angelegen sein lassen, absichtlich in ihren Schülern das Bedürfniß zu erwecken, Gott über Alles zu lieben und vor seinen Augen stets zu wandeln. Zeigen sollen sie ihnen in holder Freundlichkeit das liebenswürdige Verhältniß, in dem sie zu ihrem Vater im Himmel stehen. Hinweisen sollen sie dieselben auf Gott, den Spender jeder Freude und jeder guten Gabe, damit sie alles, — jeden Genuß der Freude, jede schöne Empfindung, jeden reizenden Anblick, als sein Geschenk mit inniger Dankbarkeit empfangen und auf ihn beziehen. Weiß der Lehrer nur die Kinder durch sein redliches, offenes, heiteres Benehmen für sich und seinen Unterricht zu gewinnen, so wird es sich bestätigen, daß er es in seiner Gewalt habe, sie zu tugendhaften und frommen Menschen zu erziehen. Sein heiterer, liebevoller und freundlicher Umgang, der jedoch den heiligen Ernst nicht ausschließen darf, wird denselben die Pforte des Reiches Gottes erschließen, und sie für Zeit und Ewigkeit beglücken. (Sir. 27, 14. 18, 18. 2. Theff. 3, 13.)

Umgang mit Gott. (S. Art. Gebet.)

Umgang des Lehrers mit Menschen. Wenn es in keinem Verhältnisse des Lebens und in keiner Beziehung gleichviel ist, mit welchen Menschen man Umgang pflegt, indem man nur zu bald die Sprache, Denk- und Handlungsweise derjenigen annimmt, unter welchen man lebt; so wird dieß wohl auch für den Lehrer keineswegs gleichgültig sein dürfen, mit wem er Umgang hat. Einerseits fordert es schon die Klugheit, daß man sich nach denen richte, unter welchen man lebt, oder wie ein altes Sprichwort sagt: Cum lupis ululandum (mit den Wölfen muß man heulen); andererseits übt auch hier die Gewohnheit ihre Macht und Gewalt über den Menschen aus, so daß ihm, was ihm anfangs auffallend, anstößig und widerlich war, allmählig gleichgültig und zuletzt behaglich wird. Nur zu leicht tritt der Fall ein, daß man unter rohen, ungeschlachten und verdorbenen Menschen selbst roh, ungesittet und verdorben wird. Dagegen hat der Umgang mit gutgesinnten und gebildeten Menschen einen heilsamen Einfluß auf die eigene Bildung des Geistes und die Veredlung des Herzens, weßhalb der alte Cato schon sagte: Cum bonis ambula (Geh mit guten Menschen um). Dieß wird auch durch Gottes Wort bestätiget, indem es sagt: Mit den Heiligen wirst du heilig und mit den Frommen fromm sein (2. Kön. 22, 26. Pf. 17, 26 und 27.) — Der Lehrer, der in Erfüllung seiner Berufspflichten treu und gewissenhaft ist, hat im Ganzen immer nur wenig Zeit, die er dem geselligen Umgange widmen kann, und seine Hauptsorge muß vorzugsweise neben seiner Thätigkeit für das Heil der ihm anvertrauten Kinder auf die Steigerung

seiner eigenen Bildung gerichtet sein. Und je mehr er hierauf Bedacht
zu nehmen hat, desto mehr muß ihm auch daran gelegen sein, sich an
Diejenigen anzuschließen, von welchen er Gewinn für seine Bildung
erwarten kann. Im Umgange mit einem edeln und geistreichen Manne
kann man in einer Stunde mehr gewinnen, als mit flachen und geistlosen in einem ganzen Jahre. Deßwegen sagt auch H. G. Stamm,
muß der Lehrer bei seinem Umgange eine kluge Wahl treffen, und nur
mit solchen Personen in eine nähere Verbindung zu treten suchen, die
seinem Geiste und Herzen vortheilhaft sind, und seinem guten Rufe nicht
schaden können. — Der Lehrer muß sich daher bemühen, entweder unter
seinen Amtsbrüdern oder unter den Gebildeten in seiner Umgebung einen
solchen Mann auszuwählen, der ihn seines Umgangs würdiget, dem er
sich ohne Besorgniß anvertrauen, der ihn mit einer nutzreichen Lektüre
unterstützen und ihn in seiner wahren Bildung heben kann. Und da
dürfte es vorerst der Ortspfarrer sein, an den er sich freundschaftlich
anzuschließen hätte, zumal er von diesem wohl am meisten für seine
Belehrung und Bildung gewinnen könnte. Wir wollen übrigens damit
nicht sagen, daß er einen Sonderling spielen oder alles zufällige Zusammentreffen mit andern tiefer stehenden Personen vermeiden soll, weil dieß
eine stolze Anmaßung verrathen würde. Tritt jedoch der Fall ein, daß
er einer besondern Festlichkeit anwohnen soll, so muß er um so mehr
auf seiner Hut sein, damit er nicht Ursache habe in die Klage eines
frommen Mannes einzustimmen: „So oft ich unter fremden Menschen
war, so oft kehrte ich als ein geringerer zurück." Insbesondere darf er
sich mit rohen und gemeinen Menschen, mit denen er öfters zusammen-
trifft, nie in eine nähere Verbindung einlassen. Seine Anwesenheit bei
solchen Anlässen soll vielmehr die rohen leidenschaftlichen Ausbrüche möglichst verhindern, indem er durch ruhige und feste Haltung und durch
seine überwiegende Einsicht dem streitenden Unverstande Achtung gebietet.
Im Umgange mit Personen des andern Geschlechtes muß namentlich der
junge Lehrer besonders behutsam sein, damit weder seine Ehre dadurch
befleckt, noch sein amtliches Ansehen vor der Gemeinde und der Jugend
gefährdet werde. Man verzeiht ihm in diesem Stücke ebensowenig ein
Vergehen, als dem Geistlichen, weil er ebenso, wie dieser, als ein Muster
der Reinheit dastehen soll, und weil er gerade hier durch sein böses Beispiel am verderblichsten wirkt. Um eine ganze Gemeinde bezüglich auf
Gesittung zu verschlechtern, bedarf es weiter nichts, als daß ein aus-
schweifender Geistlicher oder Lehrer eine Zeitlang an der Spitze derselben
stehe. Je lauter in dieser Hinsicht Klagen werden, desto größere Sorge
und Wachsamkeit über sich selbst ist einem Jeden nöthig, der weder sich
selbst, noch seinen Stand entwürdigen will. — Ist der Lehrer verheirathet
und Vater, so findet er im Umgange mit einer edeln und frommen Ehegattin das herrlichste Mittel, an rein menschlicher, gemüthlicher und christlicher Bildung zu wachsen. Denn die eheliche Verbindung soll ein geistiger und heiligender Verkehr, und ein gemeinsames Bestreben nach gegen-
seitiger Veredlung sein. Selbst die Kinder des Lehrers können in mancher
Hinsicht seine eigene Bildung befördern. Ihr anspruchloses und argloses
Wesen, ihr heiterer und harmloser Sinn fordert ihn auf, sich eine ähnliche Gesinnung anzueignen, und von ihnen die in seinen Verhältnissen so
nothwendige Kunst zu lernen, ein kindlicher Mensch zu sein und zu
bleiben. Ja, selbst die Beobachtung ihrer Fehler und Unarten kann ihm
manche Lehre und Warnung ertheilen, da die Gebrechen der Kinder meist
nur Nachbilder von den Mängeln und Unvollkommenheiten der Eltern
sind. Außer dem häuslichen Kreise suche der Lehrer Alles sorgsam zu

benützen, damit es für ihn eine Schule der christlichen Weisheit und
Tugend werden möge. (S. auch Art. der Schullehrer als Familienvater.) (Spr. 13, 20. Sir. 22, 14. Pf. 17, 26 ꝛc.)

Umgang der Kinder unter sich und mit andern Menschen. Daß
Umgang und gutes Beispiel ein überaus wirksames Beförderungsmittel
der bessern Erziehung sei, bedarf wohl keines besondern Nachweises. Schon
ein alter Lehrer der Weisheit hat sich darüber so ausgesprochen: „Gute
Beispiele führen uns und Andere den richtigen Weg zum
Himmel, böse aber zur Hölle.“ (Viktorin.) Alles, was des Kindes
Seele umgibt, spiegelt sich in derselben ab, wie die Sonne im Thautropfen,
der am Grase hängt. Ebenso hat auch die Umgebung einen entscheidenden Einfluß auf die sittliche Bildung des Kindes. Wer weiß es nicht,
welche Macht und Gewalt das Beispiel entweder guter oder schlechter
Art auf den Nachahmungstrieb der Unmündigen ausübt? — Deßhalb
sagt auch Sailer: „Sieh darauf, daß die frühesten Umgebungen des
Kindes, so viel möglich, reine Modelle seien, an denen sich sein Inneres
abdrücke, und die Unreinen aus seinem Anschauungskreise entfernt werden.“ Daher würde der junge Mensch so leicht die Bahn des Guten
verlassen, nicht so leicht der Tugend untreu werden, und nicht so leicht
dem Zuge der sinnlichen Neigungen und Begierden folgen, wenn er schon
in früher Jugend von dem Beispiele des Guten, Schönen und Heiligen
umgeben und durch dasselbe gestärket wäre, sich dem verderblichen Umgange mit bösen Menschen zu entziehen. Vermag man auch bei der sorg-
samsten Verwahrung nicht allemal die Kinder gegen alle Versuchungen
zum Bösen zu sichern, so werden sie doch, wenn sie nur erst im Guten
erstarket und gefestiget sind, denselben ungleich leichter und glücklicher
widerstehen. Wie der nahe Anblick des Guten, so hat auch der Anblick
des Bösen, des Schlechten und Niedrigen einen bedeutenden Einfluß auf
das jugendliche Herz. Neigungen erwachen, die sonst geschlummert hätten,
und Reize tauchen auf, die sonst in der Tiefe geblieben wären. Die
Macht des Beispiels zeigt sich besonders deutlich im Vereine vieler Kinder,
oder im Leben der Schule. Sittliche Gebrechen verschwinden bald an
den Kindern, von welchen in der Schule kein Beispiel getroffen wird,
indem sie den herrschenden Ton in kurzer Zeit annehmen und ihre Handlungsweise nach dem ihnen vorschwebenden Beispiele einzurichten lernen.
Der Einfluß des Beispiels behauptet meist seine Kraft auf die Lebens-
dauer — bessernd, wenn das Beispiel gut, verderblich dagegen, wenn es
böse ward. Dieser Einfluß ist aber um so wichtiger, je unmerklicher er
in den meisten Fällen ist. — Um jedoch in der Erziehung die Kraft des
Beispiels gehörig benützen zu können, dürften folgende Winke genau berücksichtiget werden: a) Der Eindruck des Beispiels greift im kindlichen
Gemüthe um so tiefer ein, je unmittelbarer und vielfacher das Gute auf
dasselbe wirkt, — daher die Macht der Anschauung im Leben und Umgange mit Andern die des Lesens und Erzählens überwiegt. b) Das
Beispiel wirkt kräftiger, wenn der Geist es freithätig betrachten und darüber nachdenken kann; daher darf die Selbstbetrachtung durch beständiges
Vorzeigen, Hinweisen und Lehren nicht geschwächt werden. Wer die
Dornhecke vor sich sieht, wird nicht so leicht in sie greifen, um davon
verwundet zu werden. c) Der Erzieher oder Lehrer beachte die Bildungsstufe des Kindes, damit theils nicht das Vortreffliche, das über seine Einsicht hinausliegt, verloren gehe, theils das Unwürdige und Schlechte den
süßen Frieden der kindlichen Unschuld störe. d) Er hüte sich vor dem
allzuviel, weil alles, was zu viel ist, mehr Schaden als Nutzen bringt,
somit auch der allzuhäufige Gebrauch von Beispielen, zumal derselbe die

eigene Beobachtung und die Erhebung zur Selbstständigkeit hindert. — Daß die Macht des lebendigen Beispiels sich vorzugsweise bei der häuslichen Erziehung offenbare, lehrt die Erfahrung aller Tage; es ist nur zu bedauern, daß sie sich sehr oft geradezu von der verderblichsten Seite zeigt, weil nicht so fast die eigentliche Verkehrtheit der Eltern und der übrigen Hausgenossen, als vielmehr öfters die bloße Unvorsichtigkeit in Vermeidung des bösen Scheins die Nachahmung der aufmerksamen Kleinen auf gefährliche Wege verleitet. Wie fromme und kluge Eltern durch ihren Umgang und ihr religiös-sittliches Beispiel den Grund zum nachherigen edeln Charakter ihrer Kinder legen, so geschieht von den unfrommen und verkehrten gerade das Gegentheil; solcher Eltern Haus ist keine Schule der Tugend und Frömmigkeit, ihr böses Beispiel wirkt Verderben für Zeit und Ewigkeit! — Deßhalb, weil die Zahl der schlechten Eltern heut zu Tage größer ist, als der guten, so hat auch der Lehrer weit häufiger gegen den Einfluß böser Beispiele zu wirken, als gegen die Nachahmung der guten, und dieß um so mehr, zumal es eine alte Thatsache ist, daß böse Beispiele viel wirksamer und ansteckender sind, als gute, und nicht selten Ein Kind durch seine Unarten in kurzer Zeit mehr verdirbt, als die sorgfältigste Bemühung des Lehrers in langer Frist wieder gut zu machen vermag. Der christliche Lehrer, welcher mit seinen Kindern und ihrem eigenthümlichen Wesen sich recht zu befreunden sucht, weiß auch bald, woran er in dieser Beziehung ist; er wird daher die sittlich verwahrlosten Schüler so viel möglich unschädlich zu machen suchen, damit der verderbliche Einfluß des bösen Beispiels die Guten nicht anstecken und ihm der Schaden Josephs nicht selbst zur Last fallen möge. Deßhalb wird er auch besonders dahin arbeiten, daß sich die Mehrzahl der Kinder in der Schule durch Folgsamkeit, Lerneifer und ein sittlich-gutes Betragen auszeichne, und edler Gemeingeist herrschend werde; damit dadurch der Einfluß der wenigen Schlechten möglichst gemindert und diese selbst durch den Anblick der Guten gebessert werden. Ist der religiös-sittliche Geist in die Schule ein- und von demselben durchdrungen, dann wirkt er freilich zehnmal mehr, als alle Ermahnungen und Belehrungen, weil diese gewöhnlich ohne jenen nur das leibliche Ohr berühren, aber nicht zum innern dringen. Mit mehr Schwierigkeit ist es verbunden, dem bösen Beispiele außer dem Hause entgegenzuarbeiten, weil da der Lehrer das Thun und Treiben seiner Schüler nicht beobachten und beaufsichtigen kann. Indessen hat er doch viel dafür gethan, wenn er seine Kinder mit den Waffen der Religion dagegen versehen hat. Der Wandel vor Gott ist die beste Schutzwehr gegen das Böse. (S. Art. Beispiele der Eltern und Erzieher.) (2. Cor. 10, 8. 1. Cor. 7, 9. Matth. 5, 16. Joh. 1, 8. Phil. 2. 15.)

Umgebungen des Kindes. (S. den vor. Art.)

Umgestaltung des Schul- und Unterrichtswesens. (S. Art. Schulverbesserungen.)

Umlaut, ein umgewandelter Laut, wie ä, ö, ü in Väter, Störche, Mütter, Umlaute von a, o, u in Vater, Storch, Mutter sind. (S. Art. Lautirmethode.)

Umriß. Dieser Ausdruck bezeichnet eine bloß allgemeine Darstellung, welche nicht ins Einzelne geht, wie z. B. der Geschichte, der Erdbeschreibung rc. Der Lehrer ist öfters genöthiget, die Kinder in ferne Länder und Gewässer hinüber zu führen, was wohl auch schon um des Verständnisses der heiligen Geschichte oder des Lesebuches willen nöthig ist. Es kommen darin einige Gewächse vor, wie z. B. Reis, Kaffee, Thee, Gewürze, Baumwolle, Elfenbein x., die er im Unterrichte nicht übergehen darf; da er aber den Kindern nicht selbst diese Pflanzen und Thiere zur Anschauung bringen kann, so bleibt ihm in vielen Fällen nichts anderes übrig, als diese Dinge möglichst treu zu beschreiben, daß davon ein lebendiges Bild in der kindlichen Seele entstehe. Dieß geschieht aber mehr durch Vergleichung mit andern Gegenständen, welche den Kindern bekannt sind. Was sie nun aber nicht selbst gesehen haben und nicht sehen können, und nur etwa aus Abbildungen kennen lernen sollen, da muß ihnen der Lehrer irgend etwas damit zu Vergleichendes vorführen, und alles möglichst genau angeben, damit sie von dem unbekannten Dinge ein richtiges Bild bekommen. Soll ein Gegenstand nach seiner Größe und Gestalt bezeichnet werden, so nehme der Lehrer Kreide und Wandtafel zu Hülfe, und zeichne etwa so viel, daß er die Umrisse, d. i. bloß die Linien desselben, wenn auch nur nothdürftig, angibt. Mögen die verglichenen Dinge einander an sich auch sehr unähnlich sein, so thut das im Ganzen nichts, zumal es sich bei der Vergleichung wohl von selber gibt. (Man sehe übrigens den Art. Beschreibung.)

Umschreibung ist nichts anderes als eine erklärende Uebersetzung, wie z. B. eines Gedichtes in Prosa, oder aus der gebundenen in die ungebundene Schreibart. Diese Uebungen, wenn sie auch anfangs den Kindern etwas schwer fallen mögen, sind jedenfalls sehr nützlich, und dieß nicht nur als Stylübungen, sondern auch als Uebungen im Verstehen der Dichtersprache, ohne welches man ja nicht einmal das eingeführte Gesangbuch mit Nutzen gebrauchen könnte. Der Lehrer beobachte aber hiebei Folgendes: Er wähle keine zu schweren poetischen Beschreibungen, sondern halte sich vorerst an die Erzählung, lasse dabei immer Bild, Einkleidung, Darstellung und Sache unterscheiden, und leite die Kinder durch Fragen dahin, bis sie den einfachen Satz gefunden haben; auch wähle er leichte christliche und auch andere Lieder. Von diesen Umschreibungen ist die einfache rhetorische Umschreibung leicht zu unterscheiden, welche nur zur Erweiterung eines Wortes oder Begriffes dient. Z. B. Wenn des Lenzes laue Lüftchen wehen, statt: im Frühlinge u. s. w.

Unachtsamkeit. (S. Art. Flatterhaftigkeit.)

Unanständige Aeußerungen. (S. Art. Schamlosigkeit und Art. Behutsamkeit.)

Unbeholfenheit. (Unbehülflichkeit.) Die Unbeholfenheit und Rohheit ist der Gegensatz von der Behendigkeit, Geschicklichkeit und der gefälligen körperlichen Haltung, welche im Alter der Entwickelung, in den sogenannten Flegeljahren bei allen Kindern mehr oder weniger anzutreffen ist, bei einzelnen aber als Folge verwahrloster häuslicher Erziehung andauert. Und dieser bedauerliche Umstand wird größtentheils dadurch herbeigeführt, indem man sich dem Kinde in Verlegenheit gar zu hülfreich und zuvorkommend bezeigt; wo es nicht weiß, wie es eine Sache angreifen, etwas zu Stande bringen oder einen Zweck erreichen soll, da finden sich Eltern oder andere Menschen als stets fertige Rathgeber und Helfer, zeigen ihm die nöthigen Handgriffe, machen mitunter selbst, wo das Kind machen sollte, und überheben es dadurch alles eigenen Nachdenkens und der Anwendung seiner Kraft. Ja, besorgte Mütter denken schon von vorn herein darüber nach, wie sie alle Hindernisse seiner Thätigkeit und seiner Wünsche aus dem Wege räumen, und ihm überhaupt alles recht bequem machen wollen. Dadurch legen sie nunmehr auch den Grund zu einer gewissen Unbeholfenheit, die ihm, wenn eine solche überzärtliche Sorgfalt längere Zeit fortdauert, oft durch das ganze Leben hindurch

nachgeht, und es da, wo es sich selber rathen und helfen sollte, nach
fremden Rathgebern und Gehülfen sich umsehen läßt. Und dieß bloß
darum, weil ihm eine richtige Beurtheilung der Lebensverhältnisse fehlt,
— ein Mangel, der sich nur daher datirt, weil es von frühester Kindheit
an alles Nachdenkens über die Mittel, Hindernisse zu überwinden, aller
Selbsthülfe enthoben ward. Die Kinder der niedrigsten Stände sind
hierin besser berathen, indem sie, sich meist selbst überlassen, ihre eigenen
Helfer sein, durch Anstrengung ihrer Urtheilskraft die Mittel und Wege
ausfindig machen müssen, wodurch sie Verlegenheiten besiegen und zur Erreichung ihrer Zwecke gelangen können. Solche Kinder erlangen denn
in der Regel mehr praktische Gewandtheit in ihrem beengten Lebens- und
Erfahrungskreise, wiewohl sie in allem andern, was darüber hinausliegt,
unwissend, stumpf und ohne Urtheil bleiben, was wohl auch schon darum
nicht anders sein kann, da sie bezüglich auf Sprache völlig vernachlässiget
worden sind. — Um die Unbeholfenheit möglichst zu beseitigen, suche der
Lehrer alle Fehler, deren sich die häusliche Erziehung schuldig gemacht
hat, möglichst zu beseitigen, und an deren Stelle richtige Beurtheilung
des Schullebens und anderer Verhältnisse und Behendigkeit bei allem,
was sie zu thun haben, zu bringen. Er halte namentlich bei solchen vernachläßigten Kindern auf eine angemessene körperliche Haltung; er steuere
dem sogenannten Lümmeln; er sage ihnen, wie sie sich gegen ältere ange-
sehenere Personen betragen sollen; er lasse sich von ihnen Manches auf
eine anständige Weise überreichen; er dulde kein pöbelhaftes Betragen,
keine grobe und holperige Sprache, und richte seine Aufmerksamkeit auf
alles, was sie in und außer der Schule zu thun und zu besorgen haben.

Unbekannte, das, an das Bekannte anreihen. Wir haben schon an
einem andern Orte gezeigt, wie nothwendig es sei, das, was der Lehrer
den Kindern nicht in Wirklichkeit vorhalten kann, in einem möglichst treuen
Bilde denselben anschaulich zu machen. Dieß geschieht aber am sichersten
dadurch, daß er das Unbekannte an das Bekannte anreiht, es damit von
allen Seiten vergleicht, das Aehnliche und Unähnliche nach Beschaffenheit,
Größe und Gestalt möglichst vollständig darstellt, und sich die Ueberzeugung verschafft, die Kinder seien im Stande sich von dem Gegenstande
ein richtiges Bild zu entwerfen. Die Anschauungsübungen (s. d. Art.)
haben hiezu ohnehin schon den Weg gebahnt, zumal den Kindern dabei
die Gegenstände in ihrer nächsten Umgebung vor ihre Sinne gebracht,
nach ihren Kennmahlen bezeichnet und da von einander unterschieden
würden. Diese Gegenstände, die ihnen bereits bekannt sind, nimmt nun
der Lehrer zu Hülfe, um sie zu den unbekannten hinzuleiten, die sie entweder noch nie gesehen haben, und vielleicht in ihrem Leben nie sehen
werden, deren richtige Vorstellungen ihnen aber um so nöthiger sind, je
verkehrtere sie davon mit in die Schule bringen. Der Lehrer muß demnach hier, besonders wenn angemessene Abbildungen fehlen, was in unsern
Schulen noch häufig der Fall ist, seine Zuflucht zu Vergleichungen nehmen, und dasjenige, was den Kindern unbekannt ist, durch das ihnen schon
Bekannte zu erläutern suchen. So z. B. wird es nicht schwer halten,
den Kindern ein richtiges Bild von einem Hai beizubringen, weil sie
schon einen größern Fisch, etwa einen Hecht gesehen haben. Der Lehrer
hat jenen dann nur näher zu beschreiben und zu bemerken, daß derselbe
unter allen Fischen der größte und zugleich unter den Raubfischen der
fürchterlichste sei, daß er einen rundlichen Körper habe, der nicht selten
eine Länge von 20 bis 25 Fuß erreiche ꝛc.; daß er sich in allen wär-
mern Meeren und auch im Mittelmeere aufhalte; daß er auch Menschen
verschlinge, wenn er ihrer habhaft werden könne, und deßhalb den Schiffen

oft Wochen lang nachfolge. (Man sehe die Geschichte vom Propheten Jonas im Bauche des großen Meerfisches, in Schmid's bibl. Geschichte des a. Test. S. 255. Nr. 109. München 1840).

Unbeständig. (S. Art. Flatterhaft.)

Unbestimmtheit. (S Art. Gegenwart.)

Undank, Undankbarkeit. Unter einem undankbaren Menschen verstehen wir einen solchen, der die ihm erwiesene Wohlthat nicht erkennt und daher auch nicht darauf bedacht ist, sie durch Wort und That zu vergelten. Der Undankbare geht kalt an der Quelle vorüber, die ihn im Sommer am heißen Tage gelabet und erquicket hat, ja er ist sogar im Stande, Steine in dieselbe zu werfen und ihr klares Wasser trübe zu machen, d. h. er vergilt das empfangene Gute mit Bösem, und bezahlt die zärtliche Liebe mit Vergessenheit, wohl auch mit Haß. Er kann es gelassen sehen, wie selbst Thiere ihn beschämen, die mit Treue ihren Wohlthätern folgen. Er gräbt seinen Wohlthätern eine Grube, um sich ihres Vermögens zu bemeistern, mit dem sie ihn ernähret und zur Zeit der Noth errettet haben. Er bedeckt seinen Lehrer mit Schmach, der ihm den Weg des Heiles wies, und wirft den Baum in's Feuer, dessen Früchte ihn erquickten. Er ist es, der seine verruchte Hand gegen des Vaters Haupt erhebt, das in Sorgen für ihn grau geworden ist. „Alle Menschen," sagt ein Weiser unserer Zeit, „haben für Verbrecher jeder Art eine Thräne des Mitleids — aber für den Undankbaren haben sie keine." Wer des Undanks fähig ist, und was Gutes empfangen, mit Bösem erwiedern kann, ist auch jeder schändlichen Handlung fähig, denn in ihm ist die Quelle aller Tugend ausgetrocknet, — die Liebe. — Diese Entartung des menschlichen Herzens hat ihre geringern und größern Grade. Schon das Vergessen empfangener Wohlthaten, Nichtachten der genossenen Freundlichkeit und Liebe, Gleichgültigkeit gegen treue Mentoren und Lehrer ꝛc. ist eine Stufe des Undanks, die das Herz entehrt und einen überaus großen Leichtsinn verräth. Aber des Herzens tiefste Verderbniß ist es, wo man nicht nur das Gute mit Gutem zu vergelten unterläßt, sondern das Gute mit Bösem vergilt. Undankbarkeit hat ihren Ursprung immer in einer gewissen Rohheit des Gemüthes, in dem Mangel zarter Gefühle, die das jugendliche Alter besonders schmücken sollen; in der Abwesenheit kindlicher Demuth, die so gerne eingesteht, daß sie durch sich selbst wenig, durch das Wohlwollen Anderer, durch Gottes Gnade aber Alles empfangen hat und Alles wird oder geworden ist. Am häufigsten verleitet der Leichtsinn zur Vergessenheit der empfangenen Wohlthaten. Eben so gewöhnlich ist es aber auch Stolz, der mehr oder weniger geheim gehalten wird, die sich selbst erhebende Eitelkeit und die daraus entspringende falsche Scham. Der stolze, eitle Sinn will Nichts Andern, sondern Alles nur sich selber zu verdanken haben, er nimmt Alles, was ihm Gutes widerfährt, nicht als Wohlthat, sondern als schuldiges Opfer an, und die falsche Scham findet sich entehrt, wenn sie ihren Dank öffentlich gestehen soll. Der erziehende Lehrer suche daher vor Allem einen edlen, christlichen Sinn, Wohlwollen, Liebe und Demuth in dem Kinde zu erwecken, und das Gefühl der Dankbarkeit keimt dann leicht und wie von selbst empor. Er suche den Leichtsinn zu bekämpfen, weil er einer der gemeinsten Fehler ist, durch welchen die Herzen guter Menschen zurückgeschreckt und die Undankbaren um ihres Leichtsinnes willen von Gott entfernet werden. Je mehr die Jugend geneigt ist, das Andenken empfangener Liebe aus dem Gedächtnisse zu verlieren, desto mehr muß es sich der Lehrer angelegen sein lassen, dasselbe ihr tiefer einzuprägen. Er zeige den Kindern, wie sehr es sich zur

Pflicht machen sollen, jede Gefälligkeit, jeden Liebesdienst und jeden Beistand Anderer bei jedem Anlasse auf irgend eine Weise gern und freudig zu erwiedern. Er mache sie aufmerksam darauf, wie thöricht ein Mensch sei, der sich der Eitelkeit hingebe, und wie fromme Herzen gern vergessen, was sie Andern gegeben, und nur daran denken, was sie empfangen haben, und mit Thaten der Liebe wieder lohnen, wann und wo sie immer können. Er weise mit warnendem Finger auf den Undankbaren hin, wie ihn nicht nur die Guten, sondern auch die schlechten Menschen als einen Gefährlichen fliehen, dem nie zu trauen, und wie er gleichsam der Tod so mancher edeln Handlung sei, die außerdem geschehen würde. An Beispielen der Art kann es dem Lehrer um so weniger fehlen, je mehr derselben die Welt und selbst die heilige Geschichte aufzuweisen hat. Als biblische Beispiele kann der Lehrer mit Nutzen folgende gebrauchen: der oberste Mundschenk gegen Joseph. (1. Mos. 40, 23.); die Israeliten gegen Gott (5. Mos. 32, 5.); Nabel gegen David (1. Kön. 25, 7. 10. 38.); Zeba gegen seinen Herrn (2. Kön. 16, 3.); Joas gegen den Priester Jojada (2. Chr. 24, 22. 24.) und die neun Aussätzigen (Luc. 17, 17.) Was in der angegebenen Beziehung die Eltern betrifft, so sollen sie ihre Kinder von Jugend auf daran gewöhnen, Alles, was ihnen die Hand der Liebe bietet, mit Dank anzunehmen. Auch sollen sie dieselben dazu anhalten, auch Andern für das kleinste Gute zu danken, und ihnen selbst als Muster vorangehen. (B. d. Weish. 16, 29. Sir. 29, 20. Luc. 6, 35. 2. Tim. 3, 2.)

Undeutlich reden. Der Lehrer suche immer deutlich und verständlich in der Schule zu reden. Man kann oft Tagelang reden, und es ist so viel, als hätte man nichts geredet; denn die Rede wurde nicht verstanden, weil sie nicht deutlich war. Viele Kinder gehen aus der Schule, sie haben gehört und wissen dennoch nichts, weil es ihnen nicht deutlich genug war, und ihnen sonach unverständlich blieb. Den Kindern muß insbesondere alles deutlich gemacht und verständlich vorgetragen werden. Will also der Lehrer nicht in den Wind reden, so muß er deutlich und verständlich reden; und sich überzeugen, ob er verstanden worden sei; er muß nachhelfen, wo es allenfalls noch nöthig ist. Auch darf er es nicht an der erforderlichen Erläuterung fehlen lassen. Seine Erläuterungsmittel nehme er so viel möglich aus dem Kinderkreise. Er darf er den Ausspruch des Apostels vergessen oder unbeachtet lassen: „Wenn ihr durch die Sprachen nicht verständliche Reden haltet, wie wird man verstehen, was ihr sprechet? In den Wind werdet ihr reden." (1. Cor. 14, 9.)

Undienstfertig. Wenn man Kinder, die sich schon von Natur aus nur sehr ungern anstrengen, sondern sich lieber mit Tändeleien und unnützen Dingen befassen, aller und jeder Anstrengung überhebt, wie solches der Fall bei manchen unverständigen Eltern ist, so werden sie nur noch mehr in der Arbeitsscheue bestärkt. Solche Eltern tragen sich stets mit dem Gedanken: „Ich darf den Kindern nichts zumuthen, was schwer ist, sondern muß selbst Hand anlegen oder von Andern Hand anlegen lassen." Und dieß geschieht gewöhnlich bei solchen Geschäften, welche die Kinder ohne die mindeste Schwierigkeit mit ihren Kräften zu Stande bringen könnten. Ein solches Benehmen muß nun offenbar dazu beitragen, daß die Kinder jedes Geschäft auf Andere hinüberwälzen, und zu Allem verdrossen werden, was mit Mühe und Anstrengung verbunden ist. Indessen legen sie ihre Hände müßig in den Schooß und lassen Andere die Arbeiten verrichten, die sie leicht hätten selbst verrichten können. Hiedurch tragen derlei unverständige Eltern unmittelbar dazu bei, daß ihre Kinder für jeden künftigen Lebensberuf unfähig werden. Und doch ist das gegenwärtige Leben für einen jeden Menschen weiter nichts anders, als die Arbeit im Weinberge Gottes, darin Jeder thun soll, was ihm nach Maaßgabe seines Berufes und der damit verknüpften Pflichten zu vollbringen aufgetragen ist. Ohne die verliehene Kraft und Zeit mit Eifer zu gebrauchen, und im Schweiße seines Angesichts sein Brod zu gewinnen, ist der Mensch eine unnütze Last auf Erden, und gleicht einem Baume, der bloß Blätter und Blüthen treibt, aber keine Früchte bringt. Ist der Mensch für sich selber träg und faul, nachlässig und verdrossen in Besorgung seiner eigenen Geschäfte, so wird er auch um desto weniger gegen Andere dienstfertig, um so weniger für die Wohlfahrt Anderer thätig sein. Wer sich seiner eigenen Arbeit nicht unterzieht, wie soll er sich fremder unterziehen? — Er wird im Verkehre mit Andern jederzeit undienstfertig erscheinen. (Joh. 17, 4. 2. Tim. 4, 6—8. Matth. 25, 19.)

Uneigentliche Fragen. Dieß sind solche Fragen, die einen Satz bloß anfangen und ihn dann durch die Kinder vollenden lassen. Eigentlich sind es gar keine Fragen. Sie dürfen aber auch nur da vorkommen, wo der Lehrer die Kinder an etwas ihnen schon Bekanntes und mit bestimmten Worten Aufgefaßtes erinnern will, wie z. B. Bibelsprüche, Definitionen ꝛc.

Unehre. Es gibt eine falsche und eine wahre Scham. Die erstere wird häufig bei der Jugend gefunden, die letztere dagegen häufig vermißt. Jene sollte nicht bei derselben gefunden und diese nicht vermißt werden. In dieser Beziehung mag sich der Lehrer gegen Kinder der Art auf folgende Weise äußern: „Du hast nicht Ursache dich zu schämen, wenn du zeigen sollst, was du gelernt hast, und du dazu aufgefordert wirst, oder zu reden, wenn man dich fragt, oder zu lernen, was du nicht kannst. Schämen darfst du dich nicht, still, eingezogen, höflich, fleißig, folgsam und gottesfürchtig zu sein; wohl aber ist es Schande, nichts zu können, albern zu reden, nichts zu lernen, ungezogen, unfleißig, plauderhaft, störrig, unfolgsam, schamlos und unfromm zu sein. Jenes wäre eine falsche, dieses aber eine wahre Scham. Jene findet nur da Statt, wo man sich dessen schämt, was Ehre bringt, diese dagegen, wo man sich dessen nicht schämt, was Schande und Unehre nach sich zieht." — Wer liebt und thut, was recht und Gott gefällig ist, der darf sich nie schämen und auch niemand scheuen oder fürchten; wer aber nicht liebt und thut, was Gott liebt, und was er gethan wissen will, der hat alle Ursache sich zu schämen vor sich und vor der Welt; denn dieß kann nie Ehre, wohl aber Schande und Unehre bringen. Ueber Beides drückt sich die heilige Schrift selbst so aus: „Dich weise zu zeigen, darfst du dich niemals schämen, aber schäme dich des Betruges in der Ausgabe und Einnahme; schäme dich stillzuschweigen, wenn man dich grüßet; schäme dich nach einem unzüchtigen Weibe zu blicken, und deinen Blick vom Verwandten abzuwenden. Wende dein Angesicht von deinem Nächsten nicht ab; und schäme dich, was du gehört hast, weiter zu sagen, und Geheimnisse zu offenbaren; so wirst du dich wahrhaft nicht zu schämen haben, und Gunst vor allen Menschen finden. Hüte dich, in allem diesem dich zu schämen, und Jemanden zu Gefallen zu sündigen. Schäme dich nicht des Gesetzes des Allerhöchsten und seines Bundes; schäme dich nicht das Urtheil über einen Gottlosen zu sprechen. Schäme dich nicht den Gottesfürchtigen zu schirmen in seinem Rechte, fleißig und zufrieden zu sein, und in Allem recht zu thun. Das gereicht dir zum bleibenden Ruhme vor Gott und den Menschen. (Sir. K. 41. u. 42.) Zu den

8*

Pflichten der Kinder gehört es aber auch ganz besonders, daß sie ihren Eltern nicht nur keine Unehre und Schande, sondern Ehre und Freude machen. Haben Kinder auch leibliche Gebrechen, keine gesunden Sinne und keinen gesunden Verstand, sind sie aber nur sonst gut geartet, folgsam und fromm, so machen sie den Eltern wenigstens keine Unehre, wie dieß der Fall bei ungerathenen ist. Diese leben ihren Eltern zur Unehre und zur Schande. Als solche wenden sie nicht bloß das Herz der Eltern von sich ab, sondern auch das Herz eines jeden Rechtschaffenen, und machen nicht nur ihre Eltern, sondern auch sich selber unglücklich; sie richten durch böses Betragen viel Aergerniß und Schaden an. Möchten wir solchen Kindern es tief und bleibend in die Seele hineinlegen können: Bedenket, was zu euerm Heil und Frieden dienet! — Den Eltern muß es vor allem daran gelegen sein, ihre Kinder so zu erziehen, daß sie an ihnen keine Unehre und Schande, sondern Ehre und Freude von denselben mit Zuversicht erwarten können. Auch sie sollen deßhalb mit Ernst bedenken, was ihnen zum Troste und Frieden dienen kann. Darum dürfen aber auch Eltern nicht in die Fußstapfen eines Heli treten, von dem es heißt: Er war schon sehr alt und erfuhr alles, was seine Söhne thaten. Da sprach er zu ihnen: Was muß ich von Euch hören? Warum thut ihr so böse Dinge! Alles Volk redet davon. Nicht doch, meine Söhne! Das sind keine guten Dinge, die ich höre. Ihr verleitet durch euer Beispiel ja selbst das Volk zur Sünde. Allein sie achteten die Ermahnungen ihres Vaters nicht. Und sie, wie sie es verdient hätten, schärfer zu bestrafen, dazu war Heli allzunachsichtig. Machen es viele Eltern diesem alten Manne nach, darf man sich dann noch wundern, wenn sie an ihren Kindern Unehre und Schande erleben müssen? — (1. Kön. 2, 22—24. Verb. damit Sir. 22, 3—6.) Kinder sollen daher frühzeitig zum Guten angeleitet werden. Des ist die rechte Weisheit für sie, und um diese Weisheit sollen sie täglich flehen, und nach ihr suchen und forschen. Die Weisheit aber ist Frömmigkeit und machet fromm. Auf den Weg der wahren Weisheit sollen sie durch Wort und That geleitet und ermuntert werden, daß sie stets auf der rechten Bahn zum Heile wandeln und auf derselben bleiben. (Spr. Sal. 2, 2—8. 19, 20. B. d. Weish. 3, 11.)

Unfähigkeit. Nicht selten klagen Lehrer über die Unfähigkeit ihrer Kinder, vergessen aber dabei, daß diese nur schwach oder verwahrlost sind und sich nur sehr langsam entwickeln lassen. Hat der Lehrer gethan, was er zu thun vermag, um das Ackerland zu bearbeiten, auf dem er seinen Saamen auszustreuen gedenkt, so darf er ruhig den Erfolg abwarten, und hat nicht Ursache, irgend ein Kind aufzugeben, weil es etwa im ersten Jahre seines Schulbesuches nur wenig oder nichts leistete, besonders wenn die Zahl der Schüler so groß ist, daß sie es ihm unmöglich macht, auf jeden Einzelnen seine besondere Aufmerksamkeit und Sorgfalt zu verwenden, oder ihm eine Nachhülfe zukommen zu lassen. An einem solchen Kinde würde er sich aber sehr versündigen, wenn er die in ihm schlummernde Kraft nicht anregen und ihm die nöthige Thätigkeit verweigern wollte. Man kann es kaum glauben, wie lange eine verkehrte Behandlung bei der ersten Erziehung einem Kinde nachgeht, und es für den Unterricht unempfänglich zu machen scheint, bis es endlich durch des Lehrers ununterbrochene Anregungen aus seinem Geistesschlummer aufwacht. So nimmt auch manchmal die Unfähigkeit den Schein des bösen Willens an, und mancher Lehrer besinnt sich nicht lange, unfähige Kinder für faul und tückisch zu erklären, ohne sie vorerst eine Zeitlang ruhig und genau betrachtet zu haben. Er fußet sich darauf:

Das Kind lernt die Buchstaben nicht, oder es will keine Antwort von sich geben ꝛc. Allein weder das Eine, noch das Andere ist stichhaltig. Denn ein Kind antwortet öfters aus dem Grunde nicht, und kann auch nicht antworten, weil der Lehrer unbestimmt und schlecht gefragt, oder weil er es durch seinen barschen Ton eingeschüchtert oder ihm zu wenig Zeit gelassen hat, sich gehörig zu besinnen, oder weil sein Gedächtniß der Art ist, daß es noch gar nichts auffaßt und behält. — Eben so wenig weiset das Nichtauffassen der verschiedenen Tonzeichen die Unfähigkeit eines Kindes nach, vielmehr möchte diese dem Lehrer zugemuthet werden dürfen. In dieser Beziehung sagt Wilmsen: „Möchten die Lehrer, die sich darüber ärgern, wenn manche Kinder die Buchstaben nicht kennen lernen, mit sich selbst einen Versuch machen, ob es denn selbst für Geübte etwas so ganz Leichtes sei, die Charaktere eines fremden Alphabets aufzufassen; möchten sie es mit dem arabischen Alphabet an sich selbst versuchen, und sie würden billiger gegen Kinder werden. Denn wer verlangt, daß das Kind, welches zum ersten Male in die Schule kommt und gleich vor die Buchstabentafel gestellt wird, mit seiner noch ganz ungeübten Auffassungskraft diese Zeichen, denen in der Sinnenwelt gar nichts ähnlich ist, in wenigen Stunden auffassen soll, der hat selbst noch nicht das Abc, nämlich das Abc des methodischen Unterrichts gelernt.

Unfall (was Schaden und Gefahr droht.) Was wir über diesen Gegenstand zu sagen haben, gehört eigentlich mehr in den Kreis der häuslichen als der öffentlichen oder Schulerziehung; doch muß auch für den Lehrer die Regel ihre Geltung behalten: „Man mache nicht zu viel aus einem Unfalle, der einem Kinde zustößt, aus einem Uebelbefinden, von dem es betroffen wird, sondern ergreife vielmehr ruhig und gelassen die in jedem einzelnen Falle zweckdienlich scheinenden Mittel.“ Die Kinder müssen aus dem ganzen Benehmen des Lehrers abnehmen, daß der Unfall, das Uebelbefinden ꝛc. nur etwas Gewöhnliches sei, was einem Jeden leicht begegnen könne. Ist der Lehrer dabei ängstlich und erschrocken, so theilt sich seine Aengstlichkeit und sein Schreck der ganzen Schule mit, und leitet das Urtheil der Kinder irre, einige ausgenommen, die schon ähnliches erfahren haben, und sonach wissen, daß die Sache eben so schlimm nicht sei, und man nicht Ursache habe, deßhalb zu erschrecken. Das sicherste Mittel gegen eine solche ängstliche Besorgniß ist der der Seele tief eingeprägte Gedanke: Schreck und Angst hilft zu nichts, wirkt vielmehr nur nachtheilig auf die Kinder, dagegen ist die ruhige Ueberlegung nöthig und heilsam wirkend. Wir setzen den Fall, ein Kind habe sich in den Finger geschnitten oder den Kopf angerannt und blute, so wird der Lehrer am besten thun, wenn er ganz ruhig zu einem andern sagt: A. gehe und hole etwas frisches Wasser, wir wollen das Blut abwaschen, und es wird dann Alles wieder recht werden. Ein anderes klagt weinend: mir ist nicht wohl. Der Lehrer sage ihm: gehe in die frische Luft, und es wird dann wieder besser werden u. s. w. Dadurch lernen die Kinder selbst eigene und fremde Unfälle ruhig betrachten, gehörig beurtheilen und wohl auch die zweckdienlichen Mittel anwenden. (1. Mos. 42, 38. Jsai. 3, 6.)

Unfleiß. (S. Art. Trägheit.)

Unfolgsamkeit ist der Gegensatz von Gehorsam und ein Hauptverstoß gegen denselben. Im weitern Sinne ist jede Sünde eine Unfolgsamkeit, welche der Schüler unmittelbar gegen den Lehrer beweiset. Die Unfolgsamkeit in diesem Sinne offenbart sich als Nachlässigkeit im Vollziehen dessen, was zu thun befohlen wird, als Widerspruchsgeist, als Eigensinn,

Trotz und Widersetzlichkeit. Die Quellen, aus welchen die Unfolgsamkeit entspringt, sind verschieden, als: mangelhafte Einsicht, verschrobener Wille, falscher Ehrtrieb, verkehrtes Streben nach Selbstständigkeit, besonders aber die geringe Gewöhnung an Folgsamkeit in den meisten häuslichen Kreisen. Der Lehrer hat bei der Behandlung unfolgsamer Kinder immer eine eigene Stellung, er erscheint denselben leicht als Parthei und Richter, weil sie die Person des Lehrers von dem Sittengesetze nicht unterscheiden. Der Lehrer hat sich daher bei der Unfolgsamkeit eines Schülers ganz besonders ruhig und gelassen zu verhalten, er hat sich nach Harnisch, wie ein Arzt gegen einen Rasenden, mild und ernst zu benehmen, aber in dem Stücke, wo das Kind gehorchen soll, um nichts nachzugeben. Eine in solchen Fällen angewandte Nachsicht, die man bei den viel befehlenden und nichts durchsetzenden Müttern so oft findet, ist die eigentliche Schule des Ungehorsams. „Der Wille muß gebrochen werden," sagten die Alten, und wenn man darunter eine Beharrlichkeit in Erreichung des Gehorsams versteht, so hatten sie wohl ganz recht. Diese Willensbrechung wird jedoch nicht dadurch erreicht, daß man ohne Weiteres auf den Schüler einschlägt, sondern es ist ihm eine gewisse Zeit einzuräumen, damit er zur Besonnenheit komme, und nur dann ist eine Strafe anzuwenden, wenn derlei Maaßnahmen und Verfügungen fruchtlos sind. — Es wird schwerlich einen Fall geben, wo die Schule den äußern Gehorsam zu erreichen im Stande wäre, und nur selten dürfte sie sich in die Nothwendigkeit versetzt sehen, ihre Zuflucht zur bürgerlichen Strafgewalt zu nehmen, wenn ihr anders die Eltern hierinfalls die Hände bieten. Aber in ganz außerordentlichen Fällen kann sie es auch, und mag dann den Schüler so lange der bürgerlichen Correction überlassen, bis er sich in die Ordnung der Schule fügt. Die Schule darf sich aber nie mit der Erreichung des äußern Gehorsams begnügen, sondern sie muß, als christliche Anstalt, den innern Gehorsam erstreben, und deßhalb nicht bloß die Störrigen zu den Ungehorsamen rechnen; auch diejenigen, welche auf klügliche Art die Schulgesetze umgehen, und ihre Listigkeit vor den Augen des Lehrers zu verbergen suchen, müssen zu dieser Klasse gezählt werden. Am besten wird der Lehrer den Ungehorsam aus seiner Schule verbannen, wenn er durch Liebe das Vertrauen der Kinder zu gewinnen weiß; wenn er überall im Namen Gottes gebietet und verbietet; wenn er den Ungehorsamen mehr bemitleidet, als haßt; wenn es den Schülern bemerkbar wird, daß er den tiefen Ernst und die unnachsichtliche Strenge, die er gegen die Schuldigen beweist, um des Gewissens wegen anwendet, daß er mitleidet mit dem, den er bestraft, und daß er Seelen nur verwundet, um zu heilen. (Jer. 2, 19. 3, 32. Hebr. 2, 2. Isai. 65, 2. 1. Tim. 1, 9.) S. auch Art. Gehorsam.

Unfreundlichkeit. Der christliche Lehrer ist gegen seine Kinder nie unfreundlich und verdrossen, liebevoll nimmt er sich eines jeden an; besonders aber sind es die Geistesschwachen, denen er liebend entgegenkommt und ihnen Nachhülfe gewährt, deren sie bedürfen. Solche Kinder können unmöglich mit andern gleichen Schritt halten, und sollen doch nicht zurückbleiben. Durch ein unfreundliches Benehmen würden solche Kinder nur abgeschreckt und zurückgeschlossen werden. Deßhalb tritt der Lehrer nie mit einer unfreundlichen und verzogenen Miene zu ihnen hin, und behandelt keines derselben auf eine ihren Muth niederschlagende Weise. Er macht sich ihnen so faßlich, wie möglich und leitet sie an seiner Hand unverdrossen fort auf dem Wege des Fleißes. Er schenkt ihnen lieber nach der Schule noch eine besondere Viertelstunde, um sie weiter zu

förbern, und sich um sie verdient zu machen. Freundlichkeit, musterhafter Fleiß von Seite des Lehrers und des Schülers können gewiß
einigermaßen ersetzen, was dem Talente desselben abgeht. Uebrigens
hat es der Lehrer immer mit verschiedenen Kindern zu thun, und verschiedene Bedürfnisse zu befriedigen. Bald wird er von diesem, bald von
jenem besonders in Anspruch genommen, das eine will so, das andere
anders behandelt sein. Er wird nun auch einem jeden freundlich geben,
was es bedarf, und sich keinem auf eine mürrische und verdrossene
Weise entziehen. Freudig wird er allen zu nützen suchen, so viel er
kann. Nie wird er vergessen: Liebe, Milde und Freundlichkeit ziehen
die Herzen der Kinder an sich, wie der Magnet das Eisen; Unfreundlichkeit aber und Verdrossenheit entfernen sie, und dadurch werden dem
gedeihlichen Wirken mächtige Hindernisse in den Weg geworfen. —
(S. Art. Freundlichkeit.)

Unfromme Aeußerungen. (S. Art. Aeußerungen.)

Ungeduld. (S. Art. Schreien.)

Ungefälligkeit. (Ungeneigtheit, Andern einen Gefallen zu erweisen.)
In Beziehung auf das, was wir früher Art. Lieblosigkeit gesagt haben,
bemerken wir hier nur noch Folgendes: Die Ungefälligkeit der Kinder
gibt sich dadurch kund, daß sie einander gegenseitig Dienste versagen,
deren sie bedürfen. Obgleich im gewöhnlichen Leben mehr Veranlassungen
hiezu erscheinen, als die Schule sie bietet, so fehlt es doch auch in diesen
nicht daran, und es sind die Fälle nicht selten, wo ein Kind dem andern
einen Gefallen erweisen könnte, solches aber zu thun sich weigert. Gewahrt
nun der Lehrer an irgend einem Kinde ein solches liebloses Benehmen,
so gebe er demselben sein Mißfallen zu erkennen, und mache ihm bemerklich, wie häßlich und verächtlich ein solches ungefälliges Benehmen
zwischen Kindern und Kindern sei. Den größern Schülern wird er aus
dem täglichen Leben nachweisen, wie kein Mensch des Andern Dienste
entbehren könne, und daß es Gott nach seiner Weisheit und Güte so
eingerichtet habe, daß selbst der Reichste der Hülfe des Aermsten bedürfe,
daß sich in der Geneigtheit, Andern zu dienen, mit der empfangenen
Gabe die Liebe offenbare, und daß nur derjenige, welcher das göttliche Gesetz: Du sollst deinen Nächsten lieben, wie dich selbst! genau
nach der Vorschrift vollbringe, auf dem rechten Wege sei, der zum
Heil und Leben führt. Kommt ein ungefälliges Kind in den Fall,
wo es der Hülfe Anderer bedarf, so wird der Lehrer dafür sorgen, daß
sie ihm zu Theil werde, zugleich aber nicht unterlassen, es an sein bewiesenes ungefälliges Betragen zu erinnern, damit es darüber schamroth
werde und sich für die Folge gegen jeden seiner Mitschüler gefällig
erzeige. Schon frühe muß die Geneigtheit, Andern einen Gefallen zu
erweisen, im Herzen der Kinder wurzeln, damit aus ihr in den spätern
Jahren die lieblichsten Früchte hervorgehen. „Wie der Regen die Erde
feuchtet," sagt der heil. Fr. Sales, „und sich nicht bloß den Blumen,
sondern allen Pflanzen mittheilt und sie erquickt, so erstrecke sich auch
die Dienstbeflissenheit auf Alle, so weit es möglich ist." — Dieß muß
in der Tiefe unserer Kinder haften und sie durch ihr ganzes Leben begleiten. (1. Petr. 4, 10. Gal. 6, 10.)

Ungehorsam. So wie sich der Gehorsam als schöne kindliche Tugend in mancherlei Gestalten bei den verschiedenen Verhältnissen des
Lebens kund gibt; so zeigt sich auch das Gegentheil davon, der Ungehorsam, als ein sittliches Gebrechen in eben so mannigfaltigen Gestalten und
erhält daher auch nach denselben verschiedene Benennungen. Dieser ist
die Schlange, welche die Unschuld des Paradieses vergiftete, und ewig

erneuert und verjüngt noch jetzt ihr Gift über den Erdboden verbreitet. Es muß daher Eltern und Erziehern unendlich viel daran gelegen sein, frühe schon das Gegengift in die Herzen der Kinder zu flößen. Allein gerade diese sind es, welche den Kindern selbst Veranlassung zum Ungehorsam geben, und dieß darum, weil sie vom rechten Gehorsam eigentlich nicht einmal einen rechten Begriff haben. Sie sehen, sagt Handel in seiner Seelenlehre (S. 634) darin bloß etwas, das aus ihrer elterlichen Gewalt nothwendig folgt, und machen davon einen willkürlichen Gebrauch. Sie gebieten nach Laune, legen dem Kinde Dinge auf, von denen sich kein vernünftiger Grund absehen läßt, fordern von ihm Entsagungen, bei denen sie keine andere Absicht haben, als das Kind ihr elterliches Ansehen recht lebhaft fühlen zu lassen. Sie wollen und bilden eine reine Gehorchmaschine ohne eigene Willenskraft, ohne freien Entschluß; das Kind lernt nie einsehen, warum es gehorchen, aus welchem Grunde es dieses thun, jenes lassen soll, und sobald die treibende Kraft von außen nachläßt, hört auch sein Gehorchen auf, weil es ihm an aller freien Willensbestimmung fehlt. Andere untersagen gleichgiltige Handlungen, unschuldige und gefahrlose Beschäftigungen und Vergnügungen, und übersehen das wirklich Unerlaubte, Unsittliche und Pflichtwidrige; der Gehorsam bleibt ohne feste sittliche Richtung oder er verwandelt sich bei zunehmendem Erwachen der kindlichen Vernunft in inneres und äußeres Widerstreben. Andere befehlen oder verbieten, und setzen es nicht durch, oder sie erlauben morgen, was sie heute untersagten, und legen es geradezu darauf an, das Kind ungehorsam zu machen. Dadurch wird, wo möglich, aller Boden weggeräumt, auf dem ein sittlicher Charakter wurzeln könnte. — Der Ungehorsam der Kinder ist zwar zunächst eine Aeußerung der angebornen Willkür, des natürlichen Unvermögens, sich selbst dem Gesetze gemäß zu bestimmen, des Mangels an harmonischer Vernunftthätigkeit, und er wird sicher und entscheidend nur dann überwunden, wenn man ihn in dieser seiner Wurzel angreift. Allein wie sich diese in verschiedenen Naturen sehr verschieden gestaltet und kundgiebt, so hat er selbst auch mancherlei innere und äußere Bedingungen, von deren Erkenntniß und zweckmäßiger Behandlung die Heilung abhängig ist. Die äußern, in den Lebensverhältnissen der Eltern und Kinder selbst begründeten Bedingungen sind oft schwer, doch bei anhaltender Wachsamkeit und bei beständiger Richtung auf das Eine Nothwendige meist leichter zu beseitigen, als die innern. Zu diesen gehört der Mangel an Aufmerksamkeit, welcher oft die vornehmste Quelle des Ungehorsams, wenigstens bei übrigens unverdorbenen Kindern ist; die unstäte Flüchtigkeit und der Leichtsinn, mit Muthwillen gepaart; die Gewalt unbeherrschter Neigungen; das Nichtgewohntsein sich selber etwas zu versagen und sich selbst zu überwinden, und endlich der Eigensinn, so wie Lust an eingebildeter Selbstständigkeit. Nebst der Bekämpfung des Grundübels muß daher auch auf sehr verschiedenen den besondern Bedingungen entsprechenden Wegen dem Ungehorsam selbst entgegengearbeitet werden, keineswegs bloß durch Strafen, sondern auch und besonders durch Uebungen in allem dem, was den Gehorsam unterstützt und erleichtert. Dieß geschieht nun vordersamst durch Aufmerksamkeit und Besonnenheit, durch Selbstbeherrschung und Selbstverläugnung, durch Ehrfurcht gegen das heilige Gesetz. Der Eigenwille muß gebrochen, d. i. in seiner willkürlichen Aeußerung beschränkt und dem Gesetze unterworfen werden, jedoch so, daß dadurch die zum Guten unentbehrliche Willenskraft selbst nicht gelähmt werde. Man ist irrig daran, wenn man glaubt, das Kind solle keinen eigenen Willen haben; denn alle Tugend hängt ja doch von der Kraft des eigenen Willens, der freien Selbstbestimmung ab, er soll nur nicht eigenwillig sein, d. h. nicht nach eigener Neigung und Willkür, sondern nach dem Bewußtsein eines höhern Willens, und sich nach diesem bestimmen. Der Eigenwille, der erst durch die Richtung, die er nimmt, gut oder böse wird, unterscheidet sich von dem Eigensinne dadurch, daß dieser schon an sich eine krankhafte Verstimmung des Gemüths, ein hartnäckiges Beharren in der Eigenwilligkeit ist, und also unmittelbar bekämpft werden muß, wobei aber immer auch die Quellen zu berücksichtigen sind, aus welchen er hervorgeht. Bei manchen Kindern geht er nämlich aus leiblicher und geistiger Schwachheit, bei andern dagegen aus trotziger Kraft hervor. So sind kränkliche Kinder meist zum Eigensinn geneigt, und werden um so häufiger und leichter verzogen, je mehr ihr leiblicher Zustand Mitleid einflößt und die Eltern zur Nachgiebigkeit gegen ihre Wünsche und Forderungen geneigt macht. Eben so ist auch Geistesschwäche, die nicht aufmerken, noch wollen kann, die um so leichter von einer dumpfen Stimmung befangen wird, die als Eigenwille erscheint, im Grunde aber doch nichts anders als Willenslosigkeit ist, — auch Blödigkeit, die bei schwachem Willen zwischen Gehorsam und Ungehorsam schwankt, nicht selten die Ursache des Eigensinnes. Er entsteht aber auch aus dem Bewußtsein geistiger und leiblicher Kraft, aus dem Selbstgefühl, welches frühe nach Unabhängigkeit ringend, doch zu einem entschlossenen Wollen zu schwach, dieses durch Unbeugsamkeit und Widerstand zu ersetzen versucht. Dieser Eigensinn ist, als der blindeste Ungehorsam, allerdings überall strafbar. Allein die Grade der Strafbarkeit sind hier noch verschiedener, als die Quellen, aus welchen er entspringt. Körperliche Züchtigungen, die zur Unzeit angewendet werden, können das Uebel zum unbeugsamsten Trotze und zur völligen Verstocktheit steigern, und sind unter andern Umständen ein durchgreifendes und sicheres Heilmittel für das viel verzweigte Uebel. Ehrenstrafen und eine weise Belebung des Ehrgefühls, verbunden mit zweckmäßiger Demüthigung bezwingen dasselbe nicht immer; aber doch in manchen Fällen. Am wenigsten dürfen die unmittelbaren Folgen des Eigensinns selbst unbenutzt gelassen werden; er muß sich brechen an unüberwindlichen Hindernissen und der weisen Liebe der Eltern, die eben so weit entfernt ist von schonungsloser Härte, als schwacher Nachgiebigkeit. Diese Liebe, wenn sie zur rechten Zeit als strafende Gerechtigkeit erscheint, bewältiget am sichersten und entscheidendsten sowohl den Eigensinn, als sie auch den thörichten Eigenwillen mäßiget und zur Unterwerfung bringt. Der Ungehorsam in der umfassenden Bedeutung, die Alles in sich faßt, was wider das Gesetz, also wider Gottes Willen ist, ist überall als eine Seelenkrankheit zu betrachten und zu behandeln. Dagegen helfen, sagt Köthe, nie und nirgends bloß Strafen, obwohl sie, zweckmäßig angewendet, Heilmittel sind. Wie der weise Arzt leibliche Krankheiten nicht bloß durch Arzenei, sondern auch durch angemessene Diät, durch gesunde Luft, durch Anregung der noch vorhandenen gesündern Kraft und Lebensthätigkeit zu heilen sucht, dabei die Quelle des Uebels erforscht, und die ganze Individualität des Kranken beobachtet, so wird auch der Erzieher, als Seelenarzt, verfahren müssen. Man wähne nur nicht, daß mit Strafen Alles auszurichten, jeder Fehler zu überwinden sei, zumal wenn man nicht bloß ihn dämpfen, sondern auch ausrotten, und das ganze geistige Leben heilen will. — Dagegen sagt Kelber: Ungehorsam ist Sünde, und muß bestraft werden. Die Strafe muß dem Kinde wehe thun. Bleibt es zwei- oder dreimal für seinen Ungehorsam unbestraft, so ist es das dritte und vierte Mal auch ungehorsam. Kostet es gleich anfangs die bittere

Frucht des Ungehorsams, dann wird ihm der weitere Appetit vergehen
und es wird sich vor Ungehorsam sorgfältig hüten. Wenn euere Kinder
oft ungehorsam sind, so ist es euere Schuld, ihr Eltern; ihr habt sie
entweder gar nicht oder nicht nachdrücklich genug bestraft. Bestrafet euere
Kinder sogleich für den ersten Ungehorsam, und zwar so, daß eine zweite
Bestrafung desselben nicht mehr nöthig wird. Ihr ersparet euch und euern
Kindern unendlich viel dadurch." — Was diese Aeußerung betrifft, so
wird sie wohl Niemand so verstehen, daß etwa die alte Zuchtmethode bei
der jugendlichen Erziehung wieder durchgängig eingeführt werden soll;
aber Kelber will auch im Gegensatze mit der modernen Verzärtelung und
Verweichlichung die Ruthe weder aus der Kinderstube, noch aus der Schule
verbannt wissen. Er weiset insbesondere auf den ernsten Ausspruch der
heil. Schrift hin: „Wer die Ruthe spart (wo sie nöthig ist), haßt
seinen Sohn." Sprw. 13, 24. Auf die etwaigen Einwendungen,
daß man durch Schlagen mehr verderbe, als gut mache, und daß man
durch gute Worte allein Alles bei Kindern ausrichten könne, wollen wir
den ehrwürdigen Pestalozzi antworten lassen. „Wir haben Unrecht,"
sagt er, „ja wir haben gewiß Unrecht, gegen den Reiz sinnlicher Begierden von der Kraft leerer Worte Alles zu erwarten und zu glauben, den
Willen des Kindes unter allen Umständen, ohne Züchtigung, durch bloße
wörtliche Vorstellung, nach unserm Willen lenken zu können. Wir wähnen,
unsere Humanität habe sich zu einer Zartheit erhoben, die uns in keinem
Falle mehr erlaube, an das eckle, rohe Mittel des Schlagens nur zu
denken. Aber es ist nicht die Zartheit unserer Humanität; es ist ihre
Schwäche, die uns also leitet. Wir trauen uns selbst nicht; wir trauen
unserer Liebe nicht. Darum fürchten wir, unser Kind möchte ihr auch
nicht trauen, und glauben, es durchblicke unser Herz nicht, mitten indem
wir es schlagen. Unsere Liebe ist nicht kraftvoll, ist nicht rein; darum
allein fürchten wir uns: sonst würden wir ihr selber mehr vertrauen,
und könnten uns in ihren nothwendigen Folgen nicht also irren. Wir
kennen weder die Folgen der in der Liebe züchtigenden Kraft, noch diejenigen der jede Züchtigung scheuenden Schwäche. — Du kannst in Zucht-
und Irrenhäusern die Folgen dieser Schwäche sehen, und unter Thränen
und Wuth die Jammerstimme aussprechen hören: hätten mich mein Vater
und meine Mutter bei der ersten Bosheit gezüchtiget, so wäre ich jetzt
kein Scheusal vor Gott und den Menschen." (P. Wochenschrift für Menschenbildung.) So äußert sich der ehrwürdige Mann, der in seiner Schule
wirklich wie ein Vater unter seinen Kindern dastand. Wir können und
wollen gegen diese Behauptung auch nicht von fern her etwas einwenden,
da sie das Resultat einer langen Lebenserfahrung ist, und müssen sonach
nur wünschen, daß sie der Leitstern der Eltern und Erzieher auf der Bahn
der Erziehung ihrer Kinder zum Gehorsam werden möge. Nur darf
dabei nicht vergessen werden, daß zugleich der innere Mensch auch durch
Liebe zur Liebe gewonnen und erweckt werden müsse. Wie die Sonne
nach einem mächtigen Sturme, während welchem sie durch Wolken ver-
hüllet worden, wieder in ihrem vorigen Lichtglanze freundlich hervortritt;
ebenso muß auch die vor und während der Züchtigung ernster und dü-
sterer gewordene Liebe dem Kinde nach derselben wieder freundlich und
mild erscheinen. Nur so wird der Sturm segenbringend in der Natur,
und die Züchtigung heilbringend in der Erziehung. Man lasse dem gezüchtigten Kinde Zeit sich auszuweinen, thue ihm aber auch nicht schön,
um ihm die zugefügte Strafe gleichsam abbitten zu wollen, was geradezu
eine Wirkung erzeugen würde, als wenn man ein vom Froste erstarrtes
Gewächs an den warmen Ofen brächte. Am zweckmäßigsten dürfte es

sein, wenn man dem gezüchtigten Kinde einige Zeit darnach eine angemessene Beschäftigung oder sonst einen Auftrag gäbe, wobei es etwas zu
denken hätte, so würde es sich am ehesten wieder beschwichtigen. Mit
einem solchen Verfahren ist zugleich der Vortheil verbunden, daß das
ungehorsame Kind in der Tugend, die ihm mangelt, geübt und ihm der
freudige Gehorsam durch Uebung zur Gewohnheit wird. — Bei der Behandlung eines ungehorsamen Kindes muß übrigens auch das Alter berücksichtiget werden. Dieß darf besonders der Lehrer nie aus dem Auge verlieren. Die Kinder müssen, wenn sie seiner Leitung übergeben werden, schon
durch die häusliche Erziehung an Gehorsam gewöhnt worden sein, und
ist dieß geschehen, so wird es auch nicht sonderlich schwer fallen, den
bestehenden Schulgesetzen die erforderliche Achtung und Folgsamkeit zu
verschaffen. Aber auch muß der Lehrer bedenken, daß es vorzüglich seine
Persönlichkeit sei, welche den Kindern das Gehorchen leicht machen kann.
Weiß er ihnen die persönliche Achtung und Liebe nicht einzuflößen, dann
werden seine Schüler vielleicht jedem Andern mehr Folge geben, als ihm,
und alle seine Vorsicht im Strafen und Belohnen wird eitle Arbeit sein.
Allein auch bei allem Ansehen, das der Lehrer unter seinen Schülern
behaupten mag, wird es doch nie an Einzelnen fehlen, welche sich mehr
oder weniger rohe Aeußerungen erlauben, und sich gegen den nöthigen
Gehorsam verfehlen. Diese darf er nun aber schon um des bösen Beispiels willen nicht ungerügt lassen. Hier muß er nun zur Besserung solcher Kinder, an welchen vielleicht schon die häusliche Erziehung die meiste
Schuld trägt, alle ihm zu Gebote stehenden Mittel in Anwendung
bringen. In einem solchen Falle muß sich aber besonders der jüngere
Lehrer wohl in Acht nehmen, daß er sich nicht etwa vom Zorne bewältigen und von unzeitiger, leidenschaftlicher Hitze hinreißen lasse, zu strafen,
was an und für sich strafwürdig sein mag, aber von ihm noch nicht
bedächtig geprüft und allseitig erwogen worden ist. — Um das Verhalten
des Lehrers in einer so wichtigen Sache zu regeln und ihn in den
Stand zu setzen, daß er durch Uebereilung entweder bei dem strafbaren
Kinde, oder bei den Eltern und Mitschülern desselben nicht mehr verderbe als gut mache, dürften folgende Regeln wohl zu bemerken sein:
Kinder, welche schon zu Hause an Eigensinn gewöhnt, oder mit Geringschätzung gegen den Lehrer und zum Ungehorsam gegen ihn von Seite
der Eltern förmlich aufgemuntert worden sein sollten, müssen schon bei
dem erstmaligen Schulbesuche ernstlich zum pünktlichen Gehorsam angewiesen werden. Sie müssen zuerst warnend zum Gehorsame aufgefordert
werden, etwa durch die Erinnerungen: Vergiß dich nicht! Besinne dich!
Du weißt, was du zu thun und zu lassen hast! Du weißt, daß ich keinen
Ungehorsam gestatten kann! ꝛc. Folgt der Schüler nicht, so sage der
Lehrer ihm: Jetzt will ich dir Zeit zur Besinnung lassen; nach dem Unterrichte werde ich weiter mit dir reden! — Bleibt er unfolgsam, so drohe
der Lehrer, ihn im Sittenbuche zu notiren, über sein Betragen die Eltern
in Kenntniß zu setzen, und frommt auch dieß nicht, dann verkünde er ihm
die Nothwendigkeit einer leiblichen Züchtigung, und schreite endlich wirklich
zu dieser, wenn kein anderer Ausweg mehr übrig bleibt. Was aber an-
gedroht worden ist, muß in Vollzug gebracht werden, nur geschehe dieß
vom Lehrer ohne alle Leidenschaftlichkeit. Uebrigens strafe der Lehrer in
wichtigen Fällen nie vor oder während des Unterrichts, sondern erst nach
demselben, entweder den Fehlenden unter vier Augen, oder nach Maßgabe
der Umstände in Gegenwart der übrigen Schüler, jedoch immer mit Ruhe
und Besonnenheit, nachdem er ihn wiederholt an seinen Fehler erinnert,
und ihn und die übrigen davor gewarnt hat. Auch strafe er nie so, daß

das Mitleid der übrigen Schüler gegen den Gestraften größer wird, als
ihre Liebe zu ihm, welches dann geschehen würde, wenn er sich selbst ver-
gäße, mit Händen oder Fäusten zuschlüge und überhaupt die Schranken
der Mäßigung und Schonung überschritte. Da aber, wie Hergenröther richtig bemerkt, in unserer Zeit jene schöne Uebereinstimmung
zwischen der Schule und der häuslichen Zucht nicht mehr herrscht, bei
der ein in der Schule gezüchtigtes Kind auch zu Hause noch die Nach-
wehen davon empfinden mußte, und nebenbei die unvernünftige Liebe vieler
Eltern auch die größten Ungezogenheiten ihrer Kinder gegen den eifrigen
Lehrer in Schutz zu nehmen pflegt; so wird sich der Lehrer dadurch
keineswegs einschüchtern und zu einer schwächlichen Nachsicht verleiten
lassen. Er thue ohne alle Rücksicht, was seines Amtes ist, und bewähre
sich in Allem als einen besonnenen und leidenschaftsfreien Mann, der
keine Ursache hat, Jemanden zu scheuen. (Jer. 2, 19. 3, 22. 1. Tim.
2, 9. 2c.)

Unglaube. Wir haben früher die schädlichen Wirkungen des Aberglaubens nachgewiesen, und glauben nunmehr auch dieselben hinsichtlich
des Unglaubens nachweisen zu müssen. Der Aberglaube ist es, der den
menschlichen Verstand verwirrt, die Gesundheit und Lebensruhe zerstört
und den Menschen öfter gleich einem Wahnsinnigen handeln läßt. Allein
die Wirkungen des Unglaubens sind noch ungleich schädlicher. Wem sind
die Frevelthaten leichtsinniger Spötter des Heiligen und ewig Wahren
unbekannt? Wer kennt nicht die Gefährlichkeit jener Menschen, die ohne
Treue und Glauben sind, weil sie nichts lieben, als was irdischen Vortheil und Nutzen bringt, und weil sie den Genuß des Augenblicks der
Ewigkeit und dem Lohne des Himmels, der den Frommen verheißen ist,
vorziehen? Deßhalb sagt auch Jean Paul: „Der Unglaube ist vollkommene Erblindung des geistigen Auges für die Offenbarung Gottes im
eigenen Geiste sowohl, als in der Natur und der Geschichte.“ Der Aberglaube übt nur hie und da noch in niedrigen Volksklassen, wo aus Mangel
des Vermögens ein besserer Jugendunterricht noch vermißt wird, seinen
verderblichen Einfluß. Dagegen hebt der Unglaube sein freches Haupt
empor. Ihm huldigen die Menschen der bildungsreichern Stände um so
lieber, da er den Schmuck und Glanz der Aufklärung annimmt und gewissermaßen Ansehen gibt, weil jeder gern den Ruf eines hellbenkenden Geistes
haben möchte. Ihn begünstigen die gern nachäffende Modesucht, indem
Jeder an Aufklärung, Einsicht und Erhabenheit über Volksvorurtheile
dem Andern gleichstehen oder ihn übertreffen will; die Eitelkeit, zu glänzen
und sich bemerkbar zu machen, ist mächtiger, als das Gefühl des Wahren
und Heiligen, des Rechten und Guten, und wirft endlich, um das Aeußerste zu thun, selbst die Wahrheit, die vom Himmel kam, in den Rang
der Vorurtheile hinab, und erhebt das blinde Nichtsglauben zur Höhe der
alleinigen Weisheit. — Nicht wenig hat der steigende Sinn für Wohlleben und Ueppigkeit zur Erzeugung des Unglaubens, d. i. zur Verachtung der Erkenntniß der Wahrheit, die zur Gottseligkeit führt, beigetragen. Der Mensch, geneigt sich zügellosen Begierden zu überlassen, fand und
findet es unbequem, durch ernstere Gedanken in seinen Ausschweifungen
gehemmt zu werden u. s. w. So war und ist es bei vielen Menschen,
denen Unglaube Weisheit schien und die den steilen Pfad der Tugend sich
nicht gefallen ließen. Der Hang zur gemeinen Sinnlichkeit, der sie dahin
leitete, und die Gaben des Geistes machten sie zu Dienern niedriger und
verwerflicher Lüste. Viel half dazu die frühere und theilweise auch die
gegenwärtige Erziehungsart der Jugend, zu welcher man, nach Rousseau's Ansicht, erst spät von den höhern Lehren und Wahrheiten der

Religion und erst dann von ihnen reden zu müssen glaubte, wenn sie selbst im Stande sei, darüber nachzudenken und das Wahre zu prüfen; fast derselbe Irrthum, als wenn man behauptete: es sei besser Kindern erst dann Liebe und Ehrfurcht gegen ihre Eltern einzuflößen, wenn sich der kindliche Verstand entwickelt haben würde, um zu prüfen, worin die Wohlthaten bestehen, die ihnen die Hand des Vaters oder der Mutter gespendet hat. Viel half dazu die schädliche Leichtigkeit in unsern Tagen, daß jeder, welcher Lust und Fähigkeit hatte und noch hat, seine falschen Vorstellungen witzig und angenehm darzustellen, dieselben durch den Druck überall mittheilen und verbreiten kann. Was sich nun hohle und halbgebildete Köpfe einbildeten, träumten und schrieben, das wird wieder von Ihresgleichen gelesen, und, weil ihnen alle gründliche Kenntnisse fehlen, für wahr und richtig gehalten, so falsch und unrichtig es auch immer sein mag. Die wahllose Vielleserei unserer Jugend bringt mit dem Vermögen, allerlei zu wissen, einen Dünkel, und eine Selbstgenügsamkeit hervor, die den Ernst der strengen Untersuchung verschmäht, und das Eindringen in die Tiefe der Wahrheit für thörichten Schulzwang hält. Seichte Bildung ist für den Geist ebenso täuschend und gefährlich, als Dämmerung einer Mondscheinnacht dem Auge und Schritte eines Wanderers. Man sieht, aber sieht in eine Traumwelt hinein; die Gestalten haben andere Umrisse, andere Höhen; die Fernen scheinen nahe und die Nähen fern. Halbgebildete glauben auf der Sonnenhöhe der Erkenntniß zu stehen und ahnen nicht, daß sie sich in der Tiefe befinden, wo Kröten und Molche oder Salamander hausen. Sie glauben auf festem Grunde zu stehen, indeß der Boden mit jedem Schritte unter ihnen wankt. Daher wechseln sie nur oft ihre Vorstellungen und werden zuletzt an allem, selbst an den heiligsten Lehren Gottes irre. „Ein Zweifler,“ sagt der Apostel, „ist schwankend in allen seinen Wegen.“ (Jak. 1, 8.) Oft entsteht aber auch der Hang zum religiösen Zweifeln, der endlich vollen Unglauben herbeiführen kann, aus ganz entgegengesetzten Ursachen; oft aus einer zu leichtsinnigen und verweltlichten Erziehung. Man nimmt die Kinder nicht mit in die Kirche, wo ihr Geist und Herz himmlische Nahrung empfangen könnte. Man erfüllt sie sogar mit Abneigung gegen die heiligen Stunden der Andacht in den Vorhöfen des Herrn; man hält sie nicht zum Gebete an, oder legt kein Gewicht darauf, wie sie etwa memorirte Formeln herplappern, ohne daß sie den Sinn und Werth derselben verstehen. Dadurch wird ihnen die heiligste Sache gleichgültig und es kommt mit ihnen am Ende so weit, daß sie die Religion selbst für weiter nichts anderes als für ein bloßes Formenwerk halten. Kommt dann die Zeit des Selbstdenkens im Gefolge von Leidenschaften und sündlichen Begierden, verbunden mit der bunten und verderblichen Vielleserei, wodurch diese oder jene heilige Lehre durch elende Witzeleien an den Pranger gestellt wird, dann ist dem Zweifeln Thür und Thor geöffnet, und der Strom der Sinnlichkeit reißt die Jugend mit sich fort. Ist dann noch der Religionsunterricht selbst auf eine seichte und oberflächliche Weise ertheilt, oder etwa als Stoff zum räsonniren geboten worden, wie dieß nach der mißverstandenen sokratischen Lehrart häufig geschehen ist, und leider noch geschieht, darf man sich dann wohl noch wundern, wenn selbst der letzte Glaubensfunke im Herzen derselben ausgelöscht wird? — Der Glaube, sagt der Apostel, ist der Grund von dem, was wir zu hoffen haben, die Ueberzeugung von dem, was unsichtbar ist. (Hebr. 11, 1.) Dazu kommt ferner die halbe Geistesbildung, die armselige Vielwisserei unserer Tage, die über Alles absprechen, Alles kennen und über die ewigen Schranken des menschlichen Verstandes hinaustreten will. Eingebannt in

diese von Gott gesetzten Schranken will die Vielwisserei über eine über=
sinnliche Welt urtheilen, und die tiefen heiligen Geheimnisse des Glaubens
vor ihren Richterstuhl ziehen. Und weil sie dieselben ebensowenig begrei=
fen kann, als das Dasein des eigenen Geistes, so wird sie frech und un=
vernünftig genug, den Stab darüber zu brechen. Ein durch solche Ver=
anlassungen entwickelter Unglaube ist wahrlich ein widernatürlicher Zustand
für einen jeden Menschen. Er ist eine wahre Krankheit des Geistes und
ungleich bedauerlicher, als der grasseste Aberglaube. Er untergräbt seine
eigene Ruhe, ihm fehlt der feste Halt für sein ganzes Leben. Er verzagt
an sich selbst, und verbirgt fremden Blicken die Krankheit seiner Seele,
deren er sich mit Recht schämen muß. Für ihn ist die Quelle der Zu=
friedenheit und alles wahren Glückes auf Erden verschlossen. Er hat
keinen Gott, keine Offenbarung des ewig Wahren und Heiligen, keinen
Erlöser von Sünde und Tod. Aus den Fernen der Ewigkeit lächelt ihm
kein Strahl der Hoffnung und Liebe. Und wie er hienieden keine Blume
der Freude findet, so findet er auch für keine Schmerzen Trost. Wer
an der Ewigkeit und der Bestimmung seines Geistes irre geworden, der
lebt in den Tag hinein, und vergräbt sich in das Irdische und Zeitliche.
Er weiß nichts von Tugend und Aufopferung. Für ihn gibts keine Red=
lichkeit und Treue. Ihm gilt nichts, als was ihm etwa noch Gewinn
bringt. — Dahin führt religiöser Unglauben! — Muß nicht der Kirche
und dem Staate alles daran gelegen sein, einem solchen traurigen Zu=
stande, mit dem nur Jammer und unabsehbares Elend verbunden ist, nach
Möglichkeit zu steuern? Sollten hier nicht beide einander die Hände
in Eintracht und Liebe bieten, um die Schande des Unglaubens von dem
jungen Menschengeschlechte abzuwenden und für immer fern zu halten?
Sollten ihnen Angelegenheiten der Schulen und der öffentlichen Erziehung
nicht überaus wichtig und selig sein, — und sollten sie nicht ein wach=
sames Auge haben auf alle und jeden, welche Einfluß auf dieselben haben
und sie zu leiten bestellt sind? — Ja, von der Schule und der öffent=
lichen Erziehung nur kann der jungen Menschheit Heil erblühen, wenn
beide sind, was sie sein sollen — christlich. Denn das Christenthum
ist allein die ewige Wahrheit, deren Quelle Licht und Leben entströmt.
Zu dieser Quelle aller Wahrheit, alles Lichtes und Lebens sollen unsere
Kinder so frühe wie möglich hingeleitet und in der Wahrheit, die vom
Himmel stammt, befestiget werden. Dann werden sie auch an der Wahr=
heit halten, ihren Glauben in heiliger Treue bewahren, zufrieden und
glücklich leben, und einst zum Besitze des Erbes gelangen, das ihnen im
Himmel aufbehalten ist. Darum soll ihnen aber auch die Hoheit und
Wahrheit des christlichen Glaubens, der jedes Wissen übersteiget, im
rechten Lichte vor= und dargestellt werden, damit ihr Geist und Herz
dafür gewonnen werde. Es ist, sagt der Apostel, den Menschen unter
dem Himmel kein anderer Name gegeben, in dem und durch den sie können
selig werden, als der Name Jesus. Fest sollen unsere Kinder halten
am Glauben an den Sohn Gottes, mag auch der Knecht der Sinnlichkeit
dagegen einwenden, was er will. Der Glaube ist das göttliche Erbe,
das ihnen Jesus, der Seligmacher hinterlassen hat. Ewig theuer soll er
ihnen und ihren Lehrern sein, theurer und köstlicher als jedes Erbe und
Gut der Welt. Er, dieser heilige Glaube, ist ein Licht, das die Finster=
nisse des Verstandes und Herzens erhellt; durch ihn wird das Kind des
Staubes vergöttlichet und erhoben über allen Erdenstaub, es wird Gott,
seinem Schöpfer und Vater ähnlich; durch ihn findet es allein Kraft und
Muth zu allem Guten und Trost in jedem Sturm der Leiden; durch ihn
findet es allein wahren Frieden und Heil für Zeit und Ewigkeit. — Wehe,

Millionenmal wehe dem Erzieher und Lehrer, der unsern christlichen Kindern den Glauben und damit das Kleinod des ewigen Lebens raubt! Ein solcher wäre kaum mehr werth, daß ihn die Erde trüge. Denn das ist das ewige Leben, daß sie, die Menschenkinder, den einzig wahren Gott, und den er gesandt hat, seinen Sohn Christum, erkennen! — Es stehe daher der Lehrer vor und nach dem Unterrichte in der Lehre des Heils mit den Kindern: O Gott, du Quell des Lichts! laß diesen deinen Kindern das Licht des Glaubens leuchten; bewahre sie vor dem Scheine des Irrthums und des Trugs; gib, daß sie festhalten am Worte der Wahrheit und in ihrem Glanze wandeln alle Tage ihres Lebens! — (Röm. 3, 3. 11, 20. u. 32. Ephes. 2, 2. 5, 6. 2. Thess. 2, 12. 1. Petr. 2, 8. Hebr. 5, 6. 11, 31. Joh. 8, 24. Mark. 16, 16. Joh. 12, 44—46.)

Ungleichheit. (S. Art. Demuth.)

Universalgeschichte. (S. Art. Geschichte, allgemeine.)

Universitäten (Gesammtschulen) sind hohe Schulen, auf welchen Haupt- und wichtigere Hilfswissenschaften gelehrt werden. Sie unterscheiden sich von den Lyceen, Gymnasien und Specialschulen, wo nur eine oder einige der Hauptwissenschaften gelehrt werden. Der lateinische Name (Universitas) kam im Anfange des 13. Jahrhunderts auf, und man bezeichnete damit zuerst die Gesammtzahl der Studirenden oder Schüler, in der Folge die an einem Orte vereinigte Gesammtheit der Lehrenden und Lernenden, später brauchte man den Ausdruck (Universitas literarum), die Gesammtheit der Wissenschaften, welche gelehrt würden. Bei den Alten hießen die Lehrinstitute Schulen oder Studien, welche Benennung in Italien am längsten beibehalten wurde. Die Zeit des Ursprungs der ersten Universitäten in Europa läßt sich nicht mit völliger Gewißheit angeben. Bis auf Karl den Großen war Europa durch die Völkerwanderungen und die verwüstenden Kriege in Rohheit versunken. Dieser weise und wohlmeinende Kaiser suchte in seinen weitläufigen Staaten wissenschaftliche Kenntnisse zu verbreiten. Auf seinen Befehl wurden bei jedem Kloster und bei jeder Stiftskirche Schulen errichtet. Diese waren mehrere Jahrhunderte hindurch die einzigen höhern Lehranstalten, und durch ihre ganze Einrichtung geeignet, die geistigen Talente der Jugend zu entwickeln. Aus ihnen gingen sehr gebildete Schriftsteller hervor. Nach und nach traten an einigen Orten Lehrer auf, welche in neuen Wissenschaften Unterricht ertheilten. So entstanden einzelne von den Dom- und Klosterschulen ganz verschiedene Schulen, deren Lehrer sich Rektoren oder Vorsteher nannten. In Paris standen im Anfange des 12. Jahrhunderts mehrere solche Lehrer auf, und der große Ruf, den sie sich erwarben, und die Vorzüge der Stadt zogen auch aus fremden Ländern eine Menge junger Leute herbei, die sich unterrichten lassen wollten. Und so entstand nach und nach zu Paris die erste Universität in Europa. Lehrer und Schüler gaben sich selbst eine Verfassung, die dem wissenschaftlichen Bildungszwecke angemessen war. Gegen das Ende des 12. Jahrhunderts ertheilte ihnen der König Philipp August die Befreiung von allen königlichen Gerichten. Lehrer und Schüler bestimmten sich selbst zu Körperschaften, und wählten durch Uebereinkunft (1206) einen gemeinschaftlichen Rektor. Dadurch wurden sie eine Commune, die man Universität nannte. Die immer stärker anwachsende Menge der Lehrer und Schüler machte jedoch verschiedene Verfügungen von Seiten der Obrigkeit nothwendig, um eine gute Ordnung zu erhalten und zu befestigen. Ungefähr um dieselbe Zeit waren auch zu Salerno und Montpellier die ersten Lehrer der Arzneikunde aufgetreten. Die Schule am erstern Orte erlangte nachher auch im Auslande einen ausgebreiteten

Ruf. Zu Bologna wurde der erste Unterricht im römischen Rechte gege=
ben. An allen diesen Orten fand sich eine große Anzahl junger Leute
ein, die Unterricht zu erhalten wünschten. Kaiser Friedrich II. war der
erste, welcher eine Universität bestätigte, nämlich Neapel 1224, für alle
andern mußte die päpstliche Bestätigung jedesmal eingeholt werden. Zur
nämlichen Zeit, als sich Lehrende und Lernende zu einer Körperschaft vereinigten, entstand auch die Eintheilung der Mitglieder dieser hohen Schulen in Nationen, oder einzelne Körperschaften, solcher, die aus gewissen
Ländern gebürtig waren, ihre eigenen Vorsteher, Cassen und Einrichtungen hatten, mit einem Worte, gelehrte Zünfte. Paris war die erste
hohe Schule, deren Eintheilung in Nationen am frühesten in den Urkunden erwähnt wird. 1206 war die Eintheilung derselben folgende: 1) die
französische, zu welcher auch Italien und Spanien gerechnet ward; 2) die
picardische; 3) die normännische, und 4) die englische, zu welcher letztern
die Deutschen und überhaupt alle Nordländer gehörten. In der Folge
wurde sie die deutsche genannt. Diese Zahl der Nationen wurde später
auch auf den deutschen Universitäten angenommen. Die ersten öffentlichen
Lehrer, wie z. B. Abälard zu Paris, Irnerius zu Bologna rc. hatten
von Niemanden einen Ruf oder einen Auftrag zu lehren erhalten. In
der Folge durften nur solche angestellt werden, die bei der mit ihnen vorgenommenen Prüfung für würdig erkannt wurden, auch Andere zu lehren.
Solche Prüfungen waren mit Ertheilung von gewissen Würden verbunden, und veranlaßten später die Entstehung der Fakultäten der Theologie,
der Rechte und der Arzneiwissenschaft. Man nimmt gewöhnlich das Jahr
1259 ihrer Errichtung an. Die Fakultäten wählten aus ihrer Mitte
Dekane, welche mit den Procuratoren der Nationen die Universität ver-
walteten. Zu den öffentlichen Anstalten, welche im 13. und in den folgenden Jahrhunderten auf den Universitäten errichtet wurden, gehörten
die Collegia, d. i. solche Gebäude, die auf ewige Zeiten in der Absicht
gestiftet wurden, damit Studirende, besonders unvermögliche, in denselben
unter Aufsicht beisammen wohnen, und entweder freie Wohnung allein,
oder auch freien Unterhalt neben andern Unterstützungen finden möchten.
Die ersten und vorzüglichsten dieser Anstalten waren in Paris; sie arteten
aber daselbst, sowie auf andern Universitäten aus, und blieben nicht mehr
die Zufluchtsörter armer Studirender. Die ersten Lehrer auf den ältesten
Universitäten lebten bloß von den Honorarien (Ehrengebühren), die ihnen
ihre Schüler bezahlten. Ein Lehrer, der Ruhm und zahlreiche Schüler
hatte, konnte damals leicht Reichthum erwerben. Später wurden ihnen
feste Besoldungen angewiesen, wofür sie aber öffentliche und unentgeldliche Vorlesungen halten mußten. Die ersten Universitäten, die in Deutschland gestiftet wurden, waren die zu Prag (1348) und zu Wien (1365),
beide wurden nach dem Muster der Pariser hohen Schule eingerichtet.
Kaiser Karl IV. hatte bei der Stiftung der Prager Universität die Lehrer
und Studirenden in die böhmische, polnische (zu welcher hauptsächlich die
deutschen Schlester gehörten), bayerische und sächsische Nation abgetheilt,
was zu verschiedenen Zwistigkeiten und Rangstreitigkeiten Anlaß gab, so
daß viele Lehrer und Studirende von Prag wegzogen, und die Stiftung
der Universität Leipzig herbeiführten. Dieß geschah im Jahre 1409. Im
Jahre 1472 wurde die Universität Ingolstadt gestiftet, 1800 nach Landshut und 1826 nach München verlegt. Wittenberg war die erste deutsche
Universität, die ihre Bestätigungsurkunde vom Kaiser Maximilian I. (1562)
erhielt, doch wurde auch für sie die päpstliche Bestätigung nachgesucht.
Die traurige Periode des dreißigjährigen Krieges hatte auch auf die
deutschen hohen Schulen einen verderblichen Einfluß. Im Anfange des

18. Jahrhunderts hoben ſich jedoch dieſelben wieder. Obgleich in Deutſch=
land die Univerſitäten ſpäter entſtanden ſind, als in andern Ländern, ſo
beſitzt es nun deren doch mehr als irgend ein anderes Land. In Deutſch=
land ſind 23 Univerſitäten, in Italien 8, als: Padua, Pavia, Genua,
Piſa, Bologna, Rom, Neapel, Palermo. In Frankreich gibt es, mit Aus=
nahme der Specialſchulen, 3, und zwar: Paris, Montpellier, Straßburg;
ehemals: Lyon, Orleans, Avignon; in Portugal und Spanien: Valencia,
Salamanca, Toledo, Alcala, Coimbra; Großbrittanien: Oxfort, Cambridge,
Edinburg, St. Andrews, Aberdeen, Glasgow, Dublin und London;
Schweiz: Baſel, Genf, Bern, Zürich; Niederlande: Löwen, Leyden, Grö=
ningen, Utrecht, Lüttich und Gent; Dänemark: Kopenhagen; Schweden:
Upſala, Abo in Finnland (jetzt nach Helſingfors verlegt); das ruſſiſche
Reich 10, als: Krakau, Dorpat, Moskau, St. Petersburg, Kiew, Kaſan,
Charkow, Wilna, Warſchau und Helſingfors. — Nachdem wir die hohen
Schulen aufgezählt haben, gehen wir nunmehr zur nähern Darſtellung
ihrer eigentlichen Beſtimmung über. — Aus den Univerſitäten ſollen junge
Männer hervorgehen, welche gleichſam als die Auserwählten unſeres Ge=
ſchlechtes ſich hervorthun durch gründliches Wiſſen, reines Wollen, recht=
ſchaffenes Handeln, und die ſonach im Stande ſind, mit Erfolg auf die
Bildung und Veredelung ihrer auf niedrigern Stufen ſtehenden Brüder
einzuwirken, und ſo das Wohl der Menſchheit im Ganzen, insbeſondere
aber ihres Vaterlandes zu befördern, und zwar jeder nach Maßgabe
ſeiner geiſtigen Kräfte und in dem ſeiner Berufsthätigkeit angewieſenen
Kreiſe. Dieß iſt die Beſtimmung der Univerſitäten, und dieſe war es
auch, die den Stiftern derſelben vorſchwebte, wie ſolches in den vorhan=
denen Urkunden auf das Genaueſte ausgeſprochen iſt. Dieſe Beſtimmung
iſt aber auch von jeher erreicht worden und wird wohl zu allen Zeiten
erreicht werden; denn die Univerſitäten brachten immer edelgeſinnte und
wiſſenſchaftlich gebildete Männer hervor, die ſich um das Wohl der
Menſchheit und des Vaterlandes verdient gemacht haben. Und noch ſind
die Hochſchulen überall fruchtbar an jungen Männern ſolcher Art. Daß
die Univerſitäten dabei auch manche Schattenſeite haben, welche beſon=
ders aus der zu großen Ungebundenheit der jungen Leute hervorgeht, iſt
nicht in Abrede zu ſtellen; ebenſowenig, daß ſogar einzelne Profeſſoren,
welche vom Geiſte des Chriſtenthums ſich entfernt und dem Materialis=
mus in die Arme geworfen haben, oft den ſchlimmſten Einfluß übten.
Uebrigens haben ſich dieſe Verhältniſſe ſehr zum Beſſern geändert, und
der wohlthätige Einfluß der Zeit verbunden mit einer weiſen Aufſicht von
Seite des Staates, läßt aus den Hochſchulen Heil und Segen für König,
Vaterland und Volk gedeihlich erblühen.

Unkeuſchheit. (S. Art. Unzucht.)

Unkraut. Der Lehrer ſei vorſichtig in Ausjätung des Unkrautes. An
Feinden, die Unkrautſamen unter den guten Weizen ſtreuen, wird es auch
bei der Erziehung und dem Unterrichte nie oder ſelten fehlen. Bald
erſcheinen ſie von dieſer, bald von jener Seite und ſuchen Gottes reine
Saaten zu verderben. Selbſt da, wo recht viel Weizen wächst, iſt immer=
hin auch Unkraut darunter, und nur zu oft geſchieht es, daß das Unkraut
den Weizen überwächst. Soll jedoch der gute Weizen nicht erſticken, ſo
muß dafür geſorgt werden, daß das Unkraut nicht überhand nehme. Zwar
wird immer Unkraut unter dem Weizen bleiben, und wollte man es ganz
vernichten, ſo würde man den Weizen wohl auch mit verderben. Bei
Kindern aber darf es der Lehrer durchaus nicht ſtehen laſſen, ſondern er
muß es, ſobald er es bemerkt, mit emſiger Hand herausreißen. Wollte
er es ſtehen laſſen, bis es größer würde, dann dürfte er wohl nicht mehr

im Staube ſein, es auszujäten und es würde den ganzen Boden über-
wachſen. — Läßt man Kinder mit ihren Unarten aufwachſen, ſo wird
man ſie ſpäter nicht mehr davon abbringen können, und das Böſe wird
die Oberhand gewinnen. Aus kleinen Unarten entſtehen nach und nach
große, und es hält dann ſchwer ſie wieder zu entfernen. Nichts Gutes
läßt ſich vom Unkraut mehr erwarten; denn, ſagt Chriſtus bei Matth.
7, 16: „Sammelt man auch Trauben von Dornen, oder Feigen von
Diſteln?" — Und das iſt unſtreitig die verkehrteſte Erziehungsmethode,
welche das Kind ſich ſelber bis in das ſechste, ſiebente oder achte Jahr
überlaſſen, und dann erſt zu erziehen und auszujäten anfangen will, wenn
daſſelbe bereits verzogen und voll Unarten iſt. Die Erziehung muß ihr
Werk ſo früh wie möglich beginnen, und ſolches mit dem redlichſten Eifer
und der größten Sorgfalt fortſetzen und vollenden. Es geht der ſpäten
Erziehung wie der ſpäten Reue, beide gleichen einem hinkenden Boten.
Alſo frühe muß dafür geſorget werden, daß kein Unkrautſame auf den
Acker, d. i. in das Herz des Kindes geſtreuet werde, damit er der reinen
und guten Weizenſaat nicht ſchade. Iſt jedoch von irgend einer feindlichen
Hand Unkrautſamen unter den guten Weizen ausgeſtreut worden, dann
muß der Erzieher vorſichtig bei der Ausjätung des Unkrautes ſein. (Matth.
13, 26—30.)

Unluſt. (S. Art. Gefühl, ſinnliches.)

Unmäßigkeit. Wer das gewöhnliche Maß im Eſſen und Trinken ꝛc.
überſchreitet, iſt unmäßig. Die Thiere des Feldes freſſen und ſaufen,
aber doch nur ſo lang, bis ſie geſättiget ſind. Der Menſch dagegen ſoll
eſſen und trinken, und nie den Zweck dabei aus dem Auge verlieren.
Geſchieht dieß, dann ißt und trinkt er nicht mehr, ſondern er frißt und
ſauft und lebt unmäßig; unmäßiger Genuß aber ſchwächt und zerrüttet
den Körper eben ſo ſehr, als mäßiger ihn ſtärkt und erhält. Sollte wohl
die Erziehung nicht Alles aufbieten, um die Jugend vor Unmäßigkeit im
Eſſen und Trinken möglichſt zu bewahren? — Nicht bloß aber vor Ueberfüllung, ſondern auch vor Leckereien und ſtarkem Getränke ſollen die
Kinder geſichert werden. Wohl mögen ſolche Dinge ihnen wohlſchmecken,
aber ſie bekommen nicht gut, wenigſtens nicht für die Länge. Sollen ſie
daher geſund bleiben, ſo müſſen ſie ſchon frühe daran gewöhnt werden,
Maß in allen Sachen zu halten. Sir. 30, 14—17. Luc. 21, 34. (S.
Art. Mäßigkeit und Naſchhaftigkeit.)

Unmündigkeit, Linie derſelben. Unter dem Ausdrucke — unmündig,
Unmündigkeit — verſtehen wir eigentlich dem Wortlaute nach, das Unvermögen, den Mund zum Reden gebrauchen zu können, welches daher noch
einen Vormund und Führer nöthig hat. In einem ſolchen Falle befindet
ſich das Kind (νήπιος) von der Stunde ſeines Eintritts in dieſes Leben
an, d. i. es bedarf fremder Hülfe und Führung ſo lange, bis es im
Stande iſt, ſein eigener Führer zu ſein. Dieſe Zeit iſt die natürliche
Gränze der Unmündigkeit, wie Berge unnd Flüſſe die natürlichen Gränzen
der Länder ſind. Was ſonach zwiſchen inne liegt, iſt die Linie der Unmündigkeit, und dieſe iſt auch die Linie, welche das Bedürfniß und die
Dauer fremder Hülfe und Führung bezeichnet. Es ſind daher, ſagt
S a i l e r, die natürlichen Minorennitäts-Jahre ſo ungleich, wie die Menſchen, ſo, daß einer bis in das zwanzigſte, ein anderer bis in das drei-
ßigſte, und wieder ein anderer bis in das ſechzigſte Jahr, ja mancher ſein
ganzes Leben hindurch unmündig bleiben kann, und es wohl auch bleibt.
In dieſem Falle iſt denn die Linie der Unmündigkeit gerade ſo lange,
als die des Lebens. Und ſo wie es einzelne Kinder von hundert Jahren
gibt, ſo gibt es auch ganze Nationen, die lange genug unmündig bleiben.

Die Führung, die dem Kinde zu Theil wird, von der Stunde seines Eintrittes in dieses Leben, bis zur Stunde, wo es sich selber führen kann, und fremder Führung nicht mehr bedarf, ist Erziehung. (S. d. Artikel.)

Unnatur. (S. Art. Ehre.)

Unordentlich in Beziehung auf die Thätigkeit. Der Trieb zur Thätigkeit, den man als den eigentlichen Lebenstrieb bezeichnen dürfte, wird bei Kindern oft viel zu wenig berücksichtiget und gepflegt. Viele Mütter wissen entweder nicht recht, wie sie es anzufangen haben, oder sie werden, besonders wenn sie arm und mit Kindern bereichert sind, von ihren häuslichen Geschäften den ganzen Tag so sehr in Anspruch genommen, daß sie sich mit ihren Kindern nicht abgeben können, aber auch die Kinderwärterinnen sind meist entweder zu träge oder zu verdrossen, oder auch zu ungebildet, um sich mit den Kleinen liebend und angemessen beschäftigen zu wollen oder zu können. Bezüglich auf die ärmere Volksklasse, wo es den Müttern sowohl an Zeit als an Bildung hiezu fehlt, stellen sich mächtige Hindernisse entgegen, und die Kinder verfallen in ihrem beständigen Einerlei entweder auf Possen, Muthwillen und Unarten, oder sie versinken in dumpfe Träumerei und Trägheit. Kleinkinderschulen wären hier so recht an Ort und Stelle. In den wohlhabenden Ständen macht man sich desselben Fehlers schuldig, indem man entweder auf die Beschäftigung der Kinder zu wenig achtet, oder ihrem Thätigkeitstriebe zu wenig angemessenen Stoff bietet, oder im Gegenfalle sie mit Spielsachen überhäuft. Eltern wollen den Kindern z. B. am heiligen Weihnachtsabende oder an ihrem Geburts- und Namenstage eine recht freudige Ueberraschung bereiten, und glauben das Gemisch von Spielsachen oft nicht bunt genug machen zu können, oder sie suchen für das weinende Kind alle Spielsachen zusammen, die man nur immer auftreiben könne, und legen sie ihm vor, um es ruhig zu machen. Dadurch wird ihm jedoch nur ein kurzer Genuß bereitet, Auge, Ohr und Einbildungskraft für eine kleine Weile beschäftiget, und eben deßhalb bald Sättigung und Ueberdruß bei dem verwöhnten Kinde herbeigeführt. Mit allen diesen Sachen ist im Grunde für die eigene Kraftanwendung so viel als Nichts gethan, und der Thätigkeitstrieb bleibt unangeregt. Ist aber auch das Kind des Spielens müde, so wird meistens etwas unterlassen, was besonders wichtig ist und dem Kinde wieder zur spielenden Beschäftigung dienen könnte, nämlich die sämmtlichen Spielsachen wieder aufzuräumen und an den gehörigen Ort zu bringen. Statt dessen werden sie liegen gelassen, oder herum geworfen, und zuletzt, ohne daß das Kind daran theilnimmt, von der Mutter oder einem Dienstboten zusammengesucht und an Ort und Stelle gebracht. Dadurch wird die schönste Gelegenheit, ein solches Kind zu einer geregelten Thätigkeit anzuleiten, versäumt; es muß auf eine solche Weise unordentlich, saumselig und träge werden, und nie wird es die ihm gehörigen Sachen recht achten lernen. Anstatt daß Mütter und Mentoren ordentlich auf Anlässe bedacht sein sollten, die kindliche Thätigkeit in Anspruch zu nehmen, machen sie dem Kinde vielmehr Alles recht bequem, überheben es des Denkens, Suchens, Findens, Holens rc., thun dieß Alles selbst und machen es hiedurch nicht allein träge, sondern auch unbeholfen, linkisch und ungeschickt. Aus einer solchen Verabsäumung gehen dann die arbeitscheuen und unordentlichen Kinder hervor, die gern für sich arbeiten und ordnen lassen, lieber tändeln als sich ernstlich beschäftigen, und am liebsten ihre Zeit im Nichtsthun und leeren Spielereien zubringen. Wahrlich die Kinder haben bei vielen ärmern Familien das voraus, daß sie, sich selbst überlassen, wenigstens zur Anstrengung unverdrossener und leiblich kräftiger werden. (S. auch Art. Thätigkeit und Art. Ordnung.)

Unordnung. (Mangel der Ordnung.) Diese Untugend gibt sich an Kindern dadurch kund, daß sie weder zur gehörigen Zeit zur Schule kommen, noch ihre Thätigkeit auf die ihnen zugemessene Zeit beziehen und darnach einrichten. Sie ergreifen statt der vorgelegten Arbeit eine andere, die ihnen mehr zusagt, und bringen das, was ihnen zur Fertigung der Arbeit nöthig ist, entweder gar nicht oder nur theilweise, unvollständig und mangelhaft mit. Frommt hier die Mahnung und Belehrung des Lehrers nicht, und wollen sie sich nicht von der Nothwendigkeit und dem Nutzen der Ordnung überführen lassen, so bleibt kein anderes Mittel übrig, als sie die Folgen der Unordentlichkeit fühlen zu lassen. Wenn z. B ein Kind seinen Schulbedarf nicht in Ordnung hält und dadurch gehindert wird, in der zu fertigenden Aufgabe seinen Mitschülern zu folgen oder gleichen Schritt mit denselben zu halten, so muß es angehalten werden, dieselben nach den Schulstunden zu fertigen, damit es aus eigenen Erfahrungen lerne, daß Unordnung eine besondere Zeit und Mühe erheische. So wird es dann genöthiget, das Gebiet der Unordnung zu verlassen und in jenes der Ordnung überzugehen. Und damit ist jedenfalls für ein solches Kind viel gewonnen. (Vergl. hiemit Art. Ordnung.)

Unregelmäßigkeit. Wir haben schon oben, wo vom Triebe zum Genießen die Rede war, bemerkt, daß Kinder schon frühe an bestimmten Stunden, wo ihnen Nahrung gereicht wird, gewöhnt werden sollen. Häufig wird dieß jedoch von den Müttern dadurch verabsäumt, daß sie ihre Kinder an keine Regel binden. So oft nämlich ein Kind vom Eintritte ins Leben schreit oder sich unruhig zeigt, wird ihm Nahrung gereicht, es mag dieß entweder bei Tag oder bei Nacht sein. Dadurch wird nunmehr aber auch der Grund zu einer Unregelmäßigkeit gelegt, die nicht bloß für die Mutter sehr beschwerlich ist, sondern ihr auch manche Stunde der Ruhe raubt, und in der Folge für das Kind selbst noch lange nachtheilig wirkt. Dabei darf auch der sittliche Nachtheil nicht übersehen werden, der dem Kinde dadurch zuwächst, daß es sich daran gewöhnt, bei einer jeden Aeußerung des Unbehagens einen leiblichen Genuß zu begehren. Es weiß nämlich, daß es nur schreien und sich ungebärdig stellen darf, um eines solchen Genusses theilhaftig zu werden, und die Mutter ist wohl auch sogleich erbötig, das Verlangen desselben zu befriedigen. Das, wornach es gelüstet, wird ihm dargereicht. Es darf nur sehen, was Andere essen oder trinken, so will es auch davon haben. Und gibt man ihm nicht sogleich, so weiß es solches durch Schreien und unwilliges Gebärden zu erzwingen. Und welches sind nun die traurigen Folgen davon? — Lüsternheit, Naschhaftigkeit und wohl auch Mißgunst, die zu jedem fremden Genusse scheel und neidisch sieht. Ein derartiges Kind legt auf Essen und Trinken den größten Werth und zieht, was ihm sinnlichen Genuß gewährt, allem höhern vor. Es verschmäht dagegen zuletzt auch unerlaubte Mittel nicht, um sein Gelüst befriedigen zu können. An Beherrschung und Entsagung seiner Begierden wird hier nicht gedacht. Aus einem solchen Kinde wird nach der Sprache des Apostels ein Mensch, der seinem Bauche dient, der dann später täglich fragen mag: „Was werde ich heute essen und trinken?" — Er wird, sagt Handel, in der größten Sinnlichkeit niedergehalten, all sein Dichten und Trachten bewegt sich im Kreise sinnlicher Genüsse; was seinem Gaumen nicht zusagt, will er nicht essen und verlangt stets nach dem, was besser schmeckt. — Wird nun auf das, was einem solchen Kinde wohl schmeckt, ein besonderer Werth gelegt, wird das Gute, das es thut, mit sinnlichen Genüssen belohnt, oder werden vorge-

haltene Leckerbissen als Triebmittel gebraucht, wenn es eine gute Handlung vollbringen, der Mutter gehorchen oder Jemanden eine Gefälligkeit
erweisen soll, dann wird nach nach Alles in den Strudel des Genuß-
triebes herabgezogen, und selbst das Sittlichgute ihm nur als Mittel
untergeordnet. Und worauf werden nun überhaupt seine Bestrebungen
gerichtet sein? Wahrlich, nicht auf das, was an sich gut, edel und preis-
würdig ist, nicht auf das, was Andern angenehm ist und ihnen Freude
macht, sondern lediglich nur auf sich selbst, auf die Befriedigung seiner
Begierden, und auf Alles, was Vergnügen und Genuß verheißt. Aus diesem
Bestreben können alle Richtungen hervorgehen, nur die der Liebe nicht.
Und womit endet es zuletzt? Mit der gröbsten Selbstsucht, die zugleich
ihr Tod ist. Alle Verkehrtheiten, Sünden und Laster, die am Ende nur
nach sinnlichen Genüssen haschen, haben ihre giftige Wurzel in dem unge-
zügelten Triebe nach Genuß. Einem solchen Gemüthe kann selbst fremder
Jammer, Unglück und Quälerei der Menschen und der Thiere nicht nur
gleichgültig sein, sondern sogar eine Art von Genuß verschaffen. Da
übrigens das sinnliche Gefühl mit dem Genußtriebe genau zusammenhängt,
so mag der Leser hier damit vergleichen, was wir darüber an Ort und
Stelle gesagt haben. (S. auch Art. Genußtrieb oder Genußsucht.)

Unreinlichkeit der Kinder. Den Einfluß der äußern Reinlichkeit und
Ordnung auf das innere und äußere Leben ist so groß, daß man alle
Ursache hat, ihre Entwickelung und den Fortbestand derselben möglichst
zu befördern und zu erhalten, und eben darum auch den entgegengesetzten
Fehlern, als sehr verderblichen Krankheiten auf das nachdrücklichste entgegen zu wirken. Um daher Kinder, die an Unreinlichkeit gewöhnt sind,
zu bessern, nehme der Lehrer dieselben allein vor, mache sie auf ihren
Fehler und das Unanständige und Eckelhafte desselben aufmerksam :c.;
hilft dieß nicht, so table er sie vor den übrigen Kindern; — frommt aber
auch das nicht, so zeichne er sie im Sittenbuche auf, setze die Eltern
über die Unreinlichkeit des Kindes in Kenntniß mit dem Bemerken,
daß er bei fortgesetzter Unreinlichkeit dasselbe zur nöthigen Reinigung zurückschicken und das Kind in der Schule allein setzen werde. —
Nach Harnisch besteht das einfachste Zuchtmittel darin, daß das Unter-
lassene gethan werde, z. B. daß der Ungewaschene sich gehörig waschen
muß :c. Wohl ist hiebei darauf zu sehen, ob die Schuld am Schüler
oder an den Eltern liegt. In letzterem Falle wird es die Pflicht des
Lehrers sein, mit den Eltern selbst auf eine freundliche Weise Rücksprache
zu nehmen. Dieses letzte Mittel ist auch von der Art, daß es in vielen
andern Sachen das Ungebührende am besten abstellt. (S. auch Artikel
Reinlichkeit.)

**Unrichtige, unpassende, unbestimmte, undeutliche Antworten der
Kinder.** (S. Art. Antworten.)

Unruhe. (S. Art. Störungen.)

Unschuld. Darunter versteht man a) den Zustand, da man sich
keiner Schuld oder unrechten Handlung bewußt ist, und b) die Reinheit
und Lauterkeit des Herzens — jungfräuliche Keuschheit. Die eigenthümliche Tugend, das schönste Kleinod des Lebens, welches unsern Kindern
gesichert werden soll, ist Unschuld, welche ihnen so unverletzbar und heilig
sein soll, als das Leben selbst, und heiliger noch als dieses. — Die heilige Schrift entwirft uns ein wunderschönes Bild von dem Zustande, in
welchem sich die ersten Menschen vor dem Sündenfalle befanden. Es
war der Zustand der ursprünglichen Unverderbtheit und Reinheit der
menschlichen Natur, in der sie das Bild Gottes noch völlig unentstellt an
sich trug und vollkommen war, was sie nach Gottes Absicht sein sollte.

Ganz frei von allen Uebeln des Leibes und der Seele, genoſſen ſie in
ihrer Unſchuld eine Glückſeligkeit, von der wir uns im Stande der
Sünde wohl keine beſtimmte Vorſtellung machen können, weil die reinen
Freuden der Unſchuld auch eine ganz unverderbte Beſchaffenheit des Gemüths vorausſetzen. Was die erſten Menſchen durch die Sünde verloren
haben, — die Unſchuld, das hat Chriſtus wieder hergeſtellt; in Ihm und
durch Ihn kann ein Jeder der verlornen Unſchuld wieder theilhaft werden,
wenn er anders ſich den unendlich großen Werth ſeiner Erlöſung zueignet.
Unſere Kinder erlangen die den Menſchen urſprünglich anerſchaffene Unſchuld wieder durch die Erneuerung des heiligen Geiſtes im Bade der
Wiedergeburt — im Waſſer des Lebens. Wie das reine Waſſer den
Leib von ſeinen Flecken reiniget, ſo reiniget auch die Taufe die Seele
von ihren Makeln. So wird das Menſchenkind wieder neu geboren —
nicht nach dem Fleiſche, ſondern nach dem Geiſte, und empfängt ſonach
die Reinheit der Seele wieder, die das Eigenthum der erſten Menſchen
vor dem Sündenfalle war. Es handelt ſich nunmehr um die Bewahrung
und Erhaltung dieſes Kleinods der Kinder Gottes. Für die Bewahrung
der kindlichen Unſchuld hat vorerſt die elterliche und dann die Schul-
Erziehung die möglichſte Sorge zu tragen. Wir haben hier hauptſächlich
auf drei Momente aufmerkſam zu machen, welche weder die erſtere noch
die letztere Erziehung jemals aus dem Auge laſſen darf. Dieſe Momente,
auf die ſich die Erhaltung und Bewahrung der jugendlichen Unſchuld
gründet, ſind: Reinheit, Schamhaftigkeit und Sittſamkeit.
Die Reinheit erlaubt ſich keinen Gedanken, noch viel weniger eine Begierde, welche Gott dem Allerheiligſten und ſeinem Willen entgegen läuft.
Die Schamhaftigkeit iſt der liebliche ſprachloſe Ausdruck nicht nur der
innern und äußern Reinheit, ſondern auch der zarten Scheu vor einer
jeden auch nur der geringſten Verletzung derſelben, welche ſich, hervortretend im Geſichte, durch die Schamröthe ankündiget. Dieſe Schamhaftigkeit iſt gleichſam der Engel, den Gott zum Wächter der Unſchuld
beſtellt hat. Die Sittſamkeit iſt der äußere Abbruck des innern, reinen
Sinnes, inſoweit dieſer ſich kundgibt durch Blick, Miene, Gebärde, Rede,
Handlungsweiſe, und durch das ganze äußere Benehmen. Der ſtille,
reine Sinn der Seele, der ſich mild und freundlich in allen Beziehungen
des Lebens zu erkennen gibt, iſt des Menſchen ſchönſter Schmuck, in dem
er Gott, dem Allerreinſten, gefällt, und ſich in den Augen eines jeden
Rechtſchaffenen ehrwürdig macht. — Doch müſſen wir eine zweifache
Unſchuld unterſcheiden, und zwar: 1) die paradieſiſche, die man die
kampfloſe zu nennen pflegt, wo die unordentlichen Triebe noch ſchlummern,
und wo noch keine unwillkührliche Begierde des Fleiſches ſich regt; dann
2) die mit Verſuchung und Kampf verbundene. Die erſte iſt die
Unſchuld im engeren Sinne des Wortes, die zweite aber, die Unſchuld
der Tugend. Aus jener geht die Liebenswürdigkeit, aus dieſer aber die
Liebens- und Achtungswürdigkeit, wie die Roſe aus der Blüthenknospe
zugleich hervor. Die mit Kampf verknüpfte Unſchuld meidet jegliche Entweihung des Herzens und widerſteht jedem Reize, der das Heiligthum
deſſelben entweihen könnte; ſie iſt ſonach der reine, lautere Sinn ſelbſt,
rein in Beziehung auf das Herz und alle Bewegungen deſſelben; — ſie
iſt aber auch rein und lauter in Beziehung auf den Leib. Sie ſcheut
ſich behutſam vor allem, was befleckt, und bekämpfet jede innere und
äußere Verſuchung im Aufblicke zu Gott. Darum ſollten die Worte
Davids, wie man ſie in vielen katholiſchen Kirchen mit Flammenſchrift
gezeichnet lieſt: „Die Furcht des Herrn iſt der Weisheit Anfang,“ in jeder chriſtlichen Schule über der Thüre des Einganges

geschrieben stehen, damit die Kinder sich an dieselben anlehnend vor allem sorgsam bewahren möchten, was sie in den Augen des Allerheiligsten und allwissenden Gottes beflecken und ihnen den schönsten Schmuck der Seele — die Unschuld — rauben könnte. Der vertraute Umgang der Kinder mit Gott und der Wandel vor seinen Augen, sind auch hier die höchste Regel, durch deren treue Befolgung die Unschuld am sichersten gefördert und bewahret werden kann. Der Eltern und Lehrer Wort und That mögen auch hier das meiste thun, um den Kindern den köstlichsten aller Schätze — die Unschuld zu sichern und das liebliche Gewand derselben vor den entstellenden Befleckungen zu bewahren. Wohl wird der Lehrer daran thun, wenn er das schöne Vorbild der heiligen Mutter unsers göttlichen Erlösers öfters kräftig und lebendig den Kindern vorhält und sie mit der Würde und dem hohen Werthe der Unschuld innigst vertraut macht. Auch dürfte es von großem Nutzen sein, wenn er die Litanei von der heiligsten Jungfrau Maria, wie solche in Chr. Schmid's christlichen Gesängen S. 79 (3. u. verm. Aufl.) vorkommt, öfters beten oder singen ließe. Schwerlich könnte dieses schöne christliche Lied den gehegten Eindruck auf die Herzen der Kinder verfehlen, und muß ihnen die Unschuld in hohem Grade werth und liebenswürdig für ihr ganzes Leben machen. Die Rose weiß es nicht, wie schön und hold sie blüht; ihr gleicht die Unschuld, die nicht fragt, ob man sie sieht (Angel. Siles.) (Sir. 1, 16. 2, 12. 25, 14. 15. Jer. 32, 40. 4, 26. 2. Cor. 7, 1. Sprichw. 11, 3. Ps. 25. 6.) (Man sehe auch Art. Erziehung der Töchter.)

Unschuldige Erholungen. Allerdings sind auch der Jugend Stunden der Erholung unentbehrlich, und dieß sowohl für ihren Geist, als auch zur Erhaltung und Bewahrung ihrer Gesundheit und ihres Lebens. Denn nicht umsonst hat Gottes Güte den Menschen mit so vielen Gegenständen umgeben, die ihn zum Genuße einladen, und nicht umsonst hat er den Trieb zur Freude in sein Herz hinein gelegt. Der Apostel sagt selbst: „Freuet euch im Herrn immerdar, ja noch einmal sag ich's, freuet euch!" Jedoch müssen alle Arten von Genüssen und Erholungen, die den Kindern werden, für sie lediglich nur Mittel zur Erheiterung des Geistes und zur Stärkung ihrer Gesundheit sein. Nie dürfen sie von ihnen als Zweck des Lebens betrachtet werden. Es dürften daher in dieser Beziehung folgende Regeln und Vorschriften genau zu beobachten sein: Die Stunden der Erholung müssen jederzeit in einem angemessenen Verhältnisse zu den Stunden nützlicher Thätigkeit stehen. Nur dann ist den Kindern Ruhe und Erholung zu gestatten, wenn die Kräfte des Leibes dieselbe nöthig haben, und wenn für sie eine Zerstreuung des Gemüths oder ein angenehmer Wechsel der Beschäftigung wohlthätig ist. So lebhaft auch die Begierde der Kinder nach Zerstreuung ist, so darf doch der wahre Zweck derselben nie aus dem Auge gelassen werden. Sind Eltern und Erzieher gleichgültig dagegen, so tragen sie selber dazu bei, daß zuletzt eine Entwöhnung von nützlicher und geregelter Thätigkeit bei den Kindern erzeuget wird, die ihnen oft durch das ganze Leben anhängt. Die Erfahrung weiset dieß zu umständlich nach, als daß wir für nöthig halten können, Beispiele aus dem Leben hierüber anzuführen. Immer muß die Regel fest stehen bleiben: Auf Arbeit soll Ruhe und Erholung, und auf Ruhe und Erholung wieder Arbeit folgen. Jede Erholung muß den Kindern untersagt werden, welche nicht zu den unschuldigen Lebensfreuden gehört. Unschuldig sollen alle Erholungen der Kinder sein. Ist das nicht der Fall, gestattet der Erzieher seinen Zöglingen unerlaubte und schädliche Freudengenüsse, dann reißt er in den Stunden der Ruhe und

Erholung nieder, was seine Hand in den Stunden des Fleißes baute, und knüpft an die ausgelassene Lust derselben den Fluch des Himmels und der Erde. Unschuldig müssen die Freuden der Jugend sein; sie muß selbst solche Erholungen mit Vorsicht genießen, welche, obwohl sie an sich selbst unschuldig sind, dennoch leicht zum Bösen verleiten können. Dahin gehören alle jene Vergnügungen, die das Gemüth mit ungewöhnlicher Lebhaftigkeit ergreifen und die Sinne gleichsam berauschen. Gerade hier muß der Erzieher am meisten über die Unschuld wachen, zumal sich hier die Sünde mit Rosen umkränzt, und die Leidenschaft, wie Fenelon sagt, ihr Gift unter den Honig mengt. So hören z. B. Spiele der Kinder auf unschuldig zu sein, wenn sie statt ihren Geist zu erheitern, die Empfindungen des Verdrusses, des Neides oder der Schadenfreude erwecken. Unschuldig ist die harmlose Theilnahme an den Freuden, wo freundlicher und geselliger Scherz das Gemüth fröhlich stimmt, aber leicht kann die Lust die zarte Grenzscheide überschreiten — zwischen dem Genuß der Freude und der wilden Ausgelassenheit. Die schuldlosen Erholungen werden häufig durch den Mangel der Besonnenheit schuldig, was wohl um so mehr geschehen mag, je mehr die Jugend dem Leichtsinne und der Unbesonnenheit zu huldigen pflegt. Der Erzieher soll daher diesen Mangel zu ersetzen suchen und wirklich ersetzen. Man soll endlich auch mit den mancherlei jugendlichen Erholungen nützliche Zwecke verbinden. Fröhliche Unterhaltungen, belehrende Gespräche, harmlose Spiele der Kinder untereinander stimmen ihr Gemüth zur reinen Freude und öffnen es edlern Empfindungen. Das Lesen nützlicher Bücher, wie z. B. die Erzählungen von Chr. Schmid u. A. erhebt den Geist, veredelt das Herz und verschafft neue Kenntnisse von Gott und der Welt. Oder, wenn es Witterung und andere Verhältnisse gestatten, führe man die Kinder in den Tempel der Natur, und lasse sie sich ergötzen in der Betrachtung der vielen großen und herrlichen Werke Gottes. Unter Betrachten verstehen wir aber kein bloßes, gedankenloses Anschauen der Dinge, welche die Kinder umgeben, sondern das Nachdenken über die Absichten, Zwecke und wundervollen Einrichtungen derselben. Wenn Engel, sagt ein Weiser unserer Zeit, einer Erholung bedürften, so würden sie sich auf diese Weise ergötzen. (Pred. Salm. 3. 1. Pf. 93, 19. Jsai. 66. 11. 13. Spr. 4. 23.) S. auch Art. Erholung.

Unsittlich. Man muß dem Unsittlichen vorbeugen, ehe es sich als solches offenbaren kann. Denn dadurch, daß man jeder Begierde des Kindes fröhnt, wird der Same des Bösen, wenn nicht in die Natur gelegt, doch darin erwärmt und gepflegt. Es kann also die Aufmerksamkeit auf die Kinder hinsichtlich ihrer sittlichen Entwickelung nicht früh genug beginnen. Und hier ist gerade der Punkt, wo das Erbübel aller Erziehung seinen Sitz hat. Hier ist der Knoten des Elendes, den fremde Hände in der Epoche des frühesten Daseins ohne eigenes Zuthun des Kindes schürzen. Hier vereiniget sich das Verderbniß, das von außen in ihm keimt, mit dem Verderbnisse, das mit ihm geboren ward. — Ein aufmerksamer Blick in die Kinderstube und Kinderwelt mag uns die Wichtigkeit dieser Lehre nur noch anschaulicher machen. Es erscheint uns nämlich das schädlichste Vorurtheil der Kinderführer in seiner ganzen Blöße, wenn wir anders die Kinderwelt betrachten, wie sie ist. Weil die Kinder in der ersten Epoche ihres Daseins noch keiner Sittlichkeit fähig sind, und der Grund ihrer Unarten mehr im Unverstand und Naturell, als in der eigentlichen Bösartigkeit gesucht wird, so glauben sie, daß man es mit der frühen Wachsamkeit über die frühen Aeußerungen der Kinder nicht so genau nehmen dürfe. Sie begreifen also nicht, daß z. B. die natürliche

Luſt am Zerſtören der Spielzeuge, oder an der Quälerei eines Thieres, daß gebieteriſche Weſen gegen Andere ſo leicht Gewohnheit wird; daß dieſe Gewohnheit ſo leicht Natur wird, daß dieſe Naturgewohnheit, die der Knabe in den früheſten Jahren angenommen hat, durch kein ſpäteres Raiſonnement ſo leicht aus dem Jünglinge mehr vertilgt werden kann, und daß dieſe Naturgewohnheit da, wo das Gewiſſen erwacht, gar leicht in eine Gewohnheit wider das Gewiſſen zu handeln übergeht, — alſo der Junge, ohne ſonderliche Mühe, ein Rieſe im Böſen werden kann, faſt ehe er deutlich und genau zwiſchen Gut und Böſe unterſcheiden gelernt hat ꝛc. Anders benimmt ſich der Kenner der Menſchennatur; er tödtet das Böſe im Keime, er läßt es nicht zur völligen Entwickelung und Reife kommen, er verfolgt es in dem phyſiſchen Daſein, ehe es ein ſittliches gewinnen kann. — Ueberhaupt iſt es eine alte Behauptung, daß die Erziehung eines Kindes bis zum dritten, höchſtens bis zum vierten Jahre vollendet ſein muß, d. h. die Grundlage zum künftigen Menſchen muß in dieſem Alter gelegt, der ſinnliche Wille des Kindes dem vernünftigen der Eltern und Erzieher folgſam gemacht, die Gewöhnung zur Gewohnheit gemacht worden ſein. Was nach jenen erſten Lebensjahren im Kinde erſcheint, iſt, wie Schwarz ſagt (ſ. das Leben in ſeiner Blüthe S. 303), das Erzeugniß der früheren Eindrücke, und was dann erſt geſchehen ſoll, iſt vorher entweder ſchon vorbereitet oder verdorben. Dieſe Wahrheit iſt nicht zu bezweifeln. Mit dem Ende der erſten Periode tritt nämlich das Kind aus dem Paradieſe ſeiner Unſchuld heraus; es gewinnt an Freiheit und Selbſthülfe, dadurch entwickeln ſich eine Menge ſinnlicher Neigungen, die den Keim zur Sünde in ſich tragen, und nicht mit Erfolg bekämpft werden können, wenn der Grund in den erſten vier Jahren ſchlecht gelegt war. Man muß ſomit dem Unſittlichen möglichſt frühe vorbeugen, ehe es ſich als Unſittliches offenbaren und äußern kann. Die ſittliche Erziehung fängt deßhalb ſchon beim erſten Athemzuge des Kindes an, wenn es auch gleichwohl noch lange nicht im Stande iſt, das Gute und Böſe von einander zu unterſcheiden. (Man ſehe auch Art. Gehorſam.)

Unſittlichkeit in und außer den Erziehungsanſtalten. Wir fragen hier vorerſt: Woher es denn komme, daß Unſittlichkeit ſowohl in als außer den Erziehungsanſtalten herrſchend ſei? Wer es mit der Jugend redlich meint und unbefangen auf die häusliche und öffentliche Erziehung, wie ſie ſich in ihren Erſcheinungen kund gegeben hat und noch kundgibt, hinblickt, dem wird die Beantwortung obiger Frage nicht ſchwer fallen können. Wer die wahre Erziehung der jungen Menſchenwelt von dem allein wahren und richtigen Standpunkte aus betrachtet und aufgefaßt hat; der wird das Uebel in ſeiner Quelle gewiß längſt ſchon entdeckt haben, und kein blauer Dunſt wird es ihm mehr zu verbergen im Stande ſein. Wenigſtens hat er die Frage an ſich geſtellt: Was iſt bei der Erziehung vorauszuſetzen, wenn ſie gute Menſchen bilden ſoll? Wovon muß ſie ausgehen, und wie kann ſie erwarten, daß ihr Zweck erreichet werde? Denn das unbeſtimmte Wort — Sittlichkeit, ſagt Sailer, kann die großen Wunder nicht thun, welche die lauten Nachſprecher desſelben zu erwarten ſcheinen. Und all die prächtigen Tiraden oder Wortgepränge von ſittlicher Ausbildung ſind nur gar zu oft verlegene oder faule Waare, — leere Worte. Was aus dem gewaltigen Sittlichkeitstriebe hervorgeht, iſt weder Bildung, noch ſittlich, am allerwenigſten Ausbildung, ſondern es iſt Verbildung und abentheuerliche Unſittlichkeit, was in das Auge ſpringt. Wer Kinder gut bilden will, der muß vorausſetzen, daß in der, ſich ſelbſt gelaſſenen Menſchen-

natur, ein gewaltiges Uebergewicht der sinnlichen über die verständige
Natur obwalte, daß somit Anlagen zum Bösen in jeglichem Kinde vorhanden seien, welche, wenn sie gepflegt werden, bald eine Ernte des
Lasters darstellen werden, daß also nicht nur Sprache, Gebrechlichkeit,
Unmündigkeit, sondern auch Neid, Schadenfreude, Tücke, Lügenhaftigkeit,
Kränkung Anderer und Kränkungslust, Herrschsucht ꝛc. in Kurzem sichtbar
werden müssen, wenn nicht der Entwickelung des Bösen mit unablässigem
und unnachgiebigem Ernste entgegen gearbeitet wird. — Jede andere Ansicht hemmt nicht nur die moralische Erziehung, sondern macht sie wahrhaft unmöglich; pflanzt selber neues Unkraut in das Kind, statt dem
alten, das schon wuchert, Kraft, Wärme und Boden zu entziehen. Die
Kinder sind nicht bloß verführbar zum Bösen; sie werden, ihren Anlagen
nach, gar leicht ihre eigenen Verführer, wenn der Selbstverführung nicht
mit Macht entgegengearbeitet wird. Das Verderben darf nicht erst in
die Menschennatur hineingetragen werden, es ist schon darin, und die
ganze moralische Erziehungskunst hat keine andere Pflicht, als der Entwickelung des Bösen entgegen, sowie dem Guten in die Hände zu arbeiten.
Die Lehre des Christenthums macht also dadurch, daß sie das dem Menschen angeborne Verderbniß, den Abfall der ursprünglichen Menschheit
von Gott voraussetzt, die wahre Erziehung erst möglich. Die wahre
Erziehung faßt demnach diese Grundlehre des Christenthums mit beiden
Händen an und hält sie fest, und betrachtet sie als den Einen und sichersten Leitstern auf der Bahn der Weisheit und der Tugend. Die Pädagogen, welche im Menschenkinde nur Tugendkeime sehen wollen, werden
in ihrer eiteln, vorgefaßten und irrigen Meinung nur zu bald zu Schanden gemacht, so daß ihnen nothwendig die Augen aufgehen müssen, wenn
sie ihnen anders aufgehen können. Eher wird das Meer Raum in einem
Gräblein finden, als daß eine wahre sittliche Erziehung ohne Religion
und Gottesfurcht verwirklicht werden könnte. Wollt ihr, sagt Kelber,
den Menschen zum Teufel machen, der alles Heilige mit Füßen tritt, so
gebt ihm den feinsten Abschliff, weiht ihn in alle Künste und Wissenschaften
ein, aber nehmt ihm die Gottesfurcht, — und ihr habt euern Zweck
erreicht. Soll also die wahre sittliche Erziehung der Kinder gedeihen
und die gewünschten Früchte bringen, so kann und wird dieß nur in dem
Maße geschehen, in welchem sie vom ewig Guten und Heiligen
durchdrungen sind. Alle übrigen moralischen Lehren, insofern sie nicht
aus der reinen Quelle des Christenthums hervorgehen und ihre Wurzeln
nicht in Gott haben, sind ihrer Wirkung und Dauer nach den Schnee-
flocken gleich, die an einem milden Tage des Winters auf die Erde
fallen, und sich nach wenigen Stunden oder Augenblicken wieder in
die ursprüngliche Gestalt verwandeln. Das Wort Jesu behauptet seine
Wahrheit und Kraft für alle Zeiten: „Lasset die Kleinen zu mir kommen
und wehret es ihnen nicht, denn ihrer ist das Himmelreich." Erzieher,
wehret es also den Kleinen nicht, zu Christus zu kommen, bei Ihm allein
finden sie Gott, den ihr ihnen nicht geben könnt; in seinem Auge lesen
sie lauter Licht, in seinem Worte hören sie lauter Liebe, Leben und Kraft;
von seiner milden und freundlichen Hand geleitet, werden sie den Pfad
der Tugend sicher wandeln, und das Ziel ihrer höheren Bestimmung
glücklich erreichen! — Nach dem, was wir hier nur in wenigen Zügen
über die obige Frage angeführt haben, woher es komme, daß in und
außer den Erziehungsanstalten so wenig Sittlichkeit herrsche, wird es
dem Leser wohl nicht entgehen können, die trübe Quelle hievon mit Bestimmtheit anzugeben. Nur in der verkehrten Richtung der Erziehung
und in den falschen Grundsätzen, die als Basis der Sittlichkeit aufgestellt

werden, liegt die eigentliche Wurzel der Zeitgebrechen, die sich durch Unsittlichkeit der Jugend auf eine höchst betrübende Weise zur Schau tragen. Nicht von den moralischen Imperativen, sofern sie bloß vom menschlichen Verstande ausgehen, sondern von dem ewig heiligen Willen Gottes, der sich in den gegebenen Geboten so klar und deutlich ausgesprochen hat, geht das Heil für die junge Menschenwelt aus; nicht durch jene, sondern durch diese und die Lehre des Christenthums wird wahre und dauerhafte Sittlichkeit begründet. Ohne christliche Erziehung und ohne treues Festhalten an der heiligen Lehre Jesu geht der eigentliche Zweck der Menschheit verloren, und die Gesellschaft findet nicht mehr, wie Heinsius bemerkt, in dem Charakter ihrer Mitglieder die nöthige Gewährleistung ihres Daseins und ihrer Wohlfahrt. Daher das unabweißbare Bedürfniß, mit der Erziehung und dem Systeme derselben die christliche Religions- und Sittenlehre zu verbinden. Einen andern Grund kann Niemand legen, als der, welcher von der ewigen Wahrheit selbst gelegt worden ist, und dieser ist Jesus Christus, der Herr. 1. Cor. 3, 11. Jsai. 28, 16. 54, 12. (S. auch Art. Erziehung.)

Unterabtheilungen. Ob der Lehrer Unterabtheilungen machen soll oder nicht, das hängt nicht bloß von der größern oder geringern Schülerzahl, sondern auch von der Verschiedenheit derselben ab. Ist die Schule nicht stark, und kann der Lehrer die Kinder leicht übersehen, so ist es nicht nöthig, daß er streng getrennte Unterabtheilungen mache, indem er ohnehin jeden Schüler, seinem Standpunkte gemäß, beschäftigen kann. Sind die Schüler sehr gleichartig, was in jenen Schulen stattfindet, in welchen die Kinder in mehreren Classen unterrichtet werden, so sind die Unterabtheilungen eben nicht so nothwendig, wie in den zahlreichen Schulen, in denen sich die kleinsten und größten Schüler beisammen befinden. — In solchen Schulen, an denen sich junge Leute aufhalten, welche sich dem Schulfache widmen wollen, ist es besonders gut, wenn Abtheilungen gemacht werden, um diese als Gehülfen dabei gebrauchen zu können. Allein hier hat der Lehrer darauf zu sehen, daß diese Lehrgehülfen nicht hart, streng und gebieterisch werden, sondern mit den Kindern freundlich und wahrhaft kindlich umgehen. Wacht der Lehrer nicht darüber und hält er den Gehülfen für den besten, der bloß seine Abtheilung am besten in Zucht und Ordnung hält, so wird sich leicht ein Ton bilden, welcher dem Gehülfen noch mehr schadet, als den Schülern selbst. — Der unregelmäßige Schulbesuch erfordert auch Einrichtungen, die es möglich machen, den ausgebliebenen Schüler bei seinem Wiedererscheinen gleich in eine solche Lage zu bringen, daß er mit den übrigen gleichen Schritt halten kann. Da, wo Abtheilungen stattfinden, wird ein Kind, das lange ausgeblieben ist, in eine andere gesetzt werden müssen. Ein unausgesetzter Schulbesuch ist nie von allen Kindern zu erwarten, daher, sagt Harnisch, sind die gewaltig im Irrthum, welche meinen, es könne nur dann erst eine Schule zweckmäßig eingerichtet werden, wenn alle Schüler ganz regelmäßig kämen. — Vieles ist bei der Bestimmung der Unterrichtseinrichtung durch die Eigenthümlichkeit des Lehrers bedingt. Manche Lehrer, die steif und unbeweglich sind und wenig Gewandtheit des Geistes besitzen, können sich in den verschiedenen Unterabtheilungen entweder gar nicht oder nur schwer zurechtfinden; manche dagegen mißbrauchen sie, lassen die größeren Knaben Schule halten und kümmern sich um den Unterricht bereits gar nicht mehr. Dabei kommt dann freilich wenig heraus, und diejenigen, welche die größern und kleinern Kindern selbst auf gleiche Weise zusammen beschäftigen, leisten zuletzt mehr, als diese, wenn sie es anders redlich meinen. Uebrigens wird jetzt auf dem

gegenwärtigen Standpunkte, auf dem sich unser Schulwesen befindet,
wohl schwerlich ein Lehrer ohne Hülfe bei seinem Unterrichte ausreichen,
und es ist jedem Lehrer so viele Hülfe zu wünschen, als er zu leisten im
Stande ist; denn nur so viele Arme sind einem Leibe gut, als der Kopf
zu gebrauchen versteht. Am besten aber wird es immer gethan sein, wenn
man einem jeden Lehrer die besondern Lehreinrichtungen selber überläßt.
Die Sucht, Alles vorschreiben zu wollen, schadet bei Lehreinrichtungen
mehr, als man gewöhnlich glaubt, und wenn wir auch nur den Umstand
erwägen, daß sie die Lehrerlust und Freudigkeit niederhält, so wäre dieß
in der That nachtheilig genug; der übrigen Nachtheile wollen wir hier
nicht gedenken, die ein solches Verfahren nothwendig herbeiführen muß. —
Noch müssen wir bemerken, daß der Lehrer auch in manchen Lehrgegenständen Unterabtheilungen zu machen hat, was bei andern nicht der Fall
ist. Namentlich geht dieß nicht an: beim Unterrichte im Christenthum;
im Gesang- und deutschen Sprachunterrichte; dagegen am besten im Rechnen, in den anschaulichen Theilen der Weltkunde und in dem mittelbaren
Sprachunterrichte. Da, wo Unterabtheilungen stattfinden können; ist es
auch zweckmäßig, ältere Schüler als Gehülfen zu gebrauchen, jedoch immer
nur so, daß der Lehrer öfters in allen Abtheilungen auch selbst unterrichtet. Da, wo sich gerade die meisten Schwierigkeiten häufen, muß der
Lehrer immer selbst bei der Hand sein und einschreiten. Um sich aber
noch mehr zu helfen, wird der Lehrer wohl thun, wenn er schwächere und
stärkere Schüler wieder in den Abtheilungen vertheilt, damit die erstern
durch die letztern unterstützt werden. Nur unter den angegebenen Bestimmungen sind Unterabtheilungen für den Lehrer eine große Erleichterung;
und den Kindern erwachsen in vielfacher Beziehung die gewünschten Vortheile.

Unterbrechungen. (S. Art. Zerstreuung.)

Unterhalt des Lebens. (Rücksicht der Erziehung hierauf.) Es gehört
zu den Pflichten der Eltern, dafür zu sorgen, daß ihre Kinder in jenen
Stand und Beruf eingeleitet werden, der ihnen Brod und ein zufriedenes
Leben gewähren kann. Die Vorbereitung der Kinder zum ordentlichen
Durchkommen in der Welt muß sonach auch als ein nicht unwichtiger
Theil der häuslichen Erziehung betrachtet werden. Es haben also die
Eltern nicht bloß die leibliche und geistige Erziehung ihrer Kinder
zu besorgen, sondern auch die pragmatische — auf ihr künftiges Verhalten anwendbare, — die ihnen das Durchkommen durch die Welt anbahnet,
und den Selbsterwerb des Lebensunterhaltes sichert. Doch nicht nur
tüchtig zum Selbsterwerbe des nöthigen Lebensunterhaltes und zur vernünftigen Führung des Lebens sollen die Kinder erzogen werden, sondern
die Eltern müssen sich auch als liebende und treue Führer derselben in
der wirklichen Ergreifung einer besondern Lebensweise, und vorzüglich in
dem wichtigen Geschäfte der Verehelichung beweisen, weil sie gerade in
dieser Angelegenheit der weisen Führung am meisten bedürftig sind. Liebende und treue Führer der Kinder sind die Eltern nur dann, wenn sie
als Stellvertreter der mündigen Vernunft der Unvernunft in den Weg
treten, und entschieden thörichte Verbindungen zu verhindern suchen; wenn
sie zu angemessenen Verbindungen Bahn machen, und wenn, um jene verhindern und diese anbahnen zu können, sie sich das Vertrauen der Söhne
und Töchter, die für das Herz die zartesten, und für das Leben die bedeutendsten sind, erworben haben, und dieses Vertrauen lediglich nur zum
Besten derselben benutzen. Denn, sagt Sailer, ohne dieses rettende
Vertrauen verlieren sich die Neigungen der Kinder in Labyrinthe, aus
denen so leicht kein Ausweg mehr zu finden ist, und die Eltern werden

die Verwirrung erst da inne, wo nicht mehr geholfen werden kann. Die
Eltern dürfen aber nur Führer, nur Rathgeber, und keine eigenwilligen
Gebieter bei einem so wichtigen Geschäfte sein. Denn wenn sie da, wo
nur der Kinder Herz entscheiden kann, gebietende Machtsprüche thun und
sie geltend machen wollten, so würden sie sich Ein- und Uebergriffe in
die Oberherrschaft Gottes und die Rechte der Kinder erlauben. Bis die
Kinder wählen können, und in den Angelegenheiten des Herzens wählen
müssen, gebührt in dieser Epoche den Eltern die Macht der Entscheidung; aber in dieser Angelegenheit des Herzens — nur die Macht der
Leitung. Nie dürfen Eltern ihre entscheidende Macht auf ein Geschäft
ausdehnen, wobei nur das Herz des Wählenden entscheiden kann. Ihre
Sache ist es, daß sie ihre Kinder nur vor einer thörichten und nachtheiligen Wahl bewahren und der besonnenen und vernünftigen freie Hand
lassen. Sollen die Eltern bei der Wahl des Berufes und bei der wirklichen Verehelichung ihrer Söhne und Töchter die Stelle der leitenden
Vernunft zu vertreten im Stande sein; so müssen sie äußerst wachsam bei
den gefährlichen Situationen des Ueberganges aus dem Kindes- in das
mannbare Alter sein. Allein gerade da, wo die rettende Liebe hundert
Augen haben sollte, ist sie blind. Plutarch rügt diese Blindheit, wenn er
(De Educat. liber. p. 38. u. 39. Vol. VI. Ed. Lips.) sagt: „Die den Knaben
Lehrmeister und Führer beigegeben haben, lassen die Jünglinge den blinden Trieben ihrer Neigung über, da sie doch auf diese Jahre mehr Sorge
und Bewahrung hätten verwenden sollen, als auf jene des Knabenalters.
Die Fehltritte der Knaben sind noch gering und nehmen noch eine Zurechtweisung an; aber die Sünden der Jugend zeichnen sich durch Größe
und Trotz aus: Freßlust, Entwendung des väterlichen Vermögens, Schwel-
gerei, Wollust ꝛc. Gerade in diesem Zeitpunkte hätten die Eltern am
meisten wachen sollen, um die Jünglinge zu bewahren und sie im Geleise
der Sittsamkeit (modestia) zu erhalten. Da hätten sie Lehre, Bitte,
Warnung, Drohung, Rath, Verheißung in Bewegung setzen und auf Beispiele hinweisen sollen, jener, welche die Wollust elend gemacht, und
dieser, welche die Enthaltsamkeit mit Ehre und Ruhm gekrönet hat.“
(Würde dieser alte Weise, wenn er noch lebte und zu uns käme, wohl
eine andere Sprache führen können? — Woher datiren sich aber die
nämlichen Sünden und Laster so vieler Jünglinge in unsern Tagen, wie
ehemals in den Tagen des Heidenthums? Wahrlich nirgends anders als
daher, weil die meisten Eltern in der ganzen Laufbahn der Erziehung es
versäumen, die Kinder wahrhaft christlichfromm zu erziehen. Was früh
gebildet und in Treue fortgebildet werden sollte, wird entweder ungebildet gelassen, oder wenigstens nicht früh genug gebildet, — wir meinen
die Bildung des kindlichen Gefühls zur Religion. Wann könnte, fragt
Jean Paul, das Heiligste schöner einwurzeln, als in der heiligsten
Zeit der Unschuld, oder wann das, was ewig wirken soll, als in der
nämlichen? Nicht die Wolken des Vor- und Nachmittags, sondern ewig vergißt?
sondern entweder das Gewölke oder die Bläue des Morgens entscheidet
über den Werth des Tages. Und ein anderer Pädagog spricht sich über
die frühe religiöse Bildung so aus: Das Unerläßlichste und Unentbehrlichste bei der Erziehung ist die frühe Bildung des Gefühls für Religion;
denn ohne Religion ist der Mensch mit allem Wissen noch immer nur ein
Schiff ohne Segel und Mast im stürmenden Meere; ein Durstender und
Hungernder in der unwirthsamen Wüste, und eine Pflanze ohne nährenden
Boden. Wie diese Bildung frühe beginnen soll, ebenso sollte sie
auch mit allem Eifer fortgesetzt werden. Dadurch werden Kinder am
besten vorbereitet, in ihren künftigen Verbindungen wahres und dauerndes

Lebensglück zu begründen und festzuhalten. Jene Eltern, welche hierinfalls nicht thun, was sie thun können und sollen, richten bezüglich auf
ihre Kinder einen unersetzlichen Schaden an. Daher, weil dieß so selten
in rechter Art und Weise geschieht, so viele Thränen in unsern Tagen!
— Die öftere Wiederholung des Einen Nothwendigen wird sich
wohl von selbst rechtfertigen.

Unterhaltungen. (S. Art. Niederhalten.)

Unterlehrer. (S. Art. Lehrgehülfen.)

Unterrichten, Unterricht. Unterrichten heißt: unbekannte Begriffe
und Kenntnisse beibringen. Unterricht ist die absichtliche Einwirkung auf
Andere, um ihnen zur Erlangung von Kenntnissen und Fertigkeit behülflich zu sein (materieller Unterricht). Der Unterricht wird erziehend —
Erziehungsunterricht — (formaler Unterricht), wenn man zugleich dabei
beabsichtiget, durch denselben die Kräfte des Lernenden zu wecken, zu
stärken und zu bilden. In Elementarschulen muß der Unterricht stets
erziehend sein. Es kommt beim Unterrichte hauptsächlich auf die zwei
folgenden Fragen an: 1) Was soll gelehrt werden? (Gegenstand,
Stoff, Materie des Unterrichts), und 2) Wie soll gelehrt werden: (Form und Methode des Unterrichts.) Der Unterricht ist überhaupt nicht bloß um des Lernens willen. Oder sollen die Kinder in die
Schule gehen, nur um etwas gelernt zu haben? und wozu all das Lernen? — gewiß nicht um des Lernens an sich, oder allein um des zeitlichen Fortkommens willen, sondern hauptsächlich um eines höhern, der
menschlichen Bestimmung entsprechenden Zweckes und eines geistigern Lebens willen. Nicht der, sagt Köthe, welcher das meiste gelernt, sondern sich geübt hat, das Gelernte weislich und christlich anzuwenden, ist
der Tüchtigste. Es liegt uns nicht daran, unser Wissen und Verstehen
von einem Geschlechte auf das andere fortzupflanzen, sondern daran muß
uns gelegen sein, höhere Güter zu vererben, solche nämlich, die nicht
in todte Hände übergehen können, die Niemand zu erben vermag, es sei
denn, daß er sie selbst rüstig ergreife und frei sich ihrer bemächtige.
Man höre einmal auf, Schultriumphe zu feiern, wenn die Kleinen nachsprechen und nachmachen gelernt, was der Lehrer ihnen einprägte, wenn
ihr Gedächtniß angefüllt ist mit allerlei Dingen und Begriffen, nebenher
auch der Verstand etwas geübt, Einiges zu definiren und über Alles zu
räsonniren. Manche Schulen, die als vortrefflich gelten, weil die Kinder gewaltig viel lernen, wenigstens für die Schule und für die Para-
bezüge der öffentlichen Prüfungen und Visitationen, und auch sonst von
allerlei zu reden wissen, sind nichts weniger, als wirkliche Bildungsanstalten, vielmehr gleichen sie überheizten Treibhäusern, aus denen kein
gesundes Gewächs hervorgeht, sondern nur Zierblumen, die, wenn sie an
die frische Lebensluft kommen, verkrüppeln, und weil sie nicht Kraft und
Saft haben, bald auch den Schein verlieren, den sie hatten, oder eben
nur mit dem kümmerlichen Schein sich durch's Leben helfen. Lehrer, die
einem solchen Unwesen fröhnen, sind den treulosen Haushältern gleich,
die nicht tief graben, noch den Acker mit Sorgfalt und redlichem Fleiß
bestellen, daß er recht aus der Tiefe heraus seine Kraft erhalte und
Frucht trage auf lange Dauer, sondern sich damit begnügen, wenn er
für die kurze Zeit ihrer Verwaltung auf die Oberfläche lieblich grünt
und ihnen Lob und schnellen Gewinn einträgt. Man kann es nicht nachdrücklich genug wiederholen: "Die Schule ist für's Leben."
Der Unterricht soll Leben erwecken, soll zum wahren Leben tüchtig machen, soll alle Kräfte bilden, also entwickeln, üben und regeln, damit
das Kind nicht nur etwas lerne und Einiges leiste, sondern auch selbst

etwas werde, und zwar ein Ganzes, Einiges und Gediegenes, in jener durchgebildeten Individualität, in welcher das ursprüngliche Bild Gottes lieblich wiederstrahlt, und so auch die Kraft und Herrlichkeit des erlösten Geschlechtes sich spiegelt. Nur in dem Maße, als der Unterricht wahrhaft bildend ist, entspricht die Schule ihrer hohen Bestimmung. Der Lehrer muß daher das, was nur Mittel zum Zweck, und das, was selbst Zweck ist, gehörig unterscheiden, also auch im rechten Verhältniß behandeln; und seine ganze Aufgabe in Beziehung auf das höchste Ziel des Unterrichts auffassen. Es kommt also bei dem Unterrichte so wenig, als bei der Erziehung bloß darauf an, daß die Kleinen möglichst viel in sich aufnehmen, sondern vielmehr darauf, daß sie Alles, was sie empfangen, selbst thätig verarbeiten, ihre Kraft üben, sich selbst aus sich herausbilden, und nicht blos in sich hineinbilden lassen. Eben so wenig kann es ein wahrer Gewinn sein, wenn einzelne Seelenvermögen genährt und bereichert werden, vielmehr soll sich der Unterricht an den ganzen Menschen richten, den ganzen Menschen ergreifen und durchdringen, alle Kräfte in Anspruch nehmen, so zwar, daß sie in Eine Kraft zusammenfließen und in einem harmonischen Leben zur Einheit gelangen. Fassen wir überall nur das in's Auge, was alle Kinder bedürfen und die Schule allen darbieten soll; so läßt sich auch der Stoff mit einer entschiedenen Sicherheit feststellen, welcher die allgemeine Bildung zu vermitteln hat. Derselbe muß nämlich geeignet sein, sowohl die Entwicklung und Uebung aller Kräfte des Kindes zu einer harmonischen Thätigkeit zu befördern, als auch jene Kenntnisse und Fertigkeiten, die zu einem gottseligen und täglichen Berufsleben erforderlich sind, zu begründen. Weder dieses noch jenes wird da versäumt, wo das Eine Nothwendige stets klar erkannt und mit dem Lernen auch die Uebung verbunden wird, und zwar in der doppelten Bedeutung, nämlich als Uebung der Kräfte und als Anwendung der Lehre auf's Leben. Soll aber der Unterricht nicht zerstreuen, sondern sammeln, nicht in seinen mannigfaltigen Richtungen völlig auseinandergehen, und dadurch zu einer todten Masse werden, sondern in allen seinen Theilen auf Ein Ziel hinwirken, und dadurch lebendig und belebend werden, so muß seine Mannigfaltigkeit in jener höhern Einheit, von welcher, als dem gemeinsamen Stamme, alle Zweige ausgehen, in welche, als dem gemeinsamen Mittelpunkt, sie alle hinstreben, zur Anschauung kommen. — Es erscheint aber als das wesentliche Element alles Unterrichts, wie aller Erziehung, als der eigentliche Stamm und Mittelpunkt, — als die Einheit aller Erkenntniß, und als die Sonne, in deren Licht sich alle Kräfte entfalten, die Religionslehre. Von Gott ist aller Unterricht, alle Lehre in ursprünglicher und unmittelbarer Offenbarung ausgegangen, in der Mittheilung der Gaben des heiligen Geistes an den lichtbedürftigen Menschengeist. Also auf Gott muß auch der menschliche Unterricht überall hinweisen und zurückführen, — muß hinleiten zu Gott, der Urquelle alles Lichtes, aller Wahrheit und alles Lebens. Was nicht von Ihm ausgeht, nicht zu Ihm hinstrebt, das ist an sich todt, und kann eben darum der Seele kein wahres Leben geben. Es mag nützlich sein für's zeitliche, doch nicht wahrhaft für's höhere und ewige Leben. Es führt, wenn es nicht zu Gott führt, von Ihm ab, und ist also, weil nicht für Ihn, wider Ihn. Daher kommt es auch, daß mancher Unterricht nicht nur höchst unfruchtbar, sondern auch dem gottseligen Leben hinderlich ist. Daher sagt Hirscher: „Ohne die Begründung eines wahrhaft religiösen Lebens durch den Unterricht kann kein Heil für die Menschen entstehen. Es wird sich täglich augenfälliger beweisen,

daß, wenn Recht, Humanität und Gesittung nicht von innen heraus gebaut, d. h. im christlichen religiösen Glauben der Völker gegründet werden, alle äußern oder physischen Gewalten ihren Zerfall und Einsturz
der bestehenden Ordnung nicht zu verhindern vermögen.“ Es gibt jedoch
keinen Zweig der Schulbildung und keinen Lehrstoff, der nicht, wenn
er aus dem Gesichtspunkte der höhern Einheit, von der wir kaum gesprochen haben, aufgefaßt und in Beziehung auf den lebendigen Mittelpunkt behandelt wird, einen segenreichen Einfluß auf die wahre jugendliche Bildung gewinnen, zur Befriedigung der höchsten Bedürfnisse des
menschlichen Geistes, und zu einer reichen Entfaltung des einzelnen und
socialen Lebens mitwirken könnte. Es ist übrigens nicht Alles, was nützlich
ist, auch Allen Noth, und weil der Unterricht zunächst nur dieses darbieten soll, so muß man desto mehr das **Wesentlichste** und **Unentbehrlichste** berücksichtigen und festhalten. Man muß nur das, was in der
fruchtbarsten Beziehung zu **diesem** steht, ihm beigesellen. Nie muß man
den reichsten Stoff, die wirksamsten Mittel zur wahren Bildung in dem
bunten Allerlei und Vielerlei, sondern in der Einheit, nie in der Ausdehnung, sondern in weiser Beschränkung des Unterrichts suchen. Von
ihm und von allem Lernen kann mit der vollsten Zuversicht behauptet
werden: „**Wenig, aber recht, ist mehr, als Vieles schlecht,
und jenes Wenige ist viel, wenn es nur das Rechte ist.**“
So viel in der **wesentlichsten** Beziehung auf den Unterricht. Was
nun das **wie** und **was** der anfangs aufgestellten Fragen anlangt, so
liegt die Beantwortung derselben in dem bereits Gesagten. Wir verweisen
jedoch den Leser auf die Artikel **Methode, Lehrstoff** und **Lehrgegenstände.** Noch bemerken wir bezüglich auf den Unterricht Folgendes: Der Unterricht wird entweder einem einzelnen Kinde ertheilt,
und heißt sonach **Einzelunterricht**, oder mehreren zugleich, und
wird dann mit der Benennung **Massenunterricht, Gesammtunter-
richt — Schulunterricht** bezeichnet. Die Versammlung mehrerer Lernbegierigen, um Unterricht von einem aufgestellten Lehrer zu empfangen,
heißt eine **Schule** (s. d. Art.), und der Ort, wo dieser Unterricht ertheilt
wird, führt den gleichen Namen, wie auch die Zeit, in welcher man ihn
ertheilt. Insofern sich der Unterricht nur mit den Elementen menschlicher
Erkenntnisse und Fertigkeiten befaßt, also mit dem, was zum Fundamente
der Menschen- und Berufsbildung der Materie nach gehört, und dabei
die Entwickelung, Stärkung und Bildung der **sittlichen** Anlagen und
Kräfte zu verwirklichen sucht, wird er auf eine genau bezeichnete Weise
Elementarunterricht genannt. Die Schule hat nicht bloß die Aufgabe, den Kindern Kenntnisse und Fertigkeiten beizubringen, sondern sie
muß auch darauf bedacht sein, die Kräfte derselben zu entfalten und zu
bilden, — somit auch zu erziehen. Kenntnisse und Fertigkeiten allein thun
es noch nicht, sie machen noch keinen Menschen, wenn sie in zeitlicher
Beziehung noch so viel Werth hätten, fromm und gut. Wenn auch der
junge Mensch, sagt der ehrwürdige **Thomas von Kempis,** nach seiner
natürlichen Wißbegierde noch so viel lernte, was sollte ihm alles Wissen
ohne Gottesfurcht nützen? Wahrlich, besser ein demüthiger Landmann,
der Gott dient, als ein stolzer Weltweiser, der den Lauf der Gestirne
betrachtet und darüber sich selbst vernachlässiget.“ Bloße Kenntnisse und
Geschicklichkeiten geben dem Menschen noch keinen wahren Werth, erheben
ihn nicht zur Würde, die sein Eigenthum sein sollte. Oder was sollten
alle Kenntnisse und mechanische Fertigkeiten dem Menschen frommen, ohne
Sinn für das Wahre, Schöne und Gute, ohne Liebe zu Gott und zur
Tugend? Sind sie so etwas anderes, als ein tönendes Erz und eine

klingende Schelle, wie der Apostel sagt? — Wenn der Unterricht keinen
andern Zweck hätte, als bloß Kenntnisse und Fertigkeiten den Kindern
mitzutheilen, und würde die Schule nicht auch zugleich die Erziehung im
eigentlichen Sinne des Wortes in ihren Kreis herabziehen, dann wäre
sie eine Anstalt, der wir keine besondere Wichtigkeit zuschreiben könnten.
Die Schule, sagt Harnisch, ist wohl zunächst nur des Unterrichtes
wegen errichtet, aber durch sie muß noch ein anderer Zweck, nämlich die
Gesammterziehung erreicht werden. Beim Unterrichte, fährt er fort, sind
vorzüglich zwei Abwege zu vermeiden. Der eine Abweg ist leider so oft
und so häufig betreten, daß er zuletzt selbst für den wahren Weg ausgegeben wurde und theils noch ausgegeben wird, ich meine den Weg der
Verstandesaufklärung. Die Lehrer wähnten, man müsse den Verstand der Kinder ab- und aufklären, ihnen beweisen, daß ein Gott, eine
Unsterblichkeit sei, alles Geheimnißvolle aus dem Glauben verbannen und
dadurch sie zum rechtschaffenen Handeln zu bringen suchen, daß man nicht
bloß beweise, der Mensch müsse die Tugend ausüben, sondern zugleich
auch zeige, daß die Ausübung derselben mit vielem leiblichen und geistigen
Segen (mit der sogenannten fetten Glückseligkeit) verbunden sei. Allein
man irrte sich gewaltig, man hatte ganz übersehen, daß der Mensch selten
Alles verständig überklügelt und nach dieser Ueberklügelung ausführt, sondern daß er in der Regel dem Schlage seines Herzens und dem Strome
seiner Gefühle folgt. Man hatte nicht beachtet, daß in dem Augenblicke,
in welchem man den Glauben, die Hoffnung und Liebe zur Verstandes-
sache machte, sie aufhören, Glaube, Hoffnung und Liebe zu sein,
und eine bloße Einsicht von diesen Gegenständen wurden, welche Einsicht
nur zu einem klugen Sprechen über dieselben brachte. Ueberhaupt hatte
man vergessen, daß man den Glauben nur vorglauben, die Hoffnung
nur vorhoffen und die Liebe nur vorlieben müsse, um sie in Anderen zu erzeugen, und daß das Vorlehren wohl zu einem Nachlehren
oder Nachsprechen, aber nicht zum Selberhaben führe. Dieß
konnte durch bloßes Sokratisiren nimmer vermittelt werden. So schätzenswerth auch immer eine geübte Denkkraft ist, so erhält sie doch erst dadurch
ihren vollen Werth; wenn sie demüthig in den ihr angewiesenen Gränzen
bleibt, und sich auf das wahre Gute und Heilige richtet. Die Verstandesbildung hat nur dann guten Werth, wenn sie als Mittel betrachtet wird,
das Zurechtfinden im Leben und im rechtschaffenen Wandel vor Gott zu
erleichtern und zu fördern. Nur dann hat die Bildung der kindlichen
Kräfte einen höhern Werth als alle Schätze der Erde, wenn sie Gott,
der Wahrheit und der Tugend dienen. — Ein anderer Abweg wird jedoch
nur von Wenigen betreten, nämlich der Weg der schwachen Demuth und
Hingebung. Welcher Lehrer auf diesem Wege wandelt, der spricht nur
von der menschlichen Schwäche und der Gnade oder des Beistandes von
Oben. Das wäre zwar wohl recht, wenn es nur nicht dabei bliebe,
sondern wenn die Lehre des Heiles auch in der That und Wahrheit
bekräftiget würde. Bald gewahren die Kinder, daß an dem ewigen Seufzen
und Predigen nicht sonderlich viel gelegen sein müsse; weil des Lehrers
Thun demselben widerspricht, so wird ihnen eine solche seichte Frömmelei
verdächtig, sie können sich mit einem saft- und kraftlosen Glauben nicht
verständigen. Wer sich auf dem ersten Wege befindet, kann wohl aus
bloßem Verstande tüchtige Werke für die Welt schaffen, allein es fehlt
ihm die Demuth vor Gott; wer dagegen auf dem zweiten Wege ist, der
hat zwar die Demuth vor Gott, aber nicht den Muth gegen die Welt.
Weil es dem Ersten an Glauben fehlt, so sind seine Werke eitel, und da
der Letzte keine Werke hat, so ist sein Glaube nur ein bequemer Schleichweg

ins Himmelreich. — Weder auf dem einen, noch auf dem andern Wege wird den Kleinen die Pforte des Himmels eröffnet. Des Menschen Würde verlangt, daß er eines Theils selbst thätig, andern Theils aber unterstützt vom Beistande Gottes, seiner Bestimmung entgegenstrebe. Es folgt hieraus, daß der Mensch den Weg kenne, der ihn zum Licht und Leben führt, und daß er auch die Kraft besitze — die rechte Fußsalbe habe, wie Claudius sagt — um auf demselben fortzuwandeln. Zu dieser Kenntniß des Pfades, der zum vorgesteckten Ziele führt, gelangt er jedoch nur durch Unterricht. Somit ist der Unterricht nichts anders, als eine solche Unterstützung und Hülfe, welche dem Kinde zu Theil wird, daß es sich mit dem Leben befreunde, d. h. sich die richtige Ansicht davon verschaffe und auch in den Stand gesetzt werde, den Lebensweg in der bestimmten Ordnung zu verfolgen — durch seine Kraft, die von einer höhern gehalten wird. Wir beziehen uns übrigens hier auf das, was wir oben schon umständlich hierüber gesagt zu haben glauben. Aus dem Gesagten geht aber auch zugleich die Nothwendigkeit des Unterrichts von selbst hervor. Denn der Unterricht ist es, der den Kindern nicht nur das Ziel vorhält, das sie zu erstreben haben, sondern ihnen auch die Hand reicht und sie freundlich leitet auf sicherm Wege zum vorgesteckten Ziele. Der Unterricht ist es ferner, der die Kinder anregt, ihre Selbstthätigkeit zu entfalten und ihre Kraft nach allen Richtungen hin zu üben, und sie unablässig treibt, sich die wahre und lebendige Erkenntniß zu erwerben neben der Kraft, wie beides für eine doppelte Welt – für die Erde und den Himmel nöthig ist. Jeder Unterricht muß daher auch, wenn er anders recht und gut sein soll, von der Erziehung gebilliget werden; denn die Gesetze der Erziehung gelten auch für den Unterricht. Die wahre Erziehung und der wahre Unterricht können einander nie widersprechen. Der Unterricht ist ein Diener der Erziehung, er hat es nur mit einzelnen Kenntnissen und Fertigkeiten zu thun, während die Erziehung den ganzen Menschen in Anspruch nimmt, und ihn zu etwas Ganzem machen will. Je mehr Kinder beim Unterrichte vorhanden sind, desto mehr wird Form und Gesetz dabei hervortreten. Nur in solchen Dingen ist der Unterricht zweckmäßig, die man nicht ebenso gut und schnell im Leben erlernen kann. Es ist Thorheit, sagt Harnisch, das durch den Unterricht erzielen zu wollen, was allein im Leben selber zu gewinnen ist. Da das Unterrichten dem Erziehen untergeordnet ist, so besteht es auch mehr in einem Hülfegeben zur eigenen freien Bildung, als in einem Mittheilen. Der Lehrer, welcher nur mittheilt, zerstört leicht auf der einen Seite eben so viel, als er auf der Andern baut (Handb. für Volksschulwesen S. 60—61.) Wir hätten also das Wesen des Unterrichtes in seinen wichtigsten Beziehungen dargestellt und gezeigt, welcher Lehrer geeignet sei, das Wichtigste dabei auf rechte Weise zu betreiben und die übrigen Lehrgegenstände damit so zu verbinden, daß sie von dem Einen Nothwendigen genährt und durchdrungen werden, damit sie sich zusammen zu einer schönen Einheit gestalten mögen. Nebenbei haben wir nachgewiesen, daß der Unterricht der untergeordnete Theil der Erziehung sei, und derselben seine Hände zu reichen habe, wenn das Ziel der wahren Bestimmung des Menschen dadurch glücklich erreicht werden soll. Es befaßt sich die Erziehung mit der gesammten Grund- und Stammbildung, mit der Tüchtigung seiner Gesinnung, wie mit der Anbildung guter Gewohnheiten, während es der Unterricht mit der vielfachen und mannigfachen Zweigbildung in Kenntnissen und Fertigkeiten zu thun hat. (Spr. 21, 11. Sir. 5, 14. Röm. 2, 18. Gal. 6, 6. Pf. 31, 8. 118, 27. 2. Tim. 3, 15.)

Unterrichtsgabe. (Geschicklichkeit im Unterrichten.) Unter der Unterrichtsgabe (donum didacticum) versteht man die natürliche Anlage oder Fähigkeit, die Regeln und Vorschriften der Unterrichtslehre gehörig anzuwenden; unter Lehrgeschicklichkeit aber die Fertigkeit, insoweit sie auf der Bekanntschaft mit der Unterrichtslehre beruht und durch Uebung erlangt wird, die didaktischen Regeln und Vorschriften richtig anzuwenden. Sie setzt die Unterrichtsgabe und die nöthige Bildung voraus, zumal beide vorhanden sein müssen, wenn anders die Lehrgeschicklichkeit Platz greifen und der Unterricht in allen seinen wesentlichen Beziehungen gedeihen soll. Beide im innigsten Bunde miteinander stehend, machen erst den rechten Lehrer als solchen aus.

Unterrichtsgegenstände. (S. Art. Lehrgegenstände.)

Unterrichtsgesetze. Der Hauptgrundsatz alles Unterrichtes lautet so: „Der Lehrer reiche dem Kinde in der Entwickelung aller seiner Lernanlagen freundlich die helfende Hand, und suche ihm durch Erweckung und Mittheilung vielseitige Kenntnisse und Fertigkeiten beizubringen, dadurch aber auch Alles, was irrig, roh und tölpisch ist, möglichst zu verdrängen." — In diesem Grundsatze ist das Wesen alles Unterrichts auf das bestimmteste bezeichnet ausgesprochen. Der Unterricht soll demnach den Schüler nur bilden helfen, nicht aber denselben von seinem Wesen abführen; er soll in ihm nur das Mangelhafte und Irrige entfernen helfen; dagegen alles Wahre und Gute achten und anbahnen. Folgende einzelne Gesetze weisen die Ausführung des obigen Grundgesetzes nach, oder gehen aus demselben hervor: 1. „Der Unterricht sei den einzelnen Kräften und Fähigkeiten der Kinder angemessen, und nehme sie alle vielseitig in Anspruch." Er darf daher nicht bloß auf den Verstand wirken, wo er zugleich auf den Willen wirken sollte, auch nicht bloß das Gedächtniß in Anspruch nehmen, wo er die Vernunft beachten sollte. Einseitig ist jeder Unterricht zu nennen, der bloß eine Kraft in Anspruch nimmt, wo mehrere in Anspruch genommen werden sollten. 2. Der Unterricht nehme in Betreff der Kenntnisse besonders die Erkenntnißkraft, in Betreff der Fertigkeiten aber die Thatkraft in Anspruch, doch so, daß dabei beide Kräfte gegenseitig berücksichtigt werden. Jede zu ängstliche Beschränkung hierinfalls führt zur Einseitigkeit. Je mehr sich aber Kenntnisse und Fertigkeiten gegenseitig durchdringen, desto mehr wird das Kind in seiner Bildung gefördert, und desto mehr fühlt es sein inneres Gleichgewicht. Daß die rechte Erkenntniß ohne Fertigkeit und Kunst nicht bestehen könne, sagt Novalis mit den wenigen gehaltreichen Worten: „Wir wissen etwas nur insofern, als wir es ausdrücken, d. i. machen können. 3. „Der Unterricht sei ein Mittheilen und Erwecken zugleich, in dem der Lehrer bald in die Welt außerhalb des Kindes, bald in das eigene Innere desselben eingreift, bald gibt, bald fordert, bald hinein, bald heraus bildet." Daß diese Regel beim Unterrichte nicht immer, am wenigsten in der jüngern Zeit beobachtet wurde, ist bekannt, zumal gerade diese das Hineinbilden häufig verkannt, und, wie Harnisch sich so schön darüber ausspricht, durch Wegwerfung alles Positiven (Gegebenen) die Menschenbildung aus ihrer Angel gerissen hat. 4. „Der Unterricht sorge dafür, daß, indem er neue, richtige Kenntnisse und Fertigkeiten erzielt, auch die irrigen und falschen Erkenntnisse, so wie schädliche und plumpe Angewöhnungen bekämpfet werden."

Mancher Bau stürzt nur deßhalb bald zusammen, weil man es unterlassen hat, den Grund gehörig zu untersuchen, und an dem Aufbaue Alles recht zu ebnen und auszugleichen. 5. „Der Unterricht suche die Selbstthätigkeit der Kinder besonders zu benutzen, und die Kräfte derselben, sowohl die schaffenden, als die aufnehmenden, anzuregen." Was der Schüler selbst machen kann, das mache ihm der Lehrer nicht vor, und was er selber durch eigenes Denken finden kann, das denke er ihm nicht vor. Der Schüler wird auf solche Weise nicht nur sichere und gesündere Kenntnisse und Fertigkeiten, als bei einer bloß passiven Annahme erlangen, sondern sich auch froher und munterer dabei fühlen, zumal jedes Selbsterzeugniß einen höhern Genuß gewährt, als das bloß leidende Annehmen. Es trifft auch hier ein, wie es in der Apostelgeschichte heißt: „Geben ist seliger als Nehmen." (20, 35.) Ist die eigene Thätigkeit der Kinder angeregt, so werden sie ihre eigenen Lehrer und arbeiten auch außer den Lehrstunden in eben derselben Richtung fort, die ihnen der Lehrer darin gegeben hat. Nur da, wo dieß der Fall ist, gedeiht der Unterricht, indem dann aus Wenigem Viel, im Gegentheil aber aus Vielem Wenig wird. Jean Paul sagt daher mit Recht: „Alles Hören und Lesen kräftiget und reizt den Geist nicht halb so, als Schreiben und Sprechen, weil jenes nur die Kräfe der Aufnahme bewegt, dieses aber die Kraft des Schaffens in Anspruch nimmt und in Bewegung setzt." — (Selbstbiogr. S. 132.) 6. „Der Unterricht sey anziehend, d. i. er sey so eingerichtet, daß er die Kinder an sich zieht, — zum Auffassen, Aneignen, Nachdenken und Ueben reizt und lockt." Doch muß der Lehrer hier vorsichtig sein, damit dem Unterrichte keine giftige Lockspeise beigemischt werde. Die Verzuckerungen der Arzneien, sagt Harnisch, haben etwas Bedenkliches, sie nehmen oft der Arznei selbst die Kraft. Daher darf der Unterricht nie in ein Spiel ausarten; er ist eine ernste Sache, und wird, wenn man ihn in ein Spiel verwandelt, entkräftet. Wie kann der Unterricht aber, fragt sich hier, anziehend gemacht werden? Er kann dieß auf folgende Weise: a) Wenn der Lehrer ihn, so weit es thunlich ist, und es der Gegenstand erlaubt, anschaulich, faßlich und handgreiflich macht; was durch mancherlei Anschauungsmittel, durch einfache, leichtverständliche Sprache, durch Beispiele und Gleichnisse, durch Vereinfachung des Zusammengesetzten, durch Hülfeleistungen an rechter Stelle 2c. geschehen kann. b) Wenn der Lehrer den einzelnen Dingen durch Abwechselung Reiz zu geben sucht. Diese Abwechselung findet sich theils in den Dingen selbst, welche vorkommen, theils in den Kräften, welche angesprochen werden, theils in der Methode des Lehrers. Der Wechsel vom Schweren zum Leichten ist ein besonderes Reizmittel; Kinder wollen nicht bloß das Schwere, sondern auch das Leichte, und wieder nicht bloß das Leichte, sondern auch das Schwere. Sie wollen nicht immer bergan, sondern auch bergabsteigen, somit beides in der Abwechselung. Dieß drückt Baco von Verulam trefflich aus, wenn er sagt: „Es gibt zwei Hauptmethoden, die eine geht vom Leichtern zum Schwerern; die andere übt die Kraft, indem sie mit dem Schwerern anfängt. Dort schwimmt man auf Schläuchen, hier tanzt man in schweren Schuhen. Beide Methoden sollte man verbinden." Wie das Schwere einen ordentlichen Schüler reizen kann, das erklärt Novalis in den folgenden Worten: „Alles, was dem sich bildenden Menschen noch schwer dünkt, das soll er gerade mit seinen Kräften versuchen, um es mit großer Leichtigkeit und Geschicklichkeit heben und bewegen zu können. Dadurch gewinnt er es lieb; denn man hat lieb, was man mit Mühe gewinnt." — 7. „Der Unterricht sey

endlich gründlich, aber nicht abspannend und ermüdend.“
Bei allen Gegenständen kann man ihre Außenseiten von ihrem innern
Wesen unterscheiden. Soll ein Unterricht gut sein, so muß er, so viel
möglich, die Kinder bis zum innern Wesen der Sache führen, weil er
sonst seicht und oberflächlich ist, und in solcher Gestalt auch das innere
Wesen der Kinder nicht erreichen kann. Man irrt, wenn man glaubt,
daß ein solcher Unterricht zurückstoße, vielmehr umgekehrt, er ist anziehend,
weil er Schwierigkeiten in sich hat. Ermüdend wird der Unterricht nur,
wenn er zu lange andauert, unfruchtbare Seiten von dem Gegenstande
darlegt, verwirrt ist, und wenn er in leeren Wiederholungen besteht.
Zwar werden die Kinder auch beim besten Unterrichte ermüden, wenn sie
nämlich an keine Anstrengung gewöhnt, sondern verweichlicht und verzärtelt sind. Dr. Harnisch führt außer den angegebenen noch andere
Unterrichtsgesetze in seinem Handbuche an, die wir aber um so mehr übergehen können, als diese bereits früher bei dem Artikel Erziehung ıc. vorgekommen und behandelt worden sind. (S. auch Art. Grundsätze des
Unterrichts.)

Unterrichtskunst. Man versteht darunter die Lehre von der richtigen
Anwendung der Regeln und Grundsätze, wie sie die Unterrichtswissenschaft
aufstellt. So genommen ist sie die praktische Didaktik. Mit ihr steht im
engsten Bunde die subjektive Lehrgabe und Lehrgeschicklichkeit, von der
wir oben gesprochen haben. Die Forderungen, die in dieser Beziehung
an den Lehrer gemacht werden, sind folgende: a) er muß nicht bloß die
Geschicklichkeit besitzen, alle Kinder in zweckmäßiger und ununterbrochener
Thätigkeit zu erhalten, sondern sich hiebei auch dem Bildungsbedürfnisse
eines jeden Einzelnen im Unterrichte anzubequemen wissen, ohne deßhalb den
festgesetzten allgemeinen Unterrichtsplan aus dem Auge zu verlieren; b) er
muß eine Umsicht, Lebendigkeit und Gewandtheit besitzen, vom Allgemeinen aufs Einzelne, und von diesem wieder zu jenem überzugehen; c) er
muß mit einer gewissen Leichtigkeit mittheilen und darstellen, mit einem
methodischen Takt, der sich schnell jedes Kunstgriffes bemächtigt, verfahren
können. Er muß sich sonach in jedem der oben angegebenen Lehrgesetze,
wie in seinem Elemente leicht zu bewegen und es genau zu befolgen im
Stande sein. Um die Sache in ein deutliches Licht hinzustellen, wollen
wir an dem sechsten Lehrgesetze zeigen, wie die Unterrichtskunst dasselbe
behandelt wissen will. Wir lehnen uns hiebei an Wilmsen an. (S.
dessen Unterrichtskunst.) — Dieses Unterrichtsgesetz fordert, daß der
Unterricht anschaulich sei. Da nunmehr der geistige Bildungstrieb von
der sinnlichen Anschauung ausgeht und dadurch in Bewegung gesetzt wird,
so kann der Unterricht, der diesen Anfangspunkt aller Bildung überspringt,
oder ihn nicht fest genug hält, und Erklärungen mittheilt, statt sie von
den Kindern in anschaulichen Beispielen und Gegensätzen selbst finden zu
lassen, keineswegs wirksam sein. Besonders ist hier der Mißbrauch
von Nachtheilen begleitet, der hie und da in den Elementarschulen mit
der Wissenschaft getrieben wird. Es wird Kraft und Zeit auf eine erbärmliche Weise zersplittert, und das Erlernte kann um so weniger haften,
weil es nicht der Seele Eigenthum geworden ist. Nur der anschauliche
Unterricht, der beides, Stoff und Erläuterung, aus der Sinnenwelt
nimmt, ist der kindlichen Fassungskraft angemessen. Ein körperlicher Gegenstand tritt vor die Sinne, er wird durch diese angeschaut, und unwillkürlich bildet sich in der Seele eine Vorstellung von demselben, welche
desto mehr an Klarheit und Lebhaftigkeit gewinnt, je öfter diese Anschauung wiederholt wird. Daher kommt es denn auch, daß Kinder z. B.
beim Unterrichte in der Naturgeschichte noch einmal so theilnehmend und

thätig sind, wenn ihnen der Gegenstand in der Natur selbst, statt in seiner Abbildung, vorgehalten wird. Weiß nun der Lehrer ihnen den Gegenstand einfach und lebendig zu beschreiben und läßt er sie Haupttheile bemerken und angeben, ähnliche Gegenstände mit einander vergleichen und von einander unterscheiden, übt er sie auf solche Weise in der Auffindung und Zusammenstellung der Merkmale 2c., so wird es an der bleibenden Auffassung eines so angeschauten Gegenstandes nicht wohl fehlen können. Zu diesem Behufe sind indeß auch gute Abbildungen, Parabeln, Apologen 2c. zu empfehlen. Nur darf es hiebei der Darstellung nie an Lebendigkeit gebrechen. In dieser Hinsicht wird der Lehrer wohl daran thun, wenn er sich besonders mit wichtigen Lehren befreundet, welche der göttliche Lehrer bei Mark. 4, 33, 34. Joh. 4, 3—42. Joh. 3, 1—21. Luc. 18, 10—14. u. 10, 30—35., so wie Matth. 18, 25—34. 2c., so wunderschön und anziehend vorgetragen hat. (S. Art. Lebhaftigkeit des Unterrichts.)

Unterrichtslehre. (S. Art. Didaktik.)

Unterricht in der Religion. (S. Art. Religionsunterricht.)

Unterricht im Arbeiten in der Arbeitsschule. Bei dem Unterrichte in der Arbeitsschule sind der aufgestellten Lehrerin solche Arbeiten zu empfehlen, welche nicht viel Kraft des Geistes und des Körpers erfordern. In der Arbeitsschule hat die aufgestellte Lehrerin über die Güte der von den Kindern gefertigten Arbeiten zu entscheiden; ihr liegt zugleich aber auch ob, über die Reinheit der Sitten zu wachen und die Ruhe zu erhalten. Die Kinder genießen die Freiheit, sich auf eine nicht zu lärmende Art mit einander zu besprechen, um sie nicht mißvergnügt und muthlos zu machen. In Hinsicht auf Sittlichkeit muß besonders darauf gesehen werden, daß a) die Kinder in der Arbeitsschule ruhig sind. Es muß daher jedes Kind, sobald es die Schwelle der Arbeitsstube betritt, den Platz einnehmen, der ihm angewiesen ist; b) daß sie während der Zeit, da es ihnen zu reden gestattet ist, einander wegen etwaigem Mißlingens der Arbeiten keine Vorwürfe machen oder darüber spotten; c) daß sie gegen ihre Lehrerin stets die gebührende Achtung mit Gehorsam bezeugen, zumal sie ja deßhalb aufgestellt ist, sie etwas Gutes und Nützliches zu lehren; d) daß sie die zum Arbeiten nöthigen Geräthschaften nicht aus Leichtsinn und Muthwillen verderben, auch sich nichts von den Arbeitsmaterialien zueignen und zurückbehalten. Verdient ein Kind in der Arbeitsschule wegen sittlichen Fehlern, derer es sich schuldig gemacht, bestraft zu werden, so soll es die verwirkte Strafe in der Lehrschule erhalten, falls nicht andere Verfügungen deßfalls getroffen werden.

Unterricht der Blinden und Taubstummen. (S. Artikel Taubstumme 2c.)

Unterrichtsmittel. (S. Art Lehrmittel.)

Unterricht, moralischer, durch Sprichwörter und Erzählungen. (S. Art. Sprichwörter.)

Unterricht, privat= und öffentlicher. (S. Art. Privatstunden.)

Unterrichtszeit, tägliche. Die tägliche Unterrichtszeit sollte für Kinder von sieben bis zehn Jahren nicht über fünf, und für Kinder von zehn bis vierzehn Jahren nicht über sieben Stunden betragen. Die Mädchen bedürfen in der Regel weniger Unterrichtsstunden, als die Knaben oder sollten wenigstens in einigen derselben mit weiblichen Arbeiten beschäftigt werden. Wohl ist darauf zu sehen, daß den Kindern der niedern Stände, besonders den Mädchen, nicht zu viel Zeit durch aufgegebene häusliche Arbeit entzogen werde, doch dürfen ihnen dieselben auch nicht ganz erlassen werden. Die täglichen Unterrichtsstunden fallen im

Allgemeinen am besten Vormittags von acht bis eilf, und Nachmittags von ein bis vier Uhr. Oertliche Verhältnisse können übrigens zuweilen eine andere Stundenzahl nöthig machen. Hie und da treten Fälle ein, wo ein Lehrer zwei Schulen zu halten, oder in Abtheilungen zu unterrichten hat. Hier fällt nun die eine auf den Vormittag und die andere auf den Nachmittag. Daß zwei Nachmittage in jeder Woche stundenfrei sind, ist eine alte, löbliche Einrichtung, die ihren Grund in der Natur der Sache hat. „Die Kinder, sagt Harnisch, müssen überhaupt mehr Sonn- und Feiertage haben, als die Erwachsenen. Junge Pferde spannt auch kein guter Wirth zu anhaltend an; und wahrlich daß wir in manchen Zweigen unsers Lebens so schlecht fahren, rührt wirklich daher, daß wir ganz abgetriebene Pferde besitzen." (S. auch Artikel Schulzeit.)

Unterschied. (S. Art. Aehnlichkeiten. Aufsuchen derselben.)

Unterschiedmachen. Der Lehrer lasse die bösartigen Kinder fühlen, daß er die gutgearteten höher achte als sie, und dieß um so stärker, je bösartiger sie sind. Ein Unterschied muß gemacht werden. Nach dem Maße des Beifalls und der Werthschätzung des Lehrers müssen die Kinder ihren eigenen Werth oder Unwerth bestimmen lernen. Es ist aber nicht so leicht, hier immer das rechte Maß zu finden; denn dazu gehört, daß man gleichsam in der Seele des Kindes lese, in den Zusammenhang seiner Gedanken und Gefühle eindringe, den Grad der Bösartigkeit genau erforsche und nun sein Verhalten darnach einrichte und bestimme. Jedenfalls aber muß der Lehrer dahin trachten, daß ein Kind gegen sein Wohlgefallen oder Mißfallen nicht gleichgültig sei oder bleibe. Wäre es dagegen gleichgültig und bis auf einen solchen Grad verhärtet, so müßte er darauf bedacht sein, mit seinem Mißfallen unangenehme Folgen für dasselbe zu verbinden, und ihm seine Zufriedenheit auf irgend eine Weise zum Bedürfniß machen. Mag es auch langsam damit gehen, so wird es doch die Beharrlichkeit und das abgemessene Verhalten des Lehrers zuletzt dahin bringen, daß es seinen sittlichen Unwerth fühlen und die Zurücksetzung gegen seine Mitschüler tief und schmerzlich empfinden lernt. Ueberall muß dem Lehrer der Gedanke lebendig vorschweben: ich will das sittliche Gefühl nicht ertödten, sondern beleben; denn sonst könnte leicht das Uebel ärger werden, d. h. ein solches Kind könnte sich sonst nur noch mehr verhärten. Daher suche der Lehrer auch jeden Anschein von leidenschaftlicher Gehässigkeit bei sich zu unterdrücken und selbst die leiseste Spur davon in seinem ganzen Benehmen zu verwischen. Er suche nebenbei aber auch jeden Anlaß sorgsam zu benützen, der sich ihm darbietet, auf eine klare und eindringliche Art zu zeigen, daß nichts dem Menschen wahren Werth verleihe, als das, was wahrhaft gut und gottgefällig ist, das Gegentheil aber ihm Schande und Unehre zuziehe; so wird ein solches Kind immer mehr erweckt und ermuntert werden, nach dem Guten zu streben, und sonach den gutgearteten Kindern beigezählt werden zu können. Fängt es nur erst an den Werth des Guten in sich zu empfinden und sich darüber zu erfreuen, so wird ihm an der Achtung und Liebe des Lehrers ungemein viel gelegen sein, und es wird sich in der Folge immer mehr vor allem hüten, was es um den erlangten Seelenwerth und um den Beifall des Lehrers bringen könnte.

Unterwerfung, unbedingte. (S. Art. Consequenz.)

Unverläßlich. (S. Art. Laune, launenhaftes Wesen.)

Unverschämt. (S. Art. Halsstarrig.)

Unverträglichkeit. Es gibt Menschen, die mit nichts zufrieden sind, und mit Niemanden auskommen können; immer finden sie Stoff zu tadeln, zu zanken, Vorwürfe zu machen und sich über Andere zu beklagen. Ueberall finden sie etwas auszusetzen und fangen wegen jeder Kleinigkeit einen Handel an. Keiner macht es ihnen recht. Diese seltsame Gemüthsart, welche alle andern guten Eigenschaften eines Menschen, alle seine übrigen Vorzüge und Kenntnisse, so glänzend dieselben auch oft sind, verdunkelt, ist nicht selten nur die Frucht eben vom Bewußtsein solcher Vorzüge, nur Wirkung von dem Stolz auf ihren Besitz. Mit einem kleinen Grade von innerer Bescheidenheit würde der Unverträgliche sich in den Verträglichsten verwandeln. Allein eben dieß Bewußtsein verleitet ihn, Andere zu übersehen und zu verkleinern. Er glaubt Alles besser zu wissen und jeder Widerspruch reizt und beleidiget ihn. Er will Recht behalten, selbst mit Gefahr, daß er Andere kränkt. — Der Grund zu einer solchen fehlerhaften Gemüthsart wird gewöhnlich schon in der ersten Erziehung gelegt, wenn Eltern ein Kind verzärteln, ihm schmeicheln wegen seiner natürlichen Gaben, und ihm so viel als möglich den Willen lassen. Diese blinde Liebe der Eltern macht das Kind gebieterisch, voll allzugroßen Vertrauens auf seine Vorzüge, und in der Richtung seines Willens eigensinnig. Um Recht zu behalten, wird es Alles, wenn auch mit Thränen, entbehren, nur nicht den Triumph, seinen Willen behauptet zu haben. Dieser Stolz auf sich selbst und die daraus entspringende Neigung zur Rechthaberei, zum Eigensinn ꝛc., kann aber auch eben so gut Wirkung vom Gegentheil in der Erziehungsart sein. Man behandle ein Kind nur sehr strenge, hart und oft ungerecht; überzeugt von der Ungerechtigkeit und Kurzsichtigkeit seiner Erzieher, wird es schweigend dulden, dennoch bei seinem Sinne bleiben; sich gewöhnen, Mißtrauen in Verstand und Herz Anderer zu setzen, seine Ueberzeugungen für die allein richtigen zu halten, und sie bei reiferm und unabhängigem Alter mit gleicher Härte geltend zu machen, wie einst ihm geschah. — Der Grund zu einer unverträglichen Gemüthsart kann jedoch auch häufig in einer körperlichen, krankhaften Stimmung liegen. Ein reizbares, heftiges Temperament, rege Galle, bringt gern zu trüben Ansichten des Lebens, zum Verdruß beim geringsten Widerspruche, zum Aerger über Kleinigkeiten, zum Auffahren im Zorn, zu harten Aeußerungen. Da ist Nichts recht, Alles ist lästig und verdrießlich. Da ist dem Unverträglichen nicht wohl, bis er sich Luft gemacht und seinen Aerger gegen einen Andern ausgelassen. Hier fragt es sich nun, wie das Uebel der Unverträglichkeit bei der Jugend geheilt werden könne? Wir erwidern hierauf Folgendes: Dieses Uebel ist leichter zu heilen, wenn sein erster Ursprung in der Beschaffenheit des Körpers, als wenn es in einer falschen Richtung und Gewöhnung des Gemüths liegt. Die durch einen krankhaften Leib bewirkte Neigung, sich leicht und über Kleinigkeiten zu ärgern, wird meistens durch Zerstreuung, Bewegung und Luftveränderung gehoben, durch den Wechsel des Lebensalters selbst, sowie durch die Macht des Geistes über den Körper. Schwieriger aber ist es, einen kranken Geist zu heilen, als einen kränklichen Leib; denn der Geist behält unter allen Umständen, wenn er nur ernstlich will, eine gewisse Herrschaft über den Leib. Aber der kranke Geist ist oft so elend, daß er seine Krankheit nicht erkennen und noch weniger sie heilen lassen will. Wer es sich einmal zur Gewohnheit gemacht hat, überall Recht haben zu wollen, sich wegen Kleinigkeiten mit seinen Gespielen zu überwerfen, der kommt gemeiniglich in den Verkehrtheiten weiter, indem die Fehlerhaftigkeit des Gemüths ein um sich greifender Krebsschaden ist. Ein Kind wird, je mehr es Gelegenheit hat zu bemerken, daß Andere beliebter sind als es, und daß Andere mehr begünstigt und vorgezogen werden als es, um so eher die Qual des Neides und der Mißgunst empfinden, um so leichter sich ein

böses Wort zu viel verzeihen. Einen Thoren tödtet der Unmuth und
den Kleinmüthigen mordet die Mißgunst, sprach Eliphas von Theman zu
Job, als er über alles klagte, was ihn umgab. Das gleiche Wort gilt
dem unverträglichen zänkischen Kinde, dem nie etwas recht ist, und das
seiner unzufriedenen Laune freien Spielraum läßt, um sich Alles und
Allen selbst verhaßt zu machen; es zerreißt seine eigenen Freuden, und
verwundet sich durch seinen Eigensinn beständig selbst durch sein unverträgliches Wesen. Es stößt sich selbst aus der Gesellschaft Seinesgleichen
und muß es auf eine bittere Weise erfahren, daß sie seiner sehr gut entbehren können. Diese und ähnliche Vorstellungen hat der Lehrer unverträglichen Kindern zu machen, um sie von ihrer Gemüthskrankheit zu
heilen. Vorzüglich aber hat er darauf Bedacht zu nehmen, daß er solche
Kinder auf das reinste Vorbild, auf Jesus Christus, hinweiset, um sie
dadurch zur Sanftmuth, Geduld, Freundlichkeit und Verträglichkeit mit
andern zu ermuntern. Auch wird es gut sein, wenn der Lehrer Geschichten erzählt, aus welchen sie die traurigen Folgen ihres Benehmens
erkennen lernen. — Will das Alles nicht helfen, so ist es rathsam, ein
solches unverträgliches Kind die Folgen seines unverträglichen Wesens
fühlen zu lassen, es in der angemessenen Entfernung von seinen Mitschülern zu halten und zu züchtigen. (Col. 3, 12—14; Job. 5, 2.)

Unwahrhaftigkeit. Es ist eine traurige Erfahrung, daß schon im
kindlichen Alter, selbst wenn es günstiger Umgebungen und aufmerksamer
Leitung nicht entbehrt, so mannigfaltige geistige Uebel sich entwickeln, die
zum Theil der kindlichen Natur, wie man sie so oft gern aufzufassen
geneigt ist, durchaus fremd zu sein scheinen. Sie sind auch wirklich etwas
Fremdes, wie dem Bilde Gottes im Menschen völlig entgegengesetzt; aber
um so gewisser Zeichen des Verlustes der ursprünglichen Gottähnlichkeit,
Zeugnisse einer vorhandenen Krankheit, deren Heilung die Aufgabe des
ganzen Lebens sein soll. Zu diesen geistigen Uebeln gehört die Unwahrhaftigkeit und Falschheit, die Lüge in Wort und That, in jeder ihrer
mannigfachen Gestalten. Wenn Strafen sowohl Besserungsmittel, als
Ausdruck des Abscheues vor dem Bösen, Zeichen des nothwendigen Kampfes gegen dasselbe sein sollen, und insofern, ihrer Art und ihrem Maße
nach, auch durch den Grad der Abscheulichkeit des Uebels, gegen welches
sie kämpfen, mitbestimmt werden, so muß insbesondere die Unwahrhaftigkeit und jede Art der Falschheit mit Strenge behandelt werden, und zwar,
wo möglich, gleich bei ihrem ersten Hervortreten. Denn von allem geistigen Unkraut, sagt Köthe, schlägt keines tiefere Wurzeln, breitet sich
keines mächtiger aus, erstickt und verdrängt aber auch keines heimlicher
und um so gewisser die edelsten Gefühle und höchsten Bedürfnisse, als
die Wucherpflanze der Unwahrhaftigkeit. Hier thut es besonders Noth,
die Axt alsbald an die Wurzel zu legen, wenn sie die ersten Sprossen
treibt; die erste bewußte und absichtliche Lüge so zu behandeln, daß sie,
wo möglich, auch die letzte sei. Da, wo das Uebel noch nicht tief eindrang, sich noch nicht über die edlern Theile verbreitete, gleichsam nur
auf der Oberfläche des geistigen Lebens hervorbrach, wird vielleicht eine
einzige Strafe zur Heilung für immer genügen. Aber man darf nicht
hoffen, dem Uebel in jeder Gestalt und auf jeder Stufe der Strafe am
sichersten zu begegnen, oder durch sie allein die volle Genesung zu bewirken. In vielen Fällen wird man damit wohl abschrecken von der dreisten
Lüge, von der Aeußerung der innern Wahrhaftigkeit; aber diese überwindet man dadurch allein nicht, ja man kann bei keinem Fehler leichter
durch unbedachtsame Strenge das Uebel, das man dämpfen und überwinden wollte, mehren und befestigen, besonders wenn man meint, Alles,

was als Lüge erscheint, alsbald strafen zu müssen. — Kinder reden oft unwahr, ohne daß sie die Absicht haben zu lügen, und dieß kommt daher, weil sie die Dinge und Begebenheiten mit andern Augen ansehen als die Erwachsenen; weil sie sich selber in der Ansicht täuschen, die sie davon haben und sich sonach auch darüber aussprechen; weil sie das, was sie zwar gut beobachtet und richtig gedacht haben, zu wenig festhalten, als daß es nicht oft durch die nächsten Eindrücke theilweise verwischt oder mit andern Vorstellungen vermengt, unabsichtlich entstellt werden sollte, und weil die vorherrschend lebhafte Phantasie mit der Kinderseele dergestalt spielt, daß sie die eigene Dichtung für Wahrheit hält, wenigstens beide nicht streng von einander zu unterscheiden vermag. Ueberhaupt spielen Kinder gerne mit Worten und messen denselben nicht immer die Geltung bei, die sie bei den Erwachsenen haben. Auch verwechseln sie zuweilen ihre eigenen Vorstellungen mit den Thatsachen selbst, und stellen jene diesen gleich. Greift man nun sogleich unvorsichtiger Weise, wo eine scheinbare Unwahrheit hervortritt, mit Strafen ein, so kann man leicht eine Erkenntniß des Bösen erwecken, welche die Unschuld des Gemüthes gefährdet und selbst zu der Sünde reizt, um derentwillen das Kind eine ungerechte Strafe erduldete. Wenn jedoch Unwahrhaftigkeit und Falschheit schon zur Gewohnheit geworden sind, wobei meistens Mangel an Wachsamkeit und an zeitiger Gegenwirkung von Seiten des Erziehers und der Einfluß böser Beispiele die Schuld trägt, da wird man durch Strafen, je härter und schonungsloser sie sind, jene gefährliche und verderbliche Seelenkrankheit nicht unterdrücken, sondern nur noch mehren. Man wird zwar dadurch das Hervortreten der Lüge eine Zeit lang hindern, aber vielleicht nur um desto mehr zur Falschheit und Verstellung reizen, und eben hierdurch sowohl das tiefere Wurzeln, als die weitere Ausbreitung des Uebels befördern. So strafbar die Lüge und Falschheit immer und überall ist, so gebietet nichts desto weniger die Seelenkunde auch hier Sparsamkeit und höchst vorsichtige Anwendung schärferer Mittel; sie verlangt aber auch nicht weniger eine solche Behandlung des Kindes, durch welche dasselbe zur Erkenntniß der Abscheulichkeit aller Unwahrhaftigkeit und zur Liebe der Wahrheit geleitet wird. Ohne diese Liebe zur Wahrheit ist keine gründliche Heilung möglich, erst wenn diese Liebe mächtiger geworden ist, fühlt das Kind auch tiefer die Gerechtigkeit und Nothwendigkeit der Bestrafung aller Lüge und Falschheit. Erst dann wirkt aber auch die Strafe mit zur gründlichen Heilung, welche insbesondere durch das Beispiel strenger und unbestechlicher Wahrhaftigkeit der Eltern aufs kräftigste unterstützt wird. Im socialen Leben gibt es aber so viel eitles Scheinwesen, so viel unwahres Wortgepränge, so viele methodische Falschheit, daß man um so weniger die Einwirkung dieser frühen und verderblichen Einflüsse an den Kindern alsbald rücksichtslos bestrafen sollte; vielmehr wache und sorge man dafür, daß den Kindern in ihren Umgebungen nur strenge Wahrheit begegne, welche sich auch im Scherze keine Lüge erlaubt. Das Wort der Eltern sei ihnen insbesondere stets ein reiner Spiegel der Wahrheit, — ja ihr ganzes Leben vor den Augen ihrer Kinder sei ohne alle Schminke, ohne falschen Schein und Schimmer. Wie man in einer klaren Quelle bis auf den Grund sieht, ebenso sollen auch die Kinder wissen, woran sie mit ihren Eltern sind, — sie sollen wissen, daß im Innern derselben nur Wahrhaftigkeit vorhanden sei, was dann der Fall ist, wenn solche bei allen ihren Aeußerungen zum Vorschein kommt. (Matth. 10, 16. Joh. 1, 47. 2. Cor. 2, 17.) (S. auch Art. Lüge und Wahrhaftigkeit.)

Unwiderruflich. Hat der erziehende Lehrer einmal seinen Willen als Gebot oder Verbot ausgesprochen, so bleibe er unwiderruflich dabei stehen. Was bloß als Rath oder Bitte hingestellt wird, das kann erforderlichen Falls ohne Nachtheil liegen gelassen, oder wohl auch zurückgenommen werden. Anders verhält es sich hinsichtlich eines befehlenden Ausspruches, dieser darf um keinen Preis zurückgenommen werden. Deßhalb ist ein solcher aber auch vorher reiflich zu überlegen, damit nie Gefahr entstehen kann, davon abweichen zu müssen. Dadurch nämlich, daß ein Gebot ungestraft umgangen oder etwas davon nachgelassen wird, entsteht unausbleiblich ein Reiz, auch das folgende zu umgehen und davon gleichsam etwas abzumarkten. Ein solcher Reiz darf aber gar nicht erst aufkommen, und wird es wohl auch nicht, wenn das, was geschehen oder unterbleiben soll, als unabänderliche Pflicht fest steht. Ueberhaupt sei die ganze Handlungsweise des Lehrers gemessen und bestimmt. Jede Blöße, die er durch etwas Schwankendes, Unstetes und Unsicheres in seinem Benehmen seinen Schülern gibt, wird ein schwer zu beseitigendes Hinderniß seiner erziehenden Wirksamkeit. Die Kinder müssen in jedem Falle wissen, wie sie sich zu ihrem Lehrer zu benehmen und wessen sie sich zu ihm zu versehen haben. Der Lehrer darf kein Rohr sein, das von jedem Winde hin und her gewehet wird. Er muß sich durch Festigkeit bei seinem Verhalten, durch ein gesetztes Wesen auszeichnen. Was er gestern that, wie er gestern urtheilte und sich benahm, so muß er auch heute thun, urtheilen und sich benehmen. Zeigte er sich unter Umständen entweder freundlicher oder ernster, so muß er es unter denselben Umständen wieder thun. Nur durch ein solches gemessenes und bestimmtes Benehmen werden die Kinder nicht nur allein nach und nach gewöhnt, ihre widerstrebenden Neigungen und Begierden an seinem festen Willen scheitern zu sehen, sondern er sichert sich auch ihr Vertrauen, ohne welches er ohnehin ihrem Gemüthe nicht beikommen könnte. Beharrlichkeit bei dem, was einmal als Gebot oder Verbot ausgesprochen ist, bezeichne also das Verhalten des Lehrers. (Joh. 11, 7.)

Unwesentliche, das, darf in Beziehung auf das Wesentliche nicht festgehalten werden. (S. Art. Mittel und Zweck.)

Unwissenheit in religiöser Beziehung ist besonders gefährlich. Unsere Kinder sollen in der Kenntniß göttlicher Dinge möglichst gefördert werden, wenn sie anders wahrhaft weise und des Reiches Gottes theilhaftig werden sollen. Die heilige Lehre, welche Christus und seine Apostel verkündeten, ist unstreitig die Quelle aller wahren, ja der höchsten Weisheit. Der Boden muß schon frühe für die himmlische Aussaat empfänglich gemacht werden, weil sie sonst unfruchtbar bleiben würde. Nicht wandeln sollen unsere Kinder in der Thorheit des Sinnes, wie der Apostel sagt, verfinstert im Verstande, entfremdet dem Leben aus Gott, durch die ihnen inwohnende Unwissenheit und die Fühllosigkeit ihres Herzens. (Ephes. 4, 17. 18.) Die unmittelbare Folge der Unwissenheit in den Lehren und Wahrheiten, die Gott zum Heile der Welt in seinem Sohne in den Tagen der Gnadenfülle gegeben hat, ist Rohheit des Gemüthes und Schändlichkeit der Sitten. Diese Folge ist unvermeidlich, wenn der Religionsunterricht in der Schule vernachlässiget oder nicht auf eine mehr umfassende und zweckmäßige Weise ertheilt wird. Nimmer wird man gewahren die heilige Kraft des Glaubens, wie sie sich bei den wahrhaft Erleuchteten und Frommen im Volke kund gibt, nimmer einen Gott verherrlichenden Sinn und Wandel, wo der christliche Unterricht in den Hintergrund gestellt und ihm jede andere profane Kenntniß vorgezogen wird. Will man daher für das eigentliche und bleibende Wohl der auf-

blühenden Menschenwelt auf eine befriedigende Weise sorgen, so muß man
sie bereichern mit den Schätzen des Himmels, oder was dasselbe ist, man
muß ihren Verstand aufhellen durch das Wort der heiligen Lehre und
ihr Herz kräftigen, daß sie mit Freude wandeln die Bahn der Tugend
und der Frömmigkeit. Je mehr nach richtigem Verhältnisse dieß geschieht,
desto mehr wird der gefahrbringenden Unwissenheit gesteuert, desto mehr
wird das Reich Gottes hienieden erweitert und befestiget, und sonach auch
desto mehr der Wohlfahrt des Staates Vorschub gegeben. Wahrlich ohne
höhere und göttliche Erkenntniß tappt der Mensch im Finstern, ist ohne
Kraft und Licht, und verliert sich, gleich den Thieren des Feldes, im
Staub der Erde! — Rohheit und Sittenlosigkeit sind an der Tagesordnung, und die fromme Tugend geht einsam und weinend unter einem
entarteten Geschlechte umher. Darum sei es die wichtigste Aufgabe der
Schule, den Kindern vor Allem gründliche Kenntniß in Sachen der Religion beizubringen, und sie vor einer gefahrvollen Unwissenheit zu bewahren. (S. hierüber Art. Religionsunterricht.)

Unzuchtssünden, geheime. (S. Art. Selbstbefleckung.)

Unzufriedenheit. (S. Art. Zufriedenheit.)

Uralphabet. Die Frage: wann und von wem das Alphabet erfunden worden sei? ist für einen jeden Lehrer, der auf Bildung Anspruch
machen will, von Wichtigkeit. Nach alten Ueberlieferungen bei den Phöniziern, Aegyptiern, Chaldäern, Griechen ꝛc. ist das Alphabet von Noe,
den Gott bei der allgemeinen Fluth mit den Seinigen errettet hat, erfunden oder fortgepflanzt worden. Für diese Nachricht spricht schon der
Umstand, daß die Alphabete aller alten Völker in den ersten 25 Buchstaben (abc—u) übereinstimmen, abgesehen von einigen ungewöhnlich gewordenen und daher ausgefallenen Buchstaben mancher Alphabete. Selbst bei
den Chinesen fand Remusat ein Alphabet von 23 Buchstaben und das
Alphabet der Hieroglyphen, das nach Plutarch (de Is. p. 472.) wirklich
aus 25 Buchstaben bestand, von Theuth — Taaut, dem 11. Nachkommen
des Protogonos zur Zeit der Fluth erfunden, hat sich mit seinen sieben
Vocalen in den ägyptischen Ziffern erhalten. Nach genauen Ueberlieferungen
über die Entstehung des Alphabets findet man die Stellen bei Samchuni-
athon (Euseb. Prup. Evang. I. 10.) und bei Prorsus (Syncell. p. 30. P.)
durch ähnliche bei den Chinesen, Griechen und Lateinern unterstützt, wonach das Alphabet nicht bloß zu Ende der Fluth entstand, sondern auch
eine Abbildung des Thierkreises zu Ende derselben war, das den Stand
der sieben Planeten im Thierkreise durch die sieben Vocale damals ausdrückte. Hieburch wird es nun möglich, genau Jahr und Tag zu bestimmen, wo das Alphabet entstanden ist. — Daß das Alphabet wirklich den
Thierkreis und eine bestimmte Stellung der Gestirne zu einander enthalten
habe, wird schon dadurch bestätiget, daß die 25 alten Buchstaben den 24
Abschnitten des Thierkreises entsprachen, wobei der erste und letzte Vocal
zusammen fielen, so daß die sieben alten Vocale a e ê é i o u, welche
auf die Planeten bezogen werden, zwischen den Consonanten in ungleichen
Zwischenräumen stehen, gerade wie es bei Constellationen der Fall ist.
Bezieht man nun den Anfang des Alphabets auf das erste ihm entsprechende Zeichen des Thierkreises (♉) ꝛc., so findet man den Stand der
Planeten durch die Vocale ausgedrückt, bei Entstehung des Alphabets.
Die Constellation läßt sich durch astronomische Tafeln genau berechnen,
wobei man findet, daß die Planeten der Alten ☽ ☿ ☉ ♀ ♂ ♃ ♄
im Jahre 3446 v. Chr. am 7. Sept. so gestanden haben, wie im Alphabete die sieben Vocale a e ê é i o u. Es muß also damals das Alphabet

entstanden sein. *) Dieser 7. Sept. 3446 v. Chr., worauf sich die Constellation im Alphabete bezieht, ist nun aber nach der heiligen Schrift
wirklich das Ende der Fluth. Diese zählt 1363 Jahre vor der Fluth
bis zur Ankunst Israels in Aegypten 2082 v. Chr. Dieses Jahr wird
durch fünf mathematisch=astronomische Hülfsmittel gefunden, z. B. durch
die Nachricht bei Manetho, daß die Hirtenkönige (Hyksos), die Jerusalem
erbaut, im J. 700 der Hundsternperiode (2782 — 1322 v. Chr.), nach
Aegypten gekommen seien, durch Abarbanel und Josephus, woburch 3
Jahre vor Moses Geburt eine merkwürdige Conjunction von ♄ und ♃
in den Fischen stattgefunden, die wirklich 1952 v. Chr. eingetreten ist.
Auch hat man berechnet, daß vom Auszuge der Kinder Israels aus Aegypten
(1867 v. Chr.) bis zum Tempelbau (987 v. Chr.) wirklich 880 Jahre
verflossen sind. (Vgl. 7. Kön. 6, 1.) Die große Ueberschwemmung hat
daher 3446 v. Chr. geendet, nämlich am 7. Julian Sept. Denn Moses,
der beim Auszuge aus Aegypten nach ägyptischen Jahren und Monaten
rechnete, setzt das Ende der Fluth auf den Tag, wo die Taube nicht
wieder zurückkam, welcher der 7. Julian Sept. war. Hieraus folgt, daß
das Alphabet, da es eine Constellation vom 7. Sept. 3446 enthält, wirklich zu Ende der Fluth erfunden oder geordnet worden sei, was die
Ueberlieferungen bei den Phöniziern und Chaldäern bezeugen. Daher
die Uebereinstimmung aller alten Alphabete, die bei der babylonischen
Völkerwanderung in verschiedene Länder kamen. — Uebrigens sprechen
dafür noch viele andere Umstände, ja sogar das Alphabet selbst, wenn es
als Inschrift betrachtet wird. Da die 25 Sprachlaute des Uralphabets
sich in so verschiedene Weisen zusammen stellen lassen, und der Erfinder
der Buchstaben dabei nicht willkührlich verfahren sein kann, so läßt sich
annehmen, daß die Sprachlaute gerade so angeordnet worden seien, um
einen Sinn auszudrücken. Wird dieß zugegeben, so muß dem Uralpha-
bete die Ursprache — die hebräisch=chaldäische, zu Grunde liegen. Ueber-
setzt man das Alphabet eines hebräischen oder chaldäischen Wörterbuchs,
so enthält es folgende Worte: „Dieß war der Planetenstand zu Ende
der Fluth" (Kol mein) ꝛc. Es kann daher nicht in Abrede gestellt
werden, daß nach den Ueberlieferungen der verschiedensten alten Völker
das Alphabet zu Ende der großen Ueberschwemmung erfunden worden
sei, und in demselben die sieben Vocale, auch die hebräischen nach Hieronymus u. A., gerade an den Stellen stehen, wo am 7. Sept. 3446 v.
Chr. dem wirklichen Ende der Fluth, die sieben Planeten den Alten gestanden haben. (Man sehe: „Unumstößlicher Beweis, daß im J. 3446
v. Chr. am 7. Sept. die Alphabete aller Völker erfunden worden seien,
und die Fluth geendet habe." Ein Beitrag zur Kirchengeschichte des a. T.
Leipz. 1840.)

Urbild des Erziehers. Die Erziehungslehre wird, als Wissenschaft
betrachtet, nothwendig auch das Urbild des Erziehers, wenn gleich nur in
einem schwachen Umrisse, aufstellen und hernach angeben müssen, wie viel
von diesem Urbilde des Erziehers und auf welche Weise es sich in der
wirklichen Menschenwelt an einem gegebenen Menschen=Individuum darstellen lasse. Sailer sagt hievon Folgendes: Die Idee des Erziehers
und die Darstellung derselben in der wirklichen Bildung des Menschen,
werden den ganzen Inhalt und die zwei Theile der Pädagogik ausmachen.

---

*) Der Einwurf; man habe später die Constellation bei der Fluth in's Alphabet
gesetzt, erlediget sich von selbst, da die Alten selbst noch zur Zeit des Ptolomäus,
in Ermangelung des Copernicanischen Systems, frühere Constellationen nicht berechnen konnten.

— Das Kind soll Mensch werden, und soll es werden durch die leitende
Hand der Erziehung. Das ist die Aufgabe. Wenn das Kind durch die
leitende Hand zum Menschen entwickelt werden soll, und diese Entwickelung bereits zu jener Stufe fortgeschritten ist, die den fernern Beistand
einer leitenden Hand entbehrlich macht; so ist die Aufgabe gelöst. Denn
jetzt ist das Kind, (die Menschenpflanze) Mensch geworden. Das Urbild
des Erziehers kann uns also nur in dem Maße anschaulich werden, in
welchem es uns einleuchtender wird: „Was kann, was soll der
Mensch sein in seiner möglichsten Vollendung hienieden,
oder in seiner, der Vollendung sich nähernden Entwicklung, in seiner Reife?" — Was ist Kindheit? Was ist Entwickelung
der Kindheit zur vollendeten Menschheit, oder zur Stufe, zu der sie hienieden gebracht werden kann? — Was kann hiebei fremde Führung thun?
Und was kann sie thun, bis der Zögling sein Selbstführer sein kann und
soll — und sonach dieser fremden Hülfe nicht mehr bedarf? — Der Erzieher ist demnach der Führer der Kindheit zur entwickelten Menschheit
und zwar von dem ersten Momente des sichtbaren Daseins bis zum Momente, wo der Zögling sein Selbstführer durch das Leben sein kann und
sein soll. Soll nunmehr das Alles an dem Menschenkinde verwirklicht,
und soll es zum möglichst vollkommenen Menschen herangebildet werden,
und wird diese Idee realisirt — durch den Erzieher, dann wird es nicht
mehr schwer sein, von ihm ein Bild aufzustellen, in welchem sich alle
jene Gaben und Eigenschaften concentriren, wie die Strahlen der Sonne
in ihrem Brennpunkte. Der Erzieher ist und kann daher nur dann ein
wahres Vorbild sein a) wenn er einfach, schlicht, gerade, offen, ernst, fest,
bescheiden, vom ewig Wahren, Guten und Schönen durchdrungen, voll
Geist und Gemüth ist; b) wenn er seinem Zöglinge nicht bloß äußern
Anstrich, sondern innere Bildung gibt; c) wenn er ihn nicht nur mit
Kenntnissen ausstattet, sondern auch seinen Sinn aufs Höhere und Bessere hinrichtet, sich nicht mit den Früchten seines Verstandes begnügt,
sondern auch Früchte des Herzens verlangt; d) wenn er ihm ein scheinen-
des Licht und Vorbild ist, sich ihm jedoch nicht selbst als Ideal vorstellt,
sondern ihn auf den hinweiset, der Alles in Allem ist, und gesagt hat:
„Werdet vollkommen, wie euer Vater im Himmel vollkommen ist!" Wer
so seinen Zögling zum Menschen heranbildet, an dem sich Gottesbild
lieblich abstrahlet, und ihn mit treuer und liebender Hand hinleitet auf
die Bahn der Wahrheit, des Lichts, der Liebe und des Lebens in Christus,
den halten wir für ein Musterbild eines Erziehers. Und da er Kraft,
Licht und Leben aus Gott nimmt, und nicht bloß selbst davon ergriffen
und durchdrungen ist, sondern mit heiligem Ernste auch unablässig dahin
strebt, daß sein Zögling ebenfalls davon ergriffen und durchdrungen
werde, so dürften wir einen solchen Erzieher mit Recht denjenigen bei-
zählen, von welchen wir sagen: daß sie Vorbilder der Erziehung seien,
weil durch ihre leitende Hand das Menschenkind zur Menschheit im edelsten Sinne des Wortes entwickelt und so weit gefördert wird, daß es
sich später selber zu leiten und auf der Bahn der Wahrheit und Tugend,
die im engsten Bunde miteinander stehend die eigentliche Schönheit ausmachen, fortzuschreiten im Stande ist, um das Ziel der einen und erhabenen Bestimmung glücklich erreichen zu können. Ein solcher Erzieher,
obwohl Musterbild, stellt sich jedoch seinem Zöglinge nicht selbst als Ideal
vor, sondern er weiset ihn auf das höchste Ideal, und spricht, wie einst
Johannes der Täufer sprach: „Der von Oben herkommt, ist über Alle."
So weiset auch der wahre Erzieher seinen Zögling auf Jesus Christus
hin, als das reinste Vorbild aller Heiligkeit und Vollkommenheit, das

auf Erden erſchienen und unter Menſchen gewohnet hat. Hat Er, der
Einzige und Vollkommenſte, in menſchlicher Geſtalt Gekommene, auch
im Erzieher ſelbſt eine Geſtalt angenommen, ſo wird ihm wohl keine von
den Eigenſchaften fehlen, die wir oben angeführt haben, und die dem
Erzieher den Stempel der Vollendung aufdrücken, in ſo weit ſie von
einem Sterblichen errungen werden kann. In Jeſus Chriſtus, dem Ab=
glanze von Gottes Herrlichkeit, hat alle Erziehung ihren Anfang und ihr
Ende. Jede andere Erziehungsweiſe, die nicht mit der chriſtlichen im
Einklange ſteht, iſt Menſchenwerk, und verderbt Gotteswerk. Nur der
Erzieher, der ſeine Erziehungsmaximen aus der göttlichen Quelle ſelber
ſchöpft, und ſie in ſeinem eigenen Thun und Laſſen manifeſtirt, wird auch
ſeinen Zögling zum Göttlichen, dem ewig Wahren, Schönen und Guten,
erheben, und ſich auf ſolche Weiſe als Urbild des wahren Erziehers re=
präſentiren. Eine ſolche wurzelt im Ewigen, und bringt ihre edelſten
Früchte in der Zeit. Möchte das Bild ſich in einem Jeden verwirklichen,
der das heilige Geſchäft der Erziehung zu betreiben hat! — (1. Theſſ.
1, 7. Phil. 3, 17. 2. Theſſ. 3, 9. Tit. 2, 7).

Urſachen, kleine, große Wirkungen. Nicht ſelten ſind es kleine unbe=
deutende Dinge, die einen mächtigen Einfluß auf die Herzen der Kinder
behaupten, ſo daß ſich auch an ihnen das Sprüchwort bewahrheitet:
„Kleine Urſachen haben oft die größten Wirkungen.“ — Der Grund
davon liegt nicht ſo faſt in den äußern Kleinigkeiten, als vielmehr in der
Beſchaffenheit des Gemüths. In dieſem kann nämlich eine Empfänglichkeit
für gewiſſe Dinge vorhanden ſeyn, ſo daß die kleinſten äußern Anläſſe
auf daſſelbe von großer Wirkung werden können. Im Gemüthe iſt das
Gartenbeet, wo alle Tugenden und alle Fehler ihren erſten unbemerkten
Samen hinſtreuen können und groß werden. Alſo nicht die äußern
Kleinigkeiten an ſich ſind die Urheber des Gut= und Schlechtſeyns, ſondern
die verborgenen Eigenthümlichkeiten des Gemüths. Dunkle Vorſtellungen
und Gefühle entſcheiden über das Wohl und das Wehe des Menſchen in dem
Laufe ſeines Lebens. Es iſt demnach von der größten Wichtigkeit, daß
Eltern und Erzieher auf diejenigen unbedeutend ſcheinenden Dinge, welche
ihren Kindern gefährlich werden können, ein aufmerkſames Auge richten.
Im Grunde iſt nichts für Kleinigkeit zu halten, was einen nachtheiligen
Einfluß auf das Herz der Kinder haben kann. Ein Waſſertropfen iſt
klein, aber dennoch groß genug, einem gefüllten Eimer das Uebermaaß
zum Ueberlaufen zu geben. Eben dieſe Kleinigkeiten, die nur zu oft
überſehen werden, tragen das Meiſte zur jugendlichen Verſchlimmerung
bei, gleich dem Saamen des Unkrauts, aus welchem zahlreichwuchernde
und verderbliche Pflanzen erwachſen, und alle andern guten Keime er=
ſticken helfen. So ging manche Unſchuld, welche allen ſchändlichen Zu=
muthungen Widerſtand geleiſtet hatte, verloren, da ein Bild in unbe=
wachten Augenblicken einen tiefen Eindruck auf ſie machte. Doch das
Bild würde das Unglück nicht bewirkt haben, wenn die im Gemüthe be=
findliche Empfänglichkeit dafür nicht geweſen wäre. Solche äußern Klei=
nigkeiten, welche die Jugend in beſondern Anſpruch nehmen, ſind daher
keineswegs zu überſehen oder für gering und unbedeutend zu halten.
Dinge, welche die Kinder vollkommen gleichgültig laſſen, und kaum eine
Bewegung in ihnen hervorbringen, ſind für ihr Herz und ihre Tugend
ohne Gefahr. Allein da iſt bei ihnen die wunde Seite, wo ſie oft durch
eine wahre Kleinigkeit in eine beſondere Stimmung verſetzt werden. Von
dieſer wunden Seite, die auch nicht einmal auf's Leiſeſte berührt ſein will,
quellen die meiſten Neigungen, Begierden und Handlungen. Hier ſteht
der Feind der Ruhe und des Wohlſeins im verborgenen Hinterhalte, vor

dem man auf seiner Hut sein und sich davor verwahren muß. Das sind, sagen manche Eltern, wenn sie derlei Erscheinungen bei ihren Kindern gewahren, Kleinigkeiten, was können sie denselben schaden? Sie sind noch keiner schlechten Gesinnung oder That fähig. Allein ohne es zu glauben, sind sie schlechter Gesinnung fähig, der endlich auch die That folgen wird. Die dunkle Quelle ist vorhanden, endlich wird der Bach fühlbar, wenn er stärker wird, und nicht mehr zu bändigen, wenn er als Waldstrom dahinbraust, durch äußere Umstände angeschwellt. — Diese scheinbaren Kleinigkeiten sind so bedeutend, daß man in der Erziehung eben die größte Aufmerksamkeit auf sie richten muß. Aus ihnen lernt man die spätere Denkart und das Schicksal des Kindes erkennen. Sie deuten dem Erzieher an, wo er dem Uebel entgegen zu arbeiten hat. — Es ist nicht das erstemal, daß der, welcher als Dieb oder gewissenloser Betrüger in die Hände der Obrigkeit fiel, schon als Kind sein bevorstehendes Unglück durch einen Hang zu Näschereien, die man kindisch und verzeihlich hieß, oder durch kleine listige Entwendungen unbedeutender Dinge, wo man die List noch belachte, oder durch mancherlei Umgehungen der Wahrheit, verrieth. Es ist wahrlich nicht das erstemal, wo der kaltblütige Mörder seine letzte schauderhafte Handlung schon voraus als Kind anzeigte, da er ein besonderes Wohlgefallen an den Qualen unschuldiger Thiere äußerte. Darum sollen Eltern und Erzieher auf die Kleinigkeiten achten, durch welche ihre Kinder und Zöglinge ganz besonders in Anspruch genommen werden, und sie werden einen tiefen Blick in das Innerste und eine Ahnung ihrer ganzen Zukunft haben. Nimmer dürfen sie es vergessen, daß oft kleine Ursachen große Wirkungen erzeugen. Diesen Kleinigkeiten müssen sie nachspüren, denn sie führen auf den Hintergrund des Gemüthes, und geben oft der Denkart und dem Willen die nachherige Richtung. Ist aber der Hintergrund erforscht, dann muß auch zur Heilung geschritten werden. Die äußern Kleinigkeiten lassen sich freilich von der Jugend nicht abwehren, wohl aber läßt sich ihre Empfänglichkeit dafür abstumpfen. Dort ist es, wo der Hang zur Eitelkeit, zur Habsucht, zur Ueppigkeit oder zur Grausamkeit rc. noch im Verborgenen schlummert Noch ist es ein leichter Schlummer und eine Kleinigkeit stört ihn. Darum ist Wachsamkeit nothwendig, weil von daher die Versuchung zum Bösen kommt. Kinder müssen zum Wandel vor Gott und zum Gebete ermuntert werden, damit sie mit höherer Kraft das Böse bewältigen und es im Keimen ersticken. Sie müssen überzeugt sein, daß es ohne Ueberwindung keine Tugend und ohne wahre Tugend keine Seligkeit gibt; sie müssen lernen, lieber Verzicht auf jene Freuden zu thun, die ihnen der Hang im Verborgnen gewährt, aber ihnen eine Jammerärnte bereitet, wenn er nicht bekämpft und besiegt wird. — Wer die Quelle seiner verkehrten Gesinnungen und Handlungen nicht beachtet, der arbeitet zu spät und oft vergeblich gegen die Gewalt des Stromes. (Sir. 5, 18. Matth. 5, 29. 30. 13, 31. Marc. 4, 31.)

Ursprache. (Erste, ursprüngliche Sprache.) Wenn wir die Sprache überhaupt als ein Erzeugniß des menschlichen Geistes betrachten, das durch bloßes Bedürfniß entstanden ist, so kann die erste Sprache wohl nicht reich an gebildeten Tönen gewesen sein. Wollte man dieß die Ursprache des menschlichen Geschlechtes nennen, so verstünde es sich von selbst, daß keine von den uns bekannten lebenden oder todten Sprachen jene ursprüngliche Sprache sein könnte, weil eine jede dieser Sprachen schon viel zu ausgebildet und bereichert wäre. Wie die Menschen mehr und mehr sprechen lernten, so mußte sich nothwendig auch jene Sprache, die man für die erste anzunehmen geneigt wäre, sehr auffallend und unverständlich vorkommen, wenn wir sie irgendwo vernehmen könnten. Betrachten wir aber die Sprache für ein göttliches Geschenk, d. i. für einen schon den ersten Menschen von Gott selber mitgetheilten Inbegriff von Worten und Wortformen, so müssen dieselben allerdings eine fertige, wenn auch noch nicht sehr reiche und gebildete Sprache geredet haben. Diese Annahme gründet sich auf den Umstand, daß Adam jedem Thiere seinen Namen geben mußte, wodurch ihm Gott zugleich Unterricht in der Sprache ertheilte. (1. Mos. 19. 20.) Die alten Gelehrten halten die hebräische Sprache für die Ursprache, und dieß aus dem Grunde, weil das alte Testament Gott in dieser Sprache reden läßt. — Uebrigens nennt man auch Ursprache eine aus eigenem Stamme entsprungene Sprache, als Gegensatz der Misch- und Töchtersprachen. Eine solche Ursprache ist sonach auch unsere deutsche Sprache. Mag man nun die Sache betrachten, wie man immer will, so ist doch so viel gewiß, daß die Sprache eines der ersten Vorrechte des Menschen ist, indem er unter allen Geschöpfen auf Erden dieß göttliche Geschenk besitzt. Wie unaussprechlich groß sind die Wohlthäten, die Gott dem Menschen durch diese einzige Fähigkeit mitgetheilt hat! Durch diese Sprache geben wir Andern unsere Wünsche zu erkennen, theilen ihnen unsere Absichten mit, und empfangen von ihnen Belehrung, Ermunterung und Warnung, und werden dadurch erweckt zur Theilnahme an gemeinsamen Freuden. Was wäre das menschliche Leben ohne Sprache? — Möchte der Lehrer seine Schüler auf dieses Gnadengeschenk Gottes recht aufmerksam machen, und ihnen zeigen, wie viele Schätze er dadurch schon den ersten Menschen mitgetheilt hat, die auch auf sie übergegangen sind. Möchte er sie durch dieses einzige Talent, sprechen zu können, ermuntern, ihre Zunge nie anders als zur Verherrlichung Gottes zu gebrauchen, und immerhin nur das zu reden, was wahr, was recht, was wohlanständig und Gott und den Menschen wohlgefällig ist. (S. auch Art. Muttersprache.)

Urtheil, bei Kindern nicht zu beschleunigen, oder ihnen nicht vorzumittheilen. Nur zu oft geschieht es, daß Eltern und andere Umgebungen den Kindern zuviel, manchmal alles vor-urtheilen, und dadurch der kindlichen Urtheilskraft jede Gelegenheit entziehen, sich selbstthätig äußern zu können. Auf solche Weise werden Kinder, wie Handel sagt, eine Denk- und Sprachmaschine Anderer, werden denkträge und bleiben stumpf und dumm. Man kann, wenn man in Häuser kommt, wo Kinder sind, vielfach wahrnehmen, daß, wenn man diese oder jene Frage an sie stellt, die sie nicht sogleich beantworten können, gewöhnlich die Eltern vornehmlich aber die Mütter in's Mittel treten, und ihnen die Antwort so auf die Zunge legen, daß sie solche nur aussprechen dürfen, ohne daß die Anwendung ihrer Geisteskraft hiezu mehr nöthig ist. Es gibt sogar hie und da Lehrer, die es in ihren Schulen um kein Haar besser machen. Diese gelangen denn freilich zum Bewußtsein, daß sie die Urtheilskraft der Kinder auf solche Weise nie in Anspruch genommen haben. Dieß ergibt sich am deutlichsten, wenn Kinder bei Beantwortung einer Rechnungsaufgabe vollständige und selbstthätige Beweise ihres Verfahrens liefern sollen. In gebildetern Familien kommt wohl öfters eine Frage vor, die das Kind zu einem eigenen Urtheile veranlaßt, allein dieß geschieht theils planlos, theils wird die Antwort, also das Urtheil des Kindes, zu sehr erleichtert und beschleunigt. Gewöhnlich darf es nur hören und aufnehmen, aber nicht denken und verarbeiten, und wenn seine Urtheilskraft sich äußert, so geschieht es aus eigenem innern Antriebe, nach äußern sinnlichen Veranlassungen, ohne Theilnahme irgend eines Menschen. Noch ungleich weniger geschieht in dieser Hinsicht in den niedrigsten

Ständen, wo die Kinder bis zu ihrer Schulreife kaum eine andere Frage
hören, als: wo warst du? was machst du? wo hast du das und das
hingethan? und dieß noch obendrein in einer provinziellen Ausdrucksweise.
So sind Kinder außer Standes, auch nur ein einziges Urtheil in einem
vollständigen und sprachrichtigen Satze auszudrücken, und dieß aus dem
ganz einfachen Grunde, weil sie nie dazu angeleitet werden.   Will man
es sonach darauf anlegen, daß Kinder ihr Urtheilsvermögen nicht üben
und äußern können, so darf man ihnen nur in vielen oder allen Stücken
vorurtheilen oder ihr Urtheil beschleunigen helfen.   Was heißt aber das
mehr, als die kindliche Urtheilskraft nie zur angemessenen Thätigkeit
kommen lassen, oder dem jungen Zweige die Knospe zerdrücken, aus welcher
die Blüthe zur künftigen Frucht hervortreiben soll?   Hier muß nun freilich die Schule in's Mittel treten und den Mangel zu ergänzen suchen,
welchen die häusliche verwahrloste Bildung herbeigeführt hat. (S. auch
Art. Niederhalten.)

Urtheile, falsche, über den Werth der Dinge und Menschen. Vielfältig hören Kinder falsche Urtheile a) über den Werth der Dinge, und
lernen daher dieselben auch nicht gehörig würdigen: wenn die Kinder in
höhern und niedern Ständen nur von köstlichen Genüssen und Vergnügungen aller Art, oder vom Essen, Trinken und zeitlichen Erwerbe, als
von Hauptangelegenheiten des menschlichen Lebens, fast einzig nur reden
hören; wenn in vornehmen Familien über die Armuth verächtlich und
wegwerfend, in dürftigen dagegen über Geld und Reichthum als über
das höchste Glück der Erde geurtheilt wird; wenn man von der Redlichkeit im Erwerben, von der Treue im Berufe, von einem frommen und
gottesfürchtigen Wandel, vom christlichen Verhalten gegen Andere 2c.
selten, oder nie, vom Erwerben aber, vom irdischen Gewinn, den man
gemacht, vom Nutzen, den man sich verschafft, von den mancherlei Vortheilen, die man errungen hat, vielleicht auch von gelungenen Täuschungen
und Ueberlistungen Anderer, fast immer sprechen hört, so müßten Kinder
unter solchen Umständen und Umgebungen geborene Engel des Lichtes
sein, wenn in ihren Seelen ein richtiges Urtheil über den Werth der
Dinge zu Stande kommen sollte.   Falsche Ansichten von frühester Jugend
an eingesogen, werden ihnen eben so geläufig, als für ihr künftiges Denken
und Leben nachtheilig und verderblich.   Dasselbe gilt b) von den falschen
Urtheilen über den Werth der Menschen.   Auch hierüber wollen wir
Handels vollgültige Stimme vernehmen, wenn er sagt: Man urtheilt
zwar oft richtig über Menschen und ihren Werth, aber allermeist nur in
Beziehung auf das Verhältniß, in welchem sie zu dem Urtheilenden stehen,
und auf die Pflichten, die sie ihm zu leisten haben.   Der Rechtsgelehrte
ist ein braver Mann, nur weil er Dir das Recht zugesprochen hat.
Dein Nachbar ist dir lieb und werth, nicht weil er Achtung hat vor dem
Eigenthum und dem guten Namen Anderer, sondern weil er nur dich
nicht bestiehlt und verläumdet.   Du beweisest dem Mann im schlechten
Gewande deine Aufmerksamkeit, nicht, weil du die Menschheit ganz in
ihm ehrst, sondern weil er dir nützen kann.   So hören die Kinder in
den meisten Familien die Menschen nur nach ihrer Brauchbarkeit, nicht
nach ihrem innern Werthe beurtheilen, und das können denn auch sie nicht
anders lernen. — Hieraus geht nun hervor: 1) Es sollen den Kindern
richtige Ansichten über den Werth der Dinge und der Menschen beigebracht werden, und der erziehende Lehrer muß sich selbst bestreben, richtig
darüber zu urtheilen.   Dieß ist um so nöthiger, je verkehrter die Ansichten sind, welche die Kinder mit in die Schule bringen.   Sie haben
gelernt, Dingen an sich einen Werth beizulegen, die nur einen unterge-

orbneten haben; sie sind gewöhnt, Zwecke statt der Mittel zu erkennen, und das zu übersehen oder gering zu schätzen, was wirklich Werth hat. Hier öffnet sich der Schule ein weites und neues Feld, den falschen Ansichten der Kinder entgegenzutreten. Wenn ihnen bis daher Essen und Trinken Hauptsache war, so führe sie der Lehrer zu der Ueberzeugung, daß der Mensch nicht esse und trinke um des Wohlgeschmackes willen, sondern um sein Leben zu erhalten und seine Kraft zu neuer Thätigkeit zu stärken; er soll sich erinnern, daß er nicht bloß einen Leib hat, der durch Nahrung erhalten werden soll, sondern auch eine Seele, die der Nahrung bedarf, und daß eben die Schule der Ort ist, wo ihr diese Nahrung gereicht wird. Wenn sie bis daher nichts kannten, als Vergnügungen, Spiel und Müßiggang, und ihnen die Anstrengung in der Schule rc. nicht behagen will, so müssen sie nach und nach einsehen lernen, daß Thätigkeit und geordnete Anwendung der Kräfte der Zweck des Lebens, Spiel, Unterhaltung und Vergnügen dagegen nur Mittel zur Erholung sei. Wenn sie bisher die Dinge um sich her nur nach ihrer schönen und gefälligen Außenseite beurtheilten, so lenke er ihre Aufmerksamkeit auf die innere Beschaffenheit derselben hin, und lehre Vergleichungen anstellen, aus denen der Werth und Nutzen des einen vor dem andern hervorgeht. So lasse er z. B. den schönen glänzenden Holzapfel mit der unscheinlichen grünen und geschrumpften Renetta, den goldglänzenden Käfer mit der Biene vergleichen. Wenn sie von jeder Arbeit nur Erwerb und Gewinn als letzten Zweck betrachten, so lasse er sie zwar einsehen, wie Fleiß und Arbeit zu rechtmäßigem Gewinn und Besitz verhelfen; aber er leite sie auch zur Erkenntniß, daß ein jeder Mensch schuldig sei, die ihm von Gott verliehenen Talente und Gaben nicht bloß zu seiner Erhaltung, sondern auch zum Besten Anderer anzuwenden, damit so Gott dadurch verherrlicht werde u. s. w. Eben so suche der Lehrer 2) die Kinder auch zu einem richtigen Urtheile über die Menschen zu leiten. Auch hier bietet die Schule die schönste Veranlassung, zumal es sich in derselben um etwas anders handelt, als um Stand und Herkunft, und eigennützige Begünstigung des Einen vor dem Andern. Denn hier entscheidet nur Fleiß, Sittsamkeit und Tugend aller Art. Hier werden Allen gleiche Pflichten auferlegt, gleiche Wahrheiten und Lehren verkündet, gleiche Kenntnisse beigebracht und alle nach einerlei Maaßstab gemessen. Hier schwinden die verkehrten Familienansichten über den Werth oder Unwerth des Menschen theils von selbst, theils wird den Lehrer durch seine parteilose Behandlung und Würdigung der Kinder sie unvermerkt zu einem richtigen Urtheil über Mitschüler und also auch nach und nach über andere Menschen führen. Besonders wirksam sind hier Beispiele, vornehmlich bei noch rohen Kindern, denen durch bloße Belehrungen und Worte schwer beizukommen ist. Es gibt der Beispiele guter und schlechter Menschen so viele, daß es dem Lehrer nicht schwer werden kann, sie aufzufinden. Die biblische Geschichte wird ihm hiebei freundlich die Hand reichen. Hier findet er die treffendsten Beispiele von Uneigennützigkeit bei eigener Dürftigkeit, von aufopfernder Dienstfertigkeit, von Großmuth gegen Feinde, von thätiger Dankbarkeit, von Muth in Gefahren, vom festen Vertrauen auf Gott, von treuer Freundschaft rc. die mit den gegenüberstehenden Untugenden verglichen werden können. Beispiele der Art werden hier ihre segenreiche Wirkung nicht verfehlen.

Urtheile des Lehrers über seine Leistungen. Die Erfahrung hat es öfters schon nachgewiesen und weiset es immer noch auf eine wenig empfehlende Weise nach, daß zwischen den Pfarrherrn und Schullehrern manche Irrungen entstanden sind und entstehen, wenn jene mit den Fort-

11 *

schritten der Volkskunde nicht gleichen Schritt halten und wohl auch in
manchen Beziehungen nicht halten können, und diese dagegen den Werth
ihrer Kenntnisse zu hoch anschlagen und ihre Leistungen überschätzen, oder
den bezeichneten Kreis ihrer Befugnisse überschreiten. Diese überspannten
Urtheile eines Schullehrers theils über seine vermeintlichen Kenntnisse im
Fache der Erziehungs- und Unterrichtskunde, theils über seine Leistungen
in der Schule und das Ueberschreiten des Kreises seiner Befugnisse führen
dann häufig zu Irrungen und Zerwürfnissen zwischen ihm und dem
Pfarrer, und äußern ihren nachtheiligen Einfluß gegenseitig auf Kirche
und Schule, und zwar auf eine beklagenswerthe Art. Wenn kein Mensch
Ursache hat, sich über das, was er weiß und leistet, zu erheben, sondern
sich vielmehr mit dem Apostel Paulus seiner Schwachheit zu rühmen;
(1. Cor. 9, 16.), so soll das um so weniger von Seiten eines Lehrers
geschehen, welcher es wissen soll, daß, wenn er auch wegen seiner Leistungen
Ruhm und Ehre verdienet, diese Ehre und Ruhm nicht ihm, sondern Gott
gebühre. Ihm ziemt es, bei Allem, was er kann und thut, Gott zu
ehren und seinen Namen zu preisen. Der christliche Schulmann wandelt
bei aller auch der tiefen und umfassenden Erkenntniß dessen, was in sein
Amt und seinen Beruf einschlägt, in steter Demuth vor Gott und den
Menschen; er vergißt es nie, daß all unser Wissen doch weiter nichts als
Stückwerk und unvollkommen ist; er überschätzt auch seine Leistungen nie,
sondern er spricht vielmehr bei allem, was er thut: Ich bin ein unnützer
Knecht, und thue nur, was ich zu thun schuldig bin. Auch hält er sich
genau inner den Grenzen seiner Befugnisse, und erlaubt sich weder in
diesem noch jenem Stücke irgend einen Uebergriff, wodurch das friedliche
Verhältniß zwischen ihm und seinem Pfarrherrn gestört werden könnte.
Er bleibt bei seinem Amte und Berufe, und wartet mit allem Fleiße und
der möglichsten Sorgsamkeit der Lehre und des Amtes. Auf solche Weise
wandelt er zufrieden und ruhig seine Bahn, und bietet auch in Allem,
was seines Amtes ist, dem Seelsorger freundlich seine Hand, wohl wissend, daß Schule und Kirche zwei Schwestern sind, und daß, wenn eine
über die andere herrschen, eine die andere geringe halten, oder eine die
andere beschränken will, nichts als Unfriede und die nachtheiligste Zwietracht daraus hervorgehen. Trennen sich Kirche und Schule, sagt Harnisch, so wird diese irdisch, jene leer und eitel. Der Geistliche soll
Schulmann, d. h. Volkserzieher, und der Schulmann Geistlicher, d. h.
ein Verkündiger des christlichen Glaubens durch Wort und Leben sein.
(1. Cor. 7, 24. Röm. 12, 7. 8. 1. Cor. 9, 16.)

Urtheilen, Urtheilskraft. Urtheilen heißt, von einem Dinge etwas
bejahen oder verneinen, oder das Verhältniß bestimmen, in welchem zwei
oder mehrere Begriffe zu einander stehen. Wenn wir z. B. denken oder
sagen: „Das Feuer macht warm," so urtheilen wir. Das Vermögen
der Seele, durch welches dieses geschieht, ist die Urtheilskraft. Die
Thätigkeit derselben besteht vornehmlich darin, daß sie das Besondere dem
allgemeinen unterordnet (z. B. den Begriff „Nelke" unter den Begriff
„Blume"), und das Allgemeine auf das Besondere anwendet, z. B. den
Begriff „blühen" auf den Begriff „Baum": Der Baum blüht. Alle
unsere Reden bestehen aus Urtheilen, oder setzen wenigstens ein voran-
gegangenes Urtheil voraus. Wenn der Verstand Regeln auffaßt, — als
das Allgemeine, so ist es das Geschäft der Urtheilskraft, diese Regeln auf
einzelne Fälle richtig anzuwenden. Die richtige Anwendung aber hängt
von einer richtigen Beurtheilung ab, und dazu viel Erfahrung,
Uebung und Einsicht erfordert. Z. B. der Verstand faßt die Regel auf:
„Man muß bei der Erziehung Liebe mit Ernst verbinden; so kommt es

der Urtheilskraft zu, bei der Anwendung dieser Regel in jedem einzelnen
Falle und bei jedem einzelnen Kinde das Rechte überall zu treffen, sonach
richtig zu bestimmen, wo und in welchem Maße bald Liebe, bald Ernst
vorherrschen müsse. Auch kann dieß Vermögen bei dem, welchem es nicht
zu Theil geworden ist, durch keinen Unterricht ersetzt werden. Mit den
ersten Begriffen des Verstandes wacht auch die Urtheilskraft auf, und im
Grunde ist jede Anwendung eines Begriffs auf irgend einen Gegenstand
schon ein Urtheil, das sich in der Seele des Kindes auch ohne Sprache
bildet. Wenn es beim Rufen seines Namens seine Augen dem Rufenden
zuwendet, so muß der kindliche Geist schon geurtheilt haben: „Das geht
mich an." Wenn es auf die Frage: wo ist die Mutter? die Mutter
freundlich anlächelt, so muß es schon geurtheilt haben: „Das ist die
Mutter." Haben sich nur erst seine Sprachwerkzeuge so weit ausgebildet,
daß es im Stande ist, die Namen von Personen und Dingen selbst auszusprechen, dann liegt in jedem Laute, womit es etwas bezeichnet, schon
ein Urtheil verborgen. So wie es die Dinge von einander unterscheidet,
so lernt es auch ihre Eigenschaften unterscheiden, z. B. warm, kalt, klein,
groß, gut, nicht gut u. s. w., und ebenso die Prädikat (das, was von
einer Sache oder Person ausgesagt wird), die in den Zeitwörtern enthalten sind, z. B. laufen, geben ꝛc., nur, daß diese letztern in der Grammatik des Kindes überall im Infinitiv stehen und gewissermaßen noch als
bloße Adjektive gelten, sowie denn auch in seiner frühesten Sprache weder
Artikel noch Copula vorkommen. Hieraus ersehen wir aber auch, daß in
der Seele des Kindes ungleich mehr vorgeht, als es in Worten auszusprechen vermag, und, daß es lange vorher Prädikate beilegt, ehe es kon-
jugirt und die Copula anwendet. Fängt es an, diese zu gebrauchen und
die Personen zu unterscheiden, so hat es bereits einen bedeutenden Fortschritt in der Sprache gemacht, und seine Urtheile werden nun immer
bestimmter und umfassender. Allmählig werden auch die übrigen Redetheile in seine Urtheile gezogen, bis zuletzt die Bindewörter an die Reihe
kommen und die Sprache vollenden. — Allein der Urtheilskraft öffnet
sich noch ein viel weiteres Gebiet. Wie sich in der Sprache Sätze an
Sätze reihen, von welchem immer der eine von dem andern abhängt,
ebenso reiht sich auch im Denken ein Urtheil an das andere an, und eins
wird oft der Grund, auf den viele andere gebaut werden, oder die Regel,
wonach sie sich richten sollen. Diese Regeln selbst, wie sie entweder die
Urtheilskraft gebildet oder die Belehrung mitgetheilt hat, faßt der Verstand auf und legt sie der Urtheilskraft zur Anwendung vor. Schon eher,
als man gewöhnlich meint, und ehe das Kind gegebene Regeln aufzufassen
vermag, hat es sich wohl schon selbst Regeln gebildet; es hat sich z. B.
einigemal am Lampenlichte den Finger durchs Brennen beschädiget, und
greift nun nicht mehr in die Flamme, oder es hat durchs Schreien mehrmals seinen Willen durchgesetzt, und es versucht es nun öfters ꝛc. So
zieht das Kind sich durch eigene Erfahrungen und Beobachtungen, wenn
auch nur dunkel gedachte Regeln ab, und wendet sie zur Erreichung seiner
Absichten an. Hat es später erst die Sprache einigermaßen in seine Gewalt bekommen, dann hört es nicht mehr auf zu urtheilen. Wenn es
mit dem sechsten Jahre die Schule besucht, dann hat es auch schon viele
Begriffe gesammelt, viel geurtheilt, manche Regel erlernt und sich eingeprägt. Aber mit der Schule eröffnet sich ihm eine neue Welt. Der
Kreis seiner Begriffe, Ansichten und Urtheile erweitert sich. Sein Geist,
der aus der häuslichen Erziehung meist nur dürftige Einseitigkeit mitbringt, wird nunmehr vielseitig angeregt, theils durch den Unterricht des
Lehrers selbst, theils durch seine Mitschüler, mit denen es bekannt wird.

Es lernt seine Urtheilskraft üben, schärfen und berichtigen an den neuen Gegenständen, die ihm vorgeführt, und an den neuen Erkenntnissen, die ihm beigebracht werden. (Bildung der Urtheilskraft.) Da alle Vermögen des Geistes genau mit einander zusammenhängen, so ist mit den vorausgegangenen Anschauungs- und Denkübungen auch für die Urtheilskraft schon viel geschehen. Denn wenn Kinder gewöhnt sind, die einzelnen Gegenstände mit den Sinnen richtig aufzufassen, mit jedem Worte einen deutlichen Begriff zu verbinden, diese Begriffe auf das Einzelne richtig anzuwenden und in ihren verschiedenen Beziehungen zu überschauen, dann sind auch darin theils schon wirklich richtige Urtheile enthalten, theils begründet und vorbereitet. Da nach dem oben Bemerkten die Kinder eher urtheilen als sprechen, so muß der Lehrer bezüglich auf vollständigen sprachlichen Ausdruck lange Nachsicht haben, und diese nicht eher verlangen, als bis ihr Geist die Copula, die Personen und Zeiten aufgefaßt hat. Dabei halte sich der Lehrer unverbrüchlich an das Gesetz, den Kindern so wenig als möglich vorzuurtheilen, sondern sie ihre Urtheile selbst finden zu lassen. Ihm liegt nur ob, anzuregen, zu leiten, zu berichtigen, und dieß unvermerkt, daß der kindliche Geist überall als selbstständig erscheine. Je mehr die Kinder an Sprachfertigkeit gewinnen, auf desto größere Bestimmtheit im Urtheilen wird der Lehrer halten. Er wird diejenigen Lehrgegenstände, die das Denkvermögen besonders in Anspruch nehmen, als Rechnen, Sprachunterricht rc., großentheils katechetisch behandeln, so daß die Kinder, wo möglich, die gesuchte Wahrheit selber finden, und sich der Regel bewußt werden, nach der sie solche gefunden haben. Auch wenn der Lehrer erzählt oder beschreibt, wird er öfters Gelegenheit haben, sich an die Urtheilskraft der Kinder zu wenden, ihre verschiedenen Urtheile vergleichen und sie so das Richtigste herausfinden lassen. — Ein vorzügliches Mittel, die Urtheilskraft zu üben und zu schärfen, sind die vielen bildlichen Ausdrücke, welche in der Sprache selbst vorkommen, und die Bilder und Gleichnisse, die der Urtheilende selbst schafft und hervorruft. Das Letztere ist insbesondere Sache des Witzes, der hier ein großes Gebiet findet sich zu üben, theils dadurch, daß er die Aehnlichkeit verschiedener zusammengestellter Begriffe aufsucht (z. B. zwischen einem Weinstock und seinen Rebzweigen und Christus mit seinen Gläubigen) theils dadurch, daß die Kinder zu aufgegebenen Begriffen selbst ähnliche finden, mit welchen sie, oder welche mit ihnen verglichen werden können, wie z. B. Blume, Feuer, Thau, der wolkenlose Himmel rc. Ferner die Erklärung dieses oder jenes Sprichworts, z. B.: Die Zeit bringt Rosen, — Eile mit Weile, — Stille Wasser sind tief rc. — So können also nicht bloß der eigentliche Unterricht, sondern auch die täglichen Vorfallenheiten, die Spiele und Beschäftigungen der Kinder dazu benützt werden, die kindliche Urtheilskraft anzuregen, zu üben und zu schärfen. Jedoch müssen die Kinder jedesmal den Grund oder die Ursache angeben, warum sie so oder anders urtheilen. Um aber ihre Geisteskraft zu spannen, dürfen die Aufgaben nicht allzuleicht sein, und müssen nach und nach in dem Maße erschwert werden, daß sie zum Nachdenken und zur Anstrengung veranlaßt werden. Alles Uebermaß ist hier sorgsam zu vermeiden. — Ist das Urtheil der Kinder unrichtig oder falsch, so darf der Lehrer weder durch Satyre oder wegwerfenden Ton ihren Muth niederschlagen, noch ihren Irrthum sogleich selber berichtigen. Er suche vielmehr die Sache so einzuleiten, daß die Kinder ihre Fehler selbst zu entdecken und zu verbessern vermögen. (Grenzen und Vorsichtsregeln hinsichtlich der Bildung der Urtheilskraft.) Bei den Bemühungen, die jugendliche Urtheilskraft zu bilden, wird der erziehende

Lehrer der wohlgemeinten Warnung des Apostels nie vergessen zu dürfen: „Wollet nicht mehr — nicht weiser sein, als es sich ziemt, sondern seid weise mit Bescheidenheit." — So nothwendig es auch ist, daß die höhern Anlagen und Kräfte des Geistes in den Kindern geweckt und in Thätigkeit gesetzt werden; so verderblich wäre es auch, wenn in der kindlichen Seele Dünkel, Anmaßung und eitle Selbstgenügsamkeit genähret würden. Diese Entartungen können besonders bei den mit guten Talenten begabten Kindern leicht erzeuget werden, wenn ihnen nicht mit ebenso vieler Umsicht als Festigkeit entgegengearbeitet wird. Sowie es im jugendlichen Geiste heller zu werden beginnt, so vermißt er sich nur zu leicht, Alles besser verstehen und beurtheilen zu wollen. Er glaubt sich dann berufen zu sein, über Alles, was er auch nicht versteht, zu räsonniren und absprechen zu dürfen. Obgleich unberufen, wirft er sich leicht zum Verbesserer der bestehenden Verhältnisse auf und fertiget sie mit faden Witzeleien ab. Ja, er zieht selbst das Heilige, das Göttliche und Ewige in seinen engen Kreis herab und unterfängt sich, Alles zum Tempel hinauszuwerfen, was er mit seinem gewöhnlichen, durch Stolz und Eitelkeit getrübten Geistesblick nicht zu durchschauen und vom rechten Standpunkte aus nicht zu beurtheilen im Stande ist. — Doch wir werden uns hier umständlicher aussprechen, wo vom Verstande die Rede sein wird, und dort zugleich die Mittel angeben, um dadurch die Jugend vor diesen und ähnlichen Exorbitationen zu bewahren.

Utraquistische oder zweisprachige Schulen. In den Grenzländern Deutschlands wird im öffentlichen Verkehr noch eine andere Sprache als die Gesammtsprache geredet. Es sind das nicht die besondern Mundarten, die, obgleich von der allgemeinen hochdeutschen Sprache abweichend, doch so nahe mit ihr verwandt sind, daß eine innere Verständlichkeit stattfindet; sondern es sind wirklich andere Sprachen, wie z. B. im Osten die slawische, in Westen und Süden die romanische. Da, wo diese Sprachen völlig einheimisch sind, soll man dieselben den Leuten lassen, und nicht mit Gewalt nehmen, bis die göttliche Vorsehung selbst ins Mittel tritt und eine Aenderung herbeiführt. Da aber, wo die deutsche Sprache überall schon im Leben mit der ausländischen besteht, und aller weitern Bildungsfähigkeit, weil abgeschnitten von ihrem eigentlichen Stamm, beraubt ist, wird es kaum ein anderes Mittel geben, dem Geistigtodten auch das äußere Dasein zu nehmen. Dieser Fall tritt vornehmlich da ein, wo sich ein betrübender Sprachmangel gebildet hat, der wohl ein leichtes Handelsgetriebe befördert, aber der Bildung von allen Seiten Thür und Thor verschließt, wie dieß der Fall in polnisch-schlesischen und mährischen Landesbezirken ist. Es kann hier nur durch die Schule eine Aenderung und Besserung herbeigeführt werden. Doch dieß kann nicht dadurch verwirklichet werden, daß man ohne Weiteres den polnischen und mährischen Kindern das deutsche Lesen beibringt; denn wer deutsch lesen kann, versteht deßhalb noch nicht deutsch, und wird wohl auch keine Lust haben, deutsch zu lesen, sondern immer zu den in der eigenen Sprache geschriebenen Büchern zurückkehren, weil er das darin enthaltene versteht. Man muß also vom Polnischen aus zum Deutschen übergehen, wie man bei dem Taubstummen von der Gebärdensprache aus zur Lautsprache übergeht. Die Sache selbst aber ist so zu behandeln: a) Der Lehrer spricht anfänglich mit den Kindern, die ganz fremdsprachig, oder wie in Schlesien ganz polnisch sind, diese Sprache mit ihnen; aber fängt sogleich die ersten Uebungen der Weltkunde an, benennt dabei den Kindern alles deutsch, und spricht auch nach einiger Zeit nur deutsch dabei. Diese Uebungen werden einige Jahre fortgesetzt, und die Verstandes= und eigentlichen

Sprachübungen schließen sich daran an. b) Das Lesen und Schreiben kann in diesen Schulen erst eintreten, nachdem die Kinder ein Jahr bloß mit Uebungen aus der Weltkunde, mit dem Singen kurzer und leichtverständlicher Lieder, mit dem Memoriren deutscher Sprüche (durch Vorsprechen), mit deutschen Erzählungen 2c. vielfach in Anspruch genommen und beschäftiget worden sind. Will man jedoch früher mit dem Lesen den Anfang machen, dann muß man das Lesen in beiden Sprachen zugleich, oder in der geläufigsten zuerst üben. Die deutsche Sprache muß so erst selbst gewonnen werden. Nach zwei Jahren läßt der Lehrer zu diesen Kindern kein polnisches Wort mehr fallen. c) Alsdann müssen den Kindern deutsche Bücher in die Hände gegeben werden, vorzüglich biblische Geschichte, Katechismus und Gesangbuch. Auf diesem Wege wird die deutsche Sprache am besten erzielt werden. Uebungen thun, wie überall, auch hier das Meiste. Wenn irgendwo das Festhalten des Lehrgrundsatzes: „Richte den Unterricht so ein, daß er für die kindliche Fassungskraft angemessen sei, und führe solchen vom Leichtern zum Schwerern stufenweise fort" — nöthig ist, so ist dieß hier nur desto nothwendiger. Eine besondere Gewandtheit in einer der slavischen Sprachen bedarf es von Seiten des Lehrers um so weniger, da es hier auf die Ausbildung und gründliche Erlernung der besagten Muttersprachen, die durch die deutsche allmählig verdrängt werden sollen, gar nicht ankommt. Die deutsche Sprache kann daher mit Kindern gleichsam nur als Umgangssprache in gewissen, stufenweise aufeinanderfolgenden Sprechübungen betrieben werden. Diese Uebungen halten Anfangs mit den Verstandesübungen gleichen Schritt, und befassen sich vorzüglich mit der Benennung der Dinge, der Angabe der Theile und Zahl derselben, der Eigenschaften und deren Vergleichungen 2c. Ist nun nach einem solchen Verfahren die Zunge der slavisch- und romanisch-sprechenden Kinder für das Deutsche geschmeidiger geworden, so ist auch zugleich ein angemessener Grund gelegt, auf dem der Lehrer die Sprach- und Rechtschreiblehre in ihren wesentlichen Regeln, die er dann schon großentheils deutlich geben kann, mit Nutzen in weitern Sprach- und Schreibübungen fortzuführen im Stande ist. Die Anleitung und Beihülfe einer polnisch- und mährisch-deutschen Sprachlehre wird hieburch ganz entbehrlich, indem hiezu die ganz deutsche alle Mittel darreicht. Es kommt übrigens viel darauf an, daß sich der Lehrer dem Gegenstande mit besonderer Ausdauer widmet, und wo möglich, täglich eine Stunde darauf verwendet, so daß im Verlaufe des Unterrichtsganges alle andern Lehrzweige, besonders das Lesen, Schreiben und Rechnen zu demselben Zwecke verbunden werden, und daß, je weiter der Lehrer in dem gedachten Lehrzweige mit den Kindern vorangeschritten ist, immer weniger slavisch von ihm und den Schülern gesprochen wird. Uebrigens darf es der Lehrer nie versäumen, sich hierauf mit Sorgfalt schriftlich vorzubereiten. Am meisten schwierig ist der Unterricht in den Schulen, wo hinsichtlich der Sprachen dreierlei Arten von Kindern zusammenkommen, nämlich solche, welche nur deutsch, solche, welche halbdeutsch (mischsprachige), und solche, welche gar nicht deutsch sprechen können. Bei dieser Verbindung wird der Lehrer am besten thun, wenn er die nicht deutschsprechenden Kinder zwischen deutschsprechende setzt, um sie in vielfache Berührung mit denselben zu bringen. Er kann auch jedem undeutschen und halbdeutschen Kinde einen Gehülfen beigeben, und vorzüglich manche Uebungen der Anschauung von deutschen Kindern mit den undeutschen anstellen lassen. Es muß ihm Alles daran gelegen sein, vorerst die undeutschen Kinder so weit im Deutschen zu bringen, daß sie ihn nothdürftig verstehen, wenn er auch die andern Kinder anfänglich darüber

versäumen sollte: Auch hat er dafür zu sorgen, daß die Kinder sich untereinander und bei Spielen der deutschen Sprache befleißigen. Daß
ein Lehrer, der die deutsche Sprache als Unterrichtssprache erst den polnischen, mährischen und französischen Kindern beibringen, oder wie im
Königreiche Ungarn und im Großherzogthum Posen die Mutter- und
Staatssprache nebeneinander kultiviren soll, einen harten Stand habe,
wird wohl Niemand in Abrede stellen können. Wer einen utraquistischen
Lehrer nicht in der Nähe zu beobachten Gelegenheit hat, wird sich nur
sehr schwer einen deutlichen Begriff von den eigenthümlichen Schwierigkeiten machen können, mit denen er hiebei zu kämpfen hat. Der Seminar-
Direktor C. Bartel gibt in seiner Schul-Pädagogik S. 282—286 von
der Verfahrungsweise in solchen Schulen einen kleinen Umriß an, den
wir hier dem Leser in einem kurzen Auszuge mittheilen wollen. Derselbe
sagt: 1) Die Religionslehre ist den Kindern in derselben Sprache
zu ertheilen, in der sie beten gelernt haben, in der sie noch immer beten,
wenn man ihrem Willen die Freiheit läßt. Polnische Kinder sollen also
in ihrer Sprache mit dem Reiche Gottes bekannt gemacht werden. 2) Die
Weltkunde (wie wir oben schon bemerkt haben) eignet sich vor allen
andern Unterrichtszweigen dazu, in deutscher Sprache mit polnischen Kindern behandelt zu werden. Das Polnische wird hier, besonders im Anfange, nur insofern zugelassen, um den deutschen Ausdruck zu erläutern.
Der Lehrer läßt die Körpertheile c. zuerst polnisch nennen und gibt dann
den deutschen Ausdruck. Er behandelt in kurzen polnischen und deutschen
Sätzen sämmtliche Uebungen des ersten Lebenskreises, jedoch mit Weg-
lassung alles Schwierigen. Dann wird der erste Lebenskreis noch einmal
nur in deutscher Sprache durchgenommen und in der Folge die früher
angeeigneten Sätze auch aufgeschrieben. Beim allmäligen Fortschreiten zu
den fernern Lebenskreisen wird die polnische Sprache mehr und mehr in
den Hintergrund gedrängt; in der obern Classe soll die deutsche nur allein
gebraucht werden. Nimmt der Lehrer nach dem Familien- und Gemeinde-
leben noch das Leben im Vaterlande und in der Heimath, und dann noch
etwas von der allgemeinen Erdkunde durch, dann hat er für den Anfang
genug gethan. 3) Vor den ersten Uebungen mit der Zahlenlehre wird
zwar die polnische Sprache vorwalten, aber bald auch die deutsche Anwendung finden, nur muß alles Schwierige möglichst übergangen und der
ganze Unterricht auf das Princip der Anschaulichkeit gebaut werden. Wie
die höhere Zahlenlehre, so ist auch die Raumlehre, die in polnischen
Schulen nur in der höhern Classe vorkommen kann, in deutscher Sprache
zu behandeln. Die Methode ist übrigens in allen Sprachen der Welt
dieselbe. 4) Das Lesen wird zuerst mit polnischen und dann auch mit
deutschen Schriften eingeübt. Später muß der Lehrer die Kinder nur
deutsch lesen und über das Gelesene sprechen lassen; denn, wenn in der
Elementarschule nicht recht viel deutsch gelesen, gesprochen und geschrieben
wird, dann lernen es die Kinder, die zu Hause nichts als polnisch hören,
durchaus nicht gehörig. Aber auch das Lesen muß so betrieben werden,
daß die Kinder das Gelesene verstehen. 5) Im Freischreiben werden
beide Sprachen nebeneinander so betrieben, daß einige polnische Sätze einleiten, an denen die Regel der Sprachdenklehre deutlich gemacht wird,
und nun weit mehrere deutsche Sätze folgen. Der Lehrer zeige aber
immer bei der Satzbildung das Abweichende beider Sprachen, und bringe
durch eine Menge selbstgefundener und aufgeschriebener Sätze die Regel
zur Anschauung, ohne sich auf wortreiche Erklärungen und auf zu große
Sprachfeinheiten dabei einzulassen. Nur auf diese Weise können die Kinder
praktisch zu der Fertigkeit gebracht werden, ihre Gedanken deutsch und polnisch

zugleich aufzuzeichnen, was sie bei den bestehenden Verhältnissen so nothwendig brauchen. Sollen jedoch beide Sprachen — die deutsche und polnische — mit glücklichem Erfolge in Schulen betrieben werden, so werden auch Lehrer nothwendig sein, welche beiden Sprachen gewachsen sind. Nur da wird dieß letztere in Beziehung auf jene Sprache weniger Noth sein, wo man es darauf anlegt, daß sie von der allgemeinen Staatssprache verdrängt werden soll, wie dies in Schlesisch-Polen der Fall ist. Die Anwendung von dem Gesagten hinsichtlich der methodischen Behandlung der Unterrichtsgegenstände läßt sich leicht auf die utraquistischen Schulen in andern Ländern machen.

B.

B, v, der zweiundzwanzigste Buchstabe des deutschen ABC, wird gewöhnlich wie F, f und nur bei manchen Mundarten in der Mitte der Wörter wie w ausgesprochen: Frevel, Pulver, Sklave, Hannover ꝛc. Davon, daß die Römer in ihrer großen Schrift, aus Armuth an Schriftzeichen statt U und V, nur das einzige Zeichen V hatten, kam es, daß man vormals auch im Deutschen ein B und W für ein U setzte: Trewe, vnd, und daß man sogar in Wörterbüchern U und B (wie im Latein. U und V) untereinander warf. Einige Wörter hat man übrigens von jeher bald mit v, bald mit f geschrieben, wie Vehmgericht und Fehmgericht, vest und fest, Seehaven und Seehafen ꝛc. ꝛc. Vergl. Engl. Father, For, Full, wogegen wir Deutsche Vater, vor und für, Voll und Fülle schreiben und genau unterscheiden.

Vacciniren impfen. — (S. Art. Impfen.)

Vater, als Haupt der Erziehung. Nach der Naturbestimmung ist die Mutter die Amme und der Vater der Lehrer des Kindes, beide aber die Erzieher desselben, und dieß im ausgezeichneten Sinne des Wortes. Die Familie ist der angemessenste Grund und Boden, aus dem die Pflanze ohne Nachtheil nie zu früh verpflanzt werden darf. Und, wie der Vater Erzeuger des leiblichen Lebens, so soll er auch Erzeuger des freien, vernünftigen (geistigen) Lebens und als Haupt der Familie auch das Haupt der Erziehung und der erste Lehrer des Kindes mit Liebe, mit That, mit Worten und mit Gebärden sein.

Vaterlandsliebe. (S. Art. Patriotismus.)

Verachtung ist das Gegentheil von Achtung, welche im Wohlgefallen an einer Person besteht, die dem sittlichen Gesetze gemäß denkt und handelt. Wer nun aber seine Denk- und Handlungsweise nicht nach der Vorschrift dieses heiligen Gesetzes einrichtet, kann keinen Anspruch auf Achtung machen, vielmehr veranlaßt er dadurch die Verachtung seiner selbst. An wem Gott kein Wohlgefallen haben kann, an dem können auch Menschen keines haben. Verachtung ist sein Theil. Wenn daher Achtung die Anerkennung eigener Würde ist, die nur an der Persönlichkeit hängt, so ist Verachtung Nichtanerkennung dieser Würde, auch außer der Person, an der sich die Willkühr in Reden und Handeln zu erkennen gibt. Insofern nun aber dieses Reden und Handeln nur ein Hervortreten, ein Offenbarwerden der Gesinnung ist, so gibt sich diese Willkühr in den Gesinnungen, Absichten und Gedanken selber kund. Da nun der Mensch der Träger seines eigenen Bewußtseins, oder eine geistige Einheit ist, aus welcher unmittelbar Gesinnungen, Gedanken, Absichten und Entschließungen zum Vorschein kommen, so zeigen diese, insofern sie dem heiligen Gesetze widerstreiten, auf eine entschiedene Weise, daß er keine Achtung gegen dasselbe hat, also auch er selbst ein Gegenstand der Verachtung sei. Er hört daher in diesem Falle auf, Gott ähnlich zu sein, er entwürdiget sich und seine Würde, und verzichtet auf den Besitz des göttlichen Ebenbildes. Die Verachtung ruht demnach so lange auf ihm, so lange er in dieser Unähnlichkeit mit Gott oder in der Entweihung seiner eigenen Würde stehen bleibt. Wenn nun der Lehrer die Kinder zu achten schuldig ist, die sich immer nur zur Gottähnlichkeit und zum Bewußtsein des göttlichen Ebenbildes heranziehen und bilden lassen, so wird er diese Achtung denjenigen entziehen müssen, welche diese Aehnlichkeit und dieses göttliche Ebenbild aus ihrer Seele verlieren, und dem heiligen Geiste widerstrebend denken und handeln. Der Lehrer wird sonach derlei entarteten Kindern wie in einem reinen Spiegel ihre Selbstverachtung vorhalten und durch Wort und That dazu beizutragen suchen, daß sie sich der auf ihnen ruhenden Verachtung entledigen, was sie nur dadurch bewerkstelligen können, wenn sie wieder mit Entschlossenheit und hoher Freudigkeit anfangen nach dem sittlichen Gesetze zu denken und zu handeln. Der Lehrer kann aber auch hiezu ungemein vieles beitragen, wenn er nicht nur seinen Kindern zuruft: Kinder, hütet euch vor jeglicher Verachtung eurer selbst, sondern sich auch selbst vor jeder Entwürdigung auf das sorgsamste zu verwahren sucht. Die genaue Beobachtung des heiligen Gesetzes, die von ihm ausgeht und den Kindern mild entgegenstrahlet, wird auch dem Worte seiner Lehre Kraft geben, daß es die Herzen derselben dem Wohlgefallen Gottes und der Menschen zuwendet, und sie sich alles dessen enthalten werden, was ihnen Verachtung zuziehen könnte. (S. Art. Achtung.) (1. Kön. 2, 30. Spr. 14, 2. Kap. 13, 13. 1, 7. 18. 3. x.)

Verantwortlichkeit. „Gedenke an deine Verantwortlichkeit!" — Dieser Zuruf sollte jedem Lehrer heilig sein, und wie mit Flammenschrift vor dem Auge seines Geistes geschrieben stehen. Ihm sind nämlich die Kinder anvertraut, unstreitig das Wichtigste, was irgend einem Menschen anvertraut werden kann. Groß ist daher auch des Lehrers Verantwortung. Wenn auch nur eine Seele durch seine Schuld verloren ginge, wie könnte er einen solchen Verlust verantworten? — Dem edeln christlichen Lehrer geht keine verloren; denn er weiß, was und wie viel ihm anvertraut ist, und worüber er sich bereinst vor Gott zu verantworten hat. — Wohl einem jeden, den der Herr zu einem so wichtigen Amte, wie das eines Lehrers und Erziehers ist, berufen hat, wenn ihm sein eigenes Gewissen das frohe Zeugniß gibt, daß er sich über die Verwaltung seines Amtes jederzeit vor Gott und Menschen verantworten kann, und deßhalb Niemand zu fürchten Ursache hat. Denn das ist unser Ruhm, sagt der Apostel, das Zeugniß unsers Gewissens, daß wir in gottgefälliger Aufrichtigkeit und Rechtschaffenheit — nicht nach fleischlicher Weisheit, sondern nach göttlicher Gnade — in der Welt und vorzüglich bei euch gewandelt haben. (2. Cor. 1, 12.) — Wer dagegen sein heiliges Amt nachlässig verwaltet, und die ihm anvertrauten Kinder nicht mit allem Eifer für Gottes Reich erzieht, der belastet sein Herz mit Vorwürfen, die er sich entweder selber machen muß, oder die ihm von Andern gemacht werden. Und dieß ist ein Last, die ein solcher das ganze Leben hindurch zu tragen hat, und die ihm nicht einmal der Tod abnimmt. Geht ein solcher Lehrer mit Vorwürfen belastet aus dieser Welt, dann geht er auch mit ihnen hinüber in die andere Welt. Wer demnach bereinst vor Gott bestehen will, der lasse keinen Tag vorübergehen, ohne daß er mit sich selbst ins Gericht gehe, und mit jeder neuen Morgensonne gedenke er an seine Verantwortlichkeit, damit er sein Werk nach Gottes heiligem

Willen betreibe. (Ezech: 3, 17—21. 34, 2—10. Jak. 3, 1. 1. Petr. 3, 15. 16.)

Veränderlich. (S. Art. Flatterhaft.)

Verbieten. Das religiös-sittliche Gefühl ist die eigentliche Grundlage, auf welcher das ganze Lebensgebäude des Kindes ruhen soll. Es ist dasselbe daher für die Erziehung von der größten Wichtigkeit, — die Conditio sine qua non (unerläßliche Bedingung). In der Regel muß von den Kindern in ihren ersten Lebensjahren vorausgesetzt werden, daß sie im gewöhnlichen Sinne des Wortes noch nicht böse sind. (S. Art. Unsittlichkeit.) Die häusliche Erziehung, welche diese Voraussetzung festhält, wird dem bemerkten Gefühle des Kindes viel zutrauen, wird daher wenig verbieten und wenig befehlen; wird vieles, was böse scheint, entweder nicht für böse nehmen, oder gar nicht bemerken, und wird deßhalb nie durch lange Moralpredigten, sondern, wenn einmal Worte nöthig sind, durch kurze Urtheile wirken — billigend oder mißbilligend, und wird auf solche Weise desto mehr das religiös-sittliche Gefühl wurzeln lassen, sie wird über sittliche Fehler und Tugenden sich nicht weniger milde, als wahr und offen äußern, und endlich das eigene Beispiel, was hier immer die Hauptsache ist, zur Nahrungsquelle des heiligen Gefühles des Kindes machen. Vorzüglich lege man es darauf an, das Kind vor großer Beschämung zu bewahren. Sein eigenes Gewissen spricht in der Regel selbst schon laut genug, und würde durch Beschämung nur mehr übertäubt werden. Neben früher Gewöhnung und eigenem Beispiele mögen immer fremde Beispiele zu Hülfe genommen werden; doch werden sich namentlich alle sittlichen Gefühle in der Liebe, Achtung und Wahrheit vereinigen. (S. Art. Befehlen oder Verbieten, und Art. Convenienz.)

Verbessern. (Umändern.) Daß der Lehrer auf dem einmal betretenen Wege nicht stille stehen dürfe, wenn es mit ihm keinen Krebsgang nehmen soll, versteht sich wohl von selbst. Es ist seine unerläßliche Pflicht, daß er seine Kenntnisse bereichere, das Mangelhafte derselben ergänze und das Fehlerhafte hinsichtlich der Behandlung des Unterrichts verbessere. Manches, was er in Beziehung auf seine Lehrweise als unstatthaft, — mehr hindernd als fördernd — erkannt hat, muß beseitiget und mit etwas Besserm vertauscht werden, nur muß er sich vor einem öftern und allzuhäufigen Methodenwechsel hüten. Allein bei allem Verbessern, es mag Namen haben, welchen er will, muß er immer besonnen und klug zu Werke gehen. Was er sich hiebei durch Klugheit erleichtert, das würde er sich durch Unklugheit erschweren. Ebenso kann er sich bei seinen Verbesserungen, insofern sie wirklich nothwendig sind, durch Klugheit manches Unangenehme und Verdruß oder Abneigung herbeiführende erjparen, was er sich durch Unklugheit zuziehen würde. Wer bei redlicher Betreibung seines Berufsgeschäftes offen und bemüthig voranschreitet, der wird so leicht nichts Widriges und Widerstrebendes zu gewärtigen haben, besonders wenn er des nöthigen Vertrauens Anderer genießt. Das Bessere, das an die Stelle des Schlechten treten soll, wird zwar anfangs immer einigen Widerstand erfahren, weil in der Regel alles Gute immer erst erkämpft sein will. Bald hat auch der redlichstmeinende Lehrer, der nur das Gute und das Heil seiner Kinder im Auge hat, mit Unverstand, mit Neid, mit Stolz und leider oft auch mit Bosheit zu kämpfen. Der Verbesserer, sagt Dinter, wenn er sein Werk ins Große treibt, ärntet Weizen und Disteln, Ruhm und Haß. Seine Feinde, die auf jeden seiner Schritte lauern, werden ihm gefährlich, und seine Freunde oft noch gefährlicher. Je mehr er sich hebt, je bedeutender sein Name wird, desto mehr hat er sich vor diesen zu hüten. Es gibt keine Menschenart, die dem aufstehenden Guten so gefährlich wäre, als die kleinen Schüler großer Meister. — Es gibt Viele, die durchs Einführen neuer Methoden der guten Sache großen Schaden thun, besonders wenn der Lehrer bloß den Buchstaben und nicht den Geist derselben ergriffen hat. Es ist ein Hauptgrundsatz, den wir schon einmal an einem andern Orte ausgesprochen haben: „Die gebildete Kraft im Geiste, die Liebe zur Sache im Herzen und das Material in der Hand, finden leicht selbst das Wie? — Sie ergreifen oft ohne Anweisung die Methode, die der Eigenthümlichkeit des Lehrers und der Beschaffenheit der Schüler die angemessenste ist. Da, wo sich diese Dinge vereint beim Lehrer vorfinden, darf derselbe hinsichtlich der Methode nie verlegen sein, und wenn auch eine andere in der Nähe oder Ferne noch so sehr erhoben und gepriesen wird, so möchten wir ihm doch den wohlgemeintru Rath geben, vorerst diejenige festzuhalten bei der er sich frei und ungehindert wie in seinem Elemente bewegen kann, und an deren Hand er bis daher das vorgesteckte Ziel erreichte, ehe er die hochgepriesene in seine Schule eingeführt. Wer immer nur umändert und verbessert, gleicht dem Schmetterlinge, der in Einem fort von Blume zu Blume flattert, der richtet wenig oder nichts damit aus, und hat am Ende nichts als Verdruß und Schaden dabei. Wo es sich aber um die Verbesserung einer anerkannt schlechten Sache handelt, da darf der Lehrer nicht zögern, ihr in seiner Schule Raum zu verschaffen, um dadurch etwas Schlechtes daraus zu entfernen. Da hat er nicht Ursache, irgend einen Gegner, er sei in oder außer der Gemeinde, zu fürchten. Er kämpfe in einem solchen Falle nur ritterlich, und er wird jeden Widersacher beschämen; die Palme des Sieges wird ihm nach dem Kampfe blühen, den er in der Kraft der Wahrheit zu bestehen hatte. Der Lehrer sinne also weniger darauf, wie er sich durch Aufsehen erregende Reformen Ehre und Ansehen erwerben möge, als vielmehr darauf, wie er das Vorhandene und Bewährte zum Gedeihen seines Unterrichtes und zum Nutzen seiner Kinder anwenden könne. Das eine Wort: „Bleibe in deinem Berufe und fülle ihn auf die möglichste Weise aus!“ hat der Schulwelt mehr Segen gebracht, als alle Reformen, welche von den Freunden derselben laut gepriesen wurden. — Es ist wahrlich kein geringes Uebel unserer Zeit, daß so Viele mit dem einmal Bestehenden, wenn auch noch so Heilsamen, das Jahre lang sein Recht in der Schule geltend gemacht hat, nicht zufrieden sind, sondern immer nach Neuem haschen, ohne zu wissen, ob es besser sei, als das Bestehende. Stolz und Eitelkeit treiben sie, immer höher hinaus zu wollen. Darüber zersplittern sie Zeit und Kraft, und leisten in ihren Schulen nie etwas Vorzügliches, ja sie gerathen, indem sie die gewohnte Bahn aus stolzem Dünkel verlassen, immer mehr auf Abwege, und der Unfug den sie mit ihrem vermeintlichen Verbessern treiben, wird immer bedeutender. In der bisher gut bestellt gewesenen Schule muß ein neu aufgestellter, noch wenig erfahrener Lehrer, ändern, verbessern und reformiren, und er würde es für eine Todsünde halten, wenn er die Sache in dem frühern Geleise lassen würde. — So machts der bescheidene Lehrer nicht, sondern er schließt sich an das durch die Erfahrung Bewährte und zum Ziele führende an, betreibt mit Fleiß und Eifer den Unterricht nach dem Bedarf seiner Kinder und hütet sich vor jeder Neuerung und Verbesserung, von der er nicht völlig überzeugt ist, ob sie ihm, wenn er sie in Schutz nimmt und in seine Schule einführt, Gewinn abwerfe oder nicht. Es ist immer etwas Gewagtes, verbessern zu wollen, wenn die Erfahrung das Gute desselben nicht längst verbürget hat. Nur zu bald ist etwas niedergerissen, und dann braucht es lange Zeit, bis es wieder aufgebauet ist. Wer treu in seinem Berufe ist und die ihm gege-

benen Mittel gewissenhaft anwendet, wird störungslos in demselben wirken, und der Beistand Gottes wird ihm dabei eine große Segensfülle
bereiten. Sind jedoch die Verhältnisse von der Art, daß sie eine Umän-
derung und Verbesserung strenge hin verlangen, dann wird der treue und
gewissenhafte Lehrer auch nicht einen Augenblick anstehen, der geforderten
Verbesserung freudig die Hand zu reichen, und entschlossen die Schwierigkeiten bekämpfen, die mit der Einführung derselben verbunden sind. (S.
auch Art. Schulverbesserungen.)

Verbrecher, jugendliche. (S. Art. Despot.)

Verdacht. (S. Art. Verhör.)

Verderbniß, angeborene. (S. Art. Unsittlichkeit.)

Verdeutlichung. Der Lehrer muß die dunkeln oder unklaren Begriffe
und Urtheile der Kinder katechetisch verdeutlichen und verständlich machen,
d. h. er soll denselben verhülflich sein, die Begriffe und Urtheile, welche
ihnen entweder noch gar nicht, oder wenigstens nicht deutlich genug sind,
selbst in ihre Theile aufzulösen, diese sich einzeln darzustellen und endlich
zu einem Ganzen zu verbinden suchen. Ebenso müssen auch Sätze theilweise zergliedert, entwickelt und erklärt, und in ihrem Zusammenhange
deutlich und verständlich gemacht werden. Z. B.: Du sollst deine Talente stets als Gaben Gottes betrachten. Hier muß jeder Theil des Befehl-
satzes entwickelt und verdeutlichet, und dann davon die Anwendung gemacht
werden. Wer viele Geistesgaben besitzt, soll nicht übermüthig werden,
und diejenigen nicht verachten, die weniger empfangen haben. Wer dagegen weniger Gaben hat, soll deßhalb nicht kleinmüthig werden, und
diejenigen nicht beneiden, die mehr empfangen haben. Denn viele Talente
haben, bringt noch keine Ehre, und wenig Talente haben, noch keine Schande.
Alle Talente sind des Herrn, ihm gebührt allein die Ehre. Die gute
oder schlechte Verwendung der Talente ist des Menschen Sache, und
diese allein bringt ihm Ehre oder Schande u. s. w. So werden dunkle
und unverständliche Sätze den Kindern entwickelt und fruchtbar durch die
Anwendung gemacht.

Verdienen. (S. Art. Erwerben.)

Verdrießlich. Es geschieht nur zu oft, daß Eltern und Erzieher den
Kindern und Zöglingen in der Erfüllung ihrer Wünsche viel zu eilig
entgegenkommen. Nicht daran denkend, daß das dereinstige Leben ihre
Wünsche häufig unerfüllt lassen werde, eilen sie unbesonnen, genug ihr
Verlangen zu befriedigen, damit sie ja nicht verdrießlich und unzufrieden
werden sollen. Fängt z. B. das Kind zu weinen an, so wendet die
Mutter augenblicklich Alles an, um dasselbe zu beschwichtigen. Sie zeigt
vor den Augen desselben, wie viel ihr daran gelegen sei, seine Wünsche
zu errathen und sie zu befriedigen. Ja, sie fragt sogar noch: Was ver-
langst du denn, oder was wünschest du? O, sage mir es doch, was du
gern haben möchtest? — Also handelt im Unverstande manche Mutter,
und kann kaum genug eilen, den geäußerten Wunsch des Kindes zu erfüllen,
statt es zur Geduld zu verweisen, seine Wünsche zu beschränken und es
auf die Bahn der Selbstbeherrschung hinzuleiten. Und welches wird wohl
die Folge einer solchen Behandlungsweise sein? Keine andere, als daß
ein solches Kind mürrisch und verdrießlich wird, wenn es sich etwas versagen oder sich eine Entbehrung gefallen lassen soll; es wird unzufrieden
mit dem, was ihm das spätere Leben als unangenehm bietet, oder es
lernt goldene Schlösser in die Luft bauen und wird mißmuthig und niedergeschlagen, wenn es gewahrt, daß sie vor seinen Augen wie ein leichter
Morgentraum verschwinden. So bringt eine solche Zuvorkommenheit und
eine zu schnelle Erfüllung der Wünsche und Begehrungen der Kinder eine

Entzweiung für ihr Herz und Leben zum Vorschein. Denn es darf dann später nur dieser oder jener ihrer Wünsche unerfüllt bleiben, oder die Hand des Herrn sie auf rauhe Wege führen, so ist es das Erste, daß sie mit Verdruß und Bitterkeit erfüllet und mit ihrem Schicksale unzufrieden werden. Es ist also schon bei der häuslichen Erziehung von Wichtigkeit, daß die Eltern den Wünschen ihrer Kinder nicht allzuschnell entgegenkommen, sondern sie vielmehr in vielen Fällen zur Geduld verweisen, zur Beschränkung derselben und zur nöthigen Selbstverläugnung anleiten, eingedenk der Wahrheit, daß der Himmel des Lebens nicht immer heiter und wolkenlos sei, und die Sonne an demselben oft unvermuthet verdunkelt werde. — Das Benehmen, welches wir hier hinsichtlich der Eltern nach den Forderungen der Pädagogik bezeichnet haben, verdient auch von Seiten der Erzieher berücksichtiget zu werden, damit auch sie mit gleicher Sorgfalt die nachtheiligen Folgen verhüten, welche aus der allzuschnellen Erfüllung der Wünsche ihrer Zöglinge hervorzugehen pflegen.

Verdrossenheit. (S. Art. Mürrisches Wesen.)

Verdutzt und Blöde. (S. Art. Strenge, übertriebene.)

Veredlung der Menschennatur. (Ziel des Schulunterrichtes.) Edle, reine und heilige Gesinnungen sind der menschlichen Natur fremde, sie müssen ihr erst eingepflanzt werden. Vor allem ist es die Liebe zu Gott, aus welcher sie, als aus der reinsten Quelle hervorgehen muß. Vor Allem und über Alles müssen Kinder Gott lieben lernen. Mit der Liebe zu Gott, sagt Kelber, suchte Moses den Kinder Israels auch Folgsamkeit und Dankbarkeit gegen Gott einzuflößen, und sie wurden nun in dem Grade menschlicher und edler gesinnt, in welchem sie Gott lieben lernten, und der Liebe zu Gott ist auch die Liebe zu den Menschen gegeben. — Die Kinder, welche Gott ihren himmlischen Vater, von ganzer Seele lieben, lieben gewiß auch ihre Eltern, Lehrer und Mitschüler, sie erzeigen sich folgsam und dankbar gegen Gott und Menschen. In der Liebe zu Gott beginnt die Menschenveredlung und in der Liebe zu den Menschen endet sie. Bleibt dem Herzen die Liebe zu Gott fremde, dann bleibt auch die menschliche Natur unveredelt. So wenig ohne Sonnenlicht und Wärme, und ohne Thau und Regen die Pflanze sich entfalten und gedeihen kann, so wenig wird ohne Gottesliebe die menschliche Natur das Gewand der Rohheit ausziehen. — Menschenveredlung ist das Ziel, auf das der Lehrer hinstreben muß; um es aber erreichen zu können, ist zuvörderst nöthig, daß dem Herzen der Kinder Liebe zu Gott eingeflößt werde. Nur darum finden wir oft unter den Erwachsenen und Kindern so wenig Liebe, weil so wenig Liebe zu Gott in der Tiefe ihrer Seele wohnet, und ihre heilige Flamme darin nicht gehörig unterhalten und genähret wird. Wer Gott recht liebt, der ist auch göttlich gesinnt, sein ganzes Herz ist auf Gott gerichtet, — ist voll der tiefsten Ehrfurcht, voll des freundlichsten Vertrauens, voll des willigsten Gehorsams gegen Gott. Wer Gott von Herzen liebt, ist auch voll Liebe gegen alle Menschen. Diese Liebe durchdringt und belebt sein ganzes Wesen. Nur der Mensch ist wahrhaftig und im schönsten Sinne des Wortes veredelt, der Gott und Menschen aufrichtig liebt. Mit und neben der Liebe kann die Rohheit nicht bestehen. Es ist somit die Einflößung der Liebe zu Gott in die Herzen der Kinder die große Aufgabe und zugleich das Ziel und die Krone alles Unterrichtes. (6. Mos. 6, 5.)

Verehrung der Eltern. Es gibt auf Erden kein festeres und innigeres Band, als jenes heilige, welches das Herz deren fesselt, denen sie nächst Gott ihr Dasein auf Erden zu verdanken haben. Der Vater- und Muttername ist das Erste, was Kinder auf Erden stammeln lernen, und ihnen Freude und Trost gewährt. Mögen alle übrigen Bande der Liebe und Freundschaft brechen, so läßt sich doch die Neigung und Ehrfurcht des Kindes zu den Eltern nicht ganz brechen. Auch das ungerathenste der Kinder kann seine Eltern nie vergessen. Es muß ihrer gedenken, sei es entweder mit zärtlichem Entzücken, mit liebender Wehmuth oder mit Bangigkeit eines zitternden Gewissens. Manche Tugend geht unter und manche schöne Empfindung stirbt unter dem Gifthauche der Verführung, aber die Verehrung der Eltern kann auch in dem vollendeten Lasterhaften nicht ganz vertilgt werden. Noch behauptet, wie in dem frühesten Alterthume der Ausspruch des göttlichen Wortes seine Kraft, und spricht jedes menschliche Gefühl an: „Ein Auge, das seinen Vater verächtlich ansieht, und seiner Mutter spottet, verdient, daß die Raben an den Bächen es aushacken, und die jungen Adler es auffressen." (Spr. 30, 17.) Die Ehrfurcht gegen Eltern ist unter allen Tugenden des Menschen die erste, die er empfindet, kennen lernt und übt; sie treibt ihre Wurzeln am frühesten in die Tiefe des kindlichen Gemüths hinab, und daher ist sie nie wieder ganz auszurotten. Sie ist der heilige Funke, der im Herzen des Kindes glimmt, wenn auch andere edle Gefühle in ihm erstorben sein mögen. — Wenn aber gleichwohl die Verehrung der Eltern nicht ganz ausgehen kann, so kann sie doch vermindert werden. Es gibt leider in unsern Tagen in Städten und Dörfern nicht selten Undankbare, welche, durch Glück emporgehoben, sich ihrer geringen Herkunft schämen und vor dem Namen ihrer Eltern erröthen, oder denselben, wenn sie alt und kränklich sind, mit Unwillen das letzte Stücklein Brod reichen, und mit Verlangen auf ihren Tod warten. Es gibt Kinder, welche sich durch allerlei Laster in Schimpf und Schande stürzen, uneingedenk der heißen Mutterthränen und gleichgültig gegen des Vaters gerechten Zorn oder seine Seufzer, und unbekümmert, wie der Kummer sie vor der Zeit ins Grab bringt. Solche verkehrte und gefühllose Kinder gibt es mehr, als man glauben sollte, die in ihrem Herzen die heilige Liebe und Ehrfurcht gegen ihre Eltern verläugnen, die alles Gute, was sie aus ihren Händen empfangen haben, vergessen, ihre Wohlthaten mit schrecklichem Undanke belohnen, und, sich mit Lastern befleckend, Dornenkronen für das graue Haupt des Vaters und der Mutter flechten. Doch sind solche Beispiele zum Glücke nur Ausnahmen, doch immer Ausnahmen, daß sie mit ewiger Schande gebrandmarkt zu werden verdienen. — „Ihr Kinder! seid gehorsam euern Eltern im Herrn, denn dieß ist recht! Ehre deinen Vater und deine Mutter! So lautet jenes Hauptgebot mit einer Verheißung (2. Mos. 20, 12.): damit es dir wohl gehe, und du lange lebest auf Erden." (Ephes. 6, 1. 3.) „Liebes Kind! Pflege deines Vaters im Alter, und betrübe ihn ja nicht, so lange er lebt, und halte es ihm zu gut, ob er auch kindisch würde; denn die Wohlthat, die man dem Vater erzeigt, wird nimmermehr vergessen werden, und es wird dir Gutes widerfahren, und es wird deiner gedacht werden zur Zeit der Noth, und deine Sünden werden vergehen, wie das Eis an der Sonne." (Sir. 3, 14.) Kinder! ehret daher Vater und Mutter, so lange ihr lebet auf Erden; gehorchet ihnen mit Freude, denn sie vertreten Gottesstelle an euch. Die Strafe ist entsetzlich, die in den angeführten Worten der heiligen Schrift für Kinder ausgesprochen ist, die ihre Eltern nicht ehren. Aber auch ein fluchwürdiges Verbrechen ist es, der Eltern zu spotten und sie zu verachten. Wer solches kann, der ist auch solcher Strafe werth. Jene Kinder, welche ihre Eltern ehren in Wort und That, ärnten davon eigene Ehre vor Gott und den Menschen. Sie gehorchen darum denselben gern und pünktlich. Nur ein Gebot geht ihnen über das Gebot der Eltern — das Gebot Gottes. Finden sie das Gebot der Eltern im Widerstreite mit Gottes Gebot, dann gehorchen sie Gott mehr, als den Menschen. In keinem andern Falle aber dürfen sie sich ungehorsam gegen ihre Eltern beweisen. Mit Freude, und ohne Widerrede kommen sie jedem Auftrage derselben nach. Am wenigsten erlauben sie sich Trotz und Widerspenstigkeit gegen dieselben. Eingedenk der großen und herrlichen Verheißungen, welche Gott den Kindern gegeben, die ihre Eltern ehren und lieben, ehren und lieben sie auch Vater und Mutter von Herzen, und werden dadurch zu allem Guten fähig. Diese Ehrfurcht und Liebe ist der starke Schutzengel der kindlichen Unschuld, und der eiserne Stab, an welchem sich auch der Gefallene wieder aufrichtet. Größer als die Liebe zu den Eltern darf die Liebe der Kinder nur gegen Gott seyn. Aus dieser Liebe quellen ihnen zugleich später alle übrigen Tugenden des Menschen, weil sie in Gott ihre Wurzeln hat. Sie macht ihnen jede Pflichterfüllung leicht und angenehm. Sie läßt sie kein Opfer für ihre Eltern scheuen und bewahret sie vor dem Abweichen vom rechten Wege. Gute Kinder lassen aber auch ihre Liebe zu den Eltern nie erkalten, sie geben ihnen Beweise ihrer Liebe bis an ihren Tod und selbst noch nach dem Tode. Die Liebe schlingt ein Band um sie und ihre Eltern, das weder Zeit noch Ewigkeit zerreißt. Die Eltern mögen die Kinder küssen oder strafen, so ist es doch immer nur ihre Liebe, die sie belohnt und straft. — Kinder sollen daher ihre Eltern ehren, nicht nur durch die Unterwürfigkeit ihres Willens, so lange sie unmündig und ihrer Fürsorge überlassen sind, sondern auch durch ihr äußerliches Betragen, durch liebevolle Ehrerbietung in Worten und Handlungen, wenn sie nicht mehr unter ihrer unmittelbaren Obhut stehen. Oder, wie könnten sie aufhören, denen die zärtlichste Ehrerbietung zu beweisen, welchen sie unter allen Menschen auf Erden das Höchste schuldig sind? Wem nicht Vater und Mutter ehrwürdig sind, dem ist unter dem Himmel nichts ehrwürdig und heilig; der ist zu fliehen, denn er hat ein Herz, das zu allen Verbrechen reif ist u. s. w. Wir glauben hiemit mit Wenigem die Hauptmomente angegeben zu haben, welche Lehrer und Erzieher in's Auge zu fassen haben, um dadurch in den Herzen ihrer Kinder die den Eltern schuldige Ehrfurcht und Liebe zu beleben, zu rühren und zu erhalten. Diese heilige Pflicht können sie denselben durch Beispiele aus der heiligen Schrift und aus der Welt- und Menschengeschichte vorhalten, anschaulich machen und tief begründen, damit das Gebot des Herrn wie im Strahlenglanze stets vor ihren Augen schwebe: „Du sollst Vater und Mutter in Ehren haben!" — (Malach. 1, 6. Sir. 3, 3 — 13. Spr. 1, 8. 9. 23, 22. Sir. 3, 1. 2. Spr. 11, 1. 17, 25. Sir. 39, 17. 18. 3. Kön. 19, 27.)

Verführen, Verführung, Warnung davor. Ein Stein des Anstoßes ist des Vaters Gebot für das Kind, es geräth dadurch in Entzweiung mit sich selbst, und mit demselben ist es der Versuchung ausgesetzt. Schon der kindliche Eigenwille sträubt sich gegen das Gebot, und die Sinnlichkeit wird verführerisch für das Kind. Der Reiz wird durch die Verführung von außen verstärkt und die lockende Stimme des Verführers tönt dem Ohre lieblicher als das ernste Gebot des Vaters. Die Gefahr zu straucheln ist groß, und das Kind fällt, wenn es sich nicht selbst bewacht oder von andern bewacht wird. Das unerwachsene und unerfahrene Kind muß mehr von den Eltern, dagegen das erwachsene, das schon reicher an Kenntniß und Erfahrung ist, von sich selbst bewacht werden. — Die Schuld der Verführung lastet nicht allein auf dem Kinde, sondern meist mehr auf den Eltern und ihrer Sorglosigkeit. — Eltern wälzen ihren Kindern durch ihr Verbot einen Stein des Anstoßes in den Weg, sie haben daher darauf zu achten, daß die Kinder sich daran nicht stoßen und keinen Fuß verletzen. Aber auch die Kinder haben sich in Acht zu nehmen, daß sie sich nicht an diesen Stein stoßen und verwunden. Sie sollen daher mehr auf die Stimme ihrer Eltern, bei denen Erfahrung, Weisheit und Liebe ist, als auf die bezaubernde Stimme der Verführung achten. Die Eltern aber dürfen es nie an Ermahnungen und Warnungen fehlen lassen. Das elterliche Haus, sagt Kelber, ist das Paradies für das Kind. In demselben steht der Baum der Erkenntniß des Guten und des Bösen; an demselben hängt die verbotene Frucht. Der Verführer ist die Schlange, der das Kind zu bereden sucht, an des Vaters Gebote sei eben nicht so viel gelegen, die Nichtbeobachtung desselben sei nicht so böse — sie schade nichts. — So befiehlt Gott dem Menschen, nur was gut und heilsam ist, und verbietet ihm nur, was schädlich und verderblich für ihn ist. Gehorsam fordert Gott; der Mensch — das Kind — aber sträubt sich oft dagegen, ist ungehorsam und wird es durch das begehrliche Herz und den verführerischen Zauber. Dem Einen wie dem Andern muß kräftig entgegengearbeitet werden. Je mehr die Begierde genährt, und je weniger der Zauber geschwächt und fern gehalten wird, desto häufiger wird das Kind auf der Bahn des Ungehorsams fortschreiten. Es muß daher lernen der Verführung sowohl, als der Begierde Widerstand zu leisten; es muß sich überzeugen, daß im Ungehorsam kein Heil, sondern nur Elend zu finden sei; es muß durch eigenen Schaden Weisheit, die Frucht des Gehorsams, lernen. — Am stärksten ist die heranreifende Jugend der Verführung ausgesetzt. Ihr drohen die meisten Gefahren. Entweder ist es der Dünkel des eigenen Wissens, der sie oft aufbläht und ihr die wahre Weisheit, die man ihr mittheilen will, verschmähen läßt, wodurch sie erkrankt, oder es ist das Laster der Trunkenheit und Wollust, welches ihr die meiste Versuchung bereitet, ihr Herz vergiftet, ihre Geistes- und Körperkräfte zerstört und sie mit schnellen Schritten dem Verderben entgegenführt. Der Erzieher muß eben so kräftig dem blähenden Dünkel entgegenarbeiten, als dem verführerischen Laster. Er muß die kindische Afterweisheit mit der ächten Gottesweisheit niederschlagen; die Jugend ernstlich besonders vor Trunkenheit und Laster warnen, und stets ein wachsames Auge für sie haben. Da aber die Sünde Entfremdung von Gott ist, so ist Trennung davon Vereinigung mit Gott. Und gerade dadurch können sich Lehrer und Erzieher eine Leiter in den Himmel bauen. Auch das Selbstvertrauen ist ein nicht seltener Fehler der Jugend, dem entgegengearbeitet werden muß. Ein Weiser rühme sich nicht seiner Weisheit, sondern wer sich rühmen will, der rühme sich in Gott, in seiner Gnade und Barmherzigkeit! Die falsche vermeinte Weisheit wird zu Schanden und verschwindet wie die Herrlichkeit der Bösen, die gleich der Morgenwolke, — die von Gold und Purpur schimmert, aber bald in Regen zerfließt, wie Thau am Morgen, der zwar mit schönen Farben prangt, aber von der Gluth der Sonne nach einigen Augenblicken verdünstet; wie Rauch vom Kamin, der sich hoch zum Himmel erhebt und verschwindet. — Das ist die Afterweisheit, mit der junge Leute oft so groß thun, aber von ihr auch auf den Weg des Uebermuths, der Sünde und des Jammers hinüber geleitet werden. Das wäre der rechte Ruhm und die ächte Weisheit, sich allein des Kreuzes unsers Herrn Jesu Christi zu rühmen, durch welchen mir wie der Apostel sagt, die Welt gekreuzigt ist, und ich der Welt. Diese Weisheit führt zur Tugend und Seligkeit. An dieser Weisheit verschwinbet der aufblähende und verderbliche Dünkel, wie der Nebel an der Mittagssonne. Selig ist der Lehrer zu preisen, der seine Schüler in Liebe zu dieser Weisheit führt, weil sie dieselben von dem Verderben bewahren hilft. (1. Mos. 3, 4, 6. Ezech. 13, 3. Isai. 5, 11, 28, 14. Os. 4, 18. Spr. 1, 10 — 16. Pred. 9, 18.)

Vergehungen — sind in ihren ersten Gründen zu erforschen. — Bei strafbaren Vergehungen der Schüler hat der Lehrer allem aufzubieten, um sie in ihren ersten Gründen zu erforschen und zu untersuchen. Setzt er überall voraus: „Es sind Erziehungsfehler vorangegangen, welche hauptsächlich schuld daran sind," — dann wird sich ihm, sagt Handel, auch das Innere des Kindes sicherer erschließen, und der Grund seines Vergehens sich deutlicher offenbaren. Er halte dann seine lebhafte Gemüthsart mit den Fehlern zusammen, die bis jetzt bei seiner Erziehung sind begangen worden, und frage, ob das Kind anders sein könne, und ob es nicht ein Wunder sein müßte, wenn es anders wäre? — Seine anscheinende Bosheit, sein Trotz, seine Widersetzlichkeit und Leidenschaftlichkeit wird ihm jetzt in einem mildern Lichte erscheinen. Der Lehrer wird nun entschuldigen lernen, was er vorher verdammte; er wird bemitleiden, worüber er sonst in Eifer und Zorn gerieth; er wird dadurch erst das Kind richtig beurtheilen, indem er den Blick von der Häßlichkeit der äußern Erscheinung auf die Quelle lenkt, aus der sie hervorging, und darauf denken, wie er das Uebel, wo möglich, an der Wurzel angreifen möge. Ein Kind, das sich gegen seinen Lehrer widerwillig und ungebärdig zeigt, hat sich entweder schon gegen seine Eltern ungestraft so benommen, oder es weiß, daß es sich so benehmen darf, und daß es seine Eltern nicht mißbilligen. Sagt der Lehrer einmal zu ihm: „Das muß ich deinem Vater oder deiner Mutter erzählen!" — erschrickt das Kind bei diesen Worten nicht, so hat er den Beweis von der Wahrheit des Gesagten und kann sich für überzeugt halten, daß das Kind bis zu einem hohen Grade verdorben und verzogen ist. Aber selbst in diesem letztern Falle, wo also der Grund mehr im Kinde selbst, als in den Eltern läge, müßte dieser Grund auf das sorgfältigste ermittelt werden, wo es sich dann ergeben wird, daß entweder Furcht vor harter oder entehrender Strafe, oder ein übertriebenes Selbstgefühl, das sich vor den Mitschülern nicht beschämen lassen will, oder der Gedanke, daß ihm Unrecht geschehe, oder überhaupt der in ihm mit überwiegender Stärke vorherrschende Trieb der Selbstvertheidigung die Quelle seines ungebärdigen Betragens sei. Ist nun aber diese mit Sicherheit gefunden, dann wird auch der Lehrer vor Allem sein Augenmerk darauf richten und sein Verhalten darnach bestimmen. Er wird dann ruhiger urtheilen und sich überzeugen, daß eben das, was im Hintergrunde der Seele des Kindes liegt, bei weitem nicht so verwerflich sei, sondern sogar auf etwas Gutes hindeute. Dieses Gute suche er aufzufinden und festzuhalten; er sehe den Muth, aber auch die tiefe Scheue der Beschämung und Schande, das kräftige Auflehnen gegen das erkannte Unrecht, und fühle sich dann milder gestimmt gegen das durch seine Heftigkeit mit fortgerissene Kind. Darnach wird er dann auch sein Verhalten bemessen; er wird der schwachen Kraft des Kindes die gehörigen Schranken anweisen und es belehren, damit in ihm die Ueberzeugung begründet werde, es habe sich durch seine unüberlegte Heftigkeit auf einen strafbaren Weg hinreißen lassen. Je mehr der Lehrer dann auf das religiös-sittliche Gefühl eines solchen Kindes einzuwirken sucht, desto mehr wird auch für dasselbe hinsichtlich des Uebergewichtes über das auftauchende Leidenschaftliche gewonnen werden. (Spr. 3, 30. Ps. 34, 7.)

12*

Vergehungen der Kinder außer der Schule. Ob der Lehrer Vergehungen der Kinder auch außer dem Bereiche der Schule bestrafen soll, darüber sind die Ansichten der Schulmänner getheilt. Indessen darf ihm das Betragen der Schüler außer der Schule ebensowenig, als in der Schule gleichgültig sein. Er darf nicht fragen: Wer hat mich zum Hüter der Kinder außer der Schule bestellt? Denn Gott ist es, der ihm sein Amt übertragen hat. Das muß er sich vor Allem und zu jeder Zeit vergegenwärtigen. Er muß daher auch sein Amt nach dem Willen Gottes verwalten; denn er steht in seinem Dienste, und muß sonach die ihm anvertrauten Kinder schützen, leiten und vor dem Bösen sowohl in als außer der Schule nach dem ganzen Maße seiner Kraft bewahren. Wehe ihm, wenn auch nur Eins durch seine Schuld auf Abwege gerathen und sich in einer Sünde verstricken würde, vor der er es hätte sichern können! — Sind die Vergehungen außer der Schule von der Art, daß sich seine Strafbefugniß nothwendig darauf erstreckt, so wird wohl keinem Zweifel Raum gegeben werden können, ob er sie bestrafen solle? — So lange Kinder unter seiner Leitung stehen, wird ihm Niemand die Strafgewalt über Vergehungen verkümmern können, die außer der Schule stattgefunden haben, weil er für die Kinder und ihr gesammtes Betragen Gott und den Menschen verantwortlich ist. (5. Mos. 11, 27. 28. Apostelgesch. 5, 29.)

Vergleichungen. Unter diesem Ausdrucke versteht man gewöhnlich solche Sätze, in welchen zwei Gegenstände, die eine gewisse Aehnlichkeit miteinander haben, in der Absicht gegen oder neben einander gestellt werden, um durch das Bekannte das minder Bekannte anschaulich und deutlich zu machen. Eine jede Vergleichung, welche zweckmäßig heißen soll, muß dem Kinde bekannt sein und deßhalb aus seinem Denk- und Erfahrungskreise genommen werden; sie muß richtig, passend, deutlich und unanstößig sein. Der Lehrer muß aber auch jede Vergleichung gehörig benutzen, so daß der Schüler das Allgemeine, worin die Dinge einander ähnlich sind, selbst finden und sich deutlich vorstellen kann. Dabei muß er sich auch vor jeder unnöthigen Weitläufigkeit und einer zu weiten Ausdehnung der Vergleichungen hüten, weil die Darstellung sonst in ein eitles und verwirrendes Geschwätz ausarten und der Sache allen Werth benehmen würde. — Vergleichungen sind nothwendig zur Aufhellung und Belebung des katechetischen Unterrichts, so oft der Lehrer nämlich bemerkt, daß es dem Kinde schwer wird, einen Begriff oder Gedanken ohne Hülfe bekannter, besonders sinnlicher Aehnlichkeiten zu finden oder zu fassen, oder sich deutlich und lebhaft vorzustellen, oder ins Gemüth zurückzuführen. Dergleichen Uebungen müssen jedoch zuerst an vielen in die Sinne fallenden Gegenständen angestellt werden, ehe der Lehrer zu den feinern Aehnlichkeiten und Unterschieden geht, und jedesmal müssen die Kinder von demjenigen Gegenstande, der mit einem andern, oder mit welchem ein anderer verglichen werden soll, die einzelnen Theile, Merkmale und Beschaffenheiten so vollständig als möglich anzugeben wissen. Die Aehnlichkeiten und Verschiedenheiten ergeben sich dann gleichsam von selbst. Z. B.: Der Feierabend ist für einen jeden Menschen das Ende des Lebens. a) Wie freut sich der müde gewordene Tagwerker, der des Tages Last und Hitze getragen hat, wenn die Abendkühle kommt, und er seinen Lohn empfangen und ausruhen kann! b) So froh ist der Mensch, der sein Leben in steter, edler Thätigkeit zugebracht hat, wenn das Ende desselben heran nahet u. s. w.

Vergleichungsfragen. (S. Art. Fragen.)

Vergnügen, Vergnügungen. Darunter versteht man überhaupt das, was in uns angenehme Empfindungen — Luft und Freude — erweckt. Wir befaffen uns hier insbesondere mit den Vergnügungen, welche Erzieher und Zöglinge miteinander theilen oder gemeinschaftlich genießen. Niemeyer wirft (B. 2 S. 114) die Frage auf: Wie weit darf der Erzieher unmittelbar an den Spielen und Vergnügungen seiner Zöglinge Theil nehmen, ohne aus seinem Verhältniffe zu treten? — Diese Theilnahme kann nur da streitig seyn, wo von Vergnügungen und Spielen die Rede ist, welche entweder bloß in die Kinder- und Jünglingsjahre gehören, oder in denen etwas liegt, was mit der Würde, welche zum Charakter des Vorgesetzten gehört, nicht wohl vereinbar seyn möchte. Denn daß er die Vergnügungen des männlichen Alters, sie mögen auf Gesundheit oder auf Unterhaltung abzwecken, in ihrer Gegenwart genießen dürfe, haben wohl kaum die strengsten Pädagogen geläugnet. Was aber jene betrifft, so kann das Kindermäßige an sich kein Grund sein, sich ihnen geradehin zu entziehen, so lange nur die Kinder sehen, daß man, sich zu ihnen herablaffend, mit ihnen Kind wird, um ihnen, nicht um sich Freude zu machen, um sie dabei in befferer Ordnung zu erhalten, oder dem Spiel noch mehr Intereffe für sie zu geben. Bedenklicher aber sind solche Vergnügungen, in welchen die Würde des Mannes, nach der ganzen Natur des Spiels, zu leicht verletzt werden kann. Daneben hat ein vorsichtiger Erzieher auch auf die Umstände, seine ganze Lage und die ihn umgebenden Personen Rücksicht zu nehmen; er hat seinen eigenen Charakter zu beobachten, und wird in der Regel immer sicherer die Rolle des leitenden Freundes, als des Mitspielers übernehmen. — Unbedenklich, fügt der erfahrne Erzieher hiezu, würde ich solche Vergnügungen nennen, in welchen Lehrer und Zöglinge auch während des Spiels einander völlig gleich sind, folglich gleiche Rechte haben, und wo bloß die Geschicklichkeit, Schnelligkeit, Gewandtheit, Gegenwart des Geistes entscheiden, wer Meister ist. Alle eigentlich gymnastischen Uebungen, z. B. Ballspiel, Wettlauf, Balancirkünste und ähnliche, werden insofern ohne alles Bedenken gemeinschaftlich vorgenommen werden können. Es schadet dem Ansehen nicht, wenn da zuweilen der Schüler über den Lehrer kommt, sobald nur der Lehrer theils nicht gar zu unbeholfen ist, theils keine kleinliche Eitelkeit verräth, auch hier der Erste seyn zu wollen, und keine Empfindlichkeit, wenn er es nicht wird. Alle gesellschaftlichen Unterhaltungen, worin man seine Rolle wählen, oder sicher seyn kann, daß sich Niemand, auch in der Fröhlichkeit, vergeffen werde, sind eben so wenig anstößig. Desto bedenklicher sind die, welche entweder ihrer Natur nach eine Familiarität mit sich bringen, bei der faft jeder Gedanke von Achtung verschwindet, wo es z. B. dem Zögling erlaubt wird, den Lehrer körperlich anzugreifen, zu schlagen, ohne daß sich das Maaß genau bestimmen, also auch der Vorsatz, wehe zu thun, schwer beweisen ließe, wie beim sogenannten Plumpfackspiel; ferner die, welche, wo nicht wirkliche Ungezogenheiten sind, doch daran grenzen, und noch zu viel Kindisches im Charakter andeuten, z. B. Balgereien, Raufereien, Neckereien ꝛc.; oder solche, die wohl als Scherz anfangen, aber leicht in Ernst übergehen und oft unangenehme Auftritte veranlaffen; oder endlich die, welche den Lehrer in Situationen setzen, die zu ftark mit dem Ernste kontraftiren, worin sie ihn bei andern Gelegenheiten wieder erblicken. Dieß würde z. B. der Fall seyn, wenn er bei kleinen Familienschauspielen die Rolle des Poffenreißers übernehmen wollte; auch bei dem Moquerspiel und ähnlichen, die so nahe an Ungezogenheit, Indelikateffe und Geschmacklosigkeit grenzen. Es macht ferner einen bedeutenden Unterschied, ob die Zöglinge

noch klein oder ob sie erwachsen sind, ob sie schon eine gewisse Richtung des Charakters angenommen haben, oder ob der Lehrer sie noch
leiten kann; ob der ganze Ton des Hauses mehr auf eine gewisse Arg-
losigkeit und Unbefangenheit des Umgangs gestimmt, oder mehr gezwungen und überfein ist. Der Hauslehrer beobachte besonders die Urtheile
der Eltern und anderer bedeutenden Personen des Hauses, bei welchen
er oft durch eine zu sorgliche, vielleicht an sich ganz unschädliche, Annäherung an die Kinder sich selber frühe um die Meinung bringen würde,
Ansehen bei ihnen zu bekommen. — Sehr wichtig ist es auch bei der
Theilnehmung an Vergnügungen, daß der Erzieher, sich selbst beobach-
tend prüfe, ob er genug Gesetztheit, Ruhe des Temperaments und Gewandtheit des Charakters habe, bei Scherz und Spiel keine Blößen zu
geben, keine Leidenschaften zu zeigen, und seine Würde auf eine leichte
Art zu sichern, sobald er bemerkt, daß sie in Gefahr kommen könnte.
Der ältere und erfahrenere Mann kann überhaupt hierin weit
zuversichtlicher seyn, als der Anfänger im Erziehungsgeschäft,
der durch eine allzugroße Annäherung eben so leicht die Idee erweckt,
daß er sich auf diesem Wege beliebt machen, als durch eine allzu große
Entfernung die nicht minder schädliche, daß er sich dadurch Ansehen verschaffen wolle. — In der Regel ist bei den Spielen und Lustbarkeiten
der Kinder die beste Rolle für den Erzieher, daß er sie, wenn sie es
wünschen, angebe oder doch leite, oder wo Entscheidung nöthig ist,
entscheide. Wenn er ihnen dabei selbst die Meinung läßt, daß sie
ganz frei ihre Thätigkeit äußern, daß es ihr Plan ist, den sie ausführen, daß er ihnen nur so lange seine Leitung schenkt, als sie es selbst
wünschen; wenn er dabei die Sache mit einer gewissen Wichtigkeit behandelt, in welcher sie den Ausdruck wohlwollender Herablassung nicht leicht
verkennen: so werden sie zuverlässig nie lieber als unter seinem Einflusse
spielen, ohne zu fordern, daß er sich ihnen ganz gleich machen, oder zu
Allem hergeben solle. Er aber wird bei solchen Gelegenheiten nicht nur
sehr viel Uebel verhüten, sondern auch in die jugendliche Lust
Geschmack und Ordnung bringen; nicht nur sehr viele psycholo-
gisch-pädagogische Beobachtungen über die Zöglinge anstellen, sondern
auch ihr Vertrauen in hohem Grade gewinnen können. Hier möchten
wir dem Erzieher einen Spiegel vorhalten, darin er schauen könnte,
wie er in der angegebenen Beziehung sein Verhalten einzurichten habe,
damit er im eigentlichen Sinne des Wortes seiner Würde bei den Vergnügungen seiner Zöglinge nie etwas zu vergeben gefährdet werden möge.
Dieser Spiegel ist Viktorin, das Musterbild eines ausgezeichneten
Erziehers. Ein ähnlicher Spiegel für Prinzen-Erzieher aber ist Fenelon.

Vergnügungen des Lehrers. Niemand wird es in Zweifel ziehen
wollen, daß der Lehrer nicht auch der Vergnügungen bedürfe, wie jeder
andere Mensch, und öfters noch mehr, als irgend ein Anderer, dessen
Geschäfte weniger ermüdend und Geist anstrengend sind, als die des
Lehrers. Ja, er bedarf, wenn er sein geistig anstrengendes Tagewerk
vollbracht hat, so gut als sonst Jemand der Ruhe, der Erholung und
Theilnahme an mancherlei sinnlichen Genüssen und Vergnügungen des
Lebens. Dabei muß aber für ihn die Regel ihre volle Geltung behaupten: „Enthalte dich aller Vergnügungen, welche an und für sich unanständig und unsittlich sind; genieße diejenigen, welche keiner deiner heiligen Pflichten widerstreiten, und nur insoweit, als es mit der unverhal-
tenen Aeußerung deines geistigen Lebens und mit der Würde deines
Amtes im genauen Einklang steht; suche aber besonders Vergnügungen
edlerer Art, die dir nicht bloß die nöthige Erholung verschaffen, sondern

auch zugleich, seine Geistes- und Herzensbildung befördern." Wo der Lehrer nach redlich vollbrachtem Tagewerke keine Erholung und Erheiterung des Geistes, keine Stärkung seiner Gesundheit findet, sondern vielmehr das Gegentheil, da zieht er sich zurück, und verschmäht derlei nachtheilige und vergiftende Freudengenüsse an seinem Lebenswege. Seine edelsten und schönsten Unterhaltungen sind: ausgewählte Lektüre; Beschäftigung mit Musik und Zeichnen; Umgang mit edlen Menschen und Spaziergänge unter freiem Himmel auf Feldern und Wiesen 2c. Spiele, die mit Gewinn und Verlust verbunden sind, sie mögen Namen haben, welchen sie wollen, erscheinen ihm darum im hohen Grade verwerflich, weil sie nur ein Zunder für die Leidenschaften sind, das eigene oder fremde Vermögen gefährden, und den Lehrer in den Augen seiner Gemeinde herabsetzen *). Die Vergnügungen des Lehrers müssen unschuldig sein — unschuldig in ihren Veranlassungen und Veranstaltungen, unschuldig in ihrem Genusse, in ihren Folgen und Wirkungen. Wenn wir auch nicht jener strengen Ansicht huldigen, die jeden frohen Lebensgenuß für Sünde hält, so halten wir es doch für Pflicht des Lehrers, sich selbst sogar erlaubte Ergötzungen zu versagen, wobei er Andern einen Anstoß oder ein Aergerniß geben und sein Ansehen entweihen könnte. Schon deßhalb, sagt Stamm, (abgesehen von allen andern unangenehmen Folgen) würde ich dem Schullehrer die Theilnahme an Tanz und Spiel ganz abrathen. Ein gebildeter Jugendlehrer soll edlere Freuden kennen, als die rauschenden Vergnügungen sinnlicher Lust; er soll lernen in sich selbst vergnügt zu seyn, und sich gewöhnen, des Lebens höchstes Glück im stillen Umgange mit Gott, mit den Werken Gottes in der Natur, mit sich selbst, mit seiner Familie und mit bewährten Freunden zu finden. Wer sich hier wohl fühlt, wird alle Erholungen, welche sich mit Amt und Beruf nicht vertragen, leicht und gern entbehren. Nur wer roh genug und vom Sauerteige der Welt durchdrungen ist und den bessern Freuden keinen Geschmack abgewinnen kann, der wird sich den sinnlichen Vergnügungen in die Arme werfen, als da sind: Tanz und Spiel, Trinkgelage und Nachtschwärmereien, zucht- und schamloser Umgang mit Personen des andern Geschlechtes, gesellschaftliche Unterhaltungen, wobei man sich entweder auf Kosten der Unschuld oder des guten Namens Anderer lustig macht. Wer sich übrigens solche schmähliche Vergnügungen ungescheut erlaubet, der entehrt sein Amt und tritt mit Füßen seine Lehrerwürde. So verwerflich alle diese kaum bemerkten Dinge sind, und so sehr sie einen Lehrer entwürdigen, so können wir doch auch die persönliche Theilnahme desselben an Ehrenmahlzeiten seiner Gemeindegenossen nicht für unerlaubt und unstatthaft erklären. Denn der Schullehrer lernt bei solchen Anlässen den Sinn und Geist der Eltern seiner Schüler besser kennen, und kann, besonders im Vereine mit seinem Pfarrherrn, falls dieser gegenwärtig ist, manches schädliche Vorurtheil in bescheidenem Tone schwächen oder entwurzeln, manche heilsame Lehre in Umlauf setzen und so guten Samen ausstreuen. Der christliche Lehrer wird sich aber auch nie als läppischen Possenreißer und Splitterrichter bei solchen Gelegenheiten hingeben. Wie überall, so ist er auch hier seiner Würde eingedenk, und weißet alle Zumuthungen ab, die sich nicht damit vertragen. Im fröhlichen Zirkel ist er ein Beförderer sittsamer Freude, und in der

*) Jeder junge Mensch, der sich dem Schulfache widmet, sollte daher schon frühzeitig dafür sorgen, daß ihn die Neigung zum Spiele nicht bewältige, und er kann später nicht genöthiget werden, diese verderbliche Neigung zu bekämpfen. Das Spielen, namentlich mit Würfeln und Karten, sollte solchen Jünglingen nie gestattet werden.

Versammlung der Leidtragenden ein sanfter und milder Tröster, der zur
rechten Stunde scheidet und nicht sitzen bleibt, bis der Letzte sich entfernt.
Mäßig genossene Freuden in Mitte guter Menschen stärken den Lehrer
zu neuer Berufsarbeit, und mit neuer Heiterkeit nach einigen froh genossenen Abendstunden beginnt er am folgenden Tage sein Berufswerk wieder. Aber er darf diese Freuden nur genießen, wie sich der Wanderer
an der Farbe und am Dufte der Blumen, die am Wege stehen, ergötzt,
ohne sich vom Ziele der Reise abhalten zu lassen. (Phil. 4, 4. 5. 8. 5.
Mof. 28, 47. Neh. 8, 10. Spr. 12, 20.)

**Vergnügungsfucht, nachtheiliger Einfluß derselben auf das Kinder-
Erziehungs-Geschäft.** Da, wo die Vergnügungsfucht herrschend geworden ist, kann sie nicht anders als verderblich auf die Erziehung einwirken.
Hagelücken spricht sich in seinen Fragmenten über Erziehung also aus:
„Der Sohn ahmt das Beispiel des Vaters nach, die Tochter das der
Mutter. Kaum können sie es abwarten, bis der Gottesdienst beendigt
ist, um früh genug zum Wirthshause und Tanze zu kommen. Die häusliche Andacht ist aus der Mode gekommen. Und doch war es so schön
und erbauend, wenn an den Sonntagsnachmittagen die Hausfrau mit
ihrer Familie einige Zeit betete; wenn sie in den Winterabenden ebenfalls die Zeit eines Theiles so benützte, während die Hausgenossen im
Kreise sitzend, ihre Arbeiten verrichteten. Wem wurde es da nicht deutlich, wie schön das Wort sei: „Bete und arbeite!" — Jetzt ist es
anders. Der Sinn für das Geräuschvolle des Lebens wird frühe in den
Kindern geweckt; sie finden bald mehr Gefallen am Spielen, Tanzen und
Umherschwärmen, als am Kirchengehen, Predigt hören und der häuslichen
Erbauung. Die Schule ist dabei auch nicht ohne Schuld; aber eben so
wenig dürfen die höhern Stände fordern, daß man sie von aller Schuld
freisprechen solle, da sie durch ihr Beispiel mehr, als zu viel auf das
Volk einwirken. Das Volk richtet sich, wo es nur möglich ist, nach
ihnen. Es liegt in der Natur des Menschen, daß er immer weiter strebt,
und so möchte das Volk immer vornehmer werden. In welchem Falle
kann es das leichter, ohne geringern Kostenaufwand, als gerade im Nachahmen des Hinaussetzens der Religion? Und wirklich finden sich unter
ihm schon viele Menschen, die über das Religiöse zu lächeln vermögen,
die sich der Aufgeklärtheit und der Vornehmheit rühmen, weil sie es dahin
gebracht haben, das Kirchengehen als etwas Lächerliches zu erkennen, die
Gebote der Religion als Befehle für unmündige Kinder. Wenige räudige
Schafe können eine ganze Heerde anstecken. Wenn aber das Volk erst
gleichgültig gegen das Religiöse wird, wenn es seinen Blick nicht mehr
zum Himmel hebt, und vertrauensvoll von dort her Trost und Hülfe in
Bedrängnissen, Muth und Stärke zur Ausdauer in seinen schweren und
harten Arbeiten erfleht und hofft, welche Stütze bleibt ihm dann übrig,
wohin wird er sich wenden können?" — Darf man sich noch wundern,
wenn bei solchen Umständen, durch die Vergnügungsfucht herbeigeführt,
die Kinderzucht fast mit jedem Jahre schlechter wird? Die Eltern sind,
der Mehrzahl nach, gleichgültig gegen das Heilige und abgekehrt vom
Himmlischen, im Zeitlichen untergegangen; ihr Beispiel zieht wie mit Allgewalt die Herzen der Kinder nach sich, und leitet sie auf die beklagenswerthen Wege hinüber, auf welchen jene wandeln. Daher die Früchte
einer verwahrlosten Erziehung Doch was frommen eitle Klagen, wenn
man dem vorhandenen Uebelstande nicht mit Kraft entgegenarbeitet? Non
luctu, sed remedio opus est in malis, sagt Erasmus. Soll es mit der
Kinder-Erziehung besser werden, so müssen die Eltern zuerst selber besser
werden, und damit sie es werden, gibt es wohl schwerlich ein anderes

Mittel, als das, welches Gott nach seiner ewigen Erbarmung der Menschheit gegeben hat, und dieß ist die **heilige Religion!** — Blüht diese unter dem jetzigen Geschlechte wieder auf, so wird sie sich in ihrer vollen Kraft und Herrlichkeit offenbaren, wird mit ihren göttlichen Strahlen den Verstand erleuchten und das Herz erwärmen für Alles, was wahr, schön und heilig ist. Durch sie allein und ihre schaffende Hand wird dann auch das schädliche Unkraut — die Vergnügungssucht — das dem guten Weizen auf dem Ackerlande Gottes Saft und Nahrung raubt, ausgereutet und eine schönere Aernte für die Zukunft bereitet werden. Die alte christliche Sitte wird wiederkehren und mit ihr die bessere Erziehung der Jugend. Möchten diese frommen Wünsche aller Gutdenkenden nur recht bald in Erfüllung gehen! Sie werden's, wenn die Fesseln, welche die üppige Vergnügungssucht dem Volke angelegt hat, zertrümmert sein und die Gebote der Religion ihre frühern und ewigen Rechte wieder völlig geltend unter demselben gemacht haben werden. Und dazu können die höhern Stände und mitunter auch die Schule am meisten beitragen.

Verhalten des Lehrers gegen die Glieder seiner Gemeinde. Zwar ist der Lehrer bezüglich auf seine amtliche Wirksamkeit zunächst auf die ihm anvertrauten Kinder hingewiesen; allein er kann doch auch auf die Erwachsenen einen sehr wohlthätigen Einfluß ausüben, und es muß ihm daher, wenn er anders auf eine segensreiche Weise thätig seyn will, an der Achtung und Liebe seiner Gemeinde, besonders der Eltern seiner Schüler viel gelegen seyn. Denn nur in dem Grade bringt die Schule den Kindern Nutzen, als sie ihren Lehrer achten, ehren und lieben. Allein die Kinder kommen ihrem Lehrer nur dann mit Liebe und Vertrauen entgegen, wenn sie wissen, daß er auch bei ihren Eltern in Ansehen steht. Ein jeglicher Lehrer, und besonders der angehende, muß sich daher auch bestreben, durch ein würdevolles und achtunggebietendes Verhalten in den mancherlei Berührungen, in welche er mit den Eltern seiner Schüler kommen mag, ihre Zuneigung und Gunst zu erhalten, weil es ihm nur dadurch möglich wird, sich allmählig einen persönlichen Einfluß auf sie zu verschaffen, welchen er dann auch für seinen Hauptzweck benutzen kann. Der Lehrer gehe in dieser Absicht in die Häuser der Eltern, er gehe aber zu Arm und Reich, damit er nicht beim Eintritte in's Haus als Schleicher und Bettler betrachtet werde. Er begebe sich vorzüglich dahin, entweder um die elterliche Erziehungsweise zu beobachten, um desto eher die Kinder kennen zu lernen und auf die Erziehung derselben einwirken zu können, oder wenn er gewahrt, daß irgend ein übler Umstand nachtheilig auf ein Kind einwirkt, um den Eltern darüber seine Belehrung mitzutheilen. Hiebei muß er aber vorsichtig zu Werke gehen; er muß eher den Anschein gewinnen, als wolle er sich Raths erholen, als Rath geben, weil die meisten Eltern der Ansicht huldigen, daß sie sich auf die Zucht ihrer Kinder recht gut verstehen, wenn gleichwohl die sprechendsten Beispiele dagegen sind. — Bemerken nun aber die Kinder, daß ihr Lehrer mit ihren Eltern in einer traulichen Verbindung stehe, daß er mit denselben hinsichtlich der Erziehungsgrundsätze harmonire, und daß sie sonach bei ihren Vergehen und den darauf erfolgten Schulstrafen keinen Schutz bei Vater und Mutter finden, dann ist für beide Theile — für den Lehrer und die Kinder — ungemein viel gewonnen. Nothwendig wird eine solche Uebereinstimmung zwischen dem Lehrer und den Eltern und die vereinigte Thätigkeit derselben die gleichmäßige Erziehung der Schüler wesentlich erleichtern und befördern. Nur muß sich besonders der junge Lehrer wohl in Acht nehmen, daß er sich durch den nähern Umgang mit den Familien keine üble Nachrede zuziehe, oder sich etwa

durch den Eigensinn bestimmen lasse, gegebene heilsame Maaßregeln zurück
zu nehmen oder aus übel verstandener Menschengefälligkeit auch da nachzugeben, wo Pflicht und Gewissen das Gegentheil gebieten. — Sucht
der Lehrer die freundschaftlichen Unterredungen mit den Eltern und den
Angehörigen der Kinder dazu zu benutzen, um gelegentlich ihre noch schiefen oder irrigen Ansichten über Erziehung und Unterricht zu berichtigen,
und besonders die Mütter für diese oder jene Einrichtung, die er für
angemessen hält, empfänglich zu machen, so hat er unstreitig für die Wirksamkeit seiner Bestrebungen und die Nützlichkeit seines Berufs viel gewonnen. Denn nicht mit Unrecht hat schon Rousseau die Bemerkung
gemacht: Wenn ihr eine Idee allgemein unterstützt zu sehen, oder etwas
einzuführen wünschet, das früher noch keinen Eingang fand, so suchet nur
das weibliche Geschlecht dafür einzunehmen.“ Wie weit sicherer muß dieser Weg sein, wenn der Gegenstand, um den es sich handelt, in das
Gebiet der Erziehung einschlägt. Ueberhaupt wird der Lehrer sehr wohl
daran thun, wenn er ein Herz voll Liebe seiner Gemeinde entgegenbringt.
Bezüglich auf sein Benehmen gegen dieselbe suche er zwischen spröder
und vornehmthuender Zurückhaltung und allzugroßer Vertraulichkeit, so
wie zwischen Anmaßung, Stolz und übertriebenem Gemeinmachen die rechte
Mitte zu halten. Mit besonderer Aufmerksamkeit behandle er die Tonangeber und die einflußreichsten Glieder der Gemeinde, und suche sie auf
eine freundliche, kluge und würdevolle Weise für sich und seine Bestrebungen zu gewinnen, ohne ihnen auf eine kriechende und entehrende
Manier zu schmeicheln. Was die Armen betrifft, so behandle er sie aufrichtig und wohlwollend, und lasse sich weder gegen sie noch gegen ihre
Kinder irgend eine Geringschätzung oder Parteilichkeit zu Schulden kommen. In unwichtigen Dingen bequeme er sich nach den Ansichten und
Wünschen der Gemeinde, dagegen sei er in der Hauptsache sich gleich-
bleibend und standhaft. Bei Neuerungen gehe er möglichst vorsichtig und
behutsam zu Werke, eingedenk des Sprichwortes: Qui nimium properat,
serius absolvit (Eile mit Weile, dann kommst du leichter zum Ziele).
Mancher junge Lehrer warf seiner Wirksamkeit Hindernisse in den Weg,
erschwerte sich seine Arbeit und entfernte die Herzen Vieler dadurch von
sich, daß er gleich Anfangs mit Einem Male Veränderungen und Verbesserungen vornehmen wollte. Eben so glauben manche junge Lehrer, man
müsse sich in Allem nach den Anforderungen des gemeinen Mannes richten, um ihm nicht zu mißfallen. Allein dieß ist weder allzeit möglich,
noch immer pflichtgemäß. Wer nur aus solchen Rücksichten handelt, um
von der Menge gelobt zu werden, der achtet solche niedrigen Kunstgriffe
und Lobeserhebungen mehr, als das wahre Wohl seiner Schule und die
Förderung desselben. Wohl soll der Lehrer den Beifall der Einsichtsvollen und Edeln zu erringen streben; aber die Gunst der Menge, die
öfters nur von Nebendingen abhängt, und eben so leicht verloren als
erworben wird, hat in den Augen des Verständigen entweder gar keinen,
oder höchstens nur einen geringen Werth *). Der rechtschaffene Lehrer
wird sonach nur dann einen Werth auf den Beifall Unverständiger legen,
wenn sein eigenes Bewußtsein damit übereinstimmt; er wird das unbestechliche Zeugniß seines Herzens höher achten, als den blinden und un-
sichern Beifall oder Tadel des gemeinen Hausens. Die wahre Ehre
gründet sich auf Gottes Beifall, auf reines Bewußtsein, auf Rechtlichkeit

---

*) Der alte Dichter drückt dieß mit den Worten trefflich aus: Scnatur inesrtum
studia in onntraria valgus (veränderlich ist des Volkes Sinn, bald lobt es dich,
bald schmäht es dich, es ist wie eine Windfahne auf dem Dach).

und innere Würde. Was mit dem redlichen Zeugnisse des Herzens nicht
besteht, verdient weder Ehre noch Beifall. Es gibt aber auch eine gewisse sociale äußere Bildung, die mit der innern Tüchtigkeit sehr wohl
bestehen kann, und die sich der angehende Lehrer anzueignen suchen soll,
wenn er anders auch in seinem äußern Benehmen würdig dastehen will.
Hiezu kann der nähere Umgang mit den mehr gebildeten und geachteten
Familien seines Wohnortes Manches beitragen. Oben an steht übrigens
auf dem Lande in dieser Hinsicht der Ortsgeistliche; der freundliche Umgang mit diesem kann für den Lehrer nicht nur erfreulich, sondern in vielfacher Beziehung gewinnreich sein, vorausgesetzt, daß letzterer seine Stellung dem erstern gegenüber zu würdigen weiß, und wirklich würdiget.
Hinsichtlich der Annäherung und des Verkehrs mit dem mehr gehobenen
und gebildeten Theile der Gemeindeglieder muß sich übrigens der Lehrer
hüten, daß seine Freundschaft nicht allzuvertraut werde, indem sie sonst
nur zu leicht bricht, wenn man mit den gegenseitigen Mängeln und Fehlern zu bekannt wird, und aus derlei getrennten freundschaftlichen Verbindungen können nicht selten die größten Abneigungen und Feindselig-
keiten entstehen. Bei seinen Besuchen, die er Personen höherer Stände
macht, werde er nie zudringlich und lästig. Er bestrebe sich auch bei
diesen durch ein bescheidenes und ehrerbietiges Betragen, das aber so
weit von knechtischer Kriecherei als von überspannter Einbildung entfernt
ist, die ihm gebührende Achtung und Würde zu behaupten. Am liebsten
aber sei er im Kreise der Seinen und in der Schule. Es ist ungleich
besser, wenn einzelne gutmeinende Gemeindeglieder es bedauern, daß ihr
Lehrer sie so selten besuche, als wenn sie sich darüber ungehalten zeigen,
daß er sie durch seine zu häufigen Besuche belästige. Nie vergesse er in
dieser letzten Beziehung das bedeutsame Wort des Alten: Quotidiana
vilescunt (zu bald nur wird man müd' und satt, was man mit jedem
Tage hat).

Verhalten des Lehrers gegen Amtsgenossen. Das menschliche Herz
fühlt tief das Bedürfniß nach Freunden, die mit uns dasselbe Streben
theilen. Ohne einen Freund gleicht der Mensch einem einsamen Wanderer in einer unfruchtbaren und unheimlichen Wüste, der bald über steile
Berge mühsam klimmt, und bald durch düsteres Gehölze wandelt, ohne
einen Gefährten, dem er seine Mühen und Beschwerden klagen kann. —
Für den Lehrer gibt es keine angemessenere freundschaftliche Verbindung,
als die mit christlichgesinnten und wahrhaft gebildeten Amtsgenossen, weil
dieselbe Berufsart, derselbe Stand und Bildungsweg die Anknüpfung
eines solchen Bundes an und für sich erleichtern und befördern. Junge
Lehrer, die sich durch eine besondere Achtung zu einander hingezogen fühlen, werden sonach wohl daran thun, wenn sie mit einander den Bund
der treuen Freundschaft schließen, sich gegenseitig die Hände reichen, und
auf dem Wege der Vollkommenheit fortschreiten. Wo ein solches inniges
Verhältniß zwischen gleich edel gesinnten Männern statt findet, welche mit
vereinter Kraft und Liebe an ihrer intellektuellen und religiös-sittlichen
Vervollkommnung arbeiten, da wird einem Jeglichen aus ihnen eine
Quelle geöffnet, der nur Segen entströmen kann. Nur hüte sich der
junge Lehrer vor solchen Freunden, die wohl so heißen, aber es nicht
sind. Nie sollte man Jemand zum Freunde wählen, von dessen entschiedener Rechtschaffenheit man nicht die vollgültigsten Beweise hat. Wem
aber, wie Schiller sagt, der große Wurf gelungen, eines Freundes
Freund zu seyn, der suche ihn auch zu schätzen und zu bewahren; er
schenke ihm sein Vertrauen und schließe sich immer inniger und fester an
ihn an. Je schwieriger es bei den gewöhnlichen Verhältnissen des Lehrers

ist, den Bund der wahren Freundschaft zu knüpfen, desto sorgsamer sollte man auch seiner pflegen und ihn vor den Einwirkungen der argen Welt bewahren. Viele müssen die lieblichen Genüsse der Freundschaft aus eigener Schuld entbehren, weil ihr Herz nicht aufrichtig und keiner wahren Liebe fähig ist. Wer einen wahren Freund erlangen will, der muß sich auch durch Vorzüge des Geistes und Herzens desselben würdig zu machen suchen. Nur Seelenadel, Herzensreinheit, liebevolle Theilnahme an dem Wohl und Weh des Andern und unerschütterliche Treue geben uns das Recht, an dem Altare der Freundschaft zu opfern. Glücklich ist der Lehrer zu nennen, der in seiner Umgebung einen edelgesinnten und christlicherleuchteten Amtsgenossen findet, durch dessen vertrauten Umgang er sowohl an Einsicht bereichert, als an Charakter veredelt werden kann. — Doch suche der Lehrer auch mit den übrigen Amtsbrüdern, die er nicht geradezu für Herzensfreunde halten kann, einen freundschaftlichen Verkehr zu unterhalten, um sich mit ihnen über wichtige Angelegenheiten zu berathen, und seine Ansichten und Erfahrungen mit ihnen auszutauschen. Nur hüte er sich vor der leidigen Unart, immer Recht haben zu wollen. Wer keinen Widerspruch ertragen kann, und nur immer seine Ansicht und Meinung geltend machen will, ohne in die Ansichten und Meinungen anderer prüfend einzugehen, oder gar mit Anmaßung und Stolz auf Andere verächtlich herab blickt, ist außer Standes, ein freundschaftliches und brüderliches Verhältniß herbeizuführen. Mit einem solchen mag Niemand viel zu thun haben. Wer es gut mit sich und Andern meint, kann immer etwas lernen. Wie mancher alte Lehrer übersieht durch gründliche Kenntniß und den Reichthum seiner Erfahrung den jungen unendlich weit, der, vielleicht kaum dem Seminar entlassen, mit eitler Selbstgefälligkeit jenen kaum eines Blickes würdiget! — Und wie mancher talentvolle und gründlich gebildete, aber stillbescheidene und anspruchlose junge Mann hat einen weit größern innern Werth, als der sinnlose Schwätzer, der zwar reich an Jahren und an Worten, aber arm an Geist und Kenntniß ist. — Die wahre und eigentliche Kunst des Umganges mit Seinesgleichen besteht darin, daß man ihre schwachen Seiten mit christlicher Geduld und Schonung trägt, durch die Kenntnisse und Erfahrungen, die sie in der Unterhaltung entfalten, an eigener Bildung zu gewinnen sucht, und sie nie seine etwaige Ueberlegenheit in irgend einem Zweige des Willens oder Könnens auf eine kränkende Weise fühlen läßt. — Der gesellige Verkehr der Lehrer unter sich soll in allseitiger Beziehung ihrem Stande und Charakter angemessen und von würdiger Haltung seyn. Nie dürfen dabei die Schranken der Mäßigkeit, des Anstandes und der guten Sitte überschritten werden. Arbeiten zugleich mehrere Lehrer an einer und derselben Schule, oder befinden sich mehrere Lehrer für verschiedene Glaubensverwandte an demselben Orte, so schätze der Lehrer auch diese als Arbeiter am Bau des Reiches Gottes. Er unterhalte sich liebreich und im Geiste christlicher Duldung und Eintracht mit ihnen, ohne seiner religiösen Ueberzeugung etwas zu vergeben. Er lasse in seinem Herzen kein Fünklein Neid oder Mißgunst aufkommen, wenn er gewahrt, daß sie sich angenehmerer Lebensverhältnisse oder einer höhern Achtung, in der sie stehen, zu erfreuen haben, vielmehr bestrebe er sich, ebenfalls durch gewissenhafte Erfüllung seiner Pflichten, durch gründliche Kenntnisse, consequentes Lehrverfahren, so wie durch einen stillen, frommen und rechtschaffenen Wandel die Achtung und das Wohlwollen Anderer zu erwerben und zu sichern. Wie der Kompaß dem Schiffer auf dem Meere den richtigen Weg zeigt, so wird auch die treue Befolgung des alten Grundsatzes: Recte agendo neminem metuas (Thue recht und scheue Niemand den Schullehrer im geselligen Verkehr, und insbesondere im Umgange mit seinen Amtsbrüdern sicher leiten und ihn vor manchen Widrigkeiten, die sich der Unredliche und Ränkesüchtige zu zieht, glücklich verwahren. (Spr. 13, 20. Sir. 22, 14. Pf. 39, 3. Spr. 14, 22. Sir. 13, 32.)

Verhalten des Lehrers gegen seinen Pfarrherrn. (S. Art. Ortspfarrer.)

Verhalten des Lehrers gegen seine Vorgesetzten. Der Schullehrer gehört immer Denjenigen an, welche unter der Aufsicht und Leitung Anderer wirken und arbeiten sollen, er ist als Untergebener dem Einflusse derer unterworfen, die in der kirchlichen und bürgerlichen Gemeinschaft höher stehen. Das ist Gottes Ordnung und so soll es seyn; denn kein Geschäft, an dem mehrere zugleich Antheil nehmen, kann auf eine segensreiche Weise von Statten gehen, wenn nicht Einer als Haupt vorhanden ist, der die Glieder ordnet und leitet. Gott hat Obrigkeiten als seine Stellvertreter auf Erden angeordnet; denn nicht sichtbar regiert er sein Reich unter der Sonne, deßhalb hat er einer jeden Gemeinde, sie sei klein oder groß, Einen vorgesetzt, der in seinem Namen zu handeln und seinen heiligen Willen zu vollziehen hat. Der Untergebene hat daher seine Vorgesetzten mit den Augen der Religion anzusehen und sie um Gotteswillen zu ehren, zu hören und ihre Aufträge zu vollstrecken. — Die Gesetze, die von der Obrigkeit ausgehen, sind das Band, das die einzelnen Glieder des socialen Vereins unter sich verbindet, damit sie ihrem gemeinsamen Ziele entgegengeführt werden. Die Kirche sowohl als der Staat, und selbst die kleinste Gemeinde hat ihre Gesetze, nach denen sich jeder Einzelne zu richten hat, wenn er nicht aufhören will, ein Glied des gesellschaftlichen Vereins zu seyn. Gesetze binden daher auch den Lehrer an seine Vorgesetzten und er ist ihnen pünktlichen Gehorsam schuldig; denn die Vorgesetzten sprechen und handeln im Namen des Gesetzes. Es sind nicht ihre eigenen Anordnungen, sondern es sind Anordnungen und Befehle — der Kirche und des Staates. Wenn die Vorgesetzten des Lehrers auf Pünktlichkeit im Einhalten der Schulstunde, auf Beobachtung des Lektionsplans, auf die Anwendung der angemessensten Lehrweise und noch auf so manches Andere halten, so thun sie es nicht eigentlich, sondern Kirche und Staat thun es durch sie im Namen der Menschheit. Da nun der christliche Schullehrer es weiß, daß Gehorsam gegen die Vorgesetzten zugleich Gehorsam gegen Gott ist, der die Obrigkeit eingesetzt und befohlen hat, ihr zu gehorchen, damit durch ihre schützende Kraft weise Ordnung und das allgemeine Beste gefördert und erhalten werde, so leistet derselbe auch freudigen und willigen Gehorsam. Auch dann sind ihm die Anordnungen seiner Vorgesetzten wichtig und unverletzlich, wenn er sich auch die Beziehungen des Gesetzes nicht zu erklären vermag. Fern ist von ihm, die gegebenen Vorschriften in eitelm Dünkel oder gar aus böswilliger Absicht zu tadeln, und alles besser wissen zu wollen. Er setzt lieber ein Mißtrauen in seine eigene Einsicht; er hält sich nicht für befugt, etwas zu tadeln, was ihm nicht zusteht. Eben so vertraut der christliche Lehrer seinen Vorgesetzten, und dieß um so mehr, als er überzeugt sein kann, daß seinen christlichen Schulaufseher gleiches Interesse wie den Lehrer an der jugendlichen Bildung beseele. Und da der Geistliche nach der durchlaufenen Studienbahn auch nothwendig eine größere Um- und Einsicht, umfassendere und gründlichere Kenntnisse und deutlichere Begriffe von dem hat, was die Schule leisten soll, so nähert sich der Lehrer demselben in seinem Zutrauen um so mehr, er bittet ihn um Rath und Unterstützung; er thut ohne Vorwissen desselben nichts von Wichtigkeit; er legt ihm Anstände, Zweifel und Bedenklichkeiten in einer bescheidenen Sprache vor, und gewiß wird er nie Ursache haben, sich über eine solche trauliche Annäherung zu beklagen. Denn wer soll zunächst helfen, da, wo Hülfe nöthig ist? — An das Vertrauen schließt sich die äußerliche Hochachtung an, welche der Lehrer seinem Vorgesetzten ebenfalls bezeugt. Diese Achtung besteht in der Anerkennung der Würde, die der Vorgesetzte besitzt, und in der Offenbarung dieser Anerkennung durch gewisse und bestimmte Zeichen oder Anstandsbezeugung. Wie man nun vom Lehrer mit Recht verlangt, daß er seinen Kindern als Muster der Wohlanständigkeit sich darstelle, so wird er dieß bezüglich auf seinen Schulvorstand auch um desto mehr beobachten, weil es die Bildung der Zeit, das Verhältniß zu ihm und die Würde seines Amtes verlangt. So sehr es sich aber auch der Lehrer angelegen seyn läßt, seinen Vorgesetzten die gebührende Ehre zu erweisen, eben so verwerflich und schmählich findet er es auch, bei denselben sich einzuschmeicheln und zu kriechen. Wer andern schmeichelt, entehrt sich und die, denen er schmeichelt. Und wer vor einem Andern kriecht, verräth nicht bloß Schwäche des Geistes, sondern er zeigt auch eine höchst gemeine Seele, eine verächtliche Denk- und Handlungsweise, weil er im Bewußtsein eignen Unwerths seine Zuflucht zu Täuschungen nimmt, um sich bei seinen Vorgesetzten in Gunst zu setzen. Jeder Schmeichler, jeder, der vor andern kriecht, erregt bei dem Vernünftigen nur Eckel und Abscheu. Darum beobachtet der Lehrer immerhin genau die goldene Mittelstraße. Sein Betragen ist eben so fern von Stolz und Rohheit, die abstoßen, als von Speichelleckerei, die erniedriget. Der christliche Lehrer ist genau befreundet mit dem großen und bedeutsamen Ausspruche des Herrn: „Wenn Jemand will der Erste sein, der sei der Letzte von Allen und Aller Diener; gleichwie des Menschen Sohn nicht gekommen ist, sich dienen zu lassen, sondern daß er diene." (Weish. 6, 4. Sir. 13, 1. Matth. 8, 9. Röm. 13, 1. 2. Tit. 3, 1.)

Verhalten des Lehrers als Armenpfleger. Als Armenpfleger bietet sich dem Lehrer vielfache Gelegenheit, die Glieder der Gemeinde näher an sich zu ziehen, indem er sich um dieselben große Verdienste erwerben kann. An den meisten Orten ist dieser Zweig der öffentlichen, christlichfürsorgenden Gemeindeverwaltung großentheils sehr vernachläßiget. Die Ortsvorsteher überlassen meist die Armen sich selbst, ohne sich weiter um sie zu bekümmern, ja sie glauben noch, was sie Großes thun, wenn sie armen, oft kinderreichen Familien, die aus der Gemeinde nicht wegzuweisen sind, höchstens in einer engen und vernachläßigten oder gar verfallenen Gemeindewohnung (Hirtenhaus genannt) beisammen zu leben und zu hausen gestatten. Die gewöhnliche Folge hievon ist das gewerbetreibende Betteln, Stehlen, Unzuchttreiben und sittenloses Wesen aller Art. Damit vereinigen sich häufig noch Krankheiten und jegliche Stufe menschlichen Elendes. Bei einer beschränkten und kargen Besoldung vermag der Lehrer es nicht, diese Unglücklichen durch sich selbst und ohne Verzögerung in eine bessere Lage zu versetzen. Doch kann er bei allem dem sie, durch seinen Beruf dazu aufgefordert, vom Verderben erretten, dem sie entgegen eilen. Durch die Kinder, welche sie zur Schule schicken, setzt er sich mit ihnen in Verbindung und sucht solchen bedauernswürdigen Familien näher zu kommen. Und da er sich theilnehmend der Kinder annimmt, und dadurch das Zutrauen der Eltern sich erwirbt, so wird er durch Ermunterung und Rathgebung, wie Arbeit und Verdienst oder sonst Hülfe zu erlangen sei, denselben öfters weit nützlicher, als durch baare Unterstützung. Ist der Ortspfarrer als erster rathender Armenvater der

Gemeinde mit dem Lehrer vereint, dann wird es nicht so schwer halten, andere wohldenkenden Gemeindeglieder für solche edle Zwecke zu gewinnen. Hiezu können auch die Versammlungen der Mitglieder der Schulkommission benutzt werden, wo die Versäumnisse der armen Schulkinder ohnehin am häufigsten zur Sprache kommen. Es darf sich hier nicht etwa bloß darum handeln, daß die Schule versäumenden Kinder durch angedrohte Strafen zum fleißigen Schulbesuche angehalten, sondern vielmehr, daß ihre Eltern in den Stand gesetzt werden, dieselben aus freiem Antriebe dahin schicken zu können. Wenn christlicher Gemeinsinn in der Gemeinde herrschen würde, so könnte allerdings nach und nach der Bettelei und den daraus entspringenden nachtheiligen Folgen gesteuert werden. Dadurch würde namentlich der Sittlichkeit zum Besten der Gemeinde mächtiger unter die Arme gegriffen. Das Betteln schadet bekanntermaßen dem Geber ebensoviel oder noch mehr, als dem Empfänger, indem es bei jenem die wohlthätige Gesinnung gegen die leidenden Menschen und die Liebe zum Wohlthun schwächt und ertödtet. Diese wohlthätige Gesinnung anzuregen, zu beleben, und besonders in den Kindern darauf kräftig hinzuwirken, sollte eines der wichtigern Geschäfte des erziehenden Lehrers seyn.

Verhalten des Lehrers als Raths- oder Gemeindeschreiber. Oefters wird dem Schullehrer auch die Raths- oder Gemeindeschreiberei gegen eine angemessene Entschädigung übertragen, weil er manchmal der Einzige an Orte ist, der die Schreib- und Rechnungsgeschäfte richtig führen kann, welche der Gemeinde obliegen und bei ihrer Verwaltung vorkommen. In dieser Hinsicht steht er dem Gemeindevorsteher zur Seite, und unterstützt denselben bei allen einschlägigen Berichten, Ausfertigungen und Rechnungen. Er hat größtentheils das zu besorgen und zu berichten, was von dem Gemeinderathe besprochen und beschlossen wird. Durch die genaue und gewissenhafte Verrichtung dieses Nebengeschäftes kann er sich um die Gemeinde sehr verdient machen, wenn er das Beste derselben aufrichtig sucht, und, wo er als Werkzeug derselben zu schreiben und zu handeln beauftragt wird, dieß mit der erforderlichen Sachkenntniß zu vollbringen möglichst bedacht ist, wenn er ferner auf die etwaigen Fehler in der Gemeindeverwaltung unparteiisch und ohne Ansehen der Person aufmerksam macht, und sich als einen treuen und rechtschaffenen Berather und Vollzieher alles dessen bewährt, was in dem ihm angewiesenen Geschäftskreise von ihm mit Recht gefordert werden kann. Es versteht sich von selbst, daß diese Geschäftsführung dem Hauptberufe des Lehrers keinen Abbruch thun darf, und die vorkommenden Geschäfte nie mit Aussetzen irgend einer Unterrichtsstunde abgethan werden dürfen. Zu dem Ende müssen alle Berathungen und Ausfertigungen, die dabei nöthig werden sollten, jedesmal und ohne die mindeste Ausnahme, bis nach beendigter Schule verleget werden. Hiebei muß sich der Lehrer an eine feste Norm halten, von der er auf keinen Fall abweichen darf. Ist der Lehrer gewissenhaft, und vergibt er bei der übrigens genauen Besorgung der Gemeindeschreiberei seinem Hauptgeschäfte nichts, so sehen wir nicht ein, warum ihm die Uebernahme und Besorgung derselben nicht gestattet werden sollte, zumal ihm dadurch Veranlassung gegeben wird, seine freien Stunden oft viel nützlicher auszufüllen. Nebenbei wird er durch die geschickte und theilnehmende Betreibung dieses Geschäftes in den Stand gesetzt, das Band enger zu knüpfen, das ihn mit der Gemeinde verbindet. Auch kann er gerade dadurch an Vertrauen und Wirksamkeit bei derselben für den Hauptberuf — die Erziehung und den Unterricht — ungemein viel gewinnen.

Verhältnisse, häusliche, des Lehrers. Auch in seinen häuslichen
Verhältnissen muß der Schullehrer Vorbild der Gemeinde sein, damit sich
seine Lehre in seinem Wandel abpräge und sein Leben nicht seine Worte
Lügen strafe. Im Leben des Hauses soll sich die wahre, christliche Humanität am lieblichsten darstellen; denn das wahre Leben wird nur da
gefunden, wo sich alle Blüthen das menschlichen Geistes und Gemüths
so entfalten, daß der Zweck des irdischen Daseins, Streben nach Vollkommenheit und Gottähnlichkeit möglichst erreicht werde. Das Leben bildet sich am besten im Leben selber aus. Aber ein tüchtiger und haltbarer
Grund muß gelegt sein, wenn nicht die Winde und die Wasserwogen
kommen und dem Gebäude den Untergang bereiten sollen. Es ist eine
verkehrte und falsche Meinung, wenn der Schullehrer dafür hält, daß er
seiner Pflicht völlig Genüge geleistet habe, wenn er den Geschäften seines
Amtes obliege, und sich hierin keine Nachlässigkeit zu Schulden kommen
lasse; die Führung eines guten Wandels, christliche Zucht und Ordnung
im Hause gehören nicht minder in den Bereich seiner Berufsfähigkeit,
denn dadurch soll er erbauen, im Guten vorangehen und überhaupt durch
sein Beispiel beweisen, daß er selbst von dem, was gut und heilig ist,
durchdrungen sei, und zum erhabenen Ziele einer veredelten Menschheit
emporstrebe. Es muß daher aus seinem ganzen Thun und Lassen ein
wohlgeordnetes und sittliches Wesen hervorgehen, weil der Gegensatz hiervon einen gewaltigen Riß in den heiligen Tempel des göttlichen Reiches
macht, an dem er nicht bloß durch Lehre, sondern auch und vorzüglich
durch sein Leben in und außer dem Hause zu bauen berufen ist. Soll
in seinem Hause Friede, Freundlichkeit, Holdseligkeit und wahre christliche
Frömmigkeit, verbunden mit der stillen, geräuschlosen Thätigkeit, wohnen,
so muß er schon bei der Wahl seiner Ehegattin vorsichtig sein. Denn
davon hängt nicht bloß für sein häusliches und Lebensglück, sondern auch
für seine gesegnete Amtsführung sehr viel ab. Die zum Unterrichte
unentbehrliche Heiterkeit kann ihm eine Frau erhalten und nehmen, sie
kann den Segen seines Lehrerberufes vermehren und vermindern, und
sein Ansehen erhöhen oder schmälern. Eine übel gewählte Frau kann
wieder verderben, was er gut macht, sie kann ihn um sein Lehreransehen
und um seinen Lehrersegen bringen. Darum soll der Lehrer bei der Wahl
seiner Gattin bedachtsam sein. Er ist es nicht nur sich, sondern auch seiner Schule schuldig. Er muß auf eine Person sehen, die in Allem musterhaft ist. Er sehe also nicht auf glänzende Geistesgaben und ausgezeichnete körperliche Schönheit, sondern vielmehr auf eine solche Person, die
im stillen Leben von redlichen, christlichen Eltern erzogen — in einem
Familienkreise, wo die ächte Tugend und Gottesfurcht, die Weisheit des
Herzens mehr gilt, als die bloß glatte Bildung des Verstandes, die alles
tiefern Grundes ermangelt, und ohne jene das Leben nur verflacht und
zum Gemeinen herabzieht, statt es zu erheben und zu veredeln. „Wehe
dem Manne", sagt Dinter, „der mit einer Frau verbunden ist, die
nichts Höheres kennt, als sinnliches Vergnügen und die vergängliche
Freude des Tages. Nicht nur, daß sie selbst des eigenthümlichen Elemen-
tes entbehrt, in dem allein eine edle Weiblichkeit gedeihen kann: sie bringt
auch dem Leben Anderer, die mit ihr verbunden sind, eine tödtliche Verflachung, und die edlen Blüthen des Geistes und des Gemüthes weht
ein vergiftender Pesthauch an. Ein edles Gemüth vermag viel über einen
Mann: aber alle edlen Bestrebungen sinken in den Staub, so bald mit
der Sinnlichkeit des Mannes auch die eitle Weltlust des Weibes sich verbindet." Wir wiederholen es also noch einmal: der Lehrer wähle eine
musterhafte Person zu seiner Ehegattin. Mag sie ihm auch keine Tausende

mitbringen, so wird er dennoch reich durch sie. Auch stehe er seinem eigenen Hause wohl vor und vernachläßige seine eigenen Kinder nicht. Sein Hauswesen muß in Ordnung und gutem Stand, seine Kinder müssen die wohlerzogensten, sittsamsten, ordentlichsten, fleißigsten, gehorsamsten und geschicktesten seyn. Wenn er andere Kinder unterrichtet und seine eigenen verwahrlost, so gleicht er einem Schuster, der Andern Schuhe macht und seine eigenen nicht flickt. S. auch Art. Familienvater. (1. Tim. 3, 11.)

Verhältniß des Lehrers zu seinen Schülern. Da wir uns über dieses Verhältniß schon mehrfach an zerstreuten Stellen ausgesprochen haben, so begnügen wir uns damit, daß wir das dem Gesagten noch beifügen, was Kelber gleichnißweise hievon sagt: „Die Rebe muß am Weinstocke seyn; der Schüler bei dem Lehrer. Der Weinstock hängt nicht von den Reben ab; der Lehrer nicht von dem Schüler. Die Rebe kann ohne den Weinstock keine Frucht bringen, der Schüler nicht ohne den Lehrer. Der Weinstock gibt den Reben Nahrung, der Lehrer dem Schüler. Die Rebe saugt die Nahrung des Weinstockes ein, der Schüler die Nahrung des Lehrers. Die Rebe bringt Frucht, der Schüler nicht minder. Unabhängig soll der Lehrer auch von der Gemeinde sein; denn wenn die ihn binden kann, die er frei machen soll, so wird sie nicht frei, und der Lehrer bleibt gebunden. So binden sie einander selbst und sind beide unfrei." (Joh. 15, 5. 16.)

Verhärtung. (S. Art. sinnliches Gefühl.)

Verhör. (Anhörung der Aussagen eines angeklagten Kindes.) In Fällen, wo dieses oder jenes Kind wegen eines begangenen Fehlers beim Lehrer angeklagt, und er dadurch aufgefordert wird, dasselbe zu verhören, muß er beim Verhör selbst sehr vorsichtig zu Werke gehen, weil es nur zu leicht ein Reiz zum Lügen werden kann. Rücksichten, die der untersuchende Richter nicht zu nehmen hat, wenigstens in der Regel nicht nimmt, sind dem Lehrer und Erzieher nicht zu erlassen, diejenigen nämlich, die das Reinsittliche betreffen. Der weltliche Richter kümmert sich wenig darum, ob ein Peinlichbeklagter durch sein Untersuchungsverfahren moralisch besser oder schlimmer werde. Allein gerade dieses Letztere ist es, was der Erzieher sorgfältigst zu berücksichtigen hat. Seine Sache ist, daß er das Schlimmerwerden eines Kindes möglichst verhüte, und das Besserwerden desselben auf das Angelegentlichste betreibe. Die Fragen, welche der erziehende Lehrer bei der Untersuchung eines angeklagten Kindes stellt, können demselben gar leicht eine Veranlassung zum Lügen geben, und die Wege, die er dabei einschlägt, lassen das Kind auf allerlei Ausflüchte und Ränke sinnen, auf die es sonst nicht gekommen wäre. Daher frage der Lehrer das angeschuldigte Kind so wenig als möglich, sondern er wende sich mit seinen Fragen vielmehr an diejenigen Kinder, welche klagend aufgetreten sind, oder sonst nähere Kenntniß von der Sachlage haben. Von diesen hat er sich die Sache mit allen Nebenumständen auf's Genaueste angeben zu lassen, damit das Ganze zu einer solchen Gewißheit gebracht werde, die nicht mehr geläugnet werden kann. Sind aber keine Zeugen vorhanden, und kann das Geständniß bloß durch die Aussagen des angeschuldigten Kindes ausgemittelt werden, dann wird der Lehrer besser thun, wenn er dasselbe allein verhört, und sein Gewissen mehr durch angemessene Vorstellungen rührt, als durch untersuchende Fragen, wodurch die bemerkten Nachtheile für die Sittlichkeit des zu untersuchenden Kindes herbeigeführt werden könnten. Nur müßte dann in dem letzten Falle das in Frage stehende Vergehen in seiner ganzen Verwerflichkeit dargestellt werden. Ruht auf dem angeklagten Kinde ein

bringender Verdacht, ein sehr wahrscheinlicher Gedanke, etwas Böses
verübt zu haben, so nehme es der Lehrer in genaue Aufsicht und lasse es
wahrnehmen, warum er dieß thue. Auch den bessern Kindern kann er
etwa sagen: „Helfet mir auf das Betragen des N. Acht haben; wenn er
wirklich eines so schlimmen Vergehens schuldig ist, so wird das vielleicht
dazu dienen, ihn künftig davon abzuhalten und zu bessern: ist aber sein
Gewissen rein, so wird es ihn nur desto mehr freuen, wenn der Verdacht
gegen ihn völlig aufhören wird.“ Oder: „Ich wünschte recht sehr, daß
es nicht wahr wäre, wessen man dich zeiht, und was euch Andere betrifft,
so müßte es mich schmerzen, wenn ihr dem N. etwas mit Unrecht zur
Last legen solltet. Nun, ich will die Sache nicht weiter untersuchen;
aber sorge du N. dafür, daß deine Mitschüler durchaus nicht Böses mehr
von dir denken können“ u. s. w. Auf diese und ähnliche Weise wird dem
Knaben wenigstens der Weg zum Weiterlügen und zu noch größerer Verstocktheit abgeschnitten, und dabei von dem Lehrer weder der Wahrheit,
noch seinem Ansehen etwas vergeben, zugleich aber auch der klagende
Theil möglichst beschwichtiget. (Joh. 15, 6. Spr. 12, 2. B. d. Weish.
17, 10. Matth. 12, 7.)

Verhütung und Heilung geheimer Jugendsünden. Indem wir den
Leser auf das hinweisen, was wir über diesen Gegenstand (Art. Bewachung
des Geschlechtstriebes) gesagt haben, fügen wir diesem hier nunmehr noch
folgende Bemerkung bei: Jeder aufmerksame Erzieher wird ohne Zweifel
schon Gelegenheit gehabt haben, sich davon zu überzeugen, daß leider ein
ziemlich bedeutender Theil unserer Jugend der geheimen Jugendsünde
ergeben ist, und nur Wenige sich unverderbt erhalten mögen. Woher
aber diese betrübende und schmerzliche Erscheinung in unsern Tagen?
Daher: die Sorglosigkeit so vieler Eltern, welche ihren Kindern freien
Spielraum gestatten, ihren Launen und ihrem Hange zum Umherschwärmen zu folgen, trägt wohl zunächst dazu bei, daß dieselben auf Abwege
gerathen. Nicht weniger tragen die bösen Gesellschaften der Jugend dazu
bei. Es bedarf oft mehr nicht als eines Anblicks, eines einzigen unanständigen Wortes, einer einzigen Berührung, und das Kind ist zur Sünde
verleitet, welche Seele und Leib zugleich zu Grunde richtet. Aber am
meisten verdirbt das böse Beispiel der Eltern selbst. Oder was soll man
von Eltern sagen, die in Gegenwart ihrer Kinder Dinge thun, oder zu-
lassen, oder vorbereiten, welche denselben eher mit dem dichtesten Schleier
verhüllt seyn sollten?   So wird denn in Folge dieser einreißenden
Sinnenlust die physische und zum Theile die geistige Kraft der Menschheit schwächer von Geschlecht zu Geschlecht. So wird also das Uebel,
aus welchem diese Zerrüttung als die größte Schmach des menschlichen
Geschlechtes hervorgeht, vornehmlich von denen selbst in's Dasein gerufen, deren heiligste Pflicht es seyn sollte, die Unschuld ihrer Kinder zu
bewachen und sie von jeder, auch der geringsten Verletzung zu bewahren? Und was werden Eltern, wenn sie zur Erkenntniß der geheim
getriebenen Sünde ihrer Kinder kommen, um sie davon zu befreien,
thun? — Wie sie sich wenig daraus machten, die Verführer derselben zu
werden, eben so wenig wird ihnen daran gelegen sein, die Mittel zu
ergreifen und anzuwenden, wodurch sie davon befreit werden können, weil
sie theils die schrecklichen Verwüstungen, welche diese Sünde anrichtet,
zu wenig kennen, theils sich dieselben geringer denken und ihre Kinder
noch zu entfernt davon halten. Auch fällt es ihnen öfters nicht einmal
ein, ihre Zuflucht zum allein helfen könnenden Retter und Arzte zu nehmen. Und so lange dieß nicht geschieht, und so lange Eltern und Erzieher die unglücklichen Kinder durch ihr eigenes unzureichendes Wirken

aus den Banden der Finsterniß frei machen wollen, wird es ihnen so wenig als den Kindern selbst ganz gelingen, und die Sünde wird die letztern nach wie vor mit sich fortschleppen, wohin sie will. Leibliche Aerzte können wohl etwas hiebei thun, allein selten wird ihr Werk mit Erfolg gekrönt. In dieser Beziehung sagt Zeller: „Nur Jesus Christus kann und will einen sündigen Menschen heilen, und ihn gänzlich befreien von solchen, wie von ähnlichen Sünden, und Leib und Seele reinigen von aller Untugend. Und Er thut es gewiß, so wahr Er lebt, wenn ein solches Kind von ihm gerettet seyn will. Aber gerade dieses Wollen ist es, das so vielen jungen Sündern fehlt, weil sie die heimlichen Sünden noch heimlich lieben, und sie nicht hassen und verabscheuen. Auch lehrt die Erfahrung, daß, je länger die Kinder diese Sünde forttreiben, desto mehr verlieren sie endlich den Willen, sich davon heilen zu lassen. Eben so geht es auch bei denen, die, nachdem sie den Schaden der heimlichen Unzuchtsünden erkannt haben, sich vornehmen, dieselben nur seltener zu treiben. Sie verlieren endlich allen Willen, frei zu werden, und gehen verloren. Hier ist oft kein anderes Rettungsmittel, als das Verderben des Fleisches, damit die Seele am Tage des Herrn Jesu gerettet werde. (1. Kor. 5, 5.) Damit es aber nicht so weit kommen möge, so ist zu wünschen, daß der junge Sünder noch bei Zeiten kennen lerne — im Lichte der Wahrheit — die ganze Abscheulichkeit des Lasters, wodurch er zum Selbstmörder wird; daß er darüber zu einer gründlichen Ueberzeugung komme; daß er dadurch zu einem aufrichtigen Verlangen nach Rettung gebracht, und in diesem innigsten Verlangen zu Jesu geführt werde. Hier ist allein Hülfe gegen dieses Laster; hier ist die einzig wahre und gründliche Heilung; hier ist der Arzt, der allein und völlig helfen kann. — Uebrigens sind auch jene Heilungsmittel aller Empfehlung werth, die wir in dem oben erwähnten Artikel angeführt haben. (Sir. 23, 5. Petr. 4, 3. Ephes. 4, 19. Röm. 13, 13. Hebr. 1, 3.)

Verhütung der Vergehungen der Schüler. Der Lehrer muß, so viel in seinen Kräften liegt, die Vergehungen seiner Kinder zu verhüten und abzuwenden suchen. Dieß wird er vermögen, wenn er die Schüler vor dem Beginne des Unterrichts nie ohne Aufsicht läßt, und darauf hält, daß jeder beim Eintritte in's Lehrzimmer seine Kopfbedeckung — Hut oder Kappe, — seine Bücher und was er sonst mitzubringen hat, an einen hiezu bestimmten Ort hinlegt; wenn er die Anordnung trifft, daß jeder sich sogleich an den für ihn bestimmten Platz begibt und denselben ohne Erlaubniß nicht verlassen darf; wenn Knaben und Mädchen in ihren Bänken so sitzen, wie es Zucht und pädagogische Vorsicht erheischen; wenn er dem Thätigkeitstriebe der Kinder die gehörige Richtung und Befriedigung gibt, und während des Unterrichts keines derselben aus dem Auge verliert, um jede auch die kleinste Unordnung sogleich bemerken zu können. Aus diesem Grunde hat der Lehrer seinen Standort zweckmäßig zu wählen, sich an einen freien Vortrag zu gewöhnen und alle Nebengeschäfte bei Seite zu lassen. Er verhütet ferner Vergehungen, wenn er die Schule nie ohne dringende Noth verläßt, und falls er sie verlassen muß, dafür sorgt, daß die Ordnungsschüler ihr Aufsichtsamt führen; wenn er überhaupt für Ruhe, Ordnung und Wohlanständigkeit sorgt, und wenn er endlich sorgfältig alle Strafen vermeidet, die zu Vergehungen verleiten könnten, wie etwa Strafen an Geld oder das Alleineinsperren, weil ersteres leicht zu Diebstahl und Betrug, und letzteres zu Unzuchtsünden verleitet. Ueber Alles, was nach der eingeführten Schul-Ordnung zu beobachten ist, müssen die sämmtlichen Kinder in genaue Kenntniß gesetzt werden, damit sie wissen, woran sie sind.

Berkehrte oder böse Beispiele sollen entweder gar nicht, oder nur mit großer Vorsicht in die Schullesebücher aufgenommen werden. Gegen solche Lesestücke, Erzählungen und Mährchen, in welchen verkehrte Beispiele ohne weise Auswahl vorkommen, müssen wir uns auf eine entschiedene Weise erklären. Noch immer liest man selbst in den neuesten Lesebüchern von Knaben, die in der Schule entweder Tische oder Bänke beschädiget, andere Sachen vorsätzlich verderbt, oder auf der Straße allerlei Unfug getrieben, und in Gärten und Feldern böswillig Schaden angerichtet haben. Eben so kommen darin Beispiele von eigensinnigen, gebieterischen, lügenhaften und ungezogenen Mädchen vor, welche bei ihren Unarten lange Zeit beharrt, oft listig genug Eltern und Lehrer betrogen und hintergangen, und erst durch eigenen Schaden klug geworden sind, oder aus andern unedlen Beweggründen die angenommenen Fehler abgelegt haben. Dieß aber sind verkehrte Beispiele. Wollen wir die Aufnahme solcher Lesestücke nicht geradezu einen pädagogischen Mißgriff nennen, so müssen wir doch mindestens behaupten, daß es gerathener sei, dergleichen Stücke aus dem Lesebuche wegzulassen. Glaubt der Lehrer hie und da auf eine einzelne böse Handlung besonders Bezug nehmen zu müssen, so bedarf er dazu gewiß nicht des Lesebuches; er kann die Schändlichkeit und Schädlichkeit solcher Handlungen mündlich angeben, und zur Veranschaulichung bieten nicht selten die Schule selbst oder das Leben der nahen Umgebung Beispiele dar. Was man durch solche Lesepensen erreichen will — etwa ein Zurückhalten und Abschrecken von gleichen oder ähnlich schlimmen Handlungen, gelingt selten oder gar nicht, weil der jugendliche Leichtsinn in der Regel sich nur mehr durch das bestimmen läßt, was unmittelbar auf ihn selbst einwirkt, dagegen dasjenige weniger beachtet, was ihm mehr fern zu liegen scheint und ihn nicht geradezu berührt; höchstens lernen Kinder sich vorsichtiger benehmen, wodurch für wahre Veredlung immer nur sehr wenig gethan ist. Oft werden sie sogar durch solche Lesestücke erst auf dieses und jenes Böse aufmerksam gemacht, was ihnen vielleicht noch auf lange Zeit oder gar für immer unbekannt geblieben wäre. Die Erfahrung lehrt, daß statt des beabsichtigten Abscheu's gegen das Böse ein gewisses Wohlgefallen, ein Beifallgeben erzeugt, und daß oft unmittelbar nach der Schule die tollsten Streiche von den Kindern in ihren Spielen aufgeführt wurden, wobei die treue Aus- und Durchführung der einzelnen Thatsachen der vollkommenen Auffassung das beste Zeugniß gab. Allerdings waren es nur Spiele, aber wahrlich gefährliche Spiele! — Wer erinnert sich nicht noch daran, daß in Zeitungen Beispiele bekannt gemacht wurden, wo mehrere Knaben und Mädchen in Städten aus Leihbibliotheken Räubergeschichten gelesen, und diese Handlungen auch wirklich ernstlicher als im Spiele nachzuahmen gesucht hatten? — Man ist doch allgemein so ängstlich und zart besorgt, daß die Kinder nirgends Böses sehen und hören sollen, weil sie dasselbe, laut Erfahrung, immer leichter und lieber nachmachen, als das Gute. Ist es denn aber wohl weniger gefährlich, öfter Böses zu lesen? Es ist schon eine Versündigung an der Unschuld der Kinder, wenn man sie nur in die Nähe der Schändlichkeit und des Verbrechens führt. Wahrlich! das Kind muß auch schon in die Höhe sehen, und sein Blick muß fortwährend zu dem Strahlentempel der Tugend auf dem Berge gerichtet werden; frühe schon muß es die ersten Stufen dahin erstsigen lernen, und Zutrauen zu seiner Kraft und zu der Hülfe von Oben bekommen, sonst gewöhnt es sich gar zu leicht, nur um sich oder unter sich zu blicken und in dieser nächsten Umgebung Entschuldigung für seine eigene ge-

wohnte Denk= und Handlungsweise zu finden. „Umgebt," sagt Nie=
meyer, „den Zögling nur mit Edlen und Guten, damit es ihm,
wie dem Bergbewohner, unerträglich werde, in den erstickenden Ausdün=
stungen der Niederungen auszudauern: er wird ohne euer Zuthun und
ohne Warnungen die reine Atmosphäre aufsuchen, weil er sich nur hier
wohl befindet." „Trachte", sagt Demeter, „in dieser Beziehung, mehr
auf's Anpflanzen als auf's Ausreuten; mehr auf's Aufbauen
als auf's Niederreißen; mehr auf's Angewöhnen als auf's Ab=
gewöhnen." — Und wir setzen bei: Man muß der Jugend den Weg
nicht anbahnen, der zur Entwürdigung und zum Verderben führt. Nur
zu gern wird der Gute durch den Bösen angezogen und verschlimmert.
Sollen Thorheiten und Laster der Menschen getadelt und deren Schänd=
lichkeit und Schädlichkeit eindringlich dargestellt werden, so geschieht sol=
ches unstreitig am besten namentlich durch die Fabel und Parabel,
oder auch durch eine entsprechende Schilderung, weil hiebei das in
der thörichten und bösen Handlung für einen Menschen Entehrende
schärfer hervortritt, und den Reiz der Nachahmung nicht leicht aufkommen
läßt, wenigstens denselben nicht nährt. — (Röm. 7, 19.)

Verkennen — Verkennung. (S. d. Art. Beurtheilen und Ge=
müthlichkeit.)

Verkleinerungssucht. Wenn es auch nicht leicht Jemand wagt, sich selbst
vor Andern zu rühmen, weil Eigenlob immer für etwas Unanständiges
gehalten wird, so vernimmt man doch nicht selten Aeußerungen selbst aus
dem Munde der Jugend, die über den Verstand, oder über das Betra=
gen, Kleidung und andere Dinge gefällt werden, daß sie damit zu ver=
stehen gibt: ich weiß mehr als dieser und jener, ich betrage mich gefälli=
ger, habe schönere Kleider, meine Eltern sind vermöglicher ꝛc. Dieß Be=
streben, Andere neben sich gering zu schätzen und zu verkleinern, ist ein
eigener Zug in der Gemüthsart des Menschen. Wir müssen daher bil=
lig fragen: Welches ist der Grund davon, daß man gewöhnlich weit eil=
fertiger zum Tadeln und Aussetzen, als zum Loben ist? Wenn gleich
wohl Abneigung und eine böswillige Stimmung Veranlassung gibt, An=
dere zu verkleinern und herabzusetzen, oder das Lob, welches man Andern
ertheilt, durch irgend eine hinzugefügte Bemerkung zu beschränken; so ist
dieselbe doch nicht immer die Ursache allein davon; sondern es ist mei=
stens der Neid, der im Hintergrunde liegt, und zur Verkleinerungssucht
antreibt. Kinder, die einander beneiden, werden es nur ungerne sehen,
wenn der Lehrer mit diesem oder jenem zufrieden ist, dessen Fortschritte
im Lernen er rühmt oder über dessen Betragen er sich beifällig ausspricht,
und werden dann auch nicht säumen, entweder unter sich oder zu Hause
bei ihren Eltern ihren Tadel über ein solches Kind laut werden zu las=
sen. Dieß kann jedoch auch aus leerer Eitelkeit, aus Uebermuth und
wunderlicher Laune geschehen, ohne daß damit eigentlich eine böse Absicht
verbunden ist. Einer unserer ausgezeichneten Pädagogen, Beneke,
glaubt, daß die Quelle dieses Fehlers, durch den auch sonst edle jugend=
liche Gemüther befleckt werden, in dem angeborenen Triebe des Menschen
nach Vollkommenheit liege, indem dieser an sich herrliche Trieb oft eine
falsche Richtung nehme, und zu sonderbaren Selbsttäuschungen der Seele
verleite. Dann werden wir, sagt er, ohne es zu bemerken, leicht ver=
führt, die gute Meinung von unsern Eigenschaften zu verwechseln mit den
Vorzügen, die wir besitzen möchten, so daß wir, statt nach der innern
Vollkommenheit selbst zu ringen, noch begieriger sind, in Andern den
Glauben zu erwecken, daß wir sie schön besitzen. — Weil wir nun aber
nicht immer Kräfte genug in uns fühlen, uns zu jenem Grad der Voll=

kommenheit zu erheben, den wir zu beſitzen wünſchen, demohngeachtet
aber die gute Meinung von Andern nicht einbüßen möchten; ſo werden
wir doch geneigt, das günſtige Urtheil gegen Vollkommenere zu ſchmälern.
Kann man ſich nicht erhöhen, ſo kann man doch Andere etwas erniedrigen, und auf ſolche Weiſe, wie man meint, ihnen gleich ſtehen. So verkleinert oft ein Kind das andere, um ſich und Andern dadurch zu verſtehen zu geben: Ich hätte das auch gewußt, — hätte auf des Lehrers
Fragen eben ſo gut antworten können, wenn er mich gefragt hätte; —
ich hätte eben ſo ſchön geſchrieben, wenn meine Feder und Papier ſo
gut geweſen wäre u. ſ w. Und eben, weil nicht leicht ein Kind dem
andern nachſtehen will, ſo verkleinert es die Einſichten und Fertigkeiten
des andern, oder macht auf einzelne Fehler aufmerkſam, die es machte.
— Die Verkleinerungsſucht begnügt ſich aber noch nicht ganz damit, Andere zu tadeln und ihre Vorzüge in Schatten zu ſtellen, ſondern ſie führt
allmählig zu andern Uebeln. Sie iſt der erſte Schritt zur Ruhmredig-
keit. Mag die Verkleinerungsſucht anfangs, wenn ſie ſich bei Kindern zu
entwickeln beginnt, unbedeutend erſcheinen, ſo bringt ſie in ihrem Zunehmen doch große ſittliche Nachtheile mit ſich, denn nur zu leicht verwandelt ſich der Verdruß über die Vorzüge eines andern in Neid und Verläumdung, mit denen ſich gern noch Stolz, die überſpannte Meinung von
ſeinen eigenen Vorzügen, zu verbinden pflegt. Daher erblicken wir z. B.
unter jungen Leuten, welche noch in des Lebens Blüthe wandeln, den
Stolz auf äußere Schönheit am gemeinſten. Selten werden ſie den Vorzügen Anderer ihres Geſchlechtes mit vollem Herzen Gerechtigkeit gewähren, und lieber das Mangelhafte daran aufſuchen, und ihr Auge daran
weiden, als das Geprieſene bewundern. Hier iſt auch, wenn der Gedanke
nicht zum Worte wird, Verkleinerungsſucht und es entfaltet ſich, ſo un-
ſchuldig es anfangs auch ſein mag, der Hang zur Eitelkeit. Um nun der
Verkleinerungsſucht, die öfters ſchon in den Gemüthern der Kinder Wurzel faßt, zu ſteuern und ſie in ihrem Keime zu erſticken, nimmt der erziehende Lehrer für dieſelben folgende Momente in ſeine Darſtellung auf:
a) Der Redlichgeſinnte erkennt die Vorzüge Anderer, ſtatt ſie zu ſchmälern, willig an, und freut ſich ihrer, wenn ſie wahre Vorzüge ſind. Gern
gönnt er Andern größere Kenntniſſe und Geſchicklichkeiten; denn ſo iſt
es der Wille Gottes, daß die Gaben ungleich ausgetheilt ſein ſollten, damit Einer dem Andern deſto nützlicher und unentbehrlicher
werde. Wer weniger empfangen hat, und ſolches gut anwendet, gilt
deßhalb bei Gott nicht weniger. b) Er beneidet Keinen, weil er etwa
ſchönere Kleider und beſſer zu eſſen hat, als er, oder weil ſeine Eltern ein
größeres Vermögen beſitzen, und ſucht ſeinen Vorzug deßhalb nicht durch
Aber und Wenn zu ſchmälern. Es kann ja Jeder auch mit Wenigem
zufrieden und glücklich ſeyn. Denn nicht das Gut drauſſen, ſondern das
Gut im Herzen macht lebensfroh. c) Es gibt auf Erden nur eines,
was der Menſch an ſich achtungswürdig nennen darf, und was allen
Menſchen Achtung abgewinnt, und das iſt: der fromme Wandel vor
Gott. Wer Gott gefällt und ſeine Gnade genießet, der hat mehr, als
was die Welt und alle ihre Güter werth ſind. (Jer. 9, 23, 24. 1. Cor.
24—29. Röm. 16, 19. Luc. 10, 42.)

Verlangen. (S. Art. Beſtrebungsvermögen.)

Verläumdung. (S. Art. Zunge.)

Vermehrung der Kenntniſſe des Lehrers. (S. Art. Fortbildung
des Lehrers.)

**Vermeidung deſſen, was dem religiös-ſittlichen Gefühle entgegen
iſt.** Die erſte Grundregel, die der Lehrer genau zu befolgen hat, und

ohne welche alle übrigen wenig nützen würden, besteht darin, daß er von
seiner Seite Alles sorgsam vermeide, was dem religiös = sittlichen Gefühle
entgegen ist. Je weniger, sagt Handel, unsere verabsäumten Kinder
an ihren zeitherigen Umgebungen sich in frommer Sittlichkeit aufrichten
und spiegeln konnten, desto mehr muß ihnen nunmehr, und das gleich
von vorn herein, der Lehrer das Muster werden, an und von welchem
sie nichts anders sehen und hören, als was mit den strengsten Forderungen der Religion und Sittlichkeit bestehen kann. Von ihm muß nicht
allein das Licht ausgehen, das den Geist der Kinder durch Wissen und
Erkenntniß erleuchtet, sondern auch der erwärmende Strahl, der das ein-
gefrorne, todte religiös = sittliche Gefühl in ihnen aufthauen und zum
Leben erwachen läßt; kurz, er muß sein, wie Christus der Herr unter
seinen Jüngern. Wenn sie in seinem ganzen Verhalten täglich nur Heiliges und Gutes sehen, in seinen Reden nur Gutes hören, wenn sie täglich wahrnehmen, wie er beides, das Religiöse und das daraus sprossende
Gute mit Liebe übt, lehrt und hervorhebt, dagegen das Unheilige und
Schlechte fernhält, tadelt, verabscheut und unterdrückt, wie er selbst mit
der strengsten Gewissenhaftigkeit seine Pflicht erfüllt, wie es sein eifrigstes
Bestreben ist, die Kinder zu frommen und guten, gottgefälligen Menschen
zu erziehen; dann müssen auch die verhärtetsten nach und nach zu einiger Gesinnung gebracht, ihr religiös = sittliches Gefühl wieder hervorgerufen und geweckt, und ihr Innerstes zur Achtung gegen einen solchen
Lehrer gestimmt und gleichsam genöthiget werden. Er entzieht jeder un-
heiligen und unsittlichen Regung ihre Nahrung, und wo auch noch solcher
Regungen viele sich in den Kindern äußern, sie werden und müssen sich
immer mehr vermindern; denn an dem edlen Verhalten eines solchen
Mannes finden sie keinen Anhalt, sondern überall Gegensatz und Abbruch. Wie nothwendig ist es daher, daß von Seite des Lehrers alles
vermieden werde, was gegen das religiös = sittliche Gefühl verstößt!

Vermessenheit besteht darin, daß man sich mehr zutraut oder von
sich rühmt, als man zu leisten vermag. Sie ist also ein allzugroßes Zutrauen zu sich selbst — hervorgehend aus der Ueberschätzung seiner Kraft.
Sie erzeuget Stolz, Rechthaberei und Verwegenheit. Die Vermessenheit
entsteht gewöhnlich dadurch, daß man bei einer verzärtelten Behandlung
dem Eigensinne des Kindes zu viel nachgibt, es beständig erhebt und bewundert, und seinem ganzen Thun und Lassen Weihrauch streut; oder
daß man das Kind vernachläßiget, und es sich selbst überläßt, so daß es
roh und verwildert aufwächst, gegen Menschen und Thiere hart und
grausam verfährt, auf Reichthum und Ansehen der Eltern pocht und ungehindert schalten und walten kann. Ueberhaupt verleitet Alles zur Vermessenheit, was den jungen Menschen dünkelhaft macht, sein Selbstgefühl
überreizt, seiner Ehrliebe eine falsche und verkehrte Richtung gibt, seine
körperliche und geistige Bildung verabsäumt, und wo namentlich das hintangesetzt wird, was der Güte und Lauterkeit des Gemüths Vorschub gibt.
Die Vermessenheit ist mehr eine Entartung des männlichen Geschlechts,
wo hingegen der Leichtsinn mehr dem weiblichen eigen ist. Sie macht,
wenn sie noch von einigen andern Fehlern begleitet ist, den Menschen in
socialen Verhältnissen unerträglich und unduldsam; sie stempelt ihn zum
Raufer, Schläger, Polterer und zum Auflehner gegen Gesetz und Ordnung. Bildlich stellt uns die heilige Schrift diese Vermessenheit an
Noe's Nachkommen dar, die, um einander nicht ganz zu verlieren, einen
Thurm zu bauen anfingen, der mit der Spitze bis an den Himmel reichen sollte. Gegen diesen verderblichen Fehler muß daher auch die Erziehung die Kinder sorgsam zu verwahren suchen. Wir fragen nunmehr,

wie dieß geschehen könne, und welchen Weg der Erzieher einzuschlagen habe, um das Ziel glücklich erreichen zu können? — Wir erwidern hierauf Folgendes: Man mache nie zu viel aus dem Kinde, weil es sonst bald zu viel aus sich selber macht. Man beweise ihm zwar diejenige Aufmerksamkeit und Sorgfalt, welcher sein hülfloser und unmächtiger Zustand erheischt; man komme seinen leiblichen und geistigen Bedürfnissen liebevoll und freundlich entgegen, aber man übertreibe auch diese Aufmerksamkeit und Sorgfalt in keinem Stücke und auf keinerlei Weise, damit es einerseits nicht leiblich und geistig verkümmert, andererseits aber nicht an Leib und Seele verzärtelt und verweichlichet werde. Man mache es nicht zum Centralpunkte, in dem sich Alles im Hause vereinigen, regen und bewegen soll. Man lasse zwar das Kind, so bald es dessen fähig ist, mit seiner eigenen Kraft etwas ausrichten, damit es zum freudigen Gefühle derselben gelange, und dadurch zur Anstrengung und zum Fleiße ermuntert werde; aber man lasse es zugleich auch die Erfahrung machen, daß es mit seiner eigenen Kraft gar Vieles nicht vermöge, was nur durch die Vereinigung vieler einzelner Kräfte zu Stande gebracht werden kann. (Beispiele der Art können dem Kinde leicht vorgeführt werden.) Man setze den Anmaßungen des Kindes einen festen Ernst entgegen. Es werde ihm standhaft versagt, was es nicht haben darf, und wenn es auch weinend und schreiend darauf bestehen sollte. Das ist zugleich das einzige Mittel, den Eigensinn der Kinder zu brechen. Nachgiebigkeit gegen kränkliche oder ganz artige Kinder führt dieses Uebel nur zu leicht herbei, und ist eben deßhalb Anfangs schwer zu verhüten, weil es nicht leicht zu beurtheilen ist, in wie fern man nachgiebig sein dürfe oder nicht, um nicht in Härte zu verfallen. Man sei beim Loben und Tadeln des Kindes vorsichtig, und hüte sich vor jeder Uebertreibung. Man lobe eben so wenig Alles am Kinde, als man Alles an ihm tadle, weil man durch beides demselben nachtheilig werden kann. Lob und Tadel sollen gleichsam nur Würze sein, und darum auch nur sparsam und am rechten Orte gebraucht werden. Beide sollen nur zur Ermunterung dienen, künftig die Sache besser machen zu wollen. (S. Art. Lob und Tadel.) Man leite den Ehrtrieb des Kindes schon frühzeitig auf solche Dinge hin, wobei allein wahre Ehre gesucht und gefunden werden kann. Gefallsucht und Eitelkeit führen leicht zur Vermessenheit. Der Knabe oder Jüngling macht, von seiner Eitelkeit versucht, Auffallen erregende und tollsinnige Streiche, so wie sich das Mädchen aus demselben Grunde über Zucht und Schamhaftigkeit hinwegsetzt. Man erhalte endlich das Kind stets in einer weisen Abhängigkeit, gewöhne es zum willigen Gehorsam und pflanze in sein Herz Demuth und Bescheidenheit. Auf diese Weise wird es im Gefühle seiner Kraft nicht ausschweifen und die ihm gesetzten Schranken nicht durchbrechen. Doch das Zuverläßigste von den hier aufgezählten Mitteln, die Kinder vor Vermessenheit zu bewahren, ist und bleibt immer — die Religiosität. (Spr. 21, 24. Sir. 3, 28. 29. Sir. 3, 26.)

Verminderung des Reizes im Unrechtthun. Eine fehlerhafte Erziehung gibt nicht selten Anreizung zum Bösen. Dahin gehört nach Niemeyer namentlich das häufige Verbieten, wodurch Kinder oft erst aufmerksam gemacht werden auf das Böse, das sie thun könnten. Schwächer reizt schon zur Uebertretung das Gebot; aber bei dem natürlichen Triebe nach Freiheit reizt es doch auch, und es ist ein Gewinn, wenn selten ver- und geboten, selten durch positive Gesetze etwas bewirkt werden darf, da sich ja das Meiste auf andern Wegen erreichen läßt. Sailer sagt (S. 106), man soll wenig Gebote aufstellen, Alles frei lassen, was man frei lassen darf, d. i. was man frei lassen kann, ohne das

Böse anzuregen und die Regung desselben zu begünstigen; denn das nitimur in vetitum semper cupimusque negata (alles Verbot reizt zur Uebertretung), ist auch schon in der Kinderstube einheimisch. Deßhalb wird der Erzieher das einmal aufgestellte Gebot mit einem unnachgiebigen Ernste behaupten Denn Gebote ohne Ernst sind leichte Zäune, die zum Ueberspringen reizen. Er wird deßhalb dem Kinde alle Auswege zur Entkräftung des Gebotes zu verschließen suchen. Am stärksten reizt indessen der äußere Vortheil. Das Kind thut unrecht, nicht weil es Unrecht ist, sondern weil es dadurch gewinnen will. Es ist daher schon viel erreicht, wenn sich die Umstände so lenken lassen, daß die Kinder bei der Abweichung von dem Wege der Pflicht so wenig als möglich gewinnen. So werden die Kinder z. B. nicht lügen, wenn sie den Vortheil bei der Lüge verlieren, nicht anklagen, wenn sie dadurch an Liebe einbüßen, nicht ungestüm trotzen, weinen, schreien, wenn sie nie etwas dadurch ausrichten, nicht necken und beleidigen, wenn sie gehörig zurückgewiesen werden. Auch in der ganzen Behandlung liegt oft ein schädlicher Reiz. Härte reizt zum Zorn, stetes Tadeln zur Bitterkeit, schwache Nachgiebigkeit zur Schmeichelei und zu Versuchen, so lange zu quälen, bis der Zweck erreicht ist, unmäßiges Lob zu Prahlerei, Ausfragen zur Heimträgerei aller, besonders schlimmer Neuigkeiten. Es ist daher vornehmlich dafür zu sorgen, daß der Reiz zum Bösen möglichst verhindert, aber auch auf dem einmal aufgestellten Gebote unnachgiebig gehalten werde.

☞ **Vernunft.** Der Ausdruck „Vernunft" kommt von Vernehmen her, wie Kunst von Kennen. Die Vernunft ist also das Vermögen der Seele, etwas zu vernehmen, mit Bewußtsein und Unterscheidung zu empfinden und zu kennen, zu urtheilen und zu schließen; die gesunde Vernunft, die jeder von der Natur nicht ganz verwahrloste Mensch hat, die reine Vernunft, die von allem Einflusse der Sinnlichkeit frei ist. Oft begreift man unter Vernunft das gesammte höhere Erkenntnißvermögen, also Verstand, Urtheilskraft und alle diejenigen Kräfte der Seele, welche den Menschen von den Thieren des Feldes unterscheiden. Im engern und eigentlichen Sinne ist sie, wie wir bereits bemerkt haben, das Vermögen, Schlüsse zu bilden, indem sie allgemeine Regeln und Grundsätze aufstellt, und diesen das Besondere unterordnet. Zu einem Vernunftschlusse gehören in der Regel drei Urtheile oder Sätze, namentlich — der Ober-, Unter- und Schlußsatz. Z. B. Menschen können irren, (Obersatz); Fridolin ist ein Mensch, (Untersatz); also kann Fridolin irren, (Schlußsatz). Viele unserer Urtheile gründen sich auf solche Vernunftschlüsse, ohne daß wir uns dessen bewußt sind. — Gerade hierin offenbart sich diejenige Thätigkeit der Vernunft, wornach sie von dem Bedingten zur Bedingung, und von dieser wieder zu einer höhern Bedingung aufsteigt, bis sie endlich zu dem Unbedingten gelangt, das über alle äußere Erfahrung erhaben ist. Daher ist die Vernunft auch das Vermögen, sich von den Begriffen des Verstandes zu Vorstellungen zu erheben, welchen nichts Sinnliches entspricht, die man Ideen oder Vernunftbegriffe nennt. Z. B. Weisheit, Heiligkeit, Güte, Gerechtigkeit, Ewigkeit ꝛc. ꝛc. sind Ideen, deren Gegenstand sich weder sinnlich anschauen noch erfahren läßt. Nach Andern, und namentlich nach Niederer und Hergenröther ist die Vernunft das Vermögen, die Wahrheit zu finden, und darnach zu leben; oder das Vermögen, das Irdische mit dem Ueberirdischen, das Zeitliche mit dem Ewigen in Uebereinstimmung zu bringen. Das Streben der Vernunft geht nämlich dahin, die Ordnung und Gesetze, die sie in einer höhern Welt — in der Welt der ewigen Wahrheit, des Lichtes und der Ordnung als geltend erkennt, in dieser Erdenwelt einzuführen, und den

Wanderer im Erdenthale für die ewige Heimath tüchtig zu machen. Die Stimme Gottes in den Tönen des Weltalls zu vernehmen und ihr Folge zu geben, ist wohl die eigentlichste und höchste Vernunft. Ihr Hauptgeschäft besteht darin, daß sie vernimmt, was der Geist spricht und ihm folgt. Der Geist spricht in der Natur, in der Geschichte und in jedem Menschen, der Freude am Wahren, Schönen und Guten hat, und es in seinem Denken, Wollen und Handeln darstellt. Am klarsten und deutlichsten spricht er aus den Lehren und Vorschriften, die Jesus Christus der Welt mitgetheilt hat. Wer also auf die Sprache des Geistes und den Ruf Gottes in seinem Worte achtet, und diesen höchsten Anforderungen entspricht, den kann man mit Recht vernünftig heißen. Da nun also die Vernunft das Vermögen ist, überall das Wahre und Rechte zu treffen und in Leben darzustellen, und da nur derjenige als ein wahrhaft vernünftiger Mensch erscheint, der von dem, was er weiß, den besten Gebrauch macht, um seine höhere Bestimmung zu erreichen, so ist leicht zu begreifen, daß die Bildung zur Vernünftigkeit eigentlich mit der sittlich-religiösen Bildung in Eins zusammen fließt; denn wahrhaft vernünftig ist am Ende doch nur, wer sich als einen Tugendhaften, d. i. als einen sittlich-religiösen Menschen im Leben kund gibt. Ob nun wohl die Vernunft nur eine und dieselbe Kraft der Seele ist, so hat sie doch verschiedene Benennungen, bald heißt sie theoretische, bald praktische Vernunft. Theoretische heißt sie, insofern sie denkt und nach Wahrheit forscht; und gehört sodann dem Vorstellungsvermögen an; praktisch heißt sie dagegen, insofern sie als wollend die ewigen Gesetze des Guten verkündet, und ist in dieser Beziehung dem Begehrungs- oder Bestrebungsvermögen angehörig. Nach allen diesen verschiedenen Beziehungen erwacht die Vernunft im Kinde weit früher, als Manche glauben. Sobald es nämlich anfängt, über das, was wahr, schön und gut ist, nachzudenken und zu urtheilen, so bekundet es schon, daß ihm, wenn nicht die Sonne in ihrem vollen Glanze, doch der Morgenstern einer höhern Welt aufgegangen ist. Wo der Verstand anfängt, aus der Sinnenwelt in die Gedankenwelt überzugehen, da beginnt es schon, sich als Vernunft zu äußern. Bald haftet der Blick des Kindes nicht mehr bloß auf Einem Gegenstande, sondern er geht von einem zum andern über und ruht nicht, als bis es die sichtbaren Gegenstände, die es umgeben, als ein Ganzes aufgefaßt hat, und endlich die Welt in ihren einzelnen Gestalten, so weit sein Auge reicht, als ein Ganzes vor ihm liegt. Aber auch hier ruht es nicht; denn je mehr sich sein Gesichtskreis erweitert, desto größer wird auch das All in seinem Geiste und desto reger sein Trieb, das ganze Weltall denkend zu umfassen. So macht sich auch die Vernunft in dem Auffassen und Denken der Ursachen und Wirkungen, der Gründe und Folgen bemerklich, und viele Urtheile und Regeln, die sich in der Seele des Kindes bilden, sind aus dieser Vernunftthätigkeit hervorgegangen, selbst ehe es noch eigentlich sprechen konnte. Wie sich die Sprache bei ihm mehr bildet, desto bemerkbarer wird dieß dann auch. Das Kind z. B. auf dem Schooße der Mutter sitzend, weist mit der Hand auf ein nahe liegendes Messer hin und spricht: Vater, böse, d. h. wenn ich das Messer nehme, so ist der Vater böse, und es läßt es liegen. Hier ist sogar von einer bloß möglichen Handlung die Folge berechnet, und jene als Grund von dieser gedacht u. s. w. Der kindliche Geist muß sich übrigens im Wahrnehmen, Vergleichen, Unterscheiden und Bezeichnen sinnlicher und geistiger Eigenschaften an Gegenständen und Menschen schon ziemlich geübt haben, ehe die Vernunft sich zu Ideen erhebt. Das Kind muß schon öfters Gegenstände als schön, groß, häßlich ꝛc., und

Menschen als gut, gerecht, weise oder bös ꝛc. gesehen und beurtheilt haben, ehe die Vernunftbegriffe, Güte, Gerechtigkeit, Weisheit und Bosheit ꝛc. ihm zum Bewußtsein kommen. So bemächtiget sich die Vernunft gleichsam des ganzen Vorstellungs-Vermögens und aller Geisteskräfte, um den Menschen zu dem zu erheben, was er als Mensch sein und werden soll. In ihm entwickeln und bilden sich die höchsten Ideen, und es bedarf nur einer bildenden Anregung von Außen, um die Ideen von Wahrheit, Schönheit, Güte, Tugend ꝛc. zum Bewußtsein zu bringen. — Dieser Vernunftthätigkeit durch fortgesetzte Anregung, Uebung und Leitung zu Hülfe zu kommen, ist daher die höchste Aufgabe des Erziehers, weil der Zögling nur durch sie zur höchsten Reife der Intelligenz und Sittlichkeit gebracht werden kann. Allein sie kann nicht gelöst werden ohne vorhergegangene sorgfältige Entwickelung und Uebung der Verstandes- und Urtheilskräfte, und gedeiht überhaupt nur da, wo die harmonische Ausbildung der Phantasie, des Gefühls- und Begehrungsvermögens mit ihr in's Gleichgewicht tritt. Sehr wahr sagt daher Pölitz: (B. 1. S. 86.) Der Erzieher muß, wenn die Vernunft zu ihrer höhern Thätigkeit erwacht, nicht nur alle die Hindernisse entfernen, welche die Thätigkeit aufhalten und beschränken könnten; er muß auch zunächst das ganze Verhältniß, in welchem die geistigen Kräfte seines Zöglings gegen einander stehen, und wie die eine Kraft die Wirksamkeit der andern unterstützt, genau übersehen und berechnen, wenn er jenes harmonische Gleichgewicht bewirken will, ohne welches der Zögling zwar ein richtig denkendes, aber ohne Kraft des Willens und ohne Rücksicht auf die unermeßlichen Ideale der Menschheit handelndes Wesen wird. Hinsichtlich der Nachhülfe, — der Anregung, Uebung und Leitung der Vernunftthätigkeit, mögen folgende Regeln beobachtet werden: 1. Der Zögling soll nach Maaßgabe seiner bereits errungenen Kraft bei jeder Gelegenheit veranlaßt werden, über das, was wahr, schön, gut oder böse ist, zu urtheilen, wozu sich besonders Geschichten oder Beispiele eignen, dergleichen die heilige Schrift und die Geschichte der christlichen Kirche eine Menge darbieten. 2. Sollen die Uebungen so geleitet werden, daß der jugendliche Geist weder von Vorurtheilen noch durch widrige Neigungen betrübet werde, und daß er sich an die erkannte Wahrheit freudig hingebe. 3. Darf man nicht übersehen, wie Stapf bemerkt, daß es Mißverstand sei, wenn man unter Vernunftbildung bloß das Beibringen abstrakter Begriffe, allgemeiner Sätze und tief hergeholter Beweisarten verstehen wollte. Eben so unrichtig, fährt er fort, wäre es, wenn man dieselbe von der Bildung des äußern Anschauungsvermögens trennen, und den Zögling, um ihn vernünftig zu machen, in eine bloße Ideenwelt erheben zu müssen glauben würde, da doch die ersterwachende Vernunft eben an den Gegenständen der äußern und innern Anschauung, der Geschichte, und in Beurtheilung dessen, was täglich vorgeht, allmählig erstarken soll. Wie sich der Sinn für das Schöne anfangs nicht durch eine ästhetische Theorie, sondern dadurch entwickelt, daß man ihm Gegenstände vorhält, von welchen das Urschöne im gemilderten Glanze zurückstrahlt; so auch der Sinn für das Wahre und für das sittlich Gute. Daraus ist leicht ersichtlich, wie sehr Jene irren, welche behaupten, daß die Vernunftbildung erst auf die spätern Jahre, auf die Jahre der geistigen Reife verlegt werden müsse. Wie könnte auch der Mensch zur geistigen Reife gelangen, wenn nicht der Sinn für das Wahre und Pflichtmäßige frühzeitig in ihm angeregt, allmählig entwickelt und gepflegt würde? — Ohne zeitige Vernunftbildung ist auch eine wahrhaft humane Bildung der übrigen Anlagen unmöglich, weil nur die Vernunft es ist, die den Men-

schen zum Menschen macht. — Hierüber spricht sich auch Niemeyer
(B. 1. S. 127.) auf eine sehr beachtenswerthe Weise aus. „Die Er=
ziehung," sagt er, „legt es zwar nicht darauf an, durch die Beschleuni=
gung der Vernunftperiode andere Seelenkräfte zu entwickeln; aber es ist
doch letzter Zweck aller ihrer Bemühungen, daß einst ein wirklich ver=
nünftig denkender und handelnder Mensch aus dem Zöglinge
hervorgehe, und daß man den vernünftigen Mann, die vernünf=
tige Frau auch schon im Jüngling und der Jungfrau mit Sicherheit
ahnen könne." — In der Vernunft, als dem höchsten aller Seelenver=
mögen, müssen sich die Thätigkeiten der übrigen gleichsam zusammenfin=
den, und die höchstmögliche menschliche Vollendung erhalten. Die Ver=
nunft und ihre Bildung ist es, die das Kind in das Reich des Wahren,
Schönen und Guten emporhebt und seinem ganzen Wesen eine höhere
Weihe gibt. Der Erzieher, welcher so, auch wo er die übrigen Seelen=
kräfte bildet, immer das Höhere im Auge behält, gibt der ganzen Bil=
dung des Zöglings einen eigenthümlichen Aufschwung, wobei zwar die
Befähigung für seine künftige irdische Bestimmung nicht übersehen, aber
der Zweck innerer Veredlung des Geistes und Herzens stets festgehalten
wird. So wird auch der Lehrer in der Schule dafür sorgen, daß seinen
Kindern das Reich der Wahrheit, Schönheit und Güte frühe aufgethan
werde. Ist im elterlichen Hause schon hiefür etwas geschehen, so wird
er um so mehr auf dem gelegten Grunde fortbauen, als ihm vorzugs=
weise der höhere Gesichtspunkt der gottgefälligen Menschenbildung
unabläßig vorschweben muß. Er wird daher bei allen Unterrichtsgegen=
ständen die Bildung der Vernunft vor Augen haben, und in ihr gleich=
sam den Höhepunkt anerkennen, den die Schule unabläßig zu erstreben
hat. Denn nur durch Anregung der Vernunftthätigkeit werden die Kin=
der befähiget, sich zu einer höheren Ansicht des Lebens, zum Gefühle ihrer
Menschenwürde und zur Achtung gegen sich und Andere zu erheben, und
insbesondere auch die heiligen Lehren der Religion gehörig aufzufassen.
Freilich wird der Lehrer hier auf mancherlei Hindernisse stoßen. Vor=
nehmlich sind es die verwahrlosten Kinder und die fortdauernde häus=
liche Erziehung, so wie der Einfluß des Umganges außerhalb der Schule,
welche letztern ihm nicht nur nicht zu Hülfe kommen, sondern ihm sogar ent=
gegenarbeiten. Doch findet er auch selbst bei dem verwahrlostesten Kinde
wenigstens noch die Anlage zur Vernunft vor, gleichsam einen Keim, der,
ist er auch mit Unkraut überwachsen, sich doch noch hervorziehen und zu
irgend einem Wachsthum fördern lassen muß. Es wird dieß freilich
schwer und langsam von Statten gehen, und der Lehrer wird wohl sehen,
daß er den Höhepunkt, den er erstrebt, nicht erreichen wird, am wenig=
sten bis zu dem Alter, welches zum Austritte aus der Schule bestimmt
ist. Allein deßhalb läßt er seinen Muth nicht sinken, sondern er sucht
das Bewußtsein zu bewahren, auch für die geistige Erhebung der verab=
säumten Kinder gethan zu haben, was in seinen Kräften stand. Nie
wird er die Hoffnung aufgeben, daß manches Samenkorn, das er jetzt
streut, aber nicht keimen sieht, in reifern Jahren aufgehen und seine
Früchte bringen werde. (Spr. 13, 16. 19. 2. Eccl. 2, 26. Sir. 21,
14. Phil. 4, 7. 2. Cor. 10, 5. Spr. 20, 15. 24. 5. Sir. 31, 18.)

Vernunftbeweise. Darunter versteht man solche Beweise, die nur
durch die Selbstthätigkeit der Vernunft als richtig eingesehen werden
können. Sie haben beim katechetischen Vortrage, und besonders beim
Religionsunterrichte, so weit es angehen mag, einen entschiedenen Vor=
zug; denn sie führen zur eigenen Einsicht, und eine durch eigene Einsicht
erlangte Ueberzeugung ist immer werther, angenehmer und kräftiger, als

die sogenannten Autoritätsbeweise. Uebrigens sind beim katechetischen Jugendunterrichte die eigentlichen reinen Vernunftbeweise, die aus Begriffen und Grundsätzen bestehen, zu welchen die Vernunft und der Verstand den Stoff unmittelbar, ohne Hülfe der Erfahrung hergeben, für Kinder schwerer zu fassen, und daher weniger zu gebrauchen, als die Erfahrungsbeweise, d. i. solche, zu welchen die Erfahrung den Stoff darreicht. (S. Art. Beweis — Beweisen.)

Vernunftschluß. Was dazu gehöre. (S. Art. Vernunft.)

Verschlossenen Kindern den Mund öffnen. Es gibt fast in jeder Schule Kinder, besonders unter den Anfängern, welche kaum dahin zu bringen sind, daß sie ihren Mund öffnen oder laut sprechen. Wie hat sich der Lehrer in einem solchen Falle zu benehmen, um solche Kinder zum lauten und freien Sprechen zu bringen? — Will der Lehrer ein offenes, freies und lautes Sprechen bei solchen Kindern ermitteln, so gibt ihm Milde und Sanftmuth den Schlüssel hiezu in die Hand. Was er durch Strenge und zürnenden Unwillen nicht auszurichten vermag, das bewerkstelligt er durch Milde und Vertrauen, wenn er namentlich dieses in seinem ganzen Thun durchschimmern läßt. In dieser Beziehung lege er z. B. einem solchen Kinde eine Frage vor, welche ein anderes nicht zu beantworten vermag; er drücke sein Bedauern darüber aus, die Antwort desselben nicht recht verstanden zu haben, ohne sie für unrichtig zu halten. Wir haben anderswo bemerkt, daß die Kinder gewöhnlich im Chor lauter sprechen, als einzeln. Diesen Umstand benütze der Lehrer auch hier; er lasse ein solches Kind, das für sich den Mund nicht öffnen will, etwas mit mehrern zusammensprechen oder hersagen, und dadurch wird es sich nach und nach gewöhnen, frei und laut zu sprechen. Auch das Singen wird hiezu vielfach beitragen. Doch am allerleichtesten wird der Lehrer seinen Zweck erreichen, wenn er in seiner Schule überhaupt die Vorkehrung getroffen hat, daß alle Kinder laut sprechen müssen. Dadurch können auch Kinder, die an sich verschlossen sind, zum Reden gebracht werden. Und es wird dann auch freilich in einer ganz andern Bedeutung von ihm gesagt werden können: „Er hat die Stummen reden gemacht." (Marc. 7, 37.)

Verschlossenheit. (S. Art. Behandlung, rauhe.)

Verschwiegen, Verschwiegenheit. Unstreitig bereitet Mancher sich oder Andern viele Unannehmlichkeiten des Lebens durch unüberlegtes Reden. Wie viele Verdrießlichkeiten und Feindschaften hat man sich und Andern schon durch all zu große Offenheit zugezogen, ohne es zu wissen oder zu vermuthen. Daher ist es ein wichtiger Punkt der Erziehung, über welchen selbst sich die heilige Schrift so ausdrückt: „Wer des Lebens sich freuen und frohe Tage haben will, der bewahre seine Zunge vor Unrecht, und seine Lippen vor trüglichen Worten." (1. Petr. 3, 10.) Nicht umsonst heißt es: wohl reden ist eine Kunst, aber die Kunst des Schweigens ist noch eine größere. Und diese letztere Kunst sollen selbst unsere Kinder lernen; sie sollen reden lernen, was Nutzen bringt, und schweigen, wo es schaden kann. Dadurch ist der schönen Tugend der Offenheit und der eben so schönen Tugend der Verschwiegenheit das Wort gesprochen. Die eine soll so gut als die andere der Jugend eigen seyn. — Gewöhnlich macht man sich von der Verschwiegenheit einen ganz falschen Begriff, indem man darunter nur Geheimhaltung dessen versteht, was uns ein Anderer von irgend einem Vorfall oder von seinen Absichten 2c. anvertraut hat. Man glaubt dann schon den Ruhm der Verschwiegenheit ansprechen zu können, wenn man so etwas, was unter dem Siegel der Heimlichkeit gegeben worden ist, treu bewahrt. Allein nur

ben kann man in Wahrheit verſchwiegen nennen, der nie von Geheim-
niſſen redet, ſie mögen entweder beſonders mitgetheilt oder von ihm ſelbſt
zufällig entdeckt worden ſein. Verſchwiegenheit erſtreckt ſich auf Alles
dasjenige, wovon Jeder wünſcht, daß es nicht allgemein bekannt werde,
um dadurch nicht bei irgend einem Anlaß ſich Nachtheil oder Schaden
zuzuziehen. Was Andere alſo ſelbſt gern geheim halten möchten, dieß
bekannt zu machen, dazu iſt Niemand berechtigt, wenn es nicht höhere
Pflichten gebieten, darüber zu reden. Zu ſolchen Dingen, die man nicht
gern öffentlich bekannt machen läßt, gehören z. B. häusliche Vorfälle und
andere Angelegenheiten des Lebens, weil öfters nachtheiliger Gebrauch
davon gemacht werden kann. Auch gehören hieher leibliche Gebrechen
und Fehler, die ein Jeder geheim hält, und die er nie gern zur öffentlichen Schau geſtellt ſehen mag. Nicht minder gehören hieher Reden
und Urtheile, die man in vertrauten Kreiſen äußert, die, wenn ſie auch
wahr ſind, dennoch durch Bekanntmachung die nachtheiligſten Folgen herbeiführen können. So gibt es auch Schulgeheimniſſe, d. i. ſolche Umſtände und Verhältniſſe, in die ein Lehrer mit einzelnen Kindern zuweilen kommen kann, und ſie mit ihm, von denen weder er noch ſie wünſchen mögen, daß ſie ausgeplaudert und bekannt gemacht werden. Es
ſind ſonach ſchon Kinder zur Uebung der Verſchwiegenheit ſowohl in Betreff ihrer eigenen als anderer Angelegenheiten zu gewöhnen, und dieß
um ſo mehr, da ſie wegen ihres Leichtſinnes und der Lebhaftigkeit ihres
Geiſtes gewöhnlich der Geſchwätzigkeit ergeben ſind. Manchmal geſellt
ſich noch Schadenfreude und Bosheit dazu, Reden und Handlungen ihrer
Mitſchüler auszubringen, um ſie in den Augen Anderer herabzuſetzen
oder ſelbſt bei dem Lehrer zu verdächtigen. Iſt das Ausplaudern und
Anbringen eine Folge des Leichtſinnes und der Schadenfreude, ſo iſt es
nur um deſto gefährlicher, weil es öfters einen bedeutenden Einfluß auf
die Ruhe, das Glück und die Wohlfahrt Anderer haben kann. — Ohne
daher der Offenherzigkeit der Kinder zu nahe zu treten, gewöhne man
ſie zur Verſchwiegenheit, und zeige ihnen, wann und wo ſie verſchwiegen
ſeyn ſollen, zumal unzeitige und unbeſonnene Offenheit und Geſchwätzigkeit nicht ſelten großes Unheil ſtiften, und den Frieden des Lebens zerſtören. Der Lehrer präge ſeinen Schülern vornehmlich die Lehre tief
ein: **Was du nicht willſt, daß dir geſchehe, das ſollſt du
auch keinem Andern thun.** Es gibt gewiſſe Spiele, die ein treffliches Mittel ſind, die Kinder zur Verſchwiegenheit zu gewöhnen; beſonders wirkſam aber iſt es, daß man den Geſchwätzigen und Plauderhaften
die unangenehmen Folgen ihres Betragens durch Zurückhaltung und be-
merkbares Mißtrauen gegen ſie fühlen laſſe. Ueberhaupt ſollen Kinder
zur Theilnahme an Anderer Wohl und Wehe, zur Selbſtbeherrſchung
durch Anregung des ſympathiſchen Gefühls gewöhnt werden, indem letzteres namentlich vielen kindlichen Untugenden wohlthätig entgegentritt,
und den geſelligen Tugenden ungemein förderlich und verhülflich iſt.
Wer z. B. warmen Antheil an den Freuden und Leiden Anderer nimmt,
der iſt ſicherlich keiner Schadenfreude und keines Neides fähig. Beiſpiele und religiöſe Motive werden auch hier dem Lehrer wohl zu ſtatten
kommen, und den Kindern einen gewiſſen Takt beibringen, wann Zeit
zu reden und zu ſchweigen ſei. (S. auch Art. Lüge.) (Jac. 3, 8. 1.
Petr. 3, 10. Spr. 10, 19, 14. 3. 13, 3. 16, 26. Sir. 23, 7. 19, 7.
20, 9. Job. 13, 5. Spr. 21, 3. Sir. 42, 1, 9, 25. Spr. 25, 9.)

Verſetzung der Kinder aus einer niedern Claſſe in eine höhere.
Der Lehrer muß bei einer ſolchen Verſetzung eben ſo behutſam als ge-
wiſſenhaft zu Werke gehen; er darf dabei weder auf ein beſtimmtes Alter,

welches nie einen sichern Maaßstab an die Hand gibt, noch auf die Bitten und den Stand der Eltern, noch auf die eigenen Vortheile, die ihm daraus erwachsen dürften, sondern lediglich nur auf die Fähigkeit und die bereits erworbenen Kenntnisse und Fertigkeiten des Schülers Rücksicht nehmen. — Da, wo keine getrennten Classen in der Schule sind, sondern nur Unterabtheilungen, die alle in demselben Lehrzimmer von demselben Lehrer unterrichtet werden, findet gar keine besondere Versetzung statt. Der Schüler wird da, je nachdem es die Umstände erfordern, entweder aus einer niedern in eine höhere, oder aus einer höhern in eine niedere Abtheilung versetzt. Wo aber getrennte Classen sind, da ist eine jährliche Versetzung am zweckmäßigsten. Es muß aber hier für eine jede Classe und jede einzelne Lektion ein Classenziel festgesetzt sein, wie weit und bis zu welchem Grade von Kenntnissen und Geschicklichkeiten der Schüler es gebracht haben muß, ehe er in eine höhere Classe versetzt werden kann. Wäre der Lehrer hier nachgiebig und würde er von der bestimmten und festgesetzten Norm abgehen, so würde er seinem Lehrplan eine tiefe Wunde versetzen und den Schülern manche Nachtheile zuführen. Sind die Schüler nach dem Fach- und Lektionssystem classificirt, dann werden in den einzelnen Lehrgegenständen Versetzungen vorgenommen. Findet aber das Classensystem statt, dann müssen die Kinder, ehe sie versetzt werden können, das Ziel der Classe in allen Lektionen erreicht haben. Ehe ein Schüler den ganzen Cursus der Classe vollendet hat, darf er nicht versetzt werden, wenn im Lehrplane nicht Lücken entstehen sollen. Bloß nach einigen gelungenen Arbeiten oder einer vorgenommenen Prüfung versetzen wollen, wie es hie und da der Fall ist, kann ebenfalls nachtheilig sein. Man muß voraussetzen, daß der Lehrer seine Schüler während des Unterrichts genauer werde kennen gelernt haben, als daß derlei Versetzarbeiten oder eine einzelne Prüfung ihn motiviren dürften, eine Versetzung vorzunehmen. Daß gerade bei Versetzungen gewisse Feierlichkeiten stattfinden sollen, wie einige meinen, finden wir nicht nothwendig. Da, wo das Classensystem herrscht, und sonach jede Classe ihren eigenen Lehrer hat, können dieselben ohnehin nicht Platz greifen.

Verfinnlichen — Verfinnlichung (veranschaulichen oder sinnbildlichmachen.) Der Lehrer muß seinen Unterricht so oft und in dem Maaße verfinnlichen, als es seine Kinder bedürfen. Er muß, um dieß zu bewirken, mit einem Begriffe oder Satze eine solche Anschauung verbinden, die demselben angemessen ist und damit zusammenstimmt, oder er muß den Begriff und Satz mittels einer solchen Anschauung darstellen. — Der Zweck der Verfinnlichung ist entweder, einen deutlichen Gedanken katechetisch zu erzeugen oder einen solchen vorhandenen, der nicht völlig deutlich ist, zu verdeutlichen, zu beleben und wirksam zu machen. Begriffe von äußern Gegenständen werden dadurch verfinnlicht, daß man diese oft und so weit man kann, vor den äußern Sinn des Kindes bringt, durch sinnbildliche Darstellungen, Abbildungen, Zeichnungen 2c. des Gegenstandes, durch Erweckung von Anschauungen, die es ehemals gehabt hat, durch Beschreibungen u. s. w. Begriffe von Gegenständen des innern Sinnes, wie z. B. Gefühle, Begierde 2c., suche man, so viel möglich, vor den innern Sinn des Kindes zu bringen. Dieß kann dadurch geschehen, daß man es auf das, was jetzt in seinem Gemüthe vorgeht, aufmerksam macht, und solches benutzt; dann aber auch dadurch, daß man etwa durch eine Erzählung die nöthigen inneren Anschauungen in dem Kinde erweckt, und endlich dadurch, daß man es an ehemalige innere Anschauungen erinnert. Begriffe von nicht sinnlichen Gegenständen lassen sich verfinnlichen entweder durch Beispiele oder durch Vergleichungen.

können die Vergleichungen von Dingen hergenommen werden, welche die
Kinder vor Augen haben, dann iſt es um deſto beſſer. So bediente ſich
ſelbſt Johannes, als er in der Wildniß lehrte, ſolcher nahe gelegenen
Gegenſtände; er verglich z. B. Falſchheit und Heuchelei mit einer
Schlange; Härte und Gefühlloſigkeit für's Gute mit einem Stein; Leer=
heit an guten Früchten mit einem verdorrten Baume 2c. Alſo ſoll es
auch der Lehrer machen, ſo gut es ihm möglich iſt.

Verſittlichung — Willensveredlung — ächte. Wir haben in einem
frühern Artikel gezeigt, daß man häufig die Kinder nicht das Böſe und Ver=
werfliche an ſich verabſcheuen, ſondern nur die daraus hervorgehenden
ſchlimmen Folgen fürchten lehre. (S. Art. Folgen.) Allerdings wird
durch die bloße Vorhaltung der ſchlimmen Folgen des Böſen die wahre
ſittliche Bildung wenige erwünſchte Fortſchritte machen. Wer das Gute
nicht thut um ſeiner ſelbſt und um Gotteswillen, ſondern einzig nur dar=
um, weil er ſich dadurch gute Folgen verſpricht, alſo nur um der erfreu=
lichen und lohnenden Folgen willen: deſſen Handlungen haben keinen
Werth, und wenn ſie auch noch ſo groß und glänzend vor der Welt
erſcheinen ſollten. Wenn unſere Kinder nur deßhalb ſich zu Hauſe oder
in der Schule keine Fehler zu Schulden kommen laſſen, weil ſie den
Stock oder die Ruthe fürchten, ſo werden ſie ungeſcheut das Böſe thun,
wenn ſie dieſe nicht zu fürchten haben. Durch die bloße Vorhaltung der
guten oder ſchlimmen Folgen, die aus ihren guten oder böſen Handlun=
gen hervorgehen, wird ihre wahre ſittliche Bildung eben ſo zurückgedrängt,
als ihre Verſtandesbildung nach dem Geiſte der Zeit gefördert wird.
Man hemmt dadurch ihre Hauptkraft, die Kraft des ſittlich freien Wil=
lens, während man eben ſo verkehrt nur ihre Verſtändigkeit fördert, und
bringt es auf dieſe Weiſe dahin, daß ſie bei aller Verſtandesbildung nur
raffinirter und ſittlich ſchlimmer werden. Und hier befinden wir uns
auf einer Stelle, wo es klar wird, wie die häusliche und öffentliche Er=
ziehung in einem betrübenden Widerſpruch befangen ſind. Während das
Haus, die Schule und das Leben die intellektuellen Kräfte der Kinder
emporzuheben ſuchen, wird auf das ſittliche Wollen, auf die Bildung des
Herzens, derſelben wenig oder gar nicht eingewirkt. Und was ſoll das
wohl anders heißen, als Mücken ſeihen und Kameele verſchlucken? —
Es iſt ſchon ſchlimm, Züchtigungswerkzeuge, Strafe, ſchlimme Folgen des
Böſen zu Hülfe nehmen zu müſſen, um auf den kindlichen Willen einzu=
wirken, allein noch weit ſchlimmer iſt es, das kindliche Wollen von ſei=
ner ſittlichen Seite völlig unberückſichtiget zu laſſen, den Kindern das
Gute nicht als gut und weil es Gott gebeut, und das Böſe nicht als
böſe — dem heiligen Willen Gottes widerſtrebend — vorſtellig zu ma=
chen, jenes nicht als gut zu lieben und zu erſtreben, und dieſes nicht als
böſe zu verabſcheuen, ſondern es nur immer darauf anzulegen, daß ſie
belehrt werden, das Nützliche, Vortheilhafte und Angenehme zu erkennen
und zu ſuchen, das Gegentheilige aber zu fliehen und fern zu halten.
Und das war und iſt theilweiſe noch die Richtung, welche die ſteigende
Verſtandeskultur genommen hat und zu nehmen pflegt. Unſere Kinder
ſollen verfeinert, klüger, bedächtiger, ſinnlich ſtrebſamer und ungebunde=
ner, aber nicht verſittlicht, nicht beſſer und willenskräftiger werden. Man
rühmt ſich, ob mit Recht oder Unrecht, wollen wir dahin geſtellt ſein
laſſen, man rühmt ſich, ſagen wir, der Fortſchritte, die man auf dem Gebiete
des Erziehungs= und Schulweſens gemacht hat, aber man denkt nicht
daran, daß der eigentliche und Hauptfortſchritt noch zu thun iſt, nämlich
der zur wahren chriſtlichen Verſittlichung und Veredlung des Herzens.
Was kann aber deßfalls zu erwarten ſein, ſo lange die Erwachſenen nicht

vor Allem bei sich selbst den Anfang machen, und so lange sie unter dem Schutte des Materiellen wie begraben liegen, sofort die Hauptaufgabe des Lebens aus dem Auge verloren haben? — Wahrlich, der verkehrte Geist der Zeit wird allein nur dadurch beschworen, daß Eltern und Erzieher neben der wachsenden Aufklärung des Verstandes auch das Licht eines gottseligen und heiligen Wandels ihren Kindern leuchten lassen, damit sie ihre Werke sehen, und sich an ihren Reden und Handlungen spiegeln und heben mögen. So lange dieß nicht geschieht, und hält die sittliche Erziehung mit der Verstandesbildung der Kinder nicht gleichen Schritt, so werden sowohl Eltern als Erzieher an ihnen nur ihre eigenen Sünden strafen, und die Wogen des Zeitgeistes werden sie nach wie vor mit sich fortreißen. Die Kinder werden alle ihre Verstandeskultur nur dazu gebrauchen, um die nachtheiligen Folgen der Sünde desto klüglicher zu umgehen, und, wo solche nicht zu besorgen sind, ungestörter zu sündigen. Und das sind eben die beklagenswerthesten Erscheinungen unserer Zeit, und die Quellen so mancher Thränen, die den Augen der Redlichgesinnten entfallen! Soll's mit der jungen Menschenwelt anders und besser werden, so muß die eiskalte Erziehungsmaxime einer andern und bessern Platz machen.

Versöhnung. Die Versöhnung mit Gott ist die Quelle, aus welcher uns Heil und Leben fließet. — Zwar wäre es unstreitig tröstlicher und erfreulicher, das heranblühende Geschlecht rein und unentweiht zu bewahren, als wenn man dasselbe von seinem Falle aufrichten und Wunden heilen soll, die vielleicht schon in Eiterung übergegangen sind. Allein wo wäre die Erziehung, die im Stande wäre, der unter dem Gesträppe lauernden Schlange jeden Zugang in den Garten Gottes zu verschließen? — Und wie oft tritt der Fall ein, daß der junge Mensch zur Zeit, wo er dem Erzieher übergeben wird, von dem giftigen Bisse derselben schon verwundet ist? Es ist deßhalb keine unwichtige Frage, wie er davon wieder geheilt werden könne? — Doch, um uns bei der Beantwortung dieser Frage nicht auf Abwege zu verirren, bemerken wir von vorn herein, daß hier nur von solchen Fehlern und Gebrechen geredet werde, bei welchen von Seiten des Zöglings ein wirkliches Verschulden stattfindet; denn von der Heilung der in ihm vorhandenen ungeordneten Neigungen und Begierden, die als solche noch nicht sündhaft sind, ist hier nicht die Rede. — Vorerst ist nöthig, daß der Erzieher sowohl die Fehler selbst, als auch die Quellen derselben an dem Zöglinge wahrnehme und damit vertraut werde. Diese Entdeckung ist hier aber um so schwieriger, je mehr der Fehlende seine sittlichen Gebrechen zu verhüllen und zu verbergen bemüht ist. Wie oft dieß schon bei Menschen in der Blüthe des Lebens der Fall sei, kann nur Demjenigen fremd sein, der keine nähere Kenntniß der Kinder hat oder mit ihnen wenig Umgang gepflogen hat. Und je erniedrigender und verderblicher die Fehler sind, desto mehr wird sie der junge Sünder mit einem dichten Schleier zu verdecken suchen. Dem Erzieher ist daher große Wachsamkeit nöthig; er bedarf eines durch Erfahrung geschärften Blickes, um das vorhandene Uebel bald zu entdecken. — Es liegt jedoch der Sitz des sittlich Bösen eigentlich nicht in der äußern Handlung, denn diese ist nur ein Heraustreten aus dem Innern, sondern in der Gesinnung des Menschen. Diese ist der böse Baum; die bösen Handlungen dagegen sind die Früchte, die er trägt und an denen man ihn leicht erkennen kann. (Luc. 6, 44.) Soll demnach eine wahre Heilung vermittelt werden, so ist nothwendig, daß man die Axt an die Wurzel des Baumes lege und daß sich die fehlerhafte Gesinnung in eine andere und bessere umwandle. Diese innere Umwandlung ist freilich nicht das Werk des Erziehers, sondern sie ist zunächst das Werk der Gnade des heiligen Geistes, die den erstorbenen Sinn des Menschen neu belebt, den schlummernden aufweckt und in seinem Innern waltend, ihn zu einem neuen Geschöpfe macht. Wie aber hiebei die eigene freie Mitwirkung nicht aufgehoben wird, so kann und soll auch fremde menschliche Nachhülfe das ihrige beitragen, und hiezu eignet sich gewiß Niemand mehr, als die helfende Hand des vertrauten Erziehers und der liebenden und besorgten Eltern. — Da nun aber eine jegliche Sünde nicht bloß eine Krankheit der Seele, sondern eine wirkliche Entfernung von Gott, — somit Beleidigung Gottes — ist, so muß der Gefallene nicht nur sich aufrichten und mit erneuerter Kraft auf dem mühesamen Pfade der Tugend und Heiligung fortwandeln, sondern er bedarf auch, wenn er besonders schwer gefallen ist, der Versöhnung mit Gott. Zu diesem Ende hat Jesus Christus das heilige Sakrament der Buße eingesetzt, nicht um den zur verlassenen Heimath zurückkehrenden aller Mühe und Anstrengungen zu entheben, sondern ihm eine Zurückkehr zu erleichtern, und seine Versöhnung, seine Wiederaufnahme in die Gemeinschaft Gottes zu vermitteln. Durch dieses Gnadenmittel wird, wenn es anders würdig gebraucht wird, nicht nur die christliche Tugend, sondern auch die wahre Heiligung des Menschen gefördert, und somit auch die rechte Erneuerung der christlichen Gesinnung erzielt. Es besteht demnach das Heilungsgeschäft des Erziehers vornehmlich darin, daß er den sündigen Zögling zum würdigen Empfange dieses heiligen Sakramentes würdig vorbereite und ihm die Besserung — die fortdauernde Darstellung der geschehenen Sinnesänderung nach Kräften zu erleichtern suche, und somit die Gnadenspende der Versöhnung mit Gott treu bewahre. Auch wird er ihm im Hinblicke auf Sr. 24, 16. dadurch seine Hülfe bieten, wenn er ihm den öftern Empfang dieses Sakraments nachdrucksam an das Herz legt, indem der sündige Mensch dadurch immer zu sich und zur Erkenntniß seiner selbst, zur gänzlichen Wegwendung des Gemüthes von der Sünde und zur vollkommenen Hinwendung nach Oben getrieben werden kann. Denn unmöglich kann der Mensch die Reue über seine Sünden wiederholen, unmöglich dieselben mit zerschlagenem Herzen bekennen und den Forderungen der Gerechtigkeit genug thun, ohne daß die christliche Gesinnung in ihm jedesmal ein neues und festeres Leben gewinne. — Diese Gnade ist es, welche nach Chrysostomus die Erbarmungen Gottes dem Sünder zuleitet, welche Balsam in das zerknirschte und Freude in das betrübte Herz bringt, und ihn mit einer überschwänglichen Macht dem Herrn ausrüstet. Deßhalb geschah es auch, daß in der frühern Zeit fromme Eltern und Erzieher ihre Kinder zum öftern Empfang des Sakraments der Buße und der heiligen Communion durch Wort und That ermunterten. Wer sollte es nicht bedauern, daß es jetzt nicht mehr ist, wie es früher war! — (Röm. 5, 11. 1. Joh. 2, 2. 4. 10. Apostgesch. 10, 4. F.)

Verspotten. (S. Art. Individualität.)

Versprechen. (S. Art. Erfüllung eines von Kindern gegebenen Versprechens.)

Verstand, von Menschen, ist das Vermögen, sich deutliche Begriffe zu machen. Niederer sagt (S. 282), der Verstand ist die wirkende Kraft des Geistes, er schafft nichts, aber er begreift und vermittelt: er ist das Vermögen, das, was das Auge gesehen, was das Ohr gehört, was alle Sinne erfahren und was die Vernunft vernommen hat, zu verstehen; er ist der Dollmetscher der Sinne für den Geist, das Band der äußern mit der innern Welt des Menschen. Ohne Vernunft bleiben wir Fremdlinge in der unsichtbaren Heimath des Ueberirdischen, Unsterblichen und Ewigen — ohne Verstand bleiben wir Fremdlinge in der sichtbaren Heimath des irdischen und zeitlichen Lebens. Was durch die äußern Sinne sowohl, als durch den innern Sinn, der Seele zugeführt wird, und sich in uns zur Vorstellung gestaltet, das verbindet der Verstand zu einer **gedachten Einheit,** die wir **Begriff** nennen. Somit ist der Verstand das Vermögen, nicht nur das Mannigfaltige der einzelnen Vorstellungen, sondern auch mannigfaltige Vorstellungen selbst unter einen Begriff zusammen zu fassen oder zur Einheit im Bewußtsein zu verbinden. Diese Verstandesthätigkeit ist die Grundlage aller Erkenntniß. Je deutlicher die vorausgegangene Anschauung war, d. h. je mehr einzelne Merkmale von den Sinnen aufgefaßt wurden, desto mehr wird sich auch der Verstand der einzelnen Merkmale bewußt, desto bestimmter also das Denken, und desto deutlicher die Erkenntniß sein. — Mit der Bildung des Anschauungsvermögens, wie wir solches früher dargestellt haben, (S. d. Art.) ist für die Verstandesbildung schon viel gethan; denn in der Klarheit des Anschauens liegt mitunter auch schon die Klarheit des Erkennens und Denkens. Weil man aber mit einer jeden sprachlichen Bezeichnung eines Gegenstandes dem Kinde schon einen fertigen Begriff mitgibt, der vielen andern Dingen derselben Gattung gemein ist, so wird sein Verstand eben so an den gedachten Begriffen, wie seine Sinne an den angeschauten Gegenständen geübt werden müssen. Es hört Worte und spricht sie nach, ohne daß es sich die Bedeutung derselben klar und bestimmt denkt. Und diese Unbestimmtheit geht gar vielen Menschen lebenslänglich nach. Daher sollten schon die Eltern darauf sehen, daß das Kind von seinen Begriffen Rede und Antwort geben, d. h. sie ver stehen lerne, was ja das eigentliche Geschäft des Verstandes ist. An Stoff kann es um so weniger mangeln, da das Gebiet hiezu so überaus groß ist. Dieses Verstehen muß sich aber über alle Lehrgegenstände verbreiten und das ganze Schulleben anregend durchdringen. Selbst bei den ersten kleinen Erzählungen darf solches nicht vermißt werden. Es versteht sich übrigens von selbst, daß solche Verstandesübungen mit der Sinnenwelt übergehen, daß sie sich zuerst mit dem Verstehen der Begriffe selbst, wozu auch das Vergleichen mit andern und das Unterscheiden von andern Begriffen gehört, dann mit dem Entstehen der Dinge, ihren Nutzen und Gebrauch befreunden. Das reichste Gebiet für derlei Uebungen wird sich in der Sprache selbst aufthun. — Am wohlthätigsten, sagt Pölitz, werden diese dann wirken, wenn das Kind selbst dahin gebracht ist, viel zu **fragen,** wenn also sein Beobachtungsgeist sich bereits auf die ihm vorkommenden Gegenstände fixirt. Ist dieses Bedürfniß noch nicht in ihm erwacht, so leite es der Erzieher dahin durch Fragen, deren Beantwortung die Thätigkeit des Verstandes anregt und übt. Nur darf man diese Anregungen und Uebungen nicht in oberflächliche Spielereien ausarten lassen, weil sonst das Kind den Sinn für den Ernst verliert. — Der sorgfältige Erzieher wird auf die einzelnen Funktionen des Verstandes gehörige Rücksicht nehmen, um keine Fähigkeiten desselben unentwickelt zu lassen. So kann schon frühzeitig die erste Thätigkeit des jugendlichen Verstandes an sinnlichen Gegenständen geübt werden, wenn man auf ihre Größe, Farbe, Gestalt, auf ihre Verschiedenheit von andern, wie wir bereits schon bemerkt haben, aufmerksam macht. Besonders aber wird der Verstand des Kindes in der Gesellschaft mit Kindern von gleichem oder etwas reiferm Alter geweckt oder beschäftiget werden, und selbst zweckmäßige Spiele, so wie aufgegebene Räthsel, Charaden, Sprichwör-

ter ꝛc. können zur nützlichen Beschäftigung und Uebung des Verstandes
angewandt werden. Die wohlthätigste Uebung des Verstandes aber ist
die frühzeitige Veranlassung zur Beurtheilung sittlich-guter oder böser
Gedanken und Handlungen, bevor noch der Wille selbst verschoben oder
böse geworden ist. Nur müssen solche Gedanken und Handlungen einfach vorgelegt werden, damit sie der jugendliche Verstand richtig auffassen kann. Auch die Lektüre wird unter der Bedingung für die Verstandesbildung förderlich sein, wenn der Erzieher zweckmäßige, dem jugendlichen Bedürfnisse angemessene Schriften auswählt, und sich mit seinem
Zöglinge über das Gelesene unterhält, um zu sehen, ob es dieser verstanden, und verarbeitet, das ist, in seinen bisherigen Ideenkreis
aufgenommen habe. — Aus dem bereits Gesagten geht nunmehr hervor,
daß die Bildung des Verstandes vornehmlich durch Anregung, Leitung
und Uebung verwirklichet werde. Es müssen daher nach dem Gesagten
a) die Kinder gewöhnt werden, sich nie mit unverständlichen Worten und
dunkeln Vorstellungen zu begnügen, sondern sich Alles, was ihnen vorkommt, deutlich zu machen, und es mit dem wahren Ausdrucke zu bezeichnen. Besonders muß bei den jedesmaligen Lesepensen hierauf Bedacht genommen werden. In dieser Hinsicht sollten aber auch nur solche
Lesestücke ausgewählt werden, die der jugendlichen Fassungskraft angemessen sind. Auch darf mit Recht vorausgesetzt werden, daß durch diese
Verständigung die kindliche Unschuld nie werde gefährdet werden. b)
Man lasse sich von den Kindern die einzelnen Merkmale angeben, mehrere
Gegenstände mit einander vergleichen, so wohl das Gemeinsame, als das
Unterscheidende derselben auffinden. Zugleich mache man sie aufmerksam,
welche Merkmale an diesen Dingen wesentlich, und welche zufällig
seien. Wie sehr besonders übersinnliche Begriffe durch gut gewählte
Bilder und Gleichnisse aufgestellt werden, haben wir früher angegeben. c) Allmälig müssen die Kinder sowohl bei einzelnen Vorstellungen, als bei ganzen Sätzen das Gegentheil, und die Gegensätze derselben
angeben. Diese Vorübungen bahnen von selber den Weg zum Ordnen
und Classificiren der Gegenstände, wodurch der Geist eine allgemeine Uebersicht der Vorstellungen erhält, und nicht nur das Behalten,
sondern auch die praktische Anwendung der Kenntnisse sehr erleichtert
wird. d) Eben so sollen die Kinder angeleitet werden, sich aus einzelnen
Angaben allgemeine Regeln und Grundsätze abzuleiten, und hinwieder
die allgemeinen Grundsätze auf einzelne Fälle anzuwenden. Auf dieser
Fertigkeit beruht hauptsächlich das, was man gesunden Menschenverstand
nennt. Alle diese Uebungen fordern jedoch keine eigenen Lehrstunden;
sondern sie können mit dem übrigen Unterrichte verflochten, ja zuweilen
selbst in die Form wetteifernder Spiele eingekleidet werden. Dadurch
wird der kindliche Beobachtungsgeist und die Deutlichkeit der Vorstellungen ungemein befördert. — Doch wir wollen hier bei einer so wichtigen
Sache bei dem stehen bleiben, was der verewigte Sailer mit eben so
viel Scharfsinn, als besonnener Warnung über die Verstandesbildung gesagt hat. Die Bildung des Verstandes, bemerkt er (S. 231), ahmte
jüngst, in einzelnen Versuchen, der thörichten Geschäftigkeit jener Hebamme
nach, die der Natur nicht Zeit lassen konnte, den spitzen Kopf eines
neugebornen Kindes zu runden, sondern ihn mit vorgreifender
Hand gewaltsam zusammendrückte. Diese Kopfpresse ist aber eben deßwegen keine Bildung, weil sie Presse ist, so wenig als die Verwahrlosung
des Verstandes. Die Weisheit hält auch hier das goldene Mittel, und
bindet sich an ihr ewiges Gesetz, das sich in zwei Regeln ausdrücken läßt,
von denen die erste negativ, die zweite positiv ist. Erste Regel: Thue

in der Bildung des Verstandes nichts, was den Entwickelungsgesetzen der verständigen Potenz (der Kraft des Erkenntnißvermögens) und dem Ideale der Menschheit widerspricht, das heißt: 1) Laß die Bildung des Kopfes in deinem Zöglinge der Entwickelung des Körpers nicht vorlaufen, noch sie unterdrücken; sonst unterliegt der Körper dem Geiste, ehe beide mannbar werden. Gönne dem Körper Zeit und Spielraum, sich zur festen Gesundheit zu bilden, und hüte dich, durch frühe Bildung des Verstandes seinem Leibe frühes Siechthum zu bereiten. 2) Trenne die anschauende Erkenntniß nicht von der symbolischen, und versäume nicht, die symbolische in anschauliche zu verwandeln. (Sehr wichtig.) Dein Schüler sei zugleich der Natur, und dein und sein Selbstschüler, indem er schaut, hört, fühlt, was die Natur in seinen Betastungs-, Hör- und Sehkreis bringt; indem er schauend, hörend, fühlend nennen lernt, was er schaut, hört, fühlt, auch verstehen lernt, was er schaut, hört, fühlt und lernt. 3) Laß sein Gedächtniß (s. d. Art.) nicht auf Kosten des Verstandes gebildet werden. Laß die Gedächtnißjahre auch Gedächtnißjahre sein, und verwandle sie nicht voreilig in Urtheilsjahre, ehe das Urtheil sich bewegen kann. Sonst wird der Zögling eine verwahrloste Natur ohne Gedächtniß sein, weil das Gedächtniß ungebildet blieb, und ohne Urtheil, weil das Urtheil ohne treue Dienste des Gedächtnisses nicht gebildet werden konnte. (Diese Rathgebung bezieht sich übrigens mehr auf den eigentlichen wissenschaftlichen Unterricht, als auf das praktische Leben). 4) Thue keinen Sprung in Fortleitung der Erkenntniß von der sinnlichen zur vernünftigen Ansicht; werde der Natur, die nur allmählig reift, nicht untreu; fordere von den Sinnen, die nur den Stoff liefern, keine Begriffe, von den Begriffen keine Idee, so wie von der Idee keine Allwissenheit; laß die junge Seele von der Klarheit zur Deutlichkeit, von der Deutlichkeit zur Universität des Erkennens stufenweise fortgehen. Nimm ein Beispiel von dem Bäumchen, das deine Hand gepflanzt hat. Erst weiches Laub, dann Blüthenknospen, dann volle Blüthe, dann geheime Fruchtbildung und endlich reife Frucht. Willst du denn vom weichen Laube, das hervorbricht, schon reife Früchte haben? Nicht, was du verstehst, soll der Knabe verstehen, sondern was von deinem Verstehen der Knabe fassen kann, das soll als Anschauung, als Wort, als Begriff in der jungen Seele dämmern. Wolle den Mittag nicht erzwingen vor dem Morgenroth! 5) Trenne die verständige Bildung nie von der sittlichen. So wie der weise Freund der Jugend zuerst das Herz bildet, daß es rein, gut und stark werde, ehe er den Begriff aufhellt, damit das gute, starke, gesunde Herz den hellen Begriff tragen könne: so vergißt er nicht in wirklicher Bildung des Begriffs, für die Haltung des Herzens zu sorgen, damit die Finsternisse nicht etwa durch die große Pforte der Neigungen einbrechen, indem er sie durch das Pförtchen Verstand hinaustreiben will. — Du, lieber Vielwisser, wenn du noch nicht weißt, daß nicht die Schönheit des Gemüths in der Wahrheit und Klarheit des Begriffs, sondern umgekehrt die Wahrheit und Klarheit des Begriffs in der Schönheit des Gemüths wurzelt, so ist alles dein Vielwissen — nichts. 6) Trenne die verständige und sittliche Bildung nie von der religiösen; denn wenn das Herz den hellen Begriff tragen soll, so muß es selber von der Religion getragen werden. Dann erst ist für Sicherheit und Dauer gesorgt; die Stütze muß selber feststehen, wenn sie stützen soll, oder es fällt das ganze Gebäude zusammen! Was ohne Gott das Universum, das ist alle Erkenntniß der Wahrheit ohne die Grundwahrheit — Gott; das ist

alle Tugend ohne den Urgrund alles Guten — Religion: nichts.
Laß dieſes Nichts ja nicht in deiner Pädagogik anſäßig werden. 7)
Endlich bringe der jungen Natur keine Bildung des Verſtandes auf,
als die ſich mit der Selbſtentwickelung einigen läßt. Die ganze Erziehung darf ja nur Beiſtand in und zur Selbſtentwickelung ſein, alſo gewiß
auch zur Bildung freien Urtheils. Zweite Regel: Thue in der
Bildung des Verſtandes Alles, was den Entwickelungsgeſetzen der verſtändigen Potenz angemeſſen iſt, und thue es ſo, wie es dem Ideal der
Menſchheit am entſprechendſten iſt, das heißt: 1) Weil nur durch genaue
Auffaſſung der Sinnenwerkzeuge der erſte Stoff zur Erkenntniß geliefert
werden kann; ſo ſorge, daß alle Sinnenwerkzeuge erhalten, daß die
zwei vornehmſten — das Hör- und Sehvermögen — durch Uebung
gebildet, daß ihnen ein gehöriger Vorrath von Gegenſtän-
den zur Wahrnehmung verſchafft, daß die Eindrücke weder den Organen
des Leibes, noch den Regungen des Gemüths ſchädlich werden. 2) Da
der Erkenntnißſtoff nur durch Verarbeitung der verſtändigen Potenz
eigentliche Erkenntniß werden kann, und dieſe Verarbeitung von der Aufmerkſamkeit anfängt, und Fortdauer derſelben erheiſcht, ſo laß es
dein vorzügliches Augenmerk ſein, die Aufmerkſamkeit deines Zöglings zu
wecken durch intereſſante Gegenſtände, zu lenken auf unſchäd-
liche, unterhaltende lehrreiche Gegenſtände, vorzuüben im
wirklichen Aufmerken, nachzuüben durch Fragen, zu fixiren durch
fortſchreitende Enthüllung des Wichtigen, frei zu machen und frei
zu halten nach den Bedürfniſſen des Lernenden und den Erforderniſſen
des Gegenſtandes, allmählig mit Abſtraktion und mit Reflexion
zu verbinden, und ſo zu bilden, daß der Zögling nach und nach
eines freien Blickes erſt fähig, dann habhaft, endlich Meiſter werde. Wir haben ſchon oben, wo von der Urtheilskraft die Rede
war, auf die nöthigen Vorſichtsregeln aufmerkſam gemacht, welche hinſichtlich der Bildung dieſes Seelenvermögens beobachtet werden dürften,
und müſſen das dort bloß mit wenigen Worten Angedeutete hier umſtändlicher auseinander ſetzen. Nimmer iſt auch bei der Bildung des
Verſtandes die nachdruckſame Warnung des Apoſtels Paulus zu
vergeſſen, der da ſagt: „Keiner ſoll höher von ſich denken, als zu denken
ſich geziemt, ſondern beſcheidentlich denken, je nachdem ihm Gott das
Maaß der Gaben zugetheilt hat.“ So erſprießlich es auch iſt, die Anlagen des jugendlichen Geiſtes zu wecken und in Thätigkeit zu verſetzen,
ſo nachtheilig und verderblich wäre es auch, wenn in der Seele des aufblühenden Geſchlechtes Dünkel, Anmaßung, Stolz und Selbſtgenügſam-
keit gepflegt würde. Daher iſt derlei Entartungen weislich vorzubeugen.
Denn ſo wie es im jugendlichen Geiſte zu tagen und heller zu werden
beginnt, ſo vermißt er ſich nur gar zu leicht, Alles erfaſſen und verſtehen zu wollen; er denkt nicht daran, daß alle menſchliche Kenntniß nur
Stückwerk, und daß die Brücke noch nicht gebaut iſt und nie gebaut werden wird, auf der man ſchon hier in's Gebiet vollendeten Wiſſens hinüber gehen kann; vielmehr will er bei dem beſchränkten Maaße der Kraft
und den oberflächlichen Kenntniſſen im eiteln Dünkel über Alles räſonni-
ren, über Alles den Stab brechen, was er nicht verſteht und was ihm
unzugänglich iſt. Mit höhniſchem Blicke ſieht er auf Alles hin, was noch
das Zeugniß der redlichen Einfalt einer frühern Zeit an ſeiner Stirne
trägt; er unterfängt ſich, Kunſt und Wiſſenſchaft nach ſeiner Kurzſichtigkeit zu
muſtern, und nicht bloß die öffentlichen Anordnungen, welche der Staat
und die Kirche zum allgemeinen Beſten getroffen haben, zu tadeln, ſondern ſogar das Heilige — die Religion — in ſeinen beengten Kreis

herabzuziehen und vor dem Tribunal seines schwachen Verstandes darüber
zu entscheiden. Jeder, der in der Tagesgeschichte kein Fremdling ist,
weiß es, welche Uebel hieraus für Staat und Kirche und für die Völker
hervorgegangen sind. Und woher diese betrübenden Erscheinungen unserer Zeit? Nirgends anders woher, als von der verkehrten Erziehungsweise, wornach lediglich dahin gearbeitet wurde, die Jugend über Alles
aufzuklären, um sie dadurch in den Stand zu setzen, über alles Bestehende
ihr frivoles Urtheil abzugeben, und die ehrwürdigsten Gegenstände entweder in den Staub zu treten oder wenigstens als lächerlich darzustellen.
Wie Napoleon einst, als man ihn auf die schrecklichen Verheerungen,
die seine Soldaten in einem Bezirke von Italien angerichtet hatten, aufmerksam machte, sich mit den Achseln zuckend äußerte: Voila les fruits
de la guerre! (= das sind die Früchte des Krieges) auf gleiche Weise
könnten auch wir sagen im Hinblicke auf derlei Verstandes=Entartungen:
„Das sind die Früchte der Erziehung, die Alles darauf anlegte, den Verstand aufzuklären, dagegen das Herz völlig brach liegen zu lassen. Um
sonach die Jugend vor solchen Verirrungen und Ausschweifungen zu bewahren, führe man ihr recht oft und ernstlich zu Gemüthe, daß der Verstand des Menschen überhaupt sehr beschränkt sei und in den meisten
Dingen kaum die Oberfläche derselben berühre. Nicht einmal begreift er
das Wesen eines Strohhalms, viel weniger Dinge, die über ihn hinausgehen, weil unendlich höher liegend. Man rühmt es an dem alten griechischen Weisen Sokrates, daß er alle Gelehrten seiner Zeit durch
seine Kenntnisse übertroffen habe, und doch war gerade er es, welcher
das unumwunde Bekenntniß ablegte, daß er nichts wisse. Und solche
Beispiele ließen sich noch in Menge anführen. Man flöße daher den
Schülern tief ein, wie beschränkt ihr Gesichtskreis und wie dürftig all
ihr Wissen sei, und mache ihnen anschaulich, wie vermessen es sei, über
dieß und jenes abzusprechen, was man nicht begreife, und namentlich,
wenn man das über alles Erhabene, — die heiligen Lehren der Religion, — seinen schwachen Einsichten unterwerfe und darüber aburtheile.
Sollten aufgebunsene Schwindelköpfe die wohlgemeinte Warnung verkennen, so soll sie in Liebe wiederholt und nöthigenfalls mit eindringlichen
Stacheln versehen werden. Die Hauptsache aber bleibt immer das große
Wort: Initium sapientiae timor Domini! (Kindliche Gottesfurcht ist der
Anfang und die Wurzel aller Weisheit.) Dieß gilt aber auch vom Lehrer, den Eltern und einem Jeden, der auf die jugendliche Bildung Einfluß hat. (Job 28, 38. Ps. 48, 21. Spr. 1, 2. 2, 6. 11, 3. 5, 13.
9, 10. 16, 16. 21, 30. Dan. 2, 21. Weish. 4, 31. Sir. 22, 10.
Luk. 2, 47. 1. Cor. 1, 19. Eph. 4, 18. 2. Tim. 2, 7.)

Verstandesaufklärung. (S. Art. Unterricht.)

Verstandesbildung, überwiegende. (S. Art. Despot.)

Verstandesübungen. (S. Art. Denk= und Sprachübungen.)

Verständlich machen unverständlicher Worte. Sind den Kindern
einzelne Ausdrücke und Wörter unverständlich, so muß der Lehrer solche
denselben verständlich zu machen suchen. Sind derlei Ausdrücke und
Wörter eigentliche, so mache er die Kinder auf ihre Abstammung und
Ableitung aufmerksam; er führe ähnlich bedeutende Wörter an; er um-
schreibe ein unverständliches Wort; er erinnere daran, wie man sonst gewisse Wörter zu gebrauchen pflege, oder an ähnliche Redensarten aus
dem täglichen Leben, oder an einzelne Fälle und Gelegenheiten, bei welchen die Kinder entweder das Wort selbst gehört oder gebraucht haben.
Sind aber die den Kindern unverständlichen Ausdrücke uneigentlich
und bildlich, so erwecke der Lehrer in ihnen die zwei Vorstellungen,

die das uneigentliche Wort ausdrückt, lasse dann die Aehnlichkeit
oder die Verbindung beider aufsuchen, um so die uneigentliche Bedeutung
zu finden und als solche zu erkennen. Zuweilen kann der Lehrer an bekannte ähnliche Redensarten aus dem gemeinen Leben erinnern, in welchen das uneigentliche Wort in einem solchen Zusammenhange vorkommt,
damit den Kindern dadurch die zu erklärende Redensart deutlich werde.
Hat ein Wort mehrere Bedeutungen, welche der Schüler kennen lernen
soll, so suche der Lehrer ihn durch Anführung einzelner, leichtverständlicher Sätze, aus welchen die verschiedenen Bedeutungen einzeln hervorgehen, darauf hinzuleiten. Versteht aber ein Kind irgend ein Wort deßhalb nicht, weil es noch keinen Begriff davon hat, so muß dieser ihm
erst entwickelt und verdeutlichet werden.

Verständniß, das, ist den Kindern zu erleichtern. Bei dem Evan-
gelisten Matthäus lesen wir: Und Er, der Herr, redete zu ihnen Vielerlei
in Gleichnissen. Und die Jünger traten zu ihm und sprachen: Warum
redest Du zu ihnen in Gleichnissen? Er antwortete und sprach: Euch ist
es gegeben, die Geheimnisse des Reiches Gottes zu verstehen; aber jenen
ist es nicht gegeben. (Matth. 13, 3. 10. 11.) Durch Gleichnisse wußte
Jesus, der große, göttliche Meister im Unterrichten das Schwerverständ-
liche leicht verständlich zu machen. Er verstand die Kunst vollkommen, so
faßlich zu unterrichten, daß die Schaaren des Volkes ihn leicht verstehen
konnten. Den Fähigern und Geübtern machte er es schwerer, den Unfähigern und Ungeübtern dagegen leichter. So muß auch der Lehrer
durch Bilder, Gleichnisse, Anschauung, den Schwerbegreifenden entgegenkommen und ihnen das sonst Unzugängliche zugänglich machen. Er bemühe sich daher so zu unterrichten, daß ihn alle seine Schüler verstehen
können; er mache es keinem zu schwer, keinem zu leicht und arbeite stets
dahin, daß jeder an Kraft und Einsicht gewinnt. Er falle weder in's
Spielende noch Läppische, noch versteige er sich in's Sonderbare und
Abstrakte. Beides ist ein Fehler, dessen sich bald der eine, bald der andere Lehrer schuldig macht. Der christliche Schullehrer sucht namentlich
den Kindern die Augen des Verständnisses durch Religion zu öffnen.
Ein anderes ist das Licht der Gottesweisheit, und ein anderes das Licht
der Weltweisheit. Jene vertreibt alle Finsterniß, diese aber führt oft in
die Finsterniß und erhält auch in derselben. Es besitze einer alle Weisheit der Welt, wenn ihm das Licht der göttlichen Weisheit in der christlichen Religion nicht aufgegangen ist, so wandelt er im Finstern. Nur
die Religion bringt reines himmlisches Licht in den Verstand und das
Herz des Menschen. Sie muß auch dem Kinde das Auge öffnen, wenn
es anders nicht zugeschlossen bleiben soll. In unsern Schulen muß daher
die Religion die erste Stelle behaupten. Ohne sie fehlt die Sonne, —
es ist kein Licht und keine Wärme darin. Die Religion ist der perlende
Thautropfen, der im Auge des Kindes glänzt und sein Herz wohlthätig
befeuchtet. Sie muß daher dem Kinde in der frühesten Jugend überaus
lieb werden, und muß mit ihm aufwachsen; denn nur sie macht fromme
Kinder. Eigentlich muß das Kind schon Religion in die Schule mitbringen, und wird sie mitbringen, wenn fromme Eltern ihm nicht fehlen.
Was nun schon das Haus gibt und geben soll, das muß die Schule nur
um desto mehr geben. Wenn man mit Recht über ein Haus klagt, in
welchem nichts für Religion geschieht, so wird man noch mit größerem
Rechte über eine Schule klagen müssen, in welcher der Religionsunterricht versäumt und vernachlässiget wird. Vom Eintritte des Kindes in
die Schule bis zu seinem Austritte aus derselben muß die Religion vorzugsweise betrieben werden. Das Haus und die Schule müssen hierin-

falls Hand in Hand mit einander wandeln, wenn die Kirche in ihrem Schooße fromme Christen haben soll. Es ist, sagt Kelber, nur zu wahr, einmal gefehlt, wenn das Kind in seinem sechsten Jahre noch nicht weiß, daß ein Gott im Himmel ist; es ist zweimal gefehlt, wenn es in seinem siebenten und achten Jahre Gott und Christum nicht näher kennen lernt. Die Religion wurzelt nie so tief, die nicht schon Wurzel schlägt im Hause und von da hinaufwächst in die Schule und Kirche, und der wird der frömmste Mensch, der schon als Kind fromm ist. „Ich finde," sagt Johannes v. Müller, „täglich mehr, daß alles Wissen zwar nothwendig, aber doch nur Schaale ist, welcher der Kern fehlt, und dieser ist Religion. Zepter brechen, Waffen rosten, der Arm des Helden verweset; was aber als Heiliges in den Geist und das Herz gelagert ist, ist ewig." — Nicht frühe genug kann das Herz der Kinder für Religion erwärmt werden. Wie der fromme Sinn der Eltern schon auf die Kinder übergeht, so gehe auch der fromme Sinn des Lehrers auf seine Schüler über; und wie der fromme Vater mit seinen Kindern oft und gern von Gott redet, sie stets auf ihn hinweiset, und sie schöne Sprüchlein lehrt; so rede auch der Lehrer mit seinen Schülern oft und gern von Gott, weise sie stets auf ihn hin, und pflanze ihrem Gedächtnisse und Herzen schöne Denk- und Bibelsprüche ein. Wie die fromme Mutter ihre kleinen Kinder beten lehrt; so lehre auch der fromme Lehrer seine kleinen Schüler beten. Wie fromme Eltern in ihren kleinen Kindern Liebe zu Gott und kindliche Scheu vor ihm erwecken, ihnen das Böse verabscheuungswürdig, und das Gute werth und liebenswürdig machen; so flöße auch der fromme Lehrer seinen Schülern Liebe zu Gott und Jesus Christus ein; er gewinne sie für's Gute und entwöhne sie von jeder Unart; er mache ihnen die Religion überaus werth, und erwärme ihre Herzen dafür. So erlangen kleine Kinder Religion, ohne eigentlich in der Religion unterrichtet zu werden. — Das kunstgerechte, aber frostige Katechisiren nach Gräffe's Manier, das haarscharfe aber unverständliche Zergliedern und Definiren ist hier vom Uebel, und nimmt dem Kinde die Religion, statt sie ihm zu geben. Denn die Religion muß im Herzen Wurzel schlagen und dasselbe ganz durchgreifen. Den kleinen Schülern kann noch nicht Alles klar gemacht werden, aber es muß ihnen Alles heilig sein, was Religion betrifft. Viele lehren wohl Religion, geben aber keine. In höhern Schulen besonders bleibt das religiöse Gebiet gewöhnlich am unfruchtbarsten, und dieß darum, weil ihnen die Religion bloße Verstandes- und keine Herzenssache ist. O möchte jedem Lehrer das Wort des Herrn stets lebendig vorschweben, das er zu Saulus unfern von Damaskus gesprochen hat: Ich will dich aus dem Volke und den Heiden retten, zu welchen ich dich jetzt sende, um ihnen die Augen zu öffnen, daß sie von der Finsterniß zum Lichte, von Satans Gewalt zu Gott sich bekehren, damit sie durch den Glauben an mich Vergebung der Sünden und das Erbtheil mit den Geheiligten erlangen." (Apstgsch. 26, 17. 18.) So würde er sich nur mehr ermuntert fühlen, den Kleinen das Verständniß bei jedem Unterrichte zu erleichtern und denselben besonders die Pforte des göttlichen Reiches zu erschließen.

Verstehen, das, der Kinder hinsichtlich der Sprache des Lehrers. (S. Art. Mundart.)

Verstocktheit. Wenn in Beziehung auf das sinnliche Gefühl nicht das rechte Maaß beobachtet, wenn es bald durch Härte, Kälte und Gleichgültigkeit unterdrückt, bald durch schwache Nachgibigkeit, Hätschelei, Verzärtelung und blinde Liebe überreizt und verweichlicht wird; so entsteht im ersten Falle Verhärtung, Gefühllosigkeit, Verstocktheit, im zweiten Falle

aber Empfindelei, allzugroße Reizbarkeit und launiges Wesen. Doch
wir reden hier vorzugsweise von der jugendlichen Entartung, — der
Verstocktheit und den beklagenswerthen Folgen, die aus derselben hervorgehen, wenn sie ihren Höhepunkt erreicht hat. — Die Selbstverstockung
gegen das Gute ist der höchste Grad der Verschlimmerung des menschlichen Herzens — der Zustand desselben, da es für jede Anregung des
Bessern ohne Empfänglichkeit, für jedes Ergreifen höherer Belehrung ohne
Sinn ist. Es ist eine Verhärtung und Abgestorbenheit des Gefühls,
welche entweder nur sehr schwer, oder gar nicht mehr durch die gewöhnlichen Mittel zu heben ist. Denn wir haben Beispiele, daß es Kinder
gegeben hat, welche weder durch Lehren, noch Bitten und Thränen, weder
durch Ermunterungen noch Strafen gebessert werden konnten. Sie äuf-
serten z. B. schon einen unnatürlichen Hang zur Wollust, zur Selbstschändung oder zur tückischen Schadenfreude; andere hatten eine entschiedene Lust zu diebischem Wesen 2c. Daß übrigens solche verstockte Kinder
selten, und in der Regel nur Erscheinungen einer schlechten, irreligiösen
Erziehung seien, wird wohl Niemand in Abrede stellen. Dieß zeigt sich
selbst manchmal bei Kindern gebildeter Stände des Volkes, wenn sie zwar
zur Achtung für die bürgerliche Ordnung angehalten, aber ohne religiösen Sinn gelassen werden, oder wenn sie bei mangelhaften Religions-
kenntnissen späterhin aufgeklärt sein möchten, Bibeleserei treiben, grübeln,
zweifeln, und zuletzt im höchsten Lichte ihrer Aufklärung nicht mehr wissen, was sie für wahr halten sollen. Anfangs fühlen sie sich durch die
vermeinte Kühnheit und Höhe des Geistes sehr geschmeichelt, werfen
Glauben und Frömmigkeit über Bord, um desto ungehinderter ihrem Gelüste huldigen zu können. Lachenden Mundes erlauben sie sich jede Nieder-
trächtigkeit, wenn sie nur vor der Welt verborgen gehalten werden kann. Wie
durch falsche Grundsätze und Täuschungen solche am Geiste verkrüppelte
Menschen zur eigentlichen Thierheit herabsinken, aller sittlichen Abweichung
fähig sind, und jede bessere und heilsame Zurechtweisung in den Wind
schlagen; so tragen auch lasterhafte köperliche Angewöhnungen zur Verstocktheit vieles bei. Diese verwirren mit leidenschaftlicher Gewalt den
Geist, stumpfen ihn ab, und erzeugen im Menschen eine hartnäckige Widerspenstigkeit gegen alle Anregungen des Bessern. Mancher Wollüstling
sieht das Elend, welches seine geilen Begierden gestiftet haben, aber er
härtet sich entschlossen gegen die guten Rührungen ab, wenn sie hie und
da sein Gemüth ergreifen wollen; er verspottet selbst die warnende und
strafende Stimme des Gewissens. Mit unsinniger Leidenschaft sieht er
gleichgültig seinen Körper zu früh veralten und zu Grabe tragen. Aber
ein anderer Mensch werden will er nicht, — lieber den Tod. So weit
kann Verstocktheit den Menschen selbst schon in der Blüthe seines Lebens
bringen! — Sollte auf dem Felde der Erziehung nicht Alles aufgeboten
werden, um diese schauerliche Giftpflanze nicht aufkommen zu lassen? O
wie viel sollte allen Eltern in niedern und höhern Ständen daran gelegen
sein, ihre Kinder davor sicher zu stellen! Vor allem sollten sie ernsten Bedacht darauf nehmen, daß das sinnliche Gefühl derselben nicht abgestumpft
und unwirksam gemacht, sondern recht angeregt, belebt und geregelt
werde. Bedenken sollten sie, wie leicht dieses Gefühl durch harte und
knechtische Behandlung oder auch durch entehrende Strafen eingeschüchtert
und das Gemüth der Kinder kalt und gleichgültig gemacht werde. Dieß
letztere ist besonders bei Kindern auf dem Lande oft der Fall, zumal bei
denselben leibliche Züchtigungen, Schimpf- und Fluchwörter an der Tagesordnung sind, oder Mißhandlung jeder Art zum Hebel ihres Gehorsams gemacht wird, und ihnen die herzerwärmende Liebe fremd bleibt.

Eben ſo ſollen aber auch auf der entgegengeſetzten Seite Verzärtelung, ſchwache Nachgibigkeit und Affenliebe keinen Zutritt bei der Erziehung der Kinder erhalten, um die hieraus entſtehenden widrigen Folgen mög- lichſt zu verhüten. Vor Allem aber muß die Sorge der Eltern und Er- zieher darauf gerichtet ſein, nie den Verſtand auf Koſten des Herzens anzubauen und zu heben, ſondern ſtets dahin zu arbeiten, daß beide im gehörigen Gleichgewichte erhalten werden. Insbeſondere ſollen Kinder ſo frühe, wie möglich, mit den heiligen und ſtarken Waffen der Religion verſehen werden, damit beide, Körper und Geiſt unter ihrem Schirm immer lieblicher emporwachſen und zunehmen mögen. Auch die Schule muß von ihrer Seite Alles beizutragen ſuchen, um einem ſolchen Uebel, dergleichen die Verſtocktheit iſt, mit ihrer ganzen Kraft zu ſteuern. (Pſ. 94, 8. Hebr. 3, 7. Iſai 67, 17. Ezech. 2, 4. 3. 7. Zach. 7, 11. Apſtgſch. 28, 27. Hebr. 3, 11. Eph. 2, 2. Cor. 4, 4. 2. Tim. 2, 26.)

Verſuchung. Unter dieſem Ausdrucke verſtehen wir eine jede Rei- zung zum Böſen oder zur Sünde, — zum Abfall von Gott und Tugend. Ein jeder Menſch wird verſucht, und jedes Alter hat ſeine eigenen Ver- ſuchungen. Dieß iſt der Wille Gottes — denn ohne Kampf iſt kein Sieg, und ohne Verſuchung keine Tugend. Deßhalb lehrt uns auch Jeſus Chriſtus beten: „Und führe uns nicht in Verſuchung!" — Die Verſuchungen kommen nicht von Gott, dem Allerheiligſten, ſon- dern der Menſch wird verſucht von Außen und von Innen, aber am mei- ſten verſucht er ſich ſelbſt, d. h. er reizt ſich ſelbſt zum Böſen, indem er Gott und Ewigkeit vergißt, ſich der Gefahr ausſetzt, zu ſündigen, das zu thun, was ſeinen Sinnen angenehm iſt, und ſeinen böſen Begierden ſchmeichelt. Diß Stunde der Verſuchung iſt für jeden Menſchen, alſo auch für die Jugend, die Stunde der Selbſtverläugnung und des Gott- ähnlichwerdens. Hier wird Gott und der Seele ein Opfer gebracht, das um ſo köſtlicher iſt, je mehr Mühe und Ueberwindung damit verbun- den iſt. — Es fragt ſich nun aber auch, welche Mittel der Erzieher ſei- nem Zöglinge beſonders empfehlen ſoll, um ihn dadurch in den Stand zu ſetzen, die Verſuchungen zu beſiegen? — Es dürften vornehmlich fol- gende ſeyn: a) daß er einen ernſten Blick in ſein Inneres thue, um jene fehlerhaften Neigungen und Gewohnheiten kennen zu lernen, die ihm be- ſonders eigen ſind, wie z. B. Leichtſinn, Schadenfreude, Ausgelaſſenheit, Zorn, Hang zum Geiz, Ehrgeiz und Stolz. Denn wer ſeine Fehler und ihre Quelle nicht kennt, kann ſie nicht mit glücklichem Erfolg bekämpfen; b) daß er Alles ſorgſam vermeide, was ihn zur Sünde oder zum Fehl- tritt reizen kann. Denn die Begierden erſtarken und die Leidenſchaften wachſen nur erſt, wenn man ihnen Nahrung gibt. Wer ſich gefliſſentlich in Gefahr begibt, kommt gewöhnlich darin um. Gefährlich iſt es mit der Sünde zu ſpielen, aber weiſe handelt derjenige, der die Verſuchung flieht. Darum muß aber auch der Zögling hierauf aufmerkſam gemacht werden, damit er die Verſuchung fliehe und Alles meidet, was etwa die verkehrte Neigung erwecken kann. Gottes Beiſtand iſt ihm hiezu nöthig, allein der Kampf wird ihm nicht erſpart. Sein Wille muß mitwirken; wenn er das nicht thun würde, ſo würde er ſinken und untergehen. Hier darf er ſeine Beſonnenheit nicht verlieren, und muß, um dieſe im Augenblicke der Verſuchung zu retten, ſeine Aufmerkſamkeit auf andere Dinge richten. Er muß ſeine Seele losreißen von den bethörenden Bildern, und ernſte Beſchäftigungen ergreifen. c) Daß er an Gott, den Allgegenwärtigen denke, der ihn fehlen ſieht und richtet; daß er, wie einſt Joſeph, der edle und unſchuldsvolle Jüngling zu Gott rufe: „Wie ſoll ich ein ſo großes Uebel thun, und gegen meinen Gott ſündigen?" (1. Moſ. 39, 9.);

d) daß er in den einsamen Stunden des Gebets Kraft sammle, um im Gewühle der Welt von der Fluth des Verderbens nicht mitfortgerissen zu werden; e) daß er lerne, sich hie und da auch ein erlaubtes Vergnügen zu versagen, um desto eher die Neigung zu unerlaubten zu bezwingen; f) daß er endlich sich übe, Beschwerlichkeiten zu übertragen, um sich zum Kampfe gegen das Böse abzuhärten. Der Augenblick der Versuchung ist ein entscheidender Augenblick. Er ist der Augenblick, der über die Wahl zwischen Tugend und Laster, Himmel und Hölle, Gott und Satan entscheidet. Wer das Laster wählt, der fällt von Gott ab, und beugt seine Kniee vor dem Satan; wer aber der Tugend treu bleibt, in dessen Herz fließt eine Quelle von Himmels = Freuden über. — (5. Mos. 13, 3. Job. 23, 10. Pf. 25, 2. 65, 10. Weish. 3, 5. Gal. 6, 1. Jac. 1, 14. 5. Mos. 6, 16. Sir. 18, 27.)

Vertheilung des ungleichen irdischen Besitzes. In Beziehung auf das Bestrebungsvermögen muß der Lehrer den Kindern klar zu machen suchen, daß Gott darum die irdischen Güter ungleich vertheilt habe, weil a) die menschliche Gesellschaft nur dadurch erhalten wird, daß Einer des Andern bedarf, und dieß nur aus dem Grunde, weil der Eine hat, was der Andere nicht hat, und sich so der Aermere von dem Reichern seinen täglichen Unterhalt erwirbt, indem er für ihn seine Zeit und Kräfte durch Arbeit verwendet, der Reiche dagegen dem Armen einen Theil von seinem Gelde mittheilt; b) weil, wenn der Eine so viel hätte, als der Andere, Keiner für den Andern arbeiten würde; c) weil jeder seine Kraft von Gott dazu empfangen hat, daß er sie zum Besten Anderer verwende; d) weil Gott alle Menschen hätte reich oder arm machen können, es aber nach seiner ewigen Weisheit nicht gethan habe, damit ein jeder seine Kraft gebrauche und emsig arbeite. Wer mit dieser weisen Einrichtung Gottes nicht zufrieden seyn wollte, der würde mit Gott hadern, und es wäre gerade so viel, als wenn der Thon den Töpfer fragen wollte: warum hast du mich zur Schüssel und nicht zum Kruge gemacht? (Jsai. 45, 9. Röm. 9, 21. 1. Kön. 2, 7. Sp. 22, 2.)

Verträglichkeit besteht in einem lebendigen Bestreben, mit Andern friedlich und einig zu leben. Wenn der Gehorsam dem Verhältnisse, in welchem die Kinder zu ihren Eltern, Vorgesetzten und Lehrern stehen, entspricht; so bezieht sich dagegen Verträglichkeit, wie Freundlichkeit, Dienst= fertigkeit ꝛc., zunächst auf ihr Verhältniß zu den Hausgenossen, Geschwi= stern und andern Kindern, mit denen sie in Berührung kommen oder Um= gang pflegen. Verträglichkeit befriediget die Forderungen dieses Verhält= nisses auf negative Weise. Auf diese Befriedigung hat daher der Er= zieher zuerst und vorzugsweise sein Augenmerk zu richten, und jede Aeu= ßerung von Unverträglichkeit, Zanksucht und Kränkungslust nachdrucksam zurückweisen und nach Umständen auch zu bestrafen, weil einerseits ein solches Benehmen schon an und für sich böse und verabscheuungswürdig ist, und andererseits weil derlei feindselige Unarten, wenn sie in den frühern Jahren geduldet werden, nur zu leicht in jugendlichen Herzen Wurzel schlagen, mit ihnen aufkeimen und sie bereinst zu Friedensstörern und zur Plage der menschlichen Gesellschaft machen. Zwar sind unsere Kinder vorschriftsmäßig gehalten, sowohl in als außer der Schule in Friede und Eintracht beisammen zu leben und sich als Mitschüler unter einander zu lieben; aber sie werden dabei nichts desto weniger öfters mit Ernst und Nachdruck an die nachtheiligen Folgen erinnert werden müssen, welche gewöhnlich aus der Unverträglichkeit entstehen. Da übrigens unter den Kindern die Neigung zur Uneinigkeit öfters als vorherrschend erscheint, so sind sie um so mehr zur Verträglichkeit zu gewöhnen. Zum negativen

Momente derselben muß aber auch das positive der Freundlichkeit und der Dienstfertigkeit hinzukommen, und ein Kind soll daher nicht nur nicht unfreundlich, hart oder gebieterisch seinen Geschwistern, den Hausgenossen oder irgend Jemand begegnen dürfen, sondern sich vielmehr freundlich, liebevoll und dienstfertig gegen einen jeden Menschen erweisen. Dieß verlangt ohnehin schon das Gebot der Nächstenliebe, wornach jede kränkende und feindselige Gesinnung untersagt, und in Gottes Augen strafbar ist. Von unsern Lippen soll kein zänkisches und der Liebe widerstreitendes Wort kommen. Aus reicher, überfließender Güte soll ein Jeder bereit sein, Zank und Streit möglichst zu verhüten und seinem Mitmenschen gefällig zu sein, so gut er kann, soll Zorn und Wortwechsel sorgsam meiden und sich der Friedfertigkeit befleißigen. Mild, erfreuend und gern mittheilend gleich der Sonne, segensreich und erquickend, gleich einem Frühlingsregen, soll schon der Kinder Thun und ihr ganzes Wesen sein. Wohnt nur die christliche Nächstenliebe in ihren Herzen, dann wird es auch ein Tempel des Friedens und fern von jeder Entzweiung sein. Diese Liebe pflanze der Erzieher mehr und mehr in die kindlichen Gemüther, damit aus derselben die liebliche Frucht der Vertragsamkeit mit andern Menschen zum Vorschein komme und bleibend sei. Vor Allem lasse er die Kinder die Verträglichkeit in ihrer ganzen Schönheit sehen. Dieß kann aber wohl nicht besser geschehen, als an Beispielen sowohl verträglicher als unverträglicher Menschen, indem er jene in ihrer Liebenswürdigkeit, diese dagegen in ihrer Häßlichkeit vorführt, und gegen einander vergleicht. Auch darf er es an geeigneten Vorstellungen und nöthigenfalls an Strafen nicht fehlen lassen. (1. Cor. 13, 7. 2. Cor. 11, 19. Ephes. 4, 2. 1. Petr. 2, 19. Apostelgesch. 2, 3.)

Vertrauen beweisen und erwerben. Vertrauen ist die Zuversicht, mit der man sich auf einen Andern verläßt. Der Erzieher soll seinen Zöglingen Vertrauen beweisen, wo sie es irgend verdienen, oft sogar, um sie dessen würdig zu machen, sagt **Niemeyer.** (Bd. I. S. 186.) Sie werden sich um so früher selbst vertrauen lernen, da im Gegentheil Mißtrauen nicht nur verstimmt, sondern auch muthlos macht. Was man von jungen Leuten forbert, betrachtet man oft als etwas, „das sich von selbst versteht, das man ihnen nicht erst zu empfehlen nöthig habe, das man von ihrem Verstande oder ihrem Herzen erwarten könne;" statt daß in der gemeinen fehlerhaften Erziehung gerade der entgegenstehende Ton gewählt wird: „man könne sich nicht auf sie verlassen, ihnen nicht trauen; man werde gewiß viele Klagen über sie hören;" oder bei vorgefallenen Fehlern: „sie würden die Wahrheit nicht sagen; man werde sich anderwärts erkundigen," u. s. w. Es gehe die bei sehr jungen Kindern oft nöthige bewachende Aufsicht unvermerkt in eine mehr **entfernte Beobachtung** über. Gegebene Freiheit wird gerade um so seltener mißbraucht, je öfter und unbefangener man sie gibt, und je mehr der Zögling wahrnimmt, daß ihre gute Anwendung ihm nur noch mehr Vertrauen erworben hat. Schon in Kindern ist ein Gefühl für Achtung, und ein Trieb, Achtung zu verdienen. Eben darum hat jeder Erzieher, der junge Leute überlisten, behorchen, beschleichen will, darauf zu rechnen, am meisten betrogen zu werden. Denn da er sie nicht durch sein **Vertrauen** zu gewinnen sucht, so finden sie ein Interesse darin, klüger als er zu seyn, woran sie bei offener Behandlung nicht denken würden. Auch die Besten widerstehen dieser Versuchung nicht immer. Aber warum führt man sie in Versuchung? — Der Erzieher soll sich das Vertrauen seiner Zöglinge zu erwerben suchen, aber nur auf dem Wege der **Liebe** und **Achtung;** jeder andere Weg führt irre. Dieses Vertrauen besteht in der Ueberzeugung der Zöglinge, daß man in Allem, was man selbst thut, oder von ihnen verlangt und ihnen untersagt, nichts als ihr Bestes zum Zweck habe, weil man sie liebe. Dieses Vertrauen ist in der Regel weit schwerer zu gewinnen, und weit leichter zu verlieren, als die Liebe und Achtung. Denn der Erzieher ist oft in der Nothwendigkeit, den Wünschen und Neigungen der Kinder zu widersprechen, und je mehr sie erst anfangen, über seinen Willen zu vernünfteln, desto leichter finden sie etwas daran zu tadeln, und auch da, wo sie Unrecht haben, mehr die Wirkung der üblen Laune und des Eigensinns, als des überlegten Wohlmeinens zu erblicken. Daher gewinnt man leichter Vertrauen bei Kindern, als bei Jünglingen, leichter in der Privat=Erziehung, als in der öffentlichen, wo der Einfluß der Unzufriedenen auch auf den wirkt, der natürlich zum Zutrauen geneigt ist. So viel indessen die Liebe der Zöglinge werth ist, so sei man doch sehr auf seiner Hut, solche Mittel zur Erwerbung derselben zu wählen, die theils schädlich, theils dem vorgesetzten Zwecke mehr hinderlich sind. Zu den verkehrten, wenigstens nur auf kurze Zeit wirkenden Mitteln, gehört besonders 1) jede schwache Nachgibigkeit in Dingen, welche entschieden unrecht, oder den Kindern auf irgend eine Art schädlich sind, folglich auch jede Begünstigung ihrer Unarten und Thorheiten, um sie nur, wie man sagt, gut zu erhalten; 2) jede Erschleichung ihrer Gunst auf Kosten Anderer, z. B. daß man ihnen erlaubt, was Andere ihnen aus guten Gründen untersagt haben, oder wohl gar, daß man Andere als zu streng und eigensinnig verschreie. Zu den vernünftigen Mitteln, das Vertrauen zu gewinnen, gehört besonders 1) das immer rege Interesse an ihrem wahren Wohl, das sich in dem ganzen Umgange mit ihnen ausdrücken wird; 2) die unbestechliche Gerechtigkeit in ihrer Behandlung und Beurtheilung, folglich, wo mehrere zu erziehen sind, die Vermeidung aller parteiischen Vorliebe, die nicht auf wirkliche Verdienste gegründet ist; 3) die wohlwollende Gleichmüthigkeit, das Sichgleichbleiben als Gegensatz zur Inconsequenz; 4) die Billigkeit in der Beurtheilung der Schwächen und Fehler junger Leute, der man es ansieht, daß nicht für Folge der Bosheit erklärt wird, was bloß Folge der Jugendjahre ist, besonders in Fällen, die den Erzieher selbst betreffen; 5) der väterliche Sinn bei Vergehungen, die nicht ungeahndet bleiben können, der leidenschaftlose Ton bei Verweisen, die Mäßigung bei wirklichen Strafen, und die Entfernung von allem Nachtragen und Aufrücken; 6) die Beförderung ihrer Vergnügungen und die Theilnahme an denselben. — Wir wiederholen es daher: das Vertrauen in den Kindern zu erwecken und zu stärken, ist heilige Pflicht des Erziehers. Dieß geschehe aber auf dem bezeichneten Wege. Liebe öffnet das Herz, und wo dies gewonnen, da ist Alles gewonnen. Da aber, wo die Kinder lieblos behandelt werden, und kein Vertrauen sie beruhigen kann, wie sollte sich da ihr Gemüth entfalten in Gerechtigkeit und Liebe? Wie sollten in dem Kampfe gegen feindselige oder abstoßende Menschen ihre Kräfte nicht versinken in Stumpfheit und Erniedrigung, oder wie sollten sie nicht ihre Zuflucht nehmen zur Schlauheit und tückischer List, welches Waffen der Unsittlichkeit sind, und zu vergiftenden Waffen der Verworfenheit werden, sobald selbstsüchtige Stärke sich ihrer bedient? — In dieser Beziehung sagt Sailer eben so wahr als treffend: „Wenn die schöne Kindlichkeit nicht verdrängt, sondern sorgsam gehütet, treu gebildet, gewissenhaft befestigt werden soll: so ist es eine unerläßliche Bedingung für den Freund der Kinder, daß er sich in unbegränzter Vertrauungswürdigkeit darstelle, um sich des Ver=

trauens der Kinder bemächtigen, und die Herrschaft desselben sichern zu
können. Nur Liebe weckt Liebe und Liebe setzet Liebenswürdigkeit im
Auge dessen voraus, der durch Liebe zur Liebe geweckt werden soll. Das
Kind, das nicht durch eigne Anschauung der Wahrheit regiert wer-
den kann, weil das Vermögen sie anzuschauen, wie das Alter, noch un-
reif ist, kann nur durch das zarte und treue Anschmiegen an eine führende
Hand geleitet werden. Das zarte, feste Anschmiegen an eine führende
Hand setzt aber Glauben und Trauen, und Trauen und Glauben,
— Trau= und Glaubwürdigkeit — voraus." (Richt. 9, 15. 11,
20. Jer. 12, 6. Pf. 40, 10. Joh. 2, 24.) S. auch Art. Mißtrauen.

Verunglimpfen. Es ist leider nicht selten der Fall, daß es in manchen Familien wie zur Gewohnheit geworden ist, über Andere loszuziehen,
ihre Fehler aufzudecken und in das gehäßigste Licht zu stellen, selbst ihre
guten und rechtlichen Handlungen zu verunglimpfen, zu schmähen, fälsch-
lich zu deuten, ja selbst über Männer, welchen das geistige Wohl der
Kinder anvertraut ist, und denen nur ein kindlich liebendes Vertrauen
die kindlichen Herzen öffnen kann, sich tadelnd, höhnend und wegwerfend
zu äußern, und so in diesen Gemüthern gerade das zu ertödten, worauf
eine segensreiche Wirksamkeit des erziehenden Lehrers hauptsächlich beruht.
Muß dieses und noch manches Andere nicht dazu beitragen, schon in den
zarten Gemüthern die edelste Grundlage aller Sittlichkeit — die Liebe —
zu untergraben, wankend zu machen und gänzlich zu entfernen? — Darum sollten derlei Eltern, welche es sich bereits zur höchst betrübenden
Gewohnheit gemacht haben, über andere Menschen, namentlich über Geistliche und Lehrer, in Gegenwart ihrer Kinder loszuziehen und sie zu verunglimpfen, es besonders zu Herzen nehmen, welche große Nachtheile sie
dadurch ihren Kindern zuführen. Solche schmähliche Aeußerungen sind
Giftsamen, aus dem auch nur wieder eine vergiftende Frucht erwachsen
kann. Wenn wir einst über jedes eitle, schmähliche und schädliche Wort
werden Rechenschaft ablegen müssen, wie groß wird die Rechnung solcher
Eltern werden, und wie werden sie damit vor dem ewigen Richter bestehen? — (Matth. 12, 36.)

Verwahranstalten. (S. Art. Kleinkinderschulen.)

Verwahrloste Kinder. (Behandlung derselben.) S. Art. Kinder,
verwahrloste, und verwilderte Schulen.

Verwegenheit. (S. Art. Vermessenheit.)

Verweise. Nicht selten tritt der Fall ein, daß der Lehrer den Schülern Verweise geben oder sie mißfällig mit Worten bestrafen muß, um
sie dadurch auf Besserung hinzuweisen. So oft nun ein Kind einen Verweis verdient, so muß es ihn auch erhalten. Er muß beim ersten Male
milder, und ernster beim Wiederholungsfalle sein. Ernst und Milde
muß sich jedoch auch nach den äußern und innern Beweggründen bestimmen. Auch in der Strenge muß Liebe athmen. Ein Verweis im väterlich ernsten Tone, welcher die Liebe noch durchschimmern läßt, wird
seine Wirkung weniger verfehlen, als ein bloß abschreckender, donnernder
und niederschlagender Verweis. „Ist nicht Ephraim mein theurer Sohn
und mein zartes Kind? Denn von der Zeit an, als ich von ihm geredet
habe, denke ich noch an ihn: darum bewegt sich auch mein Herz gegen
ihn, daß ich mich seiner erbarmen muß, spricht der Herr." (Jer. 31, 20.)
Sollte wohl ein solches Vaterwort seine Wirkung verfehlen? — Der
Lehrer verweise dem Schüler Leichtsinn, Unfleiß, unbesonnene Streiche;
noch mehr aber Muthwille, Undank und boshafte Handlungen. Es gibt
mitunter wohl auch Schüler, welche jede Bemühung des Lehrers vereiteln. Von dem Einen oder Andern mag es heißen: er bekehrt sich, aber

nicht recht. Ihre Wurzel ist verdorrt, und Frucht werden sie keine tragen. Bei solchen ist schärfere Behandlung nöthig, um sie wieder auf den Weg der Besserung zurückzuführen. Wir führen in dieser Beziehung noch eine Stelle von Victorin an, welche die Handlungsweise des Lehrers genau markirt. Sie lautet also: „Auch bei Ertheilung von Verweisen soll der Lehrer so vorsichtig seyn, daß nie ein unanständiges, gemeines Wort seinen Lippen entfliehe, daß er nie heftige Aufwallung oder Verachtung zeige, und, damit er dem Schuldigen Zeit lasse, seinen Fehler, nachdem sich der Sturm der Leidenschaft gelegt hat, besser zu erkennen und die darauf gelegte Strafe zu nützen, sich selbst aber die Muße gewähre, eine dem Charakter des Gefehlthabenden angemessene Strafe zu verhängen, niemals sogleich strafe, wenn das Vergehen kaum verübt ist. Nie soll er gewisse heimliche Sünden öffentlich rügen, sondern die Kunde hievon, so wie des darum auferlegten Strafmaaßes den Mitschülern entziehen. Er lasse sich aber auch geneigt finden, den Fehler zu verzeihen, wenn der Irrende ihn ohne Umschweife und Uebertünchung ehrlich gesteht. Nur bei der Lüge, diesem eines freien und vernünftigen Menschen so unwürdigen Laster, sei er streng. Junge Leute gewöhnen sich häufig daran, um ihre Fehler zu verbergen und der verdienten Zurechtweisung zu entgehen. (Jer. 2, 7—9. 21. Oseas 12, 3.) S. auch Art. Aeußerungen ꝛc.

Verwerfliche Strafen. Gewisse Strafen sind ganz verwerflich, und dürfen daher auch nie angewendet werden. Zu diesen gehören folgende: a) jede Strafe, die dem Kinde hinsichtlich seines Körpers und seiner Gesundheit nachtheilig und gefahrbringend ist; b) jede, durch welche die jugendliche Bildung und Vervollkommnung aufgehalten, erschwert oder unmöglich gemacht wird; c) eben so diejenige, welche einen nachtheiligen Einfluß auf die Sittlichkeit des zu Bestrafenden hat, oder welche Anlaß und Reizung zu neuen Fehlern und Vergehungen mit sich führt; d) jede, die selbst bei erfolgter Besserung doch immer einen nachtheiligen Einfluß auf das Lebensglück der Kinder behält. Ganz verwerflich ist es, etwas als Strafmittel zu gebrauchen, was das Kind in andern Fällen gern und freiwillig thun soll, was es nicht als ein Uebel betrachtet, worauf es vielleicht gar einen Werth legt, was ihm theuer und heilig sein soll, z. B. das Beten ꝛc. als Strafe. e) Endlich sind alle Strafen verwerflich, die keinen heilsamen Eindruck machen. Alle diese Strafen sind sonach sorgfältig zu vermeiden. (S. auch Art. Belohnung und Strafen.)

Verwöhnen, Verwöhnung. Es ist ein altes, aber wahres Wort: Consuetudo fit altera natura (= Gewohnheit wird zur andern Natur). Groß ist die Macht der Gewohnheit. (S. d. Art.) Die Unarten, welche Kinder annehmen, bleiben ihnen, wie das Gute, das sie sich schon frühe aneignen. Wenigstens hält es sehr schwer, Unarten wieder abzugewöhnen, und sich Gutes erst späterhin anzueignen. Man verspricht sich freilich zu bessern, und die Unart abzulegen, allein die Verbesserung kann doch nur langsam und mit vielen Rückfällen zu Stande kommen, nachdem einmal die böse Gewohnheit sovendo oder connivendo (durch hegen und übersehen) herrschend geworden ist. Ein fauler, lügenhafter, betrügerischer, unmäßiger Knabe wird schwerlich ein fleißiger, wahrheitsliebender, ehrlicher, mäßiger Mann, und ein unreinliches, unordentliches, naschhaftes, unfleißiges Mädchen schwerlich eine reinliche, ordentliche, enthaltsame emsige Frau. Was das Kind nicht essen mag, wird auch dem Manne und der Frau nicht behagen. Das frühe Aufstehen, das Beten ꝛc. wird auch nicht Sache des Mannes und der Frau werden, wenn es nicht schon Sache des Kindes ist, und die Pietät wird man bei dem Manne vergebens suchen, wenn man sie nicht schon bei dem Knaben findet. Wie die Kinder gewöhnt werden, so sind sie. Was von so großem Einflusse ist, darf nie unbeachtet gelassen werden. Alles Gute muß schon dem blühenden Alter zur Gewohnheit werden. Nie darf geschehen, daß Kinder Unarten annehmen, und nie dürfen angenommene gedulbet werden. Auch dürfen Eltern und Erzieher keinen Fehler tief einwurzeln lassen, sie sollen aber auch selbst frei von jeglicher Unart sein. In ihren Reden sollen sie vorsichtig und in ihrem ganzen Thun und Lassen bedachtsam sein. Nie dürfen Kinder von ihrer Seite etwas sehen oder hören, was sie nicht sehen oder hören sollen. Ihnen liegt ob, über ihre Kinder zu wachen und stets ein aufmerksames Auge auf sie zu richten, und nie sollen sie vergessen, wie überaus viel daran gelegen sei, die Kinder schon so frühe, wie möglich, an alles Gute zu gewöhnen. (Adeo in teneris consuescere multum est.) (Spr. 22, 6. Sir. 7, 26. Jer. 12, 23.) Man sehe hierüber auch Art. Gewohnheit.

Verzagt (unbeherzt und muthlos werden). Wird der stille Werth eines Kindes unbeachtet gelassen und beziehungsweise auf andere, die entweder die Eltern oder den Erzieher durch ihr äußeres gefälliges und schmeichelndes Wesen für sich einzunehmen wissen, zurückgesetzt und sieht man gleichgültig zu, wenn es von andern Kindern vernachläßiget und hintangesetzt, oder wohl gar unterdrückt, und diese auf Kosten desselben befördert werden, so wird es auf eine solche Weise entmuthiget; es gelangt nicht zum rechten Selbstgefühl — nicht zum Bewußtsein seiner Menschenwürde. — Diese Umstände, welche so nachtheilig auf die Seele eines Kindes einwirken können, hat insbesondere der Lehrer genau zu würdigen, und denselben nach Kräften zu wehren, damit nicht etwa Verzagtheit als Folge hervortrete. (S. Art. Blödigkeit.)

Verzärtelung. (S. Art. Abhärtung.)

Verzeihung. (S. Art. Nachsicht und Beschämung.)

Verzweiflung an der sittlichen Besserung eines Kindes. (S. Art. Hoffnung ꝛc.)

Vielerlei. Bei dem Jugendunterrichte kommt Alles darauf an, daß das Behandelte ein sicheres und unverlierbares Eigenthum der Kinder werde; dieses wird es aber durch allseitiges Erfassen und fast unausgesetztes Wiederholen. Zu Beidem gehört jedoch die erforderliche Zeit. Werden nun aber die Schullesebücher öfters gewechselt, dann kann unmöglich ein gründliches und gediegenes Ganzes, keine dauernde und nachhaltige Ausbeute erzielt werden, von der man sagen könnte, das ist nun der Kinder sicheres und unverlierbares Eigenthum geworden, worüber sie zu jeder Zeit frei verfügen können; sondern im Gegentheil haben sie zwar Vieles gesehen, gehört, gelesen und geübt, und doch wirklich nur sehr wenig gelernt; sie wissen vielerlei, und doch nicht viel; von Allem etwas, und im Ganzen nichts Rechtes; sie haben mancherlei Kenntnisse, aber keine rechten Erkenntnisse; bei dem Wissen fehlt das Können. — Es kann in unsern Schulen aber auch nicht anders kommen, so lange man das Vielerlei nicht beschränkt, dem Geiste nicht längere Zeit zur geistigen Verdauung gönnt, und durch das ewige Neue und immer wieder Neue das Frühere und Alte in den Hintergrund drängt, bis es endlich ganz und gar verdrängt ist. — Die Erfahrung lehrt von Jahr zu Jahr immer mehr, daß dieses Drängen und Treiben mit dem Zuviel und zu Vielerlei ein wahrer Krebsschaden des Schulwesens unserer Zeit ist. Wer hinblickt auf die Masse verschiedenartigen Stoffes, welche während der sechs bis acht Jahre des Schulbesuchs gelehrt und geübt wird, und dann die eigentliche Ausbeute, welche die Kinder in's Leben mitnehmen, damit vergleicht, der wird sich ohne Zweifel mit unserer Ansicht leicht verständigen können: daß nämlich in unsern Schulen nicht zuviel und Vielerlei, sondern nur das Wesentliche aus dem Gebiete des nothwendigen und gemeinnützigen Wissens gehandelt und oftmals wiederholt werden muß, damit es festes, sicheres und unverlierbares Eigenthum der Kinder werden möge. (S. auch Art. Einerlei und Vielerlei.)

Vielwifferei. Nach dem so eben Gesagten ist beim jugendlichen Unterrichte besonders darauf Rücksicht zu nehmen, daß dabei alle Ueberhäufung vermieden werde, indem es sonst nur zu leicht geschehen könnte, daß ein Begriff den andern verdrängen, ein Eindruck den andern auslöschen, oder doch nur ein schwacher Anstrich, ein leichter Anflug des Wissens zurück bleiben würde, was jedenfalls nur eine oberflächliche und gehaltlose Vielwifferei erzeugen müßte, wie solches die Erfahrung genüglich nachgewiesen hat, und es immer noch nachweiset. Gerade dieser seichten, werthlosen Vielwifferei soll in unsern Schulen kräftig entgegengearbeitet, und daher auch bei allem Lehren und Lernen ungleich mehr auf das Viel als auf das Vielerlei gedrungen werden. Denn nicht von der Menge und Verschiedenheit der Speisen gedeiht die Gesundheit, wächst und erstarkt der Körper und die Kraft des Kindes, sondern nur mäßige und einfache Nahrung erhält gesund, macht blühend und stark. Auch würde es gewiß höchst unklug sein, den Getreidesamen auf dem Ackerfelde ausschütten zu wollen, in der Absicht, eine desto reichlichere Aernte zu erzielen: denn gerade dadurch müßte alles Wachsthum der Aussaat gehindert und die beabsichtete Aernte völlig vereitelt werden; sondern das Aussäen einer mäßigen Quantität gesunder und kraftvoller Körner in wohlbereitetem Boden hat liebliches Gedeihen zur Folge, und läßt eine erfreuliche Aernte hoffen. Eben so verhält es sich mit der Verstandescultur; — nicht durch Vervielfältigung der Unterrichtszweige und nicht durch Förderung frühzeitigen Viel- und Allerleiwissens kann sie gedeihen, sondern nur dadurch, daß das Einfache, dem Alter und der Fähigkeit der Kinder Angemessene, und verhältnißmäßig nicht zu Viele richtig aufgefaßt und wohl verarbeitet, gleichsam geistig verdauet werde. Deßhalb ist auch der, welcher Viel und Allerlei weiß, bei weitem noch kein einsichtsvoller und verständiger Mann, weil er Viel und Vielerlei weiß; denn einem solchen fehlt nur zu oft gesunder Sinn und richtiges Urtheil. Eben so wenig ist die Gabe des Leicht- und Vielredens ein sicheres Zeichen von Einsicht und Weisheit; denn je breiter und geräuschvoller der Wortstrom bei Vielsprechern fließt, desto seichter und gehaltloser ist er größtentheils. Von solchen Menschen sagt man gewöhnlich: „sie reden viel und sagen wenig." Das Schlimmste aber ist hiebei, daß, wie wir früher bemerkt haben, ein solches hohles und oberflächliches Wissen aufbläht, und wenn es sich einmal im jungen Menschen festgesetzt hat, nicht leicht wieder durch Gediegenheit und Tiefe verdrängt werden. Wenn demnach überhaupt die Ueberhäufung und die hieraus hervorgehende Seichtigkeit des Wissens vermieden werden soll, so wird dieß um so mehr geschehen müssen in Hinsicht auf die religiös-sittliche Bildung. Diese darf um so weniger gehemmt und beeinträchtiget werden, weil ohne Entwickelung des religiösen Sinnes die sittliche eben so wenig gedeihen kann, als der Samen, der auf Felsen gestreut wird. (S. auch Art. Verstandesbildung.)

Volksaufklärung. (S. Art. Volksbildung.)

Volksbildung — Gebrechen derselben. — Wenn man unter Bildung (s. d. Art.) überhaupt die Anleitung zur Entwickelung, Uebung und Regelung der vorhandenen Kräfte und zur gehörigen Anwendung derselben versteht, so faßt diese Erklärung auch den Begriff der Volksbildung in sich, nur mit den nähern Bestimmungen, welche der Begriff Volk, im engern oder weitern Sinne genommen, nöthig macht. Auch dem Volke, insofern man darunter die sogenannten niedern Stände der bürgerlichen Gesellschaft versteht, darf die allgemeine Menschenbildung nicht fehlen, sowohl in formeller als materieller Beziehung. Beide Arten der Bildung stehen mit einander in der genauesten Verbindung; die eine wird durch die andere bedingt. Die erstere bezieht sich unmittelbar auf die Kräfte des Geistes, die letztere dagegen auf die Masse der Kenntnisse. Allgemein oder allseitig ist die Bildung dann, wenn sie sich auf alle Kräfte und Kenntnisse bezieht, welche nöthig und wünschenswerth sind. Gebildet ist in Hinsicht des Erkenntnißvermögens derjenige im Volke, welcher von den Gegenständen, welche wesentlich mit der Bestimmung des Menschen für Zeit und Ewigkeit zusammenhängen, richtige und klare Vorstellungen hat, oder sich die ihm noch mangelnden durch eigenes und fortgesetztes Bemühen zu erlangen im Stande ist, somit über diese Gegenstände, so wie sie den Kreis seines Wirkens berühren, mit Einsicht in die Gründe derselben urtheilen kann. In materieller Beziehung hat diese Bildung allerdings gewisse Gränzen, die jedoch bezüglich auf die allgemeine Menschenbildung auch nur im Allgemeinen vorgezeichnet werden können. So soll z. B. Jeder einige Kenntniß von der Naturlehre haben, er soll etwas über die Entstehung einer Sonnen- oder Mondsfinsterniß, über die Weltkörper überhaupt, über die Entstehung des Gewitters 2c. wissen. Die tiefern Forschungen und Kenntnisse gehören nicht in den Kreis des gemeinen Mannes, sie sind Sache der Gelehrten. Aber was christliche Lehre und Wahrheit betrifft, die Gott der Vater durch Jesum Christum, seinen Einzigen Sohn, aus erbarmender Liebe dem menschlichen Geschlechte zum Gut- und Seligwerden gegeben hat, darin darf Niemand, auch der Niedrigste im Volke ein Fremdling seyn. Und jemehr der Mensch darin bewandert und befestiget ist, desto mehr ist er berechtiget auf christliche Bildung Anspruch zu machen. Ein solcher weiß dann auch von seinem Glauben Rechenschaft zu geben, und ist im Stande, das gehörig zu beurtheilen, was unter dem Ausdrucke „Wahn und Aberglauben“ aufgetischt zu werden pflegt. Mag auch der gemeine Mann in andern Beziehungen weniger orientirt sein, wenn er nur die Nothwendigkeit der bürgerlichen Verfassung, der obrigkeitlichen Stände in ihren Anordnungen, der Abgaben und anderer zum Zwecke des Ganzen erforderlichen Leistungen klar einsieht, und die in seinen Beruf einschlagenden Geschäfte mit Nutzen zu betreiben weiß, dann wird wenig daran gelegen sein, ob er wisse, wie hoch der Chimborasso ist und wo der Pfeffer wächst. Dem, der wahrhaft christlich gebildet ist, wird es wohl auch nicht fehlen — an der Gefühlsbildung, und wenn er gleichwohl auch nicht im Stande ist, eine Symphonie kunstgemäß zu beurtheilen, so wird er doch vermögend seyn, eine schöne Melodie, ein schönes Lied, eine schöne Landschaft 2c. zu beurtheilen, wenn er sich auch nicht in künstlichen und empfindsamen Ausdrücken darüber auszusprechen vermag. In dieser hier nur in dem allgemeinsten Grundbegriffe angedeuteten Volksbildung besteht nach unserer Ansicht die wahre Aufklärung, die nie nachtheilig werden kann, sondern im Gegensatze der falschen nur immer heilsam und ersprießlich seyn muß. Allein auch diese Volksbildung, wie wir sie im Sinne mit unserer heiligen katholischen Kirche haben, hat ihre mannigfaltigen Gebrechen. Fassen wir den Begriff — „Bildung“ richtig auf, so liegt darin offenbar auch der Begriff des Strebens und Werdens, sonach eines steten Fortschrittes und eines kräftigen Hinstrebens zu dem vorgesteckten Ziele. Es ergeht deßhalb an alle Staubgebornen der heilige Ruf: „Seid vollkom-

15*

men, wie euer Vater im Himmel vollkommen ist!" Und da Keiner ist, was er sein soll, weil er nach dem Vollkommenen nur trachten kann, so ist er auch in einer beständigen Wiedergeburt, ohne die Niemand das Reich Gottes erlangen kann, begriffen. „Es ist noch nicht enthüllt, was wir sein werden; doch sind wir gewiß, daß, wenn es sich enthüllen wird, wir ihm gleich sein werden, denn wir werden ihn sehen, wie er ist." (1. Joh. 2, 3.) So ist in der Natur alles Sein und Leben nur Werden in allen den mannigfaltigen Entwickelungsstufen, deren eine jede den Keim einer andern und höhern enthält. Die Knospe wird Blüthe, die Blüthe Frucht, und diese ist wieder Same für Keime, Knospen, Blüthen und Früchte. Die Menschheit hat zu allen Zeiten ihres Erdenwandels eine und dieselbe Aufgabe zu lösen; ihr Leben ist immer bald mehr, bald minder kräftiger Lauf nach demselben Ziele. Wie schon im fernen Alterthume sich die höchste Wissenschaft im Gewande der Bescheidenheit nur als Weisheitsliebe ankündigte, so ist alle menschliche Bildung nie und nirgends ein vollendetes Ganzes, sondern immer im Werden begriffen, — Suchen, Streben, Ueben, zugleich ein Finden, Erringen und Zunehmen, welches immer wieder zu neuem Suchen ꝛc. antreibt, und auf ein Höheres hinweiset. Darin besteht das wahre Leben, daß es zu seinem Urquell zurückstrebt, und in diesem Streben liegt auch das Bildungsbedürfniß und der Bildungstrieb des Menschen. — Wie nun jede Bildungsstufe auf eine andere und höhere hinweiset, und auf keiner schon ist, was werden soll, so darf keine deßhalb angeklagt werden, daß sie nicht vollkommen ist, sondern nur darum, wenn sie sich als Stillstand, Rückschritt oder Abweichung von dem rechten Wege darstellt. Man macht es dem Knaben nicht zum Vorwurfe, daß er noch nicht Jüngling oder Mann ist, wohl aber, daß er noch nicht ist, was er vermöge seines Alters, seiner Anlagen und Bildungsmittel, so wie seines Zieles sein sollte. Und wie Jeder berufen ist, vollkommen zu werden, so fragt es sich auf jeder Stufe seiner Entwickelung, ob und inwiefern diese in dem rechten Verhältnisse zu seinem Berufe und zu seiner Bestimmung stehe? Was aber hier von den Einzelnen gilt, das gilt auch von der Menschheit überhaupt, und zwar um so mehr, als sie im Wesentlichen denselben Beruf und dieselbe Bestimmung hat. — Da nun alle Bildung nur im Werden, ein Streben nach dem Ziele der Vollkommenheit ist, so sind namentlich in der allgemeinen Bildung, bei der sich das Göttliche im Menschen als vorherrschend kundgebe, auf einer jeden Stufe Mängel und Gebrechen nachzuweisen. Je entschiedener dieß an vielen Einzelnen hervortritt, je mehrere Bildungsmittel für sie vorhanden sind, und je mehr Bildungsfähigkeit sie besitzen, desto größere Ansprüche werden billig an dieselben gemacht werden müssen. Was hier von Einzelnen gilt, gilt auch bezüglich auf ein ganzes Volk. Ein Jeder gehört seiner Zeit an, und muß diese ebenso kennen, wie sich selbst, um sich und Andere, auf die er zu wirken vermag, gegen die Gebrechen der zeitigen Bildungsstufe, gegen herrschende Irrthümer, Thorheiten ꝛc. zu verwahren, und sich von denselben, falls sie auch ihn ergriffen haben sollten, frei zu machen suchen. Um jedoch die Gebrechen seiner Zeit recht beurtheilen und richten zu können, muß man das Ziel klar und fest in's Auge fassen, wornach der Mensch ringen soll, und den sichern Weg zu diesem Ziele. Alles, was von diesem Ziele abweicht und von diesem Wege abführt, ist als Mißverhältniß dessen, was ist, zu dem, was werden soll, und nach den vorhandenen Bildungsmitteln schon erreicht seyn könnte, zu betrachten; Alles, was als eine einseitige und schiefe Richtung erscheint, ist Gebrechen der Volksbildung. Uebrigens kann nur der den richtigen Maaßstab zur gehörigen Beurtheilung dessen, was ihm als irrig, fehler- und mangelhaft bei der Volksbildung erscheint, anlegen, der vom Wahren, Schönen und Heiligen, so wie von der Liebe für die Wohlfahrt Anderer durchdrungen ist. Nur ein solcher ist im Stande, die Mängel, so wie die Vorzüge der zeitigen Bildung unbefangen aufzufassen und darzustellen. Wer nur überall mit unfreundlicher Verkennung Mängel und Gebrechen sieht, verfehlt eben so sehr den Zweck, als derjenige, welcher in seiner Zeit nur Vortreffliches finden will. Gleichwohl müssen wir es dem zum Verdienst anrechnen, der die Schattenseite eben so treu schildert, als die Lichtseite mit gleicher Redlichkeit hervorhebt. — Fragen wir nun zunächst nach dem, was überall das Erste und Höchste in der menschlichen Bildung und die eigentliche Wurzel derselben ist; fragen wir nach dem religiösen und namentlich nach dem christlich-religiösen Geiste unserer Zeit, so muß die Abnahme des kirchlichen Sinnes zunächst als unbestrittene Thatsache aufgefaßt werden. Hievon konnte früher um so weniger die Rede sein, weil man denselben nicht als etwas von der Frömmigkeit Verschiedenes dachte; unterscheidet man ihn von dieser, so kann er doch nichts anderes bedeuten, als die treue Anhänglichkeit an die Kirche, zu der man gehört, somit auch an die Lehren, Gebräuche und Anordnungen, in welchen sie sich ausspricht, oder die willige Theilnahme an dem öffentlichen Gottesdienste, zu dem die Kirche alle ihre Glieder mit liebevoller Sorgfalt auffordert. Nun wird man schwerlich in Abrede stellen können, daß der kirchliche Sinn in der zweifachen Beziehung schlaffer und kälter geworden ist, als er früher war, und daß die Zahl derer, welche mit Liebe und Ueberzeugung sich zur Kirche halten, bedeutend kleiner geworden ist. Ja es ist bei Manchen so weit gekommen, daß es ihnen gleichviel ist, der Kirche anzugehören und sich ihren Anordnungen zu unterziehen oder nicht, die nach eigener Weise für das Heil ihrer Seele sorgen und Gott dienen wollen; sie suchen ihre Ungebundenheit als ein Recht des zur männlichen Reife gelangten Menschen geltend zu machen. Und dieß ist nicht bloß der Fall hinsichtlich der protestantischen, sondern selbst der katholischen Kirche. Auch diese zählt unter ihren Mitgliedern nicht wenige, welche der Zahl der Scheingebildeten angehören, und sich als Namenchristen in vielfacher Beziehung zu einem bequemen Heidenthum bekennen. Und wenn sie sich auch äußerlich noch zur kirchlichen Gemeinschaft halten, so ist doch ihr Herz und Leben fern von ihr. Sie betrachten die Kirche nur als eine Veranstaltung, der man sich anschließen dürfe, ohne sich ihren Anordnungen und Geboten unterwerfen zu müssen, als eine Zuchtanstalt für die große Masse des Volkes, entbehrlich für die Besserunterrichteten, nicht aber als göttliche Ordnung, nicht als eine geistige Gemeinschaft, die aus der Glaubenseinheit hervorgegangen, und nur in ihr das ewige Heil zu erlangen sey. Der Kirche gehört nur derjenige an, welcher wirklich in ihr, in ihrem Geiste, in ihrem Glauben, in ihrer Lehre, in ihren heiligen Institutionen und in der Gemeinschaft mit ihren Gliedern unter dem von Christus aufgestellten sichtbaren Oberhaupte derselben lebt. „Es ist," wie der Apostel sagt, „Ein Herr, Ein Glaube, Eine Taufe, Ein Gott und Vater Aller, der da ist über Alle, durch Alles und in uns Allen." Dieß ist das heilige Band, das die Herzen der wahren Mitglieder der von Christus gestifteten Kirche miteinander zu einer Gemeinschaft verbindet. Es ist also nicht schwer zu entscheiden, wer zu dieser Kirche in Wahrheit gehöre oder nicht. Wie nun die Unkirchlichkeit zugenommen hat, eben so ist auch die christliche Frömmigkeit kälter und seltener geworden. Dieß muß zugestanden werben, so lange nicht nachgewiesen ist, daß kirchlicher und frommer Sinn etwas ganz Verschiedenes sind, daß wahre christliche Frömmigkeit auch außerhalb der kirchlichen Gemeinschaft bestehen kann, und sie des Lebens in der Kirche, der gemeinsamen Andacht und Erbauung, des heiligen Meß= opfers und der Gnadenmittel, welche die Kirche darbietet, nicht bedürfe. Daß „außer der Kirche kein Heil sei," ist um so entschiedener wahr, als Jeder, der sich von der kirchlichen Gemeinschaft losreißt, sich von dem Leibe trennt, dessen Haupt Christus ist, also auch der Gemeinschaft mit ihm entsagt, der alle seine Bekenner zu einem Gottesreiche vereiniget wissen will. Zudem ist es ja doch nur die sichtbare Kirche, welche zur unsichtbaren führt. Wie kann derjenige die Hoffnung nähren, daß er bereinst der Gemeinde der Seligen werde beigezählet werden, der sich von der Kirche Gottes auf Erden und ihren heiligen Institutionen los= gerissen hat, und in dieser Losreißung und Trennung beharret? — So gewiß alle wahren Gläubigen des Herrn, hier in Seiner Gemeinschaft lebend, sich nach der ewigen Vereinigung mit ihm sehnen, so ge= wiß streitet die Unkirchlichkeit Vieler in unser Tagen wider die christ= liche Frömmigkeit, wider den Glauben, die Hoffnung und Liebe der Christen. Allerdings kann man sehr kirchlich sein, den Gottesdienst fleißig besuchen, und doch die wahre christliche Frömmigkeit verläugnen; aber mit zureichendem Grunde darf wohl auch behauptet werden, daß diese, je entschiedener sie, — vom Geiste der Liebe durchbrungen, — nach inniger geistiger Gemeinschaft strebt, so wenig dem öffentlichen Gottes= dienste als dem Verbande mit der Kirche entsagen kann, so daß also eine Abnahme der Kirchlichkeit auch auf eine Abnahme der christlichen Fröm= migkeit, sonach auch auf eine verkehrte und falsche Richtung der Bildung hinweise. Je mehr der Indifferentismus in unsern Tagen sich durch die Scheinbildung verbreitet, desto mehr muß auch die wahre christliche Fröm= migkeit abnehmen; denn diese geht vom Glauben der Einen, allgemeinen und apostolischen Kirche aus. Wer nun diesen wankend oder gleichgültig macht, der entzieht auch der Frömmigkeit das eigentliche Lebens=Element. Und wer mag Klage behaupten, daß die Klage grundlos sei, der Glaube habe in unsern Tagen abgenommen, während des Wissens unverkennbar mehr geworden ist *)? Es ist aber auch klar, daß das Wissen den Glauben nicht ersetzen, also auch nicht heilsam sein kann, wenn es nicht von diesem ausgeht. Denn der Mensch bedarf, wie der Apostel sagt, der Ueberzeu= gung von dem, was unsichtbar ist, wenn Gottes Wort ein Leitstern für all sein Denken und Handeln sein, und seine Bildung eine wahrhaft christliche werden soll. Die Entkräftung des Glaubens und die Verflach=

---

*) Bei solchen Verhältnissen darf man sich wahrlich nicht wundern, wenn der edle Graf Montalembert sich hinsichtlich des Abbresse=Entwurfs in der Pairskam= mer am 11 Jänner 1842 so zu äußern sich gedrungen fühlte: „Ich finde bei unsern Staatsmännern sittlichen Mangel an jenen höhern, heiligen, unsterblichen Grundsätzen, ohne die es keine wirkliche Größe gibt für Völker und für Individuen. Tiefer liegt das Uebel, weil sich in unserm Lande immer mehr eine zahlreiche mit Thatkraft, Muth, Lebensverachtung begabte Masse bildet, die an nichts glaubt, nichts liebt, nichts achtet. Wie kann man etwas achten in einem Lande, wo man Gott so wenig achtet? Ja, wenn ich sehe, daß Frankreich, das Land Europa's, welches stets an der Spitze der Christenheit stand, dahin gekommen ist, das Land Europa's geworden zu seyn, wo die christliche Religion am wenigsten geachtet, am wenigsten geübt wird, dann wundere ich mich über nichts mehr." — Könnten wir nicht auch in mehr als einer Hinsicht eine ähnliche Sprache führen? Und dann, woher derlei betrübende Erscheinungen? — Antw.: Vom gegenwärtigen Zustande des Erziehungs= wesens. —

ung der heiligen Lehren des Christenthums ist eine nicht minder entschieden verderbliche Richtung der Volksbildung, und zeigt sich leider eben so sehr in unserm Volksschulwesen, als im öffentlichen Leben. Man sehe nur mehrere neue Katechismen und Zeitfaden für den Religionsunterricht an, um sich hievon zu überzeugen. Oder sind darin nicht die göttlichen Lehren von dem e i n e n Grunde, auf dem sie beruhen, losgerissen, und durch dürftige Vernunftwahrheiten verwässert und zersplittert? — Man blicke ferner etwas tiefer in die Schulen, und man wird finden, daß gerade die Religionslehre in vielen derselben der dürftigste Theil des Unterrichts, und es so recht methodisch darauf angelegt sei, das Glaubensleben in der Jugend zu zerstören, und dafür Klüglinge, Zweifler, fade Schwätzer, Verächter des Christenthums 2c. zu bilden? Wie viele Schüler treten aus der Schule in's Leben ein, ohne Jesus Christus erkennen, den Weg des Heils wandeln und die Kirche, der sie angehören, würdigen gelernt zu haben; man höre oder lese die Katechesen und liturgischen Formulare, wie sie die neue Zeit zu Tage gefördert hat, und der Beweis wird schwer zu liefern sein, daß darin ein glaubensstarkes, erleuchtendes und heiligendes Christenthum sich ausspreche! Dazu kommen noch andere betrübende Erscheinungen im häuslichen und öffentlichen Leben, welche thatsächlich bekunden, daß der Geist und das Leben des Christenthums wenigstens nicht so vorhanden sei, daß er im Allgemeinen eine Bildungsstufe bezeichne, wie sie wünschenswerth ist. Nun dürfen wir aber mit dem unbestrittensten Rechte behaupten, daß alle menschliche Bildung nur dann die wahre und ächte ist, insoweit sie sich als christlich und in einem christlichen Leben offenbart, und daß man, je mehr man sich vom Christenthum und der einen, allgemeinen Kirche entfernt, in der rechten Bildung um so tiefer sinkt. Nur im Christenthum sind alle Elemente der wahren menschlichen Bildung gegeben, und das Zeitalter wird das g e b i l d e t s t e genannt zu werden verdienen, in welchem die Lehre Jesu allgemein wirksam geworden ist und alle menschlichen Verhältnisse durchdrungen hat; Jesus Christus allein ist der Weg, die Wahrheit und das Leben. Nur das Wachsthum im Glauben und in christlicher Frömmigkeit ist wahrer Fortschritt der menschlichen Bildung, und was von der heiligen Lehre Jesu und seiner Kirche abführt, ist entschiedener Irrweg, somit ist auch unsere Bildungsperiode, insoweit sie das einzig wahre Bildungs-Element verlassen hat, auf den sogenannten Holzweg gerathen. Man setzt in unsern Tagen gern an die Stelle der christlichen Frömmigkeit, die auch Gottseligkeit genannt wird, und eben so bestimmt ein andächtiges als heiliges Leben bezeichnet, die Religiosität, Sittlichkeit, Moralität, Tugend. Allein religiös ist auch der Türke und Heide. Der Inhalt und Gegenstand, der Umfang und die Tiefe, der Grund und die innere, objektive Wahrheit des Glaubens eines Jeden bestimmen erst das Maaß der Lauterkeit und Kraft seiner Religiosität. So hoch nun der Christenglaube in allen Beziehungen über jedem andern erhaben ist, so wesentlich eigentlich übertrifft die christliche Religiosität jede andere, und diese allein ist es, die der Christ zu erstreben hat. Denn eine höhere und durchaus heilsame Bildung besteht demnach nur da, wo sich die Religiosität zur christlichen Frömmigkeit vollendet hat. In dieser allein ist jene Tiefe der Erleuchtung und Heiligung gegeben, welche die Kinder Gottes von den Kindern der Welt, und das christliche Leben von einem jeden andern noch so ausgezeichneten unterscheidet. Auf dieselbe Weise verhält es sich auch mit den Ausdrükten Sittlichkeit, Moralität 2c. In ihrer allgemeinen Bedeutung können sie wohl auch auf solche angewendet werden, welche noch fern von Chriftus und seinem göttlichen Reiche sind. Das ist aber geradezu eines von den beklagenswertheſten Gebrechen der Zeit, daß man das ſogenannte Religiöſe und das Moraliſche, wenn nicht einander entgegenſtellt, doch von einander ſcheidet und eine Sittlichkeit und Tugend lehrt, von der die Frömmigkeit höchſtens nur ein Zweig wäre, da ſie doch Wurzel und Krone ſein ſoll. Man trennt alſo Sittlichkeit und Tugend vom Glauben, und das iſt eben ſo viel, als wenn man die Pflanze von ihrer Wurzel, und das Athmen vom Leben trennen wollte. Und ſo kam es denn, daß, indem man die chriſtliche Sittenlehre von der Glaubenslehre losriß, von der Quelle, der allein friſches und herrliches Leben entſtrömt, weiter nichts als ein todtes Bruchſtück übrig blieb. So mußte nunmehr das Chriſtenthum, zerriſſen und zerſplittert, ſeine weltüberwindende, erleuchtende und heiligende Kraft verlieren. Gleich wie die Pflanze, von ihrer Wurzel losgeriſſen, tauche man ſie noch ſo tief in's Waſſer, doch nur ein armes, unkräftiges Daſein kümmerlich friſtet, ſo verhält ſich's auch mit der modernen Sittenlehre in ihrer Trennung von der Glaubenslehre. Sie iſt arm und kraftlos, und bloß auf ſich beſchränkt, unfruchtbar und todt. Ob auf einem ſolchen Bildungswege ein beſſeres Leben als Frucht des Unterrichtes in der Schule erzielt worden ſei, iſt eine Frage, welche die Zeit am beſten zu beantworten im Stande iſt. — In dieſer Beziehung iſt der Unterricht in unſern Volksſchulen häufig ſehr mangelhaft; er bewirkt weit mehr ein ſchimmerndes, todtes Wiſſen, als lebendigen Glauben und chriſtliche Geſinnung, und daher dürfte es wohl auch kommen, daß die Jugend jetzt anmaßender, abſprechender, widerſpenſtiger und rückſichtsloſer erſcheint, als es ſonſt bei zweckmäßiger Bildung der Fall ſein würde. Der wahrhaft Gebildete iſt immer anſpruchlos, bemüthig und beſcheiden, freundlich, zuvorkommend, wohlwollend und frei von engherziger Selbſtliebe. Die Selbſtſucht wird in dem jungen Gemüthe in gleichem Maaße genährt, wie man daſſelbe dem kindlichen Glauben entfremdet, und dagegen mit dem aufblähenden Wiſſen ſättiget. Dieſes aber, und nur dieſes kann aus dem unſeligen Vielerlei, womit man die Volksſchulen überladet, verbunden mit einſeitiger Verſtandesbildung hervorgehen. Würde ſich alle Lehre und Zucht vornehmlich darauf richten, alle geiſtigen Kräfte zu entwickeln, zu üben und zu regeln, harmoniſche Geiſtesthätigkeit zu wecken, und dieſe durch frühe Glaubensſtärkung auf das rechte Ziel zu leiten, ſo würde ſich eine ſolche wahre jugendliche Bildung auch in den oben gedachten ſchönen Eigenſchaften und überhaupt durch ein reines Leben bewähren. Allein in vielen Volksſchulen werden nur kluge, nicht aber fromme Menſchen gebildet, — dünkelhafte Vielwiſſer und anmaßende Schwätzer, die von Allem etwas wiſſen, darum auch vorlaut abſprechen, doch der rechten Erkenntniß, — der Tiefe und Innigkeit — ermangeln, — Treibhauspflanzen, die mit ihrer frühen glänzenden, aber unerquicklichen Blüthe bald geiſtig verſiechen, und je mehr ſie in der Schule ſcheinen, um ſo untüchtiger im Leben ſind. Leider wird nur zu oft aus Mangel an eigener chriſtlicher Bildung die reine Anſicht des Lehrerberufs getrübt und der Segen der eifrigſten Arbeit verkümmert. Die Kinder ſollen des Lehrers Weisheit wiederſtrahlen, Schulaufſeher und Eltern ſehen, wie viel mehr die Kinder nun wiſſen und wie ſie reden gelernt haben! — Wie nahe liegt da die Verſuchung, ſich über Vater und Mutter zu erheben, und ſich klüger, ja wohl auch beſſer zu dünken, als die Alten ſind. Gerade die Uebung in der Demuth, in dieſem Mittelpunkte und ſchönſten Schmucke des chriſtlichen Lebens, fehlt in unſern aufgeklärten Schulen bei ihrer blendenden Lichtſeite, die eigentlich ihre Schattenſeite iſt. Würde man es mehr auf Tiefe, Gründlichkeit und

Klarheit in jedem Zweige des Unterrichtes, als auf den bunten Farben-
schmuck des bodenlosen Scheinwissens anlegen, und würde man vor Allem
das Eine, was Noth thut, mit Ernst und Liebe betreiben, und alles Andere auf dieses Eine beziehen, dann würde auch der Unterricht wahrhaft
bildend, erleuchtend und heiligend sein. Und so würde auch Alles, was
im rechten Geiste für wahre Volksbildung geschähe, seine Früchte bringen, und unsere Jugend einer bessern, die Rohheit und falsche Cultur
überwindenden Bildung theilhaftig werden. Manches Saatkorn, das verloren schien, würde später noch keimen und sich herrlich entwickeln. Wohl
ist noch viel zu thun übrig, aber eben deßhalb muß um so kräftiger das
Werk betrieben, und um so standhafter das Ziel verfolgt werden. Uebrigens übergehen wir, um nicht zu weitläufig zu werden, die mannigfachen
abstoßenden Erscheinungen, welche sich im Thun und Treiben der Jugend
sowohl als der Erwachsenen, kund geben, und alle auf die noch vorhandenen Gebrechen der Volksbildung hinweisen, als da sind: Der Aberglaube neben dem Unglauben, viele Unwissenheit neben dem übermüthigen
Wissen, und eben so die Rohheit und andere der Religion und Sittlichkeit widerstrebenden Excesse, welche mit der flachen Verfeinerung gleichen
Schritt halten. Aus dem Gesagten geht nun hervor: a) daß die allgemeine Bildung noch viele kräftige Hülfe und Unterstützung und noch viele
Sorgfalt in Anspruch nimmt; b) daß die seitherigen Bildungswege und
Bildungsmittel theils das noch nicht geleistet haben, was man von ihnen
erwartete, theils von wesentlichen Gebrechen nicht frei sind. Je deutlicher wir dieses einsehen, und je williger wir es anerkennen, desto mehr
müssen wir uns ermuntert fühlen, an der Heilung des alten und neuen
Schadens eifrig im Geiste des Glaubens, der Hoffnung und Liebe zu
arbeiten und mitzuwirken, Jeder nach Maaßgabe seiner Kraft, daß besonders das emporblühende Geschlecht seine Bestimmung glücklich erreiche.
Keiner darf sich schämen, zu gestehen, daß unsere Volksbildung noch viel
zu wenig auf dem rechten und festen Grunde erbaut, daß sie noch sehr
mangelhaft und einseitig ist, und in wesentlichen Beziehungen noch eine
schiefe Richtung hat. Auf diese Weise läßt sich leichter und sicherer die
Erkenntniß gewinnen, welche Aufgabe der Erzieher und Schullehrer zu
lösen, und auf was er seine wichtigste Sorge zu richten hat. — Was
nun das Maaß und Ziel der Volksbildung betrifft, so kommt hiebei Alles
darauf an, daß dasselbe deutlich erfaßt, und der sichere, unfehlbare Weg
dazu erwählt und beharrlich verfolgt werde. Da der Zweck aller Veranstaltungen zur Volksbildung kein anderer sein kann, als die Erreichung
des vorgesetzten Zieles; da ferner Alle, die in den Schranken laufen,
eben nur um des Zieles willen laufen, und da gerade jetzt der rühmliche
Wetteifer sich in dieser Laufbahn kund gibt, so darf wohl vorausgesetzt
werden, daß das Ziel nicht verborgen sei. Dieses aber kann offenbar
nur Eins sein. Ist es nun von Allen richtig und klar anerkannt, so wird
auch der eingeschlagene Bildungsweg zu eben diesem Einen, klar angeschauten Ziele führen.

Volksbildung, Hindernisse derselben. Unter den Hindernissen der
Volksbildung steht, sagt H. v. Wessenberg, die mangelhafte und unrichtige Vorstellung von der Wichtigkeit und Nothwendigkeit der Volksbildung und von den Erfordernissen derselben oben an. Die Selbstsucht
macht, ihrer Natur nach, lichtscheu. Daher fürchtet sich der Pöbel aller
Classen vor nichts mehr, als vor dem Lichte, während ein Mensch, welcher Einsicht mit Rechtschaffenheit und Wohlwollen verbindet, sich vor
nichts mehr, als der Finsterniß hütet. Dieser hat keine Ursache, das
Licht zu scheuen. Dem selbstsüchtigen Pöbel aber wird es am hellen Tage

unbehaglich und er strebt daher, das Licht zu beseitigen und ihm wo möglich den Zutritt zu wehren. (Elementarbildung des Volkes S. 46.)
In dieser Beziehung hat sich schon der heil. Johannes dahin ausgesprochen: „Dieß aber ist das Gericht: Das Licht ist in die Welt gekommen,
und es liebten die Menschen mehr die Finsterniß als das Licht, denn
ihre Werke waren böse. Denn Jeder, der Böses thut, haßt das Licht,
und kommt nicht zum Lichte, damit seine Werke ungerügt bleiben. Wer
aber die Wahrheit liebt und thut was recht ist, der kommt zum Lichte,
damit seine Werke offenbar werden, weil sie in Gott gethan sind. Es
ist Gottes heiliger Wille, daß sein Reich auf Erden erbaut, der Mensch
dazu gebildet, daß jede Anlage in ihm, und sein ganzes Leben zu freier
harmonischer Thätigkeit in der Einheit des Vernunftlebens entwickelt
werde. Allein eben so unverkennbar gehen auch die weisesten und lieb-
reichsten, die kräftigsten und wirksamsten Anstalten zu dieser Bildung von
Gott aus. Gott selbst bildet und erzieht seine Kinder; er arbeitet an
ihrem Geiste und Herzen, daß sie ihrem erhabenen Ziele entgegenreifen.
Dieselbe Hand des Vaters im Himmel, die Alle schirmt und bewahrt,
leitet und regiert, hält und trägt, läßt nimmer ab, sie zu erwecken und
zu mahnen, sie zu dem Reiche des Lichtes und der Liebe zu berufen und
mächtig emporzuziehen. Derselbe heil. Geist, der den Gläubigen Zeugniß gibt, daß sie Gottes Kinder sind, schlägt auch an finstere Herzen und
wirkt ununterbrochen zu ihrer Erleuchtung und Heiligung. Wenn es nun
Gottes Wille ist, daß sein Reich — das Reich der Wahrheit, des Lichtes
und der Tugend — hienieden erbaut werde, so sollten die Menschen, die
im socialen Vereine oben an stehen, ihm, dem Vater des Lichtes, freudig
entgegen kommen, und Alles aufbieten, daß sein heiliger Wille, so viel
möglich, an allen Menschen vollzogen werde, und ein Jeder zur Erkenntniß der Wahrheit und zur Uebung des Guten gelange. Freilich huldigen nicht selten die Führer des Volks der Meinung, es sei besser, wenn
das Volk in Finderniß gelassen werde. Es braucht dasselbe, sagen sie,
nicht zu denken und über nichts zu urtheilen, genug, wenn es nur blindlings thut, was man von ihm verlangt. Dabei aber scheinen sie zu vergessen, daß ein im Dunkeln gelassenes Volk jedem Anstoße von Außen
folgt und öfters die Wege betritt, die nicht bloß zu seinem, sondern auch
zum Jammer ihrer obersten Lenker führen. Ferner sagen die Obenan-
stehenden, die sittliche Verdorbenheit sei ein Erzeugniß der zu großen Verbreitung des Lichtes. Doch nimmer wird der Fall eintreten, daß das
Licht die Finsterniß erzeuge, wohl aber ist es das böse Beispiel, was die
Ansteckung in den niedern Volksklassen verbreitet hat, und fortan verbreitet. Wo Sitteneinfalt gewichen ist und das Verderbniß überhand genommen hat, und zugleich Verfinsterung des Geistes herrscht, da ist auch
das Mittel der Verbesserung entzogen und das Uebel durchbricht gewöhnlich alle Schranken. Gewisse kluge Herren, sagt Westenrieder, wünschen sich zwar geschickte, fleißige und einträgliche Bauern und Handwerker; sie wünschen zwar den Zweck, aber die Mittel scheuen sie. Sie halten aufgeklärte Leute für weit gefährlicher, als dumme. Sie müssen fürwahr von der Aufklärung (die mit Afteraufklärung nicht zu verwechseln
ist), eine sonderbare Vorstellung haben. Die Aufklärung wie eine gute
christliche Volksschule sie verbreitet, beschränkt sich auf Kenntnisse, die für
das niedere und höhere, für das irdische und göttliche Leben nothwendig
sind. Wie sollte es nun möglich sein, daß ein angemessener, wohlthätiger, Geist und Herz gleichmäßig bildender Unterricht nachtheilige Folgen
für das sociale Leben herbeiführen könnte, der einen Jeden überzeugt,
daß, wer für den Himmel leben will, auch für die Erde leben und alle

Pflichten seines Standes und Berufes gewissenhaft erfüllen müsse? Man besorgt von der Verbreitung des Lichtes ein Uebergewicht der geistigen und sittlichen Macht mit der physischen. Allein die Erfahrung hat bereits hinreichend bestätiget, daß die Macht des Volkes nur dann zu fürchten sei, wenn sie, statt von einem christlich erleuchteten Geiste geleitet zu werden, ein Spiel der blinden Leidenschaften ist. Wie nun die wahre Bildung des Geistes und Herzens zunimmt, eben so muß nothwendig auch jede zu besorgende Gefahr abnehmen. Nicht umsonst sagt J. H. Voß: „Kein Volk, wo Dummheit wachset, bleibt Gott und Fürsten treu." Und insbesondere zeigt sich in irgend einem Lande keine Spur von Empörung, wo wahre christliche Bildung herrscht. Ein so gebildetes Volk wird, was auch die Zeitgeschichte lehrt, nur das Rechte, Wahre und Gute festhalten, und dagegen Unrecht, Betrug und Frevel, wenn auch gleichwohl ein scheinbar guter Zweck vorgespiegelt werden sollte, von ganzer Seele verabscheuen. — Wir haben bereits im vorigen Artikel gezeigt, daß die Religion der eigentlichste und sicherste Leitstern und der belebende Geist der wahren Volksbildung sey. Wo man aber von Oben lichtscheu ist, da wird auch der religiöse Glaube nach und nach in allen Classen lichtlos und lichtscheu, und eben deßhalb unvermögend, segenreiche Wirkungen zu erzeugen. In dieser Beziehung ist es nur zu wahr, was v. Wessenberg S. 50 sagt: Einen ärgern Feind kann das Gedeihen der Volksschulen nicht haben, als die Verwahrlosung oder Ausartung der Vorstellung von göttlichen Dingen. Der höhere Zweck der Schule wird dadurch vereitelt; sie wird ihrer schönsten Frucht beraubt; sie wird zur dienstbaren Magd niedriger Interessen herabgewürdiget! Das Evangelium, das durch sein Licht alle Irrthümer der Synagoge aufgedeckt und alle Schulen des Heidenthums zum Schweigen der Verehrung gebracht hat, kann unmöglich die Blicke der Menschen scheuen, wenn sie zu denken und ihre Vernunft zu gebrauchen anfangen; wohl aber ist für die Volksbildung Nichts zu hoffen und Alles zu fürchten, wenn das Licht des Evangeliums verdunkelt, wenn es zur Entzündung eines fanatischen Argwohns gegen jede Lichtverbreitung mißbraucht wird." — Ueberhaupt verschwinden alle, auch die bestgemeinten Besorgnisse hinsichtlich der Volksbildung, welche den Geist und das Gemüth desselben für Alles, was wahr, schön und heilig ist, empfänglicher macht, und seinen sittlichen Sinn schärft, so, daß ihm weder etwas Göttliches, noch etwas Reinmenschliches mehr gleichgültig ist. Wohl wird eine Bildung, die das Volk nicht frömmer und weiser macht, auch nicht glücklicher und zufriedener machen kann, weil dadurch die Summe des Bösen, woraus alles Unheil quillt, nicht vermindert wird, das vorgesteckte Ziel nie zu erreichen im Stande sein. Von einer solchen kann aber hier durchaus keine Rede sein. — Ein weiteres nicht unbedeutendes Hinderniß des guten Erfolgs der Volksschulen ist noch sehr häufig der niedere Begriff, welchen viele Eltern zur Zeit noch von der Bestimmung und den Leistungen derselben haben. Sie gewahren an denselben weiter nichts, als etwa einen mechanischen Uebungsplatz für's Lesen, Schreiben und Rechnen, um hiedurch den leiblichen Unterhalt desto leichter erwerben zu können. Auch geben sie sich der Meinnng hin, daß die Bildung ihrer Kinder mit dem Schulunterrichte vollendet sei, ohne daß die häusliche Erziehung dabei in Anspruch genommen werde. Solchen Eltern ist daher auch die wahre Achtung des Lehrberufs fremd; sie betrachten den Schullehrer nicht als den Mann, dem sie das Theuerste, was sie haben, anzuvertrauen, und ihm so gut sie können, in die Hände zu arbeiten haben. Derlei Eltern machen sich auch wenig daraus, ihre Kinder so viel möglich der Schule zu entziehen und sie für ihre Haus= und Feldgeschäfte zu verwenden, weil sie die Besorgung derselben meistens höher anschlagen, als die nöthige Bildung ihrer Kinder. — Nicht minder bedeutenden Einfluß auf die Volksbildung und die Hemmungen derselben haben auch folgende zwei Umstände, als: a) wird der Werth des Wissens im Vergleiche mit dem Leben und Wirken überschätzt; b) wird der Bildung nur insoweit ein Werth beigelegt, als sie die zeitlichen Vortheile in den Bereich einiger Wenigen hineinziehen. — Wir haben oben schon bemerkt, daß alle mensch= liche Bildung nur insofern, als sie christlich ist, und sich im christlichen Leben kund gibt, wahr und heilsam sei. Es muß sonach die jugendliche Bildung den Geist und das Gemüth des Volkes mit den Forderungen des Christenthums in Einklang bringen. Dieß wird aber so lange nicht der Fall sein, so lange die Gesetzgebung, der Zustand der Religion und Kirche, und die öffentliche Meinung nicht auf Ein und dasselbe Ziel ge= richtet sind, und in einer so hochwichtigen Sache entweder von einander abgehen, oder einander hinderlich in den Weg treten. Es ist nicht genug, daß der Unterricht im Wahren und Guten ertheilt werde, sondern der ausgestreute Same muß auch auf gutes Erdreich fallen, wenn er auf= gehen und Früchte bringen soll. Der redliche Wunsch nach Belehrung ist der Weisheit Anfang, und wer nach Belehrung strebt, der findet sie; denn sie selbst geht umher, und suchet auf, die ihrer würdig sind, und zeiget sich ihnen fröhlich auf ihren Wegen, und kommt ihnen mit aller Sorgfalt entgegen. Weiter heißt es: „Liebet das Licht der Weisheit, ihr Alle, die ihr Vorsteher über die Völker seid." (B. der Weish. 6, 17. 23.) Was kann aber die Schulbildung frommen, wenn sie nicht das Zeitliche und Ewige in rechter Art und Weise in sich aufgenommen und nicht das Sein und Leben der Jugend geworden ist? Wie wenig aber vermögen hiebei die Schulen zu leisten, so lange es den Eltern an gutem Willen und Interesse fehlt, ihre Kinder wohl unterrichten zu lassen; so lange ärmliche Verhältnisse jede Ausgabe hiefür erschweren oder unmöglich ma= chen, und Kirche und Staat einander hierinfalls nicht friedlich und vereint entgegenkommen? — Indessen wird die Schule ihren Zweck nie erreichen, so lange die häusliche Erziehung nicht mit derselben im Einklange ist und mitwirkt. Von schlechten Eltern ist freilich hier nichts zu erwarten; dagegen können gute Eltern, und wenn sie auch der ärmsten Classe an= gehören, zur Erziehung ihrer Kinder ungemein viel beitragen, indem sie dieselben durch Wort und That und durch eine vernünftige Behandlung am erfolgreichsten zum Guten anleiten, vom Bösen abhalten und verhin= dern können, daß keine verkehrte Neigung, keine böse Begierde heimlich in ihre Seele Wurzel schlage, weil ihnen ein höherer Grad von kind= lichem Vertrauen als jedem Andern entgegen kommt. Immer ist und bleibt das elterliche Haus die beste Pflanzschule der Frömmigkeit und des Guten. Zu den Hindernissen des Volksschulwesen ist auch in manchen Ländern der Umstand zu zählen, daß keine eigene Behörde für die oberste Leitung desselben besteht, welche mit Sachkundigen besetzt ist und selbst= ständig wirkt. Es fällt daher die Leitung öfters in die Hände Solcher, die im Schulfache unkundig sind, oder doch Solcher, welche die Volks= bildung bloß als eine Nebensache betrachten oder als eine Angelegenheit, welche frembartigen politischen Rücksichten untergeordnet werden müsse. Daher die vielen Halbheiten und Pfuschereien, wobei mehr nach dem Schein als nach dem wirklichen Guten und Haltbaren hingestrebt, das Mangelhafte mit glänzenden Lappen ausgeflickt, Schlechtes und Gutes und Widersprechendes zu einem zusammenhängenden Ganzen verbunden wird. Zu den geistigen und moralischen Hindernissen der Volksbildung wird auch der Mangel an den nöthigen Geldmitteln in mehreren Staaten gezählt. Allein dieser Mangel ist meist nur in der geringen Werthschätzung begründet, die der Sache selbst gewidmet wird. Wer einer Lampe bedarf, der gieße auch Oel darauf. Wäre der Werth der Volksbildung für die allgemeine Wohlfahrt gehörig gewürdiget, und würde man es lebendig erkennen, daß die wahre Menschwerdung eines Volkes durch seine Bildung bedingt sei, und daß eben diese Bildung die größte Wohlthat sei, welche einem Volke erwiesen werden kann; so würde man auch über die Auffindung der Mittel nicht lange verlegen sein. Denn es wäre dann keinem Zweifel unterworfen, daß unter allen Staatsbedürfnissen die Volksbildung das erste, vornehmste und höchste sei. Nicht umsonst hat schon Cicero gesagt: Nullum munus reipublicae majus meliusve offerre possumus, quam si doceamus atque erudiamus juventutem (de Div. L. III), d. i., wir können dem Staate keinen größern und bessern Dienst erweisen, als wenn wir die Jugend unterweisen und bilden; denn erst dadurch wird die wahre Wohlfahrt und Ordnung desselben gesichert. Ohne rechtschaffene Jugendbildung kann nichts im Staate und der Kirche gedeihen. Ein rohes Volk bleibt mitten im Reichthum, in Ueppigkeit und Prunk ein elendes und beklagenswerthes Volk; ein gebildetes dagegen besitzt alle Mittel, reich, geachtet und mächtig zu werden. Ein vergleichender Blick auf die Staaten, wie sie jetzt sind, nöthiget anzuerkennen, daß sich ihre Macht, ihr Wohlstand, ihr Nationalreichthum und die Ordnung und Festigkeit ihrer Verwaltung im geraden Verhältnisse zu dem Grad von Licht oder Finsterniß befinden, die in der Volksmasse verbreitet sind. Hat nunmehr auch das Heilige im Volke tiefe Wurzeln gefaßt, und seiner Bildung die Krone aufgesetzt, was sollte einem solchen Volke unter dem Schutze einer weisen, christlichen Regierung noch fehlen? —

Volksgesang. Unstreitig hat der Gesang eine hohe Kraft zur Bildung des Gemüths, sonach zur Veredlung der Sitten. Ganz besonders hat man aber dabei darauf zu sehen, was und wie gesungen wird. Nicht sitten= und anstandswidrige Lieder, voll Rohheit und Gemeinheit, sondern erhabene und erhebende Lieder sollen gepflegt und besonders der Jugend beigebracht werden. Wie in der Schweiz, Württemberg, Baden ꝛc., so sollte der Volksgesang überall hoch geachtet und fleißig betrieben werden. An Liedersammlungen dazu fehlt es nicht. Unter andern schon an andern Orten empfohlenen dergleichen Sammlungen dienen hiezu vornehmlich: Sterr's 100 fromme und heitere Lieder. 14te Auflage. Eben so sind die vierstimmigen Lieder von demselben Herausgeber sehr beliebt und empfehlenswerth. — Schön singen und etwas Schönes singen, ist doch gewiß besser, als das Abheulen oder Brüllen entwürdigender Lieder! Dadurch aber würde diesem Unfuge glaublich am besten abgeholfen, wenn die Leute etwas Besseres kennen und singen lernen. An vielen Orten ist damit bereits der Anfang gemacht und trägt seine schönen Früchte. Man pflege also den Jugend= und Volksgesang!

Volksschule. (Wesen und Gränzen derselben.) Wir haben gehört, was man unter der Volksbildung im Allgemeinen verstanden wissen wolle, und was somit eine Bildung sei, die durch alle Stände, Alter und Geschlechter der Genossenschaft eines Landes hindurchgeht, und immer tiefer wurzelnd, weiter und weiter sich ausbreitet über alle Söhne und Töchter desselben und über des Landes Gränzen hinausleuchtet als ein helles Licht. So bezeichnet die Volksschule auch schon an sich die allgemeine Schule, welche allen Kindern des Volkes einen gemeinsamen Bildungsweg eröffnet, und allen zu der einem Jeden unentbehrlichen Geistesentwickelung

Anleitung gibt. Volksschulen sind zwar alle Lehranstalten, d. i. alle dem
Volke gehörig und für dasselbe, aber nicht alle auf das unmittelbare
Bedürfniß der Menschheit berechnet; darum nennen wir eigentliche Volksschule diejenige, welche alle Kinder des Volks in Stand setzen will, sich
die allgemeine menschliche und christliche Bildung zu verschaffen. Wir
haben dabei zunächst die große Menge d e r Kinder im Auge, welchen fast
alle andern Bildungswege völlig verschlossen sind, und welchen die Schule
bis dahin, wo sie in's bürgerliche Leben übergehen, bereits Alles sein und
leisten soll, was ihre geistigen Anlagen erfordern. Die Volksschule soll
demnach die allgemeine Bildung fördern. Das ist aber eine solche Bildung, die durch alle Stände der Gesellschaft hindurchgeht, in welcher
freie Seelenthätigkeit, mit Lauterkeit und Wahrheit des innern Lebens,
und mit Tüchtigkeit zu jedem zeitlichen Berufe, überhaupt ein gesundes,
vernünftiges, christliches Leben sich entfaltet. Das, was ein Jeder, er
sei reich oder arm, bedarf, um ein in jeder Beziehung menschenwürdiges
Leben führen zu können, soll auch einem Jeden dargeboten, dazu soll er
angeleitet werden. Die Volksschule muß also vor Allem das E i n e, was
Noth thut, das Maaß christlicher Erkenntniß, welches Jeder erreichen
kann und erreichen soll, und die Anwendung desselben auf das eigene
Leben jedes Kindes in's Auge fassen, und dahin wirken, daß jedes in
den Stand gesetzt werde, sowohl seinen zeitlichen als ewigen Beruf zu
erkennen, seine rechte und angemessene Stellung im socialen Vereine zu
finden, und sich durch Aneignung der hiezu nöthigen Tüchtigkeit zu behaupten. Ein klares Bewußtsein der allgemeinen und besondern Bestimmung, ein lebendiger Glaube und eine wahrhaft christliche Gesinnung, ist
Allen gleich w e s e n t l i c h e s Bedürfniß. Die Schule kann hierin nie zu
viel geben und leisten. Allein so verschieden die geistigen Anlagen, der
zeitliche Beruf und die äußern Lebensverhältnisse jedes Einzelnen sind,
eben so verschieden sind auch die Bedürfnisse bezüglich auf den Umfang
der Kenntnisse und Fertigkeiten, welcher jeder besondere Beruf und Stand
in Anspruch nimmt. Die allgemeine Bildung schließt also nothwendig die
Einzelbildung in sich ein, und diese macht eben so sehr eine weise Begränzung des Umfangs, als eine auf das individuelle Bedürfniß berechnete Behandlung des Unterrichts zum unabweislichen Gesetze. So wenig
demnach der Volksbildung selbst eine willkührliche und beengende Gränze
gesetzt, oder die edelste Ausbeute des geistigen Menschenlebens, — das
köstliche Gemeingut nur als das Eigenthum einiger bevorrechtigter Stände
betrachtet und behandelt werden soll, so wenig darf doch die Schule zu
freigebig Allen darbietet, was nicht Allen frommt, sie muß vielmehr Jedem
d a s geben, was ihm gebührt, d. i. was er bedarf, und was er zu seinem
wahren und lebendigen Eigenthume zu machen vermag; zu dem, was
Allen Noth ist, soll möglichst befriedigend Allen die Bahn geöffnet werden: was aber nur unter Verhältnissen Bedürfniß, erreichbar und heilsam
ist, das muß denen, für die es sich eignet, vorbehalten bleiben. Die
Volksschule muß sich daher in Beziehung auf den Umfang ihres Unterrichtes nicht nur von allen andern Bildungsanstalten unterscheiden, sondern sich selbst auch wieder in mehrere Zweige ausbreiten, die als Land-
oder Stadtschule, und diese überdieß als niedere und höhere Bürgerschule,
durch besondere Bedürfnisse ihre eigenthümliche Gestalt erhalten. Doch
ist diesen Zweigen das Wesentlichste gemein, und dasselbe klare Licht soll
Allen leuchten. Was sie unterscheidet, das ist nur das Maaß der Gaben, die sie ausspenden, und die Richtung auf besondere Kenntnisse und
Fertigkeiten, welche erforderlich sind — nach Maaßgabe der Geistes-Anlagen oder des Wirkungskreises. Es leuchtet wohl von selber ein, daß

nirgends ein ausgezeichnetes Talent auf Unkosten der gewöhnlichen min=
der begabten Jugend zum Maaßstabe für den Umfang und die Behand=
lung des Schulunterrichts gemacht werden dürfe. Es kann zwar Keiner
zu viel lernen, wenn er anders recht lernt; allein man hat nur dann
recht gelernt, wenn das Wissen auch zum klaren Bewußtsein und Können
geworden ist. Das todte Wissen fördert nicht nur nicht, sondern es hin=
dert auch die wahre Bildung, die in freier, harmonischer Lebensthätigkeit
besteht. Man glaube ja nicht, daß man Jemanden eine Wohlthat er=
weise, wenn man ihn mit Kenntnissen bereichert, die er auf seinem eigent=
lichen Standpunkte nicht zu verarbeiten, und nicht in sein Leben aufzu=
nehmen vermag. Was dieses oder jenes Kind für sein künftiges Leben
nöthig haben dürfte, läßt sich freilich nicht immer zum vornhinein berech=
nen, und man ist daher geneigt, möglichst viel zu lehren, weil man nicht
wissen kann, wozu die Kinder es einst brauchen können, wie nöthig und
nützlich es ihnen sein werde. Aber man muß doch immer den wahrschein=
lichen künftigen Beruf des Kindes berücksichtigen, und das Nothwendige
von dem unterscheiden, was entbehrlich ist; man muß aber auch auf die=
ses um so mehr verzichten, je größere Sorgfalt und Thätigkeit jenes
erfordert und verdient. So schwierig es auch sein mag, hier ein allge=
meines sicheres Maaß anzugeben, so kann doch zuversichtlich behauptet
werden, daß jedenfalls Alles das zu viel ist, was nur für die Schule,
und nicht für das Leben gelernt wird, was, todt empfangen, auch
später nicht zum Leben erwacht. Das Zuviel besteht immer nur in der
Masse des todten Wissens, nie im Umfange der Geistesthätigkeit, in wel=
cher Hinsicht die Schule kaum zu viel leisten kann, wenn sie nämlich auf
harmonische Thätigkeit des gesammten geistigen Lebens, nicht auf einseitige
Ueberlegenheit des Verstandes oder des Gefühls hinwirkt. Doch gilt
auch von dem Umfange des Unterrichts das Zuviel nur beziehungsweise,
indem eine nicht gerade schlechte Schule bei beschränktem Lehrkreise doch
vielleicht mehr zu leisten versucht, als die Eigenthümlichkeit des Lehrers
und das Vermögen der Mehrheit der Kinder gestattet, während eine
andere von gleicher Bestimmung ihren Plan erweitern darf, ohne zuviel
zu versuchen, wenn nur das ganze Leben der Schule dem höher gesteckten
Ziele entspricht. — So wenig nun die Volksschule in ihrem Streben zu
engherzig beschränkt werden soll, so setzt doch ihre Bestimmung demselben
nothwendige Gränzen, die, je nachdem sie enger oder weiter gezogen wer=
den müssen, niedrigere oder höhere Stufen in ihr begründen, obwohl auch
auf der niedrigsten etwas Ganzes und Tüchtiges geleistet werden soll.
Blicken wir zunächst auf den Zeitraum hin, innerhalb welchem sie ihre
Aufgabe zu lösen, und auf das Alter der Kinder, so erscheint schon darin
ihr Lehrplan einer zweckmäßigen Begränzung unterworfen. Sie hat es
mit Kindern von 6 bis 14 Jahren zu thun, und soll in einer achtjähri=
gen Dauer des Unterrichts alle dahin bringen, daß sie ihrer höhern Be=
stimmung sich bewußt, eifrig fortschreiten, dieselbe zu erreichen, zugleich
zur Erkenntniß ihres irdischen Berufs erhoben und zureichend auf den=
selben vorbereitet werden. Acht Jahre sind allerdings kein unbedeutender
Theil des Lebens, allein im Verhältnisse zu dem, was während derselben
für das ganze Dasein begründet und erbaut werden soll, so kurz, daß es
nöthig ist, in den Verhältnissen angemessenes Maaß des Bildungs=Um=
fanges festzusetzen. Dazu kommt noch der Umstand, daß die häusliche
Erziehung häufig der Schule entgegen wirkt, statt sie zu unterstützen, so=
mit dieselbe genöthiget ist, das früh Versäumte nachzuholen, und manches
Unkraut auszurotten. Sie soll aber nicht bloß lehren, sondern auch er=
ziehen, und es muß auch deßhalb dem Unterrichte eine Gränze gesetzt

werden, die es möglich macht, daß sie nicht bloßes Wissen, sondern wahre Bildung befördere. Die Volksschule kann also ihrer Bestimmung nur dann entsprechen, wenn sie eine, obgleich beschränkte, doch klare und lebendige Erkenntniß, eine gottgefällige Gesinnung und überhaupt ein wahrhaft christliches Leben erweckt und begründet. Dahin müssen alle Zweige des Unterrichts wirken, alle zu dem Einen wesentlichen Zwecke in Beziehung gesetzt und Alles davon ausgeschieden werden, was nur ein unfruchtbares, todtes Wissen mittheilt, und nicht in das geistige Leben eingreift. Wenn jede zweckwidrige Erweiterung des Unterrichts zerstreut, bei aller scheinbaren Vielseitigkeit nur einseitig macht, und nur zu leicht einen Wissensdünkel erzeugt, welcher dem Unglauben die Pforte eröffnet, so muß die Volksschule desto mehr bemühet sein, das, was ihr an Weite abgeht, durch Tiefe und Höhe zu ersetzen, und sich es zum Gesetze machen, an dem einzig und allein fest zu halten, was Noth ist. Nicht umsonst sagt Göthe: Die Schulen der Vorzeit waren großentheils mangelhaft, dürftig, und genügten den Ansprüchen, welche wir jetzt an sie machen, keineswegs; dennoch wirkten sie wohlthätig und entsprachen ihrer Bestimmung weit mehr, als viele heutige Schulen, weil sie fast all ihr Wirken auf Einführung in das Christenthum beschränkten. Unsere Schulen dürfen und sollen ihren Lehrkreis erweitern, aber nicht so, daß sie den lebendigen Mittelpunkt verlieren, und sie leisten in der That genug, wenn sie Menschenkinder zu Christen, zu Gotteskindern bilden, ihnen den Weg zum Himmel weisen, und mit Himmelslicht auch mit irdische Laufbahn erhellen. Das ist gewiß eine ächte und treffliche Bildungsanstalt, welche die Kinder des Volks bei ihrer Entlassung ausgestattet hat mit einem Glauben, der fest, stark und klar genug ist, daß sie sagen können: Ich weiß, an wen ich glaube, mit dem festen Vorsatz und heiligen Eifer, diesem Glauben in Gedanken, Worten und Werken treu zu bleiben, Christum zu bekennen, nicht bloß mit dem Munde und mit frommen Gebräuchen, sondern von Herzen durch die That — durch's Leben, — mit der Gewöhnung zur Demuth und Selbstverläugnung. Dazu bedarf man allerdings neben der eigentlichen Unterweisung im Christenthum noch andern Unterrichts; wie viel aber von jedem der früher bezeichneten Elemente desselben aufzunehmen sei, das hängt vornehmlich von der Leistungsfähigkeit der Lehrer und Schüler ab, und als allgemeine Regel kann nur die gelten, daß der Umfang nach der Tiefe abzumessen ist, d. h. daß man nicht mehr lehren darf, als was in der Seele der Zöglinge zu heller, selbstthätig angeeigneter Erkenntniß werden kann. (S. Art. Lehrgegenstände.) Wir fügen hier nur noch bei: Volksschulen müssen nun mehr auch in gehöriger Anzahl vorhanden oder in mehrere Classen abgetheilt sein, und so viel tüchtige, treue und gute Lehrer haben, als nöthig sind, um die sämmtlichen Kinder gehörig unterrichten und bilden zu können. Diese Lehrer müssen aber anständig und zureichend besoldet, die Lehrzimmer zweckmäßig eingerichtet, mit den nöthigen Geräthschaften versehen sein, und auch die erforderlichen Lehr- und Bildungsmittel, Bücher ꝛc. angeschafft werden. Ueber das ganze Schulwesen müssen Kirche und Staat eine strenge und wachsame Aufsicht führen. (S. auch Art. Schule.)

Volksschullehrer. Es sind solche Lehrer, welche in Volksschulen Unterricht ertheilen. Ein Volksschullehrer muß in sich alle diejenigen Eigenschaften vereinigen, welche ihn in den Stand setzen, den wahren Geist und das ganze Wesen der Volksschule, wie wir solches oben bezeichnet haben, zu pflanzen und zu erhalten. (S. Art. Lehrer.)

Volksschullehrer als Kirchendiener. (S. Art. Meßner.)

Volksschullehrerstand. Daß der Schullehrerstand von sehr großer Wichtigkeit sei, haben wir früher schon nachgewiesen. Wir bemerken hier darüber nur noch Folgendes: Tüchtige, fromme Volksschullehrer sind Volkskleinodien, und zwar lebendige, keine todte. Ihr Beruf ist es, daß sie zunächst für Kirche, Staat und Haus aus den Kindern Menschen, Christen und Bürger bilden, und dadurch zugleich die Zukunft mitgestalten helfen. Alle Glieder der Gemeinde gehen gleichsam durch ihre Hand, und erhalten von ihnen ihre erste Gemeindebildung, die, wie allgemein anerkannt wird, die wichtigste ist. Bemitleidenswerth, sagt Harnisch, ist die Jugend, deren erste Lehrer ungebildet, unordentlich, oder wohl gar gottlos sind. Bemitleidenswerth ist gleicher Weise ein Volk, das seine Schullehrer nicht ächtet. Nimmer wird es wohl in Abrede gestellt werden können, daß gute Schulen die Brunnquellen alles christlichen Lebens sind. Einem fleißigen und frommen Lehrer, der die Kinder mit Treue zieht und lehrt, kann man nicht lohnen und ihn mit keinem Golde bezahlen. Wahrlich, er hat ein köstliches Amt, und ist das edelste Kleinod für Kirche und Staat. — Aber nicht weniger beklagenswerth ist die Gemeinde, welche in einem Lehrer nur einen Weltmenschen sucht, der glaubenslos und ohne kirchlich frommen Sinn ihre Jugend nur reich an Weltkenntnissen und Weltfertigkeiten machen soll. Freilich konnte der Schullehrerstand, so lange er sich innerlich nicht erhob, auch auf äußerliche Achtung nur wenig Anspruch machen. So lange er selbst roh und unwissend war, und viele unwürdige Mitglieder zählte, durfte er auf keine sonderliche Achtung rechnen. Der Schullehrer, der nur ein Anhängsel von einem Orgelspieler, Sänger, Küster ꝛc., oder gar von einem Schuhmacher, Schneider und Weber war, trat immer nur in einer unwürdigen Gestalt auf, weil der Lehrer als solcher nie wohl ein solches Handwerksangebinde haben und mit seinem Amte vereinigen kann. Namentlich hat sich der geistliche Stand zu freuen, daß der Volksschullehrer an Ansehen und Würde gewonnen hat, und hiezu haben wohl die Geistlichen selbst das Meiste beigetragen, wodurch sie sich ein bleibendes Denkmal gesetzt haben. Wo die Liebe die gute Sache umfaßt, wird sie sich auch den Personen nie entziehen, welche dieselben zu betreiben haben. Und der Schullehrer, der sich wegen seiner Wichtigkeit und Würdigkeit blähet, erniedriget seinen Stand weit mehr und schändet ihn in viel höherm Grade, als der ehemalige Korporal, der den Schulflicken zugleich den Kindern das A B C und Einmaleins einprügelte. Kein Stand hat sich mehr vor Stolz und Uebermuth zu hüten, als der Lehrstand, weil keiner ohne wahre Demuth und innige Liebe nichtiger ist, als er. Ein eitler, aufgeblasener, ränkevoller, gemüthloser, rechthaberischer und harter Lehrer ist der allerverächtlichste Mensch. Ueberhaupt frevelt der Lehrer, dem die Liebe mangelt, meist immer eben so viel am Herzen der Kinder, als er an ihrem Verstand gut macht. Sein Höchstes ist, daß er vielwissende und wissensstolze Kinder erzieht, aus denen altkluge und nichtswerthe Leute werden. Daher dürfte uns ein unwissender Lehrer, dem das Heil seiner Kinder wirklich am Herzen liegt, und der einen frommen christlichen Sinn hat, weit lieber sein, als ein vielwissender und verständiger eitler Schullehrer, der Alles hat — nur die Liebe nicht, der nach dem Ausspruche des Apostels ein tönendes Erz oder eine klingende Schelle ist. (1. Cor. 13, 1.) Heut zu Tage werden keine andern Jünglinge mehr in den Volksschullehrerstand aufgenommen, als solche, welche zu der freudigen Hoffnung berechtigen, daß sie die Pflichten ihres wichtigen Berufes zur Verherrlichung Gottes, zur Freude der Eltern und zum Heile der ihnen dereinst anvertrauten Kinder erfüllen werden. Vor

Allem sollen sie von Gott dazu berufen sein, was bei einem Miethlinge nicht der Fall ist; mit dem Lehrer muß Gott sein, mit dem Miethlinge ist er nicht. Mit Gott und seiner Gnade vermag der Lehrer Alles, ohne ihn aber vermag er nichts. Ein Jeder, der sich dem Schulfache widmen will, muß mit allen jenen Gaben und Eigenschaften ausgerüstet sein, welche wir im Artikel Eigenschaften des Schullehrers namhaft gemacht haben. Diejenigen sind mit vieler Behutsamkeit zum Volksschulwesen zuzulassen, die aus unsern dermaligen Gymnasial-Classen als Schüler kommen; denn sie müssen vieles anziehen, was ihnen mangelt, und vieles ausziehen, was sie haben, und weil das keine Kleider, sondern geistige Glieder sind, so ist das immer eine sehr bedenkliche Sache. Gelingt übrigens das An- und Ausziehen, so hat der Volkszustand an derlei jungen Leuten keine schlechte Eroberung gemacht *). Fast dieselbe Behutsamkeit ist nöthig bezüglich auf diejenigen, welche den Schulstand bloß aus Noth oder Arbeitsscheu ergreifen, denn gewöhnlich hat man an ihnen nichts als Lohndiener zu erwarten. Wer keinen innern Beruf zum Lehr-Amte hat, thut besser, wenn er sich auf ein anderes Gewerbe verlegt. Nie darf hier der Ausspruch des Herrn aus dem Auge gelassen werden: Viele sind berufen, aber Wenige auserwählt." (Matth. 20, 16. 1. Cor. 7, 17. Röm. 8, 30.) S. auch Art. Lehrstand.

Volksunterricht. (S. Art. Unterricht.)

Vollendung des Menschen. Der Mensch ist hienieden als vollendet zu betrachten, wenn seine Kräfte der sinnlichen Sphäre an den geistigen, und die geistigen an dem Göttlichen hangen. Wir haben an einem andern Orte gesagt, was den Menschen zum Menschen mache, und dieß ist dann der Fall, wenn in ihm das Princip der Religion so herrschend geworden ist, daß davon Ordnung in die Sinnlichkeit, Licht in das Erkennen, Leben in das Handeln ausgeht, und dann die Ordnung im Sinnlichen, das Licht im Verständigen, das Leben im sittlichen Gebiete stets neue Zuflüsse von der Quelle der Ordnung, des Lichtes und des Lebens, von der Religion erhalten. Das Seyn, und zwar das bestehende Seyn der Ordnung, des Lichtes, des Lebens, und zwar des Lebens aus der Religion und durch die Religion — dieß macht den Menschen zum Menschen. — Wir haben demnach dem gleich Anfangs Gesagten zu Folge eine Kette, in welcher das Göttliche der erste, das Geistige im Menschen der zweite, und das Sinnliche in ihm der dritte Rang ist. Das Niedere hängt am Höhern und das Höhere am Höchsten. Wenn also in irgend einem Individuum seine edlern, geistigen Kräfte nie in Einigung mit dem Göttlichen kämen, so würde die Kette — dieses bildliche Zeichen — nie ganz; denn entweder würden die thierischen Kräfte herrschend werden, und dann träte das Niedere allein hervor, und drängte das Geistige zurück — der Mensch sänke herab in die Klasse der Thiere — oder es würde die bloße Verstandesbildung, die sich in ihrem Forschen nie zu Gott und zur Ewigkeit erhebt, und nie von Gott und Ewigkeit Licht zur Erkenntniß der Wahrheit holt, obenanstehen, und dann würde der Mensch, wie Sailer sagt, ein bloßer Begriffskasten, der zwar die Spuren

---

*) In Beziehung auf die Gymnasial-Schüler, welche zur Volksschule übergehen, sind dreierlei Arten wohl zu unterscheiden: 1) Solche, die das Gymnasium aus Unkunde als eine Vorbereitungs-Anstalt für das Lehramt an einer Volksschule betrachten; 2) solche, welche studiren wollten, aber wegen Dürftigkeit nicht können, und endlich 3) solche, welche aus Schwachheit oder aus Trägheit auf der Gymnasialbahn nicht weiter voranschreiten können. Die beiden erstern dürfen freudig aufgenommen, die letztern aber beseitigt werden.

und den Regenbogen der Zeit an sich trüge; weil aber die geheimsten
Stätten im Menschen — Vernunft und Wille — unentwickelt blieben,
so müßte die Herrschaft über das Thierische entweder bloß Schein, bloß
eine als Schild ausgehängte Selbstherrschaft, oder als ernstliches Wollen, mehr Versuch als That sein. Nur wenn die geistigen Kräfte des
Menschen stetsfort in Vereinigung mit dem Göttlichen bleiben, und von
ihrem einzigen und höchsten Haltungspunkte nicht abfallen, dann bleibt
auch die gedachte Kette unzerrissen, und wird somit im Schlusse gehalten.
Und so stellte sich wirklich das schönste Leben des Menschen dar, welches
seine tiefste Wurzel und seine höchste Krone im Göttlichen hätte. Der
Mensch würde daher seine Vollendung, so weit es hienieden möglich ist,
erreicht haben, wenn er sich zur völligen Einigung mit dem Göttlichen
erhoben, oder was dasselbe ist, wenn er die Aehnlichkeit mit Gott vollständig errungen hätte. Da nun aber diese völlige Einigung mit Gott,
diese vollständige Gottähnlichkeit hienieden nicht erreicht werden kann, zumal der sinnliche Theil dem Menschen immer den Genuß des Göttlichen
erschwert, hemmt und unterbricht, so ist wohl auch begreiflich, warum
die höchste hienieden erreichbare Vollkommenheit des Menschen gegen die
vollendete drüben eine Frucht im Werden genannt werden kann, was
so lange andauert, bis der Tod dem von den Fesseln der Sinnlichkeit
losgebundenen Geiste den Weg in seine Heimath — in das Land des
Lichtes und der seligen Vollendung bahnt. (S. Art. B e s t i m m u n g   d e s
M e n s c h e n.)

Vollkommenheit, die der Lehrer zu erstreben hat. Nie ist der Lehrer so vollkommen, daß er nicht noch vollkommener, nie so weise, daß er
nicht noch weiser, und nie so tüchtig, daß er nicht noch tüchtiger werden
könnte. Es muß also sein unablässiges Streben sein, immer noch vollkommener, weiser und tüchtiger zu werden. Nie darf er in dieser Beziehung vergessen, was der Apostel sagt: Nicht als hätte ich's schon ergriffen, oder wäre ich schon am Ziele: aber ich strebe darnach, ob ich's
auch ergreife. Ich bilde mir selbst nicht ein, es ergriffen zu haben, aber
Eines thue ich: ich vergesse, was hinter mir liegt, und strecke mich nach
dem, was vor mir liegt. (Phil. 3, 12. 13.) Wer nicht vorwärts geht,
der geht zurück. Daher soll ein Lehrer nicht zurück, wohl aber immer
vorwärts gehen. Wo es ihm noch am meisten fehlt, darauf verwende er
auch die meiste Mühe. Er suche auf dem Gebiete einheimisch zu werden,
das ihm noch unbekannt und fremd ist. Dieß muß er ohnehin in Allem
sein, was zu seinem Berufe gehört. Der Ausspruch soll auch sein Wahlspruch sein: Kein Tag soll mir vergehen, an dem ich etwas weiter vorangeschritten bin. Was der Lehrer für seinen Beruf sein soll, das haben
wir am einschlägigen Orte nachgewiesen, und wie er es werden kann, das
lehren ihn neben Andern D i n t e r's Schulkonferenzen.

Vollständigkeit. Vollständig nennen wir das, was unmangelhaft ist,
somit Alles hat, was ihm wesentlich angehört. So ist auch der Unterricht vollständig, wenn kein integrirender Theil dabei vermißt wird. —
Ob nun gleichwohl jeder Unterricht gründlich sein muß, so gibt es doch
für die Volksschule, und namentlich für Anfänger, eine höchst unzweckmäßige Gründlichkeit, die man gewöhnlich in einer gewissen systematischen
Vollständigkeit, in einem tiefen Eindringen in die ersten Grundbegriffe,
in einem wissenschaftlichen Ueberblicke dessen suchet, was gelehrt oder behandelt wird. In diesen Fehler verfallen leicht junge Lehrer, denen es
übrigens nicht an Geschicklichkeit fehlt. Sie kramen Alles aus, was sie
wissen; die Kinder sollen es inne werden, was für einen gelehrten Mann
sie vor sich haben. Wohl mögen sie des Lehrers Gelehrtheit und Ge-

16*

schicklichkeit anstaunen, aber im Grunde wenig oder nichts lernen; sie wissen auch meistens von dem, was sie lernen, keinen Gebrauch zu machen, und eine solche Ueberladung mit Kenntnissen ist das sicherste Mittel, das Brauchbare über dem Unbrauchbaren vergessen oder untergehen zu lassen. Die Vollständigkeit des Unterrichts kann also nach dem Begriffe nicht so streng genommen und verwirklichet werden, sondern der Lehrer muß dabei immer seine Kinder im Auge haben, und ihnen nicht mehr geben wollen, als sie anzunehmen im Stande sind.

Vollziehung der Strafen. Ob die Strafen auch die gewünschte Wirkung hervorbringen, hängt großentheils vom Verhalten des Lehrers vor, bei und nach der Vollziehung derselben ab. — Der Lehrer untersuche vor der Strafe genau das Vergehen des Schülers und zeige in seinem ganzen Benehmen Ruhe und Leidenschaftslosigkeit; er lasse auch dem Strafe verdienten Kinde die erforderliche Zeit, damit es zur Besinnung und Erkenntniß seines Unrechts kommen möge. Die für nöthig erkannte Strafe vollziehe er mit Ruhe und Mäßigung, ohne Zorn und Leidenschaftlichkeit: er verrathe in seinem ganzen Wesen, daß es ihm unangenehm sei, strafen zu müssen, er vermeide auch ein langes Predigen darüber und leere Empfindelei. Er vollziehe die Strafe nicht so, daß er aus Schwäche nachgebe, und solche kaum noch eine unangenehme Empfindung zurücklasse. — Nach vollzogener Strafe muß der Lehrer den Schüler und den Eindruck, welchen die Strafe machte, genau beachten, und so zu erhalten und zu benutzen suchen, daß die beabsichtigte Besserung wirklich erfolge. Er vermeide daher eben so sorgsam, über die Strafe und den Bestraften zu witzeln und zu spötteln, als ihn zu liebkosen, gleichsam, als habe er ihm Unrecht gethan, und wolle es wieder gut machen. Es ist in der That lächerlich, zu verlangen, daß der bestrafte Schüler sich noch für die empfangene Strafe bedanken soll.

Voraussprechen. (S. Art. Vor-urtheilen.)

Vorbereitung auf das Gebet. Der Lehrer, welcher nicht ohne Segen arbeiten will, fängt Alles mit dem herzlichen Gebete an, und derjenige, welcher seinen Kindern das Beste zu lehren gedenkt, lehrt sie beten. Es ist ein überaus köstlich Ding um's rechte Beten. Das Gebet macht dem Lehrer das Lehren und den Kindern das Lernen leichter und angenehmer. Es werde daher auch nie ein Unterricht angefangen oder beendiget ohne Gebet. Schon das Gebet vor und nach der Schule soll die Kinder Alles mit Gebet anfangen und beschließen lehren. — Der christliche Lehrer läßt es sich daher auch angelegen sein, die neuen Ankömmlinge jedesmal zum Gebete vorzubereiten, damit sie mit den übrigen Schülern wahren Antheil an demselben nehmen mögen. Er lehrt sie ihre Hände falten, und stehend mit ihrem himmlischen Vater voll kindlichen Vertrauens reden. Für solche Kinder sind stehende kurze und einfache Schulgebete nach der Weise unserer Kirchengebete nöthig. Der Lehrer erklärt denselben den Inhalt des Gebetes auf eine kurze und faßliche Weise, so daß sie wissen, was sie Gott vortragen. Beten, sagt er ihnen, müssen wir alle Tage; denn wir müssen Alles mit Gottes Hülfe anfangen und enden. Nach dem Gebete wird nun zu dem angesetzten Lehrgegenstande fortgeschritten, und in der Folge gelegentlich die weitere Erklärung der übrigen Schulgebete gegeben. (Joh. 17, 9. 21. Nehem. 1, 5. 6.)

Vorbereitungsunterricht. So wie das Erdreich, auf dem der Landmann seinen Samen ausstreuen will, zuerst gehörig vorbereitet werden muß, wenn der Same gedeihen soll, eben so müssen auch die Kinder gehörig vorbereitet werden, wenn sie fähig sein sollen, auf die rechte Weise unterrichtet zu werden, und das soll durch den Vorbereitungsunterricht bezweckt werden. Durch denselben sollen die Kinder im Anschauen, Beobachten, Sprechen, Denken, Urtheilen u. s. w. geübet werden. Den Stoff hiezu liefern alle Unterrichtsgegenstände, und der gesammte Stoff wird für den bezeichneten Zweck geordnet, und greift Anfangs nach allen Seiten hin, wo sich etwas für ihn finden läßt. Nach und nach lösen sich nun diese Uebungen in einzelne Unterrichtszweige auf, und dieser tritt dann für sich bestehend auf und nimmt den ihm gebührenden Rang ein. So treten z. B. nach und nach die Zahlen= Formen=, Größen=, Sprachlehre rc. hervor. Doch darf besonders in Landschulen der Vorbereitungsunterricht nicht allzuweit ausgedehnt werden, wenn er nicht von der Hauptsache abführen soll.

Vorbereitung des Lehrers auf den Unterricht. Der Lehrer soll sich zu einer jeden Lehrstunde sorgfältig vorbereiten, damit er sowohl des Stoffes, als der Form vollkommen mächtig sei, und seinen Unterricht der Fassungskraft und dem Bedarf der Kinder gemäß einrichten und behandeln könne. Wahrlich nichts ist dem Lehrer, der einen gründlichen und fruchtbaren Unterricht ertheilen will, mehr zu empfehlen, als eine sorgsame Vorbereitung auf seine Lehrstunden. Nie sollte er die Schule betreten, ohne zuvor die Gegenstände, die er zu behandeln hat, gehörig durchdacht, durchgegangen, geordnet und die ganze Lektion gleichsam mit sich selber abgehalten zu haben. Dadurch wird er nach und nach in den Stand gesetzt, die Lehrgegenstände ohne Hülfe eines Buches behandeln und ungehindert seinen Stoff beherrschen zu können. Dieß bringt Leben und Wärme in seinen Vortrag, wodurch die Aufmerksamkeit der Kinder gefesselt, die nöthige Ruhe und Ordnung in der Schule erhalten, und somit der Segen seiner Wirksamkeit ungemein erhöht wird. Es sollte demnach jeder Lehrer nach einem freien, gewandten und fließenden Vortrage streben, damit bei allen Lehrgegenständen, besonders beim Religions= Unterrichte, mit der rechten Farbe die Worte aus der Seele strömen. Wer diese Bemerkung treu befolgt, wird die frohe Erfahrung machen, daß sein Unterricht fruchtbar und mit dem glücklichsten Erfolge gekrönt werden wird.

Vorbild (vorleuchtendes Beispiel des Lehrers). Alle jugendlichen Seelen haben einen mächtigen Trieb, durch den man, auch ohne Worte, Strafe und Lohn, durch das bloße Beispiel und Vorbild auf sie einwirken kann. Dieser Trieb, der die Kinder so ungemein lebhaft in Bewegung setzt, treibt sie an, das, was sie sehen und hören, nachzuahmen, und der deßhalb auch der **Nachahmungstrieb** genannt wird. (S. d. Art.) Je weniger der Mensch ist, was er werden soll und werden möchte, und je mehr er dieses fühlt, desto mehr treibt ihn der Nachahmungstrieb, sich nach dem zu richten, was er an den Bessern, Aeltern, Geschicktern und Erfahrnern seines Geschlechtes sieht und hört. Schon dadurch erklärt es sich, wie man durch bloßes Beispiel und Vorbild auf Kinder und junge Leute wirken könne. Allein das stille, vorleuchtende Beispiel hat auch sonst noch eine große Kraft: eine Wahrheit, die man in unsern Tagen nicht oft genug wiederholen kann. Ja, das stille Thatleben äußert den stärksten Einfluß auf Seele, Gemüth und Willen. Es geht von diesem Leben eine Kraft aus, welche man mit einem Geruche vergleichen kann, der Andern entweder ein Geruch des Lebens zum Leben oder zum Tode wird. (2. Cor. 2, 16.) Wie von der Blume ein Geruch ausgeht, so geht vom Thatleben eines Menschen ein geistiger Geruch aus, der auf die Umgebung wirkt, und in sie übergeht. Aus diesem Lebensdufte, der von dem Thatleben eines Menschen ausgeht, ist es erklärlich, warum so manche Mutter in der niedern Hütte lebend, die vielleicht in ihrem gan-

zen Leben kein Buch über Erziehung gelesen hat, dagegen aber in frommer, thätiger Liebe täglich vor ihren Kindern wandelt, dieselben weit
besser erzieht, als manchmal eine gebildete aus den höhern Ständen, die
mehr mit Worten, als mit der That und dem vorleuchtenden Beispiele
auf ihre Kinder einzuwirken sucht, und die eben deßhalb so oft mißrathen
und übel ausfallen, weil sie so viel Scheinleben um sich herum erblicken.
— Möchten es doch alle Eltern und Lehrer beherzigen, wie viele Kraft
im That=, und wie wenig im Scheinleben liegt! Selbsterzählte Beispiele,
wenn sie wahre und wirkliche Geschichten sind, haben noch immer etwas
von der Kraft des vorleuchtenden Thatlebens; denn auch von ihnen geht,
je einfacher und kunstloser sie erzählt werden, ein süßer Geruch des
Lebens zum Leben aus. Dieß kann aber von jenen Erzählungen nicht
gesagt werden, welche rein erdichtet sind. Sie zaubern die hörenden und
lesenden Kinder auf eine angenehme Weise in eine Scheinwelt und in ein
Scheinleben hinein, und bringen gleich den Erscheinungen auf dem Theater nur eine vorübergehende Bezauberung, aber keine eigentliche Belebung
hervor *). Aus eben diesem Grunde kann auch erheucheltes Vorbild nie
lebendig wirksam sein. Viele nehmen sich in Gegenwart der Kinder sehr
in Acht, ihr wahres Wesen zu zeigen; sie reden und thun vor ihren
Augen freundlich, liebreich, sittsam, anständig und fromm; aber ihr Inneres, leer an Liebe und Frömmigkeit — ist nur verhüllt. Sie sind
Heuchler, ihre Frömmigkeit ist weiter nichts anders, als ein schönes Geschwätz, das nicht von Herzen kommt. Ein solcher Schein wirkt, was er
ist — es ist kein Sonnenschein. — Weil nun aber das Vorbild eines
wahren Thatlebens immer eine so große Kraft auf die Herzen der Menschen ausübt, daß die stille Einwirkung desselben ein Hauptmoment der
Erziehung ist, so hat sich die ewige Liebe selbst, die uns Menschen erzieht,
dazu herabgelassen, zu werden und zu sein, was wir Alle sein und werden sollen, und hat uns durch das reinste, edelste und wahrste Leben ein
Vorbild gelassen, dessen Segen sowohl am hellen Tage des öffentlichen,
als im Schatten des häuslichen Lebens schon so unaussprechlich viel
Gutes hervorgebracht hat. Denn da, wo dieses himmlisch schöne Vorbild
nachgeahmt wird, und wo man seinen Spuren folget, sprießt überall
Leben und Heil hervor. In Folge dieser großen Thatsache der mensch-
gewordenen Liebe Gottes fließt für jeden Erzieher und Lehrer die heilige
Lektion, welche der Apostel mit folgenden Worten seinem Jünger ein-
schärfte: „In allen Dingen stelle dich selbst als Beispiel
jeder Tugend dar." (Tit. 2, 7.) Lehrer und Erzieher haben deßhalb folgende Lehren wohl zu beherzigen: a) Der Erzieher sei, was die
Kinder werden sollen; b) er thue, was die Kinder thun sollen; c) er
unterlasse, was die Kinder unterlassen sollen; d) er lebe den Kindern vor,
nicht nur, wenn sie ihn sehen und hören, sondern auch, wenn sie ihn
nicht sehen und nicht hören; e) fehlt es bei den Kindern, so untersuche
er sein Thun, sein Lassen — seinen Wandel. Findet er bei sich Fehler
und Abweichungen von der Bahn der Tugend, so bessere er sich zuerst,
und suche dann auch seine Kinder zu bessern. f) Er gedenke, daß seine
Umgebung so oft nichts anders ist, als der Widerschein seines Seyns.
g) Er habe stets vertrauten Umgang mit Gott und halte auch seine Kinder dazu an. Die Vernachlässigung dieses Umganges mit Gott geht auch
auf die Kinder über. Er sei endlich h) ein Vorbild mit der herzlichen

---

*) Man sollte daher in der Erziehung entweder gar keinen oder nur einen möglichst
sparsamen Gebrauch von erdichteten Erzählungen und Beispielen machen, was jedoch
nicht von der Fabel oder Parabel gilt.

und innigen Liebe zu·den Kindern. Ein solches Vorbild. leuchtet wie die
Sonne, die Alles erleuchtet und erwärmt, was des Lichtes und der
Wärme bedarf. (S. auch Art. Muster, der Lehrer als solches für
Kinder.) (Phil. 3, 17. 2. Theff. 3, 9. 1. Tim. 4, 12. 1. Petr. 2,
21. 2. Tim. 1, 13. Apostelgesch. 7, 44.)

Verhalten, specielles. (S. Art. Belehrung.)

Vorlegen und Vormachen. A. Vorlegen (vorlegende oder
vorzeigende Lehrform.) Diese Lehrart oder Lehrform hat ihre Benennung vom Vorzeigen, Vorthun oder Vormachen erhalten. Sie eignet
sich ganz für Anfänger, für Kinder, welche erst die Schule zu besuchen
anfangen, also für den ersten Unterricht. Der Lehrer muß sonach
den Kindern sinnliche Dinge in der Absicht vergegenwärtigen, daß sie
solche in Bildern aufnehmen, und diese Aufnahme, im ersten Falle auf
eine Frage durch eine Antwort, und im zweiten Falle auf eine Aufforderung durch Wiederholung des Gegenstandes bethätigen. Das Vorlegen
ist daher entweder ein Vorzeigen oder ein Vormachen. Die Form des
Vorzeigens kommt bei allen Lehrgegenständen vor, welche sinnliche Kenntnisse mit bezwecken, und die Form des Vormachens bei allen Gegenständen, welche irgend eine sinnliche Fertigkeit mit erzielen. Besonders wird
das Vorzeigen bei dem ersten Unterricht im Lesen und Rechnen, in der
Weltkunde und Raumlehre, das Vormachen aber beim Unterricht im
Schreiben, Singen und Sprechen gebraucht. Zum Vorzeigen gehört
nothwendig das Benennen des Vorgezeigten. Die Hauptregeln, welche
hiebei zu beobachten sind, bestehen in folgenden: 1) Zeige anfänglich immer nur einen Gegenstand vor, und beobachte dabei auch die Stufenfolge, von einfachen Gegenständen zu zusammengesetzten — überzugehen;
so ist z. B. der Apfel ein einfacher, der Baum ein zusammengesetzter Gegenstand ꝛc. 2) Zeige keinen zweiten Gegenstand vor, wenn das Kind
den ersten noch nicht ganz aufgefaßt hat. Man muß dem Kinde zum
Auffassen die gehörige Zeit lassen und auch darauf sehen, daß es seine
Aufmerksamkeit wirklich auf den Gegenstand richtet. 3) Beim Betrachten
komme man dem Kinde durch Aufmerksammachen auf dieß und jenes an
demselben zu Hülfe; man frage es über das Angeschaute und erforsche,
welchen Eindruck dasselbe in der Seele des Kindes zurück gelassen habe.
Ein bloß stilles Anschauen ist verwerflich, d. h. so viel als ein Nichts
thun. 5) Man wende sich oft an das Vorstellungsvermögen der Kinder,
indem man gehabte Anschauungen wiederholen läßt, und über sinnliche
Gegenstände spricht, die nicht gegenwärtig sind, die das Kind aber schon
mit seinen Sinnen wahrgenommen hat. Obgleich diese Thätigkeit kein
Vorzeigen mehr ist, so kann sie doch mit demselben abwechseln. 5) Haben
angeschaute Gegenstände ähnliche Merkmale, so denke man auf dieselben
hin, indem man die Gegenstände vergleichen läßt; z. B. die Nadel hat
eine Spitze, das Messer hat auch eine Spitze; aber die Spitze der Nadel
ist feiner, als die des Messers. 6) Nenne Gegenstände und lasse sie von
Kindern zeigen. 7) Laß am Anfange nicht. gar zu lange Zeit hinterein-
ander Gegenstände anschauen, sondern achte auf die Kraft der Ausdauer
schwächerer Schüler. Verharret man längere Zeit, so ermüdet das Kind
und verliert das Interesse an der Beschäftigung. Dieses Gesetz hebt
das zweite nicht auf. 8) Abbildungen vermeide, sobald es dir nicht an
wirklichen Gegenständen mangelt, und damit es dir nicht daran fehle, so
lege dir verschiedene Sammlungen an. Wo sich ein neuer Gegenstand
dir darbietet, da bringe ihn vor die Anschauung deiner Schüler. Z. B.
auf Spaziergängen. Hier kannst du deine Schüler praktisch sehen, hören,
riechen, schmecken und fühlen lassen. 9) Binde dich beim Vorzeigen nicht

an ein System, so daß du ängstlich nichts weiter vorzeigest, als was dir
dieses vorschreibt. Richte dich am meisten nach dem geistigen Bedürfnisse
deiner Kinder, und wenn sie dich fragen, was ist dieß, jenes? so betrachte dieß als einen Wink, daß sie von dir beschäftiget sein wollen.
Doch darfst du auch nicht mit ordnungsloser Willkühr bei dem Vorzeigen
verfahren. Suche vielmehr alle gehabten Anschauungen nach und nach
in Verbindung zu bringen, damit das Kind überschauen lerne, was es
gelernt hat. 10) Veranlasse die Kinder, über alles Vorgezeigte und Wahr-
genommene Rede und Antwort zu geben, d. h. sich nach und nach immer
vollständiger und zusammenhängender auszusprechen; so daß du also auch
zugleich die Redefertigkeit übst. Diese Lehrform scheint die leichteste zu
sein; wird sie aber richtig und geistvoll betrieben, so erfordert sie große
Gewandtheit und Sachkenntniß des Lehrers. — B. Vormachen. Die
zweite Art der vorlegenden Lehrform ist das Vorthun oder Vormachen.
Dieses wird gewissermaßen schon beim Vorzeigen mit angewendet; z. B.
wenn der Lehrer den Kindern die Namen der Gegenstände, ihre Zahl,
Theile, Merkmale rc. einprägt und ihnen vorspricht, und sie richtig
nachsprechen läßt. Ganz besonders aber wird die Form des Vor- und
Nachmachens bei den Sprechübungen angewendet, die dem Lese- und
Schreibunterricht zur Grundlage dienen. Man beginnt mit dem Vorsprechen der Laute, hält die Kinder an, die Mundbewegungen und Mund-
stellungen genau zu beobachten, zu sehen und zu hören, und fordert von
ihnen, daß sie das Vorgemachte nachmachen. Dasselbe geschieht auf ähnliche Weise beim Schreibenlehren und Schreibenlernen. Man zeigt ihnen,
wie sie Striche machen sollen, wie durch die Verbindung derselben Figuren entstehen, die Buchstaben heißen, und von denen jeder einen bestimmten Namen hat, und läßt die Kinder das Vorgemachte nachmachen, —
nachbilden. Die wichtigsten Regeln für das Vormachen sind folgende:
1) Was du vormachest, sei deutlich und vollständig. Man begnüge
sich nicht mit bloßen, flüchtigen Andeutungen, so daß der Schüler zu wenig
gesehen oder gehört hat, um es nachmachen zu können. Jeder Laut, jede
Silbe, jedes Wort, jeder Satz werde daher ganz deutlich, vollständig,
mit der richtigen Betonung vorgesprochen. Jeder Strich, Buchstabe, jede
Silbe rc. werde deutlich und schön vorgeschrieben. 2) Halte darauf, daß
die Kinder ihre volle Aufmerksamkeit auf deine Thätigkeit beim Vor- und
Nachmachen richten, daß sie nicht durch andere Gegenstände zerstreut dabei seien. Recht gesehen und gehört, erleichtert die Nachahmung ungemein. 3) Halte fest auf die rechte Weise des Hervorbringens des Vor-
gesprochenen, Vorgeschriebenen rc. Jeder Laut, jede Silbe, jedes Wort rc.
werde vollkommen richtig nachgesprochen. Wo Schwierigkeiten durch fehlerhafte Sprachorgane entgegen treten, da habe man Geduld und helfe
nach, wo es sich thun läßt, z. B. bei dem r, k, p. 4) Mache den Kindern wenig auf einmal vor, aber dieses Wenige vollende gut und
siehe darauf, daß auch sie das Vorgemachte nicht vielfach schlecht nachmachen. Wo man den Schülern gestattet, ganze Seiten und Blätter mit
einem Buchstaben zu füllen, ohne daß derselbe auch nur ein einziges
Mal dem Vorgeschriebenen entspricht; wo man ihn wochenlang mit Laut-
Uebungen beschäftiget, ohne daß einer vollkommen wohltönend hervorgebracht wird; wo man viel vorliest, ohne darauf zu halten, daß die
Kinder auch eben so richtig nachlesen, da taugt das Vormachen nichts
oder wenigstens nicht viel. 5) Eingeübte Sachen müssen oft wiederholt
werden, und jedesmal ist darauf zu sehen, daß es vom Schüler befriedi-
gender nachgemacht werde. 6) Binde dich beim Vormachen an ein stufen-
weises Fortschreiten; das Folgende sei stets durch das Vorangegangene

begründet. Laß also nicht o schreiben, wenn der c — Strich noch nicht sicher eingeübt ist; laß nicht die Umlaute ä, ö, ü nachsprechen, wenn die Stammlaute a, o, u noch nicht rein hervorgebracht werden ꝛc. Ein Vormachen im Durcheinander, so daß der Schüler keine Uebersicht von dem Nachgemachten gewinnt, ist ein Arbeiten in's Blaue, Ungewisse und macht unsichere Köpfe. 7) Sei nicht allzu ängstlich, wenn die Gebilde der Kinder anfänglich nicht gelingen wollen. Verlange nicht, daß der Schüler auf den ersten Stufen wie der Meister sei. Mancher Lehrer treibt es in der Genauigkeit des Nachmachens so weit, daß aus den Schülern kleinliche, ängstliche Nachbildner werden. So wird z. B. in dieser oder jener Schule die ganze Schulzeit hindurch nach kalligraphischen Vorlegeblättern geschrieben, die Kinder bringen es bis zur möglichsten Buchstaben = und Wortmalerei; aber noch fehlt ihnen bei allem dem die Kraft, etwas selbst zu schaffen. Und das ist Einseitigkeit. 8) Uebe das Nachmachen in abwechselnden Zwischenräumen, erwäge stets die Kraft und Ausdauer deiner Schüler. Die bewegliche, Veränderung liebende Kindesnatur hält anfänglich nicht lange bei den Uebungen aus; sie liebt die Abwechselung, kehrt aber sehr gerne zu den frühern Uebungen zurück, wenn sie im anhaltenden Thun erstarkt ist. Gib den Kindern also anfänglich nach, wenn du bemerkst, daß der Eifer und die Lust bei ihnen abgenommen haben. Die Kinder genügen den Forderungen des Lehrers eher, wenn sie mit ungezwungener Liebe und Lust arbeiten, als wenn sie zwangsweise etwas leisten sollen. Doch prüfe dich auch, ob du nicht die Lust und den Eifer nicht durch erlaubte Mittel hättest beleben können. 9) Vereinige Zeitersparniß mit Güte in der Darstellung bei deinen Schülern. „Kurz und gut," sagt eine sprichwörtliche Redensart. Die Anfangs-Uebungen im Nachmachen erfordern freilich viel Zeit. Hier ist also nichts zu versprechen; aber je weiter der Schüler kommt, je mehr seine Fertigkeit zunimmt, desto mehr muß darauf gehalten werden, daß sie auch in möglichst kurzer Zeit etwas gut darstellen. 10) Benutze beim Vormachen die Hülfe der geschickten Schüler. Die Kinder verstehen einander nicht selten besser, als der Lehrer. Es will ihnen z. B. nicht gelingen, ein vorgesprochenes Wort richtig betont nachzusprechen oder nachzulesen; sie treffen den richtigen Ton aber gar bald, wenn man dasselbe Wort durch einen ihrer Mitschüler vorsprechen läßt. Im Schreiben sind solche Gehülfen wesentlich, besonders in vielabtheiligen Schulen. Was wir hier nur in Beziehung auf das Sprechen, Lesen und Schreiben gesagt haben, gilt auch hinsichtlich der anderweitigen Lehrgegenstände; wir schließen hiemit die Regeln des Vormachens und der vorliegenden Lehrform. Jeder Lehrer sieht daraus, daß gar Manches dabei zu berücksichtigen ist. Und weil diese Lehrform beim Anfangsunterrichte vorzugsweise angewendet wird, dieser aber für die Folge ungemein wichtig ist; so kann ein Lehrer, der sich mit kleinen Kindern zu beschäftigen hat, dieselbe nicht fleißig genug einüben, um sich darin die nöthige Gewandtheit zu verschaffen.

Vormachen des Guten. (S. Art. Vorbild des Lehrers.)

Vor = und Nachsprechen. Beim ersten Unterricht muß der Lehrer besonders den ersten nothwendigen Stoff des Unterrichts und selbst die Sprache geben. Dazu ist die Form des Vor = oder Nachsprechens ganz besonders geeignet. Der Zweck dieser Lehrweise ist, insofern sich das Vorsprechen mit dem Vorzeigen verbindet, der: a) dasjenige vor das Auge und Ohr des Kindes zu führen, was sich noch durch keine Frage entwickeln läßt; b) das Vorgezeigte und Vorgesprochene tiefer einzuprägen. — Alles, was zum Nachsprechen vorgesprochen wird, muß an sich ohne weitere Erklärung verständlich, des Behaltens werth seyn, und in die Reihenfolge des Unterrichts wesentlich gehören. Auch muß der Ausdruck klar, einfach, kurz, rein deutsch, scharf betont und langsam sein. Die Kinder selbst müssen an ein ganz genaues Nachsprechen dessen, was vorgesprochen wird, gewöhnt werden. Spricht die ganze Classe gleichzeitig das Vorgesagte nach, so wird die gehörige Genauigkeit im Nachsprechen mit Hülfe des Takts bewirkt. Ueber das Gesprochene kann und soll der Lehrer immer wieder kurze und leicht verständliche Fragen stellen, und es durch zweckmäßige Beispiele erläutern. Er lasse das einmal Vorgesprochene öfters wiederholen, äußere Gegenstände aufzählen und umständlicher beschreiben; denn es ist nicht genug, daß das Kind bloß die Worte des Lehrers wiederhole, sondern es soll mehr sprechen, als der Lehrer. Wird das Vor= und Nachsprechen auf die kurz bezeichnete Weise betrieben, so wird es für den ersten Unterricht von nicht geringem Nutzen sein.

Vornehmer Schein. Die vornehmen Stände betrachten die Erziehung nicht selten am liebsten aus dem Gesichtspunkt der Gewandtheit des Leibes, der Feinheit und Lebensart, des sich zur Schaustellens u. s. w. Aus diesem Gesichtspunkte, aus welchem die gedachten Stände die Erziehung zu betrachten pflegen, wobei sie nur den vornehmen Schein und Alles, was feine Weltsitte und ein Glanz erregendes Wesen im Auge haben, dagegen die drei heiligsten Güter des menschlichen Geistes und Herzens, — Religion, Tugend und Kenntniß — in Schatten setzen, kann, wie sich wohl von selbst versteht, das Werk der Erziehung unmöglich recht betrieben werden. Wo es an der Hauptsache fehlt, was soll die Nebensache für einen Werth haben? Eine solche Erziehungsweise gleicht einer schön vergoldeten Nuß, in der kein Kern enthalten ist. — Ein solcher Mensch gleicht einem schön verzierten Maibaum, der von seinen Wurzeln getrennet ist. Und das ist das wahre Bild einer Erziehung, bei welcher lediglich leibliche Gewandtheit, feine Weltsitte und äußerliche Darstellung berücksichtiget wird. Und eine solche Erziehungsweise wird um so verderblicher, je mehr sie das Aeußere zur Hauptsache macht, und dadurch das Innere der Nichtachtung preisgibt. Mit dem Gesichtspunkte der Vornehmen, sagt Sailer, vereiniget sich auch der Gesichtspunkt der Reichen, die das Gold vornehm macht — in ihrer Art. Da sie auf Geld ihr ganzes Vertrauen und ihren höchsten Werth setzen; so wird der Geldwerth, der Geldgehalt auch der eigentliche Gehalt, den sie der Erziehung beilegen, und der Geldgehalt bestimmt auch die Erziehungsweise. Findest du unter den Reichen ein Gemüth, das auf Gott trauend — sich für die Menschheit opfert, so hast du unter den schönen Perlen die allerschönste gefunden. Die Vorurtheile des Adels, des Reichen, sind bei aller Verschiedenheit im Grunde doch nur Ein Vorurtheil, das sich als Eines auch in der Erziehung erweiset. Wenn der Adelige auf die Publicität seines Namens baut, so baut der Reiche auch auf die Publicität seines Namens. Dem Namen des Ersten gibt die Geburt, dem Namen des Zweiten der Reichthum eine eigene Art von Oeffentlichkeit. Die Oeffentlichkeit des Ersten gilt auf dem Markte, bei Hofe und zu Hause, die des Zweiten auf dem Markte, auf der Börse und bei Hofe, wenigstens so lange man seiner bedarf. Dieses Vertrauen auf die Oeffentlichkeit und dieser Herrlichkeitstraum füllen den Kopf mit einem Nebel, und im Nebelflor erscheinen die Dinge ganz anders, als sie sind; nur erscheint Jedem das, was ihn auszeichnet, als das Höchste. Durchdrungen von diesem Höchsten, und umdüstert von diesem Nebel werden nunmehr auch die Kinder auf eigene Weise verbildet. Die adeligen Eltern schauen durch das Medium ihrer Geburt und ihres Standes, und die Reichen durch das Medium ihres Vermögens, und die Kinder lernen ihnen nachschauen. Und so wachsen diese auf, — ohne Gefühl für's Göttliche, und hangend an dem Aeußerlichen halten sie dasselbe für ihr wahres Lebens-Element und finden darin ihren Tod. Nur Religion, Tugend und wahre Erkenntniß sind der unverlierbare Schmuck der jugendlichen Erziehung. Das Aeußere mag untergehen, aber Eines geht nicht unter, und dieß Eine ist die Religion, die Krone der Erziehung und die Wurzel oder das Element alles wahren Lebens.

Vorschriften. Es genügt noch nicht ganz, daß die Kinder bloß leserlich schreiben, sondern sie sollen auch angeleitet werden, schön zu schreiben. Nicht nur ist das Schönschreiben bildend, sondern es gewährt dasselbe auch im praktischen Leben vielfachen Nutzen, und darf sonach in keiner Schule hintangesetzt werden. Hiezu ist jedoch gleich anfangs eine entsprechende Musterschrift zu empfehlen, und zwar, wenn es sein kann, die des Lehrers selbst. Damit muß jedoch das öftere praktische Vorzeigen verbunden werden. Hiebei ist aber auch zu verhüten, daß der Schüler nicht durch den etwaigen Wechsel des Schreiblehrers genöthiget werde, seine bisherigen Schriftzüge zu ändern, wodurch, zumal wenn dieß häufig geschehen sollte, die Erlangung einer wahrhaft schönen, soliden und kräftigen Handschrift sehr erschwert werden müßte, und dieß auch schon um deßwillen, weil der Federschnitt eines jeden Lehrers immer etwas verschieden ist, dieß aber eine veränderte Haltung der Feder nöthig macht. — Es ist aber auch für einen zweckmäßigen Inhalt der Vorschriften, so wie auch dessen, was den Kindern in die Feder diktirt, oder ihnen sonst zum Schreiben aufgegeben wird, Sorge zu tragen, und letzteres um so mehr, weil das, was die Kinder schreiben und nicht selten öfters nachschreiben, ihrem Gedächtnisse und Gemüthe sich einprägt, und unvermerkt der Gegenstand ihrer Gedanken und Empfindungen, Maaßstab ihrer Urtheile, Grundsatz ihrer Handlungsweise werden kann. So können auch für die Oberklasse Gegenstände aus dem gewöhnlichen Leben als Stoff zum Schreiben benutzt werden, wie z. B. Quittungen, Zeugnisse, Ankündigungen ꝛc. Immer soll der Stoff von der Art sein, daß er der Fassungskraft und dem Alter der Kinder angemessen sei und zur Bereicherung ihrer Kenntnisse beitrage. — Der Lehrer wird wohl daran thun, wenn er eine Sammlung von den heilsamsten Lehren für Kinder aus dem Gebiete des gemeinnützlichen Wissens anlegt, und zwar nach dem erforderlichen Stufengange. Auf solche Weise dürften die Kinder ein wahres Schatzkästlein von Kenntnissen erhalten, die ihnen Zeitlebens die trefflichsten Dienste erweisen würden. Daß hiezu besondere Schreibehefte nöthig seien, und dieselben stets reinlich gehalten werden müssen, versteht sich wohl von selbst. Um übrigens die Vorschriften auf eine längere Zeit gut zu erhalten, ziehe sie der Lehrer auf schwachen Pappendeckel, überstreiche sie mit einem feinen weißen Lack, der den Schmuz nicht so leicht annimmt und mit einem feuchten Schwamm gereiniget werden kann. — Für die Sonntagsschulen kann auf eine ähnliche Weise in der angegebenen Beziehung nutzreich gesorget werden.

Vorschriften, diätetische. (Gesundheitsregeln.) Wir fassen hier die nöthigen Vorschriften zur Erhaltung der jugendlichen Gesundheit unter folgende wenige, aber wesentliche Punkte zusammen. Sie lauten so: 1) Schätze deine Gesundheit. Du besitzest ein großes Gut, wenn du gesund bist. Bewahre es dir nur recht sorgsam! Denke nicht, daß du es nicht verlieren könnest! Durch Unbedachtsamkeit, Fahrlässigkeit, Leichtsinn, Unenthaltsamkeit und durch ein wüstes, sündhaftes Leben kannst du um deine Gesundheit kommen, auch wenn sie von Stahl und Eisen wäre.

Du nimmst dein Sonntagskleid in Acht, und du solltest weniger auf deine Gesundheit achten? Ein neues Kleid kannst du wieder kaufen, aber die verlorne Gesundheit nicht mehr. Jetzt hast du sie noch, darum nimm sie jetzt in Acht! (Sir. 30, 14—17.) 2) Lebe einfach! — Die einfache Lebensart der Menschen in der Vorzeit, das Einathmen der reinen und gesunden Luft, verbunden mit der häufigen Bewegung, hat sicher viel zur Verlängerung ihres Lebens und zur Erreichung eines hohen Alters beigetragen. Willst du also gesund bleiben und alt werden, so lebe einfach in Kleidung und Speise. Deine Kleidung sei nicht für die Eitelkeit, und deine Speise nicht für den Gaumenkitzel berechnet. Kleide dich, wie es deinem Körper angemessen, und genieße, was deiner Gesundheit förderlich ist. Verweichliche dich nicht. Ein abgehärteter Körper kann mehr aushalten und ist von äußern Einflüssen weniger abhängig, als ein verweichlichter. Köstlich kann nicht jeder leben, wohl aber einfach. Und das Einfache ist auch immer das Bessere. Wisse, was dir zuträglich ist, und was es nicht ist, versage dir, auch wenn du es haben könntest. Sirach gibt dir in dieser Hinsicht die Regel, die mehr als Gold werth ist! „Mein Kind, prüfe, was deinem Leibe gesund ist, und siehe, was ihm ungesund ist, das gib ihm nicht.“ Sei enthaltsam, lerne entbehren. 3) Sei mäßig! Das Thier frißt und sauft, der Mensch soll essen und trinken. Ißt und trinkt er, so lebt er mäßig; frißt und sauft er, so lebt er unmäßig, und ein unmäßiger Genuß schwächt den Körper eben so sehr, als ein mäßiger ihn stärkt. Völlerei im Essen und Trinken ist das sicherste Mittel der Lebensverkürzung. Nicht bloß vor Ueberfüllung, auch vor Leckereien und starken Getränken hüte dich. Es kann dir gut schmecken, aber übel bekommen. Das Uebermaaß schadet in Allem, wie im Essen und Trinken. Willst du gesund bleiben, so halte Maaß in allen Dingen. (Sir. 30, 32—34.) 4) Sei reinlich! Ein Hauptbeförderungsmittel der Gesundheit ist die Reinlichkeit. Durch sie kann man Krankheiten vorbeugen und sie eher wieder beseitigen. Wäre auch die Unreinlichkeit nicht häßlich, so wäre sie doch der Gesundheit nachtheilig. Reinlich sei deine Kost, deine Kleidung, deine Wäsche, dein Körper, dein Bette und deine Wohnung. So wirst du dich behaglich fühlen, es wird dir Alles besser gedeihen und du wirst dich auch Andern empfehlenswerther machen. (3. Mos. 14, 8.) 5) Sei arbeitsam! Die Arbeitsamkeit ist für Vieles gut; sie erhält dich auf dem rechten Wege, sie bewahrt dich vor Sünden, sie sichert dein Auskommen, sie muß dir auch um deiner Gesundheit willen empfohlen werden. Die Thätigkeit gibt deinem Körper Frische, Stärke und Ausdauer. Der Faule gleicht dem stehenden Wasser, der Thätige dem fließenden. Das fließende Wasser ist gesünder als das stehende, der Arbeitsame gesünder, als der Faule. Träge schleicht das Blut durch den trägen Körper; rasch bewegt es sich durch den Körper des Geschäftigen. Der Träge ist auch der Schläfrige, der Thätige aber der Muntere. Schlafe zur Nothdurft. Sei früh schon munter und thätig. (Sir. 32, 159.) 6) Gebrauche den Arzt in Krankheit! Du wirst an den Arzt gewiesen, wenn du krank bist, aber nicht an den Quacksalber; bei jenem, nicht bei diesem sollst du Hülfe suchen — zur rechten Zeit; von jenem, nicht von diesem kannst du Hülfe erwarten. Du vertraust deine Schuhe keinem Pfuscher an, und deinen Körper wolltest du einem solchen anvertrauen? Du denkst zeitig an die Verbesserung deines schadhaften Hauses, und auf die Wiederherstellung deiner verlorenen Gesundheit wolltest du nicht zeitig bedacht sein? — Bist du gesund, so hüte dich vor Krankheit; bist du krank, so denke auf deine Gesundheit. Sorge dafür, daß in einem gesunden Leibe eine gute Seele wohne. (Sir. 38, 1. 4.) „Wohl dem Menschen, sagt Salomon, der die Weisheit findet. Langes Leben ist in ihrer Rechten, und in ihrer Linken Reichthum und Ehre. Ihre Wege sind schöne Wege und alle ihre Steige friedsam." Die Weisheit ist das Leben in Vollziehung der göttlichen Gebote auf Erden. Nur in ihr begründet sich die ganze Kunst, das Leben froh zu genießen und es zu verlängern, — in ihr die beste Makrobiotik (die Lebensverlängerungskunst).

Vorsicht, Vorsichtigkeit. Wie der christliche Lehrer im Umgange mit Andern vorsichtig ist, so sorgt er auch dafür, daß er diese gute Eigenschaft auch seinen Kindern aneigne. Er benützt hiezu die nächste beste Gelegenheit, die sich ihm darbietet, und spricht eben so zu seinen mehr herangereisten Kindern: Ein guter Umgang kann euch ungemein viel nützen, ein schlechter aber ungemein viel schaden. Es sei euch nie einerlei, ob ihr mit Guten und Schlechten umgehet. Zwar werdet ihr jeder Berührung mit Schlechten später nie ganz ausweichen können, aber machet sie nie zu euern Vertrauten; fliehet sie, so viel ihr könnet, und werdet nie ihre Gesellen. Ihr könnet es nicht sein, ohne euch mit ihnen zu besudeln. Vergesset nie das Wort des Weisen: „Wer Pech anrührt, der wird davon schmutzig; wer mit Bösen umgeht, bös; immer bleibt etwas an ihm hängen." — Haltet euch zu den Guten, so viel ihr bei den Schlechten verlieret, so viel gewinnt ihr bei den Guten. Wenn euch Ein Guter tadelt, so ist es besser für euch, als wenn euch zehn Schlechte loben. Es ist besser, sagt Salomon, von einem Weisen gestraft, als durch der Thoren Schmeichelei betrogen werden" ꝛc.

Vorsichtigkeit des Lehrers im Umgang und in Gesprächen mit Andern. Wie nun aber der Lehrer seine mehr gereisten Schüler vor nachtheiligem Umgange mit schlechten Gesellen warnt, eben so muß er auch selbst in der Wahl der Personen, mit denen er Umgang pflegt, äußerst vorsichtig sein, damit dieselben weder seinem Verstande und Herzen eine schiefe und verderbliche Richtung geben, noch seinem Ansehen und seiner Wirksamkeit Nachtheil bringen mögen. (S. hierüber Art. Umgang des Lehrers mit Menschen.) — Nicht weniger muß der Lehrer aber auch vorsichtig sein bei gesellschaftlichen Unterhaltungen. Nicht selten werden da mancherlei Urtheile über diesen oder jenen Menschen, über Unterthanen und Throne gefällt. Es drängen sich Wahrheiten und Unwahrheiten, Vermuthungen und Gewißheiten durcheinander. Oft geben Unterhaltungen von dieser Art reiche Belehrungen, oft aber auch Zwietracht, Besorgniß und Unruhe. Nicht bloß die Neugierde ist es, welche den Gesprächen über wichtige oder auch nur Tagesbegebenheiten einen besondern Reiz verleiht; auch nicht allein werden solche besonders geliebt, weil sie die Beschäftigung des Verstandes besonders befördern, und in Gesellschaften den Umtausch der Gedanken und Meinungsschattirungen lebhafter machen, sondern es ist auch das Verlangen, daß die Geschichte der Stadt, des Dorfes, ja selbst mancher Familie in Vergleich mit einander besprochen und darüber ein Urtheil, entweder ein wahres oder falsches, abgegeben wird. Je gewöhnlicher nun derlei Unterhaltungen sind, um so mehr wird der christliche Lehrer darauf bedacht sein, daß er sich dabei auf eine bescheidene und würdige Weise betrage. Denn diese Unterhaltungen können nur zu leicht Anlaß zu mancherlei Fehlern und Vermuthungen geben, sie können sogar die Quellen vielen Unheils, des Streites und völliger Zerwürfnisse werden. Die Gemüther werden gegenseitig durch parteiische und leidenschaftliche Behauptungen erbittert und von einander entfernt. Wer weiß es nicht, daß schon dadurch die besten Freunde gegen

einander lau und sogar von einander getrennt worden sind? — Der
Lehrer darf daher eine solche Wirkung gesellschaftlicher Gespräche nicht
mit Gleichgültigkeit betrachten; es ist seine Pflicht, da auf seiner Hut zu
sein, wo er Gefahr läuft, die Ruhe seines Herzens, das Zutrauen der
Gemeinde oder auch einzelner Familien rc. zu verscherzen. Wenn dem Lehrer bei allen Gelegenheiten des Lebens, sie mögen wichtig oder geringfügig sein, Weisheit nöthig ist, so ist es insbesondere hier der Fall.
Zwar kann und soll er nicht immer schweigen; er soll Theil an der Unterhaltung nehmen, er wird sogar manchmal genöthiget, sein Urtheil zu äußern.
Wenn er nun dieses Urtheil entweder über einzelne Menschen oder über
die Verfügungen der Obrigkeit oder über die Thaten des Regenten zu
fällen hat, so thue er es mit einer christlichen Bescheidenheit. Die Bescheidenheit entsteht nicht nur aus der Achtung und Liebe gegen Menschen, gegen die Obrigkeit, die als von Gott eingesetzt zu betrachten ist
(Röm. 13, 1.), sondern auch aus der Ueberzeugung von der Unsicherheit
unseres Urtheils, von der Beschränktheit unserer Einsichten. Dem Lehrer
kann und darf nicht unbekannt sein, wie schwer es ist, nur das Betragen
und die Handlungsweise von Seinesgleichen oder anderer ihm bekannter
Personen gehörig zu würdigen. Wie oft hat man sich nicht schon in
dem Benehmen seiner vertrauten Bekannten geirrt, wie oft schon ihre
Schritte getadelt, bis man von allen Umständen hinlänglich unterrichtet
ward! Erst, wenn man die Ursachen alle erfahren hatte, warum sie so
und nicht anders handelten, oder oft wider ihren Willen zu Handlungen
geleitet oder gezogen wurden, erst dann hat man sie gerechtfertigt
gefunden oder doch wenigstens entschuldiget. Erst dann hat man gefunden, daß man in seinem Urtheil über sie zu vorschnell war und sie mit
unreifer Erkenntniß allzu voreilig verdammt hatte. — Ist man nun
schon in Gefahr, die Handlungen seiner Bekannten falsch zu beurtheilen,
um wie viel mehr wird dieß der Fall sein, wenn man die Thaten Derjenigen vor sein Gericht zu ziehen wagt, welche in der Ferne leben und
durch vielfache Verhältnisse zu Maaßregeln genöthiget werden, und die
Gründe ihrer Entschließungen nicht selten aus Klugheit geheim halten
müssen! — Aus dem Munde eines Weisen werden wir nie die Sprache
der Unbescheidenheit vernehmen. Es wird daher auch der christliche Lehrer im Bewußtsein der Unzulänglichkeit seiner Einsichten es nie wagen
abzusprechen, wo ihm die Gründe und Veranlassungen zu dieser oder
jener Maaßregel seiner Obern Geheimnisse sind. Er wird sonach bei
allen seinen Gesprächen nie vergessen, welche Wirkungen seine Worte bei
Diesem oder Jenem hervorbringen können. Nur zu leicht ist es möglich,
daß er, wenn er nicht vorsichtig ist, hie und da durch ein vorlautes, un-
bedachtes Urtheil Leidenschaften aufrege, Verdruß, Haß, Verachtung und
Abneigung erwecke, Spaltungen veranlasse und Zwiste befördere, statt sie
zu verhüten oder zu vermindern. Eben so leicht kann es geschehen, daß
Ohrenbläser, Horcher, geheime Feinde seine Aeußerungen mit Schadenfreude auffangen, und seine Urtheile an Personen verrathen, die dadurch
ein Recht bekommen, ihn als ihren Widersacher anzusehen, daß das un-
bedachtsam ausgesprochene Wort, ohne daß er es vermuthet, der erste
Grund großer Unannehmlichkeiten für ihn wird. — Nicht daß man in
vertraulicher Unterhaltung mit Andern, und namentlich mit Seinesgleichen, in einer allzugroßen Aengstlichkeit ein strenges Wägen der Worte
beobachten müsse, wodurch zuletzt jede heitere, zwanglose Unterredung
verbannt würde, — aber immer soll der Lehrer über Andere mit zarter
Schonung und Behutsamkeit richten. Alle Gefahr wird verschwinden,
wenn ein liebendes sanftes Herz aus ihm spricht. Dann wird er lieber,

wo Andere verdammen, entschuldigen, und erst prüfen, wo Andere richten. Eben diese Vorsicht macht für den Lehrer die furchtbare Brut falscher Gerüchte gefahrlos; sie sichert ihn gegen die Täuschungen der Leichtgläubigkeit, durch welche schon Mancher längere oder kürzere Zeit seinen Lebensgenuß verbitterte. Er wird die Zunge dessen lähmen, der ihr freien Lauf läßt, und nur redet, was ihm beliebt. Gebraucht der Lehrer in gesellschaftlichen Gesprächen diese Vorsicht, dann wird er Heil für sich und Andere schaffen. (Ps. 100, 2. Spr. 1, 4. 18. Sir. 25, 7. Eph. 5, 15. Luc. 1, 17.)

Vorstand der Schule (dessen Rechte und Pflichten). (S. Artikel: Schulaufsicht und Ortspfarrer.)

Vorstellungsvermögen. Dieses Vermögen wird auch Erkenntnißvermögen genannt, in sofern es sich auf erkennbare Gegenstände bezieht. Das Vorstellungsvermögen ist die Fähigkeit, Vorstellungen zu empfangen, hervorzubringen und zu bearbeiten. Es ist leidend, insoferne es Eindrücke von außen — durch die Sinne — erhält; thätig insoferne es diese Eindrücke nicht zu bestimmten Vorstellungen bearbeitet, sondern auch eigene Vorstellungen selbstthätig hervorbringen kann. Das Vorstellungsvermögen im allgemeinsten Sinne faßt in sich das Anschauungsvermögen, den Verstand, die Urtheilskraft, die Vernunft, die Einbildungskraft und das Gedächtniß. (S. die einschl. Art.)

Vortrag des Lehrers. Wenn der Lehrer den Kindern etwas vorträgt, so richte er sich genau nach der Fassungskraft derselben. Er muß durchaus ihre natürlichen Gaben kennen, um zu wissen, ob sie unter die guten, mittlern oder schlechten Köpfe zu zählen seien; ob das Gedächtniß, der Verstand oder die Einbildungskraft vorherrsche, oder ob sie sich gegenseitig das Gleichgewicht halten. Kennt er den Umfang und die Beschaffenheit ihrer Anlagen, Erfahrungen und Kenntnisse nicht, so kann sich auch sein Vortrag an das, was sie schon wissen, nicht anschließen, und er ist nicht im Stande, ihren Gesichtskreis durch ihn zu erweitern und aufzuhellen. Er wird dann oft von unwissenden oder geistesschwachen Kindern etwas verlangen, was schon vielerlei erworbene Kenntnisse oder einen schnellen Ueberblick mehrerer schon entwickelter Begriffe voraussetzt. Der Lehrer muß daher bei seinem Vortrage stets auf die Sprach- und Sachkenntniß, so wie auf die Uebung im Denken, Urtheilen und Schließen seiner Schüler die nöthige Rücksicht nehmen. Auch muß er sich einer guten, richtigen, dem Gegenstande angemessenen, aber durchaus nicht affektirten Stimme befleißigen, und dabei alle widrigen oder theatralischen Gestikulationen vermeiden. Er spreche mit der gehörigen Wärme, kurz, aber kräftig, und lasse einen solchen Vortrag nie zu lange dauern, sondern gehe bald wieder zu einer andern Lehrform, z. B. der fragenden über. — Die Kunst des Lehrers besteht also darin, daß er den Vortrag den Kräften der Kinder anpasse und demselben einen Reiz gebe, indem er die gesammte kindliche Kraft in Anspruch nimmt, und in seinem Vortrage aus dem Herzen zum Herzen redet. Ein guter Vortrag muß eben so entwickelt und anregend sein, als ein gutes sokratisches Gespräch. Die vorzüglichsten Eigenschaften desselben sind folgende: a) Er muß deutlich, b) lebendig, und c) herzlich sein. Zur Deutlichkeit gehört, daß die Sprache den Fähigkeiten und dem bereits erlangten Bildungsgrade der Schüler angemessen sey, und daß unter Beobachtung der gehörigen Pausen oder Absätze der Sprachlaut richtig betont werde. Die Lebendigkeit des Vortrags besteht nicht etwa im Schreien und Schnellsprechen, oder in einem besondern Gebärdenspiel, wie wir oben schon bemerkt haben, sondern darin, daß sie ein freier Erguß eines regen Geistes sei, der für jetzt nur den Wunsch, sich den Kindern mitzutheilen, kennt. Wer von diesem Geiste belebt ist, wird seine Sache nicht verdrossen und mißmuthig, nicht schleppend und einschläfernd, nicht monotonisch und mit dumpfer Stimme hersagen, sondern seine Rede wird sich frei und freudig fortbewegen, und sowohl die Stimme, als der Accent und die Gebärde — mit einem Worte, es wird an ihm Alles ein lieblicher und herzlicher Erguß sein. Wo dieß der Fall ist, da wird es wohl auch nicht an der Herzlichkeit gebrechen; denn diese ist der lebendige Ausdruck des für Wahrheit und Liebe erglühten Gemüthes. Wer also nur das lehrt, was wahr und für die Menschheit beseligend ist, und wer nach der Sprache des Evangeliums hungert und dürstet nach Gerechtigkeit, der darf seine Zuflucht nicht zur Verstellung nehmen; denn Alles, was er spricht, kommt aus der Tiefe seiner Seele, und wird auch willige Aufnahme in den empfänglichen Gemüthern der Kinder finden. Es gibt Einige, die sich bei ihrem Vortrage faselnder Worte und süßelnder Redensarten bedienen. Sie klingeln mit einem Satze und schlagen das Wort der Wahrheit zu einem Schaume auf. Das sind die sogenannten Einbildungsmänner. In solche unheilige Dinge läßt sich ein verständiger, christlicher Lehrer nicht ein, der in Liebe, Treue und Hingebung das Heilige behandelt. Beim katechetischen Vortrage muß der mündliche Vortrag der Frage so beschaffen sein, daß die Deutlichkeit derselben dadurch befördert wird. Jede Frage werde daher laut, deutlich, nicht zu geschwind und mit der gehörigen Betonung ausgesprochen; doch soll der Ton kein entscheidender, d. h. kein solcher sein, der die Antwort der Kinder bestimmt. Der Ausdruck der Katecheten muß, wie der des Lehrers, einfach, ungesucht, natürlich, ungekünstelt, sprachrichtig, treffend und gemeinfaßlich, aber nicht gemein, unanständig und pöbelhaft sein. Der Würde des Gegenstandes darf der Katechet nie etwas vergeben. Stets muß das Heilige heilig behandelt werden.

Vorurtheil. Der Ausdruck „Vorurtheil" bezeichnet sprachmäßig überhaupt jedes Urtheil, was man früher als wahr erkennt, ehe man es geprüft hat; daher Urtheil vor der Zeit. In eigener Bedeutung versteht man darunter einen wirklichen Irrthum, der daraus entsteht, daß man vor der Prüfung, also ohne dieselbe, über einen Gegenstand urtheilt, folglich sich keiner haltbaren Gründe bewußt ist, warum man gerade so und nicht anders urtheilt. Es gibt eine Menge Vorurtheile, kein Zeitalter und kein Mensch ist frei davon. Zwar sind sie glücklicher Weise nicht alle gefährlich, allein sie sind doch nicht selten im Guten hinderlich, weßhalb es auch Pflicht eines jeden sittlich guten Menschen ist, sich davor zu bewahren. Sehen wir auf ihren Ursprung, so finden wir ihn hauptsächlich in den Jahren der Kindheit, wo wir uns in unsern Urtheilen durch das bestimmen lassen, was wir entweder gehört oder gelesen haben, — also durch das Ansehen älterer Personen, Lehrer und Schriftsteller. Besonders wurzelt hier diejenige Art der Vorurtheile, die man logische nennen kann, weil sie aus Mangel eigener Denkkraft nicht als solche erkannt werden können, z. B. die Gewohnheit, von dem Einzelnen auf Alle zu schließen, also: alle Bauern sind roh und grob wie Bohnenstroh, weil es einige sind; Alles Alte ist besser, als das Neue, oder umgekehrt; alles Fremde ist vorzüglicher, als das Inländische u. s. w. Aber auch die praktischen Vorurtheile gehören hieher, und sind in ihrer Wirkung noch nachtheiliger, z. B. was angenehme Empfindungen macht, ist gut, was das Gegentheil bewirkt, böse; was mir Nutzen bringt, ist erlaubt; was Andere thun, darf ich auch thun ꝛc. Besonders nachtheilig sind die Vorurtheile der Geburt, des Ranges, der Macht, des Ansehens und des Reichthums, indem diese oft das ganze Leben hindurch ihren schädlichen

Einfluß auf die Behandlung Anderer haben, und dem jungen Menschen einen ganz falschen Maaßstab des Menschenwerthes geben. — Der Erzieher hat hier eine doppelte Aufmerksamkeit nöthig, die eine auf seinen Zögling, dem die Vorurtheile von allen seinen Umgebungen zuströmen, und die andere auf sich selbst, um aus seinem Denken und Handeln hinwegzuschaffen, was er bei der Selbstprüfung als Vorurtheil anerkannt hat, und sich vor neuem Zuwachs zu hüten. Viele und grobe Vorurtheile sind immer Beweise eines schwachen Verstandes, dem die Kraft gebricht, sich durch das Gestrüppe irriger Meinungen hindurch zu winden. Daher ruht auf einem vorurtheilvollen Menschen gewöhnlich auch Verachtung. Lebt der Erzieher in einer Familie, wo er tief gewurzelte Vorurtheile des Standes, der falschen Ehre ꝛc. findet, so wird die Klugheit ihm wohl auch rathend zur Seite stehen, daß er keinen direkten Angriff auf dieselben mache, und dabei wird er aber doch Sorge tragen, in dem jugendlichen Gemüthe solche Lehren und Grundsätze zu befestigen, welche im Stande sind, jene Vorurtheile zu untergraben. Behutsamkeit ist jedoch hier in hohem Grade nothwendig, wenn nicht mehr verdorben, als gut gemacht werden soll. Für den Lehrer mögen hier folgende Bemerkungen nicht am unrechten Orte stehen. 1) Er dulde Vorurtheile, sobald sie nicht der sittlichen Verbesserung im Wege stehen, und suche nur bessere Begriffe oder reinere Vorstellungen damit zu verbinden. 2) Er schone selbst den religiösen Aberglauben, da wo gewaltsame Zerstörung desselben der Religion und Sittlichkeit seiner Kinder Nachtheil bringen könnte; bereite aber mit Weisheit ihre Gemüther durch liebreiche Mittheilung der entgegengesetzten Wahrheit so vor, daß der Aberglaube von selbst nach und nach verschwindet. 3) Er lasse sich auch aus Herzensgüte selbst zur Achtung jener Gebräuche und Sitten herab, die zwar nicht im Einklange mit seinen Grundsätzen stehen, aber doch unschädlich und gleichgültig sind. Er bleibe sich, so viel möglich, immer gleich — reblich, sanft und schonend, und strebe mit unermüdlicher Thätigkeit dahin, unter seinen Kindern das Reich Gottes immer mehr zu fördern und zu befestigen.

Vorwitz (vorschnelles, unzeitiges Wissenwollen, was man nicht zu wissen braucht oder nicht zu erforschen vermag). Muthwille, Vermessenheit ꝛc. ꝛc. hat schon eine Menge junger Menschen in's Verderben gestürzt. Es muß daher die Jugend davor gewarnt werden. Wenn es gleichwohl für sie ohne Schaden und Nachtheil abgehen sollte, so kann auf diesem Felde doch nie Ehre und Ruhm erworben werden. Die heilige Schrift, — die einzige und beste Lehrerin der Menschheit, — macht selbst auf diesen Gefahr bringenden Umstand aufmerksam, und warnt wie mit aufgewecktem Finger davor, indem sie sagt: „Was dir zu hoch ist, dem strebe nicht nach, und was über deine Kräfte ist, das suche nicht zu ergründen; sondern was dir Gott befohlen, daran denke allezeit, und sei nicht vorwitzig, forsche nicht in unnützen Dingen nach, denn sehr viel ist dir geoffenbaret, was des Menschen Verstand übersteiget. Viele hat schon ihr falscher Wahn getäuscht, und Eitelkeit hat ihren Verstand befangen (wer zu sehr in das Licht sieht, wird blind). Einem harten, ungelehrigen und verwegenen Herzen wird es zuletzt übel gehen, und wer die Gefahr liebt, wird darin umkommen." (Sir. 3, 22—27.) — Nur da, wo Beruf und Pflicht gebieten, darf man keine Gefahr scheuen, aber ohne Vorsicht und ohne Noth soll man sich nie einer Gefahr aussetzen. Etwas ganz anderes als Muthwille, Vorwitz und Vermessenheit ist Muth, Furchtlosigkeit und Tapferkeit. Wie oft ist nicht schon der Fall eingetreten, daß es Einem zwei, drei Mal gelungen ist, das vierte Mal aber völlig fehlgeschlagen hat? Und in einem solchen Falle hat man nichts erzweckt, außer daß man sich selbst elend und unglücklich gemacht hat. — Den Lehrer machen wir in Beziehung auf Muthwille und Verwegenheit auf die 81ste Erzählung: „Die kleinen Fischer" in Chr. Schmid's lehrreichen, kleinen Erzählungen für Kinder, aufmerksam, um damit seinen Kindern mit der rechten Warnung vor Gefahren entgegenzukommen. Was aber den Vorwitz und die vorwitzigen Fragen betrifft, die zu nichts dienen und wohl auch über dem Gebiete des menschlichen Wissens hinaus liegen, merke der Lehrer Folgendes für sich und mache die nöthige Anwendung davon auf seine Schüler: Es gibt in göttlichen Dingen so manche Frage, die aussieht, wie der Versucher, der zu Christus dort in der Wüste trat. Aber auf ein gründliches: Hebe dich weg! geht er und vergißt das Wiederkommen. Doch nur auf ein gründliches; denn mit einem leeren und blinden läßt er sich nicht abspeisen. Ein bloßes Darum auf's Warum genügt nirgends; wohl aber muß bei mancher Frage als Antwort der Beweis gelten, daß man sie gar nicht beantworten könne. Zwar könnte man wohl auch dergleichen Fragen dem Frager zurückgeben; aber das hat nur dem heiligen Bernhard recht geholfen. Als ihn der Teufel unter Anderm fragte: Wie weit ist der Himmel von der Erde? — hat ihm der heilige Mann schnell geantwortet: Das mußt du am besten wissen, weil du diesen Weg gemacht hast, als du aus dem Himmel herunter auf die Erde geworfen wurdest. — Da hatte der Frager und resp. gefallene Engel auch genug und — verschwand. — Diese und ähnliche Winke benütze der Lehrer, um den Vorwitz, der sich etwa in unnützen Fragen kund gibt, auf eine heilsame Weise zu zügeln und aus dem Herzen der Kinder zu entfernen, oder sie vor Nachtheil und Gefahren zu bewahren. (2. Tess. 3, 11.)

Vorwürfe. Nichts beschwert und belastet wohl das Herz eines Lehrers mehr, als Vorwürfe, die er sich entweder selber machen muß, oder die ihm von Andern gemacht werden. Und wahrlich, dieß ist eine Last, die er sein ganzes Leben hindurch mitschleppen muß, und die ihm nicht einmal dann abgenommen wird, wenn sein letzter Abend niedersinkt. Geht er mit Vorwürfen beladen aus dieser Welt, so geht er mit ihnen hinüber in die andere Welt! — Darum hütet sich auch der christliche Lehrer sorgfältig, daß er weder von seinem innern Richter, dem Gewissen, noch von seinen Schülern, noch von Gott Vorwürfe hören darf. Was einer säet, das wird er auch ärnten. Luc. 11, 36. (S. auch Art. Verantwortlichkeit.)

Vorwürfe den Kindern machen. (S. Art. Behutsamkeit in Ausdrücken.)

Vorziehen. (S. Art. Reden und Verhalten des Lehrers ꝛc.)

Vorzüge, eigene und fremde. Häufig tritt der Fall bei Menschen ein, daß sie verdrießlich werden, wenn Andere es besser zu haben scheinen, als sie. Hier verräth der Mensch eine ziemlich große Schwäche des Gemüths. Zwar ist das Wohlgefallen, das wir an unsern eigenen Vollkommenheiten haben, und das Vergnügen, das wir beim Anblicke unserer angenehmen Verhältnisse im zeitlichen Leben empfinden, allerdings sehr natürlich, und macht einen Theil des irdischen Glückes aus. Aber diese frohe Stimmung, in die uns unsere eigenen Vorzüge versetzen, sollte immer nur der reine Ausdruck innerer Zufriedenheit, somit ein heiteres Wesen sein, welches sich auch gegen Andere in einem freundlichen Wohlwollen und in Theilnahme an ihrem Glücke äußert. Denn nur wer wahrhaft froh ist, hat die lebendigste Sehnsucht, auch seine Mitmenschen froh zu sehen und froh zu machen. Man kann dagegen wohl annehmen, daß der, welcher mit seinen Vorzügen groß thut, und wahrnehmen läßt,

es sei Alles besser und vortrefflicher, was er habe, als was Andere be=
sitzen, im Grunde nur wenig zufrieden mit dem sei, was er hat. Meist
ist es nur Stolz und Eitelkeit, welche sich gern das Vergnügen verschaf=
fen möchten, von Andern beneidet zu sein. Wenn nun eine Schwachheit
des Gemüths immer auch mit einer Schwäche des Verstandes verbunden
ist, so ist es insbesondere auch hier der Fall. Denn wenn Jemand alle
Ursache hätte, in seiner Lage zufrieden zu sein, und dennoch Verdruß
fühlt bei den Vorzügen oder Glücksbegünstigungen Anderer, der offenbart
doch eine entschiedene Schwäche des Gemüthes und Verstandes. Dieser
Verdruß entsteht aber nur zu oft aus Mißgunst. Man gönnt einem An=
dern die Vorzüge und Glücksgüter nicht, weil sie ihm in den Augen an=
derer Menschen einigen Werth geben könnten. Eine solche Mißgunst
zeugt von geheimer Verachtung des Nächsten oder einer beklagenswerthen
Eitelkeit. So mißgönnt Mancher einem Andern das, was er selbst be=
sitzt, aber er möchte es allein haben, um dadurch mehr angesehen zu wer=
den. Was er nicht ausschließlich besitzt, hört bei ihm auf, ein Vorzug
zu sein. Das Beste verliert für ihn den Werth, wenn es ein Anderer
auch hat. Allerdings ist ein solcher Vorzug eitel und nichtig, weil er
seine ganze Vortrefflichkeit einer bloßen Einbildung verdankt. Er gleicht der
Seifenblase, die nur Werth hat für den, der sie mit seinem Hauche schuf.
Man kann eigentlich eine solche Mißgunst nicht mit dem Ausdrucke —
Neid belegen, da dieser aus einer viel schwärzern Quelle entspringt; viel=
mehr ist sie eine Wirkung der Thorheit, da im Gegenfalle der Neid die
Frucht eines verdorbenen Herzens ist. (S. d. Art.) Der Neid ist die
Verschwisterung mehrerer Untugenden zu einem Hauptlaster; er trägt zu
gleicher Zeit die Abscheulichkeit der ungenügsamen Habsucht, des Stolzes
und der Menschenfeindlichkeit. Er verwüstet nicht nur die Lebensruhe
dessen, in dem er wohnt, sondern er lechzet auch nach der Zerstörung
fremden Glückes. Der Neidische ist unzufrieden über die Vorzüge, die
er nicht hat, er strebt sie dem zu rauben, der sie besitzt, um sie sich selber
anzueignen, oder, wenn dieß nicht sein kann, sie an Andern zu zerstören.
— Da nun auch die Jugend oft schon frühe anfängt, dem Neide und
der Mißgunst zu huldigen, und diese nicht selten von den Eltern in das
Herz derselben gepflanzt werden, und alle die bisher nur kurz bezeichne=
ten Folgen erzeugen; so ist es unbezweifelte Aufgabe des erziehenden
Lehrers, dieser vergiftenden Quelle nachzuspüren und sie allmählig zu ver=
stopfen. Er zeige daher seinen Zöglingen, daß Mißgunst eine offenbare
Schwachheit des Gemüthes, eine Ungerechtigkeit gegen die göttliche Vor=
sehung, eine Verkennung des Werthes eigener Vorzüge über diejenigen
des Nebenmenschen, und eine Thorheit sei, die geradezu der Lehre des
Christenthums entgegenstehe, und alles Lebensglück entferne. „Wer ist
unter euch weise und einsichtsvoll? sagt die heilige Schrift. Er zeige
durch einen rechtschaffenen Wandel seine Werke in bescheidener Weisheit.
Wenn ihr aber bittern Neid und Zanksucht in euern Herzen heget, prah=
let und lüget ihr dann nicht wider die Wahrheit? Das ist nicht die
Weisheit, die von oben kommt, sondern eine irdische, sinnliche, teuflische.
Denn wo Neid und Zanksucht herrschen, da ist Unordnung und lauter
Unheil.“ Jac. 3, 13—18. Um daher die Kinder in Beziehung auf die=
ses Uebel der Seele zu heilen, stelle der Lehrer denselben ernst und lieb=
reich vor: a) Der Mensch, der sich mit Mißgunst und Neid über die
Vorzüge und Glücksgüter Anderer beflecken kann, ist unglücklich, weil er
schwach genug ist, neidisch und mißgünstig zu sein. Wer auch nur einen
Augenblick so viel Gewalt über sich hat, denjenigen zu vergessen, dem er
seine äußerlichen Vorzüge, Kenntnisse und andere gute Eigenschaften miß=

17*

gönnt, und auf seine eigenen Vorzüge sieht, der wird keine hinreichende
Ursache haben, unzufrieden zu sein. Ein Jeder hat Gaben von Gott
empfangen, durch die er vortrefflich sein kann, wenn er sie nur zu benu=
zen und auszubilden weiß. Es fehlt gemeiniglich nicht an Anlagen glück=
lich zu sein, wohl aber an der gehörigen Beurtheilung seiner Lage, an
der Reinheit des Herzens und der Genügsamkeit, ohne die der Mensch
elend bleibt, wenn er auch die ganze Welt gewönne. b) Der größte
Fehler solcher Menschen besteht darin, daß sie angesehener, vorzüglicher
und glücklicher sein wollen, als Andere. Zwar wünschen wohl auch gute
Seelen beim Anblicke fremder Vorzüge dieselben zu besitzen, aber sie wol=
len dabei nicht Andere derselben berauben oder sie ihnen durch Mißgunst
zerstören, sondern sich dieselben durch Fleiß und Nacheiferung im Guten
erwerben. Und dieß ist löblich und schön. Sie beflecken sich dabei ihre
Seele nicht mit der Schande neidischer Begierden. Denn was würde
auch ein tobtes Beneiden helfen? Es führt keinen Schritt weiter, und
trübt die klare Quelle, aus der ein Solcher Lust und Freude schöpfen
könnte. Der Neid ist unfruchtbar an allem Guten; er gibt nur Dornen,
während man nach den Rosen begierig ist. — Darum Kinder, spricht
der Lehrer, gönnet Jedem die Vorzüge, die Gott ihm gab, oder die er
durch seinen Fleiß erwarb. Benutzet dankbar, was ihr von Gott em=
pfangen habt. Lernet mit dem Pfunde wuchern, das euch zu Theil ge=
worden ist &c.

W.

W, w, der drei und zwanzigste Buchstabe des deutschen Abc, ist ein
Konsonant oder Mitlauter, und hat den sanftesten oder weichsten Blas=
laut. Er steht 1) in ächt deutschen Wörtern nur vor Vokalen oder Selbst=
lautern: Waaren, Wittwe, Wohlwollen, Gewühl, 2) in ausländischen
Namen, auch vor l und r: Wladimir, Wrack.

Wachen, über sich selbst, d. i. über sein eigenes Gefühl, über seine
Mienen und Gebärden, Worte und Werke. Wir haben zwar hievon
schon an einem andern Orte das Nöthige gesagt, nichts desto weniger
glauben wir hier den Faden wieder auf's Neue aufnehmen und uns um=
ständlicher darüber aussprechen zu müssen. Von dem Beispiele des er=
ziehenden Lehrers hängt, wie überall, also auch hier, ungemein viel in
Beziehung auf die Kinder ab. Die Darstellung der heilsamen Lehre mag
leuchtend und klar, die Mahnung ergreifend, die Warnung tief dringend
und die Strafe erschütternd seyn; allein dieß Alles wird nur desto leben=
diger und der Erfolg desto gewaltiger sein, wenn das wirkliche Verhalten
des Lehrers hinzu kommt, und die Verwirklichung auch seiner Aufforde=
rung an die Seite gestellt wird. Verba docent, exempla trahunt, oder
Worte lehren, Beispiele aber ziehen nach. Der Lehrer wache sorgfältig:
a) über sein eigenes Gefühl; denn nichts theilt sich den Kindern so leicht
mit, als das sinnliche sich wahrnehmbar äußernde Gefühl; mit Blitzesschnelle
geht es in die Seele der Wahrnehmenden, und äußert sich entweder
sogleich oder bei der ersten sich ergebenden Veranlassung, und befestiget
die Kinder nur mehr in dem, was schon als fehlerhaft in ihnen vorhan=
den ist. Sogleich offenbart sich jene Mittheilung bei jeder heftigen Aeus=
serung, es mag entweder Sorge, Furcht und Bangigkeit, oder Schmerz,
Ekel, Mitleid, Zorn, Härte &c. zum Grunde liegen, und läßt immer einen

dauernden Eindruck für die Folge zurück. Dieser Eindruck zeigt sich später so kräftig und wirksam, daß die Kinder nur noch in ihrer Gemüthsverfassung dadurch bestärkt werden. Je mächtiger aber die Gefühle sind, und je unüberwindlicher sie oft scheinen, desto schwerer ist auch die Forderung für den Erzieher, über sie zu wachen, sie niederzudrücken oder sie wenigstens vor den Kindern verborgen zu halten. Was es sei, das den Erzieher in Bewegung setzt, mögen die Kinder zwar wohl wissen, er aber zeige sich als den Mann, der auf heiligem Boden steht. Er denke stets an den Eindruck, den irgend eine plötzliche Erscheinung in den Herzen der Kinder macht, besonders wenn sie als drohend sich kund gibt. So hält es z. B. schwer, den Zorn und seine Ausbrüche zu bekämpfen, wenn kindliche Böswilligkeit und Verstocktheit dem Lehrer entgegen tritt; wenn er aber erwägt, daß der leidenschaftliche Zorn auch bei dem rohesten und fühllosesten Kinde nicht nur nichts hilft, sondern eher nachtheilig auf das Gemüth desselben wirkt, dann wird er auch leichter sein Gefühl bewältigen und zu der Ueberzeugung gelangen, daß ein ernster Tadel oder eine mit Ruhe und Bedauern einem solchen Kinde auferlegte Strafe weit sicherer zum Ziele führt. Läßt der Lehrer Haß, Abneigung, Härte, leidenschaftliche Erbitterung ꝛc. fühlen, dann trägt er selbst unmittelbar dazu bei, daß der Acker Gottes nur noch mehr verwüstet wird. Durch Abneigung und Haß werden harte Gemüther nur noch mehr verhärtet, und trägt die Strafe die Farbe der Rache ꝛc., dann wird gerade dadurch das Rachegefühl im Herzen der Boshaften genährt und gepflegt. In solchen Kindern darf kein anderer Gedanken aufkommen, als der, daß es der Lehrer gut meine und nur ihr Bestes zu bezwecken suche. Immer blicke, wo Ernst und Strenge ist, wahres, herzliches Wohlwollen durch, gleich der Sonne, die auch durch dunkles Gewölke durchbringt und ihr freundlich Bild bei Blitz und Donner zeigt. Kurz, der Lehrer suche seine Gefühle sorgsam zu bewachen, damit sie nie die Meisterschaft über ihn gewinnen. — Aber nicht weniger sorgfältig wache er auch b) über seine Mienen, Gebärden, Reden und Handlungen. Ehe die Kinder die Wortsprache verstehen, haben sie schon die Mienen- ued Gebärdensprache erlernt; sie lesen im Blicke des Lehrers mit einer Sicherheit und Fertigkeit, die kaum zu erwarten ist, und ihre ganze Gefühlsstimmung richtet sich dann nach den Gefühlen, die sich da abspiegeln. Die Alten sagten deßhalb schon: — Das Auge ist der Spiegel der Seele, und es gibt in der That kaum ein sinnliches Gefühl, das sich nicht darin ausprägt; es redet in Verbindung mit dem Mund- Stirn- und Gesichtsmuskeln, wie überhaupt mit allen leiblichen Bewegungen eine Sprache, die selbst den kleinsten Kindern verständlich ist. Die Affekte, welchen Namen sie haben mögen, treten nach ihren verschiedenen Farbenmischungen in Mienen, Gebärden ꝛc. sichtbar hervor, und wirken unmittelbar auf die Kinder und sicher allemal nachtheilig ein, wenn der Lehrer es an der nöthigen Wachsamkeit darüber fehlen läßt. Wir setzen den Fall, ein fühlloser Knabe bemerke an dem Lehrer auch nur einmal ein höhnisches Lächeln über einen von einem Kinde begangenen Fehler, und er hat ihm einen Stachel in's Herz geworfen, der nicht so leicht wieder herausgezogen werden kann. Und so in allen andern Beziehungen. Dieß allein schon nimmt die Wachsamkeit des Lehrers in allseitigen Anspruch. Um so mehr wird er diese Wachsamkeit hinsichtlich seiner Reden und Handlungen unter seine ersten und wichtigsten Angelegenheiten zählen müssen, damit den Kindern kein sittlicher Nachtheil zuwachse. Wie der, welcher auf dem Eise wandelt, oder sonst einen gefährlichen Weg geht, sorgsam darauf achtet, daß er nicht falle, und wie er genau auf seine Tritte sieht, und die Gefahren des Weges beobachtet; also auch, und noch bedachtsamer muß der Lehrer auf dem Wege des unbescholtenen Verhaltens einhergehen, und Alles vermeiden, wodurch er seinen Kindern zum Anstoße werden könnte. Nie darf ein Wort aus seinem Munde kommen, wodurch ein bösartiger Eindruck auf die zarten Herzen seiner Kinder gemacht, und nie darf er sich eine Handlung erlauben, welche zum Nachtheil derselben werden könnte. Auch hier wird er sich die Ermahnung des Apostels lebendig vergegenwärtigen müssen: „Betet unter allen Umständen stets inbrünstig und anhaltend und wachet!" Auf solche Weise wird er durch seine Reden und Handlungen seine Kinder erbauen und fortleiten voll Liebe und Sorgfalt auf dem Wege des Heiles. (S. Art. Vorbild.) Matth. 16, 2—4. 26, 41. 24, 43. 1. Theff. 5, 4. Ephef. 6, 18. 1. Cor. 10, 12

Wachsen in Erkenntniß des Wahren und Guten. Es ist eine der ersten Pflichten des Menschen, daß er sich durch Ausbildung des Geistes und aller schönen Anlagen, durch Erkenntniß dessen, was wahr, recht und nützlich ist, über andere vernunftlose Geschöpfe erhebe und seine höhere Würde behaupte. Es ist unverantwortlich, wenn er durch Unwissenheit roh, abergläubig und unverständig wird; wenn er nicht mehr weiß, als wie er etwa seinen Leib nähren und kleiden könne, aber von dem nichts weiß, was den Menschen zu einem höhern Wesen macht, und keine Er-

die göttliche

Vorsehung immer   elt anweisen
mag, so bedarf er   Es ist immer eine betrüben

in seinen
vor allen
rsten und
onsunter-
und den
r wahren

b
b
g
b
h

auch göttlichen Sinn einflößen, wenn sie nicht dadurch beseelt würden, alle ihre Gedanken, Worte und Werke auf Gott zu richten und auf dem Wege treuer Pflichterfüllung fortzugehen. Hiezu muß sowohl in der Schule, als außer derselben jede Gelegenheit benützt werden, daß die Kinder im Wachsen der rechten, wahren d. i. christlichen Weisheit, in der Erkenntniß des göttlichen Willens und der treuen Besorgung desselben gefördert werden. Darin sollten schon die Lesebücher, die in den Schulen eingeführt sind, den Schülern möglichsten Vorschub geben. Damit sollte aber auch das Lesen erbaulicher Schriften, die einfache, herzliche Erklärung der heiligen Lehren und die aufmerksame Anhörung des Göttlichen in der Kirche verbunden werden. So nur können und werden unsere Kinder wachsen und zunehmen nicht nur in der Erkenntniß ihres künftigen Berufes, sondern auch und noch vielmehr in der Erkenntniß göttlicher Dinge, damit sie nach dieser Erkenntniß leben und dereinst der unverwelklichen Krone theilhaftig werden, die dort in den Hallen der Ewigkeit den Frommen hinterlegt ist. (Luc. 2, 52. u. v. 40. Jer. 12, 2. Ephes. 2, 21. 4, 15. Col. 1, 11. 2. Pet. 3, 18.)

Waffen den Kindern gegen sich selbst in die Hand geben. Wie und wann geschieht dieß? Dadurch, wenn die Eltern oder der Erzieher sich irgend eines Fehlers, einer Uebereilung oder einer Folgewidrigkeit schuldig machen. Je stärker namentlich der Herrschtrieb in einem Kinde vorhanden ist, desto scharfsinniger ist es gemeiniglich auch, die Fehler der Eltern oder des Erziehers auszukundschaften, und desto geneigter und unbedenklicher, sie zu benutzen. Bemerkt es, daß die Eltern ꝛc. ihre Pflicht verabsäumen, so hält es sich für berechtigt, auch dieselbe Befugniß gegen sich geltend machen zu können. Gewahrt es von ihrer Seite eine Partheilichkeit oder eine Uebervortheilung und Ungerechtigkeit, so ist der Keim des Mißtrauens und der Zweifel an Rechtschaffenheit in sein Gemüth gelegt. Mit scharfem Blicke sucht das Kind die Gründe zu erspähen, welche den Vater zur Ungerechtigkeit, zum Uebervortheilen ꝛc. verleitet haben mögen, und damit sich auf dieselben stützend, macht es sich wenig oder nichts daraus, auch ihn zu hintergehen, zu betrügen und ungerecht gegen Andere zu sein, wo sich ihm Gelegenheit dazu bietet. Alle Ungebührlichkeiten, welche sich Eltern gegen ihre Kinder erlauben, fallen am Ende wieder auf sie selbst zurück, indem diese zu Ungebührlichkeiten die Rechtfertigungsgründe geltend machen. Sind die Eltern kalt und gleichgültig hinsichtlich des Gebetes oder des Besuches des öffentlichen Gottesdienstes, so wird man sich nicht wundern dürfen, wenn die Kinder es auch sind, indem sie hiezu durch das Verhalten der Eltern berechtiget zu sein glauben. Und so in allen andern Beziehungen. Dasselbe gilt hinsichtlich des Lehrers. Wie die Eltern den Kindern Waffen gegen sich in die Hände geben, so thut dieses auch der Lehrer, wenn er durch seine Fehler und Versehen, insbesondere durch Mängel in der Disciplin und in der Behandlung der Einzelnen, sich Etwas zu Schulden kommen läßt. Derselbe muß hier um so mehr auf seiner Hut sein, je gewöhnlicher und gefährlicher es ist, daß den Kindern solche Waffen von ihm in die Hände gegeben zu werden pflegen. Jedenfalls wird auf solche Weise dem Gehorsam, dieser Cardinal-Tugend der Erziehung, — eine tiefe und bereits unheilbare Wunde versetzt. Der erziehende Lehrer halte also unverbrüchlich fest an der Regel: „Hüte Dich, je einem Kinde Waffen in die Hand zu geben, von welchen es gegen Dich Gebrauch machen könnte." —

Wahl des Berufs und der Lebensart. (S. Erziehung der Söhne.)

Wahl der Freunde. (S. Art. Vorsichtigkeit des Lehrers hiebei.)

Wahl   Familienvater 2c.)

Wahrhaftigkeit. (Erhaltung derselben bei Kindern.) Es ist allerdings ungemein viel in der Erziehung daran gelegen, daß die Kinder die
Wahrheit lieben, und in ihren Worten und Werken, in ihrem ganzen
Thun und Lassen wahrhaftig sind; daß sie freudig die Wahrheit hören,
sie weder durch ein unredliches Schweigen verhehlen, noch durch Lüge,
Trug und Verläumdung verdrehen. Solche Kinder sind nicht vom Vater,
sondern Handlanger des Teufels, — dem Vater der Lügen. — Wer
wahrhaftig ist, der sagt frei, was recht ist; wer aber lügt, ist ein trüge-
rischer Zeuge. Die Lüge ist ein häßlicher Schandfleck an einem Menschen und findet sich gewöhnlich bei ungezogenen Leuten. Nicht umsonst,
sagt ein altes Sprichwort: „Der Lügner ist ein Dieb." Und ein alter
Weiser spricht sich darüber so aus: Quicunque turpi fraude semel inno-
tuit, etiam si verum dicit, amittit fidem. (Man glaubt, auch wenn er
Wahrheit spricht, dem schon erkannten Lügner nicht.) Lügen ist sonach
für den Menschen eine schmähliche Sache, die ihn nicht mehr zu Ehren
kommen läßt, wie solches die heilige Schrift selbst bestätiget, indem sie
sagt: „Das Betragen lügnerischer Menschen ist ehrlos, und ihre Schande
ist unaufhörlich bei ihnen." (Sir. 20, 20.) Die Lüge, sagt Harnisch,
ist überall die Zufluchtsstätte der Sünden und die Quelle von Sünden.
So lange daher ein Kind dem Lügen ergeben ist, kann man keine gründliche Besserung von ihm erwarten; denn alle gründliche Besserung beginnt mit der Wahrhaftigkeit und setzt sich dadurch fort, daß man in der
Wahrheit wandelt. Wie in einem wahrhaftigen Kinde der Geist der
Wahrheit herrscht, so wohnt und herrscht in einem lügenhaften der Geist
der Unwahrheit. Deßhalb ist es überaus nöthig, und es ist ein sehr
wichtiger Theil der Schulzucht, daß Wahrhaftigkeit in den Kindern gepflanzt und erhalten werde. Der christliche Lehrer vermag Vieles dazu
beizutragen: a) wenn er selbst wahrhaftig ist. Ein Lehrer, der unwahr
und lügenhaft ist, wird den Kindern schwerlich entgehen. Sie werden
ihn bald durchschauen, und, von ihm betrogen, auch ihn zu betrügen keinen Anstand nehmen. Ein Erzieher wird ein förmlicher Lügenlehrer,
wenn er nur das rügt, was ihm Andere angezeigt haben, aber Alles das
verdeckt, was ihm selbst begegnet. Der Lehrer gehe demnach aufrichtig,
offen und wahrhaftig mit den Kindern um, er rede Wahrheit mit ihnen
und erlaube sich nicht einmal im Scherze eine Lüge. Wahrlich! der tägliche Umgang der Kinder mit dem Lehrer, der immer Wahrheit redet,
und aufrichtig mit ihnen ist, wirkt mächtig auf ihre Herzen. b) Wenn
er den Kindern Freimüthigkeit und Offenheit erlaubt und sie dazu erzieht.
Diese Freimüthigkeit und Offenheit muß sich immer, so viel möglich, im
Gebiete des Anständigen halten; sollte jedoch auch hie und da die bezeichnete Grenzlinie überschritten werden, so trage der Lehrer Geduld mit
den Kindern. Sie ist doch beziehungsweise immer besser und besserungs-
fähiger, als die scheue, durch Zwang, Strafe und Härte bewirkte Verschlossenheit und Verstocktheit, die das Böse im Herzen behält, und dadurch besser zu sein scheint. Immer noch war und ist Offenheit der
Weg zur Wahrhaftigkeit. Die Kinder sollen es daher in Allem wahrnehmen, daß der Lehrer ein Freund der Offenheit ist. c) Wenn er die
Kinder stets mit wahrer Liebe behandelt, denn dadurch eröffnet er denselben die Pforte zur Offenherzigkeit. Wie sich die Blumenkelche und
Blumenblätter, die sich bei nächtlicher Finsterniß und Kälte geschlossen

hatten, an den Licht = und Liebesstrahlen der Sonne allmählig öffnen und entfalten, so öffnen sich auch die Herzen der Kinder an den milden Strahlen der Liebe ihres Lehrers. Freilich öffnen sich auch die Stink= und Giftblumen an der Sonnenwärme; allein man sieht es ihnen sogleich an, daß sie keine Veilchen, Lilien und Rosen sind, deren Wohlgerüche und Farben uns reichlich entschädigen. d) Wenn er die Lügen jederzeit finden läßt, was sie verdienen — Mißtrauen, Nachtheil und Strafe. Die Lüge werde nie Verstand und Klugheit genannt, sondern immer, was sie ist, Lüge, Unverstand, Dummheit und Schande. Dagegen sorge der Lehrer aber auch dafür, daß ein offenes, wahres Geständniß immer Zu= trauen, Nachsicht und Schonung finde. e) Wenn er den Lügner dazu anhält, seine Aussagen und Behauptungen mit Zeugen zu beweisen, ehe ihnen Glauben beigemessen werden darf; dagegen aber dem Wahrhafti= gen vollen Glauben schenkt. f) Da jedoch die Lügenhaftigkeit der Kin= der nicht immer aus einer und derselben Quelle entspringt, und öfters eine Wirkung der Schwatzhaftigkeit, der Furchtsamkeit und Schüchternheit, der Prahlerei und Eitelkeit, oder des Gei= zes, der Habsucht und des Eigennutzes ist, so muß hierauf immer= hin der nöthige Bedacht genommen werden. Ist sie Wirkung der Schwatz= haftigkeit, so müssen Kinder zum Schweigen angehalten werden. Ist sie aber Wirkung der Furchtsamkeit und Schüchternheit, so muß einem sol= chen Kinde durch Liebe wieder Muth eingeflößt werden. Ist die Lügen= haftigkeit eine Wirkung der Prahlerei und Eitelkeit, die gerne groß thut, und, um dieß zu können, lügt, so muß ein solcher Prahlgeist gedemüthi= get werden. Lügt und betrügt aber ein Kind aus Geiz, Habsucht und Eigennutz, um dadurch zu gewinnen, so muß es den Gewinn seiner Lüge zurückgeben, Schadenersatz leisten oder sonst eine Strafe leiden, die seiner Habsucht am meisten wehe thut. Ist jedoch die Quelle der Lügenhaftig= keit Haß, Neid und Bosheit, die da lügt, um zu verkleinern, zu verläumden, zu lästern und einem Andern wehe zu thun, oder ihn in Schande, Schaden, Spott und Verachtung zu bringen, so ist dieß die verabscheuungswürdigste Lügenhaftigkeit, und ein solcher Lügner muß mit der größten Strenge gezüchtiget werden; er muß noch nebenbei das Ge= ständniß ablegen, daß er gelogen habe, und seine Verläumdung wider= rufen. Vornehmlich aber soll der Lehrer für die Kinder bitten um den Geist der Wahrheit, damit er ihre Herzen zur Wahrheit neigen und sie in volle Wahrheit leiten möge. Auf solche Weise wird der Lehrer sich in den Stand gesetzt sehen, die unwahren Kinder dahin zu bringen, daß sie sich in allen Dingen der Wahrhaftigkeit befleißen und nie die Un= schuld ihres Herzens durch irgend eine Lüge schänden. (S. auch Art. **Aufrichtigkeit** ꝛc.) Spr. 12, 17. 19. 20, 28. Sir. 36, 18. Hebr. 10, 22. ꝛc.

Wahrheit. (S. Art. **intellektuelles Gefühl**.)

Wahrnehmung, innere. Bildung derselben. (S. Art. **Innerer Sinn**.) —

Wahr und offen gegen Kinder sein. (S. Art. **Offenheit des Lehrers**.) —

Waisen, Waisenhäuser. Waisen sind elternlose Kinder. Nimmt man nun bei der Erziehung besondere Rücksicht auf solche Kinder, die frühzeitig ihre Eltern verloren haben, so erhält man Waisenhäuser. Diese Häuser sind eine der wohlthätigsten Anstalten für die Menschheit, um verlassene und hilflose Geschöpfe dem Verderben zu entreißen und sie für das Reich Gottes und zu nützlichen Gliedern für den Staat zu bilden. Kirche und Staat haben daher auch die größte Verpflichtung, für die christliche Erziehung der Waisen zu sorgen, weil sie ihres beiderseitigen Schutzes und ihrer Fürsorge mehr bedürfen, als die Kinder der noch lebenden Eltern. Außer dem Mitleiden, das ihr hülfloser Zustand in Anspruch nimmt, erfordert es selbst der Vortheil der Kirche und des Staates, sich die gute Erziehung derselben angelegen sein zu lassen, um gute Christen, und somit auch nützliche Bürger und Hausmütter aus ihnen zu bilden. — Die Geschichte der Entstehung der eigentlichen Waisenhäuser ist dunkel. Was man bei den alten Römern unter Knaben und Mädchen, die ihren Unterhalt durch Vermächtniß ausgesetzt, (pueris et puellis alimentariis) verstand, kann mit unsern Waisenhäusern nicht wohl verglichen werden. Trajan, der zum Besten der Waisen sehr viel that, die beiden Antonine und Alexander Severus machten Stiftungen für sie. Doch waren es keine eigentlichen Waisenerziehungsanstalten. Erst nachdem das Christenthum sich mehr verbreitet hatte, treffen wir auf eigentliche Anstalten für Waisen. Ihre eigenthümliche Verfassung ist jedoch unbekannt. In der Folge gaben die durch Handel und Gewerbe reich und blühend gewordenen Städte ein schönes und nachahmungswürdiges Beispiel. Dieß gilt vorzüglich von den großen Städten in den Niederlanden. In Deutschland finden sich in den Reichsstädten die ersten Anstalten dieser Art. Doch reicht ihr Ursprung nicht über das 16te Jahrhundert hinaus. Bis dahin wurden die ganz verlassenen elternlosen Kinder bei einzelnen Bürgern in die Kost und Pflege gegeben. Später wurden dann Waisenhäuser errichtet, wo die Kinder unter einer gemeinsamen Aufsicht erzogen werden konnten. 1572 wurde zu Augsburg ein Waisenhaus errichtet. Eines der berühmtesten in Deutschland ist das von A. H. Franke zu Halle 1698 errichtete. In den neuesten Zeiten hat man für die vaterlosen Kinder gewisser Classen von Staatsbürgern besondere Erziehungsanstalten errichtet, wie z. B. in Oesterreich und einigen andern Staaten für Soldatenkinder, so auch in Frankreich für die Töchter von Mitgliedern der Ehrenlegion. Diese Anstalten haben jedoch zum Theil einen bestimmten Zweck der Erziehung. In der Folge hat man es als vortheilhafter für solche Kinder angesehen, sie bei Privaten in Kost und Erziehung zu geben. Sollen Waisenhäuser beibehalten werden, so muß man dafür sorgen, daß sie eine freundliche, dem Familienleben ähnliche Einrichtung erhalten, und recht im Geiste der Liebe und christlichen Frömmigkeit geleitet werden. Auch darf die Zahl der Kinder nie zu hoch anwachsen. Unter einer großen Menge von Kindern ist die Gefahr der physischen und moralischen Ansteckung, auch bei dem besten Willen, nicht immer zu vermeiden. Am besten wäre es, wenn die großen Centralanstalten an kleinere, auf engere Bezirke berechnete, zertheilt und unter väterliche Aufsicht gestellt würden, welcher es dann auch möglich sein wird, für die armen Waisen Pflege-Eltern zu finden, die nicht um des Lohnes und Gewinnes, sondern um Gottes willen sich ihrer erbarmen, nicht nur den Leib nähren, kleiden und gesund erhalten, sondern auch die Seele, die Christus so theuer erkauft hat, mit zarter Sorgfalt pflegen und leiten. Die merkwürdigern Schriften über die Erziehung in Waisenhäusern sind die von Goldbeck, Hamburg 1781. Rulf, Göttingen 1783. Rinke, Stuttgart 1806. Günther, Wien 1825, und die von Meno Günther Kiehn: „Das Hamburger Waisenhaus." Hamburg 1821.

Wandel des Lehrers. (S. Art. Muster und Vorbild.)

Wandfibel. (S. Art. Lautirmethode.)

Wandtafeln (orthographische) sind, zweckmäßig eingerichtet, ein dienliches Mittel zum Rechtschreiben. Die Kinder werden dadurch in den

Stand gesetzt, die Regeln der Rechtschreibung gehörig anzuwenden. Wagner, K. Aug., hat zu diesem Behufe hundert orthographische Uebungsblätter für Landschulen herausgegeben (1837), die sich in der angegebenen Beziehung sehr empfehlen. Auch hat ein Lehrer-Verein solche Wandtafeln zur Uebung im Rechtschreiben für Volksschulen nebst Bemerkungen über den Gebrauch derselben herausgegeben. (Sondershausen 1838 gr. Fol.) So dürftig dieselben übrigens auch immer sind, so können sie doch sowohl dem Lehrer als den Schülern zu Anhaltspunkten in der Rechtschreiblehre gute Dienste leisten. So hat auch Stübbe, Lehrer am Seminar zu Bunzlau, kalligraphische Wandvorschriften zu Tage gefördert. Dieselben sind ein treffliches Hülfsmittel zu einem zweckmäßigen und erfolgreichen Schreibunterricht für sämmtliche Schulen, in welchen die Anfänge der deutschen und lateinischen Schrift den Kindern beigebracht werden. Eben so besitzen wir auch Wandtafeln für's Rechnen von Wörle, die sich auf eine wohlthätige Weise über alle gewöhnlichen Rechnungsarten verbreiten. Ueberhaupt empfehlen sich diejenigen Wandtafeln für den Schulunterricht, welche für mehrere Lehrfächer zweckmäßig bearbeitet, und bald den Leseunterricht, bald das Schreiben und Rechnen zum Gegenstande haben.

Warnung vor bösen Beispielen. Die heranreifende Jugend ist der Verleitung auf Abwege am meisten ausgesetzt. Die mannigfaltigsten Gefahren drohen ihr und bereiten ihr Verderben. Wenn nun Eltern, Lehrern und Erziehern das Heil ihrer Kinder am Herzen gelegen ist, so werden sie dieselben auch durch Warnung zu retten suchen, ehe noch die Gefahr erscheint. Wie mancher Jüngling sank dem Laster in die Arme, wie manches Mädchen gab sich der Verführung hin, weil sie nicht zu rechter Zeit davor gewarnt wurden. Sie werden daher ihre Kinder auf eine ernste und dringende Weise warnen vor dem herrschenden Geiste der Zeit, vor der Macht der Verführung und dem heuchlerischen Scheine des Lasters. Dazu werden sie aber auch ihre eigenen Erfahrungen und die traurigen Beispiele derer benutzen, welche sich durch ihre eigene Schuld in den Abgrund des Verderbens gestürzt haben. Eben so werden sie dieselben von dieser Seite mit gewissenhafter Treue auf die Gefahr aufmerksam machen, und ihnen die dienlichsten Mittel an die Hand geben, wodurch sie sich zu retten vermögen. Nur insofern Eltern, Lehrer und Erzieher dieses in Hinsicht ihrer Kinder und Zöglinge thun, sind sie die edelsten und größten Wohlthäter derselben. Offen werden sie es ihnen gestehen, daß es die Sorgen für das Heil ihres unsterblichen Geistes sind, welche sie für sie so sehr beunruhigen; daß oft in des Menschen eigener Brust die Feinde seiner Unschuld und Tugend, seiner Ruhe und Zufriedenheit wohnen; daß entwürdigende Leidenschaften so oft des Menschen Herz beherrschen. Sie werden sie aufmerksam darauf machen, daß auch Versuchungen von außen ihrer Unschuld und Tugend Gefahr bringen können; daß leichtsinnige und böse Menschen durch ihr schlechtes Beispiel oder gar durch Ueberredung und absichtliche Verführung sie verleiten können, Gottes heilige Gebote zu übertreten und die Bahn des Heiles zu verlassen. Zeigen werden sie ihnen, wie der Müssiggänger und Verschwender in Armuth und Dürftigkeit herabsinkt, wie der Ungerechte und Betrüger sich der öffentlichen Schande und Verachtung aussetzt, wie der Schwelger und Wollüstling seine Gesundheit verwüstet und sich meist ein frühes Grab bereitet. Sagen werden sie ihnen, daß sie sich um Achtung und Liebe, um den Beifall aller Gutgesinnten, um den Frieden der Seele, um das Wohlgefallen Gottes, um jeden Trost in Leiden und um jede Hoffnung im Tode bringen würden, wenn sie dem Laster in die

Arme fänken. — Allein es gibt auch sittliche Gefahren, welche des Lebens Leiden mit sich führen. Auch auf diese muß die Jugend aufmerksam gemacht werden. Das Unglück stürzt oft des Menschen Seele, wie seinen Wohlstand; es macht ihn gleichgültig gegen Ehre und Schande, gegen Recht und Unrecht. Es entfernt ihn nicht selten von Gott, vom Vertrauen auf ihn und von Geduld. Es führt ihn häufig zu verderblichen Gesinnungen, indem es ihn allein mit dem Streben, ihn seiner Lage zu entreißen, beschäftiget und ihm jedes Mittel als erlaubt anbietet. So erstickt die Trübsal oft die edelsten Gefühle im Menschen und bahnt ihm den Weg zur Verschlimmerung an. — Das Unglück des Lebens vermehrt und verstärkt aber auch oft heftige Begierden, wie z. B. die Begierden der Habsucht, des Ehrgeizes, des Eigennutzes, des Neides und der Mißgunst gegen Jene, die gegenüber in Schooße des Glückes sind u. s. w. Oft gibt auch das Leiden der Zeit nur Aufforderungen, Gelegenheiten aufzusuchen, sich auf Kosten Anderer zu bereichern, Andere neben sich zu verkleinern und dem Erwerbe Anderer in den Weg zu treten. Gegen solche sittliche Gefahren, die das irdische Unglück mit sich bringt, müssen Kinder gesichert werden, und dieß dadurch, daß man in ihnen die religiöse Absicht und die Betrachtung der zeitlichen Trübsale belebt, sie im Glauben stärkt und ihnen vorhält, daß die Leiden von Gott kommen, damit sie des Menschen Tugend bewähren, läutern und reinigen, wie Gold durch's Feuer geläutert und gereiniget wird. Calamitas virtutis occasio! (Der Weg der Leiden ist der Weg zum Himmel.) Dieß wird ihre edlern Gefühle erhalten. Die Trübsale werden dann keine Begierden in ihnen aufregen und sie bei vorkommenden Anlässen zur Befriedigung derselben hinreißen. Werden die Kinder nun recht mit edlern und bessern Gesinnungen beschäftiget, welche die Leiden des Lebens in ihnen befördern können und sollen, so werden sie auch lebendiges Vertrauen, aushartende Geduld, herzliche Theilnahme an dem Wohl oder Wehe ihrer Mitmenschen jenen nachtheiligen Wirkungen kräftig entgegensetzen. Unterhalten und stärken Eltern ꝛc. endlich in den Kindern den Gedanken an ihre höhere Bestimmung lebendig, schärfen sie ihnen ein, daß alles Erdengut nichtig und vergänglich ist, und daß der Mensch durch Frömmigkeit und Tugend sich einer ewig dauernden Seligkeit würdig mache, dann werden sie auch in der Trübsal an der Tugend festhalten, durch die Leiden der Zeit gewinnen, so wie an Seelenfrieden für Zeit und Ewigkeit. Solche Früchte können Warnungen und Mahnungen bringen, wenn sie zur rechten Zeit und auf die rechte Weise von Eltern, Lehrern und Erziehern den Kindern gegeben werden. (Jsai. 4, 11. 28, 1. 4. Oseas 4, 18. Jsai. 59, 2. 9. 24. Ezech. 3, 17. 18. ꝛc.)

Warum. Von dem Fragewort: „Warum" hängt gar oft bei Kindern viel ab. Wenn ihnen mit dem Unterrichte des Lehrers eigentlich eine neue Welt aufgeht, so ist dieß besonders mit den Verabsäumten der Fall. Bei diesen mag er, so lange er ihnen die Bedeutung der Worte, womit er zu ihnen spricht, nicht zum Verständniß gebracht hat, gewöhnlich voraussetzen, daß sie ihn nicht verstehen. Davon kann er sich entweder durch ihr Stillschweigen oder durch ihre verkehrten Antworten leicht überzeugen. Oft betrifft es nur Ein Wort, das ihnen einen ganzen Satz oder eine ganze Frage unverständlich macht. Der Lehrer muß daher ein solches Wort erklären, oder Satz und Frage anders stellen. Er darf deßhalb auch nicht zürnen, wenn ihm eine auch ganz verkehrte Antwort gegeben wird, wohl aber muß er sie benutzen, um sich dem Kinde verständlicher zu machen, weil es die Frage entweder gar nicht, oder nicht recht verstanden hat. Dieß letztere geschieht auch wohl darum, weil die

Kinder zu selten auf den Zusammenhang der Rede des Lehrers achten, an nichts weiters, als an die Frage denken, wie sie gerade vorliegt, und daher antworten, was ihnen auf die Zunge kommt. So mag der Lehrer z. B. glauben, die Kinder seien genügend vorbereitet und der Gedanke stehe fest in ihnen: „Wir sehen den Rosenstock dort, weil es Tag ist" Er fragt daher: Warum seht ihr den Rosenstock dort? und erhält die an sich richtige Antwort: „Weil wir Augen haben", die aber in den Zusammenhang seines Denkens durchaus nicht paßt. Wo liegt nun der Grund hievon? Lediglich in dem mehrdeutigen Frageworte: „Warum?" womit man sowohl nach einem Mittel, wie nach einem Zwecke fragen kann, z. B. Warum bist Du in der Schule? a) Weil ich heute frühe hieher gegangen bin. (Ursache.) b) Weil es der Vater haben will. (Grund.) c) Weil ich Zeit habe. (Mittel.) d) Damit ich was lerne. (Zweck.) Derlei Fragen lassen sich nicht vermeiden; nur muß der Lehrer darauf sehen, daß die Kinder im Zusammenhange seiner Unterhaltung bleiben, wobei ihm jedoch eine gute Portion Geduld nöthig ist.

Wechselwirkung der Seelenvermögen. (S. Art. ästhetisches Gefühl.)

Wegräumungsfragen sind solche Fragen, durch die man mögliche falsche Fragen entfernen will, ehe man die richtigen veranlaßt. Sie leisten in mancher Beziehung oft gute Dienste, indem sie das Nachdenken der Kinder reizen und Mißverstand verhüten. Sie fallen aber in's Lächerliche, wenn man durch sie irrige Ansichten, die keinem Vernünftigen zu Sinne kommen, beseitigen und entfernen will.

Weib. Das Weib ist als solches für den Kreis des Hauses geschaffen. Ein Weib außer dem Hause ist außer seinem Elemente. Im Hause ist das Weib dem Manne Gattin, sagt Sailer, den Kindern Mutter, dem Hause selber Frau; lebt für den Mann, für die Kinder, für das Haus. Sobald das Weib außer dem Hause glänzen, in Versammlungen außer dem Hause gefallen, in der großen Welt gelten will, hat es den Charakter des Weibes wahrer Adel, sagt F. Ehrenberg, daß es ganz Weib ist, und nichts anderes zu sein begehrt, als gut in seiner Weiblichkeit. Es ist in dem Maaße liebenswürdig, und Alles, was es sein kann, als es sich in seiner Weiblichkeit gebildet zeigt. Die Geistesanstrengungen und Heldenthaten ausgezeichneter Männer setzen uns in Erstaunen; der Ernst ihrer Gedanken und Werke kann uns tief erschüttern; aber das treffliche Weib fesselt uns in unserm ganzen Dasein, und regt alle wohlthuenden Gefühle in unserm Gemüthe auf. Wir finden uns frei und das Herz erweitert sich, wo wir die stille Güte betrachten. — Ein Weib, welches die Sphäre der Weiblichkeit verläßt, gibt sich und Alles auf, was einem edlen Herzen etwas werth ist. Es ist nicht möglich, daß ein Weib sich über das Weibliche erhebe; es kann nur unter dasselbe herabsinken. Dahin führt offenbar das unglückliche Bestreben, mehr als Weib zu sein. — Der Charakter der Weiblichkeit ist Fröhlichkeit, Zartheit, Schüchternheit, Güte, Ergebung, Sanftheit, Fülle und eine Innigkeit, die sich in sich selbst zu verlieren strebt. Des Weibes Blick ist in sein Inneres gekehrt, und in die nächsten Kreise führt es unwillkührlich die Gestaltungen ein, die es dort vorgebildet findet. Der Ernst muß sich mit der Fröhlichkeit, der Muth mit der Schüchternheit, die Kraft mit der Güte und Ergebung, die Festigkeit mit der Zartheit, die Würde mit der Sanftmuth und Fülle, das Streben, sich nach Außen zu verbreiten, mit dem, sich in sich selbst zu verlieren, vereinigen, wenn unbedürftiges, wohlbefriedigendes Dasein entstehen soll. — Auf stilles Leben hat die Natur

in den Frauen Alles angelegt. Ihre sanfte Stimmung fordert eine ge=
wisse Entfernung von dem Geräusche und Gewühle der Welt, mehr Be=
schränkung auf sich, auf enge und wohlthuende Umgebungen. In der
Stille findet sie die ihr angemessene Nahrung, und bleibt bewahrt vor
den empfindlichen Verletzungen, die in dem lauten Tumulte, in dem un=
ruhigen Treiben und in dem blendenden Glanze der Welt schwerlich zu
vermeiden sind. Stille ist das Element der zarten Gefühle und Neigun=
gen des weiblichen Herzens. Weibliche Seelenstärke zeigt sich weniger
auf dem großen Schauplatze der Welt, als im stillen Gebiete des häus=
lichen Lebens, in der Erduldung häuslicher Leiden, am Krankenbette ge=
liebter Menschen, in der Aufopferung für sie, im Vertrauen auf Gott,
in der Selbstüberwindung sichtbar. Ihre volle Glorie strahlt im Heilig=
thume des Herzens, und offenbart sich nur zuweilen in einzelnen Zügen.
— Ihre ganze Vollendung gewinnt die weibliche Seelenstärke erst dann,
wenn sie sich in Demuth und Bescheidenheit kleidet. Sie erregt
unsern Widerwillen, wenn nicht gar unsern Abscheu, sobald sie sich ver=
wegen hervordrängt, sobald sie bemerkt und bewundert sein will, oder
sich nur lauter ankündiget, als sich mit der Zartheit der weiblichen Na=
tur verträgt. In sich selbst gehüllt, unbefangen und anspruchlos, sich
ihres Vermögens kaum selber bewußt, ist sie am größten. Das Weib
muß innere Würde haben. Ohne diese ist äußere leere Affektation
ein Gepränge, das bald zum Unwillen, bald zum Lachen nöthiget.
Strenge Sittlichkeit des Herzens und des Lebens ist das Erste, was von
einem Weibe gefordert wird, das auf Achtung Anspruch macht. Die
leiseste Spur einer leichtsinnigen Denkungsart vernichtet diesen Anspruch
ganz und gar. Des Weibes Kraft und Freiheit besteht nur in der Tu=
gend und Frömmigkeit. Ohne diese ist es alles Schutzes und jeder
Stütze beraubt und versinkt in alle Gemeinheiten, zu denen es nur immer
Veranlassung findet. Mit seiner Tugend und Frömmigkeit ist auch Alles
verscherzt, was dem Weibe Würde verleiht. Darum bedarf aber auch
das Weib so sehr der Religiosität, denn nur aus ihr kommt die Fülle
des weiblichen Wesens. — Das Weib muß wissen, des Mannes schwere
Arbeiten zu erleichtern, die Kinder gut und christlich zu erziehen, das
Haus zu regieren, Leben, Ordnung, Reinlichkeit im Hause zu erhalten,
und den Erwerb des Mannes durch Aufsicht, Sparsamkeit, Mäßigkeit
und Arbeitsamkeit zu vermehren. Allein dieses Wissen ist noch nicht das
Höchste, denn das Weib wird unmöglich für den Mann, für die Kinder,
für das Haus zu leben, Liebe und Kraft genug in sich finden können,
wenn ihr nicht das, was höher liegt, als dieses Wissen, und was die Urquelle
aller Tugend ist, Liebe und Kraft genug zu ihrem Berufe spendet. Und
das, was höher liegt, als das bezeichnete Wissen, und die Urquelle aller
Tugend ist nur der vertraute Umgang des Geistes und Herzens mit
Gott, — der ewigen Liebe; es ist's allein die Religion. — Um nur
von der Erziehung der Kinder zu reden, wie mancherlei kleinscheinende
Arbeiten, die jedoch alle für die Erziehung wichtig sind, liegen in dem
Berufe einer Mutter? Und diese alle belohnt nicht das Auge der Welt,
weil sie nichts davon weiß, nichts davon wissen darf, und weder den
Maaßstab hat, eine solche Aufopferung messen zu können, noch den Him=
mel von Seligkeit haben kann, eine solche Aufopferung zu belohnen. Ein
solches Opfer für Mann, Kinder und Haus kann nur die Liebe bringen,
und diese hat ihre bestehende Wurzel allein in Gott, — im vertrauten
Umgange mit ihm, der da ist die ewige Liebe. Und dieser vertraute Um=
gang des Geistes und Herzens mit der ewigen Liebe ist allein die Reli=
gion, und macht das höchste Wissen des Weibes aus. Salomo spricht

sich darüber so aus: „Betrüglich ist die Anmuth und eitel die Schön=
heit: ein Weib, das den Herrn fürchtet, das wird gelobet werden."
(Spr. 31, 30.) Mit diesem höchsten Wissen vereiniget sich des Weibes
höchste Kunst, d. h. sie muß Alles können, was zu den weiblichen Arbei=
ten gehört, was zur Führung der Hauswirthschaft gerechnet wird, und zur
Regierung des Hauses nöthig ist. Mit diesem Können muß sich aber auch
der Sinn für das stille häusliche Leben und die Gabe, die liebliche Blume
des Gut= und Wohlseins in den Teppich des häuslichen Lebens einzu=
wirken, verbinden; vereiniget müssen damit sein Liebe, Vertrauen, Ach=
tung, so wie ein treues, munteres und williges Thun. Doch die höchste
Kunst des Weibes und in dieser das höchste desselben ist und bleibt
immer — die Religion; denn diese erzeugt Genügsamkeit, versüßt das
Bittere der Erdenleiden, mildert das Beschwerliche der Berufsarbeiten,
erleichtert das Drückende der Entbehrung und würzet das Geschmacklose
der einförmigen Lebensart. Und in dieses höchste Wissen, — in diese
höchste Kunst wird auch die Tochter des Hauses in der Schule der Fa=
milie am besten eingeweiht, wenn diese anders ist, was sie sein soll. An
der Seite der Mutter lernt die Tochter Beides. Tagtäglich in den
Spiegel der Liebe, der Weisheit und der Ergebung schauend, wird sie
wohl auch ein Bild der Liebe, der Weisheit und der Ergebung werden.
Daher sollten sich die Erzieherinnen der Töchter es stets lebendig verge=
genwärtigen, wovon allein das bleibende Beste derselben in allen Stän=
den abhänge. Denn auch in den größten Häusern der Welt ist, wie in
der geringsten Hütte, stiller, reiner Sinn das höchste Gut des Mädchens,
und die Religion das höchste Wissen und Können des Weibes. (S. auch
Art. Mutter.) Spr. 11, 16. 22. Ps. 127, 3. Spr. 12, 4. 14, 1.
32, 10.

Weibliche Bildung. (S. Art. Erziehung der Töchter.)

Weichlichkeit. (S. Art. Verweichlichung.)

Weisheit. Der Ausdruck „Weisheit" bezeichnet entweder den Besitz
vieler Kenntnisse und Einsichten, oder auch die Wahl der dienlichen Mit=
tel zur Erreichung seiner Zwecke. Hier bezeichnet dieser Ausdruck aber
das in einer guten Gesinnung und thätigen Aeußerung derselben wirk=
same Wissen des Wahren. Die Weisheit geht also vom Wissen aus, ist
auf feste Ueberzeugung des Wahren, und zwar des unbedingt Wahren,
gegründet, bleibt aber dabei nicht stehen, sondern wird praktisch, d. h. sie
zeigt sich in der Anwendung des erkannten Wahren und Guten. Je
ausgebildeter das Wissen und je reiner die Gesinnung ist, desto höher
und würdiger ist die Weisheit. In ihr erblicken wir das Ergebniß des
ganzen Lebens; darum unterscheidet sie sich auch von der Wissenschaft=
lichkeit und Gelehrsamkeit, welche oft ohne dieselbe ist. Ein Anderes
sagt Hippel in seinen Lebensläufen (II. S. 49) ist Schulweisheit, ein
Anderes Lebensweisheit; jene lehrt Begriffe, diese Anwendung der Be=
griffe; jene bewirkt Gleichgültigkeit gegen subjektive Meinungen, so lange
der Zweifel nicht entschieden ist, diese Gleichmuth bei Widerwärtigem.
Jene schafft man sich an als einen Hausrath, zur Zierde, oder auch zum
Verkauf an Andere, diese zum eigenen Bedarf, jene kann man lernen von
Außen durch fremde Mittheilung, diese kann nur durch innere Selbst=
entwickelung (und die göttliche Gnade) zu Stande kommen. — Die rechte
Weisheit, deren ein Jeder, und insbesondere der Lehrer bedarf, kommt
von oben, vom Vater des Lichtes, von dem eine jede gute und vollkom=
mene Gabe auf uns herniedersteigt. Wenn es daher Jemanden an Weis=
heit fehlt, sagt der Apostel, der bitte Gott darum, der allein reichlich
giebt und seine Gaben Niemanden vorrückt, und sie wird ihm gegeben

werden. Er bitte daher im Glauben, und zweifle nicht; denn wer zweifelt, gleicht einer Meereswelle, die von jedem Winde bewegt und umhergetrieben wird. Die wahre Weisheit, die in den Augen Gottes gilt, läßt sich nur in der Schule Jesu lernen. Wen Er, der Herr, erleuchtet mit seinem Lichte, der ist wahrhaft weise, und eine solche Weisheit, nicht wie sie in den Augen der Welt gilt, ist wohl die schönste Blume, die im Garten eines christlichen Lehrers prangt. Diese Weisheit versetzt ihn in die rechte Thätigkeit, ermuntert ihn zur wahren Wirksamkeit für das bleibende Wohl der ihm anvertrauten Kinder, macht ihn stille und zufrieden in seinem Berufe. Er ist reich bei Wenigem, er besitzt in seiner Genügsamkeit die ganze Welt ohne ihren Kummer, wogegen der reiche Thor nur ein Stück davon besitzt mit so jämmerlich viel Noth und Angst, daß ihm die Freude des Besitzes theuer genug zu stehen kommt. Die Weisheit, aus der lebendigen Quelle des Christenthums geschöpft, ist nämlich eine heilsame Erkenntniß der seligmachenden Wahrheit im Glauben und der Gottseligkeit, wie sie von Gott geoffenbaret, in der Kirche niedergelegt worden ist, und vom heiligen Geiste, der die Quelle der Wahrheit, des Lichtes und der Weisheit ist, den Herzen der Gläubigen mitgetheilt wird. Diese Weisheit erwählt das Wahre und Gute, verwirft das Unwahre und Böse, und zeigt durch einen guten Wandel des Menschen die Früchte des Glaubens. Das ist eben die rechte Weisheit des christlichen Lehrers, an deren Hand er in Gott preisender Demuth wandelt, und seine Kinder zur Quelle des Heiles führt — durch Wort und That. Selig, wem diese höhere Weisheit zu Theil geworden ist, und wem immer sie von oben mitgetheilt wird! — Job. 28, 28. Spr. 1, 7. Ps. 110, 10. Sir. 1, 16. Spr. 15, 33. Eccl. 7, 13. Jer. 3, 15. 1. Cor. 12, 8. Jac. 1, 5.)

Weisheitsdünkel. Die Entwickelung des Verstandes darf nie auf Kosten des Herzens — der gemüthlichen und sittlichen Bildung — betrieben werden; sie soll nie von dieser getrennt, sondern dieser sogar untergeordnet und nur in dieser Unterordnung fortgesetzt werden. Denn außer dem, sagt Sailer (S. 87), würden Eigensinn, Rechthaberei, früher Weisheitsdünkel, Eitelkeit, die im Schooße des Weisheitsdünkels am besten gedeiht, Verachtung des Lehrwortes, Trotz 2c. mit den wachsenden Verstandeskenntnissen wachsen, und die ganze Bildung am Ende in das Laster der Bildung übergehen, d. i. in das Raffinement (Erkünsteltes und Gesuchtes) des Kopfes zu dem Einen Behufe der allherrschenden Begierde. Wenn mir der neunjährige Sohn des Hauses ein Gesicht voll Weisheit, das ist, mit dem Gepräge der Rechthaberei, der Eitelkeit und des Trotzes entgegenbringt, so kehre ich gern um, und suche in der Hütte des nächsten Dorfes ein Gesicht, das noch kein Zug des Eigensinnes, des Vielwissens, des Trotzes entstellt hat. O ihr Freunde der Weisheit! wisset ihr denn nicht, daß von dem frühen Weisheitsdünkel, und dem Trotze des Vielwissens bis zum Laster der Kultur nur mehr zwei Schritte sind? Und wie bald sind diese gethan? Gewiß nur zwei Schritte: es darf z. B. nur die Begierde des Geschlechtstriebes erwachen, und wie bald erwacht diese in einem reizbaren Körper, dem die frühen Naturkenntnisse die Flamme der jungen Einbildungskraft und die Beispiele der jungen Zeitgenossen sehr wohl zu Statten kommen? — Dieß ist ein Schritt, der halb gethan ist. Es dürfen die Grundsätze der Religion, der Grundsatz der Schaam entweder nicht tief eingesenkt worden sein, oder durch Unterricht und falsche Weisheit des Zeitalters schwankend, oder durch den Stolz des Selbstwissens verdächtig gemacht worden sein, und siehe, das ist ein zweiter Schritt, der eben so leicht gethan ist, wie

der erste. Wenn nun die Begierde herrschend ist, und ihr die Scheu vor
dem Heiligen nicht mehr widersteht, und überdem das Raffinement des
Kopfes treulich beisteht, was will den Zögling dann noch retten? —
Das sind die höchst unschmackhaften und bitteren Früchte, welche der
Baum einer verkehrten Bildung — der Bildung des Verstandes ohne
die des Herzens und ohne Dazwischenkunft des höchsten Moments, der
Religion, zum größten Verderben der jungen Leute trägt. Wenn nun
erst der Weisheitsdünkel mit einer guten Dosis von Bosheit sein Wesen
zu treiben beginnt, dann wird selbst das Heiligste nicht mehr geschont.
Welche dringende Aufforderung für den erziehenden Lehrer, bei dem Bildungsgange seiner Kinder die zarteste und gewissenhafteste Sorgfalt zu
tragen! Es bedarf nur Eines Blickes auf die erwähnten Folgen einer
verkehrten Bildung, um hiebei des rechten Weges nicht zu verfehlen, ohne
daß wir auch nur noch ein Wort weiter darüber zu sagen nöthig hätten.

Weitschweifigkeit. Der Lehrer hüte sich sorgfältig davor, daß er bei
seinem Unterrichte nicht zu weitläufig werde. Dieß ist insbesondere beim
katechetischen Unterrichte zu beobachten, da solches nur zu leicht schon in
der Behandlung des Vorbereitungsstoffes stattfindet, wenn man nämlich
bekannte Vorstellungen unnöthiger Weise wiederholen läßt, die Beispiele
zu sehr anhäuft und die Fragen dehnt oder ohne Noth verlängert rc.
Die Weitschweifigkeit entsteht oft auch durch ein weites Ausholen, wenn
man von fremdartigen Dingen ausgeht und durch Umschweife auf den
Gedanken kommt, der gefunden werden soll. Man verfällt in diesen
Fehler auch dadurch, daß man eine Hinleitung damit anfängt, Begriffe
und Urtheile zu erzeugen, die zu den Grundbegriffen, welche diese oder
jene Kenntniß oder Materie voraussetzen, gehören, oder die zu entfernt
von dem zu findenden Hauptbegriffe der Gedanken liegen. Endlich wird
man auch dadurch weitschweifig, wenn man Begriffe, die an und für sich
überflüssig sind, dennoch in die Hinleitung hineinbringt. Vor allen diesen
genannten Fehlern hat sich der Lehrer und namentlich der Katechet zu
hüten, wenn er nicht weitschweifig werden will. Beispiele von Weitschweifigkeit findet man leider oft selbst in den veröffentlichten Katechisationen genug.

Weltklug. (S. Art. Klugheit.)

Weltkunde. Unter diesem Ausdrucke versteht man die Kenntniß von
den nahen und entfernten Umgebungen, die Kunde der Werke Gottes
und der menschlichen Gestaltungen in denselben, oder die Kunde der sogenannten Realien, — der Sachen oder Gegenstände. — Die eigentlichen
Gegenstände der Weltkunde sind sonach: a) die Oberfläche der Erde nach
ihrer Gestalt und ihren Bestandtheilen; b) der Zusammenhang der Erde
mit andern Weltkörpern, die verschiedenen Kräfte und Stoffe in der
Schöpfung Gottes, das Pflanzen-, Thier- und Menschenleben, Mineralogie (Berggutslehre), Pflanzen-, Menschen-, Völker- und Staatenkunde nebst Geschichte *). Da die Kinder in der Welt und unter den
Menschen leben und die Natur um sich her benutzen sollen, so wird es
wohl auch nöthig seyn, daß sie einen richtigen Blick in die Welt erlangen, über ihr Verhältniß zu derselben belehrt werden, und ihren Wohn-
Ort, die sie umgebende Natur und die Ereignisse der Menschen und
Völker genauer kennen lernen. Da jedoch die Schulzeit beschränkt ist,

---

*) S. Harnisch, W., die Weltkunde. Ein Leitfaden bei dem Unterricht in der Erd-,
Mineral-, Stoff-, Pflanzen-, Thier-, Menschen-, Völker-, Staaten- und Ge-
schichts-Kunde. 3 Thl. 4te Auflage. Breslau 1827.

so versteht es sich von selbst, daß der Lehrer darauf bedacht seyn müsse,
aus dem weiten Gebiete der Weltkunde nur das Wichtigste und Unentbehrlichste für seine Kinder auszuheben und es so zu behandeln,
daß sie das Walten Gottes in der Einrichtung des Weltalls und in der
Führung des Menschengeschlechts mit der tiefsten Ehrfurcht erkennen; daß
sie sich vor Schaden an Seele und Leib, der leicht aus irrigen Ansichten
entspringt, bewahren mögen, und daß sie ihre Stellung in der Menschenwelt und im socialen Vereine gehörig zu würdigen im Stande sind.
Es muß demnach hier Alles sorgfältig vermieden werden, was die Kinder
verbilden oder überbilden könnte. Wenn dem Elementarlehrer ohnehin
das non multa, sed multum (nicht Vielerlei, sondern viel) beständig
vorschweben muß, so wird dieß hier um desto mehr der Fall seyn müssen; er wird insbesondere bezüglich auf die Anschauungen genug gethan
haben, wenn es ihm gelang, die Aufmerksamkeit der Kinder auf die Gegenstände der Natur und Kunst um sie her so anzuregen, daß sie bei
ihrer Betrachtung gern verweilen, die nöthige Kenntniß davon besitzen,
oder wenigstens wissen, wie sie dazu gelangen sollen, und auch auf
menschliche Kunstfähigkeit gehörig achten. Das also, was den Kindern
in ihrem Kreise und künftigen Lebensberufe wahrhaft frommt, muß ihnen
auf eine möglichst anschauliche Weise mitgetheilt werden. Eine besondere
Berücksichtigung verdient die Heimath und das Vaterland; von dem Auslande dagegen werde vornehmlich nur das hervorgehoben, was besondern
Einfluß auf die häuslichen und bürgerlichen Verhältnisse behauptet. Woher kommt es, fragen wir hier, daß dieser Unterricht in manchen Schulen
mit so wenig Gewinn für die Kinder betrieben wird? und antworten
hierauf: Der so unfruchtbare, so wenig Gewinn abwerfende Unterricht
hierinfalls schreibt sich hauptsächlich von der Unbeholfenheit vieler Lehrer
her, welche den hier zu behandelnden Stoff so wenig in ihrer Gewalt
haben, und es nicht verstehen, das auszuwählen, was für das Leben
nöthig und nutzreich ist, und es den Kindern auf eine anziehende und
geistbildende Weise mitzutheilen. Mancher Lehrer glaubt Wunder zu
thun, wenn er den Kindern auf eine recht gelehrte Weise im zusammenhängenden Vortrage Erdbeschreibung, Geschichte, Naturkunde 2c. in die
Feder diktirt, und sie dann das Diktirte memoriren läßt; er denkt aber
nicht daran, daß keine Lehrweise mehr Tadel verdiene, und keine unfrucht-
barer für die Kinder sei, als ihnen den Lehrstoff in die Feder zu diktiren
und denselben dann auswendig lernen zu lassen. Wohl setzt er dadurch
ihre Federn in Bewegung und füllt ihre Schreibhefte an, aber ihrem
Kopfe und Herzen verschafft er keinen Gewinn. Ganz anders verhält
sich die Sache, wenn der Lehrer aus sich selbst, ohne Gebrauch eines
Lehrbuchs, lebendig erzählt, die Aufmerksamkeit der Kinder durch angemessene Zwischenfragen rege erhält, das Behandelte wieder abfragt, von
den Kindern nacherzählen und der Hauptsache nach als Selbstbeschäftigung niederschreiben läßt. Ein solches Verfahren ist wahrhaft geistbil-
dend, erweckt die Kinder zum Verarbeiten des gegebenen Stoffes, und
legt für das Weiterlernen im Berufsleben einen festen Grund. Derjenige
Lehrer, welcher den Unterricht in der Weltkunde mit bleibendem Nutzen betreiben will, muß sich bestreben, durch eifriges Studieren des Lehrstoffes
so mächtig zu werden, daß er im Stande ist, denselben in allseitiger Beziehung gelegentlich an andere Unterrichtsgegenstände oder an Vorfälle
des täglichen Lebens auf eine geschickte Weise anzuknüpfen. Wie überall,
so muß insbesondere auch hier der Lehrer das beste Buch in der Schule
sein. Der rechte Lehrer, sagt Dinter, ist nicht Sklave seines Lehrbuchs, auch nicht Herr, sondern Haushalter. Er soll aus ihm, wie aus

einer Vorrathskammer, seinen Kindern die Nahrung mittheilen; von der er glaubt, daß sie ihnen die zuträglichste ist. (Antw.)

Wie viel übrigens aus dem Gebiete des gemeinnützlichen Wissens in unsern Volksschulen behandelt werden könne und soll, läßt sich im Allgemeinen nicht angeben, da hiebei so Vieles von dem niedern oder höhern Standpunkte, von der geringern oder größern Anzahl der Schüler und andern äußern Verhältnissen abhängt. Daß hiedurch den nothwendigen Kenntnissen kein Abtrag geschehen dürfe, ist für sich selber klar. Je mehr aber die Kinder in diesen gefördert sind, desto mehr Zeit kann denn auch den gemeinnützlichen Kenntnissen zugeschieden werden. (S. Art. gemein-nützliche Kenntnisse.)

Werk, (das,) des Lehrers geht nicht unter. Alles, was ohne Gott und nur aus Stolz, Eitelkeit und Ruhmsucht unternommen wird, zerfällt und geht unter, wie groß und herrlich es sonst auch immer scheinen mag; was aber aus Gott ist und mit ihm unternommen und fortgesetzt wird, hat Bestand. So ist auch des Lehrers Werk aus Gott, wenn er nicht seine Lehre, sondern Gottes Lehre vorträgt, wenn er nicht bloß weltkluge, sondern wahrhaft weise Menschen bildet, wenn er den Geist der Jugend mit heilsamen Kenntnissen bereichert und ihr Herz veredelt. Während ein Anderer sein Werk über kurz oder lang untergehen sieht, wird das Seinige fortbestehen; während ein Anderer sein Werk überlebt, wird sein Werk ihn überleben. Was der christliche und weise Lehrer thut, ist nicht für die Zeit, sondern für die Ewigkeit gethan. Welch eine Ermunterung für ihn, sein Werk mit Eifer und Freude zu betreiben! — Vertraue daher, sagt Dinter, dem guten Samen; er bringt gewiß Früchte, und nicht bloß für die Zeit, sondern für die Ewigkeit. — Hat der Lehrer nur den Boden befruchtet und ihm Kraft mitgetheilt, selbst unter dem milden Einflusse des Himmels zu treiben, so kann er getrost manches Körnlein hineinstreuen, ohne dabei stehen zu bleiben und zu warten, bis es keimt und schoßt. Liegt Kraft im Boden, so wird das sicherlich erfolgen. Man kann nicht ärnten, wenn die Saat kaum zu keimen begonnen hat. Die Weisheit, die ein Eigenthum unserer Kinder werden soll, ist kein Schwamm, der in Einer Nacht aufwächst, und in der zweiten seine Vollkommenheit erreicht. „Lasse doch dem Eichbaum seine Zeit, sich zu erheben. Es gehören Menschenalter dazu; aber dann ist's auch ein Eichbaum." Der Lehrer muß in beharrlicher Geduld warten können, bis seine Saat zur frohen Aernte heranreift, und er die Sichel anlegen und ärnten kann. Er verzage nicht. Was er mit Gott angefangen und fortgesetzt hat, das kann und wird nie untergehen, sondern zu Gottes Ehre und zum Heil der Menschen fortbestehen, wenn er auch nicht mehr im Lande des Staubes lebt. In jedem Falle darf er froh und selig in seiner Hoffnung sein. (Apostelgesch. 5, 38—39. Dan. 12, 3.)

Werth der Dinge. (S. Art. Urtheile darüber.)

Werth, eigener. (S. Art. Unterschiedmachen.)

Werth des Lebens. Das Leben, das uns Gott verliehen, ist ein überaus wichtiges und unschätzbares Gut. Es ist uns dazu gegeben, daß wir es weislich anwenden, damit wir auf Erden reif für den Himmel werden mögen. Das ist die Absicht, um derentwillen uns Gott das Leben in der Zeit gegeben hat. Wir haben dasselbe sonach als ein uns anvertrautes Gut zu betrachten, mit dem wir wuchern sollen für die Ewigkeit. Das Leben des Menschen muß daher vor allem Gott und der Tugend geweiht sein, um dereinst die Früchte davon ärnten zu können. Je länger der Mensch hienieden lebt, desto mehr Gutes kann er üben, desto reichlichern Samen ausstreuen für die künftige Aernte. Das irdi-

sche Leben muß sonach einem Jeden so wichtig sein, als es Gott in seinem heiligen Worte gebeut. Jeder soll sich um so mehr während desselben vorbereiten auf die Ewigkeit, je kürzer die Zeit der Gnade ist, die
ihm dazu eingeräumt oder zugemessen wurde. Das sind mit wenigen
Worten die eigentlichsten Vorstellungen, die man sich vom Leben in der
Zeit und vom Werthe desselben zu machen hat. Auch mit diesen Vorstellungen vom Leben und vom Werthe desselben sollen unsere Kinder
gehörig befreundet werden, damit sie die so schnell enteilenden Stunden
ihrer Lebenstage so treu und gewissenhaft anzuwenden suchen, wie es
ihrer erhabenen Bestimmung gemäß ist. Mit allem Eifer sollen sie streben, sich jene Güter des Geistes und Herzens zu erwerben, wodurch sie
sich die Anwartschaft des ewigen Lebens sichern mögen. Es ist um so
nöthiger, sie mit dieser Grundansicht des Lebens auf Erden vertraut zu
machen, je mehr sie der Gefahr ausgesetzt sind, derselben entfremdet zu
werden. Denn die Vorstellungen vom Werthe dieses und jenes Lebens
sind vielfach verworren und unvollkommen. Allzusehr mit den Begierden
an das angeschlossen, was den Menschen täglich umgibt, was seinen Sinnen und Neigungen schmeichelt, legt er der Erde meist so vielen Werth
bei, als dem Himmel. Er möchte hier so gerne Alles haben und genießen und weiht daher diesem auch den größten Theil seiner Mühen und
Sorgen. Nur in Nebenstunden denkt er mitunter auch an das Ewige.
Für ihn scheint zwischen Hier und Dort kein bedeutender Zusammenhang
zu sein. Diese Welt ist ihm Hauptsache, so lange er ihr angehört, und
die Ewigkeit steht seinem beschränkten Blicke zu tief im Hintergrunde.
Er fühlt meist zu wenig seine eigene Würde, deßhalb ist ihm auch das
Irdische, und was nicht des Geistes ist, noch so viel wichtig. Je mehr
daher unsere Kinder den Werth des Lebens kennen lernen, und je mehr
sie auf den Zusammenhang dieses und jenes Lebens aufmerksam gemacht
werden, desto weniger Gewicht werden sie später auf dieses flüchtige
Leben mit allen seinen schnell vorübergehenden Erscheinungen legen, und
desto mehr wird ihnen Gott, Tugend und Frömmigkeit über Alles gehen.
Sprechen lernen werden sie dann mit dem heiligen Sänger Gottes:
Was hab' ich im Himmel, und was lieb' ich auf Erden
außer dir, o Herr! (Ps. 72, 25.) Und wenn sie einmal so weit
gekommen sind, dann werden sie auch nicht mehr so leidenschaftlich das
Irdische umfassen und ihr Herz an dasselbe hängen. Sie werden es
zwar besorgen, nutzen und gebrauchen, ohne jedoch Schaden davon für
ihre Seele zu nehmen. Und so, indem unsere Kinder im christlichen
Sinne die Nichtigkeit des Irdischen erkennen und einsehen, daß sie dadurch ihr wahres Glück nicht zu begründen im Stande sind, werden sie
sich vielmehr, die gewöhnlichen Vorurtheile ablegend, bestreben durch Eins-
sein mit Gott, so wie durch einen frommen Wandel, der jedoch den Gebrauch des Zeitlichen nicht ausschließt, sondern nur mehr erhöht, Ruhe
der Seele in diesem bunten Leben zu finden, und Seligkeit des Herzens zu begründen. Streben werden sie dann täglich mehr nach jener Vollkommenheit, die Jesus von den Bekennern seines Namens verlangt, und von
deren Erwerb der Apostel so nachdrücklich spricht, wenn er bemerkt:
"Vergessend, was hinter mir liegt, strecke ich mich nach dem, was vor
mir liegt, und eile dem Ziele zu, dem Kleinode entgegen, welches die
himmlische Berufung Gottes in Christo Jesu vorhält." (Phil. 3, 13—14.)
Zwar haben die Güter und Freuden der Erde immer einen großen
Werth und verdienen auch als Gottes Gabe mit einem dankbaren Herzen genossen zu werden; allein je älter der Mensch, und je reicher er an
Erfahrung wird, desto mehr lernt er es auch einsehen, daß sie von kei-

nem Bestand und nicht vermögend sind, dem Herzen wahre Ruhe zu
verleihen. Wohl fordert das leibliche Leben Befriedigung seiner Bedürfnisse. Die Triebe und Neigungen, die aus Fleisch und Blut hervorgehen, sind immerhin rein und gut, insofern sie zur Erhaltung des Lebens
und Bewahrung der leiblichen Gesundheit abzielen. Allein durch allzuhäufige Befriedigung dieser Neigungen werden sie nur zu leicht herrschend, und daraus entspringt wieder ein unmäßiges Hängen an den vergänglichen Dingen dieser Erde. Ehren lernen sollen unsere Kinder die
Einrichtungen und Bedürfnisse des Lebens, aber zugleich auch ihr höheres
Leben, das Wandeln vor Gott, über alles Vergängliche hinaufzusetzen.
Die Genüsse dieses Lebens sollen sie nicht zum Bösen verleiten. Ihre
einzige und wichtigste Sorge soll stets auf das gerichtet sein, was vor
Allem Noth thut. Einsehen sollen sie, daß diese Welt mit allen ihren
Gütern und Freuden nimmermehr das Endziel ihres Daseins sei, sondern
daß sie von Gott zum Himmlischen und zum Erbe des ewigen Lebens
berufen seien. Diese ihre Berufung sollen sie lebendig anerkennen und
im Glauben fest an Jesu hangen, der da ist das einzig wahre Licht des
Lebens und der einzig sichere Weg zur Seligkeit. Verstehen unsere Kinder die Güter der Erde, die ihnen Gottes Liebe bietet, so zu gebrauchen, daß sie ihre Herzen nicht beherrschen, sondern ihnen gleichsam eine
Brücke werden, über die wandelnd sie des Reiches Gottes theilhaftig
werden, dann erkennen sie den Werth ihres Lebens, und es steht zu
erwarten, daß sie auch einen weisen christlichen Gebrauch davon machen
werden. (Spr. 10, 16. Sir. 39, 31. Ps. 38, 5. Weish. 4, 9. 6,
19. 20. Joh. 14, 6.)

Werth des Lehrers. (S. Art. Lehrer als Erzieher.)

Werth der katechetischen Lehrart. Es ist bekannt, daß viele den
Werth der katechetischen Lehrweise theils in Zweifel ziehen, theils verkennen und bestreiten. Hiezu mögen sie nun allerdings durch schlechte
Katechisationen, die sie gehört und gelesen haben, worin sie ermüdende
Weitläufigkeiten, ein zu weites Zurückgehen und Ausholen, Wortzerre-
reien und geistlose Zergliederungsfragen fanden, veranlaßt worden sein.
Indessen liegt jedoch die Hauptursache, warum die Katechetik von Vielen
verkannt und so geringfügig behandelt wird, sicherlich in nichts Anderm,
als in der Unbekanntschaft derselben mit dem wahren Wesen der katechetischen Lehrweise und im Mißverstande einzelner katechetischen Vorschriften
entweder an sich, oder in der Art ihrer Anordnung, oder auch im Mißverstande des Zweckes und der Wirkungen der katechetischen Lehrart.
Vielleicht mag aber auch mancher Tadel seinen Grund in dem Mangel
an gutem Willen haben, sich die nöthige katechetische Lehrgeschicklichkeit
zu erwerben, welche allerdings Mühe und vielseitige Uebung verlangt.
Gewiß ist es viel leichter, Sätze vorsagen und nachsprechen zu lassen,
und ungleich bequemer zu lehren, ohne sich darum zu bekümmern, ob die
Kinder den Vortrag auch auffassen und verstehen, oder nicht. Man mag
übrigens dagegen einwenden, was man will, so ist es gewiß, daß die
wahre Katechetik, als eine in der Natur des menschlichen Geistes begrün-
dende Lehrweise immerhin sehr zweckmäßig und nützlich bleibt. Denn sie
ist eine aus der Natur des menschlichen Erkenntnißvermögens entwickelte
Methode. Sie wird dem Lehrer dadurch nützlich, daß sie ihn veranlaßt,
sich von dem Inhalte seiner jedesmaligen Unterredung erst recht deutliche
und gründliche Kenntnisse zu verschaffen. Ferner befördert sie die Gewandtheit seines Geistes und die Fertigkeit gemeinfaßlich zu werden. Sie
macht es ihm möglich und leicht, die Aufmerksamkeit der Kinder zu erregen und zu erhalten, ihre Geistesbedürfnisse kennen zu lernen, sie zu

befriedigen und die Wirkungen seines Unterrichts zu beobachten. — Den Kindern bringt die katechetische Lehrweise dadurch Gewinn, indem sie ihre Erkenntnißkraft in mannigfaltige Thätigkeit versetzt, sie zum richtigen, zusammenhängenden Denken gewöhnt, ihnen zum Selbstbewußtsein ihrer Kräfte und zum bescheidenen Zutrauen zu denselben verhilft, und sie zur festen und begründenden Ueberzeugung führt. Auch macht diese Lehrweise den Kindern, wenn sie anders recht behandelt wird, den Vortrag unterhaltender, und die Wahrheiten, die sie erlernen sollen, anziehender und behältlicher, sie bildet sie zur künftigen Benutzung ununterbrochener Vorträge, und leitet sie zu der Fertigkeit, ihre eigenen Gedanken auf eine gute und gefällige Weise auszudrücken. Schlagen wir nun die kurz angeführten Vortheile, welche die katechetische Lehrmethode dem Lehrer und den Schülern gewährt, gehörig und unparteiisch an, so werden wir uns nicht wohl dazu verstehen können, die Parthie ihrer Tadler zu ergreifen. (S. auch Art. Sokratik und Art. Religions-Unterricht.)

Werth des Menschen. Es ist im Leben der Menschen keine seltene Erscheinung, daß Mancher auf sich selbst den höchsten Werth setzt und Andere so behandelt, als wären sie nur um seinetwillen vorhanden. Und doch bemerken wir nebenbei auch, daß Viele bei all' diesem Eigendünkel Sklaven eines Andern, oder Leibeigene eines völlig unrichtigen Gegenstandes ihrer Begierden werden. Dieser ungemessene Stolz neben aller Gefühllosigkeit des eigenen Werthes, und die betrübende Selbstsucht neben einer verächtlichen Geringschätzung Anderer sind öfters so gewöhnlich, daß es wohl eine der wichtigern Pflichten des erziehenden Lehrers ist, diesem Uebelstande auf möglichste Weise zu steuern. Zu dem Ende führe er die Kinder in ihr Inneres, und lasse sie da den wahren Menschenwerth sowohl an sich als an Andern erkennen. Noch haben sie von dem wahren Menschenwerth keinen Begriff, weil sie bisher den Menschen nur nach zufälligen Aeußerlichkeiten schätzen lernten. Der Mensch muß aber den Menschen in sich selber kennen und nach seinem Werthe beurtheilen lernen. Ein verabsäumtes Kind, das nur am Sinnlichen hängt, muß daher vor Allem mit sich selbst und mit seiner innern Beschaffenheit befreundet und auf seinen innern Werth oder Unwerth hingewiesen werden. Der unpartheiische Lehrer wird schon an sich überall merken lassen, daß in seiner Schule weder Kleid noch Stand irgend einen Vorzug geben, und daß seine herzliche Werthschätzung einzig und allein von der innern Güte seiner Schüler, von ihrem Fleiße im Lernen und ihrem guten Verhalten abhänge. Dieß lenkt die verwahrlosten Gemüther schon von selbst auf jene Vergleichung hin, welche sie bisher nie machen lernten, nämlich auf die Vergleichung ihres Betragens mit dem Betragen Anderer. Diese aber ist, wie wir bereits an einem andern Orte bemerkt haben, der erste Schritt zur gehörigen Einkehr in sich selbst, und gibt dem Lehrer die unmittelbare Veranlassung, den auf sich selbst gekehrten Blick des Kindes festzuhalten, zu erweitern, auf das Werthvolle oder Verwerfliche in sich hinzulenken und zu einer immer vollständigern und bessern Erkenntniß seines Innern zu benutzen. Man lasse es nur in sich selbst das Gute lieben und achten, und unwillkürlich wird es eine solche Schätzung auch auf Andere übertragen. Man lehre es das Aeußere auf das Innere beziehen, das Sinnliche geistig deuten, das Körperliche mit dem Geistigen vergleichen; lehre es z. B. recht deutlich verstehen, was es heiße: „Mein Kleid ist schön, aber mein Herz ist häßlich;" „mein Gesicht ist rein, aber mein Gewissen ist befleckt;" „ich bin reich an Sachen, aber arm an Renntniß und gutem Willen;" „ich verlange viel von Andern, aber

wenig von mir" ꝛc. Vornehmlich wirke der Lehrer bei seinen Kindern,
daß sie ihren Menschenwerth lebendig erkennen, und ihn um keinen Preis
weggeben, daß sie nie um irgend ein Gut der Welt ihren Glauben, ihre
Unschuld und Tugend feil bieten und damit die Ruhe dieses und die
Seligkeit jenes Lebens verkaufen; daß sie die Gefahr zur Sünde sorgsamst vermeiden, und mit Joseph einst in der Stunde der Versuchung
rufen: „Wie sollt' ich ein so großes Uebel thun, und gegen meinen Gott
sündigen?" — Wie sollt' ich mich durch Sünde schänden und meinen
Menschenwerth um eine so abscheuliche Handlung hingeben? — Der
Lehrer führe den Kindern zu Gemüthe und sage ihnen: Blicket in euer
Innerstes, erwäget den Werth eurer Seele, die Jesus Christus um
einen so theuren Preis erkauft hat! O wenn euch Gott, euer himmlischer Vater lieb ist; wenn euch euer Glaube, euere Unschuld, der Himmel und die Ewigkeit theuer sind, so bedenket euern Werth und gebet
denselben nie um irgend einen schnöden Lohn, den die Welt euch bieten
möchte, hin. Ihr seid Menschen, Gotteskinder! ihr steht hoch auf der
Stufenleiter der von Gott erschaffenen Wesen, ihr reichet den Engeln
des Himmels die Hand; vergesset euch nie, und gebet nie eure Menschenwürde auch nur für einen Augenblick auf! — Ihr seid zum ewigen
Leben berufen! Für euch stehen die Pforten des Himmels offen, dessen
Wonnen ihr in euerm zeitlichen Leben kaum zu ahnen im Staube seid.
Danket Gott täglich und stündlich für diese große Gnade und verkaufet
euren Seelenadel nicht, und wenn auch alle Schätze der Erde dafür
geboten werden sollten. Ehret aber auch Gottes Ebenbild an Eures-
gleichen, ihr Werth sei euch nicht minder heilig und ehrwürdig, als euer
eigener! auch sie sind Gotteskinder, sind erkauft und erlöset vom Tode
durch Jesu Blut und Leiden; auch ihnen zeigte Er, der Sohn Gottes,
den Weg zum Vater und zu des Vaters Herrlichkeit! — Der Lehrer
halte seinen Kindern den Werth des Menschen und die treue Schätzung
und Bewahrung desselben durch treffende Beispiele theils aus der heil.
Schrift, theils aus der Geschichte der christlichen Kirche vor, so oft sich
Gelegenheit dazu darbietet. (1. Mos. 39, 9. Matth. 10, 37. 1. Mos.
1, 26. 27. 3. Mos. 24, 20. Spr. 8, 34. Eccl. 12, 13. Weish. 2,
23. Matth. 16, 26.)

Werth der wahren Bildung in der Religion. (S. Art. Bildung
des religiösen Gefühls und Art. Religion.)

Wesen des Lehrers. (S. Art. Lehrer und Art. Genußtrieb.)

Wesentlich und unwesentlich. Wir nennen hier wesentlich, was die
wichtigsten und unentbehrlichsten Bestandtheile eines Unterrichts ausmacht,
der unsern Kindern in der Schule ertheilt wird; das Gegentheil hievon
aber ist unwesentlich, oder was unter günstigen Verhältnissen bloß wünschenswerth, aber nicht unbedingt nothwendig ist. Das Wesentliche ist
zwar in jeder Volksschule, vornehmlich aber in einer überfüllten, an der
nur ein Lehrer arbeitet, fest im Auge zu behalten. Wollte ein solcher
Lehrer auch das Unwesentliche und das bloß Wünschenswerthe mit in
seinen Unterricht hineinziehen, dann würde dieß die nachtheiligsten Folgen
herbeiführen. Ein solcher Lehrer würde, da seine Thätigkeit ohnehin
zwischen Kindern, die sich auf den verschiedensten Erkenntnißstufen befinden, sehr getheilt ist, seinen Zweck ungleich weniger erreichen, wenn er
sie zumal noch auf zu vielerlei Gegenstände zersplittern wollte. Freilich
will ein thätiger und für seine Sache eingenommener Lehrer nicht hinter
Andern zurückbleiben, und zieht daher gern Manches in seinen Bereich,
was sich mit der Betreibung des Wesentlichen nicht verträgt oder wenigstens demselben Abbruch thut. Immerhin kann sich auch der eifrige und

fleißige Lehrer damit zufrieden geben, wenn er mit seinen Kindern nur erst das Wesentliche und Nothwendige auf eine entsprechende und gründliche Weise behandelt hat. Kann er dann nach Umständen der Sache noch anderweitige Zweige wohlthätigen und nußreichen Wissens in seinen Unterricht aufnehmen, ohne dem Wesentlichen zu berogiren, so wird er wohl daran thun. Vor dem Vielerlei und nichts Rechtem können wir jedoch insbesondere den Landschullehrer nicht ernst genug warnen. (S. Art. Vielerlei und Art. Mittel und Zweck.)

Wetteifer (Anregung desselben). In Anregung des Wetteifers bei den Kindern ist dem Lehrer besonders große Vorsicht nöthig. Der Wetteifer, wenn er edler und rechter Art ist, kann große Dinge thun, dagegen ein entgegengesetzter viel Unheil stiften, und das Herz der Kinder verderben. Ohne alle Anregung darf jedoch der Wetteifer nicht bleiben, bei den Kindern so wenig, als bei den Erwachsenen. Sofern man unter Wetteifer den mächtigen Einfluß des Beispiels oder jene Ueberzeugung von der Macht des Willens, die durch den Anblick dessen, was ein anderer vermag, plötzlich hervorgebracht wird, oder jenen gleichsam ansteckenden Eifer, von dem diejenigen natürlich ergriffen werden, die mit Andern die gleiche Bahn durchlaufen, versteht, so spricht man von einem eben so unschuldigen als nützlichen Resultate der Gemeinschaftlichkeit der Arbeiten. Man darf den Wunsch, sich bemerkbar zu machen und ein besonderes Gefühl des Beifalls oder der Achtung in Andern zu erregen, nicht tadeln und noch weniger zu ersticken suchen: denn dieses Streben ist nicht zu vernichten und ist zugleich eine reiche Quelle beharrlichen Fortschreitens. (Necker de Saussure, Tom. 2, p. 117.) Auch dem trägsten Kinde fehlt es nicht an aller Empfänglichkeit dafür, nur ist ihm schwerer beizukommen. Der Lehrer lasse dasselbe sich nur nicht mit solchen messen, die ihm zu weit überlegen sind, weil es sich dann nur niedergeschlagen fühlt; mit einem Kinde aber, das mit ihm so ziemlich auf gleicher Stufe steht, wird es den Wettkampf leichter wagen. In der Schule, wo der Lehrer die Auswahl unter so vielen Kindern hat, wird es ihm ein Leichtes sein, das rechte zu treffen. Sind die Kinder sich auch an Temperament gleich, so werden sie einander desto leichter entzünden, sobald er sie auf eine angemessene Weise zum Wettstreite auffordert. — Oeffentliche Anerkennung des Fleißes, Aeußerung der Zufriedenheit mit dem Betragen des Kindes möchte wohl die edelste Anregung des Wetteifers sein. Vorsichtiger muß der Lehrer bei Anweisung eines Ehrenplatzes, bei Ertheilung von Geschenken ꝛc. sein. Wohl gibt es einen unschuldigen Wetteifer, und er zeigt sich bei solchen Kindern, die ihre Kräfte unter der Leitung eines weisen Lehrers bei irgend einer schweren Aufgabe versuchen, nicht um eine Belohnung zu erringen, oder sich gegenseitig aus der Gunst des Lehrers zu verdrängen, sondern um ihm Freude zu machen und weiter im Lernen fortzuschreiten. Bedenklich aber ist die stete Anwendung des Wetteifers, nicht bloß, weil er so leicht Neid, Gehässigkeit, Eitelkeit und Ehrgeiz hervorruft, sondern auch deßhalb, weil er die minder begabten Kinder leicht muthlos macht, zumal er sie der Geringachtung und dem Gespötte der mehr begabten preisgibt. Ist der Ehrtrieb bei Kindern durch eine fehlerhafte Erziehung erstickt oder ihr Geist durch Härte niedergedrückt, so daß ihnen keine Anstrengung zugemuthet werden kann, dann bekundet der Wetteifer seine ganze Unwirksamkeit. — Hieraus mag nun der Lehrer in Beziehung auf die Anregung und Anwendung des Wetteifers das erforderliche Verhalten entnehmen, und sich selbst die Bedenklichkeiten der Pädagogen deßfalls zu lösen suchen. (S. auch Art. **Anregung des Wetteifers.**)

Wichtig. Des Kindes Aufmerksamkeit ist besonders auf alles Wichtige und Ungewöhnliche zu lenken. Alles nämlich, was wichtig ist für Familie, Dorf, Gemeinde, Vaterland, Volk und Kirche, muß auch den Kindern von den Eltern sowohl, als den Lehrern besonders wichtig gemacht und durch stete Lenkung der Aufmerksamkeit darauf, so wie durch häufige Erinnerung daran, dem Andenken frisch erhalten werden. Dadurch werden die Kinder mehr von dem Unwichtigen abgezogen, lernen mit ihren Gedanken sich mit dem Größern zu befreunden und nach Größerem zu streben. Sie erkennen Gottes Wohlthaten mit einem dankbaren Herzen und schätzen dann auch Menschenverdienst, wie es sich gebührt. Oeffentliche Denkmale, sagt Kelber, leisten zur Erinnerung an merkwürdige Begebenheiten gute Dienste und sind durchaus nicht als etwas Ueberflüssiges zu betrachten. Josua ließ den Uebergang des Jordan durch zwölf Steine bezeichnen und sprach: Wenn euch euere Kinder künftig fragen und sprechen: Was sollen diese Steine da? so sollt ihr ihnen sagen: daß die Gewässer des Jordans sich schieden vor der Bundeslade des Herrn, als sie in den Jordan ging, und es seien diese Steine ein ewiges Denkmal den Kindern Israels. (Jos. 4, 6—7.) Auch ist es gut, wenn für außerordentliche Fälle, selbst für den Familienkreis und für die Schule besondere Erinnerungstage angeordnet werden, wie es schon Moses durch Anordnung der Festtage that, und wie dieß auch mit unsern christlichen Festzeiten der Fall ist. So wird eine wichtige Begebenheit dem Gedächtnisse der Kinder tief eingeprägt, und die guten Eindrücke werden fortwährend erneuert und verstärkt, was jedenfalls nur heilsam sein kann. (Joel. 1, 3. 5. Mos. 27, 9. 2. Mos. 13, 3. 5. Mos. 6, 20—25.)

Wichtigkeit der körperlichen Erziehung. (S. Art. körperliche Erziehung.)

Widersetzlichkeit. (S. Art. Gehorsam.)

Widerspenstig. (S. Art. Halsstarrig.)

Widerspruchsgeist. Man versteht darunter eine hervortretende Reigung zu widersprechen, die sich bei manchen Kindern gegen ältere Personen überhaupt, und selbst die Eltern, die doch die gesetzgebenden Personen des Hauses sind, kund gibt. Einem solchen absichtlichen Widerspruch soll eine bescheidene Richtung angewiesen werden. Dazu ist aber erforderlich, daß der Gesetzgeber oder die Gesetzgeberin (Vater oder Mutter) sich in Gegenwart der Kinder so zu benehmen wissen, daß der Widerspruchsgeist nicht gereizt wird. Eltern, deren ganzes Leben ein fortgehender Widerspruch, eine Komödie ist, und von Vorurtheilen und Thorheiten aller Art geleitet wird, müssen es sich dann wohl gefallen lassen, von ihren verwahrlosten Kindern widersprochen zu werden. Wenn die Kinder Liebe und Zutrauen zu ihren Erziehern haben, so werden sie ihnen nicht leicht, wenigstens nicht mit trotziger Rechthaberei, widersprechen, oder sich doch bald in die Grenzen der Unterwürfigkeit zurückführen lassen. Gut erzogene Kinder fallen nicht leicht in diesen Fehler, wenigstens nicht als Mißbrauch ihrer Freiheit, sondern nur die lebhaftern, heftigern und verzärtelten, deren Widerspruchsgeist nicht genug Widerstand fand. Hätte auch der Widerspruch Grund, so dürfte er doch nicht gegen die gesetzgebenden Personen, mit Hitze und Rohheit ausgesprochen, gestattet werden. Die Natur (oder vielmehr Gott) will nicht, daß die Kinder die Richter ihrer Eltern sein sollen, und kein Staat in der Welt hat ihnen dieses Recht eingeräumt. Freilich nehmen sie sich ihren Widerspruch nicht übel, weil ihnen der Umgang mit den Eltern alltäglich geworden ist, und eine zu große Vertraulichkeit derselben hiezu

ein Recht zu geben scheint, überhaupt aber der jugendliche Geist im Ent-
gegenwirken sich gefällt. Oft will daher das Kind beim Widerspruch
nur seine Schlauheit und seinen Verstand zeigen, und diese Art der
Widerrede sollte man auch nicht hart zurückweisen, sondern sie stillschweigend anhören, oder sie mit Ernst zu berichtigen suchen, indem man sie
für das Kind zu einer Arbeit des Verstandes macht und als eine Gelegenheit benutzt, den Kopf des Kindes mehr zu recht zu schieben. Oft
ist auch sein Widersprechen bloß eine böse Gewohnheit, die es gedankenlos von seinen Umgebungen angenommen hat. Aus einer solchen Gewohnheit wird aber in Folge wohl gar eine Art Unterhaltung, durch
welche Kinder interessiren wollen. — Haftet nur erst das heilige Wort
tief in den Herzen der Kinder, so wird auch der Geist der Rechthaberei
und des rohen Widerspruchs in den angewiesenen Schranken gehalten
werden. Und dieses heilige Wort lautet also: „Ehre Vater und
Mutter in der That, mit Worten und mit Geduld! — Dieß
Eine Wort wird ohne Zweifel das beste und sicherste Verwahrungsmittel
gegen den ungebärdigen und trotzigen Widerspruchsgeist sein. (S. auch
Art. Eigensinn.)

Wiedererzählen. Das mündliche Wieder- und Nacherzählen einer
vom Lehrer mitgetheilten Erzählung ist eine überaus nützliche Uebung,
zu welcher Kinder mit allem Fleiße angehalten werden sollten. Dasselbe
übt das Gedächtniß und die Einbildungskraft, prägt nützliche und heilsame Lehren dem Gemüthe tiefer ein und übt den Verstand. Zugleich
bekommen die Kinder dadurch mehr Fertigkeit, sich auch über andere Gegenstände deutlich und faßlich auszudrücken. Nur lasse der Lehrer die
Geschichte nicht den Worten, sondern ihrem Inhalte nach, und zwar von
solchen Schülern wiedererzählen, von welchen er weiß, daß sie es zu
thun vermögen, und daß sie die Erzählung richtig aufgefaßt und im Gedächtnisse behalten haben. Er sei freundlich gegen sie, und werde nicht
gleich verdrießlich, wenn es nicht von Statten gehen will. Er komme
ihnen zu Hülfe durch angemessene Erinnerungs- und Leitungsfragen, und
wohl auch dadurch, daß er ihnen die Wörter, auf die es bei der zu
erzählenden Geschichte hauptsächlich ankommt, entweder einzeln sagt, oder
sie in der gehörigen Folge an die Tafel schreibt, z. B. aus der Geschichte
vom Jüngling zu Naim = Leiche — Mutter — Jesus — Tod-
tenbahre — Reden — Prophet ꝛc. Oder aus der Geschichte vom
barmherzigen Samariter: Straßenräuber — Priester — Levit
— Samariter — aufheben — Oel und Wein — Herberge.
Der Lehrer lasse erst das geübtere Kind erzählen und dann zuweilen von
einem andern nacherzählen. Beim Wiedererzählen zumal der geübtern
Kinder, berichtige und verbessere er theils den Ausdruck, theils die Stellung und Verbindung der Wörter, theils den Zusammenhang, die Ordnung der Gedanken und Sätze. Ungemein nutzreich ist es, wenn sie am
Ende auch die Hauptlehre und einige Anwendungsfälle wiederholen.

Wiederholen, Wiederholung. Das Wiederholen dessen, was gelehrt
oder gelernt worden ist, darf von keinem Lehrer, dem daran gelegen ist,
daß seine Lehre wahren Nutzen bringe, versäumt oder vernachläßiget
werden. Bei den Kindern ist auch meist das Gedächtniß flüchtig und
unbeständig, und nicht selten geben sie sich dem Gedanken hin, daß sie
nur für die gegenwärtige Stunde und um des Lehrers willen lernen,
nicht aber um das Erlernte auch für die Folgezeit ihres Lebens zu behalten. Der Lehrer muß diesem Uebelstande dadurch zu begegnen suchen,
daß er sich häufig auf das Gelernte bezieht, das emsige Wiederholen
nicht hintansetzt und seine Fragen dabei zunächst an die Vergeßlichen

richtet. Täglich müssen die Kinder in der Erwartung stehen, daß sich der
Lehrer auf die vorangegangene Unterweisung oder die auswendig gelernten Pensen beziehe, und bei jeder Gelegenheit muß er sie auf das schon
Behandelte aufmerksam machen. — Die Wiederholung ist übrigens keineswegs so leicht, als Mancher glauben mag, und wenn der Lehrer gewahrt, daß die Kinder bei den Wiederholungen gedankenlos und zerstreut
sind, so sollte ihm das ein Wink sein, daß die Form, in welcher er dieselben anstellt, nicht von der rechten Art ist. Fehlerhaft ist die Wiederholung, wenn die Sachen in derselben Ordnung wiederholt werden, wie
sie beim Unterrichte, bei der Einübung vorkamen oder wenn die Form immer
eine und dieselbe ist, so daß die Schüler schon im Voraus, ehe noch die
Frage beginnt oder beendiget ist, wissen, was nun kommt. Der Lehrer
fange daher bald vom Ende an und steige zum Anfange hinauf, bald
stelle er sich mit den Kindern in die Mitte des Gegenstandes und arbeite
bald rechts, bald links hin, bald fasse er den Gegenstand von der Seite
und führe die Kinder quer durch — immer so, daß sie auf die nächste
Frage gespannt sind. Bei der Wiederholung kann der Lehrer zeigen, ob
er Schulmeister ist oder nicht. Beim Wiederholen hüte sich der Lehrer vor der langweiligen, unnützen, geistlosen Wiederholung; vor der
steten synonymischen Wiederkäuung dessen, was die Kinder längst schon
wissen. — Das Wiederholen kann in allen Lehrgegenständen angewandt
werden, selbst die Fertigkeiten. Aus dem bisher Gesagten geht hervor,
daß die Wiederholung doppelter Art ist, nämlich 1) die einfache, welche
sich darauf beschränkt, dem Schüler das Gelernte in dem Zusammenhange,
in welchem es erlernt worden ist, wieder in's Gedächtniß zurückzurufen,
und 2) steigernde, welche das Erlernte nicht bloß zurückruft, sondern
neu verknüpft, von neuen Seiten betrachtet und selbst Neues durch die
Verknüpfung schafft. Solche Wiederholungen in Querdurchschnitten sind
ungemein bildend, können aber nur von einem sehr gewandten Lehrer
angestellt werden. Die Hauptregeln für den Lehrer bei den Wiederholungen sind folgende: 1) Er befolge strenge Ordnung beim Unterrichte, denn dadurch wird nicht nur das Auffassen, sondern auch das Behalten und Wiedergeben befördert. 2) Er fasse nach Beendigung eines
Abschnittes das Wesentliche zusammen, damit es sich die Kinder recht
einprägen. 3) Er kündige namentlich bei zu memorirenden Pensen
die Wiederholung vorher an, damit sich die Kinder darauf vorbereiten
können. Dabei darf jedoch das gleich anfangs Bemerkte nicht vergessen
werden. 4) Er fordere bei der Wiederholung nicht zu viele kleine Einzelheiten, sei aber auch selber fest, und wiederhole erst das selbst mit sich
genau, was er mit den Kindern wiederholen will. 5) Er nehme mit den
schwachen Schülern nur eine einfache, mit den starken dagegen eine steigende Wiederholung vor. 6) Er frage einfach, bestimmt und richtig;
verwerfe nicht die halbwahren Antworten der Kinder, sondern scheide das
Falsche von dem Wahren. 7) Endlich erhalte er die Kinder bei der
Wiederholung so viel möglich in ruhiger Gemüthsstimmung. Wie die
Wiederholungen bei einem jeden Unterrichte ungemein nützlich sind, so
sind sie es auch beim katechetischen. Doch stelle diese der Lehrer nicht so
an, daß er einen Schüler bloß auffordert, das noch einmal zu sagen,
was so eben ein anderer Mitschüler gesagt hat; vielmer verändere er die
Frage den Worten nach, oder setze den zu wiederholenden Begriff mit
andern, mit welchen er häufig verbunden vorkommt, in Verbindung, d. i.
er lasse die Kinder nicht immer mit einerlei Worten wiederholen, wozu
sie sich so gern verstehen. Die prüfende Wiederholung, welche am Ende
einer Woche, eines Monats oder eines Abschnittes ꝛc. angestellt wird,

soll dem Lehrer die Ueberzeugung verschaffen, ob und in wie weit die Kinder das bis dahin Gelernte gefaßt und behandelt haben. Bei dieser Wiederholung schließt sich der Lehrer (Katechet) anfänglich an den Gedankengang, den er beim Unterrichte befolgt hat, fragt jedoch geradezu nach den einzelnen Begriffen und Gedanken. Der Zweck aller und jeder Wiederholung ist sonach kein anderer, als das von den Kindern Erlernte wieder zurückzurufen und zum bleibenden Eigenthume derselben zu machen. Und eben deßhalb kann das zweckmäßige Wiederholen dem Lehrer und Katecheten auch nicht erst empfohlen werden. Heil dem, der dieß nicht nur weiß, sondern auch thut!

Wiederholungsfragen sind entweder allgemeine, die sich auf einen völlig durchgeführten Abschnitt beziehen, oder sie sind bestimmte, besondere, deren sich der Lehrer bedient, wenn er sich nach den einzeln behandelten Lehren und Wahrheiten erkundiget. Auch diese Fragen müssen, wie es sich wohl von selbst versteht, dem Zwecke solcher Wiederholungen angemessen sein. (S. hierüber Art. Fragen und das Bilden derselben.)

Wildling, Wildheit. (S. Art. Rohheit.)

Wille ist überhaupt das Vermögen zu wollen, Begehrungsvermögen, die Kraft das Gute zu wählen, zu lieben und zu thun. Richtet sich der Wille nach den Grundsätzen der Vernunft, oder nach der Vorstellung von Gesetzen, so wird er freier Wille; folgt er aber bloß sinnlichen, also vernunftlosen Bestimmungsgründen, so ist er blinde, thierische Willkühr. Wenn der Erzieher jenen in seinen Zöglingen zu wecken, zu beleben und zu kräftigen hat, so wird er diese entweder nie aufkommen lassen, oder, wenn er dieses nicht zu hindern vermag, sie überall niederhalten und unterdrücken müssen. Der oft gehörte Gemeinspruch: „Kinder haben keinen Willen und dürfen keinen haben,“ darf nicht über das Alter des Menschenverstandes hinausgehen, wenn er Wahrheit behalten soll. Nur für die ersten Jahre fordern wir einen blinden Gehorsam. Sobald sich aber die Selbstthätigkeit der Vernunft zeigt, muß der Erzieher auch die Zügel etwas lockern und in dem Kinde das Streben nach Unabhängigkeit ehren, wenn es im gereifteren Alter eigenen Willen haben soll. Niederer sagt (S. 170): Der Wille erscheint auf der ersten Stufe der Kindheit als der einfache Ruf des augenblicklichen Triebes und Bedürfnisses. Auf den Entwickelungsstufen äußert er sich als das Votum der im Kinde berathschlagenden Kräfte, Neigungen und Gelüste, und bei der Reifung des Jünglings zum Manne, der Tochter zur Jungfrau, wird er zur vollziehenden Gewalt der in ihnen vorherrschenden Richtung ihres Geistes und Gemüths. Das Gesetz wird ihnen kund gemacht durch Eltern und Lehrer, durch Natur und Offenbarung, die sich an ihre Vernunft und an ihr Gewissen wenden. Es bleibt ihnen die freie Wahl zwischen Gesetzmäßigkeit und Gesetzlosigkeit, zwischen der rechtmäßigen Herrschaft der Vernunft und der usurpirten Herrschaft der Selbstsucht. Wo dieses statt der Vernunft herrscht, da verwandelt sich der Wille in Willkühr. Die blinde Willkühr, als das Erzeugniß der Laune, darf in den Handlungen der Kinder nie aufkommen; denn sie zerstört; weil sie blind ist, die Ordnung des Lebens wie die Ordnung der Seele, reißt alle Schranken gesetzlicher Freiheit nieder, und bildet in Kindern und Knaben künftige Despoten. (S. d. Art.) Eben deßhalb muß aber auch der Erzieher sich von jeglicher Art Willkühr fern halten, was ihm jedoch nur dann gelingen wird, wenn er frei von aufwallender Heftigkeit und Leidenschaft, nach den Regeln der Vernunft handelt, die er sich selbst als Richtschnur seines pädagogischen Verfahrens hingestellt hat. Dadurch wird er zugleich auf das Gemüth und die Charakterbildung seines Zöglings wohlthätig einwirken. Die Reinheit des Willens bestimmt seinen Werth, und seine Einheit mit dem Gesetze macht seinen Gehalt aus. Je nach den Gründen, die ihn antreiben und bewegen, ist er gut oder böse, sittlich oder unsittlich, und wie er beschaffen ist, so ist es auch die Handlung, die von ihm ausgeht. Sie bleibt Eins mit ihm in ihrem Wesen, was auch immer ihr Schein sein mag. Der Kreis des Willens fällt ganz mit dem der Vernunft und des Gewissens zusammen. So weit dieser reicht, so weit reicht auch jener. Es ist gleichsam jedem Menschenkinde Segen und Fluch vorgelegt, und er allein entscheidet in sich und für sich, welchem er dienen will, ob dem Wahren oder Falschen, dem Recht oder Unrecht. Seine Wahl spricht die Beschaffenheit seines Willens aus, und macht diesen selbst gut oder böse. Aus ihm geht die sittliche Zurechnungsfähigkeit des menschlichen Thuns und Lassens hervor, die das Kind trifft, und es für seine Art und Unart verantwortlich macht. Er verdient Lohn oder Strafe, die unvermeidlich dem Recht oder Unrecht entsteigen. — Nichts ist im Gange der Gemüthsbewegung wichtiger, als die diesfalls periodisch eintretenden entscheidenden Momente. Wie für Herkules am Scheidewege, so gibt es für jedes Kind einen Augenblick, in welchem sein Eigensinn gebrochen werden muß. Nur da, wo der Mensch sich seiner höhern Bestimmung bewußt ist, wird er auch seine Wahl dem höchsten Willen, dem Willen Gottes gemäß einrichten und sonach wahrhaft frei sein. Diesen Gesichtspunkt hat das Christenthum aufgeschlossen. Er ist im Leben Jesu wunderschön enthüllt. Seine Einführung in die Erziehung ist der größte Schritt, den die Menschenbildung zu machen hat; und nur dadurch kann sie wahrhaft und ganz christlich werden. Wer nur will, was Gott will, dessen Wille wird und muß geschehen. Dieß sagt mit andern Worten der heil. Augustin: „Liebe nur Gott, dann kannst du thun, was du willst.“ Wo der Wille der Eltern und der Erzieher mit dem heiligen Willen und Gesetze Gottes Eins ist, wo sie darin athmen und leben, und den Willen der Kinder dafür bestimmen, da herrscht die wohlthätige Einheit zwischen Eltern und Kindern, zwischen Erziehern und Zöglingen, durch welche der Gehorsam frei und die Hingebung selbstständig wird. Unter dem Segen dieser Einheit blüht die goldene Freiheit der Jugend, es blüht das kindliche Glück, und die Entfaltung in allem Guten und Gerechten ist gesichert. Wo sich das Kind nicht für das Gute und Gerechte um der Güte und Gerechtigkeit willen entscheidet, sondern des versprochenen Lohnes wegen; wo es Böses und Ungerechtes nicht aus innerm Antriebe zum Guten, sondern aus Furcht und angedrohter Strafe meidet, da ist es schon irre geleitet und um die Reinheit seines Willens gebracht. Das Soli deo gloria auf den alten Silbermünzen sollte der Wahlspruch unserer Jugend sein; — Gott allein die Ehre! Hierin waltet allein die wahre Freiheit des Willens, und zwar des reinen Willens. (Sir. 18, 39. Matth. 6, 10. Ps. 39, 9. Joh. 4, 44. 5, 30. Röm. 12, 2. Ephes. 5, 47. 1. Joh. 2, 17.)

Wille, Richtung desselben. Es geschieht häufig, daß auf die Richtung des Willens bei Kindern wenige Rücksicht genommen wird. Wie aber bei einem jeden Kinde der Wille irgend eine Hauptrichtung hat, so ist diese bei Kindern von fester Naturart besonders entscheidend. Hierauf aber wird meist wenig geachtet; man läßt sie in der kindlichen Seele nicht wurzeln und denkt nicht daran, wie schwer es später halte, die einmal angenommene falsche Richtung wieder umzulenken. Wird eine aufkeimende schlimme Neigung genährt, der Hang zur Trägheit, Genuß- und

Habsucht, zum Neid, zur Lieblosigkeit und Schadenfreude begünstiget, so wird ein solcher Hang in kurzer Zeit eine Macht gewinnen, die sich kaum mehr bezwingen läßt, während ihr früher auf leichte Weise hätte begegnet werden können.   Darum soll aber auch die frühzeitige Willensrichtung bei Kindern nie übersehen und unbeachtet gelassen werden.

Wille, Stärkung und Kräftigung desselben.   Der Mensch unterscheidet sich von den vernunftlosen Geschöpfen, die nur ihren Trieben folgen, dadurch, daß er nicht bloß das sinnlich Angenehme, sondern das sittlich Gute erstrebt, daß er also vor Allem nach dem Reiche Gottes und dessen Gerechtigkeit trachtet.   Hieraus geht von selbst hervor, daß er das niedere Begehrungsvermögen der Herrschaft der Vernunft und des Gewissens unterwerfen, und das Fleisch dem Geiste dienstbar machen soll, zumal er dadurch einzig seine Würde behaupten kann.   Es ergibt sich jedoch auch, daß die Stärkung und Kräftigung des Willens nicht von einzelnen Vorschriften und Regeln, nicht von dem sogenannten Moralisiren und Predigen, wie unsere Verstandeshelden behaupten, abhängig gemacht werden könne, sondern daß die gesammte Einwirkung des Lehrers und die ganze Verfassung der christlichen Schule darauf berechnet sein müsse, dem Geiste zur Herrschaft verhülflich zu sein, und der Stimme des Gewissens unter allen Umständen Gehör zu verschaffen.   Allein auch hier kommt wiederum nur von der Religion Segen und Heil.   Ein einziges Gottes-Wort, an das sich das Kind im Augenblicke der Anfechtung und Versuchung erinnert, schlägt wie ein Blitzstrahl in sein Gemüth, ergreift und durchdringet es.   Der Gedanke an Gott, den Allgegenwärtigen, und die Erinnerung an die Worte des Psalms: „Herr, du erforschest mich, und kennest mich; ich sitze oder ich stehe auf, so weißt du es — du siehst meine Gedanken weit von fern," wird dem Kinde als ein rettender Engel in der Stunde der Gefahr erscheinen; es wird mit Gottes Kraft das Böse überwinden, Gottes Kind bleiben und den Frieden seiner Seele bewahren.   Denselben Gewinn verschafft dem Kinde in der Versuchungsstunde der Aufblick zu seinem göttlichen Erlöser, und solche Gedanken und Beweggründe dürften unstreitig am besten und eindringlichsten den kindlichen Willen bestimmen und ihm die erforderliche Kraft verleihen.   Hieraus geht nunmehr auch eine neue Aufforderung für den Lehrer hervor, die Wahrheiten der Religion in Kindern zur möglichsten Ueberzeugung zu erheben, und durch Gebet und Andacht lebendig zu erhalten. —   Während der Lehrer auf Stärkung des Willens überhaupt durch die Hinweisung auf Gottes heiligen Willen bedacht ist, wirke er zugleich auf die einzelnen Triebe gehörig ein, und suche sie der Sittlichkeit dienstbar zu machen.   Er thue dieß insbesondere auf den Trieb nach Glückseligkeit, und weise bezüglich auf denselben darauf hin, daß die Vollziehung des göttlichen Willens und die treue Uebung des Guten ihren Lohn in sich selber habe, und daß Friede und Freude, Heil und Segen hier und dort der standhaft ausgeübten Tugend warte.   „Wer, sagt Jesus, beharret — im Guten — bis an's Ende, wird selig werden." (Mark. 14, 38. 2. Petr. 19. 1. Cor. 10, 13. Phil. 2, 13.)

Willenskraft, die, wird viel zu wenig beachtet.   Es tritt nur zu oft der Fall ein, daß Eltern und Erzieher zu viel Gewicht auf das Gefühl legen und dabei die Willenskraft, wo nicht ganz versäumen, doch viel zu wenig beachten.   Sie leiten ihre Kinder und Zöglinge nur durch das Gefühl, und ihr Wollen und Streben richtet sich auch nach dem Wechsel desselben.   Sie werden ihren wechselnden Gefühlen heimgegeben, und indem sich die Eltern rc. darnach richten, machen sie diese Gefühle selbst zum Maaßstabe ihres Benehmens, dabei übersehen sie die so wich-

tige Kraft des Willens, durch welche die Kinder dereinst über ihre Gefühle gebieten, sich über die wechselnden Verhältnisse des Lebens erheben
und sie beherrschen sollten. Sie denken nicht daran, diese Kraft zu festi-
gen, an einem gefaßten Entschlusse, oder an einem begonnenen Geschäfte,
oder an einem auszuführenden Auftrage, oder an ihrem eigenen Willen
festzuhalten. Und so lassen Eltern und Erzieher oft die Kinder zum
Spielballe ihrer Gefühle und Gelüste werden. Daß ein solcher Weg bei
der versäumten Willensrichtung nicht zum vorgesteckten Ziele führen
könne, liegt auf flacher Hand. Das Gefühl ist es, was vornehmlich
beachtet, die Willenskraft aber hiebei vernachlässiget und unbeachtet gelassen wird.

Willensveredlung. Während mancher Lehrer Alles darauf anlegt,
die Bildung des Verstandes zu befördern, hemmt er die Hauptkraft seiner Kinder, — die Kraft des sittlich freien Willens, und bringt es dahin, daß sie bei aller Verstandeskultur nur sittlich schlechter werden. Und
gerade hier sind wir bei dem beklagenswerthen Widerspruche, indem die
moderne Erziehung befangen ist. Man sucht zu Hause, in der Schule
und im Leben die intellektuellen Kräfte der Kinder zu heben, achtet aber
entweder gar nicht oder nur sehr wenig darauf, auf ihren Willen einzuwirken. Nicht weniger schlimm ist es, wenn ein Lehrer seine Zuflucht
zu Züchtigungswerkzeugen nehmen muß, um damit auf den kindlichen
Willen einzuwirken, die Richtung desselben auf das Gute aber unbeachtet läßt. Und dieß ist die eigentliche Versündigung, deren sich derjenige
Lehrer in Beziehung auf seine Kinder schuldig macht, der bei seinem Unterrichte nur die Verstandesbildung betreibt. Die Kinder mögen zwar in
dieser Hinsicht gewinnen; sie mögen weltklüger, bedächtiger, aber nicht
sittlich-besser werden. Man rühmt sich der Fortschritte, die im Gebiete
des Erziehungs- und Schulwesens gemacht worden sind, aber man denkt
nicht daran, daß man in der wahren Versittlichung und Veredelung des
Willens zurückgeblieben ist. So lange die moralische Erziehung mit der
Verstandesbildung der Jugend nicht gleichen Schritt hält, so lange wird
man im Erziehen und Unterrichten eher zurück- als voranschreiten, und
unsere Kinder werden von den Fluthen eines verkehrten Zeitgeistes nach
wie vor mit fortgerissen werden.

Wille Gottes. Bei Allem, was man von Kindern fordert, soll der
Wille Gottes der erste und letzte Grund sein. Sollen sie fleißig und
thätig sein, so soll ihnen kein anderer Grund dafür angeführt werden,
als: „Dazu hat euch Gott die nöthigen Kräfte verliehen." Sollen sie
aufmerken und nachdenken, so sage man ihnen: „Dazu hat euch Gott mit
Verstand und Vernunft begabt." Sollen sie auswendig lernen und es
will ihnen nicht behagen, so spreche der Lehrer: „Dafür hat euch der
liebe Vater im Himmel das Gedächtniß gegeben." — Sollen die Belei-
digten verzeihen, und es will ihnen nicht gefallen, dann sage er ihnen:
„Vergesset nicht, wie oft Gott euch schon verziehen hat, und wie er euch
beten lehrt: Vater, vergib uns unsere Schulden, wie auch wir vergeben
unsern Schuldigern, oder: Vergebet, so wird auch euch vergeben werden." — Und so sollen die Kinder in allen Beziehungen auf Gottes
Willen hingewiesen werden, damit sie ihr ganzes Thun und Lassen mit
Gott in Verbindung setzen, und eine jede erfüllte Pflicht ihrem religiösen
Gefühle neue Nahrung zuführe. (Pf. 39, 9. Röm 12, 2. Ephes. 5, 17.
Matth. 6, 10.)

Wink, winken. (S. Art. Auge, Mienen und Gebärden des Lehrers.)

Wißbegierde, Neugierde. Es liegt in dem Menschen ein Trieb nach
Erkenntniß und offenbart sich in der Wißbegierde, welche einem Jeden

nur in verschiedenen Graden eigenthümlich ist. Die Richtung desselben entscheidet über seinen Werth. Geht diese auf das Nützliche und Belehrende, so ist es im gewöhnlichen Sinne Wißbegierde; geht sie aber nur auf das Neue, oft Geringfügige, Unbedeutende, so ist es Neugierde. Oft vereinigt sich in Kindern Beides, und die letztere fehlt fast nie. Die Redeform, in der sich der Trieb äußert, ist das Fragen, das im Umgange mit gesunden und lebhaften Kindern bereits nie aufhört. Neugierige Fragen werden oft von Kindern an Eltern und Lehrer gerichtet; wenn es ihnen auch gesagt werden könnte, so darf es nicht geschehen, um die Neugierde nicht zu nähren. Selbst ihre Wißbegierde kann nicht immer sogleich befriediget werden, indem sie oft nach Dingen fragen, die man ihnen für jetzt nicht sagen und erklären kann. Eine kurze Abfertigung: Warte, bis du es verstehen kannst! ist dann das Beste. Uebrigens willfahre man ihnen jederzeit gerne, wenn sie wissen wollen und am Wissen gewinnen können. Ihre Wißbegierde werde erregt und genährt, dagegen ihre Neugierde unterdrückt. Ueberhaupt gewöhne man, sagt Schwarz, die jungen Leute auch in ihren Fragen an Bescheidenheit. Sie wissen sich sonst zu viel damit, fragen, um zu fragen; das schmeichelt ihrer Eitelkeit, es wird nichts dabei gelernt, sondern höchstens der Hang zum Kritisiren und zur Rechthaberei begründet. Man vergesse nur nicht, daß jedes Alter sein Recht hat, daß der Verstand nicht vor den Jahren kommt, und daß man die Naivetät der Kinder in dem mythischen Spiele ihrer Vorstellungen nicht verletzen soll. (S. auch hier über Art. Genußtrieb.)

Wiffen, das, bläße nicht auf. Das Wissen allein erfaßt den Menschen nicht allseitig, und führt sonach noch nicht zur Vollkommenheit. Wenn es auch den Geist befriedigen mag, so läßt es doch das Gemüth unbefriediget und macht also einseitig. Nur wenn es, sagt Kelber, wahr und kräftig, in Fleisch und Blut, in Saft und Kraft übergeht, wenn es das Herz eben so wohlthätig erwärmt, als es den Verstand erleuchtet, wenn es mit Liebe und Demuth gepaart ist, und die edle That gebiert, dann ist es das rechte Wissen. Alles einseitige, halbe, todte Wissen, eine bloße Materialien-Niederlage, ein Allerlei und Durcheinander, blähet auf, bessert nicht, und trägt auch nicht eine einzige taugliche Frucht. Alles Wissen, das bläht, ist keines, und der Wisser, der ohne das Göttliche in der Welt ist, hat in dem Register seines Wissens weiter nichts als Nullen, wie Sailer sagt. Aller Unterricht kann daher nicht frommen, wenn er nicht Nutzen bringt. Wenn nicht selten eine Schule Bewunderung in den Augen der Unverständigen erregt, so ist es doch im Grunde und im Auge des Verständigen weiter nichts, als leerer Schein. Der Unterricht muß den Geist erleuchten und das Herz zum Guten erwärmen. Und nur das ist dann auch das rechte Wissen, das dadurch errungen wird. (1. Cor. 8, 1. 2. Joh. 8, 9. Jer. 9, 24. 1. Cor. 13, 9. Ephes. 3, 19.)

Wiffenschaft und wiffenschaftliche Behandlung der Erziehung. Die Lehre von der Erziehung kann allerdings im Geiste der Wissenschaft behandelt werden, und soll es auch. Wir sagen jedoch mit Sailer im Geiste, denn der Buchstabe, den kein Geist des Wissens beseelt, ist nur zu geschickt, den Menschen noch mehr zu verziehen, und zwar zuerst den Lehrer, hernach seinen Hörer, und endlich durch Lehrer und Hörer die Welt. Dieser Buchstabe wird zur verheerenden Landplage, wenn ihm Neid, Gewinnsucht und blinder Eifer ein Schwert in die Hand geben, es sei ein literarisches, oder ein kirchliches, oder ein politisches. Die Wissenschaft hat aber auch einen Geist, der von Paragraphen, Ziffern,

Buchstaben unabhängig, Nichts will, als die eigene ruhige Anschauung
der Wahrheit für eine fremde ruhige Anschauung in einem Ganzen darstellen, und keine andere Gewalt kennt, als die wehrlose Kraft der Wahrheit. Soll die Lehre von der Erziehung als Wissenschaft behandelt werden, so muß sie vorerst das Urbild des Erziehers mit einem lichthellen
Umrisse aufstellen, und hernach angeben, wie viel von diesem Urbilde des
Erziehers, und wie es sich in der wirklichen Menschenwelt und an einem
Menschenkinde darstellen lasse. (S. Erziehungslehre als Wissenschaft.)
Allerdings ist die Wissenschaft ein wahrer Gesichtspunkt in der Erziehung,
jedoch nur Einer, und gerade hiebei einer der nachtheiligsten, wenn er
vorherrschend wird, weil das Wichtigste, nämlich die wirkliche Angewöhnung des Zöglings zum Guten, und die Bewahrung desselben vor dem
Bösen, in Schatten gestellt, dagegen die Wissenschaft an's Licht hervorgezogen wird. Während dem diese im Glanze auftaucht, taucht jene mit
Thränen unter. Ferner ist eine solche Behandlung auch aus dem Grunde
schädlich, weil die bloße Verstandesbildung selbst ein neues Düngungs-
mittel für das aufschießende Unkraut auf dem Acker des jugendlichen Alters
wird, und weil endlich die falsche Ansicht kanonisirt oder als Regel aufgestellt wird, als wenn aus bloßen Kenntnissen das Gutsein und Rechtthun,
ohne weitere Richtung des Willens, von sich selber hervorgehe. Während sich das ganze Geschäft der jugendlichen Bildung im Elemente des
Verstandes bewegt, wird dieselbe nur mit dem Endlichen vermählt, indeß
der Sinn für das Unendliche zerdrückt und davon losgerissen wird. Die
Kinder des Verstandes kommen, vor lauter Verstand, von aller Vernunft
und eben deßhalb von allem wahren Verstande ab. Daher die endlosen
Schreibereien über die Erziehung, und die geist- und gemüthlosen Menschen
ohne alle Erziehung. Wir ersuchen hier den Leser damit vergleichen zu
wollen, was wir früher über Erziehung und die hohle einseitige Verstandesbildung an mehreren Stellen eingeführt haben.

Wissenschaftliche Schulen. (S. Art. Gelehrte Schulen.)

Witz (Bildung desselben). Unter Witz verstehen wir die Fertigkeit,
die feinen und versteckten Aehnlichkeiten unter verschiedenen Dingen leicht
und schnell aufzufinden, und so das verschiedenartigste in einem Urtheil
zu verknüpfen. Er zeigt sich um so mehr, je schneller und überraschen-
der er dasjenige gleichsam spielend verknüpft, was für den gewöhnlichen
Blick in keiner gegenseitigen Beziehung zu stehen scheint. Sowohl diese
Anlage selbst, als auch die heitere Seelenstimmung, in der sie ihre Wurzel hat, ist zwar eine Naturgabe, darf aber in der Erziehung keineswegs
unberücksichtigt gelassen werden. Sie kann und soll wenigstens den Witz
so leiten und ihm die Gränzlinie so genau bezeichnen, daß er sie nie
überschreite. Wird der Witz nur dazu angewendet, um wie mit einem
spielenden Blitzstrahle das gesellschaftliche Dunkel aufzuhellen, und durch
den Zauber des Frohsinns Mißmuth und Langeweile zu verbannen, oder
auch um abstrakte Wahrheiten passend zu versinnlichen, so ist er nicht bloß für
den damit Begabten zu empfehlen, sondern kann auch ein herrliches Mittel werden, das Gute zu befördern. Hippel sagt davon: Mit dem
Witz ist es gerade wie mit dem Salz; beides mäßig gebraucht, ist ein
gutes und unentbehrliches Ding: was ist aber unerträglicher als ein ver-
salzenes oder ungesalzenes Mahl für den Leib, und ein überwitzter oder
unwitziges Buch für den Geist (Kreuz- und Querzüge 1. S. 228.) Und
Richter (Jean Paul) sagt: Witz ohne Verstand ist Salz ohne Brod,
Verstand ohne Witz ist Brod ohne Salz. — So schätzenswerth demnach
die Gabe des Witzes ist, so ist er doch auch eine gefährliche Waffe, wie
ihn die Alten nannten, und es gehört eine gute Dosis Selbstverläug-

nung dazu, um den hervorbrechenden Junken zurückzuhalten, wann und wo er Schaden herbeiführen könnte. Daher geschieht es nicht selten, daß diese schöne Gabe des Himmels mißbraucht wird, entweder um Schwache zu verwunden und fremder Leiden zu spotten, oder den zarten Sinn der Schamhaftigkeit zu beleidigen und selbst das Heilige dem frevelnden Leichtsinne preiszugeben. — Wenn wir vorerst von der Bildung des Witzes sprechen, so dürfen wir es auch nicht übersehen, das Nöthige nachzutragen, woburch die Ausartungen besselben möglichst verhütet werden können. Also a) **Bildung des Witzes.** Es ist eine bekannte Sache, daß die häusliche Erziehung für die Bildung des Witzes noch ungleich weniger thut, als für die Bildung der Urtheilskraft. Witz und Scharfsinn sind eigentlich die höchsten Thätigkeiten, gleichsam die Blüthe der Urtheilskraft, und können nicht gegeben, oder angelernt, sondern nur geweckt und geübt werden. Dieß ist aber ohne Selbstthätigkeit des menschlichen Geistes nicht zu erzielen. Außerdem gehört eigener Witz und Scharfsinn dazu, um diese Thätigkeiten hervorzurufen und zu beleben, sonach ein nicht gemeiner Grad eigener Geistesbildung. Lebhafte und phantasiereiche Kinder erzeugen zwar durch sich selbst manchen witzigen Einfall, indem sie Aehnlichkeiten entdecken, an die man oft gar nicht denken könnte. Allein solche Witzesfunken werden meist zu wenig beachtet und gepflegt; wie sie aus dem Innern hervorsprühen, so verlöschen sie auch in sich selbst, wenigstens in den niedern Ständen, während sie in den höhern höchstens über die Maßen bewundert, zur Nahrung der Eitelkeit gemacht und dadurch nichts als Witzlinge gebildet werden, ohne daß der ächte Witz den mindesten Nahrungsstoff gewinnt. „Der Mond steht auf," spricht das Kind beim Anblicke des aufgehenden Mondes; ihm schwebt eine Aehnlichkeit zwischen seinem Aufstehen und dem Aufgange des Mondes vor. Dabei bleibt es aber auch, und Niemand denkt daran, das schöne und fruchtbare Bild weiter zu entwickeln, den regelmäßigen Gang, das reine Licht des Mondes, das Wohlthätige seines Glanzes, sein ruhig-stilles Wirken ꝛc. vergleichend an das aus dem Schlafe neu erwachte Kindesleben zu halten, und so das Kind zur Auffindung neuer Aehnlichkeiten anzuleiten. — Zur Uebung dienen vorzüglich Räthsel und Charaden, auch Sinngedichte; ferner bei Kindern die Erlaubniß, in Spielstunden ihre eigenen Einfälle frei heraussagen zu dürfen, wovon man den Besten die Ehre der Aufzeichnung in ein Witzbuch zugesteht. Jedoch muß dieß Letztere mit einer solchen Sorgfalt geschehen, daß die Kinder dadurch nicht zur Eitelkeit und zum verachtenden Stolze gegen Andere verleitet werden. b) **Verhütung der Ausartungen.** Um die Ausartungen des Witzes zu verhüten, darf man niemals zugeben, daß in Gegenwart der Kinder über religiöse und sittliche Gegenstände gewitzelt werde. Die Sorglosigkeit mancher Eltern ist auch hier nicht selten groß, da sie sich entweder selbst nicht zu beherrschen wissen, oder die unanständigen Witzeleien Anderer selbst im Angesichte der Kinder belächeln, statt dieselben davon zu entfernen. Nie sollten sie es vergessen, was ein schlimmer Witz für Nachtheil bringen kann, und woran die Alten mit den Worten so ernst und nachbrücklich erinnern: Omnia, si perdas, rectum servare memento! (— Alles lieber hingeben, als Schaden an dem Heil der Seele leiden.) Heilige Achtung gebührt überall und zu jeder Zeit dem jugendlichen Alter. Man sey vorsichtig, wenn Kinder selbst einigen Witz verrathen. Was möchte wohl nachtheiliger seyn, als wenn sie gewahren, daß ihre sinnreich ausgehäckten Lügen und Betrügereien, ihre witzigen Vergleichungen, oder ihre Nachäffungen fremder Fehler, ja die von ihnen selbst vorgebrachten Obscönitäten und Zoten bei-

fällig aufgenommen, beklatscht und wohlgefällig weiter erzählt und verbreitet werden? Die Hauptsache aber ist und bleibt immer wieder die
Förderung einer ächt religiösen Gesinnung. Ist das Herz rein, so werden es auch seine Ergießungen seyn. Man kann daher von den Lieb-
lingsscherzen eines Menschen auf sein Inneres schließen. (Matth. 12, 34.)
Sind die Ausstrahlungen seines Witzes edel und in keiner Hinsicht krän-
kend oder beleidigend, so zeigt er dadurch an, daß auch sein Herz lauter
und edel gesinnt ist. Gehen aber seine Anspielungen nur immer auf Lüsternheit, auf Blosstellung fremder Fehler, oder auf Profanirung des
Heiligen hinaus, dann läßt sich nur schwer der Gedanke unterdrücken,
daß ihnen ein verderbtes Herz zum Grunde liege. Die Nähe oder Umgebung solcher Menschen ist namentlich für die Jugend ein Pest aushau-
chender Dunstkreis, vor welchem Eltern ihre Kinder mit der größten
Sorgsamkeit zu sichern und zu bewahren haben. (Spr. 1, 22. 9, 6. 22,
3. und 27, 12. 14, 18.)

Wohlanständigkeit. (Werth und Bewahrung derselben.) Wohlanständigkeit und Anmuth des äußerlichen Betragens, insofern wir uns dadurch Achtung, Vertrauen und Freundschaft erwerben können, ist ebenfalls ein Gegenstand, welcher würdig ist, die Aufmerksamkeit des Lehrers
zu beschäftigen. In den Sitten, im Anständigen und Unanständigen,
offenbart sich das edle und unedle Gemüth. In der Holdseligkeit und
Milde spricht die Liebe; im Erröthen und Verhüten des Unreinen die
Schamhaftigkeit; in groben Aeußerungen die Lieblosigkeit und Rohheit;
im Fluchen und Schwören der Zorn ꝛc. Deßhalb ermahnt die heilige
Schrift selbst immerdar zu einem gefälligen freundlichen Betragen. Und
ertheilt sie auch hierüber keine einzelnen, in's Kleinliche gehenden Anweisungen, so legt sie doch einem jeden die allgemeine Vorschrift an's Herz,
in Worten und Werken, in Gebärden und äußerlichem Betragen voll
Liebe und Bescheidenheit zu seyn. Liebe und Demuth, sagt Zschokke,
sind die reinsten Quellen des Wohlanständigen in der menschlichen Gesellschaft. „Thut nichts mit Streit und Ruhmsucht, sondern
achtet euch untereinander aus Bescheidenheit höher, als
euch selbst!" Das ist die Lehre, welche der Apostel zur Richtschnur des
äußerlichen Betragens giebt. Ferner sagt er: „Uebrigens, Brüder!
was wahr, was anständig, was gerecht, was rein, was
liebenswürdig, was rühmlich, was irgend tugendhaft
und löblich ist, dem strebet nach." (Phil. 2, 3. und 4, 8.)
Die Beobachtung des Wohlanständigen führt die Menschen, wenn sie sich
übrigens ganz fremd seyn mögen, freundlich zusammen, leitet Bekanntschaften und Freundschaften ein, und hält diejenigen, die sich ohnehin
schon gegenseitig hochachten, nur noch fester zusammen. Wie wichtig ist
es also, sein Aeußerliches nicht zu vernachlässigen, sondern im Umgange
und Verkehr mit Andern auf seiner Hut zu seyn, daß nichts Anstößiges
darin liege, was Andern eine üble Meinung von uns beibringe. Es
gibt Menschen, die im Grunde ihres Herzens sehr gut sind, aber durch
Fehler einer schlechten Erziehung in ihren Reden und Gebärden absto-
ßend oder lächerlich werden. Dieß raubt ihnen bei Andern theils das
nöthige Vertrauen, theils überhaupt den Einfluß auf die Gesellschaft,
wodurch sie mit andern trefflichen Gaben erst recht wohlthätig werden
könnten. Die bloße Vernachlässigung geziernender Anstandes gegen Bekannte und Freunde war nur zu oft schon Ursache, daß Herzen von einander getrennt wurden, die einander sonst durch ihre übrigen guten Eigenschaften werth gewesen wären. Es ist durchaus nothwendig, daß ein
Jeder die Wohlanständigkeit beobachte. Welche Verwilderung und Roh-

heit, alle Grenzen des Anstandes überschreitend, müßte daraus hervorgehen, wenn Jemand ohne Scheu seine Verachtung gegen einen Andern ausdrückte, den er nicht geneigt ist; wenn der Wüstling ohne Scham das Ohr der Unschuld mit unzähligen Worten beleidigen dürfte, oder wenn der Unreinliche ohne Rücksicht auf Amt und Stand einem Andern mit seiner eckelhaften Nachlässigkeit begegnen wollte? — Darum fordert auch Jedermann von Andern, und dieß mit Recht, die Beobachtung der ihm schuldigen Ehrerbietung. Es ist eine bekannte Sache, wie leicht man sich Andere durch ein artiges und gefälliges Benehmen geneigt macht. Schon frühe muß daher auch die Jugend darauf aufmerksam gemacht werden, daß sie das Schickliche und Geziemende im Umgange nie versäume. Der Lehrer gewöhne demnach die Kinder frühzeitig daran, daß sie in ihrem Benehmen gegen Erwachsene so wie im Umgange mit ihres Gleichen stets auf sich selbst aufmerksam seyen, und einsehen lernen, es sey nicht gleichgültig, wie sie sich gegen Andere betragen. Nur darf er hiebei nie vergessen, daß sich die wahre Wohlanständigkeit auf die Gottseligkeit des Herzens basire, ohne welche sie ein werthloser Anstrich ist. Denn nur der wahrhaft Gottselige wird auch, unwesentliche Gebärden abgerechnet, ein wohlanständiger, ehrbarer und sittlicher Mensch seyn. Man könnte daher, sagt Zoller, die Wohlanständigkeit den Ausdruck und das Angesicht der Gottseligkeit nennen. Am lieblichsten erscheint die Wohlanständigkeit, insofern sie aus dem Innern hervorgeht, verbunden mit der wachsamen Aufmerksamkeit auf Seele und Leib. Wenn sie nicht der Ausdruck eines gottseligen Herzens ist, dann ist sie gewöhnlich nichts anderes, als Scham, Verstellung und Heuchelei. Darauf läuft auch gemeiniglich die Wohlanständigkeit der Welt, welche man zur feinen Lebensart zählt, hinaus. Denn es gibt der Eltern nur zu viele, die vom Morgen bis zum Abend bemüht sind, ihren Kindern angenehme Stellungen, verbindliche Redensarten, höfliches Betragen ꝛc. beizubringen, während sie ziemlich gleichgültig sind, ob die jungen Herzen Anlage zur Eitelkeit, zum Neid, zum Hochmuth, oder zur Heuchelei haben, und denen Anstand, feine Lebensart und ein einschmeichelndes Wesen mehr gilt, als Gottseligkeit. Ein solcher äußerlicher Scheinanstand ist es daher auch keineswegs, der durch die Schuldisciplin erhalten werden soll. Auch in der Schule soll die Wohlanständigkeit aus der Gottseligkeit hervorgehen. Allein es gibt in der Schule so vieles, das die Sittlichkeit und Wohlanständigkeit verletzt und nachtheilig auf die Kinder wirkt, daß die Schuldisciplin nicht warten kann, bis die Kinder allmählig von Innen nach Außen zu einem anständigen Verhalten gelangen. Die Schuldisciplin muß daher durch äußere Mittel theils das Unanständige und Unsittliche niederhalten, theils das Wohlanständige und Ehrbare zu fördern suchen. Und dieß ist es, was wir hier unter Erhaltung der Wohlanständigkeit verstanden wissen wollen. Dahin gehört namentlich die Erhaltung der Wohlanständigkeit im Kommen und Gehen, Stehen und Sitzen, im Reden, Enthaltung von Schelt- und Schimpfwörtern, von Flüchen und Schwüren; Erhaltung der Reinheit, Wahrhaftigkeit, Freundlichkeit und Dienstfertigkeit. Das Anständige und Ehrbare darf keinem Lehrer gleichgültig seyn; weil dadurch nicht nur Unarten und Störungen, sondern sogar mancherlei Sünden verhütet werden können, und dabei eine Aufmerksamkeit auf sich selbst unterhalten wird, welche zur Pflanzung guter Sitten unentbehrlich ist. Diese Wohlanständigkeit wird in der Schule gepflegt und erhalten durch Achtsamkeit auf das Eintreten, Sitzen, Händehalten, Fortgehen der Kinder und durch das eigene Beispiel des Lehrers, durch den festen und beharrlichen Willen desselben, der nicht nachgiebt, bis sie zur herrschenden Gewohnheit geworden ist. Was die Wohlanständigkeit und Ehrbarkeit im Reden anlangt, so würde es offenbar eine große Nachlässigkeit und einen unverzeihlichen Leichtsinn von Seite des Lehrers verrathen, wenn er es gleichgültig mit anhören wollte, was und wie seine Kinder reden. Wir wissen, daß Worte nicht nur aus dem Herzen kommen, sondern auch wieder auf dasselbe wirken. Wir wissen, daß ein Tag kommt, wo der Mensch von jedem bösen und unnützen Worte, das aus seinem Munde gekommen ist, Rechenschaft zu geben hat, und dieß vornehmlich deßhalb, weil unsere Reden Funken sind, welche zünden, und Saaten, welche aufgehen. Es darf also nicht Alles geredet werden, was einem Jeden einfällt. „Kein schlechtes Wort, sagt der Apostel, soll aus eurem Munde gehen, sondern was gut ist zur Er-bauung, damit es den Hörenden Segen gewähre." (Ephes. 4, 29.) Es dürfen daher keine unnützen oder gar schändlichen Worte, keine Schimpf- und Scheltreden, am wenigsten Flüche und Schwüre von den Kindern geduldet werden; wozu wieder das eigene Beispiel des Lehrers am meisten beitragen kann. Hierüber durch Belehrung, Beschäf-tigung, Ermunterung und Strafen sorgfältig zu wachen, ist um so mehr seine heilige Pflicht, als leider die Erziehung außer der Schule, oft sogar das eigene Beispiel der Eltern, hierin höchst verderblich wirkt. Was endlich die Bewahrung der Reinheit betrifft, ist hier Folgendes zu merken: Es kommen leider in den Schulen viel mehr Sünden der Un-keuschheit vor, als mancher Lehrer glauben mag. Bei der enormen Aus-gelassenheit, die jetzt fast überall auf dem Lande herrschend geworden ist, bei dem steigenden Laster der Unzucht, die bereits in heidnischer Ruch-losigkeit im Schwunge geht, gibt es sehr viele Kinder, die schon Schänd-liches gesehen, gehört und zum Theile selbst getrieben haben. In Städ-ten aber, wo die Liederlichkeit nicht so roh erscheint, verbreitet sich desto mehr das Laster der Selbstschändung. Es ist dasselbe gleich der Pest, die im Finstern schleicht, am hellen Mittage verderbt, und ein Wurm, der die Lebenswurzel so vieler edlen Pflanzen zernagt, oft längere Zeit unbemerkbar. Statt daß nun die Kinder vor den Unzuchtsünden gewarnt werden, spricht man, sagt Boller, in so unbestimmten und allgemeinen Ausdrücken davon, daß sie nicht einmal merken, was eigentlich damit ge-meint ist, und daß Diejenigen, die mit diesen Sünden schon bekannt sind, sich entweder nicht getroffen fühlen, oder sie nicht als Sünden erkennen. Der gedachte Schriftsteller glaubt daher, daß es wohl gethan sei, wenn man solche Sünden bei ihren wahren Namen nennt, weil sonst die armen Kinder oft lange Zeit, ohne deutliche und erschütternde Warnung dahin gehen. Wir haben das Verhalten des Lehrers hiebei Art. Unzuchtsünden angegeben, und können daher denselben auch darauf verweisen, um ein-mal Gesagtes nicht wieder sagen zu müssen. Wir fügen hier nur das Eine Wort noch bei: „Lehrer! erwäge deinen Beruf, wolle nie das Laster schminken, sondern nenne die Sünde bei ihrem wahren Namen, damit deine feige und übelverstandene Nachsicht den Kindern nicht zum größten und zuletzt zum endlosen Verderben gereiche! So nur wirst du des Wohl-gefallens Gottes sicher sein." (S. auch Art. Höflichkeit, so wie die Art. Wahrhaftigkeit, Freundlichkeit und Dienstfertigkeit.) Wir verweisen hier den Lehrer auf das Lehrbuch der christlichen Wohl-gezogenheit von Galura.

Wohlgefallen. (S. Art. Sittliches Gefühl.)

Wohlgeordnete Fragen sind solche Fragen, die stufenweise geordnet aneinander folgen, wie dieß der Denkweise des sich entwickelnden jugend-

lichen Geistes und den besondern Bedürfnissen einzelner Kinder angemes=
sen ist, damit die erwartete Antwort jedesmal wirklich gefunden werden
kann. Die Frage muß überall nach dem Bekannten derjenigen voran=
gehen, durch welche das Finden des Unbekannten veranlaßt werden soll.
Eine jede Frage muß die andere vorbereiten und sie auf dem einfachsten
Wege herbeiführen. Alles, was zuerst gedacht werden muß, muß auch
zuerst durch Fragen herbeigeführt oder entlockt werden.

　　Wohlthätigkeit. In Beziehung auf das, was wir im Art. **Mit=
leid** ꝛc. gesagt haben, tragen wir hier noch Folgendes nach. Die Wohl=
thätigkeit, der milde Sinn, der gerne dem Bedürftigen helfend entgegen=
kommt, ist wohl eine der schönsten und edelsten Tugenden, welche aus
der wahren Liebe quillt und die es daher auch verdient, denn jugend=
lichen Herzen schon frühe empfohlen zu werden. Von jeher hat keine
Tugend einen so allgemeinen Beifall gefunden, und keine ist so sehr empfoh=
len worden, als die Wohlthätigkeit. Dieser liebende, freundliche Geist,
der so gerne Thränen trocknet, wo sie geweint werden, und jeden Seuf=
zer aufnimmt, der vom beklommenen Herzen kommt, und so bereitwillig
dem Armen und Verunglückten die Hand reicht; er ist ein Bild voll
Würde und Milde, das sich im Leben auf eine rührende Weise zeigt.
Nicht umsonst sagt der Apostel: „Vergesset nicht wohlthätig zu sein, und
mitzutheilen; denn solche Opfer gefallen Gott wohl." (Hebr. 13, 16.)
Und Jesus sagt: „Selig sind die Barmherzigen, denn auch sie werden
wieder Barmherzigkeit erlangen." Der Christ erbarmt sich daher auch
gern der Nothleidenden und hilft den Elenden, wann und wo und wie
er kann. Er kann an keinem Unglücklichen mit kaltem Herzen vorüber=
gehen und ihn hülflos an der Straße liegen lassen, wie dort der jüdische
Priester und Levit, die den unter die Straßenräuber Gerathenen in sei=
nem Blute hülflos liegen ließen. Der Wohlthätige weiß nichts von dem
Eigennutze, der beständig die Rechentafel in der Hand hat, und nur dann
zufrieden ist, wenn die Einnahme über Ausgabe einen großen Ueberschuß
zeigt. So denkt nicht der edeldenkende und fühlende Christ. Auch for=
dert er für das, was er thut, weder Menschendank, noch Menschenlob.
Er flieht den Anblick des Elenden nicht, sondern er sucht ihn sogar noch
auf; er hilft nicht bloß, wo recht geklagt wird, wie der Weichliche, son=
dern er hilft auch dem verschämten Elend, das nicht klagen will oder
kann. Eine solche Wohlthätigkeit, die da hilft und nicht eher abläßt, als
bis gründlich geholfen ist, gefällt Gott und Menschen, denn sie ist allein
wahre Liebe. Die Quelle, aus der sie entspringt, ist lauter und rein, —
es ist nämlich Dankbarkeit gegen Gott, Nachahmung Jesu und reiner
Eifer, die Summe des menschlichen Elendes zu vermindern, so weit es
möglich ist. Ein solcher wohlthätiger Mensch hat sich aber auch einer
über alle Erwartung reichlichen Vergeltung zu erfreuen, und zwar, äus=
serlich und in seinem Innern — Freude, Bewußtsein und Zunehmen an
Aehnlichkeit mit Gott, der Urquell aller Liebe. Auch wird diese Vergel=
tung ohne Ende und Aufhören sein. Was er einem von seinen gering=
sten Brüdern gethan hat, das sieht Jesus so an, als ob es ihm selbst
gethan worden sei. — Für eine solche Wohlthätigkeit wird auch der
christliche Lehrer seine Kinder möglichst empfänglich zu machen suchen; er
wird sie mit dem eigentlichen Wesen und der Quelle, so wie mit den
Eigenschaften derselben bekannt machen, und dieß bei einer jeden Ge=
legenheit, die sich ihm darbietet. Besonders wird er die Kinder durch
Beispiele dazu kräftig ermuntern, die entweder aus dem Leben selbst oder
aus der heiligen Schrift entnommen sind. Dergleichen edle Beispiele
sind namentlich **Booz, der alte Tobias** ꝛc., womit die Ermunterung

Davids verbunden werden kann: „Wohl Dem, der für die Armen ſorgt. Der Herr errettet ihn zur Zeit der Noth. Der Herr erhält ihn — verleiht ihm langes Leben, und macht ihn ſchon auf Erden glücklich. Der Herr ſteht ihm in der Krankheit bei, und wendet ihm ſeine Krankheit um.“ (Pſ. 40, 2—4.)

Wohlwollen. (Der Wille, das Wohl Anderer zu befördern.) Beſtimmt ſich der Wille ſelbſt zur Liebe für das Wohl Anderer, ſo wird er zum Wohlwollen im höhern Sinne. Wohlwollen iſt Fülle der Menſchlichkeit, die ſich über Alles ergießt, was ihr in der Natur und Menſchheit erreichbar iſt. Von ihr aus geht der Trieb, alles Vorhandene zu ſchützen, und allen lebendigen Weſen wohl zu thun, nicht darum, weil ſie ſo oder anders ſind oder erſcheinen, ſondern darum, weil ſie da ſind und zum Reich des Lebens gehören. Das Herz, das in Wohlwollen überfließt, iſt nicht nur reich an Gefühlen der Menſchlichkeit gegen Menſchen, es iſt eben ſo reich an erhebenden Freuden, der Natur gegenüber, als an Kräften allenthalben zu ſegnen und zu beglücken. Von ihm aus geht das Licht der Menſchenfreundlichkeit, das gleich der Sonne am Himmel ſeine Strahlen, leuchten läßt über Gute und Böſe, über Gerechte und Ungerechte, über Alle, die da Kinder ſind eines Vaters. Beiſpiele ſind: Abrahams Fürbitte für Sodoma; Moſes und ſeine Geſetze zum Beſten der Armen. (S. auch Art. Haß.)

Wolluſt, Wolluſtſünden. (Ungeſtraftheit derſelben.) Ueber dieſen hochwichtigen Moment der Erziehung und das ſchreiende Elend, das die Vernachläſſigung in unſern Tagen leider nur zu oft herbeigeführt, wollen wir unſern unvergeßlichen Sailer vernehmen, wenn er mit beklommenem Herzen (S. 282) ſpricht: „Es ſcheint nach und nach faſt in allen gebildeten Ländern allgemeine Weltmarime zu werden, Mord und Diebſtahl allein zu ſtrafen, und die zügelloſe Wolluſt, ob ſie gleich die erſte Mörderin und Räuberin iſt, durch Ungeſtraftheit oder Quaſi-Ungeſtraftheit allherrſchend werden zu laſſen. Aber dieß iſt gewiß Verſündigung an der Mit- und Nachwelt. Denn das Heiligſte, das die Menſchheit hat, das Band der Ehe, löſet ſich nach und nach in die Anarchie der Luſt auf, und die höchſte Pflicht der Eltern, die Kinder zu Menſchen zu bilden, wird eine Unmöglichkeit. Es iſt alſo nicht nur eine Sünde an der Menſchheit, die Hand der Erziehung von den Weſen abzuziehen, die durch die Erziehung Menſchen werden können, ſondern es iſt noch ein größeres Verbrechen an der Menſchheit, die Unordnung der Geſchlechtsluſt ſo hoch ſteigen zu laſſen, daß die Erziehung in dem Maaße unmöglich werden muß, in welchem die großen Städte der Welt allmählich weiter nichts, als eine durch Mauern eingeſchloſſene Reihe privilegirter und unprivilegirter Bordelhäuſer werden.“ — Wer ſchaudert nicht vor dieſem Bilde? — Allerdings ſind in dem Bilde, welches Sailer in Hinſicht der herrſchenden Wolluſt, die aus mißverſtandener Humanität ihr finſteres Reich ungeſtraft erweitern kann, die Farben wohl ſehr dicht und ſchwarz aufgetragen; aber beſtätigen nicht tauſend Erfahrungen die Wahrheit deſſelben, und kann wohl die Unordnung der Geſchlechtsluſt, wie ſie heut zu Tage großentheils ſtattfindet und Elend auf Elend häuft, vor dem Richterſtuhle der geſunden Vernunft je gerechtfertigt werden? Und dann, was ſagt Gottes ewiges und unabänderliches Geſetz hievon? Können und dürfen menſchliche Geſetze dem göttlichen und höchſten Geſetze, das einzig zum Heil der Menſchheit gegeben iſt, irgend Abbruch thun? und wenn ſie es wirklich thun, welche beweinenswürdigen Unordnungen, welche ſchrecklichen Verheerungen im Gebiete der Sittlichkeit müſſen nothwendig hieraus für die Welt hervorgehen! Kann wohl eine Regierung ſich noch weise und christlich nennen, welche einen solchen abnormalen Zustand gleichgültig betrachtet und dadurch gerade die schmählichsten Verbrechen hervorruft? Wer sollte nicht zittern, wenn er um sich blickt und gewahrt, daß in Städten und Dörfern die höchste Unsittlichkeit endlich den Gipfel erreicht, und die Menschheit um die schönste und edelste Zierde des Herzens und Lebens gebracht wird? — Gott, die ewige Weisheit und Liebe, hat das Gebot gegeben: „Du sollst nicht Unkeuschheit treiben!" — Wer nun dieses Gebot kühn übertritt, verdient ein solcher keine Ahndung — keine angemessene Bestrafung? — Fürsten, sagt Zschokke, Gesetzgeber, Obrigkeiten, Erzieher, Väter, Mütter, wem Menschenwohl, wem Vaterland, wem Religion, wem Ewigkeit theuere, heilige Namen sind! — auf jenes Laster achtet mit dem höchsten Ernste, das die Kraft des Landes tödtet, die Ehre eures Hauses besudelt und euere Kinder schon durch fortgepflanztes Gift in den Wiegen ermordet. Es ist das allgemeinste, das weitverbreitetste, und darum das gefährlichste. Es geht mit frecher Stirne über die Straßen; es errichtet sich offene Altäre; ihm verschwendet der Reiche sein Erbtheil von den Vätern; ihm vergeudet der Jüngling seine edelste Kraft; ihm weihen Künstler ihre entehrenden Talente, und Kinder weihen Kinder in die Geheimnisse der Schande ein. Es ist das gefährlichste der Laster, indem es die Zwecke der Schöpfung unmittelbar zerstört. (Gefahren der Wollust S. 145.) Alle Sünden, die der Mensch thut, ruft der Apostel, sind außer seinem Leibe, aber der Wollüstling sündiget an seinem eigenen Leibe! Er entweiht diesen Leib, der ein Tempel des heiligen Geistes sein soll. (Jak. 4, 1. 1. Tim. 5, 6. 2. Petr. 2, 13. Jac. 5, 5. Joh. 20, 11. ꝛc. ꝛc.)

Wortbedeutung, Worterklärung. (S. Art. Verständlichmachen.)

Wortspiel ist eine belustigende und witzige Wortvergleichung. Doch ist nicht jedes Spiel mit Worten ein Wortspiel, denn sonst könnte auch das Reimecho und die hörbare Malerei in Worten dazu gezählt werden. Man versteht daher vorzugsweise darunter die Darstellung einer Verschiedenheit durch Lautähnlichkeit der Worte, z. B. viele Fenster und doch so finster. Dabei wird mit witziger Kürze zugleich das, was ein Gegenstand ist, und was er nicht ist, aber sein will oder sein sollte, zusammengestellt und in einer Rede verbunden. Es wird also zum Wortspiel erfordert Lautähnlichkeit der Worte, bei Verschiedenheit, ja oft Entgegensetzung der Bedeutungen. Nur dasjenige Wortspiel ist bedeutsam und von Werth, das außer dem buchstäblichen (grammatischen) auch noch einen wirklichen Witz enthält. Auch muß es sich, um zu gefallen, gleichsam von freien Stücken finden, und darf nicht mühsam gesucht erscheinen. Ein Wortspiel ist um so vollkommener, je weniger es dabei einer Abänderung der Worte oder eines Zusatzes durch Vorsatzwörter, Nebenwörter ꝛc. bedarf. Unstreitig gehören Wortspiele oder Witz, der vorzugsweise in den Worten, also der äußern Form liegt, zu der untergeordnetsten Art des Witzes, und dürfen daher auch nicht so sehr gehäuft werden, aber immer gehört es zu den Annehmlichkeiten der Rede, durch schnell gefundene Aehnlichkeit der Klänge das Verschiedene in den Vorstellungen herauszuheben, und ihr Reiz liegt besonders in der Freude über die freie Beweglichkeit des Geistes, den Blick zwischen dem Bezeichneten und dem Zeichen, hin und her zu wenden. — Die Wortspiele können den Kindern dadurch einigen Nutzen gewähren, da sie dieselben in der Sprache üben und zur Schärfung des Verstandes beitragen. Sie mögen daher vom Lehrer als Stoff zur Unterhaltung und namentlich bei Spielen der Kinder gebraucht werden.

Wörtliche Zergliederung. Bei der wörtlichen Zergliederung beabsichtiget man einen vorliegenden Text, einen Satz aus einem Lehrbuche ꝛc. den Kindern faßlich und nutzreich zu machen. Der Lehrer fordert dabei den Schüler durch seine Fragen auf, mehrere Theile eines Satzes dem Namen nach namhaft zu machen und ihre Verbindung zu einem Ganzen anzugeben. Durch die wörtliche Zergliederung wird das Entstehen der Begriffe und Urtheile oder doch ihre Deutlichkeit vorbereitet. Die Gegenstände, worauf der Lehrer dabei die Aufmerksamkeit der Kinder zu richten hat, sind alle Haupt= und Nebentheile eines Satzes, die Verbindung derselben zu einem Ganzen, so wie die Verbindung mehrerer einfacher Urtheile zu einem zusammengesetzten Satze. Es kommen sonach Fragen vor: a) nach den Haupttheilen eines Satzes (Subjekt und Prädikat), b) nach den Bestimmungen des Subjekts und Prädikats, c) nach ihren Verhältnissen zu einander und nach der Verbindung der Sätze einer Periode. Alle diese Fragen müssen deutlich, kurz und bestimmt sein. Die wörtliche Zergliederung kann zuweilen allein stattfinden, wenn der Lehrer inne werden will, ob ein Kind selbst im Stande ist, alle Haupt= und Nebentheile eines Satzes zu bemerken, oder wenn er sich überzeugen will, daß es das Erzählte richtig aufgefaßt habe. In allen übrigen Fällen soll diese Zergliederung mit jener der Gedanken verknüpft werden. Wer nicht geistlos zergliedern will, der muß befreundet sein mit dem Inhalte der Sätze, ihrer logischen Form und Einrichtung, und ebenso mit den Wörtern, durch welche die Gedanken ausgedrückt werden. Wenn der Lehrer seine Fragen nun so einrichtet, daß dadurch auch das Verstehen der Sätze befördert wird, so wird er auch jedesmal die Denkkraft der Kinder in Anspruch nehmen.

Wucher treiben mit dem von Gott empfangenen Pfunde. Es wäre unbillig, wenn der Lehrer von einem Kinde fordern wollte, was er von dem andern fordern kann. Ebenso unbillig wäre es aber auch, von einem jeden Lehrer gleich viel verlangen oder fordern zu wollen. Es ist nicht einem so viel gegeben, als dem Andern. Wem aber viel gegeben ist, von dem kann auch viel gefordert werden. Wenn nur keiner das ihm von Gott verliehene Pfund ohne Gewinn zurückgibt, und nur jeder damit damit gewonnen werden kann. Wer die empfangeneblich anwendet, der wird damit immer so viel gewinnen, daß er vermehrt zurückgeben kann. Und wohl einem Jeden, der es thut; er ist dann werth, über mehr gesetzt zu werden. Mancher könnte mehr gewinnen; gewinnt es aber nicht, sich und seinem Herrn zum Schaben. O möchte der Herr einem Jeden, dem er seine Gaben nach seiner Weisheit gegeben hat und gibt, stets gegenwärtig sein, damit er den Willen desselben nie aus den Augen verlöre, und so treu, standhaft und fleißig wirkte, als ob er selbst seinen Blicken sichtbar gewesen wäre! Möchte Keiner, der da berufen wurde, im Weinberge des Herrn zu arbeiten, das empfangene Talent vergraben, und sich einer sündlichen Trägheit und Faulheit überlassen. Mit welcher Zuversicht und Freude könnte dann zu seiner Zeit Jeder vor Gott erscheinen, und wie überschwenglich belohnt könnte er sich fühlen, wenn er sein ganzes Leben seinem Dienste, dem Dienste der Wahrheit und Tugend, geweihet hätte! — Gewiß, ein Solcher würde dereinst auch das süße Wort zu vernehmen hoffen dürfen: „Geh' ein in deines Herrn Freude!" (Matth. 25, 20. 21.)

Wunder, Wunderbar. Wunderbar nennen wir gewöhnlich alle Erscheinungen und Begebenheiten, die uns unbegreiflich sind, und aus keiner

menschlichen Kraft hervorgehen können; — **also übernatürliche Ereignisse,**
die sich aus den bekannten Naturgesetzen nicht erklären lassen. Der Hang
zum Wunderbaren, oder die Geneigtheit, von dem Unbegreiflichen überhaupt angezogen und eingenommen zu werden, ist jedem Lebensalter mehr
oder weniger, doch ganz besonders dem jugendlichen eigen, das z. B. den
Geistererzählungen ꝛc. ein aufmerksames Ohr leiht. (S. Art. religiöses Gefühl.) Wir betrachten diesen Hang hier in Hinsicht der Erziehung, worüber Suabedissen eine eigene Abhandlung geschrieben hat. Zuvörderst muß man, sagt er S. 69., zwischen dem Kindesalter und dem Alter des Jünglings unterscheiden, weil in ihnen der Hang zum Wunderbaren gewöhnlich weder aus denselben Quellen entspringt, noch sich auf
gleiche Weise äußert und beßhalb auf verschiedene Art behandelt werden
muß. In Kindern, mit welchen wir es besonders zu thun haben, ist ein
rastloses, aber intensiv beschränktes Spiel der Phantasie und zugleich ein
immer reges Leben, welches ihnen lebhafte und schnell wechselnde Gefühle zum Bedürfniß macht. Daher findet sich bei ihnen ein starker Hang
zu der Gattung des Wunderbaren, welche die Phantasie in lebhafte
Thätigkeit setzt, ohne sie zu überspannen, und welche zugleich eine starke
Rührung im Gefühle bewirkt. Das Erhaben = Wunderbare, indem es
eine Anstrengung und Ausdehnung der Einbildungskraft erfordert, welcher das Gemüth des Kindes unterliegt, oder welche ihm bald schmerzlich
wird, (wie z. B. die Vorstellung des Weltgerichts, die Hölle ꝛc. bei Mil-
ton, Klopstock, oder Dante Alighieri, die göttliche Komödie oder Wall-
fahrt durch die drei Geisterreiche, Hölle, Fegfeuer und Paradies ꝛc.)
vermag es eben so wenig lebhaft zu interessiren, als das Niedrig = Aber-
gläubische (Hexereien, Zaubereien, Wahrsagerkünste), wobei selbst die
Phantasie unthätig bleibt, und woran es nur Geschmack finden kann,
wenn es schon verbildet und seine natürliche Lebhaftigkeit erstickt ist. Alle
die Erzählungen aber, die ihm eine Menge, entweder ungewöhnlicher aber
doch sinnlicher und leicht faßlicher, glänzender, bunter oder solcher Erscheinungen vorführen, welche die Ahnung eines Geisterreichs erzeugen,
und eben deßwegen, weil sie die Einbildungskraft nicht klar und bestimmt
auffassen kann, desto stärkere Gefühle hervorbringen, — alle diese Erzählungen werden es auf das Lebhafteste beschäftigen und fesseln. Die
wichtigsten Vorschriften, die man beßfalls bei der Erziehung zu beobachten hat, dürften Folgende sein: 1) **Man begünstige diesen Hang
nicht, sondern arbeite ihm vielmehr entgegen.** Denn er
nährt und stärkt die Gewohnheit des regellosen Umherschweifens der Gedanken und schwächt die Geisteskraft, indem er die bestimmte Selbstthätigkeit hindert. Er gibt der Phantasie einen großen Spielraum, ohne
ihr innere Stärke zu geben. Denn diese besteht in dem Vermögen, eine
sinnliche oder versinnlichte Idee festzuhalten und weiter zu verfolgen. Jener
Hang dagegen gewöhnt vielmehr an den Zustand des Zerstreutseins,
worin man keine Idee festzuhalten vermag. Er legt auch, besonders
durch Gespenstergeschichten, den Grund zu einer Furcht vor Luftgebilden,
von denen man sich oft das ganze Leben hindurch nicht mehr befreien
kann. Der Verstand mag sich immerhin eines Andern und Bessern überzeugen, so wird doch bei manchen Anlässen eine Anwandlung von Furcht
und Grauen bleiben, die man durch kein Vernünfteln zu unterdrücken
vermag. Durch hinlängliche Verstandesbeschäftigung wird man diesem
Hange am besten entgegen arbeiten, wenn sie namentlich immer so beschaffen ist, daß sie die Aufmerksamkeit nöthig macht, und das Umher-
schweifen der Gedanken verhindert. Bisweilen, besonders wenn sich schon
Spuren von eiteln Einbildungen zeigen, wird es sehr zweckmäßig sein,

eine oder die andere Spuckgeschichte oder ein abgeschmacktes Mährchen zu
zergliedern, und die Ungereimtheit sowohl der Erzählung als des Glaubens daran augenscheinlich darzustellen. Auch suche man die Kinder an
die Dunkelheit zu gewöhnen, sowohl im Hause als im Freien; besonders
im Walde, wo das häufige Geräusch, durch Wind und Thiere verursacht,
und die seltsamen Gestalten, zumal im Mondschein, die Einbildungskraft
leicht in Bewegung setzen. Man mache sie ferner gelegentlich auf die
Natur und ihre allgemeinsten Gesetze aufmerksam, um ihnen dadurch begreiflich zu machen, wie manche überraschende Erscheinungen so ganz und
gar nichts Wunderbares enthalten. Endlich setze man ihr Interesse durch
Erzählungen, welche die Einbildungskraft, den Verstand und das Herz
zugleich beschäftigen und ein besonderes Bestreben nach Thätigkeit und
Verstandesübung erzeugen, wie z. B. durch Campe's Robinson. 2)
Man ersticke aber nicht die Einbildungskraft, noch die
Ahnung des Uebersinnlichen. Man soll die Ausartung in Schwärmerei und Aberglauben verhüten, aber nicht die an sich so schätzbare Anlage selbst vertilgen. Denn mit ihr würde man nicht allein das Vermögen der erhabensten Gedanken und Empfindungen des höhern Lebens
und Genusses vertilgen, sondern auch alle wahre Selbstthätigkeit unmöglich machen. Nie soll man das Vermögen, wodurch allein das menschliche Leben belebt werden kann, besonders bei Kindern, denen es an Kraft
und Lebhaftigkeit fehlt, ungeübt und ungestärkt lassen. Man benutze
3) vielmehr jenen Hang zur Erweckung und Bildung
religiöser, moralischer und ästhetischer Gefühle. Zuweilen mag man zur Belohnung des Fleißes eine wundervolle Geschichte
erzählen oder lesen, die mit einer lieblichen Form einen rührenden Inhalt verbindet, wie z. B. mehrere solcher Bossert unter der Aufschrift:
„Goldene Aepfel in silberner Schale," herausgegeben hat.
Auf solche Weise wird den Gedanken die Richtung zum Gefälligen und
Schönen gegeben, und das Herz an edle menschliche Gefühle gewöhnt.
Dieß soll besonders bezüglich auf die Mädchen geschehen, weil ihre ohnehin lebhafte Phantasie in geschäftlosen Stunden meist zu viel Spielraum
gewinnt, und so leicht Herz und Charakter vergiften kann. Bei Knaben
suche man überdieß jenen Hang mit den zunehmenden Jahren auch auf
das Erhaben-Wunderbare zu lenken. Am besten wird dieß durch den
Religions-Unterricht geschehen, wenn man es dabei darauf anlegt, das
Gefühl für das Heilige, Himmlische und Ewige, als das Wesen der wahren Religiosität zu erwecken, zu beleben und zu stärken. Aber auch beim
Unterrichte in der Geschichte und ganz besonders in der Geschichte der
christlichen Religion kann der Lehrer, wenn er sich anders darauf versteht, die ernste Stimmung der Kinder, in die sie sich versetzen lassen,
und ihre Gedanken auf die Erhabenheit so vieler großer und herrlicher
Charaktere und Handlungen, und auf das Wunderbare der Begebenheiten richten, und Geist und Herz derselben dafür empfänglich machen.
Nur Schade, daß gerade hier der Religionsgeschichte in ihren wesentlichsten Beziehungen der Eingang in unsere Schulen versperrt worden
ist. (Ps. 95, 4. 98, 3. 118, 129. 138, 14. Sir. 43, 31. Matth.
21, 42.)

Wunsch, redlicher, des christlichen Lehrers. Der christliche Lehrer
trägt mehr als einen Wunsch für seine Kinder im Herzen. Ihr Erstarken am inwendigen Menschen, ihr Zunehmen an Erkenntnissen, ihre Befestigung in der von Gott gegebenen Wahrheit, ihr Emporsteigen zur
Tugend und Frömmigkeit, ihr Tüchtigwerden für Himmel und Erde, ihr
Ergriffensein von Christus, ihr Vertrautsein mit den Heilanstalten, die

Er in seiner Kirche niedergelegt hat, ihr Reichwerden an guten Werken für ein ewiges Leben, das ist sein innigster und redlichster Wunsch für sie. Er wünscht ihnen, was der Apostel den christlichen Gemeinden zu Philippi und Ephesus gewünscht hat, — er wünscht ihnen somit das Beste. Allein er wünscht nicht bloß, er handelt auch, und macht die Erfüllung seines Wunsches, so viel an ihm ist, möglich. Er wendet Alles an, daß Christus, — die Wahrheit, das Licht und Leben in den Herzen seiner Kinder wohne; daß sie weiter kommen in der Erkenntniß des Heiles und erfüllet werden mit Kraft und Liebe zu allem Guten und für alles Gute — zur Verherrlichung Gottes, des Vaters. Das ist der innigste und redlichste Wunsch des christlichen Lehrers, verbunden mit dem Streben ihn zu verwirklichen. (Phil. 1, 8—11. Ephes. 1, 14—19. Hos. 10, 10. Spr. 11, 23. 3, 5.)

Wünsche und Hoffnungen (gescheiterte) der Kinder. (S. Artikel Hoffnung.)

X.

X, x, das sogenannte Ix, der vier und zwanzigste Buchstabe des deutschen Abc, und aus dem Lateinischen X, x entlehnt, bezeichnet einen aus ch, k und gs zusammengesetzten Laut und kommt 1) nur in sehr wenigen ursprünglich deutschen Wörtern (und zwar nie vorn, sondern nur mitten und hinten) vor, als Axt, Hexe u. dgl. 2) In den übrigen deutschen Wörtern schreibt man dafür ch, als: Achsel, Büchse, Fuchs, Ochs ꝛc. 3) In ursprünglich griechischen und lateinischen Wörtern bleibt das X, x, als: Examen, Lexikon, Xanthippe, Xerxes. 4) Der Engländer schreibt auch in seinen einheimischen Wörtern sein x, als: Box, Buchs, fox, Fuchs, ox, Ochs. Die Redensart: Ein X für ein U machen, verfälschen, betrügen etwas vormachen, weismachen — scheint von Verfälschung der Urkunden zu kommen, wo man aus X leicht V machen konnte. — Da wir übrigens in pädagogischer und didaktischer Beziehung keinen Artikel kennen, der mit X anfängt, so müssen wir es hier bei der bloßen Erwähnung des Buchstabens bewenden sein lassen.

Y.

Y, y, das sogenannte Ypsilon, ein Hülfslaut und der fünf und zwanzigste Buchstabe im deutschen Abc, war 1) in ursprünglich deutschen Wörtern ehemals das Zeichen eines gedehnten i, und wurde auch in den Endsilben auf ey und den davon abgeleiteten Wörtern gebraucht, 2) wird aber jetzt von den meisten Sprachforschern und Schriftstellern höchstens mit Ausnahme des Zeitworts seyn, in deutschen Wörtern verworfen. 3) Nur in den Wörtern, welche aus dem Griechischen und Lateinischen herstammen, behält man noch das y bei, z. B. in Asyl, Symbol, System. 4) Doch Satyre, Sylbe, Styl werden häufig Satire, Silbe, Stil geschrieben. Zu bemerken ist auch, daß das Wort: Bayern, alter Abstammung gemäß mit y geschrieben werden muß. — Die Bemerkung, die wir bei X angeführt haben, findet auch hier wieder Statt.

3.

Z, z, das sogenante Zet, ein Konsonant oder Mitlauter und der
sechs und. zwanzigste und letzte Buchstabe des deutschen Abc wird mit einem starken Drucke der Zunge an die Zähne ausgesprochen und ist eigentlich aus t und s zusammengesetzt. Z schreibt man jederzeit nach einem Konsonanten, wo man ehmals ein z schrieb, Falz, Schmalz, Herz,
Holz, schmelzen; nach einem Doppellauter: Geiz, Reiz, Schweiz, Kreuz,
Schnauze zc.; auch oft für das fremde t: Ambizion, Grazie, Preziosen, wo
aber Andere das t beibehalten. — Tz steht nur bei geschärften Silben: Platz, blitzen, Trotz, trotzen, Schutz, schützen. — Uebrigens bezeichnet das Z insgemein als der letzte Buchstabe des deutschen und lateinischen Abc, auch das Letzte oder das Ende einer Sache: so geht es von
A bis Z, vom Anfang bis zum Ende. Darum sollte man auch da, wo
man nach dem Griechischen sagt: es ist das A und O, im Deutschen sagen: es ist das A und Z.

Zaghaft. (S. Art. Behandlung.)

Zahl, Ziffer oder Zahlzeichen, bezeichnet eine Menge von Dingen
und zwar von gleicher Art. Nimmt man solche gleichartigen Dinge zusammen, um deren Vielheit oder Menge mit Worten bestimmt auszudrücken, so zählt man Die Ziffern sind nur sichtbare Zeichen für die
Zahl und ihre Verbindung und Verhältnisse. Das Rechnen mit Zahlen
(Kopf= oder mündliches Rechnen) muß dem schriftlichen oder Tafelrechnen
vorangehen, weil es die Grundlage alles Rechnens ist.

Zahlenlehre. (S. Art. Rechnen.)

Zählübungen. Diese Uebungen dürfen mit den Neulingen in der
Schule gleich anfangs, somit in der ersten Stunde kaum über 1, 2, 3
hinausgehen, und doch darf die Kleinen dabei keine Langeweile anwan-
deln. Und wirklich herrscht unter denselben ein munteres, reges Leben,
wenn der freundliche und bewegliche Lehrer sich dabei bald der Bohnen,
Nüsse, Aepfel, Steinchen, bald der Finger, Striche oder Punkte bedient,
wenn er wegnimmt 1, 2, wenn er hinzuthut, wenn er dieß durch die
Kinder abwechselungsweise thun läßt, und dann dieses oder jenes fragt:
Wie viel ist weggenommen, wie viel stehen geblieben, wie viel jetzt?
Mache nun einen Strich und noch einen dazu, wie viele Striche sind
das? Mache noch einen dazu, wie viele sind es jetzt? Wische einen, zwei
weg, wie viel sind es noch? u. f. w. Ein solches Verfahren weckt in den
Kindern Liebe zum Wissen und Lernen, so daß ihnen auch das Schwerere
in der Folge leicht, lieb und werth wird. Die Punktirtabelle, wie wir
sie in unser erstes Lesebüchlein mit aufgenommen haben, wird sowohl dem
Lehrer als den Kindern gute Dienste leisten und die Zählübungen sehr
erleichtern.

Zahnlaute. (Lautirmethode.)

Zanksucht ist, wie Eitelkeit, Stolz, Unbescheidenheit zc., eine Ausartung des Ehrtriebs, besonders wenn äußere Vorzüge, Geburt, Vermö-
gensverhältnisse zc. in Kindern den Wahn begründen, daß sie mehr als
andere seyen. Solche Kinder wollen daher auch mit andern nur wenig
zu thun haben, und wenn sie mit ihnen in Berührung kommen, und diesem oder jenem öfters auch eine noch so unschuldige Aeußerung entschlüpft, welche dem von sich Eingenommenen nicht behagt, dann fängt
er Streit und Hader an, macht demselben Vorwürfe, die es kränken oder

seine Seele verwunden. Ein Wort gibt dann das andere, und so entflammt sich die innere Aufregung und führt Zank herbei, der sich nicht selten mit Beschimpfungen und Schlägereien endet. Der Mangel an Bescheidenheit, welche so gerne in Friede und Liebe mit Andern lebt und wandelt, und das Vorwalten des Unverstandes und anderer Vorurtheile tragen in den meisten Fällen das Holz herbei, damit das Feuer nur um so heftiger brenne. Um diesem sittlichen Uebel solcher Kinder, welche zum Zanken und Hadern geneigt sind, und durch die kaum gedachten äußern Verhältnisse nur noch mehr bestärkt werden, kräftig entgegen zu treten, beobachte der Lehrer folgendes: a) Er ziehe Kinder, an welchen er deutliche Spuren von Eitelkeit, Stolz 2c. wahrnimmt, den übrigen nie und nur in der Weise vor, als sie es wirklich verdienen; b) er gebe nicht zu, daß die vermöglichern die ärmern geringe achten und ihnen gewissermaßen ihre Freude verderben; c) er pflanze Wohlwollen gegeneinander in ihre Herzen und entferne die Zanksüchtigen von den Friedlichen. Der Lehrer vergesse nie die Handlungsweise jenes Schulmannes, den Jais in der 21. Erzählung anführt, von welchem es heißt: Er war ein verständiger Mann und ein wahrer Kinderfreund. Die Kinder liebten ihn, und gingen mit Freuden in die Schule. Unter anderm gefiel nicht nur den Kindern, sondern auch ihren Eltern dieses ganz besonders, daß er mit ihnen öfters auf das Feld hinausgieng. Da zeigte er ihnen dieß und das; er redete dabei oft von Gott, wie er Alles erschaffen und so gut und weislich eingerichtet habe; er unterhielt die Kinder mit angenehmen und nützlichen Erzählungen. Auch ließ er die Kinder öfter ein Spiel machen. Er war aber allezeit dabei, und Alles mußte unter seinen Augen geschehen. Er selbst ordnete die Spiele an. Knaben und Mädchen waren von einander abgesondert. Er ließ kein Spiel machen, wobei man Schläge austheilt, einander zu Boden wirft, oder sonst etwas zu Leibe thut. Auch ließ er kein Spiel und nichts beim Spiele zu, was nur im Geringsten wider die Sittsamkeit war. Unter den größern Knaben war auch einer, welcher jedesmal der erste beim Spiel und der letzte davon war; aber allemal so oft er spielte, wurde gestritten und gezankt. Zuletzt wollte gar Niemand mehr mit ihm spielen. Er nöthigte aber Andere mit Gewalt dazu, und zankte wieder. Da trat nun der Schullehrer in's Mittel. Er verbot allen Kindern mit ihm zu spielen; zum zanksüchtigen Knaben aber sagte er: „Du spielst so gern, ladest And're zum Spielen ein. Du zankst so gern, was ist zu thun? — Geh' Zänker, spiel' allein!" — Wir haben einen Theil der oben bemerkten Erzählungen angeführt, um dem Lehrer einen Fingerzeig zu geben, wie er sich in ähnlichen Fällen mit zänkischen Kindern zu verhalten habe. Um jedoch tiefer einzugreifen und das zanksüchtige Kind von diesem Fehler zu heilen, mache er dasselbe darauf aufmerksam, wie die Zanksucht sich durchaus mit der Liebe nicht vertrage, und Jesus selbst nur den Friedfertigen die Seligkeit verheiße, dagegen die Zanksüchtigen sich vom Reiche Gottes ausschließen, indem sie auf der Sünde Wege wandeln. Wer Neid und Zank in seinem Herzen hat, der rühme sich nicht, denn er prahlt und lügt wider die Wahrheit. Beispiele, auf die sich hier der Lehrer berufen kann, sind: Abrahams und Lot's Hirten; die Israeliten mit Moses; die Jünger wegen des Vorzuges 2c. (1. Mos. 45, 24. Spr. 15, 18. 17, 19. 18, 6. 22, 10. 28, 25. Gal. 5, 20. Phil. 2, 3. Jac. 3, 16. Röm. 2, 8. 2c.)

Zeichnen. Der Elementarunterricht im Zeichnen, verbunden mit dem Röthigsten aus der Formlehre dürfte in einer Volksschule sehr wohlthätig seyn, zumal bereits ein jedes Kind schon von Natur eine gewisse

Vorliebe hat, sich mit Formen, Figuren und Zeichnungen zu beschäftigen. Durch das Zeichnen wird der Sinn für Ordnung und Schönheit geweckt, das Auge geschärft, die Hand zum Schreiben und andern feinen Geschäften gebildet, und es ist für viele Berufsarten nöthig, oder doch wenigstens sehr nützlich. Derjenige Lehrer, welcher es ganz verabsäumt, mag sich bewußt werden, welch eines wichtigen Bildungsmittels zu einem gründlichen Schreibunterricht und zugleich zur Selbstbeschäftigung der Kleinen während des Unterrichts der Größern, er sich selbst beraubt. Bezüglich des Zeichnens hat der Lehrer die Aufgabe, die Kinder durch angemessene Uebungen, die vom Leichtern zum Schwerern stufenweise fortschreiten, zum selbstthätigen Darstellen schöner Gebilde anzuleiten. Die Anordnung und Vertheilung der Aufgaben muß die Kräfte und den künftigen Beruf der Schüler möglichst berücksichtigen. Die Fehler sollten meistens von denselben selbst aufgesucht und verbessert werden. — Durch das Auffassen gerader und gebogener Linien, Winkel, Dreiecke und anderer Figuren wird für das Zeichnen ein guter Grund gelegt. Diese Uebungen im Zeichnen der einfachsten Elemente, Linien und Figuren müssen so lange fortgesetzt werden, bis die Hand die erforderliche Sicherheit und Fertigkeit erlangt hat. Hierauf können die Schüler zum Zeichnen nach äußern Anschauungen, zum Nachbilden guter Musterblätter angeleitet werden. Daß dieß nicht den Elementarschulen gelte, wird sich wohl ohne besondere Bemerkung von selbst verstehen. Zwar sollte dieser Gegenstand in den gedachten Schulen nicht ganz beseitiget werden. Auch hier wird es wohl gethan seyn, wenn der Lehrer die einfachsten Uebungen im Formenzeichnen, so weit es Noth thut, gehörig betreibt. Auf keinen Fall aber dürfen die Uebungen im Zeichnen andern nothwendigern Lehrgegenständen die Zeit entziehen. — Auch beim Zeichnen sollen die Kinder immer wissen, was sie thun, und sollen sich darüber aussprechen können, oder was dasselbe ist, sie sollen den Gegenstand kennen, den sie darstellen, und mit Bewußtseyn zeichnen. Haben sie sich von den geraden Strichen und den daraus gebildeten Figuren Rechenschaft geben gelernt, so sollen sie dieß auch mit den gebogenen und mit allen daraus zusammengesetzten Gebilden, ja sie sollten jedes Blatt, jede Blume, die ihnen in Zeichnungen zum Nachzeichnen vorgelegt wird, vorher in der Natur anschauen, den Gegenstand mit der Zeichnung vergleichen, ihn zu benennen wissen, die in die Augen fallenden Theile und Eigenschaften desselben deutlich wahrnehmen und namhaft machen können. — Gute Winke für die methodische Behandlung des Zeichnens finden sich in Zerrenners Methodenbuch, in dessen Grundsätzen der Erziehung, im Erziehungs- und Schulrathe von Krüger und Harnisch (1—2. Heft) für solche Lehrer, welche wenig oder gar nicht zeichnen können. Jene Lehrer, welche in der Zeichenkunst fremd sind, aber Neigung und ernsten Willen dazu haben, können das Versäumte einigermaßen nachholen, wenn sie nach den in der „Bücherschau" angeführten Anweisungen und Vorlegeblättern, von den einfachsten Elementen anfangend, im gefälligen Darstellen der Formen mit Geduld und Ausdauer sich üben. Sie werden sich dadurch nicht nur für ihren Beruf nützlicher und brauchbarer machen, sondern sich auch manche unschuldige Freude in ihren Erholungsstunden bereiten. Denn außer der Musik gibt es wohl keine Kunst, welche dem Gebildeten eine edlere Unterhaltung gewähren könnte, als das durch seine Erzeugnisse erfreuende Zeichnen.

Zeigen — Abscheu vor allem Unsittlichen. Der christliche Lehrer zeigt seinen tiefen Abscheu vor Allem, was das sittliche oder religiöse Gefühl beleidigt. Nie darf etwas Unsittliches und Unheiliges gleichgültig angesehen, behandelt und besprochen werden. Sein Ernst tritt jeder Unsittlichkeit ꝛc. entgegen, sein Abscheu davor spiegelt sich in seinen Worten und Mienen, und dieß vorzüglich dann, wenn Kinder sehen, daß er sie bemerkt. Dabei hütet er sich jedoch sorgfältig, daß er seinen Abscheu nicht auf ein Kind, das gelogen oder sich sonst eines Fehlers schuldig gemacht hat, sondern nur auf die Unsittlichkeit richtet. Er spricht also nicht geradezu richtend aus: z. B. „Du bist ein Lügner, oder ein böser Mensch", sondern er sagt vielmehr: „Du hast gelogen, oder böse gehandelt." (Levana.) Auch lehrt der christliche Lehrer seine Kinder, an dem Guten, das sie sich aneignen, selbst Freude empfinden. Sein eigenes Wohlgefühl, wenn sie irgend einen Fehler abgelegt oder eine gute Eigenschaft angenommen haben, geht in ihre kindlichen Herzen über, sie werden sich des Bessern in sich bewußt, sie lernen ihren gegenwärtigen sittlichen Zustand mit ihrem frühern prüfend vergleichen, und ihn als schöner, liebenswürdiger und achtenswerther betrachten, so daß die Freude über sich selbst wie von selber in ihnen rege wird, und mit ihr zugleich die Gelegenheit, sich auch von andern sittlichen Mängeln zu befreien. Schon Aeußerungen gegen ein Kind, wie die: „Ich bin heute mit dir zufriedener, als gestern, oder: ich fange an mich über dich zu freuen, oder: wie schön ist es doch, etwas Gutes angenommen zu haben" u. s. w. werden zur Verbesserung seines sittlichen Zustandes beitragen, das Innere desselben wohlthätig anregen und ihm Freude über sich selbst bereiten. So benimmt sich der christliche Lehrer gegen seine Kinder; er zeigt seinen Abscheu vor allem Unsittlichen, und lehrt sie an dem Guten, das sie sich aneignen, ihrem Herzen Freude bereiten.

Zeitgeist. Jede Zeit im Laufe der Jahrhunderte, sagt Ancillon (Extreme, B. 1. S. 63) hat ihren Charakter, der von der vorhergehenden bestimmt wird, ihre Tugenden und ihre Laster, die immer eine eigenthümliche Farbe tragen. Von keinem Jahrhundert muß man etwas fordern, was seine Stellung gegen die übrigen Jahrhunderte nicht mit sich bringt, oder was seiner ganzen Eigenthümlichkeit widerspricht. Keine Zeit geht gehaltlos und ohne Werth und Einfluß auf die folgenden vorüber, keine bleibt unbeerbt, oder stirbt aus, ohne eine Erbschaft zu hinterlassen. Im Grunde sündiget man immer, wenn man die Zeiten vergleicht, um von einer frühern zu fordern, was nicht in ihr seyn konnte, und erst später eintreffen mußte. Ein jedes Jahrhundert muß in sich aufgefaßt und beurtheilt werden. Es ist eben so abgeschmackt von einer Zeit zu verlangen, daß sie einer spätern, in mancher Hinsicht vielleicht bessern, in anderer schlechteren ähnlich sey, als großen Männern verschiedener Jahrhunderte vorzuwerfen, daß jeder von ihnen, und von den andern verschieden, seine eigenen Fehler, so wie seine eigenen glänzenden Seiten gehabt hat. Es hieße so viel, als von einem Menschen fordern, daß er ein Anderer gewesen wäre, als er war, und seiner Natur, seiner Lage, und seinen Umgebungen nach seyn konnte. — Diese Stelle könnte Stoff bieten zu einem großen Kommentar (Erklärung). Wir wollen daraus nur Einiges für unsern Zweck ableiten. Der Erzieher, dem es obliegt, seinen Zögling aus seiner Zeit für seine Zeit zu bilden, muß mit dem Zeitgeist bekannt seyn, d. h. er muß die gleichzeitig lebenden Menschen in Ansehung der unter ihnen herrschenden Ideen nach Inhalt und Form, oder ihren intelligenten, religiösen, sittlichen, politischen und Geschmacksbestrebungen so viel möglich erfaßt haben. Diese Aufgabe ist aber keineswegs leicht, und wer sie zu lösen versucht, fällt nicht selten dabei von einem Aeußersten auf das andere, indem er seiner Mitwelt bald zu wenig, bald zu viel im Guten oder Bösen zutheilt. Nichts desto weniger **muß** sie gestellt und dem Erzieher zugemuthet werden, daß er den Geist seiner Zeit, theils durch eigene Beobachtung im Umgange mit Menschen verschiedener Stände und Verhältnisse, wie **Fenelou**, theils durch sorgfältige Ueberlegungen bei dem Lesen der neuesten und einflußreichsten Schriften aus einzelnen großen Zügen zu erkennen sich bemühe. **Seiler** sagt (S. 144): Um deinen Zögling in seiner Zeit, und für seine Zeit zu bilden, unterscheide vorerst richtig und parteilos in dem Geiste der Zeit: 1) das offenbar Wahre in der Ansicht des Zeitalters von dem offenbar Irrigen, 2) das offenbar Wohlthätige in der Tendenz des Zeitalters von dem offenbar Schädlichen, 3) das offenbar Gute in den Maximen des Zeitalters von dem offenbar Bösen. Dann laß diese parteilose, reife Unterscheidung für deinen Einfluß auf die Bildung des Zöglings, d. h. auf Bewahrung desselben vor offenbar falschen Ansichten, schädlichen Zwecken, bösen Maximen, und auf Vorbereitung desselben zu wahren Ansichten, zu wohlthätigen Zwecken, zu guten Maximen entscheidend werden. Dieß kürzer und bestimmter ausgedrückt, würde demnach das pädagogische Gesetz geben: „**Bilde deinen Zögling aus seiner Zeit für seine Zeit, aber nur aus dem Wahren, Guten, Wohlthätigen seiner gegenwärtigen, für das Wahre, Gute, Wohlthätige der kommenden Zeit. Die Zeit diene ihm, und er ihr.** Denn, fügt er hinzu, wenn der Fall eintreten sollte, daß der Geist der Zeit ganz geistlos würde, und überall das Falsche, das Böse, das Grundverderbende die ersten Plätze einnähme, so würdest du immer viel zu **unterscheiden** haben. Es mag aber der Fall kommen, oder nicht, so soll der Zögling nie eine Puppe des Zeitgeistes seyn. Am Backenbarte, am Titus= und Brutuskopfe ist eben nicht viel gelegen; aber daß **Gerechtigkeit** das erste Wort in allen Angelegenheiten des **Staates**, daß **Religion** das erste Wort in allen Angelegenheiten der **Kirche**, daß die **Heiligkeit der Ehe** das erste Wort in allen Angelegenheiten der **Familie** behalte, daran ist alles gelegen. Und, wenn der Zeitgeist dahin käme, daß an die Stelle der Gerechtigkeit Willkühr, an die Stelle der Religion Gottlosigkeit, an die Stelle des heiligen Ehebandes die Anarchie der zügellosen Lust träte, oder getreten wäre, dann frage nicht mehr, wie viel die Glocke in unsern Staat=, Kirchen= und Familien=Thürmen geschlagen habe. Denn es wird die Uhr bald abgelaufen seyn, und welche Gewalt sie dann wieder aufziehe, **will ich nicht wissen.** — In der Würdigung der gegenwärtigen Zeit gibt es zwei große Parteien. Die eine stellt den Satz hin: „Unsere Zeit überflügelt alle anderen Zeiten, und mit ihr verglichen, sind die frühern Perioden arme und beklagenswerthe Zeiten." Die andere dagegen sagt: „Unsere Zeit ist eine ausgeartete Zeit, die mit den frühern frischern, reinern Perioden die Vergleichung bei weitem nicht aushält. Nur ein kleiner Theil tritt in die Mitte, schaut mit prüfendem Blicke Satz und Gegensatz, und kommt auf ein Ergebniß, das der Wahrheit näher liegt. Vielleicht würde dieser kleine Theil der Hellsehenden durchgreifender auf die Masse wirken, wenn diese weniger den wechselnden Ansichten huldigte, die auch hier, wie überall, den alten Spruch in's Lächerliche spielt: medio tutissimus ibis (— Die Mittelstraße ist die goldene Straße.) Es ist nicht in Abrede zu stellen, daß a) die Menschen in allen Ständen aufgeklärter und weltklüger geworden sind. Es sind große Fortschritte gemacht worden in Künsten und Wissenschaften; der Zustand des Schul= und Bildungswesens hat in mancher Hinsicht gewonnen; das Gebiet des Aberglaubens ist verengt, das Eigenthum im Allgemeinen mehr gesichert,

die Gesetzgebung hat sich vielfach verbessert, die Willführ kann weniger
Platz greifen, und die Menschenrechte sind nicht mehr gefährdet, vom
Despotismus erdrückt zu werden; selbst auf die Verbesserung der Verbrecher ist ein besseres Loos gefallen ꝛc. Dagegen ist aber auch nicht in
Abrede zu stellen, daß mit der allgemein verbreiteten Aufklärung und
der Sittenverfeinerung die frühere Tugend der holden Einfachheit verloren gegangen, Luxus und Modesucht einen größern Bereich errungen,
und Religion und Sittlichkeit in ihren Besten oft mächtig erschüttert worden sind. Die Beweglichkeit der Ideen, sagt Ancillon (S. 191),
hat sich leider auch den Grundsätzen mitgetheilt und dieselben erschüttert.
Halbe Vorstellungen, einseitige Urtheile, unverdaute Kenntnisse, nach-
gesprochene Behauptungen sind in schnellen Umlauf gekommen und
wuchern — wie Unkraut — allenthalben. Aus Vorurtheil für die neuen
Lehren hat man viele Wahrheiten als Vorurtheil verdammt, verworfen
und entwurzelt. Die Anmaßungen der Eitelkeit und einer übertünchten
Unwissenheit haben für Ansprüche gegolten Die Sprache des (vermeintlichen) Wissens und der geistigen Cultur ist so allgemein geworden, daß
der Abstand der Einzelnen über der Menge, so groß er auch immer
seyn möchte, weniger fühlbar geworden ist, daher die immer zunehmende
Geringschätzung und Schwächung einer jeden Autorität; die guten Absichten der Regierung sind deßhalb öfters gescheitert, weil die Regierten die
Kunst, sich selbst und Andere zu regieren, besser zu verstehen wähnen.
So unzweifelhaft und wirklich diese Gebrechen sind, man hätte Unrecht,
deßwegen die Aufklärung anzuklagen und zu verschreien. Eine falsche
und Afteraufklärung stellt sich immer neben die wahre, so wie der
Schatten dem Lichte folgt. — Auch wir wollen nicht und können nicht
wollen, daß das Helldunkel dem Tageslichte vorgezogen werde. Allein
wie groß ist die Zahl der Irrthümer und falschen Grundsätze, welche die
Afteraufklärung mit in ihre Schiffsladung aufgenommen hat! — Und
wie steht es in unserer Zeit mit der Religion und den Sitten?
Und hat wohl im Allgemeinen das Glück der Völker und der Einzelnen
im Verhältniß zur Geistesbildung zugenommen? — Die doppelte Richtung des Zeitalters, Alles zersetzen und zergliedern zu wollen, und den
Gefühlen, als wären sie Schwächen oder Gebrechen der menschlichen Natur, den Krieg zu erklären, haben auch einen nachtheiligen Einfluß auf die
Religion ausgeübt. Das Unendliche, Unfühlbare und Himmlische läßt
sich nicht in den Schmelztiegel der Analyse bringen. Die Quelle und
der Sitz der Religion liegen ungleich mehr im Gemüthe als im Verstande, und Wahrheiten, die über dem engen Kreise menschlicher Erkenntnisse hinausliegen, werden mit dem schwachen Lichtlein des Verstandes
nicht erschaut und bewiesen, sondern sie sind in der Tiefe der von Gott
erleuchteten Vernunft gegründet, und kommen aus derselben hervor, und
erzeugen im Menschen durch göttliche Gnade den Glauben. Deßwegen
sagt der Apostel: „Der Glaube ist die Ueberzeugung von dem, was unsichtbar ist.“ Und nicht umsonst sprach Christus, der Sohn des lebendigen Gottes zu Petrus: „Selig bist du, Simon, Jonas Sohn! denn
Fleisch und Blut haben dir das nicht geoffenbaret, sondern mein Vater,
der im Himmel ist.“ — Es läßt sich nun durchaus nicht läugnen, daß
in der letzten Zeit der Glaube oder die Religion vielfach erschüttert worden, aber sich auch wieder eine größere Gewalt über die Gemüther erworben habe. In der letzten Hälfte des achtzehnten Jahrhunderts war
das Heilige von Frevlern und tollkühnen Menschen so sehr angegriffen,
entwürdigt und verhöhnt, das finstere Reich des Unglaubens durch mancherlei Schriften, die nur die Hölle ausbrüten konnte, so mächtig erwei-

tert, daß die Menschen endlich, von dieser gottlosen Sprache und den stets wiederkehrenden Lehren und der Impietät übersättiget, sich wieder nach dem alten Glauben und der lange vermißten Frömmigkeit sehnten. Der Irrthum und der Frevel hatten sich erschöpft. Es traten wieder bessere Zeiten ein. Man fühlte, daß der Mensch erniedriget, seine Würde vernichtet, die Quelle alles Trostes, aller Kraft und Freude verstopft, und er der himmlischen Heimath entfremdet wurde. Die Verbrechen und Leiden der Zeit, so wie die geträumte oder vielmehr mißverstandene Freiheit, in welcher sich die Ungebundenheit auflöste, führten solche drangvolle Jahre herbei, daß die Völker in ihren eigenen Busen griffen, in sich selbst zurückkehrten und lebendig fühlten, daß nur dann wieder Heil zu finden sey, wenn das Zeitliche vom Ewigen, das Niedrige vom Höhern und das Irdische vom Himmlischen beherrscht werde. So trugen nun die Drangsale und der Ernst der Zeit dazu bei, den religiösen Sinn wieder zu erwecken, zu beleben und zu erhöhen; denn alle Höhe im Menschen hat Verwandtschaft mit Gott, und je würdiger der Mensch wird, desto mehr trachtet er nach dem Reiche Gottes, seiner Gerechtigkeit und der Krone der seligen Unsterblichkeit. So stand es mit der Religion, die nun wieder ihre heiligen und ewigen Rechte auszuüben angefangen hat. Man hat eingesehen, daß dem Menschen unter dem Himmel kein anderer Name gegeben ist, in dem sie selig werden können, als allein der Name Jesu Christi. Früher hatte man die Moral vom Glauben getrennt, und die Sittlichkeit war, wo nicht entwurzelt, doch geschwächt und entfärbt worden. Die Tugend ohne die Religion ist eine Pflanze, welche, dem Einflusse des Himmels entzogen und von ihm losgerissen, der Boden der Erde nicht lange trägt. Wie der Glaube ohne die Werke todt ist, so liegt auch die Tugend ohne den Glauben im Staube, hinsterbend, weil sie keine Nahrung und Kraft von oben erhält. Im achtzehnten Jahrhundert wurden die Klöster, als heilige Institute zum Besten der jungen Menschheit, aufgehoben, ihre rechtmäßig erworbenen Güter eingezogen und nicht selten auf eine erbärmliche Weise vergeudet; jetzt fängt man, wenigstens in katholischen Ländern wieder an, die tiefen Wunden, die ihnen dadurch geschlagen wurden, einigermaßen zu heilen, und der jüngern Menschenwelt eine bessere Erziehung und Bildung zu geben. Allein noch immer zeigen sich die traurigen Spuren der Verwüstung vergangener Zeit, und es werden wohl noch Jahre vorübergehen, bis die verwüstete Erde wieder eine neue und schönere Gestalt durch Religion und Zucht gewonnen haben wird. Man mache uns hier nicht den Vorwurf: Senex laudator temporis acti; denn wir wissen, was wir schreiben, und entgegnen einem solchen Vorwurfe mit den Worten des Erasmus: „Senibus rerum prudentia major." (Wie der Alte die vergangene Zeit erhebt, so ist er auch durch lange Erfahrung besonnener und reifer in seinem Urtheile geworden.) — Was die Sitten betrifft, so stehen sie mit der Religion in einer so innigen Berührung, daß ihr Zustand bei einem jeden Volke von ihrem gegenseitigen Einflusse unzertrennlich erscheint. Die Sitten verlieren an Reinheit und Schönheit, je nachdem die Religion beschaffen ist. Das achtzehnte Jahrhundert hat die nahe Verwandtschaft der Religion und Sittlichkeit durch neue Erfahrungen bestätiget. So schwer es auch ist, den jedesmaligen Zustand der Sittlichkeit eines Volkes oder eines Zeitalters zu bestimmen, so ist es noch ungleich schwerer, ihn abzuschätzen und auf seine wahre Ursachen zurückzuführen. Die äußere wahrnehmbare Sittlichkeit der Handlungen steht nicht immer in einem genauen Verhältnisse mit der innern Sittlichkeit der Gesinnungen und der Beweggründe, die zum Handeln treiben.

20*

Die Umstände gebieten über die erstere, indem sie mehr oder weniger Veranlassung zu denselben darbieten. Das Innere dagegen bleibt gewöhnlich verschlossen und entzieht sich der Beobachtung. Aber eben so leicht ist es auch, sich in Beziehung auf die wirkliche Sittlichkeit eines Volks oder eines Zeitalters zu täuschen, und die Abwesenheit von gewissen Lastern, so wie die Verbreitung von gewissen Tugenden, Ursachen zuzuschreiben, die nicht die richtigen sind, und sonach den sittlichen Werth zu hoch oder zu niedrig anzuschlagen. Die Lage eines Volks und die Beschaffenheit seines Bodens gestatten ihm oft nicht, aus einer gewissen Mittelmäßigkeit des Vermögens zu treten, oder verurtheilen es sogar zur Armuth. Diese zwingt es gewissermaßen zur Einfachheit, zur Genügsamkeit, zur Arbeit und weiset es ausschließlich auf die Freuden des häuslichen Lebens an. Und diese Verhältnisse sind es, welche seine Tugend begünstigen. (Man werfe nur einen Blick in die Geschichte der Römer in den ersten Jahrhunderten zc.) Dagegen wenn glückliche Umstände ein Volk leicht und schnell zu großem Reichthum führen, so wird derselbe den Einzelnen, die ihn besitzen, Neigung, Muße und Mittel geben, einen großen Aufwand zu machen; es wird ein Wettstreit bezüglich auf die Vergnügungen und den Luxus unter den verschiedenen Ständen entstehen; die Sieger und die Besiegten werden durch den Ausgang dieses Wettstreits entsittlicht und verdorben; die Reichen werden sich der Geld- und Ehrsucht, der Eitelkeit hingeben, die Minderbegüterten werden schmerzliche und gefährliche Vergleichungen anstellen, ihr Herz dem Neid und Haß gegen ihre glücklichern Mitbürger öffnen, und wenn die Umstände die Arbeit und den Lohn vermindern, so werden die niedrigen Stände, um nicht zu darben, zu Fehltritten verleitet werden, die nur zu leicht zu Verbrechen führen können. Bei beiden Theilen werden vielleicht die religiösen Gefühle und sittlichen Grundsätze und Gesinnungen sich mehr das Gleichgewicht halten; allein die äußere Sittlichkeit wird bei dem ersten Theile weit mehr als bei dem andern hervortreten, und es werden in seiner Mitte viel weniger unmoralische Handlungen begangen werden. So schwer es also auch immer seyn mag, über den sittlichen Zustand der gegenwärtigen Zeit ein ganz sicheres Urtheil zu fällen, weil uns die bestimmten Kennzeichen mangeln, so ist doch immer so viel als richtig anzunehmen: Je mehr sich ein Volk und somit auch der Einzelne in demselben, von der Religion entfernt, desto mehr Spielraum werden die Leidenschaften und unordentlichen Begierden finden, und solche Wege einschlagen, welche zur Befriedigung derselben führen. Und der Unsittlichkeit sind dann Thür und Thor geöffnet; weil das heilige Band, das den Menschen mit Gott und seinem Willen vereint, zerrissen, und keine äußere Anstalt ganz im Stande ist, demselben Schranken zu setzen, die er nicht überschreiten könnte. Was von jeher den Menschen wahrhaft gut und weise machte, und allein zu machen vermag, ist der Wandel vor Gott, oder was eines ist, die Religion, das ihn mit Gott vereint. Hieraus lassen sich unsers Erachtens die täglich sich wiederholenden sittlichen Verirrungen und Unordnungen bei dem dermaligen Geschlechte erklären. Dazu kommt noch das verderbliche Beispiel, das unserer Jugend täglich und stündlich vor Augen schwebt, und die Anlässe aller Art, wobei das junge Geschlecht auf Abwege verleitet wird. Und dieß ist die Frucht des Zeitgeistes, der in unsern Tagen sein Werk fortsetzt, wenn schon nicht mehr in solcher Steigerung, wie es vor noch nicht langer Zeit der Fall war. Will also der Erzieher seinen Zögling vor dem sittlichen Verderben sicher stellen, so beobachte er die oben angegebene pädagogische Regel, und lasse es sich vor allem angelegen seyn, sein Gemüth für das

Heilige zu gewinnen, und dasselbe von der Religion zu durchdringen. Es sei daher sein erstes und letztes Wort: „Wandle vor Gott und sei fromm!" — Nie lasse er sich von dem verkehrten Geiste der Zeit bei seinem wichtigen Geschäfte irre machen. Und so muß auch die religiös=sittliche Bildung der höchste und letzte Zweck der Schule sein.

Zeitlicher Beruf des Kindes ist zu berückfichtigen. (S. Art. Erziehung der Söhne 2c.)

Zeitpunkte, die entscheidenden. Es gibt in der Erziehung entscheidende Augenblicke, welche die ganze Wachsamkeit, Liebe und Klugheit des Erziehers in Anspruch nehmen; die Wachsamkeit, daß er sie nicht übersehe; die Liebe, daß er weder durch Trägheit, noch durch Vortiligkeit, weder durch Strenge noch durch nachgiebige Schwäche, das kommende Uebel beschleunige; die Klugheit, daß er ihm, wo nicht zuvorkomme, doch wenigstens mit kräftigen Mitteln entgegenwirke. Diese entscheidenden Zeitpunkte beziehen sich zunächst entweder auf den Zögling, oder die Familie, oder den Staat und die Kirche. Solche bedenkliche Zeitpunkte sind nach Sailer: a) Jene die den ersten Funken der Geschlechtsliebe in die unerfahrene Seele werfen, oder die den ersten Funken der Geschlechtslust anregen; b) Jene, die dem Sohne eine Blöße an dem Vater 2c. zeigen, die nicht vertheidiget werden kann, die der Knabe nicht nachmachen darf, und die ihn nicht hindern soll, mit ungetheilter Liebe an dem Vater zu hängen; c) Jene, die dem zarten Gefühle des jungen Christen eine Blöße in dem Zufälligen der öffentlichen Religion geben, die nicht gerechtfertigt werden kann, und die dem Knaben das Gefühl für die Religion nicht schwächen soll, und d) Jene, die dem jungen Bürger eine Blöße in der bürgerlichen Verhandlung der Gesellschaft, oder in dem Charakter der ersten Personen darstellen, die nicht widersprochen werden kann, und die seine Anhänglichkeit an Fürst und Vaterland nicht schwächen soll. — Die reife Vernunft wird diese kritischen Zeitpunkte zum Besten des Zöglings zu benutzen wissen, und reife Vernunft soll der Erzieher sein. Was könnte auch eine unreife hierüber anders, als bloße Worte lesen, selbst in dem besten Unterrichte? — Angeleitet, aus dem lautern Triebe der Liebe zu handeln, wird der Jüngling das Gebrechliche in äußern Formen der Dinge, und in den Sitten seiner Lieben nicht sehen, oder sehend, wie nicht sehend, tragen. Angeleitet, wie vor Gott zu leben, und die geheimsten Regungen seines Herzens seinem Freunde zu offenbaren, wird er, durch Gottesfurcht und Aufrichtigkeit seines Herzens durch Warnungen menschlicher Weisheit, und durch unnennbare Führungen der höchsten Weisheit in den Stand gesetzt werden, den Verwüstungen des unbändigsten aller Triebe zu entkommen. Den größten Vortheil hat der Erzieher errungen, sobald es ihm gelungen ist, das ganze Vertrauen seines Zöglings durch Liebe anzufassen, durch Geduld festzuhalten, durch Weisheit zu sichern, durch Klugheit zu nutzen, und durch Wohlthun auf den Tag des Kampfes zu stärken. (Hebr. 13, 17. Matth. 26, 41. 1. Cor. 16, 13. Col. 4, 2. 2c.)

Zeitpünktlichkeit. Diese wird bei den Kindern dadurch angefacht und erhalten, wenn der Lehrer selbst pünktlich ist, genau auf das Kommen der Schüler zur rechten Zeit sieht, die Fehlenden und Zuspätkommenden gehörig verzeichnet, darüber wacht, daß jedes Kind zu rechter Zeit auch aus der Schule nach Haus zurückkehrt, und sich hinsichtlich seiner Bedürfnisse so einrichtet, daß dadurch keine Zeit verloren geht.

Zergliedern. Dieser Ausdruck ist von dem Zerlegen eines thierischen Körpers in seine einzelnen Theile hergenommen, und heißt einen Satz in seine einzelnen Bestandtheile auflösen und darnach erklären. Man kann nur das zergliedern, was aus Theilen zusammengesetzt ist. Der Zweck des Zergliederns kann also kein anderer sein, als deutliche Erkenntniß dadurch zu bewirken. Der Lehrer zergliedert daher den Kindern ein ihnen zwar nicht völlig unbekanntes, aber noch dunkles oder unklares Ganze, (Vorstellungen, Begriffe, Urtheile und Sätze,) wenn er sie veranlaßt, die Bestandtheile dieses Ganzen einzeln selbst zu finden und nun verdeutlicht zu einem Ganzen zu vereinigen. Alles, was zusammengesetzt ist, kann zerlegt oder aufgelöset werden, also: a) zusammengesetzte Vorstellungen, sie mögen entweder sinnliche, wie z. B. von einer Hütte, oder reine oder Erfahrungsbegriffe sein, z. B. Ursache, recht, gut. — Mensch, Hoffnung, Liebe u. s. w. Derlei Begriffe denken die Kinder oft dunkel und müssen sonach durch das Zergliedern deutlich gemacht werden. Dieß geschieht, wenn der Lehrer eine passende Vorstellung in den Kindern erweckt, z. B. die Unwahrheit reden, den Eltern gehorsam sein, zu dem Begriff — S ü n d e; wenn er das den Kindern Bekannte so benutzt, daß diese daraus das Unbekannte, das sie finden sollen, selbst entwickeln, und wenn er sie endlich die einzeln gefundenen Merkmale von demselben zusammenfassen läßt. Oft soll aber auch durch die Zergliederung ein Satz bewiesen werden. In diesem Falle muß der Lehrer den Kindern so viele Theile desjenigen Begriffs, der den Beweisgrund enthält, als nöthig sind, zuführen, und sie dann den Regeln des Schließens gemäß den zu beweisenden Satz daraus herleiten zu lassen. Will der Lehrer den Schülern Begriffe, die ihnen schon deutlich sind, noch mehr verdeutlichen, oder auch nur erst ein einzelnes Merkmal dieses Begriffes nennen, dann verweile er bei einer jeden einzelnen Theilvorstellung so lange, bis er den Kindern durch Hülfe bekannter Vorstellungen den Inhalt oder den Umfang des Merkmals entwickelt hat. b) Sätze, welche katechetisch entwickelt werden sollen, werden entweder vom Lehrer ausgesprochen, oder sie sind im Lehrbuche aufgestellt. Solche Sätze können entweder einfache oder zusammengesetzte, einzelne für sich bestehende oder mehrere mit einander verbundene sein. Ein jeder dieser Sätze wird theilweise zergliedert, erklärt und entwickelt. Ist das Subjekt bekannt, so bedarf es keine besondere Zergliederungsfragen darnach, und es wird bloß das Prädikat entwickelt. Kommen in einem Satze Begriffe vor, die den Kindern unbekannt sind, so muß der Lehrer sie katechetisch erzeugen. Diejenigen Begriffe, welche den Kindern bekannt, aber nicht ganz deutlich sind, müssen durch katechetische Zergliederung deutlich gemacht werden. Der Lehrer führe sie zu der Einsicht, ob und warum die ihnen deutlichen oder deutlich gemachten Begriffe eines Satzes sich in ein Urtheil zusammenfassen lassen. Bei zusammengesetzten Sätzen lehre er die Kinder die Verbindung einsehen, in welcher die einfachen Sätze, worin ein zusammengesetzter Satz aufgelöset worden ist, miteinander stehen. Bei einer ganzen Gedankenreihe, bei der Erklärung eines Lehrbuchs soll er ebenfalls den Zusammenhang der einzelnen Hauptsätze und Abschnitte untereinander den Schülern bemerklich machen. Von dieser Gedankenzergliederung muß jedoch die wörtliche Zergliederung der in einem Lehrbuche aufgestellten Sätze wohl unterschieden werden. Der Lehrer, welcher geschickt zergliedern will, muß seine Denkkraft selbst fertig brauchen können, er muß die Vorstellungen, die er zergliedern will, nicht nur im Ganzen, sondern auch ihrer einzelnen Theile bewußt sein, und die zum Grunde liegenden Anschauungen kennen. (S. Art. Wörtliche Zergliederung.)

Zergliederung der Bibelsprüche. Hier müssen Begriffe genau entwickelt und möglichst deutlich gemacht werden. Es ist hier sehr gut, wenn der heilige Spruch mit einem Beispiele aus der biblischen Geschichte in Verbindung gesetzt wird. Wir wollen dieß in einigen Beispielen anschaulich zu machen suchen, wobei wir jedoch die Fragen übergehen, welche gestellt werden sollen: 1) „Selig sind die Armen im Geiste, denn ihrer ist das Himmelreich." Unter den Armen, die es dem Willen, dem Geiste nach sind, werden a) Jene verstanden, welche sich in ihre Armuth, in die sie Gottes Vorsehung setzte, willig fügen, welche nicht nur keine größern Reichthümer wünschen, sondern sich vielmehr freuen, daß ihnen an irdischen Gütern nicht mehr zu Theil geworden ist. b) Jene Reichen, die ihr Herz nicht an den vergänglichen Reichthum hängen, sondern ihn bloß als ein Mittel betrachten, Gutes damit zu stiften, und auch, wenn es Gott so haben wollte, bereit sind, ihn mit jedem Augenblicke aufzugeben. c) Alle jene Menschen, welche um des Himmelreiches willen — Wahrheit und Tugend verbreiten — auf alle zeitlichen Güter verzichten, um dafür die ewigen zu gewinnen, wie solches die Apostel und viele andern Heilige gethan haben 2c. 2c. „Glückselig der Mensch, der allzeit furchtsam ist; wer aber hart von Gemüth ist, wird in's Unglück fallen." (Spr. 28, 14.) Derjenige Mensch ist glücklich zu preisen, der Gott allzeit fürchtet und sich vor dem Bösen hütet. Der Fromme hat nichts zu fürchten, wohl aber der, welcher Böses thut, denn jener hat die heilige Furcht, dieser aber nicht; er scheut sich daher nicht, Unrecht zu thun, und von Gottes Wegen abzugehen, wann und wie es ihn gelüstet, und den wird auch die Sünde dem Unglück und Verderben entgegenführen. In der Furcht Gottes, die Salomon in diesen seinen Worten verstanden wissen will, ist für jeden Menschen, er sei jung oder alt, die Wurzel alles Heils, alles Trostes und aller wahren Freude. Ein solcher kann ruhig auf Gott vertrauen, er hat nichts zu fürchten, denn Gott leitet ihn an seiner Hand, und ist sein Schutz und Schirm zu jeder Zeit. Darum ist er auch glückselig zu preisen, und erst am Ende seiner Lebensreise erwartet ihn das höchste Glück — die Seligkeit des Himmels.

Zergliederung der Lesepensen. Wie sich von selbst versteht, ist hier nicht von einer grammatischen oder Wortzergliederung, sondern von einer Sachzergliederung die Rede. Dieses Zergliedern der Lesepensen ist wesentlich nothwendig, wenn Kinder das Gelesene gehörig auffassen und verstehen sollen. Was sie, so lange es als ein Ganzes vor ihnen steht, nicht in seinen einzelnen Bestandtheilen durchschauen und in seinem Zusammenhange nicht begreifen, das wird ihnen verständlich, sobald der Lehrer solches in seine einzelnen Theile zerlegt. Die Zergliederung eines Lesepensums bezweckt daher erst das Verstehen des Gelesenen, indessen können aber doch auch noch andere Nebenzwecke dadurch erreicht werden. Betreibt nämlich der Lehrer das Zergliedern auf angemessene Weise, so wird dadurch die Aufmerksamkeit der Kinder geübt, ihr Verstand gebildet, ihre Urtheilskraft geschärft; sie werden an das Nachdenken, an Ueberlegung, an aufmerksames besonnenes Lesen gewöhnt; sie werden angeleitet und befestiget im richtigen Lesen. Auch trägt dasselbe sehr viel zur Fertigung schriftlicher Aufsätze bei: denn das Zergliedern ist im Grunde doch immer ein Nachformen, ein Uebertragen der fremden Form in seine eigene. Auf solche Weise wird also ein Lesestück gleichsam auf's Neue bearbeitet und zwar in demselben Geiste, in welchem es der Verfasser gegeben hat. Es entstehen hier nun folgende unabweisbare Fragen: a) Wer soll zergliedern? b) wie soll zergliedert werden? und c) welches sind die Grenzen des Zergliederns? Wir beantworten diese Fragen kurz auf folgende Weise: 1) Da der Schüler bei allem Unterrichte nur dann

gewinnt, wenn er dabei selbst geistig thätig ist, und zur geistigen Thätig=
keit ermuntert wird; da das Zergliedern insbesondere als ein Nachfor=
men oder als ein neues Formen erscheint, so darf eigentlich nicht der
Lehrer, sondern der Schüler muß selbst die Zergliederung des Lesepen=
sums vornehmen, während der Lehrer dessen Antworten und Schritte
durch passende Fragen leitet. 2) Zuvörderst kommt es darauf an, daß
der Schüler den Hauptgedanken finde, auf welchen sich alle übrigen be=
ziehen, und der wie ein Knoten das Ganze zusammenhält. Ist dieser
gefunden, so löset sich meist das Ganze wie ein Gewebe auf. Der
Schüler erkennt nun die einzelnen Theile, aus welchen der Verfasser das
Ganze zusammenwob, ihre gegenseitige Stellung und Verbindung und
setzt dann diese wieder zusammen, das Ganze von Neuem gestaltend. —
Der Schüler muß zum Verstehen und Wiedergeben von Erzählungen,
Geschichten und ganzen Lesepensen angeleitet werden. So bald ein Lese=
pensum gelesen worden ist, läßt der Lehrer die Lesebücher schließen, und
verlangt von jedem Schüler, daß er irgend einen Gedanken, der in dem
gelesenen Stücke vorgekommen ist, nenne. Jeder Gedanke darf aber nur
einmal genannt werden. Dann verlangt der Lehrer von den reifern
Schülern, daß sie nicht bloß einen, sondern mehrere mit einander in Ver=
bindung stehende Sätze angeben, bis sie nach und nach den ganzen In=
halt eines Stückes aufzufassen und nachzuerzählen, und zwar in freier
Form zu erzählen, im Stande sind. — Auch läßt der Lehrer die Kinder
den Zusammenhang und die Gedankenverbindung eines Lesestückes auf=
suchen. Diese Uebung ist von großem Werthe. Die Kinder bemächtigen
sich aller Gedanken, welche der Verfasser aneinder reihete. Sie erspähen
den Zusammenhang dieser Gedanken, ob die Verbindung richtig, oder
unrichtig, ob ununterbrochener Zusammenhang, oder ob Sprünge vorhan=
den sind, und welche; sie lernen dadurch selbst eine Reihe von Gedan=
ken an einander reihen und die einzelnen anwenden, ausbilden und er=
weitern, und gelangen durch diese Uebung dahin, ein Lesestück vollends
zu übersehen, richtig zu beurtheilen und durchaus richtig, und, wo mög=
lich, schön vorzutragen. Der Lehrer muß sich jedoch eine Gewandtheit
im Fragen erwerben. 3) Was an sich klar und verständlich ist, bedarf,
wie wir schon anderwärts bemerkt haben, keiner weitern Erklärung, und
was einfach ist, keiner Zergliederung. Wer Alles erklären will, erklärt
am Ende Nichts, und wer im Zerlegen und Auflösen zu weit geht, hat
zuletzt nichts, als Spreu, die jeder Wind verwehrt. Auch das Zerglie=
dern hat seine Grenzen, inner welchen es sich halten muß, wenn es kein
eitles, fades und leeres Geschwätz werden soll. Es fängt da als noth=
wendig an, wo eine Zusammenfügung stattfindet, die dem Schüler unver=
ständlich ist, und hört dort als überflüssig auf, wo das Zusammengesetzte
und Verwickelte in seine einfachen Bestandtheile zum Behufe des richtigen
Verständnisses hinreichend zerlegt ist. Beide Endpunkte bestimmten sich
demnach nach der Fassungskraft der Kinder, mit welchen es betrieben
wird. Und da wir bei Kindern, mit welchen dieses Geschäft betrieben
wird, die nöthige Fassungskraft voraussetzen dürfen, so müssen wir, wo
dieß wirklich der Fall ist, das Zergliedern für überflüssig und nur da für
nothwendig erklären, wo Perioden vorkommen, oder wo überhaupt die
Schreibart periodenreich, sonach weniger verständlich ist. Bei Kindern
in niederen Classen verhält sich die Sache, wie sich's von selbst versteht,
anders. Hier müssen die Grenzen anders abgesteckt werden. Diese Gren=
zen aber muß sich der Lehrer deßhalb genau markiren, damit die kostbare
Zeit nicht durch eitlen Wortkram vergeudet werde.

Zerstreutsein, Zerstreuung. Unter Zerstreuung verstehen wir eine jede Beschäftigung, welche derjenigen, die der Lehrer mit den Kindern wirklich anstellt, fremd ist, wobei sie sonach ihre Aufmerksamkeit auf andere fremdartige Gegenstände richten. Zwar ist ihr Geist dabei thätig, nur nicht auf die rechte Weise, weil er bei keinem Gegenstande verweilt, sondern beständig von einem zum andern überspringt. Dieß kommt namentlich bei Kindern aus den höhern Ständen meist daher, weil sie entweder frühzeitig mit Spielsachen überladen wurden, wo sie dann höchstens diejenigen aufsuchten, die ihrer Neigung am meisten zusagten, und dabei etwas länger verweilten, die andern aber nur flüchtig überblickten, oder daß man ihren Gedanken überall freien Lauf ließ, ohne es sich jemals einfallen zu lassen, ihnen einmal eine bestimmte Richtung zu geben, und sie eine Zeit lang dabei festzuhalten. So hat der Lehrer dann wohl geschäftige Seelen vor sich, aber ihre Geschäftigkeit besteht in Flattern und Springen, und hält eben noch Stand, wo es gerade nöthig ist. Anders verhält es sich bei Kindern aus den niedern Ständen und besonders bei den meisten Kindern der Armen. Diese werden oft gar zu früh zu solchen leiblichen Arbeiten und Geschäften angehalten, die rein mechanisch sind und die Denkthätigkeit eher abstumpfen als fördern. Wer denkt hier nicht an das Viehhüten, Pferdetreiben und solche Arbeiten auf dem Lande, die theils rein mechanisch sind, theils die kindlichen Kräfte beinahe übersteigen, und in der Stadt an Fabriken und Handwerker, wo Kinder fast maschinenmäßig zu Arbeiten gebraucht werden, bei welchen ihr Geist ganz unbeschäftigt bleibt, und in der Regel verdummen muß? Aber schon im frühesten Alter beschäftiget man sich zu wenig mit ihnen, gibt ihnen zu wenig geistige Anregung, spricht mit ihnen nur über das gemeine Alltägliche, gibt ihrer Geisteskraft weder Nahrung noch Richtung, und so fehlt es ihnen dann an aller innern Regsamkeit. Die kindliche Freudigkeit, welche am sichersten alle Kräfte der Seele belebt, kommt bei ihnen selten vor; es ist mehr die rohe Lust, die ihren Geist beschäftiget, und die Richtung seiner Thätigkeit bestimmt. Wo es dann auf's Denken ankommt, wo des Lehrers Worte verständig aufgefaßt, und wo die Gedanken bei einem Gegenstande festgehalten werden sollen, da stößt er auf Zerstreuung und Gedankenlosigkeit, die oft so weit geht, daß man es kaum begreifen kann. Wie hat sich nun der Lehrer in Hinsicht solcher Kinder zu verhalten? Das Beste, was er hier thun kann, ist, daß er der Zerstreuung überall möglichst entgegenarbeite, jedoch auch Rücksicht auf das nehme, was die Kinder in der Schule unwillkührlich zerstreut macht. Jeder Lehrer weiß, daß es nicht möglich ist, die Kinder immer in gleicher Spannung zu erhalten; daß jedoch Mancher ihnen eine solche oft zumuthet, ist nicht weniger unbekannt. Die Kleinen sollen sich durch nichts in ihrer Aufmerksamkeit stören lassen, sollen abstrahiren können gleich den Alten, während sie doch bis jetzt allen sinnlichen Eindrücken offen standen, und nie angeleitet oder angehalten wurden, einen bestimmten andern Gedanken festzuhalten, wenn irgend ein sinnlicher Eindruck ihre Einbildungskraft in Thätigkeit versetzte. Wenn nun gleichwohl die Zerstreuung in der Schule dem Lehrer feindselig entgegensteht, so ist ihr doch von Seiten seiner mit Gewalt oder Strenge nicht zu begegnen, der Gegenstand derselben mag ihm bekannt sein oder nicht. Im ersten Falle thut er am besten, wenn er an den Gegenstand irgend eine Betrachtung anknüpft und die Einbildungskraft der Kinder gewissermaßen sättiget: er versäumt dabei vielleicht einige wenige Minuten an seinem eigentlichen Gegenstande, ist aber dann auch um so gewisser, daß sie denselben mit erneuerter Aufmerksamkeit erfassen, und was die Hauptsache ist, in der Folge immer weni-

ger der Zerstreuung unterworfen sein werden. Was früher ihre Gedanken auf sich zog, verliert für sie mehr und mehr seinen Reiz, und die
Denkkraft gewinnt immer mehr das Uebergewicht über die Einbildungskraft. Wenn früher eine Spinne an der Wand, ein singender Vogel,
das Vorbeifahren eines Wagens, ein Geräusch auf der Straße ꝛc. sie
zerstreuen konnte, so wird dieß immer weniger geschehen, je mehr der
Lehrer den Kindern gleich Anfangs erlaubt, sich dabei auszudenken, und
je gleichgütiger er sich dabei verhält. Solche Unterbrechungen sind Zwi-
schenspiele, die immer kürzer werden, je öfter sie wiederkehren. Im zweiten Falle aber, wenn Kinder zerstreut sind, wird sein Verhalten allerdings
schwieriger, und seine Geduld hat eine weit schwerere Probe zu bestehen.
Und doch ist sie unumgänglich nöthig, und dieß schon darum, weil die
Ungeduld und die mißmuthige Miene des Lehrers allein schon im Stande
ist, die Aufmerksamkeit des Kindes zu stören. Aber die Geduld wird sich
finden, sagt Handel, wenn wir nur recht lebhaft daran denken wollen,
wie Vieles in der Seele des Kindes vorgeht, was wir nicht sehen und
nicht ahnen, welche Eindrücke und Bilder es aus der Außenwelt in die
Schule mitbringt, die in seiner Seele noch fortdauern und seine Einbildungskraft beschäftigen. Ein Schreck, ein gehabtes Vergnügen, von dem
es sich trennen mußte, eine versprochene Lust, auf die es sich freut, und
tausenderlei fremdartige Gedanken können sich seiner so bemächtigen, daß
es den Unterrichtsgegenstand bald nur halb, bald gar nicht auffaßt. —
Eine solche Zerstreuung Einzelner ist in einer Schule voll Kinder oft
kaum bemerkbar; wo sie aber der Lehrer bemerkt, da kann er nichts Besseres thun, als bezüglich auf den Gegenstand, den er vorhat, öfters solche
Fragen an ein zerstreutes Kind richten, die es leicht beantworten kann,
oder es wohl auch anzureden: „Was habe ich jetzt gefragt" ꝛc. und wenn
es die Frage nicht weiß, sie durch ein anderes Kind ihm vorsagen zu
lassen, und es so unvermerkt in den Gegenstand herein zu ziehen. Dieses Verhalten des Lehrers in Beziehung auf die Zerstreuung der Kinder
in der Schule, sollte unsers Erachtens den Zweck wohl nicht verfehlen,
wenigstens bürgt die Erfahrung genugsam dafür. (Luk. 11, 23.) (S.
auch Art. Flatterhaftigkeit und Gedankenlosigkeit.)

Zeugen. (S. Art. Verhör.)

Zeugnisse. Wenn es für Schulen ein nothwendiges Hilfsmittel der
Disciplin und die einzige Art der Verbindung zwischen Schule und Haus
ist, den Schülern monatliche oder vierteljährige Zeugnisse über Betragen,
Fleiß und Fortschritte im Lernen auszustellen; so ist es für die häusliche
Erziehung wenigstens ein nützliches und unter Umständen sicherlich von
sehr wohlthätigem Einfluß. Abgesehen davon, daß eine solche disciplinarische Einrichtung dem Geschäft des Erziehers einen höhern Charakter
des Ernstes und der Würde in seiner Stellung zu den übrigen Mitgliedern des Hauses gibt, und daß dadurch die äußere Regelmäßigkeit und
Ordnung des Zöglings befördert wird, knüpft sie auch in denjenigen
Familien, wo Eltern durch Berufs- und häusliche Geschäfte von der
engern Theilnahme an dem guten Fortgange der Erziehung ihrer Kinder
abgehalten werden, und seltener in ungestörte Berührung mit dem Erzieher selbst kommen, das lockere Band zwischen beiden Theilen etwas
fester, und wird Veranlassung zu gegenseitigen mündlichen Mittheilungen,
Verabredungen und Beschlüssen, die das Wohl der Kinder befördern und
das gegenseitige persönliche Vertrauen befestigen. Wenn der Erzieher ein
Buch hält, in welchem er, nach besondern Rubriken, seine täglichen Urtheile über die Führung seines Zöglings niederlegt, woraus er am Ende
einer Woche oder eines Monats ꝛc. ein Facit zieht, so ist dieses Protokoll

zugleich ein sehr nützliches Tag= und Erinnerungsbuch für seinen Zög=
ling, das er, falls ein Anderer nach ihm seine Stelle einnimmt, als einen
Beweis seiner ernsten und pflichtmäßigen Führung, demjenigen übergeben
kann, der fremd mit den Verhältnissen des Hauses und unbekannt mit
dem Charakter des ihm anvertrauten Kindes, auf den von ihm gelegten
Grund fortbauen soll. Nur vermeide der Erzieher bei der Form seiner
Urtheile, so viel als möglich, die weitschichtigen und am Ende nichts=
sagenden Ausdrücke: „ziemlich gut, schlecht, löblich, tadelhaft," die dem
Leser nur unbestimmt, dem Zögling nicht lehrreich sein können. Der
Charakter des Urtheils sei: Unpartheilichkeit, psychologische Wahrheit,
Humanität und Genauigkeit Unter diesen Bedingungen wird das Zeug=
niß zugleich ein wahres Bildungs= und Besserungsmittel für den Zög=
ling sein. (Joh. 21, 24. Röm. 9, 1. 2. Cor. 1, 12.)

Ziel der Gewöhnung. Die Angewöhnungen der Kinder sollen ihren
wohlthätigen Einfluß auf sie dadurch behaupten, daß sie nach und nach
Tugend werden, indem sie, da sie an sich nur Gesetzmäßigkeit erzeugen,
in das innere Wesen der Kinder und in den Kreis der Freiheit, als Keim
des Bessern übergehen. Tugend ist, sofern sie aus dem Glauben und
Gehorsam gegen Gott kommt, das Höchste, die Blüthe alles Sittlichen
im Menschen, da sie durch die unbedingte freie Wahl des Guten und
die Festigkeit darin allein möglich wird. Ihre Begründung sollte als das
Endziel der Erziehung lebendig vor dem Erzieher stehen. Doch nicht nur
der bereitwillige Entschluß zum Guten, wie es Gott in seinem heiligen
Gesetze befohlen hat, sondern auch die Beständigkeit in dem Entschlusse,
bezeichnet den wahrhaft Tugendhaften. Sind sich die Kinder dessen be=
wußt, daß sie dem Himmel angehören, und ihre Kraft durch eine höhere
unterstützt werde, um Allem widerstehen zu können, was der Tugend
hinderlich wird, dann wird jeder Sieg über die Sinnlichkeit und die
selbstsüchtige Neigung nur ihr süßes Bewußtsein erhöhen, daß sie ihrer
Bestimmung wieder um einen Schritt näher gekommen, und der Gemein=
schaft mit Gott würdiger geworden seien. Sie werden dann aber auch
den Feind ihrer Unschuld und Tugend nicht aus dem Auge verlieren und
Muth besitzen, ihn anzugreifen und zu bewältigen. Es ist kein geringer
Fehler, wenn der Lehrer hiebei seine Aufmerksamkeit und Wachsamkeit
nur so lange auf die Jugend richtet, so lange sie vor ihm ist. Die Bil=
dung, sagt Nebe, zur Tugend läßt keine Abtrennung auf irgend eine
gegebene Zeit und auf besondere Verhältnisse zu. Auch in dem häus=
lichen und jedem andern Verhältnisse soll das Gute aus freiem Triebe
geübt werden. Daß es dahin komme und also nicht bloß vor den Augen
des Lehrers so scheine, darauf ist die gesammte Beobachtung der Ju=
gend zu richten. Das Interesse für ein Besserwerden muß entweder
fortwährend das Gemüth beschäftigen, oder es ist keines. Die Jugend
bleibt nicht immer Jugend, und das Alter der Mündigkeit darf bei dem
Streben des Erziehers nicht aus dem Blicke verschwinden. Was in der
Jugend das Gedeihen des Guten erschwert, erschwert es für das ganze
Leben. — Daher müssen unsere Kinder schon in des Lebens erster Blüthe
an das Gute gewöhnt werden, und dieses Angewöhnen muß der Tugend
den Weg anbahnen. Und das ist das eigentliche Ziel der Gewöhnung.

Ziel des Schulunterrichts. Das Ziel des Schulunterrichts ist und
kann kein anderes sein, als die Kinder bei ihrem Austritte aus der
Schule so vorbereitet mit Kenntnissen, Gemüthseigenschaften und elemen=
tarischen Fertigkeiten einzustellen, daß sie durch diese Grundlage in den
Stand gesetzt worden sind, sich in ihren künftigen Lebens= und Berufs=
verhältnissen immer weiter auszubilden, und tüchtig zu werden für den

Himmel und die Erde. Gott hat dem Menschen ein Ziel gesetzt, welches weit über die Grenzen des zeitlichen Lebens hinausreicht, und die Schule kann ihre Aufgabe nur dadurch auf eine entsprechende Weise lösen, wenn sie die Kinder in den Stand setzt, dieses Ziel erstreben zu können. — Des Menschen und der Menschheit Ziel ist, wie wir früher solches am geeigneten Orte deutlich nachgewiesen haben, kein anderes als Vollkommenheit, die in der Gottähnlichkeit besteht. In der Schule müßten sie demnach angeleitet worden seyn, das Bildniß Gottes in allen ihren Lebens = und Berufsverhältnissen treu zu bewahren und immer mehr zur Freiheit der Kinder Gottes zu gelangen, d. i. vollkommen zu werden, wie der Vater im Himmel vollkommen ist. Sind die Kinder in und durch die Schule so weit gebracht und für's Leben vorbereitet, daß sie mit Gottes Gnade vermögend sind, ihre erhabene Bestimmung zu erreichen, dann hat sie ihre Aufgabe gelöst, so weit sie dieselben lösen konnte, und das ihr vorgesteckte Ziel erreicht.

Ziel der Vollendung des Lehrers. Es kann für den christlichen Lehrer nichts Schöneres, Größeres und Herrlicheres geben, als das Bewußtsein, seine Pflichten in allseitiger Beziehung erfüllt und die ihm anvertraut gewesenen Kinder brauchbar für die Erde und tüchtig für den Himmel erzogen und gebildet zu haben. Ruhig und voll Trostes aus der höhern Welt kann er, wenn der Abend seiner Tage niedersinkt, diese Erde verlassen und hinübergehen in die Heimath des ewigen Lichtes. Mögen sie schwinden die kurzen Freuden seines Lebens; mögen sie verwelken die Blumen an seinem Pfade, — ihm sind höhere Güter und Freuden dort bereitet, von wo aus ihm das Kleinod des ewigen Lebens entgegenstrahlt. Gewirkt hat er, so viel an ihm war, für Gottes Reich, und ausgestreut hat er den Saamen für Wahrheit, Tugend und Menschenwohl. Sieht er auch das ausgestreute Saamenkorn hienieden nicht mehr reifen, und kann er nicht mehr ärnten, — so wird er doch von Dem, was er im Segen ausgestreuet, jenseits im Segen und in namenloser Freude ärnten. Gottes Reich, Wahrheit, Tugend und Gerechtigkeit waren die Zielpunkte seines Wissens und Wirkens, und mußte er auch um deßwillen manchen herben Kampf bestehen, so blieb ihm doch der Sieg über mancherlei Hindernisse und Erschwerungen, und ihm winket am Ziele seiner Bahn der Engel des Lichtes, und bringt ihm die unverwelkliche Krone entgegen beim Eintritte in die Hallen der Ewigkeit. Ja, wie unaussprechlich selig wird er sein, wenn er aus dem Munde seines Herrn, für dessen Reich er hier unablässig wirksam und thätig war, den Freudenruf vernehmen wird: „Komm, du Gesegneter meines Vaters, und ererbe das Reich, das dir von Anbeginn der Welt bereitet war!" — Sieh, christlicher Lehrer, das ist das hehre Ziel deiner Vollendung! verherrliche den Vater durch Vollendung deines Werkes, und er wird auch dich bereinst verherrlichen, wird dich verherrlichen mit einer Klarheit, die du nicht hattest, und du wirst von einer Klarheit zur andern emporsteigen. Selbst hienieden wird dein Andenken im Segen bleiben, und deines Werkes wird mit Dank und Ehre gedacht werden. Du setzest dir in den Herzen deiner Kinder und in deinem Werke ein Denkmal, das bleiben wird, wenn du auch nicht mehr bist. — Wer sollte als Lehrer nicht von ganzer Seele streben — nach dem Ziele einer solchen Vollendung? — (Luc. 10, 20. Apostelgesch. 7, 55. Joh. 7, 4. 25. Sir. 44, 12. 13.)

Zierpuppen, Ziererei. (S. Art. Ehre.)

Zögling, der, werde für's Leben gebildet. Die Erziehung, wenn sie ist, was sie sein soll, kennt das Leben, und bildet den Zögling für das Leben; sie weiß ihn, wenn nicht nach Spartaner, doch nach christlicher Art, abzuhärten, daß ihm keine Lebensbürde zu drückend; weiß ihn aber auch mit der nöthigen Kraft auszurüsten, daß ihm keine Tugendbürde zu lastend, und kein Missen, Entbehren und Dulden zu beschwerlich und zu mühsam werde. Der Zögling der Thorheit lernt nicht für das Leben, sondern für die Kinderstube; dagegen der Zögling unter den Händen eines weisen Mentors für das Leben, — denn die Erziehung nach der Lehre des Christenthums und dem Geiste der Kirche — ist Weisheit und bildet den jungen Zögling für die Weisheit, somit im schönsten Sinne für das Leben.

Zorn. Allzugroße Reizbarkeit und unmäßiger Zorn sind Leidenschaften, welche man nicht nur bei dem vorgerückten Alter, sondern sehr häufig auch bei der zartesten Jugend wahrnimmt, und die mit den Jahren zu einer furchtbaren, Schrecken und Unheil um sich her verbreitenden Größe heranwachsen, wenn ihnen nicht frühe entgegengetreten und ihrer zügellosen Aufwallung nicht bei Zeiten Schranken gesetzt werden. Eltern, Lehrer und Erzieher sollten der Bändigung dieses reißenden Thieres alle Sorgfalt zuwenden und Kinder schon frühzeitig zur Bezähmung dieser Leidenschaft angeleitet werden. Um aber die Jugend an diese ihre Pflicht zu erinnern, und sie zur Erfüllung derselben zu ermuntern, zeige der Lehrer in anschaulichen Beispielen, zu welchen Lastern und Verbrechen, zu welchem Unheil und Verderben der Zorn führe, welchen Ruhm dagegen Sanftmuth und Versöhnlichkeit vor Gott und den Menschen erbe. Erzählungen der Art können auf das Herz der Kinder nur wohlthätigen Eindruck machen. (S. Art. Sanftmuth.)

Zucht, häusliche. Zucht muß im Hause unter den Kindern herrschen, und der Vater ist von Gott dazu bestellt, sie handzuhaben. Wenn in einem Hause die Zucht vermißt würde, wie traurig müßte es darin aussehen! doch versteht sich nicht jeder Vater darauf, die rechte Mitte, (le juste milieu, wie es die Franzosen nennen) zwischen Ernst und Freundlichkeit, zwischen Milde und Strenge zu halten. Wenige verstehen sich darauf; denn bald sind sie zu streng und ernst, bald zu milde und herablassend, wobei durch das Eine eben so viel verdorben wird, als durch das Andere. Alles zu rechter Zeit, ernst und freundlich, streng und milde. — Das gehört zur wahren Zucht, und nur durch diese wird etwas ausgerichtet. — Die Väter sollen nicht schwach, aber auch keine Tyrannen gegen ihre Kinder seyn. Die Kinder sollen weder Sclaven noch Herrn sein. Nicht die Laune darf hier bestimmen und ihre Stimmung geltend machen. Hat die väterliche Nachsicht das höchste Ziel erreicht und nichts bewirkt, dann muß die Strenge unnachsichtlich eintreten und ihre Rechte behaupten. Und sollte es auch noch so hart ankommen, so darf davon doch nicht abgegangen werden: „Ohne Zucht — keine Erziehung.“ Kinder wollen auch anders behandelt seyn, als Erwachsene, und sinnliche Menschen anders als vernünftigfreie. Sinnliche Erziehungsmittel müssen nothwendig für den sinnlichen Menschen angewendet werden. Kinder können, sagt Lavater, nicht ohne Ruthe, aber auch nicht ohne irgend eine Lockspeise erzogen werden. Leider ist in den wenigsten Häusern eine gute Zucht anzutreffen. Wäre in allen Häusern eine gute, christliche Zucht herrschend, dann würde bald ein besseres Geschlecht aufblühen! — Die Kinder sind an und für sich nicht fern vom Reiche Gottes. Das Vaterhaus aber soll ihnen die Pforte zum Himmelreiche werden, und die Eltern sind die Pförtner, von Gott berufen, dem Herzen das Himmelreich, und das Herz dem Himmelreiche aufzuschließen. Vaterweisheit und Mutterliebe und Sorgfalt sind die schützenden Engel,

welche die zarte Pflanze des Kinderlebens bewahren sollen vor dem Gifthauche des Verderbens. Das aber ist gerade das Meisterstück der häuslichen Zucht. Daß unsere Altvordern hierin in vielfacher Beziehung die
jetzigen Eltern weit übertroffen haben, dürfte wohl keinem Zweifel unterworfen seyn, wenn wir gleichwohl ihre Zucht nicht allseitig rechtfertigen
können oder wollen. So viel ist aber unbestreitbar richtig, daß ihre
häusliche Zucht ungleich besser bestellt war, als sie es in unsern Tagen
ist. — Immer ist und bleibt das Haus die Vorschule, aus der die Kinder in die eigentliche Schule übergehen; was hier angefangen wurde, soll
dort der Vollendung näher gebracht werden. Ist die häusliche Zucht gut,
dann kommen die Kinder desto besser vorbereitet in die Schule. Es ist
schon gefehlt, wenn die Schule nachholen oder gut machen muß, was
das Haus versäumt und verdorben hat. Was verdorben ist, läßt sich
nicht immer wieder gut machen, und was versäumt ist, nicht leicht wieder einbringen 2c. Wenigstens ist der Nachtheil des Zurückbleibens und
Verspätens nicht zu umgehen. Soll nun die Schule nicht die Anklägerin
der Eltern werden, so sollen sie ihre Schuldigkeit und ihre heiligen
Pflichten gegen ihre Kinder zu erfüllen suchen und wirklich in jeder Beziehung erfüllen. (1. Mos. 6, 5. 7. Ps. 49, 17. Spr. 6, 23. 8, 10.
10, 17, 23. Sir. 22, 15. 30, 2. Ephes. 6, 4.)

Züchtigung, körperliche. Der Lehrer sey mäßig und gerecht im
Züchtigen. Diese pädagogische Regel darf der Lehrer nie aus dem Auge
lassen, wenn er weder sich, noch den Kindern Nachtheile zuführen will.
Die Strafe darf eben so wenig eine Mißhandlung seyn, als einen Un-
verdienten treffen. Wer sie erhält, muß sie verdient haben. Einem jeden soll
vergolten werden nach seinen Werken. Nie darf der Lehrer strafen, um seine
Leidenschaft zu befriedigen, sondern um den Schüler zu bessern, auch soll er
nicht leidenschaftlich, sondern mit Ruhe strafen. Der Leidenschaftliche und Zornige, sagt Victorin, kann Nichts der Billigung Würdiges sprechen und thun.
Fügt der Lehrer durch Mißhandlung einem Kinde Schaden zu, so über-
schreitet er seine Befugniß, und macht sich dadurch selbst straffällig. Eine
Strafe kann noch bessern, aber eine Mißhandlung nie. Noch verderblicher ist es, wenn der belohnt wird, welcher Strafe, und der bestraft
wird, welcher Belohnung verdient. Darum nur immer mäßig und gerecht im Strafen! — Ein Jeder werde gestraft um seiner Sünde willen. Des Vaters oder der Mutter Schuld werde nicht auf das Kind,
und des Kindes Schuld nicht auf den Vater oder die Mutter übergetra-
gen. In diesen Fehler fallen jene Lehrer, die nur ihrer Unbesonnenheit
huldigen und fern von aller Weisheit sind. (5. Mos. 25, 3. Ezech.
18, 4. 5. 9. 4. Kön. 14, 6.) S. Art. Belohnung und Bestrafung.

Zufriedenheit. Durch Erziehung und Unterricht muß die Jugend so
hingestellt werden, daß sie mit ihrem künftigen Lebensverhältnisse ausgesöhnt und zufrieden sey. Vielfältig sucht der Mensch sein Glück, nur
nicht da, wo es gefunden werden muß — im Innern eines guten Herzens. Der Unzufriedene ist der Mörder seines eigenen Glücks. Er vergißt das Gute unter seinen Händen über dem Bessern in der Ferne.
Ihn plagt der beständige Durst, weil sein Eigensinn die Quelle verschmäht, die zu seinen Füßen rinnt. Er trübt mit unbesonnener Blindheit den wolkenlosen Himmel seiner Gegenwart. „Es ist aber, sagt der
Apostel, ein großer Gewinn, gottselig und dabei genügsam seyn." (1. Tim.
6, 6.) Ohne Zufriedenheit ist in dieser Welt kein Glück zu finden.
Wer mit seinem Stande, wer es sey, glücklich seyn will, der muß lernen, mit demselben zufrieden zu seyn. Dieses Zufriedenseyn mit seinem

Stande, mit seiner äußerlichen Lage, besteht in der Genügsamkeit mit
den Vortheilen und Annehmlichkeiten, die er darbietet, so wie in der
herrschend gewordenen Ueberzeugung, daß man durch Fleiß und Sparsamkeit immer so viel erwerben und erübrigen könne, sich auf eine anständige Weise zu erhalten; in der Ueberzeugung, daß nie Glanz, Ansehen
und zeitliches Vermögen dazu gehören, um sich die Achtung der bessern
Menschen zu erwerben, sondern diese vornehmlich an die genaue Erfüllung seiner Pflichten und ein wahrhaft edles, christliches Verhalten geknüpft sey. Sein Widriges hat jeder Stand und jede Berufsart, das
aber auch mit Gottes Hülfe und der redlichen Anwendung seiner Kraft
vermindert werden kann. — Woher kommt es nun aber auch, daß ihrer
so viele mit dem Stande nicht zufrieden sind, den ihnen die göttliche
Vorsehung angewiesen hat? Nicht selten ist daran schon das Vorurtheil
und der Eigensinn der Eltern, oder derer Schuld, welche junge Leute
zu einem Stande zwingen, zu dem sie weder die erforderlichen Anlagen
noch Neigung haben. Eltern und Erzieher vertreten an den Kindern
Gottes Stelle; ihre Pflicht ist es, diejenigen, die ihrer Fürsorge anvertraut sind, in eine solche Lage zu bringen, daß sie im Stande sind, so
viel zu erwerben, um damit ihre Bedürfnisse zu befriedigen. Daher liegt
es den erstern auch ob, die Fähigkeiten, Eigenschaften und Neigungen
des Kindes sorgsam zu prüfen, ehe der Entschluß gefaßt wird, demselben
einen Stand aufzunöthigen, der für das ganze Leben entscheidet. Zwar
ist die Jugend nicht im Stande, sich selbst ihren künftigen Beruf zu
wählen, sie hat weder zureichende Erfahrung, noch urtheilt sie über ihre
eigenen Kräfte immer richtig. Mitunter fehlt es auch den besten Eltern
oft an Mitteln und Gelegenheit, ihre Kinder einem Berufe zu widmen,
für den sie eine besondere Geschicklichkeit und Vorliebe zeigen. Allein es
ist schon genug gethan, wenn Kinder wenigstens in keine Lage hineinge-
zwungen werden, gegen die sie eine entschiedene Abneigung und keine
Anlage beweisen, darin einst zufrieden und glücklich zu werden. — Indeß
fehlt es auch nicht an jungen Leuten, welche ein Opfer des Eigensinns,
oder der Eitelkeit, oder des Eigennutzes ihrer Eltern und Versorger geworden sind. Können sie nun ihr Loos nicht mehr ändern, so werden
sie doch, wenn sie anders eine wahre christliche Erziehung erhalten haben, mit stiller Ergebung und Muth sich damit zufrieden geben, und solches zu ihrem Besten zu benutzen suchen. Ihr Verdienst vor Gott ist um
so größer, je mehr sie sich selbst überwinden, und je nützlicher und musterhafter sie auch in der Lage sind, die ihren Neigungen nicht entspricht.
Vertrauen sie nur fest auf den Vater im Himmel, und brauchen sie selbst
ihre Kräfte redlich, so wird Alles am Ende zu ihrem Besten ausschlagen.
Eben darum kann aber auch den Kindern nie zu frühzeitig die fromme
Zuversicht auf Gottes Führungen und die wahre Nachfolge Jesu tief genug eingeflößt werden, weil sie gerade dadurch einen festen Stab erhalten, an dem sie ruhig und getrost durchs Leben wandeln, und die Quelle
der Unzufriedenheit am sichersten verstopfen können. Wohnt in ihrem
Herzen wahre Demuth und Bescheidenheit, und wissen sie die zeitlichen
Güter, Ehre, Glanz und Herrlichkeit, die Andere neben ihnen besitzen,
vom wahren Standpunkte aus gehörig zu würdigen; so werden sie die Besitzer
derselben nicht beneiden und ihre innere Zufriedenheit im Hinblicke auf dieselben nicht verlieren. Also schon früh muß die Unschuld mit dem Glücke der
Zufriedenheit befreundet werden, sie muß einsehen lernen, daß die Zufriedenheit selbst die eigentliche Quelle des Glückes sey. Dann wird sie auch
später mit dem Guten, das sie besitzt, vorlieb nehmen, wenn ihr auch
das Bessere fehlen mag. Bewahrt sie nur immer in jeder Lebenslage das

Zeugniß eines guten Gewissens und das Bewußtseyn des göttlichen
Wohlgefallens, und hält sie fest am Vertrauen auf Gott, dann hat sie
einen Schatz, der nie verschwindet, und einen Born, dem Ruhe und
Zufriedenheit in reichem Maße entströmt. (Sir. 3, 19—30. Pf. 114,
7. Sir. 42, 4.)

Zugesellung (Beigesellung, Association.*) Man versteht darunter
ein Gesetz, nach welchem die Vorstellungen in unserer Seele sich verbinden, so daß sie in ihrer Verbindung meist wieder zum Bewußtseyn kommen. Man nennt diese Erscheinung auch die Ideen-Association (Asso-
ciatio idearum), indem hier Idee nichts anders als Vorstellungen überhaupt bezeichnet. Bekanntlich erregen sich unsere Vorstellungen gegenseitig, so daß, wenn die eine in's Bewußtseyn tritt, sich diejenigen sogleich
damit verbinden, die früher mit ihr zusammen bewußt waren, ohne daß
man diese erneuerte Verbindung beabsichtigt hatte. Während also mit jedem Wiederkehren eines Gegenstandes sich das Bild schärfer und tiefer
in die Seele einprägt, gesellen sich auch immer mehr gleichzeitig gehabte
Eindrücke und Vorstellungen hinzu, welche die Einbildungskraft mit einer
jeden wiederkehrenden Vergegenwärtigung des Gegenstandes oder seines
Bildes auf's neue hervorruft. Dieser Vorgang in der menschlichen Seele
ist von großer Wichtigkeit, und erklärt uns manche Erscheinungen in
dem kindlichen Leben, die uns sonst unerklärlich seyn würden. Eine
Freude, ein Schreck, ein plötzliches Weinen, ein eifriges Aufmerken, eine
Abneigung vor gewissen Gegenständen und Menschen, Eigensinn, Hals-
starrigkeit ꝛc. gehen nicht selten einzig und allein aus jener Beigesellung
von Gegenständen hervor, und es ist oft eben so schwer, als für die Erziehung belohnend, diese Vorstellungen ausfindig zu machen. Eigentlich
besteht in den Bildern der Einbildungskraft und den ihnen beigesellten,
wiewohl anfänglich noch dunkeln Vorstellungen die ganze innere Welt des
Kindes, die sich immer mehr erweitert, je ausgedehnter sein Gesichtskreis
wird, und je mehr nun auch die andern Sinne, insbesondere der Gehör-
sinn, daran Antheil nehmen. Mit der Entwickelung der Sprache wird
vollends jedes Wort, für welches die Einbildungskraft ein Bild hervorruft, gleichsam eine Gluckhenne, um die sich die beigesellten Vorstellungen wie Küchlein versammeln, und zwar sehr verschiedenartig, je nach den
Eindrücken, die mit der Auffassung der Bilder verknüpft waren. Mit
dem Namen „Mutter" verbindet hier das Kind das sanfte Schaukeln
auf den Armen, das Naschwerk, die Aepfel, Birnen, Nüsse ꝛc., welche
die Mütter mitzutheilen pflegt, mit dem Ernste des Vaters vergesell-
schaftet es mitunter auch die Ruthe und die Schläge, womit er züchtiget;
mit dem Worte Schule einen väterlichen Mann, der sehr viele Kinder
hat, die er herzlich liebt, denen er anmuthige Geschichten erzählt, oder
auch einen Mann mit der Ruthe, der die Kinder straft und züchtiget ꝛc.
In diesem Associationsgesetze liefert die Einbildungskraft die ersten Materialien für die künftigen Urtheile, und steht sonach mit der Urtheilskraft
in einer ganz nahen Verbindung. Wir bemerken hierüber nur noch Folgendes für den Erzieher und Lehrer: Er suche bei den Zugesellungen der
kindlichen Vorstellungen so viel möglich auf die rechte Spur zu kommen.
Wo sich die Einbildungskraft verirrt, wie wir an einem andern Orte ge-

---

*) Der Ausdruck: Association hat seinen Namen von dem lat. Worte associare, d.
h. bei- oder zugesellen, verknüpfen, verbinden, vergesellschaften, indem manche Vorstellungen und Gedanken in einer nothwendigen Verbindung zueinander stehen, z. B.
die Vorstellung oder der Begriff Berg kann nicht ohne die Vorstellung oder den
Begriff Thal seyn.

zeigt haben (S. Art. Einbildungskraft), da liegt der Grund größtentheils in den Zugesellungen, welche sie unwillkürlich hervorruft. Der Lehrer, der seine Kinder kennt, wird in vielen Fällen die Zugesellungen im voraus merken und ihnen zu begegnen oder sie abzuschneiden suchen; wo sie sich aber unvorhergesehen äußern, hat er die zur Sache nicht gehörigen mit Ruhe zu beseitigen und die richtigen vorzuführen. Von den Kindern werden beinahe alle Bilder einseitig oder unrichtig aufgefaßt; dazu kommen dann von selbst einseitige oder falsche Zugesellungen, woraus unrichtige, mangelhafte Vorstellungen entstehen. Haben Kinder z. B. den Tod unter dem Bilde eines Mannes, der mit der Sense Blumen ohne Unterschied niedermacht, aufgefaßt, was sehr häufig geschieht, so werden ganz andere Bei= oder Zugesellungen stattfinden, als da, wo er unter dem Bilde des Schlafes dargestellt wird. Im ersten Falle sehen die Kinder den Tod mit seiner Sense leibhaftig vor sich stehen, und lernen vor ihm schaudern; im zweiten Falle ist er ihnen ein freundlicher Engel, der dem Müden die Augen schließt und ihn zur Ruhe bringt. Und so sollen ihn die Kinder sich auch vorstellen lernen; denn so hat ihn Jesus selber vorgestellt. Die Kinder der höhern Stände sind fast am meisten in Gefahr, unrichtige Nebenvorstellungen mit ihren Begriffen zu verbinden. Der Bauer z. B. ist ihnen, besonders denen, die in großen Städten wohnen, ein grober, ungesitteter Mensch, — der Handwerker, der mit Händen oder Füßen im Lehme knetet, ein Mensch, vor dem ihnen eckelt; den Kohlenbrenner halten sie für einen Mann, der ihnen Entsetzen einjagt, vor dem man fliehen muß ꝛc. ꝛc. Solchen Zugesellungen wird der Erzieher ꝛc. dadurch begegnen oder vorbeugen, wenn er den Kindern die Nützlichkeit und Unentbehrlichkeit solcher und ähnlicher Berufsarten und Handthierungen vorstellt. — Wer sich ausführliche Belehrungen über die Zugesellungen wünscht, der findet sie in Beneke's „Lehrbuch der Psychologie“ S. 75 u. ff., so wie in Desselben „Psychologischen Skizzen“ S. 235 u. ff. des 2. Th., vorzüglich aber S. 343—393, 378—389 u. 412—448 des 1. Th., wo dieser Gegenstand auf die lichtvollste, gründlichste und umfassendste Weise behandelt ist. Uebrigens dürfte das oben hierüber Angeführte für unsere Lehrer hinreichend seyn.

Zukunft, die, wird oft für Kinder zu wenig berücksichtiget. (S. Art. Gegenwart.)

Zuläßige Disciplinarmittel. Ein Schullehrer, der die allgemeinen Regeln zur Erhaltung einer guten Disciplin treu befolgt, und nicht ruht und müde wird, bis er denselben vollends Eingang verschafft und es dahin gebracht hat, daß ihnen Folge gegeben wird, bedarf bereits keiner Disciplinarmittel; wenigstens werden folgende zuläßige und empfehlenswerthe völlig ausreichen: a) dem Schüler erkennbares Bemerken seines Fehlers; b) Anrufen desselben mit ernster Stimme; c) Verweis unter vier Augen mit beigefügter Ermahnung und Warnung; d) beschämender, warnender, drohender Verweis; e) Aufschreiben in das Censur= oder Sittenbuch; f) Stehenlassen in seiner Reihe; g) Hinausstellen an die Wand oder die Thüre, doch innerhalb des Lehrzimmers; h) Strafcensur und Nachsitzen; i) Ausschließung von gemeinschaftlichen Vergnügungen; k) Alleinsitzen auf einige Zeit; l) Correctionszimmer; m) Location, Censur und Wochenbillet; n) Rücksprache mit den Eltern; o) Rüge durch den Schulaufseher, endlich p) körperliche Züchtigung, jedoch unter den oben festgesetzten Bedingungen.

Zumuthungen, ungerechte. (S. Art. Opfer.)

Zunge. (Geschwätzigkeit.) Kinder hören öfters gewöhnliche Menschen sagen: „Wenn man nicht absichtlich lüge oder verläume, fluche, schwöre, lästere, spotte, so habe es mit dem Reden im alltäglichen Leben nicht viel zu bedeuten." — „Wer kann, hört man sie ferner sagen, jedes Wörtlein auf die Goldwage legen? Man spricht gar Vieles in den Wind, und Redseligkeit gehört zur Würze des Lebens; man darf nicht über eine jede Rede allzubedenklich seyn" u. s. w. So beiläufig sprechen die Erwachsenen in Gegenwart der Kinder, und suchen auf solche Weise ihre schändlichen Aeußerungen zu rechtfertigen. Ganz anders aber reden die Apostel des Herrn, „Lasset, sagt der heil. Paulus, kein schlechtes Wort aus eurem Munde kommen, sondern was gut ist zur Erbauung des Glaubens, damit es Wohlthat gewähre den Hörenden." Und der heil. Jakobus spricht: „Die Zunge ist ein kleines Glied; allein sie bewirkt große Dinge. Seht, ein Funke Feuer — welch einen großen Wald er in Brand stecken kann. So ist auch die Zunge ein Feuer, eine ganze Welt voll Ungerechtigkeit. Sie wird von der Hölle entflammt, und setzt alle Kräfte unsers Lebens in Flammen. Mit ihr loben wir Gott, den Vater, und fluchen den Menschen, die nach dem Bilde Gottes geschaffen sind; aus einem Munde kommt Lob und Fluch! So, meine Brüder, sollte es nicht seyn. Quillt denn auch einmal aus einer Quelle süßes und saures Wasser? (Eph. 4, 29. Jac. 3, 2—11.) So spricht der Herr durch die Boten seiner Gnade. Wahrlich es ist immer ein Zeichen übler Beurtheilungskraft oder eines schwachen, unerleuchteten und verfinsterten Verstandes, wenn sich ein Erwachsener solche Aeußerungen erlaubt, wie wir sie kaum bezeichnet haben, und noch schmählicher ist es, wenn er sie ungescheut in Gegenwart der Jugend ausspricht. Dadurch wird ihr Herz verwundet und verführt. Nichts kann den Mißbrauch der Zunge entschuldigen. Und eben deßhalb warnt die heilige Schrift kaum vor irgend einer Sünde so sehr und so häufig, als vor eben diesem Mißbrauche. — Allein auch die Kinder müssen mit allem Ernste vor der Untugend der Geschwätzigkeit bewahrt werden, weil sie ihre Herzen entweiht, und nicht bloß die Quelle ihres eigenen, sondern auch des Glückes Anderer trübt. Ist die Erziehung hierin nicht behutsam genug, und versäumt sie es, den Kindern den rechten Gebrauch der Zunge kräftig an's Herz zu legen und sie mit den beugenden Folgen der Geschwätzigkeit möglichst vertraut zu machen, dann werden sie sich Unbesonnenheiten aller Art im Reden zu Schulden kommen lassen. Und wenn erst die Plauderhaftigkeit bei ihnen zur Sucht und Gewohnheit geworden ist; dann wird auch ihre geschäftige Zunge Alles, was sie sehen, hören und wissen, zu verbreiten suchen; kein ihnen anvertrautes Geheimniß mehr heilig seyn, und das im Vertrauen zu ihnen gesprochene Wort wird sie so lange gleichsam brennen und quälen, bis es andern mitgetheilt ist. Und dann ist der Mißbrauch der Zunge nicht mehr bloß jugendlicher Leichtsinn, sondern große Sünde, die den gerechten Abscheu nach sich zieht. Solche Kinder werden dann auch später bei gereiftem Alter jeden Augenblick fähig seyn, das heiligste Geheimniß vor fremden Augen zu entblößen, durch Zwischenträgerei die friedlichsten Familien zu entzweien, und durch Ohrenbläserei und Klatscherei die unschuldigsten Menschen ins Gerede zu bringen. Nur zu leicht kann und wird sich dann der Ausspruch des alten Weisen bei ihnen bestätigen; Scindit plus gladio peracuto lingua dolosa. (— Eine falsche und betrügliche Zunge verwundet tiefer, als ein scharf geschliffenes Schwert.) Darum muß aber auch die Jugend lernen die Zunge zu beherrschen; sie wird sich untern Andern dadurch viele Unannehmlichkeiten ersparen, und sich weder ihr eigenes noch fremdes Leben verkümmern. Der Lehrer suche den Kindern insbesondere, wo sich ihm Gelegenheit bietet, die Ursachen und die Folgen der Geschwätzigkeit recht deutlich zu machen, zu welcher sie selbst bei ihrer natürlichen Gutmüthigkeit, verbunden mit einer lebhaften Neigung zur Geselligkeit und Unterhaltung, verleitet werden können; er weise sie hin auf die Früchte, die gemeiniglich aus diesem Fehler hervorgehen. Er suche dieß namentlich an Beispielen, an welchen das gewöhnliche Leben keinen Mangel hat, recht lebendig darzustellen und anschaulich zu machen. (Job. 27, 4. Pf. 10, 1. Pf. 33, 14. und 38, 2. Auch Pf. 51, 6. Spr. 6, 17. 10, 20. 15, 4. 17, 20. 21, 23. 1. Petr. 3, 10.) S. auch Art. Ver läumdung und Plauderhaftigkeit.

Zungenlaute. (S. Art. Laut.)

Zurechtweisung der Schüler. Der Lehrer benutze die Schwächen und Fehler seiner Kinder zu ihrer sittlichen Verbesserung, und sey unermüdet in sanftmüthiger Zurechtweisung. Man kann nicht auf einmal bessern, und noch weniger sogleich Vollkommenheit verlangen. Auch bei der sittlichen Verbesserung des jugendlichen Herzens soll man dem stufenweisen allmähligen Gange Gottes in der Natur folgen. Für den Lehrer, der Sinn und Gefühl für das große göttliche Geschäft hat, zur sittlichen Wohlfahrt seiner Kinder mit Erfolg zu wirken, ist es eine unerläßliche Pflicht, unvermerkt in der Stille ihre Gemüther auf das Bessere, Edlere und Schönere vorzubereiten, und vor der Hand nur das etwa verunreinigte Gefäß zu reinigen von dem Schmutze, wodurch das klare Wasser, das er in dasselbe gießen will, trübe gemacht wird. Er blicke hier auf das große und herrliche Vorbild, das uns des Vaters Eingeborner, auf Erden wandelnd, gelassen hat. Er kam in die Welt, Vorurtheile, Aberglauben und Sündendienst zu verdrängen. Und wie unaussprechlich schön hat sich seine göttliche Weisheit hiebei benommen. Welche Nachsicht und Schonung hat Er geoffenbart, womit Er die Schwächen getragen, und die Irrenden wieder auf den rechten Weg zurückgeführt hat! Er war die lautere Liebe, Sanftmuth und Schonung gegen seine Jünger. Durch seine sanftmüthige Zurechtweisung machte er ihrem Unwillen und Rangstreite ein Ende, und brachte sie dadurch zum Nachdenken und zur Ablegung ihrer Schwächen und Fehler. So soll auch dem Lehrer, der berufen ist, auf den gelegten Grund fortzubauen, das Vorbild Jesu in der angegebenen Beziehung stets vor Augen seyn, und ihn ermuntern auf ähnliche Weise bei dem Geschäfte der sittlichen Besserung seiner Kinder zu handeln. (Joh. 8, 1—11. Matth. 5, 23— 26. 20, 20—28.)

Zusammenfassungsfragen. Durch diese Fragen werden die Schüler aufgefordert, mehrere Theile eines Begriffs, mehrere Gedanken zu einem Ganzen zu vereinigen. Durch sie wird die katechetische Gedankenfolge gleichsam vollendet, so daß der Uebergang zu einer neuen gemacht werden kann. Beispiele hievon befinden sich beinahe in einer jeden Katechisation, besonders sind Dinters Katechesen reich an solchen Fragen.

Zusammengesetzte (das). Der Lehrer leitet den Schüler zum Zusammengesetzten dadurch, daß er vom Einfachen ausgeht. So führt er ihn z. B. von dem bestimmten Zahlwort Eins zur Zahl, von dem Begriffe „Vogel" zu dem Begriffe Thier," von Begriffen zu Beweisgründen. ꝛc. Er führt ihn von dem, was weniger zusammengesetzt ist, zu dem, was mehr zusammengesetzt ist, z. B. von dem Satze: „Der Mensch soll sich selber kennen lernen, zu dem Satze: und deßwegen sich selber täglich beobachten und selber prüfen. Der Lehrer, welche diese Regel befolgen will, muß jedoch das Maß der Vorkenntnisse des Schülers, und den Grad seiner Denkkraft kennen; denn ohne diese Kenntniß wird er mit der Stange im Nebel herumfahren.

Zusammenhang der katechetischen Fragen. Diese Fragen müssen un-

21*

tereinander zusammenhängen, eine muß sich genau an die andere anschließen, und eine muß aus der andern folgen, wenn nämlich die Antwort
richtig ist. Ebenso muß eine durch die andere vorbereitet werden. Der
Katechet muß sich wohl in Acht nehmen, daß er keine Gedankensprünge
macht. Er darf keinen Gedanken auslassen, der dem Kinde gemäß seiner
Fassungskraft und seinem Bedürfnisse nöthig ist, um das Gedankenziel zu
finden. Beispiele der Art anzuführen halten wir um so mehr für überflüssig, da sie in jeder wohl ausgearbeiteten Katechese anzutreffen sind.
Indessen empfehlen wir einem jeden Katecheten die ausgezeichneten Katechisationen von dem verewigten Erzbischofe Gruber in Salzburg, so wie
das fleißige Eindringen in den schönen und einfachen Gang derselben.
Hier kann er wohl am besten lernen, wie er seine Fragen unter einander in Zusammenhang bringen und somit seinen Zielpunkt zum Frommen
der Kinder erreichen möge. Wie in Allem, so thut auch hier die Uebung
das Meiste, wenn es anders an den nöthigen Kenntnissen und den natürlichen Gaben nicht fehlt.

Zusammensein, das, der Kinder ist bildend. (S. Art. Familien-
Leben in der Schule.)

Zusammenunterrichten. Sind die Schulen zahlreich, so ist es unab-
weisbares Bedürfniß, daß alle Kinder einer jeden Classe insbesondere,
oder zuweilen zweier, auch wohl gar dreier Classen zusammen unterrichtet werden. Wir verstehen daher unter diesem Zusammenunterrichten
nicht, daß die Kinder einzeln, oder ein jedes, oder immer nur einige für sich allein, sondern gemeinschaftlich so unterrichtet werden, daß
sie alle an dem für sie bestimmten Unterrichte zugleich den gehörigen Antheil nehmen. Mag dieses Antheilnehmen nicht bei allen im
gleichen Maße stattfinden, so muß doch beim Unterrichte alles darauf angelegt seyn, daß kein Kind ohne Mitbeschäftigung dabei bleibe. Es wird
durch ein solches Zusammenunterrichten nicht nur allein viel Zeit gewonnen, sondern es erhält dabei auch jegliches Kind mehr Unterricht, und
kann somit auch weit mehr lernen. Zudem lernen die Kinder auch leichter, schneller und freudiger, wenn der Lehrer die Sache nur recht leitet,
und dabei das fördernde tactmäßige Vor- und Nachsprechen, und bald
das kollective, bald das einzelne Abfragen regelmäßig anwendet. Doch
hat der Lehrer bei diesem Zusammenunterrichten genau darauf zu sehen,
daß er a) auch bei den kollectiven Uebungen wieder einige besondere Stu-
fenabtheilungen des Unterrichts mache, und darnach die Kinder einer jeden Abtheilung sondere, d. i. so zusammenstelle, wie sie am meisten zu-
sammenpassen, b) daß er sich da, wo es sich um ein ganzes allgemeines
Zusammenunterrichten, namentlich durch Gespräche, Fragen und Aufgaben handelt, einer angemessenen Vertheilung, einer leicht beweglichen
Hinauf- oder Herabstimmung und Wendung befleißige, damit auf solche
Art ein und derselbe Unterricht doch allen angemessen und nutzreich werde.
Es darf also hier kein Kind übersehen und keines hintangehalten werden,
jedes muß durch Zusammenunterricht gewinnen, und mit Kenntniß bereichert nach Hause zurückkehren.

Zusammenwirken der Eltern und Lehrer. Dieß gegenseitige Zusammenwirken ist nothwendig, wenn sowohl der Unterricht als auch das sittliche Verhalten der Kinder gedeihen und liebliche Früchte bringen soll.
Der Lehrer allein könnte mit den Kindern nicht ganz zurecht kommen,
wenn die Eltern ihn nicht unterstützen und ganz im Einverständnisse mit
ihm handeln würden. Wollen sich die Kinder nicht fügen in die vom
Lehrer festgesetzte Ordnung oder ihm ungehorsam und gegen ihn widerspenstig seyn, dann wird ein verständiger Vater nicht zögern, sie selbst zu

züchtigen, und den Lehrer ersuchen, mit ihnen den Weg der Strenge einzuschlagen. Das ist ermuthigend sowohl für den Lehrer als für die Kinder. Wenn der Lehrer will und thut, wie der Vater, und der Vater wie der Lehrer, dann muß etwas aus dem Kinde werden. Und so soll es auch seyn. Das wäre wahrlich ein unverständiger Vater, welcher dem Lehrer entgegenarbeiten, sein Kind gegen denselben einnehmen, und es wegen einer verdienten Bestrafung in Schutz nehmen wollte. Und wenn dann aus einem solchen Kinde Nichts wird, dann ist nicht der Lehrer daran Schuld, sondern der Vater. Eltern müssen, sagt Kelber, mit dem Lehrer seyn, wie Gott mit Moses, wenn aus ihren Kindern etwas werden soll. Wenn das Haus wieder nimmt, was die Schule gibt, was soll dann dem Kinde bleiben? Oder wenn das Haus wieder verdirbt, was die Schule gut macht, was soll dann Gutes an dem Kinde seyn? Oder wenn das Haus verbietet und die Schule gebietet — was soll dann das Kind thun? Leider, daß dieß so häufig geschieht. Es ist besonders eine wahre Entzweiung des Kindes mit sich selbst, wenn der Lehrer sagt: „du sollst jetzt lernen;“ der Vater: „du sollst jetzt dieß und jenes arbeiten.“ — Einmal muß es ungehorsam seyn, wenn es auch nicht will. Auf solche Weise wird das Kind entweder durch den Lehrer oder durch die Eltern oft erst ungehorsam. Vor einer solchen Entzweiung der Kinder haben sich Lehrer und Eltern sorgfältig zu hüten. Dieß wird aber auch nicht der Fall seyn, wo Eltern und Lehrer im rechten Einverständnisse miteinander leben. (2. Mos. 3, 12. Ezech. 11, 19.)

Zuspätkommen, das; der Schüler. Immer muß der Lehrer streng darauf halten, daß jedes Kind mit dem Glockenschlage in der Schule erscheine, und falls es später kommt, eine gültige Entschuldigung nachweise. Der Lehrer hat jedes Zuspätkommen im Sittenbuche und auf der Censur zu bemerken, und geschieht es häufig, dann muß er die Eltern davon in Kenntniß setzen. Ruht das Zuspätkommen als Verschuldung auf den Kindern, und hat der Lehrer mehrmals Ermahnung, Warnung und Drohung vergebens versucht, dann lasse er das zuspätkommende Kind die erste Stunde hindurch im Zimmer an der Thüre stehen, und behalte es jedesmal in der schulfreien Zeit so lange im Schulzimmer, als es zu spät gekommen ist. Verwerflich ist es, die zuspätkommenden Kinder draußen vor der Schulthüre stehen zu lassen, und dieß besonders auch darum, weil es leicht auch ihrer Gesundheit schädlich werden kann. Liegt aber die Schuld des Zuspätkommens eines Kindes auf den Eltern, dann darf dieses dafür nicht bestraft werden, weil es schuldlos daran ist. Auch wird der Lehrer immer auf die Umstände und Verhältnisse, auf die Beschaffenheit des Weges und Wetters ꝛc. gehörige Rücksicht nehmen. (S. auch Art. Schulversäumnisse.)

Zustand, gereizter. (S. Art Fordern — nicht zu viel und nicht zu Schweres.)

Zustand, den innern, sollen Kinder kennen lernen. (S. Art. Opfer.)

Zustand der Schule — äußere und innere. (S. Art. Schule und Art. innere Einrichtung der Volksschule.)

Zutrauen, etwas den Kindern, oder was dasselbe ist, das Vertrauen zu ihnen haben, daß sie etwas thun können oder thun werden. Das Zutrauen ist also der sichere Glaube, daß dieses oder jenes Kind einer Sache fähig sey. Und gewiß erhebt die Kinder nichts mehr, als wenn man ihnen etwas zutraut; selbst die Verabsäumtesten sind nie ganz unempfindlich gegen Beweise des Zutrauens, welche ihnen unter weiser Berücksichtigung ihrer individuellen Geistes- und Gemüthsbeschaffenheit

gegeben werden. Wenigſtens verbürget dieß eine lange Erfahrung. Ja,
gerade iſt es dieſes Zutrauen, welches ihnen ſogar als die ſchönſte Be=
lohnung erſcheinen kann, und der weiſe Erzieher wird es auch dazu mit
ſorgſamer Ueberlegung zu benutzen wiſſen; ſelbſt wenn er genöthiget iſt,
ein Kind zu ſtrafen oder ihm Verweiſe zu geben, wird demſelben ein ſol=
ches Zutrauen zur neuen Erhebung dienen. Nur muß man es in den
rechten Fällen, insbeſondere nur da anwenden, wo man mit völliger Be=
ſtimmtheit berechnen kann, daß das Kind dem gehegten Zutrauen entſpre=
chen können und zu entſprechen geneigt ſeyn werde, nie aber da, wo
man nur als möglich vorausſetzen darf, das Kind könne etwa auf den
Gedanken kommen: „Der Lehrer traut mir zu viel zu,“ oder: „ich werde
mich wohl hüten, ihm nach Willen zu handeln.“ Denn in dieſem letztern
Falle würde es in ſeinem niedrigen Sinne nur noch mehr beſtärkt und
ſeiner Verſtocktheit nur noch mehr Nahrung gegeben werden: es würde
beim Lehrer mehr eine unverſtandene Gutmüthigkeit, als eine vernünftige
Liebe erkennen, und gegen ihn eher an Achtung verlieren, als gewinnen.
Der Lehrer muß ſich z. B. etwas merken, was das Kind gerne thut, und
ihm hierin irgend einen Auftrag geben, und wenn es auch nur eine me=
chaniſche Verrichtung wäre, wie etwa irgend was holen, das man in der
Schule braucht, oder einem ſchwächern Schüler etwas zeigen, oder mit
ihm durchnehmen, was es ſelber weiß u. ſ. w. Nur darf er ihm ein ſol=
ches Geſchäft nicht als eine Laſt oder wohl gar als eine Strafe, ſondern
immer als einen Beweis ſeines Zutrauens erſcheinen laſſen. Dadurch
wird dann das Kind nicht bloß zum Lehrer hingezogen, und gewinnt an
Achtung und Liebe, ſondern auch ſein Ehrgefühl wird angeregt, ſo daß
er ihm allmählich immer mehr zumuthen kann, und in ihm ſelbſt der
Wunſch und das Streben lebendig wird, ſeines Vertrauens in einem ge=
ſteigerten Grade theilhaftig zu werden, und es den beſſern Mitſchülern
immer mehr gleich zu thun. Auf ſolche und ähnliche Weiſe läßt der Er=
zieher oder Lehrer den Kindern ſein Zutrauen fühlen und macht ſie da=
durch geneigt, ſeinen Anforderungen an ſie deſto eher zu entſprechen.
Dadurch bahnt er ſich auch den Weg zum Herzen ſelbſt eines Verab=
ſäumten an, und gewinnt es für ſein Geſchäft.

Zutraulich. (S. Art. Feigheit.)

Zweck der Belohnungen und Strafen. Der Zweck der Belohnungen
kann wohl kein anderer ſeyn, als die Schüler dadurch zum Guten und
zur Vervollkommnung zu ermuntern. Sie ſollen daher bezüglich auf die
Geſammtzahl derſelben für die Förderung der Schulzwecke einen wohlthä=
tigen Eindruck machen, und indem ſie Einzelnen ertheilt werden, für Alle
ein Antrieb und eine Ermunterung werden. Doch darf die Rückſicht ei=
ner wohlthätigen Einwirkung der Belohnungen den Lehrer nie verleiten,
etwas mit einem einzelnen Schüler vorzunehmen, was ſeiner Eigenthüm=
lichkeit nachtheilig werden könnte. Belohnungen ſollen vielmehr auch den
einzelnen Schüler nach ſeiner geſammten Individualität und nach dem
Zwecke, ihn zur höhern Vollkommenheit heranzubilden, möglichſt ange=
meſſen ſeyn. — So verhält es ſich im Gegenſatze auch mit den Schul=
ſtrafen. Dieſe dürfen nichts anderes bezwecken als die Beſſerung des
Kindes, welches Strafe verwirkt hat. Ganz verwerflich wäre es, einen
Schüler bloß in der Abſicht zu ſtrafen, um ein zürnendes Beiſpiel auf=
zuſtellen, oder um andere Kinder von Vergehungen zurückzuhalten und
abzuſchrecken, obgleich die von einem Einzelnen wohlverdiente und zu ſei=
ner Beſſerung nothwendig gewordene zweckmäßige Strafe zugleich auch
bei den Uebrigen jene Wirkung hervorbringen kann. Der Zweck, dem
Geſetze das erforderliche Anſehen zu verſchaffen, und ebenſo das des Ge=

setzgebers zu sichern, muß sich ebenfalls dem oben angegebenen Zwecke aller Schulstrafen unterordnen, und wenn, falls dieses nicht möglich seyn sollte, der Lehrer dennoch strafen würde, weil er sich durch die Unarten und den Muthwillen der Kinder beleidiget fühlt, so würde sich dabei nichts anderes kund geben, als die Strafe im Unwillen und aus Unwillen, in und aus Leidenschaft oder Rachsucht. Und in einem solchen Falle möchte die verhängte Strafe wohl schmerzen, aber schwerlich das bestrafte Kind auf die Bahn der Besserung zurückführen. (S. auch Art. Züchtigung, körperliche.)

Zweck der Erziehung und des Unterrichts. Der nächste Zweck der Erziehung ist, wie wir früher gezeigt haben, kein anderer, als die stufenweise fortschreitende, harmonische Entwickelung aller Kräfte des Menschenkindes, damit es wirklich zum Menschen in der wahrsten und edelsten Bedeutung des Wortes gebildet werde. Blicken wir dabei auf den Culminationspunkt aller wahren Erziehung hin, so kann uns nur die religiös-sittliche Bildung nach dem Sinne des Christenthums als der eigentliche höchste und letzte Zweck entgegenkommen. Auf diesen muß jedes Bestreben in der Erziehung gerichtet seyn, wenn sie nicht werth- und gehaltlos erscheinen und ihre Gebrechen in den Augen des Weisen zur Schau stellen soll. Religion allein ist das alles belebende und veredelnde Element in und bei dem Geschäfte der Erziehung. Sie allein ist die Quelle, der alles Gedeihliche und wahrhaft Gute entströmt. Wer ohne sie arbeitet, der arbeitet in's Eitle und findet am Ende nichts, als vergoldete Schalen ohne Kerne, ein elendes Außenwerk, das zwar dem Auge der Welt gefallen mag, aber keinen reelen und bleibenden Werth in sich selber hat, noch haben kann. Oder was soll's frommen, die Verstandeskraft des Kindes zu heben, und ihm die reichste Erkenntniß mitzutheilen, wenn es ihm dabei an der Bildung des Herzens fehlt, wovon die Religion die Grundlage ist? — Bloße Geistesbildung kann der wahren, d. i. der christlichen Erziehung nimmer genügen; sie will vorzugsweise verwilderte Herzen veredeln, verdorbene beßern, den genußleitenden Willen umlenken und allem verkehrten Streben eine ganz veränderte Richtung geben. Freilich tritt sie damit geradezu dem verderbten Zeitgeiste entgegen, der nur, wie wir früher am einschlägigen Orte sagten, schöne, wenn gleichwohl taube Blüthen verlangt, und eben deßhalb der beßern — christlichen Thätigkeit ohne Unterlaß entgegen arbeitet, um dadurch sein Gebiet möglichst zu erweitern, ohne sich darum zu kümmern, ob die Posterität dabei zu Grunde geht, und ihm nichts anders als Noth und Thränen als Opfer des Dankes bringt. Also der einzige wahre und höchste Zweck der Erziehung ist gleichmäßige Bildung des Geistes und Herzens im Sinn und Geiste des Christenthums. Und wahrlich der menschliche Erzieher ist weder in einem Sokrates, noch Plato, noch irgend in einem andern Spätern erschienen, welcher im Stande gewesen wäre, den einzigen würdigen Zweck der Erziehung auf eine andere Weise zu erreichen, als in der angegebenen. Wir haben ein Ideal dabei, das uns Gott gegeben und das wir nie aus dem Auge verlieren dürfen, und dieses Eine und höchste Ideal ist Der, welcher gesagt hat und noch sagt: „Menschenkinder, werdet vollkommen, gleich wie euer Vater im Himmel vollkommen ist!" — So muß aber auch der Unterricht der erziehenden Thätigkeit die Hand bieten. Derselbe hat bekanntermaßen einen doppelten Zweck, er soll a) die dem Kinde inwohnende Kraft aufregen, üben, stärken und richten, sey es nun zu einer bestimmten Geistesthätigkeit oder zu einem äußern Thun und Handeln, um es dadurch fähig zu machen, einer fremden Hülfe immer weniger zu bedürfen (formalen Zweck;) er soll

b) den Kräften des Kindes einen Stoff liefern, an dem sie sich üben und vervollkommnen können, und in dessen Besitz zu sein, zugleich Bedürfniß ist, theils im Allgemeinen für den Menschen, theils im Besondern für gewisse Classen und Berufsarten (materieller Zweck); doch muß dieser materielle Zweck immer dem formellen untergeordnet bleiben. Alle Unterrichtszweige aber müssen zusammenwirken zur Bildung des einschlägigen, verständigen und religiös-sittlichen Menschen, d. h. sie müssen alle, welchen Namen sie auch haben mögen, von dem Elemente der Religion durchdrungen seyn. Es darf also hiebei der Maaßstab, nicht wie gewöhnlich, bloß an die Erkenntnißmasse der Kinder, sondern muß vorzugsweise auch an die Veredlung ihres Herzens angelegt werden, wenn anders sein wahrer Zweck auf eine entsprechende und würdige Weise erreicht werden soll. (Man s. die Art. Erziehung und Unterricht.)

Zweideutigkeiten. Wir haben schon früher (s. Art. Wißbegierde) darauf hingewiesen, wie selten die Kinder von Seiten der Eltern auf das aufmerksam gemacht werden, was für ihren Geist und Herz bildend wäre; vielmehr theilen sie oft Dinge mit, die ihnen nur Schaden und Nachtheil bringen müssen. Wie so gar nicht schwer wäre es, den Trieb nach Wissen bei den meisten Kindern auf das Ernste, Wahre und Gute hinzuleiten, wenn ihre Eltern es frühe darauf anlegen wollten. Allein statt dessen lassen sie dieselben an Reden und Gesprächen Theil nehmen, die für ihr Alter bei weitem nicht passen; sie lassen sie Zweideutigkeiten hören, die ihre Wißbegierde um so häufiger aufhascht, je mehr sie das Zweideutige schon aus ihren Blicken und Mienen herauslesen; und so legen sie oft schon frühe den Zunder des Bösen in die kindlichen Herzen, der dann später hoch auflodert. Dann hört man aber nicht selten auch sagen: „Unsere Kinder wissen schon mehr von solchen Dingen, womit wir erst in späten Jahren bekannt gemacht worden sind. Woher, fragen sie, mag wohl das kommen?" — Und wir antworten solchen unbesonnenen Eltern: Daher kam und kommt es, weil sie sich in der Kinder Gegenwart allerlei zweideutige und verfängliche Aeußerungen über Menschen und andere Gegenstände erlaubten, welche den Kindern noch lange hätten fremd bleiben sollen. Ohne daß sie es ahnen oder denken mochten, streuten sie dadurch Unkrautsaamen auf den Acker der jungen Gemüther, und verderbten so die reine Waizensaat, was leider noch mit jedem neuen Tage in vielen Häusern geschieht. Darf man sich wohl wundern, wenn sich schon frühe neben dem guten Waizen nun auch eine Menge Unkraut zeigt? Und siehe, das kommt von keinem feindseligen Menschen, sondern von den Eltern selbst und den Umgebungen der Kinder her. Wenn also in irgend einem Stücke der häuslichen Erziehung den Eltern Weisheit und Besonnenheit nöthig ist, so ist dieß der Fall in Beziehung auf ihre verfänglichen und zweideutigen Reden und Gespräche. —

Zweige der Schule. Stellt man die Idee der Schule in ihrer tiefen und umfassenden Bedeutung voran, so wird man dadurch in den Stand gesetzt, die einzelnen Schulen in ihrer erhabenen Bestimmung und in ihrer wechselseitigen Beziehung richtig und klar zu erkennen. In der Idee, sagt Köthe, sind alle Hallen Eines Tempels, Zweige Eines Stammes, Glieder Eines Leibes, und gleich wie die obersten Glieder sich der untern nicht schämen, vielmehr ihnen alle gebührende Ehre erweisen, die untersten aber zur Erhaltung der obern und zu dem gemeinsamen Dienst das Ihre beitragen; so ist es ganz in der Ordnung, wenn wir die niedrigste Volksschule als einen Zweig desselben Stammes, dessen Gipfel die Hochschule sein mag, nicht nur dieser zur Seite stellen, sondern auch für gleich unentbehrlich zur Lösung der gemeinsamen Aufgabe betrachten. Eine eigentliche Gliederung des gesammten Schulwesens ist zwar nicht in der Erscheinung, aber doch in der Idee vorhanden, und viel bedeutender, als die zum Theil ganz willkührliche, oder lediglich auf Vorurtheil beruhende Abstufung, welche wirklich nur zwischen einigen Schulen stattfindet, während andere gar nicht in solchem Verhältniß zu einander stehen. Zwar auch ihr Verhältniß als Zweige eines Stammes tritt nicht überall hervor, vielmehr erscheinen sie großentheils als eben so getrennt, wie unabhängig von einander; das hindert aber nicht, ihren geistigen Zusammenhang, also ihre gegenseitige höhere Beziehung anzuerkennen und geltend zu machen. — Will man nun keine besondere Abstufung der Rangordnung aufstellen, sondern nur jeden Zweig der Schule, als solchen, in seinem Verhältniß zur Bestimmung der Schule überhaupt auffassen, so ergibt sich leicht, daß, wie das Allgemeine dem Besondern überall vorangeht, auch alle Anstalten, die einen allgemeinen Zweck haben, und ganz eigentlich der Vermittelung allgemeiner Bildung gewidmet sind, vor denen, die sich auf einen besondern Zweck beschränken, in Betracht kommen; obwohl auch diese in ihrer besondern Stellung und von ihrem Standpunkte aus, an der gemeinsamen höheren Bestimmung Theil haben. Es darf Nichts für überflüssig oder geringfügig gehalten werden, was auf wahre Bildung hinarbeitet, wenn es auch nur in untergeordneter Stellung dazu beiträgt, oder auch nur in einer besondern Richtung mitwirkt. Das Leben entwickelt und heischt mancherlei Kräfte und Fertigkeiten. Alles, was zur Bildung derselben in irgend einer Beziehung Gelegenheit darbietet, darf Berücksichtigung und Unterstützung in Anspruch nehmen, doch immer nur nach dem Maaße seiner Leistungsfähigkeit. — Am unmittelbarsten auf allgemeine Bildung, und, auf das Bedürfniß Aller berechnet, ist die Volks- oder Elementarschule, die man eben deßhalb und mit vollem Recht als den eigentlichen Stamm der Schule betrachten darf. Sie würde freilich für sich allein nicht allen Bedürfnissen entsprechen; aber sie bahnt die Wege zur Befriedigung Aller. Sie legt den ersten festen Grund, auf welchem jede andere Bildungsanstalt erbaut werden und selbst weiter fortbauen kann. Sie spendet zwar mit weiser Sparsamkeit, doch nicht kärglich ihre Gaben aus, und will auch dem Geringsten nicht versagen, was er nöthig hat. Von ihr unterscheiden sich diejenigen Schulen, die diesen allgemeinen Zweck mit derselben gemeinsam, neben demselben aber noch einen besondern und eigenthümlichen haben. Diese sind die höhere Bürgerschule, das Schullehrerseminar und die Gelehrtenschule, dann die Kunst-, Handels-, Gewerbs- und höhere Militärschule, welche, indem sie die unentbehrlichste geistige Entwickelung voraussetzen, lediglich einem besondern Zweck gewidmet sind. Sie sind alle Zweige des gesammten Schulwesens, und sollen daher, wenn sie gleichwohl einem besondern Zwecke gewidmet sind, in steter Richtung auf die allgemeinen Schulzwecke erhalten, und deßhalb auch von einem gemeinsamen Mittelpunkte aus geleitet werden. Es kann für die allgemeine Bildung keineswegs gleichgültig sein, in welchem Geiste auch die Schulen verwaltet werden, welche nur auf besondere Anlagen und Bedürfnisse berechnet sind, übrigens aber nicht minder dem Gesammtleben angehören. Alle diese Schulen sollen als Zweige der Stammschule stets von einem höhern Geiste, dem Geiste des Christenthums, durchdrungen sein, weil es außer diesem keine ächte und wahre Bildungsanstalt gibt.

Zweigläubige Schulen. Zu diesen zählen wir diejenigen, in welchen Kinder verschiedenen Glaubens unterrichtet werden ꝛc., wie dieß der Fall ist, wenn sich katholische und evangelische Christenkinder darin versammeln. Eine Schule, worin Christen- und Judenkinder beisammen sind, ist am stärksten zweigläubig, weil Christenthum und Judenthum einen unaussöhnbaren Gegensatz bilden. Harnisch stellt die Frage auf: „Sollen streng zweigläubige Schulen geduldet werden?" Und beantwortet sie mit — Nein; sie sind, setzt er bei, leicht schädlich, sie stellen den Glauben als etwas Nebensächliches dar, „als Etwas, was auf gesellige Vereinigung gar keinen Einfluß hat. Ich gestehe es aufrichtig, daß mir es immer ein innerer Widerspruch ist, Juden in christlichen Schulen zu sehen; doch kann vielleicht christliche Bildung auf diese Weise unter den Juden sich verbreiten. Leider ist aber zu fürchten, und hat es sich theilweis auch schon gezeigt, daß manche Juden meinen, sie könnten das geschichtliche Christenthum überspringen, und, ohne Christus lieb zu haben, zur Quintessenz seiner Lehre, zu einem Sublimat aus dem neuen Testament, zu einem sogenannten philosophischen Christenthum (auf deutsch: baaren Unglauben), wie es sich leider bei vielen Christen findet, sich erheben. Es ist sehr darüber zu wachen, daß die Judenkinder, die in christlichen Schulen christliche Bildung erhalten, auch gleichmäßig in ihrem Glauben fortschreiten, damit sie, durch die christliche äußere Bildung gezeltigt, nicht um so verwerflicher werden, weil ihnen aller Glaube fehlt. — So wie die katholische Kirche zur evangelischen in Deutschland steht, dürfte es nicht rathsam sein, überall katholische und evangelische Kinder in einer Schule zu vereinigen, wenn es nämlich anders die obwaltenden Schwierigkeiten gestatten, weil leicht der Glaube von beiden Seiten geschwächt oder verwirrt werden kann. Indessen gibt es einige Gegenden in Deutschland, wo die Vereinigung von katholischen und evangelischen Kindern in einer Schule weniger Nachtheile mit sich führt, weil sich Katholische und Evangelische ganz mit einander eingelebt haben. Jedoch muß in diesen Schulen der christliche Religions-Unterricht immer abgesondert ertheilt werden. Mag man die Schulen in manchen Ländern auch nur als bürgerliche Anstalten betrachten, so muß man sich doch immer dahin aussprechen, daß die Volksschule ohne den Unterricht in der Religion immer etwas Unvollständiges bleibt, keine rechte Würde und keinen beseligenden heiligen Geist hat. In dieser Beziehung darf der wichtige Ausspruch nie aus dem Auge gelassen werden: „Keine Reichthümer, keine Schätze, keine Ehren, keine Güter dieser Welt können größer sein, als der Glaube, der die Menschen für das Himmelreich vorbereitet, und die Vorbereiteten in den Besitz des ewigen Erbschaft einführt." — Die Schule ist sonach vorzugsweise der Grund und Boden, auf welchen das Saamenkorn vom Reiche Gottes ausgestreut, und die himmlische Pflanze der Religion mit der größten Sorgsamkeit gepflegt werden muß. — Es wird denn doch einmal die Zeit kommen, so hoffen wir es, wo sich alle edelgesinnten und erleuchteten Christen freundlich die Hände zu Einem Glauben, zu einer Hoffnung, zu einer Liebe bieten, und keine zweigläubigen Schulen mehr sein werden. So lange diese aber noch vorhanden sind, müssen wir jedem Theile die ihm gebührenden Rechte zukommen lassen, und die Liebe muß mit ihrem Bande die Herzen der zweigläubigen Kinder mild und sanft umschlingen, was auch immer der Fall sein wird, wo sie die Gemüther aller Christen beherrscht.

Zweisprachige Schulen. (S. Art. Utraquistische Schulen.)

Biographien

der

berühmtesten und verdienstvollsten

Pädagogen und Schulmänner

aus der Vergangenheit.

Herausgegeben

von

Dr. J. B. Heindl.

Augsburg.

Verlag von J. A. Schlosser's Buch- und Kunsthandlung.

1860.

Seiner Hochwohlgeboren

Titl. Herrn

Dr. Carl Friedrich Lanckhard,

Großherzogl. Sächs. Schulrathe und vortragenden Rathe im Ministerium, Departement
der Justiz und des Cultus in Weimar,

aus innigster Verehrung

gewidmet

von

dem Herausgeber.

Vorwort.

Motto's:

„Was in der Zeiten Bildersaal
Jemals ist trefflich gewesen:
Das wird immer Einer einmal
Wieder auffrischen und lesen."   Göthe.

„Geschichte in Beispielen ist lehrende Philosophie."

„Zeiten werden, blühen, greisen, Trümmer decken die Natur,
Menschen kommen, wirken, reisen, nicht verwischt ist ihre Spur.
Dankbar bringt Erinnerung Thränen ihnen Huldigung." Uns
aber: „Freien Geist in Erdenschranken, festes Handeln und
Vertrauen."

„Ein edler Mensch, in dessen Seele Gott die Fähigkeit
künftiger Charaktergröße und Geisteshoheit — Eigenschaften, einem
tüchtigen Lehrer unentbehrlich — gelegt, wird durch die Bekanntschaft und den vertraulichen Umgang mit den erhabenen Naturen
der Vorzeit sich auf das Herrlichste entwickeln und mit jedem Tage
zusehends zu ähnlicher Größe heranwachsen. Dazu ladet der Pä-
dagogen- und Ehrentempel freundlichst ein, und für jüngere Lehrer sind Lebensbilder von der unermeßlichsten Bedeutung! Durch
sie kann der ganze Himmel ihrer Seele einmal wieder blau werben!" —   Rittinghaus.

In der gegenwärtigen Schrift sollen berühmte Pädagogen
und verdiente Schulmänner, auch Frauen, welche in der Schule
und für die Schule thatkräftig gewirkt haben, Aufnahme finden,
so zwar, daß diese Sammlung von Biographien aus der Vergangenheit an meine jüngst erschienene, allseitig mit so unerwarteter Anerkennung beurtheilte Schrift: „Galerie berühmter
Pädagogen, verdienter Schulmänner ꝛc. aus der Gegenwart. 2 Bände. München bei J. A. Finsterlin" sich ge-
nauest anschließt. Die vorzüglichsten Quellen, die ich hiezu benützt
habe, sind: Petri, Uebersicht der pädagogischen Literatur, Leipzig; — Diesterweg, Pädagogisches Deutschland, Berlin; —

Bildnisse und Lebensbeschreibungen verdienstvoller Pädagogen und
Schulmänner, Quedlinburg; — Münch, Biographien ausgezeich-
neter, um die Menschheit verdienter Pädagogen, Augsburg; —
Charakteristik der Erziehungsschriftsteller Deutschlands, Leipzig; —
Bechstein, 200 deutsche Männer in Bildnissen und Lebensbeschrei-
bungen, Leipzig; — Hergang, Biographien der Selbst- und
Lebensschilderungen achtungswerther Pädagogen ꝛc., Bautzen; —
Porträt-Galerie, Leipzig; — Scherr, Handbuch der Pädagogik,
Zürich; K. v. Raumer, Geschichte der Pädagogik, Stuttgart; —
Schwarz, Geschichte der Erziehung, Leipzig; — Dr. K. Schmidt,
Geschichte der Pädagogik, Cöthen; — Schmid, Encyklopädie des
gesammten Erziehungs- und Unterrichtswesens, Gotha; — Schlichte-
groll, Nekrolog der Deutschen, Weimar; — Felder, Gelehrten-
und Schriftsteller-Lexikon, Landshut; — Hergang, Pädagogische
Real-Encyklopädie, Grimma; — Brockhaus, Conversations-
Lexikon; — Allgemeine Schulzeitung, Darmstadt; — Sächsische
Schul-Zeitung von Lansky, Dresden; — Rheinische Blätter
von Diesterweg, Essen und Köln; — Trier'sches Schulblatt von
Stürmer; — Schulfreund von Kellner und Schmitz, Trier;
— Zahn, Schul-Chronik, Meurs; — Jaksch und Maresch,
Jahrbuch für Lehrer, Eltern und Erzieher, Prag; — Brzoska,
Central-Bibliothek der Literatur, Statistik und Geschichte der Pä-
dagogik, Halle u. v. a. Ich empfehle somit beide Schriften den
Förderern des Erziehungswesens, nahe und fern, welche den Zweck
derselben billigen, angelegentlich zu geneigter Beachtung.

Augsburg, am 10. August 1860.

Der Herausgeber.

Abraham a Sancta Clara.

Geboren den 4. Juni 1642, gestorben den 4. Dezember 1709.

Motto: „Der Schulmeister mischt der Arznei —
vom Gift nichts bei."

Abraham a Sancta Clara

Der eigentliche Name dieses merkwürdigen Mannes war Ulrich Megerle, sein Geburtsort war das schwäbische Dorf Krähenheim- stetten. Er studirte zu Wien Theologie und Philosophie, und widmete sich frühzeitig dem Klosterleben; schon als achtzehnjähriger Jüngling trat er zu Marienbrunn in den Augustinerorden. Zum Festtagsprediger nach dem Kloster Taxa in Bayern berufen, begann er bald sich durch seine Kanzelvorträge hervorzuthun, welche in vor ihm kaum dagewesener Weise voll Laune, Humor, Satyre und Schalkhaftigkeit die Thorheiten und Fehler der Menschen geißelten, reiche Erkenntniß der Welt und des Men- schenherzens kund gaben, und von einer Ueberfülle theils guter, theils barocker, stets aber origineller Gedanken strotzten. Wie Abraham a Sancta Clara sprach, ebenso schrieb er auch, und er schrieb gern und viel, wurde aber auch ebenso gern gelesen als gehört, und seine Schriften fanden im Publikum eine solche Theilnahme, daß sie nicht nur in andern Sprachen übersetzt, sondern auch noch in neuerer Zeit, mindestens auserwählt, wie- derholte Auflagen erlebten. Abraham a Sancta Clara verstand es durch Wortwitz zu glänzen, wie keiner vor und nach ihm, dabei neigte er sich dem Geschmacke der Zeitgenossen zu, und wurde durch freimüthige Derb- heit volksthümlich. Der weitverbreitete Ruf, den er sich gewonnen hatte, war Ursache, daß man ihn nach Wien verlangte, es war etwas neues, den Humor auf der Kanzel zu erblicken, und Wien hat stets lieber ge- lacht, als geweint. Der Kaiser hatte ihn persönlich kennen gelernt, und beehrte ihn mit seiner Gunst — Abraham a Sancta Clara wurde Hof- prediger zu Wien und Gräß, da er als Augustiner Ordensmann nicht wohl Hofnarr werden konnte; das ridendo dicere verum verstand den- noch keiner so gut, wie er. Im Jahre 1689 wurde der Pater Prior Abraham a Sancta Clara zum Provinzial seines Ordens ernannt, und blieb sich im Uebrigen gleich als geistlicher burlesker Volksredner, der sich im bis zu Tode gehetzten Witz und Wortspielen und der Sucht, Sätze und Gegensätze bis zur Erschöpfung aneinander abzureiben, gefiel, wobei sich aber aus dem Sande seiner Mehlsteine auch Golkörner gediegenen Ernstes unterweilen lösten. Stets hielt mit dem Gedankenreichthum sei- ner Vorträge und Schriften auch sein üppig zuströmender und überströ- mender Wortreichthum gleichen Schritt, und wurde nur bisweilen zu Wortschwall und Schwulst. Wie in Schrift und Rede vieles bei ihm

gesucht und manches Gleichniß gleichsam an den Haaren herbeigezogen
wurde, so war es auch mit seinen Schriften der Fall, deren gesuchte
und barocke Titel eben nur dem Geschmack und dem Wohlgefallen am
Platten, Rohen und Gemeinen seiner Zeit zusagen konnten. Die wichtigsten Schriften Abrahams a Sancta Clara, die fast alle in Quart erschienen, sind: Religiöse Grammatik; Merks Wien; Judas der Erzschelm,
4 Theile; Wintergrün; Abrahamisches Gehab dich wohl; Reimb dich oder
ich liß dich; Heilsames Gemisch Gemasch; Huy und Pfuy der Welt;
Etwas für Alle; Geistliches Waarenlager mit apostolischen Waaren;
Abrahamisches Bescheidessen; Abrahamische Lauberhütte; Neu ausgeheckte
Narrennest; Allgemeiner Todtenspiegel; Große Todtenbrüderschaft u. a.

Ungeheure Belesenheit und Bewandertheit des Autors in der heiligen, wie in der Profangeschichte gibt sich in der Mehrzahl dieser Werke
kund, und in vielen ist mehr zu finden, als was der Titel ahnen läßt.
Wer suchte, um nur Ein Beispiel anzuführen, unter dem burlesken Titel
des Kaisers Joseph I. zugeeigneten „Huy und Pfuy der Welt" ein treffliches Fabelbuch? Dieses eine Werk schließt eine Fülle von Moral und
allumfassender Kenntniß ein. Als Mensch ist dem Dichter alles gute Lob
ertheilt worden, er war gottesfürchtig, demüthig, eifrig in der Religion,
treu seiner Kirche, wie seiner Pflicht. Er strafte, ohne zu verletzen, und
wenn er mit strafender Rede einen bis Thränen rührte, ließ er ihn doch
nicht unaufgerichtet und ungetröstet von dannen gehen. Er war geliebt
und geachtet, und seine Doppelbegabung, alles, was er sprach, mit heiterer Gemüthlichkeit vorzutragen und doch die Wahrheit ohne Scheu und
Menschenfurcht zu sagen, gewann ihm den allgemeinen Beifall. Er schonte
keineswegs den kaiserlichen Hof, und jeder an demselben mußte sich gefallen lassen, die Wahrheit von ihm zu hören. Er war Cato und Demo-
crit in einer Person.

Abraham a Sancta Clara brachte sein Leben auf 67 Jahre und
starb mit einem milden Lächeln. Er hatte seinen Lebenszweck erfüllt, war
mit dem Tode vielfach vertraut geworden, konnte demselben ohne Furcht
entgegensehen, und ihn wie ein Weiser begrüßen.

Theodosius Abs.
Geboren den 26. August 1781, gestorben den 15. April 1823.

> Motto: Wem wenig gegeben ist, der kann nicht viel wieder
> geben: wem mehr zu Theil geworden, hat auch größere
> Pflichten. Wo Jeder aber das Seine nach Kräften thut,
> da entsprießen der Blümlein Viele, wenn sie auch nicht so
> sichtbar werden, wie Tulpen."   Abs.

Johann Christian Joseph Abs gehört denen thatkräftigen
Männern an, deren segensreiches Wirken davon Zeugniß gibt, wie wahre
Begeisterung für den Lehrerberuf auch unter den ungünstigsten äußeren
Umständen doch Großes zu leisten vermag.

Abs, geboren zu Wipperfürth im Herzogthum Berg, war der Sohn
eines Tuchfabrikanten daselbst. Seine Eltern verlor er sehr früh. Sowohl die Mutter als auch der Vater waren der römisch-katholischen
Kirche angehörig, und wurden dem Sohne von Verwandten und Nachbaren als fromme, rechtliche Eltern gelobt. Der verwaiste Knabe ward
bis in sein achtes Jahr von einer Großmutter erzogen, welche ihm oft
das Gelübde seiner sterbenden Mutter an's Herz legte: und ihren Sohn
Joseph dem geistlichen Stande zu weihen. — Die Großmutter versäumte
nichts, den lebhaften Knaben zur Erfüllung jenes Gelübdes zuzurichten,

sie erzog ihn streng und hart, damit er den Forderungen auch des streng=
sten Mönchs=Ordens zeitig gewachsen sein möchte. — Die Natur aber
kehrt sich nicht an Gelübde, sie unterwirft den Menschen höheren Gese=
tzen, als den frommen Phantasien einer sterbenden Mutter.

Bei der strengen Großmutter konnte der Knabe schon im fünften
Jahre fertig lesen; er mußte täglich ganze Bogen auswendig lernen, wo=
von er am folgenden Tage nichts mehr wußte. Vom 8ten bis 12ten
Jahre ward er der weniger strengen Aufsicht eines Oheims übergeben,
welcher ihn mehr sich selbst überließ. Im 11ten Jahre ward Abs (1792)
auf das Gymnasium seiner Vaterstadt geschickt, dessen Lehrer sämmtlich
Bettel=Mönche waren. Um den Wünschen derselben Gehör zu geben,
ward er, damit das Gelübde seiner Mutter erfüllt würde, in seinem 17ten
Jahre am 4. Oktober 1798 im Franziskaner=Kloster zu Hamm als Noviz
aufgenommen. Er mußte mit seiner weltlichen Kleidung auch seinen
Taufnamen ablegen und erhielt daher den Klosternamen Theodosius.

Nach vollendetem Novizat legte der 18jährige Jüngling das Kloster=
Gelübde ab. Der Orden schickte ihn in demselben Jahre in das Kloster
Wahrendorf, unweit Münster, um die Philosophie zu lernen. Von da
wurde er im Herbste 1801 nach Halberstadt geschickt, um im dortigen
Kloster die Studien der Mönchs=Theologie obzuliegen. Die Krankheit
des Klosterpredigers gab ihm dort bald Gelegenheit, den Confirmations=
Unterricht zu ertheilen. Er fand in der Schule einen Laien=Bruder als
Lehrer, welcher nur nothdürftig lesen und schreiben konnte, wogegen sich
Theodosius des Unterrichts mit solchem Eifer annahm, daß die Gemeinde
des Klosters sich bewogen fand, sich ihn von der Regierung zum Schul=
lehrer zu erbitten. Diese Bitte fand beim Provinzial kein Gehör; daher
Theodosius zum Priester ordinirt und approbirt wurde; sobann erhielt er die
Weisung, nach Bielefeld zu gehen, um daselbst Vorlesungen über Jus
canonicum zu hören. Hier bot ihm sein gutes Geschick Gelegenheit, fast
zwei Jahre lang die Funktionen eines Pfarrers bei einer großen Land=
gemeinde zu versehen, und seinen wahren Beruf zu erkennen: Bildung
und Unterricht des heranwachsenden Geschlechtes.

Die Gemeinde des Franziskaner=Klosters zu Halberstadt aber hatte
Theodosius nicht vergessen; auf ihr bringendes Ansuchen bewirkte der
wackere Regierungs=Präsident von Biedersee, daß der Provinzial zu
Münster den Pater Theodosius 1806 zurückschicken mußte, um der ver=
nachlässigten Klosterschule vorzustehen. Theodosius betrat sie als Lehrer
am 26. Juni 1806 und stand seitdem täglich unter einer rohen, verwil=
derten Masse von 150—200 Kindern, deren Bildung und Unterricht, bei
der höchsten Armuth des Lehrers sowohl als der Schüler, keine leichte
Aufgabe war.

Theodosius nahm die Kinder auf „ohne Unterschied des Al=
ters und Geschlechts," denn das Leben sollte sich in der ihm anver=
trauten Schule im Kleinen darstellen; „ohne Unterschied des Stan=
des," denn nur die möglichst gleiche Elementarbildung kann Bürger eines
Staats für Gemeindewohl wahrhaft erheben; „ohne Unterschied
der Confession, denn wenn die Kinder jeglicher Confession in fried=
licher Eintracht zusammenleben, streben und wirken, dann wird der Sec=
tengeist in seiner Wurzel vernichtet.

Vor Allem war Theodosius darauf bedacht, den Kindern die Schule
zum werthen Aufenthalte zu machen, indem er nicht sowohl gedankenloses
Lernen, als vielmehr Bildung des Herzens, Ehrgefühl und Reinlichkeit
bei den Kindern erweckte.

Die Fortschritte der Kinder in Sitten und Kenntnissen waren

überraschend. Unter den Gegenständen des Unterrichts fand man außer den gewöhnlichen noch aufgeführt: Bibellection, Gesundheitslehre, Anleitung zum Messen 2c. —

Unter der schnell anwachsenden Zahl der Kinder bedurfte Theodosius einiger Gehilfen, die er unter den Kindern selbst auserwählte. Schon 1807 war es eine wahre Freude, zu sehen, wie die kleinen Lehrer und Lehrerinnen ihre lallenden Untergebenen so liebreich und ernst behandelten; wie emsig sie zwischen und um den lieben Lehrer hin und her liefen, wenn sie die einfältigen Fragen der Kleinen nicht zu beantworten wußten. Es machte einen überaus angenehmen Eindruck, wenn man aus dem engen, dunkeln Gange hineintrat in die ärmliche aber reinliche Schulstube voll heitern Lebens, voll reger Thätigkeit, wie die vielen Kinder den Pater Theodosius harmlos und froh umwimmelten, dessen ernste schwarzbraune Mönchskutte die offene Freundlichkeit seines einnehmenden Antlitzes noch ungemein erhöhte.

Rastlos arbeitete Theodosius auf diesem Wege fort, noch immer nur aus sich und den Kindern selbst schöpfend, und mit Pestalozzi's gleichgesinntem Streben nur vom Hörensagen bekannt.

Auch eine kleine Schrift: „Ein Wort an die kleinen Freunde der Pädagogik" hatte Theodosius zu den „Uebungen am feierlichen Schultage" eingeladen (1808). Der zu allem Guten und Tüchtigen geneigte Präfekt Goßler, dadurch veranlaßt, jenen Uebungen persönlich beizuwohnen, hatte sich von dem Werthe dieses Lehrers und seiner Methode überzeugt. In jener Einladungsschrift wird zum ersten Male öffentlich erwähnt, daß Theodosius einige seiner Schüler zu künftigen Gehilfen vorbereite. In Folge eines überaus schmeichelhaften Schreibens vom 16. September desselben Jahres wurde ihm durch die Präfektur notifizirt, daß die erledigte Vicarie St. Georgi an der Domkirche zu Halberstadt von nun an beständig mit der Lehrerstelle der katholischen, bei dem Franziskaner-Kloster sich befindenden Schule verbunden sei.

Der tüchtige Mensch erweitert seine Zwecke, wenn er seine Mittel vermehrt sieht. Als Theodosius sich jetzt auf einmal im Genusse eines jährlichen Einkommens von etwa 400 Thaler sah, schaffte er sich Alles, was für Pädagogik Wichtiges im Druck erschien. Pestalozzi's Streben war von jetzt sein Muster und Studium.

Für seine Schule erhielt er nun eine größere Räumlichkeit in dem ehemaligen Garnison-Schulhause (1809). Seine Methode ging von jetzt an in die mehr natürlichere, mehr erziehende und unterrichtende Pestalozzische über. Seine Einkünfte verwendete er zum Ankaufe von Lehrmitteln für seine Kinder, indem er von dem Grundsatze ausging: „Der ist reich, der am Wenigsten bedarf, der hat die meisten Mittel, Andere zu helfen, der viel verdient und wenig braucht. Vor Allem aber müssen wir Gott vor Augen halten, sonst ist Alles nichts nütze."

Um ungetheilt und ganz seinem Berufe nachzugehen, verließ Theodosius 1810 nach vorher erhaltener Dispense das Kloster und vertauschte die Mönchskutte mit bürgerlicher Kleidung. Er richtete einen kleinen spärlichen Haushalt ein, in welchem er mit mehreren seiner ärmsten Zöglinge, die zugleich seine Schulgehilfen waren, sein Brod theilte, und gab alsbald die „Ankündigung meiner Pensions-Anstalt für Knaben und Mädchen" 1810 im Druck heraus. — „Mein Bemühen," sagt er darin, „geht dahin, meinen Zögling fähig zu machen, das Ideal der möglichst vollkommenen Menschheit, in so weit es dem einzelnen Individuum möglich ist, in ihm zu realisiren. Dasjenige, was der Zögling hierzu in physischer, intellektueller und moralischer Hinsicht bedarf, soll ihm meine Anstalt geben."

Von größerer Bedeutung war die unmittelbar folgende Schrift: „Darstellung meiner Anwendung der Pestalozzischen Bildungsmethode." Halberstadt 1811. Im Vorbericht sagt er: „Mein Streben geht im Ganzen dahin, die Idee einer möglichst vollkommenen Elementarbildung darzustellen, an welche sich eine festbegründete und allseitig eingreifende Berufsbildung schließen soll. Seitdem ich einsah, daß durch bloßes Ansetzen von außenher für die Menschheit nichts geschieht, was ihr wahrhaft frommen könnte, wurde es mir Bedürfniß, zwischen Kindern zu sein und zu leben; und hat mein Leben einen Werth, so ist es dieser, daß sie mich gerne unter sich haben, daß sie sich bei mir glücklich fühlen, daß sie mich lieben und mir vertrauen. Ich habe mehr von ihnen gelernt, als sie von mir. Sie haben mit mir gesucht, und ich habe mit ihnen gefunden, was ich in diesem Bogen mittheile. Ich glaube dabei nichts weniger, als vollendet zu haben, ich habe kaum angefangen. Ich stehe erst am Fuße des Berges, und hätte ich auch diesen erstiegen, so würde ich von seinem Gipfel eine Menge anderer Berge gewahr werden, welche ich nicht früher zu sehen vermochte. Ich habe meinen Weg unter den elendesten Verhältnissen betreten. Was ich gethan habe, kann in jeder Schule geleistet werden."

Diese Worte geben den schönsten Aufschluß über das Leben Theodosius. —

Theodosius hatte nur einige Jahre in dem nichts weniger, als bequemen und wohnlichen Garnison-Schulhause gelebt, als ihm die ehemalige Dechanei des Paulstifts für seine Schule auf immer überwiesen ward; er bezog nun mit den Seinigen zum ersten Male eine heitere, behaglich eingerichtete Wohnung, bei der sogar ein Garten war und die seine weiteren Zwecke für Bildung und Unterricht ausnehmend begünstigte. Sehr schmerzlich fühlte er übrigens, daß es seinem Hause, um seinen Kindern Alles zu sein, an einer Hausfrau fehle, welche das Seinige auch als das Ihrige anerkenne und verständig besorge. Den ihm anvertrauten Kindern fehlte eine weibliche Wartung und Pflege, welche nur eine für das häusliche Leben zunächst gebildete Frau geben kann. Nun gehörte aber Theodosius noch dem katholischen Priesterthume an, welches ihm die edelsten, heiligsten und natürlichsten Menschen-Verhältnisse unzugänglich machte. — Unfähig, auf halbem Wege stehen zu bleiben, und in der lebendigsten Ueberzeugung, daß er nur als Erzieher und Lehrer länger zu leben wünschen könne, entschloß sich, dem Priesterthum zu entsagen und in den Ehestand zu treten; er ging deßhalb 1813 öffentlich zur evangelischen Kirche über, von welchem Schritte er in einer Schrift Rechenschaft ablegte. Bald nachher verband er sich ehelich mit einer ehrenwerthesten Schülerin, die schon früher Gehülfin seiner Anstalt war.

Von dem Zustande seiner Schule gab er alljährlich öffentlich Nachricht, welche er dann immer benutzte, um irgend einen Punkt des Schul- und Erziehungswesens pragmatisch abzuhandeln. In der achten öffentlichen Nachricht über die äußeren und inneren Verhältnisse seiner Bildungsanstalt kündigte er folgende unter sich engverbundenen Institute an: 1) Eine Pflegeanstalt für Kinder, die ihre Mutter verloren haben. 2) Eine Warte- und Vorbereitungsschule für Kinder, welche des ernsten Unterrichtes noch nicht fähig sind. 3) Die Schule. 4) Eine Erziehungsanstalt für Kinder, deren Eltern mehr oder weniger gehindert sind, ihren Kindern selbst zu geben, was sie zu wahrer Bildung bedürfen. 5) Eine

Bildungsanstalt für den Lehrstand, welche Allen geöffnet ist, die gesunden Menschenverstand und heiligen Sinn für die große Angelegenheit der Menschheit mitbringen.

Den lebendigsten Beweis, wie sehr es ihm überall nur um den Hauptzweck: Bildung der ärmsten Menschenkinder, zu thun sei, gab Theodosius im Jahr 1815 durch seine dringenden Gesuche um die Stelle des Waisenvaters im hiesigen Land-Waisenhause, einer Anstalt, deren dürftige Quellen, elende Behausung und trauriger Zustand einen schlimmen Tausch bot gegen seine bisherige Wohnung. Dieß aber schreckte ihn keineswegs ab; er hoffte, daß die Verbindung dieses Waisenhauses mit seiner Schule ihn mehr in Stand setzen würde: „Die Idee der Elementarbildung in ihrem ganzen Umfange, nicht nur in Rücksicht des Unterrichts, sondern auch, und zwar vorzüglich, in nächster Beziehung auf das sämmtliche Leben, zu erfassen und durchzuführen."

Sein Wunsch ward ihm von der wohlwollenden Behörde gewährt. Im October 1815 übernahm er das Waisenhaus. Theodosius verläugnete seinen Charakter, seine grenzenlose Uneigennützigkeit auch hier nicht. Nur auf den wesentlichen Nutzen der Anstalt bedacht, verfuhr er auch hier wie ein begüterter Mann. Mit dem Waisenhause verband er seine Elementarschule und ein Schullehrer-Seminar, und schon im nächsten Frühjahr sah man in der Anstalt reinlich gekleidete fröhliche Waisen, heitere Schulstuben, überrege Thätigkeit bei Gesang und Spiel, so daß Niemand die Dürftigkeit dieses Hauses und seiner Bewohner ahnen konnte; Lehrer und Lernende aber, ohne Unterschied, theilten Kummer und Sorge, Leid und Freude mit diesem wahren Waisenvater.

Sein Name hatte bereits so viel Theilnahme erweckt, daß auswärtige Regierungen ihm junge Männer zusandten, um seine Lehr-Methode näher kennen zu lernen. Besuche achtbarer Männer des In- und Auslandes waren im Waisenhause nicht selten. Und bei allen dem lebte Er selbst anderthalb Jahre lang als der Verlaffenste unter seinen Waisen. Alle Verbesserungen, überhaupt Alles, was den Zweck der Anstalt forderte, geschah nur auf seine eigenen Kosten. Was seine Waisen bedurften an Nahrung und Kleidung ꝛc., ward ihm nur nach der allerkärglichsten Berechnung von Zeit zu Zeit verabreicht. Es hieß: „Die Kaffe vermag nicht mehr;" oder: „So ist es von jeher gehalten worden."

Doch „wenn die Noth am größten ist, ist die Hilfe am nächsten:"— dieß wurde auch hier zur Wahrheit. Theodosius hatte in dem dritten Jahresbericht über das Waisenhaus für das platte Land des „Fürstenthums Halberstadt" — auch unter den Titel: „Bericht über eine Vaterländische Erziehungs- und Unterrichts-Anstalt zu H. 1818," sein pädagogisches Glaubensbekenntniß abgelegt und die inneren und äußeren Verhältnisse des Waisenhauses angegeben. Das Haus bestand:

1) Aus einer Erziehungs-Anstalt für die Waisen des platten Landes im Fürstenthum Halberstadt. — Weiß der Mensch erst, wohin er will, dann findet er den Weg auch wohl. Das ist aber bei der Erziehung eben das Schlimmste, daß so wenige wissen, wohin sie wollen." — „Der Mensch hat sichere Bedürfnisse, als essen, trinken und sich kleiden; selbst in dem Verlornen, welcher nur noch diese kennt, offenbart sich der menschliche Adel noch dadurch, daß der Mensch noch tiefer sinken kann, als das Thier. — „Armenpflege und Waisen-Erziehung können aber nie unter Ein Princip gebracht werden. Jene blickt in die Vergangenheit, diese in die Zukunft; jene spricht Reue, diese Hoffnung aus." — „Wie lange wollen wir Schulden auf Schulden häufen? Was ist das Armenwesen denn weiter als ein großes Schuldbuch führen? Hätten diese Men-

schen, welche wir jetzt unterstützen, oder ganz und gar ernähren müssen, eine wahrhaftige Erziehung genossen, wie klein würde die Zahl derselben sein?" — Das Erste, was in dem mir anvertrauten Hause große Noth that, war: Die Waisen andern Menschenkindern wieder gleich zu stellen, und sie in ein wahrhaft häusliches Verhältniß, diesen Strahlpunkt aller Menschenbildung zu versetzen. Damit sie sich aber nie als die armen Waisen erkennen, oder bei besserer Haltung nicht ein Armenstolz, wie er bei Armenpfründnern gefunden wird, sich einschleiche, so ist:

2) Eine Erziehungs-Anstalt für Zöglinge, welche auf das Waisenhaus, als solches, keinen Anspruch haben, damit verbunden. — Nicht in dem bloßen Beisammenleben mehrere Menschen, sondern in der Wechselwirkung der Besorgung der Einzelnen und der Sorge der Einzelnen für ein gemeinschaftliches Gut und Ziel besteht ein menschliches Zusammenleben. — „Die Zöglinge, Waisen und Nicht-Waisen und meine Gehilfen bilden mit mir eine Hausgenossenschaft. Es ist unter uns Ein Haushalt, Ein Haussinn, Eine Hausfreude, Ein häusliches Leben. Wie es in einem guten christlichen Hause, wo das Brod im Schweiße des Angesichts gewonnen wird, zugeht; so auch hier. Einfach, aber ehrbar, ist Nahrung und Kleidung, nicht abgekniffen und abgezwackt, aber auch nirgend der Zungenlust und Eitelkeit fröhnend." — „Damit aber nicht ein Kasten- oder Sectengeist, welcher überall, wo er sich findet, den Volkssinn vergiftet, sich bei den Kindern einniste, so ist:

3) Eine öffentliche Volksschule mit der Erziehungs-Anstalt verbunden, in welcher die Zöglinge mit den Schülern, ohne Unterschied des Standes der Eltern, zusammenüben und lernen.

Außer der Erziehungs-Anstalt und der Volksschule besteht das Haus:

4) Aus einer Lehrer-Schule. Jünglinge und Männer, welche sich dem Lehrberufe widmen, sollen hier erziehend unterrichten und unterrichtend erziehend lernen. Deßhalb wird es ihnen auch nicht erlaubt, außer dem Hause zu wohnen. Sie üben und lernen mit den Kindern, damit sie von unten hineinwachsen und nicht von oben hineinfallen.

Im Jahr 1818 erhielt Theodosius einen Ruf nach Königsberg, als Director des großen Königl. Waisenhauses, welcher Stelle er vom 1. Nov. 1818 bis zu seinem am 15. April 1823 erfolgten Tode mit dem besten Erfolge vorstand. Theodosius nahm das tröstliche Bewußtsein mit hinüber, daß er, so lange es ihm Tag gewesen, treu und redlos gewirkt habe, zum Wohle der Menschen, seiner Brüder, im Geiste dessen, der die Liebe einsetzte zum höchsten seiner Gebote.

Johann Christoph Adelung.

Geboren den 8. August 1732, gestorben den 10. September 1809.

Motto: Sprache, du einziges Mittel, strebende Geister
zu einen,
Dreimal preise ich dich, preise ich Adelung's Geist!

Dieser um die deutsche Muttersprache so hoch verdiente Mann wurde zu Spantekow in Pommern geboren. Er genoß den ersten Unterricht theils zu Anklam, theils zu Klosterbergen bei Magdeburg, und vollendete seine Studien zu Halle. 1759 wurde er zum Professor am Gymnasium zu Erfurt ernannt, ging aber zwei Jahre darauf nach Leipzig, wo er sich mit unermüdlicher Thätigkeit den weitläufigen Arbeiten widmete, wodurch er der deutschen Sprache, und namentlich durch sein Wörterbuch der hochdeutschen Mundart so nützlich geworden ist. 1789 erhielt er von dem Churfürsten von Sachsen den Ruf als Oberbibliothekar in Dresden und zugleich den Charakter als Hofrath. Diese Stelle bekleidete er bis zu seinem Tode am 10. Sept. 1809. Adelung allein hat für die deutsche Sprache geleistet, was für andere nur ganze Gelehrtenvereine leisteten. Sein grammatikalisch kritisches Wörterbuch der hochdeutschen Mundart. Leipzig 1774, 5 Thle. (im Jahre 1793 bis 1801 erschien hievon eine 2te Auflage mit schätzbaren Zusätzen) übertrifft das englische von Johnson in allem, was die Begriffsbestimmungen, die Abstammung, und hauptsächlich die Wortforschung belangt, doch steht es ihm nach in der Wahl der klassischen Schriftsteller, welche für die Bedeutungen angeführt werden, weil Adelungs Vorliebe für die obersächsischen oder meißnischen Schriftsteller ihn zu der Ungerechtigkeit verleitete, diejenigen zu vernachläßigen, deren Vaterland oder Styl ihm kein Vertrauen einflößte, und sein Geschmack sich in enge Grenzen eingezäumt hatte, um das Klassische anders, als nach stylistischen Normen, zu würdigen. Sein methodischer Geist erschrack über die Gesetzlosigkeit und über die Fluth neuer Wörter, womit er die deutsche Sprache bedroht sah, und darüber verkannte er ihre bewunderungswürdige Beugsamkeit und Bildsamkeit, die sie allein mit der griechischen gemein hat. Adelung war von den unbescholtensten Sitten und sehr liebenswürdigen Eigenschaften. Täglich widmete er 14 Stunden zur Arbeit, von der er sich im Kreise seiner Freunde erholte.

Von seinen übrigen Werken mögen hier noch genannt werden: 1) Ueber den Ursprung der Sprache und den Bau der Wörter. Leipzig, 1781; 2) Deutsche Sprache für Schulen. 4. Aufl. Berlin, Voß, 1806; 3) Lehrbeginn der deutschen Sprache zur Erläuterung der deutschen Sprachlehre für Schulen. 2 Bde. Leipzig bei Breitkopf. 1782. 2 Theile; 4) Ueber den deutschen Styl. 2 Thle. Berlin, Voß, 1800; 5) Magazin für die deutsche Sprache. 2 Bde. Berlin, Voß, 1783; 6) Kleines deutsches Wörterbuch für die Aussprache, Rechtschreibung, Bildung und Ableitung u. s. w.; 7) Geschichte der Philosophie für Liebhaber. 3 Bde. 2. Aufl. 1809.

Rudolph Agricola.

Geboren im Jahre 1443, gestorben den 28. Oktober 1485.

> Motto: Wer mit Frucht studiren wolle, müsse auf vielerlei sehen: zuerst richtig aufzufassen, dann das Aufgefaßte fest im Gedächtniß zu behalten, zuletzt fähig zu werden, selbst etwas hervorzubringen. Agricola.

Rudolph Agricola (sein eigentlicher Name ward Hausmann oder Huesmann), zu Baflo und bei Gröningen in Westfriesland geboren, war einer der ersten namhaften Humanisten, welcher durch sein persönliches Wirken, seine Lehre und sein Beispiel, weniger durch seine Schriften dazu beitrug, die klassische Literatur in Deutschland zu befördern. Wegen seiner vorzüglichen Geistesgaben ließen ihn seine Eltern studiren; er bezog dann die Universität Löwen und ward „Magister artium." Von da aus begab er sich nach Paris, wo er unter Andern den berühmten Johann Wessel zum Lehrer und Freund hatte. Hierauf führte ihn sein Wissensdurst zu den Griechen nach Ferrara im Jahr 1476. Die Lehrer in dieser damaligen Bildungsschule lebten mit solchen Schülern, wie Agricola im vertrauten Umgange, besonders Theodor Gaza, Guarini, Carbo und Strozza. Er übte sich bei ihnen im Griechischen und Lateinischen, mit dem einen mehr in der Prosa, mit dem andern mehr in der Poesie. Dort schloß er zuerst Freundschaft mit Johann von Dalberg, nachmaligem Bischof von Worms und Dietrich von Plenningen.

Nach der Heimkehr in sein Vaterland hielt sich Agricola im Jahr 1481 sechs Monate in Brüssel am Hofe Maximilians I. in Aufträgen der Stadt Gröningen auf. Vergebens wollte man ihn lange dort aufhalten, sein Widerwille gegen alles Beschränkende sträubte sich dagegen. Am wenigsten wollte er sich durch die Fesseln der Schule beengen lassen. „Habe etwas," so schreibt er, „einen seinem Wesen widersprechenden Namen, so sei es die Schule, die Griechen hätten sie schola: Muße genannt, die Lateiner lutus litterarius, da doch nichts entfernter sei von Muße als sie, nichts strenger und allem Spiel widerstrebender. Richtiger benennen sie Aristophanes mit dem Namen φροντιστηριον, d. i. Sorgenort u. s. w. u. s. w." Doch nahm er an dem Gedeihen der Schulen den lebhaftesten Antheil. In seinen Briefen, welche überhaupt das Lehrreichste in seinen Schriften sind, tritt eine tiefe Einsicht in ihre wahren Bedürfnisse hinsichtlich der Lehrer und der Lehrbücher und namentlich auch das hervor, wie die Methode des Lehrens und Lernens ein Gegenstand seines Nachdenkens gewesen war. Sehr wichtig sind für uns Agricola's Briefe an seinen Freund, den ausgezeichneten Rector Hegius. Es frage sich, sagt er einmal, was man studire, dann: nach welcher Methode. Durch persönliche Gaben oder durch äußere Umstände bestimmt, wählten die Einen das Civilrecht, die Andern das kanonische Recht, noch Andere Medicin. Die Meisten aber legten sich auf die leeren, wortreichen, sogenannten artes, und brächten ihre Zeit mit vertractem Disputiren hin, mit Räthseln, welche in so vielen Jahrhunderten keinen lösenden Oedipus gefunden hätten, noch je finden würden. Dennoch räth er seinem Freunde, sich auf die Philosophie, aber auf eine von der Scholastik sehr verschiedene Philosophie zu legen, er solle nemlich darnach trachten, richtig zu denken und das richtig Gedachte treffend auszudrücken. Die Philosophie zerfalle in Moral- und Natur-Philosophie. Erstere sei nicht bloß aus Aristoteles, Cicero und Seneka, sondern auch aus Thatsachen und Beispielen der Geschichte zu entnehmen. So steige man zur heiligen Schrift auf, deren göttlichen, gewissen Vorschriften gemäß wir unser Leben heiligen müßten. Alle die Uebrigen hätten das wahre Ziel des Lebens nicht erkannt, ihre Lehren seien daher nicht irrthumsfrei. — Das Forschen über die Natur der Dinge sei nicht so nothwendig, als die Moral, es sei vielmehr nur ein Bildungsmittel u. s. w. Und so noch viele andere darunter sehr interessante Briefe. — Sein Hauptwerk, dessen zweiten Theil zu vollenden der Tod ihn hinderte, macht ihn rechteigentlich zum Vorläufer der Propädeutik. Es sind die libri de inventione dialectica; und er behandelt darin die Kunst, jeden Gegenstand nach seinen verschiedenen Beziehungen zu untersuchen und darzustellen, die allgemeinen Gesetze des Denkens, denen die Wissenschaften zu folgen haben und nach denen sie zu restauriren seien. Vom Jahr 1584 wohnte er nun zu Heidelberg bei seinen Freunden, und war von jetzt an unzertrennlich verbunden mit seinem Freunde Dalberg, auch in Worms. Die hebräische Sprache lernte er hier von bekehrten Juden. —

Agricola brach in Deutschland der klassischen Philologie die Bahn. „In einer Zeit," sagt Saxo in seiner Rede auf Agricola, „da in Deutschland das verdorbenste Latein herrschte und eine solche Unwissenheit, daß man keine Ahnung mehr hatte, was gutes Latein sei, da man das Abgeschmackte sogar bewunderte, war es Agricola allein, welcher anfing mit Ohr und Sinn jene Fehler zu fühlen, und nach einer besseren Form der Rede ein Verlangen zu haben." Doch setzte er seine Muttersprache nicht hinten an, da er sie vielmehr als die jedem Menschen natürlich, als den natürlichen Leib aller Gedanken betrachtete. Darum rieth er: „Was

der Schüler lateinisch wolle, müsse er immer sorgfältig in der Muttersprache denken, die der natürliche Leib aller Gedanken sei;
etwaige Fehler im Ausdruck fielen uns in der Muttersprache am besten
in die Augen. Aber auch selbstständig müsse man hervorbringen, sonst
ruhe das Gelernte wie todt in uns."

    Von solchen Grundsätzen und Meinungen glühte Agricola, ein
echter Schulmann, wie ein jeder sein sollte. Leider wurde er dem schönen Kreise der Freundschaft und Wirksamkeit schon den 28. Oct. 1485
durch ein Fieber zu Heidelberg entrissen.

Dr. August Albanus.

Geboren den 14. Dezember 1764, gestorben den 14. Oktober 1839.

Motto: „Behandle in der ganzen Erziehung das Kind als
seinen eignen Zweck; niemals aber als Mittel." Albanus.

    Dr. August Albanus, geboren zu Beucha bei Leipzig, ward als
Schulinspektor nach Riga berufen, dort 1804—1822 Gouvernements-
Schulen-Direktor, 1822 Pastor an der Domkirche und zweiter Consistorialassessor, worauf er zu der Würde eines evangelischen Consistorialrathes und Superintendenten befördert wurde. Wenn auch dieser Mann
seiner schriftstellerischen Thätigkeit nach der homiletischen Literatur angehört,
so machte er sich doch höchst verdient im Felde der Pädagogik durch Herausgabe einer pädagogischen Zeitschrift: „Liefländische Schulblätter 1813—
1815," insbesondere aber durch seine Schrift: „Ueber pädagogische Strafen und Belohnungen." Riga 1797. „Es ist ein goldenes Büchlein," sagt
der Recensent in der Allgemeinen deutschen Bibliothek Bd. 45, „es sollte sich
in jedem Hause, wo Kinder sind, auf dem Putztische jeder Mutter finden,
es sollte aber auch gelesen und in Saft und Blut verwandelt werden."
Er starb den 14. October 1839 zu Riga.

Alcuin.

Geboren im Jahr 735, gestorben im Jahr 804.

    Alcuin, der Angelsachse und thätige Gehülfe des großen Franken-
königs Karl in der Heranbildung seines Volkes zu christlichem Wissen
und Leben, behauptet seinen wohlverdienten Ehrenplatz in der Pädagogik.
Er gehört zu jenen segensreich wirkenden Geistern, die dem mächtigen
Drange der christlichen Kirche zur Verbreitung ihrer wahren Erkenntniß
im tiefern Zusammenhange mit allen Mitteln menschlichen Wissens Folge
geleistet und Bahn gebrochen haben. Er war geboren um 735 zu York
in England und hatte in seiner Jugend die Segnungen der dortigen Bildungsanstalt genossen, deren Vorsteher er im Jahr 766 selbst wurde. —
Manches Jahr wirkte er hier für die Bildung zahlreicher, später berühmt ge-
wordener Schüler, unter welchen der nachmalige Bischof zu Münster,
Liudger, der „Apostel der Sachsen" vielleicht der bekannteste geworden
ist. Schon 782 an Karls Hof gerufen, ließ Alcuin sich erst 793 bleibend
dort nieder. Von da an wurde er offenbar die Seele aller Cultur-
schöpfungen Karls, das eigentliche und hauptsächlichste Werkzeug der allerdings schon von diesem selbst gehegten Ideen, mit welchen er die rechte
Unterweisung seines Volkes so lebendig auf dem Herzen trug. Durch
Alcuin's Bemühungen gelangte die schon früher gegründete, jedoch sehr
heruntergekommene Hochschule wieder zur vollen Blüthe. Im Jahr 796
gründete er eine Schule im Kloster St. Martin zu Tours und siedelte,
da er auch Abt des Klosters wurde, fünf Jahre später ganz dahin über.

Er ſelbſt ſchreibt darüber an ſeinen König Karl: „Flaccus ſuche nach
Karls Ermahnung und Willen manchen in dem Gebäude des heiligen
Martinus mit dem Honig der heiligen Schrift genüglich zu dienen, an=
dere mit dem alten Wein der Wiſſenſchaften zu berauſchen, andere mit
dem Obſte der grammatiſchen Subtilitäten zu ernähren, andere mit der
Ordnung der Sterne, gleich der Decke eines Hauſes zu erleuchten; ſo
ſuche er Mehreren mehreres zu verderben zum Beſten der Kirche, aber
auch zur Ehre des Königs wegen ſeiner freigebigen Güte und ſeines Rei=
ches; — es fehle ihm nur noch an gelehrten Schulbüchern.“ Sein Ge=
hülfe an dieſer Schule war hauptſächlich S i g u l f. Wer ſieht nicht den
edlen Geiſt dieſer alcuinſchen Zeit und bedauert nicht zugleich den
Mangel an Geſchmack, woran auch Alcuin, dieſer Schulheros, litt, und
welcher durch den ererbten Haß gegen die klaſſiſche Literatur ihm ſelbſt
und ſeiner Zeit, die er ſchuf, ſo viel ſchadete. Dieſe Schule behielt
eine lange Dauer. Er ſelbſt ſtarb ſchon 804.

Unter ſeinen zahlreichen Schriften ſind folgende die wichtigſten:
1) De Grammatica, in katechetiſcher Form geſchrieben; 2) De Dialectica
und: 3) De Ortographia.

Chriſtian Karl Andrè.
Geboren den 20. März 1763, geſtorben den 19. Juli 1831.

C h r i ſ t i a n K a r l A n d r è, geboren zu Hildburghauſen früher gräf=
lich Solm'ſcher Wirthſchaftsrath zu Brünn, dann ſeit 1811 württember=
giſcher Hofrath zu Stuttgart. Andrè widmete ſich anfangs dem Erzieh=
ungsfache und war eine Hauptſtütze des Salzmann'ſchen Inſtitutes, das er
1785, als der Muth des Stifters zu wanken anfing, zu erhalten wußte.
Unter ſeinen pädagogiſchen Schriften von 1783 — 1798 werden vorzüglich
geſchätzt die von ihm anfänglich mit Bechſtein, ſpäter mit Blaſche gemein=
ſchaftlich herausgegebenen, „Gemeinnützigen Spaziergänge auf alle Tage
im Jahre“ (10 Theile) und die „Compendiöſe Bibliothek“ der gemein=
nützigſten Kenntniſſe“ (120 Hefte), deren Fortſetzung unterbleiben mußte,
als Andrè 1798 die Direktion der proteſtantiſchen Schule zu Brünn in
Mähren übernahm, und das Verbot erſchien, daß kein Oeſterreicher außer=
halb der öſterreichiſchen Staaten Etwas ohne Genehmigung der Wiener
drucken laſſen ſollte. Mit Becker in Gotha unternahm Andrè 1797 die
Herausgabe des „Allgemeinen Anzeigers“ der Deutſchen, der damals
„Reichsanzeiger“ hieß, überließ aber jenem die Ausführung bald allein.
Von 1800 - 1805 wirkte Andrè in dem öſterreichiſchen Staate viel Gutes
durch ſein „Patriotiſches Tagblatt,“ welches das erſte und lange Zeit
einzige Naturalblatt dieſer Art war, durch die Cenſurſtrenge aber unter=
brochen wurde. Durch die Herausgabe des „A B C = oder erſten Lehr=
buchs der Mineralogie“ 1802 und durch die Verbreitung mehrere Hunderte
von Mineralien = Kabineten trug er viel zur Gemeinnützigkeit dieſer Wiſ=
ſenſchaft bei. Andrè erhielt 1806 von der Regierung die Veranlaſſung,
aufs Neue als Schriftſteller zu wirken, und man willigte in die von
ihm gemachte doppelte Bedingung einer liberalen Cenſur und des unge=
hinderten Gebrauchs der auswärtigen literariſchen Hilfsmittel. Er rich=
tete ſeine ſchriftſtelleriſche Thätigkeit theils auf die gebildetere Claſſe im
Allgemeinen, theils auf die Landwirthe insbeſondere für jene war ſeit
1809 die encyklopädiſche Zeitſchrift „Hesperus“ beſtimmt, für dieſe ſeine
„Oekonomiſchen Neuigkeiten.“ Beide Zeitſchriften fanden gute Aufnahme.
Die Aufforderung, einen Kalender zu ſchreiben, gab ihm ſeit 1810 Gele=
genheit auch auf die Cultur des Mittelſtandes in Oeſterreich einzuwirken;

wie die vierzehn Jahrgänge seines in den letzten Jahren durch statistische Zusätze bereicherten „Nationalkalenders" beweisen, von denen die ersten unter dem Titel: „Hausbuch für Familien," in einer neuen Auflage erschienen. Später wandelte er ihn in Stuttgart in ein „Volksbuch für die gesammten deutschen Bundesstaaten" um. Mit Beifall wurde auch sein „Oesterreichischer Kaiserstaat" (der 15. Band der in Weimar erschienenen „Länder = und Völkerkunde," 1813) aufgenommen. Ohne sein Verschulden verlor André die ihm 1806 bewilligten Vergünstigungen. In seiner schriftstellerischen Wirksamkeit gehemmt, trat er 1821, nachdem der König von Württemberg ihm jede angemessene Unterstützung in seinem Streben für gemeinnützige Zwecke zugesichert hatte, in württembergische Dienste, wo ihm das wissenschaftliche Secretariat bei der Centralstelle des landwirthschaftlichen Vereines übertragen wurde. Hier gab er auch den „Hesperus" heraus bis zu seinem Tode am 19. Juli 1831.

Anselm von Canterbury als Pädagog.

Anselm ist der Mann, welcher auf die theologische und philosophische Richtung seiner Zeit des 12. Jahrhunderts besonders einwirkte, der Augustin seiner Zeit. „Was ihm die große Bedeutung gibt, ist die Einheit des Geistes, in dem Alles aus Einem Stücke war, der durch nichts gestörte Einklang zwischen Leben und Wissenschaft. Die Liebe war die Seele seines Denkens, wie seines Handelns. — Er war geboren zu Aosta im Piemontesischen im Jahr 1033. Der von einer frommen Mutter, Ermenberga, dem kindlichen Gemüthe eingestreute Saame scheint auf seine Entwickelung besondern Einfluß gehabt zu haben. Dagegen ward er als Jüngling, durch die gehässige Gesinnung seines Vaters gegen ihn, bewogen, das elterliche Haus zu verlassen und nach Frankreich zu reisen. Nachdem er sich hier drei Jahre herumgetrieben, ward er durch den Ruf Lanfranks, der im Kloster Bec in der Normandie lehrte, dahin gezogen. 1060 wurde er Mönch daselbst und schon 1063 Nachfolger Lanfranks, als Prior des Klosters. 1078 ward er zum Abte ernannt und folgte 1093 einem Ruf nach England als Erzbischof von Canterbury. Er starb 1109. Die Liebe leuchtete hervor als die Seele seines Lebens und war der Mittelpunkt seines Glaubens und seiner Sittenlehre. Er sagte: „Er wolle lieber rein von Sünde und unschuldig die Hölle, als mit Sünden befleckt den Himmel haben." — „Andere zu lieben sei etwas Besseres, als Liebeserweisungen von Anderen empfangen, denn alle Gaben der Liebe seien etwas Vergängliches, die Liebe aber sei das Ewige, an sich Gott Wohlgefällige." Gegen sich selbst übte er die größte Strenge, er schränkte auf alle Weise seine sinnlichen Bedürfnisse ein, so daß seine Freunde für seine Gesundheit fürchten mußten und die Liebe mancherlei Kunstgriffe, durch die sie ihm seine Entbehrungen zu mildern nöthigten, sie ersinnen ließ. So streng er gegen sich selbst war, so nachsichtig war er gegen Andere.

Ueber seine pädagogischen Grundsätze berichtet Neander in der Kirchengeschichte, 10. Theil. Hamburg 1845, S. 487 ff. also:

Er war ein strenger Gegner der finstern, strengen Mönchszucht, die Liebe suchte er zum beseelenden Princip der Erziehung zu machen. Da ihm einst ein im Rufe besonderer Frömmigkeit stehender Abt klagte, daß man mit aller Strenge bei der Erziehung der Knaben doch nichts ausrichte, daß sie ungeachtet aller Schläge unverbesserlich blieben, ganz stumpfsinnig und viehisch würden, antwortete ihm Anselm: „Ein schöner Erfolg eurer Erziehung, daß ihr aus Menschen Thiere macht. Sagt mir doch, wenn ihr in eurem Garten einen Baum pflanzet und ihr schlösset ihn von allen Seiten ein, daß Zweige sich nach keiner Richtung hin ausdehnen könnten, was für ein Baum würde daraus geworden sein, falls ihr ihn nach einem Jahre wieder in's Freie setztet? Gewiß ein unnützer Baum mit krummen, zusammengewachsenen Zweigen: und wäret ihr nicht selbst Schuld daran, weil ihr den Baum so sehr eingeschlossen habt?" Diese Vergleichung wandte er auf eine solche Art der Erziehung an. So wurden die Knaben ohne Unterschied der verschiedenen Eigenthümlichkeiten mit derselben Strenge behandelt, das mit Gewalt zurückgehaltene Böse wucherte nur desto mehr im Verborgenen und so verhärteten sie sich gegen Alles, was zu ihrer Besserung geschehe. „Weil sie keine Liebe, kein Wohlwollen, keine Freundlichkeit von euch erfahren, so trauen sie euch auch nichts Gutes zu, sondern meinen, daß Alles bei euch aus Haß und Mißgunst hervorgehe. Und weil sie von Keinem in wahrer Liebe erzogen worden, können sie Keinem anders, als mit gesenktem Blick und schielenden Augen ansehen. Und, ich möchte, ihr sagtet mir, fügte er mit Affekt hinzu — warum ihr so feindselig gegen sie seid, sind es nicht Menschen, haben sie nicht dieselbe Natur mit euch gemein?" Er setzte ihm nun auseinander, wie Liebe und Strenge bei der Erziehung mit einander verbunden sein müsse. Er brachte den Abt zum Bewußtsein des verschuldeten schlechten Erfolges seiner Erziehungsmethode. Wie viel durch Liebe gewirkt werden könne, zeigte Anselm mit seinem eigenen Beispiele. Er fand in dem Kloster Bek einen Knaben Osbern, der sehr gegen ihn eingenommen war und ein sehr störrisches Wesen hatte. Aber indem er ihn freundlich an sich zog, ganz in seinen eigenthümlichen Ort einging, Manches ihm nachsah, wenn die Ordnung des Klosters nicht dadurch gestört wurde, wußte er durch die Gewalt der Liebe das widerstrebende Gemüth zu überwinden. Er fesselte den Knaben an sich, und dann erst begann er allmählig ernster und strenger mit ihm zu verfahren. Es bildete sich zwischen dem Manne und dem heranwachsenden Jüngling eine innige Freundschaft. Anselm versprach sich viel von dem, was derselbe einst als Mann im Dienste der Kirche werde leisten können. Aber Osbern verfiel in eine schwere Krankheit. Da saß Anselm immer am Bett des geliebten Jünglings und pflegte ihn Tag und Nacht, er stand ihm mit allen leiblichen und geistlichen Stärkungsmitteln bei. Nach Osbern's Tode sorgte er dafür, daß während eines Jahres alle Tage Messe für dessen Seele gehalten wurde, und Alle, an die er schrieb, forderte er zum Gebete für die Seele seines geliebten Osbern auf. — Der Bildung der Jünglinge widmete er überhaupt die größte Sorgfalt, indem er meint, daß dieß Alter für göttliche Dinge am meisten empfänglich sei, die höhern Eindrücke in demselben am leichtesten und festesten hafteten, gleich wie das Wachs, das weder zu weich, noch zu hart sei, das Gepräge des darin abgedruckten Siegels am vollständigsten und klarsten wiedergebe, so verhalte sich dieses Alter zu dem Knaben und weiter fortgerückten Mannesalter. Er ließ es sich angelegen sein, zum Studium der alten Autoren die Jünglinge zu ermuntern, indem er sie nur dabei ermahnte, alles Obscöne in denselben zu meiden.

Aristoteles.

Geboren 384 vor Christi Geburt, gestorben im Jahre 322 vor Christi Geburt.

Aristoteles ist der geistige Alexander. Reich an Erfahrung und tief in Spekulation durchdringt er alle Seiten des Universums und sucht er alle Realität auf den Begriff zu bringen. Er ist der umfassendste und tiefsinnigste Denker der vorchristlichen Welt, — der Hegel des classischen Alterthums, indem er, gleich diesem, die größte Masse des Wissens in sich vereinigt, das zerstreut Vorhandene zu einem geregelten System ausbaut, idealrealistisch, den physischen und psychischen Cosmos, die Welt und Gott in einen wunderbaren Geistesdom hineinbaut, das Absterben einer frühern Kultur-Epoche ankündigt und Wellen in das Meer der Geschichte schlägt, die Jahrhunderte hindurch das geistige Leben erzittern machen. Aristoteles tritt mit einem realistischen Sinn auf, wie kein anderer griechischer Denker, und mit einer Universität des Wissens, wie es bis zu ihm hin Keinem eigen gewesen war. Von ihm ab datiren in in Wahrheit erst die meisten philosophischen Wissenschaften. Mit der Vernunft bekämpft er den rohen Empirismus, und mit epischer Ruhe wie mit größtmöglichster Objektivität der Anschauung und Betrachtung zieht er das Große wie das Kleine vor sein Gedankenforum. Mit bewunderungswürdigem Tiefsinn geht er den philosophischen Spekulationen nach, und mit mikrologischem Sammlerfleiße sucht er historische und antiquarische Notizen, um alle gefundenen Gedanken in sein philophisches System einzureihen, welches das erste Zeugniß systematisirender Gelehrsamkeit ist. Aristoteles ist die höchste wissenschaftliche Höhe in der alten Zeit, — die Brücke zur Verbindung der griechischen mit der modernen Welt, — das philosophische Sprachrohr und der geistige Herrscher zweier Jahrtausende.

Aristoteles war 384 vor Christi zu Stageira, einer griechischen Kolonie in Thrakien, geboren. Sein Vater war Nikomachos, der Freund des makedonischen Königs Amyntas II., — frühe seiner Eltern beraubt, kam er im 17ten Lebensjahre zu Platon nach Athen, der ihn wegen seines Fleißes und wegen seines eifrigen Studiums früherer und gleichzeitiger Philosophen so lieb gewann, daß er ihn den „Philosophen der Wahrheit" und die „Seele seiner Schule" genannt haben soll. Später jedoch trat zwischen den beiden größten Philosophen ein entschiedener Bruch hervor, der seinen Grund nur zum geringsten Theile in der Unfreundlichkeit und Rücksichtslosigkeit des Aristoteles gegen den Platon findet, der vielmehr durch die verschiedenen Geistesrichtungen, die beide Philosophen einschlugen, entstehen mußte. Der Weg des Aristoteles, der sich im Realen bewegte, war dem des Platon, der nach dem Idealen strebte, diametral entgegengesetzt. Platon flog über die Natur hinaus in den Himmel hinein, Aristoteles durchspähte mit seinem forschenden Geiste Welt und Natur, um von dem Einzelnen zum Allgemeinen aufzusteigen. Platon streckte — wie Rafael in der „Schule von Athen" sinnig darstellt, seine Hand zum Himmel, dem Reiche der Ideen, empor, indeß Aristoteles auf die Erde, als auf den Schauplatz seines Denkens und seiner Thätigkeit hinweist. An die Stelle des Platonischen intuitiven Schauens setzt Aristoteles das discursive Denken, an die Stelle der Poesie Platon's die Prosa, an die Stelle des Mythos die nüchterne Forschung, an die Stelle der volksthümlichen Platonischen Philosophie des Universalismus seines Systems und seiner Forschung.

Der Ruf des Philosophen und der Scharfblick des Königs Philipp waren der Grund, daß Aristoteles der Erzieher des 13jährigen Alexander ward und es ungefähr 4 Jahre blieb. Hatte doch Philipp schon 356 vor Christi an Aristoteles geschrieben: „Wisse daß mir ein Sohn geboren worden. Ich danke den Göttern nicht sowohl, daß sie ihn mir gegeben, als daß sie ihn zur Zeit des Aristoteles haben geboren werden lassen. Ich hoffe, du werdest einen König aus ihm bilden, würdig, mir zu folgen, und den Macedoniern zu gebieten." Aristoteles hat die Aufgabe, die ihm gestellt wurde, gelöst. Nie hat ein größerer Lehrer einen größeren Schüler gehabt: wie der Lehrer die geistige Welt eroberte, so unterwarf sich der Schüler die wirkliche Welt durch seine Eroberungen. Aristoteles hat eine großangelegte Individualität groß erzogen, ausgebildet und zur selbstbewußten Selbstständigkeit erhoben, so daß Alexander in vollkommener Gewißheit seiner selbst und in Unabhängigkeit von engen, beschränkten Planen, zu dem Gedanken emporstieg, die Welt zu einem gemeinschaftlichen, gesellschaftlichen Leben und Verkehr zu einen, und daß in ihm das Streben lebendig ward, den Unterschied zwischen Griechen und Barbaren aufzuheben, wie er auch den weltbürgerlichen allgemeinen Ausspruch that, Gott sei zwar der gemeinsame Vater aller Menschen, die besten derselben aber seien ganz besonders seine Kinder. Es hat Aristoteles, wie Hebel sagt, diese große Natur so unbefangen gelassen, als sie war, ihr aber das tiefe Bewußtsein von Dem, was das Wahrhafte ist, eingeprägt, und den genievollen Geist, der er war, zu einem plastischen, gleichwie eine frei in ihrem Aether schwebende Kugel, gebildet. Aristoteles unterrichtete seinen Zögling, nachdem dieser schon den charakterfesten Leonidas und den sorgsamen Lysimachos zu Lehrern gehabt hatte, nach griechischer Weise. In einer eigens dazu veranstalteten Bearbeitung führte er ihn in die Iliade ein und begeisterte ihn so glühend für das Homerische Epos, daß es Alexander auf allen seinen Zügen in einem goldenen Kästchen mit sich führte. Ueberhaupt war so lebendige Achtung für die Dichtkunst in ihm erweckt, daß er bei der Zerstörung Thebens die Wohnung Pindar's, des Sängers festlicher Sieger, zu schonen befahl. In der Musik verstand sich Alexander trefflich auf das Saitenspiel mit Gesang; auch bezeugte er musikalischen Künstlern große Verehrung und veranstaltete musikalische Wettkämpfe. Daß sich Alexander in der Gymnastik übte, beweist die symetrische Ausbildung und edle Haltung seines kräftigen Körpers, seine Schnelligkeit im Laufe und seine Ausdauer in anstrengenden Bewegungen. In der Graphik ward er vermuthlich unterrichtet, machte er doch als Mann mit dem größten Maler seiner Zeit, mit dem Apelles, die genaueste Bekanntschaft. Gewiß ist, daß Aristoteles wesentliches Gewicht auf die Uebung in der Beredtsamkeit bei Alexander legte, damit er dadurch innerlich an Geistesklarheit gewinne und äußerlich durch seine Rede überzeuge und siege. Die Geometrie soll Alexander nur getrieben haben, um zu wissen, wie klein die Erde sei, von der er nur den kleinsten Theil beherrsche. Dagegen hat ihn Aristoteles in der Politik unterwiesen, und mit dieser Unterweisung für den zum Könige berufenen Alexander von seinem Grundsatze, daß die Politik kein Studium für Jünglinge sei, entweder eine Ausnahme gemacht, oder diesen Satz erst in Folge der an Alexander gemachten trüben Erfahrungen ausgesprochen. In die Ethik endlich und in die tiefen Geheimnisse der Metaphysik ward Alexander von Aristoteles gleichfalls eingeführt, und jener war so stolz auf die Einweihung in die Tiefen der Wissenschaft, daß er, als er mitten auf seinen Eroberungszügen in Asien hörte, Aristoteles habe die akroamatischen Schriften herausgegeben, an diesen schrieb: „Du hast Unrecht daran gethan. Denn wodurch werden wir uns denn vor den Andern hervorthun, wenn unsere Kenntnisse allgemein werden? Ich wenigstens will mich lieber durch Einsicht in den besten und wichtigsten Dingen, als durch Gewalt auszeichnen." Für die Naturgeschichte interessirte er sich auf's Höchste, und Plinius berichtet, daß er auf seinen Zügen durch Asien und Griechenland einige tausend Menschen, welche von der Jagd, dem Fisch- und Vogelfang lebten, die Aufseher der Thiergärten, Vogelhäuser und Teiche des persischen Reiches u. s. w. angewiesen habe, von allen Orten Alles, was merkwürdig war, zu sammeln, und es dem Aristoteles zu überschicken. Das Vermächtniß des Aristoteles an seinen

Schüler ist in dem Briefe zu finden, den ihm dieser bei der Thronbesteigung zusandte: „Indem ich mich an Dich wende, weiß ich nicht, wo oder wie ich zunächst anfangen soll; denn wohin ich sehe, erscheint mir Alles groß und ausgezeichnet und Nichts der Vergessenheit werth, sondern vielmehr werth solcher Ermahnungen und Erinnerungen von meiner Seite, die den Wechsel aller Zeiten aushalten können. Denn auf wirklich gute Belehrungen und Ermahnungen derer, welche unterrichten, achtet die ganze folgende Zeit. So bemühe Dich denn also, Deine Regierung mit Wohlthun und nicht mit Stolz anzufangen; denn Wohlthun ist das Schönste im Leben. Dieß ist es auch, welches unserer sterblichen Natur, selbst wenn sie, dem Laufe des Schicksals nach, sich aufgelöst hat, dennoch ein durch innere Größe unsterbliches Andenken verschafft. Daran denke stets, Du bist ja auch nicht ohne vernünftige Bildung aufgewachsen, wie Andere Deinesgleichen, die deßwegen in verkehrten Ansichten befangen sind. Ehrenvolle Abstammung, ererbte Herrschaft, Erziehung nach festen Grundsätzen, ausgezeichneten Ruhm, das Alles hast Du erhalten. So hoch Du nun durch das Glück gestellt bist, so sehr mußt Du unter den Guten durch Tugend hervorragen. Schließlich wünsche ich Dir, daß Du nur Ersprießliches unternehmen mögest und dann Vollbringen Deinen Entschließungen." — So lange Alexander in diesen Grundsätzen lebte, war er groß und zugleich Verehrer und Freund des Aristoteles. Je länger aber beide von einander getrennt waren, und je mehr sich Alexander in die Sinnlichkeit hineinstürzte, um so mehr entfernte er sich von Aristoteles und um so mehr erkaltete der Freundschaftsbund, indem sich das Wort der nikomachischen Ethik auch hier bewährte: „Oertliche Trennung löst die Freundschaft nicht an sich auf, aber ihre Wirksamkeit und Thätigkeit. Wenn nun die Entfernung lange dauert, so scheint sie auch Vergessenheit der Freundschaft zu bewirken. Daher pflegt man zu sagen: „Mangel an Unterredung und Umgang pflegt viele Freundschaft aufzulösen." —

Nachdem Aristoteles die Erziehung Alexander's vollendet hatte, begab er sich nach Athen und lehrte im Lykeion, unter den Schattengängen (περίπατοι — Peripatetiker) hin und her wandelnd. Er hielt hier täglich zwei Mal Vorlesungen, in denen er des Morgens die schon gereisteren Schüler tiefer in die Wissenschaft und ihren Zusammenhang einführte (akroamatische oder esoterische Untersuchungen), und des Abends vor einer größern Anzahl von Zuhörern mehr gelegentlich über wissenschaftliche Gegenstände und vorzüglich über die auf allgemeine Bildung abzweckenden Wissenschaften (exoterische Vorträge) sprach.

Als Aristoteles 13 Jahre auf diese Weise gewirkt und dabei seine wichtigsten und philosophischen und naturwissenschaftlichen Schriften verfaßt hatte, wurde er der Gottlosigkeit angeklagt, indem ein angesehener, athenienfischer Bürger, Demophilos, ihn beschuldigte, daß er seinem ermordeten Freunde Hermias in einem Gedichte göttliche Verehrung erweise. Er floh deßhalb nach Chaltis auf Euböa und starb daselbst an einem erblichen chronischen Magenleiden, das seine schwächliche Constitution untergrub, in einem Alter 62 Jahren, im dritten Jahre der 114 Olyp., im Jahre 322 vor Christi Geburt.

Aristoteles hatte bei seinem Leben seine Schriften nicht bekannt gemacht; sie erbte sein Schüler Theophrastus, in dessen Familie sie blieben. Die Erben verweigerten den Verkauf derselben dem Pholomäus Philadelphus und verbargen sie auch vor dem König von Pergamos in einem Keller, wo sie durch Nässe und Würmer zerstört wurden. Endlich kaufte sie Apellikon von Teos, mit dessen Bibliothek sie unter Sulla nach Rom kamen. Hier wurden ſie nach einer Copie des freigelaſſenen Thrannen von Androinkos aus Rhodos in Pragmatien geordnet und von Neuem durchgeſehen. Die Schriften des Ariſtoteles laſſen ſich auf folgende Claſ ſen zurückführen: 1) die logiſche; 2) die rhetoriſche; 3) die äſthetiſche; 4) die phyſikaliſche; 5) die naturhiſtoriſche; 6) die mathematiſche; 7) die metaphyſiſche; 8) die moraliſch-politiſche; 9) die hiſtoriſche; 10) die pa ränetiſche; 11) die hypomnematiſche. Sämmtliche Werke wurden herausgege ben von Sylburg (5 Bde., Frankfurt 1587) und von Caſaubonus (Lyon 1590).

Ariſtoteles iſt einer der älteſten und berühmteſten Pädagogen, und er war zugleich, was jeder Pädagog ſein ſoll, ein Philoſoph. Ariſtote les ſetzt Politik, Ethik und das Ganze der Pädagogik in die engſte Ver bindung, und hat auch hierin noch den Haupt-Charakter des Alterthums — Einheit im Leben, — worüber ſich Ariſtoteles, wie folgt, aus ſpricht: „Der Menſch iſt unter allen Geſchöpfen der Erde zur Nach ahmung vorzugsweiſe geneigt und geſchickt. Schon das erſte Lernen iſt größtentheils Nachahmung. Genau mit dem Nachahmungs trie be hängt zuſammen der Lern- und Wiſſenstrieb. Hierauf fortbauend muß die Erziehung das ergänzen, was dem Menſchen von Natur fehlt, und ihn auf dieſem Wege zur Tugend und Glückſelig keit zu führen ſuchen.“

„Vernunft und Verſtand ſind in dem Menſchen der Zweck der Na tur. Auf dieſen Zweck muß alſo die Entſtehung des Menſchen und die Angewöhnung ſeiner Sitten gerichtet werden. Ferner, ſo wie Leib und Seele zwei verſchiedene Dinge ſind: ſo hat auch die Seele zwei Theile. Einer dieſer Theile hat Vernunft, der andere hat keine. Jeder dieſer beiden Theile hat wieder ſein eigenes Vermögen, der eine das Begeh rungsvermögen, der andere das Vermögen zu denken. So wie aber nun der Körper des Menſchen früher da iſt, als ſeine Seele, ſo iſt auch der vernunftloſe der Seele vor dem vernünftigen da. Das iſt daher leicht einzuſehen, weil der Zorn, der Wille, die Begierde ſchon in dem Kinde ſich äußern, wie es auf die Welt kommt, aber Vernunft und Denkkraft kommen erſt mit der Zeit. Alſo muß man auch für den Körper eher ſorgen, als für die Seele, nachher für die Begierden, und zwar für die Begierden um der Vernunft willen, und für den Leib um der Seele willen. Alle Kunſt, alle Erziehung darf nur Ergänzung der Natur ſein.“

„In dem Praktiſchen wird die Wahrheit immer nach der That und nach dem Leben beurtheilt, denn darin beſteht ihre eigenthümliche Kraft. Alles, was über praktiſche Tugend beigebracht worden, muß daher mit den Handlungen und der ganzen Lebensweiſe eines Menſchen verglichen werden, wenn man ihn von der moraliſchen Seite betrachtet. Er iſt tugendhaft, wenn Worte und Handlungen bei ihm übereinſtimmen, aber ein ſentimentaler Schwätzer, wenn er die Tugend nur im Munde führt.“

„Es müſſen die Bürger zwar im Stande ſein, Geſchäften obzuliegen und Krieg zu führen, aber vielmehr noch in Frieden und Muße zu leben; ſie müſſen das Nothwendige und Nützliche thun können, aber noch viel mehr das Schöne. Nach dieſen Geſichtspunkten müſſen ſie ſowohl in der Jugend, als auch in jedem der Beziehung bedürfenden Lebensalter erzo gen werden.“

„Die Erziehung iſt eine Zierde im Glück, eine Zuflucht im Unglück.“

„Eltern, welche für eine gute Erziehung ihrer Kinder ſorgen, ſind mehr werth, als die, welche ſie bloß erzeugen.“

„Nicht bloß das Daſein, ſondern ein würdiges und beglücktes Da ſein haben ihnen ihre Kinder zu verdanken.“

„Wie das Auge durch die umgebende Luft das Licht erhält, so die
Seele durch den Unterricht."

„Gute Fortschritte macht der Schüler, wenn er Denen nacheilt, die
vor ihm gehen, und nicht auf die wartet, die hinter ihm zaudern."

„Bitter ist die Wurzel der Erziehung, süß aber ihre Frucht."

Thomas v. Arnold.
Geboren den 13. Juni 1795, gestorben den 12. Juni 1842.

Thomas v. Arnold, der edle christliche Schulmann und treffliche
Rector der Schule zu Rugby, ist nicht nur ein heller Stern und anregender Mittelpunkt in den pädagogischen Leistungen der englischen Schulen neuerer Zeit gewesen, sondern steht auch für unsere deutschen Verhältnisse fortwährend als ein reiches Musterbild da. Zwar hat seine
verhältnißmäßig kurze Wirksamkeit im öffentlichen Schulwesen (1827—42)
die natürliche Folge gehabt, daß seine ausgezeichneten pädagogischen Eigenschaften sich weniger in erreichten glänzenden Resultaten, als in den reifen und durchdachten Plänen für die Reform der Schule kund gegeben
haben, und es läßt sich außerdem nicht läugnen, daß die nachweisbaren
Erfolge seiner Wirksamkeit sich überwiegend, wie dieß gewöhnlich bei bedeutenden Männern der Fall ist, an seine Persönlichkeit angeschlossen
haben. So viel jedoch steht unläugbar fest, daß, wenn er auch keine
Schule im engeren Sinne des Wortes gestiftet hat, noch vorzugsweise
eine große Gelehrsamkeit erzielte, sein Streben hauptsächlich einer edeln,
freien, innerlichen, auf christliche Wahrheit und Sittlichkeit gegründeten
und allen Inhalt klar und lebendig sich aneignenden Bildung des Geistes
gewidmet war, und daß er dieß bei sehr vielen Schülern erreicht hat.
Dieselben galten, wenn sie so eben in die Colleges der Universität ein-
traten, für nachdenkend, männlich gesinnt, ihrer Pflicht und Obliegenheit
bewußt. Darauf war sein Absehen gerichtet. Er wollte nicht sowohl
christliche Knaben, als christliche Männer bilden, und daher die Ansprüche an den christlichen Charakter der Jugend nicht überspannen; er
wollte den christlichen Glauben praktisch in einem erhöhten Rechts- und
Wahrheitssinn bethätigt sehen. Der Erfolg hat sein Streben gerechtfertigt; es sind Jünglinge von männlichem Geist, voll Ernst und Pflichttreue in großer Zahl aus seiner Schule hervorgegangen.

Thomas v. Arnold ward geboren am 13. Juni 1795 zu West-Cowes
auf der Insel Wight. Sein Vater, der dort Zolleinnehmer war, starb
schon in dessen sechstem Lebensjahre, und er ward in der nächsten Zeit
von einer Tante erzogen, dann aber im achten Jahre nach Warminster
und im zwölften nach Winchester auf die Schule gebracht. Die Eigenthümlichkeit des Knaben, der etwas Steifes und Förmliches in seinem
Wesen hatte, ließ die Ungezwungenheit und Heiterkeit, die in seinem spätern Leben hervortrat, nicht ahnen; aber schon damals zeigte er ein be-
wunderungswürdiges Gedächtniß, das ihm stets treu geblieben ist, und
ihn in den Stand setzte, vor längerer Zeit Gelesenes mit Genauigkeit
anzuführen. Eigenthümlich war es ihm auch, daß er sich anfänglich von
den Dichtern weit weniger angezogen fühlte und ihren Werth erst in
viel späterer Zeit kennen und schätzen lernte; seine Lieblingsschriftsteller
blieben für immer Aristoteles und Thukydides. Im Jahre 1811 bezog
er die Universität Oxford; 1815 wurde er Fellow beim Oriel College,
kam mit bedeutenden Männern in Verbindung und erhielt im Dez. 1818
die Ordination zum Diaconat. Er ließ sich bei Laleham an der Themse
nieder, wo er 9 Jahre wohnte, mit Privatstudien sich beschäftigte und

junge Leute bis zur Univerſität vorbereitete; im Jahre 1820 verheirathete
er ſich. Hier legte er den Grund zu ſeiner nachmaligen öffentlichen
Wirkſamkeit, zu ſeiner eigenthümlichen und großartigen pädagogiſchen Auf=
faſſung und ſeiner umfaſſenden und vielſeitigen wiſſenſchaftlichen Ausbil=
dung; vielfache Reiſen, die er, beſonders in den Jahren 1825—28, in
Frankreich, Italien und Deutſchland machte, trugen zur Erweiterung ſei=
nes Blickes im Leben wie in der Literatur bei. Endlich im Jahre 1827,
alſo ſchon in ſeinem 32ſten Lebensjahre, gelangte er zuerſt zu einer öf=
fentlichen Stellung; er wurde Rector der Schule zu Rugby und trat
hiermit in den wichtigſten Abſchnitt ſeines Lebens. Hier wirkte er faſt
15 Jahre in großem Segen, mit einem „Fleiße ohne Raſt und ohne
Haſt," wie einer ſeiner Freunde es bezeichnend ausdrückte. Und als ihm,
ein Jahr vor ſeinem Tode, 1841 die Profeſſur der neueren Geſchichte
an der Univerſität zu Oxford übertragen wurde, die er auch wirklich mit
einer Reihe von Vorträgen noch antrat, brauchte er dort doch nur einen
ſehr geringen Theil des Jahres zu wohnen, ſo daß er weder von der
Schule zu Rugby, noch von ſeinem im Jahre 1832 für ſein Alter und
ſeine hinterbleibende Familie angekauften Ruheſitz zu Fox How getrennt
zu werden brauchte. Aber plötzlich nahm ihn in Rugby, ohne voraus ge=
gangene Krankheit, ein ſchneller Tod am 12. Juni 1842 zum betäuben=
den Schmerze ſeiner ganzen Umgebung aus ſeiner reichen und ſchönen
Wirkſamkeit hinweg.

Es iſt hier kein Anlaß, dasjenige auseinanderzuſetzen, was Arnold's
Werth als Theolog, Hiſtoriker und Politiker in ſeinem ganzen Umfange
uns vorführen kann; wir beſchränken uns hier auf ſeinen pädagogiſchen
Charakter und dasjenige aus ſeiner ganzen Perſönlichkeit, was hiefür von
Wichtigkeit iſt. — Er war durch und durch ein Mann und ein Chriſt,
aber auch durch und durch — und das ſoll ihm nicht zum Nachtheile
geſagt werden — ein Engländer; es ruhte ſein ganzes edles Weſen auf
der weder einſeitigen noch befangenen Grundlage ſeiner Nationalität. Er
war deſſenungeachtet eine Perſönlichkeit, die ſowohl durch ihren Inhalt,
als durch ihr Schaffen nicht Einem Lande oder Einem Geſchlechte allein
angehört. Und was er ſo unbewußt ſelber war, ſprach er auch als be=
wußte, an den Schulmann zu ſtellende Forderung aus. An der Spitze
des Lehrerſpiegels, der mit Leichtigkeit aus ſeinem reichhaltigen Briefwech=
ſel zuſammenzuſtellen wäre, ſteht das Verlangen, daß der Lehrer vor
allen Dingen ein entſchiedener Chriſt ſei. Aber hierin zeigte ſich zugleich
die volle Wahrheit und Geſundheit ſeiner Lebensanſchauung; die Reli=
gion war ihr nicht mechaniſch beigemiſcht, ſondern ſie war von derſelben
dynamiſch durchdrungen. Auch im Laufe ſeiner gewöhnlichen Beſchäfti=
gungen ſpürte man die „goldene Kette himmelwärts gerichteter Gedanken
und demüthiger Gebete, durch welche er in den Zwiſchenräumen der Ar=
beit oder der Erholung die eigentlichen Haus= und Schulandachten an=
einander bot;" Chriſtus war ihm nicht nur der Erlöſer, ſondern auch
ein lebendiger Freund und Meiſter. Daher ſah er ſich denn auch, noch
bevor er die Stelle des Hausgeiſtlichen, die er nachher 14 Jahre beklei=
dete, an der Schule zu Rugby ſelbſt übernommen, doch ſchon als den
eigentlichen Religionslehrer ſeiner Zöglinge an. Er war auch hierin eine
normal engliſche Erſcheinung, aber was dort ſonſt leicht als eine äußer=
liche Forderung erſchien, erfüllte er mit innerlichem Leben. Er äußert
ſelbſt einmal mißbilligend in einem Briefe: „Viele würden in England
nicht Lehrer ſein wollen, wenn ſie nicht zugleich den geiſtlichen Charakter
hätten. Er ſuchte das Weſen nicht in der äußerlichen Erſcheinung und
Haltung, ſondern in der perſönlichen Geſinnung und Richtung. Und die

Einwirkung seiner gesammten Persönlichkeit war eine ganz mächtige; unwiderstehlich nöthigte sie seine Schüler, eine ähnliche Haltung im Leben zu gewinnen. Es war ein Grundton seiner Seele, im stillen Gebete das Heil Aller auf sich zu tragen, ohne äußerlich oder im Worte hervorzutreten; keine strenge geistliche Haltung, die er so dringend Andern widerrieth, sondern heitere Liberalität in Auffassung und Behandlung der Jugend, Munterkeit im Verkehre mit derselben, und Sympathie mit der natürlichen Lebhaftigkeit der Knaben. Neben dieser, kraft deren er sich gar keine andere Schule denn eine christliche zu denken vermochte, stand ihm erst die zweite einer ersten und edlen Haltung, wie sie dem eigentlichen Gentleman zukommt. Darnach erst kam ihm das Verlangen einer gründlichen, wissenschaftlichen Bildung, der Gelehrsamkeit und Lehrhaftigkeit. Das Alles war in seinen Augen zusammen bezeichnet mit dem Geiste der Liebe und der Zucht. Im Uebrigen war er ein entschiedener Vertheidiger der Basis classischer Bildung, er legte dabei außer der grammatischen Tendenz hohen Werth auf die Schönheit und Kraft der beiden alten Sprachen. (Dem Livius, der vielfach zeige, „wie die Geschichte nicht geschrieben werden müsse," dem Tibull, Properz, Juvenal, so wie dem Aristophanes war er, vornehmlich aus Gründen der Sittlichkeit, für die Benutzung der Jugend wenig geneigt). Sein Auge machte die alte Erfahrung, „daß an den Glanzbildern der Alten der Blick für das evangelische Urbild der Menschheit und umgekehrt der an Christo gereinigte und verklärte Blick für die classischen Studien geschärft werde. Auf eine gute Uebersetzung, in der er selbst Meister war, legte er besondern Werth. Auch war er der Lehrer im Englischen, der so entschieden und erfolgreich auf Inhalt und Zeitalter der Schriftsteller und die daraus zu schöpfende Belehrung hinwies. Dabei berücksichtigte er, wie ebenfalls Keiner vor ihm in jenem Lande, die Resultate der neueren Alterthums- und Geschichtswissenschaft. Es zeigte sich darin die Freiheit seiner edlen Natur, die er auch im Kampfe zu bewähren es an Muth nimmer fehlen ließ. Sein Verfahren, moderne Bildungsstoffe in den Unterricht hineinzuziehen, machte ihn ebenfalls zum Gegenstande eifrigen Lobes wie heftigen Tadels.

Im Druck erschienen von ihm 6 Bände Predigten, eine Ausgabe des Thukydides in 3 Bdn., eine vollendete römische Geschichte in 3 Bdn., und seine letzten einleitenden Vorlesungen über neuere Geschichte.

Oktavio Affarotti.

Der Pater Oktavio Affarotti war in Italien der Erste, welcher eine Taubstummen-Anstalt errichtete. Als ein armer Bruder in einem frommen Stifte hatte er dazu keine andere Mittel, als seine Ausdauer und starke Willenskraft, welche die eben so sehr aus der Unbekanntschaft mit der Sache selbst, wie aus der Gleichgiltigkeit seiner Mitbürger entgegentretenden Hindernisse glücklich besiegte. Im Jahre 1801 unterrichtete er 5—6 Taubstumme, und dann weckte er, durch Vorzeigung ihrer Fortschritte, allgemeine Begeisterung für die Errichtung einer Anstalt. So entstand die zu Genua, welche bald eine der berühmtesten in Europa geworden. Er wirkte an derselben bis 1829, in welchem Jahre er starb.

Johannes de l'Apée.
Geboren 1784, gestorben den 20. März 1825.

Er wurde zu Johannesberg bei Mainz von redlichen, aber wenig bemittelten Eltern geboren *). Schon als Knabe fühlte er den Trieb

---

*) Wenn ihr ihn, sagt Krüsi in seinen „Erinnerungen," bei Abtragung eines Erdwalles den Schubkarren füllen und leeren gesehen hättet, so wäre euch wohl nicht

zum Lehrer der Jugend in sich, und sein wackerer Vater gab gern seine Sparpfennige her, um die Entwicklung dieses edlen und kräftigen Triebes in dem geliebten Sohne zu unterstützen.

Nachdem er einige Zeit in dem Seminarium zu Mainz zugebracht hatte und als die Stürme der Zeitverhältnisse jene Lehranstalt verdrängten, ging er nach Wiesbaden und nahm die Stelle als Elementarlehrer an, bald aber fühlte der Edle, von einer höheren Strebekraft gedrängt — daß er noch nicht die Kraft habe, zu leisten, was er wünschte. — Schnell entschloß er sich, sein Amt niederzulegen, um im Vertrauen auf Gott, mit kaum den dürftigsten Reisekosten in der Tasche, zum edlen Pestalozzi zu eilen. Gott krönte sein Vertrauen, und dieser Vater der Jugend erkannte bald die innere Güte des jungen Mannes und nahm ihn mit Zärtlichkeit auf, wo er dann mehrere Jahre zubrachte und mit unbeschreiblichem Fleiße bis in die innersten Tiefen dieser herrlichen Bildungs-Methode dieses schöpferischen Geistes eindrang. So ausgerüstet an Geist und Herz kam er nach Wiesbaden zurück und errichtete im Kampfe mit den vielseitigen Schwierigkeiten nach dieser trefflichen Methode eine Erziehungs- und Bildungs-Anstalt für Knaben, welche später von dem berühmten Dr. Niederer zu Iferten in gleichem Geiste fortgeführt wurde. In dem Verewigten lagen alle Tugenden, die sein hoher Beruf erheischte. Bis in die tiefsten Falten des inneren Menschen reichte sein scharfer Blick und sein Geist war unerschöpflich in Auffindung der Mittel, den jugendlichen Herzen die gehörige Richtung zu ertheilen. Sein eigenes Herz war ein reines Ebenbild des heiligen Herzens Jesu. In ihm wohnte kein Falsch. Sanftheit von steter innerer Ruhe und einem guten Bewußtsein unterstützt, waren stets die Waffen, mit welchen er alle Schwierigkeiten überwältigte und selbst die Gallsucht seiner Feinde und Neider zu bekämpfen suchte — und immer überwand! Er bewies sich in seinem ganzen Leben nach 2. Korinth. C. 6, V. 6: „Durch unbefleckten Wandel, durch Klugheit, durch ein sanftes und liebreiches Betragen mit heiligem Geiste und unverstellter Liebe." Er machte es nicht, wie so Viele in unserer Zeit, die durch ihr Handeln ihre Lehren Lügen strafen, sondern lebte, wie er lehrte und handelte, wie er wollte, daß seine Schüler handeln sollten. —

Aurelius Augustinus.
Geboren im Jahre 353, gestorben im Jahre 429.

Motto: „Ich wurde in die Schule geschickt, um Wissenschaften zu erlernen, deren Nutzen ich noch gar nicht kannte, und war ich deßhalb träge im Lernen, so wurde ich geschlagen. Und obgleich ich die Schläge fürchtete, welche damals das größte und schwerste Unglück für mich waren, und zu Gott betete, um ihnen zu entgehen, so fehlte ich dennoch, da ich weniger lernte, las oder schrieb, als ich sollte. Denn nicht Gedächtniß oder Verstand fehlten mir für mein Alter, sondern Kinderspiele gefielen mir besser. Und doch straften mich die, die es eben so machten. Zwar werden die Spielereien der Erwachsenen Geschäfte genannt, treiben aber Kinder solche, so werden sie sogleich von jenen bestraft, und Niemand hat Mitleid mit ihnen." Augustin, der heil. Kirchenvater.

Augustinus, der größte Kirchenvater des Abendlandes, geboren zu Tagasta in Nordafrika 353, † als Bischof von Hippo 429. — Gegen-

---

· im Traume eingefallen, daß er einst noch durch Gründung und Leitung eines Erziehungshauses einen weit verbreiteten Ruf und allgemeines Zutrauen erlangen werde." Und aus diesem Maurerlehrling wurde in der Pestalozzischen Anstalt in Yverdon ein tüchtiger Pädagog.

wärtige Zeilen haben nur den Zweck, namhaft zu machen, was sich in Augustus persönlicher Lebensentwicklung theils in allgemein pädagogischer Hinsicht, theils in Bezug auf die Geschichte der alt-christlichen Erziehung und Schulbildung Bemerkenswerthes darbietet, und was uns als Zug im Leben eines Mannes von solcher Größe um so werthvoller ist, weil wir uns ein historisches Bild von der Pädagogik der alt-christlichen Jahrhunderte fast nur aus solchen Zügen construiren können.

Zunächst ist es das Bild seiner vortrefflichen Mutter Monika, was den christlichen Pädagogen in hohem Grade interessiren muß, wie sie ihren noch heidnischen, aufbrausenden Gatten Patricius durch unendliche Liebe und Sanftmuth für das Christenthum zu gewinnen weiß; — wie sie in ihres Sohnes früheste Kindheit mit inbrünstiger und doch immer zarter Frömmigkeit die Saatkörner christlichen Lebens ausstreut, die auch unter jahrelanger Verschüttung dennoch nie erstarben und später so reichliche Frucht trugen; — wie sie Jahrzehnte hindurch Kummer über Kummer um des Sohnes willen zu tragen hat, da er, feurig von Natur, von rasch auflodernder Sinnlichkeit, unruhig und unternehmend, auf schlimme Abwege geräth, gestachelt vornehmlich von zwei Leidenschaften, Ehrgeiz und Fleischeslust, und ihm selbst das Suchen nach Wahrheit zur Versuchung wird, indem er in der Manichäer Hände fällt; — wie sie aber nie abläßt, für ihn zu beten und zu hoffen, denn der Sohn so vieler Thränen kann ja nicht verloren gehen; — wie sie ihn, in die Heimath zurückgekehrt, mit einer Geliebten und einem Sohne (Adeodatus), wieder aufnimmt, sich selbst auch einer Schuld anklagend, weil sie sich seiner Schulbildung unter heidnischen Lehrern nicht widersetzt; wie sie ihn als gefeierten Redner und Lehrer der Beredsamkeit abermals von sich lassen muß, da er nach Karthago und Rom, und, weil er nirgends Frieden findet, nach Mailand geht, wo ihn der heilige Ambrosius sowohl durch seine Rednergabe als durch die Macht seiner ganzen Persönlichkeit dergestalt fesselt, daß er sich endlich aus seinen manichäischen Thorheiten und aus seinem weltlichen Sinne losringt (aus jenen leichter, als aus diesem); — wie endlich die treue Mutter, die ihm dahin nachgegangen, ihn als einen neuen Menschen wieder findet, der sich nach ernster Vorbereitung in der Osternacht 387 von Ambrosius taufen läßt, wobei sie ihn mit den Worten bewillkommnet haben soll: malo te christianum Augustinum, quam imperatorem Augustum. Ihres Lebens höchsten Wunsch hatte sie erreicht, kurz darauf ging sie ein zur Ruhe.

So schön dieses Bild christlich-mütterlicher Liebe ist, so düster erschien dem Augustinus in seinen Mannesjahren sein Jugendleben; helle glänzt daraus der Name seiner Mutter hervor, aber sowohl was er im eigenen Herzen getragen und verübt zu haben sich erinnert, als was die Lehrer an ihm thaten und nicht thaten, das stellt sich ihm als lauter Sünde und Thorheit vor Augen. Von hohem pädagogischen Werthe sind in dieser Beziehung seine Bekenntnisse. Schon in den ersten Regungen kindischen Eigenwillens erkennt Augustinus die sündige Begehrlichkeit und verfolgt die Züge der sich aus diesen Anfängen weiter entwickelnden Sünde durch alle Stadien hindurch bis zu den argen Verirrungen des Jünglings; überall kommt er zu dem Resultat: „Ist das kindliche Unschuld? Nein, sie ist es nicht!" (Ob. Cap. 12: tantillus puer et tantus peccator!) Ueberall findet er, daß alle die Entschuldigungen des jugendlichen Bösen nichtig seien, daß es wirklich die Lust am Bösen, an der Sünde als Sünde sei, was zum Thun des Verbotenen reize. Aber nie unterläßt er, auch der selbst unter seinen Sünden ihn im Auge behaltenden göttlichen Liebe zu gedenken und sie zu preisen, daß sie ihn darin nicht untergehen ließ Von den vielen Stellen sei nur eine erwähnt: Bd. III. Cap. 3.: „Aber von ferne schwebte um mich dein treues Erbarmen; überall züchtigtest du mich, in welchen Pfuhl von Schändlichkeiten ich mich auch warf." —

In der andern obengenannten Beziehung geben uns Augustinus Jugend-Erinnerungen eine Zeichnung von der Bildungslaufbahn, auf die selbst Christen, wenn sie überhaupt eine wissenschaftliche und staatsmännische Bildung erlangen wollten, angewiesen waren, weil keine eigenen christliche Lehranstalten bestanden (die einzige Schule zu Alexandria reichte natürlich für Abend- und Morgenland nicht aus, auch war sie zu Augustin's Zeiten schon weit über ihre Blüthenzeit hinaus und ihrem Ende nahe). Nicht nur der Vater Augustin's wollte einen Redner aus seinem Sohne machen, sondern auch die Mutter wußte es nicht anders; so las er denn in der Schule heidnische Schriftsteller, an denen seine Phantasie sich erhitzte; ein Schnitzer galt für ihn ein viel größeres Verbrechen, als ein sittliches Vergehen. Zum Lernen habe man ihn Anfangs zwingen müssen, die ersten Pensen im Lesen, Schreiben, Rechnen habe er für Last und Qual gehalten; aber als er lesen gekonnt, haben ihn die Mythen so sehr angezogen, daß, wenn ihn Jemand am Lesen derselben verhindert habe, er darüber ärgerlich geworden sei; nur das Spiel war ihm oft lieber, als solches Lernen. „Solchen Wein des Irrthums setzten uns die von ihm trunkenen Lehrer vor. Tranken wir nicht, so wurden wir geschlagen und fanden keinen nüchternen Richter, um Hülfe zu suchen." Die Schuldisciplin erscheint als eine sehr rohe: „Ich flehte zu dir, so klein ich war, mit nicht kleiner Inbrunst; du mögest mich in der Schule vor Schlägen bewahren. Und da du mich nicht erhörtest, damit mich die scharfe Zucht weiser mache, lachten die älteren Leute, selbst die Eltern meiner Plagen... Ich erhielt Streiche, weil ich gerne Ball spielte, und dadurch am Erlernen jener Kenntnisse gehindert wurde, mit welchen ich in spätern Jahren noch häßlicher spielen sollte." Dieß bezieht sich auf den höhern Kurs in der Rhetorik, wo er lernen mußte, mit advokatischer Sophistik die Wahrheit behandeln und mißhandeln. B. III. Cap. 3: „Auch jene wissenschaftlichen Bestrebungen, für so ehrenvoll gehalten, reizten mich nur im Hinblick auf die Processe vor den Gerichten, wo man, je trüglicher, desto löblicher sich hervorthut; denn so verblendet sind die Menschen, daß sie ihrer Verblendung sich sogar rühmen." Welchen Einfluß das Theater auf die Phantasie des Knaben und Jünglings übte, schildert er B. III. Cap. 2. — Einen mächtigen Eindruck machte es auf ihn, als er an eine philosophische Schrift von Cicero gerieth; es erwachte das philosophische Interesse in ihm, und merkwürdig ist, wie da es in ihm sogleich eine religiöse Richtung nahm; der Durst nach Weisheit, den Cicero in ihm geweckt, trieb ihn zum Gebet, und so sehr ihn das Buch anzog, es fehlte ihm etwas darin: „Entzündet wurde ich von dieser Schrift, nur dämpfte das meine Glut, daß Christi Namen nicht in ihm war; denn nach deiner Erbarmung hatte mein junges Herz schon mit der Muttermilch den Namen meines Erlösers, deines Sohnes, eingesogen und werth gehalten, und auch das Gelehrteste, Ausgebildetste und wahr Gesprochene gewann mich nicht ganz, wenn jener Name ihm fehlte" — eine Stelle von großem Gewicht, ein Bekenntniß, dem sich viele ähnliche von Männern anreihen könnten, die allen Negationen Preis gegeben, lediglich durch diese mit der Muttermilch eingesogene Liebe und Ehrfurcht gegen den Herrn, den sie auch, wenn sie factisch ihn verließen, dennoch im Innersten des Herzens nicht entbehren konnten, vor dem geistigen Verkommen bewahrt und zum Glauben zurückgeführt wurden.

Aus seiner spätern Thätigkeit haben wir nur noch einer Schrift zu erwähnen, die speziell katechetischen Inhalts ist: de catechizandis rudibus, eine Schrift, womit er einem jüngern Geistlichen auf dessen Bitte Anleitung zur Behandlung der Katechumenen ertheilt. Ob wohl diese nicht Kinder, sondern erwachsene Proselyten waren, so enthalten doch Augustinus Rathschläge so viel Treffliches, daß heute noch, wer das Fach der Katechese sorgfältig einstudiren will, an dieser Schrift nicht vorbeigehen darf. Der ehemalige Erzbischof Gruber von Salzburg hat diese Schrift als Grundlage zu katechetischen Vorlesungen benützt.

Regine Joh. Ausfeld, geb. Krannichfeld.
Geboren den 20. Juli 1753, gestorben den 27. Mai 1799.

Diese sehr würdige Frau war viele Jahre hindurch die treue Erziehungsgehülfin der Salzmannischen Familie in Schnepfenthal. Wenn Salzmann dankbar anerkennt, daß diese würdige Frau wesentlich zur Erreichung seines Lebenszweckes mit beigetragen, so darf ihr Name wohl auch hier unter manchen Gefeierten eine Stelle finden.

Sie wurde in dem Dorfe Altenstedt, unweit Langensalz, geboren, und kam von da in den ersten Jahren der Kindheit nach Langensalz, wohin ihr Vater zum Diaconus berufen ward. Schon früh zeigte sich ein ernstes und gesetztes Wesen und Festigkeit des Geistes als Grundzug ihres Charakters, und wurde besonders durch einen strengen Gehorsam gegen die Vorschriften, Wünsche und Winke ihrer Eltern sichtbar. Im Jahre 1774 verehelichte sie sich mit G. G. Ausfeld, damals Pfarrer zu Großrettbach. Fast 7 Jahre verlebte das durch sich selbst glückliche Paar, bei der treuesten Erfüllung seiner Pflichten in dieser Lage und wurde während derselben viermal durch die Geburt eines Kindes erfreut, deren Pflege und Erziehung der Hauptgegenstand der Sorge und Thätigkeit einer so treuen Mutter war. Im Jahre 1782 erhielt ihr Gatte den Ruf als ordentlicher Professor der Theologie auf die Universität Jena; doch schon nach drei Monaten ereilte ihn ein unerwarteter Tod. Was sie damals ausstand, war unbeschreiblich. Doch Gott schenkte ihr Kraft, um diesen Schlag mit Muth und Geduld zu ertragen. Sie kehrte nun in ihre Vaterstadt zurück und widmete sich ganz der Erziehung ihrer Kinder. Acht Jahre ihres Wittwenstandes waren verflossen, als sie auch den Tod ihrer theuern Eltern beweinen mußte; woduch die Bande, die ihr Herz an die Vaterstadt knüpften, immer mehr aufgelöst wurden, so, daß sie sich nun hauptsächlich aus Liebe zu ihren Kindern entschloß, der Einladung ihres würdigen Freundes Salzmann zu folgen und nach Schnepfenthal zu ziehen. Am 1. Juni 1793 wurde dieß ausgeführt und die neue Laufbahn begonnen. Sie übernahm die Erziehung der vier jüngern Töchter ihres Freundes, zu denen späterhin noch einige junge Mädchen kamen. — Professor Salzmann und seine thätige Gattin waren durch die Aufsicht über das ausgebreitete Institut fast eben so sehr, wie andere Geschäftsleute verhindert, das Detail der Erziehung bei ihren eigenen vielen Kindern selbst zu besorgen. Ausfeld übernahm dieß Geschäft bei den Salzmann'schen Töchtern, für welche, als künftige Pflegerinnen, Lehrerinnen und Lenkerinnen der Zöglinge der Anstalt es von dem bedeutendsten Einflusse war, daß ihre Erzieherin ihnen ein Muster weiblicher Würde und Sanftmuth, ein Muster zur Nachahmung in der Behandlung ihrer Untergebenen aufstellte. — Daß sie dieß im wahren Sinne des Wortes treulich erfüllt, herrschte nur eine Stimme. Sie besaß die dazu erforderlichen Eigenschaften, unter denen die bedeutensten waren: eine,

ihr ganzes Wesen durchdringende aufrichtige Achtung der Menschenwürde in ihren Untergebenen. Diese Achtung sah man sie niemals verläugnen, sie mochte belehren oder warnen, sie mochte mit Gleichmuth oder
im Affecte sprechen und handeln; — dann eine große Sanftmuth,
erworben unter den Stürmen des Lebens und durch Grundsätze genährt
und unterstützt; — endlich ein nicht gemeiner Grad von Festigkeit im
Beharren auf der Ausführung ihrer nach reifer Ueberlegung gegebenen
Verordnungen. Sechs Jahre lang stillen geräuschlosen Glückes hatte sie
verlebt und hatte die Freude, zu sehen, wie ihre Kinder ihrer Erziehung
keine Unehre machten, sondern rüstig auf dem Pfade der Tugend fort-
wandelten; da endlich rief sie der Tod am 27. Mai 1799 nach längerer
Krankheit hinüber in's Bessere. — Welch' ein Segen für junge weibliche
Gemüther, wenn sie als tägliche Zeugen dieser Tugenden, die nicht durch
Lehre, sondern am sichersten durch ein beständig gegebenes Beispiel mitgetheilt werden, sich bilden und gedeihen können — ein Segen, der fort-
waltet und sich stillwirkend über Geschlechter verbreitet! —

Dr. August Heinrich d'Autel.

Geboren den 1. Nov. 1779, gestorben den 30. September 1836.

Dr. August Heinrich d'Autel ist zu Heilbronn geboren. Sein
Vater, reinem elsäßischen Stamme entsprossen, war früher Verwalter
des reichsstädtischen Waisen- und Zuchthauses und nach Aufhebung dieser Anstalt unter dem Titel eines Pfarrschreibers, Verwalter des reichsstädtischen Kirchengutes; seine Mutter, die Tochter des aus Ansbach ge-
bürtigen und von Erlangen nach Heilbronn berufenen Rektors Bernhold,
des Verfassers eines seiner Zeit beliebten lateinischen Lexikons. Im vierten Lebensjahre verlor er die Mutter und war von vier Geschwistern der
einzige Ueberlebende, in dem der Vater seinen Trost und seine Hoffnung
pflegte. Bis zum 17. Jahre besuchte er das damals unter den Rektoren
Schlegel, dem bekannten Kirchenhistoriker, und Weisert, blühende Gymnasium seiner Vaterstadt. Der letztere vornehmlich, ein ausgezeichneter
Kanzelredner, weckte in dem Jünglinge die Neigung für seinen nachmaligen Beruf und leitete dessen Studien mit sorgfältiger Liebe. Die ernste
Erziehung in dem der Mutter beraubten väterlichen Hause drückte frühe
dem Charakter des Sohnes ihren Stempel auf und bewirkte, daß er,
den Spielen der Jugend fremd, auch seine Erholungsstunden dem Lernen
widmete. So durch Talent, Fleiß und liebevolle Leitung vorgebildet,
konnte er schon 1796 die Universität Jena beziehen, wo er in der classischen Literatur Ilgen, Heinrich, Schütz und Eichstädt nützte, seine philosophischen Studien unter Fichte, in dessen glänzendster Periode, machte,
und von Griesbach, Paulus und Niethammer sich das Zeugniß ausgezeichneter Fortschritte in der theologischen Wissenschaft erwarb. Er sollte
indessen schon im ersten Semester seiner akademischen Laufbahn den Vater verlieren und im Jahr 1799 in eine Heimath wiederkehren, worin
er keine Verwandte mehr besaß, und in seiner durchaus hilf- und rath-
losen Lage allein auf sich selbst angewiesen war. Doch der erste öffentliche Vortrag entschied für ein rasches Glück. Er wurde Gehilfe des
Seniors der Heilbronner Geistlichkeit, Eb. Raim. Orth, dem er den
Unterricht im Christenthume und die kirchliche Einsegnung verdankt hatte,
dessen vaterländisches Wohlwollen er aber in diesem neuen innigen Verhältniß nur kurze Zeit erwiedern durfte. Nach dessen Tode erhielt er
die Stelle des fünften Stadtpfarrers (1800), womit das Hospitalpredi-
geramt und das Inspectorat über einen Theil der städtischen deutschen

Schulen verbunden war, und rückte zwei Jahre darauf in die 2te Stadt-
pfarrstelle vor, wodurch er zuerst an der Nikolaikirche und als diese
Kirche 1805 den französischen Truppen überlassen werden mußte, an der
Hauptkirche zu St. Kilian Prediger wurde. Hier entwickelte sich seine
Rednergabe und gewannen ihm seine fleißig ausgearbeiteten und fortwährend in praktischer Richtung gehaltenen Vorträge so sehr den Beifall seiner ihm bis in den Tod anhänglich gebliebenen Mitbürger und in noch
weiteren Kreisen verbreitete sich seine Wirksamkeit durch das im Jahr
1807 zum ersten Mal gedruckte Communionbuch für denkende Christen,
daß der Ruf hievon zu den Ohren des Königs Friedrich drang, der im
Jahr 1803 in den Besitz der Reichsstadt Heilbronn gelangte, D'Autel
ward von demselben nach Ludwigsburg beschieden, mußte vor dem Könige in der Schloßkapelle predigen und erhielt sofort den Ruf zum kgl.
Hofkaplan in Stuttgart. (1806.)

Die großen Reformen, die zu jener Zeit für das Volksschulwesen
zur Sprache gebracht wurden, die Pestalozzischen Verbesserungsplane der
Schulmethodik, die besonders durch den damals in sein Vaterland berufenen Dr. Zeller, nachherigen kgl. preußischen Oberschul- und Regierungsrath, dem Könige vorgelegt worden waren, gaben dem Cultusminister
Veranlassung, auch ihm, der schon in Heilbronn das Volksschulwesen unter die Gegenstände seiner Studien aufgenommen und sich als Schulinspektor sich demselben praktisch gewidmet hatte, ein Gutachten abzufor-
dern, dessen Erfolg war, daß er noch am Schlusse desselben Jahres zum
Assessor des Oberconsistoriums mit Sitz und Stimme ernannt und ihm
das Referat über das evangelische Volksschulwesen des Landes übertragen wurde. Er durchlief von nun an eine Reihe von Aemtern und Auszeichnungen, wurde 1812 mit dem Ritterkreuze des kgl. Civilverdienstordens
geschmückt, zum Oberconsistorialrathe befördert und mit dem Titel eines
Hofpredigers beehrt; 1814 zum Oberhofprediger, Feldprobst und Prälaten des großen Ordens vom goldenen Adler ernannt; 1817 unter die
Mitglieder des Ehegerichtes des kgl. Obertribunals aufgenommen; 1823
am Tauftage des Kronprinzen mit dem Ritterkreuze des Ordens der wür-
tembergischen Krone beschenkt und in demselben Jahre als Mitglied der
Oberaufsichtscommission über die Taubstummen- und Blindenanstalt, 1825
als außerordentliches Mitglied des Strafanstaltencollegiums, 1826 als
Vorstand der kgl. Commission für die Erziehungshäuser eingesetzt. In
dieser Stufenfolge von Ernennungen und Erhebungen zeigt sich das
Vertrauen, welches nach dem Tode König Friedrichs auch des jetzt regierenden Königs Wilhelm Majestät in den einsichtsvollen und gewissenhaften
Diener gesetzt. Seine ausgebreitetste und angestrengteste Thätigkeit war
die Leitung des deutschen Schulwesens, dessen Organisation im Jahr
1810 er vorzugsweise entworfen hatte. Der deutsche Volksschulunterricht
hat in den 27 Jahren seines demselben gewidmeten Wirkens die auffallendsten Fortschritte gemacht. Die Grundsätze und Methoden der trefflichsten Pädagogen haben eine zweckmäßige Anwendung bekommen. D'Autel
starb am 30. September 1836. Sein Leben hatte er nur auf 55 Jahre
11 Monate gebracht. Aber der Umfang und Segen seiner Wirksamkeit
macht der Gemeinde und dem Vaterlande das Gedächtniß des kurzen Lebens um desto wichtiger und theurer. Seine schriftstellerische Thätigkeit
bewegte sich im Kreise der Homiletik, Ascetik und Pädagogik. Dahin
gehören die Schriften: 1) Communionbuch für denkende Christen. Heilbronn 1807. 2) Prüfung des Werthes der Pestalozzischen Methode.
Stuttgart 1810. 3) Predigten 1814 und 1821. Stuttgart. 4) Frei-

müthige Jahrbücher für das Volksschulwesen seit 1817, in Verbindung mit Dr. Schwarz, Wagner und Schellenberg herausgegeben.

Clemens Alois Baader.

Geboren zu München den 8. April 1762, gestorben den 23. März 1838.

Er war der Sohn des kurfürstlichen Leibarztes Joseph Franz von Paula Baader, besuchte das Gymnasium seiner Vaterstadt und begab sich dann auf die Universität Ingolstadt, wo er sich der Theologie widmete und darin Doktor wurde; darauf praktizirte er an den bischöflichen Consistorien in Augsburg und Salzburg unter aufgeklärten Bischöfen in jener bekannten Josephinischen Periode und wurde am 25. August 1787 Kanonikus zu St. Andreä in Freisingen und fürstbischöflicher geistlicher Rath und am 30. Mai 1797 Mitglied der Academie der Wissenschaften zu München, den 10. Juli 1799 jener zu Erfurt und in der Folge mehrerer gelehrten Gesellschaften in Deutschland. Am 7. Januar 1803 wurde er Schul = und Studiencommissär, sodann am 25. October desselben Jahres Oberschulcommissär zu München mit Titel und Rang eines Landesdirectionsrathes nach Ulm versetzt und trat bei der im Jahr 1808 erfolgten Einladung des Königreiches Bayern im Kreis als Kreisschulrath bei dem Generalcommissariat des Oberdonaukreises ein. In derselben Eigenschaft wurde er im Jahr 1811 nach Salzburg, im Jahr 1816, da dieses an Oesterreich kam, mit dem königl. Generalcommissariate nach Burghausen versetzt und endlich am 12. März 1817 wieder nach München abgerufen. Im Jahr 1822 trat er in Quiescenz und privatisirte in München. Er wirkte in den Schulsachen nach dem damaligen Regierungssysteme, fördernd, thätig, der den Fortschritt niemals hemmte, sondern selbst überall hellere Ansichten zu verbreiten bemüht war. Am besten zeichnete er sich selbst in den freundschaftlichen Briefen, welche im Jahr 1823 bei Seidel in Sulzbach erschienen, als einen heiteren, anspruchlosen freisinnigen Mann, der nur Gutes wirken will.

Seine Schriften sind: Fragmente aus dem Tagebuche eines Menschen und Christen; Straßburg und Leipzig 1791. — Weihnachtspredigt vor der Pfarrgemeinde Loiching in Bayern 1793 gehalten. Nördlingen 1794. — Reisen durch verschiedene Gegenden Deutschlands in Briefen 2 Bde. 1795—1797. Mit neuem Titelblatt. Augsburg. 1801. — Eduard's Briefe über die französische Revolution, 2 Bdch. Salzburg, 1796. Gedanken und Vorschläge eines bayerischen Patrioten in 3 Briefen über Geistlichkeit und Landschulen. 1801. — Ansichten, Wünsche und Beruhigung für's Vaterland. Landshut, 1801. — Nothwendigkeit der individuellen Säkularisation oder der zu ertheilenden Erlaubniß, daß die in höhern Weihen stehenden Geistlichen in den Laienstand übertreten dürfen. Ebdf. 1802. — Das gelehrte Bayern, oder Lexikon aller Schriftsteller, welche Bayern im 18. Jahrhundert erzeugte oder ernährte. Erster Band, A — K. Nürnberg und Sulzbach, 1804. — Kurze Geschichte der Kriegsvorfälle zu Ulm im Spätherbste 1805. Sammt 10 Beilagen. Leipzig und Augsburg, 1806. — Blumen aus verschiedenen Gärten, Aphorismen aus den Werken von Jean Paul Friedrich Richter, Lessing u. a. 2te Lief. Nürnberg 1822—1824. Neue wohlfeile Ausgabe unter dem Titel Lebensweisheit und Lebensregeln zur Weckung moralischer Grundsätze u. s. w. Ebdf. 1828. — Freundschaftliche Briefe. Sulzbach, 1828. — Lexicon verst. bayer. Schriftsteller des 18ten und 19ten Jahrhunderts. 2 Bde. 1824. — Viele Beiträge zu periodischen und andern Schriften. —

Baco Franz von Verulam.

Geboren den 22. Januar 1561; gestorben den 9. April 1626.

Baco Franz von Verulam ward bei London geboren. Sein Vater, Nicolaus Baco, war unter Königin Elisabeth Großsiegelbewahrer;

seine Mutter, eine geborne Anna Coca soll eine fromme, gebildete Frau gewesen sein, welche Griechisch und Lateinisch verstand. Schon als Knabe zeichnete sich Franz Baco durch sein reifes Urtheil aus, daß die Königin Elisabeth, die sich gerne mit ihm unterhielt, ihn nur den kleinen Großsiegelbewahrer nannte. In seinem 13. Jahre wurde er in das Trinity Collegium auf der Universität Cambridge gethan. Sein vorzüglichster Lehrer war Johom Whitgistus, Doctor der Theologie, später Erzbischof von Canterbury. In Cambridge studirte er fleißig den Aristoteles, konnte ihm aber, bei aller Hochachtung, doch keinen Geschmack abgewinnen, und es entwickelte sich schon damals seine Polemik gegen die Scholastik. Nachdem er sich allgemein wissenschaftlich auf der Universität ausgebildet hatte, wünschte sein Vater, daß er sich mit der Politik bekannt machen möchte, und gab ihn deßwegen dem nach Paris gehenden, englischen Gesandten Powlett mit. Während seines dortigen Aufenthaltes starb der Vater und hinterließ ihm nur ein mäßiges Vermögen, da er mit vier Brüdern theilen mußte. Erst später erbte er von seinem Bruder Anton ein Gut.

Nach England zurückgekehrt, legte er sich mit Eifer auf das Rechtsstudium, und wurde bald von Elisabeth zu Rathe gezogen, jedoch nicht zu höhern Ehrenstellen befördert. Dieß war ihm erst durch Jakob I. zu Theil, der ihn zur hohen Würde eines Kanzlers von England erhob, auch zum Baco Verulamius, und Vice comes Sancti Albani. —

Er heirathete die reiche Tochter des londoner Aldermann Barnham, von der er jedoch keine Kinder erhielt.

Sechs Jahre vor seinem Ende ward er seiner Stellen entsetzt; daß er dies verschuldet hatte, ist leider nur zu klar. Er ward überwiesen, daß er sich in seinem hohen Richteramt hatte bestechen lassen; Jakob I. konnte dies über ihn ausgesprochene Verdammungsurtheil nur mildern; vergeblich suchte Baco, durch Briefe voller Schmeicheleien, wieder Einfluß zu gewinnen.

Es schmerzt uns wahrhaft, einen Mann von den ausgezeichnetsten Geistesgaben, in sittlicher Hinsicht so tief fällt. Zuweilen will es scheinen, als wenn durch Ueberspannung der intelectuellen Kraft die sittlichen leide, vor aller geistigen Arbeit keine Zeit zu Heiligungsgedanken und Kämpfen, ja zuletzt keine Kraft und Fähigkeit dazu bleibe, weil eben jene geistige Arbeit den ganzen Menschen in Anspruch nimmt. Der Wissenschaft sind freilich die letzten Lebensjahre Baco's zu Gute gekommen, da er sich, des Staatsdienstes enthoben, ihr ganz widmen konnte. — Er starb den 9. April 1626 im 66ten Jahre seines Alters.

Unter seinen Werken sind die eigentlichen philosophischen Werke für die Pädagogik von der größten Wichtigkeit. Was Baco direct über Pädagogik sagt, ist verhältnißmäßig unbedeutend, sein indirecter Einfluß auf diese, welchen er als Begründer des methodischen, realen Realismus hatte, ist unberechenbar, wenn auch nicht immer unmittelbar nachzuweisen.

Wir haben von Baco einen Ueberblick des großen philosophischen Werks, welches er zu schreiben willens war und theilweise wirklich herausgab. Instauratio magna sollte das Werk heißen und in sechs Theile zerfallen.

Seine beiden vollendetsten und berühmtesten Werke sind: De augmentis scientiarum und das Novum Organum.

Johann Heinrich Christian Barby.
Geboren den 19. November 1765, gestorben den 25. März 1837.

Ermsleben im Fürstenthum Halberstadt war der Geburtsort Barby's. Den Lehranstalten seiner Vaterstadt verdankte er seine wissenschaftliche

Bildung. Unter dem fortgesetzten Studium der älteren Sprachen hatte die Erziehungswissenschaft viel Reiz für ihn. Bereits im Jahr 1790 war er zu Berlin Mitglied des Seminars für gelehrte Schulen geworden. In den Jahren 1794 — 1797 bekleidete er die Stelle eines Oberlehrers in dem kgl. Pädagogium der Realschule und das Jahr 1797 erhob ihn zum Professor an dem kgl. Friedrich-Wilhelms-Gymnasium. In diesem Wirkungskreise blieb er rastlos thätig bis zu seinem Tode, den Ruhm eines tüchtigen Schulmannes und geachteten Philologen hinterlassend. Außer einer Ausgabe zu Plutarchs Lebensbeschreibungen, wozu Barby einen lateinischen Text hinzufügte, um die Brauchbarkeit des Werkes für Schulen zu erhöhen, hat er nachfolgende Schriften geliefert: Römische Anthologie oder Sammlung einiger lateinischen Gedichte, die gewöhnlich nicht in den Schulen gelesen werden. Berlin, 1797. — Erzählungen, Fabeln und Lieder, zum Gebrauche für die Jugend. Berlin, 1798. — Encyklopädie und die Methodologie des humoristischen Studiums oder die Philologie der Griechen und Römer. Berlin, 1805. — Sophoclis Philocletes et Antigona cum commentario perpetuo. Berlin, 1806 und 1807. Ovids Metamorphosen im Auszug für Schulen 1814.

Johann Bernhard Basedow.
Geboren den 11. September 1723, gestorben den 25. Juli 1790.

> Motto: Die Kindheit und Jugend soll die Zeit der Munterkeit, der thierischen Uebungen, des Vergnügens und der Freude sein. Verderbt sie nicht, ihr sonst zärtlichen Eltern, durch voreilige Uebung in den Geschäften und Pflichten der folgenden Alter, welche sie vielleicht niemals erreichen. Mir starb ein liebes Kind im siebenten Jahre. Wie froh war ich, daß ich es hatte leben lassen, wie Kindheit leben soll; nämlich, frei und fröhlich; so viel die Unschuld verstattet!
> Basedow.

Johann Bernhard Basedow war einer von den Männern, die zu jener Zeit in Deutschland, wo ein neuer Bildungsgeist thätig geworden war, vor andern das große Wort nahmen, und der durch rastloses Bemühen eine allgemeine Regsamkeit und Aufmerksamkeit auf dem Felde der Pädagogik verursachte. Er wurde zu Hamburg geboren. Sein Vater war Friseur daselbst, that wenig für seine Erziehung, hielt ihn nur sehr streng, weßhalb Basedow als Knabe fortlief und Bedienter wurde. Später wurde er zurückgebracht und zum Besuche des Johanneums angehalten. Er bewies sehr viele Fähigkeiten; allein sein Wandel war nicht tadellos. Seinen Mitschülern machte er Gedichte und andere Arbeiten um's Geld, welches er sodann zu Ausschweifungen verwendete. Mit seinem 21. Jahre ging er nach Leipzig, um Theologie zu hören. Allein die Vorlesungen gefielen ihm nicht lange. Er hielt sich für ein Genie und gelehrter, als Andere; begab sich deßhalb ins Holsteinische (denn kein Prophet wird groß in seinem Lande) und übernahm eine Hauslehrerstelle. Mit allen ihm bekannten Unterrichtsweisen nicht einverstanden, suchte er nach einer bessern Methode. Er glaubte sie darin gefunden zu haben, indem er seinen Zöglingen Alles spielend und gelegenheitlich beizubringen suchte. Daß er dabei auf die wunderlichsten Ideen gerieth, ist natürlich. Das Abc suchte er z. B. den Kindern durch Buchstaben aus Lebkuchen beizubringen. Diese Methode zog doch gewiß den Schüler an und war noch mehr als anschaulich. 1753 wurde er Professor der Moral und der schönen Wissenschaften an der Ritterakademie zu Soröe. Doch mehr Lust fand er an Pädagogik. Besonders wurde er hierin bestärkt durch das Erscheinen Rousseaus Emil. Um jeden Preis wollte Basedow ein berühmter Mann werden. Seine besondere Rednergabe kam ihm hiezu sehr zu statten. Er wußte die Aufmerksamkeit der Welt durch Schrift und Wort auf sich zu lenken. Daher kam es, daß er den edlen Fürsten von Dessau, Fr. Leop. Friedrich für seine Ideen gewann. Derselbe gab Geld und Gebäude zur Errichtung einer Musterschule (Basedow nannte sie Philanthropin), 1771 wurde diese eröffnet. Ganz Europa war auf dieses Werk gespannt. Ob auch die erste Prüfung glänzend ausfiel, (das ganze Unternehmen hatte bis dahin 37,000 Thlr. gekostet) so hatte man doch mehr erwartet. Zwar leistete die Anstalt sehr viel und mancher treffliche Mann ging aus derselben hervor. Mehr aber herangezogen durch einige andere Lehrer als ein Salzmann, Campe, Olivier und Andere konnte Basedow nicht lange an dem Philantropin verbleiben; er vertrug sich mit Niemanden, selbst nicht mit dem trefflichen Wolke, der ihm als Gehilfe beigegeben ward und der das Meiste zum Aufblühen der Schule leistete. Er verließ schon 1778 das Institut und starb in Magdeburg. Er schrieb im Ganzen 70 Schriften, darunter die meisten für Schulen. Wir nennen hier nur folgende: Elementarbuch für die Jugend und für ihre Lehrer und Freunde in gesitteten Ständen. 3 Thle. und 1. Bd. mit Kupfertafeln. 8. Altona und Leipzig. Die 2. Auflage dieses Buches erschien unter dem Titel: Elementarwerk. Ein Vorrath der besten Erkenntnisse zum Lernen, Wiederholen und Nachdenken. 3 Bde. mit 100 Kupfertafeln. Leipzig, 1774 und 1785. (Auch ins französische und lateinische übersetzt.) Kleines Buch für Eltern und Kinder als Elementarwerk für das Volk; und damit Niemand von ihm vergessen würde. Agathokrator oder: Ueber Erziehung künftiger Regenten. — Unerwartlich große Verbesserung in der Kunst, lesen zu lehren. 8. Leipzig, 1785. W. Vogel. 2. Aufl. mit dem Titel: Geschenk an Bürgerschulen, oder neues Werkzeug zum Lesenlehren. 8. Ebbs. 1785. 3. Aufl. mit dem Titel: Neues Werkzeug zum Lesenlernen. 8. Ebbs. 1787.

Seine darin niedergelegten Hauptgrundsätze von Unterrichts- und Erziehungswesen sind: „die Verstandescultur ist die Hauptsache, denn auch der Weg zum Herzen geht hauptsächlich durch den Kopf. Die Gedächtnißcultur macht leicht dumm. Die Religion wird nur durch einen aufgeklärten Unterricht bewirkt und die Sittlichkeit durch eine faßliche Moral. Das Sprachstudium ist nur für das Sachstudium, und die Sachen, die zur Bildung dienen, bestehen nicht in den übersinnlichen, sondern in den alltäglichen Dingen des gemeinen Lebens. Diese, die Realien, sind die Hauptlehrgegenstände. Alles Lernen muß von dem Anschaulichen ausgehen; es muß so leicht wie möglich gemacht werden, und die Kinder sollten eigentlich nur nach Lust und spielend lernen. Dabei ist die Gesundheit und körperliche Kraft zu berücksichtigen. Hiernach sollten nun alle Schulen eingerichtet werden, und überhaupt müßten sein mehr Erziehungsanstalten sein, als sie es sind. Eine solche Anstalt bildet mehr den Menschen, als den Bürger und Gelehrten, und das Allgemeine der Menschheit ist doch mehr als der besondere Stand; bis in das 15. Jahr behandelt sie den Knaben nur noch bloß als Weltbürger. Der Mensch ist von Natur gut, Gott liebt Alle als Allvater; die Kinder lieben auch von Natur die Menschen, sie sollen daher zu Menschenfreunden und Weltbürgern erzogen werden. Eine solche Anstalt heißt alsdann mit Recht „Philantropinum." —

Johann Christian Bauriegel.

Geboren den 21. August 1773, gestorben den 9. August 1856.

Motto: „Eine pädagogische Lesegesellschaft ist für Lehrer gar sehr nothwendig. Fortbildung ist ja das Ziel der ganzen Menschheit. Soll nur ein Lehrer der Bildner seiner anvertrauten Gemeinde werden, und oft ist er ihr einziger Bildner, so muß er natürlich erst selbst recht erleuchtet sein, er muß wissen, worin die wahre, echte Aufklärung besteht, und durch welche Mittel sie am sichersten herbeigeführt werden kann. Unser Wissen muß daher immer mehr vor Irrthümern gereinigt, geläutert und zum wahren Wissen immer weiter emporgehoben werden."
Bauriegel.

Johann Christian Bauriegel ward in Kesselshayn bei Borna im Königreich Sachsen von armen, aber fleißigen und redlichen Aeltern geboren. Die Mutter namentlich, eine gutmüthige, religiöse Gebirgsbewohnerin, wurde allgemein geachtet; ihre Gesinnung ist offenbar auf den Sohn fortgeerbt. Er besuchte als Knabe eine gewöhnliche Landschule, gewann aber bald die Liebe, und das Vertrauen seines Lehrers. Dieser wollte ihn, weil er eine große Liebe zur Musik zeigte, am Unterrichte im Klavierspielen Theil nehmen lassen; doch der Vater erklärte das für unnütz und mochte zu dem Zwecke auch nicht einen Pfennig opfern. Er mußte dafür nach den Schulstunden Wolle spinnen und die jüngeren Geschwister warten, auch wenn die Eltern außerhalb des Hauses auf Arbeit waren, das Hauswesen besorgen. Als zwölfjähriger Knabe lernte er von Rittergutsschäfer das Stricken, *) und dieses wurde ihm das Mittel, seine Neigung, Musik zu erlernen, zu befriedigen. Er strickte so fleißig, daß er sich nach und nach ein altes Klavier, eine Geige und Notenpapier kaufen konnte, und jetzt gab der Vater seinen Bitten nach, da er selbst für den musikalischen Unterricht seines Sohnes Nichts zu bezahlen hatte. Bei alle dem verblieben dem jungen Bauriegel die früheren häuslichen Arbeiten, und damit das für ihn so nothwendige Strickzeug nicht ruhte, so mußte er die Mittel erfinden, die es ihm möglich machten, zu gleicher Zeit zwei Arbeiten zu verrichten. So fertigte er sich z. B. ein Wägelchen, in dem er die kleinern Geschwister, die seiner Pflege übergeben waren, fuhr; das Wägelchen selbst band er sich am Körper, um freie Hand zum Stricken zu behalten. Der Vater sah dem Thun und Treiben stillschweigend zu, und es mochte ihm nicht entgehen, daß hier der Zuschnitt zu einem Schulmeister gemacht wurde; doch konnte er sich's nicht denken, daß sein Christoph einst zu dieser Würde emporsteigen würde. Ungern einwilligend ließ er es geschehen, daß sein Sohn auch einige Jahre nach seiner Confirmation den Privatunterricht seines Lehrers fort erhielt und dem Meister beiläufig Schule halten half.

Da der junge Bauriegel bis in sein 18. Jahr noch keine Gelegenheit zu einer Anstellung hatte finden können, so mußte er, der Armuth seiner Eltern wegen, in anderer Weise sein Unterkommen suchen. Er wendete sich nach Leipzig und kam zu seinem Glück als Diener in das Haus des Professors Ernesti. Dieser nahm sich seiner liebevoll an, suchte seinen Wissensdurst zu stillen und verhalf ihm besonders zu weiterer musikalischer Ausbildung. Hier in Leipzig hörte er auch fleißig die Musterkatecheten Dolz und Plato und machte zuletzt selbst Versuche,

---

*) Anmerkung. Der Schäfer konnte nicht ahnen, daß von seinem Schüler einst ein berühmter Mann das Stricken lernen würde. Dinter strickte bekanntlich, selbst als Seminardirector noch, während des Unterrichtes; früher schloß er für sein Haus Federn. Da er einst Bauriegel stricken sah, bat er diesen, es ihm zu lehren; das Federschließen hatte ihn einige Mal in Verlegenheit gebracht.

Katechisationen schriftlich auszuarbeiten; denn das vorgesteckte Ziel, Lehrer zu werden, behielt er fest im Auge. —

Bei Ernesti lernte ihn der Superintendent Unger aus Borna kennen. Da dieser das Streben des Jünglings ehrte, aber seine pädagogischen Kenntnisse noch sehr dürftig fand, so empfahl er ihn an Dinter, der damals zu Kitzscher in der Ephorie Borna Landpfarrer war, und ihn 1796 in sein Haus nahm.

Bauriegel wurde beim Eintritte in das Kitzscher'sche Pfarrhaus von Dinter mit den Worten empfangen: „Wahrlich, ein rechter Israelit, in dem kein Falsch ist," und damit hat er seinen Character bezeichnet, wie man es in der That nicht besser kann.

Dinter zählte den wißbegierigen, moralisch unverdorbenen, aufrichtigen Jüngling bald zu seinen liebsten „Söhnen," und Anhänglichkeit an den „Vater."

Wie Dinter seine Zöglinge bildete, ist bekannt. Selbstdenken, nicht Nachbeten, und überall das Praktische stand in der Lehrstunde oben an. Freiheit, aber dabei strenger Gehorsam gegen das Gesetz; Selbstständigkeit, aber weder Trotz, noch Zügellosigkeit; Bescheidenheit, aber keine Kriecherei; Fröhlichkeit, aber doch fern von Rohheit und Ausartung; allezeit und allenthalben ebenthätiges Leben und strenge Rechtlichkeit — dieß waren Dinters Maximen bei der Lehrerbildung. Wie steht's hiemit hier und da in der jetzigen Zeit? — Nehme man dazu, wie seine Söhne ihn, den Meister selbst, stets vorangehen sahen, im Hause, in der Schule, in der Kirche, im Leben, und man wird ohne Weiters begreifen, wie ein Jüngling bei Dinter, wenn er nur wolle, ein rechter Mann wurde.

Kehren wir zu Bauriegel zurück. Zu Michael 1797, als Dinter zum Seminar-Direktor nach Dresden berufen wurde, schieden beide von einander; der Zögling von seinem Lehrer mit 32½ Thaler ausgestattet, erhielt die Lehrerstelle in Medewitzsch, einem Dörfchen unweit Leipzig. Wie elend es vor 50 Jahren selbst in der Nähe der Wirksamkeit eines Dolz, Plato und Gedike um die Landschulen stand, geht daraus hervor, daß Bauriegel in Medewitzsch nur vom Dezember bis zu Ostern auf einen einigermaßen regelmäßigen Schulbesuch rechnen konnte. Während des Sommers schmolz seine sonst überfüllte Klasse bis auf 8, ja bis auf 2 Schüler zusammen, von denen er dann auch nur 18 Pfennige wöchentlich Schulgeld erhielt. Schreiben und rechnen zu lernen war der Schüler gar nicht verbunden; dazu mußte dieser Theil des Unterrichtes mit wöchentlich 3 Pfennigen besonders honorirt werden — Veranlassung genug für die Eltern, ihre Kinder von Dingen, „die ihnen im Leben doch nicht viel nützen würden," fern zu halten. Daß Bauriegel nach den Paar Pfennigen Schulgeld wenig fragte und den Armen Schiefertafeln und Schreibmaterialien schenkte, so weit seine eigene Kasse dieß gestattete, läßt sich von Dinter's Schüler erwarten. Lieber suchte er durch Abschreiben und Stricken das Deficit seiner Kasse zu decken. — Wie glücklich sind die Lehrer, die ihr vielleicht kärgliches Gehalt in festgesetzten Raten ausgezahlt erhalten, und nicht erst zusammentrommeln müssen!

Im 25sten Jahre heirathete Bauriegel. Das Glück oder Unglück eines Lehrerlebens wird zum Theile durch die Wahl einer Gattin bedingt. Bauriegel wählte zwar ein armes, vater- und mutterloses, aber gut erzogenes, gebildetes Mädchen zur Frau, eine geborne Kühn aus Leipzig. Sie begründete das häusliche Glück ihres Mannes und wurde bald für die weibliche Jugend ihres Wohnortes und der benachbarten Dörfer die geachtete Lehrerin im Stricken, Sticken, Nähen u. s. w. Eine der Schülerinnen mußte bei diesen Arbeiten allezeit vorlesen, wodurch wieder dem Schulunterrichte Vorschub geleistet wurde.

Schon jetzt trat Bauriegel aus dem gewöhnlichen Geleise der damaligen Landschullehrer heraus. Er unterrichtete privatim die Kinder einiger gebildeten, sogar adeligen Familien in der Nähe, kam mehrfach mit tüchtigen Predigern in Verkehr (der bekannte Kindervater wohnte in der Nachbarschaft), errichtete eine Lesegesellschaft unter Lehrern und bildete mit mehreren musikalischen Amtsgenossen ein Quartett. Dieß Alles und seiner liebenswürdigen Persönlichkeit erwarben ihm bald Freunde auch in den höhern Ständen; daher ihm denn auch 1803 ein Anerbieten gemacht wurde, das den bescheidenen Mann nicht wenig überraschte.

Der Kaufmann und Stadthauptmann Rummell in Leipzig veranlaßte ihn, in das Schulamt zu Pulgar, das unter seinem Patronat war, zu gehen, und versprach ihm, da das Einkommen nicht bedeutend war, eine persönliche Zulage von jährlich 100 Thalern zu gewähren. Bauriegel nahm den Ruf mit Freuden an, und verließ unter Thränen sein Medewitzsch, wo er seit 6 Jahren Liebe gesäet hatte und jetzt beim Abschiede viel Liebe ärntete.

Die Schule, die er in Pulgar übernahm, war wo möglich noch schlechter, als die, in welcher er seine öffentliche Wirksamkeit begann. Als Beweis der schlechten Disciplin, die er vorfand, erzählt er, daß die Knaben unter Anführung der obern eine förmliche Verschwörung gemacht hätten, die Aufgaben, die er aufgab, nicht zu liefern. Hier blieb dem sanften Bauriegel nichts übrig, als sich mit einem tüchtigen Stocke in Respekt zu setzen. Sein Patron, ein wahrer Freund der Schule, unterstützte ihn kräftig bei seinen Reformationsplänen, und suchte den Lehrer und sein Werk dadurch in höheres Ansehen zu bringen, daß er mit seiner Frau häufig den Unterricht besuchte, fleißige Schüler beschenkte, müßig herumlaufende in die Schule trieb, und die Eltern der letztern zur Verantwortung zog. Wenn es der Schule galt, scheute er kein Opfer.

Seit dem Jahre 1804 versammelten sich allwöchentlich 12—18 meist junge Lehrer um Bauriegel. Mit ihnen übte er sich im Lehren, mit ihnen lernte er. Auch der Musik geschah ihr Recht; es wurde mehrstimmig gesungen, selbst Symphonien und Kirchenstücke wurden eingeübt; Bauriegel war selbstverständlich das Faktotum. Dieß war für ihn die Vorschule zur Leitung des Seminars in Pulgar, welches vom Jahre 1810—1841 bestand.

Wir sind es den Manen Bauriegels schuldig, uns über sein Seminar etwas weiter zu verbreiten.

Er begann nur mit wenig Zöglingen, die entweder aus seinem oder einem benachbarten Dorfe waren, jungen, meist armen Leuten. Sie lebten mit ihm in demselben Hause, wohnten in derselben Stube, aßen an demselben Tische. Er war ihr Vater, wie vormals Dinter sein Vater gewesen war. Für Kost, Logis und Unterricht gab einer in der Regel 12 Thlr. und 4 Schäffel Korn; wer bei einem Bauer im Dorfe ein Unterkommen finden konnte, zahlte für den Unterricht nur wenig; ganz Arme gaben ihm gar Nichts. Jenes, das Wohnen und Essen außerhalb des Schulhauses, ward nothwendig, da die Wohnung Bauriegel's nur klein war, die Zöglinge aber von Jahr zu Jahr sich mehrten, und ihre Zahl einmal sogar auf 28 stieg.

Daß Bauriegel bei so geringem Honorar keinen pecuniären Vortheil von seinem Institute haben konnte, leuchtet von selbst ein. Er machte sogar bei hohen Getreidpreisen mehrmals bedeutende Schulden, die er nur durch außerordentliche Sparsamkeit und durch den Ertrag seiner schriftstellerischen Thätigkeit wieder zu tilgen vermochte. Ueberdieß mehrte sich die Zahl seiner eigenen Kinder bis auf 7; 2 Söhne und 5 Töchter; auch sorgte er mit seltener Treue und Aufopferung für einen Bruder und eine gebrechliche Schwester. Er vergaß sich aber selbst über den Eifer, Anderen nützlich zu werden, und scheute zu diesem Behufe keine Mühe und kein Opfer.

In dem ersten Jahrzehnt war er der alleinige Lehrer und Leiter seines Institutes. Man bedenke, was seine Schultern zu tragen hatten. Neben der Sorge für seine Familie ein Schulamt, einen Kirchendienst, und im Institut für junge, lebenslustige Leute, ohne was sich sonst noch zutrug. Im zweiten Jahrzehnt nahm er den ältern der Söhne zum Gehülfen, und als dieser anderwärts als Lehrer angestellt wurde, unterstützte ihn bis zum Jahre 1841 der jüngere, den er Theologie hatte studiren lassen, der aber, im Eifer für Lehrerbildung seinem Vater ähnlich, der Kanzel entsagte, obgleich er ein beliebter Prediger war und mehrmals Gelegenheit zu einträglichen Anstellungen als Pfarrer gehabt hatte.

Dieser junge, talentvolle Mann, M. K. E. Bauriegel, im weitern Kreise besonders durch seine „protestantisch-lutherische Glaubenslehre für Volksschullehrer" (Leipzig 1841) bekannt, ging 1841 als Seminarlehrer nach Plauen, aber schon nach wenigen Monaten erreichte ihn der Tod. Sein frühes Hinscheiden beugte den Vater tief, und seine zahlreichen Freunde trauern noch heute um ihn, denn er war ein edler, liebenswürdiger Mann, wie selten Einer.

Bauriegel hat in seinem Seminar 123 junge Leute für das Schulfach gebildet, von denen der größte Theil noch heute in der Nähe und Ferne segensreich wirkt und seinen Manen Dankopfer bringt. Das Schulhaus in Pulgar genoß so allgemeines Vertrauen, daß viele Väter selbst solche Söhne einführten, die sich gar nicht für den Lehrerberuf entschieden hatten. Auf diese Weise ist es dann geschehen, daß in dem Institute wohl gegen 40 Andere ihre Bildung erhalten haben, die jetzt als Gelehrte, Künstler, Handwerker, Oekonomen, Militärs u. s. w. ihren Platz gefunden haben; denn Bauriegel setzte über der Berufsbildung seiner Zöglinge nie die allgemeine menschliche Bildung derselben aus den Augen.

Was nun die Art und Weise anbelangt, wie Bauriegel in seinem Seminar arbeitete, und mit so gutem Erfolge arbeitete, so wird das Folgende hinreichend sein, ein Bild davon zu geben.

Die Zöglinge mußten früh am Platze seyn. Bevor der Unterricht in der öffentlichen Schule begann, war schon ein und das andere Pensum mit ihnen durchgearbeitet. Nie hat man den Meister einer Nachlässigkeit in der Abhaltung seiner Stunden zeihen können; er ging allezeit voran, früh der Erste, am späten Abend der Letzte. Hatte ihn die Glocke in die Schulstube gerufen, so waren die Seminaristen in der Regel Zeuge seines Lehrverfahrens, bis sie in derselben Klasse unter seinen Augen die ersten Versuche machten. Auf diese Weise bereicherte sich ihr Wissen und ihr Geschick in Doctrin und Disciplin. Bei den Lese-, Schreib- und Rechenübungen der Schulkinder präparirten sich die Zöglinge auf den Unterricht, der ihnen besonders gewidmet war, übten sich im schriftlichen Gedankenausdrucke, in der Musik u. s. w. Nach dem alten Worte Docendo discimus mußten die Vorgeschrittenen den Anfängern gern nachhelfen. Montags, Dienstags, Donnerstags und Freitags ertheilte Bauriegel täglich 7 Stunden in der öffentlichen Schule und 4—5 Stunden im Institute, Mittwoch und Sonnabends dort 4 Stunden und hier 6 bis 7 Stunden Unterricht. Er that dieß wenigstens so lange, als ihn seine

Söhne noch nicht unterstützen konnten. 65 — 70 Stunden in jeder Woche! Wer wagt's, ihm dieß nachzuthun?

Der musikalischen Bildung waren namentlich die Sonnabend- und Mittwochs-Nachmittage gewidmet. Da wurde mehrstimmig gesungen, Orgel, Klavier, Violine, Bratsche und Violon gespielt, selbst Horn und Flöte geblasen, so daß diese Stunden oft zu kleinen Concerten wurden. An Sonn- und Festtagen führte das Institut wohl auch Kirchenmusik auf. Waren diese Aufführungen auch keine Mustermusik, so ist aus dem Schulhause zu Pulgar doch mancher tüchtige Kantor und Organist hervorgegangen; denn der Meister bemühte sich, den Zöglingen Einsicht in die Harmonielehre zu verschaffen.

Der ganze Cursus war auf 4 Jahre festgestellt. Wer bei den nöthigen Anlagen guten Willen hatte, lernte etwas Tüchtiges.

Das Verhältniß, in dem Bauriegel zu seinen Zöglingen stand, war das des Vaters zu seinen Kindern. Daher denn auch die seltene Liebe und die treue Anhänglichkeit, die sie Alle zu ihm hatten. Durch diese schönen Bande war er aber auch an Pulgar unauflöslich gefesselt. Es wurden ihm mehrmals die einträglichsten Stellen angeboten; Dinter wollte ihn sogar als Vicedirektor an das Seminar nach Dresden-Friedrichstadt bringen; — er blieb in Pulgar, in den ihm unentbehrlich gewordenen bescheidenen Verhältnissen. Edel benahm sich bei jenen Anbietungen sein Patron Rummell. Nicht nur, daß er, wie schon erwähnt, Bauriegel jährlich 100 Thaler Zulage aus seinem Beutel gab, er suchte auch allen Verlegenheiten, in die er etwa durch Theurung und andere Noth versetzt war, bald und in der schonendsten Weise abzuhelfen; ja, als nach dem Tode Rummell's dessen Testament geöffnet wurde, war Bauriegel mit einem Legate von 500 Thalern bedacht.

Wir müssen noch der letzten Lebensjahre Bauriegel's gedenken.

Ein schöner Tag brach für ihn, seine Schüler und seine zahlreichen Freunde am 25. November 1847 an. Mit diesem Tage hatte er das 50ste Jahr seiner treuen, amtlichen Wirksamkeit erreicht, — und man bestrebte sich von allen Seiten, den hochwürdigen Greis zu ehren und auszuzeichnen, wie selten Einen seines Gleichen, obgleich er bringend gebeten hatte, „alle Anstalten zu einer Festlichkeit und selbst den kleinsten Aufwand zu vermeiden."

Der Tag war ein Lehrerfest im schönsten Sinne des Wortes. Wir verweisen auf folgendes Schriftchen: „Beschreibung der Jubelfeier des Schulmeisters Bauriegel in Pulgar Von K. W. Reinhold, Rektor in Zwenkau. Zum Besten der sächsischen Pestalozzi-Stiftung. Neustadt a. d. Orla, 1848."

Nicht volle 3 Jahre überlebte Bauriegel sein Amtsjubiläum. Unterstützt von einem Enkel, den er zum Lehrer gebildet hatte, arbeitete er in seiner Schulstube fort, so weit die schwindenden Kräfte es ihm gestatteten. Körperliche Schmerzen störten sein Alter nicht; die Achtung, die ihm allseitig gezollt wurde, und die treue Anhänglichkeit seiner Schüler erheiterten ihm die Einsamkeit des letzten Theils seines schönen Lebens. In diese Einsamkeit aber war er gewiesen durch Schwäche der Augen, die er sich durch vieles Nachtarbeiten zugezogen hatte. Das Licht der Augen erlosch im letzten Jahre fast ganz, und rührend bis zu Thränen war es, wenn der edle Greis in dem kostbaren Sorgenstuhle, den ihm sein Patron geschenkt hatte, die ihm Nahenden nur durch den Sinn des Gehöres zu erkennen vermochte. Er war reif zum Tode, nur wünschte Jeder, daß der Engel den Mann mit dem Johannesherzen hinwegführen möge. Sein und Aller Wunsch wurde vollkommen erfüllt; ruhig entschlief er 12 Tage vor seinem 78sten Geburtstage.

Sollen wir ein Urtheil, kurz und bündig, über Bauriegel fällen, so geht es dahin: Er wahr im vollen Sinn des Worts ein Lehrermuster; also nicht bloß ein Musterlehrer.

Was er als Pädagog leistete, zeigte die vortreffliche Schule, die in dem kleinen Dörfchen Pulgar war. Doch wer sucht an dem unscheinbaren Orte, in dieser Verborgenheit, großes Verdienst? — Er bekam Gelegenheit, sein Licht unter dem Schäffel hervorzunehmen und auf den Leuchter zu stellen. Eine große Zahl tüchtiger Lehrer sendete er in die Nähe und Ferne, die dem Meister noch im Grabe Ehre bringen und seine Segenssaat immer wieder ausstreuen. Er war durchweg Dinteraner. Der pädagogische Scharfblick seines Lehrers war in seinen Geist übergegangen; er faßte den Schüler allezeit von der rechten Seite; denn er durchschaute ihn. Als Katechet suchte er seines Gleichen; insbesondere zeichnete sich seine Lehrfertigkeit in der Anschaulichkeit seines Unterrichts aus. Das Individualisiren (Dinter war ja auch ein Meister dieser Kunst) gelang ihm auf überraschende Weise. Die ihm eigene Klarheit im Denken, die logische Einfachheit und doch wieder die ergreifende Wärme seines Vortrages spannten und fesselten. Kurz, die Schüler bekamen ihn und seinen Vortrag nicht satt; denn er wurde nie langweilig, matt und breit. Er lebte in der Sache für die Sache, die er gerade behandelte, und dieses Leben, eben das rechte, mußte sich dem Zöglinge von selbst mittheilen, wenn er sonst den guten Willen hatte. Die erziehende Seite seines Unterrichtes war somit auch bestens besorgt; denn wo die wahren Pulse des Lebens bei Lehrer und Schüler schlagen, da ist die rechte Erziehung. Wurde dieses richtige Verhältniß durch die Schuld eines Schülers gestört, so war Bauriegel unerbittlich streng und griff selbst zu körperlichen Strafmitteln. Und auch für diese haben seine Schüler an seinem Jubeltage ihm öffentlich gedankt und dadurch bewiesen, daß er sie am rechten Orte und mit strenger Unpartheilichkeit anwandte. Er nennt sich auf den Titeln seiner Schriften „Schulmeister" und thut dieß aus Bescheidenheit; er verdient aber dieses Prädikat in der reinsten und tiefsten Bedeutung.

Mit hoher Bewunderung hat uns oft seine außerordentliche Thätigkeit, sein unverdrossener ausdauernder Fleiß in seinem Fache und Berufe erfüllt. Daß er vom frühesten Morgen bis in die späte Nacht in der Schule und im Seminar angestrengt arbeitete, haben wir oben erwähnt. Immer war er von Schülern umgeben; selbst beim Spazierengehen unterrichtete er und allezeit mit frischer Lust. Und doch fand er noch Zeit, als pädagogischer Schriftsteller sich einen guten Namen zu machen. Es ist hier am Orte, die Schriften, die er — freilich nur in freien Stunden an Sonn- und Feiertagen und während der Ferien — geschrieben hat, anzuführen:

1) Das Leben Jesu und seiner Apostel. Erste Auflage. Neustadt a. b. O., 1810. 2te Aufl. 1825. — 2) Elementarfibel. Ebd., 1813. — 3) Ein Jahr aus Dinter's Leben. Ebd., 1831. — 4) Das (Lesen zu lehren in Verbindung mit dem Schreiben. Ebd., 1831. — 5) Anweisung dazu für Lehrer. Ebd., 1831. — 6) Wandtafeln zum Lesenlehren. Ebd., 1831. — 7) Auszug aus Dinter's Katechisation. 3 Thle. 80 Bogen. 3te Aufl. Ebd., 1841. — 8) Tausend Aufgaben zum Rechnen auf der Tafel für die ersten Anfänger. Erster Cursus. Leipzig, bei Fort. Fünfter Plattenabdruck 1839. — 9) 2000 Aufgaben zum Rechnen auf der Tafel. Zweiter Cursus. Ebd. Fünfter Plattenabdruck. 1839. — 10) 1500 Auf-

gaben zum Rechnen auf der Tafel. Dritter Cursus. Ebd. 2te Aufl. mit 150 neuen Aufgaben vermehrt, 1843. Leipzig, bei Reclam. — 11) Vollständiges Choralbuch für das Dresdner Gesangbuch. Leipzig, bei Fort, 1835. Dritter Plattenabdruck. — 12) Religionsbuch zum Hausgebrauche für Schulkinder. 3te Aufl. 1840. Neustadt a. d. O. — 13) Handbuch des Wissenswürdigsten aus der Geographie. Ebd., 1836. — 14) Der Unterricht in der christlichen Religion; ein Religionsbuch für die Mittelklasse. 2te Auflage. Ebd., 1840. — 15) Katechisation über Gottes Wesen, Werke und Wille, wie sie in einer Mittelklasse zu halten sind. 8 Hefte. 88 Bogen. Ebd., 1838 und 1839. — 16) Anleitung zum ersten Unterricht im Kopfrechnen. Grimma. Verlags-Comptoir, 1839. — 17) Der Gesammt-Unterricht im Kopfrechnen. 2te Abtheilung. Ebd., 1841. — 18) Die Bibel für Schule und Haus. Ebd., 1839. — 19) 1200 neue Aufgaben zum Rechnen auf der Tafel. Erster Cursus. Leipzig, bei Reclam, 1841. — 20) 2000 neue Aufgaben zum Rechnen auf der Tafel. 2te Aufl. Ebd., 1843. — 21) Mein Leben und Wirken. Mit dem Bildnisse des Verfassers. Neustadt a. d. O., 1847.

Hätte Bauriegel keine so kräftige Körper-Constitution gehabt, so wäre er nicht im Stande gewesen, sein langes Leben hindurch jene eminente Thätigkeit zu entwickeln. Aber sein Wille war auch in Bezug auf seine Person eisern. Wie er, von Kindheit an auf sich selbst gewiesen, fast Alles durch sich geworden war, so war er auch bis in's Greisenalter immer selber der Mann. Wir erkennen hierin wieder ganz den Schüler des trefflichen Dinter, der auch nicht ruhen und rasten konnte, bis der Herr ihn abrief zur höhern Thätigkeit.

Karl Ferdinand Becker.
Geboren den 14. April 1775, gestorben den 4. September 1849.

Motto: „Der Lehrer muß seine Schüler auswendig wissen." Becker.

K. F. Becker war zu Lieser bei Bernkastel von kathol. Eltern geboren. In seinem fünften Jahre verließ er das elterliche Haus, weil sein Oheim, der Domvicar Ferdinand Becker in Paderborn, ihn zu sich nahm, der nun auch sein Erzieher und erster Lehrer ward. Er besuchte das daselbst sich befindende Gymnasium und zeichnete sich frühzeitig durch einen scharfen Geist aus. Einst bei einem Examen löste er mit einer großen Gewandtheit einen schwierigen mathematischen Satz. Der anwesende Fürstbischof fragte Becker: Wo hast du das her, wer hat dir das gesagt? Naiv antwortete der kleine Student: „Das habe ich mir so ausgedacht!" Nach Beendigung seiner Gymnasialstudien besuchte er, noch nicht 20 Jahre alt, das Priester-Seminar zu Hildesheim zwei Jahre. Da er das erforderliche Alter zur Priesterweihe noch nicht hatte, übernahm er eine Lehrerstelle am Hildesheimer Gymnasium. Indessen gab er das Vorhaben, Priester zu werden, auf; weil aber nur Geistliche an jenem Gymnasium lehren durften, nahm Becker 1799 seine Entlassung als Lehrer und bezog die Universität Göttingen. Hier verlegte er sich mit großem Fleiße auf die Arzneiwissenschaft und erwarb 1801 durch eine lateinische Abhandlung „Ueber die Wirkung der äußeren Wärme und Kälte auf den menschlichen Körper" den von der Universität ausgesetzten Preis. Bis 1803 verblieb Becker in Göttingen, verheirathete sich alsdann und ließ sich zu Höxter als praktischer Arzt nieder. Daselbst erhielt er bald eine kleine Anstellung mit geringer Besoldung. Doch als Napoleon 1806 die Wesergegend dem neugebackenen Königreich Westphalen einverleibte, verlor unser Becker seine Stelle und wurde erst nach

4 Jahren wieder angestellt zu Göttingen als — Unter=Director der Pulver= und Salpeterbereitung für die Departement der Leine und des Harzes. Er schrieb hier „Theoretisch=praktische Anleitung zur künstlichen Gewinnung des Salpeters" und über die „Erkenntniß und Heilung des Patechialfiebers." Die Folge dieser Schriften war seine Anstellung als Vorsteher mehrerer Central=Militärhospitäler zu Frankfurt a/M. 1813. Nach Aufhebung derselben (1815) ließ er sich in Offenbach a/M. nieder, lebte von seiner ärztlichen Praxis und widmete sich ganz den wissenschaft= lichen Studien und insbesondere seiner Kinder. Bald drangen befreun= dete Familien in ihn, ihre Kinder mit den seinigen unterrichten zu wollen. So kam es, daß sein Haus bald eine Erziehungsanstalt wurde (1823), die weit umher den besten Ruf genoß, so daß viele englische Familien ihre Kinder seiner Obhut und Leitung übergaben. Neben dem Erziehungs= wesen ergab er sich mit großer Vorliebe und besonderem Eifer den Sprach= forschungen, besonders verlegte er sich auf's Studium des Altdeutschen, des Sanskrit, der nordischen und russischen Sprache. Allein seine Stu= dien der Naturwissenschaften hatten ihn zu einer ganz anderen Ueberzeu= gung über Bildung und Wesen der Muttersprache geführt. Bisher hat= ten die Sprachforscher diese immer nur als etwas Angelerntes, als eine künstliche Erfindung angesehen und behandelt. Becker warf dieses gan= ze System über den Haufen und bildete ein neues, an dessen Spitze der Obersatz steht: „**Der Mensch ist nur Mensch durch die Sprache.** Er wies es nach, „daß die Sprache eine natürliche Verrichtung des Menschen sei, daß sie aus dem organischen, geistigen Wesen des Men= schen hervorgehe; daß Denken und Sprechen innerlich Eins und dasselbe seien, daß bei dem einzelnen Menschen wie bei ganzen Völkern Intelli= genz und Sprache sich gegenseitig bedingen, und daß der Mensch nur spreche — weil er denke."

Auf dieses Fundament errichtet, erschien 1824 sein erstes Sprach= werk „die deutsche Wortbildung" zu Franfurt a. M. Allein man kann denken, welche Sensation es machte.

Eine so von allem lieben Herkömmlichen durchaus abweichende Auf= stellung konnte natürlich nicht unangefochten bleiben; denn es ist niemals leicht, den Menschen von einmal gefaßten, langgetragenen Ansichten, sind sie auch noch so irrig, zu befreien. — Allein sehr irren würde der, wel= cher da glaubte, Becker habe nur eine Sprachtheorie erfunden und ge= gründet, darauf allein beruhe sein reformatorisches Werk: Mit seiner Theorie schuf er auch eine neue Praxis; seine Werke sind ja aus der praktischen Anschauung hervorgegangen. Er war kein Sprachforscher am Pulte, sondern im Kreise seiner Schüler. Daher kann Becker eben so gut als Schöpfer der neuen Sprachmethode in den Schulen angesehen werden, und die Richtung, welche noch heute angestrebt wird, in der Volksschule **Sprache** und nicht Grammatik zu lehren, liegt schon in ih= ren Grundsätzen in Becker's Werken; Andere brauchten diese nun wei= ter zu vervollständigen. So heißt es in der Vorrede zu seiner Schul= grammatik III. Aufl. S. IV. „Der Verfasser, der sich früh mit dem Unterrichte, und nun seit einer langen Reihe von Jahren insbesondere mit Sprachunterricht beschäftigt hat, konnte sich nie mit der Ansicht der= jenigen befreunden, die meinen, man müsse den Unterrichtsstoff in die letzten Elemente zerlegen, und ihn gleichsam zu einem Milchsafte verar= beiten, damit der Schüler den so zubereiteten Stoff ohne alle Mühe und ohne alle Anstrengung der eigenen Kräfte aufnehmen könne. Wird doch die leibliche Speise nicht sowohl durch die Zubereitung von Seite des Koches, oder des Zuckerbäckers, als vielmehr durch die selbstkräftige Be=

arbeitung von Seiten der verdauenden und assimilirenden Organe, zu einer gedeihlichen Nahrung. So sehr der Verfasser die Verdienste ehrt, welche sich die Pädagogen neuerer Zeit um die Methode erworben haben, so ist er doch der Meinung, daß die eben bezeichnete, zersetzende Behand= lung, welcher aller wissenschaftlichen Gediegenheit des Unterrichtsstoffes Hohn spricht, und zugleich die organischen Bedingungen aller geistigen Entwickelung gänzlich verkennt, eine Ausartung der Methode ist, welche wohl eine unheilbare Verflachung herbeiführen, aber nie eine wahrhafte Entwicklung und gediegene Volksbildung fördern kann. Was aber den Sprachunterricht insbesondere betrifft: so ist er ja seiner Natur nach theoretisch, daher ist insbesondere der Unterricht in der deutschen Sprache, wenn er nur praktisch sein und z. B. die Declination und Con= jugation, die Regeln der Orthographie u. s. w. geben will, schal und unerquicklich für Schüler und Lehrer. Der Schüler soll zunächst die Sprache verstehen lernen; er soll angeführt werden, in der Sprache die innere Welt seiner Urtheile und Begriffe in ihren organischen Ver= hältnissen anzuschauen; dabei kann und soll der Lehrer ihn leiten; aber die innere Anschauung und das Verständniß der Sprache kann dem Schü= ler doch nur dadurch werden, daß er in einer inneren Anschauung die Verhältnisse seiner Gedanken und Begriffe betrachtet und selbstkräftig be= arbeitet. Der Schüler lernt hier, nicht was ihm der Lehrer gibt, son= dern was er selbst entdeckt. Und weil der Sprachunterricht seiner Natur nach theoretisch ist, so soll die Grammatik, und vorzugsweise die Gram= matik der Muttersprache die eigentliche Turnschule sein, in welcher sich vorzüglich die intellectuellen Kräfte entwickeln und üben; und darum soll man nicht gerade darauf ausgehen, den Schüler aller Mühe zu entheben, sondern ihn selbst vielmehr von vorn herein seine Kräfte überlassen." Seite VI. und VII. des Leitfadens für den ersten Unterricht in der deutschen Sprache, sagt der Verfasser über Methode weiter: „Ich habe insbeson= dere darauf aufmerksam gemacht, (in der deutschen Grammatik nemlich) daß der Lehrer nicht mit dem Lehrbuch selbst den Anfang machen dürfte, sondern dem Schüler die Grundverhältnisse der Sprache zum Bewußtsein bringen müsse, ehe er ihm die Grammatik selbst in die Hände gibt. Denn jede Grammatik wird, wenn sie diesen Namen wirklich verdient, schwerlich zu einem eigentlichen Lehrbuche für Anfänger sein. Der Anfänger soll zuerst angeführt werden, seine Muttersprache und ihre Verhältnisse nur gleichsam in ihren Umrissen aufzufassen und zu ver= stehen.... dieses Verständniß der Sprache soll nicht eigentlich erlernt, sondern in dem Schüler dadurch entwickelt werden, daß ihm sein eigenes Denken zum Bewußtsein gebracht wird; es soll ihm mehr eingeübt werden."

Becker's Neuerung erwarb schnell den Sieg; die gegen sein System erhobenen Einwendungen wurden von ihm mit überzeugender Klarheit und Geistesschärfe widerlegt. Bald wandten sich bedeutende Schulmän= ner ihm zu, andere suchten seine Grundsätze in kleinern Sprachbüchern der Volksschule zugänglich zu machen. Zuerst that dies der Seminardi= rector Scherr in Zürch; ihm folgten Wurst und verschiedene Andere. Eine ungemeine Schreibthätigkeit ergab sich jetzt auf diesem Gebiete, eine wahre Schreibmanie. Die Anzahl solcher nach „Becker'schen Grundsätzen" in die Welt geschickten Werkchen ist fast Legion und lieferten so den Be= weis einer Rührigkeit und Strebsamkeit im Lehrerstande, die man viel= leicht anderwärts vergeblich suchen würde. Auch in höhern Regionen wurden Becker's Bestrebungen gewürdigt und seinem System beigetreten. Viele Schulbehörden verordneten, daß die Kandidaten des höhern Schul=

wefens nur nach Becker's Grammatik examinirt werden follten; in Nord-
deutfchland bildete fich ein Verein, der fich zur Aufgabe fetzte, den ganzen grammatifchen Unterricht in älteren und neueren Sprachen nach Becker's Syftem zu bearbeiten, und an der Londoner Univerfität wurde der
Sprachunterricht nach Becker betrieben. Diefer aber arbeitete unermüdet
auf dem betretenen neuen Gebiete fort, und eine große Anzahl Sprach-
fchriften, die immer ihren hohen Werth für die deutfche Sprache behaupten werden, war die Frucht feiner Arbeit.

Es find namentlich folgende Werke, fämmtlich zu Frankfut a. M.
erfchienen: 1824: Die deutfche Wortbildung. — 1827: Organismus der
deutfchen Sprache oder deutfchen Grammatik. I. Bd. — 1829: Deutfche
Grammatik. II. Bd. — 1830: Deutfche Grammatik in englifcher Sprache. —
1831: Schulgrammatik der deutfchen Sprache. (1835 III., 1839 IV.,
1845 V., 1848 VII. Aufl.) — 1832: II. Aufl. d. v.   1833: Leitfaden für den erften Unterricht in der deutfchen Sprache. (1845 V.
Auflage. — 1833: Ueber die Methode des Unterrichts in der deutfchen
Sprache als Einleitung zu dem Leitfaden. — 1833: Das Wort in feiner organifchen Verwandlung. — 1835—1839: Deutfche Grammatik.
Neue Auflage in 3 Bden. als Commentar der Schulgrammatik. — 1845:
Auszug aus der Schulgrammatik. — 1848: Der deutfche Stil.

Becker war thätig und ruhig bis in fein Alter. Er liebte vor Allem
die Befchäftigung mit der Natur; den täglichen Spaziergang verfäumte
er nie, und er fagte felbft: „meine Bücher find im Walde entftanden."
Die Arbeit war fertig in feinem Kopfe, ehe fie niedergefchrieben ward,
er bedurfte keiner Nachkorrectur; feit feinem 55. Jahre pflegte er alljährlich eine größere Reife zu unternehmen. Die übrige Zeit arbeitete er
fleißig. In den zwei letzten Lebensjahren riß ihm der Tod zwei hoffnungsvolle Söhne und feine treue Lebensgefährtin aus feinen Armen;
doch fein Geift blieb kräftig. Noch in dem letzten Jahre nahm er Theil
an der politifchen Bewegung der Zeit. Zur Zeit des Frankfurter Par-
laments war regfames Leben in feinem Haus und Garten zu Offenbach.
Da fammelten fich viele der beften Männer als Freunde und führten
neue Bekannte zu. „E. M. Arndt, Uhland, Dahlmann und Andere be-
fprachen mit Becker deutfche Wiffenfchaft wie deutfches Leben."

Doch der Vielgefchätzte, er überlebte das Ende jenes frankfurtifchen
Dramas nicht. Er ftarb nach kurzem Krankenlager zu Offenbach im
September 1849, wenn auch im fchönen Greifenalter, der Wiffenfchaft
doch zu frühe. —

Rudolph Zacharias Becker.
Geboren im Jahr 1751, geftorben den 28. März 1822.

Motto: Aufklärung heißt — der Uebergang eines Volkes
von Unwiffenheit und Irrthum zur Erkenntniß der Wahrheit, die Befreiung von Vorurtheilen, und Annahme richtiger Begriffe und Grundfätze, — das Gefchäft die Vernunft gefund zu machen, und die Menfchen ihrer Beftim-
mung und Würde als Menfchen, und ihre daraus entfprin-
genden Pflichten und Rechte kennen und ausüben zu lehren
Becker.

Rudolph Zacharias Becker. Begründer des „Allgemeinen
Reichsanzeigers," geboren zu Erfurt 1751, ward 1782 Lehrer am Er-
ziehungsinftitut zu Deffau, ließ fich 1783 in Gotha nieder und begründete eine Buchhandlung. Durch raftlofes Streben nach nützlicher Zweckmäßigkeit bildete er fich zu einem weltbürgerlichen Volksfchriftfteller, und

steht in dieser Hinsicht sowohl durch seine vielfachen schriftstellerischen Unternehmungen, als auch wegen des wahrhaften Nutzes, den er nicht allein unter dem Volke, sondern auch unter den höhern Classen gestiftet hat, vielleicht einzig vor allen deutschen Schriftstellern da. Mehr als dreißig Jahre war er bemüht, Grundsätze echter Lebensweisheit in den untern Volksclassen zu verbreiten. Unter seinen schriftstellerischen Unternehmungen zu diesem Zwecke steht das „Noth- und Hülfsbüchlein" (Bd. 1, Gotha 1787, Bd. 2, 1798), indem er das Beispiel einer zweckmäßig geleiteten Selbstbildung einer vorher verwilderten Dorfgemeinde aufstellt, dem sich das „Mildheimische Liederbuch" (Gotha 1799) anschließt, oben an, von welchem erstern, nach Becker's eigener Angabe, binnen 25 Jahren eine Million Exemplare gedruckt und nachgedruckt worden sind.) Dieser beispiellose Absatz bezeugt die richtige Ansicht des Verfassers und die Zweckmäßigkeit seines Werkes. Nicht minder verdienstlicher ist sein „Allgemeiner Reichsanzeiger," der 1791 begann, 1806 wegen der veränderten Lage Deutschlands den Titel „Allgemeiner Anzeiger der Deutschen" erhielt. „Auch die Nationalzeitung der Deutschen", die 1797 an die Stelle der „Zeitung für die Jugend" trat, die 1784 begonnen hatte, bewährte die lobenswürdige Absicht und den rastlosen Eifer, mit dem Becker für bürgerliches Wohl und vernünftige Aufklärung noch im Alter zu wirken strebte. Ein unbekannter Anlaß, wahrscheinlich irgend ein freimüthiges Wort im „Allgemeinen Anzeiger," machte Becker der französischen Regierung verdächtig, gewaltsamerweise ward er am 30. November 1811 von Gotha nach Magdeburg gebracht, und erst auf Verwendung des Herzogs von Gotha bei Napoleon seiner Familie wieder gegeben. Während seiner Gefangenschaft entwarf er das „Noth- und Hülfsbüchlein" einer gänzlichen Umarbeitung (Gotha 1814; neue Aufl. 1825). Becker war seit 1802 fürstl. schwarzburg-sonderhäuser Hofrath und starb 1822. —

Andreas Bell und Lancaster.

Geb. i. J. 1752, gest. d. 28. Jan. 1832. Geb. i. J. 1778, gest. am 14. Oct. 1838.

Andreas Bell, geboren im Jahr 1752, der Sohn eines Haarkräuslers in St. Andrews in Schottland, studirte daselbst Theologie, bekleidete sodann die Stelle eines Pfarrers der bischöflichen Kirche zu Leith, ging hierauf als Lehrer der Physik nach Madras in Ostindien und wurde daselbst als Kaplan der Festung St. George und Prediger an der St. Mary-Kirche angestellt. Als die Ostindische Compagnie 1789 zu Egmare bei Madras ein Waisenhaus für Soldatenkinder männlichen Geschlechtes errichtete, ward Bell einer der Directoren und übernahm freiwillig und unentgeldlich die Oberleitung des Unterrichtes in der Anstalt. An der Schule von 200 Knaben waren 4 Lehrer angestellt, die in 4 Klassen den Unterricht ertheilten. Bell, unablässig darauf bedacht, die Schule zu heben, fand bei seinen Reformversuchen das größte Hinderniß in der Unfähigkeit und Widerwilligkeit der Lehrer, welche allen Verbesserungen mit der Erklärung entgegentraten: das läßt sich nicht ausführen. Als er einst wieder auf diese Weise seiner Absicht, den Unterricht zweckmäßiger einzurichten, scheitern sah, gerieth er auf den Gedanken, das, was der Lehrer für unausführbar erklärt hatte, durch einen der ältesten und besten Schüler ausführen zu lassen. Da der Versuch über Erwarten gut ausfiel, beschloß Bell sich dieser unfügsamen Lehrer gänzlich zu entledigen. Sie wurden sämmtlich des Unterrichtes enthoben und nur noch zur Beaufsichtigung des Lokals und für das ökonomische

Fach verwendet. Jetzt bildete sich Bell eine Schuleinrichtung aus, de=
ren Grundgedanke ist, daß aller Unterricht der einzelnen Schülerabthei=
lungen durch die dazu aufgestellten beßern Schüler (Monitoren) unter
bloßer Aufsicht des Hauptlehrers ertheilt wird. Vom 1. Juni 1795 an
wurde die Schule einzig von Schülern selbst gehalten. Allein schon im
folgenden Jahre sah sich Bell zum großen Bedauern des Directoriums
wegen geschwächter Gesundheit genöthigt, nach England zurückzukehren.
Vor seinem Abgange verfaßte er auf den Wunsch des Vorstandes eine
Beschreibung der von ihm getroffenen Schuleinrichtung, die von nun an
dem dortigen Schulwesen zur Grundlage und Norm dienen sollte. Diese
Abhandlung kam im folgenden Jahre im Druck, wurde aber anfangs
wenig beachtet. Später wurde sie vermehrt und verbessert öfters aufge=
legt; am vollständigsten in drei Büchern. —

Nach seiner Rückkehr erhielt Bell eine einträgliche Pfründe in der
Westminsterabtei nebst der Vorsteherstelle von Sherburne Hospital in der
Grafschaft Durham, und lebte zehn Jahre in Zurückgezogenheit, bis er
1807 in Folge der Einladung einiger hochgestellter Geistlichen, eine
Schule nach seinem System in London einzurichten, seiner frühern Schul=
reformthätigkeit zurückgegeben wurde. Die plötzliche Rührigkeit der hohen
englischen Geistlichkeit hatte aber ihren Grund in dem Erscheinen eines
andern glänzenden Meteors am Schulhimmel, von dem Gefahr für die
englische Hochkirche zu befürchten schien. Dieses Meteor war ein noch
ganz junger Mann, Joseh Lancaster (geb. 1778), der eine Anstalt
für unbemittelte Kinder errichtete, und nur ein Drittel des gewöhnlichen
Schulgeldes verlangte. —

Lancaster führte in seinen Schulen Tabellen ein, die bis jetzt
ganz fremd waren, wodurch, wie er sagte, die Schule nur Eines Bu=
ches bedürfe. Das Schreiben geschah zuerst auf Schiefertafeln und auch
in Sand; für das Rechnen hatte er ebenfalls Tabellen. In Allem
wurde eine strenge Oekonomie beachtet. Lord Sommerville wurde zuerst
auf diese Schulen aufmerksam; er führte den Lord Bedford ein, der
Subscribenten zur Unterstützung dieser Schule sammelte. Aus dem zuge=
flossenen Gelde wurden die Kosten bestritten, und dem Lehrer auf jedes
Kind 15 Schillinge entrichtet. Nunmehr wurde die Lancaster'sche Schule
eine Freischule. 1803 erschien eine Beschreibung der Anstalt und 1805
zählte sie 1000 Knaben. Die Sache machte so großes Aufsehen, daß sich
der König dafür interessirte, und Lancaster eine Audienz gab. Der Kö=
nig sprach zu ihm: „Es ist mir daran gelegen, daß jedes Kind in mei=
nem Reiche im Stande sei, die Bibel zu lesen." Auch unterschrieb der
Monarch 100 Guineen zur Unterstützung der Anstalt; seinem Beispiele
folgte die ganze kgl. Familie. An Dr. Bell hatten sich einige Erzbischöfe
und Bischöfe angeschlossen, und zwar aus Haß gegen Lancaster, weil er
sich zur Secte der Quäcker bekannte und seine Schule für die Kinder
aller Glaubensbekenntnisse einrichten wollte. —

Lancaster war voll Begeisterung für sein Werk; er reiste im Lande
umher, hielt Predigten über Menschenbildung, und verbreitete sein Un=
terrichtssystem durch ganz England. Aber mit dem Gelde wußte er nicht
umzugehen, darum gerieth er in Schulden, und kam mit seinen Freun=
den in Zerwürfnisse. Streitigkeiten hemmten seine Thätigkeit und seinen
Einfluß, und mit bitterem Herzen sah er seine Anstalten in andere Hände
übergehen. Bald gerieth er in Noth und Armuth, und reiste nach der
neuen Welt, wo von ihm erzählt wird, daß er in Südamerika auf einem
Baume sitzend, arme Kinder unterrichtet habe. Er starb den 14 October

1838 in New = York, zermalt vom Wagenrad eines dahin fahrenden rei=
chen Kaufmannes.

Noch vor ihm, aber in weit glücklicheren Umständen, war sein Mit=
arbeiter und Nebenbuhler Andreas Bell gestorben den 28. Januar 1832
in der Grafschaft Cheltenham.

Bells Schulen sollten nur Kindern der Hochkirchlichen offen stehen
und ausschließlich der kirchlichen Erziehung dienen, während Bell's Schu=
len für Kinder verschiedenen Glaubensbekenntnisses berechnet waren, weß=
halb der eigentliche Religionsunterricht von ihnen ausgeschlossen werden
mußte und nur auf das Lesen der Bibel — ohne alle Erklärung — in
den obern Abtheilungen beschränkt blieb. Dieser Grundsatz bildet den
einzigen wesentlichen Unterschied beider Systeme und schied von Anfang
die Anhänger des gegenseitigen Unterrichtes in zwei Lager. — Während
jedoch die Lancasterschulen in der ganzen Welt Eingang suchten und fan=
den, mußten sich die Bell'schen ihrem Zwecke nach auf die brittischen
Besitzungen beschränken.

Bell selbst bewies seinen Eifer für seine Erfindung noch nach seinem
Tode, indem er sein sehr großes Vermögen für Errichtung von Schulen
nach seiner Methode bestimmte in Londen, Edinburgh, Leith, Glasgow,
Aberdeen und Inverweßje 10,000 L. Seiner Vaterstadt vermachte er
60,000 L., wovon 10,000 zur moralischen und religiösen Veredlung der
Stadt, 50,000 zur Gründung einer Schulanstalt und zur Besoldung der
Lehrer verwendet werden sollten. —

Der heilige Benedikt,
Stifter des Ordens der Benediktiner.
Geboren um das Jahr 480, gestorben den 21. März 543.

Der heilige Benedikt ward zu Nursia im Herzogthum Spoleto
geboren, suchte schon im 14ten Jahre die Einsamkeit in einer in der
Wüste Subiaco gelegenen Höhle, und entwarf 515 eine Regel für seine
Mönche, die zuerst in dem von ihm auf Monte Cassino bei Neapel, in
einem Hain des Apollo, nach Zerstörung des Tempels, 529 gestifteten
Mönchskloster eingeführt, und dann, da sie vernünftiger und wohlthätiger
als alle bisherigen waren, nach und nach die Regel alles abendländischen
Mönchthums ward. Der Heilige, von Gott durch die Gaben der Wun=
der und Weissagung begnadigt, starb am 21. März 653, im 63sten Jahre
seines Alters.

Wenn Benedikt durch seine Tugenden groß war, so war er es auch
durch seine Werke, deren schönstes seine Regel ist. Er wollte die Ge=
schäftslosigkeit verbannen und verordnete daher, außer dem Werke Got=
tes, wie er das Gebet und das Lesen geistlicher Bücher nannte, Unter=
weisung der Jugend im Lesen, Schreiben und Rechnen und im Christen=
thum, ferner Handarbeit und Besorgung der Oekonomie des Klosters.
Kleidung und Leibespflege waren strenge, aber doch nicht übertrieben.
Benedikt ließ eine Bibliothek anlegen, wozu die alten gebrechlichen Brü=
der Handschriften abschreiben mußten. Dazu trug er, ohne eigentlich die
Absicht dazu zu haben, nicht wenig dazu bei, die literarischen Kenntnisse vom
Untergange zu retten. Denn obschon er nur das Abschreiben religiöser
Bücher verstanden hatte, so ward dieß doch in der Folge auch auf clas=
sische Werke aller Art ausgedehnt, und dem Benediktiner = Orden verdankt
die gelehrte Welt die Erhaltung großer literarischer Schätze.

Die mit den Klöstern verbundenen Schulen theilten sich in innere,
für die Oblati, d. h. für solche Kinder, die durch die Eltern dem Kloster

verlobt und übergeben, und nach der Regel durch das Gelübbe der El=
tern persönlich gebunden waren, und in äußere. Letztere schieden sich
wieder in niedere, für den Elementar = Unterricht, dergleichen nach
einer Verordnung Karls des Großen an jedem Kloster sich befinden und
Allen geöffnet seyn sollten, und höhere, für den ganzen Umfang der
dermaligen Wissenschaft nach der Eintheilung in die sieben freien Künste,
zu welchen für den Clerus das Studium der heiligen Schrift und der
Kirchenväter kam. Dergleichen höhere Schulen blühten an den reichern
und berühmtern Klöstern, und versammelten bei der Allgemeinheit der
lateinischen Sprache Schüler aus allen Ländern, aus den höchsten und
niedrigsten Ständen. Sie gaben ihrem Zeitalter seine Gelehrten, den
Fürstensöhnen ihre Erziehung, den Königen ihre Räthe und Kanzler, dem
Volke seine Seelsorger, Richter, Künstler, der Nachwelt die Denkmäler
des Alterthums und die Urkunden und Geschichten ihrer Tage.

Wenn auch der für die europäische Menschheit so vielfach segens=
reiche Orden des heiligen Benedikt im Laufe der Jahrhunderte mehr oder
weniger von seiner ursprünglichen Bestimmung abwich, und zwar meist
durch äußere Verhältnisse, und einer Reform bedürftig wurde, so hat der=
selbe sich doch bis auf unsere Zeiten erhalten und seine Stellung, soweit
es die Verhältnisse gestatteten, gewahrt.

Friedrich Eduard Beneke.
Geboren den 17. Februar 1798, gestorben den 1. März 1854.

> Motto: „Die wirklichen Menschen sind durch und durch in=
> dividuell, und wenn wir sie erziehen, bessern, umstimmen
> wollen, so müssen wir uns mit unseren Einwirkungen dieser
> ihrer Individualität anschließen." Beneke.

Friedrich Eduard Beneke ward zu Berlin geboren, wo
sein Vater Justiz = Kommissarius und Hoffiskal war. Den ersten Un=
terricht empfing er in der Vorbildungsschule des Professors Hartung,
die er im 12ten Jahre mit Obertertia des Friedrich=Werder'schen Gym=
nasiums vertauschte, das unter Bernhardi's Leitung sich mühsam aus
dem völligen Verfalle sich emporarbeitete, in den es unter Pleßmann's
Directorate gerathen war. Schon hier zeichnete sich der Knabe durch
seine mathematischen Studien und durch seine metrischen Uebersetzungen,
sowie durch freie poetische Versuche vor den übrigen Mitschülern aus.
Seine zarte Körper = Constitution kräftigte sich nicht wenig dadurch, daß
er 1811 an Jahns Turnstunden regen Antheil nahm, wozu sich später
der Unterricht im Schwimmen und Fechten gesellte.

Nachdem Beneke, so eben als Abiturient entlassen, den Feldzug des
Jahres 1815 als freiwilliger Jäger mitgemacht hatte, bezog er zu Ostern
1816 die Universität Halle, um sich der Theologie unter Leitung Knapp's
und Gesenius zu widmen, ohne deßwegen das Studium philoso=
phischer Schriften zu vernachlässigen. Zu Ostern 1817 nach Berlin
heimgekehrt, setzte er seine wissenschaftlichen Bestrebungen fort. — Dem
jungen Theologen standen nun die ersten Examina bevor; er repetirte
darum fleißig, predigte gern, um sich auch praktisch geschickt zu machen, hörte
gute Kanzelredner, unter Andern auch Schleiermacher. Hier geschah
es, daß Beneke durch ein Zwiegespräch mit seinem ihn zur Kirche beglei=
tenden Bruder über die Verirrungen der Philosophie und ihre Pflicht,
denselben entgegenzutreten, von diesen Gedanken so lebhaft ergriffen wurde,
daß sie ihn auch während der Predigt nicht verließen, und als er aus
der Kirche trat, hatte er sich entschieden, ganz der Philosophie zu leben.

Schon zwei Monate darauf, im Jahre 1820, war er als Privatdocent an der Berliner Universität habilitirt. In diesen Zeitpunkt fallen
seine zwei kleine philosophische Schriften: „Erkenntnißlehre nach dem Bewußtsein der reinen Vernunft in ihren Grundzügen dargelegt" und die
„Erfahrungsseelenlehre als Grundlage alles Wissens," die seinen Standpunkt bezeichneten.

Daß bei der gewaltigen Anziehungskraft, welche die Hegel'sche Philosophie damals in Berlin ausübte, kein geringer Muth gehörte, als junger Docent in völlig entgegengesetzter Wirkung zu wirken, lag auf der
Hand. Schon war es ihm in der That gelungen, binnen Jahresfrist ein
ansehnliches Auditorium zu erwerben, als bei der Einlieferung des Kata-
logs für den Sommer (im Februar 1822) seine Vorlesungen vom Ministerium gestrichen wurden. Die einzige Veranlassung dazu bot sein Buch:
„Grundlegung zur Physik der Sitten, ein Gegenstück zu Kant's Grundlegung zur Metaphysik der Sitten; mit einem Anhange über das Wesen
und die Erkenntnißgrenzen der menschlichen Vernunft. Berlin, 1822."

In sechs Vorstellungen, in welchen er, vier an das Ministerium, die
fünfte an Staatskanzler v. Hardenberg, die sechste an den König gerichtet, um eine nähere Angabe der Gründe des Verbots seiner Vorlesungen,
sowie um die Erlaubniß zu einer Rechtfertigung bat, hat er — keine
Antwort erhalten, und dasselbe Schicksal hatte eine von der Universität
in dieser Beziehung eingereichte Vorstellung.

Das weimarische Ministerium wollte ihn an Fries Stelle zu einer
ordentlichen Professur in Jena berufen; aber auch dieses zerschlug sich,
insbesondere durch ein Gutachten des preußischen Ministeriums, das ungünstig für ihn ausfiel. Es wurde darin anerkannt: „daß gegen den
Lebenswandel und die Gesinnungen Beneke's nicht das Mindeste einzu-
wenden sei," aber hervorgehoben, „daß ihm überhaupt nicht diejenige
Reife der Einsicht zugetraut werden könne, die den Lehrer philosophischer
Disziplinen auszeichnen solle, und daß insbesondere eine Einseitigkeit der
Betrachtungen an ihm getadelt werden müsse, die auf Jünglinge
leicht sehr nachtheilig wirken könne."

So blieb Beneke nichts übrig, als im Januar 1824 als Privatdocent nach Göttingen zu gehen; hier vermochte er sich mit größerer Gemüthsruhe seinen Forschungen hinzugeben, und seine dort geschriebenen
Werke: „Psychologische Skizzen" und „das Verhältniß von Seele und
Leib" geben Zeugniß von der raschen Ausbildung, welche sein System
gewann. Unterdessen hat man doch wohl einigermaßen eingesehen, daß
man ihm Unrecht gethan habe, und so wurde ihm denn, als ihn zu
Ostern 1827 Familienverhältnisse nöthigten, nach Berlin zurückzukehren,
wieder die Erlaubniß zu Vorlesungen an der Universität ertheilt. — So
trat er nach 5 Jahren wieder in seine alte Stellung ein, aber freilich
unter sehr veränderten Umständen. Die Zahl philosophischer Professoren
war bedeutend größer geworden und wurde fortwährend mit Schülern
Hegel's vermehrt. Dessenungeachtet erwarb er sich nach und nach zahlreich besuchte Vorlesungen, und auf der Grundlage hiervon wurde er
nach Hegel's Tode im Jahre 1832 Professor extraordinarius, jedoch ohne
Gehalt, ernannt. (Erst mit dem 1. Januar 1841 erhielt er 200 Thlr.
jährlich, jedoch ausdrücklich nur als widerrufliche Remuneration, die indeß
nie erhöht wurde.) Seine Antritts-Dissertation über einen Gegenstand
der Logik zeichnete sich durch den klassischen Styl und die Eleganz des
lateinischen Ausdruckes aus, den selbst Kenner, namentlich in Betracht der
von dem Gegenstande unzertrennlichen Schwierigkeiten, lobend hervorgerufen wurde.

Im Jahre 1833 stellte Beneke seine psychologischen Ansichten noch einmal in gedrängter Form und mit größerer wissenschaftlichen Strenge dar in seinem „Lehrbuch der Psychologie." Abermals im Jahre 1833 trat „die Philosophie in ihrem Verhältnisse zur Erfahrung, zur Spekulation und zum Leben dargestellt" hervor. Es wird sie Niemand, der in Beneke's System eingedrungen ist, ohne die höchste Befriedigung aus der Hand legen. Keine Schrift von Beneke aber zeigt wohl so deutlich, was es mit der durch ihn bewirkten Reform der Psychologie auf sich habe, als die 1835 und 36 herausgekommene „Erziehungs= und Unterrichts= lehre," 2 Bände. Die systematische Schärfe, die sich hier durchgehends zeigt, geht aus dem Umstande hervor, daß Beneke's Pädagogik nur eine Anwendung seiner psychologischen Ansichten war; er hätte diesen Theil seiner angewandten Psychologie eben so gut eine Physik der Erziehung nennen können, wie er einst von einer Physik der Sitten gesprochen hatte.

In Folge der Angriffe, die ihm in dieser Beziehung widerfuhren, erschien die Schrift: „Erläuterung über die Natur und Bedeutung meiner psychologischen Grundhypothesen." Ebenso hängt mit der Erziehungs= und Unterrichtslehre zusammen die Schrift: „Unsere Universitäten und was ihnen Noth thut. In Briefen an den Herrn Dr. Diesterweg, als Beitrag zur Lebensfrage an der Civilisation." Obgleich auf eine mehr äußere Veranlassung entstanden, sind diese Briefe in ihrer ruhigen Klarheit doch äußerst instructiv, namentlich in Bezug auf die Lehrmethode in höhern und niedern Schulen, wie denn die Didactik und Methodik in Beneke einen gründlichen Verbesserer gefunden hat.

Neben diesen bedeutenderen Arbeiten hat Beneke noch eine große Menge anderer Schriften, einzelner zum Theil umfangreicher Abhandlungen, Recensionen ꝛc. in verschiedenen Zeugnissen drucken lassen. — Mit Professoren anderer Universitäten, mit gebildeten, angesehenen Männern und Frauen im In= und Auslande, die sich mit der neuen Psychologie beschäftigt hatten, stand Beneke in lebhaftem schriftlichen Verkehr. Viele Freunde hatte er durch seine Schriften sich, besonders in England, erworben; ja man schätzte ihn dort verhältnißmäßig höher, als in seinem Vaterlande.

Zu der niederschlagenden Wirkung seiner äußern Lebensverhältnisse (er genoß noch immer seine jährliche Remuneration von 200 Thalern) gesellten sich in spätern Jahren schwere, körperliche Leiden, die namentlich durch andauernde Schlaflosigkeit aufreibend wurden. Auch war es schmerzlich für ihn, zu sehen, wie sich das in frühern Jahren hervorgetretene Interesse an seinen Vorlesungen sowohl, als an seinen wissenschaftlichen Bestrebungen überhaupt verminderte. — Für Familienleben verrieth Beneke entschiedene Neigung, dennoch blieb er unverheirathet, da — wie er im Vertrauen äußerte — sein Einkommen unzureichend sei, einen eigenen Hausstand zu gründen, wofür er indessen reichliche Entschädigung fand im schönen Zusammenleben mit seinem Bruder, dem Consistorialrathe und Prediger Beneke.

In seinen letzten zwei Jahren nahmen die körperlichen Leiden immer mehr überhand; nichtsdestoweniger setzte er seine Vorlesungen, so schwer es ihm auch wurde, in gewohnter Weise fort. Noch am 28. Febr. 1854 stattete er einer ihm befreundeten Familie einen Besuch ab, und zeigte sich gesprächig theilnehmend wie sonst. Am folgenden Tage den 1. März zwischen 5 und 6 Uhr Nachmittags hatte er eine Vorlesung zu halten. Zwischen 4 und 5 Uhr entfernte er sich aus dem Hause, steckte sein Heft ein, kurz — verhielt sich so besonnen, wie sonst. Von diesem Gange kehrte er nicht wieder. Es ergab sich, daß Beneke in der Universität nicht gewesen, aber gegen 6 Uhr am Canal in der Gegend des zoologischen Gartens gesehen worden sei. Erst später wurden bei zwei Arbeitern in Beneke's Kleidungsstücke entdeckt, die auf einer Bank am Kanal gefunden sein sollten, aber sehr lange und sorgfältig verborgen gehalten worden waren. Die beiden Männer wurden verhaftet, verhört und vor Gericht gestellt. Erst nach Jahresfrist wurde der Leichnam im Wasser gefunden. Manche Umstände blieben im Unklaren und vor Allem Beneke's Todesart.

Noch zwei Worte über Beneke's Psychologie und dessen persönlichen Charakter!

In der Psychologie Beneke's wird das Wesen des Geistes nirgends zur Anschauung gebracht. Schon in der Lehre von den Urvermögen waltet eine unklare Vermischung psychologischer und physiologischer Momente, und die aufgestellte Genesis des Bewußtseins gehört zu den schwächsten Theilen der ganzen Theorie. Dagegen müssen zwei Punkte als solche bezeichnet werden, in denen jede weitere Entwicklung der Psychologie sich an Beneke immer wird anschließen müssen: Die Bedeutung und Entwickelung, welche er der Lehre vom unbewußten Seelenleben gegeben und die hiemit zusammenhängende Bereicherung, welche die Lehre von dem Vorstellungsleben und von den Verhältnissen der Vorstellungsreihen durch ihn erfahren hat."

In Beneke vereinigten sich: die Begabtheit des selbstständigen, ursprünglichen Denkers, ein reines Gemüth voll aufopferungsfähiger Liebe ohne Falsch und die Festigkeit eines Willens, den nicht äußerer Vortheil oder Nachtheil, sondern nur die volle Ueberzeugung leitete. Das ist in wenigen Zügen das Bild des unermüdeten Forschers und Lehrers, des viel verkannten edlen Dulders, des ehrenhaften Mannes, der auf so räthselhafte Weise verschwunden. —

Joh. Albrecht Bengel.
Geboren im Jahre 1687, gestorben im Jahre 1752.

Joh. Albr. Bengel, geboren zu Winnenden, gestorben als Prälat und Consistorialrath zu Stuttgart, erst ein Jahr vor seinem Tode von der Tübinger Facultät zum Doctor der Theologie creirt. — Bengel hat praktisch seinen Erziehungs-Beruf nicht nur als Vater im Kreise seiner zahlreichen Familie, sondern auch in der langen Zeit, von 1713 bis 1741 als Klosterpräceptor in Denkendorf in der gesegnetsten Weise geübt; und wenn er auch kein Lehrbuch der Pädagogik geschrieben hat, was damals ohnehin noch nicht Brauch war, so besitzen wir doch aus seinem Munde pädagogische Lehren, die einerseits in geschichtlicher Hinsicht von Interesse sind, andererseits durch ihre schlichte Wahrheit sich jedem christlichen Erzieher zur Beherzigung empfehlen. Als Probe davon stellen wir die Aphorismen voran, die unter dem Titel: „J. A. Bengel's Aufsatz zur Erziehung der Kinder" in Ph. D. Burk's Sammlungen zur Pastoral-Theologie eingerückt sind:

1) Es ist nicht noth, daß man sich um viele Erziehungs-Maxime bemühe, die einfachste Methode ist die beste.

2) Man verschafft den Kindern gute Gelegenheit, dadurch ihnen das Wort Gottes bekannt wird, wenn schon nicht Alles bleibt, wird doch hier und da etwas bleiben.

3) Mit vielen Auslegungen u. s. w. sie zu überhäufen, ist nicht rathsam. Hie und da bei schweren Stellen, unbekannten Ausdrücken den

Sinn kurz zu zeigen, ist desto besser. Ein Brunnenmacher räumt nur die Hindernisse aus dem Weg, so läuft das Wasser von selbst.

4) Nur hat man ihnen die Gelegenheit zu groben Ausschweifungen abzuschneiden; übrigens aber ist es besser, wenn man sie mehr in ihrer meist unschuldigen Geschäftigkeit ihrer eigenen, als der fremden Willkühr überläßt. Z. B. im Springen und andern Handlungen, wozu eine jugendliche Munterkeit antreibt, da einige Aufseher oft Alles für Leichtsinn schelten, soll man eben nicht gar so genau sein.

5) Μακροθυμία (Langmuth) ist sehr zu empfehlen. Denn viel an solchen jungen Bäumlein schimpfeln (spielend schnitzeln) würde verletzen.

6) Wo es aber in eine Hartnäckigkeit ausschlagen will, da setzt man christlichen Ernst darauf und bricht die Hartnäckigkeit.

7) Kinder werden wenigstens Morgens und Abends zum Gebet angehalten, und da beten sie entweder selbst oder ihr Aufseher geht ihnen mit Gebet vor, wobei sie unvermerkt ein Beispiel zur Nachahmung auf andere Fälle in's Gemüth fassen. Uebrigens hat Hiob mehr für seine Kinder, als sie vielleicht für sich selbst; d. i. Eltern und Aufseher, wenn sie Jesum kennen, thun immer das Beste: und in diesem Dächlein sind solche Jungen hernach wie geborgen.

8) Heiter, freudig, gütig, nicht griffig, mürrisch, wunderlich mit ihnen zu handeln, ist billig und löblich.

9) Ueberhaupt gehts mit der menschlichen Erziehung meistens κατὰ τὸ δοκοῦν (nach ihrem Dünken), darunter erhält die Verträglichkeit Gottes und seine weise Güte dennoch den Zweck.

10) Mägdlein werden insonderheit vor Fürwitz, eitler Galanterie verwahret, zur Stille, Einfältigkeit angewiesen: so findet die ἁπλότης εἰς Χριστόν (Einfalt auf Christum — auch neuerlich als weibliche Grundtugend und dargestellt von Löhe: „Von der weiblichen Einfalt"), desto weniger Hindernisse und Aufhalten.

11) Es erhält und mehrt die Liebe merklich, wenn Kinder sehen, daß man sie nicht begehrt zu schimpfen, sondern ihre Mängel vielmehr zu ertragen, oder gleichsam intra parietes in der Stille zu bessern sich angelegen sein läßt. —

Ambrosius Bethman Bernhardi.
Geboren den 18. Dezember 1756, gestorben den 27. November 1801.

Ambr. Bethman Bernhardi, geboren zu Freiberg, war der beglückte Sohn glücklicher Eltern — sein Vater war Bürgermeister und Accisskommissär in Freiberg — fing von 1775 an in Leipzig zu studiren, zuerst Theologie, dann Jurisprudenz, darauf wandte er sich philologischen Studien zu, die er gegen mathematische und naturkundliche vertauschte, sich endlich für pädagogische Studien entschied, für Lehrerwirksamkeit bestimmte, und diese praktisch 1799 als Hofmeister in Lyon begann. Nach 4 Jahren begleitete er seinen Zögling nach Leipzig, übernahm hier die Mentorschaft eines jungen Liefländers, machte mit diesem Reisen nach Petersburg und Moskau und kehrte 1795 heim in's Vaterhaus. Nach verschiedenen vergeblichen Versuchen um ein öffentliches Lehramt gab sich Bernhardi lohnender Privatthätigkeit hin und schrieb: Züge zu einem Gemälde des russischen Reiches. 3 Sammlungen. Freiberg, 1798 bis 1807. 8. Gemeinfaßliche Darstellung der Kant'schen Lehren über Sittlichkeit, Freiheit, Gottheit und Unsterblichkeit. Das. 2 Thle. 1796. 8. Zur allgemeinen literarischen Zeitung lieferte Bernhardi seit 1798 mehrere Recensionen und Beurtheilungen über das russische Reich. Was er schrieb, wurde mit Beifall aufgenommen, bewährte ihn auch als einen Mann von soliden Kenntnissen, als einen scharfsinnigen, denkenden Beobachter, und allhin charakterisirte Bernhardi sich als Mann und Lehrer von Umsicht, Wahrheitsliebe, Lehrertreue, begeistert und thätig für aufklärende Wahrheit, für menschliches Wohl, für die höchsten Güter des Lebens der Menschheit, für „freien Geist in Erdenschranken, für festes Handeln und Vertrauen!" Segen seinem Andenken von dankbarer Lehrerwelt. —

August Friedrich Bernhardi.
Geboren im Jahre 1768, gestorben den 2. Juni 1820.

August Friedrich Bernhardi, rühmlich bekannter Sprachforscher, geboren zu Berlin 1768, studirte Philologie in Halle, wo ihn Wolf zum eifrigen Philologen bildete; doch blieb er seinem Vorsatze, Schulmann zu werden, treu, und behielt die Pädagogik im Auge. Mit dem festen Entschlusse, später eine allgemeine Grammatik zu schreiben, verließ er die Universität und las zu diesem Behufe die Prosaiker und Dichter. Auf dem Werder'schen Gymnasium zu Berlin, wo er seine erste Anstellung fand, machte er die Bekanntschaft mit Ludwig Tieck, der damals Gymnasiast der ersten Klasse war. Durch diesen gewann er eine ganz neue Ansicht der Dichtkunst, ward dem Theater, das ihn schon früher sehr angezogen, von Neuem zurückgeführt, lernte es aber von einem andern Standpunkte aus betrachten. Die Früchte der Freundschafts-Verhältnisse zwischen Bernhardi und Tieck sind zum Theil in den Theater-Anzeigen in der „Deutschen Monatsschrift" (Berlin 1790) niedergelegt. Gemeinschaftlich mit diesem gab er dann die „Bambocciaden" (3 Bände, Berlin 1797—1800) heraus, welche komische Erzählungen und dramatische Darstellungen voll feinen leichten Witzes und gesellschaftlicher Ironie enthalten. Seinen Ruhm aber als Sprachforscher begründete er durch die „Sprachlehre" (2 Bde., Berlin 1801—1803) und „Anfangsgründe der Sprachwissenschaft" (Berlin 1805), die von einem nicht gewöhnlich kritischen, philosophischen und grammatischen Sinne zeugen. Er deutet darin an, daß sich die Sprache ansehen lasse als ein fertig gewordenes Gebilde und als ein wirkendes Wesen. Jenes ist ihm die streng grammatische Seite mit der feststehenden Regel, dieses die historische, bei welcher die Regel in stetem Uebergang zur Analogie und Anomalie anzutreffen ist. Das, was beide Seiten vermittelt und umfaßt, ist ihm die philosophische Grammatik. So ahnte er schon, was später erst vollständig erkannt wurde, wie unerläßlich es sei, im Studium der Sprachen die historische Seite nicht zu übersehen. Er fühlte vollkommen das Dasein von etwas nicht sowohl Stehendem oder Ruhendem, als vielmehr Ständigem in der Sprache; und zugleich dessen Veränderungsfähigkeit. Daher war es ihm möglich, auf der einmal gelegten Grundlage fortwährend fortzuarbeiten. Für das Fach der Pädagogik leistete er ungleich weniger, als für die Grammatik. Erst als ihn sein Amt als Director des Werder'schen Gymnasiums und der Realschule und der Consistorialrath zu verpflichten schien, sich öffentlich als Pädagog zu zeigen, schrieb er seit 1808 mehrere Programme, die fast sämmtlich, insofern sie sich auf Erziehung beziehen, geistreiche Constructionen pädagogischer Hypothesen sind, die von einer Willkührlichkeit ausgehen, aber in der wissenschaftlichen Darstellung den Schein einer begründeten Nothwendigkeit davongetragen haben. Einige derselben erschienen gedruckt unter dem Titel: „Ansichten über die Organisation der gelehrten Schulen." (Jena, 1818.) Derselbe, der früher eine Mathematik der Erziehungskunst gesucht, wollte später im Freiheitskriege 1813 beweisen, daß die Erziehung den jedesmaligen nationalen und staatsmäßigen Anforderungen und Bedürfnissen sich anschließen müsse. —

G. Friedrich Bischoff.
Geboren den 21. September 1780, gestorben den 7. September 1841.

G. Friedrich Bischoff, Begründer der deutschen Musik- und Gesangsfeste. Als solchem gebührt ihm hier wohl eine ehrende Erinnerung, da sein anregender und veredelnder Einfluß auf den deutschen Lehrerstand eben durch Begründung der Musik- und Gesangfeste unverkennbar ist. — Bischoff ward zu Ellrich am Harz geboren, wo sein Vater als Lehrer und Organist angestellt war. Vorbereitet für den Besuch einer gelehrten Schule, auch ausgerüstet mit gründlichen Vorkenntnissen in der Musik, kam er 1794 auf das Gymnasium zu Nordhausen. Obgleich anfangs Willens, Theologie zu studiren, weßhalb er sich 1800 nach Jena und 1801 nach Leipzig begab, so entsagte er bald darauf diesem Fache, um sich ungestörter seiner Kunst, der ihm so sehr verwandten Musik, widmen zu können. Zuerst 1802 als Hauslehrer in Steinthalsleben engagirt, folgte Bischoff 1803 der Einladung nach Frankenhausen, um am dasigen Lyceum als Kantor und Lehrer angestellt zu werden. In diesen Verhältnissen blieb er bis zum Jahre 1806, indem sein ausgebreiteter Ruf, welchen er sich durch ausgezeichnete Leistungen in der Musik erworben, ihn in diesem Jahre nach Hildesheim als Musikdirektor des Andreanums und der vier evangelischen Kirchen, sowie auch als Kantor der Hauptkirche zu St. Andreä führte. Nachmals wurde er noch zum Hauptlehrer der sechsten Klasse des Gymnasiums ernannt, und ihm der Gesang der höhern Töchterschule übertragen. In diesem Wirkungskreise erreichte Bischoff sein Lebensende.

Bischoff's Talent neigte sich vorzugsweise der Veranstaltung und Ausführung großer klassischer Tonwerke hin. Schon im Jahre 1804 veranstaltete er mit den ihm zu Gebote stehenden Mitteln die Aufführung der „Schöpfung," die für die damalige Zeit, wo noch keine Gesang-Vereine bestanden, für etwas Außerordentliches gehalten wurde. Die ausgebreitete Bekanntschaft mit den größten Künstlern seiner Zeit, wie mit Spohr, Friedr. Schneider, Romberg, verschafften ihm später reichere Mittel zur Ausführung seiner Idee, die Veranstaltung zu eigentlichen Musik-Festen.

Hierbei sei erwähnt, daß Bischoff im Jahre 1808 bei Zusammenkunft des Kaisers Napoleon mit dem Kaiser Alexander mit der Direction einer großen Musik-Aufführung betraut wurde, welche Aufgabe er auf die gelungenste Weise zu lösen wußte; und daß Bischoff in Folge dieses durch ein ungesuchtes kaiserliches Patent zum Musik-Director mit der Befugniß ernannt wurde, im französischen Reiche nach Gefallen Musik-Aufführungen veranstalten zu dürfen.

Als sein erstes, nach eigenem Willen veranstaltetes Musikfest bezeichnete Bischoff das am 20. und 21. Juni 1810 zu Frankenhausen veranstaltete Fest, dessen musikalischen Theil Spohr dirigirte. Hiermit wurde die Reihe der deutschen Musikfeste eröffnet. Es war der Impuls, das Vorbild für alle nachmaligen ähnlichen Unternehmungen am Rhein, in der Schweiz u. s. w. Beseelt für diese großartigen Kunstleistungen ließ er diesem ersten Feste in den

Jahren 1811 und 1815 zu Frankenhausen, 1816, 1817, 1818 und 1822 zu Hildesheim, 1819 zu Peine, 1820 zu Helmstedt und Quedlinburg, 1821 zu Etze und Bückenburg, 1825 zu Pyrmont und 1826 und 1827 zu Goslar gleiche Musikfeste folgen. Im Jahre 1830 war Bischoff eifrig bemüht, norddeutsche Musikfeste zu gründen, woran namentlich die Städte Hannover, Hildesheim, Hameln, Celle, Bremen, Bückeburg u. m. a. Theil nehmen sollten.

Diese Musikfeste sind im Laufe der Zeit eine bedeutungsvolle Erscheinung in der Kunstwelt geworden; ihr wohltätiger Einfluß auf Kunst und Kunstsinn ist eine vollendete Thatsache. Indem sie durch den großen Zusammenfluß von Künstlern und im Zusammenwirken vieler wohlgeübter Gesang-Vereine die einzige Gelegenheit geben, Meisterwerke großer Tondichter in möglichster Vollkommenheit darzustellen, sind sie zugleich, begünstigt durch ihre gesellige Einrichtung, die Mittel, die Heroen der Musik einander näher zu bringen, den mündlichen Austausch von Ansichten über Kunst und Kunstleben, nicht weniger auch den Kunstsinn des Volks zu fördern. Dieß sind die wesentlichen Zwecke unserer Musikfeste. Ueber die Erfolge dieser volksthümlich gewordenen Feste kann insbesondere dann kein Zweifel obwalten, wenn man die erstaunliche Vermehrung der Gesang-Vereine, welche allein den Musikfesten ihre Entstehung verdanken, und die seit mehr denn 20 Jahren entstandenen zahlreichen Liedertafeln, welche unlängst in den kleinsten Städten, ja selbst auf dem Lande gefunden haben, in's Auge faßt. Die Saat, welche Bischoff gestreuet, hat reiche Früchte getragen. Die Mit- und Nachwelt wird seiner stets ehrend gedenken — und diese Anerkennung ist das Einzige, was er von allen seinen großartigen, mit gänzlicher Aufopferung seines Vermögens verbundenen Unternehmungen bei seinem Leben erworben hat.

Albert Bizius (Jeremias Gotthelf.)
Geboren am 4. Oktober 1797, gestorben den 22. October 1854.

Motto: Liebe und Ernst müssen das Augenpaar werden, das über unsern Kindern immer offen stehen soll.   J. Gotthelf.

Albert Bizius, der auch in Deutschland unter dem Namen „Jeremias Gotthelf" beliebte Volksschriftsteller, wurde im Pfarrhause zu Murten geboren, studirte in Bern und später in Göttingen Theologie und lebte seit 1832 als Pfarrer in Lützelflüh im Emmenthal, wo ihn auch ein plötzlicher Tod ereilte.

Er ist freilich in manchen Gegenden ein viel wenig gefeierter Name, vielleicht weil er zunächst die Zustände der Schweiz und besonders des Bernerlandes im Auge hatte, auch viele Eigenthümlichkeiten seiner heimathlichen Schreibart beibehielt, allein seine naturgemäßen Darstellungen des Volkslebens, die idyllischen Schilderungen der Volkssitten, die freimüthige Enthüllung verderblicher Vorurtheile, Mißbräuche und Angewöhnungen in den unteren und oberen Lebenskreisen, endlich die schlichte, naive, derbe Sprache und Schreibart reihen ihn den ausgezeichnetsten Männern dieser Gattung jeder Zeit an. Auch seine Schriften verdienen einen Platz in jeder Hausbibliothek. Ohne Namen erschien von ihm schon seit 1838 in Bern: „Freuden und Leiden eines Schulmeisters" in 2 Bden., die 1848 in der allgemeinen deutschen Volksbibliothek wiederholt ausgegeben wurden. Dieses Buch lehrt den elenden Zustand des Volksschulwesens kennen, welcher stattfand, bevor die Fortschritte der neuern Bildung durchzubringen vermochten. Schon dieses Buch ist reich an Volkswitz, practischen Verstand, erheiternder Verwicklung, sittlicher Be-

25*

lehrung und religiöser Anregung, wie alle folgenden. Größere Aufmerk=
samkeit erweckte: Der Bauernspiegel oder Lebensgeschichte des Jeremias
Gotthelf, der 1852 in der 3. Aufl. erschien. Den Thorheiten und Un=
sitten fremdländischer Aufklärerei welche das Familienwesen zerrüttete und
die Obrigkeiten zur Landplage umwandelte, stellte er, wie früher der
herrliche Hebel im „Schätzkästlein des rheinischen Hausfreundes" und
der fromme Steiger in den „Ruinen altschweizerischer Frömmigkeit,"
seine „Bilder und Sagen aus der Schweiz" 1842—1846 entgegen, dann
die „Erzählungen und Bilder aus dem Volksleben der Schweiz" 1850—
1853, Schriften, die seine Gabe, das Volk zu beobachten, zu verstehen
und eindringlich mit ihm zu reden, ausreichend beurkunden. Nicht un=
ähnlich Pestalozzi in dem unverwüstlichen Lehrbuche „Lienhart und
Gertrud," betrat Bizius auch die Bahn des Volksromans in: „Wie Uli
der Knecht glücklich wird. Eine Gabe für Dienstboten und Meisterleute"
1841, dem 1849 als 2ter Theil „Uli der Pächter" folgte. Hieran reihte
sich 1843 und 1848: „Wie Anne Bäbi Joweger haushaltet und wie es
ihm mit den Doctern geht." 2 Bde. Ferner 1846: „Der Geldstag oder
die Wirthschaft nach der neuen Mode," und 1850: „Die Käserei in der
Vehfreude." Zuletzt 1852: „Zeitgeist und Berner Geist." — 2 Bde.

Um diesen Büchern, die einzig in ihrer Art sind, Freude zu gewin=
nen, wiederholen wir die Worte des Berichterstatters in der „allgemeinen
Zeitung" vom 30. October 1854: „Mit welch' schlagender Wahrheit,
mit welchem Reichthum schöpferischer Kraft weiß er uns die verschieden=
artigsten Charaktere und Lebensverhältnisse des Berner Volkes zu schil=
dern. Mag er uns die patriarchalische Gestalt eines kernhaften, gottes=
fürchtigen Bauern oder die Laster des Geizes, der Trunksucht und des
Jähzornes verführen, mag er uns in die Behaglichkeit eines reichen Bau=
ernwesens oder in die wüste Wirthschaft verkommener, glaubens= und
liebesarmer Menschen versetzen, überall fühlt man seiner Zeichnung an,
daß sie mit wunderbarem Geschicke aus dem vollsten Leben gegriffen ist.
Dabei steht ihm ein solcher Reichthum an Bildern und Sprichwörtern,
solch' eine Kenntniß der kleinsten Züge aus dem Leben des Volkes, sei=
ner Sitten und Unsitten, seiner Vorurtheile und seines edlern Gehaltes
zu Gebote, daß dadurch das Trockenste und Alltäglichste bei ihm inter=
ressant wird. Bizius kann wegen seiner Meisterschaft in der Auffassung
des Volksmäßigen ein echter Volksdichter genannt werden; seine männ=
lich christliche Gesinnung macht ihn aber auch zum wahrhaften Volks=
lehrer. Dahin strebte er, das Volk aus seinem zum Theil selbstver=
schuldeten Elend durch Anregung seiner Thatkraft herauszuziehen. Ueber=
all sucht er darzuthun, daß der Mensch nicht anders aus der Noth und
Sorge komme, als wenn er auf Gott vertrauend seine Pflicht rüstig und
redlich thue; überall zeigt er aus dem Leben selbst, daß dem Fleiße, der
im Glauben und in der Gottesfurcht seine Triebkraft hat, unbedingt der
Segen Gottes folge."

Wenn gleich zu wünschen wäre, daß in jeder Landschaft und in je=
dem Menschenalter ein Mann erstehe, welcher mächtig an Geist und
Wort wie Bizius die eben waltenden Zustände in's Auge fasse, und
wenn gerade solche Vorbilder gleichbegabte Nachfolger wecken sollen, so
ist eigentlich das Volk im wesentlichen zu aller Zeit und unter allen Zo=
nen dasselbe, und der Spiegel des Berners kann auch den andern
Deutschen zur nützlichsten Selbstbeschauung dienen. Die dialektischen
Ausdrücke des Berner Pfarrers betreffend, so sind dieselben in einem
Anhange des „Bauernspiegels" kurz erläutert und jedenfalls ist nach dem
Urtheile Grimm's die Kenntniß der hochdeutschen Volksmundarte von hohem

Werthe. „Von jeher," heißt es in der Vorrede zum deutschen Wörterbuch, „sind aus der Schweiz wirksame Bücher hervorgegangen, denen ein Theil ihres Reizes schwände, wenn die leisere oder schwächere Zuthat aus der heimischen Sprache fehlte; einem Schriftsteller, bei dem sie entschieden vorwaltet, Jeremias Gotthelf, kommen an Sprachgewalt und Ausdruck heut wenig andere gleich, und es ist zu wünschen, daß seine kräftige Ausdrucksweise weitere Verbreitung erlange." —

Bernhard Heinrich Blasche.
Geboren im Jahr 177? gestorben den 26. Mai 1834.

> Motto: Ich betrachte die mechanische Arbeit nicht blos als
> körperliche Uebung zur Erhaltung der Gesundheit, sondern
> auch als Mittel, den so heilsamen Wechsel zwischen geisti-
> ger und körperlicher Thätigkeit in gehörigem Maße zu
> veranlassen.
> Blasche.

Bernhard Heinrich Blasche ist geboren zu Jena, wo sein Vater Professor war. Er lehrte eine Reihe von Jahren an der mit Ruhm bedeckten Salzmannischen Erziehungsanstalt zu Schnepfenthal, die ihn unter ihre vorzüglichsten Lehrer zählte, und ging sodann nach Unter-Wirbach bei Saalfeld. In den letzten zwölf Jahren seines Lebens wohnte er zu Waltershausen, ausschließlich mit dem Studium der Philosophie beschäftigt. Im Sommer von 1832 hielt er sich zur Wiederherstellung seiner Gesundheit eine Zeit lang in Langenwiesen bei Ilmenau auf, er starb als fürstlich schwarzburgischer Educationsrath zu Waltershausen im November 1834.

Die von ihm herausgegebenen Schriften sind: 1) Werkstätte der Kinder. Ein Handbuch für Eltern und Erzieher zur zweckmäßigen Beschäftigung ihrer Kinder und Zöglinge. 4 Thle. Gotha, 1800—1802. 2) Grundsätze der Jugendbildung zur Industrie, als Gegenstand der allgemeinen Menschenbildung, bearbeitet in praktischen Vorschlägen für Erzieher, Erziehungsanstalten, Schullehrer und alle Beförderer des Schul- und Erziehungswesens. Schnepfenthal, 1804. 3) Der technologische Jugendfreund und unterhaltende Wanderungen in der Werkstätte der Künstler und Handwerker. 5 Thle. Frankfurt a/M. B. Willmanns. 4) Ein Paar Worte an Eltern über die Frage, wie können Handarbeiten bildend für die Jugend sein? Gotha, Perthes 1811. 5) Das Böse im Einklänge mit der Weltordnung dargestellt, oder neuer Versuch über den Ursprung, die Bedeutung, die Gesetze und Verwandtschaften des Uebels. Leipzig, 1827. 6) Handbuch der Erholungswissenschaft, oder, Ideen und Materialien zum Behuf einer neuen, durchgängig wissenschaftlichen Begründung der Erziehungs- und Unterrichtslehre. 2. Abth. Gießen, 1822 und 1828. 7) Philosophische Sterblichkeitslehre. Erfurt, 1831.

Dr. Karl Justus Blochmann.
Geboren den 19. Februar 1786, gestorben den 31. Mai 1855.

> Motto: „Auch in der Kunst der Erziehung ist Einer nur
> unser Meister: Christus.
> Blochmann.

Dr. K. J. Blochmann ist zu Reichstädt bei Dippoldiswalde geboren. Sein Vater, treuverdienter Pastor daselbst, war, obgleich auf einer gering dotirten Stelle und Vater von 8 Kindern, doch sehr wohlthätig, so daß er einmal von zwei Paar Stiefeln, die er nur hatte, das zweite einem bittenden Armen gab. Leider starb dieser Treffliche schon im Jahr 1798. Die Mutter zog mit ihren 8 unmündigen Kindern, von denen Justus das 2. und erst 12 Jahre alt war, nach Dresden, wo sie bei einer jährlichen Pension von 10 Thlr. für sich und 5 Thlr. für jedes Kind bis zum 14. Jahr, und durch Fertigung künstlicher Blumen unter heldenmüthigen Kämpfen von Sorgen, Arbeit und selbstverläugnender Hingebung ihre Kinder nährte, bildete und zu tüchtigen Menschen groß zog. Leider starb sie im Jahr 1813 am damals herrschenden Nervenfieber.

Unser Justus Blochmann erwählte die wissenschaftliche Laufbahn, besuchte von 1799 — 1805 das Gymnasium zu Bautzen unter dem Rector Siebelis, dessen er, sowie der Familie von Prenzel, die sich seiner wohlwollend annahmen, oft mit inniger Dankbarkeit gedachte. Von 1805 — 1809 studirte er in Leipzig Theologie, ging sodann, einen Ruf als Erzieher nach Kurland ausschlagend, zu Pestalozzi nach Yverdun und wirkte in dessen Anstalt 8 Jahre lang als Lehrer. Er schloß sich dort in herzlicher Freundschaft an Niederer, Krüsi, Dreist, Kawerau, Schlacht, Ackermann, Henning, von Muralt, Ramsauer, Karl von Raumer, Karl Ritter, Collmann, von Türk, Krüger, Stern, Dittmar und Andere.

Im Jahr 1817 führten die in Pestalozi's Anstalt ausbrechenden Zerwürfnisse seinen Austritt herbei und nach einer längern Reise zur Führung eines jungen Engländers Esqu. Lengton in der Schweiz, Italien und Deutschland und nach einem 1jährigen Aufenthalte in der von ihm hochverehrten Familie des Präsidenten von Schönberg an der Seite seiner geliebtesten Schwester kehrte er nach Leipzig zurück, um in der Heimath sich eine Wirksamkeit zu begründen, zu der er Fülle der Kraft und vielseitige Ausrüstung heimbrachte. Mit frischem Eifer wandte er sich von Neuem den theologischen Studien zu und in dem vertrauten Freundesverkehre, namentlich mit Dr. Wolf, erschloß sich ihm der Glaube in früher nicht erkannter Tiefe. Hier knüpfte sich auch das Band mit der Gefährtin seines Lebens Otillie Schnorr von Karolsfeld, die bis an sein Ende 36 Jahre lang in Liebe und Treue ihm verbunden eine feste Stütze gewesen ist und an der Blüthe seiner Erziehungsanstalt wahrlich einen nicht geringen Antheil hat. Von Leipzig war Blochmann, als er eben im Begriffe stand, in Merseburg eine Predigerstelle anzunehmen, 1819 zur Mitleitung der neuerrichteten Friedrich-August-Schule nach Dresden berufen. 1824 gründete er hier mit Unterstützung des damaligen Kabinetsministers Grafen von Einsiedel und durch die Gnade Sr. Majestät des Königs Friedrich August in dem vormals der Familie Vitzthum gehörigen Grundstücke sein Erziehungshaus, mit welchem 1828 das Vitzthumsche Geschlechtsgymnasium verbunden wurde. Damit begann der reichste Abschnitt seiner Wirksamkeit, der er mit freudiger Hingebung 27 Jahre vorgestanden hat. Im Herbst 1851 übergab er unter allerhöchster Anerkennung seiner verdienstlichen Wirksamkeit die Anstalt seinem längst bewährten und zu seinem Nachfolger ernannten Schwiegersohn Dr. Vezzenberger. Innerhalb der 27 Jahre der Direction seiner Anstalt war unser Blochmann auch mehrjähriges Ausschußmitglied des Bibel- und Missionsvereins und, thätig für die Gründung des pädagogischen Vereins, nahm er seit 1833 an den Bestrebungen desselben fortdauernd lebhaften und nach seinem Rücktritte von seiner Anstalt insbesondere an dem Pestalozzistifte den väterlichsten Antheil. Außerdem wurde seine Thätigkeit als Stadtverordneter und als Mitglied der vormaligen Armenversorgungsbehörde und von Rath und Hülfe Suchenden im umfangreichen Maße in Anspruch genommen. Seine pädagogische Tüchtigkeit erhielt auch ehrenvolle Bethätigung, indem er einen Theil des Unterrichtes der Prinzen zu übernehmen berufen wurde.

Nach seinem Rücktritte, theilweise den Religionsunterricht in hiesiger Sonntagsschule beibehaltend, gab er sich wiederum theologischen Studien hin, sowie ihm die Leitung der Studien seines einzigen Sohnes, sehr am Herzen lag.

Wenige Wochen nach Ostern 1855, als er auch seine jüngste vierte Tochter einem theuern Gatten vermählt hatte, trat er eine Reise nach seiner „lieben Schweiz," aus der er immer Pflanzen auf einem bestimmten Platze in seinem Garten pflegte, an, um zu Genf, wo sein dritter Schwiegersohn Dr. Haccius eine Erziehungsanstalt gegründet hat, Erholung zu suchen. Aber schon am 31. Mai ereilte ihn dort der Tod; auf dem Friedhofe zu Lancy bei Genf ruhen seine Gebeine.

Der Leitstern seines pädagogischen Wirkens ist vorzugsweise in seiner Anstalt, wie in seinem directen Umgange mit Schülern und Lehrern unverkennbar ausgeprägt. In einer Zeit, wo der lebendige Glaube an Christum in gar vieler Herzen erkaltet war, und den Markt des Lebens flache Vernünftelei beherrschte, machte er positiv christliche Erziehung aller Zöglinge aus verschiedenen Ständen zum Grundprinzip seiner Anstalt, weßhalb er den Religions-Unterricht, soweit es immer möglich war, auch nach seinem Rücktritte noch selbst ertheilte. Seine Zöglinge sollten zu tüchtigen, humanistisch und realistisch durchgebildeten, thatkräftigen, lebensmuthigen Christen heranwachsen. Um den Zweck der Erziehung hierzu möglichst sicher zu stellen, gab er seiner Anstalt die Einrichtung eines erweiterten Familienkreises, und um den Unterricht, als das vorzüglichste Mittel der Erziehung vollkommen zu würdigen, erkannte er bei der Einrichtung seiner Anstalt schon die Bedürfnisse der kommenden Zeit, indem er derselben ein Progymnasium, ein Real- und humanistisches Museum glücklich vereinigte, und in dem letztern den mündlichen und schriftlichen Uebungen in der deutschen Sprache, die Geschichte und Geographie mehr berücksichtigte, ohne die klassischen Studien, in denen er die sicherste Anleitung der Jugend zu einer idealen Auffassung des Lebens erkannte, zu beeinträchtigen. Zur Stärkung und Kräftigung des Körpers und Geistes, wie der Lebensfreude, widmete er den gymnastischen Uebungen, den kleinern und größern Wanderungen in der freien Natur, den Festtagen in seiner Anstalt eine Beachtung, wie sie für die damalige Zeit ungewöhnlich war. Bei allem Diesem hinderte ihn der Kostenpunkt nie in der Beschaffung des Zweckmäßigsten. Fürwahr seinen genialen Sinn, die Kraft seines innern Berufes zur Begründung und Errichtung einer derartigen Anstalt ohne eigene Mittel, sein Vertrauen auf Gott und die gute Sache konnte er nicht herrlicher documentiren, als durch die treffliche Einrichtung seiner Anstalt.

Seine persönlichen liebenswürdigen Eigenschaften, welche seiner Anstalt ein erfreuliches Gepräge aufdrückten, und zur großen Blüthe der Anstalt gewiß das Meiste beitrugen, offenbarten sich am meisten in dem unmittelbaren Verkehre mit Lehrern und Schülern. Wie seine Seele durch und durch ergriffen war von der Erbarmung und Liebe Gottes in Christo, wie er in Christo reelle und ideale Zwecke der Erziehung zum Wohle der Menschen richtig erkannte, Wesentliches und Unwesentliches, Kunst und Künstelei im Erziehen und Unterrichten genau zu scheiden verstand, — so verstand er auch das heilige Feuer der Liebe, das in seinem Herzen glühte, seinen Mitarbeitern und Zöglingen mitzutheilen und damit in viele Herzen eine herrliche Aussaat für das Reich Christi zu legen. Wenn in einem Nekrologe bemerkt wird, daß ihm das scharfe Scheiden in der Begriffs-Entwickelung bei seinem Religions-Unterrichte abgegangen und darum mancher Eindruck auf manche Zöglinge weniger nachhaltig gewesen sei, daß er zuweilen da vergeßen habe, wo consequente Strenge mehr im Interesse des Ganzen liegen mochte, so darf auch nicht vergeßen werden, daß die Kraft seiner zum Herzen bringenden Rede, der vorwaltende Zug seines Charaktes, die Herzensgüte so manchen Zögling für das Heilige erwärmt und auf den rechten Weg zurückgeführt hat. In ungewöhnlichem Maaße verstand er, die Individualität unverkümmert wachsen zu laßen und mit dem Unkraute nicht den Waizen auszuraufen. Wie Sorgen und Mühen seine Freudigkeit im Berufe nicht zu verkümmern vermochten, so wußte er auch in Lehrern und Zöglingen auf alle Weise diese Freudigkeit anzuregen und zu erhalten.

In dem Vertrauen, das er jedem Lehrer zeigte, wuchs das eigene Vertrauen der einzelnen Lehrer, und wenn gerühmt wird, daß er mit glücklichem Griffe Männer aus der Nähe und Ferne aufzufinden wußte, welche außer wissenschaftlicher Thätigkeit Lust und Liebe zum Werke der Jugendbildung mitbrachten, so ist nicht minder zu rühmen, daß er durch sein Vertrauen, seine Anregungen, seine Humanität viele Lehrer gebildet hat. Diese Wirksamkeit ward kräftig unterstützt durch seine nicht unbedeutende Bibliothek und naturhistorischen Sammlungen, welche er jedem nach Erweiterung und Berichtigung seines Wissens strebenden Lehrer bereitwilligst öffnete. Viele Lehrer bekennen laut, daß sie ihm ihre pädagogische Tüchtigkeit verdanken. Hat doch auch seine dankbare Gesinnung laut bekannt, wie viel er Pestalozzi zu verdanken hatte.

Dieselbe Ein= und Ansicht von christlicher Pädagogik, welche er in seinem Leben, der Praxis bethätigte, spricht sich auch in allen auf seine Anstalt bezüglichen Schriften aus: Grundsätze, Zwecke und Mittel meiner Erziehungs=Anstalt. — Ein Wort über die Bildung unserer Jugend zur Wohlredenheit und öffentlichen Beredsamkeit. — Vortrag bei der Jubelfeier der Uebergabe der Augsburger Confession. — Die Hausordnung. — Ansprachen an die Confirmanden.

Chrift. Gottlieb Böckh.
Geboren den 8. April 1732, gestorben den 31. Januar 1792.

Chrift. Gottlieb Böckh, dieser thätige und verdienstvolle Mann ward geboren zu Näher=Memmingen bei Nördlingen, wo sein Vater damals Landprediger war. In seinem 11ten Jahre kam Böckh auf das Nördlinger Lyceum, wo er sich mit Eifer den Wissenschaften ergab, so daß er bei seinem Abgang von der Schule eine öffentliche Disputation unter dem damaligen Rector Thilo hielt. 1752 bezog er die Universität Jena und wurde hier zum Mitglied der deutschen Gesellschaft aufgenommen. Auch ließ er damals schon verschiedene poetische und prosaische Aufsätze in die freundschaftliche Bemühungen in den Wissenschaften einrücken.

In seine Vaterstadt Nördlingen zurückgekehrt, würde er hier nicht ungern seine Candidatenzeit zugebracht haben, wenn ihn nicht der Ruf zu einer Hofmeisterstelle nach Wertheim, und seine Begierde, in der Fremde etwas von Welt= und Menschenkenntniß zu sammeln und sich dadurch zu bilden, jener Lage entzogen hätten. Diese Stelle, im Hinkeldey'schen Hause war nicht nur der Weg zu seiner ersten Beförderung zum Conrectorat in Wertheim und des domicilirend verbunden Pfarramtes zu Waldenhausen (1759), sondern auch seine 2. Academie, auf der er Menschen= und Selbstkenntniß lernte. Nach 3 Jahren erhielt er den einen Ruf als Rector in der Reichsstadt Eßlingen, die ihm damals nicht weiter, als aus der Geographie bekannt war. Er schreibt hierüber an einen seiner Freunde:

„Mein Hang zum Schulleben, wenigstens für den Frühling und etwa die Hälfte des Sommers von meinem Leben, folgte auch diesem Rufe mit Freuden, der meinen Lieblingsstudien, den Humanioren so sehr entsprach. Mein zehnjähriges Rectorat war mir nun gleichsam die 3. Academie, auf der ich in den Classikern, in der griechischen und lateinischen Literatur, den Geschichtswissenschaften u. f. w. mit meinen Lehrlingen immer weiter und weiter fortgetrieben wurde, und dabei den Menschen in seinen ersten Anlagen und Fortschritten an Geist und Herz kennen lernte, auch nicht weniger in der Weisheit mit Menschen umzugehen, sie zu bilden, sich in mancherlei Temperamente und Geistesfähigkeiten zu fügen gewann."

Außer dem einstimmigen Lobe, das er als Prediger und Jugendlehrer davon trug, hatte er sich durch Herausgabe mehrer periodischer Werke zu seiner Zeit vielen Einfluß auf die bessere Erziehung geübt. Die Wochenschrift zum Besten der Erziehung der Jugend. (Stuttg. 1771—1772, 4 Bde. in 8), war eine Sammlung des Besten aus den damaligen Erziehungsschriften zur Belehrung für Eltern und Erzieher. —

Um diese Zeit hatten die Verfasser des Magazins für Schulen, das bis dahin in Nördlingen herauskam, angekündigt, daß sie den Plan erweitern und diese Schrift in eine Bibliothek für das Schul- und Erziehungswesen verwandeln wollten. Allein der Hauptverfasser Thilo und Schöpperlin starben 1772 und Geßner zog auch von Nördlingen weg. Da übernahm Böckh die Bearbeitung derselben in Verbindung mit andern thätigen Männern, insbesondere unterstützt durch den gelehrten Rector Schlegel in Heilbronn. Das Unternehmen hatte bei der Gründlichkeit der Beurtheilungen und einer gewissen Mittelstraße zwischen dem Alten und Neuen vielen Beifall; und und in der That ist es zu bedauern, daß aus Saumseligkeit der Verleger diese so nützliche Schrift einging.

Die übrigen periodischen Schriften des thätigen Mannes sind alle in ihrer Art schätzbar; obgleich ihnen diejenige Vollendung fehlt, deren sie ihrer Anlage nach fähig sind, und der sie auch der Verfasser vielleicht mehr genähert haben würde, wenn er nicht neben seinem an sich mühesamen Amte auch theologischer Schriftsteller gewesen wäre und wenn er mehr Zeit hätte auf diese wenden können.

Durch alles Dieses war Böckh vorzüglich als ein lehrreicher Schriftsteller für die Jugend und das Schulwesen bekannt. Jedoch auch der Altdeutschen Literatur widmete er sich mit dem größten Eifer und hätte darin ohne Zweifel noch sehr schätzbare Beiträge geliefert, wenn ihn nicht ein schneller, unvermutheter Tod seinem schönen Wirken entrissen hätte.

Unter seinen andern schätzbaren Werken seien hier noch namhaft gemacht: Kinderzeitung. Nürnberg, von 1780-1783, 14 Bdch.; und die Fortsetzung derselben. Chroniken für Jugend. Augsburg, 1785—1788. 4 Bde. 8. Nürnbergischer Kinderalmanach 1785 und 1787. 2 Jahrgänge. Der Rathgeber junger Leute, beiderlei Geschlechtes. Leipzig, 1790-1792. 3 Bdchn., wovon das letzte erst nach seinem Tode vollendet wurde.

Heinrich Braun.

Geboren den 17. März 1732, gestorben den 8. November 1792.

Motto: „Für die liebe Jugend ist zwar jeder ihrem Alter angemessene Unterricht von Wichtigkeit, bei weitem ist aber der wichtigste, der ihnen in Absicht auf die geheiligte Religion und die göttliche Sittenlehre des heiligen Evangeliums in einem Alter beigebracht wird, das auf ihre künftige Lebenszeit so vielen Einfluß hat." Braun.

Heinrich Braun, war geboren im oberbayerischen Markte Trostberg, wo seine braven Eltern das bürgerliche Bäckerhandwerk betrieben. — Ohne eigentlichen Beruf für eine bürgerliche Beschäftigung kam er nach dem Tode seines Vaters zu einem Verwandten, dem damaligen Pfarrer zu Tittmoning, der ihn nach würdigen Vorbereitungen an das Gymnasium zu Salzburg zur weitern Ausbildung übergab, und wo er sich auf's Vortheilhafteste vor seinen übrigen Mitschülern hervorthat. Die philosophischen Disciplinen und geistlichen Rechte absolvirte er an der damals blühenden Universität, erhielt die Magisterwürde, trat im 18. Lebensjahre in's Benediktiner-Kloster Tegernsee, kam nach dem Probejahre in das berühmte Kloster Rott. Im Jahr 1758 von seinen Obern als Professor nach Freising gesendet, um am fürstbischöflichen Lyceum den sogenannten Syntax-Curs zu lehren, wurde er wieder 1761 in's Kloster zurückberufen und daselbst als Haus-Professor der Theologie und zugleich auch als Bibliothekar angestellt, in welch' letzterer Stelle er Kraft und Muße genug fand, sein Lieblingsstudium, die damals noch sehr vernachläßigte Muttersprache auf's Eifrigste betreiben zu können, ein Umstand, der ihm auch bald darauf keine geringe Celebrität verschafft haben mochte, so zwar, daß er bereits im Jahr 1762 auf Verlangen des Kaisers Joseph II. nach Wien übergesiedelt, 1765 aber vom Churfürsten Maximilian Joseph III. durch ein eigenhändiges Schreiben nach München zurückberufen, gleichzeitig auch zum frequentirenden Mitgliede der Churfürstlichen Academie der Wissenschaften ernannt und als öffentlicher Lehrer der deutschen Sprach-, Dicht- und Redekunst angestellt war, ja sogar 1767 das Canonicat zu Unser Lieben Frau und im Jahr 1768 die Stelle eines wirklichen geistlichen Rathes erhielt. —

Seiner Bestimmung gemäß richtete er sein Hauptaugenmerk dahin, die vernachläßigten deutschen und lateinischen Schulen zu verbessern, und in denselben die brauchbarsten Kenntnisse gemeinnütziger zu machen. Daher verfaßte er die nöthigen Schulbücher, entwarf vorerst einen neuen Schulplan für das deutsche Schulwesen, der durch landesherrlicher Verordnung allgemein im Lande eingeführt wurde. Daß bei diesen Schulverbesserungen sich auch nicht wenige Widersacher einfanden, die der guten Sache mehr oder minder schadeten, kann man leicht ermessen, wenn man bedenkt, daß Braun bei allen seinen Entwürfen und Thaten allein und ohne Mitarbeiter blieb. Rastlos bemüht, alles Gute, was damals in Deutschland gesammelt wurde, zu sammeln, um seine Zuhörer mit den besten Schriften bekannt zu machen, verbreitete er so unter seinen Landsleuten einen allgemeinen Eifer für Wissenschaft und Lectüre.

Diese Unternehmungen und Bemühungen waren es, durch welche sich Braun um Nation wahre Verdienste gesammelt und wahre Ansprüche auf unser dankbares Andenken erworben hat. Ein Theil davon lag freilich in der Gabe, sich, seine Kenntnisse, Anweisungen und Ueberzeugungen, nicht bloß zu lehren, sondern in seine Zuhörer hineinzutragen und mittelst diesen auf entfernte Kreise zu wirken.

Von der heiligen Congregation des Index in Rom wurde unser Braun zum Mitglied ernannt, alsobald churfürstlicher Büchercensurrath und nach Einführung des Malteserordens in Bayern geistlicher Commenthur zu Aheim in Niederbayern, 1777 Director sämmtlicher Lyceen und Gymnasien, dann der Stadt- und Landschulen in Bayern und der Oberpfalz mit dem Referat in der Conferenz, sowie Comissär der theologischen Facultät zu Ingolstadt, und Director der von ihm zur Beförderung der geistlichen Beredtsamkeit und Katechetik verrichteten Gesellschaft oder des sogenannten Prediger-Institutes. Da die Schulen den Klostergeistlichen übergeben waren, privatisirte er nun als Schriftsteller, förderte die ebenso mühsamen als wohlthätigen Unternehmungen für Aufklärung und Sprachverbesserung durch seine vielen Schriften, die über Erziehung, Sprachkenntnisse, Dicht- und Redekunst, Philosophie und Theologie herauskamen, und trug so sehr viel zur Verbreitung der Wissenschaften bei. Man zählt in allen diesen Fächern über 60 Bücher, die er verfaßte. Nebstbei sind noch viele kleinere Schriften und literarische Blätter, die ohne seinen Namen herauskamen, und wohl würde er das Vaterland noch mit vielen Beweisen seiner Thätigkeit erfreut haben, wenn ein längeres Leben alle seine Pläne hätte zur Reife kommen lassen. Indeß bleibt sein Name in der bayerischen Schul- und Sittengeschichte immerhin merkwürdig; ja, Braun's Name wird hierin stets Epoche machen, und selbst weder dessen Zeitgenossen, noch die Nachkommen werden wohl Ursache haben, ihm diese Ehre streitig zu machen, oder durch manchen frei dazwischen gestellten Schatten zu verdunkeln, da zugleich ihnen selbst seine Zeitgenossenschaft zur Ehre gereicht. Ebenso hat nicht nur die bayerische, sondern überhaupt die deutsche Gelehrtengeschichte einen Mann an Braun, der in vielem Betrachte wichtig ist; denn als Kinder- und Menschenfreund hat er sich vom A B C durch alle niedern Wissenschaften bis zur Theologie emporgearbeitet, was man selten von einem andern Gelehrten wird sagen können. — Er starb den 8. November 1792 zu München. Seine zahlreichen, überall verbreiteten Schriften sind:

A. Erziehungsschriften.

1) Antwort auf die Fragen von der Lehrart in den lateinischen Schulen. München, 1767.

2) Academie. Rede von der Wichtigkeit einer guten Einrichtung im deutschen Schulwesen. Ebds. 1768.

3) Plan der neuen Schuleinrichtung in Bayern, nebst einem Unterrichte für Schullehrer. Ebds. 1768.

4) Entwurf dessen, was in den deutschen Schulen der churfürstlichen Haupt- und Residenzstadt München gemäß dem gnädigst anbefohlenen Schulplane gelehrt, und worüber die Kinder öffentlich geprüft worden. Ebds. 1772.

5) Gedanken über die Erziehung und den öffentlichen Unterricht in Trivial-, Real- und lateinischen Schulen nach den katholischen Schulverfassungen Oberdeutschlands. Ulm, 1774.

6) Entwurf einer systematischen Lehrart in der Theologie für die katholischen Studien in Bayern. München, 1777.
   In demselben Jahre erschienen auch daselbst:

7) Entwurf der Einrichtung des churfürstlichen academischen Gymnasiums zu Ingolstadt.

8) Schulordnung für die oberbayerischen Lyceen und Gymnasien. Fol.

9) Entwurf des churfürstlich academischen Prediger-Institutes.

10) Churfürstliche Schulverordnung für die bürgerliche Erziehung der Stadt- und Landschulen in Bayern. Fol. Ebds. 1778.

11) Rettung gegen die Beiträge der Schul- und Erziehungsgeschichte in Bayern. München, 1778.

12) Von der Einrichtung und damaligen Verfassung des churfürstlichen Lyceums-Gymnafiums und der Realschulen in München, gedruckt mit dem Verzeichnisse derjenigen Studirenden, die am Ende des Jahres 1779 Preise erhalten haben.

B. Schulschriften.

1) Anleitung zur deutschen Sprachkunst. München, 1765.
2) Academische Rede von den Vortheilen des Staats aus der deutschen Sprachkunst. Ebdf. 1765.
3) Deutsch-orthographisches Wörterbuch nach den Regeln der Anleitung zur deutschen Sprachkunst, sammt einem Verzeichnisse ausländischer Wörter, selbe recht zu schreiben. München, 1767.
4) Anleitung zur deutschen Sprachkunst vom Verfasser selbst in's Kurze gezogen. Ebdf. 1768.
    Im Jahr 1770 verließen die Presse:
5) Churbayerisches neueingerichtetes Lesebüchlein für die 2. Classe der Kinder.
6) Regeln der deutschen Schönschreibkunst nebst den hiezu nöthigen Tabellen für die 3. Classe der Kinder.
7) Anfangsgründe der deutschen Sprache für die 4. Classe der Kinder.
    Nicht minder fruchtbar war das Jahr 1778, denn es lieferte nebst Anderen:
8) Anfangsgründe der lateinischen Sprache zum Gebrauche der Vorbereitungsklassen in den churfürstlichen Gymnasien.
9) Handbuch zu den Anfangsgründen der lateinischen Sprache.
10) Anleitung zur poetischen Tonmessung in der lateinischen Sprache.

An diese schließen sich Braun's zahlreiche poetische und rhetorische Schriften an, als: Ovidii Nasonis tristium libr. V. cum notis. 1761. Kurze Mythologie. Augsburg, 1762, vermehrt unter dem Titel: Einleitung in die Götterlehre der alten Griechen und Römer. Augsburg, 1775. Ovidii Nasonis epistolarum ex ponto libri IV. Aug. Vind. 1763. Quinti Horatii Flacci carmina expurgata cum interpretatione etc. Aug. Vind. 1763. Anleitung zur deutschen Redekunst in kurzen Sätzen zum Gebrauche academischer Vorlesungen. München, 1765. Anleitung zur Dicht- und Versekunst. Ebdf. 1765 — 1778. Braun's Briefe. 1768. Sammlung von guten Mustern der deutschen Sprach-, Dicht- und Redekunst, in 8 Thln. Ebdf 1768. „Der Patriot in Bayern," eine Wochenschrift. Ebdf. 1769. 2 Bde. Kurze Einleitung der deutschen Briefkunst für die 6. Classe der Kinder. Ebdf. 1770. Versuch in prosaischen Fabeln und Erzählungen. Ebdf. 1772. Bibliotheca historica, Monach. 1779 und 1780. Bibliotheca poetica. Monach. 1779. Virgil. Maronis opera cum animadversionibus. Tom. III., Mon. 1780. Anleitung zur deutschen Schreibart in freundschaftlichen Briefen und bürgerlichen Geschäften. München, 1789. Der Dorfbader, die Dorfschule, und einige andere mit vielem Beifalle aufgeführten Schauspiele und Operette, womit Braun schon in früher Jugend begonnen hatte.

Endlich glauben wir unter dessen philosophischen Schriften noch einer academischen Rede „von der Kunst zu denken als dem Grunde der wahren Beredtsamkeit." München, 1765, ebenso: Anfangsgründe der Rechenkunst (1770), wonach auch Anfangsgründe der Meßkunst, der Erdbeschreibung, der Naturgeschichte u. s. w. folgten, hier kurz erwähnen zu müssen. Obige Rede gibt uns allein Zeugniß von seinen richtigen Begriffen einer Philosophie, denn wer richtig reden will, muß richtig denken, und zudem sind alle seine andern Entwürfe und Pläne systematisch, und also logisch und philosophisch bearbeitet: nebenbei liefert uns zuletzt sein moralischer Charakter schöne philosophische Züge eines ganz reifen Mannes — Bedenkt man ferner, wie viel er auf dem Gebiete der Theologie geleistet, welch' heilsame Reformen er auch hierin geschaffen, so muß man sich wahrlich wundern, daß derselbe bei seiner über das Maß menschlicher Kräfte reichende, geistige, sowohl als körperliche Anstrengung, bei der wahrhaft staunlichen Wucht alltäglicher Geschäfte nicht frühzeitig schon unterlegen ist. —

Franz Joseph Breyer.
Geboren den 6. Juli 1762, gestorben den 4. Februar 1820.

Franz Joseph Breyer, Pfarrer, Dechant und Schul-Inspektor zu Stiefenhofen, königl. Landgerichts Immenstadt im Allgäu, geboren. Seine Eltern, Bauersleute von geringem Vermögen, schickten ihn als den ältern Sohn, 13 Jahre alt, weil seine linke Hand von Geburt aus mißgestaltet, zu schweren Handarbeiten weniger geeignet war, nach Bregenz in die dortige Normalschule, um besser unterrichtet, seiner Zeit etwa als Schullehrer oder Schreiber sein Brod leichter verdienen zu können.

Die gütige Vorsehung aber entsprach mehr seinem Wunsche, als der Absicht seiner Eltern. Er fand in Bregenz bei einem Geistlichen Gelegenheit, mit einigen andern Schülern die Anfangsgründe der lateinischen Sprache zu erlernen, setzte dann seine Studien zu Feldkirch fort, und vollendete nach drei Jahren daselbst das Gymnasium. Hierauf kam er nach Innsbruck, studirte zwei Jahre Philosophie, kam dann in das Josephinische Generalseminar, wo er als Alumnus fünf Jahre Theologie studirte und endlich das Ziel seiner Wünsche glücklich erreichte, obwohl er von Hause wenig Vermögen hatte, nie ein Stipendium genoß, und auch ohne vermögliche Anverwandte war, die ihn hätten berathen oder unterstützen können. Er hat vorzugsweise wohlthätigen fremden Menschen zu verdanken, die ihm der Himmel vorzüglich zu Feldkirch und Innsbruck finden ließ.

Nach einem zweimonatlichen Aufenthalte in dem bischöflichen Seminar zu Meersburg wurde er den 21. September 1762 zu Constanz zum Priester geweiht, diente dann zuerst drei Vierteljahre als Hilfspriester an seinem Geburtsorte, hernach fünf Jahre als Manual-Kaplan zu Seyfriedsberg, und erhielt dort den Ruf nach Immenstadt als Erzieher des jungen Erbgrafen zu Königsegg-Rothenfels, wo er in dieser Eigenschaft acht volle Jahre verweilte, nämlich bis zur Austauschung dieser ehemaligen Reichsgrafschaft an das Haus Oesterreich, aber dann 1803 seine schon 1799 erhaltene Pfarrei Seyfriedsberg bezog, die er indessen durch einen Vikar versehen ließ. Im Jahre 1806 wurde er zum Dechant des Landkapitels Stiefenhofen gewählt und 1808 auf die Pfarrei gleichen Namens befördert, wo er in der Folge auch das Distriktsschulinspektorat des Landgerichts Immenstadt zu übernehmen hatte. Er starb am 4. Febr. 1820 und setzte die Schulkinder seiner Pfarrei zu Universalerben ein.

Von seinen schriftlichen Aufsätzen wurden durch fremde Hände zum Drucke befördert:

1) Entwurf zu Kapitelsbibliotheken. In der geistlichen Monatsschrift mit besonderer Rücksicht auf die Constanzer Diöcese. 2 Bre. 1802.
2) Welches ist der gegenwärtige Zustand der Religion unter uns u. s. w. Im Archive für Pastoral-Conferenzen des Bisthums Constanz. 1 Bd. 1813.
3) Welche Mittel kann und soll der Seelsorger anwenden, damit der Nutzen des gesammten Schulunterrichts nicht ganz oder größtentheils wieder verloren gehe? Ebendas. 2 Bre. 1815.
4) Lehrordnung und Stundeneintheilung für die Elementar-Volksschulen im Landgerichte Immenstadt nebst vorausgehender Anweisung für die Schullehrer selbst. Anhang der Schrift des kgl. bayer. Regierungs- und Kreisschulraths Müller. Kurzer Lehrentwurf der Erziehung in Volksschulen. Kempten bei Kösel, 1814.

Dr. Heinrich Gustav Brzoska.
Geboren den 5. Juni 1807, gestorben den 11. September 1839.

Motto: „Heiterkeit, Fleiß, Liebe und Gehorsam sollen in der Schule herrschen. Der Geist der Liebe durchdringe den Lehrer. Dieser Geist ist ein Ausfluß wahrer Religiosität. Der Lehrer soll darum ein recht religiöser Mensch sein, dann wird er auch bei seinen Schülern das religiöse Gefühl erregen und entwickeln, und sie, aus Liebe zu Gott, heiter fleißig, liebreich und gehorsam machen." Brzoska.

Heinr. Gust. Brzoska, geboren zu Königsberg in Preußen, genoß seine Schulbildung an dem altstädtischen Gymnasium daselbst. Am

22. März 1826 bezog er die Universität seiner Vaterstadt, und widmete sich unter Lobeck's, Drumann's und Herbart's Leitung der Philosophie und Pädagogik. Schon frühe nahm er Theil an dem pädagogischen Seminar, das damals unter der Oberaufsicht Herbart's zur Förderung der pädagogischen Studien in Königsberg bestand, und er wurde bald Inspector und Lehrer der damit verbundenen Unterrichts-Anstalt. Dieses Institut befand sich damals in großem Verfall, weil Herbart mit Zurücksetzung der Pädagogik zu ausschließlich der eigentlichen Philosophie seine Thätigkeit widmete. Nachdem er an Ostern 1829 die Universität und das pädagogische Seminar verlassen hatte, bereitete er zwei Knaben für die Schule vor, ging dann nach Berlin und von da im Jahre 1830 nach Leipzig, hielt eine Dissertation, die später im Buchhandel erschien, und fing an, Geschichte der alten Literatur, alte Geschichte und Mythologie zu lesen, wobei er den Vorsatz festhielt, später als Lehrer der Pädagogik aufzutreten. Im Jahre 1831 nach Jena übergesiedelt, übernahm er 1832 die Leitung einer Privat-Unterrichts-Anstalt für Knaben, und er fing nun an, mit regem Eifer sich der praktischen wie der theoretischen Pädagogik zu widmen, indem er nicht nur in der Anstalt Unterricht ertheilte, sonder   methodische Studium der

Pädagogik in Jena dadurch
hielt, und einige Studirende
wußte, worin die vorzüglich
gogisches Seminar gehören,
Studirenden in der Unterri

orlesungen über
ermuntert wur-
Hal-
und
Vor-
en.

Anton von Bucher.

Geboren den 8. Jänner 1746, gestorben den 8. Januar 1817.

digsten Glieder in der Staatsfamilie, und, wenn er der=
selben nützt, so gut er kann, wenn er, was in seinen Ta=
lenten, in seinem Fleiße, in seinen Leibeskräften liegt, bei=
trägt, wenn er den kleinen Zirkel, auf den seine Macht sich
erstreckt, belebt, und wenn er Diejenigen, welche um ihn
herum sind, ermuntert, daß sie seinem Beispiele folgen,
wenn er sein Gewerbe verbessert, den Mängeln derselben
getreulich abhilft und neue Vortheile erfindet, welchen seli=
gen umfassenden Einfluß kann dieser Mann nicht allein auf
das Wohl seiner Familie, sondern auch auf den ganzen
Staat, worin er lebt, verbreiten!"   A v Bucher.

Anton von Bucher, ein um die Aufklärung in Bayern verdien=
ter   seine Schriften gegen die Jesuiten bekannter Schrift=
                    geboren in München, ward in den lateinischen
            unterrichtet, studirte in Ingolstadt und wurde 1768
                    Geist. Seine Predigten gefielen allge=
                    Wegen seiner Talente für's Lehrfach
            r deutschen Schulen übertragen, in wel=
                    ser Schulen wirkte, und
                    aus in die Jesuitenschu=
                    Ordens ward er 1773

stitut gewesen war.
Engelbrechtsmünster,
man ihm 1784 zugle
nes Vermögen zur
nahm er 1813 seine
Laune und beißende

äche
uth,
ität.
„die
dem
nter
an:

übrigen, größtentheil

1) Rede von dem Vorzuge der öffentlichen Schulen vor dem Privat=Unterrichte.
   München, 1722.

2) Entwurf dessen, was in den den deutschen Schulen der churfürstlichen Haupt= und
   Residenzstadt München dem gnädigst anempfohlenen Schulplane gemäß gelehrt,
   und worüber die Schüler geprüft worden sind. 1772.

3) Wohin die Hauptsorge der Schulen für Kinder abzielen solle? Rede, gelesen bei
   öffentlicher Beschenkung der Kinder in den deutschen Schulen   1773.

4) Grundriß der Naturgeschichte für die Realschulen in Bayern. Landshut, 1774.

5) Einladung zu den öffentlichen Prüfungen der Real= und Vorbereitungsklassen zu
   München, und Abhandlung der Frage: „Woher kommt die Abneigung der Eltern
   wider den Bürgerstand in Betreff des Berufes ihrer Kinder?" München, 1787.

6) Beiträge zu literarischen Werken, Journalen und mehreren guten Schul=, Erzie=
   hungs= und Volksschriften.

Sämmtliche Werke, mit Ausschließung obiger Schulschriften, gesammelt und her=
ausgegeben von Jos. v. Klessing. VI. Bde. München, 1819—22.

Johann Georg Büsch.
Geboren den 3. Januar 1728, gestorben den 5. August 1800.

Joh. Georg Büsch, Stifter der Handelsschule zu Hamburg, geboren zu Alten-Meding im Lüneburgischen, kam frühe mit seinem Vater, einem Geistlichen, nach Hamburg, wo er zur Universität vorbereitet wurde, ging 1748 nach Göttingen, und studirte nicht allein Theologie, sondern vorzugsweise Geschichte und Mathematik. Ohne sein Ansuchen ward er 1756 zum Professor der Mathematik zu Hamburg ernannt, und verwaltete dieses Amt bis zu seinem Tode auf die uneigennützigste Weise und mit dem angestrengtesten Eifer. Nur die Ueberzeugung, daß es für seine Zwecke höchst förderlich sein werde, konnte ihn bestimmen, zu verschiedenen Zeiten Deutschland, England, Holland, Dänemark und Schweden zu bereisen. Er starb, nachdem sein hohes, aber noch kräftiges Alter durch eine beinahe an Blindheit grenzende Augenschwäche zum Theil erschwert worden war, am 5. August 1800. Büsch war in Hinsicht des Geistes und Herzens ein ausgezeichneter Mann, ausgerüstet mit herrlichen Talenten, von denen er den besten Gebrauch machte. Ganz vorzüglich war er bemüht, den Flor Hamburg's zu befördern. Vorzugsweise durch seine Bemühungen kam hier eine der vorzüglichsten Armen-Anstalten zu Stande, sowie er auch den größten Antheil an der Einrichtung einer Association zur Verbürgung hypothekarischer Anleihen auf städtische Grundstücke hatte. Er war die Hauptveranlassung zur Stiftung der Gesellschaft zur Beförderung der Künste und nützlichen Gewerbe im Jahre 1765, deren erster Vorsteher er ward. Das größte Verdienst aber erwarb er sich durch die 1767 in Verbindung mit Wurmb begründete Handelsschule, welche unter seiner Leitung bald zu den vorzüglichsten Instituten dieser Art in Europa sich erhob. Hamburg ehrte sein Verdienst durch ein öffentliches Denkmal. Eine Sammlung seiner sämmtlichen, meist auf den Handel Bezug habenden Schriften erschien zu Hamburg. (8 Bände. 1824—27.)

Anton Friedrich Büsching.
Geboren den 27. Septbr. 1724, gestorben den 28. Mai 1793.

Ant. Friedrich Büsching, der durch seine neue Erdbeschreibung die Bahn für die bessere Bearbeitung der Geographie brach, ward geboren zu Stadthagen im Schaumburg-Lippeschen, wo sein Vater Advokat war. Durch die harte Behandlung desselben aus dem väterlichen Hause getrieben, kam er 1743 in das hallische Waisenhaus und ward 1744 Student der Theologie in Halle, wo er an Baumgarten einen Freund, Beschützer und Wegweiser fand, der auch seine „Introductio in epistolam Pauli ad Philippenses" mit einer Vorrede begleitete. Nach Vollendung seiner akademischen Studien fing Büsching an, Vorlesungen auf der Universität zu halten, übernahm aber sehr bald 1748 eine Hauslehrerstelle, und ward 1754 außerordentlicher Professor der Philosophie zu Göttingen. Im Jahre 1755 verheirathete er sich mit Christiane Dilthey, welche nicht nur von der göttinger gelehrten Gesellschaft als Ehrenmitglied aufgenommen, sondern auch von dem damaligen Prorector der Universität Helmstedt, Häberlin, zur kaiserlich gekrönten Dichterin ernannt wurde. Um diese Zeit schrieb Büsching zur Erlangung der Doctorwürde eine Abhandlung, in welcher er sein von dem kirchlichen etwas abweichendes System, darlegte, wurde deßhalb der Heterodoxie beschuldigt und 1757 durch ein Rescript ihm untersagt, ferner theologische Vorlesungen zu halten und ohne Erlaubniß des geheimen Conciliums zu Hannover theologische Schriften drucken zu lassen. Büsching antwortete hierauf in ernstem freimüthigen Tone, wodurch die Sache nur noch mehr Aufsehen erregte. Obgleich die unangenehmen Folgen, welche dieses Ereigniß für Büsching nach sich zugezogen hatte, sich nach und nach verloren, und er auch 1759 ordentlicher Professor der Philosophie geworden war, so war ihm dadurch der Aufenthalt in Göttingen doch sehr verleidet worden. Als nun hierzu noch die Drangsale des siebenjährigen Krieges kamen, die Göttingen hart trafen, so nahm Büsching 1761 einen Ruf als Prediger bei der protestantischen Petersgemeinde zu Petersburg an. Ungeachtet der guten Aufnahme, die er dort anfangs fand, und seines rastlosen Bemühens, seinem Amte würdig vorzustehen, bildete sich nach und nach eine Partei, die allen seinen Schritten entgegenstrebte. Dadurch fühlte sich Büsching am Ende bewogen, seine Entlassung zu nehmen, obgleich die Kaiserin Katharina ihm den Antrag machte, mit Ablegung seiner theologischen Würde in Dienste bei der Petersburger Akademie zu treten und sich seinen Gehalt selbst zu bestimmen. Er kam 1765 nach Deutschland zurück und wählte Altona zu seinem Aufenthalte, um dort seine schriftstellerischen Arbeiten fortzusetzen. Schon im nächsten Jahre ward er Director des Gymnasiums im grauen Kloster und Oberkonsistorialrath zu Berlin. Hier lebte er in geräuschvoller, aber wahrhaft bewunderungswürdiger Thätigkeit für sein Amt und starb den 28. Mai 1793. Büsching's Name wird in der Geschichte der deutschen Literatur unvergeßlich sein. Seine schriftstellerischen Verdienste erstreckten sich nicht bloß auf die Geographie, obwohl diese ihm am meisten verdankt, ja unter seinen Händen gewissermaßen eine neue Wissenschaft ward; der ganze Kreis der historischen Gelehrsamkeit erhielt durch ihn mannigfaltige Berichtigungen, Verbesserungen und Erweiterungen. Mit einem freimüthigen, von Vorurtheilen unabhängigen Untersuchungsgeiste strebte er nach Wahrheit, und was er fand, bekannte er mit einer Unbefangenheit und Unerschrockenheit, die von ihm unter deutschen Schriftstellern fast beispiellos war. — Dem Schulamte hatte er sich nie mit Vorliebe und Neigung gewidmet, dennoch hat er auch diesem Stande Ehre gemacht und sich sowohl in Petersburg, als in Berlin große Verdienste um das Schulwesen erworben. Mit unermüdeter Thätigkeit und ehrwürdiger Gewissenhaftigkeit gab er sich, ein eben so ruhmwürdiger als vortrefflicher Lehrer, einem Berufe hin, der der ursprünglich nicht in seiner Neigung lag.

Johann Bugenhagen.
Geboren den 24. Juni 1485, gestorben den 20. April 1558.

Neben Melanchthon und Justus Jonas Luther's treuester Genosse und Mitgehilfe am großen Werke der Reformation. Bugenhagen wurde zu Wollin in Pommern geboren, von welchem Lande er sich in reiferen Jahren Pomeranus schrieb, und von den Zeitgenossen häufig auch Pommer genannt wurde. Von seinem Jugendleben ist wenig bekannt geworden; er studirte zu Greifswald und erhielt später zu Treptow ein Lehr-Amt, wurde dort Rector der Schule und zugleich Pfarrer. Ein fürstlicher Auftrag wurde Anlaß, daß er sich eine Zeitlang mit archivalischen Studien beschäftigte und die geschichtliche Quellenkunde seines Vaterlandes erforschte, die ihm zur Abfassung einer pommer'schen Chronik diente. Luther's Lehre und Luther's Geist drangen jetzt zu den Ostseeküsten, und Bugenhagen wurde von ihnen erfüllt und ergriffen. Es war ihm aber für jetzt nicht beschieden, der Reformator Treptow's und Stettin's zu werden, vielmehr sah er sich von der bischöflichen Macht zu Samland also angefeindet, daß er seine Stellen aufgab, und sich nach Wittenberg wandte. —

Im Jahre 1521 eingetreten in den Wittenberger Theologenkreis, ein Mann voll guter Begabung, voll Wärme des Gemüthes, sah Bugenhagen sich liebevoll aufgenommen, und fühlte sich bald in diesem Kreise heimisch. Er erhielt eine Professur der Theologie, wurde Doctor der Wissenschaft, bekämpfte eifrig mit Luther die Lehren des Wittenberger Archidiaconus Carlstadt (Andreas Bodenstein) und wurde endlich an dessen Stelle Pastor, ja bald darauf General = Superintendent. Als solcher erwarb sich Bugenhagen die größten Verdienste um die Verbesserung des Kirchenwesens im Churstaate Sachsen und einen so ehrenvollen Namen im Ausland, daß von vielen Seiten her Rufe an ihn ergingen, auswärts das Läuterungsamt vorzunehmen. Der Churfürst gestattete ihm, diesen Rufen Folge zu leisten, und der mit Bugenhagen eng befreundete Luther, mit dem er selbst äußere Aehnlichkeit der Physiognomie und des Körperbaues theilte, versah während der Jahre von Bugenhagen's Abwesenheit dessen geistliches Amt in Wittenberg. Einem großen Theile des deutschen Norden und scandinavischen Süden wurde Bugenhagen Reformator. Seine Wirksamkeit abwechselnd in diesen Ländergebieten und in Sachsen umfaßte die Jahre 1528 bis 1542, und war von den nachhaltigst wichtigen Erfolgen. Im Jahre 1528 reformirte Bugenhagen in Braunschweig und Hamburg, 1529 und 1530 in Holstein und Schleswig, wie in Lübeck. Er war bei der zweiten Kirchenvisitation in Sachsen 1533 thätig, hatte auch Antheil gehabt am ersten Entwurf der Augsburgischen Confession, und half die sächsisch = lutherische Kirche mit mehreren Städten des Reichs vereinigen, die sich vorher dem reformirten Bekenntniß zugeneigt hatten.

Der Sanftmuth von Bugenhagen's Charakter war es zuzuschreiben, daß ihm so viel unbegrenztes Vertrauen allseitig entgegen kam, daß er nach so vielen Orten und Ländern hin berufen wurde, den evangelischen Gottesdienst einzuführen und einzurichten. Für Bremen, Hamburg und Lübeck arbeitete Bugenhagen Kirchenordnungen aus; er öffnete die Klöster und begründete Schulen, und hatte die Genugthuung, daß ihm vergönnt ward, endlich im eigenen Vaterlande, daraus ihn früher die pfäffische Unduldsamkeit vertrieben hatte, von 1534 an reformiren zu dürfen. Aus Pommern wurde er 1537 vom König Christian III. nach Dänemark berufen, wo er den König in Kopenhagen feierlich krönte und die dänische und norwegische Kirche reformirte. Während einer fünfjährigen Anwesenheit im dänischen Reiche arbeitete Buchenhagen Kirchenordnungen für Dänemark, Norwegen und Schleswig = Holstein aus, setzte sieben evangelische Bischöfe ein und mehrere tausend Prediger, auch wurde er Anlaß, daß auf des Königs Befehl Luther's deutsche Bibel in die dänische Sprache übersetzt wurde. Durch Bugenhagen's Antrieb erfolgte die Erneuerung der Universität Kopenhagen im Jahre 1539, und um dieselbe um so mehr zu befestigen, nahm er auch ein halbes Jahr das Rectorat der erneuten Hochschule an, und las über die theologische Wissenschaft nach den geläuterten Lehrbegriffen der neuen Kirche.

Erst im Jahre 1542 kehrte Bugenhagen nach erfolg = und segensreichem Wirken nach Wittenberg zurück, wurde aber bald genug nach Braunschweig begehrt, um auch diejenigen Landestheile, welche bisher der dem Lutherthume feindlich gesinnte Herzog Heinrich der Jüngere, der Gegner der Reformation, regiert hatte, und der jetzt in die Gewalt der schmalkaldischen Bundesgenossen gefallen war, zu reformiren. Am Werke der Bibel = Uebersetzung durch Luther hatte Bugenhagen manchen wichtigen Antheil, und war so erfüllt von der überwältigenden geistigen Macht dieser großen That, daß er in seinem Hause alljährlich ein Bibelfest feierte, an dem er Gott für den Sieg und Segen dankte, der durch die Bibel-Uebersetzung für alle Folgezeit errungen war. Er selbst übertrug die Bibel in die niederdeutsche Sprache, blieb Luther ein unerschütterlich treuer Freund bis zu dessen von ihm tief und schmerzlich beklagten Tode, hielt auch Luther in Wittenberg eine bewegte Leichenrede. Seine milde Sinnesart zog ihn auf die Seite Melanchthon's bei Gelegenheit der Ausarbeitung des Leipziger Interims, und es traf ihn, wie jenen, Verkennung der Eiferer, die in keiner Weise in den Religionsstreitigkeiten nachgeben wollten. Die ihm angetragene Bischofswürde zu Schleswig, wie die zu Camin lehnte Bugenhagen ab, und endete sein ruhmvoll thätiges, gottergebenes Leben an endlicher Entkräftung im 73sten Jahre seines Alters, wobei Melanchthon die Bitte zu Gott nicht unterdrücken konnte, daß ihm die Erreichung so hohen kraftlos hinfälligen Alters nicht beschieden sein möge. Er hinterließ einen Sohn, der sich als akademischer Lehrer und später als Geistlicher ehrenvollen Namen verdiente.

Was Bugenhagen's Wirken für Begründung eines evangelischen Schulwesens in den niederdeutschen Landen betrifft, so ist hierüber Folgendes hervorzuheben: 1) Schärfung der Pflicht christlicher Kinder-Erziehung für Eltern und Obrigkeiten als eine von Gott gebotene und bei der Taufe der Kinder übernommene; 2) Betonung der Wichtigkeit der Schulen für geistliches und weltliches Regiment, und darum Forderung, daß überall Schulen eingerichtet werden; 3) Anbahnung eines allgemeinen, auch die Dörfer umfassenden Volksunterrichts unter genauer Inspection der Geistlichen und Obrigkeiten; 4) Anregung zu Benützung tüchtiger Lehrer für die Fortbildung der erwachsenen Gemeindeglieder (durch Vorlesungen); 5) Sorge für brauchbare Schulmänner und für würdige Besoldung und Versorgung derselben, dagegen strenge Fernhaltung schlechter und Bekämpfung der Winkelschulen; 6) Einführung eines mäßigen Schulgeldes, doch freundliches Mahnen zu Schonung der Armen; 7) in den lateinischen Schulen Hauptsache das Lateinische bei nur sehr geringer Beachtung des Griechischen und Hebräischen, und bei jenen wieder Dringen auf unausgesetzte Uebung (Memoriren von Stellen, Abfassung von Briefen und Gedichten, auch Schulkomödien); 8) der Unterricht im Worte Gottes auf den Sonnabend verlegt, im engsten Zusammenhange mit dem kirchlichen Unterricht; 9) Pflege des kirchlichen Gesanges und Einrichtung von Singechören für den Dienst der Kirche; 10) Herausheben der zum Studiren Tauglichen und Unterstützung derselben durch Stipendien 2c.

Karl Wilhelm Burdach.
Geboren den 10. Mai 1781, gestorben den 1. November 1842.

Der Vater dieses hochverdienten Schulmannes war Apotheker und Bürgermeister in Triebel in der Niederlausitz, seine Mutter eine geborene Hund. Von diesen Eltern empfing er eine sorgfältige Erziehung. Frömmigkeit, Fleiß, Sinn für alles Gute und Schöne war ihm frühzeitig eingeprägt. Aber vorzüglich dankte er seine Ausbildung seinem Oheim, dem Rector Jurke zu Christianstadt, der später Pfarrer in Drehnau, dann Superintendent in Sorau ward, und noch im Alter sich freute, an Burdach einen so nützlich wirkenden Mann gebildet zu haben. 1795 kam der Jüngling auf das Lyceum zu Sorau, 1801 aber auf die hohe Schule zu Leipzig, wo Rosenmüller, Wolf, Tittmann, Plattner, Beck, Cäsar, Theologie und Pädagogik, hatte besonders Vorliebe für das Lehrfach.

26 *

warb von Plato geliebt und an der Leipziger Freischule angestellt, wobei er noch Privatunterricht in Familien ertheilte. In Verbindung kam er jetzt mit so manchem namhaften Pädagogen, wie Dinter, Ziegenbein, Tillich, Weise, Dolz 1809 gewann die Stadt Sorau sein Talent. Er ward Oberlehrer an der dasigen Bürger- und Waisenhausschule, auch Hilfs- prediger an der Sorauer Schloßkirche. In dieser Stadt schloß er auch einen glücklichen Ehebund mit Luise Wilhelmine, Tochter des Amtmannes K. Aug. Legnik, die ihn auch durch einen Sohn erfreute, welcher sich dem Buchhandel gewidmet hat. 1819 ward er, als die große Volksschulanstalt zu Zittau, welche gegen 1500 Kinder umfaßt, ihren Director Krug durch dessen Wegzug nach Dresden verlor, zu dessen Nachfolger ernannt, und so öffnete sich ihm ein großes Feld pädagogischer Wirksamkeit. Mit gros- ser Umsicht und Sachkenntniß, mit inniger Liebe zum Berufe und uner- müdeter Thätigkeit leitete er in Zittau die Bürger- und Freischule, das Schullehrer-Seminar, eine Fortbildungs-Anstalt für confirmirte Töchter und eine Zeit lang auch die 1836 eröffnete kgl. Gewerbschule. Unter seiner Direction wuchs die Anstalt immer an Umfang. Er ward auch Dirigent des Gewerbe-Vereins und Mitglied der oberlausitzer Gesell- schaften zu Görlitz. Mehrmals hatte er schwere Krankheiten zu über- stehen, 1822 und 1841, und am 29. Oktober 1842 traf ihn ein Nerven- schlag, den er nur zwei Tage überlegte. Er war ein Mann von hellem Kopf und liebevollem Herzen, von schönen Kenntnissen und unermüdlicher Thätigkeit; freundlich und mild, wo er durfte, ernst, wo es Zeit war, dienstfertig und gefällig in hohem Grade, uneigennützig und freigebig oft bis zum Uebermaaße, kinderfreundlich immerdar. — Gedruckt hat man von ihm eine große Anzahl Schulprogramme und eine Rede bei Eröff- nung der Fortbildungs-Anstalt für erwachsene Töchter, 1824 auch ein schönes Gedicht bei der Anwesenheit des Königs Anton. Sein wohlge- troffenes Portrait ist in Steindruck erschienen.

Johann Fr. Butenschön.
Geboren den 14. Juni 1764, gestorben den 16. Mai 1842.

> Motto: „Wer mit seinem eig'nen Herzen nicht im Reinen ist, kann unmöglich auf Andere edel und ewig wirken. Und wie darf ich's wagen, ohne Menschenkenntniß Menschen bil- den zu wollen? Wie kann ich Tugend befördern, wenn ich selbst nicht unerschütterlich an Tugend glaube? Wie kann mir der Mensch ehrwürdig sein, wenn ich es mir selbst nicht bin? Wie darf ich, Rechenschaft predigen, wenn mich nicht ihre sanfte Flamme allmählig durchdringt? Wie darf ich über Tyrannen donnern, wenn ich selbst ein Sklave nie- driger Leidenschaften bin? Wie darf ich kühn und froh zu Gott aufblicken, wenn Laster in meinem Herzen wühlen? Wie darf ich stolz sein auf Unsterblichkeit, wenn ich mich in jeder Niederträchtigkeit herumwälze? Butenschön.

Butenschön war der Sohn eines holsteinischen Subalternbeamten. Frühe seiner beiden Eltern beraubt, dabei ohne alles Vermögen, sah er sich im Knabenalter auf die eigene Kraft angewiesen. Es klingt wahr- haft abenteuerlich, wie er ohne Geldmittel, selbst ohne Vorkenntnisse, das Gymnasium zu Altona bezog und sich, häufig sogar des Brodes entbeh- rend, hier geistig zu bilden bestrebte. Diese Verhältnisse brachten auf sein ganzes künftiges Leben einen unverlöschbaren Eindruck hervor. Da entwickelte und stählte sich seine edle, unbeugsame Charakterfestigkeit, da gewöhnte er sich in fast unglaublicher Weise an Entbehrungen, die er zum Theil bis zur letzten Zeit seines Lebens freiwillig fortsetzte; so errang er Genügsamkeit in allen Dingen, die es ihm oft allein möglich machte, seine volle Ueberzeugung treu zu bewahren und dieselbe unter allen Verhältnissen furchtlos auszusprechen. In den Jahren 1785—89 bildete sich Butenschön auf den Universitäten zu Jena, Kiel und Heidelberg weiter aus, wobei er sich durch Ertheilung von Unterricht in den alten Sprachen, dann durch Uebersetzungen und freie Bearbeitungen von Schriften verschiedenen Inhaltes seinen Lebensunterhalt zu erwerben wußte. — Die eben erst proklamirten Grundsätze der französischen Revolution zogen ihn mächtig an. Mit Begeisterung daher erfüllt, begab er sich 1790 nach Straßburg, wo er sich gleichfalls durch Uebersetzungen und durch neue Bearbeitungen eines lexikalischen Werkes zu ernähren suchte. Dann fand er auf kurze Zeit eine Anstellung in dem Pfeffel-schen Institute zu Colmar, in welchem er unter Andern die damals berühmt gewordenen Brüder Perier unter seine Schüler zählte. Nach kurzer Zeit finden wir ihn wieder zu Jena, wo er mit Schiller bekannt ward, der seine Fähigkeiten alsbald erkannt zu haben scheint. 1792 begab Butenschön sich wieder nach dem ihm, besonders auch durch die Bekanntschaft mit seiner nachmaligen ersten Gattin, theuer gewordenen Straßburg. Das allgemeine Aufgebot erfolgte und Butenschön zog mit ihm in die Vendée. Während des ganzen Feldzuges hatte er stets eine Ausgabe des Horaz in seiner Tasche. Ein glücklicher Zufall wollte, daß der römische Dichter ihm einmal sogar zum Lebensretter ward, indem eine bereits matte Kugel das Buch zu durchbohren, aber nicht mehr in seine Brust einzudringen vermochte. Ende 1793 kehrte er nochmals nach Straßburg zurück. Hier ward er erster Sekretär der Municipal-Verwaltung. Es soll nicht verheimlichet werden, daß Butenschön mit Eulogius Schneider in näherer Berührung stand. Nach seiner jederzeit offen ausgesprochenen Ueberzeugung wird Schneider im Allgemeinen durchaus falsch beurtheilt, und zwar zumeist auf Angaben hin, die Butenschön als Augenzeuge für wesentlich entstellt erklärte. Indessen fand Butenschön mehrfach Veranlassung, Jenen mit der ihm eigenen, offenen und entschiedenen Sprache zu warnen. Am letzten Tage vor Schneider's Verhaftung noch war dieß wiederholt der Fall. Was jenem Urtheile Butenschön's eine besondere Beachtung verschaffen könnte, ist der Umstand, daß er auch nicht bei einer einzigen der Handlungen, die man Schneider zur Last legt, als betheiligt erscheint; sowie auch ferner, daß Butenschön nach Just's Ankunft in Straßburg dessen grausames Verfahren, in seiner Gegenwart, im Jakobinerklub auf's Entschiedenste angriff, was seine Verhaftung und Abführung nach Paris (im Mai oder Juni 1794) veranlaßte und ihn einem gewissen Tode auszusetzen schien. Auf dem Wege nach der französischen Hauptstadt ergab sich eine günstige Gelegenheit, zu fliehen; indessen wurde er wieder eingebracht. Nach einer andern Angabe wäre er wirklich zum Tode verurtheilt, und nur dadurch von der Abführung nach der Guillotine befreit worden, daß Diejenigen, welche die Liste der nach dem Schaffote Abzuführenden verlasen, seinen Namen nicht hätten aussprechen können, sondern denselben bis zur Unkenntlichkeit entstellt hätten. Nach einer dritten Version hätte er seine Freisprechung erlangt in Folge der Verwendung von Straßburger Patrioten, welche auf die Unsinnigkeit der Anklage aufmerksam machten, als hätte er eine gar nie existirende Stadt (Delsignon) im Elsaß in Brand gesteckt und von den Engländern 2 Millionen erhalten. Genug, es war kurz nach dem Sturze Robespierre's, daß er seine Freiheit wieder erlangte. Butenschön ging nun nach Zürich, wo im Jahr 1796 der erste Band

seines geistreichen Werkes „Petrarca" erschien. Um die Mitte des nem-
lichen Jahres trat er den ihm durch die Freunde ausgewirkten Posten
eines Professors und Bibliothekars zu Colmar an, in welcher letzten Eigenschaft er sich um Erhaltung und Ordnung vieler ehemaligen Kloster-
bibliotheken ein Verdienst erwarb. Nachdem er 1803 zum Professor am
Lyceum zu Mainz, 1809 aber zum Inspector und 1812 zum Rector der
dortigen Academie ernannt worden war, wirkte er höchst erfolgreich für
Hebung des gesammten Unterrichtswesens im ganzen Umfangsgebiete jener
Academie, welches sich über die drei Departemente des Donnersbergers,
der Mosel und Saar und der Wälder erstreckte. Er war es vorzugsweise, dem man namentlich die Organisation der Volksschulen zu verban-
ken hatte, soweit solche unter den Kriegsstürmen möglich war. Noch ist
manchem ältern Bewohner wohl innerlich, wie Butenschön insbesondere
auf seinen Inspectionsreisen, die er stets zu Fuß machte, selbst in wenig
bedeutenden Orten auf alles bedacht war, was zur Emporbringung jener
Anstalten beitragen konnte. Für die höhere Lehranstalten wirkte er mit nicht
minderem Eifer. Beim Sturze Napoleon's war auch gegen Butenschön,
wie gegen manchen andern Ehrenmann, die Verdächtigung thätig, zumal
von Seiten solcher, die bis dahin seiner Nachsicht und Unterstützung bedurft hatten. — Trotz jener Insinuationen behielt Butenschön eine seiner
frühern analoge Stellung, nachdem sich Justus Gruner mit Erstaunen
überzeugt hatte, daß auch die ihm gemachte Angabe: Butenschön verstehe
gar kein Deutsch, sondern nur Französisch, eine schamlose Unwahrheit
sei. Der Verläumdete wurde zum Inspector des öffentlichen Unterrichtes
in dem Gebiete zwischen dem Rheine, der Mosel und der französischen
Grenze ernannt. Bei der definitven Entscheidung über das Loos der
Länder des mittlern linken Rheinufers kam Butenschön nach Speyer, indem er 1816 zum kgl. bayr. Regierungs- und Kreis- Schulrath und im
folgenden Jahre nebstdem zum weltlichen Mitgliede des protestantischen
Consistoriums daselbst ernannt ward. Die vollständige Organisation der
Volks- sowie der höhern Schulen in dem Regierungsbezirke Pfalz ist an-
erkanntermaßen großentheils sein Werk; doch würde solches in dem wirklichen Umfange nicht möglich gewesen sein, ohne die nachdrückliche Mitwirkung des damaligen kgl. Generalcommissärs des Rheinkreises von Sti-
chaner. Nicht minder war es Butenschön, der als erster und vorzüglicher Gründer der Vereinigung der Lutheraner und Reformirten des Kreises (1818) betrachtet werden muß. Waren es auch nicht Wenige, welche
das Werk thatkräftig beförderten, so war es doch vorzugsweise sein Geist,
der überall die obwaltenden Schwierigkeiten zu lösen, das Neue zu regeln
wußte. Die Vereinigungsurkunde sowohl, als der neue Katechismus
sind größtentheils aus Butenschön's Feder geflossen. Noch im Greisenalter nahm er insbesondere an den Verhandlungen der protestantischen
Generalsynoden stets den lebendigsten Antheil, wie man ihn denn namentlich noch zur vorletzten Versammlung derselben obwohl bereits durch
einen schlagartigen Anfall äußerst schwach, mühsam, aber voll innerer
Freude am Stocke hinziehen sah. Kurz nach seiner Ankunft zu Speyer
hatte Butenschön die Redaktion der von nun an „Neuen" Speyerer Zeitung übernommen. (Mitte 1816.) Wie er mit scharfem Blicke alle Verhältnisse der Zeit beurtheilte, mit unerschöpflichem Witz und Humor sich
darüber aussprach, wie er in dieser allerdings durch eine beinahe vollkommene Censurfreiheit begünstigten Lage auf die Entwickelung der gesammten deutschen Journalistik, auf Belebung einer öffentlichen Gesinnung in Deutschland und selbst über die Grenzen desselben hinaus einwirkte,
werden sich noch Manche erinnern. Da erschienen die Karlsbader Ver-

schlüsse. Vergebens mühte sich Butenschön noch über ein Jahr lang ab, seine Zeitung, wenn auch wesentlich modifizirt, doch der Hauptsache nach in altem Geiste fortzusetzen. Die Anstände, theilweise durch mehrfache diplomatische Noten herbeigeführt, häuften sich täglich mehr und mehr, und so sah er sich denn zu Anfang des Jahrs 1821 genöthigt, die Redaction förmlich niederzulegen. — Seitdem hielt er sich, sehr wenige und nicht bedeutende Ausnahmsfälle abgerechnet, durchaus entfernt von der politischen Schriftstellerei und mit Unrecht hat man ihn mehrfach für den Verfasser verschiedener in der Folge erschienener politischer Aufsätze gehalten. Nur ein Bändchen Robinsonaden gab er, und zwar unter Beifügung seines Namens heraus. In Folge der neuen Organisation der Kreisregierungen von 1825 als Regierungs- und Schulrath quiescirt, obwohl noch einige Jahre länger in der nämlichen Eigenschaft einfach verwendet, 1834 auch als Consistorialrath in Quiescenzstand versetzt, lebte Butenschön durchaus zurückgezogen zunächst nur der Erziehung seiner jüngern Kinder (aus zweiter Ehe). Hatte er sich schon eine Reihe von Jahren zuvor von allen Gesellschaften fern gehalten, so verließ er von jetzt an nur noch selten seine stille Wohnung. Die wenigen mit ihm gleichdenkenden Freunde fanden in ihm, obwohl durch Leiden mancherlei Art gedrückt, doch stets den alten ungebeugten charakter- und überzeugungstreuen Biedermann. Der jüngsten Generation dagegen war er zuletzt kaum mehr dem Namen nach bekannt. — Einfach und prunklos war seine Leichenfeier und noch jetzt ziert kein Denkmal sein Grab, kein Stein, der auch nur den Ort andeutete, an welchem die Gebeine eines Mannes ruhen, der mit begeisterter Liebe die ganze Menschheit umfaßte — Außer den oben genannten Werken gab er noch heraus: Leiden zweier edlen Liebenden, nach Cervantes Saavedra, nebst dem Leben desselben und einem Versuche über die spanische schöne Literatur. Heidelberg, 1789. — Cäsar, Cato und Friedrich von Preußen, ein historisches Lesebuch. Ebdf. 1789. — Alexander der Eroberer, dramatisch bearbeitet. 1. Thl. Zürich, 1791. — Romantische, komische, rührende und moralische Unterhaltungen. 1. Thl. St. Gallen 1791 und war Mitherausgeber der Archives littéraires de l'Europe ou Melange de littérature, d'hist. et de philosophie. Paris et Tubing. 1804. —

Philipp Karl Buttmann.
Geboren den 5. Dezember 1764, gestorben den 21. Juni 1829.

Dieser ausgezeichnete Gelehrte und berühmte Verfasser der trefflichen allgemeinen geschätzten griechischen Grammatik wurde zu Frankfurt a/M. geboren. Sein Vater, ein Papierhändler, stammte von französischen Religionsflüchtigen ab, die aus dem französischen Flandern nach der Pfalz sich gezogen hatten. — Er verdankte seine erste Bildung dem Frankfurter Gymnasium und widmete sich zu Göttingen, wohin er sich 1782 begab, dem Studium der Philologie. — Vier Jahre später erhielt er die Anstellung als Lehrer des Erbprinzen von Dessau in der Geographie und Statistik, und ein 8 monatlicher Aufenthalt zu Dessau in den Jahren 1786 und 1787 brachte ihn in nähere Beziehung mit Bevenhorst, Robe, Feder und andern eben so gebildeten als geistreichen Männern. Eine Reise nach Berlin, die er im Frühjahre 1788 unternahm, nachdem seine Geschäfte in Dessau beendigt waren, entschied die fernere Richtung seines Lebens, indem ihn der Bibliothekar Biester bei dem Minister von Wöllner als Gehülfen bei der entworfenen neuen Anordnung der kgl. Bibliothek in Anschlag brachte und die Gewährung dieses Wunsches erlangte.

Im Jahr 1791 arbeitete er die erste Ausgabe seiner griechischen Grammatik aus, ohne damals die wohlthätige Wirkung zu ahnen, welche dieses Werk in seiner spätern Vervollkommnung, durch die Einführung einer bessern Methode in der Behandlung der alten Sprachen gewinnen sollte. Im Jahr 1796 wurde er zum Secretär der kgl. Bibliothek zu Berlin ernannt und 4 Jahre darauf übernahm er eine Professur an dem Joachimsthal'schen Gymnasium, mit dessen Bibliothek er sich ebenfalls vielfach beschäftigte. Zur Ausarbeitung mehrer seiner frühern mythologischen Schriften veranlaßte ihn theils die Berliner Monatsschrift, theils die Aufnahme in die zu jener Zeit bestehende philomatische Gesellschaft, und im Jahr 1806 die Aufnahme in die Academie der Wissenschaften, welche ihn später zum Secretär ihrer historischen philologischen Klasse ernannte. Neben diesen Geschäften, welche mit diesen Aemtern verbunden waren, besorgte er seit 1803 fast 9 Jahre. Die Redaction der Haude- und Spener'schen Zeitung. Nachdem er schon 1808 seine Lehrstelle am Joachimsthal'schen Gymnasium aufgegeben hatte, um seinen Geschäften an der kgl. Bibliothek ausschließlich sich widmen zu können, wurde er 1811 zum Bibliothekar ernannt. Eine große Aufmunterung fand er um diese Zeit in dem höchst ehrenvollen Auftrage, den geliebten Kronprinzen in den alten Sprachen zu unterrichten; und im Jahr 1824 ehrte ihn der König von Preußen durch die Verleihung des rothen Adlerordens 3ter Klasse. Mehre auswärtige Academien z. B. zu München, Neapel und Moskau, nahmen ihn in die Zahl ihrer Mitglieder auf. Im Jahr 1800 hatte er sich mit der ältesten Tochter des Leibmedicus Stelle verbunden. Die Betrübniß über den Verlust einer geliebten erwachsenen Tochter erschütterte im Jahr 1820 zuerst die Gesundheit des sonst so rüstigen Mannes, und wiederholte apoplectische Zustände zerstörten seit dem Jahr 1824 nach und nach seinen Organismus. Seine letzte Arbeit war die Herausgabe einer Sammlung seiner zerstreuten mythologischen Abhandlungen unter dem Titel: „Mythologus in 2 Theilen, und mit wehmüthigen Worten drückt er in einer Schlußrede zu diesem Werke die Ahnung aus, daß er bald aus dem Kreise der redenden Menschengeschlechter scheiden werde." Durch einen sanften Tod wurde er den Wissenschaften, seiner zahlreichen Familie und vielen um ihn trauernden Freunden entrissen. Eine große Zahl der Letzten, sowie seine Collegen, begleiteten seine sterbliche Hülle zu ihrer Ruhestätte, und der berühmte Schleiermacher, obgleich selbst tief bewegt, sprach am Grabe des heimgegangenen Freundes ebenso ergreifende, als erhebende und belehrende Worte. —

Von seinen zahlreichen Schriften führen wir hier folgende an: Kurzgefaßte griechische Gramatik. Berlin, 1792 — Ueber die philosophische Deutung der griechischen Gottheit, 1803. — Ausführliche griechische Sprachlehre, 1809. 1. Abth. des 2. Bds. 1825. Ueber den Mythus des Heracles, 1810. — Platonis Dialogi quatuor, ed. tertia 1811. ed. quarta 1822. Griechische Schulgrammatik, 1812—19. Aufl. 1854. — Scholia antiq. in Homeri Odysseam, 1820. — Sophoclis Philoctetes graece 1822. — Demosthenis orat. in Midiam, 1828. — Erläuterungen des Horaz, Ode 1. 12, 1806. — Zugleich gab er mit Fr. A. Wolf heraus. Museum der Alterthumskunde, 1807 — und Museum Antiquit. 1808—1811 und hatte Antheil an der Niebuhr'schen Ausgabe von Maji Reliquiis Frontonis, 1816, sowie er noch viele Aufsätze und Abhandlungen in andere gelehrte Zeitschriften einrücken ließ. —

Joachim Camerarius.

Geboren den 12. April 1500, gestorben den 17. April 1574.

Joachim Camerarius, einer der größten Literatoren und Polyhistoren Deutschlands, der zu den Fortschritten der Künste und Wissenschaften im 16. Jahrhundert ungemein viel beitrug, theils durch Ausgaben, Uebersetzungen und Commentare vieler griechischen und lateinischen Autoren, theils durch eigene Werke, von denen die meisten lange für classisch galten und noch immer geschätzt sind, theils endlich dadurch, daß er den Universitäten Leipzig und Tübingen und dem Gymnasium zu Nürnberg, in welch' letzterer Stellung insbesondere er nicht nur für das Schulwesen dieser Stadt, sondern auch als Rathgeber für viele Gegenden Deutschlands segensreich wirkte, war geboren zu Bamberg am 12. April 1500 und wurde schon im Jahr 1515 von seinem Vater nach Leipzig gebracht, wo er alte Literatur und griechische Sprache studirte. Im Jahr 1518 ging er nach Erfurt, wo er mit Eobanus Hessus in Verbindung trat, und 1521 nach Wittenberg, wo vorzüglich Melanchthon ihn wegen seiner vorzüglichen Kenntnisse und seines edlen Sinnes seiner Freundschaft würdigte. Sein erstes Werk, die lateinische Uebersetzung einer Rede des Demosthenes, erschien 1524. Im folgenden Jahre gab er seine Bemerkungen über die Tusculanen des Cicero heraus, wodurch er mit Erasmus in Briefwechsel kam. Nachdem er 1525 Wittenberg verlassen hatte, bereiste er Preußen, ward 1526 zu Nürnberg als Lehrer der griechischen und lateinischen Sprache angestellt und 1530 vom Senat zum Abgeordneten am Reichstage zu Augsburg ernannt. Mit seinem Freunde Melanchthon nahm er großen Antheil an die Verhandlungen, in deren Folge Beide die unter dem Namen der Augsburger Confession bekannten Acte herausgaben. Vier Jahre nachher wählte ihn der Nürnberger Senat zum Secretär, er lehnte jedoch dieses ehrenvolle Amt ab. Der Herzog Ulrich von Würtemberg berief ihn 1535 auf die Universität Tübingen, und hier schrieb Camerarius seine Elemente der Rhetorik." Im Jahr 1541 trugen ihm Heinrich und Moritz von Sachsen auf, die Universität Leipzig neu zu organisiren. Gemeinschaftlich mit Karl Börner verfaßte er die Statuten derselben und stand ihr lange Zeit als Rector und Decan vor. Er ging 1555 auf's Neue als Abgeordneter zum Reichstage nach Augsburg, von da mit Melanchthon nach Nürnberg, um hier über verschiedene Religionsgegenstände zu verhandeln, und 1556 mit demselben auf den Reichstag nach Regensburg. Im Jahr 1569 berief ihn Maximilian II. nach Wien, um sich über verschiedene kirchliche Angelegenheiten mit ihm zu berathen. Reich beschenkt, kehrte er nach Leipzig zurück, wo er am 17. April 1574 starb. Camerarius war von Natur ernst und einsylbig, selbst gegen seine Kinder. Der Lüge war er über Alles feind und duldete sie selbst im Scherze nicht. Der Umfang seiner Kenntnisse, die Weisheit, Mäßigung seiner Grundsätze, die Kraft seines Characters, seine sanfte, überzeugende Beredtsamkeit erwarben ihm die Achtung aller ausgezeichneten Personen seiner Zeit. Die Zahl seiner Schriften, meistens Ausgaben griechischer und römischer Classiker, Uebersetzungen und Commentare ist sehr groß. Vorzüglich ist seine Biographie Melanchthons zu erwähnen, neueste Ausgabe von Strobel, Halle 1777, welche die ganze Geschichte der Reformation enthält und seine Sammlung der Melanchthon'schen Briefe (Leipzig 1569), welche über das Reformationszeitalter die wichtigsten Aufschlüsse enthalten. Noch immer sind auch seine „Commentarii linguae graec et lat." „Epistolae familiares" (3 Bde. Frankfurt, 1583—1595), welche interessante Beiträge zur Zeitgeschichte geben. —

Joach. Heinrich Campe.

Geboren im Jahr 1746, gestorben den 22., u. A. den 23. October 1818.

> Motto: „Ein liebevoller, belohnender Blick, ein herzlicher
> Druck der Hand, ein sanfter Schlag auf die Achsel, mit
> einem gerührten: So recht mein Sohn! u. s. w. thut
> mehr Wirkung, als das lauteste Lob, und setzen uns nicht
> der Gefahr aus, unsere Kinder eitel und ehrsüchtig zu
> machen Und so werden auch im entgegengesetzten Falle
> ein Blick voll Bekümmerniß, ein mißbilligendes, wehmüthi=
> ges Kopfschütteln, ein plötzliches Stillschweigen und ein
> mißmuthiges Weggehen aus der Gegenwart des Kindes,
> ein trauriges Aufsehen gen Himmel u. s. w. gewiß weit wirk=
> samer, als jede demüthigende Beschämung sein." Campe.
>
> „Robinson nannte ich nie das Vorbild der Tugend und
> Jugend, Theophron lehrte mich das, was ich in Jenem
> vermißt!"

Dieser Freund deutscher Jugend, deutscher Sprache, deutschen Ge=
müthes — allbekannt durch zahlreiche Schriften, von denen viele Mu=
stergültigkeit behaupten, als vorzüglicher Pädagog beliebt, ja gefeiert —
wurde in dem Braunschweig=Wolfenbüttel'schen Dorfe Deensen gebo=
ren und zog aus dunkeln Verhältnissen dem Lichte wissenschaftlicher Bil=
dung nach. Den Knabenunterricht gewährte zunächst die Schule zu Holz=
minden, worauf Helmstädt und Halle den Jüngling weiter bildeten, der
sich der Theologie widmete die so äußerst günstig auf dieser
Hochschule gebotene Gelegenheit nicht unbenutzt ließ, auch in der Er=
ziehungswissenschaft, zu welcher sein Gemüth sich mit Vorliebe hinneigte,
theoretische und practische Kenntnisse sich anzueignen. Gleichwohl schien
das Geschick ihn seinem ursprünglichen Berufe entziehen zu wollen, denn
er erhielt als Candidat 1773 eine Feldpredigerstelle beim Regimente des
Prinzen Heinrich von Preußen zu Potsdam.

Diese Stellung konnte den strebsamen jungen Manne nicht auf die
Dauer befriedigen; indeß benutzte er die Muße, welche sie ihm vergönnte,
treufleißig zu seiner Weiterbildung, und gewann sich Freunde und Gön=
ner, welche ihn förderten, und so nahm er 1776 freudig einen Ruf als
Anhalt „Dessauischer Educationsrath an, zumal in Dessau das eigentliche
Ziel der Sehnsucht Campes, das berühmte Philantropin unter Basedow
blühte." — Basedow, ein Hamburger und unter dem gnädigen Schutze
des Fürsten Franz von Dessau Begründer des philantropin'schen Erzie=
ungsinstitutes — verließ seine Anstalt, und Campe trat nun als deren
Leiter und Lenker an dessen Stelle. Es waren von ihm bereits einige
philosophische Abhandlungen erschienen, dann trat er mit seinem „Sitten=
büchlein" auf, welches große Verbreitung fand, so daß eine Auflage der
andern folgte und Campe's Ruf sich rasch in weiten Kreisen verbreitete.
Indeß erging es ihm, wie nach ihm Salzmann an derselben Stelle, er
fand sich bewogen, sie nicht lange zu bekleiden. Neigung und Sehnsucht
ward in ihm rege, nach eigenen Ideen und Wünschen selbstthätig wirken
und handeln zu können, denn noch heute wird jeder Erzieher von geisti=
ger Begabung mehr oder minder sich selbst seine Erziehungspläne bilden
und sie von innen herausarbeiten, nicht das vorgefundene Fremde unbe=
dingt annehmen und dessen Regeln sclavisch befolgen.

Campe verließ Dessau nach Aufgebung seiner dortigen Stellung und
wandte sich nach Hamburg, wo er eine Privaterziehungsanstalt begrün=
dete und bis zum Jahr 1783 leitete, sie wohl auch gern länger geleitet
haben würde, wenn nicht wankende Gesundheit ihn genöthigt hätte, sie

aufzugeben. In diese Zeit fiel der Beginn der Herausgabe des „Hamburgischen Kinderalmanachs," welcher in 12 Bdchn. bis 1784 fortgeführt wurde und der sich in abermals 12 Bdchn. die beliebten Reisebeschreibungen für die Jugend bis 1794 anreihten. Dieser friedlich = lehrreichen und liebevoll = wirksamen Thätigkeit eines Jugendschriftstellers konnte sich der wackre Campe durch die selbstgeschaffene Befreiung von jeglicher Amtsbürde um so mehr hingeben, als er aus dem geräuschvollen Hamburg zurückgezogen in der ländlichen Stille des Dorfes Trittau bei Hamburg lebte. Seine Weise, für die Jugend zu schreiben, die zugleich für junge angehende Schulmänner Leitfaden und Muster wurde, gefiel allgemein; er hatte vorzugsweise die kleine Kinderwelt im Auge und wußte meisterlich derselben seine Stoffe anzupassen.

Die größte Freude erregte in der Jugend und ihrer Lehrerwelt sein „Robinson der jüngere, ein Lesebuch für Kinder." Diesem Buche lag bekanntlich der Seefahrerroman des Engländers de Foe zu Grunde, von dem auch schon eine alte deutsche Uebersetzung vorhanden war. Rousseau hatte in seinem Emil dieses Buch gelobt und empfohlen, und Campe bearbeitete es mit dem größten Glück. Kaum wird irgend ein Buch in der europäischen Kinderwelt solche Beliebtheit erlangt haben; in alle europäische Sprachen, selbst in die neugriechische wurde es übersetzt, in die englische bis 1806 fünfmal, ebensoviel mal in die französische, während die deutschen Auflagen rasch einander folgten.

Dem Robinson folgte, während die Kinderbibliothek (der Almanach) sich fortsetzte, „die Entdeckung von Amerika," 3 Thle., dann die „Kleine Seelenlehre für Kinder," hierauf die Bildungsschrift für Jünglinge „Theophron," später: „Väterlicher Rath für meine Tochter," welches Buch das Seitenstück des Theophron für die herangereifte weibliche Jugend bildete, und noch mehres andere.

Nach allen diesen anerkannten rühmlichen und bildenden Werken, nach so vielen Schriften voll Gemüthlichkeit, Innigkeit, Eingehen in den Kreis kindlicher und jugendlicher Verstandeskräfte — wandte sich Campe dem wichtigen Gebiete der deutschen Sprache zu, und trat gegen die heillose Sprachmengerei in mehren Schriften auf, nachdem er 1787 in Anerkennung seiner gediegenen Wissenschaft im Erziehungsfach einer ehrenvollen Berufung als Herzoglicher Braunschweigischer Schulrath und Canonicus am St. Cyriacus = Stifte zu Braunschweig Folge geleistet hatte. Sein Bemühen, die Sprache zu läutern, fand vielen Beifall und viele Theilnahme, wenn auch im kritischen Bemühen Campe's und seiner Freunde vieles allzu schulmeisterlich genau genommen wurde und daher manche Mühe vergeblich war, denn der Genius der Sprache läßt sich nicht spanische Stiefeln und Daumschrauben anlegen, er wirkt fesselfrei und lebendig im Leben des Volkes und jede Zeit macht ihre Sprachweise. Immer aber bleibt das Streben ehrenwerth, die stolze und reiche Sprache unsers deutschen Vaterlandes nicht muthwillig mit Fremdwörtern zu überbürden und zu veranstalten, wie es namentlich wieder durch die neuzeitliche Politik, wo kaum eine Zeitungszeile ohne Fremdwort blieb, geschehen ist.

Campe vollendete nach segensreichem Wirken im 72sten Jahre seines Alters und nahm den Ruhm eines biedern, strebsam tüchtigen, rastlos wirksamen Mannes mit sich in's Grab.

Von Campe's übrigen Schriften führen wir noch an: Allgemeine Revision des Schul = und Erziehungswesens. Von einer Gesellschaft practischer Erzieher. Wörterbuch der deutschen Sprache. (5 Bde. 1807—1811.) Wörterbuch der Erklärung und Verdeutschung. (2. Aufl. Braunschweig, 1813).

August Clemens (Droste Bischering.)
Geboren den 21. Jänner 1773, gestorben den 19. October 1845.

> Motto: „Die Erziehung der weiblichen Jugend ist, insbeson-
> dere in Beziehung auf die häusliche Bildung, auf welche
> die Mutter und die Kinderwärterinn so überaus großen Ein-
> fluß haben, von ganz vorzüglicher Wichtigkeit. Die häus-
> liche Erziehung muß allerfrühest sehr berücksichtigt wer-
> den; wenn ich nicht irre, glaubt ein großer Theil der
> Eltern daran gar nicht, und man sagt wohl kaum zu viel,
> daß die meisten Kinderwärterinnen darauf gar nicht ach-
> ten, und so werden die kleinen Kinder anstatt er-,
> verzogen, und man bringt schon den kleinen Kindern
> allerlei Untugenden; böse Gewohnheiten bei, welche man
> nachher nur mit Mühe, sogar mit der Ruthe, welche aber
> die Eltern und die Kinderwärterinnen mehr als die Kinder
> verdienen, wieder hinaustreiben muß, welches oft gar nicht
> gelingt, so daß jene Untugenden und böse Gewohnheiten
> das ganze Leben hindurch Zeugniß geben von der in den
> Kinderjahren stattgefundenen schlechten Erziehung.
> August Clemens.

August Clemens (Droste Bischering), Erzbischof zu Köln, geboren zu Münster, einer der größten Kirchenfürsten neuerer Zeit. Nach
vollendeten Studien wurde er 1797 zum Priester geweiht und 1807 zum
Generalvicar erhoben. 1827 ward er von seinem Bruder, Bischof zu
Münster, zum Weihbischof gewählt. Am 1. Dezember 1835 wählte ihn
das Domcapitel zu Köln zum Bischofe, als welcher er am 29. Mai
1836 inthronisirt wurde. Seine Kämpfe und Gefangennehmung sind in
noch frischem Andenken und können füglich hier übergegangen werden.
Er starb am 19. October 1845. Viele Schriften sind von ihm verfaßt und
er hatte in seiner literarischen Thätigkeit selbst der Pädagogik nicht vergessen.

Petr. Canisius.
Geboren den 8. Mai 1521, gestorben den 21. Dezember 1597.

Canisius Petr., einer der thätigsten und verdientesten Mitglieder
der Gesellschaft Jesu, in Wahrheit ein Apostel Deutschlands, ward zu Nim-
wegen in Geldern, einer Provinz der Niederlande geboren; schon als Knabe
gab Canisius ein Vorspiel zu künftiger Heiligkeit und eines religiösen Lebens,
begab sich in seinem 15. Lebensjahre nach Köln, wo er dem Studium
der Theologie mit dem größten Eifer unter dem berühmten Lehrer Nicolaus Eschius oblag. Im Jahr 1543 begab er sich im 23. Lebensjahre
in den Orden der Gesellschaft Jesu. Schon hier bewies er große Thätigkeit für den Orden, indem er geschickt die Reformationsversuche des
Churfürsten Hermann von Köln zu vereiteln wußte. In das Collegium
seines Ordens zu Ingolstadt versetzt, wurde er 1549 Lehrer der Theologie, bald auch Rector und Vicekanzler der dasigen Universität. Die
wichtigsten Dienste leistete er dem Orden und dem Pabste seit 1551 zu
Wien, erst als Rector des dasigen Collegiums, dann durch Visitation
d. h. durch Umformung der Wiener Universität nach den Absichten des
Ordens im Jahr 1553 und endlich durch die einjährige Verwaltung des
Bisthums Wien. — Ihm verdankten die Jesuiten, deren erster Provin-
cial in Deutschland er war, ihre Verbreitung in den deutschen Staaten
und die Collegia zu Augsburg, Dillingen, Freiburg in der Schweiz,
Würzburg und Prag, die er stiftete. Von jetzt an sehen wir den gottseligen Mann an der Kirchenversammlung zu Trient eifrigst beschäftigt,

bald auf dem Reichstage zu Nürnberg oder in Helvetien des Pabstes und des Ordens Aufträge mit dem glücklichsten Erfolge ausführen. Endlich entschlief er sanft und ruhig im Herrn den 21. Dezember 1597 zu Freiburg, dessen Bewohner ihm ein Denkmal setzen ließen. — Sein Hauptwerk war: „Kurzer Inbegriff der christlichen Lehre oder Katechismus" in 5 Hauptstücke getheilt; eine Schrift, welche, kaum gelesen und gekannt, von allen Katholiken gepriesen; in alle Sprachen übersetzt und über 400 Mal unter die Presse genommen ward.

Der heil. Cassianus, als Patron der Schullehrer.

Dieser Heilige war Bischof der Stadt Brixen, wurde aber wegen des christlichen Glaubens verjagt. Sein Vorsatz war, sich nach Rom zu begeben und dem römischen Papste seine Dienste zum Heile der Seelen an einem andern Orte anzubieten. Da er schon auf dem Wege war, änderte er jedoch seinen Sinn, nahm seine Wohnung zu Immola, einer Stadt in Italien, und entschloß sich, die Kinder im Lesen und Schreiben zu unterrichten, weil er glaubte, dadurch Gelegenheit zu haben, viel Gutes zu wirken. Obwohl er Christ war, so wagte man ihm doch kein Hinderniß in den Weg zu legen aus Achtung vor seiner Wissenschaftlichkeit. Da er aber einmal einen bösartigen Schüler mit Namen Corvinus bestraft hatte, so sann derselbe auf Rache; er kam in Begleitung von Bewaffneten in die Schule, die eben mit Schülern angefüllt war, verschloß die Thüre, und machte Cassianus, der ihm mit offenen Armen und freundlichem Gesichte zum Gruße entgegentrat, den Vorwurf eines Verschwörers gegen den Staat. Ein lautes Geschrei erhob sich aus dem Knabenhaufen und am Tone desselben, und wie er um sich blickte, merkte Corvinus gleich, daß viele darunter sein mochten, wie er selbst, junge Bären mit Hyänenherzen.

„Buben," rief er aus, „liebt ihr euern Lehrer Cassianus? Ich hab' ihm noch Manches nachzutragen." — Ein Geheil der Verwünschung erscholl von den Bänken. — Ich habe gute Neuigkeiten für euch; hier ist die Erlaubniß von dem göttlichen Kaiser, daß ihr mit ihm thun könnt, was euch beliebt.

Ein Hagel von Büchern, Schreibtafeln und andern Schulwerkzeugen wurde gegen den Lehrer gerichtet, welcher unbeweglich mit gekreuzten Armen vor seinem Verfolger stand. Dann drangen sie von allen Seiten heran in drohender Stellung zu einem rohen Angriff.

„Halt, halt," rief Corvinus aus, „wir müssen systematischer zu Werke gehen." Er wollte jeden Streich der Strafe, den er vom Lehrer empfangen, heimzahlen, und jedes Wort des Tadels, das er empfangen, in Blut auf seinen Leib schreiben. Dieses Vorhaben sollte in Erfüllung gehen. Wenige Martern sind schrecklicher und dabei besser beglaubigt, als die an dem Martyrer und dem ersten christlichen Schullehrer Cassianus verübte Qual.

Gebunden in die Mitte dieser jungen Tiger gestellt, wurde er ihrer bübischen Grausamkeit als langsames Opfer überlassen.

Einige schrieben mit stählernen Spitzen, womit man die Schrift auf wächserne Tafeln einzugraben pflegte, ihre Aufgaben auf ihm. Andere übten den Scharfsinn einer frühreifen Brutalität, indem sie seinem zerfleischten Leib jede erdenkliche Qual zufügten. Blutverlust und heftige Pein erschöpften ihn endlich, und er fiel auf den Boden nieder, ohne wieder aufstehen zu können.

Ein Jubelschrei folgte, neue Schändlichkeiten wurden verübt, und der Trupp junger Teufel zerstreute sich, um die Geschichte ihres Spaßes

zu Hause zu erzählen. Corvinus, welcher seine Augen an dem Schau=
spiele seiner Rache geweidet, und seine bereitwilligen Werkzeuge zu ihren
Grausamkeiten angeleitet hatte, ließ den sterbenden Mann, wo er lag,
damit er unbeachtet sein Leben aushauche. Sein treuer Diener jedoch
hob ihn auf, legte ihn auf sein Bett, und gab dem Pankratius,
einem ehemaligen Schüler des Cassian, Nachricht, welcher sich bald an
seiner Seite befand. Der Jüngling entsetzte sich bei dem Anblicke und
bei der Erzählung von der ausgesuchten Marter seines alten Lehrers,
wie er sich anderseits durch seine Geduld erbaute; denn nicht ein Wort
des Vorwurfes war ihm entschlüpft, und Gebet allein hatte seine Gedan=
ken und seine Zunge beschäftigt.

Cassianus erkannte seinen lieben Zögling, lächelte ihn an, und drückte
seine Hand in der seinigen, konnte aber nicht sprechen. Nachdem er noch
bis zum andern Morgen gelitten, gab er sanft seinen Geist auf. Die
letzten Gebräuche christlichen Begräbnisses wurden ihm in der Stille er=
wiesen. So wurde die Handlung der Rache an Cassianus vollzogen. —
Die Zeit seines Todes fällt in das dritte Jahrhundert.

Marc. Port. Cato Censorinus,
geboren 235 vor Christi Geburt, gestorben im Jahre 149.

welchen Quinctilian als den ersten pädagogischen Schriftsteller bezeichnet,
ward zu Tuskulum geboren und in der ernsten und finstern Zucht der
Sabiner erzogen. Kundig der Gesetze, im Besitze einer hohen Gabe der
Beredtsamkeit, nach Ruhm und einem bewegten Leben durstig, genügte
seinem Geiste bald sein Landgut nicht. Er kam seinem Wunsche entspre=
chend, durch Val. Flaccus nach Rom, und erwarb sich durch seine Be=
redtsamkeit und durch sein reines Interesse für den Staat die Gunst
des Volkes in so hohem Maaße, daß er nach und nach zu den höchsten
Staatswürden gelangte. Streng und unerbittlich trat er, der Feind alles
Neuen, für die alte römische Tugend auf. Ein unbehauener, roher Mar=
morblock war er; aber es war cararischer Marmor, — ein Mann von Erz
auch. Aeußerlich und innerlich, wie innerlich und äußerlich ein Ganzes.

Wie er selbst ausgezeichnet durch Redlichkeit, Ernst und Energie des
Charakters, so auch (— seine Erziehungsschrift ist verloren gegangen —)
seine Erziehung. Den Ruf eines guten Ehemann's und Vaters hielt er
für höher, als die Ehre, ein guter Senator zu sein. Seine häusliche
Zucht war streng. Wegen der geringsten Versehen zählte er die verwirk=
ten Hiebe eigenhändig mit dem Riemen auf. Auch Frau und Kind wur=
den streng in Zucht gehalten; doch erklärt er, daß der, welcher seine
Gattin oder seinen Sohn schlägt, die ehrwürdigsten Heiligthümer, welche
es für die Menschen geben kann, verletzt. Seine Söhne unterrichtete er,
dem Grundsatze gemäß, daß der rothbackige Bube besser tauge, als der
blasse, in den Elementen des Lebens und Schreibens, im Gebrauch der
Waffen, im Reiten und Schwimmen, in den Gesetzen und Sitten des
römischen Volkes, wobei er ein besonderes Gewicht darauf legte, daß die
Kinder mit der Geschichte und den Thaten der Vorfahren bekannt gemacht
und dadurch zum Streben nach Auszeichnung ermuntert würden. Wie
in Gegenwart der vestalischen Jungfrauen hütete er sich, wie er selbst sagt,
in Gegenwart seiner Kinder ein schändliches Wort in den Mund zu neh=
men, und nie hat er vor den Augen seiner Tochter die Mutter umfaßt,
außer wenn diese bei einem Gewitter in Angst gerieth. Als Bedingung
eines Redners stellte er geraden, gesunden Verstand, verbunden mit Tüch=
tigkeit der Gesinnung, auf; denn nur ein edler Mann kann ein guter

Redner sein. Mit Entschiedenheit trat er der eindringenden, griechischen Bildung und der in ihrem Gefolge sich befindenden Verfeinerung und Verweichlichung entgegen, weil er mit seinem klaren Auge auf diesem Wege den Untergang Rom's voraussah. „Glaube mir," schreibt er an seinen Sohn, glaube mir, als ob es ein Wahrsager gesagt hätte, daß die Griechen ein sehr nichtswürdiges und unverbesserliches Geschlecht sind. Wenn dieses Volk unter uns seine Literatur verbreitet, so wird es Alles verderben, noch mehr aber, wenn es seine Aerzte hieher sendet, denn sie haben sich unter einander verschworen, die Barbaren und auch die Römer zu tödten."

Darum riß er sich nie von der Ueberzeugung los, daß mit der alten Römertugend auch Rom fallen müsse. Ein homo elegans war ihm deßhalb ein tabelnswerther Mensch. „Das menschliche Leben ist wie Eisen; wenn man es bearbeitet, wird es nach und nach aufgerieben, wenn man es nicht bearbeitet, wird es durch Rost verzehrt; ebenso sehen wir, daß die Menschen durch Uebung angegriffen werden; daß aber, wo man Nichts treibt, Trägheit und Narrheit mehr als Uebung schadet."

Doch Cato war bereits ein Prediger in der Wüste. Der griechische Geist strömte heran, und ihm konnte um so weniger Einhalt gethan werden, als die Jugend, die Vertreterin des Neuen und Erbin der Zukunft, mit Eifer und Feuer ihn erfaßte. Aber Cato steht auf der Scheidegrenze des alten und neuen Roms als ein Römer von ächtem Schrot und Korn, eine kräftige, gedrungene Persönlichkeit, eine harte, derbe, herbe, in's Rohe gehauene Physiognomie — der Vertreter „der alten Gerechtigkeit gegen die neue Ungerechtigkeit" — der erste römische Pädagog, in dem, wie im alten Römer-Charakter, Theorie und Praxis ungeschieden, sich einander durchdringend und bedingend liegen, — der Mann, der reden kann, mit Worten aber, die Hände und Füße haben. —

Mark. Tull. Cicero.

Geboren im Jahre 106 vor Christi Geburt, gestorben den 7. Dezember.

> Motto: „Welch' größern, wichtigern und beßern Dienst können wir wohl dem Staate erweisen, als wenn wir die Jugend belehren und unterrichten? besonders bei den dermaligen Zeiten und Sitten, da die Jugend so sehr versunken ist, daß man derselben mit aller Macht Einhalt thun muß.   Cicero.

M. T. Cicero, geboren zu Arpinum, glänzt nicht allein als Redner, sondern auch als Philosoph, und namentlich als Pädagog in hohem Grade. Erziehung bezeichnet Cicero als die Vollendung der von der Natur verliehenen Anlage. Je besser die Erziehung, desto mehr macht sich der allgemeine Trieb nach Thätigkeit geltend. Welches größere und beßere Geschenk, sagt er, können wir dem Staate bringen, als wenn wir die Jugend belehren und unterweisen. Bei den Römern mußte, weil hier die Rede so große Macht erlangt hatte, die ganze Erziehung und der gesammte Unterricht in der Beredtsamkeit die höchste Verklärung finden. Daher denn schon die größte Sorgfalt, die auf die Sprach- und Redeweise der Kinder verwandt wurde. Bei den spätern Rede-Uebungen hielt es Cicero für nützlich, aus dem Stegreife zu sprechen; doch noch wichtiger sei eine Vorbereitung durch Nachdenken und Anordnung; die Hauptsache aber, möglichst viel zu schreiben. Nur Der, welcher durch schriftliche Stylübungen sich lange gebildet habe, könne den Ruhm und die Bewunderung eines guten Redners einernten. Cicero selbst schrieb eine Art von Musterreden zum Nutzen der Jugend. Dann

fordert er aber, daß sich der Redner einen Schatz nützlicher Kenntnisse
auf jedem Gebiete des Wissens erwerben müsse, namentlich in der Rechtswissenschaft, Geschichte und Philosophie. In Hinsicht auf Geschichte, sagt
er: durch die Anschauung großer Muster der Vorzeit wird der Geist gebildet, der Wille veredelt und die Thatkraft angeregt. Der Philosophie
hat erst Cicero auf dem römischen Boden Bahn gebrochen. Er nannte
sie die Schule der Jugend. In seiner Tugendlehre tritt hauptsächlich das
Princip der Ehre hervor, und mit dem Ehrenvollen war ihm das Wohlanständige innig verbunden, und Beides umfaßte das ganze Gebiet des
sittlich Guten. Auch in höherm Alter muß stets das Streben nach
Ruhm und die Furcht vor Schande vorwalten. Ruhm ist die
wesentliche Triebfeder des Guten. Die größte Gefahr für das jugendliche Alter liege in der Neigung zur Wollust. Vom Schüler, wie von
jedem edlern Menschen verlangt er vor allen Dingen Dankbarkeit.
Als das Wesentlichste erscheint ihm die Religion, sie trage am meisten
zur Erhaltung des Staates bei, und jeder Bürger müsse die Ueberzeugung haben, daß die Götter die Herren und Lenker aller Dinge seien;
daß sie den Dank der Menschheit verdienen, und jedes Menschen Handlung, Gedanken und Gefühle durchschauen. Der frühen Beschäftigung
der Jugend mit der Politik ist Cicero entgegen, und er schildert ausführlich die Gefahren, die dem Jüngling drohen, der sich in politische Bewegungen stürzt.

Cicero hatte sich, nachdem die Macht des Staates gefallen war,
auf sein Landgut zurückgezogen. Als seine Mörder hier ihn aufsuchten,
wollten ihn die Sclaven in einer Senfte entfernen, wurden aber bald
umringt. Da neigte er sein Haupt gegen die Mörder heraus, und starb
in muthiger Fassung. Kopf und Hände ließ Antonius auf derselben
Rednerbühne befestigen, von welcher herab kein Redner mit solcher Macht
des Wortes mehr gesprochen. Augustus gab dem Cicero das Zeugniß:
„Er war ein guter Bürger, der sein Vaterland aufrichtig liebte.“ —

Johann Amos Comenius.
Geboren den 28. März 1592, gestorben den 15. November 1681.

> Motto: „Kinder müssen mit Worten zugleich Sachen lernen;
> nicht das Gedächtniß allein, sondern auch der Verstand
> und Wille, die Neigungen und Sitten der Menschen müs-
> sen von Kindheit auf gebessert werden, und hiezu ist Klar-
> heit, Ordnung der Begriffe und Herzlichkeit des Umganges
> vor Allem nöthig.“
> Comenius.

Comenius ist wohl der größte Pädagog aller Zeiten, besonders
was den Elementar-Unterricht betrifft. Pädagogisches Genie, Kinderliebe, reiche Kenntnisse und lebensvollste, unermüdete Thätigkeit lagen seinen höchst verdienstvollen Arbeiten zum Grunde. Tief beklagte er die
damals allgemeine Unzweckmäßigkeit des Elementar-Unterrichts, und drang
immer darauf, mehr als Worte zu geben, mit den Worten Sachunter-
richt zu verbinden, und bei solchem Verfahren die Sprache auf eine angenehme und leichte Weise lernen zu lassen. Er ist Erfinder des An-
schauungs-Unterrichts, und mußte dem Pestalozzi mit Begeisterung die Hand gereicht haben. In seiner berühmten „orbis pictus“ (die
gemalte Welt) hat er allen Lehrern thatsächlich gezeigt, wie die Kleinen
zu lehren sind.

Johann Amos Comenius, eigentlich Komensky, war zu Comnia in
Mähren geboren, studirte Theologie und Philosophie, und war einer der

gelehrteſten und tüchtigſten Männer in der ſo achtbaren Religionspartei der böhmiſchen Brüder in Mähren, die im ſechszehnten Jahrhunderte ſo grauſam verfolgt wurden. Als Prediger zu Fulnek ward er verbannt, lebte aber dann zu polniſch Liſſa als Biſchof der zerſtreuten Brüder. Von ihm iſt, wie von ſeinem Schwiegerſohne Peter Jablonsky und ſeinem Enkel Daniel Peter Jablonsky zu Berlin die Biſchofsweihe auch auf die erneuerte Brudergemeinde zu Herrenhut gekommen. — Gelebt und gewirkt hat der ſo unendlich thätige Mann in vielen Landen, theils wegen Verfolgung, theils wegen des Rufs von Fürſten und Staatsmännern, in deren Landen er das Schulweſen neu organiſiren ſollte, und theils wegen der Ausführung mancher großartigen wiſſenſchaftlichen Pläne, wozu es ihm nicht gänzlich an Gehülfen und Jahrgeldern fehlte. Nach Zerſtörung ſeines Zufluchtsortes Liſſa, wo ſeine wichtigen Papiere verbrannten, lebte er in England, in Schweden (in welchen Ländern er große Gönner hatte), in Preußen und Ungarn (wo er den Orbis pictus ausarbeitete), Hamburg und in Amſterdam, wo er 1681 ſtarb und ſein Grab fand. Gott hatte ihm ein hohes Alter verliehen.

Die große Idee, welche ſich durch dieſes Leben bewegte, war die Beglückung des ganzen Menſchengeſchlechtes durch Erziehung, und in der Erziehung durch methodiſchen Unterricht von dem Früheſten an. Er ſprach dieſe Idee mit Beſonnenheit und Klarheit aus, ſo weit es von ſeiner Zeit zu erwarten war. Der damalige ſchlechte Unterricht regte ihn auf, daß er überall ſich dem Schlendrian widerſetzte, und am hellſten ſchwebte ihm der Gedanke vor: das wahre Lernen geht von dem Anſchaulichen aus, es verbindet hiedurch auf's engſte die Sachkenntniſſe mit den Sprachkenntniſſen und gehört zur wahren Erziehung; es beginnt naturgemäß mit den erſten Elementen, ſelbſt in dem Laut der Buchſtaben, und ſchreitet mit der Naturentwickelung in ſicherem Gange fort. Zum Grunde lag hiebei die Haupt-Idee, die er nur nicht in derſelben Klarheit durchdacht hatte, daß alles Lernen von der Religion ausgehen und zu derſelben zurückkehren müſſe. Auch blieben ihm in der Ausführung ſeines methodiſchen Ganzen noch große Mängel, da er die tieferen Elemente der Lehrgegenſtände und die Geſetze der menſchlichen Entwickelung noch lange bei Weitem nicht genug kannte. Sein berühmter Orbis pictus liegt als klare Urkunde von allem Dieſem vor. Dennoch haben ſeine Ideen bis auf den heutigen Tag einen bleibenden Erfolg gehabt, ja, was Comenius hierin zuerſt, nämlich in der Form einer modernen Zeit ausgeſprochen, ſichert ihm eine Stelle in dem Tempel des Ruhmes unter den Bildnern der Menſchheit.

Unter den vielen didaktiſchen und linguiſtiſchen Schriften (Adelung gibt die Zahl derſelben auf 92 an) iſt die im Jahre 1631 herausgegebene „Janua linguarum reserata" (Aufgeſchloſſene Sprachenthüre) die merkwürdigſte; denn innerhalb 26 Jahren erfolgten davon Ueberſetzungen in 12 europäiſchen Sprachen, ebenſo in's Arabiſche, Perſiſche und Mongoliſche; auch verdient von ihm die Abhandlung über die Erziehung der Kinder in den erſten 6 Jahren mit Nachdruck hervorgehoben zu werden. Er ſpricht über jedes Jahr auf eine Weiſe ausführlich, daß man ſich wundert, daß das Büchlein ſchon damals ſo weiſe Lehren, beſonders auch über phyſiſche Erziehung gegeben hat.

Confucius.

Geboren im Jahre 551 vor Chriſti Geburt, geſtorben im Jahre 478.

Confucius — der Sohn eines angeſehenen Mandarinen, in dem (nach ſeiner eigenen Biographie) im 15ten Jahre die Neigung zu ernſte-

ren Studien rege wurde., worauf sie im 30sten befestigt ward, indeß er
im 50sten die vom Himmel stammenden ewigen Gesetze verstand, im 60sten
sein Ohr ohne Schwierigkeit jedes Ding vernahm, und im 70sten die
Neigungen des Herzens nicht mehr das Gesetz übertraten, — lehrte seine
Schüler Gelehrsamkeit, anständiges Betragen, Treue und Aufrichtigkeit,
und theilte sie in vier Klassen, wovon die erste ihren Geist durch Nachdenken und ihr Herz durch Erwerbung von Tugenden bilden; die zweite
Rechtsprechen und Beredtsamkeit üben, die dritte die Staatswissenschaft
und Staatsverwaltung studiren, und die vierte besonders die Moral,
theoretische Kenntniß und praktische Fertigkeit im Sittengesetz sich aneignen sollte. Als Zweck seiner Lehre stellt er auf, daß die Menschen die
uranfängliche Reinheit, die sie zuerst vom Himmel erhalten hätten, wieder erlangen sollten. Er erkannte, wie es in einer von ihm herrühren-
den Tempel-Inschrift heißt — das „Grundwesen ohne Anfang und Ende,
den Schöpfer und Regierer der Welt, ihn, der unendlich gut ist und unendlich gerecht, und der die ganze Natur erleuchtet, erhält und ordnet.“
Mein größtes Verdienst ist, sprach er, daß ich selbst mit Vergnügen der
Weisheit nachstrebe und Andere unverdrossen belehre. Er war ein sittlicher Genius. Darum sind auch seine Ermahnungen zur Sittlichkeit und
zur sittlichen Erziehung so tief. „Fürst,“ — ruft er, — „verachte die
Tugend nicht. Sie macht das ganze Glück des Staates aus. Fehlt dir
dieses himmlische Kleinod, so werden alle Deine Strahlen ihren Glanz
verlieren. Da herrscht der ewige Friede, wo Tugend auf dem Throne
sitzt. Aller Unterricht eines Fürsten besteht in der Entwickelung seiner
vernünftigen Natur, die von Oben ihm zu Theil ward; dann in der
Beharrlichkeit alles Dessen, was gut ist; und so erneuere, verbessere er
das Volk durch gute Gesetze und schönes Beispiel.“ „Die Quelle aller
Tugenden ist wahre kindliche Liebe und brüderliche Achtung. Erst muß
ein guter Grund, der in der Tugend und Charakterstärke bestehe, gelegt
werden, ehe man das Gemälde der höchsten Höflichkeit und Sitten-
feinheit ausführt. Der Jüngling befleiße sich im elterlichen Hause kindlicher Erfurcht; er sei klug und bieder, voll parteiloser Menschenliebe
und vertraut mit allem Guten.“

Hinsichts der Methode gibt Tschuhi, den die Chinesen den Fürsten des Wissens nennen, die tiefsten Aussprüche. Er sagt: Das Ziel
aller Erziehung ist die Tugend, und nach ihr muß der Schüler streben,
wie Der, welcher den Bogen spannt, nichts so fürchten muß, als das
Ziel zu verfehlen. Der Lehrer muß sich als Bildner betrachten, der die
rohe Masse formen soll. Die Unterweisungen und die Ermahnungen
müssen sein, wie Frühlingsregen und Frühlingsluft für das Bedürfniß
der Pflanzen. Das Ende der täglichen Lectionen geschehe mit einer kurzen, inhaltreichen Geschichte.“

Die einzelnen theoretischen Vorschriften über Erziehung geben der
praktischen, mechanischen Erziehung ihren Ausdruck. Eine Einschau in
diese gewährt der Hausschatz Kia-phao-tsiouan-tsi, d. i. vollständige Sammlung der Familienkostbarkeiten genannt, welcher Vorschriften
für den Lehrer beim Unterricht, für den Schüler in Bezug auf Schulbesuch, Wohlanständigkeit, Betragen gegen Eltern, Lehrer, Verwandte,
Freunde, Benutzung der Schulbücher, Regeln über das Lesen und Schreiben, über Ordnung und Reinlichkeit im Anzuge und in den Büchern enthält. Die Kinder müssen mit Tagesanbruch in die Schule. Zuerst begrüßen sie den heil. Confucius, dann ihre Lehrer. Ist die Schule zahlreich, so werden die Schüler beim Nachhausegehen in Abtheilungen entlassen, indem man die zuerst entläßt, die am entferntesten von der Schule

wohnen. Auf dem Wege dürfen die Kinder nicht spielen. Beim Nach-
hausekommen sollen sie zuerst die Hausgötter, dann die Ahnen und gleich
nachher die Eltern grüßen." „Des Morgens von 3—5 Uhr fange der
Schüler seine Arbeiten an, denn die Morgenzeit ist eine viel bessere Zeit
zur Arbeit, als der übrige Tag und der Abend." „Der Schüler lese
jeden Abend bei Lichte, mit Ausnahme des Sommers, wenn es heiß ist;
er liebe seine Bücher und wahre sie vor allem Schaden. Beim Lesen
muß Auge, Geist und Ohr nur auf Einen Gegenstand gerichtet sein.
Man lese mit leichter Stimme, um seine Lungen nicht anzugreifen und
zu ermüden." „Die vier kostbarsten Juwelen eines Gelehrten oder Dichters sind: Tinte, Papier, Schreibzeug und Pinsel. Die Kinder sollen
sich während des Schreibens die Finger nicht beflecken und eine gerade
Haltung beobachten. Das Buch sollen die Kinder drei Zoll vom Körper
entfernt halten. Auch dürfen sie nur die vorgeschriebenen Bücher nebst
Papier und Schreibzeug mit in die Schule bringen. Die Schüler sollen
sich innerlich über die aufgegebenen Stücke prüfen und sich gegenseitig zur
Aufmunterung und zum guten Beispiele dienen. Alles, was sie hören,
soll sie zur Nachahmung oder zur Vermeidung antreiben, und der Lehrer
soll dieß überall hervorheben. Ist der Sinn einer Lektion nicht klar genug, so bittet man den Lehrer um genauere Erklärung, und begnüge sich
nicht mit Zweifeln und verwirrten Begriffen. Jedes Buch zum Vergnügen ist ein Hinderniß für die ernsten Studien und muß, wie überflüssiges
Gold und jegliche Art der Spiele, verbannt werden. Die Schüler
sollen Artigkeit in Wort und Handlung beweisen, auf ihren Sitzen eine
anständige Stellung beobachten, die Füße nicht über einander schlagen und sich weder rechts noch links anlehnen. Auf der Straße darf
der Schüler nicht werfen, nicht hüpfen oder springen, sondern er muß in
gehöriger Gleichförmigkeit einhergehen. Wer auf der Straße gefragt
wird, gebe eine bescheidene Antwort und gehe dann weiter. Die faulen
Schüler sollen erst einige Mal ermahnt werden, dann auf ihrem Platze
knien, hernach vor die Thür, und endlich, wenn Alles nichts hilft, körperlich, aber nicht gleich nach dem Essen, gestraft werden. Den Schülern
wird der größte Fleiß zur Pflicht gemacht. Saget nicht: Was ich heute
nicht lerne, lerne ich morgen, was dieses Jahr nicht, ein anderes Jahr!
Denn wenn die Tage und Monate verflossen sind, dann steht das Jahr
nicht mehr in eurer Gewalt." Wer in der Jugend nichts lernt, dessen
Herz verschlechtert sich und die besseren Keime bleiben unfruchtbar. Ein
solcher geräth im reifern Alter in Unglück und zieht sich als Feind der
Gesetze öffentlicher Bestrafung zu. Wie selten hingegen wird Einer, der
lesen gelernt und die Gerechtigkeit erkannt hat, zu schlechten Handlungen
verleitet." „Wenn man vom Studiren, das man sich durch Abwechselung erleichtern soll, ermüdet ist, so muß man den Körper bewegen, und
die Schultern bald hoch, bald niedrig, bald vorwärts bewegen, um die
Lebensgeister wieder aufzufrischen." „Die Lehrer müssen vollkommen weise
sein und dürfen sich bloß mit der Unterweisung ihrer Schüler beschäftigen und unausgesetzt ihre Pflicht erfüllen. Denn nur so werden sie sich
die Ehrfurcht der Häuser des Morgenlandes erwerben. Aber manche
Lehrer beschäftigen sich zugleich mit der medicinischen Praxis, mit Wahrsagerei, Astrologie, mit Abfassung öffentlicher Bittschriften und mit Mäck-
lergeschäften. Solche ziehen sich nebst vielen andern Nachtheilen die Verachtung der Eltern und Kindern zu."

Detlev Karl Wilhelm Baumgarten-Crusius,
geboren den 14. Januar 1786, gestorben den 12. Mai 1845,

zu Meißen geboren, gehört er zu der Zahl der ausgezeichnetern deutschen
Lehrer. Auf der Fürstenschule in Grimma und der Universität in Leipzig
für Theologie und Philosophie gründlich gebildet, verwaltete er von 1810
an sieben Jahre lang das Conrectorat in Merseburg mit anerkanntem
Erfolg. In dieser Zeit fiel seine rege Theilnahme für Deutschland's
Befreiung, für die er sein warmes, anregendes Wort einsetzte. Unter
seinen damaligen schriftstellerischen Arbeiten wollen wir ganz besonders
seiner vier Reden an die deutsche Jugend über „Vaterland, Freiheit,
deutsche Bildung und das Kreuz" gedenken. An die Kreuzschule in Dresden berufen, hob sich unter seiner Mitwirkung diese Anstalt zu einem
früher nicht erreichten Glanze, und als Gemeindevertreter benützte er
nach 1830 diese Stellung, dem Schulwesen der Hauptstadt im Allgemeinen wichtige Dienste zu leisten. Seit 1833 als Rector der Landesschule
in Meißen angestellt, kämpfte er dort gegen den mittelalterlichen Geist
einer strengen klösterlichen Schulzucht und die Mißbräuche des Pennal-
wesens, ohne doch überall zwischen dem guten Kern und dem verderblichen Auswuchs gehörig zu unterscheiden. Mit der erfrischenden Luft
des 19ten Jahrhunderts hielt wohl ein jugendliches, wissenschaftliches
Leben seinen Einzug, allein es ging auch viel von der alten Zucht verloren, und daß die neuen Meißner die alten an Tüchtigkeit und gründlicher Bildung übertreffen, ist noch nicht außer Zweifel gestellt. Aus
seiner Neuschöpfung entführte ihn der Tod im Alter von 59 Jahren,
während sein Geist, wie ein Baum des Südens, neben reifen und reifenden Früchten noch fortwährend neue Blüthen trieb. — Von seinen früheren und späteren Früchten seien noch genannt:

„Die unsichtbare Kirche." Leipzig. 1816. — „Ansichten vom bürgerlichen und
christlichen Leben;" — „Reisen aus dem Herzen in das Herz." Dresden, 1818; —
eine neue Ausgabe von Ovid's „Metamorphosen," 1832, und von Homer's „Odyssee",
Leipzig, 1824. —

Ignaz Anton Demeter.
Geboren den 1. August 1773, gestorben den 21. März 1842.

> Motto: „Die erste Pflanzung des allgemeinen Bürgerglücks
> und der geistigen und körperlichen Menschenveredlung ist
> dem Schullehrer anvertraut."

Dieser hochgeachtete und vielgepriesene Mann in der pädagogischen
Welt wurde zu Augsburg geboren, woselbst sein Vater Bürger und Bäcker
war. Frühzeitig durch scharfe Auffassungsgabe ausgezeichnet, bestimmte
ihn sein christlicher Vater dem geistlichen Stande. In seiner Vaterstadt
erhielt er seine wissenschaftliche, in Dillingen seine theologische Ausbildung
unter dem mit Recht hochgeachteten Ignaz Michael Sailer. 1796
erhielt Demeter die Priesterweihe und wurde sogleich in der Seelsorge beschäftigt. Einige Jahre später wurde ihm die Pfarrei Lautlingen im heutigen
Württemberg übertragen. Hier begann seine pädagogische Thätigkeit, geweckt, genährt und angeregt durch die beiden gleichberühmten Schulmänner
J. M. Sailer und Christoph Schmid, mit welchem Letztern er in
nahem und freundschaftlichem Umgange stand. In Lautlingen errichtete
Demeter eine Privat-Bildungs-Anstalt für Schullehrer, aus welcher
mancher wackere Schulmann hervorging. Auch schrieb er mehrere recht
brauchbare pädagogische Schriften. Dadurch wurde natürlich eine besondere Aufmerksamkeit auf ihn gelenkt; nicht lange, und er ward zum würt-

tembergischen Schulrathe erhoben. 1809 wurde er Director des Lehrer-
Seminars in Rastadt in Baden und zugleich Professor der Pädagogik
am dasigen Lyceum. In dieser Stellung verblieb er bis zum Jahre 1818,
wirkte des Guten sehr viel und hatte sich dadurch die allseitigste Achtung
und einen unvergänglichen Namen erworben. In letztgenanntem Jahre
wurde er als Ministerialrath nach Karlsruhe berufen, 1833 zum Domkapitular an der Metropolitankirche in Freiburg ernannt, 1836 zum Erzbischof daselbst erwählt, und am 29. Januar 1837 als solcher feierlich
inthronisirt. Demeter hatte in seinem Amte harte Kämpfe für die Rechte
der Kirche zu bestehen. Er war ein wahrhaft frommer Priester, einer
der edelsten Menschenfreunde und hat in allen Verhältnissen seines thätigen Lebens sich Liebe und Verehrung zu erwerben gewußt.

Unter seinen zahlreichen Schriften heben wir nur die für die Schule
bedeutsamen hervor, welche hier aber zu den vorzüglicheren gehören:

1) Zeitschrift zur Bildung kathol. Schullehrer. Freiburg, 1809. — 2) Vollständiges Handbuch zur Bildung angehender Schullehrer. Ein Hilfsbuch zunächst für Schullehrer, dann für Alle, welche religiös-moralischen Unterricht zu ertheilen haben. Mainz
5te Auflage. 1834. — 3) Schreiblehre mit Wand- und Handschriften für deutsche
Schulen. 2te Auflage. Freiburg, 1826. — 4) Grundsätze der Erziehung und des
Unterrichts. 5te Auflage. Mainz, 1830.

Bernhard Gottlieb Denzel.
Geboren den 29. Dezember 1773, gestorben den 13. August 1838.

> Motto: „Die Bildung zum Höchsten des Erkennens, Füh-
> lens und Begehrens ist die religiöse Erziehung. In der
> Religion ist Erkennen, Fühlen und Begehren Eins. Reli-
> giosität ist die herrschende Stimmung eines Gemüthes, das
> überall Gott sucht und fühlt und findet. Der religiöse
> Sinn äußert sich nach zwei Richtungen, als Glaube und
> als Liebe. Aus der Vereinigung beider geht die Hoffnung
> hervor." Denzel.

B. G. Denzel ward geboren zu Stuttgart. Sein Vater war
Gerichtsvollzieher und Kaufmann. Früh ein vorzügliches Talent ver-
rathend, besuchte der junge Gottl. Denzel die höheren Schulen seiner
Vaterstadt, bezog nachdem die Seminarien zu Denkendorf, Maulbrunn
und Tübingen, und widmete sich der Theologie. Nach vollendeter Studienzeit ward er Erzieher bei einem ansehnlichen Kaufmanne in Frankfurt an Main. Hier legte er den Grund zu seiner nachmaligen pädagogischen Laufbahn und Berühmtheit. Nachdem er noch an einigen Orten
des In- und Auslandes, selbst in der Schweiz, als Pfarrgehilfe gewirkt,
wurde er 1806 als Pfarrer in Pleidesheim (Württemberg) berufen. Sich
vorzugsweise mit dem Schul- und Erziehungswesen beschäftigend, wurde
Denzel 1811 als Inspektor des nun in Eßlingen errichteten Schullehrer-
Seminars berufen, zugleich daselbst als dritter Diaconus und Filialpre-
diger angestellt. Der Ruf eines seltenen Schulmannes begleitete ihn
weithin, so daß er selbst 1817 zur bessern Organisation des Schulwesens,
nach erhaltenem Urlaub, in Nassau wirkte und wofür ihm der Titel eines
herzogl. Oberschulrathes ertheilt wurde. Am 1. Febr. 1832 ertheilte ihm
der König von Württemberg den Titel und Rang eines Prälaten mit
Beifügung des Prälatenkreuzes. Doch hemmte Krankheit bald seine segensreiche Wirksamkeit. Im Sommer benutzte er das Bad in Kannstadt. Un-
terleibsbeschwerden traten im August ein und trugen zu seinem baldigen Tode
auch Vieles bei. Denzel gehört den verdientesten Pädagogen unseres
Jahrhunderts an, welchen Platz ihm seine hinterlassenen Schriften auch

auf spätere Zeiten sichern. Schärfe des Verstandes und Klarheit im Denken und Reden zeichneten ihn als Lehrer aus, und liebenswürdige Gemüthlich= keit, besonnene Milde, treue Redlichkeit, Sanftmuth, Schonung Anderer und reges Streben, Gutes aller Art zu wirken, waren Grundsätze seines Charakters. — Von seinen zahlreichen Schriften heben wir hervor: 1) Kurze Sätze für den ersten zusammenhängenden Religionsunterricht in Schulen. Stuttgart, 1840. 2) Die Volksschule, ein methodologischer Lehrcursus. Stuttgart. 3) Einleitung in die Erziehungs= und Unterrichtslehre für Volksschullehrer. 3 Thle. in 4 Abthl. Stuttgart. 4) Erstes Lehrbuch für die untersten Klassen der Volksschulen im Herzogthum Nassau. Frankfurt a/M. 5) Ueber den Zustand des Volksschulwesens im protestantischen Württemberg. 6) Erfahrungen und Ansichten über die Berufsbildung der Volksschullehrer. Stuttgart. 7) Tabellen der alt= und neutestamentlichen Ge= schichte für die Schuljugend. Eßlingen. 8) Biblische Sprüche und Sittenlehren zur Begründung des Religionsunterrichtes und zum Answendiglernen in Schulen. Stuttgart. 9) Worte des Glaubens und der Hoffnung. Kanzelvorträge. Stuttgart.

Bict. Jof. Dewora.
Geboren im Jahr 1774, gestorben den 3. März 1837.

Bict. Jof. Dewora erblickte im Jahr 1774 zu Hadamar im heuti= gen Nassauischen das Licht der Welt. Sein Vater war ein vermögender angesehener Kaufmann, der zugleich die Würde des Amtmannes in der Stadt versah. Nachdem Dewora eine sehr sorgfältige Erziehung ge= nossen und die Studienschulen in seiner Vaterstadt durchgemacht hatte, hörte er in Fulda Theologie, wo er auch die heilige Priesterweihe er= hielt. Sehr bald that er sich durch sein Rednertalent hervor und wurde österreichischer Divisionsprediger. Später kam er als Pfarrgehülfe nach Perl, im Jahr 1808 als solcher nach St. Mathias bei Trier, woselbst er nach kaum einem Jahre Pfarrer wurde. — Die Unwissenheit des Volkes erkannte er bald als eines der schlimmsten Uebel. Dasselbe hinwegzuräumen war sein fester Entschluß. Daß hiezu Beichtstuhl und Kanzel nicht allein hinreichten, erfuhr er zu bald. Die Schule muß hier mitwirken, war sein Grundsatz. Aber nur zu gut kannte er die ungenügende Fähigkeit der allermeisten Lehrer damaliger Zeit. An= dere, bessere, unterrichtete Lehrer zu bilden, war daher seine unabänder= liche Absicht. Vom heiligen Eifer durchdrungen, legte er unter den schwie= rigsten Umständen Hand an das Werk. Ohne alle Unterstützung und Hülfe der Regierung eröffnete er schon im Jahr 1810 eine sogenannte Normalschule. Mit größter Mühe konnte er anfangs kaum 36—40 Schü= ler, meist solche, die schon Lehrer waren, zusammenbringen; und schickte Emissäre durch die Umgegend hin, taugliche und lusttragende Leute aufzu= suchen. Mit dem 1. October begann der 1. Cursus und währte bis Ende desselben Monats. Es wurden nebst dem deutschen. Sprache bibli= sche Geschichte und Katechismus, Obst, Feld= und Wiesenbau und fran= zösische Sprache (letztere von eigenen Lehrern) gelehrt. Es konnte in dieser wenigen Zeit nicht viel gelehrt und gelernt werden; dennoch reichte sie hin, schon einen bessern Geist in die Leute hineinzubringen. Sie gingen befriedigt und froh nach Hause, Andere wurden durch diese aufgemuntert. Es gab in der Folge immer mehr Schüler. Da der Fortgang der Schule immer erfreuender wurde und man sah, daß De= wora's Unternehmen nur Förderung des wahres Wohles der Menschheit durch vernünftige und zeitgemäße Ausbildung bezwecke, nicht eitles Blend= werk sei: so nahm sich 1812 auch der Staat der Anstalt an, anerkannte und unterstützte diese. Leider ward bald das fröhliche Aufblühen der Schule gehindert durch die herangetobte Kriegsfluth. Sobald aber der ländersüchtige Corse auf das ferne Eiland verbannt worden, sobald die deutschen Männer und Helden loorberbekränzt an den heimischen Herd zurückgekehrt waren: setzte auch unser unermüdliche Dewora sein ruhmreiches Werk fort; so daß schon 1816 die Normalschule zu St. Mathias bestätigt, zu einem kgl. Schullehrerseminar erhoben und besonderer Aufmerksamkeit gewürdigt wurde. —

Es folgte nun Kursus auf Kursus, Verfügung auf Verfügung. Das trier'sche Schulwesen nahm einen mächtigen Schwung. Die volle Beistimmung der Regierung, ihre Belobungen der jungen Anstalt ermunterten und feuerten Alles an. Von allen Seiten kamen herbei angehende und schon angestellte Lehrer aus den verschiedensten Altersstufen, von den verschiedensten Religionen und Confessionen, Dewora's Unterricht zu genießen.

Ein neues Leben hatte begonnen, eine neue Aera war herangerückt. Der an der reizenden Lahn erschienene freundliche Stern war höher und höher nach dem Zenithe hinaufgestiegen, verbreitete seinen Strahlenglanz immer weiter und weiter. Die Anzahl der Schüler wurde indeß bald so groß, die Anforderung an die Lehrer so gesteigert und der Unterrichtsgegenstände so viele, daß die Last des Unterrichtes für die Schultern e i n e s Mannes viel zu schwer wurde. Denn außer dem Seminarunterrichte und der Leitung desselben mußte Dewora noch seine Pfarrdienste versehen, und dennoch vernachläßigte er diese nie auch nur im Geringsten. An ihm zeigte es sich, was ein „einziger Mann vermag, wenn er ernstlich will, den höhern Beistand, ohne den wir Nichts können, und Nichts sind, eifrig sucht und zur Ehre Gottes und zum Heile seiner Mitmenschen arbeitet." 1819 gab die Regierung dem Seminare in der Person des Professors Muhl einen zweiten Lehrer. Von nun an wurden die Leistungen des Seminars immer fruchtbarer. Doch diesen Faden weiter zu verfolgen, gehört weniger zur Biographie Dewora's als zur Chronik des Seminars, und können wir denselben füglich hier abbrechen.

Im Jahr 1824 wurde Dewora als Kanonikus und Prediger in den trier'schen Dom berufen; und hatte noch die Freude, jeden Sonntag von der Kanzel herab zu seinen ehemaligen Schülern des Seminars Worte der Aufmunterung und des Heils sprechen zu können; denn auch durch seine Predigten hat er sich unsterbliches Andenken erhalten. —

Als unermüdeter Arbeiter im Weinberge des Herrn wirkte er eifrig und segensreich bis zu seinem Tode. Der Stern des Seminars war erloschen; das Seminar selbst half ihn zu Tode tragen. Und ach! Es feierte an diesem Grabe schon die Vorfeier seines eigenen Todes. 3 Jahre später hörte das trier'sche Seminar auf zu sein. Es wanderte aus an den Rhein hinunter in die stillen Mauern des monotonen Brühls. —

Mit vollem Rechte darf Dewora den größten Pädagogen beigerechnet werden. Und nicht bloß der Gründung und langjährigen Leitung des Mattheiser Seminars wegen, sondern auch seine hinterlassenen zahlreichen Schriften sichern ihm diesen Ehrenplatz. Diese beweisen alle den practischen Schulmann und athmen frisches und reges Leben aus. Wir führen deßhalb seine vorzüglichsten Schriften an:

1) Predigten, an's katholische Landvolk gehalten, 1805. Hadamar. Neue Gelehrten-Buchhandlung. 2) Neues Gebetbuch für katholische Landleute nach dem Geiste des reinen Christenthums. Ebdf. 1807. 3) Evangelienbuch, worin nicht nur die Evangelien, Episteln und Lectionen auf alle Sonn- und Festtage des Jahres, sondern auch die Feste besonderer Kirchenpatronen enthalten sind. Zum Nutzen und Frommen für katholische Kirchen und Schulen. Ebdf. 1808. 4) Anmuthige Züge aus dem Leben edler Menschen, Koblenz bei Pauli, 1810. 5) Monatliche Verrichtungen bei dr

Feld = und Wiesenwirthschaft für die fleißigen und biedern Landleute in den deutschen Provinzen des linken Rheinufers, 1815. 6) Monatliche Verrichtungen bei der Obst= baumzucht für die fleißigen u. f. w., 1815. 2. Aufl. 1821. 7) Vollständige Dar= stellung der monatlichen Beschäftigungen in dem Gemüse= und Kirchengarten, den flei= ßigen und biedern Landleuten u. f. w., 1816. 8) Ignaz von Loyola und Franz von Xavier oder die wahre Denk= und Handlungsweise der Jesuiten, 1816. 9) Ländliche Lieder nach den schon bekannten Melodien von einem katholischen Seelensorger für Jung und Alt im Volke herausgegeben, um die vielen schmutzigen, Geist und Herz vergiftenden Gassenlieder zu verdrängen, 1816. 10) Anleitung zur Rechenkunst für Stadt= und Landschulen, 1817. 11) Die meisten, gleich ähnlich lautenden, aber der Bedeutung und Abstammung nach verschiedene Wörter der deutschen Sprache, zum Ge= brauche bei dem Diktirschreiben in Schulen, und um die Kinder leichte Sätze und Pe= rioden bilden zu lehren, 1817. 12) Abhandlung über die zweckmäßigsten Strafen und Belohnungen in Elementarschulen, 1818. 13) Saamenkörner für die Ewigkeit, 1818 14) Die sittliche Erziehung in Elementarschulen, 1819. 15) Namenbüchlein für die lieben Kleinen in katholischen Elementarschulen, 1819 16) Elementarbuch zum Lesen= lernen für katholische Pfarr= und Filialschulen. Erster Cursus 6. Aufl. 1821. 17) Desselben 2ten Cursus, 3. Aufl 1819. 18) Hilfsbuch zum Erklären in katho= lischen Elementarschulen, 1820 19) Der Schutzgeist der Kinder. Ein Erzählungs= buch für Elementarschulen, 1820. 20) Die Kraft der Religion (ein Christenlehr= und Prüfungsgeschenk, 1821. 21) Lectionsplan des kgl. Schullehrer=Seminars zu St. Mathias bei Trier, 1816. 22) Zehn Tafeln zum Lesenlernen Trier bei Schröll.

Jul. Friedr. Karl Dilthey.
Geboren den 12. März 1797, gestorben den 17. Februar 1837.

> Motto: Niemand dünkt sich weiser, als das Gesetz; Niemand rühmet sich, ihm einen Streich gespielet zu haben; Nie= mand appellirt an das ungeschriebene Gesetz, wie an eine höhere Instanz." — Ja wie ein edler Ungestüm antiker Ge= sinnungstreue, wie eine Fabelmutter aus der lykurgischen Verfassung mag uns bedünken, daß der Jüngling, der das Gesetz übertreten hat, dort selbst seine Bestrafung fordert als die nothwendige Buße des Gesetzes, daß er sogar die körperliche Strafe nicht entehrend findet, so weit sie das Gesetz ausdrücklich festsetzt. Wahrlich ein glücklicher Zustand und ganz geeignet, die sonst unüberwindliche Kraft des Nitimur in vetitum! zu brechen, Dilthey.

Als Sohn eines Bürgers in Nordhausen geboren, lebte er seine Jugend= und Schulzeit in dürftigen Verhältnissen, aber sein fähiger Geist und reger Fleiß hoben ihn bald über die Enge der äußeren Umgebung empor. Als Jüngling focht er aus eigenem Trieb, aus Vaterlandsliebe mit bei Waterloo, als Privatdocent in Göttingen gewann er 1820 in ei= nem literarischen Wettkampfe durch seine Abhandlung über Platon's Ge= setze den Sieg und rückte schon als Lehrer am Martineum zu Braun= schweig im Jahre 1822 durch seine gleich gelehrte, wie geschmackvolle Erläuterung von Tacitus' Germania in die Reihe namhafter Philologen. Er hatte mit dieser Ausgabe bahnbrechend eins der frühesten Muster ge= geben, wie alte Classiker außer der formalen Bildung zugleich für wissen= schaftliche Forschung und realen Ertrag anregend und gewinnreich gemacht werden können. Nach Darmstadt im Jahr 1823 berufen, — um als Stütze des ehrwürdigen Directors Joh. G. Zimmermann an den Blüten des classischen Alterthums das geistige Auge der Jugend für das unver= welklich Schöne zu gewinnen, um an dem sittlich=religiösen Ernste der Vorzeit, an dem antiken Geiste des Gehorsams, der Gesetzlichkeit und der Opferfreudigkeit für das Ganze, gleiche Tugenden und einen für das rein Menschliche warmen, für die christliche Heilslehre doppelt em=

pfänglichen Geist zu wecken und zu nähren, — entfaltete Dilthey von
da an bis zu seinem Tode eine geistige Anziehungs=, Belebungs= und
Triebkraft, die an wenigen Orten ihres Gleichen finden wird. Sein
geistreicher und abgerundeter, durch gutmüthigen Witz und feine Ironie
gewürzter, stets spannender Vortrag der Welt= und Kunstgeschichte, seine
Aufgaben und Beurtheilungen stylistischer Arbeiten, seine Verstandesschärfe
und sein feines Gefühl als Ausleger des Horaz oder Aristophanes, seine
dialektische Distinktionskraft bei Cicero's und Seneca's rhetorischen Sätzen,
seine Gemüthlichkeit bei den Fahrten und Listen des Dulders Odysseus,
seine Meisterschaft im Verdeutschen griechischer Poesie und lateinischer
Prosa *) werden allen seinen Schülern so unvergeßlich bleiben, daß ihnen
gerade das bei ihm durcharbeitete Schriftwerk das bedeutendste und der
Kapitalstock ihrer geistigen Schulbildung zu sein scheint.

Gleich im zweiten Jahr seines neuen Amtes schrieb er die gelehrte
Abhandlung De Electro et Eridano und, seit er (1826) Zimmermann's
Nachfolger im Directorat geworden, viele theils streng wissenschaftliche,
theils practisch=pädagogische Programme, sowie auch auf dem
Schulactus eine in die Zeitrichtung einschlagende, oft sarkastisch treffende
Rede hielt, die den im Gymnasium gewonnenen Geist zu bewahren und
vor dem banausischen und materialistischen Pöbelgeist zu behüten strebte.
Seine hervorragendste Stärke hatte Dilthey im geistanregenden Lehren,
sowie in dem schnellen Erfassen und Bewältigen schwieriger wissenschaft=
licher Aufgaben. Er war seiner Lehrfähigkeit und Beredsamkeit nach für
einen akademischen Lehrstuhl wie wenige geschaffen, und wie er als Di=
rector an seinen beiden Amtsvorfahren Wenck und Zimmermann in de=
ren Art und Natur kaum zu erreichende Vorgänger hatte, den einen
in der Kraft und Willensstärke eines ritterlichen Kämpen, den andern
in der Milde, Reinheit und Hingebung eines Johannes, so überstrahlte
er beide durch umfassende Gelehrsamkeit und Lehrgeschick. Die Frucht
von Wenck's Auszeichnung war vorherrschend hohe Achtung seiner
Zöglinge für ihren Erzieher, die Zimmermann's andauernde Liebe zu
ihrem väterlichen Freunde, die Fülle des Geistes, welche von den Lippen
Dilthey's strömte, war bewundernswürdig. Wenck, der gediegene Histo=
riograph, wirkte vorzugsweise auf Stählung eines ehrenwerthen Cha=
rakters, Zimmermann, der lyrische Dichter, auf Veredlung des Gemüths,
Dilthey, der vielseitige Gelehrte, auf Fortschritt in der Intelligenz; je=
der war groß in seiner Weise. Leider schwächte in dem letzten Jahrzehnd
ein bleibendes Gebrechen Dilthey's Thatkraft. Ein asthmatisches Leiden,
das sich oft zu gefährlichen Anfällen steigerte, bannten ihn mehr und
mehr an das Zimmer, verengten seine geselligen Kreise und beraubten
ihn nur zu sehr der frischen Lebensanschauung, und was man in Folge
dessen wohl hier und da an Rüstigkeit und Entschiedenheit bei ihm ver=
mißt hat, ist großentheils auf Rechnung seiner Kränklichkeit zu setzen.
Seine Vereinzelung und Abgeschiedenheit förderten indeß seine vielen
historischen, archäologischen und pädagogischen Abhandlungen, unter de=
nen die über die Ludewigssäule und über das römische Mainz, sowie
die Geschichte des Darmstädter Gymnasiums Zierden der Literatur sind.
In dem Kampf des Humanismus und Realismus hielt Dilthey das Ban=
ner der altväterischen Weisheit hoch empor **), ohne den Vorwurf eines

---

*) Griechische Fragmente in Prosa und Poesie, gesammelt, übersetzt und erläutert
von K. D. 1835. Cicero's drei Bücher vom Redner, übersetzt von K. D. 1829.
**) Dilthey: Ueber das Verhältniß der Real= und Gewerbschulen zu den Gymnasien, Uni=
versitäten und zum Staatsdienste 1839. — Gymnasium und Realschule zu Worms. 1842.

unverbesserlichen, in seinem alten Bollwerk sich verbarrikadirenden Stock-
philologen auf sich zu laden. Seine Philologie ragte vielmehr weit über
Grammatik und Stylistik hinaus, sie war durchdrungen vom Licht und
Geist der neuen Zeit und stets in Bezug auf die Gegenwart gesetzt. So
erhielt er ihr belebende Kraft, Reiz und dauerndes Interesse. In jenem
Streit nun, der die Pädagogen, wie die Welfen und Waiblinger, in
zwei feindliche Lager trennte, alterirte ihn ein praller Angriff von Seiten eines Amtsgenossen *) tief, und die Art der Polemik erregte Anstoß
im Publikum; er selbst hielt sich jedoch fest im Sattel, und beide Parteien durften sich den Sieg zuschreiben, insofern beiden Theilen nachher
ihr gebührend Recht widerfuhr. Auch war es allerdings von keiner Seite
auf Vernichtung der gegnerischen Principien abgesehen, und der Streit
hat nicht wenig zur Klärung der Frage und zur festeren Begrenzung der
beiden gleichberechtigten Bildungswege beigetragen.

In den letzten Perioden seines Lebens widmete Dilthey seine Muße
weitgreifenden Forschungen auf dem Gebiete der Sprachenvergleichung,
und seine umfassende Kenntniß semitischer und arischer Sprachidiome ließen ihn Ergebnisse finden, die den Laien in hohem Grade durch Sinnig-
keit und Kühnheit überraschen mußten, ihm aber von Tag zu Tag begründeter, ja unumstößlicher erschienen. Er hatte es auf nichts Geringeres
abgesehen, als auf ein etymologisches Parallelwörterbuch der lateinischen
Sprache und der alten Eigennamen zur Erklärung und Vergleichung der
orientalischen und occidentalischen, der antiken und modernen Sprachen
als Grundlage für das sprachlich historische Studium. **) Er scheint hierbei weniger festen Gesetzen, wie einer Grimm'schen Lautverschiebung, als
vielmehr einer phantasievollen Combination nach Sinn und Klang gefolgt
zu sein, wie er z. B. unter freudigem Lachen seinen eigenen Namen von
dem des homerischen Heroldes Talthybios herleitete, wiewohl seine Stamm-
ältern in Schottland gewohnt haben sollten. Hat ihn dabei sein spru-
delnder Witz und Humor über die Gränzen einer verständnes verstandes-
mäßigen Forschung geführt und sich in seine ernsten, anstrengenden Studien auch manches Tändelnde und Spielende gemischt, so war doch dem
viel vereinsamten Gelehrten ein solches Steckenpferd gar sehr zu gönnen.

Wie weit Dilthey als Mitglied der Oberstudienbehörde gewirkt,
läßt sich zwar bei den gemeinsamen Collegialerlassen nicht namhaft machen,
aber sein Geist und Tact, seine Kenntniß und Erfahrung leuchten in vielen, die Gymnasien betreffenden Verfügungen jener Behörde durch.

Erwägen wir außer den oben angedeuteten Vorzügen Dilthey's
dessen Humanität und Herzensgüte gegen seine Collegen, die Milde und
Freundlichkeit gegen Schüler, seine häuslichen Tugenden als Gatte und
Vater, die allgemeine Anmuth und Würze seiner Unterhaltung, die
Schnelligkeit seines Verstandes, die Stärke und Treue seines Gedächtnisses, das ihm die reichen Schätze seines Wissens stets greifbar und ver-
wendbar machte, endlich seine tiefwurzelnde loyale Gesinnung und aufrichtige
Huldigung, die er stets seinem Fürstenhause zollte, so begreift sich leicht
das große, mit Bewunderung und Verehrung verbundene Interesse, das
man an dem Lebenden nahm, und die überaus zahlreiche Versammlung
seiner früheren, nun zum Theil in Amt und Würden stehenden Schüler,
die am 19. Februar trauernd sein Grab umstanden, als der Gymnasial-

---

*) Theod. Schacht: Beleuchtung der Dilthey'schen Schrift über das Verhältniß der
Realschule. 1839.

**) Eine Probe auf 24 Seiten erschien 1845.

lehrer Dr. Lucius den Gefühlen des Schmerzes und der Verehrung, die alle beseelte, als Redner einen treffenden Ausdruck gab.

Dr. Gust. Friedr. Dinter.

Geboren am 29. Februar 1760, gestorben am 29. Mai 1831.

> Motto: Das Schulwesen ist ein Wagen, der auf vier Rädern fortrollt. Sie heißen: „Bildung, Besoldung, Aufsicht, Freiheit!" Zertrümmert man eines von den vier Rädern, so geht der ganze Wagen nicht von der Stelle. Dinter.

Dinter war zu Borna geboren. Sein Vater war ein Rechtsgelehrter mit dem Titel eines Kammercommiſſarius, ein heiterer, fröhlicher Mann, der bei seinen 5 Söhnen besonders auf Freimuth und Geistesgegenwart sah, dabei jedoch streng auf Gehorsam hielt. Den ersten Unterricht ertheilte unserm Dinter ein Informator, ganz in der damaligen Lehrweise. Die alten Sprachen wurden dabei, wie leider noch jetzt auf auf gar manchen Unterrichtsanstalten, als die Hauptsache angesehen. Der Religionsunterricht blieb ohne Einfluß auf Verstand und Herz. Dem 12jährigen Knaben wurde Hutteri Compendium zum Ueberſetzen und Auswendiglernen in die Hand gegeben. 1773 kam er auf das Gymnaſium in Grimma. Hier erhielt der Conrector Mücke, ein Mann mit finsterem Blick, aber mit Liebe zu Gott und den Menschen im Herzen, denn durch die Mutter in Dinter gepflanzten religiösen Sinn und befestigte in ihm die Achtung gegen die Bibel. In Leipzig besuchte er fleißig die Kollegia, hörte Dathe, Morus, Ernesti, Platner und Andere und empfing in dem Examen pro ministerio das Zeugniß 1ten Grades. Hierauf trat er die Informatorstelle beim Kammerherrn von Pöllnitz an und benützte hierbei die Gelegenheit, auch das Volk und seine Lehrer kennen zu lernen. 1787 trat er in Kitscher das Pfarramt an. Alle seine Wünsche waren dadurch erfüllt. Wie er als Prediger so wohlthätig wirkte, übergehe ich und beschränke mich bloß auf sein pädagogisches Wirken. Unterrichten war ihm eines seiner liebsten Geschäfte. Meine Schulen sollen meine Freude sein! war der Entschluß, mit dem er sein Pfarramt antrat. Er übernahm demzufolge den Religionsunterricht und das Rechnen selbst, und überließ den Lehrern nur die Wiederholung und Aneignung der Fertigkeit. Seine Schüler machten ihm aber auch alle Ehre. Nicht geringeres Verdienst erwarb er sich durch Anlegung einer Bildungsanstalt für künftige Schullehrer. Dies Institut erregte Aufsehen. Die Bekanntschaft mit dem Oberhofprediger Reichard gab Veranlaſſung, daß ihm die Stelle des Directors am Schullehrerseminar zu Friedrichsſtadt und Dresden angetragen wurde. Dinter nahm sie an, obgleich der Geschäfte hier mehre und der Ertrag geringer als von seiner Pfarrstelle war. Das schöne, unumschränkte Wirken gefiel ihm. Mit Schmerzen trennte er sich 1797 von seiner Gemeinde, in der ihm so wohl gewesen, und wo ihn Jeder als Vater und Freund liebte und ehrte. Sein Grundsatz bei der Seminariſtenbildung blieb: nicht die Menge der Kenntniſſe, sondern die Klarheit, die Bestimmtheit, die Gewandtheit im Vortrage macht den Mann. Er zog keine gelehrte aber gute, gewandte Lehrer. Nächst dem religiösen Sinne waren Freiheit, Arbeit und Liebe die Hauptmittel, durch die er seine Zöglinge zum Ziele zu führen suchte. Er ließ den Seminaristen viel Freiheit, wachte aber auch sorgsam über sie. Das Seminar gelangte zu einer herrlichen Blüthe, und die Krone seiner Zufriedenheit war seine Schule. Doch eine fürchterliche Gelbsucht setzte sein Leben in Gefahr. Er sah wohl ein, daß er hier auch seine alten Tage ohne einen Adjunkt nicht aushalten werde. Da aber 2 Männer von dieser Stelle nicht leben konnten, so entschloß er sich zur Annahme der Pfarrstelle zu Görnitz. Dort richtete er eine höhere Bürgerschule und ein Progymnasium ein. Aus seinen Seminaristen wählte er sich einen Hülfslehrer, den spätern Rector Günther. Die Anstalt blühte freundlich auf. Sein Ruf hatte sich durch seine Institute, und besonders durch seine nützlichen Schriften weit verbreitet. Er stand im 57. Lebensjahre, als er einen Ruf nach Königsberg als Schul= und Consistorialrath erhielt und annahm. Er langte am 9. Dezember 1816 daselbst an. Seine Geschäfte waren hier von sehr verschiedener Art. Er mußte mit Superintendenten colloquiren, Predigt= und Schulamtscandidaten examiniren, mit Gymnasial=Abitu= rienten den Sophokles und Euripides lesen, oder doch die Behandlung dieser Schriftsteller beurtheilen, selbst bei Regierungsassessoren die Ge= lehrtenbildung beurtheilen, das Wirken der Seminardirectoren beurthei= len, ja selbst in der niedrigsten Landschule dem Lehrer die Anwendung der verschiedenen Methoden zeigen können. In allen diesen verschieden= artigen Geschäften bewegte er sich bald vermöge seines practischen Sin= nes sehr gut und frei, und wirkte des Nützlichen ungemein viel. Sein Hauptaugenmerk ward die Verbesserung des ostpreußischen Volksschulwe= sens. Dies fand er nicht in den besten Zuständen. Er hatte sich bald eine bedeutende Fertigkeit erworben, den Geist jeder Schule zu durch= schauen. Besondere Sorgfalt verwandte er auf die Schullehrersemina= rien, den Taubstummenunterricht und das Waisenhaus. Einen Ruf nach Kiel zum ordentlichen Professor der Theologie schlug er aus und erhielt dagegen in Königsberg eine außerordentliche Professur der Theologie mit 200 Thlr. Gehalt, nebst der Versicherung, bei seiner einstigen Pen= sionirung nicht seine Wirksamkeit für Preußen, sondern die Zeit seines Wirkens für die Menschheit zu berücksichtigen. Er widmete sich seinem neuen academischen Lehramte, wie allem, was er unternahm, mit freudi= ger Thätigkeit.

Dinter's Leben war im Ganzen sehr froh und glücklich. Er lebte einfach und mäßig und war in seinem langen Leben eigentlich nur 5 Mal krank. Da er nicht verheirathet war, so erzog er seinen Bruder und adoptirte einen Sohn. "Ich kann Euch," schrieb er selbst, — "nichts Schöneres wünschen, als daß Gott Euch ein Alter gebe, wie er es mir bisher gab. Ich bin gesund. Ich kann wöchentlich 83 Stunden arbei= ten, und bin meist Abends um 10 Uhr ebenso froh, als beim Aufstehen. Ich schreibe Sonntags, auch in den langen Wintertagen, oft 13 Stun= den ohne Augenglas und Schmerz. Meine Vorgesetzten in beiden Colle= giis, Consistorium und Regierung, erfüllen mir jeden billigen Wunsch. Meine Studenten haben den Alten, der bisweilen den Unterschied der Jahre vergißt, immer noch lieb. Die guten Schullehrer sehen mich gern kommen. Die Faulen fürchten mich als den Substituten=Setzer, be= kommen das Revisionsfieber. Meinen Sohn habe ich so weit gebracht, daß er in 17 Monaten Doctor werden kann. Ohne eigentlich reich zu sein, habe ich genug für mich, auch noch immer etwas für Andere, und sehe furchtlos dem Tode, hoffend der Zukunft entgegen." Mit sei= ner letzten Stunde aber, die er noch ferner dachte, hatte es die Vorseh= ung anders beschlossen. Der noch kräftige Greis, voll schöner Pläne zu= künftiger Wirksamkeit, zog sich auf einer Revisionsreise im Frühjahr 1831 eine tödtliche Erkältung, der er auch bald unterlag. — Kurz vor seinem Tode äußerte er den Wunsch, daß Freunde, Jünglinge und Schüler bei der Nachricht von seinem Heimgange sprechen möchten: Er ruhe sanft!

Er war ein arbeitsamer, guter, religiöser Mensch! Er war ein Christ! — Wer möchte nicht hierin übereinstimmen!

Von seinen überaus zahlreichen und nützlichen Schriften führen wir an:

Dinter's Leben, von ihm selbst beschrieben. — Erklärender und ergänzender Auszug aus dem Dresdener Katechismus, und Katechismus mit beigefügten Spracherklärungen, beide unter dem Titel: „Glaubens- und Sittenlehre des Christenthums." — Die vorzüglichsten Regeln der Pädagogik, Methodik und Schulmeisterklugheit. — Malwina, ein Buch für gebildete Mütter. — Vorarbeiten für Lehrer in Bürger- und Landschulen. 2 Thle. — Rechnungsaufgaben für sächsische Bürger- und Landschulen nach der in Neustadt erschienenen Anweisung zum Rechnen geordnet. — Die Schulconferenzen des Kirchspiels Ulmenhaim und Schulverbesserungsplan für Landschulen — Kleine Reden an künftige Volksschullehrer. —

Friedrich Wilhelm Döring.
Geboren den 9. Februar 1757, gestorben am 27. Mai 1837.

Friedrich Wilhelm Döring, geboren zu Elsterberga im Voigtlande, in Pforta und Leipzig gebildet, Rector des Lyceums in Guben seit 1782, Rector der Rathsschule in Naumburg seit 1784, Rector der Landesschule zu Gotha, mit dem Character eines Directors, seit 1786. Nachdem er das Directorat des Gymnasiums in Gotha mehrere Jahre mit Glück und Erfolg verwaltet hatte, wurde Döring auch 1791 sächsisch-gothaischer Kirchen- und Schulrath, dann noch Oberconsistorialrath und starb als eremitirter Director in Gotha 1837 in hohem Alter von 80 Jahren.

Döring war ein trefflicher Philologe. Er bearbeitete den Horaz in 5 Auflagen, Leipzig 1839, den Catullus in 2 Auflagen, Altona 1834, setzte Strooth's Livius fort und ist überaus vortheilhaft bekannt, bekannt fast Jedem, der Latein gelernt hat, durch seine Elementarbücher für den lateinischen Unterricht, z. B. durch eine oft aufgelegte Anleitung zum Uebersetzen aus dem Deutschen ins Lateinische. Dann schrieb er auch noch viele Programme und Nachrichten von der Verfassung des Gymnasiums in Gotha.

Wachler, auf dessen Urtheil in literatur-historischer Beziehung man immerhin bauen kann, urtheilt von Döring also: „Für Philologie in Deutschland, in Gotha, sorgte Fr. W. Döring durch lateinische Gedichte Abhandlungen u. s. w. Während des 17ten und 18ten Jahrhunderts haben sich Deutsche am fleißigsten und glücklichsten mit lateinischer Poesie und Stylistik beschäftigt." Nun nennt er Döring und dessen kleinere Schriften, ohne noch auf die größern zurückzukommen, z. B. auf die verbesserte Ausgabe von Scheller's lateinischer Grammatik und andern Schriften.

Döring hat ein langes und reiches Leben geführt. Er war darin ein Nachfolger seines Zeitgenossen und Freundes, Göthe, von dem man sagt: „er habe das reichste Leben geführt, das je ein Sterblicher geführt hat!"

Johann Christian Dolz.
Geboren den 6. November 1769, gestorben den 1. Januar 1843.

Joh. Chr. Dolz, geboren zu Golßen in der Niederlausitz, studirte seit 1782 auf dem Lyceum zu Lübben und seit 1790 zu Leipzig, wo er sich unter Rosenmüller's Anleitung zum Katecheten bildete. Dolz wurde Magister und wollte sich habilitiren; jedoch seine Bekanntschaft mit Plato, welcher die Leipziger Rathsfreischule leitete, bestimmte ihn für das Schulfach und er fing 1793 an, als freiwilliger Mitarbeiter an gedachter Anstalt Unterricht zu ertheilen, und wurde 1800 zum Vicedirector derselben ernannt. Seitdem widmete er dieser Anstalt all' seine Kräfte und lehnte auswärtige Rufe ab. Von den verschiedenen pädagogischen Schriften, welche Döring herausgegeben hat, machen wir folgende namhaft:

Neue Katechisationen über religiöse Gegenstände. 6te Sammlung. Leipzig, 1799—1801. — Katechetische Jugendbelehrungen über moralisch = religiöse Wahrheiten. Leipzig, 1805 — 1816. — Praktische Anleitung zu schriftlichen Aufsätzen über Gegenstände des gemeinen Lebens, besonders für Bürgerschulen. Leipzig, 1812. — Katechetische Anleitung zu den ersten Denkübungen der Jugend. 2 Bdch. Leipzig, 1815. — Lehrbuch der nothwendigen und nützlichen Kenntnisse, besonders für eine nach weiterer Bildung strebende Jugend. Leipzig, 1815. — Bildungsblätter. Eine Zeitung für die Jugend. Mit Kupfern und Musik. *Dessau und Leipzig. 3 Jhrg 1806 — 1808. — Neue Jugendzeitung. Fortsetzung der Bildungsblätter. Leipzig, 1810 — 1820. — Denksprüche nach den Hauptwahrheiten der Pflichten = und Religionslehre geordnet. 2te Sammlung. Leipzig, 1816. — Taschenbuch für die Jugend. Auf das Jahr 1812 und 1813. Mit Kupfern. Leipzig.

Wie als Gelehrter, so war Dolz auch als Mensch wegen seiner ausgezeichneten Persönlichkeit hochachtungswerth. Er war in seinem ganzen Wollen ein Freund reger Thätigkeit und strenger Regel, zeigte sich bei seinen großen Verdiensten höchst anspruchslos und bewährte in allen Verhältnissen die aus einem wahrhaft liebevollen Gemüthe hervorgehende Redlichkeit und Humanität. Fern von allem Eigennutze fand er sein Glück im Erfreuen und Wohlthun, war im vollsten Sinne Menschen= und Kinderfreund. Wenn dem würdigen Dolz als Gelehrten Beweise der Anerkennung auch dadurch zu Theil wurden, daß ihn mehrere Gesellschaften in Leipzig, als die ökonomische, die naturforschende, die deutsche zur Erforschung vaterländischer Sprache und Alterthümer, die polytechnische unter ihre Mitglieder aufnahmen, aber auch auswärtige, namentlich die kameralistische zu Erlangen und die deutsche Gesellschaft in Berlin den gefeierten Schriftsteller zum Ehrenmitgliede erkoren, so schätzte man in ihm auch den hochverdienten Lehrer und den edeln Mann, was sich auf mehrfache, rührende Weise besonders an den Ehrentagen kund gab, welche für ihn in den letzten Lebensjahren anbrachen. Bei der Feier seines Magisterjubiläums den 25. November 1841 wurde Dolz von der Stadt, welcher er fast 50 Jahre seine Kraft geweiht hatte, zum Ehrenbürger ernannt. Nicht minder wurde ihm der 16. April des Jahres 1842, als der 50ste Stiftungstag der von ihm mitbegründeten Freischule, durch mannigfache Beweise dankbarer Verehrung verschönert, von welchen hier nur erwähnt werde, daß eine große Anzahl dankbarer Zöglinge ein durch freiwillige Beiträge zusammengebrachtes Kapital ihrer Bildungsanstalt unter dem Namen der Dolz'schen Stiftung weihte und dem Director Dolz die Bestimmung über die Anwendung derselben überließ, welcher diese Summe dem Wittwen= und Waisenfond der Rathsfreischule zuwies. — Dolz wird fortleben in den Herzen seiner zahlreichen Zöglinge, aber auch in den Jahrbüchern der Geschichte der Pädagogik. —

Karl August Gottlob Dreist.
Geboren den 20. Dezember 1784, gestorben den 11. September 1836.

Das Leben und Wirken dieses verdienten Mannes hat auf eine sehr ansprechende Weise sein würdiger Freund, der Univers.-Director Henning, in dem von ihm herausgegebenen Monatsblatte für Pommerns Volksschullehrer, Jahrgang 2, beschrieben.

Ueber Dreist's anregenden und wahrhaft segensreichen Einfluß auf

die ihn umgebenden Lehrer während seines Aufenthaltes in Bern hat sein
Freund Th. Fr. Kniewel in der Schrift: „Der Kunstgeist im Kampfe
mit dem Zeitgeist, oder Pestalozzi und seine Widersacher," Berlin 1818,
ein schönes Zeugniß niedergelegt. Auch können wir nicht unterlassen,
Lehmann's kurze Charakteristik über Dreist, welche derselbe seinen päda=
gogischen Bildern für Eltern und Erzieher, Bern 1836, beigefügt, hier
mitzutheilen.

„Dreist," sagt derselbe, „war der pädagogische Gesanglehrer, durch
ihn erhielt der Gesangunterricht in der Anstalt die religiöse Weihe und
eine rein ästhetische Tendenz. Er fühlte das höhere Bedürfniß, dem
Hause die wesentlichen Erhebungsmittel zu bereiten, und bildete Chöre,
die unter seiner gründlichen und liebevollen Leitung die Feste der Anstalt
erhoben. Er forschte nach dem religiösen Principe in Pestalozzi's Schrif=
ten und Wirken; das Resultat seiner Forschungen theilte er in einem
Anhange zu dessen religiösen Vorträgen mit." Das Weitere hierüber ist
zu lesen in Dreist's trefflichem Aufsatze: „Etwas über die Gesangbil=
dungslehre nach Pestalozzischen Grundsätzen und Nägeli's Verdienste um
dieselbe." Dreist starb als Regierungs= und Schulrath im Monat Sep=
tember 1836 zu Stettin. Durch seinen schnell und unerwartet eingetre=
tenen Tod hat das Consistorium und die Regierung, Abtheilung für die
Kirchen= und Schulverwaltung, einen schmerzlichen Verlust erlitten. Wenn
gleich der Verstorbene nur während eines Zeitraumes von etwa vier
Jahren ihr Mitarbeiter gewesen ist, so war doch auch dieser kurze Zeit=
raum völlig ausreichend, um ihn als treuen Amtsgenossen, der das Wohl
der Schüler und der durch sie zu begründenden wahren Volksbildung mit
aufrichtiger Liebe im Herzen trug, als redlichen, liebevollen Freund, der
mit theilnehmendem Sinne sich zu jeder Hilfeleistung bereit zeigte, als
frommen Christen, der im Denken und Handeln bewährt gefunden ist,
den Mitgliedern sehr werth zu machen.

Ludwig Dringenberg.

Ludwig Dringenberg, einer der ausgezeichnetsten Schulmänner
des fünfzehnten Jahrhunderts, welches als eine Zeit des Ueberganges auch
im Schulwesen die merkwürdigsten Umgestaltungen vorbereitete. Seinen
Zunamen hat er von seinem Geburtsorte Dringenberg in Westphalen,
nach einer damals unter den Gelehrten sehr gewöhnlichen Sitte. Wahr=
scheinlich erfreute er sich der Leitung und Unterweisung des gefeierten
Thomas v. Kempen, und war also ein Zögling der „Brüder vom ge=
meinschaftlichen Leben," deren Institut für die Regeneration des religiö=
sen Lebens und zweckmäßigern Einrichtung der Schulen so einflußreich
gewesen ist. Wohl wäre Dringenberg gern zur Erweiterung des Wis=
sens in das schöne Land Italien gezogen, wohin Thomas seine Schüler
als eine Pflanzstätte höherer Studien verwies; die Armuth hielt ihn
aber diesseits der Alpen zurück, und er setzte daher seine schriftstellerische
Thätigkeit auf der Universität Heidelberg fort, wo er auch die Magister=
würde erhielt. Als nun der Rath zu Schlettstadt, einer damals nicht
unbedeutenden Reichsstadt im Elsaß zur Gründung einer Schule um das
Jahr 1450 sich entschlossen hatte, erhielt Dringenberg den ehrenvollen
Ruf, die Führung derselben zu übernehmen. Nachdem er sie 40 Jahre
lang mit Treue und Gewissenhaftigkeit geleistet hatte, starb er, wahr=
scheinlich im Jahre 1490, und wurde in der Hauptkirche zu Schlettstadt
beigesetzt.

In seinem Unterrichte konnte er sich indeß, trotz seiner geläuterten
Ansichten, von dem Mechanismus und der Pedanterie der Klosterschulen

nicht ganz frei machen. Dringenberg gebrauchte bei seinem Unterrichte
in der lateinischen Schule das damals überall eingeführte Doctrinale pue-
rorum von dem französischen Franziskaner Alexander de villa Dei, ein
Buch, welches die grammatischen Regeln in albernen lateinischen Versen
und in wunderlicher Ordnung enthielt und von den Schülern auswendig
gelernt werden mußte; wahrscheinlich gingen andere in Dringenberg's
Schule daneben her. Doch wußte dieser das an sich Unverdauliche seinen Zöglingen durch besonnene Auswahl schmackhaft zu machen. Uebrigens beschränkte er sich keineswegs auf den grammatischen Unterricht; er
suchte seine Schüler in die alte classische Welt einzuführen und mit der
Geschichte zu befreunden. Um ihnen die wichtigeren Momente derselben
oder bedeutsame Lebensregeln angenehm und behältlich zu machen, ersann
er kurze deutsche Verse und prägte sie ihnen in's Herz. Besonders aber
scheint es diesem wackern Manne angelegen gewesen zu sein, in seinen
Zöglingen frühe schon Nachdenken und Sinn für wahre Religiösität zu
wecken, und es ist höchst bemerkenswerth, daß aus dieser Dringenberg-
schen Schule eine Reihe von Männern hervortrat, die fast ohne Ausnahme zu den Freunden wahrer Herzensfrömmigkeit gehörten und eine
bessere Zeit thätig hervorrufen halfen, so z. B. Jak. Wimpheling von
Schlettstadt, ein vorzüglich für die Verbesserung des Schul-Unterrichtes
in Schriften und durch mündlichen Unterricht äußerst thätiger Mann,
Pet. Schott von Straßburg, Sebast. Murrho (Murer) von Colmar,
der mehrere Schulbücher herausgab, aber schon 1492 in der Blüthe seines Lebens verschied, außerdem Joh. Hugo von Schlettstadt, Eitel-
wolf von Stein und noch viele Andere, die ihrem anspruchlosen Lehrer
Ehre machen und deren Ruhm sein eigener ist. So hat er, auch ohne
daß er Schriften herausgab, wesentlich dazu beigetragen, ein neues Leben
in den Rheingegenden vorzubereiten.

Baldwin Duppa,

starb den 5. Januar 1840 in Penzaner, einem Städten in Cornwall; er
ist einer der Hauptbegründer der Central-Gesellschaft für Erziehung in
London. Besondere Beachtung verdient die in dieser Gesellschaft gegründete Musterschule zu Ealing bei London. Der Zweck dieser Schule ist,
Kinder zu erziehen, die zu ländlichen Beschäftigungen
bestimmt sind, um aus ihnen bessere Arbeiter und ver-
ständigere und glücklichere Leute zu machen, als es bisher der Fall war. Um diesen Zweck zu erreichen, hält man es für
nöthig, daß sie in der frühen Jugend an ausdauernden Fleiß gewöhnt,
daß sie mit der Nützlichkeit der Arbeit bekannt werden, und die Verbindung zwischen derselben dem Eigenthume kennen lernen, daß ihr
Nachdenken geweckt, ihre Thätigkeit ermuntert, und ihnen eine richtige
Beurtheilung der sie umgebenden Gegenstände möglich gemacht werde,
ihr religiöses Gefühl genährt, ihre Sittlichkeit befestigt und somit auch
ihre geistigen Bedürfnisse durchaus berücksichtigt werden. Um die Kinder
an ausdauernden Fleiß zu gewöhnen, wurde ein Theil, z. B. 3 Stunden
des Tags, zur Landarbeit bestimmt, und diese wurde theils der Anstalt,
theils den eigenen Gärten gewidmet. Die Zeit, in welcher sie für die
Anstalt arbeiteten, wurde ihnen ihrer Arbeit gemäß bezahlt. Der Aufseher, welcher über die Knaben wachte, berechnete ihre Arbeit einem der
Lehrer, welcher den Betrag aufschrieb. Sie wurden angehalten, 1½
Stunde jeden Tag in ihrem Garten zu arbeiten, und da sie das Pacht-
geld für das Land und den Ankauf des Samens bezahlten, so waren
sie sehr emsig in Benutzung der Zeit, um ihren Garten in so guten

Stand zu bringen, als sie nur konnten. — Die Arbeiten der Kinder beschränkten sich jedoch nicht allein auf Gartenbau, denn für einen Landmann ist die Kenntniß eines Zimmerhandwerks sehr nöthig. Wenige können einen Zimmermann bezahlen, und da sie nicht selbst etwas ausbessern oder verfertigen können, so müssen sie manches Nöthige entbehren und ihren Hausrath in einem schlechten Zustande lassen, während sie mit ein wenig Geschicklichkeit sich behaglich einrichten könnten. Die Kinder lernen daher den Gebrauch der Tischler- und Zimmerwerkzeuge, und diejenigen, welche diese Schule besuchen, werden sich überzeugen, daß sie mit Vortheil gehandhabt werden. Die Knaben haben einen großen Waschtrog gemacht, dann Rechen und Stiele für ihre Werkzeuge, einen Schubkarren u. s. w.; sie haben die Seitengebäude ausgebessert, welche in einem verfallenen Zustande waren. Nebstdem lernen sie grobe Schuhe, auch Holzschuhe, wie man sie im Norden von England trägt, machen. Alle Knaben tragen diese, wenn sie arbeiten, da sie den besten Schutz bei nasser Witterung bewähren. Sie wurden zu jeder erforderlichen Maurerarbeit angehalten.

Alles, was nöthig ist, verrichten sie; sie sind ihre eigenen Tischler, Zimmerleute, Maurer und Glaser. — Bei diesen mannichfachen Beschäftigungen und den vielen kleinen Arbeiten ist es leicht begreiflich, daß eine große Verwirrung herrschen würde, wenn nicht ein System angenommen worden wäre, welches Jedem seine Verrichtung angewiesen hätte. Zu diesem Zwecke werden jeden Monat drei Aufseher ernannt, deren Geschäft es ist, jedem Knaben seine Arbeit für den folgenden Tag zu bestimmen, so daß, wenn die Arbeitsstunde kommt, jeder zu seiner angewiesenen Arbeit geht. — Es muß bemerkt werden, daß die Arbeit in den Zimmern hauptsächlich beim schlechten Wetter geschieht. — Heiterkeit und Frohsinn herrschen unter Allen; die Knaben lernen fröhliche und muntere Lieder, welche sie, wenn sie an ihre Arbeit gehen oder von derselben zurückkehren, singen. — Ihre Werkzeuge werden von den ihnen bestimmten Plätzen herabgenommen und wieder dahin zurückgebracht, so daß Niemand die Schule besucht, ohne jedes an seinem bestimmten Platze zu finden, und zwar zu jeder Zeit, und nicht etwa nur, wenn ein Besuch kommt. — Von allen Angewöhnungen, die der Industrie und dem Fleiße Werth geben und die den Comfort (Behaglichkeit) befördern, ist nichts wirksamer, als Ordnung. Sie ist eine Eigenschaft, die den arbeitenden Klassen vorzüglich mangelt, und ihre Ausbildung wird als ein Gegenstand dieser Schule betrachtet. — Zu bemerken ist noch, daß durch technische Geschicklichkeit die geistige Ausbildung nicht verhindert wird, vielmehr, wo es versucht worden, befördert wird. — Das Rechnen wird mit Kugeln angefangen, was hier, wie an andern Orten, sehr erfolgreich gefunden ward. Man übt die Kinder im Kopfrechnen. Dabei wird eine hinlängliche Zeit zum Nachdenken gelassen, bis ein Zeichen gegeben wird, vorher darf kein Knabe antworten. — Die Musik könnte auch ein viel wichtigeres Hilfsmittel in dem Unterricht werden, als es bisher der Fall war, deßhalb sind auch von den Gründern der Anstalt Vorbereitungen getroffen worden, um einen zweckmäßigen Musik-Unterricht einzuführen. Das Zeichnen ist angefangen worden, und sowie sich der Plan mehr entwickeln wird, wird auch dieses einen bedeutenden Theil des Unterrichts ausmachen, und zwar nicht nur als ein Mittel, durch die Mannigfaltigkeit der Formen anzuziehen, sondern auch, um Gegenstände, welche die Sprache nicht so deutlich ausdrücken kann, darzustellen. — Die Hauptabsicht des Stifters dieser Anstalt war, ein gutes Vorbild für andere Dorfschulen darzustellen und gute Landschullehrer zu bilden.

Wilhelm Bernhard Eiselen.

Geboren im Jahre 1792, gestorben den 22. August 1846.

Motto: „Fest, fein und schnell."

Derselbe wurde im Jahre 1813 durch Jahn von Breslau nach Berlin gerufen, um den Unterricht im öffentlichen Turnplatze zu leiten, denn er wurde durch Kränklichkeit verhindert, an dem Befreiungskriege Theil zu nehmen. Hier bildete er die wehrhaften Jünglinge heran, welche einen Theil jener preußischen kraftglühenden Jugend ausmachten, die sich freiwillig in die Reihen der Kampflustigen für König und Vaterland stellen ließ. Als später die Turnkunst in Mißkredit gekommen war, und 1819 in Preußen die Plätze geschlossen werden mußten, wirkte Eiselen längere Zeit als Lehrer der Mathematik an dem rühmlichst bekannten Plamannschen Institute und errichtete dann eine Privat-Turnanstalt in Berlin. Nur seiner bedächtigen Nachgiebigkeit konnte es gelingen, in einer Zeit des Argwohns einer beargwohnten Sache aufzuhelfen, und dieselbe zu Ehren zu bringen. Tausende von Schülern hat er in einer Zeit von 30 Jahren unterrichtet, dabei war er im strengsten Sinne, was Jahn von Friedrich Friesen aus Magdeburg sagte: „ein Sinner der Turnkunst." Ihm und seinen Schülern verdankt die Gymnastik jenen erstaunlichen Gehalt, jene fast unzählige· Uebungen, die er zuletzt stufenweise in den bei Meimer in Berlin erschienenen „Turntafeln" zu ordnen suchte. Mit Jahn schrieb er „die deutsche Turnkunst," ferner „Hantelübungen," „Turntafeln," „Stoßfechttafeln," „Merkbüchlein für Anfänger im Turnen," und mit dem Professor Maßmann arbeitete er bis zu seinem Tode (er starb im 54sten Lebensjahre im Monat August 1846 in Misdroy, einem Bade-Orte auf der Insel Wollin) an einem ausführlichen Lehrbuche· der Turnkunst.

Heinrich Emmerling.

Geboren den 26. Okt. 1798, gestorben den 16. Dez. 1835.

Emmerling wurde zu Bamberg geboren, wo sein Vater Leibkutscher des damaligen Fürstbischofes war, und begann und vollendete seine literarische Bildung an den Studienanstalten seiner Vaterstadt, dem Gymnasium und Lyceum. Er gehörte mit dem damaligen Professor der Theologie am kgl. Gymnasium zu Bamberg, Dr. Ad. Gengler, dem kathol. Stadtpfarrer Fr. Grohe zu Nürnberg, dem leider zu frühe verstorbenen Dr. Ignaz Lautenbacher, Redakteur des Auslandes, mit dem Professor der Geschichte am kgl. Lyceum zu Aschaffenburg, Dr. Franz Jos. Ad. Schneidawind u. A. zu den talentvollsten und besten Schülern seiner Klasse. Sich dem Studium der Theologie widmend, wurde Emmerling in das Klerikal-Seminar zu Bamberg aufgenommen, defendirte — nach daselbst eingeführtem Gebrauche — gegen Ende des Studienjahres 1821/22 in dem neuen Refectorium des Seminars mit dem einstigen Stadtpfarrer Grohe vor einem zahlreichen, gelehrten Auditorium mit Auszeichnung und trat, nachdem er die Priesterweihe erhalten hatte, vom Seminar im Jahre 1822 als Kaplan in die Dompfarrei seiner Vaterstadt über. Im Jahre 1824 erhielt er durch höchste Entschließung die Stelle eines Religionslehrers am kgl. Gymnasium zu Bamberg. Als der erste Inspector des Schullehrer-Seminars zu Bamberg, der rühmlich bekannte Schatt, gestorben war, wurde Emmerling im Jahre 1829 Verweser der Stelle des Verstorbenen, bis er nach drei Monaten zum wirklichen ersten Inspector des Bamberger Schullehrer-Seminars ernannt wurde. In den Herbstferien von 1831 hatte er das Unglück, das Bein auf einem Spaziergange zwischen Altstadt und Langenfeld zu brechen; wiewohl gut curirt, schien dieser Unfall dennoch die sonst gute Gesundheit Emmerling's erschüttert, oder für kommende Uebel empfänglicher gemacht zu haben. Dennoch wirkte er fort, ungeschwächt und mit gedeihlichen Folgen für Staat und Kirche. Das Jahr 1835 sollte den Edlen den Seinen entreißen. Vier Wochen vor seinem Tode wurde er vom Catarrhfieber befallen, zu dem sich dann ein Schlagfluß gesellte, der seinem Wirken und seiner Thätigkeit ein leider zu schnelles Ende setzte. — Er ließ einige Monate vor seinem Tode „Vertraute Reden für künftige Volksschullehrer" in Bamberg im Drucke erscheinen, welche den schönen und guten Geist beurkunden, in welchem er wirkte und lehrte, und welche der Beachtung Aller werth sind, denen Volks- und Volkslehrerbildung wahrhaft am Herzen liegen.

K. August Engelhardt.

K. Aug. Engelhardt, dieser wackere, auch um die Bildung der Jugend verdiente, aber im Jahre 1834 vollendete Mann erblickte das Licht der Welt im Jahre 1768 am 4. Februar. Er stammte aus einem ungarischen kathol. Adelsgeschlechte, das aber, nach und nach in Armuth versunken, seinen Adel aufgab. Sein Großvater hatte das evangelische Glaubensbekenntniß abgelegt, und war dadurch in die Ungnade der Kaiserin Maria Theresia gekommen. Diese verweigerte ihm daher nicht nur die Erlaubniß, die bürgerliche Nahrung als Zuckerbäcker öffentlich zu betreiben, sondern behandelte ihn auch bei der Ueberreichung einer Bittschrift so unduldsam, daß er, darüber entrüstet, mit seiner ganzen Familie nach Sachsen, und namentlich nach Dresden zog, wo später seine Zöglinge das Zuckerhandwerk trieben. Durch den Tod seines Vaters in die hülfloseste Lage versetzt, fand der talentreiche Knabe an dem damaligen Inspector der Antikensammlung, Lipsius, einen theilnehmenden Freund, der ihn zur Universität vorbereitete. Seine Mutter wünschte, er möchte Theologie studieren. Um diesem Wunsche zu genügen, widmete er sich seit 1786 zu Wittenberg dem theologischen Studium, und meldete sich nach seiner Rückkehr 1789 zur Candidatenprüfung. Nach überstandener Prüfung erhielt er einige Jahre später eine Hofmeisterstelle, mit welcher die sicherste Aussicht zu baldiger Erlangung eines geistlichen Amtes verbunden war. Dennoch aber gab er diese Stelle freiwillig 1794 auf, um ausschließlich der Literatur sich zu widmen; denn er hielt es für unedel, bloß des Auskommens wegen ein Amt zu suchen, dem er nicht mit ganzer Seele sich widmen könnte.

Besonders Adelung's Verwendung hatte er es zu verdanken, daß er im Jahre 1805 bei der kgl. öffentlichen Bibliothek als Accessist angestellt wurde. In dieser Stellung diente er 6 Jahre ohne allen Gehalt, obgleich vielgeltende Männer seine Fürsprecher wurden. Endlich ward er im Jahre 1810 als Adjunkt des Archivars bei der geheimen Kriegskanzlei angestellt, und rückte nach dem Tode seines Vorgängers in dessen Stelle und Gehalt ein. Er ging als Archivar bei der Verwaltung des geheimen Kriegraths-Collegiums in die Verwaltungskammer, und bei der Aufhebung dieser Behörde am 1. Dezember 1831 zum Kriegsministerium als Kriegsministerial-Archivar und Sekretär über. Seit 1818 führte er auch die Redaktion der Gesetzsammlung.

Seine literarische Thätigkeit begann er auf dem Felde der Pädagogik in Verbindung mit seinem Freunde Merkel. Beide gaben eine zu

28 *

jener Zeit sehr wohlgefällig aufgenommene und gut gearbeitete Jugendschrift unter dem Titel heraus: „Der neue Jugendfreund." Diese Schrift
erlebte mehrere Auflagen (zuletzt in 12 Bändchen, Leipzig 1797—1814)
und ward in's Französische und Englische übersetzt. — Nach Merkel's
Tode, der im Jahre 1798 erfolgte, vollendete Engelhardt dessen:
„Erdbeschreibung Sachsens." Ein Auszug aus diesem Werke ist das
„Handbuch der Erdbeschreibung der kursächsischen Lande,"
sowie „die Vaterlandskunde für Schule und Haus."

Von 1808—1812 lieferte Engelhardt unter dem Titel: „Tägliche
Denkwürdigkeiten aus der sächsischen Geschichte" in 3 Bänden eine Galerie interessanter Ereignisse und Charaktere. Der Verewigte hat sich
durch diese Schriften das große Verdienst erworben, die Liebe zur geographischen und historischen Kenntniß des Vaterlandes auf's Neue geweckt und insonderheit für den Unterricht der Jugend belebt zu haben.
Unter seinen übrigen, bei Meusel verzeichneten Schriften verdienen auch
die „Malerischen Wanderungen durch Sachsen" einer Erwähnung.

Viele seiner in Zeitschriften zerstreut stehenden Aufsätze sind als
werthvolle Beiträge zur Geschichte Sachsens zu betrachten, und sie sind
zum Theil nach wenig zugänglichen handschriftlichen Quellen bearbeitet.
Seit 1813 trat Engelhardt unter dem Namen „Richard Roos" zuerst
in Zeitschriften auch mit poetischen Leistungen und Erzählungen auf. Von
diesen sind mehrere unter dem Titel: „Erzählungen" gesammelt. Seine
„Gedichte" enthalten eine Menge, welche durch heitere Laune und saty-
risches Salz sich auszeichnen.

Charles Michel de l'Epée.
Geboren den 25. November 1712, gestorben 1789.

Welcher Pädagog kennt nicht den Namen Abbé de l'Epée! Mit
ihm fängt bekanntlich die Geschichte des Taubstummen-Unterrichtes eine
neue Periode an. Charles Michel de l'Epée ward zu Versailles, wo
sein Vater als kgl. Architekt angestellt war, geboren, und widmete sich
dem geistlichen Stande. Als er jedoch nach Vollendung seiner Studien,
17 Jahre alt, zum Empfange der Priesterweihe sich meldete, und die damals in Folge der jansenistischen Religionsstreitigkeiten eingeführte Glau-
bensformel, als seiner Ueberzeugung entgegen, zu unterzeichnen sich weigerte, erhielt er zwar die Priesterweihe, wurde aber von jeder Bewerbung
um ein kirchliches Amt ausgeschlossen. Er wandte sich daher jetzt der
Rechtswissenschaft zu, und trat nach Beendigung seiner Studien als Par-
laments-Advokat in die gerichtliche Praxis ein. Allein die Geschäfte dieses, ohnehin bloß mit Widerwillen auf den Wunsch seines Vaters gewählten Berufes sagten seinem sanften und friedlichen Gemüthe in keiner
Hinsicht zu, und er kehrte bald wieder zu seinen frühern Studien zurück.
Durch Empfehlungen von Seite seiner frühern Vorgesetzten wurde er
nun mit dem Prälaten Bossuet zu Troyes bekannt, und von diesem
zum Canonicus und Prediger seiner Diöcese befördert, allein seiner jansenistischen Grundsätze wegen wurde er von dem Erzbischofe zu Paris,
de Baumont, seines Amtes entsetzt und ihm sogar der Religionsunterricht untersagt. Von jetzt an lebte er in Paris, im Besitze des von seinen Eltern ererbten, nicht eben bedeutenden Vermögens, in stiller Zurückgezogenheit.

Im Jahre 1755 wurde er zuerst zum Unterrichte von zwei taubstummen Mädchen in Paris aus Mitleid bewogen, welche bisher der ver-

storbene Pater Vanin durch Kupferstiche unterrichtet hatte. Ungeachtet des großen Aufsehens, das besonders Pereira in ganz Frankreich gemacht hatte, war er nach seiner Versicherung ganz ohne Kenntniß davon geblieben, daß man bisher Taubstumme unterrichtet hatte. Der glückliche Erfolg seiner Bemühungen bewog ihn bald zu dem Entschlusse, sein Leben diesem Berufe ganz zu widmen. Daher gründete er um das Jahr 1760 ohne anderes Vermögen als eine jährliche Rente von 12,000 Franken, auf eigene Kosten eine Taubstummenschule zu Paris, welche er bald auf dem Montmartre verlegte, und in eine förmliche Erziehungs-Anstalt verwandelte. Zur Erziehung und Verpflegung seiner Zöglinge verwandte er sein ganzes Vermögen, und versagte nicht selten sich selbst das Nothwendigste. Mit welchem Eifer de l'Epée nicht bloß für seine Zöglinge, sondern für die Taubstummen überhaupt sorgte, zeigt die Begebenheit mit dem von seiner Familie verstoßenen taubstummen Grafen von Solar aus Toulouse, wodurch er in einen langwierigen Prozeß verwickelt wurde. Diese Begebenheit hat zu dem bekannten v. Bouilly gefertigten französischen Schauspiel, betitelt: „l'Abbé de l'Epée," das Kotzebue für die deutsche Bühne bearbeitet hat, Anlaß gegeben.

Schon mehrmals hatte er sich vergeblich an die Regierung gewandt, um einen jährlichen Zuwachs zu den Unterhaltungskosten zu erlangen; allein erst im Jahre 1785 bewilligte ihm Ludwig XVI. eine Summe zur Unterhaltung einer gewissen Anzahl Taubstummer. Die Erfüllung seines sehnlichsten Wunsches hingegen, seine Anstalt zu einer öffentlichen erhoben zu sehen, erlebte er nicht, indem er 1789, bald nach dem Ausbruch der Revolution, in einem Alter von 77 Jahren starb. — Von seinen Schriften sind besonders wichtig:

1) Institution des sourds et muets, ou Recueil des exercices soutenus par les sourds et muets pendant les années 1771—74, avec les lettres, qui ont accompagné les programmes de chacun de ces exercices. Paris 1774. 12. — 2) Institution des sourds et muets, par la voie des signes méthodique. Paris 1771. 8. — 3) De la veritable manière d'instruire les sourds et muets, confirmée par une longue experience. Paris 1784. 8. — eigentlich eine 2te verbesserte Auflage der frühern Schrift. —

Karl Gotthilf Ehrlich.
Geboren den 3. Januar 1776, gestorben den 7. Juni 1857.

> Motto: „Wenn du das Kind zum denkenden Sehen anleitest, so thust du viel mehr für dasselbe, als wenn du ihm das Lesen und Schreiben beibringst. Ein Lesen und Schreiben ohne Gedanken ist werthlos, und von diesen Künsten machen die wenigsten Menschen Gebrauch; aber ein wirklich sehendes Auge, ein wirklich hörendes Ohr und einen denkenden Geist hat Jeder, und in jedem Augenblicke seines Lebens nöthig."
> Ehrlich.

Ehrlich war der Sohn des Bürgers und Zinngießermeisters Joh. Fr. Ehrlich in Halle a. d. S., über die Familien- und Vermögenverhältnisse seiner Eltern, und über seine früheste Erziehung sind uns keine Nachrichten zugekommen. Erst im Jahre 1795 finden wir Ehrlich wieder, und zwar in den fränkischen Stiftungen der Abiturienten der lateinischen Schule, die er über 5 Jahre lang besucht hatte. Ehrlich wurde noch in demselben Jahre auf der Universität Halle als Studiosus der Theologie immatriculirt. Schon während seiner akademischen Laufbahn ertheilte Ehrlich in den deutschen Schulen des Waisenhauses Unterricht, und im Jahre 1797 wurde er als wirklicher Oberlehrer an der lateinischen Schule und als Waisenpräceptor angestellt. Nach seinem Abgange

von der Universität blieb er anfangs in dieser Stellung und ertheilte
daneben auch Unterricht an dem Pädagogium. Im Januar 1802 wurde
er zum Inspector der neuen Bürgerschule ernannt, und behielt dieses
Amt, wie auch die mit demselben verbundene Aufsicht über das Convik-
torium bei, bis er von Halle abgerufen wurde. Also in den fränkischen
Stiftungen legte Ehrlich den Grund zu seiner pädagogischen und didaktischen Tüchtigkeit; theoretisch, indem er die Grundsätze der Erziehung
und des Unterrichts in einem sichern Systeme anschauen lernte, das auf
ein bestimmtes Ziel, auf die Bildung zu einer Humanität gerichtet war;
praktisch, indem er bei seiner mannigfaltigen Werkthätigkeit sehr tüchtige
Schulmänner als Muster und Vorbild hatte, Schulmänner (Knapp, Aug.
H. Niemeyer), die sich weder zu abstrafter, anschauungsloser Vernunft-
forschung hinneigten, noch mit seichtem, gedankenlosem Erfahrungswissen
begnügten. Im Jahre 1805 wurde Ehrlich in Anbetracht seiner ange-
rühmten Kenntnisse und seines Fleißes von der preußischen Kriegs- und
Domänen-Kammer seiner Regierung zu Hamm als Inspector über das
Kantuberniüm und das damit verbundene Schullehrer-Seminar zu
Wesel berufen. Aber kaum hatte er auf seiner neuen Laufbahn die
ersten Schritte gethan, als ihnen durch die politischen Begebnisse jener
ereignißvollen Zeit schon eine Schranke gesetzt und eine andere Richtung
gegeben, aber in Folge dessen auch ein weites Feld eröffnet wurde. Ehrlich fand eine Anstellung in der Grafschaft Mark, indem ihm durch die
preußische Regierung eventuell die Leitung des in der Stadt Soest zu
errichtenden Schullehrer-Seminars übertragen wurde, welches am 3ten
Oktober 1806 mit Einem Zöglinge eröffnet wurde. Der Inspector Ehrlich war der einzige Lehrer der Anstalt. Es war ihm zwar gestattet, die
Seminaristen an seinem Unterrichte in der Quarta des Gymnasiums
Theil nehmen zu lassen; doch war dieses nur eine geringe Erleichterung;
denn in den meisten Fächern mußte er die Seminaristen besonders unterrichten. Ehrlich erlag fast der Last zweier Lehrämter, deren jedes die
volle Kraft eines Mannes erforderte. Bei allen Drangsalen verlor der
wackere Ehrlich weder den Muth, noch die Kraft, und hielt das junge
Institut in dem wirbelnden Strudel der Zeit nicht bloß eben, sondern
hob es auch von Jahr zu Jahr, und hatte bereits im Jahre 1813 mehr
als 60 junge Leute aus den verschiedenen Confessionen zu Lehrern gebildet, die dem neuen Seminar überall Ehre machten und Freunde erwarben. Ehrlich lernte den Zustand der Schulen bald sehr genau kennen,
und war eifrig bemüht, ihn zu verbessern, nicht bloß durch Heranbildung
junger, sondern auch durch Unterweisung älterer, schon angestellter Lehrer. Zunächst war er darauf bedacht, brauchbare Schulbücher zu schaffen; eine bessere Fibel für die kleinsten und ein Lehrbuch für die übrigen
Schüler. Beide Bücher erschienen im Jahre 1807.

Deutschland befreite sich von dem Joche der Fremdherrschaft. In
Preußen entfaltete sich das Schulwesen zu neuer Blüthe; es wurden
Seminare gegründet und die vorhandenen organisirt; das zu Soest wurde
alsbald von dem Gymnasium getrennt und durchaus anders eingerichtet.
So war für Ehrlich eine neue und bessere Zeit gekommen. Damit der
thätige Mann nach so vielen Jahren übermächtiger Anstrengung sich einmal recht aus dem Grunde erfrische und für die erneute Wirksamkeit auch
neuen Muth und neue Kraft gewinne, gewährte ihm die Behörde Zeit
und Mittel, über Berlin und Breslau durch mehrere deutsche Länder eine pädagogische Reise zu machen, wodurch er wirklich seine Erfahrungen bereicherte. Für die Anstalt gewann er neue Kräfte — nämlich
den verdienstvollen Musiklehrer Engelhardt, Oberlehrer Birkmann,

Religionslehrer Hennecke, und nach dessen Tode Prediger Schütz. Die Anstalt hob sich durch die eifrigen und vereinten Bestrebungen dieser tüchtigen Männer von Jahr zu Jahr. Harnisch versicherte im Jahre 1844, er habe auf seinen Reisen das preußische Schulwesen von der Oder bis an den Rhein kennen gelernt, es aber nirgend besser gefunden, als in der Grafschaft Mark. Ohne Zweifel hat das Seminar zu Soest für diesen Fortschritt die Bahn gebrochen, und Ehrlich hat hierbei ein zwei= faches Verdienst, zuerst als Director, dann als Lehrer der Anstalt.

Ehrlich's Schulbücher zeichnen sich weniger durch besondere Eigen= thümlichkeit und Neuheit in der Darstellung der Unterrichts=Objekte, als durch Anschaulichkeit, durch eine methodisch=praktische Anlage, durch den didaktischen Werth der Stufengänge aus. Ehrlich hat folgende Schul= werke herausgegeben:

Gemeinnütziges Lese= und Lehrbuch für die Schuljugend. Mit 5 Karten auf 4 Blättern. — Neues Lese= und Lehrbuch für die oberen Abtheilungen der Volksschule, Sachkenntniß und Sprachlehre. Mit 4 Landkarten. — Lehr= und Sprachbuch für Anfänger. — Kopfrechnen für die Elementarschule. Nebst 2 Heften Aufgabeblätter. — Rechenbuch für Elementarschulen. Aufgaben zu schriftlichem Rechnen. 4 Hefte. — Vier Wandtafeln zum Rechnen für die Unterklasse, nebst Erläuterungsschrift — Kopf= und Tafelrechnen mit einander verbunden. 2 Hefte. — Schulbüchelchen für Anfänger im Lesen und Denken — Sechs Wandtafeln zu den Anfangsgründen im Lesen nebst Erläuterungsschrift. — Methodischer Leitfaden zu Uebungen im schriftlichen Ausdruck in der Elementarschule. — Vorlegeblätter zu schriftlichen Aufsätzen. 2 Hefte. — Me= thodischer Leitfaden für die Sprachbildungs=Uebungen in der Unterklasse einer Elemen= tarschule. — Dann: Das evangelische Schullehrer=Seminar in Soest und die Auf= nahme in dasselbe. 1829. — Meine Schulbereisung. Den Schulaufsehern und Leh= rern Westphalens gewidmet. 2te Auflage. 1845.

Außerordentliche Verdienste hat sich Ehrlich um das Schulwesen in der Stadt Soest erworben. Im Jahre 1822 wurden dort die sämmt= lichen evangelischen Pfarrschulen in zwei Stadtschulen mit unterschiedenen Klassen umgeschaffen, und zusammen mit den katholischen Schulen einer besonderen Schulkommission untergeben. Die Hauptleitung dieses über= aus zweckmäßigen Instituts lag in Ehrlich's Hand. — Viele Jahre leitete Ehrlich auch die Konferenzen, die durch die von ihm selbst mit den Schülern der Seminarschule angestellten praktischen Uebungen einen gros= sen Werth hatten. Im Jahre 1847 am 2. Juli wurde Ehrlich durch die Feier seines fünfzigjährigen Dienst=Jubiläums überrascht. Mit schweren Herzen trat er endlich in den Ruhestand; des Königs Huld verlieh ihm den Rothen Adlerorden zweiter Klasse mit der Schleife. Seine Schwäche nahm zu; bald wurde sein Zustand beunruhigend; — Ehrlich vollendete am 7. Juni 1857 ohne Zuckung, ohne Todeskampf, sein Sterben war ein sanftes Entschlummern.

Desid. Erasmus.
Geboren den 28. Oktober 1467, gestorben den 10. Juli 1536.

Motto: „Bedenke, daß dein Amt dem eines Königs in Absicht der Wirk= samkeit am Nächsten kömmt. Es ist herzerhebend, die Jugend seiner Va= terstadt mit so schönen Kenntnissen und mit den Grundsätzen der Religion anzurüsten und dem Vaterlande rechtschaffene und gute Bürger zu bilden. Nur die Thoren verachten ein Amt, das in der That so außerordentlich glänzend ist! — Ist auch der Gehalt gering, so belohnt die Tugend selbst am Schönsten und Herrlichsten; und wäre er groß, so würden viele schlechte Menschen in dieß Amt sich eindringen, das unter den gegenwärtigen Um= ständen durchaus einen unbescholtenen, festen und entschlossenen Mann ver= langt. Erasmus, an seinen Freund Sapidus

D. Erasmus, eines der rüstigsten Werkzeuge zur Beförderung des Reformationswerkes, geboren zu Rotterdam, der uneheliche Sohn

eines Holländers, Namens Gheraerds aus Gouda, und der Tochter eines
Arztes, war bis zu seinem neunten Jahre Chorknabe im Dome von Utrecht, kam dann in die Schule von Deventer, wo er sein Talent auf eine
so glänzende Weise zu entwickeln begann, daß schon damals gesagt wurde,
er werde einst der gelehrteste Mann seiner Zeit werden. Nach dem
Tode seiner Eltern zwangen ihn seine Vormünder, in den geistlichen
Stand, und mit dem 17ten Jahre in das Kloster Emaus bei Gouda zu
treten, von welchem Zwange ihn jedoch der Bischof von Cambray befreite. Nachdem er 1492 die priesterliche Weihe empfangen hatte, reiste
er nach Paris, um sich in der Theologie und in den Humanioren zu vervollkommnen. Er unterrichtete dort einige reiche Engländer, von welchen
Einer ihm, so lange er lebte, eine Pension zahlte. Mit ihnen ging er
1497 nach England, wo ihn der König sehr wohl aufnahm. Doch reiste
er bald nach Paris zurück und von da nach Italien. Hier wurde er in
Bologna, wo er die theologische Doctorwürde annahm, wegen seines weißen Scapuliers für einen Arzt der Pestkranken angesehen und kam in
Lebensgefahr, indem man ihn mit Steinwürfen verfolgte. Dieser Vorfall
war die Veranlassung, daß er bei dem Papste um Dispensation von seinen Ordensgelübden nachsuchte, die er auch erhielt. Er besuchte Venedig, Padua und Rom; aber so glänzende Aussichten sich ihm auch hier
darboten, so folgte er doch lieber den Einladungen seiner Freunde nach
England, wo ihm das Ansehen, welches er bei Heinrich VIII. genoß, noch
größere Vortheile versprach. Als er den berühmten Großkanzler Thomas
Morus besuchte, ohne sich ihm zu erkennen zu geben, ward dieser dergestalt von seiner Unterhaltung entzückt, daß er ausrief: „Ihr seid Erasmus oder ein Dämon." Man bot ihm eine Pfarrei an, aber Erasmus
ward wenig geneigt, durch ein solches Amt sich zu fesseln. Nur kurze
Zeit verwaltete er zu Oxford die Professur der griechischen Sprache und
wandte sich, nachdem er die Niederlande und Deutschland durchwandert
hatte, nach Basel. Hier besorgte er bei Froben die Herausgabe seiner
Werke, starb daselbst und ward im reformirten Münster begraben. Erasmus vereinigte mit ausgebreiteter und gründlicher Gelehrsamkeit ebenso
viel geläuterten Geschmack und treffenden Witz. Eine angeborne Neigung
zur Unabhängigkeit und Ruhe ließ ihn eine gelehrte Muße und Einsamkeit dem glänzenden Leben der Großen vorziehen. Das leise Auftreten
des schlauern Weltmannes machte ihm viele der Bessern seiner Zeit zu
Feinden. Groß und dauernd sind seine Verdienste um die Wiederherstellung der Wissenschaften. Seine Schriften sind noch immer wegen ihres
gehaltvollen Inhaltes und klassischen Styls geschätzt. Am bekanntesten
sind seine „Colloquia" und sein „Encomium," d. i. Lob der Narrheit,
welches in viele lebende Sprachen übersetzt wurde. In seiner Schrift
über die Bildung der Knaben sagt er unter Anderm: man soll die
Fähigkeit des Gedächtnisses der frühen Jugend benutzen,
auch auf die körperliche Pflege zur Gesundheit und
Stärke des Kindes sehen, vorzugsweise aber die geistigen Kräfte entwickeln. Dabei bezeichnet er mit bitterm Tadel
und Spott die mannigfachen Verkehrtheiten im Erziehungs- und Unterrichtswesen.

Joh. Christ. Gottlob Ernesti.
Geboren im Jahre 1756, gestorben den 5. Juni 1802.

Die Lehrerfamilie Ernesti hat in der pädagogischen Welt vorzüglich angenehmen Klang, ragt in die Niedermeyer'sche pädagogisch-
theologische Region hinein und ist fast von klassischer Bedeutung, auf phi-

losophischem und philologischem Gebiete von entschiedener Geltung. Er war der Sohn des Superintendenten Ernesti in Arnstabt in Tübingen. Seine Präparationsstudien machte derselbe auf dem Lyceum seiner Vaterstadt, nachmals in Leipzig bei seinem Onkel, Joh. Aug. Ernesti, (geboren am 4. August 1707, gestorben den 11. September 1781, Stifter einer neuen theologischen und philologischen Schule. Er war der erste Lehrer und Wiederhersteller einer wahren und männlichen Beredtsamkeit in Deutschland und verdient wegen seiner vortrefflichen Latinität den Namen eines Cicero der Deutschen, wie dieß seine ungemein verbreiteten Schriften beweisen); sowie auch bei Thalmann, Dathe, Morus u. A., wurde nach deren Beendigung 1777 Magister, 1782 außerordentlicher Professor der Philosophie und 1801 Aug. Wilh. Ernesti's Nachfolger in der Professur der Beredtsamkeit, auch der Universalerbe der Tochter seines Oheims, als solcher Besitzer des Rittergutes Kahndorf, auf dem er wiederholt seine leidende Gesundheit zu stärken pflegte. Er war der Freund seiner Freunde, offen, gerade aus, treu und bieder, ohne Winkelzüge oder Schleichwege, ein Mann von wahrer Frömmigkeit, gediegenem Charakter, großer Gelehrsamkeit, ungewöhnlicher Thätigkeit und ein klassischer Schriftsteller, dessen Werke — z. B. Lexicon technologiae graecorum rhetoricae. Lips., 1796. 8., Lex. techn. romanorum rhet. ib. 1797. 8., Cicero's Geist und Kunst. Leipzig. 3 Bände. 8., Cicero's auserlesene Briefe, übersetzt und mit Anmerkungen, philosophischen und rhetorischen, versehen. Leipzig und 1789. 8. — Bearbeitung der lateinischen Synonimen des französischen Gelehrten Dumesniel. Leipzig. 3 Theile. 1799. 8. u. v. a. — allein ihm schon Unsterblichkeit begründen und sein Andenken ihm unvergänglich machen, das durch diese wenige Worte nur aufgefrischt zu werden braucht, um wieder frisch und erhaben hervorzutreten. Er starb zu Kahndorf im Alter von nur 46 Jahren. Mit ihm erlosch die Familie Ernesti in Leipzig, aber nicht ihr Ruhm, nicht ihr, nicht sein Gedächtniß. Er und sie trugen ihren großen Namen, den Andere zu schleppen pflegen!

Bernhard von Ernsdorfer.
Geboren den 20. August 1767, gestorben den 30. Novbr. 1836.

> Motto: „Nie kann der junge Sprößling ein Baum genannt werden; aber er ist der Pflege nicht unwürdig, wenn der Wuchs der ersten Jahre zeiget, daß er kein Strauch bleiben, sondern zum Baume sich erheben und Früchte bringen werde."
> v. Ernsdorfer.

Er war der Sohn eines Stadtprokurators zu Landshut, vollendete daselbst vom Jahre 1776—84 die Gymnasial- und philosophischen Klassen, und trat sodann das theologische Studium in Freising an. Er setzte dasselbe in München in den Jahren 1787 und 1788 fort, und wurde hierauf in das Seminarium der Bartholomäer in Ingolstadt aufgenommen. Am 3. Oktober des Jahres 1790 zum Priester geweiht, wurde er ungesäumt zur Seelsorge angestellt. Nachdem er 5 Jahre als Hilfspriester gedient hatte, wurde er nach Freising als Lehrer der dortigen Normalschule berufen. Im Frühlinge des Jahres 1797 erhielt er den Auftrag, auf Kosten der (damals) kurfürstlich-bayerischen Regierung nach Wien zu reisen, um sich in dem dortigen kaiserlichen Taubstummen-Institute zum Taubstummenlehrer zu bilden. Als er von da nach München zurückgerufen war, eröffnete er im Monat Mai 1798 im St. Joseph-Spitale eine Freischule für Taubstumme. Allein diese Anstalt gelangte zu keiner Publicität. In der Friedensperiode von 1801—1804 gedieh endlich die Sache dahin, daß die Taubstummenschule zu einem Institute erhoben, nach Freising in das Domdecanatsgebäude versetzt, mit sechs ganzen und drei halben Freiplätzen begabt, später aber nach München verlegt wurde. Dieses Ereigniß veranlaßte den Vorstand zur Verfassung der ersten Druckschrift, welche unter dem Titel: Vollständige Uebersicht der Grundsätze der Verpflegung des Unterrichtes und der Erziehung der Taubstummen in dem von Sr. kurfürstl. Durchlaucht in Bayern errichteten Taubstummen-Institute in Freising. München 1804 und 1805, auf Aerarialkosten gedruckt und an die kurfürstlichen Beamten vertheilt wurde. Seit dem Jahre 1807 verfaßte Ernsdorfer auch zu den jährlichen Prüfungen sogenannte kleine Einladungsschriften, in welchen theils das Geschichtliche des Instituts, theils Charakteristik der Taubstummen, ihrer Erziehung u. s. w. abgehandelt wurde. Ihre Titel sind folgende:

Kurze histor. Nachricht über das königl. bayer. Taubstummen-Institut in Freising. Freising, 1807. — Ueber Taubstumme. Ebdf. 1808. — Fortgesetzte Bemerkungen über Taubstumme. Ebdf. 1809. — Ueber die bürgerliche Brauchbarkeit der Taubstummen. Ebdf 1810. — Ueber Moralität und moralischen Charakter der Taubstummen. Ebdf. 1811 — Ueber Religion und Religions-Unterricht der Taubstummen. Ebdf. 1812. — Ueber die gesetzlichen und bürgerlichen Verhältnisse der Taubstummen. . Ebdf 1813. — Ueber den Zweck öffentlicher Taubstummen-Anstalten. Ebdf 1814 — Gesichtspunkt in Bezug auf die Nothwendigkeit und Zweckmäßigkeit öffentlicher Taubstummen-Anstalten. Ebdf. 1815. — Wie ist die Bildungsfähigkeit der Taubstummen zu beurtheilen? Ebdf. 1816. — Beleuchtung des Aufsatzes des Kreisschulrectors Dr. Stephani über die einfachste und natürlichste Weise, Taubstumme zu unterrichten. Landshut, 1819 — An Lehrbüchern für das Institut gelangte zum Drucke: Elementarbuch für den Unterricht der Taubstummen zum Gebrauch des kgl. bayer. Central-Taubstummen-Instituts (Erste Abtheilung: Unterricht in der Tonsprache München, 1812. — Kurzer Inbegriff der christlichen Lehre für die kathol. Zöglinge des kgl. bayer. Taubstummen-Instituts. Ebdf. 1816. — Kleine Schriften über die Taubstummen. Ebdf. 1817 — Kleines Gebetbuch für Taubstumme. Freising, 1820.

Karl Moritz Ernst.
Geboren im Jahre 1800, gestorben den 14. November 1829.

Schon als Kind drückte Ernst die Noth des Lebens. Sein Vater, Schullehrer an dem Dorfe Bankwitz in Oberschlesien, starb frühzeitig, und die Mutter mußte nun mit saurer Händearbeit sich und ihre Kinder zu ernähren suchen. Der Obengenannte mußte mit seinen Brüdern nach beendigten Schulstunden Flachs spinnen und im Herbste auf den Feldern Aehren lesen. Am heiligen Abend vor den ersten Weihnachten, welche Ernst in Mörs zubrachte, erzählte er mit kindlicher Offenheit von jenen schlimmen Zeiten, wie die Mutter ihn früh zum Fleiß und zur Frömmigkeit angehalten, wie sie ihm mehr und Besseres gegeben, als Brod für den Leib, und wie ein gutgesinnter Onkel ihn mit Büchern, Kleidungsstücken und andern Bedürfnissen versorgt, auch endlich die Veranlassung geworden sei, daß er in seinem 18ten Jahre als Zögling in das Seminar zu Breslau aufgenommen worden. Auch hier kämpfte er mit äußerer Noth. Das ihm verliehene Stipendium war spärlich; von andern Seiten versprochene Gelder blieben manchmal aus; aber Gott half ihm doch fort, erweckte ihm auch neue Freunde, und zuletzt sah er sich nach glücklich bestandenem Examen an dem Ziele seiner Wünsche. Harnisch empfahl ihn im 23sten Jahre nach Nürnberg. Hier übergab man ihm in der damals unter Dittmar und v. Raumer blühenden Erziehungs-Anstalt den Unterricht und die Erziehung der kleinsten Knaben. Er sprach mit Eifer und Dankbarkeit von der Zeit, die er dort zubrachte, obgleich es ihm wohl später manchmal vorkam, als hätte er, einzig mit den Kleinen beschäftigt, von seinem zweijährigen Aufenthalte in Nürnberg für sich selbst nicht Ausbeute genug davon getragen. In Mörs, wohin Ernst von Nürnberg versetzt wurde, war er zufrieden und glücklich. Alle seine Schüler, Seminaristen und Kinder waren ihm mit warmer Liebe und fast unbegrenzter Anhänglichkeit zugethan, die er sich natürlich selber schuf. Jederzeit war er bereit, nachzuhelfen, Anleitungen zu geben, Fragen zu beantworten, wie etwa bei einem Spaziergange, bei einer botanischen Excursion.

Noch jetzt steht er bei Allen, die ihn kannten, in dem freundlichsten Andenken, und die Nachricht von seiner frühen Vollendung hat Alle schmerzlich betroffen. Mit Wehmuth, doch getrosten Muthes — denn er ging seiner Heimath und seiner Verehelichung entgegen — schied er 1825 von Mörs. Viel versprach er sich von seiner neuen Anstellung in Bunzlau; aber er fand nicht, was er erwartet hatte. In Neu = Zelle, seiner letzten Beförderung, gewann er jedoch die ihm angeborene, heitere, frohe Stimmung wieder, und arbeitete mit Lust in seinem neuen Berufe. — Vieles hat der Verstorbene geleistet, noch mehr war von ihm zu erwarten. Da nahm ihn der unerforschliche Rathschluß in der Blüthe seiner Jahre aus dem Kreise seiner Schüler, deren Bildung er sich zur Lebensaufgabe gemacht hatte, von der Seite einer treuen Gattin, von welcher, und wie sehr sie ihn beglückte, alle seine Briefe sprachen. — Auch hat die Welt Beweise von seiner Geschicklichkeit und Thätigkeit. Seine fünf Zeichenhefte, bei Grüson in Breslau erschienen, gehören zu den vorzüglichsten Arbeiten dieser Art, die wir besitzen, und seine Karte von Palästina darf zu den besten, die wir haben, gerechnet werden. — Aber weit mehr und Höheres hat er geleistet durch sein Sein, sein Leben, seine Liebe.

Joh. Ludw. Ewald.
Geboren den 16. September 1747, gestorben den 22. März 1822.

Motto: Zum Wohlwollen, zur Liebe müssen unsre Kinder gebildet werden, wenn sie Menschen werden sollen Nur Liebe macht den Menschen zum Menschen, und Gott zu Gott.
  Ewald.

Joh. Ludw. Ewald, ein durch sein Leben und seine vielen Schriften merkwürdiger protestantischer Theolog, geboren in dem fürstlich isenburgischen Städtchen Hayn der drei Eichen, erhielt seine erste Bildung durch seinen Vater, einen redlichen Pietisten, dann durch einen Prediger, der in keinem besonderen Rufe der Gelehrsamkeit stand. Ohne gründliche Vorkenntnisse ging er nach Marburg, um Theologie zu studiren. Nach vollendeten Studien ward er Lehrer der jüngern Prinzen von Hessen=Philippsthal und später vom Fürsten von Isenburg zum Prediger in Offenbach ernannt, wo die Moral und der populaire Rationalismus, den er predigte, großen Beifall fand. Allein mancherlei Umstände brachten ihn nach einigen Jahren zu einer ganz andern Ueberzeugung, so daß er endlich 1778 seine frühere Lehre öffentlich für irrig erklärte und widerrief. Zugleich kündigte er Erbauungsstunden hauptsächlich für die von ihm confirmirten Kinder an, von denen jedoch Niemand ausgeschlossen sein sollte. Dies zog ihm einige Verfolgungen zu, denen er dadurch entging, daß er 1781 dem Rufe als Generalsuperintendent, Consistorialrath und Hofprediger nach Detmold folgte. Hier machte er

sich insbesondere um das Schulwesen verdient, errichtete ein Schullehrer-
seminar und wirkte im allgemeinen sehr wohlthätig, bis er durch die
Schriften: „Was sollte der Adel jetzt thun?" (Leipzig 1793) und „Ueber
Revolution, ihre Quellen und die Mittel dagegen" (Berlin 1792) neue
Verfolgungen und so viel Verdruß sich zuzog, daß er 1796 die 2te Predigerstelle an der Stephanskirche zu Bremen annahm. Auch hier machte
er sich um das Schulwesen höchst verdient, errichtete eine Bürgerschule
und unternahm im Interesse des Erziehungswesens 1804 eine Reise in
die Schweiz, wo er Pestalozzi, Fellenberg und deren Anstalten und Methoden kennen lernte. Nach seiner Zurückkunft hielt er öffentliche Vorlesungen für Mütter und Lehrerinnen über die Pestalozzische Methode und
das ganze Erziehungswesen und errichtete eine Pestalozzische Schule.
Bald darauf ward er auch als Professor der Philosophie an dem Lyceum
angestellt, folgte aber, da ihn das Predigen zu sehr anstrengte, 1805
dem Rufe nach Heidelberg als Professor der Moral und reformirter Kirchenrath. Manche Verdrießlichkeiten in diesem neuen Wirkungskreise, besonders nachdem er die Direction des Ephorats übernommen hatte, veranlaßten ihn, 1807 den Ruf nach Karlsruhe als geistlicher Ministerial-
und Kirchenrath anzunehmen, wo er auch starb.

Er war sehr schreibselig, und seine Schriften mögen leicht 100
Bände fassen. Einige derselben haben mehre Auflagen erlebt, und fast
alle wurden in's Holländische, einige auch in's Französische übersetzt.
Unter ihnen sind als die vorzüglichsten zu erachten:

„Salomo, Versuch einer psychologisch-biographischen Darstellung" (Gera, 1800);
„Der gute Jüngling, Gatte und Vater, oder Mittel, es zu werden" (2 Bde.), (Frankfurt, 1804); „die Kunst, ein gutes Mädchen, Gattin, Mutter und Hausfrau zu werden" (3 Bde.) (Frankfurt, 1807) und „Briefe über die alte Mystik und Mysticismus"
(Leipzig, 1822.)

Johann David Eydam.
Geboren den 15. Mai 1786, gestorben den 14. März 1850.

Johann David Eydam war geboren zu Göppersdorf bei Penig
im Königreich Sachsen, wo seine Eltern ein Landgütchen besaßen, dessen
Ertrag sie mit ihren 17 Kindern, deren ältestes unser Eydam war, nothdürftig nährte.

Aus eigenem Antriebe begann er im Jahr 1805 im Vertrauen auf
Gott, fast ohne alle Unterstützung von Seite der Eltern, seine wissenschaftliche Laufbahn auf dem Lyceum zu Chemnitz. Hier erwarb er sich
das Wohlwollen seiner Lehrer, besonders des Rectors Becher, und ihrer
Unterstützung verdankte er es, daß er im Jahr 1813 die Universität
Leipzig beziehen, daselbst Geschichte, Philosophie, Philologie und Theologie studiren, auch nachdem er vor dem Consistorium zu Dresden sein theo-
logisches Examen bestanden, auf die Academie zurückkehren konnte, um
seinen Lieblingsstudien ferner obzuliegen.

Im Jahr 1817 ging Eydam als Hauslehrer auf das Rittergut
Obernessa bei Weißenfels, um den hoffnungsvollen Sohn des dasigen
Majors von Heldreich für die Universität Halle vorzubereiten.

Nachdem Eydam im Jahr 1821 behufs der Anstellung an einem
Gymnasium das Examen pro schola in Halle bestanden, übernahm er
auf Anrathen des verewigten Consistorialrathes Dr. Gesenius zu Halle
am 27. August 1822 das ihm vom Stadtrath zu Weißenfels angetragene
Amt eines Rectors und ersten Lehrers an der damals aus 4 Klassen bestehenden Knabenschule. In der Vocation wurde es dem neuen Rector
besonders zur Pflicht gemacht, der Stadtschule wieder aufzuhelfen, da
theils durch den erkalteten Eifer der damaligen Lehrer, theils durch an-

bere Umstände, Schuldisciplin, Ordnung und Fleiß aus dieser Anstalt fast gänzlich geschwunden waren. Eydam verstand es, die seinen Bestrebungen entgegentretenden Hindernisse zu beseitigen, und er hatte die Freude, die Schule zur Blüthe zu bringen. Hatten bis dahin viele der gebildeteren Familien der Stadt und Umgegend ihre Söhne durch häuslichen Unterricht für höhere Lehranstalten vorbereiten lassen, so zog man nun den Besuch der Stadtschule und den Privatunterricht des Rectors jener Vorbereitung vor. Viele tüchtige Schüler hat er besonders den Gymnasien zu Halle, Naumburg, Schulpforta und Zeitz zugeführt, doch hatte er keine leichte Arbeit, indem er neben seinen 5 Schulstunden noch ebenso viel Privatstunden, mithin täglich 10 Unterrichtsstunden hatte und nur die Nacht zu seinen Studien benützen konnte.

Den 27. August 1847, der die 25jährige Wirksamkeit Eydam im mühevollen Schulamte zu Weißenfels vollendete, ward von seinen Verehrern, besonders von seinen dankbaren Schülern, sehr festlich begangen.

Als ein halbes Jahr später der Fall des französischen Thrones ganz Deutschland erschütterte, blieb auch die Provinz Sachsen von der Bewegung nicht unberührt, und es war sehr natürlich, daß die Bevölkerung von Weißenfels und der Umgegend den Mann zum Führer sich erkor, der mit edler Uneigennützigkeit und Selbstverläugnung so Vielen schon ein treuer Wegweiser geworden war. Eydam wurde an die Spitze des in Weißenfels gebildeten constitutionellen Vereins berufen, ja, die städtischen Wähler hatten den erfahrungsreichen Volksmann zum Abgeordneten für die Nationalversammlung in Berlin ausersehen, doch zog die viel zahlreichere Landbevölkerung es vor, einen Bauersmann zum Deputirten zu ernennen, und Eydam ward der Stellvertreter desselben.

Im September 1848 schickte ihn die Lehrerschaft des Kreises als ihren Vertreter auf die Provinzialsynode der Volksschullehrer nach Merseburg, wo er als Alterspräsident fungirte.

Als nach Auflösung der Nationalversammlung zu Anfang des Jahrs 1849 in Preußen Neuwahlen vorgenommen wurden, ernannten die Wahlmänner der vereinigten Kreise Naumburg, Weißenfels und Zeitz ihn (neben Parrisius aus Naumburg) zum Abgeordneten in die Volkskammer. Die ganze Bevölkerung nahm Eydam's Wahl mit Jubel auf, und er hatte um so weniger Grund, auf diese Wahl Verzicht zu leisten, als er schon seit Ende des Jahrs 1848 von seinem Schulamte suspendirt und in eine politische Untersuchung verwickelt war, die jedoch vor Ostern 1849 mit seiner Freisprechung endigte. Eydam war nächst Thiede und Lensing das älteste Mitglied der Kammer, in welcher er viel, für sein Alter wohl zu viel in Anspruch genommen wurde. Als er nach erfolgter Auflösung der 2ten Kammer (27. April) auf der Reise in die Heimath in Magdeburg kurze Rast halten wollte, erkrankte er daselbst tödtlich und konnte erst nach mehrern Wochen nach Weißenfels gebracht werden, wo er, aller angewandten Hülfe ungeachtet von seinem Siechthum sich nie ganz wieder erholte. Er starb im März 1850 tief betrauert von Tausenden, die ihn gekannt und denen er Lehrer, Rathgeber, Freund und Vater gewesen.

Johann Falk.

Geboren im Jahr 1769, gestorben den 14. Februar 1826.

Motto: „Sind die Erzieher nur erst selbst erzogen,
Gleich wird's mit der Erziehung besser sein."
Falk.

Falk, Sohn eines Perückenmachers, geboren zu Danzig, mußte sich erst der Profession seines Vaters widmen, erlangte im 16ten Jahre die

Erlaubniß zum Studiren, ging 1798 nach Weimar und trat als Satyriker auf. Wieland führte ihn als solchen auf eine so ausgezeichnete Weise im Publikum ein, daß er die gespanntesten Erwartungen erregte; und er hat diese nicht unbefriedigt gelassen. Beim Einzuge der Franzosen 1806 machte er sich durch seine Kenntniß des Französischen und seine Geistesgegenwart um das Land verdient, daß ihn der Großherzog zum Legationsrathe mit Gehalt ernannte. Als 1813 Sachsen verheert wurde, und der Typhus ihm in einem Monate 4 Kinder geraubt hatte, stiftete er die Gesellschaft der Freunde in der Noth, um verwilderte Kinder zu unterstützen und zu nützlichen Gewerben anzuhalten.

Diese Anstalt veranlaßte andere zu Aschersleben, Oberdyk, Jena, Erfurt, Potsdam und an andern Orten. Die Falk'sche Privatanstalt wurde 1829 in eine öffentliche Erziehungsanstalt für verwahrloste Kinder verwandelt und unter dem Namen Falk'sches Institut mit der Landeswaisenanstalt verbunden. Falk nahm sich auf andere Art der durch den Krieg verlassenen und verwilderten Jugend an, als Fellenberg; denn es ist zu viel verlangt, schwer zu erreichen, unchristlich und bringt die Kinder um ihre frohe Jugend, wenn sie so viel erarbeiten sollen, als ihre Erziehung kostet. Falk suchte sie bei rechtlichen Leuten unterzubringen, die Mädchen im Dienste von Herrschaften, die Knaben als Lehrburschen bei Meistern; später konnte auch ein eigenes Lokal gewonnen werden. Sonntäglich versammelte er sie um sich, hielt Andachtsübungen mit ihnen, theilte Gaben aus; jeder mußte nach Verabredung mit den Meistern Einiges zum Besten der Anstalt arbeiten, was, z. B. Kleidungsstücke u. s. w. vertheilt wurde, und verband so die äußerlichen und innerlichen, sinnlichen und geistigen Bedürfnisse, die bürgerliche und himmlische Richtung des Lebens. So erhielt er ihnen auch nach der Confirmation als Lehrburschen und Dienstmädchen ein gemeinsames Vaterhaus, an welches sie sich in jeder geistigen und leiblichen Bedrängniß werden konnten. Damit hat er Waisen- und Armenanstalten ein Beispiel hinterlassen, auf daß sie hingehen und deßgleichen thun.

„Wie groß war in Sachsen die Noth durch die sogenannten Freunde! Als im verhängnißvollen Jahre 1813 nach den Schrecken Sauheribs und den großen im Schnee erlittenen Niederlagen," heißt es in Falk's Aufruf, Leipzig 1813, „die französischen Kriegsmänner neubewehrt das Land durchzogen, als der Marschall Marmont mit seinem spanischen und welschen Anhang auf gut Tamerlanisch in dem Lager von Wiegendorf und Schwabsdorf quartierte und hauste, so daß die Flamme seiner Biwacht meilenweit den Horizont röthete — lief ein Haufen unversorgter und zum Theil elternloser Kinder im Lande umher (in dem einzigen Dorfe Hopfgarten auf der Straße nach Erfurt waren allein 60 Waisen):" da bildete sich eine Gesellschaft der Freunde in der Noth, deren Seele Falk war.

Er gab die Knaben zu Hunderten in die Lehre und bezahlte zu Anfang 25 Thlr. und 25 Thlr. zu Ende der Lehrzeit, sorgte außerdem für Kleidung, Bücher, Arznei, vereinigte diejenigen, welche in Weimar oder in der Nähe wohnten, Abends und besonders sonntäglich, die entfernteren monatlich in einem Saale zum Unterricht, besonders zu Sing- und Andachtsübungen, und ließ die Kinder, welche contractmäßig in den Nebenstunden für einander arbeiteten, (z. B. die Mädchen strickten wollene Strümpfe für die Lehrburschen, die Leinweber machten für die Schneider Hemden, die Schneider für die Leinweber Hosen), die Arbeiten einliefern. Der Unterricht wurde folglich dabei als Nebensache behandelt; das geschah damals aus Noth, ist aber ein Mangel; denn stimmen wir auch

völlig damit ein, wenn Falk sagt: „Was in aller Welt nutzen oder
frommen dem Staate die Spitzbuben, welche schreiben, die Spitzbuben, die
rechnen können. Sie sind ihm nur um so gefährlicher! Ja, was nutzen
lateinische, was griechische und französische Spitzbuben! Die mechanisch erlangten Fertigkeiten solcher Menschen sind ja nur ebenso viel Dietriche,
die man ihnen zur Plünderung der Heiligthümer der Menschheit in die
Hände giebt," so möchten wir zwar diesen Ausspruch gegen diejenigen
Schulen anwenden, in denen nichts als mechanisches Lesen, Schreiben
und Rechnen gelehrt und die höhere, sittliche und geistige Ausbildung
versäumt wird; möchten von den Berichten z. B. aus Frankreich u. s. w.,
daß so und soviel Menschen lesen und schreiben könnten oder nicht, keinen
Schluß auf die Sittlichkeit machen; aber ist es denn nöthig, daß die
Kinder so früh an Erwerb und immer nur an Gewinn denken? — Läßt
sich Frömmigkeit allein durch Beten und Singen erlangen, und soll die
Religion nicht wie die Sonne Licht und Wärme zugleich sehen? Hängen
nicht die einzelnen Kenntnisse vielfältig beisammen, so daß man sie nicht
ohne Gefahr scheiden kann? Sind jene Kenntnisse nebst Lesen und Schreiben zur Fortbildung, beim Besuche des Gottesdienstes, zum Verstehen einer Predigt, eines Gesanges nicht nothwendig?

Falk hat Großes gethan, daß er jene Kinder vor Hunger und Verwilderung möglichst schützte, und konnte bei beschränkten Mitteln und bei
der Größe der Noth nicht mehr thun. Daraus folgt aber nicht, daß
jetzt, wo jene Zeiten des Elendes vorüber sind, nicht mehr geleistet werden sollte. Falk hatte die treffliche Idee einer Art Missionsanstalt nicht
zu den Heiden in Asien und Afrika, sondern im deutschen Lande selbst,
„um das Criminal- und Zuchthaus um so viele Menschen zu betrügen,
als nur irgend möglich." Zu diesem Zwecke brachte er eine Anstalt junger, angehender Landschullehrer in Vorschlag und zum Theil in Ausführung. 12 Knaben gab er deßhalb Kost, Unterweisung, Wohnung und
Kleidung, sie bestanden ein Probejahr in der Anstalt, die er Johanneum nannte, und sollten sich alsdann zu Landschullehrern oder bei ausgezeichneten Anlagen zu Landgeistlichen bilden. Bei Falks Tode hatte
die Anstalt — in 16 Jahren — 293 Gesellen entlassen. In derselben
befanden sich noch 41 Handwerkslehrlinge, 19 Kinder, 4 Pflegekinder
auf dem Lande und 5 Schüler; 7 Zöglinge waren auf der Universität;
7 als Landschullehrer angestellt, 2 besuchten das Gymnasium und Einer
bereitete sich durch Privatunterricht auf die Universität vor, zwei andere
besuchten das Landschullehrer-Seminar.

Die Jahresrechnung von 1826 gab eine Einnahme von 1126 Thlrn.
Die Ausgabe 1111 Thlr.

Die Anstalt wurde nun, da Falk's leitender Geist ausgeschieden
war, Staatsanstalt unter dem Oberlehrer Rettner; später kam sie an
Dr. Köhler. — Der verewigte Oberconsistorialrath Dr. Schwabe in
Weimar (später in Darmstadt) entwarf im Jahr 1830 einen Sta-
tutenentwurf zur Fortsetzung der Falk'schen Anstalt und auf
dem Grunde derselben.

Bernhard Christoph Faust.
Geboren den 30. Mai 1755, gestorben den 24. Januar 1842.

Bernhard Christoph Faust war als Zwilling zu Rotenburg
in Hessen geboren. Er studirte in Göttingen und Rinteln und practicirte
dann zu Rotenburg und Vacha, von wo er 1781 nach Bückeburg berufen
wurde. Sein nach vielfachen Richtungen hin sich erstreckendes Streben

verdient auch in der Schule und von allen Freunden der Jugend
nicht vergessen zu werden. Schon ehe Jenners Erfindung bekannt wurde,
war Faust mit Vorschlägen zur Hemmung der Blatternseuche hervorgetreten; und er wurde einer der eifrigsten Verbreiter der Kuhpockenimpfung.
In noch weiteren Kreisen ist das eigenthümliche Verdienst anerkannt worden, welches er sich namentlich um die Jugend durch seinen „Gesundheitskate-
chismus" (Bückeburg 1794) erworben hat, dessen allgemeine Verbreitung
und dessen Uebersetzung in viele lebende Sprachen beweist, wie sehr die
darin ausgesprochenen Ideen bei den Zeitgenossen Anklang fanden.   An
ihm selbst bewährte sich auf's schönste die Zuträglichkeit der von ihm empfohlenen einfachen und naturgemäßen Lebensweise. Er soll in seinem
ungewöhnlich langen Leben, einige Unglücksfälle abgerechnet, nie krank
gewesen sein.   Und obgleich in den letzten Jahren seine Körperkraft sehr
abgenommen hatte, so daß er fast nie mehr das Zimmer verließ, so blieben doch alle seine Sinne und seine Geisteskraft ziemlich ungeschwächt,
und sein Tod erfolgte, ganz ohne Krankheit, nur als ein naturgemäßes
Erlöschen der Lebenskraft. So wie sein Leben vorzugsweise dem Bemühen gewidmet war, eingewurzelten Vorurtheilen und verderblichen Gewohnheiten unter seinen Mitmenschen entgegenzuwirken, so blieb es bis in die
letzten Tage seine liebste Beschäftigung, zur Verbesserung menschlicher
Zustände Plane zu entwerfen.   Zu seinen Lieblingsideen gehörte auch
bis zu seinem Ende der wohlthätige Einfluß, den er sich von der Anlage
eines Kindergartens, wie er es gern nannte, versprach, wobei er jedoch
noch mehr freie Entwickelung der Körperkraft und der Sinneswerkzeuge
im Auge hatte, als man gar oft in den Kleinkindergärten findet. Unter
den Freunden der Menschheit wird Faust noch lange genannt werden.

Jakob Friedrich Feddersen.
Geboren den 30. Juli 1741, gestorben den 31. Dezember 1788.

Jak. Friedr. Feddersen, ein guter ascetischer Schriftsteller und
ein sehr thätiger Kinderfreund, wurde zu Schleswig geboren. Er fand
ein großes Vergnügen darin, zur Bildung der Kinderseele nach der Lehre
und dem Beispiel Jesu auch durch seine Schriften behilflich zu sein.
Durch alle seine Schriften ist er als ein Mann bekannt, dem die Beförderung des Guten unter allerlei Ständen am Herzen liegt.   Er
hat den rechten Ton getroffen, in welchem man den Kindern die biblischen Geschichten erzählen muß, und hat fast überall die Materien so
schicklich gewählt, oft so glücklich eingeleitet, und immer so praktisch, so
ganz ohne Schultheologie behandelt, und so recht in den Gesichtskreis
der Kinder gebracht, daß es ihm jeder vernünftige Vater und Lehrer
Dank wissen wird. Sein „Leben Jesu für Kinder," noch im Jahr 1817
wieder neu erschienen, und „lehrreichen Erzählungen" aus der biblischen Geschichte" in wiederholten Auflagen, fanden besonders zu seiner
Zeit viele Anerkennung.   Seine „Nachrichten von dem Leben gut gesinnter Menschen" stehen auch heute noch bei Vielen in gutem Andenken.
Sie wie Feddersen in allen diesen Schriften bemüht war, fromme und
tugendhafte Gesinnungen, die sich in gleichen Handlungen thätig beweisen, hervorzubringen, und durch Vermehrung der Glückseligkeit und Tugend auch der Freude mehr unter den Menschen zu machen, so war er
es auch vorzüglich in seinem „Christlichen Sittenbuche für den Bürger
und Landmann." Seine Absicht ging hierin dahin, auch diese niederen
Stände besser von ihrer Pflicht zu unterrichten, ihnen das, was besonders auch in ihrer Regel in einzelnen Fällen eigentlich Tugend und La-

ster ist, genauer zu beschreiben, ihnen endlich den wohlthätigen Einfluß, den die Lehrer der Religion auf alle Verhältnisse des menschlichen Lebens haben, anschaulicher zu machen, was ihm auch vortrefflich gelungen. Er starb als kgl. dänischer Consistorialrath und Kirchenpropst in Altona, vorher Domprediger zu Braunschweig.

Johann Ignaz von Felbiger.
Geboren den 5. Januar 1721, gestorben den 17. Mai 1788.

Joh. Ign. von Felbiger wurde in Großglogau geboren, studirte in Breslau, ging nach vollendeten Studien in das Kloster der regulirten Chorherrn zu Sagan und wurde daselbst 1758 Prälat. Da Felbiger längst zur Einsicht gekommen war, wie nothwendig eine Verbesserung des Elementarschulwesens sei, richtete er seine ganze Aufmerksamkeit auf dasselbe. In der Absicht, seine begonnenen Schuleinrichtungen mit denen in andern Gegenden zu vergleichen, reiste Felbiger nach Berlin, um die dasige kgl. Realschule näher kennen zu lernen. Hier fand er die sogenannte Literal= oder Buchstabenmethode eingeführt, welche hauptsächlich darin besteht, daß die Anfangsbuchstaben auswendig zu lernender Sätze an die Tafel geschrieben werden, und welche seinen Beifall fand. Auch schickte er 2 für die Schule in Sagan bestimmte Lehrer auf eigene Kosten nach Berlin in die Realschule, damit sie mit einer bessern Methode bekannt würden. Dann begann er mit der Schulverbesserung seines Stiftes und dehnte dieselbe auf alle katholischen Schulen Schlesiens aus. Es wurden nach seinem Plane Schullehrer=Seminarien angelegt, in welchen sich jeder Zögling des Priesterstandes mit der neuen Lehrart bekannt machen mußte. Zu Sagan hatte Felbiger eine Vorbereitungsanstalt für Schullehrer errichtet, und nach dem Muster derselben wurden andere, ein Hauptseminar aber in Breslau angelegt, dessen Directoren und Lehrer er selbst unterrichtete. Felbiger legte nebenbei eine Buchdruckerei an, und verfaßte selbst für die Lehrer und Schüler zweckmäßige Schriften, von welchen an vielen Orten des deutschen Reiches neue Auflagen und viele Tausende von Abdrücken veranstaltet wurden. Er gab unter andern Schriften heraus:

Kern der biblischen Geschichte des alten und neuen Testamentes u. s. w. 1777. — Die wahre saganische Lehrart in den niedrigen Schulen, 1775. — Katholischer Katechismus zum Gebrauch der schlesischen und anderen Schulen Deutschlands u. s w. — Christliche Grundsätze und Lebensregeln zum Unterrichte der Jugend, 1775 — Eigenschaften, Wissenschaften und Beziehungen rechtschaffener Schulleute — ein Buch, welches manches für den Lehrer noch jetzt Beherzigenswerthe und Brauchbare enthält, 1779. — Kleine Schriften nebst einer ausführlichen Nachricht von den Umständen und dem Erfolge der Verbesserung der katholischen Land= und Stadt=Trivial=Schulen in Schlesien und Glatz, 1772. — Die Kunst, schön, richtig und vernünftig zu schreiben, in Regeln und Beispielen u. s. w. 1776. — Tabelle der Calligraphie.

Im Jahre 1774 wurde Felbiger von der Kaiserin Maria Theresia zum Generaldirector des Schulwesens nach Wien berufen, wo er in den gesammten österreichischen Schulen die Literalmethode einführte, 1782 aber von Kaiser Joseph der Oberdirection der Normalschulen entbunden. Er ging darauf nach Preßburg und starb den 17. Mai 1788 als Probst des Collegiatstiftes.

Felbiger hat für seine Zeit ungemein viel Gutes gestiftet, da er die allgemeine Aufmerksamkeit auf einen Gegenstand hinlenkte, der von der größten Wichtigkeit ist, und weil er selbst mit dem lebendigsten Eifer Hand an's Werk legte.

Philipp Emanuel von Fellenberg.

Geboren den 27. Juni 1771, gestorben den 20. November 1844.

Phil. Eman. von Fellenberg wurde zu Bern geboren, wo
sein Vater Mitglied der Regierung war. Dieser wandte die größte
Sorgfalt auf die Erziehung seines Sohnes, noch mehr aber seine Mutter. Nach vollendeter häuslicher Erziehung kam er im Jahr 1785 in die
Erziehungsanstalt des berühmten Dichters Pfeffel, der diese Anstalt
schon 1773, obgleich er seit vielen Jahren völlig erblindet war, in Kol-
mar im Elsaß errichtet hatte. Nachdem er hier einige Jahre sich gebildet,
kehrte er in das väterliche Haus zurück. Seine strengen Studien und
sein wissenschaftlicher Eifer zogen ihm eine schwere Krankheit zu. Sie
wurde Veranlassung zu dem Entschlusse, durch Abhärtungen aller Art und
durch Einfachheit im Leben sich von allen erkünstelten Bedürfnissen unabhängig zu machen, was er bis an sein Lebensende streng durchgeführt hat.
Alle seine Ersparnisse verwandte er zu Werken der Wohlthätigkeit. Vorzüglich
war es ihm zu thun um Kenntniß der Menschen in allen, besonders aber in den niederen Ständen. Um sich diese Menschenkenntniß desto eher zu erwerben, begab er sich auf Reisen, wählte aber, seinem
besondern Zwecke gemäß, mehr die Dörfer als die großen Städte, um
das Volk, seine Sitten, Gebräuche und Bedürfnisse aus eigener Anschauung kennen zu lernen. In dieser Absicht bereiste er zuerst die Schwei-
zercantone, dann aber auch Tirol, Schwaben und andere deutschen Länder, sowie auch Frankreich, und erwarb sich überall durch seine Wohlthätigkeit Freunde.

Einige besondere Erfahrungen, die er auf diesen Reisen machte, bestimmten ihn noch mehr, sich ganz der Volksbildung und dem Erziehungswesen zu widmen; doch unterließ er deßwegen nicht, auch
für seine höhere Ausbildung zu sorgen und studirte in der Zurückgezogenheit emsig Griechische Literatur und Kantische Philosophie. Für
seinen Hauptzweck aber war besonders einflußreich die Bekanntschaft mit
Pestalozzi, den er öfter sprach und hoch schätzen lernte, so sehr er
auch von vielen seiner Mitbürger verkannt wurde.

Nachdem Fellenberg mit seinen Ansichten in's Klare gekommen war,
bemühte er sich, seine Ideale in Wirklichkeit zu rufen und
ihnen Leben zu verschaffen, obgleich keine Zeit weniger dazu geeignet
war, als gerade die damalige: denn der Gang der französischen Revolution und der öffentlichen Angelegenheiten in der Schweiz bedrohte die
Sicherheit jeder großen Unternehmung. Aus Besorgniß daher, ein freies
Vaterland einzubüßen, bewog er seinen Vater, einen Theil seines Vermögens in die Bank der Nordamerikanischen Freistaaten anzulegen, wurde
aber durch den Unterhändler darum betrogen, was natürlich nicht ohne Einfluß auf seine Lage bleiben konnte. Als 1798 auch in seinem Vaterlande
die Revolution ausbrach, übernahm er zwar das Amt eines Quartiercomman-
danten und leistete als solcher bei dem Bauernaufstande wichtige Dienste, nahm
jedoch, da man seine den Bauern gemachten Zusicherungen nicht erfüllte,
seinen Abschied und beharrte seitdem bei dem Entschlusse, ganz der Erziehung
des Volkes zu leben.

Zu dem Ende kaufte er 1799 gemeinschaftlich mit seinem Vater,
der 2 Jahre darauf aber starb, den sehr vernachläßigten Wylhof um
225,000 französische Livres und gründete auf diesem Landgute etwa 200
Morgen, 1½ Stunde von Bern entfernt, sein Erziehungsinstitut Hofwyl; vermählte sich auch mit einer liebenswürdigen Frau, die ihn zum
glücklichen Vater hoffnungsvoller Kinder machte, und strebte nun ermu-

thigt dem großen Ziele seines Lebens entgegen, der Veredlung des Landbaues und der ihm anvertrauten Menschen.

Mit den ungeheuersten Anstrengungen kämpfend, aber durch nichts
sich irre machen lassend, hat Fellenberg seit 47 Jahren sein großes Werk
mit eiserner Beharrlichkeit durchgeführt. Ihm gebührt das unsterbliche
Verdienst, eine Armenschule, wie keine bisher gewesen, gegründet zu haben. Er zuerst hat erkannt, welch' bildendes Mittel in der Landwirthschaft liege. Dadurch, daß Fellenberg die Landwirthschaft mit
der Armenschule verband, gewann er nicht nur eine gesunde und erhebende Beschäftigung für seine Schüler, sondern bildete auch den Kern
des Volks zu seinem eigentlichsten, natürlichsten Berufe heran. Von dem
Grundsatze ausgehend, welchen er zu seinem Wahlspruch erhoben: „den
Reichen gebricht es selten an Hülfe, stehe du den Armen und Verlassenen
bei!" errichtete Fellenberg vor seinen übrigen Instituten die Armenerzieh-
ungsanstalt, in welcher hilflose Kinder unentgeldlich aufgenommen, unterhalten, zur Arbeit angehalten und in den Privatfächern vollständig unterrichtet wurden. In dieselbe nahm er 50, mitunter ganz verlassene Knaben von ungleichem Alter auf, denen er Wohnung, Kleidung und Kost
gab, und durch Wehrli den nöthigen Unterricht ertheilen ließ. Fellenberg nahm an, daß sehr wenig Wissen für den Armen hinreiche; Zucht
und Gewöhnung zur Arbeit, die sein künftiger Beruf werden soll, hielt
er für die Hauptsache. Das vorzüglichste Tagewerk der „Wehrliknaben,"
so nannte man sie dort, war auf dem Felde, und wo man sonst ihre
Kräfte gebrauchen konnte. Früh oder Abends, wo sich keine Arbeit für
sie fand, ward ihnen Unterricht im Lesen, Schreiben, Rechnen und in
der Religion gegeben; auch etwas Geographie des Vaterlandes mußten
sie lernen.

Im Jahr 1804 verlegte Pestalozzi sein Institut nach dem Schlosse
Münchenbuchsee (nahe bei Hofwyl), das 1818 einging. Fellenberg
knüpfte Unterhandlungen an, um dasselbe mit seinen Anstalten zu vereinen, aber vergeblich. Denn Fellenberg's ziemlich heftiger, aber ord-
nungsliebender und ökonomischer Geist vermochte sich mit Pestalozzi's be-
kanntem, entgegengesetzten Character nicht zu vertragen. In demselben
Jahre gründete Fellenberg seine Lehranstalt für gebildete Landwirthe, bald
darauf (1808) eine zweite (Philantropin) für die Erziehung von Söhnen
aus höhern Ständen, die zu so bedeutendem Umfange heranwuchs, daß
sie über 80 Zöglinge zählte, darunter Italiener, Franzosen und Engländer, und 15—22 Lehrer. Dieses Institut hatte 1819 seinen Höhepunkt
erreicht, wo bekannte politische Maßregeln auch auf das friedliche Hofwyl einwirkten. Christian Lippe hatte die Erziehung der Knaben von
13 Jahren ganz vortrefflich besorgt. Im Jahr 1813 genoß Fellenberg
die Freude, durch eine vom Staate ernannte Prüfungscommission seine
gesammte Anstalt, die achtzehn Gebäude, die zum Theil so groß und schön,
wie Schlösser, zu der ein großer See gehörte, worin sich die Jugend
baden konnte, in ihrem Werthe anerkannt zu finden. Im Jahr 1823
legte er die Kindercolonie in Maykirch an, die sich in gewisser Hinsicht
selbst zu erhalten hatte. Eine von seiner Frau errichtete Erziehungsanstalt für Töchter stand ein Jahrzehnt hindurch in schönster Blüthe.
Auch die übrigen Anstalten zeichneten sich aus, so daß selbst Fürsten mit
ihm verkehrten und ihre Söhne in denselben bilden ließen. — Seit 1809
wurden jährlich unentgeldlich Schullehrer in die Anstalten auf einige
Zeit aufgenommen, um ihnen dort besseren Unterricht zu zeigen und
sogar ertheilen zu lassen, was jedoch nicht bei Allen von großem
Erfolge zu sein schien. Von 1831—1836 wurde sogar jährlich 100

Schullehrern ein dreimonatlicher Bildungscursus gegeben. Mit der 1830 gegründeten Realschule und der später eingerichteten Kleinkinderschule durften Fellenberg's Anstalten sich rühmen, für jede Klasse der Gesellschaft, wie für jedes Alter zu sorgen. Im Jahr 1833 gelangte Fellenberg zur höchsten republikanischen Würde, indem er zum Landammann von Bern gewählt wurde. Noch bis in die letzte Zeit beschäftigten ihn große Pläne, namentlich auch die Errichtung einer Schule für Industrie und Handwerker auf seinem Gute Rüttli. Im 74sten Jahre seines Lebens starb er in den Armen seiner Tochter. — Fellenberg wollte nicht, wie Pestalozzi, die einfach gute Erziehung des Menschen als eines Individuums, sondern auch zugleich als eines Staatsbürgers. Was er gethan im Namen Gottes, darauf ruhte auch Gottes Segen.

Fellenberg steht als Staatsmann wie als Volkslehrer, als Landwirth wie als Schriftsteller gleich achtungswerth da. Sein Umgang war anregend und höchst interessant; sein Briefwechsel verknüpfte ihn mit den bedeutendsten Männern des Jahrhunderts. War er auch wenig im Stande an's Herz zu reden, wie Pestalozzi; nicht im Besitze der Gabe einer klaren, mündlichen Mittheilung, für Poesie und Philosophie unempfänglich, so war er doch ein großer Mann: Er war den Armen ein Vater, dem Vaterlande ein treuer Diener, in Allem voll Thätigkeit, voll Stärke und Beharrlichkeit des Willens.

Franz von Salaignac Fénelon.
Geboren den 6. August 1651, gestorben den 7. Januar 1715.

Motto: „Die Lobenswürdigsten sind die, welche den Muth haben, ihre Verirrungen zu erkennen und zu verbessern.
Fénelon in seinem Telemach.

Fénelon, einer der größten französischen Schriftsteller und Pädagogen, wurde auf dem Schlosse Fénelon in Perigord geboren. Schon in seiner früher Jugend fand er seine größte Lust an den Classikern, blieb jedoch bis in sein zwölftes Jahr im elterlichen Hause; eine beachtenswerthe Lehre für die Gegenwart. Denn es ist eines der größten Verbrechen unserer Zeit, daß man den Knaben, wenn er so zu sagen, noch im Kinderrocke steckt, schon an Gymnasien und an höhere Schulen schickt. — Fénelon machte seine höhern Studien in Cahors, seine theologischen in Paris unter dem berühmten Abbé Tronson. In seinem 24sten Jahre wurde er Priester und nun widmete er sich ausschließlich drei Jahre der Krankenpflege. Nachdem übertrug man ihm, weil, von seinem liebevollen Charakter und seiner besondern Rednergabe überzeugt, man ihn dazu vorzüglich geeignet fand, die Leitung neubekehrter Katholiken weiblichen Geschlechtes. Bis 1689 blieb er in dieser Stellung und wirkte durch seinen herzlichen Eifer im Dienste der Kirche des Guten unendlich viel. In dieser Zeit verfaßte er seine erste Schrift: „Ueber Erziehung der Töchter," sodann auch eine Abhandlung: „Ueber das Amt der geistlichen Vorsteher." Dadurch hatte er die Aufmerksamkeit Ludwig XIV. auf sich gelenkt, und dieser übertrug ihm die Erziehung seines Enkels, des Herzogs von Burgund. Dieser Prinz war sehr stolz, vergnügungssüchtig und reizbarer Natur, dabei mit vorzüglichen Anlagen, namentlich mit einem sehr scharfen und frühreifen Verstande begabt. Doch der geistreiche Fénelon ließ sich dadurch nicht abschrecken. Unumwunden und streng sagte er seinem Zöglinge stets die Wahrheit, und scheute sich nie, die Fehler desselben sammt ihren Folgen in ernsten Worten auszudrücken, deren

Strenge er durch die Anmuth und den Zauber seiner Sprache zu mildern wußte. Er setzte die Erziehung mehr in das Handeln, als in das Unterrichten, schrieb daher für seinen Zögling Fabeln mit bestimmt ausgeprägter Moral, „die Gespräche der Todten, in denen er den blendenden Ruhm der Welt auf seinen wahren Gehalt zurückführte, und die Pflichten des Fürsten nach allen Seiten, selbst in Bezug auf Pflege der Künste und Wissenschaften darstellte." Nach fünf Jahren voller Mühe und aufopfernder Hingebung wurde die Erziehung des Prinzen als hinlänglich erachtet. Fénelon hatte dessen Geist auf die richtige Bahn gebracht und ihn mit all' dem Samen reichlich besäet, aus welchem eines Fürsten nothwendige Tugenden entkeimen konnten. Doch seine Saat konnte die Frucht nicht zeigen, da der Prinz früher starb, als er zum Throne gelangen konnte. Nur einige Zeit war er von Ludwig XIV. als Mitregent angenommen worden; auch hier schon hatte er eine Klugheit und eine Gewandtheit entwickelt, die ihm die Liebe des Königs in hohem Grade, sowie die Aufmerksamkeit des ganzen Hofes zugezogen. Fénelon konnte keinen schönern Triumph feiern; denn das ist der höchste Lohn eines Lehrers und die größte Ehre, wenn sein Wirken als ruhmvolle Thaten in seinen Schülern sichtbar wird. — Fénelon erhielt vom Könige 1694 die Abtei St. Valery. In derselben Zeit erhoben sich heftige Streitigkeiten unter den großen Theologen, der Ansichten der Frau von Guyon über die vollkommene Liebe Gottes wegen. Der gefeierte Bossuet und viele Andere traten gegen dieselben auf. Fénelon jedoch fand die Ansichten der Frau von Guyon mit seinen übereinstimmend und erklärte sich für dieselbe. Dadurch entspann sich zwischen ihm und Bossuet ein heftiger Streit. Lutz sagt davon: „die Welt sollte jetzt sehen, wie zwei Männer, bisher durch die aufrichtigste Achtung und Liebe mit einander verbunden, in Streit geriethen. So bedauerlich dieser Streit für die Kirche war, so verdanken wir ihm doch einige Schriften, die heute noch das Muster von jeder Controverse sind, außerdem daß er die Tugend des Fénelon über alle Zweifel erhaben in's Licht setzte. Selten sah man so viel Tugend, Talent und Genie im Streite. Auf Seite des Bossuet stand seine Vergünstigung durch Louis XIV., sein Ruhm als Gelehrter, und die Macht der Wahrheit. Fénelon konnte nichts entgegensetzen, als seinen schönen Geist, seinen bezaubernden Styl und den Ruf seiner Tugend."

Am 4. Februar 1695 wurde Fénelon zum Erzbischofe von Cambrai ernannt. Nun sollte er das Urtheil gegen Guyon unterschreiben. Doch er nahm dieselbe wieder in Schutz und schrieb die „Grundsätze der Heiligen." Dieses Buch wurde von Bossuet mit dem größten Scharfsinne, nicht ganz frei von Leidenschaftlichkeit, censurirt, und der treffliche Fénelon sogar Ketzer genannt. Ludwig XIV. schrieb nach Rom um Verdammung der „Grundsätze der Heiligen," welche auch am 12. März 1699 von Innocenz XII. erfolgte. Fénelon publicirte das Verdammungsurtheil selber und mit einer Geistesgegenwart und Seelenruhe, die allen Zuhörern Thränen der Ehrfurcht auspreßten. Wahre Größe besitzt nur der, der seine Schwächen selbst vor der Welt bekennen kann. — Fénelon ward vom Hofe entfernt und aus der Liste der Erzieher des Herzogs von Burgund gestrichen. Dazu trug jedoch besonders sein „Telemach" bei, ein Werk, welches so lange Bewunderung ärntet, als es eine klassische Welt gibt, und von welchem Abbé Terasson sagt: „Wenn das Glück der Menschheit durch ein Gedicht könnte bewerkstelliget werden, so würde es durch den Telemach geschehen." Ludwig aber glaubte seine Regierung darin scharf getadelt und hielt den großen Verfasser für einen Phantasten

und gefährlichen Menschen. — Nach seiner Entfernung vom Hofe lag
Fénelon allein seinen Pflichten als Bischof ob und den Wissenschaften.
Er verfaßte nun noch eine ganze Reihe von gelehrten und anziehenden
Werken, ausgezeichnet durch einen so sanften, edlen und angenehmen
Styl, daß ihm nicht leicht ein anderer Autor zur Seite gestellt werden
kann. Der frühe Tod seines Zöglings und Freundes, des Herzogs von
Burgund, war der Keim seiner Auflösung. Er starb am 7. Jan. 1715. Am
1. dess. Mts. schrieb er das prophetische Wort: „Bald werden wir Alles
finden, was wir nicht können verloren haben; noch eine kleine Weile,
dann werden wir nichts mehr zu beweinen haben." Und so war's „Ganz
Frankreich trauerte, Papst Clemens XI. vergoß Thränen und bedauerte,
ihn nicht zum Cardinal gemacht zu haben. Louis XIV. blieb allein kalt
bei seinem Tode." (Luß.) In edlem Dankgefühle errichtete die französische Nation dem großen Kirchen = und Staatsmanne, dem unübertreff-
lichen Redner und Pädagogen am 7. Januar 1826 ein würdiges Denkmal zu Cambrai. Doch auch ohne dieses wäre sein Andenken nie erloschen. Denn der edle Mensch lebt ewig in seinen Werken
fort.

Ernst. Frhr. v. Feuchtersleben.
Geboren den 29. April 1806, gestorben den 3. September 1849.

> Motto: „Der Grundfehler des Menschen ist Trägheit. Er
> untergräbt in tausend Formen unser Wohlsein. In Gebil-
> deten verlarvt er sich in eine philosophisch sein sollende
> skeptische Weltansicht, die man Hamletismus nennen könnte,
> um sie den Erfahrenen mit einem treffenden Typus zu be-
> zeichnen. Es ist ein Aufgeben seiner selbst, ein freiwilliges
> Erkranken und Sterben. Gesundheit und Leben ist Selbst-
> erwerbung."					Feuchtersleben.

Dr. E. Frhr. v. Feuchtersleben, geboren in Wien, im Jahre
1848 Unterstaatssekretär im k. k. österreichischen Unterrichts = Ministerium, trug in sich die Begeisterung, und die Befähigung: Reformator des öffentlichen Unterrichts in Oesterreich nach deutschen, von
der Vernunft gebotenen, in der Erfahrung bewährten Grundsätzen,
wie überhaupt des wissenschaftlichen und geistigen Lebens in Oesterreich
zu werden. Er tritt uns nun in der von Friedrich Hebbel entworfenen
Biographie, womit Feuchtersleben's sämmtliche Werke mit Ausschluß der
rein medizinischen, 7 Bände, Wien 1853, begleitet sind, als ein ehrenwer-
thes, wohlthuendes Charakterbild entgegen, das, in dankbarer Anerkennung des Angestrebten, in der Galérie hochverdienter Förderer der Wissenschaft und des Schulunterrichtes insbesondere eine freudige Aufnahme
zu finden verdient. Daß er mit an die Spitze der Schulverwaltung gestellt (das Unterrichts = Ministerium selbst lehnte er im Juli 1848 bescheiden und entschieden ab), nicht als ein mechanischer Fortführer altver-
jährten Herkommens und Brauches sein werde, das konnte man schon
aus einzelnen Zügen aus seinem Jugendleben schließen. Seine Willensstärke und Entsagungsfähigkeit zu prüfen und zu üben, legte er sich schon
in der Theresianischen Ritteracademie, in der er seine erste wissenschaftliche
Bildung empfing, freiwillig persönliche Entbehrungen auf. Er verbrachte
ganze Nächte auf der nackten Erde, auf sein Bett verzichtend, oder aß
nur halb satt, und ließ gerade seine Lieblingsspeisen unberührt. Selbst
die Einladungen in's väterliche Haus während der Ferien schlug er
unter mancherlei Vorwand aus, um sich ein Opfer aufzulegen, das ihn
in seinen Augen groß und stark erscheinen ließe. Trotz dieses ungewöhn-

lichen Bildungszwanges, der sich früh in eigenthümlichen Formen aus-
prägte, wußte er sich vor Schroffheit und Schwärmerei zu bewahren,
und gerade ein künstliches Maßhalten und eine harmonische Abgrenzung
zu gewinnen und in seinem ganzen Auftreten, in seinen verschiedenen Wir-
kungskreisen als Eigenthümlichkeit seines Wesens hervortreten zu lassen.
Wir haben es hier nicht mit dem sinnigen Dichter, nicht mit dem geschickten gewissenhaften Arzte, nicht mit dem menschenfreundlichen Philosophen
und liebenswürdigen Menschen zu thun, in welchen Eigenschaften er durch
That und Schrift gleich ausgezeichnet war — sein treffliches Buch: „Zur
Diätetik der Seele" erlebte seit 1838 zehn Auflagen — sondern mit
dem Streben eines Mannes, der sein Heimathland zu den Höhen
deutscher Bildung und Wissenschaft zu erheben und in untrennbare und
umfassende Verbindung mit Deutschland zu setzen bemüht war. Welches
Vertrauen er in die Bildungsfähigkeit seiner Landsleute setzte, wie er an
eine große Zukunft Oesterreichs gerade in seiner Bedeutung für die Wiedergeburt der deutschen Literatur und Poesie glaubte, davon zeugt unter
Anderm folgende Stelle in seinen „Lebensblättern": „Es ist kaum zu viel
gehofft, wenn wir, insofern überhaupt eine Wiedergeburt der deutschen
Dichtkunst bevorsteht, dieß von Oesterreich aus verheißen. Hier war es,
wo Lessing's und des unschätzbaren, im übrigen Deutschland verkannten Wieland's gesunde, fröhliche Pflanzungen in der Josephinischen Epoche für
die Dauer Wurzel schlugen; hier gilt der klare Menschensinn, hier ist
Volksgefühl für pietistisches Leben und lebendige Poesie. Als noch das
ganze übrige Deutschland vom Traum der Schlegel = Novalis'schen Hyper-
Romantik gefesselt lag und tiefzarten Unsinn phantasirte, da war es eine
einfach, klare, ruhige Stimme aus unserm Vaterland, die des verständigen
J. Schreyvogel, genannt West, in seinem trefflichen „Sonntagsblatt,"
welche allein das Kind, wenn auch etwas laut, beim ersten Namen nannte,
den nun jeder Knabe noch spricht." Feuchtersleben schien ganz zum Vermittler deutscher und österreichischer Art und Bildung geschaffen; obwohl
Katholik, doch schon in seinem 15ten Jahre durch Luther's Schriften zum
deutschen Nationalwesen hingetrieben; obwohl auf österreichischen Schulen
erzogen, doch schon früh mit Gedanken erfüllt, die den altherkömmlichen
Richtungen des österreichischen Lebens widersprachen; obwohl friedlichen
Gemüthes, doch durch philosophirende und ideelle Richtung seiner Natur,
dem unveränderlichen Standpunkt seiner Umgebung gegenüber, nicht zu
anmaßlich keckem Widerspruch, aber zu verständig begründeter Entgegnung
geneigt, und in allen feurigsten Umgestaltungsplänen von inniger Vaterlandsliebe und Achtung vor der sittlichen und geistigen Freiheit des Menschen erfüllt. Zur Zeit, als die Wogen des aufgeregten Volkes
stürmisch hoch gingen, war es Feuchtersleben's eifriges Trachten, die
Springfluth zu dämmen und die übertretenden Wellen in ein geregeltes
Bett zurückzuleiten, in seiner späteren amtlichen Stellung aber, dem ganzen Volke eine Bildung zuzuwenden, welche die einzelnen Glieder des
Staates zu einem gesunden, ebenmäßigen und glücklichen Körper ver-
bände. Von Feuchtersleben geleitet, inspirirt möchte man sagen, veröf-
fentliche Doblhoff den rühmenswerthen „Entwurf der Grundzüge des
öffentlichen Unterrichtes in Oesterreich." Darin sind als Hauptgrundsätze das Recht und die Pflicht des Staats, für den Unterricht der Jugend zu sorgen, die Befreiung von der Bevormundung der Kirche (ohne
den Klerus vom Unterricht auszuschließen) und die Feststellung der akademischen Einrichtungen aus dem wissenschaftlichen und corporativen Begriff
der Universitäten aufgestellt. Doch war damals der günstige Augenblick
zur Ausführung dieses Planes schon vorüber. Sie scheiterte an man-

cherlei politischen Schwierigkeiten, wozu auch der Grundsatz der Gleich=
berechtigung aller Nationalitäten Oesterreichs, die in der Unterrichts=
sprache zur Geltung kommen sollte, gehörte. Feuchtersleben trat lieber
im Oktober 1848 von seiner Stelle zurück, als daß er seine Grundsätze
verläugnete. Die Freudigkeit seines Geistes war damit vernichtet, seine
Lebenskraft gebrochen. Er erlag einer plötzlichen Krankheit im September
1849.

Joh. Gottl. Fichte.

Geboren den 19. Mai 1762, gestorben den 29. Januar 1814.

> Motto: „Es liegt in der Pflicht der höheren Erziehung, der
> Erziehung zur Moralität, folgendes: Zuförderst die Pflicht, die
> Kräfte des Kindes zweckmäßig zu bilden, damit es ein gutes
> Werkzeug zur Beförderung des Vernunftzweckes sein könne;
> also Geschicklichkeit bei ihm hervorzubringen. Dieß ist denn auch
> der eigentliche Zweck der Erziehung, so ferne sie von Kunst
> und Regeln abhängt, die freien Kräfte des Zöglings zu ent=
> wickeln und zu bilden. Dann die Pflicht, der gebildeten Frei=
> heit des Zöglings eine moralische Richtung zu geben. Fichte.

In die Reihe der Philosophen, welche Angelegenheiten der Jugend=
Erziehung in ihr Bereich zogen, gehört auch J. G. Fichte. Wir lassen
hier unbeachtet, wie seine erste Schule in den Wahn gerieth, daß der Mensch
Alles aus sich selbst durch sein Denken schaffen könne, und wie man in
derselben sich so gern selbständig hinstellte, und stolz über allen Andern
stand, wie man die Wissenschaft aller Wissenschaften dachte nunmehr er=
rungen zu haben, und das aus dem Ich selbst. Allein aus der Reihe
seiner Schriften ziehen wir seine Reden an die deutsche Nation
(1808) hervor, welche viel Treffliches enthalten; das der Beherzigung
werth ist. Fichte hat den Ruhm eines der tiefsten Denker und redlich=
sten Lehrer, er theilt aber das zu sehr mit dem Geiste seiner Zeit, daß
er das Eine, was Noth ist, übersah.

Fichte war im Dorfe Rammenau in der sächsischen Lausitz geboren;
war von 1793 — 99 Professor zu Jena, zu Erlangen 1801 und zu Ber=
lin 1809, wo er auch starb.

Gottlob Nathan Fischer.

Geboren den 12. Januar 1748, gestorben den 20. März 1800.

Gottl. Nath. Fischer wurde zu Graba, nahe bei Saalfeld, ge=
boren. Sein Vater war Prediger, und wurde bald nachher (1749) nach
Hoheneiche, eine Meile von Saalfeld, versetzt. Fischer wurde von seinem
Vater, so lange derselbe auf dem Lande war, ganz allein unterrichtet.
Da aber der Vater 1758 nach Saalfeld selbst versetzt wurde, so kam
Fischer auf die dortige Stadtschule, wo er besonders den Unterricht des
Conrectors Breithaupt und des Rectors Lochmann, zweier sehr geschickten
und verdienten Schulmänner, genoß. Sein Vater starb 1762 und hin=
terließ eine Wittwe mit fünf Kindern ohne Vermögen. Diese Lage veran=
laßte, daß er 1763 unter die Waisenkinder des Hallischen Waisenhauses
aufgenommen wurde. Er durchlief die oberen Klassen der lateinischen
Schule, und ging 1766 auf die dasige Universität. Er ließ sich als
Theolog einschreiben; da er aber keine Neigung zum Predigerstand hatte,
so beschäftigte er sich mehr mit Philologie und den schönen Wissenschaf=
ten, als mit der Theologie. Seine Neigung ging schon damals auf eine
Schulstelle, und er gab während seiner Universitätsjahre, auf der Schule
des Hallischen Waisenhauses, und besonders in der lateinischen Schule,

mit vielem Beifall ununterbrochen Unterricht. Im Jahre 1769 erhielt er eine Lehrerstelle auf dem Pädagogium. Hier war es, wo er mit Neuendorf, Rathmann und mehrern wackeren Männern eine feste Freundschaft schloß — die nur durch den Tod getrennt wurde. Im Anfange des Jahres 1775 nahm er den Ruf zu der Rectorstelle an der Martin'schen Schule zu Halberstadt an, wohin ihm Neuendorf bald nachfolgte. Er verheirathete sich in demselben Jahre, wurde im Jahre 1783 als Rector an die Domschule versetzt, und starb daselbst 1800.

Er war ein Lehrer, der sich den vernünftigen Schulreformatoren seiner Zeit anschloß, und beschrieb die Verbesserungen an seiner Anstalt selbst in einigen Aufsätzen. Er nahm mit Recht die alte Literatur als Basis einer gelehrten Bildung in Schutz, und selbst Kenner derselben, trug er sie mit Geist und Liebe vor, aber er drang zugleich auf eine möglichst allseitige Ausbildung aller Vermögen seines Geistes, und gestattete allen den wissenschaftlichen, historischen und andern Kenntnissen, die zu jenen Zwecken mitwirken, den Eingang in seine Anstalt. Nicht im Geiste der neuen Pädagogik, aber aus sehr guten Gründen, nahm er sich der lateinischen Poesie als Lehrer an, suchte sie in ihren Besitz, aus dem sie durch Einseitigkeit verdrängt worden war, wieder einzusetzen, und gab auch 1785 eine lateinische Blumenlese (Florilegium latinum) heraus, worin er nach Art der deutschen Musen-Almanache, neuere lateinische, theils ungedruckte, theils gedruckte Gedichte aufnahm, und selbst schätzbare Beiträge zu dem Römischen Blumenstrauß lieferte. Seine vielseitige Geistesbildung und sein gereinigter Geschmack bewahrten ihn vor Pedanterie und ließen ihn vorzüglich auch auf die ästhetische Ausbildung hinarbeiten, welche so oft, bald aus Unverstand, bald aus Ungeschmack vernachlässiget wird. — Auch darf wohl noch genannt werden, daß Fischer 15 Jahre lang, und zwar meistens auf eigene Faust, ein literarisches Wochenblatt herausgab, dessen Ertrag, nach Abzug der Druckkosten zum Besten der Armen verwandt wurde. — Er war ein edler Geist; seine Sache war (daß ich es mit Einem Worte fasse), jene unermüdete Arbeit im Stillen, ein Wirken, mittelbar nach Plan und in vielfachem Sinne.

Johann Friedrich Fischer.
Geboren den 10. Okt. 1726, gestorben den 11. Okt. 1799.

Fischer war geboren zu Koburg, wo sein Vater General-Superintendent und Consistorialrath war, der ihm eine sorgfältige Erziehung und Unterricht, insbesondere in der griechischen und lateinischen Sprache ertheilte. Nachdem er die Stadtschule oder das Pädagogium zu Koburg unter den geschickten Lehrern Schwarz und Tresenreuter besuchte, und schon hier sein Geist zur ernsten Thätigkeit und zu einer festen Anhänglichkeit an das Studiren bestimmt und gewöhnt wurde, kam er im Jahre 1744 auf die Universität Leipzig, und erhielt im Jahre 1747 von der philosophischen Fakultät die Würde eines Baccalaureus, bei dieser Feierlichkeit deklamirte er ein griechisches Gedicht: de laudibus Grammaticorum, und weihte sich selbst in den Orden derjenigen Art von Gelehrten ein, unter denen er nachher einen der ersten Plätze behauptete. Schon sechs Jahre hatte er mit Studiren, Lehren und Schreiben in Leipzig zugebracht, als das Conrectorat an der berühmten Thomasschule in Leipzig vakant wurde. Durch Mascov's Verwendung erhielt er dasselbe 1751.

Mit großer Gewissenhaftigkeit verwaltete er nun dieses Schulamt, er führte seine Schüler durch eigenes Beispiel strenger Sittlichkeit und Religiosität zur Achtung für beide, und durch seinen gründlichen Unterricht zu grammatischer Festigkeit in den alten Sprachen. Aber dadurch, daß er sich gar zu sehr auf jenes Grammatische bei seinem eigenen Studiren und beim Unterrichte beschränkte, veranlaßte er doch das Urtheil über sich, daß er theils zum academischen Lehrer, theils zum Director einer Schulanstalt einen zu eingeschränkten Gesichtskreis habe. Und so kam es, daß er erst 1762 die längst von ihm gesuchte Stelle eines außerordentlichen Professors der alten Literatur an der Leipziger Universität unter manchen Gegenstrebungen erhielt, und daß er nach Versetzung Ernesti's nicht an dessen Platz als Rector nachrückte, und vielmehr Leißner diese Stelle erhielt. Doch nach dessen Tode 1767 willfahrte ihm endlich Recht. Er wurde ungeachtet der Einwendungen Einzelner vom ganzen Collegium zum Rector dieser Schule gewählt, auf der er bereits 16 Jahre gewirkt, und ferner noch mehr als 30 Jahre hindurch, zwar nicht ohne Einseitigkeit, aber gewiß mit überwiegendem Nutzen stand. Mit Treue und Eifer verwaltete er nun die oberste Stelle an dieser Anstalt, bildete durch seinen gründlichen Unterricht Männer, die später dem Staate, der Kirche und der Literatur zur wahren Zierde gereichten, schreckte durch Ernst und Strafe vom Unrecht ab, scheute keine Mühe und Anstrengung. Alle seine von Schularbeiten freie Zeit war seinen Griechen und Römern gewidmet, von denen er eine ganze Reihe mit Kritik und Erläuterung ausgestattet, herausgab. Arbeit, ernstes Studium war seine Losung; Gesellschaft bedurfte er nicht und suchte sie nicht auf. Unter diesen täglichen Anstrengungen näherte er sich dem Alter, und ließ sich auch von dessen Beschwerden nicht abhalten, sie fortzusetzen. Endlich unterlag sein an sich fester Körper, ein Schlagfluß machte seinem thatenreichen Leben ein Ende.

Fischer vereinigte in sich die Tugenden einer altdeutschen Aufrichtigkeit, strengen Gewissenhaftigkeit und eines religiösen Wohlwollens, dieß zeigte seine ganze Denk= und Handlungsweise. Schon 1759 entwarf er in der Vorrede zu den von ihm herausgegebenen Gesprächen des Plato ein Bild von sich selbst, dem er bis an das Ende seines thätigen Lebens glich. „Er sei," sagt er, „ein gerader, einfacher Mensch, der nur im Studiren und im Rechtthun sein Vergnügen und seine Beruhigung finde; der Religion von Herzen ergeben ohne Heuchelschein und Frömmelei; ungeschickt zu schmeicheln und fest entschlossen, sich mit aller Kraft dem Unterricht und den Schulen zu widmen; ein freier, ernster Mann, der Reichthum und Armuth, hohen und niedern Stand, das Leben mit seinen Gefahren und den Tod selbst, für gering achte, und sich auch über seine mancherlei Gegner nicht beschwere, da jeder freimüthige und wahrhafte Mann dergleichen nothwendig haben müsse, und ohne dieselbe es der Tugend an Prüfung und Uebung mangeln würde; die seiner Obsorge anvertrauten Jünglinge glaube er frühzeitig recht vertraut mit den griechischen und lateinischen Schriftstellern machen zu müssen, als den reichen Quellen solider Gelehrsamkeit, und deßwegen erkläre er seinen Schülern nicht nach der tadelnswerthen Weise träger Lehrer, immer ein und dasselbe Buch, sondern wechsele mit den besten Classikern ab, um dadurch gleich frühe in den jugendlichen Gemüthern eine bleibende Liebe zu der alten Literatur zu erwecken, und einen Vorgeschmack von der Annehmlichkeit zu geben, die sie gewährt."

Die ganze Wirksamkeit seines stillthätigen Lebens zerfällt in seine schriftstellerischen Arbeiten und in seine Wirksamkeit als Lehrer und Vorsteher einer Schule. Er war unstreitig einer der gelehrtesten Grammatiker der griechischen und lateinischen Sprache, die es geben kann, und Alles, was sich in seinen vielen Schriften (man zählt, die kleinern mit eingerechnet, in dem Zeitraum von 50 Jahren deren 77) auf grammatische Erläuterung der von ihm behandelten Classiker bezieht, wird in alle Zeiten brauchbar und geschätzt bleiben. Die heil. Schrift, dann Plato, Aeschines, Theophrast, Anakreon, Paläphatus, Justin, Florus und Nepos sind die vorzüglichsten unter den Schriftstellern, um die er sich in dieser Hinsicht verdient gemacht hat, wovon einige Schriften mehrere Auflagen erlebten: Auch bei allen diesen Arbeiten nahm er immer eine Hauptrücksicht auf seine Schule.

Johann Friedrich Flattich.
Geboren den 3. Oktober 1713, gestorben den 1. Juni 1797.

Motto: „Es ist mir bedenklich, daß die weltliche Obrigkeit sich die heutigen Schulanstalten so sehr angelegen sein läßt; indem sie solches vorher nicht gethan, sondern Alles der Geistlichkeit überlassen hatte. Da nach meiner Annahme die Zeit herbeikommt, daß Babylon auf dem Thron sitzen wird, so mögen solche Schulanstalten auch zur Beförderung Babylons und des Naturalismus dienen." Flattich.

Joh. Fr. Flattich, der Sohn eines Amtmannes, ward zu Beyhingen bei Ludwigsburg geboren. Er hatte noch nicht ganz 15 Jahre erreicht, als sein Vater starb. Derselbe hinterließ kein Vermögen, aber die Mutter blieb ihrem Vorsatze treu, ihren Sohn Johann Friedrich einmal als Diener Christi das Evangelium verkünden zu lassen. Schon frühe zeigte er treffliche Gaben, und liebte Fleiß und Arbeit. Seine ersten lateinischen Studien machte er zu Ludwigsburg. Im Mai 1829 wurde er zur Freude der Mutter als Alumnus in das Kloster Denkendorf aufgenommen. Diese Anstalt besaß damals treffliche Männer; unter ihnen leuchtete besonders ein Mann hervor, Joh. Albr. Bengel, welcher auf seine Zöglinge einen mächtigen Einfluß ausübte. Nach zwei Jahren im Oktober 1731 sollte Flattich in das höhere Kloster Maulbronn. Es war für ihn ein schwerer Abschied, besonders von seinem väterlichen Freunde Bengel, der dem Jünglinge an Leib und Seele viel Gutes erwiesen hatte. Er legte die Gefühle seines Dankes und des Trennungsschmerzes in einem lateinischen Gedichte nieder. Im Oktober 1733 bezog er das herzogl. Stift in Tübingen. Mit großem Fleiße betrieb er daselbst die Mathematik und Philosophie, und machte sie nebst den theologischen Studien zur Hauptsache. Beim mehrmaligen Lesen des neuen Testamentes stieß ihm die Stelle: 1. Kor. 13, 8—13, auf, in welcher der Apostel Paulus sagt: daß all' unser Wissen Stückwerk sei und aufhöre, während Glaube, Liebe, Hoffnung bleiben, und die Liebe das Größte sei. Da wurde es ihm klar, daß das Christenthum durchaus praktischer Natur sei, und alsbald war auch sein Entschluß gefaßt, er wolle der Liebe nach leben. Und da man sie am Besten im Unterrichten der Jugend beweisen könne, so verlegte er sich darauf und blieb dabei bis in das höchste Alter. Im Oktober 1735 wurde Flattich Magister, bestand im Dezember 1737 das übliche Examen im Consistorium und trat dann im Januar 1738 in ein Vikariat zu seinem Onkel, dem Pfarrer Rapff in Hohenek bei Ludwigsburg, und blieb daselbst bis zum Jahre 1742; er hatte hier auch durch die Schule des Kreuzes zu gehen. Im Mai 1742 zog Flattich auf seine erste Pfarrei Hohenasberg; dieser in jeder Hinsicht heruntergekommenen Gemeinde war er ihr Haus-, Hof- und Schatzmeister. Am 12. Mai desselben Js. trat er in den Ehestand mit der Christiana Margaretha Groß, eine hinterlassene Tochter des verewigten

Pfarrers Melchior Groß von Murr, mit der er überaus glücklich lebte. Am 13. Dezember 1771 rief sie der Herr ab in ein besseres Jenseits; sie war eine Mutter von 14 Kindern; eine Stiefmutter von mehr als 200 jungen Leuten, welche sie seit 30 Jahren in der Kost und Information ihres Mannes treulich verpflegte; eine Hausfrau ohne Herrschsucht aber mit Liebe und Sanftmuth rc. In Asberg blieb Flattich nur 5 Jahre. Im Januar 1747 kam er nach Metterzimmern. Schon als Garnisonsprediger nahm er Kostgänger zum Unterrichte und zur Erziehung in's Haus und in Metterzimmern setzte er 13 Jahre lang das Liebeswerk fort. Im Jahre 1760 hielt Flattich seinen Aufzug in Münchingen, welche Pfarrei ihm durch die Gnade des Herzogs Karl von Württemberg verliehen wurde. Seine Erziehungslehre legte Flattich in dem jetzt noch als wichtig und vorzüglich zu bezeichnenden Sendschreiben von der rechten Art, Kinder zu unterweisen, nieder. In den letzten Jahren seines Lebens hat der gedankenreiche, praktische Mann zur eigenen Stärkung seine Gedanken niedergeschrieben. Es sind Perlen der Weisheit; sie sind gut für junge, aber besonders für alte Leute. Kurz vor seinem schweren Lager hatte Flattich noch das apostolische Wort gesprochen: „Wir rühmen uns auch der Trübsale." Auf seinem Sterbelager rechtfertigte er es durch die That. Am letzten Morgen seiner Pilgerfahrt wurde es ihm Licht, ganz freudig erklärte er den Umstehenden: „Jetzt kann ich mit Simeon sagen: „Herr, nun lässest du deinen Diener in Frieden fahren, denn meine Augen haben deinen Heiland gesehen." — Von seinen Schriften heben wir hervor:

1) Die Hausregeln. 2) Vom Ehestand. 3) Kurzer Entwurf, daß eine Mutter ihren Kindern den ersten Unterricht geben solle. 4) Verschiedene Bemerkungen über das Reformationswerk 5) Information nach der heiligen Schrift. 6) Zucht und Information nach der Anleitung des Spruchs: „Mein Joch ist sanft und meine Last ist leicht." 7) Von der Auferziehung der Kinder in Ansehung des Unterrichtes und der Zucht. 8) Von der Auferziehung der Kinder in Ansehung der geschlechtlichen Triebe.

August Hermann Franke.
Geboren den 23. März 1663, gestorben den 8. Juni 1727.

> Motto: „Bei aller Erziehung muß eine lebendige Erkenntniß Gottes und ein rechtschaffenes Christenthum der letzte Zweck sein. Dadurch allein wird Gottes Ehre unter den Menschen befördert. Nur der wahrhaft fromme Mensch ist ein Bürger der Gesellschaft. Ohne ächte Frömmigkeit ist alles Wissen, alle Klugheit, alle Weltbildung mehr schädlich, als nützlich, und man ist nie von ihrem Mißbrauche sicher."
> Franke.

August Hermann Franke, einer der ersten Wohlthäter der armen Menschheit, wurde zu Lübeck geboren. Als er noch nicht 3 Jahre alt war, erhielt sein Vater den Ruf als Justiz- und Hofrath nach Gotha. Hier entwickelte sich August Hermann sehr hoffnungsvoll, machte glänzende Fortschritte und wurde schon in seinem 14ten Jahre für fähig erklärt, die Hochschule zu beziehen. 1679 ging er an die Universität Erfurt, bald darauf an jene zu Kiel und studirte besonders Philosophie, Theologie und die alten Sprachen. 1681 promovirte er zu Leipzig und erntete durch seine Vorlesungen über die heilige Schrift ungemein großen Beifall. Daraufhin erhoben sich bald Feinde wider ihn. Man suchte ihn zu verdächtigen, indem man ihn des Seperatismus beschuldigte. Franke verließ Leipzig und wurde Diaconus an der Augustinerkirche in Erfurt. Doch auch hier hörten die Verfolgungen nicht auf. Man legte ihm Neuerungen in der lutherischen Lehre, Schwärmerei und Pietismus zur Last, entsetzte ihn seiner Stelle und wies ihn aus der Stadt. Doch der damalige Churfürst von Brandenburg ließ ihm am Tage seiner Verbannung seinen Schutz zusichern, ihn an seinen Hof kommen und übertrug ihm die Professur der griechischen und orientalischen Sprachen an der in Halle neu zu gründenden Universität. Am 7. Januar 1790 traf er dort ein, trug wesentlich zur Organisation der neuen Universität bei. Nebst diesem wurde ihm wegen seiner Frömmigkeit und seines Eifers in Reformirung des theologischen Wesens die Pfarrstelle zu Glaucha vor Halle übergeben. Und hier begann sein segensreich philantropisches Wirken. Sein Vorfahrer, der abgesetzt worden war, hatte ihm eine sehr verkommene Gemeinde überlassen. Müßiggänger umlagerten in Schaaren seine Thüre. Sie zu unterrichten und dadurch zu bessern, war sein eifrigstes Bestreben. Da er aber keine Mittel besaß, hing er eine Armenbüchse auf mit der Inschrift: „Wenn Jemand die Güter der Erde besitzt und seinen Bruder Hunger leiden sieht und sein Herz verschließt, wie kann der Gott lieb sein?" Die Almosen flossen reichlich, und als er 7 Gulden in der Büchse fand, faßte er den Entschluß, eine Armenschule zu gründen. Er thats, und schon im April 1698 legte er den Grundstein zu jenen Gebäuden, die jetzt über 800 Fuß lange Straßen bilden. Er stellte in der Folge mehre Armenbüchsen auf und hatte die Freude, seine Anstalt mehr und mehr zu erweitern. Von allen Seiten wurden ihm Geldsendungen und Unterstützungen zugestellt. Mit der Armenanstalt verband er später eine Meierei, Brauerei, Buchdruckerei, Apotheke, eine Buchhandlung, ein Kunst- und Naturalienkabinet, ein Krankenhaus. Tausende von Waisen haben in seiner Anstalt Erziehung und Versorgung gefunden, sind der Welt erhalten worden; nicht weniger Kranke fanden daselbst Pflege und Gesundheit. So weiß Gott durch einen Einzigen zu thun, wozu nicht selten Regierungen eine Menge Beamtete besolden und zahllose Summen verwenden müssen, ohne besondern Erfolg der verwendeten Mühen und Mittel zu erreichen. Franke hinterließ seinem Schwiegersohne J. A. Freilinghausen und seinem Sohne Gotthelf August die Direction seiner im frommen Sinne und mit wunderbar gesegnetem Erfolge gestifteten Anstalten.

Friedr. Wilh. Aug. Fröbel.

Geboren den 21. April 1782, gestorben den 21. Juni 1852.

Motto: „Kommt, laßt uns unsern Kindern leben!"
Fröbel.

Friedr. Wilh. Aug. Fröbel war geboren in dem rudolstädtischen Orte Oberweißbach, wo sein Vater Pfarrer war. Zum Studium der Landwirthschaft bestimmt, begann er 1797 mit der Forstwissenschaft, unter Leitung eines practischen Forstmannes. Nachdem er hierauf eine Zeitlang in Jena den cameralistischen, mathematischen und Naturwissenschaften sich gewidmet hatte, ließ er sich auf Veranlassung des Dr. Gruner, der mit der Einrichtung einer Musterschule umging, 1804 in Frankfurt à/M. als Lehrer nieder und ging dann 1807 mit einigen Zöglingen nach Iverdun, um mit Pestalozzi, dessen aufgehender Stern ihn mächtig anzog, in innigste Verbindung zu treten. Von dessen Ideen durchdrungen, besuchte er 1810 die Universität Göttingen und wandte sich im Jahre 1811 nach Berlin, wo er eine Anstellung in der Pestalozzischen Knabenanstalt des Professors Plamann stand. Nachdem er als Freiwilliger im Lützow'schen

Corps die Befreiungskriege mitgemacht hatte, wurde er Inspector des mineralogischen Museums in Berlin, verließ aber, begeistert und erfüllt von seinen Erziehungsideen, seine Stellung, um mit zwei Freunden Middendorf und Langenthal, in Keilhau bei Rudolstadt eine Erziehungsanstalt nach eigenthümlichen Grundsätzen zu gründen. Ihm folgte als Gattin in die sorgenvollste und schwierigste Lage die Tochter eines preußischen Kriegsraths, die im Hinblick auf das große von Menschenliebe begeisterte Erziehungswerk alle Mühen und Lasten unverdrossen ertrug, und ihr ganzes Vermögen diesem Zweck opferte. Als er das Bestreben und Fortgedeihen seiner Anstalt gesichert hatte, ging Fröbel, von den Oberschulbehörden berufen, in die Schweiz, um dort Schulen nach seinem System einzurichten. Vom Jahre 1837 an wendete er seine Hauptthätigkeit vorzugsweise einer zweckmäßigen Behandlung und Erziehung der ersten Kindheit zu, und gründete Anstalten dafür, die er Kindergärten nannte, um anzudeuten, daß in ihnen die Kinder wie Blüthen von zarter Hand der Liebe gepflegt werden sollen, damit die Früchte echter reiner Menschlichkeit segensreich sich entwickeln. Diese Anstalten, für die er zuerst im rudolstädtischen Blankenburg eine Pflanzstätte errichtete, fanden neben vielen sehr erbitterten Gegnern doch auch bald viele begeisterte Freunde und Anhänger. In allen großen Städten Deutschlands sind bereits Kindergärten errichtet und bis nach Amerika hin hat sich die Sache verbreitet. Die letzten Jahre seines Lebens verlebte der rastlos thätige Greis in Marienthal, wo ihm der Herzog von Meiningen einen Theil des Schlosses für seine Zwecke eingeräumt hatte. Getrübt wurde sein Lebensabend durch das Verbot der Kindergärten in Preußen. In Meiningen, Salzungen, Liebenstein, Hamburg u. a. blühen Kindergärten nach seinen Grundsätzen. Unermüdet zu wirken, für das Wohl der Menschheit durch eine neuschöpferische Umgestaltung des Erziehungswesens, das war die ideale Aufgabe seines ganzen Lebens; das war der Traum seines erwachenden Bewußtseins, das Morgenroth seiner Jugend, der Sonnenschein seiner Manneskraft und zuletzt noch der Abendstern. Das, was probehaltig ist in seiner Lehre, wird sich bewähren, ihn überleben und segensreich wirken auf die fernen Geschlechter. Schriften:

1) An unser deutsches Volk. Erste Anzeige von einem für den Zweck einer allgemeinen Erziehungsanstalt in Keilhau sich gebildeten Vereine. 2) Ueber deutsche Erziehung überhaupt. 3) Keime, Knospen, Blüthen und Früchte aus dem Leben zur Bethätigung dieses Wechselrufes geeinter Familien in Deutschland, in der Schweiz und in Nordamerika. Ein Sonntagsblatt. 4) Der 28ste Juni 1840. Das Begründungsfest einer allgemeinen Anstalt für Kindheitspflege eines deutschen Kindergartens durch deutsche Frauen und Jungfrauen. Mutter- und Koselieder, zur edlen Pflege des Kindheitslebens in Musik gesetzt von R. Kohl. 5) Die Feier des Christfestes in der Erziehungsanstalt in Keilhau. 6) Die Menschenerziehung, die Erziehungs-Unterrichts- und Lesekunst. 7) Erziehende Familien. Wochenschrift für Selbstbildung und Bildung Anderer. 8) Erziehungsprincipien in ihrem Zusammenhange mit den Entwickelungs-Gesetzen der Geschichte und des Individuums. 9) Das Wesen der Kindergärten.

Sophie Frömmichen.

Geboren den 28. November 1767, gestorben den 2. Januar 1843.

„Ehret die Frauen!" Diese Mahnung unseres trefflichen Dichters dürfte wohl ganz besonders Beachtung verdienen in Betreff der Frauen, welche sich durch Erziehung und Bildung der Jugend vorzugsweise um dieselbe verdient gemacht haben.

Sophie Frömmichen wurde zu Helmstädt geboren, wo ihr als Schriftsteller vortheilhaft bekannter Vater Privatdocent an der Universität war. Später 1772 wurde derselbe Director des Gymnasii Andreani zu Hildesheim, welche Stelle er bis zu seinem 1782 erfolgten Tode bekleidete. Die Lage der ihrer Stütze beraubten Familie war nun um so trauriger da der Verblichene kein Vermögen hinterließ. Ein ungleich edleres Capital hatte er aber in der sorgfältigsten Erziehung seiner vielversprechenden Tochter niedergelegt und dieß trug jetzt die herrlichsten Zinsen. Das 15jährige Mädchen säumte nicht, nach Kräften durch weibliche Arbeiten die schwächliche Mutter zu unterstützen, und benutzte nebenbei jede sorgsam zugemessene Erholungsstunde zur weiteren Fortbildung durch umsichtig ausgewählte Lektüre. Eigene Neigung und innere Ahnung ihrer Tüchtigkeit für den später gewählten Beruf trieb sie besonders zum Studiren der Campe'schen und Beaumont'schen Erziehungswerke. Im Jahr 1787 gründete Frömmichen im Vereine mit ihrer edlen Mutter eine Erziehungsanstalt für Töchter gebildeter Stände, die sich bald in ganz Hildesheim der lebhaftesten Anerkennung erfreute. Im Jahr 1795 erschien ihre erste Schrift: „Die Familie Bernheim," das sich allgemeinen Beifalls erfreute. In diese Zeit fallen auch ihre übrigen derartigen Leistungen:

1) Kinderalmanach der Familie Willmann. Braunschweig, 1798. 2) Briefwechsel der Familie Bernheim. Zur Bildung der Jugend, 1799. 3) Lida, ein Geschenk für die erwachsene Jugend, 1801. 4) Schauspiele für Kinder, 1813.

Alle diese Schriften genossen die verdiente Anerkennung, und der Name ihrer Verfasserin wurde selbst von großen Gelehrten und Pädagogen mit gebührender Achtung genannt. Die erwähnte Erziehungsanstalt bestand bis zum Jahre 1801, wo die Gründerinnen, einem Rufe nach Esthland folgend, dort die Erziehung der Töchter einiger vornehmer Familien übernahmen. Wenige Jahre darauf verlor Frömmichen ihre Mutter und sie folgte sodann ihrem hoffnungsvollen Sohne, der in Göttingen vom Nervenfieber dahingerafft, schon im Jahr 1794 starb. Die geprüfte Dulderin begab sich im Jahr 1805 zu ihrem Onkel nach Petersburg. Auch hier verschaffte ihr ihre Bildung bald Freunde und eine neue Heimath, so daß sie daselbst zur Lehrerin an einer Erziehungsanstalt für verwaiste Offizierstöchter berufen wurde. Hier unterrichtete sie als sogenannte Classendame 6 Jahre lang und erfreute sich nicht bloß der Liebe ihrer Schülerinen, sondern auch der, selbst durch werthvolle Geschenke kund gegebenen persönlichen Aufmerksamkeit der Kaiserin Mutter, unter deren besonderem Schutze jene Anstalt stand. Als aber später ihre bisherigen Zöglinge, denen sie mit Mutterliebe zugethan war, herangereift die Anstalt verließen, fühlte sie eine Leere und dieß, so wie die nie erlöschende Liebe zum vaterländischen Boden bewog sie einem wiederholten Rufe nachzugeben und die Stelle einer Directrice an der höhern Töchterschule zu Heiligenstadt im Jahr 1810 anzunehmen. Sie bekleidete dies Amt mit dem rühmlichsten Eifer und bestem Erfolge bis zum Jahr 1820, wo die Anstalt mit der Bürgerschule vereinigt wurde. An dieser wirkte Frömmichen als Oberlehrerin unausgesetzt bis zu ihrem Tode.

Friedr. Wilh. Franz, Freiherr v. Fürstenberg.
Geboren den 7. August 1729, gestorben den 16. September 1810.

Friedr. Wilh. Franz Freiherr von Fürstenberg, ein ausgezeichneter Staatsmann, geboren aus einem der ältesten Geschlechter des westphälischen Adels, besaß vortreffliche, durch Studien und Reisen, besonders in Italien, ausgebildete Anlagen, die er als Mitglied der Ritterschaft und des Domcapitels zu Münster, vorzüglich während des 7jährigen Krieges auf eine rühmliche Art entwickelte. Nach dem Frieden ernannte ihn der zum Churfürsten von Köln und zum Fürstbischof von Münster erwählte Max Friedrich Graf von Königseck-Rothenfels zu seinem Minister und übertrug ihm die Regierung des gänzlich erschöpften und mit Schulden belasteten münster'schen Landes. In kurzer Zeit stellte Fürstenberg den Credit wieder her; zugleich ermunterte er Ackerbau und Gewerbe, besonders den Leinwandhandel, ließ die Festungswerke von Münster abtragen, Moräste entwässern und urbar machen. Die Justiz wurde unpartheiisch und schnell verwaltet; eine gute Polizei sicherte und verschönerte die gesellschaftliche Ordnung, ohne die Ruhe durch entehrendes Mißtrauen zu stören. Die von Hofmann zu Münster unter Fürstenberg's Leitung entworfene Medicinal-Ordnung war die erste und vorzüglichste ihrer Art in Deutschland. Alle Stände wußte er zu edlem Wetteifer für die Sache des gemeinen Wohles zu beleben; insbesondere munterte er die Geistlichkeit zu höherer Geistesbildung auf. Unter allen katholischen Staaten Deutschlands gab er im Hochstifte Münster das erste Beispiel verbesserter Schulen. Talentvolle Jünglinge wurden unterstützt, um sich zu Lehrern auszubilden, ja Fürstenberg selbst ward Lehrer der Lehrer seiner Landsleute und künftiger Geschäftsmänner. Um aber auch den Volkssinn zu kräftigen, ließ er die jungen Leute in den Waffen üben. So blühte in Kurzem das Land wieder auf; Wohlstand und gegenseitiges Zutrauen nahmen so zu, daß in keinem benachbarten Lande ein so niedriger Zinsfuß war als im Münster'schen. Allgemein verehrt, wie Fürstenberg war, wünschten Viele aus dem Volke, der Ritterschaft und dem Domcapitel, als 1780 dem Churfürsten, in der Person eines Erzherzogs, ein Coadjutor gegeben werden sollte, daß nicht ein österreichischer Prinz, sondern Fürstenberg zum künftigen Regenten von Münster erwählt wurde. Aber Oesterreichs Einfluß siegte. Der Erzherzog Maximilian ward gewählt, nachdem Fürstenberg, der durch Preußens Unterstützung, die er nachgesucht hatte, eine gesetzmäßigere Wahl nicht hatte bewirken können, nebst seinen Freunden der von Oesterreich gewonnenen Mehrheit des Domcapitels beigetreten war. Er legte hierauf seine Ministerstelle nieder, doch behielt er die Aufsicht über die Schulen bei. Als Mitglied des Domcapitels und der Ritterschaft war sein Einfluß fortwährend groß, allein er brauchte ihn nur, um die Regierung bei jedem guten Unternehmen zu unterstützen. Darum bewies ihm der Erzherzog und Churfürst Maximilian stets hohe Achtung und Vertrauen. Fürstenberg überlebte die Auflösung des Hochstifts Münster und starb 1810.

Friedrich Karl Fulda.

Geboren den 13. September 1724, gestorben den 11. Dezember 1788.

Friedrich Karl Fulda, deutscher Sprach- und Geschichtsforscher, geboren zu Wimpfen in Schwaben, studirte zu Tübingen und Göttingen, ward, nachdem er die theologischen Studien beendet, bei einem holländischen Regimente Feldprediger, studirte dann wieder in Göttingen, wurde hierauf Pastor zu Hohen-Asperg, dann zu Mühlhausen und endlich in Enzingen, wo er auch starb. Seine deutschen Sprachforschungen fing er um 1760 an und gab den ersten öffentlichen Beweis derselben durch die Abhandlung: „Ueber die zween Hauptdialecte der deutschen Sprache" (Leipzig 1773), welche 1771 von der kgl. Societät der Wissenschaften zu Göttingen den Preis erhalten hatte; dann durch sein größeres Werk: „Sammlung und Abstammung germanischer Wurzelwörter nach der Reihe

menschlicher Begriffe" (Halle 1776, 4), auf welches er die „Grundregeln
der deutschen Sprache" (Stuttgart 1778) folgen ließ. Später erschien
sein „Versuch einer allgemeinen deutschen Idiotikensammlung" (Berlin
1788). Einzelne Abhandlungen von ihm über die deutsche Sprache sind
in dem „Deutschen Sprachforscher enthalten, den er gemeinschaftlich mit
Nast in Stuttgart herausgab. In allen diesen Schriften zeigte Fulda
philosophischen Scharfsinn, ausgebreitete Kenntnisse der Sprachen und
der Geschichte, und den mühsamsten Fleiß im Forschen. Seine Schreibart ist äußerst gedrungen und kurz, und grenzt oft selbst an das Räthselhafte. Die häufigen Lücken, die sich in der Reihe seiner Gedanken
finden, erschweren das Lesen seiner Schriften und haben selbst verursacht,
daß man verschiedene seiner Sätze als willkürlich und unerwiesen ansah.
Auch beschäftigte sich Fulda mit Untersuchungen historischer und antiquarischer Gegenstände. Seine historischen Kenntnisse und seinen Ueberblick
der Geschichte bewährte er durch die „Geschichtscharte, in 12 großen, illu-
minirten Blättern" (Basel 1782), und den „Ueberblick der Weltgeschichte,
zur Erläuterung der Geschichtscharte" (Augsburg 1783). Seinen Commentar über den Ulfilas, nebst der lateinischen Interlinearversion, einem
daraus gezogenen Glossar und einer mösogothischen Grammatik, hat Zahn
in seiner Ausgabe des Ulfilas 1805 bekannt gemacht und zugleich Nachrichten über Fulda mitgetheilt. Fulda war übrigens ein äußerst thätiger
und in seinem ganzen Wesen eigenthümlicher Mann. Die Lehrbücher,
deren er sich beim Unterrichte seiner Kinder bediente, schrieb er selbst.
Auch beschäftigte er sich viel mit mechanischen Arbeiten.

Gottfried Benedict Funk.
Geboren im Jahr 1734, gestorben den 18. Juni 1814.

Gottfr. Beneb. Funk, ein ausgezeichneter Schulmann und Pädagog, geboren zu Hartenstein in der sächsischen Grafschaft Schönburg,
studirte, nachdem er in Folge seiner Bedenklichkeiten wegen der einst bei
Uebernahme eines Predigeramtes einzugehenden Verpflichtungen, auf Anrathen des damaligen Hofpredigers zu Quedlinburg, J. A. Cramer, die
Theologie aufgegeben hatte, seit 1755 zu Leipzig die Rechte. Doch schon
im folgenden Jahre berief ihn Cramer, der unterdeß Hofprediger in Kopenhagen geworden war, zu sich als Lehrer und Erzieher seiner Familie,
wobei er ihm zugleich eigene Anleitung zum Studiren der Theologie zu
geben versprach. In dieser glücklichen Lage, welche ihm der Umgang mit
Klopstock, Münter, Basedow, Resewitz und vielen andern ausgezeichneten
Männern gestattete, blieb Funk, bis er die ihm angetragene Lehrstelle an
der Domschule in Magdeburg annahm. Schon 1772 ward er Rector dieser Schule und erhielt vom König von Preußen 1785 die Ernennung
zum Consistorialrath und bekleidete das Rectorat bis zu seinem Tode.
Seine Schriften wurden nachher gesammelt und erschienen nebst Funk's
Biographie (Berlin, 1820 – 21). Seine tiefen und vielseitigen Kennt-
nisse und gereisten Erfahrungen, verbunden mit einer wahrhaften Berufstreue und ächter Humanität, mit einem frommen Sinne, wohlwollendem
Herzen und reinen Leben, stellten ihn auf eine Höhe, die nicht leicht ein
Schulmann erreicht hat, und erwarben ihm eine ebenso seltene als fruchtbare Einwirkung auf die Geistes- und Herzensbildung seiner zahlreichen
Schüler. Ein Verein seiner Schüler suchte sein Andenken durch eine
Stiftung zur Unterstützung bedürftiger Jünglinge der Schule zu Magdeburg, sowohl in der Schulzeit selbst, als auch beim Abgange zur Universität, zu ehren.

Carl Ludwig Philipp Funke.

Geboren am 13. Juni 1756, gestorben im Juni 1807.

C. L. Ph. Funke wurde zu Görtzfalke bei Brandenburg geboren. Frühzeitig entschied er sich für den Dienst der Pädagogik, machte dafür die geeigneten Studien, folgte einem Rufe als Lehrer an das Philantropin zu Dessau, wurde hier mit dem Geiste und den Werken der großen philantropischen Pädagogen: Basedow, Campe, Salzmann, Iselin, Olivier und Wolke bekannt und befreundet, lebte sich in diesen Geist ein, äußerte ihn wieder in seinen Werken sowohl als Inspektor des Dessauer Lehrer=Seminars, als auch als Schriftsteller in allen Zweigen der pädagogischen Thätigkeit. Ersterer war erregend und befruchtete den Geist der jungen Leute mit den hochherzigen Ideen des Fortschritts in Aufklärung und Menschenwohl, bereicherte ihren Verstand mit dem positiven Wissen und veranlaßte sie, sich zu üben, zu bilden in den technischen Fertigkeiten für Amt und Leben; letzteres kann quantitativ und qualitativ großartig bezeichnet werden. Das Verzeichniß seiner Schriften füllt Seiten, sie selbst machen eine vollständige pädagogisch=naturwissenschaftlich=realistische Bibliothek aus. Den allgemeinsten Beifall und das größte Publikum fand seine „Naturgeschichte und Technologie für Lehrer in Schulen," 1790. 3 Bdchn. „Naturgeschichte für Kinder." Braunschweig, 1793. „Leitfaden zum Schulunterricht." 3 Bde. 1793. „Handbuch der Physik." 1797. „Mythologie." 1824. „Familienbuch für die Jugend." 1812. „Neues Realschullexikon." 5 Bde. 1800—1805.

Durch diese ungemein literarische Thätigkeit wie durch sein gediegenes pädagogisches Wirken erwarb sich Funke die Anerkennung und den Dank seiner Zeitgenossen, bleibende Verdienste um die deutsche Schule und gerechte Ansprüche auf ein dankbares Andenken.

Peter Fournier.

P. Fournier wurde am 30. November 1564 zu Mirecourt, einem Städten der Lorraine, geboren. Nach einer in Unschuld verlebten und mit herrlichen Erfolgen in den Studien gekrönten Jugend ward Fournier zum Priester geweiht, und als Pfarrer nach Mattaincourt geschickt, einem großen Dorfe in der Nähe seines Geburtsortes. Der Handel der Bewohner mit Genf, welcher Stadt sie Leinwand, Tuch u. dgl. lieferten, bildete ihren Reichthum und folglich ihren Luxus, ihren Uebermuth, ihre Zügellosigkeit und Irrreligion, so daß diese Pfarrei im ganzen Lande verschrieen war. Das war das Feld, welches der neue Pfarrer zu bearbeiten und zu befruchten hatte.

Voll Vertrauen auf Gott legte der gute Hirt muthig die Hand an's Werk. Durch die Kraft der Gebete, die Beispiele der Uneigennützigkeit und der glänzenden Tugenden, die Fournier seinem Volke gab, sah er die Herzen sich erweichen. Alsbald änderte sich die ganze Pfarrei und nahm eine andere Gestalt an. Es fand sich Eifer für Gottes Wort und die Beiwohnung der kirchlichen Verrichtungen, häufiger und innigfrommer Gebrauch der Sakramente, Reinheit der Sitten, überhaupt ein heil. Wetteifer mit Jenen, welche ein musterhaftes und christliches Leben führen.

Der Diener Gottes war noch nicht befriedigt; er suchte fortwährend Gutes zu stiften und Seelen zu retten. Er faßte den Entschluß, einen religiösen Orden, besonders für Erziehung der kleinen Mädchen, zu gründen. Er theilte einigen jungen Personen, die er geeignet hielt, sein Vorhaben mit, und alle nahmen es mit Freuden auf, fingen

an, die Kranken zu besuchen, den Armen zu helfen, die kleinen Mädchen
zu unterweisen, und allmälig gründeten sie eine Schule nach der Idee,
welche der Himmel ihrem heil. Leiter eingegeben hatte.

Am Weihnachtstage 1597 erhielt die Congregation ihre kirchliche
Bestätigung und warf, obgleich sie noch eine junge Pflanze war und von
Stürmen getroffen wurde, tiefe Wurzeln, und entwickelte schnell ihre
schützenden Aeste und Zweige. Der ehrwürdige Stifter sah sich gar bald
in die Unmöglichkeit versetzt, den Bitten zu entsprechen, welche man von
allen Seiten her an ihn stellte; so viel Eifer zeigte man, einige von seinen Töchtern zu besitzen.

Der Stifter, zum General-Obern des Ordens ernannt, unternahm
die Besuchung der Häuser desselben, und kam 1636 nach Gray in France-
Comté. Nachdem er vier Jahre durch das Beispiel aller seiner Tugenden seine Religiosen erbaut hatte, ward er von einem Fieber ergriffen,
das seine Kräfte langsam aufzehrte. Von süßem Vertrauen beseelt, entschlief er den Schlaf des Gerechten im Oktober 1640, im 77sten Jahre
seines Lebens. Am 10. Januar 1730 stellte Papst Benedikt XIII. das
Decret der Seligsprechung des Dieners Gottes aus. —

Franz Xaver Gabelsberger.
Geboren den 9. Februar 1789, gestorben den 4. Januar 1849.

Motto: „Bereits zähle ich unter meine Schüler ausgezeichnete Männer, deren
Geschicklichkeit sich nicht allein in den bayerischen, sondern auch in
auswärtigen Ständeversammlungen erprobt hat."

„Solche Schüler waren und sind meine Freude, mein Stolz! —
auf sie baue ich mit jener Innigkeit, welche nur wissenschaftlichen und
gemeinnützigem Streben innewohnt, — in ihnen sehe ich mich verjüngt,
und auf unsere Zeiten das Gedeihen jener Saat gesichert, zu welcher
ich schon frühe das Samenkorn zu legen bemüht war.

Gabelsberger.

Geboren zu München, der Sohn eines Hofblasinstrumentenmachers,
hatte von seiner frühesten Jugend an nichts weniger als angenehme Verhältnisse, und verdankt nur seinem liebevollen Benehmen, seinem Fleiße
und seiner hervorleuchtenden Begabung eine bessere Erziehung. Frühe mit
noch drei Geschwistern eine vaterlose Waise, schickte ihn die Mutter, unvermögend, vier Kinder zu ernähren, zu ihrem Vater, einem Sattlermeister zu Haag in Oberbayern, damit er dessen Handwerk erlerne. Hiezu
zeigte er aber wenig Lust, und wurde indessen sehr hart gehalten, bis sich
der Chorregent und Lehrer Plinkhard allda des armen, verlassenen Knaben wie seines eigenen Kindes annahm. Seine ausgezeichneten Fortschritte und sein freundliches Aeußere erwarben ihm die Liebe Aller, die
ihn kennen lernten, und wurden die Quelle seines weitern Fortkommens,
denn die Klostergeistlichen zu Attel, welche ihn bei Gelegenheit einer
Kirchenfeierlichkeit zu Haag, wo er mitsang, sahen, gewannen ihn so lieb,
daß sie sich um ihn bewarben und für seine weitere Erziehung sorgten.
Nach einigen Jahren kam er in die Schule des Stiftes Ottobeuren, wo
er bis zur Aufhebung desselben, vorzugsweise als Singknabe, blieb. In
der Absicht, sich dem Lehrfache zu widmen, besuchte er hierauf einige
Jahre das Schullehrer-Seminar, bald darauf das Gymasium zu München, wo er im Jahre 1808 Poesie studirte. Ein Jahr später versiegten
aber die Quellen zur Fortsetzung seiner Studien, und mußte lediglich
darnach streben, seine Existenz zu sichern. Im Jahre 1809 machte ihn
ein glücklicher Zufall mit Sennefelder, dem Erfinder der Lithographie,

bekannt, von dem er auch diese Kunst bald erlernte. Er wurde hierauf
Schreiber bei der Stiftungs-Administration, später Kanzlist im Ministerium, und endlich Ministerial-Sekretär. Bei der später eintretenden
Organisation pensionirt, wurde Gabelsberger jedoch bald wieder, und
zwar bis an's Ende seiner Tage im statistischen Bureau des Finanzmini-
steriums verwendet. So viel über die sonstige Stellung Gabelsberger's
im Leben.

Was sein Aeußeres betrifft, so haben wir sein Porträt, welches die
Dresdner Kunstgenossen im Jahre 1837 anfertigen ließen, und welches
vollkommen gelungen uns die lieben und freundlichen Züge des theuren
Meisters zeigt. Er war von nicht großer Statur, aber es sprach sich in
seinem ganzen Wesen immer der Eifer aus, Alles was er zu thun hatte,
rasch und nachdrücklichst zu thun. Sein Auge war voll eigenthümlicher
Milde und Klarheit; es blickte aus ihm der innige Mann heraus, der
sich dem, welchem er sich erschließt, vollkommen hingibt. Dabei konnte
dem Beobachter nicht entgehen, daß in seinem Wesen eine stille Resigna-
tion lag. Er sagte es ja selbst, wie er im Verfolg seines bestgemeinten
Strebens in Verhältnisse geworfen wurde, die vielleicht Andere an seiner
Stelle entmuthigt und physisch aufgerieben hätte, und fährt fort: „war
ich ja von Jugend an gewohnt, jedes Ziel meines Lebens, was Andern
oft Glück und Gunst schon im Voraus in die Hand spielt, erst nach lang
bestandener Feuer- und Wasserprobe zu erringen; ich bin stolz darauf,
es zu sagen, daß ich nicht einen einzigen Gönner in der Welt besitze, der
mich nicht erst durch anhaltende Beweise redlicher Bestrebung kennen gelernt hat." Er hatte ein inniges, ein tiefreligiöses Gemüth, den Geist
wahrer, christlicher Milde und Freundlichkeit. Er war ein liebender
Gatte, ein braver Hausvater und den Seinen auf's Aufrichtigste mit vollster Hingebung und Aufopferung zugethan. In seiner Familie schwieg er
über Verdruß und Unannehmlichkeit im Geschäfte; er war immer voll
Gleichmuth, guter Laune und beklagte sich nie; erschien auch eine trübe
Wolke an seinem Horizont, so suchte er dieselbe durch Summen eines
Liedes zu verscheuchen, und das war der beste, sehr oft der einzige Beweis, daß ihm etwas Unangenehmes begegnet war. Das dauerte aber
nie lange, denn bald setzte er sich dann wieder ruhig ohne Klage und
ohne Jammer an sein Arbeitstischchen, um wieder an seinem Werke fortzuarbeiten; das war sein Trost, seine Erheiterung, seine Erholung. Ja,
sogar über die, welche ihm Hindernisse in den Weg legten, äußerte er
sich nie mit Erbitterung.

Was seine herrliche Erfindung betrifft, so kam er aus freier Idee
im Jahre 1817 auf den Gedanken, sich mit Ermittelung einer Schnellschrift zu befassen, um allenfalls einem höhern Staatsbeamten zur Erleichterung seiner Geschäfte mittelst einer solchen Schrift dienen zu können. Er fand aber damals hiefür noch keinen Anklang. Fünfzehn Jahre
mußten verfließen, bevor diese seine erste Absicht einen Mann fand, der
nicht nur das Nützliche und Geschäftsförderliche einer solchen Dienstlei-
stung durchblickte, sondern auch den gehörigen praktischen Gebrauch davon
zu machen wußte. Da trat aber plötzlich durch Proklamirung der bayerischen Staatsverfassung im Jahre 1818 eine neue Wendung für ihn ein,
es sollte im darauffolgenden Jahre zur Einberufung einer Ständekammer
geschritten werden. Jetzt sah Gabelsberger ein ganz neues Feld sich
eröffnet, und er äußerte sich darüber: „da ging mir nun der Gedanke
auf, daß ich mich durch meine bisher ohne nähere Bestimmung gepflegte
Kunst, vielleicht nützlich machen könnte, nachdem ich aus den Zeitungen
wußte, daß in England und Frankreich eigene Schnellschreiber zur Auf-

nahme der ständischen Verhandlungen verwendet werden. Nun erst fing ich an, die Sache auch ernster zu betreiben. Ich fühlte mich in mancher Beziehung mit zweckdienlichen Vorkenntnissen ausgerüstet. Ich hatte mich in meinen Jünglingsjahren viel mit Unterricht in Sprachgegenständen und in der Kalligraphie abgegeben. Ich habe schon im Jahre 1809 die Gelegenheit benützt, mich in der Lithographie auszubilden, wobei mir die Zeichnung und Anschauung der Schrift im verkehrten Bild Gelegenheit bot, die für die Hand am bequemsten laufenden Theilzüge in's Auge zu fassen; Mnemonik und Pasigraphik, Kryptographie und Dechiffrirkunst waren mir längst Gegenstände geworden, zu denen ich besondere Neigung fühlte; ich hatte also Sprache und Schrift in ihrem Wesen wie in ihren Bestandtheilen bereits von Gesichtspunkten aus betrachten gelernt, welche mir in mancher Beziehung zum Leitstern in der Behandlung meiner Aufgabe dienen konnten." Und er hatte auch Recht; denn die Dechiffrirkunst gab ihm die wichtigsten Anhaltspunkte zur Erkenntniß der Erfordernisse eines schnellschriftlichen Alphabets in Rücksicht auf das Verhältniß, in welchem die einzelnen Buchstaben sich in der deutschen Sprache wiederholen. Die wesentlichsten Hilfsmittel einer jeden Schnellschrift sind nämlich einfache, schreibflüchtige und verbindungsfähige Züge zur Belegung des Alphabets und eine systematische Abbreviatur. Um nun dem ersten Gebot auf das Gründlichste und mit aller Umsicht Genüge zu leisten, unternahm er Vorarbeiten und Berechnungen, die zu den schwierigsten Arbeiten gezählt werden müssen. Er hat die vier Quartbände von Adelung's großem Wörterbuch Zeile für Zeile durchgegangen, alle Stämme mit ihren Umlautungen, alle Ableitsylben einzeln ausgezogen, diese nach dem Zusammentreffen der Consonanten lexikalisch unter durchlaufender Behandlung der Vokale geordnet. Dadurch bekam er die nöthige Uebersicht über das gegenseitige Verhältniß der Lautiteration und Kombination, als der beiden Hauptfaktoren der stenographischen Wortbilder, und er konnte ein Alphabet begründen, das alle Eigenschaften einer Vollkommenheit an sich trug, von der man früher keine Ahnung hatte, und die für schnellschriftliche Zwecke noch nirgends erreicht worden ist. So entstand im Jahre 1834 sein mit ungemeinem Aufwand von Fleiß und praktischer Umsicht behandeltes Lehrbuch der deutschen Stenographie, das sich in seiner ganzen Durchführung als ein echt deutsches Produkt kund gibt, in welchem Stoff und Form, Zweck und Mittel in ernster, durchgreifender Behandlung sich gegenseitig durchdringen. Dieses Buch, 81 Bogen in Quart, ist ein wahres Originalwerk, über welches er bemerkt: „Ich konnte auch nicht wohl zum Nachahmer werden, da ich mit den Grundlagen meines Systems und mit der Auswahl meiner Schriftzeichen so ziemlich im Reinen war, bevor ich nur wußte, ob und welche Werke über Geschwindschreibkunst überhaupt existiren." Hätte er aber später etwas Besseres, als seine Erfindung entdeckt, so hätte er wohl gewußt, was er zu thun gehabt „denn, sagte er, so wie ich meine eigenen Zeichen neunmal verwarf, ehe ich mich nur einigermassen damit zufrieden gestellt fühlen wollte, so war ich mir auch der Selbstbeherrschung bewußt, es zum 10tenmale verwerfen zu können, wenn mich Vernunft und Gründe eines Bessern überzeugen würden."

Während die Erfindung unsers Gabelsbergers von Sachkennern nach ihrer Theorie wie in ihrer practischen Anwendung immer als ein gelungenes und vollendetes Kunstwerk anerkannt und bewundert wurde, und selbst die kgl. Academie der Wissenschaften sich in dieser Richtung ausgesprochen hatte, arbeitete Gabelsberger unermüdet an der weitern Ausbildung des rationellen Theils, an der wissenschaftlichen Begründung des Abbreviatursystems. Er fühlte mehr als jeder Andere, daß in allen bisher bekannt gewordenen stenographischen Systemen in dieser Beziehung größtentheils nur Willkührliches eingeführt worden sei, das aller und jeder wissenschaftlichen Begründung ermangle. Schon zur Zeit der Bearbeitung seines großen Lehrbuches hatte er klar eingesehen, daß jedes mehrsilbige Wort aufgelöst werden könne in eine Silbe des eigentlichen und Hauptbegriffes, dann in eine oder mehrere der Form, welche jenem seine nähere Bestimmung und Verhältnisse zu den übrigen Begriffen im Satze geben. Er kam aber damals noch zu einem unrichtigen Schluß, bis er im Jahr 1838 zum System der Satzkürzungen gelangte, worüber er im Jahr 1841 sich äußert: „Ich habe mich schon darüber geärgert, daß 14—15 Jahre vergehen mußten, bevor ich über dieses Ei des Kolumbus kam." Das Ergebniß seiner Forschungen legte er 1843, nachdem er bereits 4 Jahre vorher seine Schüler in dieselbe eingeweiht und es practisch hatte erproben sehen, dem größern Publikum vor, wie er überhaupt nichts veröffentlichte, was er nicht zuerst im Kammerdienste vollständig durch sich und seine Schüler als tüchtig erfunden hatte. Diese Publikation, unter dem Titel: „Neue Vervollkommnungen in der deutschen Redezeichenkunst" brachte jedoch nur einen Theil seiner Erfahrungen — Erfindung, denn seine Zeit war kurz gemessen, und troß seiner unermüdlichen Arbeitsthätigkeit, die ihn oft bis tief in die Nacht nicht ruhen ließ, hatte er immer über Mangel an Zeit zu klagen. Er war nemlich zu gleicher Zeit Beamter und Lehrer der Stenographie. Der Landtag und eine ausgedehnte Korrespondenz nahmen auch von der Zeit, die er für systematische Arbeiten übrig behalten konnte, viel weg. Dieser Mangel an Zeit hinderte ihn auch an der Fortsetzung einer stenographischen Lesebibliothek, deren erstes Heft, zugleich ein Muster stenographischer Kalligraphie 1838 erschien. Erst in der vom Münchener Centralverein besorgten zweiten Ausgabe seines Werkes erschien das ganze System vollständig nach dem hinterlassenen Manuscript. Eines aber hatte er mit sicherer Hand schon damals vorgezeichnet, nemlich den Weg, den er nahm, um ein vollständig rationelles Abbreviatursystem zu schaffen, welches weit entfernt von willkührlicher Octroirung einer Unmasse von Kürzungen, auf wissenschaftliche Basis ruhend die Gesetze des Satzbaues selbst benützt, und zum Ziel zu gelangen.

Gehen wir von der Theorie auf die practische Anwendung der Stenographie über, so hat Gabelsberger zum erstenmale im Jahr 1819 und zwar in der Kammer der Reichsräthe als verpflichteter Stenograph ganz allein, ohne alle Beihilfe funktionirt. Drei Jahre darauf, beim nächsten Landtag hatte er sich einen Gehilfen herangezogen und übernahmen sie beide den stenographischen Dienst bei der Kammer der Abgeordneten. Was es aber heißt, allein oder nur mit einem einzigen Gehilfen die Verhandlungen eines Landtags Monate lang aufzunehmen, wird jeder Practiker zu beurtheilen wissen. Aber selbst die größten Anstrengungen und die vielen, ihm entgegengestellten Schwierigkeiten haben ihn nur zur Ausbauer ermuntert und nie muthlos gemacht. Troß dem, daß er am Ende zweier Landtage durch die physische Kräfte überbietenden Anstrengungen sich längere Krankheiten zugezogen hatte, welche ihn beidemal bis an den Rand des Grabes brachten, so konnte ihn dieses nicht entmuthigen, er meinte nur „doch auch diese schwere Prüfung war mir kein Grund, von der eifrigen Verfolgung meines Zieles abzulassen, dagegen wurde gerade sie zur Veranlassung, daß meine ernst angelegte Bestrebung an Tag kommen mußte." Er tröstete sich, indem er die Worte niederschrieb: „Selten ernten den Lohn der Künste erster Begründer." Wir verdanken aber auch seine ganze Schöpfung nur der ruhigen Stille aber ernsten Thätigkeit eines Mannes, der 1835 gleichsam das Programm seiner Lebensthätigkeit in folgenden Worten niederschrieb: „Meine persönlichen Maximen sind ganz einfach. Ich suche still und redlich meine Pflicht zu erfüllen als ein Mensch, der sein Dasein möglichst nützlich für sich und Andere zu vollbringen hat — als Diener und Angehöriger des Staates, der sein Glück nur darin sucht, in seiner Sphäre sich Ehre zu machen — dann als Familienvater, dem die kleine Aufgabe zu schaffen genug macht, für seine Familie so zu sorgen, daß ihm kein Vorwurf gemacht werden kann; ich traue auf Gott, und habe mir auf solchem Wege einen innern Frieden geschaffen und gerettet, dessen heitern Genuß alle diejenigen nicht mehr kennen, die mehr als sie sollen oder müssen, an dem Walten und Treiben der Welt Antheil nehmen.

Erst im Jahr 1831 wurde zur Bildung eines stenographischen Bureau geschritten, welches aus zehn Stenographen mit Gabelsberger an der Spitze, bestand. Jetzt erst wurde seine Arbeit erleichtert. Das Bureau erweiterte sich in der Folge, so daß bei seinem Ableben ein Stenographendienst vorhanden war von 13 Stenographen in der Abgeordnetenkammer und in der Kammer der Reichsräthe. In vorgerückten Jahren noch unterzog sich Gabelsberger der Mühe, die dänische Sprache sich anzueignen, um einen von seiner Regierung gesendeten Dänen in seiner Kunst zu unterrichten und Hand in Hand mit ihm die Uebertragung seines Systems für dessen Sprache herzustellen. Es war dieß sein letzter Schüler. An die 30 Jahre hatte er unausgesetzt gewirkt, um für die Stenographie thätig zu sein. Nachdem er unter Tags seinem Berufe obgelegen, arbeitete er noch „bei schon abgespannten Kräften und der Nacht abgegeizten Stunden," bis ihn im Mte. Januar 1849 ein Schlagfluß plötzlich und nur allzufrühe seiner Kunst und seinen trauernden Jüngern entriß. Noch in der letzten Zeit hatte er mit allem Fleiß an der Vollendung des Manuscripts für die 2te gänzlich umgearbeitete Ausgabe seines Lehrbuches gearbeitet, und war damit so weit gekommen, daß es nur noch der Zusammenstellung bedurfte, welche dann auch der Centralverein besorgte. In diesem Werke ist der Stand der Gabelsberger Stenographie bei seinem Tode getreulich niedergelegt. Der Theure war dahin, seine Schüler hatten ein heiliges Erbe angetreten, die Erfindung ihres Lehrers und Meisters zu wahren und weiter zu verbreiten, und wenn sie ihm auch in Pietät ein Monument errichteten, welches die Gemeinde München auf ewige Zeiten für ewige Zeiten für unveräußerlich erklärte, so hat er sich ein noch schöneres und dauerndes durch sein Werk selbst gesetzt. Wir aber können hier nicht besser schließen, als mit den Worten, welche der bayerische Landtagsabgeordnete Forstmeister von Müller 4 Wochen nach dem Tode Gabelsberger in öffentlicher Sitzung der Abgeordnetenkammer aussprach:

„Gabelsberger ist eigentlich nicht gestorben, er lebt noch unter uns, „er ist nur leiblich von uns geschieden, er wird immerfort im lebenden „Andenken der Civilirten bleiben, er, der Mann, der das Wort zu fixi„ren erfand. Gabelsberger war einer jener seltenen, bescheidenen, ich „möchte sagen, allzubescheidenen Männer, die nur für's höhere Interesse „der Kunst, der schöpferischen Idee der höhern Erfindung lebten. Den „edelsten Willen durch die herrlichste That zu vollbringen erfüllte seine „Seele, er verlangte nichts, er bat um nichts, man mußte ihm alles an„bieten. Ich selbst freue mich, noch in der letzten Sitzung Veranlassung „genommen zu haben, ihm diejenigen Gebühren, welche in frühern Ver„sammlungen seine Verdienste zu lohnen, bestimmt, in der jüngsten aber

„herabgesetzt werden sollten, wieder auf ihre frühere Höhe zu bringen.
„Der anspruchlose, edle Mann würde diese Erhöhung nie verlangt ha=
„ben. Er hat in seinem Streben, dem Vaterlande zu nützen, auf seine
„eigenen Interessen nicht gesehen, er hat nicht gesucht, sich Reichthum
„aus seiner Kunst zu erwerben!"

　　Was Gabelsberger einst von Tiro sang, das konnten seine Schüler
aus voller Ueberzeugung ihm in's Grab nachrufen:

　　„Du hast ein reiches Gebiet allnützlichen Wirkens geöffnet,
　　So für die Zwecke des Staats, so für des Einzelnen Dienst!"

Georg Gerber.

Karl Eduard Gabriel.
Geboren den 30. Juli 1809, gestorben den 22. April 1841.

　　Karl Eduard Gabriel ward zu Jüterbogk geboren. Sein Va=
ter, ein sächsischer Feldwebel, kam aus dem Feldzuge gegen Rußland
1812 nicht zurück. Die Verhältnisse der Familie wurden nach und nach
drückend. Darum mußte es die Mutter für ein Glück erachten, ihren
8jährigen Karl in die Militär=Erziehungsanstalt in Annaburg aufgenom=
men zu sehen. Der Knabe gedieh hier sichtbar, dennoch aber erreichte
seine Schwächlichkeit nicht die körperliche Kraft, welche der Soldaten=
stand erfordert. Ausnahmsweise ward es ihm daher gestattet, sich einem
andern Berufe zu widmen. Zum Studiren fehlten ihm die Mittel, auch
wohl die gelehrte Vorbereitung. Er trat daher mit 18 Jahren in das
Schullehrerseminar zu Neuzelle. Das ihm nach einem Aufenthalte von
3 Jahren eingehändigte Zeugniß war rühmlich und vielversprechend, und
er selbst verläugnete nie seine dankbare Anhänglichkeit gegen diese Bil=
dungsanstalt. Zu der Zeit, als Gabriel das Seminar verlassen sollte,
bestand noch die treffliche Einrichtung, daß das hohe Ministerium in
Berlin ausgezeichneten Seminaristen Unterstützungsgelder bewilligte, ge=
wöhnlich 200 Thlr. jährlich, auf 2 bis 3 Jahre. Unserm Gabriel wurde
ebenfalls eine solche Unterstützung zu Theil. Nachdem er ein halbes
Jahr auf einem Dorfe bei Landsberg an der Warthe die Schulstelle ver=
waltet hatte, widmete er sich von 1825—1831 in Berlin dem Studium
der Naturwissenschaften; nebenbei besuchte er die pädagogischen Abendun=
terhaltungen, auch trat er dem Taubstummenunterrichte näher.

　　Diesterweg übergab ihm eine Lehrerstelle an der mit dem Semi=
nar für Stadtschulen zu verbindenden Stadtschule; er trat im Herbste
1832 diese Stelle an, und blieb 8 und ein halbes Jahr mit seinem Lehr=
meister in Verbindung. Dieser hat ihn mit seinem scharfen Beobach=
tungsgeiste aufgefaßt und gibt unter andern folgende Schilderung von
ihm. Zuerst der Lehrer, dann der Mensch, wobei wir uns der
Kürze halber auf das Erste uns beschränken müssen.

　　Drei virtuose Eigenschaften zeichnen unsern Gabriel aus.
1) Er basirte seinen Einfluß auf die Schüler nicht auf äußerliche Mittel:
Certiren, Censuren, Belohnungen und Strafen, und wie die halben
Maßregeln, Krücken und Palliative oder die wenigstens nur relativ, nicht
absolut guten Mittel weiter heißen mögen, durch welche viele Lehrer
ihrer ungenügenden Begabung oder dem mangelnden Eifer der Schüler
zu Hülfe zu kommen suchen, sondern er vertraute einzig seiner Persön=
lichkeit mit dem Bewußtsein des redlichsten Willens und der didactischen
Kraft reichte er aus. 2) Er fesselte die Aufmerksamkeit, die Lernlust
und den Fleiß der Schüler durch eine wahrhaft elementarische Behand=
lung der Unterrichtsstoffe. 3) Er war ein erziehender Lehrer. Die Er=
läuterungen hierüber finden sich in der untergenannten Nekrologie und

geben des Belehrenden, Warnenden und Ermunternden Vieles. Wir theilen nur Einiges davon mit.

Gabriel war ein elementarisch durchgebildeter, ein elementarisch bildender Lehrer. Unter seinen Händen wurde Alles anschaulich, durchsichtig. Verwickeltes mußte er plastisch dem sinnlichen Auge vorzuführen. In seinem schwachen Körper wohnte eine hohe Kraft geistiger Anstrengung. Gabriel war in den Tagen seiner Kraft ein glücklicher; denn er war ein erziehender Lehrer; er besaß ein höchst feines phyiologisches Urtheil, was jedem Lehrer Noth thut, er besaß den glücklichsten Tact. Sein Geist hing nicht an angelerntem Wissen, er beschwor kein Symbolum, er war ein freier Geist, ein Naturbeobachter und Naturforscher. Die in der Natur beobachteten Gesetze trug er auf das Menschenleben und die Geschichte über. Das Urlicht in der äußern Gotteswalt beleuchtete und erklärte ihm die Irrthümer der verfälschten Historie. Gerade solchen Lehrern entblößt sich das kindliche Gemüth am meisten. Die Kinder hingen an ihm, er an ihnen, Lehrer und Erzieher war bei ihm dasselbe.

Mit dem Lehrer Gabriel steht der Schriftsteller Gabriel im engsten Verhältnisse. Dieser entwickelte sich aus jenem. Seine schriftstellerischen Arbeiten haben den Namen des vormaligen Annaburger Soldaten - Waisenknaben über alle Theile Deutschlands verbreitet. Sein Rechenbuch, seine Anthropologie, sein Leitfaden zu einem methodischen Unterrichte in der Menschen- und Thierkunde haben, wie Diesterweg sich ausspricht, die verdiente Anerkennung gefunden. In allen Gegenständen, die er im Seminar und dessen Schule gelehrt, hat er Ausgezeichnetes geleistet: im Schreiblesen, im Rechnen, in der Geographie, in der Raumlehre, am meisten und mit Vorliebe in der Naturgeschichte. Sein sinniges, gemüthliches Wesen befreundete ihn tief und innig mit der Natur. In der Naturgeschichte hat er die Bahn brechen helfen Er wandte die Pestalozzischen ewigen Unterrichtsgesetze, zuoberst das der Anschauung, auf die Realien an, und er war darin sehr glücklich. Er war überhaupt ein echter Pestalozzianer in des Wortes edelstem Sinne, und als solcher ein kraftbildender, rationeller Lehrer. In einer Abhandlung, welche in den Rheinischen Blättern. 20. Bds. 2 Hefte (1839) befindlich ist, stellt Gabriel unter dem Titel: „Naturhistorische Werke und über die Methode des Unterrichts in der Naturgeschichte" folgende Grundsätze auf:

1) Scheidung des Stoffes in Form, Bau und Leben d. i. in Betrachtung des Aeußern, (äußere Anatomie), Betrachtung des Innern; (innere Anatomie) und Betrachtungen der Lebenserscheinungen (Physiologie.)

2) Ueberall steht die Betrachtung des Menschen nach dieser Beziehung oben an.

3) Ueberall muß Anschauung möglich gemacht werden. Während des ganzen Unterrichtes werden also wirkliche Naturkörper betrachtet. Abbildungen bilden untergeordnete Rolle.

4) Auffassen der Gesetzmäßigkeit, welche sich in den Naturkörpern ausspricht, der Einheit in der Mannigfaltigkeit, das Gewinnen von Ansichten ist Hauptzweck des Unterrichtes.

5) Durch die Betrachtung der einzelnen Naturkörper werden die Vorstellungen von den höchsten Gruppen abwärts gewonnen.

Seinen Kenntnissen nach war Gabriel kein Gelehrter in des Wortes herkömmlichem Sinne, aber er besaß wissenschaftliche Kenntnisse. Zwar ohne humanistische Bildung saß humane Gesinnung oder Humanität in seinem Herzen. Daneben belebte ihn ein strenges Gerechtigkeitsgefühl:

Er war, wenn er auch, wie alle Lehrer, die ein gerechtes Selbstgefühl haben, nach einer günstigern äußern Stellung strebte, doch zufrieden mit dem ihm beschiedenen bescheidenen Loose.

In der zu Berlin bestehenden pädagogischen Gesellschaft gehörte er zu den theilnehmendsten Mitgliedern. Ihn interessirte Alles. Obschon er manchmal zu zeitig mitsprach, so kam doch kein verletzendes Wort über seine Lippen. — In Eckernförde hatte ihn das äußere Treiben angewidert, und offen, wie er war, erklärte er sich mit Entschiedenheit dagegen.

Jeder Lehrer, jeder Mensch, der als Organ in einem zusammengesetzten Ganzen fungirt, konnte etwas sehr Wichtiges von ihm lernen: **sich betheiligen bei oder an einer Sache.** Womit er nur in Berührung kam, wofür er zu wirken hatte, was nur als Factor, wenn auch als untergeordneter hineinspielte, er nahm Antheil daran. Die Isolirung als Lehrer oder Mensch von den Interessen der Anstalt und der Zöglinge oder von den Fortschritten der Nation oder der Menschheit waren ihm ganz fremd. Er betheilte sich an Allem, besonders an seinen Schülern und Seminaristen, deren einzelne persönliche Verhältnisse er bald zu erspähen wußte. Weil er sie in seinem Herzen trug, so kränkte und schmerzte ihn eine auf irgend eine Art hervorbrechende Rohheit oder Widerspenstigkeit sehr tief.

So war, so lebte Gabriel. Er war ein ausgezeichneter Lehrer, ein wahrhafter Erzieher, ein echter Freund. Er beschäftigte sich noch in den letzten Monaten mit der Correctur des zweiten Theils seines Leitfadens. für einen methodischen Unterricht in der Menschen= und Thierkunde und des dazu gehörigen Commentars für Lehrer. Noch immer täglich in der Zukunft mit Plänen beschäftigt, überraschte ihn der Todesengel und führte ihn sanft hinüber.

Diesterweg beschließt die von ihm in den „Rheinischen Blättern. 24sten Bds. 2ten Heftes" gegebene Nekrologie des edlen Gabriel, mit den vielsagenden Worten: „Daß Alles, was einmal existirt und gewirkt hat, nicht wird, daß jede, auch die kleinste, sowohl körperliche als geistige Wirkung ewig fortdauert ist eine unwiderlegliche Wahrheit, weil das Gegentheil nicht denkbar ist, folglich ist nicht nur der Geist, sondern Alles unsterblich; aber die das Gute Wollenden haben darauf zu sinnen, daß dessen, was werth ist, unsterblich zu sein, mehr werde. Guter Samen, von guten Menschen gesäet — Amen."

Die uns bekannten Früchte seiner literarischen Thätigkeit sind folgende:

Specielle Anweisung zum Unterrichte im Rechnen für Lehrer an Mädchen= und Elementar=Knaben=Schulen, in Verbindung mit einem Uebungsbuche bearbeitet. Berlin. Plahn, 1836. (16 Gr.). — Naturkunde für gebildete Freunde derselben, namentlich für Lehrer, nach methodischen Grundsätzen bearbeitet. 1 Thl., auch unter dem Titel: Antropologie, oder Form, Bau und Leben des menschlichen Körpers, mit besonderer Berücksichtigung der Gesundheit und der Erziehung des Körpers, für Lehrer, Erzieher und Eltern bearbeitet. Mit 8 lithogr. Tafeln. Berlin, Schultze. 1 Thl. Der 2te Theil (1840) hat den besondern Titel: Zoologie, oder Form, Bau und Leben der Thiere. Mit 6 lithogr. Tafeln. Ebendaselbst — Leitfaden zu einem methodischen Unterrichte in der Menschen= und Thierkunde in drei Cursen für Unter= Mittel= und Oberclassen bearbeitet.

Galilei.

Geboren den 18. Februar 1564, gestorben den 8. Januar 1642.

Galilei, unstreitig einer der größten Mathematiker und Astronomen, wurde zu Pisa geboren. Er war der Sohn einer adelichen, aber zahlreichen und armen Familie. Früh verrieth er schon einen großen Geist. Kaum 19 Jahre alt, entdeckte er das Gesetz der Pendelschwingungen. Er studirte in Pisa Mathematik und Arzneiwissenschaft. 1589 wurde er, in seiner Vaterstadt Professor der Mathematik und gelangte 1592 in gleicher Eigenschaft an die Universität Padua. 1597 erfand er das Thermometer, den Proportionszirkel, 1608 den Teleskop. Und nun hat sich ihm und durch ihn der Menschheit eine neue Welt erschlossen. Schon 1609 entdeckte er die Trabanten des Jupiters, die Sichelgestalt der Venus, die Flecken der Sonne und des Mondes und Mehrere. Welche Ueberraschung mußte es für ihn sein, welche Wonne, als er alle jene Welten überblicken konnte, die Milchstraße mit ihren Milliarden, Sonnen, die Bahnen der unzähligen Gestirne. Durch seine fortgesetzten Studien mußte natürlich Galilei die Richtigkeit des kopernikanischen Systems erkennen und mit diesem den Stillstand der Sonne und die Bewegung der Erde behaupten. Allein dadurch kam er mit der damals so mächtigen Inquisition in Streit, welche diesen Satz als „falsch, absurd und dogmatisch irrig" erklärte. Galilei wurde nach Rom eingeladen. Am 20. Januar 1633 reiste er ab. Der Großherzog von Toskana, Ferdinand, dessen Erzieher Galilei gewesen war, wandte alle Mittel an, den Grimm der Feinde seines alten, geschätzten Lehrers zu besänftigen. Nichts half. Der beinahe 70jährige Galilei wurde zum Kerker auf unbestimmte Zeit (welche jedoch nicht lange währte) verurtheilt und mußte den Satz, „daß die Sonne der Mittelpunkt des Weltkreises und unbeweglich, und die Erde nicht Mittelpunkt des Weltkreises sei und nicht bewege," abschwören, was er am 22. Juli 1633 knieend that. Schriftsteller versichern, er habe als von den Knieen aufstand gerufen: è pur si move (und doch dreht sie sich.) Die Behauptung Einiger, Galilei habe die Folter aushalten müssen, erhellet als irrig aus seinen eigenen Briefen. Vielmehr wurde ihm eine sehr gelinde Behandlung zu Theil und bewohnte er während seiner kurzen Haft einen schönen Palast in Rom. Seine letzten Lebensjahre verlebte er in Toskana. Der unausgesetzten geistigen Anstrengung wegen erblindete er zuletzt, zu welchem sich noch Gicht, Schlaflosigkeit und Taubheit gesellten. Treue Schüler theilten sich in die Pflege während seiner leidenvollen Jahre und erheiterten ihm in inniger Anhänglichkeit den Abend seines vielfach thätigen und sorgenvollen, aber auch vielfach dornbesäten Lebens. Er starb von Vielen betrauert, von noch Mehren verkannt. Das war der Lohn und das Ende jenes großen und außerordentlichen Mannes, der, so zu sagen, der Menschheit den Weg zu jenen Tiefen und Reichthümern der Schöpfung eröffnete, der uns die Größe und Macht in seinen Werken zeigte. So lohnet die Welt!

Karl Friedr. Gauß.

Geboren den 30. April 1777, gestorben den 23. Februar 1855.

Karl Friedr. Gauß war in Braunschweig geboren. Seine Eltern waren unbemittelt und gehörten dem niedern Bürgerstande an. Als Schüler des Carolinum begegnete es ihm, daß sein Lehrer Helwig, dem er eine mathematische Arbeit vorlegte, ihn nach der Lehrstunde bei Seite nahm und bat, den Unterricht nicht mehr zu besuchen, da er nichts darin lernen könne. In den Jahren 1795—1798 studirte Gauß in Göttingen, ohne jedoch, wie er zu sagen pflegte viel bei Kästner zu profitiren. Er erwarb sich 1799, auf der Universität Helmstedt die Würde eines Dr. philos. Die Gunst des Herzogs Karl von Braunschweig setzte ihn in den Stand, seine wissenschaftlichen Forschungen fortzusetzen, so daß er bis zum Jahre 1807 in Braunschweig privatsirte. Im 24sten Jahre veröffentlichte er seine berühmten disquisitiones arithmethicae, Leipzig 1801, 4, worin die schönsten Entdeckungen in der höheren Mathematik niedergelegt und mit der größten Strenge und Eleganz auf eine Weise behandelt sind, daß sie sogleich das Aufsehen der ersten Mathematiker Europa's erregten. Nur wenigen war das Werk bei der großen Schwierigkeit des Gegenstandes vollkommen zugänglich. Im Jahr 1806 gab R. Deliske davon eine Ueberseßung heraus, die mehr verbreitet ist, als das schon längst vergriffene Original.

Nach seinen ersten literarischen Arbeiten, unter welchen auch die mit seinem jüngern Freunde, dem berühmten Physiker W. Weber ausgeführten Arbeiten, die einen welthistorischen Ruf erlangten, zu zählen sind, erhielt Gauß Anträge zum Mitgliede der Academie in Petersburg. Dem berühmten Olbers in Bremen jedoch hat man es zu danken, daß Gauß am 9. Juli 1807 als ordentlicher Professor und Director der Sternwarte nach Göttingen berufen ward. Er kam, und kein auswärtiger Ruf konnte ihn von nun an verlocken, und so gehörte er fast 48 Jahre der Universität und der kgl. Societät der Wissenschaften als residirendes, wie schon früher als correspondirendes Mitglied an. Alle seine berühmten Arbeiten hat er seitdem den Abhandlungen der Göttinger'schen Gesellschaft einverleibt. Jeder dieser Arbeit gab er nach Gestalt und Form die größte Vollendung. Alle Mathematiker der Welt verehren wohl in Gauß den mittelbaren, viele unter den Astronomen und Mathematikern Europa's und Amerika's auch den unmittelbaren Lehrer. Er übte diesen Lehrerberuf, wie wenig bequem ihm auch derselbe sein mochte, bis die 2 leßten Jahre vor seinem Tode stets mit großer Treue. Seine Bedeutung in der Geschichte der Wissenschaft wird immer glänzender hervortreten, wie frühzeitig sein Weltruhm begründet war, mag sich aus dem Einzigen ergeben, daß er, seit lange allen großen Academien der Welt zugesellt, schon über 50 Jahre unter den 50 auswärtigen Mitgliedern der Royal Society in London und über ein Menschenalter der Academie der Wissenschaften in Paris als einer der 8 associes étrangers angehörte, was als die größte Auszeichnung in der wissenschaftlichen Welt betrachtet wird, die er in jüngster Zeit mit Alexander von Humboldt, Mitscherlich und Tiedemann in Deutschland theilte.

Gauß war ein eiserner, durch und durch rechtschaffener Character mit einer Willens- und Arbeitskraft, wie sie vielleicht nicht zum zweitenmal einem Sterblichen verliehen werden wird. Die größten Hindernisse einer Arbeit zu überwinden, übte auf ihn einen unbeschriebenen Reiz aus und er schäßte eine Arbeit nur dann, wenn sie Resultat eines solchen geistigen Kampfes gewesen war. Nur einer rein wissenbeten Wissenschaft, die er mit Begeisterung verfolgte, die frei von irdischen Zwecken den göttlichen Ursprung der menschlichen Seele verkündigt, nur dieser Wissenschaft hat er sein Leben geweiht. Er war streng gerecht in seinem Urtheil, doch machte er an andere geringere Anforderungen als an sich selbst. Das höchste Ziel stets im Auge hat er mit rührender Einfachheit sein geistig bewegtes, eines großen Philosophen würdiges Leben vollbracht. Liebend gegen seinen Nächsten, wohlwollend gegen seine Freunde, dankbar gegen den edlen Herzog, voll des reinsten Interesses an der geistigen und materiellen Entwickelung der deutschen Nation, heiter, selbst humoristisch, troß vieler körperlichen Leiden, bis zu seinen leßten Augenblicken und tief durchdrungen von dem heiligsten religiösen Bewußtsein, das wohl je in einem menschlichen Herzen gelebt hat, ist er, mit der festen unerschüt-

terlichen Zuversicht an die ewige Gerechtigkeit in der Natur, in ein bes=
seres Dasein übergegangen. —

Friedrich Gedike.

Geboren den 15. Januar 1754, gestorben den 2. Mai 1803.

> Motto: Der Schulmann hat die Freude, die Natur in ihrer
> Werkstätte zu belauschen, ihrer arbeitenden Kraft zuzu=
> schauen, und ihrem Drang und Streben, die Richtung
> zum Wohl der Menschheit zu geben. Er theilt mit den El=
> tern die Wonne, ein Wohlthäter des künftigen Geschlechts
> zu sein. — noch dann es zu sein, wenn seine Gebeine
> vermodern, und sein Name vergessen ist.   Gedike.

Friedrich Gedike wurde geboren in dem Dorfe Boberow der
Priegnitzmark, wo sein Vater als Prediger lebte. Dieser bekümmerte
sich aber wenig um seine Geistesbildung, weil er den Grundsatz hatte:
man müsse ein Kind nicht zu früh anstrengen, sondern dem Körper gehö=
rige Zeit lassen zu seiner Erstarkung. So wuchs der Knabe unter den
Bauernkindern ziemlich roh auf, bis in sein neuntes Lebensjahr, wo er
den Vater durch den Tod verlor, was vielleicht als ein wohlthätiger
Eingriff der Vorsehung in den Gang seines Schicksales zu betrachten ist,
weil dadurch sein ganzer Lebensweg eine andere Richtung bekam. Seine
äußere Lage war hilfsbedürftig und er kam auf kurze Zeit nach Seehau=
sen in der Altmark in die Stadtschule. Einer seiner dortigen Lehrer ver=
sichert, daß man an diesem Knaben wenig Anlagen und fast gar keine
Fortschritte wahrgenommen habe. So tief lag der Keim zu dem in der
Folge sich so herrlich entwickelnden Fruchtbaume! Ein beherzigenswerther
Wink für Lehrer und Erzieher, der übrigens durch mehre, ähnliche Er=
scheinungen nur noch wichtiger wird.

Bald wurde Gedike von hier nach Züllichau versetzt in das dortige
Waisenhaus, dessen Director der berühmte Consistorialrath und Professor
Steinbart in Frankfurt war, der aber damals in Züllichau wohnte und
sich des verlassenen Knaben väterlich annahm, so daß er beinahe 7 Jahre
völlig frei daselbst verpflegt und unterrichtet wurde. Aber auch hier lag
sein Geist noch im Schlummer, sowie sein Aeußeres durch Vernachläßi=
gung im Anzuge sich eben auch nicht empfahl. Erst im Jahre 1766, als
Steinbart ein von dem Waisenhause abgesondertes Pädagogium errichtete
und unsern Gedike auch darin aufnahm, fing Morgenröthe in seinem In=
nern an aufzugehen? der Lehrer Lange entdeckte zuerst den Funken, der
einst zur wohlthätigen Flamme werden sollte. Er beschäftigte sich viel
mit dem Knaben und theilte dem Director Steinbart seine Bemerkungen
über ihn mit, der sich seiner nur noch mehr annahm, so daß der arme
Jüngling im Jahr 1771 im Stande war, die Universität zu Frankfurt
zu beziehen, um sich dort der Theologie zu widmen. Hier benützte er
nicht nur die Vorträge der geschicktesten Lehrer sorgfältig, sondern zeich=
nete sich auch durch ländlichen Fleiß vortheilhaft aus. Hier schloß
er auch den bis an seinen Tod fortdauernden Freundschaftsbund mit Zöll=
ner, seinem nachmaligen Collegen als Oberconsistorialrath. Beide errich=
teten eine literarische Verbindung mit mehren Studenten, welche gemein=
schaftlich an ihrer Bildung arbeiten und Gedike hatte durch diese Bemüh=
ung so zugenommen, daß Professor Zöllner während seiner letzten Krank=
heit ihm sogar sein metaphysisches Collegium fortzulesen auftrug, welches
Auftrages sich auch Gedike mit Ehren entledigte.

Allein schon im Jahre 1775 berief ihn der Probst Spalding nach
Berlin als Hauslehrer seiner beiden Söhne, die später als gelehrte
und geschickte Männer ihrem Erzieher Ehre gemacht haben. Im folgen=

den Jahre 1776 wurde er vom Magistrate zum Subrector am Friedrich-
Werder-Gymnasium ernannt und erhielt 1778 sogar das Prorectorat und
1779 das Directorat. Im Sommer 1791 wurde er vom Magistrate
zum Assistenten des berühmten Büsching als Mitdirector des Berlin-
Kölnischen Gymnasiums ernannt, blieb aber doch dabei Director des
Friedrich-Werder-Gymnasiums bis 1793, ein Beweis seiner Thätigkeit
und Kraft. Schon 1784 war er zum Oberconsistorialrath ernannt worben und 1787 zum Oberschulrathe, auch wurde er 1790 als Mitglied in
die kgl. Academie der Wissenschaften aufgenommen und als solches gehörte er mit zur Deputation zur Vervollkommnung der deutschen Sprache.
Um dieselbe Zeit ward er auch Mitglied der Berliner Academie der
Künste und mechanischen Wissenschaften und 1791 erhielt er das Diplom
als Doctor der Theologie. So wurden seine Verdienste erkannt und gewürdiget, aber er suchte sich auch solcher Anerkennung immer noch würdiger zu machen.

Ganz Deutschland verehrt in Gedike einen Schulmann, der nicht
Luftschlösser baute, sondern Werke errichtete, die der Vergänglichkeit
trotzen. Schriften:

1) Aristoteles und Basedow oder Fragmente über Erziehung und Schulwesen bei den
Alten und Neuern. Berlin, 1779. 2) Gesammelte Schriften. Berlin, 1789. 3) Lu-
thers Pädagogik. oder: Gedanken über die Erziehung und Schulwesen aus Luthers
Schriften gesammelt. Berlin, 1792. 4) Einige Gedanken über deutsche Sprach- und
Stylübungen auf Schulen. Berlin, 1793. 5) Kinderbuch zur ersten Uebung im Lesen
ohne A B C und Buchstabiren. 1798.

Joseph Anton Geist.
Geboren den 13. Mai 1807, gestorben den 4. August 1843.

Jos. Ant. Geist war der Sohn des an der Landwirthschaft- und
Gewerbschule in Kempten wirkenden, besonders um die Heranbildung
von Schullehrlingen hochverdienten Lehrers Jos. Geist.*) Er widmete sich
mit besonderer Vorliebe dem Schulfache. Nachdem er hierin mit den
edelsten Talenten, die von gleichem Fleiße sich unterstützt sahen, sich einer
höchst würdigen Vorbereitung gewidmet hatte, wurde er unterm 9. November 1826 als erster Schulgehilfe nach Schwabmünchen bestimmt, aber
schon 1820 als Verweser der ersten Knabenklasse nach Dillingen ernannt.
Welche Liebe er dort bei seinen lieben Kindern, wie in der ganzen Stadt,
seines kindlichen, offenen Charakters genoß, das ist sicher noch in den
Herzen Aller unvergeßlich, die ihn damals kannten. Im Jahr 1833
wurde er als Lehrer der Arithmetik, des deutschen Styles, der Geschichte
und Geographie an die Gewerbschule in Dillingen befördert, aber noch
im Laufe desselben Jahres auf sein Ansuchen als Lehrer der 3ten Knabenklasse an der katholischen Volksschule in Kempten angestellt. Hier
ward sein glühender Eifer für die Schule immer noch mehr angefacht.
Seine gründliche wissenschaftliche Schulbildung unterstützte die Mittheilungsgabe des edlen Herzens, und wo er sprach und wirkte, da leuchtete
es hervor, wie er ganz der Schule lebe. Sein Eifer kannte keine
Gränze, und es ist bewundernswürdig, wie er neben der Zeit, welche
seine Schule und der Musikunterricht in Anspruch nahm, noch so viel gewinnen konnte zu seiner reichen schriftstellerischen Thätigkeit im Gebiete
der Schule. Auch war er Mitarbeiter der in Augsburg erschienenen
„Quartalschrift für practisches Schulwesen," die an ihm
einen ebenso eifrigen, als kenntnißreichen Beförderer verlor.

*) Unterm 22. Oktober 1849 pensionirt; gestorben am 17. August 1858. Sein sanfter, menschenfreundlicher
Charakter, seine Berufstreue und Tüchtigkeit sichern ihm ein ehrendes Andenken bei allen, die ihn kannten, vorzüglich aber bei seinen zahlreichen Schülern.

Unter solchen Bestrebungen litt seine Gesundheit jedoch immer mehr. Am Blutbrechen leidend, nahm diese Krankheit bald einen solchen Charakter an, daß eine Wiedergenesung nicht mehr zu erwarten stand. Schon am 4. August 1843, in einem Alter von nicht ganz 36 Jahren, hauchte er seine edle Seele aus.

Folgendes ist das Verzeichniß der von ihm herausgegebenen, und bei Kösel in Kempten erschienenen Schriften:

1) Belehrende und unterhaltende Kindergespräche für deutsche Schulen zur Belebung und Veredlung des Lesetons der Schüler, zu Gedächtnißübungen und Vorträgen bei öffentlichen Prüfungen, 1839. 2) Deutsche Vorschriften für die Mittelklassen u. s. w. 40 Blätter. 3. Aufl. 1840. 3) Deutsche Vorschriften für die Unterklassen u. s. w. 40 Blätter in stufenweisen Uebungen. 3. Aufl. 1841. 4) Deutsche Vorschriften für die Oberklassen. 60 Blätter. 3. Aufl. 1842. 5) Kurze Kindergeschichten zu Lesegedächtniß- und Aufsatzübungen mit 9 Bildern. 1836. 6) Briefbüchlein für Werktagsschulen u. s. w. 10. Aufl. 1843. 7) Briefbüchlein für Sonntagsschulen. 2. Aufl. 1841. 8) Rechtschreibübungen für deutsche Schulen in 80 Vorlegeblättern, 1840. 9) Lateinische Vorschriften für Schulen. 2. Aufl. 1841. 10) Geschäftsaufsätze mit beigefügten Aufgaben in 50 lithographirten Vorlagblättern für Schulen. 3. Aufl. 1842. 11) Sprachübungen für deutsche Schulen, 1843, welches Werk er selbst nicht mehr ganz beenden konnte. —

Dr. Wilh. Aug. Friedr. Genßler.
Geboren den 7. März 1793, gestorben den 20. Januar 1858.

Genßler ward zu Ostheim vor der Rhön geboren und erhielt in den Schulen zu Ostheim und Kaltennordheim, wo sein Vater im Jahre 1800 die Superintendentenstelle übernommen hatte, den ersten Unterricht. 1807 trat er in die Oberklassen des Gymnasiums zu Eisenach ein und 1810 bezog er die Universität Jena, um Theologie und Philologie zu studiren. Griesbach und Gabler weckten und nährten hier seine Liebe zu einer bis dahin ihm noch ganz unbekannten Wissenschaft, und Eichstädt spornte durch öffentlichen und Privatunterricht seinen Fleiß und nahm ihn zu Michaelis 1810 zum Mitgliede der lateinischen Gesellschaft auf. Mit besonderem Eifer hörte er später auch die Vorlesungen der beiden ausgezeichneten Theologen Schott und Baumgarten-Crusius, und befand sich unter den ersten Mitgliedern des neu errichteten homiletischen Seminars, durch dessen Gründung jener hochverdiente Mann der Schöpfer eines neuen herrlichen Lebens unter den Theologie studirenden Jünglingen ward. Zu Michaelis 1812 kam Genßler als Mitlehrer an die von dem damaligen Privatdocenten Dr. Klein gegründete Lehranstalt für Knaben und Mädchen, und erhielt, als dieser zu Ostern 1813 als Professor an das Gymnasium zu Hildburghausen ging, die Direction derselben. Zu gleicher Zeit erhielt er die Würde eines Doctors der Philosophie, bald darauf auch das Diplom als Mitglied der mineralogischen Gesellschaft zu Jena, und die Erlaubniß, theologische und philologische Privat-Vorlesungen zu halten. 1814 erhielt er den Ruf als Conrector nach Saalfeld, welchem Rufe er auch folgte. Hier trat Genßler mit der ältesten Tochter des akademischen Buchhändlers Seidler in Jena in die Ehe, und hier war ihm auch das Glück zu Theil, dem Herzog Ernst I. persönlich bekannt zu werden, der ihn 1817 zum zweiten Hofprediger und zugleich zum ordentlichen Professor am Gymnasium ernannte. Schon im Jahre 1821 wurde Genßler zum ersten Hofprediger, 1825 auch zum Consistorialrath, 1826 zum Consistorialrath und Generalsuperintendenten, sowie zum Oberpfarrer zu St. Moriz ernannt, und wurde sogar mit der Stelle eines Oberhofpredigers und Beichtigers der herzoglichen Familie betraut. — Genßler war im Laufe weniger Jahre hoch gestiegen. In seinem 83sten Lebensjahre schon war er Generalsuperintendent, hatte er die höchste geistliche Würde des Landes erlangt. 30 Jahre lang stand er in ungeschwächter Kraft seinen Aemtern vor. Seit der Reformation war kein General-Superintendent so lange im Amt, als er. Erst zu Ende des verflossenen Jahres fühlte er sich körperlich angegriffen, sein Geist war frisch bis zu seinem Tode. Noch wenige Stunden vor seinem Tode arbeitete er. Am 20. Jan. 1858 machte ein Schlagfluß plötzlich seinem thatenreichen Leben ein Ende.

Zu der Zeit, als Genßler die Leitung des coburgischen Volksschulwesens übernahm, lag dasselbe noch sehr im Argen. Um nur zweierlei anzuführen. Die Sommerschulen auf dem Lande wurden erst unter ihm gesetzlich eingeführt, und daß ein ehrsamer Handwerker zugleich den Schullehrer machte, war keine Seltenheit. Das Augenfälligste, was Genßler zum Wohl der Schule seines Landes gethan hat, ist die Aufhebung der Präcepturschulen und die Gründung des coburgischen Seminars. Präcepturschulen waren die Schulen aller der Ortschaften, in denen sich keine Kirche befand, und es gab deren verhältnißmäßig viele. Die Aufhebung derselben geschah so, daß immer mehrere derselben, die nicht allzu fern von einander lagen, zu einer ordentlichen Schule vereinigt wurden. Daß es mehr als 10 Jahre brauchte, zeigt, mit welchen Schwierigkeiten er zu kämpfen hatte. Als sie aber gethan war, schritt er zur Gründung des neuen Seminars zu Coburg. Größere Schulen verlangten tüchtigere Lehrkräfte, und konnte man den Lehrern mehr als seither bieten, so konnte man auch mehr von ihnen verlangen. Ueberhaupt war damals das Volksschulwesen im raschen Aufblühen begriffen, und wollte Coburg hinter andern Staaten nicht zurück bleiben, so mußte es auf eine bessere Ausbildung der Lehrer bedacht sein. Genßler entsprach auch allen billigen Anforderungen, welche man an eine derartige Anstalt machen kann; doch ließ er es bei dieser zweckmäßigeren äußern Einrichtung der Schule und der Steigerung der Lehrerbildung nicht bewenden, sondern, was jedoch nicht weiter auseinander gesetzt werden soll, er verband auch damit die innere Organisation und Reformation des coburgischen Schulwesens, das hauptsächlich ihm seine gegenwärtige Höhe verdankt.

Daß Genßler als Schulmann nicht weithin in der deutschen Lehrerwelt bekannt geworden ist, hat seinen Grund darin, daß er nicht als pädagogischer Schriftsteller auftrat, wozu dem vielbeschäftigten Manne die nöthige Zeit fehlte; wenn aber irgend Jemand die Befähigung dazu hatte, so ist er es gewesen. Er war ein sehr gelehrter Mann, besonders in der Theologie, Philologie und Pädagogik. Dazu hatte er sich als ehemaliger Lehrer, als langjähriger Chef des Coburger Schulwesens und als Schulvisitator eine umfassende und in's Kleinste gehende Kenntniß der Schulverhältnisse erworben, sowie er auch selbst ein vortrefflicher Lehrer, namentlich ein äußerst gewandter Katechet war. Wenn jeder pädagogische Schriftsteller so reich an Erfahrungen und Kenntnissen wäre, wie er es gewesen, würde unsere pädagogische Literatur nicht mit so viel Werthlosem bereichert werden. Aus Genßler's Feder wäre ohne Zweifel Vortreffliches hervorgegangen.

Joseph Gersbach.
Geboren den ? 17?, gestorben den 3. Dezbr. 1830.

Ganz ausgezeichnet durch Schärfe des Denkens, Zartheit des Gefühles, Lauterkeit des Willens und Fleckenlosigkeit des Wandels, ist der

Verewigte als Mensch, wie als Lehrer, eine Zierde der Anstalt zu Carls-
ruhe gewesen, an der er sieben Jahre lang gewirkt hat. Aber auch die
übrige Tonwelt hat viel an ihm verloren, da er eben im Begriffe war,
ihr sein System der Tonkunst unter dem Namen „Harmonielehre" vorzu-
legen, das von der ebenso tiefen Wissenschaftlichkeit, als eigenthümlichen
Erfindungsgabe und methodischen Geschicklichkeit seines in Philosophie,
Mathematik und mit Musik gleich streng gebildeten Urhebers ein bewun-
derungswürdiges Zeugniß abgelegt hatte. Obgleich er nun so frühe geschieden, Eines bleibt doch, das sein Gedächtniß in der Schulwelt fort-
pflanzen wird: die Lieder, deren sinnige, liebliche, aus der Tiefe der Wahrheit geschöpften Melodien schon Tausende von jungen Gemüthern erfreut
und belebt haben, und die selbst von Singvereinen Erwachsener, namentlich in der Schweiz, mit Liebe gesungen wurden; sie sind gesammelt im
„Wandervögelein" und im „Singvögelein," beide je 60 Lieder enthaltend."

Gregor Girard.
Geboren den 17. Dezember 1763, gestorben den 6. März 1850.

> Motto: „Belohnungen und Strafen müssen so viel als möglich
> ganz vermieden werden. Die Schule muß durch Aenderung, Ge-
> setzmäßigkeit und liebevolle Behandlung das Gute erzielen und
> das Böse abhalten, wo tiefe Mittel fehlen, kann nichts sie er-
> setzen. Strafen machen böses Blut, nähren die Heuchelei und
> stören den Gang der Geschäfte; Belohnungen machen eitel und
> erwecken Neid. Man wirkt am besten durch beständige Ermu-
> thigung zum Guten, durch Anregung des Kraftgefühls beim Fort-
> schreiten. Strafen sind demnach nur ausnahmsweise bei verderb-
> ten Kindern anzuwenden, aber auch dann nur vorsichtig gewählte,
> als: Absonderung, Ausschließung von der Thätigkeit, Absperrung
> im letzten Fall; bei Wiederholung eine scharfe Ermahnung, jedoch
> ohne Verletzung des Ehrgefühls, welches vielmehr geweckt wer-
> den muß." Girard.

G. Girard ist in Freiburg geboren. Sein Vater war Handels-
mann, und er hatte zur Mutter eine vortreffliche Frau, welche ihre 15
Kinder alle selbst gestillt, eigenhändig gepflegt und erzogen hat.

Man schickte den Knaben in den ersten Unterrichtsjahren nicht in die
Stadtschulen, denn sie waren sehr vernachläßigt; diejenigen Bürger, welche
es vermochten, ließen ihre Kinder zu Hause unterrichten. Dieß hatte
dann aber auch in mancher Beziehung seine Schwierigkeiten. Man half
sich in zahlreichen Familien einiger Maßen durch den gegenseitigen Unterricht, und so wurde Gregor von seiner Mutter zum Lehrer seiner jüngern Geschwister gebraucht. Obschon der Knabe damals noch nicht
ahnete, daß er den im Geschwisterkreise eingeführten wechselseitigen Unterricht später in den Schulen seiner Vaterstadt in größerm Maßstabe
einführen sollte, so kann diese kleine Vorübung im elterlichen Hause doch
als Girard's erste Stufe zum Lehrberufe betrachtet werden.

Girard wurde von der Natur ein heiteres Gemüth, ein freundliches
Herz und eine duldsame Gesinnung zu Theil, so daß er schon in seiner
Kindheit die strenge und lieblose Denkungsart gegen Andersglaubende,
welche ihm von seinen Hauslehrern beigebracht werden wollte, mit Unwillen verwarf. Ihm schien es unvernünftig, zu glauben, daß der liebe
Gott, rechtschaffene und brave Leute verdammen werde, nur darum, weil
sie nicht zur römisch-katholischen Kirche gehören. Seine verständige Mutter bestärkte ihn in seinen Ansichten, und Girard, nachdem er zum Manne
herangereift war, nannte diese milde Ansicht in Glaubenssachen die
Theologie seiner Mutter.

Im zehnten Jahre trat der Knabe in die lateinischen Schulen seiner Vaterstadt und brachte sechs Jahre darin zu. Er gehörte immer zu den Besten in seiner Schule. Für seine Lehrer war er ganz Herz; dem ersten schloß er sich so innig an, daß er den Wunsch in sich trug, mit ihm zu sterben, wenn er einmal sterben sollte.

Im Herbst 1781 trat er als Jüngling in den Franziskaner=Orden. Das Probejahr brachte er in Luzern zu. Da fand er eine Sammlung von römischen Schriftstellern, die er kaum dem Namen nach kannte. Er hatte in der Schule fertig lateinschreiben und reden gelernt; aber wie erstaunte er, als er seine Arbeit wieder von vorne anfangen mußte, um die Sprachen zu verstehen, die er ganz inne zu haben wähnte! So über= zeugte er sich, daß die mit ihm eingeschlagene Lehrart ganz verfehlt war. Im Herbste 1782 legte er das Klostergelübde ab. Er wurde nach Deutsch= land geschickt, um sich in den Wissenschaften zu vervollkommnen und die deutsche Sprache zu erlernen, welche ihm noch fremd war. Die Philo= sophie hörte er in Schwaben und kam dann nach Würzburg, um da seine theologischen Studien neben der Universität zu machen. Vom Fürstbischof erhielt er die geistlichen Weihen.

Nach vollendeten Studien kam der junge Klostergeistliche nach Frei= burg zurück, und wurde, wie es dort Sitte ist, oft zur Aushilfe in die Landpfarreien gesandt. Er lernte so den Zustand und die Bedürfnisse des Landvolkes kennen. Girard mußte bald wieder nach Deutschland gehen, denn die Obern hatten ihn, sein Streben erkennend, zum Lehrfache bestimmt. Er wurde Professor am Gymnasium im Ueberlingen. — Ein Jahr darauf wurde Girard in seine Vaterstadt zurückberufen, um im dor= tigen Kloster Philosophie zu lehren und zugleich Prediger zu sein. Es brach indessen die Staatsumwälzung in der Schweiz aus, und da die Aussicht für die Klöster und für die Geistlichen überhaupt sehr trüb war, so suchte der junge Mann sich ärztliche Kenntnisse zu verschaffen, um sich dadurch in den Stand zu setzen, sein Brod mit Ausübung der Arznei= kunde zu erwerben, im Falle er in seinem Berufe als Geistlicher hintenan gesetzt werden sollte. Girard entwarf einen Plan zur Hebung und Um= gestaltung des öffentlichen Unterrichtes im neuen Staate. In den Mit= telpunkt aller Bildungsanstalten dachte er sich eine schweizerische Hoch= schule. Den Plan sandte er dem damaligen Minister der Künste und Wissenschaften zu. Wider seine Erwartung wurde Girard in dessen Bureau nach Luzern berufen, 1798, und er arbeitete dort einige Monate lang. Es war von den Räthen geklagt worden, daß in manchen Maß= regeln der vollziehenden Gewalt die kirchlichen Verhältnisse nicht genug= sam beachtet blieben, und Girard hätte in dieser Beziehung gern zur Hebung gerechter Klagen gewirkt. Er zog, ohne seine Hauptzwecke er= reicht zu haben, in sein Kloster zurück. Der Gewinn, den er aus diesem Aufenthalte in Luzern zog, ist indessen keineswegs gering zu nennen; er gewann einen Ueberblick und genaue Einsicht in die mannigfaltigen Lehr= Anstalten der Schweiz, und auf diese Kenntniß gründeten sich später seine großen Verdienste um das Schulwesen.

Als die helvetische Regierung im Mai 1799 von Luzern nach Bern versetzt wurde, erhielt Girard alsobald den Ruf, dahin zu kommen, um die Verrichtungen eines katholischen Pfarrers bei der gemischten Regie= rung zu übernehmen. Girard war damals 33 Jahre alt. Im verschlos= senen Chore des Münsters richtete er den Altar nach katholischer Sitte, aber auf die einfachste Weise ein. Er ließ das Volk in deutscher Sprache mit Begleitung der Orgel beim Gottesdienste singen, und er predigte ab=

wechselnd deutsch und französisch, weil seine Zuhörer nicht beide Spra=
chen verstanden.

Die Kinder nahm er für den religiösen Unterricht zu sich, und ließ
sie daneben die öffentlichen Schulen besuchen. Lobenswerth benahmen sich
hiebei die Behörden und Lehrer in Bern; die katholischen Kinder wurden
aller Schulstunden entlassen, in welchen der protestantische Religions=Un=
terricht vorkam. Dieses Zartgefühl erwiederte der friedfertige katholische
Pfarrer dadurch, daß er sich nie beifallen ließ, einen schiefen Blick auf
Andersgläubige zu werfen. Auch lebte er mit der Geistlichkeit in Bern
in freundschaftlichen Verhältnissen. Alle hatten im Auge und im Herzen
die Hauptsache, christliche Liebe; und diese suchten sie in das Herz ihrer
Zuhörer zu pflanzen. Daneben stellten sie Gott und der Zeit anheim,
die Brüder eines und desselben Vaterlandes auch im äußerlichen Gottes=
dienste wieder zu vereinigen.

Pestalozzi war mit seiner Schule in Burgdorf. Girard besuchte ihn
dort mit Abgesandten des Munizipalrathes von Freiburg. Der Muni=
zipalrath bedurfte Männer, welche in Schulsache bewandert waren; er
glaubte, in Girard den Mann zu erblicken, welcher im Stande wäre, sei=
ner Vaterstadt den verlangten großen Dienst zu leisten, und er betrog
sich nicht. Girard wählte sich einen Nachfolger für die katholische Pfarrei
in Bern. Nach der Tagsatzung von 1804 übergab Girard die bisher
bekleidete Pfarrstelle einem wackern Nachfolger, und er begab sich in sein
Kloster nach Freiburg, um die vorhabende Schulverbesserung zu leiten.

In Freiburg waren damals zwei Schulen vorhanden, eine deutsche
und eine französische. Die erstere wurde in das Augustinerkloster, im
deutschen Stadtquartier, verlegt, und der unmittelbaren Aufsicht und Lei=
tung der dortigen Geistlichen anvertraut. Die französische Schule blieb
in der Mittelstadt und wurde dem Franziskanerkloster übergeben. Ihr
Vorsteher wurde Gregor Girard. Er fand in dieser Schule drei Klassen,
die aber nicht gut ausgeschieden waren. Viele neue Schüler traten ein,
und machten eine zweckmäßige Einrichtung noch schwieriger. Er trat
ferner in die Klasse der Anfänger und verfaßte die Lehrmittel mitten un=
ter den Kindern, deren Bedürfnisse und Fassungskraft er lebendig vor
sich hatte. Von da begab er sich in die höheren Klassen, um stufenweise
das Ganze im gleichen Geiste und unter derselben Bürgschaft der Erfah=
rung anzuordnen.

In den beiden obern Klassen, zu welchen bei der zunehmenden An=
zahl der Schüler bald eine dritte geschaffen werden mußte, war anfäng=
lich aus Noth das Fächersystem aufgestellt worden, weil der Lehrer dieser
Klasse nicht geeignet war, in allen Fächern Unterricht zu geben. Bei
dieser Einrichtung war es schwierig, Ordnung und Fortschritte in der
Schule zu bezwecken. Girard, als Vorsteher, suchte diesem Uebel dadurch
abzuhelfen, daß er neue Lehrer heranbildete. Es gelang, und nach eini=
gen Jahren stand die nun mehr als aus 300 Knaben bestehende Schule
da, gleichsam aus einem Gusse. Dreihundert Knaben, Reiche, Arme,
Hohe und Niedere, waren in der gleichen Erziehungs=Anstalt vereinigt.
Die gute Ordnung und das Zutrauen hatten diese Wunder gewirkt.

Im Jahre 1809 wurde Girard nebst zwei andern sachkundigen Män=
nern vom damaligen Landammann der Schweiz nach Iferten gesandt,
um das Institut in Augenschein zu nehmen und einen Bericht darüber
zu Handen der Tagsatzung abzustatten. Der umständliche Bericht wurde
französisch abgefaßt, und dann in's Deutsche übersetzt.

Wie Girard hat vielleicht kein Schulmann das Glück erlebt, so nach
seinem Herzen auf die Bildung der Jugend seiner Vaterstadt einwirken

zu können. Kinder, Lehrer, Eltern und Behörden kamen ihm mit Zutrauen entgegen und standen ihm mit ihren Kräften zu Gebot. Allein
seinerseits stand er auch Allen zu Dienst. und wollte nur durch Ueberzeugung und Liebe wirken.

Am Ende von 1815 wurde ihm erst recht die Lehrweise des gegenseitigen Unterrichts in den Schulen bekannt. Er verstand augenblicklich,
was Alles darin liege, nicht nur Förderung des Wissens und Könnens
bei der Jugend, sondern auch zur Weckung der Arbeitslust und der gegenseitigen Hülfsleistung beizutragen. Auch fand er darin das erwünschte
Mittel, die Lehrfertigkeit in den Schülern zu wecken und zu leiten. Der
Buchstabe der neuen Lehrweise war ihm Nichts, aber der Geist galt ihm
viel. Er führte also in seiner Schule nach und nach den gegenseitigen
Unterricht ein. Das Ergebniß übertraf seine Erwartung, und er konnte,
was er schon lange gewünscht hatte, die Abstufungen des Unterrichts beinahe verdreifachen.

Schon lange war das alte, baufällige Schulhaus für die große An-
zahl der Schüler zu klein geworden. Der Schulrath und die Schulge-
nossen beschlossen, ein weit geräumigeres Gebäude zu errichten. Den
Plan dazu gab Girard. Im Theurungsjahre 1817 wurde die neue
Schule zum Gebrauche eingeweiht und bezogen. Dadurch hat sich die
Stadt Freiburg ein allseitig schönes Denkmal errichtet.

Im neuen Gebäude, wo Alles genau für die Bedürfnisse und die
zweckmäßige Anordnung einer so zahlreichen Schule eingerichtet war, nahm
die Lehranstalt an Vollkommenheit zu.

Diese Fortschritte konnte Jedermann mit eigenen Augen sehen; denn
die Schule stand dem Publikum jederzeit offen. Allein es waren andere
Zeiten geworden, Zeiten der Engherzigkeit und der Lüge, wo man dem
gemeinen Manne kein geistiges Gut, selbst die bescheidenste und nöthigste
Aufklärung nicht mehr gönnen wollte. Darum wurden in Frankreich die
Schulen des gegenseitigen Unterrichts aufgehoben, unter dem Vorwande,
daß sie den Altar und den Thron unterwühlten. Diese Stimmung der
Verfolgung wiederhallte in Freiburg. Der Bischof stellte Klage bei der
Regierung, im Namen der Religion; die Regierung, um ihren Thron
besorgt, verbot diese Lehrweise durch ein Gesetz.

Diese Angelegenheit nahm sogar eine persönliche Wendung gegen
den Vorsteher der Schule, den verehrten Girard. Der gute, edle Mann,
der nur seinen Schülern und für ihre wahre Bildung lebte, war einigen
finstern Männern ein wichtiger Dorn im Auge; und da es ihnen gelang,
die Unterrichtsweise zu stürzen, so hätten sie auch den Stifter derselben
erdrücken mögen. Die Liebe der Väter und der Schüler aber war so
groß, die Stimme der Bürgerschaft für ihren verdienten Mitbürger zu
laut, als daß seine Feinde gegen ihn und die heilige Sache der wahrhaften Jugenderziehung, wie er sie im Busen trug, lehrte und übte, hätten auftreten dürfen. Im Jahr 1823, als die Aufregung auf's Höchste
gestiegen war, legte auf einmal der edle Menschen- und Kinderfreund
seine ihm so lieb gewordene Stelle auf den Altar des Friedens nieder,
und er zog sich, nicht ohne tiefen Schmerz, aus der Schule in seine
Zelle zurück.

Sein Beruf als Ordensmann brachte ihn im Jahre 1824 als Vorsteher nach Luzern, wo er als Schüler und viele Freunde traf, die ihn hoch
verehrten, liebten, und seine edlen Gesinnungen als Lehrer, Priester und
Schweizer bewunderten. Im Jahre 1827, da er nur wenige Monate
wieder in seiner Vaterstadt verweilt hatte, berief ihn die Regierung von
Luzern auf den Lehrstuhl der Philosophie an ihrer frühern Lehranstalt,

welchem Rufe er auf die vereinigten Wünsche und Bitten seiner Freunde in Freiburg und Luzern entsprach. Das ihm übertragene Amt bekleidete er bis zum 29. Herbstmonat 1834 mit Auszeichnung und zum Segen des Vaterlandes; am späten Abend seines Lebens fand er Ruhe in der Klosterzelle zu Freiburg.

Sein letztes ausgezeichnetes Werk war: „Ueber den regelmäßigen Unterricht in der Muttersprache für Schule und Haus."

Jakob Glatz.
Geboren den 17. Novbr. 1776, gestorben den 25. Sept. 1831.

Dieser zu seiner Zeit überaus wirksame Mann hat zur Bildung der Jugend durch belehrende und unterhaltende Schriften vorzüglich gewirkt, und sein Name wird noch heute von Lehrern und Zöglingen ehrend genannt. Er ward zu Poprad, einer der sechszehn Kronstädte der Zipser Gespannschaft in Oberungarn, geboren. Seine erste Bildung empfing er im väterlichen Hause. Sein Vater, ein Schmid, der nebenbei Leinwandhandel trieb, war ein fleißiger, rechtlicher Mann, der bei einer zahlreichen Familie doch so viel erwarb, daß dieser Sohn ohne ängstliche Nahrungssorgen studiren konnte. — In Käsmark fand Glatz an dem ehrenwerthen Professor Ginensich einen trefflichen Lehrer und Freund. In Weischkelz lernte er besonders die ungarische Sprache, die kaum über den dritten Theil Ungarns verbreitet ist, da in den übrigen Theilen die deutsche, slavische und walachische Sprache herrscht. Das Gymnasium war schlecht bestellt, indeß ersetzte Glatz durch Privatstudium die Mängel, machte auch homiletische Versuche, doch ohne Anweisung, und predigte zum Erstenmale in dem ärmlichen Kirchlein der Augsburger Confessionsverwandten. Er mißbilligte später dieses frühe Predigen selbst. Im Jahre 1793 ging er auf das evangelische Lyceum in Preßburg, wo er sich sehr glücklich fühlte: Hier gründete er eine deutsche Gesellschaft für gründliches Studium dieser Sprache; die Professoren genehmigten die Statuten. Ein philantropischer und pädagogischer Verein kamen nicht zu Stande; Glatz aber studirte nun schon eifrig Basedow, Salzmann, Campe. Ein Glück war es, daß er 1796 auf Salzmann's Rath die Universität Jena bezog, da er sich beinahe zu sehr seinen Gefühlen und Idealen überließ und in Gefahr kam, ein in die übrige Welt nicht passender Schwärmer zu werden. Griesbach, Paulus, Fichte, Schütz, beide Schmidt, Voigt, Wollmann, Loder u. A. öffneten ihm einen ganz neuen Gesichtskreis, wo er sich erst durch Zweifel und Prüfen zur Ruhe kämpfen mußte. Glatz gewann besonders auch durch einen, wenn auch kleinen Kreis herrlicher Freunde; mit mehreren dauerte der Bund bis zur Trennung durch den Tod.

Und so kam er 1797 in Verbindung mit Schnepfenthal, wo er von dem Vater Salzmann sehr wohlwollend aufgenommen wurde. Nicht Alles sagte unserm Glatz zu, doch aber verlängerte sich sein Aufenthalt fast sieben Jahre, wo die Zahl der Zöglinge von 40 auf 60 stieg. Hier begann nun auch seine fruchtbare literärische Thätigkeit. Während sieben Jahren lieferte er außer vielen Kleinigkeiten, mehr als 20 Bände Jugendschriften; dabei hatte er viele Berufsgeschäfte, machte Reisen, wurde oft gestört, würde aber doch, wie sein Biograph selbst zugesteht, zuweilen Vollendeteres gegeben haben, hätte er nicht so schnell gearbeitet. „Ich kann nicht anders," war seine Antwort, wenn ihm seine Freunde hierüber Winke gaben.

Nach vielen abgelehnten Anträgen zu ehrenvollen Aemtern in Deutschland, fiegte die Liebe zu dem Vaterlande. Im Jahre 1804 wurde Glatz erster Lehrer an der praktischen Lehranstalt in Wien; 1805 dritter Prediger bei der evangelischen Gemeinde Augsburger Confession. Er verheirathete sich sehr glücklich, kränkelte aber, legte daher die Predigerstelle 1816 nieder, seine seit 1806 erhaltene Consistorialstelle aber mußte er auf den persönlichen Wunsch des biedern Kaisers Franz behalten, da ihm dieser in einer Audienz erklärte, „er schätze ihn als einen ehrlichen Mann, und würde ihn ungern aus seinen Diensten verlieren, seine Kinder läfen gern seine Schriften und hätten ihm viel Gutes zu verdanken." Auch bewilligte ihm der Kaiser eine Personalzulage von 400 fl., so daß er statt 200 fl., 600 fl. Conv. bezog. Glatz lieferte nun auch ascetische Schriften, auch homiletische (z. B. Religionsvorträge), die vielen Beifall fanden. Er hat mehr 100 Bände überhaupt drucken lassen, weit über 1000 Bogen geschrieben. Von dem finnlosen und eckellosen Geschwätze der Pietisten und Mystiker findet sich freilich nichts darin. Die Briefe an Freunde, wie Gleim, Salzmann, Campe, Ritter u. A. find eine dankenswerthe Zugabe. Seine Schriften find:

Die frohen Abende, oder Erzählungen eines Vaters, im Kreise seiner Kinder. Leipzig. Fleischer 1810—12. — Andachtsbuch, oder Erhebung des Geistes und Herzens zu Gott, zunächst für die Jugend beiderlei Geschlechts. Leipzig, 1840. — Erzählungen für die zartere Jugend. Ebdf. 1803. — Familiengemälde und Erzählungen für die Jugend. Gotha, Perthes 1799. — Die Familie Karlsberg, oder die Tugendlehre, anschaulich gemacht durch eine Familiengeschichte. Leipzig, Brockhaus 1816. — Franz von Lilienfeld, oder der Familienbund. Ein Buch für deutsche Söhne und Töchter. Leipzig, Leo 1811. — Der zufriedene Jakob und sein Sohn. Leipzig, Fleischer 1799. — Kleine Geschichten und Erzählungen für die Jugend. 2te Auflage. Nürnberg, Campe 1799. — Moral. Gemälde für die Jugend. 2te Auf. Leipzig, Voß 1807. — Merkwürdige Reisen in fremde Länder. Nürnberg, Campe 1802—4. — Die guten Kinder. Eine kleine Familiengeschichte. Frankfurt a. M., Willmanns 1814. — Handbuch von Erzählungen für das Kinderalter von 4—7 Jahren. Leipzig, Leo, 1818. — Kleine Romane für die Jugend. Altona, Hammerich 1817. — Taschenbuch für Deutschlands Jugend. Nürnberg. Campe 1805. — Stilles Erzählungsbuch, oder kleine Bibliothek für Kinder. Leipzig, Leo 1802—3. — Minona. Ein unterhaltendes Lesebuch für junge Mädchen von 7—12 Jahren. 2te Aufl. Frankfurt, Willmanns. — Iduna. Ein moralisches Unterhaltungsbuch für die weibliche Jugend. 3te Aufl. Ebdf. 1814. — Theodor und Emilien's unterhaltendes Lesebuch. 2te Aufl. Wien, Heubner 1817. — Unterhaltungen und Sittengemälde für Kinder. 2te Aufl. Dresden, Beger. — Sittenlehre für jüngere Mädchen in Beispielen und Erzählungen. 2te Aufl. Frankfurt, Willmanns 1819. — Throne. Ein Geschenk für gute Töchter zur Weckung und Bildung ihres sittlichen und religiösen Gefühls. 2te Aufl. Ebdf. 1819. — Aurelien's Stunden der Andacht. Ein Erbauungsbuch für Töchter aus den gebildeten Ständen. Ebdf. 1820. — Rosalien's Vermächtniß an ihre Tochter Amanda, auch unter dem Titel: Rosalien's Erinnerungen aus ihrem Leben. 4te und 2te Aufl. Leipzig, 1839. — Aurora. Ein Taschenbuch für deutsche Töchter und Frauen edleren Sinnes. Leipzig, Fleischer 1826. — Allwira. Ein Buch für den Geist und das Gemüth deutscher Töchter und Frauen aus den gebildeten Ständen. Leipzig, Fleischer 1823.

Betty Gleim.
Geboren den 13. August 1781, gestorben den 27. März 1827.

Motto: Das Kind soll früh Ehrerbietung lernen gegen alle Werke der Natur. Es soll sich an ihnen freuen, sie lieber mit ihnen vertraut werden; aber es soll sich scheuen, ihre Schönheit mit roher Hand zwecklos zu zerstören. Alles Leben soll ihm heilig sein, und unverletzlich in seinem geheimnißvollen Wirken; auch das stille Leben einer Staude, einer Blume, eines Grashalmes. Betty Gleim.

Die Verewigte stammte von einer angesehenen bürgerlichen Familie in Bremen ab. Ihre Eltern sorgten schon frühe für die Ausbildung

ihrer schönen Talente; sie lernte bald schreiben, malen und die Klavier-
musik, auch wurden ihr in den Sprachen die besten Lehrer gehalten, und
die deutsche wurde am wenigsten versäumt In der Folge bekam sie auch
Unterricht in der Geschichte, Geographie, Naturwissenschaft und in der
schönen Literatur, die sie auf Empfehlung ihres Großoheims, des als
Dichter bekannten Joh. Wilh. Lud. Gleim, durch das Lesen der deutschen Classiker sorgfältig nährte. — So vorbereitet wünschte sie nun der
Welt mit ihren eingesammelten Kenntnissen und Erfahrungen zu nützen.
Dies glaubte sie am besten durch Unterweisung der Jugend zu können.
Durch eine Mädchenschule, die sie 1805 in ihrer Vaterstadt errichtete,
ward sie bald allgemein geschätzt und geachtet, und es war bald der Zu-
lauf so ansehnlich, daß manche, die ihre Schule besuchen wollten, so
lange warten mußten, bis welche von den ältern und größern Töchtern
die Schule verließen. Durch den Beistand geschickter Lehrer und Gehül-
finnen glückte es ihr auch, die Schule in einem fortwährendem Flor zu
erhalten. Da erschien im Jahr 1815 ihre erste Jugendschrift: Lesebuch
zur Uebung in der Declamation, welche Sammlung von Lesestücken mit
so viel Bedacht und Einsicht gemacht wurde, daß sie mit Recht von den
Kunstkennern gebilligt wurde. Noch mehr Verdienste für die Belehrung
und Bildung ihres Geschlechtes erwarb sich die einsichtsvolle Verfasserin
durch ihr Buch für Eltern und Kinder: Erziehung und Unterricht des
weiblichen Geschlechtes, 1810. 2 Thlr. 1814. In demselben Jahr erschienen von ihr: Erzählungs- und Bilderbuch für Mütter, die ihre
Kinder gern angenehm beschäftigen wollen. Fundamentallehre oder Terminologie der Grammatik nach Pestalozzischen Grundsätzen, 1810. Ana-
lysirbuch, Anhang zur Fundamentallehre, 1810. Rechtfertigung einiger
Begriffe, die ich in meiner Fundamentallehre aufgestellt habe, 1811.
Sie war über manche paradox erscheinende Sätze getadelt worden und
rechtfertigte sich darüber mit vieler Gründlichkeit. Sehr gehaltvoll waren auch ihre Randzeichnungen zu dem Werke der Frau von Stael über
Deutschland, 1814. Sie zeichneten unter mehren Schriften, die gegen
die Frau von Stael erschienen, vortheilhaft aus. Sie war es auch, die
in dem nämlichen Jahre die Frage: Was hat das wiedergeborne Deutschland von seinen Frauen zu fordern, beantwortete. Im nächsten Jahre
erschien ihre ausführlichere Darstellung der Grammatik der deutschen
Sprache, nach dem in ihrer Fundamentallehre oder Terminologie der
Grammatik genommenen Lehrgange bearbeitet, 1815. Sie beabsichtigte
darin nicht Förderung der Sprachwissenschaft, sondern der Unterrichtskunst. Ihre Methode war allerdings für Mädchenschulen und auch für
niedere Bürgerschulen ganz passend, wenigstens mochte die einsichtsvolle
Verfasserin in ihrem Kreise die Nothwendigkeit eines solchen Hilfsmittels
erkannt haben, obgleich ein schon erfahrener Lehrer nicht nöthig haben
sollte, von einem solchen Buche noch Gebrauch zu machen. Im folgenden Jahre schrieb sie ein Lehrbuch der allgemeinen Erdbeschreibung nach
eigenem Plane bearbeitet. Mit fast männlichem Ernste dringt die Verfasserin auf die zweckmäßigere und gründlichere Behandlung unserer Muttersprache in den niedern Schulen. Sie schrieb auch noch eine grammatikalische Beispielsammlung oder Uebungsbuch bei der Regellehre der deutschen Sprache, ein Hülfsbuch zur Veranschaulichung im Sprachunterrichte,
1819, und verschiedenes Anonyme, als moralische Aehrenlese, enthaltend:
Goldene Lehren und Kraftsprüche aus den Werken der besten Schriftsteller Deutschlands, 1815. Auszug aus Hookers Reise nach Island, aus
dem Englischen übersetzt, 1814. — Der Beifall, den diese geistvolle
Schriftstellerin auch im übrigen Deutschland fand, veranlaßte den verstor-

benen Buchhändler Baffe in Quedlinburg und Andere, unter dem Namen Emile Gleim verschiedene Jugend- und andere Schriften herauszugeben. Zu große Geistesanstrengungen hatten bei ihrem ohnedies zarten
Körperbau nachtheilig auf ihre Gesundheit eingewirkt und ihr eine Ner-
venschwäche zugezogen, die später ihr jede ihrer vorhergehenden Beschäftigungen untersagte. Sie starb, ein ehrenvolles Andenken in ihrer Vaterstadt hinterlassen, den 27. März 1827.

Johann Wolfgang Göthe.
Geboren den 28. August 1749, gestorben den 22. März. 1832.

> Motto: Niemand glaube, die ersten Eindrücke seiner Jugend
> verwinden zu können.   Göthe.

Wer es weiß und fühlt, wie zu allem Großen, Wahren und
Schönen, was Göthe in der Natur und Kunst suchte und fand, auch
eine innige Liebe in dem Gemüthe jedes Erziehers und Lehrers wohnen
und walten muß, der wird Göthe gern unter dem Bilde eines solchen
denken und ihm auch von dieser Seite in seiner Wirksamkeit als Lehrer
und Erzieher für Mit- und Nachwelt ein Verdienst zusprechen.

Es kommt auch wirklich in Göthe's Werken eine Menge von Gedanken und Ansichten vor, welche dem Pädagogen von Fach reichen Stoff zum
Nachdenken darbieten, auch hat er sich einmal selbst, nämlich in „Wilhelm Meister's Wanderjahren" ausführlich über Erziehungsangelegenhei-
ten ausgelassen, in der Darstellung der pädagogischen Provinz, in welcher als höchste, Alles umfassende Tugend die Ehrfurcht waltet. Und
er selbst, die Richtung seines Geistes, die Art, wie er die Dinge aufzufassen, wie er sich selbst zu bilden pflegte — weniger aus erdachter
Reflexion, als vermöge seiner ihm anerschaffenen Natur — verdient als großer Pädagog angesehen zu werden; ja, man kann ihn in solcher Beziehung als Vorbild intellectueller Bildung, als Muster für Studirende und
für Lehrende ansehen, denn er selbst repräsentirt im lebendigen Beispiel das oberste Princip alles bildenden und
wahren Selbst- und Jugendunterrichts, das Princip der
Veranschaulichung der Unterrichtsstoffe.

Göthe, des deutschen Vaterlandes Stolz und dessen größter begab-
tester Dichter, wurde zu Frankfurt a/M. geboren; der Großvater war
Schultheiß der freien Reichsstadt, der Vater nahm den Titel eines kaiserlichen Rathes, aber kein öffentliches Amt an, leitete nicht ohne eine gewisse pedantische Strenge die Erziehung des Knaben, während liebevolle
Sorgfalt und Pflege einer genialen Mutter dessen Gemüth für Poesie
empfänglich machte und ihn eine glückliche Jugend durchwandeln ließ.
Indem er vieles lernte, vieles erspähte, durchlebte der junge Göthe, begabt mit offenem Sinn für alles Heitere, Schöne und Anmuthvolle, für
Märchen und Sagen, für Puppenspiele und Volksbücher, für Sprachen,
die er mit Leichtigkeit sich aneignete, und unter sinnreichen Spielen seine
Knabenjahre bis zum Jünglingsalter, an dessen Schwelle ihm sich früh
die Liebe erschloß, die ihm alle Wonnen und alle Schmerzen in die
Seele strömte. Er mußte einer unschuldvollen Jugendneigung, Gretchen,
entsagen, und auch später unter tiefen Leiden des eigenen Herzens lernen, die Leiden anderer Herzen mit erschütternder Wahrheit zu schildern.
Der Vater drängte den Sohn zum Studium der Rechtsgelehrsamkeit hin;
mit innerem Widerstreben gehorchte jener und besuchte 1765 die Universität Leipzig. Diese Stadt, von der Göthe nicht ohne Bedeutung später
sagte: „Mein Leipzig lob' ich mir, es bildet seine Leute" — half ihn

äußerlich und innerlich bilden — er lernte zunächst leben, und dann einsehen, daß die poetische Schule der Zeitgenossen, die Dichtungen Gottsched's, Gellert's, und Andere zu überflügeln sein durften. Mehr als das
Studium der Rechtswissenschaft zog die Kunst den strebenden Geist des
Jünglings an; an Malerei hatte er schon im Elternhause Freude gewonnen, als der 7jährige Krieg französische Einquartirung in dasselbe gebracht hatte, und mit ihm den Kunstfreund Grafen von Thorane. Göthe
nahm in Leipzig Zeichenunterricht bei dem verdienstvollen berühmten
Oeser und lag eifrig den Studien der bildenden Kunst ob, denen er practisch, durch Zeichnen und Selbstätzen, Leben zu geben versuchte. Aber
das Einathmen der Säurendämpfe und manche Unregelmäßigkeit des
Lebensgenusses machten ihn krank; seine Stimmung wurde trübe; in solcher getrübten Stimmung kehrte er zur Heimath zurück, gefiel sich im
stillen Hinbrüten, studirte mystische, kabbalistische und alchymistische Schriften, ja er laborirte selbst, und begann vielleicht die ersten Entwürfe und
Anhänge zu Faust, in denen das geheimnißvolle solcher Studien, wie
die angedeuteten, hindurchklingt, während er viele andere seiner Manuscripte verbrannte. Doch er sollte nach des Vaters strengem Willen das
Rechtsstudium in Straßburg fortsetzen, und that es, lernte dort tüchtige
und berühmte Männer, Jung, Stilling, Lenz, Lavater und Herber
kennen, in deren Umgang sich das etwas altväterisch und pedantisch zu-
gestutzte Leben erfrischte. Dort knüpfte und löste Göthe den Herzensbund
in Sesenheim, den er so lieblich geschildert, wurde Doctor der Rechte
und rang sich mehr und mehr empor zu einem kraftvollen und genialen
Streben. Alles an ihm war jetzt eigen, selbstständig, ja excentrisch und
andere mächtig anziehend; er fand neue Ausdrücke und überraschte mit
ihnen. Sein Götz erschien und ward mit Begeisterung begrüßt; ein
Aufenthalt in Wetzlar gab Eindrücke, die den Werther schufen; beide
Bücher weckten zahllose Nachahmungen, Götz allarmirte die Köpfe, Werther die Herzen der Jugend. Von Stufe zu Stufe schritt Göthe nun
gemessen höher zum Tempel seines Ruhmes; über Weimar stand der
Stern seines Lebens; dorthin zog ihn der Freundesruf des jungen Herzogs
Karl August. In Arbeit und Vergnügen theilte sich fortan sein Leben,
der Hof, die Gesellschaft, der Thüringerwald, der Harz, Kunst- und
Naturstudien, Botanik und Mineralogie, Karlsbad Italien, alles beschäftigte ihn auf das anregendste und in reicher Fülle; dazwischen entstanden
die unsterblichen Meisterwerke. Ein in sich ganz klarer, ganz vollendeter
Geist war Göthe geworden, daher trat in ihm eine gewisse Abgeschlossen-
heit gegen das hervor, was von außen sich einzudrängen oder was sich
aufzudrängen suchte. So blieb er der Politik im Allgemeinen und mit
Recht fern und fremd, so stieß die Kant'sche Philosophie den Dichter ab,
so vermochte er nicht, Schiller, den eifrigen Jünger dieser Philosophie,
von Anfang ihrer Bekanntschaft an gleich zu lieben, wie sehr er sich ihm
später als redlicher Freund bewährte. Was als Schatten an Göthe's
Wesen, was als Mangel an manchen minder hochzustellenden Schriften
von ihm bezeichnet werden kann, hat die schonungslosesten Richter gefunden, und hat er sich irgendwo und wie eine literarische Sünde zu schulden kommen lassen, so hat er sie um so härter büßen müssen, je größer
er war als andere. Aber selbst über das Maß der Gerechtigkeit hinaus gingen Feinde und Gegner, ja sogar der blöde Unverstand erhob die
Waffe gegen den unübertreffbaren Meister. Seine tiefesten Natur-Stu-
dien wurden verkannt, der Dichter sollte nicht auch Naturforscher
sein wollen, und doch war er ein solcher in Geist und in der Wahrheit.
Seine Farbenlehre, seine Metamorphose der Pflanzen wurden nicht ver-

ſtanden, man tabelte ſie, ohne ſie zu ſtudiren. Das alles rauſchte vorüber und unantaſtbar ſteht der Ruhm des hochbegabteſten, ausdauernd
fleißigſten und redlich ſtrebenden Dichters, Kunſt- und Naturforſchers,
Staatsmannes und Weiſen auf dem Grundbau ſeiner Werke. Götz,
Taſſo, Jphigenie, Fauſt, Hermann und Dorothea, werden ewig dauern,
wie der Name Homer's durch das Gedächtniß aller Zeiten klingt, wird
Göthe's Name gefeiert fortklingen in allen Regionen des Erdballs, ſo
lange dieſer auf ſeiner Wandelbahn um die Sonne „mit Bruderſphären
Wettgeſang“ tönt, und das Leben der Menſchheit auf ihm Dauer hat. —
Glückliches Leben und höchſtes Lebensziel verliehen die Himmliſchen ihrem
Liebling; er ſtand ruhig und groß über dem Lärm und den Wirren der
Zeit, ihre Wetter und Wolken zu ſeinen Füßen, ſein Haupt im Licht.
„Mehr Licht!“ war ſein letzter Ruf, als ſich in ſeinem 83ſten Jahre das
irdiſche Licht verdunkelte. Was Deutſchland an Göthe beſaß, und was
es freudig von ihm fortbeſitzt, das reiche Erbtheil ſeines weltumfaſſenden
Geiſtes, wird immer mehr erkannt werden von den kommenden Ge-
ſchlechtern und wie im Schlußwort des größten aller deutſchen Gedichte
Göthe voll tiefer Jnnigkeit ausſpricht: „das Ewig-Weibliche zieht uns
hinan“ — ſo werden auch die nach uns kommenden beim tieferen Verſtändniß von Göthe's Werken von ihm bekennen: „das Ewig-Göttliche
zieht uns hinan.“

Johann Chriſt. Gottſched.

Gottſched, ein Gelehrter, der ſich um die deutſche Sprache, zum
Theil ſelbſt durch ſeine Abgeſchmacktheiten, nicht unbedeutende Verdienſte
erwarb, geboren 1700 zu Judltenkirch bei Königsberg in Preußen, wo
ſein Vater Prediger war, erhielt durch dieſen den erſten Unterricht in
Sprachen und Wiſſenſchaften und bezog ſchon 1714 die Univerſität Königsberg. Seine Neigung zog ihn bald von der Theologie, für welche er beſtimmt war, zu dem Studium der Philoſophie, der ſchönen Wiſſenſchaften
und Sprachen. Nachdem er hier bereits einige akademiſche Abhandlungen
philoſophiſchen Inhaltes und Gedichte hatte drucken laſſen, begab er ſich,
um dem Militärzwange zu entgehen, 1724 nach Leipzig, wo der berühmte
Polyhiſtor Joh. Burkh. Menke ihm die Erziehung ſeiner Kinder anvertraute. Sehr bald begann er auch Vorleſungen über die ſchönen Wiſſenſchaften zu halten, in denen er den damaligen, durch den Lohenſtein-
ſchen Schwulſt verderbten Geſchmack bekämpfte, wogegen er die Alten und
deren vermeintliche Nachfolger, die Franzoſen, pries. Schon 1726 wählte
ihn die poetiſche Geſellſchaft in Leipzig zu ihrem Senior, die er im folgenden Jahre in die Leipziger deutſche Geſellſchaft umwandelte, deren
Einfluß auf die deutſche Literatur damals bedeutend war. In der Folge
entſagte jedoch Gottſched dieſer Geſellſchaft und ſtiftete eine neue, welche
ſich die Geſellſchaft der freien Künſte nannte. Nachdem er 1730 außerordentlicher Profeſſor der Philoſophie und Dichtkunſt, und 1734 ordentlicher Profeſſor in der Logik und Metaphyſik geworden war, vermählte
er ſich 1735, wurde ſodann Decemvir der Anſtalt, der philoſophiſchen
Fakultät und des großen Fürſtencollegiums Senior und ſtarb 1766. —
In der deutſchen Literatur iſt Gottſched ein warnendes Beiſpiel, zu
welcher Schmach auch ein Schriftſteller von löblichem Beſtreben und
manchem unläugbaren Verdienſte durch Einſeitigkeit und Pedantismus
herabſinken kann. Durch dieſe Eigenſchaften hat er es verſchuldet, daß
man gegenwärtig mit ſeinem Namen nur die Idee eines von Hochmuth
aufgeblähten Lehrers des Ungeſchmacks und der Afterweisheit verbindet,
der für alle äſthetiſche Sünden ſeines Zeitalters nicht genugſam gezüch-

tiget werden kann. Seine Verehrer, die ihn nach seinem ersten Auftreten
für den Wiederhersteller der Dichtkunst und den Verkündiger des guten
Geschmackes ausgegeben hatten, wurden bald durch Rost, Pyra, Liscov,
Bodmer, Breitinger und Andere zum Schweigen gebracht, deren zum
Theil gewandtem Witze und gründlichen Beweisen Gottsched mit so
schwerfälligen Waffen begegnete, daß er einer völligen Niederlage
nicht entgehen konnte. Was Gottsched Gutes gewirkt, ist eben so
wenig zu verkennen, als seine Abgeschmacktheiten. Verdienstlich war
sein Eifer für die Reinheit der deutschen Sprache, deren Genius er wenigstens ahnte, wenn er auch nicht Talent genug besaß, selbst Muster darin
aufzustellen; verdienstlich sind ferner seine Bemühungen um die deutsche
Grammatik und die Geschichte der älteren deutschen Literatur: „Grundlegung einer deutschen Sprachkunst;“ „Nöthiger Vorrath zur Geschichte
der deutschen dramatischen Dichtkunst;“ „Beiträge zur kritischen Historie
der deutschen Sprache, Poesie und Beredtsamkeit“ und „Das Neueste
aus der anmuthigen Gelehrsamkeit. Regelmäßigkeit und correkte Verständlichkeit pries er als das Höchste in aller Darstellung, auch in der
Poesie an, und empfahl, außer den Alten, vorzugsweise die Franzosen
als Muster des guten Geschmacks. Nebenher wollte er selbst als Dichter und Redner Muster sein; was er aber gab, war Alles poetischen
Sinnes baar, nüchterne und kalte Rednerei. So verkehrte Bemühungen
brachten ihn in die Hände seiner muthwilligen Gegner, deren Uederge-
wicht um so entschiedener ward, je mehr er sich ereiferte und mit stolzem
Tone sie niederschlagen wollte.

Max Wilhelm Götzinger.
Geboren den 14. Novbr. 1799, gestorben den 2. August 1855.

Motto: „Die Fabel will das Allgemeine und Besondere versinnlichen, sie zeigt den Lauf der Welt, wie er nach den
Naturgesetzen war, ist und sein wird. Sie geht allerdings
von einem einzelnen Falle aus, muß aber, um gut zu
sein, auf alle ähnliche Fälle passen.“   Götzinger.

Götzinger ist in Neustadt bei Stolpen, einem Städtchen im sächsischen Erzgebirge, geboren, wo sein Vater erster Pastor war, der ihm
eine treffliche Erziehung angedeihen ließ, und durch die Herausgabe des
Schriftchens: „Schandau und seine Umgebungen, oder Beschreibung der
sächsischen Schweiz,“ mit Recht der Entdecker der sächsischen Schweiz genannt werden konnte. — Seine Gymnasialstudien machte Götzinger in
Bautzen; dann bezog er im Jahre 1818 die Universität Leipzig, wo er
Theologie studirte, nebenbei aber auf's Schriftenthum der Deutschen ebensoviel Fleiß verwandte. Gleich nach absolvirter Universität nahm er eine
Lehrstelle an dem damals rühmlichst bekannten Blochmann'schen Institute in Dresden an. Hier faßte er den ersten Entschluß zur Herausgabe seiner Grammatik, da ihn das damals vorhandene Material für die
Selbstbeschäftigung seiner Schüler nicht befriedigte. Nachher wurde er
Hauslehrer in dem Kaufmann Bach'schen Hause zu Buchholz. Seine
kleine Grammatik führte ihn nach Hofwyl in das damals weltberühmte
Institut von Fellenberg. Hier schrieb er seine „Sprachlehre für Schulen,“ die bis jetzt acht Auflagen erlebt hat. Dieß Buch ist es vornehmlich, das ihn in der pädagogischen Welt berühmt machte, da es die erste
deutsche Grammatik für höhere Klassen war, in welcher der Lehrstoff in
Verbindung stand mit Aufgaben. Es gebührt ihm hiermit das große
Verdienst, auf höheren Schulen den Unterricht in der deutschen Sprache

zu einem eigenen Lehrfache gemacht zu haben. — Im Frühjahr 1827 wurde das Züricher Gymnasium einer Reorganisation unterworfen, in Folge deren mehrere auswärtige Gelehrte an dasselbe berufen wurden, unter welchen Götzinger auch war, der seine Stelle als Lehrer der deutschen Sprache im Mai 1827 antrat. Später übertrug ihm der Erziehungsrath auch die Professur der deutschen Sprache und Literatur am damaligen Collegium humanitatis, dem jetzigen Obergymnasium. Einige Jahre später erhielt er einen Ruf an die Kantonsschule in Aarau. Erhöhung seiner Besoldung und Abnahme der untern Klassen bestimmten ihn den Ruf abzulehnen. — Mehrmals wurde er auch als Examinator neuanzustellender Lehrer oder als Experte in Schulsachen dahin und dorthin gerufen, ein Beweis, daß seine Verdienste bald auch in weitern Kreisen erkannt und gewürdigt wurden. Er sollte auch Mitarbeiter am Grimm'schen Wörterbuche werden, er hatte auch wirklich schon Arbeiten ausgeführt, aber theils seine Amtsgeschäfte, theils seine übrigen literarischen Arbeiten, sowie Anzeichen von seiner später eintretenden Krankheit ließen ihn bald davon abstehen. Einzelne Aufsätze schrieb er auch in wissenschaftliche Journale. Eine weitere Anerkennung wurde ihm dadurch zu Theil, daß ihn die philosophische Facultät in Basel mit dem Doctordiplom beehrte.

Wenige Krankheitsfälle ausgenommen, hatte sich Götzinger einer ziemlich langen robusten Gesundheit zu erfreuen. Im Jahr 1849 erlahmte allmälig seine rechte Hand, welche Lähmung sich nach und nach auch auf sein Gesicht und seine Sprachorgane ausdehnte. Eine Badkur nach Onynhausen in Westpreußen zeigte große Wirkung; schon war die Heimreise festgesetzt, da erkältete er sich bei einer Illumination des Bades, worauf sich ein Fieber einstellte, dem er nach 4 Tagen erlag.

Die schriftstellerische Wirksamkeit Götzinger's hat das Eigenthümliche, daß sie größtentheils aus der Schule hervorging, daß sie darauf ausging, das in der Praxis gewonnene Material zu ordnen. Sie erstreckt sich darum auf alle Zweige des deutschen Unterrichts, auf Sprechen, Schreiben und Grammatik. Das Bedürfniß grammatischer Hülfsmittel für die Schule regte ihn zuerst an. Als er auftrat, war noch keine deutsche Grammatik für frühere Klassen vorhanden, in welcher der Lehrstoff in Verbindung mit Aufgaben gestanden hätte. Diese Lücke füllt seine „Sprachlehre für Schulen" aus, und dieses Buch ist es vorzüglich, das ihn in der pädagogischen Welt berühmt machte. An die Schulgrammatik schließt sich das größere Werk: „Die deutsche Sprache" an. Wer sich eine klare Anschauung von dem Zustande der ersten Glanzperiode unsere Literatur machen will, studirte sie. — „Der Liedergarten" ist eine Gedichtsammlung für niedere Schulen; höheren Schulen diente der Dichtersaal. Als Kommentar für die Lehrer schrieb er dazu seine „Deutschen Dichter", worin er sich namentlich auch über die Quelle verbreitet, aus der epische Dichter geschöpft hat; und wodurch er eigentlich dem stararischen Lesen die Bahn gebrochen. — Die jüngsten Produkte seiner Muse sind: das deutsche Lesebuch für Gymnasien und Realschulen in 2 Thln., die Stylschule auch in 2 Thln.

Götzinger war einer derjenigen, welche dem Unterricht in der Mutter-Bahn brachen. Man war lange genug der Ansicht, daß man nur gut sprechen und schreiben lerne könne, wenn man griechisch und lateinisch verstehe; daß der Unterricht im Deutschen gerade überflüssig sei. Dieser Ansicht trat Götzinger entschieden entgegen. Wie aber dieser Unterricht im Einzelnen einzurichten sei, darüber herrschte und herrscht zur Stunde noch Kampf und Streit. Zur Lösung dieses Streites hat Götzinger durch ein 30jähriges Wirken als Lehrer= und Schriftsteller redlich mit= gewirkt. Er zeigte, wie man die Producte der Muttersprache verarbeiten müsse, um sich geläufig und richtig darin ausdrücken zu lernen, wie man unsere Muttersprache lieb gewinnen lerne, indem er uns das Verständ= niß ihrer herrlichen Producte vermittelte.

Joh. Baptist Graser.
Geboren den 11. Juli 1741, gestorben den 28. Februar 1841.

Motto: „Der Unterricht soll den Menschen anleiten, sich die wahre Kenntniß vom Leben zu verschaffen und ihn anzure= gen, daß er sich in der moralischen Kraft übe."

Graser.

Johann Baptist Graser war in Eltmann, einem Städtchen in Unterfranken am Main geboren. Sein Vater war Metzger und unbemit= telt. Dennoch mußte er sich durch sein Talent und seinen Eifer empor= zuarbeiten. Damals war es in Bamberg Sitte, daß der Sohn eines fürstlichen Rathes, wenn er zum Studium kam, durch einen sogenannten Famulus täglich zweimal zur Klasse geführt und von da wieder nach Hause abgeholt wurde. Um eine solche Stelle als Famulus zu bekleiden, wurde der arme Knabe Graser aus seinem Geburtsorte nach Bamberg in das Haus seiner Base, der Hofkammerräthin Molitor, gerufen. Seine Verhältnisse in der ihm nahe verwandten Familie waren anfangs nicht gerade die angenehmsten. Er mußte, selbst im Winter unter der Boden= stiege schlafen und sich mit sparsamer Kost begnügen. Jeder Rathssohn hatte neben dem Schulunterricht einen Privatlehrer, der des Tags zwei= mal in bequemen Stunden das in der Schule Gehörte wiederholen mußte, und an diesen Repetirstunden durften auch, um Wetteifer zu erregen, gewöhnlich einige andere besonders ausgezeichnete Mitschüler unentgeldlich Theil nehmen. Der Famulus aber saß während derselben auf der Ofen= bank, um jederzeit zum Dienste des Präzeptors oder der Zöglinge bereit zu sein. Nun fügte es sich einstmals bei einer allgemeinen Prüfung, welche der Präzeptor im Molitorischen Hause mit seinen Schülern an= stellte, daß diese sehr schlecht bestanden, und der Lehrer äußerte sich sehr aufgebracht und bitter darüber, daß sein Unterricht bisher auf so un= fruchtbaren Boden gefallen sei. Da trat der Famulus Graser aus seinem Hintergrunde hervor, bat um das Wort und gab zu großer Verwunde= rung der Anwesenden die treffendsten Antworten auf die verhandelten Fragen. Der Präzeptor, voll Freude über das bisher verborgen geblie= bene, nun offenkundig gewordene Talent des Famulus, bewirkte, daß derselbe, obgleich er das gesetzliche Alter für die Anfangschüler bereits um einige Jahre überschritten hatte, nicht nur an seinem Wiederholungs= unterrichte fortgesetzt Theil nehmen, sondern auch das Gymnasium besu= chen durfte. Bei dem Mangel an gründlichen Vorkenntnissen und der Beschränkung seines Fleißes durch die Dienste, die er im Hause seiner Verwandten leisten mußte, vermochte er nur mühsam mittelmäßige Fort= schritte in seiner Klasse zu machen; aber in die Klasse der Philosophie aufgerückt, zeichnete er sich so sehr aus, daß er die Ehre des Primats und am 7. September 1786 das philosophische Doctorat erlangte und kostenfrei in das Priesterseminar zu Würzburg aufgenommen wurde. Hier legte er sich mit unermüdeter Thätigkeit auf das Studium der orientali= schen Sprachen und der gesammten Theologie, und machte darin so rasche Fortschritte, daß er schon 1790 nach einer öffentlichen Prüfung die theo=

logische Licentiatenwürde erlangte. Zwei Jahre lang verwaltete er hierauf das Amt eines Präfekten in dem adelichen Knabeninstitut zu Würzburg. Damals wünschte der letzte Erzbischof von Salzburg, Hieronymus
von Colloredo, ein staatskluger Fürst, aus dem zu jener Zeit in großem
Rufe stehenden Würzburger Klerus einen Mitzieher und Lehrer seiner
Pagen. Graser wurde zu dieser Stelle berufen. Er folgte mit Bewilli-
gung seines Fürsten, des Fürstbischofes Franz Ludwig von Erthal, diesem
Rufe, wurde Instruktor der Pagen in Salzburg und erwarb sich die
Zufriedenheit des Erzbischofs, der ihn bald zum Subdirector der Page-
rie und des Virgilianischen Collegiums ernannte. In Salzburg genoß
Graser den Umgang mit vielen damals berühmten Gelehrten. Selbst in
der Medizin suchte er gründliche Kenntnisse zu verschaffen. Noch vor
der Säkularisation der geistlichen Fürstenthümer wurde er von seinem
Amte entbunden. Seine Muße gebrauchte er zu häufigen Reisen in's
Ausland, besonders zu wiederholtem Besuche Italiens, um seine Men-
schen-, Lebens- und Staatenkenntnisse zu erweitern. In den Jahren
1801 und 1802 hielt er sich in Bamberg und Würzburg auf. 1802
kehrte er nach Salzburg zurück, um die Angelegenheit wegen seiner Pensionirung zu ordnen. Im Frühling 1804 erhielt er den Ruf als Professor der Philosophie und Pädagogik an die Universität Landshut, und im
Herbste desselben Jahres den als Schul- und Studienrath nach Franken
oder der beiden Fürstenthümer Bamberg und Würzburg. Hier befand er
sich in einem Wirkungskreise, der ihm ganz zusagte. Obgleich, namentlich in Würzburg, durch Gegner vielfach gehemmt, wirkte er kräftig für
das Schul- und Studienwesen. Am liebsten hielt er sich zu Bamberg
auf, weil er dort seine Verwandte und Jugendfreunde hatte, und die
Landesdirection seinen Vorschlägen zu zeitgemäßen Veränderungen im
Schulwesen großentheils bestimmte. Bei der Auflösung der königl. Regierung zu Bamberg wurde er in gleicher Eigenschaft, als Regierungs-
und Schulrath, nach Baireuth versetzt. Graser hatte unter dem katholischen Klerus und bei Hofe mächtige Feinde, die bis zu seinem Tode seinem Tode seinen Bestrebungen hemmend in den Weg traten. Der Grund
dieser Feindschaft war theils die freiere theologische Richtung Grasers,
theils seine Vermählung mit der Fanny Küster, Tochter des Apellations-
gerichtsrathes Küster in Bamberg, die er, ohne Dispensation von Rom
erhalten zu haben, heirathete. Als Kreisschulrath war Graser von dem
Streben, in dem Bezirke seine Wirksamkeit zu heben, so
beseelt, daß er beharrlich alle Mittel benützte, um seinen Zweck so viel
nur möglich zu erreichen. Der Hauptmittel, deren er sich bediente, waren drei: Erweiterung und Vertiefung der Bildung des Lehrerstandes,
vorzüglich in der Pädagogik und Didaktik, Vermehrung der Schulen und
Erbauung zweckmäßiger Schulhäuser. Nach 20jähriger Wirksamkeit wurde
Graser 1825 in den Ruhestand versetzt, aber auch später von den Regie-
rungsvorständen noch in wichtigen Schulangelegenheiten privatim zu Rathe
gezogen. Nach seiner Pensionirung füllte schriftstellerische Thätigkeit, der
er sich schon lange in den von amtlichen Geschäften freien Stunden mit
entschiedenem Glücke hingegeben hatte, seine Zeit aus. Die wichtigsten
seiner Werke sind folgende:

Prüfung der Unterrichtsmethode der katholisch-practischen Religion, 1800, 1806
und 1831. Beleuchtung der Ideen und Grundsätze der Prüfung des katholisch-practischen
Religionsunterrichtes, 1803. Archiv für Volkserziehung durch Staat und Kirche, 1803.
— 1805. Beobachtungen und Vorschläge über Erziehung und Schulen 1804, 1805,
neue Ausgabe unter dem Titel: Die literarische Erziehung, 1831. Die Divinität oder
das Princip der wahren Menschenerziehung mit besonderer Anwendung auf eine neue

Elementar-Unterrichtsmethode, 1810, 13, 1830. Die Elementarschule für's Leben in ihrer Grundlage, 1817, 1818, 1821, 1839. Der erste Kinderunterricht, die erste Kinderqual, 1819, 1828. Das Schulmeisterthum mit der Elementarschule für's Leben im Kampfe, eine nähere Darstellung des beiderseitigen Geistes 1820. Die Hauptgesichtspunkte bei der Verbesserung des Volksschulwesens 1822, 1823. Ueber die angebliche Ausartung der Studirenden in unserer Zeit, 1824. Der erste Unterricht in der Religion, 1825. Die Elementarschule für's Leben in der Steigerung, 1827. Der durch Gesicht und Tonsprache der Menschheit wiedergegebene Taubstumme, 1829, 1834. Die Erhebung des geistlichen Standes zur Würde und Wirksamkeit, als Hauptbedingung zur Ruhe und Sitte in den Völkern, 1831. Das Verhältniß der Graser'schen Unterrichtsmethode zum positiven Religionsunterricht, 1832. Das Verhältniß des Elementarunterrichts zur Politik der Zeit, eine Kritik des bisherigen Unterrichts und Darstellung der einzig heilsamen Unterrichtsweise, 1835, 1837. Beleuchtung der Einwürfe gegen die Elementarschule 1841. „Die Elementarschule für's Leben in ihrer Vollendung, erste Abtheilung: die Lehre vom Staate" (Hof 1841) war bei seinem Tode im Drucke noch nicht vollendet und wurde von seinem treuesten Schüler und Verehrer, Cantor Ludwig in Bindlach, für den Druck vollends besorgt. Sein letztes Werk: „Die Erziehung der Taubstummen in der Kindheit" (Nürnberg 1843) ist erst nach seinem Tode aus seinem Nachlasse von Ludwig herausgegeben worden. Grasers Hauptschriften bleiben die „Divinität" und die „Elementarschule für's Leben in ihrer Grundlage." Sie allein sind als die wahre Quelle Graser'scher Pädagogik anzusehen. Die übrigen seiner pädagogischen Schriften haben nur bedingten, mehrere wenig oder keinen Werth.

Dr. Karl Friedr. Aug. Grashoff.

Geboren den 24. August 1770, gestorben den 4. März 1841.

Er wurde zu Groß-Germersleben im Herzogthume Magdeburg, wo sein Vater Justizamtmann auf den von Kotze'schen Gütern war, geboren. Nachdem er auf den Hallen zu Magdeburg vorbereitet worden, bezog er im Jahr 1789 die Universität Halle, um Theologie zu studiren und trat im Jahr 1793 eine Lehrerstelle bei dem Pädagogium der Realschule in Berlin an. 1797 erhielt er eine Anstellung als Conrector an dem Lyceum zu Prenzlau, wo er mit dem gelehrten Rector Wetzel und andern geistesverwandten Collegen ein ebenso angenehmes Leben führte, als er eine schöne Wirksamkeit entfaltete. Nach dem Tode Wetzels übernahm er 1810 das Rectorat des Lyceums. Als mit dem Jahre 1813 eine neue Morgenröthe der Freiheit und Selbstständigkeit für Preußen und ganz Deutschland anbrach, war Grashoff besonders thätig, die Jünglinge und Männer seiner Umgebung zur freiwilligen Theilnahme an dem Kampfe zu begeistern, an welchem er selbst den regsten Antheil nahm. Nach drei Jahren wurde er indeß als provisorischer Director des öffentlichen Unterrichts am Niederrhein angestellt, bereiste mehre Departements behufs der Organisation des höhern und niedern Schulwesens, und erhielt nach Auflösung des Generalgouvernements eine Anstellung beim Konsistorium und Schulcollegium zu Köln. Im Herbst 1820 wurde ihm dazu die Leitung des Karmelitercollegiums übertragen, das anfangs als höhere Stadtschule organisirt, 1825 zu einem vollständigen und zwar evangelischen Gymnasium erhoben wurde, und 1830 den Namen des Friedrich-Wilhelms-Gymnasiums erhielt. In dieser doppelten amtlichen Stellung hat sich Grashoff große Verdienste um das Schulwesen in den preußischen Rheinlanden erworben. Ueber sein Leben und Wirken hat er selbst Aufschluß zu geben begonnen in dem 1839 zu Essen bei Bädecker erschienenen Werke: „Aus meinem Leben und Wirken, zugleich als Beitrag zur Geschichte der Rheinprovinz unter preußischer Landeshoheit in Hinsicht auf Kirche und Schule," von dem leider nur der erste, die Kirche und das Vaterland betreffende Band erschienen ist. Seine schriftstellerischen Leistungen sind:

Einige Ideen zur Beantwortung der Frage: Wie läßt sich die Bildung einer Nation am leichtesten und sichersten auf eine andere übertragen? Berlin, 1796. — Pr. Erziehung und zwar Erziehung der Menschen, der erste und höchste Zweck aller Schulen. Prenzlau, 1811. — Pr. Nachricht an das Publikum, die künftige Bestimmung des Carmeliter=Gymnasiums. Köln, 1820. — Pr. Schülergesetze für das kgl. Carmeliter=Collegium. Ebdf. 1821. — Pr. Chronik des Carmeliter=Collegiums für das Schuljahr 1821—22. Ebdf. 1822. — Pr. Ueber den Zweck und Einrichtung der öffentlichen Schulprüfungen. Ebdf. 1823. — Pr. Disciplinareinrichtung des kgl. Carmeliter=Collegiums. Ebdf. 1824. — Pr. Jahresbericht über den Zustand des kgl. Carmeliter=Collegiums. Ebdf. 1825 — Leitfaden für den Unterricht in der Geschichte. Ebdf. 1831. — Neue Vorlegblätter zum Griechischschreiben. Crefeld, 1833. — Schulzwang und Schulgeld. Köln, 1834. —

Pet. Alois Gratz.
Geboren den 17. August 1769, gestorben den 1. November 1849.

Motto: Wie kann sich die Menschheit mehr geehrt finden, als in Großen Menschen, die lebendig an den Tag legen, daß der Mensch Groß werden kann.   Gratz.

Peter Alois Gratz, geboren zu Mittelberg, einem kleinen, im Allgäu gelegenen bayerischen Dorfe, war der Sohn eines Schullehrers. Sein Vater wurde bald nach Stötten versetzt. Obgleich von Nahrungssorgen gedrückt, gab er seinen Kindern doch eine möglichst gute Erziehung und Ausbildung und schickte deßhalb seinen Sohn frühzeitig nach Füßen, um ihn dort Unterricht in der lateinischen Sprache und der Musik ertheilen zu lassen. Nachdem er auch die höhern Studien mit sehr gutem Erfolge betrieben, wurde er 1792 in Augsburg zum Priester geweiht, und erhielt nach 3 Jahren, während welchen er eine Hofmeisterstelle in einer adeligen Familie übernommen, die nicht unbedeutende Pfarrstelle zu Thalheim im württembergischen Schwarzwalde. Neben seinen seelsorgerlichen Obliegenheiten ergab er sich jetzt mit unermüdlichstem Eifer dem Studium der theologischen Wissenschaften und erwarb sich bald einen Ruf als Schriftsteller. In Folge dessen erhielt er eine Professur an der theologischen Faculät in Ellwangen, wo er mit dem Doctordiplom beehrt wurde. 1817 nach Tübingen versetzt, wurde er wegen des Rufes seiner Gelehrsamkeit von König Wilhelm III. nach Bonn als Professor der katholischen Theologie berufen. Hier als Lehrer einer Hochschule, wie als Informator und Landpfarrer, als Schul= und geistlicher Rath, wie als Mitglied eines Regierungs=Collegiums; als Beamter und Vorgesetzter, wie als Untergebener und Mensch, war er überall hochgeschätzt und geliebt. Hatte er schon früher sich als tüchtigen Pädagogen gezeigt, so dies noch mehr bei seiner letzten Würde — der eines Regierungs= und Schulraths, die er 1825 erhielt. In rastlosem Eifer arbeitete er nun an des Volkes Glück. Hierzu war ihm Hebung der Volksschule das Universalmittel. Jene aber fand er bedingt in einem gebildeteren, tüchtigeren und würdigeren Lehrerstande. Er wandte darum alle Kräfte auf, die Lehrer seines Bezirkes ihres hohen, einflußreichen Amtes immer werther zu machen. Unter ihm trieb das Trier'sche Schulwesen frische Blüthe, begann für dasselbe eine neue Aera. Ein frisches, nie dagewesenes Leben zeigte sich überall unter den Lehrern. Ganz besonders war dies der Fall in musikalischer Beziehung. Zur Veredlung der Jugend, zur Freude des Alters ertönten bald in den meisten Schulen des Regierungsbezirkes ein= und mehrstimmige Lieder, erschallten bald in dem Hause Gottes zur Erbauung und Verherrlichung deutsche Lieder und Meßgesänge. Doch am meisten Regsamkeit und Vorwärtsstreben wurde unter die Lehrer gebracht durch die von ihm in's Leben gerufenen Lehrer-Conferenzen, sowie dadurch, daß er die Lehrer in ihrem Vorwärtsstreben durch geeignete Lektüre unterstützte. Diesem folgten seine Erziehung fördernden Bestimmungen und Verordnungen, sowie seine häufigen Schulreisen. Selbst wollte er die Schulen, des Lehrers Leistungen und Verfahren prüfen. Da geschah es nicht selten, daß er oft die niedrigsten, ungesundesten Schulhäuser antraf. Neue Schulhäuser zu errichten und ihrem hohen Zwecke entsprechend einzurichten, war daher sein eifrigstes Bestreben, so wie andererseits, daß sich dieselben durch Reinlichkeit und Ordnung auszeichneten, in jeder Hinsicht wirkliche Lehrhäuser der Gemeinden wurden. — Außer diesen vielen Arbeiten ertheilte er mehrere Curse über den pädagogischen Unterricht im Trier'schen LehrerSeminar, das damals noch bestand, in wöchentlich 2—3 Stunden. Hier besonders erwies er sich als ein tüchtiger Lehrer, als ein gediegener Schulmann, als ein erfahrener und tiefer Pädagog. Wer seinen Unterricht genossen, stimmt gewiß bei. „Graß war kein trockener Verstandesmensch, viel weniger noch ein Pedantpädagog. Er lehrte nichts ohne Natur, nichts ohne Gott, nichts ohne Geist." Hinsichtlich der auch jetzt noch nicht völlig entschiedenen Streitfrage, ob die Schule nach den verschiedenen Geschlechtern zu trennen sei oder nicht, stritt und kämpfte er mit aller Energie für das Erstere. So lebte und wirkte nun Graß bis zum Jahre 1839 als Schulrath fort; da fingen die Kräfte des Leibes an mit jenen des Geistes in ungleiches Verhältniß zu treten. Der Lebensbrunn begann zu versiegen, der Strom des Lebens wurde seichter und seichter. Auf seinen Wunsch wurde ihm am 3. April seine Dienstes-Entlassung bewilligt, nachdem er schon 1838 einen Gehilfen zu sich genommen hatte. Er zog nun an die Bergstraße im Darmstädtischen, wo er in anspruchsloser Zurückgezogenheit das letzte Jahrzehnd seines dem Wohle der Menschheit gewidmeten Lebens verlebte. Er starb zu Darmstadt 1849.

Von seinen zahlreichen, trefflichen Schriften führen wir nur an: 1) Briefe über die Wunderheilungen des Fürsten Alexander von Hohenlohe. 2) Kritisch-historischer Commentar über das Evangelium Matthäus. 3) Gebete für die Schuljugend, eine Christenlehrbeschenkung. 4) Ueber die Grenzen der Freiheit, die einem Katholiken in Erklärung der heiligen Schrift zusteht. 5) Französisches Sprachbuch für Anfänger. — Außer diesen sind mehrere Werke von ihm herausgegeben, namentlich auch eine Fibel für die Elementarschule, die sich besonders durch reichlicheren Stoff für Sprach- und Denkübungen auszeichnet.

Dr. Joh. Christ. Greiling.
Geboren den 21. Dezember 1765, gestorben den 3. April 1840.

> Motto: „Ein fester tugendhafter Charakter, genaue Bekanntschaft mit der Erziehungslehre und insbesondere praktisches Seelenstudium nebst natürlich vernünftiger Liebe zum Kindergeschlechte, sind die vorzüglichsten und unerläßlichsten Bedingungen eines guten Erziehers."   Greiling.

Er wurde geboren in Sonneberg, einem thüringischen Städtchen, wo sein Vater Bürger und Orgelbauer daselbst war, jedoch schon 1766 starb. Seine Mutter zog nun mit ihm in ihr elterliches Haus nach Weißenbrunn zurück, wo er eben keine guten Tage verlebte und nur durch die Liebe der Mutter einigen Ersatz für mancherlei Druck der Verwand ten erhielt. Im 15ten Jahre war er bereits Candidat des Schulamtes und wurde bald darauf Sekretär des Geheimrathes Gruner in Koburg. Hier ward sein Verlangen, zu gelehrten Studien sich vorzubereiten, befriedigt, indem er das dortige Casimirianum besuchte. Um sich im Griechischen mehr auszubilden, las er ein Privatissimum über das Enchiridion Epictetes. Umstände nöthigten ihn, den bisherigen Studien der Philologie zu entsagen und Theologie zu studiren. 1788 verließ er die Universität und ward Hofmeister bei dem Oberlandjägermeister von Böhlau zu Döben in Kursachsen, und gab hier sein erstes Buch: „Ueber den Endzweck der Erziehung und über die ersten Grundsätze der Wissenschaft derselben" heraus. Ein Jahr darauf folgten die damals viel gelesenen „philosophischen Briefe über die Grundsätze der sittlich-religiösen Erziehung." 1795 ging Greiling als Hauslehrer zu dem Hofrath v. Grießheim in Klein-Zschocher bei Leipzig, wo er seine „Ideen zu einer praktischen künftigen Aufklärung" schrieb. Als Grießheim sein Gut verkaufte, kam Greiling als Pastor 1797 nach Schochwitz im Mannsfeldischen, nachdem er kurz zuvor seinen Roman „Ariovist" anonym herausgab. Im folgenden Jahre wurde er Pastor in Neu-Gattersleben im Magdeburgischen. Von diesem Jahre erschienen seine „praktischen Kanzelvorträge aus Kant's Schriften gezogen." 6 Bände, 1798—1804, und 1799 „Materialien zu Kanzelvorträgen." Großen Beifall fanden seine „Hieropolis" 1802 und seine „Theorie der Popularität" 1805. Diese seine schriftstellerischen Arbeiten und sein Ruf als Prediger verschafften ihm 1805 die Oberhofpredigerstelle an der St. Stephaniekirche in Aschersleben. Seine Mutter war zu ihm gezogen, als er seine erste Predigerstelle bekam, er übte an ihr Liebe und Kindespflicht bis zu ihrem Tode (1810). Schriftstellerisch und praktisch war Greiling unermüdlich thätig, trotz mannigfachen Unglückes in seiner Familie; nach schwerer Krankheit starb seine Frau, die ihm 6 Kinder hinterließ. Aus dieser Zeit rühren seine „Theophanien," sein „Leben Jesu" und die „biblischen Frauen" her. Um seinen unerwachsenen Kindern eine Mutter zu geben, verheirathete er sich zum zweiten Male. — Mit großem Enthusiasmus ward seine begeisterte Siegespredigt nach der Schlacht bei Belle-Alliance aufgenommen. Im Jahre 1821 erschien neben Mehrerem sein erster Band von den „neuesten Materialien zu Kanzelvorträgen" (1821—1827). 1828 erhielt er in Anerkennung seines verdienstlichen Werkes den rothen Adlerorden dritter Klasse und 1830 von der jenaischen Universität die theologische Doktorwürde honoris causa. Die neuesten Erscheinungen der theologischen Wissenschaften wurden von ihm freudig begrüßt und ohne Parteilichkeit gewürdiget. Seine Gesundheit war unverwüstlich, sein Gemüth heiter, voll Ruhe und Frieden. Ein Gewächs im Munde veranlaßte eine Operation zu Halle 1838. Im nächsten Jahre bildete sich ein Krebsgeschwür am linken Kinnbacken, welches ihm am obengenannten Tage den Tod zuzog.

Friedrich August Grotefend.

Geboren den 12. Dezember 1798, gestorben den 28. Februar 1836.

Fr. Aug. Grotefend war zu Ilfeld geboren, wo sein Vater, der Generalsuperintendent des Fürstenthums Grubenhagen und auf dem Harz und erste Prediger zu Clausthal, Johann Gregor Grotefend, damals als Subconrector stand. Nachdem er in Göttingen das Studium der Theologie und Philologie beendigt hatte und ein Jahr lang Hauslehrer gewesen war, wurde er im Jahre 1820 Kollaborator am Pädagogium zu Ilfeld, und rückte später in die Stelle des Conrectors auf. Von da wurde er im Jahre 1831 als Director des Gymnasiums nach Göttingen

berufen. Im Sommer des Jahres 1835 erhielt er in Anerkennung seiner ausgezeichneten Kenntnisse ohne sein Ansuchen eine außerordentliche
Professur an der Universität zu Göttingen; und er hat daselbst Vorlesungen über die allgemeine Grammatik und die lateinische Syntax gehalten.
Leider ereilte ihn nur zu früh der Tod. Die Verdienste, die er sich als
Lehrer und Director um das Gymnasium erworben hat, sind zu groß
und zu auffallend, als daß sie nicht die ungetheilteste Anerkennung hätten finden sollen. — Sein Lieblings-Studium betraf die allgemeine
Sprachwissenschaft; und er nahm den lebhaftesten Antheil an dem Um-
schwunge, den diese Wissenschaft in der neuesten Zeit erfahren hat. Von
seinem eigenen tiefen Nachdenken über Gegenstände der Grammatik,
namentlich auch der deutschen Sprache, zeugen, außer seinen Schulschriften, die lateinische Sprache betreffend, aus den früheren Jahren mehrere
Recensionen in der Jenaischen Literaturzeitung und in Seebode's kritischer
Bibliothek, sowie die eigene kleine Schrift: „Grundzüge einer neuen Satz-
theorie in Bezug auf die Theorie des Herrn Professor Herling" (Hannover 1827), und noch aus dem letzten Jahre das lateinisch geschriebene
Programm, worin er die Ansichten Hartung's über das Wesen und die
Bedeutung des Kasus widerlegt. Zur Verbreitung der richtigeren Ansichten über die Sprache und deren Behandlung hat er jedenfalls viel
beigetragen. Seine verschiedenen Lehrbücher für den Unterricht in der
lateinischen Sprache, namentlich seine „lateinische Schulgrammatik" (Hannover, 1833) würden unstreitig eine bedeutende Stelle auf diesem Gebiete eingenommen haben, wenn es ihm vergönnt gewesen wäre, ferner
an deren Vervollkommnung zu arbeiten.

Gottl. Anton Gruner.
Geboren den 10. März 1778, gestorben den 13. Mai 1844.

> Motto: „Die armseligen 24 Zeichen reichen nicht aus, die
> Welt und ihr Wesen in uns aufzunehmen; etwas Anderes
> ist die Gegenwart der Dinge und ihr unmittelbares Ein-
> wirken."   Gruner.

Gruner wurde zu Koburg geboren, wo sein Vater die Stelle eines
Hofraths und geheim. Sekretärs begleitete; schon als 13jähriger Knabe
trat er in das Koburger Pädagogium, von da widmete er sich zu Göttingen hauptsächlich dem Studium der Theologie, Philosophie und Pädagogik, und ging 1799 im Herbste nach Jena bis Herbst 1800, wo er unter den Studiengenossen eine Gesellschaft für praktische Moral stiftete.
Nachdem Gruner „ruhmwürdig" das Examen für das Amt eines Predigers bestanden hatte, leistete er einem Antrage des Professors Trapp als
Erzieher des Grafen St. von Kopenhagen in das Haus des Vormundes
desselben, Graf B., Folge. Einen Hauptmangel der Erziehung sieht er
darin, daß sein Zögling isolirt erzogen werde. Wenn Graf v. B.
meint, das gute Herz desselben, sein lebhaft reger Sinn, seine große
Fassungskraft und angestammte edle Anlagen böten dem Erzieher ein
schönes Feld des Wirkens, so meint der Erzieher dagegen: „Wenn sich
nicht Stunden finden, wo ich als Glied der Familie meinen Zögling in
Ihrer Gegenwart, (wo er gewiß anders ist, als bei mir,) beobachten
kann, wo ich Ihnen Rechenschaft ablegen darf, wo ich Stoff sammeln
kann, auf sein etwas kaltes Herz zu wirken, wo ich durch Ihren Beifall neu gestärkt werde, so kann das Erziehungsgeschäft schwerlich gedeihen." Genug, der der Erziehung des jungen Grafen entgegenstehen-

den Hinderniſſe und Schwierigkeiten waren zu viele, Gruner vermochte
ſie nicht zu überwältigen. Er ſchlug daher vor, den Zögling nach Schne=
pfenthal zu bringen. Der Vorschlag wurde angenommen, „Ich blieb
drei Monate in Schnepfenthal" — ſagt Gruner's Tagebuch — „lebte
als Mitarbeiter, lernte die Vorzüge und Mängel der Anſtalt kennen und
ging nach Koburg, wo man mir die Direction des neu zu errichtenden
Lehrer=Seminars antrug, was aber aus Mangel an Fonds unterblieb.
Zur Herſtellung meiner Geſundheit ging ich in die Schweiz, auch in der
Abſicht, die Peſtalozzi'ſche Methode zu widerlegen, die mir als ein
Rückſchritt in die Barbarei erſchien. Aber, aber, ich fand, daß mit auf
dieſer Methode das Heil des Unterrichts und der Erziehung beruhe und
ſchrieb für ſie (in Heidelberg): „Briefe aus Burgdorf über
Peſtalozzi, ſeine Methode und Anſtalt." Frankfurt, 1804. —
Nach der Erſcheinung dieſes Buches erhielt Gruner von den erſten deut=
ſchen Pädagogen dieſer Zeit Zuſchriften, deren Inhalt ſowie andere Aeus=
ſerungen zum Theil charakteriſtiſch ſind. Im Jahre 1804 erhielt Gruner
von dem Ober=Conſiſtorium zu Heilbronn ein Prüfungszeugniß über
ſeine pädagogiſche Befähigung als „rühmlich beſtanden," und nun errich=
tete er daſelbſt eine Erziehungs=Anſtalt, doch ſchon im nächſten Jahre
zog er nach Frankfurt als erſter Director der Muſterſchule. Er brachte
in Nänny einen Zögling Peſtalozzi's mit und wirkte in deſſen Geiſt.
Die Schule blühte merkwürdig ſchnell hervor. Im Jahre 1808 ſchrieb
er ſeine „Tugend= und Glaubenslehre". Heidelberg, 2te Aufl.,
1817." „Ich wünſche, in dieſem Buche für alle Chriſten gearbeitet zu
haben." Dieſe Worte charakteriſiren die Anſicht Gruner's. — Mehrere
obwaltende Umſtände und Verhältniſſe, die mit ſeinem Charakter und
Geſinnungsart nicht in Einklang ſtanden, bewogen ihn, ſeine Entlaſſung
einzugeben. Obwohl von mehreren Seiten aufgefordert, ſeinen Entſchluß
aufzugeben, beharrte er doch dabei, ging nach Heidelberg und über=
nahm einige Zeit darauf 1810 am Gymnaſium ſeiner Vaterſtadt eine
Profeſſur, in der er Latein, Hebräiſch, Religion und Geſchichte zu
lehren hatte. Nach 6 Jahren nun (1817) wurde er zum Director
des paritätiſchen Schullehrer=Seminars Idſtein ernannt. Hier war
es, wo er ſo unnennbar vieles Gute wirkte, hier war es, wo er ſein
Hauptwerk: „Verſuch einer wiſſenſchaftlichen Begründung und Darſtel=
lung der wichtigſten Hauptpunkte der Erziehungslehre" ſchrieb; ſowie
„Verſuch einer gemeinfaßlichen, doch auf Selbſtverſtändigung gegründeten
Entwickelung der dem Volksſchullehrer unentbehrlichen wiſſenſchaftlichen
Vorkenntniß. 1823." Eilf Jahre (bis 1828) verwaltete er mit dem größ=
ten Eifer und Fleiße ſeine Stelle und würde ſie noch länger begleitet
haben, wenn ihn nicht eine gefährliche Augenkrankheit zur Niederlegung
ſeines Amtes genöthigt hätte. Er ſchied mit einer wirklich rührenden
Abſchiedsrede, welche, wenn es der Raum dieſer Zeilen erlaubt hätte,
wir gerne den „Rhein. Blättern" entnommen hätten. Am 3. März, ſei=
nem Abſchiedstage nach Wiesbaden, wo er von jetzt an mit ſeiner Familie
lebte, ſchrieb er, Abſchied von den Lehrern nehmend: „So eben packe ich
mein Letztes ein — mein Dintenfaß. Segen über das Seminar und
Sie Alle! Mein Auge bleibt beim Abſchiede thränenlos. Bei eintreten=
der Nothwendigkeit hat der Mann keine Thräne. Das letzte Heil —
das letzte — ruht im Scheiden."
Als Eremitus ſchrieb er: „Friedemann und die Seinen. 4 Theile.
Frankfurt, 1829. Sauerländer, ein Familienbuch zur Veredlung des
häuslichen und bürgerlichen Lebens. — 1832 ſtarb ſeine Gattin. An
ihrem Krankenlager mit herzlichſter Theilnahme weilend, ſchrieb er theil=

weise seine letzte Schrift: „Ueber Volksschulwesen und Volksveredlung." Wiesbaden 1833, Ritter.

Am 10. März 1840, seinem 63sten Geburtstage, bereiteten ihm 213 Schüler einen Hochgenuß durch die Feier desselben in Wiesbaden. Eine Deputation derselben überraschte ihn am Morgen dieses Tages mit zwei gedruckten Gedichten, worin die Gefühle der Dankbarkeit gegen Ihn ausgesprochen waren, nebst einer goldenen Dose als Zeichen ihrer Liebe und Verehrung. Gruner, obgleich auf das Bevorstehende vorbereitet, war freudig überrascht und sichtbar bewegt. Nachdem er Herr seiner Gefühle geworden war, und eine sehr gehaltvolle und gemüthliche Rede gehalten, folgte er dem auf dem neuen Geisberg bei Wiesbaden veranstalteten Festmahle mit Vergnügen. Unter den sehr verschiedenen, sehr geistreich gesprochenen Toasten heben wir den aus, den der Gefeierte den feiernden Schülern und Freunden brachte. Er hob mit folgenden Worten an:

„Wie aber könnte ich Eurer, würdige, geliebte Freunde, in dieser preiswürdigen Reihe deren vergessen, welchen ich jetzt, als Beförderern des Volkswohles aus der Volksbildung, meinen Glückwunsch bringe? — Im Volksschulwesen gilt es vor Allem um das Thun." — Freilich gehöre ich seit Jahren nur zu den Sprechenden, aber ich weiß doch, was die Werkthätigkeit in den Schulen bedeuten will; ich werfe nicht einen einzigen Blick auf einen Lehrer, ohne Das mit tiefem Mitgefühl im Innersten der Seele zu erkennen. — Darum „Euch, die Ihr am Werke stehet, vom Morgen bis zum Abend, in treuer Gewissenhaftigkeit — in Menschenliebe und Gottvertrauen — in bescheidenem Selbstgefühle — in kräftigem Ausharren — in Muth und Demuth — Heil Euch."

Ein Gefühl der Rührung hatte Aller Herzen ergriffen, und manche stille Thräne entquoll dem Auge. — Möge das Wort des verehrungswürdigen Gruner — „Im Volksschulwesen gilt es vor Allem um das Thun" — weit und breit hin vernommen werden. Möge das Vorbild seiner dankbaren Schüler und jungen Freunde viele Nachfolger wecken!

Karl Ehrenfried Günther.

Geboren den 29. November 1757, gestorben den 29. März 1826.

Günther war der Sohn eines Bäckers in Lauban, und hatte auf den Stadtschulen zu Lauban und Oels Unterricht genossen und zuletzt in Halle studirt. 1780 ward er beim Gymnasium zu Oels als vierter Lehrer angestellt, rückte 1787 zum Conrector, 1791 zum Prorector und 1809 zum Rector auf. — Seine vorzüglichsten Schriften sind:

Hellmuth, Welten und Vorsehung, ein Roman. Dessau, 1782. — Meßgeschenk für Kinder, ein Wochenblatt. Frankfurt und Leipzig, 1784. — Aussichten zur Festsetzung des Elementar-Unterrichtes in den Bürger- und Gelehrtenschulen. Züllichau, 1790. — Deutsches ABC, oder 30 Uebungen des allerersten Lesens, Zählens, Schreibens. 1. Theil. Ebdf. 1790. 2. Theil. Ebdf. 1791. — Anweisung zum Gebrauch der vorhergehenden. Ebdf. 1790. — Dic, cur hic, oder lateinische Fibel zur allerersten Uebung. Ebdf. 1790. — Anweisung zum Gebrauch der vorhergehenden für Lehrer. Ebdf. 1790. — Natur und Gott, oder 120 Uebungen des Lesens, Denkens, Sprechens, Behaltens und Rechnens. Ebdf. 1790. — Anweisung zum Gebrauch der vorhergehenden für Lehrer. Ebdf. 1790. — 100 Vorschriften. Als 3 Theile der vorhergehenden. — Anweisung zum Gebrauch der 100 Vorschriften u. s. w. Ebdf. 1791. — Kleine lateinische Sprachlehre. 1792. — Menschheit und Gott, oder Unterricht in der Technologie und Staatsverfassung. Ebdf. 1795. — Kurze Theorie der Unterrichtskunst nach den Grundsätzen der kritischen Philosophie. Ebdf. 1796. — Lateinischer Sprachmeister, oder Uebungen im Lesen, Uebersetzen und der lateinischen Sprache. Ebdf.

1801. — Schlesiens allgemeine und besondere Geschichte, ein Lesebuch. Ebdf. 1802. — Griechisches Uebungsmagazin, oder der sich selbst belehrende Grieche. Breslau, 1806. — Anweisung zum Gebrauche desselben. Leipzig, 1806. — Progr. Wie kann die neue Städte-Ordnung auch auf das Wohl der Schulen Einfluß haben? Oels, 1809. — Progr. Die vier Erfordernisse zu einer guten Schule. 1812. — Leitfaden des Unterrichtes in der Geometrie. Ebdf 1813. — Pr. Auch ein Wort über Philologie. Ebdf. 1813. — Die Pythagor goldenen Sprüche. Breslau, 1817. — Wie Albert ein verständiger Mensch wurde, oder A B C, um Sehen, Hören, Lesen, Sprechen, Schreiben, Zählen, Rechnen, Messen, Verstand und Gedächtniß zu üben. Oels und Breslau, 1821. — Versus memoriales, oder Sammlung ausgewählter Erinnerungsverse zur Erlernung der lateinischen Sprache und ihrer Verskunst. Oels und Breslau, 1821. — Außer dem viele, mitunter sehr gediegene Aufsätze in geachteten Zeitschriften.

Fr. Aug. Phil. Gutbier.

Geboren den 2. März 1765, gestorben den 5. Februar 1838.

Gutbier war zu Ohrduff geboren, wo sein Vater als Consistorialrath und Superintendent lebte; und bald von da nach Werninghaußen als Pfarrer versetzt wurde. Seine Mutter war die Tochter des Superintendenten Kromayer. Mit seinem Vater, welcher früher Diaconus in Ohrduff war, kam er dahin, und genoß dort einen dürftigen Schulunterricht. In der Wahl eines Hauslehrers war sein Vater nicht glücklich gewesen; er nahm deßhalb nach einem vierjährigen Aufenthalt in Werningshaußen die Stelle eines Pastors in Ohrduff an der Trinitaitskirche an, damit seine beiden Söhne an dem Unterrichte der dasigen Stadtschule und am Lyceum daselbst Theil nehmen konnten. Der Unzweckmäßigkeit der damaligen Lehrweise und der Schwäche seines Gedächtnisses schrieb er es zu, daß er bei allem Privatfleiße bei seinem Abiturienten-Examen sich eben nicht sehr ausgezeichnet habe. Im Jahre 1763 bezog er die Universität Jena, zu welcher Zeit ein helleres Licht in der Theologie zu leuchten begann. Hier kam er bald zu ganz anderen Glaubensansichten, als die waren, welche er von der Schule mitgebracht hatte. So erwuchs ihm frühzeitig sein eigenes System, in welchem er schon Manchen vorgedacht hat, der späterhin mit seiner Erklärung und Meinung übereinstimmte. Nach seinem Abgange von der Akademie meldete er sich zur Uebernahme einer Vicarstelle als Mädchenschullehrer in seiner Vaterstadt; allein er hatte den Verdacht der Neologie gegen sich und wurde von den weltlichen Räthen abgewiesen. Es ist wohl ohne Beispiel, daß der weltliche Beamte in einem Consistorium das theologische Examen eines Candidaten angeordnet und selbst gehalten hat, aber der Verstorbene erzählt es selbst, wie solches bei ihm geschehen. Auch eine zweite Eingabe um diese Stelle hatte den gleichen Erfolg. Erst durch die Vorstellungen an die, wie es schien, an keinen hergebrachten, mechanisch gelernten Schulglauben hangenden erleuchteten Fürsten geschah es, daß er gegen allen Protest des Consistoriums dennoch angestellt und auch der Vicarius seines Vaters wurde. Als indessen einer der übrigen Prediger an der Stadtkirche gestorben und der andere unfähig geworden, zugleich aber auch der alte Schullehrer mit Tod abgegangen war, so wurde er genöthigt, alle drei Stellen der Geistlichen, sowie die des Schullehrers, zugleich zu versehen. Er hielt sonach 6 Stunden Schule, predigte Sonntags zweimal und verrichtete alle Casualien, bis nach dem baldigen Tode seines Vaters er selbst von der Schule abging und zum Archidiaconus an der Stadtkirche berufen wurde. Nur einige Zeit war er an dieser Stelle gewesen, als er im Jahre 1810 die Pfarrerstelle in Werningshaußen erhielt. Nach einer siebenjährigen Amtsführung desselben wurde der Verstorbene als Superintendent und Consistorial-

Affeſſor nach Ohrduff berufen. Von ſeinem Fleiße zeigten mehrere Schrif=
ten, die er ſelbſt herausgegeben. Schon als Schullehrer arbeitete er
einen eigenen Katechismus aus, den er faſt jedes Jahr verbeſſerte und=
umformte, bis im Jahre 1824 ſein Lehrbuch der chriſtlichen Glaubens=
und Sittenlehre herauskam, welches jedoch im Auslande mehr Anklang
fand, als im eigenen Lande. An ſeinen übrigen Schriften arbeitete er
erſt nach ſeinem Antritte des Predigtamtes. Er war ein vortrefflicher
Katechet. Seine Reden und Predigten zeigten ſeinen Scharfſinn und
Kenntniß des menſchlichen Herzens. Eigenthümlich war die Feſtigkeit ſei=
nes Charakters und das nachgiebige Feſthalten an ſeiner Ueberzeugung
von dem, was recht und gut war, und mit welcher er unermüdet das
Angefangene auszuführen ſuchte. Je älter er wurde und je emſiger er
ſeine Schriftſtellerarbeiten beſorgte, je mehr zog er ſich von jeder Geſell=
ſchaft zurück, und nur ſelten war er zu einer fröhlichen Unterhaltung ge=
ſtimmt, deren man ſich bei der reichen Quelle ſeines Witzes und bei ſei=
nem dichteriſchen Talent in früherer Zeit oft zu erfreuen hatte. Seine
üble Gewohnheit, bis ſpät nach Mitternacht noch zu ſtudiren, und der
gänzliche Mangel an nöthiger Bewegung hatten ihm ſchon ſeit langer
Zeit unangenehme Zufälle zugezogen, zu denen ſich dann ſpäter ein orga=
niſcher Fehler geſellte, dem er 1838 erlag. Seine Schriften, durch die
er ſich ein ſchätzbares Andenken erworben, ſind:

Ein Rechenbuch für ſeine Schulkinder. 1801. — Liturgiſches Handbuch zum Ge=
brauche für Prediger bei kirchlichen Verrichtungen. Leipzig, 1805. — Lehrbuch der
chriſtlichen Glaubens= und Sittenlehre nach dem kleinen Katechismus Luther's mit An=
merkungen, Erläuterungen, bibliſchen Sprüchen und Liederverſen. Gotha, 1824.
Ein vortreffliches für Schullehrer — Kurzer Inbegriff aller nothwendigen und nützlichen
Kenntniſſe. Ein Lehr= und Leſebuch zur Beförderung der Realwiſſenſchaften und einer
vernünftigen Religionserkenntniß in 3 Theile. Leipzig, 1834. — Summarien, oder
kurzer Inhalt, Erklärungen und erbauliche Betrachtungen der heil. Schrift des Neuen
Teſtaments zu kirchl. Vorleſungen, Vorbereitung der Prediger auf freie Vorträge und
zur häuslichen Erbauung. Leipzig, 1832—38, 4 Thle. Der letzte Theil erſchien nach
ſeinem Tode.

Johannes Gottfried Gurlitt.
Geboren den 13. März 1754, geſtorben den 15. Juni 1827.

J. G. Gurlitt, geboren zu Leipzig, erhielt ſeine erſte Bildung
auf der dortigen Thomasſchule. Vorzüglich wirkte Kriegel (Hgbr. des
Aeſop) auf die Erweckung ſeiner Liebe zum Alterthum; die gelehrte Aus=
bildung aber für die Univerſität erlangte er unter dem damaligen Rector
Joh. Friedrich Fiſcher. Dieſer in ſpätern Zeiten oft verkannte Mann
erwarb ſich um Gurlitt die größten Verdienſte; durch ihn lernte er ſchon
jetzt einſehen, daß keine gründliche theologiſche Gelehrſamkeit ohne ge=
naue Kenntniß der klaſſiſchen und heiligen Philologie beſtehen könne.
Der raſtloſe Fleiß, die ungeheuchelte Wahrheitsliebe, die Freiheit von
aller Schmeichelei gegen Große, die ſtrenge Rechtlichkeit und Uneigen=
nützigkeit, alle dieſe Tugenden, die Jeder, der Gurlitt's Charakter näher
kennt, an ihm achtet, haben vielleicht ihre erſte Anregung dem Vorbilde
Fiſcher's, dem der Jüngling nachſtrebte, zu verdanken. Im 19ten Jahre
bezog Gurlitt 1773 die Univerſität Leipzig, nachdem er bei ſeinem Ab=
gange von der Schule den erſten Beweis ſeiner Kenntniſſe durch ſeine
Erklärung des 43ſten Pſalms gegeben hatte, eine Probeſchrift, die ganz
dazu geeignet war, die Aufmerkſamkeit der Gelehrten auf einen jungen Mann
zu richten, der ſchon vor den Univerſitätsjahren eine nicht gewöhnliche Be=
kanntſchaft mit faſt allen orientaliſchen Dialekten zeigte. Als akademiſcher

Bürger setzte er seine philologischen Studien mit dem angestrengtesten Fleiße fort, und verband damit die theologischen und philosophischen unter Leitung eines Morus, Platner, Sammet und Anderer. In der Theologie herrschte damals die heftigste Verschiedenheit der Meinungen, angeregt durch den frommen Mystiker Crusius und dessen Gegner. Gurlitt, der schon früh die Wahrheit jenes berühmten Ausspruches des Malebranche erkannt hatte, daß Zweifeln der erste Schritt zur Weisheit sey, und folglich keiner Meinung ohne eigene Prüfung zu huldigen gewohnt war, wohnte sowohl den streng orthodoxen und fast schwärmerischen Vorlesungen des Crusius, als den völlig entgegengesetzten des gelehrten J. A. Ernesti bei. So ging aus langer und gewissenhafter Prüfung für seine Ueberzeugung endlich die freieste rationalistische Ansicht in theologischen Glaubenssachen hervor; eine Ansicht, welche durch alle spätere Lebens-Umstände, ja selbst durch das Land, in das er nun ging, begünstigt, stets sein Eigenthum geblieben ist, und als deren eifrigster Vertheidiger gegen alle Angriffe der modernen Mystiker zu werden, er noch in den neuesten Zeiten Gelegenheit fand. — Nach beendigter akademischer Laufbahn wählte ihn der berühmte Resewitz, Abt zu Kloster-Bergen bei Magdeburg, im Jahre 1778 zum Oberlehrer am Pädagogium dieses Klosters; 1786 rückte er in den Convent und schon 1789, als der bisherige Rector Jonä sein Amt verließ, erhielt er in Verbindung mit dem Mathematiker Lorenz die gemeinschaftliche Verwaltung des Rectorats, bis 1797. Vom Anfang seiner Amtsführung an war Gurlitt's Thätigkeit nur auf seine Schüler berechnet; zu ihrem Besten durchforschte er das ganze Gebiet der klassischen und heiligen Philologie und Alterthumskunde. Sein Unterricht, der sich durch Klarheit und Deutlichkeit, durch Ruhe, welche Wärme und Enthusiasmus für die Sache nicht ausschloß, auszeichnete, gewann ihm die Zuneigung aller seiner Schüler, die seine treuesten Anhänger wurden und blieben. Dabei waren seine Verhältnisse zu den Amtsgenossen und zum Abt, dem damaligen Director des Pädagogiums, die angenehmsten. Im Jahre 1794 fand die bekannte Untersuchung aller Schulen des Preußischen Staats durch Hermes und Hilmer, in Hinsicht auf theologische Lehre statt; auch Kloster-Bergen ward von ihnen besucht, und wenn gleich die dort herrschende freie Lehrart diesen Eiferern wenig zusagen mochte, so erhielt doch deßhalb das Kloster kein tadelndes Rescript; dagegen ward auf Anstiften von Hermes eine „Recherche" des dortigen Schulwesens durch den Minister Wöllner verordnet. Unter denen, die damit beauftragt waren, war es Hecker besonders, der Gurlitt's Werth erkannte, und auf dessen Betrieb er 1797 zum Professor und Director des Pädagogiums mit ziemlich ausgedehnten Rechten ernannt ward. Ungern sah er diese Beförderung, vorzüglich aus Rücksichten der Freundschaft gegen seinen Amtsgenossen Lorenz; aber die Sorge für das Beste des Instituts und Lorenz eigenes Zureden bewogen ihn, nach langem Weigern, zur Annahme dieses Amtes, in welchem er die Schule so hob, daß die Schülerzahl in Kurzem sich fast um das Vierfache vermehrte. Oft wurden ihm Anerbietungen zu andern, auch akademischen Aemtern gemacht, jedoch ohne daß er darauf einging, bis ihn 1802 der Senat vom Hamburg zum Director des Johanneums und Professor des Gymnasiums berief.

Als Gurlitt sein Amt in Hamburg antrat, bedurfte das sehr gesunkene Johanneum, dessen veraltete Einrichtung den Erfordernissen, welche die neuere Zeit an eine Gelehrten-Schule macht, durchaus nicht entsprach, einer gänzlichen Reform. Wie er diese herbeigeführt, wie er durch unermüdliche, keine Schwierigkeiten scheuende Thätigkeit und durch ein

auf feste Grundsätze gestütztes Verfahren diese Anstalt, unter thätiger
Beihülfe seiner Amtsgenossen, nach und nach zu einer der blühendsten in
Deutschland erhoben; das darzustellen ist die Aufgabe einer Geschichte
dieser Schule.

Aber nie wäre es ihm möglich gewesen, dieß zu erreichen, wenn
nicht die ihm vorgesetzten Behörden, die sein redliches Streben und seine
Gewissenhaftigkeit kannten, ihn eines uneingeschränkten Vertrauens gewürdigt hätten. Dieß Glück erkannte Gurlitt mit gerührter Dankbarkeit
und pries es laut, wo und wann er nur konnte. Dieß war es, was
sein Leben erheiterte und ihm Hamburg und sein Amt so lieb machte,
und er auch im Jahre 1817 den Ruf zum Professor der Theologie und
Philologie nach Kiel, der an ihn unter den glänzendsten Bedingungen
ergangen war, unbedenklich ausschlug.

Schon im Jahre 1806 ward er zum Doctor der Theologie promo-
virt, und zwar aus eigenem Antriebe von der theologischen Fakultät zu
Helmstädt, die aus Männern bestand, welche sein freies Forschen nach
Wahrheit und das ungeheuchelte Bekenntniß derselben hochschätzten. Die-
sen Grundsätzen ist er auch stets treu geblieben und hat gegen blinden
Autoritätsglauben und gegen katholisirende Mystik eben so eifrig gekämpft,
als er durch Lehre und Wandel wahre ungeheuchelte Frömmigkeit und
Religiosität befördert hat.

Die Vorsehung schenkte ihm während seines Lebens viele und hohe
Freuden. Er sah das Gelingen seiner Arbeit, sah eine sehr große Anzahl dankbarer Schüler sowohl in Hamburg, als im Auslande mit ehrenvollen Aemtern bekleidet, sah sich geliebt und geachtet von Allen, die seinen Werth zu erkennen und zu schätzen fähig waren. Wie würde sich
diese Gesinnung an den Tag gelegt haben, wenn ihm das Glück zu Theil
geworden wäre, im Mai des nächsten Jahres das Fest seiner fünfzigjährigen Amtsführung zu begehen; dieser Tag wäre für Tausende ein Tag
der reinsten Freude geworden. Dieß war aber nach dem Rathe der Vorsehung anders beschlossen. Gichtschmerzen, die ihn schon früh gemartert
hatten, wurden in den letzten Jahren immer anhaltender; der altersschwache
Körper ward allein noch von dem lebendigen Geiste aufrecht erhalten,
konnte aber endlich den wiederholten Anfällen nicht widerstehen. Es
erfolgte ein schmerzhaftes Krankenlager, das fast vier Wochen anhielt und
mit seinem Tode endigte.

Gurlitt's zahlreiche Schriften sind theils theologischen, philosophischen
und pädagogischen, theils philologischen, historischen und archäologischen
Inhalts. Von jenen nennen wir nur: die 6 Specimina in N. T.; die
Oratio de usu librorum sacrorum; die Rede über den Vernunftgebrauch
in der Theologie; die Geschichte der Philosophie; den Abriß der Philosophie; die Schulschriften B. 1. und mehrere treffliche Programme; von
diesen: die Uebersetzung von Catull's epischem Gesang von der Vermählung des Peleus und der Thetis; die Uebersetzung des Pindar mit Anmerkungen; die 8 Part. Animadverss. ad auctt. vett. (worin jedoch auch
theologische Abhandlungen); — die Biographie Winckelmann's; die Abhandlungen über Ossian; die Schriften über Gemmenkunde; Büsten-
kunde; Mosaik.

Joh. Chrift. Friedr. Guts-Muths.
Geboren den 9. Auguft 1759, geftorben den 21. Mai 1839.

> Motto: Der Körper und seine Nerven follen gegen Witte-
> rung und mancherlei Leiden geftärkt, seine Muskeln follen
> bis zur möglichsten Fertigkeit zu allen natürlichen · Bewe-
> gungen abgerichtet, seine Glieder dadurch gelenkig gemacht,
> seine Sinne geübt werden; kurz die Maschine soll Dauer,
> Stärke, Schnellkraft, Gewandtheit erhalten, und sich zu
> einem möglichst schönen Ganzen entwickeln.
>
> Guts-Muths.

Joh. Chrift. Friedr. Guts-Muths, geboren zu Quedlin-
burg, besuchte das dasige Gymnasium, studirte seit 1779 in Halle Theologie, ohne jedoch andere wissenschaftliche Gebiete zu vernachläßigen, und
kehrte 1782 in seine Vaterstadt zurück, wo er wieder in das Haus des
Leibarztes Ritter aufgenommen wurde, um die Kinder desselben zu unterrichten, wie das schon während seiner Schulzeit der Fall gewesen war.
Der Tod Ritter's löste dieses Verhältniß, ward aber auch Veranlassung,
Guts-Muths mit Salzmann zu befreunden, in dessen neu gegründete
Anstalt zu Schnepfenthal Ritter's dritter Sohn, Karl aufgenommen
wurde. Salzmann erkannte Guts-Muths ausgezeichnete pädagogische Talente und gewann ihn für seine Anstalt, in welcher derselbe seit seinem
Eintritt in diese Laufbahn besonders die physische Erziehung genauer
in's Auge faßte. Da ihm Salzmann seit 1786 ausschließend die Leitung
der Leibesübungen überließ, so wurde die Gymnastik ein sorgfältig ge-
pflegter Gegenstand des Unterrichts in Schnepfenthal, und ging von
hier, durch Guts-Muth's theoretisch und practisch bearbeitet, in andere
deutsche Lehranstalten über. „Seine Gymnastik für die Jugend" (Schnepfenthal 1793) ward in der 2ten Auflage (1804) ein classisches Hülfsmittel der Erziehung und die Grundlage aller später erschienenen ähnlichen
Werke. Hatte er früher diesen Gegenstand nur aus rein pädagogischem
Standpunkte bearbeitet, so wurde er in den Jahren 1814—16 zu einem
andern, dem vaterländischen und volksthümlichen, hingedrängt, und von
vielen Seiten aufgefordert, schrieb er sein „Turnbuch" (Frankfurt 1817),
das selbst bei Staatsmännern großen Beifall fand, da in jener Zeit
mehre deutsche Regierungen, besonders die preußischen, die gymnastischen
Uebungen begünstigten. Guts-Muths blieb den Richtungen fremd, die
seitdem mit diesen Uebungen verbunden wurden und sie in einer Zeit des
Argwohns und der Verdächtigung in schlimmen Ruf brachten, bis später
die gute Sache einen erfreulichen Sieg gewann. Seine Beschäftigung
mit dem Studium der physischen Erziehung, das seine Aufmerksamkeit auf
Alles lenkte, was als physisches Uebungs- und Stärkungsmittel betrachtet werden kann, führte ihn auch zur Bearbeitung der Schrift: „Spiele
zur Uebung und Erholung des Körpers und Geistes für die Jugend"
(Schnepfenthal 1796, 3te Aufl. 1802). Als eine Zugabe seiner Gymnastik erschien sein „Lehrbuch der Schwimmkunst" (Weimar, 1798. 2te
Aufl. 1832). Sein vielbenütztes Buch: „Mechanische Nebenbeschäftigun-
gen für Jünglinge und Männer" (Altenburg, 1801. 2te Aufl. Leipzig,
1816) machte den Beschluß seines gymnastischen Cursus. Fortwährend
blieb er mit der Anstalt zu Schnepfenthal in Verbindung, auch nachdem
er in dem nahen Dorfe Ibenhain ein kleines Landgut gekauft hatte, wo
er, seit 1797 verheirathet, der Erziehung seine Kinder, literarischen
Beschäftigungen und der Aufsicht über seine Besitzung seine Zeit widmete. Von 1800—19 gab er die Zeitschrift „Bibliothek für Pädagogik,

Schulwesen, und die gesammte pädagogische Literatur Deutschlands," heraus, die ihm einen ausgedehnten Wirkungskreis verschaffte. Die freiere Muße, die er nach dem Schluße derselben gewann, führte ihn zu dem Studium der Geographie zurück, der er schon früher seine Thätigkeit gewidmet hatte, um einer gründlichern und naturgemäßern Methode, als er in den gewöhnlichen Lehrbüchern fand, Eingang zu verschaffen. Sein „Lehrbuch der Geographie" (2 Bde. Leipzig, 1810. 4te Aufl. 1826) hat dazu vielfach beigetragen und andern ähnlichen Werken die Bahn gebrochen. Er verband sich mit Gaspari, Hassel und Andern zur Besorgung des „Vollständigen Handbuches der neuesten Erdbeschreibung," für welches er die Beschreibung der südamerikanischen Staaten lieferte, die im 19ten und 20ten Bde. dieses Werkes (Weimar, 1827—30) enthalten sind. Zu den von ihm und J. A. Jakobi herausgegebenen Werke: „Deutsches Land und deutsches Volk." lieferte er den I. Bd. und II. Bd. unter dem besondern Titel: „Deutsches Land" (Gotha, 1820.) GutsMuths war geneigt und gewöhnt, von Allem, was mit ihm und um ihn vorging, die Lichtscheibe hervorzuheben, dagegen die Schattenseite zu verdecken, darum sah man ihn immer heiter und fühlte sich in seiner Nähe erheitert. Er hatte auch Ursache, heiter und lebensfroh zu sein; denn er genoß einer guten Gesundheit und hatte sich über Nahrungssorgen zu erheben gewußt durch Thätigkeit, Ordnungsliebe und Sparsamkeit. Er war ein glücklicher Gatte, er war ein sehr glücklicher Vater, gesegnet von vielen Vätern, von Gott durch Friede, die er an seinen Kindern und Söhnen und Töchtern erlebte. Aber er vergaß auch nie, dem Allgütigen dafür innig und heiß zu danken, sowie auch den edeln, treuen Freunden nah und fern, die für seiner Kinder Gedeihen und Unterkommen mitgesorgt, mitgewirkt hatten. Eben darin, daß er sich um seiner Kinder Zukunft keinen Kummer zu machen brauchte, lag die größte Freude seiner alten Tage. Er hatte mit den reichen Gaben seines Geistes gewirkt für die Welt; er hatte, nach Pflicht und Kraft, auch gewirkt für das leibliche und geistige Wohl der Seinen; er hatte seines Lebens Aufgabe und Zweck erreicht auf das schönste. Er war nun der Ruhe bedürftig, er war ihrer auch werth. Mit Ostern des Jahres 1839 gab er seinen Unterricht an der Salzmann'schen Erziehungsanstalt zu Schnepfenthal ab. Fast 54 Jahre lang hatte er mit derselben in Verbindung gestanden und die nur Wenigen vergönnte Freude erlebt, im Jahr 1836 sein 50jähriges Wirken durch ein frohes Jubelfest gefeiert zu sehen. Wir glaubten und hofften, daß er nun, so ganz in Ruhe und ungestört lebend, noch längere Zeit den Seinen bleiben werde. Bei seinem heiteren ungeschwächten Geiste, bei seinem munteren, kräftigen Körper war eine solche Hoffnung gewiß nicht ungerecht. Jedoch anders und sicherlich besser für ihn hatte es der Herr des Lebens beschlossen, der ihn zu sich im Mai 1829 berief. —

Joh. Karl Ludw. Habermaß.
Geboren den 7. Oktober 1782, gestorben den 4. April 1826.

Er wurde zu Berlin, wo sein Vater Kammerrath war, von wohlwollenden Eltern geboren. Viel betrauert und viel vermißt, starb er mitten in der Blüthe seines Wirkens. Von seiner Geburt an taubstumm, genoß er seine erste und letzte Bildung in der Taubstummen = Anstalt zu Berlin unter den Augen des Directors und Gründers des Instituts, des verewigten Escher. Späterhin als Lehrer vergalt er reichlich die auf ihn gewandte Sorgfalt und es ist nicht zu viel gesagt, wenn man ihn, seiner Zeit, als die Hauptstütze der Anstalt bezeichnet.

Obgleich sein Leben, ohne Unterbrechung und besondere Lichtpunkte ruhig dahinfloß, mit Erfolg lernend und lehrend; so gewährt doch ein Blick auf das Eigenthümliche seiner Lage, auf das Ausgezeichnete seines Charakters und auf den gegen andere Taubstumme abweichenden schnellen Fortgang seiner Bildung, einiges Interesse. In frühester Jugend dem Institut übergeben, hat er dasselbe nie auf die Dauer verlassen, aber fern blieb ihm dabei Beschränktheit und Blödigkeit. Höchst, wissenschaftlich gebildet, lebte er gern seinen Freunden und war ein Verehrer anständiger Fröhlichkeit. Kleine Fußwanderungen und körperliche Uebungen gaben seinem Körper ein feineres Ansehen, als sonst Taubstummen eigen zu sein pflegt. So stellte er sich auf einen Standpunkt, den selten diejenigen erreichen, welche die Natur theilweise so edler Organe beraubte. Sah man Habermaß im gesellschaftlichen Kreise, so erkannte man den Taubstummen vielleicht nur an dem eigenthümlichen Ausdruck seiner Züge, sonst bewegte er sich ungezwungen und lebendig, nahm an Allem Theil und blickte frei und offen. Eine entschiedene Gemüthlichkeit, eine nie rastende Thätigkeit, Strenge in seinem Beruf und fast kindliche Anhänglichkeit an die Anstalt, der er seine Kräfte gewidmet, das sind die Hauptzüge seines liebenswürdigen Charakters. Darum verschied er seinen Freunden und Schülern zu früh, darum mochte ihn keiner gern vermissen und keiner vergessen.

Johann Friedrich Hähn.
Geboren den 15. August 1710, gestorben den 4. Juni 1789.

Joh. Friedr. Hähn, geboren zu Bayreuth; wurde 1759 General-Superintendent zu Stendal in der Altmark, 1792 Abt und Schuldirector des Stiftes Klosterbergen bei Magdeburg und 1771 Generalsuperintendent zu Aurich, wo er 1789 starb. Berühmt als Pädagog durch seine Erfindung der nach ihm sogenannten Hähn'schen Literalmethode, über die er auch eine besondere Schrift: „Abhandlung von der Literalmethode, Berlin, 1771" herausgab. Ein schlesischer katholischer Geistlicher Jos. Ignaz Felbiger, der viele Schulbücher und Katechismen herausgegeben hat, führte diese Methode in Oesterreich ein, daher sie auch den Namen der Felbiger'schen erhalten hat. Das Eigenthümliche dieser Literalmethode war die Anwendung der tabellarischen Lehrform auch auf das Lesenlernen; indem sie in einer Buchstabirmethode dieser Art bestand, mittelst welcher nun auch das Lesen (wie alle anderen Elementarkenntnisse damals) durch Tabellen gelehrt wurde. Seit man aber die tabellarische Lehrform für eine, hinsichtlich des Elementarunterrichts, ganz unzweckmäßige, erbaut hat, indem sie nicht Denken und Wissen, sondern blos mechanisches Auswendiglernen, nicht den Geist, sondern nur die Buchstaben lehrt, und also nur für den schon Unterrichteten als ein gutes Hilfsmittel zur Erleichterung des Gedächtnisses und der Ordnung wie Uebersicht des bereits Gelernten Werth hat, und seit die Buchstabenmethode durch die ungleich bessere Lautirmethode verdrängt worden ist; wird auch von dieser Hähn'schen nur selten noch Gebrauch gemacht.

Wilhelmine Halberstadt.

Geboren den 24. Januar 1776, gestorben den 14. März 1841.

Wilhelminens Vater, als Sohn eines reichen Mannes erzogen, erfuhr sehr harte Schicksale, zu denen ihn seine Jugend nicht vorbereitete; auf seiner Rückreise von Amerika vermählte er sich mit Marie, geb. Schmidt zu Corbach, die durch Liebe geschlossene Ehe war anfangs sehr glücklich. Beide Theile besaßen bedeutendes Vermögen, aber der Vormund von Wilhelminen's Vater zögerte immer, ihm Rechnung abzulegen. Jahre gingen darüber hin. Der Vormund ward endlich als Staatsverbrecher eingezogen und entleibte sich selbst im Gefängnisse. Von dem Vermögen zu 80,000 Thlr. empfingen die rechtmäßigen Erben keine 5000 Thlr. Ertrug auch des Vaters freier Geist Alles leichter, so theilte er doch bald den Unmuth der Gattin und er faßte den Entschluß, seine Lage zu ändern. Er schiffte sich nach Amerika ein; litt aber Schiffbruch und nie hat die Familie eine zuverläßige Nachricht seines Todes erfahren. Die gebeugte Mutter erhielt zuerst monatlich 15 Thlr., später 10 Thlr. zur Bestreitung ihrer Bedürfnisse, und Noth und Ungerechtigkeit weckten Wilhelminens kühnen Genius. In ihrer Seele entstand früh, gestaltet durch Erzählungen der Mutter von ihren würdigen Eltern, ein Ideal weitläufiger Größe, Kraft und Dauer. Ihr Talent als Schriftstellerin zeigte sich sehr früh, zugleich mit Mimik und Deklamationsgabe. Durch die Güte des damaligen Regierungs=Präsidenten von Baumbach erhielt Wilhelmine eine Stelle als Erzieherin, welche ihrer Mutter 15 Jahre hindurch die einzige Stütze ward. Die Vormünder verweigerten der unglücklichen Mutter jede Zahlung von dem Vermögen ihres Gatten, weil nun ihre Kinder erwachsen waren, bis der Verschollene das 70ste Jahr erreicht haben würde. Ihr eigenes Vermögen hatte sie der Erziehung ihrer Kinder geopfert. Ohne Wilhelminen's treue Kindesliebe wäre sie ganz hilflos gewesen. Im Jahr 1806 war Wilhelmine Erzieherin in Lübeck im Hause des sehr geachteten Bürgermeisters Tesdorph. Im Jahr 1812 kehrte Wilhelmine nach langjähriger Trennung zu ihrem einzigen Bruder zurück; sodann ging sie nach Trier zu ihrer Mutter, um dort ein Erziehungsinstitut zu gründen; sie schrieb im Jahr 1808 das Werk „Ueber Würde und Bestimmung der Frauen." Als später die Rheinprovinzen preußisch wurden, verdankte Wilhelmine dem würdigen Chef-Präsidenten von Schmiz=Gnollenburg die Gewährung eines Hauses für ihre Pensionsanstalt von Staatswegen, als Anerkennung ihres redlichen, uneigennützigen Waltens. Wilhelmine lebte nun froh, zufrieden, sorgenfrei und thätig, doch der Tod ihrer Mutter trübte bald ihr Glück. In Karl Borbstädt fand Wilhelmine ein Ideal von männlicher Vollkommenheit, was seit früher Jugend ihr vorgeschwebt, was sie auf Erden aber nie zu finden geglaubt hatte, sie verlebte mit ihm in der edelsten, reinsten und innigsten Liebe eine zwar kurze, aber unvergeßliche, unendlich glückliche Zeit. Ihr Gatte, früher Steuerrath und im russischen Kriege mit dem Vertrauen des Staatskanzlers, Fürsten Hardenberg beehrt, ging nach Berlin und starb daselbst. Wilhelmine suchte ihren Schmerz durch ihr pädagogisches Wirken zu zerstreuen, allein auch hier warteten ihrer harte Prüfungen. Die Hungersnoth 1817 verminderte die Einnahme ihres Institutes, das bald die Kosten nicht mehr deckte. Sie schloß ihr Institut im Jahr 1822 und beschränkte ihr Wirken auf Privatunterricht in einigen achtbaren Familien. Sie schrieb damals, ihr 21jähriges pädagogisches Wirken im Stillen überdenkend, ihr Werk: „Gemälde häuslicher Glückseligkeit" in 4 Bde. Ein Exemplar, welches sie dem Kaiser von

Rußland zusandte, hatte die erfreuliche Folge, daß dieser edle Monarch ihre Arbeit mit einer großen Summe belohnte. In ihrer Seele gestaltete sich endlich der Entschluß, mit ihren erworbenen Kenntnissen, Erfahrungen und ihrem Vermögen in Kassel zu wirken. Ein Jahr blieb Wilhelmine daselbst ohne bestimmten Wirkungskreis, besorgte aber während dieser Zeit die 2te Auflage ihres Werkes: „Ueber Würde und Bestimmung des Weibes, jungen Frauenzimmern gewidmet, Kassel bei Luckhardt;" auch gab sie in demselben Jahre heraus: „Schulbuch, als erste Uebung im Lesen und Denken nach der Lautmethode. Ein Geschenk für fleißige Kinder." Sie verlangte nach ausgebreiteter Thätigkeit und errichtete eine Erziehungsanstalt für Töchter höherer Stände. Die Anstalt gedieh schnell, umfaßte bald über 100 Zöglinge und wurde in 7 Hauptklassen getheilt. Den wissenschaftlichen Unterricht, Sprachen=, Gemüths= und Geistesbildung besorgte Wilhelmine selbst. Im Elementarunterricht und anderen Gegenständen wurde sie von 6 Hilfslehrerinnen unterstützt. Ferner gründete sie eine Armenschule, welche die öffentliche Stimme die „Halberstädtische Freischule" nannte. Wilhelminen's Streben fand gerechte Anerkennung. Sodann wurde durch Wilhelmine eine Stiftung für unbemittelte vaterlose Töchter in's Leben gerufen. Um den Kapitalfond dieser Stiftung möglichst zu erhöhen, gab Wilhelmine seit Januar 1835 ein Journal in monatlichen Heften in deutscher, französischer und englischer Sprache heraus, welches sie „Ehrentempel europäischer Klassiker" nannte. Die Stiftung gedieh bald zur herrlichsten Blüthe. — Noch in vollster Thätigkeit für die Durchführung dieser wohlthätigen Stiftung rief sie der Engel des Todes schnell ab. Tausende von Kindern wurden durch Wilhelmine Halberstadt für das Leben gebildet, bekleidet, genährt, unterrichtet. — Außer den schon genannten Werken und einigen auf ihre Stiftung bezüglichen Broschüren sind von ihr noch im Druck erschienen: „Sophie, die Kinderfreundin." „Die sorgsame Mutter im Umgange mit ihren Töchtern. 2 Bde."

James Hamilton.
Geboren um das Jahr 1775, gestorben im Jahr 1831.

James Hamilton, geboren zu London, ursprünglich Kaufmann in England, welcher, weil ihn in seinem Geschäfte schweres Unglück traf, später als Sprachlehrer nach derselben, von ihm weiter durchgebildeten Weise, in welcher er von einem französischen Emigranten, Angely, Deutsch lernte, sein Fortkommen suchte und wirklich nicht ohne vielseitigen Beifall fand.

1798 von England nach Hamburg gekommen, verlangte er von dem gedachten Angely, daß er ihm, doch so, daß er mit der Grammatik verschont bleibe, Deutsch lehre. Dieser that dies dann auch also, daß er ihm eine deutsche Anekdote „Wort für Wort" in's Englische vorüberseßte, von Hamilton nachübersetzen ließ und es dadurch dahin brachte, daß nach 12 Lectionen er ein leichtes deutsches Buch las.

Hamilton, der selbst erklärt: „Dies sei der Ursprung seines Systems," begann nun, nach Amerika ausgewandert, in New=York, Philadelphia, Baltimore, Unterricht im Französischen, 1823 nach England zurückgekehrt, hier im Griechischen, Französischen, Italienischen, Deutschen um hohes Honorar mit solchem Erfolge zu ertheilen, daß er in 18 Monaten 600 Schüler zählte.

1831 gestorben, fand seine Methode noch nach seinem Tode manche Bewunderer und Nachfolger.

Die Theorie von Hamilton's Methode war: „Wer fremde Spra=
chen lehren will, muß 1) was den Stoff betrifft, dem Schüler gleich
vom Anfange die Sprache als eine lebendige, Gedanken enthaltende vor=
führen, also lauter Sprachgänge, Sätze geben; 2) was die Form, die
Methode anbelangt, die Gesetze der fremden Sprache möglichst selbst=
ständig erkennen lassen.

Zu diesem Zwecke bediente sich Hamilton später Interlinear=Versio=
nen, wo unter dem Texte möglichst wortgetreue Uebersetzungen liefen,
z. B. Initio omnium rerum fuit verbum etc. (Im) Eingange aller Dinge
war (das) Wort 2c. Das Wahre ist ohne Frage, daß für den ersten
Unterricht die Methode, welche ganz der Naturgemäßheit, in welcher der
Mensch überhaupt Sprachen lernt, sich anschließt, ihr Gutes habe, dage=
gen so wenig die ruhmredig gepriesenen Verheißungen erfüllen könne, daß,
soll von einem gründlichen Erlernen der Sprache die Rede sein, der
grammatikalische Unterricht frühzeitig hinzutreten und ernst fortbe=
trieben werden müsse.

Christian Friedrich Handel
Geboren den 9. Januar 1776, gestorben den 6. September 1841.

> Motto: „Gehorsam ist die Grundlage aller Erziehung, aller
> Gesetzlichkeit, Ordnung und Disciplin, die Seele des
> Schullebens und jedes Gemeinwesens im Kleinen und im
> Großen.“
> Handel.

Chr. Fr. Handel ist geboren zu Saarbrück und gestorben als
Superintendent des oberschlesischen Sprengels und evangelischer Stadt=
pfarrer zu Neisse. ein ausgezeichneter pädagogischer Schriftsteller, der sich
besonders um die Förderung des Studiums der pädagogischen Psycho=
logie verdient gemacht hat, durch seine treffliche „Kinderseelenlehre,“ ins=
besondere für Lehrer, aber auch für Eltern und Erzieher anwendlich dar=
gestellt. Neisse, 1837. 6 Bde.

Außerdem hat Handel noch folgende schätzbare Schriften herausge=
geben: „Ueber einige sich noch hier und da findende Schulmängel. Ein
Wort der Erfahrung.“ Neisse, 1839. — „Materialien zum vollständi=
gen Unterrichte im Christenthum nach Luther's Katechismus. Ein aus=
führliches Hilfsbuch zur Christenlehre, mit den nöthigen Bibelsprüchen,
Liederversen und Erklärungen versehen.“ 2te Aufl. Halle, 1835, und
„Der Schulbote, oder pädagogische Hand= und Taschenbibliothek für
Eltern, Lehrer und Erzieher. Im Verein mit Scholz und andern Geist=
lichen und Schulmännern herausgegeben.“

Johann Gottlob Hanschmann.
Geboren den 22. März 1804, gestorben den 26. Februar 1858.

> Motto: „Das Schönste und Zarteste in Gottes Welt ist das
> gute Herz einer Tochter; das Kühnste und Entschlossenste
> aber das gute Herz eines Sohnes. Der erziehende Lehrer
> nimmt bei Ausbildung des Charakters auf diese Grundbe=
> stimmungen des Gemüths allenthalben Rücksicht.
> Dr. Hanschmann.

Joh. G. Hanschmann wurde zu Kleinbothen bei Grimma ge=
boren, wo sein Vater Gemeinderichter war; von diesem, so wie in der
dortigen Parasialschule erhielt er den ersten Unterricht. Im Jahre 1817
kam er auf die Landesschule in Grimma und studirte hierauf von 1823

bis 1825 die theologischen, philosophischen und pädagogischen Wissenschaften zu Leipzig, wo er 1826 Lehrer an der Rathsfreischule, 1828 Doktor der Philosophie und 1829 Director einer eigenen Erziehungs=Anstalt wurde, die er jedoch wegen seiner bald nachher erfolgten Anstellung an der neuerrichteten zweiten Bürgerschule wieder aufgab. Seitdem hat er sich fortwährend als praktischer Schulmann, wie auch als pädagogischer Schriftsteller durch eine ungemein vielseitige Thätigkeit rühmlichst ausgezeichnet. Er gründete 1826 die pädagogisch=katechetische Gesellschaft, wie auch den in seiner Art ganz einzigen Schullehrer=Verein der Ephorie Leipzig und erwarb sich durch seine Schrift „Dinterianum" ein wesentliches Verdienst um die Gründung des seitdem in Grimma errichteten Schullehrer=Seminars. Später organisirte er auch in Anhalt=Köthen den Landschullehrer=Verein. Nicht minder war er ein sehr thätiges Mitglied des Kunst= und Gewerbevereins und der polytechnischen Gesellschaft in Leipzig, die von letzterer gegründete Sonntags=Gewerbeschule ist nach seinem Plane organisirt worden. Als eifriger Beförderer des Gustav=Adolphs=Denkmals zu Görlitz bei Coswig erhielt er vom Könige von Schweden die Gustav=Adolph=Medaille, von Görlitz aber das Ehrenbürgerrecht. Auch bei der Gründung des Gustav=Adolph=Vereins, erwarb sich Hanschmann wesentliche Verdienste. Im Jahre 1846 wurde er nach Weimar als Bürgerschul=Direktor und Seminar=Inspektor berufen, in welcher sehr schwierigen Stellung er namhaftes geleistet hat. Besonders verdienen die gerechteste Anerkennung seine ungemein vielseitigen, gründlichen Kenntnisse, sowie seine unermüdliche Thätigkeit und seltene Ausdauer. Daß seine redliche Bestrebungen nicht immer den gehofften Anklang fanden, lag in verschiedenen Verhältnissen. Als Director der beiden Bürgerschulen war er human, als Seminar=Inspector fördernd und als Lehrerfreund besonders geachtet und beliebt. Durch Einführung der analytisch=synthetischen Methode hat er sich ein bauerndes Verdienst er worben. Die allgemeinen weimarischen Lehrer=Versammlungen, denen er die regste Aufmerksamkeit schenkte, waren größtentheils sein Werk. Auch als eifriger Beförderer des weimarischen Pestalozzi=Vereins verdient er gerechte Würdigung. Dabei kannte er keine Spur von Stolz, sondern war in allen Verhältnissen human und tolerant. Eifrig huldigte er in allen Richtungen dem stetigen Fortschritte; Rückschritt und Verfinsterungssucht waren ihm allezeit ein Greuel. Möge daher sein Andenken in seinen zahlreichen Lichtseiten ein gesegnetes sein!

Schriften: 1) Erstes Lesebuch für Volksschulen. 4te Aufl. Leipzig, 1840. — 2) Abendunterhaltungen für Kinder. 2 Bd. 2te Aufl. Ebbs. 1839. — 3) Ein Blick auf den Schullehrer=Verein der Ephorie Leipzig. Ebbs. 1833. — 4) Der kleine Katechismus für protestantische Volksschulen. 3te Aufl. Ebbs. 1836. — 5) Sachsens Schullehrer. 3 Bde. Ebbs. 1836. — 6) Das Dinterianum oder beabsichtigte Schullehrer=Seminar für den Leipziger Kreis. Ebbs. 1836. — 7) Das Eigenthumsrecht in technischen und scientifischen Produkten. Ebbs. 1839. — 8) Erster bis vierter Bericht des Kunst= und Gewerbevereins zu Leipzig. Ebbs. 1835—1840. — 9) Erbauungskatechese. Ebbs 1839. — 10) Das Denkmal Gustav Adolph's bei Görlitz. Ebbs. 1840. — 11) Die Fahnenweihe zu Coswig. Ebbs. 1841. — 12) Museum für Schule und Haus, mit Schnee mann herausgegeben. Ebbs. 1838. — 13) Die Statuten des goldenen Vließ=Ordens. Aus dem Lateinischen übersetzt. Ebbs. 1840. — 14) Rousseau's Emil. In Verbindung mit Karl Groß übersetzt. 3 Bde. Ebbs 1841.

Auch war Hanschmann der Erste, der das neue kgl. sächsische Münz=, Maaß= und Gewichtssystem durch folgende Schriftchen für den Schulgebrauch wie für den allgemeinen Haus= und Marktverkehr bearbeitete:

1) Rechentafeln für Volks= und Bürgerschulen nach dem neuen Münz=, Maaß= und Gewichtsystem. Ebbs. 1840. — 2) Reductionstabellen der Alt= und Neugroschen.

Ebdf. 1841. — 3) Die sächsischen Scheffel= und Getreidemaße. Ebdf. 1841. — 4) Methodisches Handbuch zum Rechnen nach dem neuen System für Lehrer. 2 Bände. Ebdf. 1841.

Außerdem hat Hanschmann herausgegeben:

1) Christlicher Religions=Unterricht für die gebildete Jugend. Ein Leitfaden bei dem Unterricht in höheren Bürgerschul=, Seminarvorbereitungs= und Unterklassen. Leipzig, 1849. — 2) Das erste Lernbuch für Se. Kgl. Hoheit den Prinzen Karl August Herzog zu Sachsen=Weimar=Eisenach und alle gute Kinder, nach der Zeichnend=, Schreibend=Lese=Unterrichtsweise. Herausgegeben von dem pädagogischen Vereine in Weimar, bevorwortet und in die Kinderwelt eingeführt durch Dr. Hanschmann. Leipzig. — 3) Der christlichen Katechetik besonderer Theil, oder die christliche Festkatechetik. Leipzig. 4) Das Strafrecht der Schule. Ein Wort zur Verständigung zwischen Schule und Haus. 2te Aufl. Weimar, 1853. — 5) Winke für den methodischen Unterricht der biblischen Geschichte in der Volks= und Bürgerschule. Weimar, 1853. — 6) Kirchen= und Schulblatt in Verbindung. Gemeinschaftlich mit M. C. Teuscher. Weimar, 1852. — 7) Dr. M Luther als klassischer Lehrmeister auf dem Felde der Katechese und populären Exegese oder evangelische Lehrstoffe aus Luther's praktischer Bibel= und Katechismus=Erklärung für Geistliche und Schullehrer als Vorbild bei dem Religions=Unterrichte. Weimar, 1856.

Karl Happich.
Geboren den 9. Juni 1792, gestorben den 14. August 1832.

Der Verewigte war zu Schillingstadt in Thüringen geboren. Schon in seiner Jugend kam er nach Quedlinburg und bildete sich auf dem dasigen Gymnasium, mehr aber noch durch eigenes Studium zum künftigen Lehrer. Im Jahre 1806 wurde er zweiter Lehrer an der Altstädter Schule und erhielt später die Oberlehrerstelle. Seine Tüchtigkeit als Schulmann bekundete er auch durch mehrere praktische Schriften für den Unterricht. 1817 erschien von ihm (zu Quedlinburg) „Neue Exempeltafeln zur Uebung in den vier Grundrechnungen." Hieran reihen sich 15 arithmetische Wandtafeln (ebendas.); sie enthalten 2700 Aufgaben zur Uebung in den Grundrechnungs=Arten mit ungleich benannten Zahlen. Die großen Ziffern zum Drucke dieser Werke wurden von ihm selbst geschnitten und liefern eine Probe von seinen vielfachen technischen Kenntnissen und Geschicklichkeiten. Im Jahre 1823 gab er in Quedlinburg heraus: „Neue Wandvorschriften, nach mathematischen und ästhetischen Grundsätzen bearbeitet," erstes Heft, wovon 1830 auch das zweite Heft erschien. Sein letztes Werk: „Der erste Lehrgang im Singen nach Tonziffern für Volkschulen, nebst 32 Wandtafeln mit Uebungsstücken," sowie eie Sammlung Canons und andere Gesangssachen, von denen mehrere in Koch's Gesanglehre aufgenommen sind, geben Beweise von seinen musikalischen Kenntnissen.

Heinrich Hauer.
Geboren den 24. Februar 1763, gestorben den 9. März 1838.

Hauer war zu Wegeleben, einer kleinen Landstadt bei Halberstadt geboren, wo sein Vater, früher Bedienter, Schullehrer ward. Was eiserner Fleiß, ohne alle Vorbildung, vermag, davon gibt uns Hauer den schlagendsten Beweis. Vom Zimmermann schwang er sich zu dem empor, was er war. Die Noth machte ihn zum Schriftsteller. Sein erstes Werk war folgendes: „Die Freuden der Kinderzucht, eine aus eigener Erfahrung und ganz nach der Natur der Kinder abgefaßte, praktische Erziehungsschrift, für edeldenkende Eltern und besonders für junge Schullehrer auf dem Lande. Quedlinburg bei Ernst." Dieses Buch war der edelsten der Frauen, der Königin Luise von Preußen dedicirt und fand vielen Beifall, aber auch viele Gegner. Nachdem Hauer verschiedene Schulstellen versehen, ward er Cantor zu Schadeleben. Hier fing er an, Taubstumme zu unterrichten. Im Jahre 1827 legte er diese Stelle nieder, zog nach Queblinburg und errichtete hier aus eigenen Mitteln eine Taubstummen-Anstalt, der er sich ganz hingab, mit einer Aufopferung, wie man sie selten findet. Diese Anstalt erhielt er ganz durch sich selbst und die Wohlthaten edler Menschen. Sein Leben war ein vielbewegtes, aber das unerschütterliche Vertrauen auf Gott verließ ihn nie. In ihm fanden sich alle Eigenschaften vereinigt, die Ziegenbein von einem wahren Taubstummenlehrer fordert: „Derselbe muß ein an Kopf und Herz gesunder, ein kindlich gesinnter, frommer und dabei vielseitig gebildeter Mann, nicht bloß ein Lehrer, sondern ein Erzieher, ein Vater seiner Zöglinge sein; ihn muß vor Allem hohe Liebe zu seinem Fache, ein Enthusiasmus für dasselbe beseelen, er muß eine Art heiliger Begeisterung in sich fühlen, und in der Sache selbst, in seiner gemeinnützlichen Wirksamkeit, in den Fortschritten seiner Zöglinge, seinen höchsten Lohn suchen und finden, er muß durch Ausdauer und Geduld die sich ihm entgegenstellenden Hindernisse und Schwierigkeiten glücklich besiegen und stark genug sein, der guten Sache, so oft es noth thut, Opfer an Zeit, Kraft und Geld darzubringen. Wähne also Niemand, daß man durch Dressiren und Abrichten allein ein tüchtiger Taubstummenlehrer werden könne; wenn sein Inneres nicht zu diesem Berufe treibt, wer keinen Enthusiasmus, keine heilige Begeisterung für dieses Fach in sich fühlt, der entweihe doch dasselbe durch seinen Beitritt nicht."

Daß Hauer von dieser wahren „heiligen" Begeisterung erfüllt war, bezeugen glaubwürdige Zeitgenossen; die Andern aber, die seinen edlen Bestrebungen unedle selbstsüchtige Motive zu Grunde legten, haben wohl nur ihre eigene Gesinnung in den edlen Mann hineingetragen. Doch konnten solche Gegner der guten Sache nicht schaden. — Viele Mittheilungen über Hauer's Anstalt enthält seine zum Besten „notorisch armer taubstummer Kinder" gegründete Zeitschrift: „Der Menschenfreund." (1828—39.) Außerdem schrieb er eine „Selbstbiographie," die zwei Auflagen erlebte. Queblinburg, 1836.

Lorenz Haug.
Geboren den 6. August 1818, gestorben den 21. Januar 1856.

Haug war geboren zu Wurmlingen bei Rottenburg a. N., verlebte die Jugend ruhig und glücklich im Kreise seiner ächt christlichen Eltern und seiner Geschwister, unbekannt mit dem Luxus des Reichen, unbekannt aber auch mit dem Hunger und der Mühsal des Armen. Freilich war dieses Leben auch, dem Innern entsprechend, harmlos genug, um keine störende Einflüsse auf den Charakter auszuüben: kaum den Kinderschuhen entwachsen, begann der Verewigte, getrieben und trefflich unterstützt durch schöne Anlagen, seine wissenschaftliche Laufbahn, und Lernen und Lehren — das bildete fortan sein Leben, und das beschäftigte denn auch seinen ganzen Geist dergestalt, daß er, abgesehen von andern edlen Regungen, die schon seine früheste Jugend ihm in sein Herz gepflanzt, nur noch für die Welt des Wissens lebte, und mitten im blühenden Lenze des Lebens todt blieb für alle Lockungen der Sinnlichkeit. Vor Allem war ihm die Religion in ihrem innersten Geiste und in allen Einzelnheiten ihrer Pflichtenlehre erfaßt — die untrüglichste Lenkerin auf seinem Lebenspfade, sie vollendete die Erziehung zum Manne, zum ächten Christen. — Dieß waren die Grundzüge des Verstorbenen, und so zeigt er sich uns denn auf seinem ganzen Lebenswege, und als solcher wurde er, namentlich auch von Oben gewürdigt und anerkannt, wie es eben dieser Lebensweg erfreilich genug beweist.

Nachdem er den Unterricht in der Elementarschule seines Geburts-Ortes vier Jahre genossen hatte, besuchte er vom 10ten bis 14ten Lebensjahre die lateinische Schule zu Rottenburg, entschied sich dann aus innerer Neigung für das Lehrfach, und wurde nach dreijähriger Vorbereitung im 17ten Lebensjahre in's Seminar zu Gmünd aufgenommen, wo er, ohne es anzustreben, durch seine Intelligenz und Kenntnisse, wie durch sein sittlich-männliches Betragen die Achtung aller seiner Mitzöglinge und die seines obersten Vorgesetzten in so vollem Maaße sich erwarb, daß jene seinem mahnenden Worte wie dem eines Lehrers folgten, dieser ihn kurz nach seinem Eintritte in's Seminar zum Censor ernannte.

Nach seinem im Jahre 1837 erfolgten Austritte aus dem Seminar wurde er durch persönliche Verwendung des damaligen Vorstandes der Taubstummen-Anstalt zu Gmünd, als Unterlehrer im genannten Institute angestellt. Während er diese Stelle bekleidete, wurde ihm aus besonderer Begünstigung seine Besoldung zweimal aufgebessert. Eine weitere ehrenvolle Anerkennung fand er darin, daß er mit namhafter Staats-Unterstützung die bedeutensten Taubstummen-Anstalten Deutschland's, z. B. München, Dresden, Berlin, Wien, Prag 2c. 2c. bereisen durfte. Er erwies sich der Auszeichnung werth; reich an nützlichen Erfahrungen für sein Fach kehrte er heim, um dieselben in seinem gedruckten Reiseberichte: „Ausführliche Nachrichten über 20 der vorzüglichsten Taubstummen- und Blinden-Anstalten Deutschland's. Augsburg, 1845. K. Kollmann," sofort zum Gemeingute zu machen. Endlich wurde er unterm 27. September 1844 zum Oberlehrer ernannt.

Vierzehn Jahre lang hatte Haug bereits mit hingebender Aufopferung in dem schweren Berufe des Taubstummenlehrers gewirkt, und zu den gründlichen allseitigen Kenntnissen in materieller Beziehung waren auch die reichen pädagogisch-didaktischen Erfahrungen des langjährigen Schulmanns gekommen, als er völlig vorbereitet — die letzte, ehrende Auszeichnung erhielt, die eine der beiden Oberlehrerstellen am Seminare zu Gmünd (am 21. Jan. 1856).

Deutsche Sprachlehre, mit Stylistik und Geschichte der deutschen Literatur verbunden, und Naturgeschichte waren seine beiden Fächer, jenem war er längst gewachsen, in diesem fand er sich bald zurecht.

Und bei aller Thätigkeit für das Seminar, einer Thätigkeit, die sich auch außerhalb seiner Lehrstunden unermüdlich zeigte, ließ ihn sein reger Eifer für Menschenwohl doch noch Zeit finden, in mehreren Vereinen für kirchliche und wohlthätige Zwecke durch Wort und That so viel Gutes zu wirken, als nur immer in seinen Kräften lag. Eine schöne Anerkennung fand diese seine Haltung und Wirksamkeit darin, daß er noch als Taubstummenlehrer im Jahre 1849 von den Volksschullehrern des Inspectorats Gmünd und Andern zum Vertrauensmanne für die bekannte Experten-Versammlung zu Stuttgart ausersehen wurde. Auch als Privatlehrer der französischen und englischen Sprache erwarb er sich großes Vertrauen, wie er sich auch mit literarischen Arbeiten auf diesem Felde beschäftigte, worunter wir insbesondere mehrere gediegenen Abhandlungen über Taubstummen-Unterricht in der „Allgemeinen Schulzeitung" mit besonderem Nachdrucke hervorzuheben glauben.

Und nun — mitten in diesem thätigen Leben, mitten in seiner vollen Manneskraft wurde er aus dem Schauplatze seines geräuschlosen, oder

33 *

darum nicht minder segensreichen Wirkens abgerufen. Noch in seinen letzten gesunden Tagen faßte er den Plan, für seine Seminaristen eine deutsche Sprachlehre zu schreiben; doch war ihm diese Arbeit zu beenden nicht mehr gegönnt. Er starb an einer unheilbaren Lungenkrankheit im 38sten Lebensjahre.

Dr. Karl Friedrich Hausmann.
Geboren den 6. Juni 1774, gestorben den 26. Januar 1833.

Motto: „Muth bei Demuth; Demuth bei Muth.“
Hausmann.

Hausmann wurde in dem seines schönen Parkes wegen berühmten Wörlitz geboren. Sein Vater, der daselbst Cantor und ein recht wackerer Schulmann war, beobachtete und leitete des Knaben geistige Entwickelung mit der größten Sorgfalt, und gern hätte er ihn dem Predigerstande gewidmet; doch er starb schon, bevor noch der Knabe das zehnte Jahr zurückgelegt hatte. Die Wittwe war zu mittellos, um den Plan ihres Gatten weiter zu befördern, und so mußte sie sich damit begnügen, den Knaben das lernen zu lassen, was er bedurfte, um sich einst dem Stande widmen zu können, in welchem sein Vater mit Ehren gewirkt hatte. Nachdem er seine Vorbildung in der Wörlitzer Schule erhalten hatte, und insbesondere sich hier sein Sinn für Naturschönheiten entfaltet hatte, wurde er 1778 nach Dessau auf die Hauptschule gebracht. Ohngeachtet seiner sehr ärmlichen Verhältnisse errang er sich bald durch Genügsamkeit und großen Fleiß einen sehr guten Fortgang. Neben diesem Schulunterrichte erhielt er auch seine Bildung zum Lehrer im Seminare unter dem damaligen Seminar-Inspector Funke. Hier war seine vorzüglichste Beschäftigung die Musik. Außer dem Clavier versuchte er sich daher auch auf den meisten Saiten- und Blas-Instrumenten, erlernte ohne Beistand und Nachhülfe aus dem Marpurg Generalbaßlehre und componirte schon seit seinem 20sten Jahre; insbesondere fanden bei Jung und Alt seine Liedermelodieen eine freundliche Aufnahme.

Noch während er Seminarist war, kam er, 18 Jahre alt, 1792 als Privatlehrer in das Haus des Obberhofmeisters v. Berenhorst; ein Verhältniß, das wohlthätig seine feinere Bildung förderte und ihm Gelegenheit verschaffte, eine reichhaltige Bibliothek zu benutzen. Er machte mit den ausgezeichnetsten Künstlern Bekanntschaft. Mehr noch geschah dieß, als ihn der Herzog Franz im Jahre 1797 zum Erzieher und Lehrer der v. Bäringer'schen Kinder annahm und nach Wörlitz setzte. Hier studirte er über die plastischen Künste Winkelmann, Lessing, Göthe und Herder, machte auch Versuche im freien Handzeichnen und Radiren, in der Pastell- und Oelmalerei, und brachte es in dieser so weit, daß er einst dem erhabenen Fürsten selbst ein Portrait eigener Arbeit anzubieten wagte.

Ja, es sollte ihm durchaus Nichts fehlen zur Führung des Berufes, welchen ihm die Vorsehung bestimmt hatte; darum fand sich auch Gelegenheit für ihn, in der französischen Sprache sich möglichst zu vervollkommnen. Für den Unterricht in derselben war nämlich seinen Zöglingen noch eine besondere Lehrerin, Jenny Ley aus der französ. Schweiz, gegeben worden, an deren Umgang bald er so großes Wohlgefallen fand, daß er sie für seine künftige Lebensgefährtin ersah, was auch wirklich geschah. Sie starb ihm 1819, und er verheirathete sich nachher zum Zweitenmale mit Louise Zvernois, ebenfalls einer Schweizerin. Aus beiden Ehen sind ihm sechs Kinder geboren, von denen fünf ihn überlebten. —

Sein Erziehergeschäft zu Wörlitz wahr im Jahre 1805 so ziemlich beendigt, und zwar zur vollkommenen Zufriedenheit seines erhabenen Patrones. Da erhielt er im Jahre 1805 den Auftrag, den Plan zu einer zeitgemäßen, auch für die höhern Stände eingerichteten Töchterschule zu entwerfen, und schon im Jahre 1806 kam er als Director derselben nach Zerbst an, und die Schule, aus vier Klassen bestehend, nahm noch in demselben Jahre mit 100 Schülerinnen einen feierlichen Anfang, deren Anzahl sich jedoch schnell bis sogar auf 300 vermehrte. Man erkannte sehr bald, daß alle einem Erzieher der weiblichen Jugend nöthige Eigenschaften in Hausmann vereinigt waren, und man ließ sich alle von ihm gestellten Bedingungen stellen, um nur zu erlangen, daß er Auswärtige in sein Haus zur Erziehung aufnahm. Dieses war daher fortwährend an fremden Kindern reich, und es herrschte in der Pensions-Anstalt, wie in der Schule, ein Geist der Ordnung, des Fleißes und Wohlverhaltens, wie nur selten in Anstalten dieser Art; denn Hausmann's Auge übersah nie den geringsten Ordnungsfehler und wachte unablässig über das Wohlverhalten seiner Anvertrauten.

Nach zurückgelegtem Vierteljahrhundert seiner Amtsführung sowohl, als des Bestehens der Schule in Zerbst, wollte er den Eröffnungstag der Anstalt feierlich begehen; da befiel ihn ein plötzliches Unwohlseyn, das zwar bald vorüberging, aber betrübende Folgen zurückließ; es war eine Anwandlung vom Schlagflusse gewesen. Auch sein Wirken für die Schule war ihm auf diese Weise sehr erschwert. Erwähnte Feier kam zwar zur Ausführung, bei welcher Gelegenheit ihm die Kieler Universität das Doctor-Diplom überreichte; doch seine frühe Heiterkeit war verschwunden und einer tiefen Wehmuth Platz gemacht, die bis an sein Ende dauerte, das am 26. Januar 1833 durch einen abermaligen Schlaganfall herbeigeführt wurde. — Seine Schriften:

1) Ausführliche Nachricht von der herzogl. fürstl. Töchterschule zu Zerbst. Zerbst, bei Andr. Füchsel. 1811 — 2) Kurzgefaßte deutsche Sprachlehre. Für Bürgerschulen das Nothwendige enthaltend. 2te Aufl. Zerbst, bei Kummer. 1828. — 3) Allgemeine Geschmackslehre für Liebhaber der schönen Künste, sowie für Lehrer in höheren Schulen. Zerbst, 1830. Ebdf. — 4) Was macht der Zeitgeist aus unsern Töchtern? Schulrede. 1806. — 5) Wie hat man es anzufangen, damit die Erziehung Segen und Freuden bringe? Schulrede. 1814. — 6) Darlegung unsers Gebrauches, wichtige Wahrheiten in kräftigen Kernsprüchen niederzulegen. Schulrede. 1821. — 7) Die Kinderspiele. Schulrede vom Jahre 1814. — 8) Ueber die Kunst und Tugend des Schweigens.. Schulrede. 1825. — 9) Ueber die Bildung der weiblichen Jugend zum Geschmacke. Schulrede. 1828. — 10) Denkschrift zur ersten 25jährigen Jubel-Feier der herzoglichen Töchterschule zu Zerbst. 1831.

Valentin Hauy.

Geboren im Jahre 1746, gestorben im Jahre 1822.

Hauy zu St. Just in Frankreich geboren, ist der Bruder des berühmten Mineralogen René Hauy und ward Lehrer der Schönschreibekunst in Paris. Hier lernte er eine blinde Klaviervirtuosin kennen, welche sich ein Notensystem durch erhöhte Linien und Noten geschaffen hatte. Diese Erfindung brachte ihn auf die Idee, wie mit Hilfe des Tastsinnes der Blinden-Unterricht nützlich eingerichtet werden könne; er entwarf eine besondere Lehrweise dafür und errichtete eine Anstalt. Die großen Erfolge derselben veranlaßten die Regierung, diese Anstalt für eigene Rechnung zu übernehmen. Hauy's Ruf verbreitete sich durch ganz Europa und Kaiser Alexander berief ihn 1806 nach Petersburg, wohin er mit seinem Schüler Fourier ging. Auf der Durchreise gab er in Berlin den Anstoß zur Belebung des Blinden = Unterrichts, und wenn der hervorbrechende Krieg auch die Sache aufhielt, so blieb doch der ausgestreute Same im Boden liegen, um spätere Keime zu treiben. In Petersburg verweilte Hauy nur kurze Zeit, gründete in Paris eine zweite eigene Anstalt, und wirkte, seine Schöpfung zu fortschreitender Entfaltung treibend, bis an seinen 1822 erfolgten Tod.

Johann Peter Hebel.
Geboren den 21. März 1760, gestorben den 22. September 1826.
(Mutterstrenge.)

Motto: „Jetzt wär' genug wohl da! —
    Jetzt hast du alles Gute —
    Der tausend! Ja, 'ne Ruthe,
    Die fehlte noch, da ist sie ja!"

„Vielleicht — sie freut dich nicht,
Vielleicht — sie schlägt die Händ' dir wund,
So Manchem war es schon gesund,
Sei gut, so schlägt sie nicht."

„Fängst du danach es an,
In Gottes Namen, sei es drum!
Die Mutterlieb ist fromm und zart,
Sie wendet rothe Bänter um
Und macht ein Schläfchen drau."   Hebel.

Hebel hat sich durch seine „allemanischen Gedichte" vor allen seinen übrigen Schriften bleibenden Nachruhm geschaffen. Er wurde im Dorfe Hausen, nahe bei Schopfheim in Baden, geboren. Der Vater war ein armer Gärtner und dem Sohne schien nur ein kärgliches Loos gefallen. Er mußte als Knabe, da er den Vater früh verlor, auf der Eisenhütte bei Hausen nebst seiner Mutter Kohlen tragen und sonstige geringe, aber mühsame Arbeiten verrichten. Doch war ihm vergönnt, die Dorfschule zu besuchen, wo er so gute Anlagen und Fertigkeiten zeigte, daß ein früherer Waffengefährte seines Vaters, ein invalider Unteroffizier, Namens Iselin, der den Fleiß des Knaben erfuhr, ihn zu sich nach Basel nahm, und ihn den Unterricht in der dortigen Stadtschule genießen ließ. Mittlerweile starb Hebel's Mutter, aber der ganz verwaiste Knabe fand einen neuen Wohlthäter an dem Kirchenrath Brauschen in Karlsruhe, welcher sich seiner liebevoll annahm, ihn erst das Gymnasium zu Lörrach besuchen ließ, und später Sorge trug, daß Hebel eine Hochschule besuchen konnte. Hebel wählte Erlangen zum Ort seiner academischen Studien, und die Theologie als deren Ziel. Er kam 1778 nach Erlangen, bestand sein Candidaten=Examen nach zurückgelegtem Triennium sehr gut; bald auch bot sich eine willkommene Hauslehrerstelle, und nun öffnete sich ihm mehr und mehr der Weg und die Aussicht zu einer schönen Lebenslaufbahn, wie sie der kleine Kohlenträger von der Hausener Eisenhütte nie geahnet. Bereits 1783 wurde Hebel Lehrer an dem Gymnasium, das ihn selbst gebildet hatte, und die schöne Natur um Lörrach weckte die Poesie, die in seiner empfänglichen Seele schlummerte. Im Jahre 1791 wurde Hebel zum Lehrer am Karlsruher Gymnasium ernannt, und empfing zugleich die Stelle des Subdiaconus an der Hoftirche daselbst, worauf er nach Verlauf mehrerer treugeführten Dienstjahre 1798 zum Professor und Oberlehrer aufrückte. Als solcher ließ er nun 1803 seine „allemanischen Gedichte" erscheinen, welche den größten Beifall und größtmöglichste Verbreitung fanden. Die deutsche Dialektdichtung war noch wenig angebaut, nur Johann Conr. Grübel, und später J. H. Voß hatten mit großem Glück, der erstere die nürnberger in scherzhaften Gedichten, der zweite die plattdeutsche Mundart in lieblichen Idyllen und Gedichten gleichsam zu verklären gesucht, und wohl mag Voß Hebel vorgeschwebt haben, obschon der letztere völlig selbstständig auftrat, und ungleich mehr, als an neuere, an die schwäbischen Minnesänger erinnerte, denn eine gleiche Unbefangenheit und Naivität im Ausdruck und die gleiche Zartheit der Empfindungen beseelte, wie jene, so auch die Dichtungen Hebel's. Kaum zu zählen sind die spätern Auflagen derselben, und mehrere Schriftsteller haben sich auch die höchst undankbare Mühe gegeben, die „allemanischen Gedichte" in das Hochdeutsche zu übertragen, was gerade den Farbenstaub vom Flügel des Sylfen, den Thau von der Blume, den zarten Dufthauch von der Herbstfrucht abstreifen heißt. Auch nachgeahmt wurde Hebel häufigst, ja jetzt ist wohl kein noch so kleines Ländchen und Winkelchen in Deutschland, aus dem nicht sein Dialekt in einigen Verslein hervorzirpt. Der Sprache mag damit ein Dienst geleistet sein, der Poesie sicherlich nicht; nicht jeder Dialekt eignet sich für die poetische Behandlung; es gibt in Deutschland Länder, deren Idiome und Dialekte von Natur unschön, grob und bäurisch klingen, was besonders von einigen nordfränkischen Provinzen gilt, die nimmermehr sich für poetische Auffassung eignen.

Im Jahre 1805 wurde Hebel badischer Kirchenrath und 1808 Gymnasiums-Director. Im letzteren Jahre begründete und begann er seine beliebte Zeitschrift: „Der rheinländische Hausfreund," der bis 1811 erschien und dann unter dem Titel: „Rheinischer Hausfreund" durch die Jahre 1814 und 1815 fortgesetzt wurde. Ein Auszug aus der ersten dieser Schriften erschien 1811 unter dem Titel: „Schatzkästlein des rheinischen Hausfreundes," die Quintessenz desselben darbietend, und erlebte mehrere Auflagen. Vielen Epigonen in der volksthümlichen Schreibweise diente Hebel als Vor- und Musterbild, und es wäre wohlgethan, wenn eine noch ungleich größere Anzahl die edle Denk- und Schreibweise Hebel's zu erreichen gestrebt hätte, statt dem Volke mit Gemeinheiten zu schmeicheln und zu wähnen, für das Volk sei auch die ungenießbarste Speise gut genug.

Im Jahre 1809 wurde Hebel Mitglied der evangelischen Kirchen- und Prüfungs-Commission, 1814 Mitglied der evangelischen Kirchen-Ministerial-Section, endlich 1819 empfing er Rang und Titel eines Prälaten und 1820 das Comthurkreuz des Zähringer Löwen-Ordens, zugleich ertheilte ihm die theologische Facultät zu Heidelberg die theologische Doctorwürde.

Hebel endete sein thätiges, auch dem Kirchen- und Schulwesen gewidmetes Leben im Hause eines vieljährigen Freundes, Namens Zeyher, dem berühmten Vorsteher des botanischen Gartens zu Schwetzingen, als er von einer nach Mannheim gemachten Reise in die Heimath zurückkehren wollte. — Ein Denkmal wurde Hebel im Hofgarten zu Karlsruhe errichtet. —

Johann Julius Hecker.
Geboren im Jahr 1707, gestorben den 24. Juni 1768.

Joh. Jul. Hecker ist zu Werben geboren. Durch treue Amtsführung als Prediger an dem Potsdam'schen Militärwaisenhause hatte er die Aufmerksamkeit des Königs Friedrich Wilhelm I., des Stifters dieser Anstalt, auf sich gezogen. Unvermuthet ließ ihn der König im Jahr

1738 nach Wusterhausen beschieden, um vor ihm zu predigen. Unmittelbar nach gehaltener Predigt gab ihm der Monarch noch auf dem Schloß-
platze seinen Beifall mit den Worten zu erkennen: „Nun soll er bei der
neuen Dreifaltigkeitskirche in Berlin Prediger werden. Er muß aber,
wie er heute gethan, den Leuten auf der Friedrichsstadt den Herrn Jesum predigen und sich der Jugend recht annehmen, denn daran ist das
Meiste gelegen." Wie tief dieß königliche Wort in Hecker's Seele drang,
daran zeugen seine rastlosen Bemühungen, dem damaligen traurigen Verfalle der Schulen aufzuhelfen. Schon 1744 fanden sich durch seine Bemühungen sechs wohleingerichtete Schulen in seiner Parochie, dazu kamen
im folgenden Jahre noch mehrere Freischulen, in denen allein über 400
arme Kinder freien Unterricht erhielten. Aber hauptsächliches Verdienst
erwarb er sich durch die im Jahr 1746 gestiftete Realschule; „eine Anstalt, in der nicht sowohl Gelehrte, sondern Männer für das praktische
Leben vorbereitet und gebildet wurden. Nicht ohne manche Kämpfe, selbst
bedeutende Geldopfer von seiner Seite konnte der rastlos thätige Mann
diesen Anstalten Leben, Fortgang und Gedeihen verschaffen, und es hat
sich bei ihm bewährt, „was eine große Idee vermag, wenn sie eines
Menschen innerstes Leben erfaßt und durchdringt, wie sie das Schwache
kräftigt, das Zerstreute sammelt, das Todte belebt, wie sie neue Bahnen eröffnet und neue Schöpfungen hervorruft und den Erfolg des Anfangs beabsichtigt wurde, weit über das Ziel hinausführt."

Georg Wilhelm Hegel.
Geboren den 27. August 1770, gestorben den 14. November 1831.

Motto: „Die Kinder müssen das Gefühl der Einheit mit
den Eltern haben. Dies ist das erste unmittelbare sittliche
Verhältniß — diese Einheit, dieß Vertrauen ist die Muttermilch der Sittlichkeit, an der der Mensch groß gezogen
wird; frühes Verlieren der Eltern ist ein großes Unglück."
Hegel.

Georg Wilhelm Hegel, einer der gefeiertsten Philosophen der
neueren Zeit, geboren zu Stuttgart, theils durch Privatlehrer, theils
auf dem Gymnasium seiner Vaterstadt vorbereitet, 1788—1793, Studiosus der Theologie und Philosophie auf dem theologischen Stifte zu Tübingen, 1793—1796 Hauslehrer in Bern, 1797—1800 in Frankfurt
a/M., 1800 Privatdocent, 1806 außerordentlicher Professor der philosophischen Vorbereitungswissenschaften zu Nürnberg. 1806 Professor der
Philosophie in Heidelberg, 1818 in Berlin, wo sein Ruf in unzählbaren
Radien nach allen Gegenden eindrang, gestorben an der Cholera im November 1831.

Einen so bedeutenden Einfluß das System Hegel's, welcher die pan-
theistische Erklärungsweise in Wahrheit auf den höchsten Gipfel trieb,
nach allen Seiten übte, so war derselbe auf die Pädagogik am wenigsten
von Bedeutung, das sich daraus erklärt, daß er auf den Gegenstand
außer in seinen fünf Gymnasialreden und seiner Rechtsphilosophie blos
beiläufig zu sprechen kommt.

Franz Xaver Heindl.
Geboren den 12. November 1784, gestorben den 12. März 1854.

Franz Xaver Heindl, der Sohn eines Küchelbäckers, wurde zu
Ingolstadt geboren. Seinen ersten Unterricht erhielt Heindl in den Ele-

mentar-Schulen seiner Vaterstadt. In den Jahren 1796—1802 besuchte er das academische Gymnasium zu Ingolstadt und erwarb sich hier, wie im folgenden Jahre 1803 als Candidat der Philosophie zu München unter der tüchtigen Leitung des Rectors Weiller, dem er stets mit großer Anhänglichkeit zugethan war, und dessen, namentlich pädagogischen Schriften einen dauernden practischen Werth beilegte, die besten Zeugnisse. — Unterm 23. Oktober 1824 wurde dem Xaver Heindl als Schulamts-Candidaten zu seiner Verwendung im Schulfache von Seite des General-Schul- und Studien-Directoriums zu München ein von dem dirigirenden Rathe Steiner ausgefertigtes, ausgezeichnetes Belobungsattest zugestellt.

Unterm 23. Dezember 1805 erhielt Heindl seine erste Anstellung als Schulgehilfe in Rosenheim. Die Schule daselbst übernahm Heindl in einem sehr verkümmerten Zustande. Er übernahm das mühsame Geschäft, der Schule eine ganz neue Einrichtung zu geben, den Schulbesuch der Kinder zu regeln, den Unterricht zweckmäßig einzurichten und überhaupt die Schulverhältnisse nach pädagogischen Grundsätzen in eine entsprechende Form zu bringen — eine nicht geringe Aufgabe! Schon das erste Jahr lohnte des unermüdlichen Lehrers Mühe und aufopfernde Hingebung mit dem besten Erfolge, wobei er von dem damaligen Pfarrer und Schulinspector Kohlieder, zu dem er in einem liebevollen, freundlichen, innigem Verhältnisse stand, bestens unterstützt wurde. Ein Beweis, wie viel man auch in kurzer Zeit mit einem festen Willen und Liebe zum Berufe, verbunden mit schönen Talenten, bei geeignetem Fähigkeiten und ausdauerndem Fleiße für eine gute Sache wirken kann.

Heindl war aber auch eben so eifrig für seine eigene Fortbildung bemüht. Er gehörte nicht zu jenen „Fertigen,“ die mit einer bestimmten Dosis empfangener Schulweisheit schon abgeschlossen haben und da glauben, mit ihren Kenntnissen weit über die Kinderschule zu stehen, woher sie denn eine fernere Selbstfortbildung für unöthig und nutzlos halten. Er hatte zwar eine höhere Bildung und einen guten Vorbereitungs-Unterricht für das Lehramt genossen; allein damit begnügte er sich nicht. Alle seine erworbenen Kenntnisse hielt er nur für eine tüchtige Grundlage, um mit Einsicht und Erfolg an der eigenen Selbstfortbildung weiter arbeiten zu können. Er suchte daher sich gute pädagogische Schriften zu verschaffen, die er eifrig und mit der Feder in der Hand studirte, wo ihm da ein Erziehungsgrundsatz, eine wichtige pädagogische Regel, ein kernhafter Ausspruch, ein schöner, des Behaltens werther Gedanke aufstieß, das alles wurde in eigens zu diesem Zwecke angelegten Heften vermerkt.

Das war das erste selbstständige Streben beim Eintritt in das practische Leben des wackeren Heindl, das nachzuahmen wir allen jungen Lehrern bestens empfehlen möchten, ihnen zugleich aber auch ähnliche günstige Verhältnisse zu ihren Local-Inspectoren wünschen. —

So gewöhnt an excerpierendes Studium, setzte Heindl dasselbe auch nochmals ununterbrochen fort, und die Hefte wuchsen zu einem großen Stoße an, woraus er dann später in seinem Ruhestande einiges durch den Druck veröffentlichte unter dem Titel: „Pädagogische Aehrenlese.“ Augsburg, bei Rieger 1854.

Heindl verblieb in Rosenheim bis zum Jahre 1808, in welchem er in Rücksicht seiner pädagogischen Kenntnisse, seiner practischen Gewandtheit und Geschicklichkeit und seines Fleißes die Anstellung als 2ter Lehrer der I. Knabenklasse zu Neuburg a/D. erhielt. Mit schwerem Herzen trennte er sich von seiner lieben Schülerschaar, mit noch schwererem von seinem liebevollen, freundlichen Herrn Pfarrer und Schul=Inspector, deſſen Andenken tief in ſeine Seele eingegraben blieb, und mit Freude und Dank gedachte er des würdigen Mannes oft noch ſelbſt in ſeinem hohen Alter. Nicht ſelten ſetzte er dann noch bei: „Ich wünſche nur, daß alle meine Seminariſten, wenn ſie in das practiſche Leben übertreten, in ebenſo glückliche Verhält= niſſe zu ihren Herren Local=Inspectoren kommen möchten! Ja, dann ſtände es mit den Lehrern, mit der Schule, mit der Erziehung um vie= les beſſer.“ —

Hier in Neuburg verehelichte er ſich mit der Tochter des Stadtra= thes und Regiſtrators, Fräulein Crescentia Braun von München, mit der er faſt 20 Jahre in ſehr glücklicher Ehe lebte.

Im Jahre 1811 wurde dem Lehrer Heindl die obere Klaſſe der Mädchenſchule und 1817 die untere lateiniſche Vorbereitungsklaſſe in Neuburg und 1818 an ſeinem 35ſten Geburtstage die obere lateiniſche Vorbereitungsklaſſe in Augsburg übertragen und ihm die Befugniß verliehen, den Religionsunterricht für die katholiſchen Schüler der höhern Bürgerſchule zu ertheilen; ein ſprechender Beweis, welch' großes Ver= trauen ſeine Vorgeſetzten in ihn ſetzten. — Heindl gab hier auch Privat= unterricht und ertheilte dem damals an der Studienanſtalt zu Augsburg ſich befindlichen Prinzen Napoleon, dem jetzigen Kaiſer der Franzoſen, Privatinſtruktionen.

Der Wirkungskreis Heindl's ſollte aber ein größerer, ein folgerei= cherer werden. — Heindl wurde in ehrender Anerkennung ſeiner vorzüg= lichen Leiſtungen in Folge allerhöchſter Beſtimmung vom 27. Oktober 1824 zum I. Inspector an dem neuerrichteten kgl. Schullehrer=Seminar in Dillingen, das am 22. Dezember 1824 mit 46 Zöglingen durch den hiezu beorderten kgl. Regierungs= und Schulrath Franz Joſ. Müller feierlichſt eröffnet wurde. Mit ihm gleichzeitig wurde als II. Inspector der damalige Kaplan in Schwabmünchen, Titl. Herr Baſilius Schwarz ernannt, ein gründlich, wiſſenſchaftlich gebildeter Mann und gewandter Katechet. — Heindl hatte eine große Aufgabe zu löſen. — Eingetre= ten in eine neue Sphäre ſollte und mußte er in kürzeſter Friſt die Ver= hältniſſe der neuen Anſtalt organiſiren, die Vorbereitungen und Einrich= tungen zur alsbaldigen Aufnahme der Zöglinge treffen, die Statuten und Lehrgänge entwerfen und feſtſtellen und überhaupt alles anordnen, was das Gedeihen der neuen Anſtalt fördern konnte. Hierin kamen ihm neben ſeinen pädagogiſchen Kenntniſſen ſeine practiſchen Erfahrungen wohl zu ſtatten; denn er mußte aus eigener Anſchauung und vieljährigem Wir= ken in Elementarſchulen, welche Kenntniſſe, welche Charakterbildung die Jünglinge, die ſich dem deutſchen Schulfache widmen, mit in das prac= tiſche Berufsleben bringen müſſen, um mit Erfolg wirken zu können. Heindl verſtand es, das Ganze auf das Beſte zu organiſiren. Die bei= den Herren Inspectoren wirkten in ſchönſter Eintracht und im beſten Einverſtändniß zuſammen, und mit ihnen die für Muſikunterricht und ei= nige Nebengegenſtände beigezogenen Lehrer aus der Stadt. — So nahm die neue Anſtalt ſchon gleich im erſten Jahre einen hohen Aufſchwung, und ein ſichtliches Gedeihen nahm mit jedem Jahre zu. Unverkennbar waren die ſchönen Erfolge; an Herz und Verſtand gebildete Jünglinge gingen aus dem Seminar hervor, und für die deutſchen Schulen des Oberdonaukreiſes brach ein neuer, heiterer Morgen an. —

Im Jahre 1830 fiel ein Schlag, der den Herrn Inspector Heindl traf. Der Tod entriß ihm am 5. Februar in Folge einer Zwillingsge= burt die theure Gattin, die ſorgſame Hausfrau, die zärtliche, liebende und geliebte Mutter. Mit gebrochenem, tiefgebeugtem Herzen mußte er, der Vater zehn lebender, nun mutterverwaister Kinder, die Leiche seines zweiten Ich's in das dunkle Grab legen sehen; ein herber, unersetzlicher Verlust! Nur die Sorge um seine Lieben, die jetzt allein auf ihm lastete, seine Berufstreue und sein Pflichteifer konnten allmählig seinen Geist wieder aufrichten; Linderung und Trost fand er nur im Zirkel schöner Familie, in seinem Wirkungskreise, dem er bald wieder auf's neue mit ganzer Hingebung lebte. —

Heindl's allseitig bekannte disciplinarische Strenge und Aufrechthaltung der so nöthigen Haus- und Sittenordnung hinderte nicht, weil er solche stets mit unpartheiischer, väterlicher Liebe und weisem Ernste in rechtem Maße zu vereinen wußte, daß ihm die Zöglinge mit aufrichtiger Hochachtung, ja von Seite der würdigen Eleven mit herzlicher Zuneigung entgegen kamen.

Seine vorzüglichen pädagogischen Leistungen am Seminare fanden von Seite seiner Oberbehörden die ehrendste Anerkennung. Bei allen Schulfragen von Bedeutung wurde immer auch das Gutachten des Inspectors Heindl eingeholt und stets in einem hohen Grade gewürdiget. — Unterm 27. Juli 1835 wurde er in einem eigenhändigen Schreiben des damaligen Ministers, Sr. Durchlaucht Fürsten Ludw. v. Wallerstein zu sich auf das Schloß Reimlingen, und dann abermals unterm 2. September desselben Jahres auf dessen Landgut nach Leutstetten beschieden, um gemeinschaftlich mit ihm das bis zum Jahre 1857 für alle Schullehrer-Seminarien des Königreichs Bayern als Norm geltende Regulativ über die Bildung der Schullehrer vom 31. Januar 1836 auszuarbeiten. Der Wortlaut dieses Regulativs, dem unterm 21. November 1838 nur mit wenigen außerwesentlichen Abänderungen von Sr. Majestät dem Könige die Allerhöchste Genehmigung ertheilt wurde, und das auch in seiner neuesten, revidirten Fassung vom 15. Mai 1857 vielfältig sogar dem Wortlaute nach beibehalten ist, war ganz nur der Ausdruck dessen, was Inspector Heindl am Schullehrer-Seminar in Dillingen angeordnet hat. Daher steht fest, daß das Schullehrer-Seminar in Dillingen unter der umsichtigen Leitung des Inspectors Heindl als Musterseminar für alle übrigen Seminarien Bayerns anerkannt ward; ebenso die Gründung der Taubstummenschulen in Verbindung mit den Schullehrer-Seminarien im Jahre 1834 war ebenfalls größtentheils das Werk des Inspectors Heindl. —

In Folge einer kgl. Ministerialentschließung vom 8. Oktober 1835 wurde nebst den übrigen Seminarsvorständen des Königreiches auch Inspector Heindl nach München gerufen, wo im Vereine mit dem Minister Fürsten von Wallerstein über die technischen Unterrichtsanstalten wichtige Berathungen gepflogen und Beschlüsse gefaßt wurden.

Ferners zu Folge eines kgl. Ministerialerlasses vom 30. September 1836 wurde dem Inspector Heindl und dem Secretäre des obersten Schul- und Studienrathes und Referenten im Ministerium des Innern, Professor Dr. Maßmann der Auftrag ertheilt, das Schullehrer-Seminar zu Kaiserslautern, das Wirken der Sonn- und Feiertagsschulen der größeren Städte des Kreises, dann einiger Landgemeinden mit größter Sorgfalt und in ihren vollsten Detail zu visitiren, welcher hohen Weisung er in vollkommen zufriedenstellender Weise auf das Genaueste und Gewissenhafteste unterzog. —

Im Herbste 1841 erfolgte die von der allerhöchsten Stelle verfügte Transferirung des Schullehrer-Seminars mit der Taubstummenschule in das ehemalige Augustinerklostergebäude nach Lauingen. In dieser Zeit war es auch, wo Inspector Heindl die Aufforderung erhielt, die

Kostgebung für den gemeinschaftlichen Tisch der Seminarvorstände und
der Seminaristen auf Regie zu übernehmen (bisher hatte das Seminar
einen eigenen Kostgeber für die Seminaristen.) Diesen Antrag lehnte
Inspector Heindl, gestützt auf die triftigsten Gründe, mit aller Entschiedenheit ab. In seinem Berichte sagte er unter anderm: „Er müsse und
wolle durchaus und auch in dieser Beziehung unpartheiisch vor den Augen seiner Zöglinge erscheinen. Dieses würde aber nicht mehr der Fall
sein, wenn in seinen Händen die Kostgebung läge; denn es könnten
Fälle eintreten, wo die Seminaristen mit wirklichem oder vermeintlichem
Rechte glauben könnten, sich über die Kost beschweren zu müssen. An
wen sollen sie sich nun wenden? und können oder werden sie da unpartheiische Untersuchung und Entscheidung hoffen, oder Abhilfe erwarten?
Bisher sei nur ganz einfache, aber kräftige Hausmannskost bereitet worden, darum habe sich auch nie eine Candidatin zur Erlernung der Kost-
kunst angemeldet; bald würde aber der Tisch der Vorstände mit reichlicheren, ausgesuchteren und besser zubereiteten Speisen bestellt werden,
nach welchen die scheelen Blicke der Seminaristen lüstern fielen, und nun
würde es auch nicht lange anstehen, daß Kochenlernerinnen am Herde
ständen. Ueberdies sei er der Ansicht, daß das Seminar eine Erziehungs-
und Bildungsanstalt für Lehrer sei, aber kein Ersparungsinstitut auf Kosten des Wohles der Seminaristen." — Heindl blieb darum auch mit
der Kostgebung verschont. — Heindl glaubte, nun ruhig ganz seinem
Berufe, seiner Familie leben zu können. Wie täuschte er sich aber! —
Das Terrain zum Sturze des Heindl war ja eben ganz günstig. Das Ministerium Abel hatte bereits die Hierarchie in Bayern allmächtig gemacht,
und das Land „in den Ruf eines Sitzes des Ultramontanismus und kle-
rikaler Machtentwickelung gebracht, den es heute noch nicht ganz verloren hat, obgleich das bayerische Volk in seiner Gesammtheit niemals sich
in die falsche Richtung mit fortreißen ließ, und durch die Organe des
Volkswillens, seine Abgeordneten, auch in der trübsten Zeit Protest gegen ein System der confessionellen Unduldsamkeit und religiösen Spal-
tung, der bürokratischen Bevormundung und gouvernementaler Willkür
eingelegt hat *).

Der Zweck einer gewissen Partei wurde erreicht. Schon am 8.
Februar 1842 ordnete ein Allerhöchstes Rescript die temporäre Quiescirung des Inspectors Heindl an, und er mußte nun mit einer zahlreichen Familie von 10 Kindern von seinem ihm liebgewordenen Wirkungskreise abtreten.

Seit nahe 20 — 25 Jahren ist nun in Bayern die Leitung der
Schullehrer-Seminarien ausschließlich in den Händen der Geistlichen.
Als Thatsache steht übrigens fest, daß wenigstens die Lehrer aus der Periode
des Inspectors Heindl, was sittlich religiöses Verhalten, Character, Wissen,
Eifer und Fleiß und erfolgreiche Wirksamkeit betrifft, keineswegs den
Lehrern aus späterer Zeit nachstehen. —

Zur Ersparung des Ruhegehaltes erhielt der nunmehr quiescirte Inspector Heindl in einem Schreiben vom 2. Mai 1842 von der General-
Lotto-Administration zu München die Weisung, die Lotto-Collecteurs-
stelle zu Erding, deren jährliche Erträgnisse mehr als 1000 fl. abwerfen,
anzunehmen; allein er schlug dieses Anerbieten ab.

Noch in der Quiescirung bis in den letzten Tagen seines Lebens
wirkte Inspector Heindl zum Besten und Frommen der Schule, die ja
ist eine Anstalt Gottes. —

---

*) Siehe Beilage zu No. 263 der Allg. Zeitung vom 20. September 1859.

Seine von dem berühmten Schriftsteller, dem würdigsten, nunmehr in Gott ruhenden Domcapitularen 2c., Herrn Christoph von Schmid mit einem trefflichen Vorworte begleiteten:

„Fragen über die biblische Geschichte für Kinder." „Lehrreiche Erzählungen für Kinder — mit Fragen versehen," so wie „das Repertorium der Pädagogischen Journalistik und Literatur*), haben einen pädagogischen Werth, was auch von den achtbarsten Schulmännern des Inn= und Auslandes auf die ehrendste Weise anerkannt wurde. —

Ein volles halbes Jahrhundert wirkte X. Heindl unermüdet im Weinberge des Herrn; auf seiner Brust prangte keine goldene Verdienst=Medaille, aber in der Brust trug er Ein Ehrenzeichen, nämlich das edle Selbstgefühl und das Bewußtsein, durch Aufopferung in seinem Berufe und getragen von edlem Stolze, an der Erziehung seines Volkes mitgewirkt zu haben.

Samuel Heinicke.
Geboren den 10. April 1729, gestorben den 30. April 1790.

> Motto: Die ganze vernünftige Welt, glaube ich, wird mit mir dafür halten, daß die Verbesserung des Zustandes der Taubstummen keine geringe Beschäftigung, sondern ein die ganze Menschheit höchst interessirender, wichtiger Gegenstand und ein sehr verdienstliches Werk sei, solche unglückliche Geschöpfe, soviel als möglich, zu wahren Menschen zu bilden, und sie in die ersten und vorzüglichsten Vorrechte der Menschen, worauf sie die gegründetsten Ansprüche machen können, einzusetzen.
>
> *Heinicke.*

Samuel Heinicke, der Begründer eines aus wissenschaftlichen Grundsätzen abgeleiteten Taubstummenunterrichtes im nördlichen Deutschland und der ersten Lehranstalt für gemeinsamen Unterricht Taubstummer ward zu Nautschütz bei Weißenfels geboren. Nachdem er bei seinen Eltern bis in sein 21stes Jahr den Landbau betrieben hatte, ging er unter die churfürstliche Leibgarde nach Dresden, wo er sich durch Fleiß und vieles Lesen nützlicher Schriften Einige wissenschaftliche Kenntnisse erwarb. Insbesondere entwickelte sich schon hier sein Talent für Musik, so daß er später eine musikalische Gesellschaft gründete, die in den Familien der Vornehmen gegen ein ansehnliches Honorar Concerte spielte. Er hatte sich verheirathet und schon um seinen Abschied angehalten, als der siebenjährige Krieg ausbrach, der alle seine Hoffnungen vernichtete. Eingeschlossen im Lager bei Pirna und als Kriegsgefangener in Dresden war sein Loos ein sehr trauriges, er suchte deßhalb sein Heil in der Flucht, entkam glücklich und ging nach Hamburg, wo ihm sehr bald in den angesehensten Familien der Unterricht ihrer Kinder übertragen wurde, und kam 1760, namentlich auf Klopstock's Verwendung, dessen erste Gattin er in Hamburg unterrichtete, als Hauslehrer und Secretär in das Haus des Grafen Schimmelmann, in welchem er blieb, bis er 1768 die Cantorstelle in Eppendorf erhielt. Hier war es auch, wo er sich zum zweiten Male mit einer gebornen Kludt (deren folgende Biographie pag. 521) vermählte. — Schon vorher hatte ihn der Taubstummenunterricht zu vielfachem Nachdenken veranlaßt, da es aber in Eppendorf einen Taubstummen

---

*) Wird seit dem Jahr 1854 fortgesetzt von seinem Sohne Johann Baptist, Dr. phil. und Taubstummenlehrer zu Augsburg.

fand, so gab ihm dies Gelegenheit, eine bessere Methode, als die bisher in Anwendung gebrachte, zu versuchen. Taubstumme aus allen Gegenden wurden ihm anvertraut, um sie zu unterrichten, und binnen Kurzem erlangte er einen solchen Ruf, daß der Churfürst von Sachsen 1798 sich bewogen fand, Heinicke in sein Vaterland zurückzuberufen. Da es ihm freigestellt war, sich einen beliebigen Aufenthaltsort zu erwählen, so ging er nach Leipzig und gründete daselbst die Taubstummenanstalt, der er bis zu seinem Tode als Director vorstand. Heinicke's Ziel war, verschieden von dem aller andern Lehrer der Taubstummen, den Taubstummen zu entstummen, d. h. in vollen verständlichen Tönen sprechen zu lehren, und sie vermittelst der Sprache zu bilden, weil er durch Nachdenken zu der Ueberzeugung gelangt war, daß das Denken nur durch die Sprache d. h. durch die zu förmlichen Worten ausgebildeten Begriffe möglich sei. Ihm galt dagegen die Ansicht, daß Taubstummen durch Schriftsprache d. h. durch Schreiben, oder Wörter nachmalen, Begriffe aller Art beigebracht werden, und daß sie auch ohne zu schreiben, denken könnten, als ein Irrthum, und diese Lehrart selbst als eine unnütze und gefährliche Plackerei. Allerdings, sobald nicht schon in der Vorstellung vorhandene Begriffe mit dem Geschriebenen verbunden werden, vermag das bloße Schreiben durch die an sich todten Schriftzeichen keinen Gedanken zu erzeugen.

Heinicke hatte schon in dem gewöhnlichen Unterricht der Kinder durch Anwendung der Lautirmethode bewiesen, daß er die große Bedeutung der menschlichen Sprache für die Entwickelung des Denkens erkannte, und daß er durch diese Erkenntniß sich weit über das Gewöhnliche erhob. Wie er das Lesen als eine Kunst betrachtete, so auch die Sprache selbst, die ebensowohl, wie andere Künste mühsam nachgeahmt und gelernt werden muß. Man sieht hieraus, daß Heinicke's Lautirmethode im gewöhnlichen Schulunterricht auch die Grundlage seines Unterrichtes der Taubstummen ist. In diesem tiefen Zusammenhange jenes zweifachen Unterrichtes erkennt man ferner, daß sich Heinicke keineswegs durch Zufall weder in dem einen, noch in dem andern Unterrichte leiten ließ, sondern daß er sich klar bewußt war, was er wollte, und außerdem auch der Mittel sich zu bemächtigen verstand, um seinen Zweck zu erreichen. Darin zeigte sich Heinicke eben groß, als eigenthümlich neu, obschon so Mancher vor ihm den Taubstummen Unterricht versucht hatte.

Heinicke schloß allerdings das Schreiben nicht von dem Unterrichte der Taubstummen aus; es war ihm aber nur nicht die Hauptsache des Unterrichtes, eben weil er die Schriftzeichen nicht einmal als Schatten der Sprachtöne bezeichnete. Man mißverstände Heinicke's Streben ganz und gar, wollte man im Entferntesten daran denken, daß Heinicke das Schreiben im Taubstummenunterricht verachtet habe; es galt ihm aber nur als ein Hülfsmittel des Unterrichtes, nicht als Grundlage und Hauptsache desselben. Diese war ihm die Bildung des Taubstummen zum Menschen durch und zur Sprache; und deshalb hat Heinicke's Ansicht und Lehrthätigkeit eine so unendlich große Bedeutung für die Menschheit. Von seinen mitunter vorzüglichen Schriften führen wir an:

„Beobachtungen über Stumme und die menschliche Sprache." (Hamburg, 1778); „Ueber die Denkart der Taubstummen und die Mißhandlungen, denen sie durch unsinnige Curen und Lehrarten ausgesetzt sind." (Leipzig, 1783) und „Wichtige Entdeckungen und Beiträge zur Seelenlehre und zur menschlichen Sprache." (Leipzig, 1786.)

Anna Katharine Elifabetha Heinicke, geborne Kludt.

Geboren den 9. Nov. 1757, gestorben den 6. August 1840.

Anna Kath. Elisab. Heinicke, geb. Kludt, war die Tochter eines achtbaren Oekonomen zu Hamburg und hatte zwei taubstumme Brüder, welche in dem Kantor zu Eppendorf bei Hamburg, Samuel Heinicke, ihren Lehrer und väterlichen Freund verehrten. Im Jahre 1777 vom damaligen Churfürsten Friedrich August von Sachsen nach Sachsen zurückberufen, wünschte er in einer zweiten Gattin (die erste war ihm durch den Tod entrissen worden) seinen taubstummen Zöglingen eine Pflegemutter zu geben, und er fand sie in der Schwester seiner beiden taubstummen Zöglinge. Sie versprach den taubstummen Kindern, die er lehre, eine Mutter zu sein. Und redlich hat sie Wort gehalten während ihrer fünfzigjährigen Thätigkeit, in den ersten 12 Jahren an der Seite ihres edlen Gatten, und 39 Jahre als unermüdliche Vorsteherin des Instituts. Ihre erste Sorge ging dahin, dem an der Seite ihres Gatten zum Lehrer der Taubstummen gebildeten, auch durch seine Schriften rühmlich bekannten Candidaten der Theologie, Petschke, den Unterricht zu übertragen. Bisher hatte man den Zöglingen dieser Anstalt nur drei, höchstens vier Jahre zu ihrer Bildung gestattet. Dieses große Mißverhältniß der Zeit mit dem Bedürfnisse der armen Kinder schmerzlich fühlend, bat die würdige Vorsteherin bei ihrer nächsten Behörde, der Universität, wiederholt und dringend um Abhülfe, welche Bitten auch des höchsten Ortes Gewährung fanden. Als im Jahre 1804 die Zahl der Zöglinge bedeutend gewachsen war, erkannte die Directorin die Nothwendigkeit, einen Hülfslehrer anzustellen, sowie das Bedürfniß, den Besitz eines eigenen Hauses. Schon war man im Begriffe, ihrem Wunsche zu willfahren; doch die im Jahre 1806 eintretende Kriegs-Periode ließ den Bau nicht zur Ausführung kommen. Das Jahr 1813, welches Sachsen so tiefe Wunden schlug, führte auch für die Anstalt und ihre würdige Vorsteherin Tage banger Besorgnisse und drückende Noth herbei. Zwei Mal mußte die Directorin mit ihrer Kinderschaar einen sicheren Zufluchtsort suchen. In den folgenden Jahren der Ruhe wuchs die Zahl der Zöglinge bis 30. Im Jahre 1822 erfreute sie sich der Gewährung ihrer wiederholten Bitte um einen der Anstalt eigenthümlichen Wohnsitz, wo sie noch bis zum 50jährigen Gedächtnißfeste der Begründung ihrer Anstalt in Leipzig ihre segensreiche Wirksamkeit fortsetzte. Im Jahre 1819 legte sie die Leitung ihrer mit Liebe gepflegten bis zu ihrem Tode theuer gebliebenen Anstalt in die Hände ihres Schwiegersohnes, des wahrhaft hochverdienten Dr. phil. Reich. Noch 12 Jahre war sie mit dem innigsten Antheil eine frohe Zeugin des gedeihenden Lebens dieses Instituts, welches bald 60 Pfleglinge zählte. — Ihres Lebens letzter war ein ruhig schöner, heiterer Abend, ihr Scheiden sanft, ohne Schmerz und Vorgefühl des nahen Endes, geliebt von allen nahen und fernen Gliedern ihrer Familie, dankbar geehrt von ihren taubstummen Pflegekindern.

Otto Friedrich Theodor Heinsius.

Geboren den 16. September 1770, gestorben den 18. Mai 1849.

Motto: „Spiele beschäftigen, unterhalten und bewahren vor Langweile, die das Kind zu Unarten verleitet; solche Spiele machen das Kindesalter zu dem goldenen Zeitalter des menschlichen Lebens."   Heinsius.

Otto Fr. Th. Heinsius ist geboren zu Tschernow in der Neumark. Studirte zu Halle, und wurde erst Lehrer am Friedrich-Wilhelm'sdann Profeſſor am Berlin = Cöln'ſchen Gymnaſium zu Berlin. Er iſt als deutſcher Sprachforſcher wie theoretiſcher und praktiſcher Pädagog rühm= lichſt bekannt. Drei Jahre nach ſeinem Amtsjubiläum, im Jahre 1847, trat er in den wohlverdienten Ruheſtand, während deſſen er ſich noch litera= riſch beſchäftigte. Die wichtigſten ſeiner zahlreichen Werke ſind folgende: Deutſche Sprachlehre. Berlin, 1798. 3 Bde. — Neue deutſche Sprachlehre. 1801. 4te Aufl. 1822. 3 Bde. — Teut, oder theoretiſch = praktiſches Leſebuch der geſammten deutſchen Sprachwiſſenſchaft. 1807 - 12. Neueſte Auflage. 1825. 4 Bde. — Sprach = und Sitten = Anzeiger der Deutſchen. 1817. — Volksthümliches Wörterbuch der deutſchen Sprache. 1818—22. 4 Bde. — Verhältniß der Moralität zur Intel= ligenz in der Pädagogik unſerer Zeit. 1835. — Die Pädagogik des Hauſes. 1838. — Die Bürgerſchule 6te Auflage. 1839.

Chriſtoph Helwig.

Geboren den 26. Dezember 1581, geſtorben den 20. September 1617.

Chr. Helwig nimmt in der Geſchichte der Methodiker einen ehren= vollen Platz ein, deſſen Verdienſt als ſolcher auch noch der Nachwelt ſeine Grabſchrift in den Worten kund gab: „Novae Didacticae auctor et infor= mator felicissimus."

Helwig iſt geboren zu Sprendlingen, eine Meile von Frankfurt am Main; er ſtarb als Profeſſor der Theologie in Gießen. Seine Ideen zur Verbeſſerung des Unterrichtes, welche ihm das Wohlwollen ſeines Landesherrn in hohem Grade erwarben, hat er niedergelegt in dem Buche: „Grammatica universalis continens ea, quae omnibus linguis sunt omnia." „Schade," ſagt Schwarz, „daß ſein früher Tod die Ausführung der Ideen in Büchern, die er im Plan gehabt, der Welt entzog. Es wäre wahrſcheinlich etwas Beſſeres geworden, als wir von Comenius, Locke, Rollin und Baſedow erhalten haben." Es darf uns nicht irre machen, daß ſeine Collegen in Gießen wohl nur aus Neid ſeine Verdienſte nicht anerkannten, ſondern ſpöttelnd ſagten: „Er hab wolln einen Drichter machen, dadurch er der Jugend die Kunſt in den Kopff hab ſchütten wol= len, eben wie man den Wein in Herbſtzeiten in das Faß ſchütte." Doch für ſolchen Spott wurde er reichlich entſchädigt durch Buxtorf's Zu= ſchrift: „Si tibi adessem, Helvice, lingerem pulverem pedum tuorum." Bekannt iſt, daß Helwig auch einer der beiden Gießener Profeſſoren war, denen der Landgraf die Prüfung der Ratich'ſchen Methode aufge= tragen. —

Dr. Chriſt. Heinr. Henkel.

Geboren den 14. Februar 1790, geſtorben den 22. Dezember 1848.

Henkel ward zu Themar im Herzogthum Meiningen geboren, wo ſein Vater das Schneiderhandwerk trieb. In der Stadtſchule daſelbſt empfing er ſeinen erſten Schul = Unterricht, und da er ein fähiger Knabe war, wollte der Vater einen Schullehrer aus ihm machen; der Sohn aber wollte Pfarrer werden. Zu dem Ende bezog er im Jahre 1800 das Henneberg'ſche Gymnaſium zu Schleuſingen, und blieb daſelbſt zehn Jahre lang. Da ſeine armen Eltern ihm nicht die nöthigen Subſiſtenz= mittel gewähren konnten, hatte er oft mit der größten Noth zu kämpfen, ungeachtet er in verſchiedenen Familien Klavier = Unterricht ertheilte und in das Singchor getreten war. Im Frühjahr 1810 ging Henkel nach Jena, wo vorzüglich die Doctoren Griesbach, Gabler, Augnſti und Ulrich ſeine Lehrer waren, wo er bis zum Jahre 1811 blieb. Er machte nun ſein Examen als Predigtamts = Candidat zu Coburg und kam in das Haus des Hausmarſchalls von Hanſtein. Den Sommer des Jahres 1812 brachte er mit seinen Zöglingen auf dem reizend gelegenen Schloß Bettenburg bei Königsberg in Franken zu, dem Sammelplatz mancher bedeutender Männer, und den Sommer des folgenden Jahres in Schnepfenthal, wo er die Studien seiner Zöglinge zu überwachen hatte, die in's Salzmann'sche Institut getreten waren. 1814 wurde er in Rodach Rector und Diaconus, und ein Jahr später verheirathete er sich mit der Tochter des damaligen Superintendenten Hohnbaum. Nachdem Henkel 1817 als Prediger an die Kreuzkirche nach Coburg berufen worden war und 1824 zu Erlangen die philosophische Doctorwürde erhalten hatte, wurde ihm 1826 die Stelle eines Seniors und Archidiaconus an der Hauptkirche und ersten Predigers an der St. Salvatorskirche daselbst übertragen. In diesem Jahre erschien der erste Band seiner Predigten. Drei Jahre später hatte er, besonders aus Rücksicht auf seine zuweilen wankende Gesundheit, die Absicht, seine mühevolle Stellung in Coburg aufzugeben, und in ländlicher Ruhe seine wissenschaftliche und geistliche Wirksamkeit fortzusetzen. Der Magistrat von Coburg bot Alles auf, diesen Verlust von der Stadt abzuwenden. Henkel blieb, und die genannte Behörde ließ es an Beweisen ihrer Freude und Dankbarkeit nicht fehlen. In dieser Stellung wirkte er noch bis zum Jahre 1845, in welchem Jahre er vom damaligen Herzog durch ein eigenhändiges Schreiben zum Hofprediger berufen wurde.

Schon im Jahre 1821 war Henkel Director des Coburger Schullehrer=Seminars geworden. Außer einem Musiklehrer war Henkel anfänglich der einzige Lehrer der Anstalt. Später gesellte sich zu ihnen sein Freund und Amtsgenosse Muther. In Ermangelung eines besondern Schulgebäudes nahm er die Seminaristen in's Haus und hatte die Aufgabe, in drei Sommern — denn im Winter waren sie auf den Präcepturen — diesen jungen Leuten die nöthige Berufsbildung zu geben. Es war keine leichte Arbeit. Seine Stellung wurde besser, als im Jahre 1839 das gegenwärtige Ernst=Albert=Seminar gegründet ward, dessen Direction er abermals erhielt, denn nun hatte die Anstalt außer ihm noch sechs Lehrer, und er konnte sich auf den Religions=Unterricht beschränken. Die Leitung des Seminars blieb in seinen Händen bis zum Jahre 1845, in welchem er Hofprediger wurde. Mit gerührtem Herzen verließ er eine Anstalt, der er 24 Jahre lang einen guten Theil seiner Zeit und Kraft geweiht hatte. Henkel war ein vortrefflicher Director, und obgleich er ein pünktliches, strenges Regiment führte, liebten ihn die Seminaristen doch wie ihren Vater. Ebenso war er ein vortrefflicher Lehrer, voll Feuer Kraft und Würde, und mit der Gabe, seinen Unterricht klar, anschaulich und interessant zu machen, weßwegen seine Schüler noch heute mit viel Verehrung und Liebe an ihm hängen.

Es war ihm nicht beschieden, lange in seinem neuen Wirkungskreise bei Hofe thätig zu sein, denn schon nach drei Jahren starb er an einem Lungen= und Kehlkopfleiden in seinem 59sten Lebensjahre.

Johann Daniel Hensel.
Geboren den 31. Dezbr. 1757, gestorben den 10. Febzr. 1839.

Hensel war zu Goldberg geboren, wo sein Vater die Stelle eines Auditors bekleidete und bald nach Löwen als Diaconus versetzt wurde. Der Vater unterrichtete ihn zeitig im Lesen, Schreiben, Rechnen und der Religion, von seinem 6ten Jahre im Latein, im 9ten im Französischen, im 11ten im Griechischen und bald auch im Hebräischen. Bei einem Freunde erwarb er sich im 12ten Jahre einige Kenntniß des Englischen,

Italienischen und Polnischen. Der Vater unterrichtete ihn ferner im Zeichnen und in der Mathematik; beim Organisten des Ortes lernte er Klavier spielen nach alter Manier, aber mit 10 Jahren erlangte er auch Kenntniß von der Bach'schen Manier, und mit 12 Jahren konnte er bereits den Organisten zuweilen vertreten; nebenbei hatte er auch Unterricht auf der Violine, dem Violoncell, der Bratsche und Flöte. — Im Jahre 1772 kam er nach Hirschberg, wo er das Lyceum, und zwar die erste Classe desselben besuchte. Hier hörte er Dogmatik, verbunden mit Polemik und Exegese, hatte auch einen gründlichen Unterricht in der Geschichte und phylosophischen Propädeutik. Das Englische und Italienische setzte er für sich fort, las Molière, Boileau und Goldoni, und beschäftigte sich immer noch fleißig mit Musik, namentlich mit dem Clavier, und studirte den Generalbaß nach C. Ph. F. Bach und Schröter. Zu Michaeli 1777 verließ er die Schule und begab sich mit drei Freunden auf die Universität Königsberg, wo er die Vorlesungen der Professoren Reusch, Kant, Reckard, Lilienthal, Hagen und Jester hörte. 1780 verließ er diese Stadt und ging über Berlin, Wittenberg und Leipzig in sein Vaterland zurück, brachte 1781 als Hauslehrer zu und ward 1782 Rector der Schule zu Strehlen. Dieses Amt gab er jedoch 1784 wieder auf, um mit einem Herrn von Aulock als Hofmeister nach Halle zu gehen, wo er mit diesem juridische, mathematische, physikalische und philosophische, auch technologische und ökonomische Vorlesungen hörte, und bei Türk die Composition studirte. Hier componirte er Cyrus und Kassandra von Ramler, führte es auf und gab es im Clavier-Auszuge heraus. Nachdem er seinen Eleven zurückbegleitet hatte, kehrte er auf Zureden des Professors Försters nach Halle zurück, um sich dort als Privatdocent niederzulassen. Auch ward er zu diesem Zwecke 1787 examinirt und ihm die Erlaubniß zum Lesen ertheilt; doch unterblieb aus Mangel am Gelde die Promotion und er kehrte, da eben keine erfreulichen Aussichten für seine Subsistenz als Privatdocent vorhanden waren, 1788 nach seinem Vaterlande zurück, und suchte 1789, wiewohl vergeblich, zu Hirschberg das erledigte Prorectorat oder Conrectorat zu erhalten. Hierauf ward er von Neuem Hauslehrer, und zwar bei dem Justizrathe Baron von Richthofen in Erdmannsdorf. Seit 1792 aber lebte er in Hirschberg, wo er nach seiner Verheirathung im September desselben Jahres ein Erziehungs-Institut für Mädchen errichtete und damit später ein ähnliches für Knaben verband. Als merkwürdig verdient in dieser Beziehung hervorgehoben zu werden, daß er im Jahre 1827 durch seinen Sohn, der damals als preußischer Konsul in der Havanna sich aufhielt, drei Knaben, und 1829 noch zwei Knaben und deren Schwester aus jener fernen Gegend zur Erziehung in die Pension erhielt. Um mit denselben sprechen zu können, hatte er seit 1826 für sich allein die spanische Sprache studirt. Mit diesen Zöglingen ging die Erziehung bis zum Jahre 1832 gut von Statten; als jedoch die Zahlungen seitdem in Stocken geriethen, mußten 1834 die größeren ein anderes Unterkommen suchen und 1835 nach Hause zurückkehren, und nur die letzteren beiden Knaben blieben noch unter seiner Leitung, indem für diese weiter gezahlt ward. Nebenbei hat er im Klavierspielen und in der Composition, so wie in neuern Sprachen fortdauernd Privat-Unterricht ertheilt. Von seinen zahlreichen Schriften führen wir namentlich an:

System der weiblichen Erziehung. 2 Theile. Halle, 1787. — Handbuch der schlesischen Geschichte, für Lehrer und Liebhaber. Ebdf. 1797. 2te Ausgabe. Ebdf. 1804. 3te Ausgabe. Breslau, 1813. 4te Ausgabe. Großglogau, 1824. Als 5te ist anzusehen: Lehrbuch der schlesischen Geschichte, mit einem Anhange bis auf die neueste

Zeit. Glogau, 1834. — Davon ein kurzer Auszug in 4 Ausgaben. — Allgemeine Sprachlehre, als Grundlage einer besondern Sprachlehre, nebst einem Anhange über den Versbau. Leipzig, 1807. — Auszug aus der allgemeinen Sprachlehre. Mit tab. Ebdf. 1807. — Der Freiheitskrieg iu den Jahren 1813, 14 und 15, bis zum preußischen Friedensfeste. 2 Thle. Hirschberg, 1816. — Das Weltgebäude, allgemein faßlich beschrieben. Hirschberg, 1819. — Außerdem viele Gelegenheitsgedichte, sowie musikalische Gedichte, Schriften und Compositionen, insbesondere Klavierschulen und Klavier-Uebungen.

Hans Hensen.
Geboren den 18. Juni 1786, gestorben den 20. November 1846.

Hans Henje wurde in Bünge Kirchspiel Bergenhausen im Herzogthum Schleswig geboren. Als Sohn eines einfachen Landmannes und Müllers besuchte er die Dorfschule seines Geburtsortes, wo er nur nothdürftig Schreiben, Lesen, Rechnen, Religion und einige gemeinnützige Kenntnisse erlernte. Aber durch Talente, Lernbegierde und eisernen Fleiß wußte er sich Bahn zu manchen andern Fertigkeiten und Kenntnissen zu machen, die seine Ansichten erweiterten und durch die er sich einen tüchtigen Grund zu seiner nachherigen wissenschaftlichen Bildung legte. Freudig benützte der Knabe die elterliche Erlaubniß, weiter studiren zu dürfen. Er bezog die gelehrte Schule in Schleswig. Schwer konnte er sich an das Stadtleben gewöhnen und schloß sich um somehr in sein stilles Kämmerlein ein und gab sich ganz seinen Studien hin, worin er freilich reichen Ersatz für das, was ihm die äußern Verhältnisse versagten, fand. Nach ruhmvoll bestandenem Examen bezog er 1806 die Universität zu Kiel. Innig befreundet und vertraut mit den Volksinteressen, die er aus eigener Anschauung kennen lernte, hatte es für ihn immer einen besondern Reiz, dieselbe in vorkommenden Fällen zu repräsentiren, und wählte die Jurisprudenz zu seinem Brodstudium, ohne deßhalb die Philosophie zu vernachläßigen. Doch schon 1809 verließ er die Universität und erhielt zu derselben Zeit im Amtsexamen den zweiten Charakter mit sehr rühmlicher Auszeichnung.

Der Anblick so vieler Taubstummen, die er im Taubstummeninstitute zu Kiel, welches später nach Schleswig verlegt wurde, nahe zu betrachten Gelegenheit hatte, rührte ihn, und ihr Unglück erweckte seine innige Theilnahme. Der damalige Vorsteher des Institutes, Professor Pfingsten, kam seinen stillen Wünschen zuvor und nahm ihn mit Freuden als Mitlehrer in seine Anstalt. Hell und klar sah Hensen nie, daß intellectuelle und moralisch-religiöse Bildung für die bürgerliche Brauchbarkeit der Zöglinge bei weitem noch nicht hinreichte; es mußte neben der Lehranstalt noch eine Bildungsschule für industrielle Thätigkeit und mechanische Fertigkeiten angelegt werden. Wenn sich hier nun seiner Thätigkeit augenscheinlich ein zu großes, zu weitläufiges Feld darbot, welches seine ganze Zeit und alle seine Kräfte in Anspruch nehmen mußte, so scheute er doch kein Opfer, wo es die Förderung des Wohles einer ganzen unglücklichen Menschenklasse galt, und die Errichtung der Buchdruckerei, der Weberei, Drechselei, Schneiderei, Schusterei und Korbmacherei bei der Anstalt ist ganz sein Werk, welches schon allein Zeuge von seiner unverdrossenen Thätigkeit und unverbrüchlichen Pflichttreue gewesen wäre und uns mit Bewunderung und Hochachtung gegen den Mann erfüllen müßte.

Da ferner bei dem Unterrichte der Taubstummen der Sprachunterricht einer der wichtigsten, aber auch schwierigsten und schwersten Theile ist, durch welche ihnen erst die Bahn zur Erlernung anderer Kenntnisse und Fertigkeiten gebrochen werden kann, so wendete unser Hensen auch seine ganze Thätigkeit und seine ausgezeichneten Lehrgaben einem solchen Unterrichtszweige zu und arbeitete zu dem Ende 1812 einen Leitfaden für den Sprachunterricht unter dem Titel: „Unterrichts-Cursus für Taub-stumme, zum Gebrauche des königl. Taubstummeninstituts zu Schleswig" in sechs Abtheilungen, mit einer Lectüre für Taubstumme als Anhang aus, welcher bereits 6 Auflagen erlebt hat. Noch in der letztern Zeit ging er mit der Idee um, es gänzlich umzuarbeiten, als ihn der Tod übereilte.

Was die Erziehungsverhältnisse des Instituts betrifft, so athmet das ganze System den freien, liberalen Geist des humanen, freundlichen Vorstehers, welcher die Gebrechen und Schwächen der von der Natur so stiefmütterlich behandelten Zöglinge mit unendlicher Geduld und Liebe trug, der eher aufzumuntern, als zu bestrafen geneigt war. — Er war zugleich Administrator der Institutsindustrie und der Valentiner'schen Stiftung. Sein administratives Talent, das er bei der Verwaltung des weitläufigen Instituts bewies, bewog die Regierung, ihn 1830 auch die Direction der Irrenanstalt in Schleswig anzuvertrauen. Auch hier recht-fertigte er das Vertrauen der Regierung vollkommen und wurde zuletzt erstes Mitglied der Direction. Wenn nicht die Gründung, so doch die allmälige Erweiterung, wie die bessere Organisation desselben ist sein Werk, welches sein Andenken der Anstalt bewahren wird. Trotz des An-wachses seiner Geschäfte wußte er dem Taubstummeninstitute — seinem eigentlichen Schoßkinde — nach wie vor seine umsichtigste Sorgfalt zuzu-wenden, so daß die Befürchtung, das letztere würde in Verfall gerathen, zu Schanden werden mußte.

1827 starb der alte ehrwürdige Pfingsten, und Hensen trat nun an seine Stelle als Vorsteher und erster Lehrer des Institutes. Ein Freund des Fortschrittes war der letztere stets auf Vervollkommnung der Lehrme-thode und der Organisation der Anstalt bedacht. In Anerkennung seiner ausgezeichneten Verdienste wurde er 1815 Danebrogsmann und schon 1817 erhielt er den Professortitel. 1821 wurde er zum Ritter von Danebrog und 1838 wirklicher Etatsrath. Doch mehr als alles Dieses schätzte der edle, un-eigennützige Mann das Vertrauen, das seine Landsleute ihm dadurch be-wiesen haben, daß sie ihn zu ihrem Abgeordneten bei der Schleswig'schen Ständeversammlung erwählte. Hier legte er klar an den Tag, was ihn in allen Dienstverhältnissen beseelte und leitete — das regste Interesse für das Wohl des Volkes und des gesammten Vaterlandes.

Um zu seinen mannigfachen und vielverzweigten Amtsgeschäften Zeit gewinnen zu können, opferte er die halben Nächte auf und versagte sich selbst alle Erholungen. In den beiden letzten Jahren fing er deßhalb an, sichtbar zu kränkeln, und dennoch entwickelte er seine gewohnte Thä-tigkeit, als ob ihm das Wohl Anderer mehr am Herzen läge, als sein eigenes, bis er endlich mit diesen Gedanken sanft hinüberschlummerte zu zu einem bessern, höhern Leben.

Johann Friedrich Herbart.

Geboren im Jahre 1776, gestorben den 13. August 1841.

„Die Erziehung ist Sache der Familie; von da geht sie aus und dahin kehrt sie größtentheils zurück."

Herbart.

Joh. Friedr. Herbart, einer der ausgezeichnetsten und gewiß auch um die Wissenschaft der Pädagogik, durch seine ihr eigens gewidmeten Schriften, verdientesten neuern Philosophen, Hofrath und Professor der Philosophie zu Göttingen, wurde zu Oldenburg geboren, wo sein Vater als Justizrath angestellt war. Der Religionsunterricht eines mit der damaligen Zeitphilosophie bekannten Lehrers veranlaßte den 12jährigen Knaben, sich über Gott, Freiheit, Unsterblichkeit einem Nachdenken hinzugeben, dem später durch Bekanntschaft mit Wolf's und Kant's Lehren neue Nahrung geboten wurde. In seinem 18. Lebensjahre bezog Herbart die Universität Jena, wo er bald in nähere Bekanntschaft mit Fichte kam, der jedoch um so weniger einen treuen Schüler in ihm fand, als Schelling's Schrift „Vom Ich" des Meisters Beifall erhielt, während sie die entschiedene Opposition des Schülers aufregte. Dies trug bei, daß Herbart sogleich darauf einging, als ihm eine Hauslehrerstelle in der Schweiz angeboten ward. Schon in Bern erwachte in ihm der erste Gedanke einer auf Mathematik gestützten Psychologie, und je deutlicher sich Fichte in seiner damals erschienenen „Sittenlehre" erklärte, desto vollständiger überzeugte sich Herbart, daß er dessen speculative Bahn ganz verlassen müsse. Zu jener Zeit beschäftigte ihn lebhaft das Studium der Geschichte der Philosophie, das ihn besonders mit Plato und den Eleaten befreundete, und die eigenen in Fichte's Schule begonnenen Untersuchungen fortsetzend, kam Herbart in den Jahren 1802 — 5, wo er in Göttingen Vorlesungen über Philosophie hielt, zu einer eigenthümlichen Denkweise, die später zwar von ihm sehr erweitert, aber nie wesentlich verändert worden ist. Durch vorherrschendes practisches Interesse, und zum Theil durch die Bekanntschaft mit Pestalozzi wurde er veranlaßt, zuerst mit pädagogischen Schriften aufzutreten, unter welchen besonders „Pestalozzi's Idee eines A B C der Anschauung, untersucht und wissenschaftlich entwickelt" (Göttingen, 1802) und die „Allgemeine Pädagogik" (Göttingen, 1806) zu erwähnen sind. Seine „Allgemeine practische Philosophie" (Göttingen, 1808), und seine „Hauptpunkte der Mathematik" (Göttingen, 1808), denen dann seine „Einleitung" in die Philosophie" (Göttingen, 1813, vermehrte Aufl. 1816) und sein „Kleines Lehrbuch zur Psychologie" (Göttingen, 1815) folgten, brachte ihn mit der herrschenden philosophischen Denkart in eine Opposition, über welche er in seiner Schrift: „Ueber meinen Streit über die Modephilosophie dieser Zeit" (Königsberg, 1814), sich erklärte. Letztere Schrift schrieb er schon als Professor der Philosophie in Königsberg, wohin er 1809 ging, und wo er als academischer Lehrer und Oberschulrath mit verdienter Anerkennung wirkte. Er unterließ für lange Zeit die ausführliche Darstellung seiner metaphysischen und der davon abhängenden psychologischen Untersuchungen, bis er endlich mit seiner „Psychologie als Wissenschaft, neu gegründet auf Erfahrung, Methaphysik und Mathematik" (2 Bde. Königsberg, 1824—25) hervortrat, der die „Allgemeine Metaphysik nebst den Anhängen der philosophischen Naturlehre" (2 Bde. Königsberg, 1828—29) folgte. In den Dienst des practischen Interesses trat er wieder zurück in der Schrift: „Kurze Encyklopädie der Philosophie, aus practischen Gesichtspunkten entworfen (Königsberg, 1831.) Im Jahr 1833 nahm er den Ruf nach Göttingen an, wo er auch nach 8 Jahren starb. —

Ohne auf die Prüfung seines Systems näher einzugehen, liegt doch unverkennbar klar darin zu Tage ein gewisses Hinneigen zu Spitzfindigkeiten und ein Polemisiren gegen alle neuere Philosophie. —

Johann Gottfried v. Herder.

Geboren den 25. August 1744, gestorben den 18. Dezember 1803.

> „Der Mensch soll die ersten frischen Jahre seines Lebens als
> eine eingehüllte Knospe der Unschuld in sich selbst leben."
> Herder.

Joh. Gottfried v. Herder, einer der geistreichsten und eigen-thümlichsten Denker und Forscher, der sich als Theolog und Philosoph zugleich, auch um die Pädagogik, durch seine Schriften die größten Verdienste erworben hat, war geboren zu Mohrungen in Ostpreußen, wo sein Vater Cantor und Mädchenschullehrer war. Sein Vater bestimmte ihn nicht zum Studiren und nur verstohlen konnte er die Bücher, zu denen ihn eine unersättliche Wißbegierde zog, lesen. Indeß ward er Schreiber bei dem Prediger Treschow in seiner Vaterstadt, und dieser erlaubte, von der Lernbegierde des Knaben gewonnen: daß er an den Lehrstunden, die er seinen Kindern im Lateinischen und Griechischen gab, Theil nehmen konnte. Ein russischer Chirurg lernte ihn während des 7jährigen Krieges kennen und machte ihm die Anerbietung unter seiner Leitung zu Königsberg und Petersburg Medicin zu studiren, und Herder begab sich 1762 nach ersterem Ort, bekam aber gleich bei der ersten Section einen solchen Abscheu vor seinem Fach, daß er ihm entsagte und Theologie zu studiren beschloß. Neue Bekanntschaften verschafften ihm eine Stelle im Friedrichs=Collegium, dort war er erst Aufseher einiger Kostgänger, dann Lehrer. Unentgeldlich hörte er hier Kant's Collegia und gewann die Freundschaft Hamanns. Gründlich und mit heiligem Eifer studirte er hier nicht nur Theologie und Philosophie, sondern auch Geschichte, Naturwissenschaften, Staats= und Völkerkunde und Sprach-wissenschaften. 1764 kam er als Collaborator und Prediger an die Dorf-schule zu Riga. Enthusiastischer Beifall ward ihm in beiden Aemtern zu Theil. 1767 legte er diese Aemter nieder und schlug auch eine angebo-tene Lehrerstelle in Petersburg aus, um die Welt zu sehen. In Frank-reich ward er Begleiter des Prinzen von Oldenburg auf dessen Reisen nach Europa, mußte jedoch diesem Posten bald wieder entsagen,- da ihn ein Augenübel in Straßburg aufhielt. Hier lernte er Göthe kennen. 1771 nahm er einen Ruf zum Hofprediger und Superintendenten in Bü-ckeburg an. Er war schon längere Zeit durch seine Fragmente über deutsche Literatur als Kritiker und Belletrist berühmt und geachtet; hier machte er sich aber als Theolog so bekannt, daß er 1775 einen Ruf als Professor der Theologie in Göttingen bekam, jedoch mit der Clausel, daß er sich (was sonst ganz ungewöhnlich war) einen Colloquium und Exa-men unterwerfen solle. Herder zauderte; eben als er sich aber dafür entscheiden wollte, bekam er den Ruf als Oberhofprediger, Generalsuper-intendent und Oberconsistorialrath nach Weimar, der ihm Göthe's Empfehlung verschafft hatte. Er trat diesen Posten 1776 an, wirkte in ihm in jeder Beziehung höchst segensreich und machte Weimar, nebst Göthe, Schiller und Wieland, zum deutschen Athen; 1793 ward er Vicepräsident, 1801 Präsident des Oberconsistoriums und 2 Jahre darauf (1803) vom Churfürsten von Bayern geadelt. Seine Schriften sind sämmtlich classisch. Als Theolog wirkte er hauptsächlich auf eine richtige Auslegung der Bibel; als Philosoph suchte er das Le-ben in die Schule überzutragen; als Archäolog die ewigen Werke Griechenland's für die Bildung des Menschengeschlechtes zum Mu-ster aufzustellen, zum Naturstudium munterte er auf; dabei läuterte er den Geschmack und erhob durch richtige Anschauung die Kunst zur Allgemeinheit. Wichtige Schriften:

Abhandlung über den Ursprung der Sprache, Berlin, 1772. Aelteste Urkunde des Menschengeschlechtes, 4 Bde. Riga, 1774, 1776. Ursachen des gesunkenen Geschmacks bei den verschiedenen Völkern, da er geblüht hat. (Preisschrift) Berlin, 1775. Vom Einfluß der Regierung auf die Wissenschaften und der Wissenschaften auf die Regierung, (Preisschrift.) Ebdf. 1780; beide neu aufgelegt 1789. Vom Geist der hebräischen Poesie, 2 Bde. Dessau, 1782—83, 3. Aufl. 1825. Ideen zur Philosophie der Geschichte der Menschheit, 4 Bde. Riga, 1784—91, 2. Aufl. 1821 (Hauptwerk.) Zerstreute Blätter, 6 Sammlungen. Gotha, 1785—97. Briefe zur Beförderung der Humanität, 10 Sammlungen. Riga 1793—97. Christliche Schriften, 5 Sammlungen. Riga, 1794—98. Terpsichore, 3 Bde. Lübeck, 1795—96, 2. Aufl. 1811. Kalligone, vom Angenehmen und Schönen, 3 Bde. Leipzig, 1800. Adrastea, 4 Bde. Ebdf. 1801—04. Ansichten des classischen Alterthums, 2 Bde. 1805—06. Christliche Reden und Homilien, 2 Bde. Tübingen, 1805—06. Sophron, gesammelte Schulreden. Ebdf 1810. — Von seinen sämmtlichen Werken erschienen zu Tübingen 1806—20, 10 Lieferungen oder 45 Bde., und 1822 ward eine neue wohlfeile Taschenausgabe veranstaltet, die 60 Bde. enthält. Sein Leben beschrieb Heinrich Döring. Weimar, 1823.

Simon Heinrich Adolph Herling.

Geboren den 13. Oktober 1780, gestorben den 1. April 1849.

Moto: „Ewig ist, was liebt und hofft in mir."

Herling.

Sim. Heinr. Adolph Herling wurde zu Detmold geboren. Sein Vater, ein umsichtiger, thätiger, wohlhabender Kaufmann, bestimmte ihn, den ältesten unter 3 Geschwistern, dem Kaufmannsstande, starb aber schon, als unser Herling erst ungefähr 12 Jahre alt war. Die Fähigkeiten, die er an dem Knaben wahrnahm, bewogen den braven Stiefvater, Meyer, ihn auf das Gymnasium seiner Vaterstadt zu schicken. Im Frühjahre 1801 bezog Herling die Universität Göttingen. Sein Fachstudium war Theologie. Nach den übereinstimmenden Zeugnissen von Universitätsfreunden und Studiengenossen war er bei allen Lehrern wegen seines Fleißes und seiner sonstigen Tüchtigkeit wohlgelitten. Im Herbste des Jahres 1804 verließ Herling Göttingen und trat durch Vermittlung des Professors Ammon und des Seniors Dr. Hufnagel eine Erzieherstelle im Hause des Banquiers Heyder zu Frankfurt a/M. an. Fünf Jahre war er hier thätig, und seine Gediegenheit und Anspruchslosigkeit erwarben ihm die Liebe und Hochachtung der ganzen Familie, die dagegen den Einfluß seines milden, heiteren, durch Nichts getrübten Wesens auf das wohlthätigste empfand. — Ein Feind aller Pedanterie und alles blos mechanischen Lernens, aber dabei gründlich und streng gewissenhaft leitete er die ihm anvertrauten Zöglinge hauptsächlich zum Selbstdenken an und nie unterließ er, dahin zu wirken, daß Geist und Gemüth immer in einem schönen Gleichgewichte sich erhalte.

Im Jahr 1809 wurde Herling Lehrer am Frankfurter Gymnasium und erhielt außerdem eine Professur der alten Sprachen, an dem von 1811—14 dastehenden Lyceum. Im Gymnasium ertheilte er zuerst Religionsunterricht. Die zweite Hälfte seiner Lehrthätigkeit am Gymnasium begreift den Unterricht in der deutschen Sprache, der Mathematik, Physik und dem Hebräischen. Herling's Lehrstunden waren ungemein anregend. Ihm fiel es nie ein, wie es sonst wohl eine böse, verderbliche Gewohnheit ist, die Schüler in dem Breitschlagen von ein paar wenigen Gedanken eine besondere Stärke und Virtuosität erlangen zu lassen, er hielt sie vielmehr dazu an, Alles ohne Wiederholung, in guter Form und

Ordnung, in eine energische Kürze zusammenzudrängen; und in der Regel genügte ihm ein Aufsatz von zwei mit Fleiß und Ueberlegung geschriebenen Seiten. — Es bleibt uns nur noch übrig, einen Blick auf die literarische Thätigkeit des Mannes zu richten. Bei der 300jährigen Jubelfeier der Reformation 1817 errichtete der Prorector G. J. Grotefend den Frankfurter Gelehrten-Verein für deutsche Sprache. Herling wurde eines der thätigsten Mitglieder und übernahm, als Grotefend von Frankfurt geschieden war, die Leitung desselben. — Im 3ten Stücke der Abhandlungen des Vereins von 1821 standen zuerst zwei Aufsätze von Herling „über den Gebrauch des deutschen Conjunctivs und seiner Zeitformen" und „über die Topik der deutschen Sprache" abgedruckt. Es reiht sich daran seine 1840 in Hannover erschienene „Vergleichende Darstellung der Lehre vom Tempus und Modus", als Beitrag zur richtigen und einfachen Behandlung dieser Lehre in den Grammatiken der griechischen, deutschen, lateinischen, französischen und hebräischen Sprache. Dieser Schrift vorausgegangen waren: „Erster Cursus eines wissenschaftlichen Unterrichts in der deutschen Sprache für Deutsche," (Frankfurt, 1828); „Syntax der deutschen Sprache," 2 Theile; der erste als „Syntax des einfachen Satzes" (1830), der zweite unter dem Titel: „Grundregeln der deutschen Sprache," (1832). Endlich ein „Lehrbuch der Stylistik" (1837). — Aus dem Gebiete der Mathematik sind anzuführen, sein „Lehrbuch der reinen Elementarmathematik" und einige kleinere Abhandlungen. Ein Schriftchen theologischen Inhalts: „Prüfungen oder Wegweiser durch die kirchlichen und religiösen Zeitfragen" darf nicht übergangen werden. Außer den genannten literarischen Arbeiten lieferte Herling noch größere und kleinere Abhandlungen und Aufsätze in verschiedene Zeitschriften.

Dr. Johann Baptist Hergenröther.
Geboren den 14. Februar 1780, gestorben den 15. Juni 1835.

> Motto: Die Eigenschaften eines wahren Erziehers sind: uneigennützige, sich selbst aufopfernde Liebe und unermüdliche Geduld, freundlicher Ernst, untadelhafter Wandel, gründliche Kenntniß vom Wissen der Erziehung, erprobte Zucht und Lehrgeschicklichkeit. Hergenröther.

Dr. Joh. Bapt. Hergenröther wurde zu Bischofsheim vor der Rhön von katholischen Eltern geboren. Hergenröther genoß eine einfache, aber ächt christliche Erziehung. Im 6ten Jahre schickte ihn sein Vater in die Elementarschule, worin er bald als talentvoller, fleißiger Schüler die Aufmerksamkeit seines Lehrers, des Rectors Seiffert, auf sich zog. Dieser suchte den Vater zu bereden, seinen Sohn in den schönen Wissenschaften unterrichten zu lassen, wozu jedoch erst der Vater nach langem Weigern die Einwilligung gab. Nachdem er beim Rector Seiffert ein Jahr Unterricht gehabt, unterzog er sich im 12ten Lebensjahre einem Examen und ward in Würzburg in die sogenannte erste Schule und als Zögling in das Institut des Fürstbischofs Julius aufgenommen. Die Gymnasial- und höhern Studien machte er mit ausgezeichneten Fortschritten durch, so daß ihm oft das Primat zu Theil ward. Von da hinweg ward er im 19. Jahre in's Klerikalseminar aufgenommen, worin er 5 Jahre zubrachte und im Jahr 1805 als Kaplan in seine Vaterstadt Bischofsheim versetzt wurde, welches Amt er bis zum Jahre 1806 verwaltete, wo er dann in gleicher Eigenschaft nach Ettleben, L. Werneck, kam. Dort blieb er 10 Jahre und lag eifrig dem Studium ob; auch wurde er von da aus im Jahr 1811 als Missionär nach Arnstein geschickt. Zu

seiner Erholung dienten ihm Schnitz= und Stroharbeiten, worin er Ge=
schicklichkeit und Geschmack besaß. Er war auch ein großer Freund der
Landwirthschaft, auch fand er an Musik eine große Freude und übte sie
selbst aus. Zu Ende des Jahres 1815 bekam er die Curatie Rotten=
baur. Einen Ruf als königl. Professor an das Gymnasium zu Würzburg
nahm er nicht an; wohl aber ward ihm der im Jahr 1816 erfolgte Ruf
des Königs von Bayern als Director an das Schullehrerseminar zu
Würzburg willkommen. Wie er an diesem Posten gewirkt, davon zeugen
die Schulen des ganzen Untermainkreises; davon zeugt sein Werk: „Er=
ziehungslehre im Geiste des Christenthums." In jener Zeit erschien
auch von ihm ein Werkchen über die Obstbaumzucht. — Im Jahr 1818
promovirte er als Doctor der Philosophie und war während der Zeit
Mitglied des landwirthschaftlichen Vereines für Bayern, Mitglied des
Vereines zur Verbesserung der Künste und Gewerbe und noch anderer
Gesellschaften Mitglied geworden. Im October 1832 ward er vermöge
kgl. Bestimmung plötzlich und unvermuthet quieszirt, allein schon im De=
zember des Jahres kam ihm das Decret zu, worin er zum Pfarrer von
Bamberg ernannt wurde. Im März 1833 bezog er seine Pfarrei, hatte
aber anfangs mit vielen mißlichen Verhältnissen zu kämpfen und kaum
daß er zur Ruhe gekommen und sich dem Studium wieder widmen
wollte, raffte ihn der Tod am obengenannten Tage hinweg.

Wilhelm Hesse.

Geboren im Jahre 1792, gestorben den 28. Novbr. 1841.

Motto: „Die Volksschule hat den Zweck, die Kinder aus=
zubilden, welche mit beendigtem vierzehnten Lebensjahre die
Schule verlassen und dann zur Berufswahl übergehen"
Hesse.

Hesse war der Sohn des Hofgerichtsraths Karl Christ. Hesse zu
Darmstadt. Seine erste wissenschaftliche Bildung verdankte er dem Gym=
nasium seiner Vaterstadt und widmete sich aus Neigung dem Forstwesen,
anfangs in dem Forst=Lehrinstitut des Forstmeisters W. Heyer auf dem
Bessunger Forsthause, dann in dem des damaligen Forstmeisters zu Löch
und nachherigen Oberforstdirectors Ph. E. Klipstein zu Darmstadt. Um
seine wissenschaftlichen Kenntnisse zu erweitern und zu berichtigen, studirte
er hierauf noch einige Zeit auf der Universität Heidelberg, ward nach
Beendigung seiner akademischen Laufbahn unter die Forstpraktikanten des
Fürstenthums Starkenburg aufgenommen und erhielt eine Anstellung als
Forstaufseher in den Forsten Arheiligen, Bessungen und Darmstadt.
Während seiner akademischen Laufbahn hatte er sich viel mit Pädagogik
beschäftigt und dem Schulfach ein entschiedenes Interesse abgewonnen. Es
war im Jahre 1812, als er, mit Erlaubniß seines Fürsten, nach Hofwyl
ging und in dem dortigen Fellenberg'schen Institut einige Jahre eine
Lehrerstelle bekleidete. 1815 kehrte er wieder nach Darmstadt zurück, wo
er im Februar des eben genannten Jahres als Assessor bei der Hofkam=
mer angestellt war; 1817 ging er nach Mainz als Mitglied der damali=
gen provisorischen Regierungs=Commission, ward bald nachher zum wirk=
lichen Regierungsrathe ernannt, und am 28. September desselben Jahres
zum Mitgliede des evangelischen Kirchen= und Schulraths der Provinz
Rheinhessen, späterhin zum Director des großherzoglich hessischen Ober=
schulrathes zu Darmstadt. — Seine Schriften sind:

Die großherzoglich hessische Schullehrer = Bildungs = Anstalt zu Friedberg, nach ihrer Entstehung und Entwickelung dargestellt. Mit einem Anhange über das Verhältniß des Geistlichen zum Schullehrer. Mainz, 1824. — Die Volksschule nach ihrer innern und äußern Bestimmung. Ebdf. 1826. — Die Anfangsgründe der Zahlenlehre für den wissenschaftlichen und Elementar = Unterricht der Lehrer an Volksschulen. 2 Theile. Gießen, 1829. 2te Auflage. Ebdf. 1837. — Die Anfangsgründe der Zahlenlehre für Bürgerschulen. Ebdf. 1831. — Die Anfangsgründe der Formenlehre für den wissenschaftlichen und Elementar = Unterricht; für Lehrer an Volksschulen bearbeitet. 2 Theile. Mainz, 1831. 2te Auflage. Ebdf. 1835. — Rheinhessen in seiner Ent= wickelung von 1798—1834. Ein statistisch=wissenschaftlicher Versuch. Ebdf. 1835.

Joh. Heinr. Gottl. Heusinger.
Geboren den 1. August 1766, gestorben den 13. April 1837.

Heusinger war zu Römhild im Heneburgischen Meiningen gebo= ren, wo sein Vater Diaconus war. Nachdem er auf den Schulen zu Meiningen und Coburg einen soliden Grund für weitere Ausbildung ge= nossen hatte, bezog er im Jahre 1787 die Universität zu Jena, um sich dem Studium der Theologie zu weihen. Bald aber verließ er diese Fakultät und widmete sich ausschließlich dem Studium der Philosophie. Im Jahre 1789 nahm er die Stelle eines Hauslehrers bei einem Han= delsherrn Salamon in Ronneburg an. Von da wendete er sich 1793 nach Dresden, wo er Privat = Unterricht ertheilte und sich auch verheira= thete, begab sich aber alsdann 1797 nach Eisenach und leitete daselbst im Vereine mit André ein Erziehungs = Institut. Dresden zog ihn jedoch schon im folgenden Jahre wieder an sich. Als privatisirender Ge= lehrter hier lebend, arbeitete er mehrere Schriften für Schule und Leben aus, hielt vor gebildeten Kreisen viel besuchte Vorlesungen über Philosophie und beschäftigte sich mit Erziehung und Unter= richt von Knaben geachteter Familien. So wirkte er eben so nütz= lich als anspruchslos, und verheirathete sich nach dem Ableben sei= ner ersten Gattin im Jahre 1800 zum zweiten Male. Eine Anstel= lung als Bücher = Auktionator von 1801 — 1807 sagte ihm weniger zu. Er gab diese Stelle auf und trat im letztgenannten Jahre als Lehrer beim Cadettencorps, 1808 beim Pagenhause und 1810 in die Militär= Akademie ein. Für den Unterricht sowohl an letzterem Institute, wo er Geschichte, Geographie, Encyclopädie und deutsche Sprache lehrte, als auch bei dem Cadettencorps, wo ihm später der Titel als Professor ertheilt ward, und als Religionslehrer bei Pagencorps thätig, außerdem noch in seinem Hause bei Pensionären und andern Knaben wirksam, ward ihm das Lob eines zweckmäßigen Unterrichtes sowohl, als einer ächt pädago= gischen Haltung zu Theil, und nur seinen immer mehr vorrückenden Jah= ren war es zuzuschreiben, daß er im Jahre 1831 ehrenvoll eremitirt wurde. Er war ein treuer Anhänger seines Königs und in den verhäng= nißvollen Jahren 1813 und 1814 nährte er seiner Schüler Liebe zu ihrem rechtmäßigen Herrn auf alle mögliche Weise. Seine zweite Gattin war ihm bereits vorausgegangen, als er in den Armen seiner beiden ihn treu pflegenden Töchter sanft entschlief. Das Gebiet, das er als Schrift= steller umfaßte, war reich. Denn er behandelte in seinen Schriften Aesthe= tik, Erziehungskunde, Geographie, Mathematik und Geschichte, und zeigte in allen einen eben so geübten Blick, als gesammelte Kenntnisse. Beson= ders aber waren es Geographie und Encyclopädie, womit er sich am liebsten beschäftigte. Seine letzte sehr schätzbare Arbeit war: „Die all= gemeine Geschichte, ein Lehrbuch für Jeden, welcher diese Wissenschaft in ihrer Allgemeinheit und ihren Haupttheilen kennen lernen will, besonders aber für das Bedürfniß der Lehrer und Lehrerinnen eingerichtet." (3 Abtheilungen. Dresden und Leipzig.) Dann war er noch und bis zu seinem Ende, mit einer Encyclopädie der Wissenschaften, nach einer von ihm eigenthümlichen Anordnung beschäftigt. — Seine wichtigsten Schriften sind:

Mit C. K. André: Ulrich Flaming; ein lehrreiches Lesebuch für Kinder, welche gern die Geschichte erlernen möchten. Braunschweig, 1790. — Gutwill's Spaziergänge mit seinem Wilhelm, für junge Leser herausgegeben. Zittau und Leipzig, 1792. — Beiträge zur Berichtigung einiger Begriffe über Erziehung und Erziehungskunst. Leipzig. 1794. — Versuch einer Encyclopädie der Philosophie, verbunden mit einer praktischen Anleitung zu dem Studium der kritischen Philosophie, vorzüglich auf Universitäten. 2 Thle. Weimar, 1796. — Rousseau's Glaubensbekenntniß. Neustrelitz, 1796. — Handbuch der Aesthetik, oder Grundsätze und Beurtheilung der Werke einer jeden schönen Kunst. 2 Bde. Gotha, 1797—1800. — Ueber die Benutzung des bei Kindern so thätigen Triebes, beschäftigt zu sein. Ebdf. 1797. 2te unveränderte Ausgabe. Ebdf. 1799. — Die Familie Werthheim; eine theoretisch-praktische Anleitung zu einer regelmäßigen Erziehung der Kinder, vorzüglich von dem 6ten bis in das 14te Jahr. 5 Bde. Ebdf. 1798—1809. — Ueber das ideal-atheistische System des Herrn Professors Fichte in Jena. Dresden und Gotha, 1799. — Joh. Traugott Plant's Handbuch einer vollständigen Erdbeschreibung und Geschichte Polynesius, oder die fünf Erdtheile, fortgesetzt von Ehrmann und Heysinger. Leipzig und Gera, 1799. — Hand-Atlas über alle bekannten Länder des Erdbodens. Gotha, 1810 — Anruf eines Teutschen an die Sachsen. 1815. — Die Geschichte der Europäer, aus dem weltbürgerlichen Gesichtspunkte dargestellt. Gotha, 1825. — Die Elementar-Geographie, oder die Topographie des Erdbodens, als Grundlage jeder besondern Geographie dargestellt, und zum Schul- und Selbstgebrauche eingerichtet. Nebst Atlas. Dresden, 1826. 2 Auflage. Leipzig, 1834. — Besuche bei Todten und Lebenden. Leipzig, 1834. — Bildungsbuch für junge Männer bei ihrem Eintritte in die Welt. Verfaßt von J. G. Wenzel. 9te verbeff. und verm. Aufl. von Heysinger. 2 Bde. Ebdf. 1834. — Außerdem noch mehrere andere Schriften, sowie viele Aufsätze und Recensionen in gelehrten Zeitschriften und Journalen. —

Wilhelm Hey.
Geboren den 26. März 1790, gestorben den 19. Mai 1834.

Motto: „— — Sollen sie jetzt (Kinder von 4—7 Jahren) von Gott und göttlichen Dingen hören. O hier laßt euch von Niemand irre machen, die Hand auf's Herz Was hierin dem kindlichen Verstande unbegreiflich ist, es bleibt auf immer auch für den unsrigen, eben weil es überirdisch ist. Wir müssen es glauben. Laßt dann eure Kinder mit euch glauben, bald an das glauben, was einst der Trost und die Kraft ihres Lebens sein soll. Sie nehmen ja täglich einzig auf euer Wort hundert Dinge von jeder Art an, die ihr ihnen noch nicht erklären könnt und wollt." W. Hey, Spekter's Fabelbuch.

W. Hey ist in ganz Deutschland und weit über dessen Grenzen hinaus schon lange durch seine lieblichen Fabeln und andere kleine Gedichte für die Kinderwelt bekannt und als Gelehrter in allen gebildeten Kreisen geachtet, geboren zu Leina im Gothaischen, ist als Superintendent zu Ichtershausen; einem gothaischen Orte unweit Arnstadt, gestorben. Von den als Dichter von ihm verfaßten Werken sind zumal seine „Fabeln für Kinder" zu nennen, welche wegen ihrer Vorzüglichkeit in fast alle europäischen Sprachen übersetzt, in mehreren hunderttausend Exemplaren verbreitet worden sind und bereits die 19te Auflage erlebt haben. Es sind dieselben, zu welchen Spekter in Hamburg die Bilder geliefert hat, und die deßhalb mißbräuchlich meist die „Spekter'schen Fabeln" genannt werden. Dieses Werk hat seit seinem Erscheinen eine Menge von Nachbildungen veranlaßt. Ein anderes poetisches Werk des Verstorbenen: „Der Lauf der Zeit," ein Gedicht in zehn Gesängen, ist eine freie Ueber= setzung des englischen Gedichtes von R. Pollack. Sehr bekannt ist Hey's „Leben eines Kriegsrosses," ebenfalls mit Abbildungen ausgestattet, wo= von die Königin Victoria eine Uebersetzung für den Prinzen von Wales besorgen ließ. Auch als geistlicher Liederdichter hat sich der Verewigte ausgezeichnet. — Den geliebten Kinderfreund wird die dankbare Lieder= welt noch in spätester Zeit in Ehren halten, wie er sich in seinen Kin= derliedern sich das schönste Denkmal auf sein Grab gesetzt hat.

Joh. Christ. August Heyse.
Geboren den 21. April 1764, gestorben den 27. Juni 1829.

Heyse wurde zu Nordhausen geboren und erhielt seine erste Bil= dung in der Elementarschule seines Vaters, aus welcher er in das dor= tige Gymnasium überging, das er bis zum Jahre 1783 besuchte. In diesem Jahre bezog er die Universität Göttingen, um sich dem Studium der Theologie und Pädagogik zu widmen; daneben besuchte er auch phi= losophische und historische Vorlesungen, insbesondere die naturwissenschaft= lichen mit eifrigem Fleiße. In dem letzten Jahre seines akademischen Cursus hatte er das Glück, als Mitglied des theologischen und kateche= tischen Seminars unter der Leitung von Leß, Miller und Sextro sich zu seinem künftigen Berufe praktisch vorzubereiten. Nach Beendigung seiner akademischen Studien wurde er 1786 Hauslehrer, anfangs in Delmen= horst und darauf in Oldenburg. Während seines mehrjährigen Wirkens als Lehrer und Erzieher in Privatverhältnissen entschied sich seine Nei= gung völlig und auf immer für das pädagogische Fach, und er blieb die= sem, als dem ihm vorzugsweise angemessenen Berufe lebenslang getreu, trotz mancher lockenden Aussicht in einem anderen Fache. Er war aber auch Pädagog von ganzer Seele, und Menschenbildung sein vorherrschen= des Interesse, der Brennpunkt, in welchem alle Strahlen seiner vielsei= gen Thätigkeit sich vereinigten. — In Oldenburg wurde Heyse 1792 bei Gelegenheit einer Reform des dortigen Gymnasiums als vierter Leh= rer angestellt. Neben seinem öffentlichen Schulamte setzte er den Unter= richt an einer von ihm früher daselbst errichteten Privat=Töchterschule mit eben so vielem Fleiße als glücklichem Erfolge fort; 14 Jahre lang stand er seinem treuen Schulamte in Oldenburg mit allgemein anerkann= tem treuen Diensteifer vor. Da aber die pecuniären Mittel nicht mehr hinreichten, seine wachsende Familie zu ernähren, und auch sein Gesuch um Gehaltsverbesserung abschlägig beschieden wurde, nahm er kurz nach Ernennung zum dritten Lehrer des Gymnasiums, zum allgemeinen Be= dauern des ihn hochachtenden Publikums 1806 seine Entlassung, und konnte nun seine Zeit als Privatlehrer vortheilhafter anwenden. Doch nicht lange dauerte dieses außeramtliche Leben. Schon im Sommer des Jahres 1807 berief ihn seine geliebte Vaterstadt Nordhausen zum Rector des verbesserten Gymnasiums und zum Direktor der zu errichtenden Töch= terschule mit einem so anständigen Gehalte und mit einem solchen Ver= trauen, daß er nicht anstand, demselben im November desselben Jahres zu folgen. Das dortige Schulwesen bedurfte und erhielt damals durch die kräftigen Bemühungen einer neuen Schul=Inspection eine zweck= und zeitgemäße Umbildung, und so arbeitete Heyse unter erfreulichen collegia= lischen und Familienverhältnissen mit dem glücklichsten einstimmig aner= kannten Erfolge an den mit jedem Jahr mehr aufblühenden verschiedenen Schul=Anstalten seiner Vaterstadt bis zum Jahre 1819, in welchem er auch aus diesem Wirkungskreise abgerufen wurde. — Der verdienstvolle Consistorial- und Schulrath Zerrenner hatte ihn in seiner Wirksamkeit kennen und schätzen gelernt, und verschaffte ihm im genannten Jahre einen vortheilhaften Ruf nach Magdeburg zum Direktor einer neu errichtenden Bildungsanstalt für Töchter aus den gebildeten Ständen. In Verbindung mit einem zahlreichen Personale von Lehrern und Lehrerinnen hat Heyse hier in einer Reihe von 10 Jahren, begünstigt durch das Vertrauen seiner Obern, die sein ausgezeichnetes Verdienst als Schulmann und Schulvorsteher zu würdigen verstanden, sowie durch die allgemeine Anerkennung, die seine segensreiche Thätigkeit von Seiten des Publikums fand, mit rastlosem Eifer und nie ermattender Ausbauer des Guten viel gestiftet. Im Jahre 1824 ertheilte ihm aus eigenem Antriebe die Universität Greifswald die philosophische Doctorwürde. Einige Jahre früher schon hatten die in Berlin und in Frankfurt a. M. bestehenden Gelehrten-Vereine für deutsche Sprache ihn zu ihrem Mitgliede aufgenommen. — Unerwartet, ein desto härterer Schlag für die Seinen, ereilte ihn nach kaum vollendeten 65sten Lebensjahre der Tod.

Wie der Verewigte das Geschäft der Jugendbildung frühe als die Aufgabe zu dem Berufe seines Lebens erkannt und zum Mittelpunkte seiner gesammten Thätigkeit gemacht hatte, so haben auch seine zahlreichen literarischen Arbeiten bei aller Gründlichkeit des rein wissenschaftlichen Gehaltes doch vorzugsweise diese praktische Richtung; gerade in dieser liegt das Hauptverdienst derselben und der einzig richtige Gesichtspunkt zu ihrer gerechten Würdigung. — Von seinen überaus zahlreichen und wichtigen Schriften führen wir an:

Neuer Jugendfreund in lehrreichen und angenehmen Gesprächen, Erzählungen u. s. w. 4 Thle. Hamburg, 1801—1802. — Hilfsbuch zur Erlernung und Beförderung einer richtigen deutschen Aussprache und Rechtschreibung. Hannover, 1803. — Allgemeines Wörterbuch zur Verdeutschung und Erklärung der in unsern Sprachen gebräuchlichen fremden Wörter und Redensarten. 2 Thle. Oldenburg, 1804; später unter dem Titel: Kurzgefaßtes Verdeutschungs-Wörterbuch. Bremen, 1807, welche viele Auflagen erlebte und auch noch unter anderm Titel erschien. — Theoretisch-praktisch-deutsche Grammatik, 1814; ebenfalls in mehreren Auflagen. (Nach Herling's und Grotefend's gewichtigem Ausspruch: „als das Organ anzusehen, die sichern Resultate aller sprachlichen Forschungen zum Gemeingute der deutschen Nation zu machen.") — Kleine theoretisch-praktisch-deutsche Sprachlehre, 8 Auflagen, zuletzt unter dem Titel: Theoretisch-praktisch-deutsche Schulgrammatik. 1829. — Kurzer Leitfaden zum gründlichen Unterricht in der deutschen Sprache für höhere und niedere Schulen. 1821. 6te Auflage. 1829. — Handbuch der Naturgeschichte für Landwirthe; entworfen von W. Crome, fortgesetzt von Heyse, dritter und letzter Theil. 2 Bde. — Theoretisch-praktisches Handbuch aller verschiedenen Dichtungsarten; 1. mit F. Sickel herausgegeben. 1821. — Gesammelte Schriften und Reden über Unterricht und Bildung, besonders der weiblichen Jugend Quedlinburg und Leipzig, 1826. — Als eine Fortsetzung dieser pädagogischen Schriften sind zu betrachten: Die Ansichten von Unterricht und Bildung der Jugend in öffentlichen Lehranstalten; in kleinen Aufsätzen und Reden. Mit dem Titel: Neue Sammlung kleiner Aufsätze und Reden über Unterricht und Bildung, besonders der weiblichen Jugend. Pirna, 1829; zuletzt Bildungsstoff für Geist und Herz der Jugend von 12 bis 16 Jahren und zum Behuf zweckmäßiger Stylübungen für Lehrer. — Zuletzt beschäftigte ihn lebhaft der Plan zu einem Handwörterbuch der deutschen Sprache mit durchgängiger Hinsicht auf Rechtschreibung, Bildung, Biegung und Fügung der Wörter, sowie auch deren Sinnverwandtschaft; er wurde jedoch mitten im Drucke dieses National-Werkes vom Tode überrascht; doch wurde es von seinem ebenfalls sehr verdienten ältesten Sohne beendet, und zählt bereits 11 Auflagen.

Johann Gottfried Hientzsch.

Geboren den 6. August 1787, gestorben den 1. Juli 1856.

Hientzsch ist geboren zu Mockrehna, einen an der von Leipzig nach Frankfurt a. d. O. führenden Chaussee gelegenen Dorfe zwischen den Städten Torgau und Eilenburg. Seinen Schulunterricht erhielt er von dem dortigen Katecheten und nachmaligen Schullehrer in dem nahen Kirch- und Pfarrdorfe Wildenhain, Johann Georg Vieweg. Ursprünglich selbst zu einem Landschullehrer bestimmt, fing er schon frühzeitig an, Musik zu erlernen, eine Kunst, in der er bald Ungewöhnliches leistete. Denn ein Gönner fühlte sich bewogen, den zum Jünglinge herangewachsenen Knaben die Hand zu einer weiteren Ausbildung seiner Fähigkeiten zu bieten, wodurch er 1803 auf die Thomasschule nach Leipzig kam, die seit langer Zeit für die musikalische Metropole Deutschlands galt. Diese Stadt, wo die Musik zur herrlichsten Blüthe gediehen war, mußte einen um so größeren Einfluß auf den Gang seiner Entwickelung und Bildung haben, als er in ihr mitten auf den Boden klassischer Musikbildung verpflanzt war. Seine Verdienste in diesem Fache bilden daher auch einen Haupttheil seines Lebens und Wirkens, wozu sich noch seine theologisch-pädagogische Wirksamkeit gesellte, wozu er von 1808—11 den Grund auf der dortigen Universität legte, wo er mit dem Studium der Theologie zugleich das der Philologie verband. Mit einer guten Stimme begabt, trug er als Mitglied des Thomaschors allsonntäglich in der Thomaskirche die herrlichen Motetten mit vor, welche so viele Freunde des klassischen Gesanges anzogen. Auch war ihm vergönnt, Antheil zu nehmen an den Gewandhaus-Concerten, die unter Leitung Schicht's und Christ. Schulz's aufgeführt wurden. Dadurch kam der Begünstigte mit den ausgezeichnetsten Männern der musikalischen Welt in persönliche Berührung, deren Namen alle helle Lichter in der Kunstgeschichte dieses Jahrhunderts geworden sind. Was seine Studien auf der Universität, die er mit den besten Zeugnissen bezog, betrifft, so verband er damit einen so praktischen Sinn, daß er bald selbst das Gebiet des praktischen Lebens zu betreten getrieben wurde, zumal nachdem er im letzten Jahre seines Trienniums mehrere Lehrer der berühmten höheren Bürgerschule und deren Director Gedike kennen gelernt hatte. Von da an wohnte er nicht nur den öffentlichen Sonntags-Prüfungen bei, sondern hospitirte auch fleißig bei den ausgezeichnetsten Lehrern derselben, während er bereits selbst anfing, im Unterrichtgeben thätig zu seyn. Besonders anziehend waren für ihn die Lehrer Herzog und Lindner, welcher letztere später als Professor und Doctor der Theologie an der Universität thätig war und mit Hientzsch in sehr freundlichen Verhältnissen stand. Dieß wurde die Veranlassung, daß er den längst gehegten sehnlichen Wunsch, Pestalozzi's Erziehungs- und Unterrichtswesen aus eigener Anschauung kennen zu lernen, zur Ausführung brachte. Auf dem Wege dorthin (Ostern 1811) besuchte Hientzsch zugleich die Salzmann'sche Erziehungs-Anstalt in Schnepfenthal bei Gotha, die Musterschule in Frankfurt a. M. und andere namhafte Anstalten. Sogleich von seiner Ankunft an hospitirte er fleißig in allen Lehrgegenständen, hielt die Morgen- und Abendandachten mit ab und schon nach kurzem Aufenthalte in Yverdun wurde ihm u. a. die Singstunde übertragen. Nach einigen Monaten übernahm er auch mehrere Stunden im Institute des Herrn v. Türk. Nachdem er so in beiden Anstalten anderthalb Jahre mitgearbeitet und daneben die Unterrichtsstunden, welche den Erwachsenen in methodisch ausgearbeiteten Fächern ertheilt wurden, mitgenommen, sowie die Vorträge, die von Pestalozzi und Niederer über

Erziehung und Menschenbildung gehalten wurden, mit gehört hatte, erhielt er die Stelle eines Rectors an der Stadtschule zu Erlach am Bielersee, die er sieben Vierteljahre verwaltete, worauf er von Pestalozzi und Niederer, die ihn in seiner Abwesenheit erst recht schätzen gelernt hatten, nochmals an die Anstalt nach Yverdun zurückberufen wurde, an der er noch fünf Vierteljahre unterrichtete, bis auch ihn die Streitigkeiten zwischen Joseph Schmid und andern Lehrern bewogen, Yverdun Michaelis 1815 zu für immer zu verlassen und nach Deutschland zurückzukehren. Auch auf dem Rückwege machte er wieder die Bekanntschaft mehrerer hochgeachteter Männer der Erziehung und Wissenschaft, deren Anstalten er nicht unbesucht ließ, wie Thiersch in München, Pöhlmann in Erlangen, Falk in Weimar, Niemeyer in Halle ꝛc. Im März 1817 traf er in Berlin ein, und zwar mit entscheidend wirkenden Anregungen und einem reichen Zuwachs an Kenntnissen, die auf den Gang und die Richtung seines Wissens und Wirkens so entscheidend einwirkten, daß nichts Anderes mehr vermochte, ihn zu bestimmen; die in der Schweiz zu einer bestimmten Gestalt zusammengefaßten Anschauungen und Erfahrungen allein waren und blieben es, welche nie aufhörten, die Grundlage seiner späteren pädagogischen Thätigkeit zu bilden. Zu Ende des Sommers 1817 wurde er der königl. Regierung zu Frankfurt a. d. O. überwiesen, und diese forderte ihn auf, an dem am 300jährigen Jubiläum der deutschen Reformation im Kloster zu Neuzelle, das damals erst aufgehoben wurde, zu eröffnenden Schullehrer-Seminar die Stelle eines Oberlehrers zu übernehmen. Hier, wo er noch längere Zeit mit den Mönchen an einem Tische aß, nahm er einen bedeutenden Antheil an der inneren Organisation des neuen Seminars, aus dessen Geiste bald zu erkennen war, wie emsig und erfolgreich er in der alten Kloster-Ruine gearbeitet hatte. Dieß erwarb ihm im hohen Grade die Achtung des Cultusministers, der ihn schon 1822 zum Director des Schullehrer-Seminars in Weißenfels designirte, eine Bestimmung, die im August desselben Jahres dahin geändert wurde, daß der Oberlehrer Harnisch in Breslau, dessen Verdienste ebenfalls nicht unbekannt geblieben waren, als Director nach Weißenfels kam, Hientzsch aber in dessen Stelle nach Breslau vorrückte. Hier begann diejenige Periode seines Lebens, die seinen Namen unter allen Musikfreunden in Deutschland bekannt machte, wiewohl er schon von Neuzelle aus mit „alten und neuen geistlichen Liedern und kleinen Motetten von verschiedenen Componisten," (Frankfurt, 1821 und 23) hervorgetreten war. Aber zu größerem Rufe gelangte doch sein Name erst von Breslau aus. Indeß vernachlässigte er bei seiner Vorliebe zur Musik keineswegs die andern Unterrichtsgegenstände; er wandte sich ihnen sämmtlich mit Eifer und Liebe zu, wenn auch die Musik einer seiner Lieblings-Unterrichtsgegenstände war und blieb. Er wußte den Werth und die Wichtigkeit derselben für Schule, Kirche und Leben vollständig zu schätzen und war der festen Ueberzeugung, daß die Schulen vergeblich auf musikalische Bildung hinarbeiteten, wenn sie nicht zur großen National-Angelegenheit gemacht würde. Daher wirkte er so häufig mit für die Einführung der großen Musikfeste, als deren Gründer er für Schlesien gilt. Er gab zur Förderung und Verwirklichung dieses Gedankens 1825 eine eigene kleine Schrift heraus, die seiner Stimme so allgemeines und begeistertes Gehör verschaffte, daß bereits im August 1856 das 25jährige Jubiläum der schlesischen Musikfeste gefeiert werden konnte, wobei seines Namens in ehrendster Weise gedacht wurde. Eine weitere Frucht seiner Bestrebungen und Erfahrungen bei dem von ihm geleiteten Musikunterricht war die Schrift: „Ueber den Musikunterricht, besonders im Gesange, auf Gymnasien, Universitäten 2c." (Breslau, 1827), der noch einige Sammelwerke folgten, die in ihrer Auswahl den Geschmack am Gediegenen bekundeten. Sein Hauptwerk aber ist die „Eutonia," eine pädagogische Musik = Zeitschrift," die von 1829 — 37 in Breslau und Berlin erschien, und als einer der würdigsten Sprechsäle für musikalische Sachen und Personen große Geltung erlangte und daher von weitgehendem Einflusse war. Während dem erschien zugleich seit 1833 ein „Wochenblatt für Volksschulwesen" pädagogischen Inhalts. Dieß Alles veranlaßte endlich die vorgesetzte Behörde, Hientzsch in eine Stellung zu versetzen, die ihm einen noch weitern Wirkungskreis bot, und diese Stelle war das Directorat des königl. Schullehrer = Seminars zu Potsdam, wozu er Michaelis 1833 berufen wurde. Auch in diesem Wirkungskreise entwickelte er eine unverkürzte Regsamkeit und Berufstreue. Die Schriftstellerei betrachtete er immer nur als Nebensache, die dem Zweck des Lebens dienen sollte, worauf sie sich eben bezog. Daß seine Feder aber auch in Potsdam nicht müßig war, ist daher ein Beweis von der Rüstigkeit und Frische, womit er das Werk der Lehrerbildung in seinem ganzen Umfange umfaßte. Die Schriften, welche er in dieser Periode herausgab, sind nur pädagogischen Inhalts. Wir nennen davon ein „Elementar = Lehrbuch" und eine „Anweisung zum Lehrunterrichte." Daran schloß sich noch 1848 eine Schrift „über eine zeitgemäße Reorganisation der evangelischen Schullehrer = Seminarien." Nach einer 32jährigen segensreichen Arbeit im Fache der Lehrerbildung schließt endlich seine Lebensthätigkeit mit seinem Wirken für das Wohl der Blinden ab, welches er noch am Abende seiner Tage bis zu seinem Ende mit hingebender Treue und Liebe ausübte, indem ihm nach Zeune's Abgange im Jahre 1849 das Directorium der königl. Blinden = Anstalt in Berlin übertragen wurde. Das neue Feld nahm noch einen Mann von geistiger Frische und Empfänglichkeit auf, und bei seinem von wahrer Menschenliebe erfüllten Herzen konnte es nicht fehlen, daß er bald heimisch darauf wurde. Davon gibt seine 1851 erschienene Schrift: „Die Erziehung und der Unterricht der Blinden" Zeugniß. Hier war es denn auch, wo sich ihm das Bedürfniß der Gründung einer Anstalt für erwachsene Blinde aufdrängte, und er hatte die Freude, daß die durch Wort und Schrift von ihm angeregte Idee einer solchen Anstalt durch die Unterstützung edler Menschenfreunde zum Wohle armer Blinden schon seit längerer Zeit mit allen Garantien ihres Bestandes in's Leben getreten ist. Er selbst gehörte zum Comité und lebte für die Anstalt, wie ein Vater für seine Kinder. Sehr zu Statten kam ihm in diesen beiden Stellungen der musikalische Standpunkt, da das Ohr das Organ des Blinden für Geist und Herz ist. Michaelis 1854 trat er als Director ab, und seitdem beschränkte er seine Thätigkeit auf die letztgenannte Privat = Anstalt. Sein Geist brauchte indeß mehr Arbeit und seine Kraft war ihr noch längerer Zeit gewachsen. Daher erschienen noch verschiedene Schriften von ihm über Blinden = Unterricht, sowie seit April 1857 eine Musikzeitschrift: „Das musikalische Deutschland," wovon die letzten Hefte noch unter der Presse waren, als sie ihren Verfasser durch den Tod verlor.

Carl Friedrich Hoffmann.

Geboren den 3. Februar 1763, gestorben den 31. Mai 1843.

Hoffmann wurde unter ziemlich günstigen Umständen zu Gimmel bei Winzig in Schlesien, wo sein Vater evangelischer Pfarrer war, geboren, verlebte im elterlichen Hause eine fröhliche Kindheit und Jugend, und genoß das Glück, bis in's 13te Jahr von seinem Vater und von dem Hofmeister der Kinder dasiger Grundherrschaft so unterrichtet zu werden, daß er 1779 in die zweite Klasse des Elisabeth = Gymnasiums in Breslau aufgenommen werden konnte. Dem Drange seines Herzens folgend, verließ er die Anstalt 1782 und bezog die Universität Halle, um sich daselbst der Theologie zu widmen. Zugleich ließ er sich von Anfang an das Studium der Pädagogik sehr angelegen sein, wie es damals von den Theologen zu geschehen pflegte. Zwei Jahre nachher 1784 wurde er in Anerkennung seiner pädagogischen Begabung als wirklicher Lehrer an dem berühmten Pädagogium in Halle angestellt, wo er zwei Jahre verlebte, bis er 1786 einem Rufe als Gouverneur der Prinzen von Pleß in Oberschlesien folgte. Elf Jahre widmete er sich der Erziehung der ihm anvertrauten zwei Prinzen, von denen der eine bei Kulm 1813 für König und Vaterland fiel, der Andere aber von 1830—47 souverainer Herzog von Anhalt = Köthen war. Seine in den fürstlichen Familien an den Tag gelegte unermüdliche Treue und das erfolgreiche Wirken erwarben ihm die innigste Hochachtung und Dankbarkeit, und machten es, daß er im Jahre 1798 diese Stellung verließ, um eine kurze Zeit von sechs Monaten als gräflicher Hofmeister in Alt = Warthau bei Bunzlau zu verleben, indem er einem Rufe nach Schmiedeberg folgte, wo er am 10. November 1798 als zweiter Prediger sein Amt antrat. Zwei Jahre später verheirathete er sich mit einer geistvollen, reich begabten Kaufmanns = Tochter aus Hirschberg, die ihm drei Kinder schenkte. Hier in Schmiedeberg schrieb er seinen „Katechismus der christlichen Lehre in Grundsätzen des Denkens und Handelns," von dem bis 1818 sieben Auflagen, bis 1854 aber zusammen neunzehn erschienen sind. Im Jahre 1815 wurde er zum Director der in Bunzlau vereinigten Anstalten ernannt, an deren Spitze er 13 Jahre wirkte. — Unverkürzt widmete er seine Kräfte der Knaben= Anstalt, deren innere und äußere Gestaltung unter ihrem vorigen Vorsteher außerordentlich gesunken war. Hoffmann leitete die Reorganisation der Waisen = und Schulanstalten in Pestalozzi's Geiste und nach den Grundsätzen seiner Methode ein. Die Aufgabe war schwierig, er hat sie mit Beihülfe seiner treuen Gehülfen: Dreist, Henning, Kawerau und später Dr. Krüger, sämmtlich Schüler Pestalozzi's, würdig gelöst. Hoffmann's natürliche Frömmigkeit und wirkliche Erziehungs= kunst paßten ganz zu den kräftigen Pestalozzi = Jüngern, um glänzende Resultate zu erzielen und die Anstalt zu einer Pestalozzi'schen Central= Bildungs = Anstalt zu machen.

Der Schriftstellerei war er eigentlich abgeneigt. Seine Programme waren fast die einzigen Produkte schriftstellerischer Thätigkeit während seines Directorats. Lange Zeit arbeitete er an einem Commentar zu seinem Katechismus: „Materialien zu einer ausführlichen und vollständigen Erklärung des Katechismus der christlichen Lehre u. s. w. Ein Hand= und Hülfsbuch für Prediger und Schullehrer. Leipzig, bei Dyk." Doch erst in seinem Ruhestande war es ihm möglich, das Werk öffentlich erscheinen zu lassen. Es erschien in zwei Auflagen, die erste 1834, die zweite neu überarbeitet und reich vermehrt; sowie mit einem Begriffs= Register versehen, 1837, welches zahlreiche Anfechtungen und Verdächtigungen erlitt. Noch muß auch zweier kleiner Schriften: „Das Gebet des Herrn u. s. w., in einer Uebersichtstabelle anschaulich dargestellt," und „Die Lehre von heil. Abendmahle, ein Beitrag zur Förderung des Kirchenfriedens, Leipzig bei Dyk," Erwähnung gethan werden.

Als Anerkennung seines Wirkens, seiner Besonnenheit, des gesegnetsten Erfolges seiner amtlichen Thätigkeit wurde er im Jahre 1825 mit dem rothen Adler-Orden III. Klasse decorirt; und da er den Lebensherbst erstlich herannahen sah, manches körperliche Gebrechen, besonders sein periodischer Kopfschmerz immer mehr überhand nahm, so entschloß er sich, der 65jährige Arbeiter im Weinberge, sein Amt niederzulegen, welches geschah. —

Bis zum Jahre 1831 wohnte Hoffmann nun in Breslau, wo er seinen Wohnsitz nach Gnadenberg bei Bunzlau veränderte, und es ihm beschieden war, noch zwölf recht glückliche Jahre zu verleben, bis er endlich am 31. Mai 1843 in das bessere Jenseits abberufen wurde.

Dr. Carl Friedrich Vollrath Hoffmann.
Geboren den 15. Juli 1796, gestorben den 30. August 1841.

Hoffmann war der Sohn eines rechtschaffenen Sattlers zu Stargard in Mecklenburg, dessen Vermögen jedoch durch die Kriege harte Stöße erlitt. Als Kind schon zeigte er hervorragende Geistes-Anlagen und sprach mit 8 Jahren geläufig lateinisch und französisch. Bald verlor er seine Eltern und genoß seine Erziehung durch seinen Vetter Hoffmann in Friedland, dem er bis zum Tode mit Dank und Liebe zugethan war. Mit 9 Jahren that ihn derselbe an's Gymnasium, das er, obwohl erst 15 Jahre alt, rühmlich absolvirte, um die Universität in Berlin zu beziehen, an welcher er die Mitstudenten durch Kenntnisse in den Examen übertraf. Er sollte Theolog werden, aber mit ganzer Vorliebe war er dem Studium der Mathematik und Geographie ergeben; emsig beschäftigte er sich mit Landkartenzeichnen und Fertigung von Globen und Reliefen. Kaum 18 Jahre alt, erhielt er eine Hauslehrerstelle bei einem mecklenburgischen Gutsbesitzer, dessen Söhne gutgeartete und lernbegierige Knaben waren. Die 4 Jahre, die Hoffmann hier zubrachte, nannte er die schönsten seines Lebens. Nach einer Reise durch Norddeutschland besuchte er, unterstützt vom Großherzoge zu Mecklenburg-Strelitz, die Universität Jena, wo ihn Luden liebgewann und ihm die Doctorwürde verschaffte. Unter Hoffmann's Redaction kam die Zeitschrift „Minerva" in Ansehen. Von Jena weg folgte er freudig einem Rufe als Lehrer der Mathematik und Geographie an die berühmte Fellenberg'sche Erziehungs-Anstalt zu Hofwyl, deren Zöglinge mit Liebe und Achtung an ihm hingen. Hoffmann hatte sich schon einen Namen erworben und übernahm daher nach mehrjährigem erfreulichen Wirken in Hofwyl, die Direction des Cotta'schen geographischen Instituts zu Stuttgart. Er verheirathete sich mit Karolina Dollmetsch aus Stuttgart, ihre Ehe aber war keineswegs glücklich; weßhalb sie bald zu ihren Eltern nach Stuttgart zurückkehrte, während dem er, als das geographische Institut nach München verlegt wurde, mit bedeutendem Gehalte hinzog; bald darauf wurde er Privatdocent an der Ludovica-Maximiliana; hier aber wurde ihm, da die Freimüthigkeit seiner Vorträge über Länder- und Völkerkunde Aufsehen erregte, und er sich mancher Ausfälle auf einzelne Länder, sowie auf Katholicismus in Bayern bediente, die fernere Haltung der Collegien verwehrt und er zur Entfernung von München bestimmt. Er begab sich wieder nach Stuttgart, vereinte sich mit seiner Frau und arbeitete als Privatgelehrter tüchtig an Werken und war ein Muster von Fleiß und Haushaltsamkeit. Im Sommer 1836 verschwand sein innerer Friede, Niemand wußte weßhalb; er ergab sich den Vergnügungen oft auf eine sehr kostspielige Weise. Im Frühjahre 1837 trennte sich zum zweiten Male seine Frau, noch mehr von ihren Angehörigen angeregt, von ihm, vereinigte sich 1838 wieder mit ihm, um sich schon im September nochmals zu trennen. Im Juni 1840 wurde er gerichtlich von seiner Gattin geschieden. Mit dieser Zeit beginnt Hoffmann's Unglück und Verfall. Er liebte seine Karoline, weil er sie nur aus Liebe geheirathet, bis zum letzten Momente seines Daseins, er hätte für sein Kind den letzten Bluts= tropfen auf der Folter verloren, aber eine Trennung, welche niemals eine Vereinigung hoffen ließ, war für ein Herz, wie das seinige, zu viel. Die Erde, auf der und über die er so vieles schrieb, ward ihm Hölle; die Gluth seines Grames zu löschen, begab er sich einem arbeitsscheuen, un= regelmäßigen Leben, um so mehr, als seine von ihm heißgeliebte Tochter ihm entzogen wurde. Eine Abzehrung rieb den so rüstigen Mann all= mählig auf. Wer Hoffmann's Wissen, Herz und Benehmen näher kannte, wird ihn noch über dem Grabe achten und seine Verirrungen im Unglück verzeihen, bedauern und bemitleiden. Wenige Tage vor seinem Tode er= hielt er einen Ruf an die Universität zu Dorpat und nach St. Peters= burg, ein ehrenvolles Sendschreiben der Londoner Royal Society, die be= kanntlich nie mehr und weniger als 40 Ehrenmitglieder zählte. — Von seinen Schriften sind die vorzüglichsten:

Umrisse zur Erd= und Staatenkunde vom Lande der Deutschen. 1. Thl. Mit 2 Karten. Stuttgart, 1824. — Die Erde und ihre Bewohner. Ebbs. 1824. In mehreren Auflagen. — Jahrbuch der Reisen. Ebds. 1833. — Atlas für Schulen und zum Selbstunterrichte. Ebds. 1833. 2te Auflage 1835. 3te Auflage 1837. — Allgemeine Erdbeschreibung für Schulen. Ebds. 1833. — Deutschland und seine Be= wohner. 4 Bde. Ebds. 1834—36. — Europa und seine Bewohner. 8 Bde. Stutt= gart und Leipzig. 1835—40. — Wandkarte der alten Welt. Ebds. 1839. — Das Vaterland der Deutschen. 1—3s Heft. Nürnberg, 1839. — Die Völker der Erde; ihr Leben, ihre Sitten und Gebräuche. Stuttgart, 1840. — Hertha, Land= und Haus= buch der Erd=, Länder=, Völker= und Staatenkunde. 2 Thle. Ulm, 1840—41. — Außerdem gab er den „Erdball" heraus.

Karl Hoffmeister.
Geboren den 15. August 1796, gestorben den 14. Juli 1844.
„Immer strebe zum Ganzen.   Hoffmeister.

Karl Hoffmeister war der Sohn eines evangelischen Predigers, der im Jahr 1842 in Hunspach bei Weißenburg im Elsaß starb. Ersterer selbst, Deutscher von Geburt und Gesinnung, wurde in Billigheim bei Landau in Bayern am Napoleonstage geboren. Schon mit dem 11ten Jahre verließ er das Vaterhaus, um in Brummat und Bergzabern den ersten Schulunterricht zu empfangen, der auf dem Gymnasium zu Karls= ruhe, wo damals der sehr von ihm verehrte Hebel sein Lehrer war, beendigt wurde. Als 17jähriger Jüngling bezog er im Jahr 1813 die Universität Straßburg, woselbst er ein Jahr, unter andern bei Schweig= häuser dem Aeltern, studirte. Darauf ging er nach Heidelberg, wo er neben der Theologie, der er sich widmen wollte, auch das Studium der Philologie und Philosophie betrieb. Als Doctor der Philosophie ver= ließ er dieselbe und nahm nun 21 Jahre alt, in Crefeld in der Rhein= provinz eine Stelle als Hauslehrer bei einer der angesehensten Fami= lien an, mit welcher er bis zu seinem Tode in freundschaftlichen Beziehun= gen blieb. Nach vierjährigem Wirken und nach fleißigen Privatstudien widmete er sich aus Neigung dem höhern Lehrerstande zu. Er machte zu dem Zwecke Ostern 1821 in Münster sein Oberlehrerexamen und folgte bald darauf einem Rufe als Rector des Progymnasiums nach Mörs im Regierungsbezirke Düsseldorf. Es galt hier die Reorganisation einer, durch die Fremdherrschaft und den Druck der Kriegsjahre fast unterge=

35 *

gangenen Anstalt. Der junge Rector widmete sich dieser Aufgabe mit unermüdlichem Eifer und Liebe zur Sache, und es gelang ihm im Vereine tüchtiger Collegen sehr bald, die Anstalt zur schönsten Blüthe zu bringen, ja sie ging durch freiwillige Anspannung aller Kräfte der nicht zahlreichen Lehrer über die derselben gesteckte Aufgabe, bis inclus. Secunda eines Gymnasiums die Schüler zu fördern, hinaus, so daß sie häufig ihre Zöglinge bei einiger Privathülfe zur Abiturientenprüfung reif entlassen konnte.

Das Publikum erkannte mit Dank dieses energische Wirken, und Hoffmeister stand in großer Achtung und Liebe bei seinen Mitbürgern. Im Jahr 1823 ward die Tochter einer der angesehensten Familien des Städtchens seine Gattin, die ihm jedoch zu früh durch den Tod entrissen wurde. Im Herbste 1825 reichte er einer Verwandten der Verstorbenen die Hand.

Nach zehnjähriger amtlichen Wirksamkeit, deren Musenstunden er zur schriftstellerischen Thätigkeit benützte, wurde er zum Oberlehrer des Friedrich = Wilhelms = Gymnasium zu Cöln ernannt und trat die Stelle Ostern 1832 an. Hier hatte er es mit gereifteren Jünglingen zu thun, da er hauptsächlich in Prima unterrichtete. Diese höhere Aufgabe verfolgte er mit unermüdlichem Fleiße, und es gehören die 2 Jahre, die er dort zubrachte, zu den angestrengtesten in seinem Lehrerleben. Doch waren diese 2 Jahre für Hoffmeister's allseitige Entwickelung unschätzbar, indem sie seiner Richtung nach innen, seinem Leben in Ideen, welche das Stillleben in Mörs begünstigte, ein Gegengewicht gaben, und seinen Sinn, zwar oft gegen seine Neigung, auch nach Außen und in das practische Leben lenkten, dessen er bedurfte, um dem Rufe als Director des Gymnasiums zu Kreuznach, welcher im Jahr 1834 an ihn erging, mit Freudigkeit folgen und seine neuen Pflichten allseitig erfüllen zu können.

Seine neue Stellung war keine leichte, besonders gab es manche Schwierigkeit in Beziehung auf's Lehrercollegium zu überwinden. Es gelang ihm auch während seines Aufenthaltes daselbst nicht ganz, mit Allen in ein freundschaftliches, collegialisches Verhältniß zu treten. Aber auch hier fehlte es ihm nicht an treuen Freunden, zudem er mit einigen Pfarrern der Umgegend alte auf der Universität geknüpfte Freundschaftsbande erneuerte. Kaum in den neuen Wirkungskreis eingelebt, kam ihm von einer Verlagshandlung aus Stuttgart die Aufforderung, zu dem bevorstehenden Schillerfeste, bei Gelegenheit der Monuments = Enthüllung daselbst, eine Biographie des großen Dichters zu verfassen. Er erklärte sich bereit dazu; doch dehnte sich der ursprüngliche Plan immer weiter aus; das Werk schwoll zu 5 Bänden an und löste die auf dem Titel angegebene Aufgabe: „Schillers Leben," „Geistesentwickelung und Werke im Zusammenhange," auf eine in's Tiefe eingehende und überhaupt auf solche Weise, wie es des Buches und seiner auch nur allein würdig war. Wie mit alten, lang gebildeten Freunden bildete sich der Verkehr mit der Schiller'schen Familie und steigerte sich zu einem Verhältniß, das nur der Tod löste. Noch vor der Beendigung des ersten Werkes wurde mit Cotta ein neues Unternehmen, das aber mit dem ersten Hand in Hand ging, verabredet, nämlich die Herausgabe noch ungedruckter Schiller'schen Reliquien und Varianten seiner vorhandenen Werke, unter dem Titel: „Supplemente zu Schillers Werken; aus seinem Nachlaß im Einverständniß und unter Mitwirkung der Familie Schiller's herausgegeben" — eine Arbeit, die mitunter sehr mühevoll und wenig lohnend war, auch weniger für das größere Publikum berechnet ist, als für diejenigen, die Schiller's Werke zu ihrem Studium machen wollen.

Mitten in seiner amtlichen und schriftstellerischen Thätigkeit warf ihn im Herbst 1839 ein gastrisch-nervöses Fieber auf's Krankenbett. Die Krankheit wurde ernstlich. Eine höhere Hand, jedoch lenkte sie zum Guten; er genas, die Besserung erfolgte aber nur langsamen Schrittes. Da sein Arzt einen längern Aufenthalt unter einem mildern Himmel für nothwendig hielt, so trat Hoffmeister, von seiner Gattin begleitet, die Reise nach Hières im südlichen Frankreich an, wo er das Schiller'sche Werk seinem Ende entgegenführte. Im Frühlinge 1841 nach einem viermonatlichen Verweilen folgte er seiner Sehnsucht nach Italien. „Ich kann, sagte er brieflich, der Begierde nicht widerstehen, „mich der blauen Göttin, der ewig bewegten zu vertrauen, die mich mit freundlicher Spiegelhelle ladet in ihren unendlichen Schoß.""

Neugestärkt und mit der größten Freude trat er wieder unter Schüler und Collegen. Er wurde inne, daß die Römer die er früher nie mit Lust gelesen, ihn jetzt erfreuten; er wollte sich, wenn er gesund und am Leben bliebe, noch einmal Urlaub geben lassen, dann, besser vorbereitet, länger in Rom verweilen und auch Sicilien und Griechenland besuchen; dann, meinte er, könne man es im Erklären der Alten und in philosophischer, ästhetischer und allgemein menschlicher Bildung schon zu etwas bringen.

Wie gerne hätten die Gymnasiasten den geliebten Director noch lange besessen; und doch sollte er schon den Herbst von ihnen scheiden, um an der Stelle des verstorbenen Consistorialrathes Graßhof die Direction des Friedrich-Wilhelms-Gymnasiums in Cöln zu übernehmen. Seine neue Stellung war nicht ohne Schwierigkeit; ein großer Theil der Katholiken hatte einen kathol Director gewünscht, aber die offenen, geraden Worte, womit er sich an sie wandte, seine ganze vertrauenerregende Persönlichkeit verscheuchten bald jede Spur von Mißstimmung.

Die Sorge für die ihm anvertraute Jugend nahm ihn auch in der nächsten Zukunft so lebhaft in Anspruch, daß seine literarische Thätigkeit eine Zeitlang dadurch unterbrochen wurde. Was er am meisten und eifrigsten zu bekämpfen hatte, war der laue, unwissenschaftliche Sinn, der Materialismus, der sich der Jugend unserer Tage, besonders in großen Städten, so früh bemächtigt. Doch verdient es dankbare Anerkennung, daß das zahlreiche Lehrerpersonal Hoffmann theils mit Wohlwollen, theils mit warmer Freundschaft entgegen kam, wodurch ihm die Direction der großen Anstalt sehr erleichtert ward. Allmälig bewältigte Hoffmann auch die neuen Anforderungen, er überschaute den ganzen Kreis derselben und zeigte sich ihnen völlig gewachsen. Er fand, daß ihm bei gewissenhafter, wohl überlegter Zeiteintheilung doch noch einige Muße zu schriftstellerischen Arbeiten bleibe.

Er beabsichtigte eine gedrängtere, dem größern Publikum zugängliche Bearbeitung eines Schillerwerkes. Es sollte aber kein bloßer Auszug sein; denn bei solcher mechanischen Arbeit könne der Geist nicht fortschreiten, sondern eine neue Arbeit werden, bei der er manche erst später aufgefundene Hülfsmittel benützen wollte. Er vollendete dieses populäre Werk nicht; mitten in einem Satze hatte er, sich unwohl fühlend, die Feder niedergelegt, um sie nie wieder zu ergreifen. Ueber die Schilderung seines sechswöchentlichen harten, wenn auch nicht gerade schmerzhaften Krankenlagers gehen wir hinweg; er ertrug dasselbe mit rührender Geduld und Ruhe. Sanft löste sich sein unsterblicher Geist von der zerbrechlichen Hülle. — Seine Schriften sind:

1) Beschreibung des Festes auf der Wartburg. Ein Sendschreiben an die Gutgesinnten. Brosch. 1818. 2) Ueber Zweck und Einrichtung der höhern Stadtschule zu Mörs. Progr. 1822. 3) Ueber den Werth der Seelenlehre für höhere Schulen. Progr. 1823. 4) Einige Bemerkungen zur Ausbildung der allgemeinen Sprachlehre. Progr. 1824. 5) Eine Rede (Bildung als geistige Schönheit) nebst Jahresbericht. Progr. 1825. 6) De Cyro Xenophonteo. Progr. 1826. 7) Ueber den Begriff σωφροσύνη bei Platon. Progr. 1827. 8) Ueber die Grundsätze der Erziehung. Progr. 1829. 9) Erörterungen der Grundsätze der Sprachlehre — als Prolegomena zu jeder künftigen allgemeinen Grammatik. 2 Bdch. Essen. 1830. 10) Die Weltanschauung des Tacitus. Essen, 1831. 11) Sittlich-religiöse Lebensansicht des Herodotus. Essen, 1832. 12) Romeo, oder Erziehung und Gemeingeist aus den Papieren eines nach Amerika ausgewanderten Lehrers. 3 Bde. Essen, 1831—34. 13) Rede über die Kardinaltugenden des deutschen Volks. Progr. 1832. 14) Ueber die Entwickelung des Natursinnes. Progr. 1834. 15) Ueber Berücksichtigung der Individualität in Erziehung und Unterricht. Progr. 1839. 16) Schiller's Leben, Geistesentwickelung und Werke im Zusammenhang. Stuttgart. Balz. 5 Thle 1838 — 42. 17) Supplemente zu Schiller's Werken u. s. w. 4 Bdchn. Stuttgart, Cotta 18) Schiller's Leben für den weitern Kreis seiner Leser. (Nur halb vollendet.) Ergänzt und herausgegeben nach dessen Tode von Heinrich Viehoff. 8 Thle. Stuttgart, 1846. Balz.

Hoogen.
Geboren den ?, gestorben den 23. März 1805.

Wer war Hoogen? — Hierüber berichtet Natorp, wie folgt:

Er war ein edler Mensch und ein warmer Freund der Menschheit — homo erat, et nil humani a se alienum putabat; er war ein denkender, aufgeklärter Mann, ein Mann, der sich von Geist- und herzbeengenden Vorurtheilen frei gemacht hatte, ein begeisterter Freund der Wahrheit; er war ein tugendhafter Mann, ein Mann der redlichsten Gesinnung, der nie einen Finger breit abwich von dem, was er für recht und gut erkannt hatte; er war ein Christ in dem schönsten Sinne des Wortes, ein inniger Verehrer des Christenthums, ein treuer Jünger des Herrn; wahre Demuth und Frömmigkeit zeichnete ihn eben so rühmlich aus, als Muth und Kraft in Bekämpfung alles dessen, was bloßer Schein statt der echten Wahrheit wollte geltend machen; er war ein aufrichtiger Katholik, durchdrungen von der Wahrheit seines Glaubens und unablässig bemüht, denselben in seiner Aechtheit und Lauterkeit darzustellen; er war ein würdiger katholischer Geistlicher, makellos in seinem Wandel, ein treuer Seelsorger, ein eifriger Freund und Verbesserer des Schulwesens; er war endlich ein Märtyrer für die Wahrheit seiner Ueberzeugung, ein Dulder für die große Sache der Menschheit, für die er muthig sein Leben eingesetzt hatte.

Von Hoogen's Lebensgeschichte ist uns wenig bekannt; er studirte Theologie, trat in den Orden der Kreuzherren, wurde Prior des Kreuzherrenklosters und später Pfarrer zu Wegberg, resignirte, verlebte seine letzten Tage bei seinen Verwandten zu Altenkirchen, und starb in Krefeld im 63sten Jahre seines Alters.

Hoogen's Jugend fiel in eine Zeit, wo die Schulen seines Geburtslandes in einem unaussprechlich elenden Zustande waren; er hatte ihnen wenig, sehr wenig zu danken: aber sein strebsamer Geist war von einem unwiderstehlichen Drange nach Wissenschaft und Bildung beseelt, und verfolgte mit einer fast leidenschaftlichen Heftigkeit jede Spur, die ihn auf ein freieres Feld der geistigen Entwickelung führte. Er studirte mit eisernem Fleiße die alten und neueren Sprachen, Geschichte, Philosophie, und erfrischte Geist und Gemüth vor Allem an den herrlichen Erzeugnissen der vaterländischen Literatur, die zu eben der Zeit so reiche Blüthen entfaltete. Auf diesem Wege nahm Hoogen's Bildungsgang eine Richtung, die ihn zur Selbstständigkeit, zur Selbstbestimmung im Denken und Wollen, zu der Unbefangenheit des Geistes und der Festigkeit des Willens führte, zu Eigenschaften, die ihn sein ganzes Leben hindurch begleiteten und seiner Denkweise eine eigenthümliche Frische, seiner Handlungsweise das Gepräge der Sicherheit und Entschiedenheit verlieh: er war sich klar bewußt, was er sollte und wollte, und hatte sich die Kraft angeeignet, es mit der ganzen Fülle seines Geistes und Gemüthes und zum Trotz aller Hindernisse beharrlich zu erstreben. Was eines Menschen Leben mit wunderbarer Macht in eine gewisse Sphäre treibt und seiner Handlungsweise für immer einen sichern und eigenthümlichen Charakter einprägt, ist oft ein einziger Moment, der Moment, wo eine Idee, die seither in seinem Geiste schlummerte, klar und bestimmt in sein Bewußtsein tritt und mit unwiderstehlicher Gewalt auf alle seine Gedanken und Entschließungen einwirkt. Auch in Hoogen's Leben fiel ein solcher Lichtmoment, und der Gedanke, der plötzlich seine glühende Seele entzündete, war die große Idee, die sich dem 18ten Jahrhundert in dem Begriffe der Humanität offenbarte: Hoogen gelobte sich feierlich, der Menschheit sein Leben zu weihen, und faßte von nun an mit Leidenschaft Alles auf, wodurch er in seinem Berufe die wahre Humanität fördern und erhöhen zu können glaubte. Diese Richtung war es, die seine ganze Denkweise, seine Sinnesart, seinen Charakter bestimmte und das Motiv all' seines Handelns und Wirkens wurde. Er arbeitete rastlos an eigener Vervollkommnung, strebte nach Allem, was er für göttlich in dem Menschen, was er für wahr, gut und schön erkannte; er suchte und fand Gesinnungsgenossen, die, Hand in Hand mit ihm nach gleichem Ziele strebend, die Sittlichkeit, die Tugend und das Glück der Menschheit, zumal aber die Wohlfahrt der niederen Stände, auf die sein Wirkungskreis ihn zunächst hinwies, zu begründen und zu erhöhen suchten.

Hoogen wirkte als Pfarrer zu Wegberg fast 30 Jahre lang rastlos thätig und segensreich für Kirche und Schule, und selbst für die äußere Wohlfahrt seiner Gemeinde. Durchdrungen von der Wahrheit des Christenthums und der katholischen Lehre, die er in dem Geiste Bossuet's aufgefaßt hatte, aus innerer Ueberzeugung treu, war er weit entfernt, Lehrsätze zur Geltung zu bringen, die den allgemeinen christlichen Glaubenslehren und dem Dogma der katholischen Kirche entgegen stehen, und indem er die Religion und ihren sittlichen Grundbegriff in ursprünglicher Reinheit und Schönheit darstellte, rettete er manche Seele, die dem Wesen des Christenthums durch die Formen desselben entfremdet war, von dem Abgrunde des Unglaubens, der Irreligiosität und der Zügellosigkeit: aber vor Allem machte er sich's zur Aufgabe, das Christenthum als die Religion der allgemeinen Menschenliebe und der Duldung zu verkünden, und diese Rücksicht stand ihm höher als das Formular seines Bekenntnisses, höher als die confessionellen Unterscheidungslehren, deren besondere Hervorhebung bei der Masse des Volkes nur Glaubenshaß und Hader zu wege bringt. Auch scheute er sich nicht, offenbare Mißbräuche abzustellen und sie dem Volke bei ihrem rechten Namen zu nennen, gegen den Aberglauben offen in die Schranken zu treten und seine Gemeinde vor den Gaukelwerken der Verfinsterer zu warnen, die stets bemüht waren, unter seine frische Saat den Samen des alten Glaubenszwistes und Sektenhasses auszustreuen. J. Schram bezeichnet Hoogen's Wirken in dieser Rücksicht mit wenigen, aber treffenden Worten: „Er war als Volkslehrer genöthigt, gegen die Anmaßungen herrschsüchtiger Glaubens-

despoten aufzutreten, gegen die Schreckniſſe des Gewiſſenszwanges, ge=
gen die Blendwerke und Irrbegriffe, wodurch man den Verſtand der
Menſchen in Feſſeln zu ſchlagen und ihre Aufmerkſamkeit von dem gött=
lichen Lichte in ihnen ſelbſt abzulenken ſucht. Ihn hatte der Anblick des
großen Elendes und der Erniedrigung gerührt, worin ſich die mit den ei=
genen Gefühlen des Herzens beinahe fremd gewordene, hirtenlos irrende
Menge befindet. Daher ſeine kraftvolle Darſtellung der verheerenden
Folgen des Aberglaubens und des Sectenhauſes; daher ſeine ſo oft wie=
derholten und mit ſo tief dringender Wahrheit ausgeſprochenen Aeußerun=
gen über die Scandale des Wallfahrtsunfuges, über die Mißbräuche der
Abläſſe und der Winkelandachten; daher ſein raſtloſer apoſtoliſcher Ei=
fer für die Verbeſſerung der Unterrichtsanſtalten und für die Beförde=
rung der moraliſchen Volkserziehung."

Für die Verbeſſerung des Schulunterrichtes wirkte Hoogen mit un=
ermüdlicher Beharrlichkeit und mit ausgezeichnetem Erfolge. Es fehlte
damals in den katholiſchen Schulen durchaus an zweckmäßigen Katechis=
men und Leſebüchern; Hoogen ſuchte ſie zu beſchaffen: er überſetzte die
berühmten Lehrbücher des Abtes Fleury und des Biſchofs Colbert zu
Montpellier, er bearbeitete Rochow's Kinderfreund für katholiſche Schu=
len. Dann ſorgte er für eine vernünftige Lehrweiſe, wußte den Froh=
ſinn der Kinder zu beleben und unter denſelben einen freundlichen Ton
und ein geſittetes Benehmen zu ſchaffen; er ließ in der Schule ernſte
und heitere Lieder ſingen, und ſuchte durch die Schule auch im Volke
den Sinn für Muſik und Geſang zu wecken und zu erhöhen. — Wie
Hoogen auch für die äußere Wohlfahrt in ſeiner Gemeinde Sorge trug,
ſpricht er mit edlem Selbſtgefühl in einer freimüthigen Antwort aus,
mit der er einem gegen ihn gerichteten hämiſchen Angriffe begegnete: „Es
ſchwanden die ſonſt ſo häufigen Prozeſſe. Kein Pfarrgenoſſe durfte bet=
teln, und keiner darbte, ſelbſt in den härteſten Zeiten; die Induſtrie
blühete und Friede und Eintracht wohnten in der Gemeinde zum Muſter
und zur Freude der Nachbarſchaft." Bei derſelben Gelegenheit rühmt
Hoogen mit freudigem Herzen von ſich, er habe in der langen Zeit ſei=
ner Thätigkeit als Pfarrer keinen „Terminanten" die Kanzel betreten
laſſen, in ſeiner Pfarrei ſei keine verbotene Prozeſſion vorgekom=
men, kein Exorziſt habe es gewagt, öffentlich das Volk zu betrü=
gen, kein Gewerbe unter dem Vorwande der Religion, kein Religions=
haß habe auftauchen dürfen, und die Hexen ſeien aus ſeiner Gemeinde
verſchwunden. Hoogen erfüllte die Aufgabe ſeines Lebens, den offenen
Kampf für Wahrheit und Gerechtigkeit, beſonders als Schriftſteller.

Hoogen hatte außer vielen Aufſätzen, die er für periodiſche Blät=
ter — für Henke's Religionsannalen, für die Weſtphäliſche Quartal=
ſchrift für Religionslehrer (von Natorp), für Zerrenner's Schulfreund,
für den Weſtphäliſchen Anzeiger — lieferte, mehrere werthvolle Abhand=
lungen zur Beantwortung zeitgemäßer Fragen drucken laſſen. Er ſchrieb
unter anderen: „Ein Geſangbuch für den öffentlichen Gottesdienſt,
für die häusliche Andacht und für den Schulunterricht —". Dieſes Ge=
ſangbuch wurde von einem Exjeſuiten verketzert, und Hoogen ſchrieb:
„Verketzerungsgeſchichte eines mit katholiſcher Zenſur und Genehmigung
des erzbiſchöflichen Ordinariats zu Köln herausgegebenen katholiſchen Ge=
ſangbuches und des Mildheimiſchen Liederbuches, als Beitrag zu der Ge=
ſchichte des neueſten Obſcurantismus." Hoogen ſchrieb ferner: „Der
Geiſt der Polemik iſt nicht der Geiſt des Chriſtenthums. Eine Abhand=
lung, veranlaßt durch den neueren Unfug der Kontroverspredigten."
— Eine Schrift, ſo gründlich, ſo allgemein verſtändlich und mit

so edelm Eifer, so wahrhaft christlicher Gesinnung geschrieben, daß sie jeden Menschen, der den Kopf und das Herz auf der rechten Stelle hat, tief ergreifen und ihn überzeugen muß: „In jedem Tempel, in jeder Schule sollte man eine Tafel mit Flammenschrift: „„Wer verdammt, der soll verdammt werden!"" aufhängen, um den Menschen diese große Lehre Jesu tief in das Herz zu prägen." — Andere Abhandlungen von Hoogen sind: „Bemerkungen über den gegenwärtigen Zustand des Religionswesens und des öffentlichen Unterrichts, so wie über die Mittel dieselben zu verbessern." (Dem Staatsrath Portalis gewidmet.) „Wie kämen wir weiter? oder über die einzigen Mittel, die Quellen der Armuth zu verstopfen, die Völker zu veredeln und zu beglücken." „Beiträge zur Beförderung der Humanität und insbesondere eines rein menschlichen Wohlwollens zwischen den verschiedenen christlichen Religionsparteien."

Der Raum gestattet uns nicht, auf den Inhalt dieser kleinen Schriften näher einzugehen; sie sind alle von Einem Geiste, von dem Geiste der Humanität durchdrungen, überall hat der Verfasser seinen Gegenstand tief erfaßt und stellt ihn klar und überzeugend und mit einer Begeisterung dar, die den Leser ergreift und mit sich fortreißt. — Noch bedeutsamer, und offenbar die merkwürdigste unter Hoogen's Schriften ist: „Die Volksschulen keine kirchliche, sondern allgemeine Staatsinstitute. Mit besonderer Rücksicht auf die preußischen Provinzen in Westphalen. Ansichten, Wünsche und Hoffnungen eines katholischen Religionslehrers." Mit dem Motto: „Bescheidene Freimüthigkeit ist die würdigste Huldigung, die Jeder der Wahrheit und dem Gesetze schuldig ist. (Essen, 1805. 7½ Sgr.)

Für liberale und gut denkende Menschen war Nichts leichter, als Hoogen zu achten und zu lieben. Unwillkührlich fühlte man sich zu ihm hingezogen; denn so wie sein freier, heller Geist sich in seinen unbefangenen Ansichten nicht irre machen ließ, so war sein Herz von reinen, edlen Gesinnungen voll, sein ganzer Charakter löste sich in Wohlwollen und Frömmigkeit auf. Seine Frömmigkeit war innige Liebe im Geiste Jesu; sein Wohlwollen erstreckte sich nicht bloß auf seine Freunde und auf die, welche er näher kannte. Freilich seinen Freunden war er Freund von ganzem Herzen, ihr Rathgeber in der Verlegenheit, ihr Beistand in der Noth; Mancher verdankt ihm seine Bildung und einen großen Theil seines Glücks. Seinen Freunden schenkte er sein inniges Vertrauen; ohne Rückhalt und ohne auch nur das mindeste Arge zu vermuthen, theilte er ihnen seine Gedanken und Empfindungen mit; mit der rührendsten Offenheit sprach er zu ihnen über seine Angelegenheiten, und mit wahrer Zärtlichkeit nahm er Antheil an Allem, was sie betraf; man konnte sein Freund nicht sein, ohne selbst durch ihn liebreicher zu werden. Aber auch jeder Mensch war ihm lieb und werth, wenn er nur kein Heuchler war; denn gegen Heuchler konnte er bis zu einer ungestümen Heftigkeit in Eifer gerathen. Eine höchst glückliche Organisation seines inneren Wesens kam seinen Grundsätzen zu Hülfe, um sein Herz für ein allgemeines Wohlwollen zu erweitern. Selbst der Irregeleitete und Verführte ward von ihm nicht abgeschreckt; denn der kindliche Mann flößte Zutrauen ein. Auch in einem gegen die heilige Sache der Vernunft aufgebrachten Volke sah und ehrte er den Wahrheitssinn; es ist unwahr, sagte er, daß das Volk den Irrthum liebt und sich nur durch Täuschungen leiten läßt. Er hatte unerschütterlichen Glauben an die menschliche Tugend; mit herzlichem Vertrauen begegnete er den Menschen, mit Vertrauen zu der natürlichen Güte ihres Herzens wirke er auf sie, und für sie; in Allen sah er Geschöpfe nach dem Bilde Gottes, Kinder seines

Vaters, Mitgenossen Einer Bestimmung und Würde. Keine Verschieden=
heit kirchlicher Konfession, keine Verschiedenheit der Meinung, keine Ver=
schiedenheit des Standes und Berufs trennte sein Herz von seinen Mit=
menschen, nur das rein Menschliche, das Göttliche im Menschen sprach
seinem Herzen zu. Wohlwollen und Liebe hatten sein ganzes Wesen so
durchdrungen, daß auch seine Religiosität reine, lautere Liebe war. Al=
les Gute, was ihm zu Theil wurde, war ihm eine Gabe des Vaters im
Himmel; alle Freunde, deren Achtung und Liebe er genoß, waren ihm
vom Vater zugeführt; alle Drangsale, die ihn trafen, sah er als Schi=
ckungen des allweisen Vaters an, und ertrug sie mit kindlicher Gelassen=
heit. Die Erde, wie sie da ist, mit Lust und Leid, mit Blumen und
Dornen, betrachtete er als einen schönen Wohnplatz, dem Menschen von
einem liebevollen und heiligen Vater bereitet, daß sie sich üben sollten,
edel und zufrieden zu leben. Durch diese stete Ansicht der Dinge hatte
er sich einen Hochsinn angewöhnt, welcher seinen ganzen Charakter er=
klärte und seinem Gemüthe Erhabenheit und Stärke verlieh. Daher
war auch sein Vertrauen auf Gottes allweise Regierung so unerschütter=
lich; daher wurde er nie muthlos beim Wirken seines Werkes, nie ver=
zagt, wenn seine schöne Hoffnungen vereitelt wurden. „Meine Körper=
leiden sind so mannigfaltig und schrecklich — so schrieb er mir im An=
fange des vorigen Jahrs — ich habe so manche Todesschmerzen erlitten:
wie könnte mir der Tod schwer sein? Ob wir uns noch sehen werden,
weiß ich nicht. Mein Herz sehnt sich darnach. Aber wir sehen uns sonst
an einem anderen Orte." Wir schließen mit einem schönen Worte, das
J. Schram seinem verewigten Lehrer und Freunde nachrief.

„Nicht sein heller gebildeter Verstand, nicht sein geläuterter Ge=
schmack und Schönheitssinn, nicht seine Gelehrheit, Belesenheit und
Weltkenntniß, sondern sein redliches menschenfreundliches Herz war die
Quelle seiner wohlthätigen Wirksamkeit. Daher ließ er durch keine Rück=
sicht auf den Dank oder Undank der Welt, durch keine Verläumbung,
durch kein spöttelndes Lächeln, durch keinen politischen Einfluß, durch
keinen Verlust sich abschrecken, das Wohl des Volkes, die Sache der
Wahrheit zu verfechten. Ahmet seinem Beispiele nach, würdige Volks=
lehrer! Seid mäßig, uneigennützig, bieder, standhaft und thätig; wie
er; bekämpfet mit hohem Muthe die S a c h e der Scheinheiligkeit, beleuch=
tet die Werke der Finsterniß; stellt Alles in seinem wahren Lichte dar,
was durch eitlen Wort= und Ceremoniend>, durch Künsteleien und
Außendinge die öffentliche Denkungsart zu bethören und die Menschhei
zu verderben trachtet; doch führt die I r r e n d e n mit Vorsicht, mi
Sanftmuth und schonender Liebe zurecht, damit nicht das Böse wegge=
räumt, sondern auch das Gute aufgeführt und begründet werde."

Johann Hübner.
Geboren den 17. März 1668, gestorben den 21. Mai 1731.

Joh. Hübner, bekannt durch seine „Biblischen Historien," welche
seit 1714 in einer großen Menge von Auflagen nicht nur in allen prote=
stantischen und reformirten Ländern Deutschlands und der Schweiz ver=
breitet, sondern auch in fremde Sprachen übersetzt wurden. Er war zu
Türchau unweit Zittau in der Lausitz geboren, trat als öffentlicher Leh=
rer der Geschichte und Geographie in Leipzig auf, wurde 1694 Rector in
Merseburg, kam 1711 als Rector des Johanneums nach Hamburg und
wirkte dort bis 1731, wo er starb. Er hat eine Menge Schulschriften
geschrieben, welche sich durch geschickte Auswahl und deutliche Uebersicht

beſonders zum Auswendiglernen eigneten, wo Unterricht und Auswendig-
lernenlaſſen identiſch waren.   Höhere Anforderungen befriedigen ſie nicht,
und ſind theils deßhalb, theils wegen der Fortſchritte, welche die Wiſſenſchaften gemacht haben, völlig unbrauchbar, obwohl Hübner's „Bibliſche
Geſchichten" in deutſcher und franzöſiſcher Sprache vor allen Schriften
dieſer Art doch noch an vielen Orten den Vorzug erhalten.

Chriſtoph Wilhelm Hufeland.
Geboren den 12. Auguſt 1762, geſtorben im Jahre 1840.

Er iſt geboren zu Langenſalza, erhielt als vorheriger herzoglich weimariſcher Hofmedicus zu Weimar 1793 den Ruf als außerordentlicher
Profeſſor der Medicin nach Jena, wo er zugleich 1790 den Titel als
herzoglich weimariſcher Hofrath und Leibarzt bekam.   1801 ging er als
königl. preußiſcher Geheimer Rath und Leibarzt, auch Arzt und Ober-
aufſeher der Charité nach Berlin, 1810 wurde er unter dem Titel Staatsrath Mitglied der errichteten Medicinal-Section im preuß. Miniſterium
des Innern und Ritter des rothen Adler-Ordens dritter Klaſſe, 1817
der erſten Klaſſe, und zugleich ſeit Errichtung der Univerſität in Berlin
1809, ordentlicher Profeſſor der Medicin an derſelben; war auch bis 1819
Director der mediciniſch-chirurgiſchen Akademie für das Militär, in
welcher Stellung er ſtarb.   Von den zahlreichen Schriften dieſes berühmten
gelehrten Arztes ſind hier nur die zu erwähnen, welche die phyſiſche
Erziehung des Menſchen betreffen, und darum allen Eltern und Erziehern zu deren Studium und Beherzigung nicht genug empfohlen werden können.   Dieſe ſind folgende:

Makrobiotik, oder die Kunſt, das menſchliche Leben zu verlängern. Jena, 1796.
5te Auflage. Berlin, 1821. — Bemerkungen über die Blattern zu Weimar. Leipzig, 1789. 3te Auflage 1798 — Ueber die Ungewißheit des Todes ꝛc. nebſt Nachricht von der Errichtung eines Leichenhauſes zu Weimar. Berlin, 1824. — Gemeinnützige Aufſätze zu Beförderung der Geſundheit ꝛc. Leipzig, 1794. — Ueber die Urſachen, Erkenntniß und Heilung der Skrophelkrankheit. Berlin, 1796. — Bemerkungen
über das Nervenfieber. Jena, 1798. — Guter Rath an Mütter über die wichtigſten
Punkte der phyſiſchen Erziehung. Berlin, 1799 2te Auflage 1800. — Syſtem der
praktiſchen Heilmethode. 2 Bde. Leipzig, 1800—1803. Berlin. 1818. — Nöthige
Erinnerung an die Bäder und ihre Wiederherſtellung in Deutſchland. Weimar, 1801.
— Ueber die Vergiftung durch Branntwein. Berlin, 1802. — Geſchichte der Geſundheit. Berlin, 1812, u. m. A.

Karl Wilh. Frhr. v. Humboldt.
Geboren den 22. Juni 1767, geſtorben den 8. April 1838.

Motto: „Die Sprache entſpringt aus der Tiefe der Menſchheit, welche überall verbietet, ſie als ein eigentliches Werk
und als eine Schöpfung der Völker zu betrachten."
W. v. Humboldt.

K. Wilh. Humboldt, geboren zu Potsdam, empfing in Berlin
eine ſorgfältige Unterweiſung in Sprachen und Wiſſenſchaften und trat,
nachdem er mehrere Jahre in Jena, wo er Schiller's Freundſchaft und
täglichen Umgang genoß, gelebt hatte, 1802 als preuß. Reſident zu Rom
ſeine diplomatiſche Laufbahn an.   Dieſer Ort, wo er ſpäter als außerordentlicher Geſandter bevollmächtigt wurde, gab nicht nur ſeinem Studium des Alterthums neuen Schwung, ſondern bildete ihn auch zu einem
vorzüglichen Staatsmann aus.   Im Jahre 1808 ward er zum geheimen
und Chef der Section für den Cultus, den öffentlichen Unterricht und Staatsrath die Medicinal-Anſtalten im Miniſterium des Innern ernannt, gab aber

1810 diesen Posten auf und ging, mit dem Range eines Staats-Ministers, als Gesandter seines Hofes nach Wien, und ward dann von seinem Könige zum Bevollmächtigten bei dem Friedens-Congresse zu Prag ernannt. Er war bei dem Congresse zu Chatillon und bei dem Frieden zu Paris, welchen er zugleich mit dem Staatskanzler Hardenberg 1814 unterzeichnete; auch war er bei dem Congresse in Wien sehr thätig und unterzeichnete daselbst 1815 den Frieden zwischen Preußen und Sachsen. Im Jahre 1816 begab er sich nach Frankfurt als bevollmächtigter preußischer Minister zur Berichtigung der Territorial-Angelegenheiten in Deutschland. Bald nachher ernannte ihn der König zum Mitgliede des Staatsrathes und beschenkte ihn mit liegenden Gütern. Hierauf ging er als außerordentlicher Gesandter seines Hofes nach London, und von hier im Oktober 1818 nach Aachen. Im Jahre 1819 wurde er mit Sitz und Stimme in das preuß. Ministerium berufen, wo er mehrere Zweige, die bisher zum Ministerium des Innern gehört hatten, unter andern die ständische Angelegenheit, und das vom Staatskanzler abgetretene Departement des Fürstenthums Neuschatel erhielt. Indeß blieb er in Frankfurt a. M. als Mitglied der Territorial-Commission, bis zu deren Auflösung am 10. Juli 1819, worauf er seinen Posten in Berlin antrat, dessen er jedoch bald enthoben wurde. Im Jahre 1825 erwählte ihn die Pariser Akademie der Inschriften und schönen Wissenschaften zu ihrem auswärtigen Mitgliede. Am 15. Septbr. 1830 erhielt Humboldt den schwarzen Adler-Orden und nahm wieder an den Berathungen im Staatsraths Theil. Mehr als ein Gebiet des menschlichen Wissens hat er auf das Genaueste erforscht. Sein Werk über Göthe's Epos „Hermann und Dorothea" enthält umfassende Betrachtungen über die Poesie überhaupt. Seine „Untersuchungen über die baskische Sprache," die er an Ort und Stelle studirte, verbreiteten ein helles Licht über die unbekannte Ursprache. Ein Wörterbuch derselben von ihm findet sich in Adelung's „Mithridates" Bd. 4. Seine Uebersetzung des „Agamemnon" von Aschylus (Leipzig, 1816) ist das Ergebniß der schwierigsten Untersuchungen über Sprache und Versmaß der Griechen und seine Abhandlung „Ueber den Dualis," (Berlin, 1828) ein reichhaltiger Beitrag zum vergleichenden Sprachstudium. Seine Abhandlung über die in der Sancritsprache durch die Suffixa tva und ya gebildeten Verbalformen findet sich in Schlegel's „Indischer Bibliothek," und mehrere andere seiner Abhandlungen in den „Abhandlungen der kgl. preuß. Akademie der Wissenschaften."

Johann Peter Hundeiker.

Geboren den 29. November 1751, gestorben den 2. Februar 1836.

Hundeiker stößt uns als eine merkwürdige Erscheinung auf dem Felde der Pädagogik auf; er steht unter den ersten Pädagogen, die Deutschland aufzuweisen hat, und auf diese Höhe schwang er sich fast nur durch seine eigene innere Kraft, ohne Mittel zu haben, eine Gelehrten- oder Hochschule beziehen zu können, mußte sich sein Fleiß nur auf das Studium von guten Büchern beschränken, aber Hundeiker war mit den schönsten Fähigkeiten ausgerüstet, welche nur einiger Hülfe bedurften, um sich zur schönsten Blüthe zu entfalten. Geboren zu Großlaffert im Hildesheim'schen, als der Sohn eines Krämers, besuchte er, zum Kaufmanne bestimmt, einige Schulen zu Peine und Braunschweig; allein des Vaters Geschäft behagte ihm bald nicht mehr; denn sein Geist strebte nach etwas Höherem und Erhabenerem. Bald fühlte er seinen eigentlichen Beruf, den — an Menschenbildung zu arbeiten und Lebensweis-

heit und Veredlung zu befördern. Er fing daher an, im Kleinen darin
practisch sich zu versuchen. Dabei las er, der rastlose Autodidact, philosophische und pädagogische Schriften, insbesondere die von Primarus und
Basedow. Schon die ersten practischen Versuche im Unterrichten gelangen Hundeiker so vortrefflich, daß der Jüngling bald kein interessanteres
Geschäft mehr kannte, als das — zu unterrichten und zu erziehen; Unterricht wurde ihm zum Bedürfnisse und Kindererziehung zum Hochge-
nusse. Nach seines Vaters Tode nahm er zunächst einige Kinder zur
Erziehung in sein Haus auf, während er noch vom Handel lebte. Zugleich suchte der lichtbefreundete junge Mann dem Schullehrer in die Hände zu
arbeiten, und er that es so gern, so unverdrossen, wie denn Hundeiker
überhaupt ein abgesagter Feind von Egoismus war.

Obgleich von Basedow eingeladen, an seinem Philantropin zu wirken, zog Hundeiker doch die heimathliche Selbstständigkeit vor, um so
mehr als er sich im Jahr 1783 mit einer gebildeten Tochter eines benachbarten Predigers vermählte. Von dieser Zeit an nahm denn auch sein
Haus immer mehr das Ansehen eines Institutes an; die Zahl der Zöglinge stieg, Hülfslehrer wurden angenommen, Seitenflügel angebaut, und
die Handelsgeschäfte gänzlich beseitigt. Da jedoch der Andrang von In-
und Ausländern noch immer größer wurde, erhielt er aus Gnade Herzog's Karl Wilhelm von Braunschweig im Jahr 1804 das bei Braunschweig gelegene herzoglichen Schloß Bechelde nebst Garten zur Benützung.

Seine Grundsätze und Maßregeln bewährten sich sowohl an seinen
eigenen Kindern, als seinen Zöglingen auf vortreffliche Weise. Was
war es denn aber eigentlich, was seine natürlichen Erziehungstalente so
wohlthätig im engeren und weiteren Familienkreise machte? Der Verein
von Kenntniß und Urtheilskraft war es, der schöne Verein von Fromm-
sinn und Gemeingeist, von strenger Ordnungsliebe und theilnehmender
Milde, so wie von Umsicht und Berufstreue, wodurch er seinen Gehilfen so musterhaft vorleuchtete und seinen Pflegbefohlenen so kindliches
Vertrauen einflößte. Dabei machte er sich zugleich bekannt und verdient
als Schriftsteller, namentlich machte seine „Lehrfibel" Epoche und seine
„häusliche Gottesverehrungen" wurden dreimal aufgelegt, ja, sogar in's
Holländische übersetzt. Von seiner treuen Gattin hatte Hundeiker sechs
Kinder, nämlich drei Söhne und drei Töchter, die unter seiner reichen
Erziehungspflege vortrefflich gediehen. Mit einer ehrenvollen Pension
und dem Titel eines braunschweigischen Erziehungsrathes wurde ihm der
Aufenthalt im Auslande bewilligt, und nun eilte der liebende Vater
dem schönen, ihm bisher noch fremden Elbthale zu, wo er den Rest seines Lebens zu Friedstein, einem Niederlösnitzer Weinberggrundstück zwischen Dresden und Meißen verlebte. Hier fand er zweifach Erholung
im liebenden Familienkreise, wie in der reizenden Naturumgebung, während er seine Muße theils dem Studium seiner im Gebiete der Theologie und Philosophie reichhaltigen Bibliothek, theils der Abfassung
geistlicher Schriften widmete. Besonders fand den verdienten Beifall sein „Festbuch für gebildete Nachtmahlsgenossen" und sein „Weih-
geschenk für junge Christen." 2 Thle. 1821 und 1823. Günstige
Beurtheilungen erhielten auch sein 1824 erschienenen „Lichtstrahlen aus
den Tempelhallen der Weisheit" und seine „biblischen Feierstunden."
1829 und 1830.

Dr. Bernhard Reinhold Jachmann.
Geboren den 16. August 1767, gestorben den 28. September 1843.

Schon als Prediger und Rector der gelehrten Schule in Marienburg hatte er sich pädagogischen Ruf erworben, so daß er, nachdem Herr von Conradi 1794 die Hälfte seines Vermögens, 200,000 Thlr., zur Gründung von Schul- und Erziehungsanstalten testamentarisch vermacht hatte und 1798 gestorben war, zum Director des neu anzulegenden Conradinum's ausersehen wurde; seit dem 1. Oktober 1801 wurde die neue Anstalt eröffnet, jedoch nach kaum zehnjährigem Bestande durch den verheerenden Rückzug der Franzosen in ihrer schönsten Blüthe gestört und für mehrere Jahre gänzlich aufgelöst. Ein weiterer Wirkungskreis ward nun Jachmann als Regierungsschuldirector eröffnet und er nahm sich als solcher besonders thätig des Volksschulwesens an. Bekannt ist auch sein unter Mitwirkung des zweiten Directors von Conrabinum, Franz Passow, herausgegebenes „Archiv deutscher Nationalbildung." Berlin, 1822. Er starb zu Thorn auf einer Dienstreise.

Joseph Jacotot.
Geboren im Jahr 1770, gestorben im Jahr 1840.

> Motto: Galilei lieh gefällig sein Sehrohr aller Welt. Die Einen sahen damit die Trabanten, die der Weise entdeckt hatte; die Andern sagten, schrieben und ließen drucken, man sehe die Trabanten. Jacotot.

Jos. Jacotot, geboren zu Dijon in Frankreich, war zuerst Advokat, dann Professor der Humanitäts-Wissenschaften, später Capitain der Artillerie, dann Sekretär im Kriegsministerium und nachher Professor der Sprachen und Mathematik. Von 1818 bis 1830 lebte er in Löwen als Lehrer der französischen Sprache und Literatur; dann kehrte er nach Paris zurück, lehrte dortselbst 10 Jahre lang nach den Grundsätzen seiner Methode und starb nach einer langen Krankheit 1840 in dieser Stadt.

Jacotot erregte durch seine Schrift: Enseignement universel," übersetzt 1833 von Krieger, so großes Aufsehen, daß schnell nach einander in Brüssel, Antwerpen, Löwen, u. s. w. Unterrichtsanstalten nach seiner Methode entstanden, während man aus den wichtigsten Ländern nach Löwen kam, um sie durch eigene Anschauung näher kennen zu lernen.

Die vielbesprochenen Principien Jacotot's sind: 1) Alle Menschen besitzen gleiche Intelligenz, so daß es weder Genies, noch Dummköpfe gibt. Der Unterschied beruht allein in dem Willen, und bloß die Trägheit ist Ursache der Unwissenheit. 2) Alles in Allem! Weßhalb der Schüler alles Uebrige auf das beziehen muß, was er bereits erlernt hat. In jedem Unterrichtszweige muß dem Gedächtnisse Ueberlage eingeprägt werden, auf welche sich Alles zurückführen läßt, so daß sich das Neue als in dem Alten, das Alte als im Neuen enthalten kund gibt.

Nicht minder stellt Jacotot die Behauptung auf: Jeder besitze die Fähigkeit, sich selbst zu unterrichten und bedürfe eigentlich keines Lehrers, vielmehr hemme ein solcher die freie Geistesentwickelung.

Wie auf die Spitze getrieben die Paradoxen Jacotot's sind, bedarf wohl nicht der Darlegung. Er entstellt das Wahre, was denselben zu Grunde liegt und längst anerkannt wurde, zur Karrikatur.

Im Französischen legte Jacotot den Telemach, im Lateinischen eine

epitome hist. sacr., dann Nepos und Horaz, im Gegensatze zu Hamilton's Interlinearversion, mit einer Lateralversion dergestalt zu Grunde,
daß, während die Schüler jenes die Bedeutung der einzelnen Worte zu
lernen hatten, seine Zöglinge umgekehrt in der in verständlichem Deutsch
abgefaßten Lateralversion herauszubringen suchen mußten, welche Periode
des Grundtextes sie übersetzten, so wie welche einzelne Worte den erstern
den Worten des Grundtextes entsprachen. Nach dieser „heuristischen"
Methode ließ er nun z. B. diejenigen Schüler, welche den Telemach
noch nicht über das 3te Buch auswendig gelernt haben, täglich alles Gelernte wiederholen, diejenigen aber, welche die ersten 6 Bücher dieses
Autors auswendig wußten, täglich wenigstens einige Pensa daraus hersagen, so daß diese 6 Bücher wenigstens zweimal in der Woche repetirt
wurden.

Dabei mußten die Schulen das Gelesene nacherzählen, nachbilden,
ausbilden ꝛc.

Jacotot selbst war von seiner Methode so eingenommen, daß er
kühn behauptete, den Universalunterricht habe keinen begriffen, welcher
sich nicht für fähig halte, seinen Sohn in Dingen zu unterrichten,
die er selbst nicht verstehe, wie er selbst das Holländische und
Rußische, ja selbst Musik gelehrt habe, ohne von dem Allem etwas
zu verstehen. Es liegt am Tage, daß auch Jacotot's Methode nicht ohne
einen innern Kern in sofern ist, als auch die Uebungen, die er vor-
schlägt, unter den nöthigen Einschränkungen und in Verbindung mit dem
grammatischen Unterrichte, den Sprachunterricht wesentlich fördern, allein in der Uebertreibung, in welche sie geräth, ist sie eben so na-
turwidrig, als völlig unpraktisch, und verdiente in keiner Hinsicht die
Aufmerksamkeit, die sie von mehreren Seiten erntete.

Friedrich Ludwig Jahn.
Geboren den 11. August 1778, gestorben den 15. Oktober 1852.

Motto: „Gott verläßt keinen Deutschen!"
Jahn.

Der Mann hohen deutschen Herzens, Jahn, gewöhnlich der „Vater
Jahn" genannt, nächst Gutsmuths der Gründer des deutschen Turn-
wesens, als welcher er mit dem alten Arndt in die Gegenwart herüber
ragte als lebendiges Denkmal, als läuterndes Zeugniß aus der Zeit, wo
die Deutschen im edlen Deutschthum gegen die corsische Zwingherrschaft
siegend, als Ein Mann dastanden. Jahn erzählt in seinem „Volksthum"
von sich selbst Folgendes: „Auf dem rechten Elbufer geboren in einer
altpreußischen Landstadt, wo mein Vater Geistlicher war, trank ich
mit der Muttermilch die Liebe zum Vaterlande. Nie ist sie seitdem an
der Hoffnungslosigkeit gestorben; schon als Knaben erweckte sie mich aus
dem Schlummerdasein, beschwingte meinen Geist als Jüngling und begeistert mich nun jetzt unter Trümmern. Deutschland, wenn es, einig mit
sich, als deutsches Gemeinwesen seine ungeheuren nie gebrauchten Kräfte
entwickelt, kann einst der Begründer des ewigen Friedens in Europa, der
Schutzengel der Menschheit sein."

Ueber seine wissenschaftliche Ausbildung auf dem Gymnasium zu
Salzwedel und den Universitäten Halle und Jena sagt er: „Die Geschichte ist meine älteste Jugendgespielin, meine Freundin geblieben und
meine Begleiterin durchs Leben. In Luthers Bibel habe ich Lesen
gelernt, Puffendorf war schon mein zweites Buch. Erst in der Er-
wachsenheit habe ich von Mährchen gehört. Als mich mein Vater

auf den Knieen schaukelte, wußte ich nur von den Großen des Alterthums
und den Biedermännern unseres Volkes. Bei herannahender Manneskraft bin ich im Laufe mehrerer Jahre Deutschland durchwandert zu Lese
und Lust; ich kenne seine vorzüglichsten Hofstädte, Handelsplätze und Gewerbsörter; ich kenne den Landbauer und unter ihm wieder den Wucherer,
Schwelger, Treiber und Fröhner; ich kenne 10 hohe Schulen und das
Treiben ihrer Gelehrten und Schüler; ich habe in lauter langbestandenen
Staaten gewohnt, unter 5 Königen und 3 Herzögen; ich habe überdies
noch gelebt unter dem letzten deutschen Kaiser, „mehreren Königen,
Fürsten und Herren und —

> „Erföre mir kein ander Land.
> Zum Vaterland,
> Stand mir auch frei die große Wahl!"

Durch sein „deutsches Volksthum" 1808 zu allgemeinem Rufe gelangt,
faßte Jahn in Berlin auf Anregen Fichte's den Entschluß, „als Lehrer
der Jugend für Deutschlands Wohl schaffend zu helfen," wobei er, als
Lehrer der Anstalt des Dr. Plomann, im „Grauen Kloster sein Hauptaugenmerk auf die „körperliche Erziehung durch geregelte
Leibesübungen" richtete, und 1811 in der Hasenheide den ersten
Turnplatz errichtete, welcher bald eine solche Sensation erregte, daß
die Anstalt 1817 gegen 1400 junge Leute: Studenten, Seminaristen,
Gymnasiasten und selbst Professoren und Offiziere zählte, während fast
durch ganz Preußen, sowie Nord- und Süddeutschland Anstalten nach
seinem Muster errichtet wurden.

Wie Jahn selbst im Befreiungskriege als Führer des 4. Bataillons
im Königl. Preuß. Freicorps mit in Paris einzog, so nahmen viele
Turner an dem Feldzuge Antheil und erwarben sich hohe Auszeichnung.

Indessen erhoben gegen das Turnwesen, das mit dem Hergebrachten
in mannigfache Conflikte treten mußte, bald sich zahlreiche Feinde, insonderheit Steffens und dessen Anhänger. Obgleich indessen K. v.
Raumer, Harnisch, Arndt ꝛc. für das Turnen in die Schranken
traten und die Preußische Regierung mit großem Interesse auf die Turnplätze blickte, so trat doch durch die Ermordung Kotzebue's von dem
Turner Sand eine nachtheilige Phase ein, indem man das Turnen
mit den demagogischen Umtrieben in Verbindung erblickte, und der
König von Preußen 1820 alle Turnanstalten zu schließen befahl. Jahn
selbst wurde in Folge des Verdachtes wegen demagogischer Umtriebe,
wenn auch mit Beibehaltung seines Gehaltes von 1000 Thlr. in gefängliche Haft gebracht, indessen 1825 durch das Oberlandesgericht zu
Frankfurt a. d. O. freigesprochen. Gleichwohl ward ihm von der Preußischen Regierung das Städtchen Kölleda und später Freiburg, wo
er früher seine Wohnung aufschlagen zu können gewünscht hatte, zum
Wohnsitze angewiesen. Bereits 1817 hatte die Universität Jena ihm
wegen seiner Kernsprache (Nulli magis comparandus quam Luthero) und
die Universität zu Kiel als Doctor artis tornariae ihre akademischen
Würden ertheilt.

In Freiburg, wo Jahn leider 1837 durch ein Brandunglück um
seine Materialien zu einer Geschichte des 30jährigen Krieges kam, baute
er, unterstützt durch die Beiträge seiner zahlreichen Freunde, am Fuße
des Schloßberges von einer herrlichen Aussicht sein Haus im altgothischen
Styl wieder auf. In dem daran stoßenden Garten, der mit seinen
Weingelünden einer Oase am kahlen Berge gleicht, traf man den Turnvater den Sommer über mit Hacke und Spaten. Fast fortwährend wurde
sein romantischer Sitz von Fremden besucht, welche der edle, vielerfahrene,

lebendige und leutselige Greis voll kräftiger Jugendfrische alle zuvorkommend aufnahm.

Als Abgeordneter des Regierungsbezirkes Merseburg erschien er auf der Reichsversammlung zu Frankfurt a. M. 1848, wo so viel geschwärmt, so wirr gesprochen, so Unausführbares angestrebt, so bitter gekämpft und morgen wieder zerstört wurde, was man heute aufgebaut. Jahn, der einem solchen falschen Idealismus nie gehuldigt hatte, stand zur gemäßigten Partei, und als die exaltirten Hanauer Turner ihm ihre Vivats brachten, fertigte er sie mit einer deutschen Strafrede voll verachtender Bitterkeit über die Frevelhaftigkeit ihrer unsinnigen deutsch-republikanischen Bestrebungen dergestalt ab, daß kurz darauf in den Septemberunruhen die Turnbrüder aus Bockenheim und Hanau, die sich mit dem Blute des Fürsten Lichnowsky und des Majors von Auerswald befleckten, auch sein Leben bedrohten.

In einer Zuschrift erklärt Jahn der sogenannten Linken das bedeutungsvolle Wort: „Wer frei sein will, muß auch Anderer Freiheit achten."

Bei dem Turnfeste in Waldburg 1846 sprach Jahn das prophetische Wort: „Das Turnen werde noch einmal bei den deutschen Regierungen in Mißcredit kommen, dann aber seine Einreihung in den Plan der Erziehung erhalten!" In seinen letzten Jahren geschah es wirklich, daß Preußen, Sachsen, Hessen-Darmstadt, Hannover, Oldenburg ꝛc. das Turnen in der Schule einführten.

In Wahrheit ist Jahn ein Wohlthäter der deutschen Jugendbildung, da er das hohe Ziel verfolgte, mit der gesunden, schnell kräftigen Leibesbildung der Jugend diese zugleich zur Lauterkeit und Offenheit des Wesens, zur Tüchtigkeit der Gesinnung und Reinheit der Sitte anzuleiten und Ehrfurcht, Liebe und Glauben in die Herzen der reifenden Jünglinge zu pflanzen, auf denen die Hoffnung unseres Vaterlandes ruht."

Ignatz Jaksch.

Geboren den 12. September 1792, gestorben den 23. März 1857.

Die Volksschule hat einen ihrer aufrichtigsten Freunde und Pfleger verloren, nämlich den Stadthaltereirath, Kanonikus des Leitmeritzer Domkapitels, Dr. der Theologie P. Ign. Jaksch. Durch seine amtliche Stellung in weiten Kreisen bekannt, hatte er sich in der literarischen und vorzüglich in der Schulwelt einen dauernden und ehrenvollen Ruf erworben durch sein „Jahrbuch für Lehrer und Erzieher", das er im Jahr 1834 — als bischöflicher Notar in Leitmeritz — begründete und durch fast zwei Dezennien fortführte *), bis er es, von seinen amtlichen Geschäften zu sehr in Anspruch genommen, jüngeren Kräften übergab. Abgesehen von dem vielen Trefflichen, das in pädagogisch-literarischer Hinsicht durch dieses Jahrbuch gewirkt wurde, hatte sich P. Jaksch bei dessen Herausgabe zugleich den edlen Zweck gesetzt, das materielle Wohl der Schullehrer zu fördern, und den Ertrag dieses Buches zur Gründung eines Fondes für arme verdiente und verunglückte Schullehrer gewidmet. Namhafte Beiträge wurden auf diese Art alljährlich, zum Theil sogleich zu Unterstützungen verwendet, zum Theil zur dauernden Erhaltung des Unterstützungsfondes kapitalisirt. Schon im Jahre 1850, nachdem das Jahrbuch seinen 16. Jahrgang erreicht, waren durch die rastlosen Bemühungen des menschenfreundlichen Herausgebers gegen 47,000 fl. W. W. diesem

---

*) Wird fortgesetzt von Maresch, k. k. Schulrath und Inspektor der Volks- und Realschulen in Böhmen. Prag bei S. A. Crebner und Kleinbub.

eblen Zwecke zugeflossen. Auch sonst in seinem Berufe unermüdlich thätig, wurde Jakfch im Jahre 1846 als k. k. Gubernial=Referent nach Prag berufen, und im Jahre 1854 zum Statthaltereirathe ernannt. Jakfch war in Wartenberg geboren und am 29. Oktober 1815 zum Priester ordinirt. In seinem 65 Jahre langen Lebenslaufe erwarb und bewahrte er sich stets den Ruf eines Mannes von trefflichem Herzen und gediegenem Charakter eines würdigen Priesters des Herrn, eines edlen Menschenfreundes.

Aegidius Jais.
Geboren den 17. März 1750, gestorben den 3. Dezember 1822,

> Motto: Man soll nicht blos den Verstand und das Gedächtniß der Kinder beschäftigen, sondern auch vor allen ihr Herz und Gewissen in Anspruch nehmen, man soll sie nicht nur zum Guten unterweisen, sondern auch zum Guten anführen, — nicht nur anführen, sondern auch angewöhnen." Jais.

Dieser um die Seelsorge, wie um die Jugenderziehung gleich verdienstvolle Mann wurde zu Mittenwalde an der Isar in Oberbayern geboren. Im Kloster Benediktbeuren erhielt er seine wissenschaftliche Vorbildung und gewann dieses Stift so lieb, daß er am 11. November 1770 hier Profeß ablegte. Nachdem er in der gefürsteten Abtei St. Emmeran zu Regensburg das philosophische Studium beendigt, hörte er in seinem Kloster Theologie. 1776 am 28. April zum Priester geweiht, wurde er Beichtvater an dem Wallfahrtsorte Maria=Plain bei Salzburg. Er stand von 1778—86 zu Salzburg im Lehramte, begab sich aber 4 Jahre lang in die Seelsorge und ward hierauf im Kloster Rot am Inn Direktor des geistlichen Seminars für die Zöglinge des gesammten bayer. Benediktinerordens. Nach Aufhebung der Klöster erhielt er 1803 einen ehrenvollen Ruf als Professor der Moral= und Pastoraltheologie nach Salzburg. Von der Familie des damaligen Kurfürsten zu Salzburg und nachmaligen Großherzogs von Würzburg und Toskana wurde er als Religionslehrer 1804 begehrt. 1805 stand er der Universität Salzburg als Rector Magnificus vor und begab sich im nächsten Jahre mit dem großherzoglichen Hofe nach Würzburg. Nachdem der Großherzog Ferdinand von Toskana Besitz ergriffen hatte, zog sich Jais wieder in die klösterliche Einsamkeit nach Benediktbeuern zurück. Wie beliebt die Schriften Jais waren, ergibt sich schon daraus, daß sie viele Auflagen erlebten. Unter den vielen Schriften, die Jais verfaßte, heben wir hervor: Das Wichtigste für Eltern, Erzieher der Jugend und Seelsorger, 1825. — Valentin und Gertrud, worin die Grundsätze einer christlichen Erziehung im Beispiele dargestellt sind. — Schöne Geschichten und lehrreiche Erzählungen. — Guter Same auf ein gutes Erdreich, ein vortreffliches Gebetbuch,

Valentin Jckelfamer,
der Erfinder der rechten Lehrmethode.

Valentin Jckelfamer (auch Jckelschamer, Jckerfamer, von Andern Jckelshayner genannt) war ein Zeitgenosse Luthers, und, wie aus den Umständen zu schließen, Schullehrer zu Rotenburg an der Tauber, von wo er sich später nach Sachsen begab und als privatisirender Schulmeister lebte. Die damalige kirchliche Bewegung ließ ihn nicht unberührt, er trat aber in dem durch die Bilderstürmer veranlaßten Streit auf die Seite des bekannten **Andreas Bodenstein von Carl-stadt**, und vertheidigte diesen gegen Luther in der von Reichardt ange-führten Schrift: „Klag etlicher Brieder an alle Christen von der großen Ungerechtigkeit und Tyrannei: So Endreffen Bodenstein, genannt Carl-stadt: jetzt von Luther in Wittenberg geschickt. Valentinus Ickelschamer zu Rotenburg auf der Tauber. 2 Bg. in 4º."

Was weiter aus Ickelsamer geworden, konnte nicht ermittelt werden, ebenso wenig ist eine frühere Schrift desselben „von der rechten Weyse lesen zu lernen" wieder aufzufinden gewesen. Der letztere Verlust ist indeß nicht sehr groß, da wir sein späteres Werk noch besitzen, in welchem er selbst gesteht, daß jene erste Anweisung nicht gar zu deutlich gewesen sei. Das Buch führt folgenden Titel: Teütsche Grammatica Darauß ainer von jm selbs mag lesen lernen, mit allem dem, so zum Teüt-schen lesen vnnd desselben Orthographian mangel und überfluß, auch anderm vil mehr, zu wissen gehört. Auch etwas von der rechten art und Etymologia der teütschen sprach vnd wörter, auch wie man die Teütschen wörter in ire silben taylen, und zusamen Büchstaben soll Valentin Ickelsamer.

Das Buch besteht aus 40 Blättern in Duodez und ist durchweg mit sogenannter Schwabacher Schrift gedruckt. Ort und Jahreszahl sind nicht angegeben. Nach der Angabe bei Ebert ist es 1537 zu Nürnberg gedruckt worden; eine frühere Ausgabe ohne Ort und Jahreszahl soll aber schon früher, vielleicht schon 1522, erschienen sein. Eine eigentliche Grammatik ist das Buch nicht; was darin über die Redetheile, über Or-thographie und Interpunktion enthalten ist, will nicht viel besagen; das Lesebüchlein, in welchem alle Wörter sylbenweise getrennt sind, umfaßt nicht mehr als drei Seiten und gibt in 40 kurzen Sätzen eine Anweisung zum christlichen Leben, unter der Ueberschrift: Uebung und Leben eines Christen. Den größten und besten Theil des Buches macht die An-weisung zum Lesen aus und über diesen will ich ausführlicher berichten.

Wenn Ickelsamer auf seine Anweisung zum Lesen ein großes Ge-wicht legt, so soll man ihn darum nicht für einen Schwärmer halten, ihm auch nicht Schuld geben, daß er sich einer besonderen göttlichen Offenbarung rühme; noch weniger soll man ihn mit den Leuten zusam-menstellen, die noch heut zu Tage Wunder was gethan zu haben glauben, wenn sie ein neues Verfahren beim Leseunterricht erfinden. Man soll viel-mehr bedenken, daß Ickelsamer zu einer Zeit lebte, wo Lesen und vollends Schreiben eine gar seltene, dem eigentlichen Volke ganz unbekannte Kunst war, aber auch zu einer Zeit, wo eine gründliche Belehrung des Men-schen und über die Alles umgestaltende Bewegung der Zeit nur durch Lesen möglich war. Wer damals die Kunst zu lesen unter dem Volke verbreitete, der gab ihm den Schlüssel, seine Zeit zu verstehen, und that für die Ausbreitung der Wahrheit unendlich mehr, als wir jetzt begreifen mögen. Dazu kommt noch, daß sein Verfahren beim Lesenlernen so ein-fach und so naturgemäß war, wie kein anderes, und es ist wahrlich un-begreiflich, daß man die Vorzüge desselben nicht schon längst erkannt hat, und es nicht allgemein zur Anwendung bringt.

In der Einleitung spricht sich Ickelsamer S. 7 über sein Bestreben in folgenden Worten aus: Mich hat aber nit Kurzweil allein, sondern Gottes Ehr, das zu schreiben ermahnet, denn es ist ja ein Werk, das zu seinem Lob vast dienen mag. Es ist ohne Zweifel jetzt kaum ein Werk oder Creatur auf Erden, die zugleich zu Gottes Ehr und Unehr mehr gebrauchet wird, denn die Lesekunst, mit Schreibung vieler guter und böser Bücher in die Welt. Und die es zu Zeiten am besten machen, oder am fruchtbarlichsten lesen künnten, denen mangelts am Lesen. Es wird auch ein Jeder, der zum rechten Ursprung des Lesens gedenken und kummen wird, (wie dieses Büchlein anzeiget) erkennen, daß es ein herrlich Gab Gottes ist, und daß sie ein Holzhauer, ein Hirt auf dem Felde, ein jeder in seiner Arbeit, ohne Schulmeister und Bücher lernen mag. Er bitte Gott und thu ihm wie ich. Da ich erkannte, daß mich Gott über dieses sein Ampt setzen wollt, das Lesewerk zu gebrauchen in seinem Hof und Regiment auf dieser Erden, hab ich nach dem Ursprung des Lesens gedacht; das hat mir Gott so klar zeiget, daß ich nit achten kann, daß diese Kunst höher geführt werden, oder ihrem Ursprung näher kommen künnt, zu welchem alle Ding (wie man sagt) wieder kommen sollen und müssen, und dann das Ende. Das wöll Gott geben bald und mit Gnaden. Amen.

Ickelsamer erinnert, wie schon Quintilian in seiner Anweisung zur Redekunst es für eine subtile Kunst erklärt habe, die Buchstaben recht zu nennen. Aus dieser „Subtiligkeit der Buchstaben" sei es denn gekommen, daß die Hebräer und Griechen jeden Buchstaben mit einem ganzen Wort (Aleph, Beth, Gimel — Alpha, Beta, Gamma c.) und die Lateiner und Deutschen mit ganzen Sylben (Be, Ce, De c.) benannt haben, wodurch zu dem eigentlichen Laut viel Fremdartiges hinzukomme. Aber die Buchstaben (Ickelsamer braucht das Wort auch, wo er **Laute** sagen sollte) seien viel zu subtil, als daß man sie recht nennen könnte, denn etliche müsse man blos weisen, wie man sie mit den natürlichen Organis und Gerüste im Munde mache. Aber **worts- und syllabenweise,** fährt er fort, **sind die Buchstaben den Lesenlernenden mehr hinderlich als dienstlich.**

Hierauf folgt eine Belehrung über die einzelnen Laute und die Art, wie jeder gebildet werde, und wie man den eigentlichen Laut jedes Buchstaben, insonderheit der ganz haimlichen stummen Buchstaben b, p, d, t, g, k recht erkennen solle; es folgen dann noch einige Bemerkungen über Orthographie und Interpunction und endlich der anziehendste Abschnitt des Büchleins: **Wie Einer von ihm selbst mög lesen lernen.**

Eduard Jenner.

Geboren den 17. Mai 1749, gestorben den 26. Januar 1823.

Wer hätte nicht schon von der schrecklichen Krankheit, der vor dem ein jeder Adamssohn mehr oder minder unterworfen war, und die namentlich so manches schöne Gesicht verunstaltete, von den Pocken, gehört. Ja wohl Mancher hat selber gar die schmerzlichste Schule der Erfahrung damit durchgemacht. Indeß hat die Forschung des Menschengeistes auch hierin der Natur nützliches Gegengift abgelauscht und wurde dadurch nicht allein das Leben Tausender gerettet, sondern auch dem menschlichen Körper die äußere Schöne gesichert, wodurch ihn sein gütiger Schöpfer so vortheilhaft vor allem andern Wesen auszeichnete. Durch Bekämpfung der Pockenkrankheit haben Unzählige ihre geraden Glieder erhalten, die ohnedies als krüppelhafte und verunstaltete Personen ein elendreiches Dasein dahinschleppten. Darum, wer wollte es in Abrede stellen — hat sich der Erfinder der Gegenpocken unsterbliches Verdienst um die Menschheit erworben, ja man kann ihn mit vollem Rechte den Begründer einer eigentlichen Lebensversicherung nennen. Eduard Jenner ist der Name dieses großen Wohlthäters der Menschheit; und ob er sich nicht gerade zu den Pädagogen zählt, so glauben wir dennoch, ihm einen Ehrenplatz in dieser Biographien = Sammlung nicht vorenthalten zu dürfen.

Derselbe war geboren zu Berkeley in England. Sein Vater, ein achtbarer, ziemlich vermögender Mann, starb ihm sehr frühe. Von einem ältern Bruder wurde er erzogen. Der kleine Eduard zeigte frühzeitig große Vorliebe für Naturwissenschaft. Deßhalb gab man ihn einem Wundarzte bei Bristol in die Lehre. Hier geschah es, daß eine junge Bäuerin durch ihre Mittheilung: „sie fürchte vor den Pocken nicht, weil sie die Kuhpocken gehabt," Jenner's erste Aufmerksamkeit auf diesen Gegenstand lenkte. Noch nicht 21 Jahre alt kam er nach London und genoß 2 Jahre den trefflichen Unterricht des berühmten John Hunter, dessen inniger Freund er später wurde. Durch Befürwortung des Letztern wurde E. J. das Ordnen der Exemplare, welche Cook auf seiner ersten Reise mitgebracht, übertragen. Dies Geschäft führte er zur größten Zufriedenheit aus, so daß ihm die Stelle als Naturforscher für Cook's zweite Reise angetragen wurde. Er schlug sie aus. Ebenso that er, als ihm bald darnach ein einträglicher Posten in Indien angeboten wurde. Selbst nicht einmal vermochte John Hunter ihn dahin zu bestimmen, eine Schule für Naturgeschichte in London zu eröffnen, die allgemein gewünscht wurde. Jenner zog ein ruhiges Leben Allem vor und in stiller Zurückgezogenheit beschäftigte sich sein Geist fortwährend an dem schönen Plan, der ihm in der Folge auch so glücklich gelang. All' seine Zeit war der Naturgeschichte, Geologie und verwesten geständen gewidmet. Er schrieb viel und ein Aufsatz über die Lebensweise des Kuckucks, das Resultat einer mehrjährigen Erfahrung, verschaffte ihm die Mitgliedschaft der kgl. Societät. Auch durch mehre Abhandlungen über Kuhpockengift, Impfung u. s. w. erregte er allgemeine Aufmerksamkeit. Am 14. Mai 1796 impfte er zuerst einen Menschen, einen Knaben, in den Arm von einer Pustel an der Hand eines Mädchens, welches beim Melken der Kühe inficirt wurde. Die Krankheit zeigte sich in dem Knaben und verlief schnell. Mehre Versuche folgten jetzt. Und nachdem er derselben etliche und zwanzig gemacht hatte, veröffentlichte er in einer eigenen Schrift den Erfolg seiner Forschungen. 1801 untersuchte ein eigner Ausschuß die Angelegenheit und auf dessen Bericht hin wurde dem verdienstvollen Manne ein Geschenk von 10,000 Pf. Sterling, welchen im darauffolgenden Jahre noch 20,000 Pf. zugefügt wurden. Seither nun hat sich die Jenner'sche Erfindung über alle Länder hin verbreitet.

Dr. Karl David Ilgen.
Geboren den 26. Februar 1763, gestorben den 17. Februar 1834.

Dr. Karl David Ilgen, königl. Consistorialrath und fast 30 Jahre lang Rector der königl. Landesschule Pforta, war zu Burgholzhausen unweit Eckartsberga im preuß. Herzogthum Sachsen geboren, wo sein Vater Schullehrer war. Er wurde streng erzogen, besuchte dann die Domschule zu Naumburg, wo er in drückenden Umständen lebte, und studirte später in Leipzig besonders klassische und orientalische Philologie. Er wurde hier der Lehrer des nachmals so berühmten Philologen Hermann, der ihm seine herzliche Dankbarkeit in einer Epistola ad Ilgenium vor des Letzteren Ausgabe der Homerischen Hymne (1806) öffentlich bewies. Zwei wohlgelungene Schriften „über die Fragmente des Tarentiners Leonidas" (1785) und „über den griechischen Chor" (1788) begründeten seinen Ruf eines sehr gründlichen Gelehrten. Von Leipzig wurde

Ilgen 1790 zum Rector des Stadtgymnasiums zu Naumburg und nach 4 Jahren als Professor der orientalischen Sprachen und der Theologie nach Jena berufen. Hier gab er 1796 die Homerischen Hymnen, 1797 die Sammlung seiner philologischen Aufsätze in 2 Bänden und 1800 das Buch Tobias heraus. Im Jahre 1802 erhielt er, besonders durch die Bemühungen Reinhard's das Rectorat der Landesschule Pforta, wo wo er mit ausgezeichnetem Erfolge wirkte. Zunehmende körperliche Schwäche und ein hartnäckiges Augenübel zwangen ihn, im Jahre 1831 um seine Entlassung zu bitten, die ihm auch unter den ehrenvollsten Bedingungen ertheilt wurde. Er hoffte, in Berlin den Abend seines Lebens in Ruhe zu verbringen, aber eine Operation, welcher er sich wegen seines zunehmenden Augenübels unterwarf, führte seine gänzliche Erblindung herbei, die er jedoch mit stiller Ergebung und christlicher Demuth ertrug.

Isaak Iselin.

Geboren den 17. März 1728, gestorben den 15. Juli 1782.

— — — — Der die Menschen
Alle — alle, mit Liebe,
Warm und thätig umschloß —

— — — —

Sein Leben der edelsten Thaten
Ein Gewebe; ein Frühling,
Dessen fruchtbares Licht
Lang Segen gewährt.

Er pries die Pfade der Tugend
Fürsten — Völkern — Er wich
Nie von Wahrheit und Recht
In Schriften und That.

Von Erziehung des einzelnen Menschen bis zur Erziehung des Menschengeschlechts braucht der denkende Kopf keinen Sprung mehr zu thun. Beide Gegenstände verbinden sich in ihm so genau, daß er sie nur von einander absondern darf, wenn ein Rath, oder alle in der Gesellschaft zu deren Bewirkung in Bewegung gesetzt werden sollen. So beschäftigte sich Iselin's Geist nicht nur mit der Erziehung im engern Verstande, sondern im weitläufigern und weitläufigsten Sinn, mit Bildung und Veredlung der ganzen Menschengeschlechts durch Lehre und Beispiel, und durch Gründung von Mitteln, zur Erhöhung des Glücks und der Glückseligkeit. Staatskunde war unter seinen Studien, neben Philosophie und Rechtsgelehrsamkeit, diejenige Wissenschaft, der er sich am meisten befliß, weil er von ihr für sein Vaterland den meisten Gewinn zu ziehen hoffte. Und da ihn das Loos nicht zum academischen Lehrer, sondern zum Staatsmann *) bestimmt hatte, so kam ihm die Bekanntschaft damit wohl zu statten, und nun erweiterte er seine Kenntnisse, die er sich bereits davon erworben hatte. Er studirte die Staatshaushaltung als Patriot für sein Vaterland und als Theilnehmer an dem Glück aller Staaten, an dem Wohlstand und der Glückseligkeit jeder Klasse derselben. Dieß beweisen seine Schriften. Ruhig prüfende und sorgfältig forschende Weisheit, ist in seinen Schriften mit Herzensgüte und reiner Menschenliebe allenthalben sichtbar vereint. Unbekanntschaft mit der Feigherzigkeit, und bescheidene Freimüthigkeit — wahre Tugenden des menschenfreundlichen Volks-

---

*) Er war Rathschreiber in Basel, wo er auch geboren ward.

lehrers — sind das Gepräge von allen. Dem einzelnen Menschen, der
bürgerlichen Gesellschaft, den Vätern und Vormündern der Menschheit —
den Unterthanen und Regierungen — den Gesetzgebern und Gehorchen-
den — den Begüterten und die mit saurem Schweiß ihren täglichen Unterhalt erarbeiten müssen, sagt er es in allen seinen Schriften, wie sie
weise und tugendhaft werden müssen, um glücklich zu sein; — er
sagt es immer auf eine Art und in einer Sprache, woraus man sieht,
daß er diesen großen Zweck immer vor Augen habe, ganz davon durchdrungen sei. Wie er Leute von reiferm Alter in seinen Schriften nützlich zu werden suchte, so arbeitete er auch in verschiedenen derselben, den
Nutzen der Jugend zu befördern. Wer sie gelesen hat, weiß, daß darin
ein freundlicher Lehrer und herzlicher Vater spricht, dem man es überall
anmerkt, daß es ihm ein großes Anliegen sei, den Verstand und das
Herz der Kinder und junger Leute zu bilden. Er war einer der wenigen
Sittenlehrer, deren Leben ihren Glauben an ihre Lehre beweist. Er
veranstaltete die Sammlung, dem Nutzen und Vergnügen der Jugend ge-
heiligt, 2 Theile 1773. In seinen Ephemeriden der Menschheit, 1. Bd.
Basel, 1776—1782 ist seine Menschenliebe, sein Streben nach Volksauf-
heiterung, Wahrheitsdrang in sichtbaren Zügen. *) Es befinden sich darin auch viele treffliche Aufsätze über Verbesserungen im Erziehungswesen,
z. B. Versuch eines Bürgers, über die Verbesserung der öffentlichen Erziehung in einer republikanischen Handelsstadt, 1779. Um über die Einrichtung des Schulwesens eines Staats gründlich zu reden, urtheilt Iselin in dem kurzen Vorbericht sehr richtig, muß man zuförderst einen
deutlichen Begriff von demjenigen zu Grunde legen, was Erziehung
und Unterricht leisten sollen; sodann müssen die Weise und die Mittel erwogen werden, durch welche sie ihre Absichten erfüllen, und endlich ist
die äußerliche Gestalt und die Einrichtung zu bestimmen, welche den
Schulen eines Staats nach seinen besondern Umständen zu geben sind.
Und das ist denn auch der Plan, der bei dieser kurzen Schrift zum
Grunde liegt. Von seinen übrigen Schriften bemerken wir folgende:
Philosophische und patriotische Träume eines Menschenfreundes, 1759. — Philosophische und politische Versuche, 1760. — Ueber die Gesetzgebung, 1760. —
Ueber die Geschichte der Menschheit, 1770. — Schreiben an die helvetische
Gesellschaft, die sich jährlich in Schinznach versammelt, über Basedow's Vorschläge zur Verbesserung des Unterrichts der Jugend, 1769. — Vermischte Schriften, 2 Bde. 1770. — Schreiben, an Herrn Ulysses von Salis von Marschlins
über die Philanthropinen in Dessau und in Graubündten, nebst der Antwort des Herrn
von Salis und einem Entwurf der Ephemeriden der Menschheit, 1775. — Philanthropische Aussichten redlicher Jünglinge für denkende und fühlende Mitmenschen, 1775. —
Iselins Andenken muß jedem Helvetier auch noch besonders heilig
sein. Er war einer der Stifter der helvetischen Gesellschaft, die sich
vorher in Schinznach, später dann aber in Olten versammelt hat.
Der Zweck, Menschen mit Menschen zu verbinden, und kleinen Unter-
schiede auszuwischen, welche die Verschiedenheit der Freistaaten eines einzigen Staatskörpers erzeugten, und überall die Bande der Freundschaft
und Liebe den blos politischen Banden zuzugesellen, wie würdig ist er des
thätigen Menschenfreundes! des liebevollen Iselins!

---

*) Hierin findet sich auch eine der gehaltreichsten Schriften Pestalozzi's aus dem Jahre
1780: „Die Abendstunde eines Einsiedlers."

Isokrates,

einer der berühmtesten griechischen Redner, ward zu Athen 436 vor Christi geboren, und hatte den Gorgias, Prodikus und Protagoras zu Lehrern. Er suchte die Grundsätze des Schönen und Sittlichen in rhetorische Form zu kleiden. Er legte besonderen Werth auf einen gebildeten Stil und auf eine harmonische Rundung der Periode. Da ihn seine schwache Stimme und angeborne Furchtsamkeit abhielten, öffentlich als Redner aufzutreten, so beschäftigte er sich vorzüglich mit dem Unterricht in der Redekunst und mit Abfassung von Reden für Andere, worin er bald einen solchen Ruf erhielt, daß er für eine Rede, die er Nikokles, dem Könige von Kypern zueignete, von demselben 20 Talente (27,000 Thlr.) und für die Ausarbeitung eines Schreibens an die Athener 1 Talent als Geschenk empfing. In seiner Schule lehrte er die ganze Rhetorik für 10 Minen, den gewöhnlichen Preis für den Unterricht eines Schülers zu seiner Zeit. Er suchte die Gegensätze, die damals in Athen herrschten und die auf der einen Seite von den Sophisten, auf der anderen von Sokrates repräsentirt wurden, zu vermitteln und auszugleichen. Dazu begnügte er sich nicht mit den eigenen Declamationen und einer practisch abgefaßten Rhetorik; er entzündete zugleich unter seinen Schülern einen regen Wetteifer mittelst monatlicher Preise und zweckmäßiger Lobsprüche, sowie dadurch, daß er ihre Studien auf ihren Kräften entsprechende Objecte, besonders auf historische Arbeiten lenkte. Sein Bestreben hatte die Tendenz, durch einleuchtende Gründe die Gemüther für das Gute zu gewinnen und gegen das Böse zu stimmen, und demnach nicht nur einflußreiche Redner, sondern auch sittlich brave Männer und nützliche Bürger zu bilden. Er empfahl das Streben nach Bildung als einem höchst wichtigen Gute. Mit dem Körper soll man arbeitsliebend, mit dem Geiste weisheitsliebend sein, damit man mit dem einen Das, was gut dünkt, vollenden kann, mit dem anderen das Nützlichste vorauszusehen versteht. Weisheit allein ist ein unsterbliches Besitzthum. Wer gern lernt, wird auch viel lernen. Dieses Lernen soll aber nur im Aneignen von nützlichen Dingen bestehen, denn es ist besser, in solchen eine mäßige Einsicht zu haben, als unnütze Dinge aus dem Grunde zu verstehen. „Nenne nicht Die Weise, welche sich über kleine Dinge mit großer Gewandtheit streiten können, sondern Die, welche über das Wichtigste gut zu reden vermögen; nicht Die, welche Anderen Glück verheißen, selbst aber immer in Ungewißheit und Verlegenheit gerathen, sondern Diejenigen, die, ohne viele Worte von sich zu machen, sich in die Verhältnisse der Menschen schicken können und nicht durch Veränderungen im Leben außer Fassung gebracht werden, sondern Glück und Unglück schön und mäßig zu ertragen wissen. Zu solcher Weisheit aber kann nur Der gelangen, der gute Lehren eingesogen hat, denn wie der Körper durch angemessene Arbeit, so wird der Geist durch gute Unterweisung gekräftigt und gestärkt. Edle Nachahmung, um würdiger Vorfahren würdig zu leben, ist darum vor allen Dingen nöthig zur Weisheit. Darum soll die Jugend in die Schicksale und Denkweise der Vorwelt eingeweiht und in der Lectüre der heimischen Schriftsteller und Dichter unterwiesen werden. Sie soll das Beste von den Dichtern auswendig lernen und auch die Werke Anderer, selbst der Sophisten, wenn sie etwas Nützliches gesagt haben, lesen. Wie die Biene aus allen Pflanzen das Beste zieht, so darf Der, welcher nach Bildung strebt, Nichts unbeachtet lassen, sondern er muß überall einen Schatz von nützlichen Kenntnissen zu sammeln suchen. —

Isokrates verlangt von der Pädagogik, daß sie soviel als möglich die sinkende Zucht der Gegenwart durch Hinweis auf die Vergangenheit aufrichtet, den Freiheitstaumel mäßigt und zum Patriotismus wie zur Einfalt der Vorzeit ermuntert. Wenn schon Diejenigen, sagt er, welche Freunden helfend zur Seite stehen, Treffliches thun; so stehen noch weit höher und nützen weit mehr Die, welche den Jünglingen nicht gerade Redefertigkeit und Beredtsamkeit beibringen und einschärfen, sondern das natürliche Gefühl der Sittlichkeit zu läutern und die Bildung des Charakters zu fördern suchen. —

Isokrates wünschte Griechenland's Freiheit und zwar mit solcher Innigkeit, daß er sich aus Verdruß über das unglückliche Treffen bei Chäronea im 98sten Lebensjahre zu Tode hungerte. —

Johann Heinrich Jung, genannt Stilling.
Geboren den 12. Dezember 1740, gestorben den 2. April 1817.

Johann Heinrich Jung, ein durch seine frühern Lebensschicksale, nicht minder durch seine nachherigen Leistungen, namentlich als pietistischer Schriftsteller, merkwürdiger Mann, ward zu Im-Grund im Nassauischen von armen Eltern geboren. Er wollte anfangs Kohlenbrenner werden, lernte dann als Schneider, beschäftigte sich zugleich nebenbei mit höheren Dingen und suchte endlich ein Schullehreramt. Da aber dieser Versuch mißlang, kehrte er zu seinem Handwerke zurück, von dem er jedoch zu wiederholten Malen, weil Jedermann leicht für ihn Zutrauen und Neigung faßte, abgerufen ward, um abermals eine Stelle als Hauslehrer anzunehmen. Nachdem er sich etwas erspart, studirte er zu Straßburg Medizin und ließ sich dann zu Elberfeld als Arzt nieder. Seit 1778 lehrte er an der Cameralschule zu Lautern Landwirthschaft, Fabrik- und Handelskunde und ward, bei Verlegung dieser Anstalt nach Heidelberg, als Professor und Lehrer für dieselben Fächer mit ihr dahin versetzt. Im Jahr 1787 folgte er einem Rufe als Professor der Oekonomie und Cameralwissenschaften nach Marburg, kehrte aber 1804 als ordentlicher Professor der Staatswissenschaften nach Heidelberg zurück und lebte zuletzt ohne öffentliche Anstellung zu Karlsruhe, wo er als badischer Geheimrath starb. Jung war ein geistreicher, gutmüthiger Mann, der sich insbesondere auch als Operateur des Staars auszeichnete. Weit berühmter als durch seine für jene Zeit trefflichen Cameralistischen Werke, ward er durch seine zahlreichen pietistischen Schriften. Hierher gehören „Theobald oder die Schwärmerei," 2 Bde. 3. Aufl. Leipzig, 1824; das Heimweh; „Der Volkslehrer;" „Der christliche Menschenfreund" und mehrere Andere. Sein Leben erzählte er selbst in dem berühmten Buche „Heinrich Stilling's Jugend, Jünglingsjahre, Wanderschaft," an welches sich später Heinrich Stilling's häusliches Leben (Berlin, 1798) anschloß.

Friedrich August Junker.
Geboren den 30. Juni 1754, gestorben den 8. Januar 1816.

Motto: „Richtig verstandene Aussprüche der Bibel und gute Liederverse sind gemeiniglich die bleibendsten Bekenntnisse, welche die Kinder aus der Volksschule mitbringen und woburch gute Gesinnungen und Handlungen gefördert werden." Junker.

Friedrich August Junker wurde zu Halle an der Saale geboren. Junkers Vater, ein Schneidermeister, besaß keine Reichthümer, war

aber einer der rechtlichsten Bürger der Stadt Halle. Er war ein Bruder
des als Arzt noch jetzt im rühmlichen Andenken stehenden Prof. Johann
Junker, der sich früherhin durch die bekannte hallische griechische Grammatik um die Schulen seiner Zeit ein großes Verdienst erworben hat.
Junker erhielt schon in den ersten Jahren seines Lebens Privatlehrer in
den Elementen, besuchte darauf von 1761—1770 die öffentliche lateinische
Schule des Waisenhauses seiner Vaterstadt und ging von da zum Studium
der Theologie auf die dasige Universität. In seinen Universitätsjahren
war er besonders ein Schüler von Nösselt, Meier, Gruner, Semler,
Schulz, Freilinghausen, Ebert und des ältern Dr. Knapp. Schon während seiner akademischen Laufbahn unterrichtete er fast in allen Classen
der Schule, die ihn selbst gebildet hatte. Von 1775—1779 wirkte er
nicht ohne Auszeichnung als ordentlicher Lehrer am königlichen Pädagogium zu Halle. 1779 wurde er berufen, das Amt eines Garnisonspre-
digers bei dem von Salberschen Regiment zu Magdeburg zu übernehmen.
Junker verließ nicht ohne innere Bewegung das Pädagogium, an welchem
er über vier Jahre mit Lob gewirkt hatte. Aber auf die Hoffnung bauend,
daß er durch die göttliche Vorsehung geleitet werde, trat er sein neues
Amt mit Gottvertrauen an. 1790 wurde von seinem Könige mit dem
Unterrichte der Junker und jungen Officiere beauftragt und führte auch
die Aufsicht über die dasige Regiments- oder Garnisonsschule. Hier empfahl er sich durch ausnehmende Thätigkeit, Pünktlichkeit, Gewandtheit
und taktvolles Benehmen in hohem Grade.

Der Herzog Carl Wilhelm Ferdinand von Braunschweig, als damaliger General-Inspektor aller in und in der Umgegend von Magdeburg liegenden preußischen Regimenter, lernte ihn kennen und rief ihn
1798 den 13. Mai unter den ehrenvollsten Bedingungen als Garnison-
prediger, Direktor der Waisenhausanstalten, der Garnisonschule und des
Schullehrer-Seminars, nach Braunschweig. Junker kam den 18. Juni
an dem Ort seiner neuen Wirksamkeit an, übernahm den 15. Juni sein
Predigeramt und wurde den 27. August in das rev. Minist. der Stadt
aufgenommen.

Der Herzog zog Junker aus Magdeburg nach Braunschweig, um
sein ausgezeichnetes Lehrertalent für das dortige Waisenhaus und die
Garnisonschule zu benutzen. Junker hat an beiden genannten Anstalten
reformirt und zwar nicht ohne manchen harten Kampf und unter großem
Widerspruch, jedoch nicht ohne glücklichen Erfolg. Die Waisenhausschule
enthielt unter Junkers Direction vier Knaben- und vier Töchterklassen,
welche nicht nur von den 150 bis 160 Waisen der Anstalt, sondern auch
wohl noch von 4—500 Kindern der Bürger der Stadt, selbst von den
angesehensten und vornehmsten derselben, besucht wurde. Das Lehrerpersonal bestand theils aus vier studirten Lehrern, Candidaten der Theologie, theils aus den sechs Mitgliedern des Schullehrer-Seminars und
einigen Nebenlehrern, z. E. dem Zeichnenlehrer u. s. w. Die studirten
Lehrer unterrichteten in den Oberklassen. Die Seminaristen vorzüglich
in den drei untern Knaben- und zwei untern Mädchenklassen. Die Lehrer
der Waisenschule machten nicht — wie das in den meisten deutschen
Schullehrer-Seminarien der Fall ist — ihren 2- bis 4jährigen Cursus,
um dann entlassen zu werden, sondern auch sie blieben so lange in der
Bildungsanstalt und fungirten als Lehrer der genannten Schule, bis
ihnen in der Stadt oder auch auf dem Lande eine Schulstelle zu Theil
wurde. Während ihrer ganzen seminaristischen Laufbahn dauerte ihre
Unterweisung im Schulfache, abseiten des Directors, fort. Theorie und

Praxis waren daher stets innig mit einander verbunden; doch war der Letzteren mehr.

Bei Junkers Antritte des Directorats der Waisenhausschule zu Braunschweig war freilich mit dieser Anstalt schon das Schullehrer-Seminar verbunden. Diejenigen aber, welche sich auf demselben zu Lehrern bilden wollten, wurden vor Junker, so wie auch in den ersten Jahren seiner Wirksamkeit hieselbst, gewöhnlich ohne alle eigentliche Vorbereitung zum Lehrerberufe — außer den damals in der Regel höchst dürftigen Schulkenntnissen — in das Waisenhaus-Seminar aufgenommen und sogleich in eine der unteren Classen zum Unterrichten geschickt. Da selbigen nun alle und jede Vorbereitung zum Lehrer mangelte, so hatte dieß auf die Schule den nachtheiligsten Einfluß. Trat ein Seminarist aus der Bildungsanstalt, so war die Classe — welche dem Neuaufgenommenen angewiesen wurde — gleichsam verwaiset, bis er durch Anweisung und Erfahrung lernte, nicht nur Schule zu halten, sondern auch zweckmäßig zu unterrichten. Das Seminar konnte bei dieser Einrichtung seinen Mitgliedern keine tüchtige und ausgezeichnete Bildung gewähren. Diesen argen Uebelständen half Junker ab.

Für die Garnisonschule hat er aus einem sehr armen Knaben Fischenbeck einen sehr brauchbaren und tüchtigen Lehrer herangebildet. Im Jahre 1800 gründete Junker ein Vorseminar und verband solches mit der Garnisonschule. Die Garnisonschule bestand 1800 aus drei Classen, aus einer obern, mittlern und untern. Der Inspector besorgte, mit Hülfe der vier Vorseminaristen, den Unterricht in den beiden untern Classen. In der Oberclasse arbeitete allein der zweite Lehrer der Anstalt.

Dieses Errichten des Vorseminars war ein großer, wesentlicher Schritt zum Bessern. Vier Jünglinge erhielten dadurch gleichzeitig zweckmäßigen Unterricht und geregelte Anleitung zum Schulfache, so wie eine geeignete praktische Uebung im Unterrichten. Die Unterweisung und Erziehung der Jugend in der Garnisonschule wurde ohne größern Kostenaufwand, und dabei nicht nur eben so gut, sondern noch besser besorgt. Die Zöglinge der erwähnten Anstalt bekamen so viel äußere und innere Bildung, daß sie bei ihrem Abgange nach dem Waisenhause, wo sie oft in Classen von 80, ja 100 und mehr Kindern zu unterrichten hatten, mindestens keine Neulinge mehr waren. Dadurch wurde der Unterricht und die Disciplin in den Schulclassen des Waisenhauses gegen sonst wesentlich gefördert. Die Waisenhaus-Seminaristen erhielten eine bessere, tüchtigere und nachhaltendere Bildung; und dieß war nicht nur für das Unterrichtswesen der Stadt Braunschweig, sondern auch für das ganze Herzogthum von ersprießlichen Folgen. Hätte Junker weiter nichts gethan, als das Vorseminar ins Dasein gerufen, so verdient er allein schon dadurch, daß sein Andenken bei uns in Ehren bleibt!

Bei Junkers Antritt als Schuldirector war für die Waisenhausschule, in der Person eines Kaufmanns, ein eigener Schreibmeister angestellt. Dieser starb bald nach Junkers Ankunft in Braunschweig. Die erledigte Schreibmeisterstelle wurde auf seinen Rath und durch seinen gewichtigen Einfluß nicht wieder besetzt, sondern der kalligraphische Unterricht durch alle Classen wurde in die Hände des Seminars gelegt. In diesem Unterrichtszweige wurde ziemlich viel geleistet. Denn es sind unter Junker aus der Waisenhausschule manche Schönschreiber, als Kanzlisten, Lithographen und Verwaltungsbeamte hervorgegangen, die eine schöne Handschrift schreiben.

Daß der kalligraphische Unterricht ganz dem Waisenhaus=Seminar übergeben wurde, hatte auch den großen Nutzen für die Mitglieder des= selben, daß sie das Schönschreiben mehr üben mußten, mithin, nach dem Sprüchworte: „Uebung macht den Meister", darin zu größerer Vollkom= menheit gelangten; und daß sie mehr Gelegenheit hatten, diesen Unter= richtszweig nach den Regeln einer vernünftigen Didaktik zu behandeln. Dies war für das Seminar ein wesentlicher Vortheil! Es sind auch unter Junkers Direktion daraus Männer, z. B. D ü r r und O r t m e r hervorgegangen, die durch ihre Handschriften sich rühmlich auszeichneten. Ohne den umsichtigen, praktischen und dabei gewaltig auf seine Zöglinge einwirkenden Junker wären solche glückliche Erfolge kaum möglich gewesen.

Im Personale des Waisenhauses ließ Junker Veränderungen ein= treten. Dem Waisenvater wurde jede Einmischung in die Beaufsichtigung und Erziehung der Waisenknaben gänzlich untersagt. Derselbe behielt fortan nur die Geschäfte, welche mit seiner erlernten Profession (Schnei= derei) in Verbindung standen. Sein Gehülfe wurde, da der Speisemeister der Waisen starb, zu dieser Stelle ernannt. Die Waisenmutter blieb in ihrem Amte. Woher nahm nun Junker andere und geeignete Aufseher? Aus den Mitgliedern des Waisenhaus=Seminars. Zwei der tauglichsten derselben schlug er zu diesem Zwecke dem Waisenhaus=Direktorium vor. Beide wurden gewählt und mit diesem wichtigen Geschäfte in der Art und Weise beauftragt, daß dieselben — so lange sie Seminaristen waren — Jahr aus Jahr ein, Tag um Tag die Aufsicht über die Waisenknaben führten und deren körperliche und sittliche Erziehung leiteten. Die ersten Waisenhaus=Seminaristen, welche um das Jahr 1799 zu Aufsehern er= nannt wurden, hatten zumal anfänglich mit gar vielen Schwierigkeiten zu kämpfen. Doch nach und nach trugen die, nach Junkers Ideen an= gewandten, auf die wahre Natur der Menschenseele gegründeten Er= ziehungsregeln und die humane, jedoch dabei consequente Behandlung der Waisenknaben erfreuliche Früchte. Der Geist der Zügellosigkeit, der Widersetzlichkeit und Rohheit wich immer mehr zurück und es entwickelten sich immer reichlicher die Keime einer edlen Menschennatur und einer reinen Sittlichkeit. Dies hatte auf die ganze Anstalt, auf den Unterricht und die Disciplin in den Schulclassen, ja auf das ganze Leben der aus dem Waisenhause entlassenen Knaben den segensreichsten Einfluß. Die Meister aller Gewerbe der Stadt Braunschweig nahmen von nun an die entlassenen Waisenknaben gern in die Lehre.

Junker scheuete, wie wir eben genügend gesehen haben, keine Re= formen. Er war aber trotzdem, wie dies auch der Canzler Dr. Niemeyer von ihm sagt: „Kein Experimentirer, der durch neue Methoden Alles verbessern zu können vermeinte und alle Augenblick neue Einfälle hatte."

Junker brachte vielmehr manches Alte, Vergessene und Verdrängte wieder auf. Mehrere nach Pestalozzi benannte, und weil sie von fern kamen, als ganz neu gepriesene Methoden, namentlich das T a k t m ä ß i g e d e s Z u s a m m e n s p r e c h e n s u n d L e s e n s, d a s L ü c k e n l o s e in gewissen Uebungen, z. B. in der Begründung des Rechnens, in den Denk= übungen, konnte man in Junkers Schulen schon in den ersten Jahren des 19. Jahrhunderts in vollem Gange finden. Dies ein Urtheil des Canzlers Dr. Niemeyer.

Junker war, wie Pestalozzi, ein Freund der möglichsten Verein= fachung aller Lehrmittel. Je einfacher, je billiger und eben darum all= gemein anwendbarer diese waren, desto mehr gab er denselben vor den künstlichen und theuern und eben deßhalb nicht allenthalben leicht anwend=

baren den Vorzug. Aus diesem Grunde zog er den einfachen, leicht zu
beschaffenden Punktbogen, den sogenannten Rechenkasten von Tillich, vor.
Deßhalb verwarf er beim Leseunterricht alle Buchstaben- oder Setzkasten,
alle Lesemaschinen. Es genügte ihm bei dem Anfange dieses Unterrichts
ein Stückchen Kreide, die schwarze Schultafel. und in Ermangelung selbst
dieses nothwendigen Schulapparats die Thür der Classe; und die Geschicklichkeit und Gewandtheit des Lehrers, die Buchstaben aus ihren Bestandtheilen schnell und doch dabei möglichst deutlich darzustellen und sich
über diese Bestandtheile, über die Entstehung der Buchstaben aus denselben und die Formen der Buchstaben mit den Kindern zweckmäßig zu
unterhalten, um ihnen so frühzeitig den Mund zu öffnen.

Auch drang Junker mit allem Fleiße und großer Sorgfalt auf einen
geordneten, zweckmäßigen und anregenden Unterricht der Elementar- oder
Unterclasse. Denn er war mit Dinter der Ansicht: Wer eine gute
Oberclasse haben will, darf die Unterclasse nicht vernachlässigen. Wer
Ohren hat, zu hören, der höre.

Junker hatte einen religiösen Sinn. Diesen sah er als einen Haupt-
gewinn seiner Schulerziehung in den Franke'schen Stiftungen an, obgleich
er als herangereifter Mann glaubte, daß sich derselbe auch durch andere
Mittel, als damals auf dem Waisenhaus zu Halle 1760 gebraucht wurden erreichen und befördern ließe. Dieser religiöse Sinn verließ ihn
in seinem ganzen Leben nicht. Deßhalb seine Hochachtung vor der Bibel.
Daher knüpfte Junker den Religionsunterricht ganz an die Bibel. Davon zeugt sein von ihm verfaßter „Biblischer Catechismus für
Volksschulen", welcher in der Waisenhaus- und Garnisonschule als
Lehrbuch beim Religionsunterrichte während seines Directorats und länger
gebraucht wurde.

Auch versäumte Junker, selbst sehr musikalisch, in seinen Schulen den
Gesang am allerwenigsten. Junker wollte, der Unterricht in diesen
Schulen sollte sich nicht nur auf die Religion, biblische Geschichte, Lesen,
den Kirchengesang, Schreiben und Rechnen erstrecken, sondern er wollte
auch in den Lehrkreis derselben Gesang überhaupt, deutsche Sprache,
Zeichnen, Geometrie und die Realien oder gemeinnützigen Kenntnisse auf-
genommen wissen. Daß dies sein Wille war, davon zeugt: Junkers
Handbuch der gemeinnützigen Kenntnisse. 3 Th.

Das bisher Gesagte mag genügen, um daraus Junkers Ansichten
und Grundsätze über Unterricht und Erziehung zu erkennen und einzusehen, daß er im hohen Grade die Eigenschaft eines Schuldirektors der
genannten Anstalten besaß.

Im Jahre 1813 bearbeitete Junker: Entwurf einer Catechisation
über Römer 1, 20. Gottes unsichtbares Wesen u. s. w. — Ueber die Anwendung der körperlichen Strafen beim Lernen. — Durch welche andere
Mittel sind die Strafen beim Lernen zu ersetzen. — Werth der frühen
Gewöhnung. — Welches sind in pädagogisch-elementarischer Hinsicht die
vorzüglichsten Neuerungen.

Junker hat aber nicht nur als Schul- und Seminar-Direktor segensreich gewirkt, sondern ist auch als Pastor und Schriftsteller thätig
gewesen. Seine Schulbücher sind:

Kleines Schulbuch für Anfänger im Lesen und Denken. — Anweisung für Lehrer
zu dem genannten „Kleinen Schulbuche". Magdeburg 4 ggr. — Handbuch der gemeinnützigen Kenntnisse für Volksschulen. Bei dem Unterrichte als Materialien und bei
den Schreibungen zu Vorschriften zu gebrauchen. In 3 Theilen. — Sein biblischer

Katechismus für Volksschulen. Mit dazu gehörigen Erläuterungen und Beziehungen auf das Handbuch der gemeinnützigen Kenntnisse. — Junkers 136 Tafeln mit 1800 ausgerechneten zweckmäßigen Exempeln. Halle, 16 ggr. — Endlich seine Grundlegung der deutschen Sprache für deutsche Schulen. 1805 und 1811.

In seinen Freistunden beschäftigte sich Junker als Freund der Mathematik und der Mechanik mit der Anfertigung von Sonnen-Mikroscopen, woraus nach und nach eine kleine Fabrik wurde.

Doch auch Junker sollte nicht mehr lange auf dieser Erde pilgern. Er starb 1816 in einem Alter von 62 Jahren und ruhet auf einem Begräbnißplatze nahe an dem Garten und der Gruft seines ihm im Leben sehr eng verbundenen Freundes Campe.

Joseph Kalasankzius.
Geboren im Jahr 1536, gestorben im Jahr 1648.

Joseph Kalasankzius war aus einer adeligen aragonischen Familie 1536 geboren. Auf mehren spanischen Universitäten studirte er Philosophie, Jurisprudenz und Theologie. Für letztere Wissenschaft entschied er sich aus großer Vorliebe gegen seines Vaters Willen. Seine ausgezeichnete Frömmigkeit und seinen heiligen Eifer zeigte er eine Reihe von Jahren hindurch zu Levida, wo er des Bischof's Beichtvater und Generalvikar war. Im Jahr 1592 kam er nach Rom. Sein Herz war durch den Anblick einer Menge kleiner Knaben gebrochen, welche durch strafbare Schuld ihrer Eltern sich selbst überlassen auf den Straßen ganze Tage in Müßiggang zubrachten. Der Religionsunterricht, welcher wöchentlich bloß einmal in den Pfarrkirchen abgehalten ward, konnte während der Woche nicht viele Früchte bringen; zudem hatte Rom damals hiefür nur schwach besoldete Lehrer. Joseph bat sie, in ihren Schulen diese kleinen, unglücklichen Armen aufzunehmen; sie weigerten sich jedoch dessen, wenn man ihre Besoldung nicht erhöhen würde. Joseph, dieser zärtliche Kinderfreund, klopfte nach und nach bei allen Thüren an, aber überall wurde er unter mehr oder minder annehmbaren Gründen abgewiesen.

Da er alle seine Anstrengungen unnütz sah, entschloß er sich, in eigener Person die Verwirklichung seiner Wünsche auszuführen. Im November 1797 gründete er die erste öffentliche, unentgeldliche Schule Europa's in einem Thale jenseits der Tiber. Einige Priester vereinigten sich mit ihm, und die Schule zählte alsbald mehrere hundert Schüler. Die Unterweisung der Armen ist ein vorzügliches Werk der Barmherzigkeit, weßhalb Joseph seinem Institut den Namen der frommen Schulen gab, woraus der Name der Piaristen entstand, welchen seine Religiosen führen. Indem er sich dem Unterrichte im Katechismus, im Lesen, Schreiben und Rechnen widmete, versah er die armen Kinder zugleich mit allem Nöthigen, mit Büchern und den übrigen kleinen Gegenständen, welche sich ihre Armuth nicht verschaffen konnte.

Die Gesellschaft nahm zu, und Papst Clemens VIII. ließ ihr (1600) seinen besondern Schutz angedeihen, da er deren augenscheinlichen Nutzen erkannte. Paul V. erhob im Jahr 1617 die lehrenden Priester zu einer besondern Congregation, und Gregor XV. ernannte sie 4 Jahre später zu einem besondern Orden unter dem Namen der regulirten Kleriker der Armen unter dem Schutze der Mutter Gottes zu den frommen Schulen, und im Jahr 1622 bestätigte er die Satzungen des Jos. Kalasankzius, den er zum Generalprobst der Ordens ernannte. Die Piaristen legten außer den gewöhnlichen Gelübben noch ein viertes ab, unentgeldlich den Unterricht der Jugend ertheilen zu wollen. Der Stifter des Ordens, der 1648 starb und heilig gesprochen wurde, hatte noch die Freude, die große Ausbreitung seiner Schulen in Italien, Deutschland, Polen und Ungarn zu erleben. Der Orden, welcher seine Schulen in Volks = und Gelehrtenschulen theilt, besteht gegenwärtig noch vorzüglich in Italien, Polen und in österreichischen Staaten, und zählt gegenwärtig noch an 1500 Mitglieder, von denen über die Hälfte im Kaiserthum Oesterreich wirken und darin den Gymnasialunterricht größtentheils in Händen haben. —

Immanuel Kant.
Geboren den 22. April 1724, gestorben den 12. Februar 1814.

> Motto: „Ein Hauptzug der Gründung des Charakters der Kinder ist Wahrhaftigkeit. Ein Mensch, der lügt, hat gar keinen Charakter und hat er etwas Gutes an sich, so rührt dies blos von seinem Temperamente her. Manche Kinder haben einen Hang zum Lügen, die gar oft von einer lebhaften Einbildungskraft hergeleitet werden muß."
>
> Kant.

Immanuel Kant wurde zu Königsberg geboren. Sein Vater war Sattlermeister daselbst, ein schlichter, gerader Mann voll Tüchtigkeit in seinem Berufe, von braver Gesinnung und gesundem Urtheile bei Allem, was in den Kreis seiner Pflichten und Unternehmungen fiel. Den mäßigen Ertrag seines Gewerbes verwendete er mit Freudigkeit auf die Erziehung und Ausbildung seiner Kinder. An der Mutter Kant's offenbarten sich alle die Vorzüge des Geistes und Gemüthes, welche Kant durch Wissenschaft und Selbstbeobachtung in sich selbst zu einer herrlichen Vollendung ausgebildet hat: Bei aller Klarheit des Verstandes besaß sie ein tiefes und inniges Gemüth und nährte die echte christliche Frömmigkeit ihres Herzens durch regelmäßige Andachtsübungen in Gebet und Bibellesen, wofür sie auch ihren Kindern Sinn und Liebe einzuflößen bemüht war. Dazu begründete in ihnen der Vater durch das eigene Beispiel Arbeitsamkeit, strenge Rechtlichkeit, Wahrheitsliebe und tiefen Abscheu gegen eine klügelnde Denk = und Handlungsweise, gegen jede Art von Schein und Täuschung in That und Rede. Kant erwähnte es oft und mit großer Freude, welch ein besonderes Glück ihm vor vielen Andern dadurch zu Theil geworden sei, daß die Erinnerung an seine Eltern, so oft er ihrer gedenke, seinem Herzen so wohlthue. „Nie," erzählte er, „nie, auch nicht ein einziges Mal, habe ich von meinen Eltern irgend etwas Unanständiges anhören dürfen, nie etwas Unwürdiges gesehen."

So wurde in Kant durch die Eltern früh schon der Grund gelegt zu dem Manne, der er späterhin wurde. Das tiefer blickende Auge erkennt schon hierin die untersten Wurzeln der geistigen Energie, mit der Kant die bisherigen Theorien der Erkenntniß und der Sittenlehre prüfte, zum Theil verwarf und für das Denken und Erkennen bescheidenere Schranken, für das Thun und Handeln aber das höchste Ziel mit rücksichtsloser Strenge festzustellen suchte. Von besonderen Vorfällen und Eigenthümlichkeiten in Kant's früheren Knabenjahren ist keine Nachricht vorhanden, so wünschenswerth dies auch sein würde. Er selbst sprach ungern und nie im Zusammenhange von seinem eigenen Leben.

In seinem 10ten Lebensjahre war Kant auf das Fridericianum setner Vaterstadt, wo er besonders unter der geschickten Leitung Heydenreich's eine besondere Vorliebe für das römische Alterthum faßte. Mit mehreren seiner ausgezeichnetsten Mitschüler, unter ihnen mit dem hochberühmten Ruhnken, schloß er ein inniges Freundschaftsbündniß, das bis in's späteste Alter fortdauerte. Im Vorgefühl künftiger Größe, entwarf Kant schon damals Plane zu bedeutenden literarischen Unternehmungen.

Im Jahre 1740 verließ Kant das Gymnasium, ausgerüstet mit tüchtigen Kenntnissen und besonders vertraut mit dem wahren Geiste und Inhalte der griechischen und römischen Klassiker. Sein Plan war, sich dem Predigerberufe zu widmen, und deßhalb besuchte er die theologischen Vorträge mit Fleiß und Eifer. Außerdem fühlte er sich besonders hingezogen zu den Studien der Physik, der Mathematik und der Philosophie. Unter den Lehrern der Universität erwarb sich um Kant's Tiefe und Selbstständigkeit im Forschen und Denken, Martin Kreutzen, die größten Verdienste. — Um sich Hülfsmittel für seinen Unterhalt während seiner Studienjahre zu verschaffen, pflegte er verschiedene wissenschaftliche Uebungen über theologische und philosophische Gegenstände zu halten.

Nach Ablauf seiner Universitätsjahre übernahm er als Hauslehrer den Unterricht und die Erziehung der Kinder in mehreren Familien außerhalb Königsberg. Seine Muße in der Stille des Landlebens benutzte er zur Entwerfung wissenschaftlicher Plane und zur Anlegung reicher Sammlungen aus allen Gebieten des Wissens und der Gelehrsamkeit, womit er später seine Schriftsteller und academischer Lehrer seine Werke und Vorträge zu schmücken und zu beleben wußte. Dieser Zeit, wo er die Gründlichkeit und Fülle seiner Kenntnisse durch selbstständige Forschungen erhöhete und vermehrte, erinnerte er sich immer mit besonderer Freude.

Von 1777 an widmete er sich dem academischen Lehrerberufe ganz ausschließlich. Die nach Erlangung der philosophischen Doctorwürde von ihm öffentlich in lateinischer Sprache gehaltene Rede über die Vereinigung der Leichtigkeit mit der Gründlichkeit bei den philosophischen Vorträgen und seiner Habilitationsdisputation am 27. September, bewirkten so viel Aufsehen und erwarben sich solchen Beifall, daß seine bald darauf eröffneten Vorlesungen über Logik, Metaphysik, Physik und Mathematik von einer größern Anzahl lernbegieriger Jünglinge und Männer besucht wurde, als das sehr geräumige Auditorium fassen konnte. Später hielt er auch Vorlesungen über Naturrecht, Moral und natürliche Theologie, und um in einem noch weiteren Kreise zu nützen, auch für Zuhörer jedes Standes Vorträge über Gegenstände, die den Menschen am Meisten angehen und anziehen, nämlich über die geistige Natur des Menschen und über die Beschaffenheit der Erde. Bei diesen Vorträgen über „pragmatische Anthropologie" und „physische Geographie" entwickelte er eine bewunderungswürdige Fülle von Geist, Witz, Menschenkenntniß, Erfahrung und Gelehrsamkeit; die Feinheit, die Tiefe, der Scharfsinn und die Wichtigkeit seiner Bemerkungen, namentlich über die Gesetze und Eigenheiten des menschlichen Geistes nach allen Richtungen seiner Kräfte und Thätigkeiten, die Lebendigkeit und Bestimmtheit seines Vortrags, der Reichthum und das Interesse seiner Hindeutungen auf das alltägliche Leben, die Geschichte, die Literatur und Völkerkunde, fesselten mit zauberischer Gewalt die Aufmerksamkeit aller seiner Zuhörer. Der Umfang und die Tiefe seiner Menschenkenntniß erregte um so größeres Erstaunen, da Kant außer Königsberg, nie eine größere Stadt gesehen und nicht über

Pillau (7 Meilen von Königsberg) hinausgekommen war. Allein Kant ersetzte diesen Mangel durch emsige Lektüre von Reisebeschreibungen, Biographien, Geschichtswerken, Dichtern und aus allen Fächern, die nur irgend Materialien zur Bereicherung oder Erläuterung der von ihm vorgetragenen Wissenschaften liefern konnten; außerdem wußte er die Unterredung mit Menschen jeden Standes und jeder Bildung auf das Geschickteste zu seiner eigenen Belehrung zu benutzen. Sein Gedächtniß zeigte sich dabei in voller Stärke, denn obgleich er die Hefte vor sich liegen hatte, sah er doch selten hinein und sagte oft ganze Reihen von Namen und Jahreszahlen aus dem Kopfe her. Auch seine Vorlesungen über abstracte Philosophie erhielten durch jenen Schatz von Erläuterungen und Beispielen, die sein Gedächtniß darbot, große Klarheit und Deutlichkeit.

Kant vergrub sich nicht unter seinen Büchern; er war gesellig und in gebildeten Familien, seines Geistes und Charakters wegen, oft und gern gesehen. Unter Scherzen und leichten Gesprächen aber that er tiefe Blicke in die Seelen, die mit ihm umgingen. In der Erfüllung seiner Amtspflichten war Kant höchst gewissenhaft. Seinen Vorträgen widmete er die beste Zeit des Tages; er sprach größtentheils ganz frei; daher die Darstellungsweise auch bei Wiederholung derselben Vorlesungen durch ihre Neuheit und Frische immer wieder anzog. Bei den philosophischen Vorträgen erklärte er ausdrücklich, daß seine Zuhörer von ihm nicht Philosophie oder Logik, sondern philosophiren und denken lernen sollten. Seine Methode, seine Gedanken vor den Zuhörern selbst gleichsam entstehen zu lassen, eignete sich ganz für Erreichung dieses Zweckes. Bei seinen begeisterten und begeisternden Vorträgen über die philosophische Sittenlehre läuterte und erschütterte er mit eben so viel Kraft und Feuer der Beredtsamkeit das Gemüth, als er mit Klarheit und Schärfe die Reinheit und Strenge seiner sittlichen Gesetzgebung in der Ueberzeugung unerschütterlich fest gründete.

Auch seine Schriften und sein Umgang wirkten auf die Studenten höchst belebend und anregend ein. Aber ungeachtet seiner uneigennützigen Rastlosigkeit für die Universität, ungeachtet seiner außerordentlichen Verdienste um die Studirenden und die Wissenschaft, wurde ihm doch in Königsberg selbst erst nach 11 Jahren ein öffentliches Amt mit sehr geringer Besoldung, und erst nach 15 Jahren (1770) die Professur der Logik und der Metaphysik zu Theil. Nach und nach gelangte er dann zu mehreren Würden und Auszeichnungen. 1780 wurde er Mitglied des akademischen Senates, 1787 Mitglied der königl. Akademie der Wissenschaften zu Berlin; 1786 zum ersten Male Rector der Universität und mehrmals war er Decan der philosophischen Facultät. Aus edler Liebe für sein Vaterland und seinen bisherigen Wirkungskreis lehnte er die ehrenvollsten Berufungen nach Halle, Jena, Erlangen und Mitau ab. In den letzten Jahren seines Lebens mußte er auch aus diesem heraustreten, weil seine Geisteskräfte zu stumpf wurden — ein rührendes Bild menschlicher Hinfälligkeit.

Es könnte auffallen, daß Kant nicht früher zu einem öffentlichen Amte mit sicherem Einkommen gelangte. Der Grund davon lag zum Theil an der Geradheit seiner Gesinnungen, die ihn bewog, selbst die erlaubten Mittel gewöhnlicher Klugheit nicht zu ergreifen. Seine sittliche Strenge verbot ihm, sich um die Gunst hoher Personen zu bewerben. Das Meiste, was er später endlich noch erreichte, wurde ihm angeboten oder doch entgegengebracht.

Sowohl seine zahlreich besuchten Vorlesungen, als auch die vielen

Auflagen seiner Schriften, erwarben ihm ein bedeutendes Vermögen, so daß er sich einer anständigen und bequemen häuslichen Einrichtung erfreute, an die Seinigen und Andere viele Unterstützungen austheilen konnte und doch ein Capital von 20,000 Thalern bei seinem 1804 erfolgten Tode seinen Geschwistern hinterließ.

Kant war nie verheirathet, „da ich eine Frau brauchen konnte, konnte ich keine ernähren, und da ich eine ernähren konnte, konnte ich keine mehr gebrauchen," antwortete er lächelnd, als man ihm die Frage vorlegte, warum er ehelos geblieben. Er, dem sein Vaterland nicht nur, sondern die ganze gebildete Welt, so viel zu danken hatte, mußte des Familienlebens entbehren, das allein das menschliche Glück, wie die menschliche Würde erst ganz vollenden kann. — Kant trug und entbehrte viel und er gab gegen das Ende seiner Tage die Erklärung, daß er um keinen Preis sein Leben auf dieselbe Weise wiederholen möchte.

Seine Verdienste um die wichtigsten Zweige des menschlichen Wissens sind unberechenbar und unsterblich; sie hier zu würdigen oder nur auseinander setzen zu wollen, würde die Grenzen dieser Blätter überschreiten. Unbefriedigt durch alles Frühere nahm der große Denker die höchsten Fragen des Menschengeistes von Neuem vor; er untersuchte Grund und Boden, die Möglichkeit und die Grenzen der Erkenntniß, und prüfte streng die Lehren und Theorien über die höchsten und letzten Gründe alles menschlichen Wissens, und forderte, wie ein tiefdenkender Beurtheiler seiner Lehre sagt, die Vernunft gleichsam vor ihren eigenen Richterstuhl. Dieser ernsten Prüfung der Erkenntnißkraft an sich oder der Kritik der reinen Vernunft wegen, nannte Kant sein System „Criticismus." — Die Methode und die Resultate seines Systems wurden gewaltige Hebel, den deutschen Geist zu dem Entschlusse eines freien und zusammenhängenden Forschens hinaufzuheben. Auch die Terminologie und schulgerechte Beweisführung seines Systems sind der deutschen Wissenschaftlichkeit sehr zuträglich und günstig gewesen.

Kant war gezwungen, sich eine eigene Sprache zu prägen, um seinen Begriffen und Beweisen die erforderliche Schärfe und Bündigkeit zu geben.

Sein Hauptwerk, die 1781—1790 3mal (1828 in 7ter Auflage) im Druck erschienene „Kritik der reinen Vernunft" hat eine unermeßliche Wichtigkeit für alle Gebiete der Wissenschaft erlangt. Man kann diesen Titel nicht lesen oder hören, ohne mit der tiefsten Ehrfurcht an die gewaltigen Erschütterungen zu denken, welche dieses Heldenwerk in den Geistern aller Gelehrten hervorgebracht hat. Es zertrümmerte alle Systeme, die bisher der menschliche Geist aus den Kartenblättern bloßer Meinungen und Muthmaßungen hoch in die Höhe gebauet hatte.

Daß er auch zugleich auf die Erziehungskunde auf das mächtigste eingewirkt: wer möchte das verkennen? An Aufstellung eines eigentlichen, aus Einem Principe hervorgehenden Systems der Erziehungskunst oder Erziehungswissenschaft hatte man früher wenig gedacht, sondern die Materialien nur nach einer bestimmten logischen Ordnung zusammengestellt. Der Professor Miller war der erste, welcher 1777 „Grundsätze einer weisen und christlichen Erziehungskunst" herausgab. Nach und nach fing man indeß an, sich mehr mit der Seelenlehre zu beschäftigen, sie auf die Pädagogik anzuwenden, und näherte sich damit, obgleich noch immer nach einer der Sittenlehre entlehnten, oberflächlich aufgefaßten Idee der Vollkommenheit dem Systeme, bis Kant auftrat und allen diesen Studien eine tiefere Begründung gab. Seine Pädagogik, welche von der Idee des Sittlich-Guten, dem moralischen Vernunftgesetze, ausgeht, erschien erst nach seinem Tode unter dem Titel: Immanuel Kant über Pädagogik. — Herausgegeben von Dr. Friedr. Theod. Rink. — Königsberg, bei Friedrich Nicolovius, 1803. 8. 146 S. Sie ist reich an philosophischen Andeutungen und berücksichtigt eine bisher vernachlässigte Seite der menschlichen Natur, das Gefühlsvermögen, besonders in Hinsicht des Gefühls für Erhabene, wie Schiller in seinen Briefen über „ästhetische Erziehung" das Gefühl für das Schöne hervorhebt.

Karl der Große.
Geboren im Jahr 742 *), gestorben den 28. Januar 814.

Wir heben aus der Geschichte dieses merkwürdigen Mannes nur die Hauptmomente seines Lebens und insbesondere das aus, was in das Gebiet der Erziehung und des Unterrichts einschlägt und in dieser Hinsicht für uns wichtig ist. — Karl wurde der Große genannt, nicht wegen seiner körperlichen Größe (er war groß und stark von Person, voll Majestät in seinem Wesen), sondern wegen des Außerordentlichen, was in ihm lag und was er wirkte. In dieser Beziehung kann er wohl als der größte Regent betrachtet werden, den die deutsche Nation hervorgebracht hat. In ihm vereinigte sich der Charakter des siegreichen Eroberers mit dem Charakter des sorgfältigsten Regenten und des eifrigsten Christen. Sein hochbegabter Geist war im Stande, das Mannigfaltigste zu umfassen, mitten im Kriege sorgte er für die Segnungen des Friedens, und während er das Schicksal der Völker seines weit ausgedehnten Reiches **) leitete, verordnete er, wie theuer auf seinen Meierhöfen die Eier verkauft werden sollten. Ueberall hielt er auf Ordnung im Staate wie auf seinen Höfen. Und wie groß die Kraft seines Geistes war, so hielt er doch unverbrüchlich fast an die Gesetze seines Landes und an den Rath seiner Getreuen. Er war überzeugt, daß nicht der Besitz der Kraft, wohl aber die nützliche Anwendung derselben wahren Werth verleihe. — Besonders lag ihm die Erziehung der Jugend am Herzen. Ueberall, wo Kirchen waren, ließ er Schulen anlegen, in welchen die Jugend in der Religion, im Lesen, Schreiben, Rechnen, Singen und in grammatischen Kenntnissen unterrichtet wurde. Aus Italien zog er Lehrer in Sprachen und der Mathematik herbei, und stellte sie in den vornehmsten Städten seines Reiches an. Und wie er überall sorgfältig darauf sah, daß und wie seine Vorschriften befolgt wurden, so prüfte er auch selbst die Schüler, und strafte und belohnte sie nach Maaßgabe ihrer Fortschritte. — Einst ließ er die Schüler, die er dem Clemens in Gallien zur Unterweisung anvertraut hatte, zu sich kommen, und sich ihre schriftlichen Arbeiten, Briefe, Lieder ꝛc. vorlegen. Die Schüler aus den niedern Ständen bestanden über alle Erwartung gut, die aber aus den höhern Ständen ungemein schlecht. Darauf stellte Karl jene zu seiner Rechten, diese zu seiner Linken und sprach zu den ersten: „Habt

---

*) Karl der Große wurde 742 auf dem Schlosse Karlsberg am Wurmsee in Oberbayern geboren. Andere geben das Schloß Ingelheim bei Mainz und wieder Andere die Stadt Aachen als seinen Geburtsort an. Er wuchs ohne eigentliche gelehrte Bildung auf, aber er hatte vor sich das Vorbild tapferer und kluger Ahnen, und in sich die natürliche Anlage zu allem Großen.

**) Sein Reich begriff Frankreich, den größten Theil von Catalonien, Navarra und Aragonien; dann die Niederlande, Deutschland bis an die Elbe, Saale und Eyder, Ober- und Mittelitalien, Istrien und einen Theil Slavoniens.

vielen Dank, meine Söhne, daß ihr meinem Willen und euerm Nutzen nach Möglichkeit nachzukommen gestrebt habt. Nun sucht euch immer mehr zu vervollkommnen, und ich will euch herrliche Bisthümer und Klöster geben." Dann aber wendete er sein strafendes Antlitz zur Linken, und donnerte die Schüler, die schon sein Flammenblick rührte, mit folgenden Worten an: „Ihr Junker, Söhne der Edelsten, ihr Zärtlinge und glatten Gesichter, ihr habt, auf eure Herkunft und euere Güter pochend, meinen Befehl und euere Ausbildung dem Wohlleben, dem Spiele, der Trägheit und eitler Kurzweil nachgesetzt. Aber, setzte er mit seinem gewöhnlichen Schwur hinzu, indem er sein Haupt und seine unbesiegte Rechte zum Himmel erhob, — bei dem König der Himmel, mögen auch Andere euern Adel und eurere Schönheit bewundern, ich achte beides für nichts. Und das sollt ihr wissen, wofern ihr euere vorige Faulheit nicht bald durch muntern Fleiß gut macht, so sollt ihr es bei Karln nie wieder gut haben!" Ein Fürst, der solchen Eifer zeigte, sprach sicherlich nicht vergebens. Karl widmete sich selbst unabläßig dem Studiren, um den Kreis seines Wissens mehr und mehr zu erweitern. Auch ließ er sich die sachgemäße Einrichtung des öffentlichen Gottesdienstes und des Kirchengesangs durch die Erzbischöfe von Trier und Mainz und den Abt von Korvi sehr angelegen seyn. Er wendete alles an, die Wohlfahrt seiner Völker möglichst zu erhöhen, und sie an der Hand des Christenthums dem ewigen Heile entgegenzuführen. Die Stadt Aachen erhielt ihren französischen Namen (Aix-la-chapelle) von einer prachtvollen Kapelle, die er aus dem schönsten italienischen Marmor erbauen ließ. Die Pforten dieses Tempels waren von Bronze, und sein Dom trug eine massiv goldene Kuppel. Und so entstanden durch ihn viele der prachtvollsten Tempel in seinem großen Gebiete. Wie durch seine ungemeine Thätigkeit und Sorgfalt für alle Theile seines hohen Berufs, ebenso gab Karl auch durch sein einfaches, prunkloses Leben seinen Unterthanen ein nachahmungswürdiges Beispiel. Gewöhnlich ging er in Kleidern, die ihm seine Gemahlin verfertigte, nicht viel besser als der gemeine Mann. Nur bei feierlichen Anlässen zeigte er sich im Glanze seiner Würde, und nur zu Rom trug er auf Bitten des Papstes römische Kleidung. Ausländische Tracht war ihm zuwider und er beschämte mehr als einmal die Eitelkeit seiner Großen, die sich mit kostbaren Gewändern des Auslandes brüsteten. — Auch in seinem täglichen Leben herrschte große Einfachheit. Während des Ankleidens ordnete er die Geschäfte des Tages an oder entschied über Streitfragen. Er lebte sehr mäßig. Trunkenheit war ihm ein Gräuel. Während der Mahlzeit ließ er sich gern die Geschichten der Vorzeit vorlesen, oder die Bücher des heiligen Augustin. — Der glänzendste Auftritt in Karl's Leben ist dessen Krönung zum römischen Kaiser. Papst Leo III. hatte nach dem Tode Hadrian's (795) einige Jahre auf dem päpstlichen Stuhle gesessen, als er unvermuthet von den Römern große Kränkung erleiden mußte. Er berichtete dieß an Karln. Dieser, nachdem er früher schon einmal seine große Ergebenheit gegen das geistliche Oberhaupt der Kirche in der Person des Papstes Hadrian durch hohe Verehrung ausgesprochen hätte, trat dann bald seinen Zug nach Italien an, und kam am 24. November 800 mit einem ansehnlichen Gefolge nach Rom. Darauf untersuchte er die Sache in der Peterskirche, und da Leo in seiner vollen Schuldlosigkeit dastand, wurden diejenigen, welche sich gegen ihn empört hatten, mit Verbannung bestraft. Unter diesen und andern Geschäften kam Weihnachten heran. Am ersten Tage dieses Festes begab sich Karl nach der Peterskirche, um dem feierlichen Hochamte beizuwohnen. Sein ganzes Gefolge, alle Prälaten und eine unzählige Menge Volks war anwesend. Er nahm seinen Platz dem Altar gegenüber. Hier verrichtete er sein Gebet. Als er aber nach der heiligen Messe vom Betstuhle aufgestanden war, setzte ihm der Papst, wie von einer besondern Eingebung des Geistes getrieben, eine kostbare Krone auf's Haupt, und salbte ihn mit dem heiligen Oele. Das anwesende Volk begleitete diese feierliche Krönung mit lautem Beifall. Dreimal erschallte der Jubelruf: „Karl, dem Augustus, dem von Gott gekrönten, großen und Friede bringenden Kaiser der Römer, Leben und Sieg! — Bei allem diesen äußerte Karl eine tiefe Bestürzung, ja er erklärte sogar, obschon dieß der größte Festtag der Christenheit sei, so würde er doch nicht in die Kirche gekommen sein, hätte er die Absicht des Papstes gewußt. Uebrigens empfing er dadurch keine neue Macht, sondern nur die neuen Zeichen einer erloschenen Würde, nämlich Namen und Krone des abendländischen Kaiserthums. — Karl genoß bis in sein spätes Alter einer dauerhaften Gesundheit. Erst vier Jahre vor seinem Ende fing dieselbe zu wanken an: beständige Fieberanfälle erschütterten ihn. Aber noch mehr mahnte ihn der Tod seiner Söhne, Pipins (starb 8. Juni 810) und Karl's starb 2. Dezember 811) an die Nähe seines Todes. Gleichwohl fuhr er fort, für das Beste seines Reiches zu sorgen, was ihm auch zu seiner hohen Freude gelang. Zuletzt sorgte er für den fortdauernden Glanz seines Hauses und beschloß, um die Kaiserwürde bei demselben zu erhalten, seinen einzigen noch lebenden Sohn, Ludwig, seitherigen König von Aquitanien, zum Mitregenten anzunehmen. Da die Großen seines Reiches, die er (813) nach Aachen berufen hatte, seinem Wunsche bereitwillig entgegenkamen, und ihm sagten, daß dieß Gottes Wille sey; so zog Karl mit seinem Sohne am nächsten Sonntage in die von ihm erbaute Marienkirche zu Aachen. Er selbst erschien im kaiserlichen Schmucke mit der Krone auf dem Haupte. Eine andere Krone ließ er auf den Altar hinlegen. Vor demselben beteten Beide Vater und Sohn lange Zeit in stiller Andacht. Darauf erhob sich der ehrwürdige Greis, und ermahnte im Angesichte des ganzen Volkes seinen Sohn „Gott zu fürchten und zu lieben, seine Gebote in allem zu halten, für die Kirche zu sorgen, und sie gegen Frevel zu schützen, sich gegen Verwandte immer gütig zu beweisen, die Priester als Vater zu ehren, die ihm anvertrauten Völker als seine Kinder zu lieben, getreue und gottesfürchtige Beamte zu bestellen, und Niemand der Lehen oder Ehrenstellen ohne hinlängliche Ursachen zu entsetzen." Nach diesen und andern Ermahnungen fragte ihn Karl, ob er entschlossen sei, dem allem nachzuleben? „Gern, antwortete Ludwig, gern will ich gehorchen, und mit Gottes Hülfe vollbringen, was du mir geboten hast." Nun befahl ihm Karl — gleichsam zum Zeichen, daß er das Reich keinem Menschen, sondern nur Gott verdanke — die Krone mit eigenen Händen vom Altar zu nehmen und sich aufzusetzen. Ludwig that, wie ihm geboten war. Nach geendigter Feierlichkeit zog Karl, auf seinen Sohn gestützt, in die kaiserliche Burg zurück. Hier ertheilte er ihm prächtige Geschenke, und sendete ihn dann wieder nach Aquitanien. Beim Abschiede umarmten und küßten sich beide, und weinten Thränen der Liebe und Wehmuth. Sie fühlten, daß dieß ihr letztes Zusammenkommen war. Und wirklich sahen sie sich nie wieder, denn bald darauf machte ein sanfter Tod dem frommen und glorreichen Leben Karl's ein Ende. Sein Tod erregte allgemeine Theilnahme, denn er hatte durch Tugend und Weisheit über das Menschengeschlecht seiner Zeit hervorgeragt. Seine Leiche wurde in die Marienkirche zu Aachen unter den Thränen des Volkes zur Gruft gebracht. Man setzte sie dort auf einen goldnen Thron im kaiserlichen Prachtgewande. Auf dem Haupte trug er die Krone, in der Hand hielt er einen Kelch, an der Seite hatte er das Schwert, auf seinen Knieen lag das Evangelienbuch, zu seinen Füßen Scepter und Schild. Man versiegelte die Gruft und stellte über derselben sein Bildniß und darunter folgende einfache Inschrift: Hier ruht der Leichnam Karl's, des großen und rechtgläubigen Kaisers, der das Reich der Franken glorreich vergrößerte, und 47 Jahre glücklich regierte. Er starb 72 Jahre alt, im Jahr der Menschwerdung unsers Herrn 814. So schied der wahrhaft große Karl von hinnen, nachdem er so viel für Menschenwohl durch Begründung der Bildungsanstalten, Schulen und Kirchen gethan hatte. Er suchte durch seine Bemühungen für den Unterricht nicht bloß den gewöhnlichen Zwecken des Lebens vorzuarbeiten, sondern die Menschen durch feste religiöse Grundsätze zu erziehen und durch diese dann auch folgsame Unterthanen zu machen. Nach dieser Richtschnur wurden alle Vorkehrungen in der Gesetzgebung und in der äußern Verwaltung selbst genau abgemessen, damit ein vollkommenes Ebenmaaß zwischen Religion und Staatsleben statt fände. Kirche und Staat, Staat und Kirche sollten nach seiner weisen Absicht miteinander, wie zwei liebende Schwestern, Hand in Hand fortwandeln, und das Ziel von beiden — das zeitliche und ewige Wohl dadurch desto glücklicher erreicht werden. Wahrlich die Pflicht der Dankbarkeit fordert, daß das Andenken dieses großen Mannes an seinem Namenstage in allen christlichen Schulen auf angemessene Weise gefeiert werden möchte! —

Peter Friedrich Theodor Kawerau.
Geboren den 12. September 1789, gestorben den 26. Juli 1844.

> Motto: „Möge Christi Geist, der Geist des Lebens, des Zutrauens, der Liebe, des Friedens, der Treue, der Demuth, wo er herrscht, seine Herrschaft behalten, wo er fehlt, willig und freudig aufgenommen werden! — Wer ihn haben will, der kann ihn haben: — er verleugne nur sich selbst und nehme, gleich Christo sein Kreuz auf sich."
>
> Kawerau.

Pet. Friedr. Theod. Kawerau wurde zu Elbing, wo sein Vater Mäkler war, geboren. Er verlor seinen Vater früh; wie treu und segensreich seine Mutter auf ihn gewirkt, erkannte er mit der kindlichsten Dankbarkeit, wie er denn von seiner Jugend an seiner würdigen Mutter stets zur Freude war und eine Stütze in ihrem Alter. Seine erste wissenschaftliche Bildung erhielt er auf dem Gymnasio zu Elbing vorzüglich durch den damaligen Rector desselben, nachherigen Geheimen Ober-Regierungsrath Süvern, dessen er stets mit dankbarer Verehrung gedachte. Als im Jahr 1807 die Franzosen Preußen besetzt hielten und der französische Intendant Stafsart Jemanden suchte, der ihm bei der Verwaltung des Landes als Dollmetscher dienen könne, wurde ihm der damalige Primaner Kawerau in Vorschlag gebracht, der so schon als Jüngling Gelegenheit erhielt, seine Vaterlandsliebe zu bethätigen, indem er manche harte Maßregeln der Feinde bittweise durch Vorstellungen und sonst klüglich zu mildern wußte. Im Jahr 1808 bezog er die Universität Königsberg, wo er sich wieder der Nähe seines damals als Staatsrath in das Ministerium der geistlichen Angelegenheiten berufenen verehrten Gönners und Lehrers Süvern zu erfreuen hatte. Der war es auch wohl vorzüglich, welcher, als die Erneuerung des Preußischen Volksschulwesens nach Pestalozzi's Grundsätzen beschlossen war, und zur Ausführung dieses Beschlusses mehrere junge Schulmänner zu Pestalozzi nach Iferten als Eleven für dessen Unterrichtsmethode gesandt wurden, auch unsers Kawerau Sendung dahin veranlaßte. Dort in der französischen Schweiz fand er Henning im Frühlinge 1809 mit mehreren lieben Landsleuten, namentlich Dreist, Krüger, Preuß 2c. als Berufsgenossen. Bis zum Sept. 1812 verweilten diese in der Pestalozzi'schen Erziehungsanstalt, theils die in derselben versuchte Unterrichts= und Erziehungsweise kennen lernend, theils selbst als Lehrer in derselben wirkend. Kawerau hatte sich lernend und lehrend besonders der Naturkunde, der Raum= und Zahlengrößenlehre zugewendet und als Erzieher den jüngern Zöglingen der Anstalt, wobei sich bald seine ausgezeichneten Anlagen zum Lehrer und Erzieher auf solche Weise kund gaben, daß er Pestalozzi's Liebe und Vertrauen wie die Achtung und Freundschaft seiner Mitarbeiter in hohem Grade gewann. — Im September wurden Dreist, Kawerau und Henning in's Vaterland zurückgerufen, um eine Normalanstalt für das Preußische Volksschulwesen in Schlesien zu gründen und den Plan dazu in Berlin unter Leitung des Ministeriums zu entwerfen. Da leuchtete Moskau's Brand dem Vaterlande zur Befreiung. Auch Kawerau und Henning wollten mitziehen in den heiligen Kampf. Das hohe Ministerium verfügte anders über sie: wie Henning am Seminar in Breslau, wurden Dreist und Kawerau an der damaligen Plamann'schen Anstalt zu Berlin einstweilen angestellt. Indessen war Kawerau auch bei dem Berliner Landsturm, in welchem er die Stelle eines Lieutenants bekleidete, sehr thätig. Zu Anfang des Jahres 1814 wurde es ihm erlaubt, in seiner Vaterstadt eine Schule zu errichten und seine Braut Juliane, Tochter des Kaufmanns Jezler zu Schaffhausen, zu ehelichen; es geschah im März gedachten Jahres. Als im April 1815 die beabsichtigte Normalanstalt in der durch den Krieg zerrütteten königl. Waisen= und Schulanstalt zu Bunzlau durch Hoffmann, Dreist und Henning begonnen war, gab Kawerau, einige Monate später, seine Schule in Elbing auf, und trat im Herbst 1815 als dritter Oberlehrer an gedachte Königliche Anstalt und das damit verbundene Schullehrer=Seminar. Hier wirkte er nun in brüderlicher Freundschaft und Einigkeit mit seinen ihn schätzenden und liebenden Mitarbeitern sichtbar erfolgreich, namentlich als väterlicher Erzieher der Waisen und als Lehrer der Naturkunde, der Muttersprache, der Raumlehre und des Rechnens. Was sich ihm in letzterem Unterrichtsfach bewährt hatte, veröffentlichte er in seinem Rechenbuch, das er bei Kuhlmey in Liegnitz in 2 Bänden erscheinen ließ und das unter den methodischen Anleitungen zum Rechnen aus der Zahlenschauung immer eine der obersten Stellen behaupten wird. *) Ostern 1819 folgte er einem Ruf zur Direction der Conradi'schen Erziehungs= Anstalt zu Jenkau bei Danzig, mit welcher damals auch ein Schullehrer= Seminar verbunden war. Dort verfaßte er seine sehr schätzbare Lautlehre und Anweisung zum Leseunterricht. **) Zur Sommerszeit unternahm er fast jährlich mit seinen Zöglingen eine Fußreise zu ihrer Belebung und Belehrung. Unter seiner Leitung blühte die Anstalt zu Jenkau, der Absicht ihres Stifters von Conradi, weiland Bürgermeisters zu Danzig, gewiß in hohem Grade entsprechend. Seines Bleibens in Jenkau sollte aber nicht lange sein; im Jahr 1825 wurde er der dortigen Anstalt

---

*) Leitfaden für den Unterricht im Rechnen nach Pestalozzischen Grundsätzen. 2 Bde. Zweite Aufl. Liegnitz. Kuhlmey, 1821—24.

**) Leitfaden für den Unterricht im Lesen nebst vorangeschickter kurzer Lautlehre zur Belehrung des Lehrers. Zweite Aufl. Liegnitz. Kuhlmey, 1833.

durch seine Berufung zum Director des Königlichen Waisenhauses und des mit demselben verbundenen Schullehrer-Seminars zu Königsberg in Pr. entrissen. Im Oktober gedachten Jahres zog er dahin. Auch in diesem Wirkungskreise hatte er sich der Hochschätzung seiner Vorgesetzten und der Liebe seiner Mitarbeiter in besonderm Grade zu erfreuen; namentlich würdigte ihn der selige Erzbischof von Borowski seines Vertrauens. Von seiner Wirksamkeit in Königsberg zeugt, außer seinen jährlichen Programmen, die treffliche Wandkarte von Ost- und Westpreußen, deren Erscheinen er veranstaltete. Doch auch hier sollte er nicht lange verweilen. Das Königliche hohe Ministerium der Geistlichen 2c. Angelegenheiten gab ihm im September 1828 einen größern Wirkungskreis, indem es ihn zum Director der Königlichen Waisen- und Schulanstalt und des mit derselben verbundenen Schullehrer-Seminars zu Bunzlau berief. So wurde er denn der Anstalt, an welcher er von 1815 bis 1819 als Lehrer gewirkt hatte, reicher an Erfahrung, zu umfassenderem Wirken wiedergegeben. Unter Gottes Beistand entsprach er auch hier dem hohen Vertrauen, dessen er gewürdiget worden war, und der hochselige König Friedrich Wilhelm III., der ihn persönlich kannte und schätzte, belohnte am 18. Januar 1831 seine Verdienste durch Verleihung des rothen Adler-Ordens vierter Klasse. — Die ununterbrochene, vielseitige Anstrengung schwächte leider seine, sonst so kräftige Natur; 1834 wäre er beinahe einer Lungenentzündung erlegen; Gott erhielt ihn seiner Familie und seinem schönen Wirkungskreise. Indessen fühlte er doch die Last des Doppelamtes und sehnte sich nach Erleichterung. Sie sollte ihm werden. Sr. Majestät der König ernannte ihn unter'm 3. Februar 1837 zum Regierungs- und Schulrath bei der Königlichen Regierung zu Köslin. Bei seinem Scheiden von Bunzlau erhielt er viele rührende Beweise der Anerkennung und Liebe. Es war am 25. September gedachten Jahres, daß er mit seiner Familie zu Köslin anlangte und Henning die große Freude hatte, ihn nach mehrjähriger Trennung wiederzusehen und in ihm, als dem Kommissarius des Königlichen Konsistoriums und Schulkollegiums von Pommern und Kurator des hiesigen Seminars den nächsten Vorgesetzten desselben zu begrüßen. Mit gewohnter Klarheit und Umsicht erfaßte er die mannichfachen Verhältnisse und Pflichten seines neuen Amtes, mit gewohntem rastlosem Eifer ging er im Vertrauen auf Gottes Beistand und Gnade an die Erfüllung seines wichtigen Berufs. Wie unermüdlich und wie erfolgreich er in Jesu Geist, fast sieben Jahre, für die Vervollkommnung des vaterländischen Volksschulwesens in diesseitigen Regierungsbezirk gewirkt, wie er so manche weise Anordnungen getroffen, so manche Uebelstände beseitigt, so manche Schule mit begründet, so manche verbessert und belebt, so manchen Lehrer gestärkt und ermuthiget, wie er auch namentlich für das Seminar in Köslin, das er mit treuer Liebe umfaßte, nach Kräften gesorgt, wie er auch außer seinem amtlichen Kreise als Hausvater unter den Seinen (ich gedenke namentlich der Andachten, die er Morgens und Abends in ihrer Mitte hielt), als Freund seiner vielen Freunde durch mündliches und schriftliches Wort und That Segen zu verbreiten gesucht hat, wie er namentlich auch durch sein frommes kirchliches Leben ein nachahmungswürdiges Beispiel gegeben, — darüber ließe sich viel sagen. Die Trauer über seinen Verlust fast unter allen Ständen — auch katholische Geistliche haben ihn empfunden und beklagt, und für seine Genesung ist selbst in der Synagoge zu Köslin gebetet worden — beweiset es.

Christian Friedrich Ferdinand Kayſer.
Geboren den 4. Februar 1750, geſtorben den 24. Dezember 1841.

Sein Vater war Stadtkoch zu Querfurt, einer jetzt preußiſchen Kreisſtadt im Regierungsbezirke von Merſeburg. Hier ward unſer Kayſer geboren. In der damals gut eingerichteten Schule ſeines Geburtsortes empfing er den erſten Unterricht und da er im Lernen gute Fortſchritte machte, ging er auf den Rath ſeiner Lehrer in das daſige Singchor, um ſich die für den künftigen Lehrer nöthige muſikaliſche Bildung zu verſchaffen. Der Wille des Vaters beſtimmte ihn aber zur Erlernung der Kochkunſt und weil unſer Kayſer hierzu gar keine Luſt hatte, ſo brachte ihn der Vater im 16ten Lebensjahre nach Leipzig, um dort die Tiſchlerprofeſſion zu erlernen. Doch der Menſchen Gedanken ſind nicht Gottes Gedanken: er hatte es anders beſtimmt. Kayſer, der lieber bei der Schule geblieben wäre, kam zu einem Trunkenbold in die Lehre, wodurch ihm die Erlernung des Tiſchlerhandwerks vollends verleidet wurde, weßhalb er ſchon nach 13 Wochen daſſelbe wieder verließ, um nach ſeiner Geburtsſtadt zurück zu kehren, wo er nun wieder in die Schule ging. Als er im Jahr 1805 las, daß für das Singchor in Halle gute Sänger geſucht würden, ſo ergriff er mit Freuden dieſe Gelegenheit, dahin zu kommen, in der Ueberzeugung, in den daſigen Lehranſtalten ſich beſſer, als in Querfurt, zum künftigen Schulmanne bilden zu können. In Halle fand Kayſer eine ſehr freundliche Aufnahme, beſuchte das damalige lutheriſche Stadtgymnaſium und wurde bald in den Unterklaſſen deſſelben vom Rektor Dr. Schmieder als Hilfslehrer benutzt. Auch die unter der weſtphäliſchen Regierung im Jahr 1808 bewirkte Vereinigung der beiden Stadtgymnaſien mit der Hauptſchule des Waiſenhauſes (die feierliche Eröffnung der vereinigten Hauptſchule erfolgte am 24. Oktober 1808) war für Kayſer von geſegneten Folgen. Er ging in dieſe Schule mit über und trat in das von dem ſehr geachteten Pädagogen, damaligen Inſpektor Dr. Bernhardt (der als Schulrath in Stettin ſtarb) errichtete Lehrerſeminar, worin er der Erſte wurde. Lebenslang zollte Kayſer dieſem trefflichen Manne, deſſen Liebe und Vertrauen er ſich in hohem Grad erworben, die größte Verehrung. Bald fungirte Kayſer als Hilfslehrer in den Schulen des Waiſenhauſes. Nach dem im Jahr 1810 erfolgten Tode des Schullehrers und Kantors Tittmann zu Neumarkt vor Halle wurde er aufgefordert, ſich zur Uebernahme der erledigten Stelle zu melden. Seine Bewerbung wurde durch vortheilhafte Zeugniſſe und beſondere Empfehlungen ſo wirkſam unterſtützt, daß er — damals ein Ausländer — die Stelle erhielt, in welcher er 31 Jahre lang ſegensreich gewirkt hat. Später ward dieſe Schul- und Kantorſtelle durch die eingezogene Organiſtenſtelle verbeſſert und Kayſer übernahm auch die letztere. Während ſeiner Amtsführung bewährte er ſich als tüchtiger praktiſcher Schulmann, der auch außer den Schulſtunden viel für die Schule that. Unter anderem zeichnete er viele Wandkarten für dieſelbe; ja, ſelbſt ſeine 16wöchentliche Lehrzeit als Tiſchler kam ihm nun zu Statten. Er ſchnitt ſämmtliche Buchſtaben und Zeichen der deutſchen Druckſchrift nebſt den Ziffern in Birnbaumholz, ließ ſie drucken und zog ſie auf ſteife Pappe, um ſie dann einzeln in der Leſemaſchine zu gebrauchen. Eben ſo verfertigte er ſehr zweckmäßig konſtruirte Leſe- und Schreibleſemaſchinen, die nebſt den ſehr ſchön gedruckten Buchſtaben aus ſeiner Schule bald in die übrigen ſtädtiſchen Schulen der Stadt Halle, ja ſelbſt in viele auswärtige Schulen übergingen. Den Ruhm, daß die Neumarktſchule den beſten des ſtädtiſchen Schulverbandes an die Seite geſetzt werden konnte, theilte K.

mit seinem jüngsten Bruder, dem ersten Mädchenlehrer und Custos Karl Kayser. Denn nachdem der jüngere K. von dem älteren Bruder in das Haus aufgenommen, in die Bürgerschule und später in die lateinische Schule des Waisenhauses geschickt und dann durch seine besondere Hilfe zu einem Lehrer herangebildet worden war, hatten beide die Freude, ein Viertel-säkulum hindurch brüderlich als Kollegen an derselben Schule zu wirken. Mit seiner Tüchtigkeit verband K. Geradheit und Anspruchslosigkeit, doch war ihm die Anerkennung seiner Verdienste von den vorgesetzten Behörden nicht gleichgiltig. Er hatte sich mündlicher und schriftlicher Belohnungen, so wie außerordentlicher Gratifikationen zu erfreuen. Aber auch die Dor-nen fehlten seinem Schulleben nicht; er hatte, besonders in der letzten Zeit seiner Amtsführung, manche Anfechtung zu erdulden, doch fand er in dem um das Hallesche Schulwesen und um viele auswärtige Lehrer hochver-dienten ehrwürdigen Superindenten Guerike, bei dem er als Schul-mann in großer Achtung stand, einen gerechten Beschützer und Verthei-diger. In dem letzten Lebensjahre ward K's Gesundheit durch ein Leber-leiden gestört, welches auch — nachdem er noch im Sommer 1841 in die Ostseebäder gereist — die Ursache seines Todes wurde.

Julius Kell.
Geboren den 2. Mai 1813, gestorben den 28. Mai 1849.

Motto: „Ob das Aug' im Tode bricht,
          Freie Männer sterben nicht!"   Inl. Kell.

Julius Kell wurde zu Pappendorf bei Haynichen im Königreich Sachsen geboren. Sein Vater M. Karl Ludwig Kell, Pfarrer des Ortes, und seine Mutter Charlotte, geborne Arnold, übten den wohlthätigsten älterlichen Einfluß aus auf die Gemüthsbildung des fröh-lich emporwachsenden Knaben. Als 1821 auch der dritte Sohn des Hauses schulfähig wurde, vermochte der Vater allein nicht mehr neben der Ver-waltung seines großen Amtes den Unterricht der Knaben zu besorgen und nahm daher einen Hauslehrer an, der die drei älteren Söhne für das Gymnasium vorbereitete. Der Unterricht desselben ließ allerdings manches zu wünschen übrig und Julius kam daher nicht so vorbereitet, wie es bei seinen Anlagen möglich gewesen wäre, Ostern 1827 auf die Kreuz-schule zu Dresden, und zwar in das Haus des Directors der Friedrich-August-Schule, Krug, wo er ganz als Familienglied betrachtet wurde und viel Gelegenheit fand, sich auch in Beziehung auf äußere Lebens- und Umgangsform die nöthige Bildung anzueignen. Zur Kräftigung seiner Gesundheit blieb er, nachdem er 1832 die Kreuzschule mit Ehren ver-lassen hatte, das Sommerhalbjahr im älterlichen Hause und ging erst Michaelis desselben Jahres auf die Universität Leipzig, um sich der Theo-logie zu widmen. Insbesondere wurde er hier durch die bedeutende Per-sönlichkeit Dr. Wolf's, Oberkatecheten an der Peterskirche, ergriffen und angezogen, um so mehr da Wolf auch im Privatumgange auf ihn tiefer einzuwirken suchte. Ohne sich je Ausschweifungen zu Schulden kommen zu lassen, genoß Kell die Freuden des Studentenlebens, auch in vater-ländischer Hinsicht oft in Idealen schwärmend, und knüpfte manches Freundschaftsband, das erst der Tod zerriß.

Auch in Leipzig wurde Kell wiederholt durch körperliches Unwohlsein in seinen Studien gestört; nachdem er Ostern 1836 seine Studien been-digt hatte, so unternahm er, theils um seine geschwächte Gesundheit zu stärken, theils um die große Welt, fremde Länder und Leute mit eigenen

Augen kennen zu lernen, mit einem seiner Brüder eine bedeutende Reise;
nach der Rückkehr ward er schon 1838 durch gefällige Unterstützung des
Kirchenraths Dr. Döhner in Zwickau, als Rector in Kirchberg eingesetzt.
Seine Stellung war im Anfang nicht beneidenswerth. Seinen ohnehin
nicht bedeutenden Gehalt mußte er mit seinem in Ruhestand versetzten
Vorgänger theilen; auch gerieth er zuweilen mit der Localschulinspection
in Mißhelligkeiten; doch Kell überwand alle Hindernisse. Die Schule zu
Kirchberg war ein Feld, auf dem er mit Liebe und unverdrossen arbeitete;
im Vereine mit jungen, geistig kräftigen und von gutem Willen beseelten
Amtsgenossen erhob er die Schule bald in einen Zustand, der gerechten
Ansprüchen vollständig genügte. Seine Weichheit und Herzensgüte be-
fähigten ihn hauptsächlich zum Lehrer der Mädchen, daher er auch unter
diesen mit besonderem Erfolge wirkte.

Nur schüchtern wagte sich Kell im Anfange auf das Feld der Oeffentlichkeit. Kleine beifällig aufgenommene Aufsätze in der „Sächsischen Schulzeitung" gaben ihm erst den Muth zu größeren Arbeiten. Dr. Döhner
übertrug ihm zuerst eine größere Arbeit, ein Buch für die Zwecke des
Zwickauer's „Vereins zur Verbreitung guter und wohlfeiler Volksschriften"
zu schreiben. So entstand 1841 „Vater Richard" oder „Bete und
arbeitet" eine Erzählung, die allgemeinen Beifall fand. Es war dies
das erste und letzte Buch, das Kell in Kirchberg schrieb. Das anstren-
gende viele und laute Sprechen in der Schule hatte ihn so angegriffen,
daß die Aerzte den nahen Ausbruch einer Luftröhrenschwindsucht voraus-
sagten, wenn er nicht sogleich diese Anstrengungen vermeide. Mit schwerem Herzen schied er daher von seinem ihm so lieb gewordenen Berufe
und ging mit seiner Frau und den zwei Kindern in sein Vaterhaus nach
Pappendorf zurück, wo er bis Ostern 1846 ganz zurückgezogen, nur seiner
Gesundheit, seinen schriftstellerischen Arbeiten und seiner Familie lebte.
Hier fand er Zeit, die Vorarbeiten zu seinen „Biblischen Lehrstoffen" zu
einem geordneten Ganzen zusammenzustellen und schrieb wieder mehrere
Volksschriften für den Zwickauer Verein: „Des Branntweins Lust
und Wehe, die Noth der Armen," der „Landpfarrer."

Im Jahre 1844 unternahm er mit seiner Frau zu seiner Kräftigung
und Erheiterung eine größere Reise durch Oesterreich, die von ihm in
seinem „Wanderbuche durch Oesterreich" mit volksthümlicher
Frische und Anschaulichkeit beschrieben worden ist. In Wahrheit gestärkt
kehrte er von dieser Wanderung zurück und übernahm noch auf der Rückreise begriffen, die Redaction der „Sächsischen Schulzeitung," die von da
seine Lieblingsbeschäftigung wurde.

Die Fortbildungsversuche auf dem Gebiete des Schulwesens in Deutschland, seit dem Ende des vorigen Jahrhunderts in vollem Gange, waren
zunächst rein formeller Natur und mehr auf das Aeußere gerichtet,
indem man sich bemühte, neue, leichtere Lehrweisen aufzufinden. Die
Methodenkunst wurde fortgebildet, die Unterrichtsmethoden im Lesen,
Schreiben, Rechnen, in der deutschen Sprache u. s. w. wurden vervollkommnet. Die Lehrstoffe selbst blieben dabei ziemlich unberührt und ungestört. Auf diesen Punct aber richtete Kell sein hauptsächlichstes Augenmerk; daher redete er den Realien, den Naturwissenschaften das Wort und
drang auf eine rationale Erfassung der Religion und auf die Mittheilung
einer erfaßbaren rationellen religiösen Wahrheit. Nicht nur die „Biblischen Lehrstoffe," überhaupt die Lehrstoffe lagen ihm am Herzen. Die
ausgezeichnetsten Erziehungskünstler hatten sodann bisher einer Vereinzelung und Ausschließlichkeit durch Gründung besonderer Erziehungsanstalten gehuldigt; Kell faßte das Erziehungswesen als eine allgemeine,

überall zu verwirklichende Aufgabe auf, die gesammte Volksschule war der Gegenstand seiner Bestrebungen; die Volksschule, als Sache des Volks (des Staats) sollte eine Musteranstalt werden. Endlich wendete man mehr der lernenden Welt seine Aufmerksamkeit zu, die lehrende Welt beinahe vergessend, den Schülern wollte man das Lernen erleichtern und sie dadurch schneller und sicherer zu höherer allseitigen Bildung führen. Kell dachte vor Allem auch an die Lehrer, damit ihnen das Lehren nicht erleichtert, sondern leicht werde und zwar nicht durch zweckmäßigere Methoden, sondern durch eine sorgfältige Bildung, durch eine geachtetere Stellung im staatlichen und kirchlichen Leben und durch einen angemessenen, ausreichenden Lebensunterhalt. Nach dieser Richtung hin wirkte Kell im Bereiche des Schulwesens hauptsächlich durch die Sächsische Schulzeitung, die unter seiner Leitung eine gewichtigere innere Bedeutung gewann, eben, weil er das Bedürfniß der Zeit in dieser Beziehung richtig erfaßt hatte und mit Folgerichtigkeit und Nachdruck dasselbe befriedigt wissen wollte. Auf Grund dieser Ansichten und Grundsätze ist auch die Petition verfaßt, welche eine Zusammenstellung der hauptsächlichsten Wünsche der Lehrer Sachsens enthielt und 1845 dem sächsischen Landtage überreicht wurde, sowie er auch später eifrigsten Antheil an den Lehrerversammlungen zu ⬤zig, Dresden, Rudolstadt, Eisenach und Frankfurt a/M. nahm und vor allen thätig bei der Gründung eines allgemeinen deutschen Lehrervereins war.

Er suchte nicht Aemter und Würden, darum war er durch keine Drohung einzuschüchtern. Ihm galt die Sache, mit ihr nur wollte er stehen oder fallen; er war daher ein spröder Stoff für höhere Bearbeitung, zu hart für den diplomatischen Meißel. Als ihm am Ende des Jahrs 1846 die Redaction der Schulzeitung von höherer Seite genommen werden sollte, führte Kell in diesem entscheidenden Kampfe die Waffen so meisterhaft, mit solcher Kühnheit und Besonnenheit, daß er siegreich über seine überaus zahlreichen Feinde triumphirte und er die Leitung der Zeitschrift fortbehielt.

Unterdessen war in ihm lebhaft der Wunsch entstanden, aus seiner ländlichen Zurückgezogenheit mitten in den Markt des Lebens versetzt zu werden; gegen Ostern des Jahres 1846 übertrugen ihm die Verleger der „Illustrirten Zeitung für die Jugend," Brockhaus und Avenarius, die Herausgabe dieser Zeitung. So wurde es ihm möglich, nach Leipzig überzusiedeln. In den Jahren 1848 und 49 nahm er an den politischen Ereignissen den wärmsten Antheil, ja er reiste sogar nach Dresden zu den Kammerversammlungen; doch war es ihm nicht mehr gegönnt, nach Leipzig zurückkehren zu können; er starb in Folge der zu großen Anstrengungen, denen seine von jeher schwache Natur nicht gewachsen war.

Außerdem daß er im Jahre 1847 sein „Lehrerleben, ein Volksbuch" herausgab, bewegte er sich auch rührig auf dem religiösen Gebiete durch Wort und Schrift, was seine „Reformatorischen Gedanken eines Christen," sowie „Lehre über Kultus, Verfassung und Geistlichkeit deutscher evangelischer Landeskirchen" beweisen.

Georg Keller.

Geboren den 14. Mai 1768, gestorben den 7. Dez. 1827.

Motto: Erziehung darf nicht einseitig sein, sondern muß den
ganzen Menschen erfassen, muß Geist und Herz in Einklang
bringen.
Keller.

Früher, ehe Bschokke sich selbst dazu bekannt hatte, für den Hauptverfasser der Stunden der Andacht gehalten, einer der freisinnigsten katholischen Theologen der neueren Zeit, wurde zu Ewattingen auf dem
Schwarzwald unweit des badischen Fleckens Bonndorf geboren und war
der Sohn eines Hufschmids. Er besuchte zuerst die Schule zu Villingen,
darauf das Gymnasium zu Freiburg im Breisgau, begab sich später nach
Wien, wo er sich dem Studium der Theologie und Philosophie widmete,
und trat, nachdem er 1778 in die Heimath zurückgekehrt war, nach dem
dringenden Wunsche seiner Eltern als Novize in das Benediktinerstift
St. Blasien. Er legte 1785 das Gelübde ab, erhielt den Ordensnamen
Victor und übernahm nach erhaltener Priesterweihe im Kloster das
Lehramt des Kirchenrechts und der Kirchengeschichte. Schon damals veranlaßten seine freien Lehrvorträge Beschwerden, gegen welche ihn der gelehrte
Abt Martin Gerbert schützte. Nach dem Tode desselben ward er auf die
zum Kloster gehörige Probstei Guntweil geschickt und erhielt später die
stiftische Pfarrei zu Schluchsee auf dem Schwarzwald, wo er einsam sich
seinen Studien widmete, bis er als Pfarrer zu Wieslikon im Canton
Aargau angestellt wurde. Im Jahre 1806 ward er zum Pfarrer in Aarau
berufen und bekam später die Aufsicht über das Schulwesen in sämmtlichen katholischen Bezirken; auch wurde ihm seit 1812 von dem Bisthum
Constanz das bischöfliche Commissariat übertragen. Ein treuer Anhänger
Wessenbergs, arbeitete er ganz im Sinne dieses trefflichen Mannes, und
nahm an dem von demselben gestifteten „Archiv für die Pastoralconferen-
zen des Bisthums Constanz" eifrigen Antheil; auch pflegte er Umgang
mit gebildeten Protestanten und nahm Theil an den wissenschaftlichen und
patriotischen Vereinen in der Schweiz. In ihm hatte man den Mann
gefunden, der durch wissenschaftliche Bildung auch den reformirten Glau-
bensgenossen gegenüber eine Achtung gebietende Stellung einnehmen konnte.
Bald jedoch regten theils seine angebliche Theilnahme an den „Stunden
der Andacht," theils und am meisten aber sein reizbares Gemüth, seine
lauten Aeußerungen gegen kirchliche Mißbräuche und Vorurtheile, seine
freimüthigen Predigten und seine Aufsätze im „Archiv" den Haß und die
Ränke der Finsterlinge gegen ihn auf. Der Wunsch, in einem noch größern
Wirkungskreise zu arbeiten und Wessenberg näher zu kennen, veranlaßte
ihn 1814 die erledigte Stelle eines Decans und Pfarrers in Zurzach zu
suchen; allein des Kampfes müde, den er hier mit seinen Widersachern
zu bestehen hatte, übernahm er 1816 durch Uebereinkunft mit dem bisherigen Inhaber der Pfründe das Pfarramt zu Grafenhausen im Schwarzwalde. Doch ließen ihm seine Verleumder auch hier keine Ruhe. Hier
schrieb er seine „Ideale für alle Stände, oder Sittenlehre in Bildern"
(3. Aufl. Aarau, 1831). 1820 wurde er Pfarrer in Pfaffenweiler bei
Freiburg. Er bearbeitete hier nach früheren Vorträgen sein „Katholikon
für Alle unter jeder Form das Eine," 3. Aufl. Aarau 1832. Im Dezember 1823 ward er von einem Nervenleiden befallen, welches ihn so
sehr lähmte, daß er Gedächtniß und Sprache verlor. Nach einem längeren
Aufenthalte zu Liestal bei Basel kam er genesen, aber nicht mit völlig
gekräftigter Gesundheit nach Pfaffenweiler zurück. Er starb im Jahr 1827.

In seinem Nachlasse fanden sich eine Reihe kleiner Aufsätze, die er „Goldenes Alphabet" nennen wollte. Sie reichten bis zum Buchstaben K. und erschienen unter dem Titel „Nachlaß," 2 Bd. Freiburg, 1830. Ein anderer Theil seines Nachlasses sind die „Blätter der Erbauung und des Nachdenkens," 2 Bd. Freiburg, 1832.

Johann Georg Knie.
Geboren den 13. Januar 1793, gestorben den 24. Juli 1859.

Derselbe ist geboren zu Erfurt. Sein Vater war Zahnarzt und fast stets auf Reisen, weßhalb er ihn auch erst in 4 Jahren kennen lernte. Die erste Pflege erhielt er von seiner Mutter und, als diese ihren Gatten auf seinen Reisen begleiten mußte, von seiner Großmutter. Noch in den zarten Jahren der Kindheit mußte auch K. seine Eltern begleiten, lebte mit ihnen von 1801 bis 1803 in Hannover, dann in Dresden, wo er durch die Blatternkrankheit die Sehkraft verlor. Da alle Bemühungen berühmter Aerzte in Halle, Jena und Würzburg ihm das Licht der Augen nicht wieder zu geben vermochten, so suchte seine Muttter ihn so viel als möglich geistig auszubilden. 1807 zogen seine Eltern nach Mannheim, wo er Unterricht in der Religion und Musik erhielt und nach seiner Confirmation an allen Unterrichtsstunden des neuerrichteten Lyceums Theil nahm, die ihm als Blinden nützen konnten. Einige Menschenfreunde nahmen sich seiner an und suchten ihm alle Hilfsmittel zu verschaffen, durch welche er Kenntnisse erlangen konnte. Im Spätsommer 1808 kam er nach Pleß in Oberschlesien zu liebenden Verwandten. Hier besuchte er abermals die lateinische Stadtschule und erhielt den ersten Unterricht in der französischen Sprache. Durch die Bemühungen seines Schwagers kam er zu Ende des Jahres 1809 in die Blindenanstalt zu Berlin, wo er an Zeune und dessen Gattin sorgliche Erzieher und treue Pfleger fand. Er blieb hier bis zum Frühlinge des Jahres 1815, wo er, unterstützt von mehreren Gliedern der Königlichen Familie und andern Menschenfreunden, die Universität Breslau bezog, um sich durch das Studium der Philosophie, Geschichte, Geographie, Mathematik, auch der Philologie, zum Lehrer auszubilden. Er erhielt hier auch bald Gelegenheit, sich im Unterrichten zu üben. Im Herbst 1818 bestand er seine Lehrer-Prüfung, und am 1. Februar 1819 eröffnete er den Unterricht in der durch milde Beiträge gegründeten Blindenanstalt in Breslau. Im Jahre 1838 machte er eine pädagogische Reise durch Deutschland, deren Beschreibung in der Cotta'schen Buchhandlung erschienen ist. Für diese Anstalt wirkte er segensreich als Lehrer und Erhalter 40 Jahre. In ganz Deutschland und darüber hinaus hat seine Blindenpädagogik als Muster gedient. Er hat Werke herausgegeben, von denen die „Specialgeographie Schlesiens" am umfassendsten ist. Der Ertrag eines Buches „Erinnerung eines Blindgeborenen" gegen 1000 Thaler schenkte er der Anstalt zur Unterstützung entlassener Zöglinge. Fünfhundert Blinden ist er Helfer und Vater geworden.

Adolph Freiherr v. Knigge.

Geboren den 16. Oktober 1752, gestorben den 6. Mai 1796.

> Motto: „Der Umgang mit Andern hat für einen verstän-
> digen Mann unendlich viel Interesse. Hier sieht er das
> Buch der Natur in unverfälschter Ausgabe aufgeschlagen.
> Er sieht den wahren, einfachen Grundton, den man nachher
> nur unter dem Wuste von fremden Glossen, Verzierungen
> und Verbrämungen herausfinden kann."　Knigge.

Dieser Mann ist durch sein Buch „Ueber den Umgang mit Menschen"
auch für den Pädagogen von Wichtigkeit. Kein Pädagog sollte dieses
Buch ungelesen lassen, aus welchem er theils mittelbar, theils unmittelbar
Vieles lernen kann. K. ward geboren zu Bredenbeck, einem Gute seines
Vaters, nicht weit von Hannover, wo er bis zu seinem 14. Jahr sorgfältig erzogen wurde. Dann machte er mit seinem Vater einige Reisen,
auf welchen dieser den Ueberrest seines Vermögens verzehrte, so daß er
bei seinem Tode 1766 dem unmündigen Sohne tief verschuldete Lehens-
güter hinterließ. Der junge K. genoß nun Privatunterricht und bezog
1769 die Universität Göttingen. Auf einer Reise nach Cassel wurde er
vom Landgrafen Friedrich II. zum Hofjunker und Assessor der Kriegs- und
Domainenkammer ernannt. Indessen ward er, noch ehe seine dortigen
Aussichten sich verwirklichen konnten, durch ökonomische Verhältnisse genöthigt, seine Stelle in Cassel niederzulegen und auf seine Güter zu gehen.
Im Jahre 1777 trat er als Kammerherr in Dienst des weimarischen
Hofes, machte nachher Geschäftsreisen und privatisirte mit seiner Familie
abwechselnd zu Hanau, Frankfurt und Heidelberg. Er ward 1760
Oberhauptmann und Scholarch in Bremen, und endete daselbst sein
ziemlich unruhiges Leben. Er war ein sehr gewandter Schriftsteller,
in verschiedenen Fächern; vornehmlich erhielten seine Romane durch leichte,
gefällige Erzählung und durch einen Anstrich von Satyre, besonders aber
durch die darin enthaltene populäre Lebensphilosophie den Beifall der damaligen Lesewelt. Besonders hervorzuheben von diesen ist die „Reise nach
Braunschweig" (Hannover 1792). Vergessen sind seine Theaterstücke. Das
meiste Glück machte das Buch „Ueber den Umgang mit Menschen" (3 Bd.
10. Aufl., herausgegeben von Wilsem, Hannover 1824), welchen Wilsem
einen 4. Band unter dem Titel: „Weltton und Weltsitte" hinzufügte. Es
sind darin auch wirklich viel Wahrheiten enthalten, die um so lehrreicher
sind, weil sie sich stets auf eigene Erfahrung gründen und sich an seine
eigene Lebensgeschichte und an seine eigene individuelle Persönlichkeit anschließen, ein besonders für Pädagogen höchst bedeutender Vorzug. K. ward
1780 Mitglied des Illuminatenordens und wirkte mit großer Thätigkeit
für ihn. Nach Aufhebung desselben gab er auch unter dem Namen Philo
eine merkwürdige Erklärung über denselben heraus, sowie er seinen Unwillen in der „Geschichte der Aufklärung von Abyssinien," in „Wurm-
brand's politischen Glaubensbekenntnisse," und den „Papieren des Etats-
rathes von Schafkopf" darstellte. —

Carl Wilhelm Kolbe.

Geboren den 2. Nov. 1775, gestorben den 13. Januar 1835.

Geboren zu Berlin, wo sein Vater als Goldsticker und Tapeten-
fabrikant lebte, ward Kolbe nach vollendeten Schulstudien als Lehrer der
französischen Sprache an dem Philanthropin in Dessau angestellt, kehrte
jedoch nach vier Jahren wieder in seine Vaterstadt zurück, wo er als

Sekretär im Forstdepartement arbeitete. Zugleich war er Bibliothekar des Ministers von Schulenburg-Kehnert. Als er nach dreijährigem Aufenthalte in Berlin, in seinen dortigen Verhältnissen sich nicht glücklich fühlend, wieder nach Dessau ging, einem Ruf des dortigen Philanthropins folgend, blieb die dort angeknüpfte Verbindung mit Wolke, Matthisson, Spazier, Olivier u. a. vielseitig gebildeten Männern nicht ohne Einfluß auf die spätere Richtung seines Geistes. Zeichnen war von jeher seine Lieblingsbeschäftigung in Nebenstunden gewesen. Als daher die Anstalt, deren Mitarbeiter er war, um das Jahr 1793 sich ihrer Auflösung näherte, beschloß er, seines Alters ungeachtet, seine Anlagen zum Zeichnen weiter auszubilden und sich ganz dieser Kunst zu widmen. Bestimmt war er zu diesem Entschlusse durch die Unsicherheit seiner Lage. Auch die Ermunterungen seines Verwandten, des berühmten Chodowiecky in Berlin mochten dazu beitragen, diese Residenz abermals zu seinem Aufenthalt zu wählen. Als Zögling der Berliner Akademie machte er, unter Meil's Leitung, so schnelle Fortschritte, daß er nach wenigen Jahren in die Reihe ihrer ordentlichen Mitglieder treten konnte. Zugleich nahm er thätigen Antheil an der Anstalt, welche Dr. Schulz für junge Leute, die sich dem Handelsstande widmen wollten, gestiftet hatte. Nach einigen Jahren kehrte er zum drittenmale nach Dessau zurück, wo er, da die Kunstakademie, an welcher er eine Lehrerstelle übernehmen wollte, nicht zu Stande kam, neben seinen künstlerischen und literarischen Arbeiten den Unterricht im Zeichnen an der Hauptschule übernahm. Späterhin ward er Lehrer des Herzogs Leopold Friedrich von Anhalt-Dessau, der ihn mehrfach auszeichnete. Im Jahr 1810 ertheilte ihm die philosophische Fakultät zu Halle die Doktorwürde. Im Jahr 1829 ward er in Ruhestand versetzt. Bis zu seinem Tode blieb ihm die allgemeine Achtung und Liebe, auf die er sich gerechte Ansprüche erworben durch seine Geradheit, Freimüthigkeit, Jovialität, sowie durch seine tiefe, gründliche Gelehrsamkeit und seine ausgezeichneten Kunstleistungen. Was die letztern betrifft, so hatte er in Berlin, ohne Anweisung, Versuche mit der Radirnadel angestellt und es im Gebrauch derselben zu einer großen Fertigkeit gebracht. Waterlo und Geßner waren seine Hauptführer bei der Behandlung landwirthschaftlicher Gegenstände. Was er in dieser Hinsicht leistete, ward dem Kunstfreunde werth durch die geistvolle Auffassung der Natur in ihren lebendigen Formen und durch eine leichte und sichere Behandlung der Radirnadel. Günstig für seine Ausbildung als Künstler hatte schon früh der Aufenthalt in Dessau gewirkt. Die dortigen Parks und Waldungen an der Elbe hatten ihm vorzüglich schöne Eichen und Laubholz dargeboten. Zwar arbeitete er nicht unmittelbar nach der Natur, sondern hielt dieselbe immer mehr mit dem Auge als mit dem Griffel fest, was vielleicht der vollen Wahrheit seiner Zeichnungen hie und da einigen Eintrag gethan haben mag. Demungeachtet dürfen seine Arbeiten nach Geßnerschen Aquarellzeichnungen, sowie seine zahlreichen Blätter nach eigenen Skizzen, unbedenklich dem besten beigezählt werden, was die Aetzkunst hervorgebracht hat. Besonders glücklich war K. bei seinen landschaftlichen Darstellungen in der ausführlichen Behandlung verschlungener Kräuter und Pflanzen, deren naturgemäße charakteristische Gruppen er mit unendlicher Sorgfalt bis dicht vor das Auge brachte, indem er sie in möglichster Nähe zu zeichnen pflegte. Der größere Theil seiner Blätter sind in dieser Hinsicht artistische Beobachtungen des Pflanzenlebens. Wenige Gräser und Krautbüschel geben oft den Inhalt einer ausführlichen Darstellung. Wie groß seine Thätigkeit gewesen, zeigte sich nach seinem Tode, wo man noch 20 bereits vollendete Platten vorfand, an welchen er in der letzten Zeit seines Lebens gearbeitet hatte.

Heinrich Karl Krause.
Geboren den 23. Juni 1771, gestorben den 19. September 1841.

Krause wurde zu Blankenfelde bei Königsberg i. d. Neumark geboren. Hier ward sein Vater als Kreissekretär angestellt. Durch Versetzung desselben als Landbauschreiber nach Cüstrin kam der Knabe in seinem achten Jahre nach dieser Stadt und besuchte die Stadtschule daselbst bis zu seinem 17ten Jahre. Er verließ sie als erster Primaner im Jahre 1788, brachte darauf noch ein Jahr auf der Waisenhausschule in Halle zu und bezog sodann die dortige Universität, auf der er sich dritthalb Jahre hindurch dem Studium der Theologie widmete. Bei den beschränkten Umständen seines Vaters war die Unterstützung, die er von demselben während seines Aufenthaltes in Halle erhalten konnte, nur gering, nicht selten hatte er mit Mangel zu kämpfen; doch konnte dieser den frommen Eifer, mit welchem er seinen Studien oblag, so wenig wie seinen heitern Sinn beugen.

Nachdem er bis zum Jahre 1796 erst zu Cüstrin, dann zu Neustadt-Eberswalde Hauslehrer gewesen war, ward er als Conrector an der Stadtschule zu Wriezen a. O. angestellt; bereits nach sechs Wochen jedoch erging an ihn der Ruf zu der Feldpredigerstelle bei dem Regimente von Kunitzki in Wesel, welchem er folgte. Er blieb bei dem Regimente bis zu der unglücklichen Katastrophe des Jahres 1806, während welcher Zeit er sich mit einer treuen Lebensgefährtin verehelichte. Auch machte er sich in dieser Zeit schon als Schriftsteller bekannt. Sein im Jahre 1803 erschienenes Werk: „Mein Vaterland unter den Hohenzoller'schen Regenten" zeigt ebenso sehr seine hohe Vaterlandsliebe wie seine nicht gewöhnliche Gabe einer anziehenden, lebensvollen Darstellung. Durch die Uebergabe von Hameln, in Folge deren das Regiment, bei dem er angestellt war, gefangen genommen und aufgelöst wurde, verlor er seine Stelle und begab sich zu seinem Schwager, dem Schuldirector Wiedemann in Hagen, ward jedoch bereits nach einigen Monaten als Prorector an das Gymnasium zu Detmold berufen. Hier empfing er oft die rührendsten Beweise der Theilnahme, dessenungeachtet und obgleich er, da er seinem Schulamte sich mit ganzer Seele ergab, die dankbarste Anerkennung fand, sehnte er sich unwiderstehlich nach seinem Vaterland zurück. Sein Verlangen ward erfüllt; schon im Jahre 1808 wurde er als Prediger nach Zorndorf bei Cüstrin berufen, und noch im Dezember desselben Jahres bezog er diese Stelle. Obgleich sie ihm nicht hinreichenden Ertrag gewährte, und er in Folge seines Patriotismus in drohende Lebensgefahr gerieth, da der Commandant der Festung seine Verhaftung befohlen hatte, so verlebte er doch hier die glücklichsten Jahre.

Er befand sich in der Blüthe männlicher Kraft, mit Begeisterung wirkte er für seinen Beruf in Kirche und Schule, für Letztere nicht blos in dem Umkreise seiner Gemeinde und des weitern Bezirks, der ihm als Schulinspektor zugewiesen war, sondern auch durch Vorträge und praktische Lehrcurse, zu denen Lehrer auch von entfernteren Kreisen herbeikamen, und durch seine pädagogischen Schriften, von denen die bedeutendsten in dieser Zeit abgefaßt sind. Im ausgedehntesten Umfange und mit innigem Danke gegen Gott durfte er sich des Gedeihens der von ihm mit solcher Emsigkeit ausgestreuten Saat freuen. Die in Zorndorf von ihm herausgegebenen pädagogischen Schriften sind u. A.:

Versuch planmäßiger und naturgemäßer Denkübungen für Elementarschulen. 3 Thle. Halle, Schwetschke u. s. w. Erster Cursus. 5. Aufl. 1831. — Lehrbuch der deutschen Sprache für Schulen. Halle, Hembe, 1830—34. 1. Thl. 4. Aufl. — Sprach-

übungen mit einfachen Sätzen. 2 Thl. 3 Aufl. — Sprachübungen mit zusammen=
gesetzten, mit Redesätzen und mit verwandten Wörtern. 3 Thle. 4. Aufl. — Sprach=
unterricht über einfache Sätze. 4 Thle. 4. Aufl. — Sprachunterricht über zusam=
mengesetzte und Redesätze. — Methodisches Handbuch der deutschen Sprache zur Er=
läuterung des Lehrbuches derselben. 3 Thle. 4. Aufl. Ebendas. 1828. — Das
Leben im Geiste Gottes. 1823.

So ausgezeichnete Bemühungen konnten bei der vorgesetzten Behörde
nicht ohne Anerkennung bleiben; mehrfach bezeigte sie Krause ihre Zu=
friedenheit und im Jahre 1823 wies sie seiner amtlichen Thätigkeit einen
erweiterten Wirkungskreis an, indem sie ihn als Oberpfarrer und Su=
perintendenten nach Landsberg a. d. W. versetzte. Hier wirkte er 14
Jahre lang bis zu der Zeit, wo (im Februar 1837) ein Schlaganfall
seine geistige Thätigkeit lähmte. Noch gab er zu Landsberg eine Schrift
unter dem Titel: „Mein Vermächtniß" heraus, in der er die Errichtung
von Kleinkinderbewahranstalten angelegentlich empfahl.

Der edle und segensreich lebende Mann legte am 19. September
1841 den Stab seiner Thätigkeit nieder und ging zum Lande der Ruhe über.

Dr. Johann Philipp Krebs.

Geboren im Jahre 1771, gestorben den 26. September 1850.

Joh. Phil. Krebs war zu Halle geboren und kam, 24 Jahr alt,
mit einem außerordentlich günstigen Zeugnisse von Friedrich August Wolf,
welcher den verdientesten Schulmännern Deutschlands beigezählt werden
kann, an das Gymnasium nach Weilburg im Nassauischen, das besonders
durch seinen Ruhm Schüler aus allen Gegenden Deutschlands in das
schöne Lahnthal zog. Seine von höchst praktischem Geiste eingegebenen
Schulbücher erfreuten sich der größten Verbreitung durch ganz Deutsch=
land, und sind sogar in vielen Lehranstalten Amerika's eingeführt worden.
Anerkennende Briefe von dorther machten dem alten Schulmanne immer
besondere Freude. Mit seltener Theilnahme verfolgte er bis zu seinem
Ende die Schicksale seiner Schüler. Seine literarische und schulmännische
Thätigkeit war eine außerordentliche und nur möglich bei einer so unver=
wüstlichen Gesundheit, die nicht einmal des Spazierengehens zu ihrer
Erholung bedurfte. Seine Welt war die Schule, in ihr lebte und lebte
er, darum wird ihm auch die dankbare Erinnerung seiner Schüler nicht fehlen.

Daniel Krüger.

Geboren den 7. November 1763, gestorben den 2. Juli 1833.

Krüger wurde zu Breslau geboren. Seine Eltern, brave Bür=
gersleute, müssen ihn sehr früh zum Lernen angehalten haben; denn als
vierjähriger Knabe konnte er seinem Vater, der damals die Schneiders=
profession mit gutem Erfolge trieb, schon die Zeitungen vorlesen. Bei
seinen trefflichen Geistesanlagen achtete man es später für zweckmäßig,
ihn ganz den Wissenschaften zu widmen, und er erreichte glücklich sein
Ziel, obgleich ihm während seiner Vorbereitungszeit nicht nur durch bit=
tern Mangel, sondern auch durch mancherlei andere Hindernisse schwere
Kämpfe bereitet wurden. Nach Vollendung seiner Studien auf der Bres=
lauer Universität kam Krüger als Erzieher in das Haus des Majorats=
herrn Friedrich von Strachwitz. Hier konnte er, aller quälenden Sorgen
überhoben, mit herrlichen Kenntnissen ausgestattet und von dem glühen=
den Wunsche beseelt, für das Wohl seiner Mitmenschen aus allen Kräften
zu wirken, ungestört sein Berufswerk treiben, und gewiß gehören diese

Jahre zu den glücklichsten seines Lebens. Im Dezember 1788 wurde er zum Priester geweiht. Das zweite Jahr darauf kam er als Kaplan nach Freiburg, verweilte indeß an diesem Orte nur kurze Zeit, weil nun die verwittwete Frau von Strachwitz ihn als Hauskaplan vom General-Vicariatsamte sich erbat. Die Muße, welche ihm in dieser Lage zu Theil wurde, wurde nicht nur zu fortgesetztem fleißigem Studium, sondern auch zur Verfertigung erbaulicher Schriften benutzt. Im Jahre 1790 schon erschien sein „Erbauungsbuch für katholische Christen (neue Aufl. 1815)"; 1795 kam sein „katholisches Andachtsbuch" heraus. Beide fanden bald den verdienten Beifall. Auch einen Band Predigtentwürfe veröffentlichte er drei Jahre später. — Im Frühlinge 1798 folgte Krüger dem Rufe des damaligen Fürstbischofs als Inspektor der Breslauer Elementar-schulen und Direktor des Schullehrerseminars. Diese Anstalt, 1764 auf Veranlassung und Befehl der Landesreglerung gegründet, bedurfte einer gänzlichen Reform. Der Fonds zu ihrer Unterhaltung war sehr klein. Ein Direktor war wohl dabei angestellt gewesen, aber er hatte keinen Unterricht ertheilt. Dieser wurde vom Conrektor besorgt und beschränkte sich, da die Seminaristen nicht länger als sechs oder höchstens acht Wochen da blieben, auf einige dürftige Uebungen im Schreiben und Rechnen. Man bediente sich der sogenannten Sagan'schen Lehrart, die für das noch gar nicht geordnete Schulwesen der früheren Zeit gewiß eine sehr wohl-thätige Erscheinung sein mochte; bei Krügers Amtsantritt indeß war sie schon zu einigen leeren Förmlichkeiten herabgesunken, die nicht das min-deste Nachdenken und wenig Selbstthätigkeit beim Lehrer erforderten. Es fehlte der Anstalt an einem eigenen Gebäude. Erst 1801 erhielt sie, auf das Gesuch ihres Direktors, durch die Großmuth des Fürstbischofs das von Machoische Gratialhaus; das einzige, worüber der Fürstbischof auf dem Dome verfügen konnte. Im Frühlinge dieses Jahres begannen auch auf Verordnung der königl. kathol. Schulendirektion die halbjähri-gen Lehrkurse, welchen im Herbste 1814 zwei einjährige folgten. — Es war bald von Anfang Krügers Hauptbestreben, gute Menschen aus dem Seminar zu entlassen und mit brauchbaren und tüchtigen Subjekten das öffentliche Lehramt zu versehen. Um diese Absicht zu erreichen, ließ er es an zweckmäßiger Belehrung und sorgfältiger Aufsicht nicht fehlen. Ein neuer Lehrplan wurde entworfen. — Der geübte Krüger nahm auf keine Methode, die etwa im Lauf der Zeit Ansehen erlangt hatte, ängstliche Rücksicht. Er erkannte das Gute und Eigenthümliche, was in jeder liegt, bereitwillig an, freute sich aber, daß in den preußischen Staaten keine be-sonders vorgeschrieben ist. Er gab wenige treffliche Regeln und zeigte durch die gelungene Ausführung derselben unter den Kindern durch sein eigenes Beispiel. Die Gabe eines einnehmenden, lebendigen Vortrags und das Talent, Andere im gehörigen Respekt zu erhalten, war ihm in hohem Grade eigen. Nach seiner Meinung vergißt ein großer Theil der Erzieher über den Methodenklingklang die wahre innere Bildung, die allein der Mittheilung werth ist. — Die Anleitung zum Orgelspiele und Gesange sollte, nach Krügers Wunsche, neben dem musikalischen Talente vorzüglich den Sinn für das Erhabene und Feierliche in den kirchlichen Andachten und für Veredlung der musikalischen Liturgie entwickeln und ausbilden. — In Bezug auf dies Alles ist sein Buch: „Ueber Volks-schulen und Elementarunterricht, Breslau 1817" besonders nachzulesen. Es enthält gleichsam die Quintessenz vieler andern pädagogischen Werke, und beinahe jede Seite liefert den Beweis, daß der Verfasser das Ge-sagte nicht, wie es oft bei ähnlichen Schriften der Fall ist, blos am Schreibpult erdachte, sondern den Stoff dazu meist aus dem Leben vor-

züglich aus den Erfahrungen unter seinen Zöglingen entlehnte. Daher
fordert es auch nirgends, wie oft jene Schriften, Unmögliches, obgleich
den Lehrern ihr Geschäft darin eben nicht zu leicht gemacht wird. In
Hinsicht auf den Religionsunterricht sehe man: "Andenken an die Chri-
stenlehren. Breslau 1810; neue Auflage 1826", wodurch Krüger gewiß
vielen Katecheten, obgleich es für diese nicht zunächst bestimmt ist, einen
gewünschten Dienst geleistet hat. — Im Jahre 1817 hatten sich leider
schon Mißverhältnisse gebildet, die Krüger'n, wiewohl mit innerm Widerstreben, zu dem Entschlusse brachten, um seine Entlassung als Seminarien-
Direktor anzuhalten. Sie wurde ihm verweigert. Er blieb also noch
drei Jahre, erneuerte aber dann, weil jene beklagenswerthen Uebelstände
noch fortdauerten und für ihn immer drückender wurden, sein Entlassungs-
gesuch. Im Oktober 1820 schied er aus dem Seminar, dem er über 22
Jahre mit treuer Anhänglichkeit vorgestanden und sich während dieses bedeutenden Zeitraums um die Bildung der katholischen Elementarlehrer
und das Heil der Volksschulen überhaupt ungemein große Verdienste erworben hat. — Mit Krügers Anstellung am Seminar 1798 war das
Amt eines Katecheten an der Domschule verbunden. Auch wurde er in
demselben Jahre noch Beneficiat bei der Kardinal-Hessischen Kapelle und
Lehrer der Pastoraltheologie am Alumnat. 1801 ernannte ihn der Fürstbischof zum Assessor bei der fürstbischöflichen Schulencommission. Im
Herbste 1806 zum Substituten des Dompredigers Hübner bestellt und
nach dessen Ableben selbst zum Domprediger berufen (im Mai 1810),
fand er eine neue Gelegenheit, seinen reinen Eifer für Wahrheit und
sittliche Güte im schönsten Lichte zu zeigen. Mit welchem Beifall Krüger
auftrat und wie sehr er durch Würde und Anmuth, durch Gründlichkeit
und Geschmack auf die Herzen der Zuhörer wirkte, ist allgemein bekannt.
Zwei Bände Predigten von ihm kamen 1810 heraus. Ein dritter Band
folgte 1813. Die zweite vermehrte Auflage aller drei Bände erschien
1820. Außer diesen ist noch eine große Zahl seiner Reden einzeln gedruckt worden. Als Krüger im Juni 1812 von dem damaligen
Fürstbischof zum Canonicus bei der Cathedralkirche ad St. Joannem ernannt worden war, wurde er auch bald darauf Generalvicariats-Amts-
rath. Im Jahre 1816 ernannte ihn die Universität zu Breslau zum
Doktor der Theologie, nachdem er schon 1803 von derselben das Diplom
als Doktor der Philosophie erhalten hatte. Im Januar 1824 legte
Krüger das Schulinspektorat nieder. In stiller Abgeschiedenheit arbeitete
er nun sein katholisches Andachtsbuch und gab es 1825 heraus. Auch
ein kleineres Gebetbuch: "Erweckungen zur Anbetung Gottes im Geiste
und in Wahrheit, 2. Aufl. 1816", so wie "Gebete und Gesänge für katholische Schulkinder, neu aufgelegt 1818", haben wir von ihm. Im
Jahre 1826 erschien sein "katholisches Andachtsbuch für das weibliche
Geschlecht", das nach einem Jahre schon die zweite Auflage erlebte. —
Welche rege Theilnahme Krüger der Jugendbildung fortdauernd widmete, bewiesen die 1827 herausgekommenen "Betrachtungen über das
Volksschulwesen", insbesondere unter den Katholiken in Schlesien, auf
deren Titel er zwar nicht genannt ist, die aber ohne Zweifel von ihm
herrühren. Im Januar 1831 wurde Krüger fürstbischöflicher Oberconsistorialrath. 1832 im August schied er von der Domkanzel, dann auch
vom Alumnat und zu Anfang des Jahres 1833 von der Domschule. Ein
immer stärker werdendes Nervenleiden nöthigte ihn zur Niederlegung
dieser Aemter. Seine letzte Arbeit, die veröffentlicht wurde, war ein
Aufsatz über die "Sanntagsschulen". Außer den angeführten Sachen sind
übrigens noch viele Abhandlungen, Recensionen ꝛc. von ihm in verschie-

denen Zeitschriften, als im „Schulrath an der Ober, im Provinzialblatt, im Diöcesanblatt 2c." zerstreut anzutreffen. Krügers heller Geist stand mit seinem wohlwollenden Gemüthe im schönen Bunde. Es vereinigte sich bei ihm scharfprüfende Denker mit dem für Wahrheit und Recht eifernden Menschenfreunde. Unterdrückung und Lieblosigkeit, sie mochte sich zeigen, in welcher Form sie wollte, war ihm durchaus zuwider und er hat oft laut seine Stimme dagegen erhoben. Durch seinen Einfluß hat er Vielen, von deren Würdigkeit er überzeugt zu sein glaubte, zu Amt und Brod geholfen. Hintergangen konnte er als geübter Menschenkenner nicht leicht werden. Jedem Bedrängten, der sich ihm näherte, suchte er, wenn es irgend möglich war, Beistand zu gewähren. Besonders gern wurden lehrreiche Bücher unter arme, fleißige und gesittete Schulkinder oder Seminaristen von ihm vertheilt. Als vom Domkapitel erwählter Procurator der General von Weschschen Stiftung konnte er fast aller Jahre einige hilfsbedürftige Kinder im Waisenhause zur schmerzhaften Mutter unterbringen. Gewiß für ihn, der im Wohlthun Freude fand, ein sehr angenehmes Geschäft, obgleich er dabei, wegen des ungestümen Andrangs, nicht wenig Sorge hatte. — Die größte Bescheidenheit sprach sich in allen seinen Reden und Unternehmungen aus. Fortdauernde Thätigkeit war ihm zur zweiten Natur geworden. Wie hätte er sonst so viele Aemter gleichzeitig auf würdige Weise erhalten und dabei noch Zeit zu literarischen Beschäftigungen, zum Religionsunterricht im Ursulinerkloster, den er durch eine Reihe von Jahren ertheilte, und zur unentbehrlichen Erholung erübrigen können? Früher hatte er nicht nur auf die Vervollkommnung in den alten Sprachen, sondern auch auf die Erlernung des Französischen, Englischen und Italienischen viel Zeit verwandt. Noch in den letzten Lebensjahren arbeitete er immer bis tief in die Nacht. — Mit ächter Humanität begegnete er allen, die mit ihm in Berührung kamen. Fehlende konnten bei ihm auf Nachsicht und Schonung rechnen. Seine reiche Belesenheit, sein Witz, seine heitere Laune und sein feines Benehmen machten ihn im Umgange sehr beliebt. Später zog er sich indeß ganz in die Einsamkeit zurück. Kein Wunder, daß ihn endlich, bei fortwährend herben Erfahrungen, eine trübe Welt-Ansicht beschlich.

Hermann Krüsi.
Geboren? — gestorben den 25. Juli 1844.

Krüsi's ungewöhnliche Lebensführung (er arbeitete sich nämlich vom Taglöhner und Nebenboten zu einem tüchtigen Seminar-Direktor empor), so wie seine innige Verbindung mit Pestalozzi und sein fördernder Einfluß auf dessen Bestrebungen machen ihn im Allgemeinen beachtenswerth.

Krüsi erhielt, 18 Jahre alt, nach bestandener Prüfung die Schulstelle in Gais mit einem Lohne von wöchentlich 2½ Gulden. Er konnte sich, da ein reines Streben ihn beseelte, in manchem Betracht selbst zurecht finden. Schon im ersten Sommer stieg die Zahl seiner Schüler über 100, die er klassen- oder abtheilungsweise beschäftigte. Mit der Eintheilung der Klassen hörte auch der Wirrwar des Auswendiglernens auf. — Zu seiner Fortbildung las Krüsi die damals in besonderem Ansehen stehenden Schriften von Salzmann, Rochow, Campe, Buel u. A. Krüsi's tiefes und reiches Gemüth spricht sich besonders darin aus, daß er in den Werken der Schöpfung und in den Schicksalen der Menschen die Spuren der Allmacht, Weisheit und Liebe des himmlischen Vaters aufzufinden und das, was er daraus gewonnen, auch für seine Schulen fruchtbar zu machen sich bemühte. So führte er den Unterricht

in der biblischen Geschichte ein und was den Unterricht in der Mutter-
sprache betrifft, so lehrte er seine Schüler nach und nach die Redetheile
kennen, stellte Diktirübungen an und knüpfte daran einige Regeln der
Rechtschreibung und in den Lesestunden suchte er das Verständniß des
Gelesenen hinzuwirken. Und so brachte es denn Krüsi allmählig dahin,
daß, als er nach 6jährigem Warten vom Gemeinderathe auf seine vom
Pfarrer Steinmüller bestens begutachtete Gesuch die ihm gleich anfangs in
Aussicht gestellte Gehaltszulage erhielt. Krüsi hatte den sehnlichsten Wunsch,
zu der Tüchtigkeit zu gelangen, wie sie ihm für den ihm nunmehr lieber
gewordenen Beruf erforderlich zu sein schien. — Dieser Wunsch fand
auch seine Erhörung. Er kam auf Veranlassung des Lehrers Fischer im
Jahr 1800 als Lehrer nach Burgdorf zu Pestalozzi. Nach dem Tode des
Lehrers Fischer fordert Pestalozzi Krüsi auf, sich mit ihm zu vereinigen.
Pestalozzi errichtete nun auf dem Schloße in Burgdorf eine Erziehungs-
anstalt, die durch Krüsi's Vermittlung an Tobler in Basel und Buß aus
Tübingen tüchtige Gehülfen erhielten. Krüsi hatte den Unterricht in der
Muttersprache und im Rechnen, oder pestalozzisch ausgedrückt, die An-
schauungslehre der Sprache und Zahl zu bearbeiten. Krüsi führte den
Gedanken aus, die Kenntniß der Wahrheit geht beim Menschen von der
Kenntniß seiner selbst aus, und so entstand denn das Buch der Mütter,
deren erstes Heft im Jahr 1803 erschien. Etwas später erschienen von
Krüsi: Pestalozzi's Vaterlehren, dann Anschauungslehren der Zahlenver-
hältnisse in 3 Heften. Die Staatsumwälzung vom Jahr 1803 verdrängte
die Anstalt von den Gefilden, wo sie entstanden war und zu lieblicher
Blüthe sich entfaltet hatte. Die Schloßgebäude fielen wieder dem Canton anheim und mußten einem Oberamtmann eingeräumt werden. Während der größte Theil der Lehrer und Zöglinge nach Münchenbuchsee
versetzt wurde, gingen andere Lehrer nach Iferten, um dort eine neue
Anstalt zu gründen, an der Pestalozzi nur bis zur völligen Sicherung
ihres Bestehens Theil nehmen, dann aber in Peterlingen eine Erziehungsanstalt für Mädchen errichten wollte. Nach Verlauf eines Jahres sehnten sich die nach Münchenbuchsee geschickten Lehrer und Zöglinge mit
Pestalozzi in Iferten vereinigt zu werden, was denselben zu dem Entschluß führte, die Leitung der Anstalt in Iferten wieder selbst zu übernehmen. Die pestalozzische Anstalt in Iferten hat auf die europäische Volkserziehung unstreitig einen bedeutenden Einfluß ausgeübt; doch lagen auch
in ihr Keime zum Verfalle der Anstalt, welche Krüsi darin zu finden
glaubte, daß Stimmen sich geltend zu machen wußten, welche die Verstandesbildung aus ihrem naturnothwendigen Verhältniß zur Gesammt-
bildung des Menschen herauszureißen trachteten. Mit schwerem Herzen
erklärte Krüsi dem Vater Pestalozzi seinen Austritt, bei dessen Genehmigung er sein inniges Bedauern aussprach, daß das frühere Verhältniß
nicht ungestört habe fortdauern können. Indeß hatte Krüsi's Persönlichkeit und seine Leistungen in Iferten ihm das Vertrauen vieler Eltern
in dem Maße schon erworben, daß er, auf dieses Vertrauen gestützt, die
Errichtung einer Erziehungsanstalt ankündigte, der auch bald viele Zöglinge, selbst aus Alexandrien in Egypten, aus Smyrna und aus Teheran
zu Persien zueilten. Durch Unterstützung das Dekoppet, des Vaters einer der Zöglinge, erhielt er ein eigenes Haus.

Im Jahr 1822 erhielt Krüsi den Ruf, die Leitung der Schule des
Hans Karl Zellweger, dem er einst als Laufbursche diente, zu übernehmen.
Obgleich er sich in Iferten vollkommen wohl fühlte, so überwog doch die
Liebe zu seinem engeren Vaterlande, und er entschied sich, dem Rufe zu
folgen. Diese Schule entsprach seinen Erwartungen nicht und Krüsi

folgte darum nach 11jährigem Wirken in Trogen der Aufforderung, die
Direction des Schullehrer=Seminars in Gais zu übernehmen, der er
auch vorstand bis zu seinem im Jahr 1844 erfolgten Tode.

Joh. Friedr. Adolph Krug.
Geboren den 10. Mai 1771, gestorben im April 1843.

Dieser durch seine Bemühungen für die Begründung der Elemen=
tarmethode verdiente, aber nicht immer anerkannte, vom Schicksale hart
geprüfte Schulmann verwaiste durch den frühen Tod seines Vaters, ei=
nes Predigers zu Naunhof bei Großenhain im 2ten Lebensjahre und
wurde hierauf zu Hoyerswerda in der Oberlausitz erzogen, bei sei=
nem Großvater, dem dortigen Pastor Contius. Von 1789—91 besuchte
Krug das Gymnasium zu Bautzen, wo unter Leitung Rost's und Bötti=
ger's und des Mathematikers und Physikers Denuth, der ihn bald
zum Lehrer seiner Kinder wählte, sein Geist zum Leben und Selbstden=
ken erwachte. Die gewonnene Richtung verfolgte er bei fortgesetztem Un=
terrichtgeben auch während seiner theologischen Studien zu Leipzig 1791—95,
wo er nach Beendigung seines theologischen Cursus Naturkunde, Anato=
mie und Physiologie zu seinen Nebenstudien machte. Hierdurch und durch
seine tägliche Beschäftigung mit einem 11jährigen, durch Verwahrlosung
kaum der Sprache fähigen und fast noch begriffslosen Knaben, den er zu
sich nahm, um für die geistige und leibliche Erhaltung des Verlassenen
zu sorgen, wurde er veranlaßt zur Erforschung der einfachsten Mittel und
Wege, im Kinde durch sach= und naturgemäße Uebungen die schlummernde
Kraft zu wecken. Hierbei entstand und entwickelte sich in ihm die Idee
eines elementarischen Lehrgangs für das Sprechen und Lesen, sowie für
das Zeichnen und Schreiben und für die Behandlung des Rechnens und
der Sprachlehre. Am Ende des Jahrs 1795 ging er als Hauslehrer in
die Oberlausitz nach Messersdorf, einem volkreichen Rittergutsdorfe des
damals als Gelehrter und Physiker eben so sehr als durch seine Huma=
nität bekannten von Gersdorf. Hier gab er in seinen Nebenstunden einer
Anzahl Kinder unentgeldlichen Unterricht in den nothwendigsten Elemen=
tarkenntnissen und Fertigkeiten, wodurch er Gelegenheit erhielt zu weite=
rer Ausbildung und Anwendung seines Lehrganges auf ganze Classen
von Schülern. Hieraus entstand sein erstes „Lehr= und Lesebuch" (Dresden,
1802, 2te Aufl.; Leipzig, 1807). Mit Gedike, der zum Director der
neuen Bürgerschule berufen war, ging Krug 1803 als erster Lehrer die=
ser Anstalt nach Leipzig, wo er, trotz mancher Hindernisse und Einreden,
seine Elementharmethode in allen Unterklassen in Gang brachte. Die
Krug'sche Leselehrart, an sich betrachtet, allerdings scharfsinnig ausgedacht
und durchgeführt, geht davon aus, daß man die Bedingungen angibt,
unter welchen ein Laut entsteht, und sodann das Kind dahinführt, durch
Erfüllung dieser Bedingungen den Laut hervorzubringen, ohne daß es
vorher denselben gehört hat. Auf den Mechanismus der Sprache wird
daher tiefer eingegangen, aber eben dadurch, sowie durch die von den
Stellungen und Bewegungen der Sprachwerkzeuge hergenommenen oft
sonderbar klingenden Namen der Laute und die ganze künstliche Ausfüh=
rung, entfernt sich diese Leseart so sehr von dem Natürlichen, Einfachen
und echt Elementarischen, daß man sich nicht wundern darf, warum sie
von vielen Lehrern und Pädagogen bekämpft und aus den wenigen Schu=
len, wo sie aufgenommen wurde, durch natürlichere Lese=Lehrarten bald
wieder verdrängt wurde.

Nach einer pädagogischen Reise in das südliche Deutschland und in

die Schweiz, unter anderm zu Pestalozzi und Fellenberg, folgte Krug
1809 einem Rufe nach Zittau, um daselbst eine allgemeine Stadtschule
als Director derselben einzurichten. Schon nach 3 Jahren zeigten die
Anstalt ein erfreuliches Gedeihen und von Jahr zu Jahr gereiftere
Früchte. Mit großen Hoffnungen nahm er 1818 den viel versprechenden
Ruf nach Dresden, um eine unter dem Namen Friedrich-Augustschule ge-
stiftete höhere Bürgerschule für Knaben einzurichten und zu leiten. Die
Anstalt ruhte aber auf unsicherem Grunde, da nach dem Plane und den
Voraussetzungen des Stadtraths, mit denen Krug erst ein Jahr nach seiner Berufung bekannt wurde, das hohe Schulgeld nicht nur zur Deckung
der laufenden Ausgaben, sondern auch zur Rückbezahlung der erborgten
Einrichtungskosten und zur Ansammlung eines Schulfonds für künftige
Erbauung eines Schulhauses dienen sollte. Da diese Voraussetzungen
nicht in Erfüllung gingen, und der Stadtrath aus städtischen Kassen die
zur Erhaltung der Friedrich-Augustschule nöthigen Mittel nicht bewilli-
gen wollte, so wurde 1826 der Beschluß zur Aufhebung dieser Anstalt
gefaßt. Bei den Verhandlungen des Stadtraths mit Krug über die be-
schlossene Auflösung war diesem mehr an dem Fortbestehen der Schule
und einer bessern Schuleinrichtung in Dresden, als an seiner eigenen
Existenz gelegen. Daher nahm er, von Vielen ermuntert, den Vorschlag
des Stadtraths an, die Schule als eine öffentliche, jedoch auf eigene
Rechnung, bei einem jährlichen Zuschusse, mit Wegfall des bisherigen
Gehaltes und Schullokals festzusetzen. Bei der unzulänglichen thätigen
Theilnahme jedoch und den zahllosen Hindernissen konnte Krug, obgleich
zweimal vom Könige unterstützt, nur mit Aufopferung seines Vermögens
und unter Anhäufung einer bedeutenden Schuldenlast, das Bestehen der
Anstalt 4¼ Jahre fristen. Zu Michaelis 1831 sah er beim Mangel
aller Hilfe sich endlich mit den Seinigen der äußersten Noth ausgesetzt
und dadurch gezwungen, die Anstalt der vom Stadtrath beschlossenen
Auflösung zu überlassen und sich mit einer Pension zu begnügen. Außer
mehreren Programmen haben wir noch folgende Schriften namhaft zu machen:
     Hochdeutsches Syllabir- und Sprachbuch. Leipzig, 1806. — Evangelisches
Lehrbuch der christlichen Religion und deren Offenbarungsgeschichte. Zittau, 1807. —
Dr. Luthers Katechismus mit erläuternden Anmerkungen. Zittau, 1817 2te (verb.
Aufl. 1830). — Kleiner Leseschüler, oder hochdeutsches Syllabir- und Sprachbuch.
Leipzig, 1822. — Der Denkschüler, oder Anregungen für Kopf und Herz. Leipzig,
1825. — Leben des Blinden Zacharias. Leipzig, 1827.

Friedrich Adolph Krummacher.
Geboren den 13. Juli 1768, gestorben den 4. April 1845.

> Motto: Die Volksschule gleicht einer Baumschule. Einge-
> hägt wie diese, unter dem Schutze des Herrn des Gartens,
> des christlichen Staates, und unter der Aufsicht und Lei-
> tung des Gärtners, der Kirche, umfasse und pflege sie die
> jungen Wildlinge, auf daß sie werden, was sie werden
> sollen, gute Bäume.   Krummacher.

Friedrich Adolph Krummacher, durch seine zahlreichen und
ausgezeichneten Schriften der ganzen pädagogischen Welt bekannt, wurde
zu Tecklenburg in Westphalen geboren: Frühzeitig zeigte er sich durch klaren Verstand und warme Herzlichkeit sehr auffallend aus. Nach zurückge-
legten Studien wurde er Professor der Theologie zu Duisburg, entschied
sich aber bald zu der seinem Gemüthe mehr zusagenden Beschäftigung als
Landprediger. Seine erste Pfarrstelle war zu Krefeld, dann zu Kettwich.
Nicht lange konnte ein Mann von so großer Wirksamkeit auf dem Felde

der Menſchenveredlung in der Zurückgezogenheit verbleiben. Man erhob ihn zum Superintendenten, Oberprediger und Conſiſtorialrath von Bern= burg. 1824 gab er jedoch dieſe Stelle auf und wurde Prediger an der St. Ansgarikirche in Bremen. Das Studium der heiligen Schrift, die — wie Gregor der Große ſagt — durch dunkle Stellen die ſtarken Geiſter immer in Thätigkeit erhält und den Gelehrten immer nen bleibt, füllte nicht bloß einen großen Theil ſeines Lebens aus, ſondern gab auch ſei= nem friſchen und ideenreichen Geiſte eine vorherrſchend wahrhaft religiöſe, nicht pietiſtiſche Richtung. Gott und Tugend, Sittlichkeit und Recht pre= bigte ihm die ganze Natur, jedes Gräschen auf der Wieſe, jedes Stein= chen im klaren Bache, Alles war ihm heilig. Das Kleinſte war ihm groß, das Niederſte hoch. Jede Erſcheinung der Natur und der Kinder= welt wußte er in einer ſo anziehenden und lieblichen Sprache zum lehr= reichen Gemälde darzuſtellen, daß nicht leicht ein Schriftſteller von der Jugend ſo fleißig damals geleſen wurde, als er.—Krummacher's Parabeln allein ſichern ihm den Plaz unter den erſten Pädagogen. Ueberdies nen= nen wir noch das „Feſtbüchlein,“ die „Kinderwelt,“ „Johannes,“ „Bi= belkatechismus,“ „Katechismus der chriſtlichen Lehre“ und ſeine „chriſt= liche Volksſchule im Bunde mit der Kirche,“ welche alle den erfahrnen Menſchenkenner und Schulmann, den chriſtlichen Pädagogen bekunden.

Karſten Kruſe.
Geboren den 9. Auguſt 1753, geſtorben den 5. Januar 1827.

Kruſe ward geboren zu Hiddigwarden bei Berne im Herzogthum Oldenburg. Ihm hat das Schulweſen nicht nur wegen ſeines Atlas, ſondern auch noch wegen mancher ſchriftſtelleriſcher und amtlicher Verdienſte, die in folgender Biographie kurz angedeutet werden ſollen, viel zu danken. Kruſe kam in ſeinem 10. Jahre in das Waiſenhaus zu Halle und ſtudirte dann ſeit 1772 daſelbſt Theologie, unterſtüzt von dem Grafen von Stolberg“ Wernigerode und mit Niemeyer, Knapp und der Familie Schiff in näherer Verbindung. Nach Vollendung ſeiner Studien begab er ſich nach Oldenburg, wo er eine Stelle am Gymnaſium erhielt und eine Abendſchule für junge Mädchen errichtete, durch deren ſorgſame Leitung er ſich die Liebe und Achtung der angeſehenſten Bewoh= ner der Stadt erwarb. Schon jezt begann er die Vorarbeiten zu einem ganz Europa umfaſſenden hiſtoriſch=geographiſchen Atlas, welcher den Zuſtand Europa's zu Ende Jahrhunderts in einer durch chronologiſche Tabellen erläuterten Karte darſtellen ſollte. Seit 1781 verheirathet, ward er durch das Vermögen ſeiner Frau in den Stand geſezt, auch für ſeine Privatſtudien mehr zu thun, als es ihm bisher möglich geweſen war. Dem Bedürfniß der Schulen kam er durch ſeine „Allgemeine An= weiſung zur Orthographie“ (Bremen, 1787, 4te Aufl. 1815), wie ſpäter durch ſeine „practiſche Anweiſung zur deutſchen Sprachlehre.“ Oldenburg, 1807, 3te Aufl. 1825) entgegen. Seine Umſtände verbeſſerten ſich noch mehr, als er zum Lehrer der Prinzen Auguſt und Georg von Oldenburg erwählt wurde. Mit dem Titel eines Conſiſtorialrathes begleitete er 1803 ſeine Zöglinge auf die Univerſität Leipzig, und als er 1805 mit ihnen nach Oldenburg zurückgekehrt war, leitete er als Scholarch die älteren Unterrichtsanſtalten und das 1807 von ihm eingerichtete Schullehrer= ſeminarium. Die Beſezung des Herzogthums Oldenburg durch die Fran= zoſen riß ihn 1811 aus ſeinen glücklichen Verhältniſſen; als er mit Mühe die Erlaubniß zur Abreiſe erhalten hatte, begab er ſich nach Leipzig, wo er 1812 als Profeſſor der hiſtoriſchen Hülfswiſſenſchaften angeſtellt war

und 1813 die Mitaufsicht über die Wendler'sche Freischule, deren wissen=
schaftlichen Leitung ihm oblag, übernahm, Sein „Atlas", dem er den
Fleiß fast seines ganzen Lebens widmete, erschien in 4 Heften, die ersten
mit Unterstützung des Herzogs von Oldenburg, zu Leipzig 1802—18.
(2te Aufl. 1822. 3te Aufl. von seinem Sohne heraus gegeben, 1828).—
Außerdem gab er die Schrift „Zweck des Sokrates und seiner Jünger."
(Leipzig, 1785) heraus, um eine dem positiven Christenthum widerspre=
chende Ansicht zu bekämpfen.

Adolph Gottlob Lange.

Geboren den 28. April 1778, gestorben den 9. Juli 1831.

Adolph Gottlob Lange, ehemaliger Rector der preußischen Lan=
desschule Pforte, ein tüchtiger Pädagog und Schulmann, geboren zu
Weißensee in Thüringen, erhielt seine Bildung in der Landesschule Pforte,
und studirte seit 1795 zu Leipzig Theologie und Philologie. Nachdem
er von 1801—4 in Berlin als Mitglied des Seminars für gelehrte Schu=
len und Hilfslehrer am Gymnasium zum grauen Kloster gearbeitet hatte,
berief ihn das sächsische Oberconsistorium als dritter ordentlicher Lehrer
nach Pforte, wo er 1825 in die Stelle des zweiten Professors einrückte
und 1831 Rector wurde, aber schon im Juli 1831 starb. Lange war als
Lehrer und Erzieher durch strenge Wahrheitsliebe, echte Religiosität und
einen lebendigen Sinn für alles Gute und Schöne, unter welchen For=
men es sich auch zeigte, sehr ausgezeichnet. Sein Unterricht war gründ=
lich, geistreich und anregend. Die classische Literatur betrachtete er als
die Grundlage aller Jugenderziehung in gelehrten Schulen, und in ihr
fand er die ewigen Muster alles Wahren nnd Schönen. Seine Schrif=
ten sind nicht zahlreich, denn dem beschäftigten Schulmanne fehlte die
Zeit; aber was er geschrieben hat, zeugt von seiner gründlichen Gelehr=
samkeit von der Tiefe seines Geistes und von seinem gediegenen Ge=
schmacke. Im archäologischen Fache zeichnen sich besonders aus seine
Anmerkungen zu der Uebersetzung von Loozi's Schrift: „Ueber die Sculp=
tur der Alten." Leipzig, 1816, und unter seinen philologischen Schrif=
ten das Programm: „Vindiciae tragoediae Romanae." Leipzig, 1822.

Daniel Laroche.

Geboren den 16. Dezember 1767, gestorben den 15. Dezember 1842.

Laroche wurde zu Basel aus angesehener Familie geboren, durch=
lief die Schulen seiner Vaterstadt und widmete sich dann dem Studium
der Theologie, erst in Basel, später in Tübingen und Heidelberg. Nach
seiner Rückkehr im Jahr 1812 wurde er in die Zahl der Kandidaten des
Predigtamtes aufgenommen. Ein Jahr später übernahm er eine Lehrer=
stelle am Gymnasium und im Jahr 1817, in der Zeit der Erneuerung
des gesammten Basler Schulwesens, wurde er zum Konrector an dieser
Schule erwählt. Er hatte in dieser Stellung den Unterricht in der Re=
ligion und in den alten Sprachen in den obern Klassen zu besorgen. Bei
der im Jahr 1831 erfolgten Erledigung des Rectorats des Gymnasiums
und der Realschule wurde ihm diese wichtige Stelle durch unmittelbaren
Ruf übertragen. Die strenge Rechtlichkeit und Uneigennützigkeit und der
ruhige Ernst, die all' sein Thun und Lassen beseelten, die Unverdrossen=
heit, mit welchen er seinen Amtsverrichtungen oblag, die Milde seines

Charakters und eine wohlmeinende, entgegenkommende christliche Gesinnung erwarben ihm die Liebe der zahlreichen Lehrer, die unter seiner Leitung standen, das unbedingte Zutrauen der Behörden und die allgemeine Achtung und Zuneigung seiner Mitbürger. Er war der eigentliche Vater der Schule, welcher er vorstand, immer bereitwillig mit Rath und That überall auszuhelfen, wo Belehrung gesucht wurde oder Nachhilfe irgend einer Art nöthig war. Als Bürger bewahrte er einen offenen Sinn für alles zu Stande kommende Edle und Gute und half nach Kräften getreulich mit, wo er sich mitzuhelfen berufen fand. Der sonst milde und ruhige Mann pflegte seinen Unwillen gegen jede auftauchende Gemeinheit der Gesinnung lebhaft an den Tag zu legen. Seit Erneuerung der Staatsbehörden war er Mitglied der Universitätskuratel. An der gemeinnützigen Gesellschaft war er lange hindurch als Mitglied der vorberathenden Kommission thätig. Seit der Gründung der Erziehungsanstalt für arme Kinder in Beuggen, war er Vorsteher der leitenden Kommission und auch der Missionsanstalt wirkte er als Mitglied des Comité eifrig mit. In den letzten Jahren, als er die Abnahme seiner körperlichen Kräfte fühlte, vermied er neue Verrichtungen zu übernehmen, um seinen Amtspflichten keinen Eintrag zu thun. Durch die Vermehrung der Schülerzahl hatten sich die Obliegenheiten des Rectors des Gymnasiums bedeutend vermehrt, auch nachdem im Jahr 1841 die Leitung der Realschule einem besondern Rector war übertragen worden. Eine gefährliche Krankheit hatte seinen Körper geschwächt. Auch in seiner letzten Krankheit versah er länger seine Amtsgeschäfte, als seine Kräfte ihm gestatteten und er verschied nach kurzem Krankenlager, seinen klaren Geist und die ruhige christliche Ergebung bis an's Ende bewahrend, den 15. Dezember in einem Alter von 52 Jahren.

Johann Kaspar Lavater.
Geboren den 15. November 1741, gestorben den 2. Januar 1801.

Motto: „In dem großen Hause Gottes sind zur Ehre des Hausherrn goldene, silberne und hölzerne Gefäße, alle tauglich, alle nützlich, alle gottesempfänglich, alle Werkzeuge der Gottheit, Alles Gedanken, Offenbarungen in ihm! Alles Worte seiner Kraft und Weisheit. Aber das Hölzerne bleibt hölzern, das Silberne silbern, das Goldene golden. Das hölzerne kann nützlicher werden, als das Goldene, aber es bleibt hölzern, während das Goldene ungebraucht veraltern kann, aber doch golden bleibt. Keine Erziehung, keine Anstrengung, kein Aufstreben der Imagination ohne tiefe, innere Ahnung und Gefühl der Kraft uns eine andere Natur geben. Laß jeden Menschen das sein, was er ist, und sei du das und nichts Anderes, als was du bist, so bist du Gott und den Menschen und dir selber gut genug." Lavater.

Wer mit solchem psychologischem Sinne denkt und wirkt, wie Lavater, ein ausgezeichneter Mann des 18ten Jahrhunderts, es that; der verdient den Pädagogen oder Bildung seiner Zeit zugezählt werden. Dies kann man von Lavater sagen. Wenn gleich dieser Mann weit mehr durch liebenswürdige Persönlichkeit, durch warmen Patriotismus, durch feurige Beredtsamkeit, durch Reisen, Umgang und Briefwechsel nicht den ausgezeichnetsten Personen seiner Zeit, so wie durch einen ungebührlichen Hang zum Wunderbaren, Uebernatürlichen, Abendteuerlichen und Geheimnißvollen berühmt geworden, als durch theologischen und philosophischen Forschungsgeist, so verdient er doch auch in gegenwärtiger Biographien-Sammlung aufgeführt zu werden wegen seines Versuchs, die Physiog-

nomik als einen wichtigen Zweig der Antropologie zur Wissenschaft zu
erheben. Seine früh geübte Beobachtungsgabe und seine Menschenkenntniß hatten ihn in den Stand gesetzt, sich von Personen jeder Art nach einigem Umgange bald ein treffendes ihres Naturells und Charakters abzunehmen und da dieses Bild in seinem Alles zur Anschauung gestalten-
dem Gemüthe leicht mit der Vorstellung ihrer Gesichtszüge zusammen-
schmolz, so war es kein Wunder, daß er sich allmählig von einer noth-
wendigeren Uebereinstimmung des äußeren Menschen mit dem inneren
überzeugte, als die behutsame Menschenkunde erfahrner Weltleute anzunehmen wagt. Es glückte ihm auch in vielen Fällen, seinen Schluß
von dem ersten Anblicke einer Person oder ihres Portraits, ja nur ihres
Schattenrisses, auf ihre geistige und moralische Individualität bei näherer Erkundigung bestättigt zu finden. Ueberall, vom Einzelnen schnell
auf's Allgemeine zu schließen und jede Erscheinung so viel als möglich
zu verallgemeinern, kam er auch auf den Einfall, die Linien des Menschen-
profils für zuverläßige Merkmale des Charakters zu erklären und die
Physiognomik, welche bisher, was sie auch noch ist, nur ein Aggregat
bescheidener, auf analoge Fälle gegründeter Vermuthungen gewesen war,
zur Wissenschaft zu erheben. Seite 1779 hing Lavater an dieser Idee und
sammelte aus allen Gegenden, die seine ausgebreitete, Alles, was damals berühmt war, in den Zauberkreis seines Unternehmens hereinziehende
Correspondenz erreichen konnte, Schattenrisse bekannter Personen als
Hilfsmittel und Beweisthümer seiner psychologischen Analyse des Men-
schengesichts. Besonders ging er auf Christusköpfe aus, und jeder Bekannte, der etwas zeichnen konnte mußte ihm ein selbsterfundenes Chri-
stusprovil persönlich liefern.   Denn mit der Grundidee seines Strebens,
die Menschheit, an die er kindlich glaubte, nach dem sittlichen Vorbilde
Jesu herzustellen, hing in seinem menschenfreundlichen Herzen die Charak-
terkunde aus den Gesichtszügen, als eine Vorarbeit zur zweckmäßigeren
Einwirkung auf die Gemüther eng zusammen.

Indessen mißlang ihm der Versuch, die Physiognomik zur Wissenschaft zu erheben, denn er schloß viel zu rasch vom Einzelnen und Besonderen auf's Allgemeine und bezog zu einseitig den Ausdruck des Innern im Aeußern des Menschen auf die Gesichtszüge, die, wenngleich
sehr bedeutsam, doch nicht hinreichen, das Naturell und den Charakter
des Menschen mit solcher Sicherheit und Zuversicht zu bestimmen, als es
Lavater that. Darum vergriff er sich auch oft in seinen physiognomischen
Urtheilen über einzelne Personen, deren Gesichtszüge ihm nicht einmal
nach dem Leben, sondern blos nach todten Abbildungen bekannt waren.
Siehe dessen Schrift: Von der Physiognomik. Leipzig, 1772, und Phy-
siognomische Fragmente zur Beförderung der Menschenkenntniß und Menschenliebe. Leipzig, 1775. 4 Bde.

Daß das Studium der Physiognomik, wie insbesondere für den Arzt
so auch für den Pädagogen, von Wichtigkeit sei, ist wohl unleugbar.

Schließlich noch einiges aus Lavater's Leben. Er erblickte das Licht
dieser Welt zu Zürich. Hier war sein Vater Arzt und Bürger und stand
daselbst in hoher Achtung. Die Mutter, eine lebhafte Frau von gutem
Verstande und starken Leidenschaften, hielt das, ohnehin mehr zarte, als
kräftige Naturell ihres Kindes durch launenhafte Strenge nieder, und er
wurde unter ihrer Ruthe ein weinerlicher und furchtsamer Knabe, der
blöde, unter seinen Gespielen, ungelehrig in der Schule, am behaglichsten
in stillen Träumereien, bei denen es immer auf geheime Wirkungen hin-
auslief, und in einsamen Spielen mit allerlei Wachspüppchen, die er sich
gestaltete Anlagen der Phantasie und des Bildungstriebes, doch sonst

nichts Bedeutendes verrieth. Dabei nahm sein hilfesuchendes Herz früh
die Richtung auf Gott; Bibellesen und Gebet wurden ihm Bedürfniß,
und schon als Schüler der untern Gymnasialklassen fingen seine Erfahrungen von der Erhörung seiner bestimmtesten Bittgebete an, womit es
meist sehr natürlich zuging. Merklicher gedieh die Entwickelung seines
Geistes in den höhern Klassen. Die ihm von Kindheit an eigene Flüchtigkeit und Eile ließ es zu einem tieferen Eindringen in philologische
Studien freilich nicht kommen, und seine Kenntniß des classischen Alterthums blieb oberflächlich; früh hervorstechend aber war seine Neigung und
Fertigkeit, sich der Bestimmung des von ihm erwählten geistlichen Standes gemäß über Alles, was er empfand und dachte, auszudrücken und
redselig mitzutheilen. Er nährte und übte sie in den ernsten Freund-
schaftsbündnissen, die er um diese Zeit mit mehren edlen Jünglingen aus
den berühmten Zürich'schen Familien Heß und Füßli anknüpfte. Menschen beobachten, in sich gehen, über seine und Anderer Seelen Zustand
wachen, lehren und zur Frömmigkeit ermuntern, wurde das Lieblingsgeschäft, das er an und mit seinen Freunden betrieb. — Was er in der
Folge als Prediger in mehren niedern und höheren Stellen geleistet hat,
bleibe hier unbeachtet. Er starb im Jahr 1801 im 60sten Lebensjahre
an einer Schußwunde, die ihm ein französischer Grenadier beim Einrücken Massenas in Zürich meuchlings auf der Straße im Herbste des
Jahres 1779 beigebracht hatte, als er eben beschäftigt war, herumschwär-
mende Soldaten zu erquicken und zu beschwichtigen.

Hermann Eduard Ledebur.
Geboren den 12. April 1802, gestorben den 18. Februar 1851.

Motto: „Die Muttersprache vermittelt alle Erkenntniß; die
Lehre ist ihr eigener Gegenstand. Dadurch Erleichterung
und Erschwerung zugleich."
Ledebur.

Herm. Ed. Ledebur wurde zu Eidinghausen im Fürstenthum Minden geboren, wo sein Vater Prediger war. Dessen spätere Versetzung
nach Brackwede bei Bielefeld gab die Veranlassung zum Besuch des von
dem trefflichen Krönig damals geleiteten Gymnasiums dieser Stadt, dessen
Ledebur noch oft mit Liebe und Anerkennung gedachte. Die Universitätszeit besuchte er in den Anfang der Zwanziger Jahre in Halle und dann
in Tübingen. Die Burschenschaft, welche damals eine Anzahl der begab-
testen, strebsamsten Jünglinge vereinigte, zählte auch ihn zu ihren eifrig-
rigsten Anhängern. Es ist bekannt, welches Schicksal die meisten jungen
Männer traf, die jener Verbindung angehörten; in Folge der eingeleite-
ten Untersuchungen wurde auch Ledebur verhaftet und ihm ein Gefängniß
in den Casematten der Festung Wesel zum Aufenthalt angewiesen, wo
man ihn anfänglich mit großer Härte behandelte, späterhin jedoch milder
verfuhr und ihm gestattete, sich innerhalb der Stadt frei zu bewegen und
am Unterrichte einer Mädchenschule zu betheiligen. Jenem Aufenthalt in
den feuchten Mauern eines Festungsgefängnisses schrieb Ledebur das rheu-
matische Uebel zu, das ihn später fortwährend quälte und ihm oft sogar
in warmen Sommertagen die Hülle eines Mantels aufnöthigte. Endlich
aus seiner Haft erlöst und einer freien Thätigkeit zurückgegeben, mußte
er sich über den Beruf seines Lebens bestimmen; der Theologie entsagend
wählte er den des Lehrers, von dem Bewußtsein geleitet, daß die Natur
ihn gerade für diesen Beruf mit vorzüglichen Eigenschaften ausgestattet
habe.

Im Jahr 1831 kam Ledebur nach Hamm, um am dortigen Gymnasium als Schulamtskandidat sein Probejahr zu bestehen. Nicht nur durch tüchtige Kenntnisse, sondern auch durch seinen geistvollen anregenden Unterricht bewährte Ledebur sofort sehr entschieden seinen Lehrerberuf, und die Liebe und Hochachtung, welche er bald bei allen Schülern gewonnen hatte, gaben den Eigenschaften seines Charakters ein nicht minder ehrendes Zeugniß als denen seines Geistes. So genoß er denn schon nach kurzer Zeit der allgemeinsten Anerkennung, und gern hätte man ihm, als eine der oberen Lehrerstellen erledigt wurde, dieselbe übertragen gesehen, wenn dies nicht durch anderweitige Verhältnisse unmöglich gemacht worden wäre. So verließ er denn Hamm nach kurzer Wirksamkeit, begleitet von allgemeinster Theilnahme und Achtung, um mit nicht minderem Erfolge am Gymnasium zu Minden thätig zu werden.

Im Oktober des Jahrs 1836 trat er auf den Wunsch des Directors Tellkampf die Lehrers-Stelle an der im Jahre 1835 neu begründeten Realschule in Hannover an. Mit ihm trat ein wesentlich ergänzendes Element in den Kreis der Schule, dessen bedeutender und wohlthätiger Einfluß nicht in Abrede gestellt werden kann. Ledebur gab sich mit voller Seele seiner Lehrthätigkeit hin, deren Zweck kein anderer war, als seine Schüler aus dem Kreise einer oft kleinlichen und beengten Anschauungsweise emporzuheben, indem er sie überall auf ein höheres Ziel hinwies und Gesinnungen und Empfindungen in ihnen weckte, die auf eine Veredlung ihres Innern wirken mußten. Auf eine wirklich meisterhafte Weise behandelte er in diesem Sinne den geschichtlichen Unterricht, in welchem er das Gewirr der einzelnen Thatsachen zurücktreten ließ, um die Idee, welche eine Zeit erfüllt und zu großen Entwickelungen geleitet hatte, möglichst klar und lebendig hervorzuheben. Die Charakteristik bedeutender Persönlichkeiten war ihm ein Lieblingsgeschäft, und gerade durch solche Schilderungen voll überströmender Lebendigkeit und Wärme wußte er die Jugend ungemein zu fesseln. Vielfachen Anlaß dazu bot ihm nicht minder der deutsche Unterricht, namentlich durch die Lektüre der Klassiker, und die Literaturgeschichte, deren Studium er mit dem regsten Eifer betrieb. Die Bedeutung des deutschen Unterrichts für Realschulen und seine Behandlung, worüber er sich später in der Versammlung zu Mainz (im Jahre 1844) so beredt und überzeugend ausgesprochen, lag ihm schon von Anfang seiner hiesigen Wirksamkeit an so klar vor Augen, daß es in der Folgezeit nur der weiteren Ausbildung der leitenden Ideen bedurfte. Einen sehr beachtenswerthen Plan entwarf er für die Behandlung des deutschen Sprachunterrichtes in den 3 oberen Klassen. Von der Ansicht ausgehend, daß es Aufgabe und Pflicht des Lehrers sei, Natur und Menschenwelt nicht nur aus Büchern, sondern möglichst auch durch eigene Anschauung kennen zu lernen, machte er im Sommer 1840 eine Reise nach Frankreich und später nach England. Im Jahre 1843 übernahm Ledebur die Direction der Magdeburger Handels- und Gewerbschule, er schied mit den herzlichsten Worten aus dem Kreise seiner früheren Anstalt, um welche er sich durch seine Wirksamkeit ein unvergängliches Verdienst erworben und die seiner stets nur mit dankbarster Anerkennung gedenken wird. Ledebur's Wunsch, in der von ihm für Braunschweig proponirten Versammlung mit kräftigen Worten die Sache der vielfach angefeindeten Realschule zu verfechten, ist ohne Erfüllung geblieben; noch ehe die Frühlingssonne emporstieg, hatte sein Haupt sich zum Todesschlummer gesenkt. Ledebur war ein Mann vom edelsten, reinsten, idealsten Streben, ein ächt deutscher Mann, ein Mann von Jünglingsfeuer und Jünglingsbegeisterung, zur Bildung deutscher Jünglinge geschaffen, ein Mustermensch in seiner Art.

Dr. Friedrich August Lehmann.

Geboren den 18. Jänner 1799, gestorben den 4. März 1838.

Er war zu Lübben in der Nieder-Lausitz von unbegüterten Eltern geboren und erhielt seine erste wissenschaftliche Bildung auf dem früher rühmlichst bekannten Gymnasium seiner Vaterstadt. Schon hier, sich kaum den Jünglingsjahren nähernd, sammelte er einen Kreis von Schülern um sich, sich selbst dadurch die Mittel zu seiner Fortbildung erwerbend, aber hauptsächlich sich schon seiner so früh erwachten Neigung zum Erziehen und Unterrichten hingebend; und was der junge talentvolle Lehrer seinen Schülern gewesen, davon wurden ihm noch oft anerkennende achtende Beweise. Wohl vorbereitet bezog er zu Ostern 1818 die Universität Leipzig, studirte unter Tschirner, Wiener, Tittmann Theologie, Pädagogik unter Lindner, dessen persönlichen Umgang er genoß und dessen späterer Freundschaft und Hochachtung sich der gereifte Mann erfreute. Sein kräftiger und umfassender Geist wandte sich auch hauptsächlich den mathematischen und naturhistorischen Fächern zu, in denen Männer, wie Mollweide, Gilbert und Schwägrichen seine Lehrer waren. Nach Beendigung seiner Studien blieb er noch ein Jahr lang in Leipzig als Hauslehrer in einem angesehenen Kaufmannshaus und erhielt sodann den Ruf als Lehrer nach Bunzlau an das königl. Waisenhaus und Schullehrer-Seminar, welche Stelle er 1822 antrat und während 16 Jahren mit Treue und Eifer bekleidet hat. Was er in denselben geleistet, ist jeder Zeit von seinen Vorgesetzten, Kollegen und Schülern ehrend anerkannt worden. Hier in seinem Wirkungskreis entfaltete sich sein ganzes reiches Gemüth, eine glühende Liebe zu den Kindern, die ihm übergeben waren und ein tief religiöser Zug seines Herzens, der sich in begeisterten Vorträgen immer wohlthuend erschloß, eine kräftige Gesinnung, die an dem, was sie für wahr und recht hielt, unter allen Umständen unbeugsam fest hielt und ein durch nichts zu besiegender Durst nach Wissenschaft und Bereicherung seines Geistes, der kein Stillstehen kannte. Im J. 1828 im Frühjahr machte er eine Reise, seinem längst gehegten Wunsche zu Folge, nach Holland, England, Frankreich, einen Theil von Oberitalien und der Schweiz. Höchst befriedigt kehrte er im Herbste desselben Jahres zurück und übernahm nun noch das Amt eines Bibliothekars an der Bibliothek des Waisenhauses und Seminars, so wie das eines Geschäftsführers der Bibelgesellschaft zu Bunzlau. Letzteres war seinem Herzen ein wohlthuendes Geschäft, indem es ihm stets wahres Bedürfniß war, für die Ausbreitung des Reiches Gottes auf Erden so viel zu wirken, als in seinen Kräften stand. Zu Ersterem schien Neigung und Anlage ihn ganz besonders zu eignen, bei seiner umfassenden Kenntniß der Literatur, bei seiner regen Theilnahme an allen neuen Erscheinungen im Gebiete derselben, bei seiner großen Umsicht in jedem Geschäftszweig, bei seinem richtigen Takte für das Gediegene und Brauchbare, bei seinem gebildeten Geschmack in der Wahl der Bücher und endlich bei der Sicherheit und Kraft seines Gedächtnisses würde er sich zu einer Stellung viel bedeutendern Umfangs in dieser Art geeignet, sich darin vollkommen glücklich gefühlt und stets seinen Platz ausgefüllt haben. Es ist sehr zu bedauern, daß er ihn nicht fand, da die Wiederkehr ein und desselben Stoffes auch in den höheren Klassen seinem Geist später nicht befriedigende Nahrung gab. Dafür suchte er sich durch wissenschaftliche Beschäftigung mit der Muttersprache sowohl, als durch einen großen Theil der neuern Sprachen zu entschädigen und so entstanden seine beiden deutschen Sprachlehren, deren eine unter dem Titel: „Deutsche Sprachlehre, zunächst für höhere Bürgerschulen ꝛc." bei

Julien in Sorau, die andere unter dem Titel: „Kurz gefaßte deutsche Grammatik nach den neuesten historischen vergleichenden Forschungen für jede Art des höheren Unterrichts und der Selbstbelehrung systematisch und vollständig bearbeitet ꝛc." bei Appun in Bunzlau erschienen sind. Mit ihnen gleichzeitig gab er „Elemente des Rechnens, oder das reine elementarische Kopfrechnen" bei Adlerholz in Breslau heraus. Den 19. August 1834 promovirte ihn die philosophische Fakultät zu Jena auf Einsendung seiner ersten Grammatik zum Doktor der Philosophie. Eine Zeit lang ist der Verewigte auch Mitarbeiter an der Hienzischen Zeitschrift für Erziehung und Unterricht gewesen und es befinden sich Aufsätze unter dem Titel: „Gaben" von ihm darin. Durch allzu anhaltendes Arbeiten erschöpfte er seine physischen Kräfte und ein durch eine Lungenentzündung herbeigeführtes Uebel wuchs mit großer Schnelle und untergrub die Gesundheit des sonst so kräftigen rüstigen Mannes. Ueber ein Jahr lang litt er unsäglich und weder Salzbrunn, noch Kissingen thaten die gewünschte Wirkung, seine Kräfte nahmen immer mehr ab und er verschied am oben genannten Tage. — Sein Charakter war bieder und treu, seine Wahrheits- und Ordnungsliebe streng, sein Fleiß eifern und bei seinem gründlichen Wissen besaß er viele Bescheidenheit.

Christian Gottfr. Wilh. Lehmann.
Geboren den 15. Juli 1765, gestorben den 2. Juni 1823.

Lehmann widmete sich den Wissenschaften, wofür ihm sein zarter, fein gebauter Körper mehr, als für andere Beschäftigungen zu bestimmen schien. Er besuchte die Domschule, als die blühendste Lehranstalt seiner Vaterstadt. Hier waren in den obersten Classen Struensee und Nachtigal, deren Namen nicht blos zu Halberstadt bekannt und geachtet sind, seine Lehrer. Struensee starb, während Lehmann die erste Klasse besuchte, am 14. August 1782 und der bisherige Rector der Martinischule Gottlob Nathanael Fischer, trat an seine Stelle. Beide ausgezeichnete Männer wichen in ihrem Verhalten als Lehrer und mehr noch als Lenker der Jugend bedeutend von einander ab, wie es zum Theil der verschiedene Geist der Zeit, der sie angehörten, mit sich brachte. Struensee, in der ersten Hälfte des achtzehnten Jahrhunderts auf dem hallischen Waisenhause und dem Kloster Bergen von Magdeburg gebildet, übte als Schulmann die strengste Disciplin; Fischer war mild und suchte durch Lob und Ermunterung auf die jugendlichen Gemüther zu wirken. Dem sanften, sich von selbst zu allem Guten hinneigenden Lehmann sagte er ohne Zweifel mehr zu, als Struensee. Lehmann gehörte zu vier ausgezeichneten Jünglingen, welche in Fischers Klasse den ersten Rang bildeten, unter sich selbst auf das Rühmlichste wetteiferten und ihren zahlreichen Mitschülern Muster des Fleißes und des Wohlverhaltens waren. Ein Einziger von ihnen hatte ihn durch Talente und wissenschaftliche Anstrengungen übertroffen; es war der nachherige Professor der Philosophie zu Halle, Johann Gebhard Ehrenreich Maaß. Sieben Monate jünger, als Lehmann, ist er ihm auch nach sieben Monaten im Tode gefolgt.

Nachdem Lehmann kaum ein Jahr lang Fischers Unterricht genossen hatte, bezog er Ostern 1784 zugleich mit neun seiner Mitschüler, worunter noch zwei aus der oben erwähnten Vierzahl, nehmlich Maaß und der nachherige Inspektor des Pädagogiums zu Halle, Johann Friedrich Müller, die Universität Halle. Fischer charakterisirte alle diese Jünglinge in einem öffentlichen Programme, und nach seinem eigenen Geständniß hatte er diese Zeugnisse con amore geschrieben. Von Lehmann sagte er:

„Seine Miene verspricht das, was er wirklich leistet. Ein heller Kopf, von vielen Talenten, klug im Betragen und Worten, leicht in Ausdruck und Wendung, sowohl im Gedicht, als in Prosa; im Griechischen Primus und in allen übrigen Lectionen unter den Ersten. Was er angreift, geht ihm von Statten, und Andere werden ihn einmal in dem, was er ausführen will, weniger hindern, weil er sie durch Verstand, Rechtschaffenheit, Freundlichkeit und Gefälligkeit gewinnen wird."

Nach seiner Rückkehr von der Academie, wo er außer den theologischen unter andern auch Vorlesungen über die Kenntniß des menschlichen Körpers gehört hatte, lebte er zu Halberstadt einige Jahre ohne Amt, bis er im Jahr 1789 als Conrector an der Martinischule angestellt wurde, welche als eigentliche Stadtschule unter dem Patronat des Stadtmagistrats stand, dessen Haupt sein Vater war. Diese Anstellung entschied über die Verhältnisse seines gesammten künftigen Lebens und zwar leider im Ganzen auf eine für ihn nachtheilige Art.

Die Martinischule war, ihrer damaligen Einrichtung nach, eine sogenannte gelehrte Schule nach altem Zuschnitt, welche, mit ziemlich einfachen Mitteln, die verschiedenartigsten Zwecke erfüllen sollte. In den obern 3 Klassen hatte sie die Jünglinge zur Universität und zum Schullehrerstande vorzubereiten; in den untern 3 Klassen aber sollte sie die Lücke einer noch fehlenden Bürgerschule ausfüllen. Als gelehrte Schule hatte aber die Martinischule an der Domschule eine Nebenbuhlerin, die durch alle ihre Verhältnisse und namentlich auch durch die wirksamste Unterstützung eines reichen Fonds mehr begünstigt, seit Menschenalter schon ein entschiedenes Uebergewicht über sie erlangt hatte und fortwährend behauptete. Dazu kam noch eine dritte, die Johannisschule, welche ebenfalls diesen Zweck verfolgte. Nur wenige Jünglinge wählten deshalb die Martinischule, um sich auf die Universität vorzubereiten, und, während die allzu große Zahl der Schüler in den untern Klassen den Lehrern oft beschwerlich wurde, hatte man im Gegentheil in den obern Klassen über den Mangel an Lernenden zu klagen.

So war die Lehranstalt beschaffen, an welcher Lehmann in einem Alter von 24 Jahren als Lehrer auftrat, wohl schwerlich ahnend, daß er sein ganzes Leben an derselben zu bleiben bestimmt sey. Als Conrector oder zweiter Lehrer, gehörte ihm die zweite Klasse an, in welcher sich der Verfall der Schule gerade am auffallendsten zeigte, so daß sie selten mehr, als sechs oder acht Schüler, oft noch weniger zählte. Denn von den Nichtstudirenden stiegen nur sehr wenige bis zu dieser Klasse empor und die Studierenden, so wie die künftigen Schullehrer, verweilten darin kürzere Zeit, als in der ersten Klasse.

Man suchte noch durch andere zweckmäßige Einrichtungen, als Vertheilung von Prämien, Gründung einer Bibliothek, Anschaffung eines electrischen Apparats u. dgl., wofür sich Lehmann thätig verwendete, das Gedeihen der Schule, als gelehrte Anstalt zu fördern; doch auch diese und mehrere andere Vortheile genoß weit früher die Domschule, und aller Bemühungen ungeachtet war der Verfall der Schule als Vorbereitungsanstalt zur Universität nicht zu verhüten.

Im Jahr 1806 verließ der Rector Alsleben, ein sehr brauchbarer Lehrer, der 17 Jahre lang mit Lehmann in Eintracht gearbeitet hatte, die Martinischule, um die zweite Predigerstelle in dem Städtchen Weferlingen anzunehmen, und Lehmann, der sich kurz vorher die Würde eines Doctors der Philosophie erworben, und sich verheirathet hatte, ward an seiner Statt zum Rector ernannt. Es ist dieß die einzige Beförderung zu einer höhern Stelle, die er in seinem Leben erlangt hat, und wie sehr

mußte seine Freude darüber durch den Umstand getrübt werden, daß man
daran zweifelte, ob diese Anstalt noch in der bisherigen Art würde bestehen können. Wirklich geschahen schon damals Vorschläge, sie in eine
Bürgerschule umzuwandeln, aber Lehmann selbst begünstigte diese Vorschläge nicht, und, da auch der Ephorus der Schule, der halberstädtische
General-Superintendent Schäffer sich in dem hohen Alter befand, welches zu Veränderungen selten die Hand bietet, so geschah zur Erneuerung
der Schule nichts, und die Aufmerksamkeit wurde bei dem kurz darauf
eintretenden Kriegsgetümmel auf andere Gegenstände gerichtet. Bald aber
fand sich Niemand mehr ein, der sich auf dieser Schule zur Academie
vorbereiten wollte, und es wurde die gelehrte Schule dadurch von selbst
in eine Bildungsanstalt für Lehrer an niedern Schulen umgewandelt.
Unser Lehmann, der dadurch von dem Unterricht in manchen Fächern z.
B. in der griechischen und hebräischen Sprache, gänzlich entbunden war,
suchte auch unter diesen veränderten Umständen so nützlich, als möglich zu
werden. Das Studium der besten Unterrichtsmethoden, und der Volks-
erziehungskunde überhaupt, beschäftigte ihn jetzt vorzugsweise, und er suchte
den Bedürfnissen der künftigen Volksschullehrer auf alle Weise zu genügen.

Fast während der ganzen Dauer seines 17jährigen Rectorats blieb
die Schule in dem ungewissen und provisorischen Zustande, in welchen sie
durch das Aufhören ihrer frühern Bestimmung gerathen war. Eine neue
Gesammt-Organisation der halberstädtischen Schulen war schon zur Zeit
des Königreichs Westphalen für nöthig erkannt und vorbereitet worden;
nach Verlauf vieler Jahre und nach Wegräumung vieler Hindernisse kam
sie endlich unter preußischer Herrschaft zu Stande. Vermöge derselben
wurde die Martinischule nun wirklich in eine höhere Bürgerschule umgeschaffen und die erste Klasse hörte auf, eine Anstalt für Volksschullehrer
zu sein, weil das schon zu Halberstadt bestehende, vom Domkapitel früher
gestiftete Schullehrer-Seminar zu gleicher Zeit eine neue und vollständige
Begründung erhalten hatte. In diesen neuen Verhältnissen lebte Lehmann
nur noch kurze Zeit. Sein schwacher Körper erlag den wiederholten Anfällen der Krankheit.

In ihm verlor die Welt einen edlen Mann und die Wissenschaften
einen warmen Freund. Bei seinen zwar nicht eminenten, aber doch schätzbaren Anlagen, und seiner Liebe zu den Studien, in denen er seine Erholung fand, würde er auch als Schriftsteller Manches haben leisten
können, wenn er seine Kräfte einem Zweige der Wissenschaften vorzugsweise gewidmet hätte. Dieß war aber bei ihm nicht der Fall; er hatte
bei seinen Studien immer zunächst seinen Beruf vor Augen und suchte in
allen Wissenschaften gleichmäßig fortzuschreiten, wie es seine Stellung
als Lehrer in den Meisten erforderte. So konnte er freilich, bei dem
weiten Umfang der Wissenschaften, weniger tief in die Einzelnen
eindringen, und seine Bescheidenheit, der Druck seiner mühsamen
Schularbeiten, oft noch durch Krankheit und andere Störungen vermehrt, zum Theil auch der Mangel an Hülfsmitteln, hielten ihn ab,
auf schriftstellerische Bearbeitung und Anbauung der Wissenschaft selbst zu
denken. Seine einzige größere Schrift, Abriß der Naturlehre des
menschlichen Körpers für die Jugend in gelehrten und Bürger-Schu-
len (Leipzig, 1799) war daher auch eine Bearbeitung der Wissenschaft zu
populärem Zweck, wobei er die Erfahrungen Anderer benützte, da er,
zumal im Fach der Anatomie, eigene Erfahrungen zu machen am wenigsten Gelegenheit hatte; sie erschien 1818 in einer Auflage, die G. W.
Becker besorgt hat. Seine übrigen Schriften bestehen in einer Reihe von
ohngefähr 12 Programmen, ihrem ursprünglichen Zwecke nach Einla-

bungen zu den jährlichen Prüfungen und andern Schulfeierlichkeiten, von denen daher auch nur wenige in den Buchhandel gekommen sind. Er sprach darin gehaltvolle Worte, oft in naher Beziehung auf die Zeitumstände.

Johann Gotthold Ephraim Lessing.
Geboren den 22. Januar 1729, gestorben den 15. Februar 1781.

> Motto: „Erziehung gibt dem Menschen nichts, was er nicht
> aus sich selbst haben könnte; sie gibt ihm das, was er aus
> sich selbst haben könnte, nur geschwinder und leichter.
>
> Lessing.

Derselbe war in Kamenz geboren, wo sein Vater Geistlicher war. Nachdem er den ersten Unterricht von demselben, einem streng lutherischen und frommen Geistlichen; erhalten, besuchte er die Stadtschule zu Königsbrück und die Fürstenschule zu Meißen; wo er den classischen Sprachen und der Mathematik mit unbegrenztem Eifer oblag.

Auf der Universität Leipzig, wo er sich und andere auch mit gymnastischen Uebungen beschäftigte, gab er sich dem Studium im weitesten Umfange hin. In Folge der Unzufriedenheit jedoch, welche dies und sein Umgang mit Schauspielern bei seinen strenggesinnten Eltern erregte, ward er genöthigt, auf einige Zeit in das väterliche Haus zurückzukehren. -

Inzwischen begab er sich bald darauf wieder nach Leipzig und von da, der Rauber'schen Theatergesellschaft folgend, nach Berlin. In freundschaftlicher Verbindung mit Weiße, Mylius, Bacharia, H. und J. A. Schlegel, Voltaire, Mendelssohn, Kleist, Nicolai x. lebte er den schönen Wissenschaften, und aus dieser Periode batiren sich seine zahlreichen und trefflichen dahin gehörigen Schriften. Als er, im Mißmuth über eine literarische Fehde, in welche er mit dem durch seinen Zelotismus und seine Derbheit übelberüchtigten Geheimerath und Professor Klotz gerathen war, eine Reise nach Italien unternehmen wollte, das er später doch noch besuchte, erhielt er in Hamburg, wo er sich befand, 1769 den Ruf als Bibliotekar nach Wolfenbüttel, wo er, während sein Nathan seiner theologischen Polemik die Krone aufsetzte, die berühmten „Wolfenbüttler Fragmente eines Ungenannten" herausgab. Nachdem ihm ein Kindbett die treue Lebensgefährtin entrissen, und erbitterte Streitigkeiten mit dem als Eiferer bekannten Hauptpastor Götze in Hamburg den Spätherbst seines Lebens ihm um so mehr getrübt hatten, als er erfahren mußte, daß man ihn selbst unter den schärfsten Censurzwang setzen wollte, starb er an Engbrüstigkeit, woran er schon längere Zeit gelitten, den 15. Februar 1781.

Der universelle Geist Lessings war es, welcher nicht bloß über seine Zeit, wo Wissenschaft und Kunst in tiefe Plattheit versunken waren, sondern auch über die spätere Periode ein neues schöpferisches Werde! rief, hierdurch aber indirect für Verbesserung der Erziehung unendlich viel wirkte. Von ihm gilt auch in letzterer Rücksicht in Wahrheit, was das Archiv für Natur, Kunst, Wissenschaft und Leben II. Nr. 2. sagt: „Von dem weisen Zeno pflegten die Alten zu sagen: er rede mit welcher Zunge er wolle, so siege er in jeder Wissenschaft! Der stolze Britte rühmt von seinem If. Newton: „„Wie vor seinem Dasein es in der Welt dunkel gewesen, bei seinem Eintritte in dieselbe aber Licht geworden!"" Peter

Aretin meint von Michael Angelo: „„Die Welt habe viele Könige ge=
habt, allein nur einen Michael Angelo!"" und so stellt jede von den be=
kannten Nationen einen ihrer Männer in den Vordergrund, bekleidet ihn
mit Purpur und drückt ihm eine goldene Tiara auf's Haupt. Nur der
bescheidene Deutsche schweigt. Nur von Einem sagt ein Dichter dieses
Volkes:

> „„Schritt er in ein Feld,
> „„Erobert war's, und er darinn'n der König!""

und dieser Eine war — Lessing. Unter den vielen, großen, um Mensch=
heit und Wissenschaft hochverdienten Männern, welche in dem unvergäng=
lichen Kranze von Deutschlands erhabenen Männern, gleich nie erlöschen=
den Sternen erster Größe leuchten, nennt der Deutsche mit Stolz zuerst
seinen Lessing, und es ist Niemand auf Erden, der es wagte, diesem
großen Manne das Epitheton eines Genies streitig zu machen.

Auch Lessing führt den Beweis, daß wahrhaft große Geister immer
Kinderfreunde sind. Dr. Carl Schiller erzählt aus Lessing's Leben:
„Lessings häusliche Einrichtung zeigte Eleganz ohne Verschwendung. Der
größte Schmuck darin war Sauberkeit und Ordnung. Gewöhnlich stand
er um 6 Uhr auf. Wenn er eine geraume Zeit am Arbeitstische zuge=
bracht, pflegte er auch wohl die Kinder zu wecken" ꝛc. — „War er im
Hause, so zeigte er sich als zärtlichster Familienvater. An den Spielen
der Kinder nahm er unermüdlich Antheil, selbst solchen, die körperliche
Anstrengung erforderten. Er war aber ein von den Kindern um so ge=
suchterer Spielkumpan, als er sich großmüthiger Weise das Geld dabei
abnehmen ließ. Auch zeigte er sich häufig in der Rolle des neckischen
Schalks" ꝛc. — „Er erklärte, daß er einem geist= und gemüthvollen
Frauenzimmer nichts bereitwilliger erlasse, als die Orthographie" ꝛc. —
Er wußte es überhaupt den Kindern nicht oft genug einzuprägen, „„daß
sie nie viel lernen könnten,"" denn, pflegte er wohl hinzusetzen: „„Man
lernt ja nicht allein für diese Welt!"" Auch führte er als Beleg dazu:
„„daß man nicht wissen könne, wozu man oft schon hier nützliche Kennt=
nisse gebrauche,"" den Gewinn an, den ihm das Studium der französi=
schen Sprache bereitet habe, von deren Erlernung ihm einst der Rector
eifrig abgerathen, weil sie eine gemeine Sprache sei, in der z. B. der
Vater: „Bäre", die Mutter: „Mähre", der Sohn sogar: „Vieh" heiße.""
Körperliche Züchtigung lag nicht in seinem Erziehungsplane, und sein
Sohn erinnert sich nur zweier Ausnahmen. Beide Fälle betrafen aber
auch Capitalsünden. Für Nichts suchte er nämlich das Gemüth der
Kinder lebhafter anzuregen, als für Wahrheitsliebe und Muth. Er
applicirte daher seinem Fritzchen eine eben so herzhafte Maulschelle, als
ihm dieser einmal eine Unwahrheit berichtete, wie eine solche erfolgte, als
sich derselbe nicht gegen den Angriff eines bösen Buben gewehrt hatte."

„Daß Lessing ein zärtlicher Gatte war, ist bekannt. In welch'
einen Schmerz ihn der Verlust seiner edlen Gattin versetzte, erhellet aus
seinen Briefen. Seine Kinder überraschten ihn betend an der irdischen
Hülle der Verklärten, und im Augenblicke dieses entsetzlichen Verlustes
nahm er den mutterlosen Waisen das Gelübde ab, der Dahingeschiedenen
in ihren Tugenden nacheifern zu wollen. Von dieser Zeit an arbeitete er
nur im Sterbezimmer der Tiefbetrauerten, und diese Einsamkeit theilte mit ihm
nur sein treues Kätzchen, welches gewöhnlich auf seinem Arbeitstische
Platz nahm, und einst krank, wie sein Herr, das kostbare Manuscript
des „„Nathan"" beschmutzte, ohne daß sich der Dichter die Mühe des
abermaligen Abschreibens verdrießen ließ, der dabei keine dringendere
Sorge hatte, als daß das arme Thierchen nur zu Saufen bekomme."

„Freundlich wie Lessing gegen die Seinigen war, war er auch gegen seine Domestiquen. Seine Kinder erinnern sich nur eines einzigen Falles, daß ihn die Heftigkeit übermannte, und er eine Magd mit einem Backenstreiche züchtigte, weil sie sich, während der letzten Krankheit seiner Frau, im Abholen der Arznei Saumseligkeit hatte zu Schulden kommen lassen."

Aus seinen letzten Stunden berichtet die Biographie noch: „Von seiner letzten Hamburger Reise war Lessing nur mit scheinbarer Genesung zurückgekehrt. Das Uebel steigerte sich bald im bedrohlichen Grade, und als er eines Tages vom Leichenzuge eines Herrn von Unger kam, äußerte er: „„Jetzt bin ich der Nächste!"" In Braunschweig nahm nämlich die Krankheit unvermuthet rasch einen lebensgefährlichen Charakter an. Auf diese betrübende Botschaft war sogleich seine damals 20jährige Tochter herbeigeeilt, um mit liebender Hand die Leiden des stillen Dulders zu lindern, der 15. Februar ließ noch einmal einen schwachen Strahl der Hoffnung aufleuchten. Lessing scherzte sogar mit den ihn besuchenden Freunden. Aber dieses Lebensfeuer war nur das letzte Aufflackern eines erlöschenden Lichtes. Am Abende dieses verhängnißvollen Tages saß nun die bekümmerte Tochter vor der Schwelle des Krankenzimmers, um vor des geliebten Vaters Auge die Thränen zu verbergen, durch welche sie ihrem angstgepreßten Herzen Luft zu verschaffen vermochte. Man hatte dem Kranken gemeldet, daß im Vorzimmer Freunde zum Besuche seien. Da öffnete sich die Thür und Lessing tritt herein, ein Bild des herzzerreißendsten Anblicks. Das edle Antlitz, schon durch hypokritische Züge markirt, leuchtete von himmlischer Verklärung. Stumm und unter einem unaussprechlich seelenvollen Blicke drückt er seiner Tochter Hand. Darauf neigt er sich freundlich gegen die übrigen Anwesenden, und mit so entsetzlicher Anstrengung es auch geschieht, nimmt er ehrerbietig seine Mütze vom Haupte. Aber die Füße versagen den Dienst. Er wird zum Lager zurückgeführt und ein Schlagfluß endet das theure Leben." Braunschweiger Archiv für Natur, Kunst ꝛc. a. o a. O. S. 10 und 11.

„Soll das menschliche Geschlecht," mahnt Lessing (die Erziehung des Menschengeschlechts) „auf die höchsten Stufen der Aufklärung nie kommen? nie? Laß mich diese Lästerung nicht denken, Allgütiger! Nein, sie wird kommen, sie wird gewiß kommen die Zeit der Vollendung, da der Mensch, je überzeugter sein Verstand einer immer bessern Zukunft sich fühlt, von dieser Zukunft gleichwohl Beweggründe zu erborgen nicht nöthig haben wird, da er das Gute thun wird, weil es das Gute ist, nicht weil willkührliche Belohnungen darauf gesetzt sind, die seinen flatterhaften Blick ehedem blos heften und stärken sollten, die innern und bessern Belohnungen zu erkennen!"

Julius Philipp Lieberkühn.
Geboren im Jahre 1754, gestorben den 1. April 1788.

Das Schul- und Erziehungswesen hat durch den Tod Lieberkühns, des Professors und Rektors des Elisabethgymnasiums und Inspektors der evangelischen Schulen in Breslau, einen sehr großen und wichtigen Verlust erlitten. Sehr selten vereinigten sich in Einem Menschen so viele vorzügliche Eigenschaften des Geistes und Herzens in einem so hohen Grade und in einem so glücklichen Verhältnisse als bei ihm; noch weit seltener aber fand sich ein Erzieher und Jugendlehrer, der mit den zu seinem Berufe nöthigen Talenten von der Natur und durch Fleiß auf eine so ausgezeichnete Art ausgerüstet wäre, wie er es war. Er besaß in den verschiedensten Fächern der Wissenschaften ungemein ausgebreitete und zugleich sehr gründliche Kenntnisse, die ihm desto mehr zur Ehre gereichten, da er sie größtentheils in späteren Jahren sich selbst mühsam hatte erwerben müssen, weil er in seiner Jugend nur sehr mittelmäßige Anweisung und einen höchst mangelhaften Unterricht genossen hatte. Er gehörte zu den vorzüglich glücklichen Köpfen, die für jede Art der Wissenschaften Sinn und zu jeder Art von Ausbildung des Geistes Empfänglichkeit haben. Die verschiedenen Seelenfähigkeiten standen bei ihm in dem richtigsten und schönsten Verhältnisse. Er hatte einen feinen und schnellen Beobachtungsgeist für die Erscheinungen in der körperlichen und geistigen Natur, ein sehr treues sicheres Gedächtniß, eine ungemein fruchtbare und lebhafte Einbildungskraft, die bei allem Reichthum an Ideen und Bildern, den sie ihm zuführte, stets regelmäßig blieb und ihn zu keiner Uebertreibung, zu keinem Fehlgriff, welchen die Vernunft hätte tadeln können, verleitete. Seine Empfindung des Schönen jeder Art war sehr fein und richtig, und sein Geschmack hatte einen hohen Grad der Ausbildung; er war unter andern ein Kenner der Musik und spielte das Clavier vortrefflich. So ausgezeichnet aber auch seine Geistestalente waren, und so vortrefflich er dieselben größtentheils durch eigenes Verdienst ausgebildet hatte: so achtenswerth er dadurch Jedem, der Menschen-Werth zu schätzen weiß, werden mußte; so waren doch sein moralischer Charakter, seine reine hohe bewährte Sittlichkeit dasjenige, was ihm die Hochachtung und Verehrung Aller, die ihn kannten, in einem noch höhern Grade erwarben. Er hatte von Jugend auf ein sehr feines und zartes moralisches Gefühl gehabt, welchem er, bei einem sehr lebhaften Temperamente, stets auch als Kind und als Jüngling schon Gehör gegeben hatte, und dadurch der Liebling aller verständigen und edlen Menschen, die ihn kannten, und ein Muster, welches Eltern ihren Kindern zur Nachahmung vorstellten, geworden war. Zu diesem moralischen Gefühl und einer gleichsam natürlichen Liebe des Guten gesellten sich dann in seinen männlichen Jahren eine aus den reinsten Gründen der Moralität erwachsene höhere Tugend, eine unerschütterliche Festigkeit und stete Gleichförmigkeit des moralischen Charakters, eine biedere Freimüthigkeit und die strengste unpartheiische Rechtschaffenheit und Geradheit. So erzeigte er sich in allen und jeden Verhältnissen und unter allen Umständen; und bei dem Allen war er zugleich der gefälligste, zuvorkommendste und thätigste Mann, wenn es darauf ankam, Jemand zu dienen, ihm Nutzen oder Vergnügen zu verschaffen. Als Erzieher, Lehrer und Vorsteher einer öffentlichen Schule concentrirte er gleichsam das ganze Maß seiner Kraft, Thätigkeit und erworbenen Kenntnisse und Geschicklichkeiten, auf die gewissenhafteste Erfüllung seines Berufs. Er studirte immer nur in Rücksicht, sich zu seiner Berufspflicht geschickter und vollkommener zu machen. Bei dem außerordentlichen Talente, welches ihm die Natur verliehen hatte, auf den Verstand und das Herz der Kinder glücklich und mächtig einzuwirken, und bei seinen übrigen so vorzüglichen Anlagen konnte es gar nicht fehlen, daß ihn sein unermüdeter regelmäßiger Eifer und Fleiß nicht zu einem wahren Meister in der Kunst, Menschen zu bilden und zu unterrichten, hätte machen sollen. Und ein solcher Meister der Kunst war er auch wirklich, wie ihm jeder Sachverständige, der ihn kannte, das Zeugniß geben wird. Sein größtes Verdienst war, daß er bei allen seinen Erziehungs- und Unterrichts-Grundsätzen, Maximen und Methoden immer den ganzen Menschen vor Augen hatte, und auf die gesammte verhältniß- und zweckmäßige Ausbildung aller seiner Anlagen und Kräfte bedacht war und hinwirkte. Daher war er auch ein so vorzüglicher Vorsteher und Direktor einer öffentlichen Lehr- und Erziehungsanstalt, und seine Schul- und Unterrichtsplane waren in jeder Hinsicht vollendete und ihrem Zwecke entsprechende Meisterstücke: Nichts glich dem Eifer, mit welchem er rastlos strebte, solche reiflichst durchdachte und weislich entworfene Plane in allen ihren Theilen aufs Bestmöglichste zu realisiren. Von seinen Schriften nennen wir zuerst seinen „Versuch über die anschauende Erkenntniß." Ein Beitrag zur Theorie des Unterrichts 1782, eine mit ächtem philosophischen Geiste abgefaßte Schrift.

In Padua erhielt Lieberkühn den Preis für seinen „Versuch über die Mittel, in den Herzen junger Leute, die zu hohen Würden oder zum Besitz großer Reichthümer bestimmt sind, Menschenliebe zu erwecken oder zu unterhalten." 1784.

Da das Lesen lateinischer Bücher der Jugend sehr verleidet wird, wenn Sachen, Personen, Völker, Kriege und andere Geschichten, die sie in solchen Büchern lesen sollen, ihnen ebenso uninteressant als fremd sind, welches gewöhnlich der Fall beim Nepos und den kleinen Ciceronianischen Briefen ist, die man Anfängern in der lateinischen Sprache in die Hände gibt, so war es gewiß ein sehr löbliches und verdienstliches Unternehmen, daß Lieberkühn den Campe'schen Robinson in's Lateinische übersetzte und in ein Buch zur Uebung in der lateinischen Sprache verwandelte. Ferner gab Lieberkühn heraus:

Rede über den öffentlichen Geist des Schulmannes 1782 — Ueber die gute Laune des Schulmannes 1782. — Ueber die nothwendige Verbindung der öffentlichen und häuslichen Erziehung 1784. — Or. de consensu eorum, qui in eadem schola aut urbe juventutis instituendae operam dant, optabili et necessario — und Rede von den ächten Verbesserungen des Schulwesens in unserm Zeitalter 1784. — Rede von den ächten Quellen der Wohlthätigkeit gegen öffentliche Schulen 1785. — Ueber den Werth und die Rechte der öffentlichen Erziehung 1785. — Ueber die Vortheile und Nachtheile der großstädtischen Schulen 1786

John Locke.
Geboren den 29. August 1632, gestorben den 28. Oktober 1740.

> Motto: „Die kleinen, fast unmerklichen Eindrücke, welche in der zartesten Kindheit auf die Seele gemacht werden, haben sehr erhebliche und dauernde Folgen." Locke

John Locke, geboren zu Wrington bei Bristol, aus vornehmem Geschlechte, jedoch nicht reichen Mitteln, besuchte, mit frühe sich entwickelnden Anlagen eines tiefsinnigen Denkers, bis zu seinem 19. Jahre die strenge Schule zu Westminster, begab sich hierauf zur Universität Oxford, um die Arzneiwissenschaft zu studiren, fand jedoch so wenig Befriedigung in der entarteten scholastischen Philosophie, daß er, ungeachtet seiner schwächlichen Gesundheit, mit dem größten Eifer sich den klassischen Studien zuwendete. Nach einer Gesandschaftsreise nach Berlin, welcher er sich 1664 anschloß, setzte er, in der Familie des Canzlers Shaftesbury lebend, seine Studien auf genannter Universität fort und schrieb sein berühmtes Werk über den menschlichen Verstand. Nachdem er 1675 das Baccalaureat der Medicin erworben, unternahm er rücksichtlich seiner schwächlichen Gesundheit eine Reise nach Montpellier und kehrte darauf zu seinem Gönner, welcher mittlerweile Großkanzler geworden war, von Neuem zurück, um in eine günstigere Lage zu treten. Als jedoch Shaftesbury zum zweitenmale in Ungnade fiel, mußte Locke nach Holland fliehen, von wo er, nachdem seine Unschuld erkannt worden, als Mitglied der Akademie der Wissenschaften, erst 1689 zurückkehren konnte. Wegen seiner Gesundheit:

außer Stande, eine ihm angebotene Stelle anzunehmen, lebte er bei einer edlen Familie von Masham in Essex, wo er sein wichtiges pädagogisches Werk über Erziehung der Kinder (Thoughts concerning Education for Churchil, herausgegeben 1693) im 61. Jahre schrieb, worin er die meisten Ideen Montaigne's weiter bearbeitete. Ein Jahr später erschien das erstgenannte Werk, ebenfalls seine Erziehungsideen entwickelnd (The human understanding), worin er mit tiefem Scharfsinne das Wesen des menschlichen Verstandes darzulegen und zu beweisen sucht, wie die Begriffe auf dem Wege der Erfahrung entstehen, und womit er dem schwärmerischen Streben nach einem falschen pädagogischen Idealismus kräftig entgegentrat.

Locke, ein Mann ebenso tiefen Wissens, als umfassender Welt- und Menschenkenntniß, Rechtschaffenheit, Wohlthätigkeit und aufgeklärter Religiosität, worin er der schon zu seiner Zeit emporstrebenden Freigeisterei gegenüber ein heilsames Gegengewicht in die Wage legte (s. Schrift: von der Vernunftmäßigkeit des Christenthums), starb mit dem Studium der hl. Schrift beschäftigt im J. 1740.

Von welcher Großherzigkeit Locke war, beweist u. A. sein Verfahren gegen einen ihm zum größten Danke verpflichteten jungen Mann, der, obgleich er Locke schwer beleidigt, in tiefer Lebensbedrängniß sich doch wieder an denselben wendete, Locke ihn aber blos dadurch bestrafte, daß er ihm eine Banknote von 100 Louisdoren mit den Worten gab: „Ich verzeihe Ihnen; doch darf ich Sie nicht in den Stand setzen, zum zweiten Male zum Diebe und Verräther an mir zu werden!"

Ebenso erzählt man, daß Locke, der ein unversöhnlicher Feind aller geistlosen Spiele war, als er einst mehrere Leute von vielem Verstande in das Spiel vertieft sah, seine Schreibtafel hervornahm und zu schreiben anfing, auf die Frage des Einen aber Was er schreibe? die Antwort gab: Ich schreibe nieder, was hier seit zwei Stunden von den geistreichsten Männern des Königreichs gesprochen worden ist; dadurch aber die Spieler dergestalt traf, daß der Herzog von Buckingham, Lord Halifax, Lord Ashley sich tief beschämt fühlten.

Was Locke's Erziehungsgrundsätze anbelangt, so tritt uns überall der Arzt mit dem Wahlspruche: „Sana mens in sano corpore!" entgegen.

Johann Andreas Christian Löhr.
Geboren den 18. Mai 1764, gestorben den 28. Juni 1823.

Derselbe wurde zu Halberstadt geboren. Seine Eltern sendeten ihn zeitig auf das Gymnasium der Stadt Wernigerode, wo er außer den gewöhnlichen Schulkenntnissen auch einige Fertigkeit im Clavierspielen erlangte, ein Umstand, der ihm späterhin sehr zu Statten kam. Siebzehn Jahre alt, verließ er die Schule, um nach Halle zu gehen, wo damals die Universität im größten Flore war.

Seine akademische Laufbahn begann er mit der Entsagung seines Lieblingswunsches: Medicin zu studiren, weil er diesen Wunsch wegen der damit verknüpften Kosten für unausführbar erkannte. Er ergriff die Theologie, wo er eher hoffen durfte, sich selbst fortzuhelfen. Dennoch sah er sich selbst in die traurigsten Umstände versetzt. Sorge für die Zukunft, anhaltende Arbeit und der Mangel der nothwendigsten Lebensbedürfnisse, verbunden mit einem von Natur schwächlichen Körper, hatten seine Gesundheit untergraben. Durch viele Bemühungen eines Freundes seines Bruders erhielt er eine Lehrerstelle am hallischen Waisenhause und mehrere andere Privatinstructionen. Nach drei Jahren verließ er Halle und nahm eine Hauslehrerstelle bei der verwittibten Majorin von Krug in Gatterstädt bei Querfurt an. Unter seinen Zöglingen befand sich auch der als Schriftsteller bekannte Friedrich Krug von Nidda.

Nach beinahe zweijährigem Aufenthalte verließ er dieses Haus und übernahm bei dem Hofrath von Madai, damaligen Director der Waisenhausapotheke in Halle, die Erziehung der Kinder. Hier lebte er ein Jahr lang abwechselnd in Halle und in Benkendorf, dem Gute seines Principals. Da starb der Prediger in Döhlitz am Berge, einem benachbarten kleinen Dorfe, worüber der Hofrath das Patronatsrecht hatte. Die sehr geringe Stelle wurde ihm angetragen, welche er auch im Jahre 1787 annahm. Er hatte eine schwere Aufgabe zu lösen, nämlich die durch seinen schwachen Vorgänger sehr vernachläßigte Gemeinde wieder in geeigneten Stand zu versetzen, was ihm auch, wenn auch nach harten Kämpfen, gelang. In dieser Stelle begann er auch seine Laufbahn als Schriftsteller mit der Bearbeitung der Frage: „Warum wirkt das Predigtamt so wenig auf die Sittlichkeit der Menschen?" Frankfurt a. M. bei Georg Fleischer 1792. Im Jahre 1793 trat Löhr sein neues Amt als Prediger in der Vorstadt Altenburg zu Merseburg an. Mit Eifer setzte er seine schriftstellerischen Arbeiten fort und widmete sich vorzüglich dem pädagogischen Fache. Auch als Prediger fand er vielen Beifall und öfters hatte er Zuhörer aus drei Stunden weit entfernten Orten. So verlebte er zwanzig Jahre in Merseburg, und wäre wohl nie weggegangen, hätte ihn nicht sein sehr beschwerliches Amt und wieder zunehmende Kränklichkeit eine ruhigere Stelle wünschen lassen. Noch mehr bewogen ihn Zwistigkeiten mit seinem Superintendenten zu einer Veränderung. Er wurde Oberpfarrer in Zwenkau, drei Stunden von Leipzig, und ging dahin ab, mitten unter den Kriegsunruhen des Jahres 1813, kurz nach der Schlacht bei Lützen. Auf Anrathen seines Arztes besuchte er Karlsbad. Von kurzer Dauer waren jedoch die wenigen Erleichterungen, die ihm dieser Rettungsversuch verschafft hatte; der Winter des Jahres 1822 bis 1823 zerstörten seine Lebenskräfte völlig. Von Charakter ernst und fest war er in Gesellschaft von Freunden heiter und unterhaltend. Sein ganzes Leben hindurch arbeitete er mit rastloser Thätigkeit.

I. Schriften mit seinen Namen.

1) Warum wirkt das Predigtamt so wenig auf die Sittlichkeit der Menschen? Leipz. 1792. 8. 2) ABC und Lesebuch, mit Bildern aus der Naturgeschichte, Halle 1796. 8. 3) ABC und Bilderbuch, Leipzig bei G. Fleischer, 1799. 8. 5te verb. Aufl 1823 4) Kleine Geschichten und Erzählungen für Kinder, ebend. 1799. 8 4te verb. Aufl. 1818. (auch unter dem Titel: der erste Lehrmeister, 4. Band, in's Französische übersetzt von J G. Catel, ebend. 1809. 8.) 5) Materialien zur Erweckung und Uebung des Verstandes, ebend. 1799. 8. 4te Aufl. 1811. (auch unter dem Titel: der erste Lehrmeister 5. Band) 6) Gemeinnützige Kenntnisse, ebend. 1800. 8. 3te Aufl. 1823. (auch unter dem Titel: der erste Lehrmeister, 7. Band.) *) 7) Kleine Erzählungen für Kinder, Frankfurt a. M. 1808. 8. 8) Elementarbegriffe, ebend. 1801. 8. 2te Aufl. 1810. 9) Kleine Plaudereien für Kinder, ebend. 1801—1809. 3 Bdchen. 8. neueste Aufl 1821. 10) Erstes Bilder= und Lesebuch zur zweckmäßigen Beschäftigung, ebend. 1802. 8. Mit 50 Kupfern. (ins Französische übersetzt, ebend. 1803. gr. 8) 11) Beschreibung der Länder und Völker der Erde, Halle 1808. 8. 3te umgearbeitete Aufl Leipzig 1820; in 4 Bänten unter dem Titel: die Länder und Völker der Erde. 12) Erste Lehren und Bilder, Leipzig 1803 1805, 2 Bde. 8. 2te Aufl. 1805—1810. 13) Der Weihnachtsabend in der Familie Thalberg, ebend. (1805.) 8. m. K. 2te Aufl. 1813. 14) Tändeleien und Scherze für unsere Kinder, ebend. 1805

---

*) Die mit 4, 5, 6, 7 bezeichneten Schriften haben auch den Haupttitel: Erste Vorbereitungen für Kinder, 4. Bändchen.

bis 1808. 2 Bdchen. 8. m. K. 15) Auswahl einiger Predigten. 1ste Sammlung.
Ebend. 1806. 8. 16) Kleinigkeiten für unsere Kinder. ebend. 1807. 12. 17) In
Verbindung mit mehreren Gelehrten*) gab er heraus: Der erste Lehrmeister. (Außer
den oben erwähnten Schriften bearbeitete er folgende Theile: I. Die Geschichten der
Bibel. (1810. 3te verm. Aufl. 1821.) III. Kleine Weltgeschichte (1810). VIII. Naturgeschichte für Schulen (1812. 2te verm. Aufl. 1820). X. Die Bewohner der Erde
(1815. 2. Aufl. 1823). XI. Lesebuch und Hausunterricht (1815) XV. Dr. Martin
Luther's kleiner Katechismus (1818). XVI. Geographie (1819). XX. Kleine Technologie (1820). XXV. Vollständiges Büchlein der Bibelsprüche (1822). 18) Ludwig
und seine Gespielen, oder leichte Uebungen für Verstand und Herz. Leipzig 1810 8.
m. 1 Kupf. 19) Größere Weltgeschichte, ebend. 1811. 2 Bde 8. mit 1 Kupf. 20)
Wohlf. ABC- und Lesebuch, ebend. 1811. 8. mit Vignetten, 2te verb. Aufl. 1819.
21) Kleine Bilder für kleine Leute, ebend. 8. m Kupf. 22) Das Fabelbuch der Kindheit und Jugend, ebend. 1815. 8. mit (und ohne) Kupf. 2te vermehrte Aufl. 1819.
23) Gemeinnützige und vollständige Naturgeschichte für Liebhaber und Lehrer, ebend.
1815—1817. 6 Bde. 8. m. Kupf. 24) Bilder nebst Text zu Lust und Lehre, ebend.
1817. 8. m. Kupf. Neue Ausgabe 1821. 25) Das Buch der Mährchen für Kindheit und Jugend, ebend. 1818—1820. 2 Thle. m. Kupfern. 26) Die Familie Os-
wald, ebend. 1819. 2 Bde. 8 27) Das Buch der Bilder, ebend. 1819. 1820 3 Thle.
8. m. K. (Der 2te u. 3te Theil auch unter dem Titel: die ernsten und lustigen Dinge
in der Familie Ehrthal. — Menschenleben in mancherlei freudigen und traurigen Begebenheiten oder das Buch der Bilder, 2ter u. 3ter Theil.) 28) Die Künste und Gewerbe des Menschen zum Behuf nützlicher Kenntnisse, in 104 Abbildungen, ebend. (1819)
gr. 8. 29) Mancherlei Begebenheiten und Geschichten aus dem Leben des kleinen Andreas, ebend. 1820. 8. m. Kupf. 30) Neue kleine Plaudereien für Kinder, ebend.
1821. 2 Bdchen. gr 8. m. Titelkupf. 31) Erzählungen und Geschichten für Herz
und Gemüth der Kindheit, ebend. 1822. 2 Thle. 8. mit Titelkupf. 32) D. Martinus
Ratz- und Wachtelbüchlein, ebend. 1824. 8. m. K.

II. Anonyme Schriften.

33) Der aufrichtige Baumgärtner, Halle 1797. 8. 34) Kleines Bilder-ABC-
Buch, Leipz 1801. 8. mit Kupf. 2te verb. Aufl. 1804. 35) Bilder vaterländischer
Thiere, ebend. 1802. 8. m. Kupf. 36) Räthsel und Charaden für Jung und Alt.
Leipzig, ohne Jahrzahl 8 37) Bibliothek des Nützlichen. Unterhaltenden und Merkwürdigen. 1. Band. Ebend. 1806. 8. 38) Bildereien zu Lust und Lehre, ebend.
1808. 8. m. Kupf. (es gibt auch eine französ. Ausgabe.) 39) Freimüthige Blätter
über Gebrauch und Einrichtung des Carlsbades, ebend. 1818. 8.

Hiezu noch mehrere pseudonyme Schriften und mehrere Aufsätze in
verschiedenen Zeitschriften.

Johann Gotthilf Lorenz.
Geboren den 2. Februar 1755, gestorben den 10. Januar 1791.

Johann Gotthilf Lorenz wurde in Berlin geboren. Sein Vater,
ein frommer, treuer Bürger, faßte mit der Geburt dieses Sohnes für
diesen, für sich und die Seinigen erhebende Hoffnungen und wirklichkeits-
fähige Pläne neuen Lebens im schönsten Glücke, die durch artistische
Bildung, wissenschaftliches Leben, amtliche Stellung, bürgerliche Ehre er-
möglicht werden sollten, zu welchem Leben und Glücke Stand und Vaterstadt die Wege bahnten, welche durch Gottes Hilfe in Sanftheit, Milde
und Liebe betreten und begangen werden sollten; darum nannte der Vater
seinen Sohn: Johann Gotthilf! Und Gott half. Der zum Mann gereifte Knabe wurde Rektor und Pastor in Köpenik bei Berlin, später

---

*) Mitarbeiter waren: J. Ph. Schellenberg, F. L. Wagner, H A. Kerndörfer, O.
F. F. Heinsius, C. G. Hering, F. P. Wilmsen, A. H, Ch. Geyser, und es sind
davon bis Ende 1823, 29 Bände herausgekommen.

Prediger zu Biesdorf, Mahlsdorf und Kaulsdorf in der Mark Branden=
burg, glücklicher Gatte, aufmerksam sorgender Vater, fruchtbarer Schrift=
steller, ein Mann der Schule, des Volkes und des Lebens. — Wie sein
Name, so sein Leben, wie sein Leben, so seine Aemter, die seine Bildung
förderten und von der Bildung befördert wurden: Alles in sanfter Liebe
und lieber Sanftheit, durch Gottes Hülfe in Gottes Segen! Lorenz be=
schloß seinen Lebenslauf „unter dem Monde" in einem Alter von nur
46 Jahren. „Man braucht ja nicht lange zu leben, um mit Ruhm ge=
lebt zu haben", und beweint wie Lorenz heim zu gehen. Mit Thaten
wägt der Weise das Leben.

Nach seinem bürgerlichen Amte war Lorenz Pfarrer, nach seinem
menschlichen Berufe Pädagog. Kopf und Herz, Einsicht und Gefühl
trieb ihn zur pädagogischen Schriftstellerei. Sein Wirken war päda=
gogisch, mit theologischer Färbung. Demgemäß wirkte er für christliches
Menschenwohl durch vernünftige Aufklärung, rastlos, muthig, thätig,
wirkte so auf und unter der Kanzel, auf und vor dem Katheder, in und
außer den Häusern, durch das mündliche Wort, durch schriftliche Werke.

Präsentiren wir Lorenz's Wirken nach seinen gelieferten literarischen
Werken, so ergibt sich folgende Anordnung:

Lorenz wirkte durch Aufklärung für Menschenwohl. Um die Er=
wachsenen aufzuklären, gab er heraus:

Neue Sammlung sehr seltener Gelegenheitspredigten und solcher, die man nicht alle
Tage und oft von den Kanzeln hört, nebst andern geistlichen Reden und theologischen
Abhandlungen Berlin, 1788. gr. 8. 3 Bände, neue Aufl. in 7 Bdn. Berlin,
1794. gr. 8. — Predigt über die Pflicht einer Gemeine oder Stadt gegen ihre öf=
fentlichen rechtmäßigen Schulen. Berlin, 1785. 8. — Predigt über die Nothwendig=
keit, die Sommerschulen zu besuchen Berlin, 1787 8 — Der erklärte Bürgereid,
allen preußischen Unterthanen zur Beherzigung empfohlen. Berlin, 1786, 8. Zuruf an
alle Generale, Regimentschefs, Magistrate, Inspectoren, Prediger und Beamte, veranlaßt
durch das am 12. Juli 1788 in der kölnischen Vorstadtkirche gehaltene Examen mit der Ka=
sernenschule, Berlin, 1788. — Verbesserte häusliche Bürgererziehung, als ein Beitrag
zur Bildung des gemeinen Mannes. Berlin, 1787. 8. — Bemerkungen über die
häusliche Erziehung der Kinder in den ersten 6 Jahren, aufgezeichnet in der Kinder=
stube. Ein Anhang zu vorstehendem Buche. Berlin, 5789. 8. — Mittel, sowohl
Eltern als Kinder für das Schreiben einzunehmen. Abgedruckt in Zerrenner's deut=
schem Schulfreunde. I. Bd. 1791.

Aber die Bildung der Lehrer erschien Lorenz bei der Bildung, Auf=
klärung der Menschheit zu ihrem rechten Wohle als die Hauptsache.
Für sie und die Schüler schrieb er:

Versuch eines Lehrbuches für Landschullehrer=Seminarien. Berlin, 1790. 8 —
Von dem Betragen des Lehrers in seiner Schule Oder: wie kann der Lehrer in seiner
Schule recht gemeinnützig werden? nebst praktischen Klugheitsregeln und tabellarischen,
schematischen Verzeichnissen Ein Taschenbuch für Lehrer. Erfurt, 1789 8. — Kurze
Anweisung für Lehrer, wie der Kinderfreund des Herrn von Rochow und jedes andere
gute Lesebuch in Bürgerschulen und Landschulen mit Nutzen und Vergnügen könne ge=
braucht werden. Dessau und Leipzig. 1785. 8. — Die idealische Bürgerschule, nebst
einem Beitrag zur Methodik für angehende Bürgerschullehrer und Schulmeister auf dem
Lande. Berlin, 1788 8. — Lesebuch für die Jugend der Bürger und Handwerker,
zum Gebrauche in Schulen und beim häuslichen Unterrichte, nach dem Muster des von
Rochow'schen Lesebuches für Landschulen. Mit Kupfern. Leipzig, 1785 — 1787 und
1797. — Die gewöhnlichen Sonn= und Festtagsevangelien und Episteln, mit Anmer=
kungen, Erklärungen und Betrachtungen, zum Gebrauch für Volksschulen und zur häus=
lichen Andacht bestimmt. Berlin, 1787. 8. — Bibel, Katechismus, Spruch=, Ge=
sang=, Gebet= und Lesebuch. Berlin, 1790 8. — Das kleine Porst'sche Gesang=
buch mit Anmerkungen, zum Gebrauch in Schulen Berlin, 1791. 8. — Rechen=
buch für Kinder und für Eltern, die ihre Kinder selbst im Rechnen unterrichten wollen.

Leipzig. 1787. 8. — Christliches Weihnachtsgeschenk für Kinder. Berlin, 1789. 8. — Etwas wider die Langeweile in kleinen Schulen. Berlin, 1790. 8.

Man wird den praktischen Charakter der Schriften nicht verkennen, ihre Zeitgemäßheit nicht bezweifeln, ja, ihre jetzige theilweise Brauchbarkeit nicht in Frage stellen. Unter den geistlichen Schriften ragen die „Gelegenheitspredigten", unter den pädagogischen die Erziehungsschriften und das „Lesebuch" hervor, erschienen in mehreren Auflagen, und haben sich hier und da bis auf unsere Tage erhalten. Besonders für viele Neuerer in der Schulpraxis wird das „Evangelienbuch", „die Bibel, der Katechismus, das Spruch=, Gesang=, Gebet= und Gebet= und Lesebuch" in Einem Buche und das „Gesangbuch" interessant sein müssen.

Lorenz hat sich in seinen Thaten gemalt. Seine Werke zeugen von ihm und preisen sein Wirken. Noch mehr Prediger wie Lorenz, noch mehr Lehrer wie der Rektor zu Köpenik: friedlicher, rüstiger, gesegneter gänge es dann vorwärts. Sein Beispiel sei nicht umsonst erneuert! —

Doris Lütkens, geb. von Cossel.
Geboren den 25. Dezember 1793, gestorben den 13. Mai 1858.

Doris Lütkens wurde auf einem Rittergute Holsteins, in Jersbeck, geboren. Sie war als Kind Liebling ihres Vaters, des Gutsbesitzes von Cossel, eines Mannes, der damals mit zeitlichen Gütern reichlich gesegnet war. Sie war Liebling, weil sie sich früh durch außerordentliche Gaben des Geistes und Herzens, durch Anhänglichkeit und Dankbarkeit, durch Treue und ruhige Festigkeit mitten unter den Wechselfällen des Lebens auszeichnete. Sie genoß eine sorgfältige, aristokratische Erziehung. Eine frühzeitige Hinneigung zur Kunst und zu künstlerischen Bestrebungen machte sich in ihr geltend und wurde gepflegt und entwickelt; diese Neigung hat sie nie verlassen. Daneben erhielt ihr kräftiger, fast männlicher Geist hinreichende Nahrung. Ganz hingegeben der Ausbildung ihrer künstlerischen und wissenschaftlichen Talente, durchlebte sie eine heitere, glückliche Jugendzeit und war der Stolz und die Freude ihres Vaters — bis ein rauher Nordwind, von dem man nicht genau weiß, welche Ursachen er hatte, den Baum ihres äußeren Glückes zerbrach, wodurch sie mit andern Mitgliedern der einst so hoch gestellten Familie auf sich selbst angewiesen wurde. Ihr äußeres Glück war zerschmettert, nicht so ihr inneres, welches nie von ihr gewichen ist. Es ist nicht von ihr gewichen, weil sich in ihr neben den wissenschaftlichen und künstlerischen Talenten eine intensive, ihr ganzes Sein durchdringende Religiosität entwickelte, welche ihr eine ungewöhnliche Ruhe, Heiterkeit und Festigkeit mitten unter den Stürmen des Lebens verlieh. Dieser köstliche Schatz hatte durch ihre Erziehung und Neigung die Form der sogenannten Orthodoxie angenommen. Aber sie gehörte nicht zu den orthodoxen Leuten, welche an der Schale haften, ohne den Kern aller Richtungen, die wirkliche Religiosität, erfaßt zu haben; nicht zu denen, welche nicht begreifen können, daß eben diese Religiosität in jedem Individuum ein eigenthümliches Gewand annimmt und annehmen muß, und daß man dieser Sonderbildung ebenso große Achtung schuldig ist, wie der Individualität eines Menschen überhaupt; auch nicht zu denen, welche in ihrer Ueberzeugung, das Beste erfaßt zu haben, demuthsdünkelhaft und bedauernd auf Andere herabsehen, die anderen Sinnes sind; nicht zu den Zeloten und Eiferern, nicht zu denen, welchen ihre Orthodoxie ein Hemmschuh ist in Hinsicht des eigenen innern Fortschritts und ein schwarzes Glas, durch welches alle neuen Triebe des menschlichen Entwicklungsbaumes dunkel und trübe erscheinen; sie war eine orthodoxe Frau, aber sie war mehr als das, eine im hohen und bedeutendsten Sinne religiöse Frau, die darnach strebte, „mitten in dem Endlichen Eins zu sein mit dem Unendlichen" und ein reines, Gott wohlgefälliges Leben zu führen im Dienste der Menschheit.

1834 den 13. Juli verheirathete sich die damals schon Vielgeprüfte mit dem Schulvorsteher Lütkens in Hamburg, gewiß auch mit der Neben-absicht, durch diesen Schritt ihr reiches inneres Leben und mannichfaltige Bildung der Erziehung der Menschen zu weihen. Nach einigen Jahren traf sie ein neues Unheil: Lütkens mußte seine einst in hohem Grade blühende Schule schließen. Es ist hier nicht der Ort, darzulegen, warum er das mußte. Die Frau verlor wiederum weder den Kopf noch den Herzens-muth. Sie ernährte sich und ihren Mann durch die Anfertigung von Portraits und andere künstlerische Arbeiten, bis es ihr „die Vorsehung nahe legte", die Aufgabe zu ergreifen, vor deren Größe und Wichtigkeit sie anfänglich zurückbebte. Es wurde ihr 1841 eine Concession zu der Er-richtung einer Mädchenschule angeboten. Sie nahm dieselbe an und be-gann ihre Schöpfung, der sie 17 Jahre hindurch vorstand. Einige Jahre ist sie mit der Gründung und Weiterführung still beschäftigt. Dann er-hebt sie ihren Blick und verfolgt, der Natur außergewöhnlicher Menschen gemäß, die weitgreifendsten Plane. Der Aufruf Friedr. Fröbel's zieht sie 1848 nach Rudolstadt zu einer Versammlung, auf welcher die Kinder-gartenfrage besprochen und erläutert wurde. Jetzt ist sie mit ganzer Seele dieser Sache zugethan. Sie reist umher, um eingerichtete Kinder-gärten zu sehen und dadurch die Sache selbst aus der Anschauung ken-nen zu lernen. In Dresden beredet sie die damals dort wohnende ein-zige Tochter Wilhelm Middendorff's, zu ihrem Oheim zu gehen, um die neue Idee kennen zu lernen und dann zu ihr nach Hamburg zu kommen. Hier war sie die Erste, welche für die Fröbel'sche Sache durch Wort, Schrift und That wirkte. Vor 1848 schon gedachte sie ein Se-minar für Lehrerinnen mit ihrer Anstalt zu verbinden. Sie veröffentlicht „Gedanken zur Gründung eines Hamburger Seminars für Lehrerinnen" ꝛc., correspondirte mit vielen pädagogischen Berühmtheiten über diese ihre Idee, deren Verwirklichung sie nie erlebt hat und nie erleben konnte, wie derjenige sofort einsehen mußte, welcher mit der Eigenthümlichkeit der regsamen Frau und den dortigen Verhältnissen bekannt war. Die Anstalt sollte allen Stufen einer gediegenen weiblichen Bildung Rechnung tragen; der Kindergarten sollte die Basis, die Fortbildungsanstalt für confirmirte Mädchen die Spitze bilden und das Seminar dem Ganzen die Krone aufsetzen. Alles war im Entwurf schon auf dem Papier fertig und stand in der Idee vollendet da. Ihre Aufsätze und Schriften über diese kühne Idee strotzen von hohen Gedanken, feinen Bemerkungen, vortrefflichen Ex-plicationen, zeigen eine merkwürdige Urtheilskraft, logische Schärfe und originelle Denkweise. — Vieles davon ist auf dem Papier geblieben und mußte bleiben; denn auch sie sah, wie die meisten originalen Menschen, über die Hindernisse mit einer merkwürdigen, sie hinterher störenden und züchtigenden Leichtigkeit hinweg und ihre Kraft und praktische Begabung stand mit ihren Ideen und Entschlüssen in keinem Verhältniß. Sie war groß in ihrer Theorie und in Hinsicht der schöpferischen, anregenden Kraft, aber weniger tüchtig in der scharfen Erschauung und der energi-schen Hinwegräumung materieller und anderer Hindernisse. Was hätte diese Frau sein und wirken können, wenn ihr ein Mann geworden, der diesen Mangel auszufüllen gewesen wäre! Sigmund Lütkens war eine gute Seele, aber er war nicht dieser Mann, wurde auch schon 1849

durch den Tod abgerufen. Sie bewahrte ihm ein stetes dankbares, liebe=
volles Andenken und wirkte mit aller Energie fort. Der Kindergarten
des Institutes blühte, die Schule ging ihren ruhigen Gang und selbst
die Fortbildungsanstalt erlebte einige Keimversuche. Für die Verwirk=
lichung der Fröbel'schen Idee war sie unausgesetzt thätig. 1849 bewog
sie Wilhelm Middendorff, für dieselbe hier öffentlich das Wort zu ergreifen.
Sie selbst wirkte in dem von ihr gegründeten Organe, das anfänglich
den Titel „Pädagogische Mittheilungen", später den „Unsere Kinder"
trug, nach den verschiedensten Seiten hin anregend. Auch durch gediegene
Beiträge für andere Zeitschriften, durch veröffentlichte künstlerische Lei=
stungen für den Zeichenunterricht und zum Zwecke der Pflege jugend=
lichen Thätigkeitstriebes wurde sie in den weitesten Kreisen bekannt, und
die tüchtigsten Pädagogen, unter Andern Diesterweg, Seinecke u. s. w.,
suchten sie auf und nannten ihren Namen mit Hochachtung und Ehrerbietung.

Leider mußten wir erleben, daß ihre sprudelnde, geniale Kraft sehr
bald den Höhepunkt überschritt. Die mannigfachen Hindernisse rieben
diese Kraft auf. Sie sah ihre Schöpfungen zum Theil eben so schnell
verwelken, wie sie aufgeblüht waren. Der zerstörende Hauch des Todes
begann seine jahrelange, langsame Wirkung. Sie kämpfte männlich gegen
den vernichtenden Wurm und behielt ihre alte Ergebenheit, ihre stille
Heiterkeit, ihre unendliche Milde und ihren tiefen Ernst, wodurch sie im
Kreise ihrer Zöglinge Außerordentliches zu wirken wußte, bis an ihr
Lebensende.

Martin Luther.

Geboren den 10. November 1483, gestorben den 18. Februar 1546.

> Motto: Unser Amt ist ein ander Ding geworden, dazu hat
> es auch vielmehr Mühe und Arbeit, Gefahr und Anfech=
> tung, dazu wenig Lohn und Dank in der Welt. Christus
> aber will unser Lohn selbst sein, so wir treulich arbeiten.
> Das helf uns der Vater aller Gnaden; dem sei Lob und
> Dank in Ewigkeit, durch Jesum Christum, unsern Herrn.
> Amen.　　　　　　　　　　　　　　　　Luther.

Wir nehmen hier mit Umgangnahme der Biographie dieses merk=
würdigen Reformators zunächst auf seine Verdienste um das Schulwesen
und die Erziehung der Jugend Rücksicht. Luthers Reformation war nicht
blos für die Angelegenheiten der Religion wohlthätig, sie war es ebenso
sehr für die gesammte geistige Cultur. Alle Felder des menschlichen
Denkens und Wissens empfanden den belebenden Einfluß der wieder auf=
gegangenen Sonne, und die gelähmten Kräfte des menschlichen Geistes
sonnten sich in ihren Strahlen. Die wieder frei gewordene Vernunft
fing nun an, sich überall neue Wege zu bahnen, und so kam es ganz
natürlich, daß die Reformation zugleich Epoche für die Wissenschaften
ward. Eine der wichtigsten Ursachen davon war die durch die Refor=
mation zugleich bewirkte wesentliche Verbesserung in der Erziehung und
im Schulwesen. Vor Luther war die Erziehung der Jugend in einer
höchst traurigen Lage; aber mit der Reformation begann für hohe und
niedere Schulen eine neue bessere Periode.

Luther selbst erwarb sich um die Verbesserung der Erziehung in den
Schulen große Verdienste. Er machte auf eine Menge grober Mißbräuche
aufmerksam, brachte durch die theils von ihm selbst angestellten, theils
wenigstens von ihm geleiteten und empfohlenen Kirchen= und Schulvisita=
tionen neues Leben und neues Licht unter die Lehrer des Volks und der
Jugend; er empfahl zweckmäßigere Methoden, drang auf gründlicheres

Sprachstudium, als Grundlage aller gelehrten Bildung und als Quelle reiner Religionsbegriffe; er schrieb vornehmlich für den Religionsunterricht bessere Elementarbücher; er ermahnte Fürsten und Obrigkeiten, für die Schulen und für die Erziehung der Jugend zu sorgen; er machte sie auf die ursprüngliche Bestimmung der Klostergüter aufmerksam und bewirkte dadurch, daß wenigstens nicht alle aufgehobenen Klöster dem Fiscus zufielen, sondern mehrere derselben wirklich ihrer Bestimmung gemäß in Schulen verwandelt oder zur Verbesserung derselben verwendet wurden.

Gemeinschaftlich mit Melanchthon bildete Luther eine Menge guter Lehrer für hohe und niedere Schulen und arbeitete dem durch Karlstadt und andere Schwärmer seiner Zeit angeregten Geiste einer fanatischen Verachtung aller weltlichen Gelehrsamkeit und der öffentlichen Schulen mit Nachdruck entgegen.

Luther's Schriften enthalten eine Menge Beweise von seinem Enthusiasmus für die Verbesserung der Erziehung und von seinem gesunden reifen Nachdenken über diese wichtige Angelegenheit der Menschheit. Es wäre ungerecht, in seinen pädagogischen Ideen und Vorschlägen durchgängige Gründlichkeit und Richtigkeit zu verlangen. Man hatte vor ihm zu wenig über diesen Gegenstand nachgedacht, und es ist daher kein Wunder, daß wir jetzt nach Jahrhunderten, auf den Schultern des Riesen stehend, auch hier in mancher Rücksicht weiter sehen, als es ihm damals möglich war. Dennoch aber ist es eine Freude, zu bemerken, mit welch' warmem Interesse der große Mann für die Sache der Erziehung sprach, und wie er mit so vieler Vernunft, ja mit so vielem Scharfsinn und feinem Beobachtungsgeiste über die Mängel derselben urtheilte. Man muß nur so gerecht sein, bei der Beurtheilung seiner pädagogischen Verdienste nie sein Zeitalter zu vergessen, man muß nicht verlangen, daß er den Geist seiner Zeit und den Einfluß seiner eigenen klösterlichen Bildung gänzlich verläugnet haben solle.

Luthers Verdienste, die er sich unmittelbar um die Verbesserung der Erziehung und des Unterrichts erwarb, sind groß und unvergeßlich. Seine Gedanken hat er in einer kräftigen und naiven, wenn gleich für unser Zeitalter zuweilen etwas zu kräftigen und zu natürlichen Sprache abgefaßt.

Einige der kernhaftesten Stellen aus seinen Schriften sind später von Dr. Bretschneider in Gotha, früher von Dr. Gedike in „Luthers Pädagogik" oder „Gedanken über Erziehung und Schulwesen aus Luthers Schriften" (Berlin 1792) gesammelt.

Man sehe auch:

Dr. M. Luther's ernste kräftige Worte an Eltern und Erzieher von Fröböse, Rector in Hammeln. Göttingen, 1822.

Dr. Karl Mager.
Geboren den 1. Januar 1810, gestorben den 10. Juni 1854.

Motto: „Die Schule ist Hilfsanstalt der Erziehung, sie besorgt den Unterricht." Mager.

K. Mager, Sohn des Privatier Hermann Mager, wurde zu Gräfrath bei Solingen geboren. Die Elementarschule besuchte er in Solingen und kam später an das Gymnasium zu Düsseldorf. Hier schon zeigte er seine große Vorliebe zu den alten Sprachen, besonders zum Latein, das er ganz geläufig zu sprechen im Stande war. Kurz nach Abgang auf die Universität Bonn erschien seine Erstlingsfrucht, nämlich

ein Bändchen: „Gedichte scherzhaften, leichten Inhalts", wo sich Lebens=
lust und guter Humor besonders abspiegeln; sodann eine kleine Broschüre
über Mathematik. Im Begriff, die Universität zu verlassen, erbte er ein
kleines Capital. Hiermit ging er nach Paris, um daselbst Naturwissen=
schaft zu studiren, und befaßte sich überdieß insbesondere mit der fran=
zösischen Literatur. Mager fand hier Gelegenheit, mit fast allen literari=
schen Celebritäten in freundschaftliche Berührung zu kommen. Nach
Berlin zurückgekehrt, gab er sein schon in Paris begonnenes Werk über
französische Literatur heraus. Ebenso fallen in diese Zeit seine Briefe
an eine Dame über die Hegel'sche Philosophie; indeß von dieser letztern
Broschüre sprach er nachmals nicht mehr gern, weil er sich schon längst
mit seinen Ansichten ganz auf die Seite der Herbart'schen Philosophie
geworfen hatte. Zu dieser Zeit kam Mager zu dem klaren Bewußtsein,
daß er seinen Lebensberuf nur als Pädagog erfüllen müsse. Er be=
gleitete zwar Alexander von Humboldt zu jener Zeit auf einer
naturwissenschaftlichen Reise nach Petersburg und Moskau; doch bald
darauf an das Friedrich=Wilhelms=Gymnasium nach Berlin zurück=
kehrend, kam ihm schon der Gedanke an Begründung einer pädagogischen
Zeitschrift. Die Berufung nach Genf an das dortige Collegium als
Professor der deutschen Sprache ließ indeß diesen schönen Gedanken noch
nicht zur Ausführung kommen. Dagegen aber führte Mager ein sehr
anregendes Leben, sowohl in politischer wie in literarischer Beziehung. —
Um diese Zeit geschah es auch, daß eine sehr bedeutende Persönlichkeit,
Mitglied des Unterrichtswesens von Paris, nach Genf kam, um Mager
für Paris und Frankreich überhaupt zu gewinnen; allein, wie er sich
öfters äußerte, er wollte nie sein Vaterland in dieser Art verläugnen,
sondern seine Kräfte unausgesetzt demselben widmen. Um ganz ungehin=
dert dem innern Drange seines Berufsgefühles leben zu können, legte er
selbst seine Stelle als Professor nieder. — Frei von einem Amte lebte
Mager nun abwechselnd in Stuttgart und Augsburg, und zwar in Rück=
sicht der Nähe der Cotta'schen Buchhandlung, mit welcher er anfing, in
nähere Geschäftsverbindung zu treten, und entwickelte damals seine größte
Thätigkeit als gewandter Schriftsteller, und rasch auf einander wurden
nachstehende, in der Journalistik mit großer Anerkennung aufgenommene
Schriften zu Tage gefördert:

1) Ueber den Unterricht in fremden Sprachen. — 2) Die modernen Humanitäts=
Studien. — 3) Die moderne Philologie der deutschen Schulen. — 4) Ueber Wesen,
Einrichtung und pädagogische Bedeutung des schulmäßigen Studiums der neueren Spra=
chen und Literatur, und die Mittel, ihm abzuhelfen. — 5) Die deutsche Bürgerschule.
Schreiben an einen Staatsmann. — 6) Einige Gedanken über das Elementar= und
Volksschulwesen. Glossen zu dem Sendschreiben des Staatsministers Frhrn. v. Stein.

Am 1. Juli 1840 erschien das erste Heft der „Pädagogischen
Revue, Centralorgan für Pädagogik, Didaktik und Culturpolitik."
Hiefür verwendete er seine ganze Kraft und Thätigkeit, und diese Zeit=
schrift fand, obgleich im Preise theuer, selbst in Rußland, Schweden,
Frankreich und Spanien ihre zahlreichen Freunde. Sein ganzes Ich
ging, so zu sagen, in der Wirksamkeit dieses Journals auf; Tag und
Nacht beschäftigte er sich damit, um zu sammeln und zusammenzustellen
oder auch selbst gediegene Aufsätze zu liefern. Tüchtige Mitarbeiter stan=
den ihm kräftigst zur Seite. Nebenbei erschien von ihm im nämlichen
Jahre sein französisches Sprachbuch nebst zwei Bänden Lesebuch und
Chrestomathie in zwei Abtheilungen. Nebstdem beschäftigte er sich auch
mit dem „Deutschen Elementar=Werke," bestehend aus einem Sprachbuche

nnd drei Bänden Lesebuch — alle diese Schriften fanden raschen Absatz, so daß neue Auflagen nöthig wurden. —

Ein zufälliges persönliches Zusammentreffen mit dem derzeitigen regierenden Fürsten von Sondershausen, welchem eine umfassende Besprechung über das Schulwesen folgte, veranlaßte Mager für Sr. Durchlaucht einen Schulplan zu entwerfen und zu übergeben, wofür ihm der Fürst den Titel „Educationsrath" verlieh. In Augsburg gelangte nun abermals der Ruf an Mager als Professor der französischen Sprache an der sehr gut eingerichteten und stark frequentirten Cantons-Schule in Aarau. Seine große Liebe zur Jugend und das Verlangen, dem in sich — den Unterricht und die Methode betreffenden — theoretisch Aufgenommenen durch die Praxis das gehörige Leben zu verleihen, bestimmten ihn, diese Stelle anzunehmen. Zwei Jahre hatte Mager bereits an dieser Schule mit vorzüglichem Erfolge gewirkt, als auf einer Ferienreise, welche ihn durch Freiburg führte, er die Bekanntschaft mit seiner nachherigen Frau machte, mit Fräulein Mathilde Auguste, Tochter des kgl. preuß. Hauptmannes Fr. v. Heldreich. Ein hübsches disponibles Vermögen setzte Mager in die angenehme Lage, sich noch freier auf seinem von ihm gewählten Wirkungskreise zu bewegen. Er sah ein, daß der Besitz des eigenen Heerdes, Besorgung oben erwähnter Zeitschrift, Schriftstellerei und Amt zu viel seien, und gab das Letztere bei seiner Verheirathung wieder auf. Er zog nach Zürich, und zwar aus dem Grunde, als diese Stadt in Bezug auf Lehranstalten und öffentliche Bibliotheken große Ressourcen hatte, und lebte so seinem häuslichen Glücke. Sein Sinn für Häuslichkeit und eine überaus glückliche Ehe war sehr groß; der heiterste Humor war dabei sein treuer Gefährte. Er theilte seiner von ihm heißgeliebten Frau im Feuer der Begeisterung alles mit, gleichviel, ob es verstanden wurde oder nicht. Sein gemüthlicher Sinn und das glückliche Gefühl, wie er sich gar häufig ausdrückte, Jemanden zu haben, den er ganz sein nennen konnte, machten es ihm unmöglich, etwas, was in seinem Innern vorging, zu verschweigen, so wie überhaupt eine zu große Aufrichtigkeit in seinem Charakter lag. In Zürich arbeitete er eifrigst an dem Lehr- und Lesebuch zur Encyklopädie. Die inzwischen erfolgte Ernennung als Director des Eisenacher Real-Gymnasiums bewirkte, daß der Druck des Lesebuches nicht mehr an die Reihe kam. Mit der Liebe und dem Feuer eines Jünglings gab er sich dieser Stelle hin, wo allerdings viel Neues zu schaffen war. Mager reussirte auch, unterstützt durch die große, anerkennenswerthe Bereitwilligkeit aller dortigen höheren Behörden; allein vielfache Aufregungen, womit gewöhnlich alles neu zu Tage Fördernde verbunden ist, consumirten mit Riesenschritten die Kräfte seines ohnedem schon sehr angegriffenen Körpers, und alle möglichen und erdenklichen Curen führten zu keinem günstigen Resultate. Das Uebel seiner Lähmung nahm so sehr überhand, daß schon nach 4 Jahren er selbst um seinen Abschied bat, der ihm zwar im Anfange aus bescheidenen Rücksichten verweigert, endlich aber auf wiederholtes Ansuchen nach fünf Monaten bewilligt wurde, und Mager erhielt in den ehrendsten Ausdrücken nebst Pension seine Entlassung. — Schon damals gab seine Sehnsucht nach seiner Heimath, nach dem Rheine; aber noch sollte es ihm nicht möglich sein. Eine Erbschaftsangelegenheit berief ihn nach Dresden, und erst, nachdem diese nach zwei Jahren glücklich beendigt war, ward es ihm vergönnt, seinen Lieblingswunsch auszuführen — nach Wiesbaden überzusiedeln. Hier lebte er noch zwei Jahre vergnügt, umgeben von vielen guten Freunden und manchen Bekannten, welche der Zufall dahin brachte.

Wollen wir schließlich ein Urtheil über Mager zu fällen uns erlauben, so bleibt jedenfalls fest, daß er in der pädagogischen Welt durch die von ihm gegründete, nun von Langbein, Professor und Oberlehrer an der Friedrich-Wilhelms-Schule in Stettin, redigirte Zeitschrift: "Pädagogische Revue" sich ein bleibendes Denkmal setzte, zu schweigen von seinen reformatorischen Schriften über das Studium und die Methode des Unterrichts in den neuern Sprachen.

Mager's Stimmung war im Allgemeinen immer heiter und ohne Klage über sein hartes Schicksal. Sechs Jahre lang war er vollkommen gelähmt auf den Stuhl gebannt. Gute Verhältnisse, in denen er sich befand, machten es ihm möglich, alles das zu gewähren, was je seinen unglücklichen Zustand erleichtern konnte; aber Eines beklagte er fortwährend und hierin war er durch gar Nichts zu trösten, daß er nämlich recht wohl fühle, daß seine geistige Thätigkeit geschwächt sei, und er nichts Gutes mehr wirken könne. Insbesondere bereitete ihm die noch unvollendete Scholastik, welche so manch' Werthvolles in sich birgt, großen Kummer. — Sein Ende war schnell und rasch; es erfolgte schon nach sechs Tagen; die Lähmung traf das Gehirn. Ruhig und sanft waren seine letzten Augenblicke; sein mildes, freundliches Auge war auf seine Gattin gerichtet, welche, nachdem er vollendet, es sanft zudrückte.

Johann Gottlob Marezoll.

Geboren den 25. Dezbr. 1761, gestorben den 15. Januar 1828.

Er ward zu Plauen, im sächsischen Voigtlande, geboren. Sein Vater, Johann Karl Marezoll, Feldwebel in österreichischen Diensten, starb vor seiner Geburt, und als seine Mutter, geborne Köhler aus Adorf, sich nach Jahresfrist zum zweitenmal verheirathete, nahm ihn deren Schwester zu sich und erzog ihn, so gut es ihre dürftigen Umstände erlaubten. Er besuchte die öffentliche Schule in Plauen bis Michaelis 1779, ging dann nach Leipzig und studirte daselbst, wo der talentvolle, aber bedürftige Jüngling, verkannt von Manchem in seiner Vaterstadt, der die Geistesfreiheit zu hemmen und das aufsprühende Genie in ungewohnte Fesseln zu schlagen sich vergebens bemühte, gar bald die Aufmerksamkeit des unvergeßlichen berühmten Kinderfreundes Chr. Felix Weiße auf sich zog, der später auch auf seine amtlichen Anstellungen einen entschiedenen Einfluß hatte. Er, der so vieler junger Männer Glück begründet hat, stand auch unserm Marezoll während seiner ganzen Laufbahn durch Rath, Empfehlung und Unterstützung als ein hilfreicher Genius zur Seite. Zuerst erwarb er ihm die Bekanntschaft des ehrwürdigen Zollikofer, von welchem Marezoll sich am meisten angezogen fühlte, und unter und nach welchem er sich zum geistlichen Redner mit glücklichem Erfolge bildete. Im Jahr 1783 bestand er in Dresden das Kandidatenexamen und nahm noch in demselben Jahre eine Hauslehrerstelle bei einem Oberförster an, der an der sächsischen und böhmischen Grenze mitten im Walde in der tiefsten Einsamkeit lebte. Drei Jahre brachte er an diesem Ort bei einem sehr spärlichen Gehalt, seinen Berufspflichten und den Wissenschaften mit unermüdlichem Eifer obliegend, zu. Nicht entschlossen, sich dem geistlichen Stande zu weihen, hatte sich Marezoll neben der Theologie hauptsächlich mit dem Studium der Philologie beschäftigt und ein Schulamt war sein Wunsch. Doch um der Welt zu zeigen, daß er auch predigen könne und hauptsächlich um dem Vorurtheil der niedern Volksklasse, die einem nicht predigenden Theologen für un-

wiſſend hielt, nachzugeben, hielt er als Kandidat eine Predigt, die trotz ih=
rer Mittelmäßigkeit ſo ſehr gefiel, daß er gebeten wurde, den Verſuch zu
wiederholen. Er benutzte nun die freien Stunden ſeiner Einſamkeit und
arbeitete mehrere Predigten aus, von welchem er im Jahr 1786 die vor=
züglichſten an Zollikofer ſchickte und deſſen Urtheil darüber verlangte.
Zollikofer munterte ihn auf, auf dieſem Wege fortzuwandeln, und bald er=
kannte man in ihm allgemein den würdigſten Nachahmer dieſes großen
Kanzelredners, ja man darf wohl behaupten, er habe ſein Muſter durch
ſtreng logiſche Entwicklung und Anordnung der Gedanken, durch begei=
ſterte Sprache und lichtvolle Darſtellung noch übertroffen. Zollikofer
ſchlug ihm vor, ein Bändchen Predigten drucken zu laſſen. Dies geſchah,
und zu gleicher Zeit erſchien von Marezoll: „das Chriſtenthum ohne Ge=
ſchichte und Einkleidung,“ ohne den Namen des Verfaſſers, der jedoch
bald bekannt wurde. Die günſtige Beurtheilung beider Schriften und
der in der allgemeinen Literaturzeitung ausgeſprochene Wunſch, daß der
Verfaſſer in die Lage eines Hof = oder Univerſitätspredigers kommen
möchte, veranlaßten den gleich darauf erfolgten Ruf als Univerſitätspre=
diger und außerordentlicher Profeſſor der Theologie nach Göttingen, den
er auch Oſtern (1789) annahm. Kurz vorher war von ihm das „An=
dachtsbuch für das weibliche Geſchlecht“ herausgekommen, welches ſeit=
dem noch drei Auflagen erlebt hat und in's Schwediſche, Däniſche und
Holländiſche überſetzt worden iſt und im Jahr 1793 lieferte er in ſeinem
Werke: „Ueber die Beſtimmung des Kanzelredners“ einen vortrefflichen
Beitrag zur Homiletik. Fünf Jahre blieb er nun in Göttingen und las
daſelbſt Moral und Homiletik. Oſtern 1794 empfing er die theologiſche
Doctorwürde aus Helmſtädt und folgte in demſelben Jahre einem Rufe
nach Kopenhagen als Hauptpaſtor der deutſchen Petrikirche, wo er die
mehrere Muße, deren er ſich auf dieſer Stelle erfreute, zu deſto größerer
ſchriftſtelleriſcher Thätigkeit benutzte. Er gab viele ſeiner meiſt auch in's
Däniſche und Schwediſche überſetzten Predigten heraus, war Mitarbeiter
an einigen kritiſchen und andern gelehrten deutſchen Zeitſchriften, lieferte
ſehr ſchätzbare Beiträge zu des damaligen deutſchen Hofpredigers Dr.
Chriſtiani zu Kopenhagen „Beiträge zur Veredlung der Menſchheit“ und
hatte dabei meiſt mit Gönnern und Beförderern der Wiſſenſchaften und
Künſte einen eben ſo intereſſanten als unterrichtenden Umgang. Seine
Kränklichkeit, die ſich ſchon ſeit ſeinem 5ten Jahre entwickelt hatte und
hauptſächlich in Gichtſchmerzen im Kopfe beſtand, die durch die Unverträg=
lichkeit des däniſchen Klima's, beſonders durch die Seeluft und die ſchnei=
denden Nordoſtwinde im Frühlinge, die keinem in Dänemark lebenden
Deutſchen zuſagen, noch vermehrt wurden, bewogen ihn, Kopenhagen
nach neun in übrigens ſehr glücklichen Verhältniſſen verlebten Jahren
wieder zu verlaſſen. Vertraulich äußerte er gegen ſeinen Weiße und ge=
gen andere durch dieſen gewonnene Freunde den Wunſch, in ſein deut=
ſches Vaterland zurückkehren zu können. Was bei der damals erledigten
Generalſuperintendur in Altenburg den eifrigen Bemühungen ſeines alten
und treuen Freundes nicht gelingen wollte, das fügte nachher unerwartet
die Vorſehung, welche den Trefflichen für die Univerſitätsſtadt Jena be=
ſtimmt hatte. Auf einer Badereiſe im Sommer 1802, als Marezoll zu=
fällig dieſe Stadt und in derſelben einen Freund beſuchte, erfuhr er von
dieſem, daß die durch Oemler's Tod erledigte Superintendentenſtelle noch
unbeſetzt ſei. Leicht war Marezoll, dem der wiſſenſchaftliche Geiſt
von Göttingens Hochſchule noch in lebendiger Erinnerung war, für Jena
gewonnen; Herder's Anſehen und Theilnahme bekräftigten den gefaßten
Entſchluß, und freudig und zuvorkommend eilte man in Jena von Seiten

des Stadtmagistrats diesen Entschluß zur Ausführung zu bringen. Nach vier Wochen, als Marezoll von seiner Badereise zurückkam, fand er die unterdessen vollzogene Vocation in dem Zimmer seines Freundes; aber sein Herziehen von Kopenhagen mußte, wegen des herannahenden Herbstes und wegen dortiger Verhältnisse bis zum Frühling des folgenden Jahres 1803, wo er von Herder eingeführt wurde, verschoben werden. Hier hat nun der Verewigte seit dieser Zeit als Superintendent und Pastor an der Stadtkirche seine letzte und längste Lebensperiode vollbracht, und hier stieg sein Beifall und Ruhm, statt daß dieser sonst wohl bei öffentlichen Rednern im Alter abzunehmen pflegt, vielmehr bis an das Ziel seiner Tage zu einer immer ausgezeichneteren Höhe. Wie segensreich er in Jena gewirkt, wie er eine reinere und vernunftgemäßere Auffassung des Christenthums zu verbreiten, Religiosität durch Sittlichkeit zu begründen, namentlich seine Zuhörer für die gute Sache des Protestantismus durch die Kraft des lebendigen Wortes zu begeistern und die neuen umdüsternden Nebel der Zeit zu zerstreuen suchte, davon sind auch seine zum Theil gedruckten Predigten, besonders aber die bei Gelegenheit der Feier des Reformationsfestes (von denen auch eine Sammlung im Jahr 1823 im Druck erschienen ist) gehaltenen Reden ein deutlicher Beweis; er verließ dann nie die Kanzel, ohne den tiefsten Eindruck auf die Herzen seiner Zuhörer gemacht zu haben. Auch hier hat er Homiletik gelesen, jedoch nur das erste halbe Jahr, weil seine Amtsgeschäfte ihm zu viel Zeit raubten. — Aber auch in Jena verminderte sich sein Uebel nicht; die Gicht trat ihm vielmehr in die Augen und nur die Geschicklichkeit der Aerzte errettete ihn von der zu befürchtenden Blindheit. In den letzten Jahren wurde er immer leidender, gebrauchte vergebens mehrere Bäder und starb endlich in seinem 66sten Lebensjahre an den Folgen eines Schlagflusses.

August Matthiä.

Geboren den 25. Dezember 1769, gestorben den 6. Januar 1835.

Geboren zu Göttingen genoß er den ersten Unterricht in seiner Vaterstadt von 1780—1786, besuchte die Universität und widmete sich unter Heyne's Leitung dem Studium des klassischen Alterthums und der Kantischen Philosophie; ging 1789 als Hauslehrer nach Amsterdam, wo er sich vorzüglich mit Geschichte, sowie mit der französischen, englischen und italienischen Literatur beschäftigte und die Schrift: „Ueber die Nationalcharaktere" schrieb, die zu Leyden den Preis gewann. Im Jahr 1789 kam er nach Weimar als Lehrer der lateinischen, griechischen und deutschen Sprache an das von Mounier auf dem Lustschlosse Belvedere besonders für junge Engländer gegründete Institut und erhielt 1801 die Stelle eines Directors am Gymnasium zu Altenburg. Von da an begann für Matthiä eine neue bedeutungsvolle Aera. Sie ist seines Ruhmes und seines Glückes voll. Bald nannte die Welt seinen Namen neben der ersten der Wissenschaft und besonders war es das Friedrichs-Gymnasium, „das," um mit dem würdigen Ramshorn zu reden, „unter Matthiä's Pflege eine noch nie gesehene Blüthe entfaltete" und unter allen übrigen Gelehrtenschulen Deutschlands eine glänzende und ehrenvolle Stelle einnahm. Viermal lud ihn das Ausland zu sich ein und trug ihm Aemter und Würden an, aber die Bitten seiner Freunde und die schmeichelhaftesten Ehrenbezeugungen der Behörden bewogen ihn zu bleiben;

was er auch damals nicht bereut hat. Aber mit dem Jahr 1831 trat in
dem Drama seines Lebens eine Katastrophe ein: die Verhältnisse nahmen
einen düstern Charakter an. Der Gute ertrug seinen Kummer mit Kraft
und Ruhe, bis ihm, dem Greis, im Jahr 1833 eine πληγη Διος das
Theuerste entriß, was er auf Erden kannte, seine innig geliebte Gattin
Louise. So glich er in der letzten Zeit seines Lebens einer hinwelkenden
Blume, die die Tageshitze dörrt; auch er welkte hinüber zu einem bessern Leben. Noch in den letzten bewußtvollen Augenblicken ließ er sich
seine Ausgabe der Orationes VII. bringen und las seinen Söhnen im Vorgefühl seines nahenden Todes die herrlichen Verse vor (pro Murena §. 3.
in der Note): Adspice, quem valido subnixum Gloria regno etc. Der
Verewigte war ein großer Freund des geselligen Lebens, verlor als Gesellschafter nie seinen Frohsinn und seine glückliche Heiterkeit und ergötzte
vielfach durch Scherz und launigen Witz, durch geistreiche Anekdoten und
interessante Erzählungen, die er wegen seines abwechselnden Aufenthaltes
in den berühmtesten und angesehensten Städten, wegen seiner Bekanntschaft mit den berühmten Männern, unter denen er seine akademischen
Studien gemacht hatte, wegen seines Umgangs mit Wyttenbach, Sluiter
Luzac, Huschke und mit Gebildeten der verschiedensten Nationen in Amsterdam, wo damals eine Zeit lang der Schauplatz der Partheiwuth und
des grauenvollen französischen Kriegs war, wegen seines Aufenthaltes in
Weimar, wo gerade damals unter des gefeierten Karl August's Scepter ein Augustisches Alter zu blühen anfing, — die er wegen dieser seiner reichen, schönen Erfahrungen aus nie versiegender Quelle schöpfte.
Einfach und schlicht in seinem Wesen, offen und gerade in Wort und
That, ein Freund der strengsten Ordnung und weiser Eintheilung der
Zeit, gewissenhaft und pünktlich in Ausübung seiner Pflichten, wahrheits-
liebend und gerecht gegen Jedermann, blieb er doch auch unerschütterlich
fest in dem, was ihm eine langjährige Erfahrung als das Bewährteste
vorgezeichnet hatte und scheute Niemanden. — Seine Verdienste um die
römische und griechische Literatur sind im nahen und fernen Auslande
zur Genüge anerkannt und seine vielfachen Schriften charakterisiren ihn
nicht allein als gründlichen und scharfsinnigen Sprachforscher, sondern er
war auch mit Hilfe dieser genauen Kenntniß der äußeren Sprachformen
so tief in das eigentliche Wesen und in den Geist des klassischen Alterthums eingedrungen, daß er alles Wissen ohne dieses Auffassen des lebendigen innern Geistes für nichtig und leer erklärte. Als Pädagog und
Schulmann suchte er bei der Leitung seiner Schüler immer den Grundsatz geltend zu machen, maxima debetur pueris reverentia und erkannte
mit Riemeyer, Schwarz und Anderen religiöse Humanität als Basis
der Disciplin an. Unermüdlich und streng in Handhabung der äußeren
guten Zucht, der äußeren Ruhe und Ordnung, hielt er doch die moral-
Bildung, d. h. die Ausbildung der Gesinnung, die Erweckung, Belebung
und Leitung des moralischen Gefühls für die sicherste Grundlage der
echten Schulzucht und war der Meinung, daß in dieser Hinsicht das Beispiel des Lehrers, seine Amts- und Berufstreue, seine Gerechtigkeit und
Mäßigung, sein sittlicher, ernster Lebenswandel am wohlthätigsten und
sichersten wirke. Auch ihm galt Pietät, d. h. Achtung, Liebe und Dankbarkeit gegen den Lehrer, für den Jüngling, als die Krone der Tugenden. Er selbst hat ja noch als Greis im Silberhaare die Pietät geübt,
er, der mit unbeschreiblicher Liebe und Verehrung an seinen Lehrern
Suchfort und Heyne hing und ihre Namen nie ohne sichtbare Rührung
aussprach. Aber er erkannte auch, daß diese Pietät durchaus bedingt

fei durch das Bewußtfein. des Jünglings, er fei gegen willkürliche und
rechtswidrige Behandlung von Seiten der Lehrer durch ihren Charakter
und ihre Gerechtigkeitsliebe und im äußersten Falle durch Gesetze ge=
schützt. Denn so wie er für die sicherste Grundlage der Erziehung die
moralische Bildung ansah, so hielt er für die sicherste Grundlage der mo=
ralischen Bildung die Gerechtigkeit und äußerte nicht selten: Schulen, auf
denen man die Gerechtigkeit verspotte, dürften zu Anstalten werden, denen
fernerhin nicht Apoll der Musaget, sondern ein anderer Apoll, wie ihn
Marsyas kennen lernte, vorstehe. Matthiä war von Jedermann gern
gesehen, von Allen, die ihm näher kannten, innig geliebt und geehrt, von
Allen, die ihn verstanden, geschätzt und hochgeachtet. Und was er em=
pfing, gab er mit vollen Händen zurück. Er liebte als Vater in seinen
Kindern sich selbst, er achtete als Lehrer in seinen Schülern sich selbst;
er ehrte als Director in seinen Mitlehrern sich selbst. Er theilte Liebe
aus, wo er Liebe nicht empfing; er pflegte Andere nach sich selbst zu be=
urtheilen. Denn er kannte den Menschen nur als Menschen und hat sich
den langen Zeitraum von 60 Jahren hindurch nur selten getäuscht gefun=
den. Wohl ihm, daß er erst am Abend seines Lebens die rauhe Seite
des Menschenlebens kennen lernte! Ihm ist der Lorbeer sicher. — Seine
Schriften sind:

Commentatio de rationibus ac momentis, quibus virtus nullo religionis prae-
sidio munita sese commendare ac tueri possit; in concertatione civium etc.
Gotting. 1789. — Observationes criticae in Tragicos, Homerum, Apollonium,
Pindarum etc. Ibid. eod. — Animadversiones in Hymnos Homericos, cum
Prolegomenis de cujusque consilio, partibus, aetate. Lips. 1800. — Huge.
Ein Beitrag zur Würdigung der Herder'schen Metakritik. Gotha 1799. — Versuch
über die Ursachen der Verschiedenheiten in den Nationalcharakteren; eine Preisschrift
Leipz. 1802. — Ἐκλογαί ποιητικαί, seu Carmina Graeca selecta. In usum
scholarum collegit et indice verborum instruxit. Altenb. 1802. — Miscellanea
philologica. Vol. II. Ibid. 1803—1804. — Pr. I, et II.: Animadversiones in
loca nonnulla Libri II. et III. Ciceronis de finibus honorum et malorum. Ibid.
1804. — Historiae Graecae capita praecipua, seu Excerpta ex Herodoto, Thu-
cydide, Xenophonte; collegit etc. Ibid. eod. — Homeri Hymni et Batracho-
myomachia; denuo recensuit, auctario animadversionum et varietate lectionis
instruxit, atque Latino vertit, Lips. 1805. — Pr. Gedanken über die Wahl der
latein. u. griech. Autoren in den obern Klassen gelehrt. Schulen. Altenb. 1805. —
Pr. über die Methode bei Erklärung der alt. Autoren in den obern Klassen gelehrter
Schulen. Ebb. 1806. — Ausführl. griech. Grammatik zum Schulgebrauch. Ebb.
1808. — Pr. Nachricht von dem Gymnasium zu Altenburg auf das Schuljahr 1807
bis dahin 1808. — Ebb. 1808. — Pr. quo loca nonnulla e primo libro Tus-
culanarum disputationum cum locis Aeschinis et Plutarchi comparantur. Ibid.
1908. — Zweite Nachricht von dem Gymnasium zu Altenburg auf das Schuljahr
5808 bis dahin 1809. — Ebb. 1809. — Lucians ausgewählte Gespräche, als Lese=
buch für die mittlern Klassen gelehrter Schulen. Leipz. 1809. — Pr. dritte bis drei=
zehnte Nachricht von dem Gymnasium zu Altenburg. Altenb. 1810—20. — Pr.
Spicilegium observationum de anacoluthis in Cicerone. Ibid. 1810. (Dieses Pro=
gramm nebst der 9. Nachricht vom Altenb. Gymnasium steht umgearbeitet in Wolfii
Analectis P. II. p 1—25.) — Pr. de licentia a proposito degrediendi vetustis-
simorum scriptorum. Ibid. 1811. — Pr. de loco Ciceronis Catil. II. 1, Ibid.
1812. — Euripidis tragoediae et fragmenta. Recensuit, interpretationem la-
tinam correxit etc. Tom. V. Lips. 1813—18 — Pr. de Pherecydis fragmentis.
Altenb. 1814. (Auch in Wolfii Analectis T. 1. p 321 seq.) — Griech. For=
menlehre für Anfänger. Leipz. 1814. — Pr. de Carmine Theocriteo XXXIX.
Altenb. 1815. — Grundriß der griech. u. röm. Literatur. Jena 1845. 2. A. 1822
3. A. 1834. — Pr. de locis nonnullis Ciceronis de natura Deorum. Altenb.
1816. — M. H, Ciceronis Epistolae selectae ac temporum ordine dispositae.

Lips. 1816. — Pr. de locis nonnullis Horatii. Altenb. 1818. — M. T. Ciceronis Orationes VII. in usum scholarum. Lips. 1818. — Pr. de eroribus quibusdam Cornelii Nepotis. Ibid. 1819. — Zeittafeln zur allgem. Geschichte. Ebend. 1819 — Pr. de Tyrtaei carminibus. Ibid. 1820. — Handbuch der Philosophie. Leipz. 1823. 2 verb. Aufl 1827. 3. Aufl. b833. — Griechische Schulgrammatik. 2. umgearb. Aufl Leipz. 1824. — Ausführliche griech. Grammatik. 2 Bde. 2. umgearb. und verb Aufl Ebend. 1824—1826 3. Aufl. 1831. — Eloquentiae latinae exempla, e M. A. Moreti, I. A. Ernesti et Ruhnkenii, Paulini a S. Josepho scriptis sumpta. Ibid. 1832. — Mit Const. Matthiä: Griechisches Lesebuch für die untern Klassen eines Gymnasiums. 1r Thl. Ebend. 1833. — Vermischte Schriften, lateinisch und deutsch. Altenb. 1833. — Lieferte Beiträge zu Schlichthorst's neuen Schulmagazin

Dr. Johann Andreas Matthias.

Geboren den 9. April 1761, gestorben den 25. Mai 1837.

Er war zu Magdeburg geboren, wo sein Vater Tuchmacher war. Derselbe ließ ihn einige Zeit das Gymnasium besuchen, bestimmte ihn aber dann für ein bürgerliches Gewerbe, welches der Sohn indeß bald wieder aufgab und mit Unterstützung eines Verwandten auf das Pädagogium Unserer Lieben Frauen in Magdeburg überging. Nach rühmlich beendetem Schulkursus bezog er die Universität Halle und studirte dort eifrig Theologie und Schulwissenschaften. Wohl vorbereitet kehrte er im Jahre 1783 in seine Vaterstadt zurück, wo er als Lehrer an derselben Anstalt, der er selbst seine Bildung verdankte, angestellt wurde und hier bis zur Stelle eines Conventualis probandus aufrückte. Im Jahre 1792 ward er dann Domvikarius und zugleich Lehrer am Domgymnasium, schon damals mit dem Ruf eines ausgezeichneten pflichttreuen und kenntnißreichen Lehrers. Durch solche Eigenschaften bewogen, übertrug ihm der Rektor Funk die Leitung des mit dem Domgymnasium verbundenen Schullehrerseminars, in welcher Stellung er sich um die Bildung geschickter und diensteifriger Lehrer für Land und Stadt entschiedene Verdienste erworben hat. Ebenso verwaltete er bis zur Errichtung des Königreichs Westphalen die Stelle eines Dombibliothekars. Als der Rektor Funk am 18. Juni 1814 starb, wurde Matthias im September desselben Jahres zu seinem Nachfolger ernannt. Mit diesem Amt verband er seit der neuen Organisation der Provinzialbehörden im Jahre 1816 die Stelle eines Schulraths für die Gymnasien der Provinz Sachsen und ward auch Mitglied des Konsistoriums für die Prüfung der Kandidaten. Sein Wirkungskreis war sehr bedeutend, denn es galt, die so verschieden organisirten Gymnasien in den alt- und neupreußischen Landestheilen, aus denen das Herzogthum Sachsen zusammengesetzt war, gleichmäßig nach den in Preußen seit dem Jahr 1812 festgestellten Principien zu organisiren, die widersprechendsten Ansichten zu vereinigen, alte Vorurtheile zu beselegen und städtische oder andere Behörden in das rechte Verhältniß zu der Provinzialbehörde zu stellen. Matthias hat diese Aufgabe mit Glück gelöst; denn er verstand es, Ernst und Milde zu vereinigen, Würde und Einfalt in seinen Sitten zu zeigen und neben der strengsten Rechtlichkeit immer mit einer Humanität zu verfahren, die ihn durchaus liebenswürdig machte. So erblühten die Schulen unter seiner väterlichen Einsicht und reichen Erfahrung. Wo Matthias auf seinen Dienstreisen hinkam, freute man sich aufrichtig, ihn zu sehen, denn er war gänzlich frei von kalter Vornehmheit und ging im Gegentheil mit der größten Leutseligkeit auf jedes Bedürfniß des Einzelnen oder der Anstalt ein, war

zu Opfern gern bereit und wußte so selbst da zu versöhnen, wo sein
guter Wille mit der Unmöglichkeit der Ausführung nicht in Einklang ge=
bracht werden konnte. Sehr viel hat er im Stillen gewirkt und Vielen
wohlgethan. Als Vorsteher seines Gymnasiums hat er stets nach bester
Einsicht, unermüdlich, ohne Selbstsucht, ja mit Aufopferungen gewirkt,
den guten Willen Anderer stets freundlich anerkannt, immer mehr bereit
zum Loben als zum Tadeln. Er war eine von den Naturen, auf die
man Cicero's Worte anwenden kann: ut quisque est vir optimus, ita dif-
ficillime alios improbos esse suspicatur. Die Todesanzeige der sämmt=
lichen Mitglieder des königl. Konsistoriums und Provinzialkollegiums in
der Magdeburger Zeitung rühmt ihn als einen fleißigen, sachkundigen,
zuverlässigen und geschäftskundigen Mitarbeiter und in allen seinen Wer=
ken die jugendliche Rüstigkeit, mit welcher er fast immer der Erste auf
dem Platze sein mußte. In Anerkennung so vieler Verdienste ernannte
ihn die Universität Jena bei der Feier des Augsburgischen Confessions=
Jubiläums im Jahr 1830 zum Doktor der Theologie. Als Schrift=
steller hat sich Mathias zuerst im Jahre 1799 durch einen Auszug aus
Simsons lateinischer und englischer Uebersetzung mehrere Bücher des
Euclides bekannt gemacht: in einem weit höheren Grade durch den so
weit verbreiteten Leitfaden für den neuen heuristischen Schulunterricht in
der Mathematik, von dessen ungemeiner Brauchbarkeit sechs rasch hinter
einander folgende Auflagen (von 1814—1834) zeugen, nebst den für die
Lehrer höchst wichtigen Erläuterungen zu dem Leitfaden, in drei Ab=
theilungen. (Magdeburg 1814—1828.) — Seinen Schülern hat er in
den Worten der Liebe, des Glaubens und der Hoffnung, einer Samm=
lung von Schulreden (Magdeburg 1834), ein nicht minder werthes An=
denken hinterlassen, als die gesammelten Schriften seines Amtsvorgängers
Funk für die Schüler desselben geworden sind. Für schriftstellerische
Leistungen Anderer war Matthias immer höchst empfänglich. Eine jede
Bereicherung der Wissenschaft betrachtete er als die Bereicherung seines
eigenen Wissens und dankte in seinem anspruchslosen, bescheidenen Ge=
müth dem Geber für die neue Gabe. Es war ihm stets eine große
Freude, mit gelehrten Männern zu verkehren und die besondere Werth=
schätzung, welche die Mitglieder der Universität Halle gegen ihn mehr
als einmal an den Tag legten, zeigt hinlänglich, daß sie den Werth des
Mannes vollkommen erkannten. — Außer den genannten Werken schrieb
er noch: Anleitung zur Erfindung und Ausführung elementargeometrischer
Beweise und Auflösungen für das gründliche Studium der Geometrie
auf Schulen. Magdeburg, 1811.

Rabanus Maurus,
der erste Schulmeister Deutschlands.
Geboren im Jahre 786, gestorben den 5. Februar 856.
Motto: „Jeder nach seiner Individualität." Maurus.

Rabanus Maurus wurde in Mainz von edlen Alten, Walram
und Walrade, geboren. Lebhaft von Geist, schwächlich von Körper, wid=
mete er sich aus eigenem innigstem Triebe und auf den Wunsch der
Aeltern, da Tubin, sein Bruder, im Sachsenkriege gefallen war, dem
geistlichen Stande und ward Benediktiner zu Fulda. Denn Wissenschaf=
ten lieben und Benediktiner sein, bedeuteten damals dasselbe.

Was gemeine Menschen lockt: leckere Nahrung bei Müßiggang,
Prunk, Körperlust, hatte für diesen seltenen Jüngling keinen Reiz. Sein

Glück, seine Wonne suchte und fand er nur im Gewinne von Kenntnissen, dann in der Verbreitung derselben; in frommen erhabenen, himmlischen Gedanken und Empfindungen. In einem seiner Gedichte singt er:

> „Du, o stille Zelle, bist mir die lieblichste Wohnung!
> „Und die süßeste Kost — heiliges Gottesgesetz."

Noch nicht sechzehn Jahre alt, überragte er durch Fleiß und Geist die
übrigen Klosterbrüder so hoch, daß Ratger, der Abt, ihm ein Lehramt an
der Schule übertrug, besonders Rabans Lieblingsfach betreffend, die Auslegung der heiligen Schriften. Doch bald merkte er, wie viel ihm noch
fehle, und auf seine Bitte erlaubte ihm der Abt gern die Erlaubniß, mit
Haymo, seinem gleichgesinnten Freunde, nachmals Bischof zu Halberstadt, die hohe Schule des großen Alcuin zu Tours im Jahre 800
besuchen zu dürfen.

Raban machte zur Tours in der Gottesgelehrtheit, daneben in der
lateinischen, griechischen, hebräischen Sprache, in der Weltweisheit, Dichtkunst, Beredtsamkeit, Meß- und Rechenkunst schnelle Fortschritte, vor
Allem aber — das Bedeutendste für Rabans Leben und Wirken —
lernte er seinem großen Meister Alcuin die Kunst eines gründlich fortschreitenden, anmuthigen Unterrichts und frommer Erziehung ab.

Alcuin starb 804 und der achtzehnjährige Raban kehrte in sein
Kloster zurück. Er führte seitdem den Beinamen „Maurus" zum Andenken seines Lehrers, der ihm nach damaliger Sitte diesen Namen gegeben hatte.

In den Jahren 810 bis 813 — die Geschichte läßt uns hier im
Dunklen — übernahm er das magisterium scholae zu Fulda. Als Unterrichtsgegenstände werden diejenigen angeführt, welche die sieben freien
Künste begreifen, nämlich: Grammatik, Rhetorik und Dialektik, das sogenannte trivium, die für die nothwendigsten gehalten wurden, und Arithmetik, Musik, Geometrie und Astronomie, welche das quadrivium bildeten.

Raban starb am 5. Februar 856 als Erzbischof in Mainz, woselbst
er in der St. Albanskirche beigesetzt wurde.

„Als Erzbischof Albert im ersten Jahre seines Mainzischen und im
zweiten seines Magdeburgischen Erzbisthumes aus Liebe zu Gott und
Ehrfurcht gegen die Heiligen zu Mainz alle Kirchen und auch die Hauptkirche des heil. Martyrers Alban besuchte und gewahr ward, daß die
heil. Leichname der beiden Bischöfe Maximus und Rabanus ohne
Denkmal und Ehrenzeichen geblieben und vergessen worden waren, da
beschloß er, kraft seines apostolischen und bischöflichen Ansehens den Leichnam des heil. Rabanus ganz, von dem Leichname des heil. Maximus
aber die Hälfte, mit Zustimmung der Canonicorum, nach Sachsen bringen zu lassen, und ließ solche in Halle in der Kapelle des Stiftes St.
Moriz nach abgehaltener feierlicher Procession beisetzen, welches geschah
im Jahre 1515.

Hiernach sind also die Gebeine des unvergeßlichen Raban wirklich
nach Halle gebracht worden. Aber dennoch ist es ein Irrthum, daß sie
noch jetzt daselbst ruhen. Folgendes ist das Wahre in der Sache:

Der Erzbischof Albert hatte eine besondere Vorliebe für das neue
Stift zu Halle gefaßt und einen unermeßlichen Schatz von Reliquien und
Heiligthümern von Mainz in die neu erbaute Morizstifts- oder Dom-
kirche geführt. Ihre Kraft, Ablaß für alle Sünden zu ertheilen, wird
von einem gleichzeitigen Schriftsteller (siehe Dreyhaupt's Chronik von
Halle, 1. Th. S. 854), der sie beschrieben hat, auf nicht weniger als

„auf 4 tausend Jar, 3 tausend hundert vnd 40 tag vnd acht hundert Quadragenen" angegeben. Unter diesen Heiligthümern waren auch mehrere theils ganze, theils halbe Körper von vormaligen kanonisirten Bischöfen von Mainz, worunter sich auch der ganze Körper des heil. befand. In der vorher angeführten Chronik, wo alle die Heiligthümer auch abgebildet sind, ist der kostbare Sarg zu sehen auf Tab. N Fig. 183. Die diesem Bilde zur Erklärung beigefügten Worte lauten:

„Ein vbersilberter sarch mit eym C gezeichen, dorin ist der Cörper vnd Haubt des heiligen Bischhoffs Maximi, der die Homilien gemacht hat. Das Haubt vnd der Cörper des heiligen Rabani."

Als aber die Reformation zum großen Verdruß Alberts auch in Halle unglaublich schnell um sich griff und den Glauben an Ablaß und Reliquien verdrängte, da entschloß er sich schnell, diesen ganzen in der jetzigen Domkirche aufgestellten Schatz wieder wegzuführen, und so mußte der heil. Raban abermals die Reise nach Mainz machen. Seine Ruhestätte hat er demnach ungefähr 20 Jahre in Halle gehabt.

Joh. Heinr. Ludwig Meierotto.

Geboren den 22. August 1742, gestorben den 24. September 1800.

Derselbe, der Sohn eines Rektors an der reformirten Schule in Stargard in Pommern, war daselbst geboren. Die Periode seiner Kindheit war seiner geistigen Entwickelung sehr ungünstig, da er während derselben mit einem kränkelnden Körper zu kämpfen hatte. Erst im 9ten Jahre lernte er lesen. Unter den Augen und an der Hand seines überaus verständigen und zugleich gegen seinen Sohn wie gegen seine übrigen Zöglinge unaussprechlich liebreich und väterlich gesinnten Mentors mußte der junge Meierotto sehr erfreuliche Fortschritte machen. In seinem 19ten Jahre (1760) kam er in das Joachimsthal'sche Gymnasium nach Berlin. Seine Aufführung war die pflichtmäßigste, der Fleiß, mit welchem er seine erworbenen Kenntnisse zu vermehren suchte, der angestrengteste. Im Jahre 1762 bezog Meierotto die Universität Frankfurt an der Oder. Sein Vorsatz, sich der Philosophie ganz oder doch hauptsächlich zu widmen, ward immer fester. Im letzten Jahre seiner akademischen Laufbahn nahm er eine Hauslehrerstelle bei einem Herrn von Bergen in Frankfurt an, die er aber 1765 mit einer für jene Zeiten sehr glänzenden Condition im Hause des Bankier Schickler in Berlin vertauschte, wo ihm 500 Thaler Gehalt und andere höchst vortheilhafte Bedingungen verwilligt wurden. Im Jahre 1772 wurde er auf Sulzers Veranlassung zum Professor der Beredtsamkeit am Joachimsthal'schen Gymnasium ernannt. Er trat seine Professur mit einer Rede de eloquentiae studio publice nec unquam locuturis profuturo an. Seine Gelehrsamkeit, Lehrmethode und übrige Behandlung der Jugend erwarben ihm bald in seinem neuen Posten Achtung. Unterm 28. April 1775 hielt Meierotto als nunmehr ernannter Rector seine Antrittsrede de pretio scholarum, und lud dazu durch ein Programm ein, worin er den Satz aufstellte: Schola, quae seculi genio obsequitur, splendidissima, quae illum emendat, optima est. Die Anstalt erfuhr unter ihm vielfältige wesentliche Verbesserungen. Im Jahre 1758 kam Meierotto in das Oberschulcollegium und hatte mit dem Minister die Schulangelegenheiten zu besorgen. Im Jahre 1790 wurde er zum ordentlichen Mitgliede der königlichen Akademie der Künste und mechanischen Wissenschaften und zum Beisitzer des akademischen Senats wegen der Bedürfnisse und zweckmäßigen Einrichtung der Provinzial-Kunstschulen sowohl als überhaupt wegen Verbreitung des guten

Geschmacks durch den öffentlichen Unterricht rc. erwählt, und er wurde der Akademie theils als Beisitzer ihres Senats, theils als thätiges Mitglied nützlich. Wie oben bemerkt wurde, so starb er im September 1800. Die Ankündigung seines Todes wurde, wie folgt, berichtet: „Seinen Beruf zu erfüllen nach dem großen Umfange, den er selbst dem Sinne dieses Wortes gab, konnte keine Rücksicht, leider selbst die nicht auf seine Gesundheit und sein Leben, ihn abhalten: sonst würde der Staat noch lange Einen seiner verdienstvollsten Bürger, die Wissenschaften Einen ihrer gelehrtesten Beförderer, die Schuljugend einen als Vater sie liebenden und kindlich von ihr geliebten Führer, und seine Familie und Alle, die ihm näher waren, den edelsten und zärtlichsten Freund besitzen." Man sagt von ihm: „Was Friedrich der Große unter den Königen, das sei Meierotto unter den Rectoren."

Wie Ratich, Locke, Hamilton, Jacotot will auch Meierotto den Unterricht in der lateinischen Sprache nicht mit der abstracten, den Kindern unverständlichen, ihnen im Voraus die Sprache selbst verleidenden Grammatik, sondern in der Weise, wie Kinder viel leichter, schneller die Muttersprache lernen, mit geeigneten Stellen aus Classikern beginnen.

Während inzwischen jene irgend einen Autor zu Grunde legten, und es nun dem Zufalle überließen, welche Gelegenheit sich eben zum Abstrahiren des grammatischen Gerüstes biete, wodurch entweder nie oder nur sehr schwer und langsam der Schüler zur Grammatik durchbringen kann, während dem führt Meierotto die Theorie nicht bloß zu höherer Klarheit, sondern bringt sie zugleich mit unsäglicher Mühe eben so wohl in ein bestimmtes, als praktisch anwendbares System.

Er stellte nach Ordnung der Grammatik Belegstellen aus den Classikern zusammen, aus welchen die Schüler nach bestimmter, sich vorbereitender Reihenfolge die Regeln in lebendiger Anschauung abstrahiren und anwenden konnten, z. B. in der ersten Declination:

N. Natura dux optima.
G. Vitae brevis est cursus, gloriae sempiternus.
D. Non scholae, sed vitae discendum.
A. Famam curant multi, pauci conscientiam.
V. O fortuna, ut nunquam perpetuo es bona.
A. Vacare culpa magnum es solatium.

und der ersten Conjugation:

Actio. Indicat.
Omnia mea mecum porto,
Non est mortale, quod optast
Optat arare caballus.

„Ich gebe, erklärt Meierotto, eine Grammatik ohne Definition, ohne Axiome, Forderungen, Voraussetzungen, ohne Regeln, eine Grammatik in Beispielen, aus welchen sich die Knaben selbst Regeln abstrahiren mögen, die dann dem Gedächtnisse sich um so besser einprägen. Jede Stelle enthält einen Theil der Grammatik, der von dem Schüler nothwendig in dieser Ordnung erkannt werden muß."

„Die lateinische Sprache, bemerkt Meierotto übrigens, soll keine Muttersprache verdrängen. Der Knabe darf also nicht zu früh Verbindungen entzogen werden, wo er seine Muttersprache treiben kann bis zu der Fertigkeit, seine Begriffe in derselben auszudrücken. Durch Erlernung einer todten Sprache darf die Muttersprache nie verdunkelt werden." Meierotto's Lebensbeschreibung von Brun; und Raumer a. a. O.

Obgleich indessen Meierotto nach dieser Methode selbst unterrichtete, scheint er dieselbe späterhin doch wieder in ihrer Strenge aufgegeben zu haben, hauptfächlich wohl darum, weil diefelbe den Verftand der Schüler zu fehr in Anfpruch nimmt.

Inzwifchen enthält diefelbe auf alle Fälle, befonders für die Repe-tition der Grammatik, der guten Elemente viele.

Johann Heinrich Friedrich Meinecke.
Geboren den 13. Januar 1745, geftorben den 23. Juli 1825.

> Motto: „Es gibt einen doppelten Gefichtspunkt, aus dem
> alle Erziehung betrachtet werden kann und muß: 1) Er-
> ziehung des Menfchen zum Menfchen; 2) Er-
> ziehung deffelben zum Bürger."   Meinecke.

Derfelbe begleitete von 1769 bis 1802 verfchiedene Aemter, worauf er ins geiftliche Amt eintrat. Er ftarb als Oberpfarrer und Rector des Gymnafiums zu Queblinburg.

Seine Schriften find:

Synopfis eruditionis univerfae in ufum fcholarum concinnata 1783. — Bei-träge zur Beförderung chriftlicher Tugend und anftändiger Sitten auf Schulen und Gymnafien 1786.

Unter zwei und dreißig verfchiedenen Rubriken fagt er feinen Schü-lern viele wichtige und nützliche Wahrheiten, die zwar nicht neu find, aber wegen ihres großen Einfluffes nicht oft genug beherzigt und einge-fchärft werden können.

Philipp Melanchthon.
Geboren den 16. Febr. 1497, geftarben den 19. April 1560.

> Motto: „Wenn der Schulftand auch nicht glänzend ift,
> fo hat er doch das größte Verdienft um den Staat Selbft
> Kinderlehrer zu fein, ift erfreulich. Da wohnt noch die
> Unfchuld, und es kann dem Lehrer fo wohl fein in feinem
> Kreife, den felbft himmlifche Schutzgeifter zu umfchweben
> fcheinen."   Melanchthon.

Philipp Melanchthon's Vater hieß Georg Schwarzerd und lebte in Bretten, einem Städtchen in der Unterpfalz, war ein fehr tüchtiger Rüft-meifter und Waffenfchmied, dabei ein bis zur Aengftlichkeit gottesfürch-tiger, zuverläffiger und pünktlicher Mann in Allem, was er that und verfprach. Er erzog feine Kinder ernft und fromm, in großer Eintracht mit feiner Gattin Barbara Reuter. Er ftarb eben in Mannheim mit Ablieferung von neuen Waffen befchäftigt, in ben beften Jahren.

Sein Sohn Philipp, bekannt unter dem Namen: Präceptor Deutfch-lands, dem er einft gefagt hatte, „er habe Vieles und Großes in der Welt erlebt, aber Größeres werde kommen," hinzufetzend: „Gott möge ihn leiten und regieren," war nur 10 Jahre alt, als er den geliebten Vater verlor.

Der Großvater mütterlicher Seite, Amtmann Reuter zu Bretten, nahm fich des Verwaifeten an und wählte fehr glücklich in Joh. Unger einen gewandten Lehrer und Erzieher. Schon damals war Philipp we-gen feines lebhaften Geiftes und der leichten Gabe der Mittheilung, bei großer Befcheidenheit, wenn Aeltere fprachen, der Liebling der Stadt. Er fühlte zwar jeden Tadel tief, denn er war reizbar; aber er benutzte ihn dankbar. Seine Ausfprache war anftoßend und lifpelnd, aber er ruhte nicht eher, bis er den Fehler faft überwunden hatte. Aus dem Privatunterrichte ging er in den öffentlichen der gelehrten Schule zu

Pforzheim über, wo Georg Similer das Studium der griechischen Sprache emporbrachte. Der fleißigste seiner Schüler war Philipp Schwarzerd. Ein naher Verwandter, Reuchlin oder Capnio, dessen die Geschichte der Wiederherstellung der Wissenschaften in Deutschland nie vergessen kann, lernte bei einem Besuche das aufblühende Genie kennen. Denn als er aus Italien zurückkam, da feierte der zwölfjährige Knabe den Tag der Ankunft mit einem lateinischen Schauspiel und führte es mit seinen Gespielen auf. Reuchlin schloß ihn entzückt in seine Arme, nannte ihn Sohn, schenkte ihm ein griechisches Lexikon und eine Sprachlehre und nannte ihn, seinen Namen übersetzend, Philipp Melanchthon.

Auch dem Schulunterrichte entwuchs er so früh, daß er, 13 Jahre alt, die Universität Heidelberg beziehen konnte. Hier zeichnete er sich aus und ward mit Auszeichnung behandelt. Auf der Universität Tübingen, wohin er sich von Heidelberg begeben hatte, hörte er mehrere treffliche Lehrer in Sprachen und Wissenschaften und doch zog ihn frühzeitig die Neigung ebenso sehr zur Theologie, als zu den Classikern. Im 16. Jahre ward er Magister, hielt Vorlesungen, schrieb mehrere historische und phylologische Schriften, namentlich eine griechische Gramatik, und vertheidigte seinen mütterlichen Freund und Verwandten Reuchlin, der damals in Stuttgart in angesehenen Staatsämtern lebte, gegen die Mönche.

Auf Reuchlin's Vorschlag wurde Melanchthon im Jahre 1518 von Friedrich dem Weisen auf die 1502 errichtete Universität Wittenberg berufen. Er war damals 21 Jahre alt. Hier lehrte der 15 Jahre ältere Luther seit 1508 die Theologie. Mit diesem wird Melanchthon seit der ersten Bekanntschaft eins. Vier Tage nach seiner Ankunft eröffnete er seine Vorlesungen, die sich einer ungewöhnlichen Frequenz erfreuten. — Blieb stets das Emporbringen der classischen Literatur stets ein Hauptzweck seines Wirkens, so ward er doch bald Luther's treuester und thätigster Gehilfe bei dem Werke der Kirchenverbesserung, ja in den wichtigsten Momenten ward er Hauptwerkzeug der protestantischen Partei mit Vorsicht und Mäßigung; er schrieb namentlich ihr Glaubensbekenntniß, — die Augsburgische Confession.

Der Antheil, den Melanchthon an den Visitationen der Kirche und Schule in Sachsen und der Festsetzung einer Schulordnung nahm, erwarb ihm überall Vertrauen. — Nach Luther's Tode lebte er noch 14 Jahre. Es ist nur Eine Stimme, daß Philipp Melanchthon nicht nur zu den gelehrtesten, sondern auch zu den besten Menschen seiner Zeit gehörte. Rein in seinen Sitten von der ersten Jugend an, recht eigentlich veredelt durch die frühe und stete Beschäftigung mit den Edelsten aus allen Jahrhunderten, arbeitsam, unverdrossen wie Wenige, ein Humanist nicht nur als Sprachgelehrter, sondern durchaus human in seiner Gesinnung, von Natur zwar heftig und reizbar, aber höchst streng gegen sich selbst in der Beherrschung seiner Affekte, wenn er irgend von der Arbeit aufathmen konnte, heiter, jovial, auch wohl sarcastisch; wohlthätig bis zur unweisen Verschwendung, selbst aber im höchsten Grade einfach in der Kleidung und in jedem sinnlichen Genusse — wie wäre es möglich gewesen, daß ein solcher Mann wahre Feinde gehabt hätte? — Unstreitig grenzte seine Friedensliebe zuweilen an Schwäche. — Im schönsten Lichte zeigte sich sein milder Sinn im häuslichen Leben. Er war ein vortrefflicher Gatte; immer sanft, duldsam, auch wenn er oft von einer peinlich sorgenden Gattin beunruhigt ward; die kleinen Sorgen mit ihr theilend; oft seinen Studien nachdenkend, das Buch in der einen, das Wiegenband in der andern Hand. Bei allen fast unübersehbaren Geschäften gab er sich doch oft und gern seinen Schülern hin. Fast immer speisete eine Zahlvon auserlesenen deutschen und ausländischen Jünglingen an seinem Tische. Oft wurden, erzählt man, wohl zehn Sprachen daran gesprochen. Auf seinen Reisen, die er meist zu Pferde machte, umgab ihn stets eine Begleitung seiner Jünger. Scherz und Ernst verkürzte den Weg.

Die Klage Wittenbergs von M.'s Tode hallte in allen Städten und Ländern Deutschlands wieder, aber er war ja Praeceptor Germaniae. Man mag ihn nun als akademischen Lehrer oder als Schriftsteller, oder als thätigen Theilnehmer an der Verbesserung des Schulwesens betrachten — aus jedem dieser Standpunkte wird man das Urtheil der Zeitgenossen und der Nachwelt gerecht finden. Er war aber nicht nur Lehrer Germaniens, daß er unzählige Schulen gebildet, sondern auch durch die Menge lehrreicher Schriften, die er gefertigt und zum Druck befördert hatte.

Schulmann ist M. nie gewesen. Aber er hat doch in seinen früheren Jahren unterrichtet und ist tief eingedrungen in das Bedürfniß der Schulen und in die Lage des Schulwesens. In seinem eigenen Unterrichte muß er viel traurige Erfahrungen gemacht haben, welche das Bestätigen, was er von der Noth der Schullehrer in seinem Kreise gehört haben mochte. Wenigstens stellt er seiner früheren Rede de aerumnis Paedagogorum ein so trauriges Bild von dem Geschäft des Jugendlehrers auf, daß er leicht einen jungen Mann von diesem so nützlichen Stande abschrecken könnte. Desto mehr contrastirt mit dieser Schilderung seine spätere oben als Motto angeführte Aeußerung.

Die gelehrten Schulen verdanken ihm vorzüglich eine große Menge von Hilfsmitteln, sowie er auch von einzelnen Städten, z. B. von Naumburg, Mühlhausen und Bautzen eingeladen ward, dergleichen Schulen einzurichten. Von seinem Geiste beseelt gingen auch wirklich viele der wackersten Schulmänner aus seiner Schule hervor und gewannen in dem unmittelbaren Wirken für die Jugend an Einsicht und Erfahrungen, welche der blos akademische Lehrer sich selten erwerben kann. Die berühmtesten Pädagogen jener Zeit hatten unter ihm studirt oder sich doch seine Grundsätze angeeignet. Valentin Trozendorf, Joachim Camerarius, Bobanus Hessus, Michael Neander und vor allen Johann Sturm — dieser wahrhaft große Methodiker, — sie alle ehrten in unserm M. ihren Lehrer, und so ward er auch durch solche von ihm gebildete Schulmänner der Lehrer der germanischen Jugend in allen Gegenden des Vaterlandes.

Die Nothwendigkeit der Verbesserung der Schulen hatte unstreitig Luther zuerst eingesehen, und mit der ganzen Kraft seines Geistes und seiner Sprache in den beiden herrlichen Schriften: „An den christlichen Adel deutscher Nation" und „an die Bürgermeister und Rathsherren deutscher Städte (1524) Allen ans Herz gelegt. Auch hatte er bei jeder Gelegenheit auf die hohe Wichtigkeit der Sprachen aufmerksam gemacht. Er war es auch, der nicht ruhete, bis eine Visitation der Schulen von dem Churfürsten angeordnet wurde. Sie hatte die vormalige sächsische Schulordnung zur Folge. An ihr hatte Melanchthon den größten Antheil, und sie wurde lange Zeit nicht nur für die Fürstenschulen, sondern auch für die Gymnasien vieler anderer Provinzen und Länder eine bestehende Norm.

Kaspar Joseph Mezzofanti.

Geboren den 17. September 1774, gestorben den 14. März 1849.

Joseph Mezzofanti wurde geboren zu Bologna aus einer sehr bekannten Familie. Den ersten Unterricht erhielt er von einem Priester

dieser Stadt, Namens Philippus Cicotti. P. Respighi, ein gelehrter Oratorianer, führte ihn auf dem Pfade der Wissenschaften weiter
und zuletzt endlich besuchte er die Piaristenschule.

Seine Fertigkeit im Auffassen, die Leichtigkeit und Ausdauer seines
Gedächtnisses und seine nie ermattende Aufmerksamkeit erregten sowohl
bei seinen Lehrern wie bei seinen Mitschülern die höchste Bewunderung,
und er verließ, nachdem er die Preise in seinen Schulen davon getragen
hatte, dieselben mit dem Rufe eines bereits außerordentlichen Talentes.
In der That hatte er auch in einem Alter von fünfzehn Jahren seinen
philosophischen Cursus bereits vollendet und kannte mehrere fremde Sprachen, unter denen er insbesondere die lateinische und die griechische
gründlich verstand.

Seine Frömmigkeit zog ihn zum geistlichen Stande hin; er studirte
demnach Theologie und feierte 1797 sein erstes heiliges Meßopfer. Seit
jener Zeit waren der Gottesdienst, der Unterricht junger Leute, die Vorbereitung der Kinder zur ersten heiligen Communion, die Verwaltung
des heiligen Bußsakraments seine kostbarsten Genüsse, und er gab sich
diesen Pflichten mit so viel Eifer hin, daß man nicht begreift, wie ihm
noch Zeit übrig blieb, sich dem Studium so zu widmen, wie er es gethan hat. Nicht allein die heiligen Wissenschaften, sondern auch die Philosophie, Geschichte, Geographie, Botanik, die Dichtkunst und jede Art
von Gelehrsamkeit hatten sich in seinem außerordentlichen Gedächtnisse
aufgeschichtet, welches denn auf sein Appell die ausgedehntesten Kenntnisse immer bereit hatte. Er besaß die griechischen und lateinischen Classiker vollständig, sowie Alles das, was die berühmtesten sowohl alten als
modernen Schriftsteller geschrieben haben. Dieß allein hätte schon hinge-
reicht, ihm einen Rang unter den namhaftesten Gelehrten zu verschaffen.
Was aber insbesondere an ihm zu bewundern ist, das ist die Gabe, die
er zum Sprachstudium hatte.

Er verstand und sprach so viele Sprachen, daß man ihn den Mann
aller Zeiten und aller Nationen der Welt nennen konnte. Er verstand
und sprach albanisch, amarisch, angolisch, arabisch, aramäisch, alt- und
neuarmenisch, bulgarisch, catalonisch, chaldäisch, celtisch, chinesisch, dänisch,
deutsch, englisch, äthiopisch, flamändisch, französisch, georgisch, alt- und
neugriechisch, hebräisch, rabbinisch-hebräisch, hindostanisch, holländisch,
illyrisch, irländisch, italienisch, koptisch, kuracaisch, kurdisch, lateinisch,
malaisch, maltesisch, mongolisch, norwegisch, persisch, polnisch, portugiesisch,
russisch, samaritisch, sanscrit, sardisch, singalesisch, schwedisch, spanisch, sy-
risch, tatarisch, türkisch, wallachisch und endlich auch noch die Sprache, oder
wenn man will, das Kauderwelsch der Zigeuner.

Als er zum Cardinal erhoben war, beglückwünschten ihn 43 Zöglinge der Propaganda, jeder in seiner Muttersprache, und der Cardinal
übersetzte diese kleinen Piecen in's Italienische für diejenigen, welche dieser Festlichkeit beiwohnten, plauderte mit den Zöglingen selbst und ermunterte sie in ihrer Muttersprache.

Franz I., Kaiser von Oesterreich, wollte, als er 1819 nach Bologna
reiste, Mezzofanti sehen, und richtete durch Personen seines Gefolges
aus den verschiedensten Nationen seines Reiches Fragen an ihn. Der
Gelehrte sprach bei dieser Gelegenheit ohne Anstoß polnisch, ungarisch,
deutsch, illyrisch. Der Kaiser Nicolaus erklärte zur Zeit seiner Reise
nach Rom, daß Mezzofanti russisch spreche, wie ein Bürger aus St. Petersburg. Ein indischer Prinz war entzückt, an ihm einen Dollmetscher
beim Papst Gregor XVI. zu finden.

Der Gesandte der Türkei, die Königin der Niederlande, der Erb=
großfürst von Rußland, mit einem Wort, Alle, welche Rom zu seinen
Lebzeiten besucht hatten, waren erstaunt über diese merkwürdige Fähigkeit.
Fast Alle nahmen in ihren Stammbüchern einige Verse oder Zeilen von
ihm mit sich, die er in der ihm bezeichneten Sprache niederzuschreiben nie
versagte.

In seiner Bibliothek hat man 140 Lexica gefunden, und darunter
auch einige sehr seltene; ebenso Grammatiken mit Bemerkungen von
seiner Hand versehen. Unter anderen Papieren ist auch von ihm die Er=
klärung eines merkwürdigen mexikanischen Manuscripts geblieben, aber
leider unvollendet.

Eine noch größere Seltenheit aber ist es, daß ein so reich begabter
Mann sich nicht allein vor Stolz bewahrte, sondern sogar so bescheiden
war, daß er selbst nicht einmal den Werth seiner Gelehrsamkeit kannte.
Liebenswürdig gegen Alle war er es besonders gegen Kinder und Arme,
denen er sein Wohlwollen durch reichliche Almosen und überdieß noch
durch ein zartes Mitgefühl bezeugte.

Es übrigt nur noch von den Ehren zu sprechen, mit denen er be=
kleidet wurde; aber was giebt es für Ehren für einen solchen Mann
ohne Gleichen? Die Dekorationen, die akademischen Titel, die Aemter
haben durch ihn mehr Glanz empfangen, als sie ihm gegeben haben.
Zu Bologna bekleidete er die Professur der griechischen und hebräischen
Sprache, die ihm unter der Regierung Napoleons ist abgenommen wor=
den, weil er den Eid nicht leisten wollte. Joachim gab ihm dieselbe
nach dem Fall des Kaiserreiches wieder und schmückte ihn mit dem Or=
den beider Sicilien. Zu verschiedenen Malen war er Rektor der Uni=
versität. Anfangs Unterbibliothekar, dann Nachfolger des P. Pozzetti,
bereicherte er die Bibliothek auf seine Kosten und beschenkte sie mit einem
alten Manuscripte.

Pius VII. forderte ihn auf seiner Durchreise durch Bologna, als er
1814 im Begriff war, von seinem Stuhle wieder Besitz zu nehmen, auf,
ihn zu begleiten, um den Posten eines Sekretärs der Propaganda zu
übernehmen; aber er weigerte sich, um nicht sein theures Vaterland zu
verlassen, und widerstand den wiederholten Bitten des Cardinals Con=
salvi. Vergebens ließen der Kaiser von Oesterreich und der Großherzog
von Toskana ähnliche Aufforderungen an ihn ergehen. Der Letztere gab
ihm das Kreuz des heiligen Joseph vom Verdienst, dann, als er Cardi=
nal wurde, das Großkreuz desselben Ordens.

Der Cardinal Capellari, später Gregor XVI., Präfekt der Propa=
ganda, gebrauchte ihn in Angelegenheiten dieser Congregation, und zur
Belohnung schickte er ihm eine bedeutende Summe Geldes zu, die
der bescheidene Gelehrte jedoch zurückwies, indem er sagte, daß man das
Geld besser für die auswärtigen Missionen anwenden könnte. Dieser
Zug ist nicht vergessen worden. Gregor XVI. erkundigte sich oft nach
Mezzofanti bei dem Cardinal Opizzoni, Erzbischof von Bologna.

Mitglied einer Deputation, welche seine Geburtsstadt nach Rom ge=
sendet hatte, wurde er bei dieser Gelegenheit zum Hausprälaten und
zum apostolischen Protonotar erhoben. Im Oktober 1832 wurde er auf's
Neue nach Rom berufen, und seitdem blieb er daselbst, um den oberhirt=
lichen Befehlen zu gehorchen.

In demselben Jahre noch wurde er Canonicus bei St. Maria Mag=
giore, dann erster Aufseher an der Bibliothek des Vatican und Canoni=
cus bei St. Petrus. Das Capitel vertraute ihm die Leitung seines Se=

minars an, in welchem er einen großen Theil des Einkommens von seinem Canonicate verwendete.

In dem Consistorium vom 12. Februar 1838 wurde er zum Cardinal erhoben und wurde Mitglied der Congregationen der Propaganda, des Index, des Ritus, der Studien (deren Präfekt er war), der Prüfung der Bischöfe und der Angelegenheiten Chinas.

Nach dem Tode des Cardinals Sala wurde er apostolischer Visitator des Hospitals St. Jakobus und Präsident der Verwaltungskommission des Erzhospitals des heiligen Erlösers ad sancta sanctorum. Endlich wurde er apostolischer Visitator des frommen Hauses der Katechumenen, woselbst seine seltenen Kenntnisse sehr nützlich waren, und des Klosters der Verkündigung Mariens.

Er war Protektor der Stadt Bologna, des Marktfleckens Medicina und der Gemeinde Gavignano in Latium, aller Carmeliterorden, der Congregation der Hospitäler und vieler anderer Klöster und Bruderschaften.

Während der Monate Februar, März, April des Jahres 1848 erlag er einer schweren Krankheit, von der er sich nie mehr ganz erholte. Der Gram, den ihm die politischen Verwirrungen Roms verursachten, trug viel zur Verschlimmerung seiner Gesundheit bei, und die Flucht des heiligen Vaters erschütterte ihn so sehr, daß er oft sagte, er werde nun nicht mehr lange leben. Er starb am 15. März 1849.

Wilhelm Middendorff
Geboren den 20. September 1793, gestorben den 24. November 1853.
Motto: „Sei klar, wahr und lebensfrei!" Middendorff.

Sein Vater war Besitzer eines Bauernfreigutes zu Brechten in Westphalen. Hier wurde W. Middendorff geboren. Er war das jüngste Kind von 5 Geschwistern. Als die Eltern bemerkten, daß der Lieblingssohn mit nicht geringen Anlagen begabt sei, stieg er in ihnen und besonders im Vater der Wunsch auf, derselbe möge sich dem geistlichen Stande widmen und einst in Brechten die Stelle eines Seelsorgers einnehmen. Mit dem zehnten Jahre kam Middendorff auf das Gymnasium zu Dortmund. Er wohnte hier bei seinem Schwager, dem Vater des Barop. Von ihm, einem Juristen, wurde er sehr strenge gehalten. Als Gymnasiast zeichnete er sich rühmlichst aus, erhielt stets Belohungen und manchen Preis. Bis zum 18ten Jahre blieb Middendorff in Dortmund. Sein Schwager bestimmte ihn für die Universität Jena. Ein dunkler Zug seines inneren Lebens aber trieb ihn, nach Berlin zu gehen.

Hier war Fichte damals Prorektor oder Rektor der Universität. Middendorff gibt ihm nach üblicher Sitte den Handschlag, und Fichte, ihn ruhig ansehend, nimmt ihn unter die Zahl der Studenten auf mit den Worten: „Sie werden wohl die Gesetze nicht übertreten." Er hörte namentlich Fichte, Neander und Schleiermacher. Er war stolz darauf, des Letztern Schüler zu sein und nannte seinen Namen nie ohne sichtbare Zeichen dankbarer Verehrung.

Aus seinen Universitätsjahren sind nur wenige Nachrichten vorhanden. Er genoß bei „Vater Jahn" Turnunterricht und war mit Justinus Kerner und namentlich mit Gustav Schwab befreundet. Durch einen Landsmann wurde er bei dem Kriegsrath Hoffmeister, dem Vater der ersten Frau Fröbel's eingeführt. — 1813 im Frühling schloß sich Middendorf in Dresden an das Lützow'sche Freicorps an. Im Kriege lernte er Friedrich Fröbel und Heinrich Langethal kennen. Ein Jahr lang war er Krieger. Dann wurde er entlassen mit der Anwartschaft auf das eiserne Kreuz und auf eine Offizierstelle, falls er später wieder beitreten werde. Als Napoleon von Elba zurückgekehrt war, meldete sich Middendorf wieder beim Corps, wurde jedoch wegen Ueberfluß an Leuten auf sein Studium zurückgewiesen. Er kehrte hierauf nach Berlin zurück und wurde Hauslehrer bei einem dortigen Banquier. Langethal war ebenfalls Hauslehrer, beim Bruder dieses Kaufmanns. Friedrich Fröbel erhielt eine Anstellung am mineralogischen Museum in Berlin; er wurde Gehülfe des bekannten Mineralogen Weiß. Das Freundschaftsverhältniß zwischen den drei Männern war ein sehr intimes. Der Plan zur Gründung einer Erziehungsanstalt war schon im Kriege von ihnen berathen worden. Wegen äußerer Schwierigkeiten schien aber jetzt der Gedanke im Geiste still zu ruhen. Da plötzlich verschwand Fröbel, als er eben einen Ruf nach Stockholm als Professor der Mineralogie erhalten hatte. Seine Freunde wußten eine Zeit lang nichts von ihm. Endlich schrieb er von Keilhau aus und forderte sie auf, ihm nachzufolgen. Middendorf that dieses 1817, gegen den Wunsch und trotz der flehentlichen Bitten seiner Eltern, die ihn endlich, sich selbst beruhigend, mit folgenden Worten entließen: „Der Himmel hat uns reichlich gesegnet; Einer muß dafür dem Herrn geopfert werden!" Langethal folgte bald dem Beispiel seines Freundes. Und somit begann das Lebensspiel in Keilhau. 1826 trat Middendorf in die Ehe, welche mit 7 Kindern gesegnet wurde. Das Familienleben war natürlich nicht im Stande, ihn, wie es leider nur zu oft der Fall ist, von allen Idealen abzubringen und zur Philisterhaftigkeit zu degradiren. Noch am Ende seines Lebens äußerte er, es sei keine Kunst, als junger Mann sich einer hohen Idee zu widmen; aber mit Weib und Kind sich dem Unsichtbaren hinzugeben, das sei schon etwas mehr, obgleich dennoch nicht so etwas Außerordentliches — besonders aber in der Jetztzeit, der Zeit des Materialismus, etwas durchaus Wünschenswerthes und Nothwendiges. Man begreift es, daß ein Mann mit solcher Anschauung auch von seiner Familie ganze und volle Hingabe, äußerste Kraftanstrengung und möglichste Entbehrung, verlangte. Er wollte in seinem Hause nichts dulden, was nicht unmittelbar oder mittelbar in Beziehung zu seiner Lebensidee stand, und er tadelte jede Maßregel, jedes Geräth im Hause — Alles, was, seiner Meinung nach, den Stempel der Aeußerlichkeit und des selbstischen Genusses trug. In dieser Beziehung verfuhr er, der gegen Andere im höchsten Grade milde und liebevoll war, nicht selten zu hart gegen sich und die Seinigen. Vor Allem aber war er ergrimmt, wenn er zu bemerken glaubte, daß der Eine oder der Andere für sich ein unnützes oder verweichlichendes Bedürfniß herauf beschwor. Darum konnte in seinem Hause jene selbstische, sogenannte und in abgeschwächter Zeit selbst von Pädagogen angepriesene Gemüthlichkeit nicht aufkommen. Es herrschte jedoch um ihn herum ein zartes, sinniges, ernst heiteres Wesen. Sein Benehmen gegen seine Lebensgefährtin zeugte von hoher Liebe, gänzlichem Vertrauen und unbedingter Offenheit; das Betragen seiner Kinder gegen ihn wurde geregelt durch große Pietät und hohe Verehrung. Er war sehr streng gegen dieselben, bedurfte aber selten eines anderen Strafmittels als des Ausdrucks der Unzufriedenheit, der, wenn es sittliche Verhältnisse betraf, zuweilen in einer ungewöhnlichen und leidenschaftlichen Weise seinen sonst so milden Zügen den Ausdruck der Strenge lieh. Seinem erziehlichen Princip gemäß stellte er seine Kinder auf die Bahn freier Entwicklung; denn erziehen hieß bei ihm: „die

Selbstentwicklung eines Individuums auf naturgemäße Weise fördern und
in Uebereinstimmung mit dem Begriffe der Menschheit leiten, überhaupt
also dasselbe, mit Anerkennung seiner Anlagen und Rechte, zum selbstständigen Dasein bestimmen."

Der alte Freiheitskämpfer hing, wie nicht anders zu erwarten stand,
mit großer Liebe an seiner Nation. Wer den Glauben an ihre Urkraft,
Ursprünglichkeit und stete Selbstverjüngung nicht theilte, der war sein
Mann nicht. Als das deutsche Parlament zusammentrat, jubelte er, wie
Viele. Er legte ihm seine Schrift „die Kindergärten, Bedürfniß der Gegenwart ꝛc.„ Blankenburg" demüthig und freudig zu Füßen. Und
als die kaum aufgegangene Sonne wieder unterging, verlor er den Muth
und die Hoffnung nicht. „Kommt, laßt uns Kindern leben!" rief er
dann um desto lauter mit seinem Freunde Fröbel. Dieser Freund
schloß die Augen. Middendorf schrieb den „Ausgang Friedrich Fröbel's
aus dem Leben" und war bemüht, dessen Werk fortzusetzen. „Nun muß
ich geboren sein!" schrieb er seinem Freunde Lange gleich nach Fröbel's
Tode. Und siehe, er war geboren; er stand fest der Anfechtung der
Zeit gegenüber. Diese Anfechtung drängte auch ihn mehr oder weniger
aus seiner Sphäre positiver Wirksamkeit heraus. Er war kein Mann der
Kritik und Polemik und litt durch die immer lauter werdenden Angriffe
mehr, als er selbst glaubte. In Salzungen trat er noch im Jahr 1852
offen gegen die einseitigen Vertheidiger des „Positiven" auf. „Auch ich",
schrieb er, „sehe ja ein Positives. Dieses Positive offenbart sich im geistigen Gefühle als ein der Seele Angehöriges und somit als Gegenstand
des Glaubens. Der Glaube nun erschaut das Unendliche als das Sein
überhaupt, aus welchem Alles hervorgeht, das da ist, war und sein
wird, das unendliche Sein, aus welchem unser Geist entquollen ist. Der
Glaube ist die Empfänglichkeit für den Geist der Schöpfung; der Glaube
erkennt die unmittelbare Anschauung, ohne das Sein vor allem Sein in
Begriffen erfassen zu wollen und hält mit unwandelbarer Ueberzeugung
fest an dem Unendlichen, das auch dem Ich sich offenbart und demselben
als das Urbild des Wahren, Rechten und Guten erscheint. Aber die da
wollen den Geist des Christenthums in crystallisirte Formen zwängen!
Was würde der Heiland selbst zu solchem Positiven gesagt haben! —
Ich habe diesen Kampf nicht für mich herausgefordert; aber ich will ihn
weder scheuen, noch umgehen. Ich sehe wohl, es gilt jetzt einen weit
schwereren Streit, als den von 1813"

Der edle Mann sollte bald nachher vom Kampfplatz zum ewigen
Frieden eingehen. Ein Nervenschlag hatte seine Augen im November
1853 für immer geschlossen.

Vincenz Eduard Milde.
Geboren den 17. Mai 1777, gestorben den 14. März 1853.

> Motto: „Der fehlerhafte Zustand des Zöglings fällt dem
> Erzieher zur Last, in so fern derselbe eine oder mehrere
> Anlagen des Zöglings verwahrloset oder zweckwidrig gebil-
> det hat, in so fern er die äußern Umstände, welche nach-
> theilig auf den Zögling wirken, vorher sehen, abhalten
> oder verändern konnte, und endlich in so fern er selbst et-
> was gethan hat, wodurch eine fehlerhafte Richtung der
> Selbstthätigkeit des Zöglings veranlaßt wurde, oder zu
> thun unterlassen hat, was den freien Entschluß hätte
> wecken oder stärken können.   Milde.

Vinc. Eduard Milde, geboren zu Brünn, vollendete die Gymnasialstudien in seiner Vaterstadt, die philosophischen zu Wien und später in

41 *

Olmütz. Seine vorzüglichsten Leistungen in der Physik und Mathematik bewogen den damals in Mähren und Schlesien kommandirenden General, Marquis von Botta, zu deren Aufforderung, sich um die Professur dieser Gegenstände an der Wiener Ingenieur-Akademie zu bewerben, indem er ihm dazu seine thatkräftige Unterstützung zusicherte. Aber Milde's Beruf zum geistlichen Stande war in seiner Seele zu deutlich ausgesprochen, als daß ihn selbst der Unwille seines Stiefvaters von dem Entschlusse, Priester zu werden, hätte abbringen können. Kränklich und ohne eine andere Empfehlung, als die seine Schulzeugnisse ihm gewährten, wendet sich der gottvertrauende Jüngling nach Wien und bittet um Aufnahme in das Alumnat. Sein Vertrauen sollte nicht getäuscht werden; er erhält sie, obwohl kein Stiftungsplatz erledigt war. Nun begann für ihn die Zeit des Ringens nach vollendeter Ausbildung in seinem Berufe. Vier Jahre hörte er die Vorlesungen Jahn's, und mit solchem Erfolge, daß er bereits 1798 Korrepetitor der Lehrkanzel für orientalische Sprache wurde. Aber auch seine ohnehin schwächliche Gesundheit litt unter dem Einflusse einer so angestrengten geistigen Thätigkeit, und hat sich im Laufe seines langen Lebens nie so weit gekräftigt, daß sie dem unermüdlich strebenden Geiste das Gleichgewicht halten konnte. Im Jahre 1800 zum Priester geweiht, wurde Milde Kurat bei der Pfarre am Hof, 1802 Katechet an der Normalhauptschule zu St. Anna und beim k. k. Civil-Mädchenpensionat; 1804 Religionslehrer an der Real-Akademie, welche vor Errichtung des polytechnischen Institutes mit der St. Anna-Schule vereinigt war. Das Jahr 1805 bezeichnet den Anfangspunkt einer segensreichen Thätigkeit; er wurde Professor der Erziehungskunde an der Wiener Universität und blieb es bis 1810. Seine zerrüttete Gesundheit bewog ihn in diesem Jahre, um Enthebung von seinem Lehramte anzusuchen und sich als Pfarrer nach Wolfpassing zurückzuziehen, von wo er später als Stadtpfarrer nach Krems versetzt wurde. Die Frucht seiner größern Muße war das berühmte Lehrbuch der Erziehungskunde (1. Aufl., Wien 1811—13, 2 Bde.; 2. Aufl. 1829, 3. Aufl. 1843; ein Auszug hievon erschien im Jahre 1821), welches bereits 1814 für alle Lehrkanzeln der Pädagogik der österreichischen Monarchie als Vorlesebuch vorgeschrieben wurde. Die erfahrensten Männer in diesem Fache im In- und Auslande anerkannten die Brauchbarkeit dieses Leitfadens, welcher sich durch Klarheit und umfassende Uebersichtlichkeit auszeichnet. Ohne Vorliebe für ein modernes Erziehungssystem, woran gerade die tüchtigsten Werke dieser Art laboriren, weist Milde im Gegentheil den Erzieher an, mit der Jugend und ihren Fähigkeiten nur die einfachsten Experimente vorzunehmen und vor allem die unverrückbaren Pfeiler der menschlichen Gesittung: Religion und Liebe zum Vaterlande wie zur Familie im jugendlichen Gemüthe zu befestigen. Sein Monarch wurde aufmerksam auf den tüchtigen Denker und ernannte ihn durch ein Motuproprio zum Ehrendomherrn bei St. Stephan und Konsistorialrath beim Bisthum St. Pölten. Im Jahre 1823 den 16. Mai wurde Milde Bischof zu Leitmeritz, und auf den Wunsch der Kaiserin Karoline am 14. Februar 1831 Fürst-Erzbischof zu Wien. Als die hohen adeligen Herrn es übel nehmen, daß ein bürgerlicher vom Kaiser als Erzbischof (statt des verstorbenen Erzbischof Grafen von Hohenwart) ernannt worden, *) fragte der Kaiser diese Herren: ob sie Apostel machen könnten? Sie verneinten dieses. Er sprach: Ich auch nicht. — Hierauf sprach Kai-

---

*) Sie nannten den Milde einen Herrn von Pappenheim, weil dessen Bruder Buchbinder in Wien war.

ser Franz, „dieß aber werdet Ihr nicht in Abrede stellen, daß ich Fürsten creiren könne!" Sie verneigten sich submissest. Da sprach der Kaiser: Nun wißt, dieser Milde ist ein Apostel, und ich habe ihn zum Fürsten erhoben — zum Fürst-Erzbischof von Wien — was sagt Ihr hiezu? Sie beugten sich alle tief!!! Sein ganzes Leben zeigt das Bild eines Charakters, der in den schwersten Prüfungen seiner Ueberzeugung treu, durch Gottvertrauen und Frömmigkeit zum Muster, durch Unterstützung und Förderung alles Guten und Nützlichen zum erhebenden Beispiele geworden ist.

Herrmann Joseph Mitterer.
Geboren den 8. Oktober 1764, gestorben den 28. April 1829.

Mitterer war eines Krämers Sohn von Osterhofen und wurde von seinen Eltern sorgfältig und christlich erzogen. Da sie an ihm sehr gute Geistesanlagen und Lust zum Lernen gewahrten, ließen sie ihn nicht nur in Elementargegenständen, sondern auch in Kunstfächern unterrichten, unter andern im Singen. Im Jahr 1771 kam derselbe als Singknabe nach dem Kloster Fernbach am Inn, hatte aber im Jahr 1772 das Unglück durch den Tod seine Mutter und bald nachher 1776 auch seinen Vater zu verlieren. Ein Klostergeistlicher erbarmte sich seiner, als eines armen und verlassenen Waisen und sandte ihn mit Empfehlungen nach Passau, um dort seine Studien weiter fortzusetzen. Es gelang ihm hier, bei einem angesehenen Bürger einige Unterstützung zu erhalten. Im September des Jahres 1782 kam er nach München, wo er wieder mit Wohlthaten von mehreren dortigen Bürgern unterstützt wurde. Uebrigens mußte er sich seinen Unterhalt größtentheils durch Privatunterricht erwerben, und er setzte dabei seine Studien und Ausbildung in Kunstfächern bis zur Theologie fort. — Hier blickte er auf seine bisher durchwanderte Studienbahn zurück und bemerkte, daß er mit Lust und Vorliebe die besten Fortschritte in der Mathematik, Physik, in der Zeichnungs- und Malerkunst gemacht habe; er fühlte sich daher mehr für das Kunstfach berufen und widmete sich ganz dem Zeichnen, der Architektur und Technik. — Unterm 26. Mai 1791 erhielt er die Zeichnungslehrer-Stelle am Gymnasium. Schon damals hatte er mit vielen Mühseligkeiten zu kämpfen, die damals schon seine Gesundheit zerrütteten und ihm mehrere Krankheiten zuzogen. — Ueberzeugt wie wichtig die Zeichnungskunst für technische Arbeiter sei, erlaubte er mehreren lernbegierigen Handwerksgesellen und Burschen an Sonn- und Feiertagen auf sein Zimmer zu kommen, um ihnen hierin den nöthigen Unterricht zu ertheilen. Er legte hierauf dem geheimen Schulkuratel einen Plan einer ordentlichen Feiertagszeichnungsschule für Künstler und Handwerker vor, um seine bestgemeinte Absicht um so nachdrücklicher bei der damaligen hohen Landschaft unterstützen zu können und erhielt die Genehmigung dazu am 26 März 1792. — Im folgenden Jahre 1793 eröffnete Professor Kefer, sein innigster Freund in München die erste Feiertagsschule für Gesellen und Handwerkslehrlinge in Elementargegenständen und lud Mitterer ein, seine feiertägliche Zeichnungsschule mit seiner Elementarschule zu vereinbaren. Bisher bezog Mitterer für seine Bemühungen immer nur eine Remuneration von jährlichen 50 fl., ihm wurde sodann eine Zulage von 100 fl zu Theil. Unterm 20. Januar 1803 erhielt er eine weitere Zulage von 200 fl. und 50 fl. jährliche Gratification für einen Gehülfen. Die Zahl der in dem neuen Schulgebäude versammelten Schüler belief sich nun bald über 1000. — Für so eine Schülermenge fehlte es nun an zweckmäßigen Zeichnungs-

Vorlagen für Künstler und Handwerker und Mitterer machte sich anheischig, die nöthigen Zeichnungsmuster in Vorlagen nicht nur für die Zeichnungsschule, sondern für alle Kunstschulen im ganzen Reiche zu bearbeiten, wenn das königl. Generalcommissariat zu diesem Zwecke das Arcanum der Lithographie zur Schule ankaufen würde, welches Gesuch der unvergeßliche verdienstvolle Schulrath Steiner unterstützte und vermittelte. — Nun öffnete sich für den hochverdienten Mitterer ein weites Feld zur Bearbeitung; es war noch sehr wenig kultivirt, denn die Lithographie, wie sie damals aus den Händen ihrer Erfinder kam, war noch in ihrer Kindheit. Mitterer gelang es erst nach langem rastlosen Bemühen und vielen Experimenten für obige Zeichnungsrequisiten die Ingredienzien nach einem bestimmten Maße, nach Zahl und Gewicht zu bestimmen und gehörig zu mischen, so daß damit auch Baupläne und freie Handzeichnungen auf Stein gebracht und davon rein abgedruckt werden konnten. Er ruhte nicht, bis er die Lithographie zu einem so hohen Grade der Vollkommenheit brachte, daß man damit alle Kunstartikel der technischen und freien Handzeichnung, ja selbst Porträts auf Stein zeichnen und davon meisterliche Abdrücke machen konnte. Mit zahllosen Hindernissen, theils chemischen, theils mechanischen, hatte er zu kämpfen; allein er besiegte sie alle und hat sich dadurch unsterbliche Verdienste um die Lithographie erworben. Er begründete dadurch die nun durch ganz Europa rühmlichst bekannte erste lithographische Kunstanstalt an der männlichen Feiertagsschule zu München. Ein Schlagfluß beschloß im 63. Jahre seines gemeinnützigen Wirkens seine irdische Laufbahn.

Montaigne (Michael Eyquem de).

Geboren den 28. Februar 1533, gestorben den 13. September 1592.

Motto: „Ich habe von meiner Amme mehr gelernt, als von allen meinen Lehrern."   Montaigne.

Montaigne, einer der geistreichsten französischen Schriftsteller, wurde auf dem Schlosse Montagne in Perigord geboren. Wie über sein ganzes Leben, so hat er auch über seine Erziehung die interessantesten Nachrichten mitgetheilt. Sein Vater hatte eigenthümliche und gesunde Ansichten. Von der Unzweckmäßigkeit der beim Unterrichte fremder Sprachen allgemein befolgten Methode überzeugt, übergab er seinen Sohn, bevor dieser noch angefangen hatte zu sprechen, einem deutschen Hofmeister, der, des Französischen unkundig, mit dem Kinde nur lateinisch sprach. Montaigne erlernte auf diese Weise die lateinische Sprache, wie er selber sagt, „ohne Kunst, ohne Buch, ohne Stock und ohne Thränen", und Muretus gestand, daß er den sechsjährigen Knaben anzureden fürchte. Auch das Griechische und Französische erlernte er mit derselben Leichtigkeit und auf ähnliche Weise. In seinem 10. Jahre kam er auf das Collegium zu Bordeaux, wo N. Grouchi, G. Buchanan und M. A. Muret seine Lehrer waren, und mit 13 Jahren hatte er seine Schulstudien beendigt. Sein Vater hatte ihn für ein richterliches Amt bestimmt, und Montaigne arbeitete nun darauf hin. Nachmals verheirathete er sich mit Françoise de la Chassaigne, der Tochter eines Parlamentsrathes zu Bordeaux, bekleidete eine Zeit lang ein ähnliches Amt, legte es aber aus Abneigung vor Geschäften bald nieder, indem er es vorzog, in würdiger Muße sich und seiner Ausbildung zu leben und den Menschen zu studiren. Er ging auf Reisen, besuchte Deutschland, die Schweiz, Italien, und wurde überall mit Auszeichnung aufgenommen. Nach Ablauf seiner Verwaltung (1582) ward er von seinen Mitbürgern in Angelegenheiten der Stadt an den

Hof geschickt, und 1588 befand er sich noch unter den zu Blois versammelten Ständen, dann aber zog er sich von allen öffentlichen Angelegenheiten zurück, und als das Nachlassen der 1586 in Guienne ausgebrochenen Pest ihm die Rückkehr in sein Vaterland gestattete, ging er auf sein Schloß, welches in dem Bürgerkriege von den Liguisten geplündert worden war, während Montaigne selbst von deren Gegnern verfolgt wurde. In der letzten Zeit seines Lebens litt er viel durch ein heftiges Stein- und Nierenübel, starb aber mit der Ruhe eines Weisen. Die ersten zwei Bücher seiner „Essais" gab er schon 1580 zu Bordeaux heraus, die erste vollständige Originalausgabe aber erschien zu Paris 1795 in Folio. Von den unzähligen neuern Ausgaben sind die von Coste (5 Bde., Haag 1727, 12.), E. Johanneau (5 Bde., Paris 1818.), und Victor Leclerc (Paris 1829) die besten, die beste deutsche Uebersetzung besorgte Bode: „Montaigne's Gedanken und Meinungen" (6 Bde., Berl. 1793). Da Montaigne in seinem „Essais" nichts geschildert hat, als sich selbst, oder doch alle Dinge in Bezug auf sich selbst, so bilden sie eine Art psychologischer Memoiren, und es gibt vielleicht keinen Schriftsteller, von dessen Gesammtcharakter die Nachwelt ein treueres Bild besäße als von Montaigne. Er war das erste Glied in der langen Kette von Denkern, welche die freie Prüfung dem Autoritätsglauben entgegengesetzt haben. Viele seiner Ideen über Erziehung, Gesetzgebung, Rechtsverwaltung u. s. w. sind erst in der neuern Zeit zur Ausführung gekommen. Seine politische und religiöse Indifferenz erklärt sich aus seiner Lage, und seine Geringschätzung der speculativen Philosophie aus den damaligen Zuständen. Mit gelehrter Bildung vertraut, reich an Welt- und Menschenkenntniß, genial unbefangen, las Montaigne die Alten, den aus ihnen zusammengelesenen Stoff beurtheilte er vorurtheilslos und mit eigenthümlicher Selbstständigkeit; eine naive Eigenliebe, die thatsächlich, nie wörtlich eingestanden wird, ließ Montaigne Alles auf sich beziehen, und so ergaben sich eine Reihe fruchtbarer Folgerungen und Belehrungen, in denen oft ein tiefer Sinn liegt; mit üppiger Laune werden die widersprechendsten Meinungen aufgestellt; besprochen und wieder verlassen; nichts wird geleugnet, Alles in Zweifel gestellt, und dabei doch immer der praktische Gesichtspunkt festgehalten. Die natürliche, vertrauliche Sprache überrascht durch Reichthum, kernige Kraft und ansprechende Lebendigkeit. Der Styl scheint nachlässig, aber diese verführerische Nachlässigkeit ist nichts weniger als eine Folge gemeiner Hingebung des rethorischen Ausdrucks an den Zufall; es ist die zarteste Grazie des Styls von strenger Selbstkritik begleitet. Die französische Prosa verdankt ihm unendlich viel. Sonst ist seine Darstellung ungezwungen, er selbst sagt: „qu'elle ne va qu'à sauts et gambades." Man kann die „Essais" weniger ein Buch nennen, als eine Unterhaltung eines geistreichen Mannes mit dem größern Publicum. Wie nicht zu erwarten, hat ein Mann, wie Montaigne, der von sich sagt: „je suis tantôt sage, tantôt libertin, tantôt vrai, tantôt menteur, chaste, impudique, puis prodigue, libéral et avare et tout cela selon quo je me vire," auch Gegner gefunden. Wenn sie ihm Mangel an eigentlich religiösem Sinne und eine zum Epicureismus sich hinneigende Moral zum Vorwurf machen, so läßt sich dieses nicht leugnen. Da aber diese Richtungen, welche Montaigne genommen, in den Verhältnissen seiner Zeit waren, so sind sie hierdurch größtentheils entschuldigt. Cardinal du Perron nannte die „Essais" das Brevier aller verständigen Leute, und seinem Urtheile werden auch kommende Jahrhunderte noch beistimmen.

Michael Morgenbeffer.

Geboren den 19. Juni 1782, geſtorben den 16. Juni 1841.

Morgenbeſſer wurde zu Breslau geboren. Sein Vater war Joh.
Gottfr. Morgenbeſſer, Arzt und Profeſſor der Anatomie; ſeine Mutter
Juliane Charlotte, geb. Goſchky. Beide Eltern unterließen nichts, was
dieſen Sohn, ſo wie deſſen drei ältere und vier jüngere Geſchwiſter, zur
Brauchbarkeit für das Leben bilden konnte. Ihrer Pflege und aufopfernder Liebe verdankt er die Erhaltung ſeines Lebens, welches theils durch
Schwächlichkeit in den erſten Jahren, theils durch die Pocken, theils durch
ein bösartiges Scharlachfieber ſehr ernſt bedroht wurde. Zugleich aber
erkannte er während dieſer Krankheiten ſo klar die Spur einer auch über
ihn waltenden Hand Gottes, daß auch ſpäterhin dieſe Erfahrungen ihm
zur Stütze ſeines Glaubens gedient haben. Die im elterlichen Hauſe
herrſchende Gottesfurcht ohne Frömmelei, verbunden mit ſeinen Erfahrungen, wozu beſonders zwei Todesfälle unter ſeinen Geſchwiſtern gehörten, begründeten in ihm eine vernünftige und lebendige Gottesfurcht und
machten ihn aller Scheinfrömmigkeit feind. Die erſte öffentliche Schul-
Anſtalt, welche er beſuchte, war die mit dem damaligen königl. Seminar
für Stadtſchullehrer verbundene Schule unter Leitung des würdigen
Gedike. Nachdem er nachher noch einige Jahre mit ſeinen Geſchwiſtern
Privatunterricht genoſſen, wurde er im Auguſt 1794 in die vierte Klaſſe
des Eliſabethaneums aufgenommen. Hier zog ihn der Unterricht David's,
Eßler's und Schneider's in den mittleren Klaſſen vorzüglich an. Damals
wollte er die Baukunſt erlernen. Doch dieſer Gedanke änderte ſich plötzlich, als er aus Tertia nach Secunda verſetzt werden ſollte. Der erhaltene Konfirmationsunterricht war ſo zelotiſch und polemiſch geweſen, daß
er die ſtrengſte, damals geltende Orthodoxie hervorbringen ſollte; aber
zugleich war er ſo wenig begründet, daß dadurch in dem reifenden Nachdenken gerade die Luſt zur eigenen Prüfung rege wurde. Dieſes Verlangen nach gründlicher Einſicht in die chriſtliche Wahrheit wurde jetzt
unüberwindlich und daher änderte ſich der Vorſatz des Jünglings, die
Baukunſt zu erlernen, zu großem Staunen der Seinigen, aber doch ſehr
erklärlich, auf einmal in den feſten Entſchluß um, Theologie zu ſtudiren.
Neben der Theologie war es Mathematik und deren Anwendung auf die
Phyſik, die ihn vorzüglich anſprachen. Letztere wurde jedoch auf dem
Gymnaſium nicht zweckmäßig betrieben; dagegen gewährte Nickel's gründlicher Unterricht in Secunda und Scheibel's Unterricht in Prima ſo viel,
daß Morgenbeſſer ſpäterhin durch Selbſtſtudium ſich fortbilden konnte.
Mehr Nahrung fand ſeine Wißbegierde in den zur Theologie vorbereitenden Fächern. Beſonders nützlich wurde ihm Fülleborn's Unterricht, der
nicht bloß Kenntniſſe mittheilte, ſondern auch arbeiten lehrte und Denken,
ſo wie Anordnung und Ausdruck der Gedanken auf mancherlei Weiſe
übte. So kam das Jahr 1801 herbei, in welchem Morgenbeſſer zu
Michaelis die Univerſität in Halle bezog. Während ſeines Aufenthaltes
in Halle ward die neue Leipziger Bürgerſchule unter Gedike gegründet.
Ein in Halle unter Manitius entſtandenes Privatinſtitut für Elementar-
Unterricht gab ihm zum Privatunterricht Gelegenheit, ließ ihn aber auch
bald am Unterrichten ſo viel Vergnügen finden, daß das Studium der
Pädagogik in den Kreis ſeiner wiſſenſchaftlichen Beſchäftigung eintrat.
Daß er dabei die Theologie nicht vernachläſſigte, erhellet daraus, daß er
einmal den erſten Preis für eine theologiſche Abhandlung als Mitglied
des theologiſchen Seminars davon trug. — Seine Mutter war ſchon 1802
geſtorben; 1804 im Februar ſtarb auch ſein Vater. Er kehrte nun im

Jahre.1804 nach Breslau zurück. Hier fand er durch Privatunterricht
in angesehenen Häusern und in zwei Privatlehranstalten sein Auskommen;
damit ward aber auch seine Zeit so sehr in Anspruch genommen, daß er
sich in einem Hauptfache fortzubilden nicht im Stande war, indem der
verschiedenartige Unterricht seine Studien sehr zersplitterte. Eben sollte
er im Jahre 1806 Generalsubstitut in Breslau werden, als ihm zu derselben Zeit die Prorektorstelle an der Stadtschule zu Glogau unter der
Bedingung einer Probelektion angetragen wurde. Wie damals die Schule
in Glogau beschaffen war, konnte er diese Stelle immer nur als Durch-
gangsstelle ansehen. Aus Liebe für das Schulwesen begab er sich dahin
und ward nach dem günstigen Erfolg der Probelektion Schullehrer. Der
bald darauf eintretende Abgang des Rektors Gründler als Pastor nach
Quarz verschaffte ihm 1807 das Rektorat. Diesem stand Morgenbeffer
vor bis zum Jahr 1811, in welchem er die Rektorats-Stelle an der
Bürgerschule zum heiligen Geist in Breslau erhielt. Was ihn bewog,
dieses geringere Amt, in welchem er am 3. Oktober 1836 sein 25jähri-
ges Amtsjubiläum als Rektor feiern zu können die Freude hatte, anzunehmen war theils der Wunsch, in seine Vaterstadt zurückzukehren, theils
anderweitige Verhältnisse. Mit seinem genannten Amte war auch das eines Bibliothekars zu St. Bernhardin verbunden und dieses war es, was
auch zum Studium der Geschichte Schlesiens ihn veranlaßte und ihm
dasselbe möglich machte. — Von 1826 an war er 6 Jahre hindurch Mitglied der städtischen Schulendeputation und arbeitete in dieser Zeit mit
an der gegenwärtigen Einrichtung der Wilhelmsschule, so wie an einem
Plane zu einer höhern Bürgerschule, zu der er einen selbstständigen Entwurf dem damaligen Oberbürgermeister Baron von Kospoth vorgelegt
hatte, auf welchen der im Namen der Schulendeputation ausgefertigte
Plan nachher gegründet wurde. Er konnte sich eine solche Schule stets
nur als eine allgemeine Bildungsanstalt vorstellen und nie sich mit der
Idee befreunden, sie bloß zu einer Art Gewerbeschule oder zu einem polytechnischen Institute zu machen, weil dabei ein großer Theil der Bildung bedürftigen Jugend unbefriedigt gelassen werden muß. Indeß ist
der von ihm entworfene Plan nicht zur Ausführung gekommen. Seine
Schriften sind:

Was läßt sich von unserer Schule verlangen und was leistet sie? Ein Progr. ꝛc.
Glogau, 1808 — Einige Nachrichten über die Glogauische evang.-luth. Schule aus
dem Zeitraume von 1807—1709. Progr. Ebendf. 1809. — Geschichte der evang.-
luth. Schule zu Groß-Glogau. Ebdf. 1809. (Die vorige Schrift in erweiterter
Form). — Progr. zu Mich.-Prüf. 1810 Enth. Nachrichten von den Ostern 1810
getroff. Veränd., besond. v. der Klassenvermehrung u. dgl. Das letzte Progr. von M.
erschien Ostern 1811, welches e. Fortf. dieser Nachrichten enthält. — Geschichte des
Hospitals u. der Schule zum heil. Geiste, so wie auch der Bibliothek zu St. Bernhardin zu Breslau, zum Andenken der 600jähr. Dauer des Hosp., Bresl 1814. — Biblische Geschichten aus dem alten und neuen Testamente. Ebdf. 1815. 16. Aufl. Ebdf.
1836 — Anweisung für Volksschullehrer zum richtigen Gebrauch und zum Verständ-
niffe meiner Bearbeitung der bibl. Geschichten. Ebdf. 1817. 2. Aufl. 1822. — Schul-
gesänge zum Gebrauche für Volksschulen gesammelt. Ebdf. 1720. 3. verm. Aufl.
Ebdf 1836. — Geschichte der christl. Kirche. Für gebildete Christen. 2 Thle. Ebdf.
1824. — Schlesischer Kinderfreund, ein Lese- und Lehrbuch. 1. Th. Ebdf. 1826.
2. Th. 1827. (1. Th 1834 in der 5. Aufl. Ebdf. 1836. — Geschichte Schlesiens.
Ein Handbuch. Ebdf. 1829. 2. verb. Aufl. Ebdf. 1833. (Mit einem Vorwort von
K. A. Menzel). — Darstellung des gegenwärtigen Zustandes der Bürgerschule zum
heil. Geiste. Progr. Ebdf 1829. — Breslau und seine Merkwürdigkeiten. Ebdf.
1831. — Wandfibel in 13 Tafeln. Ebdf. 1834. — Bemerkungen über das Verhältniß der Bürgerschule zum heil. Geiste zu unseren Gymnasien. Progr. Ebdf. 1835. —
Aufgaben zur Erlernung und Uebung der im bürgerl. Leben vorkommenden Rechnungs-

arten. Ebbſ. 1833. 3 Hefte, wovon das 1te 1835, e. 2te 1837, e. 3te und das
2te 1837 e. 2te Aufl. erhalten hat. (M. hat hierbei nur die Anordnung übernommen,
nicht die Ausarbeitung, welche einige ſeiner Kollegen ausgeführt haben; M.'s Name ſteht
unter der Vorrede). — Geſchichte Schleſiens. Ein Leitfaden für Schüler. Ebbſ. 1836.
2. Aufl. 1837. 3. Aufl. 1839. — Geſchichte der evangel. Haupt = und Pfarrkirche
zu St. Bernhardin in Breslau. Ebbſ 1838. — Einen Nachtrag zu der von ihm
1814 herausgegebenen Geſchichte der Bibl. zu St. Bernhardin lieferte er im 108 Bde.
(Juli 1838) S. 53—55 der Schleſ. Prov.=Bl., die ihm mehrere intereſſante Beiträge
verdankten.

Karl Philipp Moritz.

Geboren den 15. September 1757, geſtorben den 26. Juni 1793.

Derſelbe iſt geboren zu Hameln, von ganz armen Eltern, erlernte
in ſeinem 12ten Jahre die Hutmacher-Profeſſion in Braunſchweig; allein
Neigung beſtimmte ihn zu ſtudiren, und ſo ſtudirte er in ſeinem 14ten Lebensjahre in Hannover. dann zwei Jahre in Wittenberg Theologie, dabei
von Unterſtützungen lebend, die er von Barby aus von der Brüdergemeinde der Herrnhuter, zu welcher ihn ſeine Schwärmerei getrieben hatte,
erhielt. Baſedow berief ihn an ſein Inſtitut in Deſſau. Aber hier
gefiel es ihm nicht: nach kurzem Aufenthalte in Philanthropin, das nicht
Phantaſiegebilde und Schwärmerei, ſondern Verſtändigkeit und Wirklichkeit provocirte, wurde Moritz Lehrer im Waiſenhauſe in Potsdam, darauf,
in der drückendſten Dürftigkeit, wurde er durch Teller's und Büſching's
Fürverwendungen Conrector am Gymnaſium zum grauen Kloſter; 1782
kehrte Moritz nach England, aber bald wieder zurück und ward
1783 Conrector der kölniſchen Schule in Berlin, Magiſter der Philoſophie und 1784 außerordentlicher Profeſſor am berlin. und köln. Gymnaſium in Berlin. Aber nicht lange bekleidete Moritz dieſe Stelle. Mit
guten Freunden unternahm er eine Reiſe nach der Schweiz, welche aber
nur theilweiſe vollführt wurde. Auf dem Rückwege gab er ſich den ſon-
derbarſten Verirrungen hin, und hätte faſt die Rolle eines verliebten
Werthers bis vollaus durchgeführt, wenn nicht 1786 eine Reiſe nach Italien in ſeinem Geiſte andere Richtungen angebahnt hätte. Hier nahm
ſich Göthe des verirrten Mannes an, empfahl ihn, als Moritz heim-
kehrte, dem Herzoge von Weimar, welcher wiederum ihn der Akademie
in Berlin empfahl, an der Moritz 1789 Profeſſor der bildenden Künſte
und Mitglied der Akademie der Wiſſenſchaften wurde, imgleichen Profeſſor der Theorie der ſchönen Künſte und Alterthumskunde. Noch ſtieg
er höher, noch vermehrten ſich ſeine Titel: denn 1781 wurde Moritz
Hofrath und Profeſſor des deutſchen Styls an der Artillerie=Akademie,
und † nach einem Leben ſo eitel, ſo unſtät wie flüchtig, in einer unglücklichen Ehe, jung von Jahren, aber ſchon abgelebt, im 36ſten Lebensjahre. Moritz beſchrieb ſein Leben in den Romanen: „Anton Reiſer.“
Berlin, 1785—90. 5ter Band von Kliſching. Berlin, 1794 und
„Andreas Hartknopf“ Berlin, 1786.

Moritz war, wie Göthe von ihm ſagt, ein ſonderbar guter Menſch,
er wäre viel weiter gekommen, wenn er von Zeit zu Zeit Perſonen gefunden hätte, fähig und liebevoll genug, ihn über ſeinen Zuſtand aufzuklären. Dies war auch der Grund, warum er in ſeinem Leben nie mit
ſich zur Einheit gelangen konnte, ihm ſtets eine klare Weltanſchauung,
eine rechte Lebensſtellung abging. Baron Hörwart ſagt von Moritz:
Er war ein roher Demant, wer ihn nicht kannte, ging an ihm kalt vorüber. Moritz konnte es wohl ertragen: große Eigenſchaften und hohe
Verdienſte neben und über ſich zu ſehen, was einen Beweis für ſeine

Gutmüthigkeit abgibt, aber seiner Sinnlichkeit und kleinlichen Eitelkeit
wünschte er allzusehr möglichste Befriedigung, was aber nicht geschehen
konnte, weßhalb Moritz im beständigen Kampfe mit sich und der Welt
lag. Er war unbestritten ein Mann von hoher Begabung, aber doch
überragte die Phantasie die übrigen Seelenkräfte, ohne daß er über jene
eine männliche Herrschaft zu üben vermochte. Moritz konnte sich selber
nicht vergessen oder verleugnen, was aber unbedingt geschehen muß, wenn
man in sich und außer sich etwas Großes zu Stande bringen will. Auch
müssen die sittlichen Gesichtspunkte die ersten und einzigen bei einer pädagogischen Würdigung abgeben, und da müssen wir steif und fest behaupten: Moritz war ein sittlicher Charakter, würdig in der
Reihe großer Pädagogen der Vergangenheit zu stehen und mit Ehren genannt zu werden, werth: die Erinnerung an ihn neu zu beleben und ihm
in vieler Hinsicht nachzueifern, dabei zu wecken das Edle und das Reine —
„tief unter uns sei das Gemeine!“ In dieser Rücksicht hat Dr. Ludwig
Wachler Moritz unvergleichlich kurz, treffend und erhaben geschildert,
wenn er sagt: „C. Ph. Moritz, nicht ohne Verdienst um sittliche Pädagogik und weit mehr um philosophische Bearbeitung der deutschen Sprache,
vielthätiger Schriftsteller, dessen Reisen und ästhetische Betrachtungen
häufig gelesen wurden, war ein sich selbst räthselhafter, mit ungeregelt
fruchtbarer Phantasie und mit oft hellem Scharfblicke ausgestatteter Sonderling, der seine Lebensverwandschaft in einem philosophischen und psychologischen Gemälde darstellte, und in mehreren planlosen romantischen
Spielen mystisch allegorisirte, künstlerischer Reife und Besonnenheit erman-
gelnd, aber doch gehaltvolle Beobachtungen, bedeutsame Winke und
Schönheit der Sprache nicht dürftige Entschädigung gewährend!“

Obwohl nun Moritz kein gründlicher Gelehrter war, war er nichts
desto weniger ein sehr gewandter und nützlicher, dabei unbegreiflich fruchtbarer Schriftsteller. Das Verzeichniß seiner Schriften füllt wenigstens 7
Octavseiten. Man staunt darüber und das mit Recht, und noch mehr,
wenn man die Mannigfaltigkeit der Fächer erwähnt, in denen Moritz
schrieb. Er schrieb zuerst einige pädagogische Schriften, trat dann auf
als Romanschriftsteller, als politischer Journalist, Reisebeschreiber, Sprachforscher, Metriker, Dichter, Psycholog — überall in allen Fächern Geist
und Phantasie, wenn auch weniger gediegene Haltung offenbarend. Seine
pädagogischen Schriften fanden vielen Beifall, den Reisebeschreibungen
zollte man gerechte Würdigung, die Schriften über Alterthümer fand man
sehr interessant und belehrend wie nachahmenswerth die psychologischen
Werke, namentlich das Magazin über Erfahrungs-Seelenkunde: specielle
Beobachtungen über die Entwickelung der Menschennatur enthaltend, und
in der Geschichte der Pädagogik und pädagogischen Journalistik bis dahin
unerreichbar dastehend. Seine maurerischen Schriften verstand Moritz
mit „einem Firniß der mystischen Feierlichkeit zu überziehen.“ Sein Versuch einer deutschen Prosodie ist noch heute eine der wichtigsten, an neuen
Ansichten reichste Schrift, die wir hierüber besitzen. Vortheilhaft zeichnen
sich seine Vorlesungen über den deutschen Styl, sein deutscher Briefsteller,
sein grammatisches Wörterbuch der deutschen Sprache und andere Abhandlungen über deutsche Sprachkunde aus. Nicht minder geschätzt war
seine englische und italienische Sprachlehre für die Deutschen. Moritz
war ein philosophischer Bearbeiter der deutschen Sprache, in welcher Bearbeitung er sich an Adelung anschloß, ihn berichtigend, theils zu übertreffen versuchte. In der Theorie des Styls wie Lexigraphie wird Moritz fortwährend als ein glänzender Stern leuchten. Aber das größte
Verdienst hat Moritz sich durch Aufklärung und Popularisirung der psy-

chologischen Sprachstudien erworben, und beweisen diese Forschungen seinen höhern Beruf für diese Art geistiger Thätigkeit entschieden nach. So
ist z. B. seine „deutsche Sprachlehre in Briefen" an eine Dame, ein unvergleichlich treffliches Buch in seiner Art. Seine Autobiographie ist das
treueste Spiegelbild seiner selbst und für psychologische Forschungen und
unumwundene Darstellung geheimer Vorgänge eine Art Musterschrift, wohingegen der Grundcharakter seiner belletristischen Schriften, besonders
auch seiner Gedichte, eine Schwermuth, als Folge seiner leidenden Stimmungen und seiner vielfach drückenden Verhältnisse, erscheinen läßt.

· Doch, machen wir einige der wichtigsten Schriften von Moritz für
weitere Einsicht und Forschungen namhaft:

1. §. Magazin zur Erfahrungsseelenkunde, in vielen Stücken und Bänden. Berlin,
1783. 8. 2. § Anton Reiser; ein psychologischer Roman. Berlin, 1785. 8. 3 §.
Andreas Hartknopf; eine Allegorie. Berlin, 1786, 8. 4. §. Versuch einer deutschen
Prosodie. Berlin, 1786. u. Aufl. 1815. .5. §. Deutsche Sprachlehre. In Briefen. Berlin, 4. Aufl 1806. 6. Versuch einer kleinen praktischen Kinderlogik. Berlin, 1793. 7. 7. Anweisung zum Briefschreiben rc. Berlin, 1782. 8. 8 Von der
deutschen Rechtschreibung rc. Berlin, 1784. 8. 9. Fragmente auf dem Tagebuche eines
Geistersehers. Berlin, 1787. 10. Neues ABC-Buch, welches zugleich eine Anleitung
zum Denken für Kinder enthält. Mit Kupfern. Berlin, 1790 8. 11. Lesebuch für
Kinder, ein Pendant zu seinem ABC-Buche. Berlin, 1791. 8. 12. Grammatisches
Wörterbuch der deutschen Sprache. Berlin, 1893. gr. 8. 13. Mythologisches Wörterbuch für Schulen. Berlin, 1794. 8. 14. Vorlesungen über den deutschen Styl.
Berlin. In mehreren Auflagen.

Sam. Friedr. Nathanael Morus.
Geboren den 30. Nov. 1736, gestorben den 10. Nov. 1792.

Morus S. Fr. N., ein ausgezeichneter Theolog, geboren zu Lauban
in der Oberlausitz, erhielt auf der dortigen Stadtschule seine erste wissenschaftliche Bildung und bezog 1754 die Universität zu Leipzig. Nachdem
er sich daselbst habilitirt hatte, erhielt er 1768 eine außerordentliche Professur der Philosophie, ward 1871 ordentlicher Professor der griechischen
und lateinischen Sprache., und 1780 Ephorus der kurfürstlichen Stipendiaten zu Leipzig. In allen diesen Aemtern setzte er sein eigenes Studium mit unermüdlichem Eifer fort, so daß er 1782 beim Tode Ernesti's
eine Professur der Theologie übernehmen konnte, worauf er 1785 in die
dritte und 1786 in die zweite theologische Professur einrückte. — Es ist
schwer, die einzelnen Eigenschaften dieses so geistig ausgebildeten und in
seinen Verhältnissen als Mensch und Gelehrter so ausgezeichneten Mannes
in der Betrachtung zu sondern. Denn eben darin bestand sein Hauptvorzug, daß Alles ihm zu einem schönen moralischen Ganzen verbunden
war. Seine gründlichen Kenntnisse in den philosophischen und theologischen Wissenschaften waren nicht leicht erworben, noch weniger durch ein
ausgezeichnet glückliches Talent aufgefaßt, sondern die Frucht eines langen Fleißes und planmäßigen Studiums. Es lag in seiner geistigen
Anlage das Vermögen und die Neigung, sich durch gründliches Wissen,
sorgfältige Untersuchung und gründliche Prüfung ein Verdienst um die
Wissenschaften zu erwerben, nicht aber durch Aufstellung neuer und kühner
Gesichtspunkte oder durch lebhafte Vertheidigung gewagter Meinungen
sich auszeichnen. Außer seinen Ausgaben römischer und griechischer Classiker, wie des Isokrates, Xenophon, Plutarch, Antonin, Longin und Julius Cäsar sind besonders seine Uebersetzung des „Briefes Pauli an die
Römer" (Lpz. 1775), des „Briefes an die Hebräer" (Lpz. 1789, 2. Ausg.

1790, deutsch v. Schneider 1795) und die Sammlung seiner „Dissertationes theologicae et philologicae" (2 Bde. Hg. 1787—94, 2. Auflage 1798) zu erwähnen. Nach seinem Tode wurden seine „akademischen Vorlesungen über die christliche Moral", seine „Praelectiones in Jacobi et Petri epistolas" und „Praelectiones in evangelium Lucae", seine „Versio et explicatio actuum apostolicorum", „Recensiones in evang. Joannis", seine Hermenntica, seine „Erklärung der beiden Briefe Pauli an die Corinther", dann „des Briefes Pauli an die Römer und des Briefes Judä", seine „Nachgelassene Predigten" und noch etliche andere Schriften von verschiedenen Männern herausgegeben.

Hans Mich. Moscherosch.
Geboren den 5. März 1600, gestorben im Jahre 1669.

Moscherosch H. M., eigentlich Kalbskopf, einer der vorzüglichsten deutschen Schriftsteller des 17. Jahrhunderts, geboren zu Wilstedt in der Grafschaft Hanau-Lichtenberg (im Badischen), wo sein Vater Prediger war, studirte zu Straßburg, wurde 1624 Magister, 1626 Hauslehrer der jungen Grafen von Leiningen-Dachsburg, 1628 Amtmann bei dem Grafen v. Krichingen und 1636 Amtmann bei dem Herzoge Ernst Bogislaus von Croy zu Vistingen an der Saar, von wo er in Folge der Kriegsunruhen, nachdem er sein ganzes Eigenthum verloren hatte, nach Straßburg flüchtete. Darauf wurde er schwedischer Kriegsrath und später auch Sekretär und Fiskal zu Straßburg. Im Jahre 1656 vom Grafen Friedrich Kasimir von Hanau zu seinem Rath ernannt, erhielt er in Folge das Präsidium bei der Kanzlei, der Kammer und dem Consistorium zu Hanau und starb zu Worms. Moscherosch war seit 1645 Mitglied der fruchtbringenden Gesellschaft, in welcher er den Beinamen des Träumenden führte, und zu seiner Zeit ein sehr beliebter Schriftsteller unter dem Namen Philander von Sittenwalde war. Das Wichtigste, was wir von ihm haben, ist das satyrische Werk: „Wunderliche und wahrhafte Gesichte Philander's von Sittenwald, das ist, Strafschriften Hans Michael Moscherosch von Wilstedt, in welcher aller Welt Wehen, aller Menschen Händel, mit ihren natürlichen Farben der Eitelkeit, Gewalt, Heuchelei und Thorheit bekleidet, öffentlich auf die Schau geführt, als in einem Spiegel gestellt und gesehen werden u. s. w." (2 Bde. Straßb. 1650 und 1666—67.) Dasselbe enthält 14 Geschichten, die zuerst einzeln erschienen. Moscherosch hat zwar die Idee zu seinen Gesichten dem Spanier Quevedo zu danken, keineswegs aber denselben blos nachgeahmt. Man erkennt darin viel eigenthümliche Laune, Weltkenntniß, Gutherzigkeit und einen Geist der Satyre, der sich bald ernsthaft, bald komisch und burlesk äußert. Die Schreibart ist kernig und lebendig, wiewohl nicht frei von den Fehlern jener Zeit.

Franz Joseph Müller.
Geboren den 9. Dezember 1779, gestorben den 20. März 1827.

Franz Joseph Müller wurde zu Passau geboren. Mit Reichthümern waren seine Eltern nicht beglückt, hatten aber doch so viel, als sie zu ihrem Lebensunterhalte bedurften. Müllers Stiefvater (denn seinen leiblichen Vater hatte er schon in frühester Kindheit verloren) war ein Fleischer, welcher, obgleich nur ein schlichter Bürger, dennoch nichts verversäumte, um des Knaben geistige und leibliche Entwicklung nach Kräften zu fördern.

Mit Freuden besuchte der Knabe, als er das gehörige Alter erreicht hatte, die Schule, wo er sich durch seinen Fleiß und die ausgezeichneten Fortschritte ebenso, wie durch sein stilles eingezogenes Betragen die vollkommene Zufriedenheit seiner Lehrer erwarb. Nachdem er die erforderliche Zeit in der Elementarschule zugebracht hatte, kam er, mehr nach dem Willen seiner Eltern, als aus eigenem Antriebe, zu einem Gewürzhändler, um daselbst die Kaufmannschaft zu erlernen, welche größtentheils geistestödtende Beschäftigung ihm nicht zusagen wollte. Seine Eltern entschlossen sich nun, dem Drange des Sohnes und dem Rathe verständiger Männer, die das fruchtbare Talent des Knaben nicht übersahen, zu folgen und ihren Joseph an der lateinischen Schule studiren zu lassen. Nach kurzer Zeit hatte der kleine Student die Hindernisse überwunden, die ihm dadurch entgegentraten, daß ihm die gehörige Vorbereitung mangelte, und selbst Vieles, was er in der Elementarschule gelernt, von ihm wieder vergessen worden war, und bald befand er sich immer unter den Ersten seiner Klasse.

Mächtig wirkte auf Müller jene bewegte und unruhvolle Zeit der Umkehr, da beinahe ganz Europa sich zu Licht und Freiheit nach den damals herrschenden Begriffen hingezogen fühlte. Dadurch wurde auch sein strenger Geist angeregt, und je mehr einen Charakter der Großartigkeit und der Bezweckung des allgemeinen Wohles an sich trug, desto rascher wandte er ihm sein Gemüth zu. Sein einziges Streben ging dahin, recht bald der Menschheit mit seinen Kräften zu nützen. Mit solchen Gedanken und so aufgeregtem Geiste kam Müller als neunzehnjähriger Jüngling nach Salzburg. Männer, wie der Geschichtsforscher Müller, der Pädagoge Vierthaler, Stöger u. A. gaben dieser hohen Schule keinen geringen Glanz. Müller widmete sich vorerst dem Studium der allgemeinen Wissenschaften, Philosophie, Philologie, Geschichte 2c. und entschloß sich dann, die Rechtswissenschaft als Fachstudium zu wählen und zugleich aber auch seine pädagogischen Studien fortzusetzen. Allein die Nähe des Kriegsschauplatzes hießen ihn, ehe er seine akademische Laufbahn vollendet hatte, nach Passau zurückkehren und dort ruhig den Wissenschaften leben, bis die neu eröffnete Universität zu Landshut ihm Gelegenheit gab, die ihm noch fehlenden Vorlesungen zu besuchen und Manches zu wiederholen. Dann kehrte er wieder in seine Vaterstadt zurück.

Im Jahre 1802 wurde er außerordentlicher Professor an der höhern Studienanstalt zu Passau und hielt Vorträge über Polizei- und Staatswissenschaft. Zum Behufe seiner Vorlesungen über den letztern Gegenstand erschien im Jahre 1803 von ihm ein „Grundriß der Staatsklugheitslehre" im Drucke.

In demselben Jahre noch (1803) wurde Müller auf Veranlassung des damaligen Präsidenten zu Passau, des Freiherrn von Fraunberg, auf öffentliche Kosten in die Schweiz geschickt, um die damals neu begründete Pestalozzische Methode vom Meister selbst und in dessen Instituten kennen zu lernen, zu prüfen und dann auf den heimathlichen Boden zu verpflanzen. Die Resultate seiner Reise hatten so sehr entsprochen, daß er bald (1806) zum Unter-Schul-Commissär in Niederbayern ernannt und zudem in die Zahl der ordentl. öffentl. Professoren an dem Lyzeum zu Passau aufgenommen wurde. In diesem Amtskreise hatte er Vorlesungen über Philosophie, Pädagogik und Aesthetik zu halten, so wie griechische Classiker zu erklären, während ihm in jenem die Leitung des Schulwesens, die bessere Einrichtung der Schulen, die Einführung der tauglichsten Lehrmethode. u. dgl. in dem ihm angewiesenen Bezirke zustand.

Kaum war er zwei Jahre seinem doppelten Amte mit Eifer und Erfolg vorgestanden, als der bewährte Schulmann zum Kreisschulrathe nach Kempten, der Hauptstadt des damaligen Illerkreises, bestimmt wurde. Das Erste, was er für nothwendig erachtete, um den erwünschten Zweck zu erreichen, war die Sorge, solche Männer zu bilden, welche das schwere Werk der Jugenderziehung und des Unterrichts zu vollführen im Stande wären. Waren einmal tüchtige Lehrer da, so konnte man sicher gutes Gedeihen hoffen. Aber noch war die Zahl der Lehrer äußerst gering, und in keinem Verhältnisse zu den vielen Schulkindern; dazu kam aber noch, daß ein großer Theil Schullehrer so sehr von Vorurtheilen befangen war, daß die größte Kraftanstrengung nöthig war, um ihre beschränkten Ansichten zu erweitern und die irrigen zu widerlegen. Die Schulhäuser betreffend, so waren deren entweder gar keine an manchen Orten vorhanden oder sie waren so baufällig und ungeeignet, daß hier auch der beste Wille der Lehrer und Schüler nie das Gewünschte hätte befürchten können.

Deßhalb nun war Müllers erstes Geschäft, den Lehrern selbst jenen Geist mitzutheilen, ohne den kein Unterricht Früchte bringen konnte. Nicht durch viele Verordnungen und Schreibereien wollte er Lehrer bilden, sondern durch kurze gründliche Anweisung. So viel möglich verkündete er selbst die Vorschriften, welche zum Beßten der Schulen ertheilt wurden, belegte sie mit Gründen und mit Liebe befahl er die Befolgung an. Die Säumigen ermahnte er, wie und wo er konnte, die Fahrlässigen ließ er aber auch Worte der Strafe vernehmen. Vieles trug schon sein großer Ernst in Haltung, Miene und Geberde, sowie der edle Nachdruck seiner Rede dazu bei, daß das, was er sprach und wollte, auch geschah, und daß die Lehrer gerne thaten, was er ihnen anbefohlen. Sein Augenmerk war aber nicht blos auf die Beschaffenheit der Schulgebäude und auf gute Besetzung der Lehrerstellen u. dgl. gerichtet, sondern er suchte insbesondere den Charakter jedes einzelnen Lehrers kennen zu lernen. Bei jedem, auch dem geringsten Anlasse gab er Unterweisung über die Methode des Unterrichts, über Verbesserung derselben, über Erziehung insbesondere u. s. f.

Daß der Lehrer aber nicht Alles allein thun konnte, sah Müller wohl ein, ein vorzüglicher Mitarbeiter sollte ihm der Geistliche sein. Und wer hätte mehr zu einem solchen wechselseitigen Zusammenwirken beitragen können, als ein Mann, der durch seinen edlen tadellosen Charakter und durch seine zuvorkommende Leutseligkeit Aller Herzen gewann. Und' in der That gelang dieß auch dem Schulrathe Müller. Viele der vortrefflichsten Geistlichen des Illerkreises suchten seine Freundschaft, und nicht lange dauerte es, so wirkte der Schulrath durch die Priester mittelbar auf Lehrer und Schulen. Durch seine nähere Bekanntschaft mit den Pfarrern war ihm auch die Möglichkeit gegeben, aus diesen die Tüchtigsten zu Distrikts-Schul-Inspektoren auszuwählen.

Noch mehr sollte durch die Lehrerconferenzen für Erziehung und Unterricht geschehen. Die Lehrer eines Bezirks kamen unter der Leitung des Distrikts-Inspektors zusammen und suchten sich wechselseitig über Gegenstände, die auf das Schulwesen Bezug hatten, zu belehren und zu unterrichten. Der Nutzen solcher Versammlungen, wenn sie mit Einsicht geleitet werden und der Eifer hiefür erhalten wird, ist anerkannt sehr groß. Zur Belebung dieses Eifers aber und zur Erhöhung des daraus hervorgehenden Vortheils sollte auf Selbstbildung der Lehrer hingewirkt werden. Da aber den meisten Lehrern die Mittel zur Selbstbildung

fehlen, indem sie sich nicht die auf ihr Fach bezüglichen besten **Werke**
anzuschaffen vermochten, so wurden in den einzelnen Distrikten von den
Lehrern einzelne Beiträge erhoben und dann Bücher zum gemeinschaft=
lichen Gebrauche angeschafft. So traten Distriktsbibliotheken ins Leben.

Wenn nun aber auch gute Lehrer wirklich da waren und erfolgreich
arbeiteten, so war dieß noch nicht genug, es sollten auch junge Lehrer
herangebildet werden. Ein Schullehrer = Seminar bestand im Illerkreise
nicht, was war nun zu machen? Kein Mittel war besser erfunden, als
daß die Candidaten des Lehrstandes den besten Lehrern beigegeben wur=
den, damit sie von ihnen unterrichtet würden und in der Schule selbst
ihren Meistern beistehen könnten. So lernten diese, indem sie lehrten
und unterwiesen wurden.

In Bezug auf die lateinischen Schulen war er in die Mitte gestellt,
zwischen dieser und der allerhöchsten Stelle. Die Befehle von oben hatte
er den Studienanstalten mitzutheilen. Sein gutes Vernehmen und die
freundschaftliche Verbindung vorzüglich mit den Professoren des Gymna=
siums zu Kempten, hatte wohlthätigen Einfluß auf das Gedeihen dieser
Anstalt.

So war sein unmittelbares Verhältniß zu Lehrern und Geistlichen. —
Ihm genügte es aber nicht, mit dem Finger den Weg gewiesen zu ha=
ben, wie das Kind zu erziehen und zu unterrichten sei; er hielt es für
nothwendig, ihnen auch noch einen Leitfaden in die Hand zu geben, der
ihnen seine allenfallsige Ferne oder Abwesenheit wenigstens einigermassen
ersetzen soll. Deßhalb arbeitete er in seinen Erholungsstunden ein Werk
aus, das im Jahre 1814 unter dem Titel: „Kurzer Lehrentwurf
der Erziehung in Volksschulen“ in Druck erschien. Es fand eine
sehr günstige Aufnahme und bald wurde der Verfasser angegangen, eine
zweite Auflage zu veranstalten. Er nahm sich dieses auch vor, aber die
vielen Berufsgeschäfte und die weit ausgedehnte Anlage der neuen Bear=
beitung dieses Werkes verzögerten dessen Erscheinen lange Zeit, bis end=
lich die neue, vielvermehrte Auflage unter dem Titel: „Die Erzieh=
ung in Volksschulen“ erschien. Ueber die Vortrefflichkeit und die
großen Vorzüge dieses Buches haben sich zur Genüge aus= und inländi=
sche gelehrte Zeitschriften ausgesprochen.

So wirkte Müller gegen neun Jahre im Illerkreise. Durch die Ein=
theilung des Königreichs Bayern (1817) in 8 Kreise, geschah es, daß er
Kempten verlassen mußte, um in Augsburg als Regierungsrath das Schul=
wesen des Oberdonaukreises zu leiten.

Das mit so großem Erfolge in Kempten begonnene Werk sollte nun
in Augsburg in demselben Geiste fortgesetzt und vollendet werden. Ein
viel weiteres Feld stand dem Regierungs = und Schulrathe Müller offen.
Denn im Oberdonaukreise, einem der größten Kreise des Königreichs, wa=
ren damals schon mehr als 1000 Elementarschulen, 4 Gymnasien nebst
mehreren lateinischen Vorbereitungsschulen, ein vollständiges Lyceum, und
ein Erziehungsinstitut für Studierende. Vorzüglich durch seine Mit=
wirkung trat auch das Schullehrer = Seminar im Jahr 1824 zu Dillingen
in's Leben. — Welch ein großer Wirkungskreis für einen einzigen Mann!
Aber da gab sich der edle Mann zu erkennen, der nicht um Taglohn ar=
beitete, der noch höhern Beruf und höheres Ziel erkannte.

Wie schon bemerkt, fuhr Müller in seinem Amtskreise fort, auf alle Weise wohlthätig zu wirken. Durch Lehre und Wort, durch Anweisung und Aufmunterung sollte der Flor der Schulen des Oberdonaukreises sich immer mehr und mehr entfalten und bald in der herrlichsten Blüthe zeigen. Vorzüglich suchte er die Erreichung dieses schönen Zieles durch die in den letztern Jahren unternommenen Schulvisitationsreisen zu beschleunigen. Die an die allerhöchste Stelle eingereichten Resultate dieser Visitationen waren zur allerhöchsten Zufriedenheit ausgefallen, welche ihm auch mehrmals durch besondere Dekrete zu erkennen gegeben wurde. Bei so vielen Berufsgeschäften ist leicht ersichtlich, daß ihm selten einige Stunden übrig blieben, die er freierm Studium widmen konnte. Wenn es aber sein konnte, nahm er einen alten Classiker zur Hand, von denen ihn besonders Sallust's unvergleichliche Schärfe und Kürze ansprach. In den neuern Sprachen pflegte er vorzüglich Schriften historischen Inhaltes zu lesen. Selten legte er sich zu Bette, ohne vorher seinen Geist noch durch kraftvolle Worte eines alten oder neuen Meisters erheitert zu haben. —

Das Jahr 1825 schien ihm endlich hinreichend Muße und Befreiung von den vielen Amtsarbeiten zu bringen. Es sollte nämlich nach einer neuen Organisation des Regierungswesen im Königreiche Bayern das Amt eines Schulrathes in jedem einzelnen Kreise aufgehoben werden. Da geschah es denn auch, daß Müller in temporäre Quiescenz kam. Tief schmerzte ihn, den rastlosen Staatsbeamten, diese Versetzung in den Ruhestand; nicht so sehr aber deßwegen, weil er vom öffentlichen Dienste entfernt wurde — denn ihm war ja nun die schönste Gelegenheit geworden, sich nach dem schon länger gehegten Wunsche mancher Freunde, schriftstellerischen Arbeiten widmen zu können, sondern vielmehr aus dem Grunde, weil der tiefblickende Schulmann am besten erkannte, daß die Heerde ohne einen wachsamen Hirten nicht bestehen könne, daß das Schulwesen ohne tüchtigen Lenker wieder rückwärts gehen würde. Dieß war es dann auch, was ihn, als ihm das Ansinnen gemacht wurde, sein Amt weiter funktionsweise zu verwalten, bewog, sogleich als temporär quiescirender Schul- und Regierungsrath die Sorge für das fernere Leben der Schulen, welches in keiner Zeit ruhen soll, wieder zu übernehmen. —

Hier muß noch seines wahrhaft christlichen und religiösen Sinnes gedacht werden, wodurch er sich so vortheilhaft auszeichnete und der ihm aber auch Kraft gab, alle die vielen Unbilden und die traurigen Unfälle, die er erfahren, mit bewundernswerthem Muthe zu ertragen. Ein Nervenschlag machte seinem thatenreichen Leben im März 1827 ein Ende. —

Sebastian Mutschelle.
Geboren den 18. Januar 1749, gestorben den 28. Nov. 1800.

> Motto: „Die Spielmethode ist lediglich nur für den allerersten Unterricht zulässig. In der Folge und für Erwachsene wird sie so schädlich, als Näscherei dem Magen."
> Mutschelle.

S. Mutschelle wurde zu Allertshausen, Gerichts Krandsberg, geboren. Sein Vater besaß da eine Mühle. Die erste Erziehung, welche er erhielt, war, wie sie in diesen Klassen unter verständigen und guten Menschen zu sein pflegt, einfach wie die Ahnung, von der sie ausgeht. Die elterliche Liebe sorgt hier für die Befriedigung der ihr bekanntern Bedürfnisse ihres Sprößlings und überläßt die Befriedigung der übrigen der Natur. Diese große gemeinschaftliche Erzieherin entfaltet alsdann mit unausgesetzter Thätigkeit tausend verborgene Anlagen. Sein **Geist** zeigte auch schon sehr früh einen nicht gemeinen innern Gehalt. Schon sehr früh regte sich in ihm der Keim jener schönen Selbstgenügsamkeit, die allen starken Seelen eigen ist. Er bedurfte zu seinem Wohlbefinden gewöhnlich keiner Gespielen. Er war sich dazu größtentheils selbst genug. Er floh deßwegen sogar den Umgang mit andern Kindern und beschäftigte sich zu Hause nach seinen eigenen Eingebungen allein ungleich glücklicher. Die Spiele der Kinder sind die ersten Versuche der jungen menschlichen Kräfte für ihre künftigen Verhältnisse. Sie sind daher meistens Nachahmungen des Benehmens der Erwachsenen. Bei einem Sohne, dessen Natur solche Winke zu schönen Erwartungen von sich gab, konnte in seinen Eltern der Wunsch nicht lange ausbleiben, ihn über ihre Klasse zu erheben. Er blieb auch nicht lange aus. Nachdem der Kleine die nach der damaligen Meinung nöthigen und hinreichenden Kenntnisse im Lesen, Schreiben und in den allerersten Anfängen der lateinischen Sprache eingesammelt hatte, wurde er nach München in die Jesuitenschulen geschickt. Hier betrat er nun eine für ihn ganz neue Laufbahn, die Laufbahn eines gesetzlichen öffentlichen Wetteifers. Der lebhafte, immer zum Kampfe gerüstete Mutschelle wurde nun auf einmal stille und eingezogen und wich den Gelegenheiten zu Kämpfen aus. Die Veränderung war plötzlich, wie sie in gehaltvollen Menschen vom Schlimmern zum Bessern zu sein pflegt. Sie war auffallend. Sie war ja das Werk einer sich stark zu äußern gewohnten Kraft, die auch noch stark ergriffen worden war. Jeder bemerkte sie, und keiner konnte sie erklären.

Endlich entdeckte sich die Veranlassung zu dieser Selbstverwandlung. Mutschelle war Jesuitenkandidat. Die scharfsinnigen Väter der Gesellschaft hatten nämlich bald die Vorzüge seines Geistes bemerkt und in ihm früh den Wunsch zu erregen gewußt, ein Mitglied von ihnen zu werden. Auch mag wohl dieser Wunsch nicht blos eine Wirkung dieser bekannten Politik allein, sondern zugleich des eignen Drangs gewesen sein, der sich in unserm Jünglinge zeigte. Sein Geist verlangte nach etwas Großem, und der Orden bot ihm wenigstens große — **G e s t a l t e n** dar. Mutschelle trat nach der Rhetorik den 13. Sept. 1765 in die Gesellschaft und kam von München, wo er bis dahin studirt hatte, nach Landsberg in das Noviziat. Hier drang sich in ihm nun wieder die Frömmigkeit als herrschende Eigenschaft hervor. Es boten sich ihm in den neuen Kreisen, die er betrat, mehrere und neue Heiligkeiten dar und er umfaßte sie mit ungeheuchelter und inniger Hingebung. Es schien, daß Mutschelle sich ziemlich geschmeidig in die jesuitischen Formen fügen würde. Er war unter andern empfehlenden Seiten auch ausgezeichnet fromm und in einem hohen Grade Herr über seine Leidenschaften. Welche wichtige, einer vielfachen Anwendung fähige Eigenschaften in den Händen eines Jesuitenordens! Mutschelle wurde zu den Gelübden gelassen.

Der Hauptschritt war jetzt gethan. Unser Mutschelle sollte aber nun die Gesellschaft, zu deren Kenntniß er eben zwei Probejahre vollendet hatte, eigentlich erst recht kennen zu lernen anfangen. Im Noviziate hatte er weiter nichts als die Hülle kennen gelernt. Der Kern war erst noch zu untersuchen übrig. Das Erste, was sich unserm neuen Ordens-Mitgliede über den innern Ordenszustand offenbarte, war die Trennung, die sich damals unter den Gliedern des Ordens selbst schon ergeben hatte. Obwohl die Jesuiten mittelbar oder unmittelbar das ganze Lehr- und Erziehungswesen im weitesten Sinne in ihren Händen hatten, so konnten sie doch von den jungen Leuten nicht alles Anwehen des fortschreitenden Zeitgeistes abhalten. Die Welt fing an, ihren Händen zu entwachsen. Sie war vorgeschritten, indeß der Orden stehen geblieben war. Die Jungen wollten hierin dem Zeitgeiste huldigen. Die Alten fanden aber dieses Bestreben wider die Heiligkeit ihrer Ordensregel. Es zeigte sich bald, wie wenig der eigentliche schlimme Ordensgeist über M. vermöge. Statt daß an ihm der Jesuit immer mehr hervorgetreten wäre, trat vielmehr der einsichtsvolle und liebenswürdige Mensch immer mehr hervor. — Er hatte nun seine höhern Studien zu machen und wurde nach der Gewohnheit des Ordens Magister. Er lehrte in dieser Eigenschaft drei Jahre in München die erste Grammatik und zog da bald die Liebe seiner Schüler so sehr an sich, daß viele von ihnen später noch mit zurückwünschenden Erinnerungen in jene Zeiten ihrer Jugend kehrten, und die schönen Lehren und die kleinen Ereignisse dieser ihnen so werthen Leitung mit dankender Rührung wiederholten. Nun ward der Orden aufgehoben. Mutschelle verließ unangesteckt, wie sich dann selbstständige Seelen auch durch verderbende Verhältnisse frei durcharbeiten. Sich und der Welt übergeben setzte Mutschelle, wie seine übrigen jüngern Ordensbrüder, seine Studien zu Ingolstadt in der albertinischen Stiftung fort, wo er sie auch im Jahre 1776 vollendete. Frei von den Fesseln eines Ordens, der Geister wie Körper, an gewisse eigensinnig begrenzte Bezirke niederketten wollte, konnte er sich nun unbehindert seiner schönen Eigenthümlichkeit überlassen. Sein Geist konnte nun ungestört seinem innern Andrange folgen. Er folgte ihm. Er forschte mit muthigem Vertrauen, und rastlos nach der Wahrheit, die er ahnte, und derer er so sehr bedurfte. Die Philosophie gewann bald die Vorliebe des Denkers. In ihr zeigte sich ihm vorzüglich eine Verwandtschaft mit den Idealen, die ihn immer dunkel umschwebten. Nur durch Denken und Thun wird man, was man sein soll. Und dieses wollte Mutschelle werden. Er suchte sich also ein Feld, auf dem er auch einen Handlungskreis fände, der seinen Kräften und Neigungen so viel möglich entspräche. Er fand ihn zuerst im Hause des Herrn Hofzahlmeisters von Pletz in München als Privaterzieher. Es ward zwar bald nach der Aufhebung des Ordens das Kloster Neustift, (bei Freising) welches die Pfarre Allertshausen zu versehen hatte, um ihn. Allein er hatte keine Lust mehr, in einen geistlichen Orden zu treten, am wenigsten in einen solchen, in welchem ihn Oekonomiegeschäfte von seiner nun ein Mal schon gewohnten innern und äußern Thätigkeit abzuziehen drohten. Seine Natur zog ihn zu höhern Wahrheiten hin, und hatte ihn für größere Segnungen ausgerüstet. Es währte nicht lange, so öffnete sich unserm Mutschelle ein größerer, aber freilich sonderbarer, Wirkungskreis. Er wurde Wallfahrtsprediger in Altentingen. Er blieb nur vierzehn Tage auf diesem Platze. Das Loos trug nun Mutschelle nach Maltigkofen in dem sogenannten Innviertel, welches damals noch bayerisch war. Er wurde da Pfarrvikar. Hier hatte er jetzt einen Wirkungskreis erhalten, wie ihn sein Herz schon lange gewünscht hatte. Er war Lehrer einer nicht unbeträchtlichen Gemeinde. Er fühlte die Würde des Gedankens, an der Veredlung des Volkes Theil zu nehmen, und arbeitete mit reinem und unermüdetem Eifer auf ein schönes Ziel los. Er fühlte, daß er nicht blos zu einem Manipuliren, das heilig sein und heilig machen soll, sondern zu einem Lehren und Handeln dasei, an welchem man selbst gut und heilig werden müsse, und er folgte diesem glücklichen Gefühle mit gewissenhafter Hingebung. Im Jahr 1779 wurde Mutschelle Kanonikus an dem Kollegialstifte zu St. Veit in Freising, und geistlicher Rath an dem dasigen Konsistorium. Nun konnte er in mehrere Richtungen, und mit größerm Nachdrucke auf die Bildung des Volkes wirken; denn nun konnte er auf

42*

die Lehrer deffelben felbft wirken. Er that es mit der ganzen Treue, mit der er feine Pflicht immer zu thun gewohnt war, und mit dem ganzen Segen, der einer guten und redlichen Pflichterfüllung gewöhnlich zu folgen pflegt. Er fäete, fo viel er konnte, und fein Same gedieh in mannigfaltigen Früchten. Er wirkte mit dem vollen Nachdrucke feines Amtes, und mit der vollen ftets mehr hervortretenden Ueberlegenheit feines Geiftes. Der ganze Kreis, auf den durch ihn gewirkt wurde, zeigte bald die Einflüffe der wohlthätigen Macht, unter der er fich befand. Es war das Wehen eines neuen höhern Genius, was fich allenthalben regte. Reinere Begriffe geriethen in Umlauf. Schönere Gefühle erwachten. Edlere Gefinnungen faßten Wurzel. Ein neues ungewohntes Leben ftand in Bezirken auf, in welchen bisher größtentheils nur ein todter unverftandener Mechanismus gehaufet hatte.

Das erfte, was Mutfchelle in feiner neuen Lage that, war, daß er feine Eltern zu fich nahm. Er wollte fich vor allem — derjenigen Pflicht verfichern, die ihm fein Herz nicht weniger wichtig machte, als feine Ueberzeugung. Er konnte, fo bald es feine äußeren Verhältniffe zuließen, dem Zuge der Natur nicht widerftehen, die uns fo mächtig zur Wiedererftattung der elterlichen Ausgaben von Liebe und Sorgfalt hindrückt. Er befriedigte in diefem eilenden Gehorfame nicht nur bald ein Hauptbedürfniß jedes fchönen Gemüthes, — das Bedürfniß, denjenigen, die uns die erften Stützen waren, nun die letzten zu fein — er ftellte in ihm auch fchon gleich zum Eintritte in feine neue Lage die wichtige Lehre auf, daß es — auch für Priefter keine heiligeren Pflichten, als diejenigen gebe, welche die Natur felbft in uns hineingrub, — und er ftellte diefe Lehre in der That, alfo am fprechendften auf. Mutfchelle konnte nun feine ganze Thätigkeit ungehindert feinem Berufe fchenken. Er that es. Er gehörte nun ganz den Arbeiten feiner Stelle an. Er blieb aber nicht, wie manche andere fleißige Gefchäftsmänner, am Mechanismus feiner Gefchäfte ftehen. Er drang in die innere Natur derfelben ein. Es war nicht der Buchftabe des Rechts, fondern der Geift der Gerechtigkeit felbft, — es war nicht eine todte Konvenienz, fondern eine durch eine Bedeutung belebte Konvention, nicht eine kalte eigennützige Schlauheit, fondern eine fchöne wohlwollende Klugheit, was ihn in feiner liebenswürdigen Thätigkeit leitete. Mutfchelle übernahm fodann auch das Schulkommiffariat. Nun regte fich bald auch in den (deutfchen) Schulen, denen er vorftand, ein neues Leben. Die unzweckmäßigen Schulbücher verfchwanden und zweckmäßigere traten an ihre Stelle. Die Lehrer, die bisher, wie gewöhnlich, der Willkühr und ihrem Zufalle Preis gegeben waren, wurden nun befoldet. Der Unterricht, der zuvor der allgemeinen Sitte nach gekauft werden wußte, wurde nun überhaupt unentgeldlich ertheilt, und den armen Lehrlingen wurden fogar noch Schulbücher, und Schreibmaterialien dazu gefchenkt. Was aber alles Uebrige an Wichtigkeit überwog, war die Auflöfung des alten leblofen Schulmechanismus in erneute — endlich ein Mal Kraft und Freude athmende — Natur. Die Deutlichkeit feiner Vorftellungen ftrahlte auf Lehrer und Schüler hinab, und die Trautheit feiner Gefühle hauchte diefen fonft fo kalten Kreifen ein ungewöhnliches Leben an. Mutfchelle war übrigens auch vielfältigen Verfolgungen ausgefetzt. Die Feinde des Guten trachten es bei vielen wirklich dahin, daß fich einer feiner größten Wirkungskreife vor ihm fchloß. Mutfchelle that felbft Verzicht auf die geiftliche Rathsftelle. Mutfchelle widmete fich nunmehr dem Privatunterrichte, fo wie der Schriftftellerei. Mutfchelle fchrieb um diefe Zeit feine „Gefchichte Jefu aus den 4 Evangelien in eines geordnet," und seine Kenntniß und Liebe des Schöpfers aus der Betrachtung der Geschöpfe nach Sander, und: Eine Anweisung, die Evangelien mit Nußen zu lesen.

Die Siege der Feinde des Guten sind daher überhaupt nur scheinbar. Dieses Mal war ihr scheinbarer Sieg auch noch kurz. Mutschelle erreichte bald den vorigen äußern Wirkungskreis wieder, den er verlassen hatte. Er wurde auf ein Mal in seinen vorigen Plaß ehrenvoll zurückberufen. Der neue Bischof Max Prokop (Graf von Törring) sette ihn gleich nach seiner Wahl, welche Mutschelle mit einer passenden Rede feierte, in die geistliche Rathsstelle und in das Schulkommissariat wieder ein. Mutschelle war wieder in seinem ganzen schönen Berufe, — in dem Berufe, zu richten, zu lehren, zu trösten, zu helfen, zu ermuntern, zurückzuhalten u. s. f. — Er brachte dazu seine vorige Thätigkeit, und Liebe wieder mit sich, und er fand dafür wieder die vorigen Segnungen, und die vorige Achtung, und Liebe bei allen Guten, aber freilich bei den Bösen auch den alten Groll, und die alten Mienen zu seinem Sturze wieder. Für zeitgemäße Verbesserungen des Schulwesens that er ungemein Vieles. Mutschelle sorgte dafür, daß in seinen Schulen immer mehr auf diese innere Selbstständigkeit, vorzüglich in Rücksicht der Hauptkräfte, der Kräfte des Kopfes, und des Herzens, also auf das Selbstdenken, und Selbstentschlüssen hingearbeitet werde. Er schrieb hiezu eine eigene Sammlung lehrreicher Lieder, und Sittensprüche zur Bildung des Geistes und des Herzens. Ferners: Bemerkungen über die sonntäglichen Evangelien, — über das sittlich Gute, Unterredungen eines Vaters mit seinen Kindern — und zum Gebrauche der Schulen einen christkatholischen Unterricht, wie man gut und selig werden könne. Mutschelle's so sehr erhöhte Thätigkeit des Kopfes, und des Herzens mußte nun immer mehr gegen die Plane der Feinde des Lichts anstoßen. Das ominöse Geschrei stiegte. Mutschelle entschloß sich wieder seinem Wirkungskreis als Rath zu verlassen. Er legte seine geistliche Rathsstelle und sein Kanonikat ganz nieder, übernahm die Pfarrei Baumkirchen, eine Stunde von München im Landgerichte Wolfartshausen, und behielt sich nur den Rücktritt in das Kanonikat im Erledigungsfalle bevor. Mutschelle hatte sich bald wieder neue Wirkungsbahnen gebrochen. Die neue Lage, in der er sich nun befand, bot ihm von mancher Seite vortreffliche Gelegenheiten dazu dar. Eine der wichtigsten davon war die schöne Muße, die sich ihm gewährte. Wir danken diesen ruhigen Tagen seine „Bemerkungen über die festtäglichen Evangelien — seine philosophischen Gedanken und Abhandlungen" — Er hatte diese zwar schon früher angefangen. Jetzt aber schenkte er ihnen mehr Zeit und Kraft. Seine kritischen Beiträge zur Metaphysik in einer Prüfung der stattlerisch-antikantischen, wovon insgesammt mehrere Auflagen erfolgten. 6. Jahre später erhielt Mutschelle den Ruf zum Schul-Rektorate, zur Inspection über das Seminar, und zur Professur der theologischen Moral, der Pastoral, und der geistlichen Beredtsamkeit am churfürstlichen Lyceum zu München. Die Liebe zu seinem Vaterlande hielt ihn zurück, einen Ruf an den neuerrichtenden Lehrstuhl der katholischen Theologie in Königsberg anzunehmen. Der Denker und Menschenfreund, der väterliche Lehrer wurde den Prüfungen der Erde entraubt und erhoben in's bessere Land des Lichtes der Vergeltung.

Carl Nacke.

Geboren den 25. Juni 1821, gestorben den 13. Februar 1855.

Nacke Carl wurde in Aschersleben geboren. Sein Vater war Schneidermeister, seine Mutter eine stille Hausfrau. Als Schüler der Bürgerschule zu Aschersleben zeichnete er sich durch Fleiß und stilles sittsames Verhalten aus und gehörte überall zu den besten Schülern. Als Jüngling zeigte er große Vorliebe für die deutschen Classiker und für das Zeichnen. 1838 wurde er in das Seminar zu Weißenfels aufgenommen, wo er sich unter Harnisch und Hentschel weiter ausbildete bis 1840. Auch hier freute er sich besonders der klassischen Dichtungen und sprach später sein lebhaftes Bedauern aus, daß ein solcher Unterricht fortan von den preuß. Seminarien verbannt sein sollte. 1840 wurde er Elementarlehrer in Ermsleben bei Aschersleben. 1841 verlor er seinen Vater, 1843 die Mutter. Er selbst war stets schwächlich und engbrüstig. Ein Aufenthalt auf dem Falkenstein im Unterharz kräftigte ihn (Sommer 1844); er verheirathete sich im Herbst; seine Gattin schenkte ihm mehrere Kinder, von denen jedoch eins bald starb. 1845 entstand die Idee zum „Pädag. Jahresbericht" (Leipz. bei Fr. Brandstetter) angeregt durch einen Aufsatz Diesterwegs in den Rhein. Blättern). 1850 wurde er Lehrer der ersten Knabenklasse der Bürgerschule zu Merseburg und gehörte bald zu den vorzüglichsten Lehrern daselbst. Hier gab er im Verein mit Lüben das bekannte Lesebuch heraus. 1852 verlor er sein ältestes Töchterchen, 1853 seine Gattin, und er war wie geknickt. Eine Molkenkur in Streitberg stellte ihn einigermaßen wieder her. Er heirathete die Schwester seiner Frau, weil er für seine zwei noch übrigen Kinder einer Mutter bedurfte. Allein sein krankhafter Zustand wurde schlimmer und schlimmer; Sommeraufenthalt auf dem Lande schaffte nur vorübergehende Erleichterung, und in den Morgenstunden des 13. Febr. 1855 entschlief er im noch nicht vollendeten fünfunddreißigsten Lebensjahre.

Ein Lehrerleben, schlicht und einfach wie die meisten, und ein Name, bekannt und geachtet in allen Gauen Deutschlands!

Hans Georg Nägeli.

Geboren den 16. Mai 1773, gestorben den 26. Dezember 1836.

Nägeli Hans Georg, dieser durch die Kunst um die allgemeine Menschenbildung verdiente und als vormaliger Kunstkritiker und Stimmführer der Pestalozzi'schen Schule bekannte Schweizer ward zu Wetzikon, einem Dorfe im Canton Zürich, geboren. Hier war sein Vater Pfarrer. Von diesem erhielt er einen vorbereitenden Unterricht und kam dann im 13. Jahre nach Zürich; um sich daselbst fortzubilden. Sehnsucht nach ländlicher Stille trieb ihn jedoch bald wieder in das heimathliche Dach zurück. Mit Sorgfalt hatte der Vater die musikalischen Anlagen gepflegt. Vier Jahre später kam er wieder nach Zürich, widmete sich der Tonkunst, und errichtete bald daselbst im Jahre 1793 eine Musikhandlung und musikalische Leihbibliothek. Als Musikhändler gab Nägeli dem Geschäfte einen sehr achtungswerthen Schwung. Er war es, der zuerst durch seine Verzeichnisse, die mit großer antiquarischer Kenntniß verfaßt sind, eine gewisse Wissenschaftlichkeit in den Musikhandel brachte.

Seine Studien und seine schriftstellerische Thätigkeit beschränkten sich keineswegs auf Gesangbildung, sondern auf das Gebiet der Pädagogik im Allgemeinen und auf verschiedene Richtungen der Philosophie und Politik. Sein eigenthümliches Wesen erkennt man am besten aus seinen eigenen Aeußerungen. Wenn er über Erziehung und Unterricht sprach, so geschah dies selten ohne einen Ausfall oder Seitenhieb auf den philologischen Unterricht.

Nägeli's Verdienste als Componist bestehen vorzüglich in kleineren Arbeiten für die Singstimme, unter welchen sich einige Liedersammlungen auszeichnen. Sein Hauptwerk „die Gesangbildungslehre nach Pestalozzi'schen Grundsätzen" (Zürich, Nägeli, Leipzig, G. Fleischner, 1810, 4 Thlr. 5 Ngr.) hat er mit Traugott Pfeiffer gemeinsam bearbeitet. Die beiden Schweizer, Nägeli und Pfeiffer, eröffneten nämlich für die musikalische Bildung in den Schulen eine neue Periode, welche sich an die Periode der Hiller'schen Schule unmittelbar anschließt. Sie brachten die Idee der Pestalozzi'schen Methode in Anwendung auf die Musik, entwickelten in ihrer Schrift die Theorie der Gesangbildung im Ganzen und im Einzelnen sehr genau und stellten die praktische Anwendung derselben bei der praktischen Unterweisung anschaulich dar.

Nägeli nannte sich mit Recht einen Pestalozzianer. In seinen Unterrichtswerken war auch das Pestalozzi'sche Princip rein und klar durchgeführt. Merkwürdig sind in dieser Beziehung die Aeußerungen, durch welche er in seiner pädagogischen Rede die Persönlichkeit Pestalozzi's schildert.

Unter seinen ersten Compositionen findet man die Melodie zu Usteri's herrlichem Liede: „Freut euch des Lebens" u. s. w. Vielleicht hat nie eine Composition in dieser Gattung eine solche Popularität gewonnen, als dieses durch ganz Europa verbreitete Lied. Trotz diesem seinem ausgezeichneten Talente für das Leichte, die Menge Ansprechende besaß doch Nägeli vorzugsweise einen ernsten Sinn für die wissenschaftlich tiefern Studien berühmter Meisterwerke. In dieser Beziehung hat er sich mehrfach als Kritiker ausgesprochen, wie denn überhaupt seine Gelehrsamkeit sowohl als seine Ansicht von der Kunst überhaupt, so wie von den besondern Erscheinungen in derselben überall eine tief begründete ist. Daher war er späterhin, zu einer den Künsten ungünstigen Zeit, dennoch nur ein Begünstiger des Vortrefflichen, wovon sein bereits vom Jahre 1800 an erschienenes „Repertoire des clavécinistes" ein Beweis ist. Eine ähnliche Unternehmung machte er später, indem er ein Repertoir deutscher Contrapunktisten herausgab.

In praktischer Beziehung wirkte Nägeli durch die Gesangsinstitute, zunächst in Zürich, dann aber wenigstens mittelbar durch seine Compositionen in den vielen Gesangvereinen, die sich im Canton Zürich und in den fortschreitenden andern Cantonen allmälig ausbreiteten. Mit Recht begrüßte man ihn in diesen Vereinen später mit dem schönen Namen „Vater Nägeli". Der Singstoff, den diese Vereine bedurften, nahm Nägeli's Tonsetzerkunst vorherrschend in Anspruch. Das Bedürfniß nach Neuem vermehrte seine Produktionen in fast unglaublicher Quantität, besonders als überall neben den gemischten Chören sich auch noch Männerchöre bildeten, und für diese Kunstrichtung und Kunststufe nur wenig Stoff vorhanden war. Ohne Nägeli's sich stets vervielfältigende Compositionen hätten die schweizerischen Männerchöre kaum die Blüthe erreicht, zu der sie gekommen sind. Auf seiner Reise hielt Nägeli Vorlesungen über Musik, dieselben erschienen im Druck und sind für Freunde und Kenner der Tonkunst von bedeutendem Werthe. Früher als im eigenen Vaterlande fand er ruhmvolle Anerkennung in der Fremde. Wo er hinkam, wurde er mit Aufmerksamkeit und Auszeichnung behandelt und die meisten Fremden, welche nach Zürich kamen, wallfahrteten zu der bescheidenen Wohnung auf dem ehemaligen Schanzergebiete. Unermüdlich arbeitete er für Veredlung des kirchlichen und geselligen Gesanges. Durch sein neues Schulgesangbuch suchte er die Aufnahme des Figural= gesanges und dessen allmälige Einführung zum Kirchengesange vorzube= reiten, wie er denn überall die Erkenntniß zu verbreiten trachtete, daß der Choralgesang eines wesentlichen Kunstelementes, nämlich des rhyth= mischen ermangele, und daher niemals als vollkommene Kunstgattung gelten könne.

Nägeli nahm an der freien Gestaltung des Cantons und namentlich an der Schulreform warmen Antheil. Daher wohnte er den unzähligen, mitunter höchst anstrengenden Sitzungen des Erziehungsrathes, einer un= besoldeten Behörde, mit großer Treue und Beharrlichkeit bei, und eine Erkältung, die er sich in dieser Amtsthätigkeit zugezogen hatte, soll mit= gewirkt haben zu der Krankheit, der er bald nachher erlag.

Nägeli hatte so viel Eigenthümliches, das in einzelnen Ausläufen bis zur Sonderbarkeit überging. Als practischer Lehrer übte sich Nägeli vorzugsweise in der Leitung von Gesangvereinen, und hier wurde ihm der nicht ganz ungerechte Vorwurf gemacht, daß er bei der Einübung zu wenig auf Genauigkeit sehe. Wenn man ferner hinsichtlich seiner Com= positionen über zu viel Gleichförmiges klagt, so scheint in dieser Klage etwas Unbilliges zu liegen, denn hier muß man zunächst bemerken, daß Nägeli für seinen schönen Zweck, für die allgemeine Gesangbildung, Viel, sehr Viel componiren mußte, damit der Reiz des Neuen Regung und Leben in den Vereinen hielte.

Nägeli hat in seinem Leben viel Kämpfe geführt, Hottinger, Thibaut, Hug, Paul, Näff, Kübler, Orelli, Scherr, Stern und Gersbach u. A. haben seine polemische Neigung und Stärke kennen gelernt; doch gingen seine Kämpfe nicht in andauernde persönliche Feindschaft über. Unter den berühmten Männern Zürichs wird sein Name stets ruhmvoll glänzen.

Karl Friedrich v. Nägelsbach.

Geboren den 28. März 1806, gestorben den 21. April 1859.

Motto: „Alle Gelehrsamkeit der Welt zusammengenommen nützt nichts, wenn der Lehrer nicht vor Allem ein Mensch ist."   v. Nägelsbach.

Derselbe ward zu Wöhrd bei Nürnberg geboren und war der Sohn des dortigen preußischen Justizamtmanns. Seine Vorbildung erhielt N. auf den Gymnasien zu Bayreuth und zu Ansbach. Von be= sonderem Einfluß auf seine Bildung schon in diesen frühesten Jahren war der treffliche Philolog und Schulmann J. C. Held, der jetzige Rek= tor des Bayreuther Gymnasiums. Obwohl erst sechzehn Jahre alt, be= zog Nägelsbach dennoch, mit allen Vorkenntnissen trefflich ausgerüstet; im Jahre 1822 die Universität Erlangen. Hier hatte er das Glück, in Lud= wig Döderlein einen Lehrer zu finden, in welchem sich geistreiche Auf= fassung der Alten mit schärfster philologischer Akribie verband. Mit fri= schem Jugendmuth und eminentem Talent ergab sich nun Nägelsbach dem Studium der classischen Philologie und Theologie. Es war die schöne Zeit, in welcher die Erlanger Burschenschaft einen reichen Kranz charak= tertüchtiger und begabter Jünglinge in sich vereinigt. Die feurigste Liebe zum deutschen Vaterland gab einem frischen fröhlichen Studentenleben die höhere Weihe, und hielt es in den Gränzen keuscher Zucht und Sitte. Auch Nägelsbach bildete eines der edelsten Glieder dieser Genossenschaft, und seinem ganzen Leben ist die warme Theilnahme an allen vaterländi=

schen Angelegenheiten und der Sinn für die rechte Gestaltung eines gesunden Studententhums geblieben. Im Jahre 1825 setzte er seine Studien auf der Universität Berlin fort, wo namentlich der große Kenner des griechischen Alterthums August Böckh und die philosophischen Vorlesungen Hegels einen bleibenden Einfluß auf seine wissenschaftliche Bildung übten.

Wie sehr seine hervorragende Tüchtigkeit schon auf der Universität bemerkt wurde, zeigte sich gleich am Schluß seiner Studien. Wenig über zwanzig Jahre alt wurde er von einem der ersten Schulmänner Deutschlands, dem damaligen Rector des Nürnberger Gymnasiums, C. L. Roth, zum Verweser der Oberclasse des Nürnberger Gymnasiums berufen. Kurze Zeit darauf, im Jahre 1827, wurde er an demselben Gymnasium zum Professor der ersten Gymnasialclasse ernannt. Hier, unter Roths Leitung, bildete sich Nägelsbach zu dem ausgezeichneten Schulmann, als welcher er sich nicht nur am Gymnasium, sondern auch später bewährt hat, als ihm die schwierige und größere Aufgabe zu Theil wurde, Lehrer für unsere Gymnasien zu bilden. Im Jahr 1842 erhielt er nämlich den Ruf als ordentlicher Professor der classischen Philologie an die Universität Erlangen. Seitdem war er als Lehrer seines überaus wichtigen Faches nach allen Seiten hin unermüdlich thätig. Seine Vorlesungen, gleich ausgezeichnet durch wissenschaftliche Gediegenheit wie durch Klarheit und Lebendigkeit des Vortrags, gehörten zu den besuchtesten und wirksamsten der Universität. Sein Seminar wurde eine der trefflichsten Bildungsstätten für künftige Gymnasiallehrer. Hier entfaltete Nägelsbach die seltenste Verbindung einer meisterhaften Beherrschung der beiden classischen Sprachen und der trefflichsten pädagogisch-didaktischen Methode.

Was er hier geleistet, wird auf langehin nicht nur für die bayerischen, sondern auch für die Gymnasien vieler anderen Länder von Segen sein. Denn immer weiter verbreitete sich Nägelsbachs Ruf sowohl als Lehrer wie als Schriftsteller, so daß eine große und wachsende Zahl auch außerbayerischer Philologen nach Erlangen gezogen wurde. Als Schriftsteller nimmt Nägelsbach namentlich auf zwei Gebieten eine ausgezeichnete Stellung ein: als gründlicher Kenner des lateinischen Styls und als tiefer Forscher auf dem Felde der antiken Religionsgeschichte. In ersterer Beziehung genügt es, auf seine „Lateinische Stylistik" zu verweisen, welche die allgemeinste Anerkennung fand und im Jahre 1858 die dritte Auflage erlebte. Nägelsbachs religionsgeschichtliche Forschungen bezeichnen die eigenthümlichste Seite seines Wesens. In Nägelsbach verband sich nämlich eine begeisterte Verehrung des classischen Alterthums mit der tiefsten Ueberzeugung von der Wahrheit des Christenthums. Dieß trieb ihn, das Verhältniß zu untersuchen, in welchem die antike Welt zur christlichen Offenbarung steht. Es war nicht sowohl die mythologische Seite der antiken Religionen als deren theologische Grundlage, auf welche er seine Untersuchungen richtete. In dem Gange, den die geschichtliche Entwicklung dieser eigentlich religiösen Ueberzeugungen der antiken Völker genommen hat, sah er eine erziehende Veranstaltung Gottes, um dem Licht der christlichen Offenbarung die Stätte zu bereiten. Man braucht durchaus nicht der Ansicht zu sein, daß die Probleme der Alterthumswissenschaft mit den Aufgaben, die sich Nägelsbach stellte, erschöpft seien; aber innerhalb dieser unendlich wichtigen Aufgaben hat Nägelsbach mit einer Gründlichkeit, Klarheit und Redlichkeit gearbeitet, die allen verwandten Bestrebungen ein leuchtendes Vorbild bleiben werden. Leistungen, wie sie Nägelsbach als Lehrer und als Schriftsteller aufzuweisen hatte, konnte natürlich auch die äußere Anerkennung nicht ausbleiben. Glänzende Rufe gelangten von allen Seiten an ihn, die er jedoch in treuer Anhänglichkeit an seine heimathliche Hochschule sämmtlich ablehnte. Die bayerische Regierung, die den hohen Werth des ausgezeichneten Lehrers sehr wohl erkannte, ließ ihm ihre Anerkennung im vollsten Maß zu Theil werden. Nach einander ernannte ihn Se. Maj. zum Ritter des St. Michaels-Ordens erster Classe und zum Ritter des Verdienstordens der bayerischen Krone. Nägelsbach wußte diese Beweise königlicher Huld in ächt monarchischer Gesinnung dankbar zu würdigen. Der Trieb des Handelns aber war bei ihm weder das Streben nach äußerer Ehre noch nach äußerem Vortheil. In der liebenswürdigsten Bescheidenheit und einer wahrhaft großartigen Uneigennützigkeit leitete ihn nur das feurigste Streben, gründliche classische Bildung und christlich fromme Gesinnung unter der heranwachsenden deutschen Jugend zu fördern.

Bernhard Christian Ludwig Natorp.

Geboren den 12. Nov. 1772, gestorben den 8. Februar 1846.

Motto: „Wir sind nicht Herren eures Glaubens, sondern Gehülfen eurer Freude; nur Einer ist unser Herr und Meister, Jesus Christus."   Natorp.

Natorp, geboren in Westphalen, erhielt seine wissenschaftliche Bildung auf der Universität zu Halle, welche Hochschule er 1790 bezog und 1794 verließ. Hier hatte er sich unter den berühmtesten Lehrern zu einem wahrhaft gelehrten Theologen gebildet, worauf er 1793 eine Dorfpredigerstelle übernahm, diese dann mit der Stelle eines Geistlichen der Gemeinde zu Essen vertauschte. Hier war es, wo er zuerst die Aufmerksamkeit des vaterländischen Publikums auf sich zog, namentlich durch seine theologische Quartalschrift, die den Charakter der Gründlichkeit, Freisinnigkeit und Gemeinnützigkeit trug. Dabei galt er für einen ausgezeichneten Kanzelredner. Dies und die Protectionen mehrerer hochgestellten Gönner bewirkten 1810 seine Ernennung zum Mitgliede der kgl. Regierung in Potsdam. Als solcher war er, wie als Oberconsistorialrath, hauptsächlich in der Kirchen- und Schuldeputation thätig. Hier wirkte nun Natorp unter der Leitung des Oberpräsidenten von Vassewitz und dem Direktorium des nachherigen Finanzministers Maaßen lebendig und kräftig, so daß er bald bemerkbar und unvergeßlich wurde. Schon früher hatte er sich um die Verbesserung der Stadt- und Landschulen anerkannt verdient gemacht, obgleich er amtlich damit weniger zu thun gehabt hatte; nur aus Neigung beschäftigte er sich damit. Jetzt aber, wo er die besondere Funktion hatte, sich mit dem Schulwesen zu beschäftigen, warf er seine ganze Aufmerksamkeit auf dasselbe, namentlich regte er ein neues und besseres Leben in den Stadt- und Landschulen der Kurmark an; auch das ehemalige kurmärkische Lehrerseminar erfreute sich seiner besondern Aufmerksamkeit, das größtentheils nur nach seinen Vorschlägen zu einer zweckmäßigen Umgestaltung neu organisirt wurde. Hauptsächlich trieb seine harmonische Seele die Gesanglehre. Besonders verdient Erwähnung seine „Unterweisung im Singen für Lehrer und Volksschulen", wovon der erste Cursus 1813 erschien und mehrere Auflagen erlebte. Von seinen pädagogischen Schriften erschien schon 1808: „Ein einziger Schulmeister unter 1000 Kindern von Jos. Lancaster. Aus dem Englischen." Dieser kleinen Schrift folgte 1817: „Andreas Bell und Jos. Lancaster." Durch jene erhielt man in Preußen die erste befriedigende Nachricht über besonnene Beurtheilung des Verfahrens, welches — wie

Bieles in der pädagogischen Welt — das seltsame Schicksal gehabt hat,
Anfangs übermäßig gepriesen und dann ebenso maßlos getadelt zu werden.

Während dieser Zeit war das Joch der Fremdherrschaft abgeschüttelt
worden, und Natorp folgte nun seinem Freunde und Gönner v. Vincke
nach Münster als Prediger der protestant. Gemeinde und Oberconsistorial=
rath in der k. Regierung daselbst. Auch in diesem Wirkungskreise be=
wegte er sich frei und offen und stiftete großen Segen. Doch verlor er
das Schulwesen keineswegs aus den Augen; denn im Jahre 1821 er=
schien zu Duisburg und Essen bei Bädeker die 5. Auflage seiner „kleinen
Schulbibliothek als ein literarischer Wegweiser für Lehrer und Volks=
schulen", sie besteht in einem geordneten Verzeichnisse auserlesener Schrif=
ten für Lehrer an Elementar= und Bürgerschulen. In demselben Jahre
kam auch der zweite Cursus von seiner Unterweisung im Singen heraus,
der eine zweite Auflage erlebt hat. Zu bemerken ist hierbei, daß Natorp
glaubte, den Gesangunterricht wesentlich zu fördern, wenn er statt der
Noten die einfachere Bezeichnung der Töne durch Ziffern einführe. In=
deß hat man sich in der Folge überzeugt, daß der Gebrauch der Noten
vortheilhafter ist, da die Noten das Interwall ebenso bestimmt und zu=
gleich anschaulicher darstellen, als die Ziffern, welche das Interwall nur
arithmetisch angeben. Allein das schmälert Natorp's Verdienst um die
Beförderung eines methodischen Gesangunterrichtes in den Schulen nicht.
Im Jahre 1824 erschien zu Duisburg sein „Grundriß zur Organisation
allgemeiner Stadtschulen". Uebrigens dürfte noch zu nennen sein „Brief=
wechsel einiger Schullehrer und Schulfreunde", eine Schrift, welche bei
Bädeker zu Essen in 3 Bänden erschien, von denen einige ebenfalls neue
Auflagen erlebt haben. Mit Rinck und Keßler bearbeitete er gemein=
schaftlich ein „Choralbuch für evangelische Kirchen", das ebenfalls bei
Bädeker in Essen erschien. Nachmals häuften sich seine Amtsgeschäfte,
besonders nachdem er als Gehilfe des würdigen Bischofes Dr. Roß noch
Vicegeneralsuperintendent der Provinz Westphalen geworden war, derge=
stalt, daß er sich weniger mehr der Schriftstellerei hingeben konnte. In=
deß macht das hier gegebene Verzeichniß der pädagogischen Schriften
Natorp's keineswegs auf Vollständigkeit Anspruch.

Natorp war ein trefflicher Mann, der wohl durch eine Darstellung
seines Wirkens ein Denkmal verdient. Ueberall wußte er auf die man=
nigfaltigste Weise anzuregen, theils mittelbar durch seine Schriften und
die Erfolge seines Wirkens, theils unmittelbar durch seine Persönlichkeit.
Alles wußte er klar darzustellen, überall ging er auf den Grund, seine
Vorschläge waren stets die zweckmäßigsten, seine Einwirkungen umsichtig.
In Lehre und Wandel war er ein wahrer Hirt der Schafe, und darum
wurde er auch überall gern gesehen und gehört. Als Vorgesetzter war
er geschätzt und geliebt, weil er in Würde und Wohlwollen ein herzlicher
Freund seiner Untergebenen war. In seinem Wesen lag offene Klarheit,
edle Einfalt und ungeschmückte Natur; seine arglose, aufrichtige Herz=
lichkeit gewann ihm Aller Herzen. Gründlich und liberal in seinen An=
sichten, neigte er sich mit den Jahren immer mehr zum positiven Chri=
stenthume, und doch blieb er rein von allem lieblosen Eifer. Nur das
biblische Christenthum hielt er fest, er huldigte keiner menschlichen Au=
torität, gehörte keiner Partei an und ehrte und hob das Gute hervor, wo
er es fand. Darum suchte er auch Nichts für sich, sondern Alles für
die Wahrheit. Die große Idee der christlichen Union und ihre Fort=
schritte hatte er in sich aufgenommen, und sein ganzes Leben und
Wirken war Wahrheit und Tugend, so daß er nur in ihrer Atmosphäre

athmete. — Er starb an den Folgen eines Schlagflusses im 50. Jahre
seiner reichlich gesegneten Amtsführung und im 75. Jahre seines Lebens.

Dr. Johann August Rebe.
Geboren den 23. April 1775, gestorben den 11. September 1854.

> Motto: „Das Berufsziel des Schullehrers ist nicht allein
> Lehre, sondern zugleich auch Erziehung; die Schule hat
> nicht allein den Menschen für den irdischen Beruf, sondern
> auch für die ewige Bestimmung vorzubereiten; der Lehrer
> ist demnach der Erwecker, Führer und Beleber der geistigen
> und Gemüths=Kräfte in dem Schüler."   Rebe.

J. A. Rebe wurde zu Halle an der Saale geboren. Sein Vater
Joh. Friedr. Rebe, Inspektor an dem fränkischen Waisenhaus und Pfarrer,
war ein ernster, strenger, frommer Mann, seine Mutter Sophie, geb.
Wagner aus Minden, eine Verwandte von Johann Hermann Francke,
eine geistreiche und vielseitig gebildete Frau und treffliche Mutter. Als
Großvater kennen wir Jos. Fabian Rebe, deutschpolnischen Prediger in
Marienwerder, dessen Vater als Bürgermeister in Deutsch=Eilau gelebt
hatte. An der sorgfältig geleiteten Erziehung Joh. Augusts nahm der
Oheim August Hermann Niemeyer, Professor der Theologie, später Kanzler der Universität Halle, lebhaften Antheil und hatte auf die glückliche
Entwicklung des Knaben und Jünglings einen sehr bedeutenden Einfluß.
Auf dem mit dem Waisenhause verbundenen Pädagogium empfing J. A.
Rebe eine solide Grundlage in dem Studium der klassischen Sprachen,
ohne dabei die neueren Sprachen zu vernachlässigen, die er praktisch
übte. Hier schloß J. A. Rebe mit mehreren Altersgenossen, die später
zu hohen Staatsämtern in Mecklenburg und Preußen gelangten (v. Vincke,
v. Bassewitz u. A.) warme Freundschaftsbündnisse, die nur der Tod löste.
Darauf bezog Rebe die Universität seiner Vaterstadt, studirte sehr fleißig
und fing an, in dem Hause seines Oheims Niemeyer Unterricht zu ertheilen, zu welcher Beschäftigung er sich ganz besonders hingezogen fühlte.
Zugleich kam er daselbst in lebhaften geistigen Verkehr mit den bedeutendsten Männern, die damals in Halle lebten, wie mit Wolf, Forster,
Sprengel, von denen namentlich der Letztere sein vertrauter Freund
wurde. Nach Vollendung der Universitätszeit promovirte Rebe als Doktor
der Philosophie (Doktor der Theologie wurde er erst 1817 bei dem Reformationsfest honoris causa) und machte 1800 eine längere wissenschaftliche Reise in die Schweiz und Ober=Italien, bis ihn die Kriegsunruhen
zurücktrieben. Von seinem Aufenthalt bei Lavater, der schon auf dem
Sterbebett lag, aber den jungen Reisenden gern und oft bei sich sah,
gibt eine Schrift Kunde, welche Rebe 1801 nach Lavaters Tod herausgab: „Joh. Casp. Lavater. Ueber ihn und seine Schriften." Gleichzeitig trat Rebe als Inspektor an dem Waisenhause ein, wo er sich in
der von ihm so sehr geliebten Pädagogik tüchtig fortbildete und dann
1802 als Pfarrer in Crumpe bei Merseburg angestellt wurde, nachdem
er in Dresden bei Reinhard die für Sachsen nöthige theologische Prüfung
glänzend bestanden hatte. Auf Reinhards Veranlassung wurde er 1814
als Superintendent nach Frauenprießnitz (zwischen Jena und Naumburg
gelegen) versetzt, welcher Ort bald darauf an Preußen und in Folge des
Friedensschlusses an den Großherzog von Sachsen=Weimar überging.
Hier wurde der große Carl August, als er in Göthes Begleitung seine
neue Erwerbung besuchte, auf den beredten Prediger und geschäftskundigen Superintendenten aufmerksam, der zugleich eine ebenso liebenswür-

dige als imponirende Persönlichkeit besaß, und berief ihn schon 1816 nach
Eisenach als Oberpfarrer, Generalsuperintendent und Oberconsistorialrath. 1839 wurde Nebe von dem ihm sehr gnädigen hochsel. Großherzog
Carl Friedrich zum Vice-Präsidenten des Oberconsistoriums und Comthur
des Ordens vom weißen Falken ernannt (Ritter war er schon lange gewesen), nachdem er das Präsidium des Oberconsistoriums bereits mehrere
Jahre geführt hatte. In diesem Amte wirkte Nebe mit rastloser Thätigkeit und großer Geistesfrische bis zum 1. Julius 1853, wo er seines
hohen Alters wegen seine Aemter niederlegte und die ehrenvollste Entlassung erhielt. Im Jahre darauf (1854) verschied er auf der Rückreise
von Marienbad nach der Heimath zu Karlsbad sanft und rasch. — Was
der Entschlafene als Prediger, Seelsorger (in den letzten Jahren auch
Beichtvater der Frau Herzogin von Orleans) und Oberhaupt der Geistlichen wirkte, hat für diese Blätter weniger Interesse, als die pädagogische Thätigkeit, die ihm so sehr am Herzen lag. Die Vereinigung der
verschiedenen deutschen Schulen Eisenachs zu einer großen Bürgerschule,
an die sich später noch eine zweite mit einer Seminarschule anschloß, und
die Reorganisirung der Schulen der ganzen Provinz überhaupt war sein
Werk. In dem Schullehrerseminar unterrichtete er persönlich und besuchte dasselbe ebenso wie die Stadtschulen und das Gymnasium nicht
selten, indem er sich so in Wahrheit als Direktor des Seminars und
der Bürgerschule und als Ephorus des Gymnasiums zeigte, welche Würde
ihm übertragen waren. Die Landschulen der Provinz Eisenach visitirte
er in einem gewissen Turnus und war mit dem innern und äußern Leben derselben stets auf das Engste vertraut. Alle Lehrer und Geistliche
verehrten ihn als treuen Vater und Rathgeber, der zwar, wo es Noth
tnat, ernst und streng auftrat, aber auch Keinen ohne Rath und Hülfe
ließ, der sich an ihn wandte, und manche Thräne im Stillen trocknete,
manchen Streit vermittelte und Zwistigkeiten, sei es mit der Gemeinde
oder mit Amtsgenossen u. s. w. beilegte. Nach dem Tode der ihm Untergebenen trug er seine Sorge und Liebe auf deren Wittwen und Waisen über, wie viele Beispiele beweisen. Nur die große Arbeitslust und
Arbeitskraft, welche Nebe besaß, machen es erklärlich, wie er die vielseitigen amtlichen Obliegenheiten vollständig erfüllen konnte und daneben
noch Zeit hatte für gemeinnützige Stiftungen und Vereine, wie für die
Bibelgesellschaft, der er viele Jahre präsidirte, für den Gustav-Adolph-
Verein, die Freunde in der Noth (zur Unterbringung von verwaisten
Kindern bei braven Handwerkern), Frauenverein u. s. w. Die Mußestunden widmete er dem Privatstudium und den schönen Künsten, die er
von Jugend auf geliebt hatte, weßhalb er auch eine Kupferstichsammlung
von seltenem Umfang besaß. Zahlreiche Schriften, größtentheils pädagogischen Inhalts, zeugen von seinem häuslichen Fleiß, z. B. der Schullehrerberuf, der zwei Auflagen und zwei Nachdrücke erlebte, die Fragen
an Kinder über den biblischen Katechismus für Volksschulen, ebenfalls
zweimal aufgelegt, mehrere theologische Schriften und Predigten, so wie
Schriften allgemeinen Inhalts, wie über das Reformations- und das
Wartburgsfest, über Stollbergs Uebertritt zur katholischen Kirche u. s. w.

Um noch einige Worte über Nebe als Mensch hinzuzufügen, so ist
sein warmes Herz, seine ungeheuchelte Gottesfurcht und seine stets ungetrübte Heiterkeit besonders hervorzuheben. Seine Frömmigkeit war
tief und innig, aber ebenso weit entfernt von seichtem Rationalismus als
von der einseitigen Auffassung der Ultraorthodoxie. Dazu trieb ihn auch
Milde seines liebevollen Herzens, welches keinen Haß und Zorn kannte.
Alle Verletzungen oder Kränkungen vergaß er in ächt christlicher Weise

sogleich, wobei wir freilich erwähnen müssen, daß ihm dieses nicht schwer
wurde, weil sein glückliches stets gleiches Temperament ihm nicht gestattete, sich ernsthaft zu ärgern oder nachhaltig zu zürnen. Für einen
solchen Charakter war Wohlthun die größte Freude, vorzüglich im Geheimen, denn jede derartige Ostentation war ihm zuwider. Gegen sich
selbst karg — denn für seine Person war er sehr einfach und machte
keine bedeutende Ausgabe, als die jährliche Sommerreise, die er entweder in ferne Gegenden oder in Bäder unternahm — war er gegen
Andere höchst freigebig und brachte auf das Bereitwilligste Opfer, sobald
es einem guten Zwecke oder Freunden und Verwandten galt. Von dieser edlen Gesinnung gab der letzte Wille Rebe's ein redendes Zeugniß,
denn er bestimmte 12,500 Thaler zu Stiftungen, theils zu einem Fami-
lienstipendium für die Verwandten Rebe und Rein, theils für die Schulen
der Stadt, für die Pfarrer- und Lehrerwittwen des Landes, für die
Waisen derselben, für verwahrloste Kinder, für die Vereine der Bibelgesellschaft, Gustav Adolf u. s. w., so daß nichts von dem, was ihm im
Leben theuer gewesen war, eines bleibenden Andenkens ermangelte. Die
Bürgerschulen zu Eisenach begehen den Geburtstag des Verewigten mit
einem Redeaktus 2c., wo auch Prämien an die Kinder vertheilt werden,
die der Verstorbene ausgesetzt hat. Sein Hauptwerk, das er für die
Schulwelt drucken ließ, ist:

Schullehrerberuf nach dessen gesammten Umfange in der Schule und Kirche.
Grundlage einer praktischen Amtsvorschrift für Lehrer in Bürger- und Landschulen auch
zur Vorbereitung der Seminaristen. Nebst einer gut gewählten Literatur für Volks-
Schullehrer. 2. Auflage. Eisenach, 1827.

Johann Wilhelm Rehm.
Geboren den 21. Februar 1811, gestorben den 10. Juli 1841.

Die Stadt Herdecke war sein Geburtsort und der Vater ein einfacher, schlichter Bürger und Schreiner daselbst. Die ersten Jahre des
Lebens verflossen dem Kind im Kreise der Seinigen; es lallte mit den
Siegesgesang der Deutschen, es klatschte froh bei den auflodernden Ok-
toberflammen, es spiegelte sich in den Wellen der freundlichen Ruhr und
bald wechselte es mit Stolz, wie Kinder thun, das Röckchen mit der
Hose. Die Jahre rückten, die Schule kam. Den Elementarunterricht
empfing Rehm von dem Lehrer Hermann. Früh war es sein Vorsatz,
Schullehrer zu werden. Was den Charakter des Ernstes an sich trug,
zog ihn mehr an, als die Spiele seiner Kameraden. Den Musikunterricht empfing er von dem Lehrer Barthe. Im Jahr 1823 trat er in die
Rektoratschule. Wie diese Schulen damals waren, das zu schildern, ist
hier nicht der Ort. Rehm entwickelte sich durch sich selbst. Im Bewußtsein, seine Zeit wohl angewendet zu haben, wanderte Rehm im Januar
1829 nach Soest, sich zur Aspirantenprüfung des dortigen Seminars zu
stellen. Er bestand in der Prüfung gut und im März desselben Jahres
war er Seminarist. Sein Urtheil über Seminare hat Rehm in seiner
bekannten Schrift: „Darstellung einiger Uebelstände 2c." ausgesprochen.
Er gewann sich hier die Liebe und Achtung seiner Lehrer und Mitsemina-
risten und gehörte in jeder Hinsicht zu den Besten der Anstalt. Nach
dem fortgesetzten 2jährigen Kursus im Seminar, verließ Rehm dasselbe
und übernahm die 2te Lehrerstelle in Heißen, einem Dorfe bei Mühlheim
an der Ruhr. Hier lebte er, doch ohne sein Verschulden, in unangenehmen Verhältnissen, die ihn sehr mißmuthig machten und eine Krankheit
nöthigte ihn, zu den Seinigen zu gehen, um sich hier zu erholen. Nach

einem halben Jahre fühlte er sich gestärkt und folgte deshalb einem Ruf
an ein Privatinstitut zu Dortmund. Hier führte er ein heiteres Leben.
Merkwürdig war es, daß er den Gedanken an ein frühes Sterben nicht
fahren lassen konnte, wie sich dies in vielen Stellen seines Tagebuchs
und in Briefen aussprach. Von Dortmund ward er an die evangelische
Stadtschule nach Werl berufen. Hier beginnt ein zweites Stadium in
Rehm's Leben, welches ihn zur Oeffentlichkeit führt. Bisher hatte er
blos für sich selbst und seine Schulen gewirkt, 1837 trat er mit seinem
methodischen Handbuche für den Unterricht in den deutschen Stylübungen
hervor. Es ist dies ein sehr brauchbares Werk. Rehm erfüllte stets an
sich die Forderung der Weiterbildung und zwar, wie uns Werke und
Manuscripte beweisen, in einem sehr hohen Grade; er gehörte zu den
würdigsten, kräftigsten Mitgliedern seines Standes. 1838 konnte er an
die Realschule nach Düsseldorf kommen; allein er that es nicht. Der
Kampf begann, als Rehm folgende Broschüre erscheinen ließ: „Was muß
geschehen, wenn das Volkschulwesen gehoben werden soll. Ein Wort
zur Prüfung und zur Beherzigung seiner Amtsgenossen in Westphalen
und in den Rheinlanden. Essen, 1838." Vielfach wurde sein edles
Streben verkannt. Er begann den Kampf mit einem großen Fehler —
die Zeit war dazu nicht passend und viele seiner Standesgenossen dazu
noch nicht reif. Daß Rehm den Streitkolben ergriff, dazu trieb ihn sein
Herz; daß er ihn lebhaft fortführte, sein männlicher, sein religiöser Sinn,
sein Drang nach That, sein Todesgefühl. In vielfache Fehde verwickelte
ihn diese Schrift, ja die Behörden forderten ihn zur Rechtfertigung auf
und er erhielt deshalb Verweise. Doch der Wurf war geschehen, Rehm
erwachte aus dem Wonnerausche entnüchtert zur kahlen, nackten Wirklichkeit. Ruhiger daher spricht sich Rehm in folgendem Werk aus: „Darlegung einiger Uebelstände, welche den Volksschullehrerstand im Allgemeinen noch drücken, nebst Angabe zu Hebung desselben. Essen, 1839."
Sein letztes Werk, dessen Erscheinen er nicht mehr erlebte, war: „Beleuchtung der von dem Superintendenten Weigmann herausgegebenen Schrift:
„Ueber das Verhältniß der Volksschulen zum Staate und zur Kirche.
Essen, 1840." Diese Schrift kann nicht genug empfohlen werden. Sie
giebt in Rehm's Entwickelung den tiefsten Blick, er ist ruhig geworden,
klar in seinen Forderungen, er ist kräftig geblieben und getreu seinem
einmal ergriffenen Plane. Sein schneller Tod erfüllte Alle mit tiefer
Trauer. Rehm war ein edler Mann.

August Hermann Niemeyer.
Geboren den 1. September 1754, gestorben den 17. Juli 1828.

Motto: „Das erste wichtigste Hilfsmittel zur Kultur des
moralischen Gefühls ist: Das Beispiel.

Niemeyer.

Niemeyer wurde zu Halle a. d. Saale geboren und verlor schon
im Jahre 1764 seine Mutter und drei Jahre später seinen Vater, welcher in Halle Prediger war. Die Wittwe eines daselbst verstorbenen
Leibarztes Lysthenius nahm sich des verwaisten Knaben an und wurde
ihm eine zweite an Geist und Herz ausgezeichnete Mutter. Seinen
Schulunterricht empfing Niemeyer, ein hoffnungsvoller Jüngling, im Pädagogium seiner Vaterstadt, und widmete sich, 1771 demselben entlassen,
auf der Universität daselbst den theologischen Studien, wozu ihn der
Drang seines frommen Gemüthes rief. Eben so fand er sich zur Dichtkunst hingezogen und ward selbst religiöser Dichter. Durch Niemeyer's

besondere Liebe zu den heiligen Schriften und ihrem Studium entstand seine „Charakteristik der Bibel", von welcher bereits im Jahre 1775 der erste Band erschien.

Im Jahre 1777 begann Niemeyer seine akademische Thätigkeit als Professor durch verschiedenartige Vorlesungen, insonderheit durch Erklärung griechischer und lateinischer Classiker, und wurde 1781, in ehrenvoller Anerkennung seiner bisherigen Leistungen, zum ordentlichen Professor der Theologie, auch zum Inspector des königl. Pädagogiums und im folgenden Jahre zum Mitdirector der gesammten Franke'schen Stiftungen ernannt. Um die Hebung dieser Anstalten, welche in Verfall gerathen waren, erwarb er sich insbesondere große und bleibende Verdienste.

Nebst dem Studium der Philosophie, Psychologie und Geschichte zogen Biographieen Niemeyer am meisten an, da es für ihn eine hohe Lust war, darin die menschliche Seele, die eine bodenlose Tiefe hat, zu beschauen und näher kennen zu lernen. Daher pflegte er auch offene Selbstgeständnisse und Briefe, die unbefangen geschrieben waren, besonders gern zu lesen. Er selbst verfaßte ebenfalls verschiedene Lebens= und Charakterschilderungen, welche theils besonders, wie die Franke's, Wesley's Rössell's, theils in andern Schriften erschienen sind.

Ein besonderer Freund war Niemeyer von Reisen, da man auf Reisen viel sehen und lernen kann. In dem Vorworte zu seiner Reise nach England erklärt er, viel auf Reisen gelernt zu haben, mancherlei für die Wissenschaft, doch mehr noch für das Leben. „Vorzüglich aber ist das," schreibt er eben da, „was ich zu dem höchsten Glück meines Lebens rechne, mit einer großen Anzahl ausgezeichneter Geister in allen Sphären der Thätigkeit gleichzeitig gelebt zu haben, durch Reisen um das Doppelte erhöht, indem ich Gelegenheit fand, mich mit sehr vielen von ihnen unmittelbar zu berühren, oder doch ein nie zu verlöschendes Bild in meinen Geist aufzunehmen." — Die literarische Frucht von Niemeyer's Reisen war seine Schrift: „Beobachtungen Niemeyer's auf Reisen in und außer Deutschland." 4 Bände. Halle, 1826. 2te Auflage.

Als im Jahre 1787 ein pädagogisches Seminar in Halle gegründet worden war, wurde Niemeyer nicht blos mit der Leitung desselben betraut, sondern erhielt auch den Auftrag, über Theorie des Unterrichts und der Erziehung öffentliche Vorlesungen zu halten, welche von einer großen Anzahl Zuhörer aus verschiedenen Ständen besucht wurden. Im Jahre 1796 erschien von ihm das Werk: Grundsätze der Erziehung und des Unterrichts, für Eltern, Hauslehrer und Schulmänner, und zwar in einem Bande, erlebte aber zur Zeit des Verfassers schon acht Aufl. in 3 Thln. Die letzte 9te Aufl. (1834—39) dieses noch heute in hohem Ansehen stehenden Werkes besorgte Niemeyer's Sohn, Dr. H. A. Niemeyer. — Zum Gebrauche seiner pädagogischen Vorträge im Seminar ließ Niemeyer im Jahre 1796 eine Uebersicht der in seinen gleichzeitig zum ersten Male herausgegebenen Grundsätzen ausgeführten Theorie der Erziehung und des Unterrichts, dann 1803 einen Leitfaden der Pädagogik und Diktaktik erscheinen, der 1804 eine zweite verbesserte Auflage erhielt. Im Jahre 1813 erschienen von ihm herausgegeben: Originalstellen griechischer und römischer Classiker über die Theorie der Erziehung und des Unterrichts, worin er die Theorie der Erziehung und des Unterrichts während eines sechshundertjährigen Zeitraums lieferte. Früher (1792) hatte Niemeyer „sein Handbuch für christliche Religionslehrer", und „Briefe an christliche Religionslehrer" (1796 und 97) herausgegeben, und im Jahre 1801 war von ihm ein „Lehrbuch für die obern Religionsklassen in Gelehrtenschulen" erschienen, welche Schriften jedoch von protestantischer Seite vielfach heftig angefochten wurden.

Nachdem Niemeyer 1806 von einer Reise durch Westphalen und Holland nach Halle zurückgekehrt war, wurde er nebst vier andern geachteten Einwohnern aufgegriffen und nach Frankfurt deportirt, bald aber wieder in Freiheit gesetzt. Als 1808 die Universität Halle, welche wegen patriotischer Demonstrationen eines Theils der Studirenden durch ein Dekret Napoleons vom 20. Oktober 1806 aufgelöst worden, von dem Könige Jerome von Westphalen wieder hergestellt worden war, wurde Niemeyer von demselben zum Kanzler und beständigen Rektor derselben ernannt. Durch ein Dekret Napoleons vom 15. Juli 1813 wurde jedoch die Universität Halle zum zweiten Male aufgehoben und Niemeyer seiner Aemter und Würden entsetzt. Bald darauf aber, nach dem Siege der Verbündeten über die Franzosen bei Leipzig, wurde die Universität Halle wieder hergestellt und Niemeyer in seine Aemter eingesetzt. 1816 ernannte ihn der König von Preußen zum Oberconsistorialrathe bei dem Consistorium der Provinz Sachsen, und verlieh ihm im folgenden Jahre den rothen Adlerorden dritter Klasse, dessen zweite Klasse mit Eichenlaub 1826 folgte. — Am 18. April 1828 feierte die Universität-Halle Niemeyer's 50jähriges Magisterjubiläum, welche Feier durch Abgeordnete anderer Universitäten, so wie durch ein Geschenk von 40,000 Thalern, welches der König der Universität Halle zur Erbauung eines von Niemeyer früher erbetenen Universitätsgebäudes machte, verherrlicht wurde. Niemeyer starb zu Halle am 17. Juli 1828.

Nikolaus der Heilige.

Nikolaus der Heilige, einer der Haupttheiligen der griechischen Kirche, geboren zu Patara zu Lykien, zeichnete sich von Jugend auf durch seine Mildthätigkeit und christlichen Bestrebungen aus. Durch den Zufall, daß er der Erste war, welcher zur Kirche kam, ward er verabredetermaßen Bischof von Myra in Lykien. Zur Zeit der Christenverfolgungen unter Kaiser Diocletian eingekerkert, kam er erst unter Konstantin in Freiheit und machte sich dann als Kämpfer gegen die Arianer auf dem Concil zu Nicäa, 325 bemerkbar. Er war bereits mehre Jahrhunderte im morgenländischen Reiche, und hie und da auch schon im abendländischen als Heiliger verehrt worden, als einige Kaufleute von Bari im 11ten Jahrhunderte seine Gebeine aus der Kirche zu Mycäa entwendeten und nach ihrer Vaterstadt führten. Sein Fest fällt auf den 6ten Dezember, das an einigen Orten, wie z. B. in Hamburg, auch als Schulfest begangen wird und zwar mit Maskeraden und Schmausereien. Damit hängt vielleicht der in Deutschland und der Schweiz überall noch herrschende, vielleicht doch bekannte Gebrauch zusammen, die Kinder mit dem Nikolaus oder dem Knecht Ruprecht (von den Franzosen valet Robert genannt) zu schrecken. „Nirgends durfte die Ruthe und der Schrecken für die Kinder fehlen, und zeigte sich auch hierin der deutsche Charakter strenger Kinderzucht."

Johann Nissen.

Geboren den 31. Dezember 1803, gestorben den 10. Oktober 1857.

Unter den 11 Kindern war unser Johann Nissen das achte. In einfachen ländlichen Verhältnissen, unter der Pflege frommer Eltern wuchs unser Nissen heran. Den ersten Unterricht empfing er von dem Lehrer Lohse in Kellinghusen; später besuchte er die Schule des Organisten Fock, dem Nissen nach eigenem Geständniß sehr viel verdankte. Mit großer Achtung sprach er stets von diesem verehrten Lehrer. Die seltene

Anlage seines Schülers richtig schätzend, that Fock nicht nur Alles, was in seinen eigenen Kräften stand, den wißbegierigen Geist zu bilden, sondern er sorgte auch mit väterlicher Zuneigung dafür, daß der Knabe jede anderweitige Gelegenheit zum Lernen benutzen konnte. Auf Fock's Veranstaltung lernte Nissen daher bei einer alten Demoiselle Ebio Französisch, eine Sprache, deren literarische Erzeugnisse ihm leicht zugänglich und völlig verständlich waren und in welcher ihm in späteren Jahren wiederholt die wärmste Anerkennung seiner eigenen Leistungen ausgesprochen worden ist.

Im Jahr 1819 wurde er konfirmirt und 2 ½ Jahre später ging er auf's Seminar in Tondern, das er Michaelis 1825 mit der Note der rühmlichen Auszeichnung verließ.

Auf dem Seminar war Nissen freilich stets darauf bedacht, Zeit und Gelegenheit zum Lernen gewissenhaft auszukaufen; dennoch hatte er für seine Mitgenossen immer Zeit und Herz. Sofort nach seinem Abgange vom Seminar ward er Hauslehrer bei dem Landmann Tamm in Kiekebusch, Gemeinde Sarau. Nach einer kurzen Notiz in seinen Papieren lebte er hier sehr still und eingezogen. Im Jahr 1827 wurde er zum Schullehrer in Barkau, Gemeinde Gleschendorf ernannt. Am 13. Dezember übernahm Nissen die Obervorbereitungsschule zu Neumünster. Es war eine übermäßig stark besetzte, schwere Klasse; doch er ging mit vieler Freudigkeit an seine Aufgabe. Seiner Stellung als Elementarlehrer nach mußte er allen zu ertheilenden religiösen Unterricht auf biblische Geschichte beschränken, und da er, gewissenhaft sich vorbereitend, jede Unterredung vorher auf's Papier brachte, dieselbe Jahr für Jahr erweiterte, verbesserte oder ganz umarbeitete, so reisten seine „Unterredungen über biblische Geschichten", wachsend auf dem Boden amtlicher Treue und Thätigkeit, zu jener Vollendung heran; wie sie, von Dr. Harms befürwortet, endlich der deutschen Lehrerwelt dargeboten wurden. Nissens Verhältniß zu seinen Amts- und Standesgenossen war in Neumünster, wie nachher in Glückstadt ein außerordentlich gefälliges und zuvorkommendes, für Viele außerdem ein sehr anregendes. Dieß gilt vielleicht am meisten von den vielen Lehrern der Landgemeinde Neumünster, denen er theils durch Rathschläge, theils durch Mittheilung von Büchern, von welchen er eine seltene Sammlung besaß, sich gefällig erwies. Ein Mann, wie Nissen aber, der öffentlich und privatim Andern so reichlich spendete, mußte Quellen haben, nimmerversiegende, aus welchen er selbst stets frischen Vorrath schöpfen konnte. Am 15. October 1846 übernahm er die Oberklasse der Mädchenschule in Glückstadt. In dieser Klasse wartete seiner eine neue Aufgabe; aber er ging mit einem Eifer an die Lösung derselben, welcher nur in Folge gewohnter anhaltender Thätigkeit und einer, wenn auch nicht robusten, so doch recht kräftigen Constitution möglich war. Einerseits hatte er wöchentlich 36 Stunden in stark besetzten Oberklassen zu unterrichten, und andererseits mußte er, bisher so gut wie reiner Elementarlehrer, jeden Unterrichtszweig für Oberklassen sich zurechtlegen. Wer ihn näher gekannt, der weiß, mit welcher Gewissenhaftigkeit er sich zu solcher Arbeit verpflichtet hielt und mit welcher zähen Ausdauer er sie vollendete. Im Jahr 1857 vollendete Nissen sein thatenreiches Leben, er ist den bedeutendsten unter den Volksschullehrern Deutschlands beizuzählen. Alle, die seine Schriften kennen, werden es wissen, welch einen Reichthum des Wissens, christlicher Erfahrung und Erkenntniß er besaß. Daher sind seine Schriften in Bezug auf sein inneres Leben seine eigenste Charakteristik, sein getreuestes Lebensbild, denn gerade wie er daheim in seinem Hause, in seiner Schule und im Verkehr mit Standesgenossen und Andern zeigte, so erscheint er auch in seinen Werken: ruhig-still mit durchleuchtendem Frohsinn, milde im Urtheil über Andere bei eigener großer Entschiedenheit, besonnen und tüchtig in hohem Grade in seinem Berufe, fromm und schlicht in allem Thun und Lassen.

Karl Ludwig Nonne.

Geboren den 1. Dez. 1785, gestorben den 17. Juli 1853.

Motto: „Wirken, so lange es Tag ist." Nonne.

Hildburghausen ist die kleine Stadt, wo Nonne 49 Jahre unausgesetzt wirkte und starb. Er verlor seinen Vater, der Justizbeamter war, schon im Alter von drei Jahren und erhielt seine erste Erziehung nach dem Wunsche seiner trefflichen Mutter bei einem befreundeten Landpfarrer unweit Hildburghausen. Als er conformirt war, ging er auf das Gymnasium nach dem unfernen Coburg, welches er dann mit der Universität Jena vertauschte, um sich zum Theologen und Schulmann auszubilden. Drei bis vier Jahre darnach kehrte er als Doktor der Weltweisheit nach Hildburghausen zurück. Heimisch geworden in den Kreis denkender, geistig wie sittlich hervorragender Menschen, den die Herzogin Charlotte um sich gezogen hatte, kam es ganz wie von selbst, daß Nonne der Angelpunkt neuer Bestrebungen wurde, um das bis dahin nicht eben sehr vorgeschrittene Ländchen intellektuell mit heran- und fortzubilden.

Noch waren nicht drei Jahre seit seiner Rückkehr von der Universität vorüber, als der noch nicht 23 Jahre alte Nonne im Jahre 1808 in die höchste Kirchen- und Schulbehörde des Herzogthums als Educations-Rath eintrat. Bald darauf sandte das Gouvernement seinen Schulrath Nonne nach der Schweiz zu Pestalozzi, um dort unter den Augen des Meisters den Geist des neuen Schulsystems in sich aufzunehmen und mit sich zurückzubringen. Kaum zurückgekehrt begann nun der junge Feuergeist sein Reformationswerk. Noch im Jahre 1810 wurden die sämmtlichen Schullehrer und Schulamtscandidaten des Landes zu einem „außerordentlichen Cursus" nicht etwa herzu- und herbeirescribirt — nein, ganz einfach, blos auf dem Wege des moralischen Impulses: im Vertrauen auf Berufstreue, guten Willen und Strebtrieb einberufen. Kein Befehl, sondern ein collegialisch gehaltener Aufruf brachte sie nach Hildburghausen.

Da kamen 30-, ja 50- und 60jährige Leute, um sich von dem 25jährigen Schulrath unterrichten zu lassen. Nonne gewann sie mehr durch seine natürliche Anspruchlosigkeit und durch die unwiderstehliche Würze seines Humors, als durch seine geistige Ueberlegenheit und sein Höhergebildetsein. Nonne machte, was er mit ihnen trieb, ihnen lieb und deßhalb leicht, indem er Allen erst sich und dann der Sache das Herz abgewann.

Sein Hauptwerk that er aber am Kern des Ganzen, am Schullehrer-Seminar selbst, dessen Direktor er alsbald wurde.

Als nun im Jahre 1826 das Herzogthum Hildburghausen an Meiningen gekommen war, erkannte der treffliche Herzog von Meiningen die reichen Elemente der Bildung, die er in dem überkommenen Lande vorfand, und wußte sie zu würdigen. Der sprechendste Beweis, den er hiefür noch in demselben Jahre gab, bestand in der Vereinigung des Meininger Seminars mit dem Hildburghauser, wodurch jenes mit Lehrern und Zöglingen nach Hildburghausen übergesiedelt wurde. Nachdem fast gleichzeitig auch die beiden Consistorien in dem Hildburghäuser vereinigt worden waren, ward Nonne unter Ernennung zum „Oberconsistorialrath" nicht allein an die Spitze des Kirchenwesens gestellt, sondern auch als Generalbevollmächtigter mit der Organisation und Leitung des Schulwesens im neu zusammengesetzten Lande unmittelbar vom Herzoge aus beauftragt, wobei er auch nach wie vor Director des Landes-Seminars blieb, so wie auch Ephorus und Oberpfarrer der Stadt und Ephorie Hildburghausen, Vorsitzender des Predigervereins und Direktor des von ihm errichteten „Instituts für Knaben und Töchter der gebildeten Stände".

Auch jetzt (wie vor 16 Jahren für das Herzogthum Hildburghausen) begann er das Werk mit einem „außerordentlichen Cursus", zu welchem er abermals ohne Anwendung äußeren Zwanges Lehrer und Schulamts-Candidaten aus dem Alt-Meiningerlande und den zu hinkommenen Landestheilen von Hildburghausen berief. Mehr als hundert Lehrer fanden sich als Nonne's neue Schüler ein. Von Morgen bis zum Abend gegen 6 bis 7 Monate hindurch dasselbe frische, rege Leben und freudige Lehren und Lernen wie damals!

Zu derselben Zeit wurde in Hildburghausen ein großes Gebäude zur Aufnahme des combinirten Seminars und des zur öffentlichen Anstalt gewordenen Instituts eingerichtet. Wo Nonne waltete, ging Alles rasch, und es ging, weil frisch und richtig angegriffen wurde, auch Alles gut von Statten So war denn das vereinigte, beziehungsweise neue Seminar bald im vollen Gange und behauptete, wie früher als Hildburghausisches Seminar, seine Vortrefflichkeit und Mustergiltigkeit fort.

Bald ergriff Nonne's Organisationsgeist das gesammte Schulwesen des Landes. Vor Allem galt es, die Kirchen- und Schulämter in den verschiedenen Landestheilen zu organisiren. Nonne begann seine Inspectionsreisen. Es sah meist nicht gut, oft schlecht damit aus, und es fanden sich im Ganzen viele Mängel und Mißstände. Abgeholfen sollte und mußte ihnen werden, aber um dies zu ermöglichen, mußte neben dem Staat auch die Gemeinde Opfer bringen und die Lehrer natürlich mußten sich auch mehr als bisher anstrengen. In den Städten wurden die Bürgerschulen reorganisirt und mit neuen Klassen versehen, auf dem Lande neue Schulen gebaut, die „Präceptorate" — reine Miethdienststellen — abgeschafft und für sie feste Schulstellen eingeführt, die überfüllten Schulen getheilt, aus den sogenannten „Sommerschulen" vollständige Schulen gemacht — die „Wandeltische", diese noch häufige Schullehrerschmach, abgestellt, die Lehrergehalte verbessert und Lehrer-Vereine ins Leben gerufen.

Auch für das Kirchenwesen gingen von ihm manche heilsame Einrichtungen aus, namentlich in Betreff der theologischen Examina, so auch rücksichtlich der Fortbildung der Candidaten, der Einführung von Predigervereinen u. s. w.

Jetzt nachdem des Mannes Persönlichkeit vor uns steht, können wir zu der großen Vorschule übergehen, die er für Deutschland errichtete, in die ganze Dörfer, Städte und Länder gingen und gern gingen, die er 36 Jahre dirigirte und deren mächtiges Wirken seinen und seiner Vaterstadt Namen den Annalen der Culturgeschichte Deutschlands übergab. Es ist die „Dorfzeitung", die ihn zu einem Manne von nationaler Bedeutung für Deutschland und Deutschlands Volksbildung erhob, weil er sie zu einer geistigen Waffenmacht für die Interessen seines Volkes und Vaterlandes erhob, zur Schirmburg und Grenzmark gegen die dunklen Gewalten machte, die sich dem Besserwerden der Menschen und der Zeit entgegenstellten. — Im Jahre 1818 ließ Nonne im Verein mit einigen gleichgesinnten Freunden ein anspruchloses, schlichtes Wochenblatt, ein rechtrichtiges und richtigrechtes **Bauernblatt** hinaus in die thüring'schen Dörfer, das bald lebhaften Anklang in den deutschen Gauen fand.

Was nun Nonne's Arbeitskraft geleistet, das ließ sich nur einigermaßen ermessen, als im Jahre 1835 ein eigener Seminardirektor und im Jahre 1838 ein eigener Schulrath angestellt worden war; was von Nonne's Arbeit hiermit abfiel, war für jeden dieser Männer volle Mannesarbeit. Und was, nachdem er auch das „Institut" an einem seiner Schwiegersöhne abgegeben hatte, für ihn als erster geistlicher Rath des Landes und als Ephorus und Oberpfarrer der Stadt übrig blieb, erforderte nicht minder eine volle Thätigkeit.

Ein schöner und reicher Tag wurde ihm in dieser Zeit noch beschieden. Am 23. Mai 1839 zogen von allen Theilen des Landes seine alten Schüler nach Hildburghausen und veranstalteten ein großes Ehrenfest, das gewiß noch in gar freundlichem Andenken stehen wird.

Von nun an war Nonne's Wirken bis zu seinem Tode nur noch seinen geistlichen Aemtern gewidmet und dauerte ununterbrochen fort. Mit reger Theilnahme gab er sich noch den Interessen des Gustav-Adolf-Vereins hin, dessen Zweigverein im Herzogthum Meiningen er ins Leben rief.

Johann Friedrich Oberlin.
Geboren den 31. August 1740, gestorben den 1. Juni 1826.

> Motto: „Seid ihr ein Christ, mein theurer Freund, dann sind wir von einer und derselben Religion. Wenn ihr an das gänzliche, natürliche Verderben der menschlichen Natur glaubet, an die Nothwendigkeit der Reue und Wiederkehr zu Gott, und daran daß er nur durch seine Kraft und seinen Beistand, den wir uns im Gebet erflehen, besser werden können; dann sind wir von einer und derselben Religion. Lasset uns Alle nur den Fußstapfen unsers Herrn unverrückt folgen."
> Oberlin.

Johann Friedrich Oberlin, weil. Pfarrer zu Waldbach im Elsaß, war einer der vortrefflichsten Männer seiner Zeit, der mit der größten Aufopferung wohlgethan und insbesondere in seinem nächsten Wirkungskreise neue Schöpfungen hervorgebracht hat. Er wurde zu Straßburg geboren, wo sein Vater ein geachteter Schulmann war. Seine Jugend verlebte er in dem engen Kreise des väterlichen Hauses und verdankte vorzüglich einer frommen und liebeerfüllten Mutter, die Richtung, welche sein Geist und Gemüth nahmen. Nach seines Vaters Wunsche widmete er sich dem Predigerberufe und vollendete seine theologischen Studien auf der Universität in Straßburg. In den Vorbereitungsjahren zum Priesteramte beschäftigte er sich mit Ertheilung von Privatunterricht und ward Hauslehrer bei einem ausgezeichneten Wundarzte in Straßburg. Seine Laufbahn als Prediger wurde von ihm in einer der elendsten, ärmlichsten Gegenden Europa's und unter Menschen begonnen, die tiefer nicht wohl stehen konnten und deren Unwissenheit alle Begriffe überstieg. Das Steinthal, in dem Oberlin ein Predigtamt übernahm, ist eine rauhe Gebirgsgegend, durch ein tiefes Thal von der Ostgrenze der Vogesen abgeschnitten, größtentheils mit Wald und Wiesen bedeckt, und besteht aus zwei Kirchspielen, von welchen Waldbach, wozu fünf Weiler gehören, fast ganz von Protestanten bewohnt ist, die auch nach der Abtretung des Elsaß vollkommene Gewissensfreiheit genossen, während in an-

beren Gegenden Frankreichs der Protestantismus verfolgt wurde. Das
Steinthal war aber während des 30jährigen Krieges und in den folgen=
den Kriegen so verheert worden, daß es kaum bewohnbar war. Gegen
100 Familien gewannen dort einen dürftigen Unterricht, ermangelten aber
fast aller Bedürfnisse und Bequemlichkeiten des sittlichen Lebens.

Als sein Amtsvorgänger Stuber 1750 in den ersten Tagen seiner
Ankunft in Waldbach das Schulhaus besuchen wollte, führte man ihn in
eine elende Hütte, wo eine Menge Kinder ohne alle Beschäftigung ver=
sammelt war und ein schreckliches Getöse machte. „Wo ist denn euer
Schulmeister?" fragte der Pfarrer. — Die Kinder zeigten auf ein altes
Männchen hin, das kraftlos in einem Bette lag. „Seid ihr der Mei=
ster?" fragte ihn der Pfarrer. Ja, Herr, sagte ihm das alte Männ=
lein. — Was lehrt ihr denn eure Kinder? — Nichts, Herr Pfarrer. —
Ei, warum denn nicht? — Weil ich selbst nichts weiß. — Wie seid ihr
denn aber Schulmeister geworden? — Ich bin eigentlich der Schweine=
hirt gewesen, da ich aber zu kraftlos geworden, hat mich die Gemeinde
abgesetzt und ich soll nun die Kinder hüten. — In den anderen Dörfern
des Steinthales stand es nicht besser, und die Schulmeister waren, wenn
auch nicht Schweinehirten, doch Schäfer. Im Sommer trieben sie ihre
Heerden auf die Berge und im Winter lehrten sie die Kinder lesen, was
sie selber nicht verstanden.

Stuber's erstes Sinnen und Streben ging nun dahin, tüchtige
Schullehrer aus der Gemeinde selber heraufzubilden. Schullehrer? sag=
ten die Eltern, deren fähigen Söhne Stuber zu diesem Geschäfte aus=
ersehen hatte, Schullehrer sollten unsere Söhne nicht werden, dazu ge=
ben wir sie nicht her. Stuber beschloß, diese krankhafte Seite einer Ge=
meinde, bei welcher das Schullehreramt unter den Schweinehirtenstand
heruntergesunken und so wie dieser für unehrlich geachtet war, schonend
zu behandeln. Ich meine nicht, sagte er, daß eure Söhne solche ge=
wöhnliche Schulmeister werden sollen; nein, das würde sich nicht schicken,
sondern zu Herren Schulregenten will ich sie machen. Alsbann fanden
sich mehrere Jünglinge aus der Gemeinde, welche Schulregenten werden
wollten.

Als die jungen künftigen Schulregenten anfingen, unter Stubers
Aufsicht die Kinder lesen zu lehren und sonst zu unterrichten, war be=
sondere Leitung nöthig, denn kein Schulmeister konnte noch fertig lesen,
noch viel weniger den Sinn und Zusammenhang des Gelesenen fassen.
Stuber dachte vor allen Dingen darauf, das Lesenlernen und Lehren
gründlicher und zweckmäßiger einzurichten. Er schaffte Syllabirbücher
herbei, mit denen ein Wohlthäter zu Straßburg ein Geschenk machte.
Die Steinthaler konnten sich gar nicht denken, was diese Büchlein voll
zusammenhängender Wörter bedeuten sollten, und Viele von ihnen glaub=
ten, ihr Pfarrer wolle Hexerei damit treiben. Da jedoch bald nach der
Einführung dieser Büchlein die Schulkinder überaus rasche Fortschritte
im Lesen machten, bemerkten dies ihre erwachsenen Geschwister und Eltern;
diese schämten sich nun, daß die kleinen Kinder besser lasen, als sie, und
baten um Erlaubniß, auch die Schule besuchen zu dürfen. Stuber gab
ihnen diese gern, die Unterrichtsstunden wurden vermehrt, und man sah
nun öfters mit den kleinen Kindern zugleich ihre Eltern und Großeltern
das Lesen lernen. Das Nächste, was hierauf der edle Pfarrer that,
war, daß er meist auf eigene Kosten französische Bibeln aus Basel kom=
men ließ. Nach sechs Jahren hatte Stuber schon so viel gewonnen, daß
ein Schulhaus errichtet war.

Doch wir wenden uns nun zu dem würdigen Nachfolger Stuber's, zu Oberlin, dem langjährigen Wohlthäter des ganzen Steinthals. Was aber dieser that, der grenzenlosen Dürftigkeit und Armuth seiner Gemeinde abzuhelfen, und wie herrlich ihm Alles gelungen, wie er den Verkehr des Steinthales mit der Umgegend durch Anlegung guter Wege und Erbauung einer Brücke bewirkte, wie er die Fruchtbarkeit des bisher wenig benützten steinigen Bodens zu erhöhen bemüht war, wie er nutzbare Gewächse einführte, die man hier zuvor gar nicht gekannt, wie er die Viehzucht emporbrachte und Handwerker aller Art in Steinthal zog, wie er für einträgliche Beschäftigung seiner Pfarrkinder durch Einführung der Baumwollenspinnerei (die dem Steinthale in einem Jahre 32000 Franken einbrachte) und auf andere Weise Sorge trug, und wie er dies Alles mit so geringen Mitteln zu vollbringen im Stande war, auch wie er für die Unterweisung und Erbauung der Gemeinde unermüdet und mit Aufopferung besorgt sich zeigte, — dies Alles gehört wohl in das Gebiet seiner Biographie und ist in derselben beschrieben, hier in dieser Sammlung aber ist nur anzuführen, was er für den Unterricht der Jugend oder für die Schule that.

Zu dem Schulhause, das schon der treffliche Stuber hat erbauen lassen, ließ er mit Hülfe der Unterstützungen, welche er durch auswärtige Freunde erhielt, und mit Hingabe seines eigenen kleinen Vermögens noch ein zweites Schulhaus in Waldbach und dann auch in jedem Filialorte eines erbauen. Er selbst war die beständige Seele des ganzen Schulunterrichts. Jede Woche versammelte er zu Waldbach sämmtliche Schulkinder seiner Pfarrei sowohl aus dem Orte selbst als aus den Filialdörfern, wobei er durch eine öffentliche Prüfung einen edlen Wetteifer zwischen ihnen selber und zwischen ihren Lehrern zu erregen suchte. Hierbei kam ihm eine schon zu Stuber's Zeiten getroffene Einrichtung sehr wohl zu Statten. Ein Wohlthäter zu Straßburg hatte ein Capital zu 1000 fl. zur Verbesserung der Schulen hergeschenkt, der Zins dieses Capitals wurde jährlich als Preis unter die Schullehrer des Steinthals nach Maßgabe der Anzahl ihrer wohlunterrichteten Schüler vertheilt; für jüngere Kinder erhielten dieselbe eine etwas stärkere Summe, für Kinder schwächerer Gaben, wenn sie doch bestanden, das Doppelte. Der Pfarrer legte überdies eine sehr zweckmäßige Schulbibliothek an, ließ selbst mehrere Schulbücher drucken und quartalweise in den verschiedenen Dörfern circuliren.

Aber nicht blos seine Kinder, welche schon den Schulunterricht benutzen konnten, waren ein Gegenstand seiner väterlichen Sorgfalt, sondern auch die ganz Kleinen, welche noch nicht oder kaum gehen konnten. Von ihren ersten Lebensjahren an suchte er diese zu Christen und zu gesunden und fleißigen Menschen zu bilden. Da die Eltern, stets mit ihrem Ackerbau oder Gewerbe beschäftigt, öfters und meistens nicht Zeit hatten, den kleinen Kindern die nöthige Aufsicht und Pflege zu gewähren, und daher diese Kleinen ganz allein, auf der Straße oder im Hause spielend, großen Gefahren des Leibes und der Seele ausgesetzt waren, miethete Oberlin auf seine Kosten geräumige Zimmer und richtete sie bequem ein. Da wurden denn die Kinder bei schlechtem Wetter, unter der Aufsicht und freundlichen Pflege von weiblichen Personen versammelt, welche er selbst mit Hilfe seiner trefflichen Gattin zum Geschäft der Kinderpflege und christlichen Kinderzucht ausgewählt und gebildet hatte. Hier spielten dann die Kleineren, die Größeren lernten Stricken, Spinnen, Nähen, und zur Abwechselung legten ihnen dazwischen die Aufseherinnen Landkarten, namentlich eine des Steinthals und seiner Umgegend, vor, worauf jedes Kind seines Vaters Haus und Hof verzeichnet fand, oder auch bemalte Kupferstiche über biblische und naturgeschichtliche Gegenstände und gaben dazu die nöthige Erklärung. Bei diesen Kinderversammlungen war es unter andern eine Hauptbedingung, daß die Kleinen kein Patois sprechen durften, sondern blos rein französisch. Hierdurch ist es hauptsächlich gelungen, daß das häßliche platte Patois im Steinthale fast ganz ausgerottet ist.

Auf solche Weise legte Oberlin wohl die erste Bewahr- oder Kleinkinderanstalt an, da sie vor 1784 gestiftet ward. Unter der Mitwirkung seiner Frau wurden in jeder Gemeinde Aufseherinnen gewählt, unter deren Leitung die Kinder von 2—6 Jahren beschäftigt und durch Einwirkung auf Verstandesentwickelung für die öffentlichen Schulen vorbereitet wurden. In den Schulen wurden außer den gewöhnlichen Grundkenntnissen auch die Grundlagen der Ackerbaukunde und die Astronomie gelehrt und Auszüge aus den besten Schriftstellern über Landwirthschaftkunde und Baumzucht gemacht. Selbst die Pflanzenkunde ward in den Kreis der Unterrichtsgegenstände gezogen, da das Steinthal reich an Pflanzen ist und fast ein Siebentheil der ganzen französischen Flora enthält und ehe die Kinder confirmirt wurden, mußte bescheinigt werden, daß sie zwei junge Obstbäume gepflanzt hatten.

Der Tod seiner Frau, die er im 16. Jahre seiner Ehe verlor, beugte ihn tief. Eine Waise, in seinem Hause erzogen, die er später an Kindesstatt annahm, Louise Scheppler, wurde die Pflegerin seiner jüngeren Kinder und übernahm die Sorge für sein Hauswesen. Ums Jahr 1794 machte Oberlin bekannt, daß er Zöglinge bei sich aufnehmen wollte, und es wurden ihm die Kinder mehrerer angesehener Ausländer anvertraut. Seine Schulen standen in so gutem Rufe, daß aus entfernteren Gegenden Mädchen aus den mittlern Ständen in das Steinthal geschickt wurden, und eine Schülerin des Pfarrers Oberlin gewesen zu sein, galt für die beste Empfehlung. So viel von dem, was der wackere Oberlin für die Schulen und ihre Zöglinge that. Ebenso thätig wirkte er bekanntlich für die Kirche.

Bald nach seinem Tode (im Jahre 1826) wurden in Frankreich Beiträge zu einer milden Stiftung bestimmt, die Oberlin's Namen führen und zur Befriedigung der physischen und materiellen Bedürfnisse der Bewohner des Steinthals bestimmt, den Einfluß seiner Wohlthaten und das Beispiel seiner Tugenden der Nachwelt überliefern will.

Ludwig Heinrich Olivier.
Geboren 1759, gestorben den 31. März 1815.

Derselbe war zu La Sana in der französischen Schweiz geboren. Er war Lehrer und Professor am Pädagogium zu Dessau und lebte nachmals in Wien. Sein Hauptwerk ist das ortho-epographische Elementarwerk oder Lehrbuch über die in jeder Sprache anwendbare Kunst, recht sprechen, lesen und recht schreiben zu lehren. 2 Theile. Dessau, 1808. Dieses Werk ist eine Fortsetzung der kleinen Schrift: „Die Kunst, lesen und recht schreiben zu lehren".

David Christian Ortgies.

Am 7. Juni starb D. Chr. Ortgies, Gründer und langjähriger Vorsteher und Lehrer der Bremer Taubstummen-Anstalt, in seinem 73sten Jahre. Hat er auch keinen literarischen Ruhm hinterlassen, so verdient es doch nichts desto weniger das ungemeine Gute, das er im Stillen, ja das Große, das er durch seine reine aufopfernde Liebe, seine hohe Religiosität und sein ausgezeichnetes Lehrgeschick gewirkt hatte, daß seinem Andenken in diesen Blättern ein Denkstein aufgesetzt werde.

Schon lange vor ihm wurden in Bremen einzelne Versuche mit dem Unterrichte der taubstummen Landeskinder gemacht, die aber alle scheiterten. Nur dem regsten Interesse eines Ortgies für diese Aermsten unter den Armen, seinem begeisterten Einfluß, der ihm thätige Freunde und Gönner für seine Angelegenheit gewann, seinem unerschütterlichen Vertrauen auf Gott, seiner Ausdauer war es vorbehalten, ein bleibendes Asyl für Erziehung und Bildung der bis dahin verlassenen Taubstummen des Bremischen Gebietes in's Leben zu rufen. Schon im Jahre 1827 führte der Herr ihm in seiner Stellung als Oberlehrer der St. Ansgarii Kirchspielschule in Bremen ein taubstummes verwaistes Mädchen zu.

Er wußte selbst nicht, wie er einer solchen Person könne oder solle durch Unterricht beikommen. Wie aber sein frommer Sinn den Ruf des Herrn: „Weide auch diese meine Lämmer" verstand, so legte er nichtsdestoweniger getrost seine Hand an's Werk. Der Herr segnete denn auch sein schwaches Bemühen so reichlich, daß er schon im Dezember desselben Jahres mit 10 Eleven eine kleine Prüfung halten konnte. Die Resultate derselben, wie der wiederholten öffentlichen Prüfungen gaben aber auch seinen Leistungen ein so rühmliches Zeugniß, daß von der Zeit an der Anstalt immer reichere Spenden zuflossen. Eine vorzügliche, von den Taubstummenlehrern nicht genug gewürdigte, Geschicklichkeit besaß Ortgies den Unterricht unmittelbar an das Leben zu knüpfen und Alles auf die praktische Weise einzuüben. Wie das Leben den Kindern der beste Dolmetscher des Abstrakten ist und sie selbstrebend wieder in's Leben führt, so nahmen auch die Schüler unsers verewigten Freundes die klarste, und eine mehr combinirte Anschauung von den Verhältnissen der Dinge und des Lebens hinüber, die wieder den glücklichsten Einfluß auf sie übte. Wenn schon das Leben in der Anstalt, wo durch Ortgie's eigenes liebevolles Wesen die Kinder engere Bande umschloßen, ziemlich reich an Hindeutungen war, so ging er nichts destoweniger überall von den Bildern, deren er sich eine Menge verschaffte, von der sächlichen Betrachtung und historischen Thatsachen aus, um der ganzen positiven Kenntniß das Fundament eigener lebendiger Anschauung angedeihen zu lassen. Dabei kam ihm seine eigene gemüthliche Erfassung der Natur, besonders der Pflanzenwelt, seine Vorliebe für den Gartenbau sehr zu Statten. Bei dieser ganz practischen Richtung seines Unterrichts war es ihm denn auch möglich, die Begriffsbestimmungen, ohne weitläufigen Gebrauch von der Geberdensprache zu machen, unmittelbar durch das Wort und zwar das artikulirte, vertreten zu lassen. Dadurch gelangten seine Schüler schon zu einer größeren Gewandtheit im Denksprechen und Absehen vom Munde. Was aber die Methode ganz besonders auszeichnete, war der reelle Gewinn, der dem Unterrichte daraus erwuchs, daß er mit der Erziehung in lebendigen Wechselverkehr trat, von vornherein moralische und religiöse Anregungen beschaffte und den Kindern schon frühe das Beten zum Lebensbedürfniß machte, und wirklich gelang es Ortgie's ausgezeichneter Persönlichkeit, seiner sanften milden Johannesnatur, gepaart mit sittlichem Ernst, seinem eigenen, lebendigen, frommen Sinne, die jungen Gemüther zu sich hinauf zu stimmen. Aber sein Einfluß war auch so lebendig und so innig, daß sich Alle, die mit ihm in näherer Verbindung standen, oder an seiner Seite mitwirkten, zu ihm und der ganzen Richtung seines Wesens hingezogen fühlten.

Nicht minder fleißig besuchte Ortgies die benachbarten Taubstum-
menanstalten und veranlaßte selbst eine nähere Verbindnng der Schleswi-
ger, Lübecker, Hamburger und Bremer Taubstummenlehrer, indem er sel-
bige zu einer Versammlung einlud und zu gemeinschaftlichen Arbeiten, die
gegenseitig kritisirt werden und dann circuliren sollten. Diese, so viel
ich weiß, ersten Versuche collegialischer Vereinigung der Taubstummenlehrer scheiterten aber bald an Uugunst damaliger Zeitverhältnisse.

Am 8. Mai 1853 feierte die Anstalt das Fest ihres 25jährigen Bestehens, zu dessen steter Erinnerung eine eiserne Gedächtnißtafel mit des
Begründers Wappen im Garten der Anstalt errichtet wurde. Die Zöglinge, Groß und Klein, legten auch Zeichen ihrer Dankbarkeit an den
Tag, welche meist in ihren eigenen Arbeiten bestehend auch nicht minder
ihrem Kunstsinn und Geschmack Ehre machten. Ortgie's ganzes Leben
war ein Glaubensleben in Christo, unserm Heiland.

Unter so vielen Sorgen und Mühen, die ihm nur das stille Bewußtsein lohnen und versüßen konnte, fing aber endlich seine Gesundheit
an zu wanken, und er litt schon seit langer Zeit an Brustschwäche und
einem chronischen Hustenübel. Endlich im Mai 1855, als der Rest von
Kraft immer mehr hinschwand, sah er sich genöthigt, sein Amt niederzulegen. Mit gerührtem Herzen erkannte er es aber als eine besondere
Gnade des Herrn, daß sein ältester Sohn Hermann, der ihm schon
lange im Amte beigestanden und sein Erziehungstalent und eben dieselbe
Hingebung für seinen Beruf und denselben frommen Geist bewahrt hatte,
gewürdigt ward, sein Nachfolger im Amte zu sein.

Bernhard Overberg.
Geboren den 1. Mai 1754, gestorben den 9. Nov. 1826.

Motto: „Der Unterricht in der Religion ist der wichtigste
und, auch der schwierigste. Der Grund dieser Schwierigkeit liegt sowohl in der Erhabenheit und Ueberfinnlichkeit
des Gegenstandes, als darin, daß alle Seelenkräfte, der
Verstand und die Vernunft sowohl als das Gedächtniß
und bei allen diesem das Gefühl und der Wille in Anspruch
genommen und die gewöhnlichen Anreizungsmittel, Ehrgeiz
und Wetteifer, beseitigt werden müssen." Overberg.

Overberg Bernhard, einer der größten Pädagogen und ausgezeichnetsten Schulmänner, wurde zu Höckel in der Pfarrgemeinde Voltlage
im Osnabrück'schen geboren. Seine Eltern waren unbemittelt, aber gott-
ergeben und auf nichts mehr als christliche Kinderzucht bedacht. Der
kleine Bernhard schien in seiner ersten Schulzeit mit sehr geringem Talent begabt zu sein. An ihm soll jeder Lehrer lernen, schwachköpfige
Kinder nicht sobald aufzugeben. Acht ABC-Bücher hatte er bedurft,
bevor er lesen lernte. Er war eine lebendige Ausnahme von der Regel.
Die alten Kernsprüche: „Was ein Dorn wird, spitzt sich in der
Jugend; im Kinde zeigt sich der Mann; was eine Nessel
werden soll, brennt bei Zeiten; was Hänschen nicht
lernt, lernt Hans nimmermehr" u. A. wurden an ihm zu
Schanden. Indeß regte sich mit zunehmenden Jahren eine immer größere
Begierde in ihm, weiter zu studiren und dem geistlichen Stande sich zu
widmen. Bei seiner ersten heiligen Communion erneuerte er das Gelübde,
Priester zu werden. Seine Eltern gaben seinem Vorhaben nach und
schon am folgenden Tage wurde er einem würdigen Geistlichen in Voltlage übergeben zum Unterrichte in den Anfangsgründen der lateinischen
Sprache. Täglich mußte er nun mit seinen Büchern unterm Arme bei-

nahe eine Stunde Weges zurücklegen. Er that's in größter Unver-
drossenheit und ließ sich durch nichts, weder durch Wind und Wetter abhalten. Zu Hause saß er beständig über den Büchern und um in den
Winterabenden zugleich Wärme und Licht zu haben, legte er sich unter
die Herdbank und studirte beim matten Scheine trockener Kienspäne;
denn viel zu arm waren seine Eltern, das nöthige Oel zu beschaffen.
Erst in seinem 17. Jahre kam er ans Gymnasium zu Rheine. Doch auch
hier waren seine Fortschritte gering. Bei der ersten Prüfung erhielt er
den vorletzten Platz seiner Klasse. Diese Demüthigung entmuthigte ihn
nicht, spornte ihn vielmehr zum äußersten Falle an. Am Schlusse des
Schuljahrs 1771 hatte er indeß alle Mitschüler in der Religionslehre
und in dem Latein überflügelt, in den übrigen Fächern stand er den
besten Studenten gleich. Gleicherweise bestand er das ganze Gymnasium. Ueberdieß hatte er durch gottesfürchtiges und sittlich-ernstes Leben und durch liebreiches Begegnen Jedermanns Achtung und Zutrauen
erworben. 1774 kam er nach München und oblag mit dem größten
Eifer den theologischen und philosophischen Studien. Er wurde bald
zum Hauslehrer des Hofrathes v. Münstermann vorgeschlagen und aufgenommen. Wie freute es ihn, sich selbst nun einiges Geld verdienen
und seinen armen Eltern die Last um ihn erleichtern zu können. 1780
wurde er in Rheine zum Priester geweiht. Auf Zureden seines väterlichen Freundes, des Professors Becker, schrieb er eine canonisch-kirchen-
historische Dissertation über die Coadjutorwahl des Erzherzogs von Oesterreich und trug dieselbe auch vor. Dieselbe sprach den kaiserlichen Wahl-
commissarius Grafen von Metternich so an, daß dieser ihn mit 17 Louis-
d'or beschenkte. So viel Geld hatte Overberg noch nie im Besitze. Er
wollte es aber durchaus seinem Lehrer, Professor Becker, geben, weil er
den öffentlichen Vortrag auf dessen Anrathen gehalten habe. Der Minister von Fürstenberg trug bald darnach Overberg eine sehr einträgliche
Hauslehrerstelle an. Er schlug sie jedoch aus und übernahm lieber die
Kaplanstelle in Everswinkel, ob dieselbe ihm auch nur 30 Thaler jährlich
nebst freiem Tische und Wohnung eintrug; denn sein liebster Gedanke
war es, als Seelsorger auf dem Lande zu arbeiten. Mit ganzer Seele
lag er den Pflichten seines Berufes ob. Seine Gemeinde zu veredeln,
richtete er seine ganze Aufmerksamkeit auf die Jugend. Die alte Unterrichtsweise — Auswendiggelerntes abzusagen — genügte ihm nicht. In
kurzer Zeit hatte er sich zu einem ausgezeichneten Katecheten so eingeübt,
daß sein Ruf weitum erschallte und der schon genannte Minister von
Fürstenberg, der auch Generalvicar war, ihn an die Normalschule zu
Münster berief. So schwer dies auch ihm ankam, so gern er immer mit
seinem lieben Landvolke verkehrt hätte, so folgte er dem Rufe der Obern
und trat seine Stellung am 1. März 1783 an. Man hatte ihm überlassen, seinen Gehalt selbst zu bestimmen. In seltener Bescheidenheit
forderte er blos 200 Thaler nebst freier Wohnung und Tafel im bischöflichen Seminar. Bis 1779 wohnte er daselbst. Auf wiederholtes Ersuchen bezog er dann das Haus der Fürstin von Gallitzin, deren Beichtvater und Freund er war. 1809 wurde er zum Regens des bischöflichen
Seminars erhoben und bezog dasselbe wieder. 1816 ernannte ihn Se.
Majestät zum Consistorialrath. Mit größtem Eifer und aufopfernder
Hingebung arbeitete er in allen diesen Stellungen an der Ausbildung
der Lehrer und Lehrerinnen. Ein frisches religiöses Leben, verbunden
mit einer gesunden intellectuellen Bildung, war durch seinen Geist angebahnt, hinab bis zur geringsten Dorfschule; Volksbildung und Volkserziehung durchlebte ein anderer Geist. Des Guten wirkte er unnennbar

viel und in heiligem Werke arbeitete er rastlos und unermüdet bis zum Schlusse seiner Erdentage am 9. November 1826. Drüben erntet er, was er hier reichlich gesäet; denn die Welt vermochte selbst bei Ordens= kreuzen, Ehrentiteln und Denkmalen, die sie ihm in dankzollendem Ge= fühle verliehen und errichtet hat, nicht zu lohnen, was er für den Himmel gethan. Sein Grab ziert ein einfaches Kreuz mit seinen Lieblingsworten: Glaube, Hoffnung und Liebe. Seine sämmtlichen Schriften füllen 6 Theile aus; seine „Anweisung zum zweckmäßigen Schul= Unterricht für Schullehrer im Fürstenthum Münster fand allseitig die vollste Würdigung. · ·

Wilhelm Pape.

Geboren den 3. Januar 1807, gestorben den 23. Februar 1854.

Wilhem Pape, geboren zu Berlin, genoß den ersten Unterricht in Culm, wo sein Vater eine kleine Anstellung an dem königl. Kadettren= hause erhielt. Das Interesse, welches er den Leitern dieser Anstalt für sich einflößte, war die Veranlassung zu dem vielleicht folgenreichsten Momente seines Lebens, indem er auf die Fürsprache eines edlen Gön= ners, des Herrn von Scheliha, zu seiner weiteren Ausbildung nach Berlin geschickt und daselbst 1820 in die Untertertia des Gymnasiums zum grauen Kloster aufgenommen wurde. Hier machte er durch seinen er= müdenden Fleiß unter der Leitung eines J. J. Bellermann, Fischer, Giesebrecht, Heinsius, Köpke, Stein, Schulz und Walch so erfreuliche Fortschritte, daß er schon nach 5 Jahren, Ostern 1825, als Selectaner und Primus omnium entlassen ward und die Berliner Univer= sität bezog, um sich dem Studium der Theologie und Philologie zu wid= men. Nach Beendigung des academischen Trienniums, während dessen er sich, angeregt durch die Vorträge Boeckh's, Lachmann's und Bernhardi's mit immer größerer Vorliebe der classischen Philologie zugewandt hatte, bestand er das Examen pro facultate docendi und kehrte sodann Ostern 1828 als Candidatus probandus zu der Anstalt zurück, wo er den Grund zu seiner wissenschaftlichen Ausbildung gelegt hatte und der er dafür in so reichem Maße vergelten sollte. Pape hatte erst die eine Hälfte seines Probejahres zurückgelegt, als er durch Köpke, dem der seltene Grad sei= ner sittlichen didactischen Befähigung zum Lehrfache nicht entgehen konnte, schon zum Collaborator befördert wurde; hierdurch noch mehr angespornt, schrieb er seine Lectiones Varronianae, die ihm 1829 in Halle die philo= sophische Doctorwürde erwarben, und wurde nun ein Jahr später zum ordentlichen Lehrer des Berlinischen Gymnasiums, und am 31. Juli 1837 zum Professor ernannt. Selten war wohl eine rasche Laufbahn mit grö= ßerer Würdigkeit vereint, als bei unserm Pape. Durch die Gediegenheit seines Wissens, die Vortrefflichkeit seiner Lehrmethode und die seltenste Pflichttreue mußte er bald der Hauptträger des philologischen Unter= richts werden, und er hatte als solcher auch außer der Schulzeit eine Arbeitsmasse zu bewältigen, die es kaum erwarten ließ, daß er noch Muße und Kraft genug zu schriftstellerischer Thätigkeit behalten würde. Und doch erschien von ihm 1836 das etymologische Wörterbuch der grie= chischen Sprache, ein Jahr darauf das Programm, de inveniendis Grae= cae linguae radicibus, Zeugnisse gründlichster Forschung, und endlich im Jahr 1842 sein Griechisch=Deutsches Handwörterbuch, ein wesentlicher Fortschritt im Gebiete der Lexicographie; weßhalb denn auch bereits in den Jahren 1849 und 50 eine 2te Auflage davon besorgt werden mußte. An dasselbe schloß sich bald darauf sein deutsch=griechisches Wörterbuch.

Aber diese geistige Regsamkeit hatte vielleicht auch den Keim desjenigen Leidens in ihm erzeugt, welches ihn zu Anfang des Jahrs 1852 gleich in bedenklicher Weise ergriff und, wiewohl es zwei Jahre lang immer noch Hoffnung auf seine Wiedergenesung Raum gegeben, doch endlich mit solcher Heftigkeit auftrat, daß er ihm nach kurzem, aber schwerem Krankenlager im 48sten Jahre seines Lebens erlag.

Noch lange hätte er wirken können; doch was er gewirkt, will nicht nach äußerem Maße gemessen sein; er hat eine reiche Saat ausgestreut und hinterläßt ein Andenken, fest begründet in der ungetheilten Liebe und Achtung seiner Amtsgenossen und Schüler.

Christine Wilhelmine Pauline,
Volkserzieherin.

Geboren den 22. Februar 1769, gestorben den 15. Dez. 1820.

Dieselbe, Fürstin zu Lippe, Tochter des Fürsten Friedrich Albert von Anhalt-Bernburg und seiner Gemahlin Luise, geb. Herzogin von Holstein-Plön, ward geboren zu Ballenstädt. Sehr bald kam sie zum Gefühl ihrer geistigen Kraft und machte sich wissenschaftliche Bildung zum steten Berufe. Sie war 18 Jahre alt, als sie Brockenstedt's Gedicht auf den Tod Friedrich II. sehr glücklich in das Deutsche übersetzte, obschon der lateinische Liederstyl seine eigenen Schwierigkeiten hat. Hiernächst richtete sie ihre Aufmerksamkeit auf die dänische Literatur. Mit dem Dichter Gleim, der ihren dichterischen Versuchen seinen Beifall schenkte, stand sie in häufigem Briefwechsel. Dabei studirte sie die Verfassung ihres Geburtslandes, unterhielt sich mit Staatsmännern über alle Theile der öffentlichen Verwaltung, arbeitete Gesetze aus und fertigte Gutachten aus Akten. Seit 1790 leitete sie im Cabinet ihres Vaters die auswärtigen Angelegenheiten mit großer Geschicklichkeit. Im Januar 1796 vermählte sie sich nach der Wahl ihres Herzens mit dem regierenden Fürsten Leopold zu Lippe-Detmold. Ihr Gemahl starb aber schon 1802 und die verwittibte Fürstin trat die vormundschaftliche Regierung an.

Seitdem beförderte sie 18 Jahre hindurch die wohlthätigsten Einrichtungen zur Verminderung des Menschenleidens; sie hob die Leibeigenschaft auf, sorgte für Erziehungs-Anstalten und stand mit der Hülfsgesellschaft zu Zürich seit 1803 in Verbindung. Besonders schätzte sie den Generalsuperintendenten von Cöln wegen seines besonderen Eifers, Gutes zu wirken, auch nahm sie fleißigen Antheil an den „Beiträgen zur Beförderung der Volksbildung", welche dieser herausgab. Sie setzte dem Verewigten ein schönes Denkmal der Freundschaft durch Herausgabe seiner hinterlassenen Werke und entwarf eine kurze Biographie von demselben, wie sie dessen Predigten vorgedruckt ist. Eine geistvolle Dichtung der Fürstin findet man in 2 Heften der Iduna unter der Aufschrift: „Die Theestunde einer deutschen Fürstin." 1806. Sie stellt darin den Gesammtberuf ihres Geschlechts mit kunstempfundener Wahrheit dar.

Im Jahre 1820 am 4. Juni übergab sie die Regierung ihrem ältesten Sohne; aber ihr ward keineswegs die ersehnte Ruhe zu Theil, weil sie sich von von manchen körperlichen Leiden gedrückt fühlte. Fortwährend mit edlen Zwecken beschäftigt, schrieb sie noch auf ihrem Sterbelager Resolutionen in Armensachen.

Einen hohen innern Beruf erfüllte die edle Fürstin vor Allem dadurch, daß sie im Jahre 1802 die erste Anstalt stiftete, welche die Wartung kleiner Kinder beschäftigte. Sie selbst drückt sich in einem Aufsatze, der in den von Cölln herausgegebenen „Beiträgen zur Volksbildung" Nr. 4 S. 23 ff. abgedruckt ist, darüber treffend aus.

Vincentius von Paulus.

Geboren den 24. April 1576, gestorben den 27. September 1660.

Derselbe ist zu Pouy in Gascogne geboren. Er war ein Vater der Verlassenen und Verwaisten. Schon im Jahre 1638 hatte er angefangen, mit Hülfe wohlthätiger Matronen sich der unglücklichen Findlinge anzunehmen; aber erst ein Jahrzehent später wurde es ihm möglich, durch Unterstützung des Königs und der Königin eine eigene Anstalt zu diesem Zwecke zu errichten. Ebenso verdient machte er sich um die Bildung der weiblichen Jugend durch Begründung oder Beförderung geistlicher Schwesterorden, welche sich die Unterweisung der weiblichen Jugend zur Aufgabe machten. Er starb zu Paris am oben benannten Tage.

Johann Heinrich Pestalozzi.

Geboren den 12. Januar 1746, gestorben den 17. Februar 1827.

> Motto: „Ich habe keinen Theil an allem Streite der Menschen über ihre Meinungen, aber das, was sie fromm und brav und treu und bieder macht, was Liebe Gottes und Liebe des Nächsten in ihr Haus bringen kann — das, meine ich, sind außer allem Streite, uns Allen und für uns Alle in unsere Herzen gelegt. Pestalozzi.

Joh. Heinr. Pestalozzi, geboren in Zürich, verlor seinen Vater sehr frühe, wurde aber von seiner Mutter mit treuer Sorgfalt erzogen; auf die Entwickelung seines Geistes und Herzens hatte neben ihr namentlich sein mütterlicher Großvater, Pfarrer in der Nähe von Zürich, bei welchem er jedes Jahr mehrere Monate verlebte, den entschiedensten Einfluß. Auch der Aufenthalt auf dem Lande wurde für ihn höchst bedeutend, weil er den Menschen in seiner Einfachheit und natürlichen Tüchtigkeit kennen lernte, aber zugleich auch die verderblichen Einflüsse der städtischen Bildung und des politischen Druckes, sowie des Lebens in den Fabriken. In der Schule zeichnete er sich durch hervorragende Fähigkeiten aus, obgleich ein gewisser Mangel an Gewandtheit selbst seine Lehrer hie und da über dieselben täuschen konnte. Im 18ten Jahr trat er in die höhere Bildungsanstalt seiner Vaterstadt und widmete sich zuerst dem Studium der Theologie, das er bald mit der Rechtswissenschaft vertauschte. Er nahm damals an dem Bund lebhaften Antheil, den die reifere Jugend mit Lavater, Füßli und Fischer an der Spitze geschlossen hatte, um sich der willkürlichen Behandlung des Landvolks entgegenzusetzen. Der Anblick schreiender Ungerechtigkeiten, die sich die patrizische Regierung gegen ihre „Unterthanen" auf dem Lande erlaubte, weckte den Gedanken in ihm, sein Leben den Unterdrückten zu widmen. Der Rath eines treuen Freundes, der ihn auf dem Sterbebette ermahnte, eine für ihn passendere Laufbahn zu wählen, die Ueberzeugung, daß er sich der Armen und Unterdrückten gegen die Reichen und Mächtigen annahm, den Weg zu dem Entschluß, die gewählte Laufbahn aufzugeben; und von dem Gedanken ergriffen, seinem geliebten Landvolk lehrend und erziehend zu helfen, verbrannte er unter dem Rufe: „So will ich Schulmeister werden! alle seine juristischen und geschichtlichen Arbeiten. Er ging zuerst zu einem Oheim nach Richterswyl, dann zu dem Gutsbesitzer Tschiffeli in Kirchberg bei Bern, um sich mit dem Landbau bekannt zu machen und dadurch einen festen Boden zu gewinnen, von welchem aus er seine Absichten mit größerer Sicherheit ausführen könne. Im Jahr 1767 kaufte er, von einem reichen Haus unterstützt, in Aargau an 100 Jucharten Land, das man der Cultur für unfähig hielt, und baute sich

i bitterften Elend. „Aber mitten im Hohngelächter der mich weg-
en Menfchen“, fchrieb er fpäter, „hörte der mächtige Strom mei-
rzens nicht auf, einzig und einzig nach dem Ziele zu ftreben, die
l des Elends zu ftopfen, in das ich das Volk um mich verfunken
b meine Kraft ftärkte fich, mein Unglück lehrte mich immer mehr
it für meinen Zweck. Was niemand täufchte, das täufchte mich
was alle täufchte, das täufchte mich nicht mehr.“ Gerade in diefen Jah-
Elends, das er mit feinen Umgebungen theilte, reiften die Ideen,
unfterblich gemacht haben. Im Jahr 1798 wurde er von dem
hen Directorium nach Stanz gefchickt, um die zahlreichen Kinder
hen, die in Folge des Aufftandes von Nidwalden gegen die Fran-
:ltern und Vermögen verloren hatten; feine großartige Wirkfamkeit in
:tellung die herrlichen Erfolge, welche feine aufopfernde Hingebung
find bekannt; aber auch hier verfolgte ihn das Unglück. Noch vor Ab-
: Jahres mußte er in Folge des Kriegs von feinen geliebten Kindern
; Verbannung und Undank blieben auch dießmal nicht aus. Er ging
ur g d o r f und wurde Schulmeifter. Auch dort entfaltete er fegensreiche
eit; er gründete fpäter eine neue Erziehungsanftalt, die er 1804 nach
).e n b u ch f e e und dann nach B v e r d o n verlegte, wo fie bald zur
: Blüthe gedieh und die Aufmerkfamkeit von ganz Europa auf fich zog.
angel an praktifchem Sinn wurde aber auch hier verderblich; er
es nicht, die Lehrer der Anftalt zu leiten, er wurde von einzel-
braucht; es entftanden unter denfelben Mißhelligkeiten aller Art,
iten Geldverlegenheiten ein, und fo fah fich der treffliche Mann
en, die Anftalt nach 25jährigem Beftand aufzulöfen. Er zog fich
m Enkel auf den Neuhof zurück und ftarb nach einer fchmerzhaf-
nkheit zu Brugg, wohin er fich, um der ärztlichen Behandlung
u fein, einige Zeit vorher begeben hatte.
ftalozzi war eine Erfcheinung, die nicht bloß felten ift, fondern in
Zeiten wunderbar genannt werden kann. Diefe tiefe, jeder äu-
ückficht fremde Menfchenliebe, die ihn durchglühte, die Hingebung
Werk der Erziehung und Veredlung der Armen und Unterdrück-
efe Aufopferung, die fein ganzes Leben und jede feiner Handlun-
eichnet, diefer reine Sinn, diefes kindliche Vertrauen auf Gott,
felbft im tiefften Elend nicht verließ, da er vielmehr gerade da-
ohne an fich und feine Zukunft zu denken, die höchfte innere

Kraft entfaltete und mit wunderbarer Seelengröße an der Ausbildung seiner Ideen arbeitete. — ein solcher Charakter erinnert an die schönsten Zeiten des apostolischen Christenthums. Es ist aber bezeichnend für unsere Tage, daß er gerade von denen verlästert wird, welche sich für die alleinigen Träger des wahren Christenthums ausgeben, weil sie, wie einst die Pharisäer, an den äußern menschlichen Satzungen kleben, dem Geist Christi aber Ohren und Herz verschließen. Ihnen ist Pestalozzi kein Christ, er, der seinen letzten Rock auszog, um einen noch Aermeren zu bekleiden (und dieß ist kein bloßes Bild, sondern eine Thatsache), er, dessen ganzes Leben und Wirken von dem nie ermattenden Streben zeugt, ein wahrer Nachfolger Christi zu sein.

Seine Schriften sind sämmtlich aus der trefflichen Gesinnung hervorgegangen, die ihn beseelte, in ihnen allen lebt die Idee der christlichen Liebe, die ihn durch das Leben leitete. Am klarsten hat er seinen reichen, liebevollen Geist in „Lienhard und Gertrud, ein Buch für das Volk." (4 Bände. Basel, 1781—89) entfaltet. Es ist dieses Buch schon deßhalb für die Geschichte der Literatur wichtig, weil es die Reihe der Romane eröffnet, welche das Leben des Volkes schildern, und die namentlich in der neueren Zeit einen großen Umfang genommen haben. Die späteren Werke sind dem ihres Vorgängers allerdings an Kunst der Gestaltung und an poetischer Kraft der Durchführung überlegen, sie übertreffen es besonders in der Darstellung, die bei Pestalozzi an vielen Stellen zwar durch ihre hohe Einfalt und Innigkeit die schönste Wirkung thut, oft aber auch beinahe unbeholfen, wie auch seine Sprache nichts weniger als rein ist, da er den heimatlichen Dialekt zu stark durchtönen läßt. Die neueren Schriften dieser Gattung stehen dem „Lienhard und Gertrud" an Wahrheit und Innigkeit der Auffassung weit nach, noch mehr aber an der großartigen Bildungskraft, in der sein wesentlichstes Verdienst besteht. Es ist ein reines Naturgemälde des wahren Bauernstandes, einfach und kunstlos, aber treu und wahr. Pestalozzi öffnet uns hierin die reinen Tiefen seines edlen, unverdorbenen, thatkräftigen Gemüths, ohne uns die verderblichen Wirkungen zu verbergen, welche vor Allem Bedrückung, die Einflüsse des Stadtlebens, Mangel an angemessener geistiger und religiöser Leitung und andere Umstände auf die Dorfbewohner ausüben können und müssen. „Es war", sagt er in der Vorrede zur zweiten Auflage, „mein erstes Wort an das Herz des Armen und Verlassenen im Land. Es war mein erstes Wort an das Herz derer, die für den Armen und Verlassenen im Land an Gottes Statt stehen. Es war mein erstes Wort an die Mütter des Landes und an das Herz, das ihnen Gott gab, den Ihrigen zu sein, was kein Mensch auf Erden an ihrer Statt sein kann. Durch diesen Roman, der ein Volksbuch im wahrsten Sinne des Wortes ist, wollte er eine bessere Volksbildung anbahnen, indem er dabei von der wahren Lage des Volkes und von dessen natürlichen Verhältnissen ausging. „Die Gertrud" bemerkt sein Biograph Blochmann erschöpfend und wahr, „ihre Haushaltung, die Art, wie sie ihre Kinder unterrichtet und erzieht, ihre fromme verständige und thatkräftige Liebe, mitten im Verderben ihrer Bauerngemeinde, ist das Ideal Pestalozzi's." Ein Jahr später gab er ein zweites Volksbuch heraus: „Christoph und Else". (1782) als Versuch eines Lehrbuchs für die Wohnstube; allein er traf in diesem den Volkston nicht, wie in dem ersten, es kam daher auch wenig in die Hände des Volks, so vortrefflich und angemessen auch Einzelnes war. Noch erwähnen wir die „Figuren zu meinem „ABC-Buch" oder zu den Anfangsgründen meines Denkens, die er in den Tagen schrieb, als die französische Revolution ihren Einfluß

auf die Schweiz zu äußern begann, die aber erst im Jahr 1795 erschienen. In einer zweiten Auflage gab er ihnen den passenderen Titel
„Fabeln" (Zürich 1805). Viele sind von hoher Naivetät, nicht wenige
wahrhaft genial. In allen aber spricht sich sein tiefes Gefühl für das
Wohl des Vaterlandes und die Freiheit aus; doch ist nicht zu verkennen,
daß sie zum Theil auf beschränkter Auffassung der damaligen Verhältnisse beruhen.

Georg Wilhelm Pfingsten.
Geboren den 5. März 1746, gestorben den 27. November 1827.

Zwei taubstumme Knaben wuchsen als Spielkameraden mit G. W.
Pfingsten zu Kiel auf, die auf ihn und sein späteres Leben von entschiedenem Einfluß waren. In Lübeck errichtete er im Jahre 1787 zuerst
ein Privatinstitut. Von einem Dr. Wallbaum wurde ihm ein taubstummer Knabe zum Versuch übergeben; nachher ihm noch drei solche Kinder
anvertraut. Eigentlich war er Friseur und Musikus und mußte durch
diese Geschäfte seine Subsistenz sichern. Doch die Gesellschaft zur Beförderung gemeinnütziger Thätigkeit schenkte ihm ihre Theilnahme, und
1791 wurde er als Organist und Schullehrer in Hamberge angestellt.
Seine Lübecker Zöglinge waren ihm gefolgt und wurden hier öffentlich
confirmirt Graf Stollberg und Hofrath Voß vermochten die Minister Bernstorf und Reventlow zu dem Entschluß zu bestimmen,
daß Pfingsten die Allerhöchste Aufforderung erhielt, nach Holstein zu
kommen, um hier für einen Gehalt von 300 Thlr. alle ihm zugewiesene,
dürftige taubstumme Landeskinder zu unterrichten. Er folgte 1799 diesem Rufe und wurde Vorsteher einer Taubstummenanstalt in Kiel. Hier
lag ihm auch die Unterweisung der Seminaristen in seiner Unterrichtsmethode ob. Jedoch war der Unterricht taubstummer Kinder jetzt dessen
ausschließliches Geschäft. Die Zahl seiner Zöglinge stieg gegen 20,
welche Zahl für den sechzigjährigen Mann fast zu groß war. Seine
Tochter mußte ihm Hülfe leisten. Im Jahre 1802 besuchte er die Taub-
stummenanstalten in Berlin und Leipzig und setzte sich mit den Lehrern
derselben in Correspondenz. Durch eine Verordnung vom 8. November 1805
wurde der wohlthätige Zweck dieses Instituts in Kiel ganz allgemein
gemacht, indem in derselben bestimmt ward, daß alle dürftige, taubstumme
Landeskinder nach zurückgelegtem siebenten Jahre in diese Anstalt gebracht und daselbst auf Landeskosten unterhalten und gebildet werden
sollten. Dieses Patent hatte bald eine wesentliche Vergrößerung der Anstalt zur Folge, und die Zahl der Zöglinge stieg in dieser Periode auf
35. Ihren Unterricht besorgte der alte Pfingsten mit Hülfe seiner Tochter, der taubstummen Margar. Hüttmann und des Zeichnungslehrers
Bnüsow. Im Jahre 1809 machte das Institut eine Aquisition, durch
welche das Bestehen desselben für die Zukunft gesichert und dessen spätere Blüthe begründet wurde. Der Candidat jur. Hensen, nachheriger
Schwiegersohn Pfingstens und später Vorsteher der Anstalt, entschloß sich
nach rühmlich vollendetem Staatsexamen, die Bildung der Taubstummen
zu seinem Lebensberuf zu wählen und wurde dem würdigen Pfingsten
als eventueller Nachfolger adjungirt. Ein anderes für das Gedeihen der
Anstalt sehr glückliches Ereigniß war die Verlegung derselben nach
Schleswig. Das Band zwischen Institut und Seminar, der Unterricht
der Seminaristen war ohnehin schon seit Jahren zerrissen. Im Frühjahre 1810 wurde die Anstalt unter Allerhöchster Genehmigung nach
Schleswig verlegt und erhielt ein Lokal, welches in Beziehung auf Ge-
räumigkeit, Licht, Luft und Umgebung Alles leistete, was eine solche Er-

ziehungsanstalt wünschen läßt. Sie wurde unter eine Direktion gestellt unter deren thätiger Mitwirkung es dem regen Eifer des damaligen adjungirten Vorstehers gelang, dieselbe auf einen Standpunkt zu erheben, wo sie, was Umfang, Einrichtung und Ruf anbelangt, einen ehrenvollen Platz unter den Instituten ihrer Art behauptet. Durch zweckmäßige, höheren Orts erlassene Verfügungen mußte die Zahl der Zöglinge im Institute bedeutend steigen, und das Bedürfniß eines ordentlichen, abgestuften Unterrichts und Auswahl der Lehrgegenstände fühlbar werden. Ein Unterrichtscursus in der Wortsprache wurde als Basis des Institutsunterrichts erkannt, da der Mangel dieser Sprache die Scheidewand ist, welche den Taubstummen vom intellektuellen und bürgerlichen Leben ausschließt. Etatsrath H e n s e n arbeitete einen Leitfaden für diesen Unterricht aus und es erschien von 1812 — 15 der Unterrichtscursus in sechs Abtheilungen mit einer Lektüre für Taubstumme als Anhang. 1818—1822 ist derselbe revidirt und neu aufgelegt worden. Durch ihn wurde eine Einheit sämmtlicher Kräfte des Lehrerpersonals erreicht, ohne dabei der dem einzelnen Lehrer nach seiner Individualität nothwendigen Lehrfreiheit einen Zwang anzulegen. Als Leitfaden für einzelne Fächer des Unterrichts erschien 1815 ein Abriß für den Religionsunterricht vom Generalsuperintendenten C a l l i s e n; 1819 eine Auswahl biblischer Erzählungen von P f i n g s t e n; ein Rechenbuch vom Taubstummenlehrer G ö t t s c h e; 1828 ein Wörterbuch für Taubstumme von H e u m a n n, Vorsteher der herzogl. Oldenburg. Taubstummenanstalt in Wildeshausen und 1837 ein Lehrbuch der Geographie vom Taubstummenlehrer S c h i nk e l. Die Bibliothek enthält theils zur Fortbildung der Lehrer die wichtigsten Schriften über den Taubstummenunterricht, einige größere lexikalische und pädagogische Werke, theils eine Anzahl für die Lektüre passender Bücher nebst einigen Bilderwerken und kleinen Sammlungen, welche letztere für den Unterricht der Taubstummen von großer Wichtigkeit sind. — Die vermehrte Anzahl der Zöglinge machte nun aber auch eine Vermehrung des Lehrerpersonals nöthig. Der alte Pfingsten war im Jahre 1826 von seinem Posten als Vorsteher abgetreten und starb am 27. November 1827. — Es ist hier nicht der Ort, sein Lob weiter zu erheben, denn allgemein bekannt und im frischen Andenken steht, was er geleistet und gewirkt hat. Ein monumentum aere perennius hat er sich selbst gesetzt, das Taubstummeninstitut, und so lange dieß besteht, wird auch der Name des Gründers desselben unvergeßlich bleiben.

J. Ludwig Pflaum.
Geboren den 16. September 1774, gestorben den 7. Mai 1824.

Er wurde zu Walsdorf bei Bamberg geboren. Wie glücklich seine früheren Jugendjahre waren, darüber sprach er sich öfters noch in den ernsten Tagen männlicher Reife mit Vergnügen aus. Später, bei dem Uebergang vom Knabenins Jünglingsalter zeigte er weniger hervorstechende Talente als beharrlichen Fleiß, dazu erschwerte ihm noch der Mangel an Gedächtnißfähigkeit das Lernen sehr und gab ihm eine Schüchternheit und Aengstlichkeit, daß er nur mit großer Scheu ein fremdes Haus betrat. Im Jahre 1781 wurde sein Vater Stadtpfarrer zu Weißenburg im Nordgau; dort besuchte Pflaum die lateinische Schule und genoß dabei den Privatunterricht seines Vaters und des damaligen Diakons Preu. Mit Schmerzen vermißte der Vater an seinem Sohne die ausreichende Gedächtnißkraft und schrieb dieses Unvermögen einem gänzlichen Mangel an Fassungsvermögen zu. In seinem 15. Jahre trat er nach vorher mit vorzüglichem Erfolge bestandener Prüfung in die 6. Klasse des Gymnasiums zu Ansbach. Nach zwei Jahren betrat er die akademische Laufbahn in Erlangen. Nach drei Jahren verließ Pflaum die Universität, blieb ein halbes Jahr zu Hause und übte sich mitunter im Predigen; dann wurde er Hauslehrer in Heidenheim am Hahnenkamm. Sein Vater rieth ihm jedoch, nach Ansbach zu reisen und sich dort um eine Hofmeisterstelle zu bewerben. Es war aber gerade die Stelle des Mittagspredigers daselbst ledig geworden; auf Ermunterung meldete er sich dazu und erhielt sie auch im Jahr 1798. Da der Ertrag derselben nur sehr gering war, so errichtete Pflaum ein Institut für junge Leute. Zwölf Jünglinge, meist aus guten Häusern, wurden von ihm Morgens von 8—12 Uhr und Nachmittags von 2—7 Uhr in allen Lehrgegenständen unterrichtet. Im Jahre 1803 wurde er Landprediger des preußischen Regiments vom General Laurenz, welche Stelle er aber erst 1805 antrat; zur Verbesserung der Soldatenschulen that er insbesonders vieles Gute. Doch nicht lange sollte sich Pflaum dieser ruhigen Tage erfreuen. Schon im Oktober desselben Jahres erhielt das Regiment Ordre zum Abmarsch, zunächst nach Bayreuth, im Jahre 1806 nach Göttingen, etwas später nach Magdeburg. Im Jahre 1807 kam Pflaum als Pfarrer nach Helmbrechts. Außer den mit der gewissenhaftesten Pünktlichkeit erfüllten Amtspflichten widmete er seine Zeit schriftstellerischen Arbeiten, welche die Beförderung der Gottesfurcht und sittlicher Veredelung beabsichtigen. Er schrieb hier, um nur einige zu erwähnen, „das Leben Jesu und Luthers", in drei Bändchen, „das Leben Carls des Großen, Peter des Großen und Friedrich des Großen". Außerdem gab er Jahre lang wöchentlich sein „Sonntagsblatt" heraus, die theils religiöse, theils moralische und gemeinnützige Gegenstände enthielt. Auch ließ er ein „Predigtbuch für den Bürger und Landmann" drucken. Zu desto sicherer Grundlegung eines sichtlich veredelten Zeitalters widmete er auch in dieser Hinsicht der Jugend eine vorzügliche Sorgfalt. Er drang in den Schulen, welche unter seiner Aufsicht standen, auf tägliches Lesen und Erklären der heiligen Schrift und auf genaue Kenntniß der Unterscheidungslehren der vorzüglichsten christlichen Confessionen. Da er die Lehrer, welche er vorfand, nach seiner Ansicht für diesen wichtigen Theil des Jugendunterrichts nicht hinreichend vorbereitet glaubte, so bildete er schon in seinem frühern Wirkungskreise zu Helmbrechts ein kleines Schullehrerseminar, aus welchem brauchbare Lehrer hervorgingen. Im Jahre 1820 erhielt er die Stadtpfarrei zu Bayreuth. Hier richtete er wieder seine vorzüglichste Aufmerksamkeit auf den Religionsunterricht in den Volksschulen. Als Folge des Sonntagsblattes gab er „Familien-Andachten" heraus, welche die Auszüge seiner gehaltenen Predigten enthielten. Er sah seinem Ende entgegen. Noch am Morgen seines Todestages diktirte er seiner trostlosen Gattin, die mit ihm Alles verlor, den rührendsten Abschied in die Feder. Ruhig und in frommer Ergebung starb er den Tod des Gerechten.

Franz Pichlmayer.

Geboren den 4. Mai 1747, gestorben den 27. Juni 1795.

Motto: „Der Gehorsam ist eine Pflicht des Menschen, welche nach dem Maße ihrer Erfüllung sein Glück und Unglück bestimmt. Wie sehr Gott den Ungehorsam strafe, ist bekannt. Wehe demnach dem Menschen, welcher nicht frühzeitig gehorchen lernt."   Pichlmayr.

Von bürgerlichen Eltern in der kurfürstlichen Residenzstadt geboren, besuchte der etwas schwächliche Knabe die dortigen niederen Schulen, vollenbete sofort die höheren Studienfächer und wurde im Jahre 1770 zum Weltpriester ordinirt. Da gerade zu jener Zeit eine Reformation im bayerischen Schulwesen begonnen hatte, so fiel alsbald dessen ganze Thätigkeit dem Schul = und Erziehungsgeschäfte zu, und zwar vorzugsweise dem deutschen oder Elementarschulsache, an dessen Verbesserung derselbe durch seinen Eifer und seine allseitige Umsicht den wesentlichsten Antheil nahm. Wenn Pichlmayer gleichwohl nicht unter die Gelehrten ersten Ranges gezählt werden darf, so besaß er doch vollkommen die für sein gewähltes Fach nöthigen Kenntnisse, war überdieß vom besten Willen belebt, voll Herzensgüte, ein Freund jeder guten Sache, jeder nützlichen Anstalt. Dahin zielt sein ganzes Streben, daran nahm er mit Anstrengung aller seiner Kräfte Theil und vermochte auch das auszuführen, wozu weiter umfassende Köpfe Plan und Grundriß entworfen hatten. Man hörte ihn nie über seine geringen Einkünfte, selten über Beschwerlichkeiten, aber oft über Mangel an Kräften klagen. Er erhielt sodann ein kleines Benefizium an Unser lieben Frauenkirche zu München und wurde dortselbst zum Catecheten und Professor am Gymnasium ernannt. Im Jahre 1777 ward ihm sofort die Inspektion über alle deutschen Stadtschulen in München und 1785 nachgerade das Rektorat des ganzen Volksschulwesens für Ober = und Niederbayern übertragen, und diese höchst wichtige Stelle bekleidete er annoch bis zu seinem im Monate Juni 1795 erfolgten Lebensabschluß. Als geistiges Vermächtniß hat uns Pichlmayer nachstehende Schriften hinterlassen:

1) Rede vom Nutzen der neuangelegten Realschulen in Bayern. München, 1774. 2) Von der blinden Kinderliebe unvernünftiger Eltern und den schädlichen Folgen derselben. Rede, ebdf. 1775 3) Ueber die Erziehung der Töchter und die Verbesserung ihrer Schulen in Absicht auf die besonderen Eigenschaften, den künftigen Beruf und die damit verbundenen Geschäfte des weiblichen Geschlechtes. Rede, ebdf. 1777. 4) Von den gewöhnlichen Fehlern bei der häuslichen Erziehung (in den Miscellanien für das Schul = und Erziehungswesen in Bayern. Bd. 1. St. 2. S. 133—148.) 5) Von der Edukation und Cultur des Landvolkes. München, 1778. 6) Von der Nothwendigkeit, die Cultur der Sitten und Lebensart mit dem Unterrichte in den Wissenschaften, besonders in den niederen Schulen, zu verbinden und von einigen Hindernissen dieser Verbindung. Rede, ebdf. 1781. 7) Von der Wichtigkeit der Edukation der Waisen, von einigen Hindernissen dieser Verbindung. Rede, ebdf. 1783. 8) Von den Verdiensten der bayerischen Fürsten Albrecht V. und Maximilian Emanuel um das bürgerliche Schul = und Erziehungswesen; ein Beitrag zur ältern bayerischen Schulgeschichte. München, 1766. 9) Wie nothwendig es sei, daß die häusliche Erziehung mit den öffentlichen Anstalten mitwirke. Rede, 1789.

Johann Ernst Plamann.
Geboren den 22. Juli 1771, gestorben den 3. September 1834.

Plamann ward zu Repzin in der Neumark von unbemittelten Eltern aus dem Bürgerstande geboren. Seine erste Bildung erhielt er auf der königl. Realschule in Berlin und ging von dieser zum Joachimsthal'schen Gymnasium über, welches er Michaelis 1790 mit dem Zeugniß der Reife verließ, um auf der Universität zu Halle Theologie zu studiren. Nachdem er dort seine Studien vollendet, begann er seine pädagogische Thätigkeit als Hauslehrer. Eine Reise nach der Schweiz, die er zur Wiederherstellung seiner Gesundheit im Jahre 1803 unternahm, führte ihn in Bekanntschaft des wackern Pestalozzi. Von der Tüchtigkeit des Strebens und des Charakters des verdienstvollen Schweizers ward P. auf eine wunderbare Weise angezogen. Die wissenschaftlichen Ideen des schweizerischen Pädagogen erkannte er als die allein wahren der Pädagogik; aber er konnte sich nicht verbergen, daß die Anwendung derselben in dem schweizerischen Institute noch beschränkt sei und daß das Vaterland und die höhern Stände desselben, für welche er zu wirken wünschte, eine Anwendung derselben in größerem Styl und Zuschnitt verlangen würden. Dieß sah P. ein, und so schwer es war, ohne Lehrbücher, die erst geschrieben werden mußten, die neuen Unterrichtsformen in Gang zu bringen, so leistete doch hierin P. in Verbindung mit geistreichen Lehrern, mehr, als irgend bisher im Elementarunterricht geleistet war, mehr, als selbst in der Schweiz unter den Augen Pestalozzi's geleistet wurde. Um die neuen Ideen in Ausübung zu bringen, bezweckte P. im Jahre 1805 nur die Begründung eines kleineren Instituts, welches er durch seine „Grundregel der Unterrichtskunst nach Pestalozzi, Halle, 1805" eröffnete, aber da sich die Zahl seiner Schüler bald von nahe und fern vermehrte, war er genöthigt, im Jahre 1811 seiner Schule die Erweiterung zu geben, daß sie eine Pensions = und Erziehungsanstalt für die von auswärts ihm anvertrauten Zöglinge mit der Lehranstalt vereinte, an welcher auch Söhne gebildeter Eltern aus der Stadt Theil nehmen konnten. Diese Erweiterung erschuf das Bedürfniß größerer Räume, einer bedeutenden Anzahl von Lehrern, bedeutender und zum Theil sehr kostbarer Unterrichtsmittel. P. hielt sein Institut bis 1830, wo seine wankende Gesundheit in Verbindung mit ökonomischen Rücksichten ihn die Anstalt aufzugeben vermochte. Das hohe Ministerium des Unterrichts, welches indessen seinen Werth erkannt und besonders den Einfluß und das Verdienst zu würdigen wußte, welches er sich um die pädagogische Ausbildung junger Lehrer erworben hatte, beauftragte ihn noch immer, jungen Schulmännern seine pädagogischen Ansichten und Erfahrungen mitzutheilen und deren Studien zu ordnen und zu beaufsichtigen. So lebte er bis zu seinem Tode dem Beruf, welchem er sein Leben gewidmet hatte. Außer dem obengenannten Werke ist gedruckt von ihm erschienen:

Anordnung des Unterrichts für die Pestalozzi'sche Knabenschule in Berlin. Berlin, 1805. — Elementarformen des Sprach = und wissenschaftlichen Unterrichts. Ebdf. 1806. — Beiträge zur Vertheidigung der Pestalozzisch. Methode 2 Hefte. Leipzig, 1814. —

Karl Gottlieb Plato.
Geboren den 6. April 1757, gestorben den 25. April 1833.

Derselbe ist zu Holbau in der Oberlausitz geboren. Seinen ersten Unterricht genoß er zu Pforten und Bautzen, studirte Pädagogik und Theologie zu Leipzig und wurde, nachdem er mehrere Jahre Unterricht in reichen Häusern ertheilt und sich dadurch wie als Lehrer so als Erzieher vortheilhaft bekannt gemacht hatte, zum Direktor der Rathsfreischule, der Waisenhausschule und einer Privatmädchenschule zu Leipzig ernannt. Hier bewies er eine so erfreuliche Tüchtigkeit, lieferte so günstige Resultate seiner Unterrichtsweise, daß sich nicht nur eine Menge junger Leute um ihn sammelten, durch ihn und seinen Unterricht sich zu tüchtigen Schullehrern heranzubilden, sondern auch die Behörde ihm die Leitung des Schullehrer = Seminars der Hauptstadt Dresden anbot. So ehrenvoll dieser Ruf, ein wie schöner Wirkungskreis sich auch hier ihm eröffnete, schlug P. dennoch diese Stelle aus, es vorziehend, im Bereiche der Kindheit zu schaffen und zu arbeiten. Und hier wirkte er in rastlosem Eifer bis zu seinem Ende bescheiden und zurückgezogen, zum Segen Vieler. Unter seinen hinterlassenen Schriften sind hervorzuheben: „Gedanken über die gewöhnlichen ABC = Bücher", „Vorübungen im Lesen und Denken"; „Behandlung der Giftpflanzen".

Außerdem war er Mitarbeiter an verschiedenen Zeitschriften, besonders an der von D olz herausgegebenen Ingendzeitung".

Platon.

Geboren 429 v. Chr., gestorben 348 v. Chr.

Motto: „Alle großen Kunden erfordern Nachforschung und erhabene Betrachtung der Natur; denn von daher kommt uns edler Schwung und Kraft zu jeder Wirkung."
Platon.

Platon ward zu Athen, nach Einigen zu Aegina geboren. Der Sohn des Ariston und der Periktione, aus altem und edlem Geschlecht und ursprünglich „Aristokles" geheißen, später aber wegen seiner breiten Stirn oder Brust „Platon" genannt, — erhielt er im Mittelpunkte der griechischen Cultur und Industrie eine seiner Ahnen und Aeltern würdige Erziehung und zugleich dem entarteten demagogischen Treiben jener Zeit gegenüber einen aristokratischen Geist. In den Elementen wurde er vom Grammatiker Dionyslos, der zu Athen eine Schule hatte, unterrichtet. In der Gymnastik war Ariston von Argos sein Lehrer, bei dem er sich so große körperliche Gewandtheit erwarb, daß er in den isthmischen und pythischen Kampfspielen um den Preis rang. In der Musik wurde er theoretisch und praktisch von Drakon und von Metellos aus Agrigem unterwiesen und früh schon zum hohen Ernst und zur majestätischen Würde der dorischen Weise hingezogen. Auch mit der Malerei beschäftigte er sich vielfach; in der Poesie aber dichtete er selbst zuerst epische Gedichte, dann Dithyramben und Oden und endlich Tragödien. Nachdem er jedoch in seinem 20. Lebensjahre Sokrates kennen gelernt hatte, entsagte er den poetischen Versuchen, um sich gänzlich dem Studium der Philosophie zu widmen. Bei Sokrates, in dem er die vollendete Darstellung eines Weisen erkannte, verlebte er acht Jahre. Nach dem Tode des Sokrates begab er sich von Athen nach Megara in die philosophische Schule des Euklides, um von da aus Kyrene, Aegypten, Großgriechenland und Sizilien zu bereisen und mit der pythagoräischen Schule bekannt zu werden, durch die er an wissenschaftlichen Anregungen, wie an praktischem Sinn und an Interesse für's Leben gewann. Im 40. Lebensjahre kehrte er nach Athen zurück und versammelte in der Akademie einen Kreis von Schülern, die mit innigster Liebe (— selbst Frauen in Männertracht waren unter den Schülern —) an ihm hingen und die er bis zum 81. Jahre zurückgezogen von dem Treiben der öffentlichen Welt unterrichtete: — ein stilles Philosophenleben, dessen Ruhe nur einige Male durch den Aufenthalt am syrakusanischen Hofe unterbrochen ward, wo sein moralisches und staatliches Ideal verwirklicht und durch philosophische Erziehung des neuen Herrschers Philosophie und Herrscherthum in einer Hand vereinigt werden sollten. Mit Schreiben beschäftigt, nach Anderen bei einem Hochzeitsmahle, ward er 348 v. Chr. vom Tode wie von einem sanften Schlafe berührt und nicht weit von der Akademie, in Kerameikos, bestattet.

Die Grundlage aller Philosophie ist dem Platon die Dialektik oder Logik, welche das Wissen von Dem ist, was verknüpft werden kann und nicht, und von Dem, wie getheilt oder zusammengesetzt werden kann. Platon ist der Repräsentant des Griechenthums auf seiner höchsten Höhe — als Philosoph und als Pädagog.

Cajus Cäcilius Secundus Plinius.
Geboren 62 n. Chr., gestorben 110 n. Chr.

Derselbe (der Jüngere) ward zu Como geboren und von seinem Oheim an Kindesstatt angenommen, lernte von ihm weise Benützung der Zeit, legte sich frühzeitig mit dem größten Eifer auf das Studium der Beredtsamkeit und Philosophie und machte schon als 13jähriger Knabe den Versuch, eine Tragödie in griechischer Sprache zu dichten. In Syrien, wo er als Oberster bei einer Legion stand, benützte er den Umgang des Philosophen Euphrates und trat dann als Sachwalter mit Glück auf, bekleidete mehrere öffentliche Aemter und wurde im Jahre 39 Consul. Durch die Gunst des Kaisers Trajan wurde er zum Augur und Statthalter von Pontus in Bithynien ernannt, welchen Posten er zur allgemeinen Zufriedenheit zwei Jahre verwaltete. Er starb um 110 n. Chr. P. war in jeder Hinsicht einer der ausgezeichnetsten und besten, und man kann hinzusetzen, der glücklichsten Männer seiner Zeit, denn nichts fehlte ihm zum frohen Lebensgenusse: ein gebildeter Geist, ein edles Herz, freundschaftliche Liebe, mit Einem Worte, das Schönste und Beste schmückte und verherrlichte sein Leben. Als Schriftsteller arbeitete er mit ebenso viel Liebe als Fleiß und versuchte sich in mehreren Gattungen, in Prosa und Poesie. Von seinen Schriften ist nur noch eine Sammlung in zehn Büchern und eine Lobrede (Panegyrikus) auf Trajan übrig, worin er sich vielfach über die Erziehung, den Unterricht und das Schulwesen, über die sittliche Haltung der Jugend seiner Zeit, über die Studien, Recitationen, Schriften, Bibliotheken ꝛc. verbreitet.

Plutarch.
Geboren um 50 n. Chr., gestorben um 120 oder 130 n. Chr.

> Motto: „Man muß für seine Kinder nur solche Lehrmeister wählen, an deren Leben und Sitten nichts auszusetzen ist, und die eine große Erfahrung haben. Denn eine rechte Erziehung ist die Quelle und der Grund aller Rechtschaffenheit. So wie der Winzer neben seinem Weinstocke Pfähle setzt, ebenso müssen treue Lehrer den jungen Leuten gute Lehren und Ermahnungen einbinden, damit an ihnen gute Sitten hervorkeimen."
> **Plutarch.**

Plutarch, ein gelehrter und fruchtbarer griechischer Schriftsteller, zu Chäronea in Böotien geboren, soll schon unter Trajan zum Consul und Präfekten in Illyrien ernannt worden sein. Auch unter Hadrian, seinem Schüler, begleitete er mehrere bürgerliche Ehrenstellen. Er hatte früher in Rom die Philosophie gelehrt und starb als Archon und Priester des Apollo in seinem Vaterlande. Auf seine philosophische Ansicht hatten schon ägyptische Lehren und Mythen großen Einfluß. Er soll gegen 300 philosophische und historische Schriften verfaßt haben, wovon wir noch 125 besitzen, unter denen sich aber mehrere befinden, die entschieden unecht sind. In seiner Schrift „über Erziehung" wird als deren Ziel der hellenische Gedanke aufgestellt, die Kinder so zu gewöhnen, daß sie sich am Schönen freuen und über das Häßliche betrüben, während andererseits nur Diejenigen für vollkommene Männer gehalten werden, bei welchen Philosophie und öffentliche Wirksamkeit, hohe Geistesbildung und und praktische Thätigkeit verbunden sind.

Karl Friedrich Pockels.

Geboren den 15. November 1757, gestorben den 29. Oktober 1814.

Motto: „Die Unschuld und Schamhaftigkeit der Tochter muß sich, wie eine zarte Rebe, an der unerschütterlichen Tugend der Mutter hinaufwinden, und das Kind muß es schon in dem Auge seiner Schutzheiligen lesen können, was schicklich war oder nicht." Pockels.

Derselbe ist zu Wörmlitz bei Halle geboren. Er wurde 1780 auf v. Rochow's Empfehlung Braunschweigischer Prinzenlehrer und kam 1788 mit dem Titel eines Rathes als Lehrer und Sekretär zu dem Herzog August nach Nordheim, lebte später als Hofrath und Kanonikus in Braunschweig und starb daselbst. Unter seinen Schriften, die vorzugsweise die Kenntniß des Menschen überhaupt, so wie insbesondere des weiblichen Geschlechtes zum Gegenstande haben, ist für den Lehrer und Erzieher beachtenswerth: „Ueber den Umgang mit Kindern." Hannover, 1811.

Karl Heinr. Ludw. Pölitz.

Geboren den 17. August 1772, gestorben den 27. Februar 1838.

Dieser vielseitig thätige, auch um die Förderung der Pädagogik verdiente Mann war der Sohn eines Pfarrers und wurde zu Ernstthal in der gräflich schönburgischen Rezeßherrschaft Glauchau geboren. Mit 14 Jahren kam er auf das Lyceum zu Chemnitz, wo er bis 1791 blieb und an dem Rector Rothe und dem Conrector Lessing freundliche Führer hatte. Auf der Universität Leipzig studirte er mit rastlosem Eifer Philosophie, Geschichte und Theologie, und schon im Jahr 1793 erschienen von ihm „Religionsvorträge für die Bedürfnisse unseres Zeitalters mit Hinsicht auf reine Moral", zugleich aber das „moralische Handbuch oder Grundsätze eines vernünftigen und glücklichen Lebens" und „malerische und philosophische Darstellungen der höhern Bedürfnisse der Menschheit." Hieran schlossen sich in rascher Folge „Populäre Moral des Christenthums, nebst einer historischen Einleitung in das Zeitalter Jesu", und die kleinere Schrift: „Können höhere Wesen auf den Menschen wirken und sich mit ihm verbinden?" Die Vorlesungen, die er in 2 Semestern hielt, bezogen sich auf Philosophie, Pädagogik, Stylistik und Geschichte, und fanden denselben aufmunternden Beifall, wie seine Schriften. Alles dies und Reichard's gewichtige Empfehlung verschafften ihm einen Ruf an die Ritteracademie in Dresden, zur Professur der Moral und Geschichte. In dieser Stellung blieb er nur 8 Jahre und wußte auch jetzt, ungeachtet sein Amt ihn sehr in Anspruch nahm, zu einer langen Reihe literarischer Arbeiten, worunter auch mehrere Elementarbücher über deutsche Sprache, Geschichte und Logik, Zeit und Kraft zu finden. Eine der wichtigeren Schriften dieser Periode waren die „Fragmente für Philosophie des Lebens aus dem Gebiete der Moral, der Rechtslehre, der Erziehungswissenschaft und der deutschen Sprache." (Chemnitz, 1802). Allmälig fühlte er sich jedoch in seinem Lehramte von militärischen Verhältnissen und Umgebungen beengt und kehrte daher zu Michaelis 1803 mit einer kurfürstlichen Pension von 300 Thalern als außerordentlicher Professor nach Leipzig zurück, wo er nun wieder Vorlesungen hielt und seine schriftstellerische Thätigkeit fortsetzte. Er gab jetzt heraus: „Lehrbuch der deutschen Sprache in ihrem ganzen Umfange" (1803); „Allgemeine deutsche Sprachkunde, logisch und ästhetisch begründet" (1804); „Practisches Handbuch zur statarischen und kursorischen Lectüre der deutschen Classiker" (1804) u. A. Allein schon im Oktober 1804 ging er als ordentlicher Professor des Natur- und Völkerrechtes auf die Universität Wittenberg, wo er bald auch die Direction des academischen Seminars und 1808 die Professur der Geschichte erhielt. Seine schriftstellerische Betriebsamkeit nahm eher zu, als ab, und es fallen in diese Zeit vornehmlich folgende Werke: „Die größere Weltgeschichte" (1805); die Pädagogik oder Erziehungswissenschaft aus dem Zwecke der Menschheit und des Staates practisch dargestellt." (Leipzig, 1806, 2 Bde.); Encyclopädie der gesammten philosophischen Wissenschaften im Geiste des Systems der neutralen Philosophie (1807, 2 Bde.); „Aesthetik für gebildete Leser" (1807); „Geschichte und Statistik Sachsens" (1806), 3 Thle.); „die Weltgeschichte in Real- und Bürgerschulen" (1810), welche mehre Auflagen erlebte, sowie auch die größere Weltgeschichte bereits 1811 in einer neuen Auflage (4 Bde.) erschien. Die in Wittenberg verlebten Jahre zählte P. unter seine glücklichsten, aber mit dem Jahr 1812 kamen über ihn große Drangsale, die sich 1813 zu einer furchtbaren Höhe steigerten, als die Wetter des Krieges sich in den Elbgegenden entluden. Die Universität löste sich auf, P. zog sich mit mehren seiner Collegen nach Schmiedsberg zurück und fiel hier in eine schwere Krankheit, die ihn dem Tode nahe brachte und seine Gesundheit für immer erschütterte. Sachsens Unglück in Folge der Schlacht bei Leipzig entschied auch das Schicksal der Universität Wittenberg; eben sollte P. nach Halle abgehen, als ihn die Ernennung zur Professur der Geschichte und Statistik von Sachsen in Leipzig erfreute. Seitdem hat er ununterbrochen, vom Jahr 1820 an als Professor der Staatswissenschaften, der sächsischen Landesuniversität seine Kräfte gewidmet. Von seiner productiven Feder gingen noch mehre Schriften über Staatswissenschaften hervor. Unter den historischen Werken aus diesem letzten und ruhmvollsten Stadium seines Lebens ist unstreitig das ausgezeichnetste: „Die Regierung Friedrich August's, Königs von Sachsen" (Leipzig, 1830, 2 Thle.). Die beste seiner Arbeiten für deutsche Sprache möchte sein: „Das Gesammtgebiet der deutschen Sprache nach Prosa, Dichtkunst und Beredsamkeit" (1825, 4 Thle.). In seinen pädagogischen Arbeiten hat er nicht gerade Originales dargeboten, aber das Bewährte in gefälliger Form Vielen näher gerückt und lieb gemacht. Sein ganzer Lebensgang war nicht geeignet, ihn die Bedürfnisse und Eigenthümlichkeiten des jüngern Alters wahrhaft begreifen zu lassen; dennoch zeigen manche seiner Lehrbücher, wie er sich auch zu kleineren herablassen könnte. Besonders hat seine kleine Weltgeschichte den Beweis geliefert, daß er es verstand zu schreiben, wie es nöthig ist, wenn die Jugend auf dem unermeßlichen Gebiete der Geschichte sich orientiren, wenn sie in dem verwirrenden Wechsel der Ereignisse überall die siegreiche Macht des Geistes ahnen, in allen Wunderlichkeiten das Reinmenschliche auffinden, aus allem historischen Unterricht reichlichen Gewinn für das Gemüth davon tragen soll.

M. Friedrich Liebegott Prätor.
Geboren den 12. December 1777, gestorben den 28. April 1843.

Dieser Gelehrte gehörte in die Classe derer, welche, soweit ihre Kräfte reichen, in ununterbrochener, aber geräuschloser Thätigkeit ihr Tagewerk treiben und nicht eher rasten und ruhen, bis die Nacht einbricht, da Niemand mehr wirken kann. Zu Dresden geboren, hatte er in früher Jugend das Glück, erzogen zu werden von Aeltern, welche in den wichtigsten Angelegenheiten der Erziehung gleich dachten und, nach ihrem schwachen Vermögen, Nichts sparten, um ihm einen nach damaliger

Zeit guten Unterricht geben zu lassen. Sein Vater war eine Reihe von Jahren hindurch Feldwebel bei der sächsischen Armee und bildete, in schöner Uebereinstimmung mit seiner Gattin, das Herz dieses seines einzigen Kindes frühzeitig nach Grundsätzen der Gottesfurcht und Frömmigkeit. Dieß rühmt der Verewigte ausdrücklich in dem stückweise vorhandenen Album seines Lebens. Was aber Gutes und Zärtliches in die zarte Kinderseele gelegt wird, das wuchert gewöhnlich wie ein Samenkorn des Himmels fort und fort und bringt reiche Frucht für das Leben und Wirken. So war es bei dem Manne unsers Andenkens. Der fromme, gottesfürchtige Sinn stand wie ein Denkmal der Ahnenzeit in seinem Herzen und war durchaus in seinem Leben und Wirken erkennbar.

Dreizehn Jahre alt hatte P. das Mißgeschick, den sorgenden Vater durch einen frühen Tod zu verlieren. Der Beruf hatte demselben bald da, bald dort eine Wohnung angewiesen. — Seine Mutter zog jetzt mit ihrem Sohne nach ihrer Vaterstadt Görlitz in der damals sächsischen Oberlausitz. Da ihr Sohn weder Leibeskräfte noch Neigung hatte, ein bürgerliches Handwerk oder eine Kunst zu erlernen, so wurde er dem dortigen Gymnasium übergeben, obschon der armen Mutter die Mittel fehlten zum Studiren. Doch eben dieser Mangel rief den Sohn wieder von der Gelehrtenschule ab und in die Werkstätte eines Buchbinders. Kaum hatte hier der Jüngling eine vierzehntägige Probe bestanden, so zwang ihn körperliche Schwäche, die selbst lebenslang über sein Augenlicht verbreitet war und ihn zum wirklichen Myops machte, wieder in die vorige Schule zurückzugehen, wozu ihm ein damaliger, den Trieb des Knaben erkennender Lehrer Ermunterung gab. Hier blieb er, freilich in Bedrängniß von mancher Seite her und oft in eine trübe Stimmung versetzt, unter immer regem Umgange mit den Wissenschaften und einigen guten Freunden bis zum Jahre 1799.

Jetzt begab er sich auf die Hochschule zu Leipzig. Hier suchte er, ob auch oft res angusta domi bei ihm war, doch seinen Hunger und Durst nach Weisheit zu stillen. Er richtete sein Studiren auf Theologie und Philologie zugleich und arbeitete viel daheim in seinem Kämmerlein; aber auch die Hörsäle der damals geachtetsten Lehrer blieben von ihm nicht unbesucht und er ging sehr prüfend bei der Wahl derselben zu Werke. Davon zeugt sein akademisches Vademecum. Wohl mag es sehr nützlich seyn, das Studium der Theologie auf Classicität zu gründen; allein insofern bekanntlich dieses Studium ebenso den ganzen studirenden Jüngling in Anspruch nimmt, als das Studium der Classiker, so dürfte ohne Zweifel die genaue Vereinigung beider in Einem Subjecte großen Schwierigkeiten unterworfen sein, und wir möchten dem angehenden Theologen eher rathen, sich mit ganzer Seele den theologischen Wissenschaften in allen ihren besonderen Zweigen zuzuwenden und das eigentliche, geflissentliche Studium der Philologie Anderen zu überlassen, dabei aber angelegentlich aus den Quellen der Philosophie und insonderheit der Psychologie und Pädagogik zu trinken. Dennoch aber darf der Theologe nimmermehr den Classikern den Rücken zukehren oder das Heiligthum der Griechen und Römer unbesucht lassen.

P. fühlte die Schwierigkeiten eines doppelten Studiums und bildete sich mehr zum Philologen, zumal da er Prediger zu werden nie viel Lust hatte.

Nach glücklich vollbrachtem akademischen Leben übernahm er eine Hofmeisterstelle in einem adeligen Hause (des Hauptmanns v. Tettenborn) zu Großradisch in der Oberlausitz. — Im Jahre 1807 erhielt er eine Anstellung als Collaborator am Gymnasium zu Görlitz. Hier war viel

Schweiß, aber wenig Brod zu ernten; daher er sich in die traurige
Nothwendigkeit versetzt sah, nebenbei Privatstunden zu geben und sich
doppelt anzustrengen, um seine alternde Mutter unterstützen zu können
und „um als ehrlicher Mann, wie er selbst schreibt, nicht in Schulden
zu gerathen." — Das ist leider! das bittere Loos so manches sehr verdienten und tüchtigen Schulmannes.

P. fühlte sich äußerst gedrückt und dieser kummer- und arbeitvollen
Lage und machte eine Menge schmerzlicher Erfahrungen, so daß er sich
zuletzt genöthigt sah, seinen öffentlichen Wirkungskreis zu verlassen und
als Lehrer in den engen Kreis eines Hauses (der Fr. v. Steinbach) in
der Stadt Lauban zu treten. Doch „plötzlich — schreibt er selbst —
schenkte mir die göttliche Vorsehung, welche mich schon so viele Spuren
ihrer Liebe hatte finden lassen, einen Strahl der Hoffnung." Er erhielt
vom Löbauer Stadtrathe die Einladung zu einer Conrectoratsprobe und
bald darauf das Conrectorat selbst an dem Lyceum im Jahre 1810.
Dieses Amt legte ihm manche schwere Last auf, denn die Anstalt lag als
Gelehrtenschule im Argen.

Dieses Arge erkennend arbeitete der damalige, für das Volksschul-
hoch begeisterte Oberamtskanzler Herrmann zu Budissin unter hoher und
höchster Mitwirkung dahin, daß das Lyceum in Löbau in eine allgemeine
Stadt- oder Bürgerschule umgeschaffen und unserem treuverdienten Conrector die erste Hauptlehrerstelle übertragen wurde. P. arbeitete an derselben bis zu seiner ehrenvollen Emeritirung im J. 1840. Von dieser
Zeit an nahm er Budissin zu seinem Aufenthalte und lebte und wirkte
hier an der Seite seiner Gattin im Schatten des Hauses für die Welt.

Außerdem daß er als Mitglied der Oberlausitzer Gesellschaft der
Wissenschaften dem „Neuen Lausitz. Magazin" (1. Bds. 3. Heft 1822)
einen „Beitrag zur Geschichte des Schulwesens in Löbau" geliefert hat,
sind auch in der „A. S. Z." und in der „Pädagog. Realencyklopädie"
von Hergang einige gute Aufsätze als von ihm verfaßt erschienen; auch
hat er dem bekannten „Pierer'schen Conversationslexikon" nicht wenige
nützliche Beiträge gegeben.

Nicht ahnend die Nähe seines Todes, welche er vielleicht gern noch
fern gesehen hätte, wurde er von ihm überrascht am 28. April 1843.

August Eduard Preuß.
Geboren den 13. März 1801, gestorben den 7. Juni 1839.

Die Waisenkinder verloren an ihm einen rastlos sorgenden Vater,
die Seminaristen einen treuen, hochbegabten Lehrer, die Wissenschaft einen
sehr schätzbaren Schriftsteller. Seine preußische Landes- und Volkskunde,
seine biblische Geschichte mit dem trefflichen Anhang: „Bemerkungen und
Winke für den Lehrer zur Behandlung der bibl. Geschichte" und die
von ihm seit 1837 herausgegebene pädagogische Monatsschrift: der Volks-
schulfreund, haben sich die Anerkennung namhafter Schulmänner und
Pädagogen erworben. Besonders bezeugen die einleitenden Worte zu
den beiden ersten Jahrgängen des Volksschulfreundes, so wie der edle
Zweck, um dessen willen ihn der Herausgeber ins Leben rief — zur
Begründung eines Pensionsfonds für emeritirte Lehrer — die würdige
Gesinnung dieses Mannes. Er war ein treuer Arbeiter im Weinberge
des Herrn!

Johann Friedrich Wilhelm Puſtkuchen=Glanzow.

Geboren den 4. Februar 1793, geſtorben den 2. Jänner 1834.

Puſtkuchen war zu Detmold geboren, wo ſein Vater Organiſt und Lehrer der 5. Klaſſe am Gymnaſium war. Mit Fleiß und Eifer lag er dem theologiſchen Studium ob und nahm nach Vollendung des= ſelben und gut beſtandenem Examen eine Hauslehrerſtelle zu Pempelfort an. Im J. 1815 ward er Lehrer in Elberfeld; aber kurz war die Zeit ſeines dortigen Wirkens, denn ſchon im Jahre 1816 verließ er jenes Amt und begab ſich nach Leipzig, wo er theils in ſeiner Wiſſenſchaft ſich zu vervollkommnen ſuchte, theils ſchönwiſſenſchaftliche Produkte zu Tage för= Im J. 1819 wurde er ſubſtit. Prediger zu Jamickeln bei Weſel und und folgte 1820 einem Rufe als Pfarrer zu Lieme bei Lemgo, von wo er in gleicher Eigenſchaft nach Wiebelskirchen bei Ottweiler verſetzt wurde, wo er kräftig und ſeinen Pflichten treu bis zu ſeinem am oben genannten Tage erfolgten Tod wirkte. — Seine Schriften ſind:

Die Schlacht bei la belle Alliance. Barmen 1816. — Die Poeſie d. Ingend. Erzählungen, Gedanken u. Lieder. Leipz. 1817. — Die Natur d. Menſchen u. ſ. Erkenntnißvermögens, als Fundament d. Erziehung, pſychologiſch entwickelt. Ebd. 1818. — Die Erlöſung d. Sünder durch die Leiden u. d. Tod unſ. Herrn Jeſu Chriſti. Weſel 1819. — Die Perlenſchnur. Quedlinburg 1820. 2 Thle. m. 1 Kupf. — Die Urgeſchichte d. Menſchheit in ihrem vollen Umfange. 1. oder hiſtor. Thl. Lemgo 1821. — Wilhelm Meiſters Wanderjahre. Quedlinburg 1821, 1822. 3 Thle. — Wilh. Meiſters Tagebuch. Vom Verfaſſer der Wanderjahre. Ebd. 1821. — Ge= danken e. frommen Gräfin. Vom Verfaſſ. d. Wanderjahre. (Auch unter dem Titel: Wilh. Meiſters Wanderjahre. 2. Beilage) Ebd 1822. — Die Rechte d. chriſtl. Re= ligion über die Verfaſſung chriſtl. Staaten. Eine Streitſchrift. Schleswig 1822. — Das Ideal d. Staatsökonomie. Ebd. 1822. — Hiſtor. krit. Unterſ. der bibl. Urge= ſchichte, nebſt Unterſ. üb. Alter, Verfaſſer u. Einheit d. übrigen Theile d. Pentateuchs. Halle 1823. — Ueber d Vereinigung d. Lutheraner u. Reform. in beſond. Beziehung auf Bremen. 2 Hefte. Brem 1824. — Wilh. Meiſters Meiſterjahre. 2 Theile. Quedlinb. 1824. — Grundzüge des Chriſtenthums. 3. verb. Aufl. Hamb. 1826. — Die Wiederherſtellung d. ächt. Proteſtantismus od. üb. d. Union, d. Agende u. d. biſchöfl. Kirchenverfaſſung. Hamburg 1826. — Kirche, Schule u. Haus. Elberfeld 1832. — Erzählungen. Iſerlohn 1832. — Glaubens= und Sittenlehr in wahrhaft. Beiſpielen. Ein Leſebuch f. Schule u. Haus. 2 Thle. Barmen 1833. — Gedanken über die Oper; in d. Ztg. f. d. eleg. Welt. 1816. Nr. 48, 49. Gedichte; ebd. in d. Jahrg. 1813, 1814, 1816. — Antheil an den: Erholungen d. Frauenzeitung, den Zeitblüthen, d. rhein. weſtphäl. Muſenalmanach u. dem rhein. weſtphäl. Anzeiger.

Im Jahre 1829 gab P. eine pägag. Zeitſchrift unter dem Namen „Levana" heraus, von welcher jedoch nur 7 Hefte erſchienen ſind. Spä= ter erſchienen die darin enthaltenen Aufſätze, welche allgemeines Intereſſe darboten, als beſondere Schrift unter dem Titel: „Abhandlungen aus dem Gebiete der Jugenderziehung". Noch nennen wir deſſelben „kurz= gefaßte Geſchichte der Pädagogik oder gedrängte Zuſammenſtellung des Entſtehens, Weſens, Zuſammenhanges und Wechſels der herrſchenden Anſichten über Erziehung und Bildung. Rinteln 1830."

Pythagoras.

Geboren 480 vor Christi, gestorben?

Motto: „Das Gerechteste ist, zu opfern — das Weiseste die
Zahl, das Schönste die Harmonie, das Stärkste die Ein-
sicht, das Beste die Glückseligkeit — das Wahrste, daß die
Menschen von Natur schlecht sind."

Pythagoras.

Pythagoras wurde auf der Insel Samos geboren. Seinen Namen hat er von seiner Verheißung, welche seiner Mutter Pythais von
der Pythia zu Delphi geboren worden ist. Und diese Verheißung bezog
sich auf die ordentliche Erscheinung, die sich in ihrem Sohne offenbaren
würde. P. heißt, der von der Phythia verkündigte; aus dieser Verkündigung kam der Volksglaube, daß Pythagoras nicht eines Mannes, sondern eines Gottes Sohn sei, und es wird in dieser Beziehung Apollo,
doch auch Hermes, von der Sage genannt. Die Persönlichkeit des P.
wird uns auch als ein Ideal geschildert; sowohl in Hinsicht auf leibliche
Schönheit als geistige Anlage als auch in Hinsicht auf Benehmen und
Bestreben: hauptsächlich wird reine Wahrheitsliebe und Religiosität an
ihm gepriesen. Die Grundlehren seiner Weisheit soll er von der Pythia
selbst erhalten haben; doch werden mehrere berühmte Männer als seine
Lehrer genannt, und unter diesen Bias, einer der sieben Waisen. Als
ein Zeichen seiner edeln Gesinnung wird erzählt, wie er einen seiner
Lehrer in einer gefährlichen Krankheit freudig gepflegt, und unter Thränen des Dankes freudig begraben habe. Auch wird von Reisen, die er
zu seiner weitern Ausbildung gemacht, und auf welchen namentlich die
Weisheit der ägyptischen Priester gelernt haben soll, ausführlich berichtet,
was jedoch gründliche Geschichtschreiber in Zweifel ziehen.

Er verließ Samos, wie man sagt aus Haß gegen den Tyrannen
(Polykrates), und wählte sich in seinem 40sten Jahre die Stadt Kroton
in Unteritalien zu seinem Aufenthaltsort. Diese Stadt war berühmt wegen ihrer gesunden Lage, ihrer schönen, kräftigen und bildungsfähigen
Einwohner. Hier nun gründete P. einen religiös-politischen Verein, welcher eine reine Harmonie des Lebens, Denkens und Fühlens zum Zwecke
hatte, und gleichsam eine große Familie, auf das Gesetz der Sittlichkeit
gegründet, darstellen sollte. Dieser Verein war so innig, daß Gemein-
samkeit des Besitzes damit verbunden gewesen sein soll, woraus sich von
selbst ergibt, daß die Pytagoräische Schule im weitesten Sinne nicht bloß
die Jugend, sondern auch die Erwachsenen, Männer und Frauen, ein-
schloß.

Jeder, der in diesen Bund eintreten wollte, mußte sich einer längern Prüfung unterziehen. Drei Jahre lang wurden sie besonders beobachtet, und erst wenn ihre geistige und sittliche Beschaffenheit den Forde-
derungen entsprach, wurden sie in die Gemeinschaft aufgenommen.

Auf diese erste Klasse, die man die Sittenklasse nennen kann, folgte
eine zweite, die man die Religionsklasse nennen mag. In dieser soll zuerst ein fünfjähriges Stillschweigen auferlegt worden sein, was man jedoch so verstehen dürfte, daß hier hauptsächlich die rezeptive Thätigkeit
in Anspruch genommen wurde. Die erste und zweite Klasse hießen Exo-
teriker, d. h. solche, die noch nicht in alle Geheimnisse und Lehren eingeweiht waren. Wer diese beiden Stufen würdig durchschritt, kam in die
trauteste Gemeinschaft, deren Glieder Esoteriker hießen. Die dritte

Stufe kann man als die wissenschaftliche bezeichnen, und hier unterschied man Mathematiker und Physiker. Das ganze Leben theilte P. in 4 Stufen, je von 20 zu zwanzig Jahren, die des Kindes, Jünglings, gereiften Jünglings und Greises. Die Lehrgegenstände sind: Arithmethik, Harmonik, Geometrie und Astronomie. Namentlich war die Zahl gleichsam ein heiliges Geheimniß. Die Pythagoräer sagen, die Seele selbst sei eine Zahl oder auch eine Harmonie. Die Pythagoräische Zahlentafel und der Pythagoräische Lehrsatz sind jedem Anfänger der Mathematik bekannt.

Drei Forderungen wurden für die Geistesbildung gestellt: Schärfe der Auffassung; Kombinationsgabe und ein gutes Gedächtniß. Als das vorzüglichste Bildungsmittel galt die Musik, durch welche das Gemüth des Menschen gereinigt und die Leidenschaften beherrscht würden.

Die Gesänge hatten einen besänftigenden Charakter; das Instrument war die Apollinische Lyra. Die Gedichte von Homer und Hesiod wurden vorgetragen. In geringerm Grade wurde die Gymnastik getrieben; Tänze waren gestattet, um Beweglichkeit und Gesundheit zu befördern.

Bei der Betrachtung der Natur fand P. die innigste Beziehung zur Religion.

Familieneinheit scheint ein Hauptzweck des P. gewesen zu sein; darum hielt er es für das größte Unrecht, Eltern und Kinder von einander zu trennen. Er suchte die Achtung der Frauen und des weiblichen Geschlechtes hervorzuheben. Die Frauen, sagte er, müssen immer gute Worte im Munde führen, denn sie sind ja vorzugsweise zur Frömmigkeit bestimmt. Seine Gattin, Theano, zeichnete sich durch Geist und Gemüth aus. Sie soll das Buch über die Frömmigkeit verfaßt haben. Bekannt sind von ihr zwei treffliche Briefe, über Kinderzucht und über Führung des Hauswesens. Von P. selbst und seinen unmittelbaren Schülern sind keine Schriften vorhanden.

Der P. Bund hätte mächtige Feinde. Als ein solcher wird bezeichnet der Krotoniate Kylon, dem, als einem herrschsüchtigen Manne, die Aufnahme in den Bund verweigert wurde. Derselbe erregte einen Aufruhr, und P. mußte nach Metapontos fliehen. Das Lebensende dieses Edeln scheint unglücklich gewesen zu sein. Einige sagen, er sei in den Unruhen umgekommen, nachdem er 40 Tage in einem Tempel eingeschlossen geschmachtet; Andere berichten, seine Freunde hätten ihn aus den Flammen des Hauses gerettet, wobei sie selbst das Leben verloren; bald darauf sei er aus Gram in hohem Alter gestorben.

Marcus Fabius Quinctilian.

Geboren 42 nach Christus, gestorben?

Motto: „Man halte kein Alter für zu schwach, um nicht früh gleich zu lernen, was gut, was schlecht sei. Gerade dies Alter muß am meisten gebildet werden, weil es noch keine Vorstellungen kennt, und sich noch am leichtesten regieren läßt. Was sich einmal zu einer schiefen Lage verhärtet hat, kann man eher verbrechen als verbessern. Man habe einen Virgil's Ausspruch im Auge: So groß ist das Gewicht der frühen Jugendgewohnheit.   Quinctilian.

Quinctilian war zu Calagurris in Spanien geboren, wurde zu Rom gebildet, und widmete sich zuerst der Rechtswissenschaft und dann der Lehrkunst. Er wurde von Vespasian zum Professor der Beredtsamkeit ernannt, erhielt aus der Staatskasse Besoldung und war der Erste, der in Rom eine öffentliche Schule eröffnete. Zwanzig Jahre widmete er sich dem Lehrberufe. Seine Schüler hatten ihm die Grundsätze und Ansichten nachgeschrieben und in zwei besondern Schriften verbreitet; er selbst hat in 12 Büchern seine Unterweisung in der Beredtsamkeit bekannt gemacht. Q. hat die Ansicht, alle Menschen seien von der Natur mit Anlagen und Fähigkeiten begabt. Den Wärterinnen empfiehlt er vor Allem richtige Aussprache. Den Unterricht möchte er mit dem Griechischen beginnen; denn das Lateinische lerne man im geselligen Leben. Mit elfenbeinernen Buchstabenformen mögen die Kinder spielen; die Gestalt der Buchstaben müssen sie gleichzeitig mit dem Namen lernen. Die Schriftzüge seien in eine Tafel eingefurcht, und die Kinder mögen zuerst mit dem Griffel in Furchen nachfahren. Schön = und Schnellschreiben sollte nicht vernachläßigt werden. Nach dem Buchstaben folgen Sylben, Worte und Redetheile. Fertigkeit im Dekliniren und Konjugiren sei nothwendig. Das Lesen fange ganz richtig mit Homer und Virgil an; denn hier sei nicht nur die Sprache vollendet, sondern der Inhalt übe einen sittlich guten Einfluß. Schöne Stellen müssen auswendig gelernt werden. Die ersten Elemente der Rhetorik übt der Grammatiker. Die Zöglinge müssen kürzere Gedichte in einer reinen und einfachen Sprache mündlich und schriftlich wiedergeben lernen. Ehe aber der Knabe die Rhetorenschulen besucht, muß er Musik und Geometrie getrieben haben. Der rhetorische Unterricht muß sich eng an den grammatischen anschließen. Auf die Erzählung folgen die Versuche, Ueberlieferungen zu widerlegen und zu begründen, die Fragen über Zeit, Ort und Person zu erörtern, dann berühmte Männer zu loben und schlechte zu tadeln, und zwei miteinander zu vergleichen, wodurch der Geist Vielseitigkeit und praktische Fertigkeit erlange. In Hinsicht auf Lektüre bemerkt er, die Knaben hätten sich vor zweierlei Schriften zu hüten: vor veralteten, wodurch sie steif und nüchtern würden; vor blumenreichen Modeschriftstellern, die gar zu gern einen weichlichen und zauberhaften Eindruck auf das jugendliche Gemüth ausüben. Wie Cicero, so hielt auch Q. sehr viel auf die Mnemonik (Gedächtnißkunst). Man sollte sich eine Rede denken, wie ein Haus und die einzelnen Theile der Rede den einzelnen Theilen und Räumen des Hauses entsprechend ordnen und vertheilen. Zum festen Behalten des Gegenstandes und des Hauptgedankens im naturgemäßen Fortschritte stelle man sich diese getrennten Räume vor, angefüllt mit sinnlichen Bildern, welche man den festzuhaltenden Gegenständen anzupassen suche. Q. suchte der herrschenden Unnatur und Uebertreibung dadurch entgegen zu arbeiten, daß er durch eine verständige Methodik zur Einfachheit und Natürlichkeit zurück führte. Dabei gilt ihm eine kräftige sittliche Bildung als das Wichtigste und Nothwendigste.

Dr. Joh. Gottlob Lud. Ramshorn.

Geboren den 19. März 1768, gestorben den 10. Nov. 1837.

Er war zu Reust geboren, einem Dorfe bei Ronneburg im Herzogthum Altenburg, wo sein Vater, Christ. Friedr. Ramshorn, Prediger war und erhielt seine erste Bildung theils im elterlichen Hause, theils auf dem Lyceum zu Ronneburg, woselbst er drei Jahre verweilte. 1787 bezog er die Landesuniverstät Jena, um Theologie zu studiren; nebenbei befaßte er sich auch mit dem Studium der Geschichte, Mathematik, Naturwissenschaften und orientalischen Sprachen und mit Philosophie. Nach

verflossenem Triennium endlich ward R. 1790 Hauslehrer bei dem Superintendent Ehrlich in Orlamünda, welche Stelle er jedoch schon 1793
wieder verließ, um in gleicher Funktion nach Dresden in das Haus des
als Literator und Numismatiker rühmlichst bekannten Dr. Hauschild zu
geben, wo er 7 Jahre verblieb. Er schrieb in dieser Zeit die dem Oberhofprediger Reinhard gewidmete geistreiche Dissertation: „De corona ci-
vica et laureis ante domum Caesaris Augusti, Dresdae 1800." Im Jahr
1800 ging R. als Hauslehrer zum Vicekanzler Dieße nach Bautzen; im
Jahr 1801 wurde er als Lehrer des Gymnasiums zu Altenburg angestellt,
wo er 36 Jahre segensreich wirkte. Unter seinen Schriften sind vorzugsweise hervorzuheben: Lateinische Schulgrammatik; als Appendix hierzu:
de verbis Latinorum deponentibus. Lips. 1830. Lateinisches Elementarbuch, 1826. Synonimik, 2 Thle. Leipzig.. Synonimisches Handwörterbuch der lateinischen Sprache. Leipzig, 1835. Körper und Geist bedurften der Ruhe, die ihm zwar von seiner Behörde mit wahrer Anerkennung seiner vielfachen Verdienste gewährt wurde, die er aber leider
beinahe gar nicht genoß, da er nur wenige Wochen darauf, als er in
den Ruhestand versetzt und durch die Huld seines Fürsten mit dem Prädikate. „Schulrath" beehrt worden war, sein segensreiches Leben beschloß.

Johannes Ramsauer.
Geboren im Mai 1790, gestorben den 15. April 1848.

Motto: „Kinder gebildeter Eltern, und unter diesen besonders die der höheren Stände, die den Vater wenig sehen
und überhaupt weder an des Vaters noch an der Mutter
Leben und Treiben viel Theil nehmen können, bedürfen
mehr und anderer Beschäftigung und mehr Berücksichtigung, als Alle die Kinder, deren Eltern einen
Beruf haben, in den sie (die Kinder) dereinst höchst wahrscheinlicher Weise selbst eintreten, und bei dessen Ausübung
sie hundert Dinge absehen, die sie dereinst für das allgemeine praktische Leben gebrauchen können."
                                    Ramsauer.

Aus der Skizze „Kurze meines pädagogischen Lebens von J. R. Oldenburg. 1838. entnehmen wir Folgendes im Auszuge: „Ich bin in Herisau,
dem Schweizerkanton Appenzell geboren, wo mein seliger Vater eine
kleine Fabrik und einen Handel mit allen möglichen Gerüsten und Werkzeugen unterhielt, die man in unsere Spinnstuben, Webekellern und In-
dienfabriken gebraucht. Meinen Vater verlor ich schon im 4ten Jahre.
Nicht durch die Schule, nicht durch Lehr und Ermahnung, sondern durch
das gute Beispiel b. i. durch das Leben selbst wurde ich im elterlichen
Hause erzogen. Ich verließ im Februar 1800 das elterliche Haus und
wanderte mit 44 Knaben von 10—14 Jahren fort."

Er kam als Knabe in eine Schule zu Burgdorf, wo Krüsi angestellt
war, bald darauf zu Pestalozzi. „Schulgerecht lernte ich in der Stadtschule, worin Pestalozzi täglich 6 Stunden Unterricht gab, nichts, so wenig wie andere Schüler: „sein heiliger Eifer aber, seine hingebende, sich
selbst ganz vergessende Liebe, seine, sogar in die Augen der Kinder fallende, ernste, gedrückte Lage machte den tiefsten Eindruck auf mich und
knüpfte mein kindlich dankbares Herz auf ewig an das seine." Noch
schildert der Verfasser sein Leben in Burgdorf als Schüler, als Tisch-
decker, als Unter=Unterlehrer. Nach einigem Aufenthalte in München-
Buchsee und Iverdun ging R. im April 1816 als Lehrer einer neu errichteten Lehr= und Erziehungsanstalt nach Würzburg im Jahr 1826

wurde R. als Lehrer der Herzoginnen Amalie und Friederike von Ol=
denburg angestellt, denen er 10 Jahre lang Unterricht ertheilte. Später
errichtete er eine Schule für Töchter aus den gebildeten Ständen. Er
starb am 13. April 1848. Seine Schriften sind: Formen=, Maaß= und
Körperlehre oder die Elemente der Geometrie methodisch bearbeitet.
Mit 15 Blättern. Stuttgart 1826. — Zeichnungslehre. Stuttgart.
Memorabilien. — Buch der Mütter; zum Andenken Pestalozzi's und
zu seinem hundertjährigen Geburtstage. Elberfeld 1846.

Wolfgang Ratich.
Geboren 1571, gestorben 1635.

Ratich Wolfgang, geboren zu Wilster in Holstein, empfing seine
gelehrte Vorbildung auf dem Gymnasium zu Hamburg; in Rostock
studirte er Philosophie und Theologie. Da ihm eine schwere Aussprache
die Predigerlaufbahn unmöglich machte, warf er sich zunächst ausschließ=
lich auf das Hebräische, ging dann nach England und wandte sich
von da nach Amsterdam, wo er nun längere Zeit sich aufhielt und neben
mathematischen Studien auch das Arabische trieb. Er hatte so vielerlei
Wissen mit Energie sich anzueignen bemüht, daß sein lebhafter Geist mit
Nothwendigkeit zum Nachdenken über die beste, am schnellsten und sicher=
sten zum Ziele, führende Methode des Lernens hingedrängt wurde.

Als daher 1612 zu Frankfurt die deutschen Fürsten versammelt wa=
ren, um dem Habsburger Mathias die Krone zu übertragen, so reichte
R. ein Memorial ein, worin er „mit göttlicher Hülfe zu Dienst und
Wohlfahrt der ganzen Christenheit Anleitung zu geben" versprach, wie
alle Sprachen in gar kurzer Zeit und mit leichter Mühe könnten erlernt
und fortgepflanzt werden, wie man zum Lehren aller Künste und Facul=
täten in jeglicher Sprache eine Schule einrichten sollte, wie man im
ganzen Reiche eine einträchtige Sprache, eine einträchtige Regierung und
endlich eine einträgliche Religion bequemlich einzurichten und friedlich zu
erhalten vermöchte.

Dadurch erregte er die Aufmerksamkeit mehrerer Fürsten, insbeson=
dere des Fürsten Ludwig von Anhalt=Köthen, der ihn zu sich berief.
Der Methodiker traf daselbst 1618 ein und überreichte dem Fürsten ein
Memorial, welches in 13 Punkten die Grundzüge seines ganzen Systems
darstellt. Es sind folgende: 1) Die Lehrkunst ist ein gemeines, durch=
gehendes Werk und Niemand davon auszuschließen, so daß Jeder wenig=
stens lesen und schreiben lernen muß. 2) Die allererste Unterweisung
im Lesen und Schreiben muß aus Gottes Wort geschehen. 3) Die Ju=
gend darf auf einmal nur in einer Kunst oder Sprache unterrichtet, und
ehe sie dieselbe nicht erlernt und ergriffen, zu keiner andern zugelassen
werden. 4) Alles muß der Ordnung und Natur gemäß geschehen, welche
in allen ihren Verrichtungen von dem Einfältigeren und Schlechteren zu
dem Großen und Höhern, und also von dem Bekannten zum Unbekann=
ten zu schreiten pflegt. 5) Es dürfen dem Schüler keine Regeln vorge=
schrieben, viel weniger zum Auswendiglernen aufgedrungen werden, er
habe denn zuvor die Sache oder Sprache selbst aus einem bewährten
Autor ziemlicher Maßen erlernt und begriffen. 6) Es müssen auch alle
Künste auf zweierlei Weisen, erstlich in Kürze begriffen und hernach in
vollkommener Unterrichtung verfaßt und gelehrt werden. 7) Alles muß
zu einer Harmonie und Einigkeit gerichtet sein, daß nicht allein alle
Sprachen auf einerlei Art und Weise getrieben, sondern auch in jeder
Kunst nichts, das der andern zuwiderlaufen möchte, gesetzt wird. 8) Alle

Unterweisung muß zuerst in der Muttersprache geschehen, und erst wenn der Schüler in dieser Fertigkeit erlangt, darf er zu andern Sprachen zugelassen werden. 9) Alles muß ohne Zwang und Widerwillen ge-schehen, weßhalb kein Schüler des Lernens halber vom Lehrer, wohl aber wegen Muthwillen und Bosheit von einem dazu bestellten Aufseher ge-schlagen werden darf. 10) Es sollen nicht allein in lateinischer oder griechischer Sprache, wie bis dahin gebräuchlich gewesen, sondern auch in hochdeutscher und allen nothwendigen Sprachen die Künste und Fäcul-täten verfaßt und getrieben werden. 11) Die Schulen sollen nach Un-terschied der Sprachen auch an unterschiedlichen Oertern angelegt wer-den. 12) Eine jede Schule soll ihren besondern Aufseher und Lehrer haben, welche zu Zeiten den obern Scholarchen Rechnung zu geben schuldig sind. 13) Wie die Knaben durch Männer, so sollen die Mäd-chen durch tüchtige Weibspersonen unterwiesen und in guter Zucht ge-halten werden.

Es gelang sogar dem Fürsten Ludwig, noch in demselben Jahre den Herzog Johann Ernst den Jüngern von Sachsen-Weimar für die Sache zu gewinnen, und beide schlossen einen Vertrag zu Köthen, worin sie sich verpflichteten, die neue Unterrichtsmethode auf gemein-schaftliche Kosten in das Leben zu rufen.

R. war nun zunächst bedacht, Lehrer für die neue Lehrweise heran-zubilden. Eine ziemliche Anzahl strebsamer Männer sammelte sich um ihn, und er hielt denselben Vorträge über Methodik des Sprachunter-richts überhaupt, als auch über die Methode, das Lateinische oder das Deutsche zu lehren. Alle mußten vorher an Eidesstatt schriftlich ge-loben, was sie von der neuen Lehrart erfahren würden, „Niemanden zu offenbaren, noch irgendwo nach derselben zu lehren, und Alles geheim und in Verschwiegenheit zu halten, auch dieser neuen Lehrkunst mit allem Fleiße und aller Treue beizuwohnen und dieselbe treulich zu Gottes Ehren und der lieben Jugend Wohlfahrt befördern und fortsetzen zu helfen.“ Es sollte also ein Stamm von Lehrern gebildet werden, die, der neuen Methode kundig, dieselbe unmittelbar in die Schule einführen könnten. Dies war der Anfang zu einem Lehrer-Seminar. Je mehr aber die ganze Unternehmung sich erweiterte, desto weniger konnte R. hier fortfahren, unmittelbar thätig zu sein. Bald nahm ihn die Ober-aufsicht der in der Stadt entstehenden Schulen und die Leitung des Ganzen so sehr in Anspruch, daß er Beistände sich zuordnen lassen mußte.

Und so begann in Köthen ein reges Schulleben sich zu entfalten. Zum Drucke der mannigfaltigen Lehrbücher aber, welche die neue Me-thode nothwendig machte, wurde eine sehr bedeutende Druckerei errichtet. Der Vorrath häufte sich in 2—3 Jahren so an, daß Joh. Clerikus, welcher die gedruckten Bücher, so wie das Papier in Verwahrung hatte, mit einem Cataloge nach Leipzig zur Messe gesandt werden konnte.

Die Bürgerschaft in Köthen scheint anfangs der neuen Sache viel Vertrauen geschenkt zu haben; es wurden eine Zeit lang nicht weniger als 231 Knaben und 202 Mädchen nach Ratich's Methode unterrichtet. Fürst Ludwig ließ neue Schulhäuser erbauen; weitläufige Anordnungen über die Einrichtung der Schulstunden wurden erlassen.

Mit wahrer Wehmuth aber sieht man einen so redlichen Willen in seinen Erwartungen getäuscht, so viel versprechende Anfänge ohne Fort-gang. Es kann nicht geläugnet werden, daß R.'s Didaktik, verglichen mit dem alten Wesen, welches dadurch verdrängt werden sollte, große Vorzüge hatte und ein wirklicher Fortschritt war; aber der alte Metho-diker scheint weder die rechte Ausdauer, noch die wünschenswerthe Mittheilungsgabe besessen zu haben, und seine Geheimnißkrämerei erhielt mehr und mehr den Schein der Charlatanerie. Daher brach der schnell in Köthen entstandene Bau auch schnell wieder zusammen. R. entsprach den Hoffnungen, welche man von ihm gehegt hatte, keineswegs, „weshalb er den einen unangenehmen Revers von sich geben, und daß er mehr versprochen als halten können, darin erkennen und die Hochfürstl. Herrschaft sowohl zu Weimar als zu Köthen um Verzeihung bitten mussen, womit er seinen Abschied bekommen".

R. fand nun ein Asyl in Rudolstadt bei der Gräfin Anna Sophia, welche ihn auch dem Reichskanzler von Schweden, Axel Oxenstierna, empfahl. Aber schon war R. am Ziele seiner Laufbahn; im Jahre 1633 hatte ein Schlag ihm Zunge und rechte Hand gelähmt; zwei Jahre darauf starb er.

Sehr treffend ist L. v. Raumers Urtheil über Ratich. „Ihm kommen viele neue, seinen Zeitgenossen unverständliche, ja ärgerliche Gedanken. Er hat Einsicht genug, um die Mängel des Herkömmlichen zu erkennen, aber nicht genug, um ihnen abzuhelfen. Er ahnt manches Bessere, schaut es aber nur in allgemeinen Umrissen als Princip. Will er seinen allgemeinen Principien gemäß Etwas verwirklichen, in die Schulen einführen, so zeigt er sich ganz unklar und ungeschickt. Diesen Principien vertrauend, verspricht er, was er bei seiner praktischen Unthätigkeit nicht zu halten im Stande ist; so kommt er selbst bei Denen, die ihm wohlwollen, in den Ruf eines Charlatans. Dieser große Conflict seiner Ideale mit seinem Ungeschicke, dieselbe zu realisiren, macht den Mann unglücklich, er erscheint in dieser Hinsicht als ein charakteristischer Vorgänger späterer Methodiker, besonders Pestalozzi's."

Hilmar Ernst Rauschenbusch.

Geboren den 27. Februar 1745, gestorben den 10. Juni 1815.

Motto: „Wer nicht blos Blüthen, sondern auch Früchte ziehen will, der muß die Kinder gewöhnen, Weniges gründlich und anhaltend zu bearbeiten, und sie lieber eine Sache zehn Mal auf's Neue machen lassen, als zehn Sachen jede nur ein Mal."

Er war zu Werbeck in der Grafschaft Lippe geboren; im J. 1771 kam er in's Predigtamt zu Bünde bei Rabensberg und seit 1790 wirkte er als Prediger zu Elberfeld bei der Evang. luther. Gemeinde.

Er hat bekanntlich die von Hübner im vorigen Jahrhunderte mit Beifall herausgegebenen bibl. Geschichten auf's Neue erscheinen lassen und zugleich Erläuterungen gegeben unter folgenden Titeln: 1) Auserlesene bibl. Historien aus dem A. u. R. T. nach Hübner, hievon sind bereits gegen 40 Auflagen erschienen. 2) Handbuch für Lehrer beim Gebrauche der bibl. Geschichte. 3 Theile. 1820—21.

Christ. Gottl. Nebe.

Geboren den 23. August 1773, gestorben den 10. December 1843.

Motto: „Erzieherin und wahre Lehrerin kann nur die Liebe sein." Nebe.

Nebe war zu Rosleben in der goldenen Aue geboren. Seine Eltern waren mit gewissenhafter Sorgfalt auf seine erste jugendliche Bildung und Erziehung bedacht. Den ersten Elementarunterricht erhielt er

45*

bis zur Zeit der Confirmation in der Klofterfchule feiner Vaterftadt.
Sowohl das Haus als die Schule erweckte in feinem Gemüthe frühzeitig
durch mancherlei Veranstaltungen den Sinn für Religion, und die Tonkunft fing an, Gewalt über ihn zu behaupten und ihm so manche heitere
Stunde zu bereiten. Nachdem er 6 Jahre in der Klofterfchule unter
Betreibung claffifcher Studien verweilt hatte, bezog er 1792 die Univerfität Leipzig, um Theologie zu ftudiren. Rofenmüller und Morus
waren hiebei feine vorzüglichften Führer, fowie Plato und Dolz an
der damals neu errichteten Rathsfreifchule ihn in das Gebiet der Pädagogik und Katechetik theoretifch und practifch einfchauen ließen. Nicht
weniger fand er in Leipzig Gelegenheit, feiner Liebe zur Mufik immer
reichere Nahrung zu geben. Nachdem er hier 4 Jahre hindurch feine
academifchen Studien gepflegt, auch als Hauslehrer fchon gewirkt hatte,
erhielt er den Ruf eines Conrektors am Lyceum zu Reichenbach im Voigtlande. Seine pädagogifche Wirkfamkeit erweiterte fich hier und ließ ihn
manchen Gönner und Freund finden.

Im J. 1799 vertaufchte er diefen Wirkungskreis mit dem doppelten
Amte eines Gefanglehrers und Dirigenten geiftlicher Mufiken und eines
vierten ordentlichen Lehrers an der damal. Stiftsfchule in Zeitz. Der
ihm hier übertragene Religionsunterricht war ihm bald eine Angelegenheit des Herzens geworden, so daß er mit Hülfe deffelben vorzüglich auf
den Geift und das Gemüth der Jugend zu wirken fuchte. Zur Verbreitung eines religiöfen Sinnes und Geiftes bei der Jugend fuchte er aber
nicht blos durch das beredte Wort feines Mundes, sondern auch durch
Schriften zu wirken. Es erfchienen daher nach der Zeitfolge: "Tägliche
Betrachtungen und Gebete am Morgen und Abend nach der Zeitfolge
der Jahreszeiten." Leipzig, 1816. — "Andachtsbuch für die Jugend" u. f. w.
Leipzig 1821. — Die Stunden der Weihe im häuslichen Leben" u. f. w.
Leipzig 1828. — "Die Schulandacht" u. f. w. Leipzig 1830. — "Gebete und Betrachtungen für das Haus und die Schule". Leipzig 1833.
"Drei Worte des Glaubens, der Liebe und der Hoffnung, oder letzte Er-
mahnung eines Lehrers an die Jugend." Leipzig 1815 und 1821.

Als die Peftalozzi'fche Rechen-Methode in Deutschland bekannter
wurde, fchenkte ihr R. feine ganze Aufmerkfamkeit und wendete fie in
vielen Beifpielen auf das Leben an, wovon folgende Schriften zeugen:
1). Praktifche Anleitung zum Rechnen nach Peftalozzi's Lehrart u. f. w.
in 3 Aufl. 1813, 1816 und 1819; kurzer Auszug davon 1820; aber
auch 2) Anweifung zum Rechnen für Lehrer und Lernende. 1. und 2.
Curfus, Kopf- und Tafelrechnen. Leipzig 1819. Diefe Schriften haben
eine günftige Aufnahme gefunden.

Nicht weniger Beifall fand die von R. (Leipzig 1817) herausgegebene "Naturlehre für die Jugend nach der Elementarmethode". Später
ließ er "Denk- und Sprechübungen" (Leipz. 1821) und eine "Anleitung
zur Kenntniß und Behandlung der deutschen Sprache" (Leipz. 1824) er-
fcheinen. Um die Jugend auf die große Bedeutung ihrer Zeit hinzuleiten, fchrieb R. im Jahre 1813: "Das Bild unferer Zeit", und
das Leben und feinen Einfluß auf die Schule bezeichnet er in einer
Schrift: "Das Leben und die Schule". (Leipz. 1827.) Außerdem hat
der wirkfame Mann noch einzelne kleinere Schriften, Abhandlungen und
Auffätze für die Schulzeitung und Recenfionen über pädagogifche und
und Unterrichtsgegenftände für mehrere Zeitfchriften verfaßt.

Seine Liebe für das Reich der Tonkunft beftimmte ihn, in Zeitz ein
fogenanntes Singchor zu bilden, das nicht nur für den heiligen Gefang,
den Choral, fondern auch für den Figuralgefang tüchtig wäre,

und er arbeitete dabei mit Glück, besonders in dem daselbst bestehenden Schullehrer-Seminar, dessen Zöglingen er auch in der Harmonielehre und im Orgelspiele Unterricht ertheilte.

Im Herbste 1842 ward R., schwer kränkelnd und müde von der Arbeit seines Berufes, auf seinen Wunsch von seinen kirchlichen Funktionen entbunden; doch sollte ihm diese gänzliche Mußezeit nicht lange die so angenehme Ruhe des Alters genießen lassen, indem seine totale Erblindung eintrat. Jetzt könnte ihm, der so gern literarisch lebte, sein trauriger Zustand nur durch Vorlesen erleichtert werden. Endlich schwanden seine Kräfte ganz und er entschlief den 10. Dezember 1843.

M. Carl Gottlob Reich.

Geboren den 17. Oktober 1782, gestorben den 20. April 1852.

Motto: „In der Leitung des taubstummen Kindes zu den ersten Geberdenzeichen habe ich nicht nur das Mittel gefunden, seine Sinne zu üben, seine Aufmerksamkeit zu wecken, die sinnlichen Wahrnehmungen zu seinem Bewußtsein zu bringen und sein Sprachvermögen anzuregen, sondern hier auch den Weg gefunden, auf welchem der Lehrer selbst mit dem Seelenzustande und dem Bedürfnisse des taubstummen Schülers allein am sichersten vertraut werden kann." Reich.

Reich war der edelsten Menschen einer. Seine aufopfernde Liebe, seine treue Sorgfalt für das Wohl der ihm anvertrauten Taubstummen riß zur Bewunderung hin, trieb zur Nachahmung an. Alle Zeit und alle Kraft widmete er seinem Berufe, weil er nur so seiner hohen Aufgabe genügen zu können meinte. Sterbend beschäftigte er sich mit seinen taubstummen Schülern. Er wirkte an der Anstalt als Direktor und I. Lehrer zu Leipzig fast volle 42 Jahre.

Die ehemaligen Zöglinge des Institutes haben diesem ihrem verewigten Lehrer und Pflegevater ein Denkmal gegründet, worauf als Inschrift zu lesen ist: „Reich war uns — seinen Taubstummen — ein treuer Lehrer und väterlicher Freund."

Unter seinen Schriften heben wir hervor: „Der erste Unterricht des Taubstummen mit angefügten Declinations- und Conjugations-Tabellen und einer Zeittafel". Leipzig 1834.

Hermann Samuel Reimarus.

Geboren den 22. Dezember 1694, gestorben den 1. März 1768.

Er ward zu Hamburg geboren, wo sein Vater, Nikolaus R., Lehrer am Johanneum war. Außer diesem hatten vorzüglich Christoph Wolf und J. Alb. Fabricius als Lehrer den größten Einfluß auf ihn. Er studirte seit 1714 in Jena, habilitirte sich dann in Wittenberg, machte eine Reise durch Belgien und einen großen Theil Englands, ward 1723 Rector in Wismar und erhielt 1727 die Professur der hebräischen Sprache an dem Gymnasium zu Hamburg, welche er in der Folge noch mit der Professur der Mathematik vereinigte. Er starb daselbst. Sein wichtigstes Werk: „Die vornehmsten Wahrheiten der natürlichen Religion" Hamburg 1754, 6. Aufl. 1792 bekundete sein religiöses Streben auf eine ausgezeichnete Weise, und entsprach ganz dem Zeitbedürfniß. Noch zu erwähnen sind seine „Betrachtungen über die Kunsttriebe der Thiere", Hamb. 1762; 4. Aufl. 1798; dann seine „Vernunftlehre", Hamb. 1756; 5. Aufl. 1790.

Franz Volkmar Reinhard.
Geboren den 12. März 1753, gestorben den 6. Sept. 1812.

Motto: „Die christliche Erziehung ist, überhaupt betrachtet,
der Inbegriff aller der Anstalten, durch welche man die in
der menschlichen Natur liegenden Kräfte und Fähigkeiten
bei Kindern zu erwecken, zu üben und in diejenige Uebereinstimmung zu bringen sucht, welche sie haben müssen,
wenn der Mensch so vollkommen werden soll, als er es
nach den Vorschriften der Lehre Jesu werden muß."

Reinhard.

Derselbe ist zu Volkenstrauß im Herzogthum Allzbach geboren. Er
besuchte, nachdem er bei seinem Vater, einem frommen Geistlichen, den
ersten Unterricht erhalten, die Schule zu Regensburg, bezog 1773 die
Universität Wittenberg, habilitirte sich hier 1777 als Magister legens,
wurde 1778 außerordentlicher Professor der Philosophie und später ordentlicher Professor der Theologie, 1792 Ober-Hofprediger, Kirchenrath
und Ober-Consistorialassessor in Dresden, wo er mit dem hohen Ruhme
eines der ausgezeichnetsten Redner, der gründlichsten Theologen, der würdigsten Geistlichen starb. In Rücksicht der Pädagogik sind außerdem,
was er in seinem classischen Werke: „Die christl. Moral" über die Erziehung sagt, mehrere seiner Kanzelvorträge höchst wichtig.

R. war Gegner Pestalozzi's, wie er dem Urtheile, daß derselbe die
positive Religion untergrabe, Glauben beimaß und seine Jünger vielfach
„Zugvögel ohne gediegene wissenschaftliche Bildung" nannte, die ohne
Pestalozzi's Geist „nur rechneten, das Buch der Mutter hersagen
ließen u. s. w."

R. war eingenommen gegen den bloß katechetischen Unterricht in der
Religion und die „Hypercultur in der Volksschule zum ewigen Nachtheile
der Kinder".

Einen hohen, ja den höchsten Werth, legte er auf den religiösen,
besonders biblischen Unterricht, dem er, wie er unverholen gestand, seine
Bildung verdankte. — Obschon er das Gebiet der Pädagogik eigentlich
nicht bearbeitete, so huldigte er nichts desto weniger den würdigsten Er-
ziehungsgrundsätzen.

Justus Gottfried Reinhardt.
Geboren den 2. August 1759, gestorben den 21. October 1841.

Sein Vater war Pfarrer erst in dem Dorfe Volkstädt bei Mühlhausen, später in der Stadt selbst, starb aber, als der Sohn erst 18
Jahre alt und gerade Sekundaner auf dem Gymnasium war. Seine
Mutter hat er gar nicht gekannt; denn sie starb 10 Tage darauf, als sie
dem Sohne das Leben gegeben hatte. R. folgte der Schule, unterstützt
von seinem Oheim, dem Nachfolger seines Vaters, ging 1779 nach Leipzig und 1780 nach Halle auf die Universität, um sich der Theologie zu
widmen, und kehrte nach beendigten Studien in seine Vaterstadt zurück.
Auf der Universität selbst hatte er im Unterrichten sich vielfach geübt,
ja sogar am Waisenhaus in Halle Unterricht ertheilt und darum war er
auch vorbereitet, als ihm in seiner Vaterstadt 1784 am 12. Novbr. die
Lehrerstelle an der 7. Klasse des Gymnasiums übertragen wurde. Fünf
Jahre verwaltete er rühmlichst diese Stelle, wurde 1788 Lehrer an der
Mädchenschule im Brückenkloster, erhielt 1787 wegen seiner Verdienste
eine Gehaltszulage und den Titel eines Oberlehrers und hat an dieser

Schule thätig gewirkt bis 1832, in welchem Jahr er wegen Altersschwäche in den Ruhestand versetzt wurde, um ihm nach einem 48jährigen
Wirken in der letzten Zeit seiner Erdenpilgerschaft die wohlverdiente
Ruhe zu gewähren. — Viele Verdienste hat dieser Mann sich erworben,
denn er steht da als ein wahrer Reformator in Mühlhausens Schulleben.

Felix Rendschmidt.

Geboren den 30. Mai 1786, gestorben den 13. August 1853.

Motto: „Kirche und Schule sind die wichtigsten Bildungs-
Anstalten, beide müssen aber frei sein, wenn sie segensvoll
wirken sollen."
Rendschmidt.

Derselbe war in Rosenberg in Oberschlesien geboren. Er besuchte
die dasige kathol. Schule, später die evangelische, die in Marquardt einen
tüchtigen Lehrer besaß. Er sollte Theologie studiren und ging deswegen
1799 nach Oppeln auf's Gymnasium, verließ es aber 1804, weil er
Lehrer werden wollte, trat in's Breslauer Seminar und ging 6 Monate
später mit dem sehr guten Zeugnisse „für definitive Anstellung wählbar"
ab. Er erhielt auch im selben Jahre das Rectorat in Landsberg, Kreis
Rosenberg, arbeitete 6 Jahre hindurch mit regem Fleiße, unterrichtete in
2 Sprachen, (polnisch und deutsch) bei dem gänzlichen Mangel aller
Hilfsmittel der Jetztzeit und wandte die Lautirmethode zuerst auf's
Polnische an.

Pestalozzi's Ruf zog ihn nach Yverdon — und sein größtes Glück
war es, unter den Männern zu sein, die Preußens König nach jener
Pflanzstätte gediegener Volksbildung sandte. Von 1811—14 arbeitete er
an P.'s Institut als Lehrer in der deutschen Sprache, Geographie, Gesang, durchstrich dreimal die Schweiz nach allen Richtungen, erstieg mehrere der Riesenkegel und sammelte Naturalien, lernte nebenbei französisch
und italienisch und kehrte über Lyon, Marseille, Toulon, Genua, Pavia,
Mailand, Zürich, Konstanz, München, Regensburg, Leipzig und Berlin
in die Heimath.

Hier erhielt er die Stellung als Lehrer am Seminar und der
Sandschule, die den Seminaristen zur Uebung diente. In letzterer
versah er alle Unterrichtsgegenstände, im Seminar gab er Naturgeschichte, Anthropologie, Zahlen- und Raumlehre und Pädagogik, längere
Zeit auch den geographischen Unterricht, war in der vaterländischen Gesellschaft und dem älteren Lehrervereine thätig — botanisirte mit den
Seminaristen allwöchentlich vom März bis Oktober zweimal in der Nähe
wie in der Ferne, wanderte in der Ferienzeit, so weit sein schneller
Fuß ihn trug, und war oft, ohne seinen Namen herzugeben, schriftstellerisch thätig.

Rendschmidt zeigte, wie selten Einer, Würde, Ernst und Sicherheit beim Unterricht. Kein Augenblick ging bei ihm nutzlos vorüber,
nichts, was den Eindruck des Unterrichts hindern konnte, fand man bei
ihm. Störungen oder Unterbrechungen hinderte er selten durch Worte
— meist durch den Blick oder ein einfaches Klopfen auf den Tisch. Nöthige Strafen nahm er nur im äußersten Falle vor, verlor aber dabei
nie die Gemüthsruhe, nur sah Jeder und auch der Schüler, wie leid es
ihm dieß Aeußerste thue. Seine Milde trug die herrlichsten Früchte nicht
blos in der Schule, sondern auch und vorzüglich im Seminar. — Alle
hatten einen hl. Respekt vor dem ruhigen Manne, ein strafender Blick
seines blauen, hellen Auges wirkte mehr als das Lärmen eines Poltron,
als der drohende Karzer — sein Eifer, seine Pünktlichkeit wirkte mächtig

auf die Lehrzöglinge. Keine Stunde versäumte er, Unpäßlichkeiten hielten ihn nicht ab, er fing pünktlich an und rannte nicht fort, wenn die Uhr aushob.

Bei seinen Schülern hieß er: „Vater Rendschmidt", und er hat diesen schönen Namen in's Grab hinüber genommen. — Er war nicht ein zärtlicher, überfreundlicher Vater, aber ein guter, ein ernster, ein gerechter Vater. Lieblinge hatte er weder in der Schule noch im Seminar; er setzte keinen zurück; träge, unfolgsame Schüler suchte er durch Anregung zu bessern, Unsittlichkeit strafte er mit ernsten, scharf eindringenden Worten; dabei verlor er nie die Jugendlichkeit des Deliquenten aus den Augen und trat oft als Vermittler auf, wenn leicht absprechende Persönlichkeiten sofort auf die äußersten Strafmittel drangen. Er hat auf diese Weise manche tüchtige Kraft dem Lehrstande erhalten.

R. konnte dem Zuhörer im Vortrage als zu trocken, zu wenig beweglich erscheinen; er war nichts weniger als redselig, aber desto mehr sprachen die Schüler. Ein abgesagter Feind aller Sprachmengerei hielt er streng auf deutsche Ausdrücke, und Niemand kann sich erinnern, daß er sich seiner Kenntnisse im Polnischen, Französischen und Italienischen gerühmt hätte.

R. war ein tüchtiger, fleißiger Naturforscher und Sammler. Das Meiste hatte er eigenhändig an Ort und Stelle gesammelt, Hunderte von Thalern zahlte er an Bergwerkhüttenbeamte; seine Mineral- und Insektensammlung pflegte er mit der äußersten Sorgfalt, verschloß sie zwar dem Auge der Gaffer, aber seinen ehemal. Zöglingen hielt er wiederholt Curse in jenen Fächern und förderte sein reiches Wissen und die kostbaren Schätze zu Tage.

Besonders wichtig war, daß bei jedem Mineral der Fundort angegeben war, und darin galt R. als Autorität. Wie R. Alles mit größter Bedachtsamkeit, nach sorgfältiger Erwägung that, so auch in der Literatur. Verhältnißmäßig spät (1839) trat er mit seinen deutschen Lesebüchern hervor, die in Gebrauch sind, so weit die deutsche Zunge reicht. Beide sind polnisch bearbeitet, und ein kleines polnisches Lesebuch „Nauka" gab er ebenfalls heraus.

Früher erschienen: Anweisungen zum Rechnen und Aufgaben zum Zifferrechnen, die wegen der Einfachheit und Gründlichkeit der Methode und wegen Berücksichtigung der Lebensverhältnisse eine sehr große Verbreitung fanden.

In Freundeskreisen war er ernst heiter, im Verkehr mit ehemal. Zöglingen liebreich, ja er konnte gesprächig werden, wenn es sich um Schulverhältnisse, um Erfahrungen u. dgl. handelte, Keiner, der aus der Provinz nach B. kam, ging fort, ohne ihn besucht zu haben. Rendschmidt war ein Muster von Mäßigkeit, Nüchternheit und strengster Moralität. Auch seine äußere Erscheinung war bescheiden, einfach, ohne jeden Prunk. Allgemein geehrt, selbst von Gegnern geachtet, ging er still und anspruchslos dahin, und war nicht wenig überrascht, als er 1841 das allgemeine Ehrenzeichen, 1845 den rothen Adlerorden erhielt.

Er starb zu Schmidtsdorf am oben benannten Tage. In Friedland fand er eine friedliche Ruhestätte und ein Jahr darauf sammelte sich ein zahlreicher Kreis seiner Schüler an seinem Grabeshügel, um ein einfaches, dem Manne entsprechendes Denkmal einzuweihen, das nach einer Aufforderung dreier seiner Schüler (Kühn, Loske und Steuer) aus den Beiträgen der Lehrer Schlesiens (beider Confessionen) errichtet ward.

Friedrich Gabriel Resewitz.
Geboren den 9. März 1725, gestorben den 30. Oktober 1806.

Motto: „Werden die Geisteskräfte in der Jugend nicht
angeregt, schlummern sie für immer; haben sie eine falsche
Richtung bekommen, so bleibt sie gewiß lebenslang herrschend, so sehr man auch hinterher daran drehen und bessern
will; ist das Herz gegen Güte und Wahrheit im Alter,
da es noch weich war, verschlossen geblieben, wer will hernach wohl durch die eingerosteten Pforten hindurchdringen?
Man hat recht, zu sagen, daß nur Gottes Geist, nur die
Macht der Vorsehung in solche Situationen versetzen könne,
daß es sich aufthun muß." Resewitz.

Er war Abt zu Kloster Bergen und Consistorialrath, wie auch Ge-
neralsuperintendent des Herzogthums Magdeburg. Nach Vollendung seiner
Studien wurde er Prediger zu Quedlinburg, von da kam er in gleicher
Eigenschaft nach Kopenhagen, wo er sich durch Gründung einer deutschen
Bürgerschule große Verdienste erwarb. Der Ruf von seinen pädagogischen
Leistungen bahnte ihm 1774 den Weg zu der Stelle eines Abts zu Klo-
ster Bergen, wo er durch viele Jahre die dasige berühmte Schulanstalt
mit einsichtsvoller Thätigkeit leitete und sich um die Verbesserung des
Schulwesens verdient machte. Die wichtigsten seiner Schriften, insoweit
sie in den Bereich der Erziehung und des Unterrichts einschlagen, sind:

Erziehungsschriften, Gedanken, Vorschläge rc., über Erziehung 5 Bde. — Reden
an die Jugend, nebst Erziehungs-Beobachtungen. — Regeln für junge Leute bei ihrem
Eintritte in die Welt. — Versuch über die Lehrart und den Gehalt des Schulunterrichts für Kinder in den kleinen Städten und auf dem Lande rc.

Johann Reuchlin.
Geboren den 28. Dezember 1455, gestorben den 30. Juni 1522.

Reuchlin Johann, gräcisirt auch Capnio genannt, war zu Pforzheim von angesehenen Eltern geboren und zeichnete sich auf der Schule
zu Schlettstadt durch Fleiß und gute Sitten aus. Seines Gesanges
wegen wurde er in die Kapelle seines Landesherrn, des Markgrafen Karl
von Baden, aufgenommen und bald darauf von ihm zum Gesellschafter
und Reisegefährten seines Sohnes, des nachmaligen Bischofes Friedrich
von Utrecht, ernannt. Mit dem Prinzen kam R. 1473 nach Paris und
erwarb sich hier gründliche Kenntnisse, welche nachher im Vaterlande so
schöne Früchte trugen. Zwar mußte er schon 1475 Paris mit seinem
Prinzen wieder verlassen, doch ließ er sich dadurch in seinen Studien
nicht stören. In Basel erregte er das Erstaunen seiner deutschen Landsleute durch seine für damalige Zeit unerhörten Sprachkenntnisse, durch
sein lateinisches Wörterbuch, welches er unter dem Titel „Breviloquus" erscheinen ließ, und seine griechische Sprachlehre, beide die ersten in Deutschland. Im J. 1478 ging R. abermals nach Frankreich, studirte zu Orleans die Rechte, während er zu gleicher Zeit die alten Sprachen lehrte,
und erhielt zu Poitiers die juristische Doktorwürde, dann kehrte er 1481
nach Deutschland zurück und lehrte zu Tübingen mit dem allgemeinsten
Beifall sowohl die Rechte als die schönen Wissenschaften. Als Graf Eberhard der Bärtige von Württemberg sich 1487 zu einem Zuge nach Rom
rüstete, nahm er R. als den besten Lateiner in ganz Deutschland in sein
Gefolge. Die wissenschaftlichen Schätze, die Lorenzo von Medici in
Florenz aufgehäuft, sowie die von Rom eröffneten sich jetzt R.'s wißbe-

gierigem Geiste, der mit den ersten und berühmtesten Gelehrten Italiens
in Berührung kam. Bei der Rückkehr nach Deutschland ließ Eberhard
den talentvollen Mann nicht mehr von sich. Kaiser Friedrich III. erhob
ihn 1492 in den Reichsadelstand, gab ihm den Titel Pfalzgraf und kais.
Rath und schenkte ihm eine kostbare Handschrift des A. Testaments.
Nach Eberhard's Tode begab sich R. an den Hof des Kurfürsten Philipp
von der Pfalz, wo er mehrere Jahre in Gesellschaft dieses Wissenschaft
liebenden Fürsten, seines Kanzlers Dalberg und anderer großen Gelehrten
Deutschlands lebte. Hier bereicherte er die Heidelberger Bibliothek durch
Handschriften und Werke der in jener Zeit erfundenen Buchdruckerkunst.
Als der edle Kurfürst durch Verleumdung am römischen Hofe ange-
schwärzt, in Bann gethan wurde, begab sich R. noch einmal nach Rom
und vertheidigte hier mit ebenso viel Klugheit als Beredtsamkeit das
Recht seines Fürsten, der auch die Lossprechung von Alexander VI. erhielt. R. benutzte seinen fast ein Jahr dauernden Aufenthalt in Rom
zur Erweiterung seiner griech. und hebr. Sprachkenntnisse auf's Beste.
Gern hätte ihn der dankbare Kurfürst von der Pfalz auf immer an sei-
nem Hofe behalten, aber in Württemberg war der rechtmäßige Erbe zur
Regierung gelangt, und R. glaubte, dessen Ruf nicht ablehnen zu dürfen.
Er wurde daselbst zum Vorsitzenden des Bundesgerichts ernannt, das
den schwäbischen Fürsten gegen die Anmaßungen des Hauses Bayern errichtet worden war. Ueber den vielen Geschäften in seinem ausgedehnten
Wirkungskreise fand er doch Zeit zur Ausarbeitung und Herausgabe einer
Uebersetzung der Bußpsalmen, einer hebr. Sprachlehre und eines hebr.
Wörterbuchs; auch berichtigte er die Bibelübersetzung, wodurch er sich
den Namen eines Vaters derselben erwarb. R. theilte sich mit Erasmus von Rotterdam in den Ruhm des größten deutschen Sprachge-
lehrten. — Weil er seinen Verwandten Melanchthon auf die Bahn
leiten half, wo dieser in der Folge im Verein mit Luther so wohlthätig
wirkte, kann man ihn als einen Mitarbeiter der Reformation betrachten.
R. endete im J. 1522 zu Stuttgart sein vielbewegtes, thätiges Leben.

Johann Michael Rheinberger.

Geboren den 18. Sept. 1739, gestorben den 1. Sept. 1812.

Derselbe ward zu Rankweil im Vorarlberg geboren und war daselbst
Oberlehrer. Zwar ist dieser Mann kein Stern erster Größe an dem
pädagogischen Himmel und wird wohl auch wenigen Lesern nur dem Namen nach bekannt sein; dennoch kann er Vielen auch heute noch als Vorbild dienen. Der traurige Zustand des deutschen Schulwesens in den
70ger Jahren des 18ten Jahrhunderts ist dann nur einigermaßen mit
der Geschichte der Pädagogik Vertrauten hinlänglich bekannt. R. war
dazu auserlesen, die von Maria Theresia befohlene neue Errichtung und
Verbesserung der Schulen (nach der Sagan'schen Lehrart) in Vorarlberg
einzuführen. Nachdem er sich selbst in Freiburg ein Jahr lang dazu vorgebildet, sollte er die Schullehrer seiner Heimath dazu überweisen, aber
sowohl diese, als auch das Volk, witterten Ketzerei in der neuen Lehre,
so daß er kaum täglichen Mißhandlungen entging. Gleiches Schicksal
hatte er ein Jahrzehent später, wo die durch Kaiser Joseph II. eingeführten neuen Einrichtungen und Verordnungen in Bezug auf das Kirchen-
und Schulwesen aber in jener Gegend die heftigsten Volkstumulte hervor-
riefen. Aber R. unterlag diesen Stürmen nicht. Siegreich ging er aus
ihnen hervor, und ein heiterer Lebensabend ließ ihn die trüben Erinnerungen an die Vergangenheit vergessen.

Jean Paul Friedrich Richter.

Geboren den 21. März 1763, gestorben den 14. Nov. 1825.

> Motto: „Auf den blauen Bergen der dunkeln Kinderzeit,
> nach welchen wir uns umwenden und hinblicken, stehen die
> Mütter auch, die uns von da herab das Leben gewiesen,
> und nur mit der frühsten Zeit zugleich konnte das wärmste
> Herz vergessen werden. Ihr wollt recht stark geliebt sein,
> Weiber, und recht lange und bis in den Tod: nur so seid
> Mütter eurer Kinder. J. Paul.

Jean Paul Friedr. Richter, der deutschen Lesewelt unter der Na-
mensverkürzung Jean Paul bekannt, ist der genialste und trefflichste hu-
moristische Schriftsteller Deutschlands und zu Wunsiedel, einem am Fich-
telgebirge gelegenen bayrischen Städtchen geboren. Sein Vater war Rector an
der dasigen Stadtschule, nachher Pfarrer in Schwarzenbach an der Saale.
Früh keimten ungewöhnliche Fähigkeiten in dem Knaben auf. Dieselben
auf's Sorgfältigste zu entwickeln und zu pflegen, war des Vaters eifrigste
Sorge. Bereits in seinem 18ten Jahre war dieser hoffnungsvolle Sohn
des Lenzes zur Universität reif; der Vater wollte ihn jedoch nicht so
frühe dem Gewoge des academischen Lebens hingeben und schickte ihn noch
ein Jahr an die oberste Klasse des Gymnasiums zu Hof. 1790 bezog er
die Hochschule in Leipzig, studirte anfänglich Theologie, ergab sich aber
bald dem steten Drange seines Herzens folgend, der Poesie. Nach
Schwarzenbach zurückgekehrt, beschäftigte er sich nur mit ihr. Von Hof
aus sandte er seine ersten literarischen Versuche in die Welt, die gleich
zündenden Blitzen durch Deutschland fuhren. Leipzig zog den bald berühmt gewordenen jungen Autor an sich, und 1798 glänzte er als einer
seiner gefeiertsten Gelehrten. Von hier begab er sich nach Weimar, Koburg, Bayreuth. In letzterer Stadt ließ er sich mit seiner Gattin, einer
Caroline Meyer aus Berlin, häuslich nieder. Der Fürst von Hildburghausen verlieh ihm den Titel Legationsrath; vom Fürsten Primas wurde
er mit einem ansehnlichen Jahresgehalte ausgestattet. In seinen Schöpfungen war eben so unübertrefflich als unermüdlich. Leider fing in seinem
kräftigsten Alter seine Gesundheit zu wanken an. Besonders nahm eine
beunruhigende Augenschwäche sehr zu bei ihm. Im August 1824 schrieb
er an Kunz in Bamberg: „Seit dem vorigen Winter wurden meine Augen von einem täglich wachsenden Lichtfeind und Nachtultra ergriffen,
der mich, wenn ich mich nicht wehre, dem Orkus des schwarzen Staa-
res zuführen würde." Und im November desselben Jahres an denselben:
„Mein rechtes Auge ahmt seinem staarblinden Nachbar so sehr nach, daß
ich jetzt nur noch hinter Brillen schreiben und bei Lichte nur mit ihnen
mühsam lesen kann. Mehre Leipziger und Naumburger Brillen helfen
mir schon so viel, als zerbrochene Krücken. — In München läßt man
mich seit Monaten auf neue warten, als hätt' ich sie bei Landrichtern
bestellt. Echte, englische Brillen würden mir den Himmel, nämlich die
Bücher öffnen. Sein Augenübel nahm immer mehr zu, bis zur Blindheit
fast. Dazu trat Husten und Verschleimung. Er starb im Novemb. 1825.
Seine Leiden trug er in Geduld und religiöser Fassung. Seine zahlreichen Schriften tragen das Gepräge seines Charakters, Religiosität, Men-
schenfreundlichkeit, Milde und tiefe Gemüthlichkeit. Besonders bewies er
Letztere an seiner alten Mutter, die er bei sich hatte. In ihrem Zimmer
stand sein einfacher Schreibtisch, belegt mit Büchern, Excerpten und Manuscripten. Seiner letzten Werke eines war seine Selbstbiographie; bei
der er, wie bei allen seinen Schriften in gewissenhaftem Ernste religiöse

Vorbereitungen machte. Jean Paul's Levana ist auf alle Zeiten eines der trefflichsten Erziehungsbücher, eine der herrlichsten Blumen im Garten der pädagogischen Literatur. Keinem Lehrer dürfte sie fremd sein. Vortrefflich hat er den Lehrer der Zopfzeit in „Leben des vergnügten Schulmeisterleins Maria Wuz in Auenthal!" gezeichnet.

Victor Heinrich Riecke.
Geboren den 17. Mai 1859, gestorben den 14. Januar 1830.

Derselbe ward zu Stuttgart geboren. Der Sorgfalt des Vaters für die zweckmäßige Erziehung und Bildung des Sohnes kam dessen Lernbegierde und die Empfänglichkeit für sittliche Lehren liebevoll entgegen, so daß er schon in früheren Jahren größere Fortschritte in seiner Entwicklung machte, als man gewöhnlich erwarten kann. Von der deutschen Elementarschule seiner Vaterstadt kam er in das Gymnasium daselbst, wo er alle Klassen durchlief, auch nebenbei den Privatunterricht mancher geschickter Männer genoß, bis er im Jahr 1776 unter die dem Studium der Theologie gewidmeten Stipendiaten zu Tübingen aufgenommen wurde. Im Jahr 1778 erhielt er den Grad des Magisters oder Doctors der Philosophie, worauf er 3 Jahre lang Theologie studirte. Nach rühmlich zurückgelegtem Universitäts-Cursus, während dessen er vielseitige Ausbildung und gründliche Kenntnisse in verschiedenen Wissenschaften sich erworben, und feste religiös-moralische Grundsätze sich angeeignet hatte, von denen ihn Nichts zu entfernen im Stande war, öffnete sich ihm ein weiterer, seiner Neigung ganz angemessener Wirkungskreis. Er unternahm nämlich im Jahr 1782 eine wissenschaftliche Reise nach Wien, wo er hebräische und griechische Codices aus der dortigen reichen Manuscripten-Sammlung der k.k. Bibliothek verglich. Er war jedoch kaum 4 Wochen hier gewesen, als ihm durch Vermittlung eines dasigen angesehenen Freundes und Verwandten, ungeachtet seiner Jugend, der Ruf von einer neu zu errichtenden Gemeinde zu Brünn, der Hauptstadt Mährens, als Prediger zu Theil wurde. Neben seinem Amte in Brünn ernannte ihn nachher die höhere Behörde zum Senior der gesammten evangelischen Gemeinden in Mähren; somit öffnete sich ein größeres Feld für das evangelische Lehramt und die Verbreitung der Segnungen des Christenthums zu wirken. In seinen Berufsgeschäften und in der Anordnung desselben hatte er freie Hand; er erfüllte die Bedingungen, unter welchen den Protestanten die Religionsübung gestattet war, auf's Genaueste, und durfte sogar in der eigens verfertigten Liturgie zweckmäßige Anordnungen treffen, die den Gottesdienst und vornehmlich die Austheilung des heiligen Abendmahls feierlicher machten, wodurch selbst Katholiken angezogen wurden. — Während seines Aufenthalts in Brünn wurde er im Jahr 1784 zum Repetenten des theologischen Stifts zu Tübingen ernannt und berufen. Im Jahr 1802, nachdem in Württemberg der Eifer für Verbesserung des Schulunterrichts, wie in andern Ländern, erwacht war, und die höheren Behörden Verfügungen trafen, denselben zweckmäßiger nach einem erweiterten Plane einzurichten, wurde R. von Brünn aus als Inspector über die deutschen Schulen und Pfarrer im Waisenhause zu Stuttgart berufen. Hier durchlebte R. mehrere Jahre ganz glücklich, ganz zufrieden mit seiner Lage und seinen Berufsgeschäften, vornehmlich den pädagogischen; geschätzt von so vielen gebildeten Männern, welche fleißige Zuhörer seiner öffentlichen Kanzelvorträge und überhaupt in seinem Umgange waren, ungeachtet er sich nicht viele Erholungsstunden erlauben konnte; überhäuft mit so vielen, zum Theil verschiedenartigen Ar-

keiten, die theils in seinem Predigtamte, theils in seiner Inspection über
die Schulen, theils im Waisenhause an sich, theils in der eigenen Bildung seiner Kinder, vornehmlich der Söhne lagen. Was er als Schulinspector und Waisenpfarrer gewirkt hat, wie viele Zöglinge ihm ihre Bildung
zum Schulstande, wie manche arme Waisen ihm noch ihr gutes Fortkommen
nach dem Austritte aus dem Hause, zu verdanken haben, überhaupt die erfolgreiche Thätigkeit für das Wohl Anderer, seine aufopfernde Dienstbeflissenheit — dies Alles steht geschrieben im Buche der ewigen Vergeltung. Im Jahr 1811 erhielt R. die Pfarrei Lustnau, eine Viertelstunde
von Tübingen, auch wurde ihm die Schullehrerconferenz im Tübingen'schen
Dekanatsbezirke übertragen. Sein Lieblingsgeschäft, das pädagogische, setzte
er bis an sein Ende fort; auch von hieraus haben ihm mehrere, dem Schulstande gewidmete Jünglinge ihren Unterricht und pädagogischen Sinn zu
danken. Seine Schriften sind:

Zwei Predigten, geh. b. Eröffn. d. protest Gottesdienstes in Brünn. Wien,
1783. — Zwei Predigten, geh. b. Einw. d., protest. Bethauses in Brünn. Dessau,
1785. — Einiges z. Gesch. d. protest. Gemeinde in Brünn. Brünn, 1798. — Die
wichtige Frage: Soll man Waisenhäuser beibehalten? beantw. u. s. w. Stuttgart,
1806. — Außerdem hat er Aufsätze und Recensionen in das schwäb. Magazin geliefert; und er gab jährlich heraus: Nachr. v. d. Stuttg. Waisenhause, f. Mensch. u.
Kinderfreunde.

Karl Friedrich Riemann.
Geboren im Jahr 1756, gestorben den 6. Juni 1812.

Er war geboren zu Züllichau. Nach Vollendung seiner akademischen Studien wurde er als Lehrer am Militärwaisenhause in Potsdam angestellt.
Seine pädagogische Tüchtigkeit erwarb ihm das besondere Vertrauen des
Kriegsrathes Deutsch, auf dessen Veranlassung er 1779 nach Rekahn ge-
schickt wurde, um dort, unter Leitung des Herrn von Rochow, dessen
Schulmethode kennen zu lernen und sie sodann in die Schulen des Waisenhauses einzuführen. Bis 1786 war er auf solche Weise im Schulfache
in Potsdam thätig und wirkte auch später als Prediger durch bildende
Conferenz-Vorträge und seine darauf bezügliche Schriften zur weiteren
Verbreitung der von Rochow'schen und Pestalozzi'schen Grundsätze, welche
unter dem Titel erschienen sind: Beschreibung der von Rochow'schen
Lehrart in Volksschulen; nebst Vergleichung derselben mit der Pestalozzischen und mit andern Lehrarten. Berlin, 1809. — Historische Nachricht
von einer Schullehrer-Conferenz-Gesellschaft. Berlin, 1812. R. starb
als reformirter Prediger zu Neuküstrinchen im Oberbruche.

Gottlob Heinrich Rietz.
Geboren den 21. November 1801, gestorben den 11. August 1843.

Rietz war geboren zu Zinna bei Torgau, wo sein Vater Landmann
ist. Nachdem er bei dem Schullehrer Großmann in Süptitz den vorbereitenden Unterricht erhalten, kam er, 16 Jahre alt, in das Lehrerseminar zur Weißenfels. Hier brachte er vier Jahre zu und wurde 1820 in
Torgau an der Bürgerschule als Lehrer von 250 Kindern angestellt.
1825 wurde er als dritter Lehrer an der genannten Anstalt confirmirt.
Er starb zu Torgau. Rietz war ein ausgezeichneter Lehrer! Von ihm haben wir gelernt, was ein Mensch vermag, welcher mit dem glühendsten
Eifer alle Kräfte in den Dienst seines Berufes stellt. Ich habe noch keinen Lehrer gefunden, der ihn hierin übertroffen hätte. Für seine Schule,
für sein Amt vermochte er Alles zu thun; in jeder Stunde des Unterrichts brannte sein ganzes Wesen in einer Begeisterung, welche das Maß
der körperlichen Kraft unbeachtet ließ und daher für dieselbe zerstörend

ward. In der Schule war er am glücklichsten, von ihr sprach er am liebsten. Kam die Rede auf seinen Beruf, so war es rührend zu sehen, wie eine freudigere Steigerung seines ganzen Inneren über ihn kam; er rückte dann dem Freunde näher, oder trieb ihn, Alles um sich her vergessend, in eine stille Ecke des Zimmers; seine Stimmung ward in solchen Augenblicken milder und freundlicher, und das Angesicht strahlte eine Zufriedenheit, als fühle die Seele sich hier in ihrem wahren Elemente.

In der Classe war R. körperlich und geistig außerordentlich lebendig und voller Bewegung. Man konnte ihn stürmisch nennen. Er riß die Kinder mit sich fort, daß sie Nichts athmeten und dachten und wollten, als er eben ihnen vortrug. Bei dieser Eile vergaß er aber nicht, zur rechten Zeit zu weilen, und was R. gelehrt hatte, das war sicherlich auch gelernt. Er ging in seiner Begeisterung ganz auf in der kindlichen Seele, war daher originell in der Darstellung seiner Gedanken und gestaltete den Stoff fast immer in eigenthümlicher, aber der kindlichen Vorstellungsweise nahe verwandten Art.

Niemand konnte aber auch eifriger lernen, als er selbst. Einem guten Buche trachtete er in unermüdlicher Ausdauer nach, und jede Bereicherung seines eigenen Geistes war auch ein Gewinn für seine Schüler.

Ernst Ludwig Ritsert.
Geboren den 26. Dez. 1800, gestorben den 8. Sept. 1843.

Derselbe war geboren zu Darmstadt und erhielt seinen ersten Unterricht theils von seinem rechtschaffenen Vater, damaligem Lehrer an der Garnisonsschule, (später an der mittleren Stadtknabenschule daselbst), theils von dem verdienten Oberlehrer Desaga zu Heidelberg, welcher in jener Zeit an der katholischen Schule zu Darmstadt angestellt war. Im Jahre 1809 wurde Ritsert in die unterste Classe des Gymnasiums aufgenommen, dessen edler Director, Joohann Georg Zimmermann, um ihn, wie mehr oder minder um alle seine zahlreichen Schüler bleibende, von Ritsert lebenslang mit kindlicher Pietät anerkannte Verdienste sich erworben hat; Auszeichnungen, wie sie nur irgend die Anstalt ihren wohlgesinntesten, gewissenhaftesten und kenntnißreichsten Zöglingen zu ertheilen pflegte, wurden dem Knaben und Jüngling in jeder Classe derselben reichlichst zuerkannt; und mit dem wohlverdienten Zeugnisse tadelloser Sitten und musterhafter Tüchtigkeit versehen, verließ er sie im Jahre 1818, um auf der Landesuniversität Gießen dem mit voller Neigung erwählten Studium der Theologie und Philologie sich zu widmen. In beiden Wissenschaften waren hauptsächlich die Professoren Schmidt, Kuinöl, Dieffenbach, Rumpff seine Lehrer, aber auch andere, eine allgemeinere Bildung fördernde Studien wurden von dem Wissensdurstigen nicht vernachlässigt. Im Jahre 1820 verließ er die Hochschule zu Gießen, um in dem elterlichen Hause das begonnene Werk fortzusetzen, und bezog dann im Sommer 1821 die Universität Göttingen, welche gerade damals vielleicht den Höhepunkt ihres Glanzes erreicht hatte. Hier waren es theils theologische Vorlesungen bei dem älteren Planck und Eichhorn, theils philologische und archäologische bei Dissen und K. O. Müller, theils historische bei Heeren und Saalfeld, theils mathematische bei Thibaut, theils naturwissenschaftliche bei Blumenbach und Tob. Mayer, theils endlich kirchenrechtliche bei dem jüngeren Eichhorn und kunstgeschichtliche bei Fiorillo, welche Ritsert's begeisterte Thätigkeit in Anspruch nahmen. Die Ferien wurden zu Fußreisen benutzt, welche die Städte Eisenach, Weimar, Jena, Eisleben, Halle, Leipzig, Dresden und die sächsische

Schweiz berührten und dem Heimgekehrten eine reiche Mitgift starkonder
Eindrücke hinterließen. Auf der im Jahre 1822 angetretenen Rückreise
von Göttingen in die Heimath bestand R. zu Gießen die Facultäts-
prüfung mit jener Auszeichnung, welche von seinem akademischen Fleiße
erwartet werden mußte, und errichtete hierauf in seiner Vaterstadt im
Vereine mit seinem, seit früher Jugendzeit durch die innigste Freundschaft
mit ihm verbündeten Studiengenossen und nachmaligen Schwager, Sell,
eine Privatschule für Mädchen. Im Herbste desselben Jahres wurde er
nach bestandener Definitorialprüfung in die Reihe der evangelischen Pre-
digtamtscandidaten aufgenommen und verband sich bald nachher mit noch
zwei anderen ihm nahe befreundeten Privatlehrern, Jäger und Schmitz,
zur Gründung einer ausgedehnteren Lehr- und Erziehungsanstalt für
Knaben vom 6. bis zum 16. Lebensjahre. Damals gewährte es als neue,
nicht mißlungene Schöpfung, allen seinen Vorstehern und Lehrern durch
die brüderliche Eintracht ihres Zusammenwirkens und durch das frische
fröhliche Jugendleben, welches in ihm gepflegt wurde, ein eigenthümliches
Glück, bei welchem auch Ritsert's Erinnerung stets mit dankbarer Freude,
ja oft mit enthusiastischem Aufschwunge zu verweilen pflegte. Während
der Schulferien wurden von ihm, meist in Begleitung von Collegen und
Schülern, in die Nähe und Ferne erquickliche Fußwanderungen unternommen. Erst nach Verlauf von acht Jahren, während welcher er mehrere an ihn ergangene Aufforderungen zur Uebernahme anderer Lehr-
stellen aus warmer Anhänglichkeit an den ihm so theuer gewordenen
Wirkungskreis abgelehnt hatte, schied er, nachgebend besonders den dringenden Bitten seiner verehrten Aeltern, welche theils aus Besorgniß für
seine bedrohte Gesundheit, theils aus anderen naheliegenden Gründen,
dem Sohne eine öffentliche Anstellung wünschten, — mit schwerem Herzen aus jener Anstalt, nachdem er zu Ostern des Jahres 1829 zum
Lehrer an der ersten Stadtmädchenschule zu Darmstadt ernannt worden
war. Im Herbste desselben Jahres vertauschte er diese Stelle mit der
eines Lehrers an der ebendaselbst neuerrichteten ersten höheren Töchterschule, an welcher er bis an sein Ende mit hoher Freudigkeit und, wie in
allen seinen Berufsverhältnissen, mit ausgezeichnet reichem Segen gewirkt
hat. Im Jahre 1830 wurde er als Freiprediger ordinirt; im Jahre
1838 ertheilte ihm die evangelisch-theologische Facultät der Landesuniversität Gießen die Würde eines Licentiaten der Theologie; im Jahre
1843 wurde ihm der Charakter eines Schulinspectors verliehen und starb
am oben benannten Tage.

Diejenigen Schriften, durch welche sich der Selige ein dauerndes
Denkmal seiner wissenschaftlichen Leistungen gegründet hat, sind folgende:
1) „Der Orden der Trappisten", Darmstadt, Heyer 1833. 8. — Mit
Dr. K. Wagner, Gymnasiallehrer zu Darmstadt, besorgte er die Herausgabe von Dr. Friedrich Ludwig Wagners, weil. Gr. Heß. Kirchen- und
Schulraths zu Darmstadt, „Handbuch des Wissenswürdigsten für Bürger-
und Volksschulen", Darmstadt, 1838. — 3) „Deutsche Sprachlehre mit
zahlreichen Uebungsaufgaben für höhere und niedere Volksschulen", Darmstadt, Diehl, 1839. — 4) „Uebungsaufgaben zur deutschen Sprachlehre
für höhere und niedere Volksschulen", 2te Abtheilung der deutschen
Sprachlehre für Volksschulen, Darmstadt, Diehl, 1839. — 5) „Die
Lehre vom deutschen Style", oder Anleitung zum richtigen deutschen Gedankenausdrucke für Volksschulen und einzelne Classen der Realanstalten
und Gymnasien; 3te Abth. der deutschen Sprachlehre für Volksschulen,
Darmstadt, Diehl, 1839. — 6) Endlich besorgte er die Herausgabe von
Joh. Friedr. Christoph Welker's „liturgischen Beiträgen" nebst einem

homiletischen Anhange, und begleitete dieselben mit einem Vorworte und höchst schäzbaren Mittheilungen über des Verfassers Leben und Wirken, Darmstadt, Joh. Ph. Diehl, 1842. — 7) Einzelne „Predigten und Casualreden", welche theils in homiletischen Magazinen, wie in Dr. Zimmermann's Sonntagsfeier, theils auch besonders im Drucke erschienen sind. — 8) „Recensionen" und verschiedene kleinere, wie größere „Aufsäze", meist theologischen, pädagogischen und historischen Inhaltes, abgedruckt in der Allg. Kirchenzeitung, dem theol. Literaturblatte, der Allg. Schulzeitung, in Rossel's pädagogischer Monatsschrift, im kanonischen Wächter und anderen periodischen Blättern.

Claus Nixen.

Geboren den 14. Februar 1764, gestorben den 20. November 1843.

Dieser rühmlichst bekannte Schriftsteller und Schulmann war ein Holsteiner von Geburt. Im Dorfe Bökel bei Nortorf erblickte er das Licht der Welt. Von unbemittelten Aeltern geboren, genoß er keinen geistbildenden Jugendunterricht und mußte als Knabe öfters Schafe hüten, bei welchem Geschäfte er sich die Zeit vertrieb mit Lesen der Aesopischen Fabeln. Schon in seinem 14ten Jahre fing er an, Kinder zu unterrichten. Im Gute Hanerau ward er im Jahre 1778 Schullehrer zu Steinfeld und verblieb da bis Ostern 1781. Hierauf war er Hauslehrer im Dithmarschen, hernach Gehülfe an der Schule in Bowenau und ward 1784 Seminarist in Kiel. Als ein wißbegieriger und mit ausgezeichneten Anlagen des Geistes begabter Jüngling wird er den Unterricht der Seminarlehrer, und besonders des berühmten Müller, nicht ohne Gewinn für Kopf und Herz genossen haben. Er zeichnete sich so vortheilhaft aus, daß er schon nach Verlauf des ersten Seminarjahres zum Organisten und Schullehrer in Großen=Flintbeck, Amts Bordesholm, ernannt wurde. Hier lebte und wirkte er nur einige Jahre; hier fing er schon an zu schriftstellern, faßte die Idee zu einer Dorfbibliothek und gründete zu deren Ausführung eine Lesegesellschaft unter den Dorfleuten. Seit 1787 finden wir ihn im Gute Knoop angestellt. Er hat in seinem Alter zweimal jubilirt. Sein 50jähriges Jubiläum ist beschrieben in der Carsten'schen Zeitschrift (gefeiert am 22. October 1828) und sein 60jähriges in der A. S. Z. vom 28. Januar 1840. Von der patriotischen Gesellschaft in Altona ist ihm die Verdienstmedaille zu Theil geworden. Es gab eine Zeit, da sein Name in vielen Zeitschriften glänzte, und im Anfange dieses Jahrhunderts gehörten seine Aufsätze in den hiesigen Staats= und Landwirthschaftlichen Schriften zu den beliebten und gern gelesenen. Er war beständiger Mitarbeiter an den Niemann'schen Provinzialberichten. Den Unterricht suchte er stets für's Leben fruchtbringend zu machen, überhaupt auf den Verstand zu wirken, und hatte deßhalb von jeher die Idee, daß die Landschule auch beständig eine landwirthschaftliche und industrielle Schule sein müsse. Ueber Industrie hat er Mehreres geschrieben und viele Versuche in dieser Hinsicht gemacht. Pädagogisches aus seiner Feder findet sich Einiges in Carstens Zeitschrift für das praktische Volksschulwesen, an der er eifrigen Antheil nahm. Als er auf der Höhe des Alters stand und eine kleine Schaar eigener Kinder ihn umringte, begeisterte ihn ein großer Gedanke. Er entwarf nämlich den Plan zu einer Schullehrerwaisenkasse, berief mehrere Collegen zusammen aus nächster Umgegend und stiftete wirklich eine solche, die aber leider aus Mangel allgemeiner Theilnahme wieder einging.

Friedrich Eberhard v. Rochow.
Geboren den 11. Okt. 1734, gestorben den 16. Mai 1805.

Rochow v., Erbherr auf Krahne, Reckan, Gettin u. s. w. bei Braunschweig, Domherr zu Halberstadt, war ein Sohn des ehemaligen Staatsministers v. R. und wurde zu Berlin geboren. Er genoß einen Theil seiner Erziehung auf der Ritterakademie zu Brandenburg. Schon im 15. Jahre betrat er die militärische Laufbahn und folgte, bei der Garde angestellt, seinem Könige in den 7jährigen Krieg. Er focht in den Schlachten bei Lowositz und Prag mit. Mit der preußischen Armee kam er 1757 in die Winterquartiere nach Leipzig. Ein Schuß hatte ihm in diesem Feldzuge einen Arm gelähmt. In Leipzig lernte er Gellert kennen und wurde von diesem mit mehreren der dasigen Gelehrten bekannt gemacht. Das folgende Jahr rief Rochow wieder ins Feld; da aber eine zweite Verwundung ihn des Gebrauches der rechten Hand völlig beraubte, so mußte er den Kriegsdienst verlassen und begab sich nun auf seine Güter. Nun widmete er sich dem Landleben und den Wissenschaften und zeichnete sich durch seltenen Verstand, und noch seltner verbundene Eigenschaften des Geistes und Herzens aus, die ihn bei Allen, welche ihn kannten, unvergeßlich machten. Sein mit lebhafter Phantasie gepaarter richtiger Verstand besaß gründliche Kenntnisse in mehreren Fächern, Oekonomie, Naturkunde, Sprache u. s. w., vorzüglich in Allem, was die moralische Natur des Menschen angeht; seinen Charakter zierte thätige Liebe zu allem Guten und Schönen, ächte Humanität, reine Frömmigkeit und die preiswürdigste, weitverbreitete Wohlthätigkeit.

Die schönste Krone seines Denkens und Wirkens, eine wahrhaft unvergängliche Krone für Beförderung von Bürger- und Menschenglück setzte er sich durch seine hohen Verdienste um die Landschulen auf. Hier war er Stifter, Beförderer, Lehrer, Schriftsteller; er selbst Alles. Seine Anstalten und Schriften sind wohlthätige Muster geworden in und außer Deutschland, für Katholiken und Protestanten. Man kann ihn den Reformator des Landschulwesens nennen. Seine Verdienste in dieser Beziehung hat Köthe in seiner beachtenswerthen Schrift: „Die christl. Volksbildung" (Leipzig 1831) S. 56) gebührend gewürdigt. Wie er selbst lehrend mit Milde und Freundlichkeit im Kreise der Kinder wirkte, beschreibt als Augenzeuge J. Fr. Wilberg in den „Erinnerungen aus seinem Leben" u. s. w. S. 25.

Am 2. Januar 1773 ward die Schule in Reckan eröffnet, 1774 zu Gettin, 1779 zu Krahne. Herr v. R. bildete die ersten Lehrer in Reckan selbst, der Prediger Rudolph und der Schulhalter Bruns, beide vortreffliche Männer und seine treuesten Gehülfen an dem großen Werke. Sein Schulbuch für Kinder der Landleute oder vielmehr der Unterricht für Lehrer in niedern und Landschulen — denn dies letztere sollte es eigentlich sein, nicht ein Buch, was Kindern in die Hände gegeben würde — erschien schon im Jahre 1792. In der von ihm herausgegebenen „Geschichte seiner Schulen" wird die nähere Veranlassung angezeigt, welche den Entschluß in ihm bestimmten, sich einer solchen Schulverbesserung auf seinen Gütern zunächst, so wie einer allgemeinen Mitwirkung dazu überhaupt anzunehmen und zu dem Ende dieses Buch zu schreiben.

Sein Kinderfreund (Berlin 1776 ff.), sein Handbuch in katechetischer Form für Lehrer, die aufklären wollen und dürfen, sein Katechismus der gesunden Vernunft und seine übrigen pädagogischen Schriften theoretischer und praktischer Art wurden allgemein bekannt, mehrmals aufgelegt, nachgedruckt, übersetzt. Der Kinder-freund allein ist in 100.000 Exemplaren abgesetzt worden; die zehnte mit einem Anhange über Giftpflanzen und einem vollständigen Cursus „Denkübungen" vermehrte Auflage erschien 1834.

Selten findet sich so viel edler Eifer mit so viel Lust zu einer be-stimmten Sache und so vollkommene Einsicht zu den wichtigsten Mitteln beisammen, als in Rochow. Ueberhaupt war derselbe in allen seinen Verhältnissen ein sehr braver Mann, und seine Bestrebungen für die Aufnahme des Landbaues in den Marken waren gleichfalls höchst lobenswerth.

Mit Gellert blieb er stets in freundschaftlicher Beziehung; auch stand seine würdige Gattin, eine geborne v. Bose, mit Gellert, von dem sie so sehr geschätzt wurde, in Briefwechsel.

Am 16. Mai 1805 schied der Edle von Rochow als ein Schöpfer höchst gemeinnütziger Verbesserungen, als einer der frühesten und thätig-sten Beförderer der Basedow'schen Unterrichts-Unternehmungen, als ein Menschenfreund in That und Wahrheit von der Erde. Sein reger Eifer für Menschenglück und Menschenveredlung machte ihm die Bildung des Landvolkes zum wichtigsten Ziele seiner gemeinnützigen Thätigkeit. Durch sein Schulbuch und die Musterschulen, die er auf seinen Gütern eröffnete, gab er das Signal zu einer fast über ganz Deutschland ver-breiteten Reformation der Volksschulen.

Georg Jakob Roller.
Geboren den 4. März 1774, gestorben den 27. Februar 1857.

Er, der Sohn eines Tuchfabrikanten, ward geboren zu Wildberg in Württemberg und wurde aus der ersten Classe der dortigen Volksschule mit den fähigsten Schülern in die neugegründete lateinische Schule eines Magister Duttenhofer herübergenommen, unter dessen vortrefflicher Lei-tung nach vier Jahren schon die alten Classiker mit Leichtigkeit gelesen wurden. Als Primus in Prima wurde Roller in seinem 15. Jahre con-firmirt. Duttenhofer's Vorbild befestigte in ihm Neigung und inneren Beruf zum Lehrstande so entschieden, daß er diesen dem ihm vorgeschla-genen Studium der Theologie vorzog und nach damaliger Sitte, da es noch keine Lehrer-Seminarien gab, nach vorangegangener Prüfung von den Vorgesetzten einem tüchtigen Lehrer, Eisenmann in Wildberg, zur Ausbildung empfohlen wurde. Er wohnte mit Duttenhofer und Eisen-mann zusammen. Bei und mit dem letzteren wurden täglich fünf Stun-den in der Schule gearbeitet, nach denselben Musik gelernt und in den Abendstunden mit Duttenhofer die Lektüre, namentlich der alten Classiker, fortgesetzt. Die Prüfung nach zwei Jahren erwarb Rollern ein Zeug-niß: „vorzüglich" und zugleich eine Schulgehülfen-Stelle mit der Auf-gabe, einen Plan zu einer neuen Organisation der Schule zu entwerfen, der bestätigt und von ihm ausgeführt wurde.

Nach Verlauf von drei Jahren wurde er in die Nähe von Stutt-gart gerufen, wo er in einer Schule von dreihundert Kindern mit noch zwei anderen Lehrern arbeitete und, da diese krank wurden, den Unter-richt allein besorgte. Die Hülfsmittel der Hauptstadt, Lesezirkel, Biblio-theken, Reisen in nahe und ferne Schulanstalten boten eine von ihm wohlbenutzte Gelegenheit zum weiteren Fortschreiten. Durch Kirchenrath Wölf in Heidelberg nach Frankenstein in eine der angesehensten Familien der Pfalz empfohlen, ward er Erzieher in der Familie Ritter. Ein Men-noniten-Bethaus, einsam stehend im Diemersteiner Thale, wurde ihm zum Unterricht seiner vier Knaben und Mädchen angewiesen. Hier entwickelte sich Roller's Unterrichts- und Erziehungsmethode auf eine ihm ganz eigenthümliche und individuelle Art. Die schönste Anerkennung seines Wirkens gab sich ihm bald kund in dem Verlangen vieler Angehörigen der ausgebreiteten Familie aus Kaiserslautern, Neustadt, Dürkheim, Otterberg, auch ihre Kinder mit zu unterrichten, und so hatte er bald zu seiner höchsten Freude einen ausgedehnteren Schülerkreis um sich. Nach der Confirmation der ersten Zöglinge folgte Roller einem schon früher an ihn ergangenen, und oft wiederholten Rufe zu einem größeren Wirkungskreise nach Otterberg bei Kaiserslautern, wohin ihm die Frankensteiner Kinder folgten. Die Zahl der Pensionäre und Schüler der neuen Anstalt belief sich bald auf siebzig. Bald bildete sich in diesem Institute eine Art von Schullehrer-Seminar — in dem ganzen Arondissement Kaiserslautern wurde kein Schullehrer angestellt, bevor er nicht wenigstens ein Jahr lang in demselben gewesen war, um Roller's Methode zu lernen, und ein Zeugniß seiner Tüchtigkeit von demselben vorlegen konnte. Im Jahre 1810 begab sich Roller mit einem Zögling nach Yverdon zu Pestalozzi, zur Zeit, als dessen Institut noch in seiner vollen Blüthe stand. Unbeschreiblich war der Eindruck, den dieses pädagogische Leben und Treiben unter den angestellten Lehrern auf ihn machte. Reich an Erfahrungen, neuen Ansichten über Unterricht und Erziehung, aber auch gestärkt und verjüngt au Körper und Geist, denn alle gymnastischen Uebungen, Excursionen mit Lehrern und Zöglingen auf die Gebirge und an die Seen wurden von ihm mitgemacht, kehrte er im September, nach noch einigen Besuchen anderer Institute auf der Rückreise, mit seinem Zöglinge zurück nach seinem Otterberg.

Der Unterricht wurde fortgesetzt bis zum Jahre 1813 — in welchem ein neuer Ruf von der oberen Schulbehörde in Mainz ihn in das Wonnegau von Worms an das dasige Gymnasium versetzte, nachdem er sein Dekret von Paris aus (von Napoleon I. unterzeichnet) erhalten hatte. Hier eröffnete sich ihm ein neuer Wirkungskreis, der seine Entwickelung als Lehrer immer höher steigerte. Fünf Stunden Unterricht des Tags waren ihm, der wenigstens zwölf bisher gewohnt war, zu wenig. Ein Mädcheninstitut war noch nicht vorhanden. Er willigte deßhalb mit Vergnügen in das Ersuchen der Eltern der angesehensten Familien, ihren Töchtern während seiner freien Stunden Unterricht zu ertheilen, und bald hatte er vierzig Schülerinnen von verschiedenem Alter in drei Abtheilungen zum Unterricht in seiner Wohnung.

Im Jahre 1818 gestattete ihm die großherzogl. hessische Regierung die Errichtung einer Turnanstalt für die Gymnasiasten. Die Stadt räumte ihm den Andreasplatz dazu ein und schaffte alle erforderlichen Rüstzeuge dazu an. Als nach zwei Jahren von dem Bundestag alle deutschen Turnplätze geschlossen wurden, traf leider, obwohl zuletzt von allen, dieses Schicksal auch die von demagogischen Umtrieben gewiß freie Wormser Anstalt.

Ein Wendepunkt in Roller's Wirksamkeit fällt in die Zeit des Wormser Lehramts. Im Jahre 1820 schickte ihm der Herr einen armen taubstummen Knaben aus Worms zum Unterrichte zu. Ganz unbekannt mit der Methode, solche Unglückliche zu unterrichten, ohne je etwas darüber gelesen oder einen gesehen zu haben, wurde der Unterricht in Gottes Namen mit demselben begonnen. Der Erfolg war glücklich. Drei andere kamen dazu. Sie lernten schreiben, das Geschriebene wie das Gedruckte durch Zeichen lesen und verstehen. So wurde der Unterricht im Rechnen und vorzüglich in der Religion glücklich fortgesetzt. Nach und nach kamen Auswärtige. Die Pantomimensprache genügte ihm nicht mehr. Er fing das Sprechen, das mündliche Lesen mit seinen Taubstummen an — es gelang. Die Entwickelung auch dieser Methode entfaltete sich bei ihm immer weiter. Reisen in Taubstummen-Institute wurden gemacht, die vorzüglichsten Werke über diesen Zweig des Unterrichts angeschafft und in geistiges Eigenthum des Autodidakten verwandelt.

Mit wahrer Aufopferung und edelster Uneigennützigkeit gab Roller nun das einträgliche Privatinstitut für Mädchen auf, um, mit der Einschränkung auf sein Diensteinkommen, trotz einer starken eigenen Familie, seine ganze vom Amte freie Zeit und Kraft den armen Unglücklichen widmen zu können, die durch seine Bemühungen aus lästigen Gliedern der Gesellschaft zu braven, frommen, brauchbaren Menschen gebildet wurden. Bald wurde die großherzogl. Regierung auf die Anstalt aufmerksam und vertraute ihr mehrere dieser Unglücklichen an, bis dieselbe Roller im Frühjahre 1837 zum Director einer durch ihn zu organisirenden Taubstummen-Landesanstalt in Friedberg ernannte.

Nachdem Roller auf einer Reise auf Staatskosten in auswärtige Taubstummen- und Blindenanstalten neue Erfahrungn gesammelt, trat er sein Amt im Mai 1837 in Friedberg an. Die glückliche Verbindung der Anstalt mit dem dasigen Prediger- und dem Schullehrer-Seminarium brachte für Rollern zugleich die Aufgabe, in dem Prediger-Seminare Vorlesungen über Methodik des Taubstummen-Unterrichtes zu halten und den Candidaten durch den Zutritt zu dem Unterrichte einen Einblick in das Praktische dieses Lehrzweiges zu gewähren, sodann die Schul-Seminaristen theoretisch vorzubereiten und unter seiner Leitung zur eigenen Ausübung des Taubstummen-Unterrichtes anzuführen, so daß dieselben sich die Befähigung erwerben, künftig in ihrem Dorfe oder in ihrer Stadt die Taubstummen für die Landesanstalt vorzubereiten, oder den Entlassenen die eigene Fortbildung zu erleichtern, wenigstens mit der Behandlung derselben vertraut zu sein.

Hier in Friedberg war nun ein weites Feld für Roller's Wirksamkeit, und unendlich ist der Segen, den der treue Arbeiter im Weinberge des Herrn hier gestiftet. Von früh bis spät stand Vater Roller unter seiner ihm anvertrauten Heerde, unermüdlich, freudig ausdauernd, mit einem Interesse an seinem Stoffe, mit einer Liebe zu jedem einzelnen der Kinder, mit einer Sorgfalt und Achtsamkeit auf die Fortschritte eines jeden, die einen wahren Zauber auf das Gedeihen der nun nicht mehr unglücklichen Kinder ausübten.

Auf der Taubstummen-Lehrer-Versammlung in den vierziger Jahren zu Cannstadt empfing man den Papa Roller als die Seele des Lehrertages; der Landesfürst verlieh ihm den Ludwigs-Orden, die Landes-Universität ertheilte ihm das philosophische Doktor-Diplom. Im ein und achtzigsten Jahre seines Lebens wurde ihm die wohlverdiente Ruhe zu Theil, nachdem er, durch seinen körperlichen Zustand gezwungen, selbst endlich die Ueberzeugung gewonnen hatte, daß er jüngeren Kräften die Fortführung seines Werkes überlassen müsse. R. starb wenige Tage vor dem 83. Geburtstage.

Johann Friedrich Roos.

Geboren den 24. Februar 1757, gestorben den 24. Dez. 1804.

Derselbe ward geboren in Steinbockenheim, in der Pfalz, und war der jüngste Sohn seiner Eltern. R. verlor ein Jahr nach seiner Geburt durch einen frühzeitigen Tod seinen Vater und der besorgten Mutter lag

allein das schwere Geschäft der Erziehung öb. Sie wahrte es mit durch
Privatinformationen von Candibaten des Predigtamtes, die hiefür von
jeher willfährig die Hand geboten haben. Vom 10. bis 18. Lebensjahre
an besuchte R. das Gymnasium und 1775 bezog er die Universität Gießen, um Theologie zu studiren. Der Weg zur Pädagogik führte ehemals
meistens durch die Gebirge der Theologie statt durch die Philosophie und
die Naturwissenschaften. Hier waren R., wie Leun's Lehrer, fast dieselben Herren Professoren, z. B. Schulz, Bechthold, Höpfner und Schmid.
Aber R. ging weiter als Leun, nämlich 1777 von der Ludwigsakademie
in Gießen nach Darmstadt, und 1778 sogar nach Erlangen, um hier noch
mehr zu lernen bei den Lehrern der dortigen Universität, die damals in
gutem Rufe waren, noch jetzt in gesegnetem Andenken stehen, als bei
Reinhard, Succov, Harleß, Seiler und andere. Durch Harleß besonders wurde R. dem Lehrerleben zugewandt und in dasselbe eingeführt.
Die erstere Thätigkeit darin machte R. in einer Haushofmeisterstelle,
nahm auch die Magisterwürde an, und war eben im Begriff: öffentliche
Vorlesungen anzufangen, als ihn Gott als 4ten Lehrer an das Pädagogium in Gießen stellte. Dies geschah im Herbste 1780. R. lehnte Ende
1783 einen Ruf als Prorector an das Gymnasium in Idstein ab, wurde
dagegen 1784 1ster Lehrer am Pädagogium zu Gießen und Professor der
Philosophie, 1799 Pädagogiarch, d. i. Professor der Erziehungskunst,
1803 auch Professor der Geschichte und starb den 24. Dezember 1804.
Sein früher Tod war für die Universität Gießen, für die deutsche Schule
und die ernste Wissenschaft ein bedeutender Verlust: „denn mit gründlichen Kenntnissen verband er eine gewissenhafte Thätigkeit in allen seinen
Aemtern. Die Frequenz des Pädagogiums, das ihm seine Reform verdankte, stieg unter ihm und seiner aufopfernden Leitung von 65 auf 140
Schüler, worunter viele Ausländer waren." Außer vielen verschiedenen
akademischen und pädagogischen Schriften nennen wir folgende:

1) Einige Bemerkungen über den hebräischen Unterricht auf Schulen. Gießen,
1781. 8. 2) §. Archiv für die ausübende Erziehungskunst. Seit dem ersten Stück
des 5ten Theiles (früher von Heyler herausgegeben). Gießen, 1783. 8. 3) §. Bibliothek für Pädagogen und Erzieher, in Verbindung mit mehreren Schulmännern herausgegeben. Gießen, 1784. 8. 4) Excursus ad Horatii Carm. Gießen, 1784. 4.
5) Ueber den Charakter des Sosia in der Andria des Terenz. Gießen, 1784. 4.
6) Bemerkungen über den moralischen Charakter des römischen Geschichtschreibers Cajus
Sallustius Crispus. Gießen, 1788. 4. 7) §. Versuche über die Klassiker. Gießen,
1790. 8. 8) Terenz Lustspiele, übersetzt und commentirt. Gießen, 1794. 8. 9)
Beiträge zur historischen Kritik. Ebdf. 1794. 8. 10) Probleme aus der alten und
neuen Geschichte. Ebdf. 1798. 8. 11) Oden des Horaz übersetzt. Leipzig, 1791. 8.
12) Zu der in Frankfurt herausgekommenen Encyclopädie bearbeitete Roß vom 14ten
Bande an die griechischen, römischen und deutschen Antiquitäten, und vom 18ten Bande
an war er Redakteur des ganzen Werkes, in dem manche schätzbare Aufsätze enthalten
waren, leider mit Ky abschloß.

Johann Philipp Roffel.

Geboren den 10. Juni 1791, gestorben den 2. November 1831.

Roffel, geboren zu Born, Herzogthum Nassau, empfing seine erste
Berufsbildung in dem Lehrerseminar zu Idstein in den Jahren 1807—9,
erweiterte dieselbe nachmals während eines 2jährigen Aufenthalts im
Pestalozzischen Institute in der Schweiz. Nach seiner Rückkehr im Jahr
1814 gründete er in Coblenz ein Knabeninstitut, welchem er bis zu seiner
Berufung als Gymnasiallehrer in Aachen im November 1817 vorstand.

Obwohl seinem engeren Berufskreise nach dem Gelehrten-Schulwe-
sen angehörend, wandte R. seine Mußestunden hauptsächlich dazu an, im

großen Kreise, besonders dem Elementar- und Volksunterrichte nützlich zu werden Zunächst durch die beiden von ihm begründeten beachtenswerthen Zeitschriften: „Monatsschrift für Erziehung und Unterricht" und „Wochenblatt für Elementarlehrer." Jene erschien im Jahr 1824—33, die beiden letzten Jahrgänge fortgesetzt von Dr. Klapper. Dieses vom Jahr 1828—33, fortgesetzt von J. P. Haffelbach. Die Monatsschrift liefert unter Anderm sämmtlich vom 7—10ten Bande reiches Material zu einer Geschichte Pestalozzi's von seinen Erziehungsunternehmungen. Nicht unerwähnt dürfen die Verdienste gelassen werden, welche sich R. um Beförderung eines bildenden Sprachunterrichts, namentlich in den Rheinlanden, erwarb, dahin gehört:

Deffen sprachlehrliches Lesebuch oder Beispielsammlung für den pädagogischen vereinten Sprach-, Rede-, Schreib- und Sprachunterricht. — Deffen Satzlehre für Schulen. — Realbuch für gehobene Schulen, wie auch zum Selbstunterricht.

Joh. Wilhelm Gottfried Roß.
Geboren den 7. Juli 1772, gestorben den 27. Oktober 1855.

Motto: „Fürchte Gott, ehre den König und gehorche der Obrigkeit." Bischof Roß.

Derselbe war zu Isselburg in Westphalen geboren, wo sein Vater Heinrich Gottfried R., als Prediger der reformirten Gemeinde wirkte. Seine wissenschaftliche Bildung erhielt R. auf dem Gymnasium zu Wesel und Mörs, von wo er nach seiner zu Ostern 1788 erfolgten Confirmation, noch nicht 16 Jahre alt, zur Universität nach Duisburg abging. Dort bestand er drei Jahre später vor der Klasse der Synode, die damals damit betraut war, das erste theologische Examen, worauf er zu Anfang des Jahres 1793, noch ehe er das zweite Examen pro ministerio abgelegt hatte, von der Gemeinde in Homberg, einem Städtchen im Bergischen, und bald darauf in Budberg, einem Dorfe nahe bei Rheinberg, zum Prediger gewählt wurde. Doch hinderten die damaligen kriegerischen Zustände den Antritt der letzteren Stelle noch um einige Zeit, so daß er erst nach Ablauf des Jahres bei seiner Gemeinde eintreffen konnte, aber da das Pfarrhaus ganz ruinirt worden war, vorläufig seine Wohnung in Rheinberg aufschlagen mußte. Besonders wurde er neben seiner Würde als Geistlicher durch seine seltene Lebensweisheit und Weltklugheit ein rechter Wohlthäter seiner Gemeinde, indem er ihr mit Rath und That beistand, ihre Zerwürfnisse über das Mein und Dein schlichtete und den herzlichsten Antheil nahm an ihren Freuden und Leiden, Berathungen und Beschlüssen, wobei ihm wohlwollender Sinn, seine Gerechtigkeitsliebe, seine Gesetzeskenntniß und seine Klugheit im Verständniß und in der Behandlung der Menschen trefflich zu Statten kam, und dies förderte seine Wirksamkeit als Geistlicher ungemein, selbst die Mitglieder der kathol. Gemeinde, die in Budberg neben der reformirten besteht, ehrten ihn wie ihren Geistlichen. Neben der Sorge um die Kirche war sein Eifer für das Schulwesen besonders rege. Schon 1795 stiftete er mit seinem Freunde, dem Prediger Engels in Hochemmerich, die Lehrer-Conferenz im Synodalkreise Mörs. Im Jahre 1814 wurde ihm die Inspection der Schulen im Mörser-Synodal-Bezirke übertragen, und auch in dieser Stellung hat er wieder außerordentlich segensreich gewirkt, z. B. daß das Schullehrer-Seminar im Jahre 1818 nach Mörs kam und die Mörser Lehrer-Wittwen-Casse gegründet wurde. Ueberhaupt trat er jetzt immer mehr aus dem kleineren Kreise seiner

Prediger=Wirksamkeit zu größern, einflußreichern Stellungen heraus. Zuerst wurde er von der Kreis=Synode zu Mörs zum Superintendenten derselben gewählt, dann übertrug ihm das Ministerium auch die Leitung der Provinzial=Synode, die ihn einstimmig zum Präses wählte. Im Jahre 1826 wurde R. zum Ober=Consistorialrathe ernannt und als Probst nach Berlin berufen. Rühmlichst bekannt durch seine 30jährige Wirksamkeit am Rhein, wurde er von seinen Gemeinden mit Freuden empfangen. Die Stadt Berlin ernannte ihn zum Ehrenbürger, die Universität zum Dr. theol., der König erneuerte ihm und seiner Familie die Grafenwürde und ernannte ihn zum 2. Generalsuperintendenten der Provinz Brandenburg, sowie später wegen seiner Verdienste zum Bischof der evang. Kirche und zum Generalsuperintendenten für die Rheinprovinz und Provinz Westphalen. In dem Schindler'schen Waisenhause, dessen Curator er war, hatte er sich aus freiem Antrieb die Religionsstunden und die Austheilung der Censuren vorbehalten und in der Wadzeck=Anstalt, zu deren erstem Vorsteher er gewählt wurde, war er ebenfalls auf das liebevollste besorgt um das Wohl jedes einzelnen Zöglings wie um das der ganzen Anstalt. Im Jahre 1843 feierte Bischof R., noch nicht 71 Jahre alt, das 50jährige Jubiläum seiner Amtsthätigkeit. Er war einer der würdigsten und verdienstvollsten Männer unsers Jahrhunderts.

Friedrich Wilhelm Ehrenfried Rost.
Geboren den 11. April 1768, gestorben den 12. Februar 1835.

Rost war zu Budissin geboren, wo sein Vater, der zu seiner Zeit berühmte und als Schulmann hochgeachtete M. Christoph Jeremias Rost, Rektor des Gymnasiums war. Seinen ersten Unterricht empfing Rost durch Privatlehrer, von seinem achten Jahre an aber in dem damals, besonders durch den Ruf seines Vaters blühenden Gymnasium seiner Vaterstadt, wo außer seinem Vater auch Kober, Demuth, Faber, Raussendorf und Petri seine Lehrer waren, welche alle er noch in spätern Jahren mit großer Pietät verehrte. Den wichtigsten Einfluß aber auf die Bildung seines Geistes und Herzens hatte sein Vater selbst, der auch außer dem öffentlichen Unterrichte sich mit größter Sorgfalt und Treue der Erziehung seiner Kinder widmete und sie vor allem Andern durch Wort und Beispiel zu regelmäßiger Thätigkeit, strenger Einfachheit und christlicher Frömmigkeit anzuleiten bemüht war. Daher bewahrte denn auch R. das Andenken seines Vaters bis in sein spätestes Alter mit wahrhaft kindlicher Dankbarkeit und Verehrung, von welcher Gesinnung er auch schriftliche Denkmäler hinterlassen hat, besonders in der von ihm verfaßten Biographie seines Vaters und in der am 10. Juli 1818 an dessen Grabe zu Budissin gehaltenen Rede. Mit Kenntnissen wohl ausgerüstet, bezog nun Rost im Jahre 1787 die Universität Leipzig und besuchte hier zuvörderst die philologischen Vorlesungen von den beiden Ernesti, Beck und Reiz, studirte aber auch, als eng verwandt mit jenen Studien, Geschichte unter Wenck und Philosophie unter Platner, sowie Naturwissenschaft und Mathematik unter Borz und Hindenburg. Um aber auch von der Religionswissenschaft eine gründlichere Kenntniß zu gewinnen, hörte er auch Morus und Rosenmüller. Nach dem Tode seines Vaters (13. Jänner 1790) trat R. als Privatlehrer in das Haus des Hofraths und Professors Wenck, eines Mannes, dessen wohlwollendem Einflusse er sehr viel verdankte, dessen Verwendung ihm auch die Mittel zur Erlangung der Magisterwürde (den 23. Februar 1794) verschaffte. Unterm 20. Oktober 1794 trat er die Rectorats=Stelle an dem Lyceum zu Plauen an und verwaltete diefelbe fo, daß er in kurzer Zeit fich allgemeine Liebe und — befonders durch Einführung mehrerer Verbefferungen im Geifte der neueren Zeit — manches Verdienft um die Schule erwarb. Am 27. April 1796 wurde er als Conrector an der Thomasfchule zu Leipzig eingeführt, am 18. Febr. 1800 übernahm er das Rectorat der Schule, welches er bis zu feinem Tode, faft volle 35 Jahre und länger als die meiften feiner Vorgänger, verwaltete. Was nun Roft während diefer langjährigen Wirkfamkeit an der Schule zuvörderft als Lehrer geleiftet habe, das bezeugt am beften die dankbare Anerkennung feiner zahlreichen, noch jetzt im In- und Auslande zerftreuten und zum Theil in angefehenen Aemtern lebenden Schüler. Und in der That vereinigte er mit gründlicher Gelehrfamkeit auch eine treffliche Gabe des Vortrags, deffen Lebendigkeit fein treffender Witz noch erhöhte, und eine durch lange Erfahrung gereifte Methode des Unterrichts. Von den vielen Lehrgegenftänden aber, die er behandelte, waren es befonders feine Gefchichtsvorträge, feine Erklärung der Claffiker, befonders des Horaz, bei welcher er fich abwechfelnd der lateinifchen und der deutfchen Sprache bediente und feine lateinifchen Stylübungen, die von jeher den größten Beifall fanden. Dabei verftand R. auch die gute Zucht und Ordnung unter feinen Schülern, deren Handhabung an einer Anftalt, wie die Thomasfchule, befonderen Schwierigkeiten unterliegt, mit ficherer Hand zu leiten. Weife Verbindung von Milde und Strenge, leidenfchaftslofe Ruhe des Gemüths, Energie und Confequenz des Handelns und, je nach Umftänden, bald kurze, aber eindringliche Ermahnungen, oft mit Verweifung auf Gott und die Ausfprüche der Bibel, bald die beißende Kraft des Witzes und der Satyre, bald ernfte, nachdrückliche Rüge, waren die Mittel, deren er fich dabei bediente. Doch der fchwierigfte Theil feiner Amtsführung war die Verwaltung und Direction der Schule. R. ift auch der Begründer des Wittwen- und Waifenfiscus der Thomasfchule, fowie der Sachfenftiftung in Franzensbrunnen. Als Kritiker, Ausleger und Ueberfetzer der Alten und vornehmlich feines Plautus hat er Ausgezeichnetes geleiftet. Außer mehreren philologifchen Schriften, worunter gediegene Programme und Gelegenheitsfchriften find zu erwähnen: Was hat die Leipziger Thomasfchule für die Reformation gethan? 1817. — Reden am Grabe des vormal. Rectors Roft zu Budiffin d. 10. Juli 1818, gefprochen von M. Roft und M. Stöckhardt. Budiffin 1818. — Beiträge zur Gefchichte der Thomasfchule. Erfte Lieferung. Ebb. 1820. Zweite Lieferung. Ebb. 1821. Die Feier des 600jährigen Beftehens der Thomasfchule zu Leipzig. Ebb. 1822.

Chriftian Theodor Roth.
Geboren den 13. März 1766, geftorben den 13. April 1848.

Derfelbe wurde zu Münfter, einem kleinen im jetzigen Großh. Heff. Kreife Grünberg gelegenen Dörfchen, wo fein Vater, Benjamin R., Pfarrer war, geboren. Die friedliche Stelle feiner Jugend und des väterlichen Haufes überhaupt ward faft nie unterbrochen, erlitt aber einen um fo gewaltigeren Stoß, als in Roth's 7. Lebensjahre feine Mutter mit 2 Kindern, ihrer Schwefter und einer Magd bei der Heimkehr von einem Befuche ertrank. Der Eifer zu lernen, erkaltete nicht in dem kleinen Theodor und wo der Vater ihm beizuftehen und ihn zu leiten verhindert war, faßte er den Entfchluß, durch feine eigene Kraft fich weiter zu bringen. Unterftützung dabei fand er bei mehreren feinem Vater befreundeten Bewohnern der Umgegend, und namentlich war es der fürftl. Rector Joft zu Laubach, der ihn mit Büchern aus der fürftl. Bibliothek verfah, und ein benachbarter Geistlicher, dem er lat. Briefe schickte, die dann corrigirt zurückkamen, — welche einen entschiedenen Einfluß auf seine wissenschaftliche Fortbildung übten und viel dazu beitrugen, daß er im Frühjahr 1784 die Universität Gießen beziehen konnte. Bereits in seinem 15. Jahre hatte R. die Schriften Melanchthons mit großem Eifer gelesen und in seinem 16. Jahre schon die erste Predigt — vermuthlich zu Gonterskirchen — gehalten. Nach einem fast 3jährigen Aufenthalte zu Gießen verließ R. die Universität und übernahm 1787 eine Hauslehrerstelle bei Reg.-Rath Klingelhöfer in Biedenkopf. 1789 zog R. gleichfalls als Hauslehrer nach Frankfurt über und das Jahr, welches er daselbst zubrachte, ist darum von besonderer Bedeutung, weil er sich während desselben des vertrauten Umgangs des berühmten Grammatikers Rambach zu erfreuen hatte, der natürlich nicht anders als in hohem Grade anregend und belehrend für ihn sein konnte. Von 1791—1792 leitete er in Grünberg ein Privatinstitut, und nachdem er bereits 1790 in Folge einer eingesendeten Abhandlung ordentliches Mitglied des correspondirenden literarischen Cirkels in Mainz geworden war, begann er seine schriftstellerische Thätigkeit damit, daß er häufig mit L. L. unterzeichnete Aufsätze für den „Mainzer Anzeiger" schrieb. 1792 erhielt dann R. die Berufung als Rector an die lat. Schule (Augustinerschule) nach Friedberg und nachdem er sich desselben Jahres noch die philosophische Doktorwürde bei der Universität Gießen erworben hatte, zog er an den Ort über, der 56 Jahre lang der Schauplatz seines gesegneten Wirkens sein sollte. Am 30. Mai 1817 erhielt R. das Dekret als Direktor und Professor des neu errichteten Schullehrer-Seminars zu Friedberg. Die Fächer, in welchen R. als Seminardirector Unterricht ertheilte, waren besonders Religion, Pädagogik, Methodik und Geschichte; mehr als 700 Jünglinge haben während der 25 Jahre seines Wirkens am Seminare zu seinen Füßen gesessen und alle, die bis jetzt der Tod verschont, wissen Zeugniß zu geben von seiner unermüdlichen Thätigkeit, von seiner völligen Hingabe an seinen Beruf, von seiner wahrhaft väterlichen Fürsorge für Jeden, der seiner Anstalt und ihm vertraut war. Diese väterliche Fürsorge offenbarte sich besonders darin, daß er seinen Schülern — nächstdem, daß er ihren Geist so weit, als es bei den 2jährigen Lehrcursus nur immer möglich war, auszubilden suchte — Achtung vor dem Berufe, den sie erwählt hatten, einzuflößen sich bemühte. R. war Mitarbeiter bei einer in Frankfurt a. M. erschienenen literar. Zeitung, 1801 gab er mit Ch. Schazmann Beiträge zur Geschichte der Wetterau heraus, ferners erschien 1811 „Lesebuch der Geschichte". 2. Bd. Außerdem war er seit 1801 Mitarbeiter der Fächer der Pädagogik und der Geschichte der Jen. Lit. Z., ferners erschien von ihm ein Lehr- und Lesebuch für deutsche Volksschulen.

Jean Jaques Rousseau.
Geboren den 28. Juni 1712, gestorben den 2. Juli 1778.

Motto: „Es gibt kein reizenderes Gemälde, als das einer Familie, aber ein einziger verfehlter Strich entstellt alle andern."   Rousseau.

Derselbe wurde zu Genf von protestantischen Eltern geboren. Seine Geburt brachte seiner Mutter den Tod, weßhalb er sie auch sein erstes Unglück nannte. In seinem 8ten Jahre wurde er einem Pfarrer auf dem Lande zur Erziehung übergeben; mit 14 Jahren kam er zu einem Graveur in die Lehre, bei dem er aber nicht blieb. Er ging nach Savoyen, wurde katholisch und kam endlich nach verschiedenen Wanderungen nach Paris, wo er sich ärmlich mit Notenschreiben ernährte. Im Jahre 1750 gewann er eine Preisfrage, indem er die Behauptung durchführte, daß die Wissenschaften und Künste verderblich gewesen seien. Einen noch größeren Ruf erlangte er durch ein anderes Werk: „Ueber die Ungleichheit unter den Menschen.“ In dieser Schrift suchte er zu beweisen, daß die menschliche Glückseligkeit im einfachen Naturleben bestehe. Eigenthum und Verträge haben die Menschen in's Unglück gestürzt, Ackerbau und Gewerbe Mühe und Kummer über sie gebracht. Im Jahre 1762 kam sein wichtigstes Werk heraus unter dem Titel: „Emil oder über die Erziehung.“ Wegen der Urtheile, die sich im Anhange dieser Schrift gegen das Positive der Religion befinden, ließ das Parlament in Paris das Buch am 11. Januar 1762 durch Henkershand zerreißen und verbrennen und verurtheilte den Verfasser zum Gefängniß.

Gleiches geschah in seiner Vaterstadt Genf. Zu Motiers fand er einen Zufluchtsort, bereitete sich aber auch hier Verfolgungen (es heißt, die Leute hätten ihn steinigen wollen), obgleich der Landesherr Friedrich II in Preußen den Geistlichen Ruhe gebot. Er verlebte hierauf 2 Monate auf der Peters-Insel im Bieler See, wo er sich mit Botanik beschäftigte und eine eigene Schrift über diese Wissenschaft herausgab. Nachdem er auch einige Zeit bei dem berühmten Hume in England verlebt hatte, kehrte er 1767 nach Paris zurück, nährte sich dort wieder durch Notenschreiben, verlebte seine letzten Tage auf dem Landgute eines Vornehmen und starb 1778, 66 Jahre alt.

Wie Rousseau durch seine Schriften zu den großen Veränderungen beitrug, die sich später auf dem politischen Gebiete ergaben, so geschah Aehnliches auch in der pädagogischen Welt und zwar durch seine Schrift: Emil oder über die Erziehung. Deutsche Ausgabe aus dem Französischen v. Kramer. 4. Thl. Braunschweig, Schulbuchhdlg. 1792. 4 Thlr. So vielen Einseitigkeiten und Uebertreibungen wir in diesem Werke begegnen, so viele vernünftige und gesunde Ansichten sind auch in demselben zu finden. Zu beklagen ist, daß zwischen den gesunden und krankhaften Ansichten, zwischen den wahren und falschen Begriffen, zwischen den nützlichen und schädlichen Lehren dieses Buches nicht hinlänglich unterschieden wurde, obgleich Pädagogen, z. B. Cramer, Campe, Trapp ꝛc. es prüften und in seiner wahren Beschaffenheit darstellten.

Karoline Rudolphi.

Geboren im Jahre 17??, gestorben den 15. April 1811.

Motto: „An allen großen öffentlichen Gesellschaften darf ein Mädchen, so lange es erzogen wird, aus vielen Gründen nicht Theil nehmen. Zu diesen aber rechne ich, daß das gesellige Leben das junge Gemüth viel zu mächtig zerstreut, daß es ihm die Idee des Lernens und der nothwendigen Abhängigkeit zuwider macht und ihm so die Lernensfähigkeit raubt; daß der Hang zu Vergnügungen, die nicht mehr kindlich sind, sich seiner zu früh bemächtigt, daß die Sorge für den äußeren Putz die Sorge für einen wesentlicheren Schmuck fast ganz verdrängt, daß die mancherlei sich widersprechenden Urtheile, die es da hört, das ganze Gemüth verwirren, so lange es noch kein eigenes Urtheil haben kann, und ihm eine große Seichtigkeit und Unsicherheit geben muß; daß man ihm den Schatz aller Schätze, den reinen beständigen, kindlichen Frohsinn, die heitere Genügsamkeit raubt, die man durch nichts ersetzen kann, und an deren Stelle Eitelkeit, Leichtsinn, Begierde zu glänzen, Verdruß, wenn es mißlingt, und tausend andere Dinge pflanzt, die den Frieden der kindlichen Seele wie schädliches Gewürm benagen.“ C. Rudolphi.

Dieselbe wurde in Magdeburg geboren und hatte eine einsame, ja traurige Jugend zu verleben. Da ihr Vater schon früh starb, und seine

Familie in zerrütteten Verhältnissen hinterließ, so konnte auch von ihrer Mutter auf ihre Bildung nichts verwendet werden.

Erst in ihrem 13. Jahre bekam sie Gelegenheit, auch in andern als in den damals gewöhnlichen Schulbüchern zu lesen, und mit Gellerts und ähnlichen Schriften bekannt zu werden. Ihr poetischer Sinn fand dadurch reichliche Nahrung und die nächste unmittelbare Frucht davon waren ihre Morgenlieder. Großen Einfluß auf sie hatte die Bekanntschaft mit einer Freundin und der Umgang mit deren Kindern, welch' letzterer um so interessanter für sie war, da sie schon sehr früh eine große Neigung für solchen Unterricht empfand. Da sich eine adelige Frau im Mecklenburgischen um sie als Erzieherin ihrer Kinder bewarb, so nahm sie dieses Engagement an, kam glücklich, aber ernst und traurig an dem Orte ihrer Bestimmung an und trat ihren Beruf mit dem Vorsatze an, demselben alle ihre Kräfte mit dem heiligsten Eifer zu widmen. Obgleich zwischen Vater und Mutter Zwietracht herrschte, so gediehen doch die Kinder unter Karolinens Leitung sichtbar und hingen ihr mit außerordentlicher Liebe an. Nach 3 Jahren verließ sie diesen Aufenthalt und wählte zum neuen Wohnorte das Dorf Trittau unweit Hamburg, in welcher Stadt ihr Bruder, der studirt hatte, sich aufhielt.

Ein schlechtes Bauernhäuschen auf einsamer Haideflur gab ihr hier und ihren Kindern eine Wohnung; gleichwohl war das Jahr, das sie hier verlebte, eines der schönsten ihres Lebens.

Die schlechte Baulichkeit aber und die unsichere Lage desselben bewogen sie, diesen Aufenthalt mit Billwerder in der Nähe Hamburgs zu vertauschen. Hier trat ihr Bruder als Lehrer des Hauses zu ihr und entschloß sich, nachdem er durch die Uebersetzung der Locke'schen Abhandlung: „Ueber die Erziehung der Jugend" (s. I. Thl. d. W. p. 9.) und die Herausgabe seiner Schrift: „Ueber die häusliche Erziehung" seinen Beruf zur Pädagogik dargethan hatte, dieser sich ganz zu widmen und mit der Schwester gemeinschaftlich zu wirken. Aber er wurde ihr schon 1798 durch den Tod geraubt. An seine Stelle trat später Professor Benzenberg, von dem sie sich jedoch schon nach dritthalb Jahren wieder trennte. Verschiedene äußere und innere Umstände veranlaßten sie auch, nach Heidelberg überzusiedeln. In diesem ihrem neuen Aufenthalsorte schrieb sie das Werk: „Gemälde weiblicher Erziehung". Heidelberg, akademische Verlagsbuchhandlung von C. E. Winter. Sie starb 1811 am 2. Ostermorgen. Bezeichnetes Werk erschien in 1. Auflage 1807, in 2. Auflage 1815 mit einer vom seligen Kirchenrathe Schwarz begleiteten Vorrede. Eine 3. Auflage erfolgte im Jahre 1838.

Karl Heinrich Nußkopf.
Geboren den 27. Juni 1755, gestorben den 16. Juli 1805.

Derselbe wurde geboren zu Sosmer im Hildesheim'schen. Die ihm verliehenen natürlichen Anlagen kamen bald durch unterrichtliche Einwirkungen in geheimen Entwickelungsproceß mit offenkundigen Ergebnissen, deren Quintessenz Sinn und Lust zu philologischen Studien, Liebe und Geschick für pädagogisches Wirken erkennen ließ. Diesem drängenden Schaffen der Natur gesellten sich günstig die äußeren Anlässe in Nußkopf's jugendlichem Lebensverlaufe und beide führten ihn auf pädagogischen Boden mit philologischen Blüthen und Fruchtfeldern, d. h. er wurde ein praktischer Lehrer mit philologischem Zuschnitte. Er habilitirte sich zuerst zum Rektor in Ottendorf im Lande Hadeln, 1794 gar zum Direktor des Andreas = Gymnasiums in Hildesheim, zum Magister der Philologie, rektificirte sich und die Anstalten im energischen Fortschritt auf der

Entwicklungsbahn zur Bildung, während sein Bildungsgang glücklich und gesegnet vorwärts schritt, geleitet und begründet durch die sorgfältigsten Studien der großartigen Vergangenheit, des klassischen Alterthums und durch die interessante Gegenwart von 1785 bis 1805, in der die Erziehungsangelegenheit eine Nationalsache zu werden versprach. Der schöne Lebenslauf und der noch schönere Bildungsgang Ruhkopf's war reichlich und gehaltig an Früchten. Diese Früchte zeitigten und zeigten sein amtliches Wirken, und seine literarischen Werke waren sie selbst. Nach ihnen war R. ein einsichtvoller, tüchtiger Schulmann, ein treuer Direktor, ein geschickter und fleißiger Lehrer, ein genauer Kenner des damaligen Schulwesens, ein eifriger Freund der gelehrten Bildung und selber ein scharfer Forscher des klassischen Alterthums und ein gelehrter Philolog. Die Humaniora entwickelten bei ihm auch den Preis ihrer Studien: wahre Humanität. Seine Leutseligkeit spiegelte sich zwar im Umgange mit Jedermann ab, aber sonderlich klar im täglichen Verkehr mit der Jugend. Auf Spaziergängen konnte er an keinem Kinde vorbeikommen, ohne ein freundliches Wort mit ihm gesprochen, einen zarten Händedruck erwiedert, einen treuherzigen Blick ihm zugewandt, ein Zeichen des wahren Wohlwollens gegeben zu haben, und in der Schulklasse war er die Heiterkeit und Liebe selbst. Dieser menschenfreundliche Sinn paarte sich bei ihm mit dem wahren Lebensernste, der ächten Lehrertreue, die der eiserne Fleiß überall charakterisirte. Da war er oftmals überall in den verschiedenen Klassen seiner Anstalten, inspicirte scharf, erwog allseitig, urtheilte richtig, äußerte sich aber immer human. Nicht durch augenblickliche Erregungsmittel suchte er zu wirken, sondern durch die treueste Liebe, die endlich Jeder fühlte, durch die anhaltendste Zähigkeit, der auch Keiner sich entwinden konnte. Der Fleiß und die Treue, wahrer Lehrerfleiß, fleißige Lehrertreue verfolgten ihn auch in sein Studirzimmer. Auch hier war er ein rechtschaffener Arbeiter für die kleine Welt daheim, für seine Schulen, für die Menschheit. Dies bringt uns auf die lieblichen Fluren der herrlichen Literatur: Ueber die Methode, den Plautus zu lesen. Stade, 1785. — Ueber lateinische Stylübungen im Bremer Magazin. Band I. 1790. — Lucius Anacus Seneca's physikalische Untersuchungen; aus dem Lateinischen übersetzt und mit Anmerkungen versehen. Leipzig, 1794. 8. — Lucius Annaci Seneca Opera; recensirt und illustrirt. Leipzig, 1795. gr. 8. — Baurmeisters skizzirte Biographie oder skizzirte Biographie eines Schulmannes. 1791. — Geschichte des Schul= und Erziehungswesens in Deutschland, von der Einführung des Christenthums bis auf die neuesten Zeiten. 1. Theil. Bremen, 1794. 8. — Humanität war das hehre Ziel dieses humanen Mannes und Lehrers!

Johann Michael Sailer.

Geboren den 17. November 1751, gestorben den 20. Mai 1832.

Motto: „Damit der Erzieher den schweren Lasten seines Amtes selbst nicht unterliege, und im Eifer, zu bessern, nicht etwa verschlimmere, als gut mache: so soll er ja nur als Werkzeug in Gottes Hand, in Harmonie mit dem Kinderfreunde Christus arbeiten; soll überall Gottes Hilfe anflehen, soll ihm seine Zöglinge zuerst in seinen Schooß legen, und überall nur das Organ der Providenz und nie Selbstbeherrscher in der Erziehung sein wollen; denn ohne des Menschenvaters Leitung gedeiht keine Menschenerziehung, wie durchaus kein Pflanzen und kein Wässern gedeiht, wenn der nicht das Gedeihen gibt, der allein es geben kann.

J. M. Sailer.

Er wurde im Dorfe Aresing in der Diöcese Augsburg geboren. Seine Eltern, nur gering bemittelt, zeichneten sich durch Gottesfurcht

und Rechtſchaffenheit aus, und beſonders war es die fromme Mutter, deren Beiſpiel tief und bleibend auf ihn einwirkte. Von ihr bemerkt S.
in ſeiner Schrift: Erziehung für Erzieher, S. 156: „Dank dir, gelieb-
teſte Mutter! Ewig bleib ich dein Schuldner. So oft mir dein Blick,
deine Gebärde, dein Wandel vor mir, dein Leiden, dein Schweigen,
dein Geben, dein Arbeiten, deine ſegnende Hand, dein ſtilles ſtetes Gebet in's Auge trat, von der früheſten Jugend an, ward das ewige Leben, das Gefühl der Religion, mir gleichſam neu geboren, und dies Gefühl konnte nachher kein Begriff, kein Leiden, kein Druck, ſelbſt keine
Sünde tödten. Es lebt noch in mir, dies ewige Leben, ob du ſchon
vor mehr als 40 Jahren das Zeitliche verlaſſen haſt.“
 Da S. als Knabe vorzügliche Anlagen zum Studiren zeigte, brachte
ihn ſein Vater 1761 nach München, wo er Obdach und Nahrung bei guten Menſchen fand und ſeine wiſſenſchaftliche Laufbahn begann. Vom
Jahre 1773—77 ſtudirte S. an der Hochſchule zu Ingolſtadt Philoſophie
und Theologie, und wurde im September des Jahres 1778 zum Prieſter
geweiht. Bald darauf wurde er nun als Repetitor in den beiden wiſſenſchaftlichen Lehrfächern an der Hochſchule angeſtellt. 1780 wurde er zum
2ten Profeſſor der dogmatiſchen Theologie ernannt, welche Stelle er jedoch nur kurze Zeit begleitete. Im November 1799 wurde er aber wieder angeſtellt, und kam dann 1800 nach Landshut, wo er als ordentlicher Profeſſor der Theologie über Moral- und Paſtoraltheologie, homi-
letiſche und pädagogiſche Vorleſungen hielt. Inzwiſchen verbreitete ſich
ſein Ruf weit und breit und von allen Seiten knüpften Gelehrte und
fromme Seelen aus allen Ständen engere Verbindungen mit ihm an.
1810 wurde ihm der Biſchofſitz in Culm angetragen; doch Vaterlandsliebe beſtimmte ihn, dieſen Ruf abzulehnen. Später wurde er zum Coadjutor der Diöceſe Regensburg und zuletzt (23. Auguſt 1829) zum Biſchof dieſer Diöceſe ernannt, und als ſolcher hat er auch ſein ſchönes
und thatenreiches Leben beſchloſſen. — Wie der ſelige Biſchof S. durch
ſeine vielen Schriften ſegensvoll gewirkt und wirken wird, ſo iſt dies insbeſondere auch der Fall in Beziehung auf ſeine Erziehungsſchriften, die
er nach und nach herausgegeben hat. Sein Meiſterwerk in pädagogiſcher
Hinſicht iſt: „Die Erziehung für Erzieher.“ Nebſtdem verdienen noch
folgende Schriften aus dem Gebiete der Pädagogik bemerkt zu werden:
„Hundert Nummern für Erzieher.“ „Das Vater unſer für Kinder.“
„Friedrich Chriſtian's Vermächtniß an ſeine Söhne.“ „Reiſegefährte
deutſcher Jünglinge.“ „Sprüche der Weiſen.“

Chriſtian Gotthilf Salzmann.

Geboren den 1. Juni 1744, geſtorben den 31. Oktober 1811.

Motto: „Wer Sümpfe austrocknet und Heerſtraßen trocken
legt, thut viel; wer aber Menſchen erzieht, der thut mehr.“
Salzmann.

 Salzmann, Sohn eines Predigers, wurde zu Sömmerda bei Erfurt
geboren. Von ſeinen Eltern tüchtig vorgebildet, kam er in ſeinem 13ten
Jahre auf die Schule in Langenſalza, und zwei Jahre ſpäter beſuchte er
das Gymnaſium in Erfurt, wo ſein Vater inzwiſchen Prediger geworden
war. 1761 begab ſich S. auf die Univerſität in Jena, um Theologie zu
ſtudiren; 1768 wurde er Pfarrer in Röhrborn, und 1781 in Erfurt.
In demſelben Jahre erhielt er von Baſedow den Ruf zum Lehrer am
Philantropin in Deſſau, welchen er annahm. Obgleich hier S. mit
gleichgeſinnten Pädagogen nach philantropiſchen Grundſätzen zuſammen-

wirkte, fand er sich doch nicht ganz befriedigt und verließ 1784 Dessau, um auf dem von ihm angekauften Gute Schnepfenthal bei Waltershausen im Gothaischen eine eigene Erziehungsanstalt zu gründen. Der Herzog von Gotha schenkte ihm 4000 Thaler zu diesem Unternehmen. Das Ziel seines Strebens bei der Erziehung war: Gesundheit des Körpers, Klarheit des Geistes und Frieden des Herzens zu begründen. Das muntere Leben in der Anstalt, die leiblichen Uebungen, welche darin statt fanden, die Reisen, welche S. mit seinen Zöglingen unternahm, so wie seine Jugendschriften führten der Anstalt Zöglinge aus verschiedenen Ländern Europa's zu. S. starb am 31. Oktober 1811 im 68sten Jahre seines Lebens. Unter die vorzüglichern pädagogischen Schriften, welche er herausgegeben hat, sind folgende zu zählen: Ameisenbüchlein, oder Anweisung zu einer vernünftigen Erziehung der Kinder, 1806. Krebsbüchlein, oder Anweisung zu einer vernünftigen Erziehung der Kinder, 1819. Konrad Kiefer, Anweisung zu einer vernünftigen Erziehung der Kinder, ein Buch für's Volk, 1815. Moralisches Elementarbuch, 2 Theile 1819—20. Ueber die heimlichen Sünden der Jugend, 1820.

Johann Baptist de la Salle.
Geboren den 13. April 1651, gestorben den 30. April 1719.

Joh. Bapt. de la Salle war zu Rheims im Schooße einer ebenso christlichen als geehrten Familie geboren. Von frühester Jugend an ließ derselbe erkennen, daß eine fromme und gottesfürchtige Seele in ihm wohne. Zum Jüngling herangereift, erklärte La Salle seinen Eltern, daß er Beruf zum geistlichen Stande in sich fühle und empfing die Tonsur. Bald darauf wurde er zum Kanonikus in Rheims ernannt und nach Paris in's Seminar des heil. Sulpitius gesandt, um da seine theologischen Studien obzuliegen.

Seine Bescheidenheit nahm Jedermann für ihn ein. Nach Beendigung seiner theologischen Studien kehrte er zu seiner Familie zurück und begann jenen brennenden Eifer zu zeigen, welcher ihn für das Heil der Seelen verzehrte. Er legte den Grund zu den christlichen Schulen für kleine Kinder (um das Jahr 1679). Einige mildthätige Frauen unterstützten ihn bei dieser Unternehmung. Die heilsamen Früchte dieser ersten Versuche erweckten das Verlangen, damit fortzufahren; allein es fehlte nicht an Widerspruch gegen dasselbe. Da La S. die Lehrer der neuen Einrichtung an sich gezogen und sein Haus in eine religiöse Gemeinschaft umgebildet hatte, so behandelte ihn die Welt als einen Thoren, dem ein falscher Eifer den Kopf verdreht habe. Die Gemäßigteren bemitleideten ihn. Er dagegen bewaffnete sich mit Geduld und Gottesvertrauen, ließ die Leute sprechen, und setzte sein Werk fort. Nach dem Sturme kam Ruhe und Stille. Unterrichtet von dem Vortheile, den der neue Orden den Kindern verschaffte, wollte der Pfarrer von St. Sulpicius in Paris Brüder zur Leitung der Schulen seiner Pfarrei haben. Der Abt de La S. begab sich dahin. Es wurden Schulen errichtet und ein Noviziat gegründet. Der Orden nahm mitten unter den Widersprüchen der Armuth und der Verachtung der Menschen zu. Der Gründer gab den Brüdern Regeln voll Weisheit, sowohl was ihr Verhalten als auch das der Kinder betraf, von denen wir die Wichtigsten anführen wollen: „Der Zweck der Genossenschaft ist: eine christliche Erziehung der Jugend. Die Unterrichtsgegenstände der Schulen der Brüder sind nach Maßgabe der (drei) verschiedenen Klassen: Religion nebst biblischer Geschichte, Lesen, Schreiben, Rechnen, vaterländische Geschichte und das

Wissenswürdigste aus der alten und neuern Weltgeschichte, Zeichnen von Grundrissen, Plänen u. s. w. und die allgemeinen Höflichkeitsregeln. — Jeden Morgen um 8 Uhr wohnen die Kinder dem heil. Meßopfer bei. Gleich darnach beginnt die Schule und dauert bis drei Viertel auf eilf; Nachmittags von halb 2 Uhr bis 4 Uhr. Um 4 Uhr beginnt die Katechese; vor und während derselben wird ein Lied gesungen. Am Anfang und Schluß der Schule wird jedesmal gebetet. — Die Schüler sind nach dem Grade ihrer Fähigkeit in Abtheilungen gebracht, und während der Lehrer bald diese, bald jene Abtheilung vornimmt, läßt er die übrigen durch die Geübteren der Schüler unterrichten. — um einen edlen Wetteifer unter den Schülern zu erhalten, finden jede Woche Compositionen in jedem Unterrichtszweige statt. Die sich darin auszeichnenden werden auf verschiedene Weise, durch Versetzung in eine höhere Abtheilung, durch Austheilung von Bildern ꝛc., durch Ertheilung guter Noten u. s. w. belohnt. — Um die Stille in der Schule nicht zu stören, bedienen sich die Schulbrüder außer den Fällen, wo das Sprechen unerläßlich ist, gewisser Zeichen, die sie vermittelst eines dazu eingerichteten Instrumentes, Signal genannt, ausdrücken; oder sie weisen, je nach den Umständen, auf die in jeder Klasse an verschiedenen Orten angebrachten Sprüche hin u. s. w.

Der ehrwürdige Gründer dieses Ordens sah bald seine Bemühungen reichlich belohnt; doch da er seit einiger Zeit heftige Schmerzen litt, wählte er schon 1716 einen Nachfolger in seiner Würde, vielleicht im Vorgefühle seines baldigen Todes. Der Orden indeß verbreitete sich immer weiter und blühte bis zu der blutigen Epoche der ersten französischen Revolution, wo es natürlich ebenfalls in die Verheerungen einer in den Annalen der Anarchie und des Unglaubens beispiellosen Zeit verwickelt wurde. Doch gab es indessen noch manche Brüder, welche den Geist des Ordens lebendig erhielten, und derselbe ward von Napoleon 1800 wieder hergestellt. Seitdem entfaltete er immer schönere Blüthen; nach einem gedruckten Verzeichnisse der Brüder besaßen sie 1835 Schulen in 112 französischen Städten; in den christlichen Freischulen erhielten 100,163 Kinder Unterricht.

Madame Necker de Sauffüre.
Geboren ?, gestorben den 13. April 1841

Motto: „Laß, o Mutter, um dein Kind her den Frieden herrschen und umgib es, so viel als immer möglich, nur mit angenehmen und ruhigen Gegenständen. Dulde in der Nähe deines Kindes nur solche Menschen, welche wirklich und in der That die Stimmung selber haben, welche du in deinem Kinde hervorbringen und erhalten willst. Ich sage: Wirklich und in der That, denn mit dem bloßen Scheine eines solchen ist durchaus nichts gethan, da nichts der Kälte gleichkommt, mit der Kinder heuchlerischen Erweisungen begegnen, als etwa ihre Sympathie mit wahrhaft natürlichen Gefühlen."

Necker de Sauffüre.

Dieselbe war die Tochter des berühmten Naturforschers von Sauffüre aus Genf, des ersten Besteigers des Montblanc (1787), die Verwandten der Madame Necker und ihrer geistreichen Tochter Frau von Staël. Sie zeigte von ihrer frühesten Kindheit an einen ungemein offenen Kopf; deßwegen glaubte auch ihr Vater solche ausgezeichnete Gaben auf ausgezeichnete Weise ausbilden zu müssen. Er ließ ihr daher einen Unterricht geben, wie er gewöhnlich nur Kindern männlichen Geschlechts zu Theil wird. So wurde sie zur Kenntniß der alten Sprachen und zu den Elementen der sogenannten Künste und Wissenschaften angeleitet. Vielleicht ist es die eigene Erfahrung, welche Frau von Necker bestimmte, in einem besondern Kapitel nachzuweisen, daß das Studium dieser Sprachen, welches man heute nur für Kinder als zeitverderbend zu betrachten pflegt, als das geeignetste Hülfsmittel zur Entwicklung der Verstandeskräfte des jugendlichen Alters zu bewahren sei. Sie hegte einen ungemein regen Sinn für die Schönheiten der Dichtkunst, der bildenden Künste und der Natur. Darum begleitete sie auch ihren Vater auf einer Reise durch Italien, damit ihr Gefühl für das Schöne noch mehr genährt und ihr Geschmack noch mehr gebildet wurde. Sie hatte die Menschen kennen gelernt wie Wenige, liebte die Menschheit und lebte und wirkte für die Weiterbildung derselben; darum fühlte sie sich auch gedrungen, ein Werk über die Erziehung zu schreiben. Ihr Tod erfolgte 1841 zu Genf. Das pädagogische Werk von ihr ist betitelt:

De l'éducation progressive au étude du cours de la vie par Madam Necker de S. Die Erziehung des Menschen auf seinen verschiedenen Altersstufen. Uebersetzung von Hogguer und L. von Wangenheim. 3 Thle. Hamburg, bei Perthes. 1836—39.

Diese Schrift ist eine höchst interessante Erscheinung auf dem pädagogischen Gebiete; denn es sprechen sich darin ebenso viele scharfsinnige Beobachtungen und gründliche Kenntnisse der kindlichen Natur als ungemeine Liebe für die Menschheit und tieffühlende religiöse Gesinnungen aus.

Georg Sarganeck.
Geboren den 27. Januar 1702, gestorben den 24. Mai 1743.

Er ist geboren im oberschlesischen Fürstenthum Teschen und starb als Inspector adjunctus am Pädagogium zu Halle. Er war unter den Schulmännern der Erste, der in einer besonderen Schrift auf das Laster der Selbstbefleckung aufmerksam machte, oder mit Niemeyer's Worten: „der Erste, welcher deutsch über die Jugendsünden zu schreiben wagte, und um vor ihnen zu warnen, Anatomie und Physiologie ebensowohl benutzte, als Religion und Moral." S.'s Buch erschien 1740 in Züllichau.

Karl Friedrich Schaffnit.
Geboren im Jahre 1799, gestorben den 24. Okt. 1857.

Motto: „Christus, der ist mein Leben!
Sterben mein Gewinn."   Schaffnit.

Karl Friedrich Schaffnit, der Sohn eines Lehrers zu Kirchbrombach im Odenwald, war daselbst geboren. Schon frühe zeigte der Knabe eine energische Strebsamkeit, welche durch unermüdlichen Fleiß, Hindernisse zu überwinden und nach einem hohen Ziele zu trachten, bemüht war Leiter und Freund war ihm der verstorbene Kirchenrath Kritzler zu Kirchbrombach, ein Geistlicher, welcher sich mit Hingebung des Schulwesens, wie auch der strebenden Lehrer annahm. Noch als Jüngling wurde Schaffnit seinem alternden Vater als Gehülfe beigegeben, und noch heute ist in seinem Geburtsorte seine Thätigkeit in gutem Andenken. Nachdem er hierauf als Vicar in Groß-Bieberau einige Zeit mit anerkanntem Erfolg der Schule vorgestanden, wurde er als Lehrer an der

Stadtschule zu Wimpfen angestellt, wo er eine lange Reihe von Jahren des Guten viel gethan und sich die Liebe und Dankbarkeit der Aeltern und Schüler in hohem Grade erworben hat. Noch heute wird in dieser Neckarstadt Schaffnit's Name mit Achtung genannt und noch lange in Ehren gehalten werden. Im Jahre 1839 erhielt Schaffnit die zweite Stadt-knabenschule zu Darmstadt, in welcher er bis 18 Monate vor seinem Tode jederzeit mit gewissenhafter Lehrertreue, pädagogischem Geschick, mildem Ernste und hingebender Liebe seinem Berufe lebte, so daß er ein Vorbild eines Lehrers in Wahrheit genannt zu werden verdient. So lange er wirkte, strebte er unablässig nach Fortbildung, und die von ihm heraus-gegebenen Schulschriften, die in wenigen Jahren in mehreren Auflagen er-schienen, sind Belege seiner pädagogischen Bildung. Mehr aber noch als sein Wissen und sein Können verdient die Biederkeit und Gediegenheit seines Charakters gerechte Anerkennung. Lautere Frömmigkeit war der Grundton seines Lebens; Liebe der Athem seines Wirkens; wo er helfen, dienen konnte, war seine Hand stets bereit. Als Freund zuverlässig und hingebend. Was er als Gatte und Vater den Seinen gewesen, das ist in deren Herzen eingeschrieben: hier wollen wir das nicht weiter dar-stellen. — Wie er nach verschiedenen Seiten hin thätig gewesen, ohne seinen Hauptberuf im mindesten zurückzusetzen, davon gibt die hiesige Renten- und Lebensversicherungsanstalt Zeugniß, zu welcher er die erste Anregung gegeben und der er bis kurz vor seinem Tode seine Kraft ge-widmet hat. Um die Verbreitung der Seidenzucht hat er sich ebenfalls verdient gemacht und die Stelle eines Rechners der Gustav-Adolf-Stiftung seit ihrer Begründung mit musterhafter Ordnung und Liebe bekleidet. Solche Verdienste anzuerkennen, hat S. K. H. der Großherzog die Brust des würdigen Lehrers mit dem Kreuze des Philipps-Ordens geschmückt. Aber die unermüdet rastlose Thätigkeit, die sich keine Ruhe gönnte, er-schütterte nach und nach die sonst rüstige Kraft des Mannes, und ein zwei Jahre langes schmerzliches Leiden ließ den uns allen Theuren sichtlich dem Grabe zuwanken. Am 24. Okt. hat die ewige Liebe seinem Dulden ein Ziel gesteckt und ihn zu einem höheren Wirken im jenseitigen Lande abberufen.

Ehe wir seine Schriften anführen, haben wir noch von diesem treff-lichen Manne, der nach allen Seiten ein Muster des Fleißes war, zu sagen, daß er 1) das Schulblatt für das Großherzogthum im Jahre 1844 mitbegründen half und als Mitredakteur nebst mehreren anderen Lehrern Hes-sens den Hauptredakteur Dr. E. Schaumann, Direktor sämmtlicher Schulen Offenbachs, bestens unterstützte; 2) sich als Mitarbeiter an der „Allgemeinen Schulzeitung", herausgegeben vom Prälaten Dr. K. Zimmermann, thätig erwies, namentlich als Recensent von Lesebüchern; 3) als Mitarbeiter der Zeitschrift „Elternhaus und Kleinkinderschule" von Dr. Fölsing sich innig und warm anschloß.

Schaffnit war überhaupt ein Mann, welcher der Schule lebte, für sie fühlte und, wie Wenige, unter seinen Schülern das Glück suchte und fand. Er besaß eine hervorstechende Gabe, zu katechisiren und einen religiösen Satz in liebevoll christlicher Weise durchzu-führen. Er nahm dabei gern, namentlich in den früheren Jahren, die Sprachlehre, das Ableiten und Erläutern aus der Wortlehre in Be-tracht; sein Herz fühlte aber tief und sein Höchstes war, die Kinder zu erbauen und zu belehren, wie es nicht Vielen eigen ist. Er war Lehrer an einer Mittelschule, konnte aber ebenso gut an Oberklassen, wie an Kleinkinderschulen unterrichten. So war er von 1843 an an der Föl-sing'schen Kleinkinderschule für Kinder aus höheren Ständen mehrere Jahre lang in einigen Stunden in der Woche thätig, besonders darin, die Kinder der obersten Abtheilung im Richtig- und Schönsprechen zu belehren. Ebenso ertheilte er einige Jahre an der Fortbildungsschule für confirmirte Töchter armer Eltern unentgeltlichen Unterricht im Kopfrechnen. Darin war er ein Meister; seine Geschicklichkeit, die schwierigsten Exempel schnell und klar zu lösen, war eine seiner stärksten Seiten. Das Jahr 1848 verrückte ihm den Kopf nicht; er blieb derselbe unter allen Umständen und trat jeder Natter auf den Kopf. Er war ein Mann, treu dem Staat, der Schule, der Kirche und nützlich wirkend, wo es galt, das öffentliche Wohl zu befördern. Vor zwölf Jahren feierten die Lehrer Darmstadts sein 25jähriges Dienstjubiläum. Er starb am 24. Oktober 1857.

Außer seinen Schriften finden sich in seinen nachgelassenen Papieren noch Manches, was von höchstem Interesse für Schullehrer ist. Schaffnit's Schulschriften sind:

1) Deutsche Handfibel, 6. Aufl., 1854. — 2) Deutsche Wandfibel, bestehend in 16 Tafeln ꝛc., 1841. — 3) 825 Rechnungsaufgaben auf 4 lithographirten Tafeln ꝛc. 1842. — 3) Sprach- und Lesebuch in Musterstücken und Bildern. Mit sieben Abbildungen. 4. Aufl. 1855. — 5) Lesebuch für die unteren Schulklassen. — 6) Vierzig auserlesene Erzählungen aus dem alten und neuen Testament. (Sämmtlich im Verlag der L. C. Wittich'schen Hofbuchdruckerei und der Hofbuchhandlung von G. Jonghaus in Darmstadt.) — 7) Das Satzgebäude der deutschen Sprache, tabellarisch dargestellt. 1843. Bei Kern in Oppenheim am Rhein. — 8) Der Schreiblehrer in zwei Heften, à 6 kr. Erstes Heft bei Diehl, zweites bei M. Frommann in Darmstadt. — 9) Atlas für das Großherzogthum Hessen. In 16 Blättern für Volksschulen und andere Lehranstalten. Mit begleitendem Texte.

Immanuel Joh. Gerh. Scheller.
Geboren den 22. März 1735, gestorben den 5. Juli 1803.

Derselbe, bekannt als Lexikograph, ist geboren zu Ihlow, einem Dorfe im sächsischen Kurkreise, wo sein Vater Prediger war, legte den ersten Grund zu seiner wissenschaftlichen Bildung auf der Schule zu Opolda; dann kam er auf das Lyceum zu Eisenberg im Altenburgischen und später auf die Leipziger Thomasschule. Hierauf bezog er die Universität zu Leipzig, wo er sich dem theologischen und hauptsächlich den philologischen Studium mit Eifer widmete. Im Jahr 1761 erhielt er den Ruf als Rector nach Lübben in der Niederlausitz und 1772 das Rectorat am Gymnasium zu Brieg, das er bis an seinen Tod verwaltete. Als Lehrer wußte er sich die Liebe und Achtung seiner Schulen zu erwerben, doch hatte sein Ton einigen Anstrich von Pedantismus. Für die Gesellschaft war er nicht gebildet; seine Sitten verriethen eine große Unbefangenheit über Alles, was den gesellschaftlichen Umgang auch dem Gelehrten und Schulmann auferlegt. Außer seinem „Lateinisch-Deutschen und deutsch-lateinischen Lexicon" (7ter Bd. 3te Aufl.; Leipzig, 1804—5) und seine „Lateinisch-Deutschen und deutsch-lateinischen Handwörterbuche" (3ter Bd.; Leipzig, 1783), dessen neuere Auflagen, nach des Verfassers Tode, Lünemann besorgte, sind besonders seine „Praecepta stili bene latini" (2 Bde. 3te Aufl. Leipzig, 1797) zu erwähnen.

Karl Adolph Gottlob Schellenberg.
Geboren den 2. Mai 1764, gestorben den 13. Sept. 1835.

Er war zu Ibstein geboren, als drittes Kind und ältester Sohn des Prorectors am dasigen Gymnasium. Die Neigung für das Erziehungs-

und Unterrichtsfach wurde dem jungen Sch. so gleichsam angeboren und
durch das Beispiel des Vaters sehr früh in ihm genährt und unterhalten.
Er theilte schon als Knabe von 10 Jahren die kaum selbst erworbenen
Kenntnisse andern Knaben mit und hielt sich hierzu für noch mehr ver=
pflichtet, seitdem er das von dem trefflichen Rizhaub geleitete Gymnasium
zu Idstein bezogen hatte — um die im Vergleiche zu der starken elterli=
chen Familie ziemlich beschränkte Einnahme seines Vaters so wenig als
möglich für sich in Anspruch nehmen zu müssen. — Wohl vorbereitet be=
zog er im Jahr 1781 die Universität Halle, um Philologie, wie es da=
mals gewöhnlich war, in Verbindung mit Theologie zu studiren, wurde
Mitglied der pädagogischen und philologischen Seminare unter Niemeyer
und Fr. Aug. Wolff, unterrichtete beinahe 4 Jahr in den lateinischen
Classen des Waisenhauses und bereitete sich besonders in den 2 letzten
Jahren seines dortigen Aufenthaltes auf Befehl seines Landesfürsten und
von demselben unterstützt, ausschließend für ein künftiges Schulamt in
seinem Vaterlande vor. Vor seiner Rückkehr in dasselbe erhielt er nach vor=
ausgegangener öffentlicher Disputation und nachdem er eine im Druck
erschienene Dissertation (Antimachi Colophonii reliquiae. Halis 1786. 8.),
welcher ein kritischer lateinischer Brief Fr. Aug. Wolff's über die Schrift
beigefügt ist, verfaßt hatte, im Jahr 1786 die philosophische Doctorwürde.
Nachdem er hierauf seinen Vater bei dessen von ihm geleiteten Erziehungs=
anstalt unterstützt hatte, mußte er wider Erwarten im Jahr 1789 dem
Rufe als Prediger zu Neuwied folgen. Aber auch hier fand er bald Ge=
legenheit, neben seinem Pfarramte junge Leute zu unterrichten: er nahm
selbst einige Zöglinge des früher dort bestandenen Instituts des Profes=
sors Simon zu sich, welche aber die Kriegsunruhen bald wegzugehen
veranlaßten. In den Jahren 1796—97 unternahm er eine pädagogische
Reise durch ganz Deutschland. Im Jahr 1799 gründete er eine Unter=
richts= und Erziehungsanstalt, welche mit 4 Zöglingen den Anfang
machte. Aber dieselbe gewann bald großes Vertrauen beim Publikum
und erhielt zahlreichen Zuspruch, so daß sich die Gesammtzahl ihrer Zög=
linge vom ersten Entstehen bis zur Auflösung der Anstalt im Jahr 1813,
mithin in 15 Jahren, auf 126 belief, die meistens Ausländer waren. In
dem erwähnten Jahre nämlich erhielt ihr Stifter von den beiden Ge=
sammtregenten Nassau's den ehrenvollen Ruf als Consistorial= und Schul=
rath und zweiter Stadtpfarrer zu Wiesbaden und als Mitarbeiter bei
der Generalverwaltung des öffentlichen Unterrichts im Herzogthum Nas=
sau. Dieser weite Wirkungskreis war für ihn die Veranlassung zu um=
fassender segensvoller Wirksamkeit. Während er als eifriger Seelsorger
es nicht versäumte, sich im theologischen Fache wissenschaftlich fortzubil=
den und sowohl in seinen öffentlichen Vorträgen, wie bei andern Veran=
lassungen durch die milde Wärme eines heitern Christenglaubens die
Leuchte der Vernunft stets hell durchschimmern ließ, war er eben so be=
müht, seine rastlose Thätigkeit der Leitung und Verbesserung des Schul=
wesens zuzuwenden; ja, es zeigte sich, daß gerade diese seine erste und
liebste so zu sagen seine Herzensangelegenheit sei. Hierbei kamen ihm
seine ausgebreiteten Kenntnisse und gründlichen Forschungen auf dem Ge=
biete der Pädagogik, so wie die vielfachen Erfahrungen, die er als prak=
tischer Erzieher und Jugendbildner sich erworben hatte, sehr glücklich zu
Statten. Unserm Sch. bleibt nebst dem damaligen Oberschul= und Kir=
chenrath Koch und dem zur Mitarbeit herbeigerufenen königl. würtemb.
Seminardirector Denzel zu Eßlingen, das Verdienst, die Grundzüge zur
neuen Verfassung und Verwaltung des nassauischen Schulwesens entwor=
fen zu haben. Die **langjährigen** Bemühungen Sch.'s für das evangelische

Kirchenwesen Nassau's und sein rühmlicher Diensteifer als Prediger und Seelsorger zu Wiesbaden erhielten ein ausgezeichnetes Anerkenntniß durch die Ertheilung des Diploms als Doctor der Theologie, welches ihm unterm 6. April 1829 von der theologischen Facultät zu Göttingen angefertigt wurde. Aus Gesundheitsrücksichten erhielt er im Mai 1830 vom Herzoge von Nassau die Entbindung vom Referat in Schul- und Kirchenangelegenheiten mit dem Charakter eines Geheimen Kirchenraths. Als Maxime galt für ihn, wenig zu schreiben und desto mehr in und für seinen Beruf zu thun.

Dr. Johannes Schenkel.
Geboren den 27. Januar 1818, gestorben den 3. Febr. 1853.

Derselbe war geboren zu Heppenheim an der Wiese im Rheinhessen und starb 1853 zu Usingen. Neben dem ersten Unterricht in der Volksschule erhielt er durch mehrjährigen Privatunterricht seine Vorbildung für das Schullehrerseminar zu Friedberg, von wo er nach 2jährigem Aufenthalt und bestandener Prüfung entlassen, 2 Jahre an einer Schule in Rheinhessen vikarirte und sich mit vorbereitenden Studien zur Universität beschäftigte, die er 1840 in Gießen bezog. Mathematische, naturwissenschaftliche, geschichtliche und philosophische Vorlesungen machten hauptsächlich den Kreis seiner Studien aus. Drei Jahre darauf promovirte er und machte seinen Acceß an der Realschule in Gießen, nachdem er schon früher eine Vorbereitungsklasse für diese Anstalt gegründet und geleitet hatte. Im Frühjahr 1844 kam er als Lehrer an die Knabenerziehungsanstalt des Dr. Lucius zu Darmstadt und ward von da im November 1846 bei der Reorganisation des nassauischen Schulwesens an die Realschule zu Ems berufen. Ostern 1847 wurde Sch. an das Gymnasium zu Wiesbaden versetzt. Mit dem Titel eines Conrectors ward ihm im Spätjahr 1851 die ehrenvolle Stelle eines provisorischen Directors des nach Usingen verlegten evangelischen Landesseminars übertragen. Aber seine schon in frühern Jahren durch übermäßige Anstrengungen zerrüttete Natur erlag der Last einer arbeitsvollen nicht immer lohnenden Stellung und dem Einflusse des rauhen Gebirgklima's nach mehrwöchentlichem Leiden starb er kaum 35 Jahre alt, von seinen Schülern und Freunden tief betrauert. Sch. hat Vieles geschrieben. Außer Beiträgen in pädagogische und andere Zeitschriften sind von ihm erschienen: **Elementare Arithmetik und ein Praktisches Rechenbuch.** Braunschweig, 1844. Sodann **Elementare Geometrie,** Darmstadt, 1848. Der erste Cursus des Buches ist 1851 in neuer Auflage erschienen. **Blüthen deutscher Dichter für Kinder von 7—10 Jahren** und **Blüthen deutscher Dichter für Gymnasien und höhere Bürgerschulen.** Darmstadt, 1846. Das **Pflanzenreich** mit 80 Tafeln Abbildungen. Mainz, 1847. **Schmetterlingssammler,** Mainz (1850). **Glaube, Liebe, Hoffnung.** Mainz, 1851. Sein bedeutendstes Werk ist die **deutsche Dichterhalle des 19ten Jahrhunderts.** Mainz, 1851. **Charakteristische Naturbilder in Poesie und Prosa.** Darmstadt, 1853.

Louise Scheppler,
die Gründerin der ersten Kleinkinderschulen salles d'asile in Frankreich.
Geboren den 4. November 1763, gestorben gegen Ende Juli 1837.

Dieselbe war geboren in dem zur Pfarrei Waldbach gehörigen Dorfe Bellefosse im Steinthale, als die Tochter armer Aeltern. In ihrem 15ten

Jahre schon wurde sie in das Oberlin'sche Pfarrhaus aufgenommen; gute Anlagen und ein treues, frommes Herz hatten sie den Bewohnern empfohlen. Nach dem Tode der Gattin Oberlin's (den 17. Januar 1783) übernahm sie die Sorge für das Hauswesen und auch die Erziehung der sieben Kinder; sie selbst hatte damals kaum das 19te Jahr zurückgelegt. Während 47 Jahren hat sie mit dem ehrwürdigen Patriarchen des Steinthales alle Freuden und Leiden seines Hauses getheilt, gewissenhafte, pünktliche Ordnung, weise Sparsamkeit gezeigt; wo Hülfe nöthig war, erschien sie, und mit Uneigennützigkeit und Aufopferung stand sie dem edlen Pfarrherrn in der Fürsorge für das leibliche und geistige Wohl der Gemeinden unermüdet bei.

Nie wollte sie einen Lohn für ihre Dienste annehmen. Nach Oberlin's Tode baten die Kinder ihre gute Louise, welche sie wie eine zweite Mutter liebten, sie möchte doch von der Erbschaft ein Kindestheil annehmen, aber auch dieses schlug sie aus; sie bat nur, in den nämlichen Verhältnissen wie früher im Pfarrhause bleiben zu dürfen.

Durch sie hat Oberlin seinen schönen Gedanken ausgeführt, die Kinder im zartesten Alter schon in Schulen zu versammeln, durch fromme Lehrerinnen frühe für Religion und Frömmigkeit zu gewinnen und so ein gottesfürchtiges Geschlecht zu erziehen. Die gute Louise Scheppler brachte einen großen Theil ihres Lebens zu, umringt von hundert Kindern, die sie alle herzlich wie eine Mutter liebten; mit sanfter Festigkeit leitete sie dieselben und mit bewundernswürdigem Talente wußte sie in Belehrung und Beschäftigung so vielen Wechsel zu bringen, daß nie Langeweile entstand.

Im Jahre 1829 hat unserer Louise die französische Akademie zu Paris den durch den edlen Monthyon gestifteten Tugendpreis, auf den Bericht des berühmten Cuvier 5000 Fr. zuerkannt. Wie man es auch zuvor vermuthet hatte, so hat die edle Seele diesen ganzen Betrag von 5000 Fr. bloß zu guten Zwecken verwandt, ja, sie hat sogar noch von ihrem eigenen kleinen Vermögen beigefügt, um noch mehr thun zu können. Die Welt zählt vielleicht wenig so ehrwürdige Personen, als L. Sch. war: viel Anmuth in ihrem Benehmen, vielfache Kenntnisse, ein vortreffliches Herz, tief-religiöse Gefühle, ein unermüdeter Fleiß, christliche Liebe und Demuth: dieß waren die Haupteigenschaften, mit welchen sie geschmückt war; sie war eine Martha und Maria zugleich.

Joh. Christoph Friedr. Schiller.

Geboren den 11. Nov. 1759, gestorben den 9. Mai 1805.

Motto: Welche Religion ich bekenne? Keine von allen,
Die du mir nennst. — Und warum keine? Aus Religion.
Friedrich Schiller.

Derselbe wurde in dem württembergischen Dorfe Marbach geboren, seiner ersten Neigung zur Theologie entzogen und als Offizierssohn in die Karlsschule zu Stuttgart versetzt 1773, wo er bis 1780 Medicin studirte. Hier schrieb er seine erste wissenschaftliche Abhandlung: Ueber den Zusammenhang der thierischen Natur des Menschen mit seiner geistigen und wurde Regimentsmedicus mit 15 fl. monatlichem Gehalt. Widrige Verhältnisse und besonders der Zwang, welchen ihm der Herzog in Beziehung auf seine Neigung zur Poesie auflegte, bewogen den jungen Dichter 1782 zur Flucht nach Mannheim. Sodann lebte er von 1783 bis 1782 in trüber Stimmung und einsam in Bauerbach bei Meinungen auf dem Gute der Frau von Wollzogen, dann wieder in Mannheim, in Leipzig und Dresden, bis er 1787 nach Weimar kam. Dies verließ S. und wurde Professor der Geschichte zu Jena 1789, tauschte aber diesen Wirkungskreis 1799 für immer wieder mit Weimar, wo er das Adelsdiplom (Franz) erhielt und am 9. Mai 1805 starb, nachdem die letzten 14 Jahre vielfach durch Krankheit getrübt und die heitere Kraft des Geistes oft gehemmt war.

Schiller ist der Lieblingsdichter der deutschen Nation. Und er ist zugleich noch im engeren Sinne unser Lehrer. Auch in unmittelbar pädagogischer Hinsicht lernen wir von ihm. Seine großen Gedanken über Dasein und Bestimmung des Menschenlebens, über die ewigen Zielpunkte des höheren Strebens, über die Schönheit und Erhabenheit des individuellen und nationalen Seins sind auch uns auf unserm Wege Lichtpunkte und Leitsterne. An dem, was große Geister aus der Fülle ihrer gottbegabten Natur zu Tage gefördert, erwachsen uns kleinen die Schwingen. „Es wächst der Mensch mit seinen höheren Zwecken." Denn wir sind doch wohl Alle weit entfernt von dem Gedanken, daß wir nur von Lehrern und Schulmeistern etwas lernen könnten. Die größten Geister aller Zeiten sind auch die größten Lehrer der Lehrer und der ganzen Menschheit. Wie das unreife Kind an dem gereiften Manne hinaufrankt, so wächst des gewöhnlichen Mannes Herz und Geist an denen, die wir im ungewöhnlichen, aber wahrsten Sinne des Wortes die Großen der Erde und aller Zeiten nennen. Schiller ist Einer dieser Großen, Einer der Größten.

Das deutsche Volk beging am 10. November 1859 sein hundertjähriges Wiegenfest als ein ächt deutsches Fest. Aber nicht allein der Dichter der reinsten erhabensten Gedankenwelt wird hierdurch verherrlicht, sondern auch in ihm der charaktergroße Mann. Anknüpfend an des oben aufgeführte Motto, so ist Sch. auch einer unserer ersten Apostel. Mit seinem Worte:

> Welche Religion ich bekenne? Keine von allen,
> Die Du mir nennst. — Und warum keine? Aus Religion —

steht der große Dichtergenius mitten unter uns. Die strengen Anhänger der Glaubensreligionen wenden sich eben deshalb von ihm ab und nennen ihn irreligiös wie uns. Aber indem Schiller seinerseits, wie wir, alles Confessionelle, Alles, was die Menschen trennt und theilt, in der Religion verwarf und sich nur an das hielt, was Alle verstehen, weil es ihr eigenes Wesen ist, was eben deshalb Alle einigen und mit einander verbinden kann, an das wahrhaft Menschliche, offenbarte er seinen tief religiösen Sinn und bahnte einen Weg an zur Vereinigung Aller — der Katholiken, der Protestanten, der Juden und welchen Namen die Religionsgesellschaften, sich trennend und scheidend, sich immer auch gegeben haben.

Möge die humane Religion den Lebensbund der Menschheit immer fester schließen mit ihrem Rufe:

> Herein, herein,
> Gesellen alle! Schließt den Reihen,
> Daß wir die Glocke taufend weihen,
> Concordia soll ihr Name sein!
> Zur Eintracht, zu herzinnigem Vereine
> Versammle sie die liebende Gemeinde. —

die Menschengemeinde, die große Menschengemeinde, in der Keiner fehlt, in der Jeder mit unserm Dichter jubelt:

> Seid umschlungen, Millionen! —
> Diesen Kuß der ganzen Welt!

Johann Christian Gotthelf Schinke.

Geboren den 21. Dez. 1782, gestorben den 20. Nov. 1839.

Derselbe wurde geboren zu Querfurt und besuchte, um sich zur Universität vorzubereiten, die Stiftsschule zu Zeitz, auf der er vorzüglich unter Leitung des Rectors Müller und des damals als Conrector wirkenden Siebelis (Rektor in Bautzen) den Grund zu seinen weit ausgebreiteten Kenntnissen legte. Zu Ostern 1799 bezog er die Universität zu Leipzig, um sich dem Studium der Theologie zu widmen, betrieb aber auch nebenbei das Studium der classischen Sprachen. Am meisten suchte er sich durch häuslichen Fleiß zu bilden, und öfter als einmal äußerte er in seinem nachherigen Leben, daß er gerade diesem und dem Umgange mit gleichgesinnten Freunden das Meiste verdanke. Nach Verlauf des herkömmlichen Trienniums übernahm er eine Hauslehrerstelle, um sich, da er ohne väterliches Vermögen war, zu erhalten und fortzustudiren. Vier Jahre lang blieb er in solchen Verhältnissen. Im Jahre 1806 wurde ihm das Pastorat zu Wispitz übergeben und 1811 damit das Predigtamt zu Weblitz verbunden. Während der 33 Jahre seiner öffentlichen Wirksamkeit besorgte er nicht blos die ihm obliegenden Berufsgeschäfte an seinen beiden Gemeinden mit der größten Pünktlichkeit und Gewissenhaftigkeit, sondern zeichnete sich auch durch Fleiß im Fortstudiren aus. Keine Erscheinung in der gelehrten Welt, welche seine Wissenschaft oder seine Lieblingsstudien betraf, entging seinem Blicke. So ausgerüstet durfte er es wagen, selbst als Schriftsteller aufzutreten, sowohl als Mitarbeiter an größeren Werken, z. B. der Encyclopädie der Wissenschaften und Künste von Ersch und Gruber, als an kleineren. Außer einigen Predigten und Gelegenheitsschriften, welche er dem Drucke übergab, erwarb er sich einen Namen in der theologischen Welt durch seine „metakritischen Beobachtungen über die einzuführende neue preuß. Agende" (Leipzig, 1824), in der philologischen durch die „Monographie in Leben und Tod oder Schicksalsgöttinnen im Lichte alterthümlicher vorzüglich griech. Lehre und Kunst". (Ebendas. 1825.) Sein Beruf als Geistlicher trieb ihn am meisten zum Studium und zur Bearbeitung der praktischen Theologie. Wir nennen hier folgende von ihm herausgegebene Schriften, welche mehr oder weniger auf das Feld der Pädagogik hinüberstreifen. „Vollständige und geordnete Sammlung biblischer Denksprüche für Confirmanden mit der Archäologie der Confirmation." (Halle, 1825). Ebendas. (1826); sein Erbauungsbuch: „Jesus Christus oder das Evangelium in frommen Gaben ausgezeichneter deutscher Dichter", wozu er im Jahre 1831 einen Anhang: „Evangelische Geschichten und Reden in frommen Dichtergaben", Neustadt, lieferte. Eine unverdiente Kränkung zog ihm sein „Zacharias und Elisabeth. Wie soll das Kindlein heißen? Oder: Unsere Taufnamen mit ihrer Bedeutung, alphabetisch geordnet, Halle, 1827" zu, weswegen er auf die erlittenen Beleidigungen kein Wort erwiderte. Unter zahlreichen Recensionen, die er in kritischen Blättern lieferte, verdient insbesondere Erwähnung seine Beurtheilung des ersten Theils der Dinter'schen Schullehrerbibel, A. T., über welche Dinter selbst im letzten Bande dieses Werkes, S. 239 der Zugaben in einer Schlußanmerkung sich günstig ausspricht. Durch diese Recension war er dem Verleger der Dinter'schen Schrift. Hrn. Wagner in Neustadt a. b. D., bekannt geworden. Dieser übertrug ihm die Besorgung der zweiten Auflage der Schullehrerbibel, A. T., nach des Verfassers Tode. Im Geiste Dinter's lieferte er dieselbe in den Jahren 1834—1837 mit vielen Zusätzen und

Berichtigungen ausgestattet. Zugleich ließ er in demselben Verlage „Dit-
ter's Ansichten und Bilder des Heiligen, Wahren und Schönen in zu
Bänden 1833" und zwei zeitgemäße Christgaben als Beilagen zum U
bau der vergleichenden Homiletik 1833 und 1834 erscheinen.

Durch die Bearbeitung der Schullehrerbibel hatte er sich überzeug
daß der Sacherklärung zu wenig Raum in derselben verstattet sei;
suchte diesem Mangel abzuhelfen durch die Herausgabe seiner „biblisch
Alterthumskunde in alphabetischer Folge". Als einen Vorläufer die
Handbuches alles Wissenswürdigen aus den Hilfswissenschaften der Bib
erklärung, welches zugleich als Ergänzungsband zu Dinter's Schullehr
bibel dienen soll, erschien schon im Jahre 1835 in Neustadt eine da
gehörende, mit mehreren Randvignetten ausgestattete Karte von Paläst
nebst 3 Beilagen und Erleichterung beim Gebrauche derselben, worz
1836 das erste, 1837 das zweite, 1838 das dritte Heft der Alterthum
kunde folgte.

S. bewies eine ungemein schriftstellerische Thätigkeit und ausgezeich
neten Fleiß. Selbst im hohen Sommer fand ihn die Morgenröthe sch
unter seinen Büchern. Hier fühlte er sich wohl glücklich. Für rauschen
Vergnügungen und Lustbarkeiten hatte er keinen Sinn; größere Gesel
schaften suchte er nicht, denn er fand sich nicht wohl in denselben. Ger
besuchte er seine Freunde in der Nähe, am liebsten sah er sie in seine
eigenen Hause, um sich mit ihnen über die neuesten literarischen Erzeug
nisse zu unterhalten.

Friedrich Ernst Daniel Schleiermacher.
Geboren den 21. November 1768, gestorben den 12. Februar 1834.

> Motto: „Jeder Mensch soll auf eigne Art die Mensch
> darstellen, in eigner Mischung ihrer Elemente, damit a
> jede Weise sie sich offenbare, und Alles wirklich werde a
> der Fülle des Raumes und der Zeit, was irgend Verschie
> nes aus ihrem Schooße hervorgehen kann."
>
> Schleiermacher.

Derselbe, geboren zu Breslau, erhielt seine Schulbildung auf dem
Pädagogium der Brüdergemeine in Niesky, widmete sich dann im Sem
narium zu Barby dem theologischen Studium und bezog 1787 die Uni
versität Halle. Später war er Erzieher bei dem Grafen Dohna-Schle
bitte auf Finkenstein in Preußen und trat sodann in das Seminar für
gelehrte Schulen in Berlin unter Gedike's Leitung. Von 1794 an lehr
er dem Predigeramte, wurde 1802 Hofprediger in Stolpe, 1804 Uni
versitätsprediger und Professor der Theologie und Philosophie zu Halle;
von 1807 an lebte er ununterbrochen in Berlin und erhielt 1810, als die
neue Universität dortselbst eröffnet wurde, eine ordentliche Professur an
ihr. Er starb 1834. Seine sämmtlichen Werke erscheinen seit 1835 in
drei Abtheilungen, die erste unter dem speciellen Titel „zur Theologie,"
die andere „Predigten;" die dritte „zur Philosophie." Sch. hat in sei
nem Leben dreimal Vorlesungen über die Erziehungslehre gehalten, welche
L. Platz (Berlin, 1849) herausgegeben hat.

Johann Friedrich Schlez.
Geboren den 27. Juni 1759, gestorben den 7. September 1839.

Derselbe wurde zu Ippesheim (Bayern), wo sein Vater Pfarrer
war, geboren. Im Jahre 1773 kam er als Chorschüler auf das Gym

nasium zu Windsheim und nach 3 Jahren zu dem Pfarrer Barchewitz in Herrenbergtheim, dessen Unterrichte er besonders viel verdankte. Im Jahre 1778 bezog er die Universität Jena, wo er am meisten die Vorlesungen von Danov, Griesbach und Eichhorn besuchte. Bald nach seiner Rückkehr in's älterliche Haus starb der Vater, und der Sohn wurde an dessen Stelle befördert. Im Mai 1793 verehelichte er sich mit einer Tochter des Hofpredigers und Consistorialraths Bauer in Castell.

„In der Schule meines Pfarrortes, sagt nun Sch., konnte ich, wegen Beschaffenheit des alten Cantors, nichts Ausgezeichnetes leisten; er war eine Art von Gregorius Schlaghart. Das unter diesem Titel von mir verfaßte Buch gab im Jahre 1799 Veranlassung zu meiner Versetzung nach Schlitz. Der regierende Graf Karl, genannt v. Görtz, damals kurfürstlich sächsischer Gesander am Münchner Hofe, hatte es in die Hand seiner sämmtlichen Schullehrer gebracht. Mein Vorfahrer starb, und der Graf berief mich als Inspector und Consistorialrath. Im Februar 1800 trat ich nach wehmüthigem Abschiede von der Gemeinde Ippesheim mit Frau und 3 kleinen Kindern, bei grimmiger Kälte den 18 Meilen langen Weg an."

„Dem Schlitzer Schulwesen suchte ich durch Bildung besserer Lehrer, durch Besoldungserhöhungen, durch erweiterten Raum der Lehrzimmer und durch bessere Lehrmittel aufzuhelfen, soweit es die beschränkten Finanzen erlaubten. Mein Denkfreund ging so zu sagen aus der obersten hiesigen Knabenklasse hervor. Den Anfang aber machte ich mit einer besseren Fibel, die ich unmittelbar nach dem neuen Gesangbuche drucken ließ. Zugleich suchte ich der Lautmethode vorzuarbeiten, indem ich nicht nur eine dahin abzielende verbesserte Nominalmethode einführte, sondern auch die Schüler zum klaren Bewußtsein des Unterschiedes zwischen Namen und Laut bringen ließ. Zwar hatte ich schon im Jahre 1788 einen Knaben in Ippesheim nach der Lautirmethode unterrichtet, die Einführung in öffentlichen Schulen aber wagte ich erst, nachdem mir Stephani im Jahre 1802 vorangegangen war."

Am 27. November 1831 beging Sch. seine Amtsjubelfeier, wobei er das Ritterkreuz des großherzoglichen Ludwigsordens von Sr. königl. Hoheit und von der Gießner theologischen Facultät das Doctordiplom erhielt. Im folgenden Jahre wurde er der weiteren Führung seines Pfarrund Dekanatamtes enthoben, und am 8ten August 1837 ging ihm seine treue Lebensgefährtin in das „himmlische Vaterhaus" voran. Sch. starb am obenbenannten Tage.

Seine Schriften sind:

I. Für die Jugend: 1) Die ABC=Schule oder große Wandfibel, 1823. Kleine ABC=Schule oder Wandfibel, 1837. 2) Der ABC=Schüler, Handfibel zur ABC=Schule. 6te Aufl. 1825—38. 3) Der ABC=Schüler, 3. Aufl. 1801. 4) Bilderfibel zur Beförderung der Lautmethode, 1812. 5) Der Kinderfreund. 4 Aufl. 1789—95. 6) Der Kinderfreund, ein lehrreiches Lesebuch für Landschulen. 4 Aufl. 1813—38. 7) Der Denkfreund. 12 Aufl. 1811—37. 8) Kleines Lesebuch in 6 Auflagen. 9) Sittenlehren in Beispielen. 4 Aufl. 1807—24. 10) Der Schreibschüler. 5 Aufl. 1790—1822. 11) Briefmuster für das gemeine Leben. 7 Aufl. 1794—1839. 12) Leitfaden beim ersten Unterricht in der christlichen Religion. 2 Aufl. 1795—96. 13) Kinderdeclamationen. 2 Aufl. 1809—21. II. Zunächst für Lehrer: 14) Gregorius Schlaghart und Lorenz Richard. 3 Aufl. 1795—1813. 15) Lorenz Richard's Unterhaltungen mit seiner Schuljugend über den Kinderfreund des Herrn von Rochow. 16) Katechetisches Handbuch. 17) Handbuch für Volksschullehrer. 2 Aufl. 1832. 5 Bände.

Christoph von Schmid.

Geboren den 15. August 1768, gestorben den 3. September 1854.

Motto: „Kinder bewachen ist ein Engelsgeschäft."   Ch. v. Schmid.

Derselbe wurde zu Dinkelsbühl in Bayern geboren und starb zu Augsburg. Er erhielt seine wissenschaftliche Bildung zu Dillingen unter der Leitung des vortrefflichen Professors Weber und des berühmten, ihm besonders gewogenen Professors Sailer, nachmaligen Bischofs zu Regensburg. Nach Vollendung seiner theologischen Studien wurde er am 7ten August 1791 zum Priester geweiht, war mehrere Jahre erst Pfarrgehülfe und erhielt alsdann von dem Grafen von Stadion das Schulbeneficium zu Thannhausen an der Mindel. Etwas später wurde er zugleich zum Schulinspector des dortigen Schuldistrikts ernannt. Während er hier wirkte, schrieb er seine allbekannte „biblische Geschichte für Kinder," die, sowie das Büchlein: „Erster Unterricht von Gott" und das „Lehr- und Lesebüchlein" in hundert kurzen Erzählungen zuerst in den Volksschulen Bayerns und dann allmälig in vielen Schulen Deutschlands überhaupt eingeführt wurden. Nachdem Ch. v. Sch. beinahe 20 Jahre in seiner Stellung zu Thannhausen segensreich gewirkt hatte, verlieh ihm der Graf von Stadion die Pfarrei Oberstadion im Königreich Württemberg, die er 11 Jahre verwaltete. Während dieser Zeit erhielt er einen Ruf als Professor der Moral und Pastoraltheologie nach Tübingen; auch suchte man ihn als Vorstand des Priesterseminars in Rottenburg zu gewinnen. Er lehnte jedoch, um als Jugendschriftsteller möglichst ungehindert wirken zu können, beide Anträge ab.

In Anerkennung seiner Verdienste und Leistungen für die Jugendbildung berief ihn König Ludwig von Bayern im Jahr 1826 als Domcapitular nach Augsburg, wo er von da an bis zu seinem Tod lebte. Im Jahre 1832 wurde ihm zugleich das Amt eines Kreisscholarchen übertragen, und im Jahr 1837 ernannte ihn König Ludwig zum Ritter des Verdienstordens der bayerischen Krone. Jede Stunde, die der überaus thätige Mann neben seinen vielen Amtsgeschäften erübrigen konnte, verwandte er zur Verfassung von Jugendschriften; von Morgens 4 Uhr, im Winter wie im Sommer, saß er an seinem Arbeitstischchen in seinem traulichen Studirzimmer. Er sagte oft: „Nur die Zeit von Morgen 4 bis 8 Uhr gehört vom Tage mir, darum muß ich sie benützen."

Im Jahr 1841 feierte Sch. sein 50jähriges Priesterjubiläum, und zwar auf den Wunsch der Bürgerschaft in seiner Vaterstadt, die alles aufbot, den Jubelgreis in ihren Mauern zu empfangen. Nicht minder festlich beging die Stadt Augsburg im Jahr 1847 seinen 80sten Geburtstag. Das Jahr darauf beehrte ihn die Universität Prag, aus Veranlassung ihrer 500jährigen Jubelfeier mit dem Diplom der theologischen Doctorwürde, und im Jahr 1850 schmückte Se. Majestät König Max von Bayern die Brust des verdienten Mannes mit dem Commenthurkreuz des Verdienstordens vom heiligen Michael.

Außer der biblischen Geschichte, durch welche Sch. zuerst die Aufmerksamkeit des größeren Publikums auf sich lenkte, hat er sich, wie bekannt durch eine Reihe ausgezeichneter, durch gemütlichen Ton und schöne Darstellung anziehender Jugendschriften verdient gemacht, unter welchen vorzüglich die „Ostereier" wonach er sich auf seinen kleinern Schriften zu benennen pflegte, „der Weinachtsabend," „wie Heinrich von Eichenfels zur Erkenntniß gekommen," „Rosa von Tannenburg," „Genovefa," „die Erzählungen für Kinder und Kinderfreunde" großen Beifall gefunden. Sie wurden, wie die biblische Geschichte, in die meisten lebenden Sprachen Europa's übersetzt und fanden überall ganz vorzüglich in Frankreich, England und Italien, auch in Nordamerika, die günstige Aufnahme. Im Palast wie in der Hütte werden sie gleich gern gelesen. Seine „Gesammelten Schriften" hat er als Orginalaufgabe von letzter Hand, Augsburg bei Wolff 1840—46, mit Einschluß der biblischen Geschichte in 24 Bdchn. herausgegeben. Im Jahr 1853 erschien seine letzte noch unvollendete Schrift: „Erinnerungen aus meinem Leben in 2 Bdchn., von denen das 2te vorzugsweise Erinnerungen an seinen Lehrer Sailer enthält. Obwohl im hohen Greisenalter verfaßt, sind sie mit einer seltenen Gedächtnißtreue und Frische im hohen Greisenalter geschrieben.

Sch. blieb bis in sein hohes Alter körperlich gesund und rüstig. Erst sein spätester Lebensabend war nach vielen heiteren, sonnenhellen Tagen ein ziemlich trüber. Er starb am 3ten September 1854 an der Cholera.

Peter Schmid.
Geboren den 15. April 1769, gestorben den 22. November 1853.

Er ward zu Trier geboren. 6 Jahre alt verlor er seinen Vater. Die Mutter schickte den 7jährigen Peter sammt den noch jüngeren Bruder in die Spinnanstalt des Herrn Lenzius, damit auch der Kinder geringe Kraft zur Erhaltung des Hausstandes mitwirke. Hier lernt Peter Arbeitsamkeit und Ausdauer, und auf diese Pfeiler aller Erziehung ist nicht nur seine spätere Entwickelung, sondern auch seine Unterrichtsweise so glücklich gegründet. Peter spann fort, auch nachdem Herr Lenzius sein Stiefvater geworden war, denn dieser vermehrte nur, weil bald nach der Verehelichung mit der Wittwe Schmid seine Anstalt eine von dem Rathe zu Trier errichtete zu Grunde ging, die Zahl der nicht arbeitenden Mitglieder der Familie und zehrte von dem Fleiße seiner Frau und seiner Stiefsöhne. Eines Tages wird dem 11jährigen Peter aufgetragen, einen Korb mit Früchten aus dem Garten zu holen. Er geht hinaus, nimmt seine Last und wandert wohlgemuth den gewohnten Weg zur Stadt; da kommt es ihm in den Sinn, heute einmal durch die Dietrichsgasse, von der er oft gehört hatte, ohne sie jemals gesehen zu haben, einen kleinen Umweg zu machen. Er schreitet rüstig fort; doch in der Mitte der Straße setzt er den lastenden Korb ab, um auszuschauen, blickt auf und mitten in die Herrlichkeit einer großen Freskoschilderei hinein. Diese nahm die ganze Seite des Fischergildenhauses ein und stellte Petri's Fischzug dar. Dieses erste Bild, das der Knabe sah, ergriff und betäubte ihn so, daß er mehrere Stunden, im Anschauen desselben vertieft, auf seinem Platze sitzen blieb. Er vergaß seinen Auftrag, vergaß die zu erwartende Strafe, wenn er zu lange ausbliebe, vergaß das Mittagessen, vergaß sich selbst. So hatte er in Verzückung von 11 Uhr des Morgens bis Abends 5 Uhr da gesessen; da erwacht er endlich, eilt erschrocken nach Hause und entgeht den angedrohten Schlägen nur durch die zitternde Ausflucht, er sei eingeschlafen und habe so süß geträumt.

Der Gang durch die Dietrichsgasse entschied für immer Peter Schmid's Lebensrichtung. Unbewußt und ohne Frage nach der Zukunft hatte er die Tage bisher in unermüdetem Fleiße, aber ohne geistige Anregung hingelebt, denn sein harter, ihm abgeneigter Stiefvater ließ ihn ohne allen Unterricht aufwachsen; erst später lernte er durch sich selbst schreiben und lesen. Kaum hatte Peter ein Geringes genossen, so eilte er in einen Kaufladen und kaufte für einige ersparte Batzen Papier, Farben und Oel für die Lampe. In der Stille der Nacht, auf der einsamen Kammer, bei dem trüben Schimmer der Lampe saß der 11jährige Knabe und zeichnete, der noch nie gezeichnet, die Gestalten des Fischzuges Petri, wie sie sich unauslöschlich seinem Gedächtnisse eingeprägt hatten. Gegen Morgen war er fertig und hing schweigend nach seiner Sinnesart in der Wohnstube sein Gemälde auf, das bald als eine treue, unverkennbare Nachbildung des Wandgemäldes auf der Dibrichsgasse erkannt und von Mutter, Geschwistern und Nachbaren bewundert und gerühmt wurde.

Von jetzt an benutzte Peter jeder freie Viertelstunde zum Zeichnen, und bald wurde seine Kunst eine Erwerbsquelle für ihn und die Seinigen. Da geschah es 1782, daß Clemens Wenzeslaus, Kurfürst von Trier, mit seinem ganzen zahlreichen und glänzenden Gefolge von Koblenz nach Trier kam. Von diesem prangenden Schauspiele wurde Peter Schmid so mächtig ergriffen, daß er alsbald das im Geiste treu und lebendig Erfaßte darzustellen beschloß. Auf einem langen Streifen, den er aus mehr den vierzig an einander geklebten Bogen des größten Formates bildete, zeichnete er den ganzen Einzug des Fürsten. Diese Zeichnung gelangte auch vor den Domprobst Graf v. Waltersdorf, welcher das Talent des Knaben darin erkannte, und, nachdem er demselben eine heilige Magdalena nach Carlo dolci unter seinen Augen hatte conturiren lassen, beschloß, seine Ausbildung zu vermitteln. So kam Peter zu dem Maler Habicht in Trier in die Lehre und war während der bei demselbn verlebten vier Jahre bemüht, nach dessen Verlangen und Anrathen sich von seinem sicheren und correkten, wenn auch langsamen Zeichnen loszumachen. Dann ging er nach seines hohen Gönners Wunsche zum Hofmaler Zick nach Koblenz, dessen ungenügende Unterweisung er 3 Jahre lang genoß. Hierauf besuchte er 1790 und 91 die Akademie zu Mannheim und von 1791 bis 93 die zu Düsseldorf, fand aber auch bei den bei den Professoren dieser Kunstschulen diese höchst ungenügende Lehrweise, wie sie schon bei seinen früheren Meistern gebräuchlich gewesen war. In dieser seiner Selbsttäuschung fiel es ihm am Weihnachtsfeste 1793 ein, alle seine sorgsam aufbewahrten Arbeiten zu revidiren. Die gewaltigen Blätter beschäftigten nicht wenig seine Einbildung, daß er der Urheber aller dieser Werke sei. Es fiel ihm aber zuletzt in dem Behälter, in welchem diese Sachen aufbewahrt waren, noch eine kleine unscheinbare Rolle in die Augen. Er erkannte bald einige von den Arbeiten, die er, ehe er noch einen Lehrer kannte, gemacht hatte. Voll Freude, die verloren geglaubten Freunde zu finden, unterwarf er sie einer genaueren Beachtung. Und was empfand er damals? Er konnte die Spuren einer höheren Vollendung des ächten Raphaelischen Sinnes in diesen so gering scheinenden Blättern nicht verkennen. Dieses Zugeständniß brachte ihn außer sich, so daß er im ersten Anfall seines Schmerzes alle seine Zeichnungen in's Feuer warf und dann seinem Gönner schrieb, daß er den Entschluß faßte, der Kunst zu entsagen und ein Handwerk zu lernen. Im J. 1794 ging Sch. nach Trier zurück, richtete dort mit Hilfe eines Paters ein kleines Atelier ein und ertheilte Unterricht im Zeichnen und Portraitiren. Die Einkünfte mehrten sich, allein das Verlangen, sein äußeres Glück fester und sicherer zu gründen, führte ihn 1797 nach Petersburg. Seine Hoffnung hatte ihn indeß getäuscht, erkrankt kam er noch in demselben Jahre nach Stettin, wo er 1799 ein großes Institut errichtete, das er jedoch von 1801—6 seinem gleichfalls der Kunst lebenden Schwager überließ, während Sch. abwechselnd in Paris und Trier lebte. Von jetzt an wandte er seine ganze Aufmerksamkeit der Auffindung und Vervollkommnung einer neuen und besseren natur-

und vernunftgemäßen Unterrichtsweise zu, welche Ansichten er in der Schrift: „Anleitung zur Zeichenkunst. 1809, Berlin bei Nikolai" niederlegte. Im folgenden Jahre siedelte er nach Berlin über, wo er die freundlichste Aufnahme und ehrenste Anerkennung fand. Im J. 1817 unternahm er eine Reise nach der Schweiz zu Pestalozzi, wurde aber in Frankfurt a. M. aufgehalten und aufgefordert, daselbst ein Institut zu gründen; dasselbe ging vortrefflich. Im Jahre 1824 wurde Sch. nach Berlin gerufen, um einer Anzahl von Schülern seinen Unterricht zu ertheilen. Nun erschienen von ihm mehrere Schriften, als: „Die Wege der Natur und der Entwicklung des menschlichen Geistes." 1827. Berlin. — Das Naturzeichnen für den Schul- und Selbstunterricht in 4 Thl. Berlin, 1828 bis 1833, ein Produkt jahrelanger reiflicher Ueberlegung und vielfältiger Prüfung. — „Formenlehre mit Anwendung auf Naturgegenstände." Berlin, 1833. Sch. wirkte hier in dem ihm angewiesenen Kreise 10 Jahre kräftig und segensreich. Sein hohes Alter und das traurige Geschick zu erblinden, bewog ihn, seine Stelle 1843 niederzulegen. Als Schöpfer einer neuen vernunftgemäßen Unterrichtsweise zur besseren Betreibung des Zeichenunterrichts hat er durch das Naturgemäße und physiologisch Richtige derselben sich nicht allein um die methodologische Ausbildung dieses Unterrichtszweiges das größte Verdienst erworben, sondern auch im Allgemeinen der Pädagogik im Allgemeinen gar wichtige Dienste geleistet, da er einer von den seltenen Lehrern war, der es im hohen Grade verstand und durch Lesen und Beispiel zeigte, wie man einen erziehlichen Unterricht ertheilen müsse. Sch.'s Tod erfolgte in dem seltenen Alter von fast 85 Jahren am 22. Nov. 1853 zu Ehrenbreitstein bei Coblenz in Folge eines Lungenschlages.

Joh. Georg Schollmeyer.
Geboren den 24. April 1768, gestorben den 23. Juli 1839.

Derselbe wurde zu Mühlhausen geboren und starb daselbst in einem Alter von 71 Jahren und 3 Monaten. Er wurde ebendaselbst 1797 Collaborator, 1798 Conrector und 1799 Rector des Gymnasiums. Seit dem Jahre 1827 verwaltete er das Amt eines Superintendenten mit vieler Umsicht und Würde. Als Schriftsteller ist er früh aufgetreten und hat für die Schulen Verdienstliches geleistet. Als Anhänger der Kant'schen Schule gab er 1796 einen „Katechismus der sittlichen Vernunft" heraus, der im Jahre 1813 die 3. Auflage erlebte und von vielen Lehrern mit Nutzen gebraucht wurde. Dazu gehörten die von ihm 1802 herausgegebenen „Moralischen Aufgaben für die Jugend". Eine Geschichte der christlichen Religion und Kirche für den Unterricht in Stadt- und Landschulen" erschien 1618, in demselben Jahre sein „Katechismus der christl. Religion". Im Jahre 1803 gab er „Erzählungen und Sinngedichte" heraus (Leipzig, 1. Thl. 2. Aufl. 1813). Ebendaselbst erschienen 1807 „Jesus und seine Jünger". In den Jahren 1813—1815 hat S. sich um die Befreiung des Vaterlandes dadurch viele Verdienste erworben, daß er durch seine begeisternden Reden viele Jünglinge zur Theilnahme am heiligen Kampfe entflammte und selbst das Commando des Landsturms in Mühlhausen übernahm. Ein wohlgemeintes Epos „der heilige Kampf im Jahre 1815" sollte jene Zeit verherrlichen.

Georg Jonathan Schuderoff.
Geboren den 24. Oktober 1766, gestorben den 31. Oktober 1843.

Derselbe wurde zu Gotha geboren und starb im 78. Lebensjahre. Er war Superintendent und Oberpfarrer zu Ronneburg und Geh. Consistorialrath zu Altenburg. Bald nach seiner Geburt kam er nach Altenburg, wohin sein Vater als Stadtdiaconus berufen worden war. Nachdem er auf dem dortigen Friedrichsgymnasium seine Schülerlaufbahn vollendet hatte, bezog er die Akademie Jena. Nach Beendigung seiner Universitäts-Studien, welchen er sich mit dem ganzen Feuer eines begeisterten Jünglings hingegeben hatte, schwankte er anfangs, ob er nicht die akademische Laufbahn erwählen solle, die ihn allerdings mächtig anzog, entschloß sich aber doch nach reiflicher Erwägung, sich dem Predigerstande zu widmen. Er wurde bei seinem Eintritte in den Predigerstand Substitut des Pfarrers in Drakendorf bei Jena und rückte erst nach einigen Jahren (1792) in die volle Stelle ein, die ihm zwar Muße zum Studiren, aber nur ein sehr dürftiges Einkommen gewährte.

32 Jahre alt, erhielt er das Stadtdiaconat in Altenburg und wirkte hier als geistreicher und freisinniger Prediger. Von Vielen bewundert, von Manchen beneidet, ja von Einigen sogar als unberufener und gefährlicher Neuerer gefürchtet, ging er jedoch ruhig und unerschrocken seinen Weg fort. Hier war es auch, wo er seinen Plan, den Prediger- und Schullehrerstand zu einer würdigeren Führung seines hochwichtigen Amtes zu ermuntern, durch die Herausgabe der „Jahrbücher für Veredlung des Prediger- und Schullehrerstandes" verwirklichte. Diese führte er auch, obgleich im Lauf der Zeit andere theologische Journale als Nebenbuhler auftraten, bis zum 31. Jahrgange fort und gab sie erst dann auf, als sie sich wegen der immer zunehmenden Concurrenz nicht mehr zu halten vermochten. Sie sind zu 61 Bänden herangewachsen und enthalten manch lehrreiches Wort, wie für Geistliche so für Schullehrer. Wir gedenken hier noch besonders seiner im Jahre 1792 herausgegebenen „Briefe über moralische Erziehung".

Daniel Schürmann.
Geboren den 11. Februar 1752, gestorben den 25. Februar 1838.

Schürmann erblickte das Licht der Welt zu Heidt bei Ronsdorf im Bergischen. Seine Jugendjahre fielen nicht in eine solche Zeit, worin der Lehrstand die Gelegenheit hatte, sich auf eine so zweckmäßige Weise vorzubereiten, wie es gegenwärtig der Fall ist, und um so mehr ist's an ihm zu bewundern, daß er sich in allen Fächern des Wissens bedeutende Kenntnisse verschafft hatte, wenn auch sein mathematisches Talent es war, welches sich durch Anregung des im Jahre 1798 verstorbenen, in Ründeroth wohnenden, zu seiner Zeit so berühmten Pfarrers Goes später vorzüglich entwickelte. Diese Wissenschaft war es, womit er sich bis zu den letzten Stunden seines Lebens beschäftigte. Sein so bekannt und berühmt gewordenes Rechenbuch hat bis jetzt weitere Auflagen erlebt. Außer diesem Buche sind noch von ihm erschienen: Anleitung zur Algebra 1805; Kurze Geschichte des Schulwesens im bergischen Lande; Kleine bergische Geschichte; Die Vaterlandskunde und noch mehrere andere kleine Schriften. Von ihm ging zuerst die Idee aus, eine Zeitschrift für Lehrer und von Lehrern geschrieben, herauszugeben; auch hatte er schon die Ankündigung einer Quartalschrift veröffentlicht, schloß sich aber nachher an Roffel an, der darauf seine bekannte Monatsschrift gründete.

Als Emeritus schuf er eine mathematische Zeitschrift, die einzig in ihrer Art dasteht. Sein Jubiläum gab die erste Veranlassung zu den Lehrerfesten. Doch das größte und segensreichste Werk, welches er vollbracht hat, war unstreitig die Stiftung einer Lehrerconferenz, worin er seine Amtsgenossen planmäßig in dem unterrichtete, was zur Belehrung und Hebung der Lehrer nützlich war; er leitete sie zu schriftlichen Ausarbeitungen an und machte sie mit den damals erschienenen pädagogischen Werken bekannt. Welchen Einfluß dieß sein Wirken auf das bergische Land hatte, ist unberechenbar und lange hatten die Lehrer desselben durch ihn, vorzüglich in mathematischer Hinsicht, einen geistigen Vorsprung vor den benachbarten Gegenden, bis später diese durch günstigere Umstände den Schülern Schürmann's gleichkommen konnten. Daß er ebenso vorzüglich auf seine Collegen wirken konnte, haben wir nicht allein seinen ausgezeichneten Kenntnissen, sondern vorzüglich auch seinem warmen Herzen und freundlichen Wesen zuzuschreiben. Er wurde nie müde, wenn er belehren konnte, und wandte seine geistigen Vorzüge nur zum Wohle seiner Amtsbrüder an. Er nahm an Allem Theil, was das Lehrerleben betraf und diese Liebe für diesen Stand ist ihm geblieben, als er schon längst in Ruhestand versetzt war, und begleitete ihn, bis der Todesengel seine Lebensfackel senkte. Sein Ruf als tüchtiger Lehrer wurde bald verbreitet und es wurden ihm überall ehrenvolle Anträge gemacht. Er hatte schon mehrere Schulstellen verwaltet, als er zuletzt den Ruf nach Remscheid annahm, wo er 37 Jahre mit dem glücklichsten Erfolge seinem wichtigen Amte vorstand, bis er im Jahre 1820 sein 60jähriges Jubiläum feierte und dann in den Ruhestand versetzt wurde. Unseres Königs Majestät war sein treues Wirken nicht unbekannt geblieben und wurde von dem Landesvater mit einem gnädigen eigenhändigen Kabinetsschreiben beehrt. Er starb an Altersschwäche.

Ferdinand Ritter von Schulstein.
Geboren im Jahr 1741, gestorben den 25. Mai 1801.

Derselbe wurde zu Königswalde in Böhmen geboren und stammte von bürgerlichen Eltern des Geschlechtsnamen Kindermann her. In seinem reifern Alter, nachdem er seine Studien theils zu Sagan in Schlesien, theils auf der hohen Schule zu Prag vollendet hatte, trat er in den Weltpriesterstand und widmete sich, nebst der Seelsorge, vorzüglich dem Erziehungsgeschäfte. Durch sein besonderes Talent und den Eifer, den er in Erfüllung seiner Berufspflichten an den Tag legte, erwarb er sich die Gunst des Grafen von Bouquoy in dem Grade, daß ihn Derselbe zum Dechanten in Kablitz auf seiner Herrschaft beförderte. Hier war es, wo Sch. den Anfang mit der Schulverbesserung in Böhmen machte, in dem er die dortige Dekanatsschule ganz nach der Sagan'schen Lehrart Felbiger's einrichtete. Die guten Fortschritte dieser Lehrart verschafften Sch. den Ruf nach Wien, woselbst er von der Kaiserin Maria Theresia den Auftrag erhielt, auch die Schulen in den übrigen Theilen Böhmens zu reguliren; zugleich wurde er 1775, wo auch die Prager Normalschule feierlich eröffnet ward, zum Oberaufseher des gesammten Deutschen Schulwesens in Böhmen und zum k. k. Schulrathe ernannt, auch seines unermüdeten Bestrebens wegen, die Bildung der Jugend zu fördern, 1777 mit der Würde eines Kapitular, Dechants bei Allerheiligen belohnt. Joseph II. beförderte ihn 1781, mit Belassung der Schulenoberaufsicht, zum Probsten auf dem Wischehrad und erhob ihn zugleich in den erbländischen Ritterstand mit dem Beinamen von Sch.

trug ihm 1786 das Oberdirectorium des Armeninstituts in Prag auf und ertheilte ihm 1790 das erledigte Bisthum zu Leitmeritz, nebst dem Titel und der Eigenschaft eines königl. Schulvisitators. Sch. starb zu Prag am oben aufgeführten Tage und gab mehre pädagogische und religiöse oben aufgeführte Schriften heraus.

Dr. Johann Otto Leopold Schulz.
Geboren den 17. Okt. 1782, gestorben den 17. Okt. 1849.

Derselbe ward geboren zu Wurow bei Labes in Hinterpommern, wo sein Vater Pfarrer der evangelischen Gemeinde war. Er genoß den unschätzbaren Segen, sich der treuesten Pflege und der sorgfältigsten Erziehung frommer, würdiger Eltern zu erfreuen, die im schwersten Drucke irdischer Armuth für die Bildung ihrer Kinder Alles opferten und durch Gottes Gnade in der Kraft ihrer edlen Liebe fast das Unmögliche möglich machten. Sein Vater unterrichtete ihn bis zu seinem 14. Jahre mit dem ausgezeichnetsten Erfolge. Das Lesen lernte O. Sch. in frühester Kindheit fast allein durch eigene Anstrengung. Im väterlichen Hause genoß er einen sehr gründlichen Unterricht im Worte Gottes, im Katechismus Luthers, in der lateinischen und griechischen Sprache. Als O. nach dem Urtheil des Vaters den Grad der Ausbildung erreicht hatte, der für die höhern Klassen des Gymnasiums befähigt, wurde er auf das Gymnasium zu Alt = Stettin gebracht, wo er seine Vorbereitung für die akademischen Studien vollendete. Im Jahre 1800 bezog er die Universität zu Halle, um auf derselben Theologie und Philologie zu studiren. Ausgerüstet mit einem reichen Schatz von Kenntnissen, erfüllt von einem für wissenschaftliches Leben geweckten Geist verließ er im Jahre 1803 die Universität Halle. Er begann seine Wirksamkeit in einer Stelle als Hauslehrer, die ihm im Hause des Baron von Golz auf Züchow bei Callies übertragen ward, und welche ihm die Pflicht auferlegte, für die Bildung zweier Söhne und mehrerer Töchter thätig zu sein. Er lebte dieser Pflicht mit der größten Hingebung und Anstrengung, und erwarb sich die Achtung und Liebe dieses edlen Hauses im hohen Maaße, wie er demselben die Gefühle inniger Anhänglichkeit bewahrt hat bis an's Ende. Im Jahre 1810 begab sich Sch. nach Berlin, um hier an einem Gymnasium zu wirken. Er trat sogleich nach seiner Ankunft als außerordentlicher und sehr bald nachher als ordentlicher Lehrer am Berlinisch-Cölnischen Gymnasium zum grauen Kloster ein. Er hat dieser Anstalt mit der vollsten Liebe seines Herzens angehört und ihr die volle frische Kraft seines männlichen Alters gewidmet. Auch eine bedeutende erziehende Thätigkeit entwickelte Sch. als Lehrer am Kloster. Es wurden ihm Pensionäre aus den angesehensten Familien des Landes anvertraut, von denen mehrere — nachdem sie zu einflußreichen Aemtern gelangt waren, — ihm fortdauernd die erfreulichsten Beweise ihrer Verehrung gaben. Nachdem Sch. länger als 16 Jahre erfolgreich im Schulamte gewirkt und sich die vielseitigste Bildung und Tüchtigkeit erworben hatte, wurde er im Mai 1826 zum Mitglied des königl. Schulkollegiums der Provinz Brandenburg berufen und mittelst Allerhöchster Bestallung vom 23. Juni a. c. zum königl. Provinzial=Schulrath ernannt. In dieser Stellung suchte er durch eine Reihe tiefdurchdachter sachgemäßer Maaßregeln einen vollkommenern Zustand der Volksschule herbeizuführen. Er drang zunächst auf eine ausreichende Qualifikation der in den Berliner Schulen anzustellenden Lehrer; er forderte von einem jeden, der in diesem ernsten Beruf verbleiben wollte, den Nachweis seiner Tüchtigkeit in einer Prüfung; er wirkte die Verfügung aus, daß jeder Schule ein angemessener Lehrplan zum Grunde gelegt werden mußte; er gab mannigfache Anregung zur Errichtung von öffentlichen Schulen; er war selbst für die Fortbildung der Elementar=Lehrer thätig; er strebte — so viel in seinen Kräften stand — den Elementar=Lehrern eine günstigere äußere Stellung zu erwirken; er hatte ein Hauptaugenmerk darauf gerichtet, daß bei Erledigung einer Schulvorsteherstelle, falls die Errichtung einer öffentlichen Schule nicht durchzuführen war, dieselbe nur einem tüchtigen und bewährten Manne übertragen wurde. Und da es in den hiesigen Schulen ein so fühlbarer Mangel war, daß keine zweckmäßige Lehrmittel vorhanden waren, so schuf er durch eignen Fleiß einen solchen Reichthum derselben, daß seine Thätigkeit auch hierin Bewunderung verdient. Die Zweckmäßigkeit dieser Lehrmittel ist anerkannt; sie haben eine weit über seinen Verwaltungskreis hinausgehende Verbreitung gefunden; jedes einzelne von ihnen bekundet den sachkundigen, mit den Bedürfnissen der Jugend und der Lehrer vertrauten Mann; seine Fibel, sein Lesebuch für die höheren Klassen der Volksschule sind so vortrefflich, daß sie sobald nicht übertroffen werden möchten. Wie wenig der Beifall, den seine Schulbücher gefunden haben, dem Einfluß seiner amtlichen Auctorität zuzuschreiben ist, geht wohl hinreichend daraus hervor, daß sie fast in allen Ländern Deutschlands bei den Schulen Eingang gefunden haben und sogar in die Schulen deutscher Gemeinden im fernen Auslande eingeführt worden sind. Da er mit praktischem Blicke immer den Punkt richtig erkannte, von dem eine Verbesserung des Schulwesens nur ausgehen konnte, so lag ihm die Bildung tüchtiger Elementar=Lehrer vornehmlich am Herzen. In der Provinz bestanden bereits mehrere Seminarien und Präparanden=Anstalten; er hat für ihre Erweiterung und Verbesserung mit dem rastlosesten Eifer gewirkt; sie waren ein vorzüglicher Gegenstand seiner liebevollen Pflege; er war mit den bei ihnen angestellten Lehrern innig verbunden, nie hat dieses Verhältniß irgend eine Trübung erfahren und die Lehrer derselben haben bei dem Tode des Verstorbenen es auf eine unzweideutige Weise an den Tag gelegt, mit welcher hohen Achtung und innigen Liebe sie ihm zugethan waren. Für die Begründung eines Seminariums in der Stadt Berlin hatte er sich lange vergeblich bemüht. Endlich gelang es ihm, dasselbe nach Besiegung aller Schwierigkeiten ins Leben zu rufen. Für die Fortbildung der Lehrer, für die Förderung des Schulwesens in der ganzen Provinz hat er vierzehn Jahre lang durch die Herausgabe des **Schulblattes für die Provinz Brandenburg** gewirkt. Diese Zeitschrift erhielt einen sehr großen Schatz von Wissen und Lehre für Alle, die sich für die Bildung der Jugend interessiren. Er selbst hat in dem Schulblatt eine Menge der interessantesten Aufsätze abdrucken lassen, welche ein gründliches Bild von der Schule in allen ihren Formen und Stufen geben, welche nicht blos den Lehrplan für die Schulen jeder Kategorie in den wesentlichsten Grundzügen darstellen, sondern auch über die Behandlung der einzelnen Lehrgegenstände in materieller wie in formeller Hinsicht die sachkundigste Anweisung in einer so vollendeten sprachlichen Darstellung ertheilen, daß sie auch in dieser äußerlichen Beziehung als klassische Arbeiten gelten können. Weitere Schriften von ihm sind: Kleine und große lat. Grammatik; — Tirocinum; — dann mehrere Predigten mit einigen Bemerkungen über Spener's Wirksamkeit in der Kirche; sein vorzüglichstes Werk auf dem Gebiet des kirchlichen Lebens ist aber ohne Zweifel sein „Paul Gerhard:"

Chriſtian Ferdinand Schulze.
Geboren den 17. Januar 1774, geſtorben den 2. Dez. 1850.

Motto: „Lieber in Einem ausgezeichnet, als in Vielem
mittelmäßig.“   Ch. F. Schulze.

Er war geboren in Leipzig; früh verwaist fand er in Fr. W. Döring,
dem nachherigen Kirchen= und Schulrathe und Gymnaſial=Direktor in
Gotha, einen zweiten Vater. In deſſen Hauſe, zuerſt in Naumburg, ſo=
dann in Gotha erhielt ſein reger Geiſt ſeine ihm ſtets gebliebene Rich=
tung und Begeiſterung für alle Beſtrebungen der Humanität. Im Jahre
1792 bezog er die Univerſität Leipzig. Nachdem er 1795 die akademiſche
Magiſterwürde erworben, begann er 1798 als Lehrer an dem Pädagogium
in Halle unter Niemeyer ſein Lehrtalent zu üben, folgte aber ſchon 1800
einem Ruf an's Gymnaſium in Gotha, woſelbſt er bis in's Greiſenalter
mit jugendlicher Friſche und großer Gewiſſenhaftigkeit ſeinem Berufe
lebte. Unter ſeinen Schriften heben wir hervor: **Prolegomena ad Senecae
libellum de vita beata. Lips. 1795.** — Anleitung zum Ueberſetzen aus
dem Deutſchen in's Lateiniſche, v. Döring. 2 Thle. — Vorübungen zum
Ueberſetzen aus dem Deutſchen in's Lateiniſche. — Die Hauptlehren des
Chriſtenthums. — Hiſtoriſcher Bilderſaal. 10 Bde. Gotha 1825—1837.
— Geſchichte der alten Welt. — Geſchichte des Gymnaſiums zu Gotha.
— Ueber die Benützung der Geſchichte. — Wechſelwirkung zwiſchen der
Buchdruckerkunſt und der Fortbildung der Menſchheit. 1840.

Gottlob Lebrecht Schulze.
Geboren den 25. April 1779, geſtorben den 6. April 1846.

Er wurde zu Hirſchberg bei Kirchberg geboren, ſtudirte zu Leipzig
Theologie und trieb daneben Mathematik und Aſtronomie. Als 3ter
Lehrer am Gymnaſium zu Schneeberg (ſeit 1803) hielt er 1808 Vorle=
ſungen über populäre Aſtronomie vor einem anſehnlichen Publikum beider=
lei Geſchlechts, woher ſich ſein erſter ſchriftſtelleriſcher Verſuch ſchreibt:
„Kurze Darſtellung des Planetenſyſtems unſerer Sonne.“ Leipz. 1808.
Im Pfarramte zu Polenz bei Grimma verfaßte er eine „Darſtellung des
Weltſyſtems.“ Leipz. 1811. — „Lehrbuch der Aſtronomie für Schulen
und zum Selbſtgebrauch.“ Leipz. 1821; ferner „Neue Verſinnlichungs=
werkzeuge und deren vielfältiger Gebrauch.“ Leipz. 1823. — Uebungs=
buch für Lehrſchulen. Leipz. 1821. — Wandtafeln zur Erleichterung der
erſten Leſeübungen. Leipz. 1818. — Vom Jahre 1823 ab war er acht
Jahre als Kirchen= und Schulrath in Bautzen für das Schulweſen der
Oberlauſitz thätig. Seine Reformgrundſätze gab er in der Schrift: „Die
vorzüglichſten Grundſätze des Landſchulweſens und die Verbeſſerung der=
ſelben,“ Bautzen 1826, heraus. Er erhielt ſodann den Ruf nach Dresden als
geheimer Kirchen= und Schulrath in's Miniſterium des Cultus und öffent=
lichen Unterrichts. Hier gab er heraus: „Das Volksſchulweſen in den
kgl. ſächſ. Landen von ſeiner mangelhafteſten und hilfsbedürftigſten Seite
dargeſtellt.“ Leipz. 1833. — Als Leitfaden für Vorträge über Aſtro=
nomie an höheren Unterrichtsanſtalten verdient alles Lob: „Das veran=
ſchaulichte Weltſyſtem über die Grundlehren der Aſtronomie und deren
leichte und ſichere Veranſchaulichung durch eigenthümliche Verſinnlichungs=
werkzeuge.“ Mit Planetarium. Leipz. 1838. Im J. 1839—1843 er=
ſchienen noch von ihm: „Kleines mathematiſches Hand= und Hilfsbuch
zum Verſtändniß populärer aſtronomiſcher und phyſikaliſcher Vorträge,
wie auch zu ſonſtiger Aus= und Nachhilfe zu gebrauchende Zuſammen=

stellung und Erklärung der wichtigsten und gemeinanwendbarsten Elementarlehren der Zahlen- und Buchstabenrechnung, der Geometrie und Trigometrie. Leipz. 1839. — Zweites Lesebuch für Elementar-Volksschulen; hierzu „Anleitungen zu einem zweckmäßigen und fruchtbaren Gebrauche des 2ten Lesebuches für Elementar-Volksschulen." Leipz. 1843.

Friedrich Heinrich Christian Schwarz.
Geboren den 30. Mai 1766, gestorben den 3. April 1837.

Motto: „Mutterarm ist Kindeswiege, Vaterstöte spricht an's Ohr — dieses Naturwort spricht der Dichter Göthe; ihm widerspricht aber nicht das Wort der Weisheit (Sprüche 13, 24.); denn die Strenge der Zucht wird mit der lieblichen Milde und in der echten Elternliebe, und in jeder, in welcher die göttliche Liebe hereinwirkt, in jedem Punkte vereinigt." Schwarz.

Derselbe, geboren zu Gießen, wurde zuerst durch Privatunterricht, dann auf dem Gymnasium zu Hersfeld gebildet und bezog im 17. Jahre die Hochschule zu Gießen. Entschiedene Neigung und der Wunsch seiner Eltern bestimmten ihn zum Studium der Theologie. Nebenbei beschäftigte er sich theils aus eigenem Antriebe, theils um des Erwerbes willen mit Unterrichtgeben. Nachdem er 1786 seine Studien beendigt hatte, begab er sich nach Asfeld in das väterliche Haus und wurde daselbst 1788 als Freiprediger ordinirt. Nach dem Tode seines Vaters nahm er, um seine Mutter und Schwester unterstützen zu können, eine Pfarrstelle in Lorbach bei Marburg an. 1795 wurde er als zweiter Prediger nach Echzell in der Wetterau und 1798 als Pfarrer nach Münster bei Gießen versetzt. Neben seinem Predigerberufe widmete S. einen großen Theil seiner Thätigkeit einem Erziehungsinstitute, das er schon in Lorbach errichtet hatte. Von 1804 an wirkte S. an der Universität zu Heidelberg als ordentlicher Professor der Theologie und Vorsteher des dortigen pädagogischen Seminars bis zum Schlusse seiner Tage 1837. Die schriftstellerische Thätigkeit S.'s war am bedeutendsten auf dem Gebiete der Pädagogik, welcher er von seiner Jugend an seine besten Kräfte widmete. Sein Hauptwerk ist die größere Erziehungslehre, 4 Bde., Leipzig 1804 bis 1812, 2. Aufl. Außerdem hat er in zahlreichen Schriften pädagogische Gegenstände abgehandelt: „Grundriß einer Theorie der Mädchen-Erziehung", Jena 1792; „Die Bestimmung des Menschen, in Briefen an erziehende Frauen", Leipzig 1802; „Lehrbuch der Pädagogik und Didaktik", Heidelberg 1805; Nachtrag dazu: „Grundriß der Lehre von dem Schulwesen", ebendaselbst 1807; „Die Schulen", Leipzig 1822; „Darstellungen aus dem Gebiete der Erziehung", Leipzig 1833. Was den Schriften S.'s einen besondern Werth gibt, ist der Umstand, daß sie vom christlichen Geiste durchdrungen sind.

Ernst Ludwig Schweitzer.
Geboren den 15. Nov. 1799, gestorben den 2. Febr. 1846.

Derselbe ist zu Wischnitz bei Borna geboren, wo sein Vater Pfarrer war. Von den guten Eltern wurde besonders für die physische und religiöse Ausbildung ihrer Kinder gesorgt. Nachdem Ernst Schweitzer in den Elementen durch einen Hauslehrer unterwiesen worden war, besuchte er die Dorfschule und genoß außerdem von seinem Vater Belehrung. Ein geistweckender und gemüthanregender Unterricht wurde dem Knaben zu Theil, da er Michaelis 1810 als Zögling in Dinter's Privatinstitut zu Görnitz eintrat, dessen Verdienst um seine Geistesrichtung er stets mit der innigsten Pietät rühmte, wenn er im Gespräche mit Freunden das Andenken so mancher heiteren Scene aus den glücklichen Tagen seines Aufenthalts in jener Anstalt gedachte. Eine tüchtige philologische Ausbildung, deren nachhaltiger Einfluß sich in Schweitzer's geistiger Gewandtheit und in der Gediegenheit seiner literarischen Producte kund gab, verdankte er der Landesschule zu Grimma, der er vom Jahre 1812 angehörte, bis er von derselben Michaelis 1818 mit dem Zeugnisse: in literis inprimis, in moribus nunquam reprehendendus entlassen wurde. Unter seinen Lehrern hat er in seiner Autobiographie*) namentlich Sturz und Hartmann ausgezeichnet. Auf der Fürstenschule schloß er den Freundschaftsbund mit einem Jünglinge, mit welchem ihn Geistes- und Herzensverwandtschaft auch für die folgenden Lebensverhältnisse unzertrennlich verkettete, mit dem geist- und gemüthvollen Mühlberg, nachmaligen Diakonus in Dippoldiswalde. Mit diesem brüderlich vereint besuchte er auf der Universität Leipzig die Vorlesungen von Wieland, Beck, Krug, Tzschirner, Cramer, Winer u. A. und weihte sich überhaupt den philosophischen, historischen und theologischen Studien mit vorzüglichem Fleiße und gesegnetem Erfolge. Nach ehrenvoll bestandener theologischer Candidatenprüfung wurde er am 13. Okt. 1821 als Mitarbeiter an der Rathsfreischule angestellt. In diesem Amtsverhältnisse wirkte er mit der freudigsten Begeisterung, mit ausgezeichneter Einsicht und Geschicklichkeit, mit rastloser Thätigkeit und unwandelbarer Berufstreue. Außer den öffentlichen Lehrstunden in der Freischule selbst arbeitete er an dem Privat-Institute des Directors Plato und ertheilte älteren Töchtern in vornehmen Familien besonders Religionsunterricht. Dabei verwaltete er, nachdem er zum Doctor der Philosophie promovirt worden war, die Stelle eines Vespertiners an der Universitätskirche und eines Nachmittagspredigers in Gohlis und fand schon damals als Redner vielen Beifall. Michaelis 1825 wurde Schw. als Director der neu errichteten Bürgerschule und als Inspector des Schullehrer-Seminars nach Weimar berufen. Die am 20. Oktober eröffnete Anstalt wurde von ihm sehr zweckmäßig organisirt, welcher auch bei Leitung des Seminars seinen Posten auf das Vollständigste ausfüllte. Im J. 1842 wurde Schw. zum Schulrathe ernannt. In allen Schulangelegenheiten des Großherzogthums wurde er von der geistlichen Oberbehörde zu Rathe gezogen. Oft erhielt er außerordentliche Aufträge zu Schulrevisionen und hatte die häufig vorkommenden Anstellungs- und Beförderungsprüfungen zu leiten. Außerdem lagen Schw. noch gar manche zeitraubende, mühsame und schwierige Amtsarbeiten ob, wie die Verwaltung der Seminarbibliothek, die Administration von vielen Stiftungen, die Rechnungsführung über die aus dem Erlös für das Herder-Album entstandene und zum Besten des Seminars verwendete Kasse u. a. m. Dennoch gab er sich seinem Lehrberufe mit solcher Sorgfalt hin, daß er sich auf seine Lectionen schriftlich vorbereitete. Die Bewunderung von Schw.'s Geistestüchtigkeit und von seinem beharrlichen Fleiße muß dadurch erhöht werden, daß er bei den gehäuften Amtsarbeiten auch als fruchtbarer pädagogischer Schriftsteller höchst segensreich gewirkt hat. Seine schriftstellerische Thätigkeit beschränkte sich nicht auf die Abfassung des jährlichen Programms, durch welches er zu den Schulprüfungen einlud. Doch hat Schweitzer auch durch diese Gelegenheitschriften viel genützt; denn er wählte zu Themen für dieselben interessante und praktische Fragen aus dem Gebiete der Er-

---

*) Aufgenommen in „Diesterweg's pädagogisches Deutschland der Gegenwart."

ziehung, die er mit großer Unbefangenheit und Umsicht theils aus dem
Schatze seiner Erfahrung, theils mit Hinweisung auf die Meinungen anderer Pädagogen beantwortete. Ferners erschienen von ihm:

Briefe über die Lancastermethode im deutschen Sinne und Geiste, oder das Nachhaltige der deutschen Lancasterei. Leipzig 1827. — Der Schulfreund, ein Lesebuch.
Neustadt a. d. O. 1828. — Magazin für deutsche Volksschullehrer. 1832—1845 incl.
Jährlich 4 Hefte. Neustadt a. d. O. — Mittheilungen aus dem Gebiete der theoretischen und praktischen Katechetik. I. Bd. Leipzig. Hentze. 1846. — Methodik der
Elementarlehrer oder Wegweiser auf den Unterrichtsfeldern der Volksschule. Zeitz. 1853.
2. Aufl. 1842. — Mutter Frommann belehrende Unterhaltungen über das Wichtigste
aus der Erziehungskunde für die heranreifende weibl. Jugend. Weimar. 2 Bdchen.

Fr. Chr. Seebode.
Geboren den 5. Mai 1756, gestorben den 7. April 1842.

Derselbe, ein Sohn des ehemaligen Garnisonarztes Dr. Esaias Seebode,
wurde in Braunschweig geboren, erhielt seine akademische Vorbildung auf
dem Collegium Karolinum daselbst und bezog dann die Universität Helm-
stadt, um dort Jurisprudenz zu studiren. Nach seinen Studienjahren
trat er als Unterbeamter in den Staatsdienst, wurde 1807 Syndikus
und unter der französischen Herrschaft Friedensrichter, verließ aber bald
nach der Usurpationszeit als Rath den Staatsdienst und widmete sein
übriges Leben dem Wohlthun und der Ruhe. Strenger Sinn für Rechtschaffenheit, fast übertriebene Ordnungsliebe, schlichter und rechter Wandel, ein edles und mitleidiges Herz und eine wohlthuende Hand charakterisiren den großen Menschenfreund. Er war der Erste, der bei der
Aufforderung zur Errichtung eines Taubstummen-Instituts in Braunschweig ein bedeutendes Capital als Fonds schenkte und so diese segensreiche Anstalt (1827) in's Leben rief, auch dem Blindeninstitut und andern gemeinnützigen Anstalten während seines Lebens und durch Vermächtniß hülfreiche Spenden bot. Mit seiner Ehegenossin, Julie Seebode,
Tochter des durch sein Ansehen am braunschweigischen Hof und in der
Literatur durch seine Schrift über Gemmen bekannten Leibmedikus Brück-
mann, die im Jahre 1840 starb und stets mit ihm liebenswürdig und
herzensgütig in Begleitung Anderer wirkte, war er kinderlos und deßhalb
nahm er sich schon in der westphälischen Zeit eines jungen Mannes von
großem Talente, aber leichten Sinn an, den er erzog und für den Kriegsdienst ausbilden ließ, in welchem er bedeutend chargirt, sein Leben
endete. Dabei hörte er nie auf, den Armen und Nothleidenden
wohlzuthun und als jener Pflegsohn in das Feld zog, nahm er sich
mehrerer anderer Knaben und Jünglinge an, ließ sie unterrichten, einen
sogar studiren und die übrigen verließ er nicht eher, bis sie selbst fähig
waren, für sich zu sorgen, selbstständig zu sein. In dem letzten Jahrzehnte seines und seiner edelgesinnten Gattin Leben erfreuten sich besonders zwei Töchter eines Edelmannes aus einem historisch bekannten,
ehemals mächtigen schlesisch-pommer'schen Geschlechte der Gunst und kindlichen Fürsorge des hochherzigen Menschenpaares; und als die Eine der
Töchter sich ehelich verband und seine Gattin starb, war es besonders
die ihm noch Bleibende, welche seine durch die Jahre und die innere
Kränklichkeit natürlich hervorgerufene Laune und den zunehmenden
Schwachsinn nicht allein mit einer wahrhaft weiblichen Langmuth duldsam ertrug, sondern sogar selbstverläugnend Alles aufwandte, um durch
die ewige Verstimmung seines Gemüths einen zarten Ton ihrer reichen
Seele zu ziehen, dessen Wohlklang ihn erheitern sollte und wirklich auch

oft erheitert hat. — Sein Geist verlangte immer Beschäftigung und bis die letzten Tage seines Lebens las er von früh Morgens bis spät Aben die angestrengteste Schrift ohne Augengläser; belebt für Alles wahrhaft Nützliche, für Tugend, Recht und die höchste Moral konnte ihn nicht mehr empören, als ereigneten sich Handlungen, die in dieser Beziehung seinen Principien entgegenliefen, mochten nun die Handelnden ihm nah oder ferne stehen. — Gewissenhaftigkeit im Arbeiten, Präcision an Verhalten, Gewandtheit in geschäftlichen Verrichtungen waren der Maßstab nach welchem er seine Umgebung beurtheilte. — Seine letzten Lebens jahre, verlassen von seiner Gattin, wandelten seinen Sinn und sein Wesen merklich um, mag nun das zunehmende Alter und mit ihm eine große Stumpfheit oder die eigene durch den kränkelnden Körper natürlich e zeugte Selbstzerfallenheit die Ursache davon gewesen sein. Genug, I teröschwäche löste seinen Körper nach kurzem Krankenlager leicht an Thränen der Liebe und Dankbarkeit netzten seine Gruft und edle Seele tragen sein Bild in treuen Herzen!

Joh. Heinr. Philipp Seidenstücker.
Geboren den 21. August 1765, gestorben den 23. Mai 1817.

Er ward zu Hainrode im Fürstenthum Schwarzburg‑Sondershausen geboren. Seine Studien vollbrachte er auf der Schule zu Gandersheim auf dem Karolinum zu Braunschweig und auf der Universität zu Helmstädt. Durch Neigung und Talent zum Lehramte bestimmt, trat er schon gleich nach vollendetem akademischen Cursus zu Helmstädt als Lehrer auf. Er wurde daselbst 2ter Lehrer am Pädagogium, und nachdem er zum Doktor der Philosophie promovirt hatte, zugleich Privatdocent an der Universität. Im Jahr 1796 wurde er Rector an der lateinischen Schule zu Lippstadt. Diese Anstalt brachte er dadurch, daß er sie, weil sie als gelehrte Schule sich nicht halten konnte, in eine dem Ortsbedürf nisse entsprechende Bürgerschule umwandelte, wieder in Aufnahme. Im Jahr 1810 wurde er an das Archivgymnasium zu Soest als I. Studien lehrer und Rector berufen. Auch diese Anstalt erhob sich durch seine ungemeine Thätigkeit, durch seine vortreffliche Manier, junge Studirende zu behandeln, und durch das Vertrauen, welches er sich beim Publikum in der Nähe und Ferne zu erwerben mußte, zu einem hohen Flor. Einen früheren Ruf nach Bremen lehnte er wegen seiner schon sehr ge schwächten Gesundheit und aus besonderer Vorliebe zur Stadt Soest ab. Ueber seine Verdienste sprach sich die ihm vorgesetzte Behörde, das königl. preußische Consistorium der Provinz Westphalen zu Münster, höchst rüh mend aus, und betrachtete seinen Tod als einen großen Verlust, wie dies auch die Stadt sonst that. Seine Schriften sind:

„Eutonia oder declimatorisches Lehrbuch für höhere Bürgerschulen und Gymnasien. 4. Aufl. Hamburg, 1836. — Bemerkungen über die deutsche Sprache. Eine Vor arbeit zu einer kritischen Grammatik der hochdeutschen Sprache. Helmstädt, 1834. — Ueber Schulbibliotheken in Specialclassen. Lippstadt, 1798. — Ueber Unterricht in der Technologie. Lippstadt, 1798. — Ueber den erzwungenen Uebergang der Gelehr ten‑Schulen in Bürgerschulen. Lippstadt, 1799. — Ueber Schulinspection, der Beweis, wie nachtheilig es in unsern Zeiten sei, die Schulinspection den Predigern zu überlassen. Helmstädt, 1797. — Der Religionslehre muß Religionsübung vorangehen. Lippstadt, 1808. — Die Redetheile und die Declinationen der deutschen Sprache. — 3 Schulreden. Hamburg, 1811. — Ueber Geist und Methode des Schulunterrichts. Soest, 1810. —

Georg Friedrich Seiler.

Geboren den 24. Oktober 1733, gestorben den 13. Mai 1807.

Derselbe wurde zu Kreussen bei Baireuth geboren und starb zu Erlangen. Dieser als Theolog zu seiner Zeit hochgeschätzte Gelehrte suchte
sich auch um die Volksschulen und ihre Lehrer dadurch verdient zu machen, daß er mehrere Religionsbücher ansarbeitete, um den Religionsunterricht in Schulen zu verbessern. Er hat auch ohne Zweifel viel Gutes
damit gestiftet, weil seine Schriften vorzüglich unter die gemeinen Volksklassen und in die Schulen gedrungen sind, wo sie ohne Zweifel vor vielen alten, mit Theologie und Mystik erfüllten Compendien den Vorzug
verdienten. Daß er mit den zu seiner Zeit aufgestellten bessern Grundsätzen und Regeln zur Erklärung der heiligen Schrift des A. und N. T.
bekannt war, beweist die „Biblische Hermeneutik", welche er im Jahre
1800 zu Erlangen herausgab. Im Jahre 1806 ließ er ebendaselbst eine
Uebersetzung der Schriften des N. T. mit beigefügten Erklärungen erscheinen. Im Jahre 1789 edirte er ein „Katechetisches Methodenbuch",
das später für katholische Seelsorger umgearbeitet wurde. Im Jahre
1803 schrieb S., „an Eltern und Lehrer einige Worte über die Pflicht
und rechte Art des früheren Religionsunterrichtes der Kinder." Erlangen, 1803, 1829. Schon 1772 erschien von ihm die „Religion der Unmündigen." Erlangen, die 20. Ausgabe 1823. 8. a. u. b. Titel: Christliche Religionslehre für die zartere Jugend. Hiernächst erschienen von
ihm: „Lehrgebäude der evangelischen Glaubens- und Sittenlehre, sowohl
zum Unterricht der Jugend als zur erbaulichen Wiederholung der Reli-
gionswahrheiten für den gemeinen Mann." Erlangen, 1774. 8. Ausg.
8. 22 ½ Ngr. Kleiner und historischer Katechismus oder die erste
Grundlage zum Unterricht in der biblischen Geschichte und in der evangelischen Glaubens- und Sittenlehre. Baireuth, 1—12. Aufl. 1750—90
ohne die Nachdrücke. Neue Ausgabe 1795. 8. 3 ½ Ngr. Biblische
Religions- und Glückseligkeitslehre zur Unterweisung und Andachtsübung.
Erlangen, 1788. ff. 1820. 8. 7 ½ Ngr. — Biblischer Katechismus;
ein Auszug aus der biblischen Religions- und Glückseligkeitslehre zur
Unterweisung und Andachtsübung. Erlangen, 1788 ff. 1820. 8. 17 ½
Ngr. — Biblischer Katechismus; ein Auszug für kleine Kinder. Ebds.
1789—1816. 6. Ausg. 1819. 8. 5 Ngr. — Leitfaden zum Unterricht
der Katechumenen. Ebds. 1802—16. 5. Ausg. 1818. 8. 2 ½ Ngr. —
Der kleinste Katechismus für die Kleinen, zur Anregung sittlich-religiö-
ser Gefühle für Kinder von 5—7 Jahren. Ebds. 1803—5. 1812. 8.
2 ½ Ngr. — Gespräche von Gott und Jesu; eine Anleitung, Kinder
über die allgemeinen Grundwahrheiten der christlichen Religion frühzeitig
nachdenken zu lehren. Ebds. 1801, 1804. 8. 7 ½ Ngr. — Im Jahre
1798 gab er heraus: Die Religion nach Vernunft und Bibel in ihrer
Harmonie, vornehmlich für Studirende u. s. w. und daraus 1799 einen
kurzen Inbegriff der Religion u. s. w. In demselben Jahre erschien von
S. „Moral der Vernunft und Bibel für die zum eigenen Nachdenken zu
bildende Jugend, vornehmlich in den obern Klassen der Gymnasien und
ähnlichen Lehranstalten." — Weiter gab S. heraus: „Spruchbüchlein zur
Erleichterung des Lernens der biblischen Stellen, welche zu Glaubens-
und Sittenlehre gehören, nach dem Leitfaden für Katechumenen geord-
net." Erlangen, 1805—16. 4. Aufl. 1817. 8. 1 Ngr. 8 Pf. — „Die
Religion in Liedern." Ebds. 1789. ff. 8. Aufl. 1832. 8. 3 Ngr. 7 Pf. —
„Die heilige Schrift A. u. N. T. im Auszuge, sammt dem ganzen N.
T. nach Luthers Uebersetzung und mit Anmerkungen." Erlangen, 7—5.

Ausg. 1781 — 83. 8. 15 Ngr. mit Kupfer 1 Thlr. 10 Ngr. — Schul=
lehrerbibel. N. T. Ebbf. 1790 — 93. 8. A. T. 1796. 8. à 3 Thle.
1 Thlr. 2 ½ Ngr. — Geist und Kraft der Bibel, sowohl für die Ju=
gend als für die Erwachsene. Ebbf. 1800, 1801. 2 Thle. 8. 22 ½
Ngr. — „Kleine chriftliche Kirchen= und Reformationsgeschichten nebft der
Augsburger = Confession wesentliche Inhalte." Erlangen, 1790 ff. 5.
Aufl. 1818. 8. 2 ½ Ngr. — „Gebete für Stadt= und Landschulen."
Erlangen, 1793, 1824. 8. 2 ½ Ngr.

Lucius Annäus Seneca.

Geboren zu Anfang der chriftl. Zeitrechnung, geftorben 65 n. Chr. G.

> Motto: „Leicht ift es, das noch zarte Herz zu bilden, nur
> mit Mühe aber werden Fehler abgelegt, die mit uns auf=
> gewachsen find."   Seneca.

Derselbe war unter Auguftus zu Corduba im südlichen Spanien
geboren. Sein Vater, der Rhetor Seneca, der 2000 Namen und 200
Verse, die er nur ein Mal gehört hatte, in derselben Ordnung zu reci=
tiren vermochte, suchte den talentvollen Sohn zum Redner auszubilden.
Dieser hörte jedoch, aus Neigung zur Philosophie, zu Rom neben den
berühmteften Rhetoren besonders den Stoiker Attalus, den Alexandriner
Socio und den Kyniker Diogenes. Durch Messallina, die ihn des Um=
gangs mit der Julia, der Bruderstochter des Kaisers Claudius, zu be=
schuldigen wußte, ward er nach Corsica in's Exil verwiesen, wo er acht
Jahre in gelehrten Studien hinbrachte. Von hier aus hat er ein schönes
Zeugniß kindlicher Liebe und einen Beweis, daß auch in seiner sittlich
verfallenen Zeit noch nicht alle weibliche Hoheit erstorben war, in dem
Troftschreiben an seine Mutter hinterlassen. „Dich hat nicht die größte
Krankheit unserer Zeit, (— so schreibt er, nachdem er vorher ihre stille
Hoheit und innere Kraft gerühmt —) Mangel an Zucht, der Mehr=
zahl zugesellt: Dich haben nicht Edelsteine und Reichthümer als
das höchste menschliche Gut geblendet; Dich, die in einem alten Hause
streng und gut Erzogene, hat nicht die auch den Besseren gefährliche
Nachahmung des Schlechten vom rechten Wege abgeführt. Nie haft Du
Dich Deiner Kinderzahl, als ob sie von Deinem Alter zeugten, geschämt,
nie, wie andere eitle Frauen, die unter dem Herzen getragene Hoffnung
zu verbergen oder wohl gar zu vernichten gesucht. Dein einziger Schmuck,
Dein schönster und bleibender Liebreiz, Deine höchste Zierde war die
weibliche Tugend."

Durch Vermittlung der Agrippina ward Seneca aus der Verban=
nung zurückberufen und zum Lehrer und Erzieher ihres zum Thronerben
beftimmten Sohnes, des Nero, eingesetzt. Der Oberste der Leibwache,
Afranius Burrhus, ein Mann von strengen Sitten, theilte dieses Erziehungs=
geschäft mit Seneca, indem er den Nero in der Kriegskunst, Seneca hingegen
in der Rhetorik und Philosophie unterrichtete. Seneca, selbst von Charakter
schwach, geizig, eitel und genußsüchtig, vermochte mit seinen Lehren der
Weisheit die feindseligen Einflüsse der sittlich tief gesunkenen Zeit und
des verpefteten Hoflebens in seinem Zöglinge nicht unschädlich zu machen,
zumal da in dessen Natur das Blut seiner Mutter rollte, die sich zwar
durch hohen Verstand und seltene Schönheit auszeichnete, aber auch voll
von Herrschsucht war, in allen Ausschweifungen schwelgte und den Kaiser,
ihren Gemahl, vergiften ließ. Anfangs zwar bewies der 17jährige Herr=
scher seinen Lehrern nicht bloß die größte Pietät, sondern behielt sie auch
als Freunde und Rathgeber an seinem Hofe. Er schlen das Wort Se=

neca's erfüllen zu wollen: „Hohem Stande ziemt auch hoher Sinn, und wenn sich dieser nicht zu jenem erhebt und höher stellt, so zieht er auch jenen tiefer zur Erde herab. Die Wirksamkeit eines Fürsten muß den guten Aeltern ähnlich sein, voll Mäßigung für die Kinder besorgt, und um deretwillen sich selbst vergessend, denn der Name des Vaterlandes ist für denselben keine leere Schmeichelei. Dann erst hat die Größe eines Fürsten Bestand, wenn Alle von ihm überzeugt sind, er sei nicht sowohl über ihnen, sondern für sie; wenn er sich täglich erprobt, daß seine Sorgfalt über dem Wohle der Einzelnen und des Ganzen wache. Einem Könige ziemt nicht wilder und unerbittlicher Zorn: da steht er ja nicht mehr über dem, dem er sich eben dadurch gleichstellt, daß er zürnt. Der irrt, der glaubt, der Fürst sei am sichersten, wo Nichts vor ihm sicher ist. Die sicherste und einzige Feste der Fürsten ist die Liebe ihrer Bürger." — Bald jedoch gewannen der Schlemmer und Wüstling Otho und die herrsch= und ränkesüchtige, buhlerische Poppäa Sabina seine Gunst, und die von Seneca äußerlich übergehängten Weisheitslehren fielen wieder ab, damit er fortan als rasender Schauspieler auf der Schau= bühne des römischen Reiches seine scheußlichen Künste producire. Er, der einst bei Unterzeichnung eines Todesurtheils gewünscht hatte, nicht schreiben zu können, wüthete jetzt nicht allein gegen alle Män= ner, in denen sich Römersinn und Bürgertugend zeigte, sondern mordete auch in seiner eigenen Familie. Sein Stiefbruder Britanicus starb bei der kaiserlichen Tafel an Gift. Seine Gattin Octavia wie seine Mutter fielen durch gesandte Mörder. Auch Seneca, der Theilnahme an einer Verschwörung ihn verdächtigt, ward zum Tode verurtheilt, wobei er sich aus besonderer Gnade die Todesart selbst wählen durfte. Seneca bat um Zeit, seine letzte Willensmeinung darzulegen. Der Wunsch ward ihm abgeschlagen und er starb, 63 Jahre alt, 65 n. Chr. G., durch Oeff= nung der Pulsadern, nachdem er sich zu seiner Gattin und zu seinen Freunden mit den Worten gewandt hatte: „Da ich mich behindert sehe, meinen Freunden meine Dankbarkeit durch die That zu beweisen, so richte ich an dieselben die Bitte: das Bild meines Lebens als letztes Ver= mächtniß zu empfangen."

Seneca stand auf der Culturhöhe seiner Zeit. Und er theilte alle Vorzüge und Mängel dieser Zeit. Mit seltenen Gaben, mit hinreißender Beredtsamkeit, mit glänzender Form und Fülle der Ideen ausgerüstet, fehlte es ihm an Bündigkeit und Schärfe, und an die Stelle strenger Wissenschaftlichkeit setzte er encyclopädische Vielseitigkeit. Ueppiges Talent und herzlose Eitelkeit, spanisches Feuer und kühle Rhetorik vereinigen sich, wie Bernhardy sagt, in diesem Ovid der Prosaiker, der in Sprüngen einer wetterleuchtenden Phantasie, in pomphafter Moral und überfließen= der Spruchweisheit, geistreich und witzig ersetzt, was ihm an Charakter und Gemüth abgeht. Seine Philosophie des Lebens gehört meist der Stoa an und ist von tiefem ethischen Werthe, indem sie dem Charakter Festigkeit und der Gesinnung Tüchtigkeit predigt.

Wir besitzen unter seinem Namen theils prosaische, theils poetische Schriften. Erstere enthalten Briefe und Abhandlungen über Gegenstände der Philosophie, die letztern sind Trauerspiele.

Abbé Roch. Ambroise Lucurron Sicard.
Geboren den 28. Sept. 1742, gestorben den 10. Mai 1824.

Sicard R. A., der würdige Nachfolger des berühmten Abbé be l'Epée, geb. zu Foufferet bei Toulouse, widmete wie dieser sein ganzes

Leben dem Unterrichte und der Erziehung taubstumm geborner Kinder. Er machte seine ersten Studien in Toulouse, bestimmte sich für den geistlichen Stand, ward in Bordeaux Kanonikus und bald nachher Mitglied der Akademie und des Museums dieser großen Handelsstadt. Daselbst begründete er eine Anstalt für Taubstumme und hatte das Glück, sich an dem taubstummen Jean Massieu, geb. 1772, einen ausgezeichneten Mitlehrer zu erziehen, dessen Fähigkeiten in Erstaunen setzten. Als der Abbé de l'Epée starb, befand sich S. gerade in Paris; er ward an dessen Stelle gewählt, und glücklicher unter ihm als unter seinem Vorgänger genoß die Taubstummen-Anstalt von jetzt an einer bedeutenden Unterstützung von der Regierung. Aber auch S. blieb von den Gräueln der Revolution nicht gesichert. Nach dem 10. Aug. 1792 ward er in die Abtei geführt und bei der allgemeinen Ermordung der Gefangenen am 2. Sept. entging er durch eine Art Wunder diesem Schicksale, hatte aber doch den Muth, kaum gerettet, sich auf's Neue an die Spitze seiner Anstalt zu stellen. Einige Jahre später drohten ihm gleiche Gefahren. Bei der Aechtung vom 18. Fructidor (1797) ward er, als Herausgeber der „Annales catholiques", zur Deportation nach Cayenne verurtheilt. Zwar entzog er sich derselben durch die Flucht, mußte jedoch zwei Jahre lang seine Anstalt fremden Händen überlassen, und erst die Regierungsveränderung des 18. Brumaire machte es ihm möglich, sich auf's Neue seiner menschenfreundlichen Beschäftigung widmen zu können. Seit dieser Zeit war er unausgesetzt bemüht, den Leseunterricht für die Taubstummen zu verbessern, und seine Anstalt erregte immer mehr die Aufmerksamkeit gebildeter Reisenden. Er starb am obenbenannten Tage. Unter seinen Schriften sind besonders zu erwähnen seine: „Elémens de grammaire générale appliqués à la langue franc." 2 Bde. Paris, 1799. 3. Aufl. unter dem Titel: „Théorie des signes pour l'instruction des sourds-muets." 1808. 4. Aufl. 1814.

Heinrich Friedrich Franz Sickel.
Geboren den 11. April 1799, gestorben den 30. Januar 1842.

Derselbe, Oberprediger, zu Hornburg, war früher Rector der Bürgerschule in Schwanebeck, sodann Lehrer an der Töchterschule zu Magdeburg und, nachdem er im Jahre 1823—30 die Oberpredigerstelle in Aken begleitet hatte, kehrte er wieder zum pädagogischen Wirken zurück, indem er dem Rufe als Director des königl. Schullehrer-Seminars zu Erfurt Folge leistete. Hier wirkte er ein Jahrzehnt. Für seine Thätigkeit zeugen die während dieser Zeit erschienenen Schriften: Sein Handbuch der Schulmeisterklugheit 1833, ein Schrift über den wechselseitigen Unterricht 1834, sein Religionsbuch 1836 und eine Anzahl von Schulprogrammen. Diese vielfache Anstrengung wirkte nachtheilig auf seine Gesundheit, weßhalb er den mühevolleren Wirkungskreis am Seminare mit der Oberpredigerstelle in Hornburg vertauschte; jedoch nur kurze Zeit war ihm in diesem neuen Amte zu wirken beschieden. Wie er auch im Pfarramte pädagogisch thätig blieb, beweisen sein in dieser Zeit erschienenes „Handbuch für Schullehrer: Christenglaube und Christenpflicht", Eisleben 1841, sowie die in demselben Jahre begonnene „Pädagogische Literaturzeitung", fortgesetzt von F. W. Loff.

Karl Gottfried Siebelis.

Geboren den 10. Okt. 1769, gestorben den 7. Aug. 1843.

Derselbe, emerirter Rector des Gymnasiums zu Bautzen, ward zu Naumburg geboren, studirte in Leipzig Theologie und Philosophie, erhielt 1798 das Conrectorat am Gymnasium zu Zeitz und vertauschte dies 1804 mit der Rectorstelle in Bautzen. Hier lebte er in den glücklichsten und beglückendsten Verhältnissen, sah sein Gymnasium immer mehr sich heben und feierte 1829 sein 25jähriges Rectorsjubiläum, bei welcher Gelegenheit das „Stipendium Siebelisianum" gestiftet wurde. Unter seinen schriftstellerischen Leistungen verdienen besondere Auszeichnung: „Pausanias," 5 Bde. Leipzig, 1822. — Kleines griech. Wörterbuch in ethymolog. Ordnung. Leipzig, 1833. — Das kleine, aber im hohen Grade beachtenswerthe Büchlein: „Die Bibel, die beste Grundlage der Erziehung unserer Kinder." Ein Beitrag zur Feier des 3. Jahrhundertfestes der Reformation. Leipzig, 1817. Seine Programme gelten überall als Musterbeweise einer allseitigen Kunde des Alterthums und einer scharfsichtigen Gelehrsamkeit.

Christian August Snell.

Geboren den 17. Januar 1798, gestorben den 25. Sept. 1838.

Motto: „Wenn ein Mann von seltenem Geiste und edlem Herzen, sein Wirkungskreis sei ein Staat oder ein Dorf oder eine Familie, es einsieht, daß, ohne wichtige und tiefgreifende Veränderung, der Menschheit nimmermehr könne aufgeholfen werden, — den schönen rühmlichen Vorsatz fasset, an seinem Theile, was in seinen Kräften steht, zu thun, um wenigstens einige seiner Mitmenschen ihrer hohen Bestimmung näher zu führen, die Summe des Glücks auf Erden zu vermehren und des Elendes weniger zu machen: — o wer zählet dann die Schwierigkeiten, die der edle Menschenfreund zu überwinden, wer die Gefahren, denen er Trotz zu bieten hat?" Snell.

Er war der jüngste Sohn des 1834 zu Wiesbaden verstorbenen Christian Snell, Gymnasialdirectors zuerst zu Idstein, nachher zu Weilburg, und wurde zu Idstein geboren. Er machte seinen ersten Bildungscursus in dem dortigen Gymnasium und vollbrachte seine akademischen Studien auf der Universität zu Gießen unter den Auspicien seines Oheims Fr. Dan. Snell, der die väterliche Leitung bei ihm fortsetzte. — Im Jahre 1818 wurde er zugleich in den theologischen und philologischen Wissenschaften geprüft und bestand beiderseitiges Examen mit dem Prädicat vorzüglich gut. Sein Wunsch war darauf, im geistlichen Fache eine Anstellung zu erhalten. Da es aber im Schulfache an Candidaten fehlte, ließ er sich durch die herzogliche Landesregierung bestimmen, die Laufbahn eines Lehrers zu betreten: Nachdem er 1819 an dem Pädagogium zu Wiesbaden provisorisch das Prorectorat versehen, wurde er am Ende desselben Jahres als Lehrer an der damals errichteten Militärschule zu Wiesbaden placirt. 1820 im Oktober wurde er zum zweiten und 1824 zum ersten Conrector an dem Pädagogium zu Wiesbaden befördert. 1827 wurde er zum Director des Schullehrer-Seminariums zu Idstein berufen. Da er aber wünschte, als Lehrer am benannten Pädagogium zu bleiben, wurde ihm hierin willfahrt. 1828 wurde er daselbst zum Prorector ernannt. Indessen wurde später sein schon früher gehegtes Verlangen, zu dem Berufe eines Geistlichen überzutreten, allmälig wieder lebendig und er bereitete sich in den letzteren Jahren für diesen Stand, wozu er nun entschiedene Liebe zeigte, wieder ernstlich vor. Dieß um so mehr, da ihm ohnehin seine seit geraumer Zeit wankende Gesundheit räthlich machte, das Schulamt zu verlassen, und er dieselbe im Pfarramte wieder herzustellen hoffte. Darum hat er auch die Beförderung zum Professor an dem Gymnasium in Weilburg, die ihm wäre zu Theil geworden, abgelehnt und sehnte sich vielmehr, seiner nun vorherrschenden Neigung gemäß, als Pfarrer das Landleben zu genießen. Sein Gesundheitszustand verschlimmerte sich; er starb den 25. Sept. 1838 zu Merzheim bei Meisenheim. Als Schulmann hat S. eine ungewöhnliche großartige Wirksamkeit an den Tag gelegt. Nicht an den Buchstaben gefesselt, ließ er sich stets von einem höheren freieren Sinne regieren. Es stand ihm immer der Zweck alles Unterrichts — ächte Humanität — vor der Seele, und wie früher seinem Vater, schwebte auch ihm jederzeit das Motto vor Augen, daß nicht für die Schule, sondern für das Leben gelernt werde. In einer an Ideen oft so armen Zeit waren es bei ihm immer diese, die seine Bestrebungen leiteten und begeisterten — ihm Licht und Kraft verliehen. Unter seinen Schülern stand er mit väterliche Liebe und Treue, unermüdet, ihr Gemüth für alles Gute zu gewinnen. Darum hat er sich auch in den Herzen so Vieler verewigt, an deren Jugendbildung er mitgewirkt hat. Diese sind Zeugen genug für sein segensreiches Wirken, daß weitere Worte hier nicht nöthig sind. Beiläufig ist noch zu bemerken, daß er zwar nicht in größeren Werken als Schriftsteller auftrat; aber daß er hierzu den inneren Beruf hatte, das beweist sein letztes Programm, worin die wichtigsten Principien einer wahren Pädagogik und Didaktik ausgesprochen sind, die allgemeine Beachtung verdienen.

Sokrates.
Geboren 470 v. Chr., gestorben 400 v. Chr.

Sein Vater, ein Bildhauer, hieß Sophroniskus und seine Mutter, Phönareto, war Hebamme. Da seine Eltern unbemittelt waren, so ist es nicht ganz unwahrscheinlich, daß ihn sein Vater den nächsten Weg zum Erwerbe führte und ihn die Fertigkeiten lehrte, die er selbst besaß. So unbefriedigend auch immer die Nachrichten über seine Jugendbildung sein mögen, so ist doch zuverlässig anzunehmen, daß er, ungeachtet der Dürftigkeit seines Vaters, eine gute Erziehung im Geiste der Griechen und des damaligen Zeitalters erhalten habe, und in eben diesem Geiste unterrichtet worden sei, und daß sein eigener Geist ihn angetrieben habe, die Schriften der berühmtesten Weisen zu lesen und sich Alles anzueignen, was seine Zeit und sein Vaterland ihm Aufschluß über die wichtigsten Gegenstände des menschlichen Wissens dargeboten haben mochte. Damals verwirrten die Sophisten (Leute, die durch schlaue Trugschlüsse zu blenden und zu täuschen suchten), die Köpfe und Herzen der griechischen Jugend. Sokrates, der von der heftigsten Begierde erglühte, die Geheimnisse der Welt zu erforschen, versäumte es nicht, ihren Unterricht zu benutzen; aber je mehr er diese Irrlehrer hörte, desto dunkler stand das vor seinem Blicke, was ihm früher klar gewesen war. Daher verließ er bald mit dem größten Unwillen die Hörsäle dieser sogenannten Weisen und beschloß nun durch eigenes Nachdenken zu suchen, was ihm Andere nicht zu geben vermochten. Vorzüglich suchte er durch Nachdenken über sich selbst zum Lichte der Erkenntniß hindurchzudringen. Er fing also an in sich einzukehren, über sein Inneres und besonders über die Bestimmung des Menschen nachzudenken, und faßte zugleich den Entschluß, sein Leben dem erhabenen Geschäfte zu widmen, seine Mitbürger über ihr höchstes Gut aufzuklären und sie zu guten und rechtschaffenen Menschen zu bilden. Etwa im 30. Jahre seines Alters versuchte er es, die Verderber der Wissenschaft und der Tugendlehre zu bekämpfen und Körner für eine Saat auszustreuen, die ihm eine reiche Ernte hoffen ließen. Um das Feld, das er zu bearbeiten gedachte, von dem wuchernden Unkraute zu reinigen, stellte er sich gegen die Sophisten in den grellsten und entschiedensten Gegensatz. Während jene in ihrem Aeußern Pracht und Reichthum prunken ließen, erschien er in einen grünen Mantel ge- hüllt, den er das ganze Jahr hindurch trug, und kleidete sich nur bei feierlichen Anlässen etwas sorgfältiger. Sogar Schuhe verschmähte er. Er entzog sich deßhalb den Bequemlichkeiten des Lebens, damit er nicht nöthig hätte, von irgend einem Menschen Geschenke anzunehmen. In der völligen Beschränkung irdischer Genüsse lebte er nur seinem Berufe zum Lehrer der pr. Weisheit. In ihr fand er sein höchstes Vergnügen und gab deßwegen Alles hin, was sonst für wünschenswerth gehalten wird. Zuerst war S. Volkslehrer und von frühem Morgen an beschäf- tigt, um die Menschen über Alles zu belehren, was ihnen überhaupt und Jedem insbesondere wichtig war. Er begab sich an die öffentlichen Ver- sammlungsplätze, besuchte die volkreichsten Straßen und die Wohnungen der Künstler und Handwerker und redete mit ihnen über die Pflichten der Religion, soweit sie der schwache Mensch durch seine Vernunft er- kennt, über die Gegenstände der Sittenlehre und über die übrigen Le- bensverhältnisse. Er suchte die herrschenden Vorurtheile und die falschen Begriffe zu widerlegen, richtigere Grundsätze an die Stelle derselben zu setzen und die Menschen auf die Bahn der Zufriedenheit und des Glückes zu führen. Mit so vielen Hindernissen er deßhalb auch zu kämpfen hatte, und so mühevoll dieses Geschäft auch war, so thronte dessenungeachtet eine unumwölkte Heiterkeit auf seiner Stirne. Allerdings mag zu diesem Gleichmuthe seine glückliche, geistliche und leibliche Anlage ungemein Vieles beigetragen haben. Doch war derselbe mitunter auch eine Frucht der eigenen, obgleich schweren Selbstbildung. Er selbst behandelte seinen Körper als Diener, härtete ihn durch Ertragung aller Arten von Be- schwerden so ab, daß ihm die Tugend der Mäßigkeit leichter wurde, und er bis ins Alter jugendliche Kraft des Geistes und Körpers behielt. Doch nicht blos Lehrer des Volkes war S., sondern er suchte auch lern- begierige Jünglinge für das Reich des wissenschaftlichen Denkens zu bil- den. Er hatte daher beständig einen Kreis edler Jünglinge und Män- ner um sich, die ihn überall begleiteten und sich von ihm unterrichten ließen. Sein Unterricht bestand nicht in langen ausgearbeiteten oder aus dem Stegreif gehaltenen Vorträgen, sondern in freien Mittheilungen, die durch Fragen und Antworten höchst anziehend wurden. Er lehrte nicht vor, sondern mit seinen Schülern, und wirkte daher mit unwiderstehlicher Macht auf das Innerste ihres Geistes, er nöthigte sie zum Selbstdenken, und wer nur irgend empfänglich war, mußte durch seinen Umgang auf- geregt werden. Diese Fragmethode (Sokratische Methode) war um so zweckmäßiger, als S. junge Männer vor sich hatte, in deren Geiste er nur zu erläutern und zu ordnen sich bemühte. Sein hoher, gewandter Geist richtete sich bei seiner Frageweise stets nach der eigenthümlichen und besondern Beschaffenheit seiner Zuhörer. Wenn diese von Dünkel auf ihre vermeintliche Weisheit aufgeblasen, so hüllte er sich in seine Ironie, die in nichts Anderm bestand als in der Kunst, eingebildete Men- schen durch verfängliche Fragen von ihrer Unwissenheit zu überführen und ihnen durch ihre widersprechenden Antworten selbst zu zeigen, daß sie der wahren Erkenntniß ermangelten und daher des Unterrichts sehr bedürftig seyen. Ganz anders verfuhr er mit solchen, die entweder im Denken ungeübt oder zu schüchtern waren, um sich auf ihre eigenen Untersuchungen zu verlassen. Freundlich und gutmüthig trat er denselben entgegen und ließ sich zu ihnen ganz herab, um ihnen verständlich zu werden und an ihre bereits erlangten Kenntnisse seine Belehrungen anzuknüpfen. Diese theilte er nicht in hochtrabenden Ausdrücken, sondern unter anscheinend niedrigen und unbedeutenden Bildern und Gleichnissen, von allbekannten Gegenständen hergenommen, mit, erläuterte sie durch Beispiele und durch Mittel, die sein Geist ihm darbot, und je tiefer man in den Geist und Sinn seiner Worte eindrang, desto mehr fühlte man sich angezogen und erweckt. Gleichsam eine geistige Hebamme, wie er sich selbst scherzend nannte, verfuhr er mit talentvollen Jünglingen, deren Kräfte er aufregen wollte, so daß sie die Wahrheit selber finden mußten, und obgleich er dies schon auf dem Wege der Fragmethode zu bewirken suchte, so mischte er doch auch längere Reden und Vorträge ein, in die er dann den ganzen Zauber seiner Beredtsamkeit zu legen wußte. Die Kraft des Vortrags nun war es, die alle seine Schüler an ihn fesselte, so daß sie wie bezaubert an ihm hingen, und von ihren Lippen das Lob des großen Mannes ertönte, so daß das ganze Alterthum und noch die Nachwelt davon wiederhallte. Dieser ausgezeichnete Lehrer des alten Athens, der dem Volke seiner Zeit und namentlich dem jungen kräftigen Alter durch seine Bestrebungen so viele Wohlthaten erwiesen hatte, wurde zuletzt aus Haß, Neid und Bosheit zum Tode verurtheilt. Unter den Thränen seiner Schüler nahm er den Giftbecher, trank ihn langsam im Bewußtsein seiner sittlichen Würde hinunter, in dem Zimmer auf- und abwandelnd, legte sich hierauf auf das Lager nieder, und ehe noch das Herz aufhörte zu schlagen, rief er: „Freunde, wir sind dem Aeskulap einen Hahn schuldig!" Nach diesen Worten hüllte er sich in sein Gewand und verschied im 70sten Jahre seines Alters. Bald nach seinem Tode erkannten die Athenienser seine Unschuld, widerriefen den Spruch, der ihn zum Giftbecher verurtheilt, und ließen ihm durch Lisippus eine eherne Statue errichten. Wenn auch sein Aeußeres nicht viel Empfehlendes hatte, so war es doch die innere Anmuth, die ihn verschönerte und alle edlen Herzen zu ihm hinzog. Zu seiner Charakteristik dient Delbrücks „Sokrates". Köln 1816.) Nach dem, was wir in dem kurzen Lebensumrisse des alten griechischen Weisen bezüglich auf seine Lehrweise angeführt haben, besteht nun die sokratische Lehrart oder Sokratik in der Geschicklichkeit, durch Gespräche die im Geiste liegenden, zum Theil schlummernden Ideen zu wecken und zum Bewußtsein zu bringen. So belehrte er seine Schüler, die, was nie zu vergessen ist, Erwachsene und keine ideenarme Kinder waren, in traulichen, zu seinem Vorhaben dienlichen, auf Verstand und Willen wirkenden Gesprächen über die wichtigsten Lehren und Wahrheiten. Er ging von Wahrnehmungen, Erfahrungen, Thatsachen aus, ließ daraus von denselben, nach den allgemeinen Gesetzen des Denkens, Begriffe und Sätze herleiten, suchte durch mannigfaltige Beziehungen, durch lebhafte, anschauliche Bilder und Beispiele das Allgemeine zu verdeutlichen und anziehend zu machen, und leitete fragend die ganze Unterredung bis dahin, wo sie selbst das fanden, was sie suchten, und sich auf solche Weise selbst belehrten.

Dr. Karl Soldan.

Geboren den 9. November 1801, gestorben den 17. August 1846.

Derselbe wurde zu Angersbach, einem Dorfe bei Lauterbach, wo sein Vater Pfarrer und später auch geistlicher Inspector war, geboren und starb als Großh. Hess. Schulinspector und zweitem Lehrer an dem Schullehrerseminare zu Friedberg. Er erhielt den ersten Unterricht in den gewöhnlichen Schulkenntnissen bei seinem Vater. Frühe schon zeigte sich bei dem Knaben eine große Vorliebe für technische Arbeiten allerlei Art, für künstlerische Beschäftigungen, namentlich das Zeichnen und für mit beidem so genau zusammenhängende mathematische Untersuchungen, und bald dienten ihm darin ein alter Bauer, der auch seinen Sinn für die reichen Schönheiten der Natur weckte und bildete, und dessen er stets mit Liebe gedachte, bald die Handwerker seines Geburtsorts und der benachbarten Stadt, bald die wissenschaftlich und künstlerisch gebilde- ten Freunde des Vaterhauses zu Führern und Meistern. So wuchs der Knabe heran, das Ideal seiner Träume, den Wunsch der Kunst sich zu widmen, stille im Herzen bewahrend, da ihn der Vater, der im Jahre 1818 der schon frühe vorangegangenen Mutter im Tode nachfolgte, für unausführbar erklärte, und der Entschluß, Theologie zu studiren, berech- tigte sich. Nach des Vaters Tode schied die Waise mit herbem Schmerze von ihren lieben Bergen, fand aber reiche Entschädigung in dem Hause ihres Oheims, des Pfarrers K. E. S. zu Billartshausen, der später als Pfarrer zu Rüsselsheim starb und an dem stets als an dem zweiten Va- ter, das Herz S. mit innigster Liebe und Verehrung hing. Noch im J. 1818 bezog er mit seinem Vetter Wilh. Gottl. Soldan, später Gym- nasiallehrer in Gießen, das Pädagogium, im J. 1820 die Universität in dieser Stadt und im Herbste mit dem entschiedensten Fleiße und dem glänzendsten Erfolge sich den philosophischen und theologischen Studien widmend.

In die Heimath zurückgekehrt, bestand S. die vorgeschriebenen Prü- fungen und übernahm dann 1823 eine Hofmeisterstelle bei dem Freiherrn von Riedesel auf Altenburg. Im Jahre 1825 machte er mit seinem Zög- lingen eine Reise nach Frankreich, wo er sich anderthalb Jahre, zuerst in Epernay, dann in Rheims und zuletzt in Paris aufhielt und wo er seine Mußestunden vorzugsweise der Kunst widmete. Nach seiner Rück- kehr im Herbste 1826 erhielt er das Vikariat der ersten Pfarrstelle zu Alsfeld, mußte es aber bald wieder verlassen, als er von einem bösen Nervenfieber dem Tode nahe gebracht war. Noch einmal machte er bis zum Jahre 1829, die Kunst zu seiner fast ausschließlichen Beschäftigung, übernahm dann nochmals bei dem Fabrikanten Schenk zu Kelsterbach eine Hauslehrerstelle und wurde als gerade die Herrn von Riedesel ihn zu einer ihrer Pfarrern präsentirt hatten, von Großh. Staatsregierung 1832 als dritter Seminarlehrer nach Friedberg berufen. Im J. 1838, als der damalige zweite Lehrer am Seminare ein Pfarramt übernahm, rückte S. in die erledigte Stelle des zweiten Lehrers vor, was er auch bis zu seinem Tode blieb. Er schrieb: —

1) 30 Vorlegblätter zu einem stufenmäßigen Elementarunterrichte im Zeichnen. Darmstadt, 1836. 2) Ueber den Zweck und den Gebrauch der Vorlegeblätter. Darm- stadt, 1836. 3) Theoretisch praktische Anleitung zum perspectivischen Zeichen für an- gehende Künstler, Gymnasien, Realschulen und technische Bildungsanstalten. Mit 26 lith. Tafeln. Gießen, 1841. 4) Beschreibung der von Prestel gezeichneten und von Studernagel in Friedberg verlegten Giftpflanzen. Friedberg, 1843. 5) Der Einfluß der Schule auf das Leben.

Philipp Jacob Spener.

Geboren den 13. Januar 1635, gestorben den 5. Februar 1705.

Motto: „Die Vorfahrer haben mit lobenswürdiger Sorgfalt
Schulen gestiftet, damit in ihnen das jugendliche Alter
nicht blos zur Menschlichkeit gebildet, sondern vorzüglich,
damit die in der Taufe Christi geweihten Seelen durch
eine fromme Zucht zur lebendigen Erkenntniß seines Vaters geführt werden, damit so das Bild Gottes in ihnen
mehr und mehr vervollkommnet werden möchte, und aus
den Schulen Menschen hervorgingen, nicht blos für die
Wissenschaft, sondern mit jeder zur wahren Glückseligkeit
führenden Tugend ausgerüstet, von denen jeder in dem
Stande, zu welchen ihn Gott einst bestimmt, seiner Ehre
und dem öffentlichen Wohle dienen könne.

Spener.

Einer der begabten Geister, welche von ihrer Zeit bewegt, diese
Zeit selbst bewegen, sie bahnbrechend umzuformen streben, und häufige
Liebe und Bewunderung, noch mehr aber Haß, Mißkennung und Ver-
vollkommung ernten.

S. wurde zu Rappoldsweiler im Ober=Elsaß geboren, wo
sein aus Straßburg stammender Vater gräflich Rappoltstein'scher Beamter war. Die Eltern waren beide christlich und fromm gesinnt und
suchten des Knaben Herz zu gleicher Gesinnung hinzulenken, was auch
in erfreulichster Weise gelang. Späteren Unterricht erhielt der junge
S. auf dem Gymnasium zu Colmar und vollendete dann von 1651 an
auf der Hochschule zu Straßburg seine theologischen und philosophischen
Studien. Dort wurde er 1653 Magister und zugleich Erzieher des
Prinzen von der Pfalz, als welcher er sich neben den erlernten Wissenschaften noch in mancher anderen Doctorin umthun mußte, und zunächst
als Geneologist und Heraldiker auftrat, indem er einen Europäischen
Adelsschauplatz verfaßte und eine Wappentheorie in lateinischer Sprache
schrieb, mit welcher er der schlummernden Heroldskunst eine neue Bahn
brach und sie als Wissenschaft feststellte. Nach Vollendung seiner Er-
zieheraufgabe wandte sich aber S. dem mit Liebe begonnenen Studium
der Theologie wieder zu und widmete sich demselben noch auf den Hochschulen zu Basel, Tübingen, Freiburg, Lyon und Genf, bis er wieder
nach Straßburg zurückkehrte und daselbst 1663 Freiprediger, 1664 Doctor der Theologie wurde.

Als Geistlicher durchschaute S. mit klarem Blicke, wie sehr die protestantische Kirche im Argen lag. Erst war diese in sich zerfallen, durch
endlose und zwecklose Meinungskämpfe theologischer Eiferer, die mit sich
selbst mitten im Schoße ihrer Kirche nicht einig zu werden vermochten, ge-
schweige mit Reformirten und Katholiken — dann war sie heftig, wüthend
und 30 Jahre lang bekämpft worden, ohne besiegt werden zu können;
da war kein Bild protestantisch kirchlichen Lebens, wie es Luther und
seine Mitarbeiter geschaffen hatten, mehr zu erblicken; das starre Dogma
waltete, und der zelotische Eifer der Geistlichen stellte den todten Buchstaben höher, als den lebendigen Glauben und den christlichen Wandel,
die werkthätige Liebe. Gegen alle diese Uebel, welche eine trübe Zeit
in ihrem Schoße geboren, kämpfte S. mit männlichem Bewußtsein dessen, was zunächst Noth that, in seinem Kreise und auf praktisch reforma-
torische Weise an, während er unter dem Titel: „Pia desideria" —
(fromme Wünsche) der gelehrten Außenwelt seine geläuterten Ansichten
von einer nothwendigen abermaligen kirchlichen Läuterung an das Herz

Herz legte. **Christlich apostolisch** sollte die Kirche wieder werden, das war Sp.'s Hauptgrundsatz und seine Hauptforderung, und wie er selbst in seiner eigenen Gemeinde und wo er später wirksam wurde — durch einfache, erbauliche, verständliche und zu Herzen dringende Predigten seinen Zuhörern den Christussinn in die Herzen strömte, auf Verbesserung des Schulunterrichtes drang, die Katechisationen durch den Prediger, nicht nur der Kinder, sondern auch der Erwachsenen einführte, so suchte auch die erwähnte Schrift anzuregen und aufzumahnen, auf das dogmatische Gezänk zu verzichten, das ohne alle Frucht und und ohne allen Segen ist, zu religiöser Bildung durch alle Lebenskreise aufzufordern, namentlich auf Schulen und Hochschulen — wie sie auch in unsern Zeiten wieder gar sehr zu wünschen ist, überhaupt zur Erweckung wahrhaft christlich frommen Sinnes überall und überall hinzuwirken. Der Erfolg war jener des Säemannes im Evangelium.

Im Jahre 1666 nahm S. von seiner ihn liebenden Gemeinde zu Straßburg Abschied und die Stelle des ersten Geistlichen zu Frankfurt a. M. an, zugleich wurde er Senior des geistlichen Ministeriums der freien Reichsstadt und wirkte in dieser Stelle 20 Jahre mit edlem Eifer. Da ihm von vielen Seiten her der Vorwurf gemacht wurde, zur Absonderung und Sectirerei sich hinzuneigen, und zu dieser hinzuleiten, so verlegte er selbst die außerkirchlichen erbaulichen Zusammenkünfte, die sogenannten Collegia pietatis, die sich seit 1670 in seiner Gemeinde ausgebildet hatten, in die Kirche — ohne verhindern zu können, daß durch dieselben späterhin doch das pietistische Conventikelwesen sich begründete. Sp.'s weitverbreiteter Ruhm als des erleuchtetsten deutschen Theologen seiner Zeit verschaffte ihm im Jahre 1686 die dringende Berufung zum Oberhofprediger, Consistorialassessor und Beichtvater des Kurfürsten Joh. Georg's zu Sachsen nach Dresden, in welchem Amte er jedoch nur 5 Jahre blieb, weil der Kurfürst mindere Neigung zeigte, wie seine großen Ahnherren, der Mahnung eines strengen Bußpredigers Folge zu geben. Sp. sah sich veranlaßt um seine Entlassung einzukommen, und erhielt alsbald eine Berufung nach Berlin als Inspector, Probst und Consistorialrath an der Nicolaikirche, an welcher er noch 14 Jahre treu = eifrig wirkte.

Sp. ließ eine große Anzahl Schriften erscheinen; viele nöthigten ihm feindliche Angriffe ab, denn er verstand nicht die Kunst durch unbedingtes Schweigen zu siegen und die zum Theil lieblosen, zum Theil lächerlichen Beschuldigungen des Socianism, des Arianism und sonstiger Ismen ganz an ihren Ort gestellt sein zu lassen, doch widerlegte er, wenn er sich zur Abwehr herausgefordert sah, mit Ruhe, Würde und Mäßigung alle die heftigen Anschuldigungen seiner Gegner. Sp. war es, der den in der heutigen protestantischen Kirche eingeführten Confirmandenunterricht, die in vielen Ländern sogenannte „Frage" begründete. Sp. war es, dessen Anregung bei Friedrich I., König in Preußen, die Universität Halle ihre Begründung verdankte, und es war nur naturgemäß, daß sein Vorbild dort im lebendigen Andenken wie auch seine Lehre fortwirkend blieb; auf ihn gründete und auf seinen Geist stützte August Hermann Franke den religiösen Aufbau ihrer beiderseitigen Ueberzeugung weiter, zur Ehre Gottes und der Menschheit zum Segen.

Johann Balthasar Spieß.

Geboren den 8. Januar 1782, gestorben den 6. Dezember 1841.

Motto: „Eine Schule, in welcher der Religionsunterricht nicht gut bestellt ist, verdient noch nicht den Namen einer wahren Menschenbildungsanstalt, denn möge man die Körper- und Geisteskräfte eines Menschen auch noch so trefflich entwickeln, üben und bilden, ist sein Sinn nicht auf das Höhere und Himmlische gerichtet, wird er nicht bei allem seinem Denken, Wollen und Thun von diesem Sinne geleitet und regiert, so wird sein Erdenleben nie die rechte Bedeutung erlangen und er wird nie zum Frieden kommen, den er gern erreichen möchte." Spieß.

Derselbe war zu Obermaßfeld im Herzogthum Meiningen von wenig bemittelten Eltern geboren. Da ihm sein Vater, der Bauer und Schmiedemeister war, schon in seinem dritten Lebensjahre durch den Tod entrissen wurde, so war er der mütterlichen Erziehung allein überlassen. Diese konnte dem Knaben nicht viel mehr geben, als einen für das Rechte und Gute angeregten Sinn, was aber einen bleibenden Eindruck hinterließ. Mit dem 6ten Lebensjahre besuchte er die Schule seines Geburtsortes, die aber auf seine geistige Entwickelung und Bildung nur geringen Einfluß äußern konnte, weil das Schulwesen in jener Zeit, zudem an einem so unbedeutenden Orte, eben noch sehr zurück war. In dem 8ten Lebensjahre wurde der Unterricht in der Musik, nämlich im Gesang und im Violinspielen begonnen, und obgleich derselbe keineswegs auf die zweckmäßigste Weise ertheilt wurde, so brachte der Knabe es doch sehr bald darin so weit, daß er bei dem Singchor, das jeden Sonn- und Feiertag in der Kirche eine Musik aufführte, die erste Sopranstimme singen konnte. Für das Bessere anregend und bildend wurde für den Knaben von seinem 10ten Jahre an der Umgang mit den beiden Söhnen des Ortsgeistlichen, welche mit ihm gleichen Alters waren. Dieser Geistliche, Molter ist sein Name, fand es für zweckmäßig, ihn bei dem Unterrichte, den er seinen beiden Söhnen in der lateinischen Sprache, Naturgeschichte und Geographie ertheilte, mit zuzuziehen, um dadurch eine größere Nacheiferung hervorzubringen. Dieser Unterricht dauerte indessen nur einige Jahre, weil die beiden Söhne des Geistlichen in ein und derselben Stunde an den Blattern starben. Von nun an war mehrere Jahre hindurch der Dorfschullehrer wieder der einzige Lehrer des Knaben. Indessen wurde in dem bisher Begonnenen doch so ziemlich fortgefahren, weil der Lehrer eine lateinische Schule besucht hatte und darum nicht ganz Fremdling in dieser Sprache war. Der Unterricht in der Musik wurde ernstlich fortgesetzt, und das Klavier- und Orgelspiel, sowie die Theorie der Musik kamen hinzu und wurden immer mit besonderem Vergnügen getrieben. Schon frühe hatte der Knabe Gelegenheit, mit den besseren Compositionen für die Kirche bekannt zu werden, indem sein Lehrer sehr oft Stücke von Händel, Sebastian Bach, Naumann, Graue, Hiller aufführte. Diese ernste Musik machte einen tiefen, bleibenden Eindruck auf ihn, so daß er fortwährend ein treuer Pfleger der Kirchenmusik wurde und überall für die Verbreitung derselben wirkte.

Da er nach Verlauf von 2 Jahren den Lehrcursus, wie er im Seminar vorgeschrieben war, durchgemacht hatte, wurde er nach bestandener Prüfung aus der Schule entlassen und unter die Zahl der Schulcandidaten aufgenommen. Er übernahm nun den wissenschaftlichen Unterricht an der Freischule in Meiningen, in welcher Stellung er jedoch nur ein halbes Jahr verblieb. Im Oktober 1801 trat er die Lehrerstelle in der

Kemmeter'schen Erziehungsanstalt zu Frankfurt a. M. an. Im Jahr 1807 wurde er Conrector an der Schule zu Lauterbach im Großherzogthum Hessen. Nachdem Sp. 4 Jahre lang an der Schule zu Lauterbach angestellt gewesen war und der Aufenthalt in dieser Stadt auch in gar vielfacher Hinsicht dazu beigetragen hatte, seine Kenntnisse und Erfahrungen zu vermehren und an vielseitiger Bildung ihn höher zu stellen, sehnte er sich nach einem größeren Wirkungskreise. Gerade um diese Zeit wurde ihm die 2te Pfarrstelle an der evangelisch=lutherischen Kirche in Offenbach angetragen. Obgleich auch diese Stelle keine große Besoldung ertrug, so zog sie ihn doch an, weil ihm dieser so überaus betriebsame Handels= und Fabrikort vorzugsweise geeignet schien, eine Erziehungsanstalt zu errichten, und das Pfarramt ihm noch hinreichend Muße dazu ließ. Im Jahre 1811 trat er diese Stelle an. Ein sehr wichtiger und weit ausgebreiteter Wirkungskreis wurde ihm hier zu Theil. Sein Hauptaugenmerk war aber immer auch hier noch die Erziehung der Jugend, weil man, wie er oft sagte, seinen Blick vorzüglich auf das heranwachsende Geschlecht richten müsse, wenn man für das Wohl der Menschheit wirken wolle. Er errichtete also eine Lehr= und Erziehungsanstalt für Kinder gebildeter Stände, welche bald eine große Ausdehnung bekam und immer eine bedeutende Anzahl Zöglinge zählte.

Seit dem Anfange des Jahres 1831 vertauschte Sp. seine Stelle in Offenbach mit der Pfarrstelle in Sprendlingen bei Frankfurt a. M. Auch an diesem Orte wurde der rüstige Kämpfer für Menschenveredlung nicht müde, dem großen Plane der Menschenerziehung mit Liebe und Aufopferung seine Kräfte zu widmen, und groß war der Einfluß, welchen er hier durch Gründung von Lehrerconferenzen und eines Lehrersingvereins auf die Verbreitung verbesserter Unterrichtsweisen, auf die Pflege der Kirchenmusik und besonders auf die Aneiferung und Begeisterung der Lehrer für ihren heiligen Beruf ausübte.

Als Hauptgrundsatz in der Erziehung galt Sp. stets: Verstand und Herz des Kindes müssen gleichmäßig gebildet werden, weil der Mensch, der denken könne, zu jedem Geschäfte tauglich, und der ein gutes Herz habe, auch des Himmels würdig sei. Darum konnte er sich denn auch nie mit denen einverstanden erklären, welche in der Schule hauptsächlich nur die Verstandesbildung berücksichtigt haben wollten; nein, Licht und Wärme sollten nach seiner Ansicht in schwesterlichem Vereine in der Schule herrschen. Besonders sah er in der Religion das beste Mittel, das Herz der Kinder zu veredeln und dem Erdenleben die rechte Bedeutung zu geben. Von seinen Schriften sind zu erwähnen: Allgemeine Elternzeitung zur Beförderung einer besseren häuslichen und öffentlichen Erziehung. Frankfurt a. M. Jäger. 3 Jahrg. — Unterrichtswegweiser für das Gesammtgebiet der Lehrgegenstände in Volksschulen für Lehrer an denselben. Gießen. 5 Thle. — Erstes Lehr= und Lesebuch für Volksschulen. Gießen, 1836. — Sp. war auch thätiger Mitarbeiter an der „Allgemeinen Kirchenzeitung von Zimmermann in Darmstadt; an der Allgemeinen Schulzeitung von Zimmermann in Darmstadt. — Allgemeinen Musikzeitung in Frankfurt a. M. — Concordia, Kirchenzeitung für Katholiken und Protestanten.

August Gottlieb Spilleke.
Geboren den 2. Juni 1778, gestorben den 9. Mai 1841.

Derselbe war zu Halberstadt geboren, wo sein Vater eine Brauerei besaß. Diesen verlor er in früher Jugend und wuchs nun unter der strengen und einfachen Erziehung einer vortrefflichen Mutter als einziges Kind heran. Seine Schulbildung verdankte er dem Domgymnasium seiner Vaterstadt, welches unter Fischer's Directorate damals in großem Rufe stand. Er that sich früh unter seinen Mitschülern hervor, und auch ihn begleitete, als er Ostern 1796 die Universität Halle bezog. Gleim's Fürsorge, sowie sich J. A. Eberhard daselbst seiner mit väterlicher Fürsorge annahm. Dem Entschluß, Theologie zu studiren, blieb er treu, wiewohl auch ihn F. A. Wolf's Anziehungskraft ergriff und zu eifrigen, philologischen Studien anregte, zumal da sein von Kindheit an gehegter Wunsch, Schulmann zu werden, sich allmählich in ihm zum deutlichen Bewußtsein seines eigentlichen Berufs ausgebildet hatte. Auf F. A. Wolf's Empfehlung nahm ihn im Jahre 1798 der Oberconsistorialrath Gedike zum Erzieher seines Sohnes in sein Haus und zugleich in das pädagogische Seminar auf; und so begann er in demselben Jahre als Seminarist seine öffentliche Unterrichtsthätigkeit am Gymnasium zum grauen Kloster. Aus diesem Verhältnisse trat er zu Ostern 1800 als Collaborator an das Friedrich=Werder'sche Gymnasium über, wurde ebendaselbst 1803 zum Subrektor gewählt und 1804 zugleich zum Frühprediger an der Friedrich=Werder'schen= und Dorotheenstädtischen=Kirche. Neben den genannten Aemtern bekleidete er von 1810 — 1827 eine Lehrerstelle an der Kriegsschule, wo er sich vornehmlich durch seine Vorträge über deutsche Literatur und deren Geschichte großen Beifall erwarb. Ueberhaupt wurde ihm schon damals zufolge der besonderen Geschicklichkeit und Treue in seiner Amtsführung vielfach ehrende Anerkennung zu Theil. In das durch Bernhardy's Tod erledigte Directorat des Friedrich=Wilhelms=Gymnasiums und der mit demselben vereinigten Anstalten wurde er am 26. Februar 1821 eingeführt und hatte damit einen Wirkungskreis erreicht, welcher Jedem, der ihn darin zu beobachten Gelegenheit hatte, für die Bethätigung seines eigenthümlichen pädagogischen Talentes als der allergeeignetste erscheinen mußte; auch er selbst hielt ihn dafür und hat sich durch wiederholte ehrenvolle Anträge, die Leitung auswärtiger Anstalten zu übernehmen, nicht von demselben abwendig machen lassen. Dieß ist der einfache äußere Lebensgang eines Mannes, der plötzlich und zu einer Zeit abgerufen worden ist, wo es für die Hoffnung kräftiger Wirksamkeit noch auf lange nicht an Raum zu fehlen schien. Schriftstellerische Thätigkeit ist von ihm kaum zu erwähnen; Beruf dazu hatte er ohne Zweifel vor Vielen; aber abgesehen von einer großen Strenge gegen sich selbst, die ihm eigene Befriedigung in wissenschaftlichen Produktionen sehr erschwerte, war ihm nie die erforderliche Muße dazu gegönnt, und so zog er es vor, auf das Eine alle seine Kraft zu verwenden. Außer der Abhandlung über Spinoza, die in der Berliner Monatsschrift von 1808 steht, und damals wegen der Gewandtheit der Darstellung allgemeine Aufmerksamkeit erregte, ist in dieser Beziehung nur noch die im Jahre 1824 herausgegebene Sammlung seiner „Schulschriften" zu nennen.

R. F. Splittegarb.
Geboren ?, gestorben den 18. Nov. 1802.

Er war Lehrer und Schulvorsteher zu Berlin; pädagogischer Schriftsteller. Schriften: „Anleitung zum Rechnen, nebst einem Handbuch für Lehrer beim Gebrauche desselben. — Deutsches Lesebuch für die ersten Anfänger. Mit Kupfern. 1784. — Verbessertes ABC=Spiel, oder Bemerkungen für Eltern und Lehrer über das Lesenlernen und den Gebrauch des deutschen Lesebuches. 1784.

Joseph Ambros Stapf.

Geboren den 15. August 1785, gestorben den 10. Januar 1844.

Derselbe wurde in der Pfarrei Fließ in Tyrols Oberinnthal geboren. Er stammte von gemeinen, aber frommen Eltern ab. Fromme Eltern — fromme Kinder. An dem frommen Kinde entdeckte auch der Schullehrer bald, daß ihm Gott Talente gegeben, die nicht vergraben werden dürften. Und Joseph kam nach Innsbruck in die dortige Studienanstalt. Hier entwickelten sich bald die guten Anlagen, mit denen er einen unermüdet beharrlichen Fleiß und ein musterhaftes Betragen verband. Schon damals war in der Seele des strebsamen, seine Mitschüler weit überragenden Jünglings der Gedanke erwacht, sich dem geistlichen Stande widmen zu wollen. Nach einiger Unterbrechung seiner Studien in Folge drückender Verhältnisse ging Stapf in ein Franziskanerkloster, das er jedoch, da er darin seinen Beruf nicht fand, in Bälde verließ. Im für Tyrol ewig denkwürdigen Jahre 1809, das so viel Jammer in den Klüften der Felsen verbarg und die Thäler nicht selten mit Thränen und Blut überschwemmte, wurde Stapf zum Priester geweiht. Kaum eingetreten in sein heiliges Amt ward der junge, talentvolle Mann in die Seelsorge gesendet. Hier hatte er — zumal der Engel des Krieges seine Geißel über die armen Thäler geschwungen, — Gelegenheit in Fülle, sich als wahren Diener Gottes zu zeigen, um mit dem hl. Hieronymus zu sprechen, der Dollmetsch zwischen Gott und den Menschen zu sein. Ernst und fromm und zurückgezogen von der stürmischen Welt lebte er hier für Gott, seine Gemeinde und die Wissenschaft. Stapf wurde 1821 nach Innsbruck an das k. k. Lyceum berufen, und zwar in die ehrenvolle Stellung als Professor der Moral, welche Stelle er auch dann bekleidete, als zwei Jahre später das Seminar unter die Augen des Bischofes nach Brixen gestellt wurde. Im Jahre 1827 erschien die Frucht seines Fleißes wie seiner gediegenen Kenntnisse zu Innsbruck bei Rauch: Theologia moralis in Compendium redacta. IV. Tom. Dieses Lehrbuch erlebte mehrere Auflagen. Im J. 1832 erschien von ihm seine „Erziehungslehre im Geiste der kath. Kirche.“ Nach dem Ableben seines Freundes Michael Feichtner, Regens und Professor im fürstbischöflichen Seminar, übernahm Stapf die Leitung dieses geistlichen Institutes. Auch hier war er an seinem Platze. Der selber 12 Jahre mit dem Eifer des guten Hirten in Wort und Beispiel in der Seelsorge gelebt und gewirkt hatte, war jetzt thätigst bestrebt, auch aus dem jungen Clerus für den heiligen Glauben glühende, würdige und folgsame Söhne unserer heiligen Mutter, der katholischen Kirche, zu machen. Zu diesem Zwecke gab er das Leben des hl. Vincenz von Paul in zwei Bänden heraus. In den Jahren 1840—43 gab er sein schönes Werk heraus: „Die christliche Moral.“ 4 Bände. — St.'s Verdienst um Kirche und Schule erhielten auch öffentliche Anerkennung. Die Universität Wien ertheilte ihm 1831 gratis das Ehrendiplom eines Doktors der Theologie. In demselben Jahre wurde er zum fürstbischöflichen Consistorialrath befördert, im Jahre 1838 vom Kaiser Ferdinand I. mit der großen goldenen Civilverdienst-Medaille nebst Kette dekorirt und 1840 zum wirklichen Domcapitular in Brixen ernannt. Deßungeachtet behielt er noch die Kanzel, bis ihn 1841 eine Abnahme der physischen Kräfte und länger andauernde Krankheit nöthigte, sie für immer zu verlassen. Die Prämien für seine gekrönten Preisschriften verwendete er zu wohlthätigen Zwecken; ebenso die für seine Ausgabe der Moral und für die bibl. Geschichte übermachte er dem damals neu entstandenen Taubstummen=Institut für Tyrol und Vorarlberg.

Gotthelf Sam. Steinbart.

Geboren den 21. Sept. 1738, gestorben den 3. Februar 1809.

In seiner frühern Jugend nach pietistischen Grundsätzen erzogen, lernte er schon auf der Schule zu Kloster Bergen, wo er vorzüglich unter der Leitung des Abtes Steinmetz den Grund seiner gelehrten Bildung legte, namentlich Voltaire's Schriften kennen, die ihn, sowie das Studium der Locke'schen und Wolf'schen Philosophie und der Umgang A. Teller's und Töllner's, zu eigenem Nachdenken anregten. Seine Universitäts= studien in Halle wurden durch den Ausbruch des siebenjährigen Krieges unterbrochen; er ging nach Frankfurt an der Oder, Berlin, später zurück nach Züllichau als Direktor der dortigen Erziehungsanstalt. Seine pä= dagogischen Pläne zogen die Aufmerksamkeit der preuß. Regierung auf sich und S. wurde 1774 ordentlicher Professor der Philosophie, so wie außerordentlicher der Theologie, 1787 Oberschulrath, welche Stelle er aber 1789 niederlegte; später auch preuß. Consistorialrath. Seine frü= here meist anonyme literarische Wirksamkeit bezog sich hauptsächlich auf Pädagogik, der er auch später seine keineswegs fruchtlose Theilnahme nicht entzog; 1778 aber gab er sein zum Theil nach den Grundsätzen der Leibnitz=Wolf'schen Schule gearbeitetes „System der reinen Philosophie oder Glückseligkeitslehre des Christenthums" (4. Aufl., Züllichau 1794) heraus, welches seinen Namen am bekanntesten gemacht hat. Er schloß sich darin der Richtung des Zeitgeistes, vermöge deren man die Moral auf die „vernünftige Selbstliebe" gründen und den Werth des Christen= thums nach dem Beitrage, den es zur „Glückseligkeit" gebe, beurtheilen zu können, übrigens aber das letztere von allem positiven Inhalte mög= lichst frei machen zu müssen glaubte, mit großer Entschiedenheit und Frei= müthigkeit an, so daß der berüchtigte Karl Friedr. Bahrdt von ihm ur= theilen konnte: „Noch wenig Theologen deutscher Nation haben Das gesagt, was er gesagt hat, sind so mit edler Freimüthigkeit herausgegan= gen, wie er, haben so die Idole des Kirchensystems umgeworfen und zer= trümmert, wie er. Immer begnügten sich seine Vorgänger, einzelne Irr= thümer anzugreifen, und waren dabei so zurückhaltend, daß sie ihr eigenes wahres System nie ganz blicken ließen. Dieser Mann hat nicht blos das alte Haus eingerissen, sondern einen neuen Palast an seine Stelle ge= setzt." Trotz mancher Angriffe fand S. mit seinem Systeme in jener Zeit großen Beifall. Um den Angriffen namentlich von Seite der ortho= doxen Theologie zu begegnen, schrieb er seine „Philosophische Unterhal= tungen zur weitern Aufklärung der Glückseligkeitslehre" (3 Hefte, Zül= lichau 1782—84). Die hier unter Anderm ausgesprochene Behauptung, es gebe für den Menschen überhaupt nur relative Wahrheit, verwickelte ihn in einen kurzen Streit mit Joh. Aug. Eberhard in Halle. Seine „Gemeinnützige Anleitung des Verstandes zum regelmäßigen Selbstdenken" (Züllichau 1780. 3. Aufl. 1793) empfahl sich, wie fast alle seine Schrif= ten, durch einen hohen Grad von Popularität, die aber freilich auch jede tiefere Untersuchung ausschloß; auch seine „Anweisung zur Amtsberedtsam= keit christlicher Lehrer" (Züllichau 1779, 2. Aufl. 1784) gehörte zu den bessern Leistungen, welche die damalige Zeit im Fache der Homiletik her= vorgebracht hat. S.'s Ansehen sank, so wie sich die Ansichten des Zeit= alters änderten und namentlich die Kant'sche Philosophie dem Eudämo= nismus mit entschiedenem Uebergewicht entgegentrat. Er starb am 3.

Februar 1809, nachdem er seine Verdienste und seinen Ruf längst überlebt hatte.

Johann Michael Steiner.
Geboren den 6. Sept. 1746, gestorben den 1. Juli 1808.

Derselbe ward zu Mindelheim geboren, erhielt seine erste Bildung in den damaligen Schulen seiner Vaterstadt, zog durch frühe Proben seiner Talente und seiner in der Jugend schon anticipirten Mannhaftigkeit, seines Ernstes, die besondere Aufmerksamkeit seiner Lehrer auf sich, trat, 16 Jahre alt, in den Orden der Jesuiten und wurde, nach Aufhebung desselben, im 28 Jahre seines Alters zum Priester geweiht.

Wenn seine früheren Jahre vorzüglich der Selbstbildung, der Vorbereitung zum öffentlichen Leben angehörten: so kann man mit Grund sagen, daß ein Theil des vorigen, und sein ganzes übriges Leben von nun an dem Vaterlande angehörte, bis es sich in dem Dienste desselben verzehrte. Noch als Jesuit, als Magister, lehrte er die Humaniora in Ingolstadt und Regensburg nach Aufhebung der Gesellschaft sechs Jahre, von 1774—1780, die zweite Grammatik und die erste Rhetorik in München. Selbst das bildende Fach der Hausinformation mußte er aus Erfahrung kennen lernen. Nun alle diese lang fortgesetzten Uebungen im Privat- und öffentlichen Lehramte zu einer Zeit, wo der Geist der Wissenschaft sich in Bayern kräftiger zu bewegen anfing, verschafften ihm jene ausgebreitete Erfahrenheit, jene Fülle praktischer Kenntnisse, die ihm bei dem Einflusse, den er nachher auf die Leitung der öffentlichen Studien ungesucht gewann und bis zum Tode beibehielt, vortreffliche Dienste gethan haben.

Schon im Jahre 1791 am 22. März wurde ihm die wichtige Stelle der Inspektion über den deutschen Schulfonds-Bücherverlag anvertraut, der er bis zum Jahre 1806, wo die Stelle wieder einging, mit der Treue des rechtschaffenen Gemüthes und mit der Einsicht des aufgehellten Kopfes vorstand. Diese Stelle gab ihm den erwünschten Anlaß, bessere Schul- und Erbauungsschriften an die Stelle der vorigen zu setzen. Wo ein auffliegendes oder reifes Talent im Lande oder außer demselben wußte, das setzte er in freundliche Requisition. Dieser Thätigkeit verdankte er unter andern guten Schriften die Sittenlehre für die Jugend und die vortreffliche biblische Geschichte für die bayerischen Schulen, die nun auch das Ausland in seine Schulen und Kirchen einführte. Was er in seinem Selbstantrage zu diesem Amte gelobte, einige im Schulfonde verlegte Werkchen umzuarbeiten, neue der Fähigkeit der Kinder angemessene zu verfassen und dadurch die gründliche Bildung der Jugend in und außer den Schulen zu fördern, das hat er vollständig geleistet. Das Gebetbuch für die größere Jugend und viele andere Schriften zur Bildung der Jugend und des Volkes sind sein Werk. Neben diesem stillern Wirkungskreise ward ihm aber bald ein öffentlicher und mehr ausgedehnterer angewiesen. Denn im Jahre 1795 ward ihm das Rektorat der deutschen Schulen in München übertragen. Im Jahre 1798 kam er zur männlichen Feiertagsschul-Kommission, 1799 wurde er als Schul-Deputationsrath, bald darnach als beständiger Kommissär des Waardischen Erziehungsinstituts und des armen Mädchenhauses, im Jahre 1802 als General-Schuldirektionsrath mit dem Referate in deutschen Schulangelegenheiten Oberbayerns, endlich am 6. September 1805 als Landesdirektionsrath und Referent in deutschen Schulsachen Unterbayerns angestellt und, bei Aufhebung der Landesdirektion, als königl.

bayerischer Schulrath mit vollem Vertrauen des Studienchefs beehrt,
dem er auch vollkommen entsprach, bis am 1. Juli 1808 das Stündchen
schlug, das ihm die Bande der Pflicht und des Lebens lösete.

Johann Adam Steinmetz.
Geboren den 24. Sept. 1689, gestorben den 10. Juli 1762.

Derselbe wurde zu Groß-Kniegnitz (im Fürstenthum Brieg) geboren
und starb zu Kloster Bergen als Abt, Consistorialrath und Generalsuperintendent der Provinz Magdeburg. Er wird Sgananecks Lei-
densgenosse genannt. Während der Zeit nämlich, als Steinmetz das
Amt eines Oberpredigers und Inspektors zu Teschen (1720—29) bekleidete, war Sargaaneck Conrektor der Schule daselbst. Beide wirkten in
Vereine mit ihren gleichgesinnten Mitarbeitern (Muthmann, Sassadius
und Jerachovius) in Kirche und Schule nach des frommen Spener's
Geiste, und dieß erweckte ihnen von Seiten der luth. Prediger Schlesiens
mannigfache Verfolgung und bewirkte 1730 auf Befehl des Wiener
Hofes ihre Vertreibung aus den kaiserl. Staaten. In der Neustadt a.
d. Aisch fanden noch in demselben Jahre beide würdige Männer ihrer
Neigung entsprechende Wirkungskreise, Steinmetz als Superintendent und
erster Prediger, Sargaaneck als Rektor der Schule, die unter ihm bald
emporblühte. 1732 erhielt Steinmetz den Ruf als Abt nach Kloster
Bergen und wurde am 12. Dez. als solcher feierlich in der Kirche des
Klosters eingeführt. Unter seiner trefflichen Leitung hob sich die tiefge-
sunkene Klosterschule sehr bald, so daß sich die bei seinem Amtsantritt
unbedeutende Zahl von 18—24 Schülern nachmals bis auf 100 und
darüber steigerte. St. war nach dem Zeugnisse seines Biographen Bernhardi ein in besonderem Verstande, ein in Wahrheit großer und seltener
Schulmann. Und sein Amtsnachfolger, der Generalsuperintendent Hähn,
sagt von ihm: „Dieser rechtschaffene Knecht Jesu sah vollkommen ein,
die Verbesserung der Zeiten erfordere eine größere Anzahl von sorgfältig,
vernünftig, christlich und wohlgezogener Leute. Er war überzeugt, das
wahre Wohl des Staates, der Kirche, des gemeinen Wesens könnte nicht
leicht anders als durch wohleingerichtete Schulen befördert werden. Er
besaß die tiefsten Einsichten in das Schulwesen, machte aber davon nicht
viele Projekte. Nein, er legte im ganzen Ernste Hand an die Sache, arbeitete Tag und Nacht mit unermüdlichem Eifer an der Verbesserung der
Klosterschule. Und es gelang ihm unter dem göttlichen Gnadenbeistande
vortrefflich. Es ist bekannt, zu welchem Flor, Ruf und Ruhm das Pädagogium unter diesem hochwürdigen Abte gekommen sey." Auch der
Verfasser der „kurzen Geschichte der Schule zu Kloster Bergen bis zu
ihrer Aufhebung", Magdeburg 1812, hebt St.'s große und unsterbliche
Verdienste um diese Schule hervor und führt ausdrücklich an, daß Friedrich der Einzige, dem der Abt mit seinem Neujahrsglückwunsche das
jährliche Leisten der Schüler des Klosters Bergen zugesandt habe, denselben jedesmal mit der huldvollsten Antwort geehrt und ihn im hohen
Grade geschätzt habe, wenn er auch zuweilen bitter und spottend in seinen
Aeußerungen über die Pietisterei im Kloster gewesen sei.

Barbara von Stetten.
Geboren den 27. Sept. 1754, gestorben den 19. Febr. 1805.

Nicht großer pädagogischer Thaten, nicht trefflicher literarisch-päda-
gogischer Werke wegen findet Barbara v. Stetten eine Stelle im
pädagogischen Ehrentempel; sie war eine wohlhabende, edle Frau, die

durch viele großartige Stiftungen Anstalten in's Leben rief, die geeignet waren, pädagogisches Leben zu fördern. Daher ist sie würdig, von uns genannt und bewundert zu werden und in einer Zeit Nachahmung zu finden, in welcher die Legate für besondere Schulzwecke zu den Raritäten des öffentlichen Lebens gehören. Barbara von Stetten, geb. von Amman in Augsburg, kam durch Heirath in eine Familie, die Jahrhunderte lang durch Beweise für das Beste der Menschheit sich Verdienste erworben hatte und welche ihr noch größere Mittel verlieh: ihrem christlichen Gemüthe durch Wohlthätigkeit Befriedigung zu gewähren. Nachdem sie ihr ganzes Leben, volle 50 Jahre, der leidenden Menschheit ihrer Vaterstadt im Stillen gewidmet und ihren Lebensgang, wie der Verlauf eines schönen Sommers, durch tausendfältig gesegnete Früchte bezeichnet hatte, bestimmte sie testamentarisch unterm 9. Mai 1843, daß 600,000 Gulden ihres hinterlassenen Vermögens vornehmlich zu pädagogischen Zwecken dienen sollten, nämlich: 200,000 Gulden für die Errichtung eines neuen Erziehungs-Institutes für Töchter in ihrem eigenen Hause; 20,000 Gulden der Armenanstalt; 20,000 Gulden dem evang. Armenhaus, 18,000 Gulden dem evang. Schulfonds, 5000 Gulden dem evang. Waisenhaus, 6000 Gulden dem kathol. Waisen- und Armenhaus, 100—1000 Gulden den evangel. Kirchen- und Schullehrern, 1000—100,000 Gulden den Prediger- und Schullehrer- und andern Wittwen, 150,000 Gulden verschiedenen armen Verwandten, dürftigen, kinderreichen Familien u. s. w. Wahrhaftig, eine solche That belehrt mehr, als tausend Werke sie zu preisen vermögen. Diese edle Frau starb den 19. Febr. 1805. Sie hat sich unvergängliche Denkmale in den Herzen nachfolgender Geschlechter gesetzt. Ein geringes in diesen Blättern sei ihr hiemit aufgerichtet!

Die Stadt Augsburg errichtete ihr ein ihrer vielen Verdienste würdiges Denkmal auf dem protest. Gottesacker im Mai 1853.

Dr. Heinrich Stephani.
Geboren den 1. April 1765, gestorben den 22. Dez. 1850.

> Motto: „Das Princip der mechanischen Methode, die sich hauptsächlich an das Gedächtniß hält, lautet: Bereichere deinen Zögling mit vielen Kenntnissen. Das Princip der bildenden Methode hingegen spricht sich so aus: Behandle jeden Gegenstand als Stoff, an welchem sich die Kräfte deiner Schüler selbstthätig üben müssen, um zu ihrer großen Bestimmung zu reifen." Stephani.

Derselbe wurde zu Merzbach im Fränkischen geboren. Kaum 17 Jahre alt, bezog er die Universität Erlangen. Als er dieselben verlassen, ward er Hofmeister bei der Reichsgräfin v. Castell, dann beim Geheimrath v. Zwanziger. 14 Jahre beschäftigte er sich im Unterrichtswesen und lernte das Unhaltbare mancher damals als vorzüglich geltenden Methode einsehen. Wo er konnte, suchte er zu reformiren, zu vervollkommnen. Bald hatte er sich einen weit verbreiteten Ruf erworben und wurde 1795 zum Consistorialrathe zu Castell am Main erhoben und zugleich mit der Leitung des Schulwesens betraut. Hier war es nun, wo er mit der äußersten Kraftanwendung dem Wohle der Jugend und der Menschheit sich dahin gab. Neue Lehrweisen wurden eingeführt, alte verbessert. Das ganze Schulwesen wurde nach St.'s Grundsatze geführt: „Behandle jeden Lehrgegenstand als Stoff, an dem sich die geistige Kraft selbstthätig entwickelt." Besonders suchte St. die Lehrweise des Lesens zu verbessern. Er brachte die Lautirmethode, wohl früher schon bekannt, erst in eine fruchtbare Gestalt und zur allgemeinen Einführung. Nicht minder that

er für die übrigen Lehrgegenstände, er schrieb Methodenbücher für alle.
Wegen seiner Verdienste wurde er später zum Schulrathe des Lechkreises
bestimmt, nach zwei Jahren als solcher nach Eichstädt und wieder nach
fünf Monaten als Schul- und Regierungsrath des Rezatkreises nach
Ansbach versetzt, wie wenn man diesen vielwirkenden Schulmann überall
hätte haben wollen. In Folge seiner Verdienste beschenkte ihn der König
von Bayern mit dem Hausorden vom hl. Michael. Um seine späteren
Tage ruhevoll zu verbringen, wurde St. auf sein Ansuchen die Stadt-
pfarr- und Dekanatstelle zu Gunzenhausen übergeben. Die unheilvollen
Jahre der jüngsten Vergangenheit vertrieben den hochverdienten Schulmann aus seinem Vaterlande. Er begab sich zu seinem Schwiegersohne,
dem Baron v. Lüttwitz, Besitzer des schönen Gorkau am Zobten in
Schlesien. Als er dort ankam, wurde er von den Lehrern der Umgegend
auf's Feierlichste empfangen. Bis zu seinem Tode hielt der greise Nestor
mit diesen und in ihren Versammlungen manche belehrende und ermun-
ternde Vorträge über Schulwissenschaft. Sein letzter Wunsch war, von
Lehrern zu Grabe getragen zu werden, welchem schönen Verlangen in
würdigster Weise entsprochen wurde. St.'s Geist lebt und wirkt in seinen zahlreichen Schulschriften fort und die Schulwelt verliert ihn nimmer
aus gesegnetem Andenken.

Friedrich Strack.
Geboren den 9. Mai 1781, gestorben den 27. Juli 1852.

Derselbe wurde zu Kloster Roßleben in Thüringen, wo selbst sein
Vater Rector des Gymnasiums war, geboren und starb zu Bremen. Im
Jahre 1799 begab er sich nach Leipzig, lag hier mit Fleiß theologischen
und philosophischen Studien ob, und ward 1804 Magister und Vesperpre-
diger an der Universitätskirche daselbst. 1806 folgte er einem Rufe nach
Halle als Lehrer an dem kgl. Pädagogium, an dessen Spitze damals der
Kanzler Niemeyer stand, mit welchem St. bis an dessen Tod in dem
freundlichsten, brieflichen Verkehr blieb. Im Jahr 1810 ward St. Lehrer am Gymnasium in Werthheim, 1814 Professor der Naturgeschichte
und der alten Sprachen am Gymnasium in Düsseldorf, von wo er im
Jahren 1817 bei der neuen Organisation unseres Schulwesens als Vorsteher an die Schule des Schulwesens zu Bremen berufen wurde. Am
1. November desselben Jahres trat er dieses Amt an. Damals war das
Lokal der Schule noch in den engen und dumpfen Räumen des ehemaligen Pädagogiums. St.'s Verdienst ist es, die einflußreichsten Männer
Bremens, veranlaßt zu haben, daß der Eschenhof (die Prefektur), der
schon nahe daran war, verkauft werden zu sollen, als würdiges Lokal der
Schule zugewiesen wurde. Es war ein herrlicher Festtag für St. als
er den 10. April 1819 an der Spitze der ihm anvertrauten Jugend den
Einzug in das neue Schulgebäude hielt, wo er auch seine Amtswohnung
mit Beweisen von Liebe und Wohlwollen ausgeschmückt fand. Dreißig
Jahre über war dieser Ort der Schauplatz seiner amtlichen Thätigkeit.
Er fing nun an, die Abnahme seiner Kräfte zu merken und ward auf
sein Gesuch den 3. April 1849 auf die ehrenvollste Weise in Ruhestand
versetzt. Nachdem er diesen stillen Frieden 3 Jahre lang in einer eigenen anmuthigen Wohnung genossen und das Bedürfniß wissenschaftlicher
Beschäftigung durch eine vollständige Uebersetzung der 37 Bücher Naturgeschichte des Plinus befriedigt hatte, schwanden dann sichtbarlich seine
Kräfte täglich mehr, und sanft und ruhig entschlief er. St. Schriften
sind:

1) „Eloah, Erhebungen des Herzens zu Gott x." 6. verm. Aufl. Frankfurt, 1845. 2) „Stunden der Einsamkeit." Bremen, 1835. 3) „Deutsches Lesebuch", enthaltend Parabeln und Gedichte, Verlag von Heyse. 4) „Ueber die Vorschule." 3 Hefte von 1819—29; enthaltend außer Nachrichten über diese Anstalt eine Menge trefflicher pädagogischer Winke.

Dr. Johann Friedrich Straß.
Geboren den 10. März 1766, gestorben den 12. März 1845.

Derselbe ward zu Grüneberg geboren; er wirkte von 1791 — 1803 als Professor des Cadettencorps in Berlin, worauf er Director des Pädagogiums zu Kloster Bergen war bis zur Aufhebung dieser Anstalt, stand hierauf als Director des Gymnasiums zu Nordhausen vor und erhielt 1820 den Auftrag, ein neues Gymnasium in Erfurt zu organisiren. Nachdem er daselbst im Jahr 1841 sein Jubiläum gefeiert hatte, zog er sich später vom Lehramte zurück und vertauschte seinen bisherigen Wohnort mit Berlin, wo er auch starb. Durch seine historische Tabelle „Der Strom der Zeit" sowie durch seine „Weltgeschichte" und gehaltreiche Schulschriften hat er sich in der pädagogischen Welt ein ehrendes Andenken gesichert.

Johann Werner Streithorst.
Geboren den 18. Mai 1746, gestorben den 17. Februar 1800.

Derselbe ward zu Wernigerode und starb als Kgl. Preuß. C. R. und Oberdomprediger zu Halberstadt. Er erwarb sich große Verdienste um die Landschulen des Halberstädtischen Domkapitels. Von entschieden wohlthätigem Einflusse war auch sein im Jahre 1786 unternommene Reise zu dem Domherren von Rochow auf Rekan und nach Dessau auf das von dem Domcapitel 1776 gestiftete Landschullehrer-Seminar. — Unter seinen Schriften sind auch jetzt noch beachtenswerth: seine „Psychologischen Vorlesungen vom Jahr 1787 und seine Volksschrift:" „David Klaus." Halberstadt, 1798. 2. Aufl.

Johannes Sturm.
Geboren den 1. Oktober 1507, gestorben den 3. März 1589.

Motto: „Die Aufgabe der Schulbildung muß Dreierlei im Auge haben: — Frömmigkeit, Kenntnisse und Kunst der Rede. Eine weise und beredte Frömmigkeit ist das Ziel der Studien. Kommt es allen Menschen zu, fromm zu sein, so unterscheide sich der Studirte vom Unstudirten durch wissenschaftliche Bildung und Redekunst.
Sturm.

Johann Sturm geboren zu Schleiden an der Eifel, war auf alle Fälle der berühmteste Schulmann seiner Zeit. Sein Vater war Rentmeister des Grafen von Manderscheid, seine Mutter, wie er selbst rühmt, eine geistig ausgezeichnete und fromme Frau. St., der noch 13 Geschwister hatte, wurde zuerst mit den Söhnen des Grafen unterrichtet, kam später auf die Schule der Hieronymianer in Lüttich, ging 1524 auf die Universität Löwen, wo er die griechische und römische Literatur studirte, die auf den niederländischen Universitäten betrieben wurde, trat aber schon nach 3 Jahren selbst als Lehrer auf, errichtete mit dem Professor Rudger Rescius eine Druckerei, aus welcher Homer und andere große Classiker hervorgingen. 1529 begab er sich mit diesen Werken nach Paris, um die Arzneiwissenschaft zu studiren, wirkend zugleich als Lehrer der griechisch-römischen Literatur und Logik.

Sein Ruf zog viele Pensionairs aus Deutschland, England, Italien, u. s. w., darunter einen Bischof, in sein Haus und an seinen Tisch und brachte ihn mit Erasmus, Melanchthon, Bucer ꝛc. in Verbindung.

Bereits seit längerer Zeit mit Reformirten bekannt geworden, wendete er sich der schweizerischen Reformation zu und folgte einem Rufe nach — Straßburg, wo unter dem Krummstabe und Ablaßhandel die tiefste sittliche Verwilderung herrschend und das Bedürfniß einer Reform der vorhandenen Schule und Anlegung neuer Unterrichtsanstalten dringender als je geworden war.

So trat St. an die Spitze der Stadtschule, wo bereits Sapidus, Bucer, Capito, Dasypodius gewirkt haben, mit dem Plane, dieselbe zu einer Universität hinauf zu bilden.

Es gelang. Während der gelehrte Jakob Sturm, sein Namensvetter und damaliger Stadtmeister, die Oberleitung behielt, war St. Rector. Mit allen Gaben zur Leitung einer Unterrichtsanstalt ausgestattet und durch eine in die Augen fallende männliche Persönlichkeit, die ein langer Bart schmückte, imponirend, wußte er, der Mann tiefer Wissenschaft und regen Eifers für Verbreitung derselben, Er, der bei Carl V., Ferdinand I., Maximilian II., mehreren Königen von Frankreich, England und Dänemark, bei den Churfürsten von Sachsen und der Pfalz in hohem Ansehen stand, mit eben so vieler Einsicht ein geeignetes Lehrerpersonal herbeizurufen, als durch den ordnenden Geist, welchen er der neuen Anstalt einzuhauchen verstand, wie durch seine neue Lehrmethode dieselbe bald in die blühendste Aufnahme zu bringen. Indessen konnte auch St. nicht vermeiden, daß bald die frühere Liederlichkeit unter den Studirenden wieder einriß.

Leider wurde St. in die in jener Zeit Alles verwirrenden kirchlichen Streitigkeiten so verwickelt, daß sein späteres Leben sich fortwährend mehr trübte, und er, endlich von der Luther'schen Partei verdrängt, in den Ruhestand unter so traurigen Verhältnissen versetzt wurde, daß, nachdem er sein nicht geringes Vermögen zu Unterstützungen der zahlreichen protestantischen Refugies aufgeopfert, als blinder Greis noch darben mußte, bis ihn erst im 82. Jahre der Tod erlöste, so daß man auch vor dem trüben Winter dieses reichen Lebens nicht stehen kann, ohne sich versucht zu fühlen, die Ungerechtigkeit des Schicksals anzuklagen, wenn nicht eben diese Ungerechtigkeit auf einen höheren Lenker der menschlichen Geschicke hinwiese, welcher dem Verdienste jenseits die Kronen reicht, die ihm hier versagt blieben.

Wie Brucker sich ausdrückt, verdient St. in eben dem Maße, wie Melanchthon, das Ehrenprädicat Praeceptor communis Germaniae, ja, was seine Schulthätigkeit anbetrifft, so steht er (Schwarz II, 318 f) noch über Melanchthon. Er war Schulmann und Universitätslehrer zugleich, richtete nicht blos eine große Zahl neuer Schulen ein, wie zu Lautingen a. d. Donau, Traxbach a. d. Mosel, Hornbach in Zweibrücken ꝛc., sondern gab der Universität zu Straßburg, die 1578 mehrere 1000 Studenten, darunter 200 Adelige, 24 Grafen und Barone, 3 Fürsten, aus Portugal, Polen, Dänemark, England ꝛc. zählte, eine Verfassung, durch welche sie sich weit über die Universität zu Paris erhob, und verdient als der erste Methodiker in einem Sinne genannt zu werden, daß Comenius und Basedow mit ihrer großen Verehrerzahl als nur seine — Nachfolger betrachtet werden müssen.

David Theodor Aug. Suabedissen.
Geboren den 14. April 1773, gestorben den 14. Mai 1835.

Motto: „Auf der liebevollen, verständigen und ausdauern=
den Bemühung der Mutter beruht die Grundlegung des
sittlichen und intellektuellen Charakters der Kinder."
Suabedissen.

Derselbe wurde zu Melsungen, einer Stadt in Niederhessen, wo sein
Vater Justizamtmann war, geboren und starb als Dr., Kurh. Hofrath und
ordentl. Professor der Philosophie an der Universität zu Marburg. Er
erhielt seinen ersten Unterricht zu Bischhausen, dem nachmaligen Wohn=
orte seiner Eltern, von einem gothaischen Candidaten des Predigtamtes,
Namens Bischof. Als er in seinem 11. Jahre ungefähr so weit gekom=
men war, die Lebensbeschreibungen des Cornelius Nepos übersetzen zu
können, auch einige historische und geographische Kenntnisse erworben
hatte, wurde sein Vater nach dem Amte Melsungen zurückversetzt. Da=
selbst besuchte der Sohn die Stadtschule. Diese aber war damals in
einem so schlechten Zustande, daß er in seinem 14. Jahre zur Zeit seiner
Einsegnung, womit der Austritt aus der Schule verbunden war, nicht
viel mehr wußte, als er in seinem 11. Jahre gewußt hatte. Dar=
auf blieb er fast ein ganzes Jahr lang ohne allen Unterricht, da es sei=
nen Eltern bei einer zahlreichen Familie nicht möglich war, ihm einen
besondern Lehrer zu halten. Zur Selbstbeschäftigung war er weder ge=
wöhnt noch hinlänglich vorbereitet; darum verfloß ihm diese für die Bil=
dung so wichtige Zeit ohne allen Nutzen. Er fühlte dies selbst nicht
ohne geheime Trauer. Endlich entschloß sich sein Vater, ihn nach dem
Dorfe Rengshausen zu dem Prediger Stunz zu schicken, einem Manne,
der für eine geringe Vergütung mehrere Knaben für die Universitäts=
studien vorbereitete. Mit Freude und Vertrauen ging er hin, aber schon
am Ende der zweiten Woche starb dieser Mann, der sein Erzieher und
Lehrer sein sollte, und wie verwaist kehrte der trauernde Knabe zu seinen
Eltern zurück. Da nahm sich, als er ankam, der erste Prediger des
Orts (Metropolita), Hartwig, den die Verlassenheit des Knaben rührte,
seiner an und unterrichtete ihn seiner Zeit, so oft es ihm seine Geschäfte
verstatteten, mit großer Liebe in der lateinischen, griech. und hebräischen
Sprache. Als sich nach Verlauf eines Jahres die Gelegenheit gab, eine
Freistelle an dem Stipendium zu Marburg zu erhalten, so glaubte man
sie benützen zu müssen und S. wurde zu Ostern 1789, kaum 16 Jahre
alt, auf die Universität geschickt, um Theologie zu studiren. Der großen
Mangelhaftigkeit seiner Vorbereitung wurde einigermaßen dadurch abge=
holfen, daß den Stipendiaten eine Studienzeit von fünf Jahren vorge=
schrieben ist und daß sie während der beiden ersten Jahre nur Vorlesun=
gen der philosophischen Facultät zu besuchen haben. Wie fern es ihm
von der Zeit an Bedürfniß wurde, über das Wesen des Menschen und
sein Verhältniß zu Gott und der Welt eine Ueberzeugung zu gewinnen,
auch nichts ohne Ueberzeugung anzunehmen, sofern kann er sagen, daß
er schon seit jener Zeit der Philosophie ergeben war, doch verwandte er
vorerst von dem dritten Jahre seines akademischen Lebens an den größ=
ten Theil seiner Zeit auf das Studium der Theologie. Zu Hause lernte
er mit größerer Befriedigung die Institutionen der christl. Religion von
Döderlein und bestand im Herbste 1793 sein Candidatenexamen.

Indessen hatte er seinen Vater schon 1790 verloren und sich seit der
Zeit nur theils durch Benefizien, theils durch Unterrichten erhalten
können. Um so weniger durfte er nun Bedenken tragen, die ihm ange=

botene Hauslehrerstelle bei dem Prediger Clausenius in Allendorf an der Werra anzunehmen; sie gab ihm nebenbei Gelegenheit, sich im Predigen zu üben. Aber schon zu Ostern 1795 kehrte er als zweiter Major der Stipendiaten nach Marburg zurück. Sein Hauptgeschäft in dieser Stelle war, die philos. und theolog. Vorlesungen mit den Stipendiaten zu wiederholen; dadurch blieb er nicht allein in einer fortwährenden Bekanntschaft mit der Theologie, sondern fand sich auch vorzüglich zu einem anhaltenden Studium der Philosophie, insbesondere der Kant'schen, aufgefordert. Im Anfange des J. 1800 erhielt S. die Stelle eines Professors der Philosophie an der hohen Landesschule in Hanau, die er in eine Vorbereitungsanstalt zur Universität umzuschaffen suchte. Nicht lange wirkte er daselbst, denn schon im J. 1803 legte er seine Professur nieder und machte den Versuch, in Homburg vor der Höhe eine Erziehungsanstalt zu errichten, die er jedoch, durch den Wunsch mehrerer Eltern bestimmt, Ostern 1804 wiederum nach Hanau verlegte. Eine Frucht seines damaligen Nachdenkens über pädagogische Gegenstände waren die „Aufsätze pädagogischen Inhalts." Leipzig 1806.

Im Frühjahr 1805 erhielt er einen Ruf von der reformirten Gemeinde zu Lübeck zur ersten Lehrerstelle an der Erziehungsanstalt, welche sie damals errichtete, und er folgte diesem Rufe. Seine amtliche Wirksamkeit daselbst war zwar sowohl in Hinsicht der Unterrichtsgegenstände als auch in Hinsicht der Schülerzahl beschränkt, aber doch im Ganzen befriedigend. Sie veranlaßte ihn zu folgenden pädagogischen Schriften: „Briefe über den Unterschied" u. s. w. und „Ein Beitrag zur Entwickelung des Begriffes der Erziehung." Lübeck 1808. — S. hatte Aufforderung und Gelegenheit gefunden, sich mit der Pestalozzi'schen Lehrmethode näher bekannt zu machen und er hatte sie zum Theil in jener Lehranstalt eingeführt. Immermehr wandte sich allmählig, genährt durch eine gewählte Lecture, sein Gemüth von fremden Lehren ab und kehrte zu sich selbst ein, um in eigener innerer Lebenserfahrung eine sichere Ueberzeugung zu gewinnen. Dieser Gemüthsrichtung entsprach folgende Preisaufgabe, welche die philos.-Classe der königl. Akademie der Wissenschaften zu Kopenhagen für das Jahr 1807 aufstellte: „Gibt es eine unmittelbare innere Wahrnehmung und worin ist diese von der innern Anschauung und von der bloßen Abstraction der Regeln unsers Denkens und Empfindens durch wiederholte Beobachtung verschieden? In welcher Beziehung stehen diese Handlungen und Lagen des Gemüthes mit den Begriffen und Ideen?" Seine Beantwortung dieser Fragen erhielt den Preis und erschien gedruckt unter dem Titel: „Ueber die innere Wahrnehmung." Berlin 1808.

Die Lehranstalt zu Lübeck ward in Folge der franz. Herrschaft sehr beschränkt. Das bestimmte S., dem im J. 1812 von Kassel aus an ihn ergangenen Rufe zu folgen und Direktor des Lyceums und der neu zu errichtenden Bürgerschule zu werden. Am 1. Okt. wurden die neuen Lehranstalten eröffnet. Bei dieser Veranlassung schrieb S. „Allgemeine Gedanken von dem Unterrichte und der Disciplin in Bürgerschulen und Lyceen." (Kassel 1812.) Ein Jahr später ertheilte ihm die Universität Marburg die Würde eines Doktors der Philosophie. Bald darauf ward Hessen von dem Joche der Ausländer erlöst. Dies hatte für die Lehranstalten zu Kassel die Folge, daß die Geschäfte der Aufsicht und Leitung getheilt wurden. S. gewann dadurch mehr Muße zur Philosophie und legte seine Ueberzeugungen in Schriften nieder. Daher das Buch „Die Betrachtung des Menschen."

(Lpz. 1815—18.) Die erſten beiden Bände ſind vornehmlich dem geiſti=
gen, der dritte dem leiblichen Leben des Menſchen gewidmet, ſo daß es
als eine ziemlich vollſtändige Anthropologie angeſehen werden kann.
Im Herbſte des Jahres 1815 wurde S. zum Inſtructor des Prinzen
Friedrich Wilhelm von Heſſen=Kaſſel mit dem Titel eines Hofraths er=
nannt und er begleitete denſelben zur Univerſität Leipzig, wo er 5 Jahre
verweilte.

　　Nach Beendigung ſeines Inſtructoramtes verlebte er das Jahr 1821
ohne öffentliche Anſtellung theils in Lübeck, theils in Melſungen bei ſei=
ner damals noch lebenden Mutter. Daneben widmete er ſeine Zeit
ſchriftſtelleriſchen Arbeiten. Von 1822 bis zu ſeinem Ende gehörte er,
nachdem er andere Rufe zurückgewieſen hatte, der Univerſität Marburg an
an. In den letzten 7 Jahren ſeines thätigen Lebens ward er von mehr
oder minder ſchweren körperlichen Leiden heimgeſucht, bei denen er jedoch,
mit wenigen Ausnahmen, die Pflichten ſeines Berufes treu und gewiſſen=
haft erfüllte, bis ihn der Herr über Leben und Tod zur höheren Wirk=
ſamkeit abrief.

C. Wilhelm Teuſcher.
Geboren ? — geſtorben den 4. Febr. 1837.

　　Derſelbe, ſelbſt von ſeiner früheſten Kindheit gehörlos, war von
1811—19 Zögling des Taubſtummen=Inſtituts zu Leipzig und dann treu=
verdienter Lehrer deſſelben.

Dr. Karl Treugott Thieme.
Geboren den 28. Januar 1763, geſtorben den 30. Mai 1802.

　　Geboren zu Caniz bei Oſchaz in Sachſen, wo ſein Vater Pfarrer
war, ſtudirte er auf der Fürſtenſchule zu Meißen und auf der Univerſi=
tät zu Leipzig. Nachdem er einige Jahre Hauslehrer geweſen war, wurde
er in Leipzig 1772 Katechet an der Peterskirche, 1776 Rector in Lübben,
1784 Rector in Merſeburg, und 1790 Rector zu Löbau in der ſächſiſchen
Oberlauſitz. Er ſtarb in Görlitz, wohin er ſich um ſeiner Kränklichkeit
willen begeben hatte, damit er ſeinem Arzte näher käme.

　　Th.'s ganzes Thun und Treiben war auf das Erziehungsfach, auf
die Erziehung des Menſchen und Staatsbürgers im Menſchen und des
Menſchen als denkenden und vernünftigen Weſens, nach Maßgabe der
Anlagen in jedem Einzelnen gerichtet. Er beurtheilte die Menſchen,
welche ſich ihm näherten, nicht ſchnell; aber wenn er ſich die Mühe gab,
ſie genau zu beobachten, und beſonders nach dem Maßſtabe für den all=
gemeinen Menſchenwerth, in Rückſicht auf unſere Beſtimmung, ſehr rich=
tig. So auch die, welche ihm zur Unterweiſung und Erziehung anver=
traut waren.

　　Wenn es darauf ankam, junge Männer, die ſich dem Erziehungs=
fache widmen wollten, durch einen theoretiſch=praktiſchen Unterricht mit
dem ganzen Umfange und Innern dieſes Wirkungskreiſes bekannt zu ma=
chen, da konnte nicht leicht Jemand mehr leiſten, als Th. Und ſo liegt
in ſeinen Schriften, ſo klein ſie ſind, doch ein Schatz von durchdachten,
durchaus brauchbaren Erfahrungen und Begriffen für die Methodik der
Erziehungskunſt, der ihnen lange Werth geben wird. Seinen Werth als
Schriftſteller muß man ſehr hoch anſchlagen, man mag auf den Stoff
ſehen, den er behandelte, oder auf die Art und Weiſe, wie er ihn be=
handelt hat. Zwar erntete er nicht eben große Lobeserhebungen dafür

ein, daß aber, ungeachtet der mangelnden Anpreisungen und literarischen Zeitungen doch der innere Werth dieser schriftstellerischen Arbeiten erbaut wurde, beweisen zum Theil die wiederholten starken Auflagen seiner „Ersten Nahrung" und seines „Gutmanns", zum Theil auch das Heer von Nachahmern und Commentatoren, die ihn und seinen Verdienst ebenso sehr verunehrten und beschränkten, wie es bei Kant in ähnlicher Rücksicht der Fall war. Abgerechnet seine Schrift: „Ueber die Hindernisse des Selbstdenkens," die ihm zuerst die Aufmerksamkeit erwarb und als selbstdenkender Kopf hinreichend charakterisirte, trat er nun im Erziehungsfache als Schriftsteller auf.

Seine „Erste Nahrung" und sein „Gutmann" verdienen vielleicht noch mehr, als Kant's unsterbliche Kritik, nicht blos classische Werke für die Nation und die lebende Menschheit, sondern als Meisterstück für alle Zeiten und Völker angesehen zu werden. So klein und unwichtig sie dem Aeußern nach erscheinen, so durchaus gehaltreich ist ihr Inneres gleich gediegenem Golde. Th. war ein denkender Mann, philosophirender Pädagog, Leiter und Anführer, praktischer Erzieher und ein ausgezeichneter Mensch.

Christian Thomasius.
Geboren den 1. Januar 1655, gestorben den 23. September 1723.

An der Marktscheide einer düstern Epoche, wo diese sich von der helleren Zeit schied, die über Deutschland herauf zu dämmern begann, stand Th. mitten inne, selbst ringend mit dem Dunkel und freudig die Bahn der neuen Zeit einschlagend. Der Vater, Jakob, war zu Leipzig Rector an der Thomasschule und lebte lange genug, den Bildungsgang des Sohnes zu leiten und ihn für die wissenschaftliche Laufbahn vorzubereiten. Mit 20 Jahren ging der junge Th. auf die Universität zu Frankfurt a. O., nachdem er schon einige Jahre vorher zu Leipzig das Baccalaureat und die Magisterwürde erlangt hatte, blieb in Frankfurt a. O. bis 1679 und wurde dort Doktor Juris. Vom belebtesten Einfluß war und blieb auf den jungen Gelehrten das glänzende Vorbild Friedrich Wilhelm II., des großen Kurfürsten von Brandenburg, der eine Stütze deutscher Wissenschaftlichkeit war. Nach Leipzig zurückgekehrt begann Thomasius Vorlesungen über Rechtswissenschaft und praktische Philosophie, und sah sich eben dieser praktischen Richtung halber bald genug in Zwistigkeiten und manchen gelehrten Streit verwickelt. Wie Luther die Klügeleien der Scholastik mit starkem Geiste zertrümmert hatte, so versuchte Th. mit klarem Geist und frischem Muth den Kampf mit den spitzfindigen Sophistereien, welche als Basis der Philosophie seinen Zeitgenossen noch galten; auf das innigste aber befreundete er sich mit einem der berühmtesten dieser Zeitgenossen, mit August Hermann Franke. Th. versuchte die Wissenschaft fruchtbar zu machen für das Leben, suchte Vorurtheile zu bekämpfen, den Schlendrian zu beseitigen, wahre Volksbildung zu befördern, und vieles gelang ihm, gegen manches auch kämpfte er vergebens an, der unsterbliche Zopf pedantischer Schulgelahrtheit z. B. war zu dick, als daß die Scheere der schonungslosesten Gegenwirkung ihn ganz abzuschneiden vermocht hätte. Th. wagte die unerhörte Neuerung, Dissertationen und Programme in deutscher Sprache zu schreiben, er wagte es in deutscher Sprache seine Vorlesungen anzukündigen und zu halten, und dennoch wurden diese, zum Grauen der alten Perücken, zum Erdrücken voll. Th. wagte noch mehr — mit scharfer Kritik und beißendem Witz die Irrthümer anzutasten, in denen seine Zeit noch befangen war. Der gräßlichste dieser Irrthümer der Glaube an den Teufel, an Hexerei, dem mit der empörendsten Freude der Juristen an Menschenquälern und Mord zahllose Menschen zum Opfer gebracht wurden. Hatte Th. in letzter Beziehung schon einen Vorgänger, den frommen Jesuiten Spee gehabt, so hatte er doch mehr Anlaß und ein weiteres Feld, erfolgreich gegen den entsetzlichen Wahnsinn der Zeit zu kämpfen, dennoch aber ward er in Leipzig gleichsam ausgebissen, denn er war nicht groß und geistesmächtig genug, den Gegnern gar keine Blöße zu bieten, und wagte sich zumal vom reinphilosophischen und juridischen, auch auf das theologische Gebiet, an dem die Phalanx der Gegner zu stark und seine wissenschaftliche Kraft zu schwach war, um lang andauernde Kämpfe siegreich zu bestehen.

Th. verließ Leipzig und ging nach Berlin, wo er sich vom Kurfürst Friedrich III., hernach König Friedrich I., in Preußen, sehr ehrenvoll aufgenommen sah. Der König ernannte ihn zum Rath mit 300 Thalern Gehalt und zum Professor in Halle. Dort waren die Vorlesungen des berühmten Th. so sehr besucht, daß der einflußreichste Minister Dankelmann dem Könige rieth, die in Halle bestehende, vom großen Kurfürsten eingerichtete Ritterakademie zu einer Hochschule zu erheben. Dieß geschah 1694. Halle wurde Universität und Th. erhielt an ihr die 2te Professur der Jurisprudenz, später wurde ihm die Oberleitung der ganzen Universität mit Rang und Titel eines Geheimraths übertragen. Auch der herrliche Aug. Herm. Franke fand als Professor der Theologie dort neben dem Freunde bleibenden Wohnsitz, und beide wirkten vereint für Förderung des Menschenwohles und geläuterter Wissenschaftlichkeit bis zu ihrem Tode. Zahlreich sind Th.'s Schriften, obwohl nicht alle von gleichem Werth; die Mehrzahl ist vergessen. Aber Th.'s Name klingt ruhm- und ehrenvoll durch die Jahrhunderte und bleibt der Nachwelt unvergessen.

Friedrich von Thiersch.
Geboren den 17. Juni 1784, gestorben den 25. Februar 1860.

Derselbe k. b. Geh. Rath, Mitglied der Akademie, quiescirter Professor an der Universität, Inhaber vieler hoher Orden, wurde geboren als der 2te Sohn des Landwirthes Philipp Benjamin Thiersch in Kirchscheidungen, einem thüringischen Dorfe an der Unstrut. Auf Andringen seines Großvaters, des Pfarrers Lange, wurde er für die gelehrte Laufbahn bestimmt und legte zuerst in der Domschule zu Naumburg und später in Schulpforta den Grund zu seinem ausgebreiteten philologischen Wissen. Nachdem er im Jahre 1804 die Universität Leipzig bezogen und den theologischen und philologischen Studien sich gewidmet, wurde er durch den Philologen Heine für das Gymnasium zu Göttingen gewonnen. Im Begriffe, an der dortigen Universität sich als Dozent zu habilitiren, erhielt er einen Ruf an das Lyzeum in München, in Folge dessen er im Jahre 1809 in den Dienst Bayerns trat. In der ersten Zeit seines Aufenthaltes daselbst war ihm der ehrenvolle Auftrag, die Prinzessinnen des bayr. königl. Hauses in die klassische Literatur einzuführen. Ein huldvolles bis zu seinem Ende ihn ehrendes Andenken seiner hohen Schülerinnen und eine herzliche auch auf seine trauernde Wittwe sich erstreckende Theilnahme war der Lohn für den freudigen Eifer, mit welchem er dem ihm übertragenen Amte sich unterzogen hatte; ebenso ehrte ihn in den Jahren 1814 und 1815 der Auftrag, jene Kunst- und Literaturschätze dem bayerischen Staate zurückzugewinnen, die im Verlaufe der politischen Verhältnisse nach Paris abhanden gekommen waren. In dieser Zeit machte er auch den ersten Anfang, die unter so vielen Opfern aber auch unter vielem lohnenden Erfolg und Anerkennung übernommene Aufgabe zu lösen, dem neuerwachten Griechenland wieder zu einem lebenskräftigen Dasein durch den Schatz der Bildung zu verhelfen, die das Abendland als ein reiches Erbe einst von dem alten Griechenland empfangen. Im Jahre 1816 verheirathete er sich mit seiner jetzigen Wittwe, einer gebornen Löffler, Tochter des gothischen Generalsuperintendenten gleichen Namens, aus welcher Ehe sieben Kinder hervorgingen, von welchen 6 den Vater überlebten. Er wurde im Jahre 1826 Professor an der nach München verlegten Hochschule, nachdem er zuvor schon Mitglied der Akademie geworden und wurde im Jahre 1829 zum erstenmale Rektor der Universität. Nach einer an Erfolg reichen Thätigkeit in Griechenland in den Jahren 1831 — 32 wandte er seine Kräfte dem bayerschen gelehrten Schulwesen zu, um das er durch treue Hingabe, durch gewissenhafte Anwendung seiner reichen Erfahrungen, durch Ernst und Freimuth sich hoch verdient gemacht. Nachdem er im Jahre 1848 zum 2tenmale die Würde eines Rektors der Universität bekleidet hatte, widmete er sich von da an ausschließlich dem Amte eines Vorstandes der Akademie, welche Stelle ihm schon von Sr. Maj. dem König Ludwig übertragen und von Sr. Maj. dem jetzt regierenden Könige zu zweimalen ihm bestätigt wurde. Unter unzähligen Beweisen der Anerkennung, Liebe und Dankbarkeit aus der Nähe und Ferne feierte er am 18. Juni 1858 sein 50jähriges Doctorjubiläum, wo er als praeceptor Bavariae bezeichnet wurde. An dem im nächsten Jahre gefeierten, von ihm noch mit großem Eifer vorbereiteten 100jährigen Jubiläum der Akademie konnte er persönlich nicht mehr theilnehmen. Eine Hemmung der Sprache kündete den hereinbrechenden Verfall seiner Kräfte an, in Folge dessen er sich die Versetzung in den Ruhestand erbitten mußte, die ihm am 1. Jan. 1860 in huldvollster Weise von Sr. Maj. dem Könige ertheilt wurde. Seine Kraft war gebrochen, sein klarer Geist von da an getrübt, nur in einzelnen Augenblicken leuchtete noch mitunter das Feuer seines geistigen Lebens. Seine vorzüglichsten Schriften sind:

Griechische Grammatik, vorzüglich des homerischen Dialektes. Leipzig. — Ueber die Epochen der bildenden Kraft unter den Griechen. 2. Aufl. München, 1829. — Ueber die neuesten Angriffe auf die Universitäten. Stuttgart, 1837. — Ueber den gegenwärtigen Zustand des Unterrichts in den westlichen Staaten von Deutschland. 3 Bd. Stuttgart, 1838; — viele Abhandlungen von ihm enthalten die Denkschriften der Münchener Akademie der Wissenschaften.

Ernst Tillich.
Geboren im Jahr 1780, gestorben den 30. Okt. 1807.

Derselbe wurde zu Bresen bei Guben geboren und starb zu Dessau. Frühzeitig trat aus ihm ein lebhafter, selbstdenkender Geist hervor, dem sich ein höchst liebenswürdiger, edler Charakter zugesellte. Der innern Richtung seines Geistes und Charakters folgend, widmete er sich dem Unterrichte der Jugend, nachdem er seine Universitätsstudien vollendet hatte. Selbst noch Jüngling, errichtete er in Leipzig eine Unterrichts-Erziehungsanstalt, wanderte bald nachher in die Schweiz zu dem damals gefeierten Extrapädagogen Pestalozzi, um den Schatz einer naturgemäßen Unterrichtsmethode sich öffnen zu lassen. Geistig bereichert begab er sich dann nach Dessau und übernahm hier in Gemeinschaft Olivier's die Leitung eines größern Lehr- und Erziehungsinstitutes. Verschiedenheit der Ansichten trennte ihn von seinem Freunde und er behielt die Direktion des Institutes allein. Sein allzuheftiger Feuereifer für das Werk der Jugendbildung verzehrte leider allzufrüh seine Kräfte und er vollendete seine rühmlichst begonnene Laufbahn schon in einem Alter von 30 Jahren. Er zeigte sich als trefflicher Methodiker. Dies beweisen seine Schriften, die noch heute Beachtung verdienen; wir nennen hier folgende:

Tillich E., erstes Lesebuch für Kinder. 2. Thl. Leipz. 1811. — Tillich's Grundregeln der Schön- und Rechtschreibekunst. Mit 2 Tabellen für das lateinische und deutsche Alphabet, gezeichnet von Irmisch. Leipz 1804. 1 Thlr. — Tillich's Lehrbuch der geometr. Verhältnisse mit 16 Kupfern. Leipz. 1807. — Dessen allgem. Lehrbuch der Arithmetik. 3 völlig verb. und mit einem prakt. Thl. verm. Aufl. von Dr. F. W. Lindner. Leipz. 1836. 2. Thl. — Tillich's Beiträge zur Erziehungskunst, zur Vervollkommnung sowohl ihrer Grundsätze als ihrer Methode, Eltern und Erziehern gewidmet, herausgegeben in Gemeinschaft mit dem Prof. L. Weiß zu Leipzig in den Jahren 1803—1805.

Johann Georg Tobler.
Geboren den 17. Okt. 1769, gestorben den 10. Aug. 1843.

Derselbe wurde in der Schweiz zu Trogen (im Kant. Appenzell-Außerhoden) geboren und starb nach einer kurzen Krankheit im 74. Altersjahre in Nyon. Sein Schulunterricht war höchst dürftig, wie überhaupt in jener Zeit. Seine Neigung trieb ihn zum Predigerberufe. Er konnte aber aus Mangel an Vermögen erst im 23. Jahre (1792), mit höchst mangelhaften Vorkenntnissen ausgerüstet, die Universität Basel beziehen. Mit allen Eigenschaften zu einem vortrefflichen Prediger begabt, fehlte ihm zur Erlernung fremder Sprachen das Wortgedächtniß. Dieses Hinderniß trat ihm, um das Candidatenexamen zu bestehen, überall entgegen. Er sollte auf einer andern Laufbahn einen größern Wirkungskreis finden. Daher vertauschte er die theologischen Studien mit dem praktischen Berufe eines Hauslehrers und Erziehers.

Im Jahre 1799 stellte er sich an die Spitze einer Mädchenanstalt für nach Basel ausgewanderte Kinder. Ein Ruf von Pestalozzi führte ihn im Mai 1800 nach Burgdorf. Dort fand er schon seine Freunde Krüsi und Buß vor, dort verheirathete er sich und nach kurzer Unterbrechung mit Pestalozzi nach Münchenbuchsee und Ifferten wandernd wirkte er 7 Jahre mit ihm vereinigt. Die Umstände führten ihn von da nach Mühlhausen, wo er neben andern Bestrebungen eine Fabrikschule gründete, die schnell von 400 bis zu 600 Schülern anwuchs, die jedoch mitten im glücklichen Fortgange 1811 aufgelöst wurde. Tobler kehrte nach Basel zurück, zunächst um seine pädagog. Ansichten und Erfahrungen zu sammeln und eine nach Pestalozzi's Bildungsgrundsätzen bearbeitete Geographie druckfertig zu machen.

Indessen zwang ihn seine ökonomische Lage eine Anstellung zu suchen. Er fand sie 1812 in Glarus, wo er als Lehrer bei einer Privatanstalt angestellt wurde. Am Neujahrstage 1817 erhielten er und seine Mitlehrer der Theuerung wegen den Abschied. Gleich darauf trat er auf's Neue als Hauslehrer in eine angesehene dortige Familie, wo er 3 volle Jahre blieb. Als diese ihre Kinder der inzwischen errichteten Cantonsschule anvertraute, wandte er sich nach Arbon (am Bodensee), beim Plane, statt einer Anstalt ein bildendes Vater- und Mutterhaus zu errichten; der Ort war zu klein. T. wandte sich ein Jahr später nach St. Gallen. Hier ging ihm der wahre Stern seines selbstständigen pädagogischen Lebens auf. Es muß dankbar anerkannt werden, daß St. Gallen ihm Spielraum gab, sein Erzieher- und Bildnertalent 10 Jahre hindurch frei und ungehemmt an den Tag legen zu können und zu bewähren. Zu den edelsten Früchten gehört die Bildung seiner Söhne zu des Vaters würdigen Nachfolgern. 1831 konnte er dem ältern seine Anstalt vertrauensvoll abtreten, der 1836 St. Gallen verließ und Niederer nach Ifferten und Genf folgte, an welchen beiden Orten er eigenen Instituten vorstand und zugleich um Niederers Tochteranstalt sich höchst schätzbare Verdienste erwarb. Zuletzt bekleidete er die Direktorsstelle der Kantonsschule in Trogen.

Die letzten Jahre verlebte T. in Basel, zuletzt bei seinem 2ten Sohne, dem Unternehmer einer Knabenanstalt in Nyon. Die letzten Monate seines Lebens wurden noch durch ein erhöhtes geistiges Selbstgefühl durch die erhebende Aussicht, seine Tage an seinem Geburtsorte zu enden, wohin er sich sehnte, und durch eine rastlose Thätigkeit, seine Schriften und seine häuslichen Angelegenheiten zu ordnen beglückt. Sein inneres Leben ging für der Erde hell erglänzend unter, wie die Sonne im Abendroth und in Unsterblichkeit verkündender Bläue des Himmels.

Seine fruchtbarsten Schriftstellerperiode fällt in die Zeit seines Aufenthaltes in Glarus, nachdem er vorher schon die Kinderschrift „Ali und Ala oder die kleinen Insulaner" und dann „Peter oder die Folgen der Unwissenheit", „Ferdinand Dulder oder die Macht des Glaubens" und Gotthold oder der wackere Seelsorger" publicirte. Diese Werke waren aus seinem Herzen geschrieben, weder eine Erzeugung des Pestalozzianischen Bildungsgeistes noch der bloßen Nachahmung, noch bloße Arbeiten der Noth, sondern aus allen diesen Einwirkungen zusammengeflossen, darum nicht originell genug, um Aufsehen zu erregen, aber nützlich und lehrreich für die Classe von Lesern, denen sie bestimmt sind. Es sind Gemälde seiner persönlichen Ansichten, Gefühle und Ideale, welche unsere Zeit ohne Widerspruch unter die sogenannten Volksbücher aufnehmen kann. Auch lieferte er Arbeiten Beiträge in gemeinnützige Zeitschriften. Seine Predigtentwürfe hatten, wie er später erfuhr, mehr Abonnenten als er selbst wußte.

Sein liebstes Bild des Wirkens war das der Pflanzen von Fruchtbäumen, das schönste und ausdrucksvollste, in dem sein Andenken fortlebte.

Ernst Christian Trapp.
Geboren den 8. November 1745, gestorben den 18. April 1818.

Dieser Pädagog aus der philantropischen Schule, geboren zu Drage („Friedrichsruhe") in Holstein hat an verschiedenen Anstalten seiner Zeit gewirkt, als Rektor zu Itzehoe von 1773—76 als Conrector und Professor bei dem Edukationsinstitute zu Dessau bis 1779 als Professor der Pädagogik auf der Universität zu Halle bis 1783, da er diese niederlegte und zu Hamburg eine Erziehungsanstalt übernahm, jedoch nur bis 1786, worauf er nach Salzdalum bei Wolfenbüttel zog und dort in Gemeinschaft mit dem Rath Campe als Vorsteher eines Privatinstitutes wirkte, dessen Mitarbeiter am Revisionswerke er schon früher gewesen war, wo er auch starb.

Aus seinem Jugendleben ist unter andern folgender Zug aufgeführt: „Sein Lehrer, Rektor Ehlers zu Segeberg, bezeugt nämlich von ihm, daß er ihm auch nicht ein einziges Mal Veranlassung gegeben habe, ihm andere als freundliche Erinnerungen zu geben, und daß ihm die Erinnerung an sein Betragen und sein Fleiß vom höchsten Werthe gewesen sei, deßhalb empfahl er auch den jungen T., da ihm die Mittel zum Studiren fehlten, in einer besondern Schulschrift."

T. suchte die neue Pädagogik in ein System zu ordnen. Klarheit und Consequenz hat er vielleicht vor allen Schriftstellern seiner Schule voraus. Auch gehört er unter die bündigsten Apologeten gegen Rehberg'sche und andere Angriffe, welche dem, was sie neue Pädagogik nennen, alles Uebel, das erst auf Erden ist, zuschreiben mochten, als ob die alte Pädagogik davor sicher gestellt hätte. Späterhin erklärte er sich warm für die Pestalozzi'sche Methode, endete aber geistesschwach. Seine Schriften sind:

Der Erzieher, eine Wochenschrift. 3. Abth. Leipzig, 1783. Tägliches Handbuch für die Jugend. Hamburg. 1784. Versuch einer Pädagogik. Berlin, 1780. Unterredungen mit der Jugend. Hamburg, 1822.

Johann Philipp Trefurt.
Geboren den 10. August 1769, gestorben den 23. November 1841.

Derselbe ward in Breseleng im Lüneburgischen geboren. Er war von 1795—1801 Inspektor des Schullehrer-Seminars in Hannover und sodann Generalsuperintendent und Professor der Theologie zu Göttingen. Neben seinen mannigfachen Berufsarbeiten ist die Bildung der Jugend durch Schrift und Wort seine Lieblingsbeschäftigung gewesen. Dafür spricht, daß unter seinen zahlreichen Schriften nicht wenig zum Gebrauche der Jugend geschrieben sind, sowie auch, daß er selbst in den ersten Jahren seines Wirkens in Göttingen eine Töchterschule gründete. Durch seine katechetischen Schriften, seine biblischen Erzählungen und durch seine neue Beiträge zur Kenntniß und Verbesserung des Kirchen= und Schulwesens, vorzüglich im Hannöver'schen, 1809—10 ist auch in weiteren Kreisen sein Name bekannt geworden.

Valentin Friedland Trotzendorf.
Geboren den 14. Februar 1490, gestorben den 25. April 1556:

Eine Meile von Görlitz liegt das Dörfchen Trotzendorf; hier ward Valentin Friedland im Jahre 1490 geboren und nahm nach der Sitte jener Zeit von seinem Geburtsorte in der Folge den Beinamen Trotzendorf an. Sein Vater, Bernhard Friedland war ein schlichter, frommer und nicht ganz unbemittelter Landmann, der mit den Bettelmönchen aus Görlitz in lebendigem Verkehr stand. Was sie im Dorfe und in der Umgegend erbettelten, legten sie bei ihm zur Aufbewahrung nieder. Fuhr er dann zur Stadt, so nahm er es ihnen mit. Oft begleitete ihn sein Sohn zu den Mönchen, die aus seinen klugen Fragen, aus seinen trefflichen Antworten, aus seiner Freude über ihre Bücher auf Neigung und Fähigkeit zum Studiren schlossen und dem Vater riethen, dem Sohn in die lateinische Schule nach Görlitz zu schicken. Der alte Friedland befolgte ihren Rath. Aber kaum hatte der Knabe dort lesen lernen, so rief ihn der Vater nach Hause zurück, entweder, weil ihn der Aufenthalt des Sohnes in Görlitz zu viel kostete, oder weil er seiner Hülfe bei seinen ländlichen Arbeiten nicht wohl entbehren konnte, oder weil Valentin selbst sich durch den schwierigen Anfang seiner Studien nicht besonders angezogen fühlte. Niemanden war das weniger lieb, als der Mutter, die nach dem Aberglauben jener Zeit einst eine besonders hohe Stelle im Himmel einzunehmen hoffte, wenn ihr Sohn Priester oder Mönch würde. Da sie aber den Sohn wider den Willen des Vaters seinen ländlichen Beschäftigungen nicht entziehen konnte, so sorgte sie wenigstens dafür, daß ihn in Freistunden der Prediger im Schreiben, der Küster des Dorfes aber im Lesen unterrichteten. Dabei mußte sich

Trotzendorf, so selten waren damals noch ordentliche Schreibmaterialien,
des Ofenrußes nicht selten statt der Tinte, der Birkenrinde statt des
Papiers bedienen. Während er so, theils wissenschaftlich, theils ländlich
beschäftigt, noch 2 Jahre bei den Aeltern zubrachte, gewann er eine immer größere Liebe zu den Wissenschaften und beschloß, besonders auch
von der Mutter dazu bestimmt, sich ihnen ganz zu widmen und dem
Landleben zu entsagen. Der Vater mußte endlich dem vereinten Anbringen von Frau und Sohn nachgeben und seinen Valentin zum 2tenmal
nach Görlitz schicken, wo er sich den Wissenschaften mit Ernst und Eifer
hingab, nach wenigen Jahren alle seine Mitschüler überflügelte und die
größten Hoffnungen von sich erregte. Unter seinen Lehrern schloß er sich
besonders an den Magister Alexander Cuspianus, der nachher zur
evangelischen Kirche übertrat und sich unter den Reformatoren Schlesiens
vortheilhaft auszeichnete. Im Jahre 1513 starb Valentin's Vater und
bald darauf auch seine Mutter. Als er von dieser zu einer Zeit, wo
eben die Pest in der Oberlausitz wüthete, zum letztenmale Abschied nahm,
begleitete ihn die Mutter eine Strecke Wegs und rief ihm unter vielen
Thränen beim Scheiden die ihm ewig unvergeßlichen Worte zu: „Lieber
Sohn, bleib ja bei der Schule." Durch die letzte Ermahnung seiner
Mutter hielt sich Trotzendorf später wie durch ein mütterliches Gelübde
an das Schulamt gebunden. Mochten ihm daher auch in der Folge Anerbietungen zu glänzenden Kirchenämtern gemacht werden: er schlug sie
aus und blieb dem Schulleben treu, für das ihn die letzten Worte der
geliebten Mutter zu bestimmen schienen. Nach dem Tode beider Aeltern
verkaufte er ihr kleines Besitzthum in Trotzendorf, wodurch er sich die
nothwendigsten Mittel für seine Universitätsstudien verschaffte, und begab
sich nach Leipzig, wo er sich unter Peter Mosellanus im Lateinischen
vervollkommnete und von dem Engländer Richard Crocus die griechische
Sprache erlernte. Beide Männer hörte er 2 Jahre hindurch sehr fleißig,
las nach ihrer Anleitung griechische und lateinische Schriftsteller, und
war bemüht, nach ihnen seinen Styl zu bilden. Als er in Leipzig 1515
den Grad eines Baccalaureus erworben hatte, ward er als letzter Lehrer
an die Schule zu Görlitz berufen. So groß aber war schon damals der
Ruf seiner Gelehrsamkeit, daß Rektor und Collegen der Schule sich nicht
schämten, von ihm, der noch vor kurzer Zeit ihr Schüler gewesen war,
die Elemente der griechischen Sprache und ein classisches Latein zu erlernen. Er erklärte ihnen Cicero's Werk über die Pflichten und die dem
Plutarch beigelegte Schrift von der Kindererziehung. Auch unterstützte
er viele Schulmänner Schlesiens bei der Einrichtung oder Verbesserung
ihrer Schulen durch Rath und That. Unterdessen hatte Luther's Kampf
gegen Tetzels schamlosen Ablaßhandel die allgemeine Aufmerksamkeit und
Bewunderung erregt. Sein kühnes Auftreten bewog Trotzendorf, sein
Schulamt in Görlitz aufzugeben und 1518 nach Wittenberg zu gehen,
um ein Schüler des großen Reformators zu werden. Mit Eifer und
Fleiß hörte er diesen und den trefflichen Melanchthon 5 Jahre hindurch;
doch fühlte er sich durch den sanften Charakter und den Lehrvortrag des
letzteren besonders angezogen. Ihm ergab er sich mit so inniger Liebe,
daß er nicht nur seine Gedanken, sondern auch seine Worte zu behalten
und sie bis zum höchsten Alter bei seinen eigenen Vorträgen anzuwenden
strebte. Gegen ihn bewahrte er zeitlebens die innigste Anhänglichkeit;
ihm tüchtige Schüler zu bilden, war sein eifrigstes Streben, keinen Finger breit von seiner Lehrart abzuweichen, galt ihm als Gewissenssache.
In Wittenberg fand Trotzendorf auch Gelegenheit, die hebräische Sprache
zu erlernen, indem er die Bekanntschaft mit dem getauften spanischen Juden

Hadrian machte. Willig war Trozendorf, der eben nicht Ueberfluß an Geld hatte, der Famulus des Juden, um von ihm die hl. Sprache der Bibel ohne Honorar zu erlernen. So groß aber war sein Talent, so ausgezeichnet sein Fleiß, daß er zur größten Verwunderung Aller nicht nur selbst in gar kurzer Zeit die Psalmen ohne Dolmetscher in der Ursprache zu lesen, sondern sie sie auch Andern zu erklären vermochte. Ueberhaupt wurde es ihm in den letzten Jahren seines Aufenthaltes auf der Universität nicht schwer, sich durch Privatunterricht selbst zu erhalten; denn der überall rege Eifer für die wiedererwachten Wissenschaften, die überall auftauchende Begierde, die Fesseln mönchischer Barbarei abzustreifen, die noch immer fühlbare Seltenheit tüchtiger Lehrer führten Männern, die, wie Trozendorf, sich durch gründliche Gelehrsamkeit und gute Methode auszeichneten, reichlich Schüler, Geld und Ehre zu. Außer der hebräischen Sprache waren es besonders Cicero's Schriften und die paulinischen Briefe, die er mit vielem Fleiße und mit großer Sorgfalt seinen zahlreichen Zuhörern erklärte. Ueberhaupt beschäftigte er sich in dieser Zeit und auch später noch viel und gern mit theologischen Studien, und wie hätte das auch anders sein können, in einem Zeitalter, wo nicht Politik, wie heute, sondern Religion alle Gemüther bewegte, wo ein Luther und Melanchthon den erfolgreichen Kampf des Lichtes gegen die Finsterniß begonnen hatten, wo die kräftigsten und edelsten Geister, wiederum ausgerüstet mit der Kenntniß der Ursprachen der hl. Schrift, diese Quelle ewiger Wahrheit selbst zu durchforschen vermochten! Einen wie eifrigen Antheil auch Trozendorf an den religiösen Streitigkeiten, welche damals die Welt bewegten, nahm, davon zeugt nicht nur seine persönliche Theilnahme an den zu Leipzig und Breslau gehaltenen berühmten Disputationen, sondern auch sein thätiger und beharrlicher Kampf gegen die damals auftauchenden Irrlehren Schwenkfeld's und seiner Genossen.

Da Trozendorf durch Luther's und Melanchthon's Nähe an Wittenberg gefesselt wurde, da er in ihrer Umgebung die beste Gelegenheit hatte, sich in seiner religiösen Ueberzeugung zu befestigen, da sein Privatunterricht ihm reichliche Mittel gewährte, sich dort zu erhalten, so bedurfte es eines ganz besonderen Einflusses, um ihn zu bewegen, von der Stadt, die damals den Ruf eines zweiten Athens hatte, zu scheiden. Dieser Einfluß ging von seinem Busenfreunde Georg Helmrich, einem jungen Manne von tüchtigen Gaben und Kenntnissen, aus, der Trozendorf im Jahre 1523 für die Schule in Goldberg gewann. Der Patron dieser Schule, Herzog Friedrich II. zu Liegnitz, ein Freund und Beförderer der Wissenschaften, sah mit Bedauern, daß diese Anstalt seit dem Abgange des gelehrten Rectors Hieronymus Wildenberg, der in einem fast hundertjährigen Alter kurz vor dieser Zeit in Preußen gestorben war, nicht mehr zu rechter Kraft und Blüthe gelangen konnte. Als er daher den bisherigen Rector M. Sylvius zum Stadtrichter und Rathsherrn berufen hatte, trug er dem damals erst 23jährigen Helmrich aus Goldberg das Rectorat in seiner Vaterstadt so dringend an, daß dieser, so schwer auch er sich von der Wittenberger Akademie trennte, dennoch nicht wagen durfte, das Anerbieten seines Landesvaters abzulehnen. Zugleich hatte ihm der Herzog aufgetragen, sich selbst einen tüchtigen Collegen mit nach Goldberg zu bringen, damit man desto sicherer auf das Gedeihen einer Anstalt, die dem Fürsten sehr am Herzen lag, rechnen könne. Helmrich kannte keinen, der ihm dazu fähiger und würdiger geschienen hätte, als Trozendorf, und da diesem noch immer der letzte Wunsch seiner Mutter: „Valentin, bleib' bei der Schule" vor der Seele schwebte, so ward es Helmrich leicht, den Freund zur Uebernahme eines öffentlichen Lehramtes

zu gewinnen. Nur ein Jahr lang arbeiteten beide Freunde gemeinschaftlich an der Schule zu Goldberg, dann ward Helmrich von seinem Fürsten
zum Rathsherrn, später zum Bürgermeister seiner Vaterstadt erhoben und das Goldberger Rectorat Trotzendorf übertragen. Drei Jahre
lang stand er jetzt eifrig und fleißig der Schule allein vor; aber theils
die religiösen Streitigkeiten, welche damals je länger, je mehr alle Gemüther entflammten, theils des Rectors zu rege Theilnahme an denselben,
welche ihm den größten Theil seiner Muße raubten, hinderten das rasche
Aufblühen der Anstalt. Dieser ward Trotzendorf bald darauf ganz
entzogen, als Herzog Friedrich II. 1527 aus Eifer für die Wissenschaften
den Entschluß faßte, in seiner Residenz Liegnitz eine Universität zu begründen, und ihn als Lehrer an dieselbe berief. Doch die abweichenden
Religionsansichten des herzoglichen Rathes und des Kanonikus Kaspar
von Schwenkfeld, dem der Fürst Anfangs sehr geneigt war, Theuerung
und Pest vertrieben bald Lehrer und Schüler wieder. Nur Trotzendorf
hielt ritterlich in seiner Stellung aus, widersetzte sich mit der ganzen
Kraft seines Geistes den schwenkfeld'schen Irrlehren, überzeugte den Herzog durch die Beweiskraft der hl. Schrift von der Verwerflichkeit der
Ansichten Schwenkfeld's und ruhte nicht eher, bis dieser und seine Partei
Stadt und Land geräumt hatten. Dann verließ auch er, begleitet von
den sechs noch übrig gebliebenen Liegnitzer Studenten, die herzogliche
Residenz und wandte sich 1529 von Neuem nach Wittenberg, um dort
seine früheren Vorlesungen wieder zu eröffnen. Unterdessen sah Helmrich
mit Betrübniß die Goldberger Schule unter Trotzendorf's Nachfolger
Johann Lange je länger, je mehr in Verfall gerathen, und kaum hatte
daher dieser, um sich der allgemeinen Unzufriedenheit mit seiner Amtsführung zu entziehen, seine Stelle im Jahre 1530 aufgegeben, als der
Goldberger Magistrat auf Helmrich's Antrieb Trotzendorf bringend zu
sich einlud, um die Wiederherstellung der Schule zu übernehmen.
Die Liebe zum alten Freunde, die Neigung zum praktischen Schulleben
bestimmten diesen, der Bitte Gehör zu schenken und 1541 sich der Leitung
der Goldberger Schule wieder selbst zu unterziehen. Seine gereiftere
Erfahrung, sein Ruf ausgezeichneter Gelehrsamkeit, der jetzt schon ganz
Schlesien erfüllte, führte Zöglinge bald von allen Orten zu.
Jetzt beginnt die wahre Glanzperiode im Leben Trotzendorf's. Der
gelehrte Schulmann Michael Neander spricht in seiner 1586 in lateinischer Sprache zu Leipzig herausgegebenen Geographie, indem er von
Goldberg handelt, so von Trotzendorf: „Goldberg ist seit langer Zeit
berühmt in Deutschland und in den benachbarten Ländern durch seine
gelehrte Schule, zu welcher der Studien wegen Knaben und Jünglinge
nicht nur aus Schlesien, sondern auch aus den benachbarten Gegenden,
Ungarn, Oestreicher, Steiermärker, Kärnther und Polen, immer in der
größten Anzahl, zusammenströmten, angelockt durch das Lob und den
Ruhm des ausgezeichneten und in der Bildung der Jugend besonders
glücklichen Rectors Valentin Trotzendorf, dessen Ruf so groß war,
daß in Schlesien selten einer, wenn er etwa anderswo die Wissenschaften
nicht eben erfolglos erlernt hatte, unter die Zahl der Gelehrten
gerechnet wurde, wenn er sich nicht wenigstens einige Zeit lang des
Unterrichtes des Mannes bedient hatte, der allen großen und berühmten Männern, auch einem Luther und Melanchthon theuer war,
die ihn, führten ihn seine Geschäfte nach Wittenberg, stets ehrenvoll und
freundlich bei sich aufnahmen. Er stand der Schule mit Ruhm und ausgezeichnetem Erfolge mehr als 30 Jahre vor, an ihr gleichsam durch ein
mütterliches Gelübde gefesselt".

Philipp Melanchthon, indem er im Jahre 1558 von Schlesien rühmt: „Keine andere Provinz Deutschlands habe in der gesammten Philosophie mehrere gelehrte Männer, die Stadt Breslau besitze nicht nur fleißige Künstler und geistreiche Bürger, sondern auch einen Magistrat, der Wissenschaften und Künste mit großer Munificenz unterstütze; in keinem Theile Deutschlands lernten und verständen mehrere aus dem Volke die Wissenschaften; in der Kirche herrsche fast im ganzen Lande fromme Eintracht, viele Lehrer in den Städten verständen die lateinische, griechische und hebräische Sprache und zeichneten sich durch ihren Eifer für die wahre Religion aus", schreibt diesen hohen Standpunkt intellektueller Bildung besonders dem wohlthätigen Einflusse Trozendorf's und seiner Schule zu.

So leitete Trozendorf mit unermüdlicher Thätigkeit sein Gymnasium und erfreute sich des glücklichsten Erfolges seiner Wirksamkeit; daher hingen auch die Bürger Goldbergs mit außerordentlicher Liebe an ihrem treuen Lehrer. Als er 1540 den ehrenvollen Ruf als Rector nach Görlitz erhielt und um seine Entlassung bat, bewogen ihn diese durch die rührendsten Bitten, in Goldberg zu bleiben, und schenkten ihm zum Zeichen ihrer Anhänglichkeit das Gut Höckersberg.

Wie aber kein Mensch von Schicksalsschlägen verschont bleibt, so auch Trozendorf nicht. Im Jahre 1536 schlug ihm der Tod seines Jugendfreundes Helmrich eine schwere Wunde und in demselben Jahre bereitete ihm der Selbstmord eines Schülers großen Kummer.

Am 20. April 1556 des Morgens in der siebenten Stunde traf ihn der Schlag und er starb am oben genannten Tage.

Carl Christian Wilhelm v. Türk.
Geboren den 8. Januar 1774, gestorben den 30. Juli 1846.

> Motto: „Was Sie, meine Freunde, mit treuer Hand, mit
> reiner Liebe für Ihren Beruf in die kindlichen Gemüther
> gepflanzt, das ist ewig unvergänglich."   v. Türk.

Derselbe war zu Meiningen geboren, im Hause seines Oheims zu Hildburghausen erzogen und unterrichtet und bezog, ohne eine öffentliche Schule besucht zu haben, 17½ Jahre alt die Universität Jena. Nachdem er 1793 das Studium der Rechte beendigt und sich vergebens um eine Anstellung bei der Regierung beworben hatte, wurde er dem Prinzen, nachmaligem Herzog Karl von Mecklenburg (dem Vater der verewigten Königin Luise), der damals gerade in Hildburghausen zum Besuch war, bekannt, und dieser beschloß, ihn für sein Land zu gewinnen. Schon 1794 erhielt v. Türk die Bestallung als Auditor bei der Justiz-Kanzlei und wurde zwei Jahre darauf zum Kammerherrn und zum Rath bei der Justiz-Kanzlei befördert. 1800 mußte er neben den Justizgeschäften die Leitung der Schulangelegenheiten übernehmen. 1804 nahm er auf sechs Monate Urlaub, besuchte mehrere Schulen und begab sich in demselben Jahre auf etliche Monate zu Pestalozzi nach München-Buchsee. Die Ergebnisse seines Aufenthalts bei Pestalozzi veröffentlichte er in seinen Briefen aus München-Buchsee (Leipzig 1808), eine Schrift, die zu den tüchtigsten und belehrendsten Nachrichten über Pestalozzi's Methode gehört.

Nach Mecklenburg zurückgekehrt war er selbst als Lehrer thätig und machte auch die Lehrer mit Pestalozzi's Methode bekannt. Auf seinen Reisen dem Prinzen von Oldenburg bekannt geworden, wurde er Ende

1805 als Justiz = und Consistorialrath nach Oldenburg berufen. Auch hier war er als Lehrer und Erzieher thätig, erfreute sich aber nicht des Herzogs Beifall, so daß er, besonders noch durch die Kriegsunruhen bedrängt, seine Stelle in Oldenburg aufgab, um sich ganz dem Erziehungsfache zu widmen. 1808 ging er mit einigen Zöglingen nach Yverdun zu Pestalozzi, unterrichtete eine Zeit lang in dessen Anstalt, trennte sich aber von ihm, als ihn die dortigen Zustände nicht befriedigten, und gründete zu Bevay am Genfersee eine eigene Erziehungsanstalt. Da indeß die ökonomischen Verhältnisse ihm hindernd entgegentraten, so bot er der preußischen Regierung seine Dienste an und wurde 1815 als Regierungs= und Schulrath nach Frankfurt an der Ober berufen.

Der Lehrkursus über Pestalozzi's Methode, den er hier im September 1816 mit beinahe 70 Geistlichen und Lehrern hielt, regte an und blieb nicht ohne Frucht; auch gab er hier seinen **Leitfaden für den Unterricht im Rechnen** heraus. 1817 wurde v. Türk zum Schulrath bei der Regierung zu Potsdam berufen, in welcher Stellung er 16 Jahre thätig gewesen, als er sie 1833 aufgab, um seine ganze Zeit und Kraft den von ihm gegründeten gemeinnützigen Anstalten zu widmen, von denen wir, mit Uebergehung seiner Unternehmungen zur Beförderung des Seidenbaus, folgende wohlthätige Stiftungen nennen: 1) **Die Lehrer-Wittwenkassen zu Sorau**, für den Regierungsbezirk Frankfurt und für den Regierungsbezirk Potsdam. 2) **Die Friedensgesellschaft zu Potsdam**, am Reformationsfest 1818 gestiftet, um talentvolle, aber unbemittelte Jünglinge, welche sich der Kunst oder den Wissenschaften widmen, zu unterstützen. 3) **Das Civil=Waisenhaus**, in welchem jetzt gegen 30 verwaiste Knaben erzogen werden. 5) **Der Fond zur Erziehung und Unterstützung verwaister Mädchen.** 5) **Das Waisenhaus zu Klein=Glienicke bei Potsdam** für verwaiste Kinder aus den Klassen der Gewerbtreibenden, der Elementarlehrer und der niedern Staatsbeamten. — Der Ertrag seines Rechenbuchs, der Verkauf einer Gemäldesammlung, so wie namhafte Unterstützungen boten v. Türk die dazu nöthigen Mittel.

Gottfried Friedrich Tunica.
Geboren den 5. April 1795, gestorben den 19. April 1856.

Derselbe wurde zu Braunschweig geboren und starb daselbst. Er war der Sohn unbemittelter, aber braver Eltern und genoß den ersten Unterricht in der Brüdern = Schreibschule, welche er später mit der Katharinenschule vertauschte. Die Volksschulen der Stadt Braunschweig waren damals größtentheils Kirchschulen, und die Organisation derselben noch ziemlich unvollkommen. Durch seine bedeutenden Fähigkeiten, seinen angestrengten Fleiß, nicht minder aber durch sein gesittetes, höchst bescheidenes Wesen erregte er binnen Kurzem die Aufmerksamkeit des für die damaligen Verhältnisse bedeutenden Daubert, welcher ihn schon von seiner Confirmation an zu einem seiner Hülfslehrer machte. In dieser Stellung blieb er siebenzehn Jahre, in welcher Zeit er neben sehr beschwerlichen Lehrerarbeiten und vielem Privatunterrichte — denn der wackere Sohn wurde schon sehr früh in Gemeinschaft mit seinem ihm ähnlichen Bruder der Versorger seines Vaters — rastlos und mit herrlichem Erfolge an seiner eigenen Ausbildung arbeitete und endlich alle seine Mitarbeiter, selbst seinen Meister an Kenntnissen und Lehrertüchtigkeit weit überstrahlte. Im Okt. 1826 vertauschte er diese Stellung mit der eines selbstständigen Lehrers der Martini = Schreib= und Rechenschule

einer einklaſſigen Volksſchule mit über 100 Kindern, von denen faſt die
Hälfte aus Anhänglichkeit an ihren bisherigen Lehrer demſelben gefolgt
waren und welche Zahl bald noch bedeutend wuchs. Im Jahre 1830
erfuhr das Volksſchulweſen der Stadt Braunſchweig eine heilſame Verbeſſerung durch die dem damaligen Stadtdirektor Bode hauptſächlich zu
dankende Organiſation der Bürgerſchulen. Bisher waren die ſtädtiſchen
Lehrer — mit Ausnahme derer an den Armenſchulen, der Garniſon- und
Waiſenhaus-Schule — nur conceſſionirte Schulhalter geweſen, die ſich
allerdings bei der Stadtbehörde über ihre Befähigung auszuweiſen hatten,
übrigens aber außer einem nicht bedeutenden Zuſchuſſe aus dem betreffenden Kirchenfond keinen Gehalt aus der Stadtkaſſe bezogen, ſondern allein
auf das Schulgeld ihrer Zöglinge angewieſen waren. Durch die neue
Einrichtung wurden die Kirchſchulen als ſolche aufgehoben und ſtatt ihrer
zwei Bürgerſchulen, eine öſtliche und eine weſtliche, geſchaffen, die Lehrer-
ſtellen mit dem vorhandenen Perſonale und den älteſten Zöglingen des
Waiſenhaus-Seminars beſetzt und vom Magiſtrate ſalarirt. Beide
Schulanſtalten, welche jede bei 5 Stufen-Klaſſen Anfangs 8 Klaſſen
(ſpäter 10) zählten, wurden der ſpeciellen Leitung zweier Dirigenten un-
terſtellt; dirigirender Lehrer der öſtl. Bürgerſchulen wurde Daubert,
der weſtlichen Tunica. In dieſer Stellung hat derſelbe mithin 26 Jahre
höchſt ſegensreich gewirkt und war während dieſer Zeit ſeinen ihm untergebenen Kollegen ein nachſichtiger, milder Vorgeſetzter, ja noch mehr, ein
treuer Rathgeber und Freund.

Sein Fleiß war unermüdlich und er hielt ſtrenge Ordnung in allen
ſeinen Arbeiten und geizte mit ſeiner Zeit vielleicht zu ſehr. Seine Er-
heiterungen waren ein kurzer Spaziergang und ſeine Bücher und Ausarbeitungen. Seine Bibliothek zählt 5000—6000 Bände, welche er, der
Allen, nur ſich ſelbſt nicht genügte, in einer Weiſe benutzte, wie es wohl
höchſt ſelten geſchehen möchte.

Ein großes Verdienſt erwarb ſich T. durch ſeine Schulvorſchriften,
welche allmählig in allen Schulen Braunſchweigs Eingang fanden und
ſehr tüchtige Kalligraphen bildeten, ein noch größeres aber durch ſeine
ſchon erwähnten Rechenbücher, welche unſtreitig die quantativ wie qualitativ bedeutendſte Exempelſammlung genannt zu werden verdienen. Der
Anfang dieſer ungemein reichen Sammlung fällt ſchon in das Jahr 1815.
Die Herausgabe des 1. Theils erfolgte jedoch erſt 1827. Fortwährend
hat der nie raſtende Mann an dieſem Werke gebeſſert und daſſelbe ver-
vollſtändigt, von dem der 1. Theil vier, der 2. drei Auflagen (die letzte
1852) erlebte. Außerdem erſchien 1853 noch ſeine „Kurze Anweiſung
zur praktiſchen Rechenkunſt" (zum Selbſtunterrichte), welches Werk ge-
wiſſermaßen einen ergänzenden Anhang zu den beiden übrigen bildet.
Außer allen dieſen ſpeciell auf die Schule Bezug habenden Arbeiten wurden aber T.'s Zeit und Kräfte noch durch mancherlei Ehrenämter bedeutend in Anſpruch genommen. Seit 1830 war derſelbe Bibliothekar und
Schriftführer der pädagogiſchen Leſegeſellſchaft; ſeit 1854 verwaltete er
zugleich das Amt eines Präſidenten derſelben. Aus dieſem Vereine erwuchs im J. 1839 eine pädagogiſche Conferenz, welche jedoch nur bis
1847 beſtand. Im Anfange des Jahres 1851 wurde zu T.'s Freude
und in Folge ſeiner Aufforderung der Volksſchullehrer-Verein der Stadt
Braunſchweig in's Leben gerufen, welcher jeden Monat einmal Sitzung
hält und über 40 Mitglieder zählt. In dieſen Conferenzen hat der
thätige und beſcheidene Mann, welcher das Amt eines Vorſitzenden ent-
ſchieden ablehnte, nicht allein die Geſchäfte des erſten Schriftführers un-
ausgeſetzt bis zu ſeiner letzten Krankheit beſorgt, ſondern auch vielfach

höchst gediegene Vorträge gehalten, von denen einige sowohl, was tiefes Nachdenken und gründliches Studium über den gewählten Gegenstand betrifft, als auch dem Umfange nach als bedeutende Arbeiten erscheinen.

Mapheus Vegius.

Geboren im Jahr 1406, gestorben im Jahr 1458.

Derselbe, einer der ausgezeichnetsten lateinischen Redner und Dichter des 15. Jahrhunderts, wurde zu Lodi 1406 geboren. Sein Vater Bellortus und seine Mutter Katharina aus der Leutherischen Familie gaben ihm eine gute und standesgemäße Erziehung. Zu seinem ersten Unterrichte hatte er zwei Lehrer, welche jedoch nach Bildung und Charakter sehr verschieden waren. Nach dem Unterrichte in der Grammatik besuchte er die hohe Schule in Tessin, nach Andern in Mailand, wo er das Glück hatte, tüchtige Lehrer zu finden, unter denen er rasche Fortschritte machte. Man ersieht aus 2 seiner Briefe, daß er im Jahr 1433 zu Pavia war und dort die schönen Wissenschaften vorgetragen habe. Von Eugen IV. nach Rom berufen, wurde er dort zum Sekretär der Breven befördert, und da er sich diesem Amte mit der größten Ordnungsliebe widmete, bald darauf zum Datarius ernannt, eine Stelle, mit welcher ein Canonikat der St. Peterskirche verbunden ist. Zufrieden mit diesem Amte lehnte er die Erhebung auf einen sehr einträglichen Bischofsstuhl ab, indem er in seiner Bescheidenheit für ein so hohes Amt sich nicht gewachsen und würdig genug hielt. Nach dem Tode des Papstes Eugen erfreute er sich in gleichem Grade der Liebe und des Wohlwollens Nikolaus V. Von seinen prosaischen Arbeiten besitzen wir das gelehrte Schriftchen: „Disputation zwischen der Erde, der Sonne und dem Golde", IV. Bücher „über die Beharrlichkeit in der Religion, an die Ordensschwestern Elisabetha und Monika," I. Buch „über die vier letzten Dinge," den Dialog, „Philaletes über die Wahrheitsliebe," endlich VI. Bücher „über die Erziehung." seit Plutarch von Chäronäa sowohl unter den vorhandenen, als verloren gegangenen Schriften das gelehrteste und nützlichste Werk, welches 1511 zu Paris und 1541 zu Basel erschienen ist. Er starb zu Rom im Jahr 1458, also im 11. Jahre der Regierung des Papstes Pius II. Seine Ruhestätte befindet sich in der Kirche des heil. Augustus, die er zu Ehren der heil. Monika auf's Prachtvollste errichten, und wohin er ihre Gebeine in einem prachtvollen Sarcophag beisetzen ließ, welcher in zwei Distichen folgende von ihm verfaßte Inschrift trägt:

Hier, verehre des Augustinus heilige Mutter,
Und trage deine Gebete hin zu der Stätte, in welcher sie ruht.
Damit einst Monika der ganzen dankbaren Menschheit
Beistehe und für die zu ihrer Ehre dargebrachten Gebete sich hülfreich erzeige.

Victorin von Feltre.

Geboren im Jahre 1378, gestorben den 2. Februar 1446.

Derselbe ward zu Feltre geboren, von welcher Stadt er seinen Beinamen erhielt. Sein eigentlicher Beiname war Rambaldoni. Seine Eltern waren so arm, daß sie zuweilen des Nöthigsten zu ihrem Unterhalte entbehrten. Um so schmerzlicher ward ihnen dieß, als sie den frühzeitig emporstrebenden Geist des Knaben im Widerspruch mit der Dürftigkeit fanden. Unter die Aufsicht eines Lehrers von geringen Kenntnissen gestellt, hatte Victorin in einem Alter von zwanzig Jahren eine kaum gewöhnliche Bildung, doch auch die Ueberzeugung erlangt, daß ohne

Bücher und zweckmäßigen Unterricht der eifrigste Selbstunterricht un=
fruchtbar sei. Er beschloß daher, seine Vaterstadt zu verlassen und sich
nach Padua, der damaligen Nährerin der Wissenschaften und Künste, zu
wenden. Um seinen Unterhalt zu erwerben, mußte er hier das Geschäft
eines Elementarlehrers in den Häusern der Bürger übernehmen, während
er sich zu einem geordneten Studienlaufe mit jenem Eifer anschickte, der
junge Leute belebt, die zu Höherm bestimmt, im Verfolge ihres Berufes,
die härtesten Beschwerlichkeiten süß und angenehm finden. In der Be=
redtsamkeit und Sprachenkunde unterrichtete ihn Johann von Ravenna.
Von ihm erlernte Victorin zugleich jene Heiligkeit der Sitten und mora=
lische Vollkommenheit, wovon er in der Folge ein so glänzendes Muster=
bild wurde. Nebenbei besuchte er die Schule des Kaspar Barrizza, des
hochberühmten Wiederherstellers der reinen lateinischen Sprache. Mit
gleichem Eifer trieb er sodann das Studium der ernstern Wissenschaften,
d. i. jener, welche zum gründlichen Nachdenken leiten und folgerichtigen
Schlüssen aus eigenen Gedanken; und weil schöne und zierliche Worte
ohne weise Verbindung guter Ideen ihm nur für das Gewerbe eines
Marktschreiers genügend erschienen, ergab er sich der Dialektik und an=
deren Zweigen der Philosophie. Nach vollendetem Studienlauf erhielt
Victorin die akademischen Würden nebst den damit verbundenen Aus=
zeichnungen, deren Werth dazumal hoch angeschlagen wurde. Doch konnte
der bescheidene Mann sich nie dazu entschließen, den Ring oder das Dok=
torbaret zu tragen oder mit Titeln in Unterschriften zu prunken. Ein
Feind aller Ostentation pflegte er zu sagen: „Die größte Zierde des
Mannes bleibt Tugend und Weisheit; der übrige Plunder taugt zu
nichts." Auch dem Studium der Theologie widmete Victorin einen Theil
seiner Zeit. Meist aber entwickelte sich sein großes Talent durch Ma=
thematik. Glaubte er auch in der Folge, als er das Erziehungs= und
Lehrfach zu seiner Lebensbeschäftigung gemacht hatte, daß, wenn die ma=
thematischen Uebungen im Jugendunterrichte zur Hauptsache gemacht wür=
den, der Geist nach Form und Inhalt ausgehöhlt und abgestumpft werde,
so schenkte er ihr doch damals großen Fleiß und dieß um so mehr, weil
er darin ein Mittel zu entdecken schien, den Verstand kräftig zu bilden
und zum ernstern Nachdenken zu führen. Während Victorin sich so aus=
bildete, kehrte Guerino von Verona, einer der größten Sprachkundiger
in Italien, aus Griechenland nach Venedig zurück. Dahin begab sich
Victorin, um die griechische Sprache zu erlernen. Von ihm lernte da=
gegen Guerino das reinere Latein und gab ihm seinen Sohn zur Er=
ziehung. Von da kehrte er nach Padua zurück, wo man ihn als ein
Wunder der Gelehrsamkeit anzusehen anfing. Sein Auftreten in Padua
erregte demnach die größten Erwartungen. Nicht nur wetteiferte die
studirende Jugend, ihn zu hören, auch alte und erfahrene Männer, ja
die ganze Stadt beeilte sich, in schwierigen Angelegenheiten seinen Rath
einzuholen. Und Victorin hörte jeden freundlich, gab überall die nöthi=
gen Erhellungen und freute sich, den Versammlungen der Gebildeteren
beizuwohnen, in denen er stets die Hauptrolle spielte, ohne es zu wollen,
aber auch ohne jenes vornehme Herabsehen auf Nachgestellte, das er=
niedriget und erbittert. Ihm wurde, als einem so ausgezeichneten und
anspruchlosen Manne, im Jahre 1442 der Lehrstuhl der Rhetorik und
Philosophie auf der Hochschule zu Padua angetragen. Lange zögerte er,
in dieses Anerbieten einzugehen, doch siegten endlich die dringenden Bit=
ten so vieler Zöglinge und die Erwägung, wie viel er als öffentlicher
Lehrer für das allgemeine Beste wirken könnte. Er entschloß sich daher,
öffentlich zu lehren. Zugleich hielt er in seinem Hause eine Anzahl aus=

erwählter Schüler, von deren Talenten und guten Sitten er zum Heile des Vaterlandes sich Vieles versprach, erzog und belehrte sie mit besonderer Sorgfalt. Zwischen Reichen und Armen machte er keinen Unterschied, außer daß Erstere eine ihrem Reichthum angemessene Summe zum unentgeltlichen Unterhalte der Letztern beitragen mußten. So handelte er, ohne für seine Bemühungen auch nur einen Pfennig anzunehmen. Hiebei pflegte er zu sagen: es sei ihm die süßeste Vergeltung, wenn seine Schüler nicht bloß gut sprechen, sondern auch brav handeln lernten. Die Zahl der in seinem Hause vorhandenen Zöglinge war festgestellt, und weder Anerbietungen noch Bitten konnten ihn bewegen, sie zu vermehren. Eine übergroße Schaar führt Verwirrung und Unordnung herbei; in einer weniger zahlreichen Schule wird Nacheiferung, der sichere Quell leuchtender Fortschritte, wohl eher erweckt. Sorglich prüfte darum Victorin die, welche die Aufnahme wünschten, entließ ohne Nachsicht die Ausgelassenen, Rohen und Unbeugsamen und wies die durchaus Talentlosen mit sanfter Ueberredung in eine andere Bahn. — Ein ganzes Jahr fuhr er fort, öffentlich und in seinem Hause zu lehren, dann aber empört über die Ausschweifungen und herrschende Ungebundenheit der lernenden Jugend verließ er seinen Posten und begab sich nach Venedig. Hier eröffnete er, wie früher in Padua, eine Erziehungsanstalt, welcher gar bald von allen Seiten Italiens Jünglinge und Knaben mit glänzenden Anerbietungen zuströmten. Doch blieb er nach wie vor anbeugsam in Betreff der Auswahl derselben, gestattete nur solchen die Aufnahme, von denen er schnelle und glückliche Fortschritte in Kenntniß und Sitten hoffte, und war in Beurtheilung der Zöglinge so streng, daß er zuweilen einen Bettelknaben mit offenen Armen empfing, während er den durch Geburt und Reichthum begünstigten abwies. Indem Victorin so sein Erziehungs- und Bildungsgeschäft zu Venedig mit Liebe und Eifer betrieb, bereitete ihm die göttliche Vorsehung an einem andern Orte einen ehrenvollen Wirkungskreis, wodurch seine Thätigkeit nicht nur erweitert, sondern auch sein Name außerhalb Italiens Gränzen bekannt werden sollte. Um jene Zeit herrschte in Mantua Joh. Franz Gonzaga. Zeitig darauf bedacht, seinen Söhnen und Töchtern eine gute Erziehung zu geben, suchte er den ausgezeichneten Victorin auf jede Bedingung zu gewinnen. Indeß erbat sich dieser Bedenkzeit. Er überlegte, daß ein Fürst zu dem zwar mühevollen, aber von Vielen beneideten Amte einen mit Hofsitte und Hofleben völlig unbekannten Fremdling berufe, von dessen Gelehrsamkeit man vielleicht eine zu hohe Idee gefaßt habe; er wendete ein, daß ihm der Zwang ceremonieller Förmlichkeiten verhaßt sei, daß bei den an Pracht und Glanz gewöhnten Zöglingen eine nach seinen Grundsätzen geregelte Erziehung, von der doch allein ein glücklicher Erfolg zu erwarten sei, nicht würde in Anwendung gebracht werden. Indem r aber erwog, wie viel er zur Wohlfahrt des Landes beitragen könnte, und wie leicht es ihm werden dürfte, die ausreichenden Mittel zur Begründung einer von ihm längst beabsichtigten Armenunterrichtsanstalt zu erlangen, fand er die mächtigern Gründe, dem ehrenvollen Rufe zu folgen, und begab sich 1425 nach Mantua. Bei seinem Erscheinen vor dem Fürsten sprach er: „Obwohl ich mir vorgenommen hatte, Fürstenpracht und Höfe zu meiden, so hoffe ich doch, daß Du, in Folge Deiner trefflichen Erziehung, meiner Denkweise nicht entgegen sein wirst, und, von Dir berufen, komme ich und werde so lange bei Dir bleiben, als Deine hochgefeierte Tugend sich fort und fort bewährt, und Du nicht Dinge von mir forderst, die unserer Beider unwürdig sind.“ Ihm erwiederte der Fürst: „Das Deiner Sitteneinfalt und Gelehrsamkeit allgemein gezollte Lob bewog mich, Dich zu

berufen, die Erziehung und geistige Ausbildung meiner Kinder zu besorgen. Ich übergebe sie Dir ohne Beschränkung, indem ich mir nur den
Namen und die Liebe des Vaters vorbehalte." — Eine solche seltene Bescheidenheit erregte Victorins Erstaunen, er begann in seinem Herzen
frohe Hoffnung zu nähren, und begnügte sich einstweilen, von dem Fürsten die Erlaubniß freier Waltung über das Dienstpersonale seiner Zöglinge zu erbitten, weil er diese Befugniß als eine Sache von größer
Wichtigkeit in dem Erziehungsgeschäfte ansah. Was er verlangte, ward
bewilliget. Eine Zeitlang machte er nun den schweigenden Zuschauer
des Lebens und Treibens am Hofe und räumte den jugendlichen Gemüthern Gelegenheit ein, sich in ihrem wahren Lichte zu zeigen. Sobald
er nun Alles geprüft und die Wurzel manches Unheils entdeckt hatte,
legte er die Hand an's Werk. Nicht wie sonst war der Tisch; einfacher
die Kleidung und Pflege; Alles wird plötzlich gewandelt. Er wachte
darüber, daß seinen Anordnungen Folge geleistet wurde, übte Strenge
mit Sanftmuth, Liebe mit Gelassenheit, unterhielt seine Zöglinge mit für
ihr Alter passenden Gesprächen, um sie für Tugend, das Studium und
den Ruhm zu begeistern. Vor Allem war W. darauf bedacht, auf eine
feste Grundlage, Erziehung und Unterricht zu bauen, und diese war ihm
— Religion und Gottesfurcht. Unter seiner sorgsamen Leitung gedieh
das Werk mit jedem Tage lieblicher. Beide Fürstensöhne wurden unter
seiner Aufsicht so behend und körperstark und so ergriffen vom Heiligen,
daß, als er sie in seinem späten Alter sah, Freudenthränen aus seinen
Augen rollten und er sich Glück wünschte, der Lehrer und Führer dieser
Prinzen gewesen zu sein. — Und wirklich war Victorin's Erziehungssystem von der Art, daß man sich dabei leicht die Ueberzeugung verschaffen
kann, er sei mit den Methoden und Entwürfen über Jugendbildung,
welche von den neuern pädagogischen Schriftstellern mit geheimnißvoller
Miene als ganz frische Entdeckungen aufgetischt worden sind, gut bekannt
gewesen, und dieß in einem Jahrhunderte, das in Betreff der Bildung
denen für roh und unwissend gilt, die es nicht der Mühe werth halten,
dasselbe zu erforschen. — Drei Dinge waren es, die Victorin bei der
Ausbildung seiner Zöglinge im Auge behielt: Körper, Verstand und
Gemüth. Sein ganzes Erziehungssystem bezweckte nichts Anderes, als
diese drei Bestandtheile des Menschen zu vervollkommnen oder von verderblichen Neigungen und Gebrechen zu befreien. Die Zusammenstellung
der Mittel, wodurch er solches bewirkte, liefert den Complex oder Inbegriff seiner Kenntnisse in Betreff dieses wichtigen Gegenstandes. Der
Ruf seines Namens und seiner vortrefflichen Erziehungsmethode war auch
über die Alpen gedrungen; nicht aus Italien allein, auch aus Frankreich,
Deutschland, sogar aus Griechenland strömten ihm Schüler zu, und obgleich er nicht Allen die Aufnahme gewährte, war doch die Anzahl derselben so groß, daß er nur Einige, die er ihrer Talente und ihrer Sit-
tenreinheit wegen besonders liebgewonnen hatte, bei sich und in der niederen Umgebung der Prinzen behielt, die Andern aber in einem benachbarten, zu diesem Zwecke eingerichteten Hause unterbrachte. Wie W. seine
Zöglinge gleichmäßig liebte, welcher Wissenschaft oder Kunst sie sich hingeben mochten, so schätzte er auch die ihn unterstützenden Lehrer.
Nie war die harmonische Wirksamkeit durch eine pedantische Unterordnung
und eine Art despotischen Haushalts unterbrochen. Er selbst war die
lebendige Methode. Er lehrte mit jener edlen Freiheit und Natürlichkeit, welche auf den Schüler mit eigener Kraft wirkt. Da übrigens der
Geist der Liebe nur in ihm waltete, so war sein Lehrvortrag herzlich,
eindringend und erhebend. Es war die Religion des Lehrers, welche als

die Seele aller wahren Methode seinen Lehrstunden den Segen ertheilte.
Trotz seiner Gewandtheit, sich immer nach dem Verständniß des Schülers
zu richten und, wo es Noth that, passend ab= und einzulenken, trotz sei=
ner vielumfassenden Gelehrsamkeit wagte er es doch nicht, öffentlich auf=
zutreten, ohne sich auf das vorbereitet zu haben, was er vortragen wollte.
Bei Prüfung der schriftlichen Arbeiten verwendete er alle Sorge, damit
ihm ja Nichts entginge, was Lob oder Tadel verdiente, und gab dem
Schüler stets Rechenschaft von dem niedergeschriebenen Urtheil. Er mochte
öffentlich oder privatim lehren, so verlangte er ungetheilte Aufmerksamkeit.
Er rieth seinen Lehrlingen, das Vorgetragene zu überdenken, das, was
ihnen unverständlich und dunkel geblieben war, sogleich zu notiren und
die deutlichere Erklärung des Lehrers darüber zu fordern. So ließ er
auch das Erlernte fleißig wiederholen. Daher kam es denn auch, daß
viele von seinen Schülern schon in ihrem zarten Alter die herrlichsten
Fortschritte machten. Bei Allem, was V. für die Gesundheit des Kör=
pers und die Bildung des Geistes seiner Zöglinge that, suchte er insbe=
sondere ihre Herzen zu bereichern mit der Tugend und mit religiösen Ge=
fühlen. Auf dieses Hauptmoment aller Erziehung richtete er stets sein
Augenmerk und unterstützte seine Lehre immer mit seinem eigenen Bei=
spiele. Aufmerksam prüfte er die Gesinnungen seiner Schüler über Re=
ligion, in welcher er selbst den Unterricht ertheilte. Mit einem Worte,
V.'s Erziehungsanstalt zeichnete sich so sehr aus, daß aus derselben die
edelsten Jünglinge als eine Zierde des Vaterlandes hervorgingen. V.,
obgleich sehr gelehrt, schrieb verhältnißmäßig nur wenig und brachte da=
her nur wenig zur Oeffentlichkeit. Er widmete sein ganzes Leben dem
öffentlichen und Privatunterrichte, den Uebungen der Frömmigkeit und
Menschlichkeit. Wenn gleichwohl Victorin selbst nur wenig Schriftliches
über Erziehung und Unterricht hinterlassen hat, so haben uns doch seine
Zeitgenossen und Freunde, Platina, Prendilacque, Sassuolo
und Castiglione die köstlichsten Perlen von seinem Leben und Wirken,
sowie von seinen Lehren und Grundsätzen über Erziehung und Unterricht
überliefert. Carlo Rosmini hat dieselben gesammelt und in eine
lichtvolle Ordnung gebracht. Er starb am oben genannten Tage. Wäre
ihm, dem edlen Manne, ein Grabdenkmal gesetzt worden, so hätte das=
selbe die Aufschrift erhalten müssen: „Victorin war das Bild
eines vorzüglichen Erziehers und Jugendlehrers, wür=
dig der Krone der Auserwählten Gottes!"

Gerhard Ulrich Anton Vieth.
Geboren den 8. Januar 1763, gestorben den 12. Januar 1836.

Derselbe ward zu Hofstel in der Herrschaft Jever, damals unter
anhaltzerbstischer Hoheit. Er studirte in den Jahren 1781—83 zu Göt=
tingen Jurisprudenz, Mathematik ꝛc., erhielt aber schon im Jahr 1786
den Ruf als Lehrer der Mathematik und der französischen Sprache durch
den unvergeßlichen Director Neuendorf, der damals auf des unsterblichen
Leopold Friedrich Franz Veranlassung die Hauptschule zu Dessau neu
organisirt hatte und um so mehr und Treffliches leisten konnte, da er
Niemanden verantwortlich war als dem großherzigen Fürsten selbst. Sach=
verständige ermessen ohne Weiteres, welch' einen Werth eine solche un=
gefesselte Wirksamkeit für den Mann vom Fach hat. — Nach Neuendorf's
Tode ward dem Vieth die Direction übertragen (1799), wiewohl sie
ihm eigentlich minder zusagte. 1820 ward er, mit Beibehaltung seiner
Lehrerstelle, zum Schulrathe und zum Schul=Ephorus ernannt. Die

letztere Stellung konnte ihm auch nicht eben erwünscht sein. Was in dessen V. als Lehrer war, das wissen Hunderte, um nicht Tausende zu sagen, seit einem halben Jahrhundert dankbar zu rühmen. Er verband Güte mit Ernst und Strenge, war ein abgesagter Feind des Pedantismus, in welcher Form er sich auch zeigte, und haßte alle Kleinigkeitskrämereien, sowie er dem lächerlichen Gelehrtenstolze, an welchem die Dunse aller Nationen noch heutzutage so sehr leiden, höchst abhold war. Darum genoß auch Vieth die allgemeinste Hochachtung und Verehrung in und außerhalb der Schule, in und außerhalb Anhalt, in und außerhalb Deutschland. — Als Gelehrter und als fruchtbarer Schriftsteller ist Vieth in und außerhalb Deutschland rühmlich bekannt. Seine Schriften erlebten fast alle mehrere (2—5) Auflagen, wurden auch überall gut und nach Verdienst aufgenommen. Mehrere davon sind vergriffen. Seine Schriften sind:

Vermischte Aufsätze für Liebhaber mathematischer Wissenschaften. Mit Kupfer und 4 Tabellen. Berlin, 1792 — Versuch einer Encyklopädie der Leibesübungen. 2 Bde. Mit Kpfrn. u. Musik. Berlin, 1794, 1795. — Erster Unterricht in der Mathematik für Bürgerschulen, welcher das Gemeinnützlichste und Faßlichste aus der Rechenkunst, Meßkunst, Mechanik und Baukunst enthält. Mit 9 Kupfertafeln. Leipzig, 1796. — Holländische Uebersetzung. Leiden, 1800. — Anfangsgründe der Mathematik. 1ter Theil. Arithmetik und Geometrie. Leipzig, 1796 Mit 9 Kupfertafeln. 2 Thl. Statistik, Optik und Astronomie. Leipzig, 1796. Mit 7 Kupfertafeln. Kurze Anleitung zur Differentialrechnung, als Ergänzung zum Lehrbuch der reinen Mathematik. Leipzig, 1823. — Musterzeichnungen zur Uebung für die Jugend in Bürgerschulen, gezeichnet von Vieth, gestochen unter Dän. Bergers Aufsicht. 4 Hefte. Berlin, 1796—98. — Anfangsgründe der Naturlehre für Bürgerschulen mit 4 Kupfertafeln. Leipzig, 1797. — Physikalischer Kinderfreund. 1 Thl. mit 8 erläuternden Vignetten. Leipzig, 1798. — Atlas der alten Welt, bestehend aus 12 Kärtchen, entworfen und gezeichnet von Vieth und mit erklärenden Tabellen, herausgegeben von C. Ph. Funke. Weimar, 1800. (A. mit französ. u. lat. Text und Titel.) 2. verb. Aufl. 1804. — Historische Bemerkungen, die Hauptschule zu Dessau betreffend. Rede beim Osterexamen 1801 gehalten. — Anzeige der öffentlichen Prüfung in der Hauptschule zu Dessau. Dessau, 1804. — Rede beim Schlusse des öffentlichen Examens in der Hauptschule zu Dessau. Dessau, 1804. Progr. Prüfung neu erfundener Auflösung des Delischen Problems und der Trisektion des Winkels. Dessau, 1806. — Progr. Ueber die Ortsbestimmung von Dessau aus astronomischen Beobachtungen. Ebds. 1807. — Feier des Jubelfestes. Dessau, 1809. — Progr. Ueber Kalenderformen und Kalenderreformen. Dessau, 1809. — Betrachtungen über das Spiel, besonders über das Pharao. Elberfeld, 1815. — Progr. Ueber figurirte Zahlen. Dessau, 1817. — Progr. Ueber das Doppeltheater des Curio. Dessau, 1818. — Grundriß der Physik für Schulen. Zerbst, 1818. Mit 1 Kpfr. — Progr. Ueber Durchschnitte der Tangenten. Dessau, 1819. — Sammlung einiger in der Hauptschule zu Dessau gehaltener Reden Dessau, 1819. — Leitfaden zur vollständigen Bearbeitung des wiederhergestellten Apolonius von Franz Vieta, nach den Combinationen der gegebenen Elemente und ihrer Lage gegen einander entworfen. Mit einer Steindrucktafel. Cbls. 1820 — Mit Ch. Fr. Stadelmann: 2 Reden bei Einweihung der erneuerten Hauptschule zu Dessau. Dessau, 1820.

Franz Joseph Vierthaler.
Geboren den 25. September 1758, gestorben den 3. Oktober 1827.

Dieser Mann, welcher als Pädagog und Gelehrter so segensreich und vielfach für das Erziehungs- und Volksschulwesen in Oesterreich wirkte, wurde zu Mauerkirchen in Oberösterreich geboren. Da V. viele Fähigkeiten zeigte, ließen ihn seine Eltern, nachdem er die Schule in seinem Geburtsorte mit gutem Erfolge besucht hatte, studiren. Sie gaben ihn als Sängerknaben in das Benediktinerstift Michaelbeuren, wo er

Unterricht in der lateinischen Sprache bekam. In seinem 13. Jahre kam er nach Salzburg und studirte am dortigen Gymnasium mit glücklichem Erfolge. Nach Vollendung der Gymnasialstudien studirte er Philosophie und widmete sich hernach den juridischen Wissenschaften. Schon während seiner Studien beschäftigte sich B. mit Privatunterricht, und als er im Jahre 1783 seiner ausgezeichneten Fähigkeiten und Geschicklichkeiten wegen als Lehrer an einem adeligen Erziehungsinstitute in Salzburg angestellt wurde, kam der Entschluß, sich dem Lehramte zu widmen, bei ihm zur Reife.

Man fing damals allgemein an, das Volksschulwesen zu heben, und um dasselbe kräftig zu fördern, errichtete der damalige Fürst-Erzbischof von Salzburg ein Schullehrerseminar, in welchem dem Lehramtscandidaten ein zweckmäßiger Unterricht im Lehr- und Erziehungsfache ertheilt werden sollte. Da dieses neu errichtete Seminar eines Mannes als Director bedurfte, der eine umfassende, höhere pädagogische Bildung besaß, fiel die Wahl in der Berathung auf B., der sich bisher als Institutslehrer ausgezeichnet hatte. Im November 1790 trat er sein neues Amt an und ließ sich die Bildung der Lehramtscandidaten in intellektueller, moralischer und pädagogischer Hinsicht besonders angelegen sein. Er theilte ihnen in seinen Vorlesungen die Grundsätze der Erziehung und des Unterrichts in faßlicher Weise und mit erläuternden und praktischen Beispielen belegt mit; stellte vor ihren Augen mit einigen Schülern praktische Uebungen an, um ihnen die Anwendung der methodischen Regeln in der Ausübung zu zeigen, und unterwies sie, in welcher Weise sie die Erziehung und den Unterricht vereinbaren und bei der Jugend bildend machen könnten.

Um den jungen Schulmännern bei ihrem Austritte aus dem Seminar zugleich ein Lehrbuch in die Hände zu geben, das sie an den erhaltenen Unterricht erinnern und zum weitern Nachdenken und Fortschreiten ermuntern sollte, verfaßte er sein berühmtes Werk: „Elemente der Pädagogik und Methodik" im Jhre 1790, wovon die letzte Auflage 1823 in Wien erschien. Nebstdem verfaßte B. noch verschiedene zweckmäßige Schul- und Jugendschriften, wie: „Goldener Spiegel, ein Geschenk für Mädchen, welche in Dienste treten wollen." — „Franz Traugott, eine lehrreiche Kindergeschichte." — „Der kleine A-B-C-Schüler." — „Der kleine Schreib- und Leseschüler." — Anleitung zur Rechenkunst" rc.

B., von der Ueberzeugung durchdrungen, wie sehr das Gedeihen der Schulen von der pädagogischen Bildung der Geistlichen abhänge, ließ sich herbei, für die Alumnen des Priesterseminars katechetische und pädagogische Vorlesungen zu halten, und widmete ihnen sein Werk: „Geist der Sokratie". — Im Jahre 1793 wurde er zum Professor der Pädagogik an der Hochschule in Salzburg ernannt, wo seine Vorlesungen über Erziehung und Unterricht den größten Beifall ernteten. 1803 wurde ihm die Leitung und Beaufsichtigung sämmtlicher Schulen im Herzogthum Salzburg übertragen und 1806, nachdem das Herzogthum mit Oesterreich vereint worden war, wurde er zum Direktor des k. k. Waisenhauses in Wien berufen. Nachdem er hier mehr als zwanzig Jahre mit Liebe und Eifer zum großen Segen vieler Tausende von Waisen gewirkt hatte, entriß ihn ein Schlagfluß diesem ehrenvollen Posten.

Vincenz von Paul.

Geboren im Jahre 1576, gestorben den 27. Sept. 1660.

Derselbe ist für die katholische Kirche zunächst durch die Stiftung des Ordens der Schwestern von der Vorsehung (Soeurs de la provi-

dence) merkwürdig. Er wurde zu Banquines bei Aegs im südlichen
Frankreich geboren. Weil seine Eltern ziemlich arm waren, mußte er
als Knabe das Vieh hüten; später wurde er in einem benachbarten Kloster zum geistlichen Stande vorbereitet. Noch nicht lange war er Priester, als er auf einer Reise über's Meer von Corsaren gefangen und in
Tunis als Sklave verkauft wurde. In der Sklaverei lernte er selbst
fühlen, wie unglücklich die leidende Menschheit daran ist, und nach mehreren Jahren freigelassen, und in sein Vaterland heimgekehrt, gründete er
in demselben zahlreiche Anstalten für geistig und leiblich verwahrloste
und leidende Menschen jeder Gattung, für Blödsinnige, Findelkinder,
Gefangene, Kranke u. s. w. und übergab die Verpflegung derselben Orden, die er selbst gestiftet hatte, z. B. den barmherzigen Schwestern,
Lazaristen u. s. w.; auch die unschuldigen Kleinen vergaß er nicht, denn
er stellte die Congregation des hl. Kreuzes, welche Lehrerinnen für das
Landvolk bildet, wieder her und stiftete die obenerwähnten Frauen von
der Vorsehung. Diese gründeten auch in den Grenzländern Frankreichs
vielbesuchte Schulen.

Peter Villaume.
Geboren den 18. Juli 1746, gestorben?

> Motto: „Die Kinder brauchen schnellen, strengen Gehorsam
> auf's Wort. Ohne diesen würde es unmöglich sein, sie zu
> führen und zu bilden. Sie müssen auf's Wort folgen;
> denn man kann ihnen nur selten die Gründe des Befehles
> erklären; sie würden sie nicht verstehen, und oft ist auch
> keine Zeit dazu da. Also fordere ich von Kindern Ge-
> horsam."   Villaume.

Seit 1787 wirkte V. als Professor der Moral und schönen Wissenschaften am Joachimsthaler-Gymnasium zu Berlin, nachdem er vorher
Prediger bei der französischen Colonie zu Halberstadt gewesen war. Seit
1796 war er Mitglied des Nationalinstitutes zu Paris und privatisirte
in Brahe-Trolleburg. Die Pädagogen kennen ihn zunächst aus den zum
Theil sehr gediegenen Abhandlungen, welche Campe's Revisionswerk
des gesammten Schul- und Erziehungswesens als von ihm verfaßt, mittheilt. Seine Erziehungsschriften zeugen von einem großen Scharfsinne,
mit welchem er eben so Menschen und ihre Handlungen überhaupt, als
auch das Erziehungswerk durchschaute. Er spürt den Uebeln bis zu ihrer
Quelle nach, unterscheidet die eigentliche Heilung von den Palliativcuren,
richtet die gangbaren Meinungen seiner Zeit und stellt die ungewöhnlichen in
das gehörige Licht. Allenthalben sieht man den erfahrenen Praktiker
durchschimmern, der nicht erst im System nachschlägt, sondern der nur
einen Blick auf seine gegenwärtigen und vormaligen Zöglinge wirft, um
das Rechte zu finden. Das beweisen vor andern seine beiden Preisschriften: die Methode, jungen Leute eine Fertigkeit zu geben, ihre Gedanken
schriftlich auszudrücken und die „Ueber die Erziehung zur Menschenliebe;"
ferner: „Ueber die Unzuchtsünden der Jugend." „Ob und wiefern bei der
Erziehung die Vollkommenheit des einzelnen Menschen seiner Brauchbarkeit aufzuopfern sei." „Ueber die äußere Sittlichkeit der Kinder." Ueber das Verhalten bei den ersten Unarten der Kinder." — „Allgemeine
Theorie, wie gute Triebe und Fertigkeiten durch die Erziehung erweckt,
gestärkt und gelenkt werden müssen." Sein praktisches Handbuch für
Lehrer in Bürger- und Landschulen" war zu seiner Zeit für den Unterricht und Erziehung eine wirklich classische Schrift. Noch gedenken wir

folgender Schriften des mit ächt pädagogischem Geiste gerüsteten V.'s:
„Geschichte des Menschen" und „Praktische Logik für Bürgerschulen"
und „Philothee, oder die ersten Lehren der Religion."

Philipp Jakob Völter.
Geboren den 26. Sept. 1757, gestorben den 15. Juni 1840.

Dieser Mann, eine rechte Schulmeisterseele, ein wahrer Elementar-
Schulmeister, ein verdienter Schulmann, praktisch-pädagogisch-journalisti-
scher Schriftsteller unvergänglichen Andenkens, wurde zu Metzingen bei
Urach geboren. Den ersten Unterricht des Kleinen besorgte der Vater
und der ältere Bruder. Dann ging er auf das Collegium alumnorum
in der Reichsstadt Eßlingen, welche Anstalt mit dem dortigen Pädagogium vereinigt war und unsern Alumnen so weit förderte, daß er dem
akademischen Studium der Theologie sehnlichst entgegensah. Aber da
sprach das göttliche Walten nicht auf die Kanzel, auf den Katheder will
ich dich stellen, weide meine Lämmer! Völter folgte und wurde ein Lehrer und ist in der Schule größer in seinem Wirken geworden, als er es
in der Kirche jemals hätte werden können. Dabei ist auch schon gesagt:
daß die Nichtverwirklichung seiner Wünsche und der jugendlichen Plane,
Theologie zu studiren, zu welchem Studium ihn Talent und klassische
Vorstudien recht wohl befähigt hätten, nicht störenden Einfluß auf treue
Verwaltung seines Schulamtes ausgeübt hat, und diese Thatsache verdient eine wörtliche Erwähnung. Schon mit 16 Jahren trat V. in den
Schuldienst, dem er von da ab über 50 Jahre seine Kräfte gewidmet
hat. Seine erste Anstellung fand statt an den deutschen Schulen in
Heidenheim, wurde 1776 auch Organist daselbst und erhielt seine dortige
Anstellung als Knabenlehrer 1779. In dieser Stellung und deren Verhältnissen verblieb V. bis zu seiner Pensionirung 1826. Mit der Beibehaltung desselben Wohnortes war indessen seine Weiterbildung in stetem Flusse begriffen. Frühzeitig lernte er die lateinische, griechische und
hebräische Sprache, trieb sonst mehrere wissenschaftliche Fächer, nützte
überhaupt jedwede Gelegenheit: immer höher hinaufzusteigen, zu welchen
Bemühungen V. in der Person des Diakonus M. Brastberger, später Rector des Gymnasiums in Stuttgart, „einen ebenso einsichtsvollen,
als liberalen Freund und Beförderer hatte. Neben getreulicher Wahrnehmung seiner amtlichen Pflichten und regem Eifer und Fleiß in Erweiterung seiner Kenntnisse, Förderung seiner Bildung, fand V. Beruf und Anlaß zu schriftstellerischer Thätigkeit, die er zeitlebens emsig
betrieb. Er begann mit Aufsätzen in dem bekannten „Landschullehrer
von Moser und Wittich," ließ bald eine selbstständige Schrift: „die
Alphabetsprüche des neuen württemb. Spruchbuchs, in Fragen und Antworten zergliedert, mit erbaulichen Anwendungen und Gebeten" —
Stuttgart. 1792. 8. folgen, übernahm die vollständige Redaktion des
neuen Landschullehrers" in 5 Bänden von 1803 bis 1807 (Tübingen),
dann die Herausgabe des „theoretisch-praktischen Handbuches für deutsche
Schullehrer und Erzieher" ebenfalls in 5 Bänden von 1808 bis 1812
(Tübingen), sowie die Redaktion des „Magazins für deutsche Elementar-
Schullehrer, Eltern und Erzieher" von 1812 bis 1817 (Tübingen), schrieb
noch mitunter einige Monographieen und eine größere werthvolle Schrift
betitelt: „Praktische Einleitungen in die sämmtlichen Amtsverrichtungen
und Verhältnisse eines deutschen Elementarschullehrers mit Hinsicht auf
die Zwecke der Pestalozzi'schen Lehrart." Heilbronn, von welcher 1818
die 2. verbesserte Auflage erschien. Durch diese Schriften, überhaupt

durch sein Wirken hat sich W. um die deutsche Jugend, deren Lehrer und ihre Bildung ungemeine Verdienste erworben, welche in der damaligen Zeit hoch anerkannt wurden, und jetzt nur der einfachen Auffrischung bedürfen, um im neuen Glanze hervorzuleuchten. 1826 wurde W., nach einem amtlichen Leben von 52 Jahren, pensionirt, behielt den größten Theil seines Gehalts, erhielt die silberne Civil-Verdienst-Medaille und lebte nun noch 14 Jahre in Ruhe, Glück, in Segen, Frieden. Ehrendes Andenken diesem lieben, geliebten Manne in der gesammten deutschen Lehrerwelt immerdar!

Friedrich Wadzeck.
Geboren den 10. August 1762, gestorben den 2. März 1823.

Derselbe, geboren zu Berlin, war Stifter der bekannten Wadzeck-Anstalt und starb als Professor zu Berlin. In größerem Umfange, als früher von der Fürstin Pauline von Detmold geschehen war, führte er den hochherzigen Gedanken aus: kleinen, kaum entwöhnten Kindern von ³/₄ bis 5 Jahren in einer besondern Anstalt ein Asyl zu eröffnen, in welchem sie des Tages über, wenn ihre Mütter dem Broderwerb nachgehen mußten, sich aufhalten und leibliche und geistige Pflege genießen konnten. Mit wenigen Geldmitteln, aber mit demselben Gottvertrauen eröffnete er am 3. Aug. 1819 seine Anstalt. Reicher Segen ward seinem Unternehmen.

D. Friedrich Ludwig Wagner.
Geboren den 22. Juli 1764, gestorben den 15. Nov. 1835.

Derselbe wurde zu Seeheim an der Bergstraße geboren und verlor seinen Vater, den evangelischen Pfarrer daselbst, in früher Jugend. Gleich so vielen Männern, die später der Stolz ihres Vaterlandes wurden, mußte er früh im Kampf mit drückenden Verhältnissen die Kraft üben lernen. Um das Gymnasium in Darmstadt besuchen zu können, wurde er in dem Hause seines Oheims, des klugen Hofglasers Wagner aufgenommen; hier schrieb er, — wie er später oft erzählte, — gar manches Exercitium auf der Hobelbank aus Mangel an Raum und Licht, während lärmende Gesellen neben ihm ihr Tagewerk vollbrachten. Wohl vorbereitet in der Wissenschaft, reich an Plänen und goldenen Träumen, aber arm an Hab und Gut, bezog er die Universität Gießen, wo seine Unbekanntschaft mit der Welt und dem Gebrauche des Geldes ihm neue Verlegenheiten bereiteten. Aber sein edler fester Wille und sein gesunder Sinn stellten ihn bald in die Mitte eines Kreises, in dem sittliche Würde, wissenschaftlicher Ernst und die heiterste Laune sich umschlangen. Er wurde Stifter und die Seele einer literarischen Gesellschaft gleichgesinnter Freunde, von welchen man nur die später als akademische Lehrer und Schriftsteller berühmt gewordenen Namen eines S c h w a r z und S n e l l nennen darf, um ihren Gehalt zu bezeichnen. Unter den damaligen theolog. Professoren Gießens war besonders S c h u l z einflußreich auf junge, strebende Gemüther. Dieser erkannte und schätzte Wagner und suchte ihn für den akadem. Lehrstuhl zu gewinnen, weßwegen er ihm rieth, dem Orientalisten Michaelis empfohlen, nach Göttingen zu gehen und als Privatdocent über morgenländische Sprachen und hebräische Poesie zu lesen. Aber eine innere Stimme lenkte seine Kraft mehr auf das praktische Leben; er wendete sich dem pädagogischen Fache zu, worin er so Vieles leisten sollte. 1785 bestand er zugleich mit Schwarz das theolog.

Examen, trat 1786 als Erzieher in die v. Valentini'sche Familie in Hachenburg und wurde später daselbst Vorsteher einer höheren Lehranstalt für Knaben. Mit ganzer Seele wirkte er hier, von seinen Schülern verehrt und seiner Umgebung geachtet. Aller Einseitigkeit gram, gewann er noch Muße für andere literarische Arbeiten. So war er des Professor Schönebeck zu Bonn Mitarbeiter an dessen „rheinischen literarischen Unterhaltungen" und übersetzte aus dem Französischen „Büffons Leben nebst dessen Theorie der Erde und Epochen der Natur. Frankfurt und Leipzig, bei Fleischer. 1789."

Fruchtbarer entfaltete sich sein Talent, als er 1790 zum Lehrer an der Mädchenschule in Darmstadt ernannt wurde. In den drei Stadtschulen herrschte damals der geistlose Schlendrian des nun veralteten Schulwesens. Candidaten der Theologie gaben sich, in der Aussicht auf baldige Beförderung zu einer Pfarrstelle, einige Jahre zu Präceptoren her, die Meisten ohne eine Ahnung dessen, was ihre Zeit, angeregt durch die größten Geister der Nation, fordere. Pädagogik war damals ein schwaches Reis des theol. Baumes. Schlimmer als diese ambulanten Lehrer waren jene indolenten, die nicht in freier Selbstbeschränkung, sondern in dem Gefühl ihrer Geistesbeschränktheit die erlangte Präceptorstelle als den Gipfel ihres Strebens betrachteten und permanent ihre Eroberung behaupteten. Die älteren Bewohner Darmstadts erinnern sich noch sehr wohl solcher Typen und des jammervollen Zustandes der damaligen Stadtschulen.

Wagner, die Forderungen der Zeit und seiner Stellung begreifend, bewirkte in wenigen Jahren eine völlige Umgestaltung des Stadtschulwesens. Mit besonnener Klugheit den bürgerlichen Sinn, der an dem Althergebrachten festhielt, schonend, erweiterte er allmälig den Kreis der Lehrgegenstände, schuf sich für die übermäßig anwachsende Zahl der Schülerinnen Methoden und Lehrbücher. So entstanden in dieser Periode die „Lehren der Weisheit und Tugend, in Fabeln, Erzählungen und Liedern. Leipzig, bei Gerhard Fleischer, 1782," ein Lieblingsbuch des kindlichen Alters durch die Naivetät und Breite der Poesie des 18. Jahrhunderts. Die Thatsache, daß dieses Buch schon 1858 23 starke Auflagen erlebte, die Nachdrücke ungerechnet, beweißt, wie zeitgemäß es erschien und daß es von den zahllosen, ähnlichen Sammlungen, die seitdem entstanden, nicht übertroffen worden ist. Von größerem Einflusse auf das deutsche Volksschulwesen war sein „Handbuch der Jugend in Bürgerschulen." Frankfurt 1796.

1794 wurde seinem Lehrtalent ein neues Feld an dem Gymnasium in Darmstadt eröffnet; wo er 8 Jahre lang unter der Direction des genialen Wenck das Seinige beitrug, als Collega von Zimmermann, den Ruf dieser Gelehrtenschule zu steigern. In diese Zeit fällt auch seine Reise in die Schweiz mit Pfarrer Wiener zu Pestalozzi. Vierzehn Tage verkehrte er in Burgdorf mit diesem enthusiastischen Freunde der Jugend und des Volkes, und die Keime mancher fruchtbaren Ideen stammen aus diesen Tagen. Die Würdigung pestalozzischer Grundsätze setzte ihn in lebhaften Ideentausch mit Wenck und in einen sehr ausführlichen gehaltvollen Briefwechsel mit seinem als Oberpfarrer in Schotten verstorbenen intimen Freunde Sartorius.

Auch in anderen Kreisen sollte Wagner seine Tüchtigkeit bewähren. Im Jahre 1802 wurde er zum Garnisonsprediger, 1803 zum Hofbibliothekar, 1806 zum Mitglied des Kirchen- und Schulrathes ernannt, nachdem er schon früher als Lehrer der historischen Wissenschaften an der Militärschule Vorträge gehalten. Diese vier verschiedenen Aemter, die

er eine nicht kurze Zeit zugleich mit gewissenhafter Treue verwaltete,
spalteten zu sehr die Strahlen seines Geistes und die oft fast mechani=
schen Arbeiten zersplitterten seine Kraft. Nur unermüdliche Thätigkeit
konnte so Vieles umfassen und doch liefert selbst diese Periode schöne
specimina seiner Liebe zur Literatur. Wir zählen dazu „Versuch eines
faßlichen Gesammtunterrichtes der Welt= und Völkergeschichte in ihrem
periodisch=synchronistischen Zusammenhange, auf einer neuen historischen
Welttafel in 6 Blättern. Gießen, bei Heyer. 1805." Ferner „Frische Pro=
ben deutscher Dichtkunst aus dem 13. Jahrhundert oder Hugo von Tram=
berg und sein Werth, mit Auszügen aus Manuscripten der Großherzogl.
Hofbibliothek zu Darmstadt" im norddeutschen Merkur 1808, 4 St. und
den zu patriotischem Zwecke im Jahre 1806 herausgegebenen „Ewigen
Musenalmanach junger Germanen. 2. Auflage. 1808." Am liebsten
aber wirkte sein Geist im Fache der Erziehung, namentlich der Volks=
bildung. Als Mitglied des Kirchen= und Schulrathes hat er besonders
in dieser Beziehung unvergängliche Verdienste. Wenck's Idee: „den
Volksschulen müsse vor Allem aufgeholfen werden," verfolgend, wendete
er den ganzen Einfluß seiner amtlichen Stellung auf diese Seite, von der
Zeit besserem Genius unterstützt. Er wußte neue Schulstellen zu
schaffen, neue Besoldungen zu bilden, alte zu verbessern, Talente zu
wecken, Nacheiferung zu erhalten, Verdienst zu ehren. Nicht hochfahren=
der Protector, des schüchternen Dorfschulmeisters freundlicher Rathgeber
erwarb er sich Vertrauen und Liebe. Er fühlte das dringende Bedürfniß
einer neuen Bildungsanstalt für Volksschullehrer und gewann die Zu=
stimmung der Staatsregierung. So entstand unter Mitwirkung von
Schmidt, Hesse, Noth das Seminar in Friedberg.

Um auch in den Nachbarstaaten die Schwingungen nicht unvernom=
men verhallen zu lassen, verband er sich mit dem alten Jugendfreunde
D. Schwarz in Heidelberg, mit Prälat d'Autel in Stuttgart und Ober=
schulrath Schellenberg in Wiesbaden: und als Frucht dieses geistigen
Vereines erschienen von 1820—1830 zehn Bände der Jahrbücher für
Volksschulen (Darmstadt, bei Leske), für deren Herausgabe selbst Mini=
sterialrescripte den höchsten Beifall bezeugten.

Als Theolog war Wagner entschiedener Rationalist, furchtlos dem
Lichte zustrebend. Seine Religion war aber keine kalte, unfruchtbare
Skepsis, die den Begriff in's Unendliche spaltend, sich selbst aufhebt,
sondern jene ächtpraktische, die, auf der göttlichen Offenbarung im Ge=
müthe ruhend, den Glauben an Gott, Vorsehung und Unsterblichkeit als
unerschütterliche Säulen festhält, deren Frucht Sittlichkeit und Geistes=
friede ist. Diese Religion dem Volke zu erhalten war ihm die höchste
Aufgabe der praktischen Theologie und Pädagogik und als den Schluß=
stein seines Wirkens hatte er sich die Ausarbeitung eines Katechismus
und einer Volksbibel vorgesetzt. Dafür dachte, prüfte, sammelte er lange
Jahre und — die Größe der Aufgabe ermessend, bis zum letzten
Tage seines Lebens.

Maria Ward.

Geboren den 23. Januar 1585, gestorben den 30. Januar 1645.

Maria Ward ward geboren in der Grafschaft York; sie ist die
Gründerin des Instituts der englischen Fräulein. Schon im 15. Lebens=
jahre hatte sich diese fromme Jungfrau zum geistlichen Stande ent=
schlossen. Ein Gedanke erfüllte vorzugsweise ihre Seele: durch Unter=
richt und Erziehung sowohl dem Staate als der Kirche zu nützen. Da
sie denselben in England nicht ausführen konnte, so begab sie sich nach

St. Omer, Provinz Artois, und hier gelang es ihr, unterstützt von gleichgesinnten frommen Jungfrauen, das Institut der engl. Fräulein zu begründen. Der dortige Bischof suchte selbst die Bestätigung des Instituts
bei dem römischen Stuhle nach und empfahl dasselbe auch angelegentlich
dem Churfürsten von Köln, welcher hierauf im Jahre 1617 den engl.
Fräulein ein Haus nebst Kirche und Schullokal einräumte. So günstig
wie der Anfang zum Werke war jedoch nicht sein Fortgang. Maria, die
Stifterin, mußte schwere Verfolgungen erdulden, welche sie aber mit
männlicher Seele ertrug. Es enstanden in den vorzüglichsten Städten
Italiens, Frankreichs und Deutschlands, wie in London, solche Institute.

Dr. Joseph v. Weber.
Geboren den 23. Sept. 1753, gestorben den 14. Febr. 1831.

> Motto: „Erziehung heißt im Allgemeinen aus dem Men-
> schen das Menschliche herausbilden und zur Reife bringen.
> Erziehung ist also das Eine Große, welches der Mensch-
> heit Noth thut.“   Jos. v. Weber.

Joseph v. Weber, der Sohn bürgerlicher, sehr rechtschaffener
Eltern, wurde in dem oberbayerischen Städtchen Rain geboren. Da
der kleine, muntere Joseph schon frühzeitig ausnehmende Talente
zeigte, sowie auch in der deutschen Schule ganz ungewöhnliche Fortschritte machte, so wünschten dessen Eltern, zumal er schon in einem
Alter von sechs Jahren mit großer Fertigkeit gelesen und auch im Schreiben es ziemlich weit gebracht hatte, denselben studiren zu lassen. Von
seinem Oheim, einem würdigen Pfarrer zu Bingen im oberschwäbischen
Lande, dem der Unterricht überhaupt keine Freude und die Verwaltung
seines Pfarramtes genug zu schaffen machte, in den Anfangsgründen der
lateinischen Sprache unterwiesen, ward Studiosus W. zum Strumpf-
wirker bestimmt, um der Erziehung des Neffen möglichst bald los zu
werden. Die Eltern auf diese Nachricht betroffen und, da sie in ihr
Söhnchen große Hoffnung gesetzt, äußerst entrüstet, fanden diesen Einfall
unverständig und abgeschmackt, brachten sofort den hoffnungsvollen Knaben nach Hause und ließen demselben vom Chorregenten seiner Vaterstadt,
Magister Kistler, den nothwendigen Unterricht in der lateinischen Sprache
ertheilen, um ihn dann seiner Zeit dem benachbarten, von Benediktinern
trefflich geleiteten Gymnasium zu Donauwörth übergeben zu können.
In dem freundlichen Städtchen Donauwörth nun begann der lernbegierige Knabe im Jahre 1764, seinem eilften Lebensjahre, die Gymnasialklassen mit erneuter Liebe zum Studium, großem Eifer und ausgezeichnetem Fortgange, zeigte nebenbei schöne Anlagen zum Zeichnen, womit
er sowohl die freien Stunden während des Schuljahres, als besonders
die Herbstferien gewissenhaft auszufüllen bemüht war; ebenso sehen wir
den überaus emsigen Schüler beständig beschäftigt, indem er theils seine
gezeichneten und bemalten Gegenstände aus dem Papiere herausschnitt,
theils sie gehörig ordnete und einreihte, somit Dörfer und Städte erbaute und dazu noch menschliche Figuren zu malen versuchte — eine Beschäftigung, welche ihn an Arbeitsamkeit gewöhnte und dadurch vor mancher gefährlichen Klippe des menschlichen Lebens glücklich vorübergeleitete.
Nachdem der wackere Studiosus in der obersten Klasse (Rhetorik) von
dem berühmten Benediktiner Beda Mayer, welcher Lehrer auf die Bildung seines trefflichen Schülers großen Einfluß geäußert, in den damaligen Lehrfächern auf's Beste unterrichtet war, begab er sich zu den Jesuiten nach Augsburg, deren Lehranstalt man damals in dem katholischen
Deutschland wohl zur berühmtesten zählte, um dortselbst die philosophi-

schen Disciplinen zu hören, worin der junge Candidat besonders unter Spengler's vorzüglicher Anleitung für die mathematisch-physikalischen Zweige immer größeres Interesse gewinnend, sich vor allen seinen Mitschülern vortheilhaft auszeichnete, indem er jederzeit bei der öffentlichen Prüfung, einer sogenannten Disputation, die schwierigsten algebraischen Aufgaben zur großen Zufriedenheit der ehrwürdigen Väter und der versammelten, gelehrten Zuhörerschaft glücklich und mit Geschick gegen alle Erwartung gelöst hatte.

Nach Vollendung seines philosophischen Bienniums hörte Weber an der bischöflichen Universität Dillingen mit gewohntem Eifer die gesetzlich vorgeschriebenen Fächer der theologischen Wissenschaft, wurde später dortselbst nach Erlangung der philosophischen Doktorwürde als öffentlicher „Repetitor" angestellt — ein Amt, welches er zwei Jahre mit dem größten Beifalle und zu nicht geringem Nutzen der Studirenden versah, und weitere zwei Jahre als „Erzieher" bei Regierungsdirektor von Pflummern zu Augsburg verwendet, in welcher Stellung demselben hinlängliche Muße zur ferneren Ausbildung in der Theologie vergönnt war. Im Jahre 1776 zum Priester geweiht, begab sich der „Neomyst" nach damals bestehender Anordnung in das bischöfliche Priesterseminar zu Pfaffenhausen, übte sich in der Verrichtung eines Seelsorgers und wurde 1777 Kaplan in Illertissen, wo ihm ein Jahr später die seltene, ja wohl einzige Auszeichnung zu Theil ward, von der kurfürstlichen Akademie der Wissenschaften in München als Ehrenmitglied aufgenommen zu werden, wozu die Erfindung des Luftelektrophors, durch die er sein ausgezeichnetes Talent für die Naturkunde, seine Beobachtungsgabe und seinen Scharfsinn bekundete, Veranlassung geben mochte. Ueber diese Auszeichnung sagte Weber nach 52 Jahren davon zu reden veranlaßt: „Dieses etwas seltene Ereigniß hat der liebe Gott als Mittel gebraucht, mich in das literarische Leben einzuführen und allen meinen wissenschaftlichen Bestrebungen Vorschub zu geben."

Vom Fürstbischofe Clemens Wenzeslaus (Churfürst und Erzbischof zu Trier), der bei dem immer höheren Aufschwunge der Wissenschaften im katholischen Deutschland die Bildung des jüngeren Klerus kräftigst förderte, zum Repetitor des Kirchenrechts und der Katechetik in dem bischöflichen Seminar zu Pfaffenhausen, und nach Verlauf zweier Jahre zum „Professor der Philosophie" an der Universität Dillingen ernannt, hatte derselbe nach damaliger Einrichtung mit einem Collegen abwechselnd das Ganze der Philosophie — Logik, Metaphysik und Physik — späterhin auch die physikalischen und mathematischen Fächer ausschließend zu lehren. Webers Ruhm verbreitete sich ungemein schnell, und der Werth seiner wissenschaftlichen Bemühungen fand auch im Auslande würdige Anerkennung, in Folge dessen er von der sittlich-ökonomischen Gesellschaft zu Burghausen als Mitglied aufgenommen war, sowie auch von dem landwirthschaftlichen Vereine zu Hessen-Homburg und von der Gesellschaft naturforschender Freunde in Berlin das Diplom eines Mitgliedes erhalten hatte. Nach Annahme des im Jahre 1799 erhaltenen Rufes als Professor der Naturwissenschaft und allgemeinen Naturgeschichte an der Universität Ingolstadt wurde derselbe gleich beim Antritte seiner Lehrstelle mit der höchsten akademischen Würde eines Doktors der Theologie gekrönt, sofort zum Range eines wirklichen geistlichen Rathes erhoben, 1802 von sämmtlichen Professoren zum Rector magnificus erwählt und von der neukonstituirten Akademie der Wissenschaften in München von Neuem zum ordentlichen, auswärtigen Mitgliede ernannt. Später kam Weber auf sein wiederholtes Ansuchen als Professor der Physik an das Lyceum zu Dillingen mit Beibehaltung seines Ranges und Gehalts, wo ihm sogleich das Rektorat und die Organisirung sowohl des Gymnasiums als Lyceums übertragen worden war.

Bei Errichtung des neuen Domkapitels in Augsburg im Jahre 1821 wurde Weber zum Domkapitular berufen, vier Jahre später vom Bischof Ignaz Albert v. Riegg im Vertrauen auf seine erprobten Einsichten, Kenntnisse und Klugheit und seine bewährten, frommen Gesinnungen zum Vorstande des Ordinariats erster und zweiter Section, sowie auch zum Generalvikar ernannt, 1826 von Sr. Majestät dem König Ludwig I. zur Würde des Domdekans erhoben, am Tage seines fünfzigjährigen Priesterjubiläums mit dem Ritterkreuz des Civil-Verdienst-Ordens der bayerischen Krone geziert und mit einem königlichen Schreiben beehrt, in dem die wohlwollendsten Gesinnungen auf die edelste Art ausgedrückt sind. Zu Ende des Jahres 1830 verlieh ihm der durchlauchtigste Landesfürst, immer Verdienste würdigend und treue Dienste belohnend, den königl. Ludwigsorden. Er starb am obenbenannten Tage des Jahres 1831. W. war ein wissenschaftlicher Forscher, ein vortrefflicher Erzieher und Lehrer, sowie ein liebevoller Seelenhirt.

Kajetan von Weiller.
Geboren den 22. August 1762, gestorben den 23. Juni 1826.

> Motto: „Die Natur des jungen Menschen ist außerordentlich weich und jede Berührung läßt ein Merkmal zurück."
>
> v. Weiller.

Er ist der Sohn eines bürgerlichen Taschners, geboren zu München, und wurde von seinen Eltern unter mißlichen Verhältnissen einfach, religiös und tüchtig erzogen. Schon früh entwickelte sich seine Neigung für die Wissenschaft, und er war nie vergnügter, als wenn er unter seinen Büchern saß; aber nur durch die Unterstützung der Freunde seines Vaters konnte er seiner Neigung genügen. Seine Schulbildung vollendete er in München unter manchen Unfällen; er hatte sich einst den Arm gebrochen, und war so ungeschickt behandelt worden, daß er ihm mußte zum zweiten Male gebrochen werden, was er standhaft ertrug; sein täglich bis in die späte Nacht fortgesetzter Fleiß brachte den Jüngling dem Tode nahe und sein Körper blieb schwach. In seinem siebzehnten Jahre begann er, willens in den Orden der Benediktiner zu treten, das Probejahr im Kloster Benediktbeuern, verließ es aber vor dem Abflusse desselben und setzte das Studium der Theologie in München fort. Er wurde Priester und dann nach einander in mehreren adeligen Familien Erzieher ihrer Söhne, darauf Professor der Philosophie bei den Theatinern und im Jahre 1799 am Lyceum zu München, womit seine eigentliche wirksame Laufbahn begann, besonders als er im Jahre 1806 auch zum Direktor des Gymnasiums und Lyceums ernannt wurde.

Durch Beruf und Neigung zum Denken getrieben, suchte er mit gewissenhaftem Ernste in allen Dem sich selbst klar zu werden, was er Andere lehren, in Anderen wecken sollte. Als Erzieher und Vorstand dieser Anstalten drang er immer auf thätiges Christenthum, auf wahrhaft christliche Gesinnung und Handlung. Der Christ soll heilig sein, sich nicht heilig machen lassen; das wahre Christenthum kennt nur edle Menschen.

Weiller wurde mit dem Civil-Verdienst-Orden belohnt, im Jahre 1823 von der Anstalt, deren Vorstand er so viele Jahre gewesen war, entfernt und wie in ehrenvoller Beförderung zum beständigen Sekretär der königl. Akademie der Wiſſenſchaften ernannt. Die 41 im Lehramt zugebrachten Jahre nannte er die glücklichſten ſeines Lebens. Darum ſchied er ungern aus ſeinem Wirkungskreiſe; er fühlte ſich durch die Enthebung von ſeinem Lehramte nicht etwa von einer Bürde erleichtert, ſondern geiſtig gelähmt; denn ungeachtet er öfters an Blutbrechen litt, war ihm Lehren Pflicht und Freude, weil er es für ſeinen Beruf erkannte. Nach drei Jahren, am obenbenannten Tage ſchied er vom Schlage berührt aus dieſem Leben.

Die vorzüglichſten ſeiner Schriften ſind: „Geiſt der allerneueſten Philoſophie.“ — „Ueber die religiöſen Aufgaben unſerer Zeit.“ — Biographiſches Denkmal für ſeinen Freund und Lehrer Mutſchelle.

Johann Philipp v. Weiſſe.
Geboren den 22. März 1753, geſtorben den 2. Okt. 1840.

Derſelbe war zu Reval geboren, wo ſein Vater, aus Sachſen gebürtig, eine Lederfabrik mit gutem Erfolge errichtet hatte. Hier verlebte er in dem frommen, geachteten väterlichen Hauſe eine frohe ungetrübte Jugend und erhielt im dortigen Gymnaſium die Vorbildung zur Univerſität. Im Sommer 1771 ging er nach Jena zum Studium der Theologie und benützte dort drei Jahre lang die Vorleſungen von Ulrich, Walch, Windeburg, Succow, Faber und beſonders Donovs. Im Sommer 1774 bezog er Leipzig, um noch Morus und Erneſti zu hören. Der unerwartete Tod ſeiner Mutter rief ihn im folgenden Sommer nach Reval zurück, wo er in den beiden Kirchen die Kanzel betrat. Im Spätherbſte wurde er von einigen Verwandten nach Petersburg eingeladen, wo er einigemale mit großem Beifalle in der deutſchen St. Petrikirche predigte. Er ward Hauslehrer bei einer verwittweten Majorin von Michelſon. Einige Jahre ſpäter entſchied er ſich für den Antrag, einen Eſthniſchen jungen Adeligen von fünfzehn Jahren zur Univerſität vorzubereiten, dann auf dieſelbe und auf Reiſen zu geleiten. Dieſe letztere Ausſicht war es vorzüglich, welche ihn anzog und ihn mehrere ihm angetragene Pfarrſtellen ausſchlagen ließ. Im Jahre 1783 führte er ſeinen Zögling nach Göttingen, wo Weiſſe vorzüglich die treffliche Bibliothek und den Umgang des gelehrten Bibliothekars Dietz benützte. Eine Abhandlung über die Krim, welche er dem Prof. Gatterer gegeben hatte, erwarb ihm 1785 das Diplom eines Correſpondenten der königlichen hiſtoriſchen Geſellſchaft. Nach zwei Jahren verwechſelten ſie Göttingen mit Leipzig, wo Weiſſe beſonders von dem ſokratiſch-milden, ſeinen Platner ſcheint angeſprochen worden zu ſein. Da ſtarb der Vater ſeines Zöglings und die Mutter rief den Jüngling unter dem Vorwande, daß die Vermögensumſtände das längere Studiren und das Reiſen nicht geſtatteten, nach Hauſe zurück. Weiſſe allein blieb in Leipzig zurück und beſchloß, die Reiſen auf eigene Koſten zu machen. Zufällig wurde er hier mit einem reichen Güterbeſitzer aus Kleinrußland bekannt, der nach Leipzig gekommen war, ſeinen dort ſtudirenden Sohn abzuholen und mit ihm nach Paris zu gehen. Dieſer war der franzöſiſchen Sprache nicht mächtig und erſuchte Weiſſe, ihn auf ſeine Koſten nach der Heimath zu begleiten. Die Reiſe ging zuerſt über Brüſſel nach Paris, von da nach Wien. Von hier traten ſie die langweilige und beſchwerliche Reiſe durch Polen bis Kiew an, und dann weiter bis Pultawa, wo ſich die Güter des Herrn befanden. Die Sehnſucht nach den Seinigen trieb Weiſſe nach Petersburg. Er kam 1787 dahin und ging nach einigen Monaten nach Reval, im Spätjahre aber kehrte er wieder nach Petersburg zurück, nicht um dort zu bleiben, ſondern mit dem Vorſaße, ſich im kommenden Frühling über Schweden und Dänemark nach Deutſchland zu begeben und ſich in Göttingen zu habilitiren. Hier erging aber an ihn der ehrenvolle Antrag, die Stelle eines Directors an der im Anfange der Regierung Katharina's II. unter dem Geographen Büſching gegründeten großen Lehranſtalt der deutſchen Hauptgemeinde zu St. Petri, deren Hauptpaſtor Büſching geweſen, anzunehmen, und da ſeine Verwandten und Freunde wünſchten, ihn bei ſich zu behalten, ſo entſchloß er ſich dazu, und hie eröffnete ſich ihm der umfaſſende Schauplaß einer dreißigjährigen, ſ höchſt ſegensvollen Wirkſamkeit, die ſich durch die Tauſende von trefflich gebildeten Männern, Frauen, Müttern und Erzieherinnen, die von ihr ausgingen — die Anſtalt umfaßt eine männliche und weibliche Bildungs Anſtalt — über ganz Rußland verbreitete und ihm den allgemeinen Namen „Vater Weiſſe" erwarb. Er war es, welcher der Anſtalt den beſtimmten Charakter einer gründlichen höheren bürgerlichen Bildung, ohn daß die alten Sprachen für die gelehrte Bildung ausgeſchloſſen waren gewann, wozu die vorzüglichſten Kräfte benußt wurden, denn die Lehrer ſtellen an dieſer, auch von Ruſſen der höchſten Stände benußten Anſtal galten für Ehrenſtellen und gewährten durch die Penſionäre, welche ſi den im Inſtitute ſelbſt wohnenden verheiratheten Lehrern in Fülle dar boten, ein reichliches Einkommen. Bei der Organiſation des Schul weſens nach dem Oeſterreich=Joſephiniſchen Vorbilde wurde die Anſtal zur deutſchen Hauptnormalſchule in Rußland erhoben, mit einem kaiſer lichen Directorium und bedeutenden Vorrechten. Weiſſe's Verdienſte al Director konnten nicht unbemerkt bleiben, und er wurde unter Kaiſer Paul 1799 zum Hofrath ernannt. Im Jahre 1804 wurde er zum Collegienrath ernannt und 1807 erhielt er den St. Wladimir=Orden 4. Cl. im Jahre 1810 aber, zur Milderung unbegreiflicher bitterer Kränkungen außer ſeinen amtlichen Verhältniſſen, den St. Annenorden 2. Claſſe und im folgenden Jahre den Charakter als Staatsrath. Nach dreißig Jahren unermüdlicher und ausgebreitetſter Thätigkeit ſehnte ſich der würdige Mann bei herannahendem höheren Alter nach Ruhe und erhielt im Jahre 1818 einen ſeine hohe Verdienſte auf's Ehrenvollſte anerkennenden Abſchied mit Belaſſung ſeines vollen Gehaltes und der Erhebung zum wirklichen Staatsrathe mit dem Prädikate Excellenz.

Es wurden ihm jeßt ſehr ehrenvolle öffentliche Stellen angeboten, welche er nur mit vieler Mühe abzulehnen vermochte; nach den Wünſchen der Kaiſerin=Mutter Maria Fedorowna geſegneten Andenkens beſuchte er aber von Zeit zu Zeit mehrere der unter ihrer Obhut ſtehenden Inſtitute und erwarb ſich das große Verdienſt, auf die Methode des Unterrichtes dahin zu wirken, wozu ihn ſein ausgezeichnetes Lehrtalent und ſeine große Erfahrung vorzüglich befähigte. Die erhabene Monarchin würdigte ihn ihres höchſten Vertrauens und zeigte die größte Achtung vor dem erfahrenen ehrwürdigen Pädagogen, den ſie häufig zu Rathe zog und der ſich auch durch ein würdiges und feines Benehmen auszeichnete. Bei einer ſo vielſeitigen praktiſchen Thätigkeit konnte er in früheren Jahren nicht die Muße zu eigenen ſchriftſtelleriſchen Arbeiten finden; die Reden aber, welche er während der dreißig Jahre ſeines Directorats jährlich am Schluſſe der ſehr feierlichen öffentlichen Prüfung des Inſtitutes hielt, zeichneten ihn als trefflichen Redner aus und waren in einer ſehr geiſtvollen ſchönen Darſtellung ungemein reich an pädagogiſchen Kernſprüchen und Bemerkungen.

Dr. Christian Weiß.

Geboren den 26. Mai 1774, gestorben den 13. Februar 1853.

Motto: „Begeisterung für den Lehrerberuf kann heutzutage nur allein würdig in den Stand einführen, ehrenvoll in ihm erhalten." Weiß.

In Weiß vereinigte sich zu seltener Harmonie der Theolog, Pädagog und Philosoph. Er stammte aus ächt theologischem Blute; er ward in Taucha bei Leipzig geboren, wo sein Vater Prediger war, der aber bald einen Ruf nach Leipzig erhielt, woselbst er als Archidiakonus an der Nikolaikirche starb. Sein Großvater war in Leipzig an derselben Kirche Archidiakonus und sein Urgroßvater, geboren zu Zwickau, an der Thomaskirche Pastor gewesen. Das religiöse Element bildet eine Hauptader in W.'s Schriften, theils durch das Philosophische und Pädagogische hindurchziehend, theils rein selbstständig hervortretend. Studirte doch W. an der Universität zu Leipzig gleichzeitig Philosophie, Philologie, Naturwissenschaften und Theologie. Durch eine Disputation „de culto divino, interno et externo, recte dijudicando" (Leipzig 1796) erwarb er sich die Rechte als akademischer Dozent; und, wenn er nun auch überwiegend der philosophischen Thätigkeit sich zuwandte, so konnte diese doch weder die pädagogische noch die theologische Richtung verdrängen, und letztere trat wieder hervor in verschiedenen Schriften, u. A. in: „Von dem lebendigen Gott und wie der Mensch zu ihm gelanget" (Leipzig, 1812).

Damit aber auch der pädagogische Trieb bald auf praktischem Felde seine Nahrung fände, fügte sich's, daß dem akademischen Dozenten ein vortheilhaftes Anerbieten gemacht ward, als Erzieher eines jungen Adeligen nach Utrecht zu kommen und mit dem Zögling Europa zu bereisen. Da sich diese Reise zerschlug, kehrte er mit dem Zögling nach Sachsen zurück und blieb einige Zeit in Dresden. Dann ging er abermals an die Leipziger Universität, um seine Lehrerwirksamkeit daselbst fortzusetzen! Seine Vorlesungen eröffnete ein Vortrag: „Ueber die Behandlungsart der Geschichte der Philosophie auf Universitäten" (Leipzig 1799), und sämmtliche philosophische Disziplinen wurden auf höchst geistreiche Weise behandelt. Zwei Jahre darauf (1801) ward der akademische Dozent (Magister) zum außerordentlichen Professor der Philosophie ernannt. Aber von der Pädagogik sollte weder Dozent noch Professor mehr loskommen. Fern wohnende Eltern schickten ihm ihre Knaben zur Erziehung, auch stand er mit Tillich's ausgezeichnetem Institut (das nachmals nach Dessau verpflanzt wurde) in engster Beziehung. In Gemeinschaft mit seinem wackern pädagogischen Freunde Tillich gab er die „Beiträge zur Erziehungskunst" (2 Bde. Leipzig 1803—5) heraus. Uebrigens war in Leipzig wenig Aussicht zum Vorrücken in eine ordentliche Professur vorhanden, und so folgte W. 1805 einem Rufe nach Fulda, wo der Prinz von Oranien, nachmaliger König der Niederlande, an der Stelle der eingegangenen katholischen Universität ein Lyceum errichtet hatte, als Professor der Philosophie. Hier machte W. wiederum die Bekanntschaft eines Pädagogen, des Oberpfarrers Schlez, der in einem Städtchen bei Fulda wirkte. Doch auch in Fulda sollte kein langes Bleiben sein; das Stadtgebiet ward 1808 unter französische Administration gestellt, und das bestimmte den von den Leiden des Vaterlandes tief ergriffenen Patrioten, den Ruf nach Naumburg anzunehmen als Direktor der aus der bisherigen lateinischen Schule gebildeten Bürgerschule. Hier verlebte er acht Jahre eines gesegneten Wirkens, das aber um so schwieriger war, als damals noch die alte lateinisch=humanistische Pädagogik mit der neueren realistischen Menschenbildung, das alte Spießbürgerthum mit dem Ringen eines bessern Volksgeistes in Gährung begriffen war. „In Naumburg" — sagt W. selber — „habe ich meine pädagogischen Lehrjahre" bestanden.

Schriftstellerische Arbeiten, namentlich psychologische: „Ueber das Wesen und Wirken der menschlichen Seele" ruhten auch in Hamburg nicht; aber alle Versuche, wieder eine Professur in Leipzig zu gewinnen, schlugen fehl. Die Vorsehung hatte es anders beschlossen; nach der Theilung Sachsens und wiederhergestelltem Frieden ward W. zum Regierungs-Schulrath bei der preußischen Regierung zu Merseburg erwählt, und die Behörden hätten keine bessere Wahl treffen können. Am 1. Okt. 1816 trat W. seine bedeutende Wirksamkeit an, ausgerüstet mit reicher Erfahrung, mit umfassendem Blick, mit tiefer Einsicht in das, was die Zeit forderte, und mit festem Willen, kraftvoll und energisch das Gute zu verwirklichen. Mit seltener Ausdauer und Pünktlichkeit, aber auch gleich geehrt von den Vorgesetzten, Amtsgenossen und Untergebenen, verwaltete der Biedermann sein Amt fast ein Menschenalter hindurch bis 1843, wo seine Erblindung dem amtlichen Wirken ein Ziel setzte, aber keineswegs der pädagogischen und schriftstellerischen Thätigkeit. Dem tiefen, urkräftigen Geiste war das Denken so zur Natur geworden, die Welt der Idee so zur Heimath, daß der über das leibliche Auge geworfene Schleier weder im Studiren, noch im Produziren und Schreiben ein Hemmniß bilden konnte. Die Aufsätze in der pädagogischen Monatsschrift, im Brandenburger Schulblatte, ferner die mit jugendlicher Begeisterung und heißer Vaterlandsliebe verfaßte Schrift: „Das reinmenschliche Interesse des konstitutionellen Staates an der religiösen Bildung durch Schule und Kirche" (Eisleben 1848) geben Zeugniß von der unermatteten Rührigkeit des Greises, der mit seinem ungetrübten geistigen Auge und seiner ungeschwächten Liebe die kirchlichen, pädagogischen und politischen Fragen der Gegenwart verfolgte und in allen Richtungen das tiefreligiöse Gemüth als den Schwerpunkt sich bewahrte, der allen seinen Strebungen das Gleichgewicht und den hohen Seelenadel gab.

In seinen pädagogischen Schriften sehen wir nicht blos den Psychologen, der auf Klarheit und Schärfe des Verstandes dringt, sondern auch den Gemüthspädagogen (der höchste Ehrenname, den man einem Lehrer und Erzieher geben kann), der die Anschauung in's Gefühl hinüberzuführen und dort Wurzel fassen zu lassen versteht. Und hier, auf pädagogischem Felde, hat sich W. die vorzüglichsten Lorbeeren gepflückt und eine unvergängliche Krone erworben. Die Lehrer, die durch sein Wort und Beispiel, durch seinen Rath und Beistand gebildet sind, haben nicht blos eine Saat ausgestreuet, die unter Tausenden herrliche Frucht gebracht hat, sondern eine Ernte begründet, an der sich erst die kommenden Geschlechter zu erfreuen haben werden. Die Gedanken, welche Dr. W. in seinen „Erfahrungen und Rathschlägen aus dem Leben eines Schulfreundes" niederlegte, haben einen hauptsächlichen Impuls gegeben zu jener Bewegung der neuen Methodik und Didaktik, die umlenkend vom Extensiven zum Intensiven, von einer Zersplitterung der Lehrobjekte in stoffliches Vielerlei zur Concentration eines innerlich zusammenhängenden Lehrsystems, von einer auf Zersplitterung der Seelenkräfte beruhenden abstrakten Verstandesbildung zur substantiellen Einheit des Gemüths — durch mancherlei Kämpfe und Gegensätze hindurch die Pädagogik innerlich zu fördern sich bemüht.

Christian Felix Weiße.

Geboren den 28. Januar 1726, gestorben den 16. Dezember 1804.

Derselbe wurde zu Annaberg im Erzgebirge geboren, kam jedoch schon vor Ablauf seines ersten Jahres nach Altenburg, wohin sein Vater als Direktor des Gymnasiums berufen ward. Der Letztere starb früh in traurigen Umständen, die Mutter verheirathete sich zum zweitenmale, leider mit einem Manne, der sie und die Kinder sehr hart behandelte. Was sie durch die Wahl eines Stiefvaters verdorben hatte, suchte sie durch eigene liebevolle Sorgfalt zu verbessern. Eines ihrer Kinder, ein Sohn, war gestorben; die anderen beiden, unsern Christian und seine Zwillingsschwester, erzog sie mit verständigem und herzlichem Sinn. Als neunzehnjähriger Jüngling bezog der Erstere die Universität Leipzig im Jahre 1745 und war so glücklich, daselbst einzutreffen, als ein Kreis begabter und gelehrter junger Männer wie Klopstock, Gellert, Rabener, Kästner, J. A. Schlegel u. A. ebenda verweilten. Erst allmälig indessen schloß er sich diesen an, theils weil er zu schüchtern war, theils weil seine große Anhänglichkeit an Lessing ihn vollständig einnahm. Mit Lessing war er täglich zusammen, mit ihm arbeitete und las er, lernte er neue Sprachen, mit ihm besuchte er auch oft das Theater, welches damals von der bekannten Neuberin geleitet wurde. Dies geschah von ihr in so ernstem Streben, wie es bei der Zerfahrenheit heutiger Zustände — versteht sich in zeitgemäßer Richtung — allen Bühnen-Vorständen zu empfehlen wäre, wenn nicht die Theater vermöge der Begünstigung oberflächlicher Sinnenlust mehr schädlich als nützlich wirken sollen. — Durch Neuberin gelangte Weiße's erstes kleines Lustspiel: „Die Matrone von Ephesus" mit Beifall auf die Bühne. Fünf Jahre, bis 1750, befleißigte er sich in Leipzig seiner Studien, um sich zu einem tüchtigen Schulmanne auszubilden. Inzwischen hatten die bisher genossenen Stipendien aufgehört, und schon wollte Weiße aus Mangel an Lebensunterhalt die Stadt verlassen, als er zum Hofmeister des jungen, gleichfalls in Leipzig studirenden Grafen Geyersberg, eines Neffen des nachherigen sächsischen Ministers Grafen Stubenberg, berufen wurde. Nun konnte er noch länger in Leipzig bleiben, verschiedenen Vorlesungen, die ihm werth waren, ferner beiwohnen, mit seinem Zöglinge gemeinsam Unterricht in Kunst und körperlichen Uebungen nehmen, einen Winter in Paris verleben und endlich einer in Aussicht gestellten Versorgung für die Zukunft entgegensehen. Diese bestand in einer Einnehmerstelle, welche ihm zu Theil wurde, nachdem er zehn Jahre dem jungen Grafen zur Seite geblieben. Während seines verlängerten Aufenthalts in Leipzig entwickelte sich sein inniges Freundschaftsverhältniß zu Gellert und Rabener.

In Paris übte das italienische Theater mit seinen kleinen komischen Opern einen großen Reiz auf ihn und regte ihn zu seinen ersten Liederspielen an, durch die er seinen Landsleuten erheiternde Unterhaltung verschaffen und sie zugleich zum geselligen Gesange ermuntern wollte. Im Laufe seines Lebens schrieb er eine Reihe solcher Singspiele und komischen Opern, von denen „der lustige Schuster", „der Dorfbarbier", „die Jagd", „der Erndtekranz", sämmtlich in Musik gesetzt von dem melodiereichen Hiller, zu ihrer Zeit ungewöhnliches Glück machten und noch heute nicht von der deutschen Bühne verschwunden sind. Seine ernsten Schauspiele: „Eduard III.", „Richard III.", „Romeo und Julie" u. A. stehen den Bühnenstücken heiterer Gattung nach.

Im Jahre 1762 erhielt Weiße, wie ihm versprochen worden, eine vor Kurzem erledigte Kreiseinnehmer-Stelle in Leipzig. Im Jahre

1765 gebar ihm seine Gattin, die er in seinen Briefen wiederholt seine vertrauteste Freundin und seine geliebte Gesellschafterin nennt, das erste Kind, eine Tochter, und dieses geliebte Wesen gab ihm die erste Feder für die Kinder in die Hand. Da er sich oft und gern bei seinem kleinen Liebling aufhielt, hörte er auch viele Lieder der singenden Wärterin. Diese aber gefielen ihm so wenig, daß er sich entschloß, selbst Liederchen solcher Art zu dichten. So entstanden seine bekannten und beliebten, heute schon mehr als achtzig Jahre fleißig benutzten „Kinderlieder". — Dem Töchterchen folgte ein Sohn, und als beide Kinder unterrichtsfähig geworden, wußte Weiße unter zahlreichen Geschäften die Zeit zu finden, seinen Kindern, die er mit liebevoller Sorgfalt erzog, eigene Lehrmittel anzufertigen. So gelang es ihm, das erste gute ABC-Buch herzustellen, das er als Lesebuch für seine Kinder benutzte und zugleich der Oeffentlichkeit übergab Das Büchlein erwarb sich schnell eine solche Verbreitung und Beliebtheit, daß es aller Orten in den Schulen eingeführt und sogar in das Französische übersetzt wurde. Solche Erfolge ermuthigten W. zur Beschaffung seines Hauptwerkes für die Jugend, seines „Kinderfreundes", das in vielen tausend Exemplaren weite Verbreitung gefunden hatte. Das Buch wurde in mehrere Sprachen übersetzt, die Königinnen von England und Neapel benutzten es beim Unterrichte ihrer Kinder. Im Maistück des „deutschen Merkur" vom Jahre 1804 ist Weiße's letzte Erzählung enthalten. Weiße starb, nachdem er nur kurze Zeit gelitten, am 16. Dezember 1804.

Benedikt Maria v. Werkmeister.

Derselbe, mit dem Taufnamen Leonhard, geboren zu Füßen im Allgäu, lernte zuerst den 24. Okt. 1745 an seinem Geburtsorte und dann bei dem Cantor in Schongau vom Jahr 1755—1757 die Anfangsgründe der lateinischen Sprache und Musik. Zu dieser Zeit genoß er des Pfarrers P. Paul Mayer zu Schwabbrugg, der seiner Mutter Bruder war, wohlthätigste Unterstützung. Durch Vermittelung eines andern nahen Verwandten, Kapitulars des Reichsstiftes Neresheim, kam er in die lat. Lehranstalt dieses Stiftes, wo er seine Studien fortsetzte. Im Herbste des J. 1764 wurde er daselbst in's Noviziat aufgenommen und legte 1765 die Ordensgelübde ab. Darauf studirte er die Theologie und das Kirchenrecht zuerst im Kloster und dann zu Benediktbeuern, wo er sich hauptsächlich mit den orientalischen Sprachen und dem Bibelstudium beschäftigte. 1769 wurde er zum Priester geweiht. Im Jahr 1770 bis 1772 ward er Novizenmeister und dann Lehrer der Philosophie für die damaligen jungen Ordensprofessen Karl Nack, später Domkapitular in Augsburg, und Beda Pracher, Pfarrer in Schörzingen und dann Generalvikarsrath zu Rottenburg a. N. Vom Jahr 1772—1774 lehrte W. die Philosophie an dem bischöflichen Lyceum zu Freysingen. Nach seiner Zurückkunft in's Kloster ward er Secretär des damaligen Reichsprälaten, Bibliothekar und Archivar des Klosters und zugleich wieder Novizenmeister. 1778 kam er zum zweiten Mal als Professor der Philosophie nach Freysingen bis 1780. Von da an war er bis 1784 im Kloster Director der niedern und höhern Studien, Bibliothekar und Lehrer des Kirchenrechts. Im Monat Mai 1784 erhielt er vom Herzog Karl von Württemberg den Ruf als katholischer Hofprediger nach Stuttgart. Nach dem Ableben des gedachten Herzogs privatisirte er und hielt sich vom Mai 1794 1795 mit einer Pension in der Reichsabtei Neresheim auf, deren Mitglied er aber nicht mehr war, indem er schon 1790 mit nehmigung des heil. Vaters und des Prälaten in den Weltpriesterstand übertrat. Im Junius 1795 ward er auf's Neue vom Herzog Friedrich als katholischer Hofprediger in Stuttgart angestellt, erhielt aber schon 1796 von dem Freiherrn Christ. Heinr. v. Palm in Kirchheim die Pfarr= stelle zu Steinbach, die er auch, um seine Gesundheit mehr pflegen zu können, bezog. 1807 ward er mit Beibehaltung seiner Pfarrei als ka= tholischer geistlicher Rath nach Stuttgart berufen und erhielt den 10. Sept. 1808 an demselben Tage, als die königl. Schulverordnung für den kathol. Antheil des Königreichs veröffentlicht wurde, das Ritterkreuz des Civilverdienstordens, nachdem er im Mai desselben Jahres zum Mit= gliede des neuerrichteten Censur=Collegiums ernannt worden war. 1816 wurde er Mitglied der .k. Oberstudien=Direktion und am 10. Dez. 1817 zum Oberkirchenrath befördert. v. W. war in jeder Beziehung ein aus= gezeichneter, ungemein thätiger, edelgesinnter und liebenswürdiger Mann. Besonders war ihm die Aufnahme des kathol. Schulwesens im Lande am Herzen gelegen, und er hatte daher zum schönen Aufblühen desselben Alles beigetragen, was nur in seinen Kräften lag. Die vorzüglichsten Schriften, die er zur Förderung der Erziehung und des Unterrichts her= ausgegeben, sind folgende:

1) Die Schulverordnung für den katholischen Antheil des Königreichs Württem= berg 1808. 2) Entwurf einer guten Dorfschule. Bei Claß in Rothenburg an der Tauber 1804. 3) Ueber das Eigenthümliche der Pestalozzischen Methode. Tübingen bei Heerbrandt. 1810.

Johann Jakob Wehrli.
Geboren den 6. Nov. 1790, gestorben den 15. März 1855.

J. J. Wehrli, Lehrer und Erzieher der Fellenbergischen Armen= Anstalt zu Hofwyl, später Seminar=Direktor zu Kreuzlingen, wurde in Eschikofen, Kanton Thurgau, geboren, wo sein Vater Schulmeister war. Schon im 5. Jahre nahm ihn sein Vater in die Schule. Lesen, Schrei= ben und Rechnen lernte er schnell und leicht, und die 110 Fragen und Antworten des Katechismus konnte er schon im 9. Jahre auswendig. In seinem 15. Jahre erklärte W. seinem Vater, als dieser seine Neigung zu einem bestimmten Beruf zu erforschen anfing: „ich will ein Schulmeister werden," worauf der Vater sich entschloß, ihn noch ein paar Sommer die Stadtschule in Frauenfeld besuchen zu lassen. Im Spätsommer 1807 war ein 6wöchiger Fortbildungs=Kurs für Landschullehrer, den der da= malige ehrwürdige Stadtpfarrer Kappeler leitete, und an welchem auch W. theilnehmen durfte. Hier wurde ihm, was er bruchstückweise von der Pestalozzischen Methode von seinem Vater vernommen, zu einem vollständigen Ganzen und klarer; hier lernte er die Pestalozzischen Einheiten= und Bruch= tabellen kennen und wurde leidenschaftlich dafür eingenommen. Etwas später, wenige Tage vor Martini erhielt er die Aufforderung, die Schule zu Leutenegg zu übernehmen; im Frühjahr 1810 wurde er von da nach Hof= wyl versetzt. E. v. Fellenberg stellte ihn an die Spitze seiner Armen= schule. Wehrli machte dieselbe zum Muster ähnlicher Schöpfungen in fast allen Ländern Europa's, ja selbst in dem fernen Neuholland. Er leitete während 24 Jahren die nach ihm kurzweg „Wehrlischule" genannte Pflanz= stätte praktischer Lebensbildung für die untersten, körperlich und geistig verwahrlosten Volksschichten. Hunderte für ihren heiligen Beruf begei= sterte Armenlehrer und Volkserzieher haben das von W. in sie gelegte Samenkorn hinausgetragen in alle Welttheile; Hunderte wackerer Land= wirthe und Handwerker danken es seiner liebenvollen Leitung, daß sie nützliche und würdige Mitglieder der menschlichen Gesellschaft geworden sind. Wehrli war äußerst praktisch und stets beschäftigt, an sich und an andern fortbildend zu arbeiten. Keiner seiner Schüler konnte mehr lernen, als er selbst, der, während er lehrte, immer sein eigenes Wissen und Können bereicherte. Nach seinem Rücktritt von Hofwyl leitete W. mit sichtlichem Segen das Schullehrer-Seminar seines Heimath-Kantons Thurgau. Seit einigen Jahren hatte er sich von jeder öffentlichen Wirksamkeit zurückgezogen. Er starb am 15. März 1855 auf dem Landgute Guggenbühl im Kanton Thurgau.

Johann Friedrich Wilberg.
Geboren den 5. Nov. 1766, gestorben den 17. Dez. 1846.

> Motto: „Der Verstand des Kindes soll nicht ein Kornboden werden, auf welchen das Korn zwar geschüttet wird, aber nicht Frucht bringen kann; sondern ein Aehrenfeld, das gepflügt und zur Aussaat vorbereitet, die einzelnen Körner aufnimmt, bewahrt und in sich fruchtbar werden läßt."
> 						Wilberg.

Johann Friedrich Wilberg, gewesener Schul-Inspektor zu Elberfeld, wurde geboren zu Biesar im ehemaligen Herzogthum Magdeburg. In beschränkten häuslichen Verhältnissen aufgewachsen und nach dem früh erfolgten Tod seines Vaters in noch beschränkteren Verhältnissen aufgezogen, lernte er frühe die Vielen so schwere Kunst zu entbehren und sich selbst zu zu überwinden, denn wie mächtig auch in ihm das Verlangen nach einem höheren geistigen Lebensberufe sich regte, in Ermangelung aller Mittel mußte er darauf verzichten, ja am Ende noch froh sein, bei einem Schneider ein Unterkommen als Lehrling gefunden zu haben. Aber ein neuer Hoffnungsstrahl ging ihm auf, als er aus der Schrift: „Heinrich Stillings Jugend, Jünglingsjahre und Wanderschaft" ersah, wie dieser Mann sich durch ähnliche, ja in mancher Beziehung gleich drückende Verhältnisse hatte durcharbeiten müssen.

Mit rüstigem Eifer wandte er nun jede freie Stunde, besonders Frühstunden, die er dem Schlafe entzog, und jedes freie Ersparniß zur Erweiterung seiner Kenntnisse an. Sein Schlafkämmerlein konnte keinen Tisch fassen; ein Brett auf dem Schooße mußte dessen Stelle vertreten. In dieses Brett wurden Tintenfaß und Leuchter, mit eisernen Stiften versehen, gesteckt und die Kosten für Licht, Papier u. dergl. bestritt er von drei Pfennigen, die ihm zur Anschaffung des Frühstücks gereicht wurden. Bald fanden sich auch theilnehmende Herzen, welche den strebsamen Jüngling lieb gewannen und ihn auf mannigfache Weise förderten. Unter ihnen besonders Prediger Rudolph zu Krahne, unweit Rekahn, der Wiege der Reformation des Landschulwesens. Der Prediger Rudolph merkte bald, daß in dem Burschen, der ihm zu Schneiderarbeiten zugeschickt worden war, noch ein tieferes Verlangen sich regte, durch freundliche Zusprache erfuhr er des Herzens innigsten Wunsch, und auf seine Verwendung gestattete der edle Domherr v. Rochow dem lernbegierigen Schneiderlehrling: die Schule auf Rekahn zu besuchen. So war die Bahn zum ersehnten Ziele betreten. Und wie er dasselbe erreichte, davon gibt seine nachmalige Wirksamkeit als Lehrer zu Overdyk und sein vieljähriges gesegnetes Wirken zu Elberfeld zuerst als Lehrer am dortigen Armenhause, hierauf als Vorsteher einer Privat- und Erziehungs-Anstalt und zuletzt als Schulinspektor daselbst, sowie seine schriftstellerische Thätigkeit hinlänglich Zeugniß.

Er selbst hat auf höchst anziehende Weise seinen Lebensgang geschildert in der Schrift: „Erinnerungen aus meinem Leben, nebst Bemerkungen über Erziehung, Unterricht und verwandte Gegenstände von
Dr. Wilberg Essen. Bädecker 1836. „Hier spricht ein 71jähriger Schulmann, der, wie man zu sagen pflegt, von der Pike auf gedient hat,
schon lange in der pädagogischen Welt mit Achtung genannt und zum
Schulpfleger und Schulinspektor befördert ist — darum: Sei gern bei
den Alten, und wo ein weiser Mann ist, zu dem halte dich!" Siehe
das Schulblatt für die Provinz Brandenburg 1837 S. 307. — Außer
dieser Anzeige obiger Schrift in genanntem Schulblatte müssen wir die
Leser vorzüglich auf die in den Rheinischen Blättern enthaltene: Bd. 18
S. 91 u. ff. verweisen, woselbst schätzbare Mittheilungen aus dem Leben
und Wirken Wilbergs, besonders auch in Bezug auf die von ihm gehaltenen Lehrerversammlungen enthalten sind. Vergl. auch den 21. Bd. der
Rhein. Blätter S. 398 über Wilbergs Abschied von Elberfeld. Wohl
gebührten dem edlen Greise Worte der Anerkennung, des Dankes und
der Wehmuth, besonders von Seiten der Lehrer, hat er sich doch als
treuer Versorger ihrer Wittwen und Waisen so warm und erfolgreich
angenommen. — Die von W. im Jahre 1822 gestiftete Elberfeld'sche
Lehrerwittwenkasse hatte sich durch seine und seiner Freunde Fürsorge
nach 10jährigem Bestehen von dem ursprünglichen Grundkapital im Betrage von 323 Thlr. auf die Summe von 5187 Thlr. erhöht und soll
gegenwärtig 12,000 Thlr. betragen. So konnte der würdige Nestor der
Schulmänner des Rheinlandes nach einem in mannigfacher Beziehung
schweren Tagewerke den Abend seines Lebens mit dem erhebenden Bewußtsein: er habe gewirkt, so lange es für ihn Tag gewesen, in ländlicher Ruhe heiter und zufrieden beschließen. Er starb zu Bonn Ende
Dezember 1846.

Fr. Philipp Wilmsen.
Geboren den 25. Februar 1770, gestorben den 4. Mai 1831.

Fr. Ph. Wilmsen ist geboren zu Magdeburg. Sein Vater war
Prediger an der reform. Kirche daselbst. Der mit reichen Anlagen begabte Knabe erhielt schon frühe die Richtung auf das Höhere und Geistige, was nachher aus allen seinen Handlungen lieblich hervorstrahlte.
1787 bezog er die Hochschule zu Frankfurt a. d. O., ging dann später
nach Halle, weil ihn die berühmten Lehrer daselbst mehr anzogen. Nach
Berlin zurückgekehrt, fing er bald an, sich dem Erziehungs- und Unter-
richtsfache zuzuwenden, und nachdem er eine Zeitlang Hauslehrer gewesen, erhielt er eine definitive Anstellung an der Privatanstalt des Professors Hartung. W. besaß eine ungemeine Gewandtheit und Uebung
im Unterrichten und zugleich das seltene Talent, die Zöglinge für die
gute Sache zu gewinnen. Auch hatte er die Gabe der leichten und deutlichen Entwickelung in einem sehr hohen Grade. Dabei befreundete er
sich immer mehr mit der Erziehungswissenschaft und strebte, dieselbe von
den mancherlei Gebrechen zu befreien, welche ihr damals noch anklebten.
Er folgte den Winken der sog. philanthropischen Schule, ohne sich jedoch
von der Einseitigkeit ihrer Wortführer beherrschen zu lassen. Ebenso
würdigte er später Pestalozzi's Bestrebungen auf gebührende Weise, stieß
aber nicht in die Posaune der Bewunderung, welche darin das Höchste
in der Erziehungskunst gefunden zu haben meinte. Insbesondere konnte
er sich des Beifalls erfreuen, den Gedicke ihm mehrmals öffentlich zollte.
Als Prediger und Schulaufseher über fünf Schulen, begann er eine neue,

anfangs verborgene, bald aber segensreich aufsprießende Geistessaat mit dem ihm eigenen Eifer auszustreuen. Neben den vielen Arbeiten, die sein Predigtamt forderte, wurde seine streng eingetheilte Zeit in Anspruch genommen durch beständige Schulbesuche, durch Abhaltung von Lehrstunden und Katechisationen zur Anleitung der zum Theil unwissenden und ungeschickten Lehrer und wohlthätige Bemühungen zur Unterstützung heilsamer Institute für die Armen im Volke und die Kinder der untern Klassen. Dennoch gewann er Zeit, um an einigen andern Lehranstalten Unterricht zu ertheilen, und war nebenbei auch ein willkommener Mitarbeiter an mehreren wissenschaftlichen Zeitschriften. Sein einflußreichstes literarisches Erzeugniß war der „Deutsche Kinderfreund", an den sich bald der „Brandenburgische" anschloß, von welchem 1800 vier Theile erschienen sind. Der erstgenannte hat (bis 1834) 126 Auflagen, jede zu 5000 Exemplaren, erlebt. Außerdem erschienen bis 1810 ein Lehrbuch der Religion und Moral; ein Lehrbuch der Geographie in 2 Abtheilungen (1794); ein Gesangbuch für Volksschulen (1817); ein Taschenbuch für die sorgfältiger gebildete Jugend des weiblichen Geschlechtes; die biblische Geschichte des alten und neuen Testaments; ein Lehr- und Lesebuch für Töchterschulen und mehrere pädagogische Hülfsmittel. An der 1811 zum Andenken der edelgesinnten Königin Louise gegründeten trefflichen Anstalt, besonders für Töchter der höhern Stände, die zugleich Bildungsinstitut von Erzieherinnen und von Dienstboten in vornehmen Häusern ist, ward W. anfangs mit Delbrück, hernach mit andern geschickten Männern, Lehrer in der Religion, und für die Erzieherinnen in der Pädagogik und Methodik, sowie er überhaupt den gesammten Unterricht leitete und beaufsichtigte. Diesem neuen, seinem Herzen besonders zusagenden Berufe lebte er mit recht eigentlicher Neigung, und hat sich durch unermüdlichen Eifer, durch seine nie erkaltende Liebe ein bleibentes Denkmal der Dankbarkeit und Verehrung in unzähligen Herzen gegründet. Später erhielt er die Oberaufsicht über das Kornmesser'sche Waisenhaus und nahm Antheil an den Arbeiten der städtischen Schulcommission und Armendirektion, so wie er das Louisenstift, eine Unterrichtanstalt für 60 arme Knaben begründen half und späterhin allein leitete, nachdem der erste Vorsteher derselben, Hanstein, gestorben war. Ungeachtet der vielfachen amtlichen Anstrengungen lieferte er doch eine große Anzahl neuer Schriften, wie z. B. „Die Erde und ihre Bewohner", (3 B. 1812) und außer verschiedenen Elementarwerken das „Handbuch der Naturgeschichte", (3 B. 1821). Seit 1820 machten schmerzliche Verluste aus dem Kreise der Seinigen und andere bittere Erfahrungen nachtheilige Wirkungen auf seine Gesundheit, die sich öfters in bedeutenden Krankheitsfällen zeigten. Dessenungeachtet wirkte er unermüdlich fort, so lange es noch Tag war. Das letzte seiner Werke, an welchem er noch auf dem Krankenbette arbeitete, war die neue Auflage seiner Naturgeschichte. Er starb am obenbenannten Tage des J. 1831.

Johann Georg Wirth.
Geboren den 13. Juli 1807, gestorben den 21. November 1851.

Wirth, Johann Georg, war Director der städtischen Armenpflege und Oberleiter der Kleinkinder-Bewahranstalten zu Augsburg. Er trat im Herbst 1827 in das Schullehrer-Seminar zu Altdorf, hielt sich nach seinem Austritte aus demselben als Privatlehrer in Augsburg auf, ward im Juli 1830 Hilfslehrer im protestantischen Armenkinderhause zu Augsburg und im Jahre 1834, nachdem er die bedeutendsten Klein-

Kinder-Schulen in mehreren Städten Deutschlands besucht, Lehrer und Leiter der Augsburger Kleinkinder-Bewahranstalten. Diesem Amte stand er mit der größten Gewissenhaftigkeit vor, benutzte aber jede seiner freien Stunden, um seine Erfahrungen in dem Gebiete der Erziehung, sowie über Rettung verwahrloster Kinder niederzuschreiben. Seine „Mittheilungen über Kleinkinderbewahranstalten, Kleinkinderschulen und Rettungsanstalten. Augsburg bei v. Jenisch und Stage" sind bekannt und verdienen volle Beachtung. Ueber seine Art, sich den Kindern mitzutheilen, legen seine „Unterhaltungen aus der Naturlehre und Naturgeschichte, sein „Festbüchlein, Gaben der Liebe, Augsburg bei Lampart u. Comp.," seine „Bilder für Kinder — Selbstverlag," eine „Anleitung zum Illuminiren, Augsburg bei v. Jenisch und Stage" rühmliches Zeugniß ab. Bei der Neugestaltung der Armenpflege im Jahre 1848 wurde er zum schwierigen Amte eines Direktors ernannt. Er widmete sich diesem Amte mit gewohnter Treue, ward aber durch eine Wassersucht, die schon fünf seiner Geschwister in demselben Lebensalter vor ihm getödtet hatte, mitten in seiner Thätigkeit dahingerafft.

Joseph Wißmayr.

Geboren den 30. November 1767, gestorben den 8. Juli 1858.

Joseph Wißmayr, q. k. b. Ministerial-, Oberstudien- und Oberkirchen-Rath, Ehrenritter des Ordens vom heil. Michael, ordentliches Mitglied und Senior der k. Akademie der Wissenschaften, wurde zu Freising geboren und war der Sohn eines fürstbischöflichen Cabinetscuriers des damaligen Fürstbischofes Johann Theodor. Nachdem J. W. eine sorgfältige Erziehung erhalten, machte er seine Studien in Freising an den dortigen fürstbischöflichen Studien-Anstalten, trat nach Vollendung derselben in das Klerikal-Seminar und widmete sich dem Studium der Theologie. Nach vollendeten theologischen Studien war er aber erst 21 Jahre alt und entschloß sich daher bis zur Zeit seiner Priesterweihe die Universität Salzburg zu besuchen (1788), wo er zwei Jahre lang die juridischen Collegien besuchte. Am 21. September 1790 zum Priester geweiht, entschloß er sich bald darauf der Pädagogik und besonders dem Studium der Sprachwissenschaften mit besonderem Hinblicke auf die deutsche Sprache sich zu widmen. Die Frucht dieses seines Studiums waren seine Lehrbücher über die hochdeutsche Sprache, die in den Jahren 1795 und 1797 zu Salzburg erschienen, später aber in Bayern selbst mehrfach neu aufgelegt wurden. Hauptsächlich auf Grund dieser Frucht seines Studiums wurde er im Jahr 1802 hieher in sein Vaterland berufen und ward im Ministerium des Innern Oberstudien- und Schulrath. Als solcher wirkte er mehrere Jahre und wurde dann zum Oberkirchenrathe ernannt. Im Jahre 1815, wo eine vollständige Organisation des k. Ministeriums statt fand, wurde J. W. bei der k. Akademie der Wissenschaften, deren Mitglied er schon im Jahre 1803 geworden, als Vorstand der akademischen Commission des Kalenderwesens verwendet, welches damals besonders auf die Bildung des Volkes von großem Einflusse war. Auch wurde er im Jahre 1815 Ehrenritter des k. Haus- und Verdienst-Ordens vom heil. Michael. In dieser seiner Stellung als activer Akademiker wirkte er mehr als 30 Jahre. Nachdem er aber bei zunehmendem Alter sein Gehör verloren, zog er sich von dem öffentlichen Leben zurück, obwohl sein Interesse für literarische Arbeiten noch immer rege blieb. Er war ein Mann des Friedens, begeistert für seinen Fürsten und sein Vaterland.

Friedrich August Wolf.

Geboren den 14. Ferbuar 1757, gestorben den 8. August 1814.

Friedrich August Wolf, geboren zu Hairode in der Grafschaft Hohenstein unweit Nordhausen, gestorben zu Marseille, war königl. preuß. Geheimerath, Mitglied der Academie der Wissenschaften zu Berlin und München. Die Universitäten Halle und Berlin waren die Hauptorte seiner anregenden weithinwirkenden Thätigkeit. Obwohl die höheren Studien seine eigentliche Lebensaufgabe waren, so dünkte es ihm, dem Gelehrten, doch nicht zu gering, auch der Verbesserung der Volksschulen das Wort zu reden. Seinen Ruhm verdankt der große Critiker vornehmlich seinen gelehrten Schriften und den von ihm besorgten schätzbaren Ausgaben alter Classiker, insbesondere des Homers. Wir erwähnen hier namentlich: „Geschichte der römischen Literatur" Halle 1787 und Vorlesungen über griechische Literatur. Ebdf. 1787.

Christian Heinrich Wolke.

Geboren den 21. August 1741, gestorben den 8. Januar 1828.

Dieser ein halbes Jahrhundert lang als Pädagog und Sprachforscher wirkende Mann und Basedow's erster und treuester Gehülfe ward zu Jever im Oldenburgischen geboren. Nachdem er von 1761 die Hochschule zu Jever besucht, 1763 meist kameralistische und linguistische Vorlesungen gehört, wurde er in Leipzig auch Zuhörer von Gellert, Ernesti und dem Naturlehrer Winkler. Sein innerer Beruf, als Lehrer und Erzieher zu wirken, brachte ihn nach Dessau, wo er mit wenigen Kindern 1773 eine Unterrichtsanstalt gründete. Der speculative Professor Basedow fand in des feurigen, das Weltliche gar nicht achtenden Wolke Begeisterung ganz seine Rechnung, und kündete nun frischweg sein Philanthropinum als eine Normalschule für künftige Jugendbildner an. Aber das Basedow'sche Werk zerplatzte als eine schimmernde — Seifenblase. Nur die W.'sche Lehr- und Erziehungsanstalt wirkte verbessernd in und auf Deutschland mit großen Abänderungen, selbst bis zum Jahre 1793 fort, wo ein fürstliches oder herzogliches Gymnasium daraus hervorging und noch besteht. W. wirkte unermüdet mit Wort und Schrift. Sechszehn philanthropische Lehrbücher, Fibeln, Lieder, pädagogische Unterhaltungen in vier Jahrgängen, Alles ging darauf hin, die neue Methode zu begründen und auszubreiten. Das meiste Ansehen erwarben sich die zu Basedow's Elementarwerke gehörigen Kupfertafeln, und seine Méthode naturelle d'instruction in zwei Bänden.

Ungeachtet seiner unglücklichen Reise nach Petersburg, wo er anfangs günstig aufgenommen, später durch das Zusammenfallen mancher ungünstiger Ereignisse mit Mangel zu kämpfen hatte, hörte W. immer noch nicht auf, Erziehungsmethodik nach allen Seiten zu betreiben, gab schon 1802 in Oldenburg seine Betrachtungen über Taubstummenbehandlung durch den Galvanismus, oder wie er es selbst nannte, über die Galvani-Volta-Hörsinn-Herstell-Methode und 1804 und 1805 ein Büchlein: „wie Kinder und Taubstumme zu Sprachkenntnissen und Begriffen zu bringen sind", heraus, sowie seine „kurze Erziehungslehre" in Leipzig bei Crusius, und trat mit Pestalozzi durch seine Anweisung für Mütter und Kinderlehrer gewissermaßen in Schranken. Nachdem er in Dresden, wo er seine Wohnung aufgeschlagen, im französischen Kriege von mancherlei Mangel bedrückt wurde, so wandte er jetzt seine ganze Kraft auf die Entfehlerung der deutschen Rechtschreibung und Reinigung des höchsten Kleinods des deutschen Volks, der Sprache, und so entstand seine „Anleitung zur deutschen Gesammtsprache oder zur Erkennung und Berichtigung von 20,000 fehlerhaft gebildeten Worten, die kaum durch hinlängliche Subscription gedeckt war.

Von 1814 verlebte er, vor jedem Mangel gesichert, in einem auserlesenen Kreise von Freunden und seinen Eifer freundlich ehrenden Sprachforschern, ein vergnügtes Alter. Aber auch hier brachte er, was ihm zur Erheiterung zufloß oft der Idee, die Kinderwelt für seine Sprech- und Sprach-Ansicht zu gewinnen, zum Opfer. Denn er ließ hier mit schweren Opfern seine aus 7 Bänden bestehende, zum Theil mit Kupfertafeln versinnlichte Kinderbibliothek drucken, ja er unternahm noch im 87. Jahre eine Reise nach Dresden, Leipzig und andern Gegenden, nun dieser Bibliothek durch seine Persönlichkeit mehr Eingang zu verschaffen.

Claus Wrage.

Geboren den 1. März 1798, gestorben den 13. Juli 1849.

Claus Wrage, Lehrer der Wilhelminen-Freischule in Flensburg, wurde in Sarlhusen, Kirchspiels Kellinghusen, geboren, wo sein Vater eine Käthnerstelle bewohnte. Er besuchte in seinen vorgerückten Knabenjahren die Schule zu Homfeld, wo damals Lehrer Jargsdorf vorstand, der sich mit besonderer Sorgfalt des hoffnungsvollen Knaben annahm. Diesem Manne, wie auch dem Pastor Kuß in Kellinghusen, bei dem unser W. zur Confirmation vorbereitet ward, verdankte er die Bildung, die ihn in Stand setzte, im Jahre 1817 das Seminar in Kiel besuchen zu können, wie sie ihm denn auch wohl dazu behülflich wurden, die Mittel herbeizuschaffen, durch welche ihm die äußere Existenz auf der Anstalt gesichert wurde. Nach einem zweijährigen Aufenthalte auf dem Seminar ward er mit einem ehrenvollen Zeugniß entlassen, und darauf ein halbes Jahr Hauslehrer bei dem Kaufmann Mortensen in Eckernförde. Im Jahre 1820 nahm er die Stelle eines Substituten an der Elementarschule in Cappeln an, und später, nach dem Abgange des dortigen Mädchenlehrers Thiesen, vicarirte er an dessen Stelle. 1824 den 9. Mai ward er dem alten Küster Voß in Bustorf bei Schleswig adjungirt, und obgleich er gegründete Hoffnung hatte, nach dem Ableben dieses Mannes dessen Nachfolger zu werden, so bewarb er sich doch im Jahr 1825 um die durch Hansens Versetzung nach Flensburg vacant gewordene Lehrer-Stelle am Christians-Pflegehaus in Eckernförde. Er ward präsentirt, geprüft und am 10. August gewählt. An seinem Geburtstage 1826 verheirathete er sich mit Christina Catharina Dorothea Paulsen, Tochter eines geachteten Schiffscapitäns in Cappeln, aus welcher glücklichen Ehe mehrere Kinder entsprossten. Mit der Anstellung an der eben genannten Schule, die zur Normalschule der wechselseitigen Schuleinrichtung erhoben war, wurde W.'s Name in der Schleswig-Holsteinischen Schulwelt mehr und mehr bekannt. Vier Jahre hat er hier zuerst im Verein mit dem Katecheten Eggers in Altona und dann mit dem jüngern Bruder desselben, segensreich gewirkt. Man darf diese Zeit wohl mit Recht die Blüthezeit der Eckernförder Normalschule nennen. Alle, die damals diese Anstalt besuchten, um sich mit der wechselseitigen Schuleinrichtung bekannt zu machen, — und ihrer ist eine große Zahl — wissen nicht Rühmens genug zu machen von der collegialischen Freundschaft, mit welcher W. ihnen entgegen kam, von der gemüthlichen Weise, in der er sie mit der neuen Schuleinrichtung bekannt machte, von der Umsicht und dem Takt, womit er selbst diese Einrichtung in seiner Classe handhabte, und von der Au-

schaulichkeit, Klarheit und Eindringlichkeit, die seinen Unterricht aus=
zeichneten. Nächst der biblischen Geschichte war es besonders Anschau=
ungsunterricht, dem er den beharrlichsten Fleiß zuwandte. Hier in Eckern=
förde sammelte er schon einen bedeutenden Vorrath an Material zu dem
Werke, das er später herausgab, und das seinen Namen weit über die
Grenzen des engern Vaterlandes hinausgetragen hat. Ich meine seinen
„Anschauungsunterricht in katechetischer Gedankenfolge, nach Denzels Ent=
wurf praktisch ausgeführt, zwei Curse. Altona bei Hammerich 1837.“
Es ist bekannt, daß dieses Buch mit großem Beifall aufgenommen wurde,
und daher mehrere Auflagen in ganz kurzer Zeit erlebt hat Weniger
bekannt dürfte es sein, daß dasselbe im Auszuge sogar in schwedischer
Sprache herausgegeben worden ist. Unterm 1. November 1829 wurde
W. in sein neues Amt als Lehrer der zweiten Freischule, der Wilhelminen=
schule in Flensburg eingeführt, in welchem Wirkungskreise ihm bald
Hindernisse und Schwierigkeiten entgegengestellt wurden, durch welche er
sich jedoch mit ganzer Kraft hindurch zu arbeiten mußte. Seine Lehrer=
wirksamkeit erlitt durch die Kriegsbegebenheiten im Jahre 1848 bedeutende
Hemmungen; er mußte nemlich Schullokal und Wohnung verlassen.
Seine Lehrer=Werkstatt mußte er bald in einem Schützenhause bald in
des Amtmanns Wohnung aufschlagen. Er starb am obenbenannten Tage
in einem Alter von 51 Jahren 4 Monaten. —

Friedrich Sigmund Würker.

Geboren den 17. März 1764, gestorben den 16. Februar 1824.

Am 16. Februar 1824 ertrank der würdige Pfarrer Friedrich
Sigmund Würker, Vorsteher der Waisenanstalt zu Langendorf bei
Weißenfels, im Greiselbach, als er noch in der Nacht sich aufgemacht
hatte, einige aus der Anstalt entflohene Knaben aufzusuchen. Er war
geboren in Delitzsch. Im Jahre 1789 wurde er Pfarrer in Riethdorf,
1799 in Untergreislau da hier keine Pfarrwohnung war, erhielt er
eine Wohnung im Waisenhause zu Langendorf. Seine Bemühung, auf
die sittliche Bildung der armen Kinder einzuwirken, war jedoch nicht
recht erfolgreich, seitdem er im Jahre 1810, in Folge der Aufforderung
des Herrn v. Witzleben die Leitung der Anstalt übernommen hatte. Wie
tief er das Wort erfaßt hatte: „Ein guter Hirte läßt das Leben für die
Schafe“, davon gibt sein beklagenswerther Tod Zeugniß.

Raimund Jakob Wurst.

Geboren den 31. August 1800, gestorben den 1. Juni 1845.

Wurst war 1800 zu Bühlertann, 4 Stunden von Ellwangen, ge=
boren. Seinen ersten Unterricht empfing er in einer Dorfschule, und
schon frühe zeigte er große Wißbegierde. Als er der Schule entlassen,
dem Lehrfache sich widmete, brachte er drei Tage der Woche bei dem um
die Schule verdienten Schulinspektor Bäuerle in Jaxtell zu, wohin er
jedesmal einen Weg von drei Stunden zurücklegen mußte.
Der nächste Zweck von Raimund's Berufsbildung erheischte es
indeß, wie die Seinigen wohl einsahen, daß er den Rest der gesetzlichen
dreijährigen Lehrzeit bei einem Musterlehrer zubringe. So gering auch
der Aufwand dafür sein mochte, so fiel er doch schwer. Raimund
wurde sofort dem Lehrer Cavallo in Wäschenbeuren, Oberamts Gmünd,
übergeben, wo er die Lehrjahre beendigte.

Im Mai 1819 erstand er in Ellwangen die Provisoratsprüfung mit dem Erfolge, daß er die Note „fähig" erhielt, und im Juli desselben Jahres als Provisor in Oberkessach, Oberamts Künzelsau, angestellt wurde. Der Antritt des allerersten Dienstes ist immer einer der wichtigsten Zeitabschnitte im menschlichen Leben. Dahin begleitete den jungen Provisor eine Vorliebe für seinen Beruf und der Vorsatz, demselben sein Leben zu widmen und ihm nach Kräften zu genügen. Dieses edle Streben theilte mit ihm ein im nämlichen Orte angestellter zweiter Provisor, Thomas Ignaz Scherr. Frisch und froh schritten die beiden jungen Männer auf der begonnenen Laufbahn fort; als Freunde vereinigt, ermuthigten sie sich gegenseitig, ohne Unterlaß ihre Kenntnisse zu erweitern und der Schule zu dienen. So flossen W. beinahe zwei Jahre hin, die er immer zu den glücklichsten seines Lebens zählte. Mit Bedauern sah ihn die Gemeinde scheiden, als er im Jahre 1821 auf ein Provisorat an der Stadtschule zu Ellwangen befördert wurde.

In Ellwangen konnte er größere Bibliotheken benützen; hier fand er Zutritt bei gebildeten Männern, und sonst mancherlei Anregung und Nahrung für seine Wißbegierde. Im Lateinischen, worin er bei Vikar Mederle einen guten Grund gelegt hatte, versuchte er sich theils durch Lektüre selbst, theils durch Privatunterricht, den er nahm, fortzuhelfen und zu üben. Auch begann er das Französische zu lernen. In der Musik durfte er schon seines Berufes wegen nicht zurückbleiben; er übte sich im Klavier- und Violinspielen. Die meiste Zeit jedoch verwandte er auf das Lesen der besten, über Unterricht und Erziehung geschriebenen Werke; am meisten sprachen ihn die Werke Graser's an.

Nach überstandenem zweiten Examen nahm W. freudig seinen Wanderstab, und steckte die kleine Ersparniß in die Tasche. Von Wißbegierde getrieben und wie einer, der etwas Wichtiges im Auge hat, schritt er seine Straße daher, nicht achtend der Regengüsse, die unablässig auf ihn herabströmten. Die Stunden schwanden und mit ihnen der Weg unter seinen Füßen. Glücklich erreichte er die Stadt, in der er den Mann seines Forschens zu finden hoffte; glücklich traf er ihn, und durfte und konnte ihn sprechen. Leider mußte er diesesmal seinen Aufenthalt in Baireuth auf wenige Tage beschränken, weil seine Baarschaft keinen längern gestattete. Aber diesesmal, dachte er, soll auch nicht das letztemal sein, daß ich in Baireuth bin.

In Ellwangen wieder angekommen, las und studirte er nun die Werke Graser's noch fleißiger und freudiger und mit noch höherem Interesse als vorher.

Im Frühjahre 1826 unternahm er eine Reise in die Schweiz, hauptsächlich um die Lehranstalten in Zürich kennen zu lernen, und zugleich seinen damals als Oberlehrer an der Blindenanstalt angestellten Freund Scherr zu besuchen. Da ihm die Oberschulbehörde zugleich mit dem ihm ertheilten Reiseurlaub hatte zu erkennen geben lassen, daß man es gerne sehen werde, wenn er seine pädagogischen Wahrnehmungen insbesondere über die Anwendung der Lancaster'schen Lehrmethode niederschreiben und an den k. katholischen Kirchenrath mittheilen würde, so erstattete er über den Erfolg seiner Reise einen ausführlichen Bericht, welcher von dem Kirchenrathe beifällig aufgenommen wurde.

W. machte mehrere Reisen für pädagogische Zwecke, durch Bayern, Sachsen und Böhmen, auf welchen er nicht versäumte, Schulen und Schulmänner zu besuchen. Was er in Schulen Gutes und Belehrendes hörte und sah, merkte er sich; Vorzügliches fand er freilich nicht überall, in einigen gemeine Schulmeisterei. Ueberall aber konnte er die Aufmerksamkeit und Artigkeit rühmen, die dem Provisor zu Theil wurde, und kam nach einer vierteljährigen Abwesenheit nach Ellwangen zurück.

Nachdem W. 7 Jahre lang als Provisor in Ellwangen zugebracht hatte, wurde er 1828 an dem Waisenhause zu Weingarten definitiv angestellt. Seine ersten schriftstellerischen Arbeiten waren: das elterliche Haus und der Wohnort. Sechs Jahre waren seit dem Antritt der Lehrstelle in Weingarten verflossen. Während dieser Zeit hatte er sich, wie ihm der damalige Oberinspector der Anstalt bezeugt, als einen Schulmann bewährt, der mit umfassenden, gründlichen Kenntnissen in einigen Hauptfächern des Elementarunterrichts, und der Bekanntschaft mit den neueren Unterrichtsmethoden ein rühmliches Streben nach immer weiterer Ausdehnung seines Wissens und Könnens vereinigt, und der durch unermüdete Thätigkeit sich in neue Ideen hineinzuarbeiten vermag.

Als Schullehrer in Altshausen sammelte er sich neue Nahrung, und was er gewonnen, versuchte er in Anwendung zu bringen und für das Leben fruchtbar zu machen. Ueberzeugt von der hohen Wichtigkeit des Sprachunterrichts für die Elementarschule überhaupt, wandte er diesem Lehrgegenstande immer besondere Aufmerksamkeit zu. Er las die ihm bekannt gewordenen Sprachlehr- und Schulbücher, und wählte diejenigen zum Führer, die als die besten galten, z. B. Krause, Scholz u. A. Da sie ihn aber nicht ganz befriedigten, bildete er sich einen eigenen Lehrgang. Ein als Schriftsteller und Schulmann bekannter Pädagog (Scherr), dem er seine Sprachhefte mittheilte, bemerkte darüber, „es sei sehr merkwürdig, wie nahe Wurst den Ideen Becker's komme“, und ermahnte den Verfasser, die Werke dieses Sprachforschers, die W. noch nicht kannte, zu studiren. Er folgte diesem Rathe und suchte so tief in den Geist dieser Sprachwerke einzudringen, als es ihm bei seinen Hülfskenntnissen möglich war. Eine Frucht dieser Sprachstudien war die neue Bearbeitung seines Sprachheftes, wobei er sich bemühte, ganz in Becker's Ideen einzugehen.

W. wußte aus Erfahrung gar wohl, wie schwierig es ist, die Forderung der Wissenschaft und die der Elementarmethode zugleich zu befriedigen; aber da er wie von der Nothwendigkeit, also auch von der Möglichkeit, die beiden Forderungen zu vereinigen, überzeugt war, so stellte er sich bei Ausarbeitung der Sprachlehre diese Aufgabe. Eine abermalige Veränderung in seinen Verhältnissen hinderte ihn jedoch, die Sprachdenklehre, so nannte er diesen Versuch, noch in diesem Jahre zu vollenden.

Inzwischen suchte man in der Schweiz für ein in St. Georgen, einem ehemaligen Kloster in der Nähe von St. Gallen, neu zu errichtendes Schullehrerseminar, einen Lehrer und Vorsteher mit einem Gehalte von 800 fl. Zu dieser Stelle wurde er durch den damaligen Seminar-Direktor Scherr in Zürich empfohlen, und sie zeigte ihm einen so schönen und weiten Wirkungskreis, wie er damals in seinem Vaterlande keinen zu erreichen hoffen konnte, daß er dieselbe wohl wünschen mochte.

Da erhielt er ein amtliches Schreiben des Erziehungsrathes des Cantons St. Gallen vom 11. September 1835: „Wir haben, veranlaßt durch die pädagogischen Schriften, welche in jüngster Zeit von Ihnen erschienen sind, und mit Berücksichtigung der Zeugnisse, die uns über Ihre frühere Studien und Ihr bisheriges Wirken im Fache der Erziehung und des Unterrichts zugestellt wurden, einstimmig Sie zum Director an dem neuen Seminar gewählt, und die Dauer Ihrer Anstellung auf sieben Jahre festgesetzt. Der mit dieser Stelle verbundene Gehalt ist auf 1100 fl. nebst freier Wohnung festgesetzt worden.“

Da er es ablehnte, kam ein Abgeordneter aus St. Gallen mit einem neuen Schreiben, und W. trat 1835 im November sein Amt an. Es erfolgte aber durch einen Sieg der Radicalen die Versetzung des Seminars nach St. Gallen. Dieser Umstand, seine geschwächte Gesundheit, der Mangel einer für eine Familie im Seminargebäude eingerichteten Wohnung, und die Sehnsucht der Seinigen nach dem Vaterlande bewogen ihn, seine Stelle niederzulegen, indem er sich Hoffnung machte, die in Ellwangen schon längere Zeit offene zweite Lehrstelle der Volksschule zu erhalten.

In seinem Entlassungsgesuche spricht er sich also aus: „Die Verhältnisse des Lehrerseminars haben in letzterer Zeit eine Gestaltung genommen, die sich mit meinen Ansichten über Schullehrerbildung nicht verträgt, und es ist Ihnen, Herr Präsident, HH. Erziehungsräthe, aus den amtlichen Zuschriften und Berichten, die ich über die Bildung der Seminarzöglinge in Beziehung auf Methode, Lehrgang, Auswahl des Lehrstoffes u. s. w. einreichte, längst bekannt, daß meine Grundansichten denen der übrigen Professoren, die am Seminar Unterricht ertheilen, großentheils gradezu entgegengesetzt sind. Unter solchen Umständen kann meine Wirksamkeit dem Lehrerseminar nur noch von geringem Nutzen seyn ꝛc."

W. wurde ehrenvoll entlassen und erhielt in Ellwangen eine Anstellung als zweiter Schullehrer und als Organist. Dort wirkte er, freilich mit zerrütteter Gesundheit, bis zum Sommer des Jahres 1845; ein Blutsturz führte unerwartet schnell am oben genannten Tage sein Lebensende herbei.

Außer der Sprachdenklehre gab W. heraus: Die zwei ersten Schuljahre 1838 und 1839. — Elementarbuch zu Denk- und Stylübungen.

Joachim August Christian Zarnack.
Geboren am 21. September 1777, gestorben den 11. Juni 1827.

Derselbe wurde in Mehmke in der Altmark geboren und starb als Direktor am großen Militairwaisenhause zu Potsdam. Schon als Prediger zu Breslow, während seiner zehnjährigen Wirksamkeit daselbst (von 1805 bis 1815) hatte er seine Liebe und Befähigung zur pädagogischen Laufbahn durch seine Sorgfalt für das Schulwesen dieser Stadt und durch Begründung einer Töchterschule befähigt. Wie er nachmals in seinem pädagogischen Berufskreise als Direktor des Waisenhauses zu Potsdam, wo er eine Schaar von beinahe 600 Kindern antraf, wirksam war, darüber vergleiche man Kröger's Reisen durch Deutschland und die Schweiz oder (Zarnacks) Geschichte des Königl. Potsdam'schen Militairwaisenhauses. Berlin 1824.

Unter seinen Schriften verdienen außer seinem Programme: „Zweckmäßig eingerichtete Waisenhäuser die vollkommensten und nützlichsten Erziehungsanstalten in dem Staate" Berlin 1819 und „über Kinderfeste in öffentlichen Erziehungsanstalten," Berlin 1820 und 21 auch seine deutschen Sprichwörter und der Schulinspektor Heister (ein Roman) noch immer Beachtung

Unerhörte Schmähsucht machte ihn seiner Stelle verlustig und führte ihn im 51. Jahre zum Grabe.

Matthäus Zeheter.
Geboren den 14. August 1787, gestorben den 20. Juni 1849.

Derselbe war der Sohn eines Landmanns und Krämers zu Breitenfeld bei Horn in Unterösterreich, wo er geboren ward. Nachdem er

seinen ersten Unterricht in seiner Pfarrschule zu Kirchberg a. d. Wild ge-
noffen, erhielt er in dem nahegelegenen Göpfritz die Anfangsgründe einer
höhern Ausbildung und kam dann an die Piaristenschule zu Horn, eine
Studienanstalt, wo er die unteren Klassen und später, dem Lehrerberufe
sich zuwendend, nebenher die Präparandenschule besuchte. Oefters bedauerte er in seinen spätern Jahren, das Gymnasium nicht absolvirt zu haben; doch hatte der Vorstand der Anstalt, welcher ihn liebgewonnen, ihm
in Privatstunden noch Unterricht in einzelnen Gegenständen der obersten
Klassen, namentlich in der Rhetorik, ertheilt; ein Umstand, woraus man
ebenso auf die Lernbegierde des Jünglings, als auf die Liebe des Lehrers schließen kann.

In seinem 17. Lebensjahre, Ende 1804, bestand er sodann seine
Prüfung für das Schulfach und arbeitete von nun an theils als Schulgehilfe, theils als Schulverweser an verschiedenen Orten des Inn- und
Hausruck-Viertels, nämlich 1 Jahr zu Unterhaag, ½ Jahr zu Geisberg,
1 Jahr 4 Monat zu Mattighofen, 2 Jahr zu Obernberg, zu Altheim
1½ Jahr.

Im Jahre 1810, wo bekanntlich das Innviertel bayrisch wurde,
suchte der junge Lehrer, dem der damalige Aufschwung der Ideen in
Bayern besonders zusagte, in diesem Lande eine Anstellung und legte darum im Herbste desselben Jahres unter Hobmann, Weizelbaumer,
Lechner und Mayr in München seine Concursprüfung mit solchem
Erfolge ab, daß die genannten Männer von nun an seine Freunde waren,
und man ihm sogleich die Errichtung einer neuen Schule zu Pruck bei
Grafing, übertrug, ein Auftrag, welcher von dem in ihn gesetzten Vertrauen zeugt.

Diese Aufgabe löste er auch so vollständig, daß er schon im Juni
1811 provisorischer, und im Dezember 1812 definitiver Lehrer an der
Stadtschule zu Wasserburg wurde, wo er einige Zeit hernach auch
den Organistendienst erhielt.

Sein Wirkungskreis war nun erweitert und sollte es bald noch mehr
werden. Die kgl. Regierung des Isarkreises errichtete nämlich in Wasserburg eine Präparanden-Schule, um jungen Leuten eine gediegene Vorbildung für das Schullehrer-Seminar zu verschaffen. Vom Jahre 1816
an ward die Leitung derselben dem Lehrer Heilingbrunner und Z. übertragen, die zugleich auch zu Vorständen der Schullehrer-Conferenzen des
Bezirkes Wasserburg, dann auch für den Bezirk Haag ernannt wurden.

Obwohl er nun als Lehrer seiner Schule, als Vorbereitungslehrer
der Schulpräparanden und als Vorstand der Conferenzen zweier Bezirke
mit Arbeit überhäuft war, so sollte er doch noch eine Aufgabe eigener
Art erhalten. Man übergab ihm nämlich auch die Schule der Sträf-
linge im Arbeitshause zu Wasserburg, ein beschwerliches Geschäft, dem
er jedoch, wie man leicht einsieht, so manche wichtige Erfahrung verdankte. Weil man aber höheren Ortes einsah, daß einer solchen Last
von Geschäften die Kraft auch eines rüstigen Mannes erliegen müsse, so
theilte man ihm nach mehreren Jahren endlich auf sein dringendes Bitten
einen Hilfslehrer zu, dessen Besoldung aus den Mitteln des Kreisfondes
bestritten wurde.

So wirkte der unermüdete Mann in seinem schönen Berufe fort bis
zum Jahre 1836, wo er am 30. Januar zum zweiten Seminarlehrer an
dem kgl. Schullehrer-Seminar zu Eichstädt ernannt wurde.

Drei Jahre hernach erfolgte seine Beförderung zum ersten Seminarlehrer und Präfekten derselben Anstalt (4. April 1839), welchen Posten
er bis zu seinem Tode bekleidete.

In seinem Familienleben war er ein ernster Hausvater, der vor Allem streng auf Gehorsam und Benützung der Zeit hielt, aber auch für das Wohl der Seinigen keine Mühe, kein Opfer scheute. Ueberhaupt war sein Charakter mannhaft, fest, eben so wohlwollend als ernst; dabei aber auch lebhaft, nicht ohne große Reizbarkeit, unermüdet, war er in Allem, was er unternahm, besonders äußerst pünktlich in Erfüllung seiner Pflichten, für welche er ganz lebte. Ordnungsliebe war ihm zur zweiten Natur geworden. Von Wuchs war er groß, stark gebaut; die Gesichtsfarbe in spätern Jahren blaß; die Züge stark markirt. Wer den strengblickenden Mann sah, konnte nicht vermuthen, wie wohlthuend freundlich dessen Gemüth und wie gemüthlich heiter derselbe im Kreise vertrauter Freunde war.

Das ganze innerste Wesen und Sein dieses ausgezeichneten Schulmannes erscheint aber in seinen Schriften, welche folgende sind: 1. Grundsätze der Erziehung und des Unterrichts, durch Parabeln und Erzählungen erläutert (München 1817). 2. Erstes Elementarbüchlein im Lesen (München 1819). 3. Zweites Elementarbüchlein (ebendaselbst). 4. Erstes Lesebüchlein (München im Central-Schulbücherverlag). 5. Erstes Sprechbüchlein (ebendaselbst). 6 Kurzgefaßte Erziehungs- und Unterrichtslehre (Regensburg 1838). 7. Anleitung zur methodischen Behandlung des Unterrichts in der deutschen Sprache (Regensburg 1837). 8. Vollständiges Lehrbuch der deutschen Sprache (Augsburg). 9. Anleitung zum mündlichen Rechenunterrichte (München 1820). 10. Lehrbuch der Naturgeschichte (Sulzbach). 11. Lehr- und Unterrichtsgegenstände (Regensburg). 12. Allgemeine Musiklehre (Nürnberg). 13. Erziehungs- und Unterrichtslehre nach katholischen Grundsätzen (Eichstädt 2. Aufl. 1849). 14. Generalbaß- und Harmonielehre (Nördlingen 2. Aufl. 1838). 15. Satzlehre (Nördlingen 1849).

Karl Aug. Zeller.
Geboren den 15. Aug. 1774, gestorben den 23. März 1846.

Aus achtbarem Hause auf dem Familiengute Hohenentringen geboren, durchlief Z., die nächste Stelle an einem ebenfalls unvergeßlichen Schulfreunde, an Bahnmayer, einnehmend, mit Auszeichnung die theologischen Bildungsanstalten und verabschiedete sich im J. 1798 in einer Dissertation: de argumento a vaticiniis unter Storr auf lange Zeit von der Theologie. Sein strebsamer, schnell lebendig angeregter Geist warf sich mit Entschiedenheit in die neu erwachte pädagogische Bewegung. Vom J. 1798—1803 verweilte er als Prediger und Mitarbeiter an einer Erziehungsanstalt in Brünn, und in den „Briefen aus Mähren" begann er seine sehr fruchtbare pädagogische Schriftstellerei. Pestalozzi's Ruf zog ihn nach Burgdorf. Mit einem jungen v. Palm sehen wir ihn später als Hofmeister bald in Tübingen, bald in Leipzig, Pyrmont, Kopenhagen und Dresden. Durch eine zweite Schrift empfahl sich Zeller der unvergeßlichen Fürstin Pauline von Lippe-Detmold, eine Reihe von Briefen beurkundet, welche Kraft des Geistes, welche Energie des Willens diese edle Fürstin belebte. Sie stattete Z. mit dem Titel eines Rathes aus. Im J. 1805 trat Z. in die Stelle eines Predigers und Gymnasiallehrers in St. Gallen, im folgenden Jahre berief ihn die Regierung in Zürich, wo in mehreren Kursen sämmtliche Schulmeister des Kantons zu ihm gesammelt waren, um in den Geist der Pestalozzi'schen Methode eingeführt zu werden; die nöthigen, dazu verfaßten Lehrmittel wurden auf Kosten der Regierung gedruckt. Eine Frucht dieser Zeit ist die in vierter Auf

lage erſchienene „Schulmeiſterſchule“. Im J. 1808 ſehen wir ihn bei Fellenberg in Hofwyl, wo er unter Zelten ſämmtliche Schulmeiſter des
Kantons Bern zu unterrichten hatte. Die Regierung von Bern ehrte ihn
mit der großen goldenen Medaille für Verdienſt. In Hofwyl überzeugte
ſich der verſtorbene König Friedrich Wilhelm von Württemberg perſön-
lich von ſeinem anregenden Wirken und berief ihn 1809 als Inſpektor
nach Heilbronn, wohin ebenfalls eine große Zahl von Geiſtlichen und
Schullehrern zuſammenberufen war. Im Spätjahre 1809 erhielt er von
der preußiſchen Regierung, welche alle geiſtige Kraft zur Erhebung des
blutigen Landes aufrief, den Antrag, nach Königsberg als Oberſchulrath
zu gehen. Durch Alex. v. Humboldt, Boyen, Scharnhorſt und die k.
Familie ſelbſt ausgezeichnet, war es ſein Beruf, in Königsberg wiederholte Vorträge vor einer großen Zahl kirchlicher Vorſteher über die von
ihm weiter gebildete Peſtalozzi'ſche Methode zu halten, die dortige Nor-
malſchule zu gründen und nebenbei noch einer Anzahl hoher Offiziere
Vorleſungen über den Einfluß der Volksſchule auf die Wehrhaftigkeit des
Volkes zu halten, auch über Kleinkinder-Unterricht in einem hohen Kreiſe
von Frauen wöchentlich zu ſprechen. Durch öftere Theilnahme an ſeinem Unterrichte, ſowie durch ehrende Handſchreiben bezeigten beide Ma-
jeſtäten Z. ihre hohe Anerkennung. Es war ſeine Aufgabe, in Marienburg, in Caralene (Litthauen), in Memel Normalſchulen zu gründen, die
Lehrmittel dazu zu verfaſſen, Lehrer zu beſtellen und ſonſtige Lebensbe-
dingungen ſolcher Anſtalten feſtzuſtellen. Im J. 1812 traf er auf einer
Amtsreiſe auf die trauervollen Reſte der „vormals großen Armee“. Mit
Grauen erfüllte ihn noch in ſpäter Rückerinnerung das Bild dieſes na-
menloſen Elends; ein warmer Freund ſeines Vaterlandes rettete er mehrere Württemberger aus dem nahen Tode und verhalf ihnen in ihre
Heimath. Andere Sorgen umdrängten jetzt das wiederaufathmende
Preußen: Lehrer und Zöglinge eilten zu den Fahnen. Z. erhielt neben
der großen Medaille für Kunſt und Wiſſenſchaft das Staatsgut Mün-
ſterwalde bei Marienweder, das er 1814—1822 unter vielfachen commiſ-
ſariſchen Aufträgen, z. B. der Reorganiſation der großen Strafanſtalt in
Graudenz verwaltete. Indeß lag ſeiner Eigenthümlichkeit nichts ferner
als ein ſolches Stillleben in täglicher Wiederholung gutsherrlicher Sorgen und Speculationen. Er erbat ſich und erhielt die Erlaubniß mit
Vorbehalt, auch dort von den Regierungen amtliche Aufträge zu übernehmen, ſich in der Rheinprovinz niederzulaſſen. In Köln ſchlug er ſein
erſtes Wanderzelt auf, kam im J. 1824 nach Stuttgart, wo er auf höhere
Veranlaſſung ſeine Schriften: Grundlinien der Strafanſtalt, die als Er-
ziehungsanſtalt beſſern will, und die: Ueber Creditvereine als Bürger-
vereine, verfaßte. Von 1824—30 lebte er, ein Haus erbauend und eine
Wüſte in einen Weinberg umwandelnd, in Kreuznach, von Familienver-
hältniſſen überwogen, von 1830—32 in Wetzlar, und endlich von 1832
bis 1833 in Bonn, wo der einzige Sohn ſich dem Studium der Theologie gewidmet hatte; hier ſtarb ihm auch ſeine treue Lebensgefährtin, die
Mutter ſeiner 7 Kinder. Heimathſehnſucht ergriff ſein Herz und er zog
nach Stuttgart. Sein letztes Wirken war dem Vaterlande gewidmet;
die Anſtalt in Lichtenſtern verdankt ihm die erſte Begründung und Belebung, ſie verdankt ihm ein Gebäude von 1100 fl. als Geſchenk, ſie verdankt ihm fortwährende Fürſorge und Fürſprache. Durch eigenthümliche
Verhältniſſe gerechtfertigt, zog Z. endlich im J. 1837 nach Stuttgart
zurück.

Z. hat thatkräftig, nicht nur das Empfangene vorbereitend, ſondern
auch das Vorhandene mit ſelbſtſtändigen Geiſte ſichtend und geiſtig wei-

ter bildend in die Entwicklung der Pädagogik eingegriffen. Sein Name wird in ihrer Geschichte unvergeßlich bleiben.

Christ. Heinr. Zeller.
Geboren den 29. März 1799, gestorben den 18. Mai 1860.

Der Nestor ehrwürdiger Schulmänner, der ehrwürdige Vater Chr. H. Zeller, ein Bruder des k. preuß. Oberschul= und Regierungsrathes Heinr. Zeller, wurde auf Hohen=Entringen (Schloßgut oberhalb Tübingen) geboren. Er studirte, vorbereitet auf der Schule seiner Vaterstadt Ludwigsburg, zu Tübingen die Rechte mit einem Fleiß und Erfolg, der zu großen Hoffnungen berechtigte. Sein Bruder, damals in Wien lebend, belebte seinen Wunsch, sich gleichfalls zum Erzieher zu bilden, bis zu einem völligen Entschlusse. Er nahm daher in einem Patricierhause zu Augsburg eine Hofmeisterstelle an und lebte in diesem Berufe zwei Jahre lang sehr glücklich. Von hier aus berief ihn ein Familienverein reicher Kaufleute nach St. Gallen. Hier stand er, geschätzt und geliebt von den Zöglingen und Eltern, sechs Jahre lang einer Privaterziehung vor. Von da lud man ihn nach Zofingen in ein Lehramt, das seinem Bruder zugedacht war, der es aber wegen seiner Berufung nach Heilbronn nicht annehmen durfte. Hier blieb er 12 Jahre lang erster Lehrer und Direktor der höheren Bürgerschule, Katechet einer nahen Landgemeinde und Inspektor des Schulbezirks Zofingen mit 58 Landschulen; er wurde Schweizerbürger und Gatte einer trefflichen Frau, welche zugleich an der dortigen Mädchenschule Lehrerin war. Auch hier genoß er die Achtung und Liebe der Behörden und Eltern, dennoch verließ er Zofingen, um im Jahre 1820 die Errichtung und Leitung einer Anstalt zu übernehmen, die durch freiwillige Beiträge gegründet worden. Diese Anstalt ward in Beuggen gegründet, das ist eine badische Domaine, vormals Deutsch= Ordenscomthurei am Rheine gelegen zwischen Seckingen und Rheinfelden, drei Stunden von Basel.

Das hiesige Schloß, das die frühe verarmten Zöglinge aufnehmen sollte, mußte erst von dem Unrathe des Krieges im J. 1814 gereinigt und zu einer Anstalt hergerichtet werden. Diese wurde im J. 1828 von 73 verwaisten, verwahrlosten, auch Bettel= und Verbrecherkindern und 22 jungen Männern, welche sich zu Armenlehrern bildeten, auch Knechten und Mägden, zusammen von 116 Seelen bewohnt.

Hier lebte und wirkte der wackere Zeller, arm unter Armen, gering besoldet, aber glücklich und zufrieden. Er suchte nicht seinen Vortheil, sondern nur das Gedeihen des hl. Werkes, zu dem er sich berufen fühlte und das ihm immer neue Freude bereitete. Seine Schriften sind: Lehren der Erfahrung für christliche Land= und Armenschullehrer. 3 Bde. 3. Aufl. 1855. Basel bei Bahnmaier. — 39. Jahresbericht über die freiwillige Armenschullehreranstalt in Beuggen. 1859. — Kurze Seelenlehre, gegründet auf Schrift und Erfahrung, für Eltern, Erzieher und Lehrer zum häuslichen Schulgebrauche. Stuttgart. — In dem Montagsblatt von Beuggen, das Z. seit 1827 herausgab, findet sich manche geistliche Liebesgabe von ihm.

Frau Inspektor Sophie Zeller (geb. Siegfried.)
Geboren den 23. März 1791, gestorben den 27. Juli 1858.

Die Hauptzüge der selig heimgegangenen Hausmutter in Beuggen waren: Thätige, aufopfernde Liebe, aufrichtige Treue, stiller, kräftiger

und beharrlicher Arbeitsfleiß, ausdauernde Geduld, anhängliche Freund=
schaft, verständige Weisheit, demüthige Bescheidenheit, wahrhaft gottes=
fürchtiges, gottseliges Christenthum ohne viele Worte. Das waren ihre
sie auszeichnenden Gottesgaben aus der Fülle Seiner Gnade.

Sie war in Leutwyl, Kanton Aargau, geboren. Aber bald in den
ersten Kinderjahren mußte sie von da weg und ihren Eltern folgen in
die Alpenwelt des Berner Oberlandes, wo ihr Vater als Pfarrer zu
H a s l i i m G r u n d am Fuße des hohen Grimselgebirges angestellt
wurde. Doch nach etlichen Jahren folgte sie ihrem Vater wieder in das
untere Aargau, wo derselbe das Pfarramt in Auenstein erhielt und wo sie
ihren ersten Schulunterricht empfing, bis sie in ihrem 14. Jahre im Jahre
1805 von ihren Eltern zur Erlernung der französ. Sprache nach St.
Imier in dem französ. Theile des Kantons Bern in die kleine Privat=
Erziehungs=Anstalt der verwittweten Frau Liomin gebracht wurde, wo
sie zu ihrem großen Schmerze den frühen Tod ihres zärtlich geliebten
Vaters in Auenstein erfahren mußte, ohne sein Angesicht vorher gesehen
zu haben.

Zurückgekehrt von St. Imier folgte sie ihrer verwittweten Mutter
in die väterl. und mütterl. Heimath nach Zofingen, Kant. Aargau, wo
sie von dem sel. Pfarrer Hünerwadel einen gesegneten Confirmations=
Unterricht empfing, und in ihrem 16. Jahre zum ersten Empfang des hl.
Abendmahles zugelassen wurde, worauf sie bald darauf in der Wohnung
ihrer Mutter eine kleine Privatschule für etliche wohlhabende Töchter
errichtete. Da geschah es nach zwei Jahren, daß sie von dem Stadtrath
in Zofingen als Lehrerin an die neu errichtete obere Töchterschule da=
selbst mit vielem Zutrauen erwählt wurde. Um diese Zeit eröffnete im
J. 1809 der damalige Schuldirektor Christian Heinr. Z e l l e r, der von
St. Gallen nach Zofingen berufen worden war, einen 2jährigen Schul=
lehrerkurs für die sämmtlichen Lehrer und Lehrerinnen der Stadt Zofin=
gen, an welchem auch die neuerwählte Lehrerin der oberen Töchterschule,
Jungfrau Sophie Siegfried, thätigen und fleißigen Antheil nahm.

C. H. Zeller empfing von dem Lebensbilde dieser jungen Lehrerin
unvergeßliche Eindrücke in sein Herz; er wagte es, nach Beendigung des
2jährigen Schullehrer=Curses am 4. Juni 1811 um die Hand der 20=
jährigen Sophie anzuhalten; unterm 7. Okt. 1811 fand die Trauung
statt. Noch neun Jahre besorgte sie ihr Lehramt an der oberen Töchter=
schule in Zofingen bei ihrem Hausmutteramte an der Haushaltung.
Endlich kam an ihren Gatten von Basel aus der Ruf als Inspektor der
freiwilligen Armen=Schullehrer=Anstalt in Beuggen, die daselbst in Ver=
bindung mit einer Armenkinder=Anstalt errichtet werden sollte. Im
Glauben mit ihrem Gatten vereinigt folgte sie demselben und kam mit
5 ihrer in Zofingen gebornen Kinder in Beuggen an, den 20. April
1820, wo die Selige anfangs nur als die Gehilfin der sel. Frau Prof.
Fäsch von Basel, die zuerst als Hausmutter in Beuggen berufen worden
war, und nach dem frühen Tode derselben im J. 1821 als alleinige
Hausmutter einer aus 110—120 Seelen bestehenden Anstalt nun 38
Jahre lang mit einer Treue und Thätigkeit ihr Amt verwaltete, daß man
sagen konnte, sie sei die Seele der ökonomischen Leitung derselben gewe=
sen. Aber sie war noch mehr; denn nicht nur half sie die eilf eigenen
Kinder, von denen sie fünf von Zofingen nach Beuggen gebracht, mit
wahrhaft christlicher Sorgfalt und Treue erziehen, sondern sie half auch
an der Erziehung, Pflege und Seelsorge von 572 anvertrauten ärmeren
Kindern und 240 Armenschullehrer=Zöglingen in gesunden und kranken
Tagen, und an so manchen Sterbebetten mit einer Hingebung und die=

nenden Liebe, daß man ohne Uebertreibung in allen diesen Beziehungen
von ihr sagen kann: sie war ein gesegnetes und nachahmungswerthes
Beispiel einer christlichen Hausmutter. Sie brachte ihren irdischen und
zeitlichen Lebenslauf auf 67 Jahre, 4 Monate und 5 Tage.

Dr. Karl Christoph Gottlieb Zerrenner.
Geboren den 15. Mai 1780, gestorben den 2. März 1851.

Zerrenner erblickte das Licht der Welt zu Beiendorf im heutigen Wanzlebener Kreise der preuß. Provinz Sachsen, wo sein Vater,
der als populärer Kanzelredner und durch Herausgabe mehrerer Schriften für das Volksschulwesen und den Religionsunterricht berühmt geworden
ist, damals Prediger war. Seine Mutter verlor Z. schon früh, doch bekam er bald wieder eine zweite Mutter in der Wittwe des berühmten
Arztes Ritter in Quedlinburg, wodurch der berühmte Geograph Karl
Ritter in Berlin der Stiefbruder Z.'s wurde. Dieser Karl Ritter war
Gutsmuth's Schüler und bezog später mit seinem Bruder Joh. Ritter
die Salzmann'sche Erziehungsanstalt zu Schnepfenthal, während der Vater seinen leiblichen Sohn Z. nach wohlerworbenen Vorkenntnissen auf
das Pädagogium nach Kloster Bergen bei Magdeburg, eine besonders
durch den Abt Resewitz in Ruf gekommene Erziehungsanstalt, brachte.
Die Zierden derselben waren damals Gurlitt, Lorenz und Rathmann,
unter deren Leitung und Wirksamkeit das Institut vortrefflich gedieh.
Hier bereitete sich Z. auf die Universität vor. Seine akademischen Studien machte er auf der Hochschule in Halle, wo er Theologie studirte.
In dem Alter von 22 Jahren wurde er vom Propst Röttger als Lehrer
des Pädagogiums zu Magdeburg angestellt, wo er bis zu seinem Tode
wirksam bleiben sollte. Im Jahre 1805 wählte man ihn zum zweiten
Prediger an der heiligen Geistkirche daselbst. Bald darauf trat für Preußen die unglückliche Katastrophe von 1806 ein, wo auch Magdeburg die
eiserne Hand der französischen Zwingherrschaft vielfach zu fühlen bekam,
ohne daß Jemand seinen Unmuth durfte laut werden lassen, wenn er sich
nicht der Gefahr aussetzen wollte, Amt und Freiheit zu verlieren. Man
beförderte nun Zerrenner in die erste Predigerstelle an der heil. Geistkirche, obgleich diesem deutsch gesinnten Manne das fremde Joch nicht
minder verhaßt war. Er lebte aber mit allen Gleichgesinnten der guten
Hoffnung, daß ja doch wieder bessere Zeiten für das Vaterland kommen würden. Darauf arbeitete man im Stillen, besonders in Preußen,
hin und richtete zu dem Ende hauptsächlich seinen Blick auf die Jugend
und ein besseres Schulwesen. Auch in Magdeburg, das zu dem aus-
geraubten deutschen Ländern zusammengeflickten Königreich Westfalen
gehörte, in dem das Volksbildungswesen nicht besonders viel galt,
wurden während dieser Zeit mehrfache Versuche gemacht, das städtische
Schulwesen besser zu organisiren. Um diese Zeit verlor Z. im Jahre
1811 seinen Vater, Heinrich Gottlieb Z., der von Beiendorf als Consistorialrath und Generalsuperintendent nach Derenburg gekommen war
und sich als Volks- und pädagogischer Schriftsteller berühmt gemacht
hatte, während sein Sohn, der dem Vater um Nichts nachstand, den
thätigsten Antheil an der Schulverbesserung Magdeburgs nahm. Den
zuerst durch seinen Vater herausgegebenen „deutschen Schulfreund" setzte
er in vielen Bänden fort und ließ dann an dessen Stelle ein „Jahrbuch
des Volksschulwesens" erscheinen. Mit seinen „Denkübungen," welche
1812 in Leipzig herauskamen und kurze Begriffserklärungen enthalten,

steht sein „Hülfsbuch für Lehrer und Erzieher bei den Denkübungen der Jugend" in Verbindung. Um diese Zeit brach im Osten von Europa die Morgenröthe der ersehnten Freiheit an, noch ehe man mit der projectirten Schulverbesserung fertig geworden war. Es erfolgte der Sturz Napoleons, mit ihm auch der des Königreichs Westfalen und die Rückkehr Magdeburgs unter den preußischen Adler. Nicht lange hernach wurde Z. im Jahre 1816 zum Consistorial- und Schulrath ernannt. Bald begann in Preußen und andern deutschen Ländern mit dem 300 jährigen Reformationsjubiläum das heilsame Friedenswerk der Union, wobei sich auch der Consistorialrath Z. lebhaft betheiligte. Unterdessen hatte auch die neue, schon längst sorgsam vorbereitete Organisation des Magdeburger Schulwesens begonnen, das in seiner ausgezeichneten Zweckmäßigkeit und Trefflichkeit mit Recht die Aufmerksamkeit des In- und Auslandes erregt hat und, was die innere Einrichtung desselben betrifft, zum größten Theil sein Werk ist; auch besorgte er als Schulinspektor die Anordnung und Einrichtung des Unterrichts, der Disciplin und des ganzen Innern der Schulen, besonders aber achtete er darauf, daß nicht nur jede eigene Schule ihre Bestimmung fest im Auge behielt, sondern daß auch sämmtliche Schulen als ein wohlgeordnetes Ganzes sich in die Hand arbeiteten, und das ist eben das Charakteristische des Magdeburger Stadtschulwesens, daß durch das Ganze hindurch ein sehr zweckmäßiger Zusammenhang herrscht. Die Einrichtung desselben beschrieb er selbst in seinen „kurzen Nachrichten über das neuorganisirte Schulwesen in Magdeburg" und dessen erster Fortsetzung (1820 und 21), am ausführlichsten aber beschrieb er dessen Zustand in seinem Jahrbuch für das Volksschulwesen. Auch die Abfassung und Einführung der neuen preußischen Agende erwarb er sich Verdienste, und der König verehrte ihm für seine vielfache Thätigkeit um Kirche und Schule 1822 den rothen Adlerorden 3. Classe. Bald darauf legte er seine Predigerstelle nieder und übernahm dafür das Directorat des neuerrichteten königl. Schullehrerseminars zu Magdeburg, in welchem er auf die ausgezeichnetste Weise thätig gewesen ist. An den Wahlfähigkeitsprüfungen zu Weißenfels, Erfurt, Eisleben und in den andern Seminarien der Provinz nahm er ebenfalls als königl. Commissarius, gewöhnlich mit den Schulräthen Weiß in Merseburg und Hahn in Erfurt, den thätigsten Antheil, so daß er den bedeutendsten Einfluß auf das Schulwesen des ganzen Landes ausübte, besonders auch als actives Mitglied der theologischen Prüfungscommission. Für die Hinterlassenen der Lehrer sorgte er durch eine Schullehrerwittwenkasse, wozu er das Statut entwarf, das die Genehmigung der obersten Behörde erhielt, und für die Fortbildung der Lehrer durch eine städtische Schulbibliothek, die jeder Lehrer unentgeltlich benutzen konnte und die mit jedem Jahre bedeutend vermehrt wurde, sowie durch eine Menge der brauchbarsten Schriften. Im Jahre 1825 erschien: „Das Schulwesen der Stadt Magdeburg," welcher Schrift noch viele andere praktische Lehr- und Methodenbücher folgten, so daß er sich auch als Schriftsteller große Verdienste um das Schulwesen erworben hat. Selbst eine seiner Töchter ist als pädagogische Schriftstellerin aufgetreten. Wir nennen von seinen Schriften namentlich den „Neuen deutschen Kinderfreund," das „Methodenbuch für Volksschullehrer," den „Leitfaden zum Religionsunterricht," das „Schulgesangbuch," eine „Wandtafel," die „Vorlegeblätter für den Unterricht in der deutschen Sprache" und die „Grundsätze der Schulerziehung, Schulkunde und Unterrichtswissenschaft." Auch hat er über Schuldisciplin und die wechselseitige Schuleinrichtung geschrieben, welche letztere in Magdeburg in ihrer ganzen Vollkommenheit zur Ausführung gebracht wurde. Er hatte zu dem Ende die Musteranstalt in Eckernförde besucht und von der dänischen Regierung den ehrenvollen Auftrag erhalten, das Volksschulwesen in den dänisch-deutschen Ländern neu zu organisiren. Er entledigte sich dieses Auftrages zur größten Zufriedenheit der Regierung und wurde dafür mit dem Dannebrogorden beliehen. So widmete Z. seine Zeit und Kraft der Schule und Erziehung; ihretwegen hatte er auch sein Predigtamt niedergelegt, doch nahm er hernach wieder die Stelle eines Propstes an der Liebfrauenkirche an. Seine Verdienste um die Wissenschaften anerkennend, ernannte ihn auch die königl. Akademie nützlicher Wissenschaften in Erfurt zu ihrem Mitgliede. Seine religiöse Richtung war die rationalistische, und diese freisinnige Richtung machte ihn nach dem Jahre 1840 immer mißliebiger; denn eine solche Richtung wollte mit dem Eichhorn'schen Ministerium und dem Göschel'schen Prä̈sidium durchaus nicht harmoniren, so daß sich Z. genöthigt sah, aus dem Consistorium zu scheiden, bis mit dem Jahre 1848 wieder eine günstigere Zeit für ihn erschien, wo er wieder zu Ansehen und Ehren gelangte, die ihm Keiner versagen wird, dem die Bildung der Jugend und des Volkes etwas gilt. Dabei war er ein wahrer Patriot, dem Könige und Vaterlande treu ergeben.

Dr. August Zeune.
Geboren den 12. Mai 1778, gestorben den 14. November 1853.

Zu Wittenberg geboren und ein Sohn des dortigen Professors der Philologie, Joh. Karl Zeune, genoß er die Leitung seines gelehrten Vaters nur bis 1788, seine weitere Jugendbildung fiel nach dessen Tode seiner Mutter und seinen Hauslehrern anheim. Die Universität zu Wittenberg bezog er 1798, wo er durch seine Schrift de historia geographiae i. J. 1802 sich die Würde eines akademischen Docenten erwarb, zugleich aber auch die Bahn bezeichnete, auf welcher künftighin seine wissenschaftliche Thätigkeit sich vorzugsweise weiter bewegen würde. Dieselbe Schrift wurde für seine künftige Lebensbestimmung auch dadurch wichtig, daß sie ihm eine Einladung als Lehrer an das Berlinische Gymnasium zum grauen Kloster, und somit seine zweite Heimath verschaffte. Am 1. Januar 1803 betrat er zum ersten Male Berlin. Am Berlinischen Gymnasium fand er ein Lehrercollegium, in dem eine große und vielseitige wissenschaftliche Regsamkeit herrschte; sein eigener lebhafter Drang und sein für alle edlen und großen Eindrücke empfängliches Gemüth führte ihn bald in mannigfache literarische und geistreiche Kreise ein, wie sie sich um die Frau Hofräthin Herz und Andere damals sammelten. So lernte er auch bei dem berühmten Augenarzt Dr. Gräfengießer den Gründer der ersten europäischen Blindenanstalt, Valentin Hauy, kennen, und diese Bekanntschaft ward die Veranlassung, daß, als der König Friedrich Wilhelm III. auch in seinen Staaten eine Erziehungs-Anstalt für Blinde zu stiften wünschte, der Geh. Kabinetsrath Beyme ihn aufforderte, eine solche zunächst, mit vier Zöglingen, in Berlin zu eröffnen. Am Schlusse des Jahres eröffnete Z. gleichzeitig voll Gottvertrauen die Blindenanstalt und füllte die nächste Zeit, neben seiner Berufsthätigkeit, aus durch den anregenden Verkehr mit bedeutenden Männern, wie Johannes v. Müller, Alexander v. Humboldt, Fichte, welche alle den liebenswürdigen, frisch aufstrebenden jungen Mann mit großer Liebe und Freundlichkeit behandelten. Manchen Gedanken regte Z. in seiner Schrift: „Thuiskon" 1810 für die Behandlung der deutschen Sprachlehre, für die Bearbeitung des Nibelungen-Liedes auf der deutschen Bühne, an, Gedanken, die später ihre Verwirklichung fanden.

53*

In die gewaltige Bewegung der Zeit mächtig hineingezogen, konnte Z. die Wissenschaft nicht mit ungetheilter Kraft pflegen und in das Einzelne tiefer eingehend verfolgen, der er sich zuerst zugewendet hatte, und für die er auch fortwährend thätig blieb, die Erdkunde. Er hatte 1809 über Basalt=Polarität eine von Blumenbach und anderen geschätzte Schrift verfaßt, nachdem er schon 1808 seine Gäa, als Frucht seiner seit 1802 regelmäßig in jedem Winter über diesen Gegenstand gehaltenen Vorlesungen, hatte erscheinen lassen, den ersten Versuch einer wissenschaftlichen Erdbeschreibung, in welcher er den Grundsatz durchführte, statt des Veränderlichen und Fließenden das Unveränderliche und Feste zur Grundlage zu machen. Dieses Werk fand eine sehr günstige Aufnahme sowohl durch Beurtheilungen in kritischen Blättern, als auch durch die Einführung in vielen Lehranstalten, so daß eine zweite Auflage schon 1811 nöthig wurde; die dritte ist 1830 erschienen; auch verschaffte ihm dasselbe 1810 die Stelle eines Professors für Geographie an der neubegründeten Berliner Hochschule. Als ein Auszug der Gäa für Schulen erschien 1844 „die drei Stufen der Erdkunde".

Durch die neue Behandlungsweise, welche Zeune's Gäa für die Erdkunde als Wissenschaft hervorrief, griff er auch mittelbar neugestaltend in den ganzen Schulunterricht für diese Disciplin ein, aber die durch Fichte's Reden angeregte Idee, durch eine neue Erziehungsweise umbildend auf das deutsche Volk einzuwirken, welche Z. in Pestalozzi verwirklicht fand, erwärmte ihn zu einem engern Anschlusse an eine pädagogische Gesellschaft, welche Plamann, nach seiner von den beiden königlichen Majestäten zu Pestalozzi veranlaßten Sendung, in Berlin um sich und im Anschluß an die mit kgl. Unterstützung von ihm begründete Erziehungsanstalt bildete.

Doch mächtiger als alles Andere nahmen Z. die Bestrebungen in Anspruch, welche auf werkthätige Weise der französischen Zwingherrschaft entgegenarbeiteten; der große von Jahn und Friesen angelegte Turnplatz, der in Königsberg zusammengetretene Tugendbund, besonders aber der auch von Jahn und Friesen gebildete deutsche Bund, um den Kern zu einer deutschen Freischaar für den Fall einer Volkserhebung zu schaffen. Neben dieser, den Augen der Oeffentlichkeit entzogenen Thätigkeit richtete Z. sein Augenmerk auf die in Vergessenheit gerathenen Schätze altdeutscher Dichtung, besonders auf das Nibelungen=Lied.

Nach dem allgemeinen Frieden wandte auch Z. sich wieder seinen friedlichen und wissenschaftlichen Zwecken mit ganzer Kraft zu. Im Verein mit Karl Krause, Wolke, Th. Heinsius, Jahn und andern Gelehrten der Stadt, stiftete er 1814 die Berlinische Gesellschaft für deutsche Sprache und Alterthumskunde, der er bis an sein Lebensende in treuer Liebe und thätiger Theilnahme angehört hat, und deren Jahrbücher mehrere sprachwissenschaftliche Aufsätze von seiner Hand enthalten. Das Hauptfeld seiner Thätigkeit ward aber jetzt die Blindenanstalt. In den Jahren des Unglücks und Kampfes hatte Z. dieselbe, unterstützt von seiner sorgsamen und umsichtigen Gattin, welche die ganze mütterliche Pflege der unglücklichen Zöglinge mit hingebender Liebe übernahm, fast allein aus eigenen Mitteln und mit Aufopferung seines eigenen Vermögens erhalten.

Nach seinen großen Reisen im Jahre 1820 nach Holland, England und Frankreich und im Jahre 1824 nach der Schweiz entstanden manche neue Verhältnisse für Z. Die Ankunft des bekannten, fruchtbaren dramatischen Dichters, Ernst Raupach, in Berlin veranlaßte hier die Stiftung einer literarischen Gesellschaft, in welche auch Z. nach seiner Rückkehr aus der Schweiz aufgenommen wurde, und in der er lange Zeit

belebend und anregend, theilnehmend noch bis kurz vor seinem Tode
wirkte. Die Zusammenkunft des freien Vereins deutscher Naturforscher
und Aerzte im Herbst 1828 zu Berlin wurde für Z. Veranlassung, an
den jährlichen Versammlungen dieses Vereins Theil zu nehmen; für ihn
ein Feld großer Belehrung und stets neuer Anregung auch zu eignem
Schaffen auf dem großen Gebiet der Naturwissenschaften. Sein im April
1842 im Saale der Sing-Akademie gehaltener und nachher in Lübbe's
Zeitschrift für vergleichende Erdkunde abgedruckter Vortrag: „Ueber Erd-
bildung", so wie seine 1846 erschienene Schrift: „Ueber Schädelbildung
zur festeren Begründung der Menschenrassen", geben ein bleibendes Zeugniß
davon. An der Stiftung eines Vereines von Freunden der Erdkunde zu
Berlin (im Jahre 1828) hatte Z. einen wesentlichen Antheil. Die späteren Lebensjahre Zenne's waren dem Ausbau und der Verarbeitung
desjenigen gewidmet, wozu der Grund bisher in so ausgedehnter Weise
gelegt war. Der Mittelpunkt seiner Thätigkeit war die Blinden-Anstalt.
Ueber seine Grundsätze bei der Blinden-Erziehung hat er sich in seinem
„Belisar", (zuerst 1808 und nachher bis 1846 noch sechs Mal erschienen)
ausgesprochen; seine Anstalt selbst erfreute sich aber eines immer steigenden,
und bald eines europäischen Rufes. Sein bald fast gänzliches Erblinden
machte es nothwendig, daß er 1847 die Direction der Blindenanstalt mit
dem ihm von den k. Behörden wohlwollend gebotenen Ruhestand vertauschte. Die Professur an der Universität hatte er schon 1835 niedergelegt. Seine letzten Jahre verlebte er im lebhaftesten Verkehr mit seinen
Freunden und der Wissenschaft. ——

Johann Wilhelm Heinrich Ziegenbein.
Geboren im Jahre 1766, gestorben den 12. Januar 1824.

Ziegenbein, J. W. H., Dr. der Theol., Abt, Consist.-Rath und
Direktor des Waisenhauses in Braunschweig (früher Prediger daselbst,
dann Superintendent zu Blankenburg); er war geboren zu Braunschweig
und starb am 12. Januar 1824.

Referent gesteht, aus den mancherlei Schriften des Verewigten,
welche Erziehungs- und Unterrichtsgegenstände betreffen, zu seiner Zeit
Vieles gelernt zu haben, und bedauert, keine weiteren biographischen Nachrichten von demselben inne zu haben, als die vorgenannten amtlichen.
Er will ihm daher wenigstens in der Angabe folgender ihm bekannt ge-
wordener pädagogischer Schriften ein Denkmal setzen. Einzelne derselben
sind ohne Zweifel heute noch in den Händen von Geistlichen und Lehrern
und in Töchterschulen bekannt, auch verdienen sie noch immer Beachtung.
Zu ihrer Zeit wurden sie häufig benutzt. Z. gehört mit Recht unter die
besten Erziehungsschriftsteller Deutschlands. Auch die Todten sollen leben!

Ziegenbein, J. W. H., über die Bildung des weiblichen Geschlechtes in mittleren Töchterschulen, eine Rede. — Allgemeine historische
Blicke auf die Entstehung und Fortbildung der Töchterschulen. — Denksprüche für die Jugend. — Ueber die ursprünglichen Eigenthümlichkeiten
des weibl. Geschlechts. — Von dem Einfluß der Mütter auf die religiöse
Bildung ihrer Kinder, eine Rede. — Ueber die wichtigsten Gegenstände
der weiblichen Erziehung und Bildung. — Lehrbuch der christlichen Glau-
bens- und Tugendlehre für die gebildete weibliche Jugend. — Ueber die
wohlthätigen Fortschritte zur Verbesserung des Religionsunterrichts in den
Gymnasien des protestantischen Deutschlands am Ende des 18. Jahrh. —
Katechismus der christlichen Lehre mit biblischen Denksprüchen und biblischen Beispielen verbunden, nebst einem Anhange. — Kleines Lehrbuch

der Religions- und Tugendlehre nach der Lehre Jesu und der durch sie geweckten und gebildeten Vernunft, für die Jugend in den obersten Classen der Gymnasien, der höhern Bürgerschulen und in Privat- und Erziehungs-Anstalten. — Kleines Lehrbuch für die Confirmanden oder die oberste Classe der Bürgerschulen. — Die Tugend- und Religionslehre nach Vernunft und Offenbarung für die dritte Classe der Gymnasien. — Lehrbuch der christlichen Glaubens- und Tugendlehre für die gebildete weibliche Jugend. — Handbuch für den Religionsunterricht, enthaltend eine Einleitung in die sämmtlichen biblischen Schriften, das Denkwürdigste aus der allgemeinen Religionsgeschichte, die christlich feierlichen Gebräuche und Feste. — Abriß der bei dem Religionsunterrichte unentbehrlichen Hilfs-Kenntnisse. — Denksprüche nach den Hauptwahrheiten der Religions- und Tugendlehre aus deutschen Dichtern gesammelt, nebst einigen Andachten bei der Abendmahlsfeier für die Confirmanten. — Die kleine Bibel oder der Glaube und die Pflichten des Christen in den Worten der heiligen Schrift. Nebst beigefügten kräftigen Liedern. Für die Jugend, in Schul- und Privatlehranstalten. — Bauk, Th. W. H., Hilfsbuch für Lehrer an protestantisch-evangelischen Volksschulen beim Unterrichten der reifern Schuljugend in der christlichen Religion, mit besonderer Beziehung auf das Z'sche Lehrbuch: Die kleine Bibel. — Ziegenbein, J. W. H., biblisches Lesebuch zur Beförderung einer fruchtbaren Bibelkunde für die Jugend in Schul- und Privatanstalten. — Jüdische und christliche Religionsgeschichte, nebst der Confessionsgeschichte der lutherischen, reformirten und katholischen Kirche und dem kirchlichen Kalender. — Religion in den besten Liedern deutscher Dichter, aus der heil. Schrift A. u. N. Testamentes. — Kleine Handbibliothek für Schullehrer rc. — Lesebuch für Deutschlands Töchter, zur Bildung des Geistes und des Geschmackes, und zur Veredlung des Herzens. — Nachricht von der Industrie-Töchterschule in Blankenburg. — Handbuch der Religion und Moral, in Auszügen aus Deutschlands classischen Schriftstellern. — Schulschriften über weibliche Erziehung. — Hilfsbuch bei dem Unterricht für Denk- und Gedächtnißübungen. — Worte der Ermunterung, in der Töchter-schule zu Blankenburg gesprochen. — Ueber einige erfreuliche Erscheinungen der neuesten Zeit in dem Gebiete der weiblichen Erziehung.

Ernst Christoph Philipp Zimmermann.
Geboren den 18. Sept. 1786, gestorben den 24. Juni 1832.

Sehr interessant und beachtenswerth sind die Worte, welche Z. über den Anfang seines Lebens aussprach und die in der von seinem Bruder K. Z. gelieferten Charakteristik S. 4 und 5 zu finden sind: „Die Keime alles dessen, was der Mensch wird und leistet, liegen in seiner Kindheit und wäre es möglich, jede Biographie mit ausführlichen Nachrichten über die Erscheinungen der Kinderwelt, über die erste Entwickelung der schlummernden Kraft, über die frühesten Regungen und Neigungen zu beginnen, es würde darin der Schlüssel über das ganze nachfolgende Leben zu finden sein. Leider aber reicht die Beobachtungsgabe des Menschen nicht bis in die geheimnißvolle Werkstätte des kindlichen Gemüths und am wenigstens vermag der Autobiograph dorther Aufklärungen zu geben, da er ohne Reflexion, anfangs sogar ohne klares Bewußtsein durch die unbefangene und harmlose Jugendzeit dahingegangen ist, beim Genusse der stets heitern Gegenwart weder vor- noch rückwärts schaute und daher für das spätere Leben höchstens einige dunkle Erinnerungen rettet, welche er wie das Erbtheil aus einem verlornen Paradiese in sich trägt, welche

aber in Nichts zerrinnen, sobald das kalte Wort sie fassen und festhalten
oder wohl gar der todten Schrift anvertrauen will. Darum kann denn
auch ich nur Weniges aus dem ersten Abschnitt meines Lebens andeuten."

Obschon sein obengenannter brüderlicher Biograph diese Expectora-
tionen seines verstorbenen Bruders nicht völlig zu deuten vermag, so
weiß er doch von ihm anzugeben, daß derselbe schon in seiner frühern
Jugend einen überaus großen Thätigkeitstrieb, eine große Festigkeit und
Beharrlichkeit, eine ausgezeichnete Lebhaftigkeit des Geistes und eine unverkennbare Vorliebe für geistige Beschäftigungen entwickelte. Alles Eigenschaften, welche ihn durch das ganze Leben begleiteten und seinen
Ernst anzeigten.

Nachdem er den ersten Unterricht von seinem Vater empfangen und
dann weiter von einem Candidaten des Predigtamts unterwiesen und
geleitet worden war, besuchte er vom 9. Lebensjahre an das Gymnasium
seiner Vaterstadt. Mit gründlichen Schulkenntnissen und voll edler
Vorsätze bezog er im Jahre 1803 die Landesuniversität Gießen. Hier
beschäftigte er sich neben der Theologie vorzüglich mit der Philologie,
obschon kaum zwei Jahre auf derselben verweilend. Mit dem Ernste,
der ihm eigen war, predigte er auch schon als Akademiker in der Nähe
mit Beifall. Noch sehr jung ward er als Hilfsprediger und Knabenlehrer zu Auerbach an der Bergstraße angestellt. Als solcher vermählte
er sich mit der Tochter eines Landgeistlichen, die ihn in 17jähriger Ehe mit
7 Kindern erfreute. Obschon von Zeit zu Zeit mit philologischen Arbeiten
beschäftigt, folgte er doch seiner Neigung, die er für's Predigerfach hatte, und
predigte mit Ernst und Eifer. Reinhard, der damalige Oberhofprediger in
Sachsen, war sein Muster und Vorbild, wie auch die von ihm später
herausgegebenen Religionsvorträge bezeugen. Im Jahre 1809 ward er
zum Diakonus nach dem Landstädtchen Großgerau unweit Darmstadt
und zum Pfarrer in Büttelborn befördert. Während der ersten Zeit
seines Aufenthaltes in Großgerau beschäftigte er sich vorzugsweise mit
Gegenständen, welche in das Gebiet der Schule einschlugen. Im Jahre
1811 erhielt er die Stelle eines Hofdiaconus und 1816 die Hofprediger-
stelle, welchem Amte er 16 Jahre lang bis zu seinem Tode vorstand.
Die Stelle legte ihm, außer seltenem Predigen, keine weiteren Amtsgeschäfte auf. Z. konnte jedoch die dadurch gewonnene Muße nicht sogleich
auf literarische Arbeiten verwenden, da er von 1815—24 theils die Erziehung des 1818 verstorbenen Herzogs Ludwig von Anhalt-Köthen, der
sich damals in Darmstadt aufhielt, zu leiten hatte, theils dem Erb-
herzoge (der ihn auch zum Ritter des Großherzogl. Ludwigsordens
erwählte) und dessen Bruder Unterricht ertheilte, theils endlich Lehrer der
Geschichte an der neuen Militärakademie in Darmstadt war.

Allmälig bildeten sich indeß die umfassenden literarischen Unternehmungen, welche ihn im letzten Jahrzehend seines Lebens so sehr in Thätigkeit setzten. Er begann 1822 die „Allgem. Kirchenztg." und zwei Jahre
später setzte er die „Allgem. Schulztg." in's Leben; sie zerfiel seit 1826
in zwei Abtheilungen, besteht aber heute wieder blos aus einer Abtheilung und faßt, fortgesetzt von seinem Bruder Karl Z., zunächst das Volksschulwesen in's Auge. E. Z hat sich durch die Begründung dieses bis
1847 glücklich fortgehenden Werkes ein bedeutendes Verdienst um das
Schulwesen erworben. Daneben erschienen seit 1824 das
„theolog. Literaturblatt" und das „pädagogisch-philologische Literaturblatt".
Außerdem nahm Z auch an andern Zeitschriften Antheil und entwickelte überhaupt eine große literarische Thätigkeit, obschon er von mehr als einer Seite
angefeindet und befehdet ward. Was er als Kanzelredner geleistet, ist

vielfach gerühmt worden, gehört aber nicht hieher. Nicht weniger hat er zur Verbesserung des Schulwesens im Großherzogthume Hessen auf mehr als eine Weise wohlthätige Anregungen gegeben.

Durch seine Verdienste um Kirche und Schule hat er sich ein langdauerndes Denkmal in den Seelen seiner Mitwelt und der Nachwelt gesetzt; es wurde ihm aber auch, nach einer in ganz Deutschland veranstalteten Sammlung, auf dem Kirchhofe zu Darmstadt ein stattliches äußeres Denkmal gesetzt. Er ruhe im Frieden!

Die oben angeführte Biographie des Verewigten führt folgenden Titel: Ernst Zimmermann nach seinem Leben, Wirken und Charakter, geschildert von seinem Bruder Karl Zimmermann, großherz. hess. Hofdiakonus. Mit dem Bildnisse und der Handschrift des Verstorbenen. Darmstadt, bei J. W. Heyer 1833.

Nikolaus Ludw. Graf v. Zinzendorf.
Geboren im Jahr 1700, gestorben im Jahr 1760.

Dieser christliche Bildungsmann und Stifter der unter dem Namen der Brüdergemeinde oder Hernhuter bekannten Religionsgesellschaft ward zu Dresden geboren, wo sein Vater chursächs. Conferenzminister war. Nach dem frühen Tode seines Vaters wurde er in der sächs. Oberlausitz auf dem Lande in dem Hause seiner Großmutter, einer Frau von Gersdorf, erzogen. Seine erste Jugend fiel gerade in die Zeit, da die Meinungen der sog. Pietisten oft und viel besprochen wurden. Dies und der Umstand, daß der fromme Spener oft in das Haus der Frau von Gersdorf kam, dort den jungen Zinzendorf sah und einsegnete, trug nebst den Andachtsübungen, welche täglich im Hause gehalten wurden, unstreitig viel bei, in dem lebhaften Knaben religiöse Gefühle zu erwecken, die bald in eine gewisse Schwärmerei übergingen. Noch ein Kind, schrieb er Briefchen an den lieben Heiland und warf sie zum Fenster hinaus in der Hoffnung, daß der Heiland sie schon finden werde.

Zehn Jahre alt (von 1710—16) ward Z. unter A. H. Franke's Augen im Pädagogium zu Halle erzogen; er sah ein Haus nach dem andern, eine Anstalt nach der andern entstehen. Auch in ihm ward der Eifer für Religion fortgenährt und zugleich erwachte ein gewisser Anstaltengeist in ihm. Wer die Verfassung der Brüdergemeinde kennt, kann auch die Aehnlichkeit in der Erziehungs- und Unterrichtsmethode mit der alten Halle'schen nicht verkennen. Die „Betrachtungen des Bischofs Layritz über die Erziehung der Kinder" (Barby 1776) sind ganz in dem Geiste geschrieben, worin Franke seinen „Unterricht, Kinder zur Gottseligkeit und Klugheit anzuleiten, geschrieben hatte; auch findet man jetzt in den Instituten, vormals zu Barby, jetzt zu Niesky, Neuwied, Gnadenfeld, Kleinwelke u. a. m. die Grundeinrichtungen der Halle'schen wieder. Z. hat seine pädagogischen Ansichten in seinen „theologischen Bedenken" vom J. 1742 niedergelegt.

Nach vielen Wanderungen in auswärtige Erdtheile starb er zu Herrenhut und wurde auf dem damaligen Gottesacker der Brüdergemeinde beerdigt.

J. H. Zschokke.
Geboren den 22. März 1771, gestorben den 27. Juni 1848.

Zschokke, geboren zu Magdeburg, verlor frühe seine bemittelten Eltern. Seine erste Bildung genoß er an der Bürgerschule seiner Vaterstadt, ging später an das dortige Gymnasium und zeigte große Hinneigung zu den alten und neueren Dichtern und der Philosophie. Sich diesen Studien hingebend, litt er bald an Ueberspannung, wurde seiner Lebensverhältnisse überdrüßig, verließ die Heimath, schloß sich einer wandernden Schauspielergesellschaft an und durchging mit dieser Deutschland. Durch Erfahrung klüger geworden, kehrte er nach Magdeburg zurück, bezog bald darnach die Hochschule zu Frankfurt a. d. O. und trieb hier ohne festen Plan die verschiedensten Wissenschaften. 1792 trat er als Privatdocent auf, fand aber keine besondere Aufnahme; auch gelang es ihm nicht, irgend eine Professur zu erhalten. Er warf sich deßhalb auf Schriftstellerei; doch auch hier lächelte ihm das Glück wenig. Voller Verdruß verließ er sein Vaterland 1794 und begab sich in die Schweiz. Dort wurde ihm der Antrag des Direktorats des Seminars zu Reichenau, welche ehrenvolle Stelle er mit Freuden annahm. In seiner neuen Heimath stieg Z. von Stufe zu Stufe. Bald war sein Name allgemein gefeiert. Er wurde zum Chef des Unterrichtswesens erhoben und zur Zeit der napoleonischen Kriege mehrmals als Regierungscommissär zu den wichtigsten Missionen entsendet. Trotz dieses sehr bewegten Lebens wußte er noch Zeit zu gewinnen zu bedeutenden schriftstellerischen Arbeiten. Sein „Der aufrichtige Schweizerbote" hatte eine Verbreitung von 20,000 Exemplaren. „Das Goldmacherdorf", wodurch er sich einen bleibenden Ehrenplatz in der Reihe der Pädagogik erwarb, wurde bald in 50 000 Exemplaren verbreitet. Wie als Mensch, so als Familienvater, dem die Erziehung seiner Kinder immer die liebste Beschäftigung ist, ist Zschokke gleich ausgezeichnet und hat des Gutenviel und auf immer gestiftet. Er starb zu Aarau 1848.

Ulrich Zwingli.
Geboren den 1. Januar 1484, gestorben den 11. Oktober 1531.

Dieser mit Luther gleichzeitig wirkender Reformator wurde zu Wildhaus in der schweizerischen Grafschaft Toggenburg als der dritte von den acht Söhnen des dasigen Amtmanns geborn. Schon als Knabe durch sein Talent ausgezeichnet, ward er von seinem Vater zum geistlichen Stande bestimmt. In seinem zehnten Jahre schickte ihn derselbe zuerst nach Basel, um den Grund zu seiner künftigen Gelehrsamkeit zu legen. dann nach Bern, wo er die alten Klassiker studirte. Von da schickte ihn sein Vater nach Wien. Hier studirte er Philosophie. Nach 2 Jahren verließ er die Universität, ging damals, 18 Jahre alt, nach Basel und widmete sich der Theologie, ward hier Magister und lehrte die alten Sprachen. Im J. 1506 wurde er Pfarrer in Glarus und empfing die Priesterweihe. Hier las er fleißig die heil. Schrift und erregte durch den biblischen Gehalt seiner Predigten und durch seine Freimüthigkeit zehn Jahre lang den wahren Geist der Reformation, ohne der Kirche abtrünnig oder von ihr verfolgt zu werden.

Als der Freiherr von Geroldseck die Abtei Einsiedeln, deren Vorsteher er war, zu einem Versammlungsorte von Gelehrten machen wollte, berief er auch Zwingli als Prediger dorthin. Da dieser hier mit noch größerer Freimüthigkeit den damaligen Zustand geißelte, so entstanden jetzt Bewegungen gegen ihn, welche sich steigerten, als er das Predigtamt zu Zürich annahm.

Hier begann sein Kampf als Reformator und zwar unabhängig von Luther; doch das müssen wir übergehen. Seine Thätigkeit wirkte mehr von Innen, doch ging er im Kampfe gegen die Bilder zu weit und veranlaßte so eine Trennung der schönen Kunst von dem Gottesdienste, dafür war er desto mehr durch seine kräftige Beredtsamkeit in seinen Prebigten zur Bildung aller Volksklassen wirksam. Unter seinem Einflusse wurden auch die Schulen seiner Vaterstadt besser eingerichtet, wie denn von ihm und mehreren Männern, die sich an ihn anschlossen, sich der neue Geist in der Schweiz verbreitete. Er hatte sich in den früheren Jahren als Feldprediger auch im Kriege herzhaft bewiesen, jetzt rief ihn seine Bürgerpflicht in das Gefecht der Züricher gegen die kleinen Cantone. Kaum war er angekommen, so fiel er unter tödtlichen Streichen als Kriegs= und Glaubensheld zugleich.

Zwingli hat in seinem kurzen Leben, beschäftigt mit seinem kirchlichen Lehramte, mit dem Unterrichte der studirenden Jugend und mit den unaufhörlichen Sorgen für den Fortgang der Reformation in verschiedenen Gegenden auch in Verbindung mit vielen gleichgesinnten Männern, durch die er wirkte, gleichwohl so viel und so manches Gute und Brauchbare geschrieben, daß man billig nicht nur den Umfang seiner Kenntnisse, sondern auch die Arbeitsamkeit und Leichtigkeit bewundert, mit welcher er dieselben fruchtbar zu machen gesucht hat.

Unter seinen Schriften nennen wir hier nur die Eine, die für die historische Pädagogik eine besondere Wichtigkeit hat und in neuerer Zeit wieder zu Tage befördert worden ist. Sie heißt:

„Herr Ulrich Zwingli Leerbiechlein wie man die Knaben Christlich unterweysen und erziehen soll, mit kurzer anzayge. aynes ganzen Christlichen Lebens. MDXXIIII. Die älteste aus der protestantischen Kirche hervorgegangene Erziehungslehre, nach der ersten und bisher einzigen Ausgabe auf's Neue herausgegeben und als eine Stimme ernster Mahnung für unsere Zeit dem pädagogischen Publikum empfohlen von K. Fulda, Pfarrer zu Schönfeld. Erfurt, Körner 1844.

Sinnstörende Druckfehler.

S. 336 Z. 8 v. u. l. sicherern st. sichern.
S. 339 Z. 10 v. u. l. benennet st. benennen.
S. 343 Z. 9 v. o. l. wucherte st. wuchern.
S. 344 Z. 11 v. o. l. sinnig st. sinnig.
S. 346 Z. 8 v. u. l. von 62 st. 62.
S. 346 Z. 4 v. u. l. Ptolemäus st. Pholomäus.
S. 347 Z. 29 v. u. l. vernunftlose Theil st. vernunftlose.
S. 357 Z. 18 v. o. l. Eintheilung st. Einladung.
S. 363 Z. 9 v. u. l. seine liebenswürdige st. seiner liebenswürdiger.
S. 366 Z. 4 v. u. l. war st. wahr.
S. 370 Z. 21 v. o. l. rührig st. rubig.
S. 374 Z. 16 v. u. l. Jahns st. Jahns.
S. 375 Z. 19 v. u. l. Psychologische st. Psychologische.
S. 376 Z. 28 v. o. l. Zeitschriften st. Zeugnissen.
S. 377 Z. 4 v. u. l. Beneke st. in Beneke's.
S. 378 Z. 16 v. u. l. that statt hat.
S. 381 Z. 22 v. o. fehlt nach "Lande" das Wort "Eingang".
S. 382 Z. 20 v. o. l. Freunde st. Freude.
S. 395 Z. 5 v. o. l. gezogen st. zugezogen.
S. 396 Z. 16 v. u. l. Bugenhagen st. Buchenhagen.
S. 397 Z. 1 v. u. fehlt nach dem Wort "Pädagogik" das Wort "dosirten".
S. 398 Z. 21 v. o. l. überlebte st. überlegte.
S. 402 Z. 14 v. u. l. 9 Jahre, die st. 9 Jahre. Die
S. 403 Z. 21 v. u. l. an den dortigen Verhandlungen st. an den Verhandlungen.
S. 403 Z. 2 v. u. fehlt das Wort "geschätzt".
S. 404 Z. 6 v. u. l. setzen st. sehten.
S. 405 Z. 10 v. u. l. verunstalten st. veranstalten.
S. 406 Z. 19 v. u. l. Schon st. schon.
S. 407 Z. 28 v. u. l. Geheul st. Geheil.
S. 421 Z. 14 v. o. ist am Ende der Zeile das Wort "auf" zu streichen.
S. 422 Z. 3 v. u. l. Erkältung zu st. Erkältung.
S. 423 Z. 18 v. u. muß es heißen: "Für Philologie in Deutschland sorgte Pr. W. Döring in Gotha durch lateinische ec.
S. 424 Z. 5 v. o. l. Dolz st. Döring.
S. 426 Z. 25 v. u. l. Städtchen st. Städten und st. Cornwall l. Cornwall.
S. 442 Z. 8 v. u. l. So st. Sie.
S. 448 Z. 23 v. o. l. Hamletismus st. Hamletismus.
S. 449 Z. 3 v. u. l. corporativen st. corperativen.
S. 452 Z. 12 v. u. l. lateinischen st. lateinischen.
S. 453 Z. 4 v. o. l. Anakreon st. Anakteon.
S. 452 Z. 24 v. o. l. 1729 st. 1829.
S. 453 Z. 6 v. u. l. Ludwigsburg st. Lugwigsburg.
S. 468 Z. 17 v. o. l. betheilige st. betheilte.
S. 469 Z. 6 v. o. l. das Teleskop st. den Teleskop.
S. 469 Z. 9 v. o. l. Mehres st. Mehrere.
S. 469 Z. 13 v. o. l. Richtigkeit st. Nichtigkeit.
S. 469 Z. 24 v. o. l. u. sich nicht st. u. nicht.
S. 469 Z. 26 v. o. l. er habe, als er von den Knieen aufstand st. er habe als ec.
S. 472 Z. 19 v. o. l. Aristoteles st. Aristotetes.
S. 472 Z. 34 v. o. l. 1880 st. 1820.
S. 473 Z. 36 v. o. fehlt nach "Charakters" das Wort "wegen".
S. 498 Z. 24 v. u. l. preußischen st. prussischen.
S. Z. 3 v. u. l. seiner st. seine.
S. Z. 10 v. u. l. 1839 st. 1829.
S. Z. 8 P. u. l. verbannt st. erbaut.
S. Z. 4 u. 5 v. u. l. Auf st. auf.
S. Z. 26 v. u. l. erworben st. er warben.
S. Z. 14 v. u. l. eie st. eie.
S. 500 Z. 4 v. u. l. erfreulich st. erfreilich.
S. 500 Z. 1 v. u. l. aber st. oder.

S. 510 Z. 21 v. u. l. Oberhofmeisters st. Obberhofmeisters.
S. 511 Z. 1 v. u. l. war st. wahr.
S. 513 Z. 18 v. o. l. Dialekt st. Dicalekt.
S. 517 Z. 5 v. u. l. seiner st. schöner.
S. 517 Z. 10 v. o. l. weisen st. weißen.
S. 518 Z. 32 v. o. l. gouvernementalen st. gouvernementalen.
S. 519 Z. 15 v. u. pag. 191 st. pag. 521.
S. 528 Z. 4 v. u. l. 1777 st. 1798.
S. 537 Z. 8 v. o. ist nach "1815" das Wörtchen "zu" zu streichen.
S. 538 Z. 10 v. u. l. längere st. längerer.
S. 544 Z. 26 v. o. l. geist st. Geist.
S. 548 Z. 14 v. u. l. mit st. mi.
S. 553 Z. 4 v. o. l. lernen st. leunen.
S. 553 Z. 14 v. o. l. Schuler st. Schulen.
S. 553 Z. 17 v. o. l. keiner st. keinen.
S. 553 Z. 22 v. o. l. einen st. eines.
S. 554 Z. 3 v. u. l. Weingelände st. Weingeländen.
S. 559 Z. 23 u. 24 l. verwandten Gegenständen st. verwesten Gegenständen.
S. 560 Z. 6 v. o. ist am Ende das Wort "wo" zu streichen.
S. 561 Z. 9 v. u. l. seine st. seinne.
S. 562 Z. 7 v. u. l. kleine st. kleinen.
S. 564 Z. 30 v. o. l. 15. Juli st. 15. Juni.
S. 568 Z. 18 v. u. l. 1597 st. 1797.
S. 573 Z. 7 v. o. t. für's Erhabene st. für Erhabene.
S. 573 Z. 27 v. o. l. fest st. fast.
S. 590 Z. 30 u. 34 v. o. ist "ge-zeln" zu streichen.
S. 592 Z. 4 v. o. fehlt nach "suchte er" das Wort "auf".
S. 592 Z. 7 v. u. l. des Dekoppet st. das.
S. 594 Z. 3 v. o. l. zeigte st. zeigten.
S. 594 Z. 6 v. u. l. zeichnete st. zeigte.
S. 595 Z. 16 v. o. fehlt nach "auch" das Wort "an".
S. 597 Z. 9 v. u. l. Bildnern st. Bildung.
S. 597 Z. 6 v. u. l. "mit" st. "nicht".
S. 599 Z. 19 v. u. l. "im Anfang" st. in den ben Anfang.
S. 609 Z. 15 v. o. l. Ciceronianischen st. Cieceronianischen.
S. 611 Z. 19/20 v. o. l. Gutsbesitzers, st. Gutsbesizes.
S. 623 Z. 12 v. u. l. moralische st. moralische.
S. 624 Z. 8 v. o. l. Musengott st. Musaget.
S. 624 Z. 10 v. o. l. ihn st. ihm.
S. 627 Z. 10 v. u. l. gab st. erlaubte.
S. 638 Z. 6 v. u. l. nahmen st. nehmen.
S. 641 Z. 15 v. u. l. Styls st. Syls.
S. 646 Z. 1 v. o. l. weisen st. beweisen, in der zweiten Zeil. ist das Wort "nach" zu streichen.
S. 649 Z. 17 v. o. l. bewirken st. befürchten.
S. 654 Z. 3 v. o. l. verließ ihn unangestedt st. verließ unangestedt.
S. 654 Z. 12 v. u. l. müßte st. wußte.
S. 654 Z. 5 l. brachten st. trachten.
S. 655 Z. 23 v. u. ist das Komma zu streichen, dann l. müßte st. wußte.
S. 655 Z. 10 v. u. l. Seine kritischen Beiträge zur Metaphysik in einer Prüfung ec. erschienen sodann.
S. 655 Z. 12 v. u. l. Seite st. Seile.
S. 663 Z. 27 v. o. l. that st. tnat.
S. 678 Z. 20/21 v. o. l. unermüdeten st. ermüdenden.

S. 678 Z. 8 v. u. ist das Wort „von" zu streichen.
S. 689 Z. 10 v. o. l. 93 st. 39.
S. 691 Z. 8 v. u. l. April st. Apeil.
S. 693 Z. 7 v. o. l. in dieser st. u. dieser.
S. 694 Z. 10 v. o. l. förderte st. fur..
S. 695 Z. 9 v. o l. gegeben st. geboren.
S. 695 Z. 20 v. o. l. Weisen st. Waisen.
S. 695 Z. 24 v. o. l. welchen er st. welchen.
S. 696 Z. 20 v. u. l. hatte st. hätte.
S. 698 Z. 21 v. u. l. „Stizze, kurze, meines rc.
S. 698 Z. 17 v. u. l. unsern st. unsere.
S. 699 Z. 29 v. o. l. einträchtige st. einträgliche.
S. 706 Z. 21 v. u. l. polnisches st. polnische.
S. 708 Z. 23 v. u. l. als st. alS.
S. 709 Z. 22 v. u. l. war er eben st. war eben.
S. 710 Z. 18 v. u. l. Lichtfeind st. Leichtfeind.
S. 712 Z. 25 v. u. l. Johann st. Johann.
S. 719 Z. 1 v. o. l. mit Hülfe von st. mit durch.
S. 719 Z. 6 v. o. l. Gebiete der Theologie st. Gebirge der Theologie.
S. 722 Z. 10 v. u. l. Stille st. Stelle.
S. 724 Z. 8 v. u. l. so st. so.
S. 724 Z. 6 v. u. l. geben müssen st. geben muß.
S. 728 Z. 14 v. o. l. unvernünftigen st. vernünftigen.
S. 729 Z. 26 v. o. l. er st. es.
S. 731 Z. 10 v. u. l. liebevoll st. liepevoll.
S. 732 Z. 14 v. u. l. die Achtung seiner Schüler st. die Achtung seiner Schulen.
S. 735 Z. 1 v. u. l. von 1782 bis 1783 st. 1783 bis 1782.
S. 741 Z. 4 v. o. l. Originalausgabe st. Originalaufgabe.

S. 742 Z. 28/29 v. o. streiche einmal „bei den" hinweg.
S. 743 Z. 21 v. o. streiche einmal „im Allgemeinen hinweg.
S. 743 Z. 4 v. u. l. 1818 st. 1618.
S. 745 Z. 24 v. o. l. 50jähriges st. 60jähriges Jubiläum.
S. 416 Z. 19 v. o. l. unschätzbaren Segen st. unschätzbaren Segen.
S. 752 Z. 7. v. o. l. Präcision im Worthalten st. Präcision an Worthalten.
S. 745 Z. 14 v. o. l. kühne Rhetorik st. kühle rc.
S. 758 Z. 22 v. u. l. Phönarete st. Phönarete.
S. 759 Z. 16 v. o. ist das „pr." zu streichen.
S. 762 Z. 26 v. o. l. Doctrin st. Doctorin.
S. 762 Z. 23 v. u. l. Heraldik st. Heroldskunst.
S. 763 Z. 1 v. o. streiche das Wort „Herz" weg.
S. 463 Z. 5 v. u. l. streute st. strömte.
S. 773 Z. 21 v. o. schalte nach Werningerode „geboren" ein.
S. 778 Z. 2 v. u. l. erkannt st. erbaut.
S. 779 Z. 1 v. u. l. schalte nach: der gräßliche dieser Irrthümer das Wort „war" ein.
S. 780 Z. 24 v. u. l. Arbeiten und Beiträge st. Arbeiten Beiträge.
S. 782 Z. 21 v. u. l. Sein liebstes Bild des Wirkens war das des Pflanzens st. war das der Pflanzen.
S. 783 Z. 17 v. o. l. philanthropischen st. philantropischen.
S. 784 Z. 14 v. u. l. den Sohn st. dem Sohn.
S. 789 Z. 27 v. o. l. Seine Bibliothek zählte st. Seine Bibliothek zählt.
S. 789 Z. 17 v. u. l. der letzte st. die letzte.

Berichtigungen.

Spieß Adolph, geb. den 3 Febr. 1810 zu Lauterbach in Oberhessen, ist gest. den 9. Mai 1859 als Vorsteher der großh Turnschule und Assessor der Oberstudiendirection in Angelegenheiten des Turnunterrichts in Darmstadt.

Wessenberg Ignaz Heinrich Freiherr v. Amringen, ein Mann des Lichtes, geb. den 2. Nov. 1774 zu Dresden, großh. bad Geheimer Rath und vormaliger Bisthums-Verweser in Constanz, starb daselbst am 9. Aug. 1860, wie er gelebt, als ächter Christusjünger mild und fromm, bis zur letzten Zeit alles Wahre, Gute und und Schöne mit warmer Liebe umfassend: er war der opferwilligste Freund und Wohlthäter durch Rede und Schrift, durch Wort und That der unermüdliche Förderer menschlicher Wohlfahrt Dit wichtigsten Schriften sind: „Die Elementarbildung des Volkes." Zürich. 2 Aufl. 1833. — Betrachtungen über die wichtigsten Gegenstände im Bildungsgange der Menschheit. Aarau 1836.